Münchener Kommentar
Europäisches und Deutsches Wettbewerbsrecht

Kartellrecht
Missbrauchs- und Fusionskontrolle
Vergaberecht · Beihilfenrecht

Münchener Kommentar Europäisches und Deutsches Wettbewerbsrecht

Herausgegeben von
Dr. Dr. Dres. h. c. Franz Jürgen Säcker
em. Professor an der Freien Universität Berlin

Band 4
Vergaberecht II

2. Auflage 2019

Zitiervorschlag:
MüKoVergabeR I/*Bearbeiter* Gesetz § … Rn. …
MüKoVergabeR I/*Bearbeiter* Grundzüge der VOB/A Rn. …

www.beck.de

ISBN 978 3 406 68574 3

© 2019 Verlag C. H. Beck oHG
Wilhelmstraße 9, 80801 München
Druck und Bindung: Kösel GmbH & Co. KG
Am Buchweg 1, 87452 Altusried-Krugzell
Satz: Meta Systems Publishing & Printservices GmbH, Wustermark
Umschlag: Druckerei C.H. Beck Nördlingen

Gedruckt auf säurefreiem, alterungsbeständigem Papier
(hergestellt aus chlorfrei gebleichtem Zellstoff)

Vorwort

Dieser Band knüpft an die Erläuterungen des Vergaberechts in dem soeben erschienenen Band 3 des Münchener Kommentars an und setzt sie mit der Kommentierung der VOB/A fort. Diese wird als im Großen und Ganzen ausgewogene, erfahrungsgetränkte privatautonome Alternative zum neuen BGB-Bauwerkvertragsrecht ihre große praktische Bedeutung behalten. Erläutert sind in Band 4 auch die Vergabeordnung für Verteidigung und Sicherheit (VSVgV) sowie die Verordnung über öffentliche Personenverkehrsdienste auf Schiene und Straße (VO (EG) Nr. 1370/2007). Der Band verfolgt das Ziel, auf hohem wissenschaftlichem Niveau alle aktuell in der Praxis auftretenden Fragen klar darzustellen, um dem Nutzer die notwendigen rechtlichen Kenntnisse für eine fundierte Entscheidung zu geben. Im Übrigen gilt, was im Vorwort zu Band 3 dargelegt ist.

Allen Autorinnen und Autoren, die an diesem Band mitgewirkt haben, sei an dieser Stelle herzlich gedankt, insbesondere aber meiner wissenschaftlichen Mitarbeiterin, Frau Dr. Xenia Zwanziger, LL.M., die mit großer Sorgfalt und einer Engelsgeduld alle Manuskripte an die redaktionellen Richtlinien des Verlages angepasst und für den Nutzer lesbar gestaltet hat. Literatur und Rechtsprechung sind bis zum 1. Juli 2018 ausgewertet.

Berlin, im August 2018   Franz Jürgen Säcker

Die Bearbeiter des vierten Bandes

Dr. Thomas Ax
Rechtsanwalt in Neckargemünd

Dr. Sebastian Baldringer
Professor an der FOM Hochschule für Oekonomie & Management
Rechtsanwalt in Köln

Dr. Felix Berschin
Nahverkehrsberater in Heidelberg

Dr. Eckhard Bremer, LL.M.
Rechtsanwalt in Berlin

Dr. Jan Busche
Professor an der Heinrich-Heine-Universität Düsseldorf

Bernhard Fett
Leitender Regierungsdirektor,
Staatsbetrieb Sächsische Informatik Dienste, Dresden

Inge Jagenburg
Honorarprofessorin an der Technischen Hochschule Köln
Rechtsanwältin in Köln

Dr. Marcel Kau, LL.M.
apl. Professor an der Universität Konstanz

Dr. Till Kemper, M.A.
Rechtsanwalt in Frankfurt a. M.

Dr. Bernhardine Kleinhenz-Jeannot
Rechtsanwältin in Hamburg

Dr. Matthias Knauff, LL.M.Eur.
Professor an der Friedrich-Schiller-Universität Jena
Richter am Thüringer Oberlandesgericht (Vergabesenat)

Sandra Krüger
Rechtsanwältin in Hamburg

Katharina Lehmann
Rechtsanwältin in Leipzig

Die Bearbeiter

Filip Lewandowski, LL.M.
Rechtsanwalt in Berlin

David Meurers
Wissenschaftlicher Mitarbeiter an der Friedrich-Schiller-Universität Jena

Hans-Peter Müller
Diplom-Verwaltungswirt, Bundesministerium für Wirtschaft und Energie, Bonn

Timm Nolze
Bundesministerium für Umwelt, Naturschutz und nukleare Sicherheit, Berlin

Dr. Marc Pauka
Rechtsanwalt in Frankfurt a. M.

Dr. Georg Queisner
Rechtsanwalt in Berlin

Gerda Reider
Leitende Regierungsdirektorin, Bezirksregierung Düsseldorf
Vorsitzende in der Vergabekammer Rheinland

Dr. Dr. Dres. h. c. Franz Jürgen Säcker
em. Professor an der Freien Universität Berlin

Dr. Stefan Schmidt
Rechtsanwalt in Düsseldorf

Dr. Christoph Seebo, LL.M.
Rechtsanwalt in Leipzig

Dr. Frank Stollhoff
Rechtsanwalt in Berlin

Guido Thiele
Leitender Regierungsdirektor beim Bundeskartellamt, Bonn

Dr. Christian Wirth
Rechtsanwalt in Köln

Dr. Xenia Zwanziger, LL.M.
Rechtsanwältin in Berlin

Im Einzelnen haben bearbeitet

1. Teil Vergabe- und Vertragsordnung für Bauleistungen Teil A (VOB/A)

Abschnitt 1 Basisparagraphen

Vorbem., § 1	Dr. Dr. Dres. h. c. Franz Jürgen Säcker
§ 2	Dr. Matthias Knauff/David Meurers
§§ 3, 3a	Dr. Marc Pauka
§§ 3b, 4	Gerda Reider
§ 4a	Inge Jagenburg/Dr. Christian Wirth
§§ 5–6b	Dr. Thomas Ax
§§ 7–7c	Dr. Till Kemper
§§ 8–9d	Dr. Sebastian Baldringer
§ 10	Timm Nolze
§§ 11, 11a	Dr. Marc Pauka
§§ 12–15	Dr. Frank Stollhoff
§§ 16–16c	Katharina Lehmann
§ 16d	Dr. Christoph Seebo/Katharina Lehmann
§§ 17–23	Dr. Christoph Seebo

Abschnitt 2 Vergabebestimmungen im Anwendungsbereich der Richtlinie 2014/24/EU (VOB/A – EU)

§ 1EU	Dr. Xenia Zwanziger
§ 2EU	Dr. Matthias Knauff/David Meurers
§§ 3EU, 3aEU	Dr. Marc Pauka
§§ 3bEU, 4EU	Gerda Reider
§§ 4aEU, 4bEU	Inge Jagenburg/Dr. Christian Wirth
§§ 5EU–6dEU	Dr. Thomas Ax
§ 6eEU	Dr. Marc Pauka
§§ 6fEU–7cEU	Dr. Till Kemper
§§ 8EU–9dEU	Dr. Sebastian Baldringer
§§ 10EU–10dEU	Timm Nolze
§§ 11EU–11bEU	Dr. Marc Pauka
§§ 12EU–15EU	Dr. Frank Stollhoff
§§ 16EU–16cEU	Katharina Lehmann
§ 16dEU	Dr. Christoph Seebo/Katharina Lehmann
§§ 17EU–23EU	Dr. Christoph Seebo

Abschnitt 3 Vergabebestimmungen im Anwendungsbereich der Richtlinie 2009/81/EG (VOB/A – VS)

§§ 1VS–3VS	Dr. Marcel Kau
§ 3aVS	Dr. Marc Pauka
§§ 3bVS, 4VS	Dr. Marcel Kau
§§ 5VS–6dVS	Dr. Thomas Ax
§ 6eVS	Dr. Marc Pauka
§§ 6fVS–7cVS	Dr. Till Kemper
§§ 8VS–9dVS	Dr. Sebastian Baldringer
§§ 10VS–10dVS	Timm Nolze
§§ 11VS, 11aVS	Dr. Marc Pauka
§§ 12VS–15VS	Dr. Frank Stollhoff

Im Einzelnen haben bearbeitet

§§ 16VS–16cVS .... Katharina Lehmann
§ 16dVS .... Dr. Christoph Seebo/Katharina Lehmann
§§ 17VS–22VS .... Dr. Christoph Seebo

2. Teil Grundzüge der VOB/B
Einleitung und Einordnung .... Dr. Jan Busche

3. Teil VO (EG) 1370/2007 ..... Dr. Felix Berschin

4. Teil Vergabeverordnung Verteidigung und Sicherheit (VSVgV)
§§ 1, 2 .... Hans-Peter Müller
§§ 3, 4 .... Dr. Stefan Schmidt
§ 5 .... Hans-Peter Müller
§§ 6, 7 .... Guido Thiele
§§ 8, 9 .... Hans-Peter Müller
§§ 10–14 .... Sandra Krüger
§ 15 .... Filip Lewandowski
§ 16 .... Hans-Peter Müller
§§ 17, 18 .... Dr. Bernhardine Kleinhenz-Jeannot
§§ 19, 20 .... Filip Lewandowski
§§ 21–27 .... Dr. Georg Queisner
§§ 28–37 .... Dr. Dr. Dres. h. c. Franz Jürgen Säcker
§§ 38–45 .... Bernhard Fett

Sachverzeichnis .... Sophia Steffensen

Inhaltsübersicht

Inhaltsverzeichnis XIII
Verzeichnis der Abkürzungen und der abgekürzt zitierten Literatur XIX

1. Teil VOB/A 1
2. Teil Grundzüge der VOB/B 609
3. Teil VO (EG) 1370/2007 (PersonenverkehrsVO) 629
4. Teil VSVgV 775
5. Teil Landesvergabegesetze 919

Sachverzeichnis 1313

Inhaltsverzeichnis

Inhaltsübersicht XI
Verzeichnis der Abkürzungen und der abgekürzt zitierten Literatur XIX

1. Teil VOB/A
Abschnitt 1 Basisparagrafen

Vorbemerkung 1
§ 1 Bauleistungen 2
§ 2 Grundsätze 5
§ 3 Arten der Vergabe 27
§ 3a Zulässigkeitsvoraussetzungen 31
§ 3b Ablauf der Verfahren 36
§ 4 Vertragsarten 44
§ 4a Rahmenvereinbarungen 52
§ 5 Vergabe nach Losen, Einheitliche Vergabe 57
§ 6 Teilnehmer am Wettbewerb 61
§ 6a Eignungsnachweise 71
§ 6b Mittel der Nachweisführung, Verfahren 83
§ 7 Leistungsbeschreibung 88
§ 7a Technische Spezifikationen 89
§ 7b Leistungsbeschreibung mit Leistungsverzeichnis 92
§ 7c Leistungsbeschreibung mit Leistungsprogramm 93
§ 8 Vergabeunterlagen 93
§ 8a Allgemeine, Besondere und Zusätzliche Vertragsbedingungen 109
§ 8b Kosten- und Vertrauensregelung, Schiedsverfahren 115
§ 9 Einzelne Vertragsbedingungen, Ausführungsfristen 118
§ 9a Vertragsstrafen, Beschleunigungsvergütung 124
§ 9b Verjährung der Mängelansprüche 128
§ 9c Sicherheitsleistung 130
§ 9d Änderung der Vergütung 134
§ 10 Fristen 135
§ 11 Grundsätze der Informationsübermittlung 141
§ 11a Anforderungen an elektronische Mittel 143
§ 12 Bekanntmachung 144
§ 12a Versand der Vergabeunterlagen 153
§ 13 Form und Inhalt der Angebote 156
§ 14 Öffnung der Angebote, Öffnungstermin bei ausschließlicher Zulassung elektronischer Angebote 186
§ 14a Öffnung der Angebote, Eröffnungstermin bei Zulassung schriftlicher Angebote ... 193
§ 15 Aufklärung des Angebotsinhalts 204
§ 16 Ausschluss von Angeboten 220
§ 16a Nachforderung von Unterlagen 225
§ 16b Eignung 226
§ 16c Prüfung 227
§ 16d Wertung 227
§ 17 Aufhebung der Ausschreibung 230
§ 18 Zuschlag 231
§ 19 Nicht berücksichtigte Bewerbungen und Angebote 231
§ 20 Dokumentation 236
§ 21 Nachprüfungsstellen 242
§ 22 Änderungen während der Vertragslaufzeit 244
§ 23 Baukonzessionen 246
Anhang Technische Spezifikationen 253

Abschnitt 2 Vergabebestimmungen im Anwendungsbereich der Richtlinie 2014/24/EU (VOB/A – EU)

§ 1EU Anwendungsbereich 255
§ 2EU Grundsätze 256
§ 3EU Arten der Vergabe 259

Inhaltsverzeichnis

§ 3aEU	Zulässigkeitsvoraussetzungen	262
§ 3bEU	Ablauf der Verfahren	270
§ 4EU	Vertragsarten	286
§ 4aEU	Rahmenvereinbarungen	288
§ 4bEU	Besondere Instrumente und Methoden	296
§ 5EU	Einheitliche Vergabe, Vergabe nach Losen	304
§ 6EU	Teilnehmer am Wettbewerb	311
§ 6aEU	Eignungsnachweise	326
§ 6bEU	Mittel der Nachweisführung, Verfahren	329
§ 6cEU	Qualitätssicherung und Umweltmanagement	331
§ 6dEU	Kapazitäten anderer Unternehmen	332
§ 6eEU	Ausschlussgründe	335
§ 6fEU	Selbstreinigung	337
§ 7EU	Leistungsbeschreibung	342
§ 7aEU	Technische Spezifikationen, Testberichte, Zertifizierungen, Gütezeichen	352
§ 7bEU	Leistungsbeschreibung mit Leistungsverzeichnis	359
§ 7cEU	Leistungsbeschreibung mit Leistungsprogramm	363
§ 8EU	Vergabeunterlagen	367
§ 8aEU	Allgemeine, Besondere und Zusätzliche Vertragsbedingungen	369
§ 8bEU	Kosten- und Vertrauensregelung, Schiedsverfahren	370
§ 8cEU	Anforderungen an energieverbrauchsrelevante Waren, technische Geräte oder Ausrüstungen	370
§ 9EU	Einzelne Vertragsbedingungen, Ausführungsfristen	371
§ 9aEU	Vertragsstrafen, Beschleunigungsvergütung	372
§ 9bEU	Verjährung der Mängelansprüche	373
§ 9cEU	Sicherheitsleistung	373
§ 9dEU	Änderung der Vergütung	373
§ 10EU	Fristen	374
§ 10aEU	Fristen im offenen Verfahren	376
§ 10bEU	Fristen im nicht offenen Verfahren	381
§ 10cEU	Fristen im Verhandlungsverfahren	384
§ 10dEU	Fristen im wettbewerblichen Dialog bei der Innovationspartnerschaft	385
§ 11EU	Grundsätze der Informationsübermittlung	386
§ 11aEU	Anforderungen an elektronische Mittel	392
§ 11bEU	Ausnahmen von der Verwendung elektronischer Mittel	396
§ 12EU	Vorinformation, Auftragsbekanntmachung	399
§ 12aEU	Versand der Vergabeunterlagen	407
§ 13EU	Form und Inhalt der Angebote	412
§ 14EU	Öffnung der Angebote, Öffnungstermin	442
§ 15EU	Aufklärung des Angebotsinhalts	451
§ 16EU	Ausschluss von Angeboten	468
§ 16aEU	Nachforderung von Unterlagen	478
§ 16bEU	Eignung	483
§ 16cEU	Prüfung	486
§ 16dEU	Wertung	491
§ 17EU	Aufhebung der Ausschreibung	512
§ 18EU	Zuschlag	523
§ 19EU	Nicht berücksichtigte Bewerbungen und Angebote	530
§ 20EU	Dokumentation	538
§ 21EU	Nachprüfungsbehörden	538
§ 22EU	Auftragsänderungen während der Vertragslaufzeit	543
§ 23EU	Übergangsregelung	544
Anhang Technische Spezifikationen		545

Abschnitt 3 Vergabebestimmungen im Anwendungsbereich der Richtlinie 2009/81/EG (VOB/A – VS)

§ 1VS	Anwendungsbereich	547
§ 2VS	Grundsätze	553
§ 3VS	Arten der Vergabe	558
§ 3aVS	Zulässigkeitsvoraussetzungen	560
§ 3bVS	Ablauf der Verfahren	561
§ 4VS	Verfahrensarten	565
§ 5VS	Einheitliche Vergabe, Vergabe nach Losen	568
§ 6VS	Teilnehmer am Wettbewerb	568
§ 6aVS	Eignungsnachweise	569

Inhaltsverzeichnis

§ 6bVS	Mittel der Nachweisführung, Verfahren	570
§ 6cVS	Qualitätssicherung und Umweltmanagement	570
§ 6dVS	Kapazitäten anderer Unternehmen	571
§ 6eVS	Ausschlussgründe	571
§ 6fVS	Selbstreinigung	574
§ 7VS	Leistungsbeschreibung	575
§ 7aVS	Technische Spezifikationen	576
§ 7bVS	Leistungsbeschreibung mit Leistungsverzeichnis	578
§ 7cVS	Leistungsbeschreibung mit Leistungsprogramm	578
§ 8VS	Vergabeunterlagen	579
§ 8aVS	Allgemeine, Besondere und Zusätzliche Vertragsbedingungen	580
§ 8bVS	Kosten- und Vertrauensregelung, Schiedsverfahren	581
§ 9VS	Einzelne Vertragsbedingungen, Ausführungsfristen	582
§ 9aVS	Vertragsstrafen, Beschleunigungsvergütung	582
§ 9bVS	Verjährung der Mängelansprüche	582
§ 9cVS	Sicherheitsleistung	583
§ 9dVS	Änderung der Vergütung	583
§ 10VS	Fristen	583
§ 10aVS	frei	584
§ 10bVS	Fristen im nicht offenen Verfahren	584
§ 10cVS	Fristen im Verhandlungsverfahren	586
§ 10dVS	Fristen im wettbewerblichen Dialog	587
§ 11VS	Grundsätze der Informationsübermittlung	587
§ 11aVS	Anforderungen an elektronische Mittel	589
§ 12VS	Vorinformation, Auftragsbekanntmachung	590
§ 12aVS	Versand der Vergabeunterlagen	593
§ 13VS	Form und Inhalt der Angebote	595
§ 14VS	Öffnung der Angebote, Öffnungstermin	597
§ 15VS	Aufklärung des Angebotsinhalts	599
§ 16VS	Ausschluss von Angeboten	601
§ 16aVS	Nachforderung von Unterlagen	601
§ 16bVS	Eignung	601
§ 16cVS	Prüfung	601
§ 16dVS	Wertung	602
§ 17VS	Aufhebung der Ausschreibung	603
§ 18VS	Zuschlag	603
§ 19VS	Nicht berücksichtigte Bewerbungen und Angebote	604
§ 20VS	Dokumentation	605
§ 21VS	Nachprüfungsbehörden	606
§ 22VS	Auftragsänderungen während der Vertragslaufzeit	606
Anhang Technische Spezifikationen		607

2. Teil Grundzüge der VOB/B

A.	Einleitung	609
B.	Einbeziehung der VOB/B	610
C.	Einzelheiten zur VOB/B	612

3. Teil VO (EG) 1370/2007 (PersonenverkehrsVO)

Vorbemerkung		640
Art. 1	Zweck und Anwendungsbereich	667
Art. 2	Begriffsbestimmungen	676
Art. 2a	Spezifikation der gemeinwirtschaftlichen Verpflichtungen	693
Art. 3	Öffentliche Dienstleistungsaufträge und allgemeine Vorschriften	696
Art. 4	Obligatorischer Inhalt öffentlicher Dienstleistungsaufträge und allgemeiner Vorschriften	704
Art. 5	Vergabe öffentlicher Dienstleistungsaufträge	717
Art. 5a	Eisenbahn-Rollmaterial	744
Art. 6	Ausgleichsleistung für gemeinwirtschaftliche Verpflichtungen	745
Art. 7	Veröffentlichung	747
Art. 8	Übergangsregelung	753
Art. 9	Vereinbarkeit mit dem Vertrag	757
Art. 10	Aufhebung	759
Art. 11	Berichte	762
Art. 12	Inkrafttreten	762
Anhang: Regeln für die Gewährung einer Ausgleichsleistung in den Art. 6 Abs. 1 genannten Fällen		762

Inhaltsverzeichnis

4. Teil VSVgV
Teil 1 Allgemeine Bestimmungen

§ 1	Anwendungsbereich	775
§ 2	Anzuwendende Vorschriften für Liefer-, Dienstleistungs- und Bauaufträge	781
§ 3	Schätzung des Auftragswertes	783
§ 4	Begriffsbestimmungen	787
§ 5	Dienstleistungsaufträge	788
§ 6	Wahrung der Vertraulichkeit	789
§ 7	Anforderungen an den Schutz von Verschlusssachen durch Unternehmen	791
§ 8	Versorgungssicherheit	796
§ 9	Unteraufträge	799

Teil 2 Vergabeverfahren

§ 10	Grundsätze des Vergabeverfahrens	805
§ 11	Arten der Vergabe von Liefer- und Dienstleistungsaufträgen	807
§ 12	Verhandlungsverfahren ohne Teilnahmewettbewerb	808
§ 13	Wettbewerblicher Dialog	815
§ 14	Rahmenvereinbarungen	818
§ 15	Leistungsbeschreibung und technische Anforderungen	820
§ 16	Vergabeunterlagen	826
§ 17	Vorinformation	830
§ 18	Bekanntmachung von Vergabeverfahren	834
§ 19	Informationsübermittlung	837
§ 20	Fristen für den Eingang von Anträgen auf Teilnahme und Eingang der Angebote	842
§ 21	Eignung und Auswahl der Bewerber	846
§ 22	Allgemeine Vorgaben zum Nachweis der Eignung und des Nichtvorliegens von Ausschlussgründen	853
§ 23	Zwingender Ausschluss	859
§ 24	Fakultativer Ausschluss	864
§ 25	Nachweis der Erlaubnis zur Berufsausübung	868
§ 26	Nachweis der wirtschaftlichen und finanziellen Leistungsfähigkeit	870
§ 27	Nachweis der technischen und beruflichen Leistungsfähigkeit	875
§ 28	Nachweis für die Einhaltung von Normen des Qualitäts- und Umweltmanagements	881
§ 29	Aufforderung zur Abgabe eines Angebots	882
§ 30	Öffnung der Angebote	883
§ 31	Prüfung der Angebote	884
§ 32	Nebenangebote	884
§ 33	Ungewöhnlich niedrige Angebote	885
§ 34	Zuschlag	885
§ 35	Bekanntmachung über die Auftragserteilung	886
§ 36	Unterrichtung der Bewerber oder Bieter	886
§ 37	Aufhebung und Einstellung des Vergabeverfahrens	887

Teil 3 Unterauftragsvergabe

§ 38	Allgemeine Vorgaben zur Unterauftragsvergabe	888
§ 39	Bekanntmachung	891
§ 40	Kriterien zur Auswahl der Unterauftragnehmer	893
§ 41	Unteraufträge aufgrund einer Rahmenvereinbarung	894

Teil 4 Besondere Bestimmungen

§ 42	Ausgeschlossene Personen	897
§ 43	Dokumentations- und Aufbewahrungspflichten	903

Teil 5 Übergangs- und Schlussbestimmungen

§ 44	Übergangsbestimmung	917
§ 45	Inkrafttreten	917

5. Teil Landesvergabegesetze
Baden-Württemberg

Tariftreue- und Mindestlohngesetz für öffentliche Aufträge in Baden-Württemberg (Landestariftreue- und Mindestlohngesetz – LTMG)	919
Verwaltungsvorschrift der Landesregierung über die Vergabe öffentlicher Aufträge (VwV Beschaffung)	924

Inhaltsverzeichnis

Richtlinie des Finanz- und Wirtschaftsministeriums für die Vergabe- und Vertragsabwicklung von Liefer- und Dienstleistungen der Staatlichen Vermögens- und Hochbauverwaltung Baden-Württemberg (VOL-Richtlinie VBV) 963
Verwaltungsvorschrift des Innenministeriums über die Vergabe von Aufträgen im kommunalen Bereich (VergabeVwV) 1055

Bayern

Verwaltungsvorschrift zum öffentlichen Auftragswesen (VVöA) 1061
Bekanntmachung der Obersten Baubehörde im Bayerischen Staatsministerium des Innern, für Bau und Verkehr über die Vergabe- und Vertragsordnung für Bauleistungen (VOB), Ausgabe 2016 1065

Berlin

Berliner Ausschreibungs- und Vergabegesetz (BerlAVG) 1067

Brandenburg

Brandenburgisches Gesetz über Mindestanforderungen für die Vergabe von öffentlichen Aufträgen (Brandenburgisches Vergabegesetz – BbgVergG) 1073

Bremen

Bremisches Gesetz zur Sicherung von Tariftreue, Sozialstandards und Wettbewerb bei öffentlicher Auftragsvergabe (Tariftreue- und Vergabegesetz) 1083
Verordnung zur Durchführung des Bremischen Tariftreue- und Vergabegesetzes (Bremische Vergabeverordnung – BremVergV) 1094
Bremische Verordnung über die Organisation der Vergabe von Bau- und Dienstleistungen durch die zentrale Service- und Koordinierungsstelle (Bremische Vergabeorganisationsverordnung – BremVergabeOrgV) 1097

Hamburg

Hamburgisches Vergabegesetz (HmbVgG) 1099
Beschaffungsordnung der Freien und Hansestadt Hamburg vom 1.3.2009 1106
Bewerbungsbedingungen für die Vergabe von Lieferungen und Dienstleistungen 1139
Hamburgische Zusätzliche Vertragsbedingungen für die Ausführung von Lieferungen und Dienstleistungen (HmbZVB-VOL/B) 1144

Hessen

Hessisches Vergabe- und Tariftreuegesetz (HVTG) 1149
Gemeinsamer Runderlass zum öffentlichen Auftragswesen (Vergabeerlass) 1163
Änderung des Gemeinsamen Runderlasses zum öffentlichen Auftragswesen (Vergabeerlass) 1172

Mecklenburg-Vorpommern

Gesetz über die Vergabe öffentlicher Aufträge in Mecklenburg-Vorpommern (Vergabegesetz Mecklenburg-Vorpommern – VgG M-V) 1173
Landesverordnung zur Durchführung des Vergabegesetzes Mecklenburg-Vorpommern (Vergabegesetzdurchführungslandesverordnung – VgGDLVO M-V) 1180
Vergabe öffentlicher Aufträge mit geringen Auftragswerten (Wertgrenzenerlass) 1182
Anwendung der Vergabe- und Vertragsordnung für Bauleistungen und der Vergabe- und Vertragsordnung für Leistungen 1184

Niedersachsen

Niedersächsisches Gesetz zur Sicherung von Tariftreue und Wettbewerb bei der Vergabe öffentlicher Aufträge (Niedersächsisches Tariftreue- und Vergabegesetz – NTVergG) 1185

Nordrhein-Westfalen

Gesetz über die Sicherung von Tariftreue und Sozialstandards sowie fairen Wettbewerb bei der Vergabe öffentlicher Aufträge (Tariftreue und Vergabegesetz Nordrhein-Westfalen – TVgG NRW) 1193
Vergabegrundsätze für Gemeinden (GV) nach § 25 Gemeindehaushaltsverordnung NRW (GemHVO NRW) (Kommunale Vergabegrundsätze) 1196
Vergabegrundsätze für Gemeinden (GV) nach § 25 Gemeindehaushaltsverordnung NRW (GemHVO NRW) (Kommunale Vergabegrundsätze) 1199

Rheinland-Pfalz

Landesgesetz zur Gewährleistung von Tariftreue und Mindestentgelt bei öffentlichen Auftragsvergaben (Landestariftreuegesetz – LTTG) 1201

Inhaltsverzeichnis

Saarland

Gesetz über die Sicherung von Sozialstandards, Tariftreue und Mindestlöhnen bei der Vergabe öffentlicher Aufträge im Saarland (Saarländisches Tariftreuegesetz – STTG) 1207
Verordnung zur Anpassung des Mindestlohns gemäß § 3 Absatz 5 Satz 3 des Saarländischen Tariftreuegesetzes 1214
Richtlinien für die Vergabe von Aufträgen über Lieferungen und Leistungen durch die saarländische Landesverwaltung (Beschaffungsrichtlinien) 1215

Sachsen

Gesetz über die Vergabe öffentlicher Aufträge im Freistaat Sachsen (Sächsisches Vergabegesetz – SächsVergabeG) 1225

Sachsen-Anhalt

Gesetz über die Vergabe öffentlicher Aufträge in Sachsen-Anhalt (Landesvergabegesetz – LVG LSA) . 1231

Schleswig-Holstein

Gesetz über die Sicherung von Tariftreue und Sozialstandards sowie fairen Wettbewerb bei der Vergabe öffentlicher Aufträge (Tariftreueund Vergabegesetz Schleswig-Holstein – TTG) 1241
Anwendungshinweise und Erläuterungen zum Gesetz über die Sicherung von Tariftreue und Sozialstandards sowie fairen Wettbewerb bei der Vergabe öffentlicher Aufträge 1253
Landesverordnung über die Vergabe öffentlicher Aufträge (Schleswig-Holsteinische Vergabeverordnung – SHVgVO) 1271

Thüringen

Thüringer Gesetz über die Vergabe öffentlicher Aufträge (Thüringer Vergabegesetz – ThürVgG) 1275
Thüringer Verwaltungsvorschrift zur Vergabe öffentlicher Aufträge (ThürVVöff) 1284

Sachverzeichnis 1313

Verzeichnis der Abkürzungen und der abgekürzt zitierten Literatur

aA	am Anfang; anderer Ansicht
aaO	am angegebenen Ort
Abb.	Abbildung
abgedr.	abgedruckt
Abh.	Abhandlung
Abk.	Abkommen
ABl.	Amtsblatt der Europäischen Union (bis 31.12.2002 Amtsblatt der Europäischen Gemeinschaften)
ABl. BNetzA	Amtsblatt der Bundesnetzagentur
ABl. EGKS	Amtsblatt der Europäischen Gemeinschaft für Kohle und Stahl
abl.	ablehnend
Abs.	Absatz
Abschn.	Abschnitt
Abt.	Abteilung
abw.	abweichend
abzgl.	abzüglich
AcP	Archiv für die civilistische Praxis (Zeitschrift)
AdR	Ausschuss der Regionen
aE	am Ende
AEG	Allgemeines Eisenbahngesetz
AEntG	Arbeitnehmerentsendegesetz vom 20.4.2009 (BGBl. 2009 I 799)
AEUV	Vertrag über die Arbeitsweise der Europäischen Union vom 9.5.2008 (ABl. 2008 C 115, 47)
aF	alte Fassung
AFDI	Annuaire Français de Droit International (Zeitschrift)
AfP	Archiv für Presserecht (Zeitschrift)
AG	Aktiengesellschaft; Die Aktiengesellschaft (Zeitschrift)
AGB	Allgemeine Geschäftsbedingungen
AgrarR	Agrarrecht (Zeitschrift)
AGVO 800/2008	Verordnung (EG) Nr. 800/2008 der Kommission vom 6.8.2008 zur Erklärung der Vereinbarkeit bestimmter Gruppen von Beihilfen mit dem Gemeinsamen Markt in Anwendung der Artikel 87 und 88 EG-Vertrag (Allgemeine Gruppenfreistellungsverordnung) (ABl. 2008 L 214, 3)
AHK	Alliierte Hohe Kommission
AJCL	American Journal of Comparative Law (Zeitschrift)
AktG	Aktiengesetz vom 6.9.1965 (BGBl. 1965 I 1089)
allg.	allgemein
allgA	allgemeine Ansicht
allgM	allgemeine Meinung
Alt.	Alternative
aM	anderer Meinung
Amsterdamer Vertrag	Vertrag von Amsterdam zur Änderung des Vertrags über die Europäische Union, der Verträge zur Gründung der Europäischen Gemeinschaften sowie einiger damit zusammenhängender Rechtsakte vom 2.10.1997 (ABl. 1997 C 340, 1)
Amtl. Begr.	Amtliche Begründung
ÄndG	Änderungsgesetz
Anh.	Anhang
Anl.	Anlage
Anm.	Anmerkung
Ann. eur.	Annuaire européen (= EuYB, Zeitschrift)
AO	Abgabenordnung vom 1.10.2002 (BGBl. 2002 I 3866, ber. 2003 I 61)
AöR	Archiv des öffentlichen Rechts (Zeitschrift)
ARE	Arbeitsgemeinschaft Regionaler Energieversorgungsunternehmen
arg.	argumentum
ARGE	Arbeitsgemeinschaft
Art.	Artikel
AStV	Ausschuss der Ständigen Vertreter

Abkürzungen

AT	Allgemeiner Teil
Aufl.	Auflage
ausf.	ausführlich
AusfVO	Ausführungsverordnung
Auslegungsmitteilung PersonenverkehrsVO	Mit. d. Kom. über die Auslegungsleitlinien zu der Verordnung (EG) Nr. 1370/2007 über öffentliche Personenverkehrsdienste auf Schiene und Straße (ABl. 2014 C 92, 1)
AVV-EnEff	Allgemeine Verwaltungsvorschriften zur Beschaffung energieeffizienter Produkte und Dienstleistungen vom 18.1.2017 (BAnz. AT 2017, B1)
AWD	Außenwirtschaftsdienst des Betriebs-Beraters (Zeitschrift), ab 1975: Recht der Internationalen Wirtschaft (s. auch RIW)
AWG	Außenwirtschaftsgesetz vom 6.6.2013 (BGBl. 2013 I 1482)
AWR	Archiv für Wettbewerbsrecht (Zeitschrift)
AWV	Außenwirtschaftsverordnung vom 2.8.2013 (BGBl. 2013 I 2865)
Ax/Schneider/Nette VergabeR-HdB	Ax/Schneider/Nette, Handbuch Vergaberecht, 2002
Az.	Aktenzeichen
AZO	Allgemeine Zollordnung vom 29.11.1961 (BGBl. 1961 I 1937) idF der Bekanntmachung vom 18.5.1970 (BGBl. 1970 I 560, 1221; 1977 I 287, 1982 I 667)
B-	Bundes-
Bader/Funke-Kaiser/Stuhlfauth/von Albedyll	Bader/Funke-Kaiser/Stuhlfauth/von Albedyll, Verwaltungsgerichtsordnung, 6. Aufl. 2015
BAFA	Bundesamt für Wirtschaft und Ausfuhrkontrolle
BAG	Bundesarbeitsgericht
Bankenmitt.	Mitteilung über die Anwendung der Vorschriften für staatliche Beihilfen auf Maßnahmen zur Stützung von Finanzinstituten im Kontext der derzeitigen globalen Finanzkrise (ABl. 2008 C 270, 8)
BankR-HdB	Schimansky/Bunte/Lwowski, Bankrechts-Handbuch, 5. Aufl. 2017
BAnz.	Bundesanzeiger
Bartels	Bartels, Präqualifikation im Vergaberecht, 2015
Bartosch	Bartosch, EU-Beihilfenrecht, 2. Aufl. 2016
Baumeister RdÖPNV	Baumeister, Recht des ÖPNV – Praxishandbuch für den Nahverkehr, Band 2, Kommentar, 2013
Baumgärtel/Laumen/Prütting Beweislast-HdB	Baumgärtel/Laumen/Prütting, Handbuch der Beweislast im Privatrecht, Bd. 1: Grundlagen, 3. Aufl. 2010, Bd. 2: Allgemeiner Teil, 3. Aufl. 2007, Bd. 3: Schuldrecht AT, 3. Aufl. 2008, Bd. 4: Schuldrecht BT/I 3. Aufl. 2009, Bd. 5: Schuldrecht BT/II, 3. Aufl. 2009, Bd. 9: Erbrecht, 3. Aufl. 2009
BauR	Zeitschrift für das gesamte öffentliche und private Baurecht (Zeitschrift)
BayObLG	Bayerisches Oberstes Landesgericht
BayVBl.	Bayerische Verwaltungsblätter
BB	Der Betriebs-Berater (Zeitschrift)
BBauG	(Bundes-)Baugesetzbuch idF der Bekanntmachung vom 23.9.2004 (BGBl. 2004 I 2414)
BBB	Bundesbaublatt (Zeitschrift)
BbgVergG	Brandenburgisches Gesetz über Mindestanforderungen für die Vergabe von öffentlichen Aufträgen (Brandenburgisches Vergabegesetz) vom 29.9.2016 (GVBl. 2016 I Nr. 21)
Bd., Bde.	Band, Bände
BDI	Bundesverband der Deutschen Industrie
Bearb., bearb.	Bearbeiter; bearbeitet
Bechtold/Bosch	Bechtold/Bosch, Kartellgesetz, Gesetz gegen Wettbewerbsbeschränkungen, Kommentar, 9. Aufl. 2018
Bechtold/Bosch/Brinker	Bechtold/Bosch/Brinker, EU-Kartellrecht, 3. Aufl. 2014
Beck AEG	Hermes/Sellner, Beck'scher AEG-Kommentar, 2. Aufl. 2014
BeckEuRS	Beck online Rechtsprechung des EuGH, EuG und EuGöD
BeckOK BGB	Bamberger/Roth/Hau/Poseck, Beck'scher Onlinekommentar zum BGB
BeckOK VergabeR	Gabriel/Mertens/Prieß/Stein, Beck'scher Onlinekommentar zum Vergaberecht
BeckOK VwVfG	Bader/Ronellenfitsch, Beck'scher Onlinekommentar zum VwVfG
Beck PostG	Badura/v. Danwitz/Herdegen/Sedemund/Stern, Beck'scher PostG-Kommentar, 2. Aufl. 2004

Abkürzungen

BeckRS	Beck online Rechtsprechung (Elektronische Entscheidungsdatenbank in beck-online)
Beck TKG	Geppert/Schütz, Beck'scher TKG-Kommentar, 4. Aufl. 2013
Beck VergabeR	Burgi/Dreher, Beck'scher Vergaberechtskommentar, Band 1: GWB – 4. Teil, 3. Aufl. 2017, Band 2: VgV, SektVO, VSVgV, KonzVgV, VOB Teil A
Beck VOB	Dreher/Motzke, Beck'scher Vergaberechtskommentar, VOB Teil A, 2. Aufl. 2013, zur 1. Aufl. 2001 s. Beck VOB/A
Beck VOB/A	Motzke/Pietzcker/Prieß, Beck'scher Vergaberechtskommentar, VOB Teil A, 1. Aufl. 2001
Beck VOB/B	Ganten/Jansen/Voit, Beck'scher VOB- und Vergaberechts-Kommentar, VOB Teil B – Allgemeine Vertragsbedingungen für die Ausführung von Bauleistungen, Kommentar, 3. Aufl. 2013
Beck VOB/C	Englert/Katzenbach/Motzke, Beck'scher VOB-Kommentar Vergabe- und Vertragsordnung für Bauleistungen Teil C, 3. Aufl. 2014
Begr., RegE VgRÄG	Begründung des Regierungsentwurfs zum Vergaberechtsänderungsgesetz
Begr.	Begründung
begr.	begründet
Bek.	Bekanntmachung
Bekl.	Beklagter
Bellamy/Child EU Competition Law	Bellamy/Child, European Union Law of Competition, 8. Aufl. 2018
Benelux-Staaten	Belgien, Niederlande, Luxemburg
ber.	berichtigt
Bericht 1957	Schriftlicher Bericht des Ausschusses für Wirtschaftspolitik über den Entwurf eines GWB (BT-Drs. II/3644)
Bericht 1965	Schriftlicher Bericht des Ausschusses für die Entwürfe zu einem Gesetz zur Änderung des GWB (BT-Drs. IV/3533)
Bericht 1973	Unterrichtung des Ausschusses für Wirtschaft zu dem Entwurf eines Zweiten Gesetzes zur Änderung des GWB (BT-Drs. 7/765)
Bericht 1976	Bericht und Antrag des Ausschusses für Wirtschaft zu dem Entwurf eines Dritten Gesetzes zur Änderung des GWB (BT-Drs. 7/4768)
Bericht 1980	Beschlussempfehlung und Bericht des Ausschusses für Wirtschaft zu dem Entwurf eines Vierten Gesetzes zur Änderung des GWB (BT-Drs. 8/3690)
Bericht 1989	Beschlussempfehlung und Bericht des Ausschusses für Wirtschaft zu dem Entwurf eines Fünften Gesetzes zur Änderung des GWB (BT-Drs. 11/5949)
Bericht 1998	Beschlussempfehlung und Bericht des Ausschusses für Wirtschaft zu dem Entwurf eines Sechsten Gesetzes zur Änderung des GWB (BT-Drs. 13/10633)
Bericht 2005	Beschlussempfehlung und Bericht des Ausschusses für Wirtschaft und Arbeit zu dem Entwurf eines Siebten Gesetzes zur Änderung des GWB (BT-Drs. 15/5049)
BerlAVG	Berliner Ausschreibungs- und Vergabegesetz vom 8.7.2010 (GVBl. 2010, 399)
Berlit WettbR	Berlit, Wettbewerbsrecht, 10. Aufl. 2017
BerlKommEnR	Säcker, Berliner Kommentar zum Energierecht, Band 1: Energiewirtschaftsrecht und Energiesicherungsgesetz, Band 2: Energieumweltrecht, Energieeffizienzrecht, Energieanlagenrecht, Band 3: Europäische und deutsche Rechtsverordnungen zum Energierecht, Band 4: MsbG – Messstellenbetriebsgesetz, Band 5: Kraft-Wärme-Kopplungsgesetz, Band 6: EEG – Erneuerbare-Energien-Gesetz 2017 und WindSeeG, 3. Aufl. 2014, 4. Aufl. 2017 f.
BerlKommTKG	Säcker, Berliner Kommentar zum TKG, 3. Aufl. 2013
bes.	besonders
Beschl.	Beschluss
bestr.	bestritten
Beteiligungsmitteilung	Mitteilung der Kommission über Kapitalzuführungen durch den Staat, Bulletin EG 9–1984, abgedruckt in: Wettbewerbsrecht der Europäischen Gemeinschaften, Band II A, 133
betr.	betreffend
Bez.	Bezeichnung
BFH	Bundesfinanzhof
BGB	Bürgerliches Gesetzbuch idF der Bekanntmachung vom 2.1.2002 (BGBl. 2002 I 42, ber. 2909 und BGBl. 2003 I 738) 2017 I 2787)
BGBl.	Bundesgesetzblatt

Abkürzungen

BGebG	Gesetz über die Gebühren und Auslagen des Bundes idF vom 7.8.2013 (BGBl. 2013 I 3154)
BGH	Bundesgerichtshof
BGHSt	Entscheidungen des Bundesgerichtshofs in Strafsachen
BGHZ	Entscheidungen des Bundesgerichtshofs in Zivilsachen
BGW	Bundesverband der deutschen Gas- und Wasserwirtschaft
BHO	Bundeshaushaltsordnung vom 19.8.1969 (BGBl. 1969 I 1284)
Bieber/Ress EuGemeinschaftsR	Bieber/Ress, Die Dynamik des Europäischen Gemeinschaftsrechts, 1987
Biermann Bioenergie	Biermann, Bioenergie und Planungsrecht, 2014
BIP	Bruttoinlandsprodukt
BKartA	Bundeskartellamt
BKR	Richtlinie 93/37/EWG des Rates vom 14.6.1993 zur Koordinierung der Verfahren zur Vergabe öffentlicher Bauaufträge (ABl. 1993 L 199, 54)
Bl.	Blatt
Blank Fusionskontrolle	Blank, Europäische Fusionskontrolle im Rahmen des Art. 85, 86 des EWG-Vertrages, 1991
BMAS	Bundesminister(ium) für Arbeit und Soziales
BMF	Bundesminister(ium) der Finanzen
BMI	Bundesminister(ium) des Inneren
BMJV	Bundesminister(ium) der Justiz und für Verbraucherschutz
BMPT	Bundesminister(ium) für Post und Telekommunikation (bis zur Auflösung 1997)
BMWi	Bundesministerium für Wirtschaft und Energie
BNetzA	Bundesnetzagentur für Elektrizität, Gas, Telekommunikation, Post und Eisenbahnen
Boesen	Boesen, Vergaberecht, Kommentar zum 4. Teil des GWB, 2. Aufl. 2002
Bos/Stuyck/Wytinck	Bos/Stuyck/Wytinck, Concentration Control in the European Economic Community, 1992
BPatG	Bundespatentgericht
BPatGE	Entscheidungen des Bundespatentgerichts
BR	Bundesrat
br.	britisch
BRAGebO (BRAGO)	Bundesgebührenordnung für Rechtsanwälte vom 26.7.1957 (BGBl. 1957 I 907)
BRD	Bundesrepublik Deutschland
BR-Drs.	Drucksachen des Deutschen Bundesrates
BReg.	Bundesregierung
Britz/Hellermann/Hermes EnWG	Britz/Hellermann/Hermes, Energiewirtschaftsgesetz, 3. Aufl. 2015
BR-Prot.	Protokolle des Deutschen Bundesrates
BS	Der Bausachverständige (Zeitschrift)
BSchVG	Gesetz über den gewerblichen Binnenschifffahrtsverkehr vom 1.10.1953 (BGBl. 1953 I 1453 und 1485) idF der Bekanntmachung vom 8.1.1969 (BGBl. 1969 I 65)
BSG	Bundessozialgericht
Bsp.	Beispiel
Bspr.	Besprechung
bspw.	beispielsweise
BStBl.	Bundessteuerblatt
BT	Bundestag
BT-Drs.	Drucksache des Deutschen Bundestages
BT-Prot.	Protokolle des Deutschen Bundestages
Buchholz	Buchholz, Sammel- und Nachschlagewerk der Rechtsprechung des Bundesverwaltungsgerichts
Buchst.	Buchstabe
Bull.	Bulletin der Europäischen Gemeinschaften
Bunte/Stancke KartellR	Bunte/Stancke, Kartellrecht, 3. Aufl. 2016
Burgi VergabeR	Burgi, Vergaberecht, 2. Aufl. 2018
BVerfG	Bundesverfassungsgericht
BVerfGE	Entscheidungen des Bundesverfassungsgerichts
BVerwG	Bundesverwaltungsgericht
BVerwGE	Entscheidungen des Bundesverwaltungsgerichts
BW	Baden-Württemberg
BYIL	British Yearbook of International Law (Zeitschrift)
Byok/Jaeger	Byok/Jaeger, Kommentar zum Vergaberecht, 4. Aufl. 2018

Abkürzungen

bzgl.	bezüglich
bzw.	beziehungsweise
ca.	circa
Calliess/Ruffert	Calliess/Ruffert, Kommentar zum EU-/AEU-Vertrag, 5. Aufl. 2016
CC	französischer Code Civil
CEEP	Europäischer Zentralverband der öffentlichen Wirtschaft
chap.	chapter
cic	culpa in contrahendo
CMLR	Common Market Law Reports (Zeitschrift)
CMLRev.	Common Market Law Review (Zeitschrift)
Contag/Zanner VergabeR	Contag/Zanner, Vergaberecht nach Ansprüchen, 2014
CPA	Classification of Products According to Activities (Statistische Güterklassifikation in Verbindung mit den Wirtschaftszweigen in der Europäischen Wirtschaftsgemeinschaft)
CPC	Central Product Classification (Zentrale Güterklassifikation der Vereinten Nationen)
CPN	Competition Policy Newsletter (Zeitschrift)
CPV	Common Procurement Vocabulary (Gemeinsames Vokabular für öffentliche Aufträge)
CR	Computer und Recht
Dageförde VergabeR	Dageförde, Einführung in das Vergaberecht, 2. Aufl. 2013
Danner/Theobald	Danner/Theobald, Energierecht, Loseblatt-Kommentar
dass.	dasselbe
Daub/Eberstein VOL/A	Daub/Eberstein, Kommentar zur VOL/A, 5. Aufl. 2000
Daub/Eberstein VOL/B	Daub/Eberstein, Kommentar zur VOL/B, 5. Aufl. 2003
Dauses EU-WirtschaftsR-HdB	Dauses, Handbuch des EU-Wirtschaftsrechts, Loseblatt
DAWI	Dienstleistung(en) im allgemeinen wirtschaftlichen Interesse
DAWI-De-minimis-VO	Verordnung (EU) Nr. 360/2012 der Kommission vom 25. April 2012 über die Anwendung der Artikel 107 und 108 des Vertrags über die Arbeitsweise der Europäischen Union auf De-minimis-Beihilfen an Unternehmen, die Dienstleistungen von allgemeinem wirtschaftlichem Interesse erbringen (ABl. 2012 L 114, 8)
DAWI-GFE	Entscheidung der Kommission vom 28.11.2005 über staatliche Beihilfen, die bestimmten mit der Erbringung von Dienstleistungen von allgemeinen wirtschaftlichen Interesse betraute Unternehmen als Ausgleich gewährt werden (ABl. 2005 C 312, 67)
DB	Der Betrieb (Zeitschrift)
DDR	Deutsche Demokratische Republik
ders.	derselbe
dh	das heißt
Dieckmann/Scharf/Wagner-Cardenal	Dieckmann/Scharf/Wagner-Cardenal, Vergabe- und Vertragsordnung für Leistungen (VOL) Teil A: VOL/A, 2013
dies.	dieselbe(n)
diff.	differenzierend
DIHT	Deutscher Industrie- und Handelstag
DIN	Deutsche Industrienorm
Dippel/Sterner/Zeiss	Dippel/Sterner/Zeiss, VSVgV, Kommentar, 2. Aufl. 2018
DiskE	Diskussionsentwurf
Diss.	Dissertation (Universitätsort)
dJ	des Jahres
DKR	Richtlinie 92/50/EWG des Rates vom 18.6.1992 über die Koordinierung der Verfahren zur Vergabe öffentlicher Dienstleistungsaufträge (ABl. 1992 L 209, 1)
Dobmann VergabeR	Dobmann, Das neue Vergaberecht GWB; VgV, SektVO, KonzVgV, VOB/A-EUV, UVgO 2. Aufl. 2018
Dok.	Dokument
DÖV	Die öffentliche Verwaltung (Zeitschrift)
Dreher/Kulka WettbR	Dreher/Kulka, Wettbewerbs- und Kartellrecht, 9. Aufl. 2016
Dreher/Stockmann	Dreher/Stockmann, Kartellvergaberecht, 4. Aufl. 2018
DRiZ	Deutsche Richterzeitung (Zeitschrift)
Drs.	Drucksache
DRZ	Deutsche Rechtszeitschrift (Zeitschrift)
DStZ	Deutsche Steuerzeitung (Zeitschrift)

Abkürzungen

DVA	Deutsche Vergabe- und Vertragsausschuss für Bauleistungen
DVAL	Deutscher Vergabe- und Vertragsausschuss für Lieferungen und Dienstleistungen
DVBl	Deutsches Verwaltungsblatt (Zeitschrift)
DVG	Deutsche Verbundgesellschaft
DVO	Verordnung (EG) Nr. 802/2004 der Kommission vom 21.4.2004 zur Durchführung der Verordnung (EG) Nr. 139/2004 des Rates über die Kontrolle von Unternehmenszusammenschlüssen (ABl. 2004 L 133, 1, ber. ABl. 2004 L 172, 9)
DW	Der Wettbewerb (Zeitschrift)
DZWir	Deutsche Zeitschrift für Wirtschaftsrecht (Zeitschrift)
E	Entwurf
EAG	Europäische Atomgemeinschaft
EAGFE	Europäische Agentur für Forschung und Entwicklung
EAGV	Vertrag zur Gründung der Europäischen Atomgemeinschaft (Euratom) vom 25.3.1957 (BGBl. 1957 II 1014, ber. 1678; ber. BGBl. 1999 II 1024)
ebd.	ebenda
EBJS	Ebenroth/Boujong/Joost/Strohn, HGB, Kommentar, 3. Aufl. 2014/2015
EC State Aid Law	EC State Aid Law: Liber Amicorum in Honor Francisco Santaolla Gadea, 2008
EC	European Community; European Community Treaty
ECA	European Competition Authorities
ECJ	Court of Justice of the European Union
Eckebrecht Auftragsvergaben	Eckebrecht, Auftragsvergaben extraterritorialer Einrichtungen, 2015
ECLR	European Competition Law Review (Zeitschrift)
ECR	European Court Report
ed./éd.	edited; edition; editor, edizione, éditeur, edition
EEA	Einheitliche Europäische Akte
EEC	European Economic Community
EEE	Einheitliche Europäische Eigenerklärung
EEG 2009	Erneuerbare Energien Gesetz vom 25.10.2008 (BGBl. 2008 I 2074)
EEG	Gesetz für den Ausbau erneuerbarer Energien (Erneuerbare-Energien-Gesetz – EEG 2017) vom 21.7.2014 (BGBl. 2014 I 1066)
EFTA	European Free Trade Association
EG	Europäische Gemeinschaft; Vertrag zur Gründung der Europäischen Gemeinschaften idF vom 2.10.1997 (ABl. 1997 C 340), durch Art. 2 des Vertrages von Lissabon zum 1.12.2009 in den Vertrag zur Arbeitsweise des Europäischen Union (AEUV) umbenannt
EGKS	Europäische Gemeinschaft für Kohle und Stahl
EGKSV	Vertrag über die Gründung der Europäischen Gemeinschaft für Kohle und Stahl vom 18.4.1951 (BGBl. 1951 II 447)
EGMR	Europäischer Gerichtshof für Menschenrechte
EGV-Nizza	Vertrag zur Gründung der Europäischen Gemeinschaft vom 25.3.1957 (BGBl. 1957 II 766) idF des Vertrages über die Europäische Union vom 7.2.1992 (BGBl. 1992 II 1253, 1256)
Ehlers/Wolffgang/Schröder Subventionen	Ehlers/Wolffgang/Schröder, Subventionen im WTO- und EG-Recht, 2007
Einf.	Einführung
Einl.	Einleitung
einstw.	einstweilig
EisenbahnRL	RL 2012/34/EU
EJIL	European Journal of International Law (Zeitschrift)
EKMR	Europäische Kommission für Menschenrechte
EL	Ergänzungslieferung
ELJ	European Law Journal (Zeitschrift)
ELR	European Law Reporter (Zeitschrift)
ELRev	European Law Review (Zeitschrift)
Emmerich/Lange KartellR	Emmerich/Lange, Kartellrecht, 14. Aufl. 2018
EMRK	Konvention zum Schutz der Menschenrechte und Grundfreiheiten idF der Bekanntmachung vom 22.10.2010 (BGBl. 2010 II 1198)
endg.	endgültig
Ent.	Entscheidung
entspr.	entsprechend
Entw.	Entwurf

Abkürzungen

Entwurf 1952	Entwurf eines Gesetzes gegen Wettbewerbsbeschränkungen (BT-Drs. II/1158, Anl. I)
Entwurf 1964	Entwurf eines Gesetzes zur Änderung des GWB (BT-Drs. IV/2564)
Entwurf 1971	Entwurf eines Zweiten Gesetzes zur Änderung des GWB (BT-Drs. IV/2520), übernommen vom SPD/FDP-Entwurf 1973 (BT-Drs. 7/76)
Entwurf 1974	Entwurf des Dritten Gesetzes zur Änderung des GWB (BT-Drs. 7/2954)
Entwurf 1978	Entwurf eines Dritten Gesetzes zur Änderung des GWB (BT-Drs. 8/2136)
Entwurf 1989/1	Entwurf eines Fünften Gesetzes zur Änderung des GWB (BT-Drs. 11/4610)
Entwurf 1989/2	Entwurf eines Sechsten Gesetzes zur Änderung des GWB (BT-Drs. 13/9720)
Entwurf 2004	Entwurf eines Siebten Gesetzes zur Änderung des GWB (BT-Drs. 15/3640)
EnWG	Gesetz über die Elektrizitäts- und Gasversorgung (Energiewirtschaftsgesetz) vom 7.7.2005 (BGBl. 2005 I 1970, ber. 3621)
EnWR	Energiewirtschaftsrecht
EP	Europäisches Parlament
EPL	European Public Law (Zeitschrift)
Erichsen/Ehlers AllgVerwR	Erichsen/Ehlers, Allgemeines Verwaltungsrecht, 14. Aufl. 2010
Erl.	Erläuterung
Erman	Erman, BGB, Kommentar, 2 Bände, 15. Aufl. 2017
Eschenbruch/Opitz	Eschenbruch/Opitz, Sektorenverordnung (SektVO), 2012
EStAL	European State Aid Law Quarterly (Zeitschrift)
EStG	Einkommensteuergesetz idF der Bekanntmachung vom 8.10.2009 (BGBl. 2009 I 3366, ber. 2009 I 3862)
etc	et cetera
EU	Europäische Union, entstanden durch den Vertrag von Lissabon zur Änderung des Vertrages über die Europäische Union und des Vertrages zur Gründung der Europäischen Gemeinschaft (ABl. 2007 C 306, 01), zuletzt bekanntgemacht durch Abdruck der konsolidierten Textfassung im ABl. 2010 C 83, 1 und ABl. 2010 C 84, 1
EU-Berufsanerkennungsrichtlinie	Richtlinie 2005/36/EG des europäischen Parlaments und des Rates vom 7.9.2005 über die Anerkennung von Berufsqualifikationen (ABl. 2005 L 255, 22, ber. ABl. 2007 L 271, 18, ABl. 2008 L 93, 28, ABl. 2009 L 33, 49, ABl. 2014 L 305, 115)
EU-Dienstleistungsrichtlinie	Richtlinie 2006/123/EG des Europäischen Parlaments und des Rates vom 12. Dezember 2006 über Dienstleistungen im Binnenmarkt (Abl. 2006 L 376, 36)
EuG	Europäisches Gericht Erster Instanz
EuGH	Gerichtshof der Europäischen Union
EuGHE	Entscheidungen des Gerichtshofes der Europäischen Gemeinschaften
EUK	Europa kompakt (Zeitschrift)
EU-Kom. Wettbewerbsbericht	Bericht über die Wettbewerbpolitik durch die Europäische Kommission
EU-Kom.	Europäische Kommission
EU-KonzessionsvergabeRL	RL 2014/23/EU
EuMeSat	Europäische Organisation für die Nutzung meteorologischer Satelliten
EU-Öffentliche-AuftragsvergabeRL	s. RL 2014/24/EU
EUR	Euro
EuR	Europarecht (Zeitschrift)
Euratom	Europäische Atomgemeinschaft
EUV	Vertrag über die Europäische Union vom 9.5.2008 (ABl. 2008 C 115, 15)
EuVR	Europäisches Vergaberecht (Zeitschrift), ab 2001: Zeitschrift für das gesamte Vergaberecht (s. VR)
EUVRL	Richtlinie 2004/17/EG des Europäischen Parlaments und des Rates vom 31.3.2004 zur Koordinierung der Zuschlagserteilung durch Auftraggeber im Bereich der Wasser-, Energie- und Verkehrsversorgung sowie der Postdienste (ABl. 2004 L 134, 1, ber. ABl. 2004 L 358, 35, ABl. 2005 L 305, 46)
EuYB	European Yearbook (Zeitschrift)
EuZW	Europäische Zeitschrift für Wirtschaftsrecht (Zeitschrift)
eV	eingetragener Verein
evtl.	eventuell

Abkürzungen

EVU	Elektrizitätsversorgungsunternehmen
EW	Elektrizitätswirtschaft (Zeitschrift)
EWG	Europäische Wirtschaftsgemeinschaft
EWGV	Vertrag zur Gründung der Europäischen Wirtschaftsgemeinschaft vom 25.3.1957 (BGBl. 1957 II 753)
EWiR	Entscheidungen zum Wirtschaftsrecht (Zeitschrift)
EWR	Europäischer Wirtschaftsraum
EWS	Europäisches Wirtschafts- und Steuerrecht (Zeitschrift)
Eyermann	Eyermann, Kommentar zur VwGO, 14. Aufl. 2014
EZB	Europäische Zentralbank
EZBK	Ernst/Zinkahn/Bielenberg/Krautzberger, Loseblatt-Kommentar zum Baugesetzbuch
EzEG-VergabeR	Fischer/Münkemüller/Noch, Entscheidungssammlung zum Europäischen Vergaberecht 2002
f.	folgend
Fabry/Meininger/Kayser VergabeR	Fabry/Meininger/Kayser, Vergaberecht in der Unternehmenspraxis, 2. Aufl. 2013
FAO	Ernährungs- und Landwirtschaftsorganisation der Vereinten Nationen
FAZ	Frankfurter Allgemeine Zeitung
Ferber Bieterstrategien VergabeR	Ferber, Bieterstrategien im Vergaberecht, 2015
Ferber Praxisratgeber VergabeR	Ferber, Praxisratgeber Vergaberecht, 3. Aufl. 2013
FernmAG	Fernmeldeanlagengesetz idF vom 3.7.1989 (BGBl. 1989 I 1455)
ff.	fortfolgende
FFV; FrauFöV	Frauenförderverordnung
FGO	Finanzgerichtsordnung
FIW	Forschungsinstitut für Wirtschaftsverfassung und Wettbewerb eV, Köln
FIW-Schriftenreihe	Schriftenreihe des Forschungsinstituts für Wirtschaftsverfassung und Wettbewerb eV, Köln
FK-KartellR	Jaeger/Kokott/Pohlmann/Schroeder, Frankfurter Kommentar zum Kartellrecht, Loseblatt
FKVO aF	Fusionskontrollverordnung alte Fassung: Verordnung (EWG) Nr. 4064/89 des Rates vom 21.12.1989 über die Kontrolle von Unternehmenszusammenschlüssen (ABl. 1989 L 395, 1)
FKVO	Fusionskontrollverordnung neue Fassung: Verordnung (EG) Nr. 139/2004 des Rates vom 20.1.2004 über die Kontrolle von Unternehmenszusammenschlüssen („EG-Fusionskontrollverordnung") (ABl. 2004 L 24, 1)
Fn.	Fußnote
Forum Vergabe	Forum Vergabe eV, Berlin
forum vergabe monatsinfo	forum vergabe monatsinfo (Zeitschrift)
Franke/Kemper/Zanner/Grünhagen VOB	Franke/Kemper/Zanner/Grünhagen, VOB Kommentar, 6. Aufl. 2017
franz.	französisch
Frenz EuropaR-HdB III	Frenz, Handbuch Europarecht, Bd. 3: Beihilfe- und Vergaberecht, 2007
FS	Festschrift
FuE	Forschung und Entwicklung
FuE-GVO	Verordnung (EG) Nr. 2659/2000 der Kommission vom 29.11.2000 über die Anwendung von Artikel 81 Absatz 3 des Vertrages auf Gruppen von Vereinbarungen über Forschung und Entwicklung (ABl. 2000 L 304, 7), außer Kraft am 31.12.2010
G	Gesetz
GA	Generalanwalt
Gabriel/Krohn/Neun VergabeR-HdB	Gabriel/Krohn/Neun, Handbuch des Vergaberechts, 2. Aufl. 2017
GAP	Gemeinsame Agrarpolitik
GASP	Gemeinsame Außen- und Sicherheitspolitik
GATS	General Agreement on Trade in Services (Allgemeines Übereinkommen über den Handel mit Dienstleistungen)
GATT	Allgemeines Zoll- und Handelsabkommen
GBl.	Gesetzblatt
GbR	Gesellschaft bürgerlichen Rechts
GD	Generaldirektion
Geiger/Khan/Kotzur	Geiger/Khan/Kotzur, EUV/AEUV, 6. Aufl. 2017

Abkürzungen

gem.	gemäß
Gemeinschaftsrahmen „F&E&I-Beihilfen"	Mitteilung der Kommission – Gemeinschaftsrahmen für staatliche Beihilfen für Forschung, Entwicklung und Innovation (ABl. 2006 C 323, 1)
GemHVO	Gemeindehaushaltsverordnung
GemS	Gemeinsamer Senat
GesR	Gesundheitsrecht, Zeitschrift für Arztrecht, Krankenhausrecht, Apotheken- und Arzneimittelrecht (Zeitschrift)
GewArch	Gewerbearchiv (Zeitschrift)
GewO	Gewerbeordnung idF der Bekanntmachung vom 22.2.1999 (BGBl. 1999 I 202)
GFE-DAWI	Entscheidung der Kommission vom 28.11.2005 über die Anwendung von Artikel 86 Absatz 2 EG-Vertrag auf staatliche Beihilfen, die bestimmten mit der Erbringung von Dienstleistungen von allgemeinem wirtschaftlichem Interesse betrauten Unternehmen als Ausgleich gewährt werden (ABl. 2005 L 312, 67), aufgehoben durch Beschl. vom 20.12.2011 (ABl. 2012 L 7, 3)
GG	Grundgesetz für die Bundesrepublik Deutschland vom 23.5.1949 (BGBl. 1949 I 1)
ggf.	gegebenenfalls
ggü.	gegenüber
GK	Müller-Henneberg/Hootz, Gemeinschaftskommentar, Gesetz gegen Wettbewerbsbeschränkungen und Europäisches Kartellrecht, 5. Aufl. 2006
GKG	Gerichtskostengesetz idF der Bekanntmachung vom 27.2.2014 (BGBl. 2014 I 154)
GmbHG	Gesetz betreffend die Gesellschaften mit beschränkter Haftung vom 20.5.1898 (RGBl. 1898, 846)
GMBl.	Gemeinsames Ministerialblatt
GmS-OGB	Gemeinsamer Senat der obersten Gerichtshöfe des Bundes
GO	Geschäftsordnung
Göhler	Göhler, Gesetz über Ordnungswidrigkeiten, 17. Aufl. 2017
Gohrke Öff. Konzessionen-HdB	Gohrke, Handbuch öffentliche Konzessionen, 2016
GP	Gesetzgebungsperiode
GPA	Agreement on Government Procurement
GPC	Government Procurement Code
Grabitz/Hilf/Nettesheim	Grabitz/Hilf/Nettesheim, Das Recht der Europäischen Union, Loseblatt-Kommentar
Graf-Schlicker	Graf-Schlicker, InsO, Kommentar, 4. Aufl. 2014
grdl.	grundlegend
grds.	grundsätzlich
Greb/Müller	Greb/Müller, Kommentar zum Sektorenvergaberecht, 2. Aufl. 2017
GrS	Großer Senat
Gruber EuVergabeR	Gruber/Gruber/Sachs, Europäisches Vergaberecht, 2005
Grünbuch Partnerschaften	Grünbuch zu öffentlich-privaten Partnerschaften und den gemeinschaftlichen Rechtsvorschriften für öffentliche Aufträge und Konzessionen (KOM(2004) 327 endgültig vom 30.4.2004)
Grünbuch Verteidigungsgüter	Grünbuch Beschaffung von Verteidigungsgütern (KOM(2004) 608 endgültig vom 23.9.2004)
GRUR	Gewerblicher Rechtsschutz und Urheberrecht (Zeitschrift)
GRUR-Int	Gewerblicher Rechtsschutz und Urheberrecht – International
GU	Gemeinschaftsunternehmen
GüKG	Güterkraftverkehrsgesetz vom 22.6.1998 (BGBl. 1998 I 1485)
GVO 651/2014	Verordnung (EU) Nr. 651/2014 der Kommission vom 17.6.2014 zur Feststellung der Vereinbarkeit bestimmter Gruppen von Beihilfen mit dem Binnenmarkt in Anwendung der Artikel 107 und 108 des Vertrags über die Arbeitsweise der Europäischen Union (Gruppenfreistellungsverordnung) (ABl. 2014 L 187, 1, ber. ABl. 2014 L 283, 65), geändert durch Art. 1 ÄndVO (EU) 2017/1084 vom 14.6.2017 (ABl. 2017 L 156, 1)
GVBl.	Gesetz- und Verordnungsblatt
GVO	Verordnung (EU) Nr. 651/2014 der Kommission vom 17.6.2014 zur Feststellung der Vereinbarkeit bestimmter Gruppen von Beihilfen mit dem Binnenmarkt in Anwendung der Art. 107 und 108 des Vertrags über die Arbeitsweise der Europäischen Union (ABl. 2014 L 187, 1, ber. ABl. 2014 L 283, 65), geändert durch Art. 1 ÄndVO (EU) 2017/1084 vom 14.6.2017 (ABl. 2017 L 156, 1)

Abkürzungen

GWB	Gesetz gegen Wettbewerbsbeschränkungen idF der Bekanntmachung vom 26.6.2013 (BGBl. 2013 I 1750, ber. 3245)
GYIL	German Yearbook of International Law (Zeitschrift)
Halbbd.	Halbband
Hancher/Ottervanger/Slot	Hancher/Ottervanger/Slot, EC State Aids, 4. Aufl. 2012
Hänsel/Grosse	Hänsel/Grosse, Vergabe von Architekten- und Ingenieurleistungen, 2. Aufl. 2012
Haratsch/Koenig/Pechstein EuropaR	Haratsch/Koenig/Pechstein, Europarecht, 11. Aufl. 2018
Hattig/Maibaum	Hattig/Maibaum, Praxiskommentar Kartellvergaberecht, 2. Aufl. 2014
HdB	Handbuch
HdBStR III	Isensee/Kirchhof, Handbuch des Staatsrechts der Bundesrepublik Deutschland, Band 3, Demokratie – Bundesorgane, 3. Aufl. 2005
Heidenhain European State Aid Law	Heidenhain, European State Aid Law, 2010
Heidenhain EU-BeihilfenR-HdB	Heidenhain, Handbuch des Europäischen Beihilfenrechts, 2003
Heiermann/Riedl/Rusam	Heiermann/Riedl/Rusam, Handkommentar zur VOB, VOB Teile A und B, VSVgV, Rechtsschutz im Vergabeverfahren, 14. Aufl. 2017
Heiermann/Zeiss	s. jurisPK-VergabeR
Heinze/Fehling/Fiedler	Heinze/Fehling/Fiedler, Personenbeförderungsgesetz, Kommentar, 2. Aufl. 2014
Herberger/Martinek/Rüßmann/Weth	s. jurisPK-BGB
Hertwig Öff. Auftragsvergabe	Hertwig, Praxis der öffentlichen Auftragsvergabe, 6. Aufl. 2016
Hettich/Soudry VergabeR	Hettich/Soudry, Das neue Vergaberecht, 2014
HGB	Handelsgesetzbuch vom 10.5.1897 (RGBl. 1897, 219)
HGrG	Gesetz über die Grundsätze des Haushaltsrechts des Bundes und der Länder (Haushaltsgrundsätzegesetz) vom 19.8.1969 (BGBl. 1969 I 1273)
HHKW	Heuvels/Höß/Kuß/Wagner, Vergaberecht, 2013
HK-InsO	Kayser/Thole, Heidelberger Kommentar zur Insolvenzordnung, 9. Aufl. 2018
HK-VergabeR	Pünder/Schellenberg, Vergaberecht, 2. Aufl. 2015
hL	herrschende Lehre
hM	herrschende Meinung
HmbVgG	Hamburgisches Vergabegesetz vom 13.2.2006 (HmbGVBl. 2006, 57)
HOAI	Verordnung über die Honorare für Architekten- und Ingenieurleistungen vom 10.7.2013 (BGBl. 2013 I 2276)
Höfler/Bayer BauvergabeR-HdB	Höfler/Bayer, Praxishandbuch Bauvergaberecht, 3. Aufl. 2012
HölzerVergabeR	Hölzer, Vergaberecht im Verteidigungs- und Sicherheitsbereich der Europäischen Union, 2017
Holoubek/Fuchs/Holzinger VergabeR	Holoubek/Fuchs/Holzinger, Vergaberecht, 4. Aufl. 2014
HRR	Höchstrichterliche Rechtsprechung
Hrsg., hrsg.	Herausgeber, herausgegeben
Hs.	Halbsatz
Hüffer/Koch	Hüffer/Koch, Aktiengesetz, 13. Aufl. 2018
HVTG	Hessisches Vergabe- und Tariftreuegesetz vom 19.12.2014 (GVBl. 2014, 354), geändert durch Art. 10a Elftes Gesetz zur Verlängerung der Geltungsdauer und Änderung von Rechtsvorschriften vom 5.10.2017 (GVBl. 2017, 294)
ICLQ	International Comparative Law Quarterly (Zeitschrift)
idB	in der Bekanntmachung
idF	in der Fassung
idR	in der Regel
idS	in diesem Sinne
iE	im Einzelnen
iErg	im Ergebnis
ieS	im engeren Sinne
IHK	Industrie- und Handelskammer
ILA	International Law Association
Immenga/Mestmäcker	Immenga/Mestmäcker, Kommentar zum Wettbewerbsrecht, Band 1: EU/Teil 1, Band 1/Teil 2: EU/Teil 2, 5. Aufl. 2012; Band 2/Teil 1 GWB: §§ 1–

Abkürzungen

	96, 130, 131, Band 2/Teil 2 GWB: §§ 97–129b (Vergaberecht), 5. Aufl. 2014; Band 3: Beihilfenrecht/Sonderbereiche, 5. Aufl. 2016
Ingenstau/Korbion	Ingenstau/Korbion/Leupertz/v. Wietersheim, VOB-Kommentar, Teile A und B, 20. Aufl. 2017
inkl.	inklusive
insbes.	insbesondere
InsO	Insolvenzordnung vom 5.10.1994 (BGBl. 1994 I 2866)
IntHK	Internationale Handelskammer
IP	Pressemitteilung der EU
iRd	im Rahmen der/des
iS	im Sinne
iSd	im Sinne der/des
ITBR	IT-Rechtsberater (Zeitschrift)
iÜ	im Übrigen
iVm	in Verbindung mit
IWF	Internationaler Währungsfond
iwS	im weiteren Sinne
iZw	im Zweifel
JA	Juristische Arbeitsblätter (Zeitschrift)
Jarass/Pieroth	Jarass/Pieroth, Grundgesetz für die Bundesrepublik Deutschland, Kommentar, 15. Aufl. 2018
Jb.	Jahrbuch
JBl	Juristische Blätter (Zeitschrift)
Jg.	Jahrgang
JMBl.	Justizministerialblatt
JR	Juristische Rundschau (Zeitschrift)
jur.	juristisch
Jura	Juristische Ausbildung (Zeitschrift)
jurisPK-BGB	Herberger/Martinek/Rüßmann/Weth, juris Praxiskommentar BGB, 7. Aufl. 2014
jurisPK-VergabeR	Heiermann/Zeiss, juris Praxiskommentar Vergaberecht, 4. Aufl. 2013
JuS	Juristische Schulung (Zeitschrift)
JW	Juristische Wochenschrift (Zeitschrift)
JZ	Juristenzeitung (Zeitschrift)
KAG	Kommanditaktiengesellschaft
Kap.	Kapitel
Kapellmann/Messerschmidt	Kapellmann/Messerschmidt, VOB Teile A und B, 6. Aufl. 2018
KartB	Kartellbehörde
Kartellbericht	Bericht der Bundesregierung über die Änderung des GWB (BT-Drs. IV/617)
KartellR	Kartellrecht
KAV	Konzessionsabgabenverordnung vom 9.1.1992 (BGBl.1992 I 12, ber. 407)
KG	Kammergericht (Berlin), Kommanditgesellschaft
KGaA	Kommanditgesellschaft auf Aktien
KKMPP VgV	Kulartz/Kus/Marx/Portz/Prieß, Kommentar zur VgV, 2016
KKPP GWB	Kulartz/Kus/Portz/Prieß, Kommentar zum GWB-Vergaberecht, 4. Aufl. 2016 (3. Aufl. 2014 s. Kulartz/Kus/Portz)
KKRM	Koller/Kindler/Roth/Morck, Handelsgesetzbuch – HGB, Kommentar, 8. Aufl. 2015
Kl.	Kläger
KLPP	Kaufmann/Lübbig/Prieß/Pünder, VO (EG) 1370/2007 – Vorordnung über öffentliche Personenverkehrsdienste, Kommentar, 2010
KMPP VOB/A	Kulartz/Marx/Portz/Prieß, Kommentar zur VOB/A, 2. Aufl. 2014
KMPP VOL/A	Kulartz/Marx/Portz/Prieß, Kommentar zur VOL/A, 3. Aufl. 2014
KMU	Kleine und mittlere Unternehmen
Knack/Henneke	Knack/Henneke, VwVfG, Kommentar, 10. Aufl. 2014
Knauff ÖPNV	Knauff, Bestellung von Verkehrsleistungen im ÖPNV, 2018
Koenig/Kühling/Ritter EG-BeihilfenR	Koenig/Kühling/Ritter, EG-Beihilfenrecht, 2. Aufl. 2005
Koenig/Roth/Schön EG-BeihilfenR	Koenig/Roth/Schön, Aktuelle Fragen des EG-Beihilfenrechts, 2001
Köhler/Bornkamm	Köhler/Bornkamm, Gesetz gegen den unlauteren Wettbewerb: UWG mit PAngV, UKlaG, DL-InfoV, Kommentar, 36. Aufl. 2018
Kölner Komm KartellR	Busche/Röhling, Kölner Kommentar zum Kartellrecht, Band 1: Deutsches Kartellrecht – §§ 1–34a GWB, 2017, Band 2: Deutsches Kartellrecht –

Abkürzungen

	§§ 35–96, 130, 131 GWB, 2015, Band 3: Europäisches Kartellrecht – Art. 101–106 AEUV (ex-Art. 81–86 EGV), Gruppenfreistellungsverordnungen, 2016, Band 4: Europäisches Kartellrecht – VO 1/2003, FKVO (VO 139/2004), Besondere Wirtschaftszweige: Landverkehr (VO 169/2009), Luftverkehr, Seeverkehr, Postwesen, Telekommunikation, Kreditwirtschaft, Versicherungswirtschaft, 2013
Koller/Kindler/Roth/Morck	s. KKRM
Kom. Dok.	Kommissionsdokument
Kom.	Kommission
Kom., Bekanntmachung Durchsetzung	Bekanntmachung der Kommission über die Durchsetzung des Beihilfenrechts durch die einzelstaatlichen Gerichte (ABl. 2009 C 85, 1)
Kom., Bekanntmachung Konzentration/Kooperation	Bekanntmachung der Kommission über Konzentrations- und Kooperationstatbestände nach der Verordnung (EWG) Nr. 4064/89 des Rates vom 21.12.1989 über die Kontrolle von Unternehmenszusammenschlüssen
Kom., Bekanntmachung Post	Bekanntmachung der Kommission über die Anwendung der Wettbewerbsregeln auf den Postsektor und über die Beurteilung bestimmter staatlicher Maßnahmen betreffend Postdienste (ABl. 1998 C 39, 2)
Kom., Bekanntmachung Rückforderung	Bekanntmachung der Kommission über Rechtswidrige und mit dem Gemeinsamen Markt unvereinbare staatliche Beihilfen: Gewährleistung der Umsetzung von Rückforderungsentscheidungen der Kommission in den Mitgliedstaaten (ABl. 2007 C 272, 4)
Kom., Leitfaden Verfahren	Europäischer Leitfaden für bewährte Verfahren (Code of Best Practice) zur Erleichterung des Zugangs kleiner und mittlerer Unternehmen (KMU) zu öffentlichen Aufträgen (SEC (2008) 2193)
Kom., Leitlinien Breitbandausbau 2009	Leitlinien der Gemeinschaft für die Anwendung der Vorschriften über staatliche Beihilfen im Zusammenhang mit dem schnellen Breitbandausbau (ABl. 2009 C 235, 7)
Kom., Leitlinien Breitbandausbau 2013	Leitlinien der EU für die Anwendung der Vorschriften über staatliche Beihilfen im Zusammenhang mit dem schnellen Breitbandausbau (ABl. 2013 C 25, 1)
Kom., Leitlinien Risikokapitalbeihilfen	Leitlinien der Gemeinschaft für staatliche Beihilfen zur Förderung von Risikokapitalinvestitionen in kleine und mittlere Unternehmen (ABl. 2006 C 194, 2)
Kom., Leitlinien Umstrukturierung	Mitteilung der Kommission – Leitlinien der Gemeinschaft für staatliche Beihilfen zur Rettung und Umstrukturierung von Unternehmen in Schwierigkeiten (ABl. 2004 C 244, 2)
Kom., Mitteilung Analysemethode	Mitteilung der Kommission über die Methode für die Analyse staatlicher Beihilfen in Verbindung mit verlorenen Kosten, abrufbar unter http://ec.europa.eu/competition/state_aid/legislation/stranded_costs_de.pdf
Kom., Mitteilung Auslegung Konzessionen	Mitteilung der Kommission zu Auslegungsfragen im Bereich Konzessionen im Gemeinschaftsrecht (ABl. 2000 C 121)
Kom., Mitteilung Auslegung Vergaberecht	Mitteilung der Kommission über die Auslegung des gemeinschaftlichen Vergaberechts und die Möglichkeiten zur Berücksichtigung sozialer Belange bei der Vergabe öffentlicher Aufträge (KOM(2001) 566 endgültig vom 15.10.2001)
Kom., Mitteilung Auslegungsfragen Artikel 296	Mitteilung zu Auslegungsfragen bezüglich der Anwendung des Artikels 296 des Vertrags zur Gründung der Europäischen Gemeinschaft (EGV) auf die Beschaffung von Verteidigungsgütern (KOM(2006) 779 endgültig vom 7.12.2006)
Kom., Mitteilung Auslegungsfragen IÖPP	Mitteilung der Kommission zu Auslegungsfragen in Bezug auf die Anwendung der gemeinschaftlichen Rechtsvorschriften für öffentliche Aufträge

Abkürzungen

	und Konzessionen auf institutionalisierte Öffentlich Private Partnerschaften (IÖPP) (ABl. 2008 C 91, 4)
Kom., Mitteilung Filmwirtschaft	Mitteilung der Kommission vom 26.9.2001 zu bestimmten Rechtsfragen im Zusammenhang mit Kinofilmen und anderen audiovisuellen Werken (ABl. 2002 C 43, 6), zuletzt bis 31.12.2012 verlängert durch Mitteilung der Kommission über die Kriterien zur Beurteilung der Vereinbarkeit staatlicher Beihilfen in der Mitteilung zur Filmwirtschaft (ABl. 2009 C 31, 1)
Kom., Mitteilung Flughäfen	Mitteilung der Kommission Gemeinschaftliche Leitlinien für die Finanzierung von Flughäfen und die Gewährung staatlicher Anlaufbeihilfen für Luftfahrtunternehmen auf Regionalflughäfen (ABl. C 312, 1)
Kom., Mitteilung Geltungsdauer Schiffbau	Mitteilung der Kommission betreffend die Verlängerung der Geltungsdauer der Rahmenbestimmungen über staatliche Beihilfen an den Schiffbau (ABl. 2006 C 260, 7)
Kom., Mitteilung Gemeinschaftsrahmen Beihilfen	Mitteilung der Kommission – Vorübergehender Gemeinschaftsrahmen für staatliche Beihilfen zur Erleichterung des Zugangs zu Finanzierungsmitteln in der gegenwärtigen Finanz- und Wirtschaftskrise (ABl. 2009 C 16, 1)
Kom., Mitteilung Impaired Asset	Mitteilung der Kommission über die Behandlung wertgeminderter Aktiva im Bankensektor der Gemeinschaft (ABl. 2009 C 72, 1)
Kom., Mitteilung Konzessionen	Mitteilung der Kommission zu Auslegungsfragen im Bereich Konzessionen im Gemeinschaftsrecht (ABl. 2000 C 121, 2)
Kom., Mitteilung Rekapitalisierung	Mitteilung der Kommission – Die Rekapitalisierung von Finanzinstituten in der derzeitigen Finanzkrise: Beschränkung der Hilfe auf das erforderliche Minimum und Vorkehrungen gegen unverhältnismäßige Wettbewerbsverzerrungen (ABl. 2009 C 10, 2)
Kom., Mitteilung Schiffsbau	Rahmenbestimmungen über staatliche Beihilfen für den Schiffsbau (ABl. 2005 C 317)
Kom., Mitteilung Seilbahn	Mitteilung der Kommission an die übrigen Mitgliedstaaten und anderen Beteiligten zur staatlichen Beihilfe N 376/01 – „Beihilfenregelung zugunsten von Seilbahnen" – Genehmigung staatlicher Beihilfen gemäß den Artikeln 87 und 88 EG-Vertrag (ABl. 2002 C 172)
Kom., Mitteilung Umstrukturierung	Mitteilung der Kommission über die Wiederherstellung der Rentabilität und die Bewertung von Umstrukturierungsmaßnahmen im Finanzsektor der derzeitigen Krise gemäß den Beihilfevorschriften (ABl. 2009 C 195, 9)
Kom., Mitteilung Unterschwellenvergabe	Mitteilung der Kommission zu Auslegungsfragen in Bezug auf das Gemeinschaftsrecht, das für die Vergabe öffentlicher Aufträge gilt, die nicht oder nur teilweise unter die Vergaberichtlinien fallen (ABl. 2006 C 179, 2)
Kom., Mitteilung Verlängerung Schiffbau	Mitteilung der Kommission betreffend die Verlängerung der Geltungsdauer der Rahmenbestimmungen für Beihilfen an den Schiffbau (ABl. 2008 C 173, 3)
Komm.	Kommentar
KonzVgV	Verordnung über die Vergabe von Konzessionen Konzessionsvergabeverordnung vom 12.4.2016 (BGBl. 2016 I 624), geändert durch Art. 10 eIDAS-Durchführungsgesetz vom 18.7.2017 (BGBl. 2017 I 2745)
Kopp/Ramsauer	Kopp/Ramsauer, VwVfG Kommentar, 19. Aufl. 2018
Kopp/Schenke	Kopp/Schenke, VwGO Kommentar, 24. Aufl. 2018
KostRMoG	Zweites Gesetz zur Modernisierung des Kostenrechts vom 23.7.2013 (BGBl. 2013 I 2586)
krit.	kritisch
KritJ	Kritische Justiz (Zeitschrift)
KrWG	Kreislaufwirtschaftsgesetz vom 24.2.2012 (BGBl. 2012 I 212)
KS	EGKS-Vertrag in der nach dem 1.5.1999 geltenden Fassung
KSZE	Konferenz über Sicherheit und Zusammenarbeit in Europa
Kulartz/Kus/Portz	Kulartz/Kus/Portz, Kommentar zum GWB-Vergaberecht, 3. Aufl. 2014 (zur 1. Aufl. s. Niebuhr/Kulartz/Kus/Portz)
KVR	s. RL 2014/23/EU
L	Landes-
LAG	Landesarbeitsgericht

Abkürzungen

Lampe-Helbig/Jagenburg/Baldringer Bauvergabe-HdB	Lampe-Helbig/Jagenburg/Baldringer, Handbuch der Bauvergabe, 3. Aufl. 2014
Langen/Bunte	Langen/Bunte, Kartellrecht, Band 1: Deutsches Kartellrecht; Band 2: Europäisches Kartellrecht, 13. Aufl. 2018
Leinemann Neues VergabeR	Leinemann, Das neue Vergaberecht, 2. Aufl. 2010
Leinemann Vergabe öff. Aufträge	Leinemann, Die Vergabe öffentlicher Aufträge, 6. Aufl. 2016
Leinemann/Kirch	Leinemann/Kirch, VSVgV – Vergabeverordnung Verteidigung und Sicherheit, Kommentar, 2013
Leippe EU-BeihilfeR	Leippe, EU-Beihilferecht in der kommunalen Praxis, 3. Aufl. 2017
Lenz EG-HdB	Lenz, EG-Handbuch, Recht im Binnenmarkt, 2. Aufl. 1994
Lenz/Borchardt	Lenz/Borchardt, EU-Verträge Kommentar, EUV – AEUV – GRCh, Kommentar, 6. Aufl. 2012
Lfg.	Lieferung
LG	Landgericht (mit Ortsnamen)
LHO	Landeshaushaltsordnung
LIEI	Legal Issues of Economic Integration (Zeitschrift)
li. Sp.	linke Spalte
lit.	litera, Buchstabe
Lit.	Literatur
LKartB	Landeskartellbehörde/n
LKR	Richtlinie 93/36/EWG des Rates vom 14.6.1993 über die Koordinierung der Verfahren zur Vergabe öffentlicher Lieferaufträge (ABl. 1993 L 199, 1)
LKV	Landes- und Kommunalrecht (Zeitschrift)
LM	Lindenmaier, Möhring ua, Nachschlagewerk des Bundesberichtshofs
LMRKM	Loewenheim/Meessen/Riesenkampff/Kersting/Meyer-Lindemann, Kartellrecht, 3. Aufl. 2016
Loewenheim/Meessen/Riesenkampff	Loewenheim/Meessen/Riesenkampff, Kartellrecht, 2. Aufl. 2009
Losebl.	Loseblattausgabe
LPG	Landespressegesetz
Ls.	Leitsatz
LSP	Leitsätze für die Preisermittlung auf Grund von Selbstkosten (Anl. zu VO PR Nr. 30/35)
lt.	laut
LTMG	Tariftreue- und Mindestlohngesetz für öffentliche Aufträge in Baden-Württemberg (Landestariftreue- und Mindestlohngesetz) vom 16.4.2013 (GBl. 2013, 50), geändert durch Art. 29 9. AnpassungsVO vom 23.2.2017 (GBl. 2017, 99)
LTTG	Landesgesetz zur Gewährleistung von Tariftreue und Mindestentgelt bei öffentlichen Auftragsvergaben (Landestariftreuegesetz) vom 1.12.2010 (GVBl. 2010, 426)
Lübbig/Martin-Ehlers EU-BeihilfenR	Lübbig/Martin-Ehlers, Beihilfenrecht der EU, 2. Aufl. 2009
LVG LSA	Gesetz über die Vergabe öffentlicher Aufträge in Sachsen-Anhalt (Landesvergabegesetz) vom 19.11.2012 (GVBl. LSA 2012, 536)
Magiera/Müller-Graff	Hailbronner/Klein/Magiera/Müller-Graff, Handkommentar zum Vertrag über die Europäische Union (EUV/EGV), Loseblatt seit 1991, Stand: 1998 (Erscheinen eingestellt mit EL 7)
Maunz/Dürig	Maunz/Dürig, Grundgesetz, Loseblatt-Kommentar
Maurer VerwR	Maurer, Allgemeines Verwaltungsrecht, 18. Aufl. 2011
Maurer/Waldhoff VerwR	Maurer/Waldhoff, Allgemeines Verwaltungsrecht, 19. Aufl. 2017
maW	mit anderen Worten
Mayer/Stöger	Mayer/Stöger, Kommentar zu EUV und AEUV, Loseblatt
MBl.	Ministerialblatt
MDR	Monatsschrift für Deutsches Recht (Zeitschrift)
mE	meines Erachtens
Mestmäcker/Schweitzer EuWettbR	Mestmäcker/Schweitzer, Europäisches Wettbewerbsrecht, 3. Aufl. 2014
MHdB GesR I	Gummert/Weipert, Münchener Handbuch des Gesellschaftsrechts, Band 1: BGB-Gesellschaft, Offene Handelsgesellschaft, Partnerschaftsgesellschaft, EWIV, 5. Aufl. 2018

Abkürzungen

MHdB GesR II	Gummert/Weipert, Münchener Handbuch des Gesellschaftsrechts, Band 2: Kommanditgesellschaft, GmbH & Co. KG, PublikumsKG, Stille Gesellschaft, 4. Aufl. 2014
MHdB GesR III	Priester/Mayer/Wicke, Münchener Handbuch des Gesellschaftsrechts, Band 3: Gesellschaft mit beschränkter Haftung, 5. Aufl. 2018
MHdB GesR IV	Hoffmann-Becking, Münchener Handbuch des Gesellschaftsrechts, Band 4: Aktiengesellschaft, 4. Aufl. 2015
MHdB GesR V	Beuthien/Gummert/Schöpflin, Münchener Handbuch des Gesellschaftsrechts, Band 5: Verein, Stiftung bürgerlichen Rechts, 4. Aufl. 2016
MHdB GesR VI	Leible/Reichert, Münchener Handbuch des Gesellschaftsrecht, Band 6: Internationales Gesellschaftsrecht, Grenzüberschreitende Umwandlungen, 4. Aufl. 2013
Michaelis EU-BeihilfeR	Michaelis, Das EU-Beihilferecht, 2011
MinBl.	Ministerialblatt
Mio.	Million(en)
Mitt.	Mitteilung(en)
MJ	Maastricht Journal of European and Comparative Law (Zeitschrift)
MK	Monopolkommission
Möschel Wettbewerbsbeschränkungen	Möschel, Recht der Wettbewerbsbeschränkungen, 1983
Mrd.	Milliarde
MSR-2002	Multisektoraler Regionalbeihilferahmen 2002
MüKoAktG	Goette/Habersack, Münchener Kommentar zum Aktiengesetz (AktG), 7 Bände: Band 1 (§§ 1–75): 4. Aufl. 2016; Band 2 (§§ 76– 117, MitbestG, DrittelbG): 4. Aufl. 2014; Band 3 (§§ 118–178): 4. Aufl. 2018; Band 4 (§§ 179–277): 4. Aufl. 2016; Band 5 (§§ 278–328, SpruchG, ÖGesAusG, ÖKonzernR): 4. Aufl. 2015; Band 6 (§§ 329–410): WpÜG, Österreichisches Übernahmerecht): 4. Aufl. 2017; Band 7 (Europäisches Aktienrecht, SE-VO, SEBG, Europäische Niederlassungsfreiheit: 4. Aufl. 2017
MüKoBeihR	Säcker, Münchener Kommentar zum Europäischen und Deutschen Wettbewerbsrecht (Kartellrecht), Band 5: Beihilfenrecht, 2. Aufl. 2018
MüKoBeihVgR	Montag/Säcker, Münchener Kommentar zum Europäischen und Deutschen Wettbewerbsrecht (Kartellrecht), Band 3: Beihilfen- und Vergaberecht, 2011
MüKoBGB	Säcker/Rixecker/Oetker/Limpberg, Münchener Kommentar zum Bürgerlichen Gesetzbuch (BGB), 11 Bände: Band 1: 7. Aufl. 2015; Band 2–4: 7. Aufl. 2016; Band 5/2, 6–10: 7. Aufl. 2017; Band 5/1: 7. Aufl. 2018; Band 11: 7. Aufl. 2018.
MüKoEuWettbR	Bornkamm/Montag/Säcker, Münchener Kommentar zum Europäischen und Deutschen Wettbewerbsrecht (Kartellrecht), Band 1: Europäisches Wettbewerbsrecht, 2. Aufl. 2015
MüKoGWB	Bornkamm/Montag/Säcker, Münchener Kommentar zum Europäischen und Deutschen Wettbewerbsrecht (Kartellrecht), Band 2: Gesetz gegen Wettbewerbsbeschränkungen (§§ 1–96, 130, 131 GWB), 2. Aufl. 2015
MüKoHGB	K. Schmidt, Münchener Kommentar zum Handelsgesetzbuch (HGB), 7 Bände: Band 1 (§§ 1–104a): 4. Aufl. 2016; Band 2 (§§ 105–160): 4. Aufl. 2016; Band 3 (§§ 161–237): 3. Aufl. 2012; Band 4 (§§ 238–342e): 3. Aufl. 2013; Band 5 (§§ 343–406): 4. Aufl. 2018; Band 6 (Bankvertragsrecht): 3. Aufl. 2014; Band 7 (§§ 407–619): 3. Aufl. 2014
MüKoVergabeR I	Säcker, Münchener Kommentar zum Europäischen und Deutschen Wettbewerbsrecht (Kartellrecht), Band 3: Vergaberecht I, 2. Aufl. 2018
MüKoZPO	Krüger/Rauscher, Münchener Kommentar zur Zivilprozessordnung mit Gerichtsverfassungsgesetz und Nebengesetzen, Band 1 (§§ 1–354): 5. Aufl. 2016; Band 2 (§§ 355–945b): 5. Aufl. 2016; Band 3 (§§ 946–1117, EGZPO, GVG, EGGVG, UKlaG, Internationales und Europäisches Zivilprozessrecht): 5. Aufl. 2017
Müller/Giessler/Scholz	Müller/Giessler/Scholz, Wirtschaftskommentar: Kommentar zum Gesetz gegen Wettbewerbsbeschränkungen (Kartellgesetz), 4. Aufl. 1981
Müller-Wrede	Müller-Wrede, GWB, VgV und VOB/A 2016, 3. Aufl. 2016
Müller-Wrede GWB	Müller-Wrede, GWB-Vergaberecht, 2016
Müller-Wrede Kompendium VergabeR	Müller-Wrede, Kompendium des Vergaberechts, 2. Aufl. 2013
Müller-Wrede SektVO	Müller-Wrede, Sektorenverordnung, Kommentar, 2. Aufl. 2018
Müller-Wrede UVgO	Müller-Wrede, VgV/UVgO, Kommentar, 5. Aufl. 2017
Müller-Wrede VgV	Müller-Wrede, VgV/UVgO, Kommentar, 5. Aufl. 2017
Müller-Wrede VOB/A	Müller-Wrede, VOB/A, Kommentar, 2017

Abkürzungen

Müller-Wrede VOF	Müller-Wrede, Kommentar zur VOF, 5. Aufl. 2014
Müller-Wrede VOL/A	Müller-Wrede, Verdingungsordnung für Leistungen – VOL/A, Kommentar, 4. Aufl. 2014
MuR	Medien und Recht (Zeitschrift)
Musielak/Voit	Musielak/Voit, Zivilprozessordnung, Kommentar, 15. Aufl. 2018
mwN	mit weiteren Nachweisen
MwSt.	Mehrwertsteuer
mWv	mit Wirkung vom
N&R	Netzwirtschaften und Recht (Zeitschrift)
Nachw.	Nachweis
Nds. Rpfl.	Niedersächsische Rechtspflege (Zeitschrift)
nF	neue Fassung
NGO	Non-governmental Organization(s)
Niebuhr/Kulartz/Kus/Portz	Niebuhr/Kulartz/Kus/Portz, Kommentar zum Vergaberecht, 2000 (3. Aufl. 2014 s. Kulartz/Kus/Portz)
NIMEXE	Warenverzeichnis für die Statistik des Außenhandels der Gemeinschaft und des Handels zwischen ihren Mitgliedstaaten
NJW	Neue Juristische Wochenschrift (Zeitschrift)
NJW-RR	NJW-Rechtsprechungs-Report, Zivilrecht (Zeitschrift)
NJW-WettbR	NJW-Entscheidungsdienst Wettbewerbsrecht (Zeitschrift)
NK-EnWG	Kment, Energiewirtschaftsgesetz, NomosKommentar, 2015
NK-EuWettbR	Schröter/Jakob/Klotz/Mederer, NomosKommentar zum Europäischen Wettbewerbsrecht, 2. Aufl. 2014 (Nachfolgewerk zu von der Groeben/Thiesing/Ehlermann, EU-/EG-Vertrag, Band 1 und 2: 6. Aufl. 2003 f., Band 3–5: 5. Aufl. 1997)
NK-VwGO	Sodan/Ziekow, VwGO, Großkommentar, 4. Aufl. 2014
No.	Number
Noch e-Vergabe	Noch, e-Vergabe in der Praxis, 2015
Noch VergabeR kompakt	Noch, Vergaberecht kompakt: Verfahrensablauf und Entscheidungspraxis, 7. Aufl. 2016
NpV	Verordnung über das Nachprüfungsverfahren für öffentliche Aufträge vom 22.2.1994 (BGBl. 1994 I 324), aufgehoben durch Art. 3 Nr. 1 nach Maßgabe der Nr. 2 ff. Gesetz vom 26.8.1998 (BGBl. 1998 I 2512) mWv 1.1.1999
Nr.	Nummer(n)
NRW	Nordrhein-Westfalen
NTVergG	Niedersächsisches Gesetz zur Sicherung von Tariftreue und Wettbewerb bei der Vergabe öffentlicher Aufträge (Niedersächsisches Tariftreue- und Vergabegesetz) vom 31.10.2013 (Nds. GVBl. 2013, 259)
nv	nicht veröffentlicht
NVersZ	Neue Zeitschrift für Versicherungsrecht
NVwZ	Neue Zeitschrift für Verwaltungsrecht
NVwZ-RR	NVwZ-Rechtsprechungs-Report (Zeitschrift)
NZA	Neue Zeitung für Arbeits- und Sozialrecht
NZBau	Neue Zeitschrift für Bau- und Vergaberecht
NZG	Neue Zeitschrift für Gesellschaftsrecht
NZS	Neue Zeitschrift für Sozialrecht
o.	oben
oa	oben angegeben
oÄ	oder Ähnliche(s)
ObG	Obergericht
OECD	Journal of Competition Law and Policy (Zeitschrift)
og	oben genannt
OGH	Oberster Gerichtshof (Österreich)
OHG	Offene Handelsgesellschaft
Öhler/Schramm	Öhler/Schramm, Vergaberecht, 2010
OLG	Oberlandesgericht
OLGR	OLG-Report (Zeitschrift)
OLGZ	Rechtsprechung der Oberlandesgerichte in Zivilsachen (Amtliche Entscheidungssammlung)
Oppermann/Classen/Nettesheim EuropaR	Oppermann/Classen/Nettesheim, Europarecht, 7. Aufl. 2016
ORDO	Jahrbuch für die Ordnung von Wirtschaft und Gesellschaft (Zeitschrift)
OVG	Oberverwaltungsgericht

Abkürzungen

OWiG	Gesetz über Ordnungswidrigkeiten idF der Bekanntmachung vom 19.2.1987 (BGBl. 1987 I 602)
p.	page
PA	Patentamt
Palandt	Palandt, Kommentar zum Bürgerlichen Gesetzbuch, 77. Aufl. 2018
PatG	Patentgesetz idF der Bekanntmachung vom 16.12.1980 (BGBl. 1981 I 1)
PatentR	Patentrecht
PBefG	Personenbeförderungsgesetz
PersonenverkehrsVO	s. VO (EG) Nr. 1370/2007
Pöhlker/Lausen	Pöhlker/Lausen, Vergaberecht, Loseblatt-Kommentar
Posser/Wolff	Posser/Wolff, Kommentar zur VwGO, 2. Aufl. 2014
PPLR	Public Procurement Law Review (Zeitschrift)
Prieß EuVergabeR-HdB	Prieß, Handbuch des europäischen Vergaberechts, 3. Aufl. 2005
Prieß/Lau/Kratzenberg	Prieß/Lau/Kratzenberg, Wettbewerb – Transparenz – Gleichbehandlung, Festschrift für Fridhelm Marx, 2013
Prieß/Niestedt Rechtsschutz Vergabeverfahren	Prieß/Niestedt, Rechtsschutz im Vergabeverfahren, 2006
PrOVG	Preußisches Oberverwaltungsgericht
Pünder/Schellenberg	s. HK-VergabeR
Quigley Eur. State Aid Policy	Quigley, European State Aid Law and Policy, 3. Aufl. 2014
RA	Rechtsausschuss
RabelsZ	Rabels Zeitschrift für ausländisches und internationales Privatrecht
RAE	Revue des affaires européennes (Zeitschrift)
Rahmenbest. Schiffbau	Rahmenbestimmungen für Beihilfen an den Schiffbau (2003/ C 317, 06)
RdE	Recht der Energiewirtschaft, Recht der Elektrizitätswirtschaft (Zeitschrift)
RdL	Recht der Landwirtschaft (Zeitschrift)
Recht	Das Recht (Zeitschrift)
Rechten/Röbke VergabeR	Rechten/Röbke, Basiswissen Vergaberecht, 2. Aufl. 2017
RefE	Referentenentwurf
RegBegr.	Regierungsbegründung
RegE	Regierungsentwurf
RegLL 1998	Regionalleitlinien 1998
Reidt/Stickler/Glahs	Reidt/Stickler/Glahs, Vergaberecht, Kommentar, 4. Aufl. 2017
re. Sp.	rechte Spalte
Rev. crit. dr. internat.Privé	Revue critique de droit international privé (Zeitschrift)
Rev. MC	Revue de Marché Commun (Zeitschrift)
RG	Reichsgericht
RGBl.	Reichsgesetzblatt
RGRK-BGB	RGRK, Das Bürgerliche Gesetzbuch mit besonderer Berücksichtigung der Rechtsprechung des Reichsgerichts und des Bundesgerichtshofs, Kommentar, 12. Aufl. 2001
RGZ	Amtliche Sammlung von Entscheidungen des Reichsgerichts in Zivilsachen
Ricken Beurteilungsspielräume und Ermessen	Ricken, Beurteilungsspielräume und Ermessen im Vergaberecht, 2014
RIE	Revista de instituciones europeos (Zeitschrift)
Risikoaktivamitt	s. Impaired-Asset-Mitt.
Rittner/Dreher/Kulka	s. Dreher/Kulka
Rittner/Dreher WirtschaftsR	Rittner/Dreher, Europäisches und deutsches Wirtschaftsrecht, 3. Aufl. 2007
Riv. dir. int.	Rivista di diritto internazionale (Zeitschrift)
RIW	Recht der internationalen Wirtschaft (Zeitschrift)
rkr.	rechtskräftig
RL	Richtlinie(n)
RL 2012/34/EU	Richtlinie 2012/34/EU des Europäischen Parlaments und des Rates vom 21.11.2012 zur Schaffung eines einheitlichen europäischen Eisenbahnraums (ABl. 2012 L 343, 32, ber. ABl. 2015 L 67, 32)
RL 2014/23/EU	Richtlinie 2014/23/EU des Europäischen Parlaments und des Rates vom 26.2.2014 über die Konzessionsvergabe (ABl. 2014 L 94, 1, ber. ABl. 2015 L 114, 24)
RL 2014/24/EU	Richtlinie 2014/24/EU des Europäischen Parlaments und des Rates vom 26.2.2014 über die öffentliche Auftragsvergabe und zur Aufhebung der Richtlinie 2004/18/EG (ABl. 2014 L 94, 65)
RL 2014/25/EU	Richtlinie 2014/25/EU des Europäischen Parlaments und des Rates vom 26.2.2014 über die Vergabe von Aufträgen durch Auftraggeber im Bereich der

Abkürzungen

	Wasser-, Energie- und Verkehrsversorgung sowie der Postdienste und zur Aufhebung der Richtlinie 2004/17/EG (ABl. 2014 L 94, 243, geändert durch VO (EU) 2015/2171 der Kommission vom 24.11.2015 (ABl. 2015 L 307, 7)
RMC	Revue du Marché commun (Zeitschrift)
Rn.	Randnummer(n)
RPA	Recht und Praxis der öffentlichen Auftragsvergabe (Zeitschrift)
Rs.	Rechtssache
Rspr.	Rechtsprechung
RTD eur	Revue trimestrielle de droit européen (Zeitschrift)
RTW	Recht-Technik-Wirtschaft, Jahrbuch (Zeitschrift)
Rundfunkmitteilung 2001	Mitteilung der Kommission über die Anwendung der Vorschriften über staatliche Beihilfen auf den öffentlich-rechtlichen Rundfunk (ABl. 2001 C 320, 5)
Rundfunkmitteilung 2009	Mitteilung der Kommission über die Anwendung der Vorschriften über staatliche Beihilfen auf den öffentlichen Rundfunk (ABl. 2009 C 257, 1)
RuW	Recht und Wirtschaft (Zeitschrift)
RWP	Rechts- und Wirtschaftspraxis (Zeitschrift)
S.	Seite; Satz
s.	siehe
SA	société anonyme
SaBl.	Sammelblatt für Rechtsvorschriften des Bundes und der Länder
SächsVergabeG	Gesetz über die Vergabe öffentlicher Aufträge im Freistaat Sachsen (Sächsisches Vergabegesetz) vom 14.2.2013 (SächsGVBl. 2013, 109)
Säcker/Montag Eur. State Aid Law	Säcker/Montag, European State Aid Law, 2016
Salje	Salje, Energiewirtschaftsgesetz, Gesetz über die Elektrizitäts- und Gasversorgung (§§ 1–118), 2006
Sanchez Rydelski	Sanchez Rydelski, The EC State Aid Regime, 2006
Sandrock Grundbegriffe GWB	Sandrock, Grundbegriffe des Gesetzes gegen Wettbewerbsbeschränkungen, 1968
Saxinger/Winnes RdÖPV	Saxinger/Winnes, Recht des öffentlichen Personenverkehrs, Kommentar zur Personenbeförderung auf Straße und Schiene: Verordnung (EG) Nr. 1370/2007, Personenbeförderungsgesetz, Allgemeines Eisenbahngesetz und Nebengesetze, Loseblatt, 15. EL Juli 2017
Schäfer/Finnern/Hochstein	Schäfer/Finnern/Hochstein, Rechtsprechung zum privaten Baurecht, Entscheidungssammlung mit Anmerkungen, Loseblatt.
Scheurle/Mayen	Scheurle/Mayen, TKG, Kommentar, 3. Aufl. 2018
Schimansky/Bunte/Lwowski	s. BankR-HdB
I. Schmidt/Haucap WettbR	I. Schmidt/Haucap, Wettbewerbspolitik und Kartellrecht, 10. Aufl. 2013
K. Schmidt GesR	K. Schmidt, Gesellschaftsrecht, 4. Aufl. 2002
Schneider/Theobald	Schneider/Theobald, Recht der Energiewirtschaft, Praxishandbuch, 4. Aufl. 2013
Schoch/Schneider/Bier VwGO	Schoch/Schneider/Bier, begr. von Schoch/Schmidt-Aßmann/Pietzner, VwGO, Kommentar, Loseblatt
Schröter/Jakob/Klotz/Mederer	s. NK-EuWettbR
Schütte/Horstkotte/Hünemörder/Wiedemann	s. SHHW
Schulte/Kloos	Schulte/Kloos, Handbuch Öffentliches Wirtschaftsrecht, 2016
Schwarze	Schwarze, EU-Kommentar, 3. Aufl. 2012
schweiz.	schweizerisch
SE	Societas Europaea
Sektoren-RL	s. RL 2014/25/EU
SektVO 2009	Verordnung über die Vergabe von Aufträgen im Bereich des Verkehrs, der Trinkwasserversorgung und der Energieversorgung (Sektorenverordnung) vom 23.9.2009 (BGBl. 2009 I 3110)
SektVO	Verordnung über die Vergabe von öffentlichen Aufträgen im Bereich des Verkehrs, der Trinkwasserversorgung und der Energieversorgung (Sektorenverordnung) vom 12.4.2016 (BGBl. 2016 I 624, 657), geändert durch Art. 9 eIDAS-Durchführungsgesetz vom 18.7.2017 (BGBl. 2017 I 2745)
SeuffA	Seufferts Archiv für Entscheidungen der obersten Gerichte in den deutschen Staaten (Zeitschrift, zitiert nach Band u. Nr.; 1. 1847– 98. 1944)

Abkürzungen

SGB V	Das Fünfte Buch Sozialgesetzbuch – Gesetzliche Krankenversicherung – (Artikel 1 des Gesetzes vom 20.12.1988, BGBl. 1988 I 2477, 2482)
SHHW Wasser Energie Verkehr	Schütte/Horstkotte/Hünemörder/Wiedemann, Wasser Energie Verkehr, 2016
SKR	Richtlinie 2004/17/EG des Europäischen Parlaments und des Rates vom 31.3.2004 zur Koordinierung der Zuschlagserteilung durch Auftraggeber im Bereich der Wasser-, Energie- und Verkehrsversorgung sowie der Postdienste (ABl. 2004 L 134, 1, ber. ABl. 2004 L 358, 35, ABl. 2005 L 305, 46)
Slg.	Amtliche Sammlung der Entscheidungen des Europäischen Gerichtshofes
so	siehe oben
Sodan/Ziekow	s. NK-VwGO
Soergel	Soergel/Siebert/Hadding/Kießling, Bürgerliches Gesetzbuch (BGB) mit Einführungsgesetz und Nebengesetzen, Kommentar, 13. Aufl. 2011 ff.
sog.	sogenannt
Sp.	Spalte
Spez-VO	Verordnung (EG) Nr. 2658/2000 der Kommission vom 29.11.2000 über die Anwendung von Artikel 81 Absatz 3 des Vertrages auf Gruppen von Spezialisierungsvereinbarungen (ABl. 2000 L 304, 3)
SpStr.	Spiegelstrich
SRL	s. RL 2014/25/EU
SSTG	Gesetz über die Sicherung von Sozialstandards, Tariftreue und Mindestlöhnen bei der Vergabe öffentlicher Aufträge im Saarland (Saarländisches Tariftreuegesetz) vom 6.2.2013 (ABl. 2013 I 84)
StAnz.	Staatsanzeiger
Staudinger	Staudinger, Kommentar zum Bürgerlichen Gesetzbuch (BGB) mit Einführungsgesetz und Nebengesetzen, 1993 ff.
Steinicke/Vesterdorf EU Procurement Law	Steinicke/Vesterdorf, Brussels Commentary on EU Public Procurement Law, 2018
StGB	Strafgesetzbuch idF der Bekanntmachung vom 13.11.1998 (BGBl.1998 I 3322)
StPO	Strafprozessordnung idF vom 7.4.1987 (BGBl. 1987 I 1074, ber. 1319)
stPrax	ständige Praxis
str.	streitig, strittig
Streinz EuropaR	Streinz, Europarecht, 10. Aufl. 2016
Streinz	Streinz, EUV/AEUV, 3. Aufl. 2018
stRspr	ständige Rechtsprechung
su	siehe unten
SÜWR	Sektorenüberwachungsrichtlinie, Richtlinie 92/13/EWG des Rates vom 25.2.1992 zur Koordinierung der Rechts- und Verwaltungsvorschriften für die Anwendung der Gemeinschaftsvorschriften über die Auftragsvergabe durch Auftraggeber im Bereich der Wasser-, Energie- und Verkehrsversorgung sowie im Telekommunikationssektor (ABl. 1992 L 76, 14)
Szirbik	Szirbik, Interkommunale Zusammenarbeit und Vergaberecht, 2012
teilw.	teilweise
TfVG	Bremisches Gesetz zur Sicherung von Tariftreue, Sozialstandards und Wettbewerb bei öffentlicher Auftragsvergabe (Tariftreue- und Vergabegesetz) vom 24.11.2009 (BremGBl. 2009, 476)
ThürVgG	Thüringer Gesetz über die Vergabe öffentlicher Aufträge (Thüringer Vergabegesetz) vom 18.4.2011 (GVBl. 2011, 69)
TKG	Telekommunikationsgesetz vom 22.6.2004 (BGBl. 2004 I 1190)
Trepte	Trepte, Public Procurement in the EU, 2. Aufl. 2007
TTG	Gesetz über die Sicherung von Tariftreue und Sozialstandards sowie fairen Wettbewerb bei der Vergabe öffentlicher Aufträge (Tariftreue- und Vergabegesetz Schleswig-Holstein) vom 31.5.2013 (GVOBl. Schl.-H. 2013, 239), geändert durch Art. 8 VO zur Anpassung von Rechtsvorschriften an geänderten Zuständigkeiten der obersten Landesbehörden und geänderten Ressortbezeichnungen vom 16.3.2015 (GVOBl. Schl.-H. 2015, 96)
TT-GVO 2004	Verordnung (EG) Nr. 772/2004 der Kommission vom 7.4.2004 über die Anwendung von Artikel 81 Absatz 3 EG-Vertrag auf Gruppen von Technologietransfer-Vereinbarungen (ABl. 2004 L 123, 11, ber. ABl. 2004, L 127, 158), außer Kraft am 30.4.2014
Turiaux	Turiaux, Umweltinformationsgesetz (UIG), Kommentar 1995

Abkürzungen

TVgG NRW	Gesetz über die Sicherung von Tariftreue und Sozialstandards sowie fairen Wettbewerb bei der Vergabe öffentlicher Aufträge (Tariftreue- und Vergabegesetz Nordrhein-Westfalen) vom 31.1.2017 (GV NRW 2017, 273)
Tz.	Textziffer
u.	und
U.S.	United States Supreme Court Reports (Amtliche Sammlung)
uÄ	und Ähnliche(s)
ua	unter anderem; und andere
UAbs.	Unterabsatz
Übk.	Übereinkommen
UGP-RL	Richtlinie 2005/29/EG des Europäischen Parlaments und des Rates vom 11.5.2005 über unlautere Geschäftspraktiken von Unternehmen gegenüber Verbrauchern im Binnenmarkt und zur Änderung der Richtlinie 84/450/EWG des Rates, der Richtlinie 97/7/EG, 98/27/EG und 2002/65/EG des Europäischen Parlaments und des Rates, sowie der Verordnung (EG) Nr. 2006/2004 des Europäischen Parlaments und des Rates (Richtlinie über unlautere Geschäftspraktiken) vom 11.5.2005 (ABl. 2005 L 149, 22, ber. ABl. 2009 L 253, 18)
UIG	Umweltinformationsgesetz idF der Bekanntmachung vom 27.10.2014 (BGBl. 2014 I 1643)
umstr.	umstritten
UNCITRAL	United Nations Commission on International Trade Law
UNCTAD	United Nations Conference on Trade and Development
unstr.	unstreitig
unveröff.	unveröffentlicht
UPR	Umwelt- und Planungsrecht (Zeitschrift)
Urt.	Urteil
UStG	Umsatzsteuergesetz idF der Bekanntmachung vom 21.2.2005 (BGBl. 2005 I 386)
Util. Law. Rev.	Utilities Law Review (Zeitschrift)
uU	unter Umständen
UVgO	Verfahrensordnung für die Vergabe öffentlicher Liefer- und Dienstleistungsaufträge unterhalb der EU-Schwellenwerte – Unterschwellenvergabeordnung (BAnz. AT 7.2.2017, B1, ber. 170208, 1)
UWG	Gesetz gegen den unlauteren Wettbewerb idF der Bekanntmachung vom 3.3.2010 (BGBl. 2010 I 254)
ÜWR	Überwachungsrichtlinie, Richtlinie 89/665/EWG des Rates vom 21.12.1989 zur Koordinierung der Rechts- und Verwaltungsvorschriften für die Anwendung der Nachprüfungsverfahren im Rahmen der Vergabe öffentlicher Liefer- und Bauaufträge (ABl. 1989 L 395, 33)
v.	vom; von
VA	Verwaltungsakt
Var.	Variante
VBlBW	Verwaltungsblätter für Baden-Württemberg
VDG	Vertrauensdienstegesetz vom 18.7.2017 (BGBl. 2017 I 2745)
Veit GRCh	Veit, Die Bedeutung der Charta der Grundrechte der Europäischen Union für den Stellenwert des Umweltschutzes im Europäischen Vergaberecht, 2015
verb.	verbunden
Verf.	Verfassung
Verfg.	Verfügung
VerfO	Verfahrensordnung
Verfürth SektVO	Verfürth, Sektorenverordnung, 2011
Verg	Vergabesache(n)
VergabeG Berlin	Vergabegesetz Berlin vom 9.7.1999 (GVBl. Berlin 1999 Nr. 28, 369)
VergabeR	Vergaberecht (Zeitschrift)
VergRModVO	Verordnung zur Modernisierung des Vergaberechts (Vergaberechtsmodernisierungsverordnung) vom 20.1.2016 (BT-Drs. 18/7318)
Veröff.	Veröffentlichung
VersR	Versicherungsrecht (Zeitschrift)
Verw.	Verwaltung
VerwA	Verwaltungsarchiv (Zeitschrift)
VerwGH	Verwaltungsgerichtshof
VerwRspr.	Verwaltungsrechtsprechung in Deutschland
Vesterdorf/Nielsen EU State Aid Law	Vesterdorf/Nielsen, State Aid Law of the European Union, 2008

Abkürzungen

VF	Vergabe Fokus (Zeitschrift)
VfG M-V	Gesetz über die Vergabe öffentlicher Aufträge in Mecklenburg-Vorpommern (Vergabegesetz Mecklenburg-Vorpommern) vom 7.7.2011 (GVOBl. M-V 2011, 411)
VG	Verwaltungsgericht
VgE	Vergaberechtliche Entscheidungssammlung (Herausgeber: Boesen)
VGH	Verwaltungsgerichtshof
vgl.	vergleiche
VgRÄG	Vergaberechtsänderungsgesetz vom 26.8.1998 (BGBl. 1998 I 2512; BGBl. III/FNA 703–1/19)
VgV 1994	Verordnung über die Vergabebestimmungen für öffentliche Aufträge (Vergabeverordnung) vom 22.2.1994 (BGBl. 1994 I 321), mWv 1.2.2001 aufgehoben und ersetzt durch die VgV (BGBl. 2001 I 110)
VgV 2003	Verordnung über die Vergabe öffentlicher Aufträge (Vergabeverordnung) idF vom 11.2.2003 (BGBl. 2003 I 169)
VgV	Verordnung über die Vergabe öffentlicher Aufträge (Vergabeverordnung) vom 12.4.2016 (BGBl. 2016 I 624)
VIZ	Zeitschrift für Vermögens- und Investitionsrecht (Zeitschrift)
VK	Vergabekammer
VKR	Richtlinie 2004/18/EG des Europäischen Parlaments und des Rates vom 31.3.2004 über die Koordinierung der Verfahren zur Vergabe öffentlicher Bauaufträge, Lieferaufträge und Dienstleistungsaufträge (ABl. 2004 L 134, 114, ber. ABl. 2004 L 351, 44), aufgehoben mWv 18.4.2016 durch Art. 91 EU-Öffentliche-AuftragsvergabeRL vom 26.2.2014 (ABl. 2014 L 94, 65)
VKU	Verband kommunaler Unternehmen eV
VN	Vergabe News (Zeitschrift)
VNavi	Vergabe Navigator (Zeitschrift)
VO	Verordnung
VO (EG) Nr. 1370/2007	Verordnung (EG) Nr. 1370/2007 des Europäischen Parlaments und des Rates vom 23. Oktober 2007 über öffentliche Personenverkehrsdienste auf Schiene und Straße und zur Aufhebung der Verordnungen (EWG) Nr. 1191/69 und (EWG) Nr. 1107/70 des Rates vom 23.10.2007 (ABl. 2007 L 315, 1)
VO (EWG) Nr. 1107/70	Verordnung (EWG) Nr. 1107/70 des Rates vom 4. Juni 1970 über Beihilfen im Eisenbahn-, Straßen- und Binnenschiffsverkehr (Abl. 1970 L 130, 1), außer Kraft am 2.12.2009
VO (EWG) Nr. 1191/69	Verordnung (EWG) Nr. 1191/69 des Rates vom 26. Juni 1969 über das Vorgehen der Mitgliedstaaten bei mit dem Begriff des öffentlichen Diensts verbundenen Verpflichtungen auf dem Gebiet des Eisenbahn-, Straßen- und Binnenschiffsverkehrs (ABl. 1969 L 156, 1), außer Kraft am 2.12.2009
VO PÖA	Verordnung PR Nr. 30/53 über Preise bei öffentlichen Aufträgen idF vom 21.11.1953 (BAnz. 1953 Nr. 244)
VOB aktuell	VOB aktuell (Zeitschrift)
VOB	Vergabe- und Vertragsordnung für Bauleistungen idF der Bekanntmachung vom 15.10.2009 (BAnz. 2009 Nr. 155a, 3549)
VOB/A	Vergabe- und Vertragsordnung für Bauleistungen Teil A, Allgemeine Bestimmungen für die Vergabe von Bauleistungen vom 7.1.2016 (BAnz. AT vom 19.1.2016, B3, 3, geändert durch Änd-Bek. vom 22.6.2016 (BAnz. AT 1.7.2016, B4)
VOB/A 2009	Vergabe- und Vertragsordnung für Bauleistungen – Teil A – Allgemeine Bestimmungen für die Vergabe von Bauleistungen vom 31.7.2009 (BAnz. 2009 Nr. 155, 3349, ber. 2010 Nr. 36, 940)
VOB/B	Vergabe- und Vertragsordnung für Bauleistungen Teil B, Allgemeine Vertragsbedingungen für die Ausführung von Bauleistungen vom 31.7.2009 (BAnz. 2009 Nr. 155a)
VOBl.	Verordnungsblatt
VOF	Vergabeordnung für freiberufliche Dienstleistungen vom 18.11.2009 (BAnz. 2009 Nr. 185a)
VOL	Vergabe- und Vertragsordnung für Leistungen vom 20.11.2009 (BAnz. 2009 Nr. 196a)
VOL/A	Vergabe- und Vertragsordnung für Leistungen – Teil A, Allgemeine Bestimmungen für die Vergabe von Leistungen vom 20.11.2009 (BAnz. 2009 Nr. 196a, ber. 2010, 755)
von der Groeben/Schwarze/Hatje	von der Groeben/Schwarze/Hatje, Europäisches Unionsrecht, 7. Aufl. 2015

Abkürzungen

von der Groeben/Thiesing/Ehlermann	s. NK-EuWettbR
Voppel/Osenbrück/Bubert VgV	Voppel/Osenbrück/Bubert, VgV, 4. Aufl. 2018
Voppel/Osenbrück/Bubert VOF	Voppel/Osenbrück/Bubert, VOF, 3. Aufl. 2012
Vorb.	Vorbemerkung
VR	Vergaberecht (Zeitschrift)
VRL	s. RL 2014/24/EU
VSVgV	Vergabeverordnung für die Bereiche Verteidigung und Sicherheit zur Umsetzung der Richtlinie 2009/81/EG des Europäischen Parlaments und des Rates vom 13.7.009 über die Koordinierung der Verfahren zur Vergabe bestimmter Bau-, Liefer- und Dienstleistungsaufträge in den Bereichen Verteidigung und Sicherheit und zur Änderung der Richtlinien 2004/17/EG und 2004/18/EG (Vergabeverordnung Verteidigung und Sicherheit vom 12.7.2012 (BGBl. 2015 I 1509)
VSVgV 2009	Vergabeverordnung für die Bereiche Verteidigung und Sicherheit zur Umsetzung der Richtlinie 2009/81/EG des Europäischen Parlaments und des Rates vom 13.7.2009 über die Koordinierung der Verfahren zur Vergabe bestimmter Bau-, Liefer- und Dienstleistungsaufträge in den Bereichen Verteidigung und Sicherheit und zur Änderung der Richtlinien 2004/17/EG und 2004/18/EG (Vergabeverordnung Verteidigung und Sicherheit) (BGBl. 2004 I 1509)
VU	Versorgungsunternehmen
VÜA	Vergabeüberwachungsausschuss
VuR	Verbraucher und Recht (Zeitschrift)
VVDStRL	Veröffentlichungen der Vereinigung der deutschen Staatsrechtslehrer
VVG	Gesetz über den Versicherungsvertrag (Versicherungsvertragsgesetz) vom 23.11.2007 (BGBl. 2007 I 2631)
VwGO	Verwaltungsgerichtsordnung idF der Bekanntmachung vom 19.3.1991 (BGBl. 1991 I 686)
v. Wietersheim	v. Wietersheim, Vergaberecht, 2. Aufl. 2017
VwKostG	Verwaltungskostengesetz vom 23.6.1970 (BGBl. 1970 I 821) mWv 15.8.2013 aufgehoben
VwVfG	Verwaltungsverfahrensgesetz idF der Bekanntmachung vom 23.1.2003 (BGBl. 2003 I 102)
VwVG	Verwaltungs-Vollstreckungsgesetz vom 27.4.1953 (BGBl. 1953 I 157)
VwZG	Verwaltungszustellungsgesetz vom 12.8.2005 (BGBl. 2005 I 2354)
WB	Wettbewerbsbericht
Webeler/Summa/Klaeser Planungsleistungen	Webeler/Summa/Klaeser, Vergabe von Planungsleistungen, 2015
Weyand	Weyand, Vergaberecht: Praxiskommentar zu GWB, VgV, VOB/A, VOL/A, VOF, 4. Aufl. 2013
WiB	Wirtschaftsrechtliche Beratung (Zeitschrift)
Wiedemann KartellR-HdB	Wiedemann, Handbuch des Kartellrechts, 3. Aufl. 2016
Willenbruch/Wieddekind	Willenbruch/Wieddekind, Kompaktkommentar Vergaberecht, 4. Aufl. 2017
Wimmer Zuverlässigkeit	Wimmer, Zuverlässigkeit im Vergaberecht, 2013
WIR	Wirtschaftsrecht (Zeitschrift)
WiStG	Gesetz zur weiteren Vereinfachung des Wirtschaftsstrafrechts (Wirtschaftsstrafgesetz) vom 3.6.1975 (BGBl. 1975 I 1313)
wistra	Zeitschrift für Wirtschaft, Steuer, Strafrecht (Zeitschrift)
WM	Wertpapiermitteilungen; Zeitschrift für Wirtschaft und Bankrecht (Zeitschrift)
World Competition	World Competition (Zeitschrift)
WPg	Die Wirtschaftsprüfung (Zeitschrift)
WRP	Wettbewerb in Recht und Praxis (Zeitschrift)
WRV	Verfassung des Deutschen Reichs (Weimarer Reichsverfassung) vom 11.8.1919 (RGBl. 1919, 1383)
WSA	Wirtschafts- und Sozialausschuss
WTO	World Trade Organisation (Welthandelsorganisation)
WuB	Wirtschafts- und Bankrecht (Zeitschrift)
WuW	Wirtschaft und Wettbewerb (Zeitschrift)
WuW/E BGH	Wirtschaft und Wettbewerb – Entscheidungen des Bundesgerichtshofs (Zeitschrift)

WuW/E BKartA	Wirtschaft und Wettbewerb – Entscheidungen des Bundeskartellamtes (Zeitschrift)
WuW/E DE-R	Wirtschaft und Wettbewerb – Entscheidungssammlung – Deutschland Rechtsprechung (Zeitschrift)
WuW/E DE-V	Wirtschaft und Wettbewerb – Entscheidungssammlung – Deutschland Verwaltung (Zeitschrift)
WuW/E EU-R	Wirtschaft und Wettbewerb – Entscheidungssammlung – Europäische Union Rechtsprechung (Zeitschrift)
WuW/E EU-V	Wirtschaft und Wettbewerb – Entscheidungssammlung – Europäische Union Verwaltung (Zeitschrift)
WuW/E OLG	Wirtschaft und Wettbewerb – Entscheidungen der Oberlandesgerichte (Zeitschrift)
WuW/E Verg	Wirtschaft und Wettbewerb – Entscheidungssammlung – Vergabe und Verwaltung (Zeitschrift)
WuW/E	Wirtschaft und Wettbewerb – Entscheidungssammlung (Zeitschrift)
YEL	Yearbook of European Law (Zeitschrift)
zB	zum Beispiel
ZBB	Zeitschrift für Bankrecht und Bankwirtschaft (Zeitschrift)
Zeiss LandesVergabeR Nds	Zeiss, Landesvergaberecht Niedersachsen, 2015
Zeiss Sichere Vergabe	Zeiss, Sichere Vergabe unterhalb der Schwellenwerte, 3. Aufl. 2015
ZEuP	Zeitschrift für Europäisches Privatrecht (Zeitschrift)
ZfBR	Zeitschrift für deutsches und internationales Bau- und Vergaberecht (Zeitschrift)
ZfE	Zeitschrift für Energiewirtschaft (Zeitschrift)
ZfK	Zeitung für Kommunale Wirtschaft (Zeitschrift)
ZGR	Zeitschrift für Unternehmens- und Gesellschaftsrecht (Zeitschrift)
ZgS	Zeitschrift für die gesamte Staatswissenschaft (Zeitschrift)
ZHR	Zeitschrift für das gesamte Handelsrecht und Wirtschaftsrecht (Zeitschrift)
Ziekow/Völlink	Ziekow/Völlink, Vergaberecht, 3. Aufl. 2018
Ziff.	Ziffer(n)
ZIP	Zeitschrift für Wirtschaftsrecht (Zeitschrift)
ZNER	Zeitschrift für neues Energierecht (Zeitschrift)
ZögU	Zeitschrift für öffentliche und gemeinwirtschaftliche Unternehmen (Zeitschrift)
Zöller	Zöller, ZPO, Kommentar, 32. Aufl. 2018
Zollkodex	Verordnung (EWG) Nr. 2913/92 des Rates vom 12.10.1992 zur Festlegung des Zollkodex der Gemeinschaften (ABl. 1992 L 302, 1, ber. ABl. 1993 L 79, 84 und ABl. 1996 L 97, 38) mWv 1.5.2016 aufgehoben
Zollkodex-DVO	Verordnung (EWG) Nr. 2454/93 der Kommission vom 2.7.1993 mit Durchführungsvorschriften zu der Verordnung (EWG) Nr. 2913/92 des Rates zur Festlegung des Zollkodex der Gemeinschaften (ABl. 1993 L 253, 1, ber. ABl. 1994 L 268, 32, ABl. 1996 L 180, 34, ABl. 1997 L 156, 59 und ABl. 1993 L 111, 88, ABl. 2001 L 163, 34) mit Ablauf des 30.4.2016 aufgehoben
ZPO	Zivilprozessordnung idF der Bekanntmachung vom 5.12.2005 (BGBl. 2005 I 3202; ber. 2006 I 431; 2007 I 1781)
ZRP	Zeitschrift für Rechtspolitik (Zeitschrift)
zT	zum Teil
zust.	zustimmend
zutr.	zutreffend
ZVB	Zeitschrift für Vergaberecht und Bauvertragsrecht (Zeitschrift)
ZVgR	Zeitschrift für deutsches und internationales Vergaberecht (Zeitschrift)
ZWeR	Zeitschrift für Wettbewerbsrecht (Zeitschrift)
zzgl.	zuzüglich

1. Teil VOB/A
Vergabe- und Vertragsordnung für Bauleistungen Teil A (VOB/A)
Allgemeine Bestimmungen für die Vergabe von Bauleistungen

Ausgabe 2016
Vom 7. Januar 2016
(BAnz AT 19.1.2016 B3, 3)
geändert durch ÄndBek. vom 22.6.2016 (BAnz AT 1.7.2016 B4)

Abschnitt 1 Basisparagrafen

Vorbemerkung

Die im Folgenden kommentierte VOB Teil A behandelt die allgemeinen Bestimmungen **1** für die Vergabe einer Bauleistung im Wege der Ausschreibung. Sie enthält Basisparagraphen im ersten Abschnitt (§§ 1–23) sowie ergänzende Regelungen, mit denen die Richtlinie 2014/24/EU (Abschnitt 2, §§ 1EU–23EU) und die Richtlinie 2009/81/EU (Abschnitt 3, §§ 1VS–22VS) umgesetzt werden. VOB Teil B enthält allgemeine Vertragsbedingungen für die Ausführung von Bauleistungen und VOB Teil C ein technisches Regelwerk, die „allgemeinen technischen Vertragsbedingungen für Bauleistungen" (ATV). In ihrer Gesamtheit einschließlich des Teils C sind die VOB-Regelungen als Allgemeine Geschäftsbedingungen zu klassifizieren. Sie stellen weder eine Rechtsverordnung noch Gewohnheitsrecht dar.

Die Vergabe- und Vertragsordnung für Bauleistungen (VOB) geht auf das Jahr 1926 **2** zurück. Die Reichsregierung hatte damals auf Verlangen des Deutschen Reichstags einen Reichsverdingungsausschuss eingesetzt, der die Aufgabe hatte, einheitliche Verdingungsgrundsätze für das Reich und die Länder zu schaffen, um die Vergabe von Bauleistungen durch den öffentlichen Auftraggeber „aus dem Dunkel der Unkontrollierbarkeit in ein durchsichtiges und leicht überschaubares System rechtlich gelenkten Wettbewerbs zu verlagern".[1] Dem Verdingungsausschuss gehörten Vertreter aller Interessengruppen, sowohl der Arbeitgeber- und Arbeitnehmerverbände als auch der Architekten und Ingenieure, an.[2] Die VOB stellt aufgrund der Pluralität der an ihrem Zusammenkommen beteiligten Interessengruppen ein im Kern ausgewogenes Vertragswerk dar, das dadurch allerdings nicht seinen Charakter als Allgemeine Geschäftsbedingungen verliert.[3] Nach einer ersten Überarbeitung im Jahre 1952 wurde die VOB im Jahr 1973 noch einmal grundlegend reformiert.[4] Ihre heutige Fassung hat die VOB im Jahre 2016 erfahren.

Die VOB steht heute als Alternative neben dem neuen Bauvertragsrecht der §§ 650a ff. **3** BGB, sodass die Parteien anstelle des BGB auch die VOB wählen können. Als Allgemeine Geschäftsbedingung bedarf die VOB der Anerkennung durch beide Vertragsparteien als Vertragsinhalt. Ohne den Nachweis einer solchen Vereinbarung der VOB bleibt es bei der Anwendung des Bauvertragsrechts des BGB. Die ursprüngliche Idee, die VOB im neuen Bauvertragsrecht des BGB aufgehen zu lassen, wurde nicht verwirklicht. Vergleicht man das Bauvertragsrecht des BGB mit der VOB, so ist die Gesamtheit der in die VOB aufgenommenen schuldvertraglichen Regelungen ausführlicher, zum Teil auch präziser als die Regelungen des Bauvertragsrechts. Es ist daher wahrscheinlich, dass auch in Zukunft die Mehrheit der Bauverträge durch die Vereinbarung der VOB bestimmt wird.

---

[1] MüKoBGB/*Busche* BGB § 650a Rn. 29.
[2] Näher dazu: *Lampe/Helbig* FS Korbion, 1986, 249 ff.
[3] Vgl. BGHZ 178, 1 Rn. 10; BGHZ 101, 357 (359 ff.) = NJW 1988, 55; BGHZ 86, 135 ff. = NJW 1983, 816 ff.; BGH NJW 1999, 3261 ff.
[4] Vgl. dazu *Appelhagen* BB 1974, 343; *Eiermann* BB 1974, 958.

4 Eine Inhaltskontrolle der VOB mittels der §§ 307 ff. BGB ist grundsätzlich möglich. Zu bedenken ist aber, dass die VOB als im Großen und Ganzen ausgewogene Regelung in ihrer Gesamtheit gesehen werden und mit der Regelung des BGB verglichen werden muss. Eine Inhaltskontrolle dahin, dass jede einzelne Regelung in der VOB mit dem Bauvertragsrecht des BGB verglichen wird und dann über § 307 BGB als Verstoß gegen Grundgedanken der gesetzlichen Regelung beanstandet wird, würde außer Acht lassen, dass nicht in Form eines Rosinenpickens einzelne Bestimmungen der VOB isoliert betrachtet und dann mit den funktionsgleichen Bestimmungen des Bauvertragsrechts verglichen werden können. Die Regelung der VOB verlöre damit ihre Bedeutung als eine ausgewogene Gesamtordnung des Bauvertragsrechts.

5 In diesem Vergaberechtsband ist nur Teil A kommentiert, weil Teil B und C der VOB keinen Bezug zum Vergaberecht haben. In der VOB/A sind alle Vorgänge bezüglich der Vergabe von Bauleistungen zusammengefasst, die notwendig sind, um den Abschluss eines Bauvertrages zwischen Auftraggeber und Bieter herbeizuführen. Die VOB/A ist von dem Grundsatz geprägt, dass Bauleistungen an fachkundige, leistungsfähige und zuverlässige Bewerber zu angemessenen Preisen zu vergeben sind, und zwar im Regelfall durch Wettbewerb (§ 2 Abs. 1 S. 1). Um die mit der Vergabeordnung angestrebten Ziele zu erreichen, hat Teil A der VOB für die Vergabe von Bauleistungen bei öffentlicher Ausschreibung ein bestimmtes Verfahren vorgeschrieben, das der öffentliche Auftraggeber einzuhalten hat (§ 2 S. 2 VgV). Dieses Verfahren gilt mit einigen Modifikationen auch bei beschränkter Ausschreibung und bei freihändiger Vergabe (§ 3). Die Einzelheiten des Verfahrens ergeben sich aus den §§ 2 ff. § 8a Abs. 1 S. 1 schreibt vor, dass die VOB/B und VOB/C Bestandteil des Vertrages werden, es sei denn, die Parteien einigen sich über eine andere Regelung, etwa über die Anwendung der §§ 650a ff. BGB.[5] Diese Regelung sollte angesichts des neuen BGB-Bauvertragsrechts gestrichen werden. Über nähere Einzelheiten des VOB/B Bauvertrages unterrichtet der im Anschluss an die VOB/A abgedruckte Einführungstext in den VOB/B Bauvertrag (→ Grundzüge der VOB/B Rn. 1 ff.).[6]

§ 1 Bauleistungen

Bauleistungen sind Arbeiten jeder Art, durch die eine bauliche Anlage hergestellt, instand gehalten, geändert oder beseitigt wird.

Übersicht

	Rn.		Rn.
I. Normzweck	1	V. Instandhaltung einer baulichen Anlage (Var. 2)	8
II. Anwendungsbereich	2, 3	VI. Änderung einer baulichen Anlage (Var. 3)	9
III. Bauleistungen	4–6	VII. Beseitigung einer baulichen Anlage (Var. 4)	10
IV. Herstellung einer baulichen Anlage (Var. 1)	7	VIII. Geltung	11

I. Normzweck

1 Die Norm definiert den Begriff der Bauleistungen und bestimmt damit den sachlichen Anwendungsbereich der VOB/A, anknüpfend an den Begriff der Bauleistungen und in Abgrenzung zu Liefer- und Dienstleistungsaufträgen (vgl. § 1 VOL/A und → GWB § 103 Rn. 44 und zu Einzelfällen → GWB § 103 Rn. 63 ff.). Bei gemischttypischen Vergaben entscheidet grundsätzlich der Schwerpunkt der Beschaffungsmaßnahme über die Zuord-

---

[5] Vgl. MüKoBGB/*Busche* BGB § 650a Rn. 37.
[6] Zum BGB Bauvertrag vgl. MüKoBGB/*Busche* BGB §§ 650a ff. Zum Regelungsinhalt der allgemeinen technischen Vertragsbedingungen (ATV) vgl. *Tempel* NZBau 2003, 465 ff.; *Mundt* NZBau 2003, 73 (74).

nung (§ 110 Abs. 1 GWB).[1] Bei Betreibermodellen, die nach der Errichtung des Bauwerks auch den Betrieb der Anlage umfassen, führt diese Betrachtung der Mehrzahl der Fälle zur Einordnung als Bauleistung (nicht Liefervertrag).[2] Nach den Abgrenzungsregelungen in §§ 110–112 GWB, auf deren Kommentierung verwiesen wird (→ GWB § 110 Rn. 1 ff.), können aber auch unterschiedliche Vergaberechtsregime Anwendung finden.

II. Anwendungsbereich

Der erste Abschnitt der VOB/A, die Basisparagraphen, gilt im in der Norm definierten Anwendungsbereich für Bauleistungen ober- und unterhalb der Schwellenwerte (§ 106 GWB), während mit Erreichen der Schwellenwerte zusätzlich der zweite und dritte Abschnitt der VOB/A gilt.[3]   **2**

Der persönliche Anwendungsbereich ergibt sich dagegen nicht aus § 1. Mit Erreichen der Schwellenwerte bestimmt § 99 GWB diesen (zum sachlichen Anwendungsbereich → Einl. VergabeR Rn. 231). Unterhalb der Schwellenwerte kann der persönliche Anwendungsbereich sich aus bundes- bzw. landesrechtlichen oder auch kommunalen Bestimmungen ergeben und sich auch auf private Auftraggeber erstrecken.[4] Auch eine freiwillige Bindung an die vergaberechtlichen Bestimmungen liegt im Rahmen der Vertragsfreiheit der Parteien.[5]   **3**

III. Bauleistungen

Ausgangspunkt stellt das Vorliegen einer Bauleistung dar; der Begriff hat einen Bezug zum Bauauftragsbegriff in § 1EU bzw. § 103 Abs. 3 GWB.[6] § 103 Abs. 3 GWB folgt wiederum der Definition von Art. 2 RL 2014/24/EU bzw. Art. 2 RL 2014/25/EU; insofern wird auf die ausführliche Kommentierung mit Rechtsprechungsnachweisen zu § 103 GWB (→ GWB § 103 Rn. 56 ff.) verwiesen.   **4**

Abweichend zur bisherigen Definition (→ GWB § 103 Rn. 58) definiert § 1 Bauleistungen als Arbeiten jeder Art, durch die eine bauliche Anlage hergestellt, instand gehalten, geändert oder beseitigt wird. Zentraler Anknüpfungspunkt für die Definition stellt der Begriff der baulichen Anlage dar. Sprachlich hiervon abweichend knüpft § 103 Abs. 3 Nr. 2 GWB an den Begriff des Bauwerks an, ohne dass aus der sprachlichen Abweichung inhaltlich auf eine Differenzierung zu schließen ist.[7]   **5**

Bauliche Anlagen iSv § 1 sind regelmäßig Bauwerke; unter diesen sind wiederum unbewegliche, durch Verwendung von Arbeit und Material in Verbindung mit dem Erdboden hergestellte Sachen über und/oder unter der Erdoberfläche zu verstehen (→ GWB § 103 Rn. 43, 44 mit Rechtsprechungsnachweisen).[8] Nach § 103 Abs. 3 Nr. 2 GWB bzw. Art. 2 Abs. 1 Nr. 7 RL 2014/24/EU sind Bauwerke das Ergebnis von Tief- oder Hochbauarbeiten und erfüllen eine wirtschaftliche oder technische Funktion (→ GWB § 103 Rn. 71 ff.). Bauleistungen iSv § 1 dienen der Herstellung der baulichen Anlage, aber auch der Instandhaltung oder gar Beseitigung derselben, wie sich aus dem Wortlaut der Norm ergibt.[9]   **6**

IV. Herstellung einer baulichen Anlage (Var. 1)

Die Herstellung einer baulichen Anlage stellt eine Bauleistung iSv § 1 dar und umfasst die vollständige Erstellung oder die Erbringung von Teilleistungen für die Erstellung einer   **7**

---

[1] Ziekow/Völlink/*Hermann* Rn. 19; zur Bestimmung des Rechtscharakters bei gemischttypischen Verträgen vgl. MüKoBGB/*Emmerich* BGB § 311 Rn. 28 (Absorptionsmethode).
[2] Vgl. Kapellmann/Messerschmidt/*Lederer* Rn. 15 mwN.
[3] Ziekow/Völlink/*Ziekow* GWB Einl. Rn. 25 ff.
[4] Vgl. Ziekow/Völlink/*Völlink* VOB/A Einl. Rn. 7 ff.
[5] OLG Düsseldorf Beschl. v. 15.8.2011 – 27 W 1/11.
[6] Keine inhaltlichen Unterschiede sieht iErg Kapellmann/Messerschmidt/*Lederer* Rn. 1 ff.; vgl. HK-VergabeR/*Winnes* Rn. 2.
[7] Vgl. Kapellmann/Messerschmidt/*Lederer* Rn. 1 ff.
[8] BGH Urt. v. 18.1.2001 – VII ZR 247/98, NZBau 2001, 201 zur Bauwerkseigenschaft; zur notwendigen weiten Auslegung des Bauwerksbegriffs *Weyand*, 2011, Rn. 1657.
[9] Vgl. mwN Ziekow/Völlink/*Völlink* Rn. 13 ff.; Kapellmann/Messerschmidt/*Lederer* Rn. 20.

Anlage, ohne dass es auf die Fertigstellung der gesamten Anlage oder darauf ankäme, dass die Teilleistung für die Funktionalität der Anlage zwingend erforderlich wäre.[10] Reine Planungsleistungen erfasst § 1 dagegen nicht;[11] zur Anwendung von §§ 69 ff. VgV aber → GWB § 103 Rn. 61 ff. Solche Arbeiten, die nach ihrer Zweckbestimmung dem Bauwerk zu dienen bestimmt sind oder an einem Grundstück durchgeführt werden, sind dagegen Bauleistungen.[12]

V. Instandhaltung einer baulichen Anlage (Var. 2)

8 Maßnahmen an baulichen Anlagen, die der Instandhaltung dienen,[13] sind Bauleistungen iS der Norm, selbst wenn sie nicht von wesentlicher Bedeutung für den Erhalt derselben sind.[14] Instandhaltungsmaßnahmen können anknüpfend an die Differenzierung in der HOIA in Instandsetzungsmaßnahmen,[15] insbesondere Renovierungen und Reparaturen, und Instandhaltungsmaßnahmen,[16] zB Reinigungsarbeiten, bzw. bauwerks- oder grundstücksbezogene Arbeiten unterteilt werden.[17] Allerdings können sowohl bauwerks- als auch grundstücksbezogene Maßnahmen die Voraussetzungen einer Bauleistung erfüllen und in den Anwendungsbereich der VOB/A fallen, sodass diese Differenzierung im Anwendungsbereich von § 1 sich von untergeordneter Bedeutung darstellt.[18]

VI. Änderung einer baulichen Anlage (Var. 3)

9 § 1 umfasst Änderungen einer baulichen Anlage, die sowohl Umbauarbeiten als auch Erweiterungsbaumaßnahmen erfasst.[19] Umbauten greifen erheblich in den Bestand der Anlage ein,[20] während Erweiterungen zu einer Ergänzung der bestehenden Anlage führen,[21] die üblicherweise mit einer Wertsteigerung bzw. Funktionserweiterung verbunden ist; eine feste Verbindung mit der Anlage stellt keine Voraussetzung dar.[22]

VII. Beseitigung einer baulichen Anlage (Var. 4)

10 Schließlich stellt die Beseitigung einer baulichen Anlage, insbesondere durch Abbruch und Rückbau, eine Bauleistung iS der Norm dar, wie der Wortlaut von § 1 aE klarstellt. Ebenso wie Arbeiten, die ihrer Zweckbestimmung nach einem Bauwerk dienen, Bauleistungen darstellen (→ Rn. 6), stellen Arbeiten, die der Vorbereitung der Errichtung einer

---

[10] Kapellmann/Messerschmidt/*Lederer* Rn. 13; mit typischen Anwendungsfällen Beck VOB/Messerschmidt Rn. 49 ff.; Ziekow/Völlink/*Herrmann* Rn. 7 ff.

[11] Zu Ausnahmen vgl. Kapellmann/Messerschmidt/*Lederer* Rn. 13.

[12] Vgl. Ziekow/Völlink/*Völlink* Rn. 5; für Einzelfälle vgl. Ziekow/Völlink/*Herrmann* Rn. 12 aE.

[13] Vgl. die Definitionen in § 2 Nr. 9 und 10 HOIA 2009: „9. ‚Instandsetzungen' sind Maßnahmen zur Wiederherstellung des zum bestimmungsgemäßen Gebrauch geeigneten Zustandes (Soll-Zustandes) eines Objekts, soweit sie nicht unter Nummer 4 fallen oder durch Maßnahmen nach Nummer 7 verursacht sind; 10. ‚Instandhaltungen' sind Maßnahmen zur Erhaltung des Soll-Zustandes eines Objekts".

[14] Kapellmann/Messerschmidt/*Lederer* Rn. 17 mwN.

[15] § 2 Abs. 8 HOAI: „Instandsetzungen sind Maßnahmen zur Wiederherstellung des zum bestimmungsgemäßen Gebrauch geeigneten Zustandes (Soll-Zustandes) eines Objekts, soweit diese Maßnahmen nicht unter Absatz 3 fallen".

[16] § 2 Abs. 9 HOAI: „Instandhaltungen sind Maßnahmen zur Erhaltung des Soll-Zustandes eines Objekts".

[17] Vgl. Abteilung 45 in Anhang II Verzeichnis der Tätigkeiten nach Artikel 2 Abs. 1 Nummer 6 lit. a RL 2014/24/EU, die neben Neubau und Renovierung die gewöhnliche Instandsetzung umfasst.

[18] Ziekow/Völlink/*Herrmann* Rn. 14; vgl. die Differenzierung bei Beck VOB/Messerschmidt Rn. 54 ff. zwischen Instandhaltungs-, Instandsetzungs- und Renovierungsarbeiten sowie Sanierungs-, Renovierungs-, Modernisierungsmaßnahmen.

[19] Vgl. Ziekow/Völlink/*Hermann* Rn. 16; Kapellmann/Messerschmidt/*Lederer* Rn. 18; Beck VOB/Messerschmidt Rn. 64.

[20] Vgl. die Definition in § 2 Nr. 6 HOIA 2009: „‚Umbauten' sind Umgestaltungen eines vorhandenen Objekts mit Eingriffen in Konstruktion oder Bestand"; für Beispiele Beck VOB/Messerschmidt Rn. 64.

[21] Vgl. die Definition in § 2 Nr. 5 HOIA 2009: „‚Erweiterungsbauten' sind Ergänzungen eines vorhandenen Objekts".

[22] So zu Recht Kapellmann/Messerschmidt/*Lederer* Rn. 18 mwN.

Anlage dienen, namentlich die Ausschachtung und der Aushub von Baugruben, Herstellungsarbeiten iSv Var. 1 dar.[23]

VIII. Geltung

Zwar entfalten die Basisgraphen wegen ihrer Rechtsnatur als Verwaltungsvorschriften keine Außenwirkung;[24] sie haben dennoch große praktische Relevanz und gelten in den Bundesländern je nach landesrechtlicher Ausgestaltung (→ Rn. 3).[25]

11

§ 2 Grundsätze

(1)
1. Bauleistungen werden an fachkundige, leistungsfähige und zuverlässige Unternehmen zu angemessenen Preisen in transparenten Vergabeverfahren vergeben.
2. ¹Der Wettbewerb soll die Regel sein. ²Wettbewerbsbeschränkende und unlautere Verhaltensweisen sind zu bekämpfen.

(2) Bei der Vergabe von Bauleistungen darf kein Unternehmen diskriminiert werden.

(3) Es ist anzustreben, die Aufträge so zu erteilen, dass die ganzjährige Bautätigkeit gefördert wird.

(4) Die Durchführung von Vergabeverfahren zum Zwecke der Markterkundung ist unzulässig.

(5) Der Auftraggeber soll erst dann ausschreiben, wenn alle Vergabeunterlagen fertig gestellt sind und wenn innerhalb der angegebenen Fristen mit der Ausführung begonnen werden kann.

Übersicht

	Rn.		Rn.
I. Allgemeines	1–12	e) Diskriminierungsverbot	66–70
1. Überblick	2–5	2. Förderung der ganzjährigen Bautätigkeit (Abs. 3)	71, 72
2. Drittschutz der Norm	6–12		
II. Kommentierung	13–88	3. Verbotene Markterkundung und fehlende Ausschreibungsreife (Abs. 4 und 5)	73–88
1. Vergabegrundsätze (Abs. 1 und 2)	13–70		
a) Eignung	13–43	a) Markterkundung	74–78
b) Angemessene Preise	44–48	b) Ausschreibungsreife	79–86
c) Transparenz	49–56	c) Doppel- und Parallelausschreibungen	87, 88
d) Wettbewerbsgrundsatz	57–65		

I. Allgemeines

§ 2 normiert Grundsätze des bei der Vergabe von Bauaufträgen unterhalb der Schwellenwerte durchzuführenden Verfahrens. Die Vorschrift ist seit der VOB/A (2009) unverändert geblieben.

1

1. Überblick. § 2 Abs. 1 und 2 regelt mit der Eignung (Abs. 1 Nr. 1), der Angemessenheit der Preise (Abs. 1 Nr. 1), der Transparenz (Abs. 1 Nr. 1), dem Wettbewerb (Abs. 1 Nr. 2) und dem Diskriminierungsverbot (Abs. 2) wesentliche Grundsätze des Vergabeverfahrens. Diese entsprechen weitgehend den Prinzipien des GWB-Vergaberechts; zugleich korrespondieren sie mit den Anforderungen des unionsrechtlichen Vergabeprimärrechts[1]

2

---

[23] So auch Beck VOB/Messerschmidt Rn. 68.
[24] EuGH Urt. v. 18.12.2014 – C-568/13, EuZW 2015, 186 Rn. 36 – Azienda Ospedaliero-Universitaria di Careggi-Firenze/Data Medical Service Srl.
[25] Vgl. Ziekow/Völlink/*Ziekow* GWB Einl. Rn. 31 ff.
[1] Zur diesbezüglichen Rechtsprechung des EuGH *Knauff* in Goede/Stoye/Stolz, Handbuch des Fachanwalts Vergaberecht, 2017, Kap. 2 Rn. 16 ff.; s. auch die Mitteilung der EuGH-Kommission zu Auslegungsfragen in Bezug auf das Gemeinschaftsrecht, das für die Vergabe öffentlicher Aufträge gilt, die nicht oder nur

und sind zumindest mittelbar durch dieses bedingt.[2] Die Vergabegrundsätze des § 2 Abs. 1 und 2 sollen ähnlich wie ihre Parallelgewährleistungen für die Oberschwellenvergabe in § 97 GWB (→ GWB § 97 Rn. 6 ff.) vornehmlich eine Orientierung bei der Auslegung der Verfahrensvorschriften der VOB/A geben und als Hilfestellung bei der Schließung eventueller Regelungslücken dienen.[3] Sie sind auf eine nähere Ausgestaltung angelegt, die etwa hinsichtlich der Eignung in den §§ 6a, 6b Abs. 4 und § 16b Abs. 1 erfolgt.

3 Abs. 3 enthält die Aufforderung an den Auftraggeber, die Aufträge zeitlich so zu takten, dass eine ganzjährige Bautätigkeit möglich ist. Es handelt sich um einen im Interesse der Bauwirtschaft eingefügten Programmsatz ohne Verpflichtungswirkung.

4 Abs. 4 verbietet die Durchführung von Vergabeverfahren allein zu Markterkundungszwecken und damit ohne das Ziel der Deckung eines konkreten Beschaffungsbedarfs. Die Vorschrift verweist auf die Funktion des Vergaberechts, schützt zugleich die Inanspruchnahme der Unternehmen der Bauwirtschaft durch die Erstellung von Angeboten, die nicht zum Ziel einer Auftragserteilung führen können, und sichert deren grundsätzliche Bereitschaft zur Mitwirkung an Vergabeverfahren.

5 Abs. 5 regelt die Ausschreibungsreife. Danach darf der Auftraggeber den Auftrag erst dann ausschreiben, wenn alle dafür erforderlichen Unterlagen vorliegen und alle Voraussetzungen für den planmäßigen Beginn der Bauausführung gegeben sind.

6 **2. Drittschutz der Norm.** Als Bestandteil des ersten Teils der VOB/A handelt es sich bei den Grundsätzen des § 2 jedenfalls auf Bundesebene nicht um Außen-, sondern um bloßes **Innenrecht,** welches (nur) für die Verwaltung über die Verwaltungsvorschrift Nr. 2.3 zu § 55 BHO verbindlich ist.[4]

7 Entsprechendes gilt überwiegend für die Situation in den Ländern (VV zu § 55 LHO). Einige Länder haben den Abschnitt 1 der VOB/A durch Verweis in den Landesvergabegesetzen allerdings rechtlich aufgewertet und ihr dadurch unmittelbare **Außenwirkung** verliehen,[5] die dann auch die Grundsätze des § 2 umfasst.

8 Dennoch können sich Bieter auf die Einhaltung der Vorgaben in der VOB/A berufen. Die Vorschriften der VOB/A sind nämlich – jedenfalls wenn die Vergabestelle die Anwendung der VOB/A (wie regelmäßig) angekündigt hat, Teil des vorvertraglichen Schuldverhältnisses gem. § 241 Abs. 2 BGB, § 311 Abs. 2 BGB geworden.[6] Daneben kann die Außenwirksamkeit mit der aufgrund Art. 3 GG eintretenden Selbstbindung der Vergabestellen anknüpfend an ihr tatsächliches Handeln begründet werden.[7]

9 Wenn und soweit die ihrerseits subjektive Rechte vermittelnden Grundsätze des Primärvergaberechts sich in ihrem Anwendungsbereich inhaltlich mit denjenigen des § 2 decken, wirken die Vorschriften der VOB/A schließlich auch darüber mittelbar-faktisch nach außen.[8] Streng genommen entfaltet hier aber nicht die VOB/A selbst Außenwirkung, sondern der inhaltsgleiche Rechtssatz des Unionsprimärrechts, dessen Geltung von einer Parallelregelung in der VOB/A unabhängig ist.

10 An der Einordnung der VOB/A als Innenrecht ändert dies folglich nichts.[9] Soweit nicht in einem staatlichen Rechtssatz die VOB/A über eine Verweisung zu staatlichem Recht

---

teilweise unter die Vergaberichtlinien fallen, ABl. 2006 C 179, 2; s. auch EuG Urt. v. 20.5.2010 – T-258/06, Slg. 2010, II-2027.

[2] Vgl. HK-VergabeR/*Fehling* Rn. 3.

[3] Beck VergabeR/*Soudry* Rn. 11; Kapellmann/Messerschmidt/*Glahs* Rn. 1; Willenbruch/Wieddekind/*Schubert/Werner* Rn. 1; kritisch *Burgi* NZBau 2008, 29 ff.

[4] So auch Ingenstau/Korbion/*Leupertz*/von Wietersheim Einl. Rn. 24.

[5] § 6 Abs. 1 TariftVergabeG BR (ab 50.000 EUR); § 2a HmbVgG; § 3 Abs. 2 NTVergG; § 1 Abs. 2 Sächs-VergabeG; § 1 Abs. 2 LVG LSA; § 3 Abs. 1 Nr. 1 TTG SH; § 1 Abs. 2 S. 1 ThürVgG. S. auch § 1 Abs. 8 HVTG, der die VOB/A nicht selbst für anwendbar erklärt, sondern auf Verwaltungsvorschriften zum Haushaltsrecht hinweist und § 2 Abs. 4 VgG M-V, der die Einführung als Verwaltungsvorschrift ankündigt.

[6] *Mertens* in Gabriel/Krohn/Neun VergabeR-HdB § 89 Rn. 15; *Dicks* VergabeR 2012, 531 (538); *Krist* VergabeR 2011, 163 (163).

[7] So noch BVerwG NVwZ 2007, 389 (392); *Scharen* VergabeR 2011, 653 (656).

[8] Vgl. Kapellmann/Messerschmidt/*Glahs* Rn. 6 ff.

[9] Teilweise missverständlich Beck VergabeR/*Soudry* Rn. 14.

erhoben wird,[10] bleibt die VOB/A isoliert betrachtet eine Richtlinie ohne eigene Außenwirkung.

Allerdings kann die VOB/A in ihrem Anwendungsbereich nur dann uneingeschränkt **11** Geltung entfalten und damit ihrem Regelungsziel gerecht werden, wenn sie im **Einklang mit dem Europarecht** angewendet wird.[11] Die Auslegung und Anwendung des § 2 müssen daher im Lichte der Grundsätze des EU-Vergabeprimärrechts erfolgen.[12]

Dessen ungeachtet kann im Anwendungsbereich der Basisparagraphen nicht davon **12** gesprochen werden, dass in Deutschland effektive **Rechtsschutzmöglichkeiten** bestehen.[13] Zwar besteht potentiell die Möglichkeit der gerichtlichen Verhinderung rechtswidriger Vergabeentscheidungen über zivilgerichtliche einstweilige Verfügungen, die Geltendmachung ist aber insofern erschwert, als nach dem geltenden Recht eine Information über das Unterliegen bei der Vergabe sowie die Gründe dafür erst nach dem Vertragsschluss mit dem obsiegenden Bieter anzugeben sind, sodass der Unterlegene nur noch Schadensersatzforderungen geltend machen kann.[14] Mit dem europäischen Sekundärrecht, insbesondere mit den Rechtsmittelrichtlinien ist dies vereinbar, da sie nur auf Vergaben oberhalb der Schwellenwerte Anwendung finden. Die Übereinstimmung mit dem EU-Primärvergaberecht wird jedoch zu Recht in Zweifel gezogen,[15] zuletzt auch durch das OLG Düsseldorf.[16]

II. Kommentierung

1. Vergabegrundsätze (Abs. 1 und 2). a) Eignung. aa) Grundlagen. Eignungsvor- **13** gaben sind auch im Unterschwellenbereich – entsprechend der Systematik des GWB-Vergaberechts (vgl. § 122 Abs. 1 GWB) – **unternehmensbezogene Mindestanforderungen**, die jeder Bieter erfüllen muss, damit sein Angebot Eingang in die finale, anhand leistungsbezogener Zuschlagskriterien durchzuführende Wertung findet.[17] Eignungs- und Zuschlagskriterien beziehen sich folglich auf unterschiedliche Gegenstände. Im Rahmen des Zuschlags sind geforderte Eignungskriterien daher nach herkömmlichem Verständnis nicht mehr berücksichtigungsfähig. Dies gilt auch für solche Kriterien, die wertungsmäßig zur Eignung gehören, also personen- und nicht leistungsbezogen sind, jedoch zur Beurteilung der Eignung im Vergabeverfahren nicht herangezogen wurden.

Diese bislang klare Maßgabe wurde oberhalb der Schwellenwerte mit der Vergaberechts- **14** novelle, genauer durch Art. 67 Abs. 2 lit. b RL 2014/24/EU, dessen Rechtswirkungen vom EuGH[18] sogar schon vor Ablauf der Umsetzungsfrist in die alte Rechtslage hineingelesen wurde, aufgeweicht. Nach § 127 Abs. 1 und 3 GWB können bei der Beurteilung des Preis-Leistungs-Verhältnisses nunmehr unter anderem qualitative Aspekte berücksichtigt werden, soweit ein Zusammenhang mit der Leistung besteht. Dies wird in den § 58 Abs. 2 Nr. 2 VgV, § 16dEU Abs. 2 Nr. 2 S. 2 lit. b[19] konkretisiert, die ausdrücklich regeln, dass die Organisation, Qualifikation und Erfahrung des mit der Ausführung des Auftrags betrauten Personals – hierbei handelt es sich um typische Eignungskriterien – Zuschlagskriterien sein können, wenn diese Merkmale erheblichen Einfluss auf das Niveau der Auftragsausführung

---

[10] Wie zB in § 2 VgV oder in den in Fn. 5 angeführten Vergabegesetzen der Länder. Vgl. allgemein die rechtsstaatlichen Bedenken hinsichtlich der tatsächlichen Publizität privater Verweisungsobjekte *Meurers/Beye* DÖV 2018, 59 ff., wobei die Problematik auf die im Bundesanzeiger veröffentlichte und im Internet abrufbare VOB nicht zutrifft.
[11] Vgl. KMPP/*Marx* Einl. Rn. 3; KKPP/*Röwekamp* GWB § 106 Rn. 12 ff.
[12] Vgl. Calliess/Ruffert/*Ruffert* AEUV Art. 1 Rn. 24.
[13] Vgl. auch *Knauff* NVwZ 2007, 546 (548 f.).
[14] Dies erachtet BVerfGE 116, 135 als verfassungskonform.
[15] S. nur HK-VergabeR/*Pache* BHO § 55 Rn. 146 ff.
[16] OLG Düsseldorf Beschl. v. 13.12.2017 – I-27 U 25/17 Rn. 44 f., NZBau 2018, 168 (168 f.).
[17] Vgl. etwa OLG Schleswig Beschl. v. 28.6.2016 – 54 Verg 2/16 Rn. 4.
[18] EuGH Urt. v. 26.3.2015 – Rs. C-601/13, Rn. 31 ff. – Ambisig.
[19] Es handelt sich um eine 1:1-Umsetzung des Art. 67 Abs. 2 RL 2014/24/EU.

haben können.²⁰ Dies ist nach Auffassung des EuGH insbesondere dann der Fall, wenn es sich um Dienstleistungen mit intellektuellem Charakter handelt.²¹ Allerdings wird durch diese Änderung die grundsätzliche **Trennung von Eignungs- und Leistungskriterien** nicht aufgegeben.²² Vielmehr erkennt die neue Rechtslage allein an, dass originär Eignung betreffende Kriterien im Ausnahmefall auch Auswirkungen auf die Qualität der Leistung haben können und damit nicht nur bieter-, sondern zugleich leistungsbezogen sein können und daher beim Zuschlag Beachtung finden können sollen.

15 Obwohl sich die Rechtsänderungen und die Rechtsprechung des EuGH nur auf den Oberschwellenbereich beziehen, kann sie auf die Unterschwellenvergabe übertragen werden.²³ Die Erkenntnis, dass Organisation, Qualifikation und Erfahrung des ausführenden Personals sich insbesondere bei geistig-schöpferischen Leistungen auf die Qualität der Leistungserbringung auswirken können, trifft ebenso auf die Unterschwellenvergabe zu. Mit dem Wortlaut der VOB/A ist dies ohne Weiteres vereinbar. In § 16d Abs. 1 Nr. 3 findet sich systematisch beim Zuschlag geregelt das Merkmal der Qualität, bei dessen Konkretisierung die von der Rechtsprechung im Oberschwellenbereich entwickelten Maßgaben zu berücksichtigen sind.

16 **bb) Eignungsmerkmale.** Aufträge sind gem. § 2 Abs. 1 Nr. 1 nur an fachkundige, leistungsfähige und zuverlässige, mithin geeignete Unternehmen zu vergeben. Alle Eignungskriterien, die vom Auftraggeber aufgestellt werden, müssen sich auf diese drei unbestimmten Rechtsbegriffe zurückführen lassen.²⁴ Die Merkmale der Fachkunde und der Leistungsfähigkeit überschneiden sich teilweise. Tendenziell betrifft die „Fachkunde" qualitativ-immaterielle Anforderungen an das Leistungsvermögen eines Unternehmens, wohingegen mit Leistungsfähigkeit die quantitativ-materiellen Voraussetzungen für die ordnungsgemäße Leistungserbringung in Bezug genommen werden.²⁵ Jedoch wird die Fachkunde in einem Unternehmen durch das Personal verkörpert, das wiederum in ausreichender Zahl vorhanden sein muss, sodass sich qualitative und quantitative Ebenen gegenseitig bedingen.

17 **(1) Fachkunde.** Nach dem Vergabehandbuch des Bundes ist jeder Bieter fachkundig, der über die für die Vorbereitung und Ausführung der jeweiligen Leistung notwendigen technischen Kenntnisse verfügt.²⁶ Ergänzend heißt es dort, bei schwierigen Leistungen sei in der Regel zu fordern, dass der Bieter bereits nach Art und Umfang vergleichbare Leistungen ausgeführt hat. Das Kriterium der Fachkunde betrifft vor allem das **technische Know-How** der Unternehmen. Ferner ist die Kenntnis der fachspezifischen rechtlichen Anforderungen an das Tätigwerden zu verlangen.²⁷ Ein fachkundiges Unternehmen verfügt über eine ausreichende Zahl²⁸ an Mitarbeitern mit den nötigen Sachkenntnissen, das zu vergebende Bauvorhaben fachgerecht, das heißt nach allen Regeln der Technik und innerhalb des vorgegebenen zeitlichen Rahmens, durchführen bzw. beaufsichtigen zu können.²⁹ Dazu

---

[20] Vgl. allgemein zur Trennung von Eignungs- und Zuschlagskriterien nach der neuen Rechtslage KKMPP/*Wiedemann* VgV § 58 Rn. 24 ff; Müller-Wrede/*Gnittke/Hattig* VgV § 29 Rn. 45 ff.; Müller-Wrede/ *Müller-Wrede* GWB § 127 Rn. 129 ff.; *Pauka* NZBau 2015, 18 (22 f.); *Eiermann* NZBau 2016, 76 (77).
[21] Eingehend zum Urteil *Rosenkötter* NZBau 2015, 609 (610 f.).
[22] Vgl. etwa KKMPP/*Wiedemann* VgV § 58 Rn. 24 ff, insbes. Rn. 27; *Braun* in Gabriel/Krohn/Neun VergabeR-HdB § 30 Rn. 14 ff.; Müller-Wrede/*Gnittke/Hattig* GWB § 122 Rn. 17.
[23] IE ebenso Willenbruch/Wieddekind/*Schubert/Werner* Rn. 4.
[24] Diesbezüglich unterscheidet sich die Eignungsprüfung nicht vom Oberschwellenbereich, vgl. etwa KKPP/*Hausmann/von Hoff* GWB § 122 Rn. 15 (freilich mit dem Unterschied, dass die Zuverlässigkeit dort systematisch nicht mehr zur Eignung zählt).
[25] Zum Teil wird ungenauer zwischen einer eher personenbezogenen (Fachkunde) und einer sach- und betriebsbezogenen Prüfung (Leistungsfähigkeit) unterschieden, etwa bei *Dreher/Hoffmann* NZBau 2008, 545 (546 f.); vgl. auch Ingenstau/Korbion/*Schranner* Rn. 42.
[26] VHB Bund, Richtlinien zu Formblatt 321 Stand April 2016, Nr. 4.4; vgl. auch VK Halle Beschl. v. 26.10.2016 – 3 VK LSA 33/16, Rn. 33 (juris).
[27] Beck VergabeR/*Soudry* Rn. 39.
[28] → Rn. 16.
[29] Wie hier Beck VergabeR/*Soudry* Rn. 46; zu weit dagegen Ingenstau/Korbion/*Schranner* Rn. 33, der darüber hinaus auch für den Auftrag nicht erforderliche, aber zum Sachgebiet gehörende Kenntnisse verlangt.

sind nicht zwingend bestimmte Ausbildungsnachweise zu erbringen, sondern es ist grundsätzlich unerheblich, wie sich die Verantwortlichen im Unternehmen das notwendige Wissen angeeignet haben.[30] Die betreffenden Mitarbeiter müssen die Erfahrungen nicht beim bietenden Unternehmen erworben haben. Natürlich brauchen all diese Fähigkeiten nicht in der Person des Unternehmers oder Betriebsleiters vorzuliegen, sondern es ist eine Gesamtbetrachtung des kompletten Unternehmensstabs anzustellen. Es kommt im Wesentlichen auf die Stammbelegschaft des Leistungserbringers an, nicht auf solche Arbeitskräfte, die über Arbeitnehmerüberlassungsmodelle oder ähnliche flexible Mechanismen möglicherweise abgerufen werden könnten, es sei denn der Bieter kann in Bezug auf konkrete Personen mit Sicherheit nachweisen, dass sie im Falle der Auftragserteilung für ihn tätig werden.[31]

18 Wesentlich für die Beurteilung und den Nachweis der Fachkunde dürften die **Referenzen** der Bieter gem. § 6a Abs. 2 Nr. 2 sein. Diese müssen vergleichbar, dh so beschaffen sein, dass sie für die einwandfreie Bauausführung eine positive Prognose erlauben. Dazu müssen die Referenzprojekte weder mit den Anforderungen des angestrebten Bauvorhabens exakt übereinstimmen, noch müssen sie zwingend aus demselben Segment (zum Beispiel Hoch- bzw. Tiefbau) stammen.[32] Dies würde den Wettbewerb entgegen § 2 Abs. 1 Nr. 2 unnötig einschränken. Entscheidend ist die jeweils individuell zu beurteilende Aussagekraft für das zu vergebende Projekt. Je spezifischer die zur Bauausführung erforderlichen Fertigkeiten sind, desto strenger können die Vorgaben für geeignete Referenzen sein. Dies kann im Einzelfall sogar dazu führen, dass Newcomern die Aussicht auf den Zuschlag bei ungewöhnlich komplexen Aufträgen verwehrt ist und sie die Eignungskriterien nur über das Gründen einer Bietergemeinschaft mit erfahreneren Partnern oder den Einbezug von Nachunternehmern erfüllen können.[33] Die Anforderungen stehen unter dem Vorbehalt ihrer Verhältnismäßigkeit.

19 Referenzen verlieren mit der Zeit ihre Aussagekraft für die gegenwärtige Fachkunde in einem Unternehmen.[34] Nur in begründeten Ausnahmefällen sollten daher Referenzen akzeptiert werden, die älter als drei Jahre sind. Gemäß § 6a Abs. 2 Nr. 1 kann der Auftraggeber über einzelne Referenzen hinaus vom Unternehmen einen Nachweis über dessen Umsatz im Segment Bauleistungen und vergleichbare Leistungen der letzten drei Geschäftsjahre verlangen. Sollten sich daraus Hinweise auf Tätigkeiten ergeben, die in den Referenzen der Unternehmen nicht erwähnt werden, begründet dies eine Aufklärungspflicht des Auftraggebers. In diesem Fall und bei allen anderen Unklarheiten hinsichtlich der Fachkunde ist die Vergabestelle gehalten, diese bspw. durch die Kontaktaufnahme zu den Referenzgebern auszuräumen.[35]

20 Zusätzlich kann sich der Auftraggeber zur Prüfung der Fachkunde gem. § 6a Abs. 2 Nr. 3 die Zahl der in den letzten drei Geschäftsjahren jahresdurchschnittlich beschäftigten Arbeitskräfte gegliedert nach Lohngruppen mit gesondert ausgewiesenem technischen Leistungspersonal nachweisen lassen.

21 **(2) Leistungsfähigkeit.** Leistungsfähig ist ein Bieter, der über das für die fach- und fristgerechte Ausführung notwendige Personal und Gerät verfügt und die Erfüllung seiner Verbindlichkeiten erwarten lässt.[36] Der Begriff der Leistungsfähigkeit umfasst tendenziell die **quantitativ-materiellen Voraussetzungen** für die ordnungsgemäße Leistungserbringung. Schlüsselt man die genannte Definition aus dem Vergabe- und Vertragshandbuch für

---

[30] Ingenstau/Korbion/*Schranner* Rn. 34.
[31] *Dreher/Hoffmann* NZBau 2008, 545 (546).
[32] *Dreher/Hoffmann* NZBau 2008, 545 (546).
[33] Wie hier Beck VergabeR/*Soudry* Rn. 41; *Dreher/Hoffmann* NZBau 2008, 545 (546 f.); aA KMPP/*Vavra* Rn. 8.
[34] VK Weimar Beschl. v. 23.1.2017 – 250-4002-866/2017-N-001-EF (juris).
[35] OLG Saarbrücken Urt. v. 28.1.2015 – 1 U 60/15, VergabeR 2015, 623 (627).
[36] VHB Bund, Richtlinien zu Formblatt 321 Stand April 2016, Nr. 4.4; vgl. auch VK Halle Beschl. v. 26.10.2016 – 3 VK LSA 33/16, Rn. 33 (juris).

die Baumaßnahmen des Bundes auf, besteht die Leistungsfähigkeit aus einer technischen, einer kaufmännisch-betriebswirtschaftlichen und einer finanziellen Komponente.

22 In technischer Hinsicht muss das Unternehmen neben dem fachkundigen Personal[37] mit ausreichenden **Sachmitteln** ausgestattet sein, um den Bauauftrag ausführen zu können. Damit ist insbesondere solches technische Gerät gemeint, welches zum Erstellen des Bauwerks benötigt wird und dessen Anschaffungskosten gegenüber der Auftragssumme nicht völlig unerheblich ist, zB Baumaschinen wie Kräne, Bagger, Betonmischer, Estrichpumpen, im Regelfall jedoch nicht Baugerüste, Container oder Absperrgitter. Hierzu ist nicht erforderlich, dass alle oder überhaupt irgendwelche Betriebsmittel auch im Eigentum des Bieters stehen bzw. in dessen Betrieb zum Zeitpunkt der Angebotseinreichung physisch vorhanden sind.[38] Wie der Unternehmer sich die Betriebsmittel verschafft, ist seine unternehmerische Entscheidung, deren Ausgestaltung keinen Rückschluss auf seine Leistungsfähigkeit erlaubt und folglich vom Vergaberecht nicht vorgegeben werden soll. Der Nachweis der Leistungsfähigkeit muss sich vielmehr nur darauf beziehen, woher der Bieter die nötigen Arbeitsmittel zu beschaffen gedenkt. Er muss umfassen, dass alle Betriebsmittel in ausreichender Anzahl zum Zeitpunkt der geplanten Bauausführung zusammen mit dem in die Bedienung eingewiesenen Personal mit Sicherheit zur Verfügung stehen.[39] Der Auftraggeber kann zum Nachweis der Eignung verlangen, die für den Zugriff auf die Geräte Dritter maßgeblichen Zusagen etwa von Verleihunternehmen oder Lieferanten einzusehen.[40]

23 Weiterhin muss die unternehmensinterne **Buchhaltung** so aufgestellt sein, dass sie personell und organisatorisch dazu in der Lage ist, eine reibungslose Rechnungslegung, ein funktionierendes Qualitätsmanagement und ein einwandfreies personelles, sachliches und finanzielles Ressourcenmanagement zu gewährleisten.[41] Ausschlaggebend sind auch hier Anzahl und Erfahrung der Mitarbeiter, die mit obigem Verzeichnis nachgewiesen werden. Daneben erscheint es möglich und sinnvoll, sich vom Bieter versichern zu lassen, dass es diesbezüglich gegenwärtig keine grundlegenden Beanstandungen anderer Kunden oder der Belegschaft gibt bzw. dass es zwar Beanstandungen gab, diese aber nicht begründet oder vom Unternehmen nicht zu verantworten waren. Diese Angaben kann die Vergabestelle üblicherweise mangels entsprechender Informationen zwar nicht vollumfänglich überprüfen. Wenn aber tatsächliche Anhaltspunkte für Defizite auftauchen, hat sie diesen nachzugehen. Stellt sich im weiteren Verlauf des Vergabeverfahrens heraus, dass die vom Unternehmen beigebrachten Angaben unzutreffend waren, ist das betreffende Unternehmen gem. § 16 Abs. 1 Nr. 8 zwingend vom weiteren Verfahren auszuschließen bzw. macht sich schadensersatzpflichtig, wenn der Vertrag mit ihm bereits geschlossen wurde.

24 In finanzieller Hinsicht muss das unternehmerische **Kapital** dazu ausreichen, das unternehmerische Risiko, welches mit der Übernahme des Auftrags verbunden ist, zusätzlich zum sonstigen Geschäft des Bieters zu tragen. Die Liquidität muss die begründete Aussicht dazu geben, dass das Unternehmen in der Lage ist, neben dem eigentlichen Auftrag auch eventuell anfallende Nachbesserungsarbeiten durchzuführen. Dazu kann eine Kapitaldeckung vorgesehen werden, die jedoch stets im Verhältnis zum Auftragsgegenstand und zur Größe des Unternehmens stehen muss. Der Auftraggeber kann die Erfüllung dieser Vorgaben beeinflussen (und ist aus Gründen der Mittelstandsförderung auch dazu angehalten), indem er eine phasenweise Abnahme und Vergütung vorsieht.[42] Der Nachweis der finanziellen Leistungsfähigkeit wird meist durch die Vorlage von Bilanzen bzw. Bilanzauszügen über den Gesamtumsatz bzw. den Umsatz im betreffenden Leistungssegment sowie eine sog. Bankerklärung zu erbringen sein.

---

[37] „Fachkunde" → Rn. 17 ff.
[38] *Dreher/Hoffmann* NZBau 2008, 545 (547); enger aber Immenga/Mestmäcker/*Dreher* GWB § 97 Rn. 231.
[39] EuGH Urt. v. 2.12.1999 – C-176/98, Slg 1999, I-8607 – Holst Italia.
[40] Ingenstau/Korbion/*Schranner* Rn. 42.
[41] HK-VergabeR/*Tomerius* § 6 Rn. 45.
[42] Vgl. Beck VergabeR/*Soudry* Rn. 43.

Auch die fakultativen **Ausschlussgründe in § 16 Abs. 2 Nr. 1, 2 und 4**[43] betreffen 25
die finanzielle Leistungsfähigkeit. Dass sie nicht zwingend zum Ausschluss des Bieters führen,
sondern diesen in das Ermessen des Auftraggebers stellen, bedeutet im Umkehrschluss, dass
in der Regel keiner der dort genannten Aspekte, also weder die Eröffnung des Insolvenzverfahrens, noch eine aktuelle Liquidationsphase, für sich genommen ausreicht, die finanzielle
Leistungsfähigkeit zu verneinen. Diese Wertung des Normgebers ist bei der Bewertung der
Eignung und in der Begründung eines Ausschlusses zu beachten.

(3) **Zuverlässigkeit.** Anders als im (neuen) GWB-Vergaberecht[44] gehört die Zuverläs- 26
sigkeit im Anwendungsbereich der Basisparagraphen der VOB/A noch systematisch zur
Eignung. Ein Bieter ist zuverlässig, der seinen gesetzlichen Verpflichtungen – auch zur
Entrichtung von Steuern und sonstigen Abgaben – nachgekommen ist und der aufgrund
der Erfüllung früherer Verträge eine einwandfreie Ausführung einschließlich Erfüllung der
Mängelansprüche erwarten lässt.[45] Spezielle Fälle der Unzuverlässigkeit sind in § 16 Abs. 2
Nr. 3 und 4 geregelt, wobei es sich hierbei nur um fakultative, nicht um obligatorische
Ausschlussgründe handelt, deren Vorliegen nicht automatisch zur Annahme der Unzuverlässigkeit führt. Die Zuverlässigkeit umfasst hiernach die Beurteilung der Bereitschaft und
dafür nötige Kompetenz und Sorgfalt des Unternehmens, die ihm obliegenden gesetzlichen
und vertraglichen Rechtspflichten ordnungsgemäß zu erfüllen.

Für den Unterschwellenbereich wird dem Auftraggeber durch den **unbestimmten** 27
Rechtsbegriff der Zuverlässigkeit eine größere Flexibilität zugestanden. Während im
Oberschwellenbereich nur die ausdrücklich normierten Ausschlussgründe, die an eine mangelnde Zuverlässigkeit anknüpfen, zu einem Ausschluss führen, kann im Unterschwellenbereich grundsätzlich jeglicher tatsächliche Anhaltspunkt bei der Beurteilung der Zuverlässigkeit berücksichtigt werden. Insbesondere kann ein Ausschluss wegen schlechter Erfahrungen
aus früherer Zusammenarbeit mit einem Bieter schon unterhalb der in § 124 Abs. 1 Nr. 7
GWB geforderten Erheblichkeit erfolgen.[46] Darüber hinaus kann für die Frage des Vorliegens der (Un-)Zuverlässigkeit auf die Rechtsprechung zu anderen Bereichen des öffentlichen (Wirtschafts-)Rechts zurückgegriffen werden.[47] Die für die Beurteilung der Zuverlässigkeit anforderbaren Eignungsnachweise sind in § 6a Abs. 2 Nr. 6–9 aufgelistet.

cc) **Vergabeverfahrensrechtliche Aspekte.** (1) **Festlegung und Transparenz der** 28
Eignungskriterien und -nachweise. Bei der Festlegung, welche inhaltlichen Anforderungen im Einzelfall an die Eignung gestellt und welcherlei Nachweise dafür verlangt werden, verfügt der Auftraggeber über einen **Beurteilungs- und Ermessensspielraum.**[48] Es
ist jedoch stets ein hinreichender **Auftragsbezug** sicherzustellen.[49]

Alle Eignungskriterien müssen bei Öffentlichen Ausschreibungen gem. § 3 Abs. 1 und 29
bei Beschränkten Ausschreibungen nach Öffentlichem Teilnahmewettbewerb gem. § 3
Abs. 2 Alt. 2 schon in der **Bekanntmachung** konkret und umfassend aufgeführt werden.[50]
Damit wird ein Erfordernis der Oberschwellenvergabe, welches in § 122 Abs. 4 GWB,
§ 48 Abs. 1 VgV normiert ist, auf den Unterschwellenbereich übertragen. Dies ergibt sich

---

[43] Beck VergabeR/*Opitz* § 16 Rn. 147.
[44] Vgl. die Legaldefinition der Eignung in § 122 Abs. 1 GWB (→ GWB § 122 Rn. 5 ff.); in der Sache finden sich Zuverlässigkeitskriterien in den Ausschlussgründen der §§ 123, 124 GWB wieder; so auch OLG München Beschl. v. 21.4.2017 – Verg 2/17 Abs. 2.2.6.2; *Brüning* NZBau 2016, 723 ff.
[45] VHB Bund, Richtlinien zu Formblatt 321 bis Stand August 2014, Nr. 3.4; vgl. auch VK Halle Beschl. v. 26.19.2016 – 3 VK LSA 33/16 Rn. 33 (juris).
[46] *Meißner* VergabeR 2017, 270 (274); vgl. zur identischen Problematik in der UVgO auch *Lausen* NZBau 2017, 3 (7).
[47] Willenbruch/Wieddekind/*Schubert/Werner* Rn. 12; s. zB VK Bund Beschl. v. 25.3.2014 – Vk 1 – 16/14, Rn. 42 (juris).
[48] Vgl. *Reichling/Scheumann* GewArch 2016, 228 (229).
[49] Willenbruch/Wieddekind/*Schubert/Werner* Rn. 2; hierzu ausf. Müller-Wrede/*Gnittke/Hattig* GWB § 127 Rn. 120 ff.
[50] VK Weimar Beschl. v. 18.4.2017 – 250-4002-3905/2017-N-006-NDH, Rn. 46 ff. (juris); Beck VergabeR/*Krohn* § 12 Rn. 7.

zwingend aus dem Transparenz- und Gleichbehandlungsgrundsatz nach § 2 Abs. 1 Nr. 1 bzw. Abs. 2,[51] da es dem Auftraggeber andernfalls freistünde, nach Sichtung der Angebote neue zusätzliche Eignungskriterien zu ergänzen, sodass die Vergabeentscheidung willkürlich getroffen werden könnte. Die Bewertungsmaßstäbe sind zusätzlich zu den eigentlichen Kriterien in der Regel jedoch nicht anzugeben. Sie sind gleichwohl so auszugestalten, dass ihre Anwendung nicht zu einer von den Angaben in der Bekanntmachung bzw. in den Vergabeunterlagen abweichenden Gewichtung führt, die für die Bieter überraschend ist.[52]

30 Eine ausdrückliche Pflicht, gleichzeitig schon in der Bekanntmachung die beizubringenden Nachweise (vgl. § 6a) lückenlos aufzuführen, folgt zwar nicht aus § 12 Abs. 1 Nr. 2 („sollen"), wohl aber aus § 6b Abs. 3.[53] Es sind alle Eignungsnachweise zu benennen, die im Laufe des Vergabeverfahrens angefordert werden können; andere als die genannten Nachweise dürfen nicht verlangt werden.[54]

31 Es besteht für die Bieter auch ohne ausdrückliche Zulassung durch den Auftraggeber stets die Möglichkeit, die Eignung durch eine Eintragung in einem **Präqualifikationsverzeichnis** nachzuweisen. Beabsichtigt der Bieter hingegen, Einzelnachweise vorzulegen, kann der Auftraggeber bei der Öffentlichen Ausschreibung und dem Öffentlichen Teilnahmewettbewerb vor einer beschränkten Ausschreibung ergänzend angeben, dass einzelne oder alle Nachweise vorerst durch **Eigenerklärungen** erbracht werden können und die Nachforderung von Drittbescheinigungen vorbehalten bleibt, falls das Angebot des Bieters konkret für den Zuschlag in Betracht kommt.[55] Hierbei kann der Bieter auch eine Einheitliche Europäische Eigenerklärung (EEE) verwenden, die dann auch akzeptiert werden muss.

32 **(2) Vornahme der Eignungsprüfung.** Hinsichtlich des **Zeitpunkts** der Eignungsprüfung ist nach den einzelnen Verfahrensarten zu differenzieren. Bei der Öffentlichen Ausschreibung gem. § 3 Abs. 1 weiß der Auftraggeber erst nach Abgabe der Angebote durch die Bieter, wer sich an dem Verfahren beteiligt. Entsprechend kann (und muss) er zu diesem Zeitpunkt alle Bieter auf ihre Eignung hin überprüfen. Diese Prüfungsreihenfolge schreibt § 16b Abs. 1 für den Geltungsbereich der Basisparagraphen im Unterschied zu § 42 Abs. 3 VgV für das GWB-Vergaberecht 2016[56] immer noch zwingend vor. Bei Beschränkter Ausschreibung und Freihändiger Vergabe findet die Eignungsprüfung bereits vor der Aufforderung zur Angebotsabgabe statt. Hier trifft der Auftraggeber im Vorhinein eine Entscheidung darüber, welche Unternehmen zur Angebotsabgabe aufgefordert werden sollen und ist entsprechend verpflichtet, nur geeignete Unternehmen auszuwählen.[57] Als Entscheidungsgrundlage kann er ggf. vorab die in § 6a Abs. 2–4, § 6b Abs. 1 und 2 genannten Nachweise anfordern.[58] Nach Angebotsabgabe besteht gem. § 16b Abs. 2 nur noch die Möglichkeit, Zweifel an der Eignung auszuräumen, die sich erst aufgrund von nach der Aufforderung zur Angebotsabgabe bekannt gewordener Tatsachen ergeben haben,[59] zB infolge der Abgabe eines ungewöhnlich niedrigen Angebots oder größerer Veränderungen im Bieterunternehmen.

33 Die Eignungsnachweise sind anhand der zuvor festgelegten Kriterien auf ihre Vollständigkeit und ihr inhaltliches Genügen hin zu untersuchen **(formelle und materielle Eignungsprüfung).** Fehlende Eignungsnachweise müssen, wenn nicht schon ein Fall von § 16 vorliegt, gcm. § 16a nachgefordert werden.[60] Erst wenn das erfolglos bleibt, folgt zwingend

---

[51] *Knauff* in Band 3 → GWB § 97 Rn. 25.
[52] *Dierkes* jurisPR-UmwR 3/2015 Anm. 3; OLG Saarbrücken NZBau 2015, 45 (49).
[53] Ingenstau/Korbion/*Schranner* § 6b Rn. 16 ff. mwN; OLG München NZBau 2012, 460 (462 f.).
[54] HK-VergabeR/*Franzius* § 12 Rn. 46 f.; VK Freistaat Thüringen Beschl. v. 18.4.2017 – 250-4002-3905/2017-N-006-NDH; aA Kapellmann/Messerschmidt/*Planker* § 12 Rn. 9.
[55] Ingenstau/Korbion/*Schranner* § 6b Rn. 10.
[56] Vgl. hierzu auch *Burgi* VergabeR § 16 Rn. 4.
[57] Ingenstau/Korbion/*Schranner*/*Stolz* § 3b Rn. 15 und Ingenstau/Korbion/*Schranner* § 6b Rn. 23; KMPP/*Hausmann/von Hoff* § 6 Rn. 185.
[58] KMPP/*Hausmann/von Hoff* § 6 Rn. 186.
[59] Ingenstau/Korbion/*von Wietersheim* § 16b Rn. 13; vgl. OLG Naumburg NZBau 2015, 387 (389).
[60] Ingenstau/Korbion/*von Wietersheim* § 16a Rn. 4.

der Ausschluss nach § 16a S. 4. Soweit trotz formalen Beibringens aller geforderten Nachweise weiterhin Zweifel oder Unsicherheiten bestehen, kann eine **ergänzende Aufklärung** gem. § 15 Abs. 1 Nr. 1 von den betreffenden Bietern verlangt werden, sofern dadurch lediglich die in der Bekanntmachung genannten Nachweise erläutert werden und es sich in der Sache nicht um vollständig neue Anforderungen handelt.[61]

Nach der Auswertung der Eignungsnachweise trifft der Auftraggeber eine **Prognoseentscheidung,** ob die Bieter eine hinreichende Gewähr für die ordnungsgemäße Ausführung des noch zu erteilenden Auftrags bieten. Sie ist gerichtlich nur auf Beurteilungsfehler überprüfbar.[62] Die Vergabestelle muss mithin das vorgeschriebene Verfahren einhalten, vom zutreffenden Sachverhalt ausgehen, alle ihr vorliegenden Informationen würdigen und darf keine sachfremden Erwägungen zugrunde legen bzw. anerkannte Bewertungsmaßstäbe missachten. Bloße Vermutungen und unbelegte Behauptungen genügen für einen Ausschluss mangels Eignung nicht. Andererseits muss die fehlende Eignung nicht vollständig beweisverwertbar aufgeklärt werden. Die Vergabestelle muss vielmehr durch geeignete Ermittlungen auf Tatsachen beruhende Verdachtsmomente nachweisen, sodass ein Eignungsmangel überwiegend wahrscheinlich erscheint.[63] Gelingt dies, ist es Aufgabe des Bieters, die dann begründeten Eignungszweifel auszuräumen. Bei der Prognose können eigene Erfahrungen der Vergabestelle mit bestimmten Bietern berücksichtigt werden.[64] Die Vergabestelle muss die Prognoseentscheidung im Vergabevermerk nach § 20 Abs. 1 im Einzelnen dokumentieren.[65] Sie kann noch während eines sich ggf. anschließenden Nachprüfungsverfahrens nach allgemeinen Grundsätzen Gründe für die Entscheidung nachschieben, sofern diese dadurch inhaltlich nicht verändert wird.[66] 34

dd) Sonderfragen. (1) Eignungsleihe (Konzernunternehmen; Nachunternehmer). Unter den Oberbegriff der Eignungsleihe fallen alle Konstellationen, in denen sich der Bieter der Fähigkeiten eines anderen Unternehmens bedient und damit insbesondere die technische Leistungsfähigkeit belegen kann.[67] Sie ist oberhalb als auch unterhalb der Schwellenwerte unproblematisch möglich, soweit der Bieter im Einzelfall nachweisen kann, dass ihm die entsprechenden Mittel für die Vertragsausführung zur Verfügung stehen.[68] 35

Über die Eignungsleihe wird es auch kleineren Unternehmen oder solchen, die nicht das gesamte Leistungsspektrum des Auftrags bedienen können oder wollen, ermöglicht, am Vergabeverfahren teilzunehmen, was den Wettbewerb stärkt. 36

Von einer Nachunternehmerschaft als häufiger Sonderfall der Eignungsleihe spricht man dann, wenn nicht der Bieter selbst, sondern ein mit ihm vertraglich oder im Falle von Konzernen wirtschaftlich verbundener Partner wesentliche Teile des Auftrags für den eigentlichen Bieter übernimmt, mit der Folge, dass der Bieter selbst auf genanntem Gebiet keine Erfahrungen und Fähigkeiten nachweisen muss, sondern auf diejenigen des kooperierenden Unternehmens verweisen kann. Andere Fälle der Eignungsleihe beziehen sich auf Unternehmen, die ohne eine Nachunternehmerstellung im Konzern mit dem Bieter verbunden sind bzw. sonstige vertragliche Kooperationsverhältnisse, die sich nicht auf die Auftragsausführung beziehen, sondern bspw. lediglich Beratungsleistungen beinhalten.[69] 37

In der Vergangenheit waren insbesondere der Nachunternehmerschaft nach deutschem Recht sowohl für den Ober- als auch für den Unterschwellenbereich wegen des sog. **Selbst-** 38

---

[61] KMPP/*Zeise* § 15 Rn. 9 ff.
[62] Sehr instruktiv OLG Saarbrücken Urt. v. 28.1.2015 – 1 U 60/15, VergabeR 2015, 623 (626 f.); s. auch OLG Karlsruhe Beschl. v. 10.6.2015 – 15 Verg 3/15, ZfBR 2016, 202; OLG Hamburg Beschl. v. 21.1.2000 – 1 Verg 2/99, NVwZ 2001, 714 (715); Kapellmann/Messerschmidt/*Frister* § 16b Rn. 18.
[63] OLG Saarbrücken Urt. v. 28.1.2015 – 1 U 60/15, VergabeR 2015, 623 (626 f).
[64] Kapellmann/Messerschmidt/*Frister* § 16b Rn. 20.
[65] S. etwa Ingenstau/Korbion/*Düsterdiek* § 20 Rn. 10.
[66] Grundlegend BGHZ 188, 200 (230); s. auch. VK Lüneburg Beschl. v. 27.1.2017 – VgK-49/2016, Rn. 81.
[67] OLG Düsseldorf Beschl. v. 25.6.2014 – VII-Verg 38/13, Rn. 26 (juris).
[68] Vgl. auch § 6dEU Abs. 1.
[69] S. allgemein zur Eignungsleihe Beck VergabeR/*Opitz* GWB § 122 Rn. 32 ff.

ausführungsgebots,[70] interpretativ abgeleitet aus § 6 Abs. 3, enge Grenzen gesetzt. Für den Bereich der Oberschwellenvergabe legt der EuGH schon seit längerer Zeit das EU-Vergaberecht dahingehend aus, dass ein solches Verbot **europarechtswidrig** ist, wenn der Auftraggeber in die Lage versetzt wird, die Eignung der Nachunternehmer zu überprüfen.[71] Diese Rechtsprechung ist in den Vergaberichtlinien inzwischen kodifiziert.[72] Im April 2017 stellte der EuGH klar, dass ein Verbot der Nachunternehmerschaft in aller Regel auch dem europäischen Primärrecht, insbesondere der Dienstleistungs- und Niederlassungsfreiheit widerspricht[73] und hat damit die für das deutsche Recht geführte Diskussion über die Übertragbarkeit auf den Unterschwellenbereich beendet.[74] Soweit also (potenziell) ein grenzüberschreitender Bezug besteht, werden die Grundfreiheiten durch ein Selbstausführungsgebot beschränkt. Im Einzelfall kann sich eine solche Beschränkung gleichwohl als gerechtfertigt erweisen.[75] In seiner Entscheidung zur Unterschwellenvergabe sieht der EuGH das gesetzgeberische Ziel im Ausgangspunkt als legitim an, solche Unternehmen von der Angebotsabgabe abzuhalten, die sich an einer Ausschreibung mit dem alleinigen Ziel beteiligen, den Zuschlag zu erhalten, ohne selbst an der Auftragsausführung interessiert zu sein, wenngleich er eine Rechtfertigung in der Folge an der Geeignetheit der konkreten zu beurteilenden Regelung scheitern lässt. Das bisher aus dem Merkmal der Gewerbsmäßigkeit in § 6 Abs. 3 herausgelesene pauschale Selbstausführungsgebot ist jedenfalls mit dem europäischen Primärrecht nicht vereinbar. Die Vorschrift ist vor diesem Hintergrund europarechtskonform so auszulegen, dass sie kein pauschales Selbstausführungsgebot vorsieht, was ohne Weiteres mit ihrem Wortlaut vereinbar ist.

39 Obwohl die europarechtskonforme Auslegung nur im Anwendungsbereich des Europarechts – also bei Ausschreibungen, die ein grenzüberschreitendes Interesse hervorrufen – rechtlich zwingend ist und die Annahme eines grundsätzlichen Selbstausführungsgebots daher im Falle von Auftragsvergaben von rein nationalem Interesse – sofern sich ein solcher zweifelsfrei belegen ließe – weiter möglich wäre, ist zugunsten einer **einheitlichen Auslegung** der VOB/A darauf zu verzichten. Es würde der Intention der VOB/A widersprechen, die Auftragsvergabe im Unterschwellenbereich für die Vergabestellen dergestalt zu verkomplizieren, dass dieselbe Norm (§ 6 Abs. 3) je nach Anwendbarkeit des Europarechts unterschiedlich ausgelegt werden müsste.[76] Dies zugrunde gelegt, ist der Rechtsstand im Unterschwellenbereich demjenigen oberhalb der Schwellenwerte weitestgehend angepasst.[77]

40 **(2) Bietergemeinschaften.** Wie aus § 6 Abs. 2 hervorgeht, besteht auch im Unterschwellenbereich die Möglichkeit, Bietergemeinschaften zu gründen. Wie bei der Eignungsleihe handelt es sich hierbei um eine Form der Kooperation zwischen mehreren Unternehmen. Bietergemeinschaften bilden sich speziell für das jeweilige Angebot, um gemeinschaftlich die Anforderungen der Ausschreibung (besser) zu erfüllen. Anders als bei der Eignungsleihe agiert die Gemeinschaft selbst als Bieter. Sie existiert zu diesem Zeitpunkt meist nur auf der Grundlage einer informellen Abrede, rechtlich ausgedrückt also in der Rechtsform der Gesellschaft bürgerlichen Rechts.[78] Erst im Falle des Zuschlags wird die GbR dann gegebe-

---

[70] Vgl. Kapellmann/Messerschmidt/*Glahs* § 6 Rn. 20 ff. mwN; Ingenstau/Korbion/*Schranner* § 6 Rn. 31 ff.
[71] EuGH Urt. v. 2.12.1999 – C-176/98, Slg 1999, I-8607 – Holst Italia; s. auch EuGH Urt. v. 18.3.2004 – C-314/01, Slg 2004, I-2549 Abs. 42 ff. – Siemens und ARGE Telekom; EuGH Urt. v. 10.10.2013 – C-94/12, ECLI:EU:C:2013:646 – Swm Costruzioni und Mannocchi Luigino; EuGH Urt. v. 14.6.2016 – C-406/14, ECLI:EU:C:2016:562 – Wroclaw Miasto na prawach powiatu; vgl. auch *Amelung* NZBau 2017, 139; *Amelung* ZfBR 2013, 337 (337); *Burgi* NZBau 2010, 593 (595 f.).
[72] Ua in Art. 63 RL 2014/24/EU.
[73] EuGH Urt. v. 5.4.2017 – C-298/15, ECLI:EU:C:2017:266 – Borta; vor dem Urteil haben dies bereits Beck VergabeR/*Antweiler* § 6 Rn. 29; KMPP/*Hausmann/von Hoff* § 6 Rn. 65 vertreten.
[74] Gegen eine Übertragbarkeit auf die Unterschwelle bspw. noch Ingenstau/Korbion/*Schranner/Stolz* § 3b Rn. 5 f; Ingenstau/Korbion/*Schranner* § 6 Rn. 37 ff.; Kapellmann/Messerschmidt/*Glahs* § 6 Rn. 20 ff. mwN; *Burgi* NZBau 2010, 593 (596).
[75] Vgl. Art. 63 Abs. 2 RL 2014/24/EU, umgesetzt in § 47 Abs. 5 VgV.
[76] → Rn. 11.
[77] Vgl. Art. 63 RL 2014/24/EU, umgesetzt in § 47 VgV.
[78] HK-VergabeR/*Tomerius* § 6 Rn. 8.

nenfalls in eine leistungsfähigere Gesellschaftsform umgewandelt und es wird ihr die nötige Kapital- und Personalausstattung gegeben. Gemäß § 12 Abs. 1 Nr. 2 lit. t soll die dann erforderliche Rechtsform der Bietergemeinschaft schon in der Bekanntmachung festgelegt werden.[79]

Für die Beurteilung der Fachkunde und Leistungsfähigkeit der Bietergemeinschaft **41** kommt es darauf an, welche Mitglieder innerhalb der Gemeinschaft für welche Aufgabe einstehen werden. Nur die für den jeweiligen Aufgabenteil zuständigen Bieter sind auf ihre Fachkunde und auf ihre Leistungsfähigkeit in Bezug auf genau diese Aufgaben hin zu überprüfen. Die Zuverlässigkeit hingegen muss unterschiedslos bei allen Mitgliedern der Bietergemeinschaft gegeben sein.[80]

§ 6 Abs. 2 schreibt für den Unterschwellenbereich vor, dass Bietergemeinschaften dann **42** mit Einzelbietern gleichzusetzen sind, wenn sie die Arbeiten im eigenen Betrieb oder in den Betrieben der Mitglieder ausführen. Es handelt sich hierbei in der Sache um ein **Gebot der Selbstausführung speziell für Bietergemeinschaften**.[81] Für den Oberschwellenbereich existiert eine vergleichbare Regelung nicht.[82] Sie würde auch gegen europäisches Sekundärrecht verstoßen.[83] Es ist nicht abschließend geklärt, ob das Selbstausführungsgebot im Unterschwellenbereich auch bei Bietergemeinschaften gegen europäisches Primärrecht verstößt. Wie in → Rn. 38 dargelegt, kann im Unterschwellenbereich ein Selbstausführungsgebot dann zulässig sein, wenn damit ein legitimer Zweck verfolgt wird und die Regelung verhältnismäßig ist. Diese Voraussetzungen sind jedoch auch bei der Bietergemeinschaft nicht in jedem Fall erfüllt. Es mag zwar dem ersten Anschein nach fernliegend erscheinen, dass Bieter den Aufwand auf sich nehmen, eine Bietergemeinschaft nur mit dem Ziel zu gründen, im Stile eines Generalübernehmers[84] alle oder zumindest weite Teile der geforderten Leistungen Nachunternehmen zu übertragen. Gleichwohl kann eine entsprechende Interessenlage nicht schlechterdings ausgeschlossen werden. Jedenfalls besteht auch im Unterschwellenbereich kein Grund dafür, sie rechtlich zu untersagen und damit den Wettbewerb potentiell zu beeinträchtigen. Damit muss § 6 Abs. 2 Hs. 2 bei grenzüberschreitendem Bezug unanwendbar bleiben. Im Interesse einer einheitlichen Auslegung der VOB/A und um Rechtsunsicherheiten zu vermeiden, sollte dies darüber hinaus für sämtliche Vergabeverfahren im Anwendungsbereich der Basisparagraphen gelten.[85]

Ferner dürfen sich Bietergemeinschaften nicht auf eine kartellrechtlich gem. § 1 GWB **43** **unzulässige Absprache** stützen. Das dürfte aber jedenfalls dann nicht der Fall sein, wenn die Eignungsvoraussetzungen von den jeweiligen Einzelunternehmen allein nicht erfüllt werden können bzw. der Zusammenschluss eine nach wirtschaftlichen Gesichtspunkten zweckmäßige und kaufmännisch vernünftige Entscheidung darstellt.[86] Eine genaue Überprüfung der Absprache muss daher nur erfolgen, wenn sich konkrete Verdachtsmomente für unlauteren Wettbewerb ergeben, ansonsten wird die kartellrechtliche Rechtmäßigkeit des Zusammenschlusses vermutet.

b) Angemessene Preise. Gemäß § 2 Abs. 1 Nr. 1 werden Bauleistungen zu angemesse- **44** nen Preisen vergeben. Die vom öffentlichen Auftraggeber zu erbringende Gegenleistung in ihrer Gesamtheit[87] soll der korrespondierenden Leistung entsprechen, also weder ersichtlich zu niedrig noch zu hoch sein, wobei zu hohe Preise in der Praxis der Bauvergaben kaum eine Rolle spielen.[88] Ausdrücklich wird nicht auf den günstigsten zu erzielenden Preis abgestellt. Ziel der VOB/A ist es vielmehr, dem vom Haushaltsrecht geforderten

---
[79] → § 12 Rn. 27.
[80] HK-VergabeR/*Tomerius* § 6 Rn. 11.
[81] So auch Ingenstau/Korbion/*Schranner* § 6 Rn. 21.
[82] Vgl. § 6dEU Abs. 1, der uneingeschränkt auch auf Bietergemeinschaften anwendbar ist.
[83] Art. 63 Abs. 1 UAbs. 4 RL 2014/24/EU.
[84] Zum Begriff s. nur HK-VergabeR/*Tomerius* § 5 Rn. 29 ff.
[85] Beck VergabeR/*Antweiler* § 6 Rn. 19.
[86] Kapellmann/Messerschmidt/*Glahs* § 6 Rn. 15; OLG Düsseldorf NZBau 2015, 176.
[87] Willenbruch/Wieddekind/*Schubert/Werner* Rn. 16 f.
[88] Beck VergabeR/*Opitz* § 16 Rn. 284.

sparsamen Umgang mit öffentlichen Mitteln Rechnung zu tragen, gleichzeitig aber soll das beauftragte Unternehmen grundsätzlich in die Lage versetzt werden, bei einer einwandfreien Ausführung des Auftrags zumindest kostendeckend zu arbeiten, auch um den Auftraggeber vor Folgekosten wegen schlechter Leistungserbringung zu schützen.[89] Dies wird durch das – auch unter dem Gesichtspunkt der Gleichbehandlung und Transparenz gebotene – preisbezogene vergaberechtliche Nachverhandlungsverbot gem. § 15 Abs. 3 untermauert.

45 § 16d füllt den Grundsatz des angemessenen Preises aus, ohne dabei wie die Vorgängerregelungen auf den subjektiven Aspekt der „Auskömmlichkeit" zu verweisen, dem daher keine Bedeutung (mehr) zukommen kann.[90] Nach Abs. 1 Nr. 1 bleiben Angebote sowohl mit unangemessen hohen als auch niedrigen Preisen bei der Wertung unberücksichtigt. Nach der Wertung des Abs. 1 Nr. 3 steht bei dieser haushaltsrechtlich gebotenen Prüfung im Vordergrund, ob zu erwarten ist, dass der Auftrag sowie mögliche Mängelansprüche mit der geforderten Gegenleistung einwandfrei erbracht werden können. Ob und in welcher Höhe das Unternehmen einen Gewinn damit erwirtschaftet, ist dagegen in erster Linie seine Verantwortung.[91] Es kommt nicht isoliert auf einzelne Posten an, sondern auf eine **Gesamtbetrachtung** des Angebots. Sind einzelne Positionen unterkalkuliert, kann dies durch eine entsprechende Überkalkulation bei anderen Rechnungsposten ausgeglichen werden.[92]

46 Nur wenn der Auftraggeber begründete Zweifel an der Angemessenheit der Preise haben kann, darf er – und muss dann auch – beim Bieter ergänzende Informationen anfragen, um die Zweifel ausräumen bzw. bestätigen zu können.[93] Solche Zweifel sind in jedem Fall dann angebracht, wenn der Preis gegenüber dem nächstliegenden Angebot um mehr als 20% abweicht.[94] Zuweilen werden auch schon 10% für ausreichend gehalten.[95]

47 Bei der Entscheidung, ob der Auftraggeber ein Angebot wegen eines unangemessenen Preises nach der Auswertung der vom Bieter erlangten Informationen tatsächlich ausschließt, steht ihm ein **Beurteilungsspielraum** zu.[96] Die Frage, unter welchen Voraussetzungen ein Preis für eine Leistung angemessen ist, ist umstritten.[97] Die Preisbildung hängt in der Praxis von vielen Faktoren ab und kann im Vorhinein nur nach wirtschaftlichen Grundsätzen annäherungsweise kalkuliert werden. Dieser Prozess beinhaltet immer auch subjektive Wertungen des Bieters sowie Elemente einer Prognose. Traut sich ein Unternehmen zu, eine Leistung zu einem günstigeren Preis zu erbringen als ein Konkurrent seine Selbstkosten einschätzt, spricht das ohne Weiteres nicht gegen seine Angemessenheit, sondern kann etwa in der ökonomischeren Organisation und Planung des Unternehmens oder einer abweichenden Schätzung bei der Kalkulation begründet sein. Auch **Unterkostenangebote** sind nicht schlechthin vergaberechtswidrig, wenn sie insgesamt auf einer wirtschaftlich vernünftigen Kalkulation beruhen, die ordnungsgemäße Auftragsausführung nicht gefährdet ist und nicht die Absicht der Marktverdrängung von Konkurrenten ursächlich für die Unterbreitung ist.[98]

48 Als angemessen ist der Preis positiv gewendet jedenfalls immer dann anzusehen, wenn er sich frei am Markt gebildet hat, wenn er also das **Ergebnis eines fairen Wettbewerbs**

---

[89] Beck VergabeR/*Opitz* § 16 Rn. 264; *Conrad* ZfBR 2017, 40 (41).
[90] Vgl. Heiermann/Riedl/Rusam/*Bauer* Rn. 16.
[91] Beck VergabeR/*Opitz* § 16 Rn. 266.
[92] S. schon BGH JZ 1977, 61 f.; OLG Düsseldorf Beschl. v. 9.2.2009 – Verg 66/08, Rn. 60; OLG Brandenburg Beschl. v. 20.3.2007 – Verg W 12/06, Rn. 71 (juris).
[93] OLG Karlsruhe ZfBR 2014, 809 (810 f.); VK Lüneburg BeckRS 2017, 119958 Rn. 37; vgl. auch *Sulk*, Der Preis im Vergaberecht, 2015, 172 ff.
[94] Eingehend OLG Celle NZBau 2016, 385 (391) mwN; OLG Düsseldorf ZfBR 2012, 613 (615); OLG Düsseldorf Beschl. v. 23.3.2005, – Verg 77/04, Rn. 84; OLG Düsseldorf Beschl. v. 23.1.2008 – Verg 36/07, Rn. 71 f. (juris); VK Lüneburg BeckRS 2017, 119958 Rn. 37; vgl auch Beck VergabeR/*Opitz* § 16 Rn. 271.
[95] Von mindestens 10 % spricht OLG Karlsruhe ZfBR 2014, 809 (810).
[96] Beck VergabeR/*Opitz* § 16 Rn. 279.
[97] Vgl. im Überblick Willenbruch/Wieddekind/*Schubert/Werner* Rn. 18.
[98] OLG München ZfBR 2010, 606 (619); KG Berlin Beschl. v. 23.6.2011 – 2 Verg 7/10 (juris); VK Bund ZfBR 2016, 506 (509); VK Lüneburg Beschl. v. 2.5.2017 – VgK-08/2017, Rn. 58 (juris); Beck VergabeR/*Opitz* § 16 Rn. 281.

ist.⁹⁹ Alle Unternehmen, die auf diesem Markt im Wege des lauteren Wettbewerbs konkurrieren, tragen zu der Bildung des Marktpreises bei. Bei der Anwendung des Angemessenheitsprinzips geht es letztlich um eine Missbrauchs- und Plausibilitätskontrolle, um unseriös berechnete bzw. nicht wettbewerblich zustande gekommene Preise auszuschließen.¹⁰⁰ Weil es sich dabei stets um eine potentielle Beeinträchtigung des Wettbewerbs handelt, dürfte ein Angebotsausschluss allein wegen fehlender Preisangemessenheit nur vergaberechtskonform sein, wenn der Bieter keinerlei nachvollziehbare Erklärung für die Preisbildung liefern kann. Liegen sämtliche bei der Wertung berücksichtigungsfähige Angebote nicht im von der Vergabestelle erwähnten Rahmen, besteht nach allgemeinen Grundsätzen stets die Möglichkeit der Aufhebung des Vergabeverfahrens auch unabhängig davon, ob ein unangemessener Preis iSd § 2 Abs. 1 Nr. 1 festgestellt werden kann.

c) Transparenz. aa) Grundlagen. Die Transparenz ist eines der Grundprinzipien des gesamten Vergaberechts, das folglich auch in der Aufzählung des § 2 Abs. 1 Nr. 1 für die Unterschwellenvergabe nicht fehlt. Neben dem Gleichbehandlungsgrundsatzes trägt es als dienendes Prinzip zur Verwirklichung des Wettbewerbsgrundsatzes bei.¹⁰¹ Zu Transparenz verpflichtet ist lediglich der Auftraggeber, während unter den Bietern Geheimwettbewerb herrschen muss.¹⁰² Nur durch Transparenz wird die Entscheidung für die Beteiligten nachvollziehbar, nur dadurch kann effektiver Rechtsschutz gewährleistet und wettbewerbliche, rechtskonforme Vergabeentscheidungen gefördert werden.¹⁰³ Es lassen sich die **ex ante- und die ex post-Transparenz** unterscheiden.¹⁰⁴ 49

Nach der Rechtsprechung des EuGH folgt das Transparenzprinzip bereits aus dem europäischen Primärrecht. Zwar wird es dort nur als Prinzip der Offenheit in Art. 15 Abs. 1 AEUV in Bezug auf EU-Organe genannt, es gilt darüber hinaus aber als allgemeines Grundprinzip, welches aus den Grundfreiheiten und dem Effizienzgebot folgt.¹⁰⁵ Denn nur in einem transparenten Verfahren kann effektiv vermieden werden, dass mittelbare und unmittelbare Diskriminierungen geschehen und die Grundfreiheiten beschränkt werden. Für Aufträge, an denen ein eindeutiges grenzüberschreitendes Interesse besteht,¹⁰⁶ ist das Transparenzgebot folglich (auch) für Unterschwellenvergaben schon unabhängig von § 2 vorgegeben.¹⁰⁷ 50

bb) Bekanntmachung und Vergabeunterlagen. Die **Offenlegung** sämtlicher für die Beteiligung am Verfahren **wichtiger Informationen** ist Voraussetzung für eine Teilnahme der Unternehmen. Dies betrifft sowohl die Auftragsvergabe als solche als auch deren spezifische Details. Jedes Unternehmen muss einerseits einschätzen können, ob es die Bedingungen für die Teilnahme erfüllen und dies andererseits mit den geforderten Dokumenten nachweisen kann. Ferner soll es bereits vor der Angebotsabgabe seine Chancen auf den Erhalt des Zuschlags abschätzen können. Auf dieser Basis kann jedes Unternehmen für sich entscheiden, ob eine Teilnahme am Vergabeverfahren lohnt.¹⁰⁸ Die für das Interesse wesentlichsten Informationen müssen bei der Öffentlichen Ausschreibung in die Bekanntmachung aufgenommen werden (§ 12 Abs. 1). Dazu zählen etwa die Eignungskriterien und die zu deren 51

---

⁹⁹ Vgl. Beck VergabeR/*Soudry* Rn. 55; *Conrad* ZfBR 2017, 40 (43).
¹⁰⁰ OLG München ZfBR 2010, 606 (619 f.); OLG Karlsruhe Beschl. v. 16.6.2010 – 15 Verg 4/10, Rn. 42 (juris).
¹⁰¹ Vgl. HK-VergabeR/*Fehling* Rn. 13.
¹⁰² KMPP/*Vavra* Rn. 12.
¹⁰³ Näher zur besonderen Bedeutung der Transparenz allgemein und im Vergaberecht *Höfler* NZBau 2010, 73 (73).
¹⁰⁴ Heiermann/Riedl/Rusam/*Bauer* Rn. 22.
¹⁰⁵ Zuletzt EuGH Urt. v. 5.4.2017 – C-298/15, ECLI:EU:C:2017:266 mwN.
¹⁰⁶ Vgl. EuGH Urt. v. 21.7.2005 – C-231/03, Slg. 2005, I-7287 Rn. 16 ff., 28 – Coname; nachfolgend EuGH Urt. v. 17.6.2008 – C-347/06, Slg. 2008, I-5641 Rn. 57 ff. – ASM Brescia.
¹⁰⁷ EuGH Urt. v. 21.2.2008 – C-412/04, Slg. 2008, I-619 Rn. 65 f. – Kommission/Italien; zur damit nicht stets verbundenen Verpflichtung zur Ausschreibung EuGH Urt. v. 13.11.2008 – C-324/07, Slg. 2008, I-8457 Rn. 25 – Coditel Brabant; EuGH Urt. v. 14.11.2013 – C-388/12, Rn. 46 – Comune di Ancona.
¹⁰⁸ Instruktiv OLG Brandenburg ZfBR 2017, 505 (507).

Nachweis vorzulegenden Dokumente (→ Rn. 28 ff.). Aus dem gleichen Grund ist dann spätestens in die Vergabeunterlagen gem. § 8 Abs. 1 Nr. 2 eine detaillierte Leistungsbeschreibung nach den Vorgaben der §§ 7–7c aufzunehmen. Zusätzlich sollen die Vertragsmodalitäten gem. § 8a darin genau benannt werden. So werden neben den Spezifikationen des zu errichtenden Bauwerks auch die rechtlichen Rahmenbedingungen für die Ausführung im Vorhinein transparent gemacht. Ferner ist in der Bekanntmachung anzugeben, auf welchem Weg die Kommunikation zwischen Bietern und Auftraggeber vonstattengehen soll (§ 11).

52 Zwar findet sich in den Basisparagraphen keine ausdrückliche Vorgabe, auch die Zuschlagskriterien und deren Gewichtung in die Bekanntmachung bzw. die Vergabeunterlagen aufzunehmen. Dieses Erfordernis folgt aber neben dem europäischen Primärrecht[109] direkt aus dem Transparenzprinzip in § 2 Abs. 1 Nr. 1.[110] Solange die Bewertungsmethode nichts an der bekanntgemachten Gewichtung der Zuschlagskriterien ändert und sie nicht für eine sachgerechte Angebotserstellung im Einzelfall unabdingbar ist, muss diese nicht Bestandteil der Bekanntmachung sein.[111] Die Aufstellung der Zuschlagskriterien kann sich an der Auflistung in § 16d Abs. 1 Nr. 3 S. 2 orientieren.

53 cc) **Bieterinformation.** Auskünfte, die für die Erstellung des Angebots relevant sein können, darf jeder Bieter bei der Vergabestelle anfragen. Diese hat die gewünschten Informationen, sofern sie sachdienlich sind, gem. § 12a Abs. 4 unter Beachtung des Gleichheitssatzes allen Bietern gleichzeitig mitzuteilen.[112]

54 Die erste formale **Bieterinformationspflicht** entsteht gem. § 14 Abs. 6 S. 1 bzw. § 14a Abs. 7 unverzüglich nach Öffnung der Angebote. Wenn nur elektronische Angebote zugelassen sind, erfolgt die Öffnung gem. § 14 Abs. 1 S. 1 ohne Bieteröffentlichkeit. Alle Informationen gem. § 14 Abs. 3 Nr. 1 lit. a–d, etwa über Zahl und Identität der Bieter sowie die Endbeträge der eingereichten Angebote, sind danach elektronisch verfügbar zu machen. Sind schriftliche Angebote zugelassen, findet gem. § 14a Abs. 1 S. 1 ein Eröffnungstermin mit Bieteröffentlichkeit statt. Hernach wird Einsicht in die Niederschrift bzw. die Informationen nach § 14a Abs. 7 auf Antrag gewährt, wodurch die Bieter in die Lage versetzt werden, die korrekte Erfassung der eigenen Angebotsbestandteile zu überprüfen und die eigene Positionierung im Vergleich zu den Konkurrenten einzuschätzen.[113]

55 Eine Pflicht zur **Vorabinformation** nach dem Vorbild des § 134 Abs. 1 und 2 GWB existiert im Unterschwellenbereich jedenfalls bislang nicht.[114] Lediglich solche Bieter, deren Angebote ausgeschlossen worden sind bzw. nicht in die engere Wahl (§ 16d Abs. 1 Nr. 3 S. 1) gelangt sind, sollen gem. § 19 Abs. 1 unverzüglich über diese Entscheidung in Kenntnis gesetzt werden. Wurde ein Bieter entsprechend informiert, kann der Primärrechtsschutz vor den ordentlichen Gerichten noch erfolgversprechend sein.[115] In allen sonstigen Fällen, insbesondere beim Unterliegen in der letzten Stufe des Vergabeverfahrens, der Entscheidung über den Zuschlag, muss der betreffende Bieter gem. § 19 Abs. 1 S. 2 erst nach Zuschlagerteilung informiert werden und es besteht mangels Reversibilität des Vertragsschlusses[116] kein Primärrechtsschutz mehr. In diesem Fall dienen die dokumentierten Informationen der Nachweisführung in einem möglichen Verfahren über Sekundäransprüche.

56 dd) **Vergabevermerk.** Die Nachvollziehbarkeit des Vergabeverfahrens im Rückblick sichert die gem. § 20 anzufertigende **Dokumentation aller wesentlichen Abläufe und**

---

[109] → Rn. 50.
[110] → Rn. 43 f., 58; → § 16d Rn. 7; vgl. auch HK-VergabeR/*Ruhland* VOL/A § 16 Rn. 53 f.; BGH NZBau 2016, 576 Rn. 14.
[111] EuGH Urt. v. 28.1.2016 – C-514/14, NZBau 2016, 772 Rn. 27 ff. – Dimarso; *Schneevogl* NZBau 2017, 262 (264 ff.).
[112] Ingenstau/Korbion/*von Wietersheim* § 12a Rn. 10 ff.
[113] Beck VergabeR/*Krohn* § 14 Rn. 4.
[114] Vgl. aber neuerdings OLG Düsseldorf NZBau 2018, 168 (168 f.).
[115] Zur inzwischen generellen Statthaftigkeit von Primärrechtsschutz OLG Düsseldorf NZBau 2010, 328 (329 ff.); OLG Frankfurt a. M. ZfBR 2016, 290; BeckRS 2017, 112537 Rn. 21; OLG München BeckRS 2017, 113365 Rn. 6; s. auch KMPP/*Vavra* Rn. 41.
[116] Hierzu kritisch HK-VergabeR/*Pache* BHO § 55 Rn. 168 ff.

Entscheidungen des Vergabeverfahrens (Vergabevermerk).[117] Hier ist jede Entscheidung sowohl zur Wahl und Ausgestaltung des Verfahrens als auch zum Ausschluss oder zur Eignung eines Bieters samt Begründung im Einzelnen darzulegen. Das erleichtert in einem späteren Rechtsstreit die Beweisführung sowohl für die Vergabestelle als auch für den Bieter, etwa wenn er der Meinung ist, dass sein Angebot zu Unrecht von der abschließenden Wertung ausgenommen wurde.

d) Wettbewerbsgrundsatz. aa) Grundlagen. In § 2 Abs. 1 Nr. 2 S. 1 findet sich die 57 in vergaberechtlichem Kontext etwas kuriose Aussage, dass der Wettbewerb die Regel sein soll. Sie erhält mit dem Begriff „Regel", der schon auf vorhandene Ausnahmen schließen lässt, sowie mit „sollen" zwei Relativierungen, obwohl das Vergabeverfahren auch im Unterschwellenbereich seit jeher stark wettbewerblich geprägt ist, auch schon zu Zeiten des hergebrachten Haushaltsvergaberechts, das keine Bieterrechte vorsah. Die Formulierung ist ein Relikt aus der Urfassung der VOB/A.[118] Sie wird heute in Übereinstimmung mit dem EU-Primärvergaberecht als Muss-Vorschrift verstanden. Der faire Wettbewerb ist mithin auch im Anwendungsbereich der Basisparagraphen der VOB/A wie bei § 97 Abs. 1 S. 1 GWB stets zu gewährleisten. Der Auftraggeber ist gehalten, möglichst weitgehenden Wettbewerb zu fördern, soweit das im Rahmen der Zielsetzung des Verfahrens möglich ist.[119] Abweichungen sind in begründeten Ausnahmefällen nur dann möglich, wenn sie der zwingenden Verwirklichung eines der konkurrierenden Grundsätze dienen. Sie sind entsprechend zu begründen.

Der Wettbewerbsgrundsatz ist der wohl prägendste Grundsatz des Vergaberechts. Wettbewerbsgrundsatz und Transparenz hängen voneinander ab. Echter Wettbewerb kann nur mittels transparenter Verfahren gewährleistet werden, folglich gebietet der Wettbewerbsgrundsatz die Transparenz und die Transparenz wiederum ermöglicht den Wettbewerb. Dies betrifft allerdings nur die Auftraggeberseite. Auf der Seite der Bieter hingegen ist zur Ermöglichung des Wettbewerbs zwingend die geheime Angebotsabgabe geboten.[120] Nur in Unkenntnis der anderen Angebote kann eine echte, unverzerrte Konkurrenz erfolgen. Geheim bleibt sowohl die Tatsache der Beteiligung als auch der Angebotsinhalt, weil Absprachen über eine Marktaufteilung bzw. den Preis das Preisniveau erhöhen und wettbewerbsfeindlich sind. 58

bb) Verfahrensrechtliche Ausgestaltung. Wettbewerbliche Vergabe bedeutet, dass 59 **mindestens zwei Bieter** sich an dem Vergabeverfahren beteiligen müssen, damit eine Anbieterkonkurrenz besteht und eine wettbewerbliche Preisfindung und Angebotswürdigung möglich ist.[121] Dies ist bei der Öffentlichen Ausschreibung in der Regel gewährleistet, weil die Teilnahme am Verfahren von Auftraggeberseite unbeschränkt ist und von Ausnahmefällen abgesehen gerade deshalb mehr als ein Angebot eingeht. Bei der Beschränkten Ausschreibung stellt § 3b Abs. 2 klar, dass mehrere, wenn vorhanden mindestens drei geeignete Unternehmen zur Angebotsabgabe aufgefordert werden müssen. Vor dem Hintergrund des Wettbewerbsgrundsatzes sind gegebenenfalls weitere geeignete Unternehmen zur Teilnahme aufzufordern, soweit dies zur Sicherstellung eines funktionierenden Wettbewerbs geboten ist.[122]

Starker Ausdruck des Wettbewerbsprinzips ist der **Vorrang der Öffentlichen Aus-** 60 **schreibung** gem. § 3a Abs. 1, die das wettbewerbsintensivste Vergabeverfahren darstellt. Er hat sich in den Basisparagraphen (noch) erhalten, obwohl das GWB-Vergaberecht (§ 119

---
[117] KMPP/*Vavra* Rn. 14.
[118] Dort schon heißt es in § 2 „Grundsatz der Vergebung: Bauleistungen sind an fachkundige und leistungsfähige Bewerber zu angemessenen Preisen zu vergeben; hierbei soll der Wettbewerb die Regel bilden. Ungesunde Begleiterscheinungen sollen bekämpft werden" (Zitiert nach Fachblatt-Verlag Dr. Albert Bruder, Karlsruhe, Ausgabe Januar 1937).
[119] HK-VergabeR/*Fehling* Rn. 15; Ingenstau/Korbion/*Schranner* Rn. 73; KMPP/*Vavra* Rn. 16.
[120] Vgl. etwa HK-VergabeR/*Fehling* GWB § 97 Rn. 64.
[121] Ingenstau/Korbion/*Schranner* Rn. 74.
[122] So ausdrücklich normiert in § 3bEU Abs. 2 Nr. 3 S. 4, § 3bVS Abs. 1 S. 2. Für die Unterschwelle kann aufgrund des Wettbewerbsgrundsatzes nichts Abweichendes gelten.

Abs. 2 GWB) und auch die UVgO[123] (§ 8 Abs. 2 S. 1 UVgO) den Vorrang des offenen zugunsten eines Gleichlauf mit dem nicht-offenen Verfahren aufgegeben haben.[124]

61 Das wettbewerblich nachteiligste Verfahren ist die Freihändige Vergabe, die folglich auch nur in den engen Grenzen des § 3a Abs. 4 zulässig ist, dem Auftraggeber aber danach größtmögliche Flexibilität ermöglicht. Das betrifft sowohl die Auswahl der beteiligten Bieter wie auch die Ausgestaltung des Verfahrens.[125] Dennoch ist der Auftraggeber durch den Wettbewerbsgrundsatz auch bei diesem Verfahren gehalten, möglichst viele Unternehmen zu beteiligen, falls das nicht ausnahmsweise untunlich ist, wie etwa im Falle von § 3a Abs. 4 Nr. 1. Falls seine Marktkenntnis für eine Einschätzung der Wettbewerbs- und Interessenlage nicht ausreicht, kann er außerdem verpflichtet sein, einen öffentlichen Teilnahmewettbewerb dem eigentlichen Vergabeverfahren vorzuschalten.[126]

62 Beteiligt sich nur ein Bieter an dem Vergabeverfahren bzw. kann nach Beurteilung der Eignung und einer Prüfung der Ausschlussgründe der Zuschlag nur noch auf das letzte verbliebene Angebot entfallen, besteht seitens des Auftraggebers aufgrund des Wettbewerbsprinzips und der Vertragsfreiheit kein Kontrahierungszwang mit dem **letztverbleibenden Bieter.**[127] Ohne den erforderlichen Wettbewerb gibt es keine Grundlage für eine Bewertung der Angemessenheit von Angebot und Preis, sodass die haushaltsrechtlichen Grundsätze der Wirtschaftlichkeit und Sparsamkeit möglicherweise nicht eingehalten werden können. Der Auftraggeber ist allerdings nicht schlechthin gehindert, nach einer Analyse der Gründe für die Situation dennoch mit dem verbleibenden Bieter zu kontrahieren, kann sich aber nach seiner Einschätzung der Lage unter Hinweis auf den fehlenden Wettbewerb auch für die Aufhebung des Vergabeverfahrens entscheiden. Er muss das Verfahren dann aufheben, wenn die Reduzierung des Wettbewerbs in seiner Verantwortung liegt, wenn er beispielsweise nicht genügend Unternehmen zur Angebotsabgabe aufgefordert hat.[128]

63 **cc) Bekämpfung wettbewerbsbeschränkender/unlauterer Verhaltensweisen.** Über die eigenen Weichenstellungen für bestmöglichen Wettbewerb hinaus ist der Auftraggeber zudem durch § 2 Abs. 1 Nr. 2 S. 2 gehalten, aktiv auf Bieterseite das Gebot des fairen Wettbewerbs durchzusetzen und wettbewerbsbeschränkenden und unlauteren Verhaltensweisen entgegenzuwirken.[129] Konkret sieht die VOB/A in § 16 Abs. 1 Nr. 5 und Nr. 8 vor, Unternehmen auszuschließen, denen unlautere Praktiken nachgewiesen werden können bzw. bei denen ein begründeter Verdacht für ebensolche Praktiken besteht.[130] Weiterhin ist das Vergabeverfahren darüber hinaus präventiv so zu gestalten, dass Wettbewerbsbeeinträchtigungen erschwert werden.

64 Ausdruck der Verpflichtung aus § 2 Abs. 1 Nr. 2 S. 2 ist auch der Geheimwettbewerb.[131] Um diesen sicherzustellen, widmet sich ein wesentlicher Teil der Vergabeverfahrensvor-

---

[123] Damit die UVgO in Kraft gesetzt werden kann, wurde in § 55 BHO mit Wirkung zum 18.8.2017 die beschränkte Ausschreibung mit Teilnahmewettbewerb der bisher exklusiv zulässigen öffentlichen Ausschreibung gleichgestellt, sodass auch die VOB/A dahingehend geändert werden könnte.
[124] Kritisch dazu Müller-Wrede/*Knauff* GWB § 119 Rn. 15.
[125] Vgl. die auf die Unterschwelle übertragbaren Ausführungen zum Verhandlungsverfahren bei HK-VergabeR/*Pünder* GWB § 101 Rn. 83.
[126] Vgl. HK-VergabeR/*Pünder* § 3 Rn. 5, Ingenstau/Korbion/*Stolz* § 3 Rn. 30.
[127] S. nur BGHZ 139, 259 (268 f.); vgl. auch EuGH Urt. v. 11.12.2014 – C-440/13, ECLI:EU:C:2014: 2435 Rn. 35 – Croce Amica One Italia Srl gegen Azienda Regionale Emergenza Urgenza (AREU); EuGH Urt. v. 16.9.1999 – C-27/98, ECLI:EU:C:1999:420 – Metalmeccanica Fracasso SpA ua gegen Amt der Salzburger Landesregierung; *Conrad* in Gabriel/Krohn/Neun VergabeR-HdB § 33 Rn. 14; *Neun/Otting* EuZW 2015, 453 (457 f.); Müller-Wrede/*Lischka* VgV § 63 Rn. 21; KKMPP/*Portz* VgV § 63 Rn. 18 f., 22.
[128] So für den Oberschwellenbereich ausdrücklich EuGH Urt. v. 11.12.2014 – C-440/13, ECLI:EU:C: 2014:2435 Rn. 35 – Croce Amica One Italia Srl gegen Azienda Regionale Emergenza Urgenza (AREU); KKMPP/*Portz* VgV § 63 Rn. 22. Für den Unterschwellenbereich kann nichts Abweichendes gelten. AA OLG Naumburg Beschl. v. 17.5.2006 – 1 Verg 3/06 (juris).
[129] Beck VergabeR/*Soudry* Rn. 69.
[130] *Haupt* in Gabriel/Krohn/Neun VergabeR-HdB § 29 Rn. 112; aA KMPP/*Vavra* Rn. 26, die stets einen sicheren Nachweis fordert.
[131] Willenbruch/Wiedekind/*Schubert/Werner* Rn. 25; zum Verhältnis der Grundsätze vgl. auch Immenga/Mestmäcker/*Dreher* GWB § 97 Rn. 11 f.

schriften einem **formalisierten Informationsmanagement**. Die Absicht der Vergabe eines bestimmten Auftrags darf nur für alle potentiell interessierten Bieter gleichermaßen erkennbar kommuniziert werden, sei es über eine Vorinformation, eine Bekanntmachung oder die Aufforderung zur Angebotsabgabe, sodass alle dieselben Kenntnisnahme-Chancen haben. Finden vor dem eigentlichen Beginn im Rahmen der Marktkundung Beratungen mit Unternehmen statt, sind diese so zu dokumentieren und in die Vergabeunterlagen aufzunehmen, dass neu hinzutretende Bieter möglichst schnell denselben Informationsstand erreichen.[132] Durch die Ausgestaltung des Verfahrens hinsichtlich des Umgangs mit den Angeboten bei der Vergabestelle sollen die nicht autorisierte Informationsweitergabe und daraus resultierende Wettbewerbsverfälschungen erschwert werden.[133] Ergänzende Verhandlungen zwischen Bietern und Vergabestelle sind lediglich in Grenzen bei der Freihändigen Vergabe zulässig, bei den anderen Vergabeverfahren aber nicht vorgesehen.[134] Informationspflichten der Vergabestelle über die Bieter und deren Angebote bestehen gem. § 14 Abs. 6 bzw. § 14a Abs. 7 erst nach Ablauf der Angebotsfrist.

Über die gesetzlich geregelten Mechanismen hinaus ist der Auftraggeber aufgrund von **65** § 2 Abs. 1 Nr. 2 verpflichtet, gegen sonstiges wettbewerbsbeschränkendes Verhalten wirksam vorzugehen, wenn er Kenntnis von diesem erlangt. Welche konkreten Maßnahmen er ergreift, liegt in seinem Ermessen.[135] Dabei sind die Begriffe der Wettbewerbsbeschränkung sowie der Unlauterkeit weit auszulegen. Es ist insbesondere nicht erforderlich, dass ein Verbotsgesetz existiert, welches die spezifische Wettbewerbshandlung explizit verbietet. Vielmehr sind alle vorwerfbaren Verhaltensweisen umfasst, die sich in irgendeiner Form wettbewerbsbeschränkend auswirken.[136]

e) Diskriminierungsverbot. In § 2 Abs. 2 findet sich schließlich als weiteres grundle- **66** gendes Prinzip des Vergaberechts das Diskriminierungsverbot bzw. – positiv formuliert – der **Gleichbehandlungsgrundsatz**. Dieser schließt gegenständlich nicht nur die Diskriminierungs- und Beschränkungsverbote des Europarechts (Art. 18 AEUV und die Grundfreiheiten) hinsichtlich der Konkurrenten aus anderen EU-Mitgliedstaaten mit ein,[137] sondern gilt unabhängig vom grenzüberschreitenden Bezug des Vergabeverfahrens und umfasst ebenso alle verfassungsrechtlichen Anforderungen aus Art. 3 GG.[138] Die VOB/A greift daher bestehende Bindungen des Europa- und Verfassungsrechts auf und erklärt sie klarstellend spezifisch für die Unterschwellenvergabe für anwendbar. Das Diskriminierungsverbot ist ebenso wesentlich für die Ermöglichung des Wettbewerbs wie das Transparenzgebot. In der Sache ergeben sich keine Unterschiede zu den Anforderungen in § 97 Abs. 2 GWB.[139]

§ 2 Abs. 2 schreibt für die Vergabe von Bauaufträgen unterhalb der Schwellenwerte vor, **67** dass Auftraggeber wesentlich Gleiches nicht ungleich und wesentlich Ungleiches nicht gleich behandeln dürfen, ohne dass ein sachlicher Grund für diese Ungleichbehandlung vorläge.[140] Willkürliche Entscheidungen sollen vermieden werden. Dies gelingt durch eine starke Formalisierung des Vergabeverfahrens und in der Folge eine weitgehende Rücknahme von Entscheidungsspielräumen sowie eine erhöhte Transparenz, die die Feststellung einer Ungleichbehandlung und damit das Angreifen einer solchen durch die betroffenen Unternehmen ermöglicht.

---

[132] Vgl. Begr. zu § 28 Abs. 1 VgV in BT-Ds. 18/7318, 169; *Krohn* in Gabriel/Krohn/Neun VergabeR-HdB § 19 Rn. 6.
[133] § 14 bzw. § 14a; zum Zweck s. KMPP/*Marx* § 14 Rn. 3; Ingenstau/Korbion/*von Wietersheim* § 14a Rn. 4.
[134] Im Detail – auch zur Anwendung der Norm auf die Freihändige Vergabe – die Kommentierung zu § 15 Abs. 3 (→ § 15 Rn. 3).
[135] Beck VergabeR/*Soudry* Rn. 69.
[136] *Weiner* in Gabriel/Krohn/Neun VergabeR-HdB § 1 Rn. 26.
[137] Wie der EuGH kürzlich in Urt. v. 8.9.2005 – C-544/03 u. C-545/03, Slg 2005, I-7723–7754 klargestellt hat, können sich auf diese auch inländische Unternehmen ohne Weiteres berufen.
[138] *Weiner* in Gabriel/Krohn/Neun VergabeR-HdB § 1 Rn. 47. Zu den Anforderungen des Art. 3 Abs. 1 GG für die öffentliche Auftragsvergabe BVerfG Beschl. v. 13.6.2006 – 1 BvR 1160/03 Rn. 83 ff.
[139] HK-VergabeR/*Fehling* Rn. 12; ausf. *Knauff* in Band 3 → GWB § 97 Rn. 58 ff.
[140] Kapellmann/Messerschmidt/*Glahs* Rn. 39; Beck VergabeR/*Soudry* Rn. 97.

68 Der Grundsatz der Gleichbehandlung wird in der VOB/A mehrfach näher konkretisiert. Diese **Konkretisierungen** haben vor dem Hintergrund des Gleichbehandlungsgrundsatzes lediglich klarstellende Funktion und sollen die Vergabestelle in die Lage versetzen, entsprechende Fehlertatbestände im Vorhinein zu erkennen und ihre Verwirklichung zu vermeiden. Generell sind Bevorzugungen oder Benachteiligungen bestimmter Bieter(gruppen) unzulässig. So schreibt § 3b Abs. 1 vor, dass die Vergabeunterlagen bei Öffentlicher Ausschreibung an alle Unternehmen abzugeben sind, die sie anfordern. Ungleichbehandlungen seitens der Vergabestelle werden insoweit ausgeschlossen. Für die Beschränkte Ausschreibung und die Freihändige Vergabe heißt es in § 3b Abs. 3, dass bei der Auswahl der Unternehmen, die zu Angeboten aufgefordert werden, unter mehreren geeigneten Bietern möglichst gewechselt werden soll, also über einen längeren Zeitraum hinweg grundsätzlich alle in Betracht kommenden Unternehmen gleichermaßen zu berücksichtigen sind.[141] Gemäß § 12a Abs. 1 Nr. 2 müssen bei Beschränkter Ausschreibung die Vergabeunterlagen an alle Unternehmen am selben Tag abgesendet werden. Zusätzlich von einzelnen Unternehmen angefragte Informationen sind nach § 12a Abs. 4 unverzüglich allen teilnehmenden Unternehmen gleichermaßen zu erteilen.

69 An anderer Stelle werden bestimmte, in allen Verfahrensschritten unzulässige Differenzierungskriterien genannt. Gemäß § 6 Abs. 1 ist etwa eine Beschränkung auf an bestimmten Orten ansässige Unternehmen nicht mit dem Gleichbehandlungsgrundsatz vereinbar, in Abs. 2 der Vorschrift werden die Auftraggeber verpflichtet, Bietergemeinschaften mit Einzelbietern gleichzusetzen und § 7 Abs. 2 weist darauf hin, dass technische Spezifikationen grundsätzlich nicht eine spezifische Herkunft oder Produktion verlangen dürfen und nicht Marken, Patente oder Typen eines bestimmten Anbieters in die Leistungsbeschreibung aufnehmen dürfen.

70 Auch der Geheimwettbewerb dient der Verwirklichung des Gleichbehandlungsgrundsatzes, der überdies bei Ausschreibungen der Zulässigkeit von Angebotsveränderungen entgegensteht.[142] Eine Besserstellung von Projektanten im Vergabewettbewerb ist ungeachtet des Fehlens einer § 6EU Abs. 3 Nr. 4 entsprechenden Vorschrift auszuschließen.[143]

71 **2. Förderung der ganzjährigen Bautätigkeit (Abs. 3).** Nach § 2 Abs. 3 sollen die Aufträge nach Möglichkeit so erteilt werden, dass die ganzjährige Bautätigkeit gefördert wird. Die Vorschrift richtet sich an die Auftraggeber, die ihre Planungen entsprechend ausrichten sollen. Sie dient dazu, eine effektive Nutzung der vorhandenen Zeit und damit ein zügiges Bauen sicherzustellen. Daneben soll sie aber auch die saisonalen Schwankungen der Beschäftigungszahlen abmildern.[144] Wenn Arbeiten über das gesamte Jahr verteilt gleichmäßig durchgeführt werden können, was voraussetzt, dass solche Arbeiten, die bei kälteren Temperaturen möglich sind, auch für den Winter vorgesehen werden, können die beteiligten Unternehmen ihre Arbeitskräfte über das ganze Jahr beschäftigen und sind nicht mehr auf saisonale Verstärkungen durch Zeitarbeit oÄ angewiesen.

72 Mehr als einen **Programmsatz** stellt die Regelung aber schon nach ihrer Formulierung nicht dar. Es gibt weder einen Planungs- oder einen Kontrollmechanismus, der sicherstellt, dass die Planungsvorgabe eingehalten wird, noch sind an einen Verstoß irgendwelche Rechtsfolgen geknüpft.[145] Insbesondere vermittelt sie den Unternehmen der Bauwirtschaft keinen Anspruch.[146]

73 **3. Verbotene Markterkundung und fehlende Ausschreibungsreife (Abs. 4 und 5).** § 2 Abs. 4 und 5 stehen in einem engen Zusammenhang. Abs. 4 verbietet dem Auftraggeber

---

[141] Beck VergabeR/*Antweiler* § 6 Rn. 39.
[142] EuGH Urt. v. 29.3.2012 – C-599/10, NVwZ 2012, 745 – SAG ELV Slovensko; EuGH Urt. v. 10.10.2013 – C-336/12, NZBau 2013, 783 – Manova; EuGH Urt. v. 7.4.2016 – C-324/14, NZBau 2016, 373 – Partner Apelski Dariusz.
[143] S. parallel Müller-Wrede/*Lux* UVgO § 2 Rn. 48 ff.
[144] Ingenstau/Korbion/*Schranner* Rn. 93.
[145] KMPP/*Vavra* Rn. 37; Ingenstau/Korbion/*Schranner* Rn. 93; Kapellmann/Messerschmidt/*Glahs* Rn. 43; Beck VergabeR/*Soudry* Rn. 140.
[146] Willenbruch/Wieddekind/*Schubert*/*Werner* Rn. 27.

die Einleitung eines Vergabeverfahrens nur zum Zwecke der Markterkundung, wohingegen Abs. 5 ihn dazu verpflichtet, das Verfahren erst dann zu beginnen, wenn alle Vergabeunterlagen fertiggestellt sind. Beide Normen schützen einerseits die Bieter vor unnötigem Akquiseaufwand, andererseits den Auftraggeber vor den unerwünschten Rechtsfolgen eines Scheinvergabeverfahrens, insbesondere vor Schadensersatzansprüchen aus culpa in contrahendo.[147]

a) Markterkundung. aa) Hintergrund. Vor dem Hintergrund einer undurchsichtigen Marktlage kann es für den Auftraggeber etwa bei der Allokation von Haushaltsmitteln oder bei der Eingrenzung von Projektvorhaben von Interesse sein, das Leistungsniveau der Wirtschaft in einem bestimmten Marktsegment zu ermitteln und zu diesem Zweck eine **Scheinausschreibung** durchzuführen. Anders als bei einem ordnungsgemäßen Vergabeverfahren besteht hier bereits bei der Einleitung des Verfahrens Klarheit, dass eine Bedarfsdeckung (bezogen auf den Ausschreibungsgegenstand insgesamt oder gewichtiger Teile[148]) nicht beabsichtigt ist und eine Bezuschlagung folglich auch nicht erfolgen soll (fehlende Vergabeabsicht)[149] bzw. aufgrund von der Vergabestelle bekannten Hindernissen nicht erfolgen kann.[150] Das – auch sonst stets mögliche – Scheitern des Verfahrens steht daher bereits bei seiner Einleitung fest. Vergleichbar ist die Konstellation, dass zwar ein Bedarf gedeckt werden soll, der Auftraggeber aber noch keine Vorstellungen entwickelt hat, welcher Art die Bedarfsdeckung sein soll und verschiedene Leistungen ausschreibt, um sich am Ende für die wirtschaftlichste zu entscheiden. In der Sache verlangt der Auftraggeber auch hier Vorleistungen von den Bietern, die nicht mit einer entsprechenden Zuschlagsaussicht korrespondieren. In diesem Fall überträgt er die ihm abverlangte Markterkundung auf die Bieter und mutet ihnen gleichzeitig unbillig das Risiko zu, sich mangels objektiver Vergleichbarkeit der Varianten auf der Grundlage einer Wertung für eine konzeptionell andere Lösung zu entscheiden.[151] 74

Für die Bieter ist die Teilnahme an Vergabeverfahren mit erheblichem Aufwand verbunden, weil innerhalb kurzer Zeit ein möglicherweise aufwendiges Angebot zu erstellen ist und umfangreiche Nachweise bereits zu einem vergleichsweise frühen Stadium des Verfahrens beigebracht werden müssen. Nach der Wertung der VOB/A sind den Unternehmen diese Anstrengungen nur dann zuzumuten, wenn am Ende auch tatsächlich jedes Angebot potentiell die gleiche Aussicht auf den Zuschlag hat. Dies fördert den Wettbewerb, da im Falle der Durchführung von Vergabeverfahren nur zur Markterkundung wahrscheinlich wäre, dass weniger Unternehmen den Aufwand einer Teilnahme an einem Vergabeverfahren betreiben würden bzw. das zusätzliche Risiko bei der Erstellung der Angebote für die öffentliche Hand einpreisen müssten. Beides würde den Wettbewerb einschränken und die Kosten für die öffentliche Bedarfsdeckung erhöhen. 75

bb) Verbotstatbestand. § 2 Abs. 4 verbietet die Durchführung von Vergabeverfahren zum Zwecke der Markterkundung und stellt damit zugleich klar, dass eine solche Praxis insbesondere mit dem Wettbewerbsgrundsatz nicht vereinbar ist. Das Verbot gilt für alle Verfahrensarten,[152] und auch für den Abschluss von Rahmenvereinbarungen.[153] 76

Abzugrenzen sind die von § 2 Abs. 4 erfassten Konstellationen von solchen Fällen, in denen der Zuschlag aus anderen Gründen als der von Anfang an fehlenden Vergabeabsicht unterbleibt. Diese Gründe können darin bestehen, dass im ursprünglichen Vergabeverfahren Fehler gemacht wurden, die sich nur durch eine neuerliche Ausschreibung korrigieren lassen. Wenn aufgrund eines Verfahrensfehlers aufgehoben wird, ist dies nur dann als sachlicher Grund anzuerkennen, wenn gleichzeitig ein neues Vergabeverfahren auf der Grundlage 77

---

[147] OLG Düsseldorf NZBau 2014, 121 (122 f.); Ingenstau/Korbion/*Schranner* Rn. 97, 120; HK-VergabeR/*Franzius* Rn. 30; vgl. auch HK-VergabeR/*Fehling/Tomerius* VSVgV § 10 Rn. 19.
[148] HK-VergabeR/*Franzius* Rn. 26.
[149] Ingenstau/Korbion/*Schranner* Rn. 95, 97; KMPP/*Vavra* Rn. 38.
[150] OLG Dresden ZfBR 2009, 610 (613); Ingenstau/Korbion/*Schranner* Rn. 97.
[151] So auch HK-VergabeR/*Schellenberg* § 7EG Rn. 20.
[152] Willenbruch/Wieddekind/*Schubert/Werner* Rn. 31.
[153] *Osseforth* in Gabriel/Krohn/Neun VergabeR-HdB § 13 Rn. 51 f.

desselben Bedarfs eingeleitet wird. Weiterhin liegt kein Fall des Abs. 4 vor, wenn die Gründe für die Verfahrensaufhebung erst im Nachhinein bekanntgeworden sind und im Vorhinein noch nicht absehbar war, dass sie eintreten würden. Ebenfalls kann der Vorwurf einer fehlenden Vergabeabsicht nicht allein darauf gestützt werden, dass die Vergabestelle in transparenter Weise eine Preisobergrenze festlegt, ab der sie von der Beschaffung absehen will.[154] Kein Fall der unzulässigen Markterkundung liegt auch dann vor, wenn die Leistung in den Vergabeunterlagen nur funktional etwa mittels eines Leistungsprogramms gem. § 7c beschrieben wird bzw. wenn der Auftraggeber etwa im Falle von innovativen Bauleistungen – trotz aller Anstrengungen – den genauen Leistungsinhalt gem. § 3a Abs. 4 Nr. 3 objektiv nicht eindeutig und erschöpfend festlegen kann.[155] Dieser Fall unterscheidet sich von einer unzulässigen Markterkundung insoweit, als der Auftraggeber hier auch bei Einsatz sämtlicher eigener Ressourcen den Bedarf und die bestmögliche Art und Weise der Bedarfsdeckung wegen der Eigenart der Leistung nicht oder nur schlechter ermitteln könnte, wenn die Ausschreibung nach § 7c mithin erforderlich ist.[156] Hier sollte aber viel Sorgfalt auf eine konkrete Bedarfsbeschreibung aufgewendet werden.

78 Im Einzelfall ist es für die Bieter schwer einzuschätzen, ob ein Auftraggeber von Anfang an keine Vergabeabsicht gehegt hat oder ob der Zuschlag erst aufgrund nachträglich eingetretener Umstände entfallen ist. Der Verdacht wird nicht allein durch die Aufhebung des Vergabeverfahrens begründet. Eine solche ist, wie § 17 zeigt, grundsätzlich möglich. Über den Wortlaut von § 17 hinaus wird hierfür gemeinhin jeder sachliche Grund als ausreichend erachtet. Dies liegt in der Vertragsfreiheit begründet, die auch im Anwendungsbereich des Vergaberechts grundsätzlich gilt.[157] Damit § 2 Abs. 4 erfüllt ist, müssen weitere Anhaltspunkte für das anfängliche Fehlen der Vergabeabsicht hinzutreten.

79 **b) Ausschreibungsreife. aa) Fertigstellung der Vergabeunterlagen.** § 2 Abs. 5 schreibt vor, dass die Ausschreibung eines Bauauftrags erst erfolgen soll, wenn alle Vergabeunterlagen, dh die in § 8 Abs. 1 benannten Unterlagen, fertiggestellt sind. Dieses Erfordernis folgt logisch daraus, dass der notwendige Inhalt der Bekanntmachung stark von der in den Vergabeunterlagen enthaltenen Leistungsbeschreibung abhängt. Infolge der Bekanntmachung kommt es zu einer **Bindungswirkung** an die dort verlautbarten Kriterien und Leistungscharakteristika. Es liegt somit im eigenen Interesse des Auftraggebers, nicht bereits vor Fertigstellung dieser Unterlagen ein Vergabeverfahren zu beginnen, weil die Angaben in den Vergabeunterlagen nicht mehr abgeändert werden können, das Verfahren also nicht mehr nach den Anforderungen des Auftraggebers gestaltet werden kann.[158] Die Norm regelt insoweit also eigentlich eine Selbstverständlichkeit.[159] Begründete Abweichungen sind gleichwohl in Anbetracht der Formulierung der Bestimmung als Soll-Vorschrift zulässig.[160]

80 Auch bei formal rechtzeitiger Erstellung der Vergabeunterlagen vor Beginn des Vergabeverfahrens verpflichtet § 2 Abs. 5 den Auftraggeber zusätzlich zur **materiellen „Fertigstellung"** der Unterlagen, also dazu, alle notwendigen Angaben zur ausgeschriebenen Leistung in Bekanntmachung und Vergabeunterlagen aufzunehmen. Das setzt voraus, dass zunächst der konkrete Bedarf genau zu ermitteln und eine Markterkundung durchzuführen ist. Gestützt auf diese Informationen ist eine Leistungsbeschreibung zu erstellen, aus der hervorgeht, welche Eigenschaften die zu beschaffende Bauleistung haben soll und in welchem Zeitraum sie auszuführen ist. Eine Ausschreibung ohne genügende Vorerkundigungen würde regelmäßig einer unzulässigen Markterkundung[161] gleichkommen.

---

[154] VK Bund Beschl. v. 12.6.2016 – VK 2 – 49/16.
[155] OLG Düsseldorf Beschl. v. 14.2.2001 – Verg 14/00, Rn. 25 ff.
[156] HK-VergabeR/*Kapellmann* § 7 Rn. 82.
[157] OLG Düsseldorf Beschl. v. 8.7.2009 – VII-Verg 13/09, Rn. 21.
[158] OLG München NZBau 2012, 460 (462 f.).
[159] So auch KMPP/*Vavra* Rn. 40.
[160] Vgl. auch Willenbruch/Wieddekind/*Schubert*/*Werner* Rn. 43.
[161] → Rn. 73 ff.

bb) **Ausführungsbeginn innerhalb der angegebenen Fristen.** Weiterhin schreibt 81
§ 2 Abs. 5 dem Auftraggeber vor, sicherzustellen, dass mit der Auftragsausführung innerhalb der angegebenen Fristen begonnen werden kann. Die Bieter erstellen das Angebot auf der Grundlage des Leistungsverzeichnisses in den Vergabeunterlagen und legen bei der Kalkulation den Ausführungszeitraum zugrunde, den der Auftraggeber dort angegeben hat. Es liegt daher im **Verantwortungsbereich des Auftraggebers,** alle seinerseits für die plangemäße Ausführung zu besorgenden Voraussetzungen rechtlicher und tatsächlicher Art rechtzeitig zu erfüllen.

Zu den rechtlichen Voraussetzungen zählen neben den ggf. erforderlichen behördlichen 82
Genehmigungen vor allem die Rechte bspw. am zu bebauenden Grundstück und etwaige andere notwendige zivilrechtliche Rechtspositionen. In tatsächlicher Hinsicht muss der Auftraggeber insbesondere die Finanzierung sichern, bevor er ausschreibt.[162] Unverbindliche Finanzierungszusagen genügen nicht, sondern der Betrag muss entweder bereits zugewiesen sein bzw. es müsste eine Verpflichtungsermächtigung zum Eingehen von Verbindlichkeiten vorliegen.[163]

Bis zum Vorliegen aller Voraussetzungen können bei komplexen Projekten viele Monate 83
vergehen. Es widerspricht § 2 Abs. 5 grundsätzlich nicht, ein großes Projekt in mehrere (jeweils ausschreibungsreife) Teile aufzuteilen, für die bereits Teilgenehmigungen und -finanzierung vorliegen.

Die Vorschrift ist keineswegs so zu verstehen, dass sämtliche Voraussetzungen schon für 84
das Gesamtvorhaben bei der Einleitung des Vergabeverfahrens vorliegen müssten.[164] Dies ist bei komplexen Projekten wie etwa dem Bau eines Flughafens faktisch unmöglich und würde den Baubeginn unnötig verzögern, zumal an der Erfüllung einzelner Voraussetzungen wie bspw. Genehmigungsbedingungen noch während der Bauphase gearbeitet werden kann. Weil Verzögerungen aufgrund fehlender Voraussetzungen aber stets in den Verantwortungsbereich des Auftraggebers fallen,[165] verlangt § 2 Abs. 5 diesem eine realistische und vorausschauende Planung ab, die solche Verzögerungen möglichst vermeidet. Hinsichtlich der Beurteilung, ob Ausschreibungsreife besteht, steht dem Auftraggeber ein Einschätzungsspielraum zu. Der Auftraggeber muss anhand von Planungen, deren Tiefe mit der Komplexität des Auftragsgegenstands korrespondiert, bei Einleitung des Vergabeverfahrens berechtigterweise davon ausgehen können, dass sämtliche Bedingungen rechtzeitig erfüllt werden. Zu beachten ist überdies, dass eine künstliche Aufspaltung eines Projekts zur Umgehung der Anwendung des GWB-Vergaberechts nicht erfolgen darf (vgl. Art. 5 Abs. 3 RL 2014/24/EU).

Wenn jedoch bereits zum Zeitpunkt der Ausschreibung schlechthin ausgeschlossen ist, 85
dass der Auftrag mangels Erfüllung notwendiger Voraussetzungen innerhalb der vorgesehenen Fristen ausgeführt werden kann, ist die Ausschreibung schon aus diesem Grunde mangels Ausschreibungsreife als rechtswidrig aufzuheben.[166] Ist der ausschreibungsgemäße Ausführungsbeginn dagegen nicht vollständig gesichert, aber auch nicht gänzlich unmöglich, sanktioniert § 2 Abs. 5 den möglicherweise verfrühten Beginn des Vergabeverfahrens nicht.[167] Nur wenn der geplante Beginn in der Folge tatsächlich nicht eingehalten werden kann, bestehen gegen den Auftraggeber dem Grunde nach Schadensersatzansprüche der Bieter, die ihn freilich auch unabhängig von § 2 Abs. 5 treffen würden.

Für den Fall, dass die Finanzierung nicht abschließend gesichert ist bzw. es an erforderli- 86
chen Genehmigungen oder Rechten für die Ausführung noch fehlt, aber dennoch ausnahmsweise ein begründetes Interesse besteht, mit dem Vergabeverfahren bereits zu begin-

---

[162] OLG Düsseldorf NZBau 2014, 121 (122 f.); Ingenstau/Korbion/*Schranner* Rn. 129.
[163] BGHZ 139, 259 (Rn. 26, 28); KMPP/*Vavra* Rn. 40; Ingenstau/Korbion/*Schranner* Rn. 129 a.E.
[164] OLG Karlsruhe Beschl. v. 16.11.2016 – 15 Verg 5/16, Rn. 136 (juris); *Wagner-Cardenal/Scharf/Dierkes* NZBau 2012, 74 (75); aA Beck VergabeR/*Soudry* Rn. 120 f.
[165] Ingenstau/Korbion/*Schranner* Rn. 128.
[166] OLG Karlsruhe Beschl. v. 16.11.2016 – 15 Verg 5/16, Rn. 138 (juris).
[167] VK Karlsruhe Beschl. v. 2.2.2010 – 1 VK 75/09; KG Berlin NZBau 2002, 402 (403 f.); HK-VergabeR/*Fehling* Rn. 38.

nen, kann der Auftraggeber die Entstehung von Sekundäransprüchen verhindern, indem er diese Information prominent in der Bekanntmachung sowie den Vergabeunterlagen vermerkt.[168] Dabei ist Unternehmern nicht zuzumuten, erst die kompletten Vergabeunterlagen auf diesen Hinweis untersuchen zu müssen. Vielmehr ist er gut sichtbar – am besten auf der Titelseite der Bekanntmachung und der Vergabeunterlagen – anzubringen. Soweit Unternehmen sich daraufhin dennoch an dem Vergabeverfahren beteiligen, können sie nicht auf eine Zuschlagerteilung vertrauen und sie haben kein berechtigtes Interesse auf den Ausgleich eines Vertrauensschadens.

87 c) **Doppel- und Parallelausschreibungen.** Aufgrund § 2 Abs. 4 und 5 sind sog. **Doppel- oder Zweitausschreibungen** grundsätzlich unzulässig, in denen ein und derselbe Auftrag ein weiteres Mal – möglicherweise unter Verwendung einer anderen Vergabeverfahrensart oder mit veränderten Zuschlagskriterien – ausgeschrieben wird, obwohl das erste Verfahren nicht in dem Umfang der Neuausschreibung aufgehoben wurde.[169] Mit der neuerlichen Ausschreibung steht nämlich fest, dass in einem der beiden Verfahren kein Zuschlag erteilt werden soll und es sich insoweit um eine unzulässige Markterkundung handelt.[170]

88 Gleiches gilt richtigerweise in aller Regel auch für **Parallelausschreibungen,** die verschiedene Ausprägungen aufweisen können. Dabei werden in parallelen Vergabeverfahren in der Sache unterschiedliche Leistungen ausgeschrieben, wobei die Chancen auf die Erteilung eines Zuschlags wechselseitig vom Ausgang des jeweils anderen Verfahrens abhängen. Parallelausschreibungen können auch in der Gestalt einer einzelnen Ausschreibung mit einem gewichtigen Anteil an untereinander nicht vergleichbaren optionalen Leistungen[171] bzw. Nebenangebotsvarianten[172] vorkommen, sodass der Inhalt der Leistung je nach Option bzw. Variante grundlegend anders ist und es sich in der Sache um mehrere Aufträge handelt. Auch hier werden vom Auftraggeber durchzuführende Vorerkundigungen unzulässig auf die Bieter abgewälzt. Soweit in der Literatur eine Parallelausschreibung für zulässig erachtet wird, in der eine Leistung gleichzeitig als Gesamt- und Losvergabe ausgeschrieben wird, um zu ermitteln, welche der beiden Auftragsformen wirtschaftlicher ist,[173] läuft dies § 5 Abs. 2 zuwider. Danach ist eine Aufteilung in Lose zwingend, wenn nicht schon im Vorfeld auf der Grundlage einer alle tatsächlichen Gegebenheiten rund um den Auftrag berücksichtigenden prognostischen Einschätzung zu erwarten ist, dass die Aufteilung entweder technisch nicht möglich oder unzweckmäßig bzw. unwirtschaftlich ist[174] (etwa im Fall wahrscheinlicher technischer Inkompatibilitäten und daraus resultierender Mehrkosten).[175] Dabei ist die Aufteilung in Fachlose aus Gründen der Mittelstandsförderung nicht in jedem Fall bereits dann unwirtschaftlich, wenn eine Gesamtvergabe geringfügig günstiger wäre.[176] Da die Unwirtschaftlichkeit auch nicht mit den allgemeinen Vorteilen einer Gesamtvergabe begründet werden kann (zu nennen ist der verringerte Koordinierungsaufwand, die einfachere Abwicklung von Mängelansprüchen oder das unaufwändigere und kostengünstigere Vergabeverfahren), sondern aus den konkreten Besonderheiten des Auftrags folgen muss, die sich notwendig bereits aus der Leistungsbeschreibung ergeben,[177] erscheint es ausgeschlossen, die Unwirtschaftlichkeit (allein) nachträglich durch den Ausgang einer Parallelaus-

---

[168] OLG Düsseldorf NZBau 2015, 572 (573 f.); OLG Düsseldorf Beschl. v. 18.12.2014 – VII-Verg 39/14, Rn. 24; Ingenstau/Korbion/*Schranner* Rn. 136.
[169] OLG Frankfurt ZfBR 2009, 92 (93); OLG Naumburg BeckRS 2006, 12146, vgl. auch HK-VergabeR/*Ruhland* VOL/A § 17 Rn. 17.
[170] Vgl. Willenbruch/Wieddekind/*Schubert*/*Werner* Rn. 36.
[171] HK-VergabeR/*Franzius* Rn. 26; Willenbruch/Wieddekind/*Schubert*/*Werner* Rn. 41.
[172] OLG Celle Beschl. v. 8.11.2001 – 13 Verg 10/01.
[173] Ingenstau/Korbion/*Schranner* Rn. 109; KMPP/*Kus* § 5 EG Rn. 56; Willenbruch/Wieddekind/*Schubert*/*Werner* Rn. 38; Heiermann/Riedl/Rusam/*Bauer* § 5 Rn. 33.
[174] BayVGH Beschl. v. 22.5.17 – 4 ZB 16.577 Rn. 15.
[175] OLG Düsseldorf Beschl. v. 25.4.12 – VII-Verg 100/11, Rn. 16 f.
[176] Vgl. Ingenstau/Korbion/*Schranner* § 5 Rn. 30; Willenbruch/Wieddekind/*Werner* § 5 Rn. 21 f.
[177] BayVGH Beschl. v. 22.10.14 – 4 ZB 14.1260 Rn. 10.

schreibung nachzuweisen. Eine Gestaltungsmöglichkeit verliert der Auftraggeber dadurch nicht, da er, wenn er gem. § 12 Abs. 1 Nr. 2 lit. h Angebote eines Bieters auf mehrere oder alle Lose zulässt, in einer separaten Spalte abfragen darf, in welcher Höhe ein **Koppelungsnachlass** gewährt wird, falls alle Lose an diesen Bieter vergeben werden.[178] Als unzulässige Parallelausschreibung ist auch die gleichzeitige Ausschreibung eines Bauauftrags und seiner Finanzierung zu qualifizieren, da die gesicherte Finanzierung Voraussetzung für die Ausschreibungsreife ist.[179]

§ 3 Arten der Vergabe

(1) Bei Öffentlicher Ausschreibung werden Bauleistungen im vorgeschriebenen Verfahren nach öffentlicher Aufforderung einer unbeschränkten Zahl von Unternehmen zur Einreichung von Angeboten vergeben.

(2) Bei Beschränkter Ausschreibung werden Bauleistungen im vorgeschriebenen Verfahren nach Aufforderung einer beschränkten Zahl von Unternehmen zur Einreichung von Angeboten vergeben, gegebenenfalls nach öffentlicher Aufforderung, Teilnahmeanträge zu stellen (Beschränkte Ausschreibung nach Öffentlichem Teilnahmewettbewerb).

(3) Bei Freihändiger Vergabe werden Bauleistungen ohne ein förmliches Verfahren vergeben.

Übersicht

	Rn.		Rn.
I. Regelungsgehalt und Überblick	1	2. Im vorgeschriebenen Verfahren	13
II. Systematische Stellung und Zweck der Norm	2–4	3. Aufforderung einer beschränkten Zahl von Unternehmen	14
III. Öffentliche Ausschreibung	5–10	4. Gegebenenfalls nach öffentlicher Aufforderung	15, 16
1. Bauleistungen	6	V. Freihändige Vergabe	17–21
2. Im vorgeschriebenen Verfahren	7, 8	1. Bauleistungen	18
3. Nach öffentlicher Aufforderung	9	2. Ohne ein förmliches Verfahren	19
4. Unbeschränkte Zahl von Unternehmen	10	3. Vom Auftraggeber ausgewählte Unternehmen	20
IV. Beschränkte Ausschreibung	11–16	4. Kein Verhandlungsverbot	21
1. Bauleistungen	12		

I. Regelungsgehalt und Überblick

§ 3 regelt die **Arten der Vergabe**, die im Haushaltsvergaberecht des ersten Abschnitts 1 der VOB/A, also außerhalb des durch die EU-Vergaberichtlinien beeinflussten GWB-Vergaberechts des zweiten Abschnitts der VOB/A, Anwendung finden. Im Bereich des Haushaltsvergaberechts gibt es folgende Verfahrensarten: Die **Öffentliche Ausschreibung** (Abs. 1), die **Beschränkte Ausschreibung mit und ohne Teilnahmewettbewerb** (Abs. 2) und die **Freihändige Vergabe** (Abs. 3).

II. Systematische Stellung und Zweck der Norm

Während § 3 die Arten der Vergabe des Haushaltsvergaberechts regelt, sind die Zulässig- 2 keitsvoraussetzungen dieser Verfahrensarten in § 3a (→ § 3a Rn. 6 ff.) geregelt. Der wesentliche Ablauf der Verfahren ergibt sich aus § 3b (→ § 3b Rn. 1 ff.). Diese Regelungen in der VOB/A 2106 entsprechen im Wesentlichen den Regelungen der §§ 3 und 6 Abs. 2

---
[178] Eingehend Müller-Wrede/*Müller-Wrede* GWB § 97 Rn. 201 f.
[179] → Rn. 82; vgl. auch *Eichler* in Band 3 → Einl. VergabeR Rn. 240; aA Willenbruch/Wieddekind/ *Schubert/Werner* Rn. 39.

VOB/A 2012. Die **Struktur der Neuregelung in der VOB/A 2016** entspricht dem Wunsch des DVA, die Struktur moderat zu ändern, um die VOB/A übersichtlicher zu gestalten. Dazu wurden die bisherigen Zwischenüberschriften als eigenständige Paragrafen ausgestaltet und das bewährte Paragrafengerüst der VOB/A 2012 und ihrer Vorgänger durch Einfügung von Paragrafen mit dem Zusatz a, b usw in der Grundform erhalten.[1]

3   Im GWB-Vergaberecht finden sich **entsprechende Regelungen** in § 3EU (Arten der Vergabe, → § 3EU Rn. 1 ff.), § 3aEU (Zulässigkeitsvoraussetzungen, → § 3aEU Rn. 1 ff.) und § 3bEU (Ablauf der Verfahren, → § 3bEU Rn. 1 ff.) bzw. § 3VS (Arten der Vergabe, → § 3VS Rn. 1 ff.), § 3aVS (Zulässigkeitsvoraussetzungen, § 3aVS Rn. 1 ff.) und § 3bVS (Ablauf der Verfahren, → § 3bVS Rn. 1 ff.). Inhaltlich unterscheiden sich die Regelungen im Anwendungsbereich des GWB-Vergaberechts deutlich von denen des Haushaltsrechts. So kennt das GWB-Vergaberecht andere und mehr Verfahrensarten. Im Anwendungsbereich des GWB-Vergaberechts besteht für die Vergabe von Bauleistungen ferner nach § 3aEU Abs. 1 (→ § 3aEU Rn. 4 ff.) die Wahlfreiheit zwischen dem offenen Verfahren, dass grundsätzlich der Öffentlichen Ausschreibung entspricht, und dem nicht offenen Verfahren, das grundsätzlich der beschränkten Ausschreibung mit Teilnahmewettbewerb entspricht. Diese Wahlfreiheit, die im Haushaltsvergaberecht nach § 8 Abs. 2 UVgO auch für Liefer- und Dienstleistungen übernommen wurde, findet sich im ersten Abschnitt der VOB/A nicht.

4   Im Gegensatz zur UVgO hat die Regelung des § 3 am Begriff der „Freihändigen Vergabe" festgehalten. Die „**Freihändige Vergabe**" in der VOL/A wurde in der UVgO in „Verhandlungsvergabe" umbenannt, um deutlicher zu signalisieren, dass es sich hierbei um ein reguläres, in der Regel wettbewerbliches Verfahren handelt, bei dem über die Angebotsinhalte im Regelfall verhandelt wird. Zudem sollte so die Parallelität zum „Verhandlungsverfahren" im Oberschwellenbereich deutlicher herausgestellt werden.[2]

III. Öffentliche Ausschreibung

5   Abs. 1 beschreibt das **Regelverfahren der Öffentlichen Ausschreibung.** Die Öffentliche Ausschreibung ist nach § 3a (→ § 3a Rn. 3) stets ohne Weiteres zulässig und muss stattfinden, soweit nicht die Eigenart der Leistung oder besondere Umstände eine Abweichung rechtfertigen. Bei Öffentlicher Ausschreibung werden Bauleistungen im vorgeschriebenen Verfahren nach öffentlicher Aufforderung einer unbeschränkten Zahl von Unternehmen zur Einreichung von Angeboten vergeben. Zu diesen Tatbestandsmerkmalen ist im Einzelnen Folgendes anzumerken:

6   **1. Bauleistungen.** Die Öffentliche Ausschreibung iSd § 3 bezieht sich ausschließlich auf **Bauleistungen.** Dies ist bereits durch den Anwendungsbereich der VOB/A vorgegeben und hätte in § 3 keiner besonderen Erwähnung bedurft. Bauleistungen sind nach der **Definition des § 1** (→ § 1 Rn. 4) Arbeiten jeder Art, durch die eine bauliche Anlage hergestellt, instand gehalten, geändert oder beseitigt wird. Sie sind von den Liefer- und Dienstleistungsaufträgen abzugrenzen, für die außerhalb des GWB-Vergaberechts die UVgO nach Maßgabe der entsprechenden Bestimmungen Anwendung findet (vgl. § 1 Abs. 1 UVgO). Zur Abgrenzung von Bauleistungen zu Liefer- und Dienstleistungen kann entsprechend auch die Oberschwellenregelung nach § 103 Abs. 2 und 3 GWB (→ GWB § 103 Rn. 39 ff.) herangezogen werden: Enthält ein öffentlicher Auftrag verschiedene Leistungen wie Liefer-, Bau- oder Dienstleistungen, wird er nach den Vorschriften vergeben, denen der Hauptgegenstand des Auftrags zuzuordnen ist (vgl. § 110 Abs. 1 GWB für den Anwendungsberiech des GWB-Vergaberechts, → GWB § 110 Rn. 4).

---

[1] Einführungserlass zur Vergabe- und Vertragsordnung für Bauleistungen (VOB) 2016, B I 7 -81063.6/1 v. 7.4.2016, 3.
[2] Bekanntmachung der Erläuterungen zur Verfahrensordnung für die Vergabe öffentlicher Liefer- und Dienstleistungsaufträge unterhalb der EU-Schwellenwerte des BMWi v. 2.2.2017, BAnz AT 7.2.2017 B 2, Erl. zu § 8, Abs. 4.

2. Im vorgeschriebenen Verfahren. Das Tatbestandsmerkmal „im vorgeschriebe- 7
nen Verfahren" verweist darauf, dass die Öffentliche Ausschreibung ein förmliches Verfahren ist, dessen einzelne Verfahrensschritte in der VOB/A geregelt sind und von denen der Auftraggeber nicht abweichen darf. Dies steht im Gegensatz zur Freihändigen Vergabe, die nach Abs. 3 die Vergabe von Bauleistungen ohne ein förmliches Verfahren zulässt.

Als Folge der Förmlichkeit des Verfahrens gilt im Rahmen der Öffentlichen Ausschrei- 8
bung vor allem das **Verhandlungsverbot** nach § 15 Abs. 3. Nach dieser Norm sind Verhandlungen, besonders über Änderung der Angebote oder Preise, unstatthaft, außer, wenn sie bei Nebenangeboten oder Angeboten aufgrund eines Leistungsprogramms nötig sind, um unumgängliche technische Änderungen geringen Umfangs und daraus sich ergebende Änderungen der Preise zu vereinbaren.

3. Nach öffentlicher Aufforderung. Um ein Höchstmaß an Transparenz herzustellen, 9
sind die Unternehmen bei der Öffentlichen Ausschreibung öffentlich zur Einreichung von Angeboten aufzufordern. Diese **öffentliche Aufforderung** geschieht nach § 12 (→ § 12 Rn. 4) zB in Tageszeitungen, amtlichen Veröffentlichungsblättern oder auf Internetportalen; sie können auch auf www.bund.de veröffentlicht werden. Diese Bekanntmachungen sollen die Angaben gem. § 12 Abs. 1 Nr. 2 (→ § 12 Rn. 7 ff.) enthalten. Darüber hinaus gibt der Auftraggeber in der Auftragsbekanntmachung nach § 11 Abs. 3 (→ § 11 Rn. 11) eine elektronische Adresse an, unter der die Vergabeunterlagen unentgeltlich, uneingeschränkt, vollständig und direkt abgerufen werden können.

4. Unbeschränkte Zahl von Unternehmen. Die Unterlagen sind einer **unbe-** 10
schränkten Zahl von Unternehmen zur Einreichung von Angeboten abzugeben. Die Öffentliche Ausschreibung ist nach § 3b Abs. 1 (§ 3b Rn. 4) maßgeblich dadurch gekennzeichnet, dass die Unterlagen an alle Unternehmen abzugeben sind. Jedes interessierte Unternehmen erhält daher bei dieser Verfahrensart die Gelegenheit, ein Angebot abzugeben. Der Auftraggeber ist verpflichtet, sich mit allen Angeboten auseinander zu setzen und eine Prüfung und Wertung vorzunehmen.[3] Die Öffentliche Ausschreibung ermöglicht daher von allen Verfahrensarten den größtmöglichen Wettbewerb.

IV. Beschränkte Ausschreibung

Bei **Beschränkter Ausschreibung** werden Bauleistungen nach Abs. 2 im vorge- 11
schriebenen Verfahren nach Aufforderung einer beschränkten Zahl von Unternehmen zur Einreichung von Angeboten vergeben, gegebenenfalls nach öffentlicher Aufforderung, Teilnahmeanträge zu stellen (Beschränkte Ausschreibung nach Öffentlichem Teilnahmewettbewerb). Hierfür ist im Einzelnen Folgendes maßgeblich:

1. Bauleistungen. Bauleistungen sind nach der Definition des § 1 (→ § 1 Rn. 4) 12
Arbeiten jeder Art, durch die eine bauliche Anlage hergestellt, instand gehalten, geändert oder beseitigt wird. Für sie gilt das unter → Rn. 6 Gesagte.

2. Im vorgeschriebenen Verfahren. Das Tatbestandsmerkmal „im vorgeschriebe- 13
nen Verfahren" verweist für die Beschränkte Ausschreibung mit oder ohne Teilnahmewettbewerb darauf, dass es sich um ein förmliches Verfahren handelt, dessen einzelne Verfahrensschritte in der VOB/A geregelt sind. Auch für die beschränkte Ausschreibung gilt – wie für die Öffentliche Ausschreibung – insbesondere das Verhandlungsverbot nach § 15 Abs. 3.

3. Aufforderung einer beschränkten Zahl von Unternehmen. Die Beschränkte 14
Ausschreibung ist im Gegensatz zur Öffentlichen Ausschreibung dadurch gekennzeichnet, dass sie **auf einen Kreis ausgewählter Unternehmen ausgerichtet** ist. Findet ein Teilnahmewettbewerb statt, kann zwar nicht die Anzahl der Bewerber, jedoch die Anzahl der Bieter beschränkt werden. Ohne Teilnahmewettbewerb sollen nach § 3b Abs. 2 mehrere,

---

[3] Franke/Kemper/Zanner/Grünhagen/*Baumann* Rn. 6.

im Allgemeinen mindestens drei geeignete Unternehmen aufgefordert werden, sodass hier sogar die Anzahl der Bewerber beschränkt werden kann.

15 **4. Gegebenenfalls nach öffentlicher Aufforderung.** Eine Beschränkte Ausschreibung ohne Teilnahmewettbewerb ist nur nach Maßgabe des § 3a Abs. 2 (→ § 3a Rn. 6 ff.) zulässig. Liegen die Voraussetzungen dieser Norm nicht vor, aber die des § 3a Abs. 3, ist ein **Teilnahmewettbewerb durch öffentliche Aufforderung** zur Angebotsabgabe durchzuführen. Liegen auch diese Voraussetzungen nicht vor, ist eine Öffentliche Ausschreibung durchzuführen. Die Frage, ob ein Teilnahmewettbewerb durchzuführen ist, liegt damit nicht im Ermessen des Auftraggebers, sondern richtet sich ausschließlich nach der Regelung des § 3.

16 Nach § 12 Abs. 2 sind die Unternehmen in öffentlicher Aufforderung durch **Bekanntmachungen,** zB in Tageszeitungen, amtlichen Veröffentlichungsblättern oder auf Internetportalen, aufzufordern, ihre Teilnahme am Wettbewerb zu beantragen. Für diese öffentliche Aufforderung gilt das in unter → Rn. 9 Gesagte entsprechend.

V. Freihändige Vergabe

17 Bei **Freihändiger Vergabe** werden Bauleistungen nach Abs. 3 ohne ein förmliches Verfahren vergeben. Der Auftraggeber geht auf von ihm ausgewählte Unternehmen zu, wobei er mit diesen auch noch nach Angebotsabgabe über die Einzelheiten von Preis, Leistung und Ausführungsmodalitäten verhandeln kann.[4]

18 **1. Bauleistungen. Bauleistungen** sind nach der Definition des § 1 (→ § 1 Rn. 4) Arbeiten jeder Art, durch die eine bauliche Anlage hergestellt, instand gehalten, geändert oder beseitigt wird. Auf die Erläuterungen in → Rn. 6 wird verwiesen.

19 **2. Ohne ein förmliches Verfahren.** Im Gegensatz zu den anderen Verfahrensarten der Öffentlichen Ausschreibung und der Beschränkten Ausschreibung ist die Freihändige Vergabe **kein förmliches Verfahren.** Der Auftraggeber ist vielmehr unter Beachtung der Vergabegrundsätze (§ 2) in der Verfahrensgestaltung frei, soweit die VOB/A nicht ausdrücklich einzelne Regelungen auch auf die Freihändige Vergabe für anwendbar erklärt (vgl. § 6b Abs. 4, § 8b Abs. 1 Nr. 2).

20 **3. Vom Auftraggeber ausgewählte Unternehmen.** Die Freihändige Vergabe setzt **keine öffentliche Aufforderung,** zB in Tageszeitungen, amtlichen Veröffentlichungsblättern oder auf Internetportalen, voraus. Die Unternehmen erfahren von der Durchführung des Verfahrens daher nur, wenn sie von Auftraggeber zu einer Beteiligung an dem Verfahren aufgefordert werden. Diese Einschränkung der Transparenz und die Freiheit von der Förmlichkeit des Verfahrens sind der Grund, weshalb eine Freihändige Vergabe nur ausnahmsweise unter den Voraussetzungen des § 3a Abs. 4 (→ § 3a Rn. 20) zulässig ist. Die aufzufordernden Unternehmen sollen nach § 3b Abs. 3 (→ § 3b Rn. 24) möglichst gewechselt werden.

21 **4. Kein Verhandlungsverbot.** Wesentlicher Unterschied der Freihändigen Vergabe gegenüber den förmlichen Verfahren ist, dass das Verhandlungsverbot nach § 15 Abs. 3 nicht gilt. Der Auftraggeber darf daher in der Freihändigen Vergabe mit den von ihm ausgewählten Unternehmen über die Einzelheiten von Preis, Leistung und Ausführungsmodalitäten verhandeln. Die **Grenzen dieser Verhandlung** liegen erst in den allgemeinen Grundsätzen des Wettbewerbs nach § 2 Abs. 1 Nr. 2 und der Nichtdiskriminierung nach § 2 Abs. 2. Dass kein Verhandlungsverbot gilt, bedeutet nicht, dass der Auftraggeber auch verpflichtet wäre zu verhandeln. Zum Ablauf des Verfahrens → § 3b Rn. 1 ff.

---

[4] Franke/Kemper/Zanner/Grünhagen/*Baumann* Rn. 10.

§ 3a Zulässigkeitsvoraussetzungen

(1) Öffentliche Ausschreibung muss stattfinden, soweit nicht die Eigenart der Leistung oder besondere Umstände eine Abweichung rechtfertigen.

(2) Beschränkte Ausschreibung kann erfolgen,
1. bis zu folgendem Auftragswert der Bauleistung ohne Umsatzsteuer:
   a) 50 000 Euro für Ausbaugewerke (ohne Energie- und Gebäudetechnik), Landschaftsbau und Straßenausstattung,
   b) 150 000 Euro für Tief-, Verkehrswege- und Ingenieurbau,
   c) 100 000 Euro für alle übrigen Gewerke,
2. wenn eine Öffentliche Ausschreibung kein annehmbares Ergebnis gehabt hat,
3. wenn die Öffentliche Ausschreibung aus anderen Gründen (z. B. Dringlichkeit, Geheimhaltung) unzweckmäßig ist.

(3) Beschränkte Ausschreibung nach Öffentlichem Teilnahmewettbewerb ist zulässig,
1. wenn die Leistung nach ihrer Eigenart nur von einem beschränkten Kreis von Unternehmen in geeigneter Weise ausgeführt werden kann, besonders, wenn außergewöhnliche Zuverlässigkeit oder Leistungsfähigkeit (z. B. Erfahrung, technische Einrichtungen oder fachkundige Arbeitskräfte) erforderlich ist,
2. wenn die Bearbeitung des Angebots wegen der Eigenart der Leistung einen außergewöhnlich hohen Aufwand erfordert.

(4) [1]Freihändige Vergabe ist zulässig, wenn die Öffentliche Ausschreibung oder Beschränkte Ausschreibung unzweckmäßig ist, besonders,
1. wenn für die Leistung aus besonderen Gründen (z. B. Patentschutz, besondere Erfahrung oder Geräte) nur ein bestimmtes Unternehmen in Betracht kommt,
2. wenn die Leistung besonders dringlich ist,
3. wenn die Leistung nach Art und Umfang vor der Vergabe nicht so eindeutig und erschöpfend festgelegt werden kann, dass hinreichend vergleichbare Angebote erwartet werden können,
4. wenn nach Aufhebung einer Öffentlichen Ausschreibung oder Beschränkten Ausschreibung eine erneute Ausschreibung kein annehmbares Ergebnis verspricht,
5. wenn es aus Gründen der Geheimhaltung erforderlich ist,
6. wenn sich eine kleine Leistung von einer vergebenen größeren Leistung nicht ohne Nachteil trennen lässt.

[2]Freihändige Vergabe kann außerdem bis zu einem Auftragswert von 10 000 Euro ohne Umsatzsteuer erfolgen.

Übersicht

	Rn.		Rn.
I. Regelungsgehalt und Überblick	1	a) Dringlichkeit	13
II. Systematische Stellung und Zweck der Norm	2	b) Geheimhaltung	14
		c) Andere Gründe	15, 16
III. Öffentliche Ausschreibung als Regelverfahren (Abs. 1)	3–5	V. Zulässigkeit der Beschränkten Ausschreibung mit Teilnahmewettbewerb (Abs. 3)	17–19
IV. Zulässigkeit der Beschränkten Ausschreibung ohne Teilnahmewettbewerb (Abs. 2)	6–16	1. Leistung nur von einem beschränkten Kreis von Unternehmen ausführbar (Nr. 1)	17, 18
1. Ausnahme bei bestimmten Auftragswerten (Nr. 1)	8, 9	2. Außergewöhnlich hoher Aufwand der Angebotsbearbeitung (Nr. 2)	19
2. Öffentliche Ausschreibung ohne annehmbares Ergebnis (Nr. 2)	10, 11	VI. Zulässigkeit der Freihändigen Vergabe (Abs. 4)	20–29
3. Unzweckmäßigkeit der Öffentlichen Ausschreibung aus anderen Gründen (Nr. 3)	12–16	1. Unzweckmäßigkeit der förmlichen Verfahren (S. 1)	20–28

a) Nur ein Unternehmen leistungsfähig (S. 1 Nr. 1) 21, 22	e) Gründe der Geheimhaltung (S. 1 Nr. 5) 27
b) Besondere Dringlichkeit (S. 1 Nr. 2) 23	f) Kleine untrennbare Leistung (S. 1 Nr. 6) 28
c) Keine vergleichbaren Angebote (S. 1 Nr. 3) 24, 25	
d) Aufhebung eines förmlichen Verfahrens (S. 1 Nr. 4) 26	2. Auftragswert bis 10.000 EUR (netto) (S. 2) 29

I. Regelungsgehalt und Überblick

1 § 3a regelt die Zulässigkeitsvoraussetzungen der Verfahrensarten des Haushaltsvergaberechts. Abs. 1 legt als Regelverfahren die Öffentliche Ausschreibung fest. Liegt keiner der nachfolgend geregelten Ausnahmetatbestände vor, muss der Auftraggeber nach Abs. 1 ausschrieben. Die Ausnahmen sind in Abs. 2–4 geregelt: Die Beschränkte Ausschreibung ohne Teilnahmewettbewerb ist nach Abs. 2 zulässig, die Beschränkte Ausschreibung mit Teilnahmewettbewerb nach Abs. 3. Die Zulässigkeitsvoraussetzungen der Freihändigen Vergabe finden sich in Abs. 4.

II. Systematische Stellung und Zweck der Norm

2 § 3a regelt die Zulässigkeitsvoraussetzungen der in § 3 (→ § 3 Rn. 5 ff.) bestimmten Verfahrensarten. In der VOB/A 2012 fanden sich gleichlautende Regelungen in § 3 Abs. 2–5 VOB/A 2012. Der Ablauf der Verfahren ist in § 3b geregelt. Vergleichbare Regelungen des GWB-Vergaberechts finden sich in § 3aEU (→ § 3aEU Rn. 1) bzw. § 3aVS (→ § 3VS Rn. 1).

III. Öffentliche Ausschreibung als Regelverfahren (Abs. 1)

3 Die Öffentliche Ausschreibung ist nach § 3 Abs. 1 (→ § 3 Rn. 5) dadurch gekennzeichnet, dass eine unbeschränkte Anzahl an Unternehmern Angebote abgeben darf, die vom Auftraggeber zu werten sind.[1] Im Gegensatz dazu können die Anzahl der Bewerber bzw. Bieter in der Beschränkten Ausschreibung mit und ohne Teilnahmewettbewerb sowie in der Freihändigen Vergabe beschränkt werden. Da die Öffentliche Ausschreibung so am ehesten ein Höchstmaß an Wettbewerb sicherstellt, ist sie stets ohne Weiteres zulässig und muss stattfinden, soweit nicht die Eigenart der Leistung oder besondere Umstände eine Abweichung rechtfertigen. Öffentliche Ausschreibung muss daher nach Abs. 1 stattfinden, soweit nicht die Eigenart der Leistung oder besondere Umstände eine Abweichung rechtfertigen.

4 Im Gegensatz zum ersten Abschnitt der VOB/A hat der Verordnungsgeber in der UVgO die freie Wahl des Auftraggebers zwischen dem offenen und nicht offenen Verfahren aus dem GWB-Vergaberecht in die UVgO übertragen, sodass nach § 8 Abs. 2 UVgO dem Auftraggeber die Öffentliche Ausschreibung und die Beschränkte Ausschreibung mit Teilnahmewettbewerb ohne besondere Zulassungsvoraussetzungen stets zu Verfügung stehen.[2]

5 Eine Abweichung von der Öffentlichen Ausschreibung setzt voraus, dass die Eigenart der Leistung oder besondere Umstände diese Abweichung rechtfertigen. Die Rechtfertigungsgründe für ein Abweichen vom Grundsatz der Öffentlichen Ausschreibung sind in Abs. 2–4 jedoch abschließend konkretisiert. Abs. 1 ist lediglich zur Auslegung der Ausnahmetatbestände Abs. 2–4 heranzuziehen.[3]

IV. Zulässigkeit der Beschränkten Ausschreibung ohne Teilnahmewettbewerb (Abs. 2)

6 Abs. 2 regelt die Zulässigkeit der Beschränkten Ausschreibung ohne Teilnahmewettbewerb. Danach kann eine Beschränkte Ausschreibung erfolge, wenn ein Auftragswert nach

---

[1] → § 3 Rn. 5 (10).
[2] Erläuterungen des Bundesministeriums für Wirtschaft und Energie zur Verfahrensordnung für die Vergabe öffentlicher Liefer- und Dienstleistungsaufträge unterhalb der EU-Schwellenwerte v. 5.1.2017, 3.
[3] Franke/Kemper/Zanner/Grünhagen/*Baumann* Rn. 6.

Maßgabe des Nr. 1 nicht überschritten ist, eine Öffentliche Ausschreibung kein annehmbares Ergebnis gehabt hat (Nr. 2) oder die Öffentliche Ausschreibung nach Nr. 3 aus anderen Gründen (zB Dringlichkeit, Geheimhaltung) unzweckmäßig ist.

Aus der Formulierung „kann erfolgen" ergibt sich, dass der Auftraggeber nicht verpflichtet ist, beschränkt auszuschreiben. Nach seinem Ermessen kann er vielmehr auch dann eine Öffentliche Ausschreibung durchführen, wenn die Ausnahmetatbestände gegeben sind. Sofern er von dem Ausnahmetatbestand Gebrauch machen möchte, gibt die Regelung abschließend vor, unter welchen Umständen eine Beschränkte Ausschreibung ohne Teilnahmewettbewerb in Betrachter kommt. Allerdings enthält sie mit der Regelung nach § 3a Abs. 1 Nr. 3, dass die Beschränkte Ausschreibung erfolgen kann, wenn eine Öffentlichen Ausschreibung „aus anderen Gründen unzweckmäßig" ist einen unbestimmten Regelungsumfang, der grundsätzlich weiteren Fallgruppen gegenüber offen ist. Im Einzelnen ist Folgendes anzumerken:

1. Ausnahme bei bestimmten Auftragswerten (Nr. 1). Beschränkte Ausschreibung kann nach Nr. 1 zunächst erfolgen, wenn bestimmte Auftragswerte nicht überschritten sind. Dies sind 50.000 EUR für Ausbaugewerke (ohne Energie- und Gebäudetechnik), Landschaftsbau und Straßenausstattung, 150.000 EUR für Tief-, Verkehrswege- und Ingenieurbau sowie 100.000 EUR für alle übrigen Gewerke.

Die bezeichneten Gewerke sind nicht im Einzelnen gesetzlich definiert. Zur näheren Bestimmung der Begriffe kann – soweit dort Hinweise vorhanden sind – auf die VOB/C zurückgegriffen werden.[4]

2. Öffentliche Ausschreibung ohne annehmbares Ergebnis (Nr. 2). Nach Nr. 2 ist eine Beschränkte Ausschreibung zulässig, wenn eine Öffentliche Ausschreibung kein annehmbares Ergebnis gehabt hat. Ein **annehmbares Ergebnis** der Öffentlichen Ausschreibung liegt nur dann vor, wenn in dieser förmlichen Ausschreibung der Zuschlag erteilt werden kann. Der Ausnahmetatbestand ist stellt auf annehmbare Ergebnisse, nicht auf „annehmbare Angebote" ab. Es ist daher nicht zwingend Voraussetzung, dass die Ausschreibung nach § 17 Abs. 1 Nr. 1 (→ § 17 Rn. 1) aufgehoben wird, weil kein Angebot eingeht, das den Ausschreibungsbedingungen entspricht. Auch ein anderer schwerwiegender Grund nach § 17 Abs. 1 Nr. 3 (→ § 17 Rn. 1) kann ein annehmbares Ergebnis der Öffentlichen Ausschreibung verhindern. So liegt zum Beispiel ein anderer schwerwiegender Grund vor, aufgrund dessen eine Ausschreibung aufgehoben werden darf, wenn keines der Angebote einen angemessenen Preis aufweist, solange der Auftraggeber seiner Bewertung einen vollständig ermittelten Sachverhalt zugrunde gelegt hat.[5]

Kein Fall der Nr. 2 liegt vor, wenn die Öffentlichen Ausschreibung wegen grundlegender Änderung der Vergabeunterlagen nach § 17 Abs. 1 Nr. 2 aufgehoben wird. Dass folgt schon aus dem Wortlaut der Nr. 2, denn Grund für die Aufhebung ist dann nicht ein „nicht annehmbares Ergebnis".[6]

3. Unzweckmäßigkeit der Öffentlichen Ausschreibung aus anderen Gründen (Nr. 3). Eine Beschränkte Ausschiebung ohne Teilnahmewettbewerb ist ferner nach Nr. 3 zulässig, wenn die Öffentliche Ausschreibung aus anderen Gründen (zB Dringlichkeit, Geheimhaltung) unzweckmäßig ist.

a) Dringlichkeit. Dringlichkeit ist gegeben, wenn eine Öffentliche Ausschreibung nicht durchgeführt werden kann, ohne dass es wegen der längeren Dauer des Verfahrens aufgrund der erforderlichen öffentlichen Aufforderung zu erheblichen Nachteilen kommen würde. Eine Bauleistung ist besonders dringlich, wenn ihre Vergabe aufgrund äußerer, vom Auftrag-

---

[4] Franke/Kemper/Zanner/Grünhagen/*Baumann* Rn. 14.
[5] OLG München Beschl. v. 31.10.2012 – Verg 19/12; dazu auch Franke/Kemper/Zanner/Grünhagen/*Pauka* § 17EU Rn. 34.
[6] IE ebenso: Franke/Kemper/Zanner/Grünhagen/*Baumann* Rn. 14.

geber nicht veranlasster Umständen, wie zB Naturereignisse (Überschwemmungen, Stürme etc) oder Brände keinen Aufschub duldet.[7]

14 **b) Geheimhaltung.** Eine Geheimhaltung ist objektiv erforderlich, wenn Gründe vorliegen, die es unzweckmäßig erscheinen lassen, eine unbestimmte Anzahl von Unternehmen über das zu vergebende Bauvorhaben in Kenntnis zu setzen. Ein Geheimhaltungsbedarf kann bei allen Bauobjekten mit objektiv begründbarem besonderem Sicherheitsbedarf, etwa bei militärischen Baumaßnahmen, Gefängnissen oder Bauten des Verfassungsschutzes bestehen, aber auch bei Bauten, die für spezielle Forschungszwecke erstellt werden, deren Pläne vertraulich zu behandeln sind.[8]

15 **c) Andere Gründe.** Mit dem Tatbestandsmerkmal der „anderen Gründe" enthält die VOB/A einen unbestimmten Rechtsbegriff, der den Ausnahmetatbestand der Beschränkten Ausschreibung vom Vorrang der Öffentlichen Ausschreibung neuen Fallgruppen gegenüber öffnet. Bei der Konkretisierung des unbestimmten Rechtsbegriffs „Unzweckmäßigkeit" steht dem Auftraggeber ein Beurteilungsspielraum zu.

16 Eine beurteilungsfehlerfreie Bestimmung der Unzweckmäßigkeit setzt voraus, dass der Auftraggeber seinen Beurteilungsspielraum ausübt und die Unzweckmäßigkeit unter Berücksichtigung aller Umstände des Einzelfalls sachlich und willkürfrei begründet und dokumentiert.[9] Dabei hat er zunächst zu beachten, dass zwischen der Öffentlichen Ausschreibung nach Abs. 1 und der Beschränkten Ausschreibung nach Abs. 2 ein Regel-Ausnahme-Verhältnis besteht. Der Begriff der „Unzweckmäßigkeit" nach daher nach den allgemeinen Auslegungsgrundsätzen eng auszulegen. Die Unzweckmäßigkeit muss sich dem Wortlaut des Abs. 1 nach gerade aus der Eigenart der Leistung oder anderen besonderen Umständen ergeben. Dem Zweck der Regelung nach Abs. 2 Nr. 2 und 3 nach muss es sich bei den „anderen Gründen" um solche handeln, die dem nicht annehmbaren Ergebnis nach Abs. 2 Nr. 2, der Dringlichkeit oder der Geheimhaltung gleich stehen.

V. Zulässigkeit der Beschränkten Ausschreibung mit Teilnahmewettbewerb (Abs. 3)

17 **1. Leistung nur von einem beschränkten Kreis von Unternehmen ausführbar (Nr. 1).** Eine Beschränkte Ausschreibung mit Teilnahmewettbewerb ist nach Nr. 1 zulässig, wenn die Leistung nach ihrer Eigenart nur von einem beschränkten Kreis von Unternehmen in geeigneter Weise ausgeführt werden kann. Es wäre unzweckmäßig, eine unbegrenzte Anzahl von Unternehmen zur Angabe eines Angebots aufzufordern, wenn aufgrund objektiver Umstände bereits vorab feststeht, dass nur eine begrenzte Anzahl von Unternehmern überhaupt in der Lage ist, die zu beschaffende Bauleistung zu erbringen. Das kann insbesondere der Fall sein, wenn außergewöhnliche Zuverlässigkeit oder Leistungsfähigkeit erforderlich sind. Die VOB/A nennt hier Beispielhaft das Erfordernis einer besonderen Erfahrung oder die Verfügbarkeit besonderer technischer Einrichtungen oder besonders fachkundiger Arbeitskräfte.

18 Allerdings setzt die VOB/A in diesem Fall einen Teilnahmewettbewerb voraus (→ § 3 Rn. 15 f.). In diesem Teilnahmewettbewerb, der für alle interessierten Unternehmen offen ist, wird der Kreis der Unternehmen, die an einer Angebotsabgabe interessiert und in der Lage sind, die Leistung zu erbringen, ermittelt.

19 **2. Außergewöhnlich hoher Aufwand der Angebotsbearbeitung (Nr. 2).** Ein außergewöhnlich hoher Aufwand der Angebotsbearbeitung rechtfertigt nach Nr. 2 eine Beschränkte Ausschreibung. Außergewöhnlich hoch ist der Aufwand wegen der Eigenart der Leistung dann, wenn von den Bietern neben der Angebotskalkulation auch noch die

---

[7] Beck VOB/Jasper/Soudry § 3 Rn. 49; Franke/Kemper/Zanner/Grünhagen/*Baumann* Rn. 26.
[8] Beck VOB/Jasper/Soudry § 3 Rn. 51; Franke/Kemper/Zanner/Grünhagen/*Baumann* Rn. 29.
[9] Franke/Kemper/Zanner/Grünhagen/*Baumann* Rn. 25.

Entwicklung von eigenständigen Lösungsansätzen verlangt wird.[10] In diesem Fall werden die Bieter regelmäßig für die Angebotserstellung einen Anspruch auf eine angemessene Entschädigung nach § 8b Abs. 2 Nr. 1 haben. Daher wäre es sowohl für die Bieter unverhältnismäßig, den außergewöhnlich hohen Aufwand der Angebotsbearbeitung auf sich zu nehmen, wie für den Auftraggeber, ggf. eine unbegrenzten Anzahl von Unternehmen eine entsprechende Entschädigung zahlen zu müssen.

VI. Zulässigkeit der Freihändigen Vergabe (Abs. 4)

1. Unzweckmäßigkeit der förmlichen Verfahren (S. 1). Freihändige Vergabe ist nur ausnahmsweise zulässig, wenn die Öffentliche Ausschreibung oder Beschränkte Ausschreibung unzweckmäßig ist. Die Regelung setzt voraus, dass der Auftraggeber zunächst die Zweckmäßigkeit eines förmlichen Verfahrens prüft und erst dann die Freihändige Vergabe wählt, wenn objektive Gründe vorliegen, die aufgrund der Eigenart der Leistung oder besonderen Umstände eine Abweichung von den förmlichen Verfahren rechtfertigen. Für die beurteilungsfehlerfreie Bestimmung der Unzweckmäßigkeit gilt das in → Rn. 16 Gesagte entsprechend. Eine nicht in Abs. 4 geregelte Fallgruppe der Unzweckmäßigkeit muss insbesondere einem der Regelbeispiele der Nr. 1–6 entsprechen. Zu diesen ist Folgendes anzumerken: 20

a) Nur ein Unternehmen leistungsfähig (S. 1 Nr. 1). Eine Freihändige Vergabe ist zulässig, wenn für die Leistung aus besonderen Gründen nur ein bestimmtes Unternehmen in Betracht kommt. Die VOB/A nennt beispielhaft für solche Fälle das Bestehen eines Patentschutzes, das Erfordernis einer besonderen Erfahrung oder das Vorhandensein außergewöhnlicher Geräte. Vergleichbare Gründe wären zB andere Ausschließlichkeitsrechte wie Urheber- oder sonstige Schutzrechte. 21

In jedem Fall muss objektiv belegbar sein, dass nur ein einziges Unternehmen für die Leistungserbringung in Betracht kommt. Dass kann zB durch die Durchführung einer vorherigen Markterkundung belegt werden. 22

b) Besondere Dringlichkeit (S. 1 Nr. 2). Im Fall einer besonderen Dringlichkeit ist eine Freihändige Vergabe nach Nr. 2 gerechtfertigt, sofern die Durchführung eines förmlichen Verfahrens den Beschaffungszweck aufgrund der Dauer des Verfahrens vereiteln würde. Neben der Dringlichkeit (→ Rn. 13) muss daher eine „besondere" Dringlichkeit vorliegen. Dies ist der Fall, wenn jede andere Vergabeart den mit der Auftragserteilung und Auftragsausführung verfolgten Zweck vereiteln würde und dadurch eine bestehende Gefahr nicht erfolgreich abgewendet und ein drohender Schaden nicht erfolgreich verhindert werden könnte.[11] Auch hier gilt, dass der Auftraggeber die Eilbedürftigkeit nicht selbst verursacht haben darf, sondern dass diese auf äußere, von ihm nicht beeinflusste Umstände zurückzuführen sein muss (Unfälle, Naturkatastrophen etc).[12] 23

c) Keine vergleichbaren Angebote (S. 1 Nr. 3). Bauleistungen dürfen nach Nr. 3 freihändig vergeben werden, wenn die Leistung nach Art und Umfang vor der Vergabe nicht so eindeutig und erschöpfend festgelegt werden kann, dass hinreichend vergleichbare Angebote erwartet werden können. Es entspricht dem Wettbewerbsgrundsatz nach § 2 Abs. 1 Nr. 2, § 7 Abs. 1 Nr. 1, dass die Leistung so zu beschreiben ist, dass alle Angebote miteinander verglichen werden können, denn nur mit vergleichbaren Angeboten kann Wettbewerb überhaupt entstehen.[13] Daraus folgt aber auch, dass von vorherein kein Wettbewerb entstehen kann, wenn die Leistung nicht so eindeutig und erschöpfend festgelegt werden kann, dass hinreichend vergleichbare Angebote erwartet werden können. In diesem Fall eine Freihändige Vergabe gerechtfertigt. 24

---

[10] Franke/Kemper/Zanner/Grünhagen/*Baumann* Rn. 33.
[11] Franke/Kemper/Zanner/Grünhagen/*Baumann* Rn. 44.
[12] Beck VOB/Jasper/Soudry § 3 Rn. 63.
[13] Vgl. *Pauka* in Band 3 → GWB § 121 Rn. 2.

25 Fallgruppen dieses Ausnahmetatbestandes sind vor allem große, komplexe und neuartige Bauvorhaben, in denen der Auftraggeber nicht von vornherein hinreichend genaue Leistungsbeschreibungen fertigen kann, sondern dies erst über Verhandlungen vom besonderen Know-how der Bieter möglich wird.

26 **d) Aufhebung eines förmlichen Verfahrens (S. 1 Nr. 4).** Wenn eine Öffentliche Ausschreibung oder eine Beschränkte Ausschreibung aufgehoben wurde, kann die Bauleistung im Wege der Freihändigen Vergabe vergeben werden, sofern eine erneute Ausschreibung kein annehmbares Ergebnis verspricht. Zum Begriff des „annehmbaren Ergebnisses" → Rn. 10.

27 **e) Gründe der Geheimhaltung (S. 1 Nr. 5).** Wenn es aus Gründen der Geheimhaltung erforderlich ist, kann eine Bauleistung nach Nr. 5 freihändig vergeben werden. Der Begriff der Geheimhaltung ist derselbe wie in Abs. 3 Nr. 3 (→ Rn. 14). Damit aber nicht nur eine Beschränkte Ausschreibung zulässig ist, müssen die Eigenart der Leistung oder besondere Umstände eine Freihändige Vergabe erfordern. Dazu sind objektive Gründe erforderlich, die es notwendig erscheinen lassen, nicht einmal die begrenzte Anzahl von Bietern einer Beschränkten Ausschreibung zuzulassen. Das Maß der Geheimhaltung muss daher – ähnlich wie im Falle der Dringlichkeit nach Nr. 2 – auf ein besonderes Maß objektiv erhöht sein.

28 **f) Kleine untrennbare Leistung (S. 1 Nr. 6).** Eine freihändige Vergabe ist ferner zulässig, wenn sich eine kleine Leistung von einer vergebenen größeren Leistung nicht ohne Nachteil trennen lässt. Bei einer „kleinen" Leistung handelt es sich um eine Zusatzleistung gegenüber der „größeren" Leistung, der Hauptleitung. „Klein" ist die Zusatzleistung, wenn sie im Verhältnis zur „größeren" Hauptleistung nicht ins Gewicht fällt. Die Grenze der Zusatzleistung ist zahlenmäßig nicht abstrakt zu bestimmen, aufgrund der erheblichen Wettbewerbsbeschränkung im Fall einer Freihändigen Vergabe aber eher niedrig anzusetzen.[14] Nicht ohne Nachteile trennbar sind Leistungen aus wirtschaftlichen Gründen, etwa weil eine eigene Ausschreibung zu aufwändig wäre, oder aus bautechnischen Gründen, etwa weil Haupt- und Zusatzleistung nur in einem Zuge ausgeführt werden können.[15]

29 **2. Auftragswert bis 10.000 EUR (netto) (S. 2).** Freihändige Vergabe kann letztlich bis zu einem Auftragswert von 10 000 EUR ohne Umsatzsteuer erfolgen. Besonderer Gründe bedarf es dann nicht mehr, es kommt allein auf den Auftragswert an.

§ 3b Ablauf der Verfahren

(1) Bei Öffentlicher Ausschreibung sind die Unterlagen an alle Unternehmen abzugeben.

(2) Bei Beschränkter Ausschreibung sollen mehrere, im Allgemeinen mindestens drei geeignete Unternehmen aufgefordert werden.

(3) Bei Beschränkter Ausschreibung und Freihändiger Vergabe soll unter den Unternehmen möglichst gewechselt werden.

Schrifttum: *Burbulla,* Die Beteiligung von Objektgesellschaften an Vergabeverfahren, NZBau 2010, 145; *Hausmann/Wendenburg,* Vergabeausschluss von Generalübernehmern, NZBau 2004, 315; *Kullack/Terner,* Zur Berücksichtigung von Generalübernehmern bei der Vergabe von Bauleistungen, ZfBR 2003, 443; *Pauly,* Ist der Ausschluss von Generalübernehmern im Vergabeverfahren noch zu halten?, VergabeR 2005, 312; *Reuber,* Die neue VOB/A, VergabeR 2016, 339.

---

[14] Beck VOB/Jasper/Soudry § 3 Rn. 72 f.; Franke/Kemper/Zanner/Grünhagen/*Baumann* Rn. 59.
[15] Beck VOB/Jasper/Soudry § 3 Rn. 74.; Franke/Kemper/Zanner/Grünhagen/*Baumann* Rn. 58.

Übersicht

	Rn.		Rn.
I. Entstehungsgeschichte	1, 2	a) Abgrenzung zur Frage, wer Teilnehmer am Wettbewerb sein kann	8–10
II. Normzweck	3	b) Die Auftragnehmerformen	11–15
III. Die einzelnen Bestimmungen	4–27	2. Mindestteilnehmerzahl bei beschränkter Ausschreibung (Abs. 2)	16–23
1. Bei öffentlicher Ausschreibung Abgabe der Unterlagen an alle Unternehmen, „die sich gewerbsmäßig mit der Ausführung von Leistungen der ausgeschriebenen Art befassen" (Abs. 1)	4–15	3. Wechsel unter den Unternehmen bei beschränkter Ausschreibung und freihändiger Vergabe (Abs. 3)	24–27

I. Entstehungsgeschichte

Die VOB 2016 folgt dem Gesetz gegen Wettbewerbsbeschränkungen (GWB) und der Vergabeverordnung zur Umsetzung der EU-Richtlinien zur Reform des Vergaberechts aus dem Jahr 2014. Nachdem eine Vielzahl der bisher nur in den Verdingungsordnungen geregelten Abläufe eines europaweiten Vergabeverfahrens in das GWB und insbesondere in die VgV aufgenommen worden waren und damit Gesetzesrang erlangt hatten, waren die daneben bestehen gebliebenen Bestimmungen einschließlich der Bestimmungen über das nationale Vergabeverfahren inhaltlich und redaktionell anzupassen. In der VOB/A blieben die **Bestimmungen über das nationale Vergabeverfahren weitgehend inhaltlich unverändert,** die Bestimmungen über das europaweite Vergabeverfahren erfuhren eine Erweiterung und Detaillierung. Um die bekannten und aus der praktischen Übung vertrauten Strukturen trotz der Erweiterungen möglichst weitgehend beibehalten zu können, wurden die Bestimmungen nicht komplett neu durchnummeriert, sondern a-, b-, c- usw-Paragrafen eingefügt. Die Bestimmungen über die nationalen Vergabeverfahren und die europaweiten Vergabeverfahren wurden dabei nicht grundsätzlich gleich ausgestaltet.[1] Einige Bestimmungen finden sich jedoch jetzt an anderer Stelle, damit die Gliederung des ersten Abschnitts für die nationalen Vergaben mit der des zweiten Abschnitts für die europaweiten Vergaben möglichst gleich bleibt. 1

Insbesondere zu den Verfahrensarten und deren Zulässigkeit sind Unterschiede bestehen geblieben bzw. entstanden. Während § 3bEU die Verfahrensabläufe der fünf Verfahrensarten genau beschreibt, beschränkt sich § 3b trotz der gleichlautenden Überschrift darauf, die Mindestgrenze für die zum Wettbewerb zuzulassenden Unternehmen zu benennen (öffentliche Ausschreibung alle; beschränkte Ausschreibung mindestens drei) und vorzugeben, dass zwischen den Unternehmen „möglichst" gewechselt werden soll. Die wörtlich gleichlautende Regelung befand sich vor der Reform in § 8 Abs. 2, der mit „Teilnehmer am Wettbewerb" überschrieben war, was den Inhalt der Regelung besser traf als die jetzige Überschrift. 2

II. Normzweck

§ 3b beschreibt entgegen seiner Überschrift nicht den Ablauf der Verfahren. Er ist nach Stellung und Inhalt vielmehr das **Bindeglied** zwischen den in **§ 3a aufgeführten Zulässigkeitsvoraussetzungen** für die einzelnen Verfahrensarten und den **ab § 5 beschriebenen Abläufen der Vergabeverfahren** von der Vorbereitung bis zur Zuschlagsentscheidung. Die einzelnen Absätze definieren Mindestanforderungen an den Zugang zum Wettbewerb und sehen in Abs. 1 eine im europaweiten Verfahren nicht zulässige Zugangseinschränkung vor (→ Rn. 4 bis Rn. 6). 3

---

[1] RL 2014/24/EU über die Vergabe öffentlicher Aufträge; RL 2014/25/EU über die Vergabe öffentlicher Aufträge in den Sektoren Wasser, Energie, Verkehr und Postdienstleistungen; RL 2014/23/EU über die Vergabe von Konzessionen.

III. Die einzelnen Bestimmungen

4 1. **Bei öffentlicher Ausschreibung Abgabe der Unterlagen an alle Unternehmen, „die sich gewerbsmäßig mit der Ausführung von Leistungen der ausgeschriebenen Art befassen" (Abs. 1). Abs.** 1 enthält eine Einschränkung des Zugangs zum Wettbewerb, die es in den Bestimmungen zu den europaweiten Vergabeverfahren nicht gibt (→ § 3 Rn. 5 ff.). Die Einschränkung geht historisch zurück auf die ursprüngliche Überlegung, dass die Erstellung eines Angebotes für die Bieter kostenaufwändig sein kann und dies den interessierten Unternehmen, die ersichtlich nicht für die Auftragserfüllung in Betracht kamen, erspart bleiben sollte. Aus diesem Gedanken resultierte die **rechtliche Möglichkeit, Bieter schon vor der Angebotsabgabe auszuschließen,** indem ihnen die Übersendung der Vergabeunterlagen verweigert wurde. Tatsächlich erlangte die Vorschrift **keine große praktische Bedeutung,** weil sie eine erste Prüfung der Interessenten durch die ausschreibende Stelle erforderte, die schon präventiv vor dem Versand der Vergabeunterlagen erfolgen musste. Da den ausschreibenden Stellen zu diesem Zeitpunkt noch wenig Informationen über die interessierten Unternehmen vorliegen, es also schon vorab arbeits- und zeitintensiver Ermittlungen bedurft hätte, **diese Prüfung die Eignungsprüfung aber nicht ersetzen konnte** und erfahrungsgemäß nicht alle Unternehmen, die die Unterlagen anfordern, auch ein Angebot abgeben, war es von jeher effektiver, die Unterlagen an alle Interessenten abzugeben und dann nur für die tatsächlich eingegangenen Angebote im Rahmen der Eignungsprüfung die notwendigen Feststellungen zu treffen. Inzwischen kommt hinzu, dass die **Bieter auch unterhalb der Schwellenwerte nicht mehr ohne Rechtsschutz** sind und durch die **Unterschwellenvergabeverordnung des Bundes (UVGO)** und nach und nach der **UVGOen der Länder** ein Rechtsschutz unterhalb der Schwellenwerte zunehmend ausdrücklich eingeräumt wird. Die aus historischer Entwicklung erhalten gebliebene Möglichkeit des frühen Ausschlusses ist nur erklärbar durch den Umstand, dass es einen Rechtsschutz in Vergabeverfahren unterhalb der Schwellenwerte lange nicht gab, sodass ein potentieller Bieter einer solchen Ausschlussentscheidung ausgeliefert war. Mit der zunehmenden Anerkennung von Rechtsschutz auch unterhalb der Schwellenwerte beinhaltet die frühe Ausschlussmöglichkeit neben dem erheblichen Prüfungsaufwand zusätzlich das Risiko eines kostenträchtigen und langwierigen Rechtsstreits.

5 Heute dürfte die Vorschrift aus einem weiteren Grund leerlaufen. Nach dem **Informationsfreiheitsgesetz des Bundes** und den entsprechenden **Informationsfreiheitsgesetzen, die inzwischen in zwölf Bundesländern**[2] erlassen wurden, ist jeder interessierte Bürger berechtigt, in amtliche Unterlagen Einsicht zu nehmen. Ausgenommen sind im Wesentlichen nur personenbezogene Unterlagen und Unterlagen in laufenden Gerichtsverfahren. Die Vergabeunterlagen, die ja gerade über die Bekanntmachung zur Veröffentlichung vorgesehen sind, gehören nicht zu einem geschützten Bereich, der nicht einsehbar ist. **Sonderfälle** sind denkbar, in denen es um **Bauaufträge im sicherheitsrelevanten Bereich** geht, die auch im angesprochenen Markt nur nach Abgabe von **Verschwiegenheitserklärungen** zugänglich gemacht werden würden. Im Regelfall dürfte es aber sehr schwierig zu begründen sein, wollte man einem Unternehmen schon vor der Eignungsprüfung die Übersendung der Vergabeunterlagen verweigern.

6 In den Bestimmungen über die europaweite Vergabe findet sich eine solche Einschränkung nicht. Dort ist in § 41 VgV vielmehr die uneingeschränkte und elektronisch barrierefreie Bereitstellung der Unterlagen an alle Interessenten gefordert. Allenfalls kann zum Schutz der Vertraulichkeit nach § 41 Abs. 3 VgV die Abgabe einer Verschwiegenheitserklärung verlangt werden. Dieser offene Zugang zu den Unterlagen dürfte auch für nationale Vergaben in der Praxis die Regel sein.

7 Mangels praktischer Bedeutung hatte die Rechtsprechung bisher die **Frage, ob ein Konkurrent aus dieser Norm einen Anspruch geltend machen kann,** dass einem

---

[2] Informationsfreiheitsgesetze gibt es in allen Bundesländern außer in Bayern, Hessen, Niedersachsen und Sachsen.

bestimmten Konkurrenten die Unterlagen nicht überlassen werden, nicht zu klären. Das beinhaltet die **Frage nach der bieterschützenden Wirkung** der Norm. Der Zweck der Norm lag im Schutz der Unternehmen vor unnötigem Aufwand für die Erstellung aussichtsloser Angebote, nicht aber im Schutz vor Konkurrenz. Da üblicherweise Bieter **erst durch die bei Bauvergaben öffentliche Submission** erfahren, wer ein Angebot abgegeben hat, bleibt ihnen üblicherweise verborgen, wer alles die Unterlagen angefordert und erhalten hat. Sollte schon früher bekannt werden, wer sich als Konkurrent beteiligen will, **zB durch Nachunternehmer- oder Bietergemeinschaftsanfragen,** liegen dem Konkurrenten die Unterlagen ebenfalls schon vor. Ein Anspruch, diese nachträglich wieder zu entziehen, lässt sich aus der Norm nicht ableiten. Eine Pflicht des Auftraggebers, vorher bekanntzumachen, an wen er die Unterlagen abgeben will, lässt sich ebenfalls nicht ableiten und wäre zudem ein erheblicher Verstoß gegen das Prinzip des Geheimwettbewerbs. Die damit verbundene Information über den Interessentenkreis würde Absprachen aller Art zwischen den Unternehmen ermöglichen. Andererseits besteht ein effektiver Schutz der Bieter vor ungeeigneten Konkurrenten durch die Eignungsprüfung. Eine bieterschützende Wirkung der Norm ist daher **nicht ersichtlich.**

a) **Abgrenzung zur Frage, wer Teilnehmer am Wettbewerb sein kann.** Von der **Frage, an wen** die Vergabeunterlagen herausgegeben werden, **ist die Frage zu trennen, wer sich am Wettbewerb beteiligen darf** (§ 6). Das drückt sich aus in der Anforderung, dass die Unterlagen an Unternehmen herausgegeben werden, die sich gewerbsmäßig mit der Ausführung der ausgeschriebenen Leistung befassen. **Gewerbsmäßige Befassung** liegt vor, wenn die ausgeschriebene Leistung zum Kernbereich der Geschäftstätigkeit von Fachunternehmen gehört, die auf dem Gebiet der ausgeschriebenen Leistung sind.[3] Für die nationalen Vergaben trifft dies die Frage nach der Zulässigkeit der Vergabe an **Generalübernehmer** oder **Generalunternehmer.** Während es auch hierzu für die europaweiten Vergabeverfahren keine Einschränkungen gibt, wird für die nationalen Vergaben teilweise an einer **Selbstausführungsquote** festgehalten. Die Pflicht zur Selbstausführung findet ihre Basis in § 4 Abs. 8 VOB/B, der lautet:

1. Der Auftragnehmer hat die Leistung im eigenen Betrieb auszuführen. Mit schriftlicher Zustimmung des Auftraggebers darf er sie an Nachunternehmer übertragen. Die Zustimmung ist nicht notwendig bei Leistungen, auf die der Betrieb des Auftragnehmers nicht eingerichtet ist. Erbringt der Auftragnehmer ohne schriftliche Zustimmung des Auftraggebers Leistungen nicht im eigenen Betrieb, obwohl sein Betrieb darauf eingerichtet ist, kann der Auftraggeber ihm eine angemessene Frist zur Aufnahme der Leistung im eigenen Betrieb setzen und erklären, dass er ihm nach fruchtlosem Ablauf der Frist den Auftrag entziehe (§ 8 Abs. 3).
2. Der Auftragnehmer hat bei der Weitergabe von Bauleistungen an Nachunternehmer die Vergabe- und Vertragsordnung für Bauleistungen Teile B und C zugrunde zu legen.
3. Der Auftragnehmer hat dem Auftraggeber die Nachunternehmer und deren Nachunternehmer ohne Aufforderung spätestens bis zum Leistungsbeginn des Nachunternehmers mit Namen, gesetzlichen Vertretern und Kontaktdaten bekannt zu geben. Auf Verlangen des Auftraggebers hat der Auftragnehmer für seine Nachunternehmer Erklärungen und Nachweise zur Eignung vorzulegen.

Hinzu kommt zur Verantwortung für die Bauausführung § 4 Abs. 2 Nr. 1 und 2 VOB/B. § 4 Abs. 2 VOB/B lautet:

1. Der Auftragnehmer hat die Leistung unter eigener Verantwortung nach dem Vertrag auszuführen. Dabei hat er die anerkannten Regeln der Technik und die gesetzlichen und behördlichen Bestimmungen zu beachten. Es ist seine Sache, die Ausführung seiner vertraglichen Leistung zu leiten und für Ordnung auf seiner Arbeitsstelle zu sorgen.
2. Er ist für die Erfüllung der gesetzlichen, behördlichen und berufsgenossenschaftlichen Verpflichtungen gegenüber seinen Arbeitnehmern allein verantwortlich. Es ist ausschließlich seine Aufgabe, die Vereinbarungen und Maßnahmen zu treffen, die sein Verhältnis zu den Arbeitnehmern regeln.

---

[3] OLG Düsseldorf Beschl. v. 19.7.2000 – Verg 10/00, BauR 2000, 1623 f.

10 Aus diesen Bestimmungen über die Vertragsausführung wurde für die Auftragsvergabe der Rückschluss gezogen, dass zumindest ein wesentlicher Teil der ausgeschriebenen Bauleistung vom Auftragnehmer selbst auszuführen sei.

11 **b) Die Auftragnehmerformen.** Der **Generalübernehmer** führt keine Bauaufträge in Eigenleistung aus, sondern beschränkt sich auf die **Akquisition von Aufträgen und die Organisation und Überwachung der Auftragserfüllung.** Das geschieht üblicherweise durch Vergabe der notwendigen Bauaufträge an Nachunternehmer und die dadurch notwendige Leistung der Koordination der Gewerke und Überwachung der vertragsgemäßen Ausführung der Leistungen. Zu der Frage, ob auch im nationalen Recht eine Vergabe an Generalübernehmer zulässig ist, bestehen verschiedenen Auffassungen. Soweit es sich bei dem **Generalübernehmer und seinen Nachunternehmern um konzerngebundene Unternehmen,** sozusagen im Verbund unter dem Dach eines einheitlichen Konzerns, handelt, von denen die Nachunternehmer sich gewerbsmäßig mit der Erbringung von Bauleistungen befassen, wird auch im nationalen Recht die Übertragung der Aufgabe auf einen Generalübernehmer teilweise als zulässig angesehen.[4] Der geforderte Selbstausführungsanteil wird hier – auf den Konzern abstrahiert – als erbracht angesehen.

12 Handelt es sich um einen **Generalübernehmer, der mit eigenständigen, nicht konzernangehörigen Nachunternehmern zusammenarbeitet,** wird die Zulässigkeit der Vergabe ohne Selbstausführungsanteil entgegen der althergebrachten Auffassung, inzwischen überwiegend als zulässig angesehen aufgrund übergeordneten europäischen Rechts. Aus **Art. 56 ff. AEUV** ergibt sich die Pflicht der Mitgliedstaaten, einen behinderungsfreien und offenen Dienstleistungsverkehr zu gewährleisten. Diese Pflicht gilt auch bei der Vergabe öffentlicher Aufträge und ist unabhängig von den Auftragswerten. Es kommt daher auch nicht darauf an, ob Aufträge, deren geschätzter Auftragswert unterhalb der Schwelle liegt, von grenzüberschreitendem Interesse sind. Nach der Rechtsprechung des EuGH ist daher davon auszugehen, dass die Vergabe an Generalübernehmer über den Wortlaut von **§ 3b Abs. 2** hinaus zuzulassen ist.[5]

13 Ist danach davon auszugehen, dass das Verbot der Vergabe an Generalübernehmer nicht mehr besteht, **entfallen damit jedoch nicht die üblichen auch unterhalb der Schwellenwerte geltenden Pflichten der öffentlichen Auftraggeber.** Auch bei der Vergabe an einen Generalübernehmer ist auf Gleichbehandlung und die Eignung der eingesetzten Unternehmen und Nachunternehmen zu achten. Der öffentliche Auftraggeber ist daher in der Pflicht, mit seinen Ausschreibungsunterlagen dem Generalübernehmer abzuverlangen, die **Nachweise über die Eignung der zum Einsatz vorgesehenen Unternehmen vorzulegen** und **zu belegen, dass er den Zugriff auf die sachlichen wie fachlichen Ressourcen des Nachunternehmens** hat.[6] Der Generalübernehmer muss sich diese Forderungen gefallen lassen und die geforderten Informationen und Nachweise für jedes zur Auftragsausführung vorgesehene Unternehmen vorlegen. Ein **Austausch** der benannten Unternehmen ist **nicht ohne Zustimmung des Auftraggebers** zulässig und auch zu den nachbenannten Ausführungsunternehmen muss der Nachweis der Eignung erbracht werden. Von den Pflichten aus **§ 4 Abs. 2 und 8 VOB/B** hat der Generalübernehmer die Verantwortung für die vertragsgemäße Ausführung und die Einhaltung der gesetzlichen und behördlichen Bestimmungen zu erbringen. Der Einsatz von Nachunternehmen für die fachliche Bauausführung führt nicht zur Abgabe der Verantwortung zB im Hinblick auf Verstöße gegen das Mindestlohngesetz. In der Überwachungsleistung des Generalübernehmers ist die Pflicht enthalten, die Bauausführung auch hinsichtlich der Einhaltung der geltenden Rechtslage (Arbeitsschutz, Sozialabgaben usw)

---

[4] OLG Düsseldorf Beschl. v. 5.7.2000 – Verg 5/99, NZBau 2001, 106 ff.; KG Berlin Beschl. v. 22.8.2001 – KartVerg 3/01, NZBau 2002, 402 ff.
[5] EuGH Urt. v. 18.3.2004 – C-314/01, NZBau 2004, 340 ff.; OLG Düsseldorf Urt. v. 13.1.2010 – I-27 U 1/09, NZBau 2010, 328 ff.
[6] EuGH Entsch. v. 2.12.1999 – C-176/98, NZBau 2000, 149 f.; EuGH Urt. v. 18.3.2004 – C-314/01, NZBau 2004, 340 ff.

zu überwachen und im Bedarfsfall steuernd einzugreifen. Die Vergabe des Auftrags an einen Generalübernehmer befreit diesen auch nicht von der Pflicht, die Nachunternehmer nach den vergaberechtlichen Bestimmungen auszuwählen (**§ 4 Abs. 8 Nr. 2 VOB/B**).

Der Generalunternehmer führt in Abgrenzung zum Generalübernehmer einen Teil der Leistung im eigenen Betrieb aus und bedient sich darüber hinaus der Mitwirkung von Nachunternehmern. Die Pflichten aus § 4 Abs. 2 VOB/B treffen ihn sowohl für den Anteil an Eigenleistung als auch hinsichtlich der Überwachung und Steuerung der Nachunternehmer. Nach dem Wortlaut von § 4 Abs. 8 Nr. 1 VOB/B war immer unstreitig, dass nicht die gesamte Leistung im eigenen Betrieb erbracht werden musste. Die beim Generalunternehmer diskutierte Frage war daher der Umfang des Selbstausführungsanteils, der einen wesentlichen Teil an der Gesamtleistung darstellen sollte. Diese Anforderung wurde mit einem Anteil von mindestens 30 % als ausreichend erfüllt angesehen. Weniger klar war die Frage, wonach der Anteil bemessen werden sollte (Anteil am Preis des Angebotes, Anteil am geschätzten Gesamtpreis, der dann aber den Bietern vorab mitzuteilen wäre, baufachlicher Anteil am Gesamtvolumen des zu erstellenden Bauwerks?). Zur Sicherstellung der Transparenz und eines ausgewogenen Wettbewerbs war jedenfalls in der Bekanntmachung oder in den Vergabeunterlagen die Berechnungsgrundlage mitzuteilen, damit alle Bieter bei der Angebotserstellung von denselben Voraussetzungen ausgehen konnten.

Angesichts der sich aus dem Europarecht ergebenden Rechtslage ist jedoch **fraglich, ob es auf diesen Selbstausführungsanteil noch ankommt** und ob dafür ein Mindestanteil verlangt werden kann. Wenn sich aus **Art. 56 ff. AEUV** aus Gründen der Dienstleistungsfreiheit der Ausschluss von Generalübernehmern verbietet, wäre es widersprüchlich, bei Generalunternehmern an einem bestimmten Anteil an Selbstausführung festzuhalten oder gar die Wertung eines Angebotes daran scheitern zu lassen, dass der Selbstausführungsanteil weniger als 30 %, zB nur 15 %, ausmacht. Es spricht daher einiges dafür, dass die bisherige **Praxis des geforderten Selbstausführungsanteils nicht mehr haltbar sein dürfte.** Soweit in Bekanntmachungen und Vergabeunterlagen derzeit ausdrücklich Nachunternehmer zugelassen werden, geben die Unterlagen in aller Regel keinen mindestens zu erbringenden Selbstausführungsanteil an, was der sich abzeichnenden Entwicklung in dieser Frage bereits Rechnung trägt. Davon unberührt bleibt das **Recht des öffentlichen Auftraggebers, die Einbindung von Nachunternehmern aus sachlichen Gründen nicht zuzulassen,** wenn die zu vergebende Bauleistung dies rechtfertigt.

2. Mindestteilnehmerzahl bei beschränkter Ausschreibung (Abs. 2). Abs. 2 verlangt für das Verfahren der beschränkten Ausschreibung die Aufrechterhaltung des Wettbewerbs mit der Forderung, mehrere, **im Allgemeinen mindestens drei** geeignete Unternehmen zur Angebotsabgabe aufzufordern (→ § 3 Rn. 14). Daraus ist zweierlei abzuleiten: zum einen gilt auch für das beschränkte Vergabeverfahren der **Grundsatz aus § 2 Abs. 1 Nr. 1,** wonach **Aufträge nur an geeignete Unternehmen** (→ § 6a Rn. 5 ff.) vergeben werden. Zum anderen soll die Festlegung der Mindestzahl an auszuwählenden Teilnehmern am Angebotsverfahren sicherstellen, dass die **Vergabe im Wettbewerb** erfolgt. Dies entspricht dem Vergabegrundsatz aus **§ 2 Abs. 1 Nr. 2,** wonach der **Wettbewerb die Regel** sein soll. Da diese Grundsätze durch ihre Stellung in der VOB/A und ihren Sinn und Zweck ohnehin für alle Vergabearten gelten, kann die hier erfolgte zusätzliche Erwähnung nur noch einmal betonen, dass die Vergabeverfahrensarten, die weniger streng formgebunden sind als die öffentliche Ausschreibung, dennoch in vollem Umfang den allgemeinen Grundsätzen unterliegen.

Die ursprüngliche Überlegung, die Zahl der Bieter zu beschränken, beruhte wie bei der Überlegung, die Vergabeunterlagen nur an Unternehmen abzugeben, die sich gewerbsmäßig mit der Ausführung von Leistungen der ausgeschriebenen Art befassen, auch hier auf dem Gedanken, dass **unnötige Angebotskosten vermieden** werden sollten. Das stand früher in § 3 Abs. 4 Nr. 2 und spiegelt sich heute in **§ 3a Abs. 3 Nr. 2** wieder. Die weitere Zulässigkeitsregel in **§ 3a Abs. 3 Nr. 1** berücksichtigt zusätzlich die Bedürfnisse des öffentlichen Auftraggebers. Nach **§ 3a Abs. 3 Nr. 1** ist die beschränkte Ausschreibung zulässig, wenn die Leistung nach ihrer Eigenart nur von einem beschränkten Kreis von Unternehmen in geeigneter Weise ausgeführt werden kann, besonders, wenn außergewöhnliche Zuverlässigkeit oder Leistungsfähigkeit erforderlich ist. Der öffentliche Auftraggeber kann sich durch die Beschränkung des Bieterkreises auf die nach durchgeführter Eignungsprüfung tatsächlich geeigneten Unternehmen damit die vollständige Prüfung einer größeren Zahl von im Ergebnis nicht zuschlagsfähigen Angeboten ersparen.

18   Diese Überlegungen hatten jedoch nicht den Zweck, die geltenden Vergabegrundsätze zu relativieren oder auszusetzen. Eine **Eignungsprüfung hat daher nach § 3b Abs. 2 iVm § 2 Abs. 1 Nr. 2 stattzufinden** bei allen Bewerbern und unabhängig davon, ob es einen vorgeschalteten Teilnahmewettbewerb gegeben hat. Die **Auswahl** der Unternehmen, die zur Angebotsabgabe aufgefordert werden sollen, kann **nur aus dem Kreis der als geeignet befundenen Bewerber** erfolgen.

19   Abweichend von den Bestimmungen zur nicht offenen Vergabe, für die in **§ 3bEU Abs. 2 Nr. 3** eine **Mindestzahl von fünf** am Angebotsverfahren zu beteiligenden Unternehmen festgelegt ist, werden bei nur nationalen Vergaben **drei Bieter als Minimum für eine Vergabe im Wettbewerb** als ausreichend erachtet. Mit der Einschränkung „**im Allgemeinen**" ist zudem die **Möglichkeit eröffnet, auch weniger Unternehmen aufzufordern,** wenn sich nach der Eignungsprüfung weniger als drei Unternehmen als geeignet erweisen oder sich von Anfang an nur zwei Unternehmen bewerben. Soll die **Zahl von drei Unternehmen unterschritten** werden, empfiehlt es sich, die Gründe dafür nachvollziehbar zu dokumentieren. Eine Direktvergabe ist nach Möglichkeit zu vermeiden, ggf. kann es erforderlich sein, die Ausschreibung mit geänderten Anforderungen zu wiederholen. Eine rechtliche Verpflichtung zur Neuausschreibung bei weniger als drei geeigneten Unternehmen besteht aber nicht.

20   Nach oben ist die Zahl der zur Angebotsabgabe aufzufordernden Unternehmen nicht begrenzt.

21   Anders als in § 3bEU Abs. 2 Nr. 3 findet sich für die nationalen Vergaben keine Vorgabe, wie damit umzugehen ist, wenn sich mehr als die genannte Zahl der zur Abgabe eines Angebots aufzufordernden Unternehmen als geeignet erweisen und deshalb eine Auswahl unter den geeigneten Unternehmen zu treffen ist. Nach § 3bEU Abs. 2 Nr. 3 ist schon in der Bekanntmachung die Zahl der Unternehmen zu nennen, die zur Angebotsabgabe aufgefordert werden sollen. Weiter sind die Kriterien für die Auswahl dieser Unternehmen aus dem Kreis der geeigneten Unternehmen mitzuteilen. In den Regeln über die nationalen Vergaben fehlt eine derart klare Vorgabe. Allerdings fordert § 2 Abs. 1 Nr. 1 auch für nationale Vergaben transparente Wettbewerbsverfahren, was eine nachvollziehbar die Gleichbehandlung und Diskriminierungsfreiheit wahrende Auswahl erfordert. Das Verbot der Bevorzugung ortsansässiger Unternehmen ergibt sich unmittelbar aus § 6 Abs. 1. Ob man daraus den Schluss zieht, die Auswahlkriterien für diese faktisch zweite Stufe der Eignungsprüfung seien schon in der Bekanntmachung mitzuteilen oder die Mitteilung in den Vergabeunterlagen für den Teilnahmewettbewerb sei ausreichend, kann im Ergebnis dahinstehen. Entscheidend ist, dass ein Unternehmen, das sich der Eignungsprüfung stellt, alle Informationen hat, die es benötigt, um zu erkennen, ob ihm eine erfolgreiche Angebotsabgabe möglich ist und wie es sich erfolgreich am Teilnahmewettbewerb beteiligen kann. Aus dieser sich aus den Grundsätzen des § 2, hier § 2 Abs. 1 Nr. 1, und ergänzend der in § 6b Abs. 3 S. 2 enthaltenen Anforderung, wonach die Eignungsnachweise mit dem Teilnahmeantrag zu verlangen sind, ergibt sich, dass die Kriterien für die spätere Auswahl aus dem Kreis der geeigneten Unternehmen den Bewerbern jedenfalls ausreichend lange vor Abgabe der Teilnahmeanträge mitzuteilen sind. Das geschieht praktischerweise durch die Bekanntmachung oder spätestens mit den Vergabeunterlagen.

22   Beschränkt der Auftraggeber die Zahl der Unternehmen, die er zur Angebotsabgabe auffordern will und **bleiben auch nach der zweiten Stufe der Eignungsprüfung noch mehr Unternehmen übrig als zur Angebotsabgabe aufgefordert werden** sollen, stellt

sich die Frage, wie damit umzugehen ist. In der Praxis ist der Fall eher selten, weil es im Baubereich selten zu einer solchen Überzahl an Angeboten kommt. Ob sich aus der Angabe einer Höchstzahl ein Anspruch der Unternehmen ergibt, dann auch von einer darüber hinaus gehenden Zahl von konkurrierenden Bietern verschont zu bleiben, ist unklar. Einen normierten Rechtsanspruch der Bewerber für diese Situation gibt es nicht. Aus dem **Transparenzgebot** erwächst üblicherweise **kein Anspruch auf Schutz vor Konkurrenz,** sodass die Zulassung zusätzlicher Unternehmen zur Angebotsabgabe im nationalen Wettbewerb nicht generell unzulässig erscheint. Allerdings gilt auch für diese Situation das **Gebot der Gleichbehandlung und Diskriminierungsfreiheit.** Soweit Punktesysteme für die Auswahl aus dem Kreis der geeigneten Bieter gewählt wurden und es haben mehrere Unternehmen dieselbe Punktzahl erreicht, ist ein Losverfahren vorstellbar. Bei anderen Auswahlsystemen oder mehreren Bietern mit Punktwerten innerhalb der Grenze, die als Zugang zur Angebotsphase genannt wurde, muss zwangsläufig eine weitere Auswahl stattfinden. Entscheidend kommt es darauf an, dass auch diese **Auswahl neutral und diskriminierungsfrei unter Wahrung der Gleichbehandlung** stattfindet.

Eine Aufhebung der Ausschreibung und Neubeginn mit geänderten Eignungsparametern wäre sowohl für den Auftraggeber als auch für die Bieter unverhältnismäßig. 23

3. Wechsel unter den Unternehmen bei beschränkter Ausschreibung und freihändiger Vergabe (Abs. 3). Abs. 3 bestätigt den für alle Verfahrensarten geltenden Wettbewerbsgrundsatz. Wenn auch die beschränkte Ausschreibung und die freihändige Vergabe dem Auftraggeber die Möglichkeit einräumen, in zulässiger Weise den Bieterkreis einzuschränken, berechtigen diese Verfahrensarten nicht zur Direktvergabe ohne Wettbewerb. Die **freihändige Vergabe soll ohnehin die Ausnahme** sein, was sich an den in § 3a Abs. 4 enthaltenen eng definierten Zulässigkeitsvoraussetzungen zeigt. 24

Abs. 3 spricht von **den** Unternehmen, ohne eine konkrete Mindestzahl zu nennen wie zB § 3bEU Abs. 2 für die beschränkte Ausschreibung oder die entsprechenden Bestimmungen zu den Verfahren für die europaweiten Vergaben (**§ 3bEU Abs. 2 Nr. 3:** mindestens fünf) und **§ 3bEU Abs. 3 Nr. 8,** der auch keine konkrete Zahl nennt, aber verlangt, dass in der Schlussphase noch **so viele Angebote vorliegen müssen, dass echter Wettbewerb gewährleistet** ist. Diese Maßstäbe sind als Orientierungshilfe übertragbar, aber keine rechtlich verbindlichen Grenzen, da sie für Teil A der VOB/A nicht ausdrücklich normiert sind. Bieter können daraus keinen Anspruch auf eine Mindestteilnehmerzahl ableiten. Stellt der zu erfüllende Bauauftrag besondere Anforderungen, zB hinsichtlich technischer Ausstattung und/oder fachlicher Erfahrung, kann sich daraus zulässigerweise ergeben, dass nur ein sehr kleiner Bieterkreis infrage kommt. In der **Dokumentation** ist der **Begründungsaufwand für die Beteiligung sehr weniger Unternehmen höher,** je kleiner die Zahl wird. Jenseits der sich noch entwickelnden Rechtsschutzmöglichkeiten der Bieter (→ Rn. 4) wird auch bei geförderten Projekten die Gewährung oder Belassung der Fördermittel regelmäßig von der Einhaltung von Vergaberecht abhängig gemacht. Eine unbegründete oder nicht ausreichend begründete Beschränkung des Teilnehmerkreises in einem beschränkten oder freihändigen Vergabeverfahren kann zur **Rückforderung oder Versagung von Fördermitteln** führen. 25

Abs. 3 betrifft mit der Forderung, zwischen den Unternehmen **möglichst zu wechseln,** die Situation, dass **bestimmte Leistungen dauerhaft immer wieder zu vergeben sind,** zB in den Bereich der Bauunterhaltung, Renovierung, Reparaturarbeiten usw, um die sich häufig dieselben – meist ortsnah ansässigen – Unternehmen bewerben. Einzelne Aufträge können unter den Schwellenwerten liegen, nach denen sowohl die beschränkte als auch die freihändige Vergabe ohne weitere Voraussetzungen zulässig sind. Für die beschränkte Vergabe ergeben sich diese Auftragswerte aus **§ 3a Abs. 2 Nr. 1,** für die freihändige Vergabe aus **§ 3a Abs. 4 S. 2.** Die Forderung, möglichst zu wechseln, soll dem sog. **Hoflieferantentum** entgegenwirken. Die Forderung wird zusätzlich gestützt durch **§ 6 Abs. 1,** wonach der Wettbewerb **nicht auf Unternehmen beschränkt werden darf, die** 26 in bestimmten Regionen und Orten ansässig sind. Werden die Aufträge nur in regional ansässigen Handwerkerunternehmen vergeben, können sich **Regionalkartelle** bilden, in denen sich die Betriebe darüber verständigen, in welcher Reihenfolge welches Unternehmen jeweils das günstigste Angebot abgibt, es kann Preisabsprachen anderer Art geben und bei einer Wiederholung der Beauftragung eines bestimmten Unternehmens mag die Qualität der Ausführung der zugewiesenen Aufträge in Ordnung sein, der Preis kann dann aber „konkurrenzlos" kalkuliert werden, was nicht wettbewerbsgerecht wäre. **Chancengleichheit** ist nur dann gewährleistet, wenn jeder Teilnehmer am Wettbewerb eine reale Chance auf den Zuschlag hat und die **Entscheidung über die Vergabe allein von neutralen Kriterien** gelenkt wird, die **nicht nach dem „bekannt – und – bewährt – Prinzip"** Unternehmen schlechter bewerten, die nicht bereits für den Auftraggeber tätig sind. Bisher für den Auftraggeber erbrachte gute Leistungen dürfen bei der Eignungsprüfung als Referenz berücksichtigt werden. Sie dürfen jedoch nicht ohne sachlichen Grund eine bessere Bewertung erfahren als eine bei einem anderen Auftraggeber erarbeitete gute Referenz.

27 Die Einschränkung, dass nur **„möglichst"** zu wechseln ist, trägt dem Umstand Rechnung, dass ein Wechsel nicht immer möglich ist. Insbesondere bei kleinen Auftragswerten kann es an Angeboten verschiedener oder nicht ortsansässiger Unternehmen fehlen. Die Einschränkung eröffnet die Möglichkeit, in solchen Fällen ein Unternehmen auch wiederholt zu beauftragen. Das sollte allerdings die **Ausnahme** sein und die **Gründe sollten dokumentiert werden.**

§ 4 Vertragsarten

(1) Bauleistungen sind so zu vergeben, dass die Vergütung nach Leistung bemessen wird (Leistungsvertrag), und zwar:
1. in der Regel zu Einheitspreisen für technisch und wirtschaftlich einheitliche Teilleistungen, deren Menge nach Maß, Gewicht oder Stückzahl vom Auftraggeber in den Vertragsunterlagen anzugeben ist (Einheitspreisvertrag),
2. in geeigneten Fällen für eine Pauschalsumme, wenn die Leistung nach Ausführungsart und Umfang genau bestimmt ist und mit einer Änderung bei der Ausführung nicht zu rechnen ist (Pauschalvertrag).

(2) Abweichend von Absatz 1 können Bauleistungen geringeren Umfangs, die überwiegend Lohnkosten verursachen, im Stundenlohn vergeben werden (Stundenlohnvertrag).

(3) Das Angebotsverfahren ist darauf abzustellen, dass der Bieter die Preise, die er für seine Leistungen fordert, in die Leistungsbeschreibung einzusetzen oder in anderer Weise im Angebot anzugeben hat.

(4) Das Auf- und Abgebotsverfahren, bei dem vom Auftraggeber angegebene Preise dem Auf- und Abgebot der Bieter unterstellt werden, soll nur ausnahmsweise bei regelmäßig wiederkehrenden Unterhaltungsarbeiten, deren Umfang möglichst zu umgrenzen ist, angewandt werden.

Übersicht

	Rn.		Rn.
I. Entstehungsgeschichte	1, 2	a) Bauleistungen geringeren Umfangs	16
II. Normzweck	3	b) Überwiegend Lohnkosten	17
		c) Selbständige Stundenlohnarbeiten	18
III. Die Vertragstypen	4–26	d) Angehängte Stundenlohnarbeiten	19
1. Der Leistungsvertrag (Abs. 1)	4–14	e) Abrechnung der Stundenlohnarbeiten	20
a) Der Einheitspreisvertrag (Nr. 1)	5–9	3. Das Angebotsverfahren (Abs. 3)	21–23
b) Der Pauschalvertrag (Nr. 2)	10–14	4. Das Auf- und Abgebotsverfahren (Abs. 4)	24–26
2. Der Stundenlohnvertrag (Abs. 2)	15–20		

I. Entstehungsgeschichte

Vor der Reform der VOB/A im Jahr 2010 waren die verschiedenen Bauvertragstypen in den §§ 5 und 6 geregelt und enthielten als weitere in § 5 Nr. 3 Abs. 1 aF genannte Vertragsform den **Selbstkostenerstattungsvertrag.** Mit der Neuregelung im Jahr 2010 wurden die auf zwei Bestimmungen verteilten verschiedenen Vertragstypen in § 4 bzw. § 4EU zusammengezogen. Der Selbstkostenerstattungsvertrag wurde nicht wieder aufgenommen, weil er keine praktische Relevanz entwickelt hatte.[1] Ebenfalls **entfiel § 5 Nr. 3 Abs. 3 aF,** aus dem in Verbindung mit den Vergütungsregeln in § 2 VOB/B (→ Grundzüge der VOB/B Rn. 32 ff.) ein Vorrang des Leistungsvertrages abgeleitet wurde. In der Praxis kommt der Leistungsvertrag nach wie vor überwiegend zur Anwendung, sodass es einer ausdrücklichen Festlegung nicht bedarf. Sprachlich wurde die Formulierung verbindlicher, aus dem früheren „sollen so vergeben werden" ist ein „sind so zu vergeben" geworden. Die Anwendung einer dieser Vertragsarten dürfte daher zumindest für die öffentliche Hand zwingend sein. 1

§ 4 unterscheidet sich von § 4EU nur durch die Bezeichnung **Bauleistungen** in S. 1. In § 4EU lautet der Begriff **Bauaufträge.** Ein abweichender Sinn ist damit nicht erfasst. Beide Bestimmungen umfassen den identischen Regelungsbereich. § 4EU orientiert sich lediglich an dem Sprachgebrauch der aus dem EU-Recht entstandenen Bestimmungen, die für die europaweiten Vergabeverfahren gelten. 2

II. Normzweck

§ 4 gibt einen zusammenfassenden Überblick über die bei Bauverträgen praktikablen und anzuwendenden Vertragsformen. Damit sind zwar nicht alle denkbaren Konstellationen erfasst, die aufgenommenen Vertragstypen stehen jedoch mit den weiteren vergaberechtlichen Anforderungen im Einklang und ermöglichen eine transparente Ermittlung des wirtschaftlichsten Angebotes. Die Vorgaben haben **bestimmende Auswirkungen auf die Gestaltung der Vergabeunterlagen,** nach deren Vorgaben die Preise einzutragen sind. § 4 schließt die zivilrechtlichen Regeln über den Vertragsschluss und den Bauvertrag (§ 311 BGB, §§ 631–651 BGB), nicht aus. Hierzu gehört das zum 1.1.2018 in Kraft getretene reformierte Bauvertragsrecht. Inhaltlich stehen die Regeln des Bauvertragsrechts des BGB zu den Anforderungen des § 4 nicht in einem Spannungsverhältnis, weil § 4 sich darauf beschränkt, **Vorgaben zur Preisbildung und Preisgestaltung** zu machen, während die ansonsten im Werkvertragsrecht geregelten Rechte und Pflichten bei der Vertragserfüllung nicht angesprochen und daher auch nicht berührt werden. Die Regeln der VOB/A haben unterhalb der Schwellenwerte nur den Charakter von Verwaltungsvorschriften, da die VgV, die die VOB/A für anwendbar erklärt, nur die Vergaben erfasst, deren Auftragswerte über den Schwellenwerten liegen. Um eine angemessene Verteilung der Rechte, Pflichten und Risiken im Rahmen eines Vertrages über Bauleistungen nicht ständig neu „erfinden" zu müssen, bestimmt **§ 8a Abs. 1,** dass die **VOB/B** in Form von „Besonderen Vertragsbedingungen" und die **VOB/C** als „Allgemeine technische Vertragsbedingungen" zugrunde gelegt wird. 3

III. Die Vertragstypen

1. Der Leistungsvertrag (Abs. 1). Da **Bauverträge** grundsätzlich **Werkverträge nach § 631 BGB** sind, schuldet der Auftragnehmer das fertige Werk zum vereinbarten Preis. Tatsächlich ergeben sich bei der Durchführung von Bauaufträgen oft nach Erstellung der Angebotsunterlagen, nach Abgabe des Angebotes oder insbesondere während der Bauausführung notwendige Veränderungen, sei es durch eine teilweise geänderte Planung, einen witterungsbedingten Bauzeitverzug oder unerwartete Hindernisse im Boden, die eine Veränderung der vereinbarten Leistung erforderlich machen. In einem solchen Fall an einem 4

---
[1] Ziekow/Völlink/*Vavra*, Rn. 1.

einmal vereinbarten Festpreis festzuhalten, würde für alle Vertragsparteien ein kostenrelevant erhöhtes Risiko bedeuten. Die Baumaßnahmen würden sich entweder zulasten des Auftraggebers verteuern oder für den Bauunternehmer ein existentielles Risiko bedeuten. Diesem Umstand trägt § 4 Rechnung, wonach die **Vergütung von Bauleistungen an der zu erbringenden bzw. der erbrachten Leistung bemessen werden soll.** Dazu sieht **Abs. 1** zwei Varianten vor, den **Einheitspreisvertrag (Nr. 1)** und den **Pauschalvertrag (Nr. 2)** (→ Grundzüge der VOB/B Rn. 39). Beide Varianten haben maßgeblichen Einfluss auf die Gestaltung der Vergabeunterlagen. Ein Bieter muss seinen Aufwand realistisch mitteilen können und dem Auftraggeber damit ein weitgehend realistisches Bild der zu erwartenden Kosten (vorbehaltlich sich später ergebender notwendiger Änderungen) abgeben. Aus der Reihenfolge der Aufzählung wird bei den Varianten des Leistungsvertrages ein Vorrang des Einheitspreisvertrages abgeleitet.[2]

5   a) **Der Einheitspreisvertrag (Nr. 1).** Typisch für Bauleistungen ist die **Kombination aus Liefer- und Dienstleistungselementen,** da sich nur aus dem Zusammenspiel beider Elemente der geschuldete Erfolg, das Werk, erstellen lässt. Mit der Beschaffung der – abstrakt betrachtet – Dienstleistung „Bauen" ist ganz überwiegend die Lieferung der benötigten Baumaterialen verbunden, sodass die zu vergütende Leistung regelmäßig die Kosten für die verbrauchten Materialien und die Kosten für die erbrachten Leistungsstunden des eingesetzten Personals sowie die Kosten für die eingesetzten Gerätschaften, seien es Energiekosten oder (ggf. zusätzliche) Mietkosten usw umfasst. Der Einheitspreisvertrag, der die Unwägbarkeit der abschließend benötigten Ressourcen im Blick hat, geht daher vom sogenannten Einheitspreis aus. Als Einheit ist dabei das jeweilige einzelne Leistungselement zu verstehen, zB die Kosten für eine Stunde Facharbeitereinsatz, für einen Tag Standkosten für ein Gerüst, für 1m Kabel oder für 1m³ Sand usw. **In den Vergabeunterlagen werden daher jeweils zwei Angaben gefordert: Der Einheitspreis für das einzelne Leistungselement** und **der Gesamtpreis für die in der Leistungsposition angegebene benötigte Gesamtmenge.** Praktisch kann das so aussehen:

Pos. 1.020 Beton für Estrich im Tiefgeschoss,
mind. 40 cm Stärke, 200 m²   Einheitspreis pro m²   Gesamtpreis
Pos. 2.030 Heizkörper,
60 cm hoch, 100 cm breit, 20 Stück   Einheitspreis pro Stück   Gesamtpreis.

6   **In der Regel** wird der Gesamtpreis sich rechnerisch aus der Multiplikation des Einheitspreises mit der in der Positionsbeschreibung (Vordersatz) genannten Menge ergeben. Für den Fall von Abweichungen bestimmt § 16c Abs. 2 Nr. 1, dass dann der Einheitspreis maßgeblich ist.

7   Die **Vergütung von Nachträgen** richtet sich ebenfalls nach dem Einheitspreis. Wurde die **VOB/B** Vertragsbestandteil, richtet sich die Vergütung nach **§ 2 VOB/B,** der für die häufigsten Fälle nachträglicher Abweichungen Regeln zur Vergütung vorgibt und auch festlegt, in welchen Grenzen Abweichungen unbeachtlich sind, also der vereinbarte Preis bei Minder- oder Mehrverbrauch von Materialien und/oder Personalkosten trotzdem gezahlt werden muss. Dabei halten sich die in **§ 2 VOB/B** erfassten nachträglichen Änderungen in einer Größenordnung, die die Bestimmungen zur **Ausschreibungspflicht nachträglicher Vertragsänderungen bei europaweiten Ausschreibungen** nicht berühren.

8   Die **Angabe der erforderlichen Mengen und Maße im Vordersatz** erfordert eine sorgfältige und verlässliche Erarbeitung der Vergabeunterlagen. Für die dazu erforderlichen Aufmaße gibt die **VOB/C** Regeln vor, die aber nicht als abschließend anzusehen sind. Im Rahmen der **vorvertraglichen Sorgfaltspflichten** muss das Leistungsverzeichnis für jede Baumaßnahme so zuverlässig wie möglich die notwendigen Anforderungen, Leistungselemente und Mengen angeben. **§ 7 und §§ 7a–7c** stellen dazu Regeln auf, deren Einhaltung die Basis für ein auf die Vergütung nach Leistung ausgerichtetes Leistungsverzeichnis sind. Dabei werden weitgehende Anforderungen an die Exaktheit und Vollständigkeit der Leis-

---
[2] Beck VOB/*Motzke* Rn. 47.

tungsbeschreibung aufgestellt, um bei den Bietern ein einheitliches Verständnis von der geforderten Leistung und im Ergebnis vergleichbare Angebote hervorzurufen. Ein **eindeutiges und vollständiges Leistungsverzeichnis ist Teil eines transparenten und willkürfreien Wettbewerbs,** der nach § 2 Abs. 1 und 2 auch unterhalb der Schwellenwerte gefordert ist.

Soweit es bei **funktionaler Leistungsbeschreibung nach § 7c** nicht möglich ist, vorab jede Position oder zu jeder Position die benötigten Mengen zu benennen, gilt auch hier die Anforderung, die Bauaufgabe so zu beschreiben, dass die Unternehmen **alle für die Entwurfsbearbeitung und ihr Angebot maßgebenden Bedingungen und Umstände** erkennen können und in der sowohl der Zweck der fertigen Leistung als auch die an sie gestellten technischen, wirtschaftlichen, gestalterischen und funktionsbedingten Anforderungen angegeben sind **(§ 7c Abs. 2 Nr. 1).** Gegebenenfalls kann ein Musterleistungsverzeichnis beigefügt werden, in dem die Mengenangaben ganz oder teilweise offengelassen werden oder es können Zeichnungen, Probestücke oder Hinweise auf ähnliche Projekte verwendet werden **(§ 7c Abs. 2 Nr. 2 iVm. § 7b Abs. 2 und 3).** Werden diese Anforderungen bei der Erstellung der Leistungsbeschreibung erfüllt und die ergänzenden Möglichkeiten aus § 7b genutzt, ist dem Recht der Bieter auf eine verlässliche Kalkulationsgrundlage für ihr Angebot genüge getan und die vorvertragliche Sorgfaltspflicht erfüllt.

b) Der Pauschalvertrag (Nr. 2). Ein Pauschalvertrag liegt vor, wenn nicht die Leistungselemente einzeln anzubieten und zu bepreisen sind, sondern entweder die gesamte Leistung (zB Aufbau und Montage einer einfachen Halle aus Fertigbauteilen) oder größere Zusammenhänge einer Leistung (zB die Baustelleneinrichtung) zu einem Gesamtpreis angeboten werden. Einer Forderung nach Angabe detaillierter Preise für Einzelpositionen bedarf es nicht, wenn die **Leistung nach Ausführungsart und Umfang genau bestimmt ist und mit einer Änderung nicht zu rechnen ist.** Da hier das Risiko nachträglicher Veränderungen der zu erbringenden Leistung nicht mehr berücksichtigt wird, soll diese Vergütungsart nur bei geeigneten Bauaufgaben eingesetzt werden. Welche Bauaufgaben geeignet sind, richtet sich nach den Gegebenheiten des Einzelfalles. Eine generelle oder gar verbindliche Regel gibt es nicht. Maßgeblich kommt es darauf an, dass das **Risiko späterer unvorhersehbarer Veränderungen der Anforderungen an die Leistung minimal** ist. Nach praktischer Erfahrung sind üblicherweise veränderungsanfällige Tiefbauarbeiten wohl eher nicht geeignet, problematisch dürften auch witterungsanfällige Bauaufgaben mit langdauernder Ausführungszeit sein. Denkbar sind hingegen klar umgrenzte Maßnahmen wie zB der Einbau von 20 neuen Fenstern, wenn sich an der Zahl der Fenster nichts ändert und die Bausubstanz für den Einbau vorhanden ist und damit die Einbaumodalitäten vorhersehbar sind.

Die Vergütung in Form einer Pauschalsumme entbindet den Auftraggeber nicht von der Pflicht, eine **Leistungsbeschreibung** vorzugeben, die den Anforderungen von **§ 7 und §§ 7a–7c** entspricht. Nach § 16c Abs. 2 Nr. 2 gilt die Pauschalsumme ohne Rücksicht auf etwa angegebene Einzelpreise. Auch Abweichungen von den Angaben in der Leistungsbeschreibung, die sich während der Ausführung des Bauauftrags ergeben, werden, außer in den Fällen des **§ 2 Abs. 7 Nr. 1 VOB/B,** nicht mehr berücksichtigt. Da somit bei der Vergütung nach einer Pauschalsumme spätere Abweichungen von der ursprünglichen Leistungsbeschreibung nicht mehr vergütet werden, kommt es auf **eine zuverlässige Leistungsbeschreibung** auch bei einem auf einen Pauschalvertrag gerichteten Leistungsverzeichnis an. § 7 und §§ 7a–7c haben daher zumindest auch **bieterschützende Wirkung.** Die Leistungsbeschreibung in allen zugelassenen Formen (konkrete detaillierte Beschreibung, funktionale Beschreibung mit Bauprogramm) hat daher genau **wie beim Einheitspreisvertrag** die zu erbringende Leistung in allen Einzelheiten so genau wie möglich zu beschreiben, beim Bauprogramm ist die Bauaufgabe nach allen Anforderungen von **§ 7c** mit derselben Sorgfalt zu erfüllen. Nur dann kann das Risiko für einen später nicht mehr änderbaren Pauschalpreis verantwortlich kalkuliert werden.

Reider

12 Begrifflich ist zwischen dem **Teil-Pauschalvertrag,** dem **Detail-Pauschalvertrag** und dem **Global-Pauschalvertrag** zu differenzieren. Ein **Teil-Pauschalvertrag** liegt vor, wenn im Rahmen einer Einheitspreisausschreibung einzelne Leistungskomplexe (zB die Baustelleneinrichtung oder die Gesundheits- und Sicherheitsmaßnahmen) als Pauschalleistung ausgeschrieben werden. Ein **Detail-Pauschalvertrag** (in Abgrenzung zum Global-Pauschalvertrag) liegt vor, wenn dem Vergabeverfahren ein „klassisches" detailliertes Leistungsverzeichnis mit Angabe aller zu erbringenden Einzelleistungen zugrunde liegt, sodass nach dem Leistungsverzeichnis grundsätzlich auch ein Einheitspreisvertrag angeboten werden könnte. Ein Detail-Pauschalvertrag wird idR mehrere Teilleistungen einer Bauleistung umfassen, liegt aber auch vor, wenn nur ein Leistungskomplex der Gesamtmaßnahme als Pauschalkalkulation vorgesehen ist. Die Begriffe des **Teil-Pauschalvertrages** und des **Detail-Pauschalvertrages** sind daher in der Praxis inhaltlich **oft deckungsgleich,** denn auch der Teil -Pauschalvertrag setzt eine ordnungsgemäße Leistungsbeschreibung voraus.

13 Demgegenüber soll der **Global- Pauschalvertrag** auf der Basis einer nur generell beschriebenen Maßnahme angeboten werden. Die **Zulässigkeit des Global-Pauschalvertrages** ist daher **umstritten.**[3] Grundsätzlich gilt die **Pflicht zur vollständigen, eindeutigen und erschöpfenden Leistungsbeschreibung nach § 7** und in der konkretisierenden Ausgestaltung der **§§ 7a–7c** auch für den Pauschalvertrag ohne Einschränkung. Gerade wegen der späteren Unabänderbarkeit des Pauschalpreises kommt es auf die Leistungsbeschreibung an. Daher werden in **§ 7c** auch für den Fall einer noch nicht abschließenden Beschreibbarkeit der Baumaßnahme Regeln aufgestellt, die einzuhalten sind. Es gibt keine Bestimmung in der VOB/A, die es zulässt, für einen Global-Pauschalvertrag davon abzuweichen. Ein Global-Pauschalvertrag wird daher bei allen beschreibbaren Bauleistungen schon deshalb ausgeschlossen sein, weil es sich der Auftraggeber nicht einfach machen und zur Aufwandsminimierung von der Beschreibung der Leistung absehen darf. Bei einer **Ausschreibung mit Leistungsprogramm nach § 7c** bestehen ebenfalls weitreichende Anforderungen an die Beschreibung der zu erbringenden Leistung, die einzuhalten sind. Zudem verlangt **§ 7c Abs. 3** weitreichende Angaben der Bieter in den Angeboten zu einem Leistungsprogramm, die ohne die **§ 7c Abs. 1 und 2** entsprechenden Informationen nicht erarbeitet werden könnten. Die Frage, **ob ein Global-Pauschalvertrag zulässig ist oder nicht,** beantwortet sich daher aus den rein praktischen Anforderungen an ein Vergabeverfahren und den Anforderungen an die Leistungsbeschreibung, für deren Aussetzung keine rechtliche oder praktische Basis besteht. Bei einem **Verstoß gegen die – bieterschützenden – Vorschriften zur Leistungsbeschreibung wäre ein Vergabeverfahren fehlerhaft** und jenseits des Rechtsschutzes nach dem 4. Teil des GWB auch nach nationalem Recht angreifbar machen. Hier kommt der zunehmend anerkannte Rechtsschutz der Bieter vor den Verwaltungsgerichten ebenso in Frage wie die der öffentlichen Hand eigene Rechnungsprüfung und beim Einsatz von Fördermitteln die Verwendungsprüfung und ggf. deren Rückforderung. In der Praxis haben Global-Pauschalverträge daher tatsächlich eine sehr geringe bis gar keine Bedeutung.

14 Vollständig unabhängig vom Pauschalvertrag ist der Begriff der **schlüsselfertigen Leistung** zu sehen. Die Anforderung einer schlüsselfertigen Leistung hat nichts mit der Vertragsart zu tun. Mit dieser Anforderung wird zwar ein komplettes Werk ohne Unterteilung der Gewerke gefordert, dies jedoch mit einem kompletten Leistungsverzeichnis nach den **§§ 7, 7a–7c.** Allerdings können hier zur Leistungsbeschreibung Leistungselemente hinzukommen, die zur bestimmungsgemäßen Nutzung nach der Schlüsselübergabe notwendig sind und in der Leistungsbeschreibung noch nicht enthalten, aber vorhersehbar waren. Eine gewisse Unwägbarkeit wie beim Pauschalvertrag besteht daher auch hier, sie beruht allerdings auf der **Art der geschuldeten Leistung** und **nicht auf der Vergütungsart** der gewählten Vertragsart. Eine schlüsselfertige Leistung kann daher auch (und wird es idR) im Einheitspreisvertrag vergeben werden.

---

[3] Sehr ausf. dazu: Beck VOB/*Motzke* Rn. 54 ff., insbes. Rn. 57.

2. Der Stundenlohnvertrag (Abs. 2). Nach **Abs. 2** können Bauleistungen geringeren 15
Umfangs, die überwiegend Lohnkosten verursachen, im Stundenlohn vergeben werden
(→ Grundzüge der VOB/B Rn. 42 ff.). Der sogenannte Stundenlohnvertrag besteht als
Gestaltungsmöglichkeit **nachrangig zum Leistungsvertrag**. Er ist wie der Leistungsvertrag **im Wettbewerb zu vergeben** und erfordert eine klare Leistungsbeschreibung sowie
eine vertragliche Vereinbarung, die auch noch nach Beginn oder weitgehendem Fortschritt
der Bauleistungen getroffen werden kann, wenn sich der Bedarf an Stundenlohnarbeiten
nachträglich ergibt. Aus der Nachrangigkeit ergibt sich für die potentiellen Bieter aber **kein
Anspruch auf Ausschreibung in den vorrangigen Formen des Leistungsvertrages,**
wenn die übrigen Voraussetzungen von **Abs. 2** vorliegen.

a) Bauleistungen geringeren Umfangs. Bauleistungen geringeren Umfangs sind 16
nicht weiter definiert. Sie dürften vorliegen bei Kleinbauten (zB Aufstellen eines Buswartehäuschens aus Fertigteilen) oder bei Reparatur-, Instandhaltungs- oder Wartungsarbeiten,
wobei hier die Abgrenzung zum Dienstleistungsvertrag fließend sein kann (zB bei Wartungsarbeiten, bei denen idR kein fertiges Werk, sondern für die vertraglich bestimmte Zeit die
regelmäßige vorsorgliche Kontrolle und Überwachung, ggf. verbunden mit Kleinreparaturen, geschuldet wird, auch die Pflege der Grünanlagen eines Gebäudekomplexes ist als
Dauerschuldverhältnis eher ein Dienstvertrag). Große Bauleistungen kommen dem Wortlaut
nach nicht in Betracht, sodass die Bestimmung für die europaweiten Vergaben idR keine
Bedeutung hat.

b) Überwiegend Lohnkosten. Wann überwiegend Lohnkosten verursacht werden, ist 17
ebenfalls nicht definiert. Nach allgemeinem sprachlichem Verständnis ist mit „überwiegend"
jedenfalls mehr als die Hälfte der Kosten gemeint, sodass von mindestens mehr als 50 % der
Gesamtkosten auszugehen ist. Die **Gesamtkosten der Baumaßnahme als Bezugsgröße**
ergeben sich aus den Kosten, die die Erbringung der Bauleistung insgesamt ausmachen.
Konkrete Hinweise ergeben sich dazu aus **§ 15 Abs. 1 Nr. 1 VOB/B,** der (hier zur Abrechnung von nicht vereinbarten Stundenlohnarbeiten) die weiteren Kosten neben den Lohn-
und Gehaltskosten der Baustelle aufzählt: Lohn- und Gehaltsnebenkosten der Baustelle,
Stoffkosten der Baustelle, Kosten der Einrichtungen, Geräte, Maschinen und maschinellen
Anlagen der Baustelle, Fracht-, Fuhr- und Ladekosten, Sozialkassenbeiträge und Sonderkosten, die bei wirtschaftlicher Betriebsführung entstehen, mit angemessenen Zuschlägen für
Gemeinkosten und Gewinn (einschließlich allgemeinem Unternehmerwagnis) zuzüglich
Umsatzsteuer. Verkürzt ausgedrückt bedeutet das, dass die **Bezugsgröße für die Frage,
ob überwiegend Lohnkosten verursacht** werden, der **Preis für die gesamte Baumaßnahme ist, den der Auftraggeber zahlen muss.** Macht innerhalb dieses Gesamtpreises
der Anteil der Lohnkosten mehr als 50 % aus, kann von überwiegenden Lohnkosten ausgegangen werden. Diese Betrachtung kann auch auf Bauabschnitte angewendet werden. Wird
zB bei einem Streckenbauwerk, das in Losen vergeben wird, an einem Streckenlos eine
Arbeit erforderlich, die bezogen auf die Kosten dieses Loses überwiegend Lohnkosten verursacht, kann diese Arbeit als Stundenlohnvertrag vergeben werden. Allerdings werden die
Lohnkosten dann auch im Hinblick auf die gesamte Baumaßnahme nachrangig sein.

c) Selbständige Stundenlohnarbeiten. Selbständige Stundenlohnarbeiten können 18
unabhängig von einem Leistungsvertrag vergeben werden. Dabei kann es sich um vollständig
unabhängige Baumaßnahmen handeln, zB Abbrucharbeiten, oder um selbständige Arbeiten
zur Vorbereitung einer anderen Bauleistung (zB Rodungsarbeiten). Selbständige Stundenlohnarbeiten setzen gerade keinen Zusammenhang mit einem Leistungsvertrag voraus, können aber damit in einem Kontext stehen. Die **Vergabe von selbständigen Stundenlohnarbeiten** folgt den allgemeinen Regeln. Sie erfolgt im Wettbewerb und erfordert ein
entsprechend eindeutiges und vollständiges Leistungsverzeichnis. Die Preise sind als Stundenverrechnungssatz und als Gesamtpreis zu den Positionen des Leistungsverzeichnisses
anzugeben. Sie sind nach den unterschiedlichen Stundenkostensätzen (Hilfskraft, Fachkraft,

Geselle, Meister, Ingenieur usw) differenziert anzugeben. Je nach Landesrecht hat der Auftraggeber auf die Einhaltung des Tariflohnes, nach Bundesrecht zumindest auf die Einhaltung des Mindestlohnes zu achten.

19 **d) Angehängte Stundenlohnarbeiten.** Angehängte Stundenlohnarbeiten stehen **unselbständig** in unmittelbarem Zusammenhang mit einem Leistungsvertrag und dürfen nach **§ 7 Abs. 1 Nr.** 4 nur in dem unbedingt erforderlichen Maß in die Leistungsbeschreibung aufgenommen werden (→ Grundzüge der VOB/B Rn. 43). Diese Vorgabe betrifft die von Anfang an vorhersehbar notwendigen Stundenlohnarbeiten. Es kann sich jedoch auch im Lauf der Bauausführung ergeben, dass bisher nicht vereinbarte Stundenlohnarbeiten notwendig werden. Da nach **§ 2 Abs. 10 VOB/B** Stundenlohnarbeiten nur vergütet werden, wenn sie vor ihrem Beginn als solche ausdrücklich vereinbart worden sind, ist es erforderlich, die Stundenlohnarbeiten im Leistungsverzeichnis als solche zu bezeichnen und konkret zu benennen. Bei später auftretendem Bedarf ist es erforderlich, eine ebenso konkrete nachträgliche Vereinbarung zu treffen. Erst nach dem Abschluss einer konkreten Vereinbarung hat das Unternehmen, das die Leistungen erbringt, Anspruch auf deren Vergütung. Das wird in **§ 15 Abs. 1 Nr. 1 VOB/B** weiter bekräftigt, wonach die Abrechnung der erbrachten Stunden nach den vertraglichen Vereinbarungen erfolgt. Auch die angehängten Stundenlohnarbeiten sind im Wettbewerb zu vergeben. In vielen Fällen werden sie Teil des Leistungsvertrages sein, der ohnehin der **Vergabe im Wettbewerb** unterliegt. In den Fällen des späteren Auftretens des Bedarfs kommt es auf den Einzelfall an. Grundsätzlich **unterliegen auch später zu vergebende Stundenlohnarbeiten dem Wettbewerb.** Es kann jedoch Konstellationen geben, in denen die Stundenlohnarbeiten, die nur geringen Umfang haben dürfen, in so engem funktionalem oder abwicklungsorganisatorischem Kontext mit konkreten einzelnen Elementen des Leistungsvertrages stehen, dass es gerechtfertigt sein kann, die Arbeiten dem Unternehmen zu übertragen, welches die im engen Kontext stehenden Aufgaben ausführt.

20 **e) Abrechnung der Stundenlohnarbeiten.** Die Abrechnung der Stundenlohnarbeiten richtet sich nach § 2 Abs. 10 VOB/B und nach § 15 VOB/B. § 2 Abs. 10 VOB/B fordert die ausdrückliche Vereinbarung der Arbeiten. § 15 VOB/B bestimmt die Vergütung nach den vertraglichen Vereinbarungen und trifft weitreichende Regelungen für den Fall, dass keine Vereinbarung getroffen wurde und sich auch eine ortsübliche Vergütung nicht ermitteln lässt. Das scheint zwar vordergründig im Widerspruch zur Vorgabe der vorherigen Vereinbarung zu stehen, führt jedoch letztlich zu einem angemessenen Risikoausgleich im Hinblick auf die Unwägbarkeiten, die mit jeder Bauausführung einhergehen können. Weiter sind Bestimmungen über die Dokumentation der geleisteten Stunden (§ 15 Abs. 3 VOB/B) und die Abrechnungszeitintervalle (§ 15 Abs. 4 VOB/B) sowie über die Abrechnung bei Zweifeln über den Umfang der geleisteten Stunden (§ 15 Abs. 5 VOB/B) enthalten. Auch diese Bestimmungen dienen der Absicherung beider Vertragsseiten. Dem Auftraggeber steht eine nachvollziehbare und prüfbare Dokumentation der geleisteten Stunden zu (Stundenlohnzettel, § 15 Abs. 5 VOB/B), dem Auftragnehmer steht eine Vergütung für tatsächlich erbrachte Leistungen zu, auch wenn diese ohne vorherige Vereinbarung, zB bei Gefahr im Verzug, pflichtgemäß erbracht wurden (§ 15 Abs. 3 VOB/B). Bei Zweifeln am tatsächlichen Umfang der geleisteten Stunden versucht § 15 Abs. 5 VOB/B mit der Anbindung an die nachweisbar ausgeführten Leistungen den Interessenausgleich.

21 **3. Das Angebotsverfahren (Abs. 3). Abs. 3** enthält eine Selbstverständlichkeit, sodass man die Bestimmung für redundant halten könnte. **Der Zuschlag** im Vergabeverfahren entspricht der zivilrechtlichen Annahme des Angebots und **ist der Vertragsschluss.** Da ein Angebot die Basis für den Zuschlag bildet, muss es selbstverständlich den Preis enthalten, der die spätere vertragliche Leistungspflicht des Auftraggebers bestimmt. Dieser Preis muss in den Angeboten aller Bieter so eindeutig und abschließend angegeben sein, dass vergleichbare Angebote entstehen, auf die mit einem einfachen „ja" der Zuschlag erteilt werden kann.

Abs. 3 kann daher als **Anforderung an die Vergabeunterlagen** verstanden werden, die die Anforderungen aus den **Abs. 1 und 2** noch einmal abstrahiert. Dem Auftraggeber obliegt die Pflicht, die Vergabeunterlagen so zu gestalten, dass **eindeutige und vollständige Preisangaben der Bieter** gefordert sind, die eine **Vergabe im Wettbewerb** möglich machen. Diese Anforderung besteht **unabhängig von der gewählten Verfahrensart oder der angestrebten Vertragsart.** Auch in **Verhandlungsverfahren** oder bei **Leistungsprogrammen** sowie bei angestrebten **Pauschalverträgen** sind nach vorher definierten und die Gleichbehandlung der Bieter wahrenden Gesichtspunkten die Vergabeunterlagen für das Angebot (im Verhandlungsverfahren bei mehreren „Runden" für jede „Verhandlungsrunde") so zu gestalten, dass die Gleichbehandlung der Bieter und deren Chancengleichheit gewahrt wird.

Das erschöpft sich nicht in der Nachfrage nach Preisen, sondern **umfasst die gesamten** 22 **Vergabeunterlagen (§§ 7–7c),** da diese die Basis für die Kalkulation der Bieter bilden. Hierzu gehören zB die komplette Leistungsbeschreibung, ggf. vorhandene Bodengutachten, ggf. schon ausgearbeitete Vertragsmuster, aus denen sich weitere Pflichten der Vertragsparteien ergeben und alle sonstigen begleitenden Informationen, die Auswirkungen auf den Aufwand und damit den Preis des späteren Auftragnehmers haben können. Dies liegt auch im Interesse des Auftraggebers, denn nur bei verlässlichen Angaben in den Vergabeunterlagen kann auch die Einhaltung der angebotenen Preise verlangt werden. Abs. 3 beschränkt sich in seinem Wortlaut auf die „Preise, die der Bieter für seine Leistungen fordert". Das setzt jedoch voraus, dass die zu erbringenden Leistungen so vollständig und so exakt, wie zur Zeit der Erstellung der Vergabeunterlagen möglich, zusammengestellt werden.

Die Differenzierung zwischen der Eintragung **„in der Leistungsbeschreibung"** oder 23 **„in anderer Weise im Angebot"** macht deutlich, dass die Preise **in jedem Fall im Angebot einzutragen und mit dem Angebot abzugeben** sind. Praktisch ermöglicht die Differenzierung, dass zB nicht das Originalleistungsverzeichnis mit Preisen versehen werden muss, sondern dass die Preise zB in eine mitgelieferte GAEB-Datei oder in eine neben dem Leistungsverzeichnis vorhandene Datei mit den Positionsnummern des Leistungsverzeichnisses eingetragen werden dürfen. In vielen als Formular standardisierten Angebotsschreiben ist der Gesamtpreis auch im Angebotsschreiben anzugeben. Bei angestrebten Pauschalverträgen wäre damit auch die alleinige Angabe des Pauschalpreises im Angebotsschreiben zulässig, da es hier für die spätere Vergütung auf die Einheitspreise nicht ankommt. Zur Wahrung eines fairen, manipulationsfreien und die Chancengleichheit sichernden Wettbewerbs kommt es **unabhängig von dem Ort und der Art der geforderten Preisangaben** darauf an, dass diese **im und mit dem Angebot und in eindeutiger Aussagekraft vorgelegt** werden.

4. Das Auf- und Abgebotsverfahren (Abs. 4). Im Auf- und Abgebotsverfahren gibt 24 der Auftraggeber die von ihm für sachgerecht und angemessen gehaltenen Preise für die geforderten Einzelleistungen einer Bauleistung in den Vergabeunterlagen, insbesondere im Leistungsverzeichnis, vor. Die Bieter geben in ihren Angeboten die Abweichungen, sowohl nach oben als auch nach unten, an, zu denen sie die Ausführung der Bauleistung mit ihren Einzelleistungen anbieten wollen.

Die Anwendung dieses Verfahrens ist **nur ausnahmsweise zulässig** bei **regelmäßig** 25 **wiederkehrenden Unterhaltungsarbeiten,** deren **Umfang möglichst zu umgrenzen ist.** Nähere Definitionen zum Begriff der Unterhaltungsarbeiten oder zum Umfang, der zugrunde gelegt werden darf, ergeben sich aus der VOB/A nicht. **„Regelmäßig wiederkehrende Unterhaltungsarbeiten"** wird daher nach dem allgemeinen Sprachgebrauch im Bauwesen zu verstehen sein als die Arbeiten, die notwendig sind, ein einmal erstelltes und in den bestimmungsgemäßen Gebrauch genommenes Bauwerk intakt und funktionsfähig zu erhalten. Für die **Umgrenzung des Umfangs** kommen sowohl **Zeit- und Kostenfaktoren als auch fachspezifische Faktoren** in Betracht. Regelmäßig wiederkehrende Unterhaltungsarbeiten gehen nach dem Wortsinn von einer längeren Dauer des Bedarfs aus, zumal sich der Bedarf mit zunehmendem Alter des Bauwerk und zunehmender Abnutzung steigern dürfte. Eine Umgrenzung nach Kosten kann wegen der Unwägbarkeiten des Verfahrens gerade bei längerer Dauer für alle Beteiligten geboten sein, wobei auch eine Kombination aus Zeit und Kosten zu einer Umgrenzung des Umfangs führen kann. Hinzu kann bei Spezialbauwerken die Umgrenzung des Umfangs auf bestimmte fachspezifische Unterhaltungsarbeiten für eine maximal zu bestimmende Zeit kommen. Entscheidend ist, dass **vor der Anwendung dieses Verfahrens die Umgrenzung bestimmt** wird, denn die Formulierung der Vorschrift verlangt dies zwingend.

26   Aus dem Wortsinn und der Beschränkung auf Ausnahmefälle wird üblicherweise geschlossen, dass es sich um Fälle **geringen** Umfangs handeln soll.[4] Zwingend erscheint dies nicht, da an die Umgrenzung keine konkreten Anforderungen gestellt werden. Insbesondere bei fachspezifischen Unterhaltungsarbeiten können diese hohe Kosten verursachen. Die Frage muss jedoch nicht entschieden werden, denn das Auf- und Abgebotsverfahren hat praktisch kaum noch Bedeutung. In dieser Verfahrensweise die auch bei nationalen Vergaben bestehenden Anforderungen an ein transparentes, die Chancengleichheit wahrendes Vergabeverfahren einzuhalten, erfordert sehr viel Sorgfalt und Aufwand, insbesondere muss der Auftraggeber selbst vorher sehr umfassend und realistisch die Marktpreise ermitteln, die er den Bietern vorgeben will. Das erfordert gegenüber den anderen Vergabeverfahrensarten einen weiteren zeitintensiven und aufwändigen Arbeitsschritt, dessen Nutzen zudem gering ist, da die potentiellen Bieter aufgrund ihrer Tätigkeit am Markt möglicherweise ganz andere Materialbeschaffungskosten oder Personaleinsatzkosten kalkulieren können als eine abstrakte Markterkundung ergibt. Bei fachspezifischen Unterhaltungsarbeiten kann es nur wenige Anbieter geben, die sich nach der Marktabfrage auf die vorhersehbare Ausschreibung (ggf. gemeinsam) einrichten könnten. Letztlich enthält das Auf- und Abgebotsverfahren daher neben dem Mehraufwand der eigenen Marktrecherche viele Unsicherheiten und Unwägbarkeiten, die seine Anwendung unpraktisch und im Einzelfall auch kontraproduktiv machen. Es ist zwar aus der historischen Tradition erhalten geblieben, könnte aber ohne Verlust für die Vergabe von Bauauftragsleistungen auch ersatzlos entfallen.

§ 4a Rahmenvereinbarungen

(1) [1]**Rahmenvereinbarungen sind Aufträge, die ein oder mehrere Auftraggeber an ein oder mehrere Unternehmen vergeben können, um die Bedingungen für Einzelaufträge, die während eines bestimmten Zeitraums vergeben werden sollen, festzulegen, insbesondere über den in Aussicht genommenen Preis.** [2]**Das in Aussicht genommene Auftragsvolumen ist so genau wie möglich zu ermitteln und bekannt zu geben, braucht aber nicht abschließend festgelegt zu werden.** [3]**Eine Rahmenvereinbarung darf nicht missbräuchlich oder in einer Art angewendet werden, die den Wettbewerb behindert, einschränkt oder verfälscht.** [4]**Die Laufzeit einer Rahmenvereinbarung darf vier Jahre nicht überschreiten, es sei denn, es liegt ein im Gegenstand der Rahmenvereinbarung begründeter Ausnahmefall vor.**

(2) **Die Erteilung von Einzelaufträgen ist nur zulässig zwischen den Auftraggebern, die ihren voraussichtlichen Bedarf für das Vergabeverfahren gemeldet haben, und den Unternehmen, mit denen Rahmenvereinbarungen abgeschlossen wurden.**

Schrifttum: *Fischer/Fongern,* Rahmenvereinbarungen im Vergaberecht, NZBau 2013, 550; *Franke,* Rechtsschutz bei der Vergabe von Rahmenvereinbarungen, ZfBR 2006, 546; *Graef,* Rahmenvereinbarungen bei der Vergabe von öffentlichen Aufträgen de lege lata und de lege ferenda, NZBau 2005, 561; *Kämper/Heßhaus,* Möglichkeiten und Grenzen von Auftraggebergemeinschaften, NZBau 2003, 303; *Kulartz/Kus/Marx/Portz/ Prieß,* Kommentar zur VgV, 2016; *Osseforth,* § 13 Rahmenvereinbarungen und andere besondere Instrumente des Vergaberechts, in Gabriel/Krohn/Neun, Handbuch des Vergaberechts, 2. Aufl. 2017; *Portz,* Flexible Vergaben durch Rahmenvereinbarungen: Klarstellungen durch die EU-Vergaberichtlinie 2014, VergabeR 2014, 523; *Reuber,* Die neue VOB/A, VergabeR 2016, 339; *Rosenkötter/Seidler,* Praxisprobleme bei Rahmenvereinba-

---

[4] Ziekow/Völlink/*Vavra*, Rn. 10, 11 mwN.

rungen, NZBau 2007, 684; *Wichmann,* Die Vergabe von Rahmenvereinbarungen und die Durchführung nachgelagerter Wettbewerbe nach neuem Recht, VergabeR 2017, 1 ff.

Übersicht

	Rn.		Rn.
I. Normzweck	1–3	2. Rahmenvertragspartner	11–14
		a) Auftraggeberseite	12, 13
II. Entstehungsgeschichte	4–6	b) Auftragnehmerseite	14
III. Einzelerläuterung	7–23	3. Bedingungen für Einzelaufträge	15–19
1. Rahmenvereinbarung	7–10	4. Missbrauchsverbot und Wettbewerbsrecht (Abs. 1 S. 3)	20
a) Anknüpfungspunkt für das Vergaberecht	7–9	5. Laufzeit (Abs. 1 S. 4)	21, 22
b) Schwellenwert	10	6. Parteien der Einzelaufträge (Abs. 2)	23

I. Normzweck

Die Rahmenvereinbarung in der VOB/A dient der **effizienten** und **wirtschaftlichen** Beschaffung von Bauleistungen. Sie gehört zu den sog. **besonderen Instrumenten des Vergaberechts,** die bei Vorliegen von bestimmten Merkmalen des Beschaffungsgegenstandes eine Vereinfachung bzw. Beschleunigung in Vergabeverfahren ermöglichen sollen. Die Idee, die dahinter steht, ist es, dem öffentlichen Auftraggeber einerseits ein Instrument zur Einhaltung der Vergabegrundsätze an die Hand zu geben, andererseits bestimmte Leistungen rational hinsichtlich Zeit und Ressourcen beschaffen zu können. Weitere besondere vergaberechtliche Instrumente – jenseits der Basisparagrafen für die Unterschwellenvergabe – sind das Dynamische Beschaffungssystem, die Elektronische Auktion, die Elektronischen Kataloge, die Planungswettbewerbe und die Zentrale Beschaffungstätigkeit. 1

Zunächst vereinbaren der/die öffentliche(n) Auftraggeber und der/die Auftragnehmer einen **rechtlichen Rahmen** für künftige Einzelaufträge, die in den anschließenden (grundsätzlich) vier Jahren abgerufen werden können. Anknüpfungspunkt für die vergaberechtlichen Vorschriften ist aber die Rahmenvereinbarung als solche. Sollen dann die vorgesehenen Leistungen tatsächlich beschafft werden, werden diese nur noch abgerufen, sie brauchen nicht mehr gesondert ausgeschrieben werden. Das spart Zeit und Kosten. 2

Damit erhält der öffentliche Auftraggeber die Möglichkeit, **flexibel** und schnell einzelne Leistungen zu beschaffen, Beschaffungsvorgänge zu **bündeln** und wiederkehrende Leistungen nicht jedes Mal neu ausschreiben zu müssen. Insbesondere im Unterschwellenbereich erleichtert die Möglichkeit zum Abschluss von Rahmenvereinbarungen die Beschaffung von ähnlich gelagerten bzw. häufig wiederkehrenden Bauleistungen. 3

II. Entstehungsgeschichte

Rahmenvereinbarungen für Bauleistungen nach der VOB/A sind nach weit überwiegender Auffassung erst seit der **Vergaberechtsreform** vom 18.4.2016 zulässig. Da § 4a in der Fassung, die am 1.7.2016 im Bundesanzeiger veröffentlicht wurde, aufgenommen wurde, ist diese Vorschrift zeitlich seit dem Inkrafttreten der Gesamtfassung der VOB/A 2016 anwendbar.[1] 4

Die Rahmenvereinbarung als Instrument gehörte schon seit längerem zum Bestandteil unterschiedlicher vergaberechtlicher Regelungswerke und ist grundsätzlich in **§ 103 Abs. 5 GWB** legal definiert. Dessen Wortlaut entspricht vom Umfang auch dem der Regelung des § 4a. Mit der Richtlinie 2014/24/EU des Europäischen Parlaments und des Rates vom 26.2.2014 und deren Umsetzung im Rahmen der Vergaberechtsreform im April 2016 sind nun die in der EU-Richtlinie 2014/24/EU über die Auftragsvergabe vom 26.2.2014 in den Art. 34–37 RL 2014/24/EU genannten Instrumente, die insbesondere im Zusammenhang mit der elektronischen Vergabe stehen, in § 120 GWB aufgenommen worden.[2] Ein- 5

---

[1] Kapellmann/Messerschmidt/*Glahs* Rn. 3.
[2] Etwa *Reuber* VergabeR 2016, 339 (343).

gang in den ersten Abschnitt „Basisparagrafen" VOB/A hat bisher allerdings nur die Rahmenvereinbarung gefunden. Vom Umfang und Detaillierungsgrad des Tatbestandes ähnelt der neu aufgenommene § 4a dem § 4 VOL/A, der schon seit längerem die Rahmenvereinbarung für Dienstleistungen ermöglichte. Vergleicht man den Tatbestand mit der entsprechenden Vorschrift im 2. Abschnitt, dem § 4aEU, wird deutlich, dass im Oberschwellenbereich durch die wesentliche Übernahme des Richtlinientextes an die Erfüllung der Voraussetzungen für eine Vergabe mittels Rahmenvereinbarung ein höherer Detaillierungsgrad gefordert wird.

6   Obwohl es die Rahmenvereinbarung als Beschaffungsinstrument schon länger in vergaberechtlichen Regelwerken wie der Vergabe- und Vertragsordnung für Leistungen (VOL/A), der Vergabeverordnung Verteidigung und Sicherheit (VSVgV) oder der Sektorenverordnung (SektVO) gab, enthielt die VOB/A bis vor der Reform keine entsprechende Vorschrift. Zu der Frage, ob die Rahmenvereinbarung wie ein Rechtsgrundsatz dennoch gelten sollte oder ob es sich um ein bloßes Redaktionsversehen handelte, positionierte sich die Vergabekammer Sachsen zur VOF recht klar.[3] Deren Auffassung, dass Rahmenvereinbarungen in der damaligen VOF nicht zulässig sein sollten, wurde zur überwiegenden Meinung, die ebenso auf die VOB/A übertragbar war. Dadurch, dass diese Regelung nunmehr im ersten und zweiten Abschnitt der VOB/A **ausdrücklich** aufgenommen wurde, braucht dieser alte Streit nicht weiter dargestellt werden.

III. Einzelerläuterung

7   **1. Rahmenvereinbarung. a) Anknüpfungspunkt für das Vergaberecht.** Die Rahmenvereinbarung ist keine weitere vergaberechtliche Verfahrensart, auch wenn sie ein Verfahren zur Beauftragung bzw. dem Abruf von Einzelaufträgen beinhaltet. Dies geht nicht direkt aus § 4a Abs. 1, aber dafür aus § 4aEU Abs. 1 hervor. Dort heißt es, dass der Abschluss einer Rahmenvereinbarung im Rahmen einer nach dieser Vergabeordnung anwendbaren Verfahrensart erfolgt. Ein qualitativer Unterschied – bis auf die zusätzlichen Voraussetzungen – besteht zwischen beiden Vorschriften nicht. Sie ist ein **Instrument** zur effektiven Beschaffung sowohl im Unterschwellen- als auch Oberschwellenbereich.

8   Der Wortlaut zeigt, dass die Rahmenvereinbarung selbst der **Anknüpfungspunkt** für die vergaberechtlichen Bestimmungen ist. Denn das Vergaberecht setzt an der Auftragsvergabe an und § 4a Abs. 1 S. 1 stellt klar, dass eben die Rahmenvereinbarung als Auftrag im vergaberechtlichen Sinne zu behandeln ist, obwohl mit ihr selbst noch nichts beschafft wird. Es ist also die Rahmenvereinbarung, die nach den Regeln der VOB/A vergeben wird.

9   Damit gelten für die Rahmenvereinbarung die vergaberechtlichen Grundsätze des § 2 sowie ua die Vorschriften zur Leistungsbeschreibung in den Vergabeunterlagen.[4] Diese Anforderungen sind allerdings an die besondere Situation der Rahmenvereinbarung anzupassen: Denn auf die Rahmenvereinbarung als solche wird gerade nicht geboten.[5]

10   **b) Schwellenwert.** Wenn das Vergaberecht an die Rahmenvereinbarung selbst anknüpft, muss anhand des Schwellenwertes dieser Vereinbarung das Vergaberechtsregime ermittelt werden. Der Wert der Rahmenvereinbarung wird dabei auf der Grundlage des **geschätzten Gesamtwertes** aller Einzelaufträge berechnet, die während der Laufzeit geplant sind.[6] Dies erfolgt durch Addition der Höchstbeträge der potentiellen Einzelaufträge. Die Summe wird dann wie ein einheitlicher Auftrag angesehen.[7] Die Vorschrift des § 4a kommt also nur

---

[3] VK Sachsen Beschl. v. 25.1.2008 – 1/SVK/88-07, BeckRS 2008, 11096; HK-VergabeR/*Schrotz*, 1. Aufl. 2011, VOL/A § 4EG Rn. 10 ff.; *Rosenkötter* VergabeR 2010, 368; *Machwirth* VergabeR 2007, 385 f.; *Knauff* VergabeR 2006, 24 (26); *Haak/Degen* VergabeR 2005, 164 (168).
[4] Vgl. *Portz* VergabeR 2014, 523 (526); VK Bund Beschl. v. 21.8.2013 – VK 1–67/13, BeckRS 2013, 21374.
[5] Vgl. VK Südbayern Beschl. v. 12.8.2013 – Z3-3-3194-1-18-07/13, VPRRS 2013, 1248.
[6] Beck VergabeR/*Biemann* GWB § 103 Abs. 5 Rn. 18.
[7] So bereits GA *Lenz* Schlussanträge v. 16.2.1995 – C-79/94, Slg. 1995, I-1071 (1079) – Kom./Griechenland.

dann zur Anwendung, wenn die Summe sämtlicher geplanter Einzelaufträge innerhalb der vier Jahre unterhalb des für Bauleistungen aktuellen Schwellenwertes liegt.

2. Rahmenvertragspartner. § 4a unterscheidet zwischen der Auftraggeber- und Unternehmerseite. 11

a) Auftraggeberseite. Ein öffentlicher Auftraggeber kann mit einem oder mehreren Unternehmen die Vereinbarung über künftige Einzelaufträge schließen. Ausdrücklich lässt der Wortlaut aber auch eine **Mehrzahl** von öffentlichen Auftraggebern zu. 12

Das führt dazu, dass sich mehrere Auftraggeber für gleichartige Beschaffungsvorhaben zusammenschließen können. Diese **faktischen Einkaufgemeinschaften** können möglicherweise aufgrund der gebündelten Nachfrage zu einer kartellrechtlich beachtlichen Marktmacht führen. Hier ist im Einzelfall zu prüfen, ob aufgrund ihrer potentiellen Marktmacht im Kartellrecht, eine kartellrechtlich unzulässige Nachfragebündelung und damit ein Verstoß gegen das vergaberechtliche Missbrauchsverbot vorliegt.[8] 13

b) Auftragnehmerseite. Ebenso ermöglicht der Wortlaut dem oder den Auftraggebern, mit einem oder mehreren Unternehmen die Rahmenvereinbarung zu schließen. Dies entscheidet der Auftraggeber, wobei es in erster Linie auf **Zweckmäßigkeitsgesichtspunkte** im Einzelfall ankommt. Es macht Sinn, bei mehreren größeren Einzelaufträgen auch mehrere Unternehmer in die Rahmenvereinbarung einzuschließen, damit insgesamt der Abruf des Vertragsvolumens nicht durch Kapazitätsgrenzen einzelner Unternehmen beeinträchtigt wird. Andererseits sollen die Unternehmen nicht unnötig Kapazitäten vorhalten müssen, wenn absehbar ist, dass die Einzelbeauftragung nur gering wahrscheinlich ist. Die Entscheidung des oder der Auftraggeber, die insofern einen Entscheidungsspielraum haben, sollen sich dabei an den konkreten Umständen orientieren. Gerade hier spielen die allgemeinen Vergaberechtsgrundsätze des § 2 wieder eine regulierende Rolle. 14

3. Bedingungen für Einzelaufträge. § 4a Abs. 1 spricht nur von „Bedingungen für Einzelaufträge". Es wird auch nur – eingeführt durch das Wort „insbesondere" – ein (zwingendes) Beispiel hierfür geliefert: der Preis. Damit wird – jedenfalls für die Basisparagrafen – der weite Spielraum des Auftraggebers hinsichtlich der Ausgestaltung der Rahmenvereinbarung deutlich. 15

Die Rahmenvereinbarung muss danach also wenigstens die **wesentlichen** Bedingungen für den Abschluss einer Rahmenvereinbarung im konkreten Fall enthalten.[9] Das Wort „insbesondere" legt nahe, dass die VOB/A den Preis auf jeden Fall als wesentliche Bedingung ansieht. 16

Der **Preis** betrifft die Vergütung des Auftragnehmers. Hier stellt sich die Frage, ob bereits der genaue Preis für die spätere Einzelbeauftragung oder dieser lediglich in seiner Berechnungsmethode vereinbart werden muss. Die Formulierung „… in Aussicht genommene Preis" zeigt, dass die Rahmenvereinbarung lediglich die Berechnungsmethode zur Preisermittlung für die späteren Einzelaufträge bestimmen muss. Enthalten sein müssen wenigstens die preisbildenden Kriterien, wie beispielsweise der Preis pro Menge, pro Stunde oder pro Arbeitskraft.[10] Im Hinblick auf die Dauer einer Rahmenvereinbarung werden auch in der Kommentierung zu § 103 Abs. 5 GWB die Vereinbarung von Staffelpreisen und Preis- und Materialgleitklauseln für zulässig und sogar sinnvoll gehalten. Diese Interessenlage ist ohne weiteres auf den Unterschwellenbereich übertragbar. 17

Welche und wie detailliert weitere Bedingungen für die späteren Einzelbeauftragungen in der Rahmenvereinbarung enthalten sein müssen, wird erkennbar offen gelassen. Ange- 18

---

[8] Vgl. OLG Düsseldorf Beschl. v. 17.1.2011 – VII-Verg 3/11, BeckRS 2011, 02627; vgl. zu Einkaufsgemeinschaften auch BGH Urt. v. 12.11.2002 – KZR 11/01, GRUR 2003, 633; *Dreher* NZBau 2005, 427 (432 ff.); *Kämper/Heßhaus* NZBau 2003, 303 ff.; *Machwirth* VergabeR 2007, 385 (386).
[9] Vgl. EuGH Urt. v. 11.6.2009 – C-300/07, IBRRS 2009, 1922; VK Bund Beschl. v. 20.5.2003 – VK 1-35/03, IBR 2003, 491; *Franke* ZfBR 2006, 546 (547).
[10] Beck VergabeR/*Biemann* GWB § 103 Abs. 5 und 6 Rn. 13.

sichts der vergaberechtlichen Grundsätze und nach dem Verständnis des Vertragsrechts muss die spätere Leistung jedoch so genau bestimmt sein, dass alle Bieter die **Leistungsbeschreibung** im gleichen Sinne verstehen können, um eine angemessene Kalkulationsbasis zu erhalten. Der Normgeber hat diesbezüglich in § 4a Abs. 1 S. 2 einen tatbestandlichen Hinweis gegeben: „Das in Aussicht genommene Auftragsvolumen ist so genau wie möglich zu ermitteln und bekannt zu geben, braucht aber nicht abschließend festgelegt zu werden". Auch diese Konkretisierung dient den Bietern dazu, die eigenen Kapazitäten zu prüfen und die Berechnung für spätere Aufträge voraussehbar zu machen.

19 Die wenig detaillierte Festlegung der Mindestbedingungen der Rahmenvereinbarung nach § 4a lässt den Rückschluss darauf zu, dass auch die Regelung der **Bindung** der Beteiligten je nach Einzelfall variieren kann. Dies ermöglicht zudem eine flexible Planung für die späteren Beschaffungsvorgänge. Hierbei sind verschiedene Konstellationen denkbar. Der Grundfall wird sein, dass der Unternehmer mit der Rahmenvereinbarung einseitig verpflichtet wird, bei Abruf durch den öffentlichen Auftraggeber zu leisten. Andersherum entsteht jedoch für den Unternehmer kein Anspruch auf Beauftragung. Verpflichtet sich dagegen in der Rahmenvereinbarung auch der Auftraggeber zum Abruf eines bestimmten Volumens, wird damit für den Unternehmer eine bessere Planbarkeit erreicht. Denkbar ist darüber hinaus auch eine Rahmenvereinbarung, die für beide Seiten keine Verpflichtung zu einem späteren Einzelauftrag vorsieht. Die Unternehmen entscheiden dann letztlich ob sie leisten wollen oder nicht.

20 **4. Missbrauchsverbot und Wettbewerbsrecht (Abs. 1 S. 3).** § 4a Abs. 1 S. 3 hebt zudem hervor, dass die Rahmenvereinbarung nicht missbräuchlich angewendet werden darf. **Missbrauch** einer Vergaberechtserleichterung, wie dem Instrument der Rahmenvereinbarung, bedeutet, dass die Möglichkeit der ausschreibungsfreien Einzelbeauftragungen nicht dazu führen darf, dass die Grundsätze des Vergaberechts umgangen werden. Dies ist etwa dann denkbar, wenn der Auftraggeber durch die Gestaltung der Bedingungen über das notwendige Maß hinaus den oder die Unternehmer in ihren unternehmerischen Entscheidungen einschränkt. Das Missbrauchsverbot ist also Maßstab für alle konkreten Bedingungen der Rahmenvereinbarung. Der Unternehmer, und damit Vertragspartner der Rahmenvereinbarung, muss wenigstens bei ihrem Abschluss die Tragweite erkennen können. Das einseitige Überbürden von bestimmten Vertragspflichten auf den Unternehmer soll noch nicht zu einem Missbrauch führen, da insofern auch beim Abschluss einer Rahmenvereinbarung Vertragsfreiheit herrscht.[11] Eine Umgehung der vergaberechtlichen Grundsätze würde im Konstrukt der Rahmenvereinbarung dann bestehen, wenn es keinerlei Regelungen zu dem Beauftragungs- bzw. Abrufverfahren für die Einzelaufträge gäbe.[12] Hier zwingt also das Missbrauchsverbot direkt zur Vereinbarung von Verfahrensgrundsätzen, die zudem die allgemeinen wettbewerbsrechtlichen Grundsätze und die Haushaltsvorgaben einhalten.

21 **5. Laufzeit (Abs. 1 S. 4).** Genau genommen regelt der Normgeber in Abs. 1 S. 4 eine weitere zwingend aufzunehmende Bedingung. Für die Rahmenvereinbarung ist eine Laufzeit zu bestimmen, die vier Jahre grundsätzlich nicht überschreiten darf. Die Erteilung von Einzelaufträgen ist also nur innerhalb dieses **Zeitrahmens** ohne erneute Ausschreibung zulässig. Dabei ist die Laufzeit der Einzelaufträge nicht identisch mit der Laufzeit der Rahmenvereinbarung.

22 Dieser Zeitrahmen kann aufgrund des Halbsatzes dann die vier Jahre überschreiten, wenn ein im Gegenstand der Rahmenvereinbarung begründeter Ausnahmefall vorliegt. Denkbar ist dies, wenn aufgrund des Investitionsbedarfs der jeweiligen Aufträge eine für den Unternehmer ausreichend lange Vertragslaufzeit notwendig ist.[13]

---

[11] Vgl. OLG Düsseldorf Beschl. v. 21.10.2015 – VII-Verg 28/14, ZfBR 2016, 83; VK Bund Beschl. v. 15.11.2007 – VK 2–102/07, IBR 2008, 1003.
[12] Vgl. VK Berlin Beschl. v. 10.2.2005 – B 2–74/04, BeckRS 2013, 57396.
[13] Kapellmann/Messerschmidt/*Glahs* Rn. 9.

6. Parteien der Einzelaufträge (Abs. 2). Abs. 2 enthält eine Besonderheit, die sich 23 ausschließlich bei Regelungen über Rahmenvereinbarungen im Unterschwellenbereich (§ 4 Abs. 2 VOL/A und § 15 UVgO) findet. Die Einzelaufträge können danach nur erteilt werden, wenn der Auftraggeber vor der Ausschreibung der Rahmenvereinbarung den voraussichtlichen Bedarf für das Vergabeverfahren gemeldet hat. Dies führt dazu, dass zwingend vom Auftraggeber eine **Bedarfsabfrage** durchgeführt werden muss. Im Hinblick auf eine spätere Kontrolle ist dies auch zu dokumentieren.[14]

§ 5 Vergabe nach Losen, Einheitliche Vergabe

(1) Bauleistungen sollen so vergeben werden, dass eine einheitliche Ausführung und zweifelsfreie umfassende Haftung für Mängelansprüche erreicht wird; sie sollen daher in der Regel mit den zur Leistung gehörigen Lieferungen vergeben werden.

(2) ¹Bauleistungen sind in der Menge aufgeteilt (Teillose) und getrennt nach Art oder Fachgebiet (Fachlose) zu vergeben. ²Bei der Vergabe kann aus wirtschaftlichen oder technischen Gründen auf eine Aufteilung oder Trennung verzichtet werden.

Übersicht

	Rn.		Rn.
I. Normzweck, Entstehungsgeschichte	1–5	a) Leistungsbestimmungsfreiheit und Gebot der Vergabe in Losen (S. 1)	9–14
II. Einzelerläuterung	6–23	b) Abweichung vom Grundsatz der losweisen Vergabe (S. 2)	15–21
1. Einheitliche Vergabe (Abs. 1)	6–8		
2. Vergabe nach Losen (Abs. 2)	9–23	c) Parallelausschreibungen	22, 23

I. Normzweck, Entstehungsgeschichte

§ 5 dient der Umsetzung des Art. 46 RL 2014/24/EU. § 5 Abs. 1 entspricht wortlaut- 1 identisch den entsprechenden Regelungen aus den VOB/A-Fassungen von 2012 und 2009. Auch in der Fassung von 2006 ist eine im Wortlaut identische Regelung zu finden, dort allerdings noch geregelt in § 4 Nr. 1.

Auch eine vergleichende Betrachtung des Abs. 2 aus den Fassungen von 2016, 2012 und 2 2009 führt zu dem Befund der Identität im Wortlaut. Mit der Neufassung 2009 wurden jedoch Änderungen am Regelungsgehalt des Grundsatzes der Vergabe nach Losen vorgenommen. Gemeinsam mit der Normierung des Grundsatzes der einheitlichen Vergabe von Leistungen und dazugehöriger Lieferungen wurde auch der Grundsatz der Vergabe nach Losen mit der Fassung der VOB/A 2009 in § 5 aufgenommen. Auch hier war die Regelung vormals in § 4 VOB/A 2006 zu finden, namentlich in den Nr. 2 und 3.

Über die neue Verortung hinaus wurde auch der Wortlaut der Regelung über die Vergabe 3 in Losen geändert.[1] § 4 VOB/A 2006 lautete:

„*2. Umfangreiche Bauleistungen sollen möglichst in Lose geteilt und nach Losen vergeben werden (Teillose).*

3. Bauleistungen verschiedener Handwerks- oder Gewerbezweige sind in der Regel nach Fachgebieten oder Gewerbezweigen getrennt zu vergeben (Fachlose). Aus wirtschaftlichen oder technischen Gründen dürfen mehrere Fachlose zusammen vergeben werden."

In den **Fassungen ab 2009** entspricht die Regelung im Wortlaut dem § 5 Abs. 2, wie 4 er im Gesetzestext vor der Rn. 1 steht.

Festzustellen ist, dass der Gesetzgeber mit der neuen Fassung 2009 eine leicht abwei- 5 chende – bzgl. des Begriffs des „Teilloses" detailliertere – Legaldefinition der Begriffe

---
[14] Osseforth in Gabriel/Krohn/Neun VergabeR-HdB § 13 Rn. 110.
[1] Vgl. zu diesem Befund auch VGH Bayern Urt. v. 22.10.2014 – 4 ZB 14.1260, BeckRS 2014, 58940.

„Teillos" und „Fachlos" vorgenommen hat. Die Möglichkeit der Abweichung vom Grundsatz der Aufteilung in Lose „aus wirtschaftlichen oder technischen Gründen" war so bereits in der Fassung von 2006 vorgesehen. Anders als die Fassung von 2006, der als Rechtsfolge konstituiert, dass „mehrere Fachlose zusammen" vergeben werden dürfen, regeln die Fassungen ab 2009 schlicht, dass „auch eine Aufteilung oder Trennung verzichtet" werden kann.

II. Einzelerläuterung

6 **1. Einheitliche Vergabe (Abs. 1).** Die Norm bestimmt in Abs. 1, dass die Leistungen und dazugehörige Lieferungen im Regelfall zusammen vergeben werden sollen. Ausweislich des Hs. 1 liegt der Bestimmung der Zweck zugrunde, eine einheitliche Ausführung des Auftrags zu ermöglichen und die zweifelsfreie umfassende Haftung im Fall der Mangelhaftigkeit zu gewährleisten. Der Auftragnehmer soll hierdurch nicht nur für in seiner Werkleistung liegende Mängel haften, sondern auch für solche, die in der Beschaffenheit der von ihm verwendeten Baustoffe angelegt ist. Durch die umfassende Haftung für Beschaffenheits- wie auch Montagemängel werden Abgrenzungsschwierigkeiten hinsichtlich unterschiedlicher Verantwortungssphären vermieden.

7 Abs. 1 konstituiert – als Gegenpol zum Gebot der Losweisen Vergabe nach Abs. 2 der Norm – den Grundsatz der einheitlichen Vergabe. Im Bereich zwischen beiden Prinzipien hat der Auftraggeber gegenläufige Interessen abzuwägen und ermessensfehlerfrei in größtmögliche Konkordanz zu bringen.[2]

8 Die Norm dient dabei nicht dem Schutz der Bieter. Viel mehr nimmt sie eine Interessenabwägung zugunsten der Interessen des Auftraggebers vor.[3] Eine den Wettbewerb einschränkende einheitliche Vergabe wird im Interesse des Auftraggebers an einer reibungslosen Abwicklung des Auftrags vergaberechtlich erlaubt. Rechtfertigungsbedürftig ist es deswegen, wenn der Auftraggeber von dieser Einschränkung Gebrauch macht, wie auch § 97 Abs. 4 S. 3 GWB und § 5EG Abs. 2 S. 2 VOB/A 2012 zeigen, die die einheitliche Vergabe von Losen gerade vom Vorliegen wirtschaftlicher und technischer Gründe abhängig macht. Wird dagegen von der nach § 5 Abs. 1 möglichen einheitlichen Vergabe abgesehen, dient dies gerade dem Wettbewerb und kommt den Bietern zugute.[4] In diesem Fall entfällt das Erfordernis des Auftraggebers, sich zu rechtfertigen.

9 **2. Vergabe nach Losen (Abs. 2). a) Leistungsbestimmungsfreiheit und Gebot der Vergabe in Losen (S. 1).** Im Grundsatz steht es jedem Auftraggeber frei, die auszuschreibenden Leistungen nach seinen individuellen Vorstellungen zu bestimmen und den Wettbewerb nur in dieser – den autonomen bestimmten Zwecken entsprechenden – Gestalt zu öffnen.[5] Entscheidungen über den Umfang, den die zu vergebende Leistung im Einzelnen haben soll und ob gegebenenfalls mehrere Leistungseinheiten, also Lose, gebildet werden, die gesondert vergeben und vertraglich abzuwickeln sind, unterliegen grundsätzlich der freien Beurteilung des Auftraggebers.[6] Er entscheidet daher grundsätzlich auch darüber, ob er Lose bildet oder nicht. Diese Freiheit findet ihre Einschränkung durch § 5 Abs. 2 insoweit, als mittelständische Unternehmen in geeigneten Fällen durch Losbildung in die Lage versetzt werden müssen, sich eigenständig zu bewerben und gerade nicht auf Bietergemeinschaften oder den Einsatz von Subunternehmern zurückgreifen zu müssen.[7]

10 Im Ausgangspunkt bewegt sich der öffentliche Auftraggeber bei Fragen des Zuschnitts der im Rahmen seiner Leistungsbestimmungsfreiheit. Er hat dabei mittelständische Interessen zu berücksichtigen und das Gebot des freien Wettbewerbs zu wahren. Der Zuschnitt der Lose darf also nicht in einer Weise erfolgen, dass nur wenige Bieter eine faktische Chance

---

[2] VK Sachsen Beschl. v. 25.9.2009 – 1/SVK/038-09, BeckRS 2010, 02254.
[3] Vgl. KG Beschl. v. 7.8.2015 – Verg 1/15, NZBau 2015, 790.
[4] Vgl. KG Beschl. v. 7.8.2015 – Verg 1/15, NZBau 2015, 790.
[5] VK Baden-Württemberg Beschl. v. 29.7.2013 – 1 VK 25/13, IBRRS 2014, 1232.
[6] OLG Thüringen Beschl. v. 6.6.2007 – 9 Verg 3/07, NZBau 2007, 730.
[7] OLG Karlsruhe Beschl. v. 6.4.2011– 15 Verg 3/11, BeckRS 2011, 07638.

auf Erteilung des Zuschlags haben.[8] Dies kann umgekehrt nicht so weit reichen, dass jedem am Markt befindlichen Unternehmen eine Beteiligung möglich sein muss, auch muss eine Ausschreibung nicht auf bestimmte Unternehmen zugeschnitten werden.[9]

Nach § 2 Abs. 2 S. 1 soll eine obligatorische Aufteilung der Bauleistung in Teillose und Fachlose vorgenommen werden. **11**

Der Gesetzgeber definiert Teillose als Aufteilung der Bauleistung der Menge nach. Ein Teillos teilt die Gesamtleistung nach mengenmäßigen, räumlichen oder zeitlichen Kriterien. Anknüpfungspunkt ist dabei stets die Leistung und nicht die Vergütung. Denn nur so können die Lose inhaltlich voneinander abgegrenzt werden. Es ist Aufgabe der Vergabestelle, die Gesichtspunkte für eine sinnvolle Aufteilung zu ermitteln.[10] Eine einheitliche Bauleistung wird also in einzelne Abschnitte unterteilt, die ihrem Wesen nach gleichartig sind, also keinen unterschiedlichen Fachrichtungen zugeordnet sind. Logische Voraussetzung für die Bildung von Teillosen ist die faktisch mögliche Teilbarkeit der Leistung. **12**

Fachlose sind eine Aufteilung des Bauauftrags nach den Kriterien der Art und des Fachgebiets der Leistungen. Der Begriff des Fachloses knüpft nicht nur an einschlägige Handwerksleistungen, sondern auch an die bei der Auftragsausführung anfallenden Gewerke an, sofern diese sachlich abgrenzbar sind.[11] Diese sachliche Abgrenzung hat individuell und Einzelfallbezogen zu erfolgen. Als Anhaltspunkte zur Abgrenzung können die Gewerbeverzeichnisse der Handwerksordnung herangezogen werden.[12] Darüber hinaus liegt eine Abgrenzung anhand existierende DIN für bestimmte Leistungen auf der Hand.[13] Nicht zuletzt spielen auch Erwägungen eine Rolle, ob für die jeweils auszuführenden Leistungen ein eigener Markt besteht.[14] Der Auftraggeber hat also unter anderem danach Ausschau zu halten, ob ein Anbietermarkt von Fachunternehmern besteht, die sich explizit auf bestimmte Tätigkeiten spezialisiert haben. Dies impliziert, dass es auch innerhalb einer Branche eine weitere fachliche Aufgliederung geben kann.[15] Besteht ein derart spezialisierter Markt, so spricht vieles für eine entsprechende Aufteilung in Fachlose, wenn die Unternehmen ohne eine Losvergabe keinen Zugang zu öffentlichen Aufträgen hätten.[16] Die Anzahl der Marktteilnehmer muss jedoch eine gewisse Erheblichkeitsschwelle überschreiten, sodass eine Vergabe im Rahmen eines freien Wettbewerbs gewährleistet wird.[17] **13**

Für das Verhältnis von Fach- und Teillosen zueinander gilt, dass diese in keinem Konkurrenzverhältnis zueinanderstehen. In der Praxis erfolgt regelmäßig in einem ersten Schritt die Aufteilung in Teillose, die sodann bei Bedarf weiter in Fachlose unterteilt werden. Umgekehrt besteht auch die Möglichkeit, ein Fachlos in mehrere Teillose zu untergliedern. **14**

b) Abweichung vom Grundsatz der losweisen Vergabe (S. 2). Die Norm stellt in Abs. 2 S. 2 klar, dass das Gebot der Vergabe nach Losen einen Grundsatz darstellt, von dem im Einzelfall abgewichen werden kann. Führt eine an sach- und auftragsbezogenen Kriterien orientierte Beschaffungsentscheidung zu dem Ergebnis, eine Gesamtvergabe durchzuführen, ist die damit verbundene Beschränkung oder Einengung des Wettbewerbs als Folge des Bestimmungsrechts grundsätzlich hinzunehmen.[18] **15**

Als Ausnahmetatbestände konstituiert der Gesetzgerber mithin das Vorliegen wirtschaftlicher oder technischer Gründe. Bei der Prüfung, ob ein solcher vergaberechtlicher Ausnahmetatbestand von hinreichendem Gewicht vorliegt, steht dem Auftraggeber zwar ein gewis- **16**

---

[8] Vgl. OLG Düsseldorf Beschl. v. 21.3.2012 – VII-Verg 92/11, NZBau 2012, 515.
[9] Vgl. OLG Düsseldorf Beschl. v. 21.3.2012 – VII-Verg 92/11, NZBau 2012, 515.
[10] Vgl. VK Berlin Beschl. v. 10.2.2005 – VK-B 2-74/04, BeckRS 2013, 57396.
[11] OLG Düsseldorf Beschl. v. 25.11.2009 – 7 Verg 10/07.
[12] VK Niedersachsen Beschl. v. 8.8.2014 – VgK-22/2014, BeckRS 2014, 20959.
[13] VK Niedersachsen Beschl. v. 8.8.2014 – VgK-22/2014, BeckRS 2014, 20959.
[14] VK Rheinland Beschl. v. 6.10.2014 – VK VOL 21/2013, BeckRS 2015, 01935.
[15] Vgl. OLG Koblenz Beschl. v. 16.9.2013 – 1 Verg 5/13, BeckRS 2013, 16569.
[16] Vgl. OLG Koblenz Beschl. v. 16.9.2013 – 1 Verg 5/13, BeckRS 2013, 16569.
[17] Vgl. OLG Koblenz Beschl. v. 16.9.2013 – 1 Verg 5/13, BeckRS 2013, 16569.
[18] Vgl. VK Baden-Württemberg Beschl. v. 29.7.2013 – 1 VK 25/13, IBRRS 2014, 1232.

ser Beurteilungsspielraum zu.[19] Die angeführten Gründe müssen jedoch einzelfallspezifisch und objektiv nachprüfbar sein,[20] da es die öffentlichen Auftraggeber anderenfalls in der Hand hätten, von dem Grundsatz der Fachlosvergabe schon aufgrund allgemeiner und rein spekulativer Erwägungen abzuweichen.[21] Dies gilt insbesondere dann, wenn nicht lediglich mehrere (wirtschaftlich oder technisch zusammenhängende) Fachlose gemeinsam ausgeschrieben werden, sondern das gesamte Bauvorhaben an einen Generalunternehmer vergeben wird, der höchst unterschiedliche Einzelleistungen zu erbringen hat.

17 Welche Anforderungen an die Gründe für eine Generalunternehmer- bzw. Generalübernehmer-Vergabe zu stellen sind, wird in den VOB/A nicht explizit geregelt. Im Hinblick auf den Ausnahmecharakter, den § 5 Abs. 2 S. 2 der Generalunternehmer-Vergabe beimisst, und die strikte Forderung nach einer Vergabe nach Fachlosen in Abs. 2 S. 1 ist die Vorschrift aber dahin auszulegen, dass nur dann, wenn überwiegende Gründe für eine Gesamtvergabe streiten, von der Ausnahmeregelung Gebrauch gemacht werden kann.[22] Wirtschaftliche oder technische Schwierigkeiten, die nach Art und Ausmaß typischerweise mit der Vergabe nach Fachlosen verbunden sind, können daher keine Ausnahme rechtfertigen. Auch an sich plausible Gründe, wie etwa die die Entlastung von der Koordinierung verschiedener Handwerksbetriebe, der Vorzug, nur einen Vertragspartner zu haben oder die einfachere Durchsetzung von Gewährleistungsansprüchen reichen damit nicht aus, einen Ausnahmefall zu begründen.[23] § 5 Abs. liefe leer, wenn zur Begründung einer Gesamtvergabe die Benennung von Schwierigkeiten ausreichte, die typischerweise mit einer losweisen Ausschreibung verbunden sind.[24] Nach dem Zweck des Gesetzes ist ein den Fachlosvergaben immanenter und damit typischerweise verbundener Mehraufwand in Kauf zu nehmen und bei der Abwägung grundsätzlich nicht zu berücksichtigen.[25]

18 Im Rahmen der dem Auftraggeber obliegenden Ermessensentscheidung bedarf es deshalb einer umfassenden Abwägung der widerstreitenden Belange, als deren Ergebnis die für eine zusammenfassende Vergabe sprechenden Gründe nicht nur anerkennenswert sein, sondern überwiegen müssen.[26] Für das Maß eines Überwiegens lassen sich keine allgemeinen Regeln, sondern allenfalls Orientierungshilfen aufstellen.

19 Technische Gründe, die ausnahmsweise den Verzicht auf eine Losaufteilung gestatten, sind dann gegeben, wenn bei einer losweisen Ausschreibung das Risiko besteht, dass der Auftraggeber Teilleistungen erhält, die zwar jeweils ausschreibungskonform sind, aber nicht zusammenpassen und deshalb in ihrer Gesamtheit nicht geeignet sind, den Beschaffungsbedarf in der angestrebten Qualität zu befriedigen.[27] Weiterhin liegen technische Gründe im Sinne der Norm vor, wenn nur durch eine Gesamtvergabe komplexe Konstellationen im Falle der Mangelhaftigkeit verhindert werden können.[28] Auch besondere Interessen an der Einheitlichkeit der Leistungserbringung, die beispielsweise in einem Erfordernis nach der Kompatibilität verschiedener Systeme und baulicher Anlagen zurückzuführen sind, sind in dieser Fallgruppe zu verorten.[29]

20 Wirtschaftliche Gründe liegen vor, wenn Aufteilung in Lose unverhältnismäßige Kostennachteile mit sich bringt oder zu einer starken Verzögerung des Vorhabens führt.[30] Neben Nachteilen der Vergabe in Losen können auch Vorteile einer Gesamtvergabe eine Abwei-

---

[19] Vgl. OLG Düsseldorf Beschl. v. 4.2.2013 – Verg 31/12, RdE 2013, 188, NZBau 2013, 321; Beck VOB/Antweiler GWB § 97 Rn. 27.
[20] Vgl. *Kratzenberg* NZBau 2000, 555.
[21] VGH Bayern Beschl. v. 22.10.2014 – 4 ZB 14.1260, BeckRS 2014, 58940.
[22] Vgl. VG Düsseldorf Urt. v. 16.2.2016 – 19 K 3318/14, BeckRS 2016, 121195.
[23] Vgl. VG Düsseldorf Urt. v. 16.2.2016 – 19 K 3318/14, BeckRS 2016, 121195.
[24] Vgl. OLG Düsseldorf Beschl. v. 11.7.2007 – II-Verg 10/07, Verg 10/07 mwN, BeckRS 2008, 01321.
[25] Vgl. OLG Düsseldorf Beschl. v. 25.11.2009 – VII-Verg 27/09, BeckRS 2010, 02863.
[26] Vgl. OLG Düsseldorf Beschl. v. 25.11.2009 – VII-Verg 27/09, BeckRS 2010, 02863.
[27] VK Bund Beschl. v. 6.12.2016 – VK 1-118/16, BeckRS 2016, 124582.
[28] VK Sachsen Beschl. v. 4.2.2013 – 1/SVK/039-12, BeckRS 2013, 04345.
[29] OLG Düsseldorf Beschl. v. 30.11.2009 – VII-Verg 43/09, BeckRS 2010, 03480.
[30] VG Gelsenkirchen Beschl. v. 4.4.2011 – 11 K 4198/09, ZfBR 2011, 806; OLG Düsseldorf Beschl. v. 8.9.2004 – VII Verg 38/04, NZBau 2004, 688.

chung vom Grundsatz der losweisen Vergabe rechtfertigen. Exemplarisch anzuführen sind Synergieeffekte, die aus prognostischer Sicht durch eine zusammenfassende Vergabe zu erwarten sind.[31]

Aufgrund der im Ausgangspunkt bestehenden Leistungsbestimmungsfreiheit des Auftraggebers, ist dessen Entscheidung, ob, in welchem Umfang und anhand welcher Kriterien Lose gebildet werden, durch Nachprüfinstanzen nur eingeschränkt überprüfbar.[32] Die Entscheidung des Auftraggebers über die Vergabe nach Losen ist im Nachprüfungsverfahren nur daraufhin zu kontrollieren, ob sie auf sach- und auftragsbezogenen Gründen beruht. Es dürfen ihr keine sachfremden, willkürlichen oder diskriminierenden Erwägungen zugrunde liegen. Die Bestimmung muss sachlich gerechtfertigt sein, ihr müssen nachvollziehbare objektive und sachliche Gründe zugrunde liegen.[33] 21

c) Parallelausschreibungen. Neben der reinen Vergabe einer in Losen aufgeteilten Leistung und der ausnahmsweise zulässigen Gesamtvergabe steht der Vergabestelle in bestimmten Fällen auch die Mischform der Parallelvergabe zur Verfügung. Hierbei wird den Bietern die Möglichkeit eröffnet, sowohl ein Angebot hinsichtlich der Gesamten Leistung, als auch der einzelnen Lose, aus denen sich die Gesamtleistung zusammensetzt, abzugeben. Es sind sämtliche vergaberechtlichen Vorgaben zu wahren. So sind derartige Ausschreibungen nur zulässig, sofern die berechtigten Interessen der Bieter im Hinblick auf einen zumutbaren Arbeitsaufwand gewahrt werden und zugleich sichergestellt ist, dass die wirtschaftlichste Verfahrensweise auch tatsächlich zum Zuge kommt und das Verfahren für die Beteiligten hinreichend transparent ist. 22

Weiterhin muss das Vergabeverfahren so angelegt sein, dass die spätere Angebotswertung zu einem wirtschaftlichsten Angebot führt und dem Auftraggeber nicht die Möglichkeit eröffnet, unter mehreren wirtschaftlichsten Angeboten nicht vergleichbarer Art zu wählen.[34] 23

§ 6 Teilnehmer am Wettbewerb

(1) Der Wettbewerb darf nicht auf Unternehmen beschränkt werden, die in bestimmten Regionen oder Orten ansässig sind.

(2) Bietergemeinschaften sind Einzelbietern gleichzusetzen, wenn sie die Arbeiten im eigenen Betrieb oder in den Betrieben der Mitglieder ausführen.

(3) Am Wettbewerb können sich nur Unternehmen beteiligen, die sich gewerbsmäßig mit der Ausführung von Leistungen der ausgeschriebenen Art befassen.

Übersicht

	Rn.		Rn.
I. Normzweck, Entstehungsgeschichte	1–4	a) Begriffsbestimmung und Abgrenzung	9–11
II. Einzelerläuterung	5–38	b) Kartellrechtliche Vorfragen	12–31
1. Verbot regionaler Beschränkungen (Abs. 1)	5–8	c) Wechsel im Mitgliederbestand der Bietergemeinschaft	32–35
2. Gleichsetzung von Bietergemeinschaften mit Einzelbietern (Abs. 2)	9–37	d) Nachträgliche Bietergemeinschaft	36, 37
		3. Beteiligungsfähigkeit (Abs. 3)	38

I. Normzweck, Entstehungsgeschichte

Prima facie erfuhr der § 6 mit der Fassung der VOB/A 2016 erhebliche Änderungen. Dieser Befund relativiert sich jedoch, wenn man die nachfolgenden Regelungen des § 6a 1

---

[31] OLG Düsseldorf Beschl. v. 25.11.2009 – VII-Verg 27/09, BeckRS 2010, 02863.
[32] OLG Düsseldorf Beschl. v. 30.11.2009 – VII-Verg 43/09, BeckRS 2010, 03480.
[33] OLG Düsseldorf Beschl. v. 17.2.2010 – VII-Verg 42/09, BeckRS 2010, 06143; OLG Düsseldorf Beschl. v. 1.8.2012 – VII-Verg 10/12, NZBau 2012, 785; VK Baden-Württemberg Beschl. v. 29.7.2013 – 1 VK 25/13, IBRRS 2014, 1232.
[34] Vgl. VK Niedersachsen Beschl. v. 22.10.2009 – VgK-49/2009, BeckRS 2009, 89483.

und § 6b in die Betrachtung mit einbezieht. Die Regelungen des § 6 VOB/A 2012 sind – im Regelungsgehalt weitestgehend identisch – in die §§ 6, 6a und 6b aufgegangen.

2 Die Regelungen der § 6 Abs. 1 und 2 entsprechen weitestgehend den § 6 Abs. 1 Nr. 1 und 2 VOB/A-Fassungen von 2012 und 2009 bzw. dem § 8 Nr. 1 Abs. 1 VOB/A 2006. Die Regelung über Bietergemeinschaften war in der Fassung 2006 noch in § 25 Nr. 6 verortet.

3 § 6 Abs. 3 entspricht in seinem Regelungsgehalt im Wesentlichen dem § 6 Abs. 2 Nr. 1 der VOB/A von 2009 und 2012 bzw. dem § 8 Nr. 2 Abs. 1 VOB/A 2006. Nach der Fassung von 2016 können sich am Wettbewerb „nur Unternehmen beteiligen, die sich gewerbsmäßig mit der Ausführung von Leistungen der ausgeschriebenen Art befassen". Die Vorgängerregelungen richteten sich noch an den Auftraggeber als Gebot, „die Unterlagen [nur] an alle Bewerber abzugeben, die sich gewerbsmäßig mit der Ausführung von Leistungen der ausgeschriebenen Art befassen".

4 Einige der Regelungen aus § 6 finden sich auch in der neuen Verfahrensordnung für die Vergabe öffentlicher Liefer- und Dienstleistungsaufträge unterhalb der EU-Schwellenwerte (Unterschwellenvergabeordnung UVgO), die am 7.2.2017 im Bundesanzeiger bekannt gemacht wurde.[1] Insoweit kommt es in einigen Bereichen zu einem Gleichklang mit den Regelungen der VOB/A. So regelt § 32 Abs. 2 UVgO das Modell der Bietergemeinschaft in ähnlicher Weise wie § 6 Abs. 2:

> „Bewerber- und Bietergemeinschaften sind wie Einzelbewerber und -bieter zu behandeln. Der Auftraggeber darf nicht verlangen, dass Gruppen von Unternehmen eine bestimmte Rechtsform haben müssen, um einen Antrag auf Teilnahme zu stellen oder ein Angebot abzugeben. Sofern erforderlich, kann der Auftraggeber in den Vergabeunterlagen Bedingungen festlegen, wie Gruppen von Unternehmen die Eignungskriterien zu erfüllen und den Auftrag auszuführen haben; solche Bedingungen müssen durch sachliche Gründe gerechtfertigt und angemessen sein."

II. Einzelerläuterung

5 **1. Verbot regionaler Beschränkungen (Abs. 1).** § 6 Abs. 1 verbietet eine Anknüpfung an die lokale Ansässigkeit des Unternehmers. Dieses konkrete Diskriminierungsverbot stellt einen Ausfluss aus dem allgemeinen Gleichbehandlungsgrundsatz dar, der einen freien Wettbewerb gewährleisten soll. Insoweit kann die Norm auch als rein deklaratorische Nennung eines Einzelfalles verstanden werden. Sie stellt klar, dass selbst Erwägungen hinsichtlich der Förderung regional ansässiger Unternehmen gerade keine Ungleichbehandlung bestimmter Bieter zu rechtfertigen imstande sind. Unzulässig sind damit im Grundsatz Maßnahmen, die eine regionale Beschränkung des Bieterkreises zur Folge haben (können).[2] Das Diskriminierungsverbot ist immer dann zu beachten, wenn dem öffentlichen Auftraggeber Beurteilungs- und Ermessensspielräume zugebilligt sind.

6 Der vergaberechtliche Grundsatz, wonach dem öffentlichen Auftraggeber die (vom Vergaberecht unberührte) Freiheit zusteht, über den gewünschten Beschaffungsgegenstand autonom zu entscheiden,[3] kann den Gleichbehandlungsgrundsatz in bestimmten Fällen faktisch überlagern. An den Schnittstellen beider Grundsätze sind mithin Ausnahmen denkbar, die das in § 6 Abs. 1 postulierte Verbot nicht uneingeschränkt gelten lassen. Auch die Bestimmungsfreiheit des Auftraggebers gilt nicht uneingeschränkt. Sie hat stets einer Rechtfertigung durch einen sachlichen Grund standzuhalten.[4] Vor diesem Hintergrund können Einschränkungen des Diskriminierungsverbots nur dort möglich sein, wo sie von einer sachlich gerechtfertigten Ausübung der Bestimmungsfreiheit des Auftraggebers überlagert werden. Solche Konstellationen können sich insbesondere im Anwendungsbereich des § 7 Abs. 2 ergeben. Eine zulässigerweise vorgenommene produktbezogene Leistungsbe-

---

[1] BAnz. AT 7.2.2017 B1.
[2] Vgl. OVG Schleswig Urt. v. 23.8.2001 – 4 L 5/01, ZfBR 2002, 305 (306).
[3] Vgl. OLG Düsseldorf Beschl. v. 22.5.2013 – Verg 16/12, VPR 2013, 102 = NZBau 2013, 650; OLG Düsseldorf Beschl. v. 25.3.2013 – Verg 6/13, VPR 2013, 150 = BeckRS 2013, 15867.
[4] OLG Düsseldorf Beschl. v. 22.5.2013 – Verg 16/12, VPR 2013, 102 = NZBau 2013, 650.

schreibung kann im Ergebnis zur Folge haben, dass sich der Bieterkreis ausschließlich auf bestimmte regionale Unternehmer beschränkt. Der Auftraggeber ist bei der dem Vergabeverfahren vorgelagerten Entscheidung für eine bestimmte (Produkt-)Herkunft im Grundsatz ungebunden und weitestgehend frei, sofern er sachliche Gründe hierfür vorbringt.[5] Solche sachlichen Gründe sind durch Vergabenachprüfinstanzen nur (eingeschränkt) auf Willkürfreiheit kontrollierbar.[6] Hieraus ergibt sich, dass das Diskriminierungsverbot nach § 6 Abs. 1 bei systematischer Betrachtung der Gesetzesmaterie kein absolutes Verbot darstellen kann.

Neben mittelbar-faktischen sind auch unmittelbare Einschränkungen des lokalen Diskriminierungsverbots denkbar und in bestimmten Fällen möglich. Anforderungen in den Vergabeunterlagen an eine bestimmte örtliche Präsenz des Unternehmers sind bei Vorliegen angemessener, sachlicher, inhaltlicher und auftragsbezogener Rechtfertigungsgründe ausnahmsweise zulässig. So lässt die VK Baden-Württemberg[7] eine solche Diskriminierung zu, wenn die Anwesenheit des Ausführenden vor Ort hinreichend erforderlich ist. Auch der EuGH lässt in grenzüberschreitenden Sachverhalten das Kriterium der Ortsansässigkeit in Ausnahmefällen zu. Eine Verletzung des freien Dienstleistungsverkehrs ist dann gerechtfertigt, wenn die Kriterien in nichtdiskriminierender Weise angewandt werden, aus zwingenden Gründen des Allgemeininteresses gerechtfertigt sind, geeignet sind, die Erreichung des mit ihnen verfolgten Zieles zu gewährleisten, und nicht über das hinausgehen, was zur Erreichung dieses Zieles erforderlich ist.[8]

Die grundsätzliche Legitimität der Anknüpfung an regionale Strukturen ergibt sich auch aus einer komparativen Interpretation mit Blick auf § 14 Abs. 6 HVTG (Hessisches Vergabe- und Tariftreuegesetz). Im Rahmen von Vergaben in öffentlich-privater Partnerschaft „ist als weiteres Bewertungskriterium die regionale Wertschöpfung durch die Beteiligung mittelständischer Unternehmen in den Vergabeunterlagen abzufragen und bei der Wertung angemessen zu gewichten". Trotz des auch hier geltenden – mit § 6 Abs. 1 vergleichbaren – Diskriminierungsverbots gem. § 2 Abs. 4 HVTG wird dem in Einzelfällen begründeten Bedürfnis nach der Beauftragung regional ansässiger Unternehmen durch eine ausdrückliche gesetzliche Regelung Rechnung getragen.

2. Gleichsetzung von Bietergemeinschaften mit Einzelbietern (Abs. 2).
a) Begriffsbestimmung und Abgrenzung. Die Norm bestimmt, dass im Vergabeverfahren Bietergemeinschaften Einzelbietern gleichzusetzen sind. Hintergrund ist auch hier – wie bei der Vergabe nach Losen – der Schutz und die Förderung des Mittelstands. Komplexität, Umfang und Vielschichtigkeit des ausgeschriebenen Leistungsgegenstandes können in Einzelfällen eine Ausführung durch mehrere Unternehmen aus verschiedenen Fachrichtungen unabdingbar machen. Ein Bedürfnis nach der Bildung einer Bietergemeinschaft entsteht hiernach immer dort, wo eine losweise Vergabe nicht erfolgt. Auch kann sich die Notwendigkeit daraus ergeben, dass zwar losweise ausgeschrieben wird, die einzelnen Lose aber entsprechend umfangreich sind. Der einzig beschreibbare Weg zum Erhalt des Zuschlags liegt für mittelständische Fachunternehmer in der Bildung von Bietergemeinschaften.[9] Alternativ kann sich ein einzelner Unternehmer lediglich unter Einbindung eines Subunternehmers an einer Ausschreibung beteiligen. Der Zusammenschluss zu einer Bietergemeinschaft ist oftmals in mehrfacher Hinsicht vorzugswürdig. Durch das gemeinschaftliche Auftreten als Anbieter kann auch die Leistung aus einer Hand angeboten werden, was nicht zuletzt auch für den Auftraggeber vorteilhaft ist. Weiterhin verteilt sich die wirtschaftliche Last auf mehrere Schultern; gleichzeitig erhöhen sich Bonität und Liquidität des Anbieters. Nicht zuletzt ermöglicht ein gleichberechtigter Zusammenschluss auf einer Ebene zumeist einen effizienteren Einsatz von Material- und Arbeitsressourcen. Mithin ziehen öffentliche Auf-

---

[5] OLG Düsseldorf Beschl. v. 12.2.2014 – VII-Verg 29/13, BeckRS 2014, 08851.
[6] OLG Düsseldorf Beschl. v. 12.2.2014 – VII-Verg 29/13, BeckRS 2014, 08851.
[7] VK Baden-Württemberg Beschl. v. 10.1.2011 – 1 VK 69/10, ZfBR 2011, 709.
[8] EuGH Urt. v. 27.10.2005 – C-234/03 Rn. 79, NVwZ 2006, 187.
[9] Vgl. VK Bund Beschl. v. 1.2.2001 – VK1-1/01, IBRRS 2013, 2576.

traggeber Bietergemeinschaften solchen Anbietern vor, die den Auftrag nur unter Einschaltung eines Subunternehmers zu lösen imstande sind.

10 Eine Bietergemeinschaft ist ein rechtlicher Zusammenschluss mindestens zweier Unternehmen zum Zwecke der gemeinsamen Bewerbung um ein ausgeschriebenes Angebot. Im Regelfall handelt es sich bei Bietergemeinschaften um Gesellschaften bürgerlichen Rechts (GbR), sodass für die rechtlichen Rahmenbedingungen auf die zivilrechtlichen Regelungen der §§ 705 ff. BGB verwiesen werden kann. Grundsätzlich unterscheidet man zwischen zwei Arten von Bietergemeinschaften. In horizontalen Bietergemeinschaften schließen sich mehrere Unternehmen oder Handwerker derselben Branche oder desselben Gewerks zusammen, um mit vereinten Kräften Auftragsvolumina zu bewältigen, die sie einzeln aus Personal- oder Infrastruktur-Gründen nicht hätten annehmen können. Hier ist ein besonderes Vertrauensverhältnis zwischen den Einzelunternehmen vonnöten, da jeder Partner zwangsläufig umfangreiche und eigentlich vertrauliche Umsatz-, Liquiditäts- und Kompetenznachweise und -angaben der Vergabestelle und somit auch der Bietergemeinschaft zugänglich macht. In vertikalen Bietergemeinschaften ergänzen sich unterschiedliche Gewerke oder Branchen zu einem Gesamtangebot, das die komplette Durchführung größerer Projekte ermöglicht. In dieser Gemeinschaftsform sollte natürlich auch ein grundsätzlich vertrauensvolles Klima herrschen, direkte Konkurrenz-Situationen ergeben sich aber deutlich seltener.

11 Abzugrenzen ist der Terminus der Bietergemeinschaft von dem der Arbeitsgemeinschaft (ARGE). Erhält die Bietergemeinschaft den Zuschlag, wandelt sie sich in eine ARGE um, die – ebenfalls meist als GbR organisiert – die sachlich und zeitlich begrenzte gemeinsame Ausführung des Auftrags zum Zwecke hat. Während es für den Bietergemeinschaftsvertrag ausreichend ist, bloße Rahmenbedingungen im Falle der Zuschlagserteilung zu vereinbaren, regelt der Arbeitsgemeinschaftsvertrag detailliert die im Einzelnen zu erbringenden Beiträge der Unternehmer. Die Leitung der Geschäfte wird in kaufmännischer und technischer Hinsicht abhängig vom Umfang der Leistung auf einen oder mehrere Gesellschafter (sog. „Federführer") übertragen. Dem technischen Geschäftsführer obliegt die Sicherstellung der Einhaltung des ARGE-Vertrages, das Überwachen der Bauarbeiten und die Vertretung der ARGE gegenüber Dritten. Der kaufmännische Geschäftsführer hat den Geldverkehr, den Einkauf und die Materialverwaltung zu erledigen. Seine Vertretungsbefugnis umfasst in der Regel nur kaufmännische Angelegenheiten.

12 **b) Kartellrechtliche Vorfragen. aa) Verhältnis zwischen Vergabe- und Kartellrecht.** Der vom KG Berlin[10] ausgesprochenen Vermutung, Bietergemeinschaften verstießen regelmäßig gegen Kartellrecht, kann aus gesetzessystematischer Sicht nicht gefolgt werden. Aus der Sicht des KG verstießen Bietergemeinschaften schon Ihrem Wesen nach gegen das Kartellrecht. Das Eingehen einer Bietergemeinschaft erfülle ohne Weiteres den Tatbestand einer Abrede bzw. Vereinbarung iSv § 1 GWB. Auch sei die naturgemäße Folge des Eingehens einer Bietergemeinschaft, dass sich die Mitglieder der Gemeinschaft jedenfalls in Bezug auf den ausgeschriebenen Auftrag nicht wettbewerblich untereinander verhalten.

13 Dem ist mit Recht entgegenzuhalten, dass die gesetzlich vorausgesetzte Existenz des Instituts der Bietergemeinschaft deren grundsätzliche Zulässigkeit impliziert.[11] Richtigerweise sind kartellrechtliche Vorfragen stets einzelfallbezogen zu klären und Verstöße gegen das Kartellrecht nicht ohne Weiteres anzunehmen.[12] Daran gemessen ist der öffentliche Auftraggeber nicht berechtigt, verbindliche Regeln darüber aufzustellen, unter welchen Tatbestandsvoraussetzungen und wann die Eingehung einer Bietergemeinschaft als ein Kartellrechtsverstoß anzusehen ist oder nicht. Über die Zulässigkeit oder Unzulässigkeit von

---

[10] Vgl. KG Beschl. v. 24.10.2013 – Verg 11/13, NZBau 2013, 792.
[11] OLG Düsseldorf Beschl. v. 17.12.2014 – VII-Verg 22/14, NZBau 2015, 176; OLG Karlsruhe Beschl. v. 8.1.2010 – 15 Verg 1/10, BeckRS 2010, 26785.
[12] OLG Karlsruhe Beschl. v. 8.1.2010 – 15 Verg 1/10, BeckRS 2010, 26785; VK Südbayern Beschl. v. 1.2.2016 – Z3-3/3194/1/58/11/15, BeckRS 2016, 42985; VK Baden-Württemberg Beschl. v. 4.6.2014 – 1 VK 15/14, BeckRS 2015, 47530.

Bietergemeinschaften sowie von Wettbewerbseinschränkungen hat das Gesetz entschieden und haben durch eine Anwendung auf den Einzelfall die Kartellgerichte zu befinden (§§ 87, 91, 94 GWB), unter anderem allerdings auch die Vergabenachprüfungsinstanzen, sofern dies im Rahmen einer vergaberechtlichen Anknüpfungsnorm inzident entscheidungserheblich ist.[13] Insoweit gebietet § 2 Abs. 1 Nr. 2 eine inzidente Prüfung kartellrechtlicher Vorschriften. Die Frage nach der kartellrechtlichen Zulässigkeit des Zusammenschlusses zu einer Bietergemeinschaft ist eine solche, die dem eigentlichen Vergaberecht vorgelagert ist. Dies bedeutet, dass kein „Vergabeprivileg" dergestalt besteht, dass die vergaberechtliche Zulässigkeit der Bietergemeinschaft stets kartellrechtliche Verstöße unbeachtlich werden lässt. Das Vergaberecht entfaltet gegenüber dem Kartellrecht keine Sperrwirkung. Vielmehr gilt umgekehrt, dass die vergaberechtliche Zulässigkeit einer Zuschlagserteilung mit der kartellrechtlichen Rechtmäßigkeit steht und fällt.[14]

Im Ergebnis ist die Bildung von Bietergemeinschaften grundsätzlich zulässig und unterliegt nicht dem Generalverdacht der Kartellrechtswidrigkeit. Eine Vereinbarung verschiedener Unternehmen, sich mit einer Bietergemeinschaft an der Ausschreibung für einen bestimmten Auftrag zu beteiligen, ist gem. § 1 GWB nur verboten, wenn die Vereinbarung geeignet ist, die Marktverhältnisse durch Beschränkung des Wettbewerbs spürbar zu beeinflussen.[15]

bb) Zulässigkeit von Bietergemeinschaften. Eine Wettbewerbsbeschränkung ist von vornherein dann zu verneinen, wenn zwischen den kooperierenden Unternehmen kein Wettbewerb besteht, also insbesondere zwischen Unternehmen verschiedener Branchen und Gebiete (vertikale Bietergemeinschaften).[16] Ohne existenten Wettbewerb besteht keine Gefahr einer Beschränkung.

Auch gleichartige, aktuell oder potenziell zueinander im Wettbewerb stehende Unternehmen, können kartellrechtlich unbedenkliche (horizontale) Bietergemeinschaften bilden. Im Ansatz wird dieser Wettbewerb durch die Abrede einer Bietergemeinschaft regelmäßig eingeschränkt. Gleichwohl erachtet die Rechtsprechung Bietergemeinschaften zwischen branchenangehörigen Unternehmen für wettbewerbsschädlich, sofern die beteiligten Unternehmen ein jedes für sich zu einer Teilnahme an der Ausschreibung mit einem eigenen (und selbstverständlich auch aussichtsreichen) Angebot auf Grund ihrer betrieblichen oder geschäftlichen Verhältnisse (zB mit Blick auf Kapazitäten, technische Einrichtungen und/oder fachliche Kenntnisse) nicht leistungsfähig sind, und erst der Zusammenschluss zu einer Bietergemeinschaft sie in die Lage versetzt, sich daran (mit Erfolgsaussicht) zu beteiligen.[17] Ebenfalls als zulässig erachtet wird die Fallgruppe, dass die Unternehmen für sich genommen zwar leistungsfähig sind (insbesondere über die erforderlichen Kapazitäten verfügen), die Kapazitäten aufgrund anderweitiger Bindung aktuell jedoch nicht einsetzbar sind.[18] Weiterhin zulässig sind Fälle, die einzelnen Unternehmen für sich zwar leistungsfähig sind, ein erfolgversprechendes Angebot jedoch nur durch den Zusammenschluss zustande gebracht werden kann. Dabei muss es sich subjektiv um eine Unternehmensentscheidung handeln, die auf wirtschaftlich zweckmäßigen Erwägungen beruht und sich als kaufmännisch ver-

---

[13] Vgl. BGH Beschl. v. 18.6.2012 – X ZB 9/11, ZfBR 2012, 721; OLG Düsseldorf Beschl. v. 1.8.2012 – VII-Verg 105/11 mwN, ZfBR 2012, 826.
[14] OLG Düsseldorf Beschl. v. 29.7.2015 – VII-Verg 6/15, BeckRS 2015, 18294.
[15] BGH Urt. v. 13.12.1983 – KRB 3/83, GRUR 1984, 379.
[16] OLG Düsseldorf Beschl. v. 9.11.2011 – VII-Verg 35/11, ZfBR 2012, 305.
[17] Vgl. OLG Düsseldorf Beschl. v. 17.2.2014 – VII-Verg 2/14, NZBau 2014, 716 m. Verweis auf BGH Urt. v. 13.12.1983 – KRB 3/83, WuW/E BGH 2050 = GRUR 1984, 379 – Bauvorhaben Schramberg; BGH Urt. v. 5.2.2002 – KZR 3/01, GRUR 2002, 644 = NJW 2002, 2176 (2178) – Jugendnachtfahrten; OLG Düsseldorf Beschl. v. 23.3.2005 – VII-Verg 68/04, BeckRS 2005, 04881; KG Beschl. v. 21.12.2009 – 2 Verg 11/09, BeckRS 2010, 3552; OLG Frankfurt a. M. Beschl. v. 27.6.2003 – 11 Verg 2/03, NZBau 2004, 60; OLG Koblenz Beschl. v. 29.12.2004 – 1 Verg 6/04, ZfBR 2005, 407; Langen/Bunte/*Bunte* GWB § 1 Rn. 151 ff. mwN.
[18] Vgl. OLG Düsseldorf Beschl. v. 1.7.2015 – VII-Verg 17/15, ZfBR 2016, 822; OLG Düsseldorf Beschl. v. 17.2.2014 – VII-Verg 2/14, NZBau 2014, 716.

nünftiges Handelns darstellt.[19] Erst der Zusammenschluss versetzt in diesen Fällen die Unternehmen in der Lage, überhaupt an der Ausschreibung teilzunehmen, sodass der Wettbewerb anstelle einer Beschränkung gar eine Bereicherung erfährt.[20]

17   Die Entscheidung eines Unternehmens, sich als Mitglied einer Bietergemeinschaft an einer Ausschreibung zu beteiligen, unterliegt der Einschätzungsprärogative der beteiligten Unternehmen, die nur beschränkt auf die Einhaltung ihrer Grenzen kontrollierbar ist.[21] Sie muss freilich auf objektiven Anhaltspunkten beruhen, deren Vorliegen uneingeschränkt zu überprüfen ist, sodass die Entscheidung zur Eingehung einer Bietergemeinschaft vertretbar erscheint.[22]

18   **cc) Darlegungslast der kartellrechtlichen (Un-)Zulässigkeit.** Im Zusammenhang mit der Tatsache, dass die Entscheidung von Bietern zur Eingehung einer Bietergemeinschaft auf den in Abs. 2 genannten objektiven Merkmalen zu beruhen hat, stellt sich die Frage, welche der Parteien das Vorliegen dieser Tatsachen darzulegen und ggf. zu beweisen hat.

19   Die Tatsache, dass eine Bietergemeinschaft potenziell gegen Wettbewerbsrecht verstoßen kann, lässt für sich genommen noch nicht den Schluss zu, dass die Bietergemeinschaft die ihre Zulässigkeit rechtfertigenden objektiven Anhaltspunkte darzulegen hat. Ausgangspunkt ist die Überlegung, dass Art. 101 AEUV und § 1 GWB nicht die Vermutung enthalten, dass eine Bietergemeinschaft eine Verhinderung, Einschränkung oder Verfälschung des Wettbewerbs bezweckt oder bewirkt.[23] Infolgedessen muss die Darlegung muss nicht schon mit der Abgabe des Angebots erfolgen, sondern sie muss erst auf eine entsprechende gesonderte Aufforderung des Auftragsgebers zur Erläuterung der Gründe für die Bildung der Bietergemeinschaft erfolgen. Eine solche Aufforderung durch den Auftraggeber muss erfolgen, wenn es zureichende Anhaltspunkte dafür gibt, dass es sich bei dem Bieter um eine unzulässige Bietergemeinschaft handelt, beispielsweise wenn die beteiligten Unternehmen gleichartige, in derselben Branche tätige Wettbewerber sind und nichts dafür spricht, dass sie mangels Leistungsfähigkeitsobjekt objektiv nicht in der Lage gewesen wären, unabhängig voneinander ein Angebot zu machen, sodass die Entscheidung zur Zusammenarbeit auf einer wirtschaftlich zweckmäßig und kaufmännisch vernünftigen Unternehmensentscheidung beruht.[24] Auf Aufforderung haben die beteiligten Unternehmen hierzu vorzutragen, um dem Auftraggeber eine gezielte kartellrechtliche Einzelfallprüfung zu ermöglichen.[25]

20   Der Ausschluss einer Bietergemeinschaft wegen der in ihrer Bildung liegenden Wettbewerbseinschränkung ist erst zulässig, nachdem der Auftraggeber die Bietergemeinschaft zu einer Erläuterung der Gründe für die Bildung aufgefordert hat.[26]

21   **dd) Bietergemeinschaften im Konzernverbund.** Generell gilt: Unternehmen können in verschiedenen Rollen an einem Vergabeverfahren teilnehmen: als Bietergemeinschaft oder Einzelbieter, als Nachunternehmer mit oder ohne Eignungsrelevanz, als bloßer Lieferant oder im Rahmen bloßer Eignungsleihe. Keine Lösung ist es, die Einordnung dem

---

[19] Vgl. OLG Düsseldorf Beschl. v. 1.7.2015 – VII-Verg 17/15, ZfBR 2016, 822; OLG Düsseldorf Beschl. v. 17.2.2014 – VII-Verg 2/14, NZBau 2014, 716.
[20] BGH Urt. v. 13.12.1983 – KRB 3/83, GRUR 1984, 379; OLG Düsseldorf Beschl. v. 9.11.2011 – VII-Verg 35/11, ZfBR 2012, 305; VK Südbayern Beschl. v. 1.2.2016 – Z3-3/3194/1/58/11/15, BeckRS 2016, 42985.
[21] OLG Düsseldorf Beschl. v. 1.7.2015 – VII-Verg 17/15, ZfBR 2016, 822.
[22] Vgl. OLG Düsseldorf Beschl. v. 9.11.2011– VII-Verg 35/11, NZBau 2012, 252; VK Bund Beschl. v. 31.7.2017 – VK 2-68/17, IBRRS 2017, 3103 (nicht bestandskräftig; Beschwerde: OLG Düsseldorf Beschl. v. 17.1.2018. Verg 39/17, NZBau 2018, 237).
[23] OLG Düsseldorf Beschl. v. 1.7.2015 – Verg 17/15, ZfBR 2016, 822; OLG Düsseldorf Beschl. v. 17.12.2014 – VII-Verg 22/14, NZBau 2015, 176.
[24] OLG Düsseldorf Beschl. v. 1.7.2015 – VII-Verg 17/15, ZfBR 2016, 822; OLG Düsseldorf Beschl. v. 17.12.2014 – VII-Verg 22/14, NZBau 2015, 176 unter Verweis auf Senat Beschl. v. 9.11.2011 – VII-Verg 35/11, ZfBR 2012, 305; OLG Düsseldorf Beschl. v. 17.2.2014 – VII-Verg 2/14, NZBau 2014, 716; OLG Düsseldorf Beschl. v. 21.3.2012 – VII-Verg 92/11, NZBau 2012, 515; *Mager/Lotz* NZBau 2014, 328 ff.; *Oberbuschmann* VergabeR 2014, 634, ff.
[25] OLG Düsseldorf Beschl. v. 17.2.2014 – VII-Verg 2/14, NZBau 2014, 716 mwN.
[26] OLG Düsseldorf Beschl. v. 28.1.2015 – VII – Verg 31/14, NZBau 2015, 503.

Auftraggeber zu überlassen und Partner vorsichtshalber sowohl als Mitglied einer Bietergemeinschaft, als auch als Nachunternehmer zu bezeichnen.[27]

Konzernangehörige Unternehmen sind kartellrechtlich zusammen mit dem Mutterunternehmen als einheitliches Unternehmen anzusehen (vgl. § 36 Abs. 2 GWB). Innerhalb eines Unternehmens besteht zwischen den angeschlossenen Unternehmen nicht notwendig ein Wettbewerb. Unter konzernangehörigen Unternehmen kann ein Wettbewerb beschränkt werden.[28] Gehen einem vertraglichen Unterordnungskonzern angehörige Unternehmen eine Bietergemeinschaft ein, ist § 1 GWB infolge des sog. Konzernprivilegs in der Regel nicht tangiert. Dem beherrschenden Unternehmen ist es jederzeit möglich, ihm angehörende Unternehmen zur Eingehung einer Bietergemeinschaft anzuweisen. Allein die jederzeitige rechtliche Möglichkeit zu einer solchen Anweisung entzieht die Vereinbarung einer Bietergemeinschaft dem Schutzbereich der Norm. Innerhalb eines vertraglichen Unterordnungskonzerns herrscht deshalb ungeachtet dessen, ob eine Weisung des beherrschenden Unternehmens im Einzelfall ergangen ist, nur ein potentiell beschränkbarer Wettbewerb. Die Muttergesellschaft kann eine solche Weisung jederzeit treffen, was die Vereinbarung einer Bietergemeinschaft im vertraglichen Unterordnungskonzern von einer Anwendung des § 1 GWB suspendiert.[29] Die Rechtslage nach § 101 Abs. 1 AEUV unterscheidet sich davon im Ergebnis nicht.[30]

Zum faktischen Unterordnungskonzern ist zu bemerken: Sofern das herrschende Unternehmen aufgrund mehrheitlicher oder ausschließlicher Kapitalbeteiligung und/oder personeller Verflechtungen in der Geschäftsführung oder im Aufsichtsrat über die tatsächliche und rechtliche Möglichkeit verfügt, das Wettbewerbsverhalten der konzernangehörigen Unternehmen zu steuern, ist der konzerninterne Wettbewerb nicht Schutzgegenstand des § 1 GWB. Im GmbH-Konzern darf das herrschende Unternehmen, erst recht dasjenige, welches, wie im Streitfall, sämtliche Geschäftsanteile innehat, der Geschäftsführung eines untergeordneten Unternehmens verbindliche Weisungen erteilen (s. § 37 Abs. 1 GmbHG).[31] Die Unionsrechtslage ist nicht anders zu beurteilen.[32]

Das Verbot wettbewerbsbeschränkender Abreden unter Bietern geht nicht weiter als das Wettbewerbsprinzip des § 97 Abs. 1 GWB. Der im AEUV, im GWB und in den Vergabeordnungen verwendete Begriff des Wettbewerbs ist in keinem unterschiedlichen Sinn zu verstehen. Das vergaberechtliche Gebot des Geheimwettbewerbs kann von konzernangehörigen Unternehmen nur verletzt werden, wenn sie (getrennte) Parallelangebote zu einer Ausschreibung einreichen, diese mithin in den Wettbewerb stellen, aber keine Vorkehrungen dagegen getroffen haben, dass die wechselseitigen Angebotsinhalte nicht bekannt sind oder bekannt werden können.[33]

Es ist anzuerkennen, dass kleine und mittlere Unternehmen bei der Vereinbarung von Bietergemeinschaften mit ebensolchen Unternehmen einem erheblich größeren und zeitaufwändigeren Abstimmungsbedarf und Bearbeitungsaufwand unterliegen als konzernangehörige Unternehmen.

Die bei einer Anwendung des § 1 GWB, Art. 101 Abs. 1 AEUV gewöhnlich anzuwendenden Zulässigkeitsmaßstäbe an Bietergemeinschaften gelten für Bietergemeinschaften zwischen Konzernunternehmen nicht (Betätigen sich die beteiligten Unternehmen auf verschiedenen Märkten oder gehören sie demselben Markt an? Sofern sie auf demselben Markt

---

[27] OLG Hamburg Beschl. v. 31.3.2014 – 1 Verg 4/13, NZBau 2014, 659.
[28] VK München Beschl. v. 1.2.2016 – Z3-3-3194-1-58-11/15, BeckRS 2016, 42985.
[29] VK München Beschl. v. 1.2.2016 – Z3-3-3194-1-58-11/15, BeckRS 2016, 42985 m. Verweis auf OLG Düsseldorf Beschl. v. 29.7.2015 – Verg 6/15, BeckRS 2015, 18294.
[30] OLG Düsseldorf Beschl. v. 29.7.2015 – VII-Verg 5/15, NZBau 2015, 787 m. Verweis auf Immenga/Mestmäcker/*Emmerich* AEUV Art. 101 Abs. 1 Rn. 49–53 mwN.
[31] OLG Düsseldorf Beschl. v. 29.7.2015 – VII-Verg 5/15, NZBau 2015, 787.
[32] OLG Düsseldorf Beschl. v. 29.7.2015 – VII-Verg 5/15, NZBau 2015, 787 m. Verweis auf Immenga/Mestmäcker/*Emmerich* AEUV Art. 101 Abs. 1 Rn. 49–53.
[33] OLG Düsseldorf Beschl. v. 29.7.2015 – VII-Verg 6/15, BeckRS 2015, 18294; OLG Düsseldorf Beschl. v. 13.4.2011 – VII-Verg 4/11, NZBau 2011, 371.

tätig sind: Zählen sie zu einer der drei Fallgruppen, bei denen das Kartellverbot nicht verletzt ist?).[34]

27 **ee) Bietergemeinschaften und Geheimwettbewerb.** Eine essentielle und unverzichtbare Grundvoraussetzung jeder Auftragsvergabe ist die Sicherstellung eines geheimen Wettbewerbs zwischen den beteiligten Bietern. Nur dann, wenn jeder Bieter die ausgeschriebene Leistung in Unkenntnis der konkurrierenden Angebote, Angebotsgrundlagen und Angebotskalkulationen anbietet, kommt überhaupt ein echter Wettbewerb zustande.[35] Besondere Bedeutung kommt deshalb der strikten Einhaltung der vertraulichen Behandlung der Angebote zu. Vor dem Eröffnungstermin sind die schriftlich zugegangenen Angebote beim Eingang auf dem ungeöffneten Umschlag zu kennzeichnen und ungeöffnet unter Verschluss zu halten (§ 14 Abs. 8). Zu Beginn des Eröffnungstermins hat der Verhandlungsleiter festzustellen, ob der Verschluss der schriftlichen Angebote unversehrt ist. Selbst im Anschluss an den Eröffnungstermin sind die Angebote und ihre Anlagen sorgfältig zu verwahren und geheim zu halten. Diese strenge Ausprägung, die der Vertraulichkeitsgrundsatz in den geltenden Vergaberechtsbestimmungen erfahren hat, dient einerseits dem Schutz der Bieter insoweit, als die Kenntnis der Angebotskalkulation eines Unternehmens einen Einblick in das Betriebs- und Wirtschaftlichkeitskonzept ermöglicht. Über diese individualschützende Zielrichtung hinaus bietet der Vertraulichkeitsgrundsatz jedoch auch die Gewähr dafür, dass der öffentliche Auftraggeber seiner gesetzlichen Pflicht zur wirtschaftlichen Beschaffung gerecht werden kann.[36] Fehlen die Grundstrukturen eines geheimen Wettbewerbs, gibt es keinen Mechanismus, der die handelnden Institutionen zu wirtschaftlichem Angebots- und Nachfrageverhalten zwingt. Auf Seiten der öffentlichen Hand folgt dieser Zwang aus der Bindungswirkung des Vergaberechts. Auf Seiten der Bieter folgt er – nach marktwirtschaftlichen Regeln – aus der Unkenntnis der Preisgestaltung der konkurrierenden Angebote. Gerade weil der einzelne Bieter nicht weiß, welche Konditionen der Konkurrent seiner Offerte zugrunde legt, wird er, um seine Aussichten auf Erhalt des Zuschlags zu steigern, bis an die Rentabilitätsgrenze seiner individuell berechneten Gewinnzone kalkulieren. Auf diesem natürlichen Preis- und Wettbewerbsdruck beruht die in den Haushaltsordnungen des Bundes und der Länder verankerte Maxime wirtschaftlichen Handelns. Diesem Druck entzieht sich aber auf Bieterseite ohne Weiteres, wer die Geheimhaltungsschranken missachtet. Kennt ein Bieter Leistungsumfang und Preise seines Konkurrenten, muss er nicht mehr potenziell preisgünstigere Limits unterbieten, sondern braucht sich nur noch an den ihm bekannten Bedingungen auszurichten.[37] Das Zustandekommen einer wettbewerbsbeschränkenden Absprache impliziert mithin nicht die ausdrückliche Verständigung zwischen zwei Unternehmen in einem Vergabeverfahren darüber, wer welche Leistung zu welchem Preis anbietet. Sie ist vielmehr in aller Regel schon dann verwirklicht, wenn ein Angebot in Kenntnis der Bedingungen eines Konkurrenzangebots erstellt wird.[38]

28 **ff) Doppel- und Mehrfachbeteiligungen eines Bieters.** An eine mögliche kartellrechtswidrige Einschränkung des Wettbewerbs ist immer auch dann zu denken, wenn sich Bieter mehrfach, in unterschiedlichen Konstellationen an Ausschreibungen beteiligen. Hierbei sind verschiedene Fallgruppen zu unterscheiden.

29 Zunächst ist an den Fall der Doppelbeteiligung als Bieter und Nachunternehmer eines Bieters zu denken. Der bloße Umstand, dass der Bieter ein eigenes Angebot zum Vergabeverfahren eingereicht hat und zusätzlich gemäß dem Angebot eines anderen Bieters von diesem als Nachunternehmer eingesetzt wird, genügt nicht, die für einen Angebotsausschluss

---

[34] Vgl. ua OLG Düsseldorf Beschl. v. 9.11.2011 – VII-Verg 35/11, ZfBR 2012, 305; OLG Düsseldorf Beschl. v. 17.2.2014 – VII-Verg 2/14, NZBau 2014, 716; OLG Düsseldorf Beschl. v.1.7.2015 – VII-Verg 17/15, ZfBR 2016, 822.
[35] Vgl. OLG Düsseldorf Beschl. v. 16.9.2003 – VII-Verg 52/03, BeckRS 2004, 02041.
[36] Vgl. OLG Jena Beschl. v. 19.4.2004 – 6 Verg 3/04, IBRRS 2004, 1059.
[37] Vgl. OLG Jena Beschl. v. 19.4.2004 – 6 Verg 3/04, IBRRS 2004, 1059.
[38] Vgl. OLG Düsseldorf Beschl. v. 16.9.2003 – VII-Verg 52/03, BeckRS 2004, 02041.

erforderliche Kenntnis festzustellen. Dazu müssen weitere Tatsachen hinzukommen, die nach Art und Umfang des Nachunternehmereinsatzes sowie mit Rücksicht auf die Begleitumstände eine Kenntnis von dem zu derselben Ausschreibung abgegebenen Konkurrenzangebot vermuten lassen. Eine derartige Kenntnis muss im Einzelfall festgestellt werden. Diese Kenntnis ergibt sich nicht allein daraus, dass der Bieter die vom Nachunternehmer in Rechnung zu stellenden Kosten kennt, weil dem Bieter Kalkulationsspielräume beim Gewinn und bei den Kosten verbleiben, welche er im Hinblick auf die Gestaltung des eigenen Angebotspreises nach den Regeln des Geheimwettbewerbs umsetzen kann.[39]

Ähnlich zu beurteilen ist der verwandte Fall der Doppelbeteiligung als Bieter und Mitglied einer Bietergemeinschaft. Eine Identität der Bieter liegt nicht vor. Ein Angebotsausschluss lässt sich nicht mit dem Hinweis darauf begründen, es werde einer Preisabsprache Vorschub geleistet. Jedenfalls in Fällen, in denen das Einzelunternehmen nur zu denjenigen Leistungsteilen ein separates Angebot abgibt, die ihm auch im Rahmen der Bietergemeinschaft zufallen, wird nicht die Gefahr begründet, dass mehrere Bieter ihre Angebotspreise absprechen oder aufeinander abstimmen.[40]

gg) Wettbewerbswidrige Scheinkonkurrenz. Dass in wettbewerbsbeschränkender Weise ein Bieter ein Angebot in Kenntnis der von einem Mitbieter abgegebenen Nebenangebote erstellt hat, ergibt sich schon daraus, wenn für beide Angebote ausweislich der Unterschrift dieselbe Person verantwortlich zeichnet. Das kann nur als Beleg dafür genommen werden, dass auch die Verantwortung für die inhaltliche Erarbeitung der Angebote in einer Person konzentriert war. Die Angebote beider Bieter stehen im Vergabeverfahren in unmittelbarer Konkurrenz zu einander. Die Vergabestelle kann den Zuschlag nur auf eines der Angebote – jeweils zugunsten des einen Bieters und zulasten des anderen Bieters – erteilen. Der in der Rechtsprechung für zulässig angesehene Sonderfall einer Doppelbewerbung, in dem ein Einzelunternehmen nur zu denjenigen Leistungsteilen ein separates Angebot abgibt, die ihm zugleich im Rahmen einer ebenfalls an einer Ausschreibung teilnehmenden Bietergemeinschaft zufallen, mit der Folge, dass keine echte Konkurrenzsituation begründet wird, ist auszuschließen. Wenn die Angebote beider Bieterinnen in Kenntnis des jeweiligen Alternativangebots kalkuliert sind, begründen sie bei einer Gesamtbetrachtung die Konstellation einer wettbewerbswidrigen Scheinkonkurrenz.[41]

c) Wechsel im Mitgliederbestand der Bietergemeinschaft. Der Grundsatz der Unveränderlichkeit des Angebots gilt dabei nicht allein für das Angebot selbst, sondern auch für die Person des Bieters.[42] Kommt es nach Angebotsabgabe zu einem identitätsändernden Wechsel im Mitgliederbestand einer Bietergemeinschaft, gebieten die vergaberechtlichen Prinzipien des Wettbewerbs, der Gleichbehandlung und der Transparenz, das geänderte Angebot insgesamt von der Wertung auszunehmen. Denn der Bieteraustausch führt, da sein Wirksamwerden, der Zeitpunkt und die genauen Umstände bis zum Ablauf der Angebotsfrist nicht offenbar werden, sowohl für den Auftraggeber als auch für die Wettbewerber in tatsächlicher und in rechtlicher Hinsicht – mit nachteiligen Folgen für den Wettbewerb – zu einem Zustand völliger Intransparenz. Infolge eines derartigen Wechsels steht insbesondere die Eignung des Bieters in Frage. Sie muss im Rahmen der Angebotswertung unter ganz anderen Vorzeichen als aus dem Angebot zu erkennen ist, nämlich im Hinblick auf das als Bieter neu eintretende Unternehmen, geprüft und ermittelt werden.[43] Zu diesem Zweck müssen die Eignungsvoraussetzungen in Bezug auf dieses Unternehmen untersucht und beurteilt werden, ohne dass dazu für den Auftraggeber eine nach außen erkennbare Veranlassung besteht und ohne dass er die einer solchen Prüfung zugrunde zulegenden Tatsachen kennt. Konkurrierende Bieter sind ebenso wenig imstande, das Ergebnis einer

---

[39] OLG Düsseldorf Beschl. v. 13.4.2006 – VII-Verg 10/06, NZBau 2006, 810.
[40] OLG Düsseldorf Beschl. v. 28.5.2003 – VII-Verg 8/03, BeckRS 2004, 11759.
[41] OLG Jena Beschl. v. 19.4.2004 – 6 Verg 3/04, IBRRS 2004, 1059.
[42] VG Köln Urt. v. 21.11.2013 – 16 K 6287/11, ZfBR 2014, 170.
[43] Vgl. OLG Hamburg Beschl. v. 31.3.2014 – 1 Verg 4/13, NZBau 2014, 659.

eventuellen Eignungsprüfung nachzuvollziehen und es gegebenenfalls zu bemängeln. Dies stört empfindlich die Transparenz des Vergabeverfahrens und ebenso den fairen und chancengleichen Bieterwettbewerb, zumal bei einer Zulassung Manipulationsmöglichkeiten eröffnet sind.[44]

33 Beispielsweise können mit Änderungen an der Person eines Bieters oder der Zusammensetzung einer Bietergemeinschaft anderweitige Beeinträchtigungen des Vergabewettbewerbs einhergehen, etwa wenn sich die finanzielle Leistungsfähigkeit einer als wirtschaftliche Einheit zu betrachtenden Bietergemeinschaft im Falle des Ausscheidens eines Mitglieds verschlechtert. In einer solchen wird im Sinne einer Beeinflussung der Chancengleichheit der Bieter der Vergabewettbewerb beeinträchtigt. Daneben kann auch die Eignung, namentlich die Zuverlässigkeit eines Bieters oder einer Bietergemeinschaft, erheblich beeinflusst werden.[45]

34 Kommt das Angebot von einer Bietergemeinschaft, führt ein identitätsändernder Wechsel im Mitgliederbestand der Bietergemeinschaft daher zu einem zwingenden Ausschluss aus dem Vergabeverfahren. Eine rechtliche Identität in der Person des Bieters besteht insbesondere dann nicht mehr, wenn aus einer Bietergemeinschaft, die sich an der Ausschreibung beteiligt hat, bis auf einen Bieter alle anderen ausscheiden, an die Stelle der Bietergemeinschaft also ein Einzelbieter tritt. Denn die BGB-Gesellschaft erlischt zwingend, wenn nur noch ein Gesellschafter verbleibt.[46]

35 Das OLG Hamburg[47] knüpft konsequent an die strenge Rechtsprechung des OLG Düsseldorf an, der zufolge ein Wechsel in der Bieteridentität vorliegt, wenn aus einer zweigliedrigen Bietergemeinschaft ein Mitglied ausscheidet, sodass letztlich aus der Bietergemeinschaft ein Einzelbieter wird.[48] Während sich die entschiedenen Fälle bislang auf ein insolvenz- oder verschmelzungsbedingtes Ausscheiden eines Mitglieds einer Bietergemeinschaft beziehen,[49] bestand das betroffene Unternehmen im Fall des OLG Hamburg fort. Es hätte als solches daher auch noch für die Auftragsausführung zur Verfügung gestanden, wenn auch nicht als Vertragspartner, sondern als Nachunternehmer. Insoweit verstärkt das OLG Hamburg den sehr formalen Umgang mit Wechseln in einer zweigliedrigen Bietergemeinschaft. Bei Änderungen in einer mehrgliedrigen Bietergemeinschaft werden allerdings auch großzügigere Ansichten vertreten.[50]

36 **d) Nachträgliche Bietergemeinschaft.** Verwandt mit der Fallgruppe des identitätsändernden Wechsels im Mitgliederbestand einer Bietergemeinschaft ist die Konstellation der sog. nachträglichen Bietergemeinschaft. Wie in der erstgenannten Fallgruppe, ist eine unzulässige Änderung in der Person des Bieters grundsätzlich auch dann gegeben, wenn sich ein Bieter nach der Eröffnung der Angebote, aber vor der Zuschlagserteilung mit anderen Bietern zu einer Arbeits- bzw. Bietergemeinschaft zusammenschließt.[51] Zwar wird dadurch, dass sich dem Bieter ein anderer durch Gründung einer Arbeits- bzw. Bietergemeinschaft nur zugesellt und er dessen Angebot unverändert übernimmt, das Angebot hinsichtlich der angebotenen Leistung und des dafür verlangten Preises nicht beeinträchtigt. Jedoch wird die nach der Angebotseröffnung zum Ruhen gekommene Wettbewerbslage mit dem Ziel, dem Auftraggeber die sorgfältige Auswahl des annehmbarsten Angebotes nach besten Kräften zu ermöglichen, wieder in Bewegung gebracht.

---

[44] Vgl. OLG Düsseldorf Beschl. v. 18.10.2006 – VII-Verg 30/06, NZBau 2007, 254, (255); OLG Düsseldorf Beschl. v. 24.5.2005 – VII-Verg 28/05, NZBau 2005, 710; OLG Celle Beschl. v. 5.9.2007 – 13 Verg 9/07, NZBau 2007, 663 (664).
[45] VG Köln Urt. v. 21.11.2013 – 16 K 6287/11, ZfBR 2014, 170.
[46] Vgl. OLG Hamburg Beschl. v. 31.3.2014 – 1 Verg 4/13, NZBau 2014, 659 m. Verweis auf OLG Düsseldorf Beschl.v. 24.5.2005 – VII-Verg 28/05, NZBau 2005, 710; *Lux* NZBau 2012, 680 (682).
[47] OLG Hamburg Beschl. v. 31.3.2014 – 1 Verg 4/13, NZBau 2014, 659.
[48] Vgl. OLG Düsseldorf Beschl. v. 24.5.2005 – Verg 28/05, NZBau 2005, 710.
[49] Vgl. OLG Düsseldorf Beschl. v. 18.10.2006 – Verg 30/06, NZBau 2007, 254.
[50] Vgl. OLG Celle Beschl. v. 5.9.2007 – Verg 9/07, NZBau 2007, 663.
[51] VG Köln Urt. v. 21.11.2013 – 16 K 6287/11, ZfBR 2014, 170.

Tritt ein finanzstarker und solventer Bieter im Rahmen einer Bietergemeinschaft hinzu, 37
ist die Chancengleichheit der Bieter im Vergabewettbewerb beeinträchtigt.[52] Die nachträgliche Bildung einer Arbeitsgemeinschaft kann ausnahmsweise für unschädlich erachtet werden, wenn die nachträgliche Bildung einer Arbeitsgemeinschaft den Vergabewettbewerb unter keinem Gesichtspunkt beeinträchtigen konnte. Grundvoraussetzung sollte hierfür sein, dass derjenige Bieter, der sich nachträglich mit einem weiteren Unternehmen zu einer Arbeitsgemeinschaft zusammenschließen will, auch ohne einen solchen Zusammenschluss den Auftrag erhalten würde.[53]

3. Beteiligungsfähigkeit (Abs. 3). Die Norm regelt, wer sich überhaupt am Vergabe- 38
wettbewerb beteiligen kann.

§ 6a Eignungsnachweise

(1) Zum Nachweis ihrer Eignung ist die Fachkunde, Leistungsfähigkeit und Zuverlässigkeit der Bewerber oder Bieter zu prüfen.

(2) Der Nachweis umfasst die folgenden Angaben:
1. den Umsatz des Unternehmens jeweils bezogen auf die letzten drei abgeschlossenen Geschäftsjahre, soweit er Bauleistungen und andere Leistungen betrifft, die mit der zu vergebenden Leistung vergleichbar sind, unter Einschluss des Anteils bei gemeinsam mit anderen Unternehmen ausgeführten Aufträgen,
2. die Ausführung von Leistungen in den letzten drei abgeschlossenen Geschäftsjahren, die mit der zu vergebenden Leistung vergleichbar sind,
3. die Zahl der in den letzten drei abgeschlossenen Geschäftsjahren jahresdurchschnittlich beschäftigten Arbeitskräfte, gegliedert nach Lohngruppen mit gesondert ausgewiesenem technischem Leitungspersonal,
4. die Eintragung in das Berufsregister ihres Sitzes oder Wohnsitzes,
sowie Angaben,
5. ob ein Insolvenzverfahren oder ein vergleichbares gesetzlich geregeltes Verfahren eröffnet oder die Eröffnung beantragt worden ist oder der Antrag mangels Masse abgelehnt wurde oder ein Insolvenzplan rechtskräftig bestätigt wurde,
6. ob sich das Unternehmen in Liquidation befindet,
7. dass nachweislich keine schwere Verfehlung begangen wurde, die die Zuverlässigkeit als Bewerber oder Bieter in Frage stellt,
8. dass die Verpflichtung zur Zahlung von Steuern und Abgaben sowie der Beiträge zur gesetzlichen Sozialversicherung ordnungsgemäß erfüllt wurde,
9. dass sich das Unternehmen bei der Berufsgenossenschaft angemeldet hat.

(3) Andere, auf den konkreten Auftrag bezogene zusätzliche, insbesondere für die Prüfung der Fachkunde geeignete Angaben können verlangt werden.

(4) Der Auftraggeber wird andere ihm geeignet erscheinende Nachweise der wirtschaftlichen und finanziellen Leistungsfähigkeit zulassen, wenn er feststellt, dass stichhaltige Gründe dafür bestehen.

Übersicht

	Rn.		Rn.
I. Normzweck, Entstehungsgeschichte	1–4	c) Prognoseentscheidung	13–15
		d) Eignungsleihe	16–20
II. Einzelerläuterung	5–66	e) Kategorien der Eignung	21–27
1. Eignung der Bieter (Abs. 1)	5–27	2. Nachweiskatalog (Abs. 2)	28–50
a) Grundsätze der Eignungsprüfung	5–9	a) Umsatz (Nr. 1)	29–31
b) Bestimmtheitsgebot	10–12	b) Referenzen (Nr. 2)	32–36

---
[52] VG Köln Urt. v. 21.11.2013 – 16 K 6287/11, ZfBR 2014, 170.
[53] VG Köln Urt. v. 21.11.2013 – 16 K 6287/11, ZfBR 2014, 170.

	Rn.		Rn.
c) Personal (Nr. 3)	37, 38	3. Weitere Nachweise der Fachkunde	
d) Berufsregister-Eintragung (Nr. 4)	39, 40	(Abs. 3)	51–63
e) Insolvenzverfahren (Nr. 5)	41, 42	a) Zulässige Eignungsanforderungen	51–54
f) Liquidation (Nr. 6)	43	b) Vorteile von Gütezeichen	55–58
g) Verfehlungen (Nr. 7)	44–47	c) Gleichwertigkeit von Gütezeichen	59–63
h) Verpflichtung zur Zahlung von Steuern, Abgaben, Beiträgen (Nr. 8)	48, 49	4. Weitere Nachweise der wirtschaftlichen/finanziellen Leistungsfähigkeit	
i) Anmeldung Berufsgenossenschaft (Nr. 9)	50	(Abs. 4)	64–66

I. Normzweck, Entstehungsgeschichte

1 § 6a übernimmt größtenteils bereits bestehende Regelungen, die bereits in gleicher oder ähnlicher Form in § 6 VOB/A 2012 und 2009 bzw. § 8 VOB/A 2006 zu finden waren.

2 Nach § 6a Abs. 1 ist zum Nachweis ihrer Eignung die Fachkunde, Leistungsfähigkeit und Zuverlässigkeit der Bewerber oder Bieter zu prüfen. Diese Regelung, wie sie in vergleichbarer Weise traditionell in sämtlichen Normenkatalogen zum Vergaberecht zu finden ist, fand ihren Niederschlag in den Fassungen 2012 und 2009 in § 6 Abs. 3 Nr. 1 bzw. in § 8 Nr. 1 Abs. 1 VOB/A 2006. Dort heißt es:

„Von den Bewerbern oder Bietern dürfen zum Nachweis ihrer Eignung (Fachkunde, Leistungsfähigkeit und Zuverlässigkeit) Angaben verlangt werden über […]."

3 Auch der Nachweiskatalog des § 6a Abs. 2 entspricht dem der Fassungen 2012 und 2009. Die Fassung von 2009 (§ 6 Abs. 3 Nr. 2) erfuhr eine Erweiterung im Vergleich zur Fassung von 2006. Nach § 8 Nr. 3 Abs. 1 VOB/A 2006 beinhaltete der Katalog lediglich folgende Angaben:

„Von den Bewerbern oder Bietern dürfen zum Nachweis ihrer Eignung (Fachkunde, Leistungsfähigkeit und Zuverlässigkeit) Angaben verlangt werden über

a) den Umsatz des Unternehmers in den letzten drei abgeschlossenen Geschäftsjahren, soweit er Bauleistungen und andere Leistungen betrifft, die mit der zu vergebenden Leistung vergleichbar sind, unter Einschluss des Anteils bei gemeinsam mit anderen Unternehmern ausgeführten Aufträgen,

b) die Ausführung von Leistungen in den letzten drei abgeschlossenen Geschäftsjahren, die mit der zu vergebenden Leistung vergleichbar sind,

c) die Zahl der in den letzten drei abgeschlossenen Geschäftsjahren jahresdurchschnittlich beschäftigten Arbeitskräfte, gegliedert nach Berufsgruppen,

d) die dem Unternehmer für die Ausführung der zu vergebenden Leistung zur Verfügung stehende technische Ausrüstung,

e) das für die Leitung und Aufsicht vorgesehene technische Personal,

f) die Eintragung in das Berufsregister ihres Sitzes oder Wohnsitzes,

g) andere, insbesondere für die Prüfung der Fachkunde geeignete Nachweise."

4 Die Forderung nach zusätzlichen Nachweisen hinsichtlich der Fachkunde, die in § 6a Abs. 3 geregelt ist, entspricht der Regelung des § 6 Abs. 3 Nr. 3 VOB/A 2012/2009. Ähnlich verhält es sich mit dem Nachweis der Leistungsfähigkeit gem. § 6a Abs. 4, der dem § 6 Abs. 3 Nr. 4 VOB/A 2012 und 2009 entspricht.

II. Einzelerläuterung

5 **1. Eignung der Bieter (Abs. 1). a) Grundsätze der Eignungsprüfung.** Die Norm spaltet im Rahmen der Eignungsprüfung den Begriff der Eignung in die Kategorien Fachkunde, Leistungsfähigkeit und Zuverlässigkeit auf. Diese Kriterien sind bei Öffentlichen Ausschreibungen im Rahmen der Wertung der Angebote anhand der Angaben in der Präqualifikationsliste oder der Eigenerklärungen sowie der weiteren geforderten Nachweise zu bewerten.[1]

---

[1] VK Sachsen-Anhalt Beschl. v. 28.7.16 – 3 VK LSA 20/16, IBRRS 2016, 2522.

Die Vergabestelle trifft zum Zwecke der Ermöglichung einer angemessenen Eignungs- 6
prüfung die Pflicht, Forderungen nach Eignungsnachweisen bereits mit der Vergabebekanntmachung zu stellen. Es stellt einen schwerwiegenden Mangel des Vergabeverfahrens dar, wenn keine Eignungsanforderungen aufgestellt und keine Eignungsnachweise wirksam gefordert werden. Denn dadurch wird der gesetzlich geregelten Pflicht zur Eignungsprüfung faktisch die Grundlage entzogen, was zur Unmöglichkeit der Angebotswertung in der zweiten Wertungsstufe führt und zur Unmöglichkeit der Einhaltung der Vergabegrundsätze gem. § 2 Abs. 1 Nr. 1.[2] Vor diesem Hintergrund ist § 12 Abs. 1 Nr. 2 lit. u, der als Sollvorschrift formuliert ist, mithin so zu verstehen, dass er zwingend ein einzelfallabhängiges Mindestmaß an Nachweisforderungen zwingend vorschreibt.

Die geforderten Nachweise sind daher schon in der Bekanntmachung möglichst konkret 7
zu benennen, damit die interessierten Bieter frühzeitig erkennen können, ob für sie die Abgabe eines Angebots in Frage kommt.[3]

Sind aufgrund eines Bekanntmachungsdefizits keine oder praktisch keine Eignungsanfor- 8
derungen wirksam erhoben, leidet das Vergabeverfahren an einem schwerwiegenden Mangel. Die Vergabestelle hat in einem solchen Fall eigenverantwortlich zu entscheiden, ob sie im betroffenen Vergabeverfahren den Zuschlag erteilen kann, oder den Fehler der unzureichenden Bekanntmachung der Eignungsanforderungen durch eine Rückversetzung des Verfahrens in den Stand vor Vergabebekanntmachung und der Erstellung einer überarbeiteten Bekanntmachung korrigieren muss. Eine derartige Rückversetzung kommt einer Aufhebung gleich.[4] Die Forderung von Eignungsnachweisen in den Vergabeunterlagen, welche nicht bereits in der Bekanntmachung benannt sind, ist für einen durchschnittlichen Bieter in einem Verfahren nach der VOB/A nicht als Verstoß gegen Vergabevorschriften erkennbar. Dazu ist die Kenntnis der einschlägigen, ausdifferenzierten Rechtsprechung erforderlich.[5]

Ein öffentlicher Auftraggeber, der im Hinblick auf die Eignungsprüfung die Vorlage 9
bestimmter Unterlagen als Mindestanforderung verlangt, ist hieran gebunden und darf nicht zugunsten eines Bieters auf die Erfüllung der Mindestanforderung verzichten. Infolgedessen ist der dem öffentlichen Auftraggebern bei der Eignungsprüfung grundsätzlich zustehende Beurteilungs- und Ermessensspielraum durch die Festlegung solcher Mindestanforderungen eingeengt. Erfüllt ein Bieter die Mindestanforderungen nicht, ist er zwingend von der Wertung auszuschließen.[6]

b) Bestimmtheitsgebot. Die Anforderungen des Auftraggebers an die Eignungsnach- 10
weise müssen eindeutig und erschöpfend formuliert sein. Insoweit ist es nicht ausreichend, wenn der Auftraggeber in der Bekanntmachung lediglich ein Gesetzeszitat angibt, welches die gemeinte Norm zudem falsch zitiert.[7] Eine allgemeine Bezugnahme auf den Informationskatalog des § 6a in der Bekanntmachung, genügt den Bestimmtheitsanforderungen indes grundsätzlich nicht.[8] Denn für den Bieter wird nicht erkennbar, welche Nachweise der öffentliche Auftraggeber erwartet oder später nachfordern wird. So ist etwa Abs. 3 der Vorschrift („andere, insbesondere für die Prüfung der Fachkunde geeignete Nachweise") weitestgehend offen und lässt aus der Sicht des Bieters eine Einschätzung von Art und Umfang etwaiger beizubringender oder auf Anforderung nachzureichender Unterlagen nicht zu.[9] Auch die Verweisung auf Formulare, in denen eine Aufzählung von Eignungskriterien enthalten ist, reicht demzufolge als klare und für alle Bewerber/Bieter verständlich formulierte Anforderung nicht aus. Maßgebend sind die eindeutige Benennung/Aufzählung

---

[2] Vgl. VK Sachsen Beschl. v. 28.8.2015 – 1/SVK/020–15, BeckRS 2015, 17933.
[3] OLG Frankfurt a. M. Beschl. v. 21.2.2012 – 11 Verg 11/11, BeckRS 2012, 16589.
[4] Vgl. VK Südbayern Beschl. v. 5.12.2013 – Z3-3-3194-1-38-10/13, IBRRS 2014, 0207.
[5] VK Sachsen Beschl. v. 28.8.2015 – 1/SVK/020–15, BeckRS 2015, 17933.
[6] VK Rheinland-Pfalz Beschl. v. 27.8.2012 – VK 2-23/12, IBRRS 2013, 0591.
[7] VK Sachsen Beschl. v. 21.11.2014 – 1/SVK/035-14, BeckRS 2015, 10278.
[8] Vgl. OLG Frankfurt a. M. Beschl. v. 10.6.2008 – 11 Verg 3/08, BeckRS 2008, 20396.
[9] OLG Hamm Urt. v. 12.9.2012 – I-12 U 50/12, BeckRS 2012, 22198.

und selbstverständlich auch die verständliche Formulierung der geforderten Eignungskriterien.[10]

11 Entsprechen die Vorgaben, die die Vergabestelle bei Bekanntmachung an die beizubringenden Eignungsnachweise stellt, nicht den beschriebenen Anforderungen der strikten Klarheit und Deutlichkeit, kann ein hierauf eingehendes Angebot nicht als Zuwiderhandlung gewertet und wegen fehlender Eignungsnachweise ausgeschlossen werden.[11]

12 Eine entsprechend große Bedeutung kommt in Fällen ungenauer Vorgaben vonseiten der Vergabestelle der Auslegung zu. Eine solche hat anhand des objektiven Empfängerhorizonts zu erfolgen. Da sich Ausschreibungen regelmäßig an eine unbestimmte Vielzahl potenzieller Bieter richtet, ist auf die Sicht eines durchschnittlichen Bieters abzustellen, der die im entsprechenden Verkehrskreis übliche Fachkunde besitzt und die Gepflogenheiten des konkreten Auftraggebers nicht kennt.[12] Das OLG Naumburg[13] hatte einen Fall zu entscheiden, in dem sich die von der Vergabestelle verwendete Bezeichnung des von den Bietern mit dem Angebot vorzulegenden Eignungsnachweises in der Vergabebekanntmachung auf „Zertifizierung DVGW-Arbeitsblatt GW 302" in der Gruppe GN2 „Steuerbare horizontale Spülbohrverfahren" beschränkte, obwohl nach dem Arbeitsblatt in dieser Gruppe Zertifizierungen mit den unterschiedlichen Belastungsgraden A (bis zu 400 kN Rückzugskraft) und B (über 400 kN) erfolgen. In einem solchen Fall ist durch Auslegung der Vergabebekanntmachung nach dem objektiven Empfängerhorizont, zu ermitteln, welcher Eignungsnachweis – Gruppe GN2 A oder Gruppe GN2 B – gefordert worden ist. Der wirkliche Wille des Auftraggebers und der Inhalt der Vergabeunterlagen sind insoweit unerheblich, soweit er nicht Niederschlag im Text der Vergabebekanntmachung gefunden hat. Denn der angesprochene Adressat kennt im Zweifel nur den Bekanntmachungstext. Unklarheiten und Widersprüche gehen somit zulasten des Auftraggebers.[14]

13 **c) Prognoseentscheidung.** Die Eignung eines Bieters, insbesondere seine Fachkunde und Leistungsfähigkeit sowie der Umstand, dass er zu den ausgeschriebenen Leistungen berechtigt ist, muss im Zeitpunkt der Vergabeentscheidung geklärt sein und in diesem Zeitpunkt bejaht werden können.[15] Die hiernach maßgebliche Entscheidung ist regelmäßig in dem Vergabevermerk des zuständigen Mitarbeiters zu sehen, aus dem sich ergibt, dass eine eigenständige Prüfung erfolgt ist und eine Entscheidung getroffen wurde.[16]

14 Gleichwohl ist die Feststellung, ob ein Bieter die erforderliche Fachkunde und Leistungsfähigkeit besitzt, um den Auftrag zufriedenstellend ausführen zu können, das Ergebnis einer fachlich tatsächlichen Prognose.[17] Da diese Prognose als solche einer Bewertungsentscheidung in Prüfungsverfahren entspricht, erfordert sie eine subjektive Einschätzung des Auftraggebers.[18] Folgerichtig gestehen die Nachprüfinstanzen der Vergabestelle im Rahmen der materiellen Eignungsprüfung einen nur eingeschränkt überprüfbaren Beurteilungsspielraum zu.[19]

15 Eine Kontrolle hat deshalb nur daraufhin stattzufinden, ob die rechtlichen Grenzen des Beurteilungsspielraums beachtet worden sind, mit anderen Worten, ob das vorgeschriebene Verfahren eingehalten, von einem zutreffenden und vollständig ermittelten Sachverhalt ausgegangen worden ist, keine sachwidrigen Erwägungen in die Entscheidung eingeflossen sind und die Wertungsentscheidung sich im Rahmen der Gesetze und der allgemein gültigen

---

[10] VK Thüringen Beschl. v. 12.4.2013 – 250-4002-2400/2013-E-008-SOK, BeckRS 2013, 52148.
[11] OLG Düsseldorf Beschl. v. 15.8.2011 – Verg 71/11, BeckRS 2011, 23806.
[12] OLG Naumburg, Beschl. v. 29.10.2013 – 2 Verg 3/13, BeckRS 2013, 22090.
[13] OLG Naumburg, Beschl. v. 29.10.2013 – 2 Verg 3/13, BeckRS 2013, 22090.
[14] OLG Düsseldorf Beschl. v. 26.3.2012 – Verg 4/12, BeckRS 2012, 11206.
[15] OLG Düsseldorf Beschl. v. 5.7.2006 – VII-Verg 25/06, NZBau 2007, 461.
[16] OLG München Beschl. v. 21.8.2008 – Verg 13/08, BeckRS 2008, 20532.
[17] VK Nordbayern Beschl. v. 13.4.2016 – 21.VK-3194-05/16.
[18] OLG Hamm Urt. v. 12.9.2012 – I-12 U 50/12, BeckRS 2012, 22198 m. Verweis auf BGH Urt. v.16.10.2001 – X ZR 100/99, NZBau 2002, 107; OLG Koblenz Beschl. v. 4.10.2010 – 1 Verg 8/10, BeckRS 2010, 24260.
[19] Vgl. OLG München Beschl. v. 12.11.2012 – Verg 23/12, BeckRS 2012, 23578.

d) Eignungsleihe. Gemäß § 6a Abs. 1 ist zum Nachweis ihrer der Bietereignung die 16 Fachkunde, Leistungsfähigkeit und Zuverlässigkeit der Bewerber zu prüfen. Der Einsatz von Nachunternehmen wird in der VOB/A nicht ausgeschlossen. Viel mehr geht § 8 Abs. 2 Nr. 2 ausdrücklich von der Möglichkeit eines Nachunternehmereinsatzes aus. Für die Zulässigkeit von Eignungsleihen und Nachunternehmereinsätzen spricht auch bereits die Erwägung, dass der Bieter, der die erforderliche Qualifikation für einen Teil des Auftrages nicht besitzt, die Möglichkeit zur Verfügung haben muss, sich unter Zuhilfenahme Dritter am Verfahren zu beteiligen.[22]

In der Aufforderung zur Angebotsabgabe sind die Nachweise zu bezeichnen, deren 17 Vorlagen mit dem Angebot verlangt oder deren spätere Anforderung ausdrücklich vorbehalten wird. Zur entsprechenden Vorlage dieser Nachweise ist der Bieter auch für den Fall und für die Teilleistungen verpflichtet, für die er sich der Fähigkeiten anderer bedienen will.

Beabsichtigt ein Bieter, Teile der Leistung an Nachunternehmer weiterzuvergeben oder 18 durch andere Unternehmer ausführen zu lassen, so ist auch deren Fachkunde, Leistungsfähigkeit und Zuverlässigkeit in die Gesamtbeurteilung der Eignung des Bieters einzubeziehen.[23]

Im Fall einer Eignungsleihe ist es erforderlich, dass der Bieter bereits zum Zeitpunkt der 19 Angebotsabgabe den Namen des Nachunternehmers benennt und eine Verpflichtungserklärung dieses Nachunternehmers beibringt.[24]

Die Tatsache, dass sich ein Bieter des Einsatzes eines Nachunternehmers bedient, darf 20 nicht als solche ein selbständiges Merkmal sein, das Rückschlüsse auf die Eignung des Bieters zulässt. Die Berücksichtigung des bloßen Nachunternehmereinsatzes als Kriterium im Teilnahmewettbewerb ist damit vergaberechtswidrig. Die Aussage, dass ein Teilnehmer Nachunternehmer einsetzt, lässt nicht ohne weitere Kenntnis der tatsächlichen Eignung den Rückschluss zu, dass der Bieter weniger geeignet ist als ein Bieter, der die Leistung als Eigenleistung erbringt. Für einen entsprechenden allgemeinen Erfahrungssatz fehlen sachgerechte Erwägungen. Ein „Kern" an eigener Leistungsfähigkeit darf nicht gefordert werden.[25]

e) Kategorien der Eignung. aa) Fachkunde. Fachkundig ist der Bieter, der über die 21 für die Vorbereitung und Ausführung der jeweiligen Leistung notwendigen technischen Kenntnisse verfügt.[26] Erst wenn ein Unternehmen nicht nur notwendige, sondern umfassende betriebsbezogene Kenntnisse nach den allgemein anerkannten Regeln der Bautechnik auf dem jeweiligen Spezialgebiet hat, ist es als fachkundig zu qualifizieren.[27] Die Fachkunde eines Bieters wird mithin insbesondere durch die personelle Ausstattung geprägt und beruht auf den Erfahrungen und Kenntnissen der Mitarbeiter. Woher diese Kenntnisse stammen, ist unerheblich. Deshalb können Mitarbeiter ihre Kenntnisse und Erfahrungen auch bei anderen Unternehmen erworben haben.[28]

---

[20] OLG Düsseldorf Beschl. v. 24.2.2005 – VII-Verg 88/04, NZBau 2005, 535; OLG Düsseldorf Beschl. v. 22.9.2005 – VII Verg 49/05, BeckRS 2005, 13565.
[21] VK Bund Beschl. v. 13.12.2013 – VK 1-109/13, BeckRS 2014, 13619.
[22] VK Sachsen-Anhalt Beschl. v. 29.11.2016 – 3 VK LSA 45/16, IBRRS 2017, 0503.
[23] VK Lüneburg Beschl. v. 11.7.2013 – VgK-21/2013, IBRRS 2013, 5191.
[24] VK Lüneburg Beschl. v. 11.11.2015 – VgK-41/2015, BeckRS 2016, 05266.
[25] Vgl. VK Sachsen Beschl. v. 10.2.2012 – 1/SVK/001-12, ZfBR 2012, 404.
[26] VK Sachsen-Anhalt Beschl. v. 9.8.2016 – 3 VK LSA 23/16, 3 VK LSA 24/16, 3 VK LSA 25/16, IBRRS 2016, 2255.
[27] VK Lüneburg Beschl. v. 17.6.2011 – VgK-17/2011, BeckRS 2011, 21797.
[28] VK Sachsen Beschl. v. 23.5.2014 – 1/SVK/011-14, NZBau 2014, 790.

22 Der Auftraggeber hat jeweils abzuwägen, in welchem Umfang Fachkundenachweise im Einzelfall sachlich geboten sind, und ab welcher Schwelle der zu hohe Nachweis an die Fachkunde den Wettbewerb unzulässig beschränkt. Dem Auftraggeber steht hierbei ein Ermessensspielraum zu, in den die Vergabekammer nicht mit eigenen Zweckmäßigkeitserwägungen eingreifen darf. Erst wenn der Auftraggeber mit unzumutbaren oder sachlich nicht gerechtfertigten Forderungen seinen Ermessensspielraum wettbewerbsbeschränkend überschreitet, kann die Vergabekammer eine Rechtsverletzung feststellen.[29]

23 Die Fachkunde muss nicht bereits vollständig zum Zeitpunkt der Vergabeentscheidung nachgewiesen sein. Der jeweilige Auftragnehmer kann alle Leistungsnachweise einschließlich der Fachkundenachweise auch erbringen, indem er vor der Vergabeentscheidung nachweist, bis zum Vertragsbeginn die Leistungsfähigkeit herstellen zu können. Insoweit ergibt die Prognoseentscheidung des Auftraggebers, dass der Bieter als ausreichend geeignet anzusehen ist. Der Auftraggeber darf lediglich nicht von jeglicher Prüfung der Leistungsfähigkeit des Auftragnehmers absehen, oder den erforderlichen Nachweis insgesamt in die Leistungsphase verlagern.[30]

24 **bb) Leistungsfähigkeit.** Leistungsfähig ist der Bieter, der über das für die fach- und fristgerechte Ausführung notwendige Personal und Gerät verfügt und die Erfüllung seiner Verbindlichkeiten erwarten lässt.[31] Insbesondere im Bereich der Leistungsfähigkeit ist die Einschaltung von Nachunternehmern ein probates Mittel, fehlende Aspekte der eigenen Eignung zu kompensieren.

25 Legt der Bieter seinem Angebot eine Erklärung vor, wonach er zur Durchführung der Arbeiten auf die Ressourcen des Mutterkonzerns und auf sämtliche zur Ausführung der Arbeiten notwendigen Geräte zugreifen kann, ist in Bezug auf die zur Auftragsausführung erforderlichen Maschinen ein ausreichender Eignungsnachweis geführt.[32]

26 **cc) (Un-)Zuverlässigkeit.** Für die Bewertung der Zuverlässigkeit eines Bieters im Vergabeverfahren ist maßgebend, inwieweit die Umstände des einzelnen Falles die Aussage rechtfertigen, er werde die von ihm angebotenen Leistungen, die Gegenstand des Vergabeverfahrens sind, vertragsgerecht erbringen. Die Beurteilung der Zuverlässigkeit ist eine Prognoseentscheidung, die auch aufgrund des in der Vergangenheit liegenden Geschäftsgebarens eines Bewerbers erfolgt. Die mangelnde Sorgfalt bei der Ausführung früherer Arbeiten ist hierbei durchaus ein Kriterium, das zur Unzuverlässigkeit eines Bewerbers führt. Hierfür ist es erforderlich, dass durch den Auftraggeber eine umfassende Abwägung aller in Betracht kommenden Gesichtspunkte unter angemessener Berücksichtigung des Umfangs, der Identität des Ausmaßes und des Grades der Vorwerfbarkeit der Pflichtverletzungen stattfindet.[33] Erfahrungen mit dem Bieter aus vier Bauvorhaben, von denen drei gekündigt wurden, sprechen für mangelnde Sorgfalt bei der Ausführung früherer Arbeiten und sind ein Kriterium für die Unzuverlässigkeit eines Bieters.[34]

27 Zum Zwecke dieser Beurteilung darf eine Vergabestelle im Rahmen der Eignungsbeurteilung auf eigene Erfahrungen, die sie mit dem Unternehmen aus früheren Aufträgen gemacht hat, abstellen und diese bei der Wertung berücksichtigen.[35] Eine Vergabestelle, die selbst keine eigenen Erfahrungen mit dem betreffenden Bieter hat, kann auch grundsätzlich gesicherte Erfahrungen der von ihr beauftragten Büros – wie Architekt und Projektsteuerer – heranziehen, ohne dass es dazu eines gesonderten Hinweises in der Bekanntmachung bedarf. Dabei ist sicherzustellen, dass die Prognoseentscheidung bezüglich der Zuverlässigkeit

---

[29] VK Lüneburg Beschl. v. 17.6.2011 – VgK-17/2011, BeckRS 2011, 21797.
[30] VK Lüneburg Beschl. v. 17.6.2011 – VgK-17/2011, BeckRS 2011, 21797.
[31] VK Sachsen-Anhalt Beschl. v. 9.8.2016 – 3 VK LSA 23/16, 3 VK LSA 24/16, 3 VK LSA 25/16, IBRRS 2016, 2255.
[32] OLG Saarbrücken Beschl. v. 2.4.2013 – 1 Verg 1/13, ZfBR 2013, 608.
[33] VK Sachsen-Anhalt Beschl. v. 28.7.16 – 3 VK LSA 20/16, IBRRS 2016, 2522 m. Verweis auf OLG Düsseldorf Beschl. v. 28.8.2001 – Verg 27/01, IBRRS 2003, 0285.
[34] VK Sachsen-Anhalt Beschl. v. 26.10.2016 – 3 VK LSA 33/16, IBRRS 2016, 2709.
[35] VK Münster Beschl. v. 16.12.2010 – VK 9/10, BeckRS 2011, 12074.

anhand einer ausreichend ermittelten und bewerteten Tatsachengrundlage erfolgen muss. Daher darf die Vergabestelle Erfahrungen der von ihr beauftragten Büros nicht ungeprüft zur Begründung der Unzuverlässigkeit eines Bieters heranziehen. Sie muss zumindest prüfen, ob ein Büro ein Eigeninteresse hat, einen bestimmten Bieter als unzuverlässig erscheinen zu lassen. Weiterhin gilt, dass dem Bieter vor einem Ausschluss wegen mangelnder Zuverlässigkeit aufgrund der Erfahrungen der von der Vergabestelle beauftragten Büros Gelegenheit zu geben ist, zu den Vorwürfen Stellung zu nehmen. Dazu ist im Regelfall eine Anhörung des Bieters erforderlich.[36]

2. Nachweiskatalog (Abs. 2). Ein Unternehmen weist seine Eignung nicht nach, wenn es die geforderten Erklärungen nicht, nicht vollständig oder nicht in der geforderten Form vorlegt. Der öffentliche Auftraggeber hat die Fachkunde und Leistungsfähigkeit der Bieter zu prüfen und ist berechtigt, bestimmte Angaben zu verlangen, mit Hilfe derer er sich Aufschluss über die Leistungsfähigkeit eines Unternehmens verschaffen kann. Durch § 6a Abs. 2 wurde eine Markteintrittshürde für Newcomer errichtet. Diese ist jedoch vergaberechtlich nicht zu beanstanden. Denn so kann sichergestellt werden, dass der Auftrag nur an ein Unternehmen vergeben wird, das auch tatsächlich in der Lage ist, den Auftrag auszuführen.[37]

a) Umsatz (Nr. 1). Die Regelung in § 6a Abs. 2 Nr. 1 beruht ersichtlich auf der Prämisse, dass die in der Vergangenheit erzielten Umsätze aussagekräftig für die Beurteilung der Leistungsfähigkeit eines Bieters hinsichtlich des zur Vergabe anstehenden Auftrags sind. Die Bestimmung dient somit dem Schutz der Auftraggeberseite und soll der Vergeudung öffentlicher Mittel vorbeugen. Eine Vergabestelle kann zwar nachträglich zu der Einschätzung gelangen, dass die ihr anvertrauten öffentlichen Interessen auch bei Vergabe des Auftrags an ein Unternehmen gewahrt bleiben, das die insoweit zunächst für notwendig erachteten Umsätze nicht erzielt hat. Dies muss aber plausible Gründe haben. Außerdem ist aus Wettbewerbsgründen zu bedenken, ob sich der Kreis der Teilnehmer nicht anders zusammengesetzt hätte, wenn die jetzt als ausreichend erachteten Umsätze von vornherein vorgegeben worden wären.[38]

Verlangt der Auftraggeber nach § 6 Abs. 3 Nr. 2 lit. a Angaben über den Umsatz des Unternehmens in den letzten drei abgeschlossenen Geschäftsjahren, soweit diese Bauleistungen und andere Leistungen betrifft, die mit der zu vergebenden Leistung vergleichbar sind und liegen die Leistungen außerhalb des geforderten Zeitraums der letzten drei abgeschlossenen Geschäftsjahre, wird die Eignungsforderung nicht erfüllt.[39]

Weiterhin dient die Forderung nach einem bestimmten Mindestumsatz innerhalb der letzten drei Geschäftsjahre der Ermöglichung einer Feststellung ob dasjenige Unternehmen, welches sich um den ausgeschriebenen Auftrag bemüht, in der Lage war, in der Vergangenheit Aufträge dieses Volumens zu bewältigen, sodass von einer gewissen Erfahrung mit Aufträgen der ausgeschriebenen Größenordnung ausgegangen werden kann. Dieser Zweck kann aber dann nicht mehr erfüllt werden, wenn das sich um den Auftrag bewerbende Unternehmen zu seinem eigenen erzielten Umsatz Umsätze dritter Unternehmen hinzurechnet.[40] So sind auch in einer Bietergemeinschaft erbrachte Leistungen nur mit dem erbrachten Eigenanteil anzurechnen.[41] Auch der Wortlaut von § 6a Abs. 2 Nr. 1 spricht ausdrücklich vom Umsatz des Unternehmens (gemeint ist des Unternehmens, welches sich um den Auftrag bewirbt).[42] Konzernverbundene Unternehmen sind dritte Unternehmen;

---

[36] VK Südbayern Beschl. v. 11.9.2014 – Z3-3-3194-1-34-07/14, ZfBR 2015, 189.
[37] Vgl. VK Nordbayern Beschl. v. 11.5.2015 – 21.VK 3194 10/15, IBRRS 2015, 1886.
[38] BGH Beschl. v. 7.1.2014 – X ZB 15/13, NZBau 2014, 185.
[39] VK Thüringen Beschl. v. 24.6.2009 – 250-4002.20-3114/2009-005-SOK, IBRRS 2009, 2218.
[40] OLG München Beschl. v. 15.3.2012 – Verg 2/12, NZBau 2012, 460.
[41] Ziekow/Völlink/*Hänsel* § 6 Rn. 19; Heiermann/Riedl/Rusam/*Bauer* § 6 Rn. 77.
[42] OLG München Beschl. v. 15.3.2012 – Verg 2/12, NZBau 2012, 460.

sie sind deshalb auch als Nachunternehmer anzugeben.[43] Ein Bieter, der nach eigenen Umsätzen gefragt unkommentiert Umsatzzahlen eines anderen Unternehmens nennt, gibt vorsätzlich unzutreffende Erklärungen in Bezug auf seine Leistungsfähigkeit ab. Sein Angebot ist deshalb zwingend auszuschließen.[44]

32   **b) Referenzen (Nr. 2).** Die vergaberechtlich zulässige Verpflichtung der Bieter zur Benennung von mit der ausgeschriebenen Leistung vergleichbaren Referenzobjekten und deren Bewertung ist jedoch ein geeignetes Mittel, um die Eignung, insbesondere die technische Fachkunde eines Unternehmens, zu beurteilen.[45]

33   Vergleichbar ist eine Referenzleistung mit der ausgeschriebenen Leistung, wenn sie dieser soweit ähnelt, dass sie einen tragfähigen Rückschluss auf die Leistungsfähigkeit der Bieters für die ausgeschriebene Leistung eröffnet.[46] Bei der Vergleichbarkeit von Referenzen ist damit auf die in der Bekanntmachung bekanntgegebenen Charakteristika einer Leistung abzustellen. Die in der Referenz dargestellten Leistungen müssen nicht weitgehend identisch mit der zu vergebenden Leistung sein.[47] Eine Referenz ist dann nicht mehr vergleichbar, wenn ein wesentlicher Teil der Leistung nicht umfasst wird. Dies gilt insbesondere dann, wenn der Bieter (ausnahmsweise) gerade diesen Teil in Eigenleistung erbringen will.[48]

34   Bei der Bewertung der Referenzen gilt, dass aktuellere Referenzen regelmäßig positiver bewertet werden als Referenzen über länger zurückliegende Projekte. Dies gilt insbesondere, wenn und soweit Projekte benannt wurden, die in den abgefragten Zeitraum zwar hineinreichen, deren Projektbeginn terminlich aber weit vor diesem Zeitraum lag.[49]

35   Ein Bieter, der durch Neugründung aus einem Unternehmen hervorgegangen ist, die gleichen Personen beschäftigt, über das bisher vorhandene Know-how verfügt und mit im Wesentlichen denselben Anlagen und Werkzeugen arbeitet, kann auf Nachfrage des Auftraggebers auch auf Arbeiten als Referenz verweisen, die dieselben Mitarbeiter in der früheren Firma erbracht haben.[50] Die Heranziehung der entsprechenden Umsatzzahlen und Referenzen ist damit zulässig.[51]

36   Grundsätzlich sind auch im Falle der Einschaltung von Nachunternehmern Referenzangaben möglich. Nicht möglich ist es allerdings, eine gesamtheitliche Referenzanforderung in einzelne Anforderungselemente aufzuteilen und diese durch Verweis auf Referenzobjekte verschiedener Unternehmen erfüllen zu wollen. Es ist nicht ausreichend, wenn mehrere Unternehmen lediglich Teilleistungen vorweisen können, die erst in einer Gesamtschau die Referenzanforderung insgesamt erfüllen.[52] Der vom Bieter benannte Nachunternehmer hat die gleichen Nachweise und Erklärungen zur Prüfung seiner Eignung vorzulegen bzw. die gleichen Anforderungen zu erfüllen, wie sie für den Bieter selbst gefordert waren. Dies gilt auch für die Anzahl und Zeitbestimmung der vom Bieter geforderten Referenzen. Erfüllt der Nachunternehmer diese Forderungen nicht, wirkt sich dies als Eignungsmangel beim Bieter aus.[53]

37   **c) Personal (Nr. 3).** § 6a Abs. 2 Nr. 3 erlaubt es der Vergabestelle, die Zahl der in den letzten drei abgeschlossenen Geschäftsjahren jahresdurchschnittlich beschäftigten Arbeitskräfte, gegliedert nach Lohngruppen mit gesondert ausgewiesenem technischem Leitungspersonal als Nachweis zu verlangen. Aus den entsprechenden Nachweisen kann die Vergabe-

---

[43] OLG Düsseldorf Beschl. v. 23.6.2010 – Verg 18/10, ZfBR 2010, 823; OLG Düsseldorf Beschl. v. 30.6.2010 – Verg 13/10, NZBau 2011, 54.
[44] VK Köln Beschl. v. 6.2.2013 – VK VOB 34/2012, IBRRS 2013, 3741.
[45] VK Thüringen Beschl. v. 23.1.2017 – 250-4002-866/2017-N-001-EF, IBRRS 2017, 1224.
[46] VK Arnsberg Beschl. v. 25.11.2013 – VK 16/13, IBRRS 2014, 0726; VK Baden-Württemberg Beschl. v. 10.2.2014 – 1 VK 2/14, BeckRS 2014, 40681.
[47] VK Bund Beschl. v. 4.3.2016, VK 1 – 4 / 16, ZfBR 2016, 720.
[48] VK Arnsberg Beschl. v. 16.12.2013 – VK 21/13, IBRRS 2014, 1384.
[49] VK Lüneburg Beschl. v.6.7.2016 – VgK-18/2016, BeckRS 2016, 17359.
[50] VK Südbayern Beschl. v.17.3.2015 – Z3-3-3194-1-56-12/14, IBRRS 2015, 0800.
[51] VK Sachsen-Anhalt Beschl. v. 27.2.2017 – 3 VK LSA 01/17, IBRRS 2017, 0876.
[52] VK Sachsen Beschl. v.10.3.2015 – 1/SVK/044-14, BeckRS 2015, 10280.
[53] VK Hessen Beschl. v.18.8.2016 – 69d-VK-05/2016, BeckRS 2016, 113042.

stelle Rückschlüsse auf Leistungsfähigkeit und Fachkunde ziehen. Denn die Aufschlüsselung ermöglicht eine Beurteilung, ob für den konkreten Auftrag eine hinreichende Anzahl ausreichend qualifizierter Arbeitskräfte zu Verfügung steht.

Reicht der Bieter auf die Anforderung nach einem Nachweis gem. § 6a Abs. 2 Nr. 3 Zahlenwerke ein, die sich auf die Firmengruppe beziehen, welcher der Bieter angehört, so ist der Nachweis nicht wie gefordert erbracht. Die Eignung ist in Bezug auf den konkreten Bieter zu prüfen, der öffentliche Auftraggeber gibt hierbei eine Prognose ab, ob gerade von diesem künftigen Auftragnehmer eine vertragsgemäße Ausführung der Leistung erwartet werden kann. Rückschlüsse auf Umsätze und Mitarbeiterzahl des konkreten Bieters sind in einem solchen Fall aber nicht möglich. Mithin ist das Angebot auszuschließen.[54] **38**

d) Berufsregister-Eintragung (Nr. 4). Als Berufsregister kommen die Handwerkskammer oder die Industrie- und Handelskammer in Betracht. Erklärt ein Industriebetrieb, Mitglied der Industrie- und Handelskammer zu sein, kann diese Erklärung nicht zum Ausschluss des Angebots führen. Ein Bieter darf auch eintragungspflichtige Arbeiten ausführen, wenn er für diese in der Handwerksrolle eingetragen ist. Eintragungspflichtig ist er dort jedoch nur, wenn er den selbständigen Betrieb eines zulassungspflichtigen Handwerks als stehendes Gewerbe handwerksmäßig betreibt.[55] **39**

Bei der Eintragung in ein Handels- oder Berufsregister handelt es sich auch um ein höchstpersönliches Eignungskriterium bzw. bei dem Registerauszug um einen persönlich zu erbringenden Nachweis, der daher auch nicht im Wege der Eignungsleihe durch die Eintragung eines anderen Unternehmens in dem fraglichen Register ersetzt werden kann.[56] **40**

e) Insolvenzverfahren (Nr. 5). Die Vergabestelle kann nach § 6 Abs. 2 Nr. 5 Nachweis darüber verlangen, ob ein Insolvenzverfahren oder ein vergleichbares gesetzlich geregeltes Verfahren eröffnet oder die Eröffnung beantragt worden ist oder der Antrag mangels Masse abgelehnt wurde oder ein Insolvenzplan rechtskräftig bestätigt wurde. **41**

Der Auftraggeber hat in jedem Einzelfall zu überprüfen, ob ein Bieter trotz der Eröffnung des Insolvenzverfahrens fachkundig, leistungsfähig und zuverlässig ist. Hierbei steht ihm ein Beurteilungsspielraum zu. Kommt der Auftraggeber zu der Erkenntnis, dass von dem Bieter trotz Eröffnung des Insolvenzverfahrens die ordnungsgemäße Erfüllung der vertraglichen Verpflichtungen erwartet werden kann, kann er ihm ermessensfehlerfrei den Zuschlag erteilen.[57] **42**

f) Liquidation (Nr. 6). Die Vergabestelle kann nach § 6a Abs. 2 Nr. 6 auch Nachweise darüber verlangen, ob sich das Unternehmen in Liquidation befindet. **43**

g) Verfehlungen (Nr. 7). Gemäß § 6a Abs. 2 Nr. 7 ist eine Prüfung der Angaben erforderlich, ob nachweislich eine schwere Verfehlung vorliegt, die die Zuverlässigkeit als Bewerber in Frage stellt. Schwer ist eine Verfehlung dann, wenn sie erhebliche Auswirkungen hat. Dazu zählen u.a. ständige (wiederholte) Nichteinhaltung von Vertragsfristen, mangelnde Bauausführung, nicht prüfbare Abrechnung der Bauleistungen, Vertragskündigungen und Schadensersatzforderungen wegen nicht erbrachter oder schlechter Leistung.[58] **44**

Entscheidend ist, dass dem Auftraggeber angesichts des früheren Verhaltens des Unternehmers nicht zugemutet werden kann, mit dem Unternehmer erneut in vertragliche Beziehungen zu treten.[59] Dies ist etwa dann der Fall, wenn ein Bieter von Anfang an nicht willens ist, ein dem Leistungsverzeichnis entsprechendes Produkt zu liefern. Ein Bieter besitzt dann nicht die erforderliche Zuverlässigkeit, wenn er bewusst und vorsätzlich falsche Angaben macht.[60] **45**

---

[54] VK Bund Beschl. v. 26.6.2008 – VK 3-71/08.
[55] VK Sachsen-Anhalt Beschl. v. 27.2.2017 – 3 VK LSA 1/17, IBRRS 2017, 0876.
[56] VK Bund Beschl. v. 30.9.2016 – VK 1-86/16, BeckRS 2016, 122006.
[57] VK Sachsen-Anhalt Beschl. v. 20.12.2012 – 2 VK LSA 37/12, IBRRS 2013, 1030.
[58] VK Sachsen-Anhalt Beschl. v. 28.7.16 – 3 VK LSA 20/16, IBRRS 2016, 2522.
[59] VK Düsseldorf Beschl. v. 31.10.2005 – VK-32/2005-B, IBRRS 2006, 1001.
[60] VK Nordbayern Beschl. v. 24.3.2011 – 21.VK-3194-03/11, BeckRS 2011, 100001.

46 Bei der Beurteilung der Zuverlässigkeit ist ausschlaggebend, ob bei einer Gesamtabwägung die positiven oder die negativen Erfahrungen mit der Antragstellerin objektiv größeres Gewicht haben. Zum Ausschluss der Antragstellerin wegen Unzuverlässigkeit bedarf es einer dokumentierten negativen Prognose, wonach die in der Vergangenheit festgestellte mangelhafte Leistung für den zu vergebenden Auftrag erhebliche Zweifel an der Zuverlässigkeit der Antragstellerin begründen. Diese Feststellungen müssen bereits in der Dokumentation gem. § 20 enthalten sein.[61]

47 Entgegen dem insoweit missverständlichen Wortlaut des § 6a Abs. 2 Nr. 7 muss der Bieter nicht darlegen, dass er „nachweislich" keine schwere Verfehlung begangen hat. Vielmehr muss der Auftraggeber die Begehung einer schweren Verfehlung nachweisen. Dies ergibt sich aus § 16 Abs. 2 Nr. 3.[62]

48 **h) Verpflichtung zur Zahlung von Steuern, Abgaben, Beiträgen (Nr. 8).** Der Eignungsnachweis gem. § 6a Abs. 2 Nr. 8 umfasst Angaben zur ordnungsgemäßen Zahlung von Steuern, Abgaben sowie der Beiträge zur gesetzlichen Sozialversicherung. Diese Angaben ermöglichen der Vergabestelle Rückschlüsse auf die Zuverlässigkeit des Bieters, unter Umständen auch auf dessen Leistungsfähigkeit.

49 Daher gibt es die Forderung nach Vorlage einer Unbedenklichkeitsbescheinigung einer tariflichen Sozialkasse keine Rechtsgrundlage; § 6a Abs. 2 Nr. 8 erfasst nur die Zahlungen von Beiträgen zur gesetzlichen Sozialversicherung.[63]

50 **i) Anmeldung Berufsgenossenschaft (Nr. 9).** Auch Nachweise über die Anmeldung in der im Einzelfall einschlägigen Berufsgenossenschaft können nach § 6a Abs. 2 Nr. 9 verlangt werden.

51 **3. Weitere Nachweise der Fachkunde (Abs. 3). a) Zulässige Eignungsanforderungen.** § 6 Abs. 3 meint andere als die bereits in § 6 Abs. 2 Nr. 1–9 aufgeführten Eignungskriterien. Dies ergibt sich bereits aus dem eindeutigen Wortlaut der Vorschrift („andere") und deren Stellung im Text. Die unter § 6EG Abs. 2 Nr. 1–9 aufgeführten Eignungskriterien stellen keinen erschöpfenden Nachweis für Fachkunde, Leistungsfähigkeit und Zuverlässigkeit dar; damit ergibt sich jedoch zugleich, dass unter § 6 Abs. 3 nicht die Nachweise gefasst sind, die bereits in § 6 Abs. 3 Nr. 1–9 geregelt sind.[64]

52 Es entspricht den Grundsätzen des Vergaberechts, dass „[D]ie Prüfung der Eignung [...] dem Auftraggeber [obliegt]. Er allein hat darüber zu befinden, ob er einem Bieter eine fachgerechte und reibungslose Vertragserfüllung zutraut".[65]

53 Dem öffentlichen Auftraggeber steht es mithin grundsätzlich frei, die von ihm für erforderlich gehaltenen Eignungsvorgaben selbst zu definieren und die von den Bietern zu erfüllenden Anforderungen festzulegen.[66] Fordert ein Auftraggeber einen Nachweis über ein Qualitätsmanagementsystems in Form eines umfassenden Managementsystems zum Leiten und Lenken einer Organisation bezüglich der Qualität muss er das in der Bekanntmachung präzise bezeichnen und angeben, welches Qualitätssicherungsverfahren, im Hause des Bieters durchgeführt worden sein müssen und welche Stelle dieses Verfahren zu zertifizieren hat (zum Beispiel ZertBau, TÜV, RAL-Güteausschuss etc).[67]

54 Die Bezugnahme der Auftraggeber auf Gütezeichen und Zertifikate wie bspw. die Gütesicherung Kanalbau RAL-GZ 961 als Anforderung iSd § 6a Abs. 3 hat sich bei Bauleistungen in der Praxis bewährt. Die festgestellte Eignung als Ergebnis der Eignungsprüfung ist eine Prognose, dass der Unternehmer die Gewähr dafür bietet, die Leistung ordnungsgemäß zu erbringen. Diese Prognose beruht auf festgestellten Umständen. Daraus ergibt sich, dass ein

---

[61] VK Sachsen-Anhalt Beschl. v. 28.7.16 – 3 VK LSA 20/16, IBRRS 2016, 2522.
[62] VG Düsseldorf Urt. v. 24.3.2015 – 20 K 6764/13, BeckRS 2015, 45979.
[63] OLG Koblenz Beschl. v. 19.1.2015 – Verg 6/14, BeckRS 2015, 03293.
[64] Vgl. OLG Karlsruhe Beschl. v. 7.5.2014 – 15 Verg 4/13, BeckRS 2015, 08088.
[65] OLG Koblenz Beschl. v. 15.10.2009 – 1 Verg 9/09, BeckRS 2010, 5513.
[66] OLG Düsseldorf Beschl. v. 27.10.2010 – VII-Verg 47/10, BeckRS 2010, 27621.
[67] Vgl. VK Südbayern Beschl. v. 22.5.2015 – Z3-3-3194-1-13-02/15, NZBau 2016, 126.

Bieter die Eignung für die Durchführung eines konkreten Auftrages vor dem Vergabeverfahren erworben haben muss, in dem er seine Eignung nachweisen soll.[68]

b) Vorteile von Gütezeichen. Das übergeordnete Ziel der Gütesicherung ist die Auswahl fachtechnisch geeigneter Bieter auf Grundlage abgestimmter Anforderungen. Hierbei handelt es sich um eine genuin hoheitliche Aufgabe, zu der jeder öffentliche Auftraggeber verpflichtet ist. Die Verantwortung hierfür kann nicht delegiert werden. Volkswirtschaftlich und unter verwaltungsökonomischen Gesichtspunkten bietet die Auslagerung von Teilen der Eignungsprüfung aber große Vorteile, da die Unternehmen ihre Qualifikation nicht für unterschiedliche Auftraggeber im Einzelfall belegen müssen. Auftraggeber ersparen dem Bieter und sich einen erheblichen bürokratischen Einzelaufwand, indem sie einen Nachweis auf Grundlage von Gütezeichen verlangen. 55

Von größter Bedeutung im Rahmen der Eignungsprüfung sind für öffentliche Auftraggeber Aspekte der Neutralität und Transparenz. Vorzugswürdig sind daher Gremien, die sowohl aus Vertretern der Auftraggeber- als auch Auftragnehmerseite, sowie diverser Ingenieur-Büros bestehen. Regelmäßig formulieren Öffentliche Auftraggeber und Auftragnehmer differenzierte Anforderungen an die Qualifikation ausführender Unternehmen. Namentlich werden Gütebestimmungen, Prüfbestimmungen und Durchführungsbestimmungen für die Verleihung und Führung des Gütezeichens festgesetzt; die Durchführungsbestimmungen können bspw. auch Systeme bestimmen, über welche auf die Nichteinhaltung der Gütebestimmungen zu einem Zeitpunkt nach der Verleihung reagiert wird, bis hin zum Entzug des Gütezeichens. 56

Diese gemeinsam definierten Anforderungen machen Auftraggeber sodann zur Grundlage ihrer Vergabe. Durch die Kooperation von Auftraggebern und -nehmern werden die hohen Ansprüche an die Unparteilichkeit der Organisation, die mit den einzelnen Bewertungen befasst ist, gewahrt. 57

Firmen, die die gestellten Anforderungen erfüllen, weisen nach, dass sie in Bezug auf die gewünschte Bauweise über die nötigen fachtechnischen Voraussetzungen verfügen, um die gewünschte Ausführungsqualität zu erreichen. 58

c) Gleichwertigkeit von Gütezeichen. aa) Zulässige Beschränkung auf bestimmte Gütezeichen. Wenn ein Auftraggeber sein Anforderungsniveau auf ein oder mehrere (Präqualifikations-)Systeme stützt (zB PQ-VOB und zusätzlich RAL-GZ 961 im Kanalbau und zusätzlich W3 für Wasserleitungsbau, wie empfohlen von der DWA im Merkblatt M 805 vom August 2011), liegt es in seinem Ermessen, welche Kriterien in welcher Ausprägung ihm für die konkrete Maßnahme besonders wichtig sind. Wenn es ähnliche Systeme gibt, die sich jedoch (inhaltlich und/oder formal) in relevanten Kriterien unterscheiden, kann ein Auftraggeber vergaberechtskonform auf diese Unterschiede abheben und auf einzelne Besonderheiten ausdrücklich (großen) Wert legen. Es bleibt eine Auftraggeber-Entscheidung, welche Anforderungen gestellt werden und mit welchen Angaben die Bieter darüber informiert werden, unter welchen Umständen der Auftraggeber seine (Mindest-)Anforderungen an die Eignung als erfüllt ansieht.[69] Es bleibt vor allem auch eine Auftraggeber-Entscheidung (mit einem sachgemäß gegebenen Beurteilungsspielraum), ob durch bestimmte vorgelegte Belege und Ausweise, die Erfüllung der gestellten Anforderungen an die Eignung begründet festgestellt werden kann. 59

Zur Vermeidung von Wettbewerbsbeschränkung iSv § 2 Abs. 1 Nr. 2 S. 2 darf der Auftraggeber zwar die Anwendung der Güte- und Prüfbestimmungen einer bestimmten Güteschutzgemeinschaft vorschreiben, muss aber auch zumindest gleichwertige Prüfzeugnisse als Nachweis der Eignung des Auftragnehmers gelten lassen. Die Forderung nach dem Qualitätsstandard, der mit dem Gütezeichen verbunden ist, ist vergaberechtlich nicht zu beanstanden. Damit ist es grundsätzlich VOB/A-konform, wenn der Auftraggeber als Eig- 60

---

[68] OLG Brandenburg Beschl. v. 15.3.2011 – Verg W 5/11, BeckRS 2011, 6544.
[69] VK Nordbayern Beschl. v. 2.10.2013 – 21.VK-3194-36/13, IBRRS 2013, 4641.

nungsanforderung von Bietern den Nachweis der Erfüllung und Einhaltung der Anforderungen nach RAL-GZ 961 verlangt. Die Forderung nach der Einhaltung der Anforderungen der Gütesicherung Kanalbau RAL-GZ 961 gibt keine ggf. diskriminierenden Vorgaben nach der Art und Weise der Nachweisführung vor. Ob und inwieweit die gestellten Anforderungen der Güte- und Prüfbestimmungen RAL-GZ 961 gleichwertig nachgewiesen werden, unterliegt dem gerichtlich nur sehr eingeschränkt nachprüfbaren Beurteilungsspielraum des Auftraggebers. Insbesondere steht es dem Auftraggeber danach frei, sachlich gerechtfertigte willkürfreie Aspekte zur Ausfüllung des Beurteilungsspielraums heranzuziehen. Seine Entscheidung ist einer Kontrolle nur daraufhin zugänglich, ob die Grenzen des Beurteilungsspielraumes überschritten sind, dh der öffentliche Auftraggeber das vorgeschriebene Verfahren eingehalten hat, er von einem zutreffend und vollständig ermittelten Sachverhalt ausgegangen ist, er keine sachwidrigen Erwägungen in die Wertung einbezogen hat oder er den sich im Rahmen der Beurteilungsermächtigung haltenden Beurteilungsmaßstab zutreffend angewendet hat.[70]

61 **bb) Musterformulierung.** Nachfolgende Formulierung wird von Auftraggebern überwiegend in dieser Form als Eignungsanforderung im Vergabeverfahren verwendet:

„Nachweis zur Eignung des Unternehmens (Nachweis nach § 6a Abs. 3 VOB/A) Bieter müssen mit Angebotsabgabe*) und während der Werkleistung die fachliche Qualifikation (Fachkunde, technische Leistungsfähigkeit, Zuverlässigkeit der technischen Vertragserfüllung) und Gütesicherung des Unternehmens nachweisen. Die Anforderungen der vom Deutschen Institut für Gütesicherung und Kennzeichnung e.V. herausgegebenen Gütesicherung Kanalbau RAL-GZ 9611) – Beurteilungsgruppe**) ‚...' sind zu erfüllen und mit Angebotsabgabe nachzuweisen."

62 Der Nachweis gilt als erbracht, wenn der Bieter die Erfüllung der Anforderungen und die Gütesicherung des Unternehmens nach Gütesicherung Kanalbau RAL-GZ 961 mit dem Besitz des entsprechenden RAL-Gütezeichens Kanalbau für die geforderte(n) Beurteilungsgruppe(n) nachweist.

63 Der Nachweis gilt insbesondere als gleichwertig erbracht, wenn der Bieter die Erfüllung der Anforderungen durch einen Prüfbericht entsprechend Güte- und Prüfbestimmungen Abschnitt 4.1 für die geforderte(n) Beurteilungsgruppe(n) nachweist und eine Verpflichtung vorlegt, dass der Bieter im Auftragsfall für die Dauer der Werkleistung einen Vertrag zur Gütesicherung Kanalbau RAL-GZ 961 entsprechend Abschnitt 4.3 abschließt und die zugehörige „Eigenüberwachung" entsprechend Abschnitt 4.2 durchführt.

64 **4. Weitere Nachweise der wirtschaftlichen/finanziellen Leistungsfähigkeit (Abs. 4).** Potentielle Ungleichbehandlung hat in der Vergangenheit auf der Basis der Entscheidungen der BGH zu fehlenden Erklärungen (aller Art) dazu geführt, das ein Angebot zwingend und ohne jegliches Ermessen für den Auftraggeber auszuschließen war.[71] Das galt auch für Eignungsnachweise.[72]

65 Dies hat dazu geführt, dass eine Vielzahl von günstigen Angebote wegen möglicherweise marginaler Lücken ausgeschlossen werden musste. Auf der Basis der Neuregelungen der VOB/A sollte dem durch die Nachforderungspflicht und eine begrenzte Substitutionsmöglichkeit – letztere basierend auf Regelungen der Richtlinie – entgegen gewirkt werden.[73]

66 Ob bspw. eine Referenzliste grundsätzlich ausreicht, einen Nachweis für die adäquate Führung eines Geschäftsbetriebs über drei Jahre zu ersetzen, ist zweifelhaft, denn diese Abfrage dient der Feststellung der finanziellen und wirtschaftlichen Leistungsfähigkeit.

---

[70] OLG Jena Beschl. v. 18.5.2009 – 9 Verg 4/09, VPRRS 2013, 0162; VK Bund Beschl. v. 10.6.2010 – VK 3 – 51/10, BeckRS 2010, 143620; VK Bund Beschl. v. 4.6.2010 – VK 3 – 48/10, BeckRS 2010, 142928; VK Baden-Württemberg Beschl. v. 11.8.2009 – 1 VK 36/09, IBRRS 2010, 0084; VK Brandenburg Beschl. v. 22.9.2008 – VK 27/08, IBRRS 2009, 2996.
[71] Vgl. BGH Urt. v. 7.1.2003 – XZR 50/01, ZfBR 2003, 503; BGH Beschl. v. 18.2.2003 – X ZB 43/02, NVwZ 2003, 1149.
[72] OLG Düsseldorf Beschl. v. 13.4.2006 – Verg 10/06, NZBau 2006, 810.
[73] Vgl. VK Arnsberg Beschl. v. 24.2.2011 – VK 02/12.

§ 6b Mittel der Nachweisführung, Verfahren

(1) Der Nachweis der Eignung kann mit der vom Auftraggeber direkt abrufbaren Eintragung in die allgemein zugängliche Liste des Vereins für die Präqualifikation von Bauunternehmen e.V. (Präqualifikationsverzeichnis) erfolgen.

(2) ¹Die Angaben können die Bewerber oder Bieter auch durch Einzelnachweise erbringen. ²Der Auftraggeber kann dabei vorsehen, dass für einzelne Angaben Eigenerklärungen ausreichend sind. ³Eigenerklärungen, die als vorläufiger Nachweis dienen, sind von den Bietern, deren Angebote in die engere Wahl kommen, durch entsprechende Bescheinigungen der zuständigen Stellen zu bestätigen.

(3) ¹Bei Öffentlicher Ausschreibung sind in der Aufforderung zur Angebotsabgabe die Nachweise zu bezeichnen, deren Vorlage mit dem Angebot verlangt oder deren spätere Anforderung vorbehalten wird. ²Bei Beschränkter Ausschreibung nach Öffentlichem Teilnahmewettbewerb ist zu verlangen, dass die Nachweise bereits mit dem Teilnahmeantrag vorgelegt werden.

(4) ¹Bei Beschränkter Ausschreibung und Freihändiger Vergabe ist vor der Aufforderung zur Angebotsabgabe die Eignung der Unternehmen zu prüfen. ²Dabei sind die Unternehmen auszuwählen, deren Eignung die für die Erfüllung der vertraglichen Verpflichtungen notwendige Sicherheit bietet; dies bedeutet, dass sie die erforderliche Fachkunde, Leistungsfähigkeit und Zuverlässigkeit besitzen und über ausreichende technische und wirtschaftliche Mittel verfügen.

Übersicht

	Rn.		Rn.
I. Normzweck, Entstehungsgeschichte	1–3	2. Einzelnachweise/Eigenerklärungen (Abs. 2)	23–26
II. Einzelerläuterung	4–37	3. Vorlage der Nachweise (Abs. 3)	27–34
1. Präqualifikationsverzeichnis (Abs. 1)	4–22	4. Eignung bei beschränkter Ausschreibung und freihändiger Vergabe (Abs. 4)	35–37

I. Normzweck, Entstehungsgeschichte

Dem Muster der §§ 6 und 6a folgend übernimmt auch die Norm des § 6b einen Teil des Regelungsspektrums des § 6 VOB/A 2012 und 2009. Die Möglichkeit nach § 6b Abs. 1, sich im Rahmen der Eignungsprüfung des Präqualifikationsverzeichnisses zu bedienen, war unter den alten Fassungen in § 6 Abs. 3 Nr. 2 VOB/A 2009 und 2012 normiert. **1**

§ 6b Abs. 2 entspricht weitgehend den Vorgängerregelungen in § 6 Abs. 3 aE VOB/A 2012/2009. Ebenso verhält es sich mit § 6b Abs. 3 und 4. Diese Normen stellen eine kontinuierliche Fortsetzung des § 6 Abs. 3 Nr. 5 bzw. 6 VOB/A 2012/2009 dar; die Vorgängernormen werden wortlautidentisch übernommen. **2**

Auch in § 35 der neu geschaffenen UVgO ist das Instrument des Nachweises durch Eigenerklärungen zu finden: **3**

„(1) In der Auftragsbekanntmachung oder bei Verfahrensartenarten ohne Teilnahmewettbewerb in der Aufforderung zur Abgabe eines Angebots ist neben den Eignungskriterien ferner anzugeben, mit welchen Unterlagen (Eigenerklärungen, Angaben, Bescheinigungen und sonstige Nachweise) Bewerber oder Bieter ihre Eignung gemäß den §§ 33 und 34 und das Nichtvorliegen von Ausschlussgründen zu belegen haben.

(2) Der Auftraggeber fordert grundsätzlich die Vorlage von Eigenerklärungen an."

II. Einzelerläuterung

1. Präqualifikationsverzeichnis (Abs. 1). Unternehmen des Bauhaupt- und Baunebengewerbes können bei den vom Verein beauftragten Präqualifizierungsstellen ihre Eignung für öffentliche Bauaufträge in Deutschland mit einer Präqualifikation nachweisen. In **4**

dem Fall geben die Unternehmen den Vergabestellen unter Angabe der Registriernummer bekannt, dass sie präqualifiziert sind.

5 Die Präqualifikation (PQ) besteht aus einer fortlaufend aktualisierten Liste über die nach § 6a vorgelegten Nachweise über Fachkunde, Zuverlässigkeit und Leistungsfähigkeit. Die mit der Präqualifikation bestätigten Eignungsnachweise enthalten jedoch weder Angaben zur wirtschaftlichen Stabilität von Bietern noch zur Qualitätssicherung entsprechend den Vorgaben von Technischen Regelwerken oder der zuständigen Bauaufsicht. Hierfür trifft die Vergabestelle ggf. besondere Vorkehrungen. Das gilt auch für spezielle auftragsbezogene Eignungsnachweise.

6 Das amtliche Verzeichnis enthält einen der Öffentlichkeit frei zugänglichen Teil sowie einen passwortgeschützten Teil. Dem der Öffentlichkeit frei zugänglichen Teil können Name, Anschrift, Leistungsbereiche und Registriernummer der präqualifizierten Bauunternehmen entnommen werden. Der passwortgeschützte Teil des amtlichen Verzeichnisses beinhaltet die für die Bewertung des präqualifizierten Unternehmens bei den Präqualifizierungsstellen eingereichten Eignungsnachweise gem. § 6a. Diese Daten werden vertraulich behandelt. Einsicht in die Dokumente zum Zweck der Eignungsprüfung wird nur öffentlichen Auftraggebern gewährt, die beim Verein für Präqualifikation registriert sind. Jede kommerzielle oder nicht dem Zweck der Präqualifikation dienende Nutzung oder Weitergabe der Daten ist untersagt. Den einzelnen präqualifizierten Unternehmen stehen diese Daten jederzeit mittels eines Kennwortes zur Verfügung, das sie von der Präqualifizierungsstelle mit der Präqualifizierung erhalten.

7 Die Gültigkeit der Nachweise ergibt sich aus dem aktuellen Internetauszug. Davon unbenommen bleibt die Berücksichtigung aktueller Erkenntnisse der Vergabestellen mit dem betreffenden Unternehmen. Im Zusammenhang mit der Präqualifikation besteht für präqualifizierte Unternehmen die Möglichkeit, in eigener Verantwortung und unabhängig von der Präqualifikation „Zusätzliche Nachweise" gemäß der Anlage „zusätzliche Nachweise" in der PQ-Liste einstellen zu lassen.

8 Weist ein Unternehmen seine auftragsunabhängige Eignung mittels eines Verweises auf die Eintragung in die Liste präqualifizierter Unternehmen nach, so sind mit dieser Eintragung die rechtliche Zuverlässigkeit, die Leistungsfähigkeit und Fachkunde bezogen auf die präqualifizierten Leistungsbereiche nachgewiesen. Ist die Präqualifikation des Bieters durch den aktuell gültigen Eintrag in die Liste präqualifizierter Unternehmen bestätigt; hat er damit den Nachweis für seine Leistungsfähigkeit, Fachkunde, Zuverlässigkeit und Gesetzestreue erbracht. Es liegt nicht im Aufgabenbereich des Bieters, die Gültigkeit der Eintragung zu gewährleisten. Vielmehr hat die Präqualifizierungsstelle Sorge für die Aktualität der Liste präqualifizierter Unternehmen zu tragen.[1] Rechtzeitig vor dem Ablaufen einzelner Nachweise sorgen die PQ-Stellen für eine kontinuierliche Aktualisierung. Die aktuelle Gültigkeit ergibt sich somit aus der tagesaktuellen PQ-Liste.

9 Auftraggeber können daher darauf vertrauen, dass die in der PQ-Liste hinterlegten Nachweise gültig sind. Auf den konkreten Auftrag bezogene zusätzliche Nachweise (auftragsbezogenen Angaben) können verlangt werden. Dies betrifft beispielsweise Nachweise der fachlichen Eignung der Bieter in Bezug auf technische Anforderungen der ausgeschriebenen Bauleistung oder Angaben zur wirtschaftlichen Leistungsfähigkeit und kann auch den Umfang der Leistungen umfassen.

10 Alle Nachweise liegen bei den PQ-Stellen in Papierform vor, sind mittels der Reg.-Nr. stets rückverfolgbar und können dort angefordert werden. Mit der PQ wird sichergestellt, dass nach Ablauf der zeitlich begrenzten Gültigkeit von Eignungsnachweisen eine Aktualisierung erfolgt. Im Fall von nicht rechtzeitigem Ersatz von ungültig gewordenen Nachweisen werden die Unternehmen aus der PQ-Liste entfernt.

11 Durch Unterzeichnung der Referenzen bestätigt der Referenzgeber die auftragsgemäße Ausführung sowie seine Zustimmung zur Veröffentlichung zum Zweck der Präqualifikation

---

[1] VK Nordbayern Beschl. v. 21.6.2016 – 21.VK – 3194 – 08/16, IBRRS 2016, 1902.

des Unternehmens, er haftet jedoch nicht für die Richtigkeit der seitens des Unternehmens eingetragenen Angaben. Gewährleistungs- oder Rechtsansprüche werden durch die Unterzeichnung nicht berührt.

Der Eignungsnachweis durch PQ muss von Öffentlichen Auftraggebern in dem Umfang, in dem mit der Präqualifikation Nachweise eingestellt sind, grundsätzlich akzeptiert werden. Zusätzliche Nachweise, wie zB Auszüge aus den Landeskorruptionsregistern können ggf. zusätzlich verlangt werden. Eine von der zuständigen Stelle ausgestellte Präqualifikation kann nicht mit einem Nachprüfungsverfahren aberkannt werden.[2]

Die Präqualifikation eines Bieters ist sowohl bei der formalen als auch bei der materiellen Eignungsprüfung zu berücksichtigen. Aspekte, die gegen die Eignung sprechen, sind der positiven Eignungsaussage durch die Präqualifikation wertend gegenüberzustellen.[3]

Die PQ-Stellen haben bei der Beurteilung der Frage, ob eine Referenz einen bestimmten Leistungsbereich abdeckt, einen gewissen Beurteilungsspielraum. Ist für den Öffentlichen Auftraggeber im Einzelfall zweifelhaft, ob die Eignung des Unternehmers für die Durchführung eines speziellen Bauauftrages in diesem, präqualifizierten Leistungsbereich ausreichend durch die hierfür hinterlegten Referenzen nachgewiesen ist, kann er vom Unternehmer ergänzende Angaben fordern. Die Präqualifikation in der VOB soll das Basisgeschehen am Bau abdecken. So sind spezielle Bauleistungen (zB Aluminium-Pfosten-Riegel-Fassadenkonstruktion) nicht grundsätzlich durch den Leistungsbereich Metallbauarbeiten abgedeckt.[4] Vorgespanntes Mauerwerk oder historisches Bruchsteinmauerwerk ist nicht grundsätzlich durch den LB 111-04 Mauerarbeiten abgedeckt.

Sofern präqualifizierte Unternehmen dafür keine Referenzen hinterlegt haben, können diese als projektspezifische Nachweise zusätzlich angefordert werden. Auch für durch Referenzen abgedeckte Leistungsbereiche können ggf. weitere Referenzen nachgefordert werden, wenn zB besondere Ausführungen, besonderer Umfang oder besondere Umstände vorliegen.

Beim PQ-Verein präqualifizierbar sind generell alle Unternehmen aus dem Bauhaupt- und dem Baunebengewerbe für alle Arten von Bauleistungen nach VOB/C. Generell gehören Hochbau (zB Wohnungsbau, gewerblicher Bau, öffentlicher Hochbau) und Tiefbau (zB Straßenbau, gewerblicher Straßenbau, öffentlicher Straßenbau) zum Bauhauptgewerbe. Alles, was nicht unter Hoch- und Tiefbau fällt, ist dem Baunebengewerbe zuzuordnen. Dazu gehört üblicherweise (dh von Ausnahmen abgesehen) auch das Ausbaugewerbe (zB Haustechnik, Maler, Tapezierer, Bauschlosser, Schreiner).

Die Einbeziehung aller Nachunternehmer hinsichtlich der sicherzustellenden Eignungsnachweise folgt dem Grundsatz der VOB/A, dass alle Bauleistungen nur durch geeignete Unternehmen durchgeführt werden dürfen. Insbesondere durch die Vorgaben des EU-Vergaberechts sind Unternehmen auch nach der VOB/A verpflichtet, die Eignungsnachweise der Nachunternehmen vorzulegen.

Die Gültigkeit der Präqualifikation ergibt sich gem. § 9 der Leitlinie des Bundesministeriums für Umwelt, Naturschutz, Bau und Reaktorsicherheit für die Durchführung eines Präqualifizierungsverfahrens aus dem aktuellen Internetauszug. Die Gültigkeit der Präqualifikation ist somit solange gegeben, wie alle für die Präqualifikation hinterlegten Eignungsnachweise gültig sind. Die Aktualität der in der PQ-Liste hinterlegten Nachweise ist ebenfalls mit § 9 der Leitlinie des BMUB vorgegeben. Danach wird eine Präqualifikation zB nach Ablauf der Gültigkeitsdauer der erforderlichen Nachweise nach Anlage 1 der Leitlinie gestrichen. Um dem vorzubeugen, sorgen die Präqualifizierungsstellen in Abstimmung mit den präqualifizierten Unternehmen in der Regel für eine rechtzeitige Aktualisierung aller geforderten Nachweise. Die jeweiligen Nachweise sind der Anlage 1 der Leitlinie zu entnehmen. Sie entsprechen den Vorgaben aus § 6a bzw. § 6aEU in VOB/A.

---

[2] VK Nordbayern Beschl. v. 13.4.2016 – 21.VK-3194-05/16.
[3] VK Südbayern Beschl. v. 11.9.2014 – Z3-3-3194-1-34-07/14, ZfBR 2015, 189.
[4] VK Nordbayern Beschl. v. 6.9.2016 – 21.VK-3194-16/16, IBRRS 2016, 2419.

19 Der Eignungsnachweis gem. § 6a Abs. 1 kann nicht durch eine Eigenerklärung erfolgen und damit die Präqualifikation ersetzen. Die Auftraggeberseite ist zur Überprüfung und damit zur Feststellung der Eignung verpflichtet. Die mit der VOB 2009 erweiterte Möglichkeit der Abgabe einer Eigenerklärung ist geeignet, die Eignung der Bieter vorläufig festzustellen. Die endgültige Feststellung der Eignung ergibt erst die positive Prüfung der entsprechenden Bescheinigungen zuständiger Stellen, die das Unternehmen, dessen Angebot in die engere Wahl gekommen ist, zur Bestätigung der Eigenerklärung vorlegen muss (§ 6a Abs. 1). In Anlehnung an § 16 Abs. 1 Nr. 4 hat das Unternehmen nach Aufforderung innerhalb einer nach dem Kalender bestimmten Frist alle Bescheinigungen vorzulegen. Werden diese gar nicht, unvollständig oder verspätet vorgelegt, erfolgt der Ausschluss des Angebots. Sollten die Unterlagen hinsichtlich der abgegebenen Eigenerklärung abweichen, ist das Angebot ebenfalls auszuschließen.

20 Eine Vergabestelle kann der Eigenerklärung hinsichtlich Insolvenz vertrauen, auch wenn diese zur Aufrechterhaltung der Präqualifikation nur alle zwölf Monate aktualisiert wird. Diese Eigenerklärung steht in Verbindung mit einer weiteren Eigenerklärung hinsichtlich der Verpflichtung zur Mitteilung über wesentliche Änderungen gem. § 6.4 der Leitlinie. Ein Verstoß gegen diese Mitteilungspflicht ist entsprechend § 9.3 der Leitlinie mit Sanktionen verbunden (Streichung und 24-Monatssperre). Darüber hinaus werden andere Nachweise von der BG oder SOKA häufig in wesentlich kürzeren Abständen aktualisiert, was mittels Plausibilitätsprüfung auch Informationen für die Eigenerklärung hinsichtlich Insolvenz liefert. In der Summe aller Kriterien liefert eine gültige Präqualifikation somit auch zu dieser Frage ein Höchstmaß an Vertrauen.

21 Gemäß VOB/A ist der Eignungsnachweis mittels Eintragung in das amtliche Verzeichnis präqualifizierter Bauunternehmen zulässig und alle öffentlichen Auftraggeber, die zur Anwendung der VOB/A verpflichtet sind, haben den Eintrag in das amtliche Verzeichnis des Vereins für die Präqualifikation von Bauunternehmen (PQ-Verzeichnis) als Nachweis der Eignung verbindlich anzuerkennen. Daher setzt der Hinweis des Bewerbers auf seine durch PQ nachgewiesene Eignung keineswegs das Einverständnis des Auftraggebers voraus, sondern der Auftraggeber verstößt bei Nichtanerkennung der PQ gegen die VOB/A und muss die Konsequenzen dieses fehlerhaften Verhaltens tragen.

22 Wenn der Auftraggeber entweder die Vorlage von Referenzen oder den Nachweis der Präqualifikation im der Liste des Vereins für Präqualifikation von Bauunternehmen e.V. als Eignungsnachweis zulässt, muss er Referenzen mit der gleichen Bandbreite akzeptieren, die Präqualifikationen nach dem genannten System der Präqualifikation aufweisen.[5]

23 **2. Einzelnachweise/Eigenerklärungen (Abs. 2).** Auch die in § 6b Abs. 2 S. 3 eingeräumte Möglichkeit der Abgabe von Eigenerklärungen besagt nur, dass für die geforderten Eignungskriterien, falls es die Vergabestelle zulässt, „für einzelne Angaben Eigenerklärungen ausreichend sind". Die Eigenerklärung steht also, genau wie die Präqualifikation, auch nur für eine Möglichkeit, die zuvor geforderten, konkret benannten Eignungskriterien zu erbringen, also ebenfalls für das „Wie" und nicht für das „Was".[6]

24 Für die Entscheidung, ob Bewerber oder Bieter aufgrund von Eigenerklärungen und beigebrachten Nachweisen als geeignet bzw. ungeeignet zu beurteilen sind, ist nicht erforderlich, dass der öffentliche Auftraggeber sämtliche in Betracht kommenden Erkenntnisquellen ausschöpft, um die gemachten Angaben zu verifizieren.[7]

25 Vielmehr darf er seine Entscheidung auf eine methodisch vertretbar erarbeitete, befriedigende Erkenntnislage stützen und von einer Überprüfung von Eigenerklärungen absehen, wenn und soweit sich keine objektiv begründeten, konkreten Zweifel an der Richtigkeit ergeben. Nur in diesem Fall ist er gehalten, weitere Nachforschungen anzustellen und gegebenenfalls von neuem in die Eignungsprüfung einzutreten. Ansonsten ist die Entschei-

---

[5] VK Bund Beschl. v. 3.2.2016 – VK 1–126/15, BeckRS 2016, 9215.
[6] VK Thüringen Beschl. v. 12.4.2013 – 250-4002-2400/2013-E-008-SOK, BeckRS 2013, 52148.
[7] Vgl. OLG Düsseldorf Beschl. v. 2.12.2009 – VII-Verg 39/09, NZBau 2010, 393.

dung des öffentlichen Auftraggebers über die Eignung eines oder Bieters bereits dann hinzunehmen, wenn sie unter Berücksichtigung der schon bei Aufstellung der Prognose aufgrund zumutbarer Aufklärung gewonnenen Erkenntnisse (noch) vertretbar erscheint.[8]

Eigenerklärungen, die als vorläufiger Nachweis dienen, sind von den Bietern, deren **26** Angebote in die engere Wahl kommen, durch entsprechende Bescheinigungen der zuständigen Stellen zu bestätigen. Werden Kapazitäten anderer Unternehmen in Anspruch genommen, so muss die Nachweisführung auch für diese Unternehmen erfolgen.[9]

3. Vorlage der Nachweise (Abs. 3).

Eine Legaldefinition, was „Nachweise" im verga- **27** berechtlichen Sinne sind, enthält die VOB/A nicht. Welche Unterlagen neben Eigenerklärungen als Nachweise beizubringen sind, kann die Vergabestelle in der Bekanntmachung konkretisieren. Unterlässt sie dies, kann sie einen Bieter nicht mit der Begründung ausschließen, er habe seiner Nachweispflicht nicht genügt, weil er gemachte Angaben nicht durch die Vorlage entsprechender unternehmensbezogener Dokumente unterlegt hat.[10]

Zwar kann die Vergabestelle bestimmen, welche Qualität von Nachweisen sie im konkre- **28** ten Vergabeverfahren genügen lässt. Sie ist in der Entscheidung frei, ob sie offizielle Bescheinigungen verlangt oder inoffizielle, insbesondere Eigenerklärungen, genügen lässt.[11] Unklarheiten und Widersprüchlichkeiten in den Anforderungen bezüglich der geforderten Eignungsnachweise gehen jedoch zu ihren Lasten, wobei der Empfängerhorizont entscheidend ist.[12]

Aus der Bekanntmachung der Ausschreibung und aus dem Aufforderungsschreiben müs- **29** sen alle Angaben für eine Entscheidung zur Teilnahme am Vergabeverfahren oder zur Angebotsabgabe ersichtlich sein. Ein öffentlicher Auftraggeber muss jedoch nicht sämtliche Einzelheiten seiner Nachweisforderung in der Bekanntmachung oder in der Aufforderung zur Abgabe eines Angebotes angeben. Insofern sind Konkretisierungen der geforderten Nachweise in den Vergabeunterlagen zulässig. Allerdings darf die Vergabestelle an die Art des Nachweises nachträglich in den Vergabeunterlagen keine höheren oder qualifizierteren Anforderungen stellen.

Es genügt nicht, sich auf den Inhalt in den Vergabeunterlagen zu berufen. Nachträglich **30** darf deshalb in den Vergabeunterlagen keine Verschärfung für die Abgabe von Eignungsnachweisen erfolgen. Die Bestimmungen über die Bekanntmachung insbesondere die konkreten Inhalte dieser nach den Bekanntmachungsmustern und den Formblättern zur Aufforderung zur Abgabe eines Angebotes haben bieterschützende Wirkung zur Sicherung der Gleichbehandlung. Damit sollen alle Bewerber ihre Angebote auf dem Stand gleicher Informationen abgeben können. Verweist der Auftraggeber in der Bekanntmachung oder im Aufforderungsschreiben hinsichtlich der vorzulegenden Eignungsnachweise lediglich auf die Vergabeunterlagen und fordert er die Vorlage solcher Eignungsunterlagen erstmals in den Vergabeunterlagen, ohne Bezug auf eine Konkretisierung eines bereits benannten Nachweises zu nehmen, stellen derartige Nachweise keine wirksame Forderung dar. Hier ist für die Bieter aus den entsprechenden Veröffentlichungen in keiner Weise erkennbar, welche Eignungsanforderungen an sie gestellt werden. Deshalb finden somit nicht ordnungsgemäß in der Bekanntmachung bzw. in der Aufforderung zur Abgabe eines Angebots geforderte Eignungsnachweise bei der Eignungsprüfung keine Berücksichtigung.[13]

Ein Ausschluss solcher Angebote aufgrund fehlender Nachweise ist nicht statthaft, da sie **31** durch den Auftraggeber nicht wirksam gefordert worden sind. Über die Bekanntmachung oder im Aufforderungsschreiben hinausgehende Nachweise dürfen nicht gefordert werden,

---

[8] Vgl. OLG Düsseldorf Beschl. v. 2.12.2009 – VII-Verg 39/09, NZBau 2010, 393; *Scharen* GRUR 2009, 345 (348).
[9] VK Nordbayern Beschl. v. 28.11.2016 – 21.VK-3194-35/16, IBRRS 2017, 0314.
[10] OLG Düsseldorf Beschl. v. 31.10.2012 – VII-Verg 17/12, NZBau 2013, 333.
[11] VK Hessen Beschl. v. 21.4.2008 – 69d-VK-15/2008; VK Sachsen Beschl. v. 30.4.2008 – 1/SVK/020-08, IBRRS 2008, 1623.
[12] OLG Düsseldorf Beschl. v. 9.6.2004 – VII-Verg 11/04, BeckRS 2007, 15960.
[13] OLG Düsseldorf Beschl. v. 28.11.2012 – Verg 8/12, NZBau 2013, 258.

ihre Nichtvorlage somit auch nicht bei der Angebotswertung berücksichtigt werden. Beides würde den Vorgaben des Transparenzgebotes zuwiderlaufen.[14]

32 Angebote, bei denen der Bieter Erklärungen oder Nachweise, deren Vorlage sich der öffentliche Auftraggeber vorbehalten hat, auf Anforderung nicht innerhalb einer angemessenen, nach dem Kalender bestimmten Frist vorgelegt hat, sind hingegen auszuschließen.

33 Stellt der Auftraggeber nach Angebotseinreichung gesondert das Verlangen, bestimmte Unterlagen, einzureichen, können sich Bieter unter Anwendung der gebotenen Sorgfalt auf die Bearbeitung des gesonderten Verlangens einstellen und konzentrieren. Das rechtfertigt, den Fall einer gesonderten Aufforderung des Auftraggebers zur Einreichung von Unterlagen bei Nichtvorlage nicht der Nachforderungspflicht des § 16 Abs. 1 Nr. 3 zu unterstellen.[15] Diese Auffassung wird vom OLG Naumburg[16] sowie vom OLG Koblenz[17] geteilt. Anderer Ansicht sind allerdings das OLG Celle[18] und das OLG Frankfurt a. M.[19]

34 Danach sollen im Anwendungsbereich der VOB/A auch auf gesondertes Verlangen des Auftraggebers nicht vorgelegte Unterlagen der Nachforderungspflicht nach VOB/A unterfallen.

35 **4. Eignung bei beschränkter Ausschreibung und freihändiger Vergabe (Abs. 4).**
Jeder Bewerber, der vom Auftraggeber eine Angebotsaufforderung erhält, gilt automatisch als geeignet, ansonsten hätte der AG ihn ja nicht zur Angebotsabgabe auffordern dürfen. Da daher kein Bewerber mehr bei der Wertung aufgrund keiner oder auch nur geringerer Eignung mehr beurteilt oder gar aussortiert werden darf, muss die Bewerberauswahl im Vorfeld gründlich erfolgen.

36 Daher ist die Eignung der Bewerber bei beschränkter Ausschreibung und freihändiger Vergabe vor der Aufforderung zur Angebotsabgabe zu prüfen. Entscheidend sind die in § 2 Abs. 1 niedergelegten Auswahlkriterien der Fachkunde, Leistungsfähigkeit und der Zuverlässigkeit.

37 In seltenen Fällen kann auch in einem beschränkten Vergabeverfahren ein Bieter noch während der Angebotsauswertung, quasi nachträglich, wegen fehlender Eignung ausgeschlossen werden. Voraussetzung ist jedoch, dass die Zweifel an der Eignung vor der Angebotsaufforderung trotz Wahrung der Sorgfaltspflicht nicht erkennbar waren (zum Beispiel fehlende Zuverlässigkeit aufgrund nachträglicher Insolvenz oder eines stark fehlerhaft verfassten Angebotes).

§ 7 Leistungsbeschreibung

(1)
1. **Die Leistung ist eindeutig und so erschöpfend zu beschreiben, dass alle Unternehmen die Beschreibung im gleichen Sinne verstehen müssen und ihre Preise sicher und ohne umfangreiche Vorarbeiten berechnen können.**
2. **Um eine einwandfreie Preisermittlung zu ermöglichen, sind alle sie beeinflussenden Umstände festzustellen und in den Vergabeunterlagen anzugeben.**
3. **Dem Auftragnehmer darf kein ungewöhnliches Wagnis aufgebürdet werden für Umstände und Ereignisse, auf die er keinen Einfluss hat und deren Einwirkung auf die Preise und Fristen er nicht im Voraus schätzen kann.**
4. **¹Bedarfspositionen sind grundsätzlich nicht in die Leistungsbeschreibung aufzunehmen. ²Angehängte Stundenlohnarbeiten dürfen nur in dem unbedingt erforderlichen Umfang in die Leistungsbeschreibung aufgenommen werden.**

---

[14] VK Halle Beschl. v. 11.12.2014 – 3 VK LSA 96/14.
[15] OLG Düsseldorf Beschl. v. 17.2.2016 – VII-Verg 37/14, BeckRS 2016, 13665.
[16] OLG Naumburg Beschl. v. 23.2.2012 – 2 Verg 15/11, BeckRS 2012, 05985.
[17] OLG Koblenz Beschl. v. 19.1.2015 – Verg 6/14, BeckRS 2015, 03293.
[18] OLG Celle Beschl. v. 16.6.2011 – 13 Verg 3/11, ZfBR 2012, 176.
[19] OLG Frankfurt a. M. Beschl. v. 21.2.2012 – 11 Verg 11/11, BeckRS 2012, 16589.

5. Erforderlichenfalls sind auch der Zweck und die vorgesehene Beanspruchung der fertigen Leistung anzugeben.
6. Die für die Ausführung der Leistung wesentlichen Verhältnisse der Baustelle, z. B. Boden- und Wasserverhältnisse, sind so zu beschreiben, dass das Unternehmen ihre Auswirkungen auf die bauliche Anlage und die Bauausführung hinreichend beurteilen kann.
7. Die „Hinweise für das Aufstellen der Leistungsbeschreibung" in Abschnitt 0 der Allgemeinen Technischen Vertragsbedingungen für Bauleistungen, DIN 18299 ff., sind zu beachten.

(2) In technischen Spezifikationen darf nicht auf eine bestimmte Produktion oder Herkunft oder ein besonderes Verfahren, das die von einem bestimmten Unternehmen bereitgestellten Produkte charakterisiert, oder auf Marken, Patente, Typen oder einen bestimmten Ursprung oder eine bestimmte Produktion verwiesen werden, es sei denn
1. dies ist durch den Auftragsgegenstand gerechtfertigt oder
2. der Auftragsgegenstand kann nicht hinreichend genau und allgemein verständlich beschrieben werden; solche Verweise sind mit dem Zusatz „oder gleichwertig" zu versehen.

(3) Bei der Beschreibung der Leistung sind die verkehrsüblichen Bezeichnungen zu beachten.

Mit der Vergaberechtsreform 2016 wurde § 7 dem § 7EU angeglichen und ebenfalls in vier Paragrafen aufgeteilt (§§ 7, 7a, 7b, 7c). Dies sollte der Übersichtlichkeit dienen.[1] 1

Es entspricht dem Willen des Normgebers, dass der für den Unterschwellenbereich geltende § 7 in Wortlaut und inhaltlicher Reichweite § 7EU entspricht.[2] 2

Somit kann vollumfänglich auf die Kommentierungen zu § 7EU verwiesen werden (→ § 7EU Rn. 1 ff.). 3

§ 7a Technische Spezifikationen

(1) Die technischen Anforderungen (Spezifikationen – siehe Anhang TS Nummer 1) an den Auftragsgegenstand müssen allen Unternehmen gleichermaßen zugänglich sein.

(2) Die technischen Spezifikationen sind in den Vergabeunterlagen zu formulieren:
1. entweder unter Bezugnahme auf die in Anhang TS definierten technischen Spezifikationen in der Rangfolge
   a) nationale Normen, mit denen europäische Normen umgesetzt werden,
   b) europäische technische Zulassungen,
   c) gemeinsame technische Spezifikationen,
   d) internationale Normen und andere technische Bezugssysteme, die von den europäischen Normungsgremien erarbeitet wurden oder,
   e) falls solche Normen und Spezifikationen fehlen, nationale Normen, nationale technische Zulassungen oder nationale technische Spezifikationen für die Planung, Berechnung und Ausführung von Bauwerken und den Einsatz von Produkten.
   Jede Bezugnahme ist mit dem Zusatz „oder gleichwertig" zu versehen;

---

[1] Einführungserlass zur Vergabe- und Vertragsordnung für Bauleistungen (VOB) 2016, BI 7-81063, 6/1, 3.

[2] Einführungserlass zur Vergabe- und Vertragsordnung für Bauleistungen (VOB) 2016, BI 7-81063, 6/1, 3.

2. oder in Form von Leistungs- oder Funktionsanforderungen, die so genau zu fassen sind, dass sie den Unternehmen ein klares Bild vom Auftragsgegenstand vermitteln und dem Auftraggeber die Erteilung des Zuschlags ermöglichen;
3. oder in Kombination von Nummer 1 und 2, d. h.
   a) in Form von Leistungs- oder Funktionsanforderungen unter Bezugnahme auf die Spezifikationen gemäß Nummer 1 als Mittel zur Vermutung der Konformität mit diesen Leistungs- oder Funktionsanforderungen;
   b) oder mit Bezugnahme auf die Spezifikationen gemäß Nummer 1 hinsichtlich bestimmter Merkmale und mit Bezugnahme auf die Leistungs- oder Funktionsanforderungen gemäß Nummer 2 hinsichtlich anderer Merkmale.

(3) [1]Verweist der Auftraggeber in der Leistungsbeschreibung auf die in Absatz 2 Nummer 1 genannten Spezifikationen, so darf er ein Angebot nicht mit der Begründung ablehnen, die angebotene Leistung entspräche nicht den herangezogenen Spezifikationen, sofern der Bieter in seinem Angebot dem Auftraggeber nachweist, dass die von ihm vorgeschlagenen Lösungen den Anforderungen der technischen Spezifikation, auf die Bezug genommen wurde, gleichermaßen entsprechen. [2]Als geeignetes Mittel kann eine technische Beschreibung des Herstellers oder ein Prüfbericht einer anerkannten Stelle gelten.

(4) [1]Legt der Auftraggeber die technischen Spezifikationen in Form von Leistungs- oder Funktionsanforderungen fest, so darf er ein Angebot, das einer nationalen Norm entspricht, mit der eine europäische Norm umgesetzt wird, oder einer europäischen technischen Zulassung, einer gemeinsamen technischen Spezifikation, einer internationalen Norm oder einem technischen Bezugssystem, das von den europäischen Normungsgremien erarbeitet wurde, entspricht, nicht zurückweisen, wenn diese Spezifikationen die geforderten Leistungs- oder Funktionsanforderungen betreffen. [2]Der Bieter muss in seinem Angebot mit geeigneten Mitteln dem Auftraggeber nachweisen, dass die der Norm entsprechende jeweilige Leistung den Leistungs- oder Funktionsanforderungen des Auftraggebers entspricht. [3]Als geeignetes Mittel kann eine technische Beschreibung des Herstellers oder ein Prüfbericht einer anerkannten Stelle gelten.

(5) [1]Schreibt der Auftraggeber Umwelteigenschaften in Form von Leistungs- oder Funktionsanforderungen vor, so kann er die Spezifikationen verwenden, die in europäischen, multinationalen oder anderen Umweltzeichen definiert sind, wenn
1. sie sich zur Definition der Merkmale des Auftragsgegenstands eignen,
2. die Anforderungen des Umweltzeichens auf Grundlage von wissenschaftlich abgesicherten Informationen ausgearbeitet werden,
3. die Umweltzeichen im Rahmen eines Verfahrens erlassen werden, an dem interessierte Kreise – wie z. B. staatliche Stellen, Verbraucher, Hersteller, Händler und Umweltorganisationen – teilnehmen können, und
4. wenn das Umweltzeichen für alle Betroffenen zugänglich und verfügbar ist.
[2]Der Auftraggeber kann in den Vergabeunterlagen angeben, dass bei Leistungen, die mit einem Umweltzeichen ausgestattet sind, vermutet wird, dass sie den in der Leistungsbeschreibung festgelegten technischen Spezifikationen genügen. [3]Der Auftraggeber muss jedoch auch jedes andere geeignete Beweismittel, wie technische Unterlagen des Herstellers oder Prüfberichte anerkannter Stellen, akzeptieren. [4]Anerkannte Stellen sind die Prüf- und Eichlaboratorien sowie die Inspektions- und Zertifizierungsstellen, die mit den anwendbaren europäischen Normen übereinstimmen. [5]Der Auftraggeber erkennt Bescheinigungen von in anderen Mitgliedstaaten ansässigen anerkannten Stellen an.

Übersicht

	Rn.		Rn.
I. Regelungsgehalt und Überblick	1–3	2. Abs. 4	8
II. Abweichungen zur Oberschwellennorm	4–14	3. Abs. 5	9–14
1. Abs. 3	5–7		

I. Regelungsgehalt und Überblick

Mit der Vergabereform 2016 wurde § 7a aus § 7 ausgegliedert (→ § 7 Rn. 1). Dies geschah im Einklang mit den Neureglungen im Oberschwellenbereich.[1] Lediglich die Nummerierung ist unterschiedlich: § 7a Abs. 1 entspricht § 7aEU Abs. 1 Nr. 1 (→ § 7aEU Rn. 5 f.); § 7a Abs. 2 entspricht § 7aEU Abs. 2 (→ § 7aEU Rn. 19); § 7a Abs. 2 entspricht § 7aEU Abs. 3 Nr. 1 (→ § 7aEU Rn. 25); § 7a Abs. 4 entspricht § 7aEU Abs. 4 (→ § 7aEU Rn. 2); § 7a Abs. 5 entspricht § 7aEU Abs. 6 (→ § 7aEU Rn. 33 ff.). 1

Es entspricht dem Willen des Normgebers, dass der für den Unterschwellenbereich geltende § 7a in Wortlaut und inhaltlicher Reichweite weitestgehend § 7aEU entspricht (→ § 7aEU Rn. 1).[2] 2

Somit kann vollumfänglich auf die Kommentierungen zu § 7aEU verwiesen werden (→ § 7aEU Rn. 1 ff.). 3

II. Abweichungen zur Oberschwellennorm

Die Reglungen in § 7a Abs. 3, 4 und 5 weichen teilweise von der entsprechenden Norm im Oberschwellenbereich ab. 4

1. Abs. 3. § 7a Abs. 3 regelt, dass ein öffentlicher Auftraggeber ein Angebot nicht ausschließen darf, wenn er in der Leistungsbeschreibung auf im Anhang TS definierte technische Spezifikationen verweist und das Angebot diesen nicht entspricht. Dies ist jedoch nur dann der Fall, wenn der Bieter mit seinem Angebot den Nachweis führt, dass sein Angebot dennoch den betreffenden technischen Spezifikationen entspricht. 5

Voraussetzung für den Nachweis ist, dass der Bieter die Abweichung eindeutig bezeichnet und nachweist, dass die von ihm angebotene Lösung den technischen Spezifikationen gleichermaßen entspricht. Die Beweislast liegt beim Bieter. Die Gleichwertigkeit kann dann im Rahmen der Angebotsaufklärung nach § 15 geprüft werden (→ § 15 Rn. 9 ff.). Dabei ist dem Bieter auch der nachträgliche Nachweis nach Angebotsabgabe nach § 15 Abs. 3 möglich (→ § 15 Rn. 49 ff.). 6

Mögliche Nachweismittel sind zB technische Beschreibungen des Herstellers oder Prüfberichte einer anerkannten Stelle (vgl. § 7a Abs. 3 Nr. 1). 7

2. Abs. 4. Legt der Auftraggeber technische Spezifikationen in der Leistungsbeschreibung in Gestalt von Leistungs- und Funktionsbeschreibungen fest, so darf er ein Angebot nicht ablehnen, wenn es den in § 7a Abs. 3 Nr. 1 lit. a–d (Anhang TS Nr. 2–4) benannten Spezifikationen entspricht. Dies gilt jedoch nur, wenn die Spezifikationen im Angebot eines Bieters die Leistungs- und Funktionsanforderungen des Auftraggebers betreffen. Den Nachweis hat der Bieter zu führen. Die Ausführungen zu § 7a Abs. 3 gelten bzgl. der Nachweisführung entsprechend. 8

3. Abs. 5. Legt der Auftraggeber technische Spezifikationen in der Leistungsbeschreibung in Gestalt von Leistungs- und Funktionsbeschreibungen fest, so kann er dafür auf Spezifikationen aus europäischen, multinationalen oder anderen Umweltzeichen zurückgreifen 9

---

[1] Einführungserlass zur Vergabe- und Vertragsordnung für Bauleistungen (VOB) 2016, B I 7 -81063.6/1 v. 7.4.2016, 3.
[2] Einführungserlass zur Vergabe- und Vertragsordnung für Bauleistungen (VOB) 2016, B I 7 -81063.6/1 v. 7.4.2016, 3.

10 Die Einschränkung in § 7a Abs. 5 steht im Gegensatz zu der in § 7aEU Abs. 5 umgesetzten Weiterung des Anwendungsbereichs aus der EU-Öffentliche-AuftragsvergabeRL (RL 2014/24/EU). In diesen werden neben Umweltzeichen auch Gütezeichen und sonstige Zertifizierungen zu gelassen.³

11 Der Rückgriff auf die Umweltzeichen als Mittel der Leistungsbeschreibung ist lediglich zulässig, wenn folgende vier Voraussetzungen kumulativ vorliegen:
– Eignung der Spezifikationen als Merkmalsdefinition des Auftragsgegenstandes;
– Begründung der Anforderung durch wissenschaftlich gesicherte Erkenntnisse;
– Erlass der Umweltzeichen durch ein den interessierten Fachkreisen zugängliches Verfahren;
– Zugänglichkeit und Verfügbarkeit des Umweltzeichens für sämtliche Betroffene.

12 Kann ein Bieter für seine angebotene Leistung ein Umweltzeichen vorlegen, so gilt die Vermutung, dass es den geforderten technischen Spezifikationen entspricht, sofern dies der Auftraggeber in den Vergabeunterlagen vorsah.

13 Die Nachweispflicht obliegt dem Bieter, der auf die in § 7a Abs. 5 Nr. 4 S. 4 benannten Nachweismittel zurückgreifen kann.

14 Im Übrigen ist auf die Kommentierungen zu § 7aEU Abs. 5 zu verweisen (→ § 7aEU Rn. 31 f.).

§ 7b Leistungsbeschreibung mit Leistungsverzeichnis

(1) Die Leistung ist in der Regel durch eine allgemeine Darstellung der Bauaufgabe (Baubeschreibung) und ein in Teilleistungen gegliedertes Leistungsverzeichnis zu beschreiben.

(2) ¹Erforderlichenfalls ist die Leistung auch zeichnerisch oder durch Probestücke darzustellen oder anders zu erklären, z. B. durch Hinweise auf ähnliche Leistungen, durch Mengen- oder statische Berechnungen. ²Zeichnungen und Proben, die für die Ausführung maßgebend sein sollen, sind eindeutig zu bezeichnen.

(3) Leistungen, die nach den Vertragsbedingungen, den Technischen Vertragsbedingungen oder der gewerblichen Verkehrssitte zu der geforderten Leistung gehören (§ 2 Absatz 1 VOB/B), brauchen nicht besonders aufgeführt zu werden.

(4) ¹Im Leistungsverzeichnis ist die Leistung derart aufzugliedern, dass unter einer Ordnungszahl (Position) nur solche Leistungen aufgenommen werden, die nach ihrer technischen Beschaffenheit und für die Preisbildung als in sich gleichartig anzusehen sind. ²Ungleichartige Leistungen sollen unter einer Ordnungszahl (Sammelposition) nur zusammengefasst werden, wenn eine Teilleistung gegenüber einer anderen für die Bildung eines Durchschnittspreises ohne nennenswerten Einfluss ist.

1 Mit der Vergaberechtsreform 2016 wurde § 7b § 7bEU angeglichen, die beide gleichermaßen aus § 7/§ 7EU zu besseren Übersichtlichkeit herausgetrennt wurden.¹

2 Es entspricht dem Willen des Normgebers, dass der für den Unterschwellenbereich geltende § 7b in Wortlaut und inhaltlicher Reichweite § 7bEU entspricht.²

3 Somit kann vollumfänglich auf die Kommentierungen zu § 7bEU verwiesen werden (→ § 7bEU Rn. 1 ff.).

---

³ Vgl. Kommentierung zu § 7aEU Abs. 5 (→ § 7aEU Rn. 32).
¹ Einführungserlass zur Vergabe- und Vertragsordnung für Bauleistungen (VOB) 2016, B I 7 -81063.6/1 v. 7.4.2016, 3.
² Einführungserlass zur Vergabe- und Vertragsordnung für Bauleistungen (VOB) 2016, B I 7 -81063.6/1 v. 7.4.2016, 3.

§ 7c Leistungsbeschreibung mit Leistungsprogramm

(1) Wenn es nach Abwägen aller Umstände zweckmäßig ist, abweichend von § 7b Absatz 1 zusammen mit der Bauausführung auch den Entwurf für die Leistung dem Wettbewerb zu unterstellen, um die technisch, wirtschaftlich und gestalterisch beste sowie funktionsgerechteste Lösung der Bauaufgabe zu ermitteln, kann die Leistung durch ein Leistungsprogramm dargestellt werden.

(2)
1. Das Leistungsprogramm umfasst eine Beschreibung der Bauaufgabe, aus der die Unternehmen alle für die Entwurfsbearbeitung und ihr Angebot maßgebenden Bedingungen und Umstände erkennen können und in der sowohl der Zweck der fertigen Leistung als auch die an sie gestellten technischen, wirtschaftlichen, gestalterischen und funktionsbedingten Anforderungen angegeben sind, sowie gegebenenfalls ein Musterleistungsverzeichnis, in dem die Mengenangaben ganz oder teilweise offengelassen sind.
2. § 7b Absatz 2 bis 4 gilt sinngemäß.

(3) ¹Von dem Bieter ist ein Angebot zu verlangen, das außer der Ausführung der Leistung den Entwurf nebst eingehender Erläuterung und eine Darstellung der Bauausführung sowie eine eingehende und zweckmäßig gegliederte Beschreibung der Leistung – gegebenenfalls mit Mengen- und Preisangaben für Teile der Leistung – umfasst. ²Bei Beschreibung der Leistung mit Mengen- und Preisangaben ist vom Bieter zu verlangen, dass er
1. die Vollständigkeit seiner Angaben, insbesondere die von ihm selbst ermittelten Mengen, entweder ohne Einschränkung oder im Rahmen einer in den Vergabeunterlagen anzugebenden Mengentoleranz vertritt, und dass er
2. etwaige Annahmen, zu denen er in besonderen Fällen gezwungen ist, weil zum Zeitpunkt der Angebotsabgabe einzelne Teilleistungen nach Art und Menge noch nicht bestimmt werden können (z. B. Aushub-, Abbruch- oder Wasserhaltungsarbeiten) – erforderlichenfalls anhand von Plänen und Mengenermittlungen – begründet.

Mit der Vergaberechtsreform 2016 wurde § 7c § 7cEU angeglichen (→ § 7cEU Rn. 1 f.), die beide gleichermaßen aus § 7/§ 7EU zu besseren Übersichtlichkeit herausgetrennt wurden.[1] **1**

Es entspricht dem Willen des Normgebers, dass der für den Unterschwellenbereich geltende § 7c in Wortlaut und inhaltlicher Reichweite § 7cEU entspricht (→ § 7cEU Rn. 2).[2] **2**

Somit kann vollumfänglich auf die Kommentierungen zu § 7cEU verwiesen werden (→ § 7cEU Rn. 1 ff.). **3**

§ 8 Vergabeunterlagen

(1) Die Vergabeunterlagen bestehen aus
1. dem Anschreiben (Aufforderung zur Angebotsabgabe), gegebenenfalls Teilnahmebedingungen (Absatz 2) und
2. den Vertragsunterlagen (§§ 7 bis 7c und 8a).

(2)
1. Das Anschreiben muss alle Angaben nach § 12 Absatz 1 Nummer 2 enthalten, die außer den Vertragsunterlagen für den Entschluss zur Abgabe eines Angebots notwendig sind, sofern sie nicht bereits veröffentlicht wurden.

---
[1] Einführungserlass zur Vergabe- und Vertragsordnung für Bauleistungen (VOB) 2016, B I 7 -81063.6/1 v. 7.4.2016, 3.
[2] Einführungserlass zur Vergabe- und Vertragsordnung für Bauleistungen (VOB) 2016, B I 7 -81063.6/1 v. 7.4.2016, 3.

2. Der Auftraggeber kann die Bieter auffordern, in ihrem Angebot die Leistungen anzugeben, die sie an Nachunternehmen zu vergeben beabsichtigen.
3. ¹Der Auftraggeber hat anzugeben:
   a) ob er Nebenangebote nicht zulässt,
   b) ob er Nebenangebote ausnahmsweise nur in Verbindung mit einem Hauptangebot zulässt.
   ²Es ist dabei auch zulässig, dass der Preis das einzige Zuschlagskriterium ist.
   ³Von Bietern, die eine Leistung anbieten, deren Ausführung nicht in Allgemeinen Technischen Vertragsbedingungen oder in den Vergabeunterlagen geregelt ist, sind im Angebot entsprechende Angaben über Ausführung und Beschaffenheit dieser Leistung zu verlangen.
4. Auftraggeber, die ständig Bauleistungen vergeben, sollen die Erfordernisse, die die Unternehmen bei der Bearbeitung ihrer Angebote beachten müssen, in den Teilnahmebedingungen zusammenfassen und dem Anschreiben beifügen.

Schrifttum: *Amelung,* Ausgewählte Fragen im Zusammenhang mit der Benennung von Nachunternehmern im Vergabeverfahren, ZfBR 2013, 337; *Burgi,* Nachunternehmerschaft und wettbewerbliche Untervergabe, NZBau 2010, 593; *Conrad,* Alte und neue Fragen zu Nebenangeboten, ZfBR 2014, 342; *Langen,* Die Bauzeit im Rahmen der Vertragsgestaltung, NZBau 2009, 145; *Ryll,* Renaissance der AGB-rechtlichen Privilegierung der VOB/B?, NZBau 2018, 187; *Vygen,* Der Vergütungsanspruch des Unternehmers für Projektierungsarbeiten und Ingenieurleistungen im Rahmen der Angebotsabgabe, FS Korbion, 1986, 439.

Übersicht

	Rn.		Rn.
I. Überblick	1–4	b) Angabe der Nachunternehmer	55–57
1. Regelungsgegenstand	1–3	4. Nebenangebote (Abs. 2 Nr. 3)	58–78
2. Anwendungsbereich	4	a) Begriff des Nebenangebots	58–62
II. Vergabeunterlagen (Abs. 1)	5–21	b) Arten der Nebenangebote	63–65
1. Bestandteile der Vergabeunterlagen	7–20	c) Zulassung und Ausschluss von Nebenangeboten	66–69
a) Anschreiben	12	d) Angaben in den Vergabeunterlagen	70–77
b) Teilnahme-/Bewerbungsbedingungen	13	e) Mindestanforderungen an Nebenangebote	78
c) Vertragsunterlagen	14–20	**IV. Teilnahmebedingungen (Abs. 2 Nr. 4)**	79–82
2. Zeitlicher Ablauf	21	1. Rechtsnatur der Teilnahmebedingungen	81
III. Anschreiben bzw. Aufforderung zur Angebotsabgabe (Abs. 2 Nr. 1–3)	22–78	2. Verhältnis zwischen Teilnahmebedingungen und Anschreiben	82
1. Angaben nach § 12 Abs. 1 Nr. 2	25–36	**V. Vertragsunterlagen (§§ 7–7c, 8a)**	83–85
a) Sinn und Zweck des Anschreibens	25	1. Obligatorische Vertragsunterlagen	84
b) Rechtsnatur des Anschreibens	26–29	2. Fakultative Vertragsunterlagen	85
c) Verhältnis zwischen Anschreiben und Bekanntmachung	30–36	**VI. Sonstige Vergabeunterlagen**	86, 87
2. Inhalt des Anschreibens	37–48	**VII. Änderungen an den Vergabeunterlagen**	88
a) Notwendige Angaben nach § 12 Abs. 1 Nr. 2	38, 39	**VIII. Auslegung von Vergabeunterlagen**	89, 90
b) Sonstige Angaben	40–48		
3. Nachunternehmerleistungen (Abs. 2 Nr. 2)	49–57		
a) Begriff des Nachunternehmers	53, 54		

I. Überblick

1. Regelungsgegenstand. Gegenstand des § 8 sind die für das Vergabeverfahren notwendigen Unterlagen, die in ihrer Gesamtheit als Vergabeunterlagen bezeichnet werden. § 8 regelt nicht nur aus welchen Unterlagen sich die Vergabeunterlagen zusammensetzen, sondern macht auch Vorgaben zu ihrer formalen und inhaltlichen Gestaltung.¹

---
¹ Ingenstau/Korbion/*von Wietersheim* Rn. 1.

Abs. 1 regelt die Bestandteile der Vergabeunterlagen und definiert damit zugleich den Begriff der Vergabeunterlagen. Während Abs. 1 grundsätzliche Vorgaben zur Struktur, dh zur äußeren Gestaltung der Vergabeunterlagen enthält, befasst sich Abs. 2 mit der inhaltlichen Ausgestaltung der Vergabeunterlagen. Abs. 2 macht konkrete Vorgaben zum Inhalt des Anschreibens (bzw. der ggf. danebentretenden Teilnahme-/Bewerbungsbedingungen), ua auch zu den Punkten Nachunternehmereinsatz und Nebenangebote. 2

Im Zuge der Vergaberechtsreform (VOB/A 2016) wurde die **Struktur des § 8** grundsätzlich verändert und von zehn auf zwei Absätze reduziert. Inhaltlich sich die Regelungen jedoch unverändert geblieben. Im Einzelnen ergaben sich folgende Änderungen: 3
– Aus § 8 Abs. 3 wurde § 8a Abs. 1,
– aus § 8 Abs. 4 wurde § 8a Abs. 2,
– aus § 8 Abs. 5 wurde § 8a Abs. 3,
– aus § 8 Abs. 6 wurde § 8a Abs. 4,
– aus § 8 Abs. 7 wurde § 8b Abs. 1,
– aus § 8 Abs. 8 wurde § 8b Abs. 2,
– aus § 8 Abs. 9 wurde § 8b Abs. 3,
– aus § 8 Abs. 10 wurde § 8b Abs. 4.

2. Anwendungsbereich. Während für Vergaben unterhalb der EU-Schwellenwerte allein § 8 anzuwenden ist, gilt oberhalb der Schwellenwerte (ausschließlich) § 8EU. Die Regelungen sind jedoch weitestgehend identisch, sodass im Rahmen des **Anwendungsbereichs des § 8EU** auf die Ausführungen zu § 8 zurückgegriffen werden kann. 4

II. Vergabeunterlagen (Abs. 1)

Die Vergabeunterlagen sind (neben der Bekanntmachung) die wesentlichen Informationsquellen des Bieters/Bewerbers im Vergabeverfahren.[2] Die Regelungen des § 8 dienen daher der **Transparenz des Vergabeverfahrens**.[3] Es handelt sich daher letztlich um eine Konkretisierung des allgemeinen Transparenzgrundsatzes.[4] 5

Die Vergabeunterlagen enthalten zum einen die für den Bieter/Bewerber notwendigen Informationen über den Ablauf des Vergabeverfahrens (Anschreiben oder Teilnahme-/Bewerbungsunterlagen), zum anderen die den Vertragsinhalt bestimmenden Vertragsunterlagen (Leistungsbeschreibung und Vertragsbedingungen). 6

1. Bestandteile der Vergabeunterlagen. Die Vergabeunterlagen setzen sich zusammen aus dem Anschreiben (Aufforderung zur Angebotsabgabe) und den Vertragsunterlagen. An die Stelle des Anschreibens treten ggf. – quasi als standardisierte Ausschreibungsbedingungen – die Teilnahmebedingungen (früher Bewerbungsbedingungen). 7

Aus Gründen der Übersichtlichkeit und der Transparenz empfiehlt sich eine sorgfältige **Trennung zwischen den Vergabeunterlagen im engeren Sinne („Vergabekomponente"),** dh solchen Teilen der Vergabeunterlagen, die Regelungen für das Vergabeverfahren enthalten (Aufforderung zur Angebotsabgabe, ggf. Teilnahme-/Bewerbungsbedingungen), **und den Vertragsunterlagen (der „Vertragskomponente"),** also solchen Teilen der Vergabeunterlagen, die Regelungen für die Bauvertragsdurchführung, dh die Bauausführung nach Zuschlagserteilung enthalten (Leistungsbeschreibung, Vertragsbedingungen).[5] Selbstverständlich hat auch die „Vertragskomponente" maßgebliche Bedeutung im Vergabeverfahren, denn sie ist Grundlage für die Erstellung eines Angebotes, insbesondere für die Preisermittlung, bildet den Inhalt der einzureichenden Angebote und den Maßstab für die Angebotsprüfung und -wertung.[6] Ihren finalen Zweck erreicht die Vertragskomponente 8

---
[2] *Ohlerich* in Gabriel/Krohn/Neun VergabeR-HdB § 20 Rn. 2.
[3] BGH Urt. v. 11.5.2009 – VII ZR 11/08, ZfBR 2009, 574; KMPP/*Verfürth* Rn. 15; *Ohlerich* in Gabriel/Krohn/Neun VergabeR-HdB § 20 Rn. 2.
[4] *Ohlerich* in Gabriel/Krohn/Neun VergabeR-HdB § 20 Rn. 2.
[5] *Baumann* in Lampe-Helbig/Jagenburg/Baldringer Bauvergabe-HdB Kap. C Rn. 37.
[6] *Baumann* in Lampe-Helbig/Jagenburg/Baldringer Bauvergabe-HdB Kap. C Rn. 37.

jedoch erst nach Vertragsschluss, wenn die (dann) zwischen den Vertragsparteien vereinbarten Rechte und Pflichten ihre Wirkungen entfalten.[7]

9   Den am Vergabeverfahren Beteiligten, insbesondere dem Auftraggeber ist anzuraten, genau auf die zu verwendenden Begriffe zu achten. Der Einsatz der richtigen und einheitlichen Terminologie ist, nicht zuletzt aus Gründen der Transparenz, unerlässlich.

10 So wird in der Praxis bspw. der **Begriff „Vergabeunterlagen"** häufig untechnisch (und insoweit fehlerhaft) für andere im Rahmen des Vergabeverfahrens gebräuchliche Dokumente verwendet, zB für die Vergabeakte[8] oder die Vertragsunterlagen.

11 Auch die **Bezeichnung der Verfahrensbeteiligten** sollte einheitlich und schlüssig sein.[9] So wird in der Vergabekomponente nur vom *„Auftraggeber"* einerseits und *„Bewerbern"* oder *„Bietern"* andererseits die Rede sein, während es in der in der Vertragskomponente *„Auftraggeber"* und *„Auftragnehmer"* heißen sollte.[10] Durch eine konsequente Beachtung dieser Grundsätze werden Missverständnisse und Unwägbarkeiten zu der Frage vermieden, ob die Unternehmen bereits im Vergabeverfahren besondere Pflichten – zB zur Vorlage bestimmter Erklärungen und Nachweise – haben (*Bewerber* oder *Bieter*) oder erst nach Vertragsschluss *(Auftragnehmer).*[11]

12 **a) Anschreiben.** Das Anschreiben muss alle (nach § 12 Abs. 1 Nr. 2) in der Bekanntmachung anzugebenden Informationen enthalten, soweit sie nicht bereits bekanntgemacht wurden und soweit sie (außer den Vertragsunterlagen) für den Entschluss zur Abgabe eines Angebots notwendig sind. Mit dem Anschreiben soll der Bieter all diejenigen Angaben erhalten, die für die Teilnahme am Vergabeverfahren notwendig sind. Sie bilden – neben den Vertragsunterlagen – die Entscheidungsgrundlage für die Teilnahme am Vergabeverfahren (→ Rn. 22 ff.).[12]

13 **b) Teilnahme-/Bewerbungsbedingungen.** Nach dem ausdrücklichen Wortlaut des § 8 Abs. 2 Nr. 4 sind die Teilnahme-/Bewerbungsbedingungen dem Anschreiben „beizufügen". Die treten daher nicht an die Stelle des Anschreibens, sondern neben dieses. Sie sollen das Anschreiben nicht ersetzen, sondern nur aus Gründen der Übersichtlichkeit entschlacken (→ Rn. 79 ff.).

14 **c) Vertragsunterlagen.** Vertragsunterlagen (früher als Verdingungsunterlagen bezeichnet)[13] sind die Unterlagen, aus denen sich der ausgeschriebene Bauertrag zusammensetzt (§§ 7–7c und 8a).[14] Sie bilden den Bauvertrag und bestimmen seinen Inhalt, dh die Rechte und Pflichten der Vertragsparteien, die Leistung selbst sowie Art und Weise der Ausführung. Die Vertragsunterlagen unterscheiden sich von dem Angebot eines Bieters letztlich nur dadurch, dass der Bieter die von ihm kalkulierten Preise einsetzt und die von ihm geforderten Erklärungen rechtsverbindlich abgibt.[15]

15 Bei den §§ 8 und 8a (früher § 8 Abs. 3–6 VOB/A 2012) handelt es sich lediglich um Ordnungsvorschriften.[16] Für den Inhalt des Bauvertrags ist nicht maßgeblich, was § 8 vorgibt, sondern was zivilrechtlich wirksam vereinbart worden ist.[17] Der Vertragsinhalt ergibt sich nicht aus den §§ 8 ff., sondern aus dem Vertrag. Gleichwohl ist die Bedeutung der §§ 8 ff. immens, bestimmt der Auftraggeber mit den dort genannten Unterlagen, soweit sie im Einzelfall Vertragsgegenstand werden, den Inhalt des Bauvertrags.[18]

---

[7] *Baumann* in Lampe-Helbig/Jagenburg/Baldringer Bauvergabe-HdB Kap. C Rn. 37.
[8] Kapellmann/Messerschmidt/*von Rintelen* Rn. 3.
[9] *Baumann* in Lampe-Helbig/Jagenburg/Baldringer Bauvergabe-HdB Kap. C Rn. 38.
[10] *Baumann* in Lampe-Helbig/Jagenburg/Baldringer Bauvergabe-HdB Kap. C Rn. 38.
[11] *Baumann* in Lampe-Helbig/Jagenburg/Baldringer Bauvergabe-HdB Kap. C Rn. 38.
[12] *Ohlrich* in Gabriel/Krohn/Neun VergabeR-HdB § 20 Rn. 8.
[13] *Ohlrich* in Gabriel/Krohn/Neun VergabeR-HdB § 20 Rn. 1; Kapellmann/Messerschmidt/*von Rintelen* Rn. 3.
[14] Kapellmann/Messerschmidt/*von Rintelen* Rn. 4.
[15] Beck VOB/A/*Hertwig* § 10 Rn. 1, der allerdings von Vergabeunterlagen spricht.
[16] Kapellmann/Messerschmidt/*von Rintelen* Rn. 1.
[17] Kapellmann/Messerschmidt/*von Rintelen* Rn. 1.
[18] Ähnlich Ingenstau/Korbion/*von Wietersheim* Rn. 1.

aa) Bestandteile der Vertragsunterlagen. Die Vertragsunterlagen bestehen aus der Leistungsbeschreibung und den Vertragsbedingungen; die Leistungsbeschreibung – das Herzstück der Vergabeunterlagen – wiederum aus der Baubeschreibung, dem Leistungsverzeichnis und den Plänen. Insoweit wird auf die Kommentierung zu § 7–7c verwiesen.

Während das Anschreiben und die Teilnahme-/Bewerbungsbedingungen nur für das Vergabeverfahren Bedeutung haben (dh bis zur Auftragserteilung), bilden die „Vertragsunterlagen" den Inhalt des Vertrages. **Anschreiben und Bewerbungsunterlagen** werden zwar **grundsätzlich nicht Vertragsbestandteil**,[19] jedoch ist damit nicht gesagt, dass Unterlagen des Vergabeverfahrens nicht Vertragsbestandteil werden können. So kann bspw. vereinbart oder bereits in den Vergabeunterlagen vorgesehen werden, dass Verhandlungsprotokolle (im Rahmen des Verhandlungsverfahrens) oder Antworten des Auftraggebers auf Fragen der Bieter durchaus Inhalt des Vertrages werden.

Die von der VOB/A für die einzelnen Vertragsbestandteile vorgegebenen Bezeichnungen sind zwar nicht zwingend, aber aus Gründen der Transparenz dringend zu empfehlen.[20]

bb) Vertragsstruktur. Die VOB gibt in §§ 7 und 8, aber auch § 1 Abs. 2 VOB/B eine modular aufgebaute[21] Vertragsstruktur vor, die einem „Baukastensystem" vergleichbar ist. Die technischen und rechtlichen Vertragsinhalte sind in den einzelnen, im Wesentlichen in § 1 Abs. 2 VOB/B aufgeführten, Bausteinen (oder Modulen) enthalten.[22] Sie werden zu den Vertragsunterlagen zusammengesetzt, als solche in das Vergabeverfahren eingebracht und ergeben schließlich den späteren Vertragsinhalt,[23] den Bauvertrag. Da der Bieter jedoch das Angebot macht (und der Auftraggeber lediglich den Zuschlag darauf erteilt) muss der Auftraggeber dem Bieter vorgeben, was er (der Bieter) zum Inhalt seines Angebots machen soll (bzw. muss). Mit anderen Worten bestimmt der Auftraggeber, welche Inhalte Bestandteil des Angebots sein müssen. Dies geschieht in der Regel im Anschreiben (und/oder abstrakt in den Besonderen Vertragsbedingungen). Vielfach geschieht dies aber auch dadurch, dass der Auftraggeber dem Bieter ein vorgefertigtes Angebotsschreiben übersendet, in dem die Vertragsbestandteile aufgeführt sind. Durch anschließende Verwendung macht sich der Bieter den Inhalt zu Eigen und bietet die ausgeschriebenen Leistungen zu den auftraggeberseits vorgegebenen technischen und rechtlichen Bedingungen an.

cc) Verortung der Bestandteile. Der Auftraggeber tut gut daran, die Informationen und Angaben in den Vergabeunterlagen richtig zu verorten, dh in die jeweils dafür vorgesehenen Bestandteile der Vergabeunterlagen aufzunehmen. Soweit aber in der Literatur[24] vertreten wird, dass es mit Blick auf den Transparenzgrundsatz prinzipiell unschädlich und nicht per se vergaberechtswidrig sei, wenn Informationen in anderen – als dem nach der VOB vorgesehenen – Teilen der Vergabeunterlagen enthalten oder abweichend von der Terminologie der VOB/A bezeichnet worden sind, kann dem nicht – jedenfalls nicht pauschal – zugestimmt werden. Dies mag innerhalb der Vertragsbedingungen sicher im Regelfall vertretbar sein. So wird es unschädlich sein, wenn bestimmte Inhalte in den Besonderen Vertragsbedingungen anstatt in den Zusätzlichen Vertragsbedingungen enthalten sind (und umgekehrt). Sofern aber Angaben zum Ablauf des Vergabeverfahrens, die richtigerweise im Anschreiben oder den Teilnahme-/Bewerbungsbedingungen aufzunehmen wären, in der Leistungsbeschreibung oder in den Vertragsbedingungen enthalten sind, dürfte dies intransparent und ein Ausschluss wegen Nichtbeachtung der dortigen Vorgaben vergaberechtswidrig sein.[25]

---

[19] Kapellmann/Messerschmidt/*von Rintelen* Rn. 3.
[20] Ingenstau/Korbion/*von Wietersheim* Rn. 5, der als Gründe die Bewährung in der Praxis und die Reduzierung des Aufwands anführt.
[21] Beck VergabeR/*Heinrich*, 6. Ed., Stand 31.12.2017, Rn. 6; Ingenstau/Korbion/*von Wietersheim* Rn. 5.
[22] Ingenstau/Korbion/*von Wietersheim* Rn. 5.
[23] Ingenstau/Korbion/*von Wietersheim* Rn. 4.
[24] *Ohlerich* in Gabriel/Krohn/Neun VergabeR-HdB § 20 Rn. 5.
[25] Vgl. OLG Düsseldorf Beschl. v. 7.3.2012 – VII Verg 82/11, BeckRS 2012, 05922.

21 **2. Zeitlicher Ablauf.** Ausgangspunkt eines jeden Vergabeverfahrens ist der Beschaffungsbedarf. Der Auftraggeber hat zu Beginn des Vergabeverfahrens den Beschaffungsbedarf zu definieren und die Entscheidung zu treffen, ob und wie er die Leistungen beschaffen will bzw. muss. Sodann erfolgt die Erstellung der Vergabeunterlagen. Nach § 2 Abs. 5 soll der Auftraggeber erst dann ausschreiben, wenn alle Vergabeunterlagen fertiggestellt sind. Die Bekanntmachung kann (und soll) jedenfalls erst erfolgen, wenn der Auftragsgegenstand und die Auftragsbedingungen – mithin die Inhalte der Bekanntmachung – feststehen. Der Bieter/Bewerber hingegen kommt über die Bekanntmachung erstmalig mit dem Beschaffungsvorhaben des Auftraggebers in Berührung.

III. Anschreiben bzw. Aufforderung zur Angebotsabgabe (Abs. 2 Nr. 1–3)

22 Mit dem Anschreiben fordert der Auftraggeber die Bieter (bzw. die Bewerber im Anschluss an den Teilnahmewettbewerb) auf Abgabe eines Angebots auf. Der Bieter erstellt dann auf der Basis der ihm vom Auftraggeber übersandten Unterlagen (der Blankette) das Angebot indem er die Angebotsunterlagen ausfüllt, insbesondere das Leistungsverzeichnis bepreist und ggf. geforderte Zeichnung/Pläne beifügt.

23 Gemäß § 8 Abs. 2 Nr. 1 muss das Anschreiben sämtliche Angaben nach § 12 Abs. 1 Nr. 2 enthalten, die außer den Vertragsunterlagen für den Entschluss zur Abgabe eines Angebots notwendig sind, sofern sie nicht bereits veröffentlich wurden. Tatsächlich werden für den Bieter bzw. seinen Entschluss, ob er sich an dem Vergabeverfahren beteiligt, in erster Linie die Angaben in der Bekanntmachung, vor allem aber die Leistungsbeschreibung und die Vertragsbedingungen maßgeblich sein. Das Anschreiben sollte neben der Aufforderung zur Angebotsabgabe „nur" die notwendigen Informationen zum Ablauf des Vergabeverfahrens enthalten und sich darauf beschränken (letzteres schon allein, um Widersprüche zu den übrigen Unterlagen zu vermeiden).

24 Sofern bei den Angaben nach § 12 Abs. 1 Nr. 2 von **Mindestanforderungen** gesprochen wird, ist dies zumindest missverständlich, da nicht in jedem Falle stets alle Angaben nach § 12 Abs. 1 Nr. 2 in dem Anschreiben enthalten sein müssen. Es kommt insoweit – wie üblich – vielmehr auf die Gegebenheiten und Erfordernisse des Einzelfalls an. Die Vorgaben sind also keineswegs zwingend, sondern am Einzelfall auszurichten. Umgekehrt kann es auch erforderlich sein, weitere Angaben – über die in § 12 Abs. 1 Nr. 2 genannten hinaus – zu machen, wenn diese für den Entschluss des Bieters, sich an dem Vergabeverfahren zu beteiligen, von Bedeutung sind.[26] Auch insoweit ist der Einzelfall maßgeblich. Jedenfalls muss der Auftraggeber alle wesentlichen Gesichtspunkte angeben, die bei gebotener objektiver Betrachtung für den Entschluss eines Bieters, sich an der Vergabe zu beteiligen, maßgebend sind oder nach pflichtgemäßer Einschätzung des Auftraggebers sein können.[27]

25 **1. Angaben nach § 12 Abs. 1 Nr. 2. a) Sinn und Zweck des Anschreibens.** Mit dem Anschreiben wird der Bieter zur Abgabe eines Angebots aufgefordert. Während dem Bieter früher mit dem Anschreiben auch die Vertragsunterlagen übersandt wurden, werden sie ihm im Zuge der Vergabe grundsätzlich elektronisch zur Verfügung gestellt (§ 41 VgV, § 41 SektVO). Neben diesem funktionalen Zweck, soll das Anschreiben die Transparenz des Vergabeverfahrens gewährleisten,[28] in dem allen Bietern die gleichen **Informationen zum Vergabeverfahren** und seinem Ablauf zur Verfügung gestellt werden. Das Anschreiben „erklärt" dem Bieter den konkreten Ablauf des Vergabeverfahrens.[29] Auf diese Weise sollen alle Bieter die gleichen Chancen bei der Teilnahme am Vergabeverfahren haben. Das Anschreiben dient damit letztlich auch der **Chancengleichheit** und einem fairen und **diskriminierungsfreien Wettbewerb.** Der Bieter soll in die Lage versetzt werden, sich

---
[26] Ingenstau/Korbion/*von Wietersheim* Rn. 9.
[27] Ingenstau/Korbion/*von Wietersheim* Rn. 9 aE.
[28] BGH Urt. v. 11.5.2009 – VII ZR 11/08, ZfBR 2009, 574; *Ohlerich* in Gabriel/Krohn/Neun VergabeR-HdB § 20 Rn. 2 mwN.
[29] Beck VOB/A/*Hertwig* § 10 Rn. 10.

optimal präsentieren zu können und abschätzen zu können, welche Chancen er im Vergabeverfahren hat.[30]

b) Rechtsnatur des Anschreibens. Zivilrechtlich ist das Anschreiben als sog. invitatio 26 ad offerendum zu qualifizieren.[31] Es handelt sich, auch wenn dem Bieter mit dem Anschreiben die Angebotsunterlagen übersandt werden, noch nicht um ein verbindliches Angebot, sondern um eine unverbindliche Aufforderung zur Angebotsabgabe. Für die Annahme eines verbindlichen Angebots fehlt es an dem dafür notwendigen Rechtsbindungswillen.

Der Vertrag wird nach allgemeinen zivilrechtlichen Grundsätzen geschlossen. Er kommt 27 durch den Zuschlag des Auftraggebers (Annahmeerklärung) auf das Angebot des Bieters (dem die Vertragsunterlagen des Auftraggebers zugrunde liegen) zustande. Eine von beiden Seiten unterschriebene Vertragsurkunde ist nicht zwingend erforderlich, aber zulässig.[32] Vergaberechtlich erforderlich ist im letztgenannten Fall jedoch, dass das Angebot unverändert (dh ohne Änderungen und/oder Ergänzungen) in die Vertragsurkunde aufgenommen und ebenso unverändert angenommen wird.

Die Angaben des Auftraggebers sind jedoch nicht gänzlich unverbindlich. Vielmehr 28 bindet er sich durch die in dem Anschreiben und den Teilnahme-/Bewerbungsbedingungen enthaltenen Festlegungen.[33]

Zudem ist der Inhalt des Begleitschreibens bei der Auslegung des Angebots im Rahmen 29 einer öffentlichen Ausschreibung einzubeziehen.[34] Durch den Inhalt des Begleitschreibens können daher das Angebot und damit der spätere Vertragsinhalt von den Ausschreibungsunterlagen, insbesondere dem Leistungsverzeichnis, abweichen.[35]

c) Verhältnis zwischen Anschreiben und Bekanntmachung. Die Bekanntmachung 30 soll die in § 12 Abs. 1 Nr. 2 genannten Angaben enthalten. Sofern sie nicht bereits in der Bekanntmachung enthalten sind, müssen die Informationen mit dem Anschreiben nachgeholt werden.[36]

Widersprüche zwischen dem Anschreiben und der Bekanntmachung sind zwingend zu 31 vermeiden. Zwar sind die in der Bekanntmachung enthaltenen Angaben nicht (mehr) zwingend im Anschreiben zu wiederholen, jedoch ergeben sich nicht unerhebliche Probleme, wenn eine Wiederholung unterbleibt. **Bleiben nämlich die Anforderungen in dem Anschreiben hinter denen der Bekanntmachung zurück,** wird für den Bieter zweifelhaft sein, ob der Auftraggeber an seinen in der Bekanntmachung aufgestellten Vorgaben festhalten will. Zum gleichen Ergebnis gelangt die Ansicht,[37] wonach den Vergabeunterlagen bei Widersprüchen auslegungstechnisch grundsätzlich der Vorrang gebühre, da sie der Bekanntmachung nachfolgen und in der Regel auch detaillierter sind.[38] Bei sich widersprechenden Angaben dürfe sich die Bieter deshalb auf die Anforderungen der nachfolgenden Vergabeunterlagen und die darin für sie enthaltenen, günstigeren Angaben, zB eine längere Angebotsfrist, verlassen.[39] Widersprüche zwischen Bekanntmachung und Vergabeunterlagen gehen zulasten des Auftraggebers.[40]

---

[30] *Ohlerich* in Gabriel/Krohn/Neun VergabeR-HdB § 20 Rn. 2.
[31] *Ohlerich* in Gabriel/Krohn/Neun VergabeR-HdB § 20 Rn. 7.
[32] Ingenstau/Korbion/*von Wietersheim* Rn. 5. Anders bei Honorarvereinbarungen bei Architekten und Ingenieuren; hier müssen das Honorarangebot und die Annahme in einer Urkunde enthalten sein und diese unterzeichnet sein, BGH Urt. v. 28.10.1993 – VII ZR 192/92, NJW-RR 1994, 280 = ZfBR 1994, 73; BGH Urt. v. 24.11.1988 – VII ZR 313/87, NJW-RR 1989, 786 = BauR 1989, 222 = ZfBR 1989, 104.
[33] *Ohlerich* in Gabriel/Krohn/Neun VergabeR-HdB § 20 Rn. 2.
[34] OLG Stuttgart Urt. v. 9.2.2010 – 10 U 76/09, BeckRS 2010, 10753.
[35] OLG Stuttgart Urt. v. 9.2.2010 – 10 U 76/09, BeckRS 2010, 10753.
[36] Kapellmann/Messerschmidt/*von Rintelen* Rn. 7.
[37] Kapellmann/Messerschmidt/*von Rintelen* Rn. 9.
[38] *Ohlerich* in Gabriel/Krohn/Neun VergabeR-HdB § 20 Rn. 73.
[39] OLG München Beschl. v. 2.3.2009 – Verg 1/09, BeckRS 2009, 07803 = ZfBR 2009, 404 (Ls.) = VergabeR 2009, 816; Kapellmann/Messerschmidt/*von Rintelen* Rn. 9.
[40] OLG München Beschl. v. 2.3.2009 – Verg 1/09, BeckRS 2009, 07803 = ZfBR 2009, 404 (Ls.) = VergabeR 2009, 816. Soweit in der Entscheidung von Verdingungsunterlagen (statt Vergabeunterlagen) die Rede ist, handelt es sich um eine sprachliche Ungenauigkeit, da in der vor genannten Entscheidung Widersprü-

32 Schließlich ist zu berücksichtigen, dass Dritte rügen können, sie hätten nur wegen der in der Bekanntmachung enthaltenen Vorgaben an dem Verfahren von einer Teilnahme abgesehen bzw. sich bei Kenntnis der erleichterten Vorgaben an dem Verfahren beteiligt hätten.

33 Ebenfalls nicht unproblematisch sind die Fälle, in denen das Anschreiben weitergehende, dh **über die Bekanntmachung hinausgehende Forderungen** enthält. Insoweit ist danach zu differenzieren, ob es sich um Angaben handelt die zwingend in der Bekanntmachung enthalten sein müssen oder ob sie noch in den übrigen Vergabeunterlagen, insbesondere im Anschreiben nachgeholt werden können.

34 Im erstgenannten Fall geht die Bekanntmachung den übrigen Vergabeunterlagen vor. So darf das Anschreiben bspw. keine über die Bekanntmachung hinausgehenden Anforderungen an die Eignung enthalten. Dies gilt sowohl in quantitativer als auch qualitativer Hinsicht. Der Auftraggeber darf also weder die Anzahl der geforderten Eignungsnachweise (zB Referenzen) erhöhen, noch die inhaltlichen Anforderungen verschärfen. Der Auftraggeber ist an seine Festlegungen in der Bekanntmachung gebunden und darf in den Vertragsunterlagen keine Nachforderungen stellen, sondern die in der Bekanntmachung verlangten Eignungsnachweise nur konkretisieren.[41] Allenfalls darf er die Anforderungen nachträglich verringern, jedoch keine erhöhten Anforderungen stellen.[42] Auch hier gilt, dass verbleibende Unklarheiten und Widersprüche zwischen Bekanntmachung und Verdingungsunterlagen gehen zu Lasten des Auftraggebers gehen.[43]

35 Im Ergebnis sollte das Anschreiben die Angaben der Bekanntmachung wiederholen[44] und – da sich Bekanntmachung wegen der begrenzten Ausfüllmöglichkeiten häufig nur auf stichwortartige Angaben beschränkt – vervollständigen[45] und detaillieren.[46]

36 Abzugrenzen ist das Anschreiben vom **sog. Begleitschreiben,** mit dem der Auftraggeber im Rahmen des vorgeschalteten Teilnahmewettbewerbs (bei der beschränkten Ausschreibung / beim nichtoffenen Verfahren bzw. beim Verhandlungsverfahren mit vorgeschaltetem Teilnahmewettbewerb) die geforderten (Eignungs-)Unterlagen vom Bewerber anfordert. Wenngleich ein solches Begleitschreiben in der VOB/A nicht ausdrücklich vorgesehen ist, ist ein solches Schreiben zulässig.

37 **2. Inhalt des Anschreibens.** Bei den im Anschreiben enthaltenen Angaben ist zwischen dem notwendigen Inhalt und den sonstigen Angaben zu unterscheiden.

38 **a) Notwendige Angaben nach § 12 Abs. 1 Nr. 2.** Das Anschreiben muss alle Angaben nach § 12 Abs. 1 Nr. 2 enthalten. Dies sind im Einzelnen folgende Angaben:

a) *Name, Anschrift, Telefon-, Telefaxnummer sowie E-Mail-Adresse des Auftraggebers (Vergabestelle),*
b) *gewähltes Vergabeverfahren,*
c) *gegebenenfalls Auftragsvergabe auf elektronischem Wege und Verfahren der Ver- und Entschlüsselung,*
d) *Art des Auftrags,*

---

che zwischen der Bekanntmachung und der Angebotsaufforderung (somit den Vergabeunterlagen und nicht den Verdingungsunterlagen) bestanden.

[41] OLG Jena Beschl. v. 21.9.2009 – 9 Verg 7/09, BeckRS 2009, 86482; OLG Schleswig Beschl. v. 22.5.2006 – 1 Verg 5/06, NZBau 2007, 257 (259).

[42] OLG Jena Beschl. v. 21.9.2009 – 9 Verg 7/09, BeckRS 2009, 86482 mit Verweis auf OLG Düsseldorf Beschl. v. 4.6.2008 – VII-Verg 21/08, BeckRS 2009, 05989; OLG Düsseldorf Beschl. v. 12.12.2007 – VII-Verg 34/07, BeckRS 2008, 2955; OLG Düsseldorf Beschl. v. 2.5.2007 – VII-Verg 1/07, NZBau 2007, 600; OLG Düsseldorf Beschl. v. 24.5.2006 – VII-Verg 14/06, BeckRS 2007, 181; OLG Frankfurt a. M. Beschl. v. 15.7.2008 – 11 Verg 4/08, ZfBR 2009, 86; OLG Frankfurt a. M. Beschl. v. 26.8.2008 – 11 Verg 8/08, BeckRS 2008, 25109.

[43] OLG München Beschl. v. 2.3.2009 – Verg 1/09, BeckRS 2009, 07803 = ZfBR 2009, 404 (Ls.) = VergabeR 2009, 816.

[44] *Ohlerich* in Gabriel/Krohn/Neun VergabeR-HdB § 20 Rn. 10.

[45] Kapellmann/Messerschmidt/*von Rintelen* Rn. 7.

[46] Kapellmann/Messerschmidt/*von Rintelen* Rn. 8 „vertiefen".

e) Ort der Ausführung,
f) Art und Umfang der Leistung,
g) Angaben über den Zweck der baulichen Anlage oder des Auftrags, wenn auch Planungsleistungen gefordert werden,
h) falls die bauliche Anlage oder der Auftrag in mehrere Lose aufgeteilt ist, Art und Umfang der einzelnen Lose und Möglichkeit, Angebote für eines, mehrere oder alle Lose einzureichen,
i) Zeitpunkt, bis zu dem die Bauleistungen beendet werden sollen oder Dauer des Bauleistungsauftrags; sofern möglich, Zeitpunkt, zu dem die Bauleistungen begonnen werden sollen,
j) gegebenenfalls Angaben nach § 8 Absatz 2 Nummer 3 zur Zulässigkeit von Nebenangeboten,
k) Name und Anschrift, Telefon- und Telefaxnummer, E-Mail-Adresse der Stelle, bei der die Vergabeunterlagen und zusätzliche Unterlagen angefordert und eingesehen werden können,
l) gegebenenfalls Höhe und Bedingungen für die Zahlung des Betrags, der für die Unterlagen zu entrichten ist,
m) bei Teilnahmeantrag: Frist für den Eingang der Anträge auf Teilnahme, Anschrift, an die diese Anträge zu richten sind, Tag, an dem die Aufforderungen zur Angebotsabgabe spätestens abgesandt werden,
n) Frist für den Eingang der Angebote,
o) Anschrift, an die die Angebote zu richten sind, gegebenenfalls auch Anschrift, an die Angebote elektronisch zu übermitteln sind,
p) Sprache, in der die Angebote abgefasst sein müssen,
q) Datum, Uhrzeit und Ort des Eröffnungstermins sowie Angabe, welche Personen bei der Eröffnung der Angebote anwesend sein dürfen,
r) gegebenenfalls geforderte Sicherheiten,
s) wesentliche Finanzierungs- und Zahlungsbedingungen und/oder Hinweise auf die maßgeblichen Vorschriften, in denen sie enthalten sind,
t) gegebenenfalls Rechtsform, die die Bietergemeinschaft nach der Auftragsvergabe haben muss,
u) verlangte Nachweise für die Beurteilung der Eignung des Bewerbers oder Bieters,
v) Bindefrist,
w) Name und Anschrift der Stelle, an die sich der Bewerber oder Bieter zur Nachprüfung behaupteter Verstöße gegen Vergabebestimmungen wenden kann.

Hinsichtlich der Einzelheiten wird auf die Kommentierung zu § 12 verwiesen (→ § 12 Rn. 1 ff.).

b) Sonstige Angaben. Bei den zuvor in § 12 Abs. 1 Nr. 2 genannten Angaben handelt es sich um die Mindestanforderungen an den Inhalt des Anschreibens.[47] Darüber hinausgehende Angaben, die für das Vergabeverfahren oder die Angebotsabgabe von Relevanz sind und sich nicht bereits aus den Vertragsunterlagen oder den Teilnahme-/Bewerbungsbedingungen ergeben, sollten ebenfalls in das Anschreiben aufgenommen werden.[48] Gemeint sind Besonderheiten, die das Vergabeverfahren betreffen, etwa wenn der Auftraggeber zulässigerweise von Regelungen der VOB/A oder seinen eigenen Teilnahme-/Bewerbungsbedingungen abweichen oder diese ergänzen will.[49]

Dabei sind Sinn und Zweck des Anschreibens zu beachten. Das Anschreiben soll lediglich die zur Angebotsabgabe notwendigen Angaben enthalten. Dazu gehören bspw. auch eine knappe Darstellung der zu lösenden Bauaufgabe und der zum Verständnis der Bauaufgabe erforderlichen Angaben. Die näheren Einzelheiten zu Art und Umfang der Leistung ergeben sich hingegen aus der Leistungsbeschreibung. Keinesfalls sollte das Anschreiben mit umfangreichen Details der Ausschreibung überfrachtet werden.

§ 10 Nr. 5 lit. q VOB/A 2006 sah insoweit ausdrücklich vor, dass auch „sonstige Erfordernisse [anzugeben sind], die die Bieter bei der Bearbeitung ihrer Angebote berücksichtigen

---
[47] Kapellmann/Messerschmidt/*von Rintelen* Rn. 11.
[48] Kapellmann/Messerschmidt/*von Rintelen* Rn. 11.
[49] Kapellmann/Messerschmidt/*von Rintelen* Rn. 34.

müssen". Wenngleich die Regelung seit (bzw. mit) der VOB/A 2009 weggefallen ist, gilt dies selbstverständlich fort.[50]

43 Die VOB/A enthält (im Gegensatz zur VOB/A EU) keine ausdrückliche Verpflichtung zur Angabe der **Zuschlagkriterien** – weder für die Bekanntmachung noch für das Anschreiben. Gleichwohl sollte der Auftraggeber – im Hinblick auf ein transparentes Vergabeverfahren und eine optimale Beschaffung[51] – die Zuschlagskriterien, evtl. Unterkriterien und deren Gewichtung angeben.

44 Soweit die Benennung der Zuschlagskriterien und deren Gewichtung bereits in der Bekanntmachung erfolgt ist, sollten sie gleichwohl nochmals in den Vergabeunterlagen (dort im Anschreiben) wiederholt werden.[52] Oberhalb der EU-Schwellenwerte ist der Auftraggeber verpflichtet, die Zuschlagskriterien und deren Gewichtung bekannt zu machen. Die Verpflichtung zur Aufnahme der Zuschlagskriterien und deren Gewichtung in die Bekanntmachung ergibt sich aus § 8EU Abs. 2 Nr. 1 in Verbindung mit Anhang V Teil C der Richtlinie 2014/24/EU. Zu den Einzelheiten der Zuschlagskriterien und deren Gewichtung wird auf die Kommentierungen zu § 16d (→ § 16d Rn. 1 ff.) und § 16dEU (→ § 16dEU Rn. 1 ff.) verwiesen.

45 Teilweise wird die **Pflicht zur Aufnahme bestimmter Angabe in das Anschreiben** davon abhängig gemacht, dass die Angaben nicht bereits in der Bekanntmachung enthalten waren.[53] Nicht nur aus Gründen der Transparenz empfiehlt es sich die in der Bekanntmachung enthalten Angaben in dem Anschreiben zu wiederholen,[54] sondern auch, weil bei dem Bieter ansonsten Zweifel verbleiben, ob der Auftraggeber nach wie vor an seinen Anforderungen festhalten will. Dabei sind Widersprüche strikt zu vermeiden.

46 Nach § 13 Abs. 6 hat der Auftraggeber die sich aus § 13 Abs. 1–5 ergebenden **Anforderungen an den Inhalt** der Angebote in die Vergabeunterlagen aufzunehmen. Wenngleich § 13 Abs. 6 ausdrücklich nur von Anforderungen an den Inhalt der Angebote spricht, sind auch Anforderungen an die Form der Angebote in die Vergabeunterlagen aufzunehmen. Die ergibt sich aus dem Verweis auf § 13 Abs. 1–5, der auch **Anforderungen an die Form** der Angebote enthält.

47 Nach § 21 sind in der Bekanntmachung und den Vergabeunterlagen die Nachprüfungsstellen mit Anschrift anzugeben. Bei Vergaben oberhalb der EU-Schwellenwerte ist auch die zuständige Vergabekammer in der Bekanntmachung und in den Vergabeunterlagen zu benennen (§ 21EU). Insoweit kommt innerhalb der Vergabeunterlagen systematisch nur das Anschreiben (bzw. die Teilnahmebedingungen) in Betracht.[55]

48 Aus Gründen der Eindeutigkeit und Klarheit der Vergabeunterlagen müssen auch die „sonstigen Angaben" an der richtigen Stelle in den Vergabeunterlagen verortet werden.[56] Insoweit kommen (nur) die Bekanntmachung, das Anschreiben und/oder die Teilnahme-/Bewerbungsbedingungen in Betracht.

49 **3. Nachunternehmerleistungen (Abs. 2 Nr. 2).** Der Auftraggeber hat ein berechtigtes Interesse zu erfahren, welche Leistungen der spätere Auftragnehmer im eigenen Betrieb zu erbringen beabsichtigt und welche Leistungen er durch Nachunternehmer ausführen lässt. Daher **kann** der Auftraggeber die Bieter gem. § 8 Abs. 2 Nr. 2 auffordern in ihrem Angebot die Leistungen anzugeben, die sie an Nachunternehmen zu vergeben beabsichtigen. Nach dem ausdrücklichen Wortlaut des § 12 Abs. 2 Nr. 2 („kann") ist es in das Ermessen des Auftraggebers gestellt, ob er den Bieter auffordert, sich zum Nachunternehmereisatz zu erklären.

50 Die Kenntnis, ob und welche Nachunternehmer eingesetzt werden und welche Leistungen sie erbringen spielt nicht nur für die Eignungsprüfung eine Rolle (im Falle der Eignungsleihe), sondern ist auch im Hinblick auf § 4 Abs. 8 VOB/B von Bedeutung.

---

[50] Kapellmann/Messerschmidt/*von Rintelen* Rn. 34.
[51] Ähnlich *Ohlerich* in Gabriel/Krohn/Neun VergabeR-HdB § 20 Rn. 14, 17.
[52] *Ohlerich* in Gabriel/Krohn/Neun VergabeR-HdB § 20 Rn. 14.
[53] *Ohlerich* in Gabriel/Krohn/Neun VergabeR-HdB § 20 Rn. 10.
[54] *Ohlerich* in Gabriel/Krohn/Neun VergabeR-HdB § 20 Rn. 10.
[55] *Ohlerich* in Gabriel/Krohn/Neun VergabeR-HdB § 20 Rn. 12.
[56] Kapellmann/Messerschmidt/*von Rintelen* Rn. 34.

§ 8 Abs. 2 Nr. 2 regelt allerdings nur, dass der Auftraggeber die Bieter auffordern kann 51 (also die Möglichkeit hat), die Leistungen anzugeben haben, die sie an Nachunternehmen vergeben wollen, nicht aber die Nachunternehmen selbst zu benennen[57] oder die entsprechenden Eignungsnachweise. Eine dahingehende Verpflichtung besteht folglich nicht.

Bis zum Inkrafttreten des ÖPP-Beschleunigungsgesetzes im Jahre 2005 galt der Grundsatz, dass der Auftragnehmer die Leistungen (jedenfalls überwiegend) selbst zu erbringen 52 hat. Dieser Grundsatz findet auch in § 4 Abs. 8 S. 1 VOB/B seinen ausdrücklichen Niederschlag. Nach § 4 Abs. 8 S. 1 VOB/B hat der Auftragnehmer die Leistungen im eigenen Betrieb auszuführen und darf sie nur mit schriftlicher Zustimmung des Auftraggebers an Nachunternehmer übertragen. Mit dem ÖPP-Beschleunigungsgesetz 2005 ist dieser Grundsatz – jedenfalls für Vergaben oberhalb der Schwellenwerte – aufgegeben worden.[58] Ob der Grundsatz der Selbstausführung auch für Unterschwellenvergaben entfallen ist, ist noch nicht abschließend geklärt.[59]

a) Begriff des Nachunternehmers. Sowohl § 8 als auch die korrespondierende Regelung des § 4 Abs. 8 VOB/B lassen offen, wer überhaupt Nachunternehmer ist. Unstreitig 53 dürfte sein, dass kennzeichnend für den Nachunternehmer zum einen ist, dass er in unmittelbarer vertraglicher Beziehung zum Auftragnehmer steht und zum anderen, dass er für diesen (Teil-)Leistungen erbringt.[60] Bloße Zulieferer und Lieferanten sind keine Nachunternehmer.[61] Während der Nachunternehmer einen Teil der Primärleistung selbständig abdeckt, übt der Zulieferer eine bloße Hilfsfunktion aus.[62]

Nachunternehmer im vergaberechtlichen Sinne ist, wer selbst einen Teil des werkvertraglichen Erfolges schuldet, nicht wer lediglich Material oder Gerät liefert oder Dienstleistungen 54 bzw. Arbeit schuldet.[63] Hilfsfunktionen wie Speditionsleistungen, Baugerätevermietungen oder Baustoffzulieferungen sind keine Nachunternehmerleistungen,[64] auch die Lieferung sowohl von standardisierten Bauelementen oder Bauteilen wie auch von speziell gefertigten Bauteilen sind noch keine Nachunternehmerleistungen.[65] Reine Zuarbeiten reichen nicht aus; erbringt der Lieferant jedoch selbst Montageleistungen, wird er also auf der Baustelle tätig, liegen Nachunternehmerleistungen vor.[66]

b) Angabe der Nachunternehmer. Der Auftraggeber kann verlangen, dass die Bieter 55 die Leistungen angeben, die sie an Nachunternehmer zu vergeben beabsichtigen. Nach dem ausdrücklichen dem Wortlaut des § 8 Abs. 2 Nr. 2 bezieht sich die Erklärung der Bieter nur auf die an die Nachunternehmen zu vergebenden bzw. von diesen zu erbringenden (Teil-)Leistungen, nicht aber auf die Nachunternehmen selbst. Dementsprechend sieht das Vergabehandbuch des Bundes ein entsprechendes Muster „Verzeichnisse der Nachunternehmerleistungen" vor, in das folglich (nur) die Leistungen der Nachunternehmer nach Art und Umfang einzutragen sind. Der Informationsgehalt der abgefragten Nachunternehmerliste ist dementsprechend gering, da sie lediglich Auskunft über die Fremdleistungsquote und die betroffenen Gewerke gibt.[67] Zwar kann der Auftraggeber weitergehende Informationen

---

[57] Kapellmann/Messerschmidt/*von Rintelen* Rn. 41.
[58] Dagegen *Burgi* NZBau 2010, 593 (596).
[59] Kapellmann/Messerschmidt/*von Rintelen* Rn. 39a.
[60] Kapellmann/Messerschmidt/*von Rintelen* Rn. 40; *Burgi* NZBau 2010, 593 (594f.).
[61] Kapellmann/Messerschmidt/*von Rintelen* Rn. 40.
[62] *Amelung* ZfBR 2013, 337 (339).
[63] OLG Düsseldorf Beschl. v. 27.10.2010 – VII-Verg 47/10, BeckRS 2010, 27621; VK Bund Beschl. v. 18.3.2004 – VK 2-152/03, IBRRS 2005, 0799.
[64] OLG Naumburg Beschl. v. 4.9.2008 – 1 Verg 4/08, IBR 2008, 676 = BauR 2009, 707 = VergabeR 2009, 210; OLG Naumburg Beschl. v. 26.1.2005 – 1 Verg 21/04, BeckRS 2005, 01683; VK Sachsen Beschl. v. 20.4.2006 – 1/SVKl029-06, IBR 2006, 415; *Ohlerich* in Gabriel/Krohn/Neun VergabeR-HdB § 20 Rn. 23.
[65] OLG Dresden Beschl. v. 25.4.2006 – 20 U 467/06, BeckRS 9998, 26458; OLG Schleswig Beschl. v. 5.2.2004 – 6 U 23/03, BeckRS 9998, 26383; VK Rheinland-Pfalz Beschl. v. 29.5.2007 – VK 20/07, IBRRS 2015, 0866.
[66] VK Rheinland-Pfalz Beschl. v. 29.5.2007 – VK 20/07, IBRRS 2015, 0866.
[67] Kapellmann/Messerschmidt/*von Rintelen* Rn. 39a.

56 über die Nachunternehmer verlangen (zB Namen der Nachunternehmer und ggf. auch deren Nachunternehmer), jedoch fehlt den Angaben die nötige Verbindlichkeit.

56 Lediglich im Rahmen der Eignungsleihe kommt der Benennung der Nachunternehmer eine rechtliche Bedeutung zu. Zur Eignung, zum Nachweis der Nachweis, zur Eignungsleihe und zur Verpflichtungserklärung wird auf die Kommentierungen zu § 6b (→ § 6b Rn. 1 ff.) und § 16 (→ § 16 Rn. 1 ff.) verwiesen.

57 Wenig Beachtung hat bisher die in der Praxis häufige vorkommende Fallgestaltung erfahren, dass der Auftraggeber nach Zuschlagserteilung einen anderen als den im Vergabeverfahren angegebenen Nachunternehmer einsetzt und kein Fall der Eignungsleihe vorliegt.

58 **4. Nebenangebote (Abs. 2 Nr. 3). a) Begriff des Nebenangebots.** Nebenangebot ist kurz gesagt ein Angebot, das von der Leistungsbeschreibung abweicht. Mit dem Nebenangebot wird folglich eine andere, als die in der Leistungsbeschreibung nachgefragte Leistung angeboten.[68] Dabei ist unerheblich, ob die Abweichung technischer, wirtschaftlicher oder rechtlicher Natur ist.[69] In allen Fällen liegt ein Nebenangebot vor. Erfasst werden damit Leistungsmodifikationen, Änderungen der vertraglichen Regelungen, der Ausführungsfristen, der kommerziellen Bedingungen zB zu Sicherheiten oder Zahlungsbedingungen.[70] Unerheblich ist, ob es sich um wichtige oder unwichtige Leistungsvorgaben handelt. Ebenfalls ist unerheblich, ob die Abweichung einen Einfluss auf das Wettbewerbsergebnis hat.

59 Neben dem Begriff des Nebenangebots finden sich die synonym zu verstehenden Begriffe „Alternativangebot", „Alternativvorschlag", „Änderungsangebot", „Änderungsvorschlag", „Änderung der Vergabeunterlagen" oder „Varianten".[71]

60 Die Begriffe „Änderungsvorschlag" und „Nebenangebot" werden – wie auch die übrigen, der vorgenannten Begriffe – in der VOB nicht definiert.[72] Nach Ansicht von *Hertwig* kann ein „Änderungsvorschlag" (im Unterschied zum „Nebenangebot") nicht ohne das „Hauptangebot" bestehen, auf welches er sich bezieht.[73] Die von *Hertwig* vorgeschlagene klare Trennung des (selbständigen) Nebenangebotes von dem (unselbständigen) Änderungsvorschlag konnte sich in der Praxis jedoch nicht durchsetzen.[74] Mit der VOB/A 2006 entfiel der Begriff des „Änderungsvorschlages". Die VOB/A spricht nunmehr nur noch von Nebenangeboten.[75]

61 Grundsätzlich gilt, dass Abweichungen von bzw. Änderungen der Vergabeunterlagen unzulässig sind. Nebenangebote stellen – sofern zulässig – eine Ausnahme von dem **Verbot der Änderung der Vergabeunterlagen** bzw. des Abweichens von den Vergabeunterlagen dar.[76]

62 Wenngleich sich der Auftraggeber bei der Definition seines Beschaffungsbedarfs idR intensive Gedanken gemacht haben wird, wie sein Beschaffungsbedarf gedeckt werden kann, kann es durchaus alternative Lösungsmöglichkeiten geben, die der Auftraggeber nicht bedacht hat. Sinn und Zweck von Nebenangeboten ist, die optimale Lösung für den Auftraggeber zu finden. Dabei soll das Know-how und die unternehmerische Kreativität der Bieter genutzt werden. Durch die Zulassung von Nebenangeboten eröffnet der Auftraggeber dem Bieter die Möglichkeit, Konzepte für die Deckung des Beschaffungsbedarfs zu präsentieren, die sich von den aus der Leistungsbeschreibung vorgegebenen und vom Auftraggeber vorbedachten Lösungsmöglichkeiten unterscheiden.[77]

63 **b) Arten der Nebenangebote.** Man unterscheidet technische und kaufmännische Nebenangebote, je nachdem, ob das Nebenangebot in technischer oder kaufmännischer

---

[68] OLG Düsseldorf Beschl. v. 9.3.2011 – VII-Verg 52/10 Rn. 38, BeckRS 2011, 08605.
[69] Kapellmann/Messerschmidt/*von Rintelen* Rn. 45.
[70] Kapellmann/Messerschmidt/*von Rintelen* Rn. 45.
[71] *Ohlerich* in Gabriel/Krohn/Neun VergabeR-HdB § 28 Rn. 1.
[72] Beck VOB/A/*Hertwig* § 10 Rn. 17.
[73] Beck VOB/A/*Hertwig* § 10 Rn. 18.
[74] Beck VOB/A/*Hertwig* § 10 Rn. 19.
[75] Ingenstau/Korbion/*von Wietersheim* Rn. 12.
[76] *Ohlerich* in Gabriel/Krohn/Neun VergabeR-HdB § 28 Rn. 1.
[77] OLG Düsseldorf Beschl. v. 23.12.2009 – VII-Verg 30/09, BeckRS 2010, 4614.

Weise von den Vorgaben des Auftraggebers abweicht. In der Regel betreffen die Abweichungen die Leistungsbeschreibung (Leistungsverzeichnis oder Pläne) und damit die technischen Leistungsinhalte **(sog. technische Nebenangebote).** Die Abweichungen können qualitativer oder quantitativer Art sein.

Die Abweichungen können aber auch die übrigen Vertragsunterlagen betreffen, etwa **64** die kaufmännisch-juristischen Vertragsbedingungen **(sog. kaufmännische Nebenangebote).** In Betracht kommen bspw. die Ausführungsfristen/-termine, Preisanpassungsregelungen, Zahlungsmodalitäten, Gefahrtragungsregelungen, Gewährleistungsfristen, Sicherheiten etc. Dabei ist eine eindeutige Trennung zwischen kaufmännischen und rechtlichen Regelungen naturgemäß nicht leicht und in der Praxis auch entbehrlich. Bei Preisnachlässen und Skonti (jeweils bedingt oder unbedingt) handelt es sich nicht um Nebenangebote.[78]

Kein Nebenangebot liegt vor, wenn der Bieter eine **zusätzliche Leistung anbietet** **65** (also zusätzliche Leistungen übernehmen will).[79] Dabei handelt es sich vielmehr um eine Auftragserweiterung, deren vergaberechtliche Zulässigkeit davon abhängt, ob der Auftraggeber für diese Leistung ein separates Vergabeverfahren durchführen muss.[80]

c) Zulassung und Ausschluss von Nebenangeboten. Hinsichtlich der Frage, wann **66** Nebenangebote zugelassen sind bzw. ob Nebenangebote einer Zulassung bedürfen, ist zwischen Vergaben oberhalb und unterhalb der EU-Schwellenwerte zu differenzieren.

Bei Vergaben unterhalb der EU-Schwellenwerte sind Nebenangebote grundsätzlich **67** zugelassen,[81] es sei denn, sie wurden vom Auftraggeber ausdrücklich ausgeschlossen.[82]

Der Auftraggeber hat anzugeben, wenn er Nebenangebote nicht oder nur zusammen **68** mit einem Hauptangebot zulassen möchte. Dies kann sowohl in der Bekanntmachung als auch im Anschreiben erfolgen.[83] Macht er keine Angaben, sind Nebenangebote zugelassen, auch isolierte Nebenangebote, also auch solche ohne ein gleichzeitiges Hauptangebot.[84]

Bei EU-Vergaben, dh bei Erreichen oder Überschreiten der EU-Schwellenwerte, sind **69** Nebenangebote nur zulässig, wenn sie vom Auftraggeber ausdrücklich zugelassen wurden. Oberhalb der EU-Schwellenwerte ist also eine positive Zulassung erforderlich.[85] Dies gilt auch für isolierte Nebenangebote. Die Zulassung muss bereits in der Bekanntmachung erfolgen und zwar ausdrücklich; eine nachträgliche Zulassung in den Vergabeunterlagen ist nicht möglich.[86]

d) Angaben in den Vergabeunterlagen. Nach § 8 Abs. 2 Nr. 3 muss der Auftraggeber **70** in den Vergabeunterlagen angeben, wenn er Nebenangebote nicht zulässt oder lediglich in Verbindung mit einem Hauptangebot zulässt. Der Auftraggeber hat daher folgende Wahlmöglichkeiten:[87]
– ausdrücklich verlangen,
– zulassen,
– ausdrücklich nicht zulassen,
– keine Erklärung zu Nebenangeboten.

Des Weiteren kann der Auftraggeber danach differenzieren, ob er Nebenangebote nur in **71** Verbindung mit Hauptangeboten zulassen will, nur technische oder nur kaufmännische Nebenangebote zulässt, diese auf bestimmte Teile der Leistung beschränken will.[88]

---

[78] OLG Jena Beschl. v. 21.9.2009 – 9 Verg 7/09, BeckRS 2009, 86482; *Ohlerich* in Gabriel/Krohn/Neun VergabeR-HdB § 28 Rn. 4; BGH Beschl. v. 11.3.2008 – XZR 134/05, NZBau 2008, 459.
[79] Ingenstau/Korbion/*von Wietersheim* Rn. 12.
[80] Ingenstau/Korbion/*von Wietersheim* Rn. 12 aE.
[81] *Ohlerich* in Gabriel/Krohn/Neun VergabeR-HdB § 28 Rn. 24.
[82] Kapellmann/Messerschmidt/*Frister* § 16EU Rn. 2, § 16 Rn. 38.
[83] *Ohlerich* in Gabriel/Krohn/Neun VergabeR-HdB § 20 Rn. 19.
[84] *Ohlerich* in Gabriel/Krohn/Neun VergabeR-HdB § 28 Rn. 26.
[85] Kapellmann/Messerschmidt/*Frister* § 16EU Rn. 2.
[86] *Ohlerich* in Gabriel/Krohn/Neun VergabeR-HdB § 20 Rn. 19.
[87] Kapellmann/Messerschmidt/*von Rintelen* Rn. 47.
[88] Kapellmann/Messerschmidt/*von Rintelen* Rn. 48.

72 Nach § 13EU Abs. 3 S. 1 hat der Bieter die Anzahl der von ihm abgegebenen Angebote anzugeben und zwar an einer in den Vergabeunterlagen vom Auftraggeber vorgegebenen Stelle. Zutreffend wird darauf hingewiesen, dass der Auftraggeber dazu eine solche Stelle in den Vergabeunterlagen vorzusehen hat.[89] Nach § 13EU Abs. 3 S. 2 müssen die Nebenangebote auf einer besonderen Anlage erstellt und als solche deutlich gekennzeichnet werden. Nebenangebote die den Vorgaben des § 13EU Abs. 3 S. 2 nicht entsprechen sind gem. § 16EU Nr. 6 auszuschließen. Gemäß § 13EU Abs. 6 hat der Auftraggeber auf die beiden Formerfordernisse des § 13EU Abs. 3 S. 1 und 2 hinzuweisen.

73 Der Auftraggeber kann – jedenfalls im Oberschwellenbereich – **ausdrücklich Nebenangebote verlangen.** Dies ergibt sich im EU-Vergaberecht aus § 35 Abs. 1 VgV und § 8EU Abs. 2 Nr. 3. Wenngleich dies für den Unterschwellenbereich bislang weder geregelt noch ausdrücklich entschieden ist, wurde dies auch bislang schon für den Unterschwellenbereich vertreten.[90]

74 Werden Nebenangebote zugelassen, müssen sie gewertet werden. Das Gleiche gilt, sofern sich der Auftraggeber zu Nebenangeboten gar nicht erklärt. Im Unterschwellenbereich sind Nebenangebote grundsätzlich zulässig und nur dann unzulässig, wenn sie der Auftraggeber ausdrücklich ausschließt. Aus Gründen der Klarheit ist zu empfehlen, dass der Auftraggeber auch hier ausdrücklich erklärt, ob er Nebenangebote zulässt oder nicht.

75 Lange umstritten war die Frage, ob Nebenangebote zugelassen sind, wenn ausschließliches Zuschlagskriterium der niedrigste Preis ist. Während nach Ansicht des OLG Düsseldorf[91] Nebenangebote nur dann zugelassen sind, wenn Zuschlagskriterium das wirtschaftlichste Angebot ist, sollten Nebenangebote nach Ansicht des OLG Schleswig[92] auch dann zulässig sein, wenn Zuschlagskriterium der niedrigste Preis war.[93]

76 Im Rahmen der GWB-Novelle wurde auf gesetzlicher und untergesetzlicher Ebene (§ 127 Abs. 4 GWB, § 35 Abs. 2 S. 3 VgV, § 8 Abs. 2 Nr. 3 lit. b S. 2) ausdrücklich klargestellt, dass eine reine Preiswertung die Zulassung von Nebenangeboten nicht per se ausschließt, sondern auch bei Nebenangeboten das wirtschaftlichste Angebot allein auf der Grundlage des Preises ermittelt werden kann.[94] Nach § 8 Abs. 2 Nr. 3 lit. b S. 2 ist es (auch) zulässig, dass der Preis das einzige Zuschlagskriterium ist. Zu den Einzelheiten der Zuschlagskriterien und deren Gewichtung sowie zum Streitstand wird auf die Kommentierungen zu § 16d (→ § 16d Rn. 1 ff.) und § 16dEU (→ § 16dEU Rn. 1 ff.) verwiesen.

77 Der Auftraggeber kann gem. § 8 Abs. 2 Nr. 3 lit. b S. 3 von den Bietern, die eine Leistung anbieten, deren Ausführung nicht in Allgemeinen Technischen Vertragsbedingungen oder in den Vergabeunterlagen geregelt ist, im Angebot entsprechende Angaben über Ausführung und Beschaffenheit dieser Leistung verlangen. Damit soll es dem Auftraggeber ermöglicht werden, den Inhalt des Nebenangebots vor dessen Beauftragung nachvollziehen und prüfen zu können.[95] Wenngleich der Auftragnehmer grundsätzlich das Risiko für die Umsetzung seines Nebenangebotes trägt,[96] entsteht während der Vertragsabwicklung vielfach Streit in Bezug auf die Umsetzung, Umsetzbarkeit und den Umfang der im Nebenangebot enthaltenen Leistungen.

78 **e) Mindestanforderungen an Nebenangebote.** Bei Vergaben oberhalb der EU-Schwellenwerte hat der Auftraggeber gem. § 8EU Abs. 3 Nr. 3 lit. b die Mindestanforderungen für Nebenangebote (in der Bekanntmachung oder der Aufforderung zur Interessenbestätigung) anzugeben. Der allgemeine Hinweis des Auftraggebers auf das Erfordernis der

---

[89] *Ohlerich* in Gabriel/Krohn/Neun VergabeR-HdB § 20 Rn. 22.
[90] Beck VOB/A/*Brinker/Ohler* § 25 Rn. 135.
[91] OLG Düsseldorf Beschl. v. 18.10.2010 – Verg 39/10, NZBau 2011, 57.
[92] OLG Schleswig Beschl. v. 15.4.2011 – 1 Verg 10/10, BeckRS 2011, 11797.
[93] *Conrad* ZfBR 2014, 342.
[94] *Mutschler-Siebert/Kern* in Gabriel/Krohn/Neun VergabeR-HdB § 32 Rn. 12a.
[95] Beck VergabeR/*Heinrich*, 6. Ed., Stand 31.12.2017, Rn. 22.
[96] KG Urt. v. 17.10.2006 – 21 U 70/04, BeckRS 2007, 02337; BGH Beschl. v. 2.12.2007 – VII ZR 211/06, Nichtzulassungsbeschwerde zurückgewiesen.

Gleichwertigkeit des Nebenangebots mit dem Hauptangebot genügt nicht.[97] Die VOB/A enthält eine solche Vorgabe für nationale Vergaben jedoch nicht. Wenngleich die Aussage, dass Nebenangebote nur wertbar sind, wenn der öffentliche Auftraggeber in den Vergabeunterlagen insoweit Mindestanforderungen festgelegt hat,[98] gleichwohl für Vergaben unterhalb der EU-Schwellenwerte Geltung beanspruchen kann, wird die Angabe von Mindestanforderungen hier gemeinhin abgelehnt.[99]

IV. Teilnahmebedingungen (Abs. 2 Nr. 4)

Auftraggeber, die ständig Bauleistungen vergeben, sollen die Erfordernisse, die die Unternehmen bei der Bearbeitung ihrer Angebote beachten müssen, in Teilnahmebedingungen zusammenfassen und dem Anschreiben beifügen. In Teilnahmebedingungen (früher Bewerbungsbedingungen) wird, wie es der Begriff bereits nahelegt, festgelegt unter welchen Voraussetzungen sich ein Unternehmen am Wettbewerb beteiligen kann und/oder welche Anforderungen an die Bearbeitung und Abgabe eines Angebots gestellt werden.[100] Zu den Auftraggebern, die „ständig Bauleistungen vergeben" gehören in erster Linie die öffentlichen Auftraggeber. Mit den Teilnahmebedingungen sollen die Angaben, die ansonsten in dem Anschreiben enthalten sind, standardisiert zusammengefasst werden. 79

Teilnahme-/Bewerbungsbedingungen sind nicht – wie es der Begriff vielleicht nahelegt – nur für den Teilnahmewettbewerb vorgesehen. Vielmehr handelt es sich um standardisierte Zusammenfassungen[101] der für den Ablauf des Vergabeverfahrens maßgeblichen Informationen und Regelungen. Sinn und Zweck der Teilnahme-/Bewerbungsbedingungen ist es das Anschreiben übersichtlich zu halten.[102] Welche Bestimmungen der Auftraggeber in die Teilnahme-/Bewerbungsbedingungen aufnimmt, steht in seinem Ermessen.[103] Dabei sind jedoch der Sinn und Zweck der Teilnahmebedingungen zu beachten. 80

1. Rechtsnatur der Teilnahmebedingungen. Bei den Teilnahmebedingungen handelt es sich nach überwiegender Ansicht um für eine Vielzahl von Vergabeverfahren vorformulierte Bedingungen, mithin um Allgemeine Geschäftsbedingungen iSd §§ 305 ff. BGB.[104] Offen bleibt jedoch, welche Konsequenzen diese rechtliche Einordnung hat, da die Teilnahmebedingungen idR gerade nicht Vertragsbestandteil werden. 81

2. Verhältnis zwischen Teilnahmebedingungen und Anschreiben. Bestimmungen in allgemeinen Teilnahmebedingungen muss der Bieter in gleicher Weise beachten wie die des Anschreibens selbst, soweit sie nicht nach den für allgemeine Geschäftsbedingungen geltenden Bestimmungen der §§ 305 ff. BGB unwirksam sind oder das Anschreiben nicht speziellere und damit vorrangige Regelungen enthält.[105] 82

V. Vertragsunterlagen (§§ 7–7c, 8a)

Die Vertragsunterlagen (§§ 7–7c und 8a) bestimmen den Inhalt des Bauvertrags. Bei den §§ 8 und 8a (früher § 8 Abs. 3–6 VOB/A 2012) handelt es sich jedoch lediglich um 83

---

[97] OLG Düsseldorf Beschl. v. 23.12.2009 – VII-Verg 30/09, BeckRS 2010, 4614.
[98] EuGH Urt. v. 16.10.2003 – C-241/01, VergabeR 2004, 50 – Traunfeller.
[99] BGH Urt. v. 30.8.2011 – X ZR 55/10, NZBau 2012, 46; Ingenstau/Korbion/*von Wietersheim* Rn. 12 („Formalismus"); aA OLG Zweibrücken Beschl. v. 24.1.2008 – 6 U 25/06, ZfBR 2009, 202.
[100] OLG Koblenz Beschl. v. 10.8.2000 – 1 Verg 2/00, NZBau 2000, 534.
[101] Kapellmann/Messerschmidt/*von Rintelen* Rn. 59; *Ohlerich* in Gabriel/Krohn/Neun VergabeR-HdB § 20 Rn. 7.
[102] Ziekow/Völlink/*Hänsel* Rn. 17; *Ohlerich* in Gabriel/Krohn/Neun VergabeR-HdB § 20 Rn. 7; OLG Koblenz Beschl. v. 7.7.2004 – 1 Verg 1 und 2/04, NZBau 2004, 571 (572) „der Rationalisierung der Aufstellung […] der Verdingungsunterlagen dient".
[103] OLG Koblenz Beschl. v. 7.7.2004 – 1 Verg 1 und 2/04, NZBau 2004, 571 (572).
[104] OLG Koblenz Beschl. v. 7.7.2004 – 1 Verg 1 und 2/04, NZBau 2004, 571 (572); *Ohlerich* in Gabriel/Krohn/Neun VergabeR-HdB § 20 Rn. 7.
[105] OLG Koblenz Beschl. v. 7.7.2004 – 1 Verg 1 und 2/04, NZBau 2004, 571.

Ordnungsvorschriften.[106] Für den Bauvertrag ist nicht maßgeblich, was § 8 vorgibt, sondern was zivilrechtlich wirksam vereinbart worden ist.[107] Der Vertragsinhalt ergibt sich nicht aus den §§ 8 ff., sondern aus dem Vertrag. Im Rahmen des § 8 wird herkömmlicherweise zwischen obligatorischen (zwingenden) und fakultativen Verdingungsunterlagen unterschieden.

84   **1. Obligatorische Vertragsunterlagen.** Kernstück der Vertragsunterlagen ist die Leistungsbeschreibung. Diese besteht aus der Baubeschreibung, dem Leistungsverzeichnis und den Plänen. Insoweit wird auf die Kommentierung zu §§ 7, 7a–e verwiesen. Daneben schreibt § 8a die VOB/B und VOB/C als zwingende Vertragsunterlagen vor. Die VOB/A wird nicht Vertragsbestandteil.[108]

85   **2. Fakultative Vertragsunterlagen.** Neben den obligatorischen Vertragsunterlagen kann der Auftraggeber Besondere und Zusätzliche Vertragsbedingungen sowie Zusätzliche Technische Vertragsbedingungen in die Vertragsunterlagen aufnehmen.

VI. Sonstige Vergabeunterlagen

86   Zu den sonstigen Vergabeunterlagen (im engeren Sinne), wie Anschreiben, Teilnahme-/Bewerbungs- und Vertragsbedingungen gehören auch die Formulare, die der Auftraggeber den Bietern zur Erstellung ihrer Angebote/Teilnahmeanträge im Rahmen der des Vergabeverfahrens zur Verfügung stellt.[109] Dazu gehören idR das Angebotsschreiben und Formblätter wie:
– Erklärung zur Kalkulation mit vorbestimmten Zuschlägen,
– Erklärung zum Umsatz mit Leistungen, die mit der hier zu vergebenen Leistung vergleichbar sind (in der Regel unter Einschluss des Anteils bei gemeinsam mit anderen Unternehmen ausgeführten Leistungen),
– Erklärung zu den durchschnittlich im bewerbungsspezifischen Bereich beschäftigten Mitarbeitern in den letzten abgeschlossenen Geschäftsjahren,
– Erklärung zu Referenzprojekten über Leistungen, die mit der zu erbringenden Leistung vergleichbar sind,
– Verpflichtungserklärung der Drittunternehmen.

87   Zu den Vergabeunterlagen gehören grundsätzlich auch die Bieterfragen und die entsprechenden Antworten, erst recht, wenn die Vergabeunterlagen im Zuge dessen erläutert, konkretisiert, ergänzt oder geändert werden.[110]

VII. Änderungen an den Vergabeunterlagen

88   Auftraggeberseitige Änderungen an den Vergabeunterlagen während des Vergabeverfahrens sind grundsätzlich zulässig.[111] Ursache sind oftmals Fragen oder Hinweise der Bieter auf Unklarheiten oder Widersprüche in den Vergabeunterlagen. Die Änderungen müssen allen Bietern transparent gemacht und diskriminierungsfrei mitgeteilt werden.[112] Zudem müssen die Änderungen den Bietern so rechtzeitig mitgeteilt werden, dass sie die Bieter bei der Erstellung der Angebote berücksichtigen können; ggf. ist die Angebotsfrist zu verlängern.[113]

VIII. Auslegung von Vergabeunterlagen

89   Nicht nur die Leistungsbeschreibung, sondern auch die übrigen Vergabeunterlagen müssen eindeutig und unmissverständlich formuliert sein.[114] Die scharfe Sanktion des Ausschlus-

---
[106] Kapellmann/Messerschmidt/*von Rintelen* Rn. 1.
[107] Kapellmann/Messerschmidt/*von Rintelen* Rn. 1.
[108] Beck VOB/A/*Hertwig* § 10 Rn. 3.
[109] *Ohlerich* in Gabriel/Krohn/Neun VergabeR-HdB § 20 Rn. 64.
[110] *Ohlerich* in Gabriel/Krohn/Neun VergabeR-HdB § 20 Rn. 65.
[111] KMPP/*Verfürth* Rn. 14; *Ohlerich* in Gabriel/Krohn/Neun VergabeR-HdB § 20 Rn. 66.
[112] BGH Beschl. v. 26.9.2006 – X ZB 14/06, NVwZ 2007, 240; OLG Düsseldorf Beschl. v. 17.4.2008 – VII Verg 15/08, BeckRS 2008, 13107; *Ohlerich* in Gabriel/Krohn/Neun VergabeR-HdB § 20 Rn. 66.
[113] KMPP/*Verfürth* Rn. 14; *Ohlerich* in Gabriel/Krohn/Neun VergabeR-HdB § 20 Rn. 66.
[114] BGH Urt. v. 3.4.2012 – X ZR 130/10, NZBau 2012, 513; OLG München Beschl. v. 22.1.2016 – Verg 13/15, BeckRS 2016, 121692.

ses eines Angebots erfordert eindeutige und unmissverständliche Festlegungen in der Bekanntmachung und den Vergabeunterlagen.[115] Dies betrifft sowohl die Frage, welche Erklärungen, Unterlagen oder Nachweise ein Bieter abgeben muss, als auch die Frage, wann und auf wessen Initiative hin der Bieter diese vorzulegen hat.[116] Es ist also nicht nur eindeutig festzulegen welche Erklärungen, Unterlagen und Nachweise vorzulegen sind, sondern auch zu welchem Zeitpunkt (zB mit Angebotsabgabe)[117] und in welcher Form. Auch muss erkennbar sein, ob der Bieter diese von sich aus vorlegen muss oder eine Aufforderung zur Vorlage vorangehen wird. Fehlt es insoweit an einer eindeutigen Formulierung in den Vergabeunterlagen, darf das Angebot nicht ohne weiteres ausgeschlossen werden.[118]

Im Zweifel sind die Vergabeunterlagen auszulegen und zwar nach den für die Auslegung von Willenserklärungen geltenden Grundsätzen (§§ 133, 157 BGB).[119] Die Vergabeunterlagen sind zwar selbst keine Angebote iSd §§ 145 ff. BGB, bilden jedoch die von den Bietern einzureichenden Angebote gleichsam spiegelbildlich ab.[120] Bedürfen die Vergabeunterlagen der Auslegung, ist dafür der **objektive Empfängerhorizont** der potenziellen Bieter, also eines abstrakt bestimmten Adressatenkreises, maßgeblich.[121] Verbleiben bei der Auslegung Zweifel, muss eine Auslegung wegen der für den Bieter damit verbundenen Nachteile restriktiv erfolgen.[122] 90

§ 8a Allgemeine, Besondere und Zusätzliche Vertragsbedingungen

(1) ¹In den Vergabeunterlagen ist vorzuschreiben, dass die Allgemeinen Vertragsbedingungen für die Ausführung von Bauleistungen (VOB/B) und die Allgemeinen Technischen Vertragsbedingungen für Bauleistungen (VOB/C) Bestandteile des Vertrags werden. ²Das gilt auch für etwaige Zusätzliche Vertragsbedingungen und etwaige Zusätzliche Technische Vertragsbedingungen, soweit sie Bestandteile des Vertrags werden sollen.

(2)
1. ¹Die Allgemeinen Vertragsbedingungen bleiben grundsätzlich unverändert. ²Sie können von Auftraggebern, die ständig Bauleistungen vergeben, für die bei ihnen allgemein gegebenen Verhältnisse durch Zusätzliche Vertragsbedingungen ergänzt werden. ³Diese dürfen den Allgemeinen Vertragsbedingungen nicht widersprechen.
2. ¹Für die Erfordernisse des Einzelfalles sind die Allgemeinen Vertragsbedingungen und etwaige Zusätzliche Vertragsbedingungen durch Besondere Vertragsbedingungen zu ergänzen. ²In diesen sollen sich Abweichungen von den Allgemeinen Vertragsbedingungen auf die Fälle beschränken, in denen dort

---

[115] OLG München Beschl. v. 10.9.2009 – Verg 10/09, BeckRS 2009, 27004 = VergabeR 2010, 266 mit Verweis auf OLG München Beschl. v. 21.8.2008 – Verg 13/08, BeckRS 2008, 20532; BGH Urt. v. 10.6.2008 – X ZR 78/07, ZfBR 2008, 702 mwN. Jüngst OLG München Beschl. v. 22.1.2016 – Verg 13/15, BeckRS 2016, 121692.
[116] OLG München Beschl. v. 10.9.2009 – Verg 10/09, BeckRS 2009, 27004 = VergabeR 2010, 266.
[117] BGH Urt. v. 10.6.2008 – X ZR 78/07, ZfBR 2008, 702; BayObLG Beschl. v. 28.5.2003 – Verg 6/03, VergabeR 2003, 675 (Bauzeitenplan).
[118] BGH Urt. v. 3.4.2012 – X ZR 130/10, NZBau 2012, 513; OLG Brandenburg Beschl. v. 5.1.2006 – Verg W 12/05, BeckRS 2006, 5148.
[119] BGH Urt. v. 10.6.2008 – X ZR 78/07, ZfBR 2008, 702 mit Verweis auf BGH Urt. v. 11.11.1993 – VII ZR 47/93 = BGHZ 124, 64 = NJW 1994, 850; BGH Urt. v. 18.4.2002 – VII ZR 38/01, NZBau 2002, 500. S. auch OLG Düsseldorf Beschl. v. 20.10.2008 – VII Verg 41/08, NZBau 2009, 63; OLG München Beschl. v. 24.11.2008 – Verg 23/08, BeckRS 2008, 26321. Jüngst OLG München Beschl. v. 22.1.2016 – Verg 13/15, BeckRS 2016, 121692.
[120] BGH Urt. v. 10.6.2008 – X ZR 78/07, ZfBR 2008, 702.
[121] BGH Urt. v. 10.6.2008 – X ZR 78/07, ZfBR 2008, 702 mit Verweis auf BGH Urt. v. 22.4.1993 – VII ZR 118/92, BauR 1993, 595; BGH Urt. v. 11.11.1993 – VII ZR 47/93, BGHZ 124, 64 = NJW 1994, 850. So auch OLG Jena Beschl. v. 11.1.2007 – 9 Verg 9/06, ZfBR 2007, 380 (382); OLG München Beschl. v. 22.1.2016 – Verg 13/15, BeckRS 2016, 121692.
[122] OLG Jena Beschl. v. 11.1.2007 – 9 Verg 9/06, ZfBR 2007, 380 (382) mit Hinweis auf OLG Brandenburg Beschl. v. 5.1.2006 – Verg W 12/05, VergabeR 2006, 554 (558) = BeckRS 2006, 5148.

besondere Vereinbarungen ausdrücklich vorgesehen sind und auch nur soweit es die Eigenart der Leistung und ihre Ausführung erfordern.

(3) ¹Die Allgemeinen Technischen Vertragsbedingungen bleiben grundsätzlich unverändert. ²Sie können von Auftraggebern, die ständig Bauleistungen vergeben, für die bei ihnen allgemein gegebenen Verhältnisse durch Zusätzliche Technische Vertragsbedingungen ergänzt werden. Für die Erfordernisse des Einzelfalles sind Ergänzungen und Änderungen in der ³Leistungsbeschreibung festzulegen.

(4)
1. In den Zusätzlichen Vertragsbedingungen oder in den Besonderen Vertragsbedingungen sollen, soweit erforderlich, folgende Punkte geregelt werden:
   a) Unterlagen (§ 8b Absatz 3; § 3 Absatz 5 und 6 VOB/B),
   b) Benutzung von Lager- und Arbeitsplätzen, Zufahrtswegen, Anschlussgleisen, Wasser- und Energieanschlüssen (§ 4 Absatz 4 VOB/B),
   c) Weitervergabe an Nachunternehmen (§ 4 Absatz 8 VOB/B),
   d) Ausführungsfristen (§ 9; § 5 VOB/B),
   e) Haftung (§ 10 Absatz 2 VOB/B),
   f) Vertragsstrafen und Beschleunigungsvergütungen (§ 9a; § 11 VOB/B),
   g) Abnahme (§ 12 VOB/B),
   h) Vertragsart (§ 4), Abrechnung (§ 14 VOB/B),
   i) Stundenlohnarbeiten (§ 15 VOB/B),
   j) Zahlungen, Vorauszahlungen (§ 16 VOB/B),
   k) Sicherheitsleistung (§ 9c; § 17 VOB/B),
   l) Gerichtsstand (§ 18 Absatz 1 VOB/B),
   m) Lohn- und Gehaltsnebenkosten,
   n) Änderung der Vertragspreise (§ 9d).
2. ¹Im Einzelfall erforderliche besondere Vereinbarungen über die Mängelansprüche sowie deren Verjährung (§ 9b; § 13 Absatz 1, 4 und 7 VOB/B) und über die Verteilung der Gefahr bei Schäden, die durch Hochwasser, Sturmfluten, Grundwasser, Wind, Schnee, Eis und dergleichen entstehen können (§ 7 VOB/B), sind in den Besonderen Vertragsbedingungen zu treffen. ²Sind für bestimmte Bauleistungen gleichgelagerte Voraussetzungen im Sinne von § 9b gegeben, so dürfen die besonderen Vereinbarungen auch in Zusätzlichen Technischen Vertragsbedingungen vorgesehen werden.

Schrifttum: s. bei § 8.

Übersicht

	Rn		Rn.
I. Überblick	1–6	c) Zusätzliche Vertragsbedingungen (ZVB) (Abs. 4)	19
II. Kaufmännisch-juristische und technische Vertragsbedingungen	7–28	2. Technische Vertragsbedingungen	20–23
		a) Allgemeine Technische Vertragsbedingungen (Abs. 3)	20
1. Kaufmännisch-juristische Vertragsbedingungen	8–19	b) Zusätzliche Technische Vertragsbedingungen (ZTV)	21
a) Allgemeine Vertragsbedingungen (VOB/B) (Abs. 2)	9–14	c) „Besondere Technische Vertragsbedingungen"	22, 23
b) Besondere Vertragsbedingungen (BVB) (Abs. 4)	15–18	3. Rangfolgeregelungen	24–27
		4. VOB/A-konforme Auslegung	28

I. Überblick

1 Die Vertragsbedingungen bilden zusammen mit der Leistungsbeschreibung den Vertragsinhalt.¹ Vergaberechtlich bilden sie die Vertragsunterlagen und zusammen mit dem Anschreiben und den Teilnahmebedingungen die Vergabeunterlagen.

---

¹ *Ohlerich* in Gabriel/Krohn/Neun VergabeR-HdB § 20 Rn. 31.

In den Vergabeunterlagen ist gem. § 8a Abs. 1 vorzuschreiben, dass die Allgemeinen 2
Vertragsbedingungen für die Ausführung von Bauleistungen (VOB/B) und die Allgemeinen
Technischen Vertragsbedingungen für Bauleistungen (ATV-VOB/C) Bestandteile des Vertrages werden. Das gilt auch für Zusätzliche Vertragsbedingungen (ZVB) und Zusätzliche
Technische Vertragsbedingungen (ZTV), soweit sie Bestandteile des Vertrages werden sollen.
Öffentliche Auftraggeber müssen folglich zwingend die VOB/B und die VOB/C verwenden und in den Vertrag einbeziehen.

Die allgemeinen Vertragsbedingungen (VOB/B und VOB/C) müssen **grundsätzlich** 3
unverändert in den Vertrag aufgenommen werden. Dies wird in § 8a Abs. 2 Nr. 1 S. 1 für
die VOB/B und Abs. 3 S. 1 für die VOB/C ausdrücklich angeordnet. Öffentliche Auftraggeber, die an die VOB/A gebunden sind, dürfen daher nur auf der Grundlage der VOB/B
und VOB/C Bauverträge schließen.[2] Dadurch soll bei Bauverträgen die Ausgewogenheit
der VOB gesichert und eine Inhaltskontrolle nach § 307 Abs. 1 und 2 BGB vermieden
werden (§ 310 Abs. 1 S. 3 BGB).

Für die wirksame Einbeziehung ist erforderlich, dass in den Vergabeunterlagen eindeutig 4
geregelt ist, dass die VOB/B Vertragsbestandteil wird. Dafür ist es nicht erforderlich, dass
die VOB/B und VOB/C den Bietern ausgehändigt bzw. übersandt werden, vielmehr genügt
ein entsprechender Verweis in den Vertragsunterlagen.[3] Der für die Einbeziehung notwendige Hinweis auf die Geltung der VOB/B und VOB/C sollte im Angebotsformblatt des
Auftraggebers enthalten sein. Ausreichend ist auch ein Verweis in den Besonderen und/
oder zusätzlichen Vertragsbedingungen. Ein Hinweis im AzA (Aufforderung zur Angebotsabgabe) oder in den Bewerbungsbedingungen reicht indes nicht.[4] Das im Vergabehandbuch
des Bundes (2017) enthaltene Angebotsschreiben (Formblatt 213, Ziffer 5) sieht die ausdrückliche Erklärung des Bieters vor, dass das Angebot neben der VOB/B (mithin auch
die VOB/C) umfasst.

Für die **Einbeziehung der VOB/C** reicht ein Hinweis auf die VOB/B aus, da die 5
VOB/B ihrerseits in § 1 Nr. 1 VOB/B die VOB/C verweist und sie auf diese Weise in den
Bauvertrag einbezieht. Die VOB/A wird hingegen nicht Vertragsbestandteil.[5]

Ein **Verstoß gegen die Vorgaben des § 8a**, wonach die Zusätzlichen Vertragsbedin- 6
gungen der VOB/B nicht widersprechen und nur von Auftraggebern verwendet werden
dürfen, die ständig Bauleistungen vergeben, **bleibt ebenso ohne Sanktion,** wie ein Verstoß gegen die Regelung des Abs. 2, wonach sich Besondere Vertragsbedingungen auf
solche Fälle zu beschränken haben, in denen dort besondere Vereinbarungen ausdrücklich
vorgesehen sind und es die Eigenart der Leistung und ihre Ausführung erfordern.[6] Sofern
der AG hiergegen verstößt, kann sich derjenige Bieter, der den Zuschlag erhält, nicht mit
Erfolg darauf berufen, eine Regelung der Besonderen Vertragsbedingungen oder Zusätzlichen Vertragsbedingungen hätte überhaupt nicht verwendet werden dürfen.[7] Es bleibt –
nach Vertragsschluss – jedoch eine Prüfung anhand der allgemeinen zivilrechtlichen Regelungen, insbesondere der §§ 305 ff. BGB.

II. Kaufmännisch-juristische und technische Vertragsbedingungen

Ganz allgemein lassen sich die Vertragsbedingungen in kaufmännisch-juristische und 7
technische Vertragsbedingungen unterscheiden.

1. Kaufmännisch-juristische Vertragsbedingungen. Zu den kaufmännisch-juristi- 8
schen Vertragsbedingungen zählen die Besonderen und Zusätzlichen Vertragsbedingungen.

---

[2] Kapellmann/Messerschmidt/*von Rintelen* Rn. 4.
[3] Beck VergabeR/*Heinrich*, 6. Ed., Stand 31.12.2017, Rn. 12 mwN; Kapellmann/Messerschmidt/*von Rintelen* Rn. 5. So auch BGH Urt. v. 13.9.2001 – VII ZR 113/00, NZBau 2002, 28 (29) für die Zusätzlichen
Technischen Vertragsbedingungen und Richtlinien für Ausgrabungen in Verkehrsflächen – ZTVA-StB 89.
[4] Kapellmann/Messerschmidt/*von Rintelen* Rn. 6.
[5] Beck VOB/A/*Hertwig* § 10 Rn. 3.
[6] Beck VOB/A/*Hertwig* § 10 Rn. 4.
[7] Beck VOB/A/*Hertwig* § 10 Rn. 4.

Hinzu treten ggf. (nicht baubezogene) Allgemeine Geschäftsbedingungen, Zusätzliche Vertragsbedingungen für Arbeitsschutz und Zusätzliche Vertragsbedingungen für Umweltschutz.

9 **a) Allgemeine Vertragsbedingungen (VOB/B) (Abs. 2).** Nach § 8a Abs. 2 S. 1 bleiben die Allgemeinen Vertragsbedingungen iSd § 8a Abs. 1 (VOB/B und VOB/C) grundsätzlich unverändert. Sie können aber gem. § 8a Abs. 2 S. 2 von Auftraggebern, die ständig Bauleistungen vergeben, für die bei ihnen allgemein gegebenen Verhältnisse durch Zusätzliche Vertragsbedingungen ergänzt werden. Diese dürfen aber gem. § 8a Abs. 3 den Allgemeinen Vertragsbedingungen (gemeint ist die VOB/B) nicht widersprechen.

10 Die VOB/B wird, sofern sie unverändert zum Bestandteil des Vertrages gemacht wird, in ihrer Gesamtheit gemeinhin als ausgewogenes Regelwerk angesehen, das den beiderseitigen Interessen ausreichend Rechnung trägt. Daher soll die VOB/B unverändert zum Bestandteil des Vertrages gemacht werden.

11 Wird die VOB/B „als Ganzes", dh ohne jede Änderung in den Vertrag einbezogen, ist sie **einer Inhaltskontrolle nach den Vorschriften der §§ 305 ff. BGB entzogen.** Denn nach § 310 Abs. 1 S. 3 BGB finden § 307 Abs. 1 und 2 BGB sowie § 308 Nr. 1a und 1b BGB auf Verträge, in die die VOB/B (in der jeweils zum Zeitpunkt des Vertragsschlusses geltenden Fassung) ohne inhaltliche Abweichungen insgesamt einbezogen ist, in Bezug auf eine Inhaltskontrolle einzelner Bestimmungen keine Anwendung. Diese Regelung erlangt insbesondere vor dem Hintergrund des zum 1.1.2018 in Kraft getretenen gesetzlichen Bauvertragsrechts besondere Bedeutung.[8] Mit dem neuen gesetzlichen Bauvertragsrecht hat der Gesetzgeber erstmals Regelungen zum Bauvertrag in das BGB aufgenommen und damit ein gesetzliches Leitbild geschaffen. Eine AGB-Inhaltskontrolle der VOB/B hätte daher aller Voraussicht nach zur Folge, dass zentrale Vorschriften der VOB/B (zB die Anordnungsbefugnis gem. § 1 Abs. 3 und 4 VOB/B) unwirksam wären, da sie von dem – mit Einführung des gesetzlichen Bauvertragsrechts nunmehr gegebenen – gesetzlichen Leitbild abweichen (§ 307 Abs. 2 Nr. 1 BGB: „mit wesentlichen Grundgedanken der gesetzlichen Regelung, von der abgewichen wird, nicht zu vereinbaren [sind]"). Da die VOB/B einer AGB-Kontrolle unterworfen wird, sofern sie nicht als Ganzes (dh ohne eine einzige Abweichung) vereinbart wird, ist von jedweder Abweichung von der VOB/B (etwa durch AGB des Auftraggebers) abzuraten, sofern man den die Regelungen der VOB/B erhalten will.[9]

12 Auch im Rahmen der Besonderen Vertragsbedingungen sollen sich – nach Ansicht der Literatur – die Abweichungen auf die Regelungen der VOB/B beschränken, in denen die VOB/B sog. Öffnungsklauseln enthält,[10] also selbst Abweichungen von der VOB/B zulässt. Besondere Vertragsbedingungen sind hier von der VOB/B ausdrücklich vorgesehen.[11] § 8EU Abs. 6 enthält einen Katalog von Beispielen zu möglichen Regelungsinhalten, der nicht nur für Zusätzliche, sondern auch für Besondere Vertragsbedingungen gilt.[12]

13 Jedoch ist darauf hinzuweisen, dass auch dann, wenn der Auftraggeber von einer – von der VOB/B selbst vorgesehenen – Öffnungsklausel Gebrauch macht, eine Abweichung von der VOB/B vorliegt, diese mithin nicht mehr als Ganzes vereinbart und eine AGB-Inhaltskontrolle eröffnet ist.[13]

14 Nach einer in der Literatur vertretenen Ansicht stellen Ergänzungen und Konkretisierungen der VOB/B-Bestimmungen selbst dann, wenn sie nicht auf Öffnungsklauseln basieren, keine Widersprüche im eigentlichen Sinne und damit keine inhaltliche Abweichung dar, die zum Entfall der Privilegierung führt.[14] Dies gelte jedenfalls so lange, wie nach dem materiellen Regelungsgehalt ein sachlicher Bezug zu der jeweiligen VOB/B-Bestimmung gegeben sei

---

[8] *Ryll* NZBau 2018, 187.
[9] *Ryll* NZBau 2018, 187 (191).
[10] *Ohlerich* in Gabriel/Krohn/Neun VergabeR-HdB § 20 Rn. 40.
[11] *Ohlerich* in Gabriel/Krohn/Neun VergabeR-HdB § 20 Rn. 40.
[12] *Ohlerich* in Gabriel/Krohn/Neun VergabeR-HdB § 20 Rn. 40.
[13] Ganten/Jansen/Voit/*Sacher* VOB/B Einleitung Rn. 149.
[14] Beck VergabeR/*Motzke*, 2. Aufl. 2001, § 8 Rn. 191; *Ryll* NZBau 2018, 187 (191).

(zB Preisgleitklauseln,[15] die von § 9d/§ 9dEU gedeckt sind).[16] Die Aufnahme von Regelungen jenseits des VOB/B-Regelungsgefüges (zB Aufrechnungs- oder Abtretungsverbote) lasse die Privilegierung entfallen, da solche Regelungen nicht vom Ausgewogenheitspostulat getragen und zudem geeignet sind, eine Interessenstörung herbeizuführen.[17]

b) Besondere Vertragsbedingungen (BVB) (Abs. 4). Besondere Vertragsbedingungen sind Vertragsbedingungen für das konkrete Bauvorhaben des Auftraggebers gelten („Für die Erfordernisse des Einzelfalles [...]") und zu diesem Zwecke vom Auftraggeber erstellt werden. Besondere Vertragsbedingungen sollen den individuellen Umständen des Einzelfalls Rechnung tragen.[18] 15

„Für die Erfordernisse des Einzelfalles" sind die Allgemeinen und etwaige Zusätzliche Vertragsbedingungen durch Besondere Vertragsbedingungen zu ergänzen. Sinn und Zweck der Besonderen Vertragsbedingungen ist, die Allgemeinen Vertragsbedingungen und etwaige Zusätzliche Vertragsbedingungen für die Erfordernisse des Einzelfalls zu ergänzen. 16

Die Abweichungen von den Allgemeinen Vertragsbedingungen sollen sich auf die Fälle beschränken, in denen in der VOB/B besondere Vereinbarungen ausdrücklich vorgesehen sind (sog. Öffnungsklauseln) und auch nur soweit es die Eigenart der Leistung und ihre Ausführung erfordern. 17

„Erfordern" ist dabei richtigerweise nicht eng als „objektiv notwendig", sondern im Sinne einer sachlichen Gebotenheit zu verstehen.[19] Auf die Generalklausel ist jedoch nur dann abzustellen, wenn die §§ 9 ff./§§ 9EU ff. für einzelne Vertragsbedingungen keine speziellen und damit vorrangigen Bestimmungen enthalten.[20] Eine Veränderung der Gewährleistungsfrist wäre nur dann unschädlich, wenn die Voraussetzungen des § 9b/§ 9bEU erfüllt sind.[21] Die Verlängerung der Verjährungsfrist dürfte nach § 9b/§ 9bEU beispielsweise dann zulässig sein, wenn es sich um ein technisch neuartiges, komplexes Ingenieurbauwerk handelt.[22] Bei einfachen Zweckbauten wird demgegenüber regelmäßig eine Verkürzung der Verjährungsfrist zulässig sein.[23] 18

c) Zusätzliche Vertragsbedingungen (ZVB) (Abs. 4). Zusätzliche Vertragsbedingungen sind Vertragsbedingungen die für alle Bauvorhaben des Auftraggebers gleichermaßen gelten und zu diesem Zwecke vom Auftraggeber erstellt werden. Während also die Besonderen Vertragsbedingungen für den Einzelfall aufgestellt werden, sind Zusätzliche Vertragsbedingungen für eine Vielzahl von Bauvorhaben vorformuliert.[24] Der Sinn von Zusätzlichen Vertragsbedingungen besteht in der Ergänzung der Allgemeinen Vertragsbedingungen der VOB/B.[25] Der Auftraggeber kann Zusätzliche Vertragsbedingungen aufstellen und diese zum Vertragsbestandteil machen; eine Pflicht dazu besteht jedoch nicht.[26] 19

2. Technische Vertragsbedingungen. a) Allgemeine Technische Vertragsbedingungen (Abs. 3). Die Allgemeinen Technischen Vertragsbedingungen sollen ebenfalls grundsätzlich unverändert bleiben. 20

b) Zusätzliche Technische Vertragsbedingungen (ZTV). Zusätzliche Technische Vertragsbedingungen ergänzen die Allgemeinen Technischen Vertragsbedingungen und zwar lediglich im Hinblick auf die allgemeinen Verhältnisse. So können in den Zusätzlichen 21

---

[15] Beck VergabeR/*Motzke*, 2. Aufl. 2001, § 8 Rn. 190.
[16] *Ryll* NZBau 2018, 187 (191).
[17] *Ryll* NZBau 2018, 187 (191).
[18] *Ohlerich* in Gabriel/Krohn/Neun VergabeR-HdB § 20 Rn. 32.
[19] *Ryll* NZBau 2018, 187 (191); Kapellmann/Messerschmidt/*von Rintelen* Rn. 13.
[20] *Ryll* NZBau 2018, 187 (190).
[21] *Ryll* NZBau 2018, 187 (191).
[22] *Ryll* NZBau 2018, 187 (191).
[23] *Ryll* NZBau 2018, 187 (191).
[24] *Ohlerich* in Gabriel/Krohn/Neun VergabeR-HdB § 20 Rn. 32.
[25] *Althaus/Vogel* in Althaus/Heindl, Der öffentliche Bauvertrag, 2. Aufl. 2013, 3. Teil 1 – Die Vertragsunterlagen, Rn. 173.
[26] *Ohlerich* in Gabriel/Krohn/Neun VergabeR-HdB § 20 Rn. 37.

Technischen Vertragsbedingungen bspw. von den DIN-Normen abweichende Abrechnungsregelungen getroffen werden. Ob sich die Zusätzlichen Technischen Vertragsbedingungen ausnahmslos an den allgemein anerkannten Regeln der Technik orientieren müssen oder auch hinter diesen zurückbleiben können, ist bislang nicht höchstrichterlich entschieden. Unstreitig dürfte sein, dass der Auftraggeber in den Zusätzlichen Technischen Vertragsbedingungen über die allgemein anerkannten Regeln der Technik hinausgehende technische Anforderungen aufstellen bzw. verlangen kann.

22 c) „**Besondere Technische Vertragsbedingungen**". § 8a sieht keine „Besonderen Technischen Vertragsbedingungen" vor. Eine Unterscheidung in Besondere und Zusätzliche Vertragsbedingungen kennen die Technischen Vertragsbedingungen nicht. Besondere Technische Vertragsbedingungen gibt es dementsprechend nicht.

23 Einzelfallbezogene, dh für das konkrete Bauvorhaben erforderliche Ergänzungen oder Änderungen der ATV werden nicht (wie bei den kaufmännisch-juristischen Vertragsbedingungen) gesondert geregelt. Für die Erfordernisse des Einzelfalls sind Ergänzungen und Änderungen gem. § 8a Abs. 3 S. 3 in der Leistungsbeschreibung festzulegen. Auf Besonderheiten des Einzelfalles ist also in der Leistungsbeschreibung zu reagieren.[27] Es ist mithin die Leistungsbeschreibung selbst, die die „Besonderen Technischen Vertragsbedingungen" enthält.[28]

24 **3. Rangfolgeregelungen.** Die VOB/A legt keine Rang- bzw. Reihenfolge der Vertragsunterlagen fest. Auch § 1 Abs. 2 VOB/B legt keine entsprechende Rangfolge fest. Es empfiehlt sich daher, eine entsprechende (Geltungs-)Rangfolge innerhalb der Vertragsbestandteile und insbesondere innerhalb der Vertragsbedingungen festzulegen. Zwar heißt es in § 1 Abs. 2 VOB/B, dass bei Widersprüchen im Vertrag folgende Vertragsbestandteile nacheinander gelten:
– die Leistungsbeschreibung
– die Besonderen Vertragsbedingungen,
– etwaige Zusätzliche Vertragsbedingungen,
– etwaige Zusätzliche Technische Vertragsbedingungen,
– die Allgemeinen Technischen Vertragsbedingungen für Bauleistungen (VOB/C),
– die Allgemeinen Vertragsbedingungen für die Ausführung von Bauleistungen (VOB/B).

25 Jedoch handelt es sich insoweit nur um eine unverbindliche Orientierungshilfe.

26 Zum anderen nennt § 1 Abs. 2 VOB/B die Leistungsbeschreibung an erster Stelle. Dies ist zwar in der Sache zutreffend, jedoch besteht die Leistungsbeschreibung bekanntlich idR aus der Baubeschreibung, dem Leistungsverzeichnis und den Plänen, sodass eine Festlegung des Rangverhältnisses innerhalb der Leistungsbeschreibung fehlt. Der Auftraggeber muss also, will er den üblichen Streit bei Abweichungen und Widersprüchen zwischen Plan und Text vermeiden, ein Rangverhältnis der einzelnen Bestandteile der Leistungsbeschreibung untereinander festlegen.

27 Es empfiehlt sich eine Regelung derart, dass bei Widersprüchen, Unklarheiten oder Lücken die Vertragsbestandteile in der jeweils festgelegten Reihenfolge gelten; soweit es die technischen Regelungen betrifft im Zweifel der höherwertige technische Standard, mindestens jedoch die allgemein anerkannten Regeln der Technik.

28 **4. VOB/A-konforme Auslegung.** Der BGH hat bisher stets betont, dass Vergaberecht kein Vertragsrecht sei.[29] Gleichwohl wendet er die Grundsätze der VOB/A-konformen Auslegung[30] an, wonach ein Bieter bei Auslegungszweifeln in Bezug auf eine Leistungsbeschreibung davon ausgehen kann, dass der Auftraggeber den Anforderungen von § 7/§ /EU entsprechend

---

[27] Beck VOB/A/*Hertwig* § 10 Rn. 9.
[28] Beck VOB/A/*Hertwig* § 10 Rn. 4.
[29] BGH Urt. v. 1.6.2017 – VII ZR 49/16, NZBau 2017, 559 = NJW-RR 2017, 917 Rn. 16.
[30] Kapellmann/Messerschmidt/*Kapellmann* VOB/B § 2 Rn. 114 ff. mwN.

ausgeschrieben hat.³¹ Die Heranziehung der VOB/A (EU) als Auslegungsmaßstab ist daher im Grundsatz höchstrichterlich gebilligt.³²

§ 8b Kosten- und Vertrauensregelung, Schiedsverfahren

(1)
1. Bei Öffentlicher Ausschreibung kann eine Erstattung der Kosten für die Vervielfältigung der Leistungsbeschreibung und der anderen Unterlagen sowie für die Kosten der postalischen Versendung verlangt werden.
2. Bei Beschränkter Ausschreibung und Freihändiger Vergabe sind alle Unterlagen unentgeltlich abzugeben.

(2)
1. ¹Für die Bearbeitung des Angebots wird keine Entschädigung gewährt. ²Verlangt jedoch der Auftraggeber, dass der Bieter Entwürfe, Pläne, Zeichnungen, statische Berechnungen, Mengenberechnungen oder andere Unterlagen ausarbeitet, insbesondere in den Fällen des § 7c, so ist einheitlich für alle Bieter in der Ausschreibung eine angemessene Entschädigung festzusetzen. ³Diese Entschädigung steht jedem Bieter zu, der ein der Ausschreibung entsprechendes Angebot mit den geforderten Unterlagen rechtzeitig eingereicht hat.
2. Diese Grundsätze gelten für die Freihändige Vergabe entsprechend.

(3) ¹Der Auftraggeber darf Angebotsunterlagen und die in den Angeboten enthaltenen eigenen Vorschläge eines Bieters nur für die Prüfung und Wertung der Angebote (§§ 16c und 16d) verwenden. ²Eine darüberhinausgehende Verwendung bedarf der vorherigen schriftlichen Vereinbarung.

(4) Sollen Streitigkeiten aus dem Vertrag unter Ausschluss des ordentlichen Rechtswegs im schiedsrichterlichen Verfahren ausgetragen werden, so ist es in besonderer, nur das Schiedsverfahren betreffender Urkunde zu vereinbaren, soweit nicht § 1031 Absatz 2 der Zivilprozessordnung (ZPO) auch eine andere Form der Vereinbarung zulässt.

Schrifttum: s. bei § 8.

Übersicht

	Rn.		Rn.
I. Überblick	1	IV. Verwendung der Angebotsunterlagen durch den Auftraggeber (Abs. 3)	10
II. Erstattung der Kosten (Abs. 1)	2–5		
III. Entschädigung für die Ausarbeitung von Angebotsunterlagen (Abs. 2)	6–9	V. Schiedsverfahren (Abs. 4)	11

I. Überblick

§ 8d regelt die wechselseitige Kostenerstattungsansprüche der am Vergabeverfahren Beteiligten. Während der Auftraggeber bei einer Öffentlichen Ausschreibung von den Bietern die Erstattung der Kosten für die Ausschreibungsunterlagen fordern darf, sind die Unterlagen bei den anderen Verfahrensarten unentgeltlich abzugeben (Abs. 1). Umgekehrt wird für die Bearbeitung des Angebotes durch den Bieter grundsätzlich keine Entschädigung gewährt (Abs. 2). **1**

II. Erstattung der Kosten (Abs. 1)

Nach § 8b Abs. 1 Nr. 1 kann der Auftraggeber bei der Öffentliche Ausschreibung für die Vervielfältigung der Leistungsbeschreibung und der anderen Unterlagen sowie für die **2**

---
³¹ *Ryll* NZBau 2018, 187 (191).
³² *Ryll* NZBau 2018, 187 (191).

postalische Versendung eine Erstattung der Kosten verlangen. Aus der ausdrücklichen und ausschließlichen Nennung der Öffentlichen Ausschreibung folgt bereits im Umkehrschluss, dass der Auftraggeber eine Kostenerstattung bei allen anderen Verfahren nicht verlangen kann. Ausdrücklich klargestellt wird dies nochmals in § 8b Abs. 1 Nr. 2. Der Auftraggeber kann also „nur" bei der öffentlichen Ausschreibung eine Kostenerstattung verlangen.[1]

3   Hintergrund der Regelung ist der Gedanke einer Art „Schutzwirkung", weil sich der Auftraggeber bei der Öffentlichen Ausschreibung (mehr als bei den anderen Verfahrensarten) möglicherweise einer großen Zahl von Interessenten gegenübersieht, denen er Vergabeunterlagen überlassen muss, obwohl dem ggf. kein konkretes Auftragsinteresse gegenübersteht.[2]

4   Die Höhe der Erstattung darf die Kosten der Vervielfältigung der Leistungsbeschreibung und der anderen Unterlagen sowie der postalischen Versendung nicht überschreiten.[3] Der Auftraggeber soll also nur die tatsächlichen Kosten der Vervielfältigung und Versendung erhalten. In der Praxis üblich (und wohl auch zulässig) ist die Erhebung pauschaler Entgelte für die Vervielfältigung und Versendung der Unterlagen (wenngleich sich daraus freilich ein gewisser Widerspruch zu dem Grundsatz der Erstattung der tatsächlichen Kosten ergeben kann).

5   Insgesamt hat die Vorschrift aufgrund der Digitalisierung an Bedeutung verloren. Erst Recht gilt dies für die entsprechende Vorschrift des § 8bEU, da der Auftraggeber bei Vergaben oberhalb der EU-Schwellenwerte verpflichtet ist, die Unterlagen in digitaler Form zur Verfügung zu stellen (vgl. § 41 VgV).

III. Entschädigung für die Ausarbeitung von Angebotsunterlagen (Abs. 2)

6   Grundsätzlich wird den Bietern/Bewerbern keine Entschädigung für die Bearbeitung der Angebote gewährt. Nach der Grundkonzeption der VOB/A werden die Vergabeunterlagen vom Auftraggeber erstellt.[4] Die Tätigkeit des Bieters/Bewerbers ist im Wesentlichen darauf beschränkt die Ausarbeitung des Auftraggebers zu überprüfen,[5] das Angebot zu erstellen, die Preise zu kalkulieren (Preisermittlung),[6] die Unterlagen auszufüllen und notwendige Nachweise und Erklärungen beizubringen. Die Vorschrift gilt entsprechend für Nachtragsangebote.[7]

7   Etwas anderes gilt nach dem ausdrücklichen Wortlaut des § 8b Abs. 2 Nr. 1 S. 2, wenn der Auftraggeber vom Bieter die Ausarbeitung von Entwürfen, Plänen, Zeichnungen, statische Berechnungen, Mengenberechnungen oder andere Unterlagen verlangt, insbesondere in den Fällen des § 7c. Dann ist in der Ausschreibung für alle Bieter (einheitlich) eine angemessene Entschädigung festzusetzen, die jedem Bieter zusteht, der ein der Ausschreibung entsprechendes Angebot mit den geforderten Unterlagen rechtzeitig eingereicht hat.

8   Verlangt der Auftraggeber vom Bieter im Rahmen der Ausschreibung die Erstellung einer Musterfläche, so wird diese nur dann vergütet, wenn der Auftraggeber dies mit den Bietern gesondert vereinbart hat.[8] Ansonsten wird die Erstellung einer oder mehrerer Musterflächen nicht vergütet.[9] Wer sich in einem Wettbewerb um einen Auftrag für ein Bauvorhaben bemüht, muss nicht nur damit rechnen, dass er bei der Erteilung des Zuschlags unberücksichtigt bleibt, sondern auch damit, dass der Veranstalter des Wettbewerbs, der eine Entschädigung nicht ausdrücklich festgesetzt hat, dazu im Allgemeinen auch nicht bereit ist. Darauf muss er sich einstellen.[10] Der Bieter vermag in aller Regel auch hinreichend

---

[1] Kapellmann/Messerschmidt/*von Rintelen* Rn. 3.
[2] Ingenstau/Korbion/*von Wietersheim* Rn. 5; Kapellmann/Messerschmidt/*von Rintelen* Rn. 3.
[3] Ingenstau/Korbion/*von Wietersheim* Rn. 6.
[4] Ingenstau/Korbion/*von Wietersheim* Rn. 12.
[5] Ingenstau/Korbion/*von Wietersheim* Rn. 12.
[6] Ingenstau/Korbion/*von Wietersheim* Rn. 12.
[7] Heiermann/Riedl/Rusam/*Heiermann* § 8 Rn. 66; Ingenstau/Korbion/*von Wietersheim* Rn. 12.
[8] OLG Düsseldorf Urt. v. 30.1.2003 – I-5 U 13/02, NZBau 2003, 459.
[9] OLG Düsseldorf Urt. v. 30.1.2003 – I-5 U 13/02, NZBau 2003, 459.
[10] OLG Düsseldorf Urt. v. 30.1.2003 – I-5 U 13/02, NZBau 2003, 459 (460); BGH Urt. v. 12.7.1979 – VII ZR 154/78, NJW 1979, 2202 = BauR 1979, 509 (511).

sicher zu beurteilen, ob der zur Abgabe seines Angebots bzw. zur Erlangung des Zuschlags erforderliche Aufwand das Risiko seiner Beteiligung an dem Wettbewerb und zusätzlicher Kosten lohnt.[11] Glaubt er, diesen Aufwand nicht wagen zu können, ist aber gleichwohl an dem Auftrag interessiert, so muss er entweder versuchen, mit dem Veranstalter des Wettbewerbs eine Einigung über die Kosten des Angebots herbeizuführen oder aber von dem Angebot bzw. den zusätzlich geforderten Musterarbeiten absehen und dies den Konkurrenten überlassen, die zur Übernahme dieses Risikos bereit geblieben sind.[12]

§ 8b Abs. 2 Nr. 1 regelt die Entschädigung einzelner Bieter für die Bearbeitung des Angebots sowie für die Ausarbeitung verschiedener Unterlagen. Der Bieter kann gleich aus mehreren Gründen keinen Anspruch auf Vergütung der von ihm erstellten Musterflächen aus dieser Vorschrift herleiten:

– Zum einen bezieht sich die Regelung nur auf die Ausarbeitung von Unterlagen und erfasst daher nicht die Herstellung der Musterflächen.[13] Zwar ist die Aufzählung in § 8b Abs. 2 Nr. 1 nicht abschließend, sondern nur beispielhaft.[14] Es muss sich jedoch immer um andere „Unterlagen" handeln; auf andere „Leistungen" im Allgemeinen ist die genannte Vorschrift nicht anwendbar.[15] Denn § 8b Abs. 2 Nr. 1 bezweckt eine Entschädigung des Bieters für den Fall, dass der Bauherr das Bauvorhaben vor Einholen von Angeboten nicht vollständig hat planen lassen, sondern Planungsleistungen von den Bietern im Rahmen ihrer Angebote verlangt.[16] Mithin geht § 8b Abs. 2 Nr. 1 von der Vorstellung aus, dass es üblicherweise Sache des Auftraggebers ist, diese Unterlagen auszuarbeiten und sie zusammen mit der danach aufgestellten Leistungsbeschreibung (Leistungsverzeichnis) in dem erforderlichen Umfang als Vertragsunterlagen den Bietern und Bewerbern zur Verfügung zu stellen.[17] Die vorstehende Auslegung wird bestätigt durch die Verweisung des § 8b Abs. 2 Nr. 1 auf § 7c, also die Leistungsbeschreibungen mit Leistungsprogramm, bei der es dem Unternehmer zunächst überlassen bleibt, die Grundlagen für eine Angebotsabgabe zu schaffen.[18]

– Darüber hinaus scheitert ein Anspruch aus § 8b Abs. 2 Nr. 1, wenn der Auftraggeber keine Entschädigung in der Ausschreibung festgesetzt hat, da die Festsetzung einer solchen Entschädigung durch den Ausschreibenden aber Anspruchsvoraussetzung ist.[19]

– Schadensersatzansprüche des Bieters kommen (nach den Grundsätze der culpa in contrahendo, § 280 Abs. 1 BGB, § 311 Abs. 2 BGB, § 241 Abs. 2 BGB)[20] zwar in Betracht, wenn der Ausschreibende entgegen seiner Verpflichtung aus § 8b Abs. 2 Nr. 1 eine angemessene Entschädigung in der Ausschreibung nicht festgesetzt hat, jedoch ist es nicht pflichtwidrig für die Erstellung der Musterflächen keine Entschädigung festzusetzen, weil die Erstellung der Musterflächen nicht unter den Anwendungsbereich dieser Vorschrift fällt.[21]

IV. Verwendung der Angebotsunterlagen durch den Auftraggeber (Abs. 3)

Der öffentliche Auftraggeber darf die Angebotsunterlagen und die in den Angeboten enthaltenen eigenen Vorschläge eines Bieters nur für die Prüfung und Wertung der Angebote verwenden. Eine darüber hinausgehende Verwendung bedarf der vorherigen schriftlichen Vereinbarung.

---

[11] OLG Düsseldorf Urt. v. 30.1.2003 – I-5 U 13/02, NZBau 2003, 459 (460).
[12] OLG Düsseldorf Urt. v. 30.1.2003 – I-5 U 13/02, NZBau 2003, 459 (460); BGH Urt. v. 12.7.1979 – VII ZR 154/78, NJW 1979, 2202 = BauR 1979, 509 (511).
[13] OLG Düsseldorf Urt. v. 30.1.2003 – I-5 U 13/02, NZBau 2003, 459 (460).
[14] Beck VOB/A/*Jasper* § 20 Rn. 24; Ingenstau/Korbion/*von Wietersheim* Rn. 17.
[15] OLG Düsseldorf Urt. v. 30.1.2003 – I-5 U 13/02, NZBau 2003, 459 (460).
[16] *Vygen* FS Korbion, 1986, 439.
[17] OLG Düsseldorf Urt. v. 30.1.2003 – I-5 U 13/02, NZBau 2003, 459 (460).
[18] OLG Düsseldorf Urt. v. 30.1.2003 – I-5 U 13/02, NZBau 2003, 459 (460).
[19] *Vygen* FS Korbion, 1986, 443; Beck VOB/A/*Jasper* § 20 Rn. 24.
[20] *Vygen* FS Korbion, 1986, 443; Beck VOB/A/*Jasper* § 20 Rn. 24.
[21] OLG Düsseldorf Urt. v. 30.1.2003 – I-5 U 13/02, NZBau 2003, 459 (460).

V. Schiedsverfahren (Abs. 4)

11 Sofern Streitigkeiten aus dem Vertrag unter Ausschluss des ordentlichen Rechtswegs im schiedsrichterlichen Verfahren ausgetragen werden sollen, ist dies in einer gesonderten („besonderen"), nur das Schiedsverfahren betreffenden, Urkunde zu vereinbaren (soweit nicht § 1031 Abs. 2 ZPO auch eine andere Form der Vereinbarung zulässt). Hintergrund dieser Regelung ist die in § 1031 ZPO enthaltene Formvorgabe für Schiedsvereinbarungen.

§ 9 Einzelne Vertragsbedingungen, Ausführungsfristen

(1)
1. ¹Die Ausführungsfristen sind ausreichend zu bemessen; Jahreszeit, Arbeitsbedingungen und etwaige besondere Schwierigkeiten sind zu berücksichtigen. ²Für die Bauvorbereitung ist dem Auftragnehmer genügend Zeit zu gewähren.
2. Außergewöhnlich kurze Fristen sind nur bei besonderer Dringlichkeit vorzusehen.
3. Soll vereinbart werden, dass mit der Ausführung erst nach Aufforderung zu beginnen ist (§ 5 Absatz 2 VOB/B), so muss die Frist, innerhalb derer die Aufforderung ausgesprochen werden kann, unter billiger Berücksichtigung der für die Ausführung maßgebenden Verhältnisse zumutbar sein; sie ist in den Vergabeunterlagen festzulegen.

(2)
1. Wenn es ein erhebliches Interesse des Auftraggebers erfordert, sind Einzelfristen für in sich abgeschlossene Teile der Leistung zu bestimmen.
2. Wird ein Bauzeitenplan aufgestellt, damit die Leistungen aller Unternehmen sicher ineinandergreifen, so sollen nur die für den Fortgang der Gesamtarbeit besonders wichtigen Einzelfristen als vertraglich verbindliche Fristen (Vertragsfristen) bezeichnet werden.

(3) Ist für die Einhaltung von Ausführungsfristen die Übergabe von Zeichnungen oder anderen Unterlagen wichtig, so soll hierfür ebenfalls eine Frist festgelegt werden.

(4) ¹Der Auftraggeber darf in den Vertragsunterlagen eine Pauschalierung des Verzugsschadens (§ 5 Absatz 4 VOB/B) vorsehen; sie soll 5 Prozent der Auftragssumme nicht überschreiten. ²Der Nachweis eines geringeren Schadens ist zuzulassen.

Schrifttum: s. bei § 8.

Übersicht

	Rn.		Rn.
I. Überblick	1–4	V. Auskunft über den voraussichtlichen Beginn (Abs. 1 Nr. 3)	25, 26
II. Regelungsgehalt	5	VI. Einzelfristen (Abs. 2 Nr. 1)	27, 28
III. Ausführungsfristen (Abs. 1 Nr. 1)	6–22	VII. Bauzeitenplan (Abs. 2 Nr. 2)	29, 30
1. Begriff der Ausführungsfristen	7–16	VIII. Planlieferfristen (Abs. 3)	31
a) Vertragsfristen	10, 11	IX. Pauschalierter Schadensersatz (Abs. 4)	32, 33
b) Nicht-Vertragsfristen	12, 13		
c) Festlegung der Ausführungsfristen	14–16		
2. Ausreichende Bemessung	17–22		
IV. Besondere Dringlichkeit (Abs. 1 Nr. 2)	23, 24	X. Rechtsfolgen bei Verstößen gegen § 9	34, 35

I. Überblick

1 Im Folgenden werden – jedenfalls im Wesentlichen – nur die vergaberechtlichen Besonderheiten dargestellt. Im Übrigen, dh in Bezug auf die vertragsrechtliche Seite, wird auf die einschlägigen Kommentierungen zur VOB/B und dort zu § 5 VOB/B verwiesen.

Die Vorschriften der §§ 9, 9a–9d enthalten vergaberechtliche Vorgaben für einzelne Vertragsbedingungen. Dabei trägt § 9 zwar die Überschrift „Einzelne Vertragsbedingungen, Ausführungsfristen", regelt jedoch selbst nur den Punkt Ausführungsfristen. Die übrigen Regelungen zu Vertragsstrafen, Beschleunigungsvergütung, Verjährung der Mängelansprüche und Sicherheitsleistungen sind in den §§ 9a–9d geregelt. 2

Im Zuge der Vergaberechtsreform (VOB/A 2016) wurde die **Struktur des § 9** grundsätzlich verändert. Inhaltlich blieben die Regelungen jedoch unverändert. Im Einzelnen ergaben sich folgende Änderungen: 3
– Aus § 9 Abs. 5 wurde § 9a,
– aus § 9 Abs. 6 wurde § 9b,
– aus § 9 Abs. 7 wurde § 9c Abs. 1,
– aus § 9 Abs. 8 wurde § 9c Abs. 2,
– aus § 9 Abs. 9 wurde § 9d.

Bei den in den §§ 9, 9a–9d enthaltenen Vorgaben handelt es sich um Sollvorschriften, die nur im Regelfall einzuhalten sind.[1] In begründeten Ausnahmefällen kann von den Vorgaben abgewichen werden.[2] Auch die ausfüllungsbedürftigen Begriffe wie „ausreichend", „angemessen" und „erhebliche Nachteile" stellen keine zwingenden Vorgaben dar; Abweichungen erfordern lediglich eine Beurteilung im Einzelfall.[3] 4

II. Regelungsgehalt

§ 9 knüpft an die Vorschriften des § 8 Abs. 2 Nr. 1 und § 8a Abs. 4 Nr. 1 lit. d an. Nach § 8 Abs. 2 Nr. 1 muss das Anschreiben alle Angaben nach § 12 Abs. 1 Nr. 2 enthalten. § 12 Abs. 1 Nr. 2 lit. i wiederum verlangt Angaben zum „Zeitpunkt, bis zu dem die Bauleistungen beendet werden sollen oder [zur] Dauer des Bauleistungsauftrags; sofern möglich [zum] Zeitpunkt, zu dem die Bauleistungen begonnen werden sollen". Nach § 8a Abs. 4 Nr. 1d sollen in den Besonderen oder Zusätzlichen Vertragsbedingungen, soweit erforderlich, die „Ausführungsfristen" geregelt werden, wobei auf § 9 und § 5 VOB/B verwiesen wird. 5

III. Ausführungsfristen (Abs. 1 Nr. 1)

Ausführungsfrist ist der Zeitraum in dem Auftragnehmer die ihm übertragenen Leistungen realisieren soll. Die Ausführungsfristen sind für Auftraggeber und Auftragnehmer gleichermaßen von Bedeutung und nicht nur für die Frage, wann der Auftraggeber die beauftragte Leistung erhält bzw. bis wann der Auftragnehmer die geschuldete Leistung erbringen muss, sondern insbesondere in Bezug auf die Kalkulation des Auftragnehmers (zB Einsatz von Personal und Gerät).[4] Für den Auftraggeber sind sie nicht minder von Bedeutung, etwa im Hinblick auf die Finanzierung oder Nutzungsmöglichkeit. Während das BGB keinerlei Vorschriften zu Ausführungsfristen enthält, finden sich in der VOB mit § 9 und § 5 VOB/B gleich zwei, in Bezug zu einander stehende, Regelungen (nimmt man § 6 VOB/B hinzu, wären es sogar drei). Gäbe es diese vertraglichen Regelungen nicht, bliebe es im Grundsatz bei der gesetzlichen Regelung des § 271 BGB.[5] Danach könnte der Auftraggeber die Leistung sofort verlangen, der Auftragnehmer könnte und müsste sie sofort bewirken. 6

1. Begriff der Ausführungsfristen. Der Begriff der Ausführungsfrist ist mehrdeutig. Einerseits ist darunter der (Gesamt-)Zeitraum zu verstehen, in dem die Bauarbeiten auszuführen sind (Fertigstellungsfrist). Insoweit umfasst der Begriff den Baubeginn, die Bauausführung sowie das Bauende und ist mit dem Begriff der Bauzeit gleichzusetzen. Andererseits erfasst der Begriff aber auch sämtliche Einzelfristen im Rahmen der Bauausführung. 7

---

[1] *Ohlerich* in Gabriel/Krohn/Neun VergabeR-HdB § 20 Rn. 42.
[2] *Ohlerich* in Gabriel/Krohn/Neun VergabeR-HdB § 20 Rn. 42.
[3] *Ohlerich* in Gabriel/Krohn/Neun VergabeR-HdB § 20 Rn. 42.
[4] Zur Bedeutung der Bauzeit im Rahmen der Vertragsgestaltung s. *Langen* NZBau 2009, 145.
[5] Ziekow/Völlink/*Hänsel* § 9EU Rn. 1.

8   Während unter „Frist" ein Zeitraum zu verstehen ist, bezeichnet der Begriff „Termin" nach allgemeinem Sprachgebrauch einen Zeitpunkt.[6] Wenngleich § 9 Abs. 1 Nr. 1 S. 1 ausdrücklich von „Ausführungsfristen" spricht, erfasst die Regelung auch Ausführungstermine.[7]

9   Die VOB/B enthält in § 5 VOB/B eine entsprechende Vorschrift. Innerhalb der Ausführungsfristen iSd § 5 VOB/B ist zwischen Vertragsfristen und Nicht-Vertragsfristen zu unterscheiden. Für die in der Literatur vertretene Ansicht, unter Ausführungsfristen iSd § 9 und § 5 VOB/B seien nur Vertragsfristen, nicht hingegen unverbindliche Nicht-Vertragsfristen zu verstehen,[8] finden sich in der VOB keine Anhaltspunkte. Vielmehr handelt es sich bei Ausführungsfristen um den Oberbegriff von Vertragsfristen und Nicht-Vertragsfristen.

10   **a) Vertragsfristen.** § 9 unterscheidet zwischen Vertragsfristen und Nicht-Vertragsfristen. Nach dem Wortlaut des § 9 Abs. 2 Nr. 2 und der herrschenden Meinung sind nur Vertragsfristen „vertraglich verbindlich". Demgegenüber handelt es sich bei den Nichtvertragsfristen um nicht verbindliche Einzelfristen. Insoweit handelt es sich lediglich um unverbindliche Kontrollfristen.

11   Während es sich bei Vertragsfristen um verbindliche Fristen handelt, deren Nichteinhaltung eine Pflichtverletzung des Auftragnehmers darstellt, sind Nicht-Vertragsfristen unverbindliche Fristen, deren Überschreitung zunächst ohne weitere Folgen bleibt. Zwar stellt die Überschreitung einer Vertragsfrist eine Pflichtverletzung gem. § 280 Abs. 1 BGB dar, jedoch führt diese gem. § 280 Abs. 1, 2 BGB erst unter den weiteren Voraussetzungen des § 286 BGB zu einem Schadensersatzanspruch.

12   **b) Nicht-Vertragsfristen.** All jene Fristen, die nicht explizit als Vertragsfristen gekennzeichnet bzw. als solche bezeichnet sind, sind Nicht-Vertragsfristen und im Grundsatz zunächst einmal unverbindlich. Dies bedeutet, dass Verstöße gegen nicht als verbindlich gekennzeichnete Einzelfristen im Allgemeinen keine Verzugsrechte des Auftraggebers auslösen.[9] Nach § 5 Abs. 1 S. 2 handelt es sich beispielsweise bei den in einem Bauzeitenplan enthaltenen Einzelfristen um unverbindliche Nicht-Vertragsfristen (soweit vertraglich nichts anderes vereinbart ist). Sie erhalten eine Verbindlichkeit nur, sofern dies ausdrücklich vertraglich vereinbart wird.

13   Allerdings kann ein nachhaltiger Verstoß des Auftragnehmers gegen unverbindliche, aber für den Fortgang des Bauvorhabens bedeutsame Einzelfristen ein Abhilfeverlangen des Auftraggebers nach § 5 Abs. 3 VOB/B rechtfertigen[10] und auf diesem Wege „Verbindlichkeit" erlangen. Um bei Überschreitung einer Nicht-Vertragsfrist zu „Sanktionen" zu kommen, muss der Auftraggeber die Leistungen des Auftragnehmers zunächst „fällig" stellen.[11] Wenn Arbeitskräfte, Geräte, Gerüste, Stoffe oder Bauteile so unzureichend sind, dass die Ausführungsfristen offenbar nicht eingehalten werden können, muss der Auftragnehmer auf Verlangen unverzüglich Abhilfe schaffen (§ 5 Abs. 3 VOB/B). Beachtet der Auftragnehmer diese berechtigte Abhilfeaufforderung nicht, so ist die Bauleistung nach Ablauf der zur Abhilfe gesetzten Frist fällig, sodass der Auftraggeber den Auftragnehmer nun – wie bei einer Vertragsfrist – „in Verzug setzen" kann.[12] Die unverbindlichen Nicht-Vertragsfristen erlangen also erst (und nur) über die Abhilfeaufforderung gem. § 5 Abs. 3 VOB/B „Verbindlichkeit".

14   **c) Festlegung der Ausführungsfristen.** Ausführungsfristen sind konkret zu bestimmen. Dies liegt nicht nur aus Gründen der Klarheit im beiderseitigen Interesse der Vertrags-

---

[6] Palandt/*Ellenberger* BGB § 186 Rn. 4.
[7] Kapellmann/Messerschmidt/*Schneider* Rn. 15.
[8] Kapellmann/Messerschmidt/*Schneider* Rn. 15.
[9] *Mai* in: Kleine-Möller/Merl/Glöckner, Handbuch des privaten Baurechts, 5. Aufl. 2014, § 16 Rn. 127.
[10] *Mai* in: Kleine-Möller/Merl/Glöckner, Handbuch des privaten Baurechts, 5. Aufl. 2014, § 16 Rn. 127.
[11] *Kapellmann/Langen*, Einführung in die VOB/B, 26. Aufl. 2017, Rn. 80.
[12] *Kapellmann/Langen*, Einführung in die VOB/B, 26. Aufl. 2017, Rn. 82.

parteien, sondern folgt auch aus der vergaberechtlichen Pflicht zur eindeutigen und erschöpfenden Beschreibung der Leistung.

Aus § 9 Abs. 1 Nr. 1 S. 1 ergibt sich nicht, auf welche Weise die Ausführungsfristen zu benennen sind.[13] Der Auftraggeber ist deshalb frei darin, wie er die Ausführungsfristen bestimmt. Das Vergabehandbuch des Bundes (2017) verweist in Ziffer 1.2 der Richtlinie zum Formblatt 214 darauf, dass Ausführungsfristen 15
– durch Angabe eines Anfangs- bzw. Endzeitpunktes (Datum) oder
– nach Zeiteinheiten (Werktage, Wochen)
zu bemessen sind. Werktage sind alle Tage außer Sonn- und Feiertage.

Die Fristbestimmung durch Datumsangabe soll nach Ziffer 1.2 der Richtlinie zum Formblatt 214 nur dann gewählt werden, wenn der Auftraggeber den Beginn der Ausführung verbindlich festlegen kann und ein bestimmter Endtermin eingehalten werden muss. Auch bei Fristbestimmung nach Zeiteinheiten ist der Beginn der Ausführung möglichst genau zu nennen. 16

2. Ausreichende Bemessung. Nach § 9 Abs. 1 Nr. 1 S. 1 sind Ausführungsfristen ausreichend zu bemessen. Nach dem Wortlaut der Vorschrift („sind") handelt es sich insoweit (vermeintlich) um eine Muss-Vorschrift. Allerdings lässt die Vorschrift einen weitreichenden Ermessensspielraum zu („ausreichend"). 17

Bei der Bemessung der Ausführungsfristen sind: 18
– Jahreszeit,
– Arbeitsbedingungen und
– etwaige besondere Schwierigkeiten
zu berücksichtigen. Es handelt sich insoweit nur um eine exemplarische[14] Aufzählung.

Das Vergabehandbuch des Bundes (2017) nennt unter Ziffer 1.2 der Richtlinie zum Formblatt 214 folgende weitere Faktoren, die im Rahmen der Bemessung der Ausführungsfristen zu berücksichtigen sind: 19
– zeitliche Abhängigkeiten von vorausgehenden und nachfolgenden Leistungen,
– Zeitpunkt der Verfügbarkeit von Ausführungsunterlagen,
– Anzahl arbeitsfreier Tage (Samstage, Sonn- und Feiertage),
– wahrscheinliche Ausfalltage durch Witterungseinflüsse.
Für die Bauvorbereitung ist dem Auftragnehmer nach § 9 Abs. 1 Nr. 1 S. 2 genügend Zeit zu gewähren. 20

Ausreichend bemessen ist eine Ausführungsfrist dann, wenn dem Auftragnehmer genügend Zeit für die Bauvorbereitung zur Verfügung steht und er danach die Leistung ohne besonderen Aufwand zügig ausführen kann.[15] Nach anderer Ansicht ist die **Bauvorbereitungsfrist** nicht Teil der Ausführungsfrist, sondern dieser vorgelagert.[16] Die Bauvorbereitungszeit ist der Zeitraum, den der Auftragnehmer für seine innerbetrieblichen Dispositionen und Arbeitsvorbereitungen benötigt, um den Baubeginn fristgerecht vornehmen zu können, wobei die Grenze zwischen den Leistungen des Auftragnehmers, die noch der Bauvorbereitung iSv § 9 Abs. 1 Nr. 1 S. 2 zuzurechnen sind und dem eigentlichen Baubeginn iSv § 5 Abs. 2 VOB/B oftmals schwierig ist.[17] 21

Was noch Teil der Vorbereitung ist und was schon zur Bauausführung gehört, lässt sich nicht generell bestimmen, sondern ist anhand des Einzelfalls zu beantworten. Dazu gehört die betriebliche Disposition der Mitarbeiter, die Bestellung des Materials, die Bereitstellung des Gerätes und ähnliches, was an Organisations- und Leitungsaufgaben für die Arbeitsaufnahme notwendig und der Sphäre des Auftragnehmers zuzuordnen ist.[18] Die dem Auftrag- 22

---
[13] Beck VergabeR/*Heinrich*, 6. Ed., Stand 31.12.2017, § 9EU Rn. 7.
[14] Beck VergabeR/*Heinrich*, 6. Ed., Stand 31.12.2017, § 9EU Rn. 5.
[15] *Kuß*, Vergabe- und Vertragsordnung der Bauleistungen (VOB) Teile A und B, 4. Aufl. 2003, § 11 Rn. 7.
[16] Beck VOB/A/*Motzke* § 11 Rn. 61.
[17] Kapellmann/Messerschmidt/*Schneider* Rn. 30.
[18] Beck VOB/A/*Motzke* § 11 Rn. 61.

nehmer obliegenden Werkstatt-, Montage- und Konstruktionszeichnungen sind als Internum zu behandeln und dienen der Bauvorbereitung.[19]

IV. Besondere Dringlichkeit (Abs. 1 Nr. 2)

23 Außergewöhnlich kurze Fristen sind nur bei besonderer Dringlichkeit vorzusehen. Nach dem ausdrücklichen Wortlaut handelt es sich um eine Soll-Vorschrift. Die hat zur Folge, dass der öffentliche Auftraggeber die Bestimmungen im Regelfall einzuhalten hat und nur in begründeten Ausnahmefällen hiervon abweichen darf.[20] Weicht der öffentliche Auftraggeber von den Vorgaben des § 9 Abs. 1 Nr. 2 ab, so ist dies im Vergabevermerk darzulegen, ausführlich zu begründen und zu dokumentieren.[21] Außergewöhnlich kurz sind Ausführungsfristen, wenn sie vom Auftragnehmer nur mit über den üblichen Umfang hinausgehenden Maßnahmen eingehalten werden können.[22]

24 Die besondere Dringlichkeit kann sich aus der Unaufschiebbarkeit der anstehenden Arbeiten ergeben (zB Reparatur eines Wasserrohrbruchs, einer defekten Heizungsanlage im Winter, einer undichten Gasleitung usw) oder daraus, die Beeinträchtigung der Allgemeinheit so gering wie möglichen zu halten (zB bei verkehrsbehindernden Arbeiten an Autobahnen oder Bahnstrecken während der Schulferien).[23]

V. Auskunft über den voraussichtlichen Beginn (Abs. 1 Nr. 3)

25 § 9 Abs. 1 Nr. 3 korrespondiert mit § 5 Abs. 2 VOB/B. Nach § 5 Abs. 2 Sa. 1 VOB/B hat der Auftraggeber – wenn keine Frist für den Beginn der Ausführung vereinbart ist – dem Auftragnehmer auf Verlangen Auskunft über den voraussichtlichen Beginn zu erteilen. Nach § 5 Abs. 2 S. 2 VOB/B hat der Auftragnehmer innerhalb von 12 Werktagen nach Aufforderung mit der Ausführung der Bauleistung zu beginnen. § 9 Ab. 1 Nr. 3 bestimmt, dass die Frist innerhalb der die Aufforderung ausgesprochen werden kann (unter billiger Berücksichtigung der für die Ausführung maßgebenden Verhältnisse) zumutbar sein muss und in den Vergabeunterlagen festzulegen ist.

26 Soweit es in § 9 Abs. 1 Nr. 3 heißt „Soll vereinbart werden, dass mit der Ausführung erst nach Aufforderung zu beginnen ist [...].", ist der Wortlaut missverständlich. Denn die VOB/B, mithin § 5 Abs. 2 VOB/B, gilt – da die VOB stets unverändert zugrunde zu legen ist – ohnehin, dh ohne gesonderte Vereinbarung. Der Ausführungsbeginn durch Abruf ist daher stets vereinbart, sodass die Formulierung „Soll vereinbart werden [...]" keinen Sinn macht. Im Gegenteil ist eine Vereinbarung gerade dann erforderlich, wenn der Ausführungsbeginn nicht durch Abruf gem. § 5 Abs. 2 VOB/B erfolgen soll.

VI. Einzelfristen (Abs. 2 Nr. 1)

27 Nach § 9 Ab. 2 Nr. 1 sind Einzelfristen für in sich abgeschlossene Teile der Leistung zu bestimmen, sofern es ein erhebliches Interesse des Auftraggebers erfordert. Die in § 9 Abs. 2 Nr. 1 gewählte Begrifflichkeit der „in sich abgeschlossenen" Teilleistung entspricht der des § 12 Abs. 2 VOB/B zur Teilabnahme[24] bzw. der des § 8 VOB/B zur Teilkündigung, sodass auch die dazu ergangene Rechtsprechung verwiesen werden kann.

28 Gemeinhin wird zur Zurückhaltung geraten, wenn es darum geht Einzelfristen als Vertragsfristen zu vereinbaren. So vertritt bspw. *Motzke*,[25] dass aus baubetrieblicher Sicht davon Abstand genommen werden sollte, die für die Gesamtleistung geltenden Ausführungsfristen

---

[19] Beck VOB/A/*Motzke* § 11 Rn. 64.
[20] Kapellmann/Messerschmidt/*Schneider* Rn. 7.
[21] Beck VergabeR/*Heinrich*, 6. Ed., Stand 31.12.2017, § 9EU Rn. 10; Kapellmann/Messerschmidt/*Schneider* Rn. 7.
[22] *Kuß*, Vergabe- und Vertragsordnung für Bauleistungen (VOB) Teil A und B, 4. Aufl. 2003, § 11 Rn. 14.
[23] Kapellmann/Messerschmidt/*Schneider* Rn. 33.
[24] Kapellmann/Messerschmidt/*Schneider* Rn. 38.
[25] Beck VOB/A/*Motzke* § 11 Rn. 42; *Schiffers* in Kapellmann/Vygen, Jahrbuch Baurecht 1998, 275 (285).

durch – als Vertragsfristen vereinbarte – Einzelfristen aufzuteilen. Viele Einzelfristen als Vertragsfristen würden nämlich im Störungsfall die wirtschaftlichen Anpassungs- und Ausgleichsmöglichkeiten ausschalten.[26]

VII. Bauzeitenplan (Abs. 2 Nr. 2)

Nach § 9 Abs. 2 Nr. 2 sollen nur die für den Fortgang der Gesamtarbeit besonders wichtigen Einzelfristen als vertraglich verbindliche Fristen (Vertragsfristen) bezeichnet werden. Soweit § 9 Abs. 2 Nr. 2 auf die in einem Bauzeitenplan enthaltenen Einzelfristen abstellt, ist dies ohne Belang. Nach dem Sinn und Zwecke der Vorschrift, kann es keinen Unterschied machen ob die Einzelfristen in einem Bauzeitenplan enthalten sind oder nicht. Erst recht, kann nicht Voraussetzung für die Vorgaben des § 9 Abs. 2 Nr. 1 sein, dass die Einzelfristen in einem Bauzeitenplan enthalten sind. 29

Die VOB regelt nicht, was unter einem Bauzeitenplan (wie er in § 9 Abs. 2 Nr. 2 und in § 5 Abs. 1 S. 2 VOB/B) zu verstehen ist. Ein Bauzeitenplan im Sinne der VOB ist ein Terminplan, den die Parteien ausdrücklich oder stillschweigend als (sog.) Vertragsterminplan (anfänglich oder nachträglich) dem Bauvertrag zugrunde gelegt haben und der für die vom Auftragnehmer zu erbringenden Leistungen, ggf. aber auch für die auftraggeberseitigen Mitwirkungshandlungen, verbindliche Fristen (Vertragsfristen) enthält, darüber hinaus aber auch unverbindliche Kontrollfristen für Teile der Leistung enthalten kann.[27] Interne Terminpläne der Vertragsparteien stellen deshalb keinen Bauzeitenplan im Sinne der VOB dar.[28] Unerheblich ist auch, in welcher Form die Darstellung erfolgt (Balkenterminplan, Netzplan usw).[29] Ganz allgemein versteht man unter einem Bauzeitenplan ein Instrument zur Planung, Steuerung und Kontrolle der Ausführung von in der Regel umfangreichen Baumaßnahmen; wobei sämtliche Leistungen in nach Handwerks- oder Gewerbezweige aufgeteilte Abschnitte (Gewerke) zerlegt und deren Abhängigkeiten voneinander aufgezeigt werden.[30] 30

VIII. Planlieferfristen (Abs. 3)

Ist die Übergabe von Zeichnungen oder anderen Unterlagen für die Einhaltung der Ausführungsfristen wichtig, soll hierfür nach § 9 Abs. 3 eine Frist festgelegt werden. Nach dem Wortlaut des § 9 Abs. 3 beinhaltet die Regelung sowohl die Übergabe von Unterlagen durch den Auftraggeber als auch durch den Auftragnehmer.[31] Da der Auftraggeber aber gem. § 2 Abs. 5 (bzw. § 2EU Abs. 8) erst dann ausschreiben soll, wenn alle Vergabeunterlagen fertiggestellt sind und wenn innerhalb der angegebenen Fristen mit der Ausführung begonnen werden kann, beschränkt sich die Regelung des § 9 Abs. 3 hinsichtlich der Übergabe von Unterlagen nach Vertragsschluss in Bezug auf den Auftraggeber im Wesentlichen auf die Freigabe von Planungsunterlagen, etwa die Freigabe der vom Auftragnehmer anzufertigenden Ausführungs- und/oder Werkplanung.[32] Ungeachtet dessen lässt es Wortlaut dieser Regelung zu, dass auch Fristen für den Auftragnehmer zu Übergabe von Planunterlagen festgelegt werden können, vorausgesetzt natürlich, den Auftragnehmer trifft nach den vertraglichen Grundlagen überhaupt eine entsprechende Planungspflicht.[33] 31

IX. Pauschalierter Schadensersatz (Abs. 4)

Nach § 9 Abs. 4 S. 1 darf der Auftraggeber in den Vertragsunterlagen eine Pauschalierung des Verzugsschadens (§ 5 Abs. 4) vorsehen. Nach dem ausdrücklichen Wortlaut der Vor- 32

---

[26] Beck VOB/A/*Motzke* § 11 Rn. 42; *Schiffers* in Kapellmann/Vygen, Jahrbuch Baurecht 1998, 275 (285).
[27] Kapellmann/Messerschmidt/*Schneider* Rn. 17.
[28] Kapellmann/Messerschmidt/*Schneider* Rn. 17.
[29] Kapellmann/Messerschmidt/*Schneider* Rn. 17.
[30] *Kuß*, Vergabe- und Vertragsordnung für Bauleistungen (VOB) Teil A und B, 4. Aufl. 2003, § 11 Rn. 19.
[31] Beck VergabeR/*Heinrich*, 6. Ed., Stand 31.12.2017, § 9EU Rn. 14.
[32] Beck VergabeR/*Heinrich*, 6. Ed., Stand 31.12.2017, § 9EU Rn. 14.
[33] Beck VergabeR/*Heinrich*, 6. Ed., Stand 31.12.2017, § 9EU Rn. 14.

schrift handelt es sich um eine Kann-Vorschrift. Der pauschalierte Schadensersatz soll nach Hs. 2 5 % der Auftragssumme nicht überschreiten. Der Nachweis eines geringeren Schadens ist zuzulassen (§ 9 Abs. 4 S. 2).

33 Haben die Parteien eine Pauschalierung des Verzugsschadens iSv § 9 Abs. 4 vereinbart, dann setzt die Geltendmachung der Schadenspauschale durch den (öffentlichen) Auftraggeber zum einen voraus, dass sich der Auftragnehmer in Verzug befindet, zum anderen das dem Auftraggeber hieraus tatsächlich ein Schaden – in welcher Höhe auch immer – entstanden ist.[34] Fehlt es also entweder am Verzug oder am Schaden entfällt der pauschalierte Schadensersatz.

X. Rechtsfolgen bei Verstößen gegen § 9

34 Ein Verstoß gegen § 9 ist sanktionslos. Hinsichtlich der Frage, ob und inwieweit § 9 bieterschützend ist, wird auf die Kommentierung zu § 9a verwiesen (→ § 9a Rn. 1 ff.).

35 Ist der Vertrag einmal zustande gekommen, so ist ein Verstoß gegen § 9 vergaberechtlich ohnehin unbeachtlich. Denkbar ist zwar, dass sich der Verstoß vertragsrechtlich auswirken kann, allerdings scheiden sowohl ein Verstoß gegen ein gesetzliches Verbot iSv § 134 BGB, als auch eine unangemessene Benachteiligung des Auftragnehmers iSv § 307 Abs. 1 BGB aus; letzteres, da eine Fristvereinbarung bereits nicht den Bestimmungen der §§ 305 ff. BGB unterfällt.

§ 9a Vertragsstrafen, Beschleunigungsvergütung

¹Vertragsstrafen für die Überschreitung von Vertragsfristen sind nur zu vereinbaren, wenn die Überschreitung erhebliche Nachteile verursachen kann. ²Die Strafe ist in angemessenen Grenzen zu halten. ³Beschleunigungsvergütungen (Prämien) sind nur vorzusehen, wenn die Fertigstellung vor Ablauf der Vertragsfristen erhebliche Vorteile bringt.

Schrifttum: s. bei § 8.

Übersicht

	Rn.		Rn.
I. Regelungsgehalt	1, 2	3. Höhe der Vertragsstrafe (S. 2)	10–12
II. Vertragsstrafenregelung (S. 1)	3–12	III. Beschleunigungsvergütung (S. 3)	13–16
1. Vertragsfrist	3	1. Erhebliche Vorteile	14, 15
2. Erhebliche Nachteile	4–9	2. Inhalt der Vereinbarung	16
a) Begriff des Nachteils	5–7	IV. Rechtsfolgen bei Verstößen gegen § 9a	17–19
b) Prognoseentscheidung des Auftraggebers	8, 9		

I. Regelungsgehalt

1 Im Folgenden werden – jedenfalls im Wesentlichen – nur die vergaberechtlichen Besonderheiten dargestellt. Im Übrigen, dh in Bezug auf die vertragsrechtliche Seite, wird auf die einschlägigen Kommentierungen zur VOB/B und dort zu § 11 VOB/B verwiesen.

2 § 9a enthält vergaberechtliche Vorgaben für Vertragsstrafen und die Beschleunigungsvergütung. Nach § 9a S. 1 (früher § 9 Abs. 5 VOB/A 2012) sind Vertragsstrafen für die Überschreitung von Vertragsfristen nur zu vereinbaren, wenn die Überschreitung erhebliche Nachteile verursachen kann. Die Vertragsstrafe ist dabei in angemessenen Grenzen zu halten (§ 9a S. 3). Zivilrechtliche Regelungen zur Vertragsstrafe finden sich in §§ 339–345 BGB und in § 11 VOB/B.

---

[34] Kapellmann/Messerschmidt/*Schneider* Rn. 59.

II. Vertragsstrafenregelung (S. 1)

1. Vertragsfrist. Zum Begriff der Vertragsfrist wird auf die Kommentierung zu § 9 verwiesen (→ § 9 Rn. 10 f.). Der Wortlaut des § 9a ist wenig glücklich. Scheinbar knüpft § 9a S. 1 die Zulässigkeit der Vereinbarung einer Vertragsstrafe an die (bloße) Überschreitung von Vertragsfristen. Dies bedeutet jedoch nicht, dass die Vereinbarung einer verzugsunabhängigen Vertragsstrafe zulässig wäre.[1] § 11 Abs. 2 VOB/B (und ergänzend auch die über § 11 Abs. 1 VOB/B anwendbare Vorschrift des § 339 S. 1 BGB) stellt aber klar, dass einer Vertragsstrafe, die an die Überschreitung von Vertragsfristen anknüpft, nur verwirkt wird, wenn der Auftragnehmer in Verzug gerät.[2] Vertragsstrafenklauseln sind stets verschuldensabhängig auszugestalten.[3] Auch wenn § 9a nur von der Überschreitung von Vertragsfristen spricht, ist die Vereinbarung von Vertragsstrafen für andere Pflichtverletzungen des Auftragnehmers selbstverständlich zulässig.

2. Erhebliche Nachteile. Nach § 9a S. 1 darf Auftraggeber eine Vertragsstrafe nur vereinbaren, wenn die Überschreitung der Vertragsfristen erhebliche Nachteile verursachen kann. Es handelt sich dabei um eine Prognoseentscheidung, die der Auftraggeber anhand der Umstände des Einzelfalles zu treffen hat.[4]

a) Begriff des Nachteils. Die Regelung ist jedoch insgesamt – wegen der unbestimmten Rechtsbegriffe „erheblich" und **„Nachteile"** – missglückt. Auch die Vorgabe, dass sich die Strafe gem. § 9b S. 2 in „angemessenen Grenzen" halten muss, ist – weil viel zu unbestimmt – wenig gelungen. Wenig hilfreich sind insoweit die Vorgaben des Vergabehandbuchs des Bundes (2017) in Ziffer 2 der Richtlinie zum Formblatt 214. Anhaltspunkt für die Bemessung könne das Ausmaß der Nachteile sein, die bei verzögerter Fertigstellung voraussichtlich eintreten werden. Sind Vertragsstrafen für Einzelfristen zu vereinbaren, so ist nach Ziffer 2 der Richtlinie zum Formblatt 214 nur die Überschreitung solcher Einzelfristen für in sich abgeschlossene Teile der Leistung unter Strafe zu stellen, von denen der Baufortschritt entscheidend abhängt.

Nach dem Wortlaut der Regelung darf eine Vertragsstrafe (vergaberechtlich) nicht vorgesehen werden, wenn gar keine oder nur unerhebliche Nachteile zu befürchten sind.[5] Allein der Hinweis des Auftraggebers auf einen drohenden Vermögensschaden soll nach Ansicht der Literatur nicht ausreichen, da eine Terminüberschreitung für den Auftraggeber praktisch immer mit Mehraufwand und daraus resultierenden Mehrkosten verbunden sei.[6] Es müssten deshalb weitere Gründe vorliegen, zB dass der Baufortschritt entscheidend vom Einhalten einer bestimmten Zwischenfrist abhängt oder schwer nachweisbare Einnahmeverluste drohen.[7]

Umgekehrt muss der Nachteil dabei nicht notwendigerweise vermögenrechtlicher Art sein.[8] Auch die verspätete Ingebrauchnahme oder die erschwerte Koordination, bedingt d. verspätete Fertigstellung, können einen erheblichen Nachteil im Sinne der Vorschrift darstellen.[9]

b) Prognoseentscheidung des Auftraggebers. Nach dem eindeutigen, relativ weit gefassten Wortlaut der genannten Vorschrift sind Vertragsstrafen für die Überschreitung von Vertragsfristen nur auszubedingen, wenn die Überschreitung erhebliche Nachteile verursa-

---

[1] Kapellmann/Messerschmidt/*Schneider* Rn. 23.
[2] Kapellmann/Messerschmidt/*Schneider* Rn. 23.
[3] BGH Urt. v. 26.9.1996 – VII ZR 318/95, NJW 1997, 135; BGH Urt. v. 24.4.1991 – VIII ZR 180/90, NJW-RR 1991, 1013 (1015).
[4] Beck VergabeR/*Heinrich*, 6. Ed., Stand 31.12.2017, § 9aEU Rn. 7 mit Hinweis auf KG Urt. v. 7.1.2002 – 24 U 9084/00, IBRRS 2003, 0518.
[5] Ziekow/Völlink/*Hänsel* § 9aEU Rn. 1.
[6] Kapellmann/Messerschmidt/*Schneider* Rn. 25; Ziekow/Völlink/*Hänsel* § 9aEU Rn. 1.
[7] Ziekow/Völlink/*Hänsel* § 9aEU Rn. 1.
[8] Beck VergabeR/*Heinrich*, 6. Ed., Stand 31.12.2017, § 9aEU Rn. 7.
[9] Beck VergabeR/*Heinrich*, 6. Ed., Stand 31.12.2017, § 9aEU Rn. 7 mit Hinweis auf OLG Celle Urt. v. 11.7.2002 – 22 U 190/01, BeckRS 2002, 30272103.

chen kann.[10] Demnach ist es ausreichend, wenn die abstrakte Möglichkeit besteht, dass eine Terminüberschreitung zu einem erheblichen Nachteil führen kann.[11] Es kommt nicht darauf an, dass der Nachteil tatsächlich eintritt, sondern es ist ausschließlich auf die Möglichkeit des Eintritts erheblicher Nachteile abzustellen.[12] Dies folgt denknotwendig schon daraus, dass bei Aufnahme einer Vertragsstrafenregelung nicht abgesehen werden kann, ob der Nachteil wirklich eintritt. In aller Regel werden alle Beteiligten darauf hoffen, dass der Nachteil gerade nicht eintritt.

9   Zutreffend wird im Vergabehandbuch des Bundes (2017) unter Ziffer 2 der Richtlinie zum Formblatt 214 darauf hingewiesen, dass bei der Bemessung von Vertragsstrafen zu berücksichtigen ist, dass der Bieter die damit verbundene Erhöhung des Wagnisses in den Angebotspreis einkalkulieren kann (und wird). Bei dieser Bewertung steht dem Auftraggeber ein Beurteilungsspielraum zu, der nur eingeschränkt überprüfbar ist.[13] Die Beweggründe für die Aufnahme einer Vertragsstrafe in die Vertragsunterlagen sollten im Vergabevermerk dokumentiert und begründet werden.[14]

10 **3. Höhe der Vertragsstrafe (S. 2).** Nach § 9a S. 2 ist die Vertragsstrafe in angemessenen Grenzen zu halten. Zulässig ist danach eine Obergrenze von insgesamt 5 % der Auftragssumme[15] und 0,3 % der Auftragssumme pro Arbeitstag[16] oder Werktag[17] für die Überschreitung des Fertigstellungstermins. Tagessatzhöhen von 0,2 % pro Arbeits-, Werk- oder Kalendertag sind ebenfalls bislang als zulässig angesehen worden.[18] Sofern die Vertragsstrafenregelung an Arbeits- oder Kalendertage anknüpft, ist zu prüfen, welcher Prozentsatz sich daraus pro Werktag ergibt und ob dieser die noch zulässigen 0,3 % pro Werktag übersteigt.[19] Unzulässig sind jedenfalls Tagessätze von 0,5 % der Auftragssumme[20] (je Werktag[21] oder je Arbeitstag[22]).

11 Das Vergabehandbuch des Bundes (2017) sieht in Ziffer 2 der Richtlinie zum Formblatt 214 vor, dass die Höhe der Vertragsstrafe 0,1 % der Auftragssumme je Werktag (= 0,12 % pro Arbeitstag), insgesamt jedoch 5 % der Auftragssumme nicht überschreiten darf. Unbedenklich ist die Anknüpfung an die Bruttoauftragssumme.[23]

12 Besonderheiten bei der Ausgestaltung der Vertragsstrafenregelung gelten bei der Pönalisierung von Überschreitungen von Zwischenterminen/-fristen. Eine Vertragsstrafe für Überschreitungen von Zwischenterminen/-fristen darf sich nicht auf den gesamten Auftrags- oder Abrechnungswert, sondern nur auf den betroffenen Leistungsteil beziehen darf.[24] Darüber hinaus ist bei Zwischenterminen/-fristen zu beachten, dass bei einer Vielzahl von pönalisierten Zwischenfristen eine geringfügige Überschreitung dazu führen würde, dass

---

[10] OLG Naumburg Urt. v. 8.1.2001 – 4 U 152/00, IBRRS 2002, 0009.
[11] OLG Naumburg Urt. v. 8.1.2001 – 4 U 152/00, IBRRS 2002, 0009; KG Urt. v. 7.1.2002 – 24 U 9084/00, IBRRS 2003, 0518.
[12] OLG Naumburg Urt. v. 8.1.2001 – 4 U 152/00, IBRRS 2002, 0009; KG Urt. v. 7.1.2002 – 24 U 9084/00, IBRRS 2003, 0518.
[13] Ziekow/Völlink/*Hänsel* § 9aEU Rn. 1.
[14] Kapellmann/Messerschmidt/*Schneider* Rn. 25; Ziekow/Völlink/*Hänsel* § 9aEU Rn. 1.
[15] BGH Urt. v. 23.1.2003 – VII ZR 210/01, BauR 2003, 870 = NZBau 2003, 321 = ZfBR 2003, 447; *Kniffka* in Kniffka/Koeble, Kompendium des Baurechts, 4. Aufl. 2014, 7. Teil Rn. 67.
[16] BGH Urt. v. 1.4.1976 – VII ZR 122/74 = BauR 1976, 279; BGH Urt. v. 18.1.2001 – VII ZR 238/00, BB 2001, 587; anders hingegen 0,3 % pro Kalendertag: OLG Dresden Beschl. v. 8.2.2001 – 16 U 2057/00, BauR 2001, 949; *Kniffka* in Kniffka/Koeble, Kompendium des Baurechts, 4. Aufl. 2014, 7. Teil Rn. 66.
[17] BGH Urt. v. 6.12.2007 – VII ZR 28/07, BauR 2008, 508 = NZBau 2008, 376; *Kniffka* in Kniffka/Koeble, Kompendium des Baurechts, 4. Aufl. 2014, 7. Teil Rn. 66.
[18] *Kniffka* in Kniffka/Koeble, Kompendium des Baurechts, 4. Aufl. 2014, 7. Teil Rn. 66 für Kalendertage.
[19] OLG Dresden Beschl. v. 8.2.2001 – 16 U 2057/00, BauR 2001, 949 allerdings in Bezug auf Kalendertage.
[20] BGH Urt. v. 20.1.2000 – VII ZR 46/98, BauR 2000, 1049 = NZBau 2000, 327 = ZfBR 2000, 331; *Kniffka* in Kniffka/Koeble, Kompendium des Baurechts, 4. Aufl. 2014, 7. Teil, Rn. 66.
[21] BGH Urt. v. 17.1.2002 – VII ZR 198/00, NZBau 2002, 385.
[22] BGH Urt. v. 20.1.2000 – VII ZR 46/98, NJW 2000, 2106 (2107).
[23] BGH Beschl. v. 27.11.2013 – VII ZR 371/12, BauR 2014, 550 = NZBau 2014, 100; *Kniffka* in Kniffka/Koeble, Kompendium des Baurechts, 4. Aufl. 2014, 7. Teil Rn. 66.
[24] BGH Urt. v. 6.12.2012 – VII ZR 133/11, NZBau 2013, 222 (223) = ZfBR 2013, 230.

innerhalb kurzer Zeit die gesamt Vertragsstrafe verwirkt wird und der Auftragnehmer kein Interesse mehr an der Einhaltung der Vertragsfristen hat.[25]

III. Beschleunigungsvergütung (S. 3)

Im Vergleich zur Vertragsstrafe fallen zwei Gesichtspunkte auf. Zum einen fehlt eine § 9a S. 2 entsprechende Regelung zur Begrenzung der Beschleunigungsvergütung. Zum anderen gibt es im Gegensatz zur Vertragsstrafe weder im BGB noch in der VOB/B entsprechende Regelungen.

1. Erhebliche Vorteile. Nach § 9a S. 3 sind Beschleunigungsvergütungen (Prämien) nur vorzusehen, wenn die Fertigstellung vor Ablauf von Vertragsfristen erhebliche Vorteile bringt. Auch hier liegt die Schwäche der Regelung in den unbestimmten Rechtsbegriffen „erheblich" und „Vorteile". Auch will nicht recht einleuchten, wieso nur die Unterschreitung Vorteile bringen soll. Selbstredend ist die Einhaltung der Vertragsfristen oder die Verringerung der Überschreitung der Vertragsfristen für den Auftraggeber von enormer Bedeutung (mithin vorteilhaft).

Eine Beschleunigungsvergütung ist nur zulässig, wenn feststeht, dass durch ihre Vereinbarung erhebliche Vorteile eintreten, wobei der Vorteil nicht nur im Bereich des Möglichen liegen darf, sondern sich bereits in der Vergabephase konkret benennen lassen muss.[26]

2. Inhalt der Vereinbarung. Zutreffend wird in der Literatur darauf hingewiesen, dass die Beschleunigungsvergütung an einen Beschleunigungserfolg geknüpft werden sollte, da ansonsten das bloße Ergreifen von Beschleunigungsmaßnahmen die Vergütung der Beschleunigung auslösen kann.[27] Die Beschleunigungsmaßnahmen sollten spezifiziert oder an zeitliche Vorgaben geknüpft werden.[28] Wenn sich der Auftraggeber auf die Vergütung von unbestimmten Beschleunigungsmaßnahmen eingelassen hat, ohne die Einhaltung von verbindlichen Terminen davon abhängig zu machen, wird die Vergütungspflicht schon dadurch ausgelöst, dass der Auftragnehmer irgendwelche sinnvollen Beschleunigungsmaßnahmen erbringt.[29]

IV. Rechtsfolgen bei Verstößen gegen § 9a

Mit Einführung der VOB 1992 wurde die Vorschrift von einer „Soll-Bestimmung" („sollen") in eine „Muss-Bestimmung" („sind") geändert. Wenngleich sich daher aus dem Wortlaut des § 9a zwanglos ergibt, dass es sich – für öffentliche Auftraggeber – um zwingende Vorgaben über die Vereinbarung von Vertragsstrafen (§ 9a S. 1) und von Beschleunigungsvergütungen bzw. Prämien (§ 9a S. 3) handelt,[30] bleibt ein Verstoß (zivilrechtlich) sanktionslos. Allein der Umstand, dass eine Vertragsstrafe vereinbart worden ist, ohne dass die Voraussetzungen des § 9a objektiv vorlagen, rechtfertigt es nicht, der vereinbarten Vertragsstrafe ihre Wirkung zu nehmen.[31]

Eine andere Frage ist, ob und bejahendenfalls welche vergaberechtlichen Folgen ein Verstoß gegen § 9a hat. Nach **Ansicht von** *Motzke* handele es sich bei § 9a nur um eine „materiell-rechtliche Ordnungsvorschrift", der keine bieterschützende Wirkung zukomme.[32] Nach **Auffassung von** *Langen*[33] sei zwischen EU-Vergaben und Vergaben im Unterschwellenbereich zu unterscheiden. Im Unterschwellenbereich könne der Bieter

---

[25] OLG Hamm Urt. v. 10.2.2002 – 21 U 85/98, BauR 2000, 1202.
[26] Ziekow/Völlink/*Hänsel* § 9aEU Rn. 1.
[27] Ziekow/Völlink/*Hänsel* § 9aEU Rn. 7.
[28] OLG Köln Urt. v. 18.8.2005 – 7 U 129/04, NZBau 2006, 45 (47).
[29] OLG Köln Urt. v. 18.8.2005 – 7 U 129/04, NZBau 2006, 45 (47).
[30] Kapellmann/Messerschmidt/*Langen* 5. Aufl. 2015, § 9 Rn. 73; ebenso *Schneider* in der 6. Aufl., § 9a Rn. 4.
[31] BGH Urt. v. 30.3.2006 – VII ZR 44/05, NZBau 2006, 504.
[32] Beck VOB/A/*Motzke* § 12 Rn. 8.
[33] Kapellmann/Messerschmidt/*Langen* 5. Aufl. 2015, § 9 Rn. 74.

den Verstoß gegen § 9a (oder gegen andere Vorschriften des Vergaberechts) grundsätzlich nicht gerichtlich überprüfen lassen, da § 9a – wie auch den anderen Bestimmungen der VOB/A – nur der Charakter einer innerdienstlichen Verwaltungsvorschrift zukomme, die keine unmittelbaren Rechtwirkungen im Außenverhältnis begründen könne.[34]

19 Während der Vorschrift nach Ansicht von *Motzke* und *Langen* wegen ihres Charakters als innerdienstliche Verwaltungsvorschrift[35] bzw. als materiell-rechtliche Ordnungsvorschrift[36] eine bieterschützende Wirkung ablehnen, sei ihr nach **Ansicht von *Schneider***[37] eine eben solche Wirkung sehr wohl zuzuschreiben. Zum einen könne von einem Bieter nicht verlangt werden, sich auf vergaberechtswidrige Regelungen einzulassen, zum anderen habe eine Vertragsstrafenregelung kalkulatorische Bedeutung für den Angebotspreis (weil wagniserhöhend) und könne sich deshalb auf die Zuschlagschancen auswirken.[38]

§ 9b Verjährung der Mängelansprüche

¹Andere Verjährungsfristen als nach § 13 Absatz 4 VOB/B sollen nur vorgesehen werden, wenn dies wegen der Eigenart der Leistung erforderlich ist. ²In solchen Fällen sind alle Umstände gegeneinander abzuwägen, insbesondere, wann etwaige Mängel wahrscheinlich erkennbar werden und wieweit die Mängelursachen noch nachgewiesen werden können, aber auch die Wirkung auf die Preise und die Notwendigkeit einer billigen Bemessung der Verjährungsfristen für Mängelansprüche.

Schrifttum: s. bei § 8.

Übersicht

	Rn.		Rn.
I. Regelungsgehalt	1, 2	1. Regelfristen des § 13 VOB/B	6–9
II. Sinn und Zweck	3	2. Abweichungen von § 13 VOB/B	10, 11
III. Verhältnis zu § 13 VOB/B	4–11	IV. Rechtsfolgen bei Verstößen gegen § 9b	12

I. Regelungsgehalt

1 Im Folgenden werden – jedenfalls im Wesentlichen – nur die vergaberechtlichen Besonderheiten dargestellt. Im Übrigen, dh in Bezug auf die vertragsrechtliche Seite, wird auf die einschlägigen Kommentierungen zur VOB/B und dort zu § 13 VOB/B verwiesen.

2 § 9b regelt die vergaberechtlichen Vorgaben für die Verjährungsfristen der Mängelansprüche. Danach sollen andere als die in § 13 Abs. 4 VOB/B enthaltenen Verjährungsfristen nur dann vorgesehen werden, wenn dies wegen der Eigenart der Leistung erforderlich ist. In solchen Fällen sind gem. S. 2 „alle Umstände gegeneinander abzuwägen, insbesondere, wann etwaige Mängel wahrscheinlich erkennbar werden und inwieweit die Mängelursachen noch nachgewiesen werden können, aber auch die Wirkung auf die Preise und die Notwendigkeit einer billigen Bemessung der Verjährungsfristen für Mängelansprüche".

II. Sinn und Zweck

3 Der Sinn der Regelung des § 9b, der dem bisherigen § 9 Abs. 6 VOB/A 2009 entspricht, ist nicht leicht zu erkennen, da nicht recht einleuchten will, warum es dem öffentlichen Auftraggeber vergaberechtlich verwehrt sein soll, von der VOB/B abweichende Verjährungsfristen vereinbaren zu können.[1]

---

[34] Kapellmann/Messerschmidt/*Langen* 5. Aufl. 2015, § 9 Rn. 74.
[35] Kapellmann/Messerschmidt/*Langen* 5. Aufl. 2015, § 9 Rn. 74.
[36] Beck VOB/A/*Motzke* § 12 Rn. 8.
[37] Kapellmann/Messerschmidt/*Schneider* Rn. 5.
[38] Kapellmann/Messerschmidt/*Schneider* Rn. 5.
[1] Kapellmann/Messerschmidt/*Weyer* 5. Aufl. 2015, § 9 Rn. 113.

III. Verhältnis zu § 13 VOB/B

Bezugspunkt des § 9b ist (ausschließlich) § 13 VOB/B und dort wiederum nur § 13 **4** Abs. 4 VOB/B („Andere Verjährungsfristen als nach § 13 Absatz 4 VOB/B …").[2] Die Vorschrift knüpft folglich an die Öffnungsklausel des § 13 Abs. 4 VOB/B an und enthält Vorgaben für eine von der Regelverjährungsfrist abweichende Verjährungsfrist auf.[3]

Soweit in diesem Zusammenhang in der Literatur vertreten wird, dass der öffentliche **5** Auftraggeber unselbständige oder sogar selbständige Garantieversprechen nicht verlangen darf,[4] kann dem nicht gefolgt werden. § 9b knüpft zwar an § 13 VOB/B an, enthält aber keine Vorgaben oder Restriktionen im Hinblick auf etwaige (selbständige oder unselbständige) Garantien.

1. Regelfristen des § 13 VOB/B. Nach § 13 Abs. 4 Nr. 1 VOB/B beträgt die Verjäh- **6** rungsfrist für Mängelansprüche – sofern im Vertrag nichts anderes vereinbart ist – bei Bauwerken vier Jahre, für andere Werke, deren Erfolg in der Herstellung, Wartung oder Veränderung einer Sache besteht, und für die vom Feuer berührten Teile von Feuerungsanlagen zwei Jahre. Davon abweichend beträgt die Verjährungsfrist für feuerberührte und abgasdämmende Teile von industriellen Feuerungsanlagen ein Jahr.

Für Teile von maschinellen und elektrotechnischen/elektronischen Anlagen, bei denen **7** die Wartung Einfluss auf Sicherheit und Funktionsfähigkeit hat, beträgt für diese Anlagenteile die Verjährungsfrist für Mängelansprüche (abweichend von § 13 Abs. 4 S. 1 VOB/B) zwei Jahre, wenn der Auftraggeber sich dafür entschieden hat, dem Auftragnehmer die Wartung für die Dauer der Verjährungsfrist nicht zu übertragen. Dies gilt auch, wenn für weitere Leistungen eine andere Verjährungsfrist vereinbart ist. Mit anderen Worten beträgt die Verjährungsfrist nur dann 4 Jahre, wenn dem Auftragnehmer auch die Wartung übertragen wurde. Nicht ausdrücklich geregelt ist die Frage, ob die Wartung dem bauausführenden Auftragnehmer übertragen werden muss oder es grundsätzlich reicht, überhaupt jemanden mit der Wartung zu beauftragen. Abgesehen davon, dass es sich allein aus Gründen der Beweisführung empfehlen dürfte, denjenigen Auftragnehmer mit der Wartung zu beauftragen, der die Anlage auch gebaut hat, spricht auch der Wortlaut („dem Auftragnehmer") für diese Sichtweise. Ebenfalls nicht geregelt ist die Frage, zu welchem Zeitpunkt der Wartungsvertrag abgeschlossen sein muss. Insoweit dürfte der Zeitpunkt der Abnahme der richtige Anknüpfungspunkt sein.

Die **Verjährungsfrist beginnt mit der Abnahme** der gesamten Leistung; nur für in **8** sich abgeschlossene Teile der Leistung beginnt sie mit der Teilabnahme (§ 12 Abs. 2 VOB/B). Zulässig ist, bei mehreren Teilleistungen einen einheitlichen Verjährungsbeginn vorzusehen. In diesem Zusammenhang sind die Hemmungstatbestände der §§ 203 ff. BGB und die in § 13 Abs. 5 S. 2 VOB/B enthaltene „Quasi-Unterbrechung" zu nennen. Nach § 13 Abs. 5 S. 2 VOB/B verjährt der Anspruch auf Beseitigung der gerügten Mängel in zwei Jahren, gerechnet vom Zugang des schriftlichen Verlangens an, jedoch nicht vor Ablauf der Regelfristen nach § 13 Abs. 4 VOB/B oder der an ihrer Stelle vereinbarten Frist. § 13 Abs. 5 S. 2 VOB/B kann folglich nicht zu einer Verkürzung der vertraglich vereinbarten Verjährungsfrist führen.

Wurden die Mängel beseitigt, so beginnt mit Abnahme der Mängelbeseitigungsleistung **9** gem. § 13 Abs. 4 S. 3 VOB/B „für diese Leistung" eine Verjährungsfrist von zwei Jahren neu, die jedoch nicht vor Ablauf der Regelfristen nach § 13 Abs. 4 VOB/B oder der an ihrer Stelle vereinbarten Frist endet.

2. Abweichungen von § 13 VOB/B. Sofern der Auftraggeber von den Regelfristen **10** des § 13 Abs. 4 VOB/B abweichen möchte, ist dies (jedenfalls vergaberechtlich) nur zulässig, wenn die Abweichung wegen der Eigenart der Leistung erforderlich ist. Die Erforderlichkeit

---

[2] Kapellmann/Messerschmidt/*Weyer* 5. Aufl. 2015, § 9 Rn. 114.
[3] Kapellmann/Messerschmidt/*Weyer* 5. Aufl. 2015, § 9 Rn. 114.
[4] Kapellmann/Messerschmidt/*Weyer* 5. Aufl. 2015, § 9 Rn. 115.

muss dabei aus objektiver Sicht bestehen; ein bloßes subjektives Interesse des Auftraggebers reicht nicht aus.[5] Die Vorschrift gibt abstrakte Hinweise, wann dies der Fall ist. Zu berücksichtigen ist etwa, wann etwaige Mängel (bzw. die Symptome) wahrscheinlich erkennbar werden und wieweit die Mängelursachen noch nachgewiesen werden können. Bauleistungen mit besonders hohen bautechnischen Anforderungen oder bislang nicht bzw. wenig erprobte Bauweisen machen eine Abweichung von den Regelfristen eher erforderlich als übliche Standardbauweisen.[6]

11 Die Verlängerung der Verjährungsfrist dürfte nach § 9b/§ 9bEU beispielsweise dann zulässig sein, wenn es sich um ein technisch neuartiges, komplexes Ingenieurbauwerk handelt.[7] Bei einfachen Zweckbauten wird demgegenüber regelmäßig eine Verkürzung der Verjährungsfrist zulässig sein.[8]

IV. Rechtsfolgen bei Verstößen gegen § 9b

12 Wie schon bei §§ 9 und 9a bleibt auch ein Verstoß gegen § 9b sanktionslos. Hinsichtlich der Frage, ob und inwieweit § 9b bieterschützend ist, kann auf die Kommentierung zu § 9a verwiesen werden (→ § 9a Rn. 18 f.).

§ 9c Sicherheitsleistung

(1) ¹Auf Sicherheitsleistung soll ganz oder teilweise verzichtet werden, wenn Mängel der Leistung voraussichtlich nicht eintreten. ²Unterschreitet die Auftragssumme 250 000 Euro ohne Umsatzsteuer, ist auf Sicherheitsleistung für die Vertragserfüllung und in der Regel auf Sicherheitsleistung für die Mängelansprüche zu verzichten. ³Bei Beschränkter Ausschreibung sowie bei Freihändiger Vergabe sollen Sicherheitsleistungen in der Regel nicht verlangt werden.

(2) ¹Die Sicherheit soll nicht höher bemessen und ihre Rückgabe nicht für einen späteren Zeitpunkt vorgesehen werden, als nötig ist, um den Auftraggeber vor Schaden zu bewahren. ²Die Sicherheit für die Erfüllung sämtlicher Verpflichtungen aus dem Vertrag soll 5 Prozent der Auftragssumme nicht überschreiten. ³Die Sicherheit für Mängelansprüche soll 3 Prozent der Abrechnungssumme nicht überschreiten.

Schrifttum: s. bei § 8.

Übersicht

	Rn.		Rn.
I. Überblick	1–21	b) (Sicherheits-)Einbehalt	16, 17
1. Begriff der Sicherheit	2	c) Bürgschaft	18, 19
2. Gegenstand der Sicherheitsleistung	3–6	d) Wahl- und Austauschrecht	20
a) Vertragserfüllungssicherheit	5	5. Regelungsgehalt des § 9c Abs. 1 – Verzicht auf die Sicherheitsleistung	21
b) Mängelsicherheit (Gewährleistungssicherheit)	6		
3. Vereinbarung der Sicherheitsleistung	7–12	**II. Höhe der Sicherheitsleistung**	22–28
a) Notwendigkeit der Einbeziehung der VOB/B in den Vertrag	8–10	1. Allgemeines	22
b) Notwendigkeit vertraglicher Vereinbarung der Sicherheitsleistung	11	2. Regelungsgehalt des § 9c Abs. 2	23–25
c) Kein Handelsbrauch	12	3. Rückgabe der Sicherheit	26–28
4. Arten der Sicherheitsleistung	13–20	**III. Rechtsfolgen bei Verstößen gegen § 9c**	29
a) Hinterlegung	15		

---

[5] Beck VergabeR/*Heinrich*, 6. Ed., Stand 31.12.2017, § 9bEU Rn. 6.
[6] Beck VergabeR/*Heinrich*, 6. Ed., Stand 31.12.2017, § 9bEU Rn. 6.
[7] *Ryll* NZBau 2018, 187 (191).
[8] *Ryll* NZBau 2018, 187 (191).

I. Überblick

Im Folgenden werden – jedenfalls im Wesentlichen – nur die vergaberechtlichen Besonderheiten dargestellt. Im Übrigen, dh in Bezug auf die vertragsrechtliche Seite, wird auf die einschlägigen Kommentierungen zur VOB/B und dort zu § 17 VOB/B verwiesen.

1. Begriff der Sicherheit. Sicherheitsleistungen dienen dazu, den Auftraggeber vor finanziellen Verlusten zu schützen, die ihm aus nicht ordnungsgemäßer Erfüllung der vertraglichen Verpflichtungen einschließlich der „Gewährleistung" des Auftragnehmers entstehen können.[1] Die Sicherheit tritt nicht (wie die Vertragsstrafe) neben die Forderung, die gesichert werden soll, sondern an die Stelle für den Fall, dass der Schuldner ausfällt. Dies unterscheidet die Sicherheit maßgeblich von der Vertragsstrafe.

2. Gegenstand der Sicherheitsleistung. Welche Ansprüche im Einzelnen abgesichert werden sollen, richtet sich nach der **vertraglichen Vereinbarung**. Ist vertraglich nichts Besonderes geregelt, dient die Sicherheit beim VOB-Vertrag üblicherweise zur Sicherstellung der **vertragsgemäßen Ausführung** der Leistung und der **Mängelansprüche** (§ 17 Abs. 1 Abs. 2 VOB/B).

Zusätzlich kann vereinbart werden, dass Vorauszahlungen (§ 16 Abs. 2 Nr. 1 VOB/B), Abschlagszahlungen (§ 16 Abs. 1 Nr. 1 S. 3 VOB/B), Rückforderungen bei Überzahlungen, Miet- und Umsatzausfallschäden etc der Sicherheitsleistung unterliegen. Andererseits ist es auch möglich, die Sicherheitsleistung vertraglich **auf einzelne Ansprüche zu beschränken,** zB nur auf die Mängelansprüche/Gewährleistung. Ist im Bauvertrag keine ausdrückliche Beschränkung auf bestimmte Ansprüche erfolgt, umfasst eine Sicherheit für die Ausführung aller vertraglichen Verpflichtungen auch einen Anspruch auf **Vertragsstrafe**, sofern sich der Auftragnehmer im Bauvertrag zur Einhaltung fester, unter Vertragsstrafe gestellter Termine verpflichtet hat[2]

a) Vertragserfüllungssicherheit. Die Ausführungs- oder Vertragserfüllungssicherheit sichert den Anspruch auf fristgerechte und abnahmefähige Herstellung des Werkes (nebst Sekundäransprüchen).

b) Mängelsicherheit (Gewährleistungssicherheit). Die Mängelsicherheit dient der Absicherung der Ansprüche des Auftraggebers auf Ersatz der Mangelbeseitigungskosten, der Ansprüche aus Minderung sowie der Ansprüche auf Schadensersatz. Von der Vertragserfüllungssicherheit unterscheidet sich die Vertragserfüllungssicherheit durch ihren Sicherungszweck, der auf die – nach § 13 VOB/B grundsätzlich erst nach Abnahme entstehenden – Mängelansprüche gerichtet ist.

3. Vereinbarung der Sicherheitsleistung. Die Sicherheitsleistung, genauer gesagt die Verpflichtung zur Stellung einer Sicherheit, bedarf einer ausdrücklichen vertraglichen Regelung, da aus dem Bauvertrag selbst noch keine Verpflichtung des Auftragnehmers folgt eine Sicherheit zu stellen. Die Vereinbarung erfolgt in der Regel durch eine (formularmäßige) Sicherungsabrede im Bauvertrag.

a) Notwendigkeit der Einbeziehung der VOB/B in den Vertrag. Entgegen der in der Praxis vielfach anzutreffenden Ansicht, folgt aus der § 17 VOB/B noch keine Verpflichtung eine Sicherheit zu stellen. Denn § 17 VOB/B regelt nur die Modalitäten der Sicherheitsleistung (das „wie") und nicht die Pflicht zur Stellung einer Sicherheit (das „ob"). Eine dahingehende Verpflichtung ergibt sich (nur) aus der entsprechenden Vereinbarung im Bauvertrag.

Zunächst ist darauf hinzuweisen, dass § 17 VOB/B ohnehin nur beim VOB-Bauvertrag Anwendung findet, sodass die Anwendbarkeit der Norm **eine wirksame Einbeziehung der VOB/B in den Vertrag** vorausgesetzt wird. Anderenfalls richten sich die vertraglichen Beziehungen nach BGB-Werkvertragsrecht und eine etwa ausbedungene Sicherheitsleistung nach §§ 232 ff. BGB.

---

[1] BGH Urt. v. 31.1.1985 – IX ZR 66/84, NJW 1985, 1694 = BauR 1985, 461.
[2] BGH Urt. v. 7.6.1982 – VIII ZR 154/81, NJW 1982, 2305 = BauR 1982, 506 = ZfBR 1982, 216.

10 Auch eine **isolierte Vereinbarung des § 17 VOB/B** ist sowohl in Allgemeinen Geschäftsbedingungen, Besonderen Vertragsbedingungen oder Zusätzlichen Vertragsbedingungen des Auftraggebers als auch in solchen des Auftragnehmers möglich.[3] Denn die Anwendbarkeit des § 17 VOB/B auf eine im Vertrag ausbedungene Sicherheitsleistung benachteiligt den Vertragspartner des Verwenders im Verhältnis zur gesetzlichen Regelung der §§ 232 ff. BGB nicht unangemessen.[4]

11 **b) Notwendigkeit vertraglicher Vereinbarung der Sicherheitsleistung.** Das Vorliegen eines **VOB-Bauvertrages** allein gibt noch **keinen Anspruch auf Sicherheitsleistung** nach § 17 VOB/B, die Stellung der Sicherheit muss vielmehr **zusätzlich vertraglich vereinbart** worden sein. Dies trifft auch auf den BGB-Werkvertrag zu, weil die §§ 232–240 BGB ebenfalls eine entsprechende vertragliche Absprache voraussetzen (§ 232 Abs. 1 BGB). Die Erbringung einer Sicherheitsleistung kann auch **noch nach Vertragsabschluss** bis zur endgültigen Abwicklung des Bauvertrages zwischen den Vertragsparteien vereinbart (nachgeholt) werden.[5]

12 **c) Kein Handelsbrauch.** In Bauverträgen wird zwar sehr häufig eine Sicherheitsleistung vereinbart, jedoch besteht **weder eine Üblichkeit noch ein Gewohnheitsrecht oder ein Handelsbrauch,**[6] dass eine Sicherheit auch ohne ausdrückliche vertragliche Vereinbarung verlangt werden kann.

13 **4. Arten der Sicherheitsleistung.** Sofern die Parteien die Stellung einer Sicherheit und die Geltung der VOB/B vereinbart haben, sieht § 17 Abs. 2 VOB/B folgende Möglichkeit der Sicherheitsleistung vor:
– Hinterlegung,
– Einbehalt,
– Bürgschaft.

14 Die vorgenannten Sicherheiten gelten als vereinbart, falls die Parteien in der Sicherungsabrede keine anderweitigen Bestimmungen getroffen haben.

15 **a) Hinterlegung.** Findet § 17 VOB/B Anwendung, richtet sich das Verfahren bei der Hinterlegung nach § 17 Abs. 5 VOB/B und die Vorschriften der §§ 232 ff. BGB finden nur ergänzend Anwendung.

16 **b) (Sicherheits-)Einbehalt.** Die Regelungen über die Sicherheitsarten in den §§ 232 ff. BGB sehen – anders als die VOB/B – einen Einbehalt nicht vor. Nach § 17 Abs. 6 VOB/B kann die Sicherheit auch durch (Bar-)Einbehalt erfolgen. Soll der Auftraggeber vereinbarungsgemäß die Sicherheit in Teilbeträgen von seinen Zahlungen einbehalten, so darf er nach § 17 Abs. 6 Nr. 1 VOB/B die jeweilige Zahlung (nur) um höchstens 10 v. H. kürzen, bis die vereinbarte Sicherheitssumme erreicht ist. Da es sich lediglich um eine Soll-Vorschrift handelt, kann der Auftraggeber aber auch die Zahlungen (vollständig) kürzen, bis die Sicherheitssumme erreicht wird. Sonst käme es bei einer Vertragserfüllungssicherheit zu dem widersinnigen Ergebnis, dass die vollständige Sicherheitssumme erst erreicht ist, wenn die letzte Abschlagsrechnung (dh in der Regel bei annähernd vollständiger Fertigstellung) gestellt wurde.

17 Durch Vereinbarung eines Sicherheitseinbehalts wird die Fälligkeit des entsprechenden Teils der Vergütungsforderung des Auftragnehmers einverständlich hinausgeschoben und gleichzeitig in dieser Höhe ein Zurückbehaltungsrecht für den Auftraggeber begründet.

18 **c) Bürgschaft.** Die Bürgschaft ist in §§ 765 ff. BGB geregelt. Mit der Übernahme der Bürgschaft verpflichtet sich der Bürge gegenüber dem Gläubiger der Hauptforderung, für die Erfüllung dieser Verbindlichkeit einzustehen (§ 765 BGB). Zur Gültigkeit ist die schriftli-

---

[3] Beck VOB/B/*I. Jagenburg*, 2. Aufl. 2008, VOB/B Vorbem. § 17 Rn. 9.
[4] Beck VOB/B/*I. Jagenburg*, 2. Aufl. 2008, VOB/B Vorbem. § 17 Rn. 9.
[5] Beck VOB/B/*I. Jagenburg*, 2. Aufl. 2008, VOB/B Vorbem. § 17 Rn. 11.
[6] Ingenstau/Korbion/*Joussen* VOB/B § 17 Abs. 1 Rn. 3; Kapellmann/Messerschmidt/*Thierau* VOB/B § 17 Rn. 17.

che Erteilung der Bürgschaftserklärung erforderlich (§ 766 S. 1 BGB). Erfüllt der Bürge später die Hauptverbindlichkeit, wird der Mangel der Form geheilt (§ 766 S. 2 BGB). Ist der Bürge Kaufmann und die Bürgschaft auf Seiten des Bürgen ein Handelsgeschäft, was bei Banken in der Regel der Fall ist, ist allerdings auch eine formlos abgegebene Bürgschaftserklärung gültig (§ 350 HGB). Die Übermittlung der Bürgschaftserklärung per Telefax genügt nicht der Form der §§ 766, 126 BGB.[7] Eine solche Bürgschaft reicht zur Wahrung der Schriftform deshalb nur bei einem kaufmännischen Bürgen aus, für den die Stellung der Bürgschaft ein Handelsgeschäft ist. Der Auftraggeber kann eine formlose Bürgschaftserklärung zurückweisen, da sie nicht § 17 Abs. 4 VOB/B und damit nicht der vertraglichen Vereinbarung mit dem Auftragnehmer entspricht.

Die Bürgschaft hat gegenüber dem Sicherheitseinbehalt aus Sicht des Auftragnehmers **19** den Vorteil, dass der Auftraggeber die Vergütung vollständig auszahlt und insoweit keinen Anteil für die Sicherheit einbehält. Vorbehaltlich einer abweichenden Vereinbarung tritt der Sicherungsfall regelmäßig erst dann ein, wenn die Hauptforderung fällig und der Bürgschaftsgläubiger einen auf Geldzahlung gerichteten Mängelanspruch hat,[8] sodass auch erst von diesem Zeitpunkt an die Verjährung zu laufen beginnen kann.

d) Wahl- und Austauschrecht. Der Auftragnehmer hat nach § 17 Abs. 3 VOB/B die **20** Wahl unter den verschiedenen Arten der Sicherheit. Ferner kann er kann eine gestellte Sicherheit durch eine andere ersetzen.

5. Regelungsgehalt des § 9c Abs. 1 – Verzicht auf die Sicherheitsleistung. Nach **21** § 9c Abs. 1 S. 1 soll auf Sicherheitsleistung ganz oder teilweise verzichtet werden, wenn Mängel der Leistung voraussichtlich nicht eintreten. Unterschreitet die Auftragssumme 250.000 EUR (ohne Umsatzsteuer), ist auf eine Sicherheitsleistung für die Vertragserfüllung und in der Regel auf eine Sicherheitsleistung für Mängelansprüche zu verzichten. Bei einer Beschränkten Ausschreibung und bei der Freihändigen Vergabe sollen Sicherheitsleistungen in der Regel nicht verlangt werden.

II. Höhe der Sicherheitsleistung

1. Allgemeines. Zur Höhe der Sicherheitsleistung ist weder im BGB noch in § 17 **22** VOB/B eine Regelung getroffen. Die Festlegung der Höhe obliegt der Vereinbarung der Vertragsparteien (§ 17 Abs. 1 VOB/B).

2. Regelungsgehalt des § 9c Abs. 2. § 9c Abs. 2 enthält eine Regelung zur Höhe der **23** Sicherheitsleistung. Danach soll die Sicherheit nicht höher bemessen und ihre Rückgabe nicht für einen späteren Zeitpunkt vorgesehen werden, als es nötig ist, um den Auftraggeber vor Schaden zu bewahren. Die Sicherheit für die Erfüllung sämtlicher Verpflichtungen aus dem Vertrag soll 5% der Auftragssumme nicht überschreiten. Die Sicherheit für Mängelansprüche soll 3% der Abrechnungssumme nicht überschreiten.

In der Baupraxis werden üblicherweise Vertragserfüllungssicherheiten in Höhe von 10% **24** und Mängelsicherheiten in Höhe von 5% vereinbart. Dass damit von der Empfehlung des § 9c Abs. 2 abgewichen wird, spielt keine Rolle, weil die Parteien bei der Vereinbarung von Sicherheitsleistungen selbst dann nicht an § 9c gebunden sind, wenn sie bei der Vergabe zur Anwendung der VOB/A verpflichtet sind.[9]

Die Vereinbarung einer Vertragserfüllungssicherheit in Höhe von 10% ist – auch formular- **25** mäßig – zulässig.[10] Bei der Mängelsicherheit sind 5% üblich und – auch in AGB – zulässig.[11] Die Vereinbarung höherer Sicherheiten ist in beiden Fällen grundsätzlich unwirksam.

---

[7] BGH Urt. v. 28.1.1993 – IX ZR 258/91, BauR 1993, 340.
[8] BGH Urt. v. 28.9.2000 – VII ZR 460/97, WM 2000, 2373 (2374 f.).
[9] Beck VOB/B/*I. Jagenburg*, 2. Aufl. 2008, VOB/B Vorbem. § 17 Rn. 28.
[10] BGH Urt. v. 7.4.2016 – VII ZR 56/15, NJW 2016, 1945 (1951) = NZBau 2016, 422 = ZfBR 2016, 575 mit Verweis auf BGH Urt. v. 20.3.2014 – VII ZR 248/13, BGHZ 200, 326 = NJW 2014, 1725 = NZBau 2014, 348; BGH Urt. v. 9.12.2010 – VII ZR 7/10, NJW 2011, 2125 = NZBau 2011, 229.
[11] Beck VOB/B/*Rudolph/Koos* VOB/B § 17 Abs. 1 Rn. 25.

26 **3. Rückgabe der Sicherheit.** Nach § 9c Abs. 2 S. 1 soll die Rückgabe nicht später erfolgen, als nötig. Nach § 17 Abs. 8 Nr. 1 S. 1 VOB/B hat der Auftraggeber eine nicht verwertete Sicherheit für die Vertragserfüllung zum vereinbarten Zeitpunkt, spätestens nach Abnahme und Stellung der Sicherheit für Mängelansprüche zurückzugeben, es sei denn, dass Ansprüche des Auftraggebers, die nicht von der gestellten Sicherheit für Mängelansprüche umfasst sind, noch nicht erfüllt sind. Dann darf er nach S. 2 für diese Vertragserfüllungsansprüche einen entsprechenden Teil der Sicherheit zurückhalten.

27 Eine nicht verwertete Sicherheit für Mängelansprüche hat der Auftraggeber gem. § 17 Abs. 8 Nr. 2 S. 1 VOB/B nach Ablauf von zwei Jahren zurückzugeben, sofern kein anderer Rückgabezeitpunkt vereinbart worden ist. Soweit jedoch zu diesem Zeitpunkt seine geltend gemachten Ansprüche noch nicht erfüllt sind, darf er nach S. 2 einen entsprechenden Teil der Sicherheit zurückhalten. Die Regelung des § 17 Abs. 8 Nr. 2 VOB/B ist unzweifelhaft missglückt. Danach wäre der Auftraggeber nämlich gezwungen eine etwaige Mängelsicherheit nach zwei Jahren und damit vor Ablauf der Verjährungsfrist der Mängelrechte, die bei Bauwerken nach § 13 Abs. 4 VOB/B vier Jahre beträgt, zurückzugeben. Zwar sieht § 9c Abs. 2 S. 1 eine Öffnungsklausel vor (wie sich aus der Formulierung „soll" ergibt), jedoch führt dies zu einer Abweichung von der VOB/B als Ganzes und mithin zu einer Inhaltskontrolle gem. §§ 305 ff. BGB.

28 Bestehen nach Ablauf der vereinbarten Verjährungsfrist noch unverjährte Ansprüche des Auftraggebers, so ist die Bürgschaft im Übrigen freizugeben.[12] Die Mangelsicherheit kann nach Ablauf der Verjährungsfrist für Mängelansprüche selbst dann nicht zurückbehalten werden, wenn die Mängel, auf denen die geltend gemachten Ansprüche beruhen, in unverjährter Zeit gerügt wurden.[13] Eine Vereinbarung in AGB, wonach die Bürgschaft erst zurückzugeben ist, wenn „sämtliche" Mängelansprüche nicht mehr geltend gemacht werden können, ist nach § 307 Abs. 1 S. 1 BGB unwirksam.[14]

III. Rechtsfolgen bei Verstößen gegen § 9c

29 Wie schon bei §§ 9, 9a und 9b bleibt auch ein Verstoß gegen § 9c sanktionslos. Hinsichtlich der Frage, ob und inwieweit § 9c bieterschützend ist, kann auf die Kommentierung zu § 9a verwiesen werden (→ § 9a Rn. 18 f.).

§ 9d Änderung der Vergütung

¹Sind wesentliche Änderungen der Preisermittlungsgrundlagen zu erwarten, deren Eintritt oder Ausmaß ungewiss ist, so kann eine angemessene Änderung der Vergütung in den Vertragsunterlagen vorgesehen werden. ²Die Einzelheiten der Preisänderungen sind festzulegen.

Schrifttum: s. bei § 8.

1 Im Folgenden werden – jedenfalls im Wesentlichen – nur die vergaberechtlichen Besonderheiten dargestellt. Im Übrigen, dh in Bezug auf die vertragsrechtliche Seite, wird auf die einschlägigen Kommentierungen zur VOB/B und dort zu § 2 VOB/B verwiesen.

I. Regelungsgehalt und Bedeutung des § 9d

2 § 9d enthält eine Regelung zur Änderung der Vergütung. Danach kann eine angemessene Änderung der Vergütung in den Vertragsunterlagen vorgesehen werden, wenn wesentlich Änderungen der Preisermittlungsgrundlagen zu erwarten sind, deren Eintritt oder Ausmaß

---

[12] BGH Urt. v. 26.3.2015 – VII ZR 92/14, NJW 2015, 1952 Rn. 49 ff.
[13] BGH Urt. v. 9.7.2015 – VII ZR 5/15, NJW 2015, 2961 Rn. 24; BGH Urt. v. 26.3.2015 – VII ZR 92/14, NJW 2015, 1952 Rn. 49 ff.
[14] BGH Urt. v. 26.3.2015 – VII ZR 92/14, NJW 2015, 1952 Rn. 29 ff.

ungewiss ist. Die Einzelheiten der Preisänderung sind festzulegen. In Betracht kommen insoweit sog. Preisgleitklauseln für Lohn und Material (Stoff- und Lohngleitklauseln). Die Bedeutung der Regelung für die Praxis ist gering, da der Auftraggeber in aller Regel keine Preisgleitklausel zugunsten des Auftragnehmers in die Vertragsbedingungen aufnehmen wird.

II. Voraussetzungen

§ 9d nennt drei (kumulativ zu erfüllende) Voraussetzungen, unter denen eine Preisgleitklausel vereinbart werden kann.[1] Erstens müssen Änderungen der Preisgleitklauseln zu erwarten sein. Zweitens muss der Eintritt oder das Ausmaß der Änderungen ungewiss sein. Drittens muss es sich um wesentliche Änderungen handelt. Die Schwäche der Regelung besteht in der Unbestimmtheit der verwendeten Begriffe („wesentliche" und „angemessene"), aber vor allem in der Unsicherheit, ob die Änderungen eintreten und welches Ausmaß sie haben. Die Regelung ist daher völlig verfehlt. 3

Bei der Verwendung von Preisgleitklauseln ist das „Gesetz über das Verbot der Verwendung von Preisklauseln bei der Bestimmung von Geldschulden (Preisklauselgesetz)" zu beachten, welches an die Stelle des „Preisangaben- und Preisklauselgesetzes" und die „Preisangabenverordnung" getreten ist. Damit einhergegangen ist die Abschaffung des Genehmigungsverfahrens, welches durch das System der Legalausnahmen ersetzt wurde.[2] Nach § 8 S. 1 PrKlG tritt die Unwirksamkeit der Preisklausel erst zu dem Zeitpunkt ein, im dem der Verstoß gegen dieses Gesetz rechtskräftig festgestellt wird. Die Rechtswirkungen der Preisklausel bleiben bis zum Zeitpunkt der Unwirksamkeit unberührt (§ 8 S. 2 PrKlG). 4

III. Rechtsfolgen bei Verstößen gegen § 9d

Ohne Rechtsfolgen bleibt auch der Verstoß gegen § 9d, da der Auftraggeber nicht verpflichtet ist, Preisgleitklauseln vorzusehen. Wie sich aus dem eindeutigen Wortlaut ergibt, handelt es sich bei § 9d um eine Kann-Vorschrift. Wie schon bei §§ 9, 9a, 9b und 9c bleibt auch ein Verstoß gegen § 9d sanktionslos. Hinsichtlich der Frage, ob und inwieweit § 9d bieterschützend ist, kann auf die Kommentierung zu § 9a verwiesen werden (→ § 9a Rn. 18 f.). 5

§ 10 Fristen

(1) ¹Für die Bearbeitung und Einreichung der Angebote ist eine ausreichende Angebotsfrist vorzusehen, auch bei Dringlichkeit nicht unter zehn Kalendertagen. ²Dabei ist insbesondere der zusätzliche Aufwand für die Besichtigung von Baustellen oder die Beschaffung von Unterlagen für die Angebotsbearbeitung zu berücksichtigen.

(2) Bis zum Ablauf der Angebotsfrist können Angebote in Textform zurückgezogen werden.

(3) Für die Einreichung von Teilnahmeanträgen bei Beschränkter Ausschreibung nach Öffentlichem Teilnahmewettbewerb ist eine ausreichende Bewerbungsfrist vorzusehen.

(4) ¹Der Auftraggeber bestimmt eine angemessene Frist, innerhalb der die Bieter an ihre Angebote gebunden sind (Bindefrist). ²Diese soll so kurz wie möglich und nicht länger bemessen werden, als der Auftraggeber für eine zügige Prüfung und Wertung der Angebote (§§ 16 bis 16d) benötigt. ³Eine längere Bindefrist als 30 Kalendertage soll nur in begründeten Fällen festgelegt werden. ⁴Das Ende der Bindefrist ist durch Angabe des Kalendertags zu bezeichnen.

---

[1] Ziekow/Völlink/*Hänsel* § 9dEU Rn. 1.
[2] Ziekow/Völlink/*Hänsel* § 9dEU Rn. 3.

(5) Die Bindefrist beginnt mit dem Ablauf der Angebotsfrist.
(6) Die Absätze 4 und 5 gelten bei Freihändiger Vergabe entsprechend.

Übersicht

	Rn.		Rn.
I. Normzweck	1, 2	3. Bewerbungsfrist (Abs. 3)	17
II. Einzelerläuterungen	3–25	4. Bindefrist (Abs. 4 und 5)	18–24
1. Angebotsfrist (Abs. 1)	3–13	a) Angemessenheit der Bindefrist (Abs. 4 S. 1 und 2)	21
a) Beginn und Ablauf der Angebotsfrist	4, 5	b) Bindefrist von 30 Kalendertagen (Abs. 4 S. 3)	22
b) Bemessung der Angebotsfrist	6–11	c) Nachträgliche Verlängerung der Bindefrist	23
c) Mindestfrist von zehn Kalendertagen bei Dringlichkeit	12	d) Beginn der Bindefrist (Abs. 5)	24
d) Verlängerung der Angebotsfrist	13	5. Entsprechende Anwendung bei Freihändiger Vergabe (Abs. 6)	25
2. Rücknahme von Angeboten vor Ablauf der Angebotsfrist (Abs. 2)	14–16		

I. Normzweck

1 § 10 behandelt die im Vergabeverfahren einzuhaltenden Fristen. In der Norm finden sich Regelungen zur Angebots-, Bewerbungs- und zur Bindefrist. Regelungen zu den Fristen im Vergabeverfahren dienen der Einhaltung des vergaberechtlichen **Gleichbehandlungs- und Transparenzgrundsatzes.** Durch die Festlegung der in § 10 vorgegebenen Fristen wird für alle am Vergabeverfahren interessierten Unternehmen der zeitliche Rahmen definiert. Ein verbindlicher zeitlicher Rahmen sorgt für einen ordnungsgemäßen Ablauf des Verfahrens und beugt Manipulationsgefahren vor.

2 Vorgaben, wie Fristen im Einzelfall zu bemessen sind, dienen dem **Grundsatz, Bauleistungen im Wettbewerb zu vergeben.** Zu knapp bemessene Fristen schränken den Wettbewerb unnötig ein, wenn sie Unternehmen davon abhalten, sich überhaupt am Vergabeverfahren zu beteiligen. Unter Zeitdruck angefertigte Angebote leiden unter Fehleranfälligkeit, müssen ggf. ausgeschlossen werden und der Kreis an wertungsfähigen Angeboten verringert sich. Ausreichende Fristen ermöglichen es Bietern, vollständige und wertungsfähige Angebote einzureichen. Sie öffnen den Wettbewerb für Unternehmen und schaffen damit die Voraussetzung, Bauleistungen möglichst wirtschaftlich zu beschaffen.

II. Einzelerläuterungen

3 **1. Angebotsfrist (Abs. 1).** Die Angebotsfrist bezeichnet den Zeitraum, der den Bietern für die Bearbeitung und Einreichung der Angebote eingeräumt wird. Die Bestimmung einer Angebotsfrist ist für alle Verfahrensarten vorgesehen. Mit Ablauf der Angebotsfrist wird die Zahl der Angebote abschließend festgelegt, die im Wettbewerb verbleiben, da nach Ablauf der Angebotsfrist eingereichte Angebote ausgeschlossen werden (§ 16 Abs. 1 Nr. 1). An den Ablauf der Angebotsfrist ist ferner die Bindungswirkung geknüpft. Ab diesem Zeitpunkt sind Bieter für die Dauer der Bindefrist an ihr Angebot gebunden.

4 **a) Beginn und Ablauf der Angebotsfrist.** In § 10 fehlt es an einer ausdrücklichen Regelung über den Beginn des Fristenlaufs. Abs. 1 verlangt, dass der Zeitraum für die Erstellung und Einreichung der Angebote ausreichend bemessen sein muss. Welcher Zeitraum den Bietern zur Verfügung steht und ob dieser als ausreichend anzusehen ist, kann nur bestimmt werden, wenn der Beginn der Frist feststeht.[1] Der Beginn ist anhand objektiver Kriterien zu bestimmen. Entscheidend ist, ab wann der Auftraggeber seine Beschaffungsabsicht erkennen lässt und zum Ausdruck bringt, von nun an Angebote entgegen zu nehmen. Bei Öffentlicher Ausschreibung bietet es sich an, sich an der Regelung in § 10aEU Abs. 1 zu orientieren und den **Tag nach der Absendung der Bekanntmachung** als Fristbeginn

---
[1] Ziekow/Völlink/*Völlink* Rn. 5; Kapellmann/Messerschmidt/*Planker* Rn. 4.

festzulegen. Bei Beschränkter Ausschreibung und Freihändiger Vergabe ist der Fristbeginn auf den **Tag nach der Absendung der Aufforderung zur Angebotsabgabe** festzulegen.[2] Auf die tatsächlich erfolgte Kenntnisnahme von der Bekanntmachung oder der Aufforderung zur Angebotsabgabe kommt es nicht an. Der Gleichbehandlungsgrundsatz verlangt, dass der Fristbeginn für alle Bieter gleichzeitig erfolgt. Bei Öffentlicher Ausschreibung ist dies durch die Anknüpfung an die Absendung der Bekanntmachung unproblematisch. Auch bei Beschränkter Ausschreibung und Freihändiger Vergabe ist der gleichzeitige Fristbeginn für alle Bewerber gesichert. Die Aufforderung zur Angebotsabgabe ist Teil der Vergabeunterlagen (§ 8 Abs. 1 Nr. 1). Legt der Auftraggeber fest, dass die Kommunikation elektronisch erfolgt, werden die Vergabeunterlagen einheitlich zum elektronischen Abruf bereitgestellt (§ 11 Abs. 2 und 3). Wenn das Verfahren schriftlich geführt wird, verlangt § 12a Abs. 1 Nr. 2, dass die Vergabeunterlagen an alle ausgewählten Bewerber am selben Tag versandt werden.

Das Fristende tritt mit Ablauf des durch den Auftraggeber angegebenen Kalendertages 5 ein. § 10 Abs. 1 schließt es nicht aus, dass der Auftraggeber auch eine Uhrzeit festlegen kann.[3] Macht der Auftraggeber von dieser Möglichkeit keinen Gebrauch, läuft die Frist bis 24:00 Uhr des angegebenen Kalendertages. Fällt das Fristende auf einen Sonntag, Feiertag oder einen Samstag tritt gem. § 193 BGB an die Stelle eines solchen Tages der nächste Werktag.

b) Bemessung der Angebotsfrist. Abs. 1 verlangt, dass eine **ausreichende** Angebots- 6 frist vorgesehen wird, die auch bei Dringlichkeit nicht unter zehn Kalendertage betragen darf. Die Vorschrift differenziert nicht nach Verfahrensarten, sondern formuliert einen allgemeinen **Grundsatz** für Ausschreibungen. Das Merkmal der „ausreichenden" Angebotsfrist ist ein unbestimmter Rechtsbegriff, dessen Auslegung durch die Umstände des Einzelfalls geprägt ist. Dem Wortlaut ist zu entnehmen, dass der Zeitaufwand für die **Bearbeitung** und **Einreichung** der Angebote zu berücksichtigen ist, mithin der Zeitaufwand der Bieter. Eine einseitige Betrachtung des **Zeitaufwands der Bieter** ist bei der Bemessung der Angebotsfrist jedoch zu kurz gegriffen. Der Begriff der Dringlichkeit zeugt davon, dass auch der zeitlich **drängende Bedarf des Auftraggebers** an einer Bauleistung zu berücksichtigen ist. Die Vorgabe, eine „ausreichende" Angebotsfrist festzulegen, verlangt, den Zeitaufwand der Bieter und das Interesse des Auftraggebers an einer raschen Auftragsvergabe in einen Ausgleich zu bringen.

aa) Bearbeitung. Bei der Bearbeitung der Angebote sind Tätigkeiten, die der **Vorbe-** 7 **reitung** der Angebotserstellung dienen, und der Zeitaufwand zu berücksichtigen, der für die eigentliche **Ausarbeitung** erforderlich ist. Zu den Vorbereitungen gehört die Prüfung der Vergabeunterlagen. Bevor ein Bieter ein Angebot kalkulieren kann, bedarf es einer genauen Prüfung der Anforderungen des Auftrags. Er wird sich vergewissern, ob die ausgeschriebene Leistung seinem Unternehmensprofil entspricht und ob er über die erforderlichen Kapazitäten verfügt. Zum Zeitaufwand der Bieter gehört es auch, Bietern eine kurze Zeitspanne zur Entscheidungsfindung einzuräumen, ob überhaupt ein Angebot abgegeben werden soll.[4] Wie S. 2 beispielhaft aufführt, ist es ebenfalls Teil der Vorbereitung, wenn sich Bieter durch eine Baubesichtigung einen Eindruck vor Ort verschaffen oder zusätzliche Unterlagen heranziehen. Der zeitliche Aufwand dieser vorbereitenden Tätigkeiten ist bei der Bemessung der Angebotsfrist zu berücksichtigen.

Der Zeitaufwand für die Ausarbeitung des Angebots hängt von verschiedenen Faktoren 8 ab. Nicht erforderlich ist es, die Besonderheiten einzelner Unternehmen wie etwa Personalengpässe zu berücksichtigen. Der Begriff „ausreichend" spricht für einen objektiven Maß-

---

[2] Beck VOB/*Reidt* Rn. 25; Ziekow/Völlink/*Völlink* Rn. 5.
[3] Ingenstau/Korbion/*von Wietersheim* Rn. 3.
[4] Vgl. VK Sachsen ZfBR 2003, 302 (304); Ingenstau/Korbion/*von Wietersheim* Rn. 10; Beck VergabeR/ *Reidt* Rn. 18.

stab. Der Auftraggeber darf also einen Maßstab anlegen, der von Unternehmen erwartet werden kann, die im Bereich der ausgeschriebenen Leistung tätig sind.

9   Bei der Verwendung einer Leistungsbeschreibung mit Leistungsprogramm ist regelmäßig von einem vergleichsweise hohen Bearbeitungsaufwand auszugehen. Dies gilt insbesondere dann, wenn der Auftraggeber Entwürfe, Pläne, Zeichnungen oder statische Berechnungen durch den Bieter ausarbeiten lässt. § 8b Abs. 2 Nr. 1 sieht für solche Fälle sogar die Pflicht des Auftraggebers vor, für alle Bieter eine angemessene Entschädigung festzusetzen. Der Mehraufwand für solche Leistungen ist nicht nur finanziell, sondern auch bei der Bemessung der Angebotsfrist zu berücksichtigen. Erfolgt die Leistungsbeschreibung anhand eines Leistungsverzeichnisses, in das der Bieter seine Einheitspreise einträgt, sind der Umfang und die Komplexität der ausgeschriebenen Leistung zu berücksichtigen. Die Anzahl der auszufüllenden Positionen oder die Auftragssumme sind zunächst als Indizien für einen hohen Bearbeitungsaufwand anzusehen. Entscheidend ist die Komplexität der ausgeschriebenen Leistung, die sich in einem entsprechenden Aufwand bei der Kalkulation der Preise niederschlägt.[5]

10   Bei Beschränkter Ausschreibung nach Öffentlichem Teilnahmewettbewerb kann im Vergleich zur Öffentlichen Ausschreibung eine kürzer bemessene Angebotsfrist festgesetzt werden. Dies rechtfertigt sich dadurch, dass beim erstgenannten Verfahren die Eignungsprüfung bereits durch einen vorgeschalteten Teilnahmewettbewerb abgeschlossen wird. Der Bearbeitungsaufwand für die folgende Angebotsphase reduziert sich dadurch.

11   **bb) Einreichung.** Welchen Zeitaufwand der Auftraggeber für die Einreichung der Angebote zu berücksichtigen hat, hängt maßgeblich davon ab, in welcher Form Angebote einzureichen sind. Bis zum 18.10.2018 muss der Auftraggeber im Anwendungsbereich des ersten Abschnitts der VOB/A die Übermittlung der Angebote auf nicht elektronischem Weg akzeptieren.[6] Folglich muss der Auftraggeber bis zu diesem Stichtag zwingend den Postlauf für die Einreichung der Angebote bei der Bemessung der Angebotsfrist berücksichtigen. Nach dem Stichtag hat der Auftraggeber die Wahlfreiheit, ob die Kommunikation im Vergabeverfahren schriftlich oder elektronisch erfolgt. Legt er sich auf die schriftliche Kommunikation fest, verbleibt es dabei, dass der Postlauf für die Übermittlung der Angebote zum Auftraggeber zu berücksichtigen ist.

12   **c) Mindestfrist von zehn Kalendertagen bei Dringlichkeit.** Nach § 10 Abs. 1 S. 1 Hs. 2 kann auch bei Dringlichkeit die Angebotsfrist nicht auf unter zehn Kalendertage festgesetzt werden. Die Bestimmung definiert für die Angebotsfrist eine Mindestfrist im Sinne einer Untergrenze, die nicht unterschritten werden darf. Dringlichkeit kennzeichnet die nach objektiven Gesichtspunkten zu beurteilende Eilbedürftigkeit der Leistungsbeschaffung.[7] Dem Auftraggeber ist ein Beurteilungsspielraum einzuräumen. Er kann sich allerdings dann nicht mehr auf Dringlichkeit berufen, wenn sich die Eilbedürftigkeit aus Umständen ergibt, die dem Auftraggeber selbst zuzurechnen sind. Es widerspricht dem Wettbewerbsgrundsatz, dem Auftraggeber eine Einschränkung des Wettbewerbs durch Fristverkürzungen zu gestatten, wenn er die Dringlichkeit selbst herbeigeführt hat.[8]

13   **d) Verlängerung der Angebotsfrist.** In § 10 findet sich keine Regelung, die den Auftraggeber verpflichtet, eine bereits laufende Angebotsfrist zu verlängern. Eine nachträgliche Verlängerung der Angebotsfristen kann jedoch im Einzelfall aufgrund des Wettbewerbsgebotes sowie der vergaberechtlichen Grundsätze der Gleichbehandlung und Transparenz geboten sein. Im Anwendungsbereich des zweiten Abschnitts ist in § 10aEU Abs. 6 und § 10bEU Abs. 6 ausdrücklich geregelt, wann eine Verlängerung zu erfolgen hat (→ § 10aEU Rn. 9 ff.). Es bietet sich an, sich an diesen Regelungen zu orientieren.

---

[5] Kapellmann/Messerschmidt/*Planker* Rn. 9.
[6] Amtl. Anmerkung zu § 11 Abs. 1 S. 1.
[7] Heiermann/Riedl/Rusam/*Weitenbach* Rn. 12; vgl. OLG Düsseldorf IBRSS 2003, 1076.
[8] Vgl. OLG Düsseldorf IBRSS 2003, 1076.

2. Rücknahme von Angeboten vor Ablauf der Angebotsfrist (Abs. 2).

In Abs. 2 wird geregelt, dass der Bieter bereits eingereichte Angebote bis zum Ablauf der Angebotsfrist zurückziehen kann. Die Rücknahme erfolgt durch Erklärung gegenüber dem Auftraggeber. Es handelt sich um eine einseitige empfangsbedürftige Willenserklärung. Wirksam wird die Rücknahme erst mit dem Zugang beim Auftraggeber (§ 130 Abs. 1 S. 1 BGB). Zugegangen ist die Erklärung, sobald sie nach der Verkehrsanschauung derart in den Machtbereich des Adressaten gelangt ist, dass bei Annahme gewöhnlicher Verhältnisse damit zu rechnen ist, er könne von ihrem Inhalt Kenntnis erlangen.[9] Die Anforderungen des § 130 BGB gelten nach Abs. 3 ausdrücklich auch dann, wenn die Erklärung gegenüber einer Behörde abzugeben ist. Bei einer Behörde erfolgt der Zugang der Rücknahmeerklärung, wenn die Erklärung bei der für den Empfang von Erklärungen eingerichteten Stelle angelangt ist, wie etwa der Posteingangsstelle oder dem Behördenbriefkasten. Auf die tatsächliche Kenntnisnahme des zuständigen Bearbeiters kommt es dann nicht mehr an.

Die Rücknahmeerklärung hat in Textform zu erfolgen. Die Anforderungen der Textform sind in § 126b BGB geregelt. Bei der Textform handelt es sich um die einfachste gesetzliche Form der textlichen Niederlegung von Erklärungen. Die Textform erlaubt eine Übermittlung mittels Fax oder E-Mail. Aus der Erklärung muss die Person des Erklärenden hervorgehen. Dazu ist keine eigenhändige Unterschrift nötig. Es genügt die Namensnennung.[10] Die Nutzung einer einfachen E-Mail oder eines Faxes ist auch dann nicht ausgeschlossen, wenn die Kommunikation im Vergabeverfahren mithilfe elektronischer Mittel erfolgt. § 11a Abs. 2 ist bereits seinem Wortlaut nach nur auf den Auftraggeber anwendbar. Im Übrigen handelt es sich bei der Festlegung auf die Textform in Abs. 2 um die speziellere Regelung, die das Formerfordernis abschließend regelt.

Inhaltlich muss aus der Erklärung hervorgehen, dass der Bieter von seinem Angebot Abstand nehmen möchte. Auf eine ausdrückliche Mitteilung kommt es nicht an. Die Erklärung ist nach den §§ 133, 157 BGB auszulegen. Die Rücknahme muss nicht zwangsläufig das gesamte Angebot erfassen. Auch selbstständige Teile des Angebots wie etwa Nebenangebote oder Angebote für einzelne Lose können isoliert zurückgezogen werden.[11] Wenn die Vorschrift bereits die Rücknahme vollständiger Angebote gestattet, ist im Sinne der Erhaltung des Wettbewerbs auch die Rücknahme hinzunehmen, die sich nur auf Teile des Angebots erstreckt. Mit einer solchen Vorgehensweise kann erreicht werden, dass das übrige Angebot im Wettbewerb verbleibt und der Bieter nicht gezwungen ist, von seinem Angebot insgesamt Abstand zu nehmen.

3. Bewerbungsfrist (Abs. 3).

Abs. 3 verlangt, dass eine ausreichende Bewerbungsfrist vorzusehen ist. Die Regelung bezieht sich auf das Vergabeverfahren der Beschränkten Ausschreibung nach Öffentlichem Teilnahmewettbewerb. Im Anwendungsbereich des ersten Abschnitts handelt es sich um das einzige zweistufige Verfahren, das sich aus einem Teilnahmewettbewerb und dem Angebotsverfahren zusammensetzt. Interessierte Unternehmen bewerben sich für den Teilnahmewettbewerb mit einem Teilnahmeantrag. Der Teilnahmewettbewerb dient der Auswahl geeigneter Bewerber, die zur Angebotsabgabe aufgefordert werden. Es werden nur solche Bewerber aufgefordert, die die erforderliche Fachkunde, Leistungsfähigkeit und Zuverlässigkeit aufweisen. Zur Bemessung einer **ausreichenden Bewerbungsfrist** ist analog zu den Ausführungen zur Angebotsfrist der zeitliche Aufwand für die **Einreichung** und **Bearbeitung** des Teilnahmeantrags und eine kurze **Überlegungsfrist** zu berücksichtigen. Der Aufwand für die Bearbeitung eines Teilnahmeantrags ist regelmäßig niedriger zu bemessen als der Aufwand für die Erstellung eines vollständigen Angebots. Demgegenüber handelt es sich bei der Beschränkten Ausschreibung nach Öffentlichem Teilnahmewettbewerb um ein Verfahren, das Auftraggeber in der Regel dann wählen, wenn sie einen besonderen Fokus auf die Eignung der Unter-

---

[9] BGHZ 67, 271 (275); 137, 205 (207); BGH NJW 2004, 1320.
[10] BeckOK BGB/*Wendtland* BGB § 126 Rn. 6.
[11] Vgl. KKMPP/*Rechten* VgV § 20 Rn. 79.

nehmen legen. Der Teilnahmewettbewerb gestattet es dem Auftraggeber aus einem Kreis geeigneter Bewerber eine Auswahl zu treffen, die er zur Angebotsabgabe auffordert. Er kann mithin die Eignung der Unternehmen untereinander vergleichen und sich für die „geeignetsten" Unternehmen entscheiden. In solchen Fällen kann zumindest für die Darlegung der Eignung ein erhöhter Aufwand bestehen.

18   **4. Bindefrist (Abs. 4 und 5).** Nach Abs. 4 bestimmt der Auftraggeber eine Frist bis zu deren Ablauf der Bieter an sein Angebot gebunden ist. Der Zeitraum wird als Bindefrist legaldefiniert. Zweck der Vorschrift ist es, für einen **Ausgleich der Interessen** von Bietern und Auftraggebern für die Zeit **nach Ablauf der Angebotsfrist** zu sorgen. Dem Auftraggeber ist daran gelegen, genügend Zeit für eine sorgfältige Prüfung der Angebote zur Verfügung zu haben, ohne dass die Bieter währenddessen von ihren Angeboten Abstand nehmen können. Bieter haben hingegen ein Interesse daran, dass der angestrebte Vertragsschluss nicht länger als erforderlich hinausgezögert wird, da sie Kapazitäten vorhalten müssen und zwischenzeitlich Preissteigerungen eintreten könnten, die sie im Vorfeld bei der Kalkulation der Angebote nicht berücksichtigen konnten.

19   Bei der Bindefrist handelt es sich um eine **Annahmefrist iSd § 148 BGB.** Die Norm sieht vor, dass der Antragende die Frist bestimmt. Übertragen auf das Vergabeverfahren handelt es sich hierbei um den Bieter. Dies widerspricht auf den ersten Blick der Regelung in Abs. 4, wonach der Auftraggeber die Bindefrist bestimmt. Durch Einreichung des Angebots ist es dennoch der Bieter, der die Annahmefrist/Bindefrist bestimmt, da die in den Vergabeunterlagen angegebene Bindefrist Bestandteil seines Angebots wird. Die Übernahme der Bindefrist wird vergaberechtlich dadurch gesichert, dass der Bieter gem. § 13 Abs. 1 Nr. 5 keine Änderungen an den Vergabeunterlagen vornehmen darf und das Angebot andernfalls nach § 16 Abs. 1 Nr. 2 ausgeschlossen wird.

20   Fehlt es in den Vergabeunterlagen an Angaben zur Bindefrist, richtet sich der Vertragsschluss nach den §§ 146 f. BGB. § 146 BGB verlangt, dass die Annahme rechtzeitig erfolgt. Im Vergabeverfahren wird der Antrag einem Abwesenden unterbreitet. Für diesen Fall regelt § 147 Abs. 2 BGB, dass die Annahme nur bis zu dem Zeitpunkt erfolgen kann, in welchem der Antragende den Eingang der Antwort unter regelmäßigen Umständen erwarten darf. Nach Prüfung und Wertung aller Angebote dürfte die Erteilung des Zuschlags im Lichte von § 147 Abs. 2 BGB nicht mehr als rechtzeitig anzusehen sein.[12] Der Bieter ist dann nicht mehr an sein Angebot gebunden. Dem Auftraggeber ist es gleichwohl unbenommen, auf dieses Angebot den Zuschlag zu erteilen. Davon geht auch § 18 Abs. 2 aus. Zivilrechtlich handelt es sich dann nicht mehr um eine Annahmeerklärung, sondern gem. § 150 Abs. 1 BGB um ein neues Angebot an den Bieter.

21   a) **Angemessenheit der Bindefrist (Abs. 4 S. 1 und 2).** Abs. 4 verlangt, dass eine „angemessene" Bindefrist festzusetzen ist. Angemessen ist die Bindefrist nur dann, wenn die konkreten Umstände des Einzelfalls berücksichtigt werden. Analog zur Bemessung der Angebotsfrist bedeutet dies, dass der Arbeitsaufwand berücksichtigt wird, der die Prüfung und Wertung der Angebote abverlangt. Auch hierzu sind die Komplexität des ausgeschriebenen Auftrags und der Umfang der Angebote zu berücksichtigen. Die Regelung sieht vor, dass die Frist **so kurz wie möglich** und **nicht länger bemessen** werden soll, als für eine **zügige** Prüfung und Wertung der Angebote nötig ist. Die Vorgabe ist zwar als Soll-Vorschrift formuliert. Gleichwohl setzt sie für die Ermessenausübung des Auftraggebers bei der Bemessung der Frist klare Grenzen. Der Wortlaut der Norm verdeutlicht, dass den schutzwürdigen Interessen der Bieter an ihrer geschäftlichen Dispositionsfreiheit ein mindestens ebenso hohes Gewicht beigemessen wird wie dem Interesse des Auftraggebers an einer sorgfältigen Prüfung der Angebote. Der Auftraggeber ist gehalten, bei der Fristbestimmung von einer reibungslosen und zügigen Bearbeitung der Angebote auszugehen. Absehbare Verzögerungen bei der Prüfung und Wertung, die im Verantwortungsbereich des Auftragge-

---

[12] Heiermann/Riedl/Rusam/*Weitenbach* Rn. 28; Ingenstau/Korbion/*von Wietersheim* Rn. 29.

bers liegen, gehen zu dessen Lasten und rechtfertigen es nicht, die Frist von vornherein länger zu veranschlagen. Die Aussicht, dass die Angebote etwa wegen Personalmangels zunächst unbearbeitet bleiben, kann bei der Fristbestimmung nicht berücksichtigt werden.[13]

b) Bindefrist von 30 Kalendertagen (Abs. 4 S. 3). Nach Abs. 4 S. 3 soll eine Bindefrist von mehr als 30 Kalendertagen nur in begründeten Fällen festgelegt werden. Die Angabe von 30 Kalendertagen dient der Orientierung, dass typischerweise eine längere Bemessung für die Prüfung der Werte nicht erforderlich ist. Soll diese Marke überschritten werden, muss sich der Auftraggeber auf konkrete, belegbare Umstände berufen, die eine Verlängerung rechtfertigen. Der Wortlaut zeigt auf, dass es sich um Ausnahmefälle handeln muss, die nur in besonderen Konstellationen in Betracht kommen. Der Verweis auf „begründete" Fälle dient ferner der Klarstellung, dass der Auftraggeber die Gründe für die Festsetzung einer längeren Bindefrist gem. § 20 Abs. 1 zu dokumentieren hat. 22

c) Nachträgliche Verlängerung der Bindefrist. Eine nachträgliche einseitige Verlängerung der Bindefrist durch den Auftraggeber sieht die VOB/A nicht vor. Nicht ausgeschlossen ist es, dass der Auftraggeber die Bindefrist jeweils im Einvernehmen mit den Bietern verlängert. Zivilrechtlich handelt es sich um eine rechtsgeschäftliche Änderung der bereits festgelegten Annahmefrist nach § 148 BGB.[14] Welche Bieter informiert und aufgefordert werden müssen, hängt vom Stand des Vergabeverfahrens ab. Ist der Auftraggeber noch nicht in die Wertung und Prüfung der Angebote eingestiegen, gebietet es der Gleichbehandlungsgrundsatz alle Bieter aufzufordern, der Verlängerung der Bindefrist zuzustimmen.[15] Ist das Vergabeverfahren bereits so weit fortgeschritten, dass feststeht, welche Angebote in die engere Wahl kommen, genügt es, nur die Bieter dieser Angebote aufzufordern.[16] Kann mit einem Bieter kein Einvernehmen über die Fristverlängerung erzielt werden, scheidet er mit seinem Angebot aus dem Vergabeverfahren aus. 23

d) Beginn der Bindefrist (Abs. 5). Die Bindefrist beginnt mit dem Ablauf der Angebotsfrist. Die Bindungswirkung setzt damit nahtlos ein, sobald der Bieter sein Angebot nicht mehr nach Abs. 2 zurückziehen kann. 24

5. Entsprechende Anwendung bei Freihändiger Vergabe (Abs. 6). Abs. 6 ordnet an, dass bei Freihändiger Vergabe die Absätze 5 und 6 entsprechend anzuwenden sind. Im Umkehrschluss bedeutet dies, dass die übrigen Vorschriften bei Freihändiger Vergabe nicht zu beachten sind. Gleichwohl kann es unter Beachtung des Wettbewerbs- und Gleichbehandlungsgrundsatzes geboten sein, auch bei Freihändiger Vergabe eine Angebotsfrist zu bestimmen. Die Beachtung einer starren Mindestfrist von zehn Kalendertagen ist dann jedoch nicht zwingend. Dies gilt insbesondere für den Fall von Notfallbeschaffungen etwa nach Katastrophenfällen oder in Not- oder Gefahrensituationen, in denen eine Freihändige Vergabe wegen der besonderen Dringlichkeit der Leistung gem. § 3 Abs. 4 Nr. 5 zulässig ist.[17] 25

§ 11 Grundsätze der Informationsübermittlung

(1) ¹Der Auftraggeber gibt in der Bekanntmachung oder den Vergabeunterlagen an, auf welchem Weg die Kommunikation erfolgen soll. ²Für den Fall der elektronischen Kommunikation gelten die Absätze 2 bis 6 sowie § 11a.¹ ³Eine mündliche Kommunikation ist jeweils zulässig, wenn sie nicht die Vergabeunterlagen, die

---

[13] Ingenstau/Korbion/*von Wietersheim* Rn. 29.
[14] KG Berlin NZBau 2008, 180 (181); OLG Jena IBRRS 2003, 1016; VK Bund Beschl. v. 13.6.2017 – VK 2 – 49/07.
[15] Vgl. KKMPP/*Rechten* VgV § 20 Rn. 67.
[16] Vgl. VK Lüneburg Beschl. v. 8.5.2006 – VgK-07/2006.
[17] Beck VOB/*Reidt* Rn. 13.
¹ [Amtl. Anm.:] Auftraggeber müssen bis zum 18. Oktober 2018 die Übermittlung der Angebote und Teilnahmeanträge auch auf nicht elektronischem Weg akzeptieren.

Teilnahmeanträge oder die Angebote betrifft und wenn sie in geeigneter Weise ausreichend dokumentiert wird.

(2) Vergabeunterlagen sind elektronisch zur Verfügung zu stellen.

(3) Der Auftraggeber gibt in der Auftragsbekanntmachung eine elektronische Adresse an, unter der die Vergabeunterlagen unentgeltlich, uneingeschränkt, vollständig und direkt abgerufen werden können.

(4) Die Unternehmen übermitteln ihre Angebote und Teilnahmeanträge in Textform mithilfe elektronischer Mittel.

(5) [1]Der Auftraggeber prüft im Einzelfall, ob zu übermittelnde Daten erhöhte Anforderungen an die Sicherheit stellen. [2]Soweit es erforderlich ist, kann der Auftraggeber verlangen, dass Angebote und Teilnahmeanträge mit einer fortgeschrittenen elektronischen Signatur gemäß § 2 Nummer 2 des Signaturgesetzes (SigG) oder gemäß § 2 Nummer 3 SigG zu versehen sind.

(6) [1]Der Auftraggeber kann von jedem Unternehmen die Angabe einer eindeutigen Unternehmensbezeichnung sowie einer elektronischen Adresse verlangen (Registrierung). [2]Für den Zugang zur Auftragsbekanntmachung und zu den Vergabeunterlagen darf der Auftraggeber keine Registrierung verlangen. [3]Eine freiwillige Registrierung ist zulässig.

I. Regelungsgehalt und Überblick

1   Die Regelung des § 11 enthält für den ersten Abschnitt der VOB/A die wesentlichen **Grundsätze der Informationsübermittlung.** In Abs. 1 ist der Begriff der elektronischen Mittel definiert. Abs. 2 enthält die Pflicht, Bekanntmachungen an das Amt für Veröffentlichungen der Europäischen Union zu übermitteln. Eine Pflicht, die Vergabeunterlagen mit Zeitpunkt der Bekanntmachung im Internet frei zugänglich zu machen, enthält Abs. 3. Die Verpflichtung zur Abgabe von Angebote, Teilnahmeanträge, Interessensbekundungen und Interessensbestätigungen durch die Unternehmen ist in Abs. 4 geregelt. Abs. 5 bestimmt, wie mit Anforderungen an die Sicherheit der Übermittlung umzugehen ist. Der Umfang der Registrierung für ein Vergabeverfahren ist in Abs. 6 geregelt. Die nach wie vor zulässige mündliche Kommunikation ist in Abs. 7 geregelt.

II. Systematische Stellung und Zweck der Norm

2   § 11 regelt im Wesentlichen gemeinsam mit § 11a (→ § 11a Rn. 1) die **Grundlagen der eVergabe** im ersten Abschnitt der VOB/A. Abs. 3–6 entspricht nahezu wortgleich der Regelung in § 11EU Abs. 3–6 (→ § 11EU Rn. 11 ff.). Abs. 1 S. 3 entspricht § 11EU Abs. 7 VOB/A (→ § 11EU Rn. 25).

III. Wahl der Kommunikation (Abs. 1)

3   Der Auftraggeber gibt nach Abs. 1 in der Bekanntmachung oder den Vergabeunterlagen an, auf welchem Weg die Kommunikation erfolgen soll. Grundsätzlich kann sich der Auftraggeber entscheiden, ob er den „klassischen" Kommunikationsweg oder die elektronische Kommunikation wählt. Das bedeutet, dass die **verpflichtende eVergabe im Unterschwellenbereich nicht umgesetzt** wurde. Bis zum 18.10.2018 ist die Übermittlung der Angebote und Teilnahmeanträge auch auf nicht elektronischem Weg zu akzeptieren.[2]

4   Wenn sich der Auftraggeber aber für elektronische Kommunikation entscheidet, gelten die Abs. 2–6 sowie § 11a. Diese sind **wortgleich den Regelungen im Oberschwellenbereich** nachgebildet. Das ist deshalb sinnvoll, weil ansonsten für die Vergaben oberhalb- und unterhalb der EU-Schwellenwerte bei etwaigen Abweichungen an die Kommunikationen nicht dieselben Prozesse und Geräte verwendet werden könnten.

---

[2] Amtliche Fußnote zu Abs. 1 S. 1.

§ 11a Anforderungen an elektronische Mittel

(1) ¹Elektronische Mittel und deren technische Merkmale müssen allgemein verfügbar, nichtdiskriminierend und mit allgemein verbreiteten Geräten und Programmen der Informations- und Kommunikationstechnologie kompatibel sein. ²Sie dürfen den Zugang von Unternehmen zum Vergabeverfahren nicht einschränken. ³Der Auftraggeber gewährleistet die barrierefreie Ausgestaltung der elektronischen Mittel nach den §§ 4 und 11 des Behindertengleichstellungsgesetzes (BGG) vom 27. April 2002 (BGBl. I S. 1467, 1468) in der jeweils geltenden Fassung.

(2) Der Auftraggeber verwendet für das Senden, Empfangen, Weiterleiten und Speichern von Daten in einem Vergabeverfahren ausschließlich solche elektronischen Mittel, die die Unversehrtheit, die Vertraulichkeit und die Echtheit der Daten gewährleisten.

(3) Der Auftraggeber muss den Unternehmen alle notwendigen Informationen zur Verfügung stellen über
1. die in einem Vergabeverfahren verwendeten elektronischen Mittel,
2. die technischen Parameter zur Einreichung von Teilnahmeanträgen, Angeboten mithilfe elektronischer Mittel und
3. verwendete Verschlüsselungs- und Zeiterfassungsverfahren.

(4) ¹Der Auftraggeber legt das erforderliche Sicherheitsniveau für die elektronischen Mittel fest. ²Elektronische Mittel, die vom Auftraggeber für den Empfang von Angeboten und Teilnahmeanträgen verwendet werden, müssen gewährleisten, dass
1. die Uhrzeit und der Tag des Datenempfangs genau zu bestimmen sind,
2. kein vorfristiger Zugriff auf die empfangenen Daten möglich ist,
3. der Termin für den erstmaligen Zugriff auf die empfangenen Daten nur von den Berechtigten festgelegt oder geändert werden kann,
4. nur die Berechtigten Zugriff auf die empfangenen Daten oder auf einen Teil derselben haben,
5. nur die Berechtigten nach dem festgesetzten Zeitpunkt Dritten Zugriff auf die empfangenen Daten oder auf einen Teil derselben einräumen dürfen,
6. empfangene Daten nicht an Unberechtigte übermittelt werden und
7. Verstöße oder versuchte Verstöße gegen die Anforderungen gemäß den Nummern 1 bis 6 eindeutig festgestellt werden können.

(5) ¹Die elektronischen Mittel, die von dem Auftraggeber für den Empfang von Angeboten und Teilnahmeanträgen genutzt werden, müssen über eine einheitliche Datenaustauschschnittstelle verfügen. ²Es sind die jeweils geltenden Interoperabilitäts- und Sicherheitsstandards der Informationstechnik gemäß § 3 Absatz 1 des Vertrags über die Errichtung des IT-Planungsrats und über die Grundlagen der Zusammenarbeit beim Einsatz der Informationstechnologie in den Verwaltungen von Bund und Ländern vom 1. April 2010 zu verwenden.

(6) Der Auftraggeber kann im Vergabeverfahren die Verwendung elektronischer Mittel, die nicht allgemein verfügbar sind (alternative elektronische Mittel), verlangen, wenn er
1. Unternehmen während des gesamten Vergabeverfahrens unter einer Internetadresse einen unentgeltlichen, uneingeschränkten, vollständigen und direkten Zugang zu diesen alternativen elektronischen Mitteln gewährt.
2. diese alternativen elektronischen Mittel selbst verwendet.

(7) ¹Der Auftraggeber kann für die Vergabe von Bauleistungen und für Wettbewerbe die Nutzung elektronischer Mittel im Rahmen der Bauwerksdatenmodellierung verlangen. ²Sofern die verlangten elektronischen Mittel für die Bauwerksdatenmodellierung nicht allgemein verfügbar sind, bietet der Auftraggeber einen alternativen Zugang zu ihnen gemäß Absatz 6 an.

I. Regelungsgehalt und Überblick

1 § 11a regelt die Anforderungen an elektronische Mittel, sofern der Auftraggeber nach Maßgabe des § 11 davon Gebrauch macht. Abs. 1 schreibt die allgemeine Verfügbarkeit der technischen Mittel und deren technische Merkmale vor. Abs. 2 verpflichtet auf die Unversehrtheit, die Vertraulichkeit und die Echtheit der Daten in der elektronischen Kommunikation. Abs. 3 gibt vor, welche Informationen Auftraggeber den interessierten Unternehmen über die elektronische Kommunikation zur Verfügung stellen müssen. Mindestanforderungen an das erforderliche Sicherheitsniveau für die elektronischen Mittel sind in Abs. 4 geregelt. Abs. 5 macht Vorgaben zu einer einheitlichen Datenaustauschschnittstelle. Alternative elektronische Mittel sind in Abs. 6 geregelt. Spezielle Vorgaben für die elektronischen Mittel im Rahmen der Bauwerksdatenmodellierung finden sich in Abs. 7.

II. Systematische Stellung und Zweck der Norm

2 § 11a ist wortgleich an der Regelung des § 11EU orientiert. Auf die dortige Kommentierung wird verweisen (→ § 11EU Rn. 1 ff.).

§ 12 Bekanntmachung

(1)
1. Öffentliche Ausschreibungen sind bekannt zu machen, z. B. in Tageszeitungen, amtlichen Veröffentlichungsblättern oder auf Internetportalen; sie können auch auf www.bund.de veröffentlicht werden.
2. Diese Bekanntmachungen sollen folgende Angaben enthalten:
    a) Name, Anschrift, Telefon-, Telefaxnummer sowie E-Mail-Adresse des Auftraggebers (Vergabestelle),
    b) gewähltes Vergabeverfahren,
    c) gegebenenfalls Auftragsvergabe auf elektronischem Wege und Verfahren der Ver- und Entschlüsselung,
    d) Art des Auftrags,
    e) Ort der Ausführung,
    f) Art und Umfang der Leistung,
    g) Angaben über den Zweck der baulichen Anlage oder des Auftrags, wenn auch Planungsleistungen gefordert werden,
    h) falls die bauliche Anlage oder der Auftrag in mehrere Lose aufgeteilt ist, Art und Umfang der einzelnen Lose und Möglichkeit, Angebote für eines, mehrere oder alle Lose einzureichen,
    i) Zeitpunkt, bis zu dem die Bauleistungen beendet werden sollen oder Dauer des Bauleistungsauftrags; sofern möglich, Zeitpunkt, zu dem die Bauleistungen begonnen werden sollen,
    j) gegebenenfalls Angaben nach § 8 Absatz 2 Nummer 3 zur Zulässigkeit von Nebenangeboten,
    k) Name und Anschrift, Telefon- und Telefaxnummer, E-Mail-Adresse der Stelle, bei der die Vergabeunterlagen und zusätzliche Unterlagen angefordert und eingesehen werden können,
    l) gegebenenfalls Höhe und Bedingungen für die Zahlung des Betrags, der für die Unterlagen zu entrichten ist,
    m) bei Teilnahmeantrag: Frist für den Eingang der Anträge auf Teilnahme, Anschrift, an die diese Anträge zu richten sind, Tag, an dem die Aufforderungen zur Angebotsabgabe spätestens abgesandt werden,
    n) Frist für den Eingang der Angebote,
    o) Anschrift, an die die Angebote zu richten sind, gegebenenfalls auch Anschrift, an die Angebote elektronisch zu übermitteln sind,

p) Sprache, in der die Angebote abgefasst sein müssen,
q) Datum, Uhrzeit und Ort des Eröffnungstermins sowie Angabe, welche Personen bei der Eröffnung der Angebote anwesend sein dürfen,
r) gegebenenfalls geforderte Sicherheiten,
s) wesentliche Finanzierungs- und Zahlungsbedingungen und/oder Hinweise auf die maßgeblichen Vorschriften, in denen sie enthalten sind,
t) gegebenenfalls Rechtsform, die die Bietergemeinschaft nach der Auftragsvergabe haben muss,
u) verlangte Nachweise für die Beurteilung der Eignung des Bewerbers oder Bieters,
v) Bindefrist,
w) Name und Anschrift der Stelle, an die sich der Bewerber oder Bieter zur Nachprüfung behaupteter Verstöße gegen Vergabebestimmungen wenden kann.

(2)
1. Bei Beschränkter Ausschreibung nach Öffentlichem Teilnahmewettbewerb sind die Unternehmen durch Bekanntmachungen, z. B. in Tageszeitungen, amtlichen Veröffentlichungsblättern oder auf Internetportalen, aufzufordern, ihre Teilnahme am Wettbewerb zu beantragen.
2. Diese Bekanntmachungen sollen die Angaben gemäß § 12 Absatz 1 Nummer 2 enthalten.

(3) Teilnahmeanträge sind auch dann zu berücksichtigen, wenn sie durch Telefax oder in sonstiger Weise elektronisch übermittelt werden, sofern die sonstigen Teilnahmebedingungen erfüllt sind.

Übersicht

	Rn.		Rn.
I. Normzweck	1–3	l) Kostenerstattung für die Vergabeunterlagen (lit. l)	19
II. Bekanntmachung bei öffentlicher Ausschreibung (Abs. 1)	4–30	m) Frist und Anschrift für Teilnahmeanträge (lit. m)	20
1. Publikationsorgane (Nr. 1)	5, 6	n) Angebotsfrist (lit. n)	21
2. Inhalt der Bekanntmachung (Nr. 2)	7–30	o) Anschrift für die Angebote (lit. o)	22
a) Auftraggeber (lit. a)	8	p) Angebotssprache (lit. p)	23
b) Vergabeverfahren (lit. b)	9	q) Daten zum Eröffnungstermin und den bei Eröffnung zugelassenen Personen (lit. q)	24
c) Auftragsvergabe auf elektronischem Wege und Verfahren der Ver- und Entschlüsselung (lit. c)	10	r) Sicherheiten (lit. r)	25
d) Art des Auftrags (lit. d)	11	s) Wesentliche Finanzierungs- und Zahlungsbedingungen (lit. s)	26
e) Ausführungsort (lit. e)	12	t) Rechtsform von Bietergemeinschaften (lit. t)	27
f) Art und Umfang der Leistung (lit. f)	13	u) Eignungsnachweise (lit. u)	28
g) Zweck der baulichen Anlage oder des Auftrags bei Abforderung von Planungsleistungen (lit. g)	14	v) Bindefrist (lit. v)	29
h) Vergabe nach Losen (lit. h)	15	w) Nachprüfungsstelle (lit. w)	30
i) Bauende, Ausführungsdauer und Baubeginn (lit. i)	16	III. Bekanntmachung bei beschränkter Ausschreibung nach öffentlichem Teilnahmewettbewerb (Abs. 2)	31
j) Nebenangebote (lit. j)	17	IV. Teilnahmeanträge (Abs. 3)	32
k) Kontaktdaten der Stelle zur Anforderung und Einsicht der Vergabeunterlagen (lit. k)	18		

I. Normzweck

§ 12 enthält die formellen Anforderungen, die an die Bekanntmachung einer Ausschreibung durch den Auftraggeber zu stellen sind. Die Bestimmungen der Norm geben dem Auftraggeber zwingend vor, in welcher Art und Weise er sich bei der Vergabe von Aufträgen an den potenziellen Bieterkreis zu wenden hat. Sinn und Zweck der Norm ist die Sicherstellung einer möglichst breiten und einheitlichen Publizität der Ausschreibungsverfahren. Es sollen möglichst viele potenzielle Bieter Kenntnis von dem Ausschreibungsverfahren erhalten, um einen möglichst breiten Markt zu eröffnen und einen möglichst intensiven Wettbewerb zu erzielen.[1] Bei der beschränkten Ausschreibung nach öffentlichem Teilnahmewettbewerb gem. § 3 Abs. 1 S. 2 bezweckt die Vorschrift gleichzeitig, dem Auftraggeber einen ersten Überblick über den möglichen Bieterkreis zu vermitteln.[2]

2   Die formellen Vorgaben der Norm sind für die Auftraggeberseite zwingend und für die Auftragnehmerseite generell bieterschützend.[3] Inhalt des Bieterschutzes des § 12 ist die Sicherung der Diskriminierungsfreiheit des Ausschreibungsverfahrens.[4] Die Beschränkung auf regionale Märkte unter Ausgrenzung externer Marktteilnehmer soll vermieden werden. Es besteht ein Anspruch der Bieter auf Information über Vergabevorhaben, die nach Maßgabe des § 12 Abs. 1–3 bekannt zu machen sind.[5] Die Verletzung der zwingenden Vorgaben für die Bekanntmachung in § 12 kann zur Rechtswidrigkeit des gesamten Ausschreibungsverfahrens führen und Schadensersatzansprüche gegenüber dem Auftraggeber begründen.

3   § 12 Abs. 1 Nr. 1 regelt die Art und Weise der Bekanntmachung der öffentlichen Ausschreibung. Die inhaltlichen Vorgaben an die Bekanntmachung sind in Form einer Checkliste in § 12 Abs. 1 Nr. 2 enthalten. § 12 Abs. 2 Nr. 1 und 2 regelt die Vorgaben an die Bekanntmachung bei beschränkter Ausschreibung nach öffentlichem Teilnahmewettbewerb. § 12 Abs. 3 ergänzt für Fälle der beschränkten Ausschreibung nach öffentlichem Teilnahmewettbewerb gem. § 12 Abs. 2 den Kreis der formell vom Auftraggeber berücksichtigungspflichtigen Teilnahmeanträge.

II. Bekanntmachung bei öffentlicher Ausschreibung (Abs. 1)

4   § 12 Abs. 1 Nr. 1 regelt die zulässige Art und Weise der Bekanntgabe der öffentlichen Ausschreibung gem. § 3 Abs. 1 S. 1. § 12 Abs. 1 Nr. 2 definiert dabei gleichzeitig den Mindestinhalt der Bekanntmachung einer öffentlichen Ausschreibung.

5   **1. Publikationsorgane (Nr. 1).** Als Publikationsorgane der Bekanntmachung stehen dem Auftraggeber eine Reihe von Medien zur Verfügung, die § 12 Abs. 1 Nr. 1 nicht abschließend benennt. Die Vorgaben des § 12 Abs. 1 Nr. 1 sind häufig verwaltungsintern determiniert. Das VHB, Ausgabe 2008, Stand April 2016, schreibt für seinen Geltungsbereich die amtliche Veröffentlichung auf der Internetplattform www.bund.de vor. Bei Auswahl der in § 12 Abs. 1 Nr. 1 benannten Publikationsorgane hat der Auftraggeber zu prüfen, ob dem konkret gewählten Publikationsorgan die notwendige Breitenwirkung zukommt, um den Sinn und Zweck der Information, einen größtmöglichen potenziellen Bieterkreis über die öffentliche Ausschreibung zu informieren, zu erfüllen. Je interessanter der Auftrag für potenzielle Bieter ist, desto breiter soll er bekannt gemacht werden, um einen größtmöglichen Markt und einen größtmöglichen Wettbewerb um den Auftrag zu eröffnen. Dadurch soll ein transparentes und am Wettbewerbsprinzip orientiertes Vergabeverfahren gefördert werden. Bei der Wahl des Publikationsorgans hat der Auftraggeber darauf zu achten, dass mit dem gewählten Medium die in Betracht kommenden Wirtschaftskreise erreicht werden. Entsprechend dem Sinn und Zweck der öffentlichen Ausschreibung muss ein ausreichend großer, prinzipiell unbeschränkter Bewerberkreis angesprochen werden.[6]

6   So hat der Auftraggeber, wenn er zur Bekanntmachung der öffentlichen Ausschreibung Tageszeitungen auswählt, darauf zu achten, dass deren Auflagenzahl und Verbreitungsgebiet

---

[1] VK Düsseldorf Beschl. v. 24.10.2003 – VK 31/2003 L, JurionRS 2003, 31975; VK Brandenburg Beschl. v. 22.5.2008 – VK 11/08, IBRRS 2008, 1947.
[2] Kapellmann/Messerschmidt/*Planker* Rn. 2.
[3] BGH Urt. v. 27.11.2007 – X ZR 18/07, ZfBR 2008, 299; jurisPK-VergabeR/*Lausen* Rn. 5.
[4] BGH Urt. v. 27.11.2007 – X ZR 18/07, ZfBR 2008, 299; jurisPK-VergabeR/*Lausen* Rn. 5.
[5] VK Düsseldorf Beschl. v. 24.10.2003 – VK 31/2003 L, JurionRS 2003, 31975; VK Brandenburg Beschl. v. 22.5.2008 – VK 11/08, IBRRS 2008, 1947.
[6] BayObLG Beschl. v. 4.2.2003 – Verg 31/02, BeckRS 2003, 2434; VK Brandenburg Beschl. v. 22.5.2008 – VK 11/08, IBRRS 2008, 1947.

groß genug ist, um die nötige Breitenwirkung bei den angesprochenen Fachkreisen zu erreichen. So kann es geboten sein, die gleiche Bekanntmachung in zwei regionalen Tageszeitungen zu veröffentlichen.[7] Entscheidend ist, dass das gewählte Publikationsorgan einem unbeschränkten Kreis von potenziellen Bietern ohne Schwierigkeiten zugänglich ist. Deshalb kann die Bekanntmachung allein in einem regional verbreiteten Veröffentlichungsblatt unzureichend sein.[8] Eine Veröffentlichung in einer Fachzeitschrift wird in Betracht kommen, wenn hierdurch ein fachspezifischer Bieterkreis ohne regionale Begrenzung erreicht werden kann.[9] Der Auftraggeber hat stets nach Zweckmäßigkeitsgesichtspunkten zu prüfen, über welches Veröffentlichungsorgan er den Markt am besten erreichen kann. Sein Ermessen zur Auswahl eines geeigneten Veröffentlichungsmittels wird durch den Zweck der Bekanntmachung, ein wettbewerbsoffenes und transparentes Verfahren zu fördern, beschränkt.[10] Oberhalb der Schwellenwerte ist das Amtsblatt der Europäischen Gemeinschaft das zwingend von § 12EU Abs. 3 Nr. 2 vorgeschriebene Ausschreibungsorgan. Oberhalb der Schwellenwerte kann gem. § 12EU Abs. 3 Nr. 5 S. 1 die EU-weite Auftragsbekanntmachung zusätzlich im Inland, zB in Tageszeitungen, amtlichen Veröffentlichungsblättern oder Internetportalen, veröffentlicht werden. Unterhalb der Schwellenwerte gilt dies nicht. Hier sind als Bekanntmachungsorgane die einschlägigen Vergabeportale im Internet, amtliche Veröffentlichungsblätter oder Tageszeitungen auszuwählen.

2. Inhalt der Bekanntmachung (Nr. 2). Die gem. § 12 Abs. 1 Nr. 2 lit. a und b bekannt zu machenden Inhalte der Ausschreibung betreffen den Auftraggeber und die zu vergebende Leistung (§ 12 Abs. 1 Nr. 2 lit. a–e), das durchzuführende Vergabeverfahren (§ 12 Abs. 1 Nr. 2 lit. j–q), die spätere Ausführungsphase (§ 12 Abs. 1 Nr. 2 lit. r–t) und die geforderten Bieternachweise sowie den Abschluss des Vergabeverfahrens (§ 12 Abs. 1 Nr. 2 lit. u–w).

a) Auftraggeber (lit. a). Erforderlich sind hier: vollständiger Name, genaue Anschrift sowie Telefon- und Telefaxnummern nebst E-Mail-Adressen des Auftraggebers. Die genaue Identität des Auftraggebers (der Vergabestelle), der den Zuschlag erteilt und der Vertragspartner des Auftragnehmers wird, ist zu benennen. Die Benennung eines Vertreters des Auftraggebers, wie zB das die Ausschreibung betreuende Planungsbüro, ist nicht ausreichend, da daraus alleine die genaue Identität des Auftraggebers nicht hervorgeht.[11]

b) Vergabeverfahren (lit. b). Das vom Auftraggeber gewählte Vergabeverfahren muss genau kenntlich gemacht werden. Potenzielle Bieter müssen erkennen, ob es sich um eine öffentliche oder beschränkte Ausschreibung handelt, um ihre Chancen auf Zuschlagserteilung abschätzen zu können. Zu benennen ist allein die gewählte Art des Vergabeverfahrens, eine Begründung der getroffenen Wahl hat der Auftraggeber nicht anzugeben.

c) Auftragsvergabe auf elektronischem Wege und Verfahren der Ver- und Entschlüsselung (lit. c). § 12 Abs. 1 Nr. 2 lit. c verlangt vom Auftraggeber Angaben zur elektronischen Vergabe. Wählt der Auftraggeber elektronische Mittel zur Durchführung des Ausschreibungsverfahrens, hat er den Bietern frühzeitig und diskriminierungsfrei die hierfür maßgeblichen Informationen zur Verfügung zu stellen. Zur Verfügung zu stellende Informationen sind die verwandten Verfahren der Ver- und Entschlüsselung, das verwandte Internetportal, die Schnittstellen, die erforderliche Software etc.[12] Zur Verfügung zu stellen vom Auftraggeber sind auch die maßgeblichen Informationen zur Möglichkeit der Einsichtnahme in die elektronisch bereitgestellten Vergabeunterlagen. Die Anforderungen an die Informationsübermittlung und die elektronischen Mittel, die vom Auftraggeber für das

---

[7] OLG Düsseldorf Urt. v. 5.6.2013 – 6 K 2273/12, IBRRS 2013, 2392; OVG Nordrhein-Westfalen Beschl. v. 24.6.2014 – 13 A 1607/13, BeckRS 2014, 52989; OVG Münster Beschl. v. 24.6.2014 – 13 A 1607/13, BeckRS 2014, 52989.
[8] BayObLG Beschl. v. 4.2.2003 – Verg 31/02, BeckRS 2003, 2434.
[9] VK Brandenburg Beschl. v. 22.5.2008 – VK 11/08, IBRRS 2008, 1947.
[10] OVG Nordrhein-Westfalen Beschl. v. 24.6.2014 – 13 A 1607/13, BeckRS 2014, 52989.
[11] Ingenstau/Korbion/*von Wietersheim* Rn. 6; Kapellmann/Messerschmidt/*Planker* Rn. 11.
[12] Ingenstau/Korbion/*von Wietersheim* Rn. 8.

Ausschreibungsverfahren gewählt werden, richten sich nach § 11 Abs. 1 Nr. 1–3, § 11a Nr. 1–7. Schriftliche Angebote sind bei unterschwelligen Bauvergaben gem. § 13 Abs. 1 Nr. 1 S. 2 bis zum 18.10.2018 stets zuzulassen.

11 **d) Art des Auftrags (lit. d).** Die Angabe der Art des Auftrags gem. § 12 Abs. 1 Nr. 2 lit. d umfasst die schlagwortartige Benennung des Auftragsinhaltes. Der konkrete Gegenstand des Auftrags und die im Rahmen des Auftrags im Einzelnen verlangten Leistungen sind gem. § 12 Abs. 1 Nr. 2 lit. e–g weiter zu spezifizieren. Die Angabe der Art des Auftrags gem. § 12 Abs. 1 Nr. 2 lit. d soll interessierten Unternehmen eine erste Einschätzung darüber ermöglichen, ob sie die verlangten Leistungen ausführen können.[13]

12 **e) Ausführungsort (lit. e).** Die Angaben zum Ausführungsort der Bauleistung gem. § 12 Abs. 1 Nr. 2 lit. e sind für die potenziellen Bieter von wesentlicher Bedeutung. Potenzielle Bieter, die allein regional geschäftlich tätig sind, können anhand dieser Angabe beurteilen, ob der ausgeschriebene Auftrag für sie überhaupt infrage kommt. Für überregional geschäftlich tätige Bieter ist die Angabe des Ausführungsorts der Bauleistung von erheblicher Bedeutung für die Kalkulation und damit die Höhe des Angebotspreises.

13 **f) Art und Umfang der Leistung (lit. f).** Die Angaben zu Art und Umfang der abverlangten Leistung gem. § 12 Abs. 1 Nr. 2 lit. f sollen potenziellen Bietern die Überprüfung gestatten, ob ihr Betrieb für den ausgeschriebenen Auftrag fachlich und kapazitär eingerichtet ist. Potenziellen Bietern ist daher anzugeben, welche Leistungen in welchem Umfang erforderlich werden. Eine schlagwortartige, grobe Umschreibung der abverlangten Leistung ist genügend. Notwendig sind aber erschöpfende Angaben, anhand derer sich die Unternehmen ein Bild vom Auftrag machen und abschätzen können, ob sich dieser Auftrag für sie zur Abgabe eines Angebots eignet.[14] Die Angabe der Einzelheiten der Leistung folgt aus der Leistungsbeschreibung.[15]

14 **g) Zweck der baulichen Anlage oder des Auftrags bei Abforderung von Planungsleistungen (lit. g).** Ist Gegenstand des ausgeschriebenen Auftrags auch die Abgabe eines Angebots über mit zu erbringende Planungsleistungen, hat der Auftraggeber gem. § 12 Abs. 1 Nr. 2 lit. g nähere Angaben über den Zweck der baulichen Anlage oder des Auftrags zu machen. Dies betrifft Leistungsbeschreibungen mit Leistungsprogramm gem. § 7c Abs. 1, 2. Der dann gleichzeitig auch mitplanende Bieter hat zur Erfüllung des von ihm zu erbringenden Planungsteils der Bauaufgabe wirtschaftliche, technische, funktionale und gestalterische Lösungen zu erarbeiten und mit anzubieten. Die Angabe gem. § 12 Abs. 1 Nr. 2 lit. g ermöglicht dem Bieter dazu die Beurteilung darüber, ob der vom Auftraggeber vorgegebene Zweck der baulichen Anlage oder des Bauauftrages erfüllt werden kann.

15 **h) Vergabe nach Losen (lit. h).** § 5 Abs. 2 S. 1 schreibt für den Regelfall in Entsprechung zu § 97 Abs. 4 S. 2 GWB die Aufteilung des Bauauftrags in Teillose und Fachlose vor. Aus wirtschaftlichen oder technischen Gründen kann gem. § 5 Abs. 2 S. 2 ausnahmsweise auf eine Aufteilung oder Trennung verzichtet werden. Wird der zu erteilende Bauauftrag gem. § 5 Abs. 2 S. 1 in Lose aufgeteilt, muss gem. § 12 Abs. 1 Nr. 2 lit. h in der Bekanntmachung angegeben werden, ob die Losaufteilung die Ausbildung von Teillosen oder Fachlosen umfasst und von welcher Art und welchem Umfang die einzelnen Lose sind. Hat der Auftraggeber vorgesehen, dass potenzielle Bieter Angebote für eines, für mehrere oder für alle vorgesehenen Lose abgeben können, so ist auch dies bekannt zu machen. Für den potenziellen Bieter sind die Informationen gem. § 12 Abs. 1 Nr. 2 lit. h von hoher Relevanz und wesentlicher wirtschaftlicher Bedeutung.[16] Er benötigt diese Angaben für seine Beurteilung der eigenen Leistungsfähigkeit zur Erfüllung des Auftrags und für seine Kalkulation. Kann der Bieter

---

[13] Ingenstau/Korbion/*von Wietersheim* Rn. 9.
[14] VK Brandenburg Beschl. v. 25.4.2003 – VK 21/03, IBRRS 2003, 3220.
[15] Ingenstau/Korbion/*von Wietersheim* Rn. 11.
[16] VK Bund Beschl. v. 21.9.2004 – VK 3-110/04, BeckRS 2004, 150604.

Angebote für mehrere Lose anbieten, wird ihm dies eine günstigere Kalkulation ermöglichen können, als wenn er nur auf einzelne Teil- und Fachlose anbieten darf.[17]

i) Bauende, Ausführungsdauer und Baubeginn (lit. i). Die für potenzielle Bieter 16
äußerst wichtigen zeitlichen Parameter des Fertigstellungstermins, der Ausführungsdauer und des vom Auftraggeber gewünschten Baubeginns sind in der Bekanntmachung gem. § 12 Abs. 1 Nr. 2 lit. i so konkret wie möglich anzugeben. Hier sind in aller Regel konkrete datumsmäßige Bezeichnungen erforderlich. Statthaft ist auch die Angabe, dass der Beginn der Arbeiten innerhalb von zB zwei Wochen nach Zuschlagserteilung erfolgt und bis zu einem bestimmten Datum oder innerhalb einer bestimmten Ausführungsfrist auszuführen ist.[18] Diese Angaben sind für potenzielle Bieter zur Beurteilung ihrer kapazitären Leistungsfähigkeit und für die Kalkulation ihres Angebots wesentlich. Vorhersehbare Unterbrechungen oder bereits bei Beginn der Ausschreibung bekannte Behinderungstatbestände sollte der Auftraggeber in eigenem Interesse mit bekannt geben, damit diese Umstände von dem Bieter kalkuliert werden können.[19] Auch die Angabe der Frist oder des Zeitraums, die dem Bieter zwischen Erhalt des Zuschlags und Beginn der Vertragsdurchführung zur Verfügung steht, ist für potenzielle Bieter von hoher Relevanz. Ist für potenzielle Bieter absehbar, dass sie im Zuschlagsfall ihre Leistungsfähigkeit nicht bis zum Vertragsbeginn herstellen können, werden sie nämlich von einer Teilnahme am Vergabeverfahren absehen.[20] Daher ist der Auftraggeber gehalten, auch ohne normierte Vorgabe für Vorlauffristen oder Rüstzeiten auf einen angemessenen Abstand zwischen Zuschlagserteilung und Vertrags- bzw. Baubeginn zu achten.[21]

j) Nebenangebote (lit. j). Der Auftraggeber hat in der Bekanntmachung gem. § 12 17
Abs. 1 Nr. 2 lit. j anzugeben, ob er Nebenangebote nicht zulässt (§ 8 Abs. 2 Nr. 3 lit. a) oder ob er Nebenangebote ausnahmsweise nur iVm einem Hauptangebot zulässt (§ 8 Abs. 2 Nr. 3 lit. b). Er hat mithin allein dann in der Bekanntmachung gem. § 12 Abs. 1 Nr. 2 lit. j darüber zu informieren, wenn er Nebenangebote nicht zulassen will. Enthält die Bekanntmachung keine Information gem. § 12 Abs. 1 Nr. 2 lit. j, gelten Nebenangebote als zugelassen.[22] Diese Angabe der Bekanntmachung ist für potenzielle Bieter wichtig, da diese häufig „näher am Markt" sind und durch diese Information in der Bekanntmachung ihre Chance auf Zuschlagserteilung bei der vom Auftraggeber eröffneten Möglichkeit, Nebenangebote abzugeben, besser einschätzen können.

k) Kontaktdaten der Stelle zur Anforderung und Einsicht der Vergabeunterla- 18
gen (lit. k). Durch die Angabe gem. § 12 Abs. 1 Nr. 2 lit. k hat der Auftraggeber in der Bekanntmachung die Stelle zu bezeichnen, bei der die Anforderung der Vergabeunterlagen oder zusätzlichen Unterlagen und deren Einsicht möglich ist. Die anzugebende Stelle muss nicht mit dem Auftraggeber identisch oder personengleich sein. Es kann sich insbesondere um ein mit der Betreuung der Ausschreibung beauftragtes Architekten- oder Ingenieurbüro handeln.[23]

l) Kostenerstattung für die Vergabeunterlagen (lit. l). Gemäß § 8b Abs. 1 Nr. 1 19
kann vom Auftraggeber bei öffentlicher Ausschreibung eine Erstattung der Kosten für die Vervielfältigung der Leistungsbeschreibung und der anderen Unterlagen sowie für die Kosten der postalischen Versendung verlangt werden. Diese Höhe einer geforderten Kostenerstattung und die Modalitäten der Zahlung sind gem. § 12 Abs. 2 lit. l bekanntzugeben. Dies gilt insbesondere auch für die Angabe des Auftraggebers, ob er die Zahlung der Kostenerstat-

---

[17] VK Baden-Württemberg Beschl. v. 14.9.2001 – 1 VK 24/01, IBRRS 2004, 3629; VK Arnsberg Beschl. v. 6.2.2013 – VK 21/12, BeckRS 2013, 46910; Ingenstau/Korbion/von *Wietersheim* Rn. 13.
[18] HHKW/*Schneider* Rn. 18.
[19] HHKW/*Schneider* Rn. 18.
[20] VK Bund Beschl. v. 5.11.2013 – VK 2-100/13, ZfBR 2014, 198.
[21] VK Bund Beschl. v. 5.11.2013 – VK 2-100/13, ZfBR 2014, 198; VK Arnsberg Beschl. v. 6.2.2013 – VK 21/12, BeckRS 2013, 46910.
[22] Kapellmann/Messerschmidt/*Planker* Rn. 20.
[23] Kapellmann/Messerschmidt/*Planker* Rn. 21.

tung vor der Versendung der Vergabeunterlagen verlangt oder ob die Versendung der Vergabeunterlagen unabhängig von bereits erfolgter Zahlung erfolgt.[24]

20 **m) Frist und Anschrift für Teilnahmeanträge (lit. m).** Die Regelung ist allein für beschränkte Ausschreibungen nach öffentlichem Teilnahmewettbewerb gem. § 12 Abs. 2 Nr. 1 anwendbar. Ein Teilnahmeantrag gem. § 12 Abs. 1 Nr. 2 lit. m ist bei öffentlichen Ausschreibungen gem. § 12 Abs. 1 Nr. 1 nicht vorgesehen. Anzugeben bei beschränkten Ausschreibungen mit öffentlichem Teilnahmewettbewerb gem. § 12 Abs. 2 Nr. 1 ist die festgesetzte Bewerbungsfrist gem. § 10 Abs. 3. Diese Bewerbungsfrist ist von dem Auftraggeber „ausreichend" zu dimensionieren. Weiterhin hat der Auftraggeber gem. § 12 Abs. 1 Nr. 2 lit. m den Tag anzugeben, an dem die Aufforderung zur Angebotsabgabe spätestens abgesandt wird. Dies soll den Bietern ermöglichen, sich zeitlich auf die Angebotskalkulation und die Einhaltung der Angebotsfrist einrichten zu können. Dies ist für die geschäftliche Disposition der Bieter wesentlich.

21 **n) Angebotsfrist (lit. n).** Für die geschäftliche Disposition der Bieter ebenfalls wesentlich ist die gem. § 12 Abs. 1 Nr. 2 lit. n zwingend vom Auftraggeber bekanntzumachende Angebotsfrist. Gemäß § 10 Abs. 1 S. 1 ist für die Bearbeitung und Einreichung der Angebote eine ausreichende Angebotsfrist vorzusehen, die auch bei Dringlichkeit zehn Kalendertage nicht unterschreiten darf. Zusätzlicher Informationsaufwand des Bieters für die Besichtigung von Baustellen oder für die Beschaffung von Unterlagen für die Angebotsbearbeitung ist gem. § 10 Abs. 1 S. 2 zu berücksichtigen. Die zwingend gem. § 12 Abs. 1 Nr. 2 lit. n bekannt zu machende Angebotsfrist ist auch deshalb wichtig, da die Angebotsfrist mit Ablauf des gesetzten Termins abläuft. Angebote, die bis zum Ablauf der Angebotsfrist nicht eingegangen sind, sind gem. § 14 Abs. 2, § 14a Abs. 2 nicht zur Eröffnung zuzulassen. Sie sind gem. § 14 Abs. 4 S. 1, § 14a Abs. 5 S. 1 als verspätete Angebote in der Niederschrift zum Öffnungs- bzw. Eröffnungstermin oder in einem Nachtrag hierzu besonders aufzuführen. Die Eingangszeit der verspäteten Angebote und die bekannten Gründe, aus denen die Angebote nicht vorgelegen haben, sind zu vermerken (§ 14 Abs. 4 S. 2, § 14a Abs. 5 S. 2). Der Umschlag und andere Beweismittel sind aufzubewahren (§ 14a Abs. 5 S. 2, 3).

22 **o) Anschrift für die Angebote (lit. o).** Die Angabe der postalischen oder elektronischen Anschriften für die Einreichung der Angebote gem. § 12 Abs. 1 Nr. 2 lit. o ist unverzichtbar. Hier ist besondere Genauigkeit vom Auftraggeber gefordert. Die Bieter müssen aufgrund der Adressierungsangaben in der Lage sein, ihr Angebot zur richtigen Zeit am richtigen Ort einzureichen bzw. abzugeben. Genaue Informationen über die zu verwendende postalische Anschrift (ggf. mit weiteren Zusätzen über die Bezeichnung und den Sitz der Vergabestelle im Geschäftsbetrieb des Auftraggebers etc) sowie die präzise Angabe einer elektronischen Anschrift bei vorgegebener elektronischer Vergabe sind unverzichtbar erforderlich. Als Stelle, an die die Angebote zu richten sind, können auch externe Architekten-, Ingenieur- oder Projektsteuerbüros angegeben werden.[25] Diese Angabe hat gleichfalls präzise und eindeutig zu erfolgen.

23 **p) Angebotssprache (lit. p).** Im Bereich der nationalen Bauvergabe des Abschnitts 1 der VOB/A sind die Angebote in deutscher Sprache abzugeben. Fachausdrücke und Fachbezeichnungen haben so in die Angebote aufgenommen zu werden, dass sie der in Deutschland allgemein anerkannten und üblichen Fachsprache entsprechen.[26]

24 **q) Daten zum Eröffnungstermin und den bei Eröffnung zugelassenen Personen (lit. q).** Zwingend anzugeben sind gem. § 12 Abs. 1 Nr. 2 lit. q ferner das Datum, die Uhrzeit und der Ort des Eröffnungstermins. Gemäß § 14a Abs. 1 S. 1 dürfen allein im Eröffnungstermin bei Zulassung schriftlicher Angebote Bieter und ihre Bevollmächtigten

---

[24] Ingenstau/Korbion/*von Wietersheim* Rn. 18.
[25] HHKW/*Schneider* Rn. 24.
[26] Ingenstau/Korbion/*von Wietersheim* Rn. 22.

zugegen sein. Diese Angabe ist für den Bieter bei zugelassener schriftlicher Angebotsabgabe gleichfalls relevant, um den Wettbewerb und seine Chance auf Zuschlagserteilung einschätzen zu können. Zweckmäßigerweise sollte bereits in der Bekanntmachung mitgeteilt werden, wer als Bevollmächtigter des Bieters fungieren kann und auf welche Weise die Bevollmächtigung oder sonstige Legitimation nachzuweisen ist.[27]

r) Sicherheiten (lit. r). Die Bekanntmachung hat gem. § 12 Abs. Nr. 2 lit. r auch Angaben des Auftraggebers darüber zu enthalten, welche Sicherheiten er für die Erfüllung der Verpflichtungen aus dem Vertrag und/oder für die Erfüllung der Mängelansprüche verlangt. Diese Informationen sind ebenfalls für die Teilnahmemöglichkeit des Bieters am Vergabeverfahren und seine Kalkulation wesentlich.

s) Wesentliche Finanzierungs- und Zahlungsbedingungen (lit. s). Die zu vereinbarenden Zahlungsmodelle gem. § 16 Abs. 1 Nr. 1 S. 1 VOB/B bei Abschlagszahlungen sowie ausnahmsweise gem. § 16 Abs. 2 Nr. 1 S. 1 VOB/B bei vereinbarten Vorauszahlungen sind gem. § 12 Abs. 1 Nr. 2 lit. s in der Vergabebekanntmachung bekannt zu geben. Gleiches gilt bei vorgesehenen Teilschlusszahlungen für in sich abgeschlossene Teile der Leistung nach Teilabnahme gem. § 16 Abs. 4 VOB/B und für die Schlusszahlung gem. § 16 Abs. 3 Nr. 1 S. 1 VOB/B. Viele Bekanntmachungen verweisen standardmäßig auf die Regelungen des § 16 VOB/B, was allein im Regelfall zulässig und ausreichend ist. Bei hiervon abweichenden Finanzierungs- und Zahlungsbedingungen, wie zB der Vereinbarung von Vorauszahlungen gem. § 16 Abs. 2 Nr. 1, 2 VOB/B hat der Auftraggeber demgegenüber konkret die vorgesehenen Bedingungen und Einzelheiten der Finanzierung und Zahlung bekanntzugeben.[28]

t) Rechtsform von Bietergemeinschaften (lit. t). Der potenzielle Bieter muss wissen, zu welcher Rechtsform er sich mit anderen Unternehmen verbinden kann oder muss, um an der Ausschreibung teilnehmen zu können. Die Annahme einer bestimmten Rechtsform einer Bietergemeinschaft kann vom Auftraggeber nicht bereits für die Einreichung des Angebots verlangt werden.[29] Die Annahme einer bestimmten Rechtsform der Bietergemeinschaft kann jedoch verlangt werden, wenn ihnen der Auftrag erteilt worden ist.[30] Gemäß § 6 Abs. 2 sind Bietergemeinschaften Einzelbietern gleichzusetzen, wenn sie die Arbeiten im eigenen Betrieb oder in den Betrieben der Mitglieder ausführen. In der Vergabebekanntmachung kann bestimmt werden, ob die Nachweise zur Fachkunde und Leistungsfähigkeit von einem oder von allen Mitgliedern der Bietergemeinschaft zu erbringen sind. Die Zuverlässigkeit ist demgegenüber stets von jedem Mitglied der Bietergemeinschaft in der geforderten Art und Weise nachzuweisen.[31]

u) Eignungsnachweise (lit. u). Von hoher Relevanz für potenzielle Bieter ist die Bekanntmachung der vom Auftraggeber für die Ausschreibung verlangten Eignungsnachweise gem. § 12 Abs. 1 Nr. 2 lit. u. Mit der Bekanntmachung muss für jeden Bieter zweifelsfrei klar sein, welche Eignungsnachweise der Auftraggeber von ihm verlangt. Die Anforderung der bekannt gemachten Eignungsnachweise ist für den Auftraggeber rechtlich verbindlich. Der Auftraggeber darf hiervon später nicht – auch nicht nur geringfügig – abweichen.[32] Der Auftraggeber ist hieran gebunden. Mit der Angebotsaufforderung dürfen die Erfordernisse allenfalls konkretisiert, in der Sache aber nicht abgeändert oder ergänzt werden.[33] Jegliche nachträgliche

---

[27] Ingenstau/Korbion/*von Wietersheim* Rn. 24.
[28] Kapellmann/Messerschmidt/*Planker* Rn. 29.
[29] EuGH Urt. v. 18.12.2007 – C-357/06 – Frigero Luigi, NZBau 2008, 397; EuGH Urt. v. 23.1.2003 – C-57/01 – Makedoniko Metro, EuZW 2003, 188; KG Beschl. v. 4.7.2002 – KartVerg 8/02. IBRRS 2003, 0950.
[30] KG Beschl. v. 4.7.2002 – KartVerg 8/02, IBRRS 2003, 0950.
[31] OLG Naumburg Beschl. v. 30.4.2007 – 1 Verg 1/07, NZBau 2008, 73; OLG Dresden Beschl. v. 17.10.2006 – WVerg 15/06, BeckRS 2006, 12918; Kapellmann/Messerschmidt/*Planker* Rn. 30.
[32] OLG Frankfurt a. M. Beschl. v. 15.7.2008 – 11 Verg 4/08, BeckRS 2008, 19490; OLG Düsseldorf Beschl. v. 12.3.08 – Verg 56/2007, BeckRS 2008, 21252.
[33] OLG Düsseldorf Beschl. v. 22.1.2014 – Verg 26/13, ZfBR 2014, 498.

inhaltliche Veränderung der in der Bekanntmachung angegebenen Eignungsnachweise, insbesondere deren Verschärfung oder Lockerung, ist unzulässig.[34] Auch sind die Mindestanforderungen an die Eignung in der Bekanntmachung unter genauer Abgabe der in diesem Zusammenhang vom Bieter vorzulegenden Unterlagen zu bezeichnen. Ein Verweis der Bekanntmachung auf die Verdingungsunterlagen ist insoweit unstatthaft. Die Verdingungsunterlagen können die Angaben der Vergabebekanntmachung lediglich in bestimmten Umfang konkretisieren.[35] Eignungsnachweise sind die in § 6a Abs. 2 Nr. 1–9 benannten Nachweise. Als andere Eignungsnachweise können gem. § 6a Abs. 3 auf den konkreten Auftrag bezogene, zusätzliche Angaben, die insbesondere für die Prüfung der Fachkunde geeignet sind, verlangt werden. Die geforderten Eignungsnachweise sind eindeutig und bestimmt anzugeben. Der Bieter muss zudem genügend Zeit erhalten, um sich erforderliche Unterlagen zu beschaffen.[36]

29   v) **Bindefrist (lit. v).** Die gem. § 12 Abs. 1 Nr. 2 lit. v in der Bekanntmachung aufzunehmende Angabe der Bindefrist ist unerlässlich. Potenzielle Bieter müssen aus der Bekanntmachung genau wissen, bis wann sie an ihr Angebot gebunden sind. Dies ist für ihre geschäftliche Disposition wesentlich. Gemäß § 10 Abs. 4 S. 4 ist das Ende der Bindefrist durch Angabe des Kalendertages des Ablaufs der Bindefrist zu bezeichnen. Die Angabe einer lediglich berechenbaren Frist ist nicht zulässig.[37] Eine längere Bindefrist als 30 Kalendertage sieht § 10 Abs. 4 S. 3 allein in begründeten Ausnahmefällen vor. Die Bindefrist selbst beginnt mit dem Ablauf der Angebotsfrist (§ 10 Abs. 5).

30   w) **Nachprüfungsstelle (lit. w).** § 12 Abs. 1 Nr. 2 lit. w verlangt vom Auftraggeber die Benennung der Angabe der Nachprüfungsstelle in der Bekanntmachung, an die sich der Bieter wegen behaupteter Verstöße gegen Vergabebestimmungen zur Nachprüfung wenden kann. Diese Angabe der Nachprüfungsstelle ist auch gem. § 21 in der Bekanntmachung und den Vergabeunterlagen zwingend. Für den Auftraggeber tritt durch die Angabe der Nachprüfungsstelle in der Vergabebekanntmachung eine Selbstbindung ein. Der Auftraggeber kann sich in einem späteren Verfahren vor der Nachprüfungsstelle nicht auf die Unzuständigkeit dieser von ihm bekannt gegebenen Nachprüfungsstelle berufen. Die Nachprüfungsstelle selbst kann sich hingegen wegen ihrer von Amts wegen zu prüfenden Zuständigkeit für unzuständig erklären.[38]

III. Bekanntmachung bei beschränkter Ausschreibung nach öffentlichem Teilnahmewettbewerb (Abs. 2)

31   § 12 Abs. 2 Nr. 1 enthält für beschränkte Ausschreibungen nach öffentlichem Teilnahmewettbewerb die zusätzliche Vorgabe an die Bekanntmachung, Bieter aufzufordern, ihre Teilnahme am Wettbewerb zu beantragen. Diese Bestimmung des § 12 Abs. 2 Nr. 1 ergänzt die Vorgaben an die Bekanntmachung gem. § 12 Abs. 1 Nr. 2 lit. a, b. Bekanntmachungen von beschränkten Ausschreibungen nach öffentlichem Teilnahmewettbewerb sollen ferner die Angaben gem. § 12 Abs. 1 Nr. 2 enthalten (§ 12 Abs. 2 Nr. 2).

IV. Teilnahmeanträge (Abs. 3)

32   § 12 Abs. 3 verpflichtet den Auftraggeber, auch solche Teilnahmeanträge zu berücksichtigen, die durch Telefax oder in sonstiger Weise elektronisch übermittelt worden sind, sofern die sonstigen Teilnahmebedingungen erfüllt sind. Wenn Teilnahmeanträge den inhaltlichen Anforderungen in der Bekanntmachung entsprechen, hat der Auftraggeber diese Teilnahmeanträge zu berücksichtigen, auch wenn sie lediglich per Telefax oder in sonstiger Weise

---

[34] VK Baden-Württemberg Beschl. v. 14.6.2013 – 1 VK 13/13, BeckRS 2013, 13757; OLG Düsseldorf Beschl. v. 22.1.2014 – Verg 26/13, ZfBR 2014, 498.
[35] VK Bund Beschl. v. 4.10.2012 – VK 2-86/12, BeckRS 2013, 811; OLG Düsseldorf Beschl. v. 22.1.2014 – Verg 26/13, ZfBR 2014, 498.
[36] Ingenstau/Korbion/*von Wietersheim* Rn. 28.
[37] Ingenstau/Korbion/*von Wietersheim* Rn. 29.
[38] Ingenstau/Korbion/*von Wietersheim* Rn. 30.

elektronisch eingereicht werden. Auch hierdurch soll ein größtmöglicher Bewerberkreis eröffnet und damit ein größtmöglicher Wettbewerb ermöglicht werden.

§ 12a Versand der Vergabeunterlagen

(1) Soweit die Vergabeunterlagen nicht elektronisch im Sinne von § 11 Absatz 2 und 3 zur Verfügung gestellt werden, sind sie
1. den Unternehmen unverzüglich in geeigneter Weise zu übermitteln.
2. bei Beschränkter Ausschreibung und Freihändiger Vergabe an alle ausgewählten Bewerber am selben Tag abzusenden.

(2) Wenn von den für die Preisermittlung wesentlichen Unterlagen keine Vervielfältigungen abgegeben werden können, sind diese in ausreichender Weise zur Einsicht auszulegen.

(3) Die Namen der Unternehmen, die Vergabeunterlagen erhalten oder eingesehen haben, sind geheim zu halten.

(4) Erbitten Unternehmen zusätzliche sachdienliche Auskünfte über die Vergabeunterlagen, so sind diese Auskünfte allen Unternehmen unverzüglich in gleicher Weise zu erteilen.

Übersicht

	Rn.		Rn.
I. Normzweck	1	IV. Mitwirkungspflichten des Bewerbers bei erkennbaren Problemen der Übersendung der Vergabeunterlagen	6
II. Übermittlung der Vergabeunterlagen bei öffentlicher Ausschreibung (Abs. 1 Nr. 1)	2, 3	V. Einsichtnahme in die für die Preisermittlung wesentlichen Unterlagen (Abs. 2)	7, 8
		VI. Geheimhaltung (Abs. 3)	9, 10
III. Versand der Vergabeunterlagen bei beschränkter Ausschreibung und freihändiger Vergabe (Abs. 1 Nr. 2)	4, 5	VII. Zusätzliche sachdienliche Auskünfte über die Vergabeunterlagen (Abs. 4)	11–15

I. Normzweck

§ 12a enthält die vormals in § 12 Abs. 4 Nr. 7 VOB/A 2012 kodifizierten Vorschriften 1 zum Versand der Vergabeunterlagen und zu den vom Auftraggeber auf Ersuchen zusätzlich zu erteilenden sachdienlichen Auskünften über die Vergabeunterlagen. Normzweck des § 12 Abs. 1 Nr. 1 ist die Verfahrensbeschleunigung sowie die Sicherstellung der Gleichbehandlung der ausgewählten Bewerber bei beschränkter Ausschreibung und bei freihändiger Vergabe gem. § 12a Abs. 1 Nr. 2. Die Norm schützt durch § 12a Abs. 3 weiterhin den Geheimwettbewerb sowie in § 12a Abs. 4 die Gleichbehandlung und Chancengleichheit aller Bewerber und die Transparenz des Ausschreibungsverfahrens.

II. Übermittlung der Vergabeunterlagen bei öffentlicher Ausschreibung (Abs. 1 Nr. 1)

Die Vergabeunterlagen sind, soweit sie nicht gem. § 11 Abs. 2, 3 elektronisch vom Auftraggeber zur Verfügung gestellt werden, unverzüglich an die Unternehmen zu übermitteln. Zur Auslegung des Begriffs „unverzüglich" ist auf die Legaldefinition des § 121 Abs. 1 S. 1 BGB zurückzugreifen. Nach Eingang einer Anforderung beim Auftraggeber sind die Vergabeunterlagen grundsätzlich sofort zu versenden. Vom Auftraggeber ist zu erwarten, intern alle erforderlichen Vorkehrungen zu treffen, um dieses Postulat zu verwirklichen. Der Auftraggeber hat für den unverzüglichen Versand der Vergabeunterlagen eine geeignete Infrastruktur vorzuhalten.[1]

---

[1] Ingenstau/Korbion/*von Wietersheim* Rn. 3.

3   Die Übermittlung hat „in geeigneter Weise" zu erfolgen. Dies umfasst den Postversand wie auch die Übermittlung auf elektronischem Weg. Die Wahl der Übermittlungsart unterliegt dem pflichtgemäßen Ermessen des Auftraggebers. Bieter können nicht von sich aus eine bestimmte Art der Übermittlung der Vergabeunterlagen fordern. Der Auftraggeber ist dabei an die von ihm gewählte Kommunikationsart gem. § 11 Abs. 1 S. 1 gebunden. Bei elektronischer Kommunikation hat der Auftraggeber den elektronischen Versand zu dokumentieren, um den Zugang beim Bieter im Streitfall darlegen und beweisen zu können.[2] Die Bekanntmachung und Festlegung einer abschließenden Frist zur Abforderung der Vergabeunterlagen ist mit § 12a Abs. 1 Nr. 1 nicht zu vereinbaren.[3]

III. Versand der Vergabeunterlagen bei beschränkter Ausschreibung und freihändiger Vergabe (Abs. 1 Nr. 2)

4   Zur Wahrung der Gleichbehandlung und der Chancengleichheit der Bewerber sind die Vergabeunterlagen gem. § 12a Abs. 1 Nr. 2 bei beschränkter Ausschreibung und bei freihändiger Vergabe an alle ausgewählten Bewerber am selben Tag abzusenden. Vermieden werden soll jede Beeinträchtigung der Wettbewerbschancen der Bewerber aus Gründen, die in der Sphäre des Auftraggebers liegen.[4]

5   Der Versand der Vergabeunterlagen an alle ausgewählten Bewerber am gleichen Tag ist vom Auftraggeber zu dokumentieren. Unterschiedliche Postlaufzeiten muss der Auftraggeber demgegenüber nicht antizipieren.[5]

IV. Mitwirkungspflichten des Bewerbers bei erkennbaren Problemen der Übersendung der Vergabeunterlagen

6   Den Bewerber können Verhaltensanforderungen in eigenem Interesse treffen. Einem Bewerber, der die Vergabeunterlagen angefordert hat, obliegt es, die Vergabestelle frühzeitig zu benachrichtigen, falls er die Unterlagen nicht innerhalb der für einen normalen Postlauf anzusetzenden Zeitspanne erhält und ein postalisches Versehen nahe liegt.[6] Erkennt der Bewerber, dass die Übersendung der Vergabeunterlagen an ihn offenbar fehlgeschlagen ist, muss er bei der Vergabestelle nachfassen.[7] Gehen Unterlagen auf dem Postweg verloren, ist die Vergabestelle im Rahmen des Möglichen und Zumutbaren verpflichtet, dem Bewerber die Vergabeunterlagen erneut zuzusenden. Die Vergabestelle kann die erneute Zusendung nicht damit ablehnen, dass die verbleibende Kalkulationszeit nicht ausgereicht hätte, um ein chancenreiches Angebot abzugeben.[8]

V. Einsichtnahme in die für die Preisermittlung wesentlichen Unterlagen (Abs. 2)

7   § 12a Abs. 2 erfasst Unterlagen, die für die Angebotsbearbeitung wesentlich sind, und für die keine Vervielfältigungen abgegeben werden können, weil dies nicht möglich oder mit unverhältnismäßig hohen Kosten verbunden wäre. Dies betrifft vor allem Detailzeichnungen, Sachverständigengutachten, Probestücke, Planunterlagen mit sehr großen Plänen oder farbigen Darstellungen sowie Modelle. Nicht erfasst ist hingegen die Leistungsbeschreibung. Ohne diese ist eine Angebotserstellung ausgeschlossen.[9] Die Einsichtnahme in die für die Preisermittlung wesentlichen Vergabeunterlagen muss so organisiert und durchgeführt werden, dass jeder potenzielle Bieter mit verhältnismäßigem Aufwand während üblicher

---

[2] Kapellmann/Messerschmidt/*Planker* § 12 Rn. 40.
[3] VK Sachsen Beschl. v. 19.4.2012 – 1/SVK/009-12.
[4] Kapellmann/Messerschmidt/*Planker* § 12 Rn. 43.
[5] Ingenstau/Korbion/*von Wietersheim* Rn. 4.
[6] VK Bund Beschl. v. 28.9.2005 – VK 2-120/05, BeckRS 2005, 152096; *Weyand* § 12 Rn. 112.
[7] VK Bund Beschl. v. 28.9.2005 – VK 2-120/05, BeckRS 2005, 152096.
[8] OLG Düsseldorf Beschl. v. 21.12.2005 – Verg 75/05, BeckRS 2006, 01789.
[9] Ingenstau/Korbion/*von Wietersheim* Rn. 6, 5.

Geschäftszeiten die Möglichkeit zur Einsichtnahme hat. Die Einsichtsmöglichkeit kann vom Auftraggeber zeitlich befristet werden.

Die Angemessenheit einer für die Einsichtnahme angesetzten Frist ist nach dem Umfang 8 der zur Einsicht bereitgestellten Vergabeunterlagen zu beurteilen.[10] Die Einsichtnahme muss nicht am Geschäftssitz des Auftraggebers erfolgen. Es darf keine Bevorzugung ortsnaher Bieter durch den festgelegten Ort und die festgelegte Zeit der Einsichtmöglichkeit erfolgen. Durchgeführte Einsichtnahmen hat der Auftraggeber zu dokumentieren. Zur Wahrung des Geheimwettbewerbs sind getrennte Einsichtnahmetermine mit jedem Bieter allein zu vereinbaren.[11] Zeitgleiche Einsichtnahmen mehrerer Bieter sind unstatthaft.

VI. Geheimhaltung (Abs. 3)

Das Postulat des sicherzustellenden Geheimwettbewerbs unter den Bewerbern gilt nicht 9 allein bei Versand der Vergabeunterlagen oder bei Einsichtnahmen in die Vergabeunterlagen. Es erstreckt sich vielmehr auf sämtliche Stadien des Ausschreibungsverfahrens bis zur Zuschlagserteilung.[12] Die Gewährleistung des Geheimwettbewerbs zwischen den am Ausschreibungsverfahren teilnehmenden Bietern ist essentiell für die Funktionsfähigkeit des Wettbewerbs. Nur dann, wenn jeder Bieter die ausgeschriebene Leistung in Unkenntnis der Angebote, der Angebotsgrundlagen und der Angebotskalkulation seiner Mitbewerber um den Zuschlag anbietet, ist ein echter Bieterwettbewerb möglich.[13] Andernfalls besteht die Möglichkeit kartellrechtswidriger Absprachen zwischen den Bietern.

Die Vorschrift ist zwingend und vom Auftraggeber streng zu beachten. Getroffene 10 Geheimhaltungsmaßnahmen sollte der Auftraggeber genau dokumentieren.

VII. Zusätzliche sachdienliche Auskünfte über die Vergabeunterlagen (Abs. 4)

§ 12a Abs. 4 schützt die Gleichbehandlung und die Chancengleichheit der Bieter. Dem 11 gesamten potenziellen Bieterkreis sind auf Anforderung unverzüglich sachdienliche Auskünfte zu erteilen, um den Bietern eine ordnungsgemäße Angebotsbearbeitung und -kalkulation zu ermöglichen. Die Auskunftspflicht des öffentlichen Auftraggebers dient der Einhaltung eines fairen, mit möglichst großer Beteiligung geführten Wettbewerbs und damit auch der Gleichbehandlung der beteiligten Bieter.[14] Zusätzliche Auskünfte sind unverzüglich zu erteilen, wenn sie sachdienlich sind. Dies ist dann der Fall, wenn die von den Bietern gestellten Fragen im Zusammenhang mit der geforderten Bauleistung im Hinblick auf eine ordnungsgemäße Angebotsbearbeitung oder der Angebotsabgabe stehen. Hier ist ein großzügiger Maßstab durch den Auftraggeber anzulegen.[15] Der Begriff der zusätzlichen Auskünfte ist weit auszulegen.[16] Der Auftraggeber hat dadurch die Möglichkeit, Zweifelsfragen und Missverständnisse der Bieter aufzuklären. Auf diese Weise trägt er dazu bei, dass die Bieter ihre Angebote ordnungsgemäß bearbeiten können.[17]

Bei öffentlicher Ausschreibung sind alle Unternehmen über die Antwort auf eine Bieter- 12 frage zu informieren, denen die Vergabeunterlagen übermittelt wurden. Antworten auf Bieterfragen sind daher – soweit es in ihnen um Informationen geht, die über das individuelle Interesse des Fragenden auch für die übrigen Bewerber von Bedeutung sein können – den anderen Bietern zeitgleich und im selben Umfang bekannt zu machen. Dies erfordert

---

[10] HHKW/*Schneider* § 12 Rn. 41.
[11] Ingenstau/Korbion/*von Wietersheim* Rn. 6.
[12] HHKW/*Schneider* § 12 Rn. 42.
[13] OLG Düsseldorf Beschl. v. 4.2.2013 – Verg 31/12, NZBau 2013, 321; OLG Düsseldorf Beschl. v. 16.9.2003 – Verg 52/03, BeckRS 2004, 02041.
[14] VK Sachsen Beschl. v. 24.4.2008 – 1/SVK/015-08, BeckRS 2008, 10072; OLG Naumburg Beschl. v. 23.7.2001 – 1 Verg 2/01, BeckRS 2001, 31024383; VK Bremen Beschl. v. 20.3.2014 – 16 VK 1/14, BeckRS 2014, 16037.
[15] Ingenstau/Korbion/*von Wietersheim* Rn. 12.
[16] VK Sachsen Beschl. v. 10.5.2011 – 1/SVK/009-11, IBRRS 2011, 2714.
[17] VK Sachsen Beschl. v. 10.5.2011 – 1/SVK/009-11, IBRRS 2011, 2714.

der Grundsatz der Gleichbehandlung.[18] Bei elektronischer Bereitstellung der Vergabeunterlagen muss der Auftraggeber diese aktualisieren und Hinweise auf die Aktualisierung der Unterlagen unter Kennzeichnung der Neuerungen geben.[19] Bei beschränkter Ausschreibung oder freihändiger Vergabe muss der Auftraggeber seine Antworten auf Bieterfragen allen Unternehmen zuleiten, die Teilnahmeanträge gestellt haben oder denen er die Vergabeunterlagen übermittelt hat.

13   Allenfalls im Einzelfall kann der Auftraggeber eine Bieterfrage individuell beantworten, wenn sie offensichtlich das individuelle Missverständnis eines Bieters betrifft, die allseitige Beantwortung der Frage Betriebs- oder Geschäftsgeheimnisse des Bieters verletzen würde oder die Identität des Bieters preisgeben würde.[20] Der Auftraggeber sollte hier besondere Vorsicht walten lassen, um den Gleichbehandlungsgrundsatz nicht zu verletzen. Der Begriff „unverzüglich" in § 12a Abs. 4 entspricht der Legaldefinition des § 121 Abs. 1 S. 1 BGB.

14   Aus Dokumentationsgründen ist der Auftraggeber gem. § 20 Abs. 1 gehalten, sowohl die erteilten Auskünfte als auch die Adressaten dieser Auskünfte in den Vergabeunterlagen festzuhalten. Erbetene Auskünfte müssen allen Bewerbern gleichzeitig auch in gleicher Art und Weise übermittelt werden, um die Chancengleichheit zu bewahren.[21] Eine Änderung der Vergabeunterlagen durch Auskünfte des Auftraggebers ist nicht statthaft.[22] Durch zusätzliche Auskünfte und zusätzliche Unterlagen können zwar bestimmte Klarstellungen an den Vergabeunterlagen vorgenommen werden und weitere Informationen gegeben werden. Diese dürfen jedoch nicht – beispielsweise durch Berichtigungen der Vergabeunterlagen – den Umfang oder die Bedingungen des Auftrags verändern, dh technische Spezifikationen oder Vergabekriterien modifizieren.[23]

15   Unterhalb der Schwellenwerte ist der Auftraggeber befugt, eine Frist für den letztmöglichen Eingang von Fragen zu den Vergabeunterlagen zu setzen (Fragefrist).[24] Dies deshalb, um bestehenden Klärungsbedarf im Rahmen der laufenden Angebotsfrist abzuarbeiten, ohne den geordneten Ablauf des Ausschreibungsverfahrens zu beeinträchtigen.[25] Der Auftraggeber hat jeweils auch zu prüfen, ob er die Angebotsfrist verlängern muss, damit die Bieter die Auskünfte bei ihrer Angebotskalkulation noch berücksichtigen können.[26] Rechtsauskünfte zu den Vergabeunterlagen oder eine rechtliche Beratung des Bieters zu den Vergabeunterlagen sind vom Auftraggeber gem. § 12a Abs. 4 nicht zu erteilen. Trotzdem erteilte Rechtsauskünfte müssen aber der Sache nach richtig sein. Die fehlerhafte Rechtsauskunft des Auftraggebers gegenüber einem Bieter führt zur Intransparenz des Vergabeverfahrens und damit zu einem Verstoß gegen § 97 Abs. 1 S. 1 GWB.[27]

§ 13 Form und Inhalt der Angebote

(1)
1. ¹Der Auftraggeber legt fest, in welcher Form die Angebote einzureichen sind. ²Bis zum 18. Oktober 2018 sind schriftlich eingereichte Angebote zuzulassen. ³Schriftlich eingereichte Angebote müssen unterzeichnet sein. ⁴Elektronische Angebote sind nach Wahl des Auftraggebers
   – in Textform oder

---

[18] VK Sachsen Beschl. v. 24.8.2016 – 1/SVK/017-16, BeckRS 2016, 19035; VK Sachsen Beschl. v. 10.5.2011 – 1/SVK/009-11, IBRRS 2011, 2714.
[19] Ingenstau/Korbion/*von Wietersheim* Rn. 14.
[20] VK Sachsen Beschl. v. 24.8.2016 – 1/SVK/017-16, BeckRS 2016, 19035.
[21] HHKW/*Schneider* § 12 Rn. 43.
[22] *Weyand* § 12 Rn. 120.
[23] EuGH Urt. v. 10.5.2012 – C-368/10 Rn. 55 – Kom./Königreich der Niederlande, ZfBR 2012, 489.
[24] VK Sachsen Beschl. v. 24.4.2008 – 1/SVK/015-08, BeckRS 2008, 10072.
[25] VK Sachsen Beschl. v. 24.4.2008 – 1/SVK/015-08, BeckRS 2008, 10072; VK Bremen Beschl. v. 20.3.2014 – 16 VK 1/14, BeckRS 2014, 16037; *Weyand* § 12 Rn. 134.
[26] Ingenstau/Korbion/*von Wietersheim* Rn. 19.
[27] VK Bund Beschl. v. 11.10.2010 – VK 3-96/10, BeckRS 2010, 142825; OLG Düsseldorf Beschl. v. 17.2.2014 – VII-Verg 2/14, NZBau 2014, 716.

- mit einer fortgeschrittenen elektronischen Signatur nach dem SigG und den Anforderungen des Auftraggebers oder
- mit einer qualifizierten elektronischen Signatur nach dem SigG

zu übermitteln.
2. ¹Der Auftraggeber hat die Datenintegrität und die Vertraulichkeit der Angebote auf geeignete Weise zu gewährleisten. ²Per Post oder direkt übermittelte Angebote sind in einem verschlossenen Umschlag einzureichen, als solche zu kennzeichnen und bis zum Ablauf der für die Einreichung vorgesehenen Frist unter Verschluss zu halten. ³Bei elektronisch übermittelten Angeboten ist dies durch entsprechende technische Lösungen nach den Anforderungen des Auftraggebers und durch Verschlüsselung sicherzustellen. ⁴Die Verschlüsselung muss bis zur Öffnung des ersten Angebots aufrechterhalten bleiben.
3. Die Angebote müssen die geforderten Preise enthalten.
4. Die Angebote müssen die geforderten Erklärungen und Nachweise enthalten.
5. ¹Änderungen an den Vergabeunterlagen sind unzulässig. ²Änderungen des Bieters an seinen Eintragungen müssen zweifelsfrei sein.
6. Bieter können für die Angebotsabgabe eine selbstgefertigte Abschrift oder Kurzfassung des Leistungsverzeichnisses benutzen, wenn sie den vom Auftraggeber verfassten Wortlaut des Leistungsverzeichnisses im Angebot als allein verbindlich anerkennen; Kurzfassungen müssen jedoch die Ordnungszahlen (Positionen) vollzählig, in der gleichen Reihenfolge und mit den gleichen Nummern wie in dem vom Auftraggeber verfassten Leistungsverzeichnis wiedergeben.
7. Muster und Proben der Bieter müssen als zum Angebot gehörig gekennzeichnet sein.

(2) ¹Eine Leistung, die von den vorgesehenen technischen Spezifikationen nach § 7a Absatz 1 abweicht, kann angeboten werden, wenn sie mit dem geforderten Schutzniveau in Bezug auf Sicherheit, Gesundheit und Gebrauchstauglichkeit gleichwertig ist. ²Die Abweichung muss im Angebot eindeutig bezeichnet sein. ³Die Gleichwertigkeit ist mit dem Angebot nachzuweisen.

(3) ¹Die Anzahl von Nebenangeboten ist an einer vom Auftraggeber in den Vergabeunterlagen bezeichneten Stelle aufzuführen. ²Etwaige Nebenangebote müssen auf besonderer Anlage erstellt und als solche deutlich gekennzeichnet werden.

(4) Soweit Preisnachlässe ohne Bedingungen gewährt werden, sind diese an einer vom Auftraggeber in den Vergabeunterlagen bezeichneten Stelle aufzuführen.

(5) ¹Bietergemeinschaften haben die Mitglieder zu benennen sowie eines ihrer Mitglieder als bevollmächtigten Vertreter für den Abschluss und die Durchführung des Vertrags zu bezeichnen. ²Fehlt die Bezeichnung des bevollmächtigten Vertreters im Angebot, so ist sie vor der Zuschlagserteilung beizubringen.

(6) Der Auftraggeber hat die Anforderungen an den Inhalt der Angebote nach den Absätzen 1 bis 5 in die Vergabeunterlagen aufzunehmen.

Übersicht

	Rn.		Rn.
I. Normzweck	1–5	1. Angebotsform nach Vorgabe des Auftraggebers (Abs. 1 Nr. 1 S. 1)	13–17
II. Grundlagen	6–12		
1. Zivilrechtliches Angebot	6, 7	2. Angebotsform im Einzelnen (Abs. 1 Nr. 1 S. 2–4)	18–34
2. Angebotsauslegung	8–12		
III. Anforderungen an die Angebote (Abs. 1 Nr. 1–7)	13–84	a) Schriftliche Angebote (Abs. 1 Nr. 1 S. 2, 3)	18–27

	Rn.		Rn.
b) Elektronische Angebote (Abs. 1 Nr. 1 S. 4)	28–34	8. Muster und Proben der Bieter (Abs. 1 Nr. 7)	82–84
3. Datenintegrität und Vertraulichkeit bei der Angebotsbehandlung (Abs. 1 Nr. 2)	35–45	**IV. Abweichung von technischen Spezifikationen in den Vergabeunterlagen (Abs. 2)**	85–96
a) Grundlagen der Angebotsbehandlung	35, 36	1. Norminhalt und -kontext	85–89
		2. Technische Spezifikationen	90, 91
b) Verschluss und Kennzeichnung schriftlicher Angebote	37–41	3. Zulässigkeitsanforderungen der Abweichung	92–94
c) Verschlüsselung elektronischer Angebote	42–45	4. Nachweis der Gleichwertigkeit	95, 96
4. Angebotsanforderungen in Bezug auf die Preise (Abs. 1 Nr. 3)	46–57	**V. Nebenangebote (Abs. 3)**	97–105
		1. Norminhalt und Normkontext	97–101
a) Normkontext und -zweck	46–49	2. Aufführung der Anzahl und Kennzeichnung von Nebenangeboten	102–105
b) Geforderte Preisangaben	50–57		
5. Angebotsanforderungen in Bezug auf Erklärungen und Nachweise (Abs. 1 Nr. 4)	58–66	**VI. Preisnachlässe ohne Bedingungen (Abs. 4)**	106–110
a) Normkontext und -zweck	58–60	1. Begrifflichkeiten und Voraussetzungen	106–109
b) Geforderte Erklärungen und Nachweise	61–66	2. Behandlung und Rechtsfolgen	110
6. Bieterseitige Änderungen an den Vergabeunterlagen und an seinen Eintragungen (Abs. 1 Nr. 5)	67–78	**VII. Angebote von Bietergemeinschaften (Abs. 5)**	111–118
a) Änderungen an den Vergabeunterlagen	67–73	1. Begrifflichkeiten und Voraussetzungen	111–115
b) Änderungen an eigenen Eintragungen	74–78	2. Bezeichnung des bevollmächtigten Vertreters	116–118
7. Bieterseitige Kurzfassungen des Leistungsverzeichnisses (Abs. 1 Nr. 6)	79–81	**VIII. Aufnahme der Anforderungen gem. § 13 Abs. 1–5 in die Vergabeunterlagen (Abs. 6)**	119

I. Normzweck

1 Die §§ 13 ff. bilden den Kern des Vergabeverfahrens.[1] Dieser besteht aus den förmlichen und inhaltlichen Vorgaben bei der Abgabe der Angebote (§ 13), den Regelungen für die Eröffnung, die förmliche Angebotsbehandlung und den Öffnungs- bzw. Eröffnungstermin (§§ 14, 14a) sowie die Aufklärung des Angebotsinhalts (§ 15), insbesondere der Möglichkeit der Durchführung von Aufklärungsgesprächen mit den Bietern. Mit den Vorgaben der §§ 13–15 wird die Angebotsphase des Vergabeverfahrens einschließlich der formellen Behandlung der Angebote im Öffnungstermin und die Aufklärung des Angebotsinhalts geregelt. Weitere Kernpunkte des Vergabeverfahrens sind die formelle Prüfung der Angebote auf zwingende oder fakultative Ausschlussgründe (§ 16 Abs. 1, 2), die Prüfung der bieterbezogenen Eignungskriterien (§ 16b Abs. 1, 2) und schließlich die materielle Angebotswertung (§ 16d Abs. 1–5).

2 § 13 hat in der Neufassung der VOB/A 2016 allein in § 13 Abs. 1 Nr. 1 S. 2 und 3 Änderungen zur vorhergehenden Regelung des § 13 VOB/A 2012 erfahren. § 13 Abs. 1 Nr. 1–7, § 13 Abs. 2–6 sind materiell mit den Regelungen des § 13EU Abs. 1 Nr. 1–7, § 13 Abs. 2–6 sowie mit den Regelungen des § 13VS Abs. 1 Nr. 1–7, § 13 Abs. 2–6 identisch. Die nachstehende Kommentierung des § 13 kann daher für die §§ 13EU und 13VS gleichfalls ergänzend herangezogen werden.

3 § 13 ermöglicht die Durchführung eines ordnungsgemäßen Wettbewerbs durch Sicherstellung des formal korrekten Ablaufs des Vergabeverfahrens in der Angebotsphase. Die Vorschrift bezweckt dabei insbesondere die Sicherstellung der Vergleichbarkeit der Angebote für die auf die Angebotsphase folgende Wertungsphase.[2] Die Vorschrift ist bieterschüt-

---

[1] Ingenstau/Korbion/*von Wietersheim* Vor §§ 13 ff. Rn. 2.
[2] Ingenstau/Korbion/*von Wietersheim* Rn. 1.

zend.³ Diese Sicherstellung einer möglichst weitgehenden Vergleichbarkeit der Angebote in der Angebotsphase ermöglicht es erst in der darauf folgenden Wertungsphase, das annehmbarste und wirtschaftlichste Angebot gem. § 16d Abs. 1 Nr. 3 zu ermitteln. Hierdurch wird den Vorgaben des öffentlichen Haushaltsrechts durch Einhaltung der Gebote der Sparsamkeit und Wirtschaftlichkeit Rechnung getragen.⁴ Die von den die Vorgaben des § 13 geforderte Vollständigkeit der Bieterangaben zu den bieterseits unveränderten Vergabeunterlagen dient ferner nach Zuschlagserteilung der Vertragssicherheit.⁵

Die formellen und inhaltlichen Anforderungen des § 13 an die Angebote der Bieter sind nicht abschließend. Die Bieter sind ferner bei der Angebotsabgabe allein dann zur Einhaltung der Vorgaben in § 13 Abs. 1–5 verpflichtet, wenn der Auftraggeber gem. § 13 Abs. 6 die Anforderungen an den Inhalt der Angebote nach § 13 Abs. 1–5 in den Vergabeunterlagen vorgegeben hat.⁶ Hierzu ist die wörtliche Wiederholung der Bestimmungen des § 13 Abs. 1–5 in den Vergabeunterlagen erforderlich.⁷

Die Regelungsstruktur des § 13 Abs. 1 umfasst auch die vom Auftraggeber bei der nationalen Bauvergabe bis zum 18.10.2018 weiter zu ermöglichende Einreichung schriftlicher Angebote sowie darüber hinaus die Form elektronischer Angebote nach Vorgabe des Auftraggebers (§ 13 Abs. 1 Nr. 1). Des Weiteren enthält § 13 Abs. 1 die Grundlagen der Angebotsbehandlung und des Angebotsinhalts (§ 13 Abs. 1 Nr. 2–7). Besondere Anforderungen an den Angebotsinhalt in Bezug auf die Abweichung von technischen Spezifikationen, der Abgabe von Nebenangeboten, von Preisnachlässen ohne Bedingungen sowie der gemeinsamen Angebotsabgabe von Bietergemeinschaften enthalten ferner die Regelungen in § 13 Abs. 2–5.

II. Grundlagen

1. Zivilrechtliches Angebot. Das Bieterangebot im Vergabeverfahren ist Angebot gem. § 145 BGB. Es ist eine einseitige, empfangsbedürftige Willenserklärung, welche gem. § 130 Abs. 1 S. 1 BGB mit Zugang beim öffentlichen Auftraggeber wirksam wird. Das Bieterangebot ist Teil des zweiseitigen Rechtsgeschäfts „Bauauftrag" oder „Bauvertrag", welches durch Zuschlagserteilung (Annahme des Angebots) geschlossen wird. Das Bieterangebot erfolgt auf Grundlage der Vergabeunterlagen iSd § 8 Abs. 1 Nr. 1, 2, Abs. 2 Nr. 1–4. Durch die Angebotsabgabe des Bieters auf Grundlage der Vergabeunterlagen wird die Bestimmtheit bzw. die Bestimmbarkeit des Angebots als einseitige, empfangsbedürftige Willenserklärung, die auf den Abschluss eines Bauvertrages mit definiertem Inhalt gerichtet ist, herbeigeführt. Gegenstand und Inhalt des Vertrages müssen durch Bezugnahme des Angebots auf die Vergabeunterlagen so bestimmt bzw. so bestimmbar gem. §§ 133, 157, 315 ff. BGB sein, dass die Annahme des Angebots durch ein einfaches Ja erfolgen kann. Gegenstand und Inhalt des Angebots einschließlich der notwendigen Bestimmtheit sind aus Sicht des Empfängerhorizonts zu beurteilen. Die zivilrechtlichen Vorschriften der Rechtsgeschäftslehre (§§ 145 ff. BGB) sind auf das Bieterangebot uneingeschränkt heranzuziehen. Gleiches gilt für die zivilrechtlichen Vorgaben zur Auslegung des Angebots gem. §§ 133, 157, 315 ff. BGB.

Die Bindefrist, die der Auftraggeber gem. § 10 Abs. 4 S. 1–4, § 18 Abs. 1 in den Vergabeunterlagen setzt, beinhaltet die Bestimmung einer Annahmefrist für das auf Grundlage der Vergabeunterlagen abgegebene Angebot gem. § 148 BGB. Daher ist gem. § 18 Abs. 1 der Zuschlag möglichst bald, mindestens aber so rechtzeitig zu erteilen, dass dem Bieter die Erklärung des Zuschlags noch vor Ablauf der Bindefrist (§ 10 Abs. 4–6) zugeht. Zuschlagserteilungen unter Erweiterungen, Einschränkungen oder Änderungen sind ebenso wie verspä-

---
³ 1. VK Sachsen Beschl. v. 5.9.2002 – 1/SVK/073-02, IBRRS 95117; Kapellmann/Messerschmidt/*Planker* Rn. 1.
⁴ Kapellmann/Messerschmidt/*Planker* Rn. 1.
⁵ Kapellmann/Messerschmidt/*Planker* Rn. 1.
⁶ Ingenstau/Korbion/*von Wietersheim* Rn. 1; jurisPK-VergabeR/*Dippel* Rn. 55.
⁷ Ingenstau/Korbion/*von Wietersheim* Rn. 40.

tete Zuschlagserteilungen abändernde bzw. verspätete Annahmen des Angebots gem. § 150 Abs. 1 und 2 BGB. Abändernde oder verspätete Zuschlagserteilungen des öffentlichen Auftraggebers beinhalten eine Ablehnung des Angebots des Bieters, verbunden mit einem neuen Angebot des öffentlichen Auftraggebers. Dementsprechend ist der Bieter gem. § 18 Abs. 2 bei Zuschlagserteilung unter Erweiterungen, Einschränkungen oder Änderungen des Angebots sowie bei verspäteten Zuschlagserteilungen nach Ablauf der Bindefrist aufzufordern, sich unverzüglich über die Annahme (des neuen Angebots des Auftraggebers) zu erklären.

8 **2. Angebotsauslegung.** Ist das Angebot des Bieters aus Sicht des Empfängerhorizonts unklar oder sonst auslegungsbedürftig, sind die zivilrechtlichen Grundsätze zur Auslegung einseitiger empfangsbedürftiger Willenserklärungen gem. §§ 133, 157 BGB heranzuziehen.[8] Eine Auslegungsbedürftigkeit und -möglichkeit besteht dann nicht, wenn die einseitige empfangsbedürftige Willenserklärung nach Wortlaut und Zweck einen eindeutigen Inhalt hat und für eine Auslegung daher kein Raum ist.[9] So kommt keine Auslegung des Angebots des Bieters nach §§ 133, 157 BGB in Betracht, wenn die Eintragung des Bieters in der maßgeblichen Position für sich genommen eindeutig ist und keinen Rechen- oder Schreibfehler erkennen lässt.[10]

9 Bei bestehender Auslegungsmöglichkeit und -bedürftigkeit ist die Auslegung des Angebots des Bieters gegenüber dessen Ausschluss vorrangig.[11] Der öffentliche Auftraggeber ist bei Auslegungsbedürftigkeit des Angebots zur Auslegung verpflichtet.[12]

10 Bei Ermittlung des Erklärungsinhalts der auslegungsbedürftigen einseitigen empfangsbedürftigen Willenserklärung ist nicht am Wortlaut zu haften. Empfangsbedürftige Willenserklärungen sind vielmehr so auszulegen, wie sie der Erklärungsempfänger nach Treu und Glauben unter Berücksichtigung der Verkehrssitte verstehen musste. Zu berücksichtigen sind bei der Auslegung dabei allein solche Umstände, die bei Zugang der Erklärung dem Empfänger bekannt oder für ihn erkennbar waren. Maßgeblich ist der Empfängerhorizont, und zwar auch dann, wenn der Erklärende die Erklärung anders verstanden hat und auch anders verstehen durfte.[13] Der Erklärungsempfänger darf das Angebot allerdings nicht einfach in einem für ihn günstigsten Sinn verstehen. Er ist vielmehr nach Treu und Glauben verpflichtet, unter Berücksichtigung aller ihm erkennbaren Umstände mit gehöriger Aufmerksamkeit zu prüfen, was der Erklärende gemeint hat. Entscheidend ist danach der durch normative Auslegung zu ermittelnde objektive Erklärungswert der Erklärung aus Sicht des Erklärungsempfängers.[14] Für die Auslegung von Angeboten und sonstigen Bietererklärungen im Vergabeverfahren sind dabei ergänzend auch die in § 97 Abs. 1, 2 GWB aufgestellten Vergabeprinzipien der Auftragsvergabe im Rahmen eines transparenten Wettbewerbs unter Gleichbehandlung aller Bieter zu beachten.[15]

---

[8] OLG Celle Beschl. v. 19.2.2015 – 13 Verg 12/14, BeckRS 2015, 12548; VK Südbayern Beschl. v. 10.9.2013 – Z3-3-3194-1-24-08/13, VPRRS 2013, 1482.

[9] *Weyand* Rn. 13.

[10] VK Schleswig-Holstein Beschl. v. 20.10.2010 – VK-SH 16/10, BeckRS 2015, 03371; VK Bund Beschl. v. 28.7.2006 – VK 2-50/06, BeckRS 2006, 136093; VK Schleswig-Holstein Beschl. v. 28.3.2007 – VK-SH 4/07, BeckRS 2007, 06707; VK Schleswig-Holstein Beschl. v. 15.5.2006 – VK-SH 10/06, BeckRS 2006, 06581; OLG Frankfurt a. M. Beschl. v. 8.2.2005 – 11 Verg 24/04, IBRRS 2005, 2160; VK Münster Beschl. v. 15.8.2007 – VK 13/07, BeckRS 2007, 18914.

[11] VK Bund Beschl. v. 17.2.2017 – VK 2-14/17, BeckRS 2017, 111319; *Weyand* Rn. 14.

[12] OLG Düsseldorf Beschl. v. 19.6.2013 – Verg 8/13, ZfBR 2014, 85; OLG Düsseldorf Beschl. v. 12.12.2012 – Verg 38/12, BeckRS 2013, 03105.

[13] OLG Celle Beschl. v. 19.2.2015 – 13 Verg 12/14, BeckRS 2015, 12548; VK Südbayern Beschl. v. 10.9.2013 – Z3-3-3194-1-24-08/13, VPRRS 2013, 1482; VK Schleswig-Holstein Beschl. v. 20.10.2010 – VK-SH 16/10, BeckRS 2015, 03371.

[14] VK Westfalen Beschl. v. 7.4.2017 – VK 1-07/07, BeckRS 2017, 111393; Palandt/*Ellenberger* BGB § 133 Rn. 9.

[15] OLG Frankfurt a. M. Beschl. v. 14.10.2008 – 11 Verg 11/08, BeckRS 2008, 25108; BayObLG Beschl. v. 16.9.2002 – Verg 19/02, ZfBR 2003, 78.

Bei der Angebotsauslegung können auch nachträglich abgegebene Erklärungen eines 11
Bieters darüber, wie er sein Angebot im Zeitpunkt der Angebotsabgabe verstanden wissen
wollte und welchem Inhalt er diesem Angebot beimaß, berücksichtigt werden. Zur Feststellung, welchen Inhalt der Erklärende seinem Angebot selbst zukommen lassen wollte, sind daher auch zeitlich später entstandene Erläuterungen des Bieters heranzuziehen, soweit sie einen Rückschluss auf den Willen des Bieters im Zeitpunkt der Angebotsabgabe zulassen.[16] Auch spätere Vorgänge, insbesondere das nachträgliche Verhalten des Bieters sind ebenso wie nachträgliche Erklärungen des Bieters insoweit zu berücksichtigen, als sie Rückschlüsse auf seinen tatsächlichen Willen und das tatsächliche Verständnis des Erklärungsempfängers zulassen können.[17] Nachträgliche Biererklärungen sind bei Auslegung des Angebots des Bieters aber dann nicht zu berücksichtigen, wenn sie den Angebotsinhalt nachträglich ändern und im Ergebnis dazu führen, dass diesem Bieter eine längere Angebotsfrist eingeräumt wird als den übrigen Bietern.[18] Im Zweifel hat dabei auch eine vergaberechtskonforme Auslegung des Angebots zu erfolgen. Die Auslegungsregel, der zufolge die Parteien im Zweifel vernünftige Ziele und redliche Absichten verfolgen, gilt auch im Vergaberecht.[19] Im Zweifel will der Bieter ein ausschreibungskonformes Angebot abgeben und der Auftraggeber die Vergaberechtsbestimmungen einhalten.[20] Bei der Beurteilung des Verständnisses des für die Auslegung maßgeblichen Empfängerhorizonts sind dabei auch die Vergabegrundsätze zu berücksichtigen. Im Zweifel kann nicht angenommen werden, dass der öffentliche Auftraggeber hiergegen verstoßen will.[21]

Eine „Berichtigung" eines unklaren Angebotsinhalts im Wege der technischen Angebots- 12
aufklärung gem. § 15 Abs. 1 Nr. 1 ist unstatthaft. Dies überschreitet die Grenzen des Nachverhandlungsverbotes gem. § 15 Abs. 3.[22]

III. Anforderungen an die Angebote (Abs. 1 Nr. 1–7)

1. Angebotsform nach Vorgabe des Auftraggebers (Abs. 1 Nr. 1 S. 1). Gemäß 13
§ 13 Abs. 1 Nr. 1 S. 1 legt der Auftraggeber fest, in welcher Form die Angebote der Bieter einzureichen sind. Der im Zuge der Vergaberechtsreform 2016 eingefügte § 13 Abs. 1 Nr. 1 S. 2 befristet die obligatorische Vorgabe des Auftraggebers zur Zulassung schriftlicher Angebote der Bieter bis zum 18.10.2018. Schriftliche Angebote sind bei unterschwelligen Bauvergaben bis zum 18.10.2018 stets zuzulassen. Dies ist bei unterschwelligen Bauvergaben zwingend.

Ab dem 18.10.2018 darf der öffentliche Auftraggeber bei unterschwelligen Bauvergaben 14
zur Festlegung der Angebotsform auch ausschließlich die Einreichung elektronischer Angebote nach Maßgabe des § 13 Abs. 1 Nr. 1 S. 4 vorgeben.

Bis zum 18.10.2018 kann der Auftraggeber ebenfalls bei oberschwelligen Bauvergaben 15
abweichend von § 11EU Abs. 4 die Übermittlung der Angebote, Teilnahmeanträge und Interessensbestätigungen schriftlich auch per Post oder Telefax verlangen. Er muss dies aber bei oberschwelligen Bauvergaben nicht, sondern kann bei oberschwelligen Bauvergaben auch vor Ablauf der Übergangsfrist die Angebotseinreichung ausschließlich in elektronischer Form vorgeben. Für zentrale Beschaffungsstellen iSd § 120 Abs. 4 S. 1 GWB galt dies bei oberschwelligen Bauvergaben bis zum 18.4.2017 (§ 23EU S. 1).

Zusätzlich zu den innerhalb der Übergangsfrist abverlangten schriftlichen Angeboten 16
kann der Auftraggeber bei Bauvergaben unterhalb und oberhalb der Schwellenwerte eine parallele Angebotsabgabe in elektronischer Form fordern.

---

[16] *Weyand* Rn. 16.
[17] OLG Düsseldorf Beschl. v. 14.10.2009 – Verg 9/09, BeckRS 2009, 29070; VK Südbayern Beschl. v. 15.5.2015 – Z3-3-3194-1-05-01/15, IBRRS 2015, 1925.
[18] VK Bund Beschl. v. 6.2.2014 – VK 1 125/13, BeckRS 2015, 09194.
[19] OLG Düsseldorf Beschl. v. 27.9.2006 – Verg 36/06, BeckRS 2007, 00390; OLG Rostock Beschl. v. 9.10.2013 – 17 Verg 6/13, BeckRS 2013, 21379.
[20] BGH Urt. v. 22.7.2010 – VII ZR 213/08, NZBau 2010, 622.
[21] *Weyand* Rn. 17.
[22] VK Schleswig-Holstein Beschl. 20.10.2010 – VK-SH 16/10, BeckRS 2015, 03371; *Weyand* Rn. 18.

17 Unabhängig davon, wie der öffentliche Auftraggeber das ihm durch § 13 Abs. 1 Nr. 1 S. 1 eingeräumte Wahlrecht ausübt, ist er verpflichtet, den Bietern über die Formvorgabe hinaus weitere Details zur gewählten Angebotsform und zur Angebotsabgabe zu unterbreiten.[23] Diese Vorgaben des öffentlichen Auftraggebers sind gem. § 11 Abs. 1 Nr. 1 in der Bekanntmachung oder in den Vergabeunterlagen anzugeben. Bei der Wahl elektronisch einzureichender Angebote hat der öffentliche Auftraggeber weitere Einzelheiten und Details zur vorgegebenen elektronischen Form gem. § 13 Abs. 1 Nr. 1 S. 4 anzugeben. Anzugeben ist seitens des öffentlichen Auftraggebers insbesondere auch, wie die Anforderungen an die Unterzeichnung des elektronischen Angebots sind, insbesondere welche Signaturanforderungen zur Unterzeichnung des elektronischen Angebots gem. § 2 Nr. 1–3 SigG bestehen. Vom Bieter ist hier besondere Aufmerksamkeit und Gründlichkeit bei der Umsetzung der Vorgaben des öffentlichen Auftraggebers gem. § 13 Abs. 1 Nr. 1 S. 1 gefordert. Zweifel am Angebotsinhalt und Defizite der Angebotsform gehen zulasten des Bieters.[24]

18 **2. Angebotsform im Einzelnen (Abs. 1 Nr. 1 S. 2–4). a) Schriftliche Angebote (Abs. 1 Nr. 1 S. 2, 3).** § 13 Abs. 1 Nr. 1 S. 2–4 regelt die Angebotsformen der schriftlichen und der elektronischen Angebote. Der Auftraggeber hat die Wahlfreiheit, in welcher Form er die Vorlage der Angebote der Bieter wünscht. Er legt gem. § 13 Abs. 1 Nr. 1 S. 1 fest, in welcher Form die Angebote einzureichen sind. Bis zum 18.10.2018 sind im Unterschwellenbereich gem. § 13 Abs. 1 Nr. 2 S. 2 schriftlich eingereichte Angebote zwingend zuzulassen. Nach dem 18.10.2018 kann der öffentliche Auftraggeber seine Wahlfreiheit dahingehend ausüben, dass er ausschließlich elektronische Angebote zulässt. Schriftliche Angebote können nach Maßgabe des § 11 Abs. 1, 2 und dementsprechender Vorgabe des Auftraggebers dabei auch nach dem 18.10.2018 zulässig sein. Vor und nach dem 18.10.2018 kann der Auftraggeber sein Wahlrecht ferner dahingehend ausüben, dass seitens der Bieter eine Kombination der Kommunikationsmittel zu verwenden ist. Die Vorgabe von Kombinationsformen der zu verwendenden Kommunikationsmittel ist aus Sicht des Auftraggebers häufig nicht ratsam. Kombinationsformen der zu verwendenden Kommunikationsmittel provozieren widersprüchliche Angebotsangaben der Bieter und Unklarheiten des Angebotsinhalts.

19 Die Schriftform schriftlicher Angebote iSd § 13 Abs. 1 Nr. 1 S. 2, 3 beinhaltet eine durch Rechtsgeschäft bestimmte Schriftform gem. § 127 Abs. 1 BGB, § 126 Abs. 1 BGB.[25] Der Verstoß hiergegen begründet Nichtigkeit gem. § 125 S. 2 BGB.[26]

20 Die Schriftlichkeit der Schriftform erfüllen sowohl handschriftliche Eintragungen in die Verdingungsunterlagen als auch deren maschinelles Ausfüllen. Die verwandten Schreib- und Druckmittel haben dabei dokumentenecht zu sein.[27]

21 Wesentlich für die Wahrung der Schriftform ist die – stets handschriftliche – Unterzeichnung der Angebote gem. § 13 Abs. 1 Nr. 1 S. 2. Die handschriftliche Unterschrift erfüllt eine Identitäts-, Verifikations- und Echtheitsfunktion, indem sie die Identität des Bieters erkennbar macht und das Angebot eindeutig und nachprüfbar diesem zuordnet. Durch die Verbindung von Angebotstext und Unterschrift wird gleichzeitig die Integrität und Vollständigkeit des Angebots in inhaltlicher Hinsicht gewährleistet.[28] Schriftlich eingereichte Angebote sind unterzeichnet iSd § 13 Abs. 1 Nr. 1 S. 3, wenn das Angebot als Urkunde von dem Aussteller eigenhändig durch Namensunterschrift gem. § 126 Abs. 1 S. 1 unterzeichnet wurde. Die Unterschrift hat dabei die Erklärung räumlich abzuschließen. Dieser räumliche Abschluss der Unterschrift unter das Angebot ist dann erbracht, wenn aus der Platzierung

---

[23] jurisPK-VergabeR/*Dippel* Rn. 8; Ingenstau/Korbion/*von Wietersheim* Rn. 2.
[24] VK Münster Beschl. v. 7.4.2017 – VK 1-07/17, BeckRS 2017, 111393; Ingenstau/Korbion/*von Wietersheim* Rn. 2; jurisPK-VergabeR/*Dippel* Rn. 15.
[25] Kapellmann/Messerschmidt/*Planker* Rn. 4.
[26] VK Südbayern Beschl. v. 17.4.2013 – Z3-3-3194-1-07-03/13, IBRRS 2013, 1974; VK Südbayern Beschl. v. 21.5.2015 – Z3-3-3194-1-08-02/15, IBRRS 2015, 1928; VK Brandenburg Beschl. v. 17.1.2012 – VK 55/11, IBRRS 2012, 2391.
[27] Kapellmann/Messerschmidt/*Planker* Rn. 4.
[28] VK Südbayern Beschl. v. 21.5.2015 – Z3-3-3194-1-08-02/15, IBRRS 2015, 1928; VK Südbayern Beschl. 17.4.2013 – Z3-3-3194-1-07-03/13, IBRRS 2013, 1974.

der Unterschrift zweifelsfrei folgt, dass sie ersichtlich den gesamten Inhalt des Angebots abdeckt.[29] Ohne räumlichen Abschluss der Unterschrift unter das schriftliche Angebot sind die Anforderungen der § 13 Abs. 1 Nr. 1 S. 3, § 126 Abs. 1 BGB nicht erfüllt.

Wesentlich ist ferner die eigenhändige Unterzeichnung des Angebots durch den Erklärenden. Mechanische oder elektromechanische Mittel zur Wiedergabe der Unterschrift, wie Farbdruck, Stempel, digitale Signatur etc, erfüllen nicht das Erfordernis der eigenhändigen Namensunterschrift iSd § 13 Abs. 1 Nr. 1 S. 3, § 126 Abs. 1 BGB.[30] Gleiches gilt für die Unterschriftskopie oder den Unterschriftsausdruck, zB auf einem Telefax.[31] Die Wiedergabe des Namens des Unterzeichnenden in Textform als Kopie, Stempel oder Telefax-Unterschrift begründen den zwingenden Ausschlusstatbestand des § 16 Abs. 1 Nr. 2. Die Wiedergabe des Namens des Unterzeichnenden in Textform auf einem Telefaxschreiben kann das Erfordernis der Eigenhändigkeit der Unterschrift gem. § 13 Abs. 1 Nr. 1 S. 3, § 126 Abs. 1 BGB allein dann erfüllen, wenn ein eigenhändig unterzeichnetes schriftliches Bestätigungsschreiben, welches auf das Telefaxschreiben eindeutig Bezug nimmt, postalisch nachgesandt wird. Dieses eigenhändig unterzeichnete Bestätigungsschreiben hat dann aber vor Ablauf der Angebotsfrist dem Auftraggeber zuzugehen.[32]

Des Weiteren ist die Vertretungsmacht des Unterzeichnenden zur formwirksamen Schriftlichkeit des Angebots erforderlich. Diese Vertretungsmacht folgt im Zweifel aus dem Vorliegen einer Anscheinsvollmacht des Unterzeichnenden. Das Tatbestandsmerkmal der „Rechtsverbindlichkeit" der Unterschrift wurde ab der VOB/A 2000 aufgegeben. Eine Nachprüfungspflicht des Auftraggebers für das Vorliegen der Vertretungsmacht des Unterzeichnenden besteht – bei Wahrung der Grundsätze der Anscheinsvollmacht – nicht.[33] Daher ist es auch nicht erforderlich, dass der Bieter die Rechtsverbindlichkeit seiner Unterschrift, dh seine Vertretungsmacht zur Unterzeichnung des Angebots, durch Nachweise belegt.[34]

Der Auftraggeber ist nicht gehindert, die früher geltenden Anforderungen der Rechtsverbindlichkeit der Unterschrift zusätzlich von den Bietern abzuverlangen.[35] Wird vom öffentlichen Auftraggeber die rechtsverbindliche Unterschrift der Bieter unter das Angebot verlangt, so genügt dieser Anforderung jede Unterschrift eines Erklärenden, der tatsächlich rechtsgeschäftlich bevollmächtigt ist.[36] Die zivil-, handelsrechtlichen und gesellschaftsrechtlichen Vertretungsvorschriften, dh die §§ 164 ff. BGB, §§ 48 ff. HGB, § 35 Abs. 1 GmbHG, § 78 Abs. 1 S. 1 AktG, gelten unmittelbar. Bietergemeinschaften sind Gesellschaften bürgerlichen Rechts gem. §§ 705 ff. BGB. Die Gesellschaft bürgerlichen Rechts wird gem. § 709 Abs. 1 BGB, § 714 BGB grundsätzlich von allen Gesellschaftern gemeinschaftlich vertreten. Daher hat das Angebot einer Bietergemeinschaft grundsätzlich von allen Mitgliedern der Bietergemeinschaft eigenhändig unterzeichnet zu sein.[37]

Hat nur ein Mitglied der Bietergemeinschaft als Bevollmächtigter für die Bietergemeinschaft unterzeichnet und ist dem schriftlichen Angebot keine Vollmachtsurkunde der anderen Mitglieder der Bietergemeinschaft beigefügt, so ist das Angebot nicht rechtswirksam

---

[29] VK Bund Beschl. v. 6.6.2005 – VK 3-43/05, BeckRS 2005, 151481; OLG Celle Beschl. v. 19.8.2003 – 13 Verg 20/03, BeckRS 2003, 10602; Ingenstau/Korbion/*von Wietersheim* Rn. 2.
[30] Kapellmann/Messerschmidt/*Planker* Rn. 5.
[31] Kapellmann/Messerschmidt/*Planker* Rn. 5.
[32] jurisPK-VergabeR/*Dippel* Rn. 10.
[33] VK Sachsen Beschl. v. 31.1.2005 – 1/SVK/144-04, BeckRS 2006, 09230; VK Bund Beschl. v. 3.7.2007 – VK 3-64/07, BeckRS 2007, 142182; VK Hessen Beschl. v. 27.2.2003 – 69d-VK-70/2002, VPRRS 2013, 1585.
[34] VK Bund Beschl. v. 3.7.2007 – VK 3-64/07, BeckRS 2007, 142182; *Weyand* Rn. 30.
[35] OLG Düsseldorf Beschl. v. 22.12.2004 – VII Verg 81/04, IBRRS 2005, 0143; VK Hessen Beschl. v. 13.3.2012 – 69d VK-06/2012, BeckRS 2012, 13800; OLG Frankfurt a. M. Beschl. v. 26.8.2008 – 11 Verg 8/08, BeckRS 2008, 25109; OLG Karlsruhe Beschl. v. 24.7.2007 – 17 Verg 6/07, BeckRS 2008, 08723; OLG Naumburg Beschl. v. 29.1.2009 – 1 Verg 10/08, BeckRS 2009, 6521; *Weyand* Rn. 33.
[36] *Weyand* Rn. 34.
[37] VK Hessen Beschl. v. 13.3.2012 – 69d-VK-06/2012, BeckRS 2012, 13800; VK Brandenburg Beschl. v. 26.3.2002 – VK 3/02, IBRRS 2014, 0023.

unterschrieben. Ausnahmsweise kann die Vertretungsmacht eines das Angebot einer Bietergemeinschaft allein unterzeichnenden Mitglieds ohne beigefügte Vollmachtsurkunde der anderen Mitglieder der Bietergemeinschaft dann die Vertretungsmacht des Unterzeichnenden hinreichend ausweisen, wenn im Angebot alle Mitglieder der Bietergemeinschaft benannt sind, der Unterzeichnende als federführender Gesellschafter alleinige Geschäftsführungsbefugnis hat, und dies aus einer von allen Mitgliedern rechtsverbindlich unterschriebenen Erklärung hervorgeht.[38]

26 Für den Auftraggeber muss der Umstand, dass eine Bietergemeinschaft das Angebot abgibt, die Zusammensetzung dieser Bietergemeinschaft und deren Identität der Mitglieder, klar und eindeutig aus dem Angebot entnehmbar sein. Alle, aus dem Angebot eindeutig und klar als Mitglieder der Bietergemeinschaft hervorgehenden Unternehmen haben das Angebot eigenhändig zu unterzeichnen. Hat allein ein Mitglied der Bietergemeinschaft als Bevollmächtigter der übrigen Mitglieder der Bietergemeinschaft unterzeichnet, müssen schriftliche, dh eigenhändig unterzeichnete Vollmachtserklärungen der übrigen Mitglieder dem Angebot beigefügt sein. Andernfalls ist das Angebot gem. § 16 Abs. 1 Nr. 2 auszuschließen.[39] Die lediglich fehlende Benennung eines federführenden Gesellschafters als bevollmächtigtem Vertreter kann gem. § 13 Abs. 5 S. 2 vor Ablauf der Zuschlagsfrist nachgeholt werden. Die Bezeichnung des Federführenden – und allein diese – ist insoweit nachholbar. Das Nachholen einer erforderlichen Unterschrift eines Mitglieds der Bietergemeinschaft oder das Nachreichen einer eigenhändig unterzeichneten Vollmachtsurkunde ist durch § 13 Abs. 5 S. 2 nicht gedeckt.[40] Unterschriftsmängel der Mitglieder einer Bietergemeinschaft, die nach Ablauf der Angebotsfrist noch fortbestehen, führen gem. § 16 Abs. 1 Nr. 2 zwingend zum Angebotsausschluss.

27 Die eigenhändige Unterschrift der Erklärenden unter dem Angebot muss ferner als Schriftzeichen erkennbar zu sein. Die Lesbarkeit des Namens ist nicht erforderlich. Es müssen hingegen zumindest Andeutungen von Buchstaben erkennbar sein. Die Unterzeichnung nur mit einem Handzeichen oder einer lediglichen Paraphe genügen nicht.[41]

28 **b) Elektronische Angebote (Abs. 1 Nr. 1 S. 4).** Gemäß § 13 Abs. 1 Nr. 1 S. 4 sind elektronische Angebote nach Wahl des Auftraggebers in Textform oder mit einer fortgeschrittenen elektronischen Signatur nach dem SigG und den Anforderungen des Auftraggebers oder mit einer qualifizierten elektronischen Signatur nach dem SigG zu übermitteln. § 13 Abs. 1 Nr. 1 S. 4 eröffnet dem Auftraggeber damit bei elektronischen Angeboten das Wahlrecht zur Vorgabe der bieterseitigen Angebotsabgabe in Textform oder mit fortgeschrittener elektronischer Signatur oder schließlich mit qualifizierter elektronischer Signatur nach dem SigG.[42]

29 Die Begrifflichkeiten „elektronisches Angebot" und „elektronische Übertragung" sind scharf zu trennen. Ob ein Angebot elektronisch ist oder nicht, richtet sich nicht nach der Art der Übermittlung. Elektronisch übermittelte Angebote können hingegen denknotwendig allein elektronische Angebote sein, sonst wäre eine elektronische Übermittlung nicht möglich.[43] Bei elektronischen Dokumenten besteht die Möglichkeit, diese entweder „körperlos" auf rein elektronischem Wege oder „körperlich" auf einem Datenträger (wie bei einem Papierdokument unter Anwesenden durch Übergabe oder unter Abwesenden mit der Post oder durch Boten) zu übermitteln. Im erstgenannten Fall ist sowohl die Frage der Form als auch des Übermittlungsweges, im zweitgenannten Fall lediglich die Frage der Form

---

[38] VK Brandenburg Beschl. v. 16.10.2007 – VK 38/07, IBRRS 2011, 0687; Kapellmann/Messerschmidt/Planker Rn. 46, 47; HHKW/*Koenigsmann-Hölken* Rn. 9.
[39] Ingenstau/Korbion/*von Wietersheim* Rn. 36; Kapellmann/Messerschmidt/*Planker* Rn. 47.
[40] AA VK Baden-Württemberg Beschl. v. 20.9.2001 – 1 VK 26/01, IBRRS 2004, 3630: Vollmachtsnachweis kann bis Zuschlagserteilung vorgelegt werden.
[41] Kapellmann/Messerschmidt/*Planker* Rn. 5.
[42] OLG Düsseldorf Beschl. v. 9.5.2011 – Verg 42/11, BeckRS 2011, 14073; OLG Düsseldorf Beschl. v. 9.5.2011 – VII-Verg 40/11, BeckRS 2011, 14071.
[43] *Weyand* Rn. 61.

angeschnitten.⁴⁴ Elektronische Angebote liegen damit auch dann vor, wenn elektronische Datenträger, auf denen sich elektronische Angebotsunterlagen befinden, physisch übermittelt werden.⁴⁵ Die Übergabe oder postalische Übersendung eines elektronischen Datenträgers ist aber keine elektronische Übermittlung gem. § 11 Abs. 1 Nr. 1 Alt. 4.

Das nach Vorgabe des Auftraggebers elektronisch in Textform gem. § 13 Abs. 1 Nr. 1 **30** S. 4 Alt. 1 abgegebene Angebot hat die Anforderungen der Textform gem. § 126b BGB zu erfüllen. Hiernach muss die Erklärung des Angebots „in einer Urkunde oder auf andere zur dauerhaften Wiedergabe in Schriftzeichen geeignete Weise abgegeben" werden, „die Person des Erklärenden genannt und der Abschluss der Erklärung durch Nachbildung der Namensunterschrift oder anders erkennbar gemacht werden".

Ferner sind durch den Auftraggeber die Grundsätze der Informationsübermittlung unter **31** Verwendung elektronischer Mittel gem. § 11 Abs. 1 Nr. 1–3, Abs. 2 und für die vom Auftraggeber eingesetzten Geräte die Anforderungen an elektronische Mittel gem. § 11a Nr. 1–7 einzuhalten.

Soweit der Auftraggeber die Abgabe elektronischer Angebote nicht in Textform, sondern **32** mit einer fortgeschrittenen elektronischen Signatur oder einer qualifizierten elektronischen Signatur vorgibt, wird damit auf die Legaldefinitionen in § 2 Nr. 1, 2 lit. a–d SigG sowie § 2 Nr. 3 lit. a, b SigG verwiesen. Die fortgeschrittene elektronische Signatur gem. § 2 Nr. 2 lit. a–d SigG wie auch die qualifizierte elektronische Signatur gem. § 2 Nr. 3 lit. a, b SigG dienen als Äquivalent der Unterschrift der Authentifizierung der elektronischen Angebotserklärungen des Bieters. Die nach Vorgabe des Auftraggebers gem. § 13 Abs. 1 Nr. 1 S. 4 Alt. 2 oder Alt. 3 vom Bieter einzuhaltenden Anforderungen der jeweiligen Signaturstufe folgen aus § 2 Nr. 2 lit. a–d SigG (fortgeschrittene elektronische Signatur) und aus § 2 Nr. 3 lit. a, b SigG (qualifizierte elektronische Signatur).

Für die Frage der Einhaltung dieser Anforderungen ist allein entscheidend, mit welcher **33** Art von Signatur das Angebot beim öffentlichen Auftraggeber eingegangen ist. Die Umstände des Signiervorgangs selbst liegen dabei allein in der Risikosphäre des Bieters. Erstellt der Bieter bei vorgegebener qualifizierter elektronischer Signatur durch Fehlbedienung der Bietersoftware lediglich eine fortgeschrittene elektronische Signatur, so ist die vorgegebene elektronische Form nicht gewahrt. Dies gilt unabhängig davon, welche Form der elektronischen Signatur der Bieter seiner Ansicht nach verwandt hat.⁴⁶ Die Nachforderung einer wirksamen elektronischen Signatur gem. § 16a S. 1 nach Abgabe eines mit einer ungültigen elektronischen Signatur versehenen Angebotes kommt nicht in Betracht.⁴⁷ Die auftraggeberseitige Vorgabe einer qualifizierten elektronischen Signatur iSd § 13 Abs. 1 Nr. 1 S. 4 Alt. 3, § 126a Abs. 1 BGB ist keine ungewöhnliche Anforderung gegenüber dem Bieter.⁴⁸

Durch beide Signaturstufen, dh durch die fortgeschrittene und die qualifizierte elektroni- **34** sche Signatur, soll der Auftraggeber als Empfänger der Daten im elektronischen Geschäftsverkehr ausreichende Sicherheit über die Identität des Bieters als Absender sowie darüber erlangen, dass die Daten während des elektronischen Transports nicht inhaltlich verändert wurden.⁴⁹ Die fortgeschrittene elektronische Signatur, die auf Basis von Softwarezertifikaten erstellt wird, beinhaltet eine deutlich geringere Sicherheit als die qualifizierte elektronische Signatur. Daher stellt § 126a Abs. 1 BGB die elektronische Form allein dann der Schriftform gleich, wenn der Aussteller dieser Erklärung seinen Namen hinzufügt und das elektronische Dokument mit einer qualifizierten elektronischen Signatur nach dem SigG versehen ist.

---

⁴⁴ OLG Düsseldorf Beschl. v. 9.5.2011 – VII-Verg 40/11, BeckRS 2011, 14071; VK Bund Beschl. v. 21.4.2011 – VK 3-41/11, BeckRS 2011, 140078.
⁴⁵ VK Bund Beschl. v. 21.4.2011 – VK 3-41/11, BeckRS 2011, 140078.
⁴⁶ VK Südbayern Beschl. v. 17.4.2013 – Z3-3-3194-1-07-03/13, IBRRS 2013, 1974; VK Südbayern Beschl. v. 21.5.2015 – Z3-3-3194-1-08-02/15, IBRRS 2015, 1928; *Weyand* Rn. 73/1.
⁴⁷ VK Südbayern Beschl. v. 21.5.2015 – Z3-3-3194-1-08-02/15, IBRRS 2015, 1928.
⁴⁸ VK Bund Beschl. v. 21.4.2011 – VK 3-41/11, BeckRS 2011, 140078; VK Bund Beschl. v. 21.4.2011 – VK 3-38/11, BeckRS 2011, 140182; *Weyand* Rn. 73.
⁴⁹ HHKW/*Koenigsmann-Hölken* Rn. 11.

Gleichermaßen stellt § 371a Abs. 1 S. 1 ZPO allein solche elektronischen Dokumente der Beweiskraft von Privaturkunden gem. § 416 ZPO gleich, die mit einer qualifizierten elektronischen Signatur versehen sind.

35 **3. Datenintegrität und Vertraulichkeit bei der Angebotsbehandlung (Abs. 1 Nr. 2). a) Grundlagen der Angebotsbehandlung.** § 13 Abs. 1 Nr. 2 bezweckt sowohl den Schutz des Wettbewerbs durch Sicherstellung der ordnungsgemäßen Durchführung des Vergabeverfahrens als auch den Schutz von know-how und Betriebsgeheimnissen aus den Angebotsunterlagen der Bieter. Um Manipulationen entgegenzuwirken, die Gleichbehandlung der Angebote sowie den Geheimwettbewerb sicherzustellen und die Angebotsinhalte zum Schutz von know-how und Betriebsgeheimnissen allein den Personen zugänglich zu machen, die die Vergabeentscheidung treffen, sind die Angebote bis Ablauf der Angebotsfrist strikt unter Verschluss zu halten. Die Postulate des § 13 Abs. 1 Nr. 2 S. 1 zur Gewährleistung der Integrität der Daten und der Vertraulichkeit der Angebote gem. § 13 Abs. 1 Nr. 2 S. 2, 3 gelten sowohl für schriftlich eingereichte Angebote als auch für elektronische Angebote der Bieter.

36 Bei beiden Angebotsformen ist in jedem Fall sicherzustellen, dass vor dem Öffnungs- bzw. Eröffnungstermin eine Einsichtnahme in die Angebote unmöglich ist. Gemäß § 14 Abs. 2 Nr. 1, § 14a Abs. 3 Nr. 1 hat der Verhandlungsleiter im Öffnungs- bzw. Eröffnungstermin festzustellen, ob der Verschluss der schriftlichen Angebote unversehrt ist und die elektronischen Angebote verschlüsselt sind. Angebote, die den Bestimmungen des § 13 Abs. 1 Nr. 2 nicht entsprechen, sind gem. § 16 Abs. 1 Nr. 2 zwingend auszuschließen. Aufgrund ihres Schutzzwecks wird die Vorschrift strikt gehandhabt. Ein hinreichender Verschluss, der die Unversehrtheit eines schriftlichen Angebots begründet, liegt bereits dann nicht mehr vor, wenn die lediglich abstrakte Gefahr einer unbemerkten Einsichtnahme besteht oder zumindest nicht ausgeschlossen ist.[50]

37 **b) Verschluss und Kennzeichnung schriftlicher Angebote.** Gemäß § 13 Abs. 1 Nr. 2 S. 2 sind per Post oder direkt übermittelte Angebote in einem verschlossenen Umschlag einzureichen, als solche zu kennzeichnen und bis zum Ablauf der für die Einreichung vorgesehenen Frist unter Verschluss zu halten. Verschlossen ist ein Umschlag oder – bei umfangreicheren Angebotsunterlagen – ein Behältnis dann, wenn es mit Vorkehrungen versehen ist, die der Kenntnisnahme ein deutliches Hindernis bereiten.[51]

38 Briefumschläge haben dementsprechend verklebt zu sein, Kartons und Pakete mit Paketklebeband verschlossen oder mit Paketband fest eingebunden zu sein. Ein Verkleben mit Tesafilm, welcher leicht und ohne Hinterlassung von Spuren zu entfernen ist, führt nicht dazu, dass das Angebot als verschlossen angesehen werden kann. Ein verschlossenes Paket, das in seiner Wirkung einem verschlossenen Umschlag gleich kommt und das den Angebotsordner des Bieters enthält, setzt ein vollständiges Verpacken des Ordners in einen Karton oder in Packpapier und dessen Verkleben mit Paketklebeband voraus.[52] Das lediglich Zusammenfalten von Umschlägen oder das bloße Zusammenstecken von Kartondeckeln etc, reicht für den gem. § 13 Abs. 1 Nr. 2 S. 2 erforderlichen Verschluss schriftlicher Angebote nicht aus.[53]

39 Stets ist ein Verkleben des Umschlags oder ein vollständiges Verpacken des Angebots in Packpapier, einem Karton oder Paket und dessen Kleben mit Paketklebeband oder feste Verschnürung mit Paketband erforderlich. Es muss ferner stets überprüfbar sein, dass das Angebot tatsächlich nicht geöffnet wurde. Die Art der Verpackung muss demgemäß so

---

[50] VK Bund Beschl. v. 13.5.2003 – VK 1-31/03, BeckRS 2003, 152842; jurisPK-VergabeR/*Dippel* Rn. 18.
[51] VK Lüneburg Beschl. v. 20.8.2002 – 203 VgK-12/2002, IBRRS 2004, 3491; VK Lüneburg Beschl. v. 23.3.2012 – VgK-06/2012, BeckRS 2012, 09832.
[52] VK Bund Beschl. v. 13.5.2003 – VK 1-31/03, BeckRS 2003, 152842; VK Lüneburg Beschl. v. 23.3.2012 – VgK-06/2012, BeckRS 2012, 09832.
[53] VK Lüneburg Beschl. v. 23.3.2012 – VgK-06/2012, BeckRS 2012, 09832; jurisPK-VergabeR/*Dippel* Rn. 18; *Weyand* Rn. 79.

gewählt und ausgeführt sein, dass sofort bemerkt wird, ob das Angebot bereits vorzeitig geöffnet wurde.[54] Der hinreichende Verschluss des Angebots liegt in der Sphäre des Bieters. Erforderlich ist ferner, dass das Angebot verschlossen beim Auftraggeber eingeht. Wenn ein an sich ausreichend verschlossenes Angebot beim Transport durch Verschulden des Postdienstleisters vor Eingang beim Auftraggeber so beschädigt wurde, dass es als offen anzusehen ist, führt dies nicht dazu, dass das Angebot zuzulassen ist. Der Bieter trägt auch das Versendungsrisiko.[55]

Gemäß § 13 Abs. 1 Nr. 2 S. 2 ist das verschlossene schriftliche Angebot vom Auftraggeber als solches zu kennzeichnen und von ihm bis zum Ablauf der Angebotsfrist unter Verschluss zu halten. Die Kennzeichnung des verschlossenen schriftlichen Angebots erfolgt durch den Eingangs- und Kennzeichnungsvermerk des Auftraggebers. Dieser muss den Aussteller, dh das Namenszeichen desjenigen erkennen lassen, der die Sendung entgegengenommen und verwahrt hat. Des Weiteren hat der Eingangs- und Kennzeichnungsvermerk das Datum und die Uhrzeit[56] des Eingangs auszuweisen. Die Unterschrift[57] der annehmenden Person ist nicht erforderlich. Die Identität des Ausstellers des Eingangs- und Kennzeichnungsvermerks hat durch das Namenszeichen jedoch zweifelsfrei zu sein. Das Namenszeichen hat die konkrete Person wiederzugeben, die für die inhaltliche Richtigkeit des gefertigten Eingangs- und Kennzeichnungsvermerks und die Authentizität der Posteingänge verantwortlich ist und die im Bedarfsfall hierfür auch in Verantwortung genommen werden kann. **40**

Dies ist bei einer äußerlich anonymen Aufschrift als Eingangs- und Kennzeichnungsvermerk nicht gewährleistet.[58] Der Eingangs- und Kennzeichnungsvermerk ist auf dem unversehrten Umschlag anzubringen. Der Eingangs- und Kennzeichnungsvermerk hat das Angebot körperlich zu kennzeichnen. Empfangsbekenntnisse, gesonderte Schreiben, etc, erfüllen diese Unmittelbarkeit der Kennzeichnung des ungeöffneten Angebots nicht. Dies gilt selbst dann nicht, wenn diese Empfangsbekenntnisse die Eingangszeit, den Stempel und die Unterschrift des die Sendung entgegen nehmenden Mitarbeiters des Auftraggebers ausweisen und eine Eintragung in ein Posteingangsbuch erfolgt.[59] Der Eingangs- und Kennzeichnungsvermerk hat auch unschwer die Identität des Ausstellers des Vermerks auszuweisen. Ist die Feststellung der Ausstelleridentität nicht unschwer möglich oder gar von einer Beweisaufnahme abhängig, so genügt dies den Anforderungen des § 13 Abs. 1 Nr. 2 S. 2 nicht.[60] **41**

c) Verschlüsselung elektronischer Angebote. Entsprechend zum Verschluss, der Kennzeichnung und der bis Ablauf der Angebotsfrist zu gewährleistenden Unterverschlusshaltung schriftlicher Angebote ist gem. § 13 Abs. 1 Nr. 2 S. 3 mit elektronischen Angeboten zu verfahren. Bei elektronisch übermittelten Angeboten ist durch den Bieter der Verschluss und durch den Auftraggeber die Kennzeichnung und das Unterverschlusshalten bis zum Ablauf der Angebotsfrist durch technische Lösungen nach Anforderungen des Auftraggebers und durch Verschlüsselung sicherzustellen. Die Verschlüsselung der elektronisch eingereichten Angebote muss gem. § 13 Abs. 1 Nr. 2 S. 4 bis zur Öffnung des ersten Angebots aufrechterhalten bleiben. **42**

Die Anforderungen an die hierfür einzusetzenden technischen Lösungen und die Verschlüsselung sind gleichermaßen am Zweck der Norm auszurichten: Es sollen Manipulationen dadurch verhindert werden, dass einzelne Bieter das eigene oder der Auftraggeber selbst **43**

---

[54] VK Lüneburg Beschl. v. 23.3.2012 – VgK-06/2012, BeckRS 2012, 09832; VK Bund Beschl. v. 13.5.2003 – VK 1-31/03, BeckRS 2003, 152842; *Weyand* Rn. 81.
[55] VK Baden-Württemberg Beschl. v. 4.9.2014 – 1 VK 40/14, IBRRS 2015, 2979; OLG Düsseldorf Beschl. v. 7.1.2002 – Verg 36/01, IBRRS 37542.
[56] VK Thüringen Beschl. v. 2.11.2010 – 250-4003.20-4299/2010-018-SM, www.thueringen.de/th3/tlvwa/vergabekammer/kammer_entsd/eg_nachpruefung/2010/index.aspx (abgerufen am 4.9.2018).
[57] OLG Frankfurt a. M. Beschl. v. 9.5.2017 – 11 Verg 5/17, BeckRS 2017, 112554.
[58] OLG Naumburg Beschl. v. 31.3.2008 – 1 Verg 1/08, ZfBR 2008, 725; VK Sachsen-Anhalt Beschl. v. 4.9.2014 – 1 VK LSA 12/14, VPRRS 2014, 0590; *Weyand* Rn. 84.
[59] *Weyand* Rn. 84.
[60] *Weyand* Rn. 86.

oder ein bestimmtes Angebot verändern, nachdem sie die Inhalte anderer Angebote vorzeitig erfahren haben. Die Sicherstellung des ordnungsgemäßen Wettbewerbs durch Geheimhaltung des Angebotsinhalts elektronischer Angebote bis zum Submissionstermin ist an diesen Anforderungen auszurichten. Diesen Anforderungen wird bei elektronischen Angeboten regelmäßig dadurch Rechnung getragen, dass diese mit fortgeschrittener oder qualifizierter elektronischer Signatur gem. § 2 Nr. 2 lit. a–d SigG bzw. § 2 Nr. 3 lit. a, b SigG versehen sind. Die Verschlüsselung ist der virtuelle Umschlag des elektronischen Angebots.[61]

44 Gemäß § 14 Abs. 1 S. 3, Abs. 2 Nr. 1, § 14a Abs. 1 S. 3 sind die verschlüsselt eingereichten elektronischen Angebote zu kennzeichnen und die Verschlüsselung bis zum Beginn des Öffnungs- bzw. Eröffnungstermins aufrechtzuerhalten. Die Pflicht zur Verschlüsselung nach Vorgabe des Auftraggebers trifft bis zur Einreichung der Angebote den Bieter. Danach ist der Auftraggeber dafür verantwortlich, dass die verschlüsselten Angebote gekennzeichnet werden und deren Verschlüsselung bis zum Beginn des Eröffnungstermins aufrechterhalten bleibt.[62] Die Grundsätze der Informationsübermittlung im Vergabeverfahren gem. § 11 Abs. 1 Nr. 1–3 wie auch die Anforderungen an die vom Bieter und vom Auftraggeber einzusetzenden technischen Geräte gem. § 11a Nr. 1–7 sind strikt zu beachten.

45 Dies gilt insbesondere auch, wenn der Auftraggeber den Bietern als Angebotsform elektronisch einzureichender Angebote die Textform gem. § 13 Abs. 1 Nr. 1 S. 3 Alt. 1 vorgibt. Insbesondere hier muss sichergestellt sein, dass diese Angebote verschlüsselt beim Auftraggeber eingehen, von diesem nicht vorzeitig entschlüsselt und eingesehen werden können und dass diese Verschlüsselung bis zum Beginn der Submission aufrechterhalten bleibt. Von Bietern eingereichte elektronische Angebote in offener E-Mail-Form erfüllen – ebenso wenig wie ein in Telefaxform eingereichtes schriftliches Angebot – nicht die Anforderungen des § 13 Abs. 1 Nr. 2 S. 2–4. So ist insbesondere die Übermittlung von eingescannten Angeboten per Fax oder einfachem E-Mail unzulässig. Dieser Mangel der Angebotsform kann auch nicht durch die nochmalige verschlüsselte Übermittlung des Angebots geheilt werden.[63] Der öffentliche Auftraggeber ist auch nicht berechtigt, die Abgabe von Angeboten per Fax oder einfachem E-Mail zuzulassen.[64]

46 **4. Angebotsanforderungen in Bezug auf die Preise (Abs. 1 Nr. 3). a) Normkontext und -zweck.** Gemäß § 13 Abs. 1 Nr. 3 müssen die Angebote die geforderten Preise enthalten. § 21 Nr. 1 Abs. 2 S. 5 VOB/A 2006 enthielt noch die Angebotsanforderung: „die Angebote sollen nur die Preise und die geforderten Erklärungen enthalten." Seit der VOB Ausgabe 2009 wurde diese Formulierung, nunmehr geregelt in § 13 Abs. 1 Nr. 3, in: „müssen die geforderten Preise enthalten" verschärft. Dies deshalb, da die Vergleichbarkeit der Angebote allein durch eindeutige und zweifelsfreie Preisangaben gewährleistet werden kann.[65] Allein so ist die Gleichbehandlung der Angebote und der ordnungsgemäße Wettbewerb sicherzustellen. Angebote, die diesen Anforderungen nicht entsprechen, sind unvollständig und in aller Regel gem. § 16 Abs. 1 Nr. 3 Hs. 1 auszuschließen. Der Ausschlusstatbestand des § 16 Abs. 1 Nr. 3 Hs. 1 greift dabei bereits dann, wenn eine Preisangabe im Angebot nicht enthalten ist. Diese Unvollständigkeit des Angebots als solche begründet bereits den Ausschlusstatbestand. Eine weitergehende Prüfung, ob das unvollständige Angebot auch im Ergebnis nicht mit anderen Angeboten vergleichbar ist, hat zur Bejahung der Ausschlussvoraussetzungen nicht zu erfolgen.[66]

---

[61] Kapellmann/Messerschmidt/*Planker* Rn. 10.
[62] Ingenstau/Korbion/*von Wietersheim* Rn. 8.
[63] OLG Karlsruhe Beschl. v. 17.3.2017 – 15 Verg 2/17, BeckRS 2017, 111933.
[64] VK Baden-Württemberg Beschl. v. 19.4.2005 – 1 VK 11/05, BeckRS 2013, 46428; *Weyand* Rn. 95.
[65] VK Südbayern Beschl. v. 5.9.2003 – 37-08/03, IBRRS 2003, 2994; VK Lüneburg Beschl. v. 25.11.2002 – 203-VgK-27/2002, IBRRS 40535; OLG Düsseldorf Beschl. v. 21.12.2005 – Verg 69/05, BeckRS 2006, 01787; VK Südbayern Beschl. v. 15.6.2001 – 18-05/01, IBR 2001, 633; HHKW/*Koenigsmann-Hölken* Rn. 13.
[66] BGH Urt. v. 7.1.2003 – X ZR 50/01, ZfBR 2003, 503; OLG Düsseldorf Beschl. v. 26.11.2003 – Verg 53/03, ZfBR 2004, 298; HHKW/*Koenigsmann-Hölken* Rn. 14.

Diese streng formale Betrachtungsweise wird allein durch § 16 Abs. 1 Nr. 3 Hs. 2 **47** durchbrochen. Lediglich in Fällen, in denen in einer einzelnen unwesentlichen Position die Preisangabe fehlt und durch Außerachtlassung dieser Position der Wettbewerb und die Wertungsreihenfolge, auch bei Wertung dieser Position mit dem höchsten Wettbewerbspreis nicht beeinträchtigt wird, ist das insoweit unvollständige Angebot nicht auszuschließen. In allen anderen Fällen unvollständiger Preisangaben des Angebots hat zwingend der Ausschluss gem. § 16 Abs. 1 Nr. 3 Hs. 1 zu erfolgen.[67]

Die zwingende Angebotsanforderung gem. § 13 Abs. 1 Nr. 3 steht in engen Normkontext zu § 4 Abs. 3. § 4 Abs. 3 postuliert für beide Vertragsarten des Leistungsvertrages gem. § 4 Abs. 1 Nr. 1, 2 und für den Stundenlohnvertrag gem. § 4 Abs. 2 die Ausrichtung des Angebotsverfahrens zur Vergabe von Bauleistungen darauf, dass der Bieter die Preise, die er für seine Leistungen fordert, in die Leistungsbeschreibung einzusetzen oder in anderer Weise im Angebot anzugeben hat. **48**

Im Einheitspreisvertrag des § 4 Abs. 1 Nr. 1 hat der Bieter dann alle Einheitspreise einzutragen. Im Pauschalpreisverhältnis gem. § 4 Abs. 1 Nr. 2 einzutragen sind – je nach Ausgestaltung – die Gesamtpauschale oder die vorgegebenen Einzelpauschalen.[68] Gleiches gilt im Stundenlohnvertrag gem. § 4 Abs. 2. Hier sind – entsprechend der jeweiligen Anforderung im Leistungsverzeichnis – für Bauleistungen geringeren Umfangs, die überwiegend Lohnkosten verursachen, vom Bieter sämtliche angebotenen Stundenlöhne – wenn vorgegeben, differenziert nach der jeweiligen Qualifikation des Arbeiters – anzugeben. Auch durch die Regelung des § 4 Abs. 3 wird die zentrale Bedeutung vollständiger Preisangaben im Angebot gem. § 13 Abs. 1 Nr. 3 und für die Wertbarkeit des Angebots gem. § 16 Abs. 1 Nr. 3 Hs. 1 unterstrichen. **49**

b) Geforderte Preisangaben. Jede angebotsmäßige Bietererklärung, die nicht alle vom Bieter für seine jeweiligen Leistungen geforderten Preise enthält, ist grundsätzlich auszuschließen.[69] Einzige und eng auszulegende Ausnahme hiervon sind die Fälle des § 16 Abs. 1 Nr. 3 Hs. 2. Für die Preisangaben des Bieters im ausgeschriebenen Einheitspreisvertrag für Bauleistungen bedeutet dies, dass grundsätzlich jeder Einzelpreis für jede Einzelleistung vom Bieter im Angebot einzutragen oder einzusetzen ist. Alle, in der Leistungsbeschreibung geforderten Preise sind vom Bieter vollständig und mit dem Betrag anzugeben, der für die betreffende Einzelleistung vom Bieter gefordert wird.[70] **50**

Mischkalkulierte Preisangaben sind für den Bieter unzulässig und begründen den Angebotsausschluss gem. § 16 Abs. 1 Nr. 3 Hs. 1. Gibt der Bieter aufgrund einer Mischkalkulation einzelne, geforderte Preise nicht an, weil er diese in andere Leistungspositionen hineingerechnet hat, begründet dies einen zwingenden Ausschlusstatbestand.[71] Mischkalkuliert sind solche Angebote, in denen der Bieter die von ihm tatsächlich für einzelne Leistungspositionen kalkulierten Preise nicht offenlegt, sondern – nicht selten zur Manipulationszwecken – Kostenfaktoren ganz oder teilweise in anderen Positionen versteckt. Dieses Auf- und Abpreisen hat zur Folge, dass die für die jeweiligen Leistungen geforderten tatsächlichen Preise weder vollständig noch zutreffend wiedergegeben werden. Die Vergleichbarkeit der Angebote ist dann nicht mehr gegeben.[72] **51**

---

[67] BGH Urt. v. 7.1.2003 – X ZR 50/01, ZfBR 2003, 503; OLG Düsseldorf Beschl. v. 26.11.2003 – Verg 53/03, ZfBR 2004, 298; OLG München Urt. v. 23.6.2009 – Verg 8/09, BeckRS 2009, 17241; OLG Düsseldorf Beschl. v. 24.9.2014 – Verg 19/14, BeckRS 2015, 05269; VK Südbayern Beschl. v. 15.6.2001 – 18-05/01, IBR 2001, 633.
[68] Kapellmann/Messerschmidt/*Planker* Rn. 12.
[69] BGH Urt. v. 7.1.2003 – X ZR 50/01, ZfBR 2003, 503; OLG Düsseldorf Beschl. v. 26.11.2003 – Verg 53/03, ZfBR 2004, 298; OLG München Urt. v. 23.6.2009 – Verg 8/09, BeckRS 2009, 17241; OLG Düsseldorf Beschl. v. 24.9.2014 – Verg 19/14, BeckRS 2015, 05269; VK Südbayern Beschl. v. 15.6.2001 – 18-05/01, IBR 2001, 633.
[70] BGH Urt. v. 7.1.2003 – X ZR 50/01, ZfBR 2003, 503; OLG München Urt. v. 23.6.2009 – Verg 8/09, BeckRS 2009, 17241; OLG Düsseldorf Beschl. v. 26.11.2003 – Verg 53/03, ZfBR 2004, 298; OLG Düsseldorf Beschl. v. 24.9.2014 – Verg 19/14, BeckRS 2015, 05269.
[71] BGH Urt. v. 24.5.2005 – X ZR 243/02, ZfBR 2005, 703; OLG Brandenburg Beschl. v. 24.5.2011 – Verg W 8/11, BeckRS 2011, 20589; Ingenstau/Korbion/*von Wietersheim* Rn. 10.
[72] OLG Koblenz Beschl. v. 18.9.2013 – 1 Verg 6/13, BeckRS 2013, 16938; VK Bund Beschl. v. 26.7.2013 – VK 2-46/13, ZfBR 2014, 95.

52 Ist im Leistungsverzeichnis vom Auftraggeber weitergehend für Einzelleistungen eine Aufgliederung der Einheitspreise, zB in Lohn- und Materialkostenanteile, vorgesehen, so hat der Bieter auch dies im Angebot vorzunehmen und nicht allein den – unaufgegliederten – Einheitspreis anzugeben.[73] Erfolgt eine Mischkalkulation des Bieters dadurch, dass er Einzelpositionspreise nicht gänzlich weglässt, sondern in geringerer Höhe angibt, weil diese von ihm in andere Positionen hineingerechnet wurden, ist das Angebot zwar nicht unvollständig, aber gleichfalls auszuschließen.[74] Die Umlage einzelner Preisbestandteile auf andere Leistungspositionen durch Mischkalkulation des Bieters hat der Auftraggeber darzulegen und zu beweisen.[75] Hat der Auftraggeber Zweifel, ob ein vom Bieter angegebener Preis den Vorgaben des § 13 Abs. 1 Nr. 3 entspricht, ist er gehalten, die Aufklärung des Angebotsinhalts gem. § 15 Abs. 1 Nr. 1 herbeizuführen.[76]

53 Enthält das Leistungsverzeichnis eine Einzelposition und ergibt sich aus der Leistungsbeschreibung eindeutig, welche Kostenbestandteile in diesen Positionen vom Bieter einzurechnen sind, so hat der Bieter auch dies in seinem Angebot zu befolgen. Andernfalls liegt eine unzulässige Mischkalkulation vor. Enthält das Angebot des Bieters widersprüchliche Preisangaben für die gleiche Leistung, sodass für diese Leistung der tatsächlich geforderte Preis nicht erkennbar wird, ist dies dem Fehlen von Preisangaben gleichzustellen.[77] In Fällen widersprüchlicher Preisangaben im Angebot des Bieters für dieselbe Leistung ist eine Aufklärung des Angebotsinhalts gem. § 15 Abs. 1 Nr. 1 nicht statthaft. Es läge dann eine unzulässige Nachverhandlung über die Preise gem. § 15 Abs. 3 vor.[78]

54 Gleichfalls auszuschließen sind Angebote, in denen der Bieter Einzelpreise mit einem Fantasiebetrag (zB 1 EUR oder 1 Cent) bepreist, welcher in keinem Zusammenhang mit der geforderten Einzelleistung steht.[79] Bei derart offensichtlich ohne Zusammenhang mit den vom Bieter geforderten Einzelleistungen angegebenen Niedrigpreisen (zB 1 EUR oder 1 Cent) liegt zwar eine Preisangabe vor, sodass das Angebot per se nicht unvollständig ist. Der Auftraggeber ist aber gehalten, die Niedrigpreisangabe des Bieters im Rahmen der Aufklärung gem. § 15 Abs. 1 Nr. 1 zu hinterfragen.[80] Niedrigpreise des Bieters für Einzelpositionen sind ein Indiz für eine vom Bieter vorgenommene unzulässige Mischkalkulation. Bei Niedrigpreisangaben kann nämlich vermutet werden, dass die tatsächlichen Preisanteile vom Bieter in anderen Preispositionen versteckt werden. In diesen Fällen von offensichtlich ohne Zusammenhang zum Leistungsinhalt der Einzelpositionen gemachten Niedrigpreisangaben trägt der Bieter die Beweislast für das Nichtvorliegen einer unzulässigen Mischkalkulation.[81] Der Auftraggeber ist auch hier gem. § 15 Abs. 1 Nr. 1 gehalten, offensichtliche Niedrigpreisangaben aufzuklären. Im Rahmen der Angebotswertung ist der Auftraggeber ferner bei Vorliegen eines unangemessen niedrigen Angebotspreises gem. § 16d Abs. 1 Nr. 2 S. 1 verpflichtet, den Bieter um Aufklärung über die Ermittlung seiner Preise für die Gesamtleistung oder für Teilleistungen zu ersuchen.

---

[73] VK Nordbayern Beschl. v. 8.5.2007 – 21. VK-3194-20/07, BeckRS 2010, 26719; VK Bund Beschl. v.19.2.2002 – VK 2-02/02, IBRRS 2013, 3045; Ingenstau/Korbion/*von Wietersheim* Rn. 10.

[74] BGH Urt. v. 7.6.2005 – X ZR 19/02, ZfBR 2005, 704; BGH Urt. v. 18.5.2004 – X ZB 7/04, NJW-RR 2004, 1626; HHKW/*Koenigsmann-Hölken* Rn. 15.

[75] OLG Frankfurt a. M. Beschl. v. 17.10.2005 – 11 Verg 8/05, IBRRS 2005, 3194; HHKW/*Koenigsmann-Hölken* Rn. 15.

[76] OLG Karlsruhe Beschl. v. 11.11.2011 – 15 Verg 11/11, BeckRS 2014, 14634; OLG Frankfurt a. M. Beschl. v. 17.10.2005 – 11 Verg 8/05, IBRRS 2005, 3194; OLG Jena Beschl. v. 23.1.2006 – 9 Verg 8/05, NZBau 2006, 263.

[77] OLG Brandenburg Beschl. v. 6.11.2007 – Verg W 12/07, BeckRS 2008, 09200; VK Arnsberg Beschl. v. 2.9.2010 – VK 16/10, IBRRS 2010, 3690; VK Nordbayern Beschl. v. 2.7.2010 – 21.VK-3194-21/10, IBRRS 2010, 2719.

[78] VK Nordbayern Beschl. v. 2.7.2010 – 21.VK-3194-21/10, IBRRS 2010, 2719; VK Sachsen Beschl. v. 22.6.2011 – 1/SVK/024-11, BeckRS 2011, 19711.

[79] OLG Brandenburg Beschl. v. 30.11.2004 – Verg W 10/04, NZBau 2005, 238; HHKW/*Koenigsmann-Hölken* Rn. 17.

[80] Kapellmann/Messerschmidt/*Planker* Rn. 14.

[81] VK Lüneburg Beschl. v. 22.11.2011 – VgK 51/2011, BeckRS 2011, 29191; jurisPK-VergabeR/*Dippel* Rn. 23.

Eine korrekte Preisangabe liegt demgegenüber vor, wenn der Bieter im Rahmen seiner 55
Kalkulationsfreiheit in einer Einzelposition einen Preisnachlass berücksichtigt. Die prozentuale oder in einer konkreten Summe ausgedrückte unbedingte Kürzung des Vertragspreises bei unverändert bleibender Leistung des Bieters bietet kein Anhaltspunkt für das Vorliegen einer Mischkalkulation oder ein unzulässiges Verschieben von Preisangaben.[82] Eine Verpflichtung des Bieters, für Einzelpreise mindestens den Preis zu fordern, den sein Nachunternehmer für diese Leistung verlangt, besteht gleichfalls nicht.[83] Bepreist der Bieter eine Einzelposition mit 0 oder weist er für diese einen negativen Preis aus, ist gleichfalls das Angebot nicht unvollständig. Die Preisangabe 0 stellt eine Preisangabe dar und macht das Angebot nicht unvollständig.[84] Auch begründet die Preisangabe 0 als solche keine unzulässige Mischkalkulation, vorausgesetzt, dass die mit 0 bepreiste Leistung auch tatsächlich kostenlos angeboten wird.[85] Der Auftraggeber hat dies gem. § 15 Abs. 1 Nr. 1 aufzuklären und das Vorliegen einer unzulässigen Mischkalkulation auszuschließen.

Negative Preisangaben sind nicht per se fehlende Preisangaben. Auch negative Preise 56
stellen Preisangaben dar. Anhaltspunkte für eine unzulässige Mischkalkulation bei Angabe negativer Preise liegen jedenfalls dann nicht vor, wenn negative Preise bei Leistungsposition angeboten werden, infolge derer die Erbringung anderer ausgeschriebener Leistungen entfallen, wobei die entfallenen Leistungen aufgrund der Übermessungsregeln der VOB/C abzurechnen sind.[86] Der Auftraggeber ist auch hier gehalten, den Bieter gem. § 15 Abs. 1 Nr. 1 um Aufklärung über seine Preiskalkulation zu ersuchen.[87] Ein Indiz einer vom Bieter vorgenommenen unzulässigen Mischkalkulation liegt bei angegebenen Einzelpositionen mit der Preisangabe 0 oder einem negativen Preis gleichfalls vor. Die Beweislast für das Nichtvorliegen einer Mischkalkulation in diesen Fällen trifft gleichfalls den Bieter. Der Bieter hat im Rahmen der ersuchten Aufklärung gem. § 15 Abs. 1 Nr. 1 dann nötigenfalls durch Vorlage entsprechender Nachweise und Kalkulationslagen zu belegen, dass er keine unzulässige Mischkalkulation vorgenommen hat.

Der öffentliche Auftraggeber kann durch möglichst genaue und fachlich einwandfreie 57
Definitionen der Leistungspositionen in der Leistungsbeschreibung sowie durch möglichst präzise inhaltliche Vorgaben zur Kalkulation in der Leistungsbeschreibung Mischkalkulationen effektiv vermeiden.[88]

5. Angebotsanforderungen in Bezug auf Erklärungen und Nachweise (Abs. 1 58
Nr. 4). a) Normkontext und -zweck. § 13 Abs. 1 Nr. 4 zwingt den Bieter, mit seiner Angebotsabgabe alle geforderten Erklärungen und Nachweise vorzulegen. Diese Erklärungen und Nachweise können sowohl leistungsbezogen, als auch eignungsbezogen sein. Dem Auftraggeber steht grundsätzlich ein Beurteilungsspielraum zu, welche angebots- oder eignungsbezogenen Erklärungen oder Nachweise er zweckmäßigerweise mit der Angebotsabgabe vom Bieter abverlangt.[89] Soweit leistungsbezogene Erklärungen und Nachweise abverlangt werden, können diese sowohl den technischen Inhalt als auch die rechtlichen oder sonstigen Rahmenbedingungen der angebotenen Leistung umfassen.

§ 13 Abs. 1 Nr. 4 soll sicherstellen, dass die von den Bietern vorgelegten Angebote bereits 59
bei rein formaler Betrachtung unschwer vergleichbar sind und dass die Angebote so vollstän-

---

[82] VK Lüneburg Beschl. v. 11.7.2013 – VgK 21/2013, IBRRS 2013, 5191; VK Baden-Württemberg Beschl v. 16.3.2006 – 1 VK 8/06, IBRRS 2006, 1359.
[83] HHKW/*Koenigsmann-Hölken* Rn. 18.
[84] OLG Düsseldorf Beschl. v. 7.11.2012 – Verg 12/12, ZfBR 2013, 192; VK Bund Beschl. v. 13.12.2013 – VK 1-111/13, IBRRS 2014, 1167.
[85] OLG Naumburg Beschl. v. 29.1.2009 – 1 Verg 10/18, IBR 2009, 225.
[86] OLG Düsseldorf Beschl. v. 8.6.2011 – Verg 11/11, BeckRS 2011, 23749.
[87] Kapellmann/Messerschmidt/*Planker* Rn. 14.
[88] VK-Baden-Württemberg Beschl. v. 22.8.2013 – 1 VK 29/13, ZfBR 2013, 821; *Weyand* § 16 Rn. 232/1.
[89] OLG Frankfurt a. M. Beschl. v. 13.12.2011 – 11 Verg 8/11, BeckRS 2012, 08327; VK Lüneburg Beschl. v. 13.12.2013 – VgK 42/2013, BeckRS 2014, 01201; jurisPK-VergabeR/*Dippel* Rn. 24.

60 Ob eine mit Angebotsvorlage geforderte Erklärung oder ein Nachweis vorliegt oder nicht, ist rein formal zu betrachten. § 16a S. 1 verpflichtet den Auftraggeber, die fehlenden geforderten Erklärungen oder Nachweise beim Bieter nachzufordern. Dieser hat diese dann gem. § 16a S. 2 spätestens innerhalb von sechs Kalendertagen nach Aufforderung durch den Auftraggeber vorzulegen. Diese Frist beginnt gem. § 16a S. 3 am Tag nach der Absendung der Aufforderung durch den Auftraggeber. Werden sodann die Erklärungen oder Nachweise vom Bieter nicht innerhalb dieser Frist vorgelegt, so ist das Angebot gem. § 16a S. 4 zwingend auszuschließen.[91]

dig sind, dass sie alle vom Auftraggeber für die Angebotswertung erforderlichen Informationen enthalten.[90]

61 **b) Geforderte Erklärungen und Nachweise.** Der Begriff der Erklärungen und Nachweise ist – ebenso wie der Begriff der Erklärungen und Nachweise in § 16a S. 1 – weit auszulegen. Er umfasst sowohl bieterbezogene Eigen- und Fremderklärungen als auch leistungsbezogene Angaben und Unterlagen. Durch vorzulegende Erklärungen und Nachweise nach den Vorgaben des Auftraggebers wird in Bezug auf Form und Inhalt der Angebote die Voraussetzung dafür geschaffen, dass die eingehenden Angebote bereits bei rein formaler Betrachtung leicht vergleichbar sind und so vollständig sind, dass sie alle vom Auftraggeber für die spätere Wertung erforderlichen Informationen enthalten.[92]

62 Die vom Bieter mit Angebotsabgabe nach Vorgabe des Auftraggebers gem. § 13 Abs. 1 Nr. 4 vorzulegenden Erklärungen und Nachweise können Fabrikatsangaben, kalkulatorische Erläuterungen, die Urkalkulation, Ausführungsbeschreibungen, Auszüge aus Gewerberegistern oder Nachunternehmererklärungen sein.[93] Für die Frage des Fehlens der Erklärung oder des Nachweises ist allein entscheidend, ob diese Erklärung oder dieser Nachweis nach Vorgabe des Auftraggebers vorzulegen war.[94] Ob die fehlende Erklärung oder der fehlende Nachweis einen Einfluss auf den Wettbewerb hat, ist nicht relevant.[95] Welche Erklärung oder welcher Nachweis vom Bieter vorzulegen ist, ist durch Auslegung der Vergabeunterlagen zu ermitteln. Maßgeblich für diese Auslegung ist der objektive Empfängerhorizont des potenziellen Bieters.[96] Den Auftraggeber trifft die Pflicht, die Vergabeunterlagen inhaltlich so präzise zu formulieren, dass die Bieter den Unterlagen zuverlässig entnehmen können, welche Erklärungen und welche Nachweise sie genau vorzulegen haben und wann dies zu erfolgen hat.[97]

63 Von der Nichtvorlage einzelner geforderter Erklärungen und Nachweise durch den Bieter mit Angebotsabgabe ist der Fall des unvollständigen Angebots zu unterscheiden. Angaben, die nicht mehr Erklärungen oder Nachweise zum Angebot, sondern notwendige integrale Kernbestandteile des Angebots selbst sind (fehlende Seiten des auszufüllenden Leistungsverzeichnisses etc), führen dazu, dass gar kein wirksames Angebot abgegeben wurde. Das Fehlen solcher integraler Kernbestandteile des Angebots ist nicht heilbar und führt zum Angebotsausschluss.[98] Ein lediglich Fehlen von Erklärungen oder Nachweisen liegt dann

---

[90] OLG Naumburg Beschl. v. 23.2.2012 – 2 Verg 15/11, BeckRS 2012, 05985; OLG Düsseldorf Beschl. v. 21.12.2005 – Verg 69/05, BeckRS 2006, 01787; jurisPK-VergabeR/*Dippel* Rn. 26.
[91] VK Brandenburg Beschl. v. 20.10.2016 – VK 19/16, BeckRS 2016, 122607.
[92] OLG Naumburg Beschl. v. 23.2.2012 – 2 Verg 15/11, BeckRS 2012, 05985; VK Nordbayern Beschl. v. 25.6.2014 – 21.VK-3194-15/14, ZfBR 2014, 722; VK Sachsen-Anhalt Beschl. v. 20.5.2015 – 2 VK LSA 2/15, IBRRS 2015, 2462; VK Baden-Württemberg Beschl. v. 12.6.2014 – 1 VK 24/14, BeckRS 2016, 40638.
[93] jurisPK-VergabeR/*Dippel* Rn. 26.
[94] VK Südbayern Beschl. v. 16.7.2007 – Z3-3-3194-1-28-06/07, BeckRS 2010, 10118.
[95] OLG Karlsruhe Beschl. v. 23.3.2011 – 15 Verg 2/11, BeckRS 2012, 7521; jurisPK-VergabeR/*Dippel* Rn. 26.
[96] Kapellmann/Messerschmidt/*Planker* Rn. 15.
[97] BGH Urt. v. 10.6.2008 – X ZR 78/07, ZfBR 2008, 702; BGH Urt. v. 3.4.2012 – X ZR 130/10, ZfBR 2012, 600; BGH Urt. v. 15.1.2013 – X ZR 155/10, ZfBR 2013, 413; Kapellmann/Messerschmidt/*Planker* Rn. 15.
[98] VK Thüringen Beschl. v. 12.4.2013 – 250-4002-2400/2013-E-008-SOK, BeckRS 2013, 52148; OLG Dresden Beschl. v. 21.2.2012 – Verg 1/12, ZfBR 2012, 504; OLG Koblenz Beschl. v. 30.3.2012 – 1 Verg 1/12, BeckRS 2012, 08234.

nicht vor.⁹⁹ Wenn wegen einer inhaltlichen Unvollständigkeit des Angebots schon gar kein wirksames Angebot vom Bieter abgegeben worden ist, ist das Angebot auszuschließen, ohne dass dem Bieter gem. § 16a Gelegenheit gegeben werden darf, die Unvollständigkeit nachzubessern.¹⁰⁰

Eine Erklärung oder ein Nachweis fehlt gem. § 13 Abs. 1 Nr. 4, wenn er körperlich **64** nicht vorhanden ist oder nicht formgerecht, unlesbar oder unvollständig abgegeben wurde.¹⁰¹ Eine Erklärung oder ein Nachweis fehlt nicht, wenn diese mit einem anderen Inhalt als gefordert abgegeben werden und damit materiell unzureichend sind.¹⁰² Von der nicht formgerechten, unlesbaren oder unvollständigen Erklärung, die deshalb unbrauchbar ist und der fehlenden Erklärung oder dem fehlenden Nachweis gleichsteht,¹⁰³ ist der Fall zu unterscheiden, dass eine geforderte Erklärung formgerecht, lesbar und vollständig abgegeben wird, hingegen aber inhaltlich unzureichend, dh „zu schwach" ist, um die Angebotsanforderungen zu erfüllen. Formal ordnungsgemäß abgegebene, aber inhaltlich unzureichende Erklärungen und Nachweise können und dürfen nicht gem. § 16a nachgefordert werden.¹⁰⁴ Erfolgt bei inhaltlich abweichenden oder inhaltlich unzureichenden Erklärungen und Nachweisen dennoch eine Nachforderung des Auftraggebers, verstößt der Auftraggeber regelmäßig gegen das Nachverhandlungsverbot des § 15 Abs. 3.

Die Abgabe der vom Bieter geforderten Erklärungen und die Erbringung der verlangten **65** Nachweise müssen dabei stets dem Gebot der Zumutbarkeit entsprechen.¹⁰⁵ Die Forderung des Auftraggebers an die Bieter, bereits mit Angebotsabgabe Verpflichtungserklärungen der Nachunternehmer vorzulegen, kann für die Bieter unzumutbar sein.¹⁰⁶ Die Zumutbarkeit oder Unzumutbarkeit derartiger Anforderungen in den Vergabeunterlagen ist unter Berücksichtigung der Beteiligteninteressen zu beurteilen. Der Bieter, der die Unzumutbarkeit geltend macht, muss die hierfür maßgeblichen Umstände dartun.¹⁰⁷ Das Verlangen zur Vorlage von Verpflichtungserklärungen zu benennender Nachunternehmer bereits mit Angebotsabgabe kann dabei aus dem Interesse des Auftraggebers, frühzeitige Gewissheit über die Identität, Verfügbarkeit und Eignung der einzusetzenden Nachunternehmer zu erlangen, folgen.¹⁰⁸

§ 13 Abs. 1 Nr. 4 verbietet es dem Bieter nicht, zusätzliche Erklärungen und Nachweise **66** vorzulegen, deren Vorlage seitens des Auftraggebers nicht gefordert worden war.¹⁰⁹ Derartige, nicht geforderte Erklärungen und Nachweise dürfen hingegen keine Änderungen an den Vergabeunterlagen gem. § 13 Abs. 1 Nr. 5 begründen. In diesem Fall wäre das Angebot gem. § 16 Abs. 1 Nr. 2 zwingend auszuschließen.

6. Bieterseitige Änderungen an den Vergabeunterlagen und an seinen Eintra- 67 gungen (Abs. 1 Nr. 5). a) Änderungen an den Vergabeunterlagen. Gemäß § 13 Abs. 1 Nr. 5 S. 1 sind Änderungen des Bieters an den Vergabeunterlagen unzulässig. Verstößt

---

⁹⁹ Ingenstau/Korbion/*von Wietersheim* § 16a Rn. 2.
¹⁰⁰ VK Thüringen Beschl. v. 12.4.2013 – 250-4002-2400/2013-E-008-SOK, BeckRS 2013, 52148; OLG Dresden Beschl. v. 21.2.2012 – Verg 1/12, ZfBR 2012, 504; VK Arnsberg Beschl. v. 6.8.2013 – VK 11/13, BeckRS 2013, 19602; jurisPK-VergabeR/*Dippel* Rn. 26.
¹⁰¹ OLG Brandenburg Beschl. v. 30.1.2014 – Verg W 2/14, NZBau 2014, 525; OLG Düsseldorf Beschl. v. 17.12.2012 – Verg 47/12, BeckRS 2013, 03317; Ingenstau/Korbion/*von Wietersheim* § 16a Rn. 2; jurisPK-VergabeR/*Summa* § 16 Rn. 198.
¹⁰² OLG Brandenburg Beschl. v. 30.1.2014 – Verg W 2/14, NZBau 2014, 525.
¹⁰³ jurisPK-VergabeR/*Summa* § 16 Rn. 198.
¹⁰⁴ jurisPK-VergabeR/*Summa* § 16 Rn. 193.
¹⁰⁵ HHKW/*Koenigsmann-Hölken* Rn. 20.
¹⁰⁶ BGH Urt. v. 3.4.2012 – X ZR 130/10, ZfBR 2012, 600; BGH Urt. v. 10.6.2008 – X ZR 78/07, ZfBR 2008, 702.
¹⁰⁷ BGH Urt. v. 3.4.2012 – X ZR 130/10, ZfBR 2012, 600.
¹⁰⁸ OLG Düsseldorf Beschl. v. 5.5.2004 – Verg 10/04, ZfBR 2004, 827; VK Rheinland-Pfalz Beschl. v. 24.2.2005 – VK 28/04, IBRRS 2005, 0769; VK Sachsen Beschl. v. 10.3.2010 – 1/SVK/001-10, IBRRS 2010, 2346; abw. für eine Benennung schon im Teilnahmewettbewerb: VK Sachsen Beschl. v. 4.2.2013 – 1/SVK/039-12, BeckRS 2013, 04345.
¹⁰⁹ HHKW/*Koenigsmann-Hölken* Rn. 21.

der Bieter hiergegen, ist sein Angebot gem. § 16 Abs. 1 Nr. 2 zwingend auszuschließen. Die strikte Regelung in § 13 Abs. 1 Nr. 5 S. 1 stellt iVm § 16 Abs. 1 Nr. 2 sicher, dass allein solche Angebote gewertet werden, die exakt den ausgeschriebenen Leistungen und den Vergabeunterlagen entsprechen. Allein dann ist ein ordnungsgemäßer Wettbewerb von vergleichbaren Angeboten gleichbehandelter Bieter möglich.[110] Der Auftraggeber, der zur Einhaltung der öffentlich-rechtlichen Bestimmungen des Haushalts- und des Vergaberechts verpflichtet ist, soll ferner durch § 13 Abs. 1 Nr. 5 S. 1 davor geschützt werden, den Zuschlag auf ein – unbemerkt geändertes – Angebot in der irrigen Annahme zu erteilen, dies sei das Wirtschaftlichste.[111]

68 Ein Angebot, dass unter Änderungen der Verdingungsunterlagen abgegeben wird, entspricht ferner nicht dem mit der Zuschlagserteilung manifestierten Vertragswillen des Auftraggebers. Es kann dann wegen der nicht übereinstimmenden Willenserklärungen des Bieters bei Angebotsabgabe und des Auftraggebers bei Zuschlagserteilung nicht zu dem beabsichtigten Vertragsschluss führen.[112]

69 Der Begriff der Änderung an den Vergabeunterlagen ist weit auszulegen.[113] Vergabeunterlagen iSd § 13 Abs. 1 Nr. 5 S. 1 sind die in § 8 Abs. 1 Nr. 1 und 2, Abs. 2 Nr. 1–4 benannten Unterlagen. Von einer Änderung an den Vergabeunterlagen iSd § 13 Abs. 1 Nr. 5 S. 1 ist immer dann auszugehen, wenn das vom Bieter abgegebene Angebot – wenn auch nur geringfügig – von den Vergabeunterlagen abweicht, dh wenn sich Angebot und Nachfrage nicht decken.[114] Dies ist durch Vergleich des Inhalts des Angebots mit den Verdingungsunterlagen festzustellen.[115] Jeder unmittelbare Eingriff des Bieters in die Vergabeunterlagen mit verfälschendem Ergebnis (Streichung, Hinzufügung oÄ) stellt – unabhängig davon, ob der Eingriff in manipulativer Absicht erfolgt oder nicht – eine Änderung an den Vergabeunterlagen dar.[116]

70 Neben Streichungen oder Hinzufügungen des Bieters an den Vergabeunterlagen stellt die Entnahme von Seiten aus Formblättern, der Austausch von Vertragsbedingungen oder das Anbieten nicht der Leistungsbeschreibung entsprechender Produkte eine Änderung der Vergabeunterlagen dar.[117] Die Angabe der Anzahl von Nebenangeboten gem. § 13 Abs. 3 S. 1 stellt keine Änderung an den Vergabeunterlagen gem. § 13 Abs. 1 Nr. 5 S. 1 dar.[118] Die Vornahme einer Änderung an den Vergabeunterlagen ist auch durch ein Begleitschreiben zum Angebot möglich.[119] Dieses Begleitschreiben ist regelmäßig Bestandteil des Angebots. Sofern das Schreiben nicht allein rechtlich unbeachtliche Höflichkeitsfloskeln, sondern rechtserhebliche Erklärungen zum Angebotspreis, zu Lieferfristen etc oder die Allgemeinen Geschäftsbedingungen des Bieters auf der Rückseite aufweist, stellt dies eine Änderung an den Vergabeunter-

---

[110] BGH Urt. v. 16.4.2002 – X ZR 67/00, NJW 2002, 2558; OLG Köln Urt. v. 31.1.2012 – 3 U 17/11, HmbSchRZ 2012, 166; OLG Koblenz Beschl. v. 6.6.2013 – 2 U 522/12, BeckRS 2013, 17340; KG Beschl. v. 20.4.2011 – Verg 2/11, BeckRS 2011, 22535; VK Lüneburg Beschl. v. 1.2.2008 – VgK 48/2007, BeckRS 2009, 07804.
[111] VK Nordbayern Beschl. v. 4.8.2004 – 320 VK-3194-28/04, BeckRS 2004, 35206; OLG Jena Beschl. v. 16.9.2013 – 9 Verg 3/13, ZfBR 2013, 824; HHKW/*Koenigsmann-Hölken* Rn. 22.
[112] OLG Frankfurt a. M. Beschl. v. 2.12.2014 – 11 Verg 7/14, NZBau 2015, 448; OLG München Beschl. v. 25.11.2013 – Verg 13/13, ZfBR 2014, 397; jurisPK-VergabeR/*Dippel* Rn. 27.
[113] OLG Frankfurt a. M. Beschl. v. 21.2.2012 – 11 Verg 11/11, BeckRS 2012, 16589; OLG Frankfurt a. M. Beschl. v. 26.6.2012 – 11 Verg 12/11, ZfBR 2012, 706; OLG Jena Beschl. v. 16.9.2013 – 9 Verg 3/13, ZfBR 2013, 824; jurisPK-VergabeR/*Dippel* Rn. 29.
[114] OLG Frankfurt a. M. Beschl. v. 26.6.2012 – 11 Verg 12/11, ZfBR 2012, 706; OLG Rostock Beschl. v. 9.10.2013 – 17 Verg 6/13, BeckRS 2013, 21379; jurisPK-VergabeR/*Dippel* Rn. 29.
[115] OLG Rostock Beschl. v. 9.10.2013 – 17 Verg 6/13, BeckRS 2013, 21379; OLG Frankfurt a. M. Beschl. v. 26.6.2012 – 11 Verg 12/11, ZfBR 2012, 706.
[116] OLG Frankfurt a. M. Beschl. v. 21.2.2012 – 11 Verg 11/11, BeckRS 2012, 16589; OLG Koblenz Beschl. v. 6.6.2013 – 2 U 522/12, BeckRS 2013, 17340; OLG Frankfurt a. M. Beschl. v. 26.6.2012 – 11 Verg 12/11, ZfBR 2012, 706; Kapellmann/Messerschmidt/*Planker* Rn. 18.
[117] KG Beschl. v. 20.4.2011 – Verg 2/11, BeckRS 2011, 22535; jurisPK-VergabeR/*Dippel* Rn. 29.
[118] Kapellmann/Messerschmidt/*Planker* Rn. 18.
[119] OLG München Beschl. v. 21.2.2008 – Verg 1/08, BeckRS 2008, 06154; VK Bund Beschl. v. 6.2.2014 – VK 1-125/13, IBRRS 2014, 2820; OLG Köln Urt. v. 31.1.2012 – 3 U 17/11, HmbSchRZ 2012, 166.

lagen dar.[120] Aufgrund des weitreichenden Begriffs der Änderung an den Vergabeunterlagen ist grundsätzlich jede Änderung gem. § 13 Abs. 1 Nr. 5 S. 1 unzulässig.

Die wirtschaftliche Bedeutung dieser Änderung ist unbeachtlich.[121] Unerheblich ist, ob eine Änderung zentrale oder unwesentliche Leistungspositionen betrifft und ob die Abweichung Einfluss auf das Wettbewerbsergebnis haben kann oder nicht.[122] So liegt beispielsweise eine Änderung der Vergabeunterlagen auch dann vor, wenn der Bieter seine Angebotspreise nicht in Euro und vollen Cent, sondern mit drei oder mehr Stellen hinter dem Komma abgibt.[123] Die Motivationslage des Bieters für seine Änderungen ist irrelevant. Auch wenn ein Bieter Vorgaben der Vergabeunterlagen für falsch oder unzweckmäßig hält, ist dies unbeachtlich und berechtigt ihn nicht, von den Vergabeunterlagen abzuweichen.[124] Aufgrund des weitreichenden Begriffs der Änderung an den Vergabeunterlagen gem. § 13 Abs. 1 Nr. 5 S. 1 hat der Bieter allein die Wahl die Leistung wie gefordert anzubieten oder nicht. Will er ein abweichendes Angebot unterbreiten, muss er – soweit zugelassen – ein Nebenangebot abgeben.[125] Dieses Nebenangebot hat jedoch die zwingenden Vorgaben des Hauptangebots zu beachten. Werden diese Vorgaben im Nebenangebot abgeändert, ist das Nebenangebot ebenfalls auszuschließen.[126] Durch § 13 Abs. 1 Nr. 5 S. 1 wird der Bieter allerdings nicht gehindert, dem Auftraggeber mitzuteilen, dass die Vergabeunterlagen aus seiner Sicht auslegungs- oder ergänzungsbedürftig sind.[127] 71

Diese Mitteilung kann in Form von Bieterfragen oder isolierten Hinweisen an den Auftraggeber erfolgen. Der Auftraggeber hat dann diese Bieterfragen gem. § 12a Abs. 4 gegenüber allen Bietern in gleicher Weise zu beantworten. Diese Möglichkeit steht den Bietern bei jeglichen Unklarheiten in den Vergabeunterlagen offen. Nach Angebotsvorlage darf dem Bieter ferner nicht die Möglichkeit gegeben werden, die unvollständig oder sonst abgeändert angebotene Leistung doch noch uneingeschränkt entsprechend den Anforderungen der Vergabeunterlagen anzubieten. Dies verstößt gegen das Nachverhandlungsverbot des § 15 Abs. 3.[128] 72

Bleibt im Vergabeverfahren eine gem. § 13 Abs. 1 Nr. 5 S. 1 unzulässige Änderung des Bieters an den Vergabeunterlagen unbemerkt und wird sie mit Zuschlagserteilung des Auftraggebers Vertragsinhalt, kann dem Auftraggeber ein Schadensersatzanspruch gem. §§ 282, 241 Abs. 2 BGB, § 311 Abs. 2 Nr. 1 BGB zustehen. Dies dann, wenn der Bieter durch die Änderung an den Vergabeunterlagen schuldhaft gegen seine vorvertraglichen Pflichten verstoßen hat.[129] 73

b) Änderungen an eigenen Eintragungen. Gemäß § 13 Abs. 1 Nr. 5 S. 2 müssen Änderungen des Bieters an seinen Eintragungen zweifelsfrei sein. Der Bieter kann grundsätzlich seine eigenen Angaben ändern. Diese Änderungen des Bieters an seinen eigenen Eintragungen haben aber in jeder Hinsicht unmissverständlich und zweifelsfrei zu sein. Zeitlich besteht diese Änderungsmöglichkeit des Bieters an seinen eigenen Eintragungen nur bis zum Ablauf der Angebotsfrist.[130] Abänderungen nach diesem Zeitpunkt sind ausge- 74

---

[120] OLG München Beschl. v. 21.2.2008 – Verg 1/08, BeckRS 2008, 06154; VK Nordbayern Beschl. v. 19.3.2009 – 21.VK-3194-08/09, BeckRS 2009, 45693; jurisPK-VergabeR/*Dippel* Rn. 29.
[121] OLG Frankfurt a. M. Beschl. v. 26.6.2012 – 11 Verg 12/11, ZfBR 2012, 706; HHKW/*Koenigsmann-Hölken* Rn. 27.
[122] OLG Celle Beschl. v. 19.2.2015 – 13 Verg 12/14, BeckRS 2015, 12548; OLG Düsseldorf Beschl. v. 15.12.2004 – VII-Verg 47/04, BeckRS 2005, 03578.
[123] HHKW/*Koenigsmann-Hölken* Rn. 24.
[124] OLG Celle Beschl. v. 19.2.2015 – 13 Verg 12/14, BeckRS 2015, 12548; OLG Frankfurt a. M. Beschl. v. 26.6.2012 – 11 Verg 12/11, ZfBR 2012, 706.
[125] OLG Celle Beschl. v. 19.2.2015 – 13 Verg 12/14, BeckRS 2015, 12548; OLG Koblenz Beschl. v. 6.6.2013 – 2 U 522/12, BeckRS 2013, 17340.
[126] jurisPK-VergabeR/*Dippel* Rn. 30.
[127] Kapellmann/Messerschmidt/*Planker* Rn. 20.
[128] HHKW/*Koenigsmann-Hölken* Rn. 27.
[129] Kapellmann/Messerschmidt/*Planker* Rn. 21.
[130] VK Thüringen Beschl. v. 19.1.2011 – 250-4002.20-5163/2010-014-J, www.thueringen.de/th3/tlvwa/vergabekammer/kammer_entsch/eg_nachpruefung/2011/index.aspx (abgerufen am 4.9.2018); OLG Düsseldorf Beschl. v. 13.8.2008 – Verg 42/07, BeckRS 2008, 21712.

schlossen.[131] Die Regelung des § 13 Abs. 1 Nr. 5 S. 2 soll die Vergleichbarkeit der Angebote gewährleisten sowie verhindern, dass sich ein Bieter nach Zuschlagserteilung darauf berufen kann, er habe etwas anderes in Bezug auf die Leistung oder den Preis angeboten.[132]

75 Der Begriff der Änderungen des Bieters an seinen Eintragungen ist weit zu verstehen. Als Änderungen des Bieters an seinen Eintragungen sind jegliche Korrekturen und/oder Ergänzungen am Angebotsinhalt anzusehen. Dabei ist der gesamte Inhalt des Angebots mit allen Bestandteilen zu betrachten.[133] § 13 Abs. 1 Nr. 5 S. 2 erfasst Durchstreichungen, Überschreibungen, textliche Ergänzungen oder die Korrektur von Zahlenangaben.[134] Um jeglichen Missbrauch und jegliche Wettbewerbsverfälschung durch – unklare – Änderungen von eigenen Eintragungen auszuschließen, ist der Bieter gem. § 13 Abs. 1 Nr. 5 S. 2 gezwungen, diese Änderungen an seinen Eintragungen eindeutig und zweifelsfrei zu tätigen.

76 Auch wenn der Bieter eigene Eintragungen unter Verwendung von Korrekturflüssigkeit oder einem Korrekturband vornimmt, können zweifelhafte, mehrdeutige Angaben und Änderungen vorliegen.[135] Korrekturlack-Eintragungen sind in aller Regel nicht zweifelsfrei, weil sich der Korrekturlack bereits bei normalem Gebrauch ablösen kann und damit der überschriebene (ebenfalls dokumentenechte) Einheitspreis zur Wertung kommt. Der mit Korrekturlack überdeckte Einheitspreis ist damit hinsichtlich der Änderung des Antragstellers durch Überdecken und Eintrag eines neuen dokumentenechten Einheitspreises nicht mehr zweifelsfrei.[136] Die Benutzung von Korrekturband ist gleichfalls problematisch. Zwar lässt sich Korrekturband regelmäßig nicht ablösen, ohne dass darunter befindliche Papier mit zu entfernen. Dennoch besteht bei der Verwendung von Korrekturband die Situation, dass die Änderungen an den Eintragungen des Bieters nicht als von ihm, dem Bieter, stammend erkennbar sind.[137] Daher ist in solchen Fällen der unklaren Authentizität der unter Verwendung von Korrekturband vorgenommenen Änderungen das Angebot unter Manipulations- und Korruptionsgesichtspunkten gem. § 16 Abs. 1 Nr. 2 auszuschließen.[138]

77 Stets setzt die Eindeutigkeit einer Änderung des Bieters an seinen Eintragungen voraus, dass sie den Ändernden unzweifelhaft erkennen lässt sowie den Zeitpunkt der Änderung deutlich macht. Daher müssen Änderungen des Bieters an seinen Eintragungen zusätzlich zumindest mit einem Signum oder einer Paraphe der ändernden Person versehen sein und sollten weiterhin eine Datumsangabe enthalten.[139] Das Fehlen der Datumsangabe schadet nicht, wenn es keine Hinweise auf Manipulationen gibt, sodass ausgeschlossen werden kann, dass die Änderung erst nach Abgabe der Angebote vorgenommen wurde.[140] Im Zweifel ist ein strenger Maßstab anzulegen.

78 Änderungen, die durch Durchstreichen und Neueintragung erfolgen, sind am ehesten zweifelsfrei, wenn die nicht mehr gültigen Eintragungen vom Bieter deutlich durchgestrichen werden und die verbindlichen neuen Eintragungen daneben geschrieben werden.[141] Auch diese Änderungen des Bieters an seinen Eintragungen müssen zumindest mit dem Signum bzw. der Paraphe der ändernden Person und sollten zusätzlich noch mit einer Datumsangabe versehen sein.[142] Der Bieter ist durch § 13 Abs. 1 Nr. 5 S. 2 gehalten, bei

---

[131] Kapellmann/Messerschmidt/*Planker* Rn. 22.
[132] OLG München Beschl. v. 23.6.2009 – Verg 8/09, BeckRS 2009, 17241.
[133] OLG Düsseldorf Beschl. v. 13.8.2008 – Verg 42/07, BeckRS 2008, 21712.
[134] jurisPK-VergabeR/*Dippel* Rn. 34.
[135] Kapellmann/Messerschmidt/*Planker* Rn. 23.
[136] VK Südbayern Beschl. v. 14.12.2004 – 69 10/04, IBRRS 2005, 3111; *Weyand* § 16 Rn. 186.
[137] Vgl. hierzu OLG München Beschl. v. 23.6.2009 – Verg 8/09, BeckRS 2009, 17241; OLG Schleswig Beschl. v. 11.8.2006 – 1 Verg 1/06, BeckRS 2006, 09504.
[138] VK Schleswig-Holstein Beschl. v. 5.1.2006 – VK-SH 31/05, BeckRS 2006, 02641; OLG Schleswig Beschl. v. 11.8.2006 – 1 Verg 1/06, BeckRS 2006, 09504; VK Baden-Württemberg Beschl. v. 29.6.2009 – 1 VK 27/09, IBRRS 2010, 0086; *Weyand* § 16 Rn. 188.
[139] VK Schleswig-Holstein Beschl. v. 5.1.2006 – VK-SH 31/05, BeckRS 2006, 02641; *Weyand* § 16 Rn. 184.
[140] VK Rheinland-Pfalz Beschl. v. 3.2.2012 – VK 2-44/11, IBRRS 2014, 0626.
[141] VK Rheinland-Pfalz Beschl. v. 3.2.2012 – VK 2-44/11, IBRRS 2014, 0626.
[142] VK Schleswig-Holstein Beschl. v. 5.1.2006 – VK-SH 31/05, BeckRS 2006, 02641; VK Rheinland-Pfalz Beschl. v. 3.2.2012 – VK 2-44/11, IBRRS 2014, 0626; *Weyand* § 16 Rn. 193.

Änderungen seiner Erklärungen streng darauf zu achten, dass sie eindeutig und klar erfolgen. Jede Mehrdeutigkeit führt zum Angebotsausschluss gem. § 16 Abs. 1 Nr. 2.

7. Bieterseitige Kurzfassungen des Leistungsverzeichnisses (Abs. 1 Nr. 6). Die Angebotsbearbeitung durch die Bieter soll rationell und effizient vonstattengehen.[143] Insbesondere soll es dem Bieter möglich sein, die Angebote EDV-gestützt zu bearbeiten. Gemäß § 13 Abs. 1 Nr. 6 Hs. 1 können die Bieter daher für die Angebotsabgabe eine selbst gefertigte Abschrift oder Kurzfassung des Leistungsverzeichnisses benutzen. Dies dann, wenn sie den vom Auftraggeber verfassten Wortlaut der Urfassung des Leistungsverzeichnisses im Angebot als allein für sich verbindlich anerkennen. Die vom Bieter für die Angebotsabgabe selbst gefertigte Abschrift oder Kurzfassung des Leistungsverzeichnisses muss dabei gem. § 13 Abs. 1 Nr. 6 Hs. 2 die Ordnungszahlen (Positionen) vollzählig, in der gleichen Reihenfolge und mit den gleichen Nummern wie in dem vom Auftraggeber verfassten Leistungsverzeichnis wiedergeben.

Die Verwendung von bieterseits gefertigten Abschriften oder einer Kurzfassung des Leistungsverzeichnisses ist unter diesen Maßgaben gem. § 13 Abs. 1 Nr. 6 stets gestattet. Sie muss vom Auftraggeber nicht ausdrücklich zugelassen werden. Den Bietern wird durch § 13 Abs. 1 Nr. 6 ermöglicht, seine digital vorliegenden Angebotsdaten in eine von ihm selbst gefertigte Kurzfassung des Leistungsverzeichnisses zu übertragen. Er kann sich unter Einhaltung der Voraussetzungen des § 13 Abs. 1 Nr. 6 selbst einen Ausdruck des Leistungsverzeichnisses erstellen. Die Bieter werden damit von der mühsamen und fehlerträchtigen händischen Übertragung der Daten in die Leistungsverzeichnisse des Auftraggebers entbunden. Der Bieter, der selbst gefertigte Abschriften oder Kurzfassungen des Leistungsverzeichnisses verwendet, sollte strikt auf die Einhaltung der Anforderungen des § 13 Abs. 1 Nr. 6 achten. Insbesondere die im Leistungsverzeichnis geforderten Angaben von Fabrikats- und Typenbezeichnungen müssen in der Kurzfassung vollzählig, in der gleichen Reihenfolge und mit den gleichen Nummern wie in dem vom Auftraggeber verfassten Leistungsverzeichnis wiedergegeben werden.[144]

Ein Widerspruch einer selbst gefertigten Abschrift oder Kurzfassung zur Langfassung des Leistungsverzeichnisses des Auftraggebers birgt für den Bieter das Risiko, dass sein Angebot widersprüchlich wird und damit auszuschließen ist.[145] Deckt sich die vom Bieter selbst gefertigte Abschrift oder Kurzfassung des Leistungsverzeichnisses nicht mit der Langfassung des Leistungsverzeichnisses des Auftraggebers, so ist allein die Langfassung aufgrund der vom Bieter abgegebenen Verbindlichkeitserklärung gem. § 13 Abs. 1 Nr. 6 Hs. 1 maßgeblich. Trotz Anerkennung des Langtextleistungsverzeichnisses als allein verbindlich durch den Bieter können Mengenänderungen im Vordersatz des selbst gefertigten Kurztextleistungsverzeichnisses einen Ausschluss des Bieters begründen. Dies jedenfalls dann, wenn die vom Bieter eingefügten Mengenangaben im selbst gefertigten Kurztextleistungsverzeichnis geringer sind als im Langtextleistungsverzeichnis des Auftraggebers. Der Bieter bietet dann auch bei Anerkennung des Langtextleistungsverzeichnisses als allein verbindlich nur das an, was er auch bepreist hat.[146] Das Angebot des Bieters ist dann preislich nicht mit den übrigen Angeboten vergleichbar und auszuschließen.[147] Eine Korrektur der geänderten Mengenansätze des Kurztextleistungsverzeichnisses auf die Mengenansätze des Langtextleistungsverzeichnisses ist regelmäßig ausgeschlossen.[148]

---

[143] VK Südbayern Beschl. v. 20.4.2011 – Z3-3-3194-1-07-02/11, IBRRS 2011, 3964; VK Südbayern Beschl. v. 17.6.2003 – 25-06/03, IBRRS 2003, 2309.

[144] Kapellmann/Messerschmidt/*Planker* Rn. 24.

[145] Ingenstau/Korbion/*von Wietersheim* Rn. 21.

[146] VK Schleswig-Holstein Beschl. v. 20.10.2010 – VK-SH 16/10, BeckRS 2015, 03371; VK Bund Beschl. v. 6.5.2008 – VK 3-53/08, BeckRS 2008, 140112.

[147] VK Düsseldorf Beschl. v. 14.8.2006 – VK-32/2006 B, JurionRS 2006, 27598; VK Bund Beschl. v. 6.5.2008 – VK 3-53/08, BeckRS 2008, 140112; VK Schleswig-Holstein Beschl. v. 20.10.2010 – VK-SH 16/10, BeckRS 2015, 03371.

[148] aA VK Thüringen Beschl. v. 9.9.2005 – 360-4002.20-009/05-SON, IBRRS 2005, 2728; VK Sachsen Beschl. v. 21.4.2008 – 1/SVK/021-08-G, BeckRS 2008, 18377.

82 **8. Muster und Proben der Bieter (Abs. 1 Nr. 7).** Gemäß § 7b Abs. 2 S. 1 kann die Leistungsbeschreibung vorgeben, die Leistung auch zeichnerisch oder durch Probestücke darzustellen oder anders zu erklären. Zeichnungen und Proben, die für die Ausführung maßgebend sein sollen, sind gem. § 7b Abs. 2 S. 2 eindeutig zu bezeichnen. Muster und Proben dienen dazu, die angebotene Leistung klarer und eindeutiger, als durch reine Wortbeschreibung möglich, zu verdeutlichen sowie etwaige Zweifelsfragen zu klären, um Missverständnissen zu begegnen.[149] Angeforderte Muster und Proben können ferner nähere Erklärungen des Bieters, wie die angebotene Leistung beschaffen ist, ersetzen.[150] Muster und Proben stellen – wenn sie mit Angebotsabgabe abgefordert wurden – Angebotsbestandteile dar. Bei Nichtvorlage oder unvollständiger Vorlage dieser abgeforderten Muster und Proben kann das Angebot unvollständig sein und damit gem. § 16 Abs. 1 Nr. 2 dem Ausschluss unterliegen.[151]

83 Soweit der Auftraggeber die Vorlage von Mustern und Proben nicht schon mit der Angebotsabgabe verbindlich vorgibt, können vom Bieter Muster und Proben auch nachträglich, zB zur Vorbereitung eines technischen Aufklärungsgesprächs gem. § 15 Abs. 1 Nr. 1 vorgelegt oder vom Auftraggeber zu Aufklärungszwecken verlangt werden.[152] § 13 Abs. 1 Nr. 7 fordert von den Mustern und Proben, die mit dem Angebot vorgelegt werden, deren eindeutige Kennzeichnung als zum Angebot gehörig. Damit soll die zweifelsfreie Zuordnung von Mustern und Proben zu einem bestimmten Angebot eines Bieters und zu einem bestimmten Teil dieses Angebots ermöglicht werden.[153]

84 Ein Verstoß gegen diese Kennzeichnungspflicht von Mustern und Proben gem. § 13 Abs. 1 Nr. 7 begründet keinen Ausschlusstatbestand gem. § 16 Abs. 1 Nr. 1–7. Die Kennzeichnungspflicht von Mustern und Proben als zum Angebot gehörig gem. § 13 Abs. 1 Nr. 7 wird in § 16 Abs. 1 Nr. 1–7 nicht erwähnt.

IV. Abweichung von technischen Spezifikationen in den Vergabeunterlagen (Abs. 2)

85 **1. Norminhalt und -kontext.** Gemäß § 13 Abs. 2 S. 1 sind die Bieter berechtigt, eine Leistung anzubieten, die von den in den Vergabeunterlagen vorgesehenen technischen Spezifikationen gem. § 7a Abs. 1 iVm Anhang TS Nr. 1–5 abweicht, anzubieten, wenn die abweichende Leistung mit dem geforderten Schutzniveau in Bezug auf Sicherheit, Gesundheit und Gebrauchstauglichkeit gleichwertig ist. Gemäß § 13 Abs. 2 S. 2 hat der Bieter diese Abweichung im Angebot eindeutig zu bezeichnen. Ferner ist vom Bieter gem. § 13 Abs. 2 S. 3 die Gleichwertigkeit der Abweichung zusammen mit dem Angebot nachzuweisen.

86 Die Vorschrift bezweckt die öffentlichen Beschaffungsmärkte für den Wettbewerb zu öffnen. Einerseits soll den Auftraggebern erlaubt sein, genormte technische Spezifikationen in Form von bestimmten Leistungs- oder Funktionsanforderungen vorzugeben. Andererseits soll den Bietern gestattet werden, Angebote einzureichen, die die Vielfalt der auf dem Markt gegebenen technischen Lösungsmöglichkeiten ausnutzen und dabei von den vorgegebenen technischen Spezifikationen abweichen. Solche Angebote sollen dann nicht ausgeschlossen werden können, sondern die Bieter die Möglichkeit haben, die Gleichwertigkeit der von ihnen angebotenen Lösung zu belegen. Der Auftraggeber soll gleichzeitig gezwungen werden, sich mit derartigen Angeboten auf der Grundlage gleichwertiger technischer Lösungen auseinanderzusetzen.[154]

---

[149] VK Baden-Württemberg Beschl. v. 4.12.2003 – 1 VK 64/03, IBRRS 2003, 3176; *Weyand* Rn. 129.
[150] VK Düsseldorf Beschl. v. 21.1.2009 – VK-43/2008-L, IBRRS 2009, 1091.
[151] OLG Düsseldorf Beschl. v. 14.11.2007 – VII Verg 23/07, BeckRS 2008, 07455; VK Bund Beschl. v. 5.8.2009 – VK 1-128/09, BeckRS 2009, 138499; *Weyand* Rn. 130; Kapellmann/Messerschmidt/*Planker* Rn. 26.
[152] *Weyand* Rn. 130; Kapellmann/Messerschmidt/*Planker* Rn. 26.
[153] HHKW/*Koenigsmann-Hölken* Rn. 31.
[154] VK Lüneburg Beschl. v. 23.7.2012 – VgK-23/2012, BeckRS 2012, 19028; VK Bund Beschl. v. 10.4.2007 – VK 1-20/07, BeckRS 2007, 142846.

§ 13 Abs. 2 steht in direktem Regelungszusammenhang zu § 16d Abs. 2. Gemäß § 16d **87** Abs. 2 ist das Angebot, mit welchem Leistungen angeboten werden, die eine zulässige Abweichung von technischen Spezifikationen gem. § 13 Abs. 2 S. 1–3 beinhalten, nicht wie ein Nebenangebot, sondern wie ein Hauptangebot zu werten. Das bieterseitige Angebot abweichender Leistungen gem. § 13 Abs. 2 kann daher vom öffentlichen Auftraggeber weder in der Bekanntmachung noch in der Aufforderung zur Angebotsabgabe ausgeschlossen werden. Liegen sämtliche Voraussetzungen des § 13 Abs. 2 S. 1–3 vor, muss der öffentliche Auftraggeber gem. § 16d Abs. 2 die angebotene, von den technischen Spezifikationen zulässigerweise abweichende Leistung wie ein Hauptangebot werten.[155]

§ 13 Abs. 2 regelt damit die bieterseitige Befugnis, in den genannten Fällen und unter **88** bieterseitigem Nachweis der Gleichwertigkeit bei seiner Angebotsabgabe Leistungen anzubieten, die von den technischen Spezifikationen gem. § 7a Abs. 1 iVm Anhang TS Nr. 1– 5 abweichen. Für den Auftraggeber enthält § 13 Abs. 2 iVm § 16d Abs. 2 in diesen Fällen dann die Wertungsvorgabe zur Wertung der von den technischen Spezifikationen abweichenden Leistungen als Hauptangebot. Die Vorschrift ist zwingend.[156] Sie eröffnet insbesondere allein für Bieter die in § 13 Abs. 2 S. 1 benannte Befugnis. Für den öffentlichen Auftraggeber begründet die Vorschrift ferner eine Prüfungspflicht der formellen Voraussetzungen des § 13 Abs. 2 S. 2 und der materiellen Gleichwertigkeit sowie des Nachweises der Gleichwertigkeit gem. § 13 Abs. 2 S. 1, 3. Die Vorschrift begründet für den öffentlichen Auftraggeber keine Befugnis, von den Bietern Angebote zu fordern oder entgegenzunehmen, die eine Abweichung von vorgesehenen technischen Spezifikationen beinhalten.[157] Das Risiko der Nichteinhaltung der von § 13 Abs. 2 S. 1 geforderten Gleichwertigkeit des Schutzniveaus in Bezug auf Sicherheit, Gesundheit und Gebrauchstauglichkeit und die Führung des Nachweises der Gleichwertigkeit gem. § 13 Abs. 2 S. 3 trägt allein der Bieter.[158] Aufgrund dieses bieterseitigen Risikos dürfte es für den Bieter regelmäßig opportun sein, keine Abweichungen von technischen Spezifikationen gem. § 13 Abs. 2 im Hauptangebot anzubieten, sondern sich insoweit auf die Abgabe von Nebenangeboten zu beschränken, wenn der öffentliche Auftraggeber diese zugelassen hat.

Die DIN 18299: 2016-09 VOB/C: Allgemeine technische Vertragsbedingungen für Bau- **89** leistungen (ATV) – Allgemeine Regelungen für Bauarbeiten jeder Art sieht in Ziff. 2, Stoffe, Bauteile, unter Ziff. 2.3.4 S. 1 und 2 eine weitergehende Regelung zur Abweichung von technischen Spezifikationen vor. Gemäß Ziff. 2.3.4 S. 1 der DIN 18299: 2016-09 dürfen Stoffe und Bauteile, für die bestimmte technische Spezifikationen in der Leistungsbeschreibung nicht genannt sind, auch verwendet werden, wenn sie Normen, technischen Vorschriften oder sonstigen Bestimmungen anderer Staaten entsprechen, sofern das geforderte Schutzniveau in Bezug auf Sicherheit, Gesundheit und Gebrauchstauglichkeit gleichermaßen dauerhaft erreicht wird. Gemäß Ziff. 2.3.4 S. 2 DIN 18299: 2016-09 kann bei Stoffen und Bauteilen, für die eine Überwachungs- oder Prüfzeichenpflicht oder der Nachweis der Brauchbarkeit allgemein vorgesehen ist, von einer Gleichwertigkeit ferner nur ausgegangen werden, wenn die Stoffe oder Bauteile ein Überwachungs- oder Prüfzeichen tragen oder für sie der genannte Brauchbarkeitsnachweis erbracht ist.

2. Technische Spezifikationen. Die Definition der technischen Spezifikationen ver- **90** weist § 13 Abs. 2 S. 1 auf § 7a Abs. 1 und damit auf Anhang TS Nr. 1 lit. a und b. Dies sind bei öffentlichen Bauaufträgen die Gesamtheit der insbesondere in den Vergabeunterlagen enthaltenen technischen Beschreibungen, die die erforderlichen Eigenschaften eines Werkstoffs, eines Produkts oder einer Lieferung definieren, damit diese den vom Auftraggeber beabsichtigten Zweck erfüllen. Der Begriff ist überaus weit gefasst. Hierunter sind ua auch

---

[155] HHKW/*Koenigsmann-Hölken* Rn. 33.
[156] Ingenstau/Korbion/*von Wietersheim* Rn. 22.
[157] Ingenstau/Korbion/*von Wietersheim* Rn. 24.
[158] VK Bund Beschl. v. 10.4.2007 – VK 1-20/07, BeckRS 2007, 142846; VK Sachsen Beschl. v. 7.10.2003 – 1/SVK/111/03, BeckRS 2004, 03970; VK Brandenburg Beschl. v. 28.11.2006 – 2 VK 48/06, IBRRS 2007, 3700; Ingenstau/Korbion/*von Wietersheim* Rn. 25.

die Vorschriften für Planung und die Berechnung von Bauwerken, die Bedingungen für die Prüfung, Inspektion und Abnahme von Bauwerken, die Konstruktionsmethoden oder -verfahren und alle anderen technischen Anforderungen, die der Auftraggeber für fertige Bauwerke oder dazu notwendige Materialien oder Teile davon durch allgemeine oder spezielle Vorschriften anzugeben in der Lage ist.[159]

91 Individuelle, auf das konkrete Vorhaben bezogene technische Vorgaben, wie zB die Haltekonstruktion bei Glaselementen, fallen nicht hierunter.[160] Dies deshalb, da § 13 Abs. 2 nicht die in einer für ein bestimmtes Vorhaben erstellten Leistungsbeschreibung konkret und individuell für die gewünschte Leistung aufgestellten technischen Anforderungen, geforderten Abmessungen oder Zulassungen, etc., zur Disposition der Bieter stellen soll.[161] Unter technischen Spezifikationen sind damit nur technische Regelwerke, Normen, ggf. auch allgemeine Eigenschafts- und Funktionsbeschreibungen zu verstehen. Nicht jedoch individuelle, auf das konkrete Bauvorhaben bezogene, technische Vorgaben. Von individuellen technischen Vorgaben, die auf das konkrete Bauvorhaben bezogen sind, abweichende technische Lösung dürfen nicht als Hauptangebot, sondern allenfalls als Nebenangebot gewertet werden.[162] Sonst hätte § 13 Abs. 3 neben § 13 Abs. 2 keinen eigenen Anwendungsbereich mehr.[163]

92 **3. Zulässigkeitsanforderungen der Abweichung.** Die angebotene Abweichung von den vorgesehenen technischen Spezifikationen muss vom Auftraggeber wie ein Hauptangebot gewertet werden, wenn sie gem. § 13 Abs. 2 S. 1 mit dem geforderten Schutzniveau in Bezug auf Sicherheit, Gesundheit und Gebrauchstauglichkeit gleichwertig ist. Zur Auslegung des Begriffs des Schutzniveaus sind die im Leistungsverzeichnis vorgesehenen technischen Spezifikationen als Mindestforderungen zu betrachten.[164]

93 Der Begriff der Sicherheit umfasst die technische Sicherheit in Bezug auf Haltbarkeit, Standfestigkeit und Dauertauglichkeit nach allen technischen Erfahrungen der einschlägigen Fachbereiche am Ort der Bauausführung.[165] Der Begriff der Gesundheit umfasst jede nachteilige Einwirkung auf den Menschen sowie die erforderlichen Umweltverträglichkeitseigenschaften.[166] Der Begriff der Gebrauchstauglichkeit ist erfüllt, wenn die vorgesehene Nutzung der baulichen Maßnahme aus Sicht der Vorgaben des Auftraggebers uneingeschränkt gewährleistet ist.[167]

94 Die erforderliche Gleichwertigkeit liegt vor, wenn das Schutzniveau in Bezug auf Sicherheit, Gesundheit und Gebrauchstauglichkeit erreicht oder überschritten wird. Der Bieter ist gem. § 13 Abs. 2 S. 2 zwingend gehalten, die Abweichung in seinem Angebot eindeutig zu bezeichnen. Hierzu ist in der betreffenden Position des Angebotes, den betreffenden Positionsgruppen, dem Abschnitt oder erforderlichenfalls im ganzen Angebot eindeutig und klar verständlich zu machen, dass eine Abweichung von den technischen Spezifikationen vorliegt und worin sie genau liegt.[168] Der Bieter muss nicht nur darlegen, dass er etwas anderes macht, sondern auch dartun, was genau er anders macht. Die eindeutige Bezeichnung der Abweichung ist Grundbedingung für die Prüfung des abweichenden Angebots durch den Auftraggeber.[169] Der Auftraggeber hat das Angebot mit den eindeutig bezeichne-

---

[159] VK Bund Beschl. v. 21.1.2011 – VK 2-146/10, BeckRS 2011, 140395; Kapellmann/Messerschmidt/ *Planker* Rn. 28.
[160] VK Bund Beschl. v. 21.1.2011 – VK 2-146/10, BeckRS 2011, 140395; Kapellmann/Messerschmidt/ *Planker* Rn. 28.
[161] VK Bund Beschl. v. 21.1.2011 – VK 2-146/10, BeckRS 2011, 140395; OLG München Beschl. v. 28.7.2008 – Verg 10/08, BeckRS 2008, 17225; OLG Düsseldorf Beschl. v. 6.10.2004 – Verg 56/04, NZBau 2005, 169.
[162] HHKW/*Koenigsmann-Hölken* Rn. 33.
[163] HHKW/*Koenigsmann-Hölken* Rn. 33.
[164] Ingenstau/Korbion/*von Wietersheim* Rn. 26.
[165] Ingenstau/Korbion/*von Wietersheim* Rn. 27.
[166] Ingenstau/Korbion/*von Wietersheim* Rn. 27.
[167] Ingenstau/Korbion/*von Wietersheim* Rn. 27.
[168] Ingenstau/Korbion/*von Wietersheim* Rn. 28.
[169] VK Südbayern Beschl. v. 24.8.2010 – Z3-3-3194-1-31-05/10, BeckRS 2010, 37328; OLG Saarbrücken Beschl. v. 27.4.2011 – 1 Verg 5/10, BeckRS 2011, 11576.

4. Nachweis der Gleichwertigkeit. Gemäß § 13 Abs. 2 S. 3 hat der Bieter die Gleichwertigkeit der Abweichung von den vorgesehenen technischen Spezifikationen mit dem geforderten Schutzniveau in Bezug auf Sicherheit, Gesundheit und Gebrauchstauglichkeit mit dem Angebot nachzuweisen. Den Bieter trifft insoweit die uneingeschränkte Darlegungs- und Beweislast, verbunden mit dem Risiko der Nichtwertbarkeit des von den technischen Spezifikationen abweichenden Angebots gem. § 16d Abs. 2.[171] Da insoweit keine Nachforschungspflicht des Auftraggebers besteht, ist der Bieter gehalten, in Bezug auf diesen Nachweis der Gleichwertigkeit überaus gründlich vorzugehen. 95

Der Nachweis der Gleichwertigkeit hat in jedem Fall zusammen mit der Vorlage des Angebots zu erfolgen.[172] Wird die Gleichwertigkeit der Abweichung von den technischen Spezifikationen nicht mit Angebotsvorlage nachgewiesen, kommt eine Wertung des Angebots als Hauptangebot gem. § 16d Abs. 2 nicht in Betracht.[173] Auch eine technische Aufklärung der Gleichwertigkeit im Rahmen einer Angebotsaufklärung gem. § 15 Abs. 1 Nr. 1 ist nicht statthaft.[174] Dies stellt eine unzulässige, nach Angebotsvorlage erfolgende Nachweisführung des Bieters dar.[175] 96

V. Nebenangebote (Abs. 3)

1. Norminhalt und Normkontext. Nebenangebote sind Abweichungen vom Hauptangebot, die der Bieter eigenständig anbietet, nachdem der öffentliche Auftraggeber sie in der Bekanntmachung gem. § 12 Abs. 1 Nr. 2 lit. j iVm § 8 Abs. 2 Nr. 3 zugelassen hat. Nebenangebote, die ein Bieter eigenständig nach Zulassung durch den Auftraggeber vorlegt, sind regelmäßig Abweichungen von den individuellen Anforderungen an das konkrete Bauvorhaben. Diese betreffen zB die Herstellungsart (Fertig- oder Ortbeton etc), Änderungen der Baustoff- und Materialvorgaben, Änderungen im Bauablaufplan oder Änderungen im Bauzeitenplan. Nicht allein technische Abweichungen, sondern auch Abweichungen wirtschaftlicher, rechtlicher oder rechnerischer Art können als Nebenangebot zu qualifizieren sein und in Form eines Nebenangebots abgegeben werden.[176] Das Nebenangebot ändert konkret individuelle Vorgaben des Hauptangebots, wobei Abweichungen unabhängig von ihrem Grad, ihrer Gewichtung oder ihrem Umfang Nebenangebote darstellen.[177] 97

Nebenangebote sind zu unterscheiden von einer angebotenen Auftragserweiterung, dh wenn der Bieter anbietet, zusätzliche Leistungen zu übernehmen.[178] Nebenangebote sind ferner zu unterscheiden von Wahl- oder Alternativpositionen und den hierauf ergehenden Angeboten[179] sowie von unzulässigen Änderungen der Vergabeunterlagen gem. § 13 Abs. 1 Nr. 5 S. 1. Solche Änderungen dürfen nicht als Nebenangebote eingestuft und behandelt 98

---

[170] VK Sachsen-Anhalt Beschl. v. 16.4.2014 – 3 VK LSA 14/14, IBRRS 2015, 0166; HHKW/*Koenigsmann-Hölken* Rn. 34.
[171] VK Bund Beschl. v. 10.4.2007 – VK 1-20/07, BeckRS 2007, 142846; VK Sachsen Beschl. v. 7.10.2003 – 1/SVK/111/03, BeckRS 2004, 03970.
[172] OLG Koblenz Beschl. v. 2.2.2011 – 1 Verg 1/11, ZfBR 2011, 399; VK Brandenburg Beschl. v. 28.11.2006 – 2 VK 48/06, IBRRS 2007, 3700; VK Sachsen-Anhalt Beschl. v. 16.4.2014 – 3 VK LSA 14/14, IBRRS 2015, 0166.
[173] VK Sachsen Beschl. v. 7.10.2003 – 1/SVK/111/03, BeckRS 2004, 03970; HHKW/*Koenigsmann-Hölken* Rn. 34.
[174] VK Brandenburg Beschl. v. 28.11.2006 – 2 VK 48/06, IBRRS 2007, 3700.
[175] HHKW/*Koenigsmann-Hölken* Rn. 34.
[176] VK Sachsen Beschl. v. 10.4.2014 – 1/SVK/007/14, IBRRS 2014, 2185; VK Schleswig-Holstein Beschl. v. 11.2.2010 – VK-SH 29/09, IBRRS 2011, 3866; VK Brandenburg Beschl. v. 1.3.2005 – VK 8/05, ZfBR 2006, 393.
[177] HHKW/*Koenigsmann-Hölken* Rn. 35.
[178] Ingenstau/Korbion/*von Wietersheim* § 8 Rn. 12.
[179] Kapellmann/Messerschmidt/*Planker* Rn. 35.

werden.[180] Schließlich stellen Preisnachlässe ohne Bedingungen gem. § 13 Abs. 4 keine Nebenangebote dar.[181] Preisnachlässe, die an bestimmte Bedingungen geknüpft sind, können dagegen grundsätzlich als Nebenangebot angeboten werden.[182]

99 Nebenangebote bedürfen grundsätzlich der Definition von vorher bekanntgegebenen Kriterien, anhand derer die Gleichwertigkeitsprüfung mit dem Hauptangebot durchgeführt wird und anhand derer der Bieter die Gleichwertigkeit seines Nebenangebots zum Zeitpunkt der Abgabe dieses Angebots nachzuweisen hat.

100 Mindestanforderungen für Nebenangebote müssen dabei gem. § 8 Abs. 2 Nr. 3 im Unterschwellenbereich nicht in den Vergabeunterlagen definiert werden, um die Wertbarkeit der Nebenangebote zu ermöglichen. Dies ist im Oberschwellenbereich gem. § 8EU Abs. 2 Nr. 3 lit. b dagegen zwingend erforderlich. § 16 Abs. 1 Nr. 5 enthält keine § 16EU Nr. 5 Hs. 2 entsprechende Regelung. Eine analoge Anwendung des § 16EU Nr. 5 Hs. 2 im Unterschwellenbereich kommt nicht in Betracht, weil insoweit keine ungewollte Regelungslücke vorliegt.[183]

101 Die Erfüllung von Mindestanforderungen für Nebenangebote im Oberschwellenbereich ist ferner kein Äquivalent der Gleichwertigkeitsprüfung.[184] Bei der Gleichwertigkeitsprüfung steht dem öffentlichen Auftraggeber ein weiter Beurteilungs- und Ermessensspielraum zu.[185] Der Nachweis der Gleichwertigkeit eines Nebenangebots ist dabei vom Bieter entsprechend den Anforderungen des Leistungsverzeichnisses zu erbringen.[186] Die Nachforderung eines Gleichwertigkeitsnachweises stellt eine unzulässige Nachbesserung des Angebots dar und ist damit dem Auftraggeber untersagt.[187]

102 **2. Aufführung der Anzahl und Kennzeichnung von Nebenangeboten.** Gemäß § 13 Abs. 3 S. 1 ist die Anzahl von Nebenangeboten durch den Bieter an einer vom Auftraggeber in den Vergabeunterlagen bezeichneten Stelle aufzuführen. § 13 Abs. 3 S. 2 schreibt ferner vor, dass Nebenangebote auf besondere Anlage erstellt und als solche deutlich gekennzeichnet werden. Dies dient der Transparenz des Vergabeverfahrens.

103 Angebotsbestandteil der Nebenangebote ist des Weiteren der vom Bieter zu führende Gleichwertigkeitsnachweis des Nebenangebots mit dem Hauptangebot anhand der vom Auftraggeber in den Vergabeunterlagen definierten Gleichwertigkeitskriterien. § 8 Abs. 2 Nr. 3 lit. b erlaubt es dem Auftraggeber ferner, Nebenangebote ausnahmsweise nur in Verbindung mit einem Hauptangebot zuzulassen. Ist dies erfolgt, sind isoliert eingereichte Nebenangebote des Bieters ohne Hauptangebot unzulässig und auszuschließen.[188]

104 Nebenangebote müssen physisch vom Hauptangebot deutlich getrennt sein, zB durch einen eigenen Ordner oder Hefter. Die Angebotsunterlagen müssen klar zum Ausdruck bringen, was das geforderte Hauptangebot und was das auf Vorschlag des Bieters abgegebene Nebenangebot beinhaltet. Es ist für das Nebenangebot die Überschrift „Nebenangebot" oder „Änderungsvorschlag" durch den Bieter anzubringen.[189] Nebenangebote sind vom

---

[180] OLG Brandenburg Beschl. v. 17.5.2011 – Verg W 16/10, BeckRS 2011, 22444; Kapellmann/Messerschmidt/*Planker* Rn. 35.
[181] Teilw. abw. VK Sachsen Beschl. v. 10.4.2014 – 1/SVK/007-14, IBRRS 2014, 2185.
[182] VK Brandenburg Beschl. v. 1.3.2005 – VK 8/05, ZfBR 2006, 393.
[183] BGH Urt. v. 30.8.2011 – X ZR 55/10 Rn. 19, ZfBR 2012, 25; VK Sachsen-Anhalt Beschl. v. 15.1.2016 – 3 VK LSA 77/15, IBRRS 2016, 0567; zum Diskussionsstand ferner *Weyand* § 16 Rn. 843 ff.
[184] OLG Brandenburg Beschl. v. 17.5.2011 – Verg W 16/10, BeckRS 2011, 22444; OLG Koblenz Beschl. v. 2.2.2011 – 1 Verg 1/11, ZfBR 2011, 399.
[185] OLG Brandenburg Beschl. v. 17.5.2011 – Verg W 16/10, BeckRS 2011, 22444; OLG Koblenz Beschl. v. 2.2.2011 – 1 Verg 1/11, ZfBR 2011, 399.
[186] VK Sachsen-Anhalt Beschl. v. 30.11.2016 – 3 VK LSA 44/16, IBRRS 2017, 0236; OLG Koblenz Beschl. v. 2.2.2011 – 1 Verg 1/11, ZfBR 2011, 399.
[187] VK Sachsen-Anhalt Beschl. v. 30.11.2016 – 3 VK LSA 44/16, IBRRS 2017, 0236; Ingenstau/Korbion/*von Wietersheim* § 16d Rn. 30, 34.
[188] VK Hessen Beschl. v. 30.9.2009 – 69d-VK-32/2009, IBRRS 2010, 0410; VK Bund Beschl. v. 17.7.2003 – VK 1-55/03, BeckRS 2003, 152798; Ingenstau/Korbion/*von Wietersheim* § 16d Rn. 31.
[189] jurisPK-VergabeR/*Dippel* Rn. 47.

Bieter zu unterschreiben.[190] Anderes gilt, wenn aus der Unterschrift des Bieters unter das Hauptangebot zweifelsfrei hervorgeht, dass diese Unterschrift auch für das miteingereichte Nebenangebot gilt.[191] Fehlt die gem. § 13 Abs. 3 S. 1 erforderliche Bieterangabe der abgegebenen Anzahl der Nebenangebote an der vom Auftraggeber in den Vergabeunterlagen bezeichneten Stelle, so führt dies nicht zum Ausschluss des Nebenangebots.[192]

Unterlässt es der Bieter, sein Nebenangebot entgegen § 13 Abs. 3 S. 2 auf besonderer **105** Anlage zu erstellen und das Nebenangebot als solches deutlich kenntlich zu machen, ist das Nebenangebot gem. § 16 Abs. 1 Nr. 6 auszuschließen.[193] Bedingte Nebenangebote, deren Wirksamkeit vom Eintritt einer aufschiebenden oder auflösenden Bedingung gem. § 158 Abs. 1, 2 BGB abhängig gemacht wird, sind dann unzulässig, wenn der Bedingungseintritt vom Verhalten des Bieters abhängig ist oder das bedingte Nebenangebot in den ordnungsgemäßen Wettbewerb eingreift (zB bei Erteilung eines Drittauftrags Geltung beanspruchen soll, oÄ).[194]

VI. Preisnachlässe ohne Bedingungen (Abs. 4)

1. Begrifflichkeiten und Voraussetzungen. § 13 Abs. 4 zwingt die Bieter Preisnach- **106** lässe, die ohne Bedingung gewährt werden, an der vom Auftraggeber in den Vergabeunterlagen bezeichneten Stelle aufzuführen. Wird dies unterlassen, so sind Preisnachlässe ohne Bedingung gem. § 16d Abs. 4 S. 1 nicht zu werten. Der Begriff des Preisnachlasses umschreibt einen prozentualen oder als Euro-Summe angebotenen Abzug von der Angebots- oder Abrechnungssumme des Bieters.[195] Es handelt sich um eine vertraglich eingeräumte, prozentual oder konkret bezifferte Kürzung des Vertragspreises bei unverändert bleibender Leistung des Bieters.[196]

§ 13 Abs. 4 erfasst allein solche Preisnachlässe, die ohne Bedingungen als Preisabschläge **107** auf das Gesamtangebot gewährt werden. Einzelne Nachlässe bei Einheitspreisen für einzelne Leistungspositionen im Angebot oder für Teile des Angebots werden von § 13 Abs. 4 nicht erfasst.[197] Des Weiteren werden von § 13 Abs. 4 allein solche Preisnachlässe erfasst, die an keine Bedingungen des Bieters geknüpft sind. Preisnachlässe mit Bedingungen können allenfalls als kaufmännisches Nebenangebot angeboten werden, soweit der Auftraggeber Nebenangebote zugelassen hat.[198]

Soweit Preisnachlässe mit Bedingungen angeboten werden, deren Eintritt oder Ausfall **108** vom Verhalten des Bieters abhängt, sind diese auch nicht im Rahmen eines Nebenangebotes zu werten. Derartig bedingte Preisnachlässe, deren Wirksamwerden vom Verhalten des Bieters abhängig ist, verfälschen den Wettbewerb. Ihre Wertung würde zu Wettbewerbsverzerrungen bei der Vergabeentscheidung führen.[199] Preisnachlässe mit Bedingungen, deren Eintritt oder Ausfall an das Verhalten des Auftraggebers anknüpfen (insbesondere Skontogewährungen) können gewertet werden, wenn der Auftraggeber diese Skonti verbunden mit der Aufforderung an die Bieter, derartige Preisnachlässe anzubieten, in die Vergabeunterlagen aufgenommen hatte. Nur dann ist für die Bieter erkennbar, dass Skontoabzüge anzubieten

---

[190] jurisPK-VergabeR/*Dippel* Rn. 47; Kapellmann/Messerschmidt/*Planker* Rn. 40.
[191] BGH Beschl. v. 23.3.2011 – X ZR 92/09, NZBau 2011, 438.
[192] HHKW/*Koenigsmann-Hölken* Rn. 36; Kapellmann/Messerschmidt/*Planker* Rn. 39.
[193] *Theißen/Stollhoff*, Die neue Bauvergabe, 2016, B. II. 1.7.
[194] VK Baden-Württemberg Beschl. v. 18.10.2002 – 1 VK 53/02, IBRRS 2002, 2200; Ingenstau/Korbion/*von Wietersheim* § 16d Rn. 35.
[195] VK Brandenburg Beschl. v. 21.10.2002 – VK 55/02, IBRRS 2014, 0031; VK Lüneburg Beschl. v. 11.7.2003 – VgK 21/2013, IBRRS 2013, 5191.
[196] VK Lüneburg Beschl. v. 11.7.2003 – VgK 21/2013, IBRRS 2013, 5191; *Weyand* § 16 Rn. 918.
[197] OLG München Beschl. v. 24.5.2006 – Verg 10/06, ZfBR 2006, 611; Ingenstau/Korbion/*von Wietersheim* Rn. 32; HHKW/*Koenigsmann-Hölken* Rn. 37; jurisPK-VergabeR/*Dippel* Rn. 49.
[198] VK Brandenburg Beschl. v. 1.3.2005 – VK 8/05, ZfBR 2006, 393; *Weyand* § 16 Rn. 934.
[199] VK Baden-Württemberg Beschl. v. 18.10.2002 – 1 VK 53/02, IBRRS 2002, 2200; *Weyand* § 16 Rn. 934.

sind und in die Wertung einbezogen werden sollen.²⁰⁰ Wertbar sind allein solche Skontoabzüge, deren Voraussetzungen der Auftraggeber realistischerweise erfüllen kann.²⁰¹ Ohne Vorgabe des Auftraggebers in den Vergabeunterlagen von den Bietern unaufgefordert angebotene Preisnachlässe mit Bedingungen für die Zahlungsfrist (Skonti) dürfen gem. § 16d Abs. 4 S. 2 nicht gewertet werden. Dies gilt gem. § 16d Abs. 5 S. 2 auch bei freihändiger Vergabe.

109 § 13 Abs. 4 dient mit der Vorgabe, Preisabschläge ohne Bedingungen für das Gesamtangebot ausschließlich an der vom Auftraggeber in den Vergabeunterlagen bezeichneten Stelle aufzuführen, der Transparenz der Angebote und der Missbrauchsbekämpfung.²⁰² Durch § 13 Abs. 4 soll sichergestellt werden, dass die Preistransparenz und die Vergleichbarkeit der Angebote gewährleistet ist. Ferner, dass der Verhandlungsleiter im Eröffnungstermin die Preisnachlässe gem. § 14 Abs. 3 Nr. 2 S. 2 verlesen und gem. § 14 Abs. 4 Nr. 1 S. 1 in die Niederschrift über den Eröffnungstermin aufnehmen kann.

110 **2. Behandlung und Rechtsfolgen.** Bietet der Bieter einen zulässigen Preisabschlag für das Gesamtangebot an der vom Auftraggeber in den Vergabeunterlagen hierfür vorgesehenen Stelle an, ist der Preisnachlass im Eröffnungstermin zu verlesen und zu protokollieren. Dieser Preisnachlass ohne Bedingungen kann dann gem. § 16d Abs. 1 im Rahmen der Angebotswertung berücksichtigt werden. Wird der unbedingte und auf den Angebotsgesamtbetrag gewährte prozentuale oder summenmäßig bestimmte Preisabschlag nicht an der in den Vergabeunterlagen vom Auftraggeber vorgesehenen Stelle aufgeführt, ist dieser Preisnachlass nicht im Eröffnungstermin zu verlesen und gem. § 16d Abs. 4 S. 1 auch nicht zu werten.²⁰³ Die Vorschrift ist zwingend.²⁰⁴

VII. Angebote von Bietergemeinschaften (Abs. 5)

111 **1. Begrifflichkeiten und Voraussetzungen.** Bietergemeinschaften sind Zusammenschlüsse von Unternehmen, die sich als Zweckgemeinschaften oder Gelegenheitsgesellschaften gemeinschaftlich um den ausgeschriebenen Bauauftrag bewerben und diesen nach Zuschlagserteilung gemeinschaftlich – regelmäßig als Arbeitsgemeinschaft – abwickeln.²⁰⁵ Bietergemeinschaften können als vertikale Bietergemeinschaften, dh als Zusammenschlüsse zwischen Unternehmen verschiedener Fachrichtungen zum gemeinschaftlichen Angebot auf verschiedene Fachlose, oder als horizontale Bietergemeinschaften, dh als Zusammenschlüsse von Unternehmen gleicher Fachlose zur Abarbeitung verschiedener Teillose auftreten.²⁰⁶

112 Je nach inhaltlicher Ausgestaltung des Rechtsverhältnisses der Mitglieder der Bietergemeinschaften stellen Bietergemeinschaften BGB-Gesellschaften (§§ 705 ff. BGB) oder offene Handelsgesellschaften (§§ 105 ff. HGB) dar. Kennzeichnend für die Bietergemeinschaft ist der projektbezogene Unternehmenszusammenschluss von mindestens zwei Unternehmen, als temporäre Arbeitsgemeinschaft, regelmäßig in Rechtsform der BGB-Gesellschaft,²⁰⁷ um bei erfolgreichem Angebot arbeitsteilig unter gesamtschuldnerischer Haftung die ausgeschriebenen Bauleistungen zu erbringen.²⁰⁸ Die Beteiligung von Bietergemeinschaften im

---

²⁰⁰ BGH Urt. v. 11.3.2008 – X ZR 134/05 Rn. 12, NZBau 2008, 459; jurisPK-VergabeR/*Summa* § 16 Rn. 511.
²⁰¹ BGH Urt. v. 11.3.2008 – X ZR 134/05 Rn. 12, NZBau 2008, 459; OLG Düsseldorf Beschl. v. 1.10.2003 – II Verg 45/03, BeckRS 2003, 31156172.
²⁰² BGH Urt. v. 20.1.2009 – X ZR 113/07 Rn. 13, NZBau 2009, 262; OLG Saarbrücken Urt. v. 13.6.2012 – 1 U 357/11, ZfBR 2012, 799; VK Sachsen Beschl. v. 13.5.2002 – 1/SVK/043-02, IBRRS 2002, 0868.
²⁰³ jurisPK-VergabeR/*Dippel* Rn. 49.
²⁰⁴ Kapellmann/Messerschmidt/*Planker* Rn. 42.
²⁰⁵ KG Urt. v. 7.5.2007 – 23 U 31/06, BeckRS 2007, 12060; VK Sachen Beschl. v. 20.9.2006 – 1/SVK/085-06, BeckRS 2006, 13313; VK Arnsberg Beschl. v. 2.2.2006 – VK 30/05, IBRRS 2006, 0743.
²⁰⁶ jurisPK-VergabeR/*Dippel* Rn. 51.
²⁰⁷ KG Urt. v. 7.5.2007 – 23 U 31/06, BeckRS 2007, 12060.
²⁰⁸ *Noch* VergabeR kompakt B Rn. 249.

Vergabeverfahren ist ausdrücklich zulässig und aus Gründen des Mittelstandsschutzes erwünscht.

Vor gemeinschaftlicher Angebotsabgabe sind die Bildung von Bietergemeinschaften sowie der Wechsel ihrer Mitglieder grundsätzlich zulässig.[209] Zwischen Angebotsabgabe und Zuschlagserteilung sind Änderungen im Mitgliederkreis der Bietergemeinschaft grundsätzlich unzulässig.[210] Veränderungen der Bietergemeinschaft zwischen Angebotsabgabe bis Zuschlagserteilung sind ausnahmsweise statthaft, wenn die rechtliche Identität der Bietergemeinschaft und ihrer Mitglieder erhalten bleibt. Dies ist zB bei einem Gesellschafterwechsel eines Mitglieds der Bietergemeinschaft der Fall. Dann obliegt es der Vergabestelle zu prüfen, ob die Bietergemeinschaft weiterhin für den Auftrag geeignet ist.[211] Wird über das Vermögen eines Mitglieds der Bietergemeinschaft nach Angebotsabgabe das Insolvenzverfahren eröffnet, wird die Bietergemeinschaft gem. § 728 Abs. 2 S. 1 BGB aufgelöst. Diese Änderung in der Person der Bietergemeinschaft nach Angebotsabgabe und vor Zuschlagserteilung führt zum zwingenden Angebotsausschluss.[212]   **113**

Gemäß § 13 Abs. 5 S. 1 haben Bietergemeinschaften bei Angebotsabgabe ihre Mitglieder zu benennen sowie eines ihrer Mitglieder als bevollmächtigten Vertreter für den Abschluss und die Durchführung des Vertrages zu bezeichnen. Die Benennung der Mitglieder der Bietergemeinschaft bei Angebotsabgabe ist unverzichtbar. Aus dem Angebot der Bietergemeinschaft muss klar und eindeutig entnehmbar sein, dass es sich um ein Angebot einer Bietergemeinschaft handelt. Die erkennbare Identität dieser Bietergemeinschaft und ihrer einzelnen Mitglieder ist essenzieller Bestandteil des Angebots.[213]   **114**

Die Abgabe eines eigenen Angebots eines Bieters neben der Abgabe eines Angebots durch diesen Bieter im Rahmen einer Bietergemeinschaft verletzt den Geheimwettbewerb, was den Ausschluss beider Angebote nach sich zieht.[214]   **115**

2. Bezeichnung des bevollmächtigten Vertreters. Gemäß § 13 Abs. 5 S. 1 haben Bietergemeinschaften eines ihrer Mitglieder als bevollmächtigten Vertreter für den Abschluss und die Durchführung des Vertrages zu bezeichnen. Der Auftraggeber soll im Rechtsverkehr nicht gezwungen sein, stets mit allen gem. § 709 Abs. 1 BGB, § 714 BGB gemeinschaftlich vertretungsbefugten Mitgliedern der Bietergemeinschaft zu kommunizieren. Die Bietergemeinschaft hat gem. § 13 Abs. 5 S. 1 dem Auftraggeber zwingend einen von ihr bevollmächtigten Vertreter der Bietergemeinschaft zu benennen. Dieser bevollmächtigte Vertreter der Bietergemeinschaft ist dann gem. § 714 BGB befugt, die gesamte Bietergemeinschaft gegenüber dem Auftraggeber rechtsgeschäftlich zu vertreten. § 13 Abs. 5 S. 1 sieht vor, dass dieser federführende Gesellschafter im Regelfall bereits mit Angebotsabgabe gegenüber dem Auftraggeber benannt wird.   **116**

Fehlt diese Benennung des bevollmächtigten Vertreters der Bietergemeinschaft im Angebot, so kann sie gem. § 13 Abs. 5 S. 2 bis vor der Zuschlagserteilung nachgeholt werden.[215] Das Fehlen der Benennung des bevollmächtigten Vertreters im Angebot stellt gem. § 13 Abs. 5 S. 2 iVm § 16 Abs. 1 Nr. 1–5 keinen Ausschlussgrund dar.[216] Ein Angebotsausschluss wegen Nichtbenennung des bevollmächtigten Vertreters der Bietergemeinschaft vor Zuschlagserteilung ist allenfalls dann denkbar, wenn der wiederholten Nichtbefolgung einer Aufforderung des Auftraggebers an die Bietergemeinschaft zur Benennung des bevollmächtigten Vertreters Zuverlässigkeitsmängel der Bietergemeinschaft gem. § 16b Abs. 1 entnommen werden können. Des Weiteren kann analog § 15 Abs. 2 die Nichtbenennung des   **117**

---

[209] OLG Düsseldorf Beschl. v. 24.5.2005 – Verg 28/05, NZBau 2005, 710; zu Ausnahmefällen *Weyand* § 6 Rn. 17, 18.
[210] VK Hessen Beschl. v. 28.6.2005 – 69d-VK-07/2005, IBRRS 2005, 2727; OLG Düsseldorf Beschl. v. 24.5.2005 – Verg 28/05, NZBau 2005, 710; *Weyand* § 6 Rn. 19; jurisPK-VergabeR/*Dippel* Rn. 52.
[211] VK Hessen Beschl. v. 28.6.2005 – 69d-VK-07/2005, IBRRS 2005, 2727.
[212] OLG Düsseldorf Beschl. v. 24.5.2005 – Verg 28/05, NZBau 2005, 710.
[213] jurisPK-VergabeR/*Dippel* Rn. 53; Ingenstau/Korbion/*von Wietersheim* Rn. 37.
[214] VK Arnsberg Beschl. v. 2.2.2006 – VK 30/05, IBRRS 2006, 0743.
[215] OLG Karlsruhe Beschl. v. 24.7.2007 – 17 Verg 6/07, BeckRS 2008, 08723.
[216] OLG Karlsruhe Beschl. v. 24.7.2007 – 17 Verg 6/07, BeckRS 2008, 08723.

bevollmächtigten Vertreters binnen einer vom Auftraggeber gesetzten angemessenen Frist einen Ausschlussgrund begründen.[217]

118 Von der Bezeichnung des bevollmächtigten Vertreters der Bietergemeinschaft bei Angebotsabgabe oder deren Nachholung vor Zuschlagserteilung gem. § 13 Abs. 5 ist das zwingende Erfordernis der Unterzeichnung des Angebots der Bietergemeinschaft durch alle Mitglieder der Bietergemeinschaft strikt zu trennen.[218] Hat nur ein Mitglied der Bietergemeinschaft in eigenem Namen und gleichzeitig als Bevollmächtigter der anderen Mitglieder der Bietergemeinschaft das Angebot unterschrieben, müssen die schriftlichen Vollmachtserklärungen der anderen Mitglieder der Bietergemeinschaft dem Angebot beigefügt sein.[219] Eine Nachholung nach Angebotsabgabe ist hier ausgeschlossen.[220]

VIII. Aufnahme der Anforderungen gem. § 13 Abs. 1–5 in die Vergabeunterlagen (Abs. 6)

119 Gemäß § 13 Abs. 6 hat der öffentliche Auftraggeber die Vorgaben des § 13 Abs. 1–5 in die Vergabeunterlagen aufzunehmen. Hierzu sind die Bestimmungen des § 13 Abs. 5 ausdrücklich in den Vergabeunterlagen aufzuführen, dh wörtlich zu wiederholen. Ein bloßer Hinweis auf § 13 Abs. 1–5 genügt nicht.[221] Die in § 13 Abs. 1–5 enthaltenen Vorgaben zur Angebotserstellung und -abgabe verpflichten die Bieter gem. § 13 Abs. 6 allein dann, wenn die Einhaltung dieser Vorgaben des § 13 Abs. 1–5 vom Auftraggeber ausdrücklich unter wörtlicher Wiedergabe der Tatbestände der Norm verlangt werden.[222]

§ 14 Öffnung der Angebote, Öffnungstermin bei ausschließlicher Zulassung elektronischer Angebote

(1) ¹Sind nur elektronische Angebote zugelassen, wird die Öffnung der Angebote von mindestens zwei Vertretern des Auftraggebers gemeinsam an einem Termin (Öffnungstermin) unverzüglich nach Ablauf der Angebotsfrist durchgeführt. ²Bis zu diesem Termin sind die elektronischen Angebote zu kennzeichnen und verschlüsselt aufzubewahren.

(2)
1. Der Verhandlungsleiter stellt fest, ob die elektronischen Angebote verschlüsselt sind.
2. Die Angebote werden geöffnet und in allen wesentlichen Teilen im Öffnungstermin gekennzeichnet.
3. Muster und Proben der Bieter müssen im Termin zur Stelle sein.

(3)
1. ¹Über den Öffnungstermin ist eine Niederschrift in elektronischer Form zu fertigen. ²Der Niederschrift ist eine Aufstellung mit folgenden Angaben beizufügen:
   a) Name und Anschrift der Bieter,
   b) die Endbeträge der Angebote oder einzelner Lose,
   c) Preisnachlässe ohne Bedingungen,
   d) Anzahl der jeweiligen Nebenangebote.
2. Sie ist von den beiden Vertretern des Auftraggebers zu unterschreiben oder mit einer Signatur nach § 13 Absatz 1 Nummer 1 zu versehen.

---

[217] Kapellmann/Messerschmidt/*Planker* Rn. 48.
[218] VK Brandenburg Beschl. v. 26.3.2002 – VK 3/02, IBRRS 2014, 0023; jurisPK-VergabeR/*Dippel* Rn. 54; Kapellmann/Messerschmidt/*Planker* Rn. 47.
[219] jurisPK-VergabeR/*Dippel* Rn. 54; Kapellmann/Messerschmidt/*Planker* Rn. 47.
[220] Teilw. abw. OLG Frankfurt a. M. Beschl. v. 9.7.2010 – 11 Verg 5/10, BeckRS 2010, 19010; OLG Frankfurt a. M. Beschl. v. 20.7.2004 – 11 Verg 11/04, IBRRS 2005, 0272.
[221] jurisPK-VergabeR/*Dippel* Rn. 55; Ingenstau/Korbion/*von Wietersheim* Rn. 40.
[222] Ingenstau/Korbion/*von Wietersheim* Rn. 40; Kapellmann/Messerschmidt/*Planker* Rn. 49.

(4) ¹Angebote, die zum Ablauf der Angebotsfrist nicht vorgelegen haben, sind in der Niederschrift oder in einem Nachtrag besonders aufzuführen. ²Die Eingangszeiten und die etwa bekannten Gründe, aus denen die Angebote nicht vorgelegen haben, sind zu vermerken.

(5)
1. Ein Angebot, das nachweislich vor Ablauf der Angebotsfrist dem Auftraggeber zugegangen war, aber aus vom Bieter nicht zu vertretenden Gründen dem Verhandlungsleiter nicht vorgelegen hat, ist wie ein rechtzeitig vorliegendes Angebot zu behandeln.
2. ¹Den Bietern ist dieser Sachverhalt unverzüglich in Textform mitzuteilen. ²In die Mitteilung sind die Feststellung, ob die Angebote verschlüsselt waren, sowie die Angaben nach Absatz 3 Nummer 1 Buchstabe a bis d aufzunehmen.
3. ¹Dieses Angebot ist mit allen Angaben in die Niederschrift oder in einen Nachtrag aufzunehmen. ²Im Übrigen gilt Absatz 4 Satz 2.

(6) ¹Bei Ausschreibungen stellt der Auftraggeber den Bietern die in Absatz 3 Nummer 1 Buchstabe a bis d genannten Informationen unverzüglich elektronisch zur Verfügung. ²Den Bietern und ihren Bevollmächtigten ist die Einsicht in die Niederschrift und ihre Nachträge (Absätze 4 und 5 sowie § 16c Absatz 3) zu gestatten.

(7) Die Niederschrift darf nicht veröffentlicht werden.

(8) Die Angebote und ihre Anlagen sind sorgfältig zu verwahren und geheim zu halten.

Übersicht

	Rn.		Rn.
I. Normzweck	1–3	IV. Verspätete Angebote (Abs. 4, 5 Nr. 1–3)	15–23
II. Vor dem Öffnungstermin (Abs. 1)	4–6	1. Formelle Behandlung (§ 14 Abs. 4 S. 1, 2)	15
III. Öffnungstermin (Abs. 2 Nr. 1–3, Abs. 3 Nr. 1, 2)	7–14	2. Verspätete, als rechtzeitig zu behandelnde Angebote (Abs. 5 Nr. 1–3)	16–23
1. Angebotsöffnung und -kennzeichnung (Abs. 2 Nr. 1, 2)	7–9	V. Verwahrung und Geheimhaltung der Angebote (Abs. 8)	24–27
2. Muster und Proben (Abs. 2 Nr. 3)	10		
3. Niederschrift (Abs. 3 Nr. 1, 2, Abs. 6, 7)	11–14		

I. Normzweck

Die Regelungen des § 14 zur Durchführung des Öffnungstermins bei ausschließlicher Zulassung elektronischer Angebote wurden mit der Neufassung der VOB/A 2016 aufgenommen. § 14 regelt seitdem die Verfahrensweise zur Durchführung des Öffnungstermins bei ausschließlicher Zulassung elektronischer Angebote durch den öffentlichen Auftraggeber. Im Gegenzug dazu regelt § 14a die Verfahrensweise zur Durchführung des Eröffnungstermins bei der Zulassung schriftlicher Angebote durch den Auftraggeber. Gemäß § 13 Abs. 1 Nr. 1 S. 2 sind schriftliche Angebote im Unterschwellenbereich zwingend bis zum 18.10.2018 durch den öffentlichen Auftraggeber zuzulassen. Nach dem 18.10.2018 kann der Auftraggeber als ausschließliche Angebotsform die Einreichung elektronischer Angebote vorgeben. Erfolgt eine derartige Vorgabe der Angebotsform des öffentlichen Auftraggebers ab dem 18.10.2018, so richtet sich die Verfahrensweise zur Durchführung des Öffnungstermins nach § 14 Abs. 1–8. Lässt der öffentliche Auftraggeber ausschließlich oder kumulativ schriftliche Angebote zu, so richtet sich die Verfahrensweise und Durchführung des Eröffnungstermins nach § 14a Abs. 1–8.

§ 14 gilt bei der ausschließlichen Zulassung elektronischer Angebote für alle Vergabearten. § 14a gilt demgegenüber allein für die Vergabearten der öffentlichen und der beschränkten Ausschreibung. Dies folgt aus dem Umkehrschluss aus § 14a Abs. 9 Hs. 2.

3   Die Verhaltensanforderungen an den Auftraggeber vor und bei Durchführung des Eröffnungstermins gem. §§ 14, 14a bilden einen Kernbereich, „ein Herzstück", im Vergabeverfahren.[1] §§ 14, 14a gewährleisten die Grundsätze der Transparenz (§ 97 Abs. 1 S. 1 GWB) und der Gleichbehandlung (§ 97 Abs. 2 GWB). Die Einhaltung der Verfahrensregelungen zum Öffnungs- und Eröffnungstermin in §§ 14, 14a bildet die Grundlage eines ordnungsgemäßen Wettbewerbs. Die Vorschriften der §§ 14, 14a sind bieterschützend.[2]

II. Vor dem Öffnungstermin (Abs. 1)

4   Gemäß § 14 Abs. 1 S. 1 ist bei der ausschließlichen Zulassung elektronischer Angebote (im Unterschwellenbereich statthaft ab dem 18.10.2018) die Öffnung der elektronischen Angebote von mindestens zwei Vertretern des Auftraggebers gemeinsam in einem Öffnungstermin durchzuführen. Dieser Öffnungstermin hat unverzüglich nach Ablauf der Angebotsfrist zu erfolgen. Bieter sind zu diesem Öffnungstermin bei ausschließlicher Zulassung elektronischer Angebote gem. § 14 Abs. 1 S. 1 nicht zugelassen.

5   Die Richtlinien zu 313 des VHB, Ausgabe 2008, Stand April 2016, Ziff. 2.2, Abs. 2 und 3 stellen hierzu für den Geltungsbereich des Vergabehandbuchs klar, dass beide im Öffnungstermin anwesenden Vertreter des Auftraggebers weder an der Bearbeitung der Vergabeunterlagen, noch an der Vergabe oder der Vertragsabwicklung beteiligt sein sollen. Einer der beteiligten Vertreter des Auftraggebers hat den Öffnungstermin als Verhandlungsleiter zu leiten. Zur Unterstützung der Verhandlungsleitung ist gem. Ziff. 2.2 Abs. 3 der Richtlinien zu 313 des VHB, Ausgabe 2008, Stand April 2016, eine Schriftführung hinzuziehen, die eine Niederschrift über den Öffnungstermin nach Formblatt 313 des VHB, Ausgabe 2008, Stand April 2016, anzufertigen hat.

6   Die in elektronischer Form gem. § 13 Abs. 1 Nr. 1 S. 2 erster bis dritter Gedankenstrich VOB/A vorliegenden Angebote sind gem. § 14 Abs. 1 S. 2 vor dem Öffnungstermin zu kennzeichnen und verschlüsselt aufzubewahren. Dies entspricht den Vorgaben des § 13 Abs. 1 Nr. 2 S. 3, 4. Hiernach ist durch entsprechende technische Lösungen nach den Anforderungen des Auftraggebers die Datenintegrität und die Vertraulichkeit der Angebote zu gewährleisten und durch Verschlüsselung sicherzustellen. Gemäß § 13 Abs. 1 Nr. 2 S. 4 hat die Verschlüsselung bis zur Öffnung des ersten Angebots aufrecht zu erhalten bleiben. Durch die Verschlüsselung der Angebote vom Zeitpunkt der Absendung durch den Bieter bis zur Öffnung des ersten elektronischen Angebots wird dem Vertraulichkeitsgebot im Vergabeverfahren Rechnung getragen.[3] Der im Vergabeverfahren anzustrebende, lückenlose Geheimwettbewerb wird dadurch sichergestellt.

III. Öffnungstermin (Abs. 2 Nr. 1–3, Abs. 3 Nr. 1, 2)

7   **1. Angebotsöffnung und -kennzeichnung (Abs. 2 Nr. 1, 2).** Unmittelbar zu Beginn des Öffnungstermins hat der Verhandlungsleiter gem. § 14 Abs. 2 Nr. 1 zu prüfen und in der in elektronischer Form zu fertigenden Niederschrift festzustellen, dass die elektronischen Angebote nach wie vor verschlüsselt sind. Dies ist zu protokollieren. Verletzung der Verfahrensvorschriften zur Angebotsöffnung stellen regelmäßig schwerwiegende Verfahrensfehler im Vergabeverfahren dar. Gemäß § 14 Abs. 2 Nr. 2 sind elektronische Angebote nach Feststellung der vorliegenden ordnungsgemäßen Verschlüsselung zu öffnen, dh zu entschlüsseln und zu sichten. Die geöffneten elektronischen Angebote sind gem. § 14 Abs. 2 Nr. 2 Hs. 2 sodann in allen wesentlichen Teilen im Öffnungstermin zu kennzeichnen. Sinn der Kennzeichnung ist es, die Identität des Angebotsinhalts zu wahren und den Austausch oder Verwechslungen mit günstigeren Angeboten oder Angebotsbestandteilen zu vermeiden.[4]

---

[1] jurisPK-VergabeR/*Haug/Panzer* Rn. 1.
[2] VK Sachsen Beschl. v. 13.2.2002 – 1/SVK/2-02, IBRRS 2002, 0405; VK Sachsen Beschl. v. 1.2.2002 – 1/SVK/131-01, IBRRS 2002, 0406; *Weyand* Rn. 7.
[3] Ingenstau/Korbion/*von Wietersheim* § 13 Rn. 8.
[4] Ingenstau/Korbion/*von Wietersheim* Rn. 22.

Die Kennzeichnung dient damit der Gewährleistung der Authentizität der Angebote und ist unabdingbare Grundvoraussetzung zur Sicherung eines transparenten und fairen Wettbewerbs.[5]

Sinn der Kennzeichnung ist weiterhin, nachzuweisen, dass das betreffende Angebot bei Ablauf der Angebotsfrist vorgelegen hat und gem. § 16 Abs. 1 Nr. 1 für das weitere Verfahren zugelassen ist.[6] Der Begriff der wesentlichen Teile des Angebots, die zu kennzeichnen sind, umfasst sämtliche Angebotsbestandteile, die für den späteren Vertragsinhalt von Bedeutung sind. Hierzu gehören Preise, geforderte Erklärungen, die Unterschrift, Nebenangebote sowie regelmäßig auch Referenzen, Eignungsnachweise und Anlagen wie Angaben zur Preisermittlung. Im Zweifel hat eine Kennzeichnung des gesamten Angebots zu erfolgen.[7] Die Kennzeichnung hat so zu erfolgen, dass nachträgliche Änderungen oder Ergänzungen des Angebots verhindert werden.[8] Ziff. 2.2 Abs. 5 der Richtlinien zu 313 des VHB, Ausgabe 2008, Stand April 2016, sieht hierzu die Verwendung geeigneter Verschlüsselungsverfahren durch den öffentlichen Auftraggeber vor. Die Angaben zur Kennzeichnung sind dabei vom Auftraggeber dem elektronischen Angebot hinzuzufügen, zusammen mit diesem abzuspeichern und dieses wieder zu verschlüsseln. 8

Da die Kennzeichnung verhindern soll, dass nachträglich einzelne Angebotsbestandteile ausgetauscht, entfernt oder manipuliert werden,[9] stellt die unterlassene Kennzeichnung elektronischer Angebote einen schweren Vergabeverstoß dar. Dieser Vergabeverstoß kann auch durch Rückversetzung des Vergabeverfahrens auf den Zeitpunkt der Angebotsöffnung nicht mehr beseitigt werden. Denn selbst bei Rückversetzung auf den Zeitpunkt der Angebotsöffnung können die erforderlichen Feststellungen nicht mehr zweifelsfrei getroffen werden. Der Auftraggeber hat keine Möglichkeit, bei einer erneuten Prüfung der Angebote diesen Kennzeichnungsmangel zu heilen.[10] Ein rechtmäßiges Vergabeverfahren ist bei unterlassener oder unzureichender Kennzeichnung nicht mehr durchführbar.[11] Die Ausschreibung ist in aller Regel aufzuheben.[12] 9

2. Muster und Proben (Abs. 2 Nr. 3). Gemäß § 14 Abs. 2 Nr. 3 müssen auch im Öffnungstermin bei ausschließlich elektronischer Angebotseinreichung die Muster und Proben der Bieter zur Stelle sein. Dies deshalb, da die Angebote, die zur Wertung zugelassen werden, vollständig zu sein haben. Eine spätere Einreichung von Mustern oder Proben könnte die Wettbewerbssituation verändern bzw. die Unvollständigkeit von Angeboten begründen.[13] Muster und Proben sind insbesondere dann Angebotsinhalt, soweit diese gem. § 13 Abs. 2 S. 1 VOB/B als vereinbarte Beschaffenheit der Werkleistung gelten. Gemäß § 13 Abs. 2 S. 1 VOB/B gelten bei Leistungen nach Probe die Eigenschaften der Probe als vereinbarte Beschaffenheit, soweit nicht Abweichungen nach der Verkehrssitte als bedeutungslos anzusehen sind. 10

---

[5] VK Sachsen-Anhalt Beschl. v. 14.2.2014 – 3 VK LSA 01/14, IBRRS 2015, 0270; VK Sachsen-Anhalt Beschl. v. 28.1.2009 – 1 VK LVwA 29/08, BeckRS 2011, 01363; VK Sachsen Beschl. v. 10.4.2014 – 1/SVK/007-14, IBRRS 2014, 2185.

[6] Ingenstau/Korbion/*von Wietersheim* § 14a Rn. 22.

[7] Ingenstau/Korbion/*von Wietersheim* § 14a Rn. 22.

[8] OLG Naumburg Beschl. v. 31.3.2008 – 1 Verg 1/08, ZfBR 2008, 725; VK Sachsen-Anhalt Beschl. v. 14.2.2014 – 3 VK LSA 01/14, IBRRS 2015, 0270; VK Sachsen Beschl. v. 10.4.2014 – 1/SVK/007-14, IBRRS 2014, 2185; VK Sachsen Beschl. v. 24.5.2007 – 1/SVK/029-07, BeckRS 2007, 10401; VK Sachsen Beschl. v. 24.2.2005 – 1/SVK/005-05, BeckRS 2007, 09696.

[9] HHKW/*Koenigsmann-Hölken* Rn. 11.

[10] VK Sachsen Beschl. v. 24.5.2007 – 1/SVK/029-07, BeckRS 2007, 10401; VK Sachsen Beschl. v. 24.2.2005 – 1/SVK/005-05, BeckRS 2007, 09696; VK Münster Beschl. v. 13.2.2008 – VK 29/07, IBRRS 2013, 4911.

[11] HHKW/*Koenigsmann-Hölken* Rn. 12.

[12] VK Arnsberg Beschl. v. 10.3.2008 – VK 05/08, IBRRS 2008, 1335; OLG Naumburg Urt. v. 1.8.2013 – 2 U 151/12, BeckRS 2013, 13770; anders in Ausnahmefällen VK Arnsberg Beschl. v. 3.6.2013 – VK 9/13, IBRRS 2013, 2974; OLG Schleswig Beschl. v. 8.1.2013 – 1 W 51/12, ZfBR 2013, 308.

[13] HHKW/*Koenigsmann-Hölken* Rn. 17; Ingenstau/Korbion/*von Wietersheim* § 14a Rn. 29.

11 **3. Niederschrift (Abs. 3 Nr. 1, 2, Abs. 6, 7).** Über den Öffnungstermin zur Öffnung ausschließlich elektronisch zugelassener Angebote ist gem. § 14 Abs. 3 Nr. 1 S. 1 eine Niederschrift in elektronischer Form zu fertigen. Gemäß Ziff. 2.2 Abs. 3 S. 2 der Richtlinien zu 313 des VHB, Ausgabe 2008, Stand April 2016, hat der Schriftführer, der zur Unterstützung des Verhandlungsleiters hinzuzuziehen ist, die Niederschrift nach Formblatt 313 des VHB, Ausgabe 2008, Stand April 2016, zu erstellen. Dies hat gem. § 14 Abs. 3 Nr. 1 S. 1 in elektronischer Form zu erfolgen.

12 Da die Niederschrift über den Öffnungstermin die ordnungsgemäße, verfahrenskonforme Durchführung dieses Termins dokumentiert,[14] ist auf die vollständige und sorgfältige Anfertigung dieser Niederschrift besonderes Augenmerk zu legen.[15] Es sind hierin alle wesentlichen Vorkommnisse des Öffnungstermins genau zu vermerken.[16] Das Formblatt 313 des VHB, Ausgabe 2008, Stand April 2016, bietet hierzu eine wichtige Hilfestellung. Gemäß § 14 Abs. 3 Nr. 1 S. 2 lit. a–d ist der Niederschrift in elektronischer Form eine – gleichfalls elektronische – Aufstellung mit folgenden Pflichtangaben beizufügen: (a) Name und Anschrift der Bieter, (b) die Endbeträge der Angebote oder einzelner Lose, (c) Preisnachlässe ohne Bedingungen sowie (d) Anzahl der jeweiligen Nebenangebote. Die Niederschrift hat ferner das Datum, die Uhrzeit von Beginn und Ende des Öffnungstermins, den Ort des Öffnungstermins und die anwesenden Vertreter des Auftraggebers, differenziert nach Verhandlungsleiter und Schriftführer, aufzuführen. Zu dokumentieren ist der gesamte Verlauf des Öffnungstermins, die Anzahl der elektronischen Angebote, die Unversehrtheit der Verschlüsselung der elektronischen Angebote, die Eingangszeit der Angebote, die Kennzeichnung der Angebote, die Anzahl der Nebenangebote sowie alle sonstigen Besonderheiten des Ablaufs des Öffnungstermins.[17]

13 Eine Verlesung der Niederschrift findet nicht statt. Da der Öffnungstermin bei ausschließlich elektronisch zugelassener Angebotseinreichung in Abwesenheit der Bieter stattfindet, sind diese auch nicht zu ersuchen, den Inhalt der Niederschrift als richtig anzuerkennen und dies in der Niederschrift zu vermerken. Gemäß § 14 Abs. 4 S. 1 sind ferner elektronische Angebote, die zum Ablauf der Angebotsfrist nicht vorgelegen haben, in der Niederschrift oder in einem Nachtrag hierzu besonders aufzuführen. Gemäß § 14 Abs. 4 S. 2 sind die Eingangszeiten und die etwa bekannten Gründe, aus denen die Angebote nicht vorgelegen haben, gleichfalls zu vermerken. Schließlich hat die Niederschrift gem. § 14 Abs. 5 Nr. 3 S. 1 verspätete, aber gem. § 14 Abs. 5 Nr. 1 in die Wertung einzubeziehende Angebote, zu enthalten.

14 Die elektronische Niederschrift ist gem. § 14 Abs. 3 Nr. 2 von beiden Vertretern des Auftraggebers zu unterschreiben oder mit fortgeschrittener oder qualifizierter elektronischer Signatur gem. § 13 Abs. 1 S. 3 zu versehen. Durch die Unterschrift bzw. die fortgeschrittene oder qualifizierte elektronische Signatur übernehmen die den Öffnungstermin durchführenden Vertreter des Auftraggebers die Verantwortung für die Richtigkeit der in der Niederschrift dokumentierten Ereignisse im Öffnungstermin[18] Gemäß § 14 Abs. 6 S. 1 stellt der Auftraggeber bei Ausschreibungen gem. § 3 Abs. 1, 2 (öffentlicher oder beschränkter Ausschreibung) den Bietern die gem. § 14 Abs. 3 Nr. 1 lit. a–d genannten Informationen unverzüglich elektronisch zur Verfügung. Den Bietern und ihren Bevollmächtigten ist gem. § 14 Abs. 6 S. 2 die Einsicht in die Niederschrift und ihre Nachträge zu gestatten. Die Niederschrift selbst darf gem. § 14 Abs. 7 nicht veröffentlicht werden.

IV. Verspätete Angebote (Abs. 4, 5 Nr. 1–3)

15 **1. Formelle Behandlung (§ 14 Abs. 4 S. 1, 2).** Gemäß § 14 Abs. 4 S. 1 sind verspätete elektronische Angebote in der in elektronischer Form zu fertigenden Niederschrift oder in

---
[14] BGH Urt. v. 26.10.1999 – X ZR 30/98, NJW 2000, 661.
[15] Ingenstau/Korbion/*von Wietersheim* § 14a Rn. 30.
[16] BGH Urt. v. 26.10.1999 – X ZR 30/98, NJW 2000, 661.
[17] HHKW/*Koenigsmann-Hölken* Rn. 19.
[18] HHKW/*Koenigsmann-Hölken* Rn. 21.

einem Nachtrag hierzu besonders aufzuführen. Hierzu sind gem. § 14 Abs. 4 S. 2 in der Niederschrift oder einem Nachtrag hierzu die Eingangszeiten und die etwa bekannten Gründe, aus denen die Angebote nicht vorgelegen haben, zu vermerken. Verspätet sind solche elektronischen Angebote, die zum Zeitpunkt des Ablaufs der Angebotsfrist nicht vorgelegen haben. Verspätete Angebote, die nach diesem Zeitpunkt, aber noch während des Öffnungstermins eintreffen, werden in die Niederschrift aufgenommen. Die erst nach dem Öffnungstermin eingehenden elektronischen Angebote werden in einem Nachtrag zur Niederschrift aufgeführt.[19] Die Aufführung derartiger verspäteter elektronischer Angebote in der Niederschrift hat „besonders" zu erfolgen. Gleiches gilt für die Aufführung dieser Angebote in einem Nachtrag zur Niederschrift. Die „besonders" durchzuführende Erfassung dieser verspäteten Angebote erfolgt dadurch, dass sie von den übrigen Angeboten getrennt aufgeführt werden.[20] Dies dient der Übersicht und der Vermeidung von Missverständnissen.[21]

2. Verspätete, als rechtzeitig zu behandelnde Angebote (Abs. 5 Nr. 1–3). Elektronische Angebote, die bei Ablauf der Angebotsfrist nicht vorliegen, sind für das weitere Verfahren nicht zugelassen und dürfen vorbehaltlich der Ausnahmeregelung in § 14 Abs. 5 Nr. 1–3 auch nicht gewertet werden. Derartige verspätete elektronische Angebote sind gem. § 16 Abs. 1 Nr. 1 zwingend auszuschließen. **16**

Ausnahmsweise sind verspätete elektronische Angebote gem. § 14 Abs. 5 Nr. 1 als rechtzeitig eingereichte Angebote zu behandeln, wenn das verspätete elektronische Angebot nachweislich vor Ablauf der Angebotsfrist dem Auftraggeber zugegangen war, aber aus Gründen, die vom Bieter nicht zu vertreten sind, dem Verhandlungsleiter nicht vorgelegen hat. Dann ist das elektronische Angebot gem. § 14 Abs. 5 Nr. 1 als rechtzeitig eingereichtes Angebot zu behandeln. § 14 Abs. 5 Nr. 1 setzt damit voraus, dass dem Auftraggeber das elektronische Angebot vor Ablauf der Angebotsfrist zugegangen ist. Ein Angebot, das später zugeht, muss unberücksichtigt bleiben, unabhängig davon, ob der Bieter die Verspätung zu vertreten hat.[22] **17**

Ob ein Angebot vor oder nach Ablauf der Angebotsfrist dem Auftraggeber zugeht, beurteilt sich nach dem BGB. Elektronische Willenserklärungen, dh in einer Datei gespeicherte Willenserklärungen, die per Internet und E-Mail übermittelt werden, können nach der Rechtsgeschäftslehre des BGB Erklärungen unter Anwesenden oder Erklärungen unter Abwesenden darstellen. Sofern elektronische Erklärungen nicht in einem unmittelbaren Dialog zwischen Erklärenden und Adressat abgegeben werden, sondern an ein E-Mail-Postfach versendet werden, handelt es sich um Willenserklärungen unter Abwesenden gem. § 130 Abs. 1 S. 1 BGB. Zugang erfolgt bei elektronischen Willenserklärungen unter Abwesenden dann, wenn die elektronische Erklärung in die Mailbox des Empfängers gelangt ist und dieser unter gewöhnlichen Umständen die Möglichkeit der Kenntnisnahme hat.[23] **18**

Ob ein verspätetes elektronisches Angebot nachweislich vor Ablauf der Angebotsfrist dem Auftraggeber zugegangen war und aus vom Bieter nicht zu vertretenden Gründen dem Verhandlungsleiter gem. § 14 Abs. 5 Nr. 1 nicht vorgelegen hat, ist nach diesen Grundsätzen zu beurteilen. Derartige Fälle sind bei elektronischen Angeboten beispielsweise bei rechtzeitigem Eingang des elektronischen Angebots in das richtige E-Mail-Postfach (Mailbox) des Auftraggebers und gleichzeitiger Störung der automatischen Abruffunktion denkbar. **19**

Der Umstand, dass das elektronische Angebot vollständig rechtzeitig gem. § 14 Abs. 5 Nr. 1 beim Auftraggeber eingereicht wurde, hat grundsätzlich der Bieter zu beweisen.[24] **20**

---

[19] Ingenstau/Korbion/*von Wiertersheim* § 14a Rn. 36.
[20] Ingenstau/Korbion/*von Wiertersheim* § 14a Rn. 36.
[21] Ingenstau/Korbion/*von Wiertersheim* § 14a Rn. 36.
[22] HHKW/*Koenigsmann-Hölken* Rn. 25.
[23] MüKoBGB/*Einsele* BGB § 130 Rn. 18, 19.
[24] OLG Celle Beschl. v. 7.6.2007 – 13 Verg 5/07, ZfBR 2007, 611; VK Sachsen-Anhalt Beschl. v. 2.8.2013 – 3 VK LSA 33/13, IBRRS 2014, 0316; VK Bund Beschl. v. 8.9.2008 – VK 3-116/08, BeckRS 2008, 140961; HHKW/*Koenigsmann-Hölken* Rn. 26.

Den Auftraggeber trifft ausnahmsweise dann die Beweislast für die Rechtzeitigkeit oder Nicht-Rechtzeitigkeit der Angebotseinreichung, wenn es allein im Verantwortungsbereich des Auftraggebers liegt, dass sich die für einen Ausschluss gem. § 16 Abs. 1 Nr. 1 erforderlichen Tatsachen nicht nachweisen lassen.[25] Dies folgt aus der Dokumentationspflicht des Auftraggebers, die ihm auch gebietet, dokumentarisch die geeigneten Vorkehrungen zu treffen, um im Zweifel die Verspätung eines Angebots nachweisen zu können.[26] Wenn der Auftraggeber ein verspätetes Angebot, das ihm bei Ablauf der Angebotsfrist nicht vorlag, gem. § 14 Abs. 5 Nr. 1 werten will, hat gleichfalls er zu beweisen, dass ihm das Angebot rechtzeitig iSd § 14 Abs. 5 Nr. 1 zugegangen war.[27]

21 Weitere Voraussetzung des § 14 Abs. 5 Nr. 1 zur Behandlung eines verspäteten elektronischen Angebots als rechtzeitig vorliegendes Angebot ist es, dass die Nichtvorlage des vor Ablauf der Angebotsfrist dem Auftraggeber zugegangenen elektronischen Angebots bei dem Verhandlungsleiter aus Gründen erfolgte, die vom Bieter nicht zu vertreten sind. Vom Bieter nicht zu vertretende Umstände sind insbesondere ein Organisationsverschulden in der Sphäre des Auftraggebers.[28]

22 Gemäß § 14 Abs. 5 Nr. 2 S. 1 ist den Bietern der Sachverhalt eines verspäteten, aber als rechtzeitig vorliegend zu behandelnden Angebots gem. § 14 Abs. 5 Nr. 1 unverzüglich in Textform gem. § 126b BGB mitzuteilen. In diese Mitteilung sind gem. § 14 Abs. 5 Nr. 2 S. 2 die Feststellung gem. § 14 Abs. 2 Nr. 1, ob die elektronischen Angebote verschlüsselt waren und die Angaben gem. § 14 Abs. 3 S. 2 lit. a–d mit aufzunehmen. Hiermit soll Transparenz über den Öffnungstermin geschaffen sowie Manipulationen entgegengewirkt werden.

23 Das verspätete, aber als rechtzeitig vorliegend zu behandelnde elektronische Angebot gem. § 14 Abs. 5 Nr. 1 ist gem. § 14 Abs. 5 Nr. 3 S. 1 in die elektronische Niederschrift oder in einen Nachtrag zu dieser Niederschrift aufzunehmen. Die Eingangszeiten und die etwa bekannten Gründe, aus denen das verspätete Angebot nicht bei Ablauf der Angebotsfrist vorgelegen hat, sind in dieser elektronischen Niederschrift oder dem Nachtrag hierzu gem. § 14 Abs. 5 Nr. 3 S. 2, Abs. 4 S. 2 zu vermerken. Auch diese Regelung dient der Transparenz des ohne Anwesenheit der Bieter durchgeführten Öffnungstermins und beugt Manipulationen vor.

V. Verwahrung und Geheimhaltung der Angebote (Abs. 8)

24 Elektronische Angebote und ihre Anlagen sind nach Öffnung gem. § 14 Abs. 8 vom Auftraggeber sorgfältig zu verwahren und geheim zu halten. Die Verwahrungs- und Geheimhaltungspflicht besteht sowohl für die beim späteren Zuschlag nicht berücksichtigten Angebote, als auch für das später bezuschlagte Angebot. § 14 Abs. 8 bezweckt den Schutz des Geheimwettbewerbs[29] wie auch die Sicherung von Beweismitteln für etwaige Einsprüche der Bieter oder Rückfragen von Fördermittelgebern. Auch gilt es, spätere unzulässige Manipulationen von Bietern oder Dritten an den Angeboten zu vermeiden.[30] Die Geheimhaltungspflicht des Auftraggebers für die Angebote und ihre Anlagen reicht dabei auch über den Zeitraum nach Zuschlagserteilung hinaus.[31]

25 Die Richtlinien zu Formblatt 313 des VHB, Ausgabe 2008, Stand April 2016, sehen unter Ziff. 4 ebenfalls eine Geheimhaltungspflicht für die Angebote mit allen Anlagen vor. Diese Geheimhaltungspflicht gilt für alle Verfahrensarten im Anwendungsbereich des VHB. Angebote

---

[25] OLG Celle Beschl. v. 7.6.2007 – 13 Verg 5/07, ZfBR 2007, 611; VK Sachsen-Anhalt Beschl. v. 2.8.2013 – 3 VK LSA 33/13, IBRRS 2014, 0316.
[26] OLG Celle Beschl. v. 7.6.2007 – 13 Verg 5/07, ZfBR 2007, 611; HHKW/*Koenigsmann-Hölken* Rn. 26.
[27] HHKW/*Koenigsmann-Hölken* Rn. 26.
[28] VK Südbayern Beschl. v. 7.4.2006 – Z3-3-3194-1-07-03/06, IBRRS 2007, 4584; HHKW/*Koenigsmann-Hölken* Rn. 27.
[29] VK Lüneburg Beschl. v. 4.10.2011 – VgK-26/11, BeckRS 2012, 02111; VK Brandenburg Beschl. v. 26.2.2013 – VK 46/12, BeckRS 2013, 07312.
[30] VK Lüneburg Beschl. v. 4.10.2011 – VgK-26/11, BeckRS 2012, 02111; VK Brandenburg Beschl. v. 26.2.2013 – VK 46/12, BeckRS 2013, 07312; Ingenstau/Korbion/*von Wietersheim* § 14a Rn. 52.
[31] VK Lüneburg Beschl. v. 4.10.2011 – VgK-26/11, BeckRS 2012, 02111.

mit ihren Anlagen dürfen gem. Ziff. 4 S. 2, 3 der Richtlinien zu Formblatt 313 des VHB, Ausgabe 2008, Stand April 2016, nur den unmittelbar mit der Bearbeitung beauftragten Personen zugänglich gemacht werden. Dies hiernach auch, wenn freiberuflich Tätige an der Prüfung und Wertung der Angebote beteiligt sind.

Bei schwerwiegendem Verstoß gegen die Verwahrungs- und Geheimhaltungspflicht kommt eine Aufhebung der Ausschreibung in Betracht. Dies insbesondere dann, wenn infolge des durch einen Verstoß gegen die Geheimhaltungs- und Verwahrungspflicht ermöglichten Eingriffs Dritter nicht mehr zuzuordnen ist, welche Bestandteile zu welchem Angebot gehören.[32] Entwürfe, Ausarbeitungen, Muster und Proben von nicht berücksichtigten Angeboten sind zurückzugeben, wenn dies im Angebot oder innerhalb von 30 Kalendertagen nach Ablehnung des Angebots verlangt wird (§ 19 Abs. 4). 26

Das Geheimhaltungsgebot beinhaltet ferner, dass die Vergabeentscheidung des Auftraggebers selbst in nicht öffentlicher Sitzung getroffen wird. Hiervon zu trennen ist die Information über das Ergebnis der getroffenen Entscheidung. Diese kann der Öffentlichkeit mitgeteilt werden.[33] 27

§ 14a Öffnung der Angebote, Eröffnungstermin bei Zulassung schriftlicher Angebote

(1) ¹Sind schriftliche Angebote zugelassen, ist bei Ausschreibungen für die Öffnung und Verlesung (Eröffnung) der Angebote ein Eröffnungstermin abzuhalten, in dem nur die Bieter und ihre Bevollmächtigten zugegen sein dürfen. ²Bis zu diesem Termin sind die zugegangenen Angebote auf dem ungeöffneten Umschlag mit Eingangsvermerk zu versehen und unter Verschluss zu halten. ³Elektronische Angebote sind zu kennzeichnen und verschlüsselt aufzubewahren.

(2) Zur Eröffnung zuzulassen sind nur Angebote, die bis zum Ablauf der Angebotsfrist eingegangen sind.

(3)
1. Der Verhandlungsleiter stellt fest, ob der Verschluss der schriftlichen Angebote unversehrt ist und die elektronischen Angebote verschlüsselt sind.
2. ¹Die Angebote werden geöffnet und in allen wesentlichen Teilen im Eröffnungstermin gekennzeichnet. ²Name und Anschrift der Bieter und die Endbeträge der Angebote oder einzelner Lose sowie Preisnachlässe ohne Bedingungen werden verlesen. ³Es wird bekannt gegeben, ob und von wem und in welcher Zahl Nebenangebote eingereicht sind. ⁴Weiteres aus dem Inhalt der Angebote soll nicht mitgeteilt werden.
3. Muster und Proben der Bieter müssen im Termin zur Stelle sein.

(4)
1. ¹Über den Eröffnungstermin ist eine Niederschrift in Schriftform oder in elektronischer Form zu fertigen. ²Sie ist zu verlesen; in ihr ist zu vermerken, dass sie verlesen und als richtig anerkannt worden ist oder welche Einwendungen erhoben worden sind.
2. Sie ist vom Verhandlungsleiter zu unterschreiben oder mit einer Signatur nach § 13 Absatz 1 Nummer 1 zu versehen; die anwesenden Bieter und Bevollmächtigten sind berechtigt, mit zu unterzeichnen oder eine Signatur nach § 13 Absatz 1 Nummer 1 anzubringen.

(5) ¹Angebote, die zum Ablauf der Angebotsfrist nicht vorgelegen haben (Absatz 2), sind in der Niederschrift oder in einem Nachtrag besonders aufzuführen. ²Die Eingangszeiten und die etwa bekannten Gründe, aus denen die

---

[32] HHKW/*Koenigsmann-Hölken* Rn. 34.
[33] Ingenstau/Korbion/*von Wietersheim* § 14a Rn. 53.

Angebote nicht vorgelegen haben, sind zu vermerken. ³Der Umschlag und andere Beweismittel sind aufzubewahren.

(6)
1. Ein Angebot, das nachweislich vor Ablauf der Angebotsfrist dem Auftraggeber zugegangen war, aber aus vom Bieter nicht zu vertretenden Gründen dem Verhandlungsleiter nicht vorgelegen hat, ist wie ein rechtzeitig vorliegendes Angebot zu behandeln.
2. ¹Den Bietern ist dieser Sachverhalt unverzüglich in Textform mitzuteilen. ²In die Mitteilung sind die Feststellung, dass der Verschluss unversehrt war und die Angaben nach Absatz 3 Nummer 2 aufzunehmen.
3. ¹Dieses Angebot ist mit allen Angaben in die Niederschrift oder in einen Nachtrag aufzunehmen. ²Im Übrigen gilt Absatz 5 Satz 2 und 3.

(7) Den Bietern und ihren Bevollmächtigten ist die Einsicht in die Niederschrift und ihre Nachträge (Absätze 5 und 6 sowie § 16c Absatz 3) zu gestatten; den Bietern sind nach Antragstellung die Namen der Bieter sowie die verlesenen und die nachgerechneten Endbeträge der Angebote sowie die Zahl ihrer Nebenangebote nach der rechnerischen Prüfung unverzüglich mitzuteilen.

(8) Die Niederschrift darf nicht veröffentlicht werden.

(9) Die Angebote und ihre Anlagen sind sorgfältig zu verwahren und geheim zu halten; dies gilt auch bei Freihändiger Vergabe.

Übersicht

	Rn.		Rn.
I. Normzweck	1–4	3. Muster und Proben (Abs. 3 Nr. 3)	28
II. Vor dem Eröffnungstermin (Abs. 1, 2)	5–10	4. Niederschrift und Verlesung (Abs. 4 Nr. 1, 2, Abs. 7, 8)	29–34
III. Eröffnungstermin (Abs. 3 Nr. 1–3, Abs. 4)	11–34	IV. Verspätete Angebote (Abs. 5, 6)	35–42
1. Angebotsöffnung und -kennzeichnung (Abs. 3 Nr. 1, 2)	14–22	1. Formelle Behandlung (Abs. 5)	35–40
2. Verlesung der Angebote (Abs. 3 Nr. 2 S. 2–4)	23–27	2. Verspätete, als rechtzeitig zu behandelnde Angebote (Abs. 6 Nr. 1–3)	41, 42
		V. Verwahrung und Geheimhaltung (Abs. 9)	43–45

I. Normzweck

1 § 14a regelt den Eröffnungstermin, einen Kernbereich des Vergabeverfahrens, in den Fällen, in denen der öffentliche Auftraggeber des zu vergebenden Bauauftrages gem. § 13 Abs. 1 Nr. 1 ausschließlich oder auch schriftliche Angebote zugelassen hat. Gemäß § 13 Abs. 1 Nr. 1 S. 2 ist der Auftraggeber bei unterschwelligen Bauvergaben verpflichtet, bis zum 18.10.2018 stets schriftlich eingereichte Angebote zuzulassen. Vor diesem Datum kann er auch gleichzeitig elektronische und schriftliche Angebote als zulässige Angebotsformen der Bieter festsetzen. Nach dem 18.10.2018 ist es für den Auftraggeber des zu vergebenden Bauauftrages statthaft, ausschließlich elektronische Angebote als zulässige Angebotsform im Vergabeverfahren unterhalb der Schwellenwerte festzusetzen. Während § 14 das Verfahren zur Durchführung des Öffnungstermins ohne Anwesenheit der Bieter bei ausschließlicher Zulassung elektronischer Angebote regelt, enthält § 14a die Verfahrensvorschriften zur Durchführung des Eröffnungstermins unter Anwesenheit der Bieter bei ausschließlicher oder kumulativer Zulassung schriftlicher Angebote.

2 Normzweck des § 14a ist es, im Zusammenwirken mit § 14 den transparenten, ordnungsgemäßen Wettbewerb im Vergabeverfahren zu sichern.[1] Transparenz im Bauvergabeverfahren wird insbesondere durch die von § 14a Abs. 1 S. 1 bei vorgegebener schriftlicher Ange-

---
[1] HHKW/*Koenigsmann-Hölken* § 14 Rn. 1.

botsform ermöglichte Anwesenheit von Bietern und ihrer Bevollmächtigten im Eröffnungstermin geschaffen. Die Bieter können sich hier einen Überblick über die Angebotssummen ihres Angebots im Vergleich mit den Angeboten anderer Bieter und über ihre Aussichten im Wettbewerb machen.[2] Gleichzeitig unterbindet die Norm durch die Vorgabe strikter Kennzeichnungs- und Geheimhaltungspflichten für die Angebote mögliche Manipulationen im Vorfeld. Sie schützt damit den ordnungsgemäßen Wettbewerb sowie die Bieterinteressen.[3] Die Vorschrift des § 14a ist dadurch insgesamt bieterschützend.[4]

Der Eröffnungstermin markiert im Vergabeverfahren den Übergang von der Angebotsphase zur formellen Angebotsprüfung und inhaltlichen Angebotswertung.[5] Mit Ablauf der Angebotsfrist endet auch die Rücknehmbarkeit des Angebots gem. § 10 Abs. 2. Die Regelungsstruktur des § 14a unterscheidet zwischen den Vorgaben an den öffentlichen Auftraggeber vor dem Eröffnungstermin (§ 14a Abs. 1, 2), den Vorgaben zur Durchführung des Eröffnungstermins (§ 14a Abs. 3–7) und den Vorgaben nach Durchführung des Eröffnungstermins (§ 14a Abs. 8, 9).

§ 14a gilt für alle Ausschreibungsverfahren, dh die öffentliche Ausschreibung und die beschränkte Ausschreibung gem. § 3 Abs. 1, 2. Für die freihändige Vergabe gem. § 3 Abs. 3 gilt allein gem. § 14a Abs. 9 Hs. 2 die Verwahrungs- und Geheimhaltungspflicht für die Angebote und ihre Anlagen nach dem Eröffnungstermin. Die Regelungen des § 14a Abs. 1–8 gelten für die freihändige Vergabe nicht.[6]

II. Vor dem Eröffnungstermin (Abs. 1, 2)

Der Auftraggeber hat die Angebote nach Eingang und vor dem Eröffnungstermin gem. § 14a Abs. 1 S. 2 auf dem ungeöffneten Umschlag mit Eingangsvermerk zu versehen und unter Verschluss zu halten. Die gem. § 14a Abs. 1 S. 2 normierte Pflicht, die ungeöffneten Angebote mit Eingangsvermerk zu versehen und verschlossen zu verwahren, ist eine wesentliche vergaberechtliche Verpflichtung des Auftraggebers.[7] Der Eingangsvermerk auf dem ungeöffneten Umschlag und der Verschluss der Angebote bis zum Eröffnungstermin sollen sicherstellen, dass der Wettbewerb unter den Bietern unter gleichen Voraussetzungen stattfindet. Es soll ausgeschlossen werden, dass einzelne Bieter oder Dritte die Angebote nachträglich verändern. Die äußerliche Kennzeichnung der ungeöffneten Angebote durch Eingangsvermerk soll ferner den Eingangszeitpunkt der Angebote und damit deren Rechtzeitigkeit dokumentieren.[8]

Die äußerliche Kennzeichnung durch Eingangsvermerk erfolgt in aller Regel durch Eingangsstempel, Notierung der Uhrzeit des Eingangs, des Namenszeichens des Entgegennehmenden und fortlaufender Nummerierung der Angebote in der Reihenfolge des Eingangs.[9] Zweckmäßigerweise werden die ungeöffneten Angebote hierzu mit einem Stempel oder Aufkleber versehen, auf dem zusätzlich die Vergabemaßnahme, die Ausschreibungs-Nummer sowie das Submissionsdatum nebst Uhrzeit vermerkt sind.[10]

---

[2] VK Sachsen Beschl. v. 13.2.2002 – 1/SVK/2-02, IBRRS 2002, 0405; VK Sachsen Beschl. v. 1.2.2002 – 1/SVK/131-01, IBRRS 2002, 0406; *Weyand* § 14 Rn. 8.
[3] OLG Naumburg Urt. v. 1.8.2013 – 2 U 151/12, BeckRS 2013, 13770; VK Thüringen Beschl. v. 10.3.2016 – 250-4002-2350/2016-N-003-SOK, IBRRS 2016, 2167; VK Lüneburg Beschl. v. 18.11.2015 – VgK-42/2015, BeckRS 2016, 05267; HHKW/*Koenigsmann-Hölken* § 14 Rn. 1.
[4] VK Sachsen Beschl. v. 13.2.2002 – 1/SVK/2-02, IBRRS 2002, 0405; VK Sachsen Beschl. v. 1.2.2002 – 1/SVK/131-01, IBRRS 2002, 0406; *Weyand* § 14 Rn. 7.
[5] HHKW/*Koenigsmann-Hölken* § 14 Rn. 1.
[6] Ingenstau/Korbion/*von Wietersheim* Rn. 1.
[7] Ingenstau/Korbion/*von Wietersheim* Rn. 8.
[8] HHKW/*Koenigsmann-Hölken* § 14 Rn. 3.
[9] VK Thüringen Beschl. v. 2.11.2010 – 250-4003.20-4299/2010-018-SM, www.thueringen.de/th3/tlvwa/vergabekammer/kammer_entsd/eg_nachpruefung/2010/index.aspx (abgerufen am 4.9.2018); VK Lüneburg Beschl. v. 20.8.2002 – 203-VgK-12/2002, IBRRS 2004, 3491; HHKW/*Koenigsmann-Hölken* § 14 Rn. 3.
[10] Kapellmann/Messerschmidt/*Planker* § 14 Rn. 6.

7   Wurde ein Angebot vom Auftraggeber versehentlich nach Eingang und vor dem Eröffnungstermin geöffnet, so ist dieses Angebot sofort wieder zu verschließen und zu verwahren. Der Auftraggeber hat einen entsprechenden Vermerk auf dem Umschlag anzubringen, der im Eröffnungstermin zu verlesen und in die Niederschrift aufzunehmen ist.[11] Es muss seitens des Auftraggebers sichergestellt werden, dass vor Öffnung der Angebote im Eröffnungstermin Bieter oder Dritte keine Kenntnis vom Angebotsinhalt erlangen können, um diese für ein eigenes Angebot zu verwenden oder an Dritte zu manipulativen Zwecken weiterzugeben.[12]

8   Die verschlossenen Angebote sind nach äußerlicher Kennzeichnung des Auftraggebers durch Eingangsvermerk gem. § 14a Abs. 1 S. 2 sicher zu verwahren. Die schuldhafte Verletzung der Verwahrungspflichten des Auftraggebers kann seine Schadensersatzpflicht gem. § 311 Abs. 2 Nr. 1, 2 BGB, § § 241 Abs. 2 BGB nach sich ziehen. Die Haftungserleichterung der §§ 690, 277 BGB ist dann zugunsten des Auftraggebers nicht anwendbar.[13]

9   Elektronische Angebote sind gem. § 14a Abs. 1 S. 3 zu kennzeichnen und verschlüsselt aufzubewahren. Verletzungen der Kennzeichnungs- und Verwahrungspflichten durch den Auftraggeber bei elektronischen Angeboten stellen ebenfalls schwerwiegende Vergabeverstöße dar.

10 Gemäß § 14a Abs. 2 sind vom Auftraggeber nur die Angebote zur Eröffnung zuzulassen, die vor Ablauf der Angebotsfrist eingegangen sind. Andere Angebote, ausgenommen verspätete, aber als rechtzeitig zu behandelnde Angebote gem. § 14a Abs. 6, sind gem. § 16 Abs. 1 Nr. 1 auszuschließen. Allein rechtzeitig eingegangene Angebote sind gem. § 14a Abs. 2, § 16 Abs. 1 Nr. 1 zur Eröffnung zugelassen. § 14a Abs. 2 entkoppelt dabei den Ablauf der Angebotsfrist vom Beginn der Öffnung des ersten Angebots. Demgegenüber stellte die Altregelung des § 14 Abs. 2 VOB/A 2012 für den Ablauf der Angebotsfrist ausschließlich auf die Öffnung des ersten Angebots im Eröffnungstermin ab. Diese Entkoppelung des Ablaufs der Angebotsfrist vom Beginn der Öffnung des ersten Angebots hat zur Folge, dass bei Verspätung des terminierten Eröffnungstermins solche Angebote, die nach Ablauf der Angebotsfrist, aber vor tatsächlichem Beginn des Eröffnungstermins noch eingereicht werden, nicht mehr zur Eröffnung zuzulassen sind.[14]

III. Eröffnungstermin (Abs. 3 Nr. 1–3, Abs. 4)

11 Der Auftraggeber ist gem. § 14a Abs. 1 S. 1 zur Durchführung eines Eröffnungstermins bei öffentlicher Ausschreibung und beschränkter Ausschreibung gem. § 3 Abs. 1, 2 verpflichtet. Eine Verlegung des Eröffnungstermins ist bei Vorliegen schwerwiegender Gründe statthaft; der Auftraggeber ist aber nicht zur Verlegung des Eröffnungstermins verpflichtet.[15] Der Eröffnungstermin hat pünktlich stattzufinden. Bieter können beanspruchen, dass der Auftraggeber die festgesetzte Terminzeit einhält. Geringfügige zeitliche Verschiebungen des Eröffnungstermins, die 15 bis maximal 30 Minuten betragen, sind vergaberechtlich tolerierbar.[16]

12 Bieter und ihre Bevollmächtigten sind gem. § 14a Abs. 1 S. 1 berechtigt, im Eröffnungstermin zugegen zu sein. Die Identität und die Legitimation der Anwesenden sollte zu Beginn des Eröffnungstermins durch den Verhandlungsleiter festgestellt werden.[17] Da regelmäßig juristische Personen Bieter sind, ist die Legitimation der Anwesenden durch die jeweilige juristische Person im Eröffnungstermin von Bedeutung. Weigert sich ein Bieter oder ein Bevollmächtigter, seine Legitimation nachzuweisen, kann er von der Teilnahme

---

[11] Kapellmann/Messerschmidt/*Planker* § 14 Rn. 8.
[12] Ingenstau/Korbion/*von Wietersheim* Rn. 11.
[13] Ingenstau/Korbion/*von Wietersheim* Rn. 11.
[14] Ingenstau/Korbion/*von Wietersheim* Rn. 15.
[15] OLG Düsseldorf Beschl. v. 21.12.2005 – Verg 75/05, BeckRS 2006, 01789; HHKW/*Koenigsmann-Hölken* § 14 Rn. 7; *Weyand* § 14 Rn. 16.
[16] VK Lüneburg Beschl. v. 20.12.2004 – 203-VgK-54/2004, BeckRS 2005, 00141; *Weyand* § 14 Rn. 15.
[17] HHKW/*Koenigsmann-Hölken* § 14 Rn. 6.

an der Submission ausgeschlossen werden.[18] Teilnahmeberechtigt sind allein die Bieter und deren Bevollmächtigte, deren Angebot dem Auftraggeber rechtzeitig vorliegt. Bieter oder Bevollmächtigte von Bietern, die verspätet oder gar kein Angebot abgegeben haben, besitzen kein Teilnahmerecht.[19]

Von Seiten des Auftraggebers sollen zwei Personen zugegen sein, die weder mit der Vorbereitung der Vergabe, der Vergabe selbst, noch der späteren Vertragsabwicklung befasst sind. Im Geltungsbereich des Vergabehandbuchs haben der Verhandlungsleiter sowie der Schriftführer teilzunehmen. Ziff. 2.2 Abs. 2 der Richtlinie zu 313 des VHB, Ausgabe 2008, Stand April 2016, schreibt vor, dass stets zwei Vertreter der ausschreibenden Stelle im Eröffnungstermin anwesend zu sein haben. Beide Personen sollen weder an der Bearbeitung der Vergabeunterlagen noch an der Vergabe selbst oder bei der späteren Vertragsabwicklung beteiligt sein. Außerhalb des Geltungsbereichs des VHB ist es zulässig, den Termin nur durch eine behördeninterne Person des Auftraggebers durchführen zu lassen.[20] Vom Auftraggeber eingesetzte Projektsteuerer, Planer oder sonstige, an der Erstellung der Vergabeunterlagen beteiligte Personen sollen – ebenso wie sonstige Dritte – nicht am Eröffnungstermin teilnehmen.[21] 13

1. Angebotsöffnung und -kennzeichnung (Abs. 3 Nr. 1, 2). Der Ablauf des Eröffnungstermins wird durch § 14a Abs. 3–7 strukturiert. Weitere Ausdifferenzierungen enthält das VHB Bund Ausgabe 2008, Stand April 2016, Formblatt 313 nebst Richtlinie zu 313 Ziff. 2.1–2.2.1. 14

Unmittelbar zu Beginn des Eröffnungstermins hat sich der Verhandlungsleiter zu vergewissern, ob alle auf die Ausschreibung hin eingegangenen schriftlichen Angebote ungeöffnet und alle elektronischen Angebote verschlüsselt vorliegen. Bei elektronischen Angeboten, die mit einer fortgeschrittenen oder qualifizierten elektronischen Signatur gem. § 13 Abs. 1 Nr. 1 zweiter und dritter Gedankenstrich versehen sind, hat der Verhandlungsleiter zu prüfen, ob die Signatur vorliegt. Diese Feststellungen sind in der Niederschrift zu protokollieren. 15

Die Angebote werden sodann gem. § 14a Abs. 3 Nr. 2 S. 1 geöffnet und in allen wesentlichen Teilen im Eröffnungstermin gekennzeichnet. Es ist statthaft, entgegen der in § 14a Abs. 3 Nr. 2 S. 1 und 2 bezeichneten Reihenfolge, die Angebote zuerst zu verlesen und sodann die länger andauernde Kennzeichnung vorzunehmen. Dies entspricht dem Interesse der im Eröffnungstermin anwesenden Bieter.[22] Wenn die Angebote zuerst verlesen und sodann gekennzeichnet werden sollen, sollte hierzu die Zustimmung der anwesenden Bieter eingeholt werden. Diese Zustimmung der anwesenden Bieter zur Abweichung von der in § 14a Abs. 3 Nr. 2 S. 1, 2 vorgesehenen Reihenfolge ist in der Niederschrift zu dokumentieren.[23] 16

Die Kennzeichnung der schriftlichen Angebote und Angebotsbestandteile erfolgt regelmäßig durch Lochstempel mit Datumsanzeige.[24] Die Lochung und Datierung der Angebote soll verhindern, dass nachträglich einzelne Bestandteile ausgetauscht, entfernt oder die Angebote sonst manipuliert werden.[25] Die Kennzeichnung dient so der Gewährleistung der Authentizität der Angebote und soll einen ordnungsgemäßen, fairen Wettbewerb sicherstel- 17

---

[18] Kapellmann/Messerschmidt/*Planker* § 14 Rn. 3.
[19] Kapellmann/Messerschmidt/*Planker* § 14 Rn. 3.
[20] jurisPK-VergabeR/*Haug/Panzer* § 14 Rn. 16.
[21] jurisPK-VergabeR/*Haug/Panzer* § 14 Rn. 20.
[22] OLG Hamburg Beschl. v. 21.1.2004 – 1 Verg 5/03, ZfBR 2004, 502; *Weyand* § 14 Rn. 31.
[23] jurisPK-VergabeR/*Haug/Panzer* § 14 Rn. 25.
[24] VK Sachsen Beschl. v. 24.2.2005 – 1/SVK/005-05, BeckRS 2007, 09696; VK Sachsen-Anhalt Beschl. v. 14.2.2014 – 3 VK LSA 01/14, IBRRS 2015, 0270; VK Sachsen Beschl. v. 10.4.2014 – 1/SVK/007-14, IBRRS 2014, 2185; HHKW/*Koenigsmann-Hölken* § 14 Rn. 11.
[25] VK Sachsen Beschl. v. 24.2.2005 – 1/SVK/005-05, BeckRS 2007, 09696; VK Arnsberg Beschl. v. 3.6.2013 – VK 9/13, IBRRS 2013, 2974; VK Sachsen Beschl. v. 24.2.2005 – 1/SVK/005-05, BeckRS 2007, 09696; *Weyand* § 14 Rn. 32.

len.²⁶ Die Kennzeichnung soll nachweisen, dass das Angebot zu Beginn des Eröffnungstermins vorgelegen hat und für das weitere Verfahren zuzulassen ist.²⁷ Die Kennzeichnung hat dokumentenecht zu erfolgen. Eine mit Bleistift aufgetragene eingekreiste Ziffer auf den geöffneten Angeboten erfüllt die Kennzeichnungspflicht nicht.²⁸

18 Zu kennzeichnen sind gem. § 14a Abs. 3 Nr. 2 S. 1 alle wesentlichen Teile der Angebote. Dies umfasst auch alle wesentlichen Angebotsbestandteile, wie zB die Urkalkulation,²⁹ das Leistungsverzeichnis und alle Unterlagen, in denen sich vom Bieter geforderte Erklärungen befinden³⁰ und schließlich die Unterschrift des Bieters. Nebenangebote sind gleichfalls wesentliche Angebotsbestandteile.³¹ Sie sind ebenfalls zu kennzeichnen und vorzugsweise – dies ist nicht zwingend – mit dem Hauptangebot zu verbinden.³² Die Anlage, auf der die Bieter gem. § 13 Abs. 3 S. 2 Nebenangebote unter deutlicher Kennzeichnung der Nebenangebote als solche erstellt haben, ist gleichfalls wesentlicher Angebotsbestandteil und damit durch den Verhandlungsleiter kennzeichnungspflichtig gem. § 14a Abs. 3 Nr. 2 S. 1.³³

19 Gleichfalls kennzeichnungspflichtig sind alle Erklärungen, die für den später durchzuführenden Vertrag von maßgeblicher Bedeutung sind. Hierzu zählen Vertragsbedingungen wie AVB, ZVB etc und das unterzeichnete Angebotsformblatt.³⁴

20 Bei elektronischen Angeboten sind die Angaben zur Kennzeichnung vom Auftraggeber dem elektronischen Angebot hinzuzufügen, zusammen mit diesem abzuspeichern und dieses wieder zu verschlüsseln.

21 Die unterlassene Kennzeichnung der vorliegenden Angebote nebst wesentlicher Angebotsbestandteile stellt einen schweren Vergabeverstoß dar, der auch durch eine Zurückversetzung des Vergabeverfahrens auf den Zeitpunkt der Angebotseröffnung nicht geheilt werden kann.³⁵ Dies deshalb, da die gem. § 14a Abs. 3 Nr. 1, 2 S. 1 erforderlichen Feststellungen des Verhandlungsleiters rückwirkend nicht mehr zweifelsfrei getroffen werden können.³⁶ Die Ausschreibung ist in aller Regel aufzuheben.³⁷ Gleichfalls ist es statthaft, einen Verstoß gegen die Kennzeichnungspflicht gem. § 14a Abs. 3 Nr. 2 S. 1 durch Zurückversetzung des Verfahrens in den Stand vor Submission und vor Einreichung neuer Angebote durch die bisherigen Bieter zu heilen.³⁸

22 Auch die unzureichende Kennzeichnung stellt einen wesentlichen Vergabeverstoß dar. Hat der Verhandlungsleiter Nebenangebote zum Angebot nicht gekennzeichnet, ist ein ordnungsgemäßes Vergabeverfahren nicht mehr sichergestellt. Die unterlassene Kennzeichnung von Nebenangeboten zieht die Nichtwertbarkeit der Nebenangebote nach sich.³⁹ Bei Unklarheiten, ob bestimmte Teile des Angebots, die nicht gekennzeichnet waren, bei Angebotseröffnung dem Verhandlungsleiter vorlagen, gelten die allgemeinen Beweislastregelungen. Der Bieter, der einen Verstoß gegen die Kennzeichnungspflicht des Auftraggebers moniert, trägt die Beweislast für die für ihn günstigen Tatsachen.⁴⁰ Liegt

---

²⁶ VK Sachsen-Anhalt Beschl. v. 14.2.2014 – 3 VK LSA 01/14, IBRRS 2015, 0270; VK Sachsen Beschl. v. 24.5.2007 – 1/SVK/029-07, BeckRS 2007, 10401; *Weyand* § 14 Rn. 32.
²⁷ HHKW/*Koenigsmann-Hölken* § 14 Rn. 11.
²⁸ VK Sachsen Beschl. v. 24.5.2007 – 1/SVK/029-07, BeckRS 2007, 10401; VK Sachsen Beschl. v. 24.2.2005 – 1/SVK/005-05, BeckRS 2007, 09696; *Weyand* § 14 Rn. 32.
²⁹ OLG Naumburg Beschl. v. 31.3.2008 – 1 Verg 1/08, ZfBR 2008, 725; *Weyand* § 14 Rn. 34.
³⁰ Kapellmann/Messerschmidt/*Planker* § 14 Rn. 17.
³¹ VK Sachsen Beschl. v. 10.4.2014 – 1/SVK/007-14, IBRRS 2014, 2185; *Weyand* § 14 Rn. 34/1.
³² VK Sachsen Beschl. v. 10.4.2014 – 1/SVK/007-14, IBRRS 2014, 2185; *Weyand* § 14 Rn. 34/1.
³³ *Weyand* § 14 Rn. 34/1.
³⁴ jurisPK-VergabeR/*Haug/Panzer* § 14 Rn. 27.
³⁵ VK Sachsen Beschl. v. 24.5.2007 – 1/SVK/029-07, BeckRS 2007, 10401; VK Arnsberg Beschl. v. 3.6.2013 – VK 9/13, IBRRS 2013, 2974; VK Sachsen Beschl. v. 24.2.2005 – 1/SVK/005-05, BeckRS 2007, 09696; VK Arnsberg Beschl. v. 10.3.2008 – VK 05/08, IBRRS 2008, 1335; HHKW/*Koenigsmann-Hölken* § 14 Rn. 12; *Weyand* § 14 Rn. 36.
³⁶ *Weyand* § 14 Rn. 36.
³⁷ VK Arnsberg Beschl. v. 10.3.2008 – VK 05/08, IBRRS 2008, 1335; VK Sachsen-Anhalt Beschl. v. 28.1.2009 – 1VK LVwA 29/08, BeckRS 2011, 01363.
³⁸ *Weyand* § 14 Rn. 36/1.
³⁹ VK Sachsen Beschl. v. 10.4.2014 – 1/SVK/007-14, IBRRS 2014, 2185; *Weyand* § 14 Rn. 36/5.
⁴⁰ VK Baden-Württemberg Beschl. v. 16.6.2008 – 1 VK 18/08, IBRRS 2008, 1674; *Weyand* § 14 Rn. 37.

dagegen eine unzureichende Kennzeichnung durch den Verhandlungsleiter vor, trägt der Auftraggeber die Beweislast für die Vollständigkeit des Angebotes, auf das er den Zuschlag erteilen will.[41]

2. Verlesung der Angebote (Abs. 3 Nr. 2 S. 2–4). Gemäß § 14a Abs. 3 Nr. 2 S. 2 sind Name und Anschrift der Bieter und die Endbeträge der Angebote oder einzelner Lose sowie Preisnachlässe ohne Bedingungen zu verlesen. Gemäß § 14a Abs. 3 Nr. 2 S. 3, 4 wird ferner bekanntgegeben, ob und von wem und in welcher Zahl Nebenangebote eingereicht worden sind. Weiteres aus dem Inhalt der Angebote soll nicht mitgeteilt werden. Das gesamte Angebot wird nicht verlesen.[42] Die Verlesung umfasst gem. § 14a Abs. 3 Nr. 2 S. 2, 3 diejenigen Angaben, die für die Bieterinformation wesentlich sind.

Der Verhandlungsleiter hat den anwesenden Bietern und deren Bevollmächtigten nach Öffnung der Angebote gem. § 14a Abs. 3 Nr. 2 Hs. 1 aus den Angeboten zu verlesen bzw. mitzuteilen: Name und Sitz des Bieters sowie den Angebotsendpreis.[43] Beim Einheitspreisvertrag ist der Gesamtpreis der zu verlesende Angebotsendpreis. Beim Pauschalpreisvertrag ist der angebotene Pauschalpreis als Angebotsendpreis zu verlesen. Einzelne Positionspreise müssen nicht verlesen werden.[44] Wenn das Leistungsverzeichnis für einzelne Gewerke oder wesentliche Arbeitsabschnitte gesonderte Abschnitte oder Titel ausweist und der Auftraggeber in der Ausschreibung von den Bietern abschnittsweise Preisangaben mit jeweiligen Endpreisen verlangt hat, so sind auch die Endbeträge der Abschnitte bzw. Titel zu verlesen.[45] Endbeträge einzelner Lose müssen stets verlesen werden.[46]

Im Übrigen entscheidet der Verhandlungsleiter im Einzelfall, ob die Verlesung der Bepreisung weiterer einzelner Abschnitte der Angebote sinnvoll und zweckmäßig ist.[47] Gemäß § 14a Abs. 3 Nr. 2 S. 2 Hs. 2 sind auch Preisnachlässe ohne Bedingungen zu verlesen.[48] Auch andere, den Preis betreffende Angaben, wie Preise für Wartungsverträge sowie Lohn- und Stoffpreisklauseln, sind mitzuteilen.[49] Bei verspätet eingereichten Angeboten erfolgt keine Bekanntgabe der Preise.[50] Eine Nachrechnung der Angebotsendpreise im Eröffnungstermin findet nicht statt.[51]

Erfolgt eine falsche Verlesung im Eröffnungstermin oder wird eine Verlesung unterlassen, so ist dies in der gem. § 14a Abs. 4 Nr. 1 S. 1 zu fertigenden Niederschrift zu vermerken.[52] Eine unzureichende oder unterlassene Verlesung eines Angebots begründet keinen Wertungsausschluss.[53] Die Verletzung einer Formvorschrift durch den Auftraggeber kann nicht zulasten des Bieters gehen.[54] Gemäß § 14a Abs. 3 Nr. 2 S. 3 ist ferner durch den Verhandlungsleiter gegenüber den anwesenden Bietern und deren Bevollmächtigten bekanntzugeben, ob und von wem und in welcher Zahl Nebenangebote eingereicht worden sind. Über den Inhalt der Nebenangebote sind keine Angaben zu machen.[55] Auch der Preis der Nebenangebote ist nicht bekanntzugeben.[56] Dies deshalb, da sich die Endpreise aus Haupt- und Nebenangeboten nicht ohne Weiteres vergleichen lassen und die Bekanntgabe der

---

[41] VK Baden-Württemberg Beschl. v. 16.6.2008 – 1 VK 18/08, IBRRS 2008, 1674; *Weyand* § 14 Rn. 37.
[42] Ingenstau/Korbion/*von Wietersheim* Rn. 24.
[43] jurisPK-VergabeR/*Haug*/*Panzer* § 14 Rn. 29.
[44] Ingenstau/Korbion/*von Wietersheim* Rn. 24.
[45] Ingenstau/Korbion/*von Wietersheim* Rn. 24.
[46] HHKW/*Koenigsmann-Hölken* § 14 Rn. 13.
[47] HHKW/*Koenigsmann-Hölken* § 14 Rn. 13.
[48] Hierzu Ingenstau/Korbion/*von Wietersheim* Rn. 24.
[49] jurisPK-VergabeR/*Haug*/*Panzer* § 14 Rn. 30.
[50] jurisPK-VergabeR/*Haug*/*Panzer* § 14 Rn. 32.
[51] jurisPK-VergabeR/*Haug*/*Panzer* § 14 Rn. 33.
[52] Ingenstau/Korbion/*von Wietersheim* Rn. 26.
[53] VK Baden-Württemberg Beschl. v. 22.6.2004 – 1 VK 32/04, IBRRS 2004, 3340; VK Nordbayern Beschl. v. 30.11.2001 – 320.VK-3194-40/01, BeckRS 2001, 29816.
[54] Ingenstau/Korbion/*von Wietersheim* Rn. 26.
[55] VK Lüneburg Beschl. v. 11.6.2001 – 203-VgK-08/2001, IBRRS 2004, 3603.
[56] OLG Braunschweig Urt. v. 27.7.1994 – 3 U 231/92, BeckRS 1994, 30928796.

Nebenangebotspreise falsche Schlüsse auf Bieterseite erwecken könnte.[57] Weder ist daher die vom Bieter benannte Höhe des Nebenangebotspreises noch das Ergebnis einer rechnerischen Prüfung des Auftraggebers bekanntzugeben.[58] Weitere Angaben, insbesondere Angaben zum Inhalt der Nebenangebote, sind gem. § 14a Abs. 3 Nr. 2 S. 4 nicht zu machen. Es findet auch keine Nachrechnung von Einzelpreisen im Eröffnungstermin und keine Bewertung von Nebenangeboten statt.[59]

27   Stellt der Verhandlungsleiter im Eröffnungstermin Mängel am Angebot fest, erhält auch der anwesende Bieter keine Möglichkeit zur Nachholung. Insbesondere ist bei fehlender Unterschrift unter dem Angebot keine nachträgliche Unterzeichnung im Eröffnungstermin zulässig. Fehlende Erklärungen und Nachweise, die Gegenstand einer Nachforderung gem. § 16a S. 1 sein könnten, können dagegen im Eröffnungstermin von den anwesenden Bietern übergeben werden.[60]

28   **3. Muster und Proben (Abs. 3 Nr. 3).** Muster und Proben sind Bestandteil des Angebots und müssen gem. § 14a Abs. 3 Nr. 3 im Eröffnungstermin vorliegen. Dies deshalb, da die Angebote vollständig zu sein haben. Ein nachträglich übergebenes Muster oder eine nachträglich gelieferte Probe könnte den Angebotsinhalt verfälschen oder den Auftraggeber beeinflussen.[61] Muster und Proben sind insbesondere immer dann Angebotsinhalt, soweit diese gem. § 13 Abs. 2 S. 1 VOB/B als vereinbarte Beschaffenheit der Werkleistung gelten. Gemäß § 13 Abs. 2 S. 1 VOB/B gelten bei Leistungen nach Probe die Eigenschaft der Probe als vereinbarte Beschaffenheit, soweit nicht Abweichungen nach der Verkehrssitte als bedeutungslos anzusehen sind.[62]

29   **4. Niederschrift und Verlesung (Abs. 4 Nr. 1, 2, Abs. 7, 8).** Gemäß § 14a Abs. 4 Nr. 1 S. 1 ist über den Eröffnungstermin eine Niederschrift in Schriftform oder in elektronischer Form zu fertigen. Die Niederschrift ist gem. § 14a Abs. 4 Nr. 1 S. 2 Hs. 1 im Eröffnungstermin zu verlesen. In ihr ist gem. § 14a Abs. 4 Nr. 1 S. 2 Hs. 2 zu vermerken, dass sie verlesen und von den Bietern im Eröffnungstermin als richtig anerkannt worden ist oder welche Einwendungen erhoben worden sind. Die Niederschrift ist gem. § 14a Abs. 4 Nr. 2 Hs. 1 vom Verhandlungsleiter zu unterschreiben oder mit einer fortgeschrittenen oder qualifizierten elektronischen Signatur gem. § 13 Abs. 1 Nr. 1 zweiter und dritter Gedankenstrich zu versehen. Anwesende Bieter und deren Bevollmächtigte sind gem. § 14a Abs. 4 Nr. 2 Hs. 2 berechtigt, mit zu unterzeichnen oder eine Signatur anzubringen. Weitere Pflichteinträge in die Niederschrift regeln § 14a Abs. 5 S. 1, 2, Abs. 6 S. 1, 2. Das Formblatt 313 des VHB, Ausgabe 2008, Stand April 2016, enthält ein Muster, welches die Pflichteinträge der Niederschrift ausweist.

30   Sinn der Niederschrift ist die Dokumentation des ordnungsgemäßen Ablaufs des Eröffnungstermins. Der öffentliche Auftraggeber ist gem. § 14a Abs. 4 Nr. 1 S. 1 gegenüber den Bietern zur Anfertigung der Niederschrift über den Eröffnungstermin und zur Dokumentation aller wesentlichen Vorgänge und Sachverhalte dieses Termins in dieser Niederschrift verpflichtet.[63] Kommt der Auftraggeber seiner Pflicht zur Protokollierung des Eröffnungstermins durch Anfertigung einer Niederschrift nicht nach, so liegt darin die Verletzung einer vertraglichen Nebenpflicht. Diese Pflichtverletzung verwehrt es ihm, sich im Verhältnis zu den betroffenen Bietern auf die Unvollständigkeit der Niederschrift zu berufen. Er muss sich dann gegenüber den Bietern bis zum erbrachten Gegenbeweis so behandeln lassen, als sei die Niederschrift vollständig und richtig.[64] Öffentliche Auf-

---

[57] VK Lüneburg Beschl. v. 11.6.2001 – 203-VgK-08/2001, IBRRS 2004, 3603; HHKW/*Koenigsmann-Hölken* § 14 Rn. 15; *Weyand* § 14 Rn. 45.
[58] *Weyand* § 14 Rn. 46.
[59] jurisPK-VergabeR/*Haug/Panzer* § 14 Rn. 33.
[60] jurisPK-VergabeR/*Haug/Panzer* § 14 Rn. 34.
[61] Ingenstau/Korbion/*von Wietersheim* Rn. 29.
[62] Hierzu auch Kapellmann/Messerschmidt/*Planker* § 14 Rn. 22.
[63] BGH Urt. v. 26.10.1999 – X ZR 30/98, NJW 2000, 661; *Weyand* § 14 Rn. 53.
[64] BGH Urt. v. 26.10.1999 – X ZR 30/98, NJW 2000, 661; *Weyand* § 14 Rn. 53.

traggeber sind gehalten, ihr Augenmerk auf die vollständige und sorgfältige Anfertigung der Niederschrift zu richten.[65]

Weitere Vorgaben zum Inhalt der Niederschrift enthält Formblatt 313 des VHB Ausgabe 2008, Stand April 2016. In der Niederschrift sind danach unter anderem anzugeben: Datum und Uhrzeit des Eröffnungstermins, Person des Verhandlungsleiters und des Schriftführers, teilnehmende Bieter und ihre Bevollmächtigten sowie das Vorliegen von Legitimationsnachweisen der Bieter und ihrer Bevollmächtigten. Des Weiteren ist die Erfüllung der Verpflichtungen des Verhandlungsleiters gem. § 14a Abs. 3 Nr. 1, 2 in der Niederschrift zu vermerken. **31**

Erklärungen der Bieter zu den Angeboten und dem Vergabeverfahren, insbesondere auch Einwendungen der Bieter sollen mit aufgenommen werden.[66] Gleiches gilt für die Gegendarstellung des Verhandlungsleiters zu etwaigen Einwendungen und Beschwerden. Ferner sind aufzunehmen: die Unversehrtheit der Angebote und der Verschlüsselung sowie die verlesenden Brutto-Angebotsendbeträge, die Anzahl von Nebenangeboten sowie etwaige verspätete Angebote. Der Vermerk über die erfolgte Verlesung der Niederschrift, deren Unterzeichnung sowie Angaben zum Verhandlungsschluss sind gleichfalls Inhalt der Niederschrift.[67] In die Niederschrift sind ferner etwaige Nachträge zur Niederschrift aufzunehmen. Dies gilt insbesondere für verspätete Angebote, die im Eröffnungstermin nicht vorlagen gem. § 14a Abs. 6 Nr. 3 S. 1 Hs. 2. Der Transparenzgrundsatz gebietet es ferner, nachträgliche, im Rahmen der Angebotsprüfung festgestellte Nachlässe, Skonti, Nebenangebote und andere angebotsrelevanten Angaben in die Niederschrift einzutragen.[68] Gemäß § 16c Abs. 3 sind auch die aufgrund der Angebotsprüfung festgestellten Angebotsendsummen in einem Nachtrag zu der Niederschrift über den Eröffnungstermin zu vermerken. **32**

Die gem. § 14a Abs. 4 Nr. 1 S. 2 Hs. 1 verlesene Niederschrift ist vom Verhandlungsleiter zu unterschreiben oder mit digitaler Signatur zu versehen. Durch seine Unterschrift übernimmt der Verhandlungsleiter die Verantwortung für die Richtigkeit der Dokumentation des Eröffnungstermins.[69] Existiert eine Dienstvorgabe des Auftraggebers zur Unterzeichnung durch zwei Vertreter des Auftraggebers, so ist diese bei Unterzeichnung der Niederschrift zu befolgen. Fehlt in diesem Fall die zweite Unterschrift, so stellt dies einen gravierenden Verfahrensfehler dar, der die Aufhebung der Ausschreibung gebietet.[70] Anwesende Bieter und ihre Bevollmächtigten sind berechtigt – aber nicht verpflichtet –, die Niederschrift gem. § 14a Abs. 4 Nr. 2 Hs. 2 mit zu unterzeichnen oder mit elektronischer Signatur zu versehen. **33**

Bieter und ihre Bevollmächtigten haben gem. § 14a Abs. 7 Hs. 1 das Recht zur Einsicht in die Niederschrift und ihre Nachträge. Das Einsichtsrecht ist zugleich für Bieter die Möglichkeit, die Niederschrift über den Eröffnungstermin auf ihre Richtigkeit zu überprüfen. Das Einsichtsrecht ist ein Einsichtsrecht, einen Anspruch auf Übersendung der Niederschrift haben Bieter nicht.[71] Eine Veröffentlichung der Niederschrift findet gem. § 14a Abs. 8 nicht statt. Die durch die Niederschrift und deren Verlesung im Eröffnungstermin geschaffene Transparenz wird von § 14a Abs. 8 auf die im Eröffnungstermin anwesenden Bieter und Bevollmächtigte beschränkt.[72] § 14a Abs. 8 schützt auch Geheimhaltungsinteressen der Bieter. Aus dem Angebotsinhalt folgende Geschäftsgeheimnisse sowie die Angebotskalkulation der Bieter selbst sollen gem. § 14a Abs. 8 nicht in die Öffentlichkeit gelangen.[73] **34**

IV. Verspätete Angebote (Abs. 5, 6)

1. Formelle Behandlung (Abs. 5). Angebote, die bei Ablauf der Angebotsfrist nicht vorgelegen haben, sind gem. § 16 Abs. 1 Nr. 1 Hs. 1 zwingend auszuschließen. Ausgenom- **35**

---

[65] Ingenstau/Korbion/*von Wietersheim* Rn. 30.
[66] Ingenstau/Korbion/*von Wietersheim* Rn. 30.
[67] jurisPK-VergabeR/*Haug/Panzer* § 14 Rn. 39.
[68] *Weyand* § 14 Rn. 55.
[69] HHKW/*Koenigsmann-Hölken* § 14 Rn. 21.
[70] *Weyand* § 14 Rn. 56.
[71] HHKW/*Koenigsmann-Hölken* § 14 Rn. 30.
[72] HHKW/*Koenigsmann-Hölken* § 14 Rn. 32.
[73] VK Lüneburg Beschl. v. 4.10.2011 – VgK-26-2011.

men von der zwingenden Ausschlusspflicht verspäteter Angebote gem. § 16 Abs. 1 Nr. 1 sind gem. § 16 Abs. 1 Nr. 1 Hs. 2 Angebote gem. § 14a Abs. 6 Nr. 1–3. Formell sind Angebote, die zum Ablauf der Angebotsfrist nicht vorgelegen haben, gem. § 14a Abs. 5 S. 1 in der Niederschrift oder in einem Nachtrag zur Niederschrift besonders aufzuführen. Die Eingangszeiten der verspäteten Angebote und die etwa bekannten Gründe, aus denen die Angebote nicht vorgelegen haben, sind gem. § 14a Abs. 5 S. 2 zu vermerken. Der Umschlag des verspäteten Angebots und andere Beweismittel sind aufzubewahren (§ 14a Abs. 5 S. 3). Der Umschlag und andere Beweismittel des verspäteten Angebots sollen zusammen mit der Dokumentation der schon bekannten Gründe der Verspätung die Einschätzung ermöglichen, ob ausnahmsweise ein zu wertendes verspätetes Angebot gem. § 14a Abs. 6 Nr. 1 vorliegt.[74]

36 Verspätete Angebote werden geöffnet, aber nicht eröffnet,[75] und auch nicht verlesen. Des Gleichen werden bei verspäteten Angeboten auch nicht alle Angebotsinhalte und Umstände in der Niederschrift oder einem Nachtrag hierzu dokumentiert, die bei rechtzeitig vorliegenden Angeboten zu machen sind.[76] Verspätete Angebote werden geöffnet, Name und Sitz des Bieters des verspäteten Angebots in die Niederschrift bzw. den Nachtrag zur Niederschrift aufgenommen sowie die Eingangszeit und die bekannten Umstände, die zur Verspätung führten, vermerkt.[77]

37 Das Formblatt 313 des VHB Ausgabe 2008, Stand April 2016, sieht unter III. Nachträge zur Niederschrift ein Formularfeld für Angebote, die nach Ablauf der Angebotsfrist vorgelegt wurden, vor. Hier sind als Einträge die Angebotsnummer, das Datum und die Uhrzeit des Eingangs, ein Verschulden des Bieters oder ein Verschulden der Vergabestelle, die Benachrichtigung des Bieters bei Verschulden der Vergabestelle sowie die Gründe für den verspäteten Eingang, soweit bekannt, vorgegeben.

38 Die Beantwortung der Frage, ob ein Angebot zum Ablauf der Angebotsfrist vorgelegen hat oder nicht, richtet sich nach dem BGB. Zugang ist gem. § 130 Abs. 1 S. 1 BGB gegeben, wenn das Angebot in den Machtbereich des Empfängers gelangt ist und dieser unter normalen Umständen die Möglichkeit der Kenntnisnahme hat. Zum Machtbereich des Empfängers gehören auch die von ihm zur Entgegennahme von Erklärungen bereit gehaltenen Einrichtungen.[78] Hier ist maßgeblich, welche Eingangsstelle oder welche zur Empfangnahme von Erklärungen bereitgehaltene Einrichtungen der Auftraggeber vorhält. Wird in den Ausschreibungsbedingungen eine bestimmte Stelle oder eine bestimmte Person zur Entgegennahme von Angeboten bezeichnet, so ist diese Stelle oder diese Person Empfangsvertreter des Auftraggebers. Wird das Angebot demgegenüber einer anderen Stelle oder einem anderen Mitarbeiter des Auftraggebers ausgehändigt, so ist diese Stelle oder diese Person lediglich Empfangsbote des Auftraggebers.[79]

39 Erklärungen an den Empfangsboten gehen dem Auftraggeber erst in dem Zeitpunkt zu, in dem nach regelmäßigem Verlauf der Dinge die Weiterleitung an den richtigen Adressaten des Auftraggebers zu erwarten ist.[80] Hat der Auftraggeber in den Vergabeunterlagen einen bestimmten Raum zur Abgabe des Angebots bezeichnet, muss das Angebot dort auch abgegeben werden.[81] Die beim Pförtner erfolgte Angebotsabgabe ist als verspätet zurückzuweisen. Pförtner sind keine Empfangsvertreter und regelmäßig auch keine Empfangsboten.[82]

---

[74] Kapellmann/Messerschmidt/*Planker* § 14 Rn. 26.
[75] Ingenstau/Korbion/*von Wietersheim* Rn. 37.
[76] Ingenstau/Korbion/*von Wietersheim* Rn. 37.
[77] Ingenstau/Korbion/*von Wietersheim* Rn. 38.
[78] OLG Celle Beschl. v. 7.6.2007 – 13 Verg 5/07, ZfBR 2007, 611; VK Südbayern Beschl. v. 7.4.2006 – Z3-3-3194-1-07-03/06, IBRRS 2007, 4584; VK Baden-Württemberg Beschl. v. 7.8.2009 – 1 VK 35/09, IBRRS 2010, 0085.
[79] VK Baden-Württemberg Beschl. v. 7.8.2009 – 1 VK 35/09, IBRRS 2010, 0085; VK Brandenburg Beschl. v. 11.11.2010 – VK 57/10, IBRRS 2011, 0466.
[80] *Weyand* § 14 Rn. 62.
[81] VK Brandenburg Beschl. v. 11.11.2010 – VK 57/10, IBRRS 2011, 0466; VK Brandenburg Beschl. v. 26.1.2005 – VK 81/04, IBRRS 2005, 2854.
[82] VK Brandenburg Beschl. v. 26.1.2005 – VK 81/04, IBRRS 2005, 2854; *Weyand* § 14 Rn. 64.

Ist in den Vergabeunterlagen keine Raumnummer zur Angebotsabgabe benannt, ist die Aushändigung des Angebots an einen Empfangsgehilfen der Vergabestelle für den Zugang maßgeblich.[83]

Sind keine besonderen Hinweise zur Adressierung des Angebots an eine bestimmte Einrichtung, Stelle oder Person des Auftraggebers in den Vergabeunterlagen benannt, ist der Einwurf in den Postbriefkasten des Auftraggebers für das Gelangen des Angebots in den Machtbereich des Empfängers ausreichend.[84] Der Bieter trägt das Risiko für die Rechtzeitigkeit des Zugangs.[85] Ein verspäteter Zugang des Angebots ist nur dann dem Bieter nicht zuzurechnen, wenn die Verspätung entweder allein vom Auftraggeber oder weder vom Bieter noch vom Auftraggeber zu vertreten ist.[86] Der Bieter trägt die Darlegungs- und Beweislast für den rechtzeitigen Zugang seines Angebots. Anderes gilt in den Fällen des § 14a Abs. 6 Nr. 1: Hier hat der Auftraggeber, der sich auf die Rechtzeitigkeit des zum Ablauf der Angebotsfrist nicht vorliegenden Angebots berufen will, darzulegen und zu beweisen, dass das Angebot aus vom Bieter nicht zu vertretenden Gründen bei Ablauf der Angebotsfrist dem Verhandlungsleiter nicht vorgelegen hat. 40

2. Verspätete, als rechtzeitig zu behandelnde Angebote (Abs. 6 Nr. 1–3). Gemäß § 14a Abs. 6 Nr. 1 ist ein Angebot, das nachweislich vor Ablauf der Angebotsfrist dem Auftraggeber zugegangen war, aber aus vom Bieter nicht zu vertretenden Gründen dem Verhandlungsleiter nicht vorgelegen hat, wie ein rechtzeitig vorliegendes Angebot zu behandeln. Die Ausnahmevorschrift des § 14a Abs. 6 Nr. 1 ist nur anwendbar, wenn das Angebot tatsächlich vor Ablauf der Angebotsfrist dem Auftraggeber zugegangen ist, dh in den Machtbereich des Auftraggebers gelangt ist und dieser die Möglichkeit der Kenntnisnahme hatte. Des Weiteren ist gem. § 14a Abs. 6 Nr. 1 Voraussetzung, dass kein Verschulden des Bieters für die Nichtvorlage des Angebots bei Ablauf der Angebotsfrist vorliegt. Nicht zu vertreten seitens des Bieters sind höhere Gewalt oder ein eigenes Organisationsverschulden des Auftraggebers.[87] Dies ist zB der Fall, wenn das Angebot rechtzeitig gem. § 130 Abs. 1 S. 1 BGB dem Auftraggeber zugeht, aber zwischen Eingangsstelle und Vergabestelle abhandenkommt, ohne dass der Bieter hierauf Einfluss nehmen konnte.[88] Den Bieter darf auch kein Mitverschulden an der nicht rechtzeitigen Vorlage des Angebots treffen.[89] Mitverschulden des Bieters liegt beispielsweise vor, wenn der Bieter sein Angebot nicht als solches bezeichnet und nicht auf dem Umschlag den genauen Ort zur Abgabe des Angebots vermerkt, wenn der Auftraggeber dies in den Vergabeunterlagen verlangt hatte.[90] 41

Gemäß § 14a Abs. 6 Nr. 2 S. 1 ist den Bietern das Vorliegen eines gem. § 14a Abs. 6 Nr. 1 verspäteten, aber als rechtzeitig zu behandelnden Angebots unverzüglich in Textform mitzuteilen. In diese Mitteilung an die Bieter ist gem. § 14a Abs. 6 Nr. 2 S. 2 die Feststellung aufzunehmen, dass der Verschluss des Angebots gem. § 14a Abs. 3 Nr. 1 unversehrt war. Des Weiteren sind die Angaben gem. § 14a Abs. 3 Nr. 2 aufzuführen. 42

V. Verwahrung und Geheimhaltung (Abs. 9)

Gemäß § 14a Abs. 9 Hs. 1 sind die Angebote und deren Anlagen sorgfältig zu verwahren und geheim zu halten. Dies gilt gem. § 14a Abs. 9 Hs. 2 auch bei freihändiger Vergabe gem. 43

---
[83] VK Südbayern Beschl. v.7.4.2006 – Z3-3-3194-1-07-03/06, IBRRS 2007, 4584; *Weyand* § 14 Rn. 65.
[84] VK Sachsen-Anhalt Beschl. v. 8.4.2014 – 3 VK LSA 13/14, IBRRS 2015, 0165; *Weyand* § 14 Rn. 66.
[85] VK Bund Beschl. v. 1.9.2006 – VK 3-105/06, BeckRS 2006, 135620; VK Nordbayern Beschl. v. 1.4.2008 – 21.VK-3194-09/08, IBRRS 2008, 1286; VK Sachsen Beschl. v. 29.12.2004 – 1/SVK/123-04, BeckRS 2005, 07781.
[86] VK Sachsen Beschl. v. 29.12.2004 – 1/SVK/123-04, BeckRS 2005, 07781; VK Sachsen-Anhalt Beschl. v. 8.4.2014 – 3 VK LSA 13/14, IBRRS 2015, 0165; VK Brandenburg Beschl. v. 26.1.2005 – VK 81/04, IBRRS 2005, 2854; *Weyand* § 14 Rn. 74.
[87] VK Nordbayern Beschl. v. 1.4.2008 – 21.VK-3194-09/08, IBRRS 2008, 1286; HHKW/*Koenigsmann-Hölken* § 14 Rn. 27.
[88] Kapellmann/Messerschmidt/*Planker* § 14 Rn. 27.
[89] VK Köln Beschl. v. 18.7.2002 – VK VOB 08/02, IBRRS 2013, 4691.
[90] Kapellmann/Messerschmidt/*Planker* § 14 Rn. 28.

§ 3 Abs. 3. Die Verpflichtung zur Geheimhaltung bezweckt, unzulässige Manipulationen von Bietern an ihren Angeboten zu vermeiden.[91] Die Verpflichtung erfasst auch verspätete oder aus anderen Gründen nicht in die Prüfung und Wertung gelangten Angebote. Der Geltungsbereich des § 14a Abs. 9 Hs. 1 ist insoweit weit umfasst. Auch gilt das Geheimhaltungsgebot zeitlich unbeschränkt.[92] Durch das Geheimhaltungsgebot soll auch sichergestellt werden, dass Dritte aufgrund der erlangten Kenntnisse keinen Einfluss auf die weitere Angebotsbehandlung und die Zuschlagsentscheidung haben.[93] Geschäftsgeheimnisse der Bieter und das möglicherweise in Nebenangeboten enthaltene technische know-how sind zu schützen. Auch deshalb darf der Inhalt der Angebote Dritten nicht zugänglich gemacht werden.[94] Ausreichend zur Erfüllung der Verwahrungs- und Geheimhaltungspflicht ist es, wenn der Auftraggeber die Angebote ordnungsgemäß vor unberechtigten Zugriff Dritter schützt. Dies kann dadurch erfolgen, dass die Angebote in einem verschlossenen Schrank oder einem dafür vorgesehenen verschlossenen Raum aufbewahrt werden.[95]

44 Hinsichtlich der nicht bezuschlagten Angebote endet die Verwahrungspflicht – nicht die Geheimhaltungspflicht – mit dem ordnungsgemäßen Abschluss des Vergabeverfahrens einschließlich des Ablaufs etwaiger Widerspruchsfristen unterliegender Bieter. Auch im Unterschwellenbereich sollte die Verwahrung mindestens sechs Monate nach Zuschlagserteilung andauern.[96] Verletzt der Auftraggeber die Geheimhaltungspflicht und entsteht dadurch dem Bieter ein Schaden, so kann ein Schadensersatzanspruch aus Gründen bei contrahendo entstehen.[97]

45 Bei schwerwiegendem Verstoß gegen die Verwahrungs- und Geheimhaltungspflicht kommt eine Aufhebung der Ausschreibung in Betracht. Dies insbesondere dann, wenn infolge des durch einen Verstoß gegen die Geheimhaltungs- und Verwahrungspflicht ermöglichten Eingriffs Dritter nicht mehr zuzuordnen ist, welche Bestandteile zu welchem Angebot gehören.[98] Entwürfe, Ausarbeitungen, Muster und Proben von nicht berücksichtigten Angeboten sind zurückzugeben, wenn dies im Angebot oder innerhalb von 30 Kalendertagen nach Ablehnung des Angebots verlangt wird (§ 19 Abs. 4).

§ 15 Aufklärung des Angebotsinhalts

(1)
1. Bei Ausschreibungen darf der Auftraggeber nach Öffnung der Angebote bis zur Zuschlagserteilung von einem Bieter nur Aufklärung verlangen, um sich über seine Eignung, insbesondere seine technische und wirtschaftliche Leistungsfähigkeit, das Angebot selbst, etwaige Nebenangebote, die geplante Art der Durchführung, etwaige Ursprungsorte oder Bezugsquellen von Stoffen oder Bauteilen und über die Angemessenheit der Preise, wenn nötig durch Einsicht in die vorzulegenden Preisermittlungen (Kalkulationen), zu unterrichten.
2. ¹Die Ergebnisse solcher Aufklärungen sind geheim zu halten. ²Sie sollen in Textform niedergelegt werden.

---

[91] VK Lüneburg Beschl. 4.10.2011 – VgK 26/2011, BeckRS 2012, 02111; VK Brandenburg Beschl. v. 26.2.2013 – VK 46/12, BeckRS 2013, 07312; Ingenstau/Korbion/*von Wietersheim* Rn. 52.
[92] HHKW/*Koenigsmann-Hölken* § 14 Rn. 33.
[93] VK Lüneburg Beschl. 4.10.2011 – VgK 26/2011, BeckRS 2012, 02111; VK Brandenburg Beschl. v. 26.2.2013 – VK 46/12, BeckRS 2013, 07312; VK Düsseldorf Beschl. v. 4.8.2000 – VK-14/00, IBRRS 2013, 3431; HHKW/*Koenigsmann-Hölken* § 14 Rn. 33.
[94] VK Lüneburg Beschl. 4.10.2011 – VgK 26/2011, BeckRS 2012, 02111; VK Brandenburg Beschl. v. 26.2.2013 – VK 46/12, BeckRS 2013, 07312; jurisPK-VergabeR/*Haug/Panzer* § 14 Rn. 54.
[95] jurisPK-VergabeR/*Haug/Panzer* § 14 Rn. 55.
[96] jurisPK-VergabeR/*Haug/Panzer* § 14 Rn. 56.
[97] HHKW/*Koenigsmann-Hölken* § 14 Rn. 34.
[98] HHKW/*Koenigsmann-Hölken* § 14 Rn. 34.

(2) Verweigert ein Bieter die geforderten Aufklärungen und Angaben oder lässt er die ihm gesetzte angemessene Frist unbeantwortet verstreichen, so ist sein Angebot auszuschließen.

(3) Verhandlungen, besonders über Änderung der Angebote oder Preise, sind unstatthaft, außer, wenn sie bei Nebenangeboten oder Angeboten aufgrund eines Leistungsprogramms nötig sind, um unumgängliche technische Änderungen geringen Umfangs und daraus sich ergebende Änderungen der Preise zu vereinbaren.

Übersicht

	Rn.		Rn.
I. Normzweck	1–3	4. Nebenangebote	19–21
II. Kein Anspruch des Bieters auf Angebotsaufklärung (Abs. 1 Nr. 1, Abs. 2)	4–6	5. Geplante Art der Durchführung	22–26
		6. Ursprungsorte oder Bezugsquellen	27–29
		7. Angemessenheit der Preise	30–37
III. Aufklärungsbedarf und allein zulässige Aufklärungsgründe (Abs. 1 Nr. 1)	7–37	IV. Geheimhaltung und Niederlegung in Textform (Abs. 1 Nr. 2)	38–42
		V. Aufklärungsverweigerung (Abs. 2)	43–46
1. Allgemeines	7–9	VI. Nachverhandlungsverbot (Abs. 3)	47–53
2. Eignung, technische und wirtschaftliche Leistungsfähigkeit	10–14	1. Änderung der Angebote oder der Preise	49, 50
3. Das Angebot selbst	15–18	2. Ausnahme bei Nebenangeboten	51–53

I. Normzweck

§ 15 begrenzt den zulässigen Inhalt der Bieterkommunikation im Zeitraum zwischen der Angebotsöffnung gem. § 14 Abs. 2 Nr. 2, § 14a Abs. 2 Nr. 3 und der Zuschlagserteilung gem. § 18 Abs. 1.[1] Die Vorschrift hat durch das in § 15 Abs. 3 normierte Verhandlungsverbot und durch die enumerative Aufzählung der allein zulässigen Aufklärungsgründe bei Ausschreibungen gem. § 15 Abs. 1 Nr. 1 eine besonders wichtige Funktion zur Sicherung eines fairen Verfahrensablaufs und der Durchführung eines ordnungsgemäßen Wettbewerbs. Denn der Bieterwettbewerb ist in diesem zeitlichen Stadium durch die Angebotsöffnung zum Ruhen gekommen und darf nicht durch einseitige weitere Verhandlungen des Auftraggebers mit einem Bieter verfälscht werden. Nach der Angebotsöffnung besteht für den Auftraggeber bei den förmlichen Vergabeverfahren der öffentlichen Ausschreibung und der beschränkten Ausschreibung gem. § 3 Abs. 1, 2 ein striktes Verhandlungsverbot. Jegliche (Nach-)Verhandlungen der bieterseits abgegebenen und geöffneten Angebote sind bei Ausschreibungen gem. § 15 Abs. 3 unzulässig und verboten. Allein eine Angebotsaufklärung aus den in § 15 Abs. 1 Nr. 1 benannten Gründen ist für den Auftraggeber nach Angebotsöffnung statthaft. Bieterkommunikation, die über den von § 15 Abs. 1 Nr. 1 zur inhaltlichen Angebotsaufklärung eröffneten Rahmen hinausgeht, unterfällt dem Verhandlungsverbot des § 15 Abs. 3.

§ 15 ist bieterschützend.[2] Ein Verstoß gegen § 15 Abs. 1 Nr. 1, 2, Abs. 3 durch Überschreitung des zulässigen Gegenstands der Angebotsaufklärung oder durch (Nach-)Verhandlungen mit einem Bieter bei Ausschreibungen stellt einen Vergaberechtsverstoß dar. Dieser Vergaberechtsverstoß beinhaltet gleichzeitig eine Verletzung vorvertraglicher Pflichten und vermag einen Schadensersatzanspruch des durch eine unzulässige Aufklärung oder einen auftraggeberseitigen Verstoß gegen das Nachverhandlungsverbot benachteiligten Bieter begründen.[3] Die bieterschützende Vorschrift des § 15 schützt dagegen nicht den Bieter, mit dem unstatthafte Verhandlungen gem. § 15 Abs. 3 geführt werden. Denn Sinn und Zweck

---
[1] Ingenstau/Korbion/*von Wietersheim* Rn. 1.
[2] OLG Düsseldorf Beschl. v. 14.3.2001 – Verg 30/00, BeckRS 2014, 14639; VK Hessen Beschl. v. 23.5.2013 – 69d-VK-5/2013, IBRRS 2013, 3086; VK Bund Beschl. v. 22.7.2002 – VK 1-59/02, BeckRS 2002, 161143; VK Nordbayern Beschl. v. 14.1.2010 – 21.VK-3194-64/09, IBRRS 2010, 0425.
[3] VK Bund Beschl. v. 22.7.2002 – VK 1-59/02, BeckRS 2002, 161143; jurisPK-VergabeR/*Horn* Rn. 3.

des Nachverhandlungsverbots des § 15 Abs. 3 ist es, den Wettbewerb unter gleichen Bedingungen für alle Bieter aufrechtzuerhalten.[4] Anderenfalls würde der Bieter, mit dem entgegen § 15 Abs. 3 vergaberechtlich unzulässige Nachverhandlungen geführt werden, eine wettbewerbsverfälschende Bevorzugung erlangen, die § 15 Abs. 3 gerade unterbinden will.[5] Das Transparenzgebot des § 97 Abs. 1 S. 1 GWB und das Gleichbehandlungsgebot gem. § 97 Abs. 2 GWB verbieten jegliche nachträgliche Änderung der in den Ausschreibungsverfahren gem. § 3 Abs. 1, 2 abgegebenen Angebote. Auf die Unabänderbarkeit der abgegebenen Angebote muss sich jeder Bieter verlassen können, ansonsten ist kein ordnungsgemäßer Wettbewerb gewährleistet.[6]

3 § 15 ist allein auf Ausschreibungsverfahren gem. § 3 Abs. 1, 2 anwendbar. Für die freihändige Vergabe gem. § 3 Abs. 3 gelten die Verbote des § 15 nicht.[7] Die freihändige Vergabe gem. § 3 Abs. 3 erfordert demgegenüber gleichfalls die Durchführung eines transparenten und diskriminierungsfreien Wettbewerbs. Insbesondere sind die Bieter im Rahmen der freihändigen Vergabe gleich zu behandeln. Preisverhandlungen mit ausschließlich einem Bieter sind im Rahmen der freihändigen Vergabe ebenso unstatthaft, wie eine nicht allen Bietern im Rahmen einer freihändigen Vergabe ermöglichte weitere Angebotsreduktion, zB im Rahmen eines last call. Während im Rahmen der freihändigen Vergabe auch Angebotsaufklärungen über den Rahmen des § 15 Abs. 1 hinaus sowie diskriminierungsfreie Verhandlungen mit den Bietern über § 15 Abs. 3 hinaus statthaft sind, so ist demgegenüber die Geheimhaltungspflicht der Ergebnisse von Angebotsaufklärungen gem. § 15 Abs. 1 Nr. 2 S. 1 wie auch die Dokumentationspflicht dieser Angebotsaufklärungen gem. § 15 Abs. 1 Nr. 2 S. 2 auch bei freihändiger Vergabe entsprechend anwendbar.[8] Das Gebot der Vertraulichkeit von Aufklärungsgesprächen und deren hinreichende Dokumentation auch im Rahmen freihändiger Vergabe folgen zudem aus dem Wettbewerbsgrundsatz und dem Diskriminierungsverbot gem. § 2 Abs. 1, 2.[9]

II. Kein Anspruch des Bieters auf Angebotsaufklärung (Abs. 1 Nr. 1, Abs. 2)

4 § 15 Abs. 1 Nr. 1, Abs. 2 begründet keinen bieterseitigen Anspruch auf Aufklärung seines Angebots.[10] Ob und bejahendenfalls welche Maßnahmen zur Aufklärung von Angebotsinhalten ergriffen werden, steht grundsätzlich im Ermessen des Auftraggebers.[11] Hierbei unterliegt der Auftraggeber der Einschränkung, dass er bei der Ausübung seines Ermessens verschiedene Bewerber gleich und fair zu behandeln hat.[12] Dieses Ermessen kann reduziert sein. Die ausschließliche Verantwortung des Bieters, ein vollständiges und zweifelfreies Angebot abzugeben, welches bei Unklarheit nicht zwingend, sondern allein nach pflichtgemäßem Ermessen des Auftraggebers aufzuklären ist, kann sich auf den Auftraggeber verlagern und eine Aufklärung gebieten. Dies insbesondere dann, wenn die Unklarheit des Angebots des Bieters vom Auftraggeber verursacht wurde oder das Gebot zur fairen und gleichen Behandlung der Bieter dies fordert.[13]

---

[4] VK Bund Beschl v. 18.10.1999 – VK 1-25/99, BeckRS 1999, 158476; VK Bund Beschl. v. 22.7.2002 – VK 1-59/02, BeckRS 2002, 161143; VK Nordbayern Beschl. v. 14.1.2010 – 21.VK-3194-64/09, IBRRS 2010, 0425; *Weyand* Rn. 6; jurisPK-VergabeR/*Horn* Rn. 3.
[5] VK Nordbayern Beschl. v. 14.1.2010 – 21.VK-3194-64/09, IBRRS 2010, 0425; VK Hessen Beschl. v. 23.5.2013 – 69d-VK-5/2013, IBRRS 2013, 3086; *Weyand* Rn. 6.
[6] VK Nordbayern Beschl. v. 14.1.2010 – 21.VK-3194-64/09, IBRRS 2010, 0425; *Weyand* Rn. 9.
[7] Ingenstau/Korbion/*von Wietersheim* Rn. 2.
[8] Ingenstau/Korbion/*von Wietersheim* Rn. 2; jurisPK-VergabeR/*Horn* Rn. 7.
[9] jurisPK-VergabeR/*Horn* Rn. 7.
[10] VK Bund Beschl. v. 29.1.2014 – VK 1-123/13, BeckRS 2014, 16032; OLG Brandenburg Urt. v. 6.9.2011 – 6 U 2/11, BeckRS 2011, 28433; Ingenstau/Korbion/*von Wietersheim* Rn. 2.
[11] EuGH Urt. v. 29.3.2012 – C-599/10 Rn. 41 – SAG ELV Slovensko, NVwZ 2012, 745; VK Nordbayern Beschl. v. 10.2.2015 – 21.VK-3194-38/14, IBRRS 2015, 0522; jurisPK-VergabeR/*Horn* Rn. 5.
[12] EuGH Urt. v. 29.3.2012 – C-599/10 Rn. 41– SAG ELV Slovensko, NVwZ 2012, 745; VK Nordbayern Beschl. v. 10.2.2015 – 21.VK-3194-38/14, IBRRS 2015, 0522.
[13] OLG Brandenburg Urt. v. 6.9.2011 – 6 U 2/11, BeckRS 2011, 28433; VK Bund Beschl. v. 4.2.2010 – VK 3-3/10, BeckRS 2010, 142964; VK Bund Beschl. v. 12.1.2005 – VK 3-218/04, BeckRS 2005, 151331;

So kann sich das Aufklärungsermessen des Auftraggebers zu einer Aufklärungspflicht 5
reduzieren, wenn die Vergabeunterlagen unklar sind und ein Bieter sie in vertretbarer Weise
anders auslegt als der Auftraggeber dies vorgesehen hat.[14] Desgleichen kann eine Ermessensreduzierung zur Durchführung eines Aufklärungsgesprächs erfolgen, wenn der Auftraggeber
diesbezüglich einen konkreten Vertrauenstatbestand gesetzt hat. Dieser Vertrauenstatbestand
kann aus der Durchführung von gleichartigen Aufklärungsgesprächen in der Vergangenheit
folgen.[15] Schließlich können ungewöhnlich hohe oder niedrige Preise eine Aufklärung
gebieten. § 16d Abs. 1 Nr. 2 begründet eine Aufklärungspflicht, wenn der Angebotspreis
unangemessen niedrig erscheint und anhand vorliegender Unterlagen über die Preisermittlung die Angemessenheit des Preises nicht zu beurteilen ist. Auch der Verdacht einer Mischkalkulation oder eines Spekulationsangebots gebieten eine Aufklärung.[16] Ein Angebotsausschluss ohne gewährte Erläuterungsmöglichkeit des Bieters wäre dann unstatthaft.[17]

Das Aufklärungsermessen des Auftraggebers kann auch dann reduziert und eine Aufklä- 6
rung geboten sein, wenn durch eine geringfügige Nachfrage des Auftraggebers Zweifel am
Angebotsinhalt ausräumbar sind und so der Angebotsschluss vermieden werden kann.[18]
Durch entsprechende Hinweise des Auftraggebers auf Lücken im Angebot im Rahmen der
Aufklärung darf ein Angebot hingegen nicht gleichheitswidrig optimiert werden.[19]

III. Aufklärungsbedarf und allein zulässige Aufklärungsgründe (Abs. 1 Nr. 1)

1. Allgemeines. Die Gründe zulässiger Angebotsaufklärungen sind abschließend in § 15 7
Abs. 1 Nr. 1 bestimmt. Hierbei handelt es sich um eng auszulegende Ausnahmetatbestände.[20] Aufklärungsbedarf des öffentlichen Auftraggebers besteht dann, wenn ein erhebliches, für die Vergabeentscheidung relevantes Informationsbedürfnis vorliegt. Dieses Informationsbedürfnis hat dabei im Zusammenhang mit einem Ausschlussgrund oder der Prüfung
der Zuschlagskriterien zu stehen. Die gewählten Aufklärungsmaßnahmen müssen ferner
geeignet sein, den Informationsbedarf des Auftraggebers zu erfüllen und die benötigten
Informationen dürfen nicht auf andere und einfachere Weise zu beschaffen sein.[21] Der
Aufklärungsbedarf des Auftraggebers muss sich auf derart erhebliche Zweifel über den Inhalt
des Angebots oder die Person des Bieters gründen, sodass ohne Aufklärung eine abschließende inhaltliche Bewertung des Angebots nicht möglich ist. Der Aufklärung des Angebots
geht stets die Auslegung des Angebots voraus.[22] Der Auftraggeber hat für die ordnungsgemäße Wertung des Angebots trotz Auslegung auf die nachgereichten Angaben bzw. Unterlagen in der Aufklärung angewiesen zu sein.[23]

Aufklärungsersuchen sind vom Auftraggeber an den Bieter, dessen Angebot aufklärungs- 8
bedürftig ist, zu richten.[24] Der Auftraggeber muss sich auf sein Aufklärungsersuchen hin
nicht vom Bieter darauf verweisen lassen, dass er sich die Informationen selbst beschaffen

---

VK Niedersachsen Beschl. v. 24.10.2008 – VgK-35/2008, BeckRS 2009, 08168; *Weyand* Rn. 20; Ingenstau/Korbion/*von Wietersheim* Rn. 2; HHKW/*Steiff* Rn. 6.

[14] VK Südbayern Beschl. v. 8.2.2011 – Z3-3-3194-1-01-01/11, IBRRS 2011, 1442; VK Lüneburg Beschl. v. 24.10.2008 – VgK-35/2008, BeckRS 2009, 08168; *Weyand* Rn. 21.

[15] OLG Dresden Beschl. v. 10.7.2003 – WVerg 0015/02, BeckRS 2003, 17817; OLG Frankfurt a. M. Beschl. v. 26.5.2009 – 11 Verg 2/09, NZBau 2010, 134; VK Saarland Beschl. v. 23.4.2007 – 3 VK 2/2007, IBRRS 2007, 5067; *Weyand* Rn. 15.

[16] HHKW/*Steiff* Rn. 7.

[17] HHKW/*Steiff* Rn. 7; Kapellmann/Messerschmidt/*Planker* Rn. 13.

[18] VK Bund Beschl. v. 25.9.2002 – VK-1-71/02, BeckRS 2002, 161144; HHKW/*Steiff* Rn. 18.

[19] VK Südbayern Beschl. v. 8.2.2011 – Z3-3-3194-1-01-01/11, IBRRS 2011, 1442; VK Hessen Beschl. v. 18.3.2002 – 69d-VK-3/2002, IBRRS 2013, 4656.

[20] OLG Celle Beschl. v. 14.1.2014 – 13 Verg 11/13, BeckRS 2014, 06766; OLG München Beschl. v. 17.9.2007 – Verg 10/07, BeckRS 2007, 32950; jurisPK-VergabeR/*Horn* Rn. 16.

[21] jurisPK-VergabeR/*Horn* Rn. 16.

[22] HHKW/*Steiff* Rn. 5.

[23] *Weyand* Rn. 26; jurisPK-VergabeR/*Horn* Rn. 16.

[24] OLG Frankfurt a. M. Beschl. v. 12.11.2013 – 11 Verg 14/13, BeckRS 2014, 04188; HHKW/*Steiff* Rn. 9.

könne.²⁵ Verweigert ein Bieter die geforderten Aufklärungen und Angaben, so ist sein Angebot gem. § 15 Abs. 2 auszuschließen.²⁶ Der Auftraggeber ist nicht auf die Aufklärung beim Bieter beschränkt, sondern kann auch anderweitig Informationen einholen.²⁷ Der Auftraggeber darf sich bei der Aufklärung auch der Hilfe von Gutachtern bedienen.²⁸ Wenn aus dem gleichen Gesichtspunkt mehrere Angebote aufklärungsbedürftig sind, ist aufgrund des Gleichbehandlungsgrundsatzes eine Aufklärung aller aufklärungsbedürftigen Angebote geboten.²⁹ Dabei ist es zulässig und wirtschaftlich geboten, die Aufklärung der Angebotsinhalte auf solche Angebote zu beschränken, die in der Wertung an erster, zweiter und ggf. an dritter Stelle stehen, dh konkrete Zuschlagsaussicht haben.³⁰

9 Aufgrund des Ausnahmecharakters der Angebotsaufklärung gem. § 15 sind die Ausnahmetatbestände zulässiger Aufklärungsgründe gem. § 15 Abs. 1 Nr. 1 restriktiv zu handhaben.³¹ Eine erweiternde Interpretation dieser Ausnahmetatbestände ist nicht statthaft.³² Die Aufzählung der zulässigen Aufklärungsgründe in § 15 Abs. 1 Nr. 1 ist abschließend. Die Aufklärungsgründe beschreiben abschließend dasjenige, was vom Auftraggeber ausnahmsweise beim Bieter nach Angebotseinreichung noch erfragt werden darf.³³

10 **2. Eignung, technische und wirtschaftliche Leistungsfähigkeit.** Gemäß § 15 Abs. 1 Nr. 1 Alt. 1 kann ausnahmsweise eine Unterrichtung des Auftraggebers über die Eignung, insbesondere die technische und wirtschaftliche Leistungsfähigkeit des Bieters im Rahmen eines Aufklärungsgesprächs erfolgen. Diese Aufklärung hat sich darauf zu beschränken, was der Bieter im Hinblick auf die ausgeschriebene Bauaufgabe technisch und wirtschaftlich zu leisten vermag.³⁴ Die Aufklärung über die Bietereignung gem. § 2 Abs. 1 Nr. 1 ist dabei auf die Informationen zu beschränken, deren Erlangung im berechtigten Interesse des Auftraggebers liegt.³⁵ Berechtigte Auftraggeberinteressen bestehen vor allem bei bisher unbekannten Bietern oder bei solchen Bietern, deren bekannte Verhältnisse sich geändert haben. Aufklärungsmaßnahmen zur Eignung sind auf die Erläuterung bereits abgegebener Erklärungen und auf die Ausräumung von Restzweifeln gerichtet.³⁶ Durch die Ausräumung dieser Restzweifel soll sichergestellt werden, dass Bauleistungen gem. § 2 Abs. 2 Nr. 1 allein an fachkundige, leistungsfähige und zuverlässige Unternehmen vergeben werden.³⁷

11 Im Geltungsbereich des VHB, Ausgabe 2008, Stand April 2016 sind die Richtlinien zu Formblatt 321 zu berücksichtigen. Maßnahmen zur Angebotsaufklärung bezüglich der Eignung, insbesondere der technischen und wirtschaftlichen Leistungsfähigkeit können durch Anforderung von ergänzenden Nachweisen oder durch Einholung von Auskünften, auch bei Dritten, durchgeführt werden. Die Einholung von Drittauskünften kann eine vorherige Unterrichtung des betroffenen Bieters voraussetzen. Dies ist dann nicht der Fall, wenn der Bieter bei Abgabe seiner Referenzen Kontaktpersonen benannt hat. In diesem Fall entspricht es seiner Intention oder er muss zumindest damit rechnen, dass der Auftraggeber bei den

---

²⁵ HHKW/*Steiff* Rn. 5.
²⁶ Hierzu OLG Jena Beschl. v. 14.11.2002 – 6 Verg 7/02, IBRRS 2003, 1086.
²⁷ VK Hessen Beschl. v. 7.10.2004 – 69d-VK-60/2004, IBRRS 2005, 2767.
²⁸ OLG München Beschl. v. 31.1.2013 – Verg 31/12, ZfBR 2013, 296; OLG München Beschl. v. 17.1.2013 – Verg 30/12, BeckRS 2013, 01364.
²⁹ OLG Saarbrücken Beschl. v. 29.5.2002 – 5 Verg 1/01, IBRRS 2003, 0486; VK Nordbayern Beschl. v. 10.2.2015 – 21.VK-3194-38/14, IBRRS 2015, 0522; HHKW/*Steiff* Rn. 10.
³⁰ VK Baden-Württemberg Beschl. v. 7.8.2003 – 1 VK 33/03, IBRRS 2003, 3151; OLG München Beschl. v. 17.9.2007 – Verg 10/07, BeckRS 2007, 32950.
³¹ OLG Celle Beschl. v. 14.1.2014 – 13 Verg 11/13, BeckRS 2014, 06766; OLG München Beschl. v. 17.9.2007 – Verg 10/07, BeckRS 2007, 32950.
³² jurisPK-VergabeR/*Horn* Rn. 16.
³³ jurisPK-VergabeR/*Horn* Rn. 18.
³⁴ OLG Saarbrücken Beschl. v. 12.5.2004 – 1 Verg 4/04, ZfBR 2004, 714; OLG Frankfurt a. M. Beschl. v. 9.7.2010 – 11 Verg 5/10, BeckRS 2010, 19010.
³⁵ Ingenstau/Korbion/*von Wietersheim* Rn. 5; jurisPK-VergabeR/*Horn* Rn. 19.
³⁶ VK Schleswig-Holstein Beschl. v. 28.1.2008 – VK-SH 27/07, BeckRS 2008, 20183; VK Südbayern Beschl. v. 7.12.2007 – Z3-3194-1-49-10/07, BeckRS 2007, 37818; OLG Saarbrücken Beschl. v. 12.5.2004 – 1 Verg 4/04, ZfBR 2004, 714.
³⁷ jurisPK-VergabeR/*Horn* Rn. 20.

angegebenen Kontaktpersonen Erkundigungen einzieht.[38] Die Aufklärung über die Eignung, insbesondere die technische und wirtschaftliche Leistungsfähigkeit des Bieters, hat sich dabei allein auf Zweifelsfragen an den vorliegenden Eignungsnachweisen zu erstrecken.

Von den vorliegenden, inhaltlich aufklärungsbedürftigen Eignungsnachweisen sind fehlende Eignungsnachweise des Bieters abzugrenzen. Fehlende Eignungsnachweise sind vom Auftraggeber im Verfahren gem. § 16a S. 1 nachzufordern und vom Bieter gem. § 16a S. 2 spätestens innerhalb von sechs Kalendertagen nach Aufforderung durch den Auftraggeber vorzulegen. Unterbleibt die fristgerechte Vorlage durch den Bieter, ist sein Angebot gem. § 16a S. 4 auszuschließen. Unklarheiten, die aus fehlenden Eignungsnachweisen resultieren, dürfen nicht durch Nachverhandlungen im Rahmen eines Aufklärungsgesprächs gem. § 15 Abs. 1 Nr. 1 Alt. 1 geklärt werden.[39]

Auch die Ergänzung eines bis dahin unvollständigen Angebots im Rahmen einer Angebotsaufklärung gem. § 15 Abs. 1 Nr. 1 stellt eine unzulässige Nachverhandlung dar.[40] Eine Aufklärung gem. § 15 Abs. 1 Nr. 1 Alt. 1 kommt demgegenüber dann in Betracht, wenn der Bieter einen ursprünglich nicht vorgelegten Nachweis im Rahmen einer Nachforderung des Auftraggebers gem. § 16a S. 1 fristgerecht gem. § 16a S. 2 nachgereicht hat und an diesem nachgereichten Eignungsnachweis Zweifel bestehen.[41] Eine Aufklärung gem. § 15 Abs. 1 Nr. 1 Alt. 1 kommt auch in Betracht, wenn dem Auftraggeber Hinweise auf besondere Umstände vorliegen, die einen bestimmten Bieter als ungeeignet erscheinen lassen.[42]

Spätestens im Rahmen eines Aufklärungsgesprächs hat der Bieter ferner von sich aus Auskunft über wesentliche, seine Eignung, insbesondere die technische und wirtschaftliche Leistungsfähigkeit, betreffende Gesichtspunkte zu informieren. Eine Informationspflicht des Bieters ist insbesondere dann zu bejahen, wenn er in wirtschaftliche Bedrängnis geraten ist, wodurch die Erreichung des Vertragsziels vereitelt oder wesentlich erschwert würde. Desgleichen hat der Bieter von sich aus spätestens im Aufklärungsgespräch den Auftraggeber über Umstände aufzuklären, die dem Auftraggeber nach Vertragsschluss ein Anfechtungsrecht gem. § 123 Abs. 1 BGB geben würden.[43]

3. Das Angebot selbst. Einen berechtigten Aufklärungsgrund gem. § 15 Abs. 1 Nr. 1 kann auch das Angebot selbst liefern. Aufklärungsgespräche über das Angebot selbst sind dabei allein dann statthaft, wenn Zweifelsfragen in Bezug auf den seit Angebotsabgabe feststehenden Angebotsinhalt vorliegen und das Aufklärungsgespräch auf die Ausräumung dieser Zweifelsfragen beschränkt bleibt.[44] Der Zweck des Bietergesprächs darf dabei allein die Klärung und Ausräumung von Restzweifeln an dem feststehenden Angebotsinhalt sein. Desgleichen ist die Aufklärung bestimmter technischer Ausdrucksweisen und Vorschläge (zB bei Nebenangeboten im Hinblick auf das angebotene Material oder die beabsichtigte Verfahrenstechnik) statthaft.[45] Gleiches gilt bei missverständlichen Äußerungen des Bieters oder wenn bei einem lediglich allgemeinem Leistungsbeschrieb zusätzliche Angaben des Bieters zu den von dem Bieter gewählten Erzeugnissen oder Fabrikaten im Rahmen der Angebotsaufklärung gem. § 15 Abs. 1 Nr. 1 ergänzt werden müssen.[46]

Hiervon zu unterscheiden ist der Fall, dass gewählte Erzeugnisse oder Fabrikate im Leistungsverzeichnis konkret abgefragt wurden und der Bieter diese Angaben unterlassen

---

[38] jurisPK-VergabeR/*Horn* Rn. 22.
[39] OLG Frankfurt a. M. Beschl. v. 9.7.2010 – 11 Verg 5/10, BeckRS 2010, 19010; VK Bund Beschl. v. 13.6.2007 – VK 2-51/07, BeckRS 2007, 142870; VK Schleswig-Holstein Beschl. v. 28.1.2008 – VK-SH 27/07, BeckRS 2008, 20183; VK Südbayern Beschl. v. 7.12.2007 – Z3-3-3194-1-49-10/07, BeckRS 2007, 37818; Ingenstau/Korbion/*von Wietersheim* Rn. 5.
[40] Ingenstau/Korbion/*von Wietersheim* Rn. 5.
[41] HHKW/*Steiff* Rn. 12.
[42] HHKW/*Steiff* Rn. 12.
[43] Ingenstau/Korbion/*von Wietersheim* Rn. 6.
[44] Ingenstau/Korbion/*von Wietersheim* Rn. 7.
[45] OLG München Beschl. v. 17.9.2007 – Verg 10/07, BeckRS 2007, 32950; HHKW/*Steiff* Rn. 13.
[46] OLG München Beschl. v. 10.4.2014 – Verg 1/14, BeckRS 2014, 07950; OLG München Beschl. v. 25.11.2013 – Verg 13/13, ZfBR 2014, 397; VK Nordbayern Beschl. v. 28.6.2005 – 320.VK-3194-21/05, BeckRS 2005, 44215; HHKW/*Steiff* Rn. 13.

hat. Geforderte Erzeugnis-, Fabrikats- und Typangaben sind dann integraler Angebotsbestandteil. Werden diese Angaben unterlassen, ist das Angebot unvollständig. Eine Angebotsaufklärung über Zweifel des Angebots selbst gem. § 15 Abs. 1 Nr. 1 ist dann nicht statthaft.[47] Die Nachreichung von Material-, Erzeugnis- und Fabrikatsangaben im Aufklärungsgespräch liefe dann nämlich zwangsläufig auf eine Angebotsänderung hinaus.[48] Auch eine Nachforderung fehlender integraler Angebotsbestandteile gem. § 16a S. 1, 2 ist unzulässig. Das Angebot ist vielmehr gem. § 16 Abs. 1 Nr. 2 auszuschließen.[49]

17 Aufklärungsmaßnahmen über das Angebot selbst sind stets unzulässig, wenn der objektive Erklärungsgehalt des Angebots im Wege der Auslegung eindeutig ermittelt werden kann.[50] Besondere Vorsicht ist geboten, wenn durch Aufklärungsmaßnahmen zum Angebot selbst auch die Preise tangiert werden. Der Auftraggeber bewegt sich dann an der Grenze zur unzulässigen Preisverhandlung.[51] So ist es unzulässig, im Aufklärungsgespräch gem. § 15 Abs. 1 Nr. 1 zu erfragen, ob sich ein angebotener Nachlass (Skonto) jeweils auf die fristgerechte Zahlung einzelner (Abschlags-)Rechnungen oder aller Rechnungen bezieht. Der Bieter könnte dann seine Auskunft an dem ihm bereits bekannten Submissionsergebnis orientieren und so den Angebotspreis nachträglich manipulieren.[52] Im Aufklärungsgespräch nachgeschobene Erklärungen des Bieters, die den Angebotsinhalt modifizieren, dürfen vom Auftraggeber gleichfalls nicht berücksichtigt werden. Bei Angebotsabgabe vorliegende unzulässige Änderungen des Bieters an den Verdingungsunterlagen bleiben unzulässig. Eine Aufklärung hierüber darf nicht erfolgen.[53]

18 Kommen dagegen nach dem Leistungsverzeichnis mehrere gleichwertige Varianten der Leistungserbringung infrage, kann der Auftraggeber die beabsichtigte Art der Ausführung beim Bieter gem. § 15 Abs. 1 Nr. 1 aufklären und sich über das Angebot selbst und die geplante Art der Durchführung unterrichten.[54] Gleichfalls darf die Klärung von widersprüchlichen Preisangaben nicht Gegenstand einer Aufklärung gem. § 15 Abs. 1 Nr. 1 sein. Würde man die Modifikation von Preisangaben eines Angebots im Rahmen eines Aufklärungsgesprächs gestatten, so wäre dem Bieter, der das Submissionsergebnis zu diesem Zeitpunkt kennt, eine nachträgliche Manipulation seines Angebots möglich.[55] Demgegenüber kann vom Bieter die Aufklärung eines unangemessen hohen oder unangemessen niedrig erscheinenden Preises iSd § 16d Abs. 1 Nr. 1 verlangt werden, wenn anhand der vorliegenden Unterlagen die Angemessenheit nicht anders zu beurteilen ist.[56]

19 **4. Nebenangebote.** Nebenangebote sind gem. § 16 Abs. 1 Nr. 5 zu werten, wenn der Auftraggeber nicht in der Bekanntmachung oder in den Vergabeunterlagen gem. § 8 Abs. 2 Nr. 3 lit. a erklärt hat, dass er diese nicht zulässt. Aufklärungsmaßnahmen in Bezug auf Nebenangebote gem. § 15 Abs. 1 Nr. 1 kommen dann in Betracht, wenn Zweifel bestehen, ob das Nebenangebot die vom Auftraggeber verlangten Anforderungen und den Vergabezweck erfüllt.[57]

---

[47] VK Münster Beschl. v. 15.10.2004 – VK 28/04, IBRRS 2004, 3555; VK Thüringen Beschl. v. 12.4.2013 – 250-4002-2400/2013-E-008-SOK, BeckRS 2013, 52148; VK Hessen Beschl. v. 7.10.2004 – 69d-VK-60/2004, IBRRS 2005, 2767.
[48] Ingenstau/Korbion/*von Wietersheim* Rn. 7.
[49] VK Thüringen Beschl. v. 12.4.2013 – 250-4002-2400/2013-E-008-SOK, BeckRS 2013, 52148; VK Hessen Beschl. v. 7.10.2004 –69d-VK-60/2004, IBRRS 2005, 2767; VK Münster Beschl. v. 15.10.2004 – VK 28/04, IBRRS 2004, 3555.
[50] jurisPK-VergabeR/*Horn* Rn. 27.
[51] jurisPK-VergabeR/*Horn* Rn. 29.
[52] Kapellmann/Messerschmidt/*Planker* Rn. 6.
[53] VK Südbayern Beschl. v. 11.3.2015 – Z3-3-3194-1-65-12/14, IBRRS 2015, 0861; Kapellmann/Messerschmidt/*Planker* Rn. 6; jurisPK-VergabeR/*Horn* Rn. 30.
[54] VK Bund Beschl. v. 9.6.2010 – VK 2-38/10, BeckRS 2010, 142939; jurisPK-VergabeR/*Horn* Rn. 31.
[55] VK Brandenburg Beschl. v. 22.2.2008 – VK 3/08, IBRRS 2008, 1336; VK Niedersachsen Beschl. v. 6.6.2006 – VgK 11/06, BeckRS 2006, 11345; *Weyand* Rn. 45.
[56] VK Hessen Beschl. v. 8.1.2014 – 69d-VK-48/2013, IBRRS 2014, 1077; *Weyand* Rn. 45/1.
[57] jurisPK-VergabeR/*Horn* Rn. 32.

Nebenangebote sind häufiger Gegenstand von Aufklärungsgesprächen. Dies deshalb, da 20
der technische Inhalt des Nebenangebots vom Bieter formuliert wird und deswegen nicht
zwingend der Leistungsbeschreibung entspricht, sodass häufig Unklarheiten und damit Aufklärungsbedarf über das Nebenangebot besteht.[58] Dann kann im Rahmen des Aufklärungsgesprächs in Bezug auf Nebenangebote gem. § 15 Abs. 1 Nr. 1 geklärt werden, ob diese
Nebenangebote dem Auftraggeberwillen in allen technischen und wirtschaftlichen Einzelheiten gerecht werden.[59] Gleiches gilt, wenn Nebenangebote nur skizzenhaft zusätzlich
zum Hauptangebot gem. § 13 Abs. 3 S. 2 angeboten werden.[60] Des Weiteren kann in Bezug
auf Nebenangebote gem. § 15 Abs. 1 Nr. 1 eine vertiefte Erläuterung einer dem Auftraggeber nicht bekannten Alternativlösung im Rahmen eines Aufklärungsgesprächs erfolgen. Dies
ist auch statthaft, wenn zweifelhaft ist, ob ein Nebenangebot vom Auftraggeber festgelegte
Gleichwertigkeitskriterien oder gegebenenfalls angegebene Mindestanforderungen einhält.[61]

Bei Nebenangeboten kann ferner ausnahmsweise eine Änderung des Nebenangebots 21
oder dessen Bepreisung gem. § 15 Abs. 3 nachverhandelt werden, wenn diese Nachverhandlungen nötig sind, um unumgängliche technische Änderungen geringen Umfangs und
daraus sich ergebende Änderungen der Preise zu vereinbaren. Hier ist für den Auftraggeber
besondere Vorsicht geboten, um die Grenzen des Nachverhandlungsverbots gem. § 15
Abs. 3 nicht zu überschreiten.[62] Fehlende Angaben des Bieters, die zum Nachweis der
Gleichwertigkeit eines Nebenangebots erforderlich sind, können im Aufklärungsgespräch
nicht nachgeholt werden.[63] Gleiches gilt, wenn Präzisierungen und Konkretisierungen von
Änderungsvorschlägen und Nebenangeboten dazu führen, dass der Bieter den angebotenen
Leistungsumfang ändern und im Rahmen der Aufklärung dann eine in seinem Angebot
nicht enthaltene Leistung anbieten kann.[64]

5. Geplante Art der Durchführung. Eine Aufklärung des Angebotsinhalts ist gem. 22
§ 15 Abs. 1 Nr. 1 auch in Bezug auf die geplante Art der Durchführung statthaft. Dies dann,
wenn wertungsrelevante Unklarheiten oder Zweifel hinsichtlich der Art und Weise der
Leistungserbringung bestehen. Der von § 15 Abs. 1 Nr. 1 für zulässig erklärte Aufklärungsgrund der Art der Durchführung ist begrifflich weit zu verstehen.[65] Zulässige Aufklärungsmaßnahmen können sich hiernach auf die rein technische Art der Bauausführung und
deren Ergebnis sowie auch auf kaufmännische und wirtschaftliche Gesichtspunkte beziehen.
Personaleinsatzfragen, Geräteeinsatz und -zeiten, Baustraßen, Anlieferung von Baustoffen
und Bauteilen und sonstige Aspekte des Baustellenbetriebes in Relation zur Einhaltung
vorgesehener Bauzeiten können hier Aufklärungsgegenstand sein.[66]

Dies gilt insbesondere für den Fall der Verwendung einer Leistungsbeschreibung mit Leis- 23
tungsprogramm gem. § 7c Abs. 1–3. Wird vom Auftraggeber eine Leistungsbeschreibung mit
Leistungsprogramm verwandt und ist es in zulässiger Weise dem Bieter überlassen, die technisch, wirtschaftlich und gestalterisch beste sowie funktionsgerechteste Lösung nach den Anforderungen des Leistungsprogramms zu ermitteln, so sind Aufklärungsgespräche in Bezug auf
die geplante Art der Durchführung gem. § 15 Abs. 1 Nr. 1 häufig unverzichtbar. Soweit die
Bieter in der Art und Weise der Einhaltung der Anforderungen des Leistungsprogramms
frei sind, kann sich der Auftraggeber durch Aufklärungsgespräche über die geplante Art der
Durchführung gem. § 15 Abs. 1 Nr. 1 die vom Bieter vorgesehene Bauausführung erläutern

---

[58] VK Arnsberg Beschl. v. 4.11.2002 – VK-1-23/02, IBRRS 2003, 0569; jurisPK-VergabeR/*Horn* Rn. 32.
[59] Ingenstau/Korbion/*von Wietersheim* Rn. 8.
[60] Ingenstau/Korbion/*von Wietersheim* Rn. 8.
[61] HHKW/*Steiff* Rn. 15.
[62] VK Brandenburg Beschl. v. 23.8.2001 – 2 VK 82/01, IBRRS 2004, 3562; Kapellmann/Messerschmidt/ *Planker* Rn. 7.
[63] OLG Frankfurt a. M. Beschl. v. 26.3.2002 – 11 Verg 3/01, NZBau 2002, 692.
[64] VK Baden-Württemberg Beschl. v. 7.4.2004 – 1 VK 13/04, IBRRS 2004, 1195.
[65] jurisPK-VergabeR/*Horn* Rn. 35; Ingenstau/Korbion/*von Wietersheim* Rn. 9.
[66] Ingenstau/Korbion/*von Wietersheim* Rn. 9.

lassen.⁶⁷ Die Erörterungen in einem Aufklärungsgespräch über die geplante Art der Durchführung müssen sich dabei stets im Rahmen des Angebotsinhalts bewegen. Der Inhalt des vorliegenden Angebots des Bieters begrenzt die Erörterungsmöglichkeiten gem. § 15 Abs. 1 Nr. 1 über die geplante Art der Durchführung. Im Aufklärungsgespräch vorgestellte Alternativen der Art der Durchführung dürfen nicht dazu führen, dass der Inhalt eines Angebots nachträglich verändert wird.⁶⁸

24   Sofern alle im Aufklärungsgespräch erörterten Ausführungsarten nicht der Ausschreibung entsprechen, ist das Angebot gem. § 16 Abs. 1 Nr. 2 iVm § 13 Abs. 1 Nr. 5 S. 1 auszuschließen.⁶⁹ Das Nachverhandlungsverbot gem. § 15 Abs. 3 untersagt ferner Erörterungen über die geplante Art der Durchführung, die den Inhalt des vorliegenden Angebots nachträglich abändern. So liegt eine unzulässige Nachverhandlung gem. § 15 Abs. 3 bei jeder nachträglichen Veränderung von Art und Umfang der angebotenen Leistungen vor. Darunter fallen auch Ergänzungen oder Konkretisierungen, durch die eine ordnungsgemäße Wertung erst möglich wird.⁷⁰ Angebote, die den Verdingungsunterlagen nicht entsprechen, können nachträglich nicht mehr im Rahmen einer Aufklärung gem. § 15 Abs. 1 Nr. 1 berichtigt werden.⁷¹

25   Aufklärungsbedarf über die geplante Art der Durchführung kann sich auch im Rahmen der Aufklärung eines unangemessen niedrigen Angebotspreises gem. § 16d Abs. 1 Nr. 2 ergeben. Die Überprüfung der Angemessenheit eines Angebotspreises gem. § 16d Abs. 1 Nr. 2 ist häufig allein in Zusammenhang mit der vom Bieter geplanten Art der Durchführung möglich.⁷² Auch hier ist für den Auftraggeber besondere Vorsicht geboten. Eine Änderung, die zu einem gegenüber dem Leistungsverzeichnis veränderten Leistungsumfang führen würde, insbesondere eine solche, die eine Qualitätsänderung zum Leistungsverzeichnis darstellt, stellt eine unzulässige Nachverhandlung gem. § 15 Abs. 3 dar.⁷³

26   Eine unzulässige Nachverhandlung gem. § 15 Abs. 3 stellt es gleichfalls dar, wenn dem Auftraggeber auf Nachfrage im Rahmen einer Angebotsaufklärung über die geplante Art der Durchführung kostenneutrale Leistungsergänzungen des bisherigen Angebotsinhalts zugestanden werden.⁷⁴ Gleichfalls sind technische Änderungen, dh Änderungen an den technischen Vorgaben des Leistungsverzeichnisses im Rahmen der Aufklärung gem. § 15 Abs. 1 über die geplante Art der Durchführung unzulässig. Dann wird nicht das ursprüngliche Angebot des Bieters erläutert, sondern nach Ablauf der Angebotsfrist vom Bieter etwas anderes angeboten.⁷⁵ Ist im Rahmen einer produktneutralen Ausschreibung nach den Vorgaben des Leistungsverzeichnisses keine Produktbenennung durch den Bieter erforderlich gewesen, kann im Rahmen der Angebotsaufklärung über die geplante Art der Durchführung gem. § 15 Abs. 1 Nr. 1 erfragt werden, welches Produkt seitens des Bieters Verwendung findet.⁷⁶ Die im Rahmen einer Aufklärung nach Angebotsabgabe abgefragten Produkte

---

⁶⁷ OLG Saarbrücken Beschl. v. 23.11.2005 – 1 Verg 3/05, NZBau 2006, 457.
⁶⁸ VK Bund Beschl. v. 9.6.2010 – VK 2-38/10, BeckRS 2010, 142939; VK Münster Beschl. v. 15.1.2003 – VK 22/02, IBRRS 2003, 0431; VK Baden-Württemberg Beschl. v. 7.4.2004 – 1 VK 13/04, IBRRS 2004, 1195; Ingenstau/Korbion/*von Wietersheim* Rn. 9; *Weyand* Rn. 74.
⁶⁹ VK Bund Beschl. v. 9.6.2010 – VK 2-38/10, BeckRS 2010, 142939.
⁷⁰ VK Lüneburg Beschl. v. 11.3.2009 – VgK-04/2009, BeckRS 2009, 11230.
⁷¹ VK Sachsen Beschl. v. 16.10.2012 – 1/SVK/031-12, BeckRS 2013, 06596; VK Lüneburg Beschl. v. 11.3.2009 – VgK-04/2009, BeckRS 2009, 11230; VK Arnsberg Beschl. v. 4.11.2002 – VK 1-23/02, IBRRS 2003, 0569; VK Bund Beschl. v. 9.6.2010 – VK 2-38/10, BeckRS 2010, 142939; VK Südbayern Beschl. v. 11.3.2015 – Z3-3-3194-1-65-12/14, IBRRS 2015, 0861.
⁷² jurisPK-VergabeR/*Horn* Rn. 37.
⁷³ VK Niedersachsen Beschl. v. 13.8.2002 – 26045-VgK-9/2002, IBRRS 2013, 5233; jurisPK-VergabeR/*Horn* Rn. 39; *Weyand* Rn. 48.
⁷⁴ VK Sachsen Beschl. v. 13.12.2002 – 1/SVK/105-02, IBRRS 2003, 0789; jurisPK-VergabeR/*Horn* Rn. 39; *Weyand* Rn. 49.
⁷⁵ VK Münster Beschl. v. 29.3.2012 – VK 3/12, BeckRS 2012, 211348; *Weyand* Rn. 52.
⁷⁶ OLG München Beschl. v. 10.4.2014 – Verg 1/14, BeckRS 2014, 07950; OLG München Beschl. v. 25.11.2013 – Verg 13/13, ZfBR 2014, 397; OLG Düsseldorf Beschl. v. 19.12.2012 – Verg 37/12, BeckRS 2013, 03316; *Weyand* Rn. 60/1.

haben dabei den Anforderungen des Leistungsverzeichnisses in allen Details zu entsprechen. Anderenfalls liegt eine unzulässige Nachverhandlung gem. § 15 Abs. 3 vor.[77]

6. Ursprungsorte oder Bezugsquellen. Zulässiger Gegenstand von Aufklärungsgesprächen gem. § 15 Abs. 1 Nr. 1 sind auch Nachfragen zu den Ursprungsorten oder Bezugsquellen von Stoffen oder Bauteilen. Hiermit soll sich der Auftraggeber die für seine Vergabeentscheidung erforderlichen Informationen über die Qualität des vorgesehenen Materials sowie über die Zuverlässigkeit von Herstellern und Lieferanten beschaffen können.[78] So kann der Auftraggeber ein Interesse daran haben, bestimmte Ursprungsorte oder Bezugsquellen von der Verwendung auszuschließen, weil sich diese in der Vergangenheit nicht bewährt haben.[79]

Auch hier darf die Grenze zur inhaltlichen Nachbesserung des Angebots nicht überschritten werden. Eine Ergänzung bisher nicht benannter Produkte, Stoffe und Bauteile über den Angebotsinhalt hinaus darf nicht erfolgen. Auch dürfen es sich Bieter nicht offenhalten, erst in der Aufklärung den Angebotsinhalt festzulegen.[80] Zulässig ist eine Aufklärungsmaßnahme über Ursprungsorte oder Bezugsquellen von Stoffen oder Bauteilen dann, wenn der Rahmen des Angebotsinhalts nicht überschritten wird oder ein feststehendes Angebot inhaltlich nicht verändert wird. Liegt ein Angebot mit einer Vielzahl von unzureichenden Fabrikatsangaben vor, werden keine Zweifelsfragen geklärt, sondern fehlende, zwingend mit der Angebotsabgabe zu machende Angaben nachgeholt. Dies ist eine unzulässige Nachverhandlung gem. § 15 Abs. 3.[81] Werden zwei Fabrikate im Leistungsverzeichnis abgefragt und im Angebot angeboten, kann in einem Aufklärungsgespräch ohne Änderungen des Angebots bestimmt werden, welches von den angebotenen Fabrikaten eingebaut werden soll.[82]

Werden im Aufklärungsgespräch gem. § 15 Abs. 1 Nr. 1 vom Bieter Produkte benannt, welche nicht den Anforderungen des Leistungsverzeichnisses entsprechen, ist das Angebot vom weiteren Verfahren auszuschließen.[83] Bestimmte Stoff- und Bauteilvorgaben können aus den Bauordnungen der Länder folgen, für deren Einhaltung der Auftraggeber als Bauherr verantwortlich ist. Hieraus kann der Auftraggeber zur Aufklärung des Angebotsinhalts gem. § 15 Abs. 1 Nr. 1 über Ursprungsorte oder Bezugsquellen von Stoffen oder Bauteilen berechtigt und verpflichtet sein.[84]

7. Angemessenheit der Preise. Gemäß § 15 Abs. 1 Nr. 1 kann der Auftraggeber Aufklärungsmaßnahmen über die Angemessenheit der Preise tätigen und hierzu, wenn nötig, Einsicht in vorzulegende Preisermittlungen (Kalkulationen) der Bieter nehmen.[85] Die Aufklärungsbefugnis des Auftraggebers über die Angemessenheit der Preise resultiert aus den Vergabepostulaten des § 2 Abs. 1 Nr. 1. Bauleistungen sind an fachkundige, leistungsfähige und zuverlässige Unternehmen zu angemessenen Preisen in transparenten Vergabeverfahren zu vergeben. Daher muss sich der Auftraggeber über die Angemessenheit der Preise im Rahmen der Angebotsaufklärung gem. § 15 Abs. 1 Nr. 1 vergewissern können. Während die Angebotsaufklärung gem. § 16d Abs. 1 Nr. 2 S. 1, 2 die Angemessenheit des Angebotspreises in Bezug auf den Gesamtpreis erfasst, fokussiert § 15 Abs. 1 Nr. 1 die Angemessenheit der Preise (Plural), dh auch aller Einzelpreise.[86]

---

[77] VK Arnsberg Beschl. v. 3.6.2013 – VK 9/13, IBRRS 2013, 2974; *Weyand* Rn. 60/2.
[78] jurisPK-VergabeR/*Horn* Rn. 40.
[79] jurisPK-VergabeR/*Horn* Rn. 41.
[80] Ingenstau/Korbion/*von Wietersheim* Rn. 10.
[81] VK Düsseldorf Beschl. v. 7.6.2001 – VK-13/2001-B, IBRRS 2013, 3487; jurisPK-VergabeR/*Horn* Rn. 43; *Weyand* Rn. 55.
[82] VK Nordbayern Beschl. v. 25.6.2014 – 21.VK-3194-15/14, ZfBR 2014, 722; *Weyand* Rn. 60/3.
[83] jurisPK-VergabeR/*Horn* Rn. 44.
[84] jurisPK-VergabeR/*Horn* Rn. 45; Kapellmann/Messerschmidt/*Planker* Rn. 9.
[85] VK Bund Beschl. v. 3.5.2005 – VK 3-19/05, BeckRS 2005, 151378; VK Brandenburg Beschl. v. 26.3.2002 – VK 4/02, IBRRS 2014, 0024.
[86] VK Hessen Beschl. v. 8.1.2014 – 69d-VK 48/2013, IBRRS 2014, 1077; HHKW/*Steiff* Rn. 18.

31 Auch bei diesem Tatbestand der ausnahmsweise zulässigen Angebotsaufklärung gem. § 15 Abs. 1 Nr. 1 ist für den Auftraggeber besondere Vorsicht geboten. Der Auftraggeber darf verbleibende Zweifel in Bezug auf die Preisangaben des Angebots abklären oder sich gem. § 15 Abs. 1 Nr. 1 über die Angemessenheit der Preise informieren. Das Aufklärungsgespräch gem. § 15 Abs. 1 Nr. 1 über die Angemessenheit der Preise darf hingegen nicht den eindeutigen Inhalt des Angebots verändern.[87] Das Nachverhandlungsverbot gem. § 15 Abs. 3 wird verletzt, wenn nachträgliche Preisangaben im Rahmen der Angebotsaufklärung gem. § 15 Abs. 1 Nr. 1 gemacht werden oder gemachte Preisangaben nachträglich modifiziert werden.[88]

32 Von der Unterrichtung über die Angemessenheit der Preise gem. § 15 Abs. 1 Nr. 1 ist die Prüfung der Preise und die Ermittlung des wirtschaftlichsten Angebots gem. § 16d Abs. 1 Nr. 2, 3 zu unterscheiden. Gemäß § 15 Abs. 1 Nr. 1 hat sich der Auftraggeber im Rahmen seiner Aufklärungsmaßnahmen über die Angemessenheit der Preise auf die angebotsbezogene, rein sachliche Aufklärungsmaßnahmen, die die Kalkulation des Bieters im konkreten Bauvergabeverfahren betreffen, zu beschränken. Gemäß § 15 Abs. 1 Nr. 1 darf sich der Auftraggeber hingegen kein allgemeines Bild über geschäftsinterne Vorgänge beim Bieter verschaffen.[89] Der Auftraggeber kann Aufklärung über die Grundlagen der Preissätze der Bieter tätigen, auf denen die Angebotspreise basieren. Dies betrifft zB die Ansätze für Lohn-, Material-, Baustellen- und allgemeinen Geschäftskosten.[90] Auch die Aufklärung über die Angemessenheit der Preise gem. § 15 Abs. 1 Nr. 1 ist ein eng auszulegender Ausnahmetatbestand. So hat es bei einer bloßen Unterrichtung des Auftraggebers über die Angemessenheit der Preise gem. § 15 Abs. 1 Nr. 1 durch den Bieter zu verbleiben, wenn hierdurch die notwendige Aufklärung erzielt werden kann.

33 Die Vorlage der Kalkulationen durch den Bieter ist nur in Ausnahmefällen statthaft.[91] Grundsätzlich unzulässig ist es, von allen Bietern die Vorlage ihrer Kalkulationen zu verlangen.[92] Ist eine bloße Unterrichtung über die Angemessenheit der Preise durch den Bieter nicht ausreichend, so kann die Kalkulationsvorlage bei angezeigter Überprüfung der Angemessenheit der Preise allein von den Bietern verlangt werden, die in die engere Wahl kommen.[93] Grundsätzlich bemisst sich ferner die preisliche Angemessenheit des Angebots allein anhand der Gesamtsumme. Diese ist im Rahmen der Angemessenheitsprüfung des (gesamten) Angebotspreises gem. § 16d Abs. 1 Nr. 1, 2 zu prüfen.[94] Eine Einzel- bzw. Einheitspreisprüfung sollte nur ausnahmsweise und nur dann erfolgen, wenn die Einzel- bzw. Einheitspreise nicht nur vereinzelt, sondern in größerer Anzahl von Marktüblichkeit und Erfahrung abweichen.[95]

34 Wenn es dann nötig ist, kann der Auftraggeber dann auch Einsicht in die Preisermittlungsgrundlagen nehmen. Der Bieter ist dann verpflichtet, die Einsichtnahme des Auftraggebers in die von ihm vorzulegenden Preisgrundlagen zu gestatten.[96] Die Gründe, die der Auftraggeber hat, vom Bieter die Vorlage der Kalkulation zu fordern, sollten dabei dem Bieter benannt werden. Gründe, die den Auftraggeber gegenüber dem Bieter zur Anforderung und Erläuterung der Kalkulation berechtigen, sind Verdachtstatbestände auf vorliegenden Kalkulationsirr-

---

[87] VK Bund Beschl. v. 16.4.2015 – VK 2-27/15, BeckRS 2016, 06071; OLG Düsseldorf Beschl. v. 24.9.2014 – VII-Verg 19/14, BeckRS 2015, 05269; *Weyand* Rn. 44.
[88] VK Südbayern Beschl. v. 11.3.2015 – Z3-3-3194-1-65-12/14, IBRRS 2015, 0861; VK Hessen Beschl. v. 23.5.2013 –69d-VK-5/2013, IBRRS 2013, 3086; jurisPK-VergabeR/*Horn* Rn. 52.
[89] Ingenstau/Korbion/*von Wietersheim* Rn. 12.
[90] Ingenstau/Korbion/*von Wietersheim* Rn. 12; jurisPK-VergabeR/*Horn* Rn. 47.
[91] VK Brandenburg Beschl. v. 26.3.2002 – VK 4/02, IBRRS 2014, 0024; VK Bund Beschl. v. 3.5.2005 – VK 3-19/05, BeckRS 2005, 151378; Ingenstau/Korbion/*von Wietersheim* Rn. 14; jurisPK-VergabeR/*Horn* Rn. 47.
[92] jurisPK-VergabeR/*Horn* Rn. 48.
[93] jurisPK-VergabeR/*Horn* Rn. 48; Kapellmann/Messerschmidt/*Planker* Rn. 10.
[94] OLG München Beschl. v. 6.12.2012 – Verg 29/12, BeckRS 2012, 26033; OLG Bremen Beschl. v. 9.10.2012 – Verg 1/12, IBRRS 2013, 0127; OLG Düsseldorf Beschl. v. 9.2.2009 – Verg 66/08, BeckRS 2009, 11172.
[95] Kapellmann/Messerschmidt/*Planker* Rn. 10.
[96] Kapellmann/Messerschmidt/*Planker* Rn. 11.

tum, spekulative Preise, Mischkalkulationen, oder wettbewerbsbeschränkende Preisabsprachen.[97] Der diesbezügliche Verdacht des Auftraggebers hat konkret zu sein, lediglich vage Vermutungen oder geringe Verdachtsmomente reichen nicht aus.[98]

Besteht der konkrete Verdacht des Vorliegens wettbewerbsbeschränkender Preisanspra- 35 chen oder sonstiger Manipulationen, so erfolgt der Sache nach nicht allein eine Aufklärung des Auftraggebers über die Angemessenheit der Preise, sondern eine Aufklärung zur Wahrung des Wettbewerbsgrundsatzes, was durch § 15 Abs. 1 Nr. 1 gleichfalls gedeckt ist.[99] Wird der Verdacht einer unzulässigen wettbewerbsbeschränkenden Preisabsprache im Rahmen der Aufklärung gem. § 15 Abs. 1 Nr. 1 bestätigt, ist das Angebot gem. § 16 Abs. 1 Nr. 4 S. 1 auszuschließen.[100]

Berechtigt ist das Aufklärungsverlangen des Auftraggebers über die Angemessenheit der 36 Preise gem. § 15 Abs. 1 Nr. 1 auch dann, wenn Anhaltspunkte für einen offensichtlichen Kalkulationsirrtum[101] oder einen Spekulationspreis vorliegen. Unzulässig ist es, im Rahmen von Aufklärungsgesprächen über die Angemessenheit der Preise gem. § 15 Abs. 1 Nr. 1 gemeinschaftliche Kalkulationsirrtümer oder Kalkulationsfehler des Bieters zu beseitigen.[102] Weder dürfen „Fehlkalkulationen" der Bieter ausgeräumt werden, noch darf eine „Klarstellung" von Preisen Gegenstand von Aufklärungsgesprächen sein, die im Ergebnis zu einer Preisreduzierung führen würden.[103]

Aufklärungsfähig im Rahmen des § 15 Abs. 1 Nr. 1 sind auch die Preise der Nachunter- 37 nehmer, die mit Angebotsabgabe vom Bieter bereits benannt wurden. Dies ist streitig.[104] Wenn der Nachunternehmer zum Angebotszeitpunkt – wie regelmäßig – noch nicht beauftragt ist, sondern lediglich eine Verpflichtungserklärung vorliegt, sind Auskünfte über die Preise und das Angebot eines Nachunternehmers für den Auftraggeber wertlos.[105] Ist der Nachunternehmer zum Angebotszeitpunkt bereits gegenüber dem Bieter preislich gebunden, ist auch die Aufklärung über die Angemessenheit der Nachunternehmerpreise statthaft. Allein, wenn es sich um geringfügige Nachunternehmerleistungen handelt, kann im Einzelfall für den Nachunternehmer die Aufklärung der Nachunternehmerpreise unzumutbar sein.[106] Zulässig ist stets das Aufklärungsverlangen des Auftraggebers gegenüber dem Bieter zur Öffnung der in sein Angebot übernommenen Nachunternehmerpreise. Hierzu kann um Vorlage des Nachunterangebots ersucht werden.[107] Zulässig ist zudem stets die Unterrichtung des Auftraggebers im Rahmen eines Aufklärungsgesprächs gem. § 15 Abs. 1 Nr. 1 über die Zusammensetzung des Hauptunternehmer- oder Generalunternehmerzuschlags.[108]

IV. Geheimhaltung und Niederlegung in Textform (Abs. 1 Nr. 2)

§ 15 Abs. 1 Nr. 2 S. 1 konkretisiert die Geheimhaltungspflicht des Auftraggebers für 38 den Angebotsinhalt gem. § 14 Abs. 8, § 14a Abs. 9. Notwendiges Korrelat zum Unterrichtungsrecht des Auftraggebers gem. § 15 Abs. 1 Nr. 1 ist die Geheimhaltungspflicht des Auftraggebers auch über die Ergebnisse von Aufklärungsmaßnahmen gem. § 15 Abs. 1

---

[97] jurisPK-VergabeR/*Horn* Rn. 51; Kapellmann/Messerschmidt/*Planker* Rn. 11.
[98] jurisPK-VergabeR/*Horn* Rn. 51.
[99] Ingenstau/Korbion/*von Wietersheim* Rn. 15.
[100] jurisPK-VergabeR/*Horn* Rn. 51.
[101] BGH Urt. v. 7.7.1998 – X ZR 17/97, BGHZ 139, 177 (187), NJW 1998, 3192; OLG Koblenz Urt. v. 5.12.2001 – 1 U 2046/98, BeckRS 2001, 30224671.
[102] OLG Düsseldorf Beschl. v. 30.4.2002 – Verg 3/02, IBRRS 2002, 0840; VK Sachsen Beschl. v. 21.7.2004 – 1/SVK/050-04, IBRRS 2005, 1260IBRRS 2005, 1260; Ingenstau/Korbion/*von Wietersheim* Rn. 14.
[103] jurisPK-VergabeR/*Horn* Rn. 53.
[104] AA Kapellmann/Messerschmidt/*Planker* Rn. 12; jurisPK-VergabeR/*Horn* Rn. 56.
[105] jurisPK-VergabeR/*Horn* Rn. 56; Kapellmann/Messerschmidt/*Planker* Rn. 22.
[106] HHKW/*Steiff* Rn. 20.
[107] OLG Frankfurt a. M. Beschl. v. 18.6.2005 – 11 Verg 7/05, NZBau 2006, 259; VK Hessen Beschl. v. 21.4.2005 – 69d-VK-20/2005, IBRRS 2005, 3661.
[108] jurisPK-VergabeR/*Horn* Rn. 56.

Nr. 2 S. 1. § 15 Abs. 1 Nr. 2 S. 1 verpflichtet Auftraggeber zur strikten Geheimhaltung der im Rahmen von Aufklärungsmaßnahmen erlangten Informationen und Unterlagen. Dies schützt die berechtigten Interessen der Bieter, in deren geschäftlichen Belange insbesondere bei der Aufklärung über die Angemessenheit der Preise gem. § 15 Abs. 1 Nr. 1 eingegriffen wird.[109] Des Weiteren schützt § 15 Abs. 1 Nr. 2 S. 1 den ordnungsgemäßen Wettbewerb. Die strikte Geheimhaltungspflicht der Ergebnisse von Aufklärungsmaßnahmen soll auch verhindern, dass unbefugte Dritte Kenntnis des Inhalts oder der Ergebnisse von Aufklärungsgesprächen erlangen und damit die Möglichkeit erhalten, das Wettbewerbsergebnis zu manipulieren.[110]

39 Die Geheimhaltungspflicht des Inhalts und der Ergebnisse von Aufklärungsmaßnahmen gem. § 15 Abs. 1 Nr. 2 S. 1 verbietet es, Aufklärungsgespräche mit mehreren Bietern gleichzeitig abzuhalten. Es haben stets Einzelgespräche mit Bietern geführt zu werden, ansonsten ist § 15 Abs. 1 Nr. 2 S. 1 verletzt.[111] Verstößt der Auftraggeber gegen die Geheimhaltungspflicht des § 15 Abs. 1 Nr. 2 S. 1 kann er sich wegen Verschuldens bei Vertragsverhandlungen gem. § 311 Abs. 2 Nr. 1, 2 BGB, § 241 Abs. 2 BGB, § 280 Abs. 1 S. 1 BGB schadensersatzpflichtig machen.[112]

40 Die Geheimhaltungspflicht des § 15 Abs. 1 Nr. 2 S. 1 verpflichtet den Auftraggeber nicht zur Unterlassung behördlicher oder gerichtlicher Maßnahmen, wenn sich im Rahmen der Angebotsaufklärung gem. § 15 Abs. 1 Nr. 1 herausstellt, dass der Bieter gegen gesetzliche Vorschriften, so zB durch wettbewerbsbeschränkende Preisabsprachen gegen § 1 GWB, verstoßen hat.[113]

41 Die Inhalte und Ergebnisse von Aufklärungsmaßnahmen gem. § 15 Abs. 1 Nr. 1 sollen gem. § 15 Abs. 1 Nr. 2 S. 2 in Textform niedergelegt werden. Das Dokumentationsgebot des § 15 Abs. 1 Nr. 2 S. 2 dient der Transparenz des Vergabeverfahrens.[114] Der vom Auftraggeber im Rahmen der Sollbestimmung des § 15 Abs. 1 Nr. 2 S. 2 anzufertigende Gesprächsvermerk dokumentiert, dass die Aufklärungsgespräche ordnungsgemäß verlaufen sind.[115] Durch diesen Gesprächsvermerk ist es ferner möglich, nach Zuschlagserteilung bei Auslegungsschwierigkeiten festzustellen, mit welchem genauen Inhalt der Vertrag zustande gekommen ist.[116]

42 Die Dokumentation des Inhalts und der Ergebnisse von Aufklärungsgesprächen und Aufklärungsmaßnahmen und hieraus folgende verfahrensrelevante Feststellungen haben gemäß der Sollvorschrift des § 15 Abs. 1 Nr. 2 S. 2 in Textform gem. § 126b BGB zu erfolgen. Lediglich allgemeine Informationen zur Unterrichtung des Auftraggebers durch den Bieter ohne ausschlaggebende Bedeutung für das Vergabeverfahren gestatten es, von der Sollvorschrift des § 15 Abs. 1 Nr. 2 S. 2 abzuweichen.[117] Aus Beweisgründen sollte der Auftraggeber von der Sollvorschrift des § 15 Abs. 1 Nr. 2 S. 2 nicht abweichen und den Inhalt wie auch die Ergebnisse von Aufklärungsgesprächen umfassend in Textform dokumentieren. Zu Beweiszwecken ist es sachdienlich, dass Protokoll des Aufklärungsgesprächs vom Bieter gegenzeichnen zu lassen.[118] Das Protokoll des Aufklärungsgesprächs ist Bestandteil der Vergabedokumentation gem. § 20 Abs. 1 Nr. 1, 2. Es ist der Vergabeakte beizufügen.[119] Es ist grundsätzlich nicht zu beanstanden, dass der Bieter keine Abschrift dieses Protokolls über den Inhalt und die Ergebnisse eines Aufklärungsgesprächs erhält.[120]

---

[109] Ingenstau/Korbion/*von Wietersheim* Rn. 17.
[110] Ingenstau/Korbion/*von Wietersheim* Rn. 17.
[111] Kapellmann/Messerschmidt/*Planker* Rn. 14; jurisPK-VergabeR/*Horn* Rn. 62.
[112] Ingenstau/Korbion/*von Wietersheim* Rn. 17.
[113] Ingenstau/Korbion/*von Wietersheim* Rn. 17; jurisPK-VergabeR/*Horn* Rn. 63.
[114] HHKW/*Steiff* Rn. 24.
[115] HHKW/*Steiff* Rn. 24.
[116] HHKW/*Steiff* Rn. 24.
[117] jurisPK-VergabeR/*Horn* Rn. 65.
[118] jurisPK-VergabeR/*Horn* Rn. 65.
[119] jurisPK-VergabeR/*Horn* Rn. 65.
[120] VK Lüneburg Beschl. v. 11.6.2001 – 203-VgK-08/01, IBRRS 2004, 3603; *Weyand* Rn. 77.

V. Aufklärungsverweigerung (Abs. 2)

Verweigert ein Bieter die geforderten Aufklärungen und Angaben oder lässt er eine ihm 43
hierzu gesetzte angemessene Frist unbeantwortet verstreichen, so ist gem. § 15 Abs. 2 sein
Angebot auszuschließen. Dies deshalb, da ein unklares oder sonst aufklärungsbedürftiges
Angebot nicht bezuschlagt werden darf. Der Auftraggeber würde, wenn er bei einem Bieter
Unklarheiten und damit mögliche Abweichungen vom Leistungsverzeichnis hinnimmt,
gegen den Gleichbehandlungsgrundsatz des § 97 Abs. 2 GWB und den Wettbewerbsgrundsatz des § 97 Abs. 1 S. 1 GWB verstoßen.[121] Die Ausschlussmöglichkeit eines Angebots
gem. § 15 Abs. 2 ergänzt die Ausschlussgründe des § 16 Abs. 1 Nr. 1–7, Abs. 2 Nr. 1–5.

§ 15 Abs. 2 stellt seit der Neufassung der VOB/A 2016 einen zwingenden Ausschlusstatbestand dar. Die Ausschlussentscheidung gem. § 15 Abs. 2 wegen verweigerter Mitwirkung eines 44
Bieters an der Aufklärung setzt ein ordnungsgemäßes, berechtigtes Aufklärungsverlangen, dh
das Vorliegen aller Voraussetzungen des § 15 Abs. 1 Nr. 1 voraus.[122] Das Angebot ist gem.
§ 15 Abs. 2 Alt. 2 gleichfalls auszuschließen, wenn der Bieter eine ihm gesetzte angemessene
Frist zur Erfüllung eines ordnungsgemäßen, berechtigten Aufklärungsverlangens gem. § 15
Abs. 1 Nr. 1 voraus. unbeantwortet verstreichen lässt. Ein Angebotsausschluss gem. § 15 Abs. 2
Alt. 2 setzt voraus, dass die dem Bieter gesetzte Frist für die Beantwortung des Aufklärungsverlangens des Auftraggebers eindeutig als Ausschlussfrist erkennbar ist.[123] Gegenüber dem Bieter
ist unmissverständlich darauf hinzuweisen oder sonst kenntlich zu machen, dass die Einhaltung
der ihm gesetzten Frist die letzte und abschließende Möglichkeit zur Beantwortung eines –
berechtigten – Aufklärungsersuchens des Auftraggebers darstellt.[124]

Die Angemessenheit der dem Bieter gem. § 15 Abs. 2 Alt. 2 gesetzten Frist beurteilt sich 45
nach den Umständen des Einzelfalls, insbesondere nach Inhalt und Umfang der vom Auftraggeber ersuchten Aufklärung.[125] Ist die Beantwortung eines zulässigen Aufklärungsersuchens gem.
§ 15 Abs. 1 Nr. 1 nicht aufgrund von Inhalt und Umfang des Aufklärungsersuchens übermäßig
aufwendig, so ist die Angemessenheit der Frist des § 15 Abs. 2 Alt. 2 an der Frist zur Nachforderung von Unterlagen gem. § 16a S. 2 zu orientieren.[126] Bei besonders aufwendiger Beantwortung komplexer Aufklärungsersuchen ist die Frist von sechs Kalendertagen des § 16a S. 2 im
Rahmen des § 15 Abs. 2 Alt. 2 zu kurz bemessen.[127]

Die verweigerte Mitwirkung des Bieters gem. § 15 Abs. 2 an einem berechtigen Aufklä- 46
rungsersuchen des Auftraggebers gem. § 15 Abs. 1 Nr. 1 kann ferner negative Rückschlüsse
auf seine Eignung gem. § 16b Abs. 1 zulassen.[128]

VI. Nachverhandlungsverbot (Abs. 3)

Das Nachverhandlungsverbot des § 15 Abs. 3 schützt den ordnungsgemäßen Wettbewerb 47
gem. § 97 Abs. 1 S. 1 GWB und die Gleichbehandlung aller Bieter gem. § 97 Abs. 2 GWB.[129]
Der ordnungsgemäße Vergabewettbewerb gem. § 97 Abs. 1 S. 1 GWB unter gleichen Bedingungen für alle Bieter gem. § 97 Abs. 2 GWB ist nicht mehr gewährleistet, wenn einzelne Bieter
ihre Angebote nachverhandeln und durch nachträgliche Abänderung ihrer Angebote einen Vor-

---

[121] Ingenstau/Korbion/*von Wietersheim* Rn. 18.
[122] Ingenstau/Korbion/*von Wietersheim* Rn. 18.
[123] OLG Jena Beschl. v. 14.11.2002 – 6 Verg 7/02, IBRRS 2003, 1086; jurisPK-VergabeR/*Horn* Rn. 71.
[124] VK Nordbayern Beschl. v. 4.12.2012 – 21.VK-3194-29/12, IBRRS 2013, 0229; jurisPK-VergabeR/ *Horn* Rn. 71.
[125] VK Nordbayern Beschl. v. 4.12.2006– 21.VK-3194-39/06, BeckRS 2006, 33301; Nordbayern Beschl. v. 4.12.2012 – 21.VK-3194-29/12, IBRRS 2013, 0229; jurisPK-VergabeR/*Horn* Rn. 71.
[126] VK Nordbayern Beschl. v. 27.6.2013 – 21.VK-3194-28/13, BeckRS 2013, 19604; Ingenstau/Korbion/ *von Wietersheim* Rn. 19.
[127] VK Münster Beschl. v. 21.7.2001 – VK 9/11, IBRRS 2011, 5025; VK Nordbayern v. 27.6.2013 – 21.VK-3194-28/13, BeckRS 2013, 19604; jurisPK-VergabeR/*Horn* Rn. 71; Kapellmann/Messerschmidt/ *Planker* Rn. 17.
[128] Kapellmann/Messerschmidt/*Planker* Rn. 17; jurisPK-VergabeR/*Horn* Rn. 72.
[129] VK Nordbayern Beschl. v. 27.1.2011 – 21.VK-3194-46/10, BeckRS 2011, 32821; VK Südbayern Beschl. v. 19.3.2015 – Z3-3-3194-1-61-12/14, IBRRS 2015, 0965; jurisPK-VergabeR/*Horn* Rn. 75; *Weyand* Rn. 92.

teil erlangen können.[130] Dementsprechend sind gem. § 15 Abs. 3 Verhandlungen nach Angebotseröffnung, besonders über die Änderung der Angebote oder der Preise gem. § 15 Abs. 3 unzulässig und verboten. Das Nachverhandlungsverbot des § 15 Abs. 3 ist bieterschützend.[131]

48 Gleichgültig für die Unzulässigkeit von Nachverhandlungen der Angebote gem. § 15 Abs. 3 ist es, von wem die Nachverhandlungsinitiative ausgeht. Auch wenn der Bieter von sich aus anbietet, sein Angebot zu ändern oder Preisnachlässe zu gewähren, darf der Auftraggeber darauf nicht eingehen.[132] Das Nachverhandlungsverbot des § 15 Abs. 3 verbietet nicht nur das Ersuchen des Auftraggebers zur nachträglichen Verhandlung des Angebots oder von Angebotsbestandteilen, sondern soll Angebotsänderungen insgesamt unterbinden, sofern nicht ein Ausnahmetatbestand des § 15 Abs. 3 eingreift.[133] Rechtsfolge eines Verstoßes gegen das Nachverhandlungsverbots ist der Ausschluss des nachverhandelten Angebots.[134] Ein Ausschluss des Bieters, der nachverhandelt hat, ist ebenso wenig geboten, wie ein Ausschluss des ursprünglichen – nicht nachverhandelten – Angebots. Dieses ursprüngliche Angebot kann bei einer erneuten Entscheidung über den Zuschlag berücksichtigt werden.[135]

49 **1. Änderung der Angebote oder der Preise.** § 15 Abs. 3 untersagt zunächst jegliche Verhandlungen über die Änderung der Leistungsinhalte des Angebots. Verboten sind damit Verhandlungen über Änderungen der Leistungsbeschreibung, der Qualitäts- und Ausführungsvorgaben, der Bauzeiten sowie der geforderten Erklärungen und Nachweise.[136] Vom Nachverhandlungsverbot erfasst sind darüber hinaus Verhandlungen über eine Änderung des Angebots durch Änderung der Rechtspersönlichkeit des Bieters, zB bei nachträglicher Bildung einer Bietergemeinschaft, nachträglicher Gestattung eines ursprünglich nicht erlaubten Nachunternehmereinsatzes, nachträglicher Änderung eines ursprünglich vorgesehenen Nachunternehmereinsatzes, Änderung eines Skontoangebots etc.[137] Des Weiteren stellen Aufklärungsgespräche, die bezwecken, Änderungen des Bieters an den Vergabeunterlagen nach Ablauf der Angebotsfrist zu korrigieren, einen Verstoß gegen § 15 Abs. 3 dar.[138] Auch kann die Klärung widersprüchlicher Preisangaben nicht Gegenstand einer zulässigen Nachverhandlung sein. Dies würde einen unkontrollierbaren Spielraum nachträglicher Manipulation ermöglichen.[139] Des Weiteren können fehlende Angaben zum beabsichtigten Nachunternehmereinsatz nicht durch Nachverhandlungen gem. § 15 Abs. 1 Nr. 1 nachgeholt werden.[140]

50 Das Nachverhandlungsverbot des § 15 Abs. 3 gilt des Weiteren besonders für Verhandlungen über eine Änderung der Preise.[141] Mit erfolgter Angebotsabgabe gem. § 13 Abs. 1 Nr. 1 S. 1 stehen die Preise zum Ablauf der Angebotsfrist bei Ausschreibungen gem. § 3 Abs. 1, 2 unveränderlich fest. Diese, mit Ablauf der Angebotsfrist unveränderlich feststehenden Preise sind Grundlage des Vergabewettbewerbs.[142] Unzulässige Preisänderungen gem. § 15

---

[130] jurisPK-VergabeR/*Horn* Rn. 75.
[131] OLG Düsseldorf Beschl. v. 14.3.2001 – Verg 30/00, BeckRS 2014, 14639; VK Hessen Beschl. v. 23.5.2013 – 69d-VK-5/2013, IBRRS 2013, 3086.
[132] VK Südbayern Beschl. v. 25.7.2002 – 26-6/02, IBRRS 2013, 5090; *Weyand* Rn. 93.
[133] *Weyand* Rn. 93.
[134] BGH Urt. v. 6.2.2002 – X ZR 185/99, NJW 2002, 1952; OLG Frankfurt a. M. Beschl. v. 16.6.2015 – 11 Verg 3/15, ZfBR 2016, 79; *Weyand* Rn. 95.
[135] VK Bund Beschl. v. 22.7.2002 – VK 1-59/02, BeckRS 2002, 161143; *Weyand* Rn. 95; jurisPK-VergabeR/*Horn* Rn. 78.
[136] VK Hannover Beschl. v. 13.8.2002 – VgK-09/2002, JurionRS 2002, 29467; VK Schleswig-Holstein Beschl. v. 20.10.2010 – VK-SH 16/10, BeckRS 2015, 03371; VK Bund Beschl. v. 16.4.2015 – VK 2-27/15, BeckRS 2016, 06071; VK Sachsen-Anhalt Beschl. v. 24.2.2014 – 3 VK LSA 02/14, IBRRS 2014, 2799; HHKW/*Steiff* Rn. 30; jurisPK-VergabeR/*Horn* Rn. 79.
[137] jurisPK-VergabeR/*Horn* Rn. 79.
[138] OLG Celle Beschl. v. 19.2.2015 – 13 Verg 12/14, BeckRS 2015, 12548; *Weyand* Rn. 94.
[139] VK Bund Beschl. v. 21.7.2005 – VK 3-61/05, BeckRS 2005, 151489; VK Sachsen Beschl. v. 16.12.2009 – 1/SVK/057-09, BeckRS 2010, 05173; *Weyand* Rn. 94.
[140] OLG Düsseldorf Beschl. v. 30.7.2003 – Verg 32/03, BeckRS 9998, 04707; *Weyand* Rn. 94.
[141] VK Bund Beschl. v. 16.4.2015 – VK 2-27/15, BeckRS 2016, 06071; VK Schleswig Holstein Beschl. v. 20.10.2010 – VK-SH 16/10, BeckRS 2015, 03371; VK Niedersachsen Beschl. v. 13.8.2002 – 26045-VgK-9/2002, IBRRS 2013, 5233.
[142] jurisPK-VergabeR/*Horn* Rn. 80; HHKW/*Steiff* Rn. 31.

Abs. 3 liegen zB vor, wenn Preise zur Verbesserung der Angebote nachträglich heruntergehandelt werden,[143] fehlende Preisangaben ergänzt,[144] Einheitspreise pauschaliert, nachträglich die Umsatzsteuer hinzugefügt, oder nachträglich die Parameter einer Lohngleit- oder Materialpreisgleitklausel verhandelt werden.[145]

2. Ausnahme bei Nebenangeboten. Ausnahmsweise sind gem. § 15 Abs. 3 Hs. 2 Verhandlungen gestattet, wenn sie bei Nebenangeboten oder Angeboten aufgrund eines Leistungsprogramms nötig sind, um unumgängliche technische Änderungen geringen Umfangs und sich daraus ergebende Änderungen der Preise zu vereinbaren. Dies ist eine eng auszulegende Ausnahme vom Nachverhandlungsverbot des § 15 Abs. 3, die sich aus der Notwendigkeit ergibt, bei Nebenangeboten oder Angeboten aufgrund eines Leistungsprogramms technische Änderungen geringen Umfangs und daraus folgende Preisanpassungen vorzunehmen. Damit werden ansonsten erforderliche Aufhebungen von Ausschreibungen vermieden.[146] Voraussetzungen hierfür sind das Vorliegen von aufklärungsbedürftigen Zweifeln bei Nebenangeboten sowie bei Angeboten aufgrund eines Leistungsprogramms. Weitere Voraussetzung ist das Vorliegen unumgänglich notwendiger technischer Änderungen geringen Umfangs, ohne die eine sachgerechte Ausführung nicht möglich wäre.[147] Unumgängliche technische Änderungen geringen Umfangs sind allein solche, die im Vergleich zur Bedeutung und zur Ausgestaltung des Gesamtauftrages eine nur unwesentliche Bedeutung haben.[148] Das Vorliegen einer unwesentlichen Bedeutung der technischen Änderung geringen Umfangs in diesem Sinne ist durch Vergleich der geänderten Ausführung zur bisherigen Ausführungsart und zum bisherigen Ausführungsumfang zu ermitteln.[149] Die Grenzen der Zulässigkeit sind dabei an den Auswirkungen auf die Preise und an der Menge der Änderungen insgesamt zu messen.[150]

Die ausnahmsweise Zulassung von Nachverhandlungen gem. § 15 Abs. 3 Hs. 2 ist restriktiv auszulegen. Die ausnahmsweise Zulassung einer Nachverhandlung gem. § 15 Abs. 3 Hs. 2 darf nur dazu dienen, ein für sich genommen bereits zuschlagsfähiges Angebot zu präzisieren und zu optimieren.[151] Keinesfalls ist es gem. § 15 Abs. 3 Hs. 2 statthaft, ein nicht zuschlagsfähiges (Neben-)Angebot durch Nachverhandlung erst zuschlagsfähig zu machen.[152] Unstatthaft ist es auch, im Rahmen von Aufklärungsverhandlungen Angaben abzufordern, die zum Nachweis der Gleichwertigkeit eines Nebenangebots erforderlich sind.[153] Der Auftraggeber hat in diesem Zusammenhang besondere Vorsicht walten zu lassen und das von ihm erachtete Vorliegen des Ausnahmetatbestandes des § 15 Abs. 3 Hs. 2 sorgsam zu dokumentieren. Anderenfalls setzt er sich dem Vorwurf einer unzulässigen Nachverhandlung mit Preismanipulation aus.[154]

Das im Rahmen des Ausnahmetatbestandes des § 15 Abs. 3 Hs. 2 nachverhandelte Nebenangebot muss schließlich gem. § 8 Abs. 2 Nr. 3 in der Bekanntmachung oder den Vergabeunterlagen zugelassen worden sein und den formellen Anforderungen des § 13 Abs. 3 S. 1, 2 entsprechen. Angebote aufgrund eines Leistungsprogramms müssen gem. § 7c

---

[143] HHKW/*Steiff* Rn. 31.
[144] VK Brandenburg Beschl. v. 18.6.2003 – VK 31/03, IBRRS 2003, 2709; jurisPK-VergabeR/*Horn* Rn. 80.
[145] jurisPK-VergabeR/*Horn* Rn. 80; Kapellmann/Messerschmidt/*Planker* Rn. 20, 22; HHKW/*Steiff* Rn. 32.
[146] KG Beschluss v. 13.10.1999 – KartVerg 31/99, IBRRS 2003, 0627; VK Arnsberg Beschl. v. 4.11.2002 – VK 1-23/02, IBRRS 2003, 0569; jurisPK-VergabeR/*Horn* Rn. 82; Ingenstau/Korbion/*von Wietersheim* Rn. 22.
[147] Ingenstau/Korbion/*von Wietersheim* Rn. 24; HHKW/*Steiff* Rn. 35.
[148] HHKW/*Steiff* Rn. 35.
[149] VK Saarland Beschl. v. 27.5.2005 – 3 VK 02/2005, IBRRS 2006, 1833; *Weyand* Rn. 103.
[150] VK Saarland Beschl. v. 27.5.2005 – 3 VK 02/2005, IBRRS 2006, 1833; *Weyand* Rn. 103.
[151] HHKW/*Steiff* Rn. 36; *Weyand* Rn. 103/1.
[152] HHKW/*Steiff* Rn. 36.
[153] OLG Frankfurt a. M. Beschl. v. 26.3.2002 – 11 Verg 3/01, NZBau 2002, 692; VK Baden-Württemberg Beschl. v. 27.4.2004 – 1 VK 13/04, IBRRS 2004, 1195.
[154] Ingenstau/Korbion/*von Wietersheim* Rn. 26.

Abs. 1–3 zulässigerweise im Rahmen der Ausschreibung verlangt worden sein.[155] Für die Einhaltung der Voraussetzung des § 15 Abs. 3 Hs. 2 ist der Auftraggeber beweispflichtig.[156]

§ 16 Ausschluss von Angeboten

(1) Auszuschließen sind:
1. Angebote, die bei Ablauf der Angebotsfrist nicht vorgelegen haben, ausgenommen Angebote nach § 14 Absatz 5 bzw. § 14a Absatz 6,
2. Angebote, die den Bestimmungen des § 13 Absatz 1 Nummer 1, 2 und 5 nicht entsprechen,
3. Angebote, die den Bestimmungen des § 13 Absatz 1 Nummer 3 nicht entsprechen; ausgenommen solche Angebote, bei denen lediglich in einer einzelnen unwesentlichen Position die Angabe des Preises fehlt und durch die Außerachtlassung dieser Position der Wettbewerb und die Wertungsreihenfolge, auch bei Wertung dieser Position mit dem höchsten Wettbewerbspreis, nicht beeinträchtigt werden,
4. Angebote, bei denen der Bieter Erklärungen oder Nachweise, deren Vorlage sich der Auftraggeber vorbehalten hat, auf Anforderung nicht innerhalb einer angemessenen, nach dem Kalender bestimmten Frist vorgelegt hat. Satz 1 gilt für Teilnahmeanträge entsprechend,
5. Angebote von Bietern, die in Bezug auf die Ausschreibung eine Abrede getroffen haben, die eine unzulässige Wettbewerbsbeschränkung darstellt,
6. Nebenangebote, wenn der Auftraggeber in der Bekanntmachung oder in den Vergabeunterlagen erklärt hat, dass er diese nicht zulässt,
7. Nebenangebote, die dem § 13 Absatz 3 Satz 2 nicht entsprechen,
8. Angebote von Bietern, die im Vergabeverfahren vorsätzliche unzutreffende Erklärungen in Bezug auf ihre Fachkunde, Leistungsfähigkeit und Zuverlässigkeit abgegeben haben.

(2) Außerdem können Angebote von Bietern ausgeschlossen werden, wenn
1. ein Insolvenzverfahren oder ein vergleichbares gesetzlich geregeltes Verfahren eröffnet oder die Eröffnung beantragt worden ist oder der Antrag mangels Masse abgelehnt wurde oder ein Insolvenzplan rechtskräftig bestätigt wurde,
2. sich das Unternehmen in Liquidation befindet,
3. nachweislich eine schwere Verfehlung begangen wurde, die die Zuverlässigkeit als Bewerber oder Bieter in Frage stellt,
4. die Verpflichtung zur Zahlung von Steuern und Abgaben sowie der Beiträge zur gesetzlichen Sozialversicherung nicht ordnungsgemäß erfüllt wurde,
5. sich das Unternehmen nicht bei der Berufsgenossenschaft angemeldet hat.

Schrifttum: *Hausmann/Queisner,* Die Zulässigkeit von Bietergemeinschaften im Vergabeverfahren, NZBau 2015, 402; *Jäger/Graef,* Bildung von Bietergemeinschaften durch konkurrierende Unternehmen, NZBau 2012, 213; *Schulte,* Das Bietergemeinschaftskartell im Vergaberecht – Drum prüfe, wer sich (ewig) bindet –, ZfBR 2013, 223.

Übersicht

	Rn.		Rn.
I. Überblick	1	a) Wettbewerbsbeschränkende Abrede (Abs. 1 Nr. 5)	2–10
II. Regelungsgehalt	2–14	b) Ausschluss wegen vorsätzlich unzutreffender Erklärungen (Abs. 1 Nr. 8)	11, 12
1. Zwingende Ausschlussgründe	2–12	2. Fakultative Ausschlussgründe	13, 14

---
[155] Ingenstau/Korbion/*von Wietersheim* Rn. 27.
[156] Ingenstau/Korbion/*von Wietersheim* Rn. 28.

Ausschluss von Angeboten 1–3 § 16 VOB/A

I. Überblick

Hinsichtlich § 16 Abs. 1 Nr. 1–4 sowie Nr. 6 und Nr. 7, letzterer in Bezug auf nicht zugelassene Nebenangebote, wird auf die Kommentierung zu § 16EU verwiesen (→ § 16EU Rn. 1 ff.). Die dort geregelten zwingenden Ausschlusstatbestände entsprechen im Wesentlichen den zwingenden Ausschlussgründen in § 16EU. Zusätzlich enthalten § 16 Abs. 1 Nr. 5 und Nr. 8 **zwingende Ausschlusstatbestände** für Angebote von Bietern, die in Bezug auf die Ausschreibung eine Abrede getroffen haben, die eine unzulässige Wettbewerbsbeschränkung darstellt und Angebote von Bietern, die in Bezug auf ihre Fachkunde, Leistungsfähigkeit und Zuverlässigkeit vorsätzliche Falschangaben getätigt haben. Des Weiteren enthält § 16 Abs. 2 einen Katalog von Ausschlusstatbeständen, bei deren Vorliegen der Auftraggeber das Angebot eines bzw. die Angebote mehrerer Bieter ausschließen kann. Dem Auftraggeber steht bei den **fakultativen Ausschlussgründen** ein Ermessens- und Beurteilungsspielraum zu. 1

II. Regelungsgehalt

1. Zwingende Ausschlussgründe. a) Wettbewerbsbeschränkende Abrede (Abs. 1 Nr. 5). Nach § 16 Abs. 1 Nr. 5 sind Angebote von Bietern auszuschließen, die in Bezug auf die Ausschreibung eine Abrede getroffen haben, die eine unzulässige Wettbewerbsbeschränkung darstellt. Der Begriff der Wettbewerbsbeschränkung kommt aus dem Kartellrecht.[1] Gemäß § 1 GWB sind Vereinbarungen zwischen Unternehmen, Beschlüsse von Unternehmensvereinigungen und aufeinander abgestimmte Verhaltensweisen, die eine Verhinderung, Einschränkung oder Verfälschung des Wettbewerbs bezwecken oder bewirken, verboten. Wettbewerbsbeschränkende und unlautere Verhaltensweisen sind nach § 2 Abs. 1 Nr. 2 zu bekämpfen. Wettbewerbsbeschränkende Abreden werden als derart gewichtige Verstöße gewertet, dass sie nach Zuschlagserteilung einen Kündigungsgrund darstellen. Gemäß § 8 Abs. 4 S. 1 Nr. 1 VOB/B kann der Auftraggeber den Auftrag entziehen, wenn der Auftragnehmer **aus Anlass der Vergabe** eine Abrede getroffen hatte, die eine unzulässige Wettbewerbsbeschränkung darstellt. Werden wettbewerbsbeschränkende Abreden erst nach Vertragsschluss für den Auftraggeber erkennbar, hat dieser folglich die Möglichkeit innerhalb von zwölf Werktagen nach Bekanntwerden des Kündigungsgrundes die Kündigung auszusprechen. Die wettbewerbsbeschränkende Abrede muss in Bezug auf die **konkrete Ausschreibung** erfolgen. 2

aa) Begriff. Der Begriff der wettbewerbsbeschränkenden Abrede ist weit auszulegen. Er ist nicht auf gesetzeswidriges Verhalten beschränkt, sondern umfasst auch alle sonstigen **Absprachen und Verhaltensweisen** eines Bieters, die mit dem vergaberechtlichen Wettbewerbsgebot unvereinbar sind.[2] Der Wettbewerb muss durch voneinander unabhängige Beteiligung mehrerer Unternehmer gesichert sein.[3] Nur so kann der öffentliche Auftraggeber eine wirtschaftliche Beschaffung sicherstellen, da jeder einzelne Bieter gehalten ist, selbst bis an die eigene Rentabilitätsgrenze zu kalkulieren.[4] Wesentliches und unverzichtbares Merkmal einer Auftragsvergabe im Wettbewerb ist die Gewährleistung eines **Geheimwettbewerbs** zwischen den an der Ausschreibung teilnehmenden Bietern. Ein echter Bieterwettbewerb ist nur dann möglich, wenn jeder Bieter die ausgeschriebenen Leistungen in Unkenntnis der anderen Angebote anbietet.[5] Bereits die Kenntnis von den Angebotsgrundlagen oder der Kalkulation konkurrierender Bieter verhindert einen echten Wettbewerb zwischen den Bietern, da für den Bieter die Möglichkeit besteht sein eigenes Angebot an den ihm bekannten 3

---
[1] Beck VergabeR/*Opitz*, 2. Aufl. 2013, Rn. 113.
[2] OLG München Beschl. v. 11.8.2008 – Verg 16/08, ZfBR 2008, 721; OLG Düsseldorf Beschl. v. 27.7.2006 – Verg 23/06, BauR 2007, 938; Ingenstau/Korbion/*von Wietersheim* Rn. 18; Kapellmann/Messerschmidt/*Frister* Rn. 35.
[3] Ingenstau/Korbion/*von Wietersheim* Rn. 19.
[4] VK Thüringen Beschl. v. 9.11.2017 – 250-4003-8222/2017-E-S-015-GTH.
[5] OLG Jena Beschl. v. 19.4.2004 – 6 Verg 3/04, IBRRS 2004, 4172; OLG Düsseldorf Beschl. v. 27.7.2006 – Verg 23/06, BauR 2007, 93; OLG München Beschl. v. 11.8.2008 – Verg 16/08, ZfBR 2008, 721; Kapellmann/Messerschmidt/*Frister* Rn. 35.

Bedingungen der Konkurrenz ausrichten.[6] Eine ausdrückliche Absprache zwischen den Bietern ist für die Annahme eines Verstoßes gegen den Gemeinwettbewerb dagegen nicht erforderlich.[7]

4 Die Bejahung des Ausschlusstatbestandes setzt nicht die Erfüllung des Tatbestandes gem. § 298 StGB (Wettbewerbsbeschränkende Absprachen bei Ausschreibungen) voraus.[8] Nach § 298 Abs. 1 StGB wird mit einer Freiheitsstrafe bis zu fünf Jahren oder mit Geldstrafe bestraft, wer bei einer Ausschreibung über Waren oder Dienstleistungen ein Angebot abgibt, das auf einer rechtswidrigen Absprache beruht, die darauf abzielt, den Veranstalter zur Annahme eines bestimmten Angebots zu veranlassen. Rechtswidrig ist eine Absprache, wenn sie gegen das GWB oder Art. 101, 102 AEUV verstößt.[9] Regelmäßig werden Angebote bei Erfüllung des Tatbestandes von § 298 StGB auch nach § 16 Abs. 1 Nr. 5 auszuschließen sein. Dennoch handelt es sich um zwei unabhängig voneinander durchzuführende Prüfungen, wobei der Ausschluss eines Angebotes nach § 16 Abs. 1 Nr. 5 nicht Tatbestandsvoraussetzung von § 298 StGB und die Strafbarkeit der wettbewerbsbeschränkenden Absprache nicht Voraussetzung für einen Angebotsausschluss nach § 16 Abs. 1 Nr. 5 ist.

5 Beruft sich der Auftraggeber auf einen Verstoß gegen das Geheimhaltungsgebot muss er dem Bieter die Kenntnis vom Konkurrenzangebot nachweisen, um dessen Angebot ausschließen zu können.[10] Stellt der Auftraggeber eine entsprechende Kenntnis fest, muss er dem vom Ausschluss bedrohten Bieter die Gelegenheit geben, zu widerlegen, dass die Angebote voneinander beeinflusst worden sind.[11] **Konzernverbundene Unternehmen,** die jeweils Kenntnis davon haben, dass auch der andere Angebote in einem Vergabeverfahren abgibt, müssen bereits mit Angebotsabgabe die grundsätzliche Vermutung dafür, dass der Geheimwettbewerb zwischen ihnen nicht gewahrt ist, widerlegen.[12] Die Vermutung, dass Angebote verbundener Unternehmen für denselben Auftrag voneinander beeinflusst worden sind, ist aber nicht unwiderlegbar.[13] Vielmehr bedarf es einer Prüfung und Würdigung, ob der Inhalt der abgegebenen Angebote durch die sich aus der Verbundenheit ergebenden Verflechtungen und Abhängigkeiten beeinflusst worden ist.[14] Die Feststellung eines wie auch immer gearteten Einflusses genügt dabei für den Ausschluss dieses Unternehmens.[15]

6 **bb) Preisabsprachen/Submissionsabsprachen.** Zu den wettbewerbsbeschränkenden Abreden zählen ua Preisabsprachen zwischen zwei oder mehreren Bietern, aber auch **sonstige Absprachen,** wie zB Absprachen über eine Nichtbeteiligung am Wettbewerb – ggf. gegen Leistung von Abstandszahlungen,[16] die räumliche Aufteilung von Bieterterritorien oder die Abgabe von Scheinangeboten,[17] welche die Zuschlagserteilung an einen zuvor von den Mitbewerbern ermittelten Bieter zum Ziel hat.

---

[6] OLG Naumburg Beschl. v. 2.8.2012 – 2 Verg 3/12, BeckRS 2012, 21447.
[7] OLG Düsseldorf Beschl. v. 27.7.2006 – Verg 23/06, BauR 2007, 93; VK Thüringen Beschl. v. 9.11.2017 – 250-4003-8222/2017-E-S-015-GTH.
[8] Beck VergabeR/*Opitz* 115; insoweit unklar Ingenstau/Korbion/*von Wietersheim* Rn. 20.
[9] BGH Beschl. v. 25.7.2012 – 2 StR 154/12, NJW 2012, 3318.
[10] OLG Naumburg Beschl. v. 2.8.2012 – 2 Verg 3/12, BeckRS 2012, 21447.
[11] OLG Naumburg Beschl. v. 2.8.2012 – 2 Verg 3/12, BeckRS 2012, 21447; Kapellmann/Messerschmidt/*Frister* Rn. 36.
[12] OLG Düsseldorf Beschl. v. 13.4.2011 – Verg 4/11, NZBau 2011, 371.
[13] EuGH Urt. v. 19.5.2009 – C-538/07, NZBau 2009, 607.
[14] EuGH Urt. v. 19.5.2009 – C-538/07, NZBau 2009, 607; Kapellmann/Messerschmidt/*Frister* Rn. 36.
[15] EuGH Urt. v. 19.5.2009 – C-538/07, NZBau 2009, 607; OLG Düsseldorf Beschl. v. 19.11.2011 – Verg 63/11, BeckRS 2011, 26032: Eine gemeinsame Rechtsabteilung innerhalb eines Konzernverbundes, die keine Kenntnis von den kalkulationsrelevanten Tatsachen erhält und nur wegen allgemeiner vergaberechtlicher Fragen angegangen wird, begründet noch keinen Verstoß gegen den Geheimwettbewerb. Sollte ausnahmsweise die Rechtsabteilung doch Kenntnis von den kalkulationserheblichen Tatsachen erhalten, reicht eine Verschwiegenheitsverpflichtung ihrer Mitglieder gegenüber dem jeweils anderen Unternehmen als Maßnahme aus, um sicherzustellen, dass kalkulationsrelevante Tatsachen nicht von einem Unternehmen an das andere Unternehmen fließen können.
[16] Kapellmann/Messerschmidt/*Frister* Rn. 34.
[17] Beck VergabeR/*Opitz*, 2. Aufl. 2013, Rn. 115.

cc) **Bietergemeinschaften.** Der Zusammenschluss mehrerer Unternehmen zu einer 7 Bietergemeinschaft zur gemeinsamen Abgabe eines Angebotes und, im Falle der Zuschlagserteilung, Durchführung des Auftrags ist nach § 1 GWB nicht per se unzulässig.[18] So ist die Beteiligung von Bietergemeinschaften als Bieter im Rahmen einer Ausschreibung in § 6 Abs. 2 ausdrücklich vorgesehen. Die Zulässigkeit von Bietergemeinschaften findet ihre **Grenzen in § 1 GWB,** wobei keine Vermutung dafür streitet, dass eine Bietergemeinschaft eine Verhinderung, Einschränkung oder Verfälschung des Wettbewerbs bezweckt oder bewirkt.[19] Zunächst ist zu differenzieren/prüfen, ob die sich zusammenschließenden Unternehmen in Bezug auf die konkrete Ausschreibung überhaupt in einem potentiellen Wettbewerb zueinander stehen. Kommt die Beteiligung eines Mitgliedes der Bietergemeinschaft an der Ausschreibung mit einem eigenen Angebot von vornherein nicht in Betracht, ist die **Bietergemeinschaftsvereinbarung** nicht geeignet, den potentiellen Wettbewerb zu beschränken.[20] Es sind verschiedene Gründe denkbar, welche die einzelnen Mitglieder der Bietergemeinschaft daran hindern, selbstständige Angebote abzugeben. Sind diese in unterschiedlichen Märkten tätig bzw. enthält die konkrete Ausschreibung Anforderungen und Bedingungen, die von den Mitgliedern einzeln nicht erfüllt werden können, fehlt es an einem potentiellen Wettbewerb. Aber auch, wenn es sich um konkurrierende Unternehmen handelt, können diese keine eigenen Angebote abgeben, wenn sie einzeln – in Bezug auf die konkrete Ausschreibung – nicht über die erforderlichen Kapazitäten in technischer und/oder personeller Hinsicht verfügen oder diese Kapazitäten zwar grundsätzlich vorhanden, aufgrund von anderen Ausschreibungen aber gebunden sind. In diesen Fällen kann dem Zusammenschluss mehrerer, im potentiellen Wettbewerb zueinander stehenden Unternehmen eine **mittelstands- und wettbewerbsfördernde Wirkung** zukommen.[21] Problematisch sind diejenigen Fälle, in denen sich konkurrierende Unternehmen zu einer Bietergemeinschaft zusammenschließen, die selbst über die geforderten Kapazitäten, technischen Ausrüstungen und fachlichen Kenntnisse verfügen, um den Auftrag auszuführen. Ein solcher Zusammenschluss kann den Tatbestand der wettbewerbsbeschränkenden Abrede erfüllen.

Der BGH hat im Rahmen der sogenannten **„Schramberg-Entscheidung"** zunächst 8 ausgeführt, dass auch der Zusammenschluss von gleichartigen, grundsätzlich zueinander in Konkurrenz stehenden Unternehmen, deren Kapazitäten, technische Einrichtungen und fachlichen Kenntnisse ausreichen würden, den Auftrag selbstständig auszuführen, nicht per se unzulässig ist.[22] Vorstehendes soll jedenfalls dann geltend, wenn die Entscheidung über den Zusammenschluss **„subjektiv"** in der Erkenntnis getroffen wurde, dass eine selbstständige Teilnahme an der Ausschreibung *„wirtschaftlich nicht zweckmäßig und kaufmännisch nicht vernünftig wäre"*.[23] Unter Berücksichtigung dieser Entscheidung kam es für die Beurteilung der Zulässigkeit einer Bietergemeinschaft entscheidend darauf an, ob der Entschluss zum Zusammenschluss für auch nur eines der beteiligten Unternehmen keine, im Rahmen zweckmäßigen und kaufmännisch vernünftigen Handelns liegende Entscheidung ist.[24] Die Gründe für die wirtschaftliche Zweckmäßigkeit und kaufmännische Vernünftigkeit müssen allerdings anhand von Fakten belegbar und objektiv nachvollziehbar sein.[25]

---

[18] OLG Düsseldorf Beschl. v. 17.12.2014 – VII-Verg 22/14, BeckRS 2015, 00626.
[19] OLG Düsseldorf Beschl. v. 17.12.2014 – VII-Verg 22/14; NZBau 2015, 176.; VK Rheinland Beschl.v. 11.2.2015 – VK VOB 32/2014, IBRRS 2015, 0664. Das OLG Düsseldorf führte im Rahmen einer Entscheidung im Jahr 2011 noch aus, dass die Verabredung einer Bietergemeinschaft in Bezug auf eine Auftragsvergabe im Allgemeinen die gegenseitige Verpflichtung einschließt, von eigenen Angeboten abzusehen und mit anderen Unternehmen nicht zusammenzuarbeiten, was grundsätzlich den Tatbestand einer Wettbewerbsbeschränkung iSd § 1 GWB erfülle. Inwieweit eine Bietergemeinschaft wettbewerbsunschädlich ist, müsse dann im Einzelfall geprüft werden: OLG Düsseldorf Beschl. v. 9.11.2011 – VII-Verg 35/11, NZBau 2012, 252.
[20] *Schulte* ZfBR 2013, 223 (224).
[21] *Schulte* ZfBR 2013, 223 (223); so auch *Jäger/Graef* NZBau 2012, 213 (214).
[22] BGH Urt. v. 13.12.1983 – KRB 3/83, GRUR 1984, 379.
[23] BGH Urt. v. 13.12.1983 – KRB 3/83, GRUR 1984, 379.
[24] OLG Koblenz Beschl. v. 29.12.2004 – 1 Verg 6/04, ZfBR 2005, 407.
[25] *Jäger/Graef* NZBau 2012, 213 (215): Nicht anerkannt werden von jedem Unternehmen verfolgte Ziele, wie bspw. die Maximierung der erzielbaren Vergütung.

9 Das OLG Düsseldorf hat zuletzt zutreffend ausgeführt, dass der Zusammenschluss von konkurrierenden Unternehmen, die für sich genommen leistungsfähig sind, wettbewerbsunschädlich sein kann. Voraussetzung dafür ist, dass im Rahmen einer wirtschaftlich zweckmäßigen und kaufmännisch vernünftigen Entscheidung erst der Zusammenschluss **ein erfolgversprechendes Angebot** ermöglicht.[26] Die Entscheidung eines Unternehmens, sich als Mitglied einer Bietergemeinschaft an einer Ausschreibung zu beteiligen, unterliegt der Einschätzungsprärogative der beteiligten Unternehmen, die nur beschränkt auf die Einhaltung ihrer Grenzen kontrollierbar ist. Allerdings muss diese auf **objektiven Anhaltspunkten** beruhen, deren Vorliegen uneingeschränkt zu überprüfen ist.[27]

10 Die Bietergemeinschaft muss auf Aufforderung des Auftraggebers darlegen, dass ihre Bildung nicht gegen § 1 GWB verstößt. Diese **Darlegung** muss jedoch nicht schon mit der Abgabe des Angebots erfolgen, weil es gerade keine Vermutung gem. § 1 GWB dahingehend gibt, dass eine Bietergemeinschaft eine Verhinderung, Einschränkung oder Verfälschung des Wettbewerbs bezweckt oder bewirkt.[28] Liegen zureichende Anhaltspunkte für einen Verstoß vor, weil es sich um konkurrierende Unternehmen handelt, bei denen nicht ersichtlich ist, weshalb diese objektiv nicht in der Lage waren, ein eigenes Angebot abzugeben, muss der Auftraggeber eine entsprechende Darlegung verlangen.

11 **b) Ausschluss wegen vorsätzlich unzutreffender Erklärungen (Abs. 1 Nr. 8).** Gemäß § 16 Abs. 1 Nr. 8 sind Angebote von Bietern auszuschließen, die im Vergabeverfahren vorsätzlich unzutreffende Erklärungen **in Bezug auf ihre Fachkunde, Leistungsfähigkeit und Zuverlässigkeit** abgegeben haben. Eine vorsätzlich unzutreffende Erklärung liegt nur vor, wenn die Erklärung gewollt und in voller Kenntnis der Fehlerhaftigkeit abgegeben wurde.[29] Dem steht es gleich, wenn Bieter unrichtige Behauptungen ohne tatsächliche Grundlage „*ins Blaue hinein*" aufstellen. Dies gilt jedenfalls dann, wenn Erklärungen abgegeben werden, ohne tatsächliche Kenntnis vom Erklärten zu haben und dieser Umstand dem Erklärungsempfänger verschwiegen wird.[30] Im Fall der Eignungsleihe führen auch vorsätzliche **falsche Angaben des Nachunternehmers** zum Angebotsausschluss nach § 16 Abs. 1 Nr. 8.[31] Der Auftraggeber ist nach § 16b Abs. 1 auch zur Prüfung der Eignung von Nachunternehmern verpflichtet, da diese einen Teil der vom Auftragnehmer zu erbringenden Leistungen ausführen werden. Insoweit müssen Nachunternehmer für die zu übernehmenden Teile der Leistung in fachlicher, persönlicher und wirtschaftlicher Hinsicht denselben Eignungsanforderungen genügen wie der Auftragnehmer.[32] Unerheblich ist dabei, ob der Bieter Kenntnis von den falschen Angaben des Nachunternehmers hat, solange dieser die Erklärung selbst vorsätzlich abgegeben hat. Der Bieter muss sich die Falschangaben des Nachunternehmers zurechnen lassen.

12 Dem Wortlaut „*im Vergabeverfahren*" lässt sich nicht eindeutig entnehmen, ob nur vorsätzlich unzutreffende Erklärungen **im laufenden Vergabeverfahren** oder auch **aus früheren Ver-**

---

[26] OLG Düsseldorf Beschl. v. 8.6.2016 – Verg 3/16, BeckRS 2016, 13184.
[27] OLG Düsseldorf Beschl. v. 8.6.2016 – Verg 3/16, BeckRS 2016, 13184: Gegenstand der Ausschreibung waren Rabattvereinbarungen nach § 130a Abs. 8 SGB V, wobei Zuschlagskriterium die Wirtschaftlichkeit des Rabatt-ApU festgelegt wurde. Dieser wird anhand der Gesamtwirtschaftlichkeitsmaßzahl ermittelt. Für die Erfolgsaussichten des Angebots war die Sortimentsabdeckung von entscheidender Bedeutung. Hier führt die Bildung von Bietergemeinschaften von Unternehmen, deren Sortimentsbreite unter der potentieller Wettbewerber liegt, dazu, dass überhaupt erst ein Angebot abgegeben werden kann, welches Aussicht auf Zuschlagserteilung hat. Das OLG Düsseldorf hat ausgeführt, dass es jedenfalls im Rahmen einer wirtschaftlich zweckmäßig und kaufmännisch vernünftigen Entscheidung vertretbar war, dass sich die Unternehmen mit dem Ziel zusammengeschlossen haben, eine Sortimentsbreite zu erreichen, die sich der des leistungsstärksten Wettbewerbers nähert.
[28] OLG Saarbrücken Beschl.v. 27.6.2016 – 1 Verg 2/16, IBRRS 2016, 2618.
[29] VK Hessen Beschl. v. 18.8.2016 – 69d-VK-05/2016; BeckRS 2016, 113042.
[30] So auch Ingenstau/Korbion/*von Wietersheim* Rn. 35.
[31] OLG Frankfurt a. M. Beschl. v. 11.10.2016 – 11 Verg 12/16, NZBau 2017, 183; OLG Düsseldorf Beschl. v. 16.11.2011 – Verg 60/11, ZfBR 2012, 179.
[32] OLG Düsseldorf Beschl. v. 16.11.2011 – Verg 60/11, ZfBR 2012, 179; VK Hessen Beschl. v. 18.8.2016 – 69d-VK-05/2016; BeckRS 2016, 113042.

gabeverfahren vom Ausschlussgrund erfasst sind.³³ Für die Erfassung von Vorstößen aus vorangegangenen Vergabeverfahren spricht, dass es sich bei vorsätzlichen Falschangaben um einen schwerwiegenden Verstoß handelt, der das **Vertrauensverhältnis** zwischen Bieter und Auftraggeber auch über das laufende Vergabeverfahren hinaus erschüttern kann und – je nach Schwere des Verstoßes – geeignet ist, über einen längeren Zeitraum Zweifel an der Zuverlässigkeit des Bieters zu begründen.³⁴ Der Ausschlusstatbestand gehört allerdings seit der Neufassung der VOB/A in 2009 zu den zwingenden Ausschlussgründen, sodass dem Auftraggeber kein Ermessen mehr zur Seite steht. Für einen Abwägungsvorgang durch den Auftraggeber, insbesondere für Verhältnismäßigkeitserwägungen ist somit kein Raum. Die Berücksichtigung von Falschangaben aus früheren Vergabeverfahren würde folglich zu längerfristigen Auftragssperren für den Bieter führen, ohne dass die Entscheidung über den Angebotsausschluss einer Verhältnismäßigkeitsprüfung zugänglich wäre. Die schwerwiegende Täuschung eines Unternehmens in Bezug auf Ausschlussgründe oder Eignungskriterien stellt dagegen oberhalb der Schwellenwerte einen fakultativen Ausschlussgrund dar (§ 6eEU Abs. 6 Nr. 8). Zum einen ist der Auftraggeber hier im Rahmen seiner Ermessensausübung an den Grundsatz der Verhältnismäßigkeit gebunden, zum anderen gewährt § 6fEU den Unternehmen die Möglichkeit der Selbstreinigung. Schließlich darf ein Unternehmen, welches keine ausreichenden Sanierungsmaßnahmen ergreift, bei Vorliegen eines zwingenden Ausschlussgrundes höchstens für einen Zeitraum von fünf Jahren und bei Vorliegen eines fakultativen Ausschlussgrundes von drei Jahren von der Teilnahme am Vergabeverfahren ausgeschlossen werden. Die unterschiedliche Handhabung bei Falschangaben/Täuschungen in Bezug auf Eignungskriterien im Bereich oberhalb und unterhalb der Schwellenwerte ist nicht nachvollziehbar. Da die Möglichkeit der Selbstreinigung bei Vergaben unterhalb der Schwellenwerte nicht vorgesehen ist und auch entsprechende Regelungen zu einer zeitlichen Begrenzung in Bezug auf die Berücksichtigung von Verstößen fehlen, spricht einiges für eine enge Auslegung von § 16 Abs. 1 Nr. 8 und somit die Beschränkung auf Falschangaben im laufenden Vergabeverfahren. Folgt man der Auffassung, dass Verstöße aus vorangegangenen Vergabeverfahren ebenfalls erfasst sind, ist eine zeitliche Begrenzung zwingend erforderlich.³⁵

2. Fakultative Ausschlussgründe. Des Weiteren hat der Auftraggeber nach § 16 Abs. 2 die Möglichkeit, Angebote von Bietern auszuschließen, die einen oder mehrere der in § 16 Abs. 2 Nr. 1–5 geregelten Ausschlussgründe erfüllen. Der Bewerber/Bieter muss zum Nachweis der Eignung zu den in § 16 Abs. 2 aufgezählten Ausschlussgründen nach § 6a Abs. 2 Nr. 5–9 Angaben machen. Die Erfüllung eines oder mehrerer Tatbestände führt dabei nicht zwingend zum Angebotsausschluss. Dem Auftraggeber steht ein **Beurteilungs- und Ermessensspielraum** zu, ob der Bieter trotz des Vorliegens eines oder mehrerer zum Ausschluss berechtigender Gründe noch genügend fachkundig, leistungsfähig und zuverlässig ist und damit die erforderliche Eignung aufweist.³⁶ Bei der **Prognoseentscheidung** steht dem Auftraggeber ein Beurteilungsspielraum zu, der von den Nachprüfungsinstanzen nur daraufhin überprüft werden kann, ob das vorgeschriebene Verfahren eingehalten und der zugrunde gelegte Sachverhalt vollständig und zutreffend ermittelt worden ist, keine sachwidrigen Erwägungen angestellt wurden und der Auftraggeber nicht gegen allgemeine Bewertungsgrundsätze verstoßen hat.³⁷

Hinsichtlich der einzelnen Ausschlusstatbestände wird auf die Kommentierung zu § 6a Abs. 2 Nr. 5–9 (→ § 6a Rn. 41 ff.) verwiesen.

13

14

§ 16a Nachforderung von Unterlagen

¹**Fehlen geforderte Erklärungen oder Nachweise und wird das Angebot nicht entsprechend § 16 Absatz 1 oder 2 ausgeschlossen, verlangt der Auftraggeber die**

---

³³ Beck VergabeR/*Opitz* Rn. 146.
³⁴ So Beck VergabeR/*Opitz* Rn. 146; Ingenstau/Korbion/*von Wietersheim* Rn. 37; OLG Celle Beschl. v. 8.12.2005 – 13 Verg 2/05; NZBau 2006, 197.
³⁵ Ingenstau/Korbion/*von Wietersheim* Rn. 37 zieht als Richtschnur einen Zeitraum von drei Jahren heran.
³⁶ Ingenstau/Korbion/*von Wietersheim* Rn. 40; Kapellmann/Messerschmidt/*Frister* Rn. 41.
³⁷ OLG Düsseldorf Beschl. v. 6.5.2011 – Verg 26/11, BeckRS 2011, 18447.

fehlenden Erklärungen oder Nachweise nach. ²Diese sind spätestens innerhalb von sechs Kalendertagen nach Aufforderung durch den Auftraggeber vorzulegen. ³Die Frist beginnt am Tag nach der Absendung der Aufforderung durch den Auftraggeber. ⁴Werden die Erklärungen oder Nachweise nicht innerhalb der Frist vorgelegt, ist das Angebot auszuschließen.

1   § 16a ist, bis auf kleine redaktionelle Unterschiede, wortgleich zu § 16aEU. Auf die Kommentierung zu § 16aEU kann daher verwiesen werden (→ § 16aEU Rn. 1 ff.).

§ 16b Eignung

(1) Bei Öffentlicher Ausschreibung ist zunächst die Eignung der Bieter zu prüfen. Dabei sind anhand der vorgelegten Nachweise die Angebote der Bieter auszuwählen, deren Eignung die für die Erfüllung der vertraglichen Verpflichtungen notwendigen Sicherheiten bietet; dies bedeutet, dass sie die erforderliche Fachkunde, Leistungsfähigkeit und Zuverlässigkeit besitzen und über ausreichende technische und wirtschaftliche Mittel verfügen.

(2) Bei Beschränkter Ausschreibung und Freihändiger Vergabe sind nur Umstände zu berücksichtigen, die nach Aufforderung zur Angebotsabgabe Zweifel an der Eignung des Bieters begründen (vgl. § 6b Absatz 4).

1   Die Durchführung der Eignungsprüfung für Vergaben unterhalb der Schwellenwerte ist in § 16b geregelt. Gemäß § 2 Abs. 1 Nr. 1 werden Bauleistungen an fachkundige, leistungsfähige und **zuverlässige** Unternehmen vergeben. Im Gegensatz zu Vergaben im Oberschwellenbereich gilt im Unterschwellenbereich noch der dreigliedrige Eignungsbegriff. Neben der Fachkunde und Leistungsfähigkeit ist somit die Zuverlässigkeit zu prüfen. Als zuverlässig ist ein Bieter anzusehen, wenn er Gewähr dafür bietet, die ausgeschriebene Leistung sorgfältig und ordnungsgemäß zu erbringen und er seinen gesetzlichen Verpflichtungen nachgekommen ist. (→ § 2 Rn. 26 f.). Die Zuverlässigkeit ist immer mit Blick auf die ausgeschriebene Leistung zu beurteilen. Die Prüfung erfordert eine **Prognoseentscheidung,** die aufgrund eines in der Vergangenheit liegenden Verhaltens des Bieters im Berufs- und Arbeitsleben erfolgt, aber eine Bewertung dahingehend erfordert, inwieweit dieser die von ihm jetzt angebotene Leistung vertragsgemäß erbringen wird. Hierbei steht dem Auftraggeber ein Beurteilungsspielraum zu. An dieser Stelle kann auf die Kommentierung zu § 16bEU verwiesen werden (→ § 16EU Rn. 6).

2   Im Hinblick auf die Eignungsnachweise kann der öffentliche Auftraggeber gem. § 6a Abs. 3 über die in § 6a Abs. 2 genannten Angaben hinaus auch andere, auf den konkreten Auftrag bezogene zusätzliche, insbesondere für die Prüfung der Fachkunde **geeignete Angaben** verlangen. Die Aufzählung unter Abs. 2 ist somit **nicht abschließend.** Dem Auftraggeber steht hinsichtlich der Frage, was durch den Auftragsgegenstand gerechtfertigt und ihm angemessen ist, ein Beurteilungsspielraum zu. Er darf diejenigen Eignungsnachweise fordern, die er zur Sicherstellung seines Erfüllungsinteresses für erforderlich hält, die mit den gesetzlichen Bestimmungen im Einklang stehen und die nicht unverhältnismäßig, nicht unangemessen und für die Bieter nicht unzumutbar sind (→ § 6a Rn. 51 ff.).

3   Bei Beschränkter Ausschreibung und Freihändiger Vergabe erfolgt die Eignungsprüfung vor Aufforderung zur Angebotsabgabe – der Auftraggeber hat mit der Auswahl der geeigneten Unternehmen folglich bereits eine Entscheidung über die Eignung getroffen. Insoweit sind bei diesen Ausschreibungen nach § 16b nur neue oder erst später bekannt gewordene Umstände zu berücksichtigen, die nach Aufforderung zur Angebotsabgabe **Zweifel** an der Eignung des Bieters begründen (→ § 16bEU Rn. 9). Der Auftraggeber darf Aufträge nur an fachkundige, leistungsfähige und zuverlässige Unternehmen vergeben. Bei beschränkter Ausschreibung und Freihändiger Vergabe ist er aber nach Aufforderung zur Angebotsabgabe – bei Zugrundelegung des unveränderten Sachverhalts bzw. der gleichen Entschei-

dungsgrundlage – an seine einmal getroffene Entscheidung gebunden. Nur neue Umstände bzw. erst später bekannt gewordene, die demnach nicht mit in die abgeschlossene Eignungsprüfung eingeflossen sind und die Zweifel an der Eignung begründen, können Berücksichtigung finden.

§ 16c Prüfung

(1) Die nicht ausgeschlossenen Angebote geeigneter Bieter sind auf die Einhaltung der gestellten Anforderungen, insbesondere in rechnerischer, technischer und wirtschaftlicher Hinsicht zu prüfen.

(2)
1. Entspricht der Gesamtbetrag einer Ordnungszahl (Position) nicht dem Ergebnis der Multiplikation von Mengenansatz und Einheitspreis, so ist der Einheitspreis maßgebend.
2. Bei Vergabe für eine Pauschalsumme gilt diese ohne Rücksicht auf etwa angegebene Einzelpreise.
3. Die Nummern 1 und 2 gelten auch bei Freihändiger Vergabe.

(3) Die aufgrund der Prüfung festgestellten Angebotsendsummen sind in der Niederschrift über den Öffnungstermin zu vermerken.

§ 16c ist im Wesentlichen identisch mit § 16cEU, weshalb auf die dortige Kommentierung 1 verwiesen wird (→ § 16cEU Rn. 1 ff.). Die in § 16cEU Abs. 1 S. 2 enthaltene Regelung zur Nachweisführung in Bezug auf die Einhaltung spezifischer umweltbezogener, sozialer und sonstiger Merkmale findet sich in § 16c Abs. 1 nicht. In § 16c Abs. 2 Nr. 3 wird klargestellt, dass Nr. 1 und 2 auch bei Freihändiger Vergabe gelten.

§ 16d Wertung

(1)
1. Auf ein Angebot mit einem unangemessen hohen oder niedrigen Preis darf der Zuschlag nicht erteilt werden.
2. ¹Erscheint ein Angebotspreis unangemessen niedrig und ist anhand vorliegender Unterlagen über die Preisermittlung die Angemessenheit nicht zu beurteilen, ist in Textform vom Bieter Aufklärung über die Ermittlung der Preise für die Gesamtleistung oder für Teilleistungen zu verlangen, gegebenenfalls unter Festlegung einer zumutbaren Antwortfrist. ²Bei der Beurteilung der Angemessenheit sind die Wirtschaftlichkeit des Bauverfahrens, die gewählten technischen Lösungen oder sonstige günstige Ausführungsbedingungen zu berücksichtigen.
3. ¹In die engere Wahl kommen nur solche Angebote, die unter Berücksichtigung rationellen Baubetriebs und sparsamer Wirtschaftsführung eine einwandfreie Ausführung einschließlich Haftung für Mängelansprüche erwarten lassen. ²Unter diesen Angeboten soll der Zuschlag auf das Angebot erteilt werden, das unter Berücksichtigung aller Gesichtspunkte, wie z.B. Qualität, Preis, technischer Wert, Ästhetik, Zweckmäßigkeit, Umwelteigenschaften, Betriebs- und Folgekosten, Rentabilität, Kundendienst und technische Hilfe oder Ausführungsfrist als das wirtschaftlichste erscheint. ³Der niedrigste Angebotspreis allein ist nicht entscheidend.

(2) Ein Angebot nach § 13 Absatz 2 ist wie ein Hauptangebot zu werten.

(3) Nebenangebote sind zu werten, es sei denn, der Auftraggeber hat sie in der Bekanntmachung oder in den Vergabeunterlagen nicht zugelassen.

(4) ¹Preisnachlässe ohne Bedingung sind nicht zu werten, wenn sie nicht an der vom Auftraggeber nach § 13 Absatz 4 bezeichneten Stelle aufgeführt sind. ²Unaufgefordert angebotene Preisnachlässe mit Bedingungen für die Zahlungsfrist (Skonti) werden bei der Wertung der Angebote nicht berücksichtigt.

(5) ¹Die Bestimmungen von Absatz 1 und § 16b gelten auch bei Freihändiger Vergabe. ²Die Absätze 2 bis 4, § 16 Absatz 1 und § 6 Absatz 2 sind entsprechend auch bei Freihändiger Vergabe anzuwenden.

Schrifttum: vgl. die Angaben bei § 16dEU.

Übersicht

	Rn.		Rn.
I. Überblick	1, 2	IV. Wertung von Nebenangeboten (Abs. 3)	10–13
II. Preisprüfung (Abs. 1 Nr. 1 und 2)	3, 4	1. Unterschied zu § 16dEU	10
III. Wertung (Abs. 1 Nr. 3)	5–9	2. Preis als alleiniges Zuschlagskriterium	11
1. Unterschied zu § 16dEU	5	3. Nebenangebot nur mit Hauptangebot	12
2. Festlegung von Zuschlagskriterien	6, 7	4. Gleichwertigkeitsprüfung	13
3. Zulässige Wertungskriterien	8, 9		

I. Überblick

1 § 16d entspricht unverändert dem früheren § 16 Abs. 6–10. Regelungsgegenstand ist die **Wertung** derjenigen Angebote, die nicht nach den §§ 16, 16a S. 4 auszuschließen sind und bei denen die Eignungsprüfung zugunsten der jeweiligen Bieter ausgefallen ist.

2 Auch wenn § 16dEU in einem größeren Maße von § 16d abweicht, als dies im Vergleich der §§ 16 und 16EG der Fall war, ist der wesentliche Regelungsgehalt der Vorschriften in den Abschnitten 1 und 2 dennoch gleichgeblieben. Daher wird an dieser Stelle grundsätzlich auf die Kommentierung des § 16dEU verwiesen (→ § 16dEU Rn. 1 ff.). Nachstehend erfolgt eine Erläuterung nur insoweit, als sich § 16d von § 16dEU inhaltlich unterscheidet.

II. Preisprüfung (Abs. 1 Nr. 1 und 2)

3 Die Regelungen in § 16d Abs. 1 Nr. 1 und Nr. 2 entsprechen weitgehend § 16dEU Abs. 1 Nr. 1 und Nr. 2. Im Unterschied zu § 16dEU Abs. 1 Nr. 1 ist die Prüfung der Angemessenheit allerdings auf den **Angebotspreis** beschränkt. Die Angemessenheit der **Kosten** ist bei der Preisprüfung **nicht zu berücksichtigen.** Des Weiteren hat die Regelung in § 16dEU Abs. 1 Nr. 1 S. 2, wonach der Auftraggeber ein Angebot ablehnt, das unangemessen niedrig ist, weil es den geltenden **umwelt-, sozial- und arbeitsrechtlichen Anforderungen** nicht genügt, keine Entsprechung in § 16d Abs. 1 Nr. 1.

4 Anders als § 16dEU Abs. 1 Nr. 2 finden sich in § 16d Abs. 1 Nr. 2 S. 2 **Richtpunkte**, die bei der Beurteilung der Angemessenheit zu berücksichtigen sind.[1] Danach sind bei der Beurteilung der Angemessenheit die Wirtschaftlichkeit des Bauverfahrens, die gewählten technischen Lösungen oder sonstige günstige Ausführungsbedingungen in die Bewertung einzustellen. Die Angemessenheitsprüfung gestaltet sich im Übrigen aber wie in § 16dEU Abs. 1 Nr. 2.

III. Wertung (Abs. 1 Nr. 3)

5 **1. Unterschied zu § 16dEU.** An der Stelle des sehr umfangreichen § 16dEU Abs. 2 steht in Abschnitt 1 die weitaus knappere Bestimmung des § 16 Abs. 1 Nr. 3. Demnach kommen nur solche Angebote in die engere Wahl (und damit in den „Genuss" der Wertung), die unter Berücksichtigung rationellen Baubetriebs und sparsamer Wirtschaftsführung eine einwandfreie Ausführung einschließlich Haftung für Mängelansprüche erwarten lassen.

---

[1] Ingenstau/Korbion/*von Wietersheim* Rn. 10.

Unter diesen Angeboten soll der Zuschlag auf das Angebot erteilt werden, das unter Berücksichtigung aller Gesichtspunkte, wie zB Qualität, Preis, technischer Wert, Ästhetik, Zweckmäßigkeit, Umwelteigenschaften, Betriebs- und Folgekosten, Rentabilität, Kundendienst und technische Hilfe oder Ausführungsfrist als das wirtschaftlichste erscheint. Der niedrigste Angebotspreis allein ist nicht entscheidend.

2. Festlegung von Zuschlagskriterien. Im Ausgangspunkt unterscheiden sich § 16d 6 und § 16dEU nicht. Der Zuschlag ist auf das wirtschaftlichste Angebot zu erteilen. Die Wirtschaftlichkeit muss zwingend anhand von Wertungskriterien bestimmt werden.[2]

Im Unterschied zu § 16dEU Abs. 2 Nr. 2 soll es gemäß der neueren Rechtsprechung des 7 BGH allerdings genügen, wenn die Bieter die objektiv vorgesehenen Kriterien den Vergabeunterlagen entnehmen können. Auch bei der Zulassung von Nebenangeboten **bedürfe nicht in jedem Fall der Festlegung von Kriterien zur Angebotswertung.** Dies sei nur dann der Fall, wenn ohne ausdrücklich formulierte Wertungskriterien das wirtschaftlichste Angebot nicht nach transparenten und willkürfreien Gesichtspunkten bestimmt werden kann.[3] Dieser Rechtsprechung ist mit Vorsicht zu begegnen, da es in den meisten Fällen, in denen der Zuschlag nicht allein auf Grundlage des niedrigsten Preises erteilt werden soll, **kaum möglich sein dürfte,** das wirtschaftlichste Angebot willkürfrei zu bestimmen, ohne Wertungskriterien vorab festzulegen.[4] Auch erschließt sich nicht, weshalb sich bei Unterschwellenvergaben – in den Worten des BGH – „vielfach ... objektiv bestimmen lassen und folglich für die anbietenden und deshalb sachkundigen Unternehmen auf der Hand liegen [wird], welche der in § 16d Abs. 1 Nr. 3 Satz 2 VOB/A 2016 aufgeführten Wertungskriterien nach den gesamten Umständen insbesondere nach Art des zu beschaffenden Gegenstands in Betracht kommen, und deshalb keine Gefahr einer intransparenten Vergabeentscheidung besteht", bei Oberschwellenvergaben hingegen nicht.

3. Zulässige Wertungskriterien. Bei den nicht abschließend aufgezählten Kriterien 8 selbst bestehen trotz der gewählten, im Detail unterschiedlichen Formulierung gegenüber § 16d keine nennenswerten Unterschiede. Auch wenn der **niedrigste Angebotspreis** für nicht allein entscheidend erklärt wird, ist auch im Bereich der Unterschwellenvergabe die Vergabe nur auf Basis des niedrigsten Preises zulässig.[5] Dies folgt bereits aus der Vorschrift des § 8 Abs. 2 Nr. 3 S. 2, wonach Nebenangebote zugelassen werden können, wenn der Preis alleiniges Zuschlagskriterium ist.

Nicht in § 16dEU genannt sind die „Umwelteigenschaften". Der Sache nach ist aber nichts 9 anderes gemeint als die unter § 16dEU Abs. 2 Nr. 1 angeführten „umweltbezogenen Aspekte". Daher kann der (nicht obligatorische) Einsatz umweltfreundlicher Produkte im Rahmen der Wertung berücksichtigt werden; ferner dürfte bei einer funktionalen Leistungsbeschreibung eine im Vergleich der Angebote umweltfreundlichere und verbrauchsärmere Lösung besser bewertet werden. Auch die Berücksichtigung umweltgerechter und nachhaltiger Produktions- und Transportverfahren wäre möglich.[6]

IV. Wertung von Nebenangeboten (Abs. 3)

1. Unterschied zu § 16dEU. Der offensichtlichste Unterschied zwischen den Abschnit- 10 ten 1 und 2 besteht in Bezug auf die Wertung von Nebenangeboten (zum Begriff des Nebenangebots → § 13 Rn. 97 ff.). Während der öffentliche Auftraggeber bei Oberschwellenvergaben Nebenangebote gem. § 8EU Abs. 2 Nr. ausdrücklich zulassen muss, wenn sie gewertet werden sollen, ist das Verhältnis in Abschnitt 1 genau umgekehrt: Nach Abs. 3 müssen Nebenangebote gewertet werden, wenn sie nicht ausdrücklich ausgeschlossen wur-

---

[2] Ingenstau/Korbion/*von Wietersheim* Rn. 12.
[3] BGH Urt. v. 10.5.2016 – X ZR 66/15, NZBau 2016, 576.
[4] Skeptisch daher auch Kapellmann/Messerschmidt/*Frister* Rn. 32, *Leinemann* VPR 20176, 195. Im vom BGH entschiedenen Fall war der Preis das einzige Zuschlagskriterium.
[5] Kapellmann/Messerschmidt/*Frister* Rn. 19.
[6] Kapellmann/Messerschmidt/*Frister* Rn. 44.

den. Gleichwohl ist der öffentliche Auftraggeber gem. § 12 Abs. 1 Nr. 2 lit. j gehalten, Angaben zur Zulässigkeit von Nebenangeboten zu machen. Darüber hinaus bedarf es nach der Rechtsprechung des BGH keiner Festlegung von Mindestkriterien.[7]

11 **2. Preis als alleiniges Zuschlagskriterium.** Nachdem der BGH in seinem Urteil zur „Stadtbahn Gera" entschieden hatte, dass sowohl bei Vergaben oberhalb als auch bei Unterschwellenvergaben die Wertung von Nebenangeboten ausscheide, wenn der Preis das alleinige Zuschlagskriterium darstellt,[8] gestattet § 8 Abs. 2 Nr. 3 dies nunmehr auch für den Abschnitt 1 ausdrücklich (→ § 8 Rn. 75 f.).

12 **3. Nebenangebot nur mit Hauptangebot.** Da der öffentliche Auftraggeber gem. § 8 Abs. 2 Nr. 3 lit. b festlegen muss, ob der Nebenangebote ausnahmsweise nur in Verbindung mit einem Hauptangebot zulässt, ist er an diese Festlegung im Rahmen der Angebotswertung gebunden. Fehlt es daher an einem Hauptangebot, obwohl dies zwingend hätte vorgelegt werden müssen, kann das Nebenangebot nicht gewertet werden. Dies gilt im Übrigen auch, wenn das Hauptangebot nicht wertbar ist.[9]

13 **4. Gleichwertigkeitsprüfung.** Ein zentraler Streitpunkt im Zusammenhang mit der Wertung von Nebenangeboten war lange die Frage, ob Nebenangebote „gleichwertig" zu den Hauptangeboten sein müssen.[10] Der BGH hat diese Frage in der „Stadtbahn-Gera"-Entscheidung dahingehend beantwortet, dass für Vergaben oberhalb der EU-Schwellenwerte keine Gleichwertigkeitsprüfung erfolgen dürfe.[11] Eine höchstrichterliche Entscheidung zur Rechtslage bei Unterschwellenvergaben liegt indessen noch nicht vor. Allerdings lassen mehrere Urteile zu Schadenersatzansprüchen enttäuschter Bieter erkennen, dass der BGH insoweit eine andere Auffassung vertritt als für EU-weite Vergaben. Im Urteil vom 10.5.2016 wird zumindest nicht beanstandet, dass der Auftraggeber gemäß den Bewerbungsbedingungen prüfen musste, ob Nebenangebote im Vergleich zur Leistungsbeschreibung qualitativ und quantitativ gleichwertig sind.[12] In diesem Zusammenhang ebenfalls zu nennen wäre die „Ortbetonschacht"-Entscheidung vom 23.3.2011, der zufolge es keinen rechtlichen Bedenken begegnete, dass das Berufungsgericht für den Vergleich des Nebenangebots mit dem Leistungsverzeichnis dieselben Kriterien heranzog, die gemäß den genannten Bestimmungen für Abweichungen von den technischen Spezifikationen innerhalb eines Hauptangebots gelten.[13] Der hierfür geltende Maßstab ist eben gem. § 13 Abs. 2 die Gleichwertigkeit.

§ 17 Aufhebung der Ausschreibung

(1) Die Ausschreibung kann aufgehoben werden, wenn:
1. kein Angebot eingegangen ist, das den Ausschreibungsbedingungen entspricht,
2. die Vergabeunterlagen grundlegend geändert werden müssen,
3. andere schwerwiegende Gründe bestehen.

---

[7] BGH Urt. v. 10.5.2016 – X ZR 66/15, NZBau 2016, 576.
[8] BGH Beschl. v. 7.1.2014 – X ZB 15/13, NZBau 2014, 185 = ZfBR 2014, 278; BGH Beschl. v. 12.2.2014 – X ZB 15/13, BeckRS 2014, 04359.
[9] Ingenstau/Korbion/*von Wieterheim* Rn. 31.
[10] Vgl. OLG Schleswig Beschl. v. 15.4.2011 – 1 Verg 10/10, NZBau 2011, 375 (378) = VergabeR 2011, 586 (591) – säulenförmige Gründung; OLG München Beschl. v. 9.9.2010 – Verg 16/10, NZBau 2010, 720 Ls. = BeckRS 2010, 22055; OLG Brandenburg Beschl. v. 29.7.2008 – Verg W 10/08, BeckRS 2008, 15856 = VergabeR 2009, 222; OLG Brandenburg Beschl. v. 17.5.2011 – Verg W 16/10, BeckRS 2011, 22444 = VergabeR 2012, 124; OLG Frankfurt a. M. Beschluss v. 26.6.2012 – 11 Verg 12/11, BeckRS 2012, 18676 = VergabeR 2012, 884 (894); vgl. auch Kues/*Kirch* NZBau 2011, 335; KKPP/*Dittmann* § 16 Rn. 293 ff.; vgl. auch Ziekow/Völlink/*Vavra*, 2. Aufl. 2013, § 16 Rn. 62.
[11] BGH Beschl. v. 14.1.2014 – X ZB 15/13, NZBau 2014, 185 (187).
[12] BGH Urt. v. 10.5.2016 – X ZR 66/15, NZBau 2016, 576; dazu auch Ingenstau/Korbion/*von Wieterheim* Rn. 34.
[13] BGH Beschl. v. 23.3.2011 – X ZR 92/09, NZBau 2011, 438.

Nicht berücksichtigte Bewerbungen und Angebote § 19 VOB/A

(2) Die Bewerber und Bieter sind von der Aufhebung der Ausschreibung unter Angabe der Gründe, gegebenenfalls über die Absicht, ein neues Vergabeverfahren einzuleiten, unverzüglich in Textform zu unterrichten.

§ 17 entspricht vollständig § 17EU Abs. 1 und 2 S. 1. Es kann daher auf die Kommentierung zu § 17EU verwiesen werden (→ § 17EU Rn. 1 ff.), dies mit der Maßgabe, dass die dort erfolgten Hinweise auf § 181 GWB für Vergaben unterhalb des Schwellenwerts nicht einschlägig sind. Dasselbe gilt für die Ausführungen zu § 17EU Abs. 2 S. 2, der im ersten Abschnitt keine Entsprechung hat. 1

§ 18 Zuschlag

(1) Der Zuschlag ist möglichst bald, mindestens aber so rechtzeitig zu erteilen, dass dem Bieter die Erklärung noch vor Ablauf der Bindefrist (§ 10 Absatz 4 bis 6) zugeht.

(2) Werden Erweiterungen, Einschränkungen oder Änderungen vorgenommen oder wird der Zuschlag verspätet erteilt, so ist der Bieter bei Erteilung des Zuschlags aufzufordern, sich unverzüglich über die Annahme zu erklären.

§ 18 ist wortgleich zu § 18EU Abs. 1 und 2. Auf die Kommentierung zu § 18EU kann daher verwiesen werden (→ § 18EU Rn. 3, 5 bis 28). 1

Dabei ist die unterschiedliche Regelung in Bezug auf die **Länge der Bindefrist** zu beachten: Gemäß § 10 Abs. 4 S. 3 soll eine längere Bindefrist als 30 Kalendertage nur in begründeten Fällen festgelegt werden, während sie nach § 10aEU Abs. 8 im Regelfall 60 Tage beträgt. 2

Darüber hinaus kommen, anders als bei § 18EU, § 135 GWB sowie die Zuschlagsverbote gem. § 169 Abs. 1 GWB, § 173 Abs. 1 S. 1 GWB und § 173 Abs. 3 GWB (letztere iVm § 134 BGB) nicht als Unwirksamkeits- bzw. Nichtigkeitsgründe in Betracht. 3

Ob Vorschriften wie § 8 Abs. 1 und 2. S. 2 SächsVergabeG, § 19 Abs. 1 und 2 LVG LSA oder § 12 Abs. 1 VgG M-V, die dem Auftraggeber die Zuschlagserteilung vor Ablauf einer bestimmten Wartefrist **auch unterhalb der EU-Schwellenwerte verbieten, Verbotsgesetze** iSd § 134 BGB sind, ist **umstritten.**[1] Da sich die Landesvergabegesetze zunehmend von ihrem ursprünglichen haushaltsrechtlichen Charakter wegbewegen, erscheint die nur in Ansätzen begründete Ansicht des LG Rostock, bei den genannten Normen handele es sich um reine „Ordnungsvorschriften", zwar fraglich. Es verbleibt aber ein erheblicher **Wertungswiderspruch** zur differenzierten Regelung der §§ 134, 135 GWB, die gerade keine automatisch und *ad infinitum* wirkende Nichtigkeitsfolge bei einem Verstoß gegen Wartepflichten vorsehen. Schon in der Begründung der Bundesregierung zum Entwurf des Gesetzes zur Modernisierung des Vergaberechts 2009 wurde ausgeführt, es erscheine anstatt der bisherigen Regelung der Nichtigkeit in § 13 S. 6 VgV aF „sachgerechter, den Vertrag unter eine aufschiebende oder auflösende Bedingung zu stellen".[2] Ob daher mit der VK Sachsen-Anhalt ohne Weiteres davon ausgegangen werden kann, dass die Auslegung der genannten Vorschriften den Verbotsgesetzcharakter bestätigen, bedarf noch der Klärung. 4

§ 19 Nicht berücksichtigte Bewerbungen und Angebote

(1) ¹Bieter, deren Angebote ausgeschlossen worden sind (§ 16) und solche, deren Angebote nicht in die engere Wahl kommen, sollen unverzüglich unterrichtet werden. ²Die übrigen Bieter sind zu unterrichten, sobald der Zuschlag erteilt worden ist.

---
[1] Dafür VK Sachsen-Anhalt Beschl. v. 30.1.2017 – 3 VK LSA 61/16, IBRRS 2017, 0493; dagegen LG Rostock Urt. v. 6.11.2015 – 3 O 703/15, VPR 2016, 1002.
[2] BT-Drs. 16/10117, 21.

Seebo

(2) Auf Verlangen sind den nicht berücksichtigten Bewerbern oder Bietern innerhalb einer Frist von 15 Kalendertagen nach Eingang ihres in Textform gestellten Antrags die Gründe für die Nichtberücksichtigung ihrer Bewerbung oder ihres Angebots in Textform mitzuteilen, den Bietern auch die Merkmale und Vorteile des Angebots des erfolgreichen Bieters sowie dessen Name.

(3) Nicht berücksichtigte Angebote und Ausarbeitungen der Bieter dürfen nicht für eine neue Vergabe oder für andere Zwecke benutzt werden.

(4) Entwürfe, Ausarbeitungen, Muster und Proben zu nicht berücksichtigten Angeboten sind zurückzugeben, wenn dies im Angebot oder innerhalb von 30 Kalendertagen nach Ablehnung des Angebots verlangt wird.

(5) ¹Der Auftraggeber informiert fortlaufend Unternehmen auf Internetportalen oder in seinem Beschafferprofil über beabsichtige Beschränkte Ausschreibungen nach § 3a Absatz 2 Nummer 1 ab einem voraussichtlichen Auftragswert von 25 000 Euro ohne Umsatzsteuer. ²Diese Informationen müssen folgende Angaben enthalten:
1. Name, Anschrift, Telefon-, Telefaxnummer und E-Mail-Adresse des Auftraggebers,
2. Auftragsgegenstand,
3. Ort der Ausführung,
4. Art und voraussichtlicher Umfang der Leistung,
5. voraussichtlicher Zeitraum der Ausführung.

Übersicht

	Rn.		Rn.
I. Bedeutung der Norm	1	2. Mitteilung von Gründen für die Nichtberücksichtigung (Abs. 2)	10–15
II. Unterrichtung unterlegener Bieter und Bewerber	2–15	a) Bewerberinformation	11
1. Bieterformation (Abs. 1)	2–9	b) Bieterinformation	12–14
a) Adressat der Information (Abs. 1 S. 1)	4, 5	c) Form und Frist	15
b) Adressat und Zeitpunkt der Information (Abs. 1 S. 2)	6	III. Umgang mit nicht berücksichtigten Angeboten und Ausarbeitungen	16
c) Begründung und Form	7, 8	IV. Rückgabe nicht berücksichtigter Angebotsunterlagen	17
d) Rechtsfolgen einer Verletzung der Pflicht nach Abs. 1	9	V. Information über beabsichtigte Beschränkte Ausschreibungen	18–22

I. Bedeutung der Norm

1 § 19 regelt in den Abs. 1 und 2 für den Unterschwellenbereich die Pflicht des öffentlichen Auftraggebers (oder des zur Anwendung der VOB/A verpflichteten Zuwendungsempfängers), Bieter und Bewerber über ihr Abschneiden im Vergabeverfahren zu unterrichten. Die Vorschrift ist damit Ausfluss des auch im Bereich der nationalen Vergaben gem. § 2 Abs. 1 Nr. 1 zu beachtenden Transparenzprinzips.¹ Zusätzlich wird – in Ergänzung zu § 8b Abs. 2 – klargestellt, dass nicht berücksichtigte Angebote allein für das laufende Vergabeverfahren verwendet werden dürfen und darüber hinaus auf Verlangen zurückzugeben sind. Einen Sonderfall bildet Abs. 5, der öffentliche Auftraggeber zur fortlaufenden Information über beabsichtigte Beschränkte Ausschreibungen verpflichtet.

II. Unterrichtung unterlegener Bieter und Bewerber

2 **1. Bieterformation (Abs. 1).** Nach Abs. 1 „soll" der Auftraggeber Bieter, deren Angebote gem. § 16 ausgeschlossen worden sind, und solche, deren Angebote nicht in die engere

---
¹ Vgl. BeckOK VergabeR/*Dreher/Hoffmann* GWB § 134 Rn. 12; Ingenstau/Korbion/*Reichling/Portz* Rn. 1.

Wahl kommen, unverzüglich unterrichten. Die übrigen Bieter sind zu unterrichten, sobald der Zuschlag erteilt worden ist.

Die Verpflichtung, die erfolglos gebliebenen Bieter entsprechend zu informieren, dient im Abschnitt 1 der VOB/A nach herrschender Ansicht nicht dem nach jetziger Rechtslage ohnehin nicht oder nur in Ausnahmefällen gewährleisteten Primärrechtsschutz (anders als § 19EU Abs. 2 oder § 134 GWB bei EU-weiten Vergaben), sondern dem schutzwürdigen Bedürfnis der betroffenen Unternehmen, frühzeitig ihre Dispositionsfreiheit wiederzuerlangen. Verstöße können unter dem Gesichtspunkt der Verletzung des durch die Einleitung des Verfahrens begründeten vorvertraglichen Vertrauensverhältnisses zu Schadenersatzansprüchen führen (§ 311 Abs. 2 BGB, § 241 Abs. 2 BGB, § 280 Abs. 1 BGB).[2] Die Informationspflicht gem. Abs. 1 besteht in einigen Bundesländern aber auch im Bereich der Unterschwellenvergaben zum Teil neben weiteren Unterrichtungsverpflichtungen, die sich aus den jeweiligen Landesvergabegesetzen ergeben und zum Teil eben doch die Wahrung von Bieterrechten im Verfahren bezwecken.[3] Sie sind, soweit die Landesgesetze nichts Abweichendes vorsehen, unabhängig voneinander zu erfüllen. 3

a) Adressat der Information (Abs. 1 S. 1). Gemäß Abs. 1 S. 1 „sollen" ausschließlich Bieter informiert werden, dh. nur solche Teilnehmer am Vergabeverfahren, die ein wertbares Angebot eingereicht haben. Nicht erfasst sind hingegen Bewerber, die allein auf ihren Antrag hin informiert werden sollen. „Sollen" ist nach der ständigen Rechtsprechung des BVerwG als sog. **„intendiertes Ermessen"** anzusehen, das ein Abweichen nur in sachlich begründeten Ausnahmefällen zulässt (→ § 19EU Rn. 9).[4] 4

„Unverzüglich" sollen die Bieter informiert werden, deren Angebote entweder im ersten Prüfschritt nach § 16 (bzw. § 16a S. 4) ausgeschlossen wurden oder im Ergebnis der dritten Wertungsstufe nicht in die engere Wahl kamen. In Bezug auf die §§ 16, 16a kann auf die dortige bzw. auf die Kommentierung zu §§ 16, 16aEU verwiesen werden (→ § 16 Rn. 2 ff., → § 16EU Rn. 4 ff., → § 16a Rn. 1, → § 16aEU Rn. 4 ff.). In die engere Wahl kommen gem. § 16d Abs. 1 Nr. 3 nur solche Angebote, die unter Berücksichtigung rationellen Baubetriebs und sparsamer Wirtschaftsführung eine einwandfreie Ausführung einschließlich Haftung für Mängelansprüche erwarten lassen. Dies ist im Gegenschluss für Angebote auszuschließen, die wegen mangelnder Eignung (2. Stufe, § 16b, → § 16b Rn. 1 ff.) oder aufgrund unangemessener Preise (3. Stufe, § 16d Abs. 1 Nr. 1 und 2, → § 16d Rn. 4) für den Zuschlag nicht in Betracht kommen. Die betroffenen Bieter sind unverzüglich, dh gem. § 121 BGB ohne schuldhaftes Zögern zu informieren. Das bedeutet, dass sie regelmäßig unmittelbar in Anschluss an die jeweilige Prüfungs- bzw. Wertungsentscheidung zu unterrichten sind, dh im Normalfall noch am selben, spätestens aber am Folgetag.[5] Ein Zuwarten bis nach der Zuschlagserteilung ist hingegen unzulässig (*arg. e contrario ex* Abs. 1 S. 2). 5

b) Adressat und Zeitpunkt der Information (Abs. 1 S. 2). Anders als die in S. 1 genannten Bieter sind gem. Abs. 1 S. 2 diejenigen Bieter, deren Angebote in die engere Wahl gekommen sind, erst zu unterrichten, sobald (dh sofort nachdem) der Zuschlag erteilt worden ist. Es handelt sich hier anders als bei Abs. 1 S. 1 um eine echte Verpflichtung des Auftraggebers, die in gar keiner Weise in sein Ermessen gestellt ist. Abs. 1 S. 2 verdeutlicht in besonderer Weise, dass Abs. 1 nicht die Wahrung von (primären) Bieterinteressen bezwecken soll. Aus dieser Perspektive erscheint es auch durchaus logisch, diejenigen Bieter als letzte zu informieren, deren Angebote bis zuletzt im Rennen geblieben sind. Dennoch dürfte die Differenzierung zwischen den S. 1 und 2 wenig mit der Vergaberealität zu tun haben, in der ein typischerweise vom Auftraggeber beauftragter Architekt im Rahmen der 6

---

[2] BayObLG Beschl. v. 19.12.2000 – Verg 7/00, NZBau 2002, 294 (Ls.); Ingenstau/Korbion/*Reichling/ Portz* Rn. 5 und 11. Auf ein Vertrauen des Bieters in die Einhaltung des Vergaberechts kommt es dabei nicht länger an, BGH Urt. v. 9.6.2011 – X ZR 143/10, NZBau 2011, 498 – Rettungsdienstleistungen II.
[3] So in § 12 VgG M-V, § 8 Abs. 1 SächsVergabeG, § 19 Abs. 1 LVG LSA.
[4] BVerwG Urt. v. 5.7.1985 – 8 C 22/83, NJW 1986, 738.
[5] Ingenstau/Korbion/*Reichling/Portz* Rn. 10.

Leistungsphase 7 einen „Vergabevorschlag" erstellt, der in eine Vergabeempfehlung mündet und *de facto* sämtliche Prüf- und Wertungsschritte gem. §§ 16–16d zusammenfasst. Sachgerechter und praxistauglicher erscheint daher eine einheitliche Regelung, wie sie etwa § 19 VOL/A oder auch § 46 Abs. 1 UvGO vorsieht.[6]

7   c) **Begründung und Form.** Im Gegensatz zu Abs. 2 sieht Abs. 1 eine Mitteilung von Gründen für die Nichtberücksichtigung nicht vor. Dies mag in Ansehung des nunmehr auch im 1. Abschnitt der VOB/A (§ 2 Abs. 1 Nr. 1) verankerten Transparenzprinzips fragwürdig erscheinen, entspricht aber der geltenden und in § 46 Abs. 2 UvGO auch fortgeführten, „überkommenen" Rechtslage, wonach die Information keinen Primärrechtsschutz, sondern die möglichst rasche Wiedererlangung der Dispositionsfreiheit des Bieters bezweckt. Jedenfalls zulässig wird es sein, wenn der öffentliche Auftraggeber „freiwillig" eine Begründung abgibt.[7]

8   Ebenfalls nicht vorgeschrieben ist eine bestimmte Form; die Wahrung zumindest der **Textform,** analog zu Abs. 2, ist allerdings für eine ordnungsgemäße Dokumentation letztlich unumgänglich.[8]

9   d) **Rechtsfolgen einer Verletzung der Pflicht nach Abs. 1.** Konkrete vergaberechtliche Konsequenzen ergeben sich aus einem Verstoß gegen die Soll-Vorschrift des Abs. 1 nicht. Gegebenenfalls machen sich öffentliche Auftraggeber aber nach den Grundsätzen der *culpa in contrahendo* (§ 311 BGB) schadenersatzpflichtig, wenn sie Bieter zu spät darüber informieren, dass sie über ihre für die Teilnahme am Verfahren bzw. die spätere Ausführung des Auftrags vorgesehenen Sach- und Personalmittel wieder frei disponieren können.[9]

10 **2. Mitteilung von Gründen für die Nichtberücksichtigung (Abs. 2).** Während der Auftraggeber die Unterrichtung gem. Abs. 1 unabhängig davon vorzunehmen hat, ob die betroffenen Bieter sich bei ihm gemeldet haben, sieht Abs. 2 weitergehende Informationspflichten vor, die nur auf Antrag des Bieters zu erfüllen sind. Auf Verlangen sind den nicht berücksichtigten Bewerbern oder Bietern innerhalb einer Frist von 15 Kalendertagen nach Eingang ihres in Textform gestellten Antrags die Gründe für die Nichtberücksichtigung ihrer Bewerbung oder ihres Angebots in Textform mitzuteilen, den Bietern auch die Merkmale und Vorteile des Angebots des erfolgreichen Bieters sowie dessen Name.

11 a) **Bewerberinformation.** Anspruchsberechtigt nach Abs. 2 sind nicht nur Bieter, sondern auch diejenigen Bewerber, deren Teilnahmeanträge in einem zweistufigen Verfahren mit vorgeschaltetem Teilnahmewettbewerb nicht berücksichtigt wurden. Die zu benennenden Gründe für die Nichtberücksichtigung können sich entweder aus einem Fehlen der verlangten Eignung (Fachkunde, Leistungsfähigkeit und Zuverlässigkeit, § 6a Abs. 1) oder daraus ergeben, dass der Auftraggeber gem. § 3b Abs. 2 die Zahl der zur Angebotsabgabe aufzufordernden Bewerber (auf in der Regel mindestens drei) beschränkt und daher ausnahmsweise ein „Mehr ein Eignung" festgestellt hat (→ § 3b Rn. 21 f.). Die Angabe der „Gründe" genügt, dh die formularmäßige Angabe etwa im VHB-Formblatt 336 ist in der Regel ausreichend. Wie bereits im Rahmen der (für die Bewerber weitaus bedeutenderen) Information nach § 134 GWB ist *e fortiori* eine ausführliche Begründung im Rahmen des

---

[6] § 46 Abs. 1 UvGO lautet: *„Der Auftraggeber unterrichtet jeden Bewerber und jeden Bieter unverzüglich über den Abschluss einer Rahmenvereinbarung oder die erfolgte Zuschlagserteilung. Gleiches gilt hinsichtlich der Aufhebung oder erneuten Einleitung eines Vergabeverfahrens einschließlich der Gründe dafür. Der Auftraggeber unterrichtet auf Verlangen des Bewerbers oder Bieters unverzüglich, spätestens innerhalb von 15 Tagen nach Eingang des Antrags die nicht berücksichtigten Bieter über die wesentlichen Gründe für die Ablehnung ihres Angebots, die Merkmale und Vorteile des erfolgreichen Angebotes sowie den Namen des erfolgreichen Bieters, und die nicht berücksichtigten Bewerber über die wesentlichen Gründe ihrer Nichtberücksichtigung."*
[7] Ingenstau/Korbion/*Reichling/Portz* Rn. 10.
[8] Ebenso Ingenstau/Korbion/*Reichling/Portz* Rn. 10, unter Verweis auf die Verwendung etwa des Formblatts 332 aus dem VHB.
[9] BayObLG Beschl. v. 19.12.2000 – Verg 7/00, NZBau 2002, 294 (Ls.). Auf ein Vertrauen des Bieters in die Einhaltung des Vergaberechts kommt es dabei, entgegen der früheren Rechtslage, nicht länger an, BGH Urt. v. 9.6.2011 – X ZR 143/10, NZBau 2011, 498 – Rettungsdienstleistungen II.

Abs. 2 nicht erforderlich (→ GWB § 134 Rn. 36 ff.).[10] Nicht ausreichend wäre hingegen die bloße Mitteilung über die Nichtberücksichtigung als solche.[11]

b) Bieterinformation. Auf ihren entsprechenden Antrag hin sind Bieter ebenfalls über die Gründe für die Ablehnung ihres Angebots zu informieren. In Betracht kommen der Ausschluss nach § 16 bzw. § 16a, mangelnde Eignung (§ 16b), unangemessene Preise (§ 16d Abs. 1 Nr. 1 und 2) oder ein wirtschaftlicheres Angebot. In Bezug auf den notwendigen Inhalt gilt das Vorstehende entsprechend, wobei bei Verwendung der Formblätter aus dem VHB das Formblatt 332 zu nennen wäre. 12

Darüber hinaus sind den Bietern auch die **Merkmale und Vorteile des Angebots des erfolgreichen** Bieters sowie dessen Name anzugeben. Eine Überschneidung zu den Gründen der Ablehnung ist möglich, aber keinesfalls zwingend. So können die Gründe für die Ablehnung allein im Angebot des informierten Bieters liegen, etwa im Falle des Ausschlusses nach § 16 bzw. § 16a, bei mangelnder Eignung (§ 16b) oder unangemessenen Preisen (§ 16d Abs. 1 Nr. 1 und 2). Demgegenüber verlangt Abs. 2 ein Eingehen auf die „positiven Eigenschaften und Merkmale" des ausgewählten Angebots.[12] Dies erfordert grundsätzlich eine Darlegung anhand der vom öffentlichen Auftraggeber vorgegebenen Zuschlagskriterien (vgl. § 16d Abs. 1), wobei auch hier eine knappe Darlegung (etwa ebenfalls auf dem Formblatt 332) genügt. 13

Zu beachten ist, dass die Grundsätze der **Vertraulichkeit** und des **Geheimwettbewerbs** auch im Rahmen der Bieterinformation zu wahren sind. So dürfen, wie § 19EU Abs. 4 Nr. 2 es deutlicher macht, nur die „relativen" Vorteile in Bezug auf das Angebot des jeweils informierten Bieters mitgeteilt werden, während Informationen über die Angebote anderer Bieter unzulässig sind.[13] Gemäß § 14 Abs. 8, § 14a Abs. 9 sind die Angebote und ihre Anlagen geheim zu halten. Die Informationspflicht ist auf die in § 19 Abs. 2 genannten Angaben beschränkt. Daher darf der Preis des erfolgreichen Angebots nicht mitgeteilt werden.[14] 14

c) Form und Frist. Die Mitteilung nach Abs. 2 hat binnen 15 Kalendertagen nach Eingang eines in Textform (§ 126b BGB) gestellten Antrags zu erfolgen. Die Antwort hat ebenfalls die Textform zu wahren. Die Nutzung von E-Mail oder Telefax ist zulässig.[15] Zur Wahrung der Frist genügt es, wenn die Mitteilung am letzten Tag des Fristablaufs abgesendet wird.[16] Anders als der Antwort des Auftraggebers ist der Anfrage des Bewerbers oder Bieters keine Frist gesetzt. Allerdings ist darf das Auskunftsverlangen zurückgewiesen werden, wenn ein schutzwürdiges Interesse des Bewerbers oder Bieters nicht mehr erkennbar ist und der Auftraggeber mit einem Antrag auf Erteilung der Information nach Treu und Glauben nicht mehr zu rechnen brauchte. Hierzu wird vertreten, dass der Auftraggeber in **Analogie zu § 135 Abs. 2 GWB** eine Frist von sechs Monaten nach Zuschlagserteilung zugrunde legen kann, wenn der Antragsteller über die Zuschlagserteilung nicht informiert wurde, anderenfalls eine Frist von 30 Tagen.[17] Dies erscheint aufgrund der ähnlichen Interessenlage sachgerecht. 15

III. Umgang mit nicht berücksichtigten Angeboten und Ausarbeitungen

Abs. 3 ist identisch zu § 19EU Abs. 5. Auf die Kommentierung zu § 19EU wird daher verwiesen (→ § 19EU Rn. 23 ff.). 16

---

[10] Kapellmann/Messerschmidt/*Stickler* Rn. 13 mwN.
[11] Ingenstau/Korbion/*Reichling*/*Portz* Rn. 12.
[12] Ingenstau/Korbion/*Reichling*/*Portz* Rn. 18.
[13] Kapellmann/Messerschmidt/*Stickler* Rn. 15.
[14] VG Neustadt/Weinstraße Beschl. v. 19.10.2005 – 4 L 1715/05, VergabeR 2006, 78 (80) – Kanalaustausch; darauf Bezug nehmend Kapellmann/Messerschmidt/*Stickler* Rn. 15.
[15] BeckOK BGB/*Wendtland* § 126b Rn. 9; Palandt/*Ellenberger* BGB § 126b Rn. 3.
[16] Ingenstau/Korbion/*Reichling*/*Portz* Rn. 19 mwN.
[17] Kapellmann/Messerschmidt/*Stickler* Rn. 18; Ingenstau/Korbion/*Reichling*/*Portz* Rn. 19.

IV. Rückgabe nicht berücksichtigter Angebotsunterlagen

17 Abs. 4 ist identisch zu § 19EU Abs. 6. Auf die Kommentierung zu § 19EU wird daher verwiesen (→ § 19EU Rn. 28 ff.).

V. Information über beabsichtigte Beschränkte Ausschreibungen

18 Abs. 5 wurde mit der VOB/A 2009 in § 19 aufgenommen. Er bildet zwar einen Fremdkörper innerhalb der Vorschrift, die im Grundsatz Pflichten des Auftraggebers während, vor allem nach Abschluss eines Vergabeverfahrens vorsieht. Er betrifft aber letztlich ebenfalls Informationspflichten des Auftraggebers.[18] Anlass für seine Einführung (wie auch für die des § 20 Abs. 3 Nr. 1) war die Schaffung des seinerzeit ebenfalls neuen § 3 Abs. 3 im Zuge des Konjunkturpakets II, der erstmals die bis heute (jetzt: § 3a Abs. 3) gültigen Erleichterungen bei der Durchführung Beschränkter Ausschreibungen **ohne** vorherigen **Teilnahmewettbewerb** vorsah.[19] Dem damit einhergehenden, zumindest befürchteten Verlust an Transparenz sollte durch die zusätzlichen Informationspflichten begegnet werden. Darüber hinaus „soll der Rechtsprechung des Europäischen Gerichtshofs Rechnung getragen werden, der zu Folge auch bei Vergaben unterhalb der Schwellenwerte die Anwendung des europäischen Primärrechts ein transparentes Verfahren erforderlich machen kann."[20] Dabei dient Abs. 5 der **ex-ante-,** § 20 Abs. 3 Nr. 1 hingegen der ex-post-Transparenz.[21]

19 Die Informationspflicht besteht in Bezug auf alle in Aussicht genommenen Vergaben ab einem voraussichtlichen Auftragswert von 25.000 EUR ohne Umsatzsteuer. Bei der Schätzung des Auftragswerts ist – auch bei Unterschwellenvergaben – analog zu § 3 VgV vorzugehen.

20 Die Information muss enthalten:
1. Name, Anschrift, Telefon-, Telefaxnummer und E-Mail-Adresse des Auftraggebers,
2. Auftragsgegenstand,
3. Ort der Ausführung,
4. Art und voraussichtlicher Umfang der Leistung,
5. voraussichtlicher Zeitraum der Ausführung.

21 Um den Verwaltungsaufwand für den öffentlichen Auftraggeber zu reduzieren, genügt die Vorab-Information auf einschlägigen Internetportalen oder speziell eingerichteten Beschafferprofilen des öffentlichen Auftraggebers. Die ex-ante-Information ist dabei nicht als Bekanntmachung anzusehen. Ein Rechtsanspruch auf Beteiligung an einer Ausschreibung besteht daher auch nicht.[22] Die Beteiligung von Bewerbern, die ihr Interesse bekunden, ist unter Beachtung von § 6a Abs. 3 zulässig.

22 Wie sich aus dem Wortlaut und der Abgrenzung zu § 20 Abs. 3 Nr. 2 ergibt, findet Abs. 5 auf freihändige Vergaben keine Anwendung.[23]

§ 20 Dokumentation

(1) ¹Das Vergabeverfahren ist zeitnah so zu dokumentieren, dass die einzelnen Stufen des Verfahrens, die einzelnen Maßnahmen, die maßgebenden Feststellun-

---

[18] Ingenstau/Korbion/*Reichling/Portz* Rn. 27.
[19] Vgl. den Einführungserlass zur VOB/A 2009 (Az. B 15-8163.6/1) des BMVBS v. 10.6.2010, 8, Abschnitt III.1 „Zu § 19 VOB/A". Zu beachten ist, dass im Rahmen des Konjunkturpakets II zunächst gegenüber § 3a Abs. 3 weitaus höhere Wertgrenzen galten (vgl. Erlass B 15-8163.6/1 des BMVBS v. 27.1.2009 und den Erlass IB3-260500/37 des BMWi v. 27.1.2009). Zwar lief das Konjunkturpaket zum 31.12.2010 aus, die erhöhten Wertgrenzen wurden jedoch in einigen Bundesländern beibehalten. Informationen dazu liefert die Internetseite http://auftragsberatungsstellen.de/images/ABST/Uebersicht/Wertgrenzen_Bund_%20Bundeslnder%202017.pdf.
[20] Kapellmann/Messerschmidt/*Stickler* Rn. 30, unter Verweis auf EuGH Urt. v. 3.12.2001 – C-59/00, Slg. 2001 I-9505 – Vestergaard; EuGH Urt. v. 20.10.2005 – C-264/03, Slg. 2005 I-8831 = VergabeR 2006, 54; EuGH Urt. v. 18.12.2007 – C-220/06, Slg. 2007 I-12175 = VergabeR 2008, 196 – APERMC.
[21] Kapellmann/Messerschmidt/*Stickler* Rn. 30.
[22] BeckOK VergabeR/*Jasper/Soudry*, 2. Aufl. 2013, Rn. 29; Ingenstau/Korbion/*Reichling/Portz* Rn. 28.
[23] Kapellmann/Messerschmidt/*Stickler* Rn. 32.

gen sowie die Begründung der einzelnen Entscheidungen in Textform festgehalten werden. ²Diese Dokumentation muss mindestens enthalten:
1. Name und Anschrift des Auftraggebers,
2. Art und Umfang der Leistung,
3. Wert des Auftrags,
4. Namen der berücksichtigten Bewerber oder Bieter und Gründe für ihre Auswahl,
5. Namen der nicht berücksichtigten Bewerber oder Bieter und die Gründe für die Ablehnung,
6. Gründe für die Ablehnung von ungewöhnlich niedrigen Angeboten,
7. Name des Auftragnehmers und Gründe für die Erteilung des Zuschlags auf sein Angebot,
8. Anteil der beabsichtigten Weitergabe an Nachunternehmen, soweit bekannt,
9. bei Beschränkter Ausschreibung, Freihändiger Vergabe Gründe für die Wahl des jeweiligen Verfahrens,
10. gegebenenfalls die Gründe, aus denen der Auftraggeber auf die Vergabe eines Auftrags verzichtet hat.

³Der Auftraggeber trifft geeignete Maßnahmen, um den Ablauf der mit elektronischen Mitteln durchgeführten Vergabeverfahren zu dokumentieren.

(2) Wird auf die Vorlage zusätzlich zum Angebot verlangter Unterlagen und Nachweise verzichtet, ist dies in der Dokumentation zu begründen.

(3) ¹Nach Zuschlagserteilung hat der Auftraggeber auf geeignete Weise, z.B. auf Internetportalen oder im Beschafferprofil zu informieren, wenn bei
1. Beschränkten Ausschreibungen ohne Teilnahmewettbewerb der Auftragswert 25 000 Euro ohne Umsatzsteuer,
2. Freihändigen Vergaben der Auftragswert 15 000 Euro ohne Umsatzsteuer
3. übersteigt.

²Diese Informationen werden sechs Monate vorgehalten und müssen folgende Angaben enthalten:
a) Name, Anschrift, Telefon-, Telefaxnummer und E-Mail-Adresse des Auftraggebers,
b) gewähltes Vergabeverfahren,
c) Auftragsgegenstand,
d) Ort der Ausführung,
e) Name des beauftragten Unternehmens.

Übersicht

	Rn.		Rn.
I. Überblick	1	IV. Dokumentation elektronischer Verfahren	14
II. Bedeutung der Norm	2–4	V. Verzicht auf bestimmte Unterlagen und Nachweise (Abs. 2)	15–17
III. Zeitpunkt, Inhalt und Form der Dokumentation	5–13	VI. Ex-post-Transparenz (Abs. 3)	18
1. Zeitnahe und fortlaufende Dokumentation	5–7	VII. Mängel der Dokumentation und ihre Folgen	19–23
a) Zeitnahe Dokumentation	6	1. Negative Beweiskraft	20
b) Dokumentation der einzelnen Stufen	7	2. Kausalitätserfordernis	21
2. Notwendiger Inhalt	8–10	3. Möglichkeit der Heilung von Dokumentationsmängeln	22, 23
3. Form	11–13		

I. Überblick

Für Vergaben unterhalb der EU-Schwellenwerte enthält der unverändert aus der VOB/A 2012 übernommene § 20 umfangreiche Vorgaben zur Dokumentation des Verfahrens. Während die VOB/A im zweiten Abschnitt mit einer Verweisung in die VgV auskommen muss, bietet § 20 eine Art Blaupause, die im Rahmen der Dokumentation des Verfahrens abzuarbeiten ist. In der VOB/A 2009 hatte die Vorschrift eine für sämtliche Verfahrensarten gültige Neuregelung gefunden. Die wesentliche Neuerung bestand zum einen in der Klarstellung, dass nicht lediglich die „Vergabe" (bzw. die Zuschlagserteilung), sondern das gesamte Vergabeverfahren dokumentiert werden muss. Zum anderen wurde über die veränderte Terminologie verdeutlicht, dass in diesem Zuge nicht nur ein mehr oder weniger knapper „Vermerk" zu fertigen, sondern eine **umfassende Dokumentation** zu erstellen ist. Anders als § 8 VgV verlangt § 20 nicht die zusätzliche Anfertigung einer kondensierten Fassung der Dokumentation (darunter ist gem. § 8 Abs. 2 VgV der „Vergabevermerk" zu verstehen).

II. Bedeutung der Norm

2   § 20 ist wesentlicher Ausdruck des **Transparenzgebots**.[1] Das Vergabeverfahren muss auf jeder seiner Stufen und zu jeder Zeit durch Dritte überprüft und nachvollzogen werden können. Als Prüfberechtigte kommen zunächst Bewerber und Bieter in Betracht, die ein **subjektives Recht** auf Einhaltung der Vorgaben des § 20 haben.[2] Die Vorschrift ist zugleich Grundvoraussetzung für die Gewährung **effektiven Rechtsschutzes,** nicht nur in Nachprüfungsverfahren (soweit unterhalb der EU-Schwellenwerte eröffnet), sondern auch in zivilrechtlichen Streitigkeiten um Schadenersatz.[3]

3   Daneben sind auch Zuwendungsgeber oder Rechts- bzw. Dienstaufsichtsbehörden auf die ordnungsgemäße Dokumentation angewiesen.[4] Damit dient die Vorschrift im Weiteren den **haushaltsrechtlichen Grundsätzen der Wirtschaftlichkeit und Sparsamkeit** (vgl. § 7 BHO).

4   Mängel der Dokumentation sind im Nachhinein nur eingeschränkt korrigierbar, weshalb sie dazu führen können, dass Vergabeverfahren wiederholt oder Fördermittel zurückgezahlt werden müssen.[5] Die Bedeutung des § 20 kann der öffentliche Auftraggeber daher auch im eigenen Interesse kaum zu überschätzen.[6]

III. Zeitpunkt, Inhalt und Form der Dokumentation

5   **1. Zeitnahe und fortlaufende Dokumentation.** Der öffentliche Auftraggeber hat die Dokumentation gem. Abs. 1 „zeitnah" zu erstellen. Aus der weiteren Formulierung des Abs. 1 („dass die einzelnen Stufen...") geht hervor, dass dies im Sinne einer fortlaufenden, dh verfahrensbegleitenden Dokumentation zu verstehen ist: Jede einzelne Stufe und wesentliche Entscheidung muss hinreichend bald in Textform dokumentiert werden.

6   **a) Zeitnahe Dokumentation.** Wann noch von einer „zeitnahen" Dokumentation auszugehen ist, gibt die VOB/A nicht vor; es fehlt zudem an einer gesetzlichen Definition. Grundsätzlich wird zwar ein gegenüber der Unverzüglichkeit (§ 121 BGB) großzügigerer Maßstab anzusetzen sein.[7] Dennoch ist der öffentliche Auftraggeber gut beraten, wenn er die Dokumentation nach der Devise „je eher desto besser" fertigt bzw. fortführt.[8] Die Rechtsprechung leistet wenig Hilfestellung, allenfalls in Form von Negativabgrenzungen. So wurde etwa eine Dokumentation in einem zeitlichen Abstand von zwei Monaten zum

---

[1] Vgl. § 2 Abs. 1 Nr. 1; Kapellmann/Messerschmidt/*Schneider* Rn. 2; Ziekow/Völlink/*Hänsel* Rn. 1; Ingenstau/Korbion/*Düsterdiek* Rn. 1; Nelskamp/Dahmen KommJur 2010, 208; allgM.
[2] Kapellmann/Messerschmidt/*Schneider* Rn. 4; Ingenstau/Korbion/*Düsterdiek* Rn. 2.
[3] Nelskamp/Dahmen KommJur 2010, 208 (211); Kapellmann/Messerschmidt/*Schneider* Rn. 5.
[4] Ingenstau/Korbion/*Düsterdiek* Rn. 3.
[5] → Rn. 19 ff.
[6] Nelskamp/Dahmen KommJur 2010, 208; Kapellmann/Messerschmidt/*Schneider* Rn. 4.
[7] So auch Kapellmann/Messerschmidt/*Schneider* Rn. 12; Ingenstau/Korbion/*Düsterdiek* Rn. 6.
[8] Kapellmann/Messerschmidt/*Schneider* Rn. 12.

relevanten Ereignis⁹ oder gar erst nach Zuschlagserteilung¹⁰ als verspätet angesehen. Damit ist jedoch für die noch zulässige Wartezeit nichts ausgesagt. Aus Sinn und Zweck der Vorschrift, die unter anderem einer nachträglichen Manipulation vorbeugen will,¹¹ ergibt sich einerseits die Notwendigkeit einer einfallbezogenen Prüfung, andererseits aber auch die Empfehlung, sich im Zweifel auch unterhalb der EU-Schwellenwerte an der Grenze von zehn Kalendertagen gem. § 160 Abs. 3 GWB zu orientieren.¹²

b) Dokumentation der einzelnen Stufen. Die Dokumentation muss **die einzelnen Stufen** des Verfahrens, die einzelnen **Maßnahmen,** die **maßgebenden Feststellungen** sowie die **Begründung** der einzelnen Entscheidungen wiedergeben. Daraus folgt, dass die Dokumentation im Grundsatz chronologisch aufzubauen und darüber hinaus so zu gliedern ist, dass die einzelnen Verfahrensstufen erkennbar werden. Auch wenn das Vergabeverfahren erst mit seiner Bekanntmachung beginnt, muss die Dokumentation bereits **früher ansetzen.** Wie etwa aus Abs. 1 Nr. 9 deutlich wird, muss die Dokumentation bei Beschränkter Ausschreibung oder Freihändiger Vergabe die Angabe der Gründe für die Wahl des jeweiligen Verfahrens enthalten. Darüber hinaus gehören gem. Nr. 2 auch die Feststellung des Beschaffungsbedarfs und nach Nr. 3 die Schätzung des Auftragswerts zur ordnungsgemäßen Dokumentation. Im Übrigen ist die Zeitspanne bis zur Erteilung des Zuschlags oder der Aufhebung des Verfahrens abzudecken.¹³

2. Notwendiger Inhalt. Abs. 1 S. 2 Nr. 1–9 führt den Mindestinhalt der Dokumentation auf und benennt in diesem Zuge die zu dokumentierenden **Maßnahmen, Entscheidungen, Feststellungen** und **Begründungen** gem. Abs. 1 S. 1. Unter „Maßnahme" zu verstehen sind alle Umstände, auf deren Basis die Vergabeentscheidung getroffen wird.¹⁴ Wie bereits ausgeführt (→ Rn. 7) sind auch Maßnahmen vor der Bekanntmachung des Verfahrens betroffen, wie aus Abs. 1 S. 2 Nr. 2, 3 und 9 ersichtlich. Ebenfalls zu den dokumentationsbedürftigen Maßnahmen zählt die gesamte Kommunikation mit den Bewerbern und Bietern. Im Übrigen überschneidet sich der Begriff mit dem der „Entscheidungen", die der öffentliche Auftraggeber auf Grundlage der von ihm ergriffenen Maßnahmen trifft. Darunter fällt über das bereits Gesagte hinaus die Losaufteilung und die Festlegung und Gewichtung der Bewertungskriterien. Dabei versteht sich von selbst, dass der Dokumentations- und vor allem der Begründungsaufwand dann besonders hoch ist, wenn der öffentliche Auftraggeber entweder Ausnahmen von der Regel (wie etwa entgegen § 5 Abs. 2 den Verzicht auf eine Losaufteilung) in Anspruch nehmen oder, wie bei der Festlegung der Eignungs- oder Zuschlagskriterien, Ermessen ausüben will.¹⁵ An dieser Stelle zeigt sich im besonderen Maße die Notwendigkeit, Entscheidungen und Sachverhalte zu dokumentieren, die der Bekanntmachung vorausgehen.

Schließlich sind auch die „maßgeblichen Feststellungen" des Auftraggebers in die Dokumentation aufzunehmen. Davon erfasst sind auch interne Wertungen ohne unmittelbare Rechts- und Außenwirkung.¹⁶

Die Verwendung der **Formblätter des VHB** gewährleistet nach Ansicht einiger Vergabekammern bei **vollständiger** und **ordnungsgemäßer** Bearbeitung im Regelfall eine ausreichende Dokumentation und Begründung der einzelnen Verfahrensschritte.¹⁷ In der Praxis werden diese Formblätter allerdings nicht selten weder vollständig noch ordnungsge-

---

⁹ OLG Naumburg Beschl. v. 20.9.2012 – 2 Verg 4/12, IBRRS 2012, 3797 = VergabeR 2013, 55; OLG Düsseldorf Beschl. v. 4.3.2004 – VII Verg 8/04, BeckRS 2009, 07999.
¹⁰ VK Südbayern Beschl. v. 17.7.2001 – 120.3-3194-1-23-06/01, BeckRS 2001, 29809.
¹¹ Vgl. OLG Celle Beschl. v. 11.2.2010 – 13 Verg 16/09, IBR 2010, 226.
¹² So auch Kapellmann/Messerschmidt/*Schneider* Rn. 12.
¹³ Kapellmann/Messerschmidt/*Schneider* Rn. 13.
¹⁴ Kapellmann/Messerschmidt/*Schneider* Rn. 14.
¹⁵ Kapellmann/Messerschmidt/*Schneider* Rn. 14.
¹⁶ Kapellmann/Messerschmidt/*Schneider* Rn. 14.
¹⁷ VK Saarland Beschl. v. 23.4.2007 – 3 VK 2/2007, 3 VK 3/2007, IBRRS 2007, 5067; VK Lüneburg Beschl. v. 6.12.2004 – 203-VgK-50/2004, IBRRS 2005, 0089.

mäß ausgefüllt bzw. notwendige inhaltliche Begründungen, die etwa das Formblatt 332 (Absageschreiben) verlangt, fehlen. Die Nutzung der Formblätter bietet für sich genommen daher keinerlei Gewähr für eine ordnungsgemäße Dokumentation des Verfahrens.

11   3. **Form.** Die Dokumentation hat in Textform (§ 126b BGB) zu erfolgen, dh die elektronische Form genügt. Gemäß § 126b BGB muss die Person des Erklärenden erkennbar sein; zudem ist ein dauerhafter Datenträger und darüber hinaus ein Dateiformat zu verwenden, das nachträgliche Änderungen ausschließt. Weitergehende Formanforderungen, wie etwa die nach einer Paginierung,[18] werden nicht gestellt, dh anders als gem. § 8 VgV ist die Fertigung eines gesonderten „Vergabevermerks" entbehrlich. Erforderlich ist allerdings die Unterschrift des Erstellers, ggf. auch auf Teilstücken der Dokumentation. Dies folgt zwar nicht unmittelbar aus § 20, nach der Rechtsprechung aber aus den „Anforderungen, die im Rechtsverkehr an einen Vermerk gestellt werden".[19] Anderenfalls kann die Dokumentation nicht als Urkunde ihre Beweisfunktion erfüllen.[20]

12   Der Auftraggeber hat die Dokumentation grundsätzlich **selbst** vorzunehmen. In der Praxis wird diese Arbeit jedoch meist mehr oder minder vollständig an den mit der **Leistungsphase 7** beauftragten Architekten oder Fachplaner delegiert. Dies ist insoweit unzulässig als der Auftraggeber die Entscheidungen und Wertungen des Planers schlicht übernimmt.[21] Die Dokumentation muss deutlich machen, dass die Vergabestelle ihre **eigenen Entscheidungen** trifft, und damit auch, inwieweit sie dem Vergabevorschlag des Dritten folgt.[22] Ob hierfür bereits die Unterschrift der Vergabestelle genügt, erscheint zweifelhaft;[23] vorzugswürdig ist ein gesondertes Dokument, das die Befassung der Vergabestelle mit dem Vorschlag des Dritten belegt.

13   Zu den Möglichkeiten, eine mangelhafte oder fehlende Dokumentation nachträglich zu heilen → Rn. 22 ff.

IV. Dokumentation elektronischer Verfahren

14   Bei Durchführung eines elektronischen Vergabeverfahrens hat der öffentliche Auftraggeber nach Abs. 1 S. 3 geeignete Maßnahmen zur Dokumentation zu treffen. Da die elektronische Vergabe voraussichtlich auch im Unterschwellenbereich spätestens ab dem 18.10.2018 der **Regelfall** sein wird (vgl. nur die Neufassung des §§ 13 und 14), gewinnt die ordnungsgemäße Dokumentation dieser Vergaben an Bedeutung. Hinsichtlich der Dokumentation der eigenen Handlungen des Auftraggebers ergeben sich aus S. 3 allerdings keine Besonderheiten. Die Vorschrift bezieht sich in erster Linie auf die Anforderungen, die an die Angebote gestellt werden. Nach § 13 Abs. 1 Nr. 1 S. 4 sind elektronische Angebote nach Wahl des Auftraggebers mit einer fortgeschrittenen oder qualifizierten elektronischen **Signatur** zu versehen. § 13 Abs. 1 Nr. 2 verpflichtet den Auftragnehmer überdies, die Datenintegrität und Vertraulichkeit der Angebote zu gewährleisten. Gemäß Abs. 1 S. 3 ist zu dokumentieren, dass und auf welche Weise der öffentliche Auftraggeber diesen Anforderungen nachgekommen ist.[24]

V. Verzicht auf bestimmte Unterlagen und Nachweise (Abs. 2)

15   Die Vorschrift des Abs. 2, wonach der Auftraggeber einen Verzicht auf zusätzlich zum Angebot verlangte Unterlagen und Nachweise in der Dokumentation begründen muss, hat kaum praktische Bedeutung. Relevanz besaß sie zu einer Zeit, in der das Fehlen geforderter Unterlagen und Nachweise grundsätzlich zum Ausschluss des Angebots führte. In Einzelfäl-

---

[18] OLG Celle Beschl. v. 11.6.2015 – 13 Verg 4/15, IBRRS 2015, 2049.
[19] OLG Celle Beschl. v. 11.2.2010 – 13 Verg 16/09, BeckRS 2010, 04938 = VergabeR 2010, 669; OLG Bremen Beschl. v. 14.4.2005 – Verg 1/2005, IBRRS 2014, 0714 = VergabeR 2005, 537.
[20] OLG Celle Beschl. v. 11.2.2010 – 13 Verg 16/09, BeckRS 2010, 04938 = VergabeR 2010, 669.
[21] OLG München Beschl. v. 15.7.2005 – Verg 014/05, IBRRS 2005, 2258 = NZBau 2006, 472 (Ls.).
[22] VK Saarland Beschl. v. 23.4.2007 – 3 VK 2/2007, 3 VK 3/2007, IBRRS 2007, 5067.
[23] So aber VK Saarland Beschl. v. 23.4.2007 – 3 VK 2/2007, 3 VK 3/2007, IBRRS 2007, 5067.
[24] Ziekow/Völlink/*Hänsel* Rn. 6; Kapellmann/Messerschmidt/*Schneider* Rn. 27.

len wurde dies für unverhältnismäßig erachtet, etwa wenn die Eignung des Bieters noch aus früheren Vorhaben hinreichend bekannt war oder wenn verlangte Unterlagen über die Materialgüte oder Zeichnungen aus Anlass einer früheren Vergabe bereits vorlagen und sich an der Anforderung nichts geändert hatte.[25] In derartigen begründeten Ausnahmen konnte von einer (Neu-)Vorlage abgesehen werden, was entsprechend zu begründen war.

Mit Einführung des § 16a im Zuge der VOB/A von 2009 ist der Auftraggeber jedoch verpflichtet, fehlende Nachweise und Unterlagen nachzufordern. Kommt der Bieter der Aufforderung nicht innerhalb der hierfür gesetzten Frist nach, ist sein Angebot auszuschließen. Einen Verzicht auf Nachweise sieht § 16a nicht vor. **16**

Ein Anwendungsbereich für Abs. 2 besteht daher nur noch für solche Fälle, in denen der Auftraggeber Anforderungen gestellt hat, die sich als rechtswidrig oder unzumutbar erweisen.[26] Allerdings bedürfte es dafür eines gesonderten Abs. 2 nicht; die Vorschrift ist insgesamt als redundant anzusehen. **17**

VI. Ex-post-Transparenz (Abs. 3)

Abs. 3 sieht einen Sonderfall der ex-post-Transparenz vor. So ist der öffentliche Auftraggeber verpflichtet, nach Zuschlagserteilung auf geeignete Weise zu informieren, wenn bei beschränkten Ausschreibungen ohne Teilnahmewettbewerb oder freihändigen Vergaben bestimmte Wertgrenzen überstiegen werden. Abs. 3 bildet einerseits das Gegenstück zu § 19 Abs. 5, wonach der Auftraggeber fortlaufend über beabsichtigte beschränkte Ausschreibungen ab einem voraussichtlichen Auftragswert von 25.000 EUR netto zu informieren hat. Andererseits schließt er die Transparenzlücke, die sich daraus ergibt, dass Bieter gem. § 19 Abs. 2 unterhalb der Schwellenwerte im Normalfall nur auf Anfrage erfahren, welcher Bieter den Zuschlag erhalten hat. Für den Bereich der **besonders missbrauchsanfälligen Verfahren** ohne Teilnahmewettbewerb zwingt Abs. 3 den öffentlichen Auftraggeber zur Offenlegung auch ohne vorausgegangenen Antrag eines Bieters.[27] Gemäß S. 2 ist die Information für sechs Monate vorzuhalten. Binnen welcher Frist die Information einzustellen ist, regelt Abs. 2 nicht; sachgerecht erscheint es, hier auf die **30-Tagesfrist** gem. § 18EU Abs. 4 abzustellen.[28] **18**

VII. Mängel der Dokumentation und ihre Folgen

Als wesentlicher Ausdruck des vergaberechtlichen Transparenzprinzips ist die Dokumentation des Vergabeverfahrens von erheblicher Bedeutung für den Auftraggeber. Dies zeigt sich insbesondere an den **Konsequenzen,** die sich für ihn ergeben, wenn er seinen Dokumentationspflichten nicht im hinreichenden Maße nachkommt. Dies können von der Pflicht, einzelne, nicht dokumentierte Teile des Verfahrens zu wiederholen, über die Notwendigkeit, das Verfahren aufzuheben bis zur Schadensersatzleistung führen. **19**

1. Negative Beweiskraft. Eine mögliche Folge von Weglassungen oder Ungenauigkeiten der Dokumentation ist ihre negative Beweiskraft im Streitfall. Trägt ein Bieter in einem einstweiligen Verfügungsverfahren oder in einem Nachprüfverfahren nach Landesrecht vor, der Auftraggeber habe bestimmte, nicht dokumentierte Sachverhalte oder Gründe vorgeschoben oder gar manipuliert, kann die fehlende Dokumentation zu Beweiserleichterungen bis hin zur Beweislastumkehr führen.[29] Ist daher in den Vergabeakten keine Dokumentation über einen Prüfungsvorgang enthalten, ist davon auszugehen, dass dieser Vorgang nicht stattgefunden hat, sofern die Dokumentation nicht ausnahmsweise nachgeholt werden kann (→ Rn. 22 ff.).[30] **20**

---

[25] Vgl. Ingenstau/Korbion/*Portz,* 15 Aufl. 2004, § 30 Rn. 11.
[26] S. dazu die Beispiele bei Ziekow/Völlink/*Hänsel* Rn. 7.
[27] Ziekow/Völlink/*Hänsel* Rn. 8; Kapellmann/Messerschmidt/*Schneider* Rn. 29.
[28] So auch Kapellmann/Messerschmidt/*Schneider* Rn. 29.
[29] Ziekow/Völlink/*Hänsel* Rn. 4; OLG Jena Beschl. v. 26.6.2006 – 9 Verg 2/06, NZBau 2006, 735; VK Sachsen Beschl. v. 4.10.2011 – 1/SVK/037-11, IBRRS 2012, 1406.
[30] OLG Jena Beschl. v. 26.6.2006 – 9 Verg 2/06, NZBau 2006, 735 (737).

21 **2. Kausalitätserfordernis.** Trotz seines bieterschützenden Charakters sind § 20 und die sich aus ihm ergebenden Pflichten kein Selbstzweck.[31] Bewerber und Bieter können sich nur dann auf eine Verletzung ihrer Rechte berufen, wenn die mangelhafte oder vollständig unterbliebene Dokumentation für die Rechtsverletzung **ursächlich** geworden ist.[32] Hierfür trifft den Antragsteller die Darlegungs- und Beweiskraft; trägt er insoweit nichts vor, ist sein Antrag bereits unzulässig.[33]

22 **3. Möglichkeit der Heilung von Dokumentationsmängeln.** Ob der öffentliche Auftraggeber Mängel der Dokumentation im Nachhinein beheben kann, war und ist umstritten. Bis in das Jahr 2011 entsprach es der überwiegenden Meinung in Rechtsprechung und Schrifttum, dass eine derartige Heilung und ein Nachschieben von Begründungen unzulässig sei.[34] Dem ist der BGH mit seinem Beschluss in Sachen „Abellio Rail" vom 8.2.2011 zum Teil entgegengetreten.[35] Demnach ist nach Sinn und Zweck des § 20 abzuwägen zwischen dem Gebot der zeitnahen Führung des Vergabevermerks zum Schutz der Transparenz des Vergabeverfahrens und der Verhinderung von Manipulationen einerseits und dem vergaberechtlichen Beschleunigungsgrundsatz andererseits. Mit letzterem sei es nicht vereinbar, bei Dokumentationsmängeln unabhängig von deren Gewicht und Stellenwert stets eine Wiederholung der betroffenen Abschnitte des Vergabeverfahrens anzuordnen. Dieser Schritt solle vielmehr Fällen vorbehalten bleiben, in denen zu besorgen ist, dass die Berücksichtigung der nachgeschobenen Dokumentation lediglich im Nachprüfungsverfahren nicht ausreichen könnte, um eine wettbewerbskonforme Auftragserteilung zu gewährleisten.[36] Läuft die Wiederholung jedoch auf bloße Förmelei hinaus, gebührt dem Beschleunigungsgebot der Vorrang.[37]

23 Trotz der etwas nachgiebigeren Haltung des BGH zum Nachschieben von Gründen stellt die Möglichkeit, Dokumentationsmängel im Nachhinein zu heilen, die **Ausnahme** von der Regel des Abs. 1 dar, wonach die Dokumentation zeitnah zu fertigen ist. So bleibt es dabei, dass eine Heilung von Dokumentationsmängeln grundsätzlich **nicht** in Betracht kommt, soweit der Mangel im **gänzlichen Fehlen** der Dokumentation besteht. Grundsätzlich abzulehnen ist zudem die Möglichkeit, die unterlassene Dokumentation im Nachhinein durch eine Zeugeneinvernahme zu ersetzen. Dies würde der Manipulation Tür und Tor öffnen und auf Seiten der Vergabestelle ggf. sogar den Anreiz setzen, auf eine Dokumentation mit Bedacht zu verzichten.[38] Ein Verfahrensschritt ist ferner zwingend zu wiederholen, wenn eine Entscheidung nicht mehr rekonstruiert und die Begründung im Nachhinein nicht mehr nachvollzogen werden kann.[39] Damit bleibt die Heilungsmöglichkeit solchen Fällen vorbehalten, in denen Begründungen für **einzelne** Entscheidungen oder Maßnahmen lediglich durch zusätzliche Argumente und Erwägungen **ergänzt** werden.

§ 21 Nachprüfungsstellen

In der Bekanntmachung und den Vergabeunterlagen sind die Nachprüfungsstellen mit Anschrift anzugeben, an die sich der Bewerber oder Bieter zur Nachprüfung behaupteter Verstöße gegen die Vergabebestimmungen wenden kann.

---

[31] OLG Dresden Beschl. v. 31.3.2004 – WVerg 2/04, NZBau 2004, 574 (576).
[32] OLG Düsseldorf Beschl. v. 17.3.2004 – VII-Verg 1/04, NZBau 2004, 461; OLG Dresden Beschl. v. 31.3.2004 – WVerg 2/04, NZBau 2004, 574 (576).
[33] Kapellmann/Messerschmidt/*Schneider* Rn. 8 mwN.
[34] Vgl. nur OLG Düsseldorf Beschl. v. 17.3.2004 – Verg 1/04, BeckRS 2004, 03905; OLG Celle Beschl. v. 11.2.2010 – 13-Verg 16/09, BeckRS 2010, 04938; Ingenstau/Korbion/*Portz*, 16. Aufl. 2006, § 30 Rn. 5, jeweils mwN.
[35] BGH Beschl. v. 8.2.2011 – X ZB 4/10, NZBau 2011, 175 Rn. 73 ff.
[36] BGH Beschl. v. 8.2.2011 – X ZB 4/10, NZBau 2011, 175 (184).
[37] In diesem Sinne bereits VK Bund Beschl. v. 10.12.2003 – VK 2–116/03, IBRRS 2005, 00795.
[38] Ziekow/Völlink/*Hänsel* Rn. 4; OLG Jena Beschl. v. 26.6.2006 – 9 Verg 2/06, NZBau 2006, 735; VK Sachsen Beschl. v. 4.10.2011 – 1/SVK/037-11, IBRRS 2012, 1406.
[39] Kapellmann/Messerschmidt/*Schneider* Rn. 10 mwN.

I. Überblick

§ 21 ist, bis auf das Wort „Nachprüfungsstellen", im Wortlaut identisch mit § 21EU. 1
Dennoch bestehen große Unterschiede zwischen beiden, beginnend damit, dass mit den
Nachprüfungsstellen gerade nicht wie mit den „Nachprüfungsbehörden" gem. § 21EU die
Vergabekammern gemeint sind.[1]

§ 21 entspricht auf den ersten Blick insofern nicht dem traditionellen Verständnis des 2
Unterschwellenvergaberechts als Teil des Haushaltsrechts, das den Bietern keine subjektiven
Rechte einräumt, als die Vorschrift einen – wie immer gearteten – **Primärrechtsschutz**
vorauszusetzen scheint.[2] Allerdings kann aus der bloßen Existenz des § 21 **nicht abgeleitet
werden,** dass ein solcher **Primärrechtsschutz** auch tatsächlich effektiv gewährleistet ist.
Zudem kann der öffentliche Auftraggeber durch die (uU fehlerhafte) Benennung einer
Behörde **weder** die **Zuständigkeit** einer Nachprüfungsstelle **noch** einen **Anspruch** auf
Überprüfung **begründen.** In erster Linie soll § 21 es Bietern und Bewerbern erleichtern,
den auf Grundlage des **Opportunitätsprinzips** grundsätzlich nach eigenem Ermessen tätig
werdenden Aufsichtsbehörden Sachverhalte zur Kenntnis zu bringen, die diese zu einem
Einschreiten veranlassen könnten.[3] Ein Anspruch darauf besteht jedoch nicht. Dies gilt
unabhängig davon, ob nach den jeweiligen Landesvergabegesetzen sogenannte „kleine"
Vergabenachprüfungsverfahren vorgesehen sind;[4] mit diesen hat § 21 nichts zu tun, ebenso
wenig mit der Gewährung von Primärrechtsschutz im Unterschwellenbereich durch die
Anrufung der ordentlichen Gerichte.[5]

II. Angabe der Nachprüfungsstellen

1. Nachprüfungsstellen. Nachprüfungsstellen iSd § 21 sind die zuständigen Stellen, 3
welche die Dienst-, Rechts- oder Fachaufsicht über den öffentlichen Auftraggeber ausüben.[6]
Handelt es sich um Vergaben des Bundes oder der Länder, sind Nachprüfungsstellen die
jeweils **vorgesetzten Dienststellen.** Die zuständige **Kommunalaufsichtsbehörde** übt
die Fach- und Rechtsaufsicht über **kommunale Auftraggeber** aus.

2. Ort der Angabe. Die Angabe der Nachprüfungsstelle hat gem. § 12 Abs. 1 Nr. 2 4
lit. w in der Bekanntmachung und damit gem. § 8 Abs. 2 Nr. 1 auch in der Aufforderung
zur Angebotsabgabe zu erfolgen.

3. Inhalt der Angabe. Nach dem Wortlaut sowohl des § 21 als auch des § 12 Abs. 1 5
Nr. 2 lit. w genügt die korrekte **Bezeichnung** der Nachprüfungsstelle sowie die Mitteilung
der **Anschrift.** Weitergehende Angaben wie etwa Telefon- und Faxverbindung oder E-
Mail Adresse sind nicht erforderlich, zumal sich in der heutigen Zeit letztlich jeder Bieter
diese zusätzlichen Angaben binnen kurzem über das Internet verschaffen kann.[7]

III. Befugnisse der Nachprüfungsstellen

Stellt die angerufene Nachprüfungsstelle einen Verstoß fest, kann sie je nach Befugnis 6
gegenüber dem öffentlichen Auftraggeber die geeigneten Maßnahmen treffen. Dies beginnt
mit der bloßen **Beanstandung** gegenüber der Vergabestelle, umfasst aber auch die Möglichkeit, das Vergabeverfahren **auszusetzen,** im Wege der Ersatzvornahme einzelne Vergabe-

---

[1] Die Ausnahme bildet gem. §§ 1 und 19 LVG LSA die sog. 3. Vergabekammer Sachsen-Anhalt, die gleichwohl keine Vergabekammer iSd §§ 155, 156 GWB ist.
[2] Dahingehend Kapellmann/Messerschmidt/*Glahs* Rn. 1.
[3] Ziekow/Völlink/*Völlink* Rn. 1.
[4] Vgl. etwa § 8 Abs. 2 SächsVergabeG oder §§ 1, 19 LVG LSA. Das Nebeneinander von Aufsicht und Vergabenachprüfung besteht auch im Oberschwellenbereich, wie § 155 GWB verdeutlicht.
[5] Hingegen subsumiert Kapellmann/Messerschmidt/*Glahs* Rn. 2 das vom Bewerber oder Bieter initiierte Einschreiten der Aufsichtsbehörde unter das Stichwort „Primärrechtsschutz", was mE irreführt, da wirklicher Rechtsschutz die Pflicht zum Tätigwerden der angerufenen Stelle bedingt.
[6] Ziekow/Völlink/*Völlink* Rn. 2; Kapellmann/Messerschmidt/*Glahs* Rn. 4.
[7] AA Ziekow/Völlink/*Völlink* Rn. 3.

entscheidungen **zu ändern**, das Verfahren in einen früheren Verfahrensstand **zurückzuversetzen** oder ganz **aufzuheben**.[8] Ebenso wie im Bereich der Oberschwellenvergaben gilt allerdings, dass ein wirksam erteilter Zuschlag nicht durch die Aufsichtsbehörde rückgängig gemacht bzw. aufgehoben werden kann.[9] Ob Vorschriften wie § 8 Abs. 1 und 2. S. 2 Sächs-VergabeG, § 19 Abs. 1 und 2 LVG LSA oder § 12 Abs. 1 VgG M-V, die dem Auftraggeber die Zuschlagserteilung vor Ablauf einer bestimmten Wartefrist auch unterhalb der EU-Schwellenwerte verbieten, Verbotsgesetze iSd § 134 BGB sind, ist umstritten (→ § 18 Rn. 4). Allerdings wäre die Nichtigkeit eines gleichwohl geschlossenen Vertrags nicht von einem Tätigwerden der Aufsichtsbehörde abhängig.

§ 22 Änderungen während der Vertragslaufzeit

Vertragsänderungen nach den Bestimmungen der VOB/B erfordern kein neues Vergabeverfahren; ausgenommen davon sind Vertragsänderungen nach § 1 Absatz 4 Satz 2 VOB/B.

I. Überblick

1 § 22 wurde mit der Vergaberechtsreform 2016 neu eingeführt. Frühere Fassungen der VOB enthielten sowohl im ersten als auch im zweiten Abschnitt nur in Ansätzen Bestimmungen über Vertragsänderungen während der Vertragslaufzeit.[1] Dies ist durchaus überraschend, da öffentliche Auftraggeber gerade im Bereich der Bauvergaben im Zusammenhang mit „Nachträgen" regelmäßig über **keinerlei vergaberechtliches Problembewusstsein** verfügen. Weit verbreitet ist vielmehr die Vorstellung, dass ein einmal im Wege der Ausschreibung korrekt zustande gekommener Bauaufträge nach dem Zuschlag gleichsam nach Belieben abgeändert werden kann, wobei diese Ansicht immer schon unzutreffend war und nicht selten im Zuge von **Verwendungsnachweisprüfungen** unliebsame Überraschungen bereithielt.

2 Vor diesem Hintergrund ist die Neuregelung grundsätzlich zu begrüßen. **Bedenklich** erscheint indes der Umstand, **dass § 22 und sein Pendant im zweiten Abschnitt, § 22EU,** sich nicht nur im Umfang drastisch unterscheiden, sondern inhaltlich – wahrscheinlich – sogar **widersprechen**. So lässt sich die klare Aussage des § 22 auf § 22EU Abs. 2 Nr. 1 gerade nicht übertragen (→ § 22EU Rn. 2).[2] Man mag dies bedauerlich finden, zumal der Inhalt der Regelung gem. § 22 die durchaus herrschende Ansicht vor der Vergaberechtsreform abbildet.[3] Letztlich belegt aber gerade der Umstand der unterschiedlichen Regelungen, dass bereits aus Sicht des DVA eine Übernahme der Formulierung aus dem ersten Abschnitt in § 22EU keine ordnungsgemäße Umsetzung von Art. 72 RL 2014/24/EU dargestellt hätte und daher nicht in Frage kam. Dies ändert wiederum nichts daran, dass der resultierende Widerspruch, der sich dem – im Falle der VOB häufig nicht juristisch aus-, sondern lediglich fortgebildeten – Normanwender nicht ohne weiteres erschließt, nur als misslich bezeichnet werden kann.[4]

---

[8] Kapellmann/Messerschmidt/*Glahs* Rn. 6; Ingenstau/Korbion/*Reichling*/*Portz* Rn. 5.
[9] Kapellmann/Messerschmidt/*Glahs* Rn. 6; Ingenstau/Korbion/*Reichling*/*Portz* Rn. 5.
[1] Zu nennen wären vor allem die Regelungen in § 3 Abs. 5 Nr. 6 zur Zulässigkeit der freihändigen Vergabe bzw. in 3EG Abs. 5 Nr. 5 und 6 zur Zulässigkeit des Verhandlungsverfahrens ohne Teilnahmewettbewerb, die zumindest der Sache nach Änderungen bzw. Ergänzungen bereits geschlossener Verträge betrafen.
[2] In Band 3 *Jaeger* → GWB § 132 Rn. 29; Ingenstau/Korbion/*Stolz* § 22EU Rn. 27; zur früheren Rechtslage schon *Krohn* NZBau 2008, 619; in Band 3 *Reider* → GWB § 99 Rn. 22.
[3] Vgl. etwa *Kulartz/Duikers* VergabeR 2008, 728 (735 f.); Beck VOB/A/*Schotten/Hüttinger* GWB § 99 Rn. 39 oder Kulartz/Kus/Portz/*Eschenbruch* GWB § 99 Rn. 104, der § 1 Abs. 3 und Abs. 4 S. 1 als „sicheren Hafen" für nachträgliche Änderungen" bezeichnete und dies auch für § 132 GWB aufrecht erhält, KKPP/*Eschenbruch* GWB § 132 Rn. 89.
[4] Wenig hilfreich ist in diesem Kontext der Einführungserlass zur VOB/A 2016 (Az. B I 7-81063.6/1), der hervorhebt, der DVA habe „sich bewusst dagegen entschieden, die deutlich umfangreichere Regelung der EU-Vergaberechtlinie auch im ersten Abschnitt der VOB/A umzusetzen". Dies ist bereits vom äußeren Bild her offensichtlich, während der Erlass nichts darüber besagt, ob die Regelung des ersten Abschnitts auch im Rahmen des § 22EU Geltung beanspruchen kann. Hier die Klärung den Gerichten zu überlassen ist

II. Vertragsänderungen ohne neues Vergabeverfahren

Gemäß § 22 Hs. 1 erfordern Vertragsänderungen auf der Grundlage der VOB/B kein 3 neues Vergabeverfahren. Hiervon erfasst sind insbesondere die einseitigen Anordnungen des Auftraggebers gem. **§ 1 Abs. 3 und Abs. 4 S. 1 VOB/B** bezüglich des Leistungsinhalts sowie die korrespondierenden Anpassungen der Vergütung gem. **§ 2 Abs. 5 und Abs. 6 VOB/B**.[5] Dies gilt unabhängig vom Umfang der geänderten oder zusätzlichen Leistung, solange diese nur dem Anordnungsrecht unterliegt.[6]

Ändern sich lediglich die **Mengen oder Massen**, fehlt es bereits an einer Vertragsände- 4 rung, da im Einheitspreisvertrag nicht die ausgeschriebene, sondern die tatsächlich notwendige Menge geschuldet ist und entsprechend vergütet werden muss. Ob die Vergütung nach § 2 Abs. 3 VOB/B anzupassen ist, spielt daher keine Rolle.[7]

Weiterhin unter § 22 fallen die Zustimmung zum ursprünglich nicht genehmigten Nach- 5 unternehmereinsatz nach § 4 Abs. 8 Nr. 1 VOB/B, die Verlängerung von Ausführungsfristen gem. § 6 Abs. 2 VOB/B, die Anordnung von Stundenlohnarbeiten nach § 15 und die nachträgliche Vereinbarung von Vorauszahlungen (§ 16 Abs. 2 Nr. 1 VOB/B).[8]

III. Vertragsänderungen bei neuem Vergabeverfahren

§ 22 Hs. 2 stellt klar, dass Hs. 1 für Vertragsänderungen gem. § 1 Abs. 4 S. 2 VOB/B, die 6 nur mit Zustimmung des Auftragnehmers möglich sind, keine Geltung hat. Daraus folgt scheinbar im Umkehrschluss die Verpflichtung, in diesem Fällen ausnahmslos ein Vergabeverfahren durchzuführen – ungeachtet des Werts und der Bedeutung dieser Leistung und ohne Rücksicht darauf, ob die Vergabe an ein anderes Unternehmen als den bisherigen Auftragnehmer für den Auftraggeber mit (erheblichen) Nachteilen verbunden ist.

Eine analoge Anwendung etwa von § 22EU Abs. 3 mit den dortigen *de-minimis*-Grenzen 7 verbietet sich systematisch und auch in Ansehung des Einführungserlasses, der dies ausdrücklich ausschließt.[9] Allerdings folgt bereits aus dem Wortlaut des § 22 nicht, dass für jede noch so unbedeutende Änderung eine Ausschreibung durchzuführen wäre. Vielmehr ist der Auftraggeber lediglich verpflichtet, das geltende Vergaberecht anzuwenden. Daher kann der öffentliche Auftraggeber prüfen, ob etwa die Voraussetzungen des **§ 3a Abs. 4 S. 1 Nr. 1, 2 oder 6** (→ § 3a Rn. 20 ff.) erfüllt sind und eine Direktvergabe ausnahmsweise erlauben.[10] Liegt der Auftragswert unterhalb von 10.000 EUR (§ 3a S. 2) oder sehen die Landesvergabegesetze entsprechende höhere Wertgrenzen vor, kann zumindest die freihändig Vergabe erfolgen. In diesen Fällen kann es – bei ordnungsgemäßer Ermessensausübung –

---

insbesondere vor dem Hintergrund, dass Verwendungsnachweise regelmäßig erst Jahre nach dem Abschluss einer Baumaßnahme zu führen sind, fahrlässig. Der Zuwendungsempfänger kann nicht rückwirkend reagieren, sondern nur hoffen, dass ihm das im Falle der Zuwendungskürzung wegen einer zu Unrecht auf § 22EU iVm § 1 Abs. 3 VOB/B gestützten Nachtragsvergabe angerufene Verwaltungsgericht den „benefit of doubt" aufgrund der „seinerzeit", dh heute ungeklärten Rechtslage gewährt.

[5] Ingenstau/Korbion/*Stolz* Rn. 3.
[6] Vgl. Beck VOB/B/*Jansen* VOB/B § 1 Abs. 3 Rn. 78: „Der Auftraggeber darf auch Änderungen anordnen, die zu einer weit reichenden Umgestaltung des Projektes führen. Das kann dazu führen, dass einzelne Leistungen komplett wegfallen und durch andere ersetzt werden.", ferner Ingenstau/Korbion/*Stolz* Rn. 1: „generell und unabhängig vom Wert und der Auswirkungen".
[7] Ingenstau/Korbion/*Stolz* Rn. 3.
[8] Ingenstau/Korbion/*Stolz* Rn. 3.
[9] Wenig hilfreich ist in diesem Kontext der Einführungserlass zur VOB/A 2016 (Az. B I 7-81063.6/1), der hervorhebt, der DVA habe „sich bewusst dagegen entschieden, die deutlich umfangreichere Regelung der EU-Vergaberechtlinie auch im ersten Abschnitt der VOB/A umzusetzen". Dies ist bereits vom äußeren Bild her offensichtlich, während der Erlass nichts darüber besagt, ob die Regelung des ersten Abschnitts auch im Rahmen des § 22EU Geltung beanspruchen kann. Hier die Klärung den Gerichten zu überlassen ist insbesondere vor dem Hintergrund, dass Verwendungsnachweise regelmäßig erst Jahre nach dem Abschluss einer Baumaßnahme zu führen sind, fahrlässig. Der Zuwendungsempfänger kann nicht rückwirkend reagieren, sondern nur hoffen, dass ihm das im Falle der Zuwendungskürzung wegen einer zu Unrecht auf § 22EU iVm § 1 Abs. 3 VOB/B gestützten Nachtragsvergabe angerufene Verwaltungsgericht den „benefit of doubt" aufgrund der „seinerzeit", dh heute ungeklärten Rechtslage gewährt.
[10] Ingenstau/Korbion/*Stolz* Rn. 4.

zulässig sein, lediglich ein Angebot des bisherigen Auftragnehmers einzuholen. Dabei dürften dieselben Erwägungen, die etwa im Rahmen des § 22EU Abs. 2 Nr. 2 und 3 anzustellen sind, auch hier zum Tragen kommen können, wenn nicht ohnehin § 3a Abs. 4 Nr. 1 gegeben ist.

§ 23 Baukonzessionen

(1) Eine Baukonzession ist ein Vertrag über die Durchführung eines Bauauftrags, bei dem die Gegenleistung für die Bauarbeiten statt in einem Entgelt in dem befristeten Recht auf Nutzung der baulichen Anlage, gegebenenfalls zuzüglich der Zahlung eines Preises besteht.

(2) Für die Vergabe von Baukonzessionen sind die §§ 1 bis 22 sinngemäß anzuwenden.

Übersicht

	Rn.		Rn.
I. Überblick	1, 2	b) Keine Geltung der die Vergütung betreffenden Regelungen	21
II. Bedeutung	3	c) Kein Verbot des ungewöhnlichen Wagnisses	22
III. Regelungsgehalt	4–29	d) Wahl der Vergabeart	23
1. Begriff der Baukonzession (Abs. 1)	5–18	e) Einschränkung des Gebots der losweisen Vergabe	24
a) Grundsatz	5	f) Einbeziehung der VOB/B über § 8a Abs. 1 S. 1	25, 26
b) Bauauftrag	6–9	g) Keine Einschränkung der §§ 1–22 im Übrigen	27
c) Vertrag	10, 11		
d) Gegenleistung	12–18		
2. Vergabe in sinngemäßer Anwendung der §§ 1–22	19–27	3. Vergabe von Unteraufträgen bzw. Unterkonzessionen	28, 29
a) Grundsatz	19, 20		

I. Überblick

1 Seit der Vergaberechtsreform 2016 steht § 23 ohne inhaltliche Entsprechung in Abschnitt 2 der VOB/A da. Der Erlass der **Konzessionsvergabeverordnung** (KonzVgV), die sämtliche Vergaben von Konzessionen unter Einschluss der Baukonzession einem einheitlichen Verfahren unterstellt, hat zum **Entfall** des bisherigen § 22 EG geführt.

2 Der Begriff der Baukonzession wird, soweit er das Oberschwellenvergaberecht betrifft, in § 105 GWB legal definiert. Baukonzessionen im Sinne des EU-Kartellvergaberechts sind demnach **entgeltliche Verträge,** mit denen ein oder mehrere Konzessionsgeber ein oder mehrere Unternehmen mit der Erbringung von Bauleistungen betrauen; dabei besteht die Gegenleistung entweder allein in dem **Recht zur Nutzung des Bauwerks** oder in diesem Recht **zuzüglich** einer Zahlung (§ 105 Abs. 1 Nr. 1 GWB). In Abgrenzung zur Vergabe öffentlicher Bauaufträge geht bei der Vergabe einer Baukonzession das Betriebsrisiko für die Nutzung des Bauwerks auf den Konzessionsnehmer über. Dies ist der Fall, wenn unter normalen Betriebsbedingungen nicht gewährleistet ist, dass die Investitionsaufwendungen oder die Kosten für den Betrieb des Bauwerks wieder erwirtschaftet werden können, und der Konzessionsnehmer den Unwägbarkeiten des Marktes tatsächlich ausgesetzt ist, sodass potenzielle geschätzte Verluste des Konzessionsnehmers nicht vernachlässigbar sind. Das Betriebsrisiko kann ein Nachfrage- oder Angebotsrisiko sein (§ 105 Abs. 2 S. 1 GWB). Insoweit wird auf die Kommentierung zu § 105 GWB (*Mohr* in Band 3 → GWB § 105 Rn. 31 bis 91) sowie ergänzend auf die Kommentierung zur KonzVgV (*Marx* in Band 1 → KonzVgV Vor § 1 Rn. 31 bis 91 und → KonzVgV § 1 Rn. 2 ff.) verwiesen.

II. Bedeutung

3 Baukonzessionen sind von erheblicher praktischer Bedeutung. Sie dienen der Entlastung der öffentlichen Haushalte. Umgesetzt werden sie häufig in Gestalt von sog. „ÖPP-Modellen",

dh in Formen der öffentlich-privaten Partnerschaft.[1] Daher ist auch die Relevanz des § 23 einerseits nicht zu unterschätzen, da gerade Kommunen in Ansehung des maßgeblichen Schwellenwerts von (im Jahr 2018) 5.548.00 EUR Baukonzessionen in der Regel nicht nach der KonzVgV vergeben.[2] Andererseits hält sie sich aber auch in Grenzen, da sich eine **eigenständige Dogmatik** für ein Unterschwellenvergaberecht **nicht herausgebildet** hat. Stattdessen werden die maßgeblichen Rechtsfragen weitgehend einheitlich für das Ober- und Unterschwellenvergaberecht behandelt und insbesondere die Rechtsprechung des EuGH und der Vergabesenate auch für die Auslegung des § 23 herangezogen.

III. Regelungsgehalt

§ 22 definiert zum einen die Baukonzession für das Unterschwellenvergaberecht. Zum anderen wird festgelegt, nach welchen Regelungen die Vergabe von Baukonzessionen zu erfolgen hat. Dies soll in sinngemäßer Anwendung der Bestimmungen der VOB/A 1. Abschnitt geschehen.

1. Begriff der Baukonzession (Abs. 1). a) Grundsatz. Abs. 1 beschreibt die Baukonzession als Vertrag über die Durchführung eines Bauauftrags, bei dem die Gegenleistung für die Bauarbeiten statt in einem Entgelt in dem befristeten Recht auf Nutzung der baulichen Anlage, gegebenenfalls zuzüglich der Zahlung eines Preises besteht. Diese Definition ist kürzer als diejenige in § 105 GWB. Sie verzichtet ihrem Wortlaut nach insbesondere auf das „**Risikoelement**" des § 105 Abs. 2 GWB, indem lediglich auf die gegenüber dem „normalen" Bauauftrag anders geartete Gegenleistung abgestellt wird. Der scheinbare Unterschied zwischen Unter- und Oberschwellenvergaberecht besteht allerdings **in Wahrheit nicht.** Nach ganz allgemeiner und auch zutreffender Ansicht ist die **Übernahme des Nutzungsrisikos** auch für die Baukonzession gem. § 23 **konstitutiv.**[3] Dies folgt daraus, dass im Recht des Konzessionärs, die bauliche Anlage zu nutzen, das damit verbundene Risiko der Nichtinanspruchnahme inhärent ist. Vor diesem Hintergrund kann auf die zum früheren § 22EG ergangene Rechtsprechung auch in Hinblick auf § 23 zurückgegriffen werden,[4] und ebenso auf die Rechtsprechung zu § 105 GWB sowie zur KonzVgV.[5]

b) Bauauftrag. aa) Begriff des Bauauftrags. Abs. 1 setzt einen Vertrag über die Durchführung eines **Bauauftrags** voraus. Dies ist insoweit ungewöhnlich, als die VOB/A in Abschnitt 1, genau gesagt in § 1, den Begriff der „Bauleistungen" verwendet. Der „Bauauftrag" gehört hingegen terminologisch in das Kartellvergaberecht (§ 1EU bzw. § 103 Abs. 3 GWB). Für das Verständnis ist dies indes ohne Bedeutung; beide Bezeichnungen meinen – zumindest im Kontext der Baukonzession – dasselbe, sodass in Bezug auf die Merkmale des Bauauftrags auf die Kommentierungen zu § 1EU (→ § 1EU Rn. 2 ff.) und § 103 GWB (*Reider* in Band 3 → GWB § 103 Rn. 56 bis 82 sowie zu Abgrenzungsfragen → GWB § 103 Rn. 44 und 110) verwiesen werden kann.[6]

---

[1] Vgl. Ziekow/Völlink/*Herrmann* Rn. 3 ff., 11–18 mit einem kritischen Überblick zu den bisherigen Erfahrungen mit ÖPP-Modellen; darüber hinaus Ingenstau/Korbion/*Düsterdiek* Rn. 46–59 sowie zu ÖPP im Verkehrsbereich *Kupjetz/Eftekharzadeh* NZBau 2013, 142. S. ferner die Übersicht bei http://www.bmvi.de/SharedDocs/DE/Artikel/StB/oepp-modelle.html zu den unterschiedlichen, sog. A-, V- oder F-Modellen im Straßenbau sowie das allerdings schon etwas in die Jahre gekommene Gutachten „PPP im öffentlichen Hochbau", Bd. II: Rechtliche Rahmenbedingungen, abrufbar unter http://www.bbr.bund.de/BBSR/DE/Bauwesen/BauwirtschaftBauqualitaet/WU-PPP/Downloads/DL_gutachten_ppp_hochbau_band2_teil1.pdf?__blob=publicationFile&v=3.
[2] So auch Ziekow/Völlink/*Herrmann* Rn. 2.
[3] AllgM; vgl. nur Kapellmann/Messerschmidt/*Ganske* Rn. 28 und 48; Ziekow/Völlink/*Herrmann* Rn. 22; Willenbruch/Wieddekind/*Wieddekind* Rn. 2.
[4] Tatsächlich ist es Usus, auch bei der Kommentierung des § 23, dh des ersten Abschnitts der VOB/A, so gut wie ausschließlich auf die Rspr. zu verweisen, die zum Kartellvergaberecht ergangen ist, vgl. etwa Ziekow/Völlink/*Herrmann* Rn. 19–23.
[5] → Rn. 2 aE.
[6] In diesem Sinne auch Kapellmann/Messerschmidt/*Ganske* Rn. 16; KMPP/*Marx* § 1 Rn. 32.

7 **bb) Notwendiger Beschaffungsbezug.** Aus dem Vorstehenden ergibt sich, dass insbesondere auch die im Urteil des EuGH zur Rechtssache „Helmut Müller" festgelegten Grundsätze zu beachten sind.[7] Der erteilte Auftrag muss mithin einen spezifischen „**Beschaffungsbezug**" aufweisen, dh der Auftrag- bzw. Konzessionsgeber muss ein **eigenes wirtschaftliches Interesse** an der Durchführung des Auftrags haben.[8] Dieses wirtschaftliche Interesse ist eindeutig gegeben, wenn vorgesehen ist, dass der öffentliche Auftraggeber Eigentümer der Bauleistung oder des Bauwerks wird, die bzw. das Gegenstand des Auftrags ist.[9] Es genügt jedoch, wenn der öffentliche Auftraggeber nach dem Inhalt des Vertrags über einen Rechtstitel verfügen soll, der ihm die Verfügbarkeit der zu errichtenden Bauwerke „im Hinblick auf ihre öffentliche Zweckbestimmung sicherstellt".[10] Dies kann etwa in Gestalt eines Mietvertrags erfolgen; es ist allerdings nicht notwendig, dass die Leistung die Form der Beschaffung eines gegenständlichen oder körperlichen Objekts für den Auftrag- bzw. Konzessionsgeber selbst annimmt.[11] Es genügt, wenn der öffentliche Auftraggeber aus der zukünftigen Nutzung oder Veräußerung des Bauwerks wirtschaftliche Vorteile ziehen kann.[12]

8 Die Bestimmung muss jeweils für den **Einzelfall** erfolgen. Häufiger Streitpunkt waren dabei in der Vergangenheit **Parkflächen** im Rahmen der Errichtung privater Investorenvorhaben.[13] Ein eigenes wirtschaftliches Interesse des öffentlichen Auftrag- bzw. Konzessionsgebers kann nur dann angenommen werden, wenn die Parkflächen entweder durch ihn selbst (etwa im Rahmen eines Miet- oder Pachtvertrags) genutzt werden oder aber der Allgemeinheit zur Verfügung gestellt werden.[14]

9 **cc) Durchsetzbare Bauverpflichtung.** Die Annahme eines Bauauftrags erfordert nach der Entscheidung des EuGH in der Rechtssache „Helmut Müller" im Weiteren eine durch den Auftrag- bzw. Konzessionsgeber einklagbare **Bauverpflichtung**.[15] Im Kontext der Baukonzession haben sich diesbezüglich **Durchführungsverträge** mit Durchführungspflicht gem. **§ 12 Abs. 1 und 6 BauGB** als problematisch erwiesen. Gemäß § 12 Abs. 6 BauGB „soll" die Gemeinde dann, wenn der Vorhaben- und Erschließungsplan nicht innerhalb der Frist nach § 12 Abs. 1 BauGB durchgeführt wird, den Bebauungsplan aufheben. Nach Ansicht des OLG Schleswig folgt daraus, dass es bei einem Durchführungsvertrag an einer einklagbaren Bauverpflichtung fehlt.[16] Ob dies zutrifft, mag indes bezweifelt werden:[17] So stehen der Kommune unterschiedliche vertragliche Gestaltungsmöglichkeiten offen, um die Erfüllung der Durchführungsverpflichtung sichern, etwa die Vereinbarung von Vertragsstrafen oder die Stellung von Sicherheiten. Auch die Unterwerfung unter die sofortige Zwangsvollstreckung (vgl. § 61 VwVfG) kommt in Betracht.[18]

---

[7] EuGH Urt. v. 25.3.2010 – C-451/08, NJW 2010, 2189 = NZBau 2010, 321.
[8] EuGH Urt. v. 25.3.2010 – C-451/08, NJW 2010, 2189 Rn. 49; ferner Kapellmann/Messerschmidt/*Ganske* Rn. 17; Ziekow/Völlink/*Herrmann* Rn. 19 mit Fn. 30 und dem Verweis darauf, dass die nationalen Gerichte die vom EuGH entwickelten Grundsätze aufgenommen haben.
[9] EuGH Urt. v. 25.3.2010 – C-451/08, NJW 2010, 2189 Rn. 50.
[10] EuGH Urt. v. 25.3.2010 – C-451/08, NJW 2010, 2189 Rn. 51 f.
[11] EuGH Urt. v. 25.3.2010 – C-451/08, NJW 2010, 2189 Rn. 54.
[12] EuGH Urt. v. 25.3.2010 – C-451/08, NJW 2010, 2189 Rn. 52.
[13] Vgl. OLG Düsseldorf Beschl. v. 9.6.2010 – VII-Verg 9/10, NZBau 2010, 580; OLG Schleswig Beschl. v. 15.3.2013 – 1 Verg 4/12, NZBau 2013, 453; VK Schleswig-Holstein Beschl. v. 17.8.2012 – VK-SH 17/12, IBRRS 2012, 4443.
[14] Nach Auffassung der VK Schleswig-Holstein Beschl. v. 17.8.2012 – VK-SH 17/12, IBRRS 2012, 4443, soll es wiederum nicht genügen, wenn im Rahmen des Vorhabens bereits vorhandene öffentlich nutzbare Parkflächen durch andere Flächen ersetzt werden und somit lediglich ein Ausgleich stattfindet.
[15] EuGH Urt. v. 25.3.2010 – C-451/08, NJW 2010, 2189 Rn. 59 ff.
[16] OLG Schleswig Beschl. v. 15.3.2013 – 1 Verg 4/12, NZBau 2013, 453.
[17] AA Ingenstau/Korbion/*Düsterdiek* Rn. 33: Die Kommune könne den Vorhabenträger regelmäßig nicht zwingen, das Vorhaben zu realisieren.
[18] Vgl. *Mitschang* in Battis/Krautzberger/Löhr, BauGB, Kommentar, 13. Aufl. 2016, BauGB § 12 Rn. 18; an der Entscheidung des OLG Schleswig daher auch mit Recht zweifelnd Kapellmann/Messerschmidt/*Ganske* Rn. 20.

c) Vertrag. Die Konzession setzt einen Vertrag voraus. **Ohne Belang** ist dabei die 10 Frage, ob der zugrunde liegende Vertrag dem **öffentlichen** oder aber dem **Privatrecht** unterfällt.[19] Welches von beiden anzunehmen ist, hängt vom Gegenstand des Vertrags ab. Sind mit der Einräumung der Konzession hoheitliche Befugnisse im Wege der Beleihung verknüpft, handelt es sich um einen öffentlich-rechtlichen Vertrag gem. § 54 VwVfG, der gleichwohl (soweit die sonstigen Voraussetzungen vorliegen) dem Regime des Vergaberechts untersteht.[20] Kein Vertrag, und damit auch keine Baukonzession gem. § 23 liegt hingegen vor, wenn die Konzession durch **Verwaltungsakt** (§ 35 VwVfG) zustande kommt.[21] Bestehen Zweifel hinsichtlich der Frage, ob von einem Vertrag oder vom Erlass eines Verwaltungsakts auszugehen ist, kommt es nach der Rechtsprechung des EuGH maßgeblich auf den dem Auftrag- bzw. Konzessionsnehmer eingeräumten **Spielraum** an.[22]

Ein Vertrag bedingt im Weiteren die **Personenverschiedenheit** zwischen Konzessions- 11 geber und -nehmer.[23] Eine Austauschbeziehung zwischen Dienststellen, Behörden und anderen unselbstständigen Verwaltungseinheiten ist daher nicht als Vertrag zu qualifizieren.

d) Gegenleistung. Wie bereits ausgeführt (→ Rn. 5) besteht die Gegenleistung bei der 12 Konzession nicht in einem Entgelt, sondern entweder allein in dem **befristeten** Recht, die erstellte bauliche Anlage zu nutzen, oder aber in diesem Recht zuzüglich einer Zahlung.

aa) Befristung. Das Nutzungsrecht darf dem Konzessionsnehmer **nur auf Zeit** einge- 13 räumt werden; unbefristete Konzessionen verstoßen gegen den Wettbewerbsgrundsatz und sind unzulässig.[24] Daraus folgt, dass in alldenjenigen Fällen, in denen der Errichter der baulichen Anlage das **Eigentum** daran erwirbt, der Vorgang nicht als Konzession anzusehen ist.[25] Hingegen existiert keine starre zeitliche Grenze für die Dauer der Befristung wie etwa bei der Rahmenvereinbarung. Vielmehr sind je nach Einzelfall Art und Umfang des Auftrags und das Amortisationsinteresse des Konzessionsnehmers zu berücksichtigen.[26] Die Regelobergrenze von **fünf Jahren** gem. § 3 Abs. 2 S. 1 KonzVgV mag als **Orientierung** dienen, einschließlich der Erwägungen, die eine längere Laufzeit rechtfertigen. Demnach darf die Laufzeit nicht länger sein als der Zeitraum, innerhalb dessen der Konzessionsnehmer nach vernünftigem Ermessen die **Investitionsaufwendungen** für die Errichtung, die Erhaltung und den Betrieb des Bauwerks oder die Erbringung der Dienstleistungen zuzüglich einer Rendite auf das investierte Kapital unter Berücksichtigung der zur Verwirklichung der spezifischen Vertragsziele notwendigen Investitionen **wieder erwirtschaften** kann.[27] Dies kann uU auch erst nach 15 Jahren der Fall sein.[28]

bb) Nutzungsrecht. Dem Konzessionär ist das Recht zur Nutzung der baulichen 14 Anlage einzuräumen. Dieses Recht muss vom Konzessionsgeber selbst abgeleitet werden; ist

---

[19] *Müller* NVwZ 2016, 266; Ziekow/Völlink/*Herrmann* Rn. 26 unter Verweis auf EuGH Urt. v. 12.7.2001 – C-399/98, NZBau 2001, 512.
[20] Vgl. im Weiteren *Bonk/Neumann/Siegel* in Stelkens/Bonk/Sachs, VwVfG, Kommentar, 9. Aufl. 2018, VwVfG § 54 Rn. 159 ff.; Kopp/Ramsauer/*Tegethoff* VwVfG § 54 Rn. 61b.
[21] Vgl. BVerwG Beschl. v. 18.10.2007 – 7 B 33/07, NVwZ 2008, 694.
[22] Vgl. EuGH Urt. v. 18.12.2007 – C-220/06, NJW 2008, 633 Rn. 51.
[23] *Pünder* in Müller-Wrede Kompendium VergabeR, 2008, 193.
[24] EuGH Urt. v. 25.3.2010 – C-451/08, NJW 2010, 2189 Rn. 79; Kapellmann/Messerschmidt/*Ganske* Rn. 29.
[25] Vgl. Kapellmann/Messerschmidt/*Ganske* Rn. 29 und 39 mit Fn. 44 unter Verweis auf die frühere Rechtslage vor der Vergaberechtsreform von 2009. Bis dahin war umstritten, ob die Übertragung des Eigentums auf den Auftragnehmer eine Konzession ausschloss. Vor allem das OLG Düsseldorf war bis zum Jahr 2010 der Ansicht, es sei unerheblich, ob die Nutzung dauerhaft nach Veräußerung oder lediglich begrenzt erfolge, vgl. OLG Düsseldorf Beschl. v. 2.10.2008 – Verg 25/08, NZBau 2008, 727 (732). Ua wegen dieser Frage erfolgte die Vorlage zum EuGH, die zur Entscheidung „Helmut Müller", EuGH Urt. v. 25.3.2010 – C-451/08, NJW 2010, 2189 Rn. 79, führte.
[26] Kapellmann/Messerschmidt/*Ganske* Rn. 40. Vgl. auch § 3 Abs. 1 S. 2 KonzVgV: Demnach wird die Laufzeit vom Konzessionsgeber „je nach den geforderten Bau- oder Dienstleistungen geschätzt".
[27] Dies wird iErg zu einer „Vertretbarkeitskontrolle" führen, *Siegel* NVwZ 2016, 1672 (1676).
[28] Vgl. EuGH Urt. v. 9.9.2010 – C-64/08, Slg. 2010, I-8244 Rn. 48 = EuZW 2010, 821.

dies nicht der Fall, sondern wird dem Konzessionär das Nutzungsrecht von einem (privaten) Dritten gewährt, liegt keine Konzession vor.[29]

15 **cc) Risikoübertragung und Zuzahlung.** Da die Übernahme des Betriebsrisikos konstitutives Merkmal der Konzession ist, bestehen **Abgrenzungsprobleme** zum Bauauftrag in erster Linie im Zusammenhang mit der ausdrücklich eröffneten Möglichkeit, dem Konzessionär neben der Einräumung des Nutzungsrechts eine Zahlung zu gewähren. Es ist folglich – wie auch im Rahmen des § 105 GWB – einerseits nicht notwendig, dem Konzessionsnehmer das Betriebsrisiko vollständig aufzubürden. Andererseits darf die Zahlung auch nicht so bemessen sein, dass das Risiko der Nutzung am Ende überwiegend beim öffentlichen Auftraggeber verbleibt.

16 Der Begriff der Zahlung ist wie derjenige des „Entgelts" im Rahmen des § 105 GWB funktional weit auszulegen. Er umfasst neben der Zahlung im eigentlichen Sinn **alle geldwerten Zuwendungen**, die der Konzessionsnehmer zusätzlich zum Nutzungsrecht erhält.[30]

17 Um die Baukonzession überhaupt am Markt anbringen zu können, kann es notwendig sein, durch die Gewährung einer Zuzahlung das Risiko des Konzessionärs auf ein marktübliches Niveau zu begrenzen.[31] Auch kann es im öffentlichen Interesse liegen, wenn durch eine Zuzahlung das durch den Konzessionär bei den „Endnutzern" erhobene Nutzungsentgelt reduziert wird.[32] Das beim Konzessionsnehmer verbleibende Risiko darf jedoch nicht derart minimiert werden, dass der Zahlung bei wertender Betrachtung **kein bloßer Zuschusscharakter** mehr beigemessen werden kann.[33] Eine **fixe Prozentzahl** nennt § 23 ebenso wenig wie § 105 GWB oder die KonzVgV. Gemäß der Leitentscheidung des BGH in Sachen „Abellio Rail" bedarf es insoweit stets einer **alle Umstände des Einzelfalls einbeziehenden Gesamtschau;** eine schematische Regelung verbietet sich.[34] Im Ergebnis können auch an dieser Stelle die Wertungen des **Oberschwellenvergaberechts** als **Entscheidungshilfe** herangezogen werden. Demnach kommt es entscheidend darauf an, ob unter normalen Betriebsbedingungen nicht gewährleistet ist, dass die Investitionsaufwendungen oder die Kosten für den Betrieb des Bauwerks wieder erwirtschaftet werden können. Der Konzessionsnehmer muss auch in Ansehung der Zuzahlung den Unwägbarkeiten des Marktes tatsächlich ausgesetzt bleiben, und zwar in der Weise, dass potenzielle geschätzte Verluste des Konzessionsnehmers nicht vernachlässigbar sind.

18 Obwohl im Ergebnis Einigkeit darüber besteht, dass eine für alle oder auch nur eine Vielzahl von Fällen zu formulierende Zuzahlungsgrenze nicht anzunehmen ist, haben sich Vergabesenate und auch der BGH zu unterschiedlichen Prozentsätzen geäußert. Die Entscheidungen belegen, dass sich die Annahme einer Grenze zwar verbietet, die Übernahme von mehr als 50 % der Kosten im Zweifel jedoch dazu führt, dass ein Bauauftrag und keine Konzession vorliegt.[35] Ist sich der öffentlicher Auftraggeber in seiner Prognose in Bezug

---

[29] Kapellmann/Messerschmidt/*Ganske* Rn. 29; Reidt/Stickler/Glahs/*Ganske* GWB § 103, Rn. 9 ff. und Reidt/Stickler/Glahs/*Ganske* GWB § 105 Rn. 50.

[30] BGH Beschl. v. 8.2.2011 – X ZB 4/19, NZBau 2011, 175 (180) – Abellio Rail; Kapellmann/Messerschmidt/*Ganske* Rn. 25.

[31] *Walz*, Die Bau- und Dienstleistungskonzession im deutschen und europäischen Vergaberecht, 2010, 202.

[32] *Walz*, Die Bau- und Dienstleistungskonzession im deutschen und europäischen Vergaberecht, 2010, 202.

[33] BGH Beschl. v. 8.2.2011 – X ZB 4/19, NZBau 2011, 175 (180) – Abellio Rail.

[34] BGH Beschl. v. 8.2.2011 – X ZB 4/19, NZBau 2011, 175 (181) – Abellio Rail.

[35] OLG Schleswig Beschl. v. 6.7.1999 – 6 U Kart 22/99, NZBau 2000, 100 (102): Eine Zuzahlung von mehr als 20 % der Baukosten schließt den Konzessionscharakter nicht aus, im bedeutender Teil der Risiken, die mit der Nutzung verbunden sind, beim Konzessionär verbleiben. BGH Beschl. v. 8.2.2011 – X ZB 4/19, NZBau 2011, 175 – Abellio Rail: Bei Zuzahlung iHv 64 % der bei Vertragsdurchführung anfallenden Gesamtkosten überwiegt die Zuzahlung, sodass keine Konzession vorliegt. OLG Düsseldorf Beschl. v. 2.3.2011 – VII-Verg 48/10, NZBau 2011, 244: Zuzahlungen iHv ca. 40 % der Gesamtkosten der Vertragsausführung sind für die Annahme einer Konzession unschädlich, unter Hinweis darauf, dass umso eher von einem Dienstleistungsauftrag auszugehen sei, je mehr der Auftraggeber mehr als 50 % der Kosten abdeckt.

auf die Übernahme des Betriebsrisikos durch den Auftrag-/Konzessionsnehmer unsicher, ist im Zweifel von einem Bauauftrag auszugehen.[36]

2. Vergabe in sinngemäßer Anwendung der §§ 1–22. a) Grundsatz. Ist sich der Konzessionsgeber hingegen sicher, dass kein öffentlicher Bauauftrag, sondern eine Konzession zu vergeben ist, ist das Vergabeverfahren gem. Abs. 2 in „sinngemäßer" Anwendung der §§ 1–22 durchzuführen.

Während oberhalb der EU-Schwellenwerte durch den Erlass der KonzVgV mittlerweile geregelt ist, wie bei der Vergabe von (Bau-)Konzessionen zu verfahren ist, bietet der Anwendungsbefehl gem. Abs. 2 dem Rechtsanwender wenig Sicherheit. Im Grunde steht nur fest, dass die Vergabe einerseits nicht in wortwörtlicher Beachtung der Basisparagrafen zu erfolgen hat, während der Konzessionsgeber andererseits in seinem Vorgehen nicht frei ist. Er hat vielmehr die §§ 1–22 zu beachten, **sofern und soweit** es der **besondere Charakter der Baukonzession** zulässt.[37] Hilfestellungen bestehen dabei in zweierlei Hinsicht: Zum einen bietet die KonzVgV Hinweise darauf, in welcher Beziehung die Bestimmungen des förmlichen, für öffentliche Aufträge gedachten Vergaberechts anzupassen sind. Zum anderen haben Rechtsprechung und Lehre in den vergangenen Jahrzehnten bezüglich der wesentlichen Fragestellungen weitgehend Einigkeit erzielen können.

b) Keine Geltung der die Vergütung betreffenden Regelungen. Ein gut nachvollziehbarer Ansatz besteht darin, zunächst all diejenigen Regelungen, die sich mit der Vergütung des späteren Auftragnehmers befassen, von der Anwendung auszunehmen, da an deren Stelle grundsätzlich das Recht der Nutzung tritt.[38] Hiervon betroffen sind § 4 (Vertragsarten), § 9d (Änderung der Vergütung) sowie § 16c Abs. 2 und Abs. 3 (Angebotsprüfung). Dies trifft allerdings dann nur eingeschränkt zu, wenn der Konzessionsgeber zusätzlich zur Einräumung des Nutzungsrechts ein Entgelt zahlt.[39]

c) Kein Verbot des ungewöhnlichen Wagnisses. Mit dem Wesen der Konzession schlechthin unvereinbar ist die Bestimmung des § 7 Abs. 1 Nr. 3, wonach dem Auftraggeber kein ungewöhnliches Wagnis für Umstände aufgebürdet werden darf, auf die er keinen Einfluss hat und deren Einwirkung auf die Preise und Fristen er nicht im Voraus schätzen kann. Da die Übertragung des Nutzungsrisikos zum Wesenskern der Baukonzession gehört, kommt die Anwendung von § 7 Abs. 1 Nr. 3 nicht in Betracht.[40] Dass eine Risikoübertragung nicht vollkommen schrankenlos möglich sein kann, mag zutreffen,[41] ist aber weniger auf § 7 Abs. 1 Nr. 3 zurückzuführen, sondern – ähnlich wie in der VgV, die das ungewöhnliche Wagnis nicht kennt – Ausfluss des vergaberechtlichen Transparenzprinzips.

d) Wahl der Vergabeart. Ebenfalls dem der Konzession immanenten Risiko ist geschuldet, dass auch die Anwendung der §§ 3, 3a nicht ohne größere Abänderung möglich ist. Dies gilt insbesondere für den Vorrang der öffentlichen Ausschreibung gem. § 3a Abs. 1; vielmehr dürfte die „Eigenart der Leistung" eine Abweichung im Normalfall rechtfertigen.[42] In vielen Fällen wird die **freihändige Vergabe** (mit vorherigem Teilnahmewettbe-

---

[36] Kapellmann/Messerschmidt/*Ganske* Rn. 37.
[37] Kapellmann/Messerschmidt/*Ganske* Rn. 60: „Mit anderen Worten: Die Vorschriften des 1. Abschnitts der VOB/A, die auf den Vertragscharakter der Baukonzession passen, sind anzuwenden, die übrigen nicht".
[38] Kapellmann/Messerschmidt/*Ganske* Rn. 60; Ingenstau/Korbion/*Düsterdiek* § 22 Rn. 78.
[39] Ingenstau/Korbion/*Düsterdiek* Rn. 78.
[40] Ingenstau/Korbion/*Düsterdiek* Rn. 78; Müller-Wrede/*Braun* GWB § 105 Rn. 121; HK-VergabeR/*B. W. Wegener* § 22 (aF) Rn. 10.
[41] Dahingehend Ziekow/Völlink/*Herrmann* Rn. 34: Die Vorgabe könne „nicht in vollem Umfang übertragen werden"; und auch Kapellmann/Messerschmidt/*Ganske* Rn. 60.
[42] Ähnlich Ingenstau/Korbion/*Düsterdiek* Rn. 80; HK-VergabeR/*B. W. Wegener* § 22 (aF) Rn. 10. Offenbar aA Kapellmann/Messerschmidt/*Ganske* Rn. 63: Demnach „gelten für die Art der Vergabe sowie für die Auswahl der Vergabeverfahren unterhalb der EU–Schwellenwerte grundsätzlich § 3 und § 3a VOB/A uneingeschränkt". Dem kann nicht gefolgt werden, insbes. im Licht des § 12 Abs. 1 KonzVgV, der als Regel die Orientierung an den Vorschriften der VgV zum Ablauf des Verhandlungsverfahrens mit Teilnahmewettbewerb vorsieht.

werb) die zutreffende Verfahrensart darstellen, dies auch in Ansehung des § 12 Abs. 1 KonzVgV, der dem Konzessionsgeber die freie Ausgestaltung des Verfahrens gestattet und die Ausrichtung am Verhandlungsverfahren mit Teilnahmewettbewerb anheimstellt. Warum für die Vergabe von Konzessionen unterhalb der Schwellenwerte ein anderer, schärferer Maßstab gelten sollte, erschließt sich in der Sache nicht. Allerdings ließe sich dies Ergebnis im Zweifel auch über einen Rückgriff auf § 3a selbst rechtfertigen, konkret über § 3a Abs. 4 Nr. 3.[43]

24 e) **Einschränkung des Gebots der losweisen Vergabe.** Eine in der Praxis häufige Einschränkung besteht in Bezug auf das in § 5 Abs. 2 normierte Gebot der losweisen Vergabe. Gerade bei komplexen ÖPP-Projekten dürfte die Gesamtvergabe an einen einzigen Konzessionsnehmer eher die Regel denn die Ausnahme sein.[44]

25 f) **Einbeziehung der VOB/B über § 8a Abs. 1 S. 1.** Weitgehend Einigkeit besteht darüber, dass gem. § 8a Abs. 1 S. 1 die VOB/B in das Vertragswerk einzubeziehen ist, wobei auch dies wiederum nur „sinngemäß" erfolgen kann.[45] Die Regelungen zur Vergütung (und ggf. zu deren Minderung) können erneut nicht bzw. nicht ohne Einschränkung Gültigkeit beanspruchen, dh §§ 2, 13, 14, 15 und 16 VOB/B. Dasselbe gilt für die Bestimmungen zur vorzeitigen Vertragsbeendigung (§ 4 Abs. 7 und 8 VOB/B, § 5 Abs. 4, 6 und 7 VOB/B), da das primäre Nutzungsinteresse beim Konzessionsnehmer selbst, und nicht beim Konzessionsgeber liegt.[46]

26 Aus dem Vorstehenden folgt zudem, dass eine Einbeziehung der VOB/B „ohne inhaltliche Abweichungen insgesamt" iSd § 310 Abs. 1 S. 3 BGB bei Konzessionsverträgen regelmäßig ausscheidet, weshalb jede einzelne Bestimmung der VOB/B im Grundsatz der **Inhaltskontrolle** unterliegt. Da – zumindest bei Durchführung einer freihändigen Vergabe – die Vertragsbedingungen allerdings individuell ausgehandelt werden können, stellt die Anwendung der §§ 305 ff. BGB auf Konzessionsverträge – sofern nicht Musterkonzessionsverträge Verwendung finden – in der Praxis meist kein Problem dar.[47]

27 g) **Keine Einschränkung der §§ 1–22 im Übrigen.** Von den vorstehenden Punkten abgesehen beanspruchen die §§ 1–22 ohne Einschränkung oder Modifikation bei der Vergabe von Baukonzessionen Geltung. Dies trifft im besonderen Maße zu auf die Grundsätze der Vergabe gem. § 2, die Anforderungen an die Teilnehmer am Wettbewerb und die Eignungsnachweise (§§ 6–6b), die Bestimmungen über die ordnungsgemäße Erstellung der Leistungsbeschreibung (§§ 7–7c), die Grundsätze der Informationsübermittlung (§§ 11 und 11a), die Bekanntmachung (§ 12), die Anforderungen an Form und Inhalt der Angebote (§ 13), die Bestimmungen zur Prüfung und Wertung der Angebote gem. §§ 16–16d (ausgenommen § 16c Abs. 2 und 3) sowie die §§ 17–22.

28 **3. Vergabe von Unteraufträgen bzw. Unterkonzessionen.** Die KonzVgV enthält in § 33 KonzVgV eine an § 36 VgV orientierte Regelung zur Vergabe von Unteraufträgen

---

[43] Vgl. dazu etwa Kapellmann/Messerschmidt/*Ganske* Rn. 70, der im Zusammenhang mit der Einbeziehung der VOB/B in den Konzessionsvertrag ausführt, dass „in aller Regel die Vertragspartner die notwendigen Abweichungen individuell ausgehandelt haben, so dass die §§ 305 ff. BGB aus diesem Grund regelmäßig nicht zur Anwendung kommen". Dies setzt die Vergabe im Wege der freihändigen Vergabe voraus.

[44] Das OLG Celle hat dies sogar für die gegenüber § 5 Abs. 2 strengere Vorschrift des § 97 Abs. 3 GWB aF (entspricht dem jetzigen § 97 Abs. 4 GWB) bestätigt, OLG Celle Beschl. v. 26.4.2010 – 13 Verg 4/10, NZBau 2010, 715: Die Losaufteilung ergebe „schlechterdings keinen Sinn".

[45] Vgl. Ingenstau/Korbion/*Düsterdiek* Rn. 75 ff.; Kapellmann/Messerschmidt/*Ganske* Rn. 68 ff; Ziekow/Völlink/*Herrmann* Rn. 36 f.

[46] Zweifelnd Ziekow/Völlink/*Herrmann* Rn. 36: Gerade dann, wenn der Konzessionsnehmer aus in eigener Verantwortung liegenden Gründen in Verzug gerate, müsse dem Konzessionsgeber die Möglichkeit verbleiben, nach vorheriger Fristsetzung außerordentlich kündigen zu können, und zwar auch dann, wenn keine entsprechenden Regelungen im Konzessionsvertrag enthalten sein sollten. Dies ließe sich aber bereits über die Bestimmungen des BGB, hier insbes. den neuen § 648a BGB, bewerkstelligen.

[47] So auch Kapellmann/Messerschmidt/*Ganske* Rn. 70; lt. Ziekow/Völlink/*Herrmann* Rn. 36 sind die Bestimmungen der VOB/B in diesen Fällen ebenfalls als Individualvereinbarungen anzusehen, was allerdings voraussetzt, dass man auch sie inhaltlich im Zuge der Verhandlungen zur Disposition stellt.

durch den Konzessionsnehmer (*Fett* in Band 3 → KonzVgV § 33 Rn. 1 bis 41). Davon betroffen ist zum einen die Vergabe einer „**Unterkonzession**", bei der der Unterauftragnehmer seinerseits das Betriebsrisiko ganz oder teilweise übernimmt (vgl. § 33 Abs. 1 KonzVgV: „**Teile der Konzession, die sie im Wege der Unterauftragsvergabe an Dritte zu vergeben beabsichtigen**"), und zum anderen die Vergabe von Bauaufträgen durch den Konzessionär (§ 33 Abs. 3 KonzVgV).

Für den hier zuletzt genannten Fall bedarf es im 1. Abschnitt der VOB/A keiner gesonderten Regelung: Es gilt (über § 8a Abs. 1) § 4 Abs. 8 VOB/B.[48] Die Vergabe von **Unterkonzessionen** ist hingegen weder von § 23 noch von § 4 Abs. 8 VOB/B erfasst. Ob § 23 auf Unterkonzessionen anzuwenden ist, war zumindest in älteren Publikationen umstritten.[49] Um Umgehungskonstellationen zu vermeiden – etwa wenn der Konzessionär seinerseits Konzessionsgeber ist – erscheint eine entsprechende Anwendung allerdings angebracht.[50] Vorsorglich sollte eine entsprechende **Verpflichtung** in den Konzessionsvertrag aufgenommen werden.[51]

29

Anhang TS

Technische Spezifikationen
1. „Technische Spezifikation" hat eine der folgenden Bedeutungen:
   a) bei öffentlichen Bauaufträgen die Gesamtheit der insbesondere in den Vergabeunterlagen enthaltenen technischen Beschreibungen, in denen die erforderlichen Eigenschaften eines Werkstoffs, eines Produkts oder einer Lieferung definiert sind, damit dieser/diese den vom Auftraggeber beabsichtigten Zweck erfüllt; zu diesen Eigenschaften gehören Umwelt- und Klimaleistungsstufen, „Design für alle" (einschließlich des Zugangs von Menschen mit Behinderungen) und Konformitätsbewertung, Leistung, Vorgaben für Gebrauchstauglichkeit, Sicherheit oder Abmessungen, einschließlich der Qualitätssicherungsverfahren, der Terminologie, der Symbole, der Versuchs- und Prüfmethoden, der Verpackung, der Kennzeichnung und Beschriftung, der Gebrauchsanleitungen sowie der Produktionsprozesse und -methoden in jeder Phase des Lebenszyklus der Bauleistungen; außerdem gehören dazu auch die Vorschriften für die Planung und die Kostenrechnung, die Bedingungen für die Prüfung, Inspektion und Abnahme von Bauwerken, die Konstruktionsmethoden oder -verfahren und alle anderen technischen Anforderungen, die der Auftraggeber für fertige Bauwerke oder dazu notwendige Materialien oder Teile durch allgemeine und spezielle Vorschriften anzugeben in der Lage ist;
   b) bei öffentlichen Dienstleistungs- oder Lieferaufträgen eine Spezifikation, die in einem Schriftstück enthalten ist, das Merkmale für ein Produkt oder eine Dienstleistung vorschreibt, wie Qualitätsstufen, Umwelt- und Klimaleistungsstufen, „Design für alle" (einschließlich des Zugangs von Menschen mit Behinderungen) und Konformitätsbewertung, Leistung, Vorgaben für Gebrauchstauglichkeit, Sicherheit oder Abmessungen des Produkts, einschließlich der Vorschriften über Verkaufsbezeichnung, Terminologie, Symbole, Prüfungen und Prüfverfahren, Verpackung, Kennzeichnung und Beschriftung, Gebrauchsanleitungen, Produktionsprozesse und -methoden in jeder Phase des Lebenszyklus der Lieferung oder der Dienstleistung sowie über Konformitätsbewertungsverfahren;

---

[48] Ingenstau/Korbion/*Düsterdiek* Rn. 77.
[49] Vgl. etwa zustimmend *Höfler* WuW 2000, 136 (142 f.); ablehnend hingegen *Prieß* in Jestaedt/Kemper/Marx/Prieß, Das Recht der Auftragsvergabe, 1999, 68 f.
[50] So auch Ingenstau/Korbion/*Düsterdiek* Rn. 77; Kapellmann/Messerschmidt/*Ganske* Rn. 58; Ziekow/Völlink/*Herrmann* Rn. 30.
[51] Kapellmann/Messerschmidt/*Ganske* Rn. 58.

2. „Norm" bezeichnet eine technische Spezifikation, die von einer anerkannten Normungsorganisation zur wiederholten oder ständigen Anwendung angenommen wurde, deren Einhaltung nicht zwingend ist und die unter eine der nachstehenden Kategorien fällt:
   a) internationale Norm: Norm, die von einer internationalen Normungsorganisation angenommen wurde und der Öffentlichkeit zugänglich ist;
   b) europäische Norm: Norm, die von einer europäischen Normungsorganisation angenommen wurde und der Öffentlichkeit zugänglich ist;
   c) nationale Norm: Norm, die von einer nationalen Normungsorganisation angenommen wurde und der Öffentlichkeit zugänglich ist;
3. „Europäische technische Bewertung" bezeichnet eine dokumentierte Bewertung der Leistung eines Bauprodukts in Bezug auf seine wesentlichen Merkmale im Einklang mit dem betreffenden Europäischen Bewertungsdokument gemäß der Begriffsbestimmung in Artikel 2 Nummer 12 der Verordnung (EU) Nr. 305/2011 des Europäischen Parlaments und des Rates;
4. „gemeinsame technische Spezifikationen" sind technische Spezifikationen im IKT-Bereich, die gemäß den Artikeln 13 und 14 der Verordnung (EU) Nr. 1025/2012 festgelegt wurden;
5. „technische Bezugsgröße" bezeichnet jeden Bezugsrahmen, der keine europäische Norm ist und von den europäischen Normungsorganisationen nach den an die Bedürfnisse des Marktes angepassten Verfahren erarbeitet wurde.

Abschnitt 2 Vergabebestimmungen im Anwendungsbereich der Richtlinie 2014/24/EU (VOB/A – EU)

§ 1EU Anwendungsbereich

(1) Bauaufträge sind Verträge über die Ausführung oder die gleichzeitige Planung und Ausführung
1. eines Bauvorhabens oder eines Bauwerks für einen öffentlichen Auftraggeber, das
   a) Ergebnis von Tief- oder Hochbauarbeiten ist und
   b) eine wirtschaftliche oder technische Funktion erfüllen soll oder
2. einer dem öffentlichen Auftraggeber unmittelbar wirtschaftlich zugutekommenden Bauleistung, die Dritte gemäß den vom öffentlichen Auftraggeber genannten Erfordernissen erbringen, wobei der öffentliche Auftraggeber einen entscheidenden Einfluss auf die Art und die Planung des Vorhabens hat.

(2) ¹Die Bestimmungen dieses Abschnittes sind von öffentlichen Auftraggebern im Sinne von § 99 GWB für Bauaufträge anzuwenden, bei denen der geschätzte Gesamtauftragswert der Baumaßnahme oder des Bauwerkes (alle Bauaufträge für eine bauliche Anlage) mindestens dem im § 106 GWB geregelten Schwellenwert für Bauaufträge ohne Umsatzsteuer entspricht. ²Die Schätzung des Auftragswerts ist gemäß § 3 VgV vorzunehmen.

I. Normzweck

Die Norm regelt den Anwendungsbereich der sogenannten EU-Paragraphen, die im Anwendungsbereich der RL 2014/24/EU liegen und richtlinienkonform auszulegen sind.[1] Nach Abs. 2 finden die Bestimmungen dieses Abschnittes der VOB/A auf öffentliche Auftraggeber (→ Rn. 5) bei Bauaufträgen (→ Rn. 2 ff.) Anwendung, sofern sie einen bestimmten Schwellenwert (→ Rn. 4) erreichen. Die Norm überschneidet sich damit insbesondere mit dem Anwendungsbereich von § 103 GWB und §§ 2 und 3 VgV, die als höherrangige Normen vorrangig zu beachten sind.[2] Die Norm ist damit nicht zwingend notwendig, folgt aber dem System des bauvertraglichen Sondervergaberechtsregimes, das für den Anwender besonders wichtige Regelungen darstellen will; eine Wiederholung der GWB- und VgV-Vorschriften ist danach unvermeidbar.[3] 1

II. Bauaufträge (Abs. 1)

Voraussetzung der Anwendung der EU-Paragraphen ist das Vorliegen eines Bauauftrages. Abs. 1 Nr. 1 definiert einen Bauauftrag entweder als Verträge über die Ausführung oder die gleichzeitige Planung und Ausführung eines Bauvorhabens oder eines öffentlichen Auftraggebers, das Ergebnis von Tief- oder Hochbauarbeiten ist und eine wirtschaftliche oder technische Funktion erfüllen soll, oder eine dem öffentlichen Auftraggeber unmittelbar wirtschaftlich zugutekommende Bauleistung, die Dritte gemäß den vom öffentlichen Auftraggeber genannten Erfordernissen erbringen, wobei der öffentliche Auftraggeber einen entscheidenden Einfluss auf die Art und die Planung des Vorhabens hat (Nr. 2). 2

Nr. 1 folgt zwar der Definition des höherrangigen § 103 Abs. 3 GWB bzw. ist entsprechend auszulegen, fasst aber Bauleistungen und Bauwerke zusammen (→ GWB § 103 Abs. 3 Rn. 59).[4] 3

---
[1] Vgl. Kapellmann/Messerschmidt/*Lederer* Rn. 1; HK-VergabeR/*Winnes* § 1EG Rn. 1.
[2] Vgl. HK-VergabeR/*Winnes* § 1EG Rn. 1.
[3] So auch Ziekow/Völlink/*Ziekow* Rn. 1.
[4] S. Kapellmann/Messerschmidt/*Lederer* Rn. 4; Ziekow/Völlink/*Ziekow* hält die Regelungstechnik wegen der unterschiedlichen Terminologie zu Recht für verfehlt.

4 Die Neufassung von Nr. 2 tritt der Rechtsprechung entgegen, die durch extensive Auslegung kommunale Grundstücksgeschäfte unter öffentliche Bauaufträge fasste.[5]

III. Öffentliche Auftraggeber (Abs. 2)

5 Personelle Voraussetzung für die Anwendung der EU-Paragraphen ist das Handeln eines öffentlichen Auftraggebers iSv § 99 GWB; insoweit wird auf die entsprechende Kommentierung verwiesen (→ GWB § 99 Rn. 5 ff.).

IV. Erreichen der Schwellenwerte (Abs. 2)

6 **1. Schwellenwerte (S. 1).** Abschnitt 2 der VOB/A setzt das Erreichen von Schwellenwerten voraus, die sich gem. § 106 Abs. 2 GWB durch dynamischen Verweis auf die Vergaberichtlinien, insbesondere RL 2014/24/EU und RL 2015/25/EU, ergeben (→ GWB § 106 Rn. 4). Für Bauaufträge wurde der Schwellenwert zum 1.1.2018 auf 5.548.000 EUR angehoben.[6] Bauaufträge, deren Auftragswert den Schwellenwert unterschreiten, folgen dem Vergaberechtsregime in Abschnitt 1 VOB/A. Im Übrigen wird im Hinblick auf die Schwellenwerte auf die Kommentierung zu § 106 GWB verwiesen (→ GWB § 106 Rn. 1 ff.).

7 **2. Schätzung des Auftragswertes (S. 2).** Mit der VOB/A 2016 sind die ehemals in § 1 Abs. 2 und 3 VOB/A 2012 geregelten speziellen Vorschriften zur Schätzung des Auftragswertes entfallen und durch Verweis auf § 3 VgV ersetzt worden. Für Einzelheiten wird auf die dortige Kommentierung verwiesen (→ VgV § 3 Rn. 14).

§ 2EU Grundsätze

(1) [1]Öffentliche Aufträge werden im Wettbewerb und im Wege transparenter Verfahren vergeben. [2]Dabei werden die Grundsätze der Wirtschaftlichkeit und der Verhältnismäßigkeit gewahrt. [3]Wettbewerbsbeschränkende und unlautere Verhaltensweisen sind zu bekämpfen.

(2) Die Teilnehmer an einem Vergabeverfahren sind gleich zu behandeln, es sei denn, eine Ungleichbehandlung ist aufgrund des GWB ausdrücklich geboten oder gestattet.

(3) Öffentliche Aufträge werden an fachkundige und leistungsfähige (geeignete) Unternehmen vergeben, die nicht nach § 6eEU ausgeschlossen worden sind.

(4) [1]Mehrere öffentliche Auftraggeber können vereinbaren, einen bestimmten Auftrag gemeinsam zu vergeben. [2]Es gilt § 4 VgV.

(5) Die Regelungen darüber, wann natürliche Personen bei Entscheidungen in einem Vergabeverfahren für einen öffentlichen Auftraggeber als voreingenommen gelten und an einem Vergabeverfahren nicht mitwirken dürfen, richten sich nach § 6 VgV.

(6) Öffentliche Auftraggeber, Bewerber, Bieter und Auftragnehmer wahren die Vertraulichkeit aller Informationen und Unterlagen nach Maßgabe dieser Vergabeordnung oder anderer Rechtsvorschriften.

(7) [1]Vor der Einleitung eines Vergabeverfahrens kann der öffentliche Auftraggeber Marktkonsultationen zur Vorbereitung der Auftragsvergabe und zur Unterrichtung der Unternehmer über seine Pläne zur Auftragsvergabe und die Anforderungen an den Auftrag durchführen. [2]Die Durchführung von Vergabeverfahren zum Zwecke der Markterkundung ist unzulässig.

---

[5] Mit Rechtsprechungsnachweisen Kapellmann/Messerschmidt/*Lederer* Rn. 5.
[6] Delegierte Verordnung 2017/2365 v. 18.12.2017 zur Änderung der RL 2014/24/EU im Hinblick auf die Schwellenwerte für Auftragsvergabeverfahren.

(8) Der öffentliche Auftraggeber soll erst dann ausschreiben, wenn alle Vergabeunterlagen fertig gestellt sind und wenn innerhalb der angegebenen Fristen mit der Ausführung begonnen werden kann.

(9) Es ist anzustreben, die Aufträge so zu erteilen, dass die ganzjährige Bautätigkeit gefördert wird.

Übersicht

	Rn.		Rn.
I. Einleitung	1, 2	3. Gemeinsame Vergabe, Mitwirkungsverbot (Abs. 4, 5)	8
II. Kommentierung	3–12	4. Vertraulichkeit der Informationen (Abs. 6)	9
1. Vergabegrundsätze	3–5		
a) Abs. 1	3, 4	5. Marktkonsultationen, Markterkundung (Abs. 7)	10, 11
b) Abs. 2	5		
2. Eignung und Ausschlussgründe (Abs. 3)	6, 7	6. Ausschreibungsreife, Förderung der ganzjährigen Bautätigkeit (Abs. 8, 9)	12

I. Einleitung

Der zweite Abschnitt der VOB/A (Vergabebestimmungen im Anwendungsbereich der Richtlinie 2014/24/EU) bildet die unterste Stufe der für die Vergabe von Bauaufträgen auch nach der Vergaberechtsnovelle 2016 weiterhin existierenden Vergaberechtskaskade[1] § 2EU formuliert deklaratorisch die Grundsätze des Vergaberechts für diese Regelungsstufe. Die Vorschrift wurde im Vergleich zur VOB/A 2012 grundlegend neu gefasst. Zuvor war sie identisch mit § 2. 1

Sofern diese Grundsätze sich in den höherrangigen Normen wiederfinden, bedarf es einer nochmaligen Kommentierung an dieser Stelle nur insoweit, als sich für die Vergabe von Bauaufträgen Besonderheiten ergeben. Im Übrigen wird auf die Erläuterungen zu den jeweils in Bezug genommenen Vorschriften verwiesen. 2

II. Kommentierung

1. Vergabegrundsätze. a) Abs. 1. Abs. 1 S. 1 und 2 ist mit § 97 Abs. 1 GWB (→ GWB § 97 Rn. 1 ff.) identisch. Es fehlt allein die Bezugnahme auf (Bau-)Konzessionen, deren Vergabe nicht der VOB/A, sondern der KonzVgV unterfällt. 3

Aus der früheren Fassung (§ 2EG Abs. 1 Nr. 2 S. 2 VOB/A 2012) hat sich Abs. 1 S. 3 erhalten, der wiederum mit § 2 Abs. 1 Nr. 2 S. 2 (→ VOB/A § 2 Rn. 63 ff.) übereinstimmt. Er unterstreicht, dass die Vorschrift sich nicht nur an den Auftraggeber richtet, sondern auch an die Bieter. Der Auftraggeber ist verpflichtet, von diesen ausgehende Wettbewerbsbeeinträchtigungen durch eine entsprechende Verfahrensgestaltung möglichst zu vermeiden und Verstöße zu ahnden. 4

b) Abs. 2. Abs. 2 entspricht § 97 Abs. 2 GWB (→ GWB § 97 Rn. 52 ff.). Inhaltlich enthält er ein Gleichbehandlungsgebot, das in der früheren Fassung der Vorschrift als Diskriminierungsverbot formuliert war. 5

2. Eignung und Ausschlussgründe (Abs. 3). Abs. 3 normiert mit der Fachkunde und Leistungsfähigkeit die Bietereignung. Wie im GWB ist das Erfordernis der Zuverlässigkeit entfallen und es wurde durch einen Verweis auf die zwingenden und fakultativen Ausschlussgründe ersetzt. Insoweit besteht ein Unterschied zur Parallelregelung für Unterschwellenbauvergaben in § 2 Abs. 1 Nr. 1. 6

Die Norm ist gleichlautend mit § 122 Abs. 1 GWB (→ GWB § 122 Rn. 43 ff.) mit dem Unterschied, dass anstelle der §§ 123 f. GWB auf den § 6eEU verwiesen wird. Dieser wiederum deckt sich – bis auf kleinere Umstellungen – weitgehend mit den §§ 123 f. 7

---

[1] Zur Einordnung *Knauff* NZBau 2016, 195 (195 f.).

GWB. Das ist auch folgerichtig, denn ohnehin darf § 6eEU Abs. 1 S. 1 den höherrangigen Vorgaben im GWB nicht widersprechen. Gleichwohl bestehen einige Differenzen. In § 6eEU Abs. 1 S. 1 fehlt im Vergleich zu § 123 Abs. 1 GWB die Gleichstellung einer Verurteilung mit einer Geldbuße nach § 30 OWiG. In § 6aEU Abs. 2 ist hingegen wieder von der „Festsetzung einer Geldbuße im Sinne des Absatzes 1" die Rede. Dies legt nahe, das Fehlen der Bezugnahme auf § 30 OWiG in § 6eEU Abs. 1 als redaktionelles Versehen zu qualifizieren. In § 123 Abs. 1 GWB wurden durch Gesetzesänderungen in den Jahren 2016 bzw. 2017 in Nr. 6 zusätzlich §§ 299a, 299b StGB, in Nr. 10 § 232a Abs. 1–5 StGB, § 232b StGB aufgenommen. Diese Änderungen wurden in der VOB/A noch nicht nachvollzogen. Auch insoweit gilt, dass die weitergehenden Ausschlussgründe im GWB aufgrund der Namenshierarchie auch für die Vergabe von Bauaufträgen gelten. Weiter fehlen in § 6eEU Abs. 4 im Vergleich zu § 123 Abs. 4 GWB die Wörter „zu jeder Zeit des Vergabeverfahrens". Ein inhaltlicher Unterschied folgt daraus jedoch nicht. § 6eEU Abs. 6 entspricht inhaltlich exakt § 124 Abs. 1 GWB. § 124 Abs. 2 GWB, der nur eine Klarstellung enthält, fehlt in § 6eEU, ohne dass dies inhaltliche Auswirkungen hätte.

8   **3. Gemeinsame Vergabe, Mitwirkungsverbot (Abs. 4, 5).** Die Abs. 4 und 5 sind neu in § 2EU aufgenommen worden. Abs. 4 S. 1 entspricht § 4 Abs. 1 S. 1 VgV und verweist in S. 2 auch auf diese Vorschrift (→ VgV § 4 Rn. 12 ff.). Bei Abs. 5 handelt es sich in der Sache um einen Hinweis auf § 6 VgV (→ VgV § 6 Rn. 8 ff.). Beide Verweisungsobjekte sind aber wegen § 2 S. 1 VgV ohnehin auf die Vergabe von Bauaufträgen anwendbar, sodass Abs. 4 und 5 allein ein deklaratorischer Charakter zu eigen ist.

9   **4. Vertraulichkeit der Informationen (Abs. 6).** Der Absatz weist auf die im GWB (§ 124 Abs. 1 Nr. 9 lit. b, § 128 Abs. 2, § 165 Abs. 3), der VgV (§ 5, § 11 Abs. 2), der VOB/A (etwa § 3bEU Abs. 3 Nr. 9 S. 5, Abs. 4 Nr. 4 S. 3, Abs. 5 Nr. 5 S. 5, § 6eEU Abs. 6 Nr. 9 lit. b, § 11aEU Abs. 2, § 13EU Abs. 1 Nr. 2) sowie in sonstigen Vorschriften außerhalb des Vergaberechts[2] enthaltenen Anforderungen an die Vertraulichkeit der Informationen hin. Mit der Verwendung des Begriffs „Auftragnehmer" stellt die Vorschrift klar, dass die Vertraulichkeitsanforderungen auch nach Abschluss des Vergabeverfahrens in der Durchführungsphase fortgelten. Einen eigenen Regelungsinhalt besitzt auch dieser Absatz nicht.

10   **5. Marktkonsultationen, Markterkundung (Abs. 7).** Abs. 7 S. 1 entspricht bis auf wenige, nicht inhaltsrelevante Umstellungen und die Ersetzung von „Markterkundungen" durch den Terminus „Marktkonsultationen" dem § 28 Abs. 1 VgV (→ VgV § 28 Rn. 5 ff.).[3] Die Norm stellt klar, dass der öffentliche Auftraggeber im Vorfeld des Vergabeverfahrens Marktkonsultationen vornehmen kann und soll und zu diesem Zwecke Unternehmen über seine Pläne zur Auftragsvergabe und die Anforderungen an den Auftrag informieren kann. Allerdings muss dies aus Gründen der Gleichbehandlung so geschehen, dass die konsultierten Unternehmen im nachfolgenden Vergabeverfahren keinen Vorteil gegenüber solchen Unternehmen haben, die sich erst in diesem Stadium beteiligen. Zu diesem Zweck sollte der Auftraggeber sicherstellen, dass alle jenen gewährten Informationen für die neuen Bieter einsehbar sind. Hierfür bedarf es während der Marktkonsultationen einer Dokumentation der Konsultationen.[4]

11   Abs. 7 S. 2 entspricht wörtlich § 2 Abs. 4 (→ § 2 Rn. 73 ff.). Eine weitgehende inhaltliche Übereinstimmung besteht darüber hinaus mit § 28 Abs. 2 VgV.

12   **6. Ausschreibungsreife, Förderung der ganzjährigen Bautätigkeit (Abs. 8, 9).** Abs. 8 entspricht § 2 Abs. 5 (→ § 2 Rn. 79 ff.). Abs. 9 ist identisch mit § 2 Abs. 3 (→ § 2 Rn. 71 f.) und vermittelt den Unternehmen keinen Anspruch iSv § 97 Abs. 6 GWB.[5]

---

[2] Zum Bsp. das UWG, BDSG, s. zu letzterem und allgemein zum Datenschutz im Vergabeverfahren *Pauka/Kemper* NZBau 2017, 71 ff.
[3] § 28 VgV ist allerdings selbst auf die Vergabe von Bauaufträgen nicht anwendbar (§ 2 VgV).
[4] Ingenstau/Korbion/*Schranner* Rn. 29.
[5] Willenbruch/Wieddekind/*Werner* Rn. 10.

§ 3EU Arten der Vergabe

Die Vergabe von öffentlichen Aufträgen erfolgt im offenen Verfahren, im nicht offenen Verfahren, im Verhandlungsverfahren, im wettbewerblichen Dialog oder in der Innovationspartnerschaft.

1. Das offene Verfahren ist ein Verfahren, in dem der öffentliche Auftraggeber eine unbeschränkte Anzahl von Unternehmen öffentlich zur Abgabe von Angeboten auffordert.
2. Das nicht offene Verfahren ist ein Verfahren, bei dem der öffentliche Auftraggeber nach vorheriger öffentlicher Aufforderung zur Teilnahme eine beschränkte Anzahl von Unternehmen nach objektiven, transparenten und nichtdiskriminierenden Kriterien auswählt (Teilnahmewettbewerb), die er zur Abgabe von Angeboten auffordert.
3. Das Verhandlungsverfahren ist ein Verfahren, bei dem sich der öffentliche Auftraggeber mit oder ohne Teilnahmewettbewerb an ausgewählte Unternehmen wendet, um mit einem oder mehreren dieser Unternehmen über die Angebote zu verhandeln.
4. Der wettbewerbliche Dialog ist ein Verfahren zur Vergabe öffentlicher Aufträge mit dem Ziel der Ermittlung und Festlegung der Mittel, mit denen die Bedürfnisse des öffentlichen Auftraggebers am besten erfüllt werden können.
5. Die Innovationspartnerschaft ist ein Verfahren zur Entwicklung innovativer, noch nicht auf dem Markt verfügbarer Bauleistungen und zum anschließenden Erwerb der daraus hervorgehenden Leistungen.

Übersicht

	Rn.		Rn.
I. Regelungsgehalt und Überblick	1	V. Verhandlungsverfahren (Nr. 3)	9–11
II. Systematische Stellung und Zweck der Norm	2	VI. Der wettbewerbliche Dialog (Nr. 4)	12, 13
III. Offenes Verfahren (Nr. 1)	3–5	VII. Die Innovationspartnerschaft (Nr. 5)	14, 15
IV. Nicht offenes Verfahren (Nr. 2)	6–8		

I. Regelungsgehalt und Überblick

§ 3EU regelt die Arten der Vergabe, die zweiten Abschnitts der VOB/A, also dem von den EU-Vergaberichtlinien beeinflussten GWB-Vergaberechts, Anwendung finden. Hier gibt es folgende Verfahrensarten: Das offene Verfahren (Abs. 1), das nicht offene Verfahren (Abs. 2), das Verhandlungsverfahren mit und ohne Teilnahmewettbewerb (Abs. 3), den wettbewerblichen Dialog (Abs. 4) sowie die Innovationspartnerschaft (Abs. 5).

II. Systematische Stellung und Zweck der Norm

Die Norm des § 3EU regelt abschließend die Typen, die einem öffentlichen Auftraggeber als Verfahrensart zur Vergabe von Bauleistungen Verfügung stehen. Insoweit herrscht Typenzwang: Der öffentliche Auftraggeber muss die Verfahrensvorgaben einhalten, er darf die Verfahrensarten nicht abändern oder kombinieren. Die Norm hat aber insoweit keinen eigenen Regelungsgehalt, als sie die vorrangigen Vorgaben des § 119 Abs. 3–7 GWB (→ GWB § 119 Rn. 18 ff.) umsetzt. Sie wird ergänzt durch § 3aEU (→ § 3aEU Rn. 1), der das Verhältnis der Verfahren untereinander regelt, sowie durch § 3bEU, der Vorgaben zum Ablauf der Verfahren macht. Eine vergleichbare Regelung findet sich für Bauleistungen, die in den Bereich Verteidigung und Sicherheit des dritten Abschnitts fallen, in § 3VS und für die Unterschwellenvergaben in § 3. Die für Sektorenauftraggeber maßgeblichen Verfahren sind § 141 GWB (→ GWB § 141 Rn. 1) geregelt, das für die Vergabe von Konzessionen in § 151 GWB (→ GWB § 151 Rn. 1).

III. Offenes Verfahren (Nr. 1)

3   Das offene Verfahren ist nach Nr. 1 ein einstufiges Verfahren, in dem der öffentliche Auftraggeber eine unbeschränkte Anzahl von Unternehmen öffentlich zur Abgabe von Angeboten auffordert. Im Gegensatz zu allen anderen Verfahrensarten ist das offene Verfahren einstufig, dh es findet kein Teilnahmewettbewerb statt. Jedes Unternehmen ist berechtigt, sich an dem Verfahren zu beteiligen und ein Angebot abzugeben. Der Auftraggeber ist verpflichtet, sich mit allen Angeboten auseinander zu setzen und eine Prüfung und Wertung vorzunehmen. Die Prüfung der Eignung der Bieter wird dabei auf der zweiten Wertungsstufe (§ 16bEU) vorgenommen.[1] Damit erfolgt keine vorherige Beschränkung des Bieterkreises. Im offenen Verfahren darf, wie im nicht offenen Verfahren, grundsätzlich nicht verhandelt werden (§ 15 Abs. 3, → § 15 Rn. 47). Zweck des offenen Verfahrens ist, den Wettbewerb im wirtschaftlichen Interesse der Vergabestelle zu intensivieren.[2] Der Ablauf des offenen Verfahrens ist in § 3bEU Abs. 1 (→ § 3bEU Rn. 4) geregelt.

4   Der Vorteil des einstufigen offenen Verfahrens gegenüber den anderen mehrstufigen Verfahrensarten ist, dass das Verfahren in der Regel weniger Zeit in Anspruch nimmt. So beträgt die Angebotsfrist im offenen Verfahren nach § 10aEU Abs. 1 (→ § 10aEU Rn. 3) mindestens 35 Kalendertage, mangels Teilnahmewettbewerb gibt es keine Teilnahmefrist. Dagegen ist beispielsweise nicht offenen Verfahren, das wie das offene Verfahren ein Regelverfahren iSd § 3aEU Abs. 1 (→ § 3aEU Rn. 3) darstellt, regelmäßig die Mindestfrist für die Teilnahmeanträge nach § 10bEU Abs. 1 30 Kalendertage, dazu kommt die Mindestangebotsfrist nach § 10bEU Abs. 2 mit weiteren 30 Kalendertagen.

5   Der wesentliche Nachteil des offenen Verfahrens ist, dass wegen des Verhandlungsverbots die Leistung sehr konkret und abschließend beschrieben sein muss. Es ist deshalb weniger flexibel als das Verhandlungsverfahren, der wettbewerbliche Dialog oder die Innovationspartnerschaft. Da im Gegensatz zum nicht offenen Verfahren alle Unternehmen berechtigt sind, Angebote abzugeben, und der Auftraggeber sich mit allen Angeboten auseinandersetzen muss, kann der Aufwand für die Auswertung der Angebote und deren Dokumentation im offenen Verfahren höher sein als im nicht offenen Verfahren, wenn es zu vielen Angeboten kommt.

IV. Nicht offenes Verfahren (Nr. 2)

6   Das nicht offene Verfahren ist nach Nr. 2 ein zweistufiges Verfahren, bei dem der öffentliche Auftraggeber nach einem Teilnahmewettbewerb eine beschränkte Anzahl von Unternehmen auffordert, die er zur Abgabe von Angeboten auffordert. Der Teilnahmewettbewerb ist dadurch bestimmt, dass der Auftraggeber nach einer öffentlichen Aufforderung zur Teilnahme aufgrund objektiver, transparenter und nichtdiskriminierender Kriterien eine Auswahl unter den Bewerbern trifft. Wie im anderen Regelverfahren, dem offenen Verfahren, darf im nicht offenen Verfahren grundsätzlich nicht verhandelt werden (§ 15EU Abs. 3, → § 15EU Rn. 48). Der Ablauf des nicht offenen Verfahrens ergibt sich aus § 3bEU Abs. 2 (→ § 3bEU Rn. 3 ff.).

7   Gegenüber dem einstufigen offenen Verfahren liegt der wesentliche Vorteil des nicht offenen Verfahrens in der Möglichkeit, die Teilnehmerzahl zu begrenzen und damit Aufwand in der Angebotswertung und deren Dokumentation zu sparen. Das Verfahren dauert in der Regel aber etwas länger als das offene Verfahren. Es ist jedoch regelmäßig schneller zu beenden als die anderen mehrstufigen Verfahren. Gegenüber diesen ist das nicht offene Verfahren wegen des Verhandlungsverbots nach § 15 Abs. 3 (→ § 15 Rn. 48) weniger flexibel.

8   Grundsätzlich hat der öffentliche Auftraggeber zwischen dem offenen und dem nicht offenen Verfahren nach § 3aEU Abs. 1 (→ § 3aEU Rn. 4) die freie Wahl. Die ehemaligen Zulässigkeitsvoraussetzungen des § 3 Abs. 3 VOB/A 2012 können bei der Auswahl aber als

---

[1] Franke/Kemper/Zanner/Grünhagen/*Baumann* Rn. 9.
[2] Müller-Wrede/*Knauff* GWB § 119 Rn. 18.

strategische Leitlinie dienen. So kann ein nicht offenes Verfahren gegenüber dem offenen Verfahren vor allem dann zweckmäßiger sein, wenn die Bearbeitung der Angebote für die Bieter wegen der Eigenart der Leistung einen außergewöhnlich hohen Aufwand erfordert oder die Leistung nach ihrer Eigenart nur von einem beschränkten Kreis von Unternehmen in geeigneter Weise ausgeführt werden kann. In diesem Fall muss der Auftraggeber allerdings die Umstände, die für ein nicht offenes Verfahren sprechen, wegen der Wahlfreiheit nicht dokumentieren.

V. Verhandlungsverfahren (Nr. 3)

Nach Nr. 3 ist das Verhandlungsverfahren ein Verfahren, bei dem sich der öffentliche Auftraggeber mit oder ohne Teilnahmewettbewerb an ausgewählte Unternehmen wendet, um mit einem oder mehreren dieser Unternehmen über die Angebote zu verhandeln. Das Verhandlungsverfahren ist ein dynamischer Prozess, in dem der Auftraggeber mit den Bietern über den Auftragsgegenstand und den Preis sprechen kann, bis feststeht, welches Angebot den Bedarf des Auftraggebers am besten befriedigt.[3] Im Gegensatz zu den Regelverfahren des offenen und des nicht offenen Verfahrens ist das Verhandlungsverfahren nach § 3aEU (→ § 3aEU Rn. 22) nur ausnahmsweise zulässig. Unter welchen Umständen auf einen Teilnahmewettbewerb verzichtet werden darf, ergibt sich aus § 3aEU Abs. 3 (→ § 3aEU Rn. 22 ff.). Der Ablauf des Verhandlungsverfahrens ist in § 3bEU Abs. 3 geregelt. 9

Im Gegensatz zu den Regelverfahren, in denen ein Verhandlungsverbot besteht, zeichnet sich das Verhandlungsverfahren durch seine Flexibilität des Auftragsgegenstandes aus. Für die Durchführung des Verfahrens ist wegen der Zweistufigkeit und der grundsätzlich erforderlichen Verhandlungsrunde jedoch mehr Zeit einzuplanen als für das offene oder das nicht offene Verfahren. Allerdings kann der öffentliche Auftraggeber sich nach Maßgabe des § 3bEU Abs. 3 Nr. 7 vorbehalten, den Auftrag auf Grundlage der Erstangebote zu vergeben, ohne in Verhandlungen einzutreten. In diesem Fall entspricht das Verhandlungsverfahren dem nicht offenen Verfahren. 10

Gegenüber dem wettbewerblichen Dialog und der Innovationspartnerschaft bietet das Verhandlungsverfahren den Vorteil, dass es erfahrungsgemäß regelmäßig etwas schneller ist. Allerdings muss der Auftraggeber im Gegensatz zu diesen beiden anderen Verfahrensarten bereits grundlegende Vorstellungen über die Auftragskonzeption haben, deren Identität im Verfahren zu bewahren ist.[4] 11

VI. Der wettbewerbliche Dialog (Nr. 4)

Der wettbewerbliche Dialog ist nach Nr. 4 ein Verfahren zur Vergabe öffentlicher Aufträge mit dem Ziel der Ermittlung und Festlegung der Mittel, mit denen die Bedürfnisse des öffentlichen Auftraggebers am besten erfüllt werden können. Bei diesem Verfahren handelt es sich um ein mehrstufiges Verfahren für besonders anspruchsvolle Beschaffungen,[5] das nur unter den Voraussetzungen des § 3aEU Abs. 4 zulässig ist. Der Ablauf des Verfahrens ist in § 3b Abs. 4 geregelt. 12

Der wesentliche Vorteil gegenüber den offenen, den nicht offenen und dem Verhandlungsverfahren ist, dass zwischen dem Teilnahmewettbewerb und der Angebotslegung eine weitere Stufe steht, in der die Mittel ermittelt und festgelegt werden, mit denen die Bedürfnisse des öffentlichen Auftraggebers am besten erfüllt werden können. Der Auftraggeber muss daher beim wettbewerblichen Dialog nicht schon zu Beginn des Verfahrens grundlegende Vorstellungen über die Auftragskonzeption haben. Sein Nachteil ist, dass das Verfahren wegen dieser dritten Stufe mehr Zeit in Anspruch nimmt. 13

---

[3] Müller-Wrede/*Knauff* GWB § 119 Rn. 54.
[4] Müller-Wrede/*Knauff* GWB § 119 Rn. 54.
[5] Müller-Wrede/*Knauff* GWB § 119 Rn. 5.

VII. Die Innovationspartnerschaft (Nr. 5)

14 Die Innovationspartnerschaft ist nach Nr. 5 ein Verfahren zur Entwicklung innovativer, noch nicht auf dem Markt verfügbarer Bauleistungen und zum anschließenden Erwerb der daraus hervorgehenden Leistungen. Das Verfahren wurde durch die RL 2014/24/EU neu geschaffen. Es soll den öffentlichen Auftraggebern ermöglichen, zugleich die Entwicklung *und* den anschließenden Kauf neuer, innovativer Bauleistungen zu begründen, ohne dass ein getrenntes Vergabeverfahren für den Kauf erforderlich ist.[6]

15 Der Vorteil dieses Verfahrens gegenüber den anderen Verfahren ist, dass für innovative Lösungen die Entwicklung und der Bezug in einem wettbewerblichen Verfahren vergeben werden können. Der Nachteil liegt in der Dauer des Verfahrens. Zur Durchführung der Innovationspartnerschaft § 3bEU Abs. 5 (→ § 3bEU Rn. 32).

§ 3aEU Zulässigkeitsvoraussetzungen

(1) ¹**Dem öffentlichen Auftraggeber stehen nach seiner Wahl das offene und das nicht offene Verfahren zur Verfügung.** ²**Die anderen Verfahrensarten stehen nur zur Verfügung, soweit dies durch gesetzliche Bestimmungen oder nach den Absätzen 2 bis 5 gestattet ist.**

(2) Das Verhandlungsverfahren mit Teilnahmewettbewerb ist zulässig,

1. wenn mindestens eines der folgenden Kriterien erfüllt ist:
   a) die Bedürfnisse des öffentlichen Auftraggebers können nicht ohne die Anpassung bereits verfügbarer Lösungen erfüllt werden;
   b) der Auftrag umfasst konzeptionelle oder innovative Lösungen;
   c) der Auftrag kann aufgrund konkreter Umstände, die mit der Art, der Komplexität oder dem rechtlichen oder finanziellen Rahmen oder den damit einhergehenden Risiken zusammenhängen, nicht ohne vorherige Verhandlungen vergeben werden;
   d) die technischen Spezifikationen können von dem öffentlichen Auftraggeber nicht mit ausreichender Genauigkeit unter Verweis auf eine Norm, eine europäische technische Bewertung (ETA), eine gemeinsame technische Spezifikation oder technische Referenzen im Sinne des Anhangs TS Nummern 2 bis 5 der Richtlinie 2014/24/EU erstellt werden.
2. wenn ein offenes Verfahren oder nicht offenes Verfahren wegen nicht ordnungsgemäßer oder nicht annehmbarer Angebote aufgehoben wurde. Nicht ordnungsgemäß sind insbesondere Angebote, die nicht den Vergabeunterlagen entsprechen, nicht fristgerecht eingegangen sind, nachweislich auf kollusiven Absprachen oder Korruption beruhen oder nach Einschätzung des öffentlichen Auftraggebers ungewöhnlich niedrig sind. Unannehmbar sind insbesondere Angebote von Bietern, die nicht über die erforderlichen Qualifikationen verfügen und Angebote, deren Preis das vor Einleitung des Vergabeverfahrens festgelegte und schriftlich dokumentierte Budget des öffentlichen Auftraggebers übersteigt.

(3) Das Verhandlungsverfahren ohne Teilnahmewettbewerb ist zulässig,
1. wenn bei einem offenen Verfahren oder bei einem nicht offenen Verfahren
   a) keine ordnungsgemäßen oder nur unannehmbaren Angebote abgegeben worden sind und
   b) in das Verhandlungsverfahren alle – und nur die – Bieter aus dem vorausgegangenen Verfahren einbezogen werden, die fachkundig und leistungsfähig (geeignet) sind und die nicht nach § 6eEU ausgeschlossen worden sind.

---

[6] Erwägungsgrund 49 RL 2014/24/EU.

2. wenn bei einem offenen Verfahren oder bei einem nicht offenen Verfahren
   a) keine Angebote oder keine Teilnahmeanträge abgegeben worden sind oder
   b) nur Angebote oder Teilnahmeanträge solcher Bewerber oder Bieter abgegeben worden sind, die nicht fachkundig oder leistungsfähig (geeignet) sind oder die nach § 6eEU ausgeschlossen worden sind oder
   c) nur solche Angebote abgegeben worden sind, die den in den Vergabeunterlagen genannten Bedingungen nicht entsprechen
   und die ursprünglichen Vertragsunterlagen nicht grundlegend geändert werden. Der Europäischen Kommission wird auf Anforderung ein Bericht vorgelegt.
3. wenn die Leistungen aus einem der folgenden Gründe nur von einem bestimmten Unternehmen erbracht werden können:
   a) Erschaffung oder Erwerb eines einzigartigen Kunstwerks oder einer einzigartigen künstlerischen Leistung als Ziel der Auftragsvergabe;
   b) nicht vorhandener Wettbewerb aus technischen Gründen;
   c) Schutz von ausschließlichen Rechten, einschließlich der Rechte des geistigen Eigentums.
   Die in Buchstabe a und b festgelegten Ausnahmen gelten nur dann, wenn es keine vernünftige Alternative oder Ersatzlösung gibt und der mangelnde Wettbewerb nicht das Ergebnis einer künstlichen Einschränkung der Auftragsvergabeparameter ist.
4. wenn wegen der äußersten Dringlichkeit der Leistung aus zwingenden Gründen infolge von Ereignissen, die der öffentliche Auftraggeber nicht verursacht hat und nicht voraussehen konnte, die in § 10aEU, § 10bEU und § 10cEU Absatz 1 vorgeschriebenen Fristen nicht eingehalten werden können.
5. wenn gleichartige Bauleistungen wiederholt werden, die durch denselben öffentlichen Auftraggeber an den Auftragnehmer vergeben werden, der den ursprünglichen Auftrag erhalten hat, und wenn sie einem Grundentwurf entsprechen und dieser Gegenstand des ursprünglichen Auftrags war, der in Einklang mit § 3aEU vergeben wurde. Der Umfang der nachfolgenden Bauleistungen und die Bedingungen, unter denen sie vergeben werden, sind im ursprünglichen Projekt anzugeben. Die Möglichkeit, dieses Verfahren anzuwenden, muss bereits bei der Auftragsbekanntmachung der Ausschreibung für das erste Vorhaben angegeben werden; der für die Fortsetzung der Bauarbeiten in Aussicht gestellte Gesamtauftragswert wird vom öffentlichen Auftraggeber bei der Anwendung von § 3 VgV berücksichtigt. Dieses Verfahren darf jedoch nur innerhalb von drei Jahren nach Abschluss des ersten Auftrags angewandt werden.

(4) Der wettbewerbliche Dialog ist unter den Voraussetzungen des Absatzes 2 zulässig.

(5) ¹Der öffentliche Auftraggeber kann für die Vergabe eines öffentlichen Auftrags eine Innovationspartnerschaft mit dem Ziel der Entwicklung einer innovativen Leistung und deren anschließenden Erwerb eingehen. ²Der Beschaffungsbedarf, der der Innovationspartnerschaft zugrunde liegt, darf nicht durch auf dem Markt bereits verfügbare Bauleistungen befriedigt werden können.

Übersicht

	Rn.		Rn.
I. Regelungsgehalt und Überblick	1	IV. Zulässigkeit des Verhandlungsverfahrens mit Teilnahmewettbewerb (Abs. 2)	7–21
II. Systematische Stellung und Zweck der Norm	2, 3	1. Vorliegen bestimmter Kriterien	8–16
III. Zulässigkeit des offenen und des nicht offenen Verfahrens (Abs. 1)	4–6	a) Anpassung verfügbarer Lösungen erforderlich	9, 10

	Rn.		Rn.
b) Konzeptionelle oder innovative Lösungen	11–13	3. Leistung kann nur von einem Unternehmen erbracht werden	27–31
c) Verhandlungen aufgrund konkreter Umstände	14, 15	a) Einzigartiges Kunstwerk	28
d) Keine hinreichende Genauigkeit für technische Spezifikationen	16	b) Nicht vorhandener Wettbewerb aus technischen Gründen	29
2. Keine ordnungsgemäßen oder annehmbaren Angebote im offenen oder nicht offenen Verfahren	17–21	c) Schutz von Ausschließlichkeitsrechten	30, 31
V. Zulässigkeit des Verhandlungsverfahrens ohne Teilnahmewettbewerb (Abs. 3)	22–37	4. Äußerste Dringlichkeit der Leistung	32–34
		a) Äußerste Dringlichkeit	33
1. Keine ordnungsgemäßen oder annehmbaren Angebote im offenen oder nicht offenen Verfahren bei Einbeziehung der geeigneten Bewerber	22–24	b) Ereignisse, die der Auftraggeber nicht verursacht hat und nicht voraussehen konnte	34
		5. Wiederholung gleichartiger Bauleistungen	35–37
2. Keine wertbaren Angebote oder Teilnahmeanträge	25, 26	**VI. Zulässigkeit des wettbewerblichen Dialogs (Abs. 4)**	38, 39
		VII. Zulässigkeit der Innovationspartnerschaft (Abs. 5)	40

I. Regelungsgehalt und Überblick

1 § 3aEU regelt die **Zulässigkeitsvoraussetzungen** der Verfahrensarten des GWB-Vergaberechts. Das offene und das nicht offene Verfahren sind in Abs. 1 geregelt. Die Verhandlungsverfahren mit Teilnahmewettbewerb ist unter den Voraussetzungen nach Abs. 2 zulässig, das Verhandlungsverfahren ohne Teilnahmewettbewerb nach Abs. 3. Die Zulässigkeitsvoraussetzungen des wettbewerblichen Dialoges finden sich in Abs. 4, die der Innovationspartnerschaft in Abs. 5.

II. Systematische Stellung und Zweck der Norm

2 Die Verfahrensarten selbst sind in § 3EU (→ § 3EU Rn. 1) geregelt, ihr Ablauf in § 3bEU (→ § 3bEU Rn. 1). Eine **vergleichbare Regelung** für die Verfahrensarten des Unterschwellenvergaberechts ist in § 3a (→ § 3a Rn. 1) zu finden. Für Bauleistungen im Bereich Verteidigung und Sicherheit findet sich eine vergleichbare Regelung in § 3aVS (→ § 3aVS Rn. 1).

3 Abs. 1 legt als Regelverfahren das offene Verfahren und das nicht offene Verfahren fest. Diese sind stets zulässig und bedürfen keiner weiteren Begründung. Die Ausnahmen, nach denen andere Verfahrensarten nur unter besonderen Voraussetzungen zulässig sind, sind in Abs. 2–5 geregelt. Die Regelung des Abs. 1 ist weitgehend gleichlautend mit § 119 Abs. 2 GWB (→ GWB § 119 Rn. 6).

III. Zulässigkeit des offenen und des nicht offenen Verfahrens (Abs. 1)

4 Dem öffentlichen Auftraggeber stehen gem. § 119 Abs. 2 GWB (→ GWB § 119 Rn. 6) und Abs. 1 nach seiner Wahl **das offene und das nicht offene Verfahren** zur Verfügung. Mit dieser Regelung wurde durch die Vergaberechtsreform 2016 der bisher im deutschen Vergaberecht geltende Vorrang des offenen Verfahrens vor allen anderen Verfahren aufgehoben und das nicht offene Verfahren dem offenen Verfahren als Regelverfahren gleichgestellt. Damit wurde Art. 26 Abs. 2 RL 2014/24/EU umgesetzt, der für die Zulässigkeit des nicht offenen Verfahrens keine besonderen Zulässigkeitsvoraussetzungen aufstellt.

5 Der öffentliche Auftraggeber hat die **freie Wahl** zwischen dem offenen und dem nicht offenen Verfahren. Die ehemaligen Zulässigkeitsvoraussetzungen des § 3 Abs. 3 VOB/A 2012 können bei der Auswahl aber als strategische Leitlinie dienen.[1]

---

[1] Zu den strategischen Erwägungen der Wahl zwischen offenem und nicht offenem Verfahren → § 3EU Rn. 7 f.

Die anderen Verfahrensarten stehen nach Abs. 1 S. 2 nur zur Verfügung, soweit dies 6
durch gesetzliche Bestimmungen oder nach den Abs. 2–5 gestattet ist. Der öffentliche Auftraggeber hat das Vorliegen der Tatbestandsvoraussetzungen der Ausnahmen nach § 20EU
(→ § 20EU Rn. 1) iVm § 8 Abs. 2 Nr. 6 VgV zu dokumentieren.

IV. Zulässigkeit des Verhandlungsverfahrens mit Teilnahmewettbewerb (Abs. 2)

Das **Verhandlungsverfahren mit Teilnahmewettbewerb** ist nach Abs. 2 zulässig, 7
wenn entweder bestimmte, abschließend aufgezählte Kriterien erfüllt sind oder ein offenes Verfahren oder nicht offenes Verfahren wegen nicht ordnungsgemäßer oder nicht annehmbarer Angebote aufgehoben wurde. Im der Vergaberechtsreform 2016 wurden die Anwendungsmöglichkeiten des Verhandlungsverfahren gegenüber der VOB/A 2012 deutlich erweitert. Die geschah vor dem Hintergrund der Erwägungen der RL 2014/24/EU, nach der für öffentliche Auftraggeber und zur Förderung des grenzüberschreitenden Handels äußerst wichtig ist, über zusätzliche Flexibilität zu verfügen, um ein Vergabeverfahren auszuwählen, das Verhandlungen vorsieht.[2]

1. Vorliegen bestimmter Kriterien. Das Verhandlungsverfahren mit Teilnahmewett- 8
bewerb ist nach Nr. 1 zulässig, wenn mindestens eines der Kriterien nach lit. a bis erfüllt ist. Die Aufzählung der Kriterien ist **abschließend**. Es genügt aber, wenn eines der Kriterien gegeben ist.

a) Anpassung verfügbarer Lösungen erforderlich. Das Verhandlungsverfahren mit 9
Teilnahmewettbewerb ist zulässig, wenn die Bedürfnisse des öffentlichen Auftraggebers **nicht ohne die Anpassung bereits verfügbarer Lösungen** erfüllt werden können. Diese Variante setzt voraus, dass der Markt für Bauleistungen grundsätzlich verfügbare Lösungen für den Bedarf des Auftraggebers bereithält, die aber eine Anpassung erfordern. Das kann zum Beispiel der Fall sein bei Bauleistungen, bei denen keine Normbauten errichtet werden, insbesondere bei komplexen Bauvorhaben, die besonders hoch entwickelte Anforderungen an die Leistungserbringung stellen, oder bei Großprojekten.[3]

Sind die auf dem Markt verfügbaren Lösungen auch mit Anpassungen nicht geeignet, 10
den Bedarf des Auftraggebers zu decken, kommt eine Ausnahme nach lit. b oder Innovationspartnerschaft nach Abs. 5 in Betracht.

b) Konzeptionelle oder innovative Lösungen. Das Verhandlungsverfahren mit Teil- 11
nahmewettbewerb ist ferner zulässig, wenn der Auftrag **konzeptionelle oder innovative Lösungen** umfasst. Voraussetzung für diesen Ausnahmetatbestand ist, dass die Leistungs- und Aufgabenbeschreibung iSd § 121 GWB (→ GWB § 121 Rn. 1 ff.) Lösungen umfasst, die im Wege eines Konzepts speziell für die zu beringende Leistung zu entwickeln oder so auf dem Markt (noch) überhaupt nicht verfügbar sind.

Konzeptionelle Leistungen sind vor allem dann gegeben, wenn die Aufgabenbeschrei- 12
bung das Ziel der Beschaffung vorgibt, die Lösung selbst aber durch das Know-how des Bieters erst erarbeitet werden muss.

Der Begriff der **„Innovation"** umfasst nach Art. 2 Nr. 22 RL 2014/24/EU die Realisie- 13
rung von neuen oder deutlich verbesserten Waren, Dienstleistungen oder Verfahren. Dazu gehören Produktions-, Bau- oder Konstruktionsverfahren, eine neue Vermarktungsmethode oder ein neues Organisationsverfahren in Bezug auf Geschäftspraxis, Abläufe am Arbeitsplatz oder externe Beziehungen beinhalten, ua mit dem Ziel, zur Bewältigung gesellschaftlicher Herausforderungen beizutragen oder die Strategie Europa 2020 für intelligentes, nachhaltiges und integratives Wachstum zu unterstützen. Das Merkmal „innovativ" ist allerdings bereits erfüllt, wenn der Auftraggeber neuartige, also nicht bereits auf dem Markt verfügbare Lösungen beschaffen will.[4]

---
[2] Erwägungsgrund 42 RL 2014/24/EU.
[3] Franke/Kemper/Zanner/Grünhagen/*Baumann* Rn. 12.
[4] *Püstow* in Band 3 → GWB § 119 Rn. 8.

14 **c) Verhandlungen aufgrund konkreter Umstände.** Sofern der Auftrag aufgrund konkreter Umstände, die mit der **Art, der Komplexität oder dem rechtlichen oder finanziellen Rahmen oder den damit einhergehenden Risiken** zusammenhängen, nicht ohne vorherige Verhandlungen vergeben werden kann, ist das Verhandlungsverfahren mit Teilnahmewettbewerb zulässig. Diese Definition geht über die Regelung in § 3EG Abs. 4 VOB/A 2012 weit hinaus, nach der ein Verhandlungsverfahren mit öffentlicher Vergabebekanntmachung zulässig war, wenn im Ausnahmefall die Leistung nach Art und Umfang oder wegen der damit verbundenen Wagnisse nicht eindeutig und nicht so erschöpfend beschrieben werden kann, dass eine einwandfreie Preisermittlung zur Vereinbarung einer festen Vergütung möglich ist.

15 Nach der Neuregelung ist das Verhandlungsverfahren bereits zulässig, wenn die Leistung selbst eindeutig und erschöpfend beschrieben werden kann, aber zB deren rechtlicher oder finanzieller Rahmen ohne Verhandlung nicht vergeben werden kann. Das wäre beispielsweise gegeben, wenn die Bauleistung selbst zwar als Standardleistung konkret beschreibbar ist, der Auftraggeber aber unübliche Haftungsklauseln im Vertrag vorsieht oder besondere Versicherungen verlangen möchte, die nicht marktüblich sind. In einem offenen oder nicht offenen Verfahren müsste der Auftraggeber diese außergewöhnlichen Anforderungen vorgeben ohne die Möglichkeit einer Verhandlung zu haben. In diesem Fall riskiert er, dass kein Angebot abgegeben wird und er erst dann ein Verhandlungsverfahren nach § 3aEU Abs. 3 Nr. 2 lit. a (→ § 3aEU Rn. 17) einleiten dürfte.

16 **d) Keine hinreichende Genauigkeit für technische Spezifikationen.** Das Verhandlungsverfahren mit Teilnahmewettbewerb ist auch zulässig, wenn die **technischen Spezifikationen** von dem öffentlichen Auftraggeber **nicht mit ausreichender Genauigkeit** unter Verweis auf eine Norm, eine europäische technische Bewertung (ETA), eine gemeinsame technische Spezifikation oder technische Referenzen im Sinne des Anhangs TS Nr. 2–5 RL 2014/24/EU erstellt werden können. Die Vorschrift steht zwar in einem Spannungsverhältnis mit den Grundsätzen zur Vergabereife (§ 2EU Abs. 8, (→ § 2EU Rn. 5) und dem Gebot der eindeutigen und erschöpfenden Leistungsbeschreibung (§ 121 GWB [→ GWB § 121 Rn. 13ff.]) und § 7EU Abs. 1 Nr. 1 [→ § 7EU Rn. 7]). Sie ist jedoch durch den Willen des Richtliniengebers bedingt, Auftraggebern zusätzliche Flexibilität zu verschaffen, um ein Vergabeverfahren auszuwählen, das Verhandlungen vorsieht.[5]

17 **2. Keine ordnungsgemäßen oder annehmbaren Angebote im offenen oder nicht offenen Verfahren.** Das **Verhandlungsverfahren mit Teilnahmewettbewerb** ist nach Nr. 2 zulässig, wenn ein offenes Verfahren oder nicht offenes Verfahren wegen nicht ordnungsgemäßer oder nicht annehmbarer Angebote aufgehoben wurde. Diese Variante setzt daher eine wirksame Aufhebung nach § 17EU Abs. 1 Nr. 1 (→ § 17EU Rn. 11) voraus.

18 **Nicht ordnungsgemäß** sind nach der Regelung insbesondere Angebote, die nicht den Vergabeunterlagen entsprechen, nicht fristgerecht eingegangen sind, nachweislich auf kollusiven Absprachen oder Korruption beruhen oder nach Einschätzung des öffentlichen Auftraggebers ungewöhnlich niedrig sind. Angebote der ersten und zweiten Alternative, die **nicht den Vergabeunterlagen** entsprechen, oder **nicht fristgerecht** eingegangen sind, sind nach § 16EU (→ § 16EU Rn. 4f.) auszuschließen. Eine **kollusive Absprache** stellt einen fakultativen Ausschlussgrund nach § 6eEU Abs. 6 Nr. 4 (→ § 6eEU Rn. 1ff.) dar. **Korruption** kann nach § 6eEU Abs. 6 Nr. 4 (→ § 6eEU Rn. 1ff.) zum Ausschluss des Unternehmens führen. Auf ein Angebot mit einem **unangemessen hohen oder niedrigen Preis** oder mit unangemessen hohen oder niedrigen Kosten darf der Zuschlag nach § 16dEU Abs. 1 Nr. 1 (→ § 16dEU Rn. 2) nicht erteilt werden.

19 Unannehmbar sind insbesondere Angebote von Bietern, die nicht über die erforderlichen Qualifikationen verfügen und Angebote, deren Preis das vor Einleitung des Vergabeverfahrens festgelegte und schriftlich dokumentierte Budget des öffentlichen Auftragge-

---

[5] Franke/Kemper/Zanner/Grünhagen/*Baumann* Rn. 23.

bers übersteigt. Die Bieter müssen nach § 16bEU (→ § 16bEU Rn. 1) ihre **Qualifikation** nachweisen, damit ihr Angebot gewertet werden kann. Die Budgetüberschreitung stellt einen Aufhebungsgrund als „sonstigen Schweren Grund" iSd § 17EU Abs. 1 Nr. 3 (→ § 17EU Rn. 18) dar. Ein Ausschluss des Bieters nach § 16bEU (→ § 16bEU Rn. 1) bzw. eine Aufhebung wegen Budgetüberschreitung nach § 17EU Abs. 1 Nr. 3 (→ § 17EU Rn. 18) sind nur zwei Regelbeispiele, nach denen Angebote unannehmbar sein können.

Weitere Fallgruppen müssten der Schwere nach aber dem Ausschluss eines Bieters 20 mangels Eignung oder der Aufhebung wegen Budgetüberschreitung der Schwere nach gleichstehen und objektiv nachweisbar sein. Eine bloß „subjektive" Unannehmbarkeit, zB aufgrund individueller Interessen oder Vorlieben, kommt zur Erfüllung des Tatbestands nicht in Betracht.

Zusammengefasst lässt sich festhalten, dass der Regelung die Fallgestaltung zugrunde 21 liegt, dass ein vorausgegangenes offenes oder nicht offenes Verfahren aufzuheben war, weil entweder aufgrund von Ausschlussgründen kein Bieter oder kein Angebot im Wettbewerb verblieben ist oder aufgrund der Budgetüberschreitung ein sonstiger Aufhebungsgrund iSd § 17EU Abs. 1 Nr. 3 (→ § 17EU Rn. 18) vorlag. Als Ausnahmevorschrift ist diese Regelung eng auszulegen. Andere als die ausdrücklich in § 3aEU (→ § 3aEU Rn. 1) genannten Aufhebungsgründe eines offenen oder nicht offenen Verfahrens führen daher nicht zur Zulässigkeit des Verhandlungsverfahrens mit Teilnahmewettbewerb nach Nr. 2.

V. Zulässigkeit des Verhandlungsverfahren ohne Teilnahmewettbewerb (Abs. 3)

1. Keine ordnungsgemäßen oder annehmbaren Angebote im offenen oder nicht 22 **offenen Verfahren bei Einbeziehung der geeigneten Bewerber.** Das **Verhandlungsverfahren ohne Teilnahmewettbewerb** ist nach Nr. 1 zulässig, wenn bei einem offenen Verfahren oder bei einem nicht offenen Verfahren keine ordnungsgemäßen oder nur unannehmbaren Angebote abgegeben worden sind und in das Verhandlungsverfahren alle – und nur die – Bieter aus dem vorausgegangenen Verfahren einbezogen werden, die fachkundig und leistungsfähig (geeignet) sind und die nicht nach § 6eEU (→ § 6eEU Rn. 1) ausgeschlossen worden sind.

Der Weg ins Verhandlungsverfahren ohne Teilnahmewettbewerb ist nach dieser Variante 23 nur eröffnet, wenn ein **offenes Verfahren oder ein nicht offenes Verfahren vorausgegangen** sind. Ist ein Verhandlungsverfahren mit Teilnahmewettbewerb, ein wettbewerblicher Dialog oder eine Innovationspartnerschaft ohne annehmbares Ergebnis vorausgegangen, steht dem Auftraggeber ein Verhandlungsverfahren unter den Voraussetzungen des Abs. 2 offen, auf einen Teilnahmewettbewerb darf er dann aber nicht verzichten.

Für die Beurteilung, ob **keine ordnungsgemäßen oder nur unannehmbare Ange-** 24 **bote** abgegeben worden sind, gelten die in Rn. 17 gemachten Ausführungen. Im Gegensatz zur Zulässigkeit des Verhandlungsverfahrens mit Teilnahmewettbewerb nach Abs. 2 Nr. 2 hat der Auftraggeber, sofern er auf einen Teilnahmewettbewerb verzichten will, alle – und nur die – Bieter aus dem vorausgegangenen Verfahren einzubeziehen, die fachkundig und leistungsfähig (geeignet) sind und die nicht nach § 6eEU (→ § 6eEU Rn. 1) ausgeschlossen worden sind.

2. Keine wertbaren Angebote oder Teilnahmeanträge. Ferner ist das Verhandlungs- 25 verfahren ohne Teilnahmewettbewerb nach Nr. 2 zulässig, wenn bei einem offenen Verfahren oder bei einem nicht offenen Verfahren entweder gar keine Angebote oder Teilnahmeanträge abgegeben worden sind, nur Angebote oder Teilnahmeanträge solcher Bewerber oder Bieter abgegeben worden sind, die nicht fachkundig oder leistungsfähig (geeignet) sind oder die nach § 6eEU (→ § 6eEU Rn. 1) ausgeschlossen worden sind, oder nur solche Angebote abgegeben worden sind, die den in den Vergabeunterlagen genannten Bedingungen nicht entsprechen. In diesem Fall liegen **keine Angebote** vor oder **alle Unternehmen oder Angebote sind auszuschließen.**

26 Der Auftraggeber darf in diesem Fall aber nur dann ohne Teilnahmewettbewerb in Verhandlungen gehen, wenn die ursprünglichen Vertragsunterlagen **nicht grundlegend geändert** werden. Eine grundlegende Änderung liegt vor, wenn die ausgeschriebene Leistung bei verständiger Betrachtung unter Berücksichtigung aller Umstände in wirtschaftlicher, technischer und rechtlicher Hinsicht eine andere ist als die ursprünglich ausgeschriebene.[6]

27 **3. Leistung kann nur von einem Unternehmen erbracht werden.** Das Verhandlungsverfahren darf ohne Teilnahmewettbewerb durchgeführt werden, wenn die Leistungen aus einem der in der Nr. 3 geregelten Gründe **nur von einem bestimmten Unternehmen** erbracht werden können. Der Sinn dieser Ausnahme liegt darin, dass eine wettbewerbliche Ausschreibung wenig Sinn macht, wenn vornherein feststeht, dass nur ein Unternehmen die Leistung erbringen kann.

28 **a) Einzigartiges Kunstwerk.** Der erste Grund liegt vor, wenn das Ziel der Auftragsvergabe die Erschaffung oder der Erwerb eines **einzigartigen Kunstwerks oder einer einzigartigen künstlerischen Leistung** ist. In der Regelung hervorgehoben ist die Einzigartigkeit des Kunstwerks oder der künstlerischen Leistungen. Damit diese wirklich einzigartig ist, muss sie sich deutlich vom üblichen Kunsthandwerk unterscheiden und eine außergewöhnliche individuelle Leistung des Künstlers darstellen. Die Ausnahme gilt nach S. 2 allerdings nur dann, wenn es keine vernünftige Alternative oder Ersatzlösung gibt und der mangelnde Wettbewerb nicht das Ergebnis einer künstlichen Einschränkung der Auftragsvergabeparameter ist.

29 **b) Nicht vorhandener Wettbewerb aus technischen Gründen.** Der zweite, alternativ in Betracht kommende Grund für ein Verhandlungsverfahren ohne Teilnahmewettbewerb ist gegeben, wenn ein **Wettbewerb aus technischen Gründen nicht vorhanden** ist. Derartige technische Gründe liegen vor, wenn eine besondere Befähigung oder spezielle Ausstattung für die Durchführung der Arbeiten erforderlich ist.[7] In dieser Fallgruppe beruht die Einzigartigkeit der Leistung im Gegensatz zur künstlerischen Einzigartigkeit nach lit. a nicht auf ästhetischen, sondern rein auf technischen Aspekten. Auch für diese Ausnahme gilt nach S. 2, dass der Auftraggeber dokumentieren muss, dass es keine vernünftige Alternative oder Ersatzlösung gibt und der mangelnde Wettbewerb nicht das Ergebnis einer künstlichen Einschränkung der Auftragsvergabeparameter ist.

30 **c) Schutz von Ausschließlichkeitsrechten.** Soweit der Schutz von ausschließlichen Rechten, einschließlich der Rechte des geistigen Eigentums, einem Unternehmen ein **Ausschließlichkeitsrecht** zur Leistungserbringung verleiht, ist Verhandlungsverfahren darf ohne Teilnahmewettbewerb zulässig. Ausschließe Rechte in diesem Sinne werden durch das Geschmacksmusterrecht, das Patent- oder Urheberrecht oder sonstige gewerbliche Schutzrechte verliehen, können aber auch zB durch Vertriebslizenzen begründet werden.

31 Das Recht muss aber nachweislich zu einer Ausschließlichkeit führen. Daher führt das Bestehen eines Patents allein nicht zwingend zur Feststellung, dass nur ein bestimmtes Unternehmen die Arbeiten ausführen kann. Bieten mehrere Unternehmen die patentierte Leistung an, scheidet ein Verhandlungsverfahren ohne Teilnahmewettbewerb mit nur einem Unternehmen aus.[8]

32 **4. Äußerste Dringlichkeit der Leistung.** Ein weiterer Ausnahmetatbestand, der die Vergabe der Leistungen im Verhandlungsverfahren ohne Teilnahmewettbewerb regelt, ist gegeben, wenn **äußerste Dringlichkeit** die Vergabe der Leistung aus zwingenden Gründen gebietet. Die Dringlichkeit muss infolge von Ereignissen entstehen, die der öffentliche Auftraggeber nicht verursacht hat und nicht voraussehen konnte,

---

[6] Franke/Kemper/Zanner/Grünhagen/*Baumann* Rn. 53.
[7] Franke/Kemper/Zanner/Grünhagen/*Baumann* Rn. 59.
[8] OLG Düsseldorf Beschl. v. 20.10.2008 – Verg 46/08, VergabeR 2009, 173.

a) Äußerste Dringlichkeit. **Äußerste Dringlichkeit** liegt vor, wenn die in § 10EU 33 (→ § 10EU Rn. 1), § 10bEU (→ § 10bEU Rn. 1) und § 10cEU Abs. 1 (→ § 10cEU Rn. 1) vorgeschriebenen Fristen nicht eingehalten werden können, ohne dass ein Eintritt von erheblichen Schäden zu befürchten ist. Das Maß an Dringlichkeit muss über die „bloße" Dringlichkeit, die ein beschleunigtes Verfahren mit verkürzten Fristen nach § 10aEU (→ § 10aEU Rn. 1), § 10bEU (→ § 10bEU Rn. 1) und § 10cEU Abs. 1 (→ § 10cEU Rn. 2) rechtfertigt, hinausgehen. „Äußerste" Dringlichkeit liegt nur vor, wenn auch dieses beschleunigte Verfahren den Schadenseintritt nicht verhindern kann.[9]

b) Ereignisse, die der Auftraggeber nicht verursacht hat und nicht vorausehen 34 **konnte.** **Ereignisse, die der Auftraggeber nicht verursacht hat und nicht voraussehen konnte,** sind solche, deren Ursachen grundsätzlich nicht aus dem Verantwortungsbereich des Auftraggebers stammen, dh ihm grundsätzlich nicht zurechenbar und für ihn bei gewöhnlichem und typischem Geschehensverlauf nicht einschätzbar sind.[10] Dies kann zB der Fall sein bei außergewöhnlichen meteorologischen Verhältnissen, die so außergewöhnlich intensiv und umfangreich sind, dass sie berechtigterweise als unvorhersehbar angesehen werden können.[11]

5. Wiederholung gleichartiger Bauleistungen. Ein Verhandlungsverfahren ohne 35 Teilnahmewettbewerb ist nach Maßgabe der Nr. 5 ferner zulässig, wenn **gleichartige Bauleistungen wiederholt** werden, die durch denselben öffentlichen Auftraggeber an den Auftragnehmer vergeben werden, der den ursprünglichen Auftrag erhalten hat. Allerdings müssen sie einem Grundentwurf entsprechen, der Gegenstand des ursprünglichen Auftrags war. Dieser Auftrag muss auch im Einklang mit den Zulässigkeitsvoraussetzungen nach § 3aEU vergeben worden sein.

Der Umfang der nachfolgenden Bauleistungen und die Bedingungen, unter denen sie 36 vergeben werden, sind im ursprünglichen Projekt anzugeben. **Bereits bei der Auftragsbekanntmachung** der Ausschreibung für das erste Vorhaben muss aus Gründen der Transparenz die Möglichkeit, dieses Verfahren anzuwenden, angegeben werden. Darüber hinaus ist der für die Fortsetzung der Bauarbeiten in Aussicht gestellte Gesamtauftragswert vom öffentlichen Auftraggeber bei der ursprünglichen Auftragswertschätzung nach § 3 VgV zu berücksichtigen. Nachfolgenden Bauleistungen dürfen im Verhandlungsverfahren ohne Teilnahmewettbewerb jedoch nur innerhalb von drei Jahren nach Abschluss des ersten Auftrags vergeben werden.

Sinn und Zweck der Vorschrift ist es, eine bereits funktionierende Verbindung zwi- 37 schen Auftraggeber und Auftragnehmer auf der Grundlage gleicher Vergabebedingungen zu erhalten.[12]

VI. Zulässigkeit des wettbewerblichen Dialogs (Abs. 4)

Der **wettbewerbliche Dialog** ist nach der Neuregelung des Vergaberechts 2016 unter 38 denselben Voraussetzungen zulässig, wie das Verhandlungsverfahren mit Teilnahmewettbewerb. Voraussetzung ist demnach im Wesentlichen, dass entweder bestimmte, abschließend in Abs. 2 aufgezählte Kriterien erfüllt sind oder ein offenes Verfahren oder nicht offenes Verfahren wegen nicht ordnungsgemäßer oder nicht annehmbarer Angebote aufgehoben wurde (→ Rn. 17 ff.).

Die Möglichkeiten, in den wettbewerblichen Dialog zu gehen, sind damit für öffentliche 39 Auftraggeber **erheblich erweitert** worden. Nach der Vorgängerregelung des § 3EG Abs. 7 Nr. 1 VOB/A 2012 war erforderlich, dass der Auftraggeber objektiv nicht in der Lage ist, die technischen Mittel anzugeben, mit denen seine Bedürfnisse und Anforderungen erfüllt

---

[9] Vgl. EuGH Urt. v. 14.9.2004 – C-385/02, Slg. 2004, I-08121.
[10] Franke/Kemper/Zanner/Grünhagen/*Baumann* Rn. 65.
[11] Generalanwalt beim EuGH, Schlussanträge v. 2.6.2005 – C-525/03, IBRRS 2005, 1879.
[12] Franke/Kemper/Zanner/Grünhagen/*Baumann* Rn. 73.

werden können oder die rechtlichen oder finanziellen Bedingungen des Vorhabens anzugeben. Ein Grund für diese Erleichterung dürfte gewesen, sein, dass der wettbewerbliche Dialog in der Praxis bislang kaum eine Rolle gespielt hat.

VII. Zulässigkeit der Innovationspartnerschaft (Abs. 5)

40 Der öffentliche Auftraggeber kann nach Abs. 5 für die Vergabe eines öffentlichen Auftrags eine **Innovationspartnerschaft** mit dem Ziel der Entwicklung einer innovativen Leistung und deren anschließenden Erwerb eingehen. Einzige Zulässigkeitsvoraussetzung ist, dass der Beschaffungsbedarf, der der Innovationspartnerschaft zugrunde liegt, nicht durch auf dem Markt bereits verfügbare Bauleistungen befriedigt werden kann. Es muss sich also bei der zu beschaffenden Leistung um eine **echte Innovation** handeln. Der Begriff der „Innovation" umfasst nach Art. 2 Nr. 22 RL 2014/24/EU die Realisierung von neuen oder deutlich verbesserten Waren, Dienstleistungen oder Verfahren. Dazu gehören Produktions-, Bau- oder Konstruktionsverfahren, eine neue Vermarktungsmethode oder ein neues Organisationsverfahren in Bezug auf Geschäftspraxis, Abläufe am Arbeitsplatz oder externe Beziehungen beinhalten, ua mit dem Ziel, zur Bewältigung gesellschaftlicher Herausforderungen beizutragen oder die Strategie Europa 2020 für intelligentes, nachhaltiges und integratives Wachstum zu unterstützen.

§ 3bEU Ablauf der Verfahren

(1) ¹Bei einem offenen Verfahren wird eine unbeschränkte Anzahl von Unternehmen öffentlich zur Abgabe von Angeboten aufgefordert. ²Jedes interessierte Unternehmen kann ein Angebot abgeben.

(2)
1. ¹Bei einem nicht offenen Verfahren wird im Rahmen eines Teilnahmewettbewerbs eine unbeschränkte Anzahl von Unternehmen öffentlich zur Abgabe von Teilnahmeanträgen aufgefordert. ²Jedes interessierte Unternehmen kann einen Teilnahmeantrag abgeben. ³Mit dem Teilnahmeantrag übermitteln die Unternehmen die vom öffentlichen Auftraggeber geforderten Informationen für die Prüfung der Eignung und das Nichtvorliegen von Ausschlussgründen.
2. Nur diejenigen Unternehmen, die vom öffentlichen Auftraggeber infolge einer Bewertung der übermittelten Information dazu aufgefordert werden, können ein Angebot einreichen.
3. ¹Der öffentliche Auftraggeber kann die Zahl geeigneter Bewerber, die zur Angebotsabgabe aufgefordert werden, begrenzen. ²Dazu gibt der öffentliche Auftraggeber in der Auftragsbekanntmachung oder der Aufforderung zur Interessensbestätigung die von ihm vorgesehenen objektiven und nicht diskriminierenden Eignungskriterien für die Begrenzung der Zahl, die vorgesehene Mindestzahl und gegebenenfalls auch die Höchstzahl der einzuladenden Bewerber an. ³Die vorgesehene Mindestzahl der einzuladenden Bewerber darf nicht niedriger als fünf sein. ⁴In jedem Fall muss die Zahl der eingeladenen Bewerber ausreichend hoch sein, dass ein echter Wettbewerb gewährleistet ist. ⁵Sofern geeignete Bewerber in ausreichender Zahl zur Verfügung stehen, lädt der öffentliche Auftraggeber von diesen eine Anzahl ein, die nicht niedriger als die festgelegte Mindestzahl ist.
⁶Sofern die Zahl geeigneter Bewerber unter der Mindestzahl liegt, darf der öffentliche Auftraggeber das Verfahren ausschließlich mit diesem oder diesen geeigneten Bewerber(n) fortführen.

(3)
1. ¹Bei einem Verhandlungsverfahren mit Teilnahmewettbewerb wird im Rahmen des Teilnahmewettbewerbs eine unbeschränkte Anzahl von Unternehmen

öffentlich zur Abgabe von Teilnahmeanträgen aufgefordert. ²Jedes interessierte Unternehmen kann einen Teilnahmeantrag abgeben. ³Mit dem Teilnahmeantrag übermitteln die Unternehmen die vom öffentlichen Auftraggeber geforderten Informationen für die Prüfung der Eignung und das Nichtvorliegen von Ausschlussgründen.
2. Nur diejenigen Unternehmen, die vom öffentlichen Auftraggeber infolge einer Bewertung der übermittelten Informationen dazu aufgefordert werden, können ein Erstangebot übermitteln, das die Grundlage für die späteren Verhandlungen bildet.
3. Im Übrigen gilt Absatz 2 Nummer 3 mit der Maßgabe, dass die in der Auftragsbekanntmachung oder der Aufforderung zur Interessensbestätigung anzugebende Mindestzahl nicht niedriger als drei sein darf.
4. Bei einem Verhandlungsverfahren ohne Teilnahmewettbewerb erfolgt keine öffentliche Aufforderung zur Teilnahme.
5. Die Mindestanforderungen und die Zuschlagskriterien sind nicht Gegenstand von Verhandlungen.
6. Der öffentliche Auftraggeber verhandelt mit den Bietern über die von ihnen eingereichten Erstangebote und alle Folgeangebote, mit Ausnahme der endgültigen Angebote, mit dem Ziel, die Angebote inhaltlich zu verbessern.
7. Der öffentliche Auftraggeber kann öffentliche Aufträge auf der Grundlage der Erstangebote vergeben, ohne in Verhandlungen einzutreten, wenn er in der Auftragsbekanntmachung oder in der Aufforderung zur Interessensbestätigung darauf hingewiesen hat, dass er sich diese Möglichkeit vorbehält.
8. ¹Der öffentliche Auftraggeber kann vorsehen, dass das Verhandlungsverfahren in verschiedenen aufeinander folgenden Phasen abgewickelt wird, um so die Zahl der Angebote, über die verhandelt wird, oder die zu erörternden Lösungen anhand der vorgegebenen Zuschlagskriterien zu verringern. ²Wenn der öffentliche Auftraggeber dies vorsieht, gibt er dies in der Auftragsbekanntmachung, der Aufforderung zur Interessensbestätigung oder in den Vergabeunterlagen an. ³In der Schlussphase des Verfahrens müssen so viele Angebote vorliegen, dass ein echter Wettbewerb gewährleistet ist, sofern eine ausreichende Anzahl von geeigneten Bietern vorhanden ist.
9. ¹Der öffentliche Auftraggeber stellt sicher, dass alle Bieter bei den Verhandlungen gleich behandelt werden. ²Insbesondere enthält er sich jeder diskriminierenden Weitergabe von Informationen, durch die bestimmte Bieter gegenüber anderen begünstigt werden könnten. ³Er unterrichtet alle Bieter, deren Angebote nicht gemäß Nummer 8 ausgeschieden wurden, schriftlich über etwaige Änderungen der Leistungsbeschreibung, insbesondere der technischen Anforderungen oder anderer Bestandteile der Vergabeunterlagen, die nicht die Festlegung der Mindestanforderungen betreffen. ⁴Im Anschluss an solche Änderungen gewährt der öffentliche Auftraggeber den Bietern ausreichend Zeit, um ihre Angebote zu ändern und gegebenenfalls überarbeitete Angebote einzureichen. ⁵Der öffentliche Auftraggeber darf vertrauliche Informationen eines an den Verhandlungen teilnehmenden Bieters nicht ohne dessen Zustimmung an die anderen Teilnehmer weitergeben. ⁶Eine solche Zustimmung darf nicht allgemein erteilt werden, sondern wird nur in Bezug auf die beabsichtigte Mitteilung bestimmter Informationen erteilt.
10. ¹Beabsichtigt der öffentliche Auftraggeber, die Verhandlungen abzuschließen, so unterrichtet er die verbleibenden Bieter und legt eine einheitliche Frist für die Einreichung neuer oder überarbeiteter Angebote fest. ²Er vergewissert sich, dass die endgültigen Angebote den Mindestanforderungen entsprechen und erteilt den Zuschlag.

(4)
1. ¹Beim wettbewerblichen Dialog fordert der öffentliche Auftraggeber eine unbeschränkte Anzahl von Unternehmen im Rahmen eines Teilnahmewettbewerbs öffentlich zur Abgabe von Teilnahmeanträgen auf. ²Jedes interessierte Unternehmen kann einen Teilnahmeantrag abgeben. ³Mit dem Teilnahmeantrag übermitteln die Unternehmen die vom öffentlichen Auftraggeber geforderten Informationen für die Prüfung der Eignung und das Nichtvorliegen von Ausschlussgründen.
2. ¹Nur diejenigen Unternehmen, die vom öffentlichen Auftraggeber infolge einer Bewertung der übermittelten Informationen dazu aufgefordert werden, können in den Dialog mit dem öffentlichen Auftraggeber eintreten. ²Im Übrigen gilt Absatz 2 Nummer 3 mit der Maßgabe, dass die in der Auftragsbekanntmachung anzugebende Mindestzahl nicht niedriger als drei sein darf.
3. ¹In der Auftragsbekanntmachung oder den Vergabeunterlagen zur Durchführung eines wettbewerblichen Dialogs beschreibt der öffentliche Auftraggeber seine Bedürfnisse und Anforderungen an die zu beschaffende Leistung. ²Gleichzeitig erläutert und definiert er die hierbei zugrunde gelegten Zuschlagskriterien und legt einen vorläufigen Zeitrahmen für Verhandlungen fest.
4. ¹Der öffentliche Auftraggeber eröffnet mit den ausgewählten Unternehmen einen Dialog, in dem er ermittelt und festlegt, wie seine Bedürfnisse am besten erfüllt werden können. ²Dabei kann er mit den ausgewählten Unternehmen alle Einzelheiten des Auftrages erörtern. ³Er sorgt dafür, dass alle Unternehmen bei dem Dialog gleich behandelt werden, gibt Lösungsvorschläge oder vertrauliche Informationen eines Unternehmens nicht ohne dessen Zustimmung an die anderen Unternehmen weiter und verwendet diese nur im Rahmen des Vergabeverfahrens.
5. ¹Der öffentliche Auftraggeber kann vorsehen, dass der Dialog in verschiedenen aufeinander folgenden Phasen geführt wird, sofern der öffentliche Auftraggeber darauf in der Auftragsbekanntmachung oder in den Vergabeunterlagen hingewiesen hat. ²In jeder Dialogphase kann die Zahl der zu erörternden Lösungen anhand der vorgegebenen Zuschlagskriterien verringert werden. ³Der öffentliche Auftraggeber hat die Unternehmen zu informieren, wenn deren Lösungen nicht für die folgende Dialogphase vorgesehen sind. ⁴In der Schlussphase müssen noch so viele Lösungen vorliegen, dass ein echter Wettbewerb gewährleistet ist, sofern ursprünglich eine ausreichende Anzahl von Lösungen oder geeigneten Bietern vorhanden war.
6. ¹Der öffentliche Auftraggeber schließt den Dialog ab, wenn
   a) eine Lösung gefunden worden ist, die seine Bedürfnisse und Anforderungen erfüllt, oder
   b) erkennbar ist, dass keine Lösung gefunden werden kann.
   ²Der öffentliche Auftraggeber informiert die Unternehmen über den Abschluss des Dialogs.
7. ¹Im Fall von Nummer 6 Buchstabe a fordert der öffentliche Auftraggeber die Unternehmen auf, auf der Grundlage der eingereichten und in der Dialogphase näher ausgeführten Lösungen ihr endgültiges Angebot vorzulegen. ²Die Angebote müssen alle Einzelheiten enthalten, die zur Ausführung des Projekts erforderlich sind. ³Der öffentliche Auftraggeber kann Klarstellungen und Ergänzungen zu diesen Angeboten verlangen. ⁴Diese Klarstellungen oder Ergänzungen dürfen nicht dazu führen, dass grundlegende Elemente des Angebots oder der Auftragsbekanntmachung geändert werden, der Wettbewerb verzerrt wird oder andere am Verfahren beteiligte Unternehmen diskriminiert werden.
8. ¹Der öffentliche Auftraggeber bewertet die Angebote anhand der in der Auftragsbekanntmachung oder in der Beschreibung festgelegten Zuschlagskrite-

rien. ²Der öffentliche Auftraggeber kann mit dem Unternehmen, dessen Angebot als das wirtschaftlichste ermittelt wurde, mit dem Ziel Verhandlungen führen, um im Angebot enthaltene finanzielle Zusagen oder andere Bedingungen zu bestätigen, die in den Auftragsbedingungen abschließend festgelegt werden. ³Dies darf nicht dazu führen, dass wesentliche Bestandteile des Angebots oder des öffentlichen Auftrags einschließlich der in der Auftragsbekanntmachung oder der Beschreibung festgelegten Bedürfnisse und Anforderungen grundlegend geändert werden, und dass der Wettbewerb verzerrt wird oder andere am Verfahren beteiligte Unternehmen diskriminiert werden.
9. Verlangt der öffentliche Auftraggeber, dass die am wettbewerblichen Dialog teilnehmenden Unternehmen Entwürfe, Pläne, Zeichnungen, Berechnungen oder andere Unterlagen ausarbeiten, muss er einheitlich allen Unternehmen, die die geforderten Unterlagen rechtzeitig vorgelegt haben, eine angemessene Kostenerstattung gewähren.

(5)
1. ¹Bei einer Innovationspartnerschaft beschreibt der öffentliche Auftraggeber in der Auftragsbekanntmachung oder den Vergabeunterlagen die Nachfrage nach der innovativen Bauleistung. ²Dabei ist anzugeben, welche Elemente dieser Beschreibung Mindestanforderungen darstellen. ³Es sind Eignungskriterien vorzugeben, die die Fähigkeiten der Unternehmen auf dem Gebiet der Forschung und Entwicklung sowie die Ausarbeitung und Umsetzung innovativer Lösungen betreffen. ⁴Die bereitgestellten Informationen müssen so genau sein, dass die Unternehmen Art und Umfang der geforderten Lösung erkennen und entscheiden können, ob sie eine Teilnahme an dem Verfahren beantragen.
2. ¹Der öffentliche Auftraggeber fordert eine unbeschränkte Anzahl von Unternehmen im Rahmen eines Teilnahmewettbewerbs öffentlich zur Abgabe von Teilnahmeanträgen auf. ²Jedes interessierte Unternehmen kann einen Teilnahmeantrag abgeben. ³Mit dem Teilnahmeantrag übermitteln die Unternehmen die vom öffentlichen Auftraggeber geforderten Informationen für die Prüfung der Eignung und das Nichtvorliegen von Ausschlussgründen.
3. ¹Nur diejenigen Unternehmen, die vom öffentlichen Auftraggeber infolge einer Bewertung der übermittelten Informationen dazu aufgefordert werden, können ein Angebot in Form von Forschungs- und Innovationsprojekten einreichen. ²Im Übrigen gilt Absatz 2 Nummer 3 mit der Maßgabe, dass die in der Auftragsbekanntmachung anzugebende Mindestzahl nicht niedriger als drei sein darf.
4. ¹Der öffentliche Auftraggeber verhandelt mit den Bietern über die von ihnen eingereichten Erstangebote und alle Folgeangebote, mit Ausnahme der endgültigen Angebote, mit dem Ziel, die Angebote inhaltlich zu verbessern. ²Dabei darf über den gesamten Auftragsinhalt verhandelt werden mit Ausnahme der vom öffentlichen Auftraggeber in den Vergabeunterlagen festgelegten Mindestanforderungen und Zuschlagskriterien. ³Sofern der öffentliche Auftraggeber in der Auftragsbekanntmachung oder in den Vergabeunterlagen darauf hingewiesen hat, kann er die Verhandlungen in verschiedenen aufeinander folgenden Phasen abwickeln, um so die Zahl der Angebote, über die verhandelt wird, anhand der vorgegebenen Zuschlagskriterien zu verringern.
5. ¹Der öffentliche Auftraggeber trägt dafür Sorge, dass alle Bieter bei den Verhandlungen gleich behandelt werden. ²Insbesondere enthält er sich jeder diskriminierenden Weitergabe von Informationen, durch die bestimmte Bieter gegenüber anderen begünstigt werden könnten. ³Er unterrichtet alle Bieter, deren Angebote gemäß Nummer 4 Satz 3 nicht ausgeschieden wurden, in Textform über etwaige Änderungen der Anforderungen und sonstigen Informatio-

nen in den Vergabeunterlagen, die nicht die Festlegung der Mindestanforderungen betreffen. [4]Im Anschluss an solche Änderungen gewährt der öffentliche Auftraggeber den Bietern ausreichend Zeit, um ihre Angebote zu ändern und gegebenenfalls überarbeitete Angebote einzureichen. [5]Der öffentliche Auftraggeber darf vertrauliche Informationen eines an den Verhandlungen teilnehmenden Bieters nicht ohne dessen Zustimmung an die anderen Teilnehmer weitergeben. [6]Eine solche Zustimmung darf nicht allgemein, sondern nur in Bezug auf die beabsichtigte Mitteilung bestimmter Informationen erteilt werden. [7]Der öffentliche Auftraggeber muss in den Vergabeunterlagen die zum Schutz des geistigen Eigentums geltenden Vorkehrungen festlegen.

6. [1]Die Innovationspartnerschaft wird durch Zuschlag auf Angebote eines oder mehrerer Bieter eingegangen. [2]Eine Erteilung des Zuschlags allein auf der Grundlage des niedrigsten Preises oder der niedrigsten Kosten ist ausgeschlossen. [3]Der öffentliche Auftraggeber kann die Innovationspartnerschaft mit einem Partner oder mit mehreren Partnern, die getrennte Forschungs- und Entwicklungstätigkeiten durchführen, eingehen.

7. [1]Die Innovationspartnerschaft wird entsprechend dem Forschungs- und Innovationsprozess in zwei aufeinander folgenden Phasen strukturiert:
   a) einer Forschungs- und Entwicklungsphase, die die Herstellung von Prototypen oder die Entwicklung der Bauleistung umfasst, und
   b) einer Leistungsphase, in der die aus der Partnerschaft hervorgegangene Leistung erbracht wird.

   [2]Die Phasen sind durch die Festlegung von Zwischenzielen zu untergliedern, bei deren Erreichen die Zahlung der Vergütung in angemessenen Teilbeträgen vereinbart wird. [3]Der öffentliche Auftraggeber stellt sicher, dass die Struktur der Partnerschaft und insbesondere die Dauer und der Wert der einzelnen Phasen den Innovationsgrad der vorgeschlagenen Lösung und der Abfolge der Forschungs- und Innovationstätigkeiten widerspiegeln. [4]Der geschätzte Wert der Bauleistung darf in Bezug auf die für ihre Entwicklung erforderlichen Investitionen nicht unverhältnismäßig sein.

8. Auf der Grundlage der Zwischenziele kann der öffentliche Auftraggeber am Ende jedes Entwicklungsabschnitts entscheiden, ob er die Innovationspartnerschaft beendet oder, im Fall einer Innovationspartnerschaft mit mehreren Partnern, die Zahl der Partner durch die Kündigung einzelner Verträge reduziert, sofern der öffentliche Auftraggeber in der Auftragsbekanntmachung oder in den Vergabeunterlagen darauf hingewiesen hat, dass diese Möglichkeiten bestehen und unter welchen Umständen davon Gebrauch gemacht werden kann.

9. Nach Abschluss der Forschungs- und Entwicklungsphase ist der öffentliche Auftraggeber zum anschließenden Erwerb der innovativen Leistung nur dann verpflichtet, wenn das bei Eingehung der Innovationspartnerschaft festgelegte Leistungsniveau und die Kostenobergrenze eingehalten werden.

Schrifttum: *Burgi/Dreher,* Beck'scher Vergaberechtskommentar, 3. Aufl. 2017; *Badenhausen-Fähnle,* Die neue Vergabeart der Innovationspartnerschaft – fünftes Rad am Wagen, VergabeR 2015,743; *Kirch/Klammer,* Lösungsoffene Vergabeverfahren, VergabeNews 2015, 138; *Knauff,* Das Verhältnis der nachrangigen Vergabeverfahrensarten, NZBau 2018, 134; *Ollmann,* Das für das (bisherige) Verhandlungsverfahren, VergabeR 2016, 413; *Rosenkötter,* Die Innovationspartnerschaft, VergabeR 2016, 196.

Übersicht

	Rn.		Rn.
I. Entstehungsgeschichte	1	1. Das offene Verfahren (Abs. 1)	3–12
II. Normzweck	2	a) Vergabe „nach öffentlicher Aufforde-	
III. Die Verfahrensarten	3–45	rung einer unbeschränkten Zahl von	

	Rn.		Rn.
Unternehmen zur Abgabe von Angeboten"	4–7	b) Eröffnung des Verfahrens, Teilnahmewettbewerb (Nr. 1–3)	27
b) Ablauf des offenen Verfahrens	8–12	c) Die Dialogphase (Nr. 4–6)	28
2. Das nicht offenen Verfahren (Abs. 2)	13–17	d) Die Angebotsphase (Nr. 7–9)	29–31
3. Das Verhandlungsverfahren (Abs. 3)	18–24	5. Die Innovationspartnerschaft (Abs. 5)	32–45
a) Allgemeines	18	a) Allgemeines	32–34
b) Teilnahmewettbewerb im Verhandlungsverfahren	19	b) Eröffnung des Verfahrens, Teilnahmewettbewerb (Nr. 1–3)	35–37
c) Die Verhandlungen	20–24	c) Die Verhandlungsphase (Nr. 4–6)	38–41
4. Der wettbewerbliche Dialog (Abs. 4)	25–31	d) Die Entwicklungs- und Umsetzungsphase (Nr. 7–9)	42–45
a) Allgemeines	25, 26		

I. Entstehungsgeschichte

Zur Entstehungsgeschichte kann im Grunde auf die Entstehungsgeschichte der §§ 119 GWB und §§ 15–19 VgV verweisen werden, denn § 3bEU enthält weitgehend wörtlich gleichlautend die Zusammenstellung und Beschreibung der dort schon beschriebenen verschiedenen Verfahrensarten. Da § 2 VgV für Bauaufträge den **Abschnitt 1 und den Abschnitt 2, 2. Unterabschnitt** der VgV für anwendbar erklärt, wäre es ohne Weiteres möglich gewesen, auch den **Unterabschnitt 1 des Abschnitts 2,** in dem sich die Regelungen zu den Verfahrensarten befinden, für anwendbar zu erklären, insbesondere, da die Erläuterungen zum Ablauf der Verfahrensarten **keine bauspezifischen Besonderheiten** enthalten. Die mit der Reform des europäischen Vergaberechts **neu aufgenommenen Verfahrensarten** des wettbewerblichen Dialogs und der Innovationspartnerschaft sind neben den schon althergebrachten Verfahrensarten (Offenes Verfahren, Nichtoffenes Verfahren mit und ohne Teilnamewettbewerb, Verhandlungsverfahren) systematisch von Möglichkeiten der Vertragsgestaltung wie der Rahmenvereinbarung, den dynamischen Beschaffungssystemen, den elektronischen Auktionen und den elektronischen Katalogen getrennt. Während die in § 3bEU enthaltenen Verfahrensarten zur Auswahl eines bestimmten Bieters (oder einer bestimmten Bietergemeinschaft) führen, mit dem der Vertrag geschlossen wird, sehen die Instrumente der Vertragsgestaltung vor, einen Kreis von Berechtigten im Wege eines Angebotsverfahrens zu finden, die sich dann an der Rahmenvereinbarung, dem dynamischen Beschaffungssystem und den weiteren genannten Systemen beteiligen können mit der Folge, dass nicht mehr jeder einzelne Beschaffungsakt im Rahmen des gewählten Systems ein förmliches Vergabeverfahren durchlaufen muss. Alle Verfahren und Instrumenten müssen den **Grundsätzen des § 97 GWB gerecht** werden. Auch die scheinbar sehr formfreien Verfahren des wettbewerblichen Dialogs und der Innovationspartnerschaft beinhalten keine Einschränkung der Bindung an die allgemeinen Grundsätze. Im Gegenteil erwächst aus dem Grundsatz der Transparenz für diese Verfahren ein **hoher Anspruch an die Gleichbehandlung** der Bewerber oder Bieter **und damit an die Klarheit und Vollständigkeit der Dokumentation** der Vergabeverfahren.[1] Ein in der Praxis ganz wesentlicher Unterschied zur vorherigen Fassung ist, dass nunmehr, wie auch aus § 119 Abs. 2 GWB und § 14 Abs. 2 VgV hervorgeht, **zwischen dem offenen und dem nicht offenen Vergabeverfahren mit offenem Teilnahmewettbewerb gewählt** werden darf.

II. Normzweck

§ 3bEU beschreibt die Abläufe der jeweiligen Verfahren im Detail. Die Vorschrift rundet den Komplex zu den Verfahrensarten ab, der in **§ 3EU die Verfahrensarten** benennt und kurz vorstellt, in **§ 3aEU die Zulässigkeitsvoraussetzungen** zu den einzelnen Verfahrensarten aufführt und in **§ 3bEU den Ablauf der Verfahrensarten „Schritt für Schritt"** beschreibt. Abweichend von den **§§ 15–19 VgV** wurden die Bestimmungen über die **in den Verfahren einzuhaltenden Fristen in §§ 10EU, 10aEU–10dEU** festgehalten. Diese

---
[1] Erwägungsgrund 49 RL 2014/24/EU.

Trennung reduziert zwar den Umfang des außerordentlich langen § 3bEU, führt aber dazu, dass es einen unterschiedlichen Aufbau bei den ansonsten gleichlautenden Gestaltungen der Norm zwischen VgV und VOB/A gibt. Die VOB/A enthält zwar keine eigene inhaltliche Bestimmung über die Dokumentation der Vergabeverfahren, verweist aber in **§ 20EU auf § 8 VgV.** Die dort aufgestellten Regeln gelten daher uneingeschränkt auch für die Vergabeverfahren nach der VOB/A. Da die VOB/A in § 2 VgV als für die Vergabe von Bauaufträgen anzuwendendes Regelwerk genannt ist, ist die Anwendung für die europaweiten Vergaben zwingend.

III. Die Verfahrensarten

3   **1. Das offene Verfahren (Abs. 1).** Wie **§ 119 Abs. 3 GWB** und **§ 15 VgV** setzt auch **Abs. 1** die europarechtliche Regelung des **Art. 27 Abs. 1 UAbs. 1 RL 2014/24/EU** um (→ § 3 Rn. 3 ff.). Der Wortlaut von **Abs. 1** beschreibt die öffentliche Ausschreibung als ein Verfahren, in dem Bauleistungen im vorgeschriebenen Verfahren nach öffentlicher Aufforderung einer unbeschränkten Zahl von Unternehmen zur Einreichung von Angeboten vergeben werden.

4   **a) Vergabe „nach öffentlicher Aufforderung einer unbeschränkten Zahl von Unternehmen zur Abgabe von Angeboten".** Diese sperrige Formulierung meint schlicht die **öffentliche Bekanntmachung des Beschaffungsvorhabens.** Nach § 12EU Abs. 3 Nr. 2 erfolgt die Auftragsbekanntmachung – für alle Verfahrensarten – **mit den von der europäischen Kommission festgelegten Standardformularen** und enthält die Informationen nach Anhang V Teil C der RL 2014/24/EU. Die Bekanntmachung ist an das **Amt für Veröffentlichungen der Europäischen Union** elektronisch zu übermitteln. Daneben können öffentliche Ausschreibungen zB in Tageszeitungen, amtlichen Veröffentlichungen oder auf Internetseiten sowie auf der Plattform www.bund.de bekannt gemacht werden. Dabei ist aus Gründen der Chancengleichheit darauf zu achten, dass die nationalen Bekanntmachungen zeitlich nicht früher als die europaweite Bekanntmachung erscheinen. **Verpflichtend** ist die Bekanntmachung über das Amt für Veröffentlichungen der EU, die weitere hier angesprochene Aufzählung ist beispielhaft. **Entscheidend** ist, dass eine unbeschränkte Zahl von Unternehmen von dem Beschaffungsvorhaben Kenntnis nehmen kann.

5   Die **zwingend einzuhaltende Angebotsfrist** ergibt sich aus § 10aEU und beträgt in der Regel **35 Tage,** gerechnet ab dem auf die Bekanntmachung folgenden Tag **(§ 10aEU Abs. 1).** Sie kann nach erfolgter **Vorabinformation nach § 12EU Abs. 1** oder **bei begründeter Dringlichkeit** verkürzt werden. Nach Erwägungsgrund 46 RL 2014/24/EU muss es sich bei der Dringlichkeit nicht um eine extreme Dringlichkeit aufgrund unvorhersehbarer und vom Auftraggeber nicht zu verantwortender Ereignisse handeln.[2] Die verkürzte Frist darf **15 Tage** nicht unterschreiten **(§ 10aEU Abs. 3).** § 10aEU **Abs. 5 und 6** enthalten zudem Regelungen zur Verlängerung der Angebotsfrist in bestimmten Fällen. Da die **Angebotsfrist die einzige zwingende Fristenvorgabe** im offenen Verfahren ist und alle weiteren Abläufe einschließlich der Festlegung einer angemessenen Frist, während der die Bieter an ihre Angebote gebunden sein sollen, in der Gestaltungshoheit des öffentlichen Auftraggebers liegen, ist das offene Verfahren das schnellste Vergabeverfahren, das zudem die wenigsten förmlichen Verfahrensschritte beinhaltet, sodass auch die Ablauforganisation gegenüber den anderen Verfahrensarten weniger komplex ist.

6   **Alle interessierten Unternehmen** können ein Angebot abgeben. Anders als in § 3b **Abs. 1** für die nur nationalen Vergaben wird hier nicht gefordert, dass sich die Unternehmen gewerbsmäßig mit der Ausführung der ausgeschriebenen Leistung befassen müssen (→ § 3b Rn. 4). Daher sind jedem Unternehmen, das auf die Bekanntmachung hin die Vergabeunterlagen abruft, diese zur Verfügung zu stellen. In der Regel wird dies elektronisch gesche-

---

[2] BT-Drs. 18/7318 v. 20.1.2016, Teil B zu § 15 Abs. 3.

hen, sodass es nicht um die klassische Übersendung geht, sondern um die **Möglichkeit des elektronischen Zugriffs, der nach § 41 VgV barrierefrei** sein muss. Dabei darf zu diesem Zeitpunkt noch keine Auswahl getroffen oder die Zahl der Unternehmen beschränkt werden. **Es ist Ziel und Zweck der öffentlichen Ausschreibung, jedem Marktteilnehmer, der sich zur Abgabe eines Angebotes in der Lage sieht, den Zugang zum Wettbewerb zu eröffnen.** Der Ausschluss einzelner Bieter oder Angebote kann sich allenfalls im Rahmen der späteren Eignungsprüfung der Unternehmen und der Wertung der Angebote ergeben.

Die **Übermittlung der Vergabeunterlagen** geschieht bei Bauprojekten mit großen 7 Planunterlagen vereinzelt auch noch in Papierform. Zulässig und gebräuchlich sind zudem die GAEB-Dateien, die eine elektronische Angebotserstellung und spätere elektronische Angebotsprüfung ermöglichen, was insbesondere bei großen Leistungsverzeichnissen mit einer großen Zahl von Preispositionen hilfreich sein kann.

b) Ablauf des offenen Verfahrens. § 3bEU Abs. 1 erwähnt – anders als § 3 für die 8 nationalen Verfahren – nicht, dass die Vergabe „im vorgeschriebenen Verfahren" zu erfolgen hat. Dies ergibt sich jedoch zwingend aus **§ 2 VgV,** wonach die Bestimmungen der VOB/A bei der Vergabe von Bauaufträgen anzuwenden sind.

Das „vorgeschriebene Verfahren" ergibt sich aus den Bestimmungen über **die Vorberei-** 9 **tung eines Vergabeverfahrens,** weil sie den späteren Ablauf wesentlich mitbestimmen. So haben zB die **Leistungsbeschreibung (§§ 7EU, 7aEU–7cEU),** die Gestaltung der **Vergabeunterlagen** mit den darin enthaltenen Anforderungen und Vorgaben **(§§ 8EU, 8aEU–8cEU)** und die schon auf die spätere Auswahl bezogene **Festlegung der geforderten Eignungsnachweise (§ 6aEU–6dEU)** maßgeblichen Einfluss auf das spätere Prüf- und Auswahlverfahren zu den eingegangenen Angeboten. Eine nicht neutrale Leistungsbeschreibung oder eine nicht auftragsbezogene Eignungsanforderung kann diskriminierenden und damit unzulässigen Charakter haben.

Zu den Bestimmungen des vorgeschriebenen Verfahrens gehören auch **§§ 10EU,** 10 **10aEU–10dEU,** wonach den Bietern **für die Bearbeitung und Einreichung der Angebote eine angemessene Frist einzuräumen** ist, die **auch bei Dringlichkeit nicht unter zehn** Tagen sein darf und den zusätzlichen Aufwand für die Besichtigung von Baustellen oder die Beschaffung von Unterlagen für die Angebotswertung berücksichtigen muss. Was eine angemessene Frist zur Angebotserstellung ist, wird hier nicht ausdrücklich bestimmt. Für europaweite offene Vergabeverfahren legen **§ 15 Abs. 2 VgV und § 10aEU Abs. 1 eine Mindestfrist von 35 Tagen** fest, von der nur in Fällen von besonderer Dringlichkeit nach unten abgewichen werden darf (→ § 10aEU Rn. 4 ff.). Da es sich um eine Mindestfrist handelt, darf sie ohne Weiteres verlängert werden. **§ 10EU Abs. 1** verlangt, dass der öffentliche Auftraggeber **die Angemessenheit der Frist in jedem Fall gesondert prüft** und dabei **die Zeit, die unter Berücksichtigung der Komplexität des Auftrags für die Ausarbeitung der Angebote erforderlich ist,** berücksichtigt. Aus dieser Regelung ist ersichtlich, dass die Angebotsfrist flexibel gesetzt werden muss und nur die Untergrenze von 35 Tagen gilt.

Ergeben sich nach dem Versand der Vergabeunterlagen **Fragen der potentiellen Bieter** 11 dazu, sind diese und die dazu erteilten Informationen zur Wahrung eines gleichmäßigen Informationsstandes allen Bietern „unverzüglich in gleicher Weise" mitzuteilen **(§ 12aEU Abs. 3).**

Liegen die Angebote vor, ergibt sich das vorgeschriebene Verfahren aus den Bestim- 12 mungen, die sich mit deren Geheimhaltung bis zum Öffnungstermin und der Datensicherung bei elektronischen Vergabeverfahren befassen **(§ 13EU Abs. 1 Nr. 2),** sowie als Kernbereich des Vergabeverfahrens mit der Prüfung und Wertung der Angebote. Maßgeblich sind hier die Bestimmungen über die **Öffnung der Angebote (§ 14EU), die Aufklärung des Angebotsinhalts (§ 15EU),** den Ausschluss von Angeboten (§ 16EU), die Nachforderung von Unterlagen (§ 16aEU), die Prüfung der Eignung (§ 16bEU Abs. 1) sowie die Prüfung (§ 16cEU) und Wertung (§ 16dEU) der Angebote. Schließlich gehört zum Abschluss des Vergabeverfahrens auch der Zuschlag, für den neben § 18EU auch § 2EU mit den Vergabegrundsätzen zu berücksichtigen ist.

13   2. Das nicht offenen Verfahren (Abs. 2). Das **nicht offene Verfahren** entspricht der **beschränkten Ausschreibung mit öffentlichem Teilnahmewettbewerb** bei nationalen Vergaben. Anders als für nationale Vergabeverfahren sieht Abs. 2 ein nicht offenes Verfahren ohne Teilnahmewettbewerb nicht vor. Da das nicht offene Verfahren neben dem offenen Verfahren **gleichrangig zur Wahl (§ 3aEU Abs. 1)** steht, soll auch diese Verfahrensart die größtmögliche Öffnung für den Wettbewerb gewährleisten.

14   **Abs. 2** geht auf **Art. 28 RL 2014/24/EU** zurück. Das Verfahren wird **in Nr. 1–3 detailliert beschrieben.** Aus dieser Beschreibung geht in Nr. 1 hervor, dass das nicht offene Verfahren **den Eignungswettbewerb vor die Klammer zieht** und damit eine abschließende Auswahl der Bewerber erfolgt, die zur Abgabe eines Angebotes zugelassen werden. Praktisch bedeutet das, dass zunächst eine **öffentliche Bekanntmachung** erfolgt, in der **unter Benennung des konkreten Beschaffungsvorhabens** potentielle Bieter aufgefordert werden, sich um die **Zulassung zur Angebotsabgabe** zu bewerben durch Vorlage der geforderten Eignungsnachweise. Der öffentliche **Teilnahmewettbewerb ist uneingeschränkt für alle interessierten Unternehmen offen**. Für den Eignungswettbewerb **gelten die Grundsätze des § 97 GWB**. Das bedeutet, dass auch in diesem Verfahren die Eignungskriterien nach den Maßstäben von **§ 6EU sowie §§ 6aEU– 6fEU** festzulegen sind und die geforderten Nachweise sich auf die zu beschaffende Leistung beziehen müssen, dh sie müssen mit ihrem Inhalt Rückschlüsse dazu erlauben, ob der Bieter die zu beschaffende Bauleistung ordnungsgemäß bewältigen wird, sowohl in fachlicher Hinsicht als auch von den verfügbaren Unternehmenskapazitäten her. Für die Bewerber muss transparent sein, mit welchen Eignungsnachweisen sie sich erfolgreich um Zulassung zur Angebotsabgabe bewerben können, denn nach **Nr. 2** können nur die Unternehmen ein Angebot abgeben, die vom öffentlichen Auftraggeber dazu aufgefordert werden. **Die Auswahl der Bieter, die zur Angebotsabgabe aufgefordert werden, muss daher diskriminierungsfrei unter Wahrung der Chancengleichheit und nach transparenten Entscheidungskriterien erfolgen.** Sowohl die **vorab festzulegenden Auswahlkriterien** als auch **die wesentlichen Gründe der Auswahlentscheidung** müssen sich **aus der Dokumentation ergeben. Ist die Eignung festgestellt** und sind die Bewerber zur Angebotsabgabe aufgefordert, dürfen nur noch Umstände berücksichtigt werden, die nach der Aufforderung zur Abgabe der Angebote bekannt werden und Zweifel an der Eignung des Bieters begründen **(§ 16b Abs. 2)**. Die sich an die Auswahl der Bewerber anschließende **Angebotsphase gleicht in Anforderungen und Ablauf der Angebotsphase des offenen Verfahrens** (Geheimhaltungspflicht, Submissionstermin, Prüfung der Angebote, hier nun ohne die bereits vorab geprüften Eignungsaspekte, Zuschlagsentscheidung anhand vorab bekanntgemachter Kriterien, nachvollziehbare Dokumentation der Entscheidung, Information der Bieter usw).

15   Das nicht offene Verfahren empfiehlt sich für die Vergabe von Bauleistungen, zu denen mit sehr vielen Angeboten zu rechnen ist. Dann kann eine vorherige Eignungsprüfung zur Beschränkung der Zahl der Angebote allein auf solche von geeigneten Bietern führen und den Prüfungsaufwand für den öffentlichen Auftraggeber verringern, er muss weniger Komplettangebote prüfen. Das Verfahren ist hilfreich auch bei Bauleistungen mit besonderen fachlichen Anforderungen, sodass bereits vorab die Unternehmen ermittelt werden können, die die Gewähr für die Erfüllung der Anforderungen bieten. **Nr. 3** sieht deshalb vor, dass der öffentliche Auftraggeber **sowohl eine Mindestzahl als auch eine Höchstzahl von Bewerbern** festlegen darf, die später zur Angebotsabgabe aufgefordert werden. Diese Begrenzungen sind schon in der Bekanntmachung oder in der Aufforderung zur Interessenbekundung mitzuteilen **(Nr. 3 S. 2). Die Mindestzahl darf fünf nicht unterschreiten,** in jedem Fall muss ein **echter Wettbewerb gewährleistet** sein **(Nr. 3 S. 3 und 4).**

Ergibt sich nach abgeschlossenem Teilnahmewettbewerb, dass **mehr Bewerber** die Eignungskriterien erfüllen, als zur Angebotsabgabe zugelassen werden sollen, hat auch hierzu eine den **Grundsätzen des § 97 GWB genügende Auswahl** stattzufinden. Die Kriterien für die Auswahl aus dem Kreis der geeigneten Bieter sind ebenfalls schon in der Bekanntmachung oder der Aufforderung zur Interessenbekundung mitzuteilen. Bleibt die Zahl der geeigneten Unternehmen **hinter der bekanntgemachten Mindestzahl zurück,** ist der öffentliche Auftraggeber darauf beschränkt, nur die verbliebenen Unternehmen zur Angebotsabgabe aufzufordern **(Nr. 3 S. 6).** 16

Anders als in § 16 VgV, der die ansonsten gleichlautende Regelung für die Vergabe von Liefer- und Dienstleistungen enthält, sind die einzuhaltenden Fristen separat geregelt, hier in § 10bEU (→ § 10bEU Rn. 2 ff.). Da das Verfahren in mehreren förmlichen Schritten verläuft, sind entsprechend mehr Fristen einzuhalten als beim offenen Verfahren. Nach § 10bEU Abs. 1 und 2 sind **sowohl für die Bewerbungsfrist als auch für die Angebotsfrist** im Regelfall **mindestens 30 Tage** vorzusehen, was gegenüber der Regelfrist des offenen Verfahrens von 35 Tagen fast eine Verdoppelung darstellt. Die **Angebotsfrist** kann wie beim offenen Verfahren verkürzt werden, hier auf zehn Tage, wenn eine **Vorabinformation nach § 12EU Abs. 2** erfolgt ist (**§ 10bEU Abs. 3**). Die Frist kann nach **Abs. 5** ebenso in Fällen von **Dringlichkeit** weiter verkürzt werden, wobei derselbe Maßstab für die Dringlichkeit wie beim offenen Verfahren (→ Rn. 3) zugrunde zu legen ist. Daneben sind aber auch Fälle der Fristverlängerung vorgesehen (**§ 10bEU Abs. 6 und 7**). 17

3. Das Verhandlungsverfahren (Abs. 3). a) Allgemeines. Abs. 3 geht zurück auf Art. 29 RL 2014/24/EU und beruht auf **§ 119 Abs. 5 GWB**. Das Verhandlungsverfahren ist nach **§ 3aEU Abs. 2 nachrangig** (→ § 3a Rn. 7 ff.) gegenüber dem offenen und dem nicht offenen Verfahren. Die Regelung enthält zwei verschiedene Varianten: das Verhandlungsverfahren **mit und ohne vorherigen Teilnahmewettbewerb.** Bereits aus der Gliederung der Norm ist erkennbar, wo die besondere Sensibilität des Verfahrens liegt. Während Nr. 1–3 für den Teilnahmewettbewerb weitgehend auf Abs. 2 verweisen bzw. die dortigen Verfahrensschritte wiederholen, setzen sich die Nr. 4–10 mit der Durchführung der Verhandlungen auseinander. Die Vielfalt und Detailliertheit der Vorgaben macht deutlich, dass dieses oft zu Unrecht als Königsweg im Vergaberecht bewertete Verfahren den öffentlichen Auftraggeber vor erhebliche Herausforderungen stellen kann, denn auch und gerade im Verhandlungsverfahren **gelten die Grundsätze des § 97 GWB.** Das heißt, die Wettbewerbsbedingungen müssen fair, transparent und diskriminierungsfrei sein. Auch wenn der Leistungsgegenstand zum Zeitpunkt der Bekanntmachung noch nicht abschließend beschrieben werden kann, hat die **Leistungs- oder Aufgabenbeschreibung so umfassend und eindeutig wie möglich** zu erfolgen, ein Nachlass dieser Anforderung im Hinblick auf mögliche Nachsteuerungen im Verhandlungswege sieht das Verhandlungsverfahren nicht vor. Praktisch bedeutet das, dass ein Auftraggeber gerade im Hinblick auf die gebotene Gleichbehandlung der Bieter seine eigenen Anforderungen an die Aufgabenstellung so umfassend, klar und eindeutig beschreiben muss, wie es ihm zum Zeitpunkt der Bekanntmachung und später der Aufforderung zur Angebotsabgabe möglich ist. Die Beschreibung kann funktional sein oder sich aus funktionalen und schon feststehenden Elementen mischen. Entscheidend ist, dass Bieter ihre Verhandlungsangebote so weitgehend auf die Wünsche des Auftraggebers ausrichten können, dass nach dem vom Auftraggeber gesetzten Verständnis der zu lösenden Aufgabe alle Bieter eine reale Chance auf den Zuschlag haben. Das erfordert eine klare Mitteilung der eigenen Zielvorstellungen des öffentlichen Auftraggebers und Angabe der **Mindestbedingungen, die nicht mehr Gegenstand der Verhandlungen sein dürfen (Abs. 3 Nr. 5).** Entsprechend hoch sind die **Anforderungen an die Dokumentation,** die belegen muss, dass allen Bietern gleiche Verhandlungsbedingungen und -chancen geboten wurden.[3] 18

---
[3] Zu den Anforderungen an die Dokumentation eines Verhandlungsverfahrens und die Heilung von Mängeln vgl. OLG Düsseldorf Beschl. v. 21.10.2015 – VII-Verg 28/14, VergabeR 2016, 74. ff; zum Transparenzgebot und zur Rügepflicht vgl. KG Beschl. v. 21.11.2014 – Verg 22/13, VergabeR 2015, 204 ff.

19 **b) Teilnahmewettbewerb im Verhandlungsverfahren.** Die **Nr. 1–3** beschreiben den **Teilnahmewettbewerb im Verhandlungsverfahren** und entsprechen **§ 17 Abs. 1–4 VgV** mit dem Unterschied, dass die einzuhaltenden Fristen in **§ 17 VgV** aufgenommen sind, während sie sich hier aus **§ 10cEU** ergeben. Weder im Ablauf noch in den einzuhaltenden Fristen ergeben sich ansonsten Unterschiede. Wie beim nicht offenen Verfahren erfolgt auch hier zunächst die Bekanntmachung über den öffentlichen Teilnahmewettbewerb, der noch keine Einschränkung des Wettbewerbs bedeutet, da **alle Bewerber in dieser Phase des Vergabeverfahrens zuzulassen** und alle Bewerbungen zu prüfen sind (**Abs. 3 Nr. 1**). Hinsichtlich des Rechts, am Angebotsverfahren teilzunehmen und der Zulässigkeit der Beschränkung der Zahl der zuzulassenden Bieter ergeben sich keine Abweichungen zu Abs. 2. **Abs. 3 Nr. 3** verweist insoweit auch auf **Abs. 2 Nr. 3**.

20 **c) Die Verhandlungen. Abs. 3 Nr. 4** eröffnet die Möglichkeit eines Verhandlungsverfahrens ohne vorherigen Teilnahmewettbewerb. Wann dieses den Zugang zum Wettbewerb einschränkende Verfahren **zulässig** ist, ergibt sich aus **§ 3aEU Abs. 3** (→ § 3aEU Rn. 7 ff.). Das Vorliegen der Zulässigkeitsvoraussetzungen muss sich aus der **Dokumentation** ergeben (**§ 20EU iVm § 8 Abs. 2 Nr. 6 VgV**).

21 **Abs. 3 Nr. 5** definiert, **welche Inhalte nicht verhandelbar sind.** Das sind die **Mindestanforderungen** und die **Zuschlagskriterien** als für alle Bieter verlässliche, vorhersehbare und transparente Basis eines die Chancengleichheit wahrenden Wettbewerbs. Aus **Nr. 6** ergibt sich **zusätzlich das endgültige Angebot** als nicht verhandelbar. Auch dieses dient der Transparenz und Fairness des Wettbewerbs, denn die abschließende Zuschlagsentscheidung muss nachvollziehbar auf für alle Bieter gleichen Wettbewerbsbedingungen beruhen.

22 **Abs. 3 Nr. 6–10** beschreibt den **Gang der Verhandlungen.** Danach steht dem öffentlichen Auftraggeber ein Gestaltungsrahmen zu, der ihm viele Möglichkeiten eröffnet, wenn er sie **vorher in der Bekanntmachung oder den Vergabeunterlagen ankündigt.** So kann er sich vorbehalten, **schon auf das erste Angebot den Zuschlag zu erteilen (Nr. 7)** oder in den aufeinanderfolgenden Verhandlungsrunden den **Kreis der Bieter enger zu ziehen (Nr. 8),** wobei in der Schlussrunde noch ein echter Wettbewerb gewährleistet sein muss. **Besondere Bedeutung kommt Nr. 9 zu.** Zunächst wird grundsätzlich die **Pflicht zur Gleichbehandlung** der Bieter vorangestellt, dann folgen **detaillierte Vorgaben zum Umgang mit den einzelnen Verhandlungselementen, insbesondere der Bieterkommunikation.** Damit soll die gleichmäßige und zeitgleiche Information aller Bieter in jeder Verhandlungsrunde über die sich aus den Verhandlungen ergebenden Veränderungen in den Leistungsanforderungen und die Geheimhaltung der bisher vorgelegten Angebote sichergestellt werden. Die **Frist für die Abgabe der jeweils neu einzureichenden Angebote,** auch wenn diese eine Fortentwicklung bisheriger Angebote sind, ist ausreichend zu bemessen. Nach **§ 10cEU Abs. 2** darf diese Frist auch in dringlichen Fällen **nicht unter zehn Tage** fallen. Das betrifft zwar primär die jeweils ersten Angebote. Allerdings kann es gerade bei komplexen Bauprojekten zu aufwändigen Neuplanungen der Baustellenorganisation und der Bauzeiten kommen, was wiederum Abstimmung mit anderen Unternehmern erforderlich machen kann. Ein Mindestzeitraum von zehn Tagen erscheint daher auch bei den Folgeangeboten angemessen. Ausnahmen sind denkbar, wenn es nur noch um den Austausch einzelner Kalkulations- oder Preispositionen geht. Hinweise, welche Gesichtspunkte bei der Bemessung der Angemessenheit berücksichtigt werden können, ergeben sich auch aus **§ 20 VgV,** der hier jedoch wegen der Anwendbarkeitsregel in **§ 2 VgV nicht unmittelbar anwendbar** ist.

23 In der praktischen Umsetzung ist darauf zu achten, dass sowohl die Informationen als auch die Kommunikation für alle Bieter in gleicher Weise verläuft. Das gilt auch für die **Verhandlungs- und ggf. erforderlichen Präsentationstermine.** Soweit seitens des öffentlichen Auftraggebers eine Kommission zur Durchführung der Verhandlungen und Bewertung der Angebote gebildet wurde, dürfen die beteiligten Personen nicht willkürlich wechseln und/oder ausgetauscht werden. Der Gang der Verhandlungen ist **zeitnah und transparent zu dokumentieren (§ 20EU iVm § 8 Abs. 1 VgV).**

Abs. 3 Nr. 10 widmet sich den **finalen Angeboten** und der **Zuschlagsentscheidung.** 24
Danach müssen auch nach allen in den Verhandlungsrunden erfolgten Weiterentwicklungen
die **endgültigen Angebote den Mindestanforderungen entsprechen.** Das ergibt sich
aus dem Gebot es transparenten Wettbewerbs und ist vom öffentlichen Auftraggeber positiv
festzustellen. Weiter wird klargestellt, dass auch im Verhandlungsverfahren eine **Bieterinformation nach § 134 GWB** zu erfolgen hat.

4. Der wettbewerbliche Dialog (Abs. 4). a) Allgemeines. Abs. 4 (→ § 3aEU 25
Rn. 38 f.) findet seine **Basis in § 119 Abs. 6 GWB** und **entspricht im Wortlaut § 18
VgV.** Abweichend findet sich hier wie bei den anderen Verfahrensarten die **Fristenregelung
separat in § 10dEU.** Die Regelung des § 119 Abs. 6 GWB und die in § 18 VgV enthaltene
Darstellung der einzelnen Verfahrensschritte, die hier identisch übernommen wurden, dient
der Umsetzung von **Art. 30 Abs. 2 RL 2014/24/EU.** Die Verfahrensart ist nur **nachrangig
zulässig** und steht damit dem Verhandlungsverfahren gleich (**§ 3aEU Abs. 4 iVm § 3aEU
Abs. 2**). Die Gründe für die Wahl dieser Verfahrensart müssen **dokumentiert** werden
(**§ 20EU iVm § 8 Abs. 1 und Abs. 2 Nr. 6 VgV**). Das Verfahren kommt in Betracht,
wenn der öffentliche Auftraggeber für seinen speziellen Bedarf nicht über ausreichende Kenntnisse der Möglichkeiten des Marktes verfügt oder sich diese nur unter unverhältnismäßigem
Aufwand beschaffen könnte. Bei Baumaßnahmen sind Anwendungsfälle schwer vorstellbar,
weil es für die meisten, auch komplexen und schwierigen Bausituationen bereits umgesetzte
Lösungen gibt, auf die zurückgegriffen werden kann. Denkbar wäre eine Nutzung des Verfahrens im Spezialanlagenbau, wo die Problematik in der speziellen Verbindung des Basisbauwerks
mit den Anforderungen der Anlagentechnik liegen kann. Bekannte Probleme wie Zeit- oder
Kostenoptimierung werden kaum begründen können, dass die Leistung nicht beschreibbar
und nicht einmal näher konkretisierbar sein soll.[4]

Der wesentliche **Unterschied zum Verhandlungsverfahren** besteht darin, dass **nicht** 26
über Angebote verhandelt wird, sondern dass **vor der Angebotsphase ein Dialog**
geführt wird, in dem die Grundlagen für die Leistungsbeschreibung erarbeitet werden, auf
deren Basis später die Angebote abgegeben werden. Zu den Elementen eines klassischen
Vergabeverfahrens (Bekanntmachung, Teilnahmewettbewerb/Eignungsprüfung, Aufforderung zur Abgabe eines Angebotes auf der Basis einer möglichst genauen Leistungsbeschreibung, Prüfung der Angebote, ggf. Verhandlungen, Erarbeitung der Zuschlagsentscheidung)
kommt hier als zusätzliches Element die Dialogphase hinzu, deren Ergebnis die Basis für
den späteren Wettbewerb bildet.

b) Eröffnung des Verfahrens, Teilnahmewettbewerb (Nr. 1–3). Die **Nr. 1–3** 27
betreffen die **Eröffnung des Vergabeverfahrens.** Danach hat, wie in den anderen Verfahrensarten auch, zunächst eine **Bekanntmachung** stattzufinden, die einen noch uneingeschränkt zugänglichen offenen Teilnahmewettbewerb eröffnet. Damit Unternehmen einen
aussichtsreichen Teilnahmeantrag stellen können, hat der öffentliche Auftraggeber **seine
Bedürfnisse und Anforderungen an die zu erbringende Leistung** zu beschreiben und
die hierbei zugrunde gelegten **Zuschlagskriterien** zu definieren (**Nr. 3**). Zum Gang der
Auswahl der Dialogpartner wird auch hier auf den **Teilnahmewettbewerb nach Abs. 2
Nr. 3** verweisen. Danach darf der Kreis der Dialogpartner beschränkt werden, wenn dies
von vornherein mitgeteilt wurde und die Zahl nicht unter drei fällt (**Nr. 2**). Die Auswahl
der Dialogpartner muss nach den Grundsätzen eines fairen und transparenten Wettbewerbs
anhand der zuvor bekanntgemachten Auswahlkriterien erfolgen.

c) Die Dialogphase (Nr. 4–6). Mit den ausgewählten Unternehmen tritt der öffentli- 28
che Auftragnehmer in einen Dialog ein, in dem er ermittelt und festlegt, wie seine Bedürfnisse am besten erfüllt werden können (Nr. 4). Der Verlauf des Dialogs gleicht in seinen
Schritten den Verhandlungen in einem Verhandlungsverfahren. Das heißt, der **Dialog wird**

---

[4] Zu den Anforderungen an die Bekanntmachung u.a. zur Gewichtung der Zuschlagskriterien vgl. OLG
Celle Beschl. v. 16.5.2013 – 13 Verg 13/12, VergabeR 2014, 31 ff.

mit jedem Unternehmen separat geführt, es gibt keinen „runden Tisch". Die vorgetragenen Lösungsansätze und Vorschläge der Unternehmen sind grundsätzlich geheim zu halten (Nr. 4). Weitergabe ist nur mit Zustimmung des betroffenen Unternehmens zulässig (Nr. 4 S. 3). Angesprochen werden dürfen alle Aspekte der erwarteten Leistung (Nr. 4 S. 2). Die **Gleichbehandlung aller beteiligten Unternehmen ist sicherzustellen,** allen beteiligten Unternehmen sind alle Informationen in gleicher Weise und zu gleicher Zeit zugänglich zu machen. Allen Unternehmen ist in gleicher Weise Raum und Rahmen für die Präsentation und Erläuterung ihrer Lösungsvorschläge zu geben. Wenn dies vorher bekanntgemacht war, darf hier wie im Verhandlungsverfahren der Kreis der Dialogpartner von Dialogrunde zu Dialogrunde enger gezogen werden, allerdings müssen in der Schlussphase noch so viele Lösungen vorliegen, dass echter Wettbewerb möglich bleibt (Nr. 5 S. 4). Die nach jeder Dialogrunde ausgeschiedenen Unternehmen sind entsprechend zu informieren (Nr. 5 S. 3). Erachtet der öffentliche Auftraggeber eine seinen Bedürfnissen entsprechende Lösung als gefunden oder geht es nach den Dialoggesprächen davon aus, dass es für seine Vorstellungen keine Lösung gibt, beendet er den Dialog und teilt dies den Gesprächspartnern mit. Die Mitteilung umfasst neben der Angabe, dass der Dialog beendet ist, auch die Information darüber, ob damit das Verfahren insgesamt beendet wird, weil keine Lösung gefunden wurde oder ob das Verfahren nunmehr mit der Angebotsphase weitergeht (Nr. 6). Die Dialoge sind zu dokumentieren (§ 20EU iVm § 8 Abs. 1 VgV).

29 **d) Die Angebotsphase (Nr. 7–9).** Zur Abgabe von Angeboten werden nur **die Unternehmen aufgefordert, die bis zum Schluss an der Dialogphase beteiligt waren (Nr. 7).** Die Dialogphase hat daher eine ähnliche Filterfunktion wie der Teilnahmewettbewerb. Über die Angebote finden **keine Verhandlungen** statt **(Nr. 7).** Grundlage für die Angebote sind die in der Dialogphase eingereichten Lösungsvorschläge **(Nr. 7).** Hierzu dürfen zwar **Klarstellungen und Ergänzungen** verlangt werden, diese dürfen jedoch nicht zu einer Änderung grundlegender Angebotselemente führen. Sie dürfen die Bekanntmachung nicht ändern und den Wettbewerb nicht verzerren. Die Klarstellungen und Ergänzungen dürfen **erfragt** werden, Verhandlungen darüber sind nicht zulässig.

30 Die **Bewertung der Angebote** erfolgt nach den in der Bekanntmachung oder in der Leistungsbeschreibung festgelegten Kriterien **(Nr. 8).** Nur und ausschließlich mit dem Bieter, dessen Angebot als das wirtschaftlichste ermittelt wurde, darf der öffentliche Auftraggeber in geringem Rahmen über konkret festgelegte Punkte verhandeln. Es sind dies im Angebot enthaltene **finanzielle Zusagen** oder **andere Bedingungen, die in den Auftragsbedingungen abschließend festgelegt werden (Nr. 8).** Auch hier gilt, dass dadurch wesentliche Inhalte des Angebotes oder der bekanntgemachten Anforderungen und Bedürfnisse nicht geändert werden dürfen. Der Wettbewerb darf nicht verzerrt und andere Unternehmen nicht durch nachträgliche Veränderung der Wettbewerbsbedingungen diskriminiert und in der Chancengleichheit beeinträchtigt werden.

31 Nr. 9 trägt dem Umstand Rechnung, dass die Erarbeitung von Lösungsvorschlägen oft kostenträchtig ist und trifft jedenfalls für die ausdrücklich geforderten Entwürfe, Pläne und weitere Unterlagen eine Kostenausgleichsregelung.

32 **5. Die Innovationspartnerschaft (Abs. 5). a) Allgemeines. Abs. 5** geht auf **§ 119 Abs. 7 GWB** zurück und entspricht im Wortlaut mit Ausnahme der Fristenregelung **§ 19 VgV** (→ § 3aEU Rn. 40). Die einzuhaltenden **Mindestfristen** ergeben sich aus **§ 10dEU. § 119 Abs. 7 GWB** setzt **Art. 31 RL 2014/24/EU** um und führt erstmalig die Möglichkeit der Innovationspartnerschaft ein. Das Verfahren soll es den öffentlichen Auftraggebern ermöglichen, eine langfristige Innovationspartnerschaft für die Entwicklung und den anschließenden Erwerb neuer Geräte, Ausrüstungen, Waren und Dienstleistungen sowie Bauleistungen zu begründen.[5] Die Förderung von Innovation durch die öffentliche Hand erfolgt in der Regel durch projektorientierte oder institutionelle Forschungsförderung im

---
[5] BT. Drs. 18/7318, Teil B., zu § 19 VgV, Erwägungsgrund 49 RL 2014/24/EU.

Wege der Gewährung von Zuwendungen. Gewährt die öffentliche Hand Zuwendungen, ist sie an Vergaberecht grundsätzlich nicht gebunden. Für die gewährten Zuwendungen erhält die öffentliche Hand keine unmittelbaren Gegenleistungen, einen Beschaffungsbedarf kann sie damit nicht befriedigen. Hat sie Interesse am Erwerb der Forschungsleistung, muss sie diese ggf. im Wege eines europaweiten Wettbewerbs beschaffen. **Die Innovationspartnerschaft ermöglicht es dem öffentlichen Auftraggeber erstmalig, die Entwicklung einer Innovation zu unterstützen und zugleich den anschließenden Erwerb zu regeln,** ohne dass erneut ausgeschrieben werden muss.[6] Die Innovationspartnerschaft ist damit kein Weg aus dem Vergaberecht, sondern wie beim wettbewerblichen Dialog wird zunächst in einem offenen Teilnahmewettbewerb der Kreis der späteren Innovationspartner ermittelt. Es sind auch hier in der Bekanntmachung maßgebliche Informationen mitzuteilen, die später nicht mehr geändert werden dürfen. Der offene Wettbewerb wird daher der Entwicklungs- und Angebotsphase vorgeschaltet, die damit ermittelten Wettbewerbsteilnehmer sind sowohl während der Entwicklungsphase als auch während der Angebots- und Umsetzungsphase nach den **Grundsätzen des § 97 GWB** diskriminierungsfrei und unter Wahrung der Chancengleichheit zu behandeln (→ § 2 Rn. 66 ff.).

Das Verfahren der Innovationspartnerschaft ist **zulässig unter der Voraussetzung des** 33 § 3aEU Abs. 5 (→ 3aEU Rn. 40). Danach darf der der Innovationspartnerschaft zugrundeliegende Beschaffungsbedarf **nicht bereits durch am Markt vorhandene Bauleistungen befriedigt werden können.** Sind für den Beschaffungsbedarf bereits Lösungen vorhanden, fehlt es am innovativen Charakter der zu beschaffenden Leistung. Für Normbauten jedweder Art, auch wenn sie komplexe Anforderungen stellen, kommt das Verfahren daher nicht infrage.[7] Wie beim wettbewerblichen Dialog fällt es daher schwer, sich Anwendungsfälle vorzustellen, ausgeschlossen ist dies jedoch im Baubereich nicht.

Das Verfahren folgt im Kern den Regeln für das Verhandlungsverfahren. Unabhängig 34 davon, ob es sich um große Vorhaben oder um kleinere innovative Vorhaben handelt, sollte die Innovationspartnerschaft so strukturiert sein, dass sie die erforderliche Marktnachfrage bewirken kann, die die Entwicklung einer innovativen Lösung anstößt. Das Verfahren darf nicht dazu genutzt werden, den Wettbewerb zu behindern, einzuschränken oder zu verfälschen.[8]

b) Eröffnung des Verfahrens, Teilnahmewettbewerb (Nr. 1–3). Aus **Abs. 5 Nr. 1** 35 ergibt sich, dass die Innovationspartnerschaft wie die anderen Verfahrensarten auch mit einer **öffentlichen Bekanntmachung** beginnt. Für den Inhalt der Bekanntmachung gelten dieselben Anforderungen wie für die anderen Verfahrensarten, sie werden lediglich im Hinblick auf die zu leistende Entwicklungsarbeit angepasst. Der öffentliche Auftraggeber hat daher **die erwartete Leistung,** insbesondere die physischen, funktionellen und rechtlichen Erwartungen an die Entwicklungsleistung in der Bekanntmachung oder den Leistungsunterlagen so **umfassend, klar und eindeutig zu beschreiben,** wie ihm das zu diesem Zeitpunkt möglich ist. Er hat dafür Sorge zu tragen, dass seine Erwartungen an die Entwicklungsleistung von allen Bewerbern im gleichen Sinn zu verstehen sind und die Unternehmen Art und Umfang der geforderten Lösung erkennen und entscheiden können, ob sie sich um die Teilnahme am Vergabeverfahren bewerben. Er hat festzulegen, welche seiner Anforderungen **Mindestanforderungen** sind. Weiter hat er schon in der Bekanntmachung **Zuschlagskriterien** mitzuteilen. Die **Mindestanforderungen** und **Zuschlagskriterien** sind später **nicht mehr änderbar (Nr. 4).**

Wie bei den anderen Verfahrensarten sind auch hier **Eignungskriterien** vorzugeben 36 **(Nr. 1).** Die geforderten Unterlagen sollen Aufschluss über die Fähigkeit der Unternehmen geben können, auf dem Gebiet der Forschung und Entwicklung sowie der Ausarbeitung und Umsetzung innovativer Lösungen erfolgreich tätig sein zu können. Die geforderten

---

[6] BT. Drs. 18/7318, Teil B., zu § 19 VgV.
[7] Erwägungsgrund 43 RL 2014/24/EU.
[8] BT. Drs. 18/7318, Teil B., zu § 19 VgV; Erwägungsgrund 49 RL 2014/24/EU.

Nachweise müssen daher geeignet sein, über die für den konkreten Auftrag notwendigen Erfahrungen und Kompetenzen Aufschluss zu geben.

37 Nach **Nr. 2 und 3 erfolgt die Auswahl der Innovationspartner** in einem klassischen **Teilnahmewettbewerb.** Dabei darf die Zahl der auszuwählenden Unternehmen begrenzt werden, wenn dies vorher angekündigt wurde. Hierzu **verweist Nr. 3 auf Abs. 2 Nr. 3,** sodass auch in dieser Verfahrensart wenigstens drei Unternehmen zur Teilnahme vorzusehen sind. Die Auswahl hat nach den zuvor bekanntgemachten Kriterien zu erfolgen. Zunächst werden die Bewerber ausgeschlossen, die die geforderten Nachweise nicht erbringen und damit ihre Eignung nicht nachweisen können. Verbleiben danach mehr geeignete Unternehmen als für die Teilnahme an der Partnerschaft ausweislich der Ankündigung in der Bekanntmachung vorgesehen, hat die **Auswahl aus dem Kreis der verbliebenen geeigneten Unternehmen** nach den **zuvor bekanntgemachten Auswahlkriterien** zu erfolgen. Der **Auswahlvorgang** ist nachvollziehbar zu **dokumentieren.** Da nur die ausgewählten Unternehmen am weiteren Verfahren teilnehmen dürfen **(Nr. 3),** sind die nicht erfolgreichen Bewerber über das Ergebnis des Teilnahmewettbewerbs zu informieren.

38 c) **Die Verhandlungsphase (Nr. 4–6).** Nach **Nr. 4** folgt auf die Auswahl der geeigneten Unternehmen die Angebots- und Verhandlungsphase mit den ausgewählten Unternehmen. **Gegenstand der Verhandlungen** dürfen **alle Aspekte der jeweiligen Angebote** und bei mehreren Verhandlungsrunden **alle Angebote mit Ausnahme des endgültigen Angebotes** sein. **Nicht verhandelbar** und durch alle Verfahrensschritte gültig sind die zu Beginn des Verfahrens mitgeteilten **Mindestanforderungen** und die **Zuschlagskriterien.** Soweit dies in der Bekanntmachung angekündigt war, darf der Kreis der beteiligten Unternehmen auch hier von Verhandlungsrunde zu Verhandlungsrunde reduziert werden. **Nr. 5 S. 3** befasst sich mit der Information der im Verfahren verbliebenen Verhandlungspartner, eine ausdrückliche Regelung zum **Umgang mit den in jeder Verhandlungsrunde ausgeschiedenen Bewerbern** enthält die Beschreibung der Innovationspartnerschaft nicht. Es ist deshalb auf die allgemeinen Regeln des GWB abzustellen. Nach **§ 134 GWB** sind die nicht erfolgreichen Bewerber zeitnah zu informieren, nach **§ 160 Abs. 3 GWB und § 167 Abs. 2 GWB** haben auch die Beteiligten eine Mitwirkungspflicht im Hinblick auf den **Beschleunigungsgrundsatz.** Die Vergabe im Verfahren der Innovationspartnerschaft wird zwar regelmäßig ein sehr langes, eher nicht beschleunigtes Vergabeverfahren sein, wenn aber eine Entscheidung getroffen ist, sollte der Rechtsschutz keine unnötige Verzögerung verursachen. Es wäre daher nicht im Sinne des Gesetzgebers und auch unwirtschaftlich, wollte man die Informationspflicht nach **§ 134 GWB** gegenüber den frühzeitig ausgeschiedenen Bewerbern hier erst am Ende des gesamten Verfahrens sehen. Das könnte zur Folge haben, dass nach einem erfolgreichen Nachprüfungsverfahren uU. nach dem ansonsten abgeschlossenen Verfahren die gesamte Verhandlungsphase wiederholt werden muss. **Nr. 4** enthält zwar keine ausdrückliche Aussage dahin, dass die ausgeschiedenen Bewerber darüber zu informieren sind, die VOB/A kann aber auch als nachrangige Regelung kein Bundesgesetz außer Kraft setzen, sodass hier **§ 134 GWB anzuwenden** ist. Da **§ 134 GWB** verlangt, dass auch der Name des erfolgreichen Bieters mitgeteilt wird, dieser aber noch nicht feststeht und der Kreis der anderen Bewerber anonym zu bleiben hat, stellt sich die **praktische Frage, wie die Information aussehen könnte.** Da sich das Vergabeverfahren noch im Fluss befindet, wird sich je nach Verfahrensstand nur mitteilen lassen, aus welchem Grund das Angebot des ausgeschiedenen Bewerbers als nicht weiterführend angesehen wurde.

39 Nach **Nr. 5** ist auch für das Verfahren der Innovationspartnerschaft kein „runder Tisch" der beteiligten Unternehmen zulässig. **Nr. 5** beinhaltet sehr detaillierte Vorgaben zur Sicherstellung der **Geheimhaltung der Innovations- und Lösungsvorschläge der beteiligten Unternehmen.** Dafür hat der öffentliche Auftraggeber in den Vergabeunterlagen die zum **Schutz des geistigen Eigentums** geltenden Vorkehrungen festzulegen. Inhalte einzelner Angebote und Lösungsvorschläge dürfen **nur mit Einwilligung** des Unternehmens, das das Angebot abgegeben und den Lösungsvorschlag gemacht hat, weitergegeben werden. Die

Zustimmung muss sich **auf konkrete Einzelfragen beziehen** und darf **nicht pauschal für das Angebot und auch nicht im Voraus generell** verlangt werden. Die Weitergabe einzelner Aspekte der Lösungsvorschläge ist auf das notwendige Maß zu beschränken. Hat der öffentliche Auftraggeber in der Bekanntmachung mitgeteilt, dass er beabsichtigt, den Kreis der Verhandlungspartner von Runde zu Runde verkleinern, sieht **Nr. 5 S. 3** vor, dass er die Bieter, die nicht ausgeschieden sind, über etwaige Änderungen an den Vergabeunterlagen in Textform informiert. **Abs. 5. Nr. 5** gibt ebenfalls vor, dass und wie eine gleichmäßige, die Chancengleichheit der beteiligten Wettbewerber gewährleistende Information aller Beteiligten sicherzustellen ist. In der Praxis bedeutet das, dass trotz der naheliegenden Überlegung, die Kompetenzen der ausgewählten geeigneten Unternehmen zu bündeln, jedes Unternehmen für sich allein seine Lösungsvorschläge vorlegen muss. Soweit sich aus den verschiedenen Angeboten Ansatzpunkte für eine **Modifizierung oder Fortschreibung der Leistungsunterlagen** ergeben (die nicht die Mindestanforderungen betreffen dürfen, **Nr. 4), sind diese Veränderungen allen Bietern mitzuteilen.**

Im Anschluss an solche Veränderungen ist den Bietern **ein angemessener Zeitrahmen** 40 **für die Abgabe überarbeiteter Angebote** zu gewähren (**Nr. 5 S. 6**). Eine Definition oder Vorgabe für einen angemessenen Zeitrahmen enthält die Regelung nicht. **§ 20 VgV** gehört zwar zu den Abschnitten der VgV, die nicht auf die Vergabe von Bauaufträgen anwendbar sind, sodass eine unmittelbare Anwendung nicht in Betracht kommt. Allerdings gibt **§ 20 VgV** insbesondere in **§ 20 Abs. 1 und 2 VgV** einige praktische **Hinweise zur Bemessung einer angemessenen Frist,** die in die Ermessensentscheidung über die Festsetzung der Frist einfließen können, sodass diese ihre Basis und Parallele im Vergaberecht hat. Zu diesen Aspekten gehören die **Komplexität der zu lösenden Aufgabe** und der Zeitaufwand für ggf. erforderliche Ortsbesichtigungen. Für die Innovationspartnerschaft dürfte auch das **Ausmaß der Veränderungen an den Vergabeunterlagen** infolge der Verhandlungen ein zu berücksichtigender Aspekt sein.

Die **Verhandlungsphase endet mit dem Zuschlag (Nr. 6).** Der Zuschlag ist zu ertei- 41 len auf das Angebot, dass die ausgeschriebenen Anforderungen nach den mitgeteilten Zuschlagskriterien am besten erfüllt. Ein **Zuschlag auf den niedrigsten Preis oder die niedrigsten Kosten ist hier unzulässig (Nr. 6 S. 2),** da das dafür sprechen würde, dass die Leistung doch beschreibbar und schon am Markt vorhanden ist, sodass es auf den Entwicklungsaspekt nicht mehr ankommt. Aus **Nr. 6 S. 3** ist erkennbar, dass auch für die Entwicklungs- und Forschungsleistung **Lose** gebildet werden können, sodass unterschiedliche Aspekte der Entwicklungs- und Forschungsleistung auch **an unterschiedliche Unternehmen vergeben** werden können.

d) Die Entwicklungs- und Umsetzungsphase (Nr. 7–9). Mit dem Zuschlag werden 42 mit dem oder den ausgewählten Unternehmen **Verträge geschlossen,** die ab jetzt die Basis der Zusammenarbeit sind. Der **Innovationsprozess** besteht aus **zwei Phasen,** der **Forschungs- und Entwicklungsphase (Nr. 7 S. 1 lit. a)** und der **Leistungsphase (Nr. 7 S. 1 lit. b).** Die Forschungs- und Entwicklungsphase umfasst die Herstellung von Prototypen oder die Entwicklung der Bauleistung, in der Leistungsphase wird die aus der Partnerschaft hervorgegangene Leistung erbracht. Da die Leistungsphase in der Ausführung einer Bauleistung besteht, richtet sie sich nach den üblichen und bekannten Regeln. **Nr. 7 und 8** befassen sich deshalb hauptsächlich mit der Entwicklungs- und Leistungsphase.

Nr. 7 S. 2 gibt vor, dass die Forschungs- und Entwicklungsphase durch die Festlegung 43 von **Zwischenzielen** zu untergliedern ist. Diese Untergliederung dient **zweierlei Zielen.** Zum einen kann der **Entwicklungsfortschritt besser verfolgt** und beobachtet werden, ob die Entwicklung **die gewünschte Richtung** nimmt und den gesetzten **Zeitplan einhält (insbesondere Nr. 7 S. 3),** zum anderen sind Zwischenziele auch **Zahlungstermine (Nr. 7 S. 2),** zu denen durch **angemessene Raten** sichergestellt wird, dass ein Unternehmen nicht mit seinem gesamten Potenzial (Personal, Equipement) langfristig in Vorlage treten muss. Die **besondere Kostenverantwortung des öffentlichen Auftraggebers**

ergibt sich aus **Nr. 7 S. 4,** wonach die Höhe der für die Entwicklung notwendigen Investitionen nicht außer Verhältnis zum Wert der Bauleistung stehen darf. Nach **S. 3** gilt dies auch für die Zwischenziele, zu denen jeweils die Struktur der Partnerschaft und die Dauer und der Wert der einzelnen Entwicklungsphasen mit dem Innovationsgrad der vorgeschlagenen Leistung und der Abfolge der Forschungs- und Innovationstätigkeiten in einem ausgewogenen Verhältnis stehen müssen.

44 Nr. 8 spricht den Zwischenzielen zusätzlich eine Zäsurwirkung für die Vertragsverhältnisse zu. Danach kann der öffentliche Auftraggeber auch bei jedem Zwischenziel entscheiden, ob er den Vertrag mit dem Innovationspartner kündigt und die Partnerschaft beendet oder im Falle mehrerer Vertragspartner den Kreis verkleinert und die Verträge mit einzelnen Unternehmen wieder löst. Voraussetzung ist, dass diese Möglichkeit und die Umstände, unter denen davon Gebrauch gemacht werden soll, in der Bekanntmachung oder den Vergabeunterlagen angekündigt wurde.

45 Ist die Entwicklungsleistung abgeschlossen, kann der öffentliche Auftraggeber sie ohne erneutes Vergabeverfahren erwerben. Aus **Nr. 9** ergibt sich, dass er ist in dieser Entscheidung aber **nur dann zur Abnahme verpflichtet ist, wenn** das bei Eingehung der Innovationspartnerschaft festgelegte **Leistungsniveau** und die **Kostenobergrenze eingehalten** worden ist.

§ 4EU Vertragsarten

(1) Bauaufträge sind so zu vergeben, dass die Vergütung nach Leistung bemessen wird (Leistungsvertrag), und zwar:
1. in der Regel zu Einheitspreisen für technisch und wirtschaftlich einheitliche Teilleistungen, deren Menge nach Maß, Gewicht oder Stückzahl vom öffentlichen Auftraggeber in den Vertragsunterlagen anzugeben ist (Einheitspreisvertrag),
2. in geeigneten Fällen für eine Pauschalsumme, wenn die Leistung nach Ausführungsart und Umfang genau bestimmt ist und mit einer Änderung bei der Ausführung nicht zu rechnen ist (Pauschalvertrag).

(2) Abweichend von Absatz 1 können Bauaufträge geringeren Umfangs, die überwiegend Lohnkosten verursachen, im Stundenlohn vergeben werden (Stundenlohnvertrag).

(3) Das Angebotsverfahren ist darauf abzustellen, dass der Bieter die Preise, die er für seine Leistungen fordert, in die Leistungsbeschreibung einzusetzen oder in anderer Weise im Angebot anzugeben hat.

(4) Das Auf- und Abgebotsverfahren, bei dem vom öffentlichen Auftraggeber angegebene Preise dem Auf- und Abgebot der Bieter unterstellt werden, soll nur ausnahmsweise bei regelmäßig wiederkehrenden Unterhaltungsarbeiten, deren Umfang möglichst zu umgrenzen ist, angewandt werden.

Übersicht

	Rn.		Rn.
I. Entstehungsgeschichte	1	a) Der Einheitspreisvertrag (Abs. 1 Nr. 1)	5–8
II. Normzweck	2, 3	b) Der Pauschalvertrag (Abs. 1 Nr. 2)	9–11
		2. Der Stundenlohnvertrag (Abs. 2)	12
III. Die Vertragstypen	4–14	3. Das Angebotsverfahren (Abs. 3)	13
		4. Das Auf- und Abgebotsverfahren	
1. Der Leistungsvertrag (Abs. 1)	4–11	(Abs. 4)	14

I. Entstehungsgeschichte

1 Zur Entstehungsgeschichte → § 4 Rn. 1 und 2. § 4EU ist wortgleich mit § 4 bis auf die Bezeichnung „Bauleistungen" anstelle von „Bauaufträge". Die Bestimmung ist Ergebnis

Vertragsarten 2–7 § 4EU VOB/A

derselben Reform wie § 4. Die Ausführungen zu § 4 (→ § 4 Rn. 1 ff.) gelten daher weitgehend auch für § 4EU. Im Folgenden werden nur die Besonderheiten von § 4EU dargestellt.

II. Normzweck

Während die Regeln der VOB/A unterhalb der Schwellenwerte nur den Charakter von Verwaltungsvorschriften haben, hat die VgV in **§ 2 VgV** den zweiten Abschnitt der VOB/A, die sogenannten **EU-§§, für anwendbar erklärt,** sodass diese Bestimmungen für öffentliche Auftraggeber in europaweiten Ausschreibungsverfahren **verbindlich** sind. § 4EU gibt einen zusammenfassenden Überblick über die bei Bauverträgen anzuwendenden Vertragsformen. Die aufgenommenen Vertragstypen der Abs. 1, 2 und 4 stehen mit den vergaberechtlichen Anforderungen im Einklang und ermöglichen eine transparente Ermittlung des wirtschaftlichsten Angebotes, wenn dies auch bei den Auf- und Abgebotsverträgen eher schwierig ist (→ § 24 Rn. 24 ff.). Die Vorgaben haben **bestimmende Auswirkungen auf die Gestaltung der Vergabeunterlagen,** nach deren Vorgaben die Preise einzutragen sind. § 4EU schließt wie § 4 die zivilrechtlichen Regeln über den Vertragsschluss und den Bauvertrag **(§ 311 BGB, §§ 631–651 BGB)** nicht aus. Hierzu gehört das zum 1.1.2018 in Kraft getretene reformierte Bauvertragsrecht. Zu den Einzelheiten → § 4 Rn. 3. Anders als bei den nationalen Vergaben ist hier die Anwendung der **VOB/B** durch **§ 8aEU Abs. 1** auch verbindlich vorgegeben, ebenso wie die Einbeziehung der **VOB/C.** 2

§ 4EU enthält keine Anspruchsgrundlage für die Bieter auf Anwendung eines bestimmten Verfahrens. Auch wenn aus dem Wortlaut und der Stellung des Einheitspreisvertrages ein Vorrang dieser Vertragsform abgeleitet wird, kann sich kein Bieter auf einen Verstoß gegen Bestimmungen über das Vergaberecht nach **§ 97 Abs. 6 GWB** berufen. Dem öffentlichen Auftraggeber steht hier ein **Wahlrecht** zu, das nur den allgemeinen vergaberechtlichen Geboten der Vergabe in einem diskriminierungsfreien, die Chancengleichheit wahrenden fairen Wettbewerb nach **§ 97 GWB** gerecht werden muss. Liegt ein **Verstoß gegen diese Anforderungen** vor, kann **damit ein Verstoß gegen Vergabebestimmungen geltend gemacht** werden, zu dessen Begründung auf die Auswirkungen der gewählten Vertragsart verwiesen werden kann. Dazu müsste begründet werden, wieso eine bestimmte Vertragsart die Chancen im Wettbewerb beeinträchtigt. 3

III. Die Vertragstypen

1. Der Leistungsvertrag (Abs. 1). Zu den grundsätzlichen Überlegungen der Aufnahme bestimmter Vertragstypen in die VOB/A → § 4 Rn. 4. Wie § 4 sieht auch **§ 4EU** in **Abs. 1** zwei Varianten vor, den **Einheitspreisvertrag (Nr. 1)** und den **Pauschalvertrag (Nr. 2).** Für beide Varianten gelten die Ausführungen zu § 4 (→ § 4 Rn. 4–13) ebenso. 4

a) Der Einheitspreisvertrag (Abs. 1 Nr. 1). → § 4 Rn. 5–8. Ergänzend dazu ist hier darauf hinzuweisen, dass sich der Gesamtpreis wie bei § 4 rechnerisch aus der Multiplikation des Einheitspreises mit der in der Positionsbeschreibung (Vordersatz) genannten Menge ergeben wird. Für den Fall von Abweichungen ist hier jedoch auf **§ 16cEU Abs. 2 Nr. 1 hinzuweisen,** der wie § 16c Abs. 2 Nr. 1 bestimmt, dass **dann der Einheitspreis maßgeblich** ist. 5

Zur **Vergütung von Nachträgen** → § 4 Rn. 6. Zu berücksichtigen ist hier, dass sich die von § 2 VOB/B erfassten Nachträge auf eine Größenordnung beschränken, die die Bestimmungen zur **Ausschreibungspflicht nachträglicher Vertragsänderungen bei europaweiten Ausschreibungen** nach **§ 132 GWB** nicht berühren. 6

Zur **Angabe der erforderlichen Mengen und Maße im Vordersatz** → § 4 Rn. 7. Zu berücksichtigen ist hier, dass die **§§ 7EU, 7aEU–7cEU** die Regeln aufstellen, deren Einhaltung die Basis für ein auf die Vergütung nach Leistung ausgerichtetes Leistungsverzeichnis sind. Ein **eindeutiges und vollständiges Leistungsverzeichnis ist Teil eines transparenten und willkürfreien Wettbewerbs,** der sowohl nach **§ 97 GWB** als auch nach **§ 2EU Abs. 1 und 2** gefordert ist. 7

8   Zur **funktionalen Leistungsbeschreibung nach § 7cEU** → § 4 Rn. 8. Abweichend von den Angaben dort ergeben sich hier die maßgeblichen Anforderungen an eine funktionale Leistungsbeschreibung aus **§ 7cEU.** Die Unternehmen müssen **nach § 7cEU Abs. 2 Nr. 1 alle für die Entwurfsbearbeitung und ihr Angebot maßgebenden Bedingungen und Umstände** erkennen können, ebenso den Zweck der fertigen Leistung und die an sie gestellten technischen, wirtschaftlichen, gestalterischen und funktionsbedingten Anforderungen. Auch hier kann ein Musterleistungsverzeichnis beigefügt werden, in dem die Mengenangaben ganz oder teilweise offengelassen werden oder es können Zeichnungen, Probestücke oder Hinweise auf ähnliche Projekte verwendet werden **(§ 7cEU Abs. 2 Nr. 2 iVm § 7bEU Abs. 2 und 3).**

9   b) **Der Pauschalvertrag (Abs. 1 Nr. 2).** Zur Definition des Pauschalvertrags → § 4 Rn. 9.

10 Zur **Vergütung in Form einer Pauschalsumme** → § 4 Rn. 10. Abweichend kommen hier die Vorschriften des 2. Abschnitts der VOB/A zur Anwendung. Die Pflicht des Auftraggebers zur Erstellung einer **Leistungsbeschreibung** ergibt sich hier aus **§ 7EU und § 7aEU–7cEU,** die Geltung der Pauschalsumme ohne Rücksicht auf die Einzelpreise ergibt sich hier aus **§ 16cEU Abs. 2 Nr. 2.** Den Anforderungen an eine zuverlässige Leistungsbeschreibung, die sich hier aus **§ 7EU und §§ 7aEU–7cEU** ergeben, kommt daher zumindest auch eine **bieterschützende Wirkung** zu.

11 Zur Unterscheidung zwischen **Teil-Pauschalvertrag, Detail-Pauschalvertrag** und **Global-Pauschalvertrag und zur Abgrenzung zur schlüsselfertigen Leistung** → § 4 Rn. 11–14. Soweit dort § 7 und §§ 7a–7c zitiert sind, sind hier die entsprechenden Bestimmungen der § 7EU und §§ 7aEU–7cEU anzuwenden.

12 **2. Der Stundenlohnvertrag (Abs. 2).** Zum Stundenlohnvertrag → § 4 Rn. 14–19. Da Stundenlohnverträge nur für Bauaufträge geringen Umfangs vorgesehen sind, kommen große Bauaufträge dem Wortlaut nach nicht in Betracht, so dass die Bestimmung für die europaweiten Vergaben idR keine Bedeutung hat.

13 **3. Das Angebotsverfahren (Abs. 3).** Zum Angebotsverfahren → § 4 Rn. 20–22. Besonderheiten ergeben sich im europaweiten Wettbewerb nicht. Auf die Einhaltung der **Grundsätze aus § 97 GWB** ist zu achten. Die Vorgaben in **Abs.** 3 dienen zumindest auch dem **Transparenzprinzip.**

14 **4. Das Auf- und Abgebotsverfahren (Abs. 4).** Zum Auf- und Abgebotsverfahren → § 4 Rn. 23–25. Besonderheiten ergeben sich für europaweite Vergaben nicht. In dieser Verfahrensweise die Anforderungen an ein transparentes, die Chancengleichheit wahrendes Vergabeverfahren einzuhalten, erfordert sehr viel Sorgfalt und Aufwand, insbesondere muss der Auftraggeber selbst vorher sehr umfassend und realistisch die Marktpreise ermitteln, die er den Bietern vorgeben will. Das setzt gegenüber den anderen Vergabeverfahrensarten einen weiteren zeitintensiven Arbeitsschritt voraus, dessen Nutzen zudem gering ist, da die potentiellen Bieter aufgrund ihrer Tätigkeit am Markt möglicherweise ganz andere Materialbeschaffungskosten oder Personaleinsatzkosten kalkulieren können als eine abstrakte Markterkundung ergibt. Das Verfahren hat daher wegen des damit verbundenen Aufwands kaum praktische Bedeutung und wird für europaweite Vergabeverfahren in der Regel nicht angewendet.

§ 4aEU Rahmenvereinbarungen

(1) ¹Der Abschluss einer Rahmenvereinbarung erfolgt im Rahmen einer nach dieser Vergabeordnung anwendbaren Verfahrensart. ²Das in Aussicht genommene Auftragsvolumen ist so genau wie möglich zu ermitteln und bekannt zu geben, braucht aber nicht abschließend festgelegt zu werden. ³Eine Rahmenvereinbarung darf nicht missbräuchlich oder in einer Art angewendet werden, die den Wettbewerb behindert, einschränkt oder verfälscht.

(2) ¹Auf einer Rahmenvereinbarung beruhende Einzelaufträge werden nach den Kriterien dieses Absatzes und der Absätze 3 bis 5 vergeben. ²Die Einzelauftragsvergabe erfolgt ausschließlich zwischen den in der Auftragsbekanntmachung oder der Aufforderung zur Interessensbestätigung genannten öffentlichen Auftraggebern und denjenigen Unternehmen, die zum Zeitpunkt des Abschlusses des Einzelauftrags Vertragspartei der Rahmenvereinbarung sind. ³Dabei dürfen keine wesentlichen Änderungen an den Bedingungen der Rahmenvereinbarung vorgenommen werden.

(3) ¹Wird eine Rahmenvereinbarung mit nur einem Unternehmen geschlossen, so werden die auf dieser Rahmenvereinbarung beruhenden Einzelaufträge entsprechend den Bedingungen der Rahmenvereinbarung vergeben. ²Für die Vergabe der Einzelaufträge kann der öffentliche Auftraggeber das an der Rahmenvereinbarung beteiligte Unternehmen in Textform auffordern, sein Angebot erforderlichenfalls zu vervollständigen.

(4) Wird eine Rahmenvereinbarung mit mehr als einem Unternehmen geschlossen, werden die Einzelaufträge wie folgt vergeben:
1. gemäß den Bedingungen der Rahmenvereinbarung ohne erneutes Vergabeverfahren, wenn in der Rahmenvereinbarung alle Bedingungen für die Erbringung der Bauleistung sowie die objektiven Bedingungen für die Auswahl der Unternehmen festgelegt sind, die sie als Partei der Rahmenvereinbarung ausführen werden; die letztgenannten Bedingungen sind in der Auftragsbekanntmachung oder den Vergabeunterlagen für die Rahmenvereinbarung zu nennen;
2. wenn in der Rahmenvereinbarung alle Bedingungen für die Erbringung der Bauleistung festgelegt sind, teilweise ohne erneutes Vergabeverfahren gemäß Nummer 1 und teilweise mit erneutem Vergabeverfahren zwischen den Unternehmen, die Partei der Rahmenvereinbarung sind, gemäß Nummer 3, wenn diese Möglichkeit in der Auftragsbekanntmachung oder den Vergabeunterlagen für die Rahmenvereinbarung durch den öffentlichen Auftraggeber festgelegt ist; die Entscheidung, ob bestimmte Bauleistungen nach erneutem Vergabeverfahren oder direkt entsprechend den Bedingungen der Rahmenvereinbarung beschafft werden sollen, wird nach objektiven Kriterien getroffen, die in der Auftragsbekanntmachung oder den Vergabeunterlagen für die Rahmenvereinbarung festgelegt sind; in der Auftragsbekanntmachung oder den Vergabeunterlagen ist außerdem festzulegen, welche Bedingungen einem erneuten Vergabeverfahren unterliegen können; diese Möglichkeiten gelten auch für jedes Los einer Rahmenvereinbarung, für das alle Bedingungen für die Erbringung der Bauleistung in der Rahmenvereinbarung festgelegt sind, ungeachtet dessen, ob alle Bedingungen für die Erbringung einer Bauleistung für andere Lose festgelegt wurden; oder
3. sofern nicht alle Bedingungen zur Erbringung der Bauleistung in der Rahmenvereinbarung festgelegt sind, mittels eines erneuten Vergabeverfahrens zwischen den Unternehmen, die Parteien der Rahmenvereinbarung sind.

(5) Die in Absatz 4 Nummer 2 und 3 genannten Vergabeverfahren beruhen auf denselben Bedingungen wie der Abschluss der Rahmenvereinbarung und erforderlichenfalls auf genauer formulierten Bedingungen sowie gegebenenfalls auf weiteren Bedingungen, die in der Auftragsbekanntmachung oder den Vergabeunterlagen für die Rahmenvereinbarung in Übereinstimmung mit dem folgenden Verfahren genannt werden:
1. vor Vergabe jedes Einzelauftrags konsultiert der öffentliche Auftraggeber in Textform die Unternehmen, die in der Lage sind, den Auftrag auszuführen;
2. der öffentliche Auftraggeber setzt eine ausreichende Frist für die Abgabe der Angebote für jeden Einzelauftrag fest; dabei berücksichtigt er unter anderem

die Komplexität des Auftragsgegenstands und die für die Übermittlung der Angebote erforderliche Zeit;
3. die Angebote sind in Textform einzureichen und dürfen bis zum Ablauf der Einreichungsfrist nicht geöffnet werden;
4. der öffentliche Auftraggeber vergibt die Einzelaufträge an den Bieter, der auf der Grundlage der in der Auftragsbekanntmachung oder den Vergabeunterlagen für die Rahmenvereinbarung genannten Zuschlagskriterien das jeweils wirtschaftlichste Angebot vorgelegt hat.

(6) Die Laufzeit einer Rahmenvereinbarung darf höchstens vier Jahre betragen, es sei denn, es liegt ein im Gegenstand der Rahmenvereinbarung begründeter Sonderfall vor.

Schrifttum: *Fischer/Fongern,* Rahmenvereinbarungen im Vergaberecht, NZBau 2013, 550; *Kulartz/Kus/ Marx/Portz/Prieß,* Kommentar zur VgV, 2017; *Laumann/Scharf,* Liefer- und Abnahmepflichten bei Lieferverträgen und Rahmenvereinbarungen, VergabeR 2012, 156; *Osseforth,* § 13 Rahmenvereinbarungen und andere besondere Instrumente des Vergaberechts, in Gabriel/Krohn/Neun, Handbuch des Vergaberechts, 2. Aufl. 2017; *Osseforth,* Längere Laufzeit eines Rahmenvertrags als die Regellaufzeit ist erkennbar!, VPR 2015, 1030; *Portz,* Flexible Vergaben durch Rahmenvereinbarungen: Klarstellungen durch die EU-Vergaberichtlinie 2014, VergabeR 2014, 523; *Wichmann,* Die Vergabe von Rahmenvereinbarungen und die Durchführung nachgelagerter Wettbewerbe nach neuem Recht, VergabeR 2017, 1.

Übersicht

	Rn.		Rn.
I. Normzweck	1, 2	d) Nicht missbräuchlich oder wettbewerbshindernd	14, 15
II. Entstehungsgeschichte	3–5	e) Schwellenwert	16
		2. Rahmenvertragspartner (Abs. 2)	17–20
III. Einzelerläuterung	6–38	a) Auftraggeberseite	18, 19
1. Abschluss einer Rahmenvereinbarung (Abs. 1)	6–16	b) Auftragnehmerseite	20
		3. Einzelauftragsvergabe (Abs. 2–5)	21–38
a) Begriff	6, 7	a) Rahmenvereinbarung mit einem Unternehmer (Abs. 3)	25–27
b) Vergabe der Rahmenvereinbarung	8, 9	b) Rahmenvereinbarung mit mehreren Unternehmen (Abs. 4, 5)	28–38
c) Mindestinhalt	10–13		

I. Normzweck

1 Die Rahmenvereinbarung ist ein Beschaffungsinstrument im Vergaberecht zum **effizienten und wirtschaftlichen** Einkauf von Leistungen. Dieses Instrument lässt das Vergabeverfahren in zwei Phasen ablaufen. Zunächst wird ein Rahmenvertrag mit einem oder mehreren Unternehmen geschlossen, bei dem man sich darüber einig ist, dass bestimmte zukünftige Leistungen zu bestimmten vertraglichen Bedingungen vergeben werden sollen. Erst wenn der Bedarf an der Beschaffung einzelner Leistungen tatsächlich entsteht, sollen in einer zweiten Phase diese Leistungen im Einzelnen beauftragt bzw. abgerufen werden.[1] Für den öffentlichen Auftraggeber spart das Zeit und personellen Aufwand, weil er so einzelne Vergaben bündeln kann.

2 Sie eignet sich damit grundsätzlich für die Beschaffung **gleichartiger Leistungen,** die in mehr oder weniger unregelmäßigen Abständen und mit noch nicht abschließend bestimmter Menge bei Bedarf abgerufen werden sollen.[2]

II. Entstehungsgeschichte

3 In der Vergabeverordnung vom 12.4.2016 werden im „Abschnitt 2 Vergabeverfahren" neben der Rahmenvereinbarung noch das dynamische Beschaffungssystem, die elektronische Auktion und der elektronische Katalog im „Unterabschnitt 2 Besondere Methoden

---

[1] Vgl. *Fischer/Fongern* NZBau 2013, 550; Europäische Kommission, KOM (98) 143, 8.
[2] Voppel/Osenbrück/Bubert/*Voppel* VgV § 21 Rn. 2.

und Instrumente in Vergabeverfahren" aufgeführt. In der Vergabe- und Vertragsordnung für Bauleistungen oberhalb der Schwellenwerte, der VOB/A EU, hat das **vergaberechtliche Instrument** der Rahmenvereinbarung einen eigenen Paragrafen erhalten, die weiteren in der VgV genannten Instrumente werden durch den darauf folgenden § 4bEU durch ausdrückliche Verweisung auch für die Bauvergabe für anwendbar erklärt. Eine Aussage des Normgebers dahingehend, dass ein Instrument bedeutender als das andere sei, liegt darin nicht. Sämtliche zur Verfügung gestellten Methoden und Instrumente sollen in den jeweiligen Verfahrenslagen auf Zulässigkeit und Effektivität geprüft und auch eingesetzt werden.

Vergleicht man den Wortlaut des § 4aEU mit dem des § 21 VgV, stellt man fest, dass 4 dieser nahezu identisch für die Bauvergabe in die VOB **übernommen** worden ist. Insofern hätte man auf die Vorschrift des § 21 VgV verweisen können, so wie es § 4bEU für die weiteren vergaberechtlichen Instrumente auch macht. Die Platzierung in § 4aEU lässt sich aber daraus erklären, dass mit einer breiten Inanspruchnahme im Bereich der Bauleistungsvergaben gerechnet wird.

Vergleicht man den Wortlaut mit der Parallelvorschrift § 4a im 1. Abschnitt „Basisparagra- 5 fen", fällt zunächst der **unterschiedliche Umfang** auf. Die Regelung für die Rahmenvereinbarung im Unterschwellenbereich ist deutlich weniger detailliert, um „den Rahmenvereinbarungen im Gefüge der Vertragsarten nicht überproportional Gewicht zu verleihen".[3]

III. Einzelerläuterung

1. Abschluss einer Rahmenvereinbarung (Abs. 1). a) Begriff. Im Gegensatz zu der 6 Parallelvorschrift § 4a im „Abschnitt 1: Basisparagrafen" definiert § 4EU Abs. 1 die Rahmenvereinbarung nicht. Hier wird vielmehr die Konstruktion der Rahmenvereinbarung vorausgesetzt, denn Abs. 1 beginnt gleich damit, dass der Abschluss einer Rahmenvereinbarung im Rahmen einer nach der VOB/A EU anwendbaren Verfahrensart erfolgt. Auch die darauf folgenden Absätze beschreiben im Wesentlichen den vergaberechtlichen Aufwand für die nachfolgenden Einzelvergaben.

Insofern ist deshalb auf die **Legaldefinition** der Rahmenvereinbarung in § 103 Abs. 5 7 GWB zurückzugreifen. Danach sind dies Vereinbarungen zwischen einem oder mehreren öffentlichen Auftraggebern und einem oder mehreren Unternehmen, die dazu dienen, die Bedingungen für die öffentlichen Aufträge, die während eines bestimmten Zeitraums vergeben werden sollen, festzulegen, insbesondere in Bezug auf den Preis. Diese Definition wiederum ist eng angelehnt an Art. 33 Abs. 1 UAbs. 2 RL 2014/24/EU.[4]

b) Vergabe der Rahmenvereinbarung. Dass die Rahmenvereinbarung nicht etwa eine 8 eigene Verfahrensart ist, stellt § 4aEU Abs. 1 S. 1 gleich am Anfang klar. Danach erfolgt ihr Abschluss im Rahmen einer nach der VOB/A EU anwendbaren **Verfahrensart,** mithin also im offenen, im nicht offenen, im Verhandlungsverfahren, im wettbewerblichen Dialog. Eine Rahmenvereinbarung im Rahmen einer Innovationspartnerschaft lässt sich nur schwerlich vorstellen. Aber auch im Anwendungsbereich eines wettbewerblichen Dialoges dürfte die Rahmenvereinbarung kaum eine Rolle spielen.[5]

Die Vergabe der Rahmenvereinbarung unterliegt also denselben Regelungen wie die 9 Vergabe eines öffentlichen Auftrags. Damit gelten für den Abschluss einer Rahmenvereinbarung die **vergaberechtlichen Grundsätze** der Gleichbehandlung, der Transparenz und des Wettbewerbs nach § 2 ebenso wie der Grundsatz der klaren und möglichst eindeutigen Leistungsbeschreibung. Diese Anforderungen sind allerdings an die besondere Situation der

---

[3] So *Osseforth* in Gabriel/Krohn/Neun VergabeR-HdB § 13 Rn. 111 unter Bezug auf „Hinweise für den überarbeiteten Abschnitt 1 VOB/A 2016", veröffentlicht am 1.7.2016, BAnz AT 1.7.2016 B4.
[4] Art. 33 Abs. 1 UAbs. 2 RL 2014/24/EU: „Bei einer Rahmenvereinbarung handelt es sich um eine Vereinbarung zwischen einem oder mehreren öffentlichen Auftraggebern und einem oder mehreren Wirtschaftsteilnehmern, die dazu dient, die Bedingungen für die Aufträge, die im Laufe eines bestimmten Zeitraums vergeben werden sollen, festzulegen, insbesondere in Bezug auf den Preis und gegebenenfalls die in Aussicht genommene Menge".
[5] *Machwirth* VergabeR 2007, 385 (387); *Franke* ZfBR 2006, 546 (547).

Rahmenvereinbarung anzupassen: Denn auf die Rahmenvereinbarung als solche wird gerade nicht geboten. Deshalb hat sich die Bestimmtheit und Klarheit der Leistungsbeschreibung daran zu orientieren, was die Bieter kennen müssen, um zuschlagsfähige Angebote für spätere einzelne Vergaben oder Einzelabrufe erstellen zu können.[6] Die Grenze für die Unbestimmtheit der Leistungsbeschreibung dürfte das Verbot der Überbürdung eines ungewöhnlichen Wagnisses darstellen.[7]

10   c) **Mindestinhalt.** Neben der Nennung der Vertragsparteien muss als Mindestinhalt der Rahmenvereinbarung eine klare Bezeichnung der Rechte und Pflichten für den Fall der Einzelbeauftragung erfolgen, da sie die Grundlage der später abzurufenden Einzelaufträge sein werden. Jedenfalls muss die Rahmenvereinbarung einen bestimmten **Leistungsgegenstand** beschreiben, da sonst vergleichbare Angebote nicht möglich wären. Typisch für die Rahmenvereinbarung ist dann aber, dass einzelne Leistungskriterien wie der Leistungsort, die Leistungszeit oder die Menge gerade offen gehalten werden können.

11   § 4aEU Abs. 1 S. 2 fordert die Bekanntgabe des in Aussicht genommenen **Auftragsvolumens,** das so genau wie möglich zu ermitteln ist. Gemeint ist damit die Leistungsmenge. Der öffentliche Auftraggeber wird so dazu angehalten, sich über den Bedarf klar zu werden und diesen so genau wie möglich zu ermitteln. Andererseits soll der Bieter eine halbwegs plausible Grundlage für seine Kalkulation erhalten. Wenigstens die Größenordnung des Auftrags muss danach erkannt werden können.

12   Am Ende der Vorschrift, in Abs. 6, wird bestimmt, dass die **Laufzeit der Rahmenvereinbarung** im Grundsatz höchstens vier Jahre beträgt. Da es sich um die Laufzeit der Rahmenvereinbarung handelt, muss die letzte Einzelbeauftragung innerhalb dieses Zeitraums erfolgen. Die Ausführung des innerhalb dieses Zeitrahmens abgerufenen Einzelauftrages kann über diese Grenze hinaus aber andauern.[8] Der in Abs. 6 enthaltene Halbsatz eröffnet den Sonderfall für eine längere Laufzeit, der deshalb durch einen vorab zu dokumentierenden sachlichen Grund begründet werden muss.[9] Wann die Regellaufzeit über die vier Jahre verlängert werden kann, beschreibt auch der Erwägungsgrund 62 Abs. 2 RL 2014/24/EU. Hier wird als Beispiel der benötigte Amortisierungszeitraum für die Ausrüstung genannt, der mehr als die maximale Regellaufzeit umfasst. Die Regellaufzeit soll die Anstrengung und das Risiko der Wirtschaftsteilnehmer begrenzen, die nach Abschluss der Rahmenvereinbarung ihre Ressourcen für den Fall der Einzelbeauftragung vorhalten müssen. Insofern ist der Öffentliche Auftraggeber bei Verlängerung der Regellaufzeit darlegungs- und beweispflichtig für das Vorliegen eines begründeten Sonderfalls.

13   Entgegen der Vorschrift in den Basisparagrafen enthält § 4aEU Abs. 1 keinen Hinweis darauf, dass die **Preise** für die abzurufenden Leistungen vorher festgelegt werden müssten. Aber auch wenn die Legaldefinition in § 103 Abs. 5 S. 1 GWB den Preis als Beispiel einer festzulegenden Bedingung benennt, ist dies nicht als zwingend zu erachten. Hiervon geht wohl selbst die europäische Kommission aus, obwohl die Definition in der Richtlinie den Preis nennt. Der konkrete Preis wird bereits schon wegen der ungewissen Einzelbeauftragung in der Zukunft noch nicht zwingend in der Rahmenvereinbarung gefordert werden können. Möglich und sinnvoll wäre es allerdings, Regelungen für die Berechnung der Vergütung aufzustellen, die auf die Einzelabrufe angewandt werden können, etwa Einheitspreise oder Stundensätze.[10] Denkbar ist es dann, den Preis erst im Rahmen der Vergabe der Einzelaufträge verbindlich abzufragen und dann ggf. zum Gegenstand der Wertung zu machen.[11]

---

[6] Vgl. VK Südbayern Beschl. v. 12. 8. 2013 – Z3-3-3194-1-18-07/13, VPRRS 2013, 1248.
[7] Vgl. OLG Düsseldorf Beschl. v. 19. 10. 2011 – VII-Verg 54/11, NZBau 2011, 762; OLG Düsseldorf Beschl. v. 7. 11. 2011 – Verg 90/11, NZBau 2012, 256; OLG Düsseldorf Beschl. v. 7. 12. 2011 – Verg 96/11, IBRRS 2012, 0562; OLG Düsseldorf Beschl. v. 20. 2. 2013 – Verg 44/12, NZBau 2013, 392; aA: OLG Jena Beschl. v. 22. 8. 2011 – 9 Verg 2/11, NZBau 2011, 771; ohne nähere Begründung OLG Dresden Beschl. v. 2. 8. 2011 – Verg 4/11, NZBau 2011, 775.
[8] Voppel/Osenbrück/Bubert/*Voppel* VgV § 21 Rn. 8.
[9] *Segeth*, Rahmenvereinbarungen, 2010, 215.
[10] Voppel/Osenbrück/Bubert/*Voppel* VgV§ 21 Rn. 17.
[11] KKPP/*Zeise* GWB § 103 Rn. 488.

d) Nicht missbräuchlich oder wettbewerbshindernd. Nach § 4aEU Abs. 1 S. 3 darf 14
eine Rahmenvereinbarung nicht missbräuchlich oder in einer Art angewendet werden, die
den Wettbewerb behindert, einschränkt oder verfälscht. Auf europäischer Ebene findet sich
dieses Missbrauchsverbot im Erwägungsgrund 61 Abs. 3 S. 4 RL 2014/24/EU.

Zu einem Verstoß gegen den allgemeinen Vergaberechtsgrundsatz des Missbrauchsverbo- 15
tes würde die Ausschreibung einer Rahmenvereinbarung zum Zwecke der **Markterkundung** führen. Die Rahmenvereinbarung lädt theoretisch dazu ein, weil in der ersten Phase
lediglich die Grundbedingungen festgelegt werden, in der zweiten Phase dann aber von der
Einzelbeauftragung abgesehen werden könnte. Maßgeblich ist hierbei, ob die Rahmenvereinbarung bereits ohne den Willen der späteren Einzelvergabe geschlossen wurde.

e) Schwellenwert. Wenn das Vergaberecht an die Rahmenvereinbarung selbst anknüpft, 16
muss anhand des geschätzten Gesamtauftragswertes ermittelt werden, ob der Schwellenwert
für Bauvergaben erreicht wird oder nicht. Der Wert der Rahmenvereinbarung wird dabei
gem. § 3 Abs. 4 VgV auf der Grundlage des **geschätzten Gesamtwertes** aller Einzelaufträge berechnet, die während der Laufzeit geplant sind.[12] Dies erfolgt durch Addition der
Höchstbeträge der potentiellen Einzelaufträge. Die Summe wird dann wie ein einheitlicher
Auftrag angesehen.[13] Der Ermittlung des Schwellenwertes dient damit auch das Gebot
des § 4aEU Abs. 1 S. 2, möglichst genau das in Aussicht genommene Auftragsvolumen zu
ermitteln.

2. Rahmenvertragspartner (Abs. 2). Wie bei jeder anderen Vereinbarung auch, gibt 17
es eine Auftraggeber- und eine Auftragnehmerseite. Abgesehen von der Legaldefinition im
GWB, macht § 4aEU Aussagen zu den Vertragsparteien der Rahmenvereinbarung in Abs. 2,
der inhaltlich aber bereits die Einzelauftragsvergabe behandelt.

a) Auftraggeberseite. § 4aEU Abs. 2 S. 2 spricht von „öffentlichen Auftraggebern". 18
Der Plural zeigt deutlich, dass auf Auftraggeberseite auch eine **Mehrzahl** von öffentlichen
Auftraggebern zulässig ist nun.

Das führt dazu, dass sich mehrere Auftraggeber für gleichartige Beschaffungsvorhaben 19
zusammenschließen können. Diese **faktischen Einkaufgemeinschaften** können möglicherweise aufgrund der gebündelten Nachfrage zu einer kartellrechtlich beachtlichen
Marktmacht führen. Hier ist im Einzelfall zu prüfen, ob aufgrund ihrer potentiellen Marktmacht im Kartellrecht, eine kartellrechtlich unzulässige Nachfragebündelung und damit ein
Verstoß gegen das vergaberechtliche Missbrauchsverbot vorliegt.[14]

b) Auftragnehmerseite. Auf Auftragnehmerseite können ein oder mehrere Unterneh- 20
men stehen, dies ergibt sich ebenfalls aus der Verwendung des Plurals. Es macht Sinn, bei
mehreren größeren Einzelaufträgen auch mehrere Unternehmer in die Rahmenvereinbarung einzuschließen, damit insgesamt der Abruf des Vertragsvolumens nicht durch Kapazitätsgrenzen einzelner Unternehmen beeinträchtigt wird. Andererseits sollen die Unternehmen nicht unnötig Kapazitäten vorhalten, wenn absehbar ist, dass die Einzelbeauftragung
nur gering wahrscheinlich ist. Die Entscheidung des oder der Auftraggeber, die insofern
einen Entscheidungsspielraum haben, sollen sich dabei an den konkreten Umständen orientieren. Gerade hier spielen die allgemeinen Vergaberechtsgrundsätze des § 2 wieder eine
regulierende Rolle.

3. Einzelauftragsvergabe (Abs. 2–5). Im Gegensatz zu der Parallelvorschrift des § 4a 21
enthält die Norm im 2. Abschnitt ein geregeltes **System für das Verfahren der Einzelauftragsvergabe,** das sich in den Abs. 2–5 wiederfindet. Dies verdeutlicht auch Abs. 2 S. 1,

---

[12] Beck VergabeR/Biemann GWB § 103 Abs. 5 Rn. 18.
[13] So bereits GA Lenz Schlussanträge v. 16.2.1995 – C-79/94, Slg. 1995, I-1071 (1079) – Kom./Griechenland.
[14] Vgl. OLG Düsseldorf Beschl. v. 17.1.2011 – VII-Verg 3/11, BeckRS 2011, 02627; vgl. zu Einkaufsgemeinschaften auch BGH Urt. v. 12.11.2002 – KZR 11/01, GRUR 2003, 633; Dreher NZBau 2005, 427 (432 ff.); Kämper/Heßhaus NZBau 2003, 303 ff.; Machwirth VergabeR 2007, 385 (386).

wonach die auf der Rahmenvereinbarung beruhenden Einzelaufträge nach den Kriterien der Abs. 2–5 vergeben werden.

22 Zunächst wird klargestellt, dass die Einzelaufträge ausschließlich zwischen den öffentlichen Auftraggebern, die in der Auftragsbekanntmachung oder der Aufforderung zur Interessensbestätigung genannt wurden und den Unternehmen, die Vertragspartei der Rahmenvereinbarung sind, geschlossen werden. Damit ist die Rahmenvereinbarung im Hinblick auf die Einzelauftragsvergabe **exklusiv**. Es dürfen also keine Dritte, etwa zur Erweiterung des Wettbewerbs, mit den in der Rahmenvereinbarung benannten Leistungen beauftragt werden. Grund hierfür ist, dass die jeweilige Einzelauftragsvergabe unter erleichterten Voraussetzungen stattfindet und ansonsten eine Umgehung des Vergaberechts vorliegen würde.

23 Dieses Prinzip wird durch Abs. 2 S. 3 unterstrichen, wonach keine **wesentlichen Änderungen** an den Bedingungen der Rahmenvereinbarung vorgenommen werden dürfen. Insbesondere bezieht sich das auf den in der Rahmenvereinbarung zuvor festgelegten Leistungsgegenstand. Dennoch kommt es immer wieder vor, dass sich nach Abschluss der Rahmenvereinbarung die tatsächlichen Umstände derart ändern können, dass auch die Leistungen bzw. deren Bedingungen angepasst werden müssen. Es stellt sich dann die Frage, ob es bei einer Anpassung der Rahmenvereinbarung bleiben kann oder eine neue Vergabe durchgeführt werden muss. Diese Problematik ist auch Gegenstand der Regelung des § 132 GWB. Danach sind die Änderungen der Bedingungen der Rahmenvereinbarung „wesentlich", wenn sich dadurch der Beschaffungsgegenstand in einer Weise ändert, dass dies einer Neuvergabe gleichkommt. Damit muss prognostiziert werden, ob bei einer neuen Ausschreibung der geänderten Leistung andere Unternehmer sich beteiligt hätten oder ein anderer Unternehmer den Zuschlag erhalten hätte.[15]

24 Die Abs. 3 und 4 unterscheiden für das Verfahren zur Einzelauftragsvergabe danach, ob die Rahmenvereinbarung mit nur einem oder mit mehr als einem Unternehmen geschlossen wurde.

25 **a) Rahmenvereinbarung mit einem Unternehmer (Abs. 3).** Die Rahmenvereinbarung kann dem Wortlaut der Vorschrift nach auch nur mit einem Unternehmen geschlossen werden. Der Einzelauftrag ist dann entsprechend den Bedingungen der Rahmenvereinbarung zu vergeben. Ob der Unternehmer auf Abruf vertraglich gebunden ist oder selbst erst noch annehmen muss, hängt davon ab, ob in der Rahmenvereinbarung bereits die Annahmeerklärung geregelt ist. Im 1. Fall handelt es sich um eine einseitig bindende Vereinbarung mit dem Auftragnehmer, im 2. Fall ist die Rahmenvereinbarung für beide Seiten unverbindlich ausgestaltet.

26 Da die Auswahl des zu Beauftragenden damit bereits schon feststeht, kommt es für das anschließende Verfahren der Vergabe nur noch darauf an, ob in der Rahmenvereinbarung bereits alle **notwendigen Bedingungen** geklärt worden waren. Ist dies der Fall, bedarf es auch keines weiteren Vergabeverfahrens für den Einzelauftrag mehr.[16] Der öffentliche Auftraggeber braucht dann nur noch im Zeitpunkt des Bedarfes den Einzelauftrag abrufen.

27 Ist die Leistung bzw. sind die Bedingungen noch **nicht vollständig** festgelegt worden, muss der öffentliche Auftraggeber nach § 4aEU Abs. 3 S. 2 den Unternehmer in Textform auffordern, sein Angebot zu vervollständigen. Das Wort „kann" ist als „muss" zu lesen, da ansonsten ein Vertrag gar nicht zustande kommen kann.[17] Maßstab ist die Bestimmtheit und Vollständigkeit von Vertragsbestandteilen, damit der Einzelauftrag am Ende wirksam ist. Deshalb muss der öffentliche Auftraggeber die für Rahmenvereinbarungen typischerweise offen gelassenen Bedingungen wie Leistungszeit oder konkreter Leistungsumfang

---

[15] Voppel/Osenbrück/Bubert/*Voppel* VgV § 21 Rn. 26.
[16] *Machwirth* VergabeR 2007, 385(389).
[17] Voppel/Osenbrück/Bubert/*Voppel* VgV § 21 Rn. 29.

bekannt geben. Der Unternehmer muss auf dieser Grundlage zumindest den genauen Preis mitteilen.

b) Rahmenvereinbarung mit mehreren Unternehmen (Abs. 4, 5). Ist die Rahmenvereinbarung dagegen mit mehr als einem Unternehmen geschlossen worden, sieht das Regelungssystem in § 4aEU drei Varianten für das sich anschließende Vergabeverfahren bezüglich der Einzelaufträge vor. 28

aa) „ohne erneutes Vergabeverfahren" (Abs. 4 Nr. 1). Wenn in der Rahmenvereinbarung alle **Bedingungen für die Erbringung der Bauleistung** sowie die objektiven Bedingungen für die Auswahl der Unternehmen, die hierfür in der Rahmenvereinbarung aufgeführt sind, festgelegt wurden, bedarf es nach Nr. 1 keines erneuten Vergabeverfahrens mehr. Denn der Einzelauftrag kann nun unmittelbar nach den Bedingungen, die in der Rahmenvereinbarung enthalten sind, vergeben werden. 29

Die Auswahl unter den Rahmenvertragspartnern auf Auftragnehmerseite muss durch die bereits vorhandenen Informationen in den abgegebenen Angeboten vergaberechtlich ordnungsgemäß getroffen werden können. Vorliegen müssen nach dem Wortlaut **objektive Auswahlbedingungen,** die bereits in der Auftragsbekanntmachung der Rahmenvereinbarung oder in den Vergabeunterlagen der Rahmenvereinbarung benannt sein mussten. Dabei geht es um Kriterien, die gerade die Auswahl des Auftragnehmers bzw. die Verteilung der Aufträge abgesehen vom jeweiligen Leistungsgegenstand möglich machen. 30

bb) „teilweise ohne, teilweise mit erneutem Vergabeverfahren" (Abs. 4 Nr. 2). Die Verfahrensweise nach Nr. 2 erschließt sich auf den 1. Blick nicht sofort. Grundvoraussetzung für das sog. Mischverfahren ist, das alle Bedingungen für die Erbringung der Bauleistung in der Rahmenvereinbarung bereits festgelegt sind. Insofern könnte auch ohne erneutes Verfahren vergeben, also nach Nr. 1 vorgegangen werden. In der Auftragsbekanntmachung oder den Vergabeunterlagen für die Rahmenvereinbarung kann jedoch festgelegt werden, dass im Einzelfall ein erneutes Vergabeverfahren durchgeführt werden kann. Das bedeutet jedoch nicht, dass der öffentliche Auftraggeber dies wahlweise zu entscheiden hat, vielmehr soll die Entscheidung, ob bestimmte Bauleistungen nach erneutem Vergabeverfahren oder direkt entsprechend der Rahmenvereinbarung beschafft werden sollen, nach objektiven Kriterien getroffen werden (§ 4aEU Abs. 4 Nr. 2 Hs. 2). Der öffentliche Auftraggeber kann also vorsehen, dass unter bestimmten Bedingungen ein erneutes Vergabeverfahren stattfindet. Zugleich muss er ebenfalls vorab bekanntgeben, welche Umstände der Rahmenvereinbarung diesem neuen Vergabeverfahren unterliegen, also im Rahmen eines danach abzugebenden Angebots geändert werden dürfen. Abs. 4 Nr. 2 stellt zudem klar, dass diese Möglichkeit für einzelne Lose einer Rahmenvereinbarung angewandt werden kann, auch wenn die Voraussetzungen bei anderen Losen nicht gegeben sind. 31

cc) „mit erneutem Vergabeverfahren" (Abs. 4 Nr. 3, Abs. 5). N. 3 behandelt den Fall, dass in der Rahmenvereinbarung noch nicht alle konkreten Bedingungen zu Erbringung der Bauleistung festgelegt sind. Dann wird jeder Einzelauftrag durch ein weiteres Vergabeverfahren, auf der sog. 2. Stufe, unter den Auftragnehmern der Rahmenvereinbarung verteilt. 32

Für das neue Vergabeverfahren kann der Auftraggeber **zusätzliche Kriterien** hinsichtlich der konkreten Leistung heranziehen und damit über die Vergabekriterien der Rahmenvereinbarung, hinausgehen. Dies ergibt sich unmittelbar aus dem Wortlaut des § 4aEU Abs. 5, wenn es dort heißt, dass die Vergabeverfahren „erforderlichenfalls auf genauer formulierten Bedingungen sowie gegebenenfalls auf weiteren Bedingungen..." beruhen. Voraussetzung ist nur, dass diese zusätzlichen Kriterien in der Auftragsbekanntmachung oder in den Vergabeunterlagen für die Rahmenvereinbarung bereits genannt worden sind. Auch hier wird deutlich, dass sämtliche Vergaberechtsgrundsätze auch bei 33

34 Abs. 5 enthält mit einer Auflistung (Nr. 1–4) **Verfahrensvorschriften,** die in dem Vergabeverfahren auf der 2. Stufe beachtet werden müssen.

35 Vor der Vergabe des Einzelauftrages **konsultiert** der öffentliche Auftraggeber in Textform die Vertragspartner der Rahmenvereinbarung, die in der Lage sind, den Auftrag auszuführen (Nr. 1). Die Wortwahl „… die in der Lage sind …" deutet auf einen Beurteilungsspielraum des öffentlichen Auftraggebers hin.[18] Hierbei kann es sich eigentlich nur um die Einschätzung der Leistungsfähigkeit zum konkreten Abrufzeitpunkt handeln, da die grundsätzliche Eignung bereits bei der Vergabe der Rahmenvereinbarung geprüft worden ist. Nimmt man die Formulierung „konsultiert" wörtlich, würde das bedeuten, dass der öffentliche Auftraggeber von den Unternehmen vor Beginn des Vergabeverfahrens eine Einschätzung über die aktuelle Leistungsfähigkeit- und -bereitschaft einholt.

36 In einem zweiten Schritt werden die Unternehmen aufgefordert für jeden Einzelauftrag ein Angebot abzugeben. Hierfür setzt er nach Nr. 2 eine **ausreichende Frist.** Maßstab für die Länge der Frist soll unter anderem die Komplexität des Auftragsgegenstandes und die Zeit der Angebotsübermittlung sein. Auf jeden Fall ist hier die Frist für den Einzelfall festzulegen und nicht wie bei den sonstigen Fristen der Vergabeverfahren nach einer gesetzlich festgelegten Dauer. Für eine eventuelle spätere Nachprüfung muss die Entscheidung über die Dauer wenigstens plausibel sein.

37 Die Angebote sind in Textform einzureichen (Nr. 3). **Textform** bedeutet nach § 126b BGB, dass eine lesbare Erklärung, in der die Person des Erklärenden genannt ist, auf einem dauerhaften Datenträger abgegeben wird. Das Angebot muss also gespeichert oder weggelegt werden können. Dass die Angebote erst nach Ablauf der Angebotsfrist geöffnet werden dürfen, entspricht den allgemeinen Grundsätzen der Vergabeverfahren und ist auch Ausdruck des Wettbewerbsgrundsatzes.

38 Nach Ablauf der Angebotsfrist hat der Auftraggeber die eingegangenen Angebote anhand der in der Rahmenvereinbarung bekanntgegebenen Kriterien zu **werten** (Nr. 4). Dass ein Eröffnungstermin mit Angebotsöffnung abgehalten werden muss, wird in dieser Vorschrift nicht verlangt. Aus Nr. 3 ergibt sich, dass der Ablauf der Einreichungsfrist maßgeblich sein dürfte und danach die Angebote nach allgemeinen Grundsätzen zu werten sind.

§ 4bEU Besondere Instrumente und Methoden

(1) **Der öffentliche Auftraggeber kann unter den Voraussetzungen der § 22 bis 24 VgV für die Beschaffung marktüblicher Leistungen ein dynamisches Beschaffungssystem nutzen.**

(2) **Der öffentliche Auftraggeber kann im Rahmen eines offenen, eines nicht offenen oder eines Verhandlungsverfahrens vor der Zuschlagserteilung eine elektronische Auktion durchführen, sofern die Voraussetzungen der § 25 und 26 VgV vorliegen.**

(3) [1]**Ist der Rückgriff auf elektronische Kommunikationsmittel vorgeschrieben, kann der öffentliche Auftraggeber festlegen, dass die Angebote in Form eines elektronischen Katalogs einzureichen sind oder einen elektronischen Katalog beinhalten müssen.** [2]**Das Verfahren richtet sich nach § 27 VgV.**

Schrifttum: *Knauff,* Neues europäisches Vergabeverfahrensrecht: Dynamische Beschaffungssysteme (Dynamische elektronische Verfahren), VergabeR 2008, 615; *Müller,* Das dynamische elektronische Verfahren, NZBau 2011, 72; *Schäfer,* Perspektiven der eVergabe, NZBau 2015, 131; *Schröder,* Die elektronische Auktion nach § 101 IV 1 GWB – Rückkehr des Lizitationsverfahrens?, NZBau 2010, 411; *Wieddekind,* Das dynamische elektronische Verfahren gem. § 101 Abs. 6 GWB, § 5 VOL/A-EG, VergabeR 2011, 412.

---

[18] Voppel/Osenbrück/Bubert/*Voppel* VgV § 21 Rn. 33.

Übersicht

	Rn.		Rn.
I. Normzweck	1–4	d) Verfahrensablauf	18–25
II. Entstehungsgeschichte	5, 6	2. Elektronische Auktion (Abs. 2)	26–43
		a) Begriff	26–28
III. Einzelerläuterung	7–55	b) Anwendbarkeit	29–31
1. Dynamisches Beschaffungssystem		c) Vergabeverfahren	32, 33
(Abs. 1)	7–25	d) Verfahrensablauf	34–43
a) Begriff	7–10	3. Elektronischer Katalog (Abs. 3)	44–55
b) Anwendbarkeit und marktübliche		a) Begriff	44–46
Leistungen	11–13	b) Anwendbarkeit	47–49
c) Vergabeverfahren	14–17	c) Verfahren	50–55

I. Normzweck

Mit dieser Vorschrift werden drei weitere – im GWB und VgV statuierte – **besondere** 1 **Instrumente** des Vergaberechts – dynamisches Beschaffungssystem, elektronische Auktion und elektronischer Katalog – ausdrücklich auch für den Bereich der Vergabe von Bauleistungen anwendbar erklärt. Der Wortlaut „kann" zeigt, dass der Gebrauch dieser Instrumente lediglich angeboten aber nicht vorgeschrieben wird.

Der Normgeber hat, anstatt Einzelheiten dazu in der VOB/A EU unmittelbar auszuführen, 2 ausdrücklich auf die Regelungen des Unterabschnitts 2 „Besondere Methoden und Instrumente in Vergabeverfahren" des Abschnitts 2 „Vergabeverfahren" in der VgV verwiesen. Auch hieran wird deutlich, dass die VgV seit der Vergaberechtsreform 2016 immer mehr eine tatsächliche **Scharnierfunktion** erhält.

Abs. 1 ermöglicht für die Beschaffung marktüblicher Bauleistungen die Anwendbarkeit 3 von dynamischen Beschaffungssystemen. Das Instrument „Dynamisches Beschaffungssystem" wird aufgrund der direkten Verweisung in den §§ 22–24 VgV näher behandelt. Nach Abs. 2 kann bei Oberschwellenvergaben von Bauleistungen im Rahmen eines offenen, eines nicht offenen oder eines Verhandlungsverfahrens vor Zuschlagserteilung die elektronische Auktion durchgeführt werden. Auch hier führt nicht etwa § 4bEU im Einzelnen aus, diese Aufgabe übernimmt die VgV in ihren §§ 25 und 26 VgV. Abs. 3 ist für den Fall einschlägig, dass der Rückgriff auf elektronische Kommunikationsmittel im Vergabeverfahren vorgeschrieben ist. Der öffentliche Auftraggeber hat dann die Möglichkeit, die Darstellung in Form eines elektronischen Kataloges zu fordern. Auch hier wird im Rahmen der Vergabe von Bauleistungen vollständig auf die entsprechende Vorschrift in der Vergabeverordnung verwiesen.

Dadurch, dass eine vergleichbare Anwendungsnorm im ersten Abschnitt der VOB/A 4 fehlt, ergibt sich, dass alle drei Instrumente nicht bei Bauvergaben im **Unterschwellbereich** möglich sind.

II. Entstehungsgeschichte

§ 4bEU ist auf die Art. 34 ff. **RL 2014/24/EU** zurückzuführen. Diese enthielten die 5 Richtlinienbestimmungen, die durch die Normierung der §§ 22–27 VgV nF in das nationale deutsche Recht umgesetzt worden sind.

Die drei Instrumente finden sich zudem in dem durch die Vergaberechtsreform 2016 6 neu gefassten § 120 Abs. 1–3 GWB. Umfragen bei den Behörden haben ergeben, dass in der Vergangenheit von diesen Instrumenten bzw. Methoden nur zögerlich Gebrauch gemacht worden ist.[1] Das dynamische Beschaffungssystem war bereits 2004 auf EU-Ebene eingeführt worden und ist allerdings auch in den übrigen EU-Mitgliedstaaten noch nicht in breiter Anwendung.[2]

---

[1] *Burgi* Vergaberecht 2016, § 13 Rn. 30.
[2] Vgl. *Schäfer* NZBau 2015, 131 (136).

III. Einzelerläuterung

7 **1. Dynamisches Beschaffungssystem (Abs. 1). a) Begriff.** Die Legaldefinition findet sich in § 120 Abs. 1 GWB und nicht unmittelbar in §§ 22 f. VgV. Danach ist das dynamische Beschaffungssystem ein zeitlich befristetes, ausschließlich elektronisches Verfahren zur Beschaffung marktüblicher Leistungen, bei denen die allgemein auf dem Markt verfügbaren Merkmale den Anforderungen des öffentlichen Auftraggebers genügen. § 22 VgV greift vielmehr die Verwendung dieses Instruments auf.

8 Der Wortlaut des § 4bEU Abs. 1 entspricht dabei vollständig dem des § 22 Abs. 1 VgV. Es soll nach dem Erwägungsgrund 63 RL 2014/24/EU dazu führen, dass ganz im Sinne des Vergaberechts der öffentliche Auftraggeber schnell und einfach eine **möglichst weite Bandbreite** von Angeboten einholen kann. Die Möglichkeiten solcher elektronischer Systeme gegenüber dem Versand von Papier liegen auf der Hand.

9 Nach § 22 Abs. 3 VgV wird das dynamische Beschaffungssystem **vollständig elektronisch** betrieben, wobei die beiden Vorschriften §§ 11, 12 VgV für den Einsatz elektronischer Mittel in Vergabeverfahren zwingend zu beachten sind. Das ergibt sich aus der vollständigen Verweisung der VOB/A EU auf § 22 VgV und damit auch auf § 22 Abs. 1 S. 2 VgV. Weiter führt das dazu, dass auch jegliche Kommunikation zwischen dem öffentlichen Auftraggeber und den interessierten Wirtschaftsteilnehmern einschließlich der Ausschreibung und der Abgabe von Angeboten mit elektronischen Mitteln zu erfolgen hat.[3]

10 Das dynamische Beschaffungssystem steht gem. § 22 Abs. 4 VgV jedem Wirtschaftsteilnehmer offen, der die Eignungskriterien erfüllt. Der Zugang hierzu hat gem. § 22 Abs. 5 VgV unentgeltlich zu erfolgen.

11 **b) Anwendbarkeit und marktübliche Leistungen.** Dieses Verfahren ist dann anwendbar, wenn eine Norm die Anwendbarkeit erklärt. So sieht die Vergabeverordnung selbst dieses Instrument bei der Beschaffung von marktüblichen Liefer- und Dienstleistungen und bei der Beschaffung im Rahmen der Sektorenverordnung vor. Für die Beschaffung von **marktüblichen Bauleistungen** ist diese Anwendbarkeitserklärung nunmehr in § 4bEU erfolgt.

12 Marktübliche Leistungen sind solche, „bei denen die allgemein auf dem Markt verfügbaren Merkmale den Anforderungen des öffentlichen Auftraggebers genügen", so die Legaldefinition in § 120 Abs. 1 GWB. Es geht also um Standardleistungen. **Standard-Bauleistungen** sind bspw. das Erstellen von Mauern, die keinen außergewöhnlichen statischen Anforderungen genügen müssen oder das Herstellen eines Bürgersteiges durch Betonplatten. Hier wird jeweils im **Vorfeld** der Ausschreibung zu prüfen sein, ob an die eigentliche Bauleistung besondere Anforderungen gestellt werden müssen.

13 Planungsleistungen sind grundsätzlich keine Standardleistungen, sodass ein dynamisches Beschaffungssystem für sie von vornherein nicht in Frage kommen dürfte.[4] Allerdings sind Planungsleistungen auch keine Bauleistungen, sodass der Frage, wann Standard-Planungsleistungen vorliegen können, an dieser Stelle nicht weiter nachgegangen wird.

14 **c) Vergabeverfahren.** Verfahrensmäßig stellt das dynamische Verfahren nicht etwa ein eigenständiges Vergabeverfahren dar, was neben die drei Verfahrensarten des § 3EU tritt, sondern es ist eine besondere Ausgestaltung des **nicht offenen Verfahrens**. Dies ergibt sich unmittelbar aus § 22 Abs. 2 VgV.

15 Der insoweit eindeutige Wortlaut des § 22 Abs. 2 VgV, auf den im Tatbestand des § 4bEU Abs. 1 verwiesen wird, macht deutlich, dass nun das dynamische Beschaffungssystem nur im nicht offenen Verfahren zugelassen ist. Das frühere dynamische Verfahren war dagegen nur im Rahmen eines offenen Verfahrens in Kombination mit unverbindlichen Angeboten

---

[3] *Osseforth* in Gabriel/Krohn/Neun VergabeR-HdB § 13 Rn. 121.
[4] So Voppel/Osenbrück/Bubert/ *Voppel* VgV §§ 22–24.

möglich. Diese Änderung durch den § 22 Abs. 2 VgV soll die Attraktivität der Nutzung dieses Instruments in Deutschland fördern.[5]

Das elektronisch eingerichtete dynamische Beschaffungssystem steht gem. § 22 Abs. 4 VgV während der anfangs bekanntgegebenen Gültigkeitsdauer jedem geeigneten Unternehmen, das marktübliche Bauleistungen anbieten möchte, **offen**. § 4bEU Abs. 1 enthält Begrenzungen der zulässigen Bewerberanzahl sowie der maximalen Gültigkeitsdauer. Etwas anderes ergibt sich auch nicht aus der VgV.

§ 22 Abs. 4 VgV setzt überdies auch eine **Eignungsprüfung** voraus, was sich aus dem direkten Bezug auf die „Eignungskriterien" im Wortlaut ergibt. Da im dynamischen Beschaffungssystem die einzelnen Aufträge erst später zustande kommen werden, kann es sich hierbei nur um eine Prognose handeln, ob ein bestimmtes Unternehmen nach seiner personellen, sachlichen und finanziellen Ausstattung in der Lage ist, den Auftrag auszuführen sowie die Prüfung des Nichtvorliegens von Ausschlussgründen.[6]

d) Verfahrensablauf. § 23 Abs. 1 VgV, auf den verwiesen wird, beschreibt den eigentlichen Verfahrensablauf beim dynamischen Beschaffungssystem. Danach hat der öffentliche Auftraggeber bereits in der **Auftragsbekanntmachung** anzugeben, dass er ein dynamisches Beschaffungssystem nutzt und für welchen Zeitraum es betrieben wird.

Werden vom öffentlichen Auftraggeber die Standardformulare verwendet, finden sich darin bereits Felder zum Auswählen. Zum weiteren Ablauf sind – auch wenn nicht ausdrücklich in der Verweisung enthalten – die flankierenden Regelungen der VgV anzuwenden. In der Auftragsbekanntmachung ist deshalb nach § 41 VgV die **elektronische Adresse** anzugeben, unter der sämtliche Vergabeunterlagen abgerufen werden können.

Das dynamische Beschaffungssystem kann ähnlich wie die Rahmenvereinbarung dazu führen, dass einzelne Standardbauleistungen erst Jahre nach Eingabe des elektronischen Systems mit den Angebotsinformationen beauftragt werden. Insoweit besteht Konsens über die **praktikable Möglichkeit** allgemeine Bewerbungsbedingungen sowie allgemeine vertragliche Regelungen für das dynamische Beschaffungssystem und seine einzelnen Auftragsvergaben zum Abruf zur Verfügung zu stellen. Als Ausgleich dafür muss die Möglichkeit bestehen, bei Bedarf allgemein gehaltene Regelungen auftragsgerecht zu präzisieren, wenn die Leistung beschafft werden soll.[7] Die vorher festgelegte Beschaffungskategorie darf sich jedoch dadurch nicht ändern dürfen.

Der öffentliche Auftraggeber kann später die angekündigte **Gültigkeitsdauer** nicht ohne Weiteres verlängern, sondern muss zuvor gem. § 23 Abs. 2 VgV die Europäische Kommission hierüber informieren. Die Vorschrift enthält auch detailliert den Verweis auf die Standardformulare, die bei Änderungen der Gültigkeitsdauer vom öffentlichen Auftraggeber zu benutzen sind. So heißt es in § 23 Abs. 2 VgV:

1. Wird die Gültigkeitsdauer ohne Einstellung des dynamischen Beschaffungssystems geändert, ist das Muster gemäß Anhang II der Durchführungsverordnung (EU) 2015/1986 der Kommission vom 11. 11. 2015 zur Einführung von nun Standardformularen für die Veröffentlichung von Vergabebekanntmachungen für öffentliche Aufträge und zur Aufhebung der Durchführungsverordnung (EU) Nr. 842/2011 (ABl. L 296 vom 12. 11. 2015, S. 1) in der jeweils geltenden Fassung zu verwenden.
2. Wird das dynamische Beschaffungssystem eingestellt, ist das Muster gemäß Anhang III der Durchführungsverordnung (EU) 2015/1986 zu verwenden.

Daneben muss der öffentliche Auftraggeber in den Vergabeunterlagen gem. § 23 Abs. 3 VgV mindestens die **Art** und die **geschätzte Menge** der zu beschaffenden Leistung sowie alle **erforderlichen Daten** des dynamischen Beschaffungssystems angeben.

Darüber hinaus hat er gem. § 23 Abs. 4 VgV anzugeben, ob er das dynamische Beschaffungssystem in **Kategorien** untergliedert hat, unter Angabe der jeweiligen objektiven

---

[5] Vgl. Erwägungsgrund 63 RL 2014/24/EU; *Schäfer* NZBau 2015, 131 (136).
[6] Ziekow/Völlink/*Bernhardt* VgV § 23 Rn. 14.
[7] So etwa Ziekow/Völlink/*Bernhardt* VgV § 23 Rn. 5.

Merkmale. Kategorien sind Bau-, Liefer- oder Dienstleistungen. In diesem Fall werden jeweils alle für die einem konkreten Auftrag entsprechende Kategorie zugelassenen Bewerber aufgefordert, ein Angebot zu unterbreiten (§ 23 Abs. 6 S. 2 VgV). Zuvor hat der öffentliche Auftraggeber nach § 23 Abs. 5 VgV für jede Kategorie die Eignungskriterien gesondert festgelegt.

24 § 23 Abs. 6 S. 1 VgV verweist wiederum auf § 16 Abs. 4 VgV und § 51 Abs. 1 VgV. Danach sind die zugelassenen Bewerber für jede einzelne, über ein dynamisches Beschaffungssystem stattfindende Auftragsvergabe **gesondert** zur Angebotsabgabe aufzufordern. Nicht zugelassene Bewerber dürfen dann also nicht mehr aufgefordert. Ist das Beschaffungssystem in Kategorien eingeteilt, sind nur diejenigen Bewerber aufzufordern, die mit der für die jeweilige Beschaffung einschlägigen Kategorie verknüpft sind (§ 23 Abs. 6 S. 2 VgV).

25 Alle für das dynamische Beschaffungssystem zu beachtenden **Fristen** sind gesondert in § 24 VgV enthalten. Hierbei geht es um Fristen für den Eingang von Teilnahmeanträgen, um Prüfungsfristen der Eignung oder um den Eingang von Angeboten. Aufgrund des uneingeschränkten Verweises gelten diese so auch für das nicht offene Verfahren in der VOB/A EU.

26 **2. Elektronische Auktion (Abs. 2). a) Begriff.** Eine elektronische Auktion ist gem. § 120 Abs. 2 GWB ein sich schrittweise wiederholendes elektronisches Verfahren zur Ermittlung des wirtschaftlichsten Angebots im Anschluss an eine vollständige erste Bewertung aller Erstangebote. Aus dieser **Legaldefinition** allein wird noch nicht deutlich, wo und wie dieses weitere vergaberechtliche Instrument im Vergabeverfahren einsetzt. Vielmehr erhellt Art. 35 RL 2014/24/EU die zugedachte Funktionsweise, der in den §§ 25 und 26 VgV in das deutsche Recht umgesetzt wurde.

27 Wie die anderen vergaberechtlichen Instrumente auch, dient die elektronische Auktion dem Zweck, personellen und zeitlichen Aufwand zu **rationalisieren.** Das Prinzip der Auktion eröffnet für den öffentlichen Auftraggeber die Möglichkeit, Leistungen besonders günstig zu beschaffen. Anknüpfungspunkte dieser Auktion sind die anfangs bekannt gegebenen Zuschlagskriterien.

28 Die Sachbearbeiter der Vergabestelle führen im Laufe des Verfahrens eine Erstauswertung der Angebote durch. In einem zweiten Schritt werden die Folgeangebote der für die elektronische Auktion zugelassenen Bieter in einem vollelektronischen Prozess mithilfe einer **mathematischen Bewertungsmethode** ohne jegliche Intervention oder Begutachtung durch den öffentlichen Auftraggeber ausgewertet.[8] Am Ende dieser elektronischen Bewertungsphase stehen die Angebote dann in der danach berechneten Rangfolge.

29 **b) Anwendbarkeit.** Aus § 25 Abs. 1 S. 1 VgV ergibt sich unmittelbar, dass die elektronische Auktion sowohl beim offenen, nicht offenen als auch beim Verhandlungsverfahren genutzt werden kann. Aus § 25 Abs. 1 S. 4 VgV folgt die Anwendbarkeit auch für die erneuten Vergabeverfahren innerhalb der **Rahmenvereinbarung** nach § 21 VgV und im **dynamischen Beschaffungssystem** nach § 22 VgV. Aufgrund der Verweisung in § 4bEU Abs. 2 gilt diese Anwendbarkeitserklärung auch bei der Bauvergabe.

30 Voraussetzung für die Durchführbarkeit der elektronischen Auktion ist die Möglichkeit, den Inhalt der Vergabeunterlagen hinreichend präzise beschreiben und die Leistung mithilfe automatischer Bewertungsmethoden einstufen zu können (§ 25 Abs. 1 S. 1 VgV). Damit ist der Einsatz dieses Vergabeinstrumentes nur bei der Beschaffung von Leistungen denkbar, die sich in Zahlen oder Prozentsätzen einfach ausdrücken lassen.[9] In der einschlägigen Kommentarliteratur zur Vergabeverordnung finden sich als Beispiele hierfür Vergaben, bei denen ausschließlich der Preis maßgeblich ist oder bei denen eine LCC-Betrachtung vorgenommen werden kann, oder auch vertragliche Komponenten wie zB die Höhe von Haf-

---

[8] *Knauff* EuZW 2004, 141 (142).
[9] So Erwägungsgrund 67 RL 2014/24/EU.

tungssummen, Vertragsstrafen oder Leistungs- bzw. Wiederherstellungszeiten. Als qualitative Aspekte kommen Lebensdauer, Belastungsfähigkeit oder Geschwindigkeit in Betracht.[10]

Als Negativbeispiel nennt der Normgeber in § 25 Abs. 1 S. 2 VgV die **geistig-schöpferischen Leistungen.** Seinen Grund hat das darin, dass per se derartige Leistungen nicht maschinell ausgewertet werden können. Die Frage, ob eine elektronische Auktion im jeweiligen Verfahren durchgeführt werden kann, beantwortet sich also immer danach, ob anhand der konkreten Bewertungskriterien für die Vergabe ein Rechenprogramm eine Rangfolge erstellen kann. Dieses ist für jeden Einzelfall zu prüfen. Bei Beratungs- oder Dienstleistungen, die einen gewissen kreativen Bestandteil haben, ist die geforderte automatische Bewertung auf elektronischem Wege anhand fester Parameter wie Verfügbarkeit oder Stundensätze ohne Weiteres denkbar. Bei Bauleistungen, und damit im Anwendungsbereich der VOB/A, wird dies in der Praxis seltener der Fall sein. Sollte sich die Vergabestelle dennoch für die Zulässigkeit einer elektronischen Auktion entschließen, ist der Entscheidungsvorgang jedenfalls in dem Vergabevermerk zu dokumentieren. 31

c) **Vergabeverfahren.** Für das Vergabeverfahren selbst gelten die jeweiligen Verfahrensvorschriften. Vor Beginn der elektronischen Auktion müssen alle in der jeweiligen Verfahrensart eingegangenen Angebote anhand der Zuschlagskriterien und deren Gewichtung **vollständig bewertet** werden. Insofern sind die Angebote von der Vergabestelle auf Vollständigkeit, Richtigkeit, Eignung und das Nichtvorliegen von Ausschlussgründen zu prüfen (§ 26 VgV). Nur die Angebote, die hiernach nicht aussortiert worden sind, können in die elektronische Auktion eingestellt werden. Die zur Verfügung stehenden Angebote sind dann auf den Teil zu beschränken, der maschinell bewertet werden kann. Insofern sind die Bieter aufzufordern, Teilangebote unter Aufrechterhaltung der verbleibenden Angebotsbestandteile im Rahmen der elektronischen Auktion abzugeben.[11] Diese Angebote werden dann durch den Rechenprozess in ihre neue Rangfolge gebracht. 32

Vorteil der elektronischen Auktion ist die Möglichkeit, ohne weiteren personellen und zeitlichen Aufwand eine erneute Angebotsabgabe zu generieren. 33

d) **Verfahrensablauf.** Den Ablauf der elektronischen Auktion im Einzelnen regelt **chronologisch** § 26 VgV, auf den ausdrücklich § 4bEU Abs. 2 verweist. 34

Nach § 26 Abs. 1 VgV hat bereits die Auftragsbekanntmachung bzw. die Aufforderung zur Interessensbestätigung die **Ankündigung** der elektronischen Auktion zu enthalten. Ohne vorherige Anzeige führt das zu einem Verfahrensfehler, denn die Bieter müssen die Möglichkeit haben, ihre Angebote entsprechend zu gestalten.[12] Zwar ist die elektronische Auktion nur ein Element innerhalb des jeweiligen Vergabeverfahrens. Nach dem Vergabegrundsatz der Transparenz soll jedoch jeder Bieter sich auf die Besonderheit der mathematischen Bewertungsmethode in der eigentlichen Auswahlphase einstellen können. 35

§ 26 Abs. 2 VgV enthält die **Mindestangaben** in den Vergabeunterlagen, soweit die Durchführung der elektronischen Auktion angekündigt ist. 36

Sind die Angebote eingegangen, findet die **erste Prüfungsstufe** statt. Hierbei sind die allgemeinen Zulässigkeitskriterien zu beachten. Hierzu gehört auch das insbesondere bei Bauvergaben häufig vorkommende Angebot mit einem unangemessen hohen oder niedrigen Preis iSv § 16dEU Abs. 1 Nr. 1, 2. In solchen Fällen sind die jeweiligen Vorgehensweisen zu beachten, sodass etwa bei einem unangemessen niedrigen Angebotspreis zuvor aufzuklären ist, bevor ausgeschlossen werden darf. Für die Frage, wann die Vergabestelle in dieser Bewertungsphase Angebote als unzulässig aussortieren kann, gibt Art. 35 Abs. 5 UAbs 3 RL 2014/24/EU mit dem Tatbestandsmerkmal „inakzeptabel" einen Orientierungspunkt. Inakzeptabel kann ein Angebot aber nur dann sein, wenn es ungeeignet erscheint, einen Vertrag über wirtschaftliche Bauleistungen schließen zu können. Wenn aber im Wege der 37

---

[10] Ziekow/Völlink/*Wichmann* VgV § 25 Rn. 4.
[11] Ziekow/Völlink/*Wichmann* VgV § 25 Rn. 11.
[12] So auch *Schröder* NZBau 2010 411 (414).

Auktion der Bieter noch seine Preise anpassen kann, sollte nach dem Prinzip des größtmöglichen Wettbewerbes dieses Angebot noch nicht nach der Phase ausgeschlossen werden.[13]

38 Das und wie zur Teilnahme an der elektronischen Auktion aufzufordern ist, regeln die § 26 Abs. 3 und 4 VgV. Danach sind alle Bieter **gleichzeitig** zur Teilnahme an der Auktion aufzufordern, sobald die erste Bewertungsphase durch die Vergabestelle vollständig abgeschlossen ist. § 25 Abs. 1 S. 3 VgV schreibt die Mitteilung des Ergebnisses dieser Bewertungsphase noch vor Beginn der Auktion vor. Der Normgeber hat hierzu nicht näher ausgeführt, worüber die Bieter im Einzelnen informiert werden sollen. Jedenfalls aber muss davon ausgegangen werden, dass jeder Bieter darüber aufgeklärt werden muss, ob er ein zulässiges Angebot eingereicht hat und damit noch im Rennen ist. Denn nur die zulässigen Angebote dürfen nach § 26 Abs. 3 VgV zur elektronischen Auktion zugelassen werden.

39 Die elektronische Auktion darf **frühestens** erst zwei Arbeitstage nach der Versendung der Aufforderung zur Teilnahme an der elektronischen Auktion beginnen.

40 Im Laufe jeder Phase der elektronischen Auktion ist allen Bietern unverzüglich zumindest der jeweilige **Rang ihres Angebotes** innerhalb der Reihenfolge aller Angebote mitzuteilen (§ 26 Abs. 5 S. 1 VgV). „Zumindest" bezieht sich auf die Daten nach § 26 Abs. 2 Nr. 3 VgV, der „Auflistung aller Daten, die den Bietern während der elektronischen Auktion zur Verfügung gestellt werden". Dabei gilt aber der Grundsatz, dass die Identität der Bieter nicht offen gelegt werden darf.

41 Der Transparenz des Verfahrens ist auch § 26 Abs. 6 VgV geschuldet, der die Bekanntgabe der **Zeitpunkte** des Beginns und des Abschlusses einer jeden Phase bei jeder Aufforderung zur Teilnahme an der elektronischen Auktion vorschreibt. Das Instrument der Auktion lässt es gerade zu, dass gegen Ende die Bieter noch ihre Preise verändern können. Die zeitliche Aufteilung ist dabei nach festen Terminen mit Uhrzeit oder nach Zeitintervallen möglich.

42 Die **Beendigung** der elektronischen Auktion tritt dann ein, wenn der in der Aufforderung zur Teilnahme bekannt gemachte Zeitpunkt für die Beendigung eintritt (§ 26 Abs. 7 Nr. 1 VgV). Aus § 26 Abs. 7 Nr. 1–3 VgV ergibt sich, dass damit dem Auftraggeber drei Möglichkeiten an die Hand gegeben werden zu bestimmen, wie die elektronische Auktion beendet wird. So kann er nach § 26 Abs. 7 Nr. 2 VgV auch einen Zeitraum festlegen, innerhalb dessen auktionskonforme Angebote abgegeben werden können. Bleiben diese aus, tritt Beendigung ein. Nach § 26 Abs. 7 Nr. 3 VgV kann vorher auch eine Anzahl von Auktionsphasen festgelegt werden, nach Ablauf der letzten Phase endet die Auktion.

43 Ist die elektronische Auktion beendet, weiß der öffentliche Auftraggeber, welchem Bieter er den Zuschlag erteilen möchte. Um ausreichenden Rechtsschutz zu gewährleisten gilt auch hier § 19EU. Es gilt die Wartefrist und das Prinzip der **Vorabinformation** der unterlegenen Bieter.

44 **3. Elektronischer Katalog (Abs. 3). a) Begriff.** Weder § 4bEU Abs. 3 noch § 27 VgV, auf den die VOB/A EU verweist, erklärt den Begriff des elektronischen Kataloges. Die **Legaldefinition** für dieses Vergabeinstrument findet sich vielmehr in § 120 Abs. 3 S. 1 GWB. Danach ist es ein auf der Grundlage der Leistungsbeschreibung erstelltes Verzeichnis der zu beschaffenden (Bau-) Leistungen in einem elektronischen Format. § 120 Abs. 3 S. 2 GWB schlägt den elektronischen Katalog insbesondere beim Abschluss von Rahmenvereinbarungen vor und listet beispielhaft typische Kategorien auf (Abbildungen, Preisinformationen, Produktbeschreibungen). Der Erwägungsgrund 68 RL 2014/24/EU sieht in dem elektronischen Katalog ein Format zur Darstellung und Gestaltung von Informationen einer Weise, die allen teilnehmenden Bietern gemeinsam ist und die für sich eine elektronische Bearbeitung anbietet, wie beispielsweise Kalkulationstabellen.

45 Elektronische Kataloge sind jedenfalls von den „allgemeinen Katalogen" der Unternehmen **abzugrenzen.** Hierauf geht der Erwägungsgrund 68 RL 2014/24/EU ein. Unter allgemeinen Katalogen dürften sämtliche – ohne Zuschnitt auf die jeweilige Ausschreibung – aufgestellte katalogisierte Darstellungen von Waren oder Leistungen verstanden werden.

---

[13] So auch Ziekow/Völlink/*Wichmann* VgV § 25 Rn. 14.

Durch die Übertragung der Leistungen des Unternehmens in das vorgeschriebene Katalogformat, wird erreicht, dass vorab das Angebot selbst noch einmal überprüft und nicht einfach übertragen wird.

Als vergaberechtliches Instrument ist der elektronische Katalog vor allem wieder im Rahmen der Vergaberechtsreform 2016[14] als **effektive und rationale Beschaffungsmethode** in den einzelnen Regelwerken neu aufgenommen worden, während er vorher lediglich in Erwägungsgründen der Richtlinien genannt wurde. Gerade bei grenzüberschreitenden Angeboten verspricht man sich durch die Verwendung von elektronischen Katalogen, die die notwendigen Informationen möglichst klar und einfach darstellen, eine erhebliche Erleichterung und damit eine Stärkung des EU-weiten Wettbewerbs. 46

b) Anwendbarkeit. Der elektronische Katalog kann grundsätzlich in jeder Verfahrensart verwendet werden. Voraussetzung dafür, dass Angebote in Form eines elektronischen Kataloges eingereicht werden können oder diese einen solchen beinhalten müssen, ist die für das jeweilige Vergabeverfahren **vorgeschriebene Nutzung elektronischer Kommunikationsmittel.** Nur dann steht dem öffentlichen Auftraggeber die Möglichkeit offen, den Vergleich und die Auswertung der Angebote in Form von standardisierten Katalogen zu vereinfachen. Die Formulierung „kann" in § 27 Abs. 1 S. 1 VgV zeigt, dass auch hier die Verwendung des Instruments im Ermessen des Auftraggebers steht. 47

§ 27 Abs. 1 S. 2 VgV stellt klar, dass neben dem elektronischen Katalog „weitere Unterlagen" beigefügt werden können. Hierbei wird es sich beispielsweise um Datenblätter oder Produktbeschreibungen handeln. 48

Im Vorfeld sind die technischen Standards der einzureichenden Kataloge zu klären. Deshalb ist mit der Bekanntmachung über den Einsatz des elektronischen Kataloges zugleich das gewünschte **Katalogaustauschformat** festzulegen.[15] Technisch werden die elektronischen Kataloge der Bieter über eine Standardschnittstelle in einem Browser eingebunden. Der öffentlicher Auftraggeber kann so unmittelbar ein Blick in den Katalog erhalten und sich damit zeitsparend Informationen besorgen.[16] 49

c) Verfahren. Die allgemeinen Vergabegrundsätze wie Gleichbehandlung, Wettbewerb oder Nichtdiskriminierung gelten auch bei Verwendung dieses Vergabeinstruments. Schon wegen des Transparenzprinzips hat der öffentliche Auftraggeber, soweit er sich für die Nutzung eines elektronischen Kataloges im Vergabeverfahren entschieden hat, bereits in der Auftragsbekanntmachung bzw. der Aufforderung zur Interessensbestätigung darauf hinzuweisen. Für die Bieter ist die Entscheidung des Auftraggebers wiederum bindend. 50

Wie bei den anderen vergaberechtlichen Instrumenten auch handelt es sich bei dem elektronischen Katalog nicht um eine Verfahrensart, sondern um eine **Methode** zur effizienten und rationellen Entscheidungsfindung. Als besonders geeignet erscheint der Einsatz bei Rahmenvereinbarungen und dynamischen Beschaffungssystemen, die wiederum auch nur Vergaberechtsinstrumente darstellen. 51

§ 27 Abs. 3 VgV beschreibt den Einsatz des elektronischen Kataloges im Rahmen der Vergabe der Einzelaufträge bei **Rahmenvereinbarungen.** Auch hier handelt es sich lediglich um ein Angebot, was sich in der Formulierung „kann er vorschreiben" und der Struktur des Abs. 3 widerspiegelt. Gesetzestechnisch hat der Normgeber aber deutlich eine Handreichung in § 27 VgV hinterlassen, um die „neuen", insbesondere elektronischen Vergabeinstrumente für den öffentlichen Auftraggeber handhabbar zu machen. 52

So finden sich in § 27 Abs. 3 Nr. 1 und 2 VgV **zwei unterschiedliche Handlungsoptionen** für die Vergabe der Einzelaufträge. Voraussetzung dafür ist, dass bereits in den Angeboten zum Abschluss der Rahmenvereinbarung elektronische Kataloge enthalten waren. Beide Optionen drehen sich um das Procedere der Einzelauftragsvergabe auf Grundlage aktualisier- 53

---

[14] Gesetz zur Modernisierung des Vergaberechts, BGBl. 2016 I 203; Verordnung zur Modernisierung des Vergaberechts, BGBl. 2016 I 624.
[15] Ziekow/Völlink/*Bernhardt* VgV § 27 Rn. 4.
[16] *Osseforth* in Gabriel/Krohn/Neun VergabeR-HdB § 13 Rn. 167.

ter elektronischer Kataloge. Hierbei kann der Bieter entweder aufgefordert werden, seinen elektronischen Katalog an die Anforderungen des Einzelauftrages anzupassen und erneut einzureichen (Nr. 1). Die zweite Option, die gesondert in der Auftragsbekanntmachung oder in den Vergabeunterlagen für den Abschluss einer Rahmenvereinbarung anzukündigen ist, sieht vor, dass der öffentliche Auftraggeber an einem bestimmten Zeitpunkt den bereits bei Abschluss der Rahmenvereinbarung eingereichten elektronischen Katalogen die Daten entnehmen kann, die für die Angebotserstellung im Hinblick auf die Einzelaufträge notwendig sind (Nr. 2). Beim ersten Lesen des § 27 Abs. 3 Nr. 2 VgV ergibt sich das nicht auf den ersten Blick, da man das Wort „sie" erst einmal nicht auf den Auftraggeber bezieht. Im Abgleich mit dem Erwägungsgrund 68 RL 2014/24/EU zeigt sich, dass der etwas missglückte Satz europarechtskonform im vorgenannten Sinne auszulegen ist.[17] Da bei dieser Verfahrensweise der Auftraggeber selbstständig die Daten für die Angebote der Bieter erstellen kann, sind die Bieter bei der Auftragsbekanntmachung oder in den Vergabeunterlagen für den Abschluss einer Rahmenvereinbarung gesondert darauf hinzuweisen. Der Bieter kann die Datenerhebung durch den Auftraggeber ablehnen.

54 Da die Datenerhebung durch den Auftraggeber eine Ausnahme von den allgemeinen Vergabegrundsätzen darstellt, befasst sich § 27 Abs. 4 VgV deshalb mit der gebotenen Kontrollmöglichkeit der Bieter. Danach hat der öffentliche Auftraggeber bei Wahl dieser Verfahrensweise jedem Bieter die gesammelten Daten vor der Erteilung des Zuschlags **vorzulegen**. Die Bieter sollen dadurch die Möglichkeit erhalten, die mit ihren Daten erstellten Angebote auf inhaltliche Fehler zu untersuchen. Aus Sicht des Vergaberechts wäre es unerträglich, wenn es der Auftraggeber in der Hand hätte, Bieter durch falsche Angebote aus dem Rennen zu werfen.[18] Es ist nicht näher beschrieben, wie sich die Parteien bei Vorlage zu verhalten haben. *Bernhardt*[19] macht in seiner Kommentierung den Vorschlag, der öffentliche Auftraggeber solle eine Frist zur Bestätigung setzen. Ohne diese Bestätigung würde das generierte Angebot als abgelehnt gelten. Dieser Auffassung kann aus Praktikabilitätsgründen zugestimmt werden.

55 Beim Einsatz im Rahmen von dynamischen Beschaffungssystemen muss mit dem Antrag auf Teilnahme am **dynamischen Beschaffungssystem** der elektronische Katalog beigefügt werden. Werden dann Einzelaufträge vergeben, können die bereits vorgelegten Kataloge auf die konkrete Abfrage hin angepasst werden.[20]

§ 5EU Einheitliche Vergabe, Vergabe nach Losen

(1) **Bauaufträge sollen so vergeben werden, dass eine einheitliche Ausführung und zweifelsfreie umfassende Haftung für Mängelansprüche erreicht wird; sie sollen daher in der Regel mit den zur Leistung gehörigen Lieferungen vergeben werden.**

(2)
1. ¹**Mittelständische Interessen sind bei der Vergabe öffentlicher Aufträge vornehmlich zu berücksichtigen.** ²**Leistungen sind in der Menge aufgeteilt (Teillose) und getrennt nach Art oder Fachgebiet (Fachlose) zu vergeben.** ³**Mehrere Teil- oder Fachlose dürfen zusammen vergeben werden, wenn wirtschaftliche oder technische Gründe dies erfordern.** ⁴**Wird ein Unternehmen, das nicht öffentlicher Auftraggeber ist, mit der Wahrnehmung oder Durchführung einer öffentlichen Aufgabe betraut, verpflichtet der öffentliche Auftraggeber das Unternehmen, sofern es Unteraufträge an Dritte vergibt, nach den Sätzen 1 bis 3 zu verfahren.**

---

[17] So auch Ziekow/Völlink/*Bernhardt* VgV § 27 Rn. 12.
[18] Erwägungsgrund 68 RL 2014/24/EU.
[19] Ziekow/Völlink/*Bernhardt* VgV § 27 Rn. 15.
[20] Ziekow/Völlink/*Bernhardt* VgV § 27 Rn. 13.

2. Weicht der öffentliche Auftraggeber vom Gebot der Losaufteilung ab, begründet er dies im Vergabevermerk.
3. ¹Der öffentliche Auftraggeber gibt in der Auftragsbekanntmachung oder in der Aufforderung zur Interessensbestätigung an, ob Angebote nur für ein Los oder für mehrere oder alle Lose eingereicht werden können. ²Der öffentliche Auftraggeber kann die Zahl der Lose beschränken, für die ein einzelner Bieter einen Zuschlag erhalten kann. ³Dies gilt auch dann, wenn ein Bieter Angebote für mehrere oder alle Lose einreichen darf. ⁴Diese Begrenzung ist nur zulässig, sofern der öffentliche Auftraggeber die Höchstzahl der Lose pro Bieter in der Auftragsbekanntmachung oder in der Aufforderung zur Interessensbestätigung angegeben hat. ⁵Für den Fall, dass ein einzelner Bieter nach Anwendung der Zuschlagskriterien eine größere Zahl an Losen als die zuvor festgelegte Höchstzahl erhalten würde, legt der öffentliche Auftraggeber in den Vergabeunterlagen objektive und nichtdiskriminierende Regeln für die Erteilung des Zuschlags fest. ⁶In Fällen, in denen ein einziger Bieter den Zuschlag für mehr als ein Los erhalten kann, kann der öffentliche Auftraggeber Aufträge über mehrere oder alle Lose vergeben, wenn er in der Auftragsbekanntmachung oder in der Aufforderung zur Interessensbestätigung angegeben hat, dass er sich diese Möglichkeit vorbehält und die Lose oder Losgruppen angibt, die kombiniert werden können.

Übersicht

	Rn.		Rn.
I. Einheitliche Vergabe (Abs. 1)	1	2. Nr. 2	26
II. Vergabe nach Losen (Abs. 2)	2–30		
1. Nr. 1	2–25	3. Nr. 3	27–30

I. Einheitliche Vergabe (Abs. 1)

Mit der Regelung über die einheitliche Ausführung werden **klare und voneinander abgrenzbare Verantwortungsbereiche geschaffen,** für eine umfassende Gewährleistung gesorgt und Streitpunkte über die Zuordnung etwaiger Mängel vermieden. Demgegenüber **können jedoch auch wirtschaftliche oder technische Überlegungen Anlass für eine Trennung zwischen der Beschaffung von Gegenständen und deren Einbau in das Bauwerk sein.** Beispielsweise ermöglicht die gesonderte Ausschreibung von Beleuchtungskörpern auch reinen Herstellerfirmen die Teilnahme am Wettbewerb. Zudem dürfte der Einbau von montagefertig gelieferten Leuchten keine großen handwerklichen oder organisatorischen Probleme aufwerfen, sodass auch insoweit eine gemeinsame Ausschreibung von Lieferung und Montage fachlich nicht geboten ist.[1]

II. Vergabe nach Losen (Abs. 2)

1. Nr. 1. Nr. 1 entspricht § 97 Abs. 4 GWB, der wortgleich mit dem bisherigen § 97 Abs. 3 GWB übereinstimmt. Danach sind die Interessen mittelständischer Unternehmen vornehmlich zu berücksichtigen, indem öffentliche Aufträge in Form von Losen vergeben werden müssen, sofern nicht eine Gesamtvergabe aus wirtschaftlichen oder technischen Gründen erforderlich ist. Damit geht § 97 Abs. 4 GWB zwar über die von Art. 46 RL 2014/24/EU geforderte bloße Begründungspflicht zur Losaufteilung hinaus. Art. 46 Abs. 4 RL 2014/24/EU stellt aber klar, dass strengere Anforderungen an die Losaufteilung – wie sie im GWB vorgesehen sind – zulässig sind.

Nach § 97 Abs. 4 GWB sind mittelständische Interessen vornehmlich zu berücksichtigen. Dazu ist eine Interessenabwägung vorzunehmen. Bei der Entscheidung über eine Gesamt-

---
[1] OLG München Beschl. v. 28.9.2005 – Verg 019/05, BeckRS 2005, 11622.

oder Losvergabe steht dem öffentlichen Auftraggeber ein Beurteilungsspielraum zu. Der öffentliche Auftraggeber hat dabei die Möglichkeit, von einer Losaufteilung abzusehen, wenn überwiegende Gründe für eine einheitliche Auftragsvergabe sprechen. Eine solche Sachlage kann gegeben sein, wenn die Aufteilung unverhältnismäßige Kostennachteile bringen oder zu einer starken Verzögerung des Vorhabens führen würde.[2] Dass eine Mehrzahl von Auftragnehmern auch eine Mehrzahl von Gewährleistungsgegnern bedeutet, entspricht dem Wesen einer losweisen Vergabe und wird vom Gesetz hingenommen. Gleiches gilt für den Umstand, dass eine losweise Vergabe ein kostenaufwändigeres Vergabeverfahren verursachen würde.

4 **Regelfall der Aufteilung in Teillose** werden **nur größere Einzel- oder Gesamtprojekte** sein können. Eine Teilung kann aber nur in Erwägung gezogen werden, wenn die räumliche Teilung in der Weise möglich ist, dass eine klare Trennung der einzelnen Aufgabengebiete sowohl in der Auftragsvergabe als insbesondere in der praktischen Bauausführung eindeutig möglich ist. Gerade die **Möglichkeit der eindeutigen Abgrenzung der Teilleistungen voneinander ist eine wesentliche Voraussetzung für Klarheit, Vollständigkeit und alle wichtigen Gesichtspunkte umfassende Vertragsverhandlungen.**

5 Eine Missachtung dieses Gebotes würde den Keim späterer Streitigkeiten in sich tragen, da Meinungsverschiedenheiten im Bauvertragswesen in großem Maße dort zu finden sind, wo es um Umfang und Grenzen von Vertragspflichten geht.[3]

6 Der **Deutsche Vergabe- und Vertragsausschuss für Bauleistungen (DVA)** – zuständig für die Fortentwicklung der VOB – hat ein **Positionspapier zu Fach- und Teillosen** veröffentlicht (30.8.2000). Danach bestimmt sich nach den gewerberechtlichen Vorschriften und der allgemein oder regional üblichen Abgrenzung, welche Leistungen zu einen Fachlos gehören. In einem **Fachlos werden jene Bauarbeiten zusammengefasst, die von einem baugewerblichen bzw. einem maschinen- oder elektrotechnischen Zweig ausgeführt werden,** unabhängig davon, in welchen Allgemeinen Technischen Vertragsbedingungen (ATV) des Teils C der VOB diese Arbeiten behandelt werden. Fachlose können regional verschieden sein. Allgemein ist es zB üblich, Erd-, Maurer-, Beton- und Stahlbetonarbeiten zusammen als ein Fachlos zu vergeben, obgleich sie verschiedenen ATVen angehören. Die **Fachlosvergabe entspricht damit der Struktur der mit der Erbringung von Bauleistungen befassten Unternehmen.**

7 Mittelständige Unternehmen müssen nach dem Normzweck in geeigneten Fällen in die Lage versetzt werden, sich eigenständig zu bewerben. Das OLG Schleswig hat in seinem Beschluss vom 14.8.2000 als entscheidend für das Fehlen eines Verstoßes gegen § 97 Abs. 3 GWB aF angenommen, dass auch bei der vom öffentlichen Auftraggeber gewählten zusammenfassenden Vergabe der „Rohbauarbeiten" (ohne Unterteilung in weitere Fachlose) eine Vergabe an mittelständische Unternehmen möglich bleibe. Nur ergänzend, und damit nicht tragend, hat das OLG Schleswig ausgeführt, es stehe einzelnen Unternehmen, die nicht den gesamten Bereich der Rohbauarbeiten abzudecken vermögen, „i.Ü." grundsätzlich frei, mit anderen Unternehmen eine Bietergemeinschaft zu bilden.

8 § 97 Abs. 3 GWB aF bestimmte, dass mittelständische Interessen vornehmlich durch Teilung der Aufträge in Fach- und Teillose zu berücksichtigen sind. Nach § 4 Nr. 2 VOB/A 2006 sollten umfangreiche Bauleistungen möglichst in Lose geteilt und nach Losen vergeben werden (Teillose). § 4 Nr. 3 VOB/A 2006 schrieb vor, dass Bauleistungen verschiedener Handwerks- oder Gewerbezweige in der Regel getrennt zu vergeben sind (Fachlose). Aus wirtschaftlichen oder technischen Gründen durften mehrere Fachlose zusammen vergeben werden.

9 Als **technisch anerkennungswürdige Gründe** kommen unter anderem **bautechnische Kopplungen benachbarter Baukörper** in Betracht, wobei als entscheidende Parameter die Plausibilität der von der Vergabestelle vorgetragenen technischen Besonderheiten,

---

[2] Vgl. Byok/Jaeger/*Hailbronner* GWB § 97 Rn. 158.
[3] VK Halle Beschl. v. 24.2.2000 – VK Hal 02/00, IBRRS 2004, 3157.

die einheitliche Betrachtungsweise dieser Besonderheiten insbesondere im Vorfeld der geplanten Ausschreibung, die Übereinstimmung der dargelegten Fakten mit den aktenkundig dokumentierten geotechnischen und geologischen Gutachten und den vorgelegten Bauwerksentwürfen anzusehen sind.[4]

Die Zweckmäßigkeit der Losaufteilung ist immer aufgrund des Einzelfalls zu beurteilen. Dabei spielen der Umfang des Auftrags, die Gewährleistung in Bezug auf die Durchführung des Auftrags und die Wirtschaftlichkeit eine Rolle. Eine unwirtschaftliche Zersplitterung wäre gegeben, wenn die Vertragsgemäßheit, insbesondere die Einheitlichkeit der Leistungen, nicht oder nur mit unverhältnismäßigem Aufwand gesichert werden kann oder die Überwachung und Verfolgung von Gewährleistungsansprüchen ungewöhnlich erschwert wird.[5] Eine solche **Zweckmäßigkeit** ist in der Regel **nur bei umfangreicheren Aufträgen** zu bejahen und/oder **bei solchen, in denen Leistungen sinnvoll zu teilen sind**.[6] Eine solche Sachlage kann aber auch vorliegen, wenn die **Aufteilung unverhältnismäßige Kostennachteile mit sich bringen oder zu einer starken Verzögerung des Vorhabens** führen würde.[7] 10

Das Vorliegen einer „unwirtschaftlichen Zersplitterung" bedarf jedoch mehr als nur gewisser, nach der Erfahrung zu erwartender Kostennachteile. Dass eine Mehrzahl von Auftraggebern auch eine Mehrzahl von Gewährleistungsgegnern bedeutet, entspricht dem Wesen einer losweisen Vergabe und wird vom Gesetz hingenommen. Gleiches gilt für den Umstand, dass eine losweise Vergabe ein kostenaufwändigeres Vergabeverfahren verursachen würde.[8] An sich plausible Gründe, wie etwa die Entlastung des Auftraggebers von der Koordinierung, der Vorzug, nur einen Vertragspartner zu haben oder die einfachere Durchsetzung von Gewährleistungsansprüchen sind damit nicht geeignet, einen Ausnahmefall zu begründen. § 4 Nr. 2 und 3 VOB/A 2006 würden leer laufen, wenn zur Begründung einer Gesamtvergabe die Benennung solcher Schwierigkeiten ausreichte, die typischerweise mit jeder losweisen Ausschreibung verbunden sind.[9] 11

Nach Auffassung der VK Münster **kann das „Argument – kleinere Mengen – höhere Preise –" nicht per se als sachwidrig angesehen werden.** Ein öffentlicher Auftraggeber kann zu Recht unterstellen, dass die Preise bei kleineren Abnahmemengen homogener Produkte höher sein werden, was für ihn unwirtschaftlicher wäre. Das ist im Falle von „Massenlieferungen" ein Erfahrungssatz, der nicht abwegig oder sachfremd ist, sondern der Realität entspricht. Er müsste somit Preisnachteile in Kauf nehmen, wenn er die Losaufteilung vornehmen würde. Eine Vergabestelle kann bei einer solchen Sachlage nicht verpflichtet werden, die Interessen des Mittelstandes vor die eigenen Interessen zu setzen und sie handelt auch nicht ermessensfehlerhaft, wenn sie sich mit guten Gründen gegen eine Losaufteilung entscheidet. 12

Auch die Tatsache, dass bei einem Rahmenvertrag sukzessive Einzelkomponenten abgerufen werden, bedeutet nicht, dass dieser wirtschaftliche Vorteil nicht existiert. Entscheidend ist, dass das Gesamtbudget innerhalb eines bestimmten Zeitraums verausgabt werden soll. 13

---

[4] 2. VK Bund Beschl. v. 8.10.2003 – VK 2-78/03, BeckRS 2003, 152586.
[5] VK Hessen Beschl. v. 10.9.2007 – 69 d VK-37/2007, IBRRS 2008, 0106; VK Hessen Beschl. v. 10.9.2007 – 69 d VK-29/2007, IBRRS 2008, 0106; VK Hessen Beschl. v. 12.9.2001 – 69 d VK-30/2001; 1. VK Sachsen Beschl. v. 25.9.2009 – 1/SVK/038-09, BeckRS 2010, 02254; iErg ebenso 1. VK Bund Beschl. v. 14.9.2007 – VK 1-101/07, BeckRS 2007, 141957; 1. VK Bund Beschl. v. 31.8.2007 – VK 1-92/07, BeckRS 2007, 142178; 1. VK Bund Beschl. v. 8.1.2004 – VK 1-117/03, BeckRS 2004, 150845.
[6] VK Hessen Beschl. v. 10.9.2007 – 69 d VK-37/2007, IBRRS 2008, 0106; VK Hessen Beschl. v. 10.9.2007 – 69 d VK-29/2007, IBRRS 2008, 0106.
[7] OLG Düsseldorf Beschl. v. 11.7.2007 – VII-Verg 10/07, BeckRS 2008, 01321; 1. VK Sachsen Beschl. v. 30.4.2008 – 1/SVK/020-08, IBRRS 2008, 1623.
[8] OLG Düsseldorf Beschl. v. 11.7.2007 – VII-Verg 10/07, BeckRS 2008, 01321; OLG Düsseldorf Beschl. v. 8.9.2004 – VII-Verg 38/04, NZBau 2004, 688; 1. VK Sachsen Beschl. v. 25.9.2009 – 1/SVK/038-09, BeckRS 2010, 02254; eher entgegengesetzt 1. VK Bund Beschl. v. 14.9.2007 – VK 1-101/07, BeckRS 2007, 141957; 1. VK Bund Beschl. v. 31.8.2007 – VK 1-92/07, BeckRS 2007, 142178.
[9] OLG Düsseldorf Beschl. v. 11.7.2007 – VII-Verg 10/07, BeckRS 2008, 01321; 1. VK Sachsen Beschl. v. 30.4.2008 – 1/SVK/020-08, IBRRS 2008, 1623.

Bei einer solchen Konstellation bestehen keine Zweifel daran, dass auch dann die Einzelkomponenten günstiger kalkuliert werden können.[10]

14   Das **Ziel einer Gewährleistung aus einer Hand** kann jedoch allein **kein Grund für die Zusammenlegung von Leistung bilden,** weil dies in jedem Fall eine Umgehung des § 4 VOB/A 2006 ermöglicht hätte.[11] Außerdem sind für alle Überlegungen und Abwägungsgesichtspunkte, die eine Abweichung vom Vorrang der losweisen Vergabe begründen, **konkrete Nachweise erforderlich.**[12] Eine Fachlosvergabe hat danach im Sinne eines an den öffentlichen Auftraggeber gerichteten bieterschützenden und justiziablen vergaberechtlichen Gebots die Regel zu sein. Eine Gesamt- oder zusammenfassende Vergabe darf nach dem in § 97 Abs. 3 GWB aF zum Ausdruck gebrachten Willen des Gesetzgebers aus Gründen der Mittelstandsförderung hingegen nur in Ausnahmefällen stattfinden.[13]

15   Der Ausnahmefall einer vergaberechtlich zulässigen Gesamtvergabe war in § 4 Nr. 3 VOB/A 2006 geregelt. Die Norm unterstellte die Entscheidung für eine Gesamtvergabe dem Ermessen des öffentlichen Auftraggebers („in der Regel", „dürfen ... zusammen vergeben werden"). Dafür können in einem generell weit zu verstehenden Sinne wirtschaftliche und/oder technische Gründe maßgebend sein. Da bei der Entscheidung – zB im Hinblick auf die Wirtschaftlichkeit der Bauausführung, die Bauabläufe und die Einhaltung zeitlicher Vorgaben – in der Regel komplexe und in die Zukunft gerichtete, prognostische Betrachtungen und Überlegungen anzustellen sind, ist dem Auftraggeber auch nach bisherigem Recht eine Einschätzungsprärogative zuzuerkennen.[14]

16   Indes macht das in § 97 Abs. 3 GWB (aF) normierte Regel-Ausnahme-Verhältnis deutlich, dass sich der Auftraggeber nach dem Normzweck bei der Entscheidung für eine zusammenfassende Vergabe in besonderer Weise mit dem Gebot einer Fachlosvergabe und dagegen sprechenden Gründen auseinanderzusetzen hat. Im Rahmen der dem Auftraggeber obliegenden Ermessensentscheidung bedarf es deshalb einer umfassenden Abwägung der widerstreitenden Belange, als deren Ergebnis die für eine zusammenfassende Vergabe sprechenden Gründe nicht nur anerkennenswert sein, sondern überwiegen müssen (soweit in den vorstehend zitierten Entscheidungen von überwiegenden Gründen die Rede ist, kennzeichnet dies folglich das Ergebnis des Abwägungsvorgangs).

17   Für das Maß eines Überwiegens lassen sich keine allgemeinen Regeln, sondern allenfalls Orientierungshilfen aufstellen. So können der mit einer Fachlos- oder gewerkeweisen Vergabe allgemein verbundene Ausschreibungs-, Prüfungs- und Koordinierungsmehraufwand sowie ein höherer Aufwand bei Gewährleistungen eine Gesamtvergabe für sich allein nicht rechtfertigen. Dabei handelt es sich um einen Fachlosvergaben immanenten und damit typischerweise verbundenen Mehraufwand, der nach dem Zweck des Gesetzes in Kauf zu nehmen ist und bei der Abwägung grundsätzlich unberücksichtigt zu bleiben hat.[15] Anders kann es sich freilich bei Synergieeffekten verhalten, die aus prognostischer Sicht durch eine zusammenfassende Vergabe zu erwarten sind.[16] Umgekehrt ist indes genauso wenig zu fordern, eine Fachlosausschreibung müsse, um davon ermessensfehlerfrei absehen zu dürfen, generell unverhältnismäßige Kostennachteile mit sich bringen und/oder zu einer starken Verzögerung des Beschaffungsvorhabens führen. Soweit der Senat davon im Beschluss vom 8.9.2004[17] gesprochen hat, ist dadurch lediglich zum Ausdruck gebracht worden, dass der

---

[10] VK Münster Beschl. v. 7.10.2009 – VK 18/09, IBRRS 2009, 3455.
[11] OLG Düsseldorf Beschl. v. 11.7.2007 – VII-Verg 10/07, BeckRS 2008, 01321; VK Arnsberg Beschl. v. 31.1.2001 – VK 2-01/01, VPRRS 2013, 0986.
[12] OLG Düsseldorf Beschl. v. 8.9.2004 – VII-Verg 38/04, NZBau 2004, 688.
[13] So ua OLG Düsseldorf Beschl. v. 8.9.2004 – VII-Verg 38/04, NZBau 2004, 688 (689); OLG Düsseldorf Beschl. v. 11.7.2007 – VII-Verg 10/07, BeckRS 2008, 01321; OLG Jena Beschl. v. 6.6.2007 – 9 Verg 3/07, VergabeR 2007, 677 (679); OLG Brandenburg Beschl. v. 27.11.2008 – Verg W 15/08, VergabeR 2009, 652 (657) sowie ua Byok/Jaeger/*Hailbronner*, 3. Aufl. 2011, GWB § 97 Rn. 155.
[14] OLG Düsseldorf Beschl. v. 11.7.2007 – VII-Verg 10/07, BeckRS 2008, 01321.
[15] So auch OLG Düsseldorf Beschl. v. 11.7.2007 – VII-Verg 10/07, BeckRS 2008, 01321.
[16] Vgl. OLG Düsseldorf Beschl. v. 11.7.2007 – VII-Verg 10/07, BeckRS 2008, 01321.
[17] OLG Düsseldorf Beschl. v. 8.9.2004 – VII-Verg 38/04, NZBau 2004, 688 (689).

Entscheidung des öffentlichen Auftraggebers für eine Gesamtvergabe eine umfassende Interessenabwägung voranzugehen und dass diese überwiegende, für eine solche Vergabe streitende Gründe hervorzubringen hat, die bei vertretbarer Würdigung einen wertungsmäßig hinzunehmenden Überhang aufweisen, der nicht lediglich in einer Vermeidung des mit einer Fachlosvergabe typischerweise verbundenen Mehraufwands liegt. Danach können auch einfache, jedenfalls nicht vernachlässigbare, Kostennachteile oder Verzögerungen genügen. Tendenziell wird ein Überhang aber umso geringer sein dürfen, desto mehr die Bauaufgabe als solche, und zwar hinsichtlich ihres Umfangs oder ihrer Komplexität, ohnehin schon besonderen, insbesondere erschwerenden Anforderungen unterliegt.

Der Maßstab der rechtlichen Kontrolle ist freilich beschränkt. Die Ermessensentscheidung des Auftraggebers ist von den Vergabenachprüfungsinstanzen nur darauf zu überprüfen, ob sie auf vollständiger und zutreffender Sachverhaltsermittlung und nicht auf einer Ermessensfehlbetätigung, namentlich auf Willkür, beruht. Dabei ist von den Vergabenachprüfungsinstanzen auch zu beachten, dass das Vergaberecht nicht nur Bieterrechte eröffnet, sondern auch eine wirtschaftliche und den vom öffentlichen Auftraggeber gestellten Anforderungen entsprechende Leistungsbeschaffung gewährleisten soll. Der öffentliche Auftraggeber als Nachfrager hat durch seine Ausschreibungen nicht bestimmte Märkte oder Marktteilnehmer zu bedienen. Vielmehr bestimmt allein der Auftraggeber im Rahmen der ihm übertragenen öffentlichen Aufgaben den daran zu messenden Beschaffungsbedarf und die Art und Weise, wie dieser gedeckt werden soll. Am Auftrag interessierte Unternehmen haben sich darauf einzustellen.[18] Der öffentliche Auftraggeber ist somit nicht verpflichtet, Ausschreibungen so zuzuschneiden, dass sich bestimmte Unternehmen – auch wenn dies für sie von wirtschaftlichem Vorteil ist – daran beteiligen können. **18**

In diesen Fällen ist ebenso wenig Gegenstand der vergaberechtlichen Überprüfung, ob der öffentliche Auftraggeber die ihm bei einer Fachlosvergabe zufallenden Aufgaben, insbesondere eine Koordinierung und Überwachung der Bauarbeiten, mit eigenen Kräften genauso gut bewältigen kann wie der im Rahmen einer Gesamtvergabe damit beauftragte Generalunternehmer.[19] Dahingehende Überlegungen liegen außerhalb des Normzwecks. **19**

An den vorstehend dargestellten Grundsätzen gemessen, sind bspw. Lärmschutzarbeiten an einem Bauabschnitt einer Autobahn nicht notwendigerweise gesondert als Fachlos zu vergeben. Die Arbeiten an Lärmschutzwänden sind mit den übrigen Bauarbeiten verwoben, woraus sich den Bauabläufen entsprechend die Notwendigkeit ergeben kann, Lärmschutzwände teilweise auf relativ kurzen Streckenabschnitten, gleichzeitig, zu verschiedenen Zeiten und an unterschiedlichen Stellen, an denen zuvor andere Baubeteiligte tätig gewesen sind, zu errichten. Der Aspekt einer örtlichen und zeitlichen Verzahnung der Arbeiten ist sowohl für die Kosten als auch für die Bauzeit relevant. **20**

Schwierigkeiten wirft auch das von der Vergabestelle so genannte Mäandern der Lärmschutzwände auf, was bedeutet, dass die vorhandenen und die neu zu errichtenden Lärmschutzwände nicht in derselben Achse verlaufen, sondern dass die neue Wand mal vor und mal hinter der alten Lärmschutzwand zu stehen kommen soll, und dass auch die neuen Böschungskanten teils vor und teils hinter der alten liegen. Dies setzt technische und zeitliche Abstimmungen mit dem Erdbauer, der die vorhandenen Lärmschutzwände und deren Gründung in Form von Bohrpfählen zu entfernen hat, voraus – auch wenn dies nur auf wenigen Streckenabschnitten zu geschehen hat. Der Lärmschutzwandbauer hat die neuen Bohrpfähle zu setzen. **21**

Ein Abstimmungs- und Bauleitungsbedarf tritt darüber hinaus auch bei der Frage auf, wann und unter welchen Bedingungen Lärmschutzwände im Zusammenwirken der Baubeteiligten auf Stützwänden, Steilwänden und Brücken zu errichten und in die Gesamtbauleistung zu integrieren sind. Auch insofern kann bei den Lärmschutzarbeiten nicht von einem komplett „nachlaufenden" Gewerk gesprochen werden. Die Lärmschutzwände können – vor allem im Interesse einer Beschleunigung der Arbeiten – nach und nach errichtet werden. **22**

---

[18] So auch *Müller-Wrede* NZBau 2004, 643 (646).
[19] Vgl. auch OLG München Beschl. v. 28.4.2006 – Verg 6/06, VergabeR 2006, 914 (921).

23 Durch die Bauarbeiten wird ferner in den laufenden Straßenverkehr eingegriffen. Sämtliche Gewerke können nur fahrbahnseitig ausgeführt werden. Dies schränkt den Verkehrsraum bis zur Fertigstellung aller Arbeiten erheblich ein. Daraus resultieren anhaltende Störungen des Verkehrsflusses sowie die Gefahr von Staus und Verkehrsunfällen. Sowohl die Lärmbeeinträchtigung für die Anwohner als auch die Auswirkungen der Baumaßnahme auf den Straßenverkehr sind als Umstände anzuerkennen, die – nachvollziehbar – eine besondere Beschleunigung der Arbeiten angeraten erscheinen lassen.

24 Die vorstehend beschriebenen Besonderheiten mögen eine jede für sich und isoliert betrachtet zwar nicht genügen, von einer Fachlosausschreibung abzusehen. Jedoch ist eine Gesamtschau und -bewertung der Gründe vorzunehmen. Aus der Gesamtwürdigung der Umstände geht hervor, dass die Entscheidung der Vergabestelle für eine Gesamtvergabe im Ergebnis vertretbar und daher hinzunehmen ist. Allerdings treten die Erleichterungen bei der Vergabestelle vornehmlich bei den Koordinierungs- sowie bei den Bauleitungs- und Überwachungsaufgaben auf, die auf den Generalunternehmer übertragen werden. Solche Erleichterungen sind für sich genommen nicht geeignet, eine Gesamtvergabe zu rechtfertigen. Hinzu kommt: Die Baumaßnahme ist mehrschichtig und komplex gelagert. Besonderheiten stellen sich aus verschiedenen, vorhin beschriebenen Richtungen, unter anderem aufgrund der unter den Gewerken bestehenden Abhängigkeiten, aber auch und vor allem unter den Gesichtspunkten des Lärmschutzes und der Auswirkungen der Baumaßnahmen auf den Straßenverkehr.

25 Bei einem solchen Befund ist im Rahmen der Ermessensausübungskontrolle nicht zu tadeln, wenn der Auftraggeber die Ausführung der Arbeiten einer besonderen Beschleunigung unterwirft. Es ist ebenso wenig etwas daran auszusetzen, wenn er bei einer komplexen Baumaßnahme wie der in Rede stehenden jede Möglichkeit zu einer Beschleunigung wahrnimmt, und die Wirkungen bei zusammenfassender Betrachtung aus vertretbarer Sicht der Dinge den Eintritt eines nicht vernachlässigbaren Beschleunigungseffekts erwarten lassen. Die Vergabestelle darf sich von einer Gesamtvergabe und Verlagerung der Koordinierungs- und Überwachungsaufgaben auf den Generalunternehmer eine gewisse Beschleunigung der Arbeiten versprechen, dies allein deswegen, weil dadurch eine Koordinierungsebene entfiel. Die Beschleunigungswirkung weist gewissermaßen als Überhang den entscheidenden weiteren Effekt auf, dass die von den Baumaßnahmen ausgehenden spezifischen Beeinträchtigungen durch Straßenlärm, Verkehrsbehinderungen und Unfallgefahren voraussichtlich geringer gehalten, d.h. abgekürzt werden können.

26 **2. Nr. 2.** Die Entscheidung der Vergabestelle ist zu dokumentieren. Die für die Entscheidung wesentlichen Gründe ergeben sich aus dem Vergabevermerk. Auch wenn darin ausdrückliche Ausführungen zum Abwägungsvorgang fehlen, reicht, wenn ersichtlich ist, dass nach dem Ergebnis der von der Vergabestelle vorgenommenen Gesamtwürdigung die für eine zusammenfassende Ausschreibung angeführten Argumente dominierten.

27 **3. Nr. 3.** Für den Fall, dass ein einzelner Bieter nach Anwendung der Zuschlagskriterien eine größere Zahl an Losen als die zuvor festgelegte Höchstzahl erhalten würde, legt der öffentliche Auftraggeber in den Vergabeunterlagen objektive und nichtdiskriminierende Regeln für die Erteilung des Zuschlags fest. In bestimmten Fällen ist danach eine Loslimitierung vergaberechtlich zulässig. In seiner Entscheidung vom 15.6.2000[20] hat das OLG Düsseldorf die Loslimitierungen jedenfalls für bestimmte Fallgestaltungen gebilligt. Er hat dies mit der dadurch verbundenen Streuung wirtschaftlicher und technischer Risiken sowie dem Schutz auch zukünftigen Wettbewerbs gerechtfertigt. Das Landessozialgericht NRW hat mit Beschluss vom 30.1.2009[21] die Vergaberechtskonformität einer Loslimitierung bei einem Auftrag über Inkontinenzversorgung aus ähnlichen Erwägungen bejaht.

---

[20] OLG Düsseldorf Beschl. v. 15.6.2000 – Verg 6/00, NZBau 2000, 440 – Euro-Münzplättchen III.
[21] LSG Nordrhein-Westfalen Beschl. v. 30.1.2009 – L 21 KR1/08 SFB= BeckRS 2009, 51726.

In der Literatur[22] werden demgegenüber auch Einwände gegen die Zulässigkeit der 28 Loslimitierung geäußert. Es wird geltend gemacht, diese hindere besonders leistungsfähige Unternehmen in ungerechtfertigter Weise an der Abgabe eines Angebots für sämtliche Lose. Diese Kritik vernachlässigt indes das Bestimmungsrecht des Auftraggebers, unter anderem auch durch eine Beschränkung von Losbeteiligungen die Regularien der Ausschreibung festzulegen. Der Senat hält daher auch vor dem Hintergrund der kritischen Ausführungen jedenfalls für bestimmte Fallgestaltungen, so zuletzt bezüglich der Lieferung (Hauszustellung) von Inkontinenzartikeln,[23] bei der es in besonderem Maße auf eine laufende und jederzeitige Lieferfähigkeit des Auftragnehmers ankam, an seiner Rechtsprechung fest.

Hinsichtlich der Erwägungen des Auftraggebers, die für oder gegen eine Angebotslimitierung sprechen, ist der Maßstab der rechtlichen Kontrolle beschränkt. Seine Entscheidung ist von den Nachprüfungsinstanzen nur darauf zu überprüfen, ob sie auf vollständiger und zutreffender Sachverhaltsermittlung und nicht auf Beurteilungsfehlern, namentlich auf Willkür beruht. Dabei ist zu beachten, dass das Vergaberecht nicht nur Wettbewerb und subjektive Bieterrechte eröffnet, sondern auch eine wirtschaftliche und den vom öffentlichen Auftraggeber gestellten Anforderungen entsprechende Beschaffung gewährleisten soll. Der öffentliche Auftraggeber als Nachfrager hat durch seine Ausschreibungen nicht bestimmte Marktteilnehmer zu bedienen. Vielmehr bestimmt allein der Auftraggeber im Rahmen der ihm übertragenen Aufgaben den daran zu messenden Beschaffungsbedarf und die Weise, wie dieser gedeckt werden soll. Am Auftrag interessierte Unternehmen haben sich darauf einzustellen.[24] Als Begründung wird dafür zutreffend angeführt: „Gewährleistung der Reinigungssicherheit und Streuung des wirtschaftlichen und technischen Risikos. Als Konsequenz dieser Begrenzung muss jeder Bieter, der mehr als die Höchstzahl der Lose anbietet, ausgeschlossen werden". 29

Einer darüber hinausgehenden Begründung bzw. Dokumentation in den Vergabeakten bedarf es nicht. Die Vorteile der Loslimitierung (Risikostreuung/Verhinderung der Abhängigkeit von einem Bieter, Mittelstandsschutz/Verbesserung der Wettbewerbsmöglichkeiten auch für kleinere Unternehmen, strukturelle Erhaltung des Anbieterwettbewerbs auch für die Zukunft) sind in den mit Vergaberecht befassten Kreisen allgemein bekannt. Die Angebotslimitierung ist hierbei die in der Vergabepraxis übliche und in der früheren Rechtsprechung und vergaberechtlichen Literatur nahezu ausschließlich behandelte Form der Loslimitierung. Spezifische Bieterinteressen braucht der Auftraggeber bei der Wahl zwischen Angebots- und Zuschlagslimitierung nicht zu berücksichtigen. 30

§ 6EU Teilnehmer am Wettbewerb

(1) Öffentliche Aufträge werden an fachkundige und leistungsfähige (geeignete) Unternehmen vergeben, die nicht nach § 6eEU ausgeschlossen worden sind.

(2) ¹Ein Unternehmen ist geeignet, wenn es die durch den öffentlichen Auftraggeber im Einzelnen zur ordnungsgemäßen Ausführung des öffentlichen Auftrags festgelegten Kriterien (Eignungskriterien) erfüllt. ²Die Eignungskriterien dürfen ausschließlich Folgendes betreffen:
1. Befähigung und Erlaubnis zur Berufsausübung,
2. wirtschaftliche und finanzielle Leistungsfähigkeit,
3. technische und berufliche Leistungsfähigkeit.
³Die Eignungskriterien müssen mit dem Auftragsgegenstand in Verbindung und zu diesem in einem angemessenen Verhältnis stehen.

---

[22] Kulartz/Kus/Portz/*Zeise*, 4. Aufl. 2016, GWB § 97 Rn. 70; Ziekow/Völlink/Ziekow GWB§ 97 Rn. 61; Otting/*Tresselt* VergabeR 2009, 584.
[23] OLG Düsseldorf Beschl. v. 7.12.2011 – VII-Verg 99/11, BeckRS 2012, 02841.
[24] Vgl. auch OLG Düsseldorf Beschl. v. 11.1.2012 – VII-Verg 52/11, BeckRS 2012, 04015 zur Fachlosvergabe.

(3)
1. Der Wettbewerb darf nicht auf Unternehmen beschränkt werden, die in bestimmten Regionen oder Orten ansässig sind.
2. ¹Bewerber- und Bietergemeinschaften sind Einzelbewerbern und -bietern gleichzusetzen. ²Für den Fall der Auftragserteilung kann der öffentliche Auftraggeber verlangen, dass eine Bietergemeinschaft eine bestimmte Rechtsform annimmt, sofern dies für die ordnungsgemäße Durchführung des Auftrages notwendig ist.
3. Der öffentliche Auftraggeber kann das Recht zur Teilnahme an dem Vergabeverfahren unter den Voraussetzungen des § 118 GWB beschränken.
4. ¹Hat ein Bewerber oder Bieter oder ein mit ihm in Verbindung stehendes Unternehmen vor Einleitung des Vergabeverfahrens den öffentlichen Auftraggeber beraten oder sonst unterstützt, so ergreift der öffentliche Auftraggeber angemessene Maßnahmen, um sicherzustellen, dass der Wettbewerb durch die Teilnahme dieses Bieters oder Bewerbers nicht verfälscht wird. ²Der betreffende Bewerber oder Bieter wird vom Verfahren nur dann ausgeschlossen, wenn keine andere Möglichkeit besteht, den Grundsatz der Gleichbehandlung zu gewährleisten. ³Vor einem solchen Ausschluss gibt der öffentliche Auftraggeber den Bewerbern oder Bietern die Möglichkeit, nachzuweisen, dass ihre Beteiligung an der Vorbereitung des Vergabeverfahrens den Wettbewerb nicht verzerren kann. ⁴Die ergriffenen Maßnahmen werden im Vergabevermerk dokumentiert.

Übersicht

	Rn.		Rn.
I. Vergabegrundsatz (Abs. 1)	1, 2	g) § 124 Abs. 1 Nr. 7 GWB	32, 33
II. Grundanforderungen an die Eignung (Abs. 2)	3–63	h) § 124 Abs. 1 Nr. 8 GWB	34
		i) § 124 Abs. 1 Nr. 9 GWB	35
1. Eignung (§ 122 GWB)	4	4. Selbstreinigung (§ 125 GWB)	36–60
2. Zwingende Ausschlussgründe (§ 123 GWB)	5–19	a) Grundsatz	36–39
		b) Nachweis der Selbstreinigungsmaßnahmen	40–55
a) § 123 Abs. 1 GWB	5–8		
b) § 123 Abs. 2 GWB	9	c) Spezieller Selbstreinigungstatbestand bei Nichtzahlung von Steuern und Sozialabgaben	56–60
c) § 123 Abs. 3 GWB	10–15		
d) § 123 Abs. 4 GWB	16, 17	5. Frist für den Ausschluss (§ 126 GWB)	61–63
e) § 123 Abs. 5 GWB	18, 19		
3. Fakultative Ausschlussgründe (§ 124 GWB)	20–35	III. Unzulässige Wettbewerbsbeschränkungen durch fehlerhafte Vergabekriterien (Abs. 3)	64–73
a) § 124 Abs. 1 Nr. 1 GWB	22, 23	1. Nr. 1	64–67
b) § 124 Abs. 1 Nr. 2 GWB	24	2. Nr. 2	68–71
c) § 124 Abs. 1 Nr. 3 GWB	25–27	3. Nr. 3	72
d) § 124 Abs. 1 Nr. 4 GWB	28	4. Nr. 4	73
e) § 124 Abs. 1 Nr. 5 GWB	29		
f) § 124 Abs. 1 Nr. 6 GWB	30, 31		

I. Vergabegrundsatz (Abs. 1)

1 Ob die Leistungsfähigkeit für die Erbringung der ausgeschriebenen Leistung beim jeweiligen Bieter in ausreichendem Maße vorhanden ist, richtet sich nach den Umständen des Einzelfalls; bei der Beurteilung der Eignung eines Bieters kommt es entscheidend darauf an, inwieweit die umfassend zu prüfenden und abzuwägenden Umstände des Einzelfalls die Prognose erlauben, dass der Bieter gerade die ausgeschriebenen und von ihm angebotenen Leistungen vertragsgerecht erbringen kann.¹

2 Einem öffentlichen Auftraggeber ist bei diesen Abwägungen im Rahmen der materiellen Eignungsprüfung grundsätzlich ein gewisser Beurteilungsspielraum zuzugestehen, der durch

---
¹ Vgl. VK Bund Beschl. v. 4.10.2012 – VK 2-86/12, IBRRS 2012, 3950.

die Nachprüfungsinstanzen nur begrenzt überprüfbar ist.² Jedoch müssen die Erwägungen des öffentlichen Auftraggebers erkennen lassen, dass er bei der Beurteilung keinen relevanten Beurteilungsfehler gemacht hat. Beurteilungsfehler des öffentlichen Auftraggebers im Rahmen der materiellen Eignungsprüfung, die ein Eingreifen der Nachprüfungsbehörden gebieten, liegen insbesondere dann vor, wenn die Entscheidung auf sachfremden Erwägungen oder Mutmaßungen beruht, die Tatsachengrundlage für eine sachgerechte Entscheidung zu dürftig ist oder wenn die Vergabestelle ihre eigenen Vorgaben für die Eignungsprüfung missachtet.³

II. Grundanforderungen an die Eignung (Abs. 2)

Die Vorschriften zu Anforderungen an Unternehmen ergänzen die in **§ 122 GWB** getroffene Regelung zur Eignung und die in den **§§ 123–126 GWB** getroffenen Regelungen zum Ausschluss von Bewerbern und Bietern.

1. Eignung (§ 122 GWB). § 122 GWB nimmt den Regelungsgehalt des **bisherigen § 97 Abs. 4 S. 1**, Abs. 4a GWB auf und legt dabei die Grundanforderungen an die Eignung der Unternehmen, die sich in einem Vergabeverfahren um öffentliche Aufträge bewerben möchten, abschließend fest. Die Vorschrift greift dabei die Terminologie und Systematik des Art. 58 RL 2014/24/EU auf. **§ 122 Abs. 3 GWB** entspricht dem bisherigen § 97 Abs. 4a GWB und lässt die Einrichtung staatlicher oder privatwirtschaftlich organisierter, anerkannter Präqualifizierungssysteme zum vereinfachten Nachweis der Eignung und des Nichtvorliegens von Ausschlussgründen zu. Der Absatz greift damit den Regelungsgehalt des Art. 64 Abs. 1 RL 2014/24/EU auf.

2. Zwingende Ausschlussgründe (§ 123 GWB). a) § 123 Abs. 1 GWB. Die in **§§ 123, 124 GWB** geregelten Ausschlussgründe legen fest, wann ein Bewerber oder Bieter im Rahmen der Auswahl der Teilnehmer von dem Vergabeverfahren ausgeschlossen werden kann bzw. werden muss. Davon zu unterscheiden ist der Ausschluss eines Angebots, weil dieses beispielsweise formale Mängel aufweist; dazu werden Regelungen in der Vergabeverordnung getroffen.

§ 123 GWB regelt, wann ein Unternehmen zwingend von der Teilnahme an einem Vergabeverfahren ausgeschlossen werden muss. Bei Vorliegen eines zwingenden Ausschlussgrundes steht dem öffentlichen Auftraggeber kein Ermessen bei der Entscheidung zu, ob das Unternehmen ausgeschlossen wird. Damit setzt § 123 GWB die Bestimmungen in Art. 57 Abs. 1, 2 und 5 UAbs. 1 RL 2014/24/EU um. Da der Ausschluss eines Unternehmens von der Teilnahme an einem Vergabeverfahren in Grundrechte eingreifen kann, erfolgt nunmehr eine Regelung im Gesetz. Nur in Ausnahmefällen haben öffentliche Auftraggeber trotz des Vorliegens eines zwingenden Ausschlussgrundes die Möglichkeit bzw. sogar die Verpflichtung, von einem Ausschluss des Unternehmens abzusehen. Zum einen kann nach **§ 123 Abs. 5 GWB** bei zwingenden Gründen des öffentlichen Interesses von einem Ausschluss abgesehen werden. Zum anderen ist ein Ausschluss dann nicht zulässig, wenn das Unternehmen eine erfolgreiche Selbstreinigung nach **§ 125 GWB oder § 123 Abs. 4 S. 2 GWB** durchgeführt hat.

Art. 57 Abs. 1 RL 2014/24/EU sieht einen Ausschluss eines Wirtschaftsteilnehmers für den Fall vor, dass „dieser Wirtschaftsteilnehmer" wegen einer der aufgelisteten Straftaten rechtskräftig verurteilt worden ist. Das ist zum einen dann der Fall, wenn eine natürliche Person, deren Verhalten dem Wirtschaftsteilnehmer nach Art. 57 Abs. 1 UAbs. 2 RL 2014/24/EU zuzurechnen ist, verurteilt worden ist. Zum anderen liegt eine Verurteilung des Wirtschaftsteilnehmers iSv Art. 57 Abs. 1 RL 2014/24/EU aber auch dann vor, wenn

---
² So auch OLG Düsseldorf Beschl. v. 9.6.2010 – VII-Verg 14/10, BeckRS 2010, 19463; OLG Düsseldorf Beschl. v. 26.11.2008 – VII-Verg 54/08, BeckRS 2009, 05998; OLG Thüringen Beschl. v. 21.9.2009 – 9 Verg 7/09, BeckRS 2009, 86482.
³ Vgl. jurisPK-VergabeR/Summa, 4. Aufl. 2013, VOB/A 2009§ 16 Rn. 281 ff. mwN; VK Bund Beschl. v. 4.10.12 – VK 2-86/12, IBRRS 2012, 3950.

gegen das Unternehmen selbst eine Geldbuße nach § 30 OWiG festgesetzt worden ist. Voraussetzung dafür ist, dass eine natürliche Person, deren Verhalten dem Unternehmen zuzurechnen ist, eine Straftat oder Ordnungswidrigkeit begangen hat, durch die Pflichten des Unternehmens verletzt worden sind oder das Unternehmen bereichert worden ist bzw. werden sollte. Die Richtlinie 2014/24/EU stellt nicht auf eine strafgerichtliche Verurteilung ab, sondern auf eine Verurteilung aufgrund einer Straftat; daher wird auch die Verurteilung eines Unternehmens nach § **30 OWiG** erfasst.

8   Art. 57 Abs. 1 UAbs. 1, Abs. 2 RL 2014/24/EU enthalten einen Katalog von Straftaten. Im Vergleich zur Richtlinie 2004/18/EG wurde dieser Katalog um terroristische Straftaten und Terrorismusfinanzierung sowie um Kinderarbeit und Menschenhandel ergänzt. Die Umsetzung in **§ 123 GWB** geht grundsätzlich nicht über die verpflichtenden Vorgaben der Richtlinie hinaus und zeichnet diese soweit wie möglich für das deutsche Recht nach. Insbesondere wurde davon abgesehen, solche Ausschlussgründe, die nach der Richtlinie 2014/24/EU fakultativ sind, in **§ 123 GWB** als zwingende Ausschlussgründe zu gestalten oder nicht in der Richtlinie aufgeführte Straftaten in den Katalog des § 123 GWB aufzunehmen. Angesichts der gravierenden Rechtsfolge des zwingenden Ausschlusses von der Teilnahme an einem Vergabeverfahren darf die Festlegung obligatorischer Ausschlussgründe nicht weiter als unbedingt notwendig gehen. Bei nicht in **§ 123 GWB** aufgeführten Straftaten kann aber der fakultative Ausschlussgrund nach **§ 124 Abs. 1 Nr. 3 GWB** in Betracht kommen.

9   b) **§ 123 Abs. 2 GWB.** § 123 Abs. 2 GWB greift den Regelungsgehalt des bisherigen § 6 Abs. 4 S. 2 VOL/A EG und entsprechender Regelungen in der VOB/A, der VSVgV und der Sektorenverordnung auf. Die Regelung erfasst die Verurteilung in anderen Staaten, die naturgemäß nicht auf der Grundlage deutscher Strafnormen erfolgen kann, sofern diese inhaltlich einer Verurteilung nach den in Art. 57 Abs. 1 RL 2014/24/EU genannten Tatbeständen entsprechen. Eine inhaltliche Entsprechung fehlt auch dann, wenn die Verurteilung mit wesentlichen Grundsätzen des deutschen Rechts, insbesondere mit den Grundrechten, unvereinbar ist.

10 c) **§ 123 Abs. 3 GWB.** § 123 Abs. 3 GWB regelt, wann das Verhalten einer wegen einer Straftat verurteilten natürlichen Person einem Unternehmen zugerechnet werden kann.
11 Damit wird Art. 57 Abs. 1 UAbs. 2 RL 2014/24/EU umgesetzt. Die Formulierung in § 123 Abs. 3 GWB[4] erfolgt in Anlehnung an **§ 30 Abs. 1 Nr. 5 OWiG**: Diese Vorschrift regelt, wann aufgrund einer Straftat oder Ordnungswidrigkeit einer natürlichen Person eine Geldbuße gegen eine juristische Person oder eine Personenvereinigung verhängt werden kann. Dabei definiert § 30 Abs. 1 Nr. 5 OWiG den Oberbegriff des relevanten Personenkreises, während die in § 30 Abs. 1 Nr. 1–4 OWiG aufgelisteten Personen Unterfälle darstellen.
12 Danach gehört zu den für die Leitung des Unternehmens verantwortlich handelnden Personen insbesondere, wer vertretungsberechtigtes Organ einer juristischen Person oder Mitglied eines solchen Organs, Vorstand eines nicht rechtsfähigen Vereins oder Mitglied eines solchen Vorstands, vertretungsberechtigter Gesellschafter einer rechtsfähigen Personengesellschaft oder Generalbevollmächtigter ist oder wer in leitender Stellung Prokurist oder Handlungsbevollmächtigter einer juristischen Person, eines nicht rechtsfähigen Vereins bzw. einer rechtsfähigen Personengesellschaft ist.
13 Gemäß Art. 57 Abs. 1 UAbs. 2 RL 2014/24/EU findet die Verpflichtung zum Ausschluss eines Unternehmens auch dann Anwendung, wenn „die rechtskräftig verurteilte Person ein Mitglied im Verwaltungs-, Leitungs- oder Aufsichtsgremium dieses Unternehmens ist oder darin Vertretungs-, Entscheidungs- oder Kontrollbefugnisse hat". Das Wort „darin" bezieht sich auf das Unternehmen insgesamt und nicht nur eingeschränkt auf das Verwaltungs-, Leitungs- oder Aufsichtsgremium dieses Unternehmens. Ansonsten würde Hs. 2 weitge-

---

[4] Für die Leitung des Unternehmens Verantwortlicher.

hend leerlaufen und insbesondere der Fall eines Prokuristen nicht erfasst werden, der eventuell nur für einen Teil der wirtschaftlichen Tätigkeit eines Unternehmens Prokura besitzt und nicht Mitglied eines Verwaltungs-, Leitungs- oder Aufsichtsgremiums des Unternehmens ist.

Auch Straftaten eines solchen Prokuristen sind dem Unternehmen, für das der Prokurist tätig ist, zuzurechnen. Durch die Formulierung in § 123 Abs. 3 GWB, dass nur Straftaten einer Person, die als „für die Leitung des Unternehmens Verantwortlicher gehandelt hat", dem Unternehmen zugerechnet werden, wird klargestellt, dass ein Ausschluss eines Unternehmens vom Vergabeverfahren nur aufgrund von solchen[5] Straftaten erfolgen kann, die einen Unternehmensbezug aufweisen.

Nur solche Straftaten können dem „Wirtschaftsteilnehmer" iSv Art. 57 Abs. 1 RL 2014/24/EU zugerechnet werden, mit der Folge des zwingenden Ausschlusses des Unternehmens. Eine ausschließlich im privaten Zusammenhang stehende Straftat beispielsweise des Geschäftsführers eines Unternehmens, die keinen Bezug zur wirtschaftlichen Tätigkeit des Unternehmens aufweist, kann dagegen keinen Ausschlussgrund nach § 123 GWB darstellen.

d) § 123 Abs. 4 GWB. § 123 Abs. 4 S. 1 Nr. und 2 GWB legt den neuen zwingenden Ausschlussgrund der Nichtentrichtung von Steuern und Sozialabgaben fest und setzt damit Art. 57 Abs. 2 RL 2014/24/EU um. Bisher war hierfür im europäischen und im deutschen Vergaberecht nur ein fakultativer Ausschluss vorgesehen. Unter diesen Ausschlussgrund fällt die durch bestandskräftige Verwaltungsentscheidung oder rechtskräftige Gerichtsentscheidung festgestellte Nichtentrichtung von Steuern, Abgaben und Sozialversicherungsbeiträgen trotz bestehender Verpflichtung des Unternehmens hierzu.

Auch Verurteilungen wegen Steuerhinterziehung nach **§ 370 AO** und wegen Vorenthaltung und Veruntreuung von Sozialversicherungsbeiträgen nach **§ 266a StGB** werden als Unterfälle von diesem neuen zwingenden Ausschlussgrund erfasst. Deshalb werden sie nicht in dem Katalog des § 123 Abs. 1 GWB aufgeführt. § 123 Abs. S. 2 GWB enthält eine spezielle Vorschrift zur Möglichkeit der Selbstreinigung bei Vorliegen dieses Ausschlussgrundes, die der strengeren allgemeinen Regelung in **§ 125 GWB** vorgeht.

e) § 123 Abs. 5 GWB. § 123 Abs. 5 GWB gibt öffentlichen Auftraggebern die Möglichkeit, ausnahmsweise von einem an sich zwingend vorgesehenen Ausschluss eines Unternehmens abzusehen, wenn dies aus zwingenden Gründen des öffentlichen Interesses geboten ist. Damit wird von der nach Art. 57 Abs. 3 UAbs. 1 RL 2014/24/EU bestehenden Möglichkeit, eine Ausnahme vom zwingenden Ausschluss vorzusehen, Gebrauch gemacht. Diese Ausnahmeregelung ist eng auszulegen. Es reicht nicht, wenn die Teilnahme des Unternehmens, bei dem ein zwingender Ausschlussgrund nach **§ 123 Abs. 1 GWB** vorliegt, aus Gründen des öffentlichen Interesses sinnvoll erscheint oder das Unternehmen einen günstigeren Preis geboten hatte, sondern seine Teilnahme muss aus zwingenden Gründen des öffentlichen Interesses geboten sein. Erwägungsgrund 100 RL 2014/24/EU führt als Beispiel hierfür die Beschaffung dringend benötigter Impfstoffe an, die nur von einem Unternehmen erworben werden können, bei dem ein zwingender Ausschlussgrund vorliegt.

Weniger eng formuliert ist die Ausnahmemöglichkeit nach § 123 Abs. 5 S. 2 GWB – in Umsetzung von Art. 57 Abs. 3 UAbs. 2 RL 2014/24/EU – für den Fall einer Nichtentrichtung von Steuern oder Sozialversicherungsbeiträgen. Hierbei genügt es für die Möglichkeit einer Ausnahme vom Ausschluss, wenn ein Ausschluss offensichtlich unverhältnismäßig wäre. Art. 57 Abs. 3 UAbs. 2 RL 2014/24/EU führt als Beispiele für eine solche offensichtliche Unverhältnismäßigkeit auf, dass nur geringfügige Beträge an Steuern oder Sozialversicherungsbeiträgen nicht gezahlt wurden oder dass das Unternehmen im Zusammenhang mit der Zahlung von Steuern oder Sozialversicherungsbeiträgen so spät über den genauen

---

[5] Durch natürliche Personen begangen.

geschuldeten Betrags unterrichtet wurde, dass es keine Möglichkeit hatte, die nachträgliche Zahlung vor dem Ablauf der Frist für die Beantragung der Teilnahme bzw. im offenen Verfahren der Frist für die Einreichung der Angebote durchzuführen.

20   **3. Fakultative Ausschlussgründe (§ 124 GWB).** Der in Art. 57 Abs. 4 RL 2014/24/EU enthaltene Katalog fakultativer Ausschlussgründe ist umfangreicher als der Katalog in Art. 45 Abs. 2 RL 2004/18/EG. Neu hinzugekommen sind fakultative Ausschlussgründe bei Verstoß gegen geltende umwelt-, sozial- und arbeitsrechtliche Verpflichtungen, bei wettbewerbsverzerrenden Absprachen, bei Interessenkonflikt, bei Wettbewerbsverzerrung aufgrund vorheriger Einbeziehung des Unternehmens, bei mangelhafter früherer Auftragsausführung sowie bei versuchter unzulässiger Einflussnahme auf die Entscheidungsfindung des öffentlichen Auftraggebers. Der bisherige fakultative Ausschlussgrund des Nichtentrichtens von Steuern oder Sozialabgaben wurde zu einem zwingenden Ausschlussgrund.

21   Die bereits in der Richtlinie 2004/18/EG vorgesehenen fakultativen Ausschlussgründe wurden teilweise umformuliert. Die Umsetzung von Art. 57 Abs. 4 RL 2014/24/EU in § 124 Abs. 1 GWB orientiert sich strikt an den Vorgaben der Richtlinie.

22   **a) § 124 Abs. 1 Nr. 1 GWB.** § 124 Abs. 1 Nr. 1 GWB sieht die Möglichkeit eines Ausschlusses für den Fall vor, dass ein Unternehmen bei der Ausführung öffentlicher Aufträge nachweislich gegen geltende umwelt-, sozial- oder arbeitsrechtliche Verpflichtungen verstoßen hat. Damit wird Art. 57 Abs. 4 lit. a RL 2014/24/EU umgesetzt, der Verstöße gegen geltende Verpflichtungen gem. Art. 18 Abs. 2 RL 2014/24/EU mit der Ausschlussmöglichkeit sanktioniert.

23   Davon umfasst sind gem. Art. 18 Abs. 2 RL 2014/24/EU alle für das Unternehmen geltenden umwelt-, sozial- und arbeitsrechtlichen Verpflichtungen, die durch Rechtsvorschriften der Europäischen Union, einzelstaatliche Rechtsvorschriften, aber auch durch für das Unternehmen verbindliche Tarifverträge festgelegt sind. Umfasst sind auch die in Anhang X der Richtlinie 2014/24/EU aufgeführten internationalen Abkommen.[6]

24   **b) § 124 Abs. 1 Nr. 2 GWB.** § 124 Abs. 1 Nr. 2 GWB setzt Art. 57 Abs. 4 lit. b RL 2014/24/EU um, der den Ausschluss von der Teilnahme an einem Vergabeverfahren bei (drohender) Zahlungsunfähigkeit vorsieht.

25   **c) § 124 Abs. 1 Nr. 3 GWB.** § 124 Abs. 1 Nr. 3 GWB setzt Art. 57 Abs. 4 lit. c RL 2014/24/EU um. § 124 Abs. 1 Nr. 3 GWB enthält den fakultativen Ausschlussgrund der „schweren Verfehlung", der in der bisherigen Praxis eine wichtige Rolle als Auffangtatbestand einnimmt. Dieser Ausschlussgrund wird gegenüber der Formulierung in Art. 45 Abs. 2 lit. d RL 2004/18/EG in der neuen Richtlinie insofern etwas eingeengt, als nunmehr die schwere Verfehlung des Unternehmens oder einer für das Unternehmen im Rahmen ihrer beruflichen Tätigkeit handelnden Person die Integrität des Unternehmens infrage stellen muss. Eine schwere Verfehlung kommt bei der Verletzung gesetzlicher oder vertraglicher Verpflichtungen[7] in Betracht, die eine solche Intensität und Schwere aufweisen, dass der öffentliche Auftraggeber berechtigterweise an der Integrität des Unternehmens zweifeln darf.

---

[6] ILO-Kernarbeitsnormen, das Wiener Übereinkommen zum Schutz der Ozonschicht und das im Rahmen dieses Übereinkommens geschlossene Montrealer Protokoll über Stoffe, die zum Abbau der Ozonschicht führen, das Basler Übereinkommen über die Kontrolle der grenzüberschreitenden Verbringung gefährlicher Abfälle und ihrer Entsorgung, das Stockholmer Übereinkommen über persistente organische Schadstoffe und das UNEP/FAO-Übereinkommen v. 10.9.1998 über das Verfahren der vorherigen Zustimmung nach Inkenntnissetzung für bestimmte gefährliche Chemikalien sowie Pflanzenschutz- und Schädlingsbekämpfungsmittel im internationalen Handel und seine drei regionalen Protokolle. Nach der Zielstellung sind von dem Ausschlussgrund im deutschen vergaberechtlichen Kontext auch Zahlungsverpflichtungen an tarifvertragliche Sozialkassen umfasst. Erforderlich für das Bestehen eines Ausschlussgrundes nach § 124 Abs. 1 Nr. 1 GWB ist, dass der öffentliche Auftraggeber einen Verstoß gegen die Verpflichtungen nachweist.

[7] ZB auch bei der Verletzung von Auftragsausführungsbedingungen bei früheren öffentlichen Aufträgen.

Im Regelfall dürften Verletzungen der Verpflichtung zu Vertraulichkeit und Sicherheit 26
eine schwere Verfehlung iSd **§ 124 Abs. 1 Nr. 3** GWB darstellen, durch die die Integrität
des Unternehmens infrage gestellt wird.

Der fakultative Ausschlussgrund nach § 124 Abs. 1 Nr. 3 GWB hat auch weiterhin eine 27
Bedeutung als Auffangtatbestand, der neben den anderen fakultativen oder zwingenden
Ausschlussgründen anwendbar sein kann, wenn deren Voraussetzungen nicht oder nur teilweise vorliegen. So kann eine schwere, die Integrität des Unternehmens beeinträchtigende
Verfehlung nach § 124 Abs. 1 Nr. 3 GWB insbesondere auch dann in Betracht kommen,
wenn hinsichtlich einer nach **§ 123 GWB** zu einem zwingenden Ausschlussgrund führenden Straftat noch keine rechtskräftige Verurteilung vorliegt[8] oder wenn eine Straftat begangen wurde, die zwar nicht in **§ 123 GWB** aufgeführt ist, aber durch die die Integrität des
Unternehmens infrage gestellt wird.

d) § 124 Abs. 1 Nr. 4 GWB. Die Formulierung in § 124 Abs. 1 Nr. 4 GWB, die Art. 57 28
Abs. 4 lit. d RL 2014/24/EU umsetzt, greift die Formulierung des Verbots wettbewerbsbeschränkender Vereinbarungen in § 1 GWB auf. Dieser Ausschlussgrund ist nicht auf Fälle
von wettbewerbsbeschränkenden Vereinbarungen im Rahmen des laufenden Vergabeverfahrens beschränkt. Der Ausschlussgrund liegt jedenfalls dann vor, wenn eine Kartellbehörde
einen Verstoß in einer Entscheidung festgestellt hat. Die bloße Durchführung von kartellbehördlichen Ermittlungsmaßnahmen, beispielsweise Durchsuchungen, wird dagegen regelmäßig noch nicht ausreichen, um einen Ausschlussgrund nach § 124 Abs. 1 Nr. 4 GWB zu
begründen.

e) § 124 Abs. 1 Nr. 5 GWB. Dagegen erfasst § 124 Abs. 1 Nr. 5 GWB nur den Fall, 29
dass im Rahmen des laufenden Vergabeverfahrens ein Interessenkonflikt nach Art. 24 RL
2014/24/EU im Hinblick auf die Unparteilichkeit einer für den öffentlichen Auftraggeber
im Auswahlprozess tätigen Person besteht, der nicht wirksam durch andere, weniger einschneidende Maßnahmen beseitigt werden kann. Dabei können nach Art. 24 UAbs. 2 RL
2014/24/EU die für den öffentlichen Auftraggeber tätige Person außer einem Mitarbeiter
oder einer Mitarbeiterin des öffentlichen Auftraggebers auch ein im Namen des öffentlichen
Auftraggebers handelnder Beschaffungsdienstleister sein. Die Person muss nach Art. 24
UAbs. 2 RL 2014/24/EU an der Durchführung des Vergabeverfahrens beteiligt sein oder
Einfluss auf den Ausgang des Verfahrens nehmen können.

f) § 124 Abs. 1 Nr. 6 GWB. § 124 Abs. 1 Nr. 6 GWB setzt Art. 57 Abs. 4 lit. f RL 30
2014/24/EU um und betrifft den Fall, dass ein Unternehmen in die Vorbereitung des
gerade laufenden Vergabeverfahrens einbezogen wurde und daraus iSv Art. 41 RL 2014/
24/EU eine Wettbewerbsverzerrung im laufenden Vergabeverfahren resultiert, die nicht
wirksam durch andere, weniger einschneidende Maßnahmen beseitigt werden kann.

Nach Art. 41 UAbs. 2 S. 2 RL 2014/24/EU wird der betreffende Bewerber oder Bieter 31
nur dann vom Verfahren ausgeschlossen, wenn keine andere Möglichkeit besteht, die Einhaltung der Pflicht zur Wahrung des Grundsatzes der Gleichbehandlung zu gewährleisten. Vor
einem solchen Ausschluss muss den Bewerbern oder Bietern die Möglichkeit gegeben
werden, nachzuweisen, dass ihre Beteiligung an der Vorbereitung des Vergabeverfahrens
den Wettbewerb nicht verzerren kann. Der öffentliche Auftraggeber muss die ergriffenen
Maßnahmen im Vergabevermerk dokumentieren.

g) § 124 Abs. 1 Nr. 7 GWB. Nach § 124 Abs. 1 N. 7 GWB besteht nunmehr auch 32
dann eine Ausschlussmöglichkeit, wenn bei der Ausführung eines früheren öffentlichen
Auftrags (eines öffentlichen Auftraggebers oder eines Sektorenauftraggebers) oder eines
früheren Konzessionsvertrags durch das Unternehmen erhebliche Mängel aufgetreten sind.

§ 124 Abs. 1 Nr. 7 GWB setzt Art. 57 Abs. 4 lit. g RL 2014/24/EU um. Dieser fakulta- 33
tive Ausschlussgrund liegt vor, wenn im Rahmen der Ausführung eines früheren öffentli-

---

[8] So auch Erwägungsgrund 101 RL 2014/24/EU.

chen Auftrags oder Konzessionsvertrags – nicht notwendigerweise desselben Auftraggebers – das Unternehmen eine wesentliche Anforderung erheblich oder fortdauernd mangelhaft erfüllt hat und dies auch zu einer vorzeitigen Beendigung, Schadensersatz oder einer vergleichbaren Rechtsfolge geführt hat. Eine einmalige mangelhafte Leistung kann dann einen Ausschlussgrund nach § 124 Abs. 1 Nr. 7 GWB begründen, wenn es sich dabei um eine erhebliche Schlechterfüllung einer wesentlichen Anforderung handelt. Erwägungsgrund 101 RL 2014/24/EU führt als Beispiele für relevante Mängel Lieferungs- oder Leistungsausfall oder erhebliche Defizite der gelieferten Waren oder Dienstleistungen, die sie für den beabsichtigten Zweck unbrauchbar machten, an. Die mangelhafte Erfüllung einer wesentlichen Anforderung iSv Art. 57 Abs. 4 lit. g RL 2014/24/EU kann auch die Verletzung einer wesentlichen vertraglichen Pflicht sein, beispielsweise Verstöße gegen eine Verpflichtung zur Wahrung der Vertraulichkeit oder gegen wesentliche Sicherheitsauflagen. Erforderlich ist hier – ebenso wie bei den anderen fakultativen Ausschlussgründe – eine Prognoseentscheidung dahingehend, ob von dem Unternehmen trotz der festgestellten früheren Schlechtleistung im Hinblick auf die Zukunft zu erwarten ist, dass es den nunmehr zu vergebenden öffentlichen Auftrag gesetzestreu, ordnungsgemäß und sorgfältig ausführt. Neben dem Vorliegen früherer Mängel ist für das Eingreifen dieses Ausschlussgrundes erforderlich, dass die Mängel zu einer vorzeitigen Beendigung, Schadensersatz oder einer vergleichbaren Rechtsfolge geführt haben. Eine Rechtsfolge muss, um eine vergleichbare Rechtsfolge im Sinne dieser Vorschrift zu sein, nicht zu einer vorzeitigen vollständigen Beendigung des Vertragsverhältnisses führen, sie muss aber hinsichtlich ihres Schweregrades mit einer vorzeitigen Beendigung oder Schadensersatz vergleichbar sein. Als vergleichbare Rechtsfolge kommt beispielsweise eine Ersatzvornahme in Betracht, aber auch das Verlangen nach umfangreichen Nachbesserungen kann unter Umständen eine vergleichbare Rechtsfolge sein.

34 **h) § 124 Abs. 1 Nr. 8 GWB.** § 124 Abs. 1 Nr. 8 GWB setzt Art. 57 Abs. 4 lit. h RL 2014/24/EU um, der den Ausschluss vorsieht, wenn sich der Wirtschaftsteilnehmer einer schwerwiegenden Täuschung schuldig gemacht hat.

35 **i) § 124 Abs. 1 Nr. 9 GWB.** § 124 Abs. 1 Nr. 9 GWB setzt Art. 57 Abs. 4 lit. i RL 2014/24/EU um. Insbesondere wird detaillierter ausgeführt, welche Eignungskriterien einer der drei Eignungskategorien[9] zulässigerweise vom jeweiligen öffentlichen Auftraggeber für ein Vergabeverfahren festgelegt werden können. Nach Art. 58 Abs. 5 RL 2014/24/EU können die öffentlichen Auftraggeber die zu erfüllenden Eignungskriterien in Form von Mindestanforderungen an die Leistungsfähigkeit ausdrücken. Mit diesen materiellen Regelungen zu den Eignungskriterien verbunden werden die Regelungen der zulässigen Nachweise über die Erfüllung der Eignungskriterien und das Nichtvorliegen von Ausschlussgründen sowie Regelungen über die Rechtsform von Bewerbern oder Bietern, über die Eignungsleihe und die Begrenzung der Anzahl geeigneter Bewerber, die zur Abgabe eines Angebots aufgefordert werden.

36 **4. Selbstreinigung (§ 125 GWB). a) Grundsatz.** Die Regelung in Art. 57 Abs. 6 RL 2014/24/EU zur Selbstreinigung stellt die erste Kodifizierung dieses Instruments auf europäischer Ebene dar. In Deutschland – wie in den meisten Mitgliedstaaten – gab es bisher keine gesetzliche Regelung zur Selbstreinigung. Die deutsche Rechtsprechung,[10] unterstützt von der Literatur,[11] hat aber die Möglichkeit einer Selbstreinigung zu einem allgemein akzeptierten Instrument entwickelt und die dafür zu erfüllenden Voraussetzungen herausgearbeitet. Diese Rechtsprechung und Literatur hat die Regelung zur Selbstreinigung in der neuen europäischen Richtlinie mitgeprägt. Unter Selbstreinigung sind Maßnahmen

---

[9] Befähigung und Erlaubnis zur Berufsausübung, wirtschaftliche und finanzielle Leistungsfähigkeit sowie berufliche und technische Leistungsfähigkeit.
[10] Vgl. zB OLG Düsseldorf Beschl. v. 28.7.2005 – Verg 42/05, BeckRS 2005, 11753.
[11] Vgl. Dreher/Hoffmann NZBau 2014, 67 ff.

zu verstehen, die ein Unternehmen ergreift, um seine Integrität wiederherzustellen und eine Begehung von Straftaten oder schweres Fehlverhalten in der Zukunft zu verhindern. Liegt ein fakultativer oder obligatorischer Ausschlussgrund vor, ist das Unternehmen dennoch nicht vom Vergabeverfahren auszuschließen, wenn es ausreichende Selbstreinigungsmaßnahmen durchgeführt hat. Selbstreinigungsmaßnahmen, die eine Wiederherstellung der Zuverlässigkeit dauerhaft gewährleisten, haben bereits nach bisheriger Rechtsprechung Einfluss auf die Prognoseentscheidung, ob ein Unternehmen als zuverlässig angesehen werden kann.[12] Hat ein Unternehmen, bei dem ein Ausschlussgrund vorliegt, Maßnahmen ergriffen, die dazu führen, dass sich ein in der Vergangenheit liegendes Fehlverhalten höchstwahrscheinlich nicht wiederholen wird, darf aus dem Fehlverhalten nicht mehr die fehlende Zuverlässigkeit des Unternehmens für die Zukunft abgeleitet werden. Es gibt dann keinen Grund mehr, das Unternehmen von der Teilnahme an einem Vergabeverfahren auszuschließen.

Art. 57 Abs. 6 UAbs. 1 S. 2 RL 2014/24/EU begründet einen Rechtsanspruch des Unternehmens, trotz des Vorliegens eines Ausschlussgrundes nicht von einem Vergabeverfahren ausgeschlossen zu werden, wenn es ausreichende Maßnahmen zur Wiederherstellung seiner Integrität nachgewiesen hat. Zwar hat der öffentliche Auftraggeber einen weiten Beurteilungsspielraum, ob die vom Unternehmen durchgeführten Selbstreinigungsmaßnahmen ausreichend sind. Wenn ein Unternehmen aber ausreichende Selbstreinigungsmaßnahmen nachgewiesen hat, darf der öffentliche Auftraggeber das Unternehmen trotz des Vorliegens eines Ausschlussgrundes – auch eines zwingenden Ausschlussgrundes – nicht wegen Unzuverlässigkeit von der Teilnahme am Vergabeverfahren ausschließen. Dem öffentlichen Auftraggeber steht diesbezüglich kein Ermessen zu. Die zwingende Verpflichtung, Selbstreinigungsmaßnahmen zu berücksichtigen, ergibt sich auch aus den betroffenen Grundrechten. Der Ausschluss eines Unternehmens, das ausreichende Maßnahmen zur Selbstreinigung getroffen und damit seine Integrität wieder hergestellt hat, ist nicht geeignet, die Funktionsfähigkeit der Verwaltung und der öffentlichen Haushalte sowie den fairen Wettbewerb zu schützen oder Wirtschaftskriminalität zu bekämpfen; der Ausschluss wäre daher in einem solchen Fall nicht verhältnismäßig. 37

Das Unternehmen hat ein Prüfungsrecht hinsichtlich der von ihm durchgeführten Selbstreinigungsmaßnahmen. Wie Erwägungsgrund 102 RL 2014/24/EU klarstellt, sollen Unternehmen beantragen können, dass die im Hinblick auf ihre etwaige Zulassung zum Vergabeverfahren getroffenen Compliance-Maßnahmen auch tatsächlich geprüft werden. Die Richtlinie stellt es – so ausdrücklich Erwägungsgrund 102 RL 2014/24/EU – dabei den Mitgliedstaaten anheim, welche genauen verfahrenstechnischen Bedingungen sie für die Prüfung von Selbstreinigungsmaßnahmen vorsehen. 38

Nach der in **§ 125 GWB** getroffenen Regelung steht dem Unternehmen aber kein abstraktes, von der Durchführung eines konkreten Vergabeverfahrens unabhängiges Prüfungsrecht gegenüber öffentlichen Auftraggebern zu. Die getroffenen Selbstreinigungsmaßnahmen sind nur im Hinblick auf die Prüfung der Zuverlässigkeit eines Bewerbers oder Bieters, bei dem ein Ausschlussgrund vorliegt, in einem konkreten Vergabeverfahren von Bedeutung. 39

b) Nachweis der Selbstreinigungsmaßnahmen. Es obliegt dem Unternehmen, das trotz des Vorliegens eines Ausschlussgrundes an einem Vergabeverfahren teilnehmen will, nachzuweisen, welche Selbstreinigungsmaßnahmen es vorgenommen hat und dass die vorgenommenen Maßnahmen zur Wiederherstellung seiner Integrität ausreichend sind. Das Unternehmen trägt die Darlegungs- und Beweislast für eine erfolgreiche Selbstreinigung, da es mit dem ihm zurechenbaren Delikt oder Fehlverhalten die Ursache für die Notwendigkeit einer Selbstreinigung gesetzt hat. Dabei muss das Unternehmen auch zumindest die Umrisse der den Ausschlussgrund begründenden Straftat bzw. des Fehlverhaltens gegenüber 40

---

[12] OLG Düsseldorf Beschl. v. 9.4.2003 – Verg 43/02, BeckRS 2003, 03737; OLG Frankfurt a. M. Beschl. v. 20.7.2004 – 11 Verg 6/04, BeckRS 2004, 14379; Beck VergabeR/*Opitz* GWB § 125 Rn. 35 ff.

dem öffentlichen Auftraggeber darlegen, damit der öffentliche Auftraggeber die durchgeführten Selbstreinigungsmaßnahmen gem. § 125 Abs. 2 GWB unter Berücksichtigung der Schwere und besonderen Umstände der Straftat oder des Fehlverhaltens bewerten kann.

41 § 125 Abs. 1 GWB setzt Art. 57 Abs. 6 UAbs. 2 RL 2014/24/EU um und § 125 Abs. 2 GWB setzt Art. 57 Abs. 6 UAbs. 3 RL 2014/24/EU um. Da es in Deutschland keine durch gerichtliche Entscheidung verhängten Ausschlüsse von Vergabeverfahren gibt, wurde von einer Umsetzung von Art. 57 Abs. 6 UAbs. 4 RL 2014/24/EU abgesehen. Die Verpflichtung, den Schaden zu ersetzen, der durch die dem Unternehmen zuzurechnende Straftat oder das Fehlverhalten dem öffentlichen Auftraggeber oder einem anderen entstanden ist, war bisher umstritten, wenn auch überwiegend anerkannt.[13]

42 Art. 57 Abs. 6 RL 2014/24/EU statuiert nunmehr, dass jeder Schaden ersetzt werden muss, der durch die Straftat oder das Fehlverhalten des Unternehmens verursacht wurde. Alternativ genügt es auch, wenn sich das Unternehmen zur Zahlung eines Ausgleichs verpflichtet hat, es also die Verpflichtung zur Leistung eines Schadensersatzes dem Grunde und der Höhe nach verbindlich anerkannt hat. Dabei kann nicht nur der Ausgleich eines rechtskräftig festgestellten Schadens verlangt werden.

43 Vielmehr muss das Unternehmen unabhängig vom Vorliegen einer rechtskräftigen Gerichtsentscheidung nachweisen, dass es den durch die Straftat oder das Fehlverhalten verursachten Schaden ersetzt bzw. seine Schadensersatzpflicht anerkannt hat. Ist eine Schadensersatzforderung zwar dem Grunde nach unstreitig berechtigt, besteht aber über die Höhe des Schadens Unklarheit oder Streit, kann es für die Anerkennung von Selbstreinigungsmaßnahmen unter Umständen ausreichen, wenn das Unternehmen seine Verpflichtung zur Schadensersatzleistung dem Grunde nach anerkennt.

44 Falls die genaue Bezifferung des Schadens noch nicht möglich ist bzw. an Umständen scheitert, die nicht dem Unternehmen zugerechnet werden können, oder falls die Höhe der Schadensersatzforderungen streitig ist, kann es unverhältnismäßig sein, dem Unternehmen allein aus diesem Grund eine Selbstreinigung zu verweigern. Von einem Unternehmen kann nicht verlangt werden, dass es Schadensersatzforderungen anerkennt oder ausgleicht, die nicht substantiiert und möglicherweise unbegründet sind, damit seine Selbstreinigungsmaßnahmen als ausreichend angesehen werden. Das Recht des Unternehmens, einen streitigen Schadensersatzanspruch vor einem Gericht im Rahmen eines Schadensersatzprozesses zu klären, wird durch die Regelung zur Selbstreinigung nicht beeinträchtigt. Daher kann unter Umständen, wenn der verursachte Schaden nicht offensichtlich und unstreitig ist, der Ersatz nur des unstreitig entstandenen Schadens und bzw. oder eine Anerkennung der Verpflichtung zum Ausgleich des Schadens nur dem Grunde nach ausreichen.

45 Insbesondere bei Kartellverstößen kann es angesichts der dabei häufig schwierigen Feststellung des Gesamtschadens und der Identität der einzelnen Gläubiger unter Umständen ausreichend für die Selbstreinigung sein, wenn das Unternehmen sich generell zum Ersatz des durch seine Beteiligung an einem Kartell entstandenen Schadens bereit erklärt bzw. gegenüber Gläubigern, die konkret Schadensersatzforderungen geltend machen, die Verpflichtung zum Ausgleich des Schadens dem Grunde nach anerkennt. Allerdings kann von dem Unternehmen keine solche Erklärung verlangt werden, wenn das Liquidationsverfahren beendet ist.

46 Grundsätzlich kann eine Mitwirkung bei der Aufklärung der Schadenshöhe verlangt werden. Die generelle Pflicht zur Mitwirkung bei der Sachverhaltsaufklärung gilt umfassend für alle Tatsachen und Umstände der Straftat oder des Fehlverhaltens und damit grundsätzlich auch für die Höhe des durch die Straftat oder das Fehlverhalten verursachten Schadens.[14] Auch die Rechtsprechung[15] stellt bisher schon als weiteres Kriterium für eine erfolgreiche Selbstreinigung darauf ab, ob ein Unternehmen sich ernsthaft und nachdrücklich darum

---

[13] Vgl. Beck VergabeR/*Opitz* GWB § 125 Rn. 16 ff. mwN.
[14] Näher dazu Beck VergabeR/*Opitz* GWB § 125 Rn. 21 ff.
[15] Vgl. OLG Düsseldorf Beschl. v. 28.7.2005 – Verg 42/05, BeckRS 2005, 11753; LG Berlin Urt. v. 22.3.2006, NZBau 2006, 397.

bemüht hat, die Vorgänge aufzuklären, auf denen das Vorliegen eines Ausschlussgrundes beruht. Ohne Aufklärung der Vorgänge ist eine Vermeidung künftiger Straftaten oder künftigen Fehlverhaltens nicht möglich.

Dabei ist es nicht erforderlich, dass das Unternehmen sämtliche Vorwürfe einräumt. Das 47 Unternehmen muss sich aber aktiv, ernsthaft und erkennbar um eine umfassende Sachverhaltsaufklärung bemühen. Aufgeklärt werden müssen die Tatsachen und Umstände, die das Vorliegen eines Ausschlussgrundes begründen bzw. mit der Straftat oder dem Fehlverhalten zusammenhängen, einschließlich der Schadensumstände.

In Art. 57 Abs. 6 UAbs. 2 RL 2014/24/EU ist ausdrücklich festgelegt, dass zur Sachver- 48 haltsaufklärung eine aktive Zusammenarbeit mit den „Ermittlungsbehörden" erfolgen muss. Der Richtlinienbegriff der Ermittlungsbehörden ist dabei weit zu verstehen. Zur Aufklärung des Sachverhalts muss das Unternehmen zum einen mit den Ermittlungsbehörden im engeren Sinne aktiv zusammenarbeiten. Zum anderen muss es aber auch mit dem öffentlichen Auftraggeber zur Aufklärung des Sachverhalts aktiv zusammenarbeiten.[16]

Für das weite Verständnis des in Art. 57 Abs. 6 RL 2014/24/EU verwandten Begriffs 49 der „Ermittlungsbehörden" spricht neben dem Sinn und Zweck der Regelung insbesondere auch die englische Sprachfassung der Richtlinie, in der von „investigating authorities" die Rede ist, sowie die französische Sprachfassung, die von „autorités chargées de l'enquête" spricht. Diese Sprachfassungen legen nahe, dass nicht „Ermittlungsbehörden" im engeren Sinne, sondern „ermittelnde Behörden" gemeint sind.

Der öffentliche Auftraggeber muss zur Prüfung der Zuverlässigkeit des Bieters in der 50 Lage sein, die durchgeführten Selbstreinigungsmaßnahmen vor dem Hintergrund des bestehenden Ausschlussgrundes zu beurteilen. Da der Bieter, bei dem ein Ausschlussgrund vorliegt, mit seinem Delikt oder Fehlverhalten die Ursache für die Notwendigkeit einer Selbstreinigungsprüfung gesetzt hat, muss er auch den das Vergabeverfahren durchführenden öffentlichen Auftraggeber durch aktive Zusammenarbeit in die Lage versetzen zu bewerten, ob die ergriffenen Selbstreinigungsmaßnahmen unter Berücksichtigung der Schwere und der besonderen Umstände der Straftat oder des Fehlverhaltens ausreichend sind.[17]

Eine Sachverhaltsaufklärungspflicht im Hinblick auf alle Details der Straftat oder des 51 Fehlverhaltens besteht gegenüber dem öffentlichen Auftraggeber aber nicht, sondern nur hinsichtlich der für seine Prüfung relevanten Umstände. Eine umfassende Sachverhaltsaufklärung durch aktive Zusammenarbeit mit externen Stellen setzt voraus, dass das Unternehmen zunächst intern die zur Sachverhaltsaufklärung notwendigen Maßnahmen ergriffen hat.

Zu dieser notwendigen internen Sachverhaltsaufklärung können insbesondere auch eine 52 interne Revision und bzw. oder die Durchführung einer Sonderprüfung durch vom Unternehmen unabhängige Personen gehören.

Als dritte Voraussetzung für eine ausreichende Selbstreinigung führt Art. 57 Abs. 6 53 UAbs. 2 RL 2014/24/EU an, dass das Unternehmen konkrete technische, organisatorische und personelle Maßnahmen ergriffen hat, die geeignet sind, weitere Straftaten oder Fehlverhalten zu vermeiden. Welche aus dem breiten Spektrum von infrage kommenden Maßnahmen dabei im Einzelnen erforderlich sind, hängt vom jeweiligen Einzelfall ab. Die ergriffenen technischen, organisatorischen und personellen Maßnahmen müssen jedenfalls konkreter Art und dazu geeignet sein, das Ziel der Vermeidung weiterer Straftaten oder Fehlverhalten zu erreichen. Dabei müssen die Maßnahmen nicht nur generell der Begehung von Straftaten entgegenwirken, sondern auch konkret geeignet sein, eine erneute Begehung der gleichen Straftat zu vermeiden bzw. ausreichende Garantien bieten, dass ein derartiges Fehlverhalten nicht erneut vorkommt.

---

[16] So bisher schon zur früheren Rechtslage OLG Düsseldorf Beschl. v. 9.4.2003 – Verg 66/02, BeckRS 2003, 17910; OLG Düsseldorf Beschl. v. 28.7.2005 – Verg 42/05, BeckRS 2005, 11753; LG Berlin Urt. v. 22.3.2006 – 23 O 118/04, BeckRS 2006, 04564.
[17] Vgl. § 125 Abs. 2 GWB.

54 Hierbei handelt es sich um eine Prognoseentscheidung des jeweiligen öffentlichen Auftraggebers. Rechtsprechung[18] und Literatur[19] haben Fallgruppen und Hinweise für derartige Selbstreinigungsmaßnahmen erarbeitet. Dabei handelt es sich um sog. Compliance-Maßnahmen im weitesten Sinne. Erwägungsgrund 102 RL 2014/24/EU erläutert die infrage kommenden Compliance-Maßnahmen: „Bei diesen Maßnahmen kann es sich insbesondere um Personal- und Organisationsmaßnahmen handeln, wie den Abbruch aller Verbindungen zu an dem Fehlverhalten beteiligten Personen oder Organisationen, geeignete Personalreorganisationsmaßnahmen, die Einführung von Berichts- und Kontrollsystemen, die Schaffung einer internen Audit-Struktur zur Überwachung der Compliance oder die Einführung interner Haftungs- und Entschädigungsregelungen. Soweit derartige Maßnahmen ausreichende Garantien bieten, sollte das jeweilige Unternehmen nicht länger alleine aus diesen Gründen ausgeschlossen werden".

55 Diese Auflistung möglicher Maßnahmen ist beispielhaft und weder verbindlich noch abschließend. Für die Selbstreinigung einer juristischen Person ist es in jedem Fall erforderlich, dass auch personelle Maßnahmen ergriffen werden, da diese für die erfolgreiche Wiederherstellung der Zuverlässigkeit von herausragender Bedeutung sind. Welche personellen Konsequenzen jeweils erforderlich sind, hängt von den Umständen des Einzelfalls ab, wozu es eine umfassende Rechtsprechung[20] gibt. Das Unternehmen muss außerdem strukturelle und organisatorische Maßnahmen ergreifen, die geeignet sind, weitere Straftaten oder Fehlverhalten wirksam zu verhindern. Die Einführung eines sog. Compliance Management Systems[21] kann diese technischen und organisatorischen Maßnahmen umfassen. Faktoren wie Größe, Struktur und Tätigkeitsbereich des Unternehmens, die Art des Delikts oder Fehlverhaltens und die Funktion der verurteilten Personen spielen eine wesentliche Rolle bei der Beurteilung der im Einzelfall erforderlichen Selbstreinigungsmaßnahmen.

56 **c) Spezieller Selbstreinigungstatbestand bei Nichtzahlung von Steuern und Sozialabgaben.** § 125 Abs. 1 S. 2 GWB stellt klar, dass der in § 123 Abs. 4 S. 2 GWB geregelte spezielle Selbstreinigungstatbestand für den zwingenden Ausschlussgrund der Nichtzahlung von Steuern oder Sozialversicherungsbeiträgen dem allgemeinen Selbstreinigungstatbestand nach § 125 GWB vorgeht.

57 Art. 57 Abs. 7 S. 1 GWB überlässt es, wie auch der Erwägungsgrund 102 ausdrücklich klarstellt, den Mitgliedstaaten, die genauen verfahrenstechnischen und inhaltlichen Bedingungen zu bestimmen, die für die Prüfung von Selbstreinigungsmaßnahmen gelten sollen. Gemäß Erwägungsgrund 102 RL 2014/24/EU soll es den Mitgliedstaaten insbesondere freistehen zu entscheiden, ob es den jeweiligen öffentlichen Auftraggebern überlassen wird, die einschlägigen Bewertungen vorzunehmen, oder ob sie diese Bewertungen anderen Behörden auf zentraler oder dezentraler Ebene überträgt.

58 Grundsätzlich muss jeder einzelne öffentliche Auftraggeber sowohl die Prüfung eines Ausschlusses aufgrund des Vorliegens von Ausschlussgründen als auch gegebenenfalls die Prüfung von durchgeführten Selbstreinigungsmaßnahmen in eigener Verantwortung vornehmen, denn beides gehört zusammen. Um den öffentlichen Auftraggebern die Prüfung durchgeführter Selbstreinigungsmaßnahmen und den Bietern den Nachweis einer erfolgreichen Selbstreinigung zu erleichtern, kommen verschiedene Wege in Betracht. So könnte die Prüfung durchgeführter Selbstreinigungsmaßnahmen in einem Land bei einzelnen Landesbehörden gebündelt werden. Ferner könnten Präqualifizierungsstellen hierbei eine entsprechende Funktion übernehmen. Es wäre aber etwa auch an die Möglichkeit einer Zertifizierung von Selbstreinigungsmaßnahmen durch eine unabhängige, dafür akkreditierte Stelle

---

[18] Vgl. OLG Brandenburg Beschl. v. 14.12.2007 – Verg W 21/07, NZBau 2008, 277.
[19] Vgl. *Hölzl/Ritzenhoff* NZBau 2012, 28 (30); *Ohrtmann* NZBau 2007, 278 (280); *Prieß/Stein* NZBau 2008, 230 ff.
[20] Vgl. OLG Düsseldorf Beschl. v. 28.7.2005 – Verg 42/05, BeckRS 2005, 11753; VK Düsseldorf Beschl. v. 13.3.2006 – VK-08/2006-L, IBRRS 2006, 1191; VK Lüneburg Beschl. v. 24.3.2011 – Vgk-04/2011, BeckRS 2011, 09161.
[21] Bzw. die Veränderung eines bereits bestehenden Systems.

zu denken. In einem solchen Fall müsste das Unternehmen die Zertifizierung der von ihm durchgeführten Maßnahmen freiwillig beauftragen. Die Anerkennung eines solchen Zertifikats würde im Ermessen des öffentlichen Auftraggebers stehen. § 125 Abs. 2 GWB setzt Art. 57 Abs. 6 UAbs. 3 RL 2014/24/EU um. Bei der Bewertung, ob die ergriffenen Selbstreinigungsmaßnahmen ausreichend sind, um die Integrität des Unternehmens wiederherzustellen und ausreichende Garantien zu bieten, dass von ihm in Zukunft höchstwahrscheinlich keine Gefahr der Begehung von Straftaten oder eines Fehlverhaltens mehr ausgeht, ist danach der Einzelfall zu berücksichtigen.

Dabei müssen sowohl die Schwere als auch die besonderen Umstände der Straftat oder des Fehlverhaltens im Hinblick auf den zu vergebenden Auftrag Berücksichtigung finden. Es handelt sich um eine auf das konkrete Vergabeverfahren bezogene Prognoseentscheidung. Bei Vorliegen eines obligatorischen Ausschlussgrundes sind daher höhere Anforderungen an die Selbstreinigungsmaßnahmen zu stellen als bei Vorliegen eines fakultativen Ausschlussgrundes. Je nachdem, um welchen Ausschlussgrund es sich handelt, werden die erforderlichen Selbstreinigungsmaßnahmen unterschiedlich sein.

Ferner hängen die erforderlichen Selbstreinigungsmaßnahmen unter anderem davon ab, ob es sich um einen Einzelfall oder um systematisches Fehlverhalten handelt, wie hoch der entstandene Schaden ist und wieviel Zeit seit dem Delikt bzw. dem Fehlverhalten verstrichen ist.

5. Frist für den Ausschluss (§ 126 GWB). § 126 GWB setzt Art. 57 Abs. 7 S. 2 und 3 RL 2014/24/EU um. Danach darf ein Ausschluss wegen des Vorliegens eines Ausschlussgrundes nur während eines bestimmten Zeitraums nach der rechtskräftigen Verurteilung oder dem anderen betreffenden Ereignis erfolgen und die Dauer von Auftragssperren darf, sofern sie nicht durch eine gerichtliche Entscheidung erfolgen, bestimmte Fristen nicht überschreiten. Der Zeitpunkt des Ereignisses, ab dem der zulässige Zeitraum zu laufen beginnt, bestimmt sich nach den Vorschriften zu den Ausschlussgründen.[22] Bei den fakultativen Ausschlussgründen hängt es vom jeweils vorliegenden Ausschlussgrund ab, auf welches „betreffendes Ereignis" abzustellen ist. So ist beispielsweise bei dem fakultativen Ausschlussgrund der Insolvenz des Bewerbers oder Bieters nach § 124 Abs. 1 Nr. 2 GWB auf den Zeitpunkt abzustellen, an dem über das Vermögen des Unternehmens ein Insolvenzverfahren beantragt oder eröffnet worden ist. Bei dem fakultativen Ausschlussgrund eines Verstoßes gegen Wettbewerbsrecht nach § 124 Abs. 1 Nr. 4 GWB kann das betreffende Ereignis insbesondere die Entscheidung der zuständigen Kartellbehörde über das Vorliegen eines Wettbewerbsverstoßes sein.

§ 126 GWB regelt nicht nur den Zeitraum, innerhalb dessen das Vorliegen eines Ausschlussgrundes von einem öffentlichen Auftraggeber in einem konkreten Vergabeverfahren noch berücksichtigt werden darf, sondern auch die Höchstdauer von Auftragssperren, unabhängig von deren Art und Grundlage. Im Hinblick auf die Dauer einer Auftragssperre besteht innerhalb der durch § 126 GWB festgelegten Grenzen Ermessen, bei dessen Ausübung die Schwere und die besonderen Umstände der Straftat oder des Fehlverhaltens berücksichtigt werden müssen. Die Regelung zur zulässigen Höchstdauer einer Auftragssperre verpflichtet die Mitgliedstaaten nicht dazu, Auftragssperren einzuführen oder beizubehalten.

Art. 57 Abs. 7 RL 2014/24/EU beschränkt sich darauf, für den Fall von nach nationalem Recht zulässigen Auftragssperren die Höchstdauer der Auftragssperre zu begrenzen. Weitere Regelungen über Voraussetzungen oder Auswirkungen von Auftragssperren enthält die Richtlinie nicht. Die Umsetzung dieser Vorschrift geht nicht über die Regelung in Art. 57 Abs. 7 RL 2014/24/EU hinaus.

III. Unzulässige Wettbewerbsbeschränkungen durch fehlerhafte Vergabekriterien (Abs. 3)

1. Nr. 1. Neben der Unzulässigkeit der Beschränkung des Wettbewerbs auf Unternehmen aus bestimmten Regionen oder Orten[23] kann auch das Kriterium der Ortsnähe bei Vergabe-

---

[22] §§ 123 und 124 GWB.
[23] Ortsansässigkeit.

entscheidungen öffentlicher Auftraggeber weder auf der Stufe der Eignungs- noch bei der Wirtschaftlichkeitsprüfung oder der Zuschlagsentscheidung Berücksichtigung finden.[24]

65   Insbesondere Erwägungen der „politischen Opportunität" und vor allem das Argument, Steuergelder an die örtliche Wirtschaft zurückführen zu wollen, dürfen bei der Auftragsvergabe keine Rolle spielen. Vergaberechtswidrig sind auch Vorgaben, die darauf abzielen, dass volkswirtschaftliche Vorteile im Hinblick auf die allgemeine wirtschaftliche Entwicklung in einer Region wertungsrelevant werden sollen.[25] Dies gilt ebenfalls für Vorgaben, die eine Verankerung und Vernetzung des Bieters im regionalen Ausbildungs- und Arbeitsmarkt verlangen und zwar unabhängig davon, ob sie als Wertungskriterium oder als Eignungskriterien anzusehen sind.[26] Eine andere Sichtweise kann auch nicht damit begründet werden, dass die zu verwendenden Haushaltsmittel einem nationalen Konjunkturförderprogramm entstammen und der Förderzweck auf nationaler Ebene durch eine Auftragsvergabe an einen ausländischen Bieter möglicherweise nicht erfüllt wird.[27]

66   Im Ergebnis dürfen sich derartige unzulässige Beschränkungen weder aus dem Text einer Vergabebekanntmachung oder dem Inhalt der Vergabeunterlagen ergeben. Auch der Inhalt einer Leistungsbeschreibung darf nicht dazu „missbraucht" werden, ohne sachlichen Grund regionale ansässige Unternehmen unmittelbar oder mittelbar zu bevorzugen.[28] Jegliche Formen einer mittelbaren Diskriminierung ortsferner Unternehmen sind unzulässig. Dies gilt für die Auswahl von Eignungs- und Zuschlagskriterien gleichermaßen. Kriterien wie „vorherige Zusammenarbeit", „regionale Erfahrung", „Erfahrung mit Fördermittelanträgen im Freistaat Bayern" etc sind unzulässig. Dies gilt gleichfalls für eine positive Berücksichtigung einer besonderen Bekanntschaft eines Bieters zu einem Ansprechpartner bei Behörden oder etwa der Vergabestelle.[29]

67   Die Rechtsprechung hält es insgesamt für sachgerecht und wettbewerblich geboten, keine Kriterien aufzustellen, die faktisch die vor Ort etablierten Unternehmen bevorteilen – weil sie zum Beispiel über das Personal, Räumlichkeiten, die Vernetzung vor Ort etc bereits verfügen –, wenn nicht zugleich gewährleistet ist, dass auch regionale Newcomer nicht von vornherein schlechter gestellt werden als Ortsansässige.[30] Im Einzelnen kann danach differenziert werden, ob von den Bietern eine räumliche Nähe seiner Niederlassung,[31] oder[32] eine bestimmte örtliche Verfügbarkeit und ein damit verbundener befristeter Aufenthalt[33] verlangt wird.[34] Kriterien, die in erster Linie[35] auf eine[36] örtliche Präsenz im Zusammenhang mit der Leistungserbringung abheben, werden dabei in der Regel als zulässig angesehen, wenn hierfür eine im Auftragsgegenstand begründete sachlich-inhaltliche Rechtfertigung besteht.[37] Diese Anforderung wird zum Teil auch damit umschrieben, dass eine Rechtfertigung besteht, wenn die vor Ort bestehende Verfügbarkeit im konkreten Fall „wirtschaftlich relevant ist".[38]

---

[24] BayObLG Beschl. v. 20.12.1999 – Verg 8/99, NZBau 2000, 259 (261).
[25] VK Baden-Württemberg Beschl. v. 21.3.2003 – 1 VK 10/03, IBRRS 2003, 1508.
[26] VK Bund Beschl. v. 14.8.2009 – VK 2-93/09, BeckRS 2009, 139061.
[27] VK Bund Beschl. v. 12.11.2009 – VK 3-208/09, IBRRS 2009, 3926; KMPP/*Hausmann/von Hoff* § 6 Rn. 9.
[28] *Müller-Wrede* VergabeR 2005, 32 (34); KMPP/*Hausmann/von Hoff* § 6 Rn. 10 f.; Müller-Wrede/*Müller-Wrede/Horn* VOL/A § 19EGRn. 290, jeweils mit umfangreichen Nachweisen aus der Rechtsprechung.
[29] Ziekow/Völlink/*Hänsel* § 6 Rn. 3, mit Nachweisen aus der Spruchpraxis VK Sachsen und VK Baden-Württemberg.
[30] VK Bund Beschl. v. 19.7.2013 – VK 1-51/13, IBR 2014, 43 = VPR 2014, 36; OLG Düsseldorf Beschl. v. 19.6.2013 – VII Verg 8/13, IBR 2013, 696 (701).
[31] Ortsansässigkeit/Ortsnähe.
[32] Nur.
[33] Ortspräsenz.
[34] *Müller-Wrede* VergabeR 2005, 32; Müller-Wrede/*Müller-Wrede/Horn* VOL/A § 19EGRn. 289.
[35] Nur.
[36] Auf welche Weise auch immer umschriebene.
[37] VK Baden-Württemberg Beschl. v. 14.11.2013 – 1 VK 37/13, BeckRS 2014, 13620; VK Rheinland-Pfalz Beschl. v. 30.8.2013 – VK 1-12/13.
[38] Müller-Wrede/*Müller-Wrede/Horn* VOL/A § 19EG Rn. 291 unter Verweis auf OLG Naumburg Beschl. v. 12.4.2012 – 2 Verg 1/12, IBR 2012, 413.

2. Nr. 2. Gemäß **§ 97 Abs. 1 GWB** beschaffen öffentliche Auftraggeber Waren, Bau- 68 und Dienstleistungen im Wettbewerb. Das Wettbewerbsprinzip wird konkretisiert ua durch die Vorgabe, wonach Angebote, die auf einer wettbewerbswidrigen Absprache beruhen einen Ausschlussgrund begründen Die Sanktion des Angebotsausschlusses greift für sämtliche Verhaltensweisen der Bieter, die mit einem unverfälschten, geheimen Wettbewerb nicht zu vereinbaren sind. Von hoher praktischer Bedeutung ist diese Ausprägung des Wettbewerbsgrundsatzes bei der Beteiligung verbundener Unternehmen, die sich iSv **§ 36 Abs. 2 S. 1 GWB** zusammengeschlossen haben.

Zusammenschlüsse von verbundenen Unternehmen zu Bewerber- oder Bietergemein- 69 schaften liegen beispielsweise dann nahe, wenn unterschiedliche Gesellschaften innerhalb eines Konzerns verschiedene Teile derjenigen Leistung erbringen, die der Auftraggeber nachfragt, und sich die Konzerngesellschaften durch eine gemeinsame Bewerbung bessere Möglichkeiten, den Bedarf des Auftraggebers zu befriedigen, und damit bessere Zuschlagschancen erhoffen.[39] Die Eingehung einer Bietergemeinschaft[40] gerät mit dem Wettbewerbsgrundsatz in Konflikt, wenn sie mit der Abrede verbunden ist, dass sich die zu der Bietergemeinschaft zusammengeschlossenen Unternehmen eines eigenen Angebots enthalten. In einer solchen Abrede kann ein Verstoß gegen das in **§ 1 GWB** und Art. 101 AEUV statuierte Verbot wettbewerbsbeschränkender Vereinbarungen liegen. Nach der gefestigten Spruchpraxis der Vergabenachprüfungsinstanzen ist deshalb die Eingehung von Bietergemeinschaften nicht uneingeschränkt zulässig. Insbesondere dann, wenn die Bietergemeinschaft zwischen Unternehmen derselben Branche eingegangen wird, besteht zwischen ihnen üblicherweise ein potenzieller Wettbewerb, der durch die Vereinbarung einer gemeinsamen Angebotslegung eingeschränkt wird.

Derartige Bietergemeinschaften sind deshalb nur dann wettbewerbsunschädlich und 70 damit zulässig, wenn die beteiligten Unternehmen ein jedes für sich zu einer Teilnahme an dem Vergabeverfahren mit einem eigenen Angebot aufgrund ihrer betrieblichen oder geschäftlichen Verhältnisse nicht leistungsfähig sind und erst der Zusammenschluss zu einer Bietergemeinschaft sie in die Lage versetzt, sich daran mit Erfolgsaussicht zu beteiligen, wobei die Zusammenarbeit als eine im Rahmen wirtschaftlich zweckmäßigen und kaufmännisch vernünftigen Handelns liegende Unternehmensentscheidung zu erscheinen hat.[41]

Besonderheiten gelten dann, wenn Bietergemeinschaften zwischen Unternehmen einge- 71 gangen werden, die miteinander iSv § 36 Abs. 2 S. 1 GWB verbunden sind. Bereits aus kartellrechtlicher Sicht sind verbundene Unternehmen als einheitliches Unternehmen anzusehen. Insoweit ist seit jeher anerkannt, dass zwischen diesen Unternehmen regelmäßig kein – beschränkbarer – Wettbewerb besteht. Absprachen, die verbundene Unternehmen mit Blick auf ihre Tätigkeit treffen, fallen daher nicht unter das aus § 1 GWB und Art. 101 AEUV folgende Verbot wettbewerbsbeschränkender Vereinbarungen. Diese Sichtweise ist auch für die Frage, inwieweit die Eingehung konzerninterner Bietergemeinschaften mit dem vergaberechtlichen Wettbewerbsgrundsatz vereinbar ist, maßgeblich. Herrscht aus kartellrechtlicher Sicht zwischen Unternehmen kein Wettbewerb, so kann eine zwischen diesen Unternehmen getroffene Abrede auch nicht wettbewerbsbeschränkend sein. Grundlage des sog. Konzernprivilegs ist nämlich der Umstand, dass innerhalb eines Konzerns regelmäßig Anweisungen eines beherrschenden Unternehmens möglich sind.

3. Nr. 3. Der öffentliche Auftraggeber kann die Teilnahme am Vergabewettbewerb nach 72 Maßgabe von § 118 GWB beschränken; vgl. dazu die eingehende Kommentierung von § 118 GWB.

---

[39] OLG Düsseldorf Beschl. v. 29.7.2015 – VII-Verg 5/15, BeckRS 2015, 17063; OLG Düsseldorf Beschl. v. 29.7.2015 – VII-Verg 10/15.
[40] Regelmäßig eine BGB-Gesellschaft iSd §§ 705 ff. BGB.
[41] Ua KG Beschl. v. 24.10.2013 – Verg 11/13, BeckRS 2013, 19525; OLG Düsseldorf Beschl. v. 9.11.2011 – VII-Verg 35/11, BeckRS 2011, 29679; OLG Düsseldorf Beschl. v. 11.11.2011 – VII-Verg 92/11, BeckRS 2011, 29682; OLG Düsseldorf Beschl. v. 17.2.2014 – VII-Verg 2/14, IBRRS 2014, 1080; OLG Düsseldorf Beschl. v. 17.12.2014 – VII-Verg 22/14, BeckRS 2015, 00626.

73 **4. Nr. 4.** Nr. 4 betrifft die sog. Projektantenproblematik, übernimmt die in Art. 41 UAbs. 1 RL 2014/24/EU vorgesehene Regelung zur vorherigen Einbeziehung von Bewerbern oder Bietern, dient der Umsetzung des Art. 41 UAbs. 2 S. 1 RL 2014/24/EU, ohne exemplarisch Maßnahmen zu benennen, mit denen der öffentliche Auftraggeber sicherstellen kann, dass der Wettbewerb durch vorbefasste Bieter oder Bewerber nicht verzerrt wird. Die Möglichkeit, ein vorbefasstes Unternehmen von der Teilnahme an einem Vergabeverfahren auszuschließen, wenn daraus eine Wettbewerbsverzerrung resultiert, ist in **§ 124 Abs. 1 Nr. 6 GWB** geregelt. Es gilt der Grundsatz der Verhältnismäßigkeit. Nr. 4 sieht die in Art. 41 UAbs. 3 S. 1 RL 2014/24/EU geregelte Möglichkeit für den vorbefassten Bieter oder Bewerber vor, nachzuweisen, dass seine Beteiligung an der Vorbereitung des Vergabeverfahrens den Wettbewerb nicht verzerren kann. Der öffentliche Auftraggeber muss die ergriffenen Maßnahmen im Vergabevermerk dokumentieren.

§ 6aEU Eignungsnachweise

Der öffentliche Auftraggeber kann Unternehmen nur die in den Nummern 1 bis 3 genannten Anforderungen an die Teilnahme auferlegen.
1. Zum Nachweis der Befähigung und Erlaubnis zur Berufsausübung kann der öffentliche Auftraggeber die Eintragung in das Berufs- oder Handelsregister oder der Handwerksrolle ihres Sitzes oder Wohnsitzes verlangen.
2. [1]Zum Nachweis der wirtschaftlichen und finanziellen Leistungsfähigkeit kann der öffentliche Auftraggeber verlangen:
    a) die Vorlage entsprechender Bankerklärungen oder gegebenenfalls den Nachweis einer entsprechenden Berufshaftpflichtversicherung.
    b) die Vorlage von Jahresabschlüssen, falls deren Veröffentlichung in dem Land, in dem das Unternehmen ansässig ist, gesetzlich vorgeschrieben ist.
    Zusätzlich können weitere Informationen, zum Beispiel über das Verhältnis zwischen Vermögen und Verbindlichkeiten in den Jahresabschlüssen, verlangt werden. Die Methoden und Kriterien für die Berücksichtigung weiterer Informationen müssen in den Vergabeunterlagen spezifiziert werden; sie müssen transparent, objektiv und nichtdiskriminierend sein.
    c) eine Erklärung über den Umsatz des Unternehmens jeweils bezogen auf die letzten drei abgeschlossenen Geschäftsjahre, soweit er Bauleistungen und andere Leistungen betrifft, die mit der zu vergebenden Leistung vergleichbar sind, unter Einschluss des Anteils bei gemeinsam mit anderen Unternehmen ausgeführten Aufträgen.
    Der öffentliche Auftraggeber kann von den Unternehmen insbesondere verlangen, einen bestimmten Mindestjahresumsatz, einschließlich eines Mindestumsatzes in dem vom Auftrag abgedeckten Bereich nachzuweisen. Der geforderte Mindestjahresumsatz darf das Zweifache des geschätzten Auftragswerts nur in hinreichend begründeten Fällen übersteigen. Die Gründe sind in den Vergabeunterlagen oder in dem Vergabevermerk gemäß § 20EU anzugeben.
    Ist ein Auftrag in Lose unterteilt, finden diese Regelungen auf jedes einzelne Los Anwendung. Der öffentliche Auftraggeber kann jedoch den Mindestjahresumsatz, der von Unternehmen verlangt wird, unter Bezugnahme auf eine Gruppe von Losen in dem Fall festlegen, dass der erfolgreiche Bieter den Zuschlag für mehrere Lose erhält, die gleichzeitig auszuführen sind.
    Sind auf einer Rahmenvereinbarung basierende Aufträge infolge eines erneuten Aufrufs zum Wettbewerb zu vergeben, wird der Höchstjahresumsatz aufgrund des erwarteten maximalen Umfangs spezifischer Aufträge berechnet, die gleichzeitig ausgeführt werden, oder – wenn dieser nicht bekannt ist – aufgrund des geschätzten Werts der Rahmenvereinbarung. Bei

dynamischen Beschaffungssystemen wird der Höchstjahresumsatz auf der Basis des erwarteten Höchstumfangs konkreter Aufträge berechnet, die nach diesem System vergeben werden sollen.
²Der öffentliche Auftraggeber wird andere ihm geeignet erscheinende Nachweise der wirtschaftlichen und finanziellen Leistungsfähigkeit zulassen, wenn er feststellt, dass stichhaltige Gründe dafür bestehen.
3. Zum Nachweis der beruflichen und technischen Leistungsfähigkeit kann der öffentliche Auftraggeber je nach Art, Menge oder Umfang oder Verwendungszweck der ausgeschriebenen Leistung verlangen:
   a) Angaben über die Ausführung von Leistungen in den letzten bis zu fünf abgeschlossenen Kalenderjahren, die mit der zu vergebenden Leistung vergleichbar sind, wobei für die wichtigsten Bauleistungen Bescheinigungen über die ordnungsgemäße Ausführung und das Ergebnis beizufügen sind. Um einen ausreichenden Wettbewerb sicherzustellen, kann der öffentliche Auftraggeber darauf hinweisen, dass er auch einschlägige Bauleistungen berücksichtigen werde, die mehr als fünf Jahre zurückliegen;
   b) Angabe der technischen Fachkräfte oder der technischen Stellen, unabhängig davon, ob sie seinem Unternehmen angehören oder nicht, und zwar insbesondere derjenigen, die mit der Qualitätskontrolle beauftragt sind, und derjenigen, über die der Unternehmer für die Errichtung des Bauwerks verfügt;
   c) die Beschreibung der technischen Ausrüstung und Maßnahmen des Unternehmens zur Qualitätssicherung und seiner Untersuchungs- und Forschungsmöglichkeiten;
   d) Angabe des Lieferkettenmanagement- und -überwachungssystems, das dem Unternehmen zur Vertragserfüllung zur Verfügung steht;
   e) Studiennachweise und Bescheinigungen über die berufliche Befähigung des Dienstleisters oder Unternehmers und/oder der Führungskräfte des Unternehmens, sofern sie nicht als Zuschlagskriterium bewertet werden;
   f) Angabe der Umweltmanagementmaßnahmen, die der Unternehmer während der Auftragsausführung anwenden kann;
   g) Angaben über die Zahl der in den letzten drei abgeschlossenen Kalenderjahren jahresdurchschnittlich beschäftigten Arbeitskräfte, gegliedert nach Lohngruppen mit gesondert ausgewiesenem technischen Leitungspersonal;
   h) eine Erklärung, aus der hervorgeht, über welche Ausstattung, welche Geräte und welche technische Ausrüstung das Unternehmen für die Ausführung des Auftrags verfügt;
   i) Angabe, welche Teile des Auftrags der Unternehmer unter Umständen als Unteraufträge zu vergeben beabsichtigt.

Übersicht

	Rn.		Rn.
I. Nachweis der Befähigung und Erlaubnis zur Berufsausübung (Nr. 1)	1, 2	III. Nachweis der technischen und beruflichen Leistungsfähigkeit (Nr. 3)	6–11
II. Nachweis der wirtschaftlichen und finanziellen Leistungsfähigkeit (Nr. 2)	3–5		

I. Nachweis der Befähigung und Erlaubnis zur Berufsausübung (Nr. 1)

Die Vorschriften regeln sowohl die materiellen Mindestanforderungen an die Leistungsfähigkeit, die die öffentlichen Auftraggeber durch Festlegung der Eignungskriterien der wirtschaftlichen und finanziellen sowie der technischen und beruflichen Leistungsfähigkeit aufstellen können, als auch die als Beleg für die Erfüllung der Eignungskriterien zu erbringenden Belege. Die Vorschrift enthält eine Festlegung derjenigen Nachweise, deren Beibringung der öffentliche Auftraggeber verlangen kann. Der öffentliche Auftraggeber darf nicht inhaltlich nachprüfen, ob der Bieter oder Bewerber die in seinem Niederlassungsstaat geltenden Rechtsvorschriften für die erlaubte Ausübung eines Berufs oder für die Erbringung einer bestimmten Dienstleistung erfüllt. Sofern ein Bieter oder Bewerber die Nachweise beibringt, die der öffentliche Auftraggeber verlangen kann – insbesondere die Handelsregistereintragung – gilt seine Befähigung und Erlaubnis zur Berufsausübung als gegeben.

2   Diese Regelung entspricht der Systematik der Richtlinie 2014/24/EU, die in Art. 58 Abs. 2 RL 2014/24/EU die möglichen Nachweise zur Berufsausübung festlegt und in Art. 60 RL 2014/24/EU– anders als zu den anderen beiden Eignungskriterien – keine ergänzende Regelung hierzu enthält. Welche Nachweise der erlaubten Berufsausübung der öffentliche Auftraggeber verlangen kann, hängt von den Rechtsvorschriften desjenigen Staates ab, in dem der Bewerber oder Bieter niedergelassen ist. Für die Mitgliedstaaten der Europäischen Union enthält Anhang XI der Richtlinie 2014/24/EU eine Auflistung der einschlägigen Berufs- und Handelsregister bzw. von Bescheinigungen oder Erklärungen über die Berufsausübung.

II. Nachweis der wirtschaftlichen und finanziellen Leistungsfähigkeit (Nr. 2)

3   Die Vorschrift setzt Art. 58 Abs. 3 RL 2014/24/EU um, der regelt, welche materiellen Anforderungen an die wirtschaftliche und finanzielle Leistungsfähigkeit öffentliche Auftraggeber zulässigerweise als Eignungskriterien festlegen können. Dabei handelt es sich bei den aufgeführten Anforderungen um eine nicht abschließende, beispielhafte Auflistung möglicher Anforderungen, die der öffentliche Auftraggeber einzeln oder auch kumulativ verlangen kann. Ebenso wie bei den anderen beiden Eignungskategorien ist es auch im Hinblick auf die wirtschaftliche und finanzielle Leistungsfähigkeit dem öffentlichen Auftraggeber freigestellt, ob er überhaupt bestimmte Eignungskriterien festlegt und, wenn ja, welches Anforderungsniveau er dabei für erforderlich hält. Die Vorschriften bestimmen den Rahmen und die Obergrenze der zulässigen Eignungskriterien, aber keinen Mindestumfang.

4   Der öffentliche Auftraggeber kann je nach Art und Umfang der zu beschaffenden Leistung die im Einzelfall erforderlichen Eignungskriterien festlegen, wobei er gleichzeitig zu berücksichtigen hat, dass unnötig hohe Anforderungen eine Teilnahme potentieller Bewerber oder Bieter am Vergabeverfahren verhindern könnten. Wenn der öffentliche Auftraggeber einen Mindestjahresumsatz verlangt und/oder eine Berufs- oder Betriebshaftpflichtversicherung, muss er vorab eine bestimmte Höhe des Mindestjahresumsatzes bzw. der Versicherung festlegen und damit das Eignungskriterium iSv Art. 58 Abs. 5 RL 2014/24/EU in Form von Mindestanforderungen an die Leistungsfähigkeit formulieren. Soweit der Auftraggeber von den Bietern verlangt, dass Angaben über den Gesamtumsatz bezogen auf die letzten drei Geschäftsjahre gemacht werden, entspricht dies der Vorgabe des § 45 Abs. 4 Nr. 4 VgV, wonach sich geforderte Erklärungen zum Umsatz auf die letzten drei Geschäftsjahre beschränken müssen. Daraus folgt nicht, dass ein Unternehmen bereits drei Jahre am Markt existieren muss, um als geeignet angesehen werden zu können.[1]

5   Es ist nicht zu beanstanden, wenn der geforderte Mindestjahresumsatz bei Dienstleistungsaufträgen mit unbestimmter Laufzeit nicht doppelt, sondern um ein Vielfaches so hoch ist wie der jährliche Auftragswert. Die Forderung eines Mindestjahresumsatzes in Höhe des doppelten Auftragswerts ist nach § 8 Abs. 1 S. 1 VgV entsprechend zu begründen und zu dokumentieren.[2]

III. Nachweis der technischen und beruflichen Leistungsfähigkeit (Nr. 3)

6   Die Vorschriften dienen der Umsetzung des Art. 58 Abs. 4 RL 2014/24/EU und des Art. 60 Abs. 4 RL 2014/24/EU iVm Anhang XII Teil II der Richtlinie 2014/24/EU. Wäh-

---
[1] VK Sachsen Beschl. v. 20.1.2017 – 1/SVK/030-16, BeckRS 2017, 128682.
[2] OLG Jena Beschl. v.2.8.2017 – 2 Verg 2/17, BeckRS 2017, 128363.

rend die Regelung der wirtschaftlichen und finanziellen Leistungsfähigkeit sowie der dafür zu erbringenden Nachweise nicht abschließend ist, handelt es sich sowohl bei den materiellen Anforderungen an die technische und berufliche Leistungsfähigkeit als auch bei den dafür zu erbringenden Nachweisen um abschließende Regelungen. Die öffentlichen Auftraggeber dürfen im Rahmen der Eignungsprüfung keine anderen materiellen Anforderungen an die technische und berufliche Leistungsfähigkeit der Bewerber oder Bieter stellen als Anforderungen an die erforderlichen personellen und technischen Mittel sowie an erforderliche Erfahrungen.

Weder darf ein öffentlicher Auftraggeber von den Bewerbern oder Bietern als Nachweis für ihre technische und berufliche Leistungsfähigkeit andere Nachweise als die aufgelisteten Nachweise verlangen, noch kann ein Bewerber oder Bieter seine technische und berufliche Leistungsfähigkeit durch andere Nachweise belegen. Eine Regelung zur Zulässigkeit von gleichwertigen Nachweisen, wie sie in Art. 60 Abs. 3 UAbs. 2 RL 2014/24/EU für die wirtschaftliche und finanzielle Leistungsfähigkeit enthalten ist, gibt es in der Richtlinie 2014/24/EU für die technische und berufliche Leistungsfähigkeit nicht. 7

Der öffentliche Auftraggeber darf grundsätzlich zum Nachweis der erforderlichen Erfahrung des Bewerbers oder Bieters geeignete Referenzen höchstens von den letzten drei Jahren fordern; er darf aber ausnahmsweise auch Referenzen berücksichtigen,[3] die mehr als drei Jahre zurückliegen, soweit das zur Sicherstellung des Wettbewerbs erforderlich ist und er auf diese Möglichkeit hingewiesen hatte. Im Bereich der Planungsleistungen von Architekten und Ingenieuren ist die Retrospektive auf drei Jahre häufig zu kurz für aussagekräftige Referenzen. Bei der Vergabe solcher Leistungen bietet sich die Einräumung eines längeren Zeitraums, aus dem die Referenzprojekte regelmäßig stammen dürfen, an. Bauprojekte und ihre Planung haben eine längere Laufzeit, was dazu führt, dass mögliche Referenzprojekte in den letzten drei Jahren noch nicht abgeschlossen sind. 8

Es kann sowohl für den Auftraggeber als auch für die anbietenden Unternehmen daher von Vorteil sein und der Sicherstellung des Wettbewerbs dienen, wenn die Unternehmen interessante Projekte aus einer längeren Periode in die Wertung geben dürfen.[4] Eine Referenzleistung ist mit der ausgeschriebenen Leistung „vergleichbar", wenn die durchgeführten Leistungen einen etwa gleich großen oder größeren Umfang haben. Kann der Auftraggeber vorgelegte Referenzen nicht überprüfen, so kann er von einem nicht erbrachten Nachweis der Eignung ausgehen.[5] 9

Wird in den Ausschreibungsunterlagen verlangt, dass mit dem Angebot mindestens drei Referenzen in Form einer Liste der in den letzten drei vergangenen Kalenderjahren erbrachten Leistungen mit Angabe des Auftragswerts, des Liefer- bzw. Erbringungszeitraums sowie des jeweiligen Auftraggebers vorzulegen sind, ist daraus nicht abzuleiten, dass ein Unternehmen schon mindestens drei Jahre existiert haben muss.[6] 10

Nach § 16aEU können geforderte Erklärungen oder Nachweise, die fehlen, nachgefordert werden. Nachweise fehlen, wenn sie überhaupt nicht vorgelegt wurden, also physisch nicht vorhanden sind, oder den gestellten Anforderungen in formeller Hinsicht nicht entsprechen.[7] Ein Nachfordern weiterer Referenzen in dem Fall, dass die vorgelegten Referenzen inhaltlich nicht ausreichen, ist nicht zulässig. In einem solchen Fall käme im Ergebnis ein Nachfordern von Nachweisen einem Nachbessern des Angebots gleich.[8] 11

§ 6bEU Mittel der Nachweisführung, Verfahren

(1) ¹Der Nachweis, auch über das Nichtvorliegen von Ausschlussgründen nach § 6eEU, kann wie folgt geführt werden:

---

[3] Nicht dagegen sie anfordern.
[4] ZB gerade dann, wenn es sich um selten beauftragte spezielle Bauwerke handelt.
[5] VK Hessen Beschl. v. 18.12.2017 – 69d-VK-2-38/2017, IBRRS 2018, 0709.
[6] VK Sachsen Beschl. v. 20.1.2017 – 1/SVK/030-16, BeckRS 2017, 128682.
[7] Vgl. OLG Düsseldorf Beschl. v. 17.3.2011 – VII-Verg 56/10, BeckRS 2013, 12285.
[8] Vgl. VK Sachsen Beschl. v. 23.8.2016 – 1/SVK/015-16, BeckRS 2016, 19032.

Ax

1. durch die vom öffentlichen Auftraggeber direkt abrufbare Eintragung in die allgemein zugängliche Liste des Vereins für die Präqualifikation von Bauunternehmen e.V. (Präqualifikationsverzeichnis). Die im Präqualifikationsverzeichnis hinterlegten Angaben werden nicht ohne Begründung in Zweifel gezogen. Hinsichtlich der Zahlung von Steuern und Abgaben sowie der Sozialversicherungsbeiträge kann grundsätzlich eine zusätzliche Bescheinigung verlangt werden.
Die Eintragung in ein gleichwertiges Verzeichnis anderer Mitgliedstaaten ist als Nachweis ebenso zugelassen.
2. durch Vorlage von Einzelnachweisen. Der öffentliche Auftraggeber kann vorsehen, dass für einzelne Angaben Eigenerklärungen ausreichend sind. Eigenerklärungen, die als vorläufiger Nachweis dienen, sind von den Bietern, deren Angebote in die engere Wahl kommen, durch entsprechende Bescheinigungen der zuständigen Stellen zu bestätigen.
²Der öffentliche Auftraggeber akzeptiert als vorläufigen Nachweis auch eine Einheitliche Europäische Eigenerklärung (EEE).
(2)
1. Wenn dies zur angemessenen Durchführung des Verfahrens erforderlich ist, kann der öffentliche Auftraggeber Bewerber und Bieter, die eine Eigenerklärung abgegeben haben, jederzeit während des Verfahrens auffordern, sämtliche oder einen Teil der Nachweise beizubringen.
2. Beim offenen Verfahren fordert der öffentliche Auftraggeber vor Zuschlagserteilung den Bieter, an den er den Auftrag vergeben will und der bislang nur eine Eigenerklärung als vorläufigen Nachweis vorgelegt hat, auf, die einschlägigen Nachweise unverzüglich beizubringen und prüft diese.
3. ¹Beim nicht offenen Verfahren, beim Verhandlungsverfahren sowie beim wettbewerblichen Dialog und bei der Innovationspartnerschaft fordert der öffentliche Auftraggeber die in Frage kommenden Bewerber auf, ihre Eigenerklärungen durch einschlägige Nachweise unverzüglich zu belegen und prüft diese. ²Dabei sind die Bewerber auszuwählen, deren Eignung die für die Erfüllung der vertraglichen Verpflichtungen notwendige Sicherheit bietet.
4. Der öffentliche Auftraggeber greift auf das Informationssystem e-Certis zurück und verlangt in erster Linie jene Arten von Bescheinigungen und dokumentarischen Nachweisen, die von e-Certis abgedeckt sind.
(3) Unternehmen müssen keine Nachweise vorlegen,
– sofern und soweit die Zuschlag erteilende Stelle diese direkt über eine gebührenfreie nationale Datenbank in einem Mitgliedstaat erhalten kann, oder
– wenn die Zuschlag erteilende Stelle bereits im Besitz dieser Nachweise ist.

1 Die Vorschrift regelt das Verfahren und die zulässigen Mittel der Nachweisführung.
2 e-CERTIS ist ein Informationssystem für Bescheinigungen und sonstige Nachweise, die bei Ausschreibungsverfahren in den 28 Mitgliedstaaten der EU, Beitrittskandidaten wie der Türkei sowie den drei EWR-Staaten[1] häufig verlangt werden. Europäische Unternehmen, die bei einer Ausschreibung im Ausland ein Angebot einreichen möchten, oder öffentliche Auftraggeber, die ein ausländisches Angebot prüfen müssen, können mithilfe von e-CERTIS besser nachvollziehen, welche Informationen im jeweiligen Ausland verlangt werden. Zudem ist durch e-CERTIS eine leichtere Vergleichbarkeit von Bescheinigungen und Nachweisen zwischen den Mitgliedstaaten möglich. Unterlagen können mithilfe des Systems auf ihre Gleichwertigkeit überprüft werden.
3 Werden Kapazitäten anderer Unternehmen in Anspruch genommen, so muss die Nachweisführung auch für diese Unternehmen erfolgen.[2]

---

[1] Island, Liechtenstein und Norwegen.
[2] VK Nordbayern Beschl. v. 28.11.2016 – 21.VK-3194-35/16, IBRRS 2017, 0314.

§ 6cEU Qualitätssicherung und Umweltmanagement

(1) ¹Verlangt der öffentliche Auftraggeber zum Nachweis dafür, dass Bewerber oder Bieter bestimmte Normen der Qualitätssicherung erfüllen, die Vorlage von Bescheinigungen unabhängiger Stellen, so bezieht sich der öffentliche Auftraggeber auf Qualitätssicherungssysteme, die
1. den einschlägigen europäischen Normen genügen und
2. von akkreditierten Stellen zertifiziert sind.
²Der öffentliche Auftraggeber erkennt auch gleichwertige Bescheinigungen von akkreditierten Stellen aus anderen Staaten an. ³Konnte ein Unternehmen aus Gründen, die es nicht zu vertreten hat, die betreffenden Bescheinigungen nicht innerhalb der einschlägigen Fristen einholen, so muss der öffentliche Auftraggeber auch andere Unterlagen über gleichwertige Qualitätssicherungssysteme anerkennen, sofern das Unternehmen nachweist, dass die vorgeschlagenen Qualitätssicherungsmaßnahmen den geforderten Qualitätssicherungsnormen entsprechen.

(2) ¹Verlangt der öffentliche Auftraggeber zum Nachweis dafür, dass Bewerber oder Bieter bestimmte Systeme oder Normen des Umweltmanagements erfüllen, die Vorlage von Bescheinigungen unabhängiger Stellen, so bezieht sich der öffentliche Auftraggeber
1. entweder auf das Gemeinschaftssystem für das Umweltmanagement und die Umweltbetriebsprüfung (EMAS) der Europäischen Union oder
2. auf andere nach Artikel 45 der Verordnung (EG) 1221/2009 anerkannte Umweltmanagementsysteme oder
3. auf andere Normen für das Umweltmanagement, die auf den einschlägigen europäischen oder internationalen Normen beruhen und von akkreditierten Stellen zertifiziert sind.
²Der öffentliche Auftraggeber erkennt auch gleichwertige Bescheinigungen von Stellen in anderen Staaten an. ³Hatte ein Unternehmen aus Gründen, die ihm nicht zugerechnet werden können, nachweislich keinen Zugang zu den betreffenden Bescheinigungen oder aus Gründen, die es nicht zu vertreten hat, keine Möglichkeit, diese innerhalb der einschlägigen Fristen zu erlangen, so muss der öffentliche Auftraggeber auch andere Nachweise über gleichwertige Umweltmanagementmaßnahmen anerkennen, sofern das Unternehmen nachweist, dass diese Maßnahmen mit denen, die nach dem geltenden System oder den geltenden Normen für das Umweltmanagement erforderlich sind, gleichwertig sind.

Soweit der Auftraggeber von den Bietern Zertifikate nach DIN EN ISO 9001 und 14001 oder gleichwertige Bescheinigungen fordert, ist darin noch kein Vergaberechtsverstoß zu erblicken. Nach § 49 Abs. 1 S. 1, Abs. 2 S. 1 VgV bzw. § 7EG Abs. 10 S. 1, Abs. 11 S. 1 VOL/A[1] dürfen Auftraggeber die fraglichen Bescheinigungen nach DIN EN ISO 9001[2] und DIN EN ISO 14001[3] grundsätzlich als Beleg für die Einhaltung bestimmter Qualitätssicherungs- bzw. Umweltmanagementstandards von den Bietern verlangen. 1

Der Aufraggeber muss ferner in der Bekanntmachung deutlich machen, dass – wie auch nach § 49 Abs. 1 S. 2 und 3, Abs. 2 S. 2 und 3 VgV bzw. § 7EG Abs. 10 S. 2 und 3, Abs. 11 S. 2 und 3 VOL/A vorgesehen – alternativ gleichwertige Bescheinigungen vorgelegt werden dürfen. Eine Verpflichtung des Auftraggebers dahingehend, den Bietern eine angemessene Frist für die Erlangung der geforderten Zertifikate im Vergabeverfahren einzuräumen, lässt sich hingegen schon dem Wortlaut nach nicht der Regelung des § 49 Abs. 1 S. 3 bzw. Abs. 2 S. 3 VgV entnehmen. Vielmehr ist die fehlende[4] Möglichkeit der Einholung innerhalb einer 2

---
[1] S. auch Art. 43, 44 RL 2004/18/EG sowie Art. 62 RL 2014/24/EU.
[2] Qualitätssicherungssystem.
[3] Umweltmanagementsystem.
[4] Und nicht zu vertretende.

angemessenen Frist Voraussetzung für die Zulässigkeit der Vorlage alternativer Bescheinigungen.

3   Auch eine weitergehende Verpflichtung für den Auftraggeber zur Konkretisierung der Anforderungen an eine Gleichwertigkeit bei alternativ vorgelegten Bescheinigungen ergibt sich aus den oben zitierten Regelungen bzw. aus Transparenzgründen nicht. Denn vielmehr ist bereits den fraglichen Regelungen zu entnehmen, dass mit den alternativ vorgelegten Nachweisen belegt werden muss, dass mit den entsprechenden Qualitätssicherungs- bzw. Umweltmanagementmaßnahmen das gleiche[5] Niveau erreicht wird.[6]

§ 6dEU Kapazitäten anderer Unternehmen

(1) [1]Ein Bewerber oder Bieter kann sich zum Nachweis seiner Eignung auf andere Unternehmen stützen – ungeachtet des rechtlichen Charakters der zwischen ihm und diesen Unternehmen bestehenden Verbindungen (Eignungsleihe). [2]In diesem Fall weist er dem öffentlichen Auftraggeber gegenüber nach, dass ihm die erforderlichen Kapazitäten zur Verfügung stehen werden, indem er beispielsweise die diesbezüglichen verpflichtenden Zusagen dieser Unternehmen vorlegt. [3]Eine Inanspruchnahme der Kapazitäten anderer Unternehmen für die berufliche Befähigung (§ 6aEU Absatz 1 Nummer 3 Buchstabe e) oder die berufliche Erfahrung (§ 6aEU Absatz 1 Nummer 3 Buchstaben a und b) ist nur möglich, wenn diese Unternehmen die Arbeiten ausführen, für die diese Kapazitäten benötigt werden. [4]Der öffentliche Auftraggeber hat zu überprüfen, ob diese Unternehmen die entsprechenden Anforderungen an die Eignung gemäß § 6aEU erfüllen und ob Ausschlussgründe gemäß § 6eEU vorliegen. [5]Der öffentliche Auftraggeber schreibt vor, dass der Bieter ein Unternehmen, das eine einschlägige Eignungsanforderung nicht erfüllt oder bei dem Ausschlussgründe gemäß § 6eEU Absatz 1 bis 5 vorliegen, zu ersetzen hat. [6]Der öffentliche Auftraggeber kann vorschreiben, dass der Bieter ein Unternehmen, bei dem Ausschlussgründe gemäß § 6eEU Absatz 6 vorliegen, ersetzt.

(2) Nimmt ein Bewerber oder Bieter im Hinblick auf die Kriterien für die wirtschaftliche und finanzielle Leistungsfähigkeit die Kapazitäten anderer Unternehmen in Anspruch, so kann der öffentliche Auftraggeber vorschreiben, dass Bewerber oder Bieter und diese Unternehmen gemeinsam für die Auftragsausführung haften.

(3) Werden die Kapazitäten anderer Unternehmen gemäß Absatz 1 in Anspruch genommen, so muss die Nachweisführung entsprechend § 6bEU auch für diese Unternehmen erfolgen.

(4) Der öffentliche Auftraggeber kann vorschreiben, dass bestimmte kritische Aufgaben direkt vom Bieter selbst oder – wenn der Bieter einer Bietergemeinschaft angehört – von einem Mitglied der Bietergemeinschaft ausgeführt werden.

Übersicht

	Rn.		Rn.
I. Eignungsleihe (Abs. 1)	1–8	III. Grenzen der Eignungsleihe (Abs. 4)	10–15
II. Nachweise an die Eignungsleihe (Abs. 2, 3)	9		

I. Eignungsleihe (Abs. 1)

1   Abs. 1 regelt, wann der Bewerber oder Bieter zulässigerweise für den Nachweis seiner Eignung gegenüber dem öffentlichen Auftraggeber die Kapazitäten anderer Unternehmen

---

[5] Schutz-.
[6] Vgl. auch Erwägungsgrund 88 RL 2014/24/EU; VK Bund Beschl. v. 31.10.16 – VK 1-90/16, IBRRS 2017, 1050.

in Anspruch nehmen darf. Die Eignungsleihe ist von der Unterauftragsvergabe zu unterscheiden. Während im Rahmen der Vergabe von Unteraufträgen ein Teil des Auftrags durch den Bewerber oder Bieter auf eine dritte Person übertragen wird, die dann diesen Teil ausführt, beruft sich bei der Eignungsleihe der Bewerber oder Bieter für die Eignungsprüfung auf die Kapazitäten eines Dritten, ohne dass er zwingend zugleich diesen mit der Ausführung eines Teils des Auftrags beauftragen muss.

Der öffentliche Auftraggeber überprüft im Fall einer Eignungsleihe im Rahmen der Prüfung der Eignung des Bewerbers oder Bieters, ob die Kapazitäten von dritten Unternehmen, die der Bewerber oder Bieter für die Erfüllung bestimmter Eignungskriterien wie beispielsweise der finanziellen Leistungsfähigkeit in Anspruch nehmen will, dem Bewerber oder Bieter wirklich zur Verfügung stehen werden sowie ob die dritten Unternehmen selbst die entsprechenden Eignungskriterien erfüllen und ob bei ihnen Ausschlussgründe vorliegen.

Unternehmen können in verschiedenen Rollen an einem Vergabeverfahren teilnehmen: als Bietergemeinschaft oder Einzelbieter, als Nachunternehmer mit oder ohne Eignungsrelevanz, als bloßer Lieferant oder im Rahmen bloßer Eignungsleihe. Keine Lösung ist es, die Einordnung dem Auftraggeber zu überlassen und Partner vorsichtshalber sowohl als Mitglied einer Bietergemeinschaft, als auch als Nachunternehmer zu bezeichnen.[1] Gerade bei größeren Ausschreibungen bewerben sich nicht selten verschiedene Gesellschaften eines Konzerns gemeinsam um einen Auftrag. Aus Sicht des sich bewerbenden Konzerns ist dies unproblematisch, da aufgrund der personellen und gesellschaftsrechtlichen Verflechtungen der einzelnen Konzerngesellschaften diese intern als Einheit wahrgenommen werden.

Die gemeinsame Bewerbung von Konzerngesellschaften um einen öffentlichen Auftrag ist aus rechtlicher Sicht unproblematisch, wenn die damit verbundenen besonderen Hinweis- und Nachweispflichten beachtet werden. So müssen bei einer Bewerbung einer Konzerngesellschaft um einen öffentlichen Auftrag die Konzernverhältnisse gegenüber dem öffentlichen Auftraggeber offen gelegt werden. Möchte die sich bewerbende Konzerngesellschaft auf Ressourcen anderer Konzerngesellschaften zurückgreifen, so muss ferner ein Verfügbarkeitsnachweis dieser Konzerngesellschaften vorgelegt werden.

Ist darüber hinaus geplant, dass neben der sich bewerbenden Konzerngesellschaft auch andere Konzerngesellschaften Leistungen für den öffentlichen Auftraggeber als Nachunternehmer erbringen sollen, sind dem Angebot auch bezüglich dieser konzernverbundenen Nachunternehmer sämtliche für den Hauptbieter vorzulegenden Nachweise mit dem Angebot vorzulegen, soweit dies wirksam in den Verdingungsunterlagen gefordert wird. Jedoch sind auch an den Verweis auf Referenzen von konzernangehörigen Unternehmen besondere Voraussetzungen geknüpft. Ein Verweis ist nämlich nur dann möglich, wenn der sich bewerbende Bieter nachweisen kann, dass ihm die erforderlichen Mittel der Drittunternehmen zum Zeitpunkt der Erfüllung des Auftrags auch tatsächlich zur Verfügung stehen.

Eine besondere Form für diese Nachweisführung sieht das Gesetz nicht vor. Regelmäßig als ausreichend akzeptiert werden sog. Verfügbarkeitserklärungen der Drittunternehmen. Diese enthalten die Erklärung der jeweiligen Drittunternehmen, dass sie ihre Ressourcen dem sich bewerbenden Unternehmen zur Verfügung stellen werden. Eines solchen Verfügbarkeitsnachweises bedarf es auch dann, wenn es sich bei den Drittunternehmen um konzernverbundene Unternehmen handelt. Der Nachweis kann einzeln für den jeweiligen Auftrag oder pauschal zB im Rahmen eines sog. Konzernvertrags ausgestellt werden.

Bei der Formulierung eines Konzernvertrages müssen haftungsrechtliche Themen, wie zB Patronatserklärungen und arbeitsrechtliche Themen wie zB die Entstehung eines sog. Gemeinschaftsbetriebes, im Auge behalten werden. Neben diesem Verfügbarkeitsnachweis ist ferner zu beachten, dass die Verdingungsunterlagen häufig vorsehen, dass im Falle des Einsatzes von Nachunternehmern die in den Verdingungsunterlagen geforderten Eignungsnachweise wie zB Handelsregistereinträge auch für diese vorgelegt werden. Ist dies der Fall, so reicht die Vorlage eines Verfügbarkeitsnachweises nicht aus.

---

[1] OLG Hamburg Beschl. v. 31.3.2014 – 1 Verg 4/13, BeckRS 2014, 08733.

8   Soll ein Unternehmen als Nachunternehmer eingesetzt werden, dh erbringt ein anderes Unternehmen als der sich bewerbende Bieter Leistungen für den Auftraggeber, so müssen für dieses Unternehmen alle erforderlichen Eignungsnachweise neben dem Verfügbarkeitsnachweis vorgelegt werden. Fehlen derartige Nachweise wird das Angebot regelmäßig zu recht von der Wertung ausgeschlossen werden.

II. Nachweise an die Eignungsleihe (Abs. 2, 3)

9   Nach § 16EU Nr. 4 sind Angebote auszuschließen, bei denen der Bieter Erklärungen oder Nachweise, deren Vorlage sich der öffentliche Auftraggeber vorbehalten hat, auf Anforderung nicht innerhalb einer angemessenen, nach dem Kalender bestimmten Frist vorgelegt hat. Nach § 6bEU Abs. 1 Nr. 2 sind Eigenerklärungen, die als vorläufiger Nachweis der Eignung dienen, von den Bietern, deren Angebote in die engere Wahl kommen, durch entsprechende Bescheinigungen der zuständigen Stellen zu bestätigen. Werden die Kapazitäten anderer Unternehmen[2] in Anspruch genommen, so muss die Nachweisführung gem. § 6dEU Abs. 3 auch für diese Unternehmen erfolgen.[3]

III. Grenzen der Eignungsleihe (Abs. 4)

10 Die sog. Eignungsleihe gibt dem Bieter die Möglichkeit, sich der Fähigkeiten anderer Unternehmen zu bedienen, wenn er selbst Defizite bei der Erfüllung von Eignungsanforderungen hat. Der öffentliche Auftraggeber konnte bislang nicht verlangen, dass der Bieter zumindest in Teilbereichen die Leistung selbst erbringt. Hier hat die Vergaberechtsreform 2016 zu einer entscheidenden Änderung geführt. Der Einsatz von Nachunternehmern kann grundsätzlich in zwei Arten erfolgen. Zum einen kann es sich um Leistungen handeln, die der Bieter auch selbst ausführen könnte und er allein aus Gründen der Kapazität oder der Kostenersparnis auf die Kräfte eines anderen Unternehmens zurückgreift.

11 Zum anderen kann der Bieter Nachunternehmer einsetzen, um Leistungen auszuführen, für die er nicht die erforderliche Eignung aufweist. Ein Bieter kann somit eigene Defizite bei der Eignung dadurch ausgleichen, dass er Dritte benennt, die über die ihm fehlende Eignung verfügen. Der Bieter muss hierbei den Nachweis führen, dass ihm der jeweilige Dritte auch tatsächlich zur Verfügung steht und dieser bereit ist, die entsprechende Leistung zu erbringen. Eine entsprechende Verpflichtungserklärung hat der Bieter zum Nachweis der Eignung vorzulegen.

12 Die Regelungen zum Nachunternehmereinsatz und die Möglichkeit, den Bieter zur Eigenleistung zu verpflichten, wurden im deutschen Vergaberecht in den letzten Jahren immer wieder geändert. Mit der Umsetzung der Richtlinie 2004/18/EG im Jahre 2006 wurde bestimmt, dass sich der Bieter „zur Erfüllung eines Auftrages der Fähigkeiten anderer Unternehmen bedienen kann". Der Bieter darf selbst entscheiden, welche Leistungen er selbst erbringen und welche er als Nachunternehmerleistungen anbieten will. Die Anforderung, dass der Auftragnehmer einen bestimmten prozentualen Leistungsanteil selbst zu erbringen hat, ist grundsätzlich unzulässig.[4] Selbst ein „Kern" an eigener Leistungsfähigkeit darf vom Bieter nicht gefordert werden.[5] Auch Generalübernehmer können sich an Vergabeverfahren beteiligen.

13 In Umsetzung des Art. 63 Abs. 2 RL 2014/24/EU kann der öffentliche Auftraggeber nunmehr vorschreiben, dass bestimmte kritische Aufgaben bei Dienstleistungsaufträgen oder kritische Verlege- oder Installationsarbeiten im Zusammenhang mit einem Lieferauftrag direkt vom Bieter selbst oder im Fall einer Bietergemeinschaft von einem Teilnehmer der Bietergemeinschaft ausgeführt werden müssen. Der Auftraggeber kann somit bei Bauleistungen für „bestimmte kritische Aufgaben" eine Selbstausführung durch den Bieter verlangen.

---

[2] Nachunternehmen.
[3] VK Nordbayern Beschl. v. 28.11.2016 – 21.VK-3194-35/16, IBRRS 2017, 0314.
[4] Vgl. VK Bund Beschl. v. 14.10.2013 – VK 2-84/13, IBRRS 2013, 4843.
[5] OLG Düsseldorf Beschl. v. 28.6.2006 – VII-Verg 18/06, BeckRS 2006, 08482.

Bei Lieferleistungen kann in der Regel keine Selbstausführung gefordert werden, es sei denn, dass die Lieferleistungen mit „Verlege- oder Installationsarbeiten" einhergehen.

14 Da „Verlege- oder Installationsarbeiten" nicht als Beispiel, sondern abschließend benannt werden, spricht zunächst viel dafür, dass Lieferleistungen, die mit anderen Dienst- oder Bauleistungen einhergehen, die nicht „Verlege- oder Installationsarbeiten" sind, nicht als Eigenleistung gefordert werden können. Fraglich ist daher, ob beispielsweise bei Lieferleistungen, bei denen die Anlieferung der Ware als „kritische Aufgabe" bewertet wird, der Bieter zur Eigenleistung verpflichtet werden kann.

15 Auch ist nicht geklärt, wann konkret eine „bestimmte kritische Aufgabe" gegeben ist, die zur Forderung einer Eigenausführung berechtigen könnte. Die Begrifflichkeit der „bestimmten kritischen Aufgaben" wurde wortgleich aus der EU-Richtlinie übernommen. Weder die dortigen Erwägungsgründe noch die Erklärungen zur VgV enthalten eine Erläuterung. Allerdings dürften an die Voraussetzung der „bestimmten kritischen Aufgaben" keine allzu hohen Ansprüche gestellt werden, da bereits „Verlege- und Installationsarbeiten" nach Meinung des Richtliniengebers solche „bestimmten kritischen Aufgaben" darstellen können. Letztlich wird der Begriff subjektiv, also nach der Einschätzung des jeweiligen öffentlichen Auftraggebers, zu interpretieren sein. Als Folge wird ein öffentlicher Auftraggeber jede Bau- und Dienstleistung zur „kritischen Aufgabe" deklarieren können, sofern sie nicht nahezu bedeutungslos ist. Ist der Umstand, dass eine Leistung eine „kritische Aufgabe" darstellt, in der Vergabeakte hinreichend dokumentiert, steht der Anforderung an den Bieter, diese Leistung als Eigenleistung ausführen zu müssen, fortan kaum etwas im Wege.

§ 6eEU Ausschlussgründe

(1) Der öffentliche Auftraggeber schließt ein Unternehmen zu jedem Zeitpunkt des Vergabeverfahrens von der Teilnahme aus, wenn er Kenntnis davon hat, dass eine Person, deren Verhalten nach Absatz 3 dem Unternehmen zuzurechnen ist, rechtskräftig verurteilt worden ist nach:
1. § 129 des Strafgesetzbuchs (StGB) (Bildung krimineller Vereinigungen), § 129a StGB (Bildung terroristischer Vereinigungen) oder § 129b StGB (kriminelle und terroristische Vereinigungen im Ausland),
2. § 89c StGB (Terrorismusfinanzierung) oder wegen der Teilnahme an einer solchen Tat oder wegen der Bereitstellung oder Sammlung finanzieller Mittel in Kenntnis dessen, dass diese finanziellen Mittel ganz oder teilweise dazu verwendet werden oder verwendet werden sollen, eine Tat nach § 89a Absatz 2 Nummer 2 StGB zu begehen,
3. § 261 StGB (Geldwäsche; Verschleierung unrechtmäßig erlangter Vermögenswerte),
4. § 263 StGB (Betrug), soweit sich die Straftat gegen den Haushalt der Europäischen Union oder gegen Haushalte richtet, die von der Europäischen Union oder in ihrem Auftrag verwaltet werden,
5. § 264 StGB (Subventionsbetrug), soweit sich die Straftat gegen den Haushalt der Europäischen Union oder gegen Haushalte richtet, die von der Europäischen Union oder in ihrem Auftrag verwaltet werden,
6. § 299 StGB (Bestechlichkeit und Bestechung im geschäftlichen Verkehr),
7. § 108e StGB (Bestechlichkeit und Bestechung von Mandatsträgern),
8. den §§ 333 und 334 StGB (Vorteilsgewährung und Bestechung), jeweils auch in Verbindung mit § 335a StGB (Ausländische und internationale Bedienstete),
9. Artikel 2 § 2 des Gesetzes zur Bekämpfung internationaler Bestechung (Bestechung ausländischer Abgeordneter im Zusammenhang mit internationalem Geschäftsverkehr),
10. den §§ 232 und 233 StGB (Menschenhandel) oder § 233a StGB (Förderung des Menschenhandels).

(2) Einer Verurteilung oder der Festsetzung einer Geldbuße im Sinne des Absatzes 1 stehen eine Verurteilung oder die Festsetzung einer Geldbuße nach den vergleichbaren Vorschriften anderer Staaten gleich.

(3) Das Verhalten einer rechtskräftig verurteilten Person ist einem Unternehmen zuzurechnen, wenn diese Person als für die Leitung des Unternehmens Verantwortlicher gehandelt hat; dazu gehört auch die Überwachung der Geschäftsführung oder die sonstige Ausübung von Kontrollbefugnissen in leitender Stellung.

(4) [1]Der öffentliche Auftraggeber schließt ein Unternehmen von der Teilnahme an einem Vergabeverfahren aus, wenn
1. das Unternehmen seinen Verpflichtungen zur Zahlung von Steuern, Abgaben und Beiträgen zur Sozialversicherung nicht nachgekommen ist und dies durch eine rechtskräftige Gerichts- oder bestandskräftige Verwaltungsentscheidung festgestellt wurde, oder
2. der öffentliche Auftraggeber auf sonstige geeignete Weise die Verletzung einer Verpflichtung nach Nummer 1 nachweisen kann.

[2]Satz 1 findet keine Anwendung, wenn das Unternehmen seinen Verpflichtungen dadurch nachgekommen ist, dass es die Zahlung vorgenommen oder sich zur Zahlung der Steuern, Abgaben und Beiträge zur Sozialversicherung einschließlich Zinsen, Säumnis- und Strafzuschlägen verpflichtet hat.

(5) [1]Von einem Ausschluss nach Absatz 1 kann abgesehen werden, wenn dies aus zwingenden Gründen des öffentlichen Interesses geboten ist. [2]Von einem Ausschluss nach Absatz 4 Satz 1 kann abgesehen werden, wenn dies aus zwingenden Gründen des öffentlichen Interesses geboten ist oder ein Ausschluss offensichtlich unverhältnismäßig wäre. [3]§ 6fEU Absatz 1 und 2 bleiben unberührt.

(6) Der öffentliche Auftraggeber kann unter Berücksichtigung des Grundsatzes der Verhältnismäßigkeit ein Unternehmen zu jedem Zeitpunkt des Vergabeverfahrens von der Teilnahme an einem Vergabeverfahren ausschließen, wenn
1. das Unternehmen bei der Ausführung öffentlicher Aufträge nachweislich gegen geltende umwelt-, sozial- und arbeitsrechtliche Verpflichtungen verstoßen hat,
2. das Unternehmen zahlungsunfähig ist, über das Vermögen des Unternehmens ein Insolvenzverfahren oder ein vergleichbares Verfahren beantragt oder eröffnet worden ist, die Eröffnung eines solchen Verfahrens mangels Masse abgelehnt worden ist, sich das Unternehmen im Verfahren der Liquidation befindet oder seine Tätigkeit eingestellt hat,
3. das Unternehmen im Rahmen der beruflichen Tätigkeit nachweislich eine schwere Verfehlung begangen hat, durch die die Integrität des Unternehmens infrage gestellt wird; § 6eEU Absatz 3 ist entsprechend anzuwenden,
4. der öffentliche Auftraggeber über hinreichende Anhaltspunkte dafür verfügt, dass das Unternehmen Vereinbarungen mit anderen Unternehmen getroffen hat, die eine Verhinderung, Einschränkung oder Verfälschung des Wettbewerbs bezwecken oder bewirken,
5. ein Interessenkonflikt bei der Durchführung des Vergabeverfahrens besteht, der die Unparteilichkeit und Unabhängigkeit einer für den öffentlichen Auftraggeber tätigen Person bei der Durchführung des Vergabeverfahrens beeinträchtigen könnte und der durch andere, weniger einschneidende Maßnahmen nicht wirksam beseitigt werden kann,
6. eine Wettbewerbsverzerrung daraus resultiert, dass das Unternehmen bereits in die Vorbereitung des Vergabeverfahrens einbezogen war, und diese Wettbewerbsverzerrung nicht durch andere, weniger einschneidende Maßnahmen beseitigt werden kann,
7. das Unternehmen eine wesentliche Anforderung bei der Ausführung eines früheren öffentlichen Auftrags erheblich oder fortdauernd mangelhaft erfüllt hat

und dies zu einer vorzeitigen Beendigung, zu Schadensersatz oder zu einer vergleichbaren Rechtsfolge geführt hat,
8. das Unternehmen in Bezug auf Ausschlussgründe oder Eignungskriterien eine schwerwiegende Täuschung begangen, Auskünfte zurückgehalten hat oder nicht in der Lage ist, die erforderlichen Nachweise zu übermitteln oder
9. das Unternehmen
   a) versucht hat, die Entscheidungsfindung des öffentlichen Auftraggebers in unzulässiger Weise zu beeinflussen,
   b) versucht hat, vertrauliche Informationen zu erhalten, durch die es unzulässige Vorteile beim Vergabeverfahren erlangen könnte, oder
   c) fahrlässig oder vorsätzlich irreführende Informationen übermittelt hat, die die Vergabeentscheidung des öffentlichen Auftraggebers erheblich beeinflussen könnten oder versucht hat, solche Informationen zu übermitteln.

I. Regelungsgehalt und Überblick

§ 6eEU regelt die Ausschlussgründe, aufgrund derer ein Unternehmen von der Teilnahme an einem Vergabeverfahren ausschließen muss bzw. ausschließen kann. Abs. 1–5 regeln die **zwingenden Ausschlussgründe,** nach denen der Auftraggeber den Ausschluss grundsätzlich ohne Ermessen vorzunehmen hat. Abs. 6 regelt die **fakultativen Ausschlussgründe.** 1

II. Systematische Stellung und Zweck der Norm

Abs. 1–5 entsprechen weitgehend der Regelung des § 123 GWB, Abs. 6 entspricht weitgehend § 124 GWB. Die **Abweichungen** sind gering und **überwiegend sprachlicher Natur:** Anstelle der Plurals („Öffentliche Auftraggeber") der §§ 123, 124 GWB verwendet § 6eEU zB den Singular. Abs. 4 S. 2 Hs. 1 („findet keine Anwendung") ist gegenüber § 123 Abs. 4 S. 2 GWB („ist nicht anzuwenden") geringfügig abweichend formuliert. 2

Es sind jedoch auch **inhaltliche Abweichungen** festzustellen: § 123 Abs. 1 Nr. 6 GWB enthält – im Gegensatz zu § 6eEU Abs. 1 Nr. 6 allerdings neben § 299 StGB auch noch den Verweis auf §§ 299a und 299b StGB (Bestechlichkeit und Bestechung im Gesundheitswesen). Auch der Katalog des § 123 Abs. 1 Nr. 10 GWB ist umfangreicher als § 6eEU Abs. 1 Nr. 10 und umfasst neben §§ 232, 233 und 233a StGB weitere Straftatbestände. § 124 Abs. 4 GWB enthält neben der wettbewerbsbeschränkenden Vereinbarung auch „aufeinander abgestimmte Verhaltensweisen". Darüber hinaus ist in der VOB/A der Verweis auf § 21 AEntG (Arbeitnehmer-Entsendegesetz), § 98c AufenthG (Aufenthaltsgesetz), § 19 MiLoG (Mindestlohngesetz) und § 21 SchwarzArbG (Schwarzarbeitsbekämpfungsgesetz) nicht enthalten. 3

Diese inhaltlichen Abweichungen der Regelungen der VOB/A **treten vor den vorrangigen Normen der §§ 123, 124 GWB zurück.** Auf die dortige Kommentierung wird daher verweisen (→ GWB § 123 Rn. 1 ff., → GWB § 124 Rn. 1 ff.). 4

§ 6fEU Selbstreinigung

(1) ¹Der öffentliche Auftraggeber schließt ein Unternehmen, bei dem ein Ausschlussgrund nach § 6eEU vorliegt, nicht von der Teilnahme an dem Vergabeverfahren aus, wenn das Unternehmen nachgewiesen hat, dass es
1. für jeden durch eine Straftat oder ein Fehlverhalten verursachten Schaden einen Ausgleich gezahlt oder sich zur Zahlung eines Ausgleichs verpflichtet hat,
2. die Tatsachen und Umstände, die mit der Straftat oder dem Fehlverhalten und dem dadurch verursachten Schaden in Zusammenhang stehen, durch eine aktive Zusammenarbeit mit den Ermittlungsbehörden und dem öffentlichen Auftraggeber umfassend geklärt hat und

3. konkrete technische, organisatorische und personelle Maßnahmen ergriffen hat, die geeignet sind, weitere Straftaten oder weiteres Fehlverhalten zu vermeiden.
²§ 6eEU Absatz 4 Satz 2 bleibt unberührt.

(2) ¹Der öffentliche Auftraggeber bewertet die von dem Unternehmen ergriffenen Selbstreinigungsmaßnahmen im Hinblick auf ihre Bedeutung für den zu vergebenden öffentlichen Auftrag; dabei berücksichtigt er die Schwere und die besonderen Umstände der Straftat oder des Fehlverhaltens. ²Erachtet der öffentliche Auftraggeber die Selbstreinigungsmaßnahmen des Unternehmens als unzureichend, so begründet er diese Entscheidung gegenüber dem Unternehmen.

(3) Wenn ein Unternehmen, bei dem ein Ausschlussgrund vorliegt, keine oder keine ausreichenden Selbstreinigungsmaßnahmen nach Absatz 1 ergreift, darf es
1. bei Vorliegen eines Ausschlussgrundes nach § 6eEU Absatz 1 bis 4 höchstens für einen Zeitraum von fünf Jahren ab dem Tag der rechtskräftigen Verurteilung von der Teilnahme an Vergabeverfahren ausgeschlossen werden,
2. bei Vorliegen eines Ausschlussgrundes nach § 6eEU Absatz 6 höchstens für einen Zeitraum von drei Jahren ab dem betreffenden Ereignis von der Teilnahme an Vergabeverfahren ausgeschlossen werden.

Übersicht

	Rn.		Rn.
I. Regelungsgehalt und Überblick	1	3. Vermeidungsmaßnahmen für künftige Verstöße	12–14
II. Systematische Stellung und Zweck der Norm	2–5	IV. Prüfung durch den öffentlichen Auftraggeber	15
III. Selbstreinigungsmaßnahmen	6–14		
1. Schadensausgleich	7, 8	V. Rechtsfolge der erfolgreichen Selbstreinigung	16
2. Kooperation mit Ermittlungsbehörden und dem öffentlichen Auftraggeber	9–11	VI. Sperrfristen	17, 18

I. Regelungsgehalt und Überblick

1 § 6fEU regelt die Möglichkeit zur Selbstreinigung bezüglich der Ausschlussgründe nach § 6eEU und zugleich die „Sperrdauer" bei einer fehlgeschlagenen oder nicht vorgenommenen Selbstreinigung. Nach Wortlaut und Regelungsgehalt knüpft diese Regelung an die §§ 125 und 126 GWB an. Eine entsprechende Norm findet sich in den Basisparagrafen nicht. Zum einen werden die möglichen Selbstreinigungsmaßnahmen aufgezählt (Abs. 1). Zum anderen wird die Überprüfung der Selbstreinigungsmaßnahmen durch den öffentlichen Auftraggeber geregelt (Abs. 2). Schließlich erfolgt die Regelung zur Sperrdauer im Falle einer fehlenden oder fehlgeschlagenen Selbstreinigung bezüglich der zwingenden Ausschlussgründe nach § 6eEU Abs. 1–4 (Abs. 3 Nr. 1) und der fakultativen Ausschlussgründe nach § 6eEU Abs. 6 (Abs. 3 Nr. 2).

II. Systematische Stellung und Zweck der Norm

2 Die Regelung des § 6fEU steht im unmittelbaren Zusammenhang mit den Ausschlussgründen nach § 6eEU. Für beide Fälle fehlen entsprechende Regelungen in den Basisparagrafen. Dagegen finden sich ähnliche Regelungen in den Tariftreuegesetzten der Länder. Der Paragraf wurde im Rahmen der Vergaberechtsnovelle 2016 in Anlehnung an die §§ 125 und 126 GWB übernommen.[1]

3 Auf europäischer Ebene findet sich die Selbstreinigung in Art. 50 Abs. 6 RL 2014/24/EU. Diese Regelung setzt der deutsche Gesetzgeber in § 125 GWB um. Mit der Übernahme

---

[1] Einführungserlass zur Vergabe- und Vertragsordnung für Bauleistungen (VOB) 2016, B I 7 -81063.6/1 v. 7.4.2016, 3.

des § 125 GWB bzw. § 6fEU Abs. 1 und 2 kodifiziert der Normgeber erstmals das bislang allein in der Rechtsprechung seit langem anerkannte Institut der Selbstreinigung.[2]

Das Institut der Selbstreinigung und der maximalen Begrenzung der Ausschlussdauer infolge einer fehlenden oder fehlgeschlagenen Selbstreinigung folgt dem Verhältnismäßigkeitsgrundsatz aus dem Verwaltungsrecht. Zugleich wird ein weiter Spielraum eröffnet, um etwa bei den fakultativen Ausschlussgründen nach § 6eEU Abs. 6 den öffentlichen Auftraggeber die Möglichkeit zu belassen, in Abhängigkeit von eventuellen Selbstreinigungsmaßnahmen von dem Ausschluss von einem Vergabeverfahren abzusehen. In Verbindung mit den Vergaberegistern bzw. Antikorruptionsregistern auf Landesebene, die in Zukunft auch auf Bundesebene Platz finden sollen, geht es ferner um die Möglichkeit, von der „schwarzen Liste" wieder entfernt werden zu können. Der Verhältnismäßigkeitsgrundsatz findet sich jedoch nicht nur in der Möglichkeit, die Zuverlässigkeit durch Selbstreinigungsmaßnahmen wiederherzustellen, sondern auch in der Kodifizierung einer maximalen Sperrdauer in § 6fEU Abs. 3 (→ Rn. 17).

In § 6fEU Abs. 2 wird das Verfahren geregelt, wie der öffentliche Auftraggeber die Selbstreinigungsmaßnahmen zu bewerten hat bzw. welchen Ermessensspielraum ihm zukommt. Es folgt der Logik, dass der öffentliche Auftraggeber selbst auch prüfen muss, ob Ausschlussgründe vorliegen, somit muss er auch prüfen, ob die Zuverlässigkeit dennoch besteht. In praxi steht er damit vor erheblichen Herausforderungen (→ Rn. 15).

III. Selbstreinigungsmaßnahmen

In § 6fEU Abs. 1 werden die Selbstreinigungsmaßnahmen definiert, die den jeweiligen Unternehmen zur Verfügung stehen, um einen Ausschluss von der Teilnahme am Vergabeverfahren zu verhindern. Hierbei handelt es sich um den Schadensausgleich (Nr. 1), die Kooperation mit Ermittlungsbehörden und dem öffentlichen Auftraggeber (Nr. 2) sowie Vermeidungsmaßnahmen für künftige Verstöße (Nr. 3). Ausweislich des Wortes „und" am Ende des Abs. 1 Nr. 2, ist offensichtlich, dass sämtliche drei Selbstreinigungsmaßnahmen kumulativ ergriffen worden sein müssen und entsprechend kumulativ von dem öffentlichen Auftraggeber überprüft werden müssen.

1. Schadensausgleich. Um den Ausschluss von der Teilnahme zu verhindern muss nach § 6fEU Abs. 1 Nr. 1 der Unternehmer nachweisen, dass er für jeden durch eine Straftat oder ein Fehlverhalten verursachten Schaden einen Ausgleich gezahlt oder sich zur Zahlung eines Ausgleichs verpflichtet hat. Ein solcher Schadensausgleich war bereits nach der vor der Vergaberechtsreform herrschenden Rechtsprechung erforderlich.[3] Der Schadensausgleich folgt dem Prinzip der Läuterung. Der Unternehmer soll nachweisen, dass er sich seines Fehlverhaltens bewusst ist und entsprechend die Konsequenzen trägt. In der Regel wird es sich um monetäre Schäden handeln, die entsprechend durch Zahlungen auszugleichen sind. Aufgrund der Alternative 2 ist klar, dass der Bieter nicht bereits im Momente des Nachweises den Schadensausgleich tatsächlich gezahlt haben muss. Er muss sich jedoch auf schuldrechtlicher Ebene hinreichend verpflichtet haben. So genügt etwa, dass der Unternehmer den Schadensersatzanspruch des früheren Auftraggebers dem Grunde nach anerkannt hat und sich zugleich verpflichtet hat, den Schaden auszugleichen.[4] Somit ist ein Schadensausgleich nach der Definition selbst dann möglich, wenn der Schadensersatz der Höhe nach streitig bleibt, wies es wohl häufig bei Kartellrechtsverstößen der Fall ist.[5] Unproblematisch ist ein Schadensausgleich bzw. eine Verpflichtung zu einem solchen gegeben, wenn ein gerichtsfester Vergleich geschlossen wurde bzw. ein Vergleich mit Vollstreckungsunterwerfungsklauseln.

---

[2] KG Berlin Urt. v. 13.3.2008 – 2 Verg 18/07, IBR 2008, 532; *Prieß* in Pünder/Prieß/Arrowsmith, Self-Cleaning in Public Procurement Law (SCPPL), 2010, 74.
[3] *Prieß/Stein* NZV 2008, 230.
[4] BT-Drs. 18/6281, 107 ff.
[5] *Mutschler-Siebert/Dorschfeldt* BB 2015, 642 (646).

8 Ähnlich wie der Schadensausgleich wirkt der Hinweis in § 6fEU Abs. 1 S. 2 auf § 6eEU Abs. 4 S. 2. Nach dieser Regelung findet ein Ausschluss wegen Nichtzahlung von Sozialversicherungsbeiträgen, Steuern und Abgaben etc nicht statt, wenn der Unternehmer die Zahlung unverzüglich vorgenommen hat oder sich dazu verpflichtet hat, die Zahlung zu leisten.

9 **2. Kooperation mit Ermittlungsbehörden und dem öffentlichen Auftraggeber.** Kumulativ zum Schadensausgleich muss der Unternehmer nachgewiesen haben, dass er mit den Ermittlungsbehörden und dem öffentlichen Auftraggeber aktiv zusammengearbeitet hat, um die Tatsachen und Umstände, die mit dem durch die Straftat oder das Fehlverhalten verursachten Schaden im Zusammenhang stehen, umfassend aufzuklären (§ 6fEU Abs. 1 Nr. 2). Somit wird vom Unternehmer verlangt, dass er die Tatsachen und Umstände darlegt und in Kooperation mit den Ermittlungsbehörden wie dem öffentlichen Auftraggeber detailliert aufklärt. Hierfür fraglich ist der Maßstab, wann eine Klärung vorliegt. Die aktive Zusammenarbeit setzt voraus, dass der Unternehmer mit eigenen Angestellten und gegebenenfalls umfassenden personellen Maßnahmen im Sinne des § 6fEU Abs. 1 Nr. 3 Beiträge zur Aufklärung geliefert hat. Abweichend von der Richtlinie 2014/24/EU fordert der deutsche Normgeber, dass der Unternehmer nicht nur mit den Behörden, sondern auch mit dem jeweiligen öffentlichen Auftraggeber zusammenarbeitet. Dies geht darauf zurück, dass der Unternehmer bei Ausschlussgründen, die ein Fehlverhalten bzw. eine Schlechtleistung betreffen, umfänglich darlegen und durch Tatkraft nachweisen soll, dass er künftig gewillt ist, mit dem Auftraggeber zu kooperieren und das Fehlverhalten nicht zu wiederholen; dies gilt umso mehr, wenn es um Fehlverhalten geht, bei dem keine Ermittlungsbehörden tätig wurden.

10 Die aktive Zusammenarbeit setzt weiterhin voraus, dass der Unternehmer eine eigene Initiative zu Tage legt, um die Ermittlungen positiv zu beeinflussen und vor allen Dingen auch nicht nur seine eigenen Tatbeiträge, sondern auch die anderer aufklärt. Als Beispiele für die Aufklärungspflicht können angesehen werden Interviews mit eigenen Angestellten, Durchsicht der E-Mail-Accounts oder die Erstellung eines unternehmensinternen Audit-Reports.[6]

11 Die Zusammenarbeit mit dem öffentlichen Auftraggeber hat vor allem darin zu bestehen, dass dem öffentlichen Auftraggeber das Ermittlungsergebnis umfassend dargelegt wird. Weiterhin bedeutet dies, dass der der Unternehmer die Selbstreinigungsmaßnahmen glaubhaft darlegt, durch die künftige Verstöße unterbunden werden sollen. Die Zusammenarbeit mit den öffentlichen Auftraggebern ist insbesondere dann von gesteigertem Wert, wenn etwa im Falle eines fakultativen Ausschlussgrundes nach § 6eEU Abs. 6 überhaupt gar keine Ermittlungen von Ermittlungsbehörden stattgefunden haben. Dann komm es darauf an, dass der Unternehmer die entsprechenden Unterlagen, Auskünfte und Umstände zur Verfügung stellt, die für die Prognoseentscheidung über die Wiedererlangung der Zuverlässigkeit für den zu vergebenden Auftrag nach § 6fEU Abs. 2 erforderlich sind.

12 **3. Vermeidungsmaßnahmen für künftige Verstöße.** Kumulativ zum Schadensausgleich unter der aktiven Zusammenarbeit mit den Ermittlungsbehörden wie dem örtlichen Auftraggeber muss der Unternehmer nachweisen, dass er geeignete konkrete technische, organisatorische und personelle Maßnahme getroffen hat, um weitere Straftaten oder weiteres Fehlverhalten zu vermeiden (§ 6fEU Abs. 1 Nr. 3). Insgesamt können diese Maßnahme auch als „Compliance-Maßnahme" benannt werden.[7] Denknotwendig setzt die Darstellung der Maßnahmen voraus, dass zuvor der öffentliche Auftraggeber umfassend über das Fehlverhalten informiert wurde bzw. dass der Ausschlussgrund hinreichend konkret erfasst werden konnte. Anhand des konkreten Sachverhalts ist dann ein Maßnahmenprogramm vorzustellen, dass sich nach seinem Umfang und der Intensität an der Schwere und den besonderen Umständen des Einzelfalls des gerügten Fehlverhaltens orientieren muss. So sind etwa Faktoren entscheidend wie der Verschuldensgrad, die Dauer des Fehlverhaltens, die Häufigkeit

---

[6] *Stein/Friton/Huttenlach* WuW 2012, 38 (48).
[7] Erwägungsgrund 102 RL 2014/24/EU.

und die finanziellen Auswirkungen des Verhaltens.[8] Über die Geeignetheit der Maßnahmen entscheidet der öffentliche Auftraggeber.[9]

Die Maßnahmen werden unterschieden in technische und organisatorische Maßnahmen, die etwa im Sinne eines Qualität Managementsystems zu verstehen sind sowie personelle Maßnahme, die eher repressiver Natur sein werden. Nach Erwägungsgrund 102 RL 2014/24/EU sind technisch organisatorische Maßnahmen zB der Abbruch aller Verbindungen zu den am Fehlverhalten beteiligten Personen oder Organisationen (Kündigung), geeignete Personalorganisationsmaßnahmen, die Einführung von Kontrollsystemen, die Schaffung einer internen Auditstruktur zu Überwachung der Compliance oder die Einführung interner Haftungs- und Entschädigungsregeln. Alle müssen gemessen am konkreten gerügten Fehlverhalten geeignet sein, dieses künftig zu verhindern. Über die Geeignetheit der Maßnahmen entscheidet nach den Umständen des Einzelfalls der öffentliche Auftraggeber selbst (§ 6fEU Abs. 2). Hält der öffentliche Auftraggeber die Maßnahmen nicht für geeignet, so obliegt es dem Unternehmer, neue, geeignete Maßnahmen vorzuschlagen. Auch wenn die Maßnahme an sich selbst bereits geeignet sein muss, so kommt es für die Beurteilung, ob sie geeignet sind, die Zuverlässigkeit des Unternehmers wiederherzustellen, auf die Gesamtheit an.

Eine personelle Maßnahme ist weniger die Schulung des Personals zu Compliance-Maßnahmen als die Umstrukturierung der Personalia, wie etwa die Entlassung der entsprechend für das Fehlverhalten Verantwortlichen. Es soll sichergestellt werden, dass die für das Fehlverhalten Verantwortlichen, bei dem zu vergebenden Auftrag zu keiner Zeit an der Durchführung mitwirken können. Dennoch muss das Personal dahingehend geschult werden, dass entsprechende Verstöße, die zu einem Ausschluss aus dem Vergabeverfahren wie zur Kündigung führen können, nicht geschehen.

IV. Prüfung durch den öffentlichen Auftraggeber

Nach § 6fEU Abs. 2 hat der öffentliche Auftraggeber selbst zu prüfen, ob er eine Selbstreinigungsmaßnahme für hinreichend hält, sodass der Unternehmer seine Zuverlässigkeit für den zu vergebenden Auftrag trotz früheren Fehlverhaltens wiedererlangt. Diese stellt den öffentlichen Auftraggeber vor erhebliche Probleme. Bei den eng getakteten Terminplänen für die Vergabe ist eine umfängliche Prüfung – auch aus Personalmangel – zuweilen nicht möglich. Andererseits trifft ihn eine Obliegenheit, dem Unternehmer, die Selbstreinigungsmöglichkeiten zu eröffnen. Es wird sich zeigen, inwieweit sich in Zukunft etwa durch Zertifizierungen für Selbstreinigungsmaßnahmen oder sonstige Dienstleistungen eine Rationalisierung des Verfahrens einstellt, die der öffentlichen Hand eine schnelle Reaktion ermöglichen. Ungeachtet dessen wird es natürlich für den Unternehmer vorteilhaft sein, wenn er etwa durch Bestätigungen oder Gutachten von Rechtsanwälten oder anderen Dienstleistern aus dem Finanz- oder Rechtssektor die erfolgreiche Durchführung einer Selbstreinigung belegen kann. Im Rahmen der Überprüfungen kommt dem öffentlichen Auftraggeber ein Beurteilungsspielraum zu, der durch die Nachprüfungsinstanz nur eingeschränkt überprüfbar ist.[10] Die Überprüfung der Nachprüfungsinstanz beschränkt sich dabei darauf, ob der öffentliche Auftraggeber die Tatsachen zutreffend ermittelt und entsprechend abgewogen hat; es wird keine gerichtliche Kontrolle des Ergebnisses an sich vorgenommen. Diesem liegt eine Abwägungsentscheidung zu Grunde, ob gemessen an der Schwere und den Umständen der gerügten Straftat bzw. des Fehlverhalten eine hinreichende Selbstreinigung durchgeführt wurde. Maßstab ist bei allem, ob die Zuverlässigkeit des Unternehmers in einer Prognoseentscheidung für den konkreten Auftrag zu bejahen ist.[11]

---
[8] *Schnitzler* WB 2016, 215 (221).
[9] Vgl. § 6fEU Abs. 2 sowie OLG Frankfurt a. M. Beschl. v. 20.7.2004 – 11 Verg 6/04, VergabeR 2004, 642 (647 f.).
[10] *Prieß/Stein* NZBau 2008, 231.
[11] *Dreher/Hoffmann* NZBau 2014,67 (70).

V. Rechtsfolge der erfolgreichen Selbstreinigung

16   Wurde die Selbstreinigung erfolgreich nach Beurteilung des öffentlichen Auftraggebers gem. § 6fEU Abs. 2 durchgeführt, so darf der öffentliche Auftraggeber den Unternehmer nicht ausschließen. Ist der Nachweis für die Selbstreinigung erfolgreich, so hat der Unternehmer einen Anspruch auf Teilnahme am vergaberechtlichen Wettbewerb. Das Ermessen des öffentlichen Auftraggebers ist in diesem Fall auf null reduziert.

VI. Sperrfristen

17   Die Sperre für einen Ausschluss von (künftigen) Vergabeverfahren bei fehlgeschlagener oder gar nicht unternommener Selbstreinigung wird danach differenziert, ob ein zwingender Ausschlussgrund nach § 6eEU Abs. 1–4 (§ 6fEU Abs. 3 Nr. 1) oder ein fakultativer Ausschlussgrund nach § 6eEU Abs. 6 (§ 6fEU Abs. 3 Nr. 2) vorliegt. Wurde der Unternehmer aufgrund eines zwingenden Ausschlussgrundes nach § 6eEU Abs. 1–4 ausgeschlossen, und hat er keine Selbstreinigung vorgenommen oder sind solche fehlgeschlagen, so darf er bis zu einem Zeitraum von fünf Jahren ab dem Tag der rechtskräftigen Verurteilung von der Teilnahme an weiteren Vergabeverfahren ausgeschlossen werden. Liegt lediglich ein fakultativer Ausschlussgrund nach § 6eEU Abs. 6 vor, so beträgt die Sperrfrist für die Teilnahme an weiteren Vergabeverfahren drei Jahre ab dem Bestehen des Ausschlussgrundes. Weil sich der Zeitpunkt in diesem Fall nicht immer eindeutig bestimmen lässt, besteht gewisser Interpretationsspielraum. In der Regel wird man wohl auf die Kenntniserlangung vom Ausschlussgrund des Auftraggebers abstellen müssen, dessen Auftrag das Fehlverhalten betraf.

18   Der gesamte Vorgang über den Nachweis von Selbstreinigungsmaßnahmen und ihre Beurteilung ist entsprechend zu dokumentieren.

§ 7EU Leistungsbeschreibung

(1)
1. **Die Leistung ist eindeutig und so erschöpfend zu beschreiben, dass alle Bewerber die Beschreibung im gleichen Sinne verstehen müssen und ihre Preise sicher und ohne umfangreiche Vorarbeiten berechnen können.**
2. **Um eine einwandfreie Preisermittlung zu ermöglichen, sind alle sie beeinflussenden Umstände festzustellen und in den Vergabeunterlagen anzugeben.**
3. **Dem Auftragnehmer darf kein ungewöhnliches Wagnis aufgebürdet werden für Umstände und Ereignisse, auf die er keinen Einfluss hat und deren Einwirkung auf die Preise und Fristen er nicht im Voraus schätzen kann.**
4. **[1]Bedarfspositionen sind grundsätzlich nicht in die Leistungsbeschreibung aufzunehmen. [2]Angehängte Stundenlohnarbeiten dürfen nur in dem unbedingt erforderlichen Umfang in die Leistungsbeschreibung aufgenommen werden.**
5. **Erforderlichenfalls sind auch der Zweck und die vorgesehene Beanspruchung der fertigen Leistung anzugeben.**
6. **Die für die Ausführung der Leistung wesentlichen Verhältnisse der Baustelle, z. B. Boden- und Wasserverhältnisse, sind so zu beschreiben, dass der Bewerber ihre Auswirkungen auf die bauliche Anlage und die Bauausführung hinreichend beurteilen kann.**
7. **Die „Hinweise für das Aufstellen der Leistungsbeschreibung" in Abschnitt 0 der Allgemeinen Technischen Vertragsbedingungen für Bauleistungen, DIN 18299 ff., sind zu beachten.**

(2) [1]Soweit es nicht durch den Auftragsgegenstand gerechtfertigt ist, darf in technischen Spezifikationen nicht auf eine bestimmte Produktion oder Herkunft oder ein besonderes Verfahren, das die von einem bestimmten Unternehmen bereitgestellten Produkte charakterisiert, oder auf Marken, Patente, Typen oder

einen bestimmten Ursprung oder eine bestimmte Produktion verwiesen werden, wenn dadurch bestimmte Unternehmen oder bestimmte Produkte begünstigt oder ausgeschlossen werden. ²Solche Verweise sind jedoch ausnahmsweise zulässig, wenn der Auftragsgegenstand nicht hinreichend genau und allgemein verständlich beschrieben werden kann; solche Verweise sind mit dem Zusatz „oder gleichwertig" zu versehen.

(3) Bei der Beschreibung der Leistung sind die verkehrsüblichen Bezeichnungen zu beachten.

Übersicht

	Rn.		Rn.
I. Regelungsgehalt und Überblick	1, 2	5. Angabe von Zweck und vorgesehener Beanspruchung (Nr. 5)	24
II. Systematische Stellung und Zweck der Norm	3–5	6. Beschreibung der wesentlichen Verhältnisse der Baustelle (Nr. 6)	25
III. Grundlagen (Abs. 1)	6–26	7. Beachtung der „Hinweise für das Aufstellen Leistungsbeschreibungen" iSd ATV DIN 18299 ff., Abschnitt 0 (Nr. 7)	26
1. Eindeutige und erschöpfende Leistungsbeschreibung (Nr. 1)	7–11		
2. Feststellung und Angabe von Umständen für die Preisermittlung (Nr. 2)	12, 13	IV. Gebot der Produktneutralität (Abs. 2)	27–31
3. Verbot der Aufbürdung eines ungewöhnlichen Wagnisses (Nr. 3)	14–16	V. Gebot der verkehrsüblichen Bezeichnungen (Abs. 3)	32, 33
4. Unzulässigkeit von Bedarfspositionen und angehängten Stundenlohnarbeiten (Nr. 4)	17–23	VI. Dokumentation	34

I. Regelungsgehalt und Überblick

§ 7EU regelt die Anforderung an die Leistungsbeschreibung. Mit der Vergaberechtsreform und der Novellierung der VOB/A im Jahr 2016 wurde § 7EU maßgeblich neu gestaltet. Zur besseren Verständlichkeit wurde § 7EG VOB/A 2012 in vier Paragrafen aufgeteilt, nämlich §§ 7EU–7cEU. Hierbei wurden die Besonderheiten für die technischen Spezifikationen, Testberichte, Zertifizierungen, Gütezeichen (§ 7aEU, → § 7aEU Rn. 1 ff.), die Leistungsbeschreibung mit Leistungsverzeichnis (§ 7bEU, → § 7bEU Rn. 1 ff.) und die Leistungsbeschreibung Leistungsprogramm (§ 7cEU, → § 7cEU Rn. 1 ff.) jeweils in gesonderten Normen dargelegt. Während es bezüglich der technischen Spezifikationen, dargelegt in → § 7aEU Rn. 1 ff., wesentliche Modifizierungen in der Umsetzung der Richtlinie 2014/24/EU gab, blieb der Inhalt des § 7EU im Vergleich zu Ursprungsregelung des § 7EG Abs. 1–3 VOB/A 2012 im Wesentlichen unverändert. 1

Wie bereits nach altem Recht ergibt sich daher folgende Gliederungen der inhaltlichen Anforderungen an die Leistungsbeschreibung: Eindeutige und erschöpfende Beschreibung der Leistung (Abs. 1 Nr. 1); Ermöglichung einwandfreier Preisermittlung (Abs. 1 Nr. 2); Verbot ungewöhnlicher Wagnisse (Absatz ein Nr. 3); Bedarfsposition und Stundenlohnarbeiten (Abs. 1 Nr. 4); Angabe von Zweck und Beanspruchung der fertigen Leistung (Abs. 1 Nr. 5); Beschreibung wesentlicher Verhältnisse der Baustelle (Abs. 1 Nr. 6); Beachtung der DIN 18299 ff. (Abs. 1 Nr. 7); Gebot der produktneutralen Ausschreibung (Abs. 2); Verwendung verkehrsüblicher Bezeichnungen (Abs. 3). 2

II. Systematische Stellung und Zweck der Norm

Die inhaltlichen Grundanforderungen an eine Leistungsbeschreibung, unabhängig davon, ob sie mit Leistungsverzeichnis oder Leistungsprogramm getätigt wurde, soll sicherstellen, dass der öffentliche Auftraggeber lediglich solche Ausschreibungen tätig, die von jeglichen – fachkundigen – Bietern gleich verstanden werden. Dies soll zugleich sicherstellen, dass von 3 den Bietern vergleichbare Angebote abgegeben werden und insbesondere spätere Vergütungsstreitigkeiten aufgrund unklarer Leistungsbeschreibungen vermieden werden.

4   Die Grundnorm des § 7EU steht in engem Zusammenhang mit den Regelungen für die besonderen Tatbestände für die technischen Spezifikationen, Testberichte, Zertifizierungen und Gütezeichen in der Leistungsbeschreibung (§ 7aEU, → § 7aEU Rn. 1 ff.), der Leistungsbeschreibung mit Leistungsverzeichnis (§ 7bEU, → § 7bEU Rn. 1 ff.) und die Leistungsbeschreibung mit Leistungsprogramm (§ 7cEU, → § 7cEU Rn. 1 ff.).

5   Die Anforderungen nach § 7EU gelten für sämtliche Vergabeverfahren, auch wenn sich in den Einzelheiten etwa für den wettbewerblichen Dialog oder die Innovationspartnerschaft Besonderheiten ergeben können.

III. Grundlagen (Abs. 1)

6   Die Grundlagen für jegliche Leistungsbeschreibung sind in § 7EU Abs. 1 geregelt; die folgenden Regelungen können weitgehend als Konkretisierungen dieser grundlegenden Anforderung gelten. Die Norm ist Ausfluss des Transparenzgebots.[1] Ihr kommt sowohl eine die Bieter als auch eine den öffentlichen Auftraggeber schützende Funktion zu. Die Bieter sollen davor geschützt werden, dass sie eine möglichst präzise und belastbare Leistungsbeschreibung erhalten, sodass sie ein möglichst geringes Wagnis und Kalkulationsrisiko beim Angebot eingehen und einen möglichst geringen Aufwand für die Angebotsausarbeitung betreiben müssen.[2] Der öffentliche Auftraggeber dagegen soll davor geschützt werden, dass späterhin Streit über das Bausoll entsteht bzw. das Nachtragsrisiko gering gehalten wird. Denn die Leistungsbeschreibung wird stets Vertragsbestandteil und ist daher Grundlage der der Ermittlung der zu vergütenden Leistung.

7   **1. Eindeutige und erschöpfende Leistungsbeschreibung (Nr. 1).** Nach § 7EU Abs. 1 Nr. 1 ist die Beschreibung der Leistung eindeutig, erschöpfend und technisch richtig zu erstellen. Dies folgt zum einen aus dem Ziel, dass der öffentliche Auftraggeber möglichst präzise Angebote und Kalkulationen erhalten soll. Zum anderen soll jedem Bieter ohne größere Nachforschung klar sein, welche Leistung verlangt wird. Andernfalls wächst die Gefahr, dass keine vergleichbaren Angebote abgegeben werden.[3]

8   Nach den Ausführungen im VHB ist eine Leistungsbeschreibung eindeutig, wenn die Art und der Umfang der geforderten Leistung mit allen dafür maßgeblichen Bedingungen, zB hinsichtlich Qualität, Beanspruchungsgrad, technischer bauphysikalischer Bedingungen, zu erwartender Erschwernisse, besonders der Bedingungen der Ausführung und etwa notwendiger Regelungen zur Ermittlung des Leistungsumfangs zweifelsfrei erkennen lässt und keine Widersprüche in sich, zu den Plänen oder zu einer vertraglichen Regelung enthält. Besonderen Wert ist daher auf die sprachlich einwandfreie Gestaltung der Leistungsbeschreibung zu legen, da bei Zweifel in der späteren vergaberechtlichen Angebotswertung und Auslegung dem VOB/A-konformen Wortlaut der Vorzug zu geben ist.[4] Bestehen trotz der VOB-konformen Auslegung weiterhin Zweifel, so gehen diese zulasten des öffentlichen Auftraggebers, weil ihm die Pflicht zur ordnungsgemäßen Leistungsbeschreibung obliegt.[5] Somit ist die Leistungsbeschreibung eindeutig, wenn sie sowohl nach ihrem äußeren Bild, als auch nach ihrem Inhalt und der zu ihrer Beschreibung gewählten Sprache so gestaltet ist, dass sie einfach von den Bewerbern in gleicher Weise verstanden werden muss.[6] Treten Widersprüche zwischen der Leistungsbeschreibung und den Plänen auf, so besteht bereits ein Verstoß gegen das Gebot der eindeutigen Leistungsbeschreibung.[7] Sinn und Zweck

---

[1] Vgl. VK Südbayern Beschl. v. 26.6.2008 – Z3-3-3194-1-16-04/08, IBRRS 2008, 3213.
[2] VK Südbayern Beschl. v. 8.6.2006 – Z3-3-3194-1-14-05/06, IBRRS 2007, 4938.
[3] VK Bund Beschl. v. 20.1.2010 – VK 1-233/09, BeckRS 2010, 143609.
[4] VHB, allgemeine Richtlinien Vergabeverfahren (Bl. 100), 4.2.1.1; KG Beschl. v. 21.12.2009 – 2 Verg 11/09, IBRRS 2010, 0543.
[5] OLG Frankfurt a. M. Beschl. v. 12.7.2016 – 11 Verg 9/16, BeckRS 2016, 13287.
[6] KKPP/*Prieß* § 7 Rn. 13.
[7] VÜA Bayern Beschl. v. 3.3.1999 – VÜA 4/98, IBR 1999, 352.

dieser Regelung ist, dass die Bieter ihre Preise sicher und ohne umfangreiche Vorarbeiten berechnen können[8] und dass sie keinen unverhältnismäßigen Aufwand für die Kalkulation und Abgabe eines angemessenen Angebots betreiben müssen.[9] Somit musst der öffentliche Auftraggeber gegebenenfalls unter Hinzuziehung von Fachleuten das ihm Mögliche tun, um das Ziel der eindeutigen Leistungsbeschreibung zu erreichen.[10] Bestehen komplizierte Einzelumstände vor Ort, so hat sich der öffentliche Auftraggeber auch über diese zu äußern.[11] Zwar ist es nicht notwendig, alle technischen Einzelheiten der auszuführenden Leistungen insbesondere bezüglich der Bauverfahren vorzugeben, jedoch müssen die notwendigen technischen Einzelheiten beschrieben werden, um die verlangte Beschaffenheit der Leistung hinreichend und für alle mit Fachkenntnis ausgestatteten Bieter verständlich zu machen.[12]

Das Gebot der erschöpfenden Leistungsbeschreibung untergliedert sich in die Merkmale **9** der „vollständigen" und „technisch richtigen" Leistungsbeschreibung. Nach dem VHB ist Leistungsbeschreibung „vollständig", wenn die Art und der Zweck des Bauwerks bzw. der Leistung, Art und Umfang aller zur Herstellung des Werkes erforderlichen Teilleistungen alle für die Erstellung des Werkes spezifischen Bedingungen und Anforderungen darstellt.[13] Eine Leistungsbeschreibung ist „erschöpfend", wenn keine Restbereiche verbleiben, die durch den Auftraggeber nicht klar umrissen sind.[14] Nach dem VHB ist eine Leistungsbeschreibung „technisch richtig", wenn die Art, Qualität und Modalitäten der Ausführung der geforderten Leistung entsprechend den anerkannten Regeln der Technik, den Allgemeinen technischen Vertragsbedingungen oder etwaigen leistungs- und produktspezifischen Vorgaben zutreffend festgelegt ist.[15] Das Gebot der erschöpfenden Leistungsbeschreibung steht also diametral zur komplett Klausel gegenüber. Es ist dem öffentlichen Auftraggeber verwehrt, lediglich Allgemeinpositionen oder um bestimmte Vorbehalte für Leistungen auszugeben.[16]

Schließlich muss die Leistungsbeschreibung endgültig sein. Diese Anforderung folgt aus **10** der Annahme, dass der Bieter grundsätzlich darauf vertrauen können muss, dass der Auftraggeber die vollständige Leistung ausschreibt und diese abschließend mit sämtlichen Eigenschaften derart beschreibt, dass der Bieter auch abschließend kalkulieren kann. Gerade die Anforderung der endgültigen Leistungsbeschreibung ist auf das Verhandlungsverfahren, den wettbewerblichen Dialog und bei der Innovationspartnerschaft nur eingeschränkt möglich.[17] Das Gebot der endgültigen Leistungsbeschreibung hängt auch mit der Anforderung zusammen, dass die Vergabereife erst dann besteht, wenn der Auftraggeber sich tatsächlich darüber klar ist, gegebenenfalls auch unter Hinzuziehung von externem Sachverstand, was er beschaffen will (§ 2EU Abs. 8, → § 2EU Rn. 12). Wie auch den Anforderungen an die Aufhebung eines Vergabeverfahrens wegen grundlegender Änderungen der Vergabeunterlagen und damit auch der Leistungsbeschreibung nach § 17EU Abs. 1 Nr. 2 (→ § 17EU Rn. 14f.) zu entnehmen ist, ist es zwar dem öffentlichen Auftraggeber unbenommen, die zu beschaffende Leistung für sich zu bestimmen. Jedoch soll diese nicht zulasten der Bieter gehen, die möglicherweise im Vertrauen auf die Abgeschlossenheit einer Leistungsbeschreibung schon Angebote abgegeben haben. Folglich sehen auch die Regelung in § 17EU vor, dass im Fall der Aufhebung wegen wesentlicher Änderungen des Beschaffungsgegenstandes durch den öffentlichen Auftraggeber dann Schadenersatz von ihm zu leisten ist, wenn ihm bei ordnungsgemäßer Vorbereitung des Vergabeverfahrens bereits hätte bekannt sein müssen, dass die Änderungen erforderlich wer-

---

[8] OLG Düsseldorf Beschl. v. 12.10.2011 – Verg 46/11, IBRRS 2011, 4607.
[9] VK Bund Beschl. v. 8.11.2012 – VK 1-115/12, IBRRS 2013, 0320.
[10] Ingenstau/Korbion/*von Wietersheim/Kratzenberg* § 7 Rn. 8.
[11] Vgl. hierzu § 7cEU Abs. 3.
[12] BGH Urt. v. 22.4.1993 – VII ZR 118/92, BauR 1993, 595.
[13] VHB, allgemeine Richtlinien Vergabeverfahren (Bl. 100), 4.2.1.2.
[14] OLG Karlsruhe Beschl. v. 25.7.2014 – 15 Verg 4/14, ZfBR 2015, 395.
[15] VHB, allgemeine Richtlinien Vergabeverfahren (Bl. 100), 4.2.1.3.
[16] OLG Celle Beschl. v. 12.5.2005 – 35Verg 6/05, IBR 2005, 400.
[17] Vgl. OLG München Beschl. v. 28.4.2006 – Verg 6/06, NZBau 2007, 59.

den. Die Bieter sollen davor geschützt werden, unnötigen Aufwand zu betreiben. Die steht auch im Zusammenhang mit dem Verbot des Betreibens eines Vergabeverfahrens zur Markterkundung. Ungeachtet dessen verbleibt dem Auftraggeber die Möglichkeit, Nebenangebote zuzulassen, um etwa vergaberechtlich zulässige Handlungsalternativen zu erhalten. So stellt auch der EuGH fest, dass wegen des Gleichheitsgrundsatzes und Transparenzgebotes zwar Klarstellungen während des Vergabeverfahrens etwa durch zusätzliche Unterlagen vorgenommen und Informationen erteilt werden dürfen, nicht aber der Umfang der wesentlichen Bedingungen eines Auftrags verändert werden dürfen.[18]

11 Als Maßstab für die eindeutige, erschöpfende und endgültige Leistungsbeschreibung ist der objektive Empfängerhorizont anzusetzen, der gegebenenfalls durch die Umstände des Einzelfalls zu ergänzen ist.[19] Dies bedeutet jedoch nicht, dass ein Laienverständnis anzusetzen ist. Vielmehr wird auf den üblichen Bieter mit den für den Auftrag vorauszusetzenden Fachkenntnissen abgestellt und wie ein solcher in einem objektiv gleichen Sinne die Leistungsbeschreibung verstehen kann.[20] Hieraus ergibt sich, dass der öffentliche Auftraggeber verkehrsübliche Bezeichnungen für die Leistungsbeschreibung verwenden soll, die der Fachwelt als gängig bekannt sind.[21] Der Bieter darf dagegen aufgrund seiner Fachkenntnis bei einer erkannten Mehrdeutigkeit nicht unterstellen, die Vergabestelle habe die ihm günstigste Auslegungsmöglichkeit gewollt, sondern muss den tatsächlich Willen des öffentlichen Auftraggebers hinterfragen; dabei ist es ihm auch zumutbar, bei verbleibenden Zweifeln eine Frage an die Vergabestelle zu richten, welche dann die entsprechende Frage und Antwort an sämtliche übrigen Bieter mitzuteilen hat.[22] Abzugrenzen ist diese Obliegenheit zur Aufklärung von Mehrdeutigkeiten, von offensichtlichen Fehlern bzw. einem Missverständnis des öffentlichen Auftraggebers in der Leistungsbeschreibung, welche zulasten des öffentlichen Auftraggebers gehen. Eine grundsätzliche Pflicht des Bieters, die ausgeschriebene Leistung infrage zu stellen, besteht gerade nicht.[23] Auch eine Pflicht des Bieters, eventuelle sachliche Missverständnisse bei Konkurrenten dem öffentlichen Auftraggeber offenzulegen besteht nicht.[24]

12 **2. Feststellung und Angabe von Umständen für die Preisermittlung (Nr. 2).**
Gemäß § 7EU Abs. 1 Nr. 2 hat der öffentliche Auftraggeber zunächst sämtliche die Preisermittlung beeinflussenden Umstände durch eigene Ermittlungen festzustellen. Die Preisermittlung betreffende Umstände sind insbesondere Besonderheiten nach Bauart und Bauverfahren. Anhaltspunkte hierfür können die jeweiligen Unterteilungen in der VOB/C ATV DIN 18299 ff. und hier insbesondere die Abrechnungsregelungen bzw. die Unterscheidungen in Neben- und besonderen Leistungen geben. Denn hierbei handelt es sich insbesondere um Umstände, die etwa wegen schwer zugänglicher Flächen unmittelbar Einfluss auf die Kalkulation von Preisen haben.[25] Allgemeine, die Preisbildung beeinflussenden Elemente, wie etwa die Dynamik der Preisverhältnisse, sind dagegen nicht anzugeben. Solche sind allenfalls durch eine Preisgleitklausel aufzufangen.[26] Bereits aufgrund der Anforderung an die Vergabereife und die eindeutige und erschöpfende Leistungsbeschreibung ist der öffentliche Auftraggeber gehalten, im Rahmen des zumutbaren Aufwandes, das ihm Mögliche ebenfalls unter Hinzuziehung von externen Sachverstand zu tun, um die maßgeblichen Umstände zu ermitteln.[27] Allein in Ausnahmefällen kann es zulässig sein, den Bietern Feststellungen etwa vor Ort zu ermöglichen. Hierfür sind jedoch erhebliche Anforderungen an die Durchführung von Ortsterminen mit Hinblick auf das Geheimhaltungsgebot und Gleichbehand-

---

[18] EuGH Urt. v. 10.5.2012 – C-368/10, NZBau 2012, 445.
[19] OLG Köln Beschl. v. 23.12.2009 – 11 U 173/09, IBRRS 2010, 0419.
[20] Ingenstau/Korbion/*von Wietersheim/Kratzenberg* § 7 Rn. 8.
[21] Ingenstau/Korbion/*von Wietersheim/Kratzenberg* § 7 Rn. 8.
[22] OLG Düsseldorf Beschl. v. 14.4.2010 – Verg 60/09, IBRRS 2010, 2500.
[23] VK Mecklenburg-Vorpommern Beschl. v. 21.2.2012 – 1 VK 07/11, IBRRS 2012, 2771.
[24] OLG München Beschl. v. 12.10.2012 – Verg 16/12, IBR 2012, 725.
[25] OLG München Urt. v. 26.3.1996 – 9 U 1819/95, NJW-RR 1998, 883.
[26] → § 9d Rn. 7 ff.
[27] VK Bund Beschl. v. 24.6.2003 – VK 2-46/03, BeckRS 2003, 152802.

lungsgebot zu berücksichtigen;[28] zusätzlich muss der öffentliche Auftraggeber einen entsprechenden Hinweis auf das Unterlassen der Angabe von maßgeblichen Umständen gem. §§ 8EU ff. in die Vergabeunterlagen aufnehmen.[29] Eine Klausel, nach denen Bieter mit ihrer Unterschrift anerkennen, die örtlichen Verhältnisse zu kennen, verstößt gegen das gesetzliche Verbot der Beweislastumkehr gem. § 309 Nr. 12 lit. b BGB, § 307 BGB und ist somit unwirksam.[30] Die Pflicht zur Aufklärung der Umstände jedoch nicht grenzenlos, sondern besteht nur Ende der in den Grenzen des Zumutbaren, also insbesondere eines verhältnismäßigen Kostenaufwandes.[31] Die Wellness Medical Kostenaufwand hängt besonders mit dem Gedanken der Sitzungsvolumen für eine Baumaßnahme ab. Es der Auftraggeber der Auffassung, die Grenze erreicht zu haben, so ist er im Streitfall dafür vollumfänglich Beweis- und Darlegung verpflichtet. Zusätzlich besteht Risiko für Nachträge mit § 2 Abs. 5 und 6 VOB/B sowie entsprechenden Probleme bei der Gewährleistung (vgl. § 4 Abs. 2 VOB/B oder § 13 Abs. 3 VOB/B).

Die festgestellten, die Preisermittlung beeinflussenden Umstände sind an geeigneter Stelle anzugeben. Die Angabe hat nach der Anforderung § 7EU Abs. 1 S. 2 Nr. 1 sowie ausweislich des Wortes „aller" in § 7EU Abs. 1 Nr. 2 vollständig und endgültig zu erfolgen. 13

3. Verbot der Aufbürdung eines ungewöhnlichen Wagnisses (Nr. 3). § 7EU Abs. 1 14
Nr. 3 stellt klar, dass dem jeweiligen Bieter bzw. späterem Auftragnehmer vom öffentlichen Auftragnehmer kein ungewöhnliches Wagnis aufgebürdet werden darf, das der üblichen Risikoverteilung, wie sie auch in der VOB/B niedergelegt ist, widerspricht. Dies sind insbesondere solche Risiken, die nicht vom Auftragnehmer beherrscht werden können und daher in die Risikosphäre des Auftraggebers fallen. Wagnisse im Sinne der Norm können sowohl im rechtlichen wie auch im tatsächlichen Sinn bestehen.[32] Dies betrifft etwa die typische Gefährdungslage bei Baugrund- oder Baubestandsrisiken, aber auch bei Kampfmittelrisiken sowie versteckten Problemen der technischen Ausführung. Die Regelung des § 7EU Abs. 1 Nr. 3 dient somit dem Schutz des Bieters und späteren Auftragnehmers vor unangemessenen Vertragsbedingungen und ist daher weit auszulegen.[33] Aus dem Adjektiv „ungewöhnlich" geht hervor, dass die Norm nicht die „üblichen" Wagnisse bzw. eindeutig definierbaren Wagnisse betrifft, sondern lediglich diejenigen Umstände und Ereignisse, auf die der Bieter keinen Einfluss hat und deren Einwirkung auf die Preise und Fristen er nicht im Voraus einschätzen kann.[34] Zusammenfassend kann also festgehalten werden, dass der öffentliche Auftraggeber solche Wagnisse nicht übertragen darf, die entweder lediglich von ihm selbst oder weder von ihm noch dem Auftragnehmer beherrschbar sind.[35]

Umstritten ist in der Rechtsprechung, ob der öffentliche Auftraggeber ein nicht kalkulierbares Wagnis auf den Auftragnehmer übertragen darf, wenn dies explizit mit einem Hinweis in den Vergabeunterlagen herausgestellt wird. Teilweise wird angenommen, dass auch ein eindeutig benanntes Wagnis nicht auf den Auftragnehmer übertragen werden darf.[36] Die zu befürwortende Gegenansicht lässt die Übertragung zu.[37] Der Gegenansicht ist deshalb zuzustimmen, weil ein wesentliches Kriterium für das Verbot der Überbürdung des ungewöhnlichen Wagnisses auf den Umstand abzielt, dass bei einer solchen „verdeckten Übertragung" dem Bieter die Möglichkeit genommen würde, dieses Wagnis in seine Preise und Fristen einzukalkulieren. Wird jedoch ein ungewöhnliches Wagnis mit einem expliziten 15

---

[28] BVerwG Beschl. v. 29.1.2014 – 8 B 26.13, BeckRS 2014, 48137 mAnm *Kemper* VPR 2014, 1041.
[29] Franke/Kemper/Zanner/Grünhagen/Mertens/*Franke/Kaiser* Rn. 34.
[30] OLG Frankfurt a. M. Urt. v. 7.6.1985 – 6 U 148/84, NJW-RR 1986, 245.
[31] VK Münster Beschl. v. 23.9.2011 – VK 11/11, IBRRS 2011, 4930.
[32] OLG Düsseldorf Beschl. v. 29.9.2008 – VII-Verg 50/08, IBRRS 2009, 3800.
[33] VK Hamburg Beschl. v. 25.7.2002 – VgK FB 1/02, IBRRS 2002, 1028; 2. VK Bund Beschl. v. 13.7.2005 – VK 2-69/5, IBRRS 2005, 2716.
[34] Vgl. OLG Düsseldorf Beschl. v. 18.11.2009 – VII-Verg 19/09, BeckRS 2010, 03610.
[35] VK Brandenburg Beschl. v. 30.9.2008 – VK 30/08, IBRRS 2008, 2978.
[36] Vgl. OLG Dresden Beschl. v. 2.8.2011 – WVerg 4/11, IBRRS 2011, 3668.
[37] OLG Düsseldorf Beschl. v. 19.10.2011 – VII-Verg 54/11, NZBau 2011, 762; OLG Naumburg Urt. v. 15.12.2005 – 1 U 15/05, NZBau 2006, 267.

Hinweis übertragen, so bleibt dem Bieder die Möglichkeit, sich für eine Teilnahme an dem Vergabeverfahren ggf. mit einem entsprechenden Risikozuschlag in seiner Preiskalkulation aufzunehmen. Somit wird es dem Bieter zumutbar, das Risiko zu nehmen.[38] Dies ist umso mehr der Fall, dass bei einem gesonderten Hinweis von einer bewussten Entscheidung des Bieters ausgegangen werden kann, das Risiko eingehen zu wollen.

16 Meist findet die Übertragung solcher Wagnisse in der Leistungsbeschreibung bzw. den Vorbemerkungen statt. Diese unterliegen der Inhaltskontrolle für Allgemeine Geschäftsbedingungen gem. §§ 305 ff. BGB. Die Vergabeunterlagen nach § 8 (→ § 8 Rn. 1 ff.) unterliegen stets der Kontrolle der Allgemeinen Geschäftsbedingungen im Hinblick auf die Übertragung eines ungewöhnlichen Wagnisses. Verstößt insofern eine Regelung in der Leistungsbeschreibung der Vergabeunterlagen gegen § 307 BGB, ist grundsätzlich von einem ungewöhnlichen Wagnisses iSd § 7EU Abs. 1 Nr. 3 auszugehen.[39] Einem die Wirksamkeit einer solchen Abrede ergebenden Verstoß steht jedoch entgegen, wenn für die Übernahme des ungewöhnlichen Wagnisses eine Ausgleichsmöglichkeit insbesondere im Risikozuschlag möglich ist. Der Bieter kann dann das Angebot abgeben und das Risiko bewusst hinnehmen und ist folglich in seinem Vertrauen nicht enttäuscht.[40] Ein besonderes ungewöhnliches Wagnis ist auch die Übertragung des Risikos der Vollständigkeit und Widerspruchsfreiheit der Vergabeunterlagen; eine solche Regelung ist unzulässig.[41]

17 **4. Unzulässigkeit von Bedarfspositionen und angehängten Stundenlohnarbeiten (Nr. 4).** Gemäß § 7EU Abs. 1 Nr. 4 S. 1 darf der öffentliche Auftraggeber in die Leistungsbeschreibung grundsätzlich keine Bedarfspositionen aufnehmen; gem. S. 2 dürfen angehängte Stundenlohnarbeiten nur dann und insoweit aufgenommen werden, wie dies unbedingt erforderlich sind.

18 Bedarfs- oder Eventualpositionen sin Positionen in der Leistungsbeschreibung, deren Ausführung bei Erstellung der Ausschreibungsunterlage noch nicht feststeht oder lediglich bei Bedarf bzw. entsprechenden Entscheidung des öffentlichen Auftraggebers erfolgen soll.[42] Evidenter steht eine solche Leistungsbeschreibung bereits dem Gebot der erschöpfenden, eindeutigen und endgültigen Leistungsbeschreibung gem. § 7EU Abs. 1 Nr. 1 (→ Rn. 6) entgegen. Sie sollen daher nur dann zulässig sein, wenn trotz Ausschöpfung aller örtlichen und technischen Erkenntnismöglichkeiten im Zeitpunkt der Ausschreibung für den öffentlichen Auftraggeber objektiv nicht feststellbar ist, ob und in welchem Umfang die Leistungen zur Ausführung gelangen.[43] Zusätzlich eröffnen solche Bedarfs- und Eventualpositionen die Möglichkeit und Gefahr von Angebotsmanipulationen, intransparenten Wettbewerb und der Erstellung von mangelhaften Ausschreibungen.[44] Folglich wird auch im VHB 2008 dargelegt, dass Bedarfs- und Eventualpositionen weder in das Leistungsverzeichnis noch in die übrigen Vergabeunterlagen aufgenommen werden dürfen.[45]

19 Wahl- oder Alternativpositionen sollen Alternativen zu den Grundpositionen im Leistungsverzeichnis darstellen, die im Falle ihrer Anwendung die Grundposition verdrängen. Dadurch wird die Transparenz der Leistungsbeschreibung und somit auch das Gebot der eindeutigen, erschöpfenden und endgültigen Leistungsbeschreibung nach § 7EU Abs. 1 Nr. 1 (→ Rn. 6) beeinträchtigt. Dennoch sind sie vergaberechtlich nicht per se unzulässig.[46] Jedoch sollen sie zugleich die Ausnahme darstellen und stehen daher unter strengen Voraus-

---

[38] Vgl. auch Franke/Kemper/Zanner/Grünhagen/Mertens/*Franke/Kaiser* Rn. 44.
[39] KG Beschl. v. 22.8.2001 – KartVerg 3/01, NZBau 2002, 402.
[40] BGH Urt. v. 25.2.1988 – VII ZR 310/86, NJW-RR 1988, 785.
[41] VK Bund Beschl. v. 28.1.2008 – VK 3-154/07, BeckRS 2008, 140938.
[42] KG Beschl. v. 15.3.2004 – 2 Verg 17/03, IBRRS 2004, 0591.
[43] VG Neustadt Beschl. v. 6.4.2006 – 4 L 544/06, BeckRS 2006, 22647; OLG Düsseldorf Beschl. v. 13.4.2011 – Verg 58/10, ZfBR 2011, 508.
[44] OLG Saarbrücken Beschl. v. 24.6.2008 – 4 U 478/07, NZBau 2009, 265; VK Lüneburg Beschl. v. 10.3.2003 – 203-VgK-01/2003, IBRRS 2003, 1751; OLG Saarbrücken Beschl. v. 13.11.2002 – 5 Verg 1/2, NZBau 2003, 625.
[45] VHB, allgemeine Richtlinien Vergabeverfahren (Bl. 100), 4.6.
[46] OLG Düsseldorf Beschl. v. 13.4.2011 – Verg 58/10, ZfBR 2011, 508.

setzungen: So muss der öffentliche Auftraggeber ein berechtigtes Interesse haben, die zu beauftragende Leistungsbeschreibung offenzuhalten, die Entscheidung über die Wahl der Variante mit der Zuschlagsentscheidung treffen, transparente Mitteilungen an die Bieter geben sowie Informationen über die Grunde der Aufnahme in den Vergabeunterlagen und darüber welche Ausführungsart bevorzugt wird sowie die Mitteilung, nach welchen Kriterien die Auswahlentscheidung getroffen wird. All dies ist entsprechend in der Dokumentation des Vergabeverfahrens darzulegen.

Eine ähnliche Kategorie stellen Zulagen oder Zulagepositionen dar, die unter bestimmten Voraussetzungen zusätzlich zur Grundposition gezahlt werden sollen, etwa wenn bestimmte Entsorgungsklassen zusätzlich zu Grundposition anfallen.[47]

Entsprechend den bisherigen Rechtsprechung sollen Bedarfs- bzw. Eventualpositionen möglich sein, wenn:
– trotz objektiver Ausschöpfung aller örtlicher und technischer Erkenntnismöglichkeiten zum Zeitpunkt der Ausschreibung durch den öffentlich Auftraggeber nicht feststellbar ist, ob und in welchem Umfang Leistungen dieser oder jener weiter ausgeführt werden muss.[48] Sie dürfen nicht lediglich dazu dienen, Menge oder Lücken in einer unzureichenden Planung auszugleichen;[49]
– der Wert der Bedarfs- und Eventualpositionen geringfügig ist.[50] In Ausnahmefällen wird ein prozentualer Anteil von 7–15 % für zulässig erachtet;
– wenn der öffentliche Auftraggeber zugleich nachweisen kann, dass das Kalkulationsrisiko für den Bieter gering und zumutbar ist;
– die Eventualpositionen ebenfalls mit Mengenangaben versehen sind;[51]
– sie nicht lediglich auf Verdacht ausgeschrieben wurden und unrealisierbar sind (vgl. auch Verbot der Markterforschung).[52]

Wird gegen diese Grundsätze verstoßen, so kann dies im äußersten Fall zur Aufhebung der Ausschreibung durch die Nachprüfungsinstanz führen. Wurden die Positionen lediglich auf Verdacht ausgeschrieben, so dürfen sie nicht gewertet werden.[53] Werden Bedarfspositionen in der Ausführungsphase ohne Anordnung des öffentlichen Auftraggebers ausgeführt, so gilt § 2 Abs. 8 Nr. 1 VOB/B, sofern die VOB als Ganzes vereinbart wurde; andernfalls können Vergütungsansprüche über § 677 BGB bzw. § 812 BGB entstehen.[54] Wurden die Bedarfs- oder Eventualpositionen zulässigerweise in die Leistungsbeschreibung aufgenommen, so sind sie zwingend bei der Bewertung zu berücksichtigen.[55]

Gemäß § 7EU Abs. 1 Nr. 4 S. 2 dürfen angehängte Stundenlohnarbeiten nur dann und insoweit in die Leistungsbeschreibung aufgenommen werden, wie sie unbedingt erforderlich sind. Die Gründe für die eingeschränkte Zulässigkeit entsprechend denen für die Frage der Bedarfs- und Eventualpositionen.[56]

5. Angabe von Zweck und vorgesehener Beanspruchung (Nr. 5). § 7EU Abs. 1
Nr. 5 sieht vor, dass, sofern es für das Angebot und die Preiskalkulation erforderlich ist, auch der Zweck und die vorgesehene Beanspruchung der fertigen Leistung anzugeben ist. Bezüglich der Erforderlichkeit kommt dem öffentlichen Auftraggeber ein gewisser Beurteilungsspielraum zu, der nur bedingt gerichtlich überprüfbar ist. Bejaht er aber die Erforderlichkeit, steht ihm kein Ermessen mehr zu. Erforderlich sind solche Angaben insbesondere dann, wenn sich aufgrund in der etwa zu erwartenden erheblichen Beanspruchung oder

---
[47] Ingenstau/Korbion/*von Wietersheim*/*Kratzenberg* § 7 Rn. 46.
[48] VK Bund Beschl. v. 19.5.2003 – VK 1-33/03, IBRRS 2003, 1607; VK Schleswig-Holstein Beschl. v. 3.11.2004 – VK-SH 28/04, IBRRS 2004, 3440.
[49] OLG Saarbrücken Beschl. v. 13.11.2002 – 5 Verg 1/02, NZBau 2003, 625.
[50] VÜA Nordrhein-Westfalen Beschl. v. 5.6.1998 – 424-54-47-2/97, IBR 1993, 467.
[51] OLG Saarbrücken Urt. v. 24.6.2008 –4 U 478/07, NZBau 2009, 265.
[52] VK Schleswig-Holstein Beschl. v. 3.11.2004 – VK-SH 28/04, IBRRS 2004, 3440.
[53] OLG Dresden Beschl. v. 10.1.2000 – WVerg 1/99, IBRRS 2013, 2385.
[54] OLG Karlsruhe Urt. v. 9.10.1992 – 7 U 98/90, NJW-RR 1993, 587.
[55] OLG Saarbrücken Urt. v. 24.6.2008 – 4 U 478/07, NZBau 2009, 265.
[56] Vgl. auch VHB 2008, allgemeine Richtlinien Vergabeverfahren (Bl. 100), 4.7.

eines besonderen Zwecks der fertigen Leistung neue Gewährleistungsrisiken bzw. Haftungen für den späteren Auftragnehmer ergeben, der mit Risikozuschlägen in der Kalkulation zu versehen ist.[57] Im Einklang mit den Anforderungen an eine erschöpfende und eindeutige Leistungsbeschreibung nach § 7EU Abs. 1 Nr. 1 (→ Rn. 6) soll daher in der Leistungsbeschreibung ausgeführt werden, wenn besondere Anforderungen beispielsweise an die Widerstandsfähigkeit oder an die Wartungszyklen geknüpft werden.

25   **6. Beschreibung der wesentlichen Verhältnisse der Baustelle (Nr. 6).** In § 7EU Abs. 1 Nr. 6 wird die Pflicht des öffentlichen Auftraggebers normiert, in der Leistungsbeschreibung auch die wesentlichen Verhältnisse der Baustelle darzulegen, die für die Ausführung der Leistung und die Kalkulation des Angebotes von Belang und deren Kenntnis erforderlich ist, damit der Bewerber ihre Auswirkung auf die bauliche Anlage und Ausführung hinreichend beurteilen kann. Auch dieses Prinzip ist lediglich Ausfluss aus dem Gebot zur erschöpfenden Leistungsbeschreibung. Unter den wesentlichen Verhältnissen der Baustelle sind Umstände zu verstehen, die vom Bieter bei der Kalkulation der Gesamtleistung berücksichtigt werden müssen. Anhaltspunkte, was wesentliche Umstände sind, geben auch die ATV DIN 18299 ff. Aufgrund der Pflicht aus § 7EU Abs. 1 Nr. 6 soll insbesondere der öffentliche Auftraggeber bei Baumaßnahmen im laufenden Betrieb vor Aufstellung der Leistungsbeschreibung mit der den Betrieb verursachenden Verwaltung abstimmen, welche Vorkehrungen bei der Ausführung getroffen werden müssen.[58] Andere typische Anwendungsfälle sind das Baugrundrisiko, das Bestandsrisiko[59] sowie die konkreten Angaben für die Entsorgung von mit Schadstoffen belasteten Abfällen und Abwässer nach dem Kreislaufwirtschaftsgesetz.[60]

26   **7. Beachtung der „Hinweise für das Aufstellen Leistungsbeschreibungen" iSd ATV DIN 18299 ff., Abschnitt 0 (Nr. 7).** Nach § 7EU Abs. 1 Nr. 7 wird vom örtlichen Auftraggeber verlangt, dass er bei der Gestaltung der Leistungsbeschreibung Hinweise aus der VOB/C ATV DIN 18299 ff. berücksichtigt. Diese enthalten wiederum Hinweise zum Aufstellen der Leistungsbeschreibung, wie sie branchenüblich sind und die erforderlich sind, um den Bieter eine schnelle Erarbeitung eines Angebotes zu ermöglichen. Sie stellt die allgemein geltenden Grundsätze für technische Vertragsbedingungen heraus und verdeutlicht ihre Übereinstimmung mit den „Allgemeinen Vertragsbedingungen für die Ausführung von Bauleistungen" – VOB Teil B.[61] Während die DIN 18299 sämtliche allgemeine Bauleistungen sowie solche Bauleistungen abdeckt, für die keine gewerksspezifische DIN vorhanden ist, decken die ATV DIN 18300 ff. gewerksspezifische Parameter ab. Nach ständiger Rechtsprechung spiegeln sie zugleich den objektiven Empfängerhorizont, wie er sich im jeweiligen Fachbereich ausgestaltet, sowie die Verkehrssitte wieder, die bei der Auslegung von Leistungsbeschreibungen maßgeblich sind. Bei Beachtung dieser Vorschriften wird somit eine gewisse Gewähr dafür geboten, dass jeder die Formulierung gleichermaßen versteht.[62]

IV. Gebot der Produktneutralität (Abs. 2)

27   In § 7EU Abs. 2 findet das Gebot der produktneutralen Ausschreibung seinen Platz. Dieses wiederum folgt der Idee, dass die jeweils fachkundigen Bewerber im Einklang auch mit § 4 Abs. 3 Nr. 1 VOB/B in eigener Verantwortung die passenden Bauprodukte etc auswählen und anbieten sollen.[63] Nach der Vergaberechtsnovelle wurde die Regelung noch ausgeweitet auf sämtliche technischen Spezifikationen für eine bestimmte Produktion oder

---

[57] Beck VOB/*Heinrich* § 9 Rn. 29.
[58] VHB, allgemeine Richtlinien Vergabeverfahren (Bl. 100), 4.8.1.
[59] BGH Urt. v. 11.11.1993 – VII ZR 47/93, NJW 1994, 850.
[60] *Lange* BauR 1994, 91.
[61] *Franke* ZfBR 1988, 204.
[62] *Mandelkow* BauR 1996, 38.
[63] *Leinemann* Vergabe öff. Aufträge Rn. 550.

Herkunft oder besondere Verfahren sowie auf Marken, Patente, Typen oder auf einen bestimmten Ursprung bestimmter Produkte. Dies ist dem Leitgedanken des EU-Binnenmarktes geschuldet, dass ein möglichst breiter Wettbewerb stattfinden soll. Eine Einschränkung auf ein bestimmtes Verfahren, eine bestimmte Produktion, Marke etc ist daher dem Grunde nach unzulässig. Ausnahmsweise sind jedoch solche Verweise zulässig, wenn andernfalls der Auftragsgegenstand nicht hinreichend genau und allgemeinverständlich beschrieben werden kann (§ 7EU Abs. 2 S. 2) oder aber sich sachliche Gründe dafür ergeben, dass ein bestimmtes Produkt tatsächlich vom öffentlichen Auftraggeber zulässigerweise verlangt werden kann. Ist eine Beschreibung mittels Bezeichnung eines bestimmten Produktes etc erforderlich, lediglich um eine Leistung abschließend zu beschreiben, so ist stets der Vermerk „oder gleichwertig" in die Leistungsbeschreibung aufzunehmen.[64] Weiterhin wird als Voraussetzung angenommen, dass der öffentliche Auftraggeber nur dann eine bestimmte Produktion oder Herkunft etc benennen darf, wenn dies durch den Auftragsgegenstand gerechtfertigt ist.[65] Hierfür entwarf wiederum das OLG Düsseldorf folgenden Anforderungskatalog: Die Benennung eines bestimmten Produktes etc ist durch den Auftragsgegenstand sachlich gerechtfertigt; es bestehen seitens des Auftraggebers nachvollziehbar objektive sowie auftragsbezogene Gründe, die auch dokumentiert wurden und die Bestimmung des Produktes ist willkürfrei; die Gründe sind tatsächlich vorhanden, feststellbar und nachweisbar; und die Bestimmungen anderer Wirtschaftsteilnehmer sind nicht diskriminiert.[66]

Ein Verweis auf eine bestimmte Produktion etc ist nur dann gegeben, wenn bestimmte **28** Stoffe oder Bauteile benannt werden. Die Herkunft stellt sowohl auf den Ort als auch die Bezugsquelle im Sinne eines Lieferanten ab. Ein bestimmtes Verfahren meint die Art und Weise der Herstellung der Bauleistung sowie die Verfahrenstechnik. Marken, Patente und Typen eines bestimmten Ursprungs oder einer bestimmten Produktion sind dann gegeben, wenn Bezeichnungen verwendet werden, die tatsächlich nicht ein Produkt oder Verfahren charakterisieren, sondern ein dahinter stehendes Unternehmen.

Abzugrenzen ist das Gebot der produktneutralen Ausschreibung von dem weitreichenden **29** Leistungsbestimmungsrecht des öffentlichen Auftraggebers über den tatsächlich gewollten Auftragsgegenstand.[67] Zur Wahrung dieses Bestimmungsrecht wurde auch der Ausnahmetatbestand geschaffen, dass das Verbot der Produktausschreibung dann nicht vorrangig ist, wenn sie nach den Gegebenheiten der geforderten Bauleistung erforderlich ist. Entscheidend hierbei ist, ob die geplante Bauleistung rechtfertigt, eine bestimmte Produktion oder Herkunft oder ein besonderes Verfahren etc zu verlangen, weil etwa bereits das Bestandssystem wie etwa das Bestandsbauwerk eine entsprechende Umgebung darstellt und die Kompatibilität der Produkte nur mit einem bestimmten Produkt zu erreichen ist.[68]

Kann der öffentliche Auftraggeber die Leistung nicht anders vollständig, endgültig und **30** eindeutig beschreiben, als ein Vergleichsprodukt zu benennen, so hat er den Zusatz „oder gleichwertig" zwingend hinzuzusetzen (vgl. § 7EU Abs. 2 S. 2 Hs. 2). Der Zusatz „oder gleichwertig" an sich kann jedoch nicht per se die Angabe eines Konkurrenzproduktes rechtfertigen.[69] Vielmehr trägt der Zwang zum Zusatz dem Gebot eines fairen Wettbewerbs Rechnung und soll sicherstellen, dass möglichst viele Bieter jeweils ein Angebot bringen und die Gleichwertigkeit darlegen können. Der öffentliche Auftraggeber muss sich mit der angebotenen Gleichwertigkeit auseinandersetzen und im Wege der Angebotsaufklärung nach § 15 (→ § 15 Rn. 7 ff.) die geeigneten Nachweise wie etwa die Erklärung der Herstellerfirma[70] oder ein gültiges Prüfzertifikat[71] prüfen. Gleichwertigkeit liegt vor, wenn die

---

[64] § 7EU Abs. 2 S. 2 Hs. 2; vgl. auch Art. 72 Abs. 3 lit. b RL 2014/24/EU.
[65] VK Bund Beschl. v. 9.12.2009 – VK 2-192/09, IBRRS 2013, 4816.
[66] Vgl. OLG Düsseldorf Beschl. v. 13.4.2016 – Verg 47/15, ZfBR 2017, 93.
[67] OLG Düsseldorf Beschl. v. 27.6.2012 – Verg 7/12, ZfBR 2012, 723.
[68] OLG Düsseldorf Beschl. v. 1.8.2012 – Verg 10/12, ZfBR 2013, 63; VK Nordbayern Beschl. v. 13.2.2007 – 21. VK-3194-02/07, IBRRS 2007, 0673; VK Hessen Beschl. v. 13.10.2005 – 69d-VK-69/2005, IBRRS 2006, 0931.
[69] VK Sachsen Beschl. v. 13.9.2002 – 1/SVK/080-02, IBRRS 2002, 1801.
[70] OLG Jena Beschl. v. 26.6.2006 – 9 Verg 2/06, NZBau 2006, 735.
[71] VK Südbayern Beschl. v. 21.5.2010 – Z3-3-3194-1-21-04/10, IBRRS 2010, 4231.

Ausführungen mit dem geforderten Schutzniveau in Bezug auf Sicherheit, Gesundheit und Gebrauchstauglichkeit gleichwertig ist und der öffentliche Auftraggeber funktional das gleiche Ergebnis wie mit der ausgeschriebenen Leistung erhält.[72]

31 Liegt ein gleichwertiges Produkt oder Verfahren vor, so kann der Bieter bis zum Beginn der Ausführung entscheiden, ob er die ausgeschriebene oder die gleichwertige Leistung erbringt. Das Wahlrecht gilt uneingeschränkt.[73]

V. Gebot der verkehrsüblichen Bezeichnungen (Abs. 3)

32 Als weiterer Ausfluss des Transparenz- und Gleichbehandlungsgebotes sowie des Gebots zur eindeutigen Leistungsbeschreibung iSd § 7EU Abs. 1 Nr. 1 gibt § 7EU Abs. 3 dem öffentlichen Auftraggeber auf, bei der Leistungsbeschreibung die verkehrsüblichen, also branchenüblichen Bezeichnungen zu verwenden. Dies soll sowohl eine rasche Erstellung der Angebote ermöglichen, als auch die Wahrscheinlichkeit von Missverständnissen reduzieren.[74] Die verkehrsüblichen Bezeichnungen bestehen insbesondere in Fachausdrücken, die von dem durch die Ausschreibung angesprochenen einzelnen Gewerbezweig in der Regel verwendet werden und der Verkehrssitte entsprechen.[75]

33 Sind neue Bauweisen oder neue Materialien, für die keine verkehrsüblichen Bezeichnungen, Teil der Leistungsbeschreibung, muss der öffentliche Auftraggeber die Leistung möglichst erschöpfend mit eigenen Worten beschreiben, die dem fachkundigen Empfängerhorizont möglichst nahekommt.

VI. Dokumentation

34 In den Vergabevermerk ist insbesondere aufzunehmen, auf welche Begründung der öffentliche Auftraggeber sein Leistungsbestimmungsrecht, die Aufnahme von Wahl- oder Bedarfspositionen sowie Abweichung von der Produktneutralität stützt.

§ 7aEU Technische Spezifikationen, Testberichte, Zertifizierungen, Gütezeichen

(1)
1. Die technischen Anforderungen (Spezifikationen – siehe Anhang TS Nummer 1) an den Auftragsgegenstand müssen allen Unternehmen gleichermaßen zugänglich sein.
2. Die geforderten Merkmale können sich auch auf den spezifischen Prozess oder die spezifische Methode zur Produktion beziehungsweise Erbringung der angeforderten Leistungen oder auf einen spezifischen Prozess eines anderen Lebenszyklus-Stadiums davon beziehen, auch wenn derartige Faktoren nicht materielle Bestandteile von ihnen sind, sofern sie in Verbindung mit dem Auftragsgegenstand stehen und zu dessen Wert und Zielen verhältnismäßig sind.
3. In den technischen Spezifikationen kann angegeben werden, ob Rechte des geistigen Eigentums übertragen werden müssen.
4. Bei jeglicher Beschaffung, die zur Nutzung durch natürliche Personen – ganz gleich, ob durch die Allgemeinheit oder das Personal des öffentlichen Auftraggebers – vorgesehen ist, werden die technischen Spezifikationen – außer in ordnungsgemäß begründeten Fällen – so erstellt, dass die Kriterien der Zugänglichkeit für Personen mit Behinderungen oder der Konzeption für alle Nutzer berücksichtigt werden.

---

[72] OLG Düsseldorf Beschl. v. 9.1.2013 – Verg 33/12, IBRRS 2013, 0977.
[73] *Dausner* BauR 1999, 719.
[74] VK Bund Beschl. v. 8.11.2012 – VK 1-115/12, IBRRS 2013, 0320.
[75] Heiermann/Riedl/Rusam/*Heiermann/Baur* § 7 Rn. 44.

5. Werden verpflichtende Zugänglichkeitserfordernisse mit einem Rechtsakt der Europäischen Union erlassen, so müssen die technischen Spezifikationen, soweit die Kriterien der Zugänglichkeit für Personen mit Behinderungen oder der Konzeption für alle Nutzer betroffen sind, darauf Bezug nehmen.

(2) Die technischen Spezifikationen sind in den Vergabeunterlagen zu formulieren:
1. entweder unter Bezugnahme auf die in Anhang TS definierten technischen Spezifikationen in der Rangfolge
   a) nationale Normen, mit denen europäische Normen umgesetzt werden,
   b) europäische technische Bewertungen,
   c) gemeinsame technische Spezifikationen,
   d) internationale Normen und andere technische Bezugssysteme, die von den europäischen Normungsgremien erarbeitet wurden oder,
   e) falls solche Normen und Spezifikationen fehlen, nationale Normen, nationale technische Zulassungen oder nationale technische Spezifikationen für die Planung, Berechnung und Ausführung von Bauleistungen und den Einsatz von Produkten.
   Jede Bezugnahme ist mit dem Zusatz „oder gleichwertig" zu versehen;
2. oder in Form von Leistungs- oder Funktionsanforderungen, die so genau zu fassen sind, dass sie den Unternehmen ein klares Bild vom Auftragsgegenstand vermitteln und dem Auftraggeber die Erteilung des Zuschlags ermöglichen;
3. oder in Kombination von Nummer 1 und Nummer 2, das heißt
   a) in Form von Leistungs- oder Funktionsanforderungen unter Bezugnahme auf die Spezifikationen gemäß Nummer 1 als Mittel zur Vermutung der Konformität mit diesen Leistungs- oder Funktionsanforderungen;
   b) oder mit Bezugnahme auf die Spezifikationen gemäß Nummer 1 hinsichtlich bestimmter Merkmale und mit Bezugnahme auf die Leistungs- oder Funktionsanforderungen gemäß Nummer 2 hinsichtlich anderer Merkmale.

(3)
1. ¹Verweist der öffentliche Auftraggeber in der Leistungsbeschreibung auf die in Absatz 2 Nummer 1 genannten Spezifikationen, so darf er ein Angebot nicht mit der Begründung ablehnen, die angebotene Leistung entspräche nicht den herangezogenen Spezifikationen, sofern der Bieter in seinem Angebot dem öffentlichen Auftraggeber nachweist, dass die von ihm vorgeschlagenen Lösungen den Anforderungen der technischen Spezifikation, auf die Bezug genommen wurde, gleichermaßen entsprechen. ²Als geeignetes Mittel kann ein Prüfbericht oder eine Zertifizierung einer akkreditierten Konformitätsbewertungsstelle gelten.
2. Eine Konformitätsbewertungsstelle im Sinne dieses Absatzes muss gemäß der Verordnung (EG) Nr. 765/2008 des Europäischen Parlaments und des Rates akkreditiert sein.
3. Der öffentliche Auftraggeber akzeptiert auch andere geeignete Nachweise, wie beispielsweise eine technische Beschreibung des Herstellers, wenn
   a) das betreffende Unternehmen keinen Zugang zu den genannten Zertifikaten oder Prüfberichten hatte oder
   b) das betreffende Unternehmen keine Möglichkeit hatte, diese Zertifikate oder Prüfberichte innerhalb der einschlägigen Fristen einzuholen, sofern das betreffende Unternehmen den fehlenden Zugang nicht zu verantworten hat
   c) und sofern es anhand dieser Nachweise die Erfüllung der festgelegten Anforderungen belegt.

(4) ¹Legt der öffentliche Auftraggeber die technischen Spezifikationen in Form von Leistungs- oder Funktionsanforderungen fest, so darf er ein Angebot, das einer

nationalen Norm entspricht, mit der eine europäische Norm umgesetzt wird, oder einer europäischen technischen Zulassung, einer gemeinsamen technischen Spezifikation, einer internationalen Norm oder einem technischen Bezugssystem, das von den europäischen Normungsgremien erarbeitet wurde, entspricht, nicht zurückweisen, wenn diese Spezifikationen die geforderten Leistungs- oder Funktionsanforderungen betreffen. ²Der Bieter muss in seinem Angebot mit geeigneten Mitteln dem öffentlichen Auftraggeber nachweisen, dass die der Norm entsprechende jeweilige Leistung den Leistungs- oder Funktionsanforderungen des öffentlichen Auftraggebers entspricht. ³Als geeignetes Mittel kann eine technische Beschreibung des Herstellers oder ein Prüfbericht einer Konformitätsbewertungsstelle gelten.

(5)
1. ¹Zum Nachweis dafür, dass eine Bauleistung bestimmten, in der Leistungsbeschreibung geforderten Merkmalen entspricht, kann der öffentliche Auftraggeber die Vorlage von Bescheinigungen, insbesondere Testberichten oder Zertifizierungen, einer Konformitätsbewertungsstelle verlangen. ²Wird die Vorlage einer Bescheinigung einer bestimmten Konformitätsbewertungsstelle verlangt, hat der öffentliche Auftraggeber auch Bescheinigungen gleichwertiger anderer Konformitätsbewertungsstellen zu akzeptieren.
2. ¹Der öffentliche Auftraggeber akzeptiert auch andere als die in Nummer 1 genannten geeigneten Nachweise, insbesondere ein technisches Dossier des Herstellers, wenn das Unternehmen keinen Zugang zu den in Nummer 1 genannten Bescheinigungen oder keine Möglichkeit hatte, diese innerhalb der einschlägigen Fristen einzuholen, sofern das Unternehmen den fehlenden Zugang nicht zu vertreten hat. ²In diesen Fällen hat das Unternehmen durch die vorgelegten Nachweise zu belegen, dass die von ihm zu erbringende Leistung die vom öffentlichen Auftraggeber angegebenen spezifischen Anforderungen erfüllt.
3. Eine Konformitätsbewertungsstelle ist eine Stelle, die gemäß der Verordnung (EG) Nr. 765/2008 des Europäischen Parlaments und des Rates vom 9. Juli 2008 über die Vorschriften für die Akkreditierung und Marktüberwachung im Zusammenhang mit der Vermarktung von Produkten und zur Aufhebung der Verordnung (EWG) Nr. 339/93 des Rates (ABl. L 218 vom 13.8.2008, S. 30) akkreditiert ist und Konformitätsbewertungstätigkeiten durchführt.

(6)
1. Der öffentliche Auftraggeber kann für Leistungen mit spezifischen umweltbezogenen, sozialen oder sonstigen Merkmalen in den technischen Spezifikationen, den Zuschlagskriterien oder den Ausführungsbedingungen ein bestimmtes Gütezeichen als Nachweis dafür verlangen, dass die Leistungen den geforderten Merkmalen entsprechen, sofern alle nachfolgend genannten Bedingungen erfüllt sind:
   a) die Gütezeichen-Anforderungen betreffen lediglich Kriterien, die mit dem Auftragsgegenstand in Verbindung stehen und für die Bestimmung der Merkmale des Auftragsgegenstandes geeignet sind;
   b) die Gütezeichen-Anforderungen basieren auf objektiv nachprüfbaren und nichtdiskriminierenden Kriterien;
   c) die Gütezeichen werden im Rahmen eines offenen und transparenten Verfahrens eingeführt, an dem alle relevanten interessierten Kreise – wie z. B. staatliche Stellen, Verbraucher, Sozialpartner, Hersteller, Händler und Nichtregierungsorganisationen – teilnehmen können;
   d) die Gütezeichen sind für alle Betroffenen zugänglich;
   e) die Anforderungen an die Gütezeichen werden von einem Dritten festgelegt, auf den der Unternehmer, der das Gütezeichen beantragt, keinen maßgeblichen Einfluss ausüben kann.

2. Für den Fall, dass die Leistung nicht allen Anforderungen des Gütezeichens entsprechen muss, hat der öffentliche Auftraggeber die betreffenden Anforderungen anzugeben.
3. Der öffentliche Auftraggeber akzeptiert andere Gütezeichen, die gleichwertige Anforderungen an die Leistung stellen.
4. Hatte ein Unternehmen aus Gründen, die ihm nicht zugerechnet werden können, nachweislich keine Möglichkeit, das vom öffentlichen Auftraggeber angegebene oder ein gleichwertiges Gütezeichen innerhalb der einschlägigen Fristen zu erlangen, so muss der öffentliche Auftraggeber andere geeignete Nachweise akzeptieren, sofern das Unternehmen nachweist, dass die von ihm zu erbringende Leistung die Anforderungen des geforderten Gütezeichens oder die vom öffentlichen Auftraggeber angegebenen spezifischen Anforderungen erfüllt.

Übersicht

	Rn.		Rn.
I. Regelungsgehalt und Überblick	1	2. Leistung- und Funktionsanforderungen (Nr. 2)	22, 23
II. Systematische Stellung und Zweck der Norm	2–4	3. Kombination der beiden vorgenannten Lösung (Nr. 3)	24
III. Grundlagen (Abs. 1)	5–18	V. Nachweismöglichkeiten bezüglich der Einhaltung technischer Spezifikationen	25–39
1. Zugänglichkeit der technischen Anforderungen (Nr. 1)	5, 6		
2. Bezug zu Leistungserbringung und Lebenszyklus (Nr. 2)	7–12	1. Von § 7aEU Abs. 2 Nr. 1 abweichende Angebote (Abs. 3)	25–29
3. Rechte an geistigem Eigentum (Nr. 3)	13, 14	2. Angebote die von § 7aEU Abs. 2 Nr. 2 abweichen	30
4. Barrierefreiheit und Design für alle (Nr. 4, 5)	15–18	3. Übereinstimmungsnachweis für sonstige Merkmale (Abs. 5)	31, 32
IV. Inhaltliche Anforderungen an die Angaben in den Vergabeunterlagen (Abs. 2)	19–24	4. Leistungs- und Funktionsanforderungen durch Gütezeichen (Abs. 6)	33–39
1. Verweis auf Anhang TS (Nr. 1)	20, 21	VI. Dokumentation	40

I. Regelungsgehalt und Überblick

§ 7aEU regelt die Anforderungen an die Verwendung von technischen Spezifikationen, Testberichten, Zertifizierungen und Gütezeichen in der Leistungsbeschreibung durch den öffentlichen Auftraggeber. Es soll sichergestellt werden, dass möglichst kein Wettbewerber diskriminiert wird, sondern vielmehr ein möglichst breiter Wettbewerb stattfinden kann. Mit der Vergaberechtsreform 2016 wurden die ehemals in § 7EG Abs. 3–6 VOB/A 2012 befindlichen Regelungen umfänglich geändert bzw. ergänzt, was der Umsetzung der Vergaberechtrichtlinie 2014/24/EU geschuldet war. 1

II. Systematische Stellung und Zweck der Norm

§ 7aEU steht in direktem Zusammenhang mit den grundsätzlichen Anforderungen an eine ordnungsgemäße Leistungsbeschreibung nach § 7EU. 2

Die Anforderungen sollen sicherstellen, dass durch die Verwendung von besonderen technischen Spezifikationen, Gütezeichen etc kein unzulässiger Ausschluss von Wettbewerbern stattfindet. 3

Die Anforderungen nach § 7aEU gelten für sämtliche Vergabeverfahren, auch wenn sich den Einzelheiten etwa für das Verhandlungsverfahren, den wettbewerblichen Dialog oder die Innovationspartnerschaft Besonderheiten ergeben können. 4

III. Grundlagen (Abs. 1)

1. Zugänglichkeit der technischen Anforderungen (Nr. 1). Gemäß § 7aEU Abs. 1 Nr. 1 ist Grundvoraussetzung für das berechtigte Verlangen von technischen Anforderungen, 5 dass sie grundsätzlich allen bietenden Unternehmen gleichermaßen zugänglich sein müssen. Dies ist der Fall, wenn alle interessierten Unternehmen unter den gleichen Voraussetzungen Zugriff auf die technische Anforderung haben. Mit der Vergaberechtsreform wurde von der Bezeichnung „Bewerber" auf „Unternehmer" gewechselt. Damit wird deutlich, dass die Anforderung auch im einstufigen offenen Verfahren Anwendung findet.

6 Die technischen Anforderungen werden in Anhang TS Nr. 1 definiert. Der Anhang TS Nr. 2–5 enthält weitere Definitionen für die termini technici wie die „Norm", „europäische technische Bewertung", „gemeinsame technische Spezifikationen" und „technische Bezugsgröße".

7 **2. Bezug zu Leistungserbringung und Lebenszyklus (Nr. 2).** § 7EU Abs. 1 Nr. 2 setzt die Anforderung aus Art. 20 Abs. 1 UAbs. 2 RL 2014/24/EU um, dass der öffentliche Auftraggeber auch solche Merkmale des Beschaffungsgegenstandes verlangen kann, die sich auf andere Stadien des Lebenszyklus der zu beschaffenden Leistung beziehen als die reine Nutzungsphase. Hierdurch soll dem öffentlichen Auftraggeber die Möglichkeit eröffnet werden, auch soziale und ökologische Aspekte aus der gesamten Wertschöpfungskette für den Beschaffungsgegenstand zu berücksichtigen. Für die Definition des Lebenszyklus wird auf Art. 2 Abs. 1 Nr. 20 RL 2014/24/EU verwiesen. Die Definition erfasst sämtliche Stadien einschließlich der durchzuführenden Forschung und Entwicklung, der Produktion, des Handels und der späteren Nutzung und Wartung des Beschaffungsgegenstandes. Nach § 7aEU Abs. 1 Nr. 2,[1] der die Regelung des § 127 Abs. 3 GWB konkretisiert, sind solche Lebenszyklus relevanten Merkmale auch als Zuschlagskriterien zulässig.

8 Voraussetzung für die Abforderung bestimmter Merkmale, die sich auf den Lebenszyklus beziehen, ist, dass die Merkmale in eindeutigem Bezug zum Auftragsgegenstand stehen und in Werten und Zielen verhältnismäßig zur zu beschaffenden Leistung stehen.

9 Das Merkmal muss sich somit auf einen spezifischen Prozess oder eine spezifische Methode des Auftragsgegenstandes beziehen und ist explizit zu benennen. Dem Grunde nach kann der öffentliche Auftraggeber beliebig viele Merkmale fordern, sofern allgemein die Verhältnismäßigkeit zu Wert und Zweck bzw. Ziel des Auftragsgegenstandes gewahrt ist.[2]

10 Diese Einschränkungen setzen voraus, dass der öffentliche Auftraggeber in sorgfältiger Auswahl die Merkmale definiert, die tatsächlich für den Auftragsgegenstand von Belang sind. Dies gilt umso mehr, wie Komponenten der zu beschaffenden Leistung aus Drittländern außerhalb der EU stammen.

11 Die Erfüllung der Merkmale obliegt der Nachweispflicht des Bieters.[3]

12 Andererseits soll der öffentliche Auftraggeber nur solche Merkmale abfordern, die auch tatsächlich nachprüfbar sind.

13 **3. Rechte an geistigem Eigentum (Nr. 3).** Die Regelung des § 7aEU Abs. 1 Nr. 3 geht zurück auf Art. 42 Abs. 1 UAbs. 3 RL 2014/24/EU. Der öffentliche Auftraggeber hat in den technischen Spezifikationen anzugeben, ob Rechte des geistigen Eigentums übertragen werden müssen.

14 Im Rahmen der Bauvergabe ist diese Reglung von nur untergeordnetem Charakter, weil in der Regel kein geistiges Eigentum im Sinne eines Urheberrechtes an Bauleistungen besteht. Dies ist lediglich dann der Fall, wenn mit der Bauleistung zugleich Planungsleistungen übertragen werden.

15 **4. Barrierefreiheit und Design für alle (Nr. 4, 5).** In Umsetzung des Art. 42 Abs. 1 UAbs. 4 RL 2014/24/EU regelt § 7aEU Abs. 1 Nr. 4, dass der zu vergebende Auftrag stets dem Aspekt der Barrierefreiheit und des „Designs für alle" genüge tun muss. Zum Teil wird dies ohnehin auf Länderebene zB in den Landesbauordnungen etc vorgegeben. Jedoch

---

[1] Franke/Kemper/Zanner/Grünhagen/Mertens/*Franke/Kaiser* Rn. 21.
[2] Vgl. Erwägungsgrund 97 RL 2014/24/EU.
[3] BayObLG Beschl. v. 29.4.2002 – Verg 10/02, IBRRS 2002, 1074.

ist die Regel des § 7aEU Abs. 1 Nr. 4 wesentlich weiter gefasst und findet auf alle Beschaffungen Anwendung. Die „Konzeptionen für alle Nutzer" oder das „Design für alle" wird nicht nur für in ihrer Mobilität oder Sensorik eingeschränkte Personen verstanden, sondern etwa auch für Links- und Rechtshänder.[4]

Eine Legaldefinition für die Begriffe des „Designs für alle" oder die „Konzeption für alle Nutzer" gibt es nicht. Somit muss der öffentliche Auftraggeber selbst in der Leistungsbeschreibung definieren, was er darunter versteht bzw. welche Merkmale er erfüllt haben will. 16

Lediglich in begründeten Fällen darf der öffentliche Auftraggeber von der Anforderung des „Designs für alle" bzw. der Barrierefreiheit ablassen. Solche begründeten Fälle liegen etwa vor, wenn nicht anders lösbare Sachzwänge eine „Lösung für alle" verbieten. 17

In den gleichen Kontext fällt auch die Regelung § 7aEU Abs. 1 Nr. 5. Dieser verlangt vom öffentlichen Auftraggeber, dass er die technischen Spezifikationen so ausgestaltet, dass Regelungen auf europäischer Ebene zu den verpflichtenden Zugänglichkeitserfordernissen aufgenommen werden. 18

IV. Inhaltliche Anforderungen an die Angaben in den Vergabeunterlagen (Abs. 2)

§ 7aEU Abs. 2 enthält konkrete Anforderungen an die Formulierung von technischen Anforderungen in der Leistungsbeschreibung. Zum einen kann der öffentliche Auftraggeber schlicht auf den Anhang TS verweisen (§ 7aEU Abs. 2 Nr. 1), zum anderen kann er die Festlegung von Leistung- und Funktionsanforderungen vornehmen (§ 7aEU Abs. 2 Nr. 2) oder eine Kombination der beiden Alternativen vornehmen (§ 7aEU Abs. 2 Nr. 3). 19

1. Verweis auf Anhang TS (Nr. 1). § 7aEU Abs. 2 Nr. 1 regelt eine Rangfolge für den Fall, dass der öffentliche Auftraggeber zur Formulierung der technischen Spezifikationen auf den Anhang TS verweist. Diese ist: 20
– nationale Normen, mit denen europäische Normen umgesetzt werden;
– europäische technische Bewertungen;
– gemeinsam technische Spezifikationen;
– internationale Normen und andere technische Bezugssysteme, die von den europäischen Normungsgremien erarbeitet wurden;
– sofern keine Normen oder Spezifikationen erlassen wurden, nationale Normen, nationale technische Zulassungen und nationale technische Spezifikationen für die Planung, Berechnung und Ausführung von Bauleistungen und den Einsatz von Produkten.

Ihre Bezugnahme ist mit dem Zusatz „oder gleichwertig" zu versehen. Denn dem Anbieter bleit es stets unbenommen, nachzuweisen, dass seine angebotene Leistung, obgleich sie nicht über die entsprechenden technischen Spezifikationen verfügt, dennoch für die Erfüllung des Auftrages geeignet ist. Dies folgt aus dem Gebot eines fairen Wettbewerbs. 21

2. Leistung- und Funktionsanforderungen (Nr. 2). Sofern der öffentliche Auftraggeber auf die Möglichkeit aus § 7aEU Abs. 2 Nr. 2 zurückgreift und die technische Spezifikation in Form von Leistungs- und Funktionsanforderungen formuliert, so ist diese so genau zu fassen, dass jeder Bieter ohne weiteres verstehen kann, welche Leistung verlangt wird. Für die Formulierung keine öffentlichen Auftraggeber auf innerstaatliche Normen, mit denen vom Land des Auftraggebers akzeptierten internationalen Normen umgesetzt werden, sonstige innerstaatliche Normen, innerstaatliche technische Zulassungen des Landes des Auftraggebers sowie alle weitere Normen zurückgreifen. 22

Wegen des Grundsatzes der eindeutigen Leistungsbeschreibung nach § 7EU Abs. 1 sind alle Leistungs- und Funktionsanforderungen so genau zu fassen, dass der Bieter ein klares Bild von Auftragsgegenstand erhält und dem Auftraggeber die Erteilung des Zuschlags möglich ist, weil vergleichbare Angebote vorliegen. 23

---

[4] Franke/Kemper/Zanner/Grünhagen/Mertens/*Franke*/*Kaiser* Rn. 31.

24 **3. Kombination der beiden vorgenannten Lösung (Nr. 3).** Gemäß § 7aEU Abs. 2 Nr. 3 kann der öffentliche Auftraggeber auch beide Möglichkeiten, also den bloßen Verweis auf den Anhang TS sowie die Formulierung von Leistung- und Funktionsbeschreibungen, frei wählen. Stets wird er jedoch an der Anforderung gemessen, eine eindeutige und erschöpfende Leistungsbeschreibung zu geben.

V. Nachweismöglichkeiten bezüglich der Einhaltung technischer Spezifikationen

25 **1. Von § 7aEU Abs. 2 Nr. 1 abweichende Angebote (Abs. 3).** Soweit der öffentliche Auftraggeber in der Leistungsbeschreibung auf technische Spezifikationen im Anhang TS verweist, darf er ein Angebot nicht deshalb ablehnen, weil es diesen Spezifikationen nicht entspricht. Vielmehr ist dem Bieter der Nachweis nachgelassen, dass die von ihm angebotene Leistung den Anforderungen dennoch entspricht. Die Darlegungs- und Beweislast hierfür liegt beim Bieter.[5] Mit dem Angebot muss er die Abweichung von der in Bezug genommenen technischen Spezifikation eindeutig bezeichnen. Darauf abgestellt muss er nachweisen, dass er eine gleichwertige Lösung anbietet.[6]

26 Die Nachprüfung der Gleichwertigkeit erfolgt dann in der Regel im Rahmen der Angebotsaufklärung gem. § 15 (→ § 15 Rn. 7 ff.). Somit ist auch ein nachträglicher Nachweis der Gleichwertigkeit möglich.[7] Die Nachweismöglichkeiten bestehen etwa in Prüfzertifikaten oder Angaben der Hersteller (vgl. § 7aEU Abs. 3 Nr. 1 S. 2).

27 In Umsetzung des Art. 44 Abs. 1 UAbs. 3 RL 2014/24/EU regelt § 7aEU Abs. 3 Nr. 2, dass maßgeblich für eine Übereinstimmungserklärung mit den Vorgaben des europäischen Rechts die Erklärung einer Konformitätsbewertungsstelle im Sinne der Norm ist. Dies sind akkreditierte Konformitätsbewertungsstellen, welche etwa die Übereinstimmung mit Harmonisierungsvorschriften (insbesondere CE-Kennzeichnung) attestiert.[8] In Deutschland sind dies insbesondere Stellen nach dem Akkreditierungsstellengesetz und nach entsprechender Beleihung durch das Bundesministerium für Wirtschaft und Technologie. Mögliche Akkreditierungsstellen können Laboratorien, Zertifizierungsstellen und sonstige Dienstleister sein.

28 § 7aEU Abs. 3 Nr. 3 eröffnet die Möglichkeit, auch alternative Nachweise für die Übereinstimmung der angebotenen Leistung mit den technischen Spezifika vorzulegen. Dies gilt insbesondere für jene Fälle, in denen der Bieter überhaupt keinen Zugang zu den genannten Zertifikaten und Gütezeichen hat. Ein anderer Anwendungsfall besteht darin, dass der öffentliche Auftraggeber eine neuartige Ausführungstechnik fordert, für die noch keine Standards bestehen.

29 Es wird jedoch auch klargestellt, dass der öffentliche Auftraggeber Alternativen von Nachweisen nur dann akzeptieren muss, wenn mit den Nachweisen die Einhaltung der geforderten technischen Spezifika positiv belegt wird.

30 **2. Angebote die von § 7aEU Abs. 2 Nr. 2 abweichen.** Formuliert der öffentliche Auftraggeber Leistungs- und Funktionsanforderungen nach § 7aEU Abs. 2 Nr. 2, darf er Angebote nicht deshalb ablehnen, weil sie nicht diesen Leistungsfunktionsanforderungen entsprechen, wenn der Bieter nachweist, dass die Leistung dennoch gleichwertig ist. Das zuvor dargestellte gilt entsprechend.

31 **3. Übereinstimmungsnachweis für sonstige Merkmale (Abs. 5).** In § 7aEU Abs. 5 Nr. 1 regelt der Normgeber, dass auch für sonstige Merkmale, die nicht den technische Spezifikationen im Anhang TS entsprechen, der Bieter auch sonstige Nachweise bringen kann, wie etwa Testberichte bzw. Zertifizierungen von nicht anerkannten Akkreditierungsstellen etc. Jedoch muss der Nachweis geführt werden, dass sie der Zertifizierung von akkreditierten Konformitätsbewertungsstellen gleichwertig sind.

---

[5] OLG Koblenz Beschl. v. 2.2.2011 – 1 Verg 1/11, NZBau 2011, 316.
[6] BayObLG Beschl. v. 29.4.2002 – Verg 10/02, IBRRS 2002, 1074.
[7] OLG Zweibrücken Urt. v. 20.11.2003 – 4 U 184/02, IBRRS 2004, 0994.
[8] EuGH Urt. v. 16.10.2014 – C-100/13, NVwZ 2015, 49.

Gleiches gilt für die Nachweisführung durch etwa technische Dossiers der Hersteller (vgl. § 7aEU Abs. 5 Nr. 2). 32

4. Leistungs- und Funktionsanforderungen durch Gütezeichen (Abs. 6). Nach 33
§ 7aEU Abs. 6 ist dem öffentliche Auftraggeber auch erlaubt, die Einhaltung von Leistungs- und Funktionsanforderungen durch Vorlage eines Gütezeichens zu verlangen. Dies stellt eine Weiterung des bis zur Vergaberechtsreform 2016 allein zugelassenen Umweltzeichens dar.

Somit können neben Umwelteigenschaften auch sonstige, insbesondere soziale Merkmale 34
von Leistungen abgefordert werden, für die Gütezeichen vergeben werden. Der Terminus „Gütezeichen" ist weder im deutschen noch im europäischen Recht legal definiert. Es ist ein übergeordneter Begriff, der weitreichender ist als Umweltzeichen.[9] Hierbei kommt es nicht darauf an, ob das Gütezeichen durch Vereine oder privatwirtschaftliche Unternehmen vergeben werden. Bewusst wurde die Vielfalt der Gütezeichen offengehalten.

Entscheidend ist, dass das Gütezeichen grundsätzlich für jeden Bieter zugänglich ist. 35
Damit ist nicht gemeint, dass jeder Bieter tatsächlich das Gütezeichen unabhängig von den technischen Gegebenheiten enthalten kann. Auch ist weder erforderlich noch schädlich, dass das Gütezeichen von einer Mitgliedschaft in dem Unternehmensnetzwerk oder dem Verein unabhängig ist.

Entscheidend dagegen ist, dass der jeweilige Antragsteller bzw. Bieter keinen maßgebli- 36
chen Einfluss auf den Ersteller der Anforderungen für das Gütezeichen haben darf. Andernfalls wäre die Neutralität des Gütezeichens fraglich.

§ 7aEU Abs. 6 Nr. 2 wird geregelt, dass der öffentliche Auftraggeber auch nur eine 37
teilweise Berücksichtigung der Anforderungen vom Gütezeichen abfordern kann. Dies ist besonders dann der Fall, wenn für die optimale Lösung für den Beschaffungsgegenstand nur einzelne Aspekte eines Gütezeichens erforderlich sind. Der Anbieter muss dann nachweisen, dass er genau diese Anforderung auch erfüllt.

Nach § 7aEU Abs. 6 Nr. 3 bleibt es den Bietern unbenommen, wenn er über das Gütezei- 38
chen nicht verfügt, den Nachweis zu bringen, dass er ein gleichwertiges Gütezeichen erhalten hat. Die Prüfung kann wiederum im Rahmen der Angebotsaufklärung nach § 15EU (→ § 15Eu Rn. 7 ff.) erfolgen. Dabei ist jedoch nicht von der Hand zu weisen, dass der Aufwand auch erheblich sein kann.

Entsprechend wird im § 7aEU Abs. 6 Nr. 4 geregelt, dass der öffentliche Auftraggeber unter 39
bestimmten Voraussetzungen auch akzeptieren muss, dass der Bieter weder das geforderte oder noch ein gleichwertiges Gütezeichen binnen der gesetzten Frist beibringt, aber die Gleichwertigkeit nachweist. Dann muss jedoch der Unternehmer auch nachweisen, dass er nachweislich keine Möglichkeit hatte, das geforderte Gütezeichen zu erhalten. Schließlich muss der Unternehmer nachweisen, dass die Erlangung eines Gütezeichens nicht möglich war.

VI. Dokumentation

In dem Vergabevermerk sollte insbesondere aufgenommen werden, wenn Angaben zu 40
europäischen/nationalen technischen Spezifikationen gänzlich fehlen. Auch sollte die Begründung aufgenommen werden, warum nur bestimmte Merkmale aus einem Gütezeichen verlangt werden und dass diese verhältnismäßig zu den Anforderungen, Werten, Zielen und Zwecken des Auftragsgegenstandes sind. Evidenter ist eine Dokumentation darüber zu führen, ob der Nachweis zur Gleichwertigkeit eines Gütezeichens durch einen Bieter geführt werden konnte.

§ 7bEU Leistungsbeschreibung mit Leistungsverzeichnis

(1) Die Leistung ist in der Regel durch eine allgemeine Darstellung der Bauaufgabe (Baubeschreibung) und ein in Teilleistungen gegliedertes Leistungsverzeichnis zu beschreiben.

---

[9] Vgl. Erwägungsgrund 75 RL 2014/24/EU.

(2) ¹Erforderlichenfalls ist die Leistung auch zeichnerisch oder durch Probestücke darzustellen oder anders zu erklären, z. B. durch Hinweise auf ähnliche Leistungen, durch Mengen- oder statische Berechnungen. ²Zeichnungen und Proben, die für die Ausführung maßgebend sein sollen, sind eindeutig zu bezeichnen.

(3) Leistungen, die nach den Vertragsbedingungen, den Technischen Vertragsbedingungen oder der gewerblichen Verkehrssitte zu der geforderten Leistung gehören (§ 2 Absatz 1 VOB/B), brauchen nicht besonders aufgeführt zu werden.

(4) ¹Im Leistungsverzeichnis ist die Leistung derart aufzugliedern, dass unter einer Ordnungszahl (Position) nur solche Leistungen aufgenommen werden, die nach ihrer technischen Beschaffenheit und für die Preisbildung als in sich gleichartig anzusehen sind. ²Ungleichartige Leistungen sollen unter einer Ordnungszahl (Sammelposition) nur zusammengefasst werden, wenn eine Teilleistung gegenüber einer anderen für die Bildung eines Durchschnittspreises ohne nennenswerten Einfluss ist.

Übersicht

	Rn.		Rn.
I. Regelungsgehalt und Überblick	1	2. Darstellung mit Zeichnungen und anderen Mitteln (Abs. 2)	13–16
II. Systematische Stellung und Zweck der Norm	2–4	3. Verhältnis zu den übrigen Vergabeunterlagen (Abs. 3)	17, 18
III. Leistungsbeschreibung mit Leistungsverzeichnis	5–27	4. Aufgliederung des Leistungsverzeichnisses (Abs. 4)	19–26
1. Baubeschreibung und Leistungsverzeichnis (Abs. 1)	6–12	5. Angabe von Zweck und vor gesehener Beanspruchung	27
		IV. Dokumentation	28

I. Regelungsgehalt und Überblick

1 § 7bEU regelt ergänzend zu den allgemeinen Anforderungen einer ordnungsgemäßen Leistungsbeschreibung in § 7EU () → /EU Rn. 1 ff.) die besonderen Anforderungen an die Leistungsbeschreibung mit Leistungsverzeichnis. Die Leistungsbeschreibung mit Leistungsverzeichnis ist gekennzeichnet zu durch die detaillierte Beschreibung der zu erbringenden Bauleistung mittels einzelner Leistungspositionen mit Vordersätzen und Maßeinheiten und – sofern erforderlich – mit Plänen und Probestücken. Diese Art der Ausschreibung stellt die Standardvariante bei der Ausschreibung von Bauleistungen dar.

II. Systematische Stellung und Zweck der Norm

2 § 7bEU steht in engem Zusammenhang mit § 7EU (Leistungsbeschreibung, → § 7EU Rn. 1 ff.) und § 7aEU (Technische Spezifikationen, Testberichte, Zertifizierungen, Gütezeichen, → § 7aEU Rn. 1 ff.) und findet sein Gegenstück in § 7cEU (Leistungsbeschreibung mit Leistungsprogramm, → § 7cEU Rn. 1 ff.). Die Anforderungen aus § 7bEU haben zudem maßgeblichen Einfluss auf die konkreten Anforderungen an die Vergabeunterlagen (§ 8EU, → § 7EU Rn. 1 ff.).

3 Bis auf wenige redaktionelle Änderungen entspricht § 7bEU dem bisherigen § 7EG Abs. 9–12 VOB/A 2012. Die Ausgliederung in einen gesonderten § sollte der Übersichtlichkeit dienen.[1]

4 § 7bEU regelt die Standardart der Leistungsbeschreibung, die in einer allgemeinen Baubeschreibung und einen in Teilleistungen gegliederten Leistungsverzeichnis (LV) besteht (vgl. § 7bEU Abs. 1). Die maßgebliche Norm für die Darstellung der Vergütung findet sich in § 4EU (→ § 4EU Rn. 1 ff.).

---

[1] Einführungserlass zur Vergabe- und Vertragsordnung für Bauleistungen (VOB) 2016, BI7 – 81063.6/1 v. 7.4.2016, 3.

III. Leistungsbeschreibung mit Leistungsverzeichnis

§ 7bEU benennt in Abs. 1 die Grundstruktur und in Abs. 2–4 die Modifizierungen für 5
die Grundsätze aus § 7EU (→ § 7EU Rn. 2), insbesondere für die erschöpfende Leistungsbeschreibung, den Ausschluss ungewöhnlicher Wagnisse und eine Klarstellung zu den Maßstäben nach der Verkehrssitte und der VOB/C.

1. Baubeschreibung und Leistungsverzeichnis (Abs. 1). § 7bEU Abs. 1 stellt klar, 6
dass die dort beschriebene Art der Leistungsbeschreibung der Regelfall ist. Dieser Regelfall besteht aus einer allgemeinen Darstellung der Bauaufgabe, was zugleich die Legaldefinition der Baubeschreibung ist, und ein in Teilleistungen gegliedertes Leistungsverzeichnis. Der Regelfall impliziert, dass nur dann von ihm abgewichen werden sollte, wenn Besonderheiten etwa im Beschaffungsgegenstand oder in der Verwaltungsstruktur des öffentlichen Auftraggebers begründet sind. Wird zB nur ein Gewerk vergeben, so kann unter Umständen die allgemeine Darstellung in einer einfachen Vorbemerkung abgehandelt werden.

Zweck der Baubeschreibung ist, den Bewerbern einen Überblick über den Beschaffungsgegenstand, den technischen Rahmen und die Örtlichkeiten zu geben und damit die Entscheidung über die Teilnahme am Vergabeverfahren zu erleichtern. Somit soll sie auch den Rahmen bieten, das in Teilleistungen bestehende Leistungsverzeichnis als sinnvolles Ganzes zu verstehen. Zugleich solle die Baubeschreibung auch dem Bewerber ermöglichen, die vergütungspflichtigen Leistungen und die vergütungsfreien Nebenleistungen voneinander abzugrenzen. Somit ist es erforderlich, unter Berücksichtigung der DIN 18299 ff. den technischen und qualitativen Rahmen, die Örtlichkeiten und die Zweckbestimmung zu definieren.[2] 7

Das VHB fordert daher, Angaben zu Zweck, Art und Nutzung des Bauwerks, ausgeführten Vorarbeiten und Leistungen, parallel laufenden Arbeiten, örtliche Gegebenheiten sowie Verkehrsverhältnisse und schließlich zur Baukonstruktion.[3] 8

Maßstab für die Angaben ist der Empfängerhorizont eines Fachmanns des betreffenden 9
Gewerks. Es müssen daher nur Erklärungen gegeben werden, die für den Fachmann bezogen auf die Gesamtleistung nicht selbstverständlich sind.[4]

Das Leistungsverzeichnis stellt die geforderten Einzelleistungen detailliert dar und ist 10
quasi eine Liste der Arbeitsschritte und Bauprodukte. Die maßgeblichen Vorgaben sind in § 7bEU Abs. 4 enthalten. Es bildet quasi die Grundlage für die Schlussrechnung nach § 14 VOB/B. Nach dem VHB sind Art und Umfang der zu erbringenden Leistungen sowie alle die Ausführung der Leistung beeinflussenden Umstände zu beschreiben, welche in Form einer Tabelle mit Spalten zu gliedern ist.[5]

Der „Liste" vorgeschaltet soll eine Vorbemerkung sein, die nach VHB technische Vorga- 11
ben Erhält die für alle folgenden Leistungen gelten.[6] Wiederholungen aus den Allgemeinen und Zusätzlichen Technischen Vertragsbedingungen sind ebenso zu vermeiden wie Widersprüche zu diesen.

Teilleistungen im Sinne der Norm sind solche Einzelleistungen oder Leistungsteile die 12
gem. § 7bEU Abs. 4 unter einer Ordnungszahl (Position) mit dem entsprechenden, die geforderte Menge enthaltenden Vordersatz beschrieben wird.[7]

2. Darstellung mit Zeichnungen und anderen Mitteln (Abs. 2). Weil Worte nicht 13
immer genügen, um die Leistungen wie nach § 7EU Abs. 1 Nr. 1 (→ § 7EU Rn. 7) erschöpfend und eindeutig zu beschreiben, sieht § 7bEU Abs. 2 die Möglichkeit bzw. Pflicht des öffentlichen Auftraggebers vor, in diesen Fällen Zeichnungen, Probestücke oder andere

---
[2] BGH Urt. v. 22.4.1993 – VII ZR 118/92, NJW-RR 1993, 1109.
[3] VHB, allgemeine Richtlinien Vergabeverfahren (Blatt 100), Ziff. 4.3.2.1.
[4] Ingenstau/Korbion/*von Wietersheim/Kratzenberg* § 7 Rn. 89.
[5] VHB, allgemeine Richtlinien Vergabeverfahren (Blatt 100), Ziff. 4.3.2.2.
[6] VHB, allgemeine Richtlinien Vergabeverfahren (Blatt 100), Ziff. 4.3.3.
[7] Franke/Kemper/Zanner/Grünhagen/*Franke/Kaiser* Rn. 12.

Hilfsmittel zu verwenden. Andere Hilfsmittel sind zum Beispiel Hinweise auf ähnliche Leistungen und durch Mengen- oder statische Berechnungen. All diese Mittel können aber nur ergänzend zur verbalen Beschreibung herangezogen werden.[8]

14 Zeichnungen müssen selbst wiederum eindeutig sein, ebenso wie übersichtlich und für einen Fachmann verständlich. § 7bEU Abs. 2 S. 2 fordert außerdem, dass sie eindeutig bezeichnet sein müssen und die Zuordnung über Verweise in den jeweiligen Positionen im LV zugeordnet sein müssen.

15 Muster und Probestücke sind tatsächlich Materialproben oder sonstige „Prototypen". Sie eröffnen den Bietern die Möglichkeit, das wörtliche Beschriebene haptisch und optisch nachzuvollziehen, was etwa bei Oberflächenbeschaffenheiten und besonderen Farben angezeigt sein kann.

16 Die Aufzählung der Hilfsmittel ist nicht abschließend; der öffentliche Auftraggeber solle eine breite Palette von Möglichkeiten haben, dem Erfordernis der eindeutigen und erschöpfenden Leistungsbeschreibung zu genügen.

17 **3. Verhältnis zu den übrigen Vergabeunterlagen (Abs. 3).** Da sowohl Wiederholungen als auch Widersprüche in den Vergabeunterlagen dem Bestreben nach einer eindeutigen und erschöpfenden Leistungsbeschreibung abträglich sind, wird in § 7bEU Abs. 3 explizit klargestellt, dass Leistungen, die bereits in Vertragsbedingungen, den Allgemeinen oder Zusätzlichen Technischen Vertragsbedingungen oder nach der gewerblichen Verkehrssitte zu der geforderten Leistung (§ 2 Abs. 1 VOB/B) gehören, nicht besonders in der Leistungsbeschreibung aufgeführt werden müssen. Die Nennung von § 2 Abs. 1 VOB/B stellt klar, dass es sich um Nebenleistungen handelt, die auch ohne gesonderte Vergütung geschuldet sind. Es handelt sich zugleich um Nebenleistungen im Sinne der VOB/C ATV DIN 18299 ff. Auch das VHB stellt klar, dass eine saubere Abgrenzung von Neben- und Besonderen Leistungen zu machen ist, da für letztere eine gesonderte Vergütung geschuldet ist und sie daher auch in LV aufgenommen werden sollen.[9]

18 Die gewerbliche Verkehrssitte ist die in dem betreffenden, baugewerblichen Fachzweig herrschende Übung im Sinne einer gelebten Gewohnheit, die im Zweifelsfall auch gutachterlich ermittelt werden kann. Sie spiegelt sich zu Teilen auch in den VOB/C ATV DIN 18299 ff. wieder.

19 **4. Aufgliederung des Leistungsverzeichnisses (Abs. 4).** § 7bEU Abs. 4 enthält ergänzend zu § 7bEU Abs. 1 Regelungen zur inhaltlichen Struktur des Leistungsverzeichnisses. Es ist in einer Tabelle aufzugliedern, geordnet nach Ordnungszahlen (Positionen). Als weitere Spalten sind aufzuführen die Vordersätze für die angesetzten Mengen, die Beschreibung der Teilleistung, der Einheitspreis und der Gesamtpreis. Die Spalten müssen somit Angaben enthalten zu: den aufgrund der Planungen ermittelten Mengen, einzuhaltende Maße, technische und bauphysikalische Anforderungen, besondere örtliche Gegebenheiten, besondere Anforderungen an die Qualitätssicherung, besondere, von der VOB/C abweichende Abrechnungsbestimmungen und anderes mehr.[10]

20 Inhaltlich sind die Leistungspositionen weiter zu unterscheiden in: Normal- oder Grundpositionen, Bedarfs- oder Eventualpositionen, Wahl- oder Alternativpositionen, Zuschlagspositionen und Pauschalpositionen. Mit Ausnahme der Normalpositionen sind die übrigen Positionsarten auch als solche zu bezeichnen, weil sie unmittelbar Einfluss auf die Angebotskalkulation haben können und dies dem Bieter deutlich gemacht werden soll.

21 Bei Normal- oder Grundpositionen sind keine weiteren spezifischen Angaben notwendig. Sie sind mit einem festen Einheits- und Gesamtpreis zu versehen.

---

[8] Ingenstau/Korbion/*von Wietersheim*/*Kratzenberg* § 7 Rn. 96.
[9] VHB 2008, allgemeine Richtlinien Vergabeverfahren (Blatt 100), Ziff. 4.5.1 und 4.5.2.
[10] VHB 2008, allgemeine Richtlinien Vergabeverfahren (Blatt 100), Ziff. 4.3.5.

Bedarfs- oder Eventualpositionen sind nur ausnahmsweise zulässig und beinhalten Leistungen, bei denen sich der Auftraggeber trotz sorgfältiger Ermittlung der Umstände und Planung der Leistung nicht sicher ist, ob sie abgerufen wird (→ § 7EU Rn. 25). 22

Wahl- oder Alternativpositionen betreffen Leistungen, für die mit gewisser Abweichung bereits eine Grundpositionen besteht und bei deren Umsetzung eben diese Grundposition entfällt.[11] 23

Zuschlagspositionen beinhalten Leistungen, die unter bestimmten, in der Position zu definierenden Bedingungen zusätzlich zu einer Leistung aus einer Grundposition anfallen. Für diese fällt dann auch eine zusätzliche Vergütung an. Sie sind zulässig, wenn bei Aufstellung des Leistungsverzeichnisses noch nicht abschließend feststellbar ist, welche Anforderungen bei der Ausführung an die Leistung entstehen.[12] Typisch sind etwa die Entsorgungsleistungen für Bodenaushub, für den die Bodenklasse noch nicht abschließen bestimmt werden konnte. 24

Schließlich gibt es Sammelpositionen. In diesen dürfen unter engen Voraussetzungen auch ihrer technischen Beschaffenheit nach ungleichartige Teilleistungen zusammengefasst werden (§ 7bEU Abs. 4 S. 2). Dies ist jedoch nur zulässig, wenn ein Durchschnittspreis gebildet werden kann und dieser ggü. der anderen Position ohne nennenswerten Einfluss ist. Die Ausweisung einer Sammelposition birgt zugleich die Gefahr, nicht vergleichbare Angebote zu erhalten, da sie auch für den Bieter schwer zu kalkulieren sind.[13] 25

Im Übrigen dürfen in einer Position nach § 7bEU Abs. 4 S. 1 nur nach ihrer technischen Beschaffenheit gleichartige (Teil-)Leistungen zusammengefasst werden. Dies dient dazu, dass für Bieter eine hinreichende Transparenz für die zu beschaffende Leistung besteht und die Preiskalkulation ohne größeren Aufwand erfolgen kann.[14] 26

5. Angabe von Zweck und vor gesehener Beanspruchung. § 7EU Abs. 1 Nr. 5 sieht vor, dass, sofern es für das Angebot und die Preiskalkulation erforderlich ist, auch der Zweck und die vorgesehene Beanspruchung der fertigen Leistung anzugeben ist. Bezüglich der Erforderlichkeit kommt dem öffentlichen Auftraggeber ein gewisser Beurteilungsspielraum zu, der nur bedingt gerichtlich überprüfbar ist. Bejaht er allerdings die Erforderlichkeit, steht ihm kein Ermessen mehr zu. Erforderlich sind Angaben zu Zweck und Beanspruchung der fertigen Leistung insbesondere dann, wenn sich aufgrund etwa der erheblichen Beanspruchung oder eines besonderen Zwecks der fertigen Leistung neue Gewährleistungsrisiken bzw. Haftungen für den späteren Auftragnehmer ergeben, der mit Risikozuschlägen in der Kalkulation zu versehen ist.[15] Im Einklang mit der Anforderungen der erschöpfenden eindeutigen Leistungsbeschreibung § 7EU Abs. 1 Nr. 2 (→ § 7EU Rn. 12 f.) soll daher in der Leistungsbeschreibung ausgeführt werden, ob besondere Anforderungen beispielsweise an die Widerstandsfähigkeit oder an die Wartungszyklen geknüpft werden. 27

IV. Dokumentation

Besonders zu dokumentieren sind insbesondere die Entscheidungsgrundlagen für die Aufnahme anderer Positionen als Grundpositionen. 28

§ 7cEU Leistungsbeschreibung mit Leistungsprogramm

(1) Wenn es nach Abwägen aller Umstände zweckmäßig ist, abweichend von § 7bEU Absatz 1 zusammen mit der Bauausführung auch den Entwurf für die

---
[11] Heiermann/Riedl/Rusam/Heiermann/Bauer § 7 Rn. 77 f.
[12] Franke/Kemper/Zanner/Grünhagen/*Franke/Kaiser* Rn. 29.
[13] Heiermann/Riedl/Rusam/Heiermann/Bauer § 7 Rn. 78.
[14] Ingenstau/Korbion/*von Wietersheim/Kratzenberg* § 7 Rn. 106.
[15] Beck VOB/*Heinrich* § 9 Rn. 29.

Leistung dem Wettbewerb zu unterstellen, um die technisch, wirtschaftlich und gestalterisch beste sowie funktionsgerechteste Lösung der Bauaufgabe zu ermitteln, kann die Leistung durch ein Leistungsprogramm dargestellt werden.

(2)
1. Das Leistungsprogramm umfasst eine Beschreibung der Bauaufgabe, aus der die Unternehmen alle für die Entwurfsbearbeitung und ihr Angebot maßgebenden Bedingungen und Umstände erkennen können und in der sowohl der Zweck der fertigen Leistung als auch die an sie gestellten technischen, wirtschaftlichen, gestalterischen und funktionsbedingten Anforderungen angegeben sind, sowie gegebenenfalls ein Musterleistungsverzeichnis, in dem die Mengenangaben ganz oder teilweise offengelassen sind.
2. § 7bEU Absätze 2 bis 4 gelten sinngemäß.

(3)
1. [1]Von dem Bieter ist ein Angebot zu verlangen, das außer der Ausführung der Leistung den Entwurf nebst eingehender Erläuterung und eine Darstellung der Bauausführung sowie eine eingehende und zweckmäßig gegliederte Beschreibung der Leistung – gegebenenfalls mit Mengen- und Preisangaben für Teile der Leistung – umfasst. [2]Bei Beschreibung der Leistung mit Mengen- und Preisangaben ist vom Bieter zu verlangen, dass er
2. die Vollständigkeit seiner Angaben, insbesondere die von ihm selbst ermittelten Mengen, entweder ohne Einschränkung oder im Rahmen einer in den Vergabeunterlagen anzugebenden Mengentoleranz vertritt, und
3. etwaige Annahmen, zu denen er in besonderen Fällen gezwungen ist, weil zum Zeitpunkt der Angebotsabgabe einzelne Teilleistungen nach Art und Menge noch nicht bestimmt werden können (z. B. Aushub-, Abbruch- oder Wasserhaltungsarbeiten) – erforderlichenfalls anhand von Plänen und Mengenermittlungen – begründet.

Übersicht

	Rn.		Rn.
I. Regelungsgehalt und Überblick	1	1. Anwendungsbereich der Leistungsbeschreibung mit Leistungsprogramm (Abs. 1)	7–12
II. Systematische Stellung und Zweck der Norm	2–5	2. Inhalt des Leistungsprogramms (Abs. 2)	13–16
III. Leistungsbeschreibung mit Leistungsprogramm	6–19	3. Anforderungen an die Angebote (Abs. 3)	17–19
		IV. Dokumentation	20

I. Regelungsgehalt und Überblick

1 § 7cEU regelt ergänzend zu den allgemeinen Anforderungen einer ordnungsgemäßen Leistungsbeschreibung in § 7EU (→ § 7EU Rn. 1 ff.) die besonderen Anforderungen an die Leistungsbeschreibung mit Leistungsprogramm (funktionale Leistungsbeschreibung). Die Leistungsbeschreibung mit Leistungsprogramm ist dadurch gekennzeichnet, dass der öffentliche Auftraggeber die Bauaufgabe grob beschreibt, die (Entwurfs-)Planung aber zusätzlich zur Bauausführung dem Bieter bzw. späteren Auftragnehmer obliegt.

II. Systematische Stellung und Zweck der Norm

2 § 7cEU steht in engem Zusammenhang mit § 7EU (Leistungsbeschreibung, → § 7EU Rn. 1 ff.) und § 7aEU (Technische Spezifikationen, Testberichte, Zertifizierungen, Gütezeichen, → § 7aEU Rn. 1 ff.) und findet sein Gegenstück in § 7bEU (Leistungsbeschreibung mit Leistungsverzeichnis, → § 7bEU Rn. 1 ff.). Die Anforderungen aus § 7cEU haben zudem maßgeblichen Einfluss auf die konkreten Anforderungen an die Vergabeunterlagen (§ 8EU, → § 8EU Rn. 1 ff.).

Bis auf wenige redaktionelle Änderungen entspricht § 7cEU dem bisherigen § 7EG 3
Abs. 13–15 VOB/A 2012. Die Ausgliederung in einen gesonderten Paragrafen sollte der
Übersichtlichkeit dienen.[1]

Während § 7aEU (Leistungsbeschreibung mit Leistungsverzeichnis) die Standardart 4
der Leistungsbeschreibung regelt, soll die Möglichkeit der Leistungsbeschreibung mit
Leistungsprogramm nach § 7cEU nur dann gewählt werden, wenn dies nach Abwägung
aller Umstände zweckmäßig ist (vgl. § 7cEU Abs. 1). Dies ist auch dem Umstand geschuldet, dass in einer solchen Ausschreibung die Angebote schwerer vergleichbar sind. Dass
Sie funktioniert ist auch § 4 Abs. 2 Nr. 1 VOB/B geschuldet, wonach die Bieter und
Auftragnehmer eigenverantwortlich die anerkannten Regeln der Technik sowie gesetzlichen und behördlichen Bestimmungen bei der Ausführung zu beachten haben.

Schließlich ist die Leistungsbeschreibung mit Leistungsprogramm eng mit § 4EU Abs. 1 5
Nr. 1 verbunden, da meist für die funktional ausgeschriebene Leistung ein Pauschalvergütung angeboten werden soll und beauftragt wird. Da § 4EU Abs. 1 Nr. 1 bestimmt, dass
eine Pauschalvergütung nur dann vereinbart werden soll, wenn mit Änderungen bei der
Ausführung nicht zu rechnen ist, ergibt sich auch für die funktionale Leistungsbeschreibung
das Erfordernis, der eindeutigen und erschöpfenden, abschließenden Leistungsbeschreibung.

III. Leistungsbeschreibung mit Leistungsprogramm

§ 7cEU regelt in Abs. 1 den Anwendungsbereich der Leistungsbeschreibung mit Leis- 6
tungsprogramm, in Abs. 2 und 3 die inhaltlichen Anforderungen an das Leistungsprogramm
sowie die Risikoverteilung, was sicherstellen soll, dass den Bietern die geforderte Leistung
mit den Risiken hinreichend klar wird und vergleichbare Angebote erstellt werden.

1. Anwendungsbereich der Leistungsbeschreibung mit Leistungsprogramm 7
(Abs. 1). § 7cEU Abs. 1 stellt klar, dass die Leistungsbeschreibung mit Leistungsprogramm
lediglich der Ausnahmefall zur Leistungsbeschreibung mit Leistungsverzeichnis nach
§ 7bEU (→ § 7bEU Rn. 1 ff.) sein soll. Denn nach § 7c Abs. 1 soll diese Möglichkeit der
Leistungsbeschreibung nur dann gewählt werden, wenn es sich nach Abwägung aller
Umstände als zweckmäßig erweist, nicht nur die Bauausführung, sondern auch den Entwurf der Leistung dem Wettbewerb zu unterstellen, um die technisch, wirtschaftlich und
gestalterisch beste sowie funktionsgerechteste Lösung der Bauaufgabe zu ermitteln.

Aus der Definition des Anwendungsbereichs ergibt sich, dass eine funktionale Leistungs- 8
beschreibung insbesondere dann in Betracht kommt, wenn es für eine bestimmte Bauaufgabe
unterschiedliche technische Systeme gibt und sich anbietet, eines dieser Systeme der Ausschreibung zugrunde zu legen.[2]

Die Frage der Zweckmäßigkeit ist vor allem am Maßstab des Wettbewerbsgebots iSd 9
§ 2EU Abs. 1 S. 1 (→ § 2EU Rn. 3) und dem Diskriminierungsverbot aus § 2EU Abs. 2
(→ § 2EU Rn. 5) zu beantworten. Die funktionale Leistungsbeschreibung soll den Wettbewerb verstärken, sodass sicherzustellen ist, dass eine hinreichende Anzahl von Bewerbern
zu erwarten ist, die in der Lage und gewillt sind, die besondere, dem technischen und
wirtschaftlichen Fortschritt dienende Bauaufgabe, welche bzgl. der Planung und Ausführung
besondere Kenntnisse erfordert, selbst zu planen und auszuführen.[3]

Nach VHB ist eine funktionale Leistungsbeschreibung zweckmäßig, wenn aus Gründen 10
der fertigungsgerechten Planung erforderlich ist, wegen der Verschiedenartigkeit von Systemen den Bietern freizustellen, die Gesamtleistung passend zu ihrem eigenen System (im
Leistungsverzeichnis) aufzugliedern und anzubieten oder mehrere technische Lösungen
möglich sind, die im Einzelnen nicht neutral beschrieben werden können und die Angebote

---
[1] Einführungserlass zur Vergabe- und Vertragsordnung für Bauleistungen (VOB) 2016, B I 7 -81063.6/1 v. 7.4.2016, 9.
[2] Kapellmann/Messerschmidt/*Kapellmann* § 7c Rn. 5.
[3] Ingenstau/Korbion/*von Wietersheim/Kratzenberg* § 7 Rn. 128.

die Grundlage für die Entscheidung des Auftraggebers nach Wirtschaftlichkeit und Funktionsgerechtigkeit sein sollen.[4]

11 Typische Anwendungsfälle sind Einheiten von Gebäuden, die in der bestimmten Ausführung mehrfach beschafft werden soll, wie Schulgebäude, Krankhäuser etc.

12 Es genügt nicht, die Zweckmäßigkeit allein auf die gestalterisch beste Lösung zu stützen,[5] vielmehr müssen die Zweckmäßigkeitskriterien der technischen, wirtschaftlichen, gestalterischen und funktionellen Anforderungen kumulativ vorliegen. Hinzukommen müssen Wirtschaftlichkeitsuntersuchungen des Auftraggebers, die insbesondere die Angemessenheit der Planungskosten zu dem Nutzen der Bauaufgabe beurteilen müssen.[6]

13 **2. Inhalt des Leistungsprogramms (Abs. 2).** § 7cEU Abs. 2 Nr. 1 definiert die inhaltlichen Anforderungen an die Beschreibung der Bauaufgabe. Grundsätzlich kann sie verbal erfolgen. Außerdem kommt ein Rahmenentwurf oder auch ein Musterleistungsverzeichnis in Betracht, im dem die jeweiligen Bieter Abmessungen selbst festlegen und Materialien bestimmen müssen.[7]

14 § 7cEU Abs. 2 Nr. 2 bestimmt, dass § 7bEU Abs. 2–4 (→ § 7bEU Rn. 13 ff.) sinngemäß gelten. Für die dort definierten Anforderungen wird auf die entsprechende Kommentierung verwiesen.

15 Aus der Bauaufgabenbeschreibung müssen für die Bieter alle Umstände ersichtlich werden, die für die Entwurfsbearbeitung für die Angebote von Relevanz sind. Ihr muss der Zweck der fertigen Leistung und die technischen, wirtschaftlichen, gestalterischen und funktionsbedingten Anforderungen sowie die örtlichen Gegebenheiten zu entnehmen sein, was ggf. durch Zeichnungen und Probestücke oder Muster zu ermöglichen ist; die DIN 18299 ff. Teil O sind zu beachten.

16 Der öffentliche Auftraggeber muss bei der Erstellung des Leistungsprogramms besondere Sorgfalt walten lassen, denn die Beschreibung muss alle für den zu erstellenden Entwurf und das Angebot maßgeblichen Angaben enthalten, welche so eindeutig und erschöpfend beschrieben werden müssen, dass vergleichbare Angebote zu erwarten sind.[8] Somit ist entscheidend, dass der öffentliche Auftraggeber – ggf. unter Hinzuziehung externen Sachverstands – eindeutig definiert, welche Planungsleistung vom Bieter zu erbringen ist und anstatt der einzelnen Leistungen, die Kriterien für die Angebotserteilung so genau definiert, dass von den Bietern erkannt werden kann, auf welche Parameter der öffentliche Auftraggeber die Zuschlagsentscheidung stützt. Zu den hierfür notwendigen Angaben vergleiche VHB 2008.[9]

17 **3. Anforderungen an die Angebote (Abs. 3).** § 7cEU Abs. 3 Nr. 1 stellt klar, dass die Bieter die Planung und Ausführung nach den Maßstäben der §§ 7EU, 7aEU (→ § 7EU Rn. 6, → § 7aEU Rn. 5) ausführlich beschreiben müssen.[10] Folglich wird die sonst dem öffentlichen Auftraggeber obliegende Aufgabe auf den Bieter übertragen. Das VHB sieht vor, dass der öffentliche Auftraggeber in der Aufforderung zu Angebotsabgabe (§ 8EU Abs. 1 Nr. 1, → § 8EU Rn. 4) verlangen kann, dass der Bieter das Angebot so abgibt, dass Art und Umfang der Leistung eindeutig bestimmt sind, die Erfüllung der Forderungen des Leistungsprogramms nachgewiesen sind, die Angemessenheit der geforderten Preise beurteilt du nach Abschluss der Arbeiten die vertragsgemäße Erfüllung zweifelsfrei geprüft werden kann.[11]

---

[4] VHB, allgemeine Richtlinien Vergabeverfahren (Blatt 100), Ziff. 4.4.1.1.
[5] VHB, allgemeine Richtlinien Vergabeverfahren (Blatt 100), Ziff. 4.4.1.3.
[6] OLG Brandenburg Beschl. v. 19.9.2003 – Verg W 4/03, IBRRS 2003, 2755.
[7] OLG Brandenburg Beschl. v. 19.9.2003 – Verg W 4/03, IBRRS 2003, 2755.
[8] VHB allgemeine Richtlinien Vergabeverfahren (Blatt 100), Ziff. 4.4.1.4.
[9] VHB allgemeine Richtlinien Vergabeverfahren (Blatt 100), Anhang 9 (Leistungsbeschreibung mit Leistungsprogramm), Nr. 1 f.
[10] Kapellmann/Messerschmidt/*Kapellmann* § 7c Rn. 7.
[11] VHB, Anhang 9 (Leistungsbeschreibung mit Leistungsprogramm), Nr. 5.

§ 7cEU Abs. 3 Nr. 2 normiert die Pflicht der Bieter und späteren Auftragnehmer für die selbst ermittelten Mengenangaben einzustehen. Jedoch hat der der Auftraggeber eine Mengentoleranz hinzunehmen.[12]

§ 7cEU Abs. 3 Nr. 3 reguliert die Möglichkeit, von den Bietern zu verlangen, dass sie begründen müssen, wie sie ihre Annahmen für die Erstellung des Leistungsverzeichnisses getroffen haben. So soll sichergestellt werden, dass der Bieter in ihren Planungsansätzen nicht weitergehen, als es einem Auftraggeber erlaubt wäre.

IV. Dokumentation

Besonders zu dokumentieren ist die Wahl der Leistungsbeschreibung mit Leistungsprogramm statt der Leistungsbeschreibung mit Leistungsverzeichnis.

§ 8EU Vergabeunterlagen

(1) Die Vergabeunterlagen bestehen aus
1. dem Anschreiben (Aufforderung zur Angebotsabgabe), gegebenenfalls Teilnahmebedingungen (Absatz 2) und
2. den Vertragsunterlagen (§ 8aEU und §§ 7EU bis 7cEU).

(2)
1. Das Anschreiben muss die nach Anhang V Teil C der Richtlinie 2014/24/EU geforderten Informationen enthalten, die außer den Vertragsunterlagen für den Entschluss zur Abgabe eines Angebots notwendig sind, sofern sie nicht bereits veröffentlicht wurden.
2. In den Vergabeunterlagen kann der öffentliche Auftraggeber den Bieter auffordern, in seinem Angebot die Leistungen, die er im Wege von Unteraufträgen an Dritte zu vergeben gedenkt, sowie die gegebenenfalls vorgeschlagenen Unterauftragnehmer mit Namen, gesetzlichen Vertretern und Kontaktdaten anzugeben.
3. [1]Der öffentliche Auftraggeber kann Nebenangebote in der Auftragsbekanntmachung oder in der Aufforderung zur Interessensbestätigung zulassen oder vorschreiben. [2]Fehlt eine entsprechende Angabe, sind keine Nebenangebote zugelassen. [3]Nebenangebote müssen mit dem Auftragsgegenstand in Verbindung stehen. [4]Hat der öffentliche Auftraggeber in der Auftragsbekanntmachung oder in der Aufforderung zur Interessensbestätigung Nebenangebote zugelassen oder vorgeschrieben, hat er anzugeben,
    a) in welcher Art und Weise Nebenangebote einzureichen sind, insbesondere, ob er Nebenangebote ausnahmsweise nur in Verbindung mit einem Hauptangebot zulässt,
    b) die Mindestanforderungen an Nebenangebote.
[5]Die Zuschlagskriterien sind so festzulegen, dass sie sowohl auf Hauptangebote als auch auf Nebenangebote anwendbar sind. [6]Es ist auch zulässig, dass der Preis das einzige Zuschlagskriterium ist.
[7]Von Bietern, die eine Leistung anbieten, deren Ausführung nicht in Allgemeinen Technischen Vertragsbedingungen oder in den Vergabeunterlagen geregelt ist, sind im Angebot entsprechende Angaben über Ausführung und Beschaffenheit dieser Leistung zu verlangen.
4. Öffentliche Auftraggeber, die ständig Bauaufträge vergeben, sollen die Erfordernisse, die die Unternehmen bei der Bearbeitung ihrer Angebote beachten müssen, in den Teilnahmebedingungen zusammenfassen und dem Anschreiben beifügen.

---

[12] Kapellmann/Messerschmidt/*Kapellmann* § 9 Rn. 7.

I. Allgemeines

1 § 8EU ist weitestgehend identisch mit § 8. Teilweise sind die Unterschiede nur sprachlicher Art. So spricht § 8 beispielsweise von „Auftraggebern", während es in § 8EU „öffentliche Auftraggeber" heißt. § 8 verwendet den Begriff des „Nachunternehmers", während es in § 8EU „Unterauftragnehmer" heißt. Inhaltliche Unterschiede sind damit nicht verbunden. Im Folgenden werden nur die Besonderheiten und Abweichungen gegenüber § 8 dargestellt. Im Übrigen wird auf die Kommentierung zu § 8 verwiesen (→ § 8 Rn. 1 ff.).

II. Anschreiben

2 Während die VOB/A – unterhalb der EU-Schwellenwerte – keine ausdrückliche Verpflichtung zur Angabe der **Zuschlagkriterien** enthält – weder für die Bekanntmachung noch für das Anschreiben –, ist der Auftraggeber oberhalb der EU-Schwellenwerte verpflichtet, die Zuschlagkriterien und deren Gewichtung bekannt zu machen. Die Verpflichtung zur Aufnahme der Zuschlagkriterien und deren Gewichtung in die Bekanntmachung ergibt sich aus § 8EU Abs. 2 Nr. 1 iVm Anhang V Teil C der Richtlinie 2014/24/EU.

3 Auch soweit die Benennung der Zuschlagkriterien und deren Gewichtung bereits in der Bekanntmachung erfolgt sind, sollte der Auftraggeber diese nochmals in den Vergabeunterlagen (dort im Anschreiben) wiederholen.[1] Zu den Einzelheiten der Zuschlagkriterien und deren Gewichtung wird auf die Kommentierung zu § 16dEU verwiesen (→ § 16dEU Rn. 1 ff.).

III. Nebenangebote

4 **1. Zulassung von Nebenangeboten.** Bei EU-Vergaben, dh bei Erreichen oder Überschreiten der EU-Schwellenwerte, sind Nebenangebote nur zulässig, wenn sie vom Auftraggeber ausdrücklich zugelassen wurden. Oberhalb der EU-Schwellenwerte ist also eine positive Zulassung erforderlich.[2] Dies gilt auch für isolierte Nebenangebote. Die Zulassung muss bereits in der Bekanntmachung erfolgen und zwar ausdrücklich; eine nachträgliche Zulassung in den Vergabeunterlagen ist nicht möglich.[3]

5 Der Auftraggeber kann – jedenfalls im Oberschwellenbereich – **ausdrücklich Nebenangebote verlangen.** Dies ergibt sich im EU-Vergaberecht aus § 35 Abs. 1 VgV und § 8EU Abs. 2 Nr. 3. Wenngleich dies für den Unterschwellenbereich bislang weder geregelt noch ausdrücklich entschieden ist, wurde dies auch bislang schon für den Unterschwellenbereich vertreten.[4]

6 Nach § 13EU Abs. 3 S. 1 hat der Bieter die Anzahl der von ihm abgegebenen Angebote anzugeben und zwar an einer in den Vergabeunterlagen vom Auftraggeber vorgegebenen Stelle. Zutreffend wird darauf hingewiesen, dass der Auftraggeber dazu eine solche Stelle in den Vergabeunterlagen vorzusehen hat.[5] Nach § 13EU Abs. 3 S. 2 müssen die Nebenangebote auf einer besonderen Anlage erstellt und als solche deutlich gekennzeichnet werden. Nebenangebote die den Vorgaben des § 13EU Abs. 3 S. 2 nicht entsprechen, sind gem. § 16EU Nr. 6 auszuschließen.

7 Gemäß § 13EU Abs. 6 hat der Auftraggeber unter anderen auf die beiden Formerfordernisse des § 13EU Abs. 3 S. 1 und 2 hinzuweisen.

8 **2. Mindestanforderungen an Nebenangebote.** Bei Vergaben oberhalb der EU-Schwellenwerte hat der Auftraggeber gem. § 8EU Abs. 3 Nr. 3 lit. b die Mindestanforderungen für Nebenangebote (in der Bekanntmachung oder der Aufforderung zur Interessenbestätigung) anzugeben. Der allgemeine Hinweis des Auftraggebers auf das Erfordernis der

---

[1] Ohlerich in Gabriel/Krohn/Neun VergabeR-HdB § 20 Rn. 10, 14.
[2] Kapellmann/Messerschmidt/*Frister* § 16EU Rn. 2.
[3] Ohlerich in Gabriel/Krohn/Neun VergabeR-HdB § 20 Rn. 19.
[4] Beck VOB/A/*Brinker/Ohler* § 25 Rn. 135.
[5] Ohlerich in Gabriel/Krohn/Neun VergabeR-HdB § 20 Rn. 22.

Gleichwertigkeit des Nebenangebots mit dem Hauptangebot genügt nicht.[6] Die VOB/A enthält eine solche Vorgabe für nationale Vergaben nicht. Wenngleich die Aussage, dass Nebenangebote nur wertbar sind, wenn der öffentliche Auftraggeber in den Vergabeunterlagen insoweit Mindestanforderungen festgelegt hat,[7] gleichwohl für Vergaben unterhalb der EU-Schwellenwerte Geltung beanspruchen kann, wird die Angabe von Mindestanforderungen hier gemeinhin abgelehnt.[8]

§ 8aEU Allgemeine, Besondere und Zusätzliche Vertragsbedingungen

(1) ¹In den Vergabeunterlagen ist vorzuschreiben, dass die Allgemeinen Vertragsbedingungen für die Ausführung von Bauleistungen (VOB/B) und die Allgemeinen Technischen Vertragsbedingungen für Bauleistungen (VOB/C) Bestandteile des Vertrags werden. ²Das gilt auch für etwaige Zusätzliche Vertragsbedingungen und etwaige Zusätzliche Technische Vertragsbedingungen, soweit sie Bestandteile des Vertrags werden sollen.

(2)
1. ¹Die Allgemeinen Vertragsbedingungen bleiben grundsätzlich unverändert. ²Sie können von öffentlichen Auftraggebern, die ständig Bauaufträge vergeben, für die bei ihnen allgemein gegebenen Verhältnisse durch Zusätzliche Vertragsbedingungen ergänzt werden. ³Diese dürfen den Allgemeinen Vertragsbedingungen nicht widersprechen.
2. ¹Für die Erfordernisse des Einzelfalles sind die Allgemeinen Vertragsbedingungen und etwaige Zusätzliche Vertragsbedingungen durch Besondere Vertragsbedingungen zu ergänzen. ²In diesen sollen sich Abweichungen von den Allgemeinen Vertragsbedingungen auf die Fälle beschränken, in denen dort besondere Vereinbarungen ausdrücklich vorgesehen sind und auch nur soweit es die Eigenart der Leistung und ihre Ausführung erfordern.

(3) ¹Die Allgemeinen Technischen Vertragsbedingungen bleiben grundsätzlich unverändert. ²Sie können von öffentlichen Auftraggebern, die ständig Bauaufträge vergeben, für die bei ihnen allgemein gegebenen Verhältnisse durch Zusätzliche Technische Vertragsbedingungen ergänzt werden. ³Für die Erfordernisse des Einzelfalles sind Ergänzungen und Änderungen in der Leistungsbeschreibung festzulegen.

(4)
1. In den Zusätzlichen Vertragsbedingungen oder in den Besonderen Vertragsbedingungen sollen, soweit erforderlich, folgende Punkte geregelt werden:
   a) Unterlagen (§ 8bEU Absatz 2; § 3 Absatz 5 und 6 VOB/B),
   b) Benutzung von Lager- und Arbeitsplätzen, Zufahrtswegen, Anschlussgleisen, Wasser- und Energieanschlüssen (§ 4 Absatz 4 VOB/B),
   c) Weitervergabe an Nachunternehmen (§ 4 Absatz 8 VOB/B),
   d) Ausführungsfristen (§ 9EU; § 5 VOB/B),
   e) Haftung (§ 10 Absatz 2 VOB/B),
   f) Vertragsstrafen und Beschleunigungsvergütungen (§ 9aEU; § 11 VOB/B),
   g) Abnahme (§ 12 VOB/B),
   h) Vertragsart (§§ 4EU, 4aEU), Abrechnung (§ 14 VOB/B),
   i) Stundenlohnarbeiten (§ 15 VOB/B),
   j) Zahlungen, Vorauszahlungen (§ 16 VOB/B),
   k) Sicherheitsleistung (§ 9cEU; § 17 VOB/B),

---
[6] OLG Düsseldorf Beschl. v. 23.12.2009 – Verg 30/09, BeckRS 2010, 4614.
[7] EuGH Urt. v. 16.10.2003 – C-241/01, VergabeR 2004, 50 – Traunfeller.
[8] BGH Urt. v. 30.8.2011 – X ZR 55/10, NZBau 2012, 46; Ingenstau/Korbion/*von Wietersheim* § 8 Rn. 12 („Formalismus"); aA OLG Zweibrücken Beschl. v. 24.1.2008 – 6 U 25/06, ZfBR 2009, 202.

l) Gerichtsstand (§ 18 Absatz 1 VOB/B),
m) Lohn- und Gehaltsnebenkosten,
n) Änderung der Vertragspreise (§ 9dEU).

2. ¹Im Einzelfall erforderliche besondere Vereinbarungen über die Mängelansprüche sowie deren Verjährung (§ 9bEU; § 13 Absatz 1, 4 und 7 VOB/B) und über die Verteilung der Gefahr bei Schäden, die durch Hochwasser, Sturmfluten, Grundwasser, Wind, Schnee, Eis und dergleichen entstehen können (§ 7 VOB/B), sind in den Besonderen Vertragsbedingungen zu treffen. ²Sind für bestimmte Bauleistungen gleichgelagerte Voraussetzungen im Sinne von § 9bEU gegeben, so dürfen die besonderen Vereinbarungen auch in Zusätzlichen Technischen Vertragsbedingungen vorgesehen werden.

1 § 8aEU entspricht § 8a, sodass auf die dortige Kommentierung verwiesen werden kann (→ § 8a Rn. 1 ff.).

§ 8bEU Kosten- und Vertrauensregelung, Schiedsverfahren

(1)
1. ¹Für die Bearbeitung des Angebotes wird keine Entschädigung gewährt. ²Verlangt jedoch der öffentliche Auftraggeber, dass das Unternehmen Entwürfe, Pläne, Zeichnungen, statische Berechnungen, Mengenberechnungen oder andere Unterlagen ausarbeitet, insbesondere in den Fällen des § 7cEU, so ist einheitlich für alle Bieter in der Ausschreibung eine angemessene Entschädigung festzusetzen. ³Diese Entschädigung steht jedem Bieter zu, der ein der Ausschreibung entsprechendes Angebot mit den geforderten Unterlagen rechtzeitig eingereicht hat.
2. Diese Grundsätze gelten für Verhandlungsverfahren, wettbewerbliche Dialoge und Innovationspartnerschaften entsprechend.

(2) ¹Der öffentliche Auftraggeber darf Angebotsunterlagen und die in den Angeboten enthaltenen eigenen Vorschläge eines Bieters nur für die Prüfung und Wertung der Angebote (§§ 16cEU und 16dEU) verwenden. ²Eine darüber hinausgehende Verwendung bedarf der vorherigen schriftlichen Vereinbarung.

(3) Sollen Streitigkeiten aus dem Vertrag unter Ausschluss des ordentlichen Rechtsweges im schiedsrichterlichen Verfahren ausgetragen werden, so ist es in besonderer, nur das Schiedsverfahren betreffender Urkunde zu vereinbaren, soweit nicht § 1031 Absatz 2 ZPO auch eine andere Form der Vereinbarung zulässt.

1 § 8bEU entspricht § 8b, sodass auf die dortige Kommentierung verwiesen werden kann (→ § 8b Rn. 1 ff.).

§ 8cEU Anforderungen an energieverbrauchsrelevante Waren, technische Geräte oder Ausrüstungen

(1) Wenn die Lieferung von energieverbrauchsrelevanten Waren, technischen Geräten oder Ausrüstungen wesentlicher Bestandteil einer Bauleistung ist, müssen die Anforderungen der Absätze 2 bis 4 beachtet werden.

(2) In der Leistungsbeschreibung sollen im Hinblick auf die Energieeffizienz insbesondere folgende Anforderungen gestellt werden:
1. das höchste Leistungsniveau an Energieeffizienz und
2. soweit vorhanden, die höchste Energieeffizienzklasse im Sinne der Energieverbrauchskennzeichnungsverordnung.

(3) In der Leistungsbeschreibung oder an anderer geeigneter Stelle in den Vergabeunterlagen sind von den Bietern folgende Informationen zu fordern:
1. konkrete Angaben zum Energieverbrauch, es sei denn, die auf dem Markt angebotenen Waren, technischen Geräte oder Ausrüstungen unterscheiden sich im zulässigen Energieverbrauch nur geringfügig, und
2. in geeigneten Fällen,
   a) eine Analyse minimierter Lebenszykluskosten oder
   b) die Ergebnisse einer Buchstabe a vergleichbaren Methode zur Überprüfung der Wirtschaftlichkeit.

(4) Sind energieverbrauchende Waren, technische Geräte oder Ausrüstungen wesentlicher Bestandteil einer Bauleistung und sind über die in der Leistungsbeschreibung gestellten Mindestanforderungen hinsichtlich der Energieeffizienz hinaus nicht nur geringfügige Unterschiede im Energieverbrauch zu erwarten, ist das Zuschlagskriterium „Energieeffizienz" zu berücksichtigen.

Ist die Lieferung von energieverbrauchsrelevanten Waren, technischen Geräten oder Ausrüstungen wesentlicher Bestandteil einer Bauleistung, müssen gem. § 8cEU die Anforderungen der Abs. 2–4 beachtet werden. Die VOB/A kennt keine § 8cEU entsprechende Vorschrift. § 8cEU entspricht aber im Wesentlichen § 67 VgV, sodass auf die dortige Kommentierung verweisen werden kann (→ VgV § 67 Rn. 1 ff.).[1]

§ 8cEU enthält keine § 67 Abs. 4 VgV entsprechende Regelung, dass der Auftraggeber von den Bietern übermittelte Informationen überprüfen und hierzu ergänzende Erläuterungen fordern darf. Die Vorschrift ist ohnehin überflüssig, da dieses Recht – auch ohne entsprechende Regelung – besteht.[2]

Im Ergebnis hat § 8cEU folglich keinen anderen Regelungsgehalt als § 67 VgV.[3]

§ 9EU Einzelne Vertragsbedingungen, Ausführungsfristen

(1)
1. ¹Die Ausführungsfristen sind ausreichend zu bemessen; Jahreszeit, Arbeitsbedingungen und etwaige besondere Schwierigkeiten sind zu berücksichtigen. ²Für die Bauvorbereitung ist dem Auftragnehmer genügend Zeit zu gewähren.
2. Außergewöhnlich kurze Fristen sind nur bei besonderer Dringlichkeit vorzusehen.
3. Soll vereinbart werden, dass mit der Ausführung erst nach Aufforderung zu beginnen ist (§ 5 Absatz 2 VOB/B), so muss die Frist, innerhalb derer die Aufforderung ausgesprochen werden kann, unter billiger Berücksichtigung der für die Ausführung maßgebenden Verhältnisse zumutbar sein; sie ist in den Vergabeunterlagen festzulegen.

(2)
1. Wenn es ein erhebliches Interesse des öffentlichen Auftraggebers erfordert, sind Einzelfristen für in sich abgeschlossene Teile der Leistung zu bestimmen.
2. Wird ein Bauzeitenplan aufgestellt, damit die Leistungen aller Unternehmen sicher ineinandergreifen, so sollen nur die für den Fortgang der Gesamtarbeit besonders wichtigen Einzelfristen als vertraglich verbindliche Fristen (Vertragsfristen) bezeichnet werden.

(3) Ist für die Einhaltung von Ausführungsfristen die Übergabe von Zeichnungen oder anderen Unterlagen wichtig, so soll hierfür ebenfalls eine Frist festgelegt werden.

---

[1] Ziekow/Völlink/*Greb* Rn. 1.
[2] Ziekow/Völlink/*Greb* Rn. 2.
[3] Ziekow/Völlink/*Greb* Rn. 2.

(4) ¹Der öffentliche Auftraggeber darf in den Vertragsunterlagen eine Pauschalierung des Verzugsschadens (§ 5 Absatz 4 VOB/B) vorsehen; sie soll fünf Prozent der Auftragssumme nicht überschreiten. ²Der Nachweis eines geringeren Schadens ist zuzulassen.

1   Fraglich ist, welche Rechtsfolgen ein Verstoß gegen die Vorgaben des § 9 hat. Die hängt von der – umstrittenen – Frage ab, ob **§ 9EU bieterschützende Wirkung zukommt.**[1] Nach **Ansicht von** *Schneider*[2] enthält § 9EU zwingendes Recht. Der Öffentliche Auftraggeber muss sich also, um eine ordnungsgemäße Vergabe durchzuführen, an die vergaberechtlichen Vorgaben halten.[3] Nach **Ansicht von** *Motzke*[4] hat § 9EU keinen prozeduralen Charakter. Es handele sich bei § 9EU nicht um eine Verfahrensvorschrift, die im Falle ihrer Verletzung eine Rechtsschutzmöglichkeit zugunsten des Bieters eröffne (§ 97 Abs. 6 GWB). Die Vorschrift versuche zwar durch die Verwendung der Worte „sind zu" und „sollen" den Eindruck einer zwingenden Vorschrift zu vermitteln, jedoch handele es sich letztlich nur um eine Empfehlung an den Auftraggeber. § 9 liste – wie eine Checkliste – nur „Erinnerungsposten" auf, die jedoch keinesfalls dem Schutz des Bieters zu dienen bestimmt seien. Sinn und Zweck ist, dem Auftraggeber Regelungsbedürfnisse aufzuzeigen.[5] Darin erschöpfe sich die Bedeutung des § 9.

2   § 9EU entspricht § 9, sodass im Übrigen auf die Kommentierung zu § 9 verwiesen werden kann (→ § 9 Rn. 1 ff.).

§ 9aEU Vertragsstrafen, Beschleunigungsvergütung

¹Vertragsstrafen für die Überschreitung von Vertragsfristen sind nur zu vereinbaren, wenn die Überschreitung erhebliche Nachteile verursachen kann. ²Die Strafe ist in angemessenen Grenzen zu halten. ³Beschleunigungsvergütungen (Prämien) sind nur vorzusehen, wenn die Fertigstellung vor Ablauf der Vertragsfristen erhebliche Vorteile bringt.

1   Der vergaberechtlich (unstreitig) zwingende Charakter[1] von § 9aEU S. 1 und führt nicht automatisch dazu, dass der Vorschrift bieterschützender Charakter iSv § 97 Abs. 7 GWB zukommt und ein Bieter den Verstoß gegen § 9aEU geltend machen kann. Daher ist umstritten, ob § 9aEU bieterschützende Charakter hat. Nach **Ansicht von** *Motzke* handele es sich bei § 9aEU nur um eine „materiell-rechtliche Ordnungsvorschrift", der auch bei EU-Vergaben keine bieterschützende Wirkung zukomme.[2]

2   Nach **Auffassung von** *Langen*[3] sei zu differenzieren. Im Unterschwellenbereich könne der Bieter den Verstoß gegen § 9a (oder gegen andere Vorschriften des Vergaberechts) grundsätzlich nicht gerichtlich überprüfen lassen, da § 9a – wie auch den anderen Bestimmungen der VOB/A – nur der Charakter einer innerdienstlichen Verwaltungsvorschrift zukomme, die keine unmittelbaren Rechtwirkungen im Außenverhältnis begründen könne.[4] Bei europaweiten Vergaben komme den Bestimmungen der VOB/A über § 113 GWB in Verbindung mit den Vorschriften der VgV hingegen Gesetzescharakter zu, sodass sich gemäß § 97 Abs. 6 GWB ein subjektives Recht des Bieters auf Einhaltung ergebe und zwar nicht nur auf Einhaltung der Verfahrensbestimmungen der VOB/A, sondern auch der

---

[1] Bejahend: Kapellmann/Messerschmidt/*Schneider* § 9 Rn. 8; ablehnend Beck VOB/A/*Motzke* § 11 Rn. 4.
[2] Kapellmann/Messerschmidt/*Schneider* § 9 Rn. 7.
[3] Kapellmann/Messerschmidt/*Schneider* § 9 Rn. 7.
[4] Beck VOB/A/*Motzke* § 11 Rn. 4.
[5] Beck VOB/A/*Motzke* § 11 Rn. 27.
[1] Kapellmann/Messerschmidt/*Langen*, 5. Aufl. 2015, § 9 Rn. 73; ebenso Kapellmann/Messerschmidt/*Schneider* § 9 Rn. 7.
[2] Beck VOB/A/*Motzke* § 12 Rn. 8.
[3] Kapellmann/Messerschmidt/*Langen*, 5. Aufl. 2015, § 9 Rn. 74.
[4] Kapellmann/Messerschmidt/*Langen*, 5. Aufl. 2015, § 9 Rn. 74.

Änderung der Vergütung 1 § 9dEU VOB/A

materiell-rechtlichen Vergabebestimmungen.[5] Bei europaweiten Vergaben könne der Bieter also nicht nur den Verstoß gegen § 7EU oder gegen § 9EU im Nachprüfungsverfahren beanstanden, sondern auch einen Verstoß gegen § 9aEU–9dEU.[6] § 9aEU hat damit bei Vergaben oberhalb der Schwellenwerte bieterschützenden Charakter.[7]

§ 9aEU entspricht § 9a, sodass im Übrigen auf die Kommentierung zu § 9a verwiesen werden kann (→ § 9a Rn. 1 ff.). 3

§ 9bEU Verjährung der Mängelansprüche

[1]Andere Verjährungsfristen als nach § 13 Absatz 4 VOB/B sollen nur vorgesehen werden, wenn dies wegen der Eigenart der Leistung erforderlich ist. [2]In solchen Fällen sind alle Umstände gegeneinander abzuwägen, insbesondere, wann etwaige Mängel wahrscheinlich erkennbar werden und wieweit die Mängelursachen noch nachgewiesen werden können, aber auch die Wirkung auf die Preise und die Notwendigkeit einer billigen Bemessung der Verjährungsfristen für Mängelansprüche.

§ 9bEU entspricht § 9b, sodass auf die Kommentierung zu § 9b verwiesen werden kann (→ § 9b Rn. 1 ff.). 1

§ 9cEU Sicherheitsleistung

(1) [1]Auf Sicherheitsleistung soll ganz oder teilweise verzichtet werden, wenn Mängel der Leistung voraussichtlich nicht eintreten. [2]Unterschreitet die Auftragssumme 250 000 Euro ohne Umsatzsteuer, ist auf Sicherheitsleistung für die Vertragserfüllung und in der Regel auf Sicherheitsleistung für die Mängelansprüche zu verzichten. [3]Bei nicht offenen Verfahren sowie bei Verhandlungsverfahren und wettbewerblichen Dialogen sollen Sicherheitsleistungen in der Regel nicht verlangt werden.

(2) [1]Die Sicherheit soll nicht höher bemessen und ihre Rückgabe nicht für einen späteren Zeitpunkt vorgesehen werden, als nötig ist, um den öffentlichen Auftraggeber vor Schaden zu bewahren. [2]Die Sicherheit für die Erfüllung sämtlicher Verpflichtungen aus dem Vertrag soll fünf Prozent der Auftragssumme nicht überschreiten. [3]Die Sicherheit für Mängelansprüche soll drei Prozent der Abrechnungssumme nicht überschreiten.

§ 9cEU entspricht § 9c, sodass auf die Kommentierung zu § 9c verwiesen werden kann (→ § 9c Rn. 1 ff.). 1

§ 9dEU Änderung der Vergütung

[1]Sind wesentliche Änderungen der Preisermittlungsgrundlagen zu erwarten, deren Eintritt oder Ausmaß ungewiss ist, so kann eine angemessene Änderung der Vergütung in den Vertragsunterlagen vorgesehen werden. [2]Die Einzelheiten der Preisänderungen sind festzulegen.

§ 9dEU entspricht § 9d, sodass auf die Kommentierung zu § 9d verwiesen werden kann (→ § 9d Rn. 1 ff.). 1

---

[5] Kapellmann/Messerschmidt/*Langen*, 5. Aufl. 2015, § 9 Rn. 74.
[6] Kapellmann/Messerschmidt/*Langen*, 5. Aufl. 2015, § 9 Rn. 74.
[7] Kapellmann/Messerschmidt/*Langen*, 5. Aufl. 2015, § 9 Rn. 74; iErg auch ebenso Kapellmann/Messerschmidt/*Schneider* Rn. 5.

§ 10EU Fristen

(1) ¹Bei der Festsetzung der Fristen für den Eingang der Angebote (Angebotsfrist) und der Anträge auf Teilnahme (Teilnahmefrist) berücksichtigt der öffentliche Auftraggeber die Komplexität des Auftrags und die Zeit, die für die Ausarbeitung der Angebote erforderlich ist (Angemessenheit). ²Die Angemessenheit der Frist prüft der öffentliche Auftraggeber in jedem Einzelfall gesondert. ³Die nachstehend genannten Mindestfristen stehen unter dem Vorbehalt der Angemessenheit.

(2) Falls die Angebote nur nach einer Ortsbesichtigung oder Einsichtnahme in nicht übersandte Unterlagen erstellt werden können, sind längere Fristen als die Mindestfristen festzulegen, damit alle Unternehmen von allen Informationen, die für die Erstellung des Angebotes erforderlich sind, Kenntnis nehmen können.

I. Normzweck

1   § 10EU verpflichtet den öffentlichen Auftraggeber, Bewerbern und Bietern für die Ausarbeitung ihrer Teilnahmeanträge und Angebote angemessene Fristen einzuräumen. Die Bestimmung stellt den Regelungen zu den Fristen im Vergabeverfahren einen allgemeinen Grundsatz voran, der für alle Verfahrensarten gilt. § 10EU nennt für die Bemessung der Fristen keine konkreten Zeitvorgaben. Solche finden sich erst in den nachfolgenden §§ 10aEU ff. in Form von Mindestfristen. Der Normtext betont, dass die Mindestfristen zu verlängern sind, wenn sie sich im Einzelfall nach Maßgabe von § 10EU als nicht angemessen erweisen. Das Gebot, angemessene Fristen festzulegen, ist Ausdruck des vergaberechtlichen **Verhältnismäßigkeitsgrundsatzes**. Auch der **der Grundsatz, öffentliche Aufträge im Wettbewerb zu vergeben,** wird durch die Regelung konkretisiert. Angemessene Fristen ermöglichen es Bietern, vollständige und wertungsfähige Angebote einzureichen. Unter Zeitdruck angefertigte Angebote leiden unter Fehleranfälligkeit, müssen ggf. ausgeschlossen werden und der Kreis an wertungsfähigen Angeboten verringert sich. Unangemessen knapp bemessene Fristen schränken den Wettbewerb von vornherein unnötig ein, wenn sie Unternehmen davon abhalten sich am Vergabeverfahren zu beteiligen.

II. Entstehungsgeschichte

2   Anlässlich der Umsetzung der Richtlinie 2014/24/EU wurden die Vorschriften zu den Fristen im zweiten Abschnitt der VOB/A **umstrukturiert**. Die VOB 2012 bündelte die Vorschriften zu den Fristen in einer Bestimmung (§ 10EG). Sonderregelungen zu den einzelnen Verfahrensarten wurden innerhalb der Norm durch Zwischenüberschriften kenntlich gemacht. Mit der VOB 2016 wurde die Bestimmung entzerrt und für jede Verfahrensart ein eigener Paragraph geschaffen. Die Bedeutung des neu gefassten § 10EU beschränkt sich nunmehr darauf, einen allgemeinen Grundsatz voranzustellen. Die Regelungen zu den einzelnen Verfahrensarten finden sich in den folgenden §§ 10aEU–10dEU. Die Neuregelung folgt damit teilweise der Struktur, wie sie durch die Richtlinie 2014/24/EU vorgegeben wird. Die Richtlinie legt in Art. 47 RL 2014/24/EU allgemeine Grundsätze zur Festlegung der Fristen fest. Verfahrensspezifische Regelungen finden sich in den Art. 27–31 RL 2014/24/EU. Anders als in der Richtlinie und in der VgV finden sich in den verfahrensspezifischen Paragraphen ausschließlich Bestimmungen zu den Fristen, während die §§ 15–19 VgV nach Vorbild der Richtlinie die Regelungen zum Ablauf der Verfahren und die Regelungen zu den verfahrensspezifischen Fristen in jeweils einer Vorschrift zusammenfassen.

III. Einzelerläuterungen

3   **1. Angemessenheit der Fristsetzung (Abs. 1).** Abs. 1 S. 1 verpflichtet den öffentlichen Auftraggeber, bei der Festsetzung der Fristen für den Eingang der Angebote und der Anträge auf Teilnahme die Komplexität des Auftrags und die erforderliche Zeit für die

Ausarbeitung der Angebote zu berücksichtigen. Diese Vorgabe definiert der Ordnungsgeber als **„Angemessenheit"**. Daneben führt Abs. 1 S. 1 zwei weitere **Legaldefinitionen** durch Klammerzusätze ein. Die Frist für den Eingang der Angebote wird als **„Angebotsfrist"** und die Frist für den Eingang der Anträge auf Teilnahme als **„Teilnahmefrist"** bezeichnet. Die S. 2 und 3 unterstreichen die Pflicht des öffentlichen Auftraggebers die Angemessenheit anhand der konkreten Umstände des Einzelfalls für jedes Vergabeverfahren gesondert zu prüfen. S. 3 stellt klar, dass die in den folgenden Vorschriften niedergelegten Mindestfristen nicht ungeprüft übernommen werden dürfen, sondern jeweils gesondert auf ihre Angemessenheit im Einzelfall zu überprüfen und ggf. zu verlängern sind.

Die Angemessenheit der Fristen ist am Maßstab der **Komplexität des Auftrags** und des **Zeitaufwands, der für die Ausarbeitung der Angebote erforderlich ist,** zu prüfen. Bedingt durch den sekundärrechtlichen Ursprung der Regelung, weicht der Wortlaut der Norm von den Vorgaben ab, die § 10 Abs. 1 für Vergaben im Anwendungsbereich des ersten Abschnitts aufstellt. Im Kern sind allerdings ähnliche Erwägungen anzustellen. Zu berücksichtigen sind zum einen **Art** und **Umfang** des zu vergebenden Bauauftrags und zum anderen der **Umfang** und die **Anforderungen der Vergabeunterlagen.** Die beiden Kriterien sind nicht eindeutig voneinander abgrenzbar, sondern bedingen sich regelmäßig gegenseitig. Eine besonders komplexe Bauleistung wird sich in einer detaillierten und umfangreichen Leistungsbeschreibung wiederspiegeln, die wiederum einen entsprechend hohen Aufwand bei der Angebotserstellung nach sich zieht.[1] Soweit der Wortlaut nur den Zeitaufwand für die Angebotserstellung und nicht auch den für die Erstellung der Teilnahmeanträge in Bezug nimmt, handelt es sich um eine sprachliche Ungenauigkeit, die ihren Ursprung bereits in der zugrunde liegenden Richtlinienbestimmung hat. Die Angemessenheit der Fristsetzung bezieht sich sowohl auf die Angebots- als auch auf die Teilnahmefrist. Deshalb erscheint es geboten, auch den Aufwand für die Erstellung der Teilnahmeanträge bei der Bemessung der Teilnahmefrist zu berücksichtigen.

2. Fristverlängerung nach Ortsbesichtigung oder Einsicht in nicht übersandte Unterlagen (Abs. 2). Abs. 2 regelt zwei besondere Tatbestände, die eine zwingende Verlängerung der Mindestfristen nach sich ziehen. Mit der Regelung kommt zum Ausdruck, dass die Mindestfristen von vornherein nicht mehr angemessen sind, wenn die Angebote erst nach einer Ortsbesichtigung oder nach Einsichtnahme in nicht übersandte Unterlagen erstellt werden können. Tritt einer der beiden Fälle ein, ist der öffentliche Auftraggeber gebunden, die Mindestfristen zu verlängern. Über den Umfang der Fristverlängerung trifft die Vorschrift keine konkrete Vorgabe. Dem öffentlichen Auftraggeber steht insoweit ein Ermessen zu. Bei der Durchführung von Ortsbesichtigungen ist sich zu vergegenwärtigen, dass ein **gemeinsamer Termin für alle Bieter aus Gründen des Geheimwettbewerbs ausscheidet.**[2] Allein die abstrakte Möglichkeit unzulässiger wettbewerbsverzerrender Absprachen zwischen Bietern, die sich anlässlich gemeinsamer Ortsbesichtigung bietet, erfordert es, für jeden einzelnen Bieter einen eigens durchzuführenden Termin anzubieten. Unter der Einsichtnahme in nicht übersandte Unterlagen sind nur solche Unterlagen zu verstehen, die in Räumlichkeiten beim öffentlichen Auftraggeber zur Einsicht ausgelegt sind. Dies zeigt ein Vergleich mit Art. 47 Abs. 2 RL 2014/24/EU, der von der „Einsichtnahme in die Anlagen zu den Auftragsunterlagen vor Ort" spricht und dessen Umsetzung die Vorschrift dient. Denkbare Anwendungsfälle sind die Einsichtnahme in **großformatige Pläne** oder die **Ausstellung von Modellen.** Sowohl nach der Ortsbesichtigung als auch nach der Einsichtnahme in Unterlagen ist eine Zeitspanne zu veranschlagen, die erforderlich ist, um die erlangten Erkenntnisse in die Angebotserstellung einfließen zu lassen. Diese Zeitspanne muss insbesondere auch demjenigen Bieter eingeräumt werden, der als letzter die Möglichkeit zur Einsichtnahme oder Ortbesichtigung wahrnimmt.[3] Den öffentlichen

---
[1] Ingenstau/Korbion/*von Wietersheim* Rn. 8.
[2] VK Bund Beschl. v. 5.10.2012 – VK 3-114/12, ZfBR 2013, 71 (73).
[3] Ingenstau/Korbion/*von Wietersheim* Rn. 14.

Auftraggeber stellt dies vor die Herausforderung, aus Gründen der Gleichbehandlung der Bieter die Einsichtnahme oder Ortsbesichtigungen möglichst straff zu organisieren, um zu verhindern, dass die Bearbeitungszeit im Anschluss im Vergleich unter den Bieter zu weit variiert.

§ 10aEU Fristen im offenen Verfahren

(1) Beim offenen Verfahren beträgt die Angebotsfrist mindestens 35 Kalendertage, gerechnet vom Tag nach Absendung der Auftragsbekanntmachung.

(2) [1]Die Angebotsfrist kann auf 15 Kalendertage, gerechnet vom Tag nach Absendung der Auftragsbekanntmachung, verkürzt werden. [2]Voraussetzung dafür ist, dass eine Vorinformation nach dem vorgeschriebenen Muster gemäß § 12EU Absatz 1 Nummer 3 mindestens 35 Kalendertage, höchstens aber zwölf Monate vor dem Tag der Absendung der Auftragsbekanntmachung an das Amt für Veröffentlichungen der Europäischen Union abgesandt wurde. [3]Diese Vorinformation muss mindestens die im Muster einer Auftragsbekanntmachung nach Anhang V Teil C der Richtlinie 2014/24/EU für das offene Verfahren geforderten Angaben enthalten, soweit diese Informationen zum Zeitpunkt der Absendung der Vorinformation vorlagen.

(3) Für den Fall, dass eine vom öffentlichen Auftraggeber hinreichend begründete Dringlichkeit die Einhaltung der Frist nach Absatz 1 unmöglich macht, kann der öffentliche Auftraggeber eine Frist festlegen, die 15 Kalendertage, gerechnet vom Tag nach Absendung der Auftragsbekanntmachung, nicht unterschreiten darf.

(4) Die Angebotsfrist nach Absatz 1 kann um fünf Kalendertage verkürzt werden, wenn die elektronische Übermittlung der Angebote gemäß § 11EU Absatz 4 akzeptiert wird.

(5) [1]Kann ein unentgeltlicher, uneingeschränkter und vollständiger direkter Zugang aus den in § 11bEU genannten Gründen zu bestimmten Vergabeunterlagen nicht angeboten werden, so kann in der Auftragsbekanntmachung angegeben werden, dass die betreffenden Vergabeunterlagen im Einklang mit § 11bEU Absatz 1 nicht elektronisch, sondern durch andere Mittel übermittelt werden, bzw. welche Maßnahmen zum Schutz der Vertraulichkeit der Informationen gefordert werden und wie auf die betreffenden Dokumente zugegriffen werden kann. [2]In einem derartigen Fall wird die Angebotsfrist um fünf Kalendertage verlängert, außer im Fall einer hinreichend begründeten Dringlichkeit gemäß Absatz 3.

(6) [1]In den folgenden Fällen verlängert der öffentliche Auftraggeber die Fristen für den Eingang der Angebote, sodass alle betroffenen Unternehmen Kenntnis aller Informationen haben können, die für die Erstellung des Angebots erforderlich sind:
1. wenn rechtzeitig angeforderte Zusatzinformationen nicht spätestens sechs Kalendertage vor Ablauf der Angebotsfrist allen Unternehmen in gleicher Weise zur Verfügung gestellt werden können. Bei beschleunigten Verfahren (Dringlichkeit) im Sinne von Absatz 3 beträgt dieser Zeitraum vier Kalendertage;
2. wenn an den Vergabeunterlagen wesentliche Änderungen vorgenommen werden.

[2]Die Fristverlängerung muss in einem angemessenen Verhältnis zur Bedeutung der Informationen oder Änderungen stehen. [3]Wurden die Zusatzinformationen entweder nicht rechtzeitig angefordert oder ist ihre Bedeutung für die Erstellung zulässiger Angebote unerheblich, so ist der öffentlichen Auftraggeber nicht verpflichtet, die Fristen zu verlängern.

(7) Bis zum Ablauf der Angebotsfrist können Angebote in Textform zurückgezogen werden.

(8) ¹Der öffentliche Auftraggeber bestimmt eine angemessene Frist, innerhalb der die Bieter an ihre Angebote gebunden sind (Bindefrist). ²Diese soll so kurz wie möglich und nicht länger bemessen werden, als der öffentliche Auftraggeber für eine zügige Prüfung und Wertung der Angebote (§§ 16EU bis 16dEU) benötigt. ³Die Bindefrist beträgt regelmäßig 60 Kalendertage. ⁴In begründeten Fällen kann der öffentliche Auftraggeber eine längere Frist festlegen. ⁵Das Ende der Bindefrist ist durch Angabe des Kalendertages zu bezeichnen.

(9) Die Bindefrist beginnt mit dem Ablauf der Angebotsfrist.

Übersicht

	Rn.		Rn.
I. Normzweck	1, 2	c) Verlängerung der Angebotsfrist	9–13
II. Einzelerläuterungen	3–17	2. Zurückziehen von Angeboten (Abs. 7)	14
1. Angebotsfrist (Abs. 1)	3–13	3. Bindung des Bieters an das Angebot	
a) Bemessung der Angebotsfrist	3, 4	nach Ablauf der Angebotsfrist, Binde-	
b) Verkürzung der Mindestfrist	5–8	frist (Abs. 8 und 9)	15–17

I. Normzweck

In § 10aEU findet sich die erste der im Anschluss folgenden Regelungen mit **verfahrensspezifischen Vorschriften zu den Fristen** im Vergabeverfahren. In der Vorschrift sind die für die Verfahrensart des offenen Verfahrens maßgeblichen Regelungen gebündelt. Dies betrifft zunächst die Bemessung und Berechnung der Angebotsfrist. Daran anknüpfend sieht die Vorschrift Tatbestände zur Verlängerung und Verkürzung der Angebotsfrist vor. Die Vorschrift behandelt ferner die mit der Angebotsfrist verbundene Frage, bis wann und in welcher Form der Bieter sein Angebot zurückziehen kann. Schließlich bestimmt die Regelung mittels Einführung des Begriffs der Bindefrist, wie lange der Bieter an sein Angebot gebunden ist. Auch hierzu sieht die Vorschrift Vorgaben zur Bemessung und Berechnung der Frist vor.

Die unionsrechtliche Grundlage findet sich in Art. 27 RL 2014/24/EU. Der Unionsgesetzgeber hat die Fristen gegenüber der Vorgängerrichtlinie erheblich verkürzt. Ausweislich der Erwägungsgrunde verfolgte der Unionsgesetzgeber das Ziel, die Verfahren zu beschleunigen und effizienter zu machen.[1]

II. Einzelerläuterungen

1. Angebotsfrist (Abs. 1). a) Bemessung der Angebotsfrist. aa) Mindestfrist von 35 Tagen. Abs. 1 bestimmt, dass die Angebotsfrist bei einem offenen Verfahren auf mindestens **35 Kalendertage** festzusetzen ist. Aus der Bestimmung als Mindestfrist folgt, dass die Frist grundsätzlich nicht weiter verkürzt werden darf. Ausnahmen bestehen nur dann, wenn die Verkürzung durch eine einschlägige Rechtsgrundlage (Abs. 2 und 3) ausdrücklich gestattet ist. Aus der Festlegung auf 35 Kalendertage ist nicht abzuleiten, dass es sich um eine Regelfrist handelt, die ohne weitere Prüfung zugrunde gelegt werden darf. Dies wird bereits durch § 10EU Abs. 1 S. 3 deutlich, wonach die Mindestfristen unter dem Vorbehalt der Angemessenheit stehen.

bb) Fristenberechnung. Nach Abs. 1 beginnt der Lauf der Angebotsfrist am Tag nach der Absendung der Auftragsbekanntmachung. Nach welchen Vorschriften sich die Berechnung der Frist im Übrigen richtet, wird von der VOB/A offengelassen. Die VgV bestimmt in § 82 VgV, dass sich die Berechnung nach der Verordnung (EWG, EURATOM) Nr. 1182/71 des Rates vom 3.6.1971 zur Festlegung der Regeln für die Fristen, Daten und Termine

---
[1] Erwägungsgrund 80 RL 2014/24/EU.

richtet. An einem entsprechenden Anwendungsbefehl fehlt es im zweiten Abschnitt der VOB/A. Die Anwendung der VO (EWG) 1182/71 ergibt sich auch nicht unmittelbar aus dessen Art. 1 VO (EWG) 1182/71.[2] Nach dieser Bestimmung unterfallen zwar alle Rechtsakte der Union der Verordnung. Nationale Umsetzungsakte sind indes nicht erfasst.[3] Die Fristenberechnung erfolgt mithin nach den §§ 187 ff. BGB.

5 b) **Verkürzung der Mindestfrist.** Die Abs. 2–4 sehen Ausnahmetatbestände vor, nach denen die Mindestfrist nach Abs. 1 verkürzt werden kann. Die Liste der Verkürzungsmöglichkeiten ist abschließend. Die weitreichendste Verkürzungsmöglichkeit sehen die Abs. 2 und 3 mit einer **Verkürzung auf bis 15 Kalendertage** vor. Hiermit wird für das offene Verfahren eine **Untergrenze** definiert. Für eine weitergehende Verkürzung besteht keine Rechtsgrundlage. Eine Unterschreitung von 15 Kalendertagen kann auch nicht durch eine Kombination der Verkürzungstatbestände erreicht werden. Die Verkürzungsmöglichkeiten beziehen sich jeweils allein auf die Mindestangebotsfrist nach Abs. 1.

6 aa) **Verkürzung bei Vorinformation (Abs. 2).** Abs. 2 verschafft dem öffentlichen Auftraggeber die Möglichkeit mittels Veröffentlichung einer Vorinformation die Angebotsfrist auf bis zu 15 Kalendertage zu verkürzen. Voraussetzung ist, dass die Vorinformation über die Anforderungen des § 12EU Abs. 1 Nr. 3 hinaus Angaben nach Anhang V Teil C der Richtlinie 2014/24/EU enthält. In dieser Anlage sind die Angaben aufgelistet, die eine Auftragsbekanntmachung enthalten muss. Die dort verlangten Angaben sind aber nur dann in die Vorinformation aufzunehmen, wenn sie zum Zeitpunkt der Absendung der Vorinformation vorliegen. Im Ergebnis handelt es sich um eine **qualifizierte Vorinformation,** die je nach Informationsstand interessierten Unternehmen deutlich mehr Angaben zum beabsichtigten Bauauftrag zur Verfügung stellt als es § 12EU Abs. 1 Nr. 3 verlangt. Die Vorinformation muss mindestens 35 Kalendertage, höchstens aber zwölf Monate vor Absendung der Auftragsbekanntmachung an das Amt für Veröffentlichungen der Europäischen Union abgesandt werden. Mit Blick auf diesen vorgelagerten Zeitraum erklärt sich der Gedanke hinter der Verkürzungsmöglichkeit. Durch die Vorinformation wird das beabsichtigte Bauvorhaben frühzeitig publik gemacht. Als Ausfluss des Transparenzgebots dient es der Unterrichtung potenzieller Bieter über den Bedarf des öffentlichen Auftraggebers, der mit der anschließenden Auftragsbekanntmachung weiter konkretisiert wird. Damit wird interessierten Unternehmen bereits vor der Veröffentlichung der Auftragsbekanntmachung **zusätzliche Zeit gewährt, sich mit den Eckdaten frühzeitig vertraut zu machen** und Vorbereitungen für die Angebotserstellung zu treffen. Der zeitliche Mindestabstand von 35 Kalendertagen zwischen Vorinformation und Auftragsbekanntmachung soll gewährleisten, dass für die beschriebenen Vorarbeiten auch ausreichend Zeit besteht, in der der Arbeitsaufwand für die spätere Angebotserstellung auch tatsächlich verringert werden kann.

7 bb) **Verkürzung bei Dringlichkeit (Abs. 3).** Abs. 3 gestattet es, bei hinreichend begründeter Dringlichkeit die Angebotsfrist nach Abs. 1 auf bis zu 15 Kalendertage zu verkürzen. Voraussetzung ist, dass die Dringlichkeit die Einhaltung der Mindestfrist von 35 Kalendertagen für die Angebotsfrist unmöglich macht. Die Norm verlangt eine „hinreichend begründete" Dringlichkeit. Der materiell-rechtliche Gehalt dieses Zusatzes ist begrenzt. Es wird klargestellt, dass sich der öffentliche Auftraggeber auf eine belastbare Tatsachengrundlage stützen muss. Eine vage Prognoseentscheidung ist vor diesem Hintergrund nicht ausreichend. Der Verweis auf eine „begründete" Dringlichkeit ist als Hinweis auf die Dokumentationspflicht nach § 8 Abs. 1 VgV zu verstehen. Nach dieser Vorschrift ist der öffentliche Auftraggeber verpflichtet, die Gründe für die Verkürzung der Angebotsfrist zu dokumentieren. Trotz des Zusatzes einer „hinreichend begründeten" Dringlichkeit handelt es sich um keine Verschärfung gegenüber der auch im ersten Abschnitt in § 10

---

[2] AA Beck VOB/*Reidt* § 10a Rn. 6.
[3] MüKoBGB/*Grothe* BGB § 186 Rn. 2.

Abs. 1 S. 1 verankerten Dringlichkeit. Auf die dortige Kommentierung kann verwiesen werden (→ § 10 Rn. 12).

cc) **Verkürzung bei elektronischer Übermittlung der Angebote (Abs. 4).** Als weiteren Verkürzungstatbestand sieht Abs. 4 die Möglichkeit vor, die Angebotsfrist nach Abs. 1 um 5 Kalendertage zu verkürzen, wenn der öffentliche Auftraggeber die elektronische Übermittlung der Angebote gem. § 11EU Abs. 4 akzeptiert hat. Der Grund für die Verkürzung liegt darin, dass bei elektronischer Übermittlung der Angebote keine Postlaufzeit für die Einreichung des Angebotes berücksichtigt werden muss. Gegenüber der postalischen Versendung steht dem Bieter mehr Zeit für die Angebotserstellung zur Verfügung. Die elektronische Übermittlung der Angebote wird mit Ablauf der in § 23EU niedergelegten Übergangsfristen der Regelfall. In der Konsequenz wird der öffentliche Auftraggeber zukünftig regelmäßig auf die Verkürzungsmöglichkeit zurückgreifen können. Die Verkürzungsmöglichkeit greift nur dann nicht mehr ein, wenn die elektronische Übermittlung der Angebote unter Rückgriff auf in § 11bEU Abs. 3 und 4 geregelten Ausnahmetatbestände ausgeschlossen wird. 8

c) **Verlängerung der Angebotsfrist. aa) Verlängerung bei fehlender elektronischer Bereitstellung der Vergabeunterlagen (Abs. 5).** Abs. 5 betrifft die Pflicht des öffentlichen Auftraggebers, die Angebotsfrist um fünf Kalendertage zu verlängern, wenn die Vergabeunterlagen nicht elektronisch bereitgestellt werden. Der Sinn und Zweck der Regelung besteht darin, den Zeitverlust, der mit dem postalischen Versand der Vergabeunterlagen einhergeht, zu kompensieren. Grundsätzlich ist der öffentliche Auftraggeber nach § 11EU Abs. 3 verpflichtet, eine elektronische Adresse anzugeben, unter der die Vergabeunterlagen unentgeltlich, uneingeschränkt, vollständig und direkt abgerufen werden können. Davon kann nur abgewichen werden, wenn ein Ausnahmetatbestand nach § 11bEU vorliegt. Dies gilt auch vor Ablauf der Übergangsfristen zur verpflichtenden Verwendung elektronischer Mittel, da die Bereitstellung der Vergabeunterlagen vom Anwendungsbereich der Übergangsbestimmungen in § 23EU ausdrücklich ausgenommen ist. 9

Nach dem Wortlaut muss die fehlende Bereitstellung „bestimmte Vergabeunterlagen" betreffen. Daraus ist zu schließen, dass eine Verlängerung um fünf Kalendertage auch dann zwingend ist, wenn nur Teile der Vergabeunterlagen nicht elektronisch bereitgestellt werden. Ausgenommen von der Pflicht zur Verlängerung ist nach S. 2 Hs. 2 der Fall, dass die Angebotsfrist wegen hinreichend begründeter Dringlichkeit verkürzt werden kann. Im Umkehrschluss bedeutet dies, dass die übrigen Verkürzungsmöglichkeiten die Pflicht zur Fristverlängerung nicht entfallen lassen. Demnach ist eine Angebotsfrist, die wegen der Veröffentlichung einer Vorinformation nach Abs. 2 verkürzt wurde, wiederum um fünf Kalendertage zu verlängern, wenn die Vergabeunterlagen nicht gem. § 11EU Abs. 3 elektronisch bereitgestellt werden. 10

bb) **Weitere Verpflichtungen zur Verlängerung der Angebotsfrist (Abs. 6).** Abs. 6 sieht zwei weitere Konstellationen vor, in denen die Frist zum Eingang der Angebote verlängert wird. Es handelt sich um Fälle, in denen der öffentliche Auftraggeber nachträglich, dh während des bereits laufenden Vergabeverfahrens die Frist verlängert. Die Verlängerung wird dadurch ausgelöst, dass zusätzliche Informationen zur Verfügung gestellt werden oder bereits mit den Vergabeunterlagen übermittelte Informationen nachträglich geändert werden. Die Norm selbst benennt den Zweck der Verlängerung. Ziel ist es, allen Unternehmen über den neuen Informationsstand Kenntnis zu verschaffen. Damit dient die Bestimmung gleichermaßen dem Transparenzgebot wie auch dem Gleichbehandlungsgebot. Liegt eine der beiden geregelten Konstellationen vor, ist der öffentliche Auftraggeber grundsätzlich zur Fristverlängerung verpflichtet. Wie lang die Frist verlängert wird, steht sodann im Ermessen des öffentlichen Auftraggebers. Die Norm nennt keinen in Kalendertagen bemessenen Mindestzeitraum. Wie auch bei der Bemessung der Angebotsfrist gilt allerdings der Grundsatz, dass die Verlängerung „angemessen" sein muss (→ § 10EU Rn. 3 f.). Als Maßstab nennt S. 2 die Bedeutung der Information oder Änderung. Bei der Zurverfügungstel- 11 lung zusätzlicher Informationen entfällt die Pflicht zur Fristverlängerung insgesamt, wenn die Informationen für die Erstellung zulässiger Angebote unerheblich sind. Eine solche Befreiung ist für den Fall der nachträglichen Änderungen an den Vergabeunterlagen nicht vorgesehen, da die Norm von vornherein nur „wesentliche" Änderungen erfasst.

12 Nach Abs. 6 Nr. 1 hat der öffentliche Auftraggeber die Angebotsfrist zu verlängern, wenn zusätzliche Informationen trotz rechtzeitiger Anforderung durch ein Unternehmen nicht spätestens sechs Tage vor Ablauf der Angebotsfrist zur Verfügung gestellt werden können. Die Zeitspanne reduziert sich auf vier Kalendertage, wenn der öffentliche Auftraggeber die Angebotsfrist bereits wegen Dringlichkeit (→ Rn. 7) verkürzt hat. Die 6- bzw. 4-Tagesfrist gibt keine Auskunft, wie lange die Fristverlängerung zu erfolgen hat. Sie gibt nur darüber Auskunft, ab welchem Zeitpunkt die Zurverfügungstellung zusätzlicher Informationen sich fristverlängernd auswirkt. Unter Zusatzinformationen sind Klarstellungen und Stellungnahmen des öffentlichen Auftraggebers auf Bieteranfragen zu verstehen. Der entsprechende Auskunftsanspruch der Bieter ergibt sich aus § 12aEU Abs. 3. Zur Frage, wann die Anforderung rechtzeitig erfolgt, wird auf die dortige Kommentierung verwiesen (→ § 12aEU Rn. 11 ff.). Nach der Rechtsprechung ist die Angebotsfrist über den Wortlaut hinaus auch dann zu verlängern, wenn die Bieterfrage zwar nicht rechtzeitig erfolgte, aber sich der öffentliche Auftraggeber auf die Anfrage hin zu einer Korrektur oder Klarstellung zur Herstellung eines rechtskonformen Vergabeverfahrens veranlasst sieht.[4]

13 Abs. 6 Nr. 2 verlangt eine Verlängerung der Angebotsfrist, wenn der öffentliche Auftraggeber wesentliche Änderungen an den Vergabeunterlagen vornimmt. Unerheblich ist es, ob der öffentliche Auftraggeber die Änderungen aus eigener Initiative vornimmt oder eine Bieterfrage zum Anlass für die Änderungen genommen wird. Ab wann eine Änderung wesentlich ist, ist eine Frage des Einzelfalls. Als Richtschnur kann zwischen rein formalen und inhaltlichen Änderungen unterschieden werden.[5] Bei letzteren wird man schneller davon ausgehen können, dass die Änderung wesentlich ist. Als wesentlich wird eine Änderung immer dann anzusehen sein, wenn sie die Kalkulationsgrundlage des Bieters berührt.

14 **2. Zurückziehen von Angeboten (Abs. 7).** Die Vorschrift entspricht der Regelung im ersten Abschnitt in § 10 Abs. 2. Auf die dortige Kommentierung wird verwiesen (→ § 10 Rn. 14 ff.).

15 **3. Bindung des Bieters an das Angebot nach Ablauf der Angebotsfrist, Bindefrist (Abs. 8 und 9).** Abs. 8 S. 1 und 2 entsprechen wortgleich § 10 Abs. 4 S. 1 und 2, weshalb auf die dortige Kommentierung verwiesen wird (→ § 10 Rn. 21).

16 Die Bindefrist beträgt gem. Abs. 8 S. 3 regelmäßig 60 Kalendertage. Durch die Verwendung des Begriffes „regelmäßig" soll dem öffentlichen Auftraggeber eine Orientierung an die Hand gegeben werden. Ausdruck der Regelung ist, dass nach allgemeinen Erfahrungssätzen im offenen Verfahren eine Bindefrist von 60 Kalendertagen ausreichend ist. Gegenüber der VOB/A 2012 wurde die Regelfrist verdoppelt. Mit der Verlängerung trug der Ordnungsgeber dem Umstand Rechnung, dass seit der Einführung des Primärrechtsschutzes im Jahr 1999 und der verpflichten Nachforderung von Unterlagen durch die VOB 2009 keine Anpassung der Regelfrist erfolgte und sich die Prüfung und Wertung der Angebote durch diese Änderungen seitdem erheblich verlängert haben. Auch der zusätzliche Zeitbedarf durch die neu geschaffene Regelung zum Austausch eines Nachunternehmers nach § 6dEU Abs. 1 wurde bei der Verlängerung berücksichtigt. Gleichwohl entbindet eine Orientierung an 60 Kalendertagen nicht von der Einzelfallprüfung, ob auch eine kürzere Frist angemessen ist. Will der öffentliche Auftraggeber eine längere Frist als 60 Kalendertage festlegen, muss ein begründeter Fall vorliegen. Der Wortlaut zeigt deutlich auf, dass es sich um Ausnahmefälle handelt. Der Begriff des begründeten Falls ist damit eng auszulegen.

17 Die Bindefrist kann unter den zu § 10 Abs. 4 näher erläuterten Voraussetzungen verlängert werden. Auf die dortige Kommentierung wird verwiesen (→ § 10 Rn. 23). Ergänzend

---

[4] VK Bund Beschl. v. 28.1.2017 – VK 2-129/16, IBRRS 2017, 0793.
[5] KKMPP/*Rechten* VgV § 20 Rn. 35.

ist auf das Erfordernis einer Bindefristverlängerung im Zusammenhang mit der Einleitung eines Nachprüfungsverfahrens hinzuweisen. Im Anwendungsbereich des vierten Teils des GWB unterliegt die Vergabe öffentlicher Aufträge der Nachprüfung durch die Vergabekammern (§ 155 GWB). Durch die Einleitung eines Nachprüfungsverfahrens wird die Entscheidung des öffentlichen Auftraggebers über die Erteilung des Zuschlags suspendiert (§ 169 Abs. 1 GWB). Die Suspendierung des Zuschlags hat keinen Einfluss auf den Lauf der Bindefrist,[6] sondern die Frist läuft ungehindert weiter. Die Aussetzung des Vergabeverfahrens überdauert regelmäßig die ursprünglich festgesetzte Bindefrist. Zur Verlängerung der Bindefrist bedarf es daher der Zustimmung der einzelnen Bieter. Die Zustimmung muss nicht ausdrücklich erteilt werden, sondern kann auch durch konkludentes Verhalten erklärt werden. Nach der Rechtsprechung erklärt jedenfalls der Antragssteller des Nachprüfungsverfahrens mit seinem Antrag konkludent die Zustimmung zur Verlängerung der Bindefrist.[7]

§ 10bEU Fristen im nicht offenen Verfahren

(1) Beim nicht offenen Verfahren beträgt die Teilnahmefrist mindestens 30 Kalendertage, gerechnet vom Tag nach Absendung der Auftragsbekanntmachung oder der Aufforderung zur Interessensbestätigung.

(2) Die Angebotsfrist beträgt mindestens 30 Kalendertage, gerechnet vom Tag nach Absendung der Aufforderung zur Angebotsabgabe.

(3) [1]Die Angebotsfrist nach Absatz 2 kann auf zehn Kalendertage, gerechnet vom Tag nach Absendung der Aufforderung zur Angebotsabgabe, verkürzt werden. [2]Voraussetzung dafür ist, dass eine Vorinformation nach dem vorgeschriebenen Muster gemäß § 1 2EU Absatz 1 Nummer 3 mindestens 35 Kalendertage, höchstens aber zwölf Monate vor dem Tag der Absendung der Auftragsbekanntmachung an das Amt für Veröffentlichungen der Europäischen Union abgesandt wurde. [3]Diese Vorinformation muss mindestens die im Muster einer Auftragsbekanntmachung nach Anhang V Teil C der Richtlinie 2014/24/EU für das nicht offene Verfahren geforderten Angaben enthalten, soweit diese Informationen zum Zeitpunkt der Absendung der Vorinformation vorlagen.

(4) Die Angebotsfrist nach Absatz 2 kann um fünf Kalendertage verkürzt werden, wenn die elektronische Übermittlung der Angebote gemäß § 11EU Absatz 4 akzeptiert wird.

(5) Aus Gründen der Dringlichkeit kann
1. die Teilnahmefrist auf mindestens 15 Kalendertage, gerechnet vom Tag nach Absendung der Auftragsbekanntmachung,
2. die Angebotsfrist auf mindestens zehn Kalendertage, gerechnet vom Tag nach Absendung der Aufforderung zur Angebotsabgabe

verkürzt werden.

(6) [1]In den folgenden Fällen verlängert der öffentliche Auftraggeber die Angebotsfrist, sodass alle betroffenen Unternehmen Kenntnis aller Informationen haben können, die für die Erstellung des Angebots erforderlich sind:
1. wenn rechtzeitig angeforderte Zusatzinformationen nicht spätestens sechs Kalendertage vor Ablauf der Angebotsfrist allen Unternehmen in gleicher Weise zur Verfügung gestellt werden können. Bei beschleunigten Verfahren im Sinne von Absatz 5 beträgt dieser Zeitraum vier Kalendertage;
2. wenn an den Vergabeunterlagen wesentliche Änderungen vorgenommen werden.

[2]Die Fristverlängerung muss in einem angemessenen Verhältnis zur Bedeutung der Informationen oder Änderungen stehen.

---

[6] VK Lüneburg Beschl. v. 8.5.2006 – VgK-07/2006, IBRRS 2006, 1679.
[7] OLG Schleswig Beschl. v. 8.5.2007 – 1 Verg 2/07, IBR 2007, 388.

³Wurden die Zusatzinformationen entweder nicht rechtzeitig angefordert oder ist ihre Bedeutung für die Erstellung zulässiger Angebote unerheblich, so ist der öffentliche Auftraggeber nicht verpflichtet, die Fristen zu verlängern.

(7) Bis zum Ablauf der Angebotsfrist können Angebote in Textform zurückgezogen werden.

(8) ¹Der öffentliche Auftraggeber bestimmt eine angemessene Frist, innerhalb der die Bieter an ihre Angebote gebunden sind (Bindefrist). ²Diese soll so kurz wie möglich und nicht länger bemessen werden, als der öffentliche Auftraggeber für eine zügige Prüfung und Wertung der Angebote (§§ 16EU bis 16dEU) benötigt. ³Die Bindefrist beträgt regelmäßig 60 Kalendertage. ⁴In begründeten Fällen kann der öffentliche Auftraggeber eine längere Frist festlegen. ⁵Das Ende der Bindefrist ist durch Angabe des Kalendertages zu bezeichnen.

(9) Die Bindefrist beginnt mit dem Ablauf der Angebotsfrist.

I. Normzweck

1 Nach Vorbild der Regelung in § 10aEU behandelt die Norm alle für den gesamten Verfahrensablauf eines nicht offenen Verfahrens relevanten Fristen. Daraus ergibt sich, dass Regelungen aus § 10aEU weitgehend wortgleich übernommen wurden. Ergänzend zur Regelung in § 10aEU sieht § 10bEU Regelungen zur Teilnahmefrist vor. Die Norm dient der Umsetzung von Art. 28 RL 2014/24/EU. Die Parallelregelung für den Liefer- und Dienstleistungsbereich findet sich in § 16 Abs. 2, 3, 5, 7 und 8 VgV.

II. Einzelerläuterung

2 **1. Teilnahmefrist (Abs. 1).** Nach Abs. 1 beträgt die Teilnahmefrist im nicht offenen Verfahren mindestens 30 Kalendertage. Unter der Teilnahmefrist ist die Frist für den Eingang der Teilnahmeanträge zu verstehen (§ 10EU Abs. 1). Es handelt sich um eine Mindestfrist. Daraus folgt, dass sich die Festlegung einer kürzeren Frist verbietet, es sei denn, es liegt eine ausdrücklich geregelte Verkürzungsmöglichkeit vor. Für die Teilnahmefrist sieht allein Abs. 5 Nr. 1 eine Verkürzungsmöglichkeit aus Gründen der Dringlichkeit vor (→ Rn. 7). Im Übrigen gilt auch für die Bemessung der Teilnahmefrist, dass sie gem. des Grundsatzes aus § 10EU Abs. 1 angemessen zu bestimmen ist.

3 **2. Angebotsfrist (Abs. 2).** Die Angebotsfrist im nicht offenen Verfahren beträgt gem. Abs. 2 mindestens 30 Kalendertage. Gegenüber dem offenen Verfahren wird die Mindestfrist um fünf Kalendertage kürzer gefasst. Die Festsetzung einer kürzeren Mindestfrist rechtfertigt sich durch den Umstand, dass im nicht offenen Verfahren die Eignungsprüfung bereits mit dem Teilnahmewettbewerb abgeschlossen wird. Der Zeitaufwand für die Erstellung der Angebote reduziert sich dadurch im nicht offenen Verfahren.

4 **3. Verkürzung der Mindestfristen.** § 10bEU sieht auch für das nicht offene Verfahren Verkürzungsmöglichkeiten vor, die vom offenen Verfahren bekannt sind. Namentlich besteht die Möglichkeit mittels Veröffentlichung einer Vorinformation, bei Dringlichkeit und bei elektronischer Übermittlung der Angebote Fristen kürzer zu bemessen. Alle drei Möglichkeiten beziehen sich auf die Angebotsfrist. Lediglich für den Fall der Dringlichkeit sieht die Regelung vor, dass auch die Teilnahmefrist verkürzt werden kann. Als Untergrenze wird für die Angebotsfrist eine Mindestfrist von zehn Kalendertagen vorgesehen. Kürzer bemessene Angebotsfristen sind im nicht offenen Verfahren ausgeschlossen.

5 **a) Verkürzung bei Vorinformation (Abs. 3).** Abgesehen von der Verkürzungsmöglichkeit auf bis zu zehn Kalendertage entspricht die Verkürzungsmöglichkeit der Regelung in § 10aEU Abs. 2 zum offenen Verfahren. Auf die dortige Kommentierung kann verwiesen (→ § 10aEU Rn. 6) werden.

b) Verkürzung bei elektronischer Übermittlung der Angebote (Abs. 4). Die 6
Angebotsfrist gem. Abs. 2 kann nach Abs. 4 um fünf Kalendertage verkürzt werden, wenn die elektronische Übermittlung der Angebote gem. § 11EU Abs. 4 akzeptiert wird. Die Regelung entspricht der Verkürzungsmöglichkeit aus dem offenen Verfahren gem. § 10aEU Abs. 4. Die Verkürzungsmöglichkeit rechtfertigt sich durch den nicht mehr zu berücksichtigenden Postlauf bei der elektronischen Übermittlung. Diese Wertung ist grundsätzlich auch auf die Übermittlung der Teilnahmeanträge übertragbar, zumal § 11EU Abs. 4 neben der Übermittlung der Angebote auch die Übermittlung der Teilnahmeanträge, Interessensbekundungen und Interessensbestätigungen regelt. Gleichwohl sieht der insoweit klare Wortlaut der Norm keine Verkürzungsmöglichkeit der Teilnahmefrist vor. Dieser Befund deckt sich mit der zugrundeliegenden Richtlinienbestimmung. Auch Art. 28 Abs. 5 RL 2014/24/EU sieht ausschließlich eine Verkürzung der Angebotsfrist vor.

c) Verkürzung bei Dringlichkeit (Abs. 5). Abs. 5 sieht eine Verkürzungsmöglich- 7
keit vor, die sowohl auf die Teilnahme- als auch auf die Angebotsfrist anwendbar ist. Der öffentliche Auftraggeber kann die Teilnahmefrist auf bis zu 15 Kalendertage und die Angebotsfrist auf bis zu zehn Kalendertage verkürzen. Dem Wortlaut ist zu entnehmen, dass es sich bei den verkürzten Fristen ebenfalls um Mindestfristen handelt. Demnach stehen auch diese Fristen unter dem Vorbehalt der Angemessenheit nach § 10EU Abs. 1 S. 3. Voraussetzung für die Verkürzung ist das Vorliegen von Dringlichkeit. Der Wortlaut weicht von der Fassung der Parallelvorschrift für das offene Verfahren in § 10aEU Abs. 3 leicht ab. Im offenen Verfahren ist eine „hinreichend begründete Dringlichkeit" erforderlich, während die Bestimmung für das nicht offene Verfahren lediglich Dringlichkeit verlangt. Gleichwohl unterscheiden sich die Voraussetzungen nicht. Die den Vorschriften zugrundeliegenden Richtlinienbestimmungen (Art. 27 Abs. 3 RL 2014/24/EU und Art. 28 Abs. 6 $RL 2014/24/EU) sehen für beide Verfahrensarten identisch formulierte Voraussetzungen für das Vorliegen von Dringlichkeit vor. Aufgrund der gebotenen richtlinienkonformen Auslegung der § 10a Abs. 3 und § 10bEU Abs. 5 ist von identischen Voraussetzungen auszugehen.[1] Demzufolge kann auf die Kommentierung zu § 10aEU Abs. 3 und § 10 Abs. 1 verwiesen werden (→ § 10aEU Rn. 7 und → § 10 Rn. 12).

4. Verlängerung der Angebotsfrist (Abs. 6). Die Vorschrift wurde wortgleich aus 8
§ 10aEU Abs. 6 übernommen. Auf die dortige Kommentierung wird verwiesen (→ § 10aEU Rn. 11 ff.). Eine Ausweitung der Verlängerungsverpflichtung auf die Teilnahmefrist ist von der Norm nicht vorgesehen. Die Regelung in Abs. 6 trifft Sorge dafür, dass die Bieter ua bei wesentlichen Änderungen an den Vergabeunterlagen einen angemessenen Zeitaufschub gewährt bekommen, um die Änderungen bei der Erstellung des Angebots noch berücksichtigen zu können. Diese Interessenlage kann in Einzelfällen auch im Teilnahmewettbewerb gegeben sein. Im Teilnahmewettbewerb wird die Eignung (und das Nichtvorliegen von Ausschlussgründen) geprüft (§ 3bEU Abs. 2 Nr. 1 und 2). Die Angabe der Eignungskriterien ist Bestandteil der Vergabeunterlagen (§ 8EU Abs. 2 iVm Anhang V Teil C der Richtlinie 2014/24/EU). Nimmt der öffentliche Auftraggeber während der laufenden Teilnahmefristen Änderungen an den Eignungskriterien vor, ist es vereinzelt denkbar, dass sich die ursprünglich veranschlagte Teilnahmefrist für die Bewerber als nicht mehr ausreichend erweist. Konkret könnte es sich um Fälle handeln, in denen etwa die Eignungskriterien während der laufenden Teilnahmefrist um die Anforderung ergänzt werden, komplexe Referenzen einzureichen, die der Bewerber nur mit einigem Aufwand einholen kann. Wenngleich in einigen Konstellationen folglich von einer vergleichbaren Interessenlage ausgegangen werden kann, scheidet eine analoge Anwendung der Verlängerungspflicht auf die Teilnahmefrist aus, da es an einer planwidri-

---

[1] Ingenstau/Korbion/*von Wietersheim* Rn. 11; jurisPK-VergabeR/*Lausen* Rn. 11.

gen Regelungslücke fehlt.[2] Ausgangspunkt für diesen Befund ist das der Norm zugrundeliegende Unionsrecht. Abs. 6 dient der Umsetzung von Art. 47 Abs. 3 RL 2014/24/EU. Bereits der Unionsgesetzgeber nahm keine Erstreckung der Verlängerungspflicht auf die Teilnahmefrist vor. Es ist nicht davon auszugehen, dass der Verweis auf die Teilnahmefrist übersehen wurde, da sich in Abs. 1 derselben Richtlinienbestimmung grundlegende Regelungen sowohl zur Angebots- als auch Teilnahmefrist finden. Bereits in der Vorgängerrichtlinie war die Teilnahmefrist von der Verlängerungspflicht explizit ausgenommen (Art. 38 Abs. 6 RL 2004/18/EG). Die Neufassung der Richtlinie 2014/24/EU änderte die Rechtslage nicht. Eine Pflicht des öffentlichen Auftraggebers zur Verlängerung der Teilnahmefrist kann sich allenfalls aus den vergaberechtlichen Grundsätzen ergeben.[3]

9   **5. Zurückziehen von Angeboten und Bindung an das Angebot nach Ablauf der Bindefrist (Abs. 7–9).** Auch die folgenden Absätze wurden wortgleich aus den §§ 10, 10aEU übernommen, weshalb auf die Kommentierung zu § 10 Abs. 2, 4 und 5 verwiesen wird (→ § 10 Rn. 14 ff.).

§ 10cEU Fristen im Verhandlungsverfahren

(1) Beim Verhandlungsverfahren mit Teilnahmewettbewerb ist entsprechend § 10EU und § 10bEU zu verfahren.

(2) [1]**Beim Verhandlungsverfahren ohne Teilnahmewettbewerb ist auch bei Dringlichkeit für die Bearbeitung und Einreichung der Angebote eine ausreichende Angebotsfrist nicht unter zehn Kalendertagen vorzusehen.** [2]**Dabei ist insbesondere der zusätzliche Aufwand für die Besichtigung von Baustellen oder die Beschaffung von Unterlagen für die Angebotsbearbeitung zu berücksichtigen.** [3]**Es ist entsprechend § 10bEU Absatz 7 bis 9 zu verfahren.**

I. Normzweck

1   In § 10cEU finden sich die Bestimmungen zu den Fristen im Verhandlungsverfahren. Abs. 1 betrifft das Verhandlungsverfahren mit Teilnahmewettbewerb. Abs. 2 enthält eine Sonderregelung für das Verhandlungsverfahren ohne Teilnahmewettbewerb. Lediglich die Regelung in Abs. 1 ist durch das Unionsrecht vorgegeben. Für das Verhandlungsverfahren ohne Teilnahmewettbewerb sieht die Richtlinie 2014/24/EU keine eigenständige Regelung zur Bemessung der Fristen vor. Die Parallelregelungen für den Liefer- und Dienstleistungsbereich finden sich in § 17 Abs. 6, 8, 9 VgV.

II. Einzelerläuterung

2   **1. Fristen im Verhandlungsverfahren mit Teilnahmewettbewerb (Abs. 1).** Für das Verhandlungsverfahren mit Teilnahmewettbewerb wird darauf verwiesen, die §§ 10EU und 10bEU entsprechend anzuwenden. Weitergehende eigenständige Regelungen zum Verhandlungsverfahren mit Teilnahmewettbewerb sieht der Absatz nicht vor. Der Verweis auf § 10EU ist nur klarstellender Natur, da § 10EU ohnehin unmittelbar für alle Verfahrensarten zu beachten ist. Der Verweis auf § 10bEU zeigt auf, dass sich **das nicht offene Verfahren und das Verhandlungsverfahren mit Teilnahmewettbewerb hinsichtlich der zu beachtenden Fristen nicht unterscheiden.** Die unionsrechtliche Grundlage für Abs. 1 findet sich in Art. 29 Abs. 1 UAbs. 4 RL 2014/24/EU.

3   **2. Fristen im Verhandlungsverfahren ohne Teilnahmewettbewerb (Abs. 2).** Für das Verhandlungsverfahren ohne Teilnahmewettbewerb wurde die Vorgängervorschrift aus

---

[2] VK Bund VPRRS 2017, 0255; jurisPK-VergabeR/*Ortner* VgV § 20 Rn. 46; KKMPP/*Rechten* VgV § 20 Rn. 40; aA HK-VergabeR/*Franzius* § 10EG Rn. 26.
[3] KKMPP/*Rechten* VgV § 20 Rn. 40.

der VOB 2012 nahezu wortgleich übernommen. Die Norm legt fest, dass **selbst bei Dringlichkeit die Angebotsfrist nicht 10 Kalendertage unterschreiten darf.** Der Begriff der Dringlichkeit ist wie in § 10aEU Abs. 3 und § 10bEU Abs. 5 zu verstehen. Auf die dortigen Erläuterungen wird verwiesen (→ § 10aEU Rn. 7 und → § 10bEU Rn. 7). Eine weitergehende Verkürzung ist angesichts des klaren Wortlauts ausgeschlossen. Das gilt auch für die Fälle, in denen ein Verhandlungsverfahren ohne Teilnahmewettbewerb wegen äußerster Dringlichkeit gem. § 3aEU Abs. 3 Nr. 4 zulässig ist.[1] Nach dieser Vorschrift ist das Verhandlungsverfahren ohne Teilnahmewettbewerb zulässig, wenn wegen der äußersten Dringlichkeit der Leistung aus zwingenden Gründen infolge von Ereignissen, die der öffentliche Auftraggeber nicht verursacht hat und nicht voraussehen konnte, die in § 10aEU, § 10bEU und § 10cEU Abs. 1 vorgeschriebenen Fristen nicht eingehalten werden können. Äußerste Dringlichkeit ist erkennbar enger gefasst als die (einfache) Dringlichkeit. Hiervon geht auch der Unionsgesetzgeber aus.[2] Dies betrifft indes die Gründe und bedrohten Rechtsgüter, die für das Vorliegen äußerster Dringlichkeit berücksichtigt werden können und nicht die zeitliche Komponente. Maßstab für die zeitliche Komponente der äußersten Dringlichkeit iSd § 3aEU Abs. 3 Nr. 4 sind die im offenen Verfahren, nicht offenen Verfahren und im Verhandlungsverfahren mit Teilnahmewettbewerb unter Ausnutzung aller Verkürzungsmöglichkeiten einzuhaltenden Fristen. Auf die im Verhandlungsverfahren ohne Teilnahmewettbewerb einzuhaltenden Fristen wird ausdrücklich nicht Bezug genommen. Für das offene Verfahren kann die Angebotsfrist auf maximal 15 Kalendertage verkürzt werden. Im nicht offenen Verfahren und im Verhandlungsverfahren mit Teilnahmewettbewerb können die Teilnahmefrist auf maximal 15 Kalendertage und die Angebotsfrist auf maximal 10 Kalendertage verkürzt werden. Diese zeitlichen Vorgaben werden bei einem Verhandlungsverfahren ohne Teilnahmewettbewerb mit einer Angebotsfrist von zehn Kalendertagen bereits deutlich unterschritten. Äußerste Dringlichkeit verlangt demnach in zeitlicher Hinsicht keine weitere Verkürzung der Angebotsfrist auf unter zehn Kalendertage.

S. 2 konkretisiert für die Festsetzung der Angebotsfrist den allgemeinen Grundsatz aus 4 § 10EU Abs. 2 für das Verhandlungsverfahren ohne Teilnahmewettbewerb. Einen über die Vorgaben des § 10EU Abs. 2 hinausgehenden Regelungsgehalt ist der Vorschrift nicht zu entnehmen.

§ 10dEU Fristen im wettbewerblichen Dialog bei der Innovationspartnerschaft

[1]**Beim wettbewerblichen Dialog und bei einer Innovationspartnerschaft beträgt die Teilnahmefrist mindestens 30 Kalendertage, gerechnet vom Tag nach Absendung der Auftragsbekanntmachung.** [2]**§ 10bEU Absatz 7 bis 9 gilt entsprechend.**

I. Normzweck

§ 10dEU behandelt die für die Verfahrensarten des wettbewerblichen Dialogs und der 1 Innovationspartnerschaft maßgeblichen Fristen. Die Norm dient der Umsetzung der Vorgaben aus Art. 30 Abs. 1 UAbs. 2 RL 2014/24/EU und Art. 31 Abs. 1 UAbs. 4 RL 2014/24/EU. Beim wettbewerblichen Dialog und der Innovationspartnerschaft handelt es sich um Verfahrensarten, die erst bei besonders komplexen und individuellen Bauaufträgen in Frage kommen. Vor diesem Hintergrund erklärt sich die geringe Regelungsdichte der Norm. Folglich kommt bei einem wettbewerblichen Dialog oder einer Innovationspartnerschaft dem Grundsatz gem. § 10EU Abs. 1 angemessene Fristen festzulegen im Vergleich zu den übrigen Verfahrensarten eine gesteigerte Bedeutung zu.

II. Einzelerläuterung

Die Teilnahmefrist beträgt mindestens 30 Kalendertage. Die Festsetzung einer kürzeren 2 Frist ist mangels ausdrücklich geregelter Verkürzungsmöglichkeiten ausgeschlossen. Für die

---

[1] AA Ingenstau/Korbion/*von Wietersheim* Rn. 6; Pünder/Schellenberg/*Franzius* § 10EG Rn. 30.
[2] Erwägungsgrund 46 RL 2014/24/EU.

Festlegung von Angebotsfristen stellt die Vorschrift keine Vorgaben auf. Demnach gilt der für alle Verfahrensarten gültige Grundsatz aus § 10EU Abs. 1. Bei der Festsetzung der Angebotsfrist berücksichtigt der öffentliche Auftraggeber die Komplexität des Auftrags und die Zeit, die für die Ausarbeitung der Angebote erforderlich ist. Die Rücknahme von Angeboten vor Ablauf der Angebotsfrist ist in entsprechender Anwendung des § 10bEU Abs. 7 möglich. Die Regelungen zur Festsetzung und Berechnung der Bindefrist aus § 10bEU Abs. 8 und 9 sind ebenfalls entsprechend anwendbar. Auf die die dortige Kommentierung wird jeweils verwiesen (→ § 10bEU Rn. 1 ff.).

§ 11EU Grundsätze der Informationsübermittlung

(1) **Für das Senden, Empfangen, Weiterleiten und Speichern von Daten in einem Vergabeverfahren verwenden der öffentliche Auftraggeber und die Unternehmen grundsätzlich Geräte und Programme für die elektronische Datenübermittlung (elektronische Mittel).**[1]

(2) [1]Auftragsbekanntmachungen, Vorinformationen nach § 12EU Absatz 1 oder Absatz 2, Vergabebekanntmachungen und Bekanntmachungen über Auftragsänderungen (Bekanntmachungen) sind dem Amt für Veröffentlichungen der Europäischen Union mit elektronischen Mitteln zu übermitteln. [2]Der öffentliche Auftraggeber muss den Tag der Absendung nachweisen können.

(3) Der öffentliche Auftraggeber gibt in der Auftragsbekanntmachung oder der Aufforderung zur Interessensbestätigung eine elektronische Adresse an, unter der die Vergabeunterlagen unentgeltlich, uneingeschränkt, vollständig und direkt abgerufen werden können.

(4) Die Unternehmen übermitteln ihre Angebote, Teilnahmeanträge, Interessensbekundungen und Interessensbestätigungen in Textform mithilfe elektronischer Mittel.[2]

(5) [1]Der öffentliche Auftraggeber prüft im Einzelfall, ob zu übermittelnde Daten erhöhte Anforderungen an die Sicherheit stellen. [2]Soweit es erforderlich ist, kann der öffentliche Auftraggeber verlangen, dass Angebote, Teilnahmeanträge, Interessensbestätigungen und Interessensbekundungen mit einer fortgeschrittenen elektronischen Signatur gemäß § 2 Nummer 2 des Gesetzes über Rahmenbedingungen für elektronische Signaturen oder mit einer qualifizierten elektronischen Signatur gemäß § 2 Nummer 3 des Gesetzes über Rahmenbedingungen für elektronische Signaturen versehen sind.[3]

(6) [1]Der öffentliche Auftraggeber kann von jedem Unternehmen die Angabe einer eindeutigen Unternehmensbezeichnung sowie einer elektronischen Adresse verlangen (Registrierung). [2]Für den Zugang zur Auftragsbekanntmachung und zu den Vergabeunterlagen darf der öffentliche Auftraggeber keine Registrierung verlangen. [3]Eine freiwillige Registrierung ist zulässig.

---

[1] [Amtl. Anm.:] Zentrale Beschaffungsstellen können bis zum 18. April 2017, andere öffentliche Auftraggeber bis zum 18. Oktober 2018, für die Kommunikation, soweit sie nicht die Übermittlung von Bekanntmachungen und die Bereitstellung der Vergabeunterlagen betrifft, den Postweg, einen anderen geeigneten Weg, Telefax oder eine Kombination dieser Mittel nutzen. Eine Zentrale Beschaffungsstelle ist gemäß § 120 Absatz 4 GWB ein öffentlicher Auftraggeber, der für andere öffentliche Auftraggeber dauerhaft Liefer- und Dienstleistungen beschafft, öffentliche Aufträge vergibt oder Rahmenvereinbarungen abschließt (zentrale Beschaffungstätigkeit).

[2] [Amtl. Anm.:] Zentrale Beschaffungsstellen können bis zum 18. April 2017, andere öffentliche Auftraggeber bis zum 18. Oktober 2018, abweichend die Übermittlung der Angebote, Teilnahmeanträge und Interessensbestätigungen auch auf dem Postweg, anderem geeigneten Weg, Telefax oder durch die Kombination dieser Mittel verlangen.

[3] [Amtl. Anm.:] Muss von Zentralen Beschaffungsstellen erst ab dem 18. April 2017, von öffentlichen Auftraggebern, die keine Zentrale Beschaffungsstelle sind, erst ab dem 18. Oktober 2018 angewendet werden.

(7) Die Kommunikation in einem Vergabeverfahren kann mündlich erfolgen, wenn sie nicht die Vergabeunterlagen, die Teilnahmeanträge, die Interessensbestätigungen oder die Angebote betrifft und wenn sie ausreichend und in geeigneter Weise dokumentiert wird.

Übersicht

	Rn.		Rn.
I. Regelungsgehalt und Überblick	1	VI. Elektronische Versendung von Angeboten, Teilnahmeanträgen, Interessensbekundungen und Interessensbestätigungen (Abs. 4)	18
II. Systematische Stellung und Zweck der Norm	2, 3		
III. Definition der elektronischen Mittel (Abs. 1)	4–7	VII. Anforderungen an die Sicherheit (Abs. 5)	19–22
IV. Bekanntmachungen über SIMAP (Abs. 2)	8–10	VIII. Registrierung (Abs. 6)	23, 24
V. Veröffentlichung der Vergabeunterlagen im Internet (Abs. 3)	11–17	IX. Mündliche Kommunikation (Abs. 7)	25

I. Regelungsgehalt und Überblick

Die Regelung des § 11EU enthält für den Bereich des zweiten Abschnitts der VOB/A die wesentlichen **Grundsätze der Informationsübermittlung**. In Abs. 1 ist der Begriff der elektronischen Mittel definiert. Abs. 2 enthält die Pflicht, Bekanntmachungen an das Amt für Veröffentlichungen der Europäischen Union zu übermitteln. Eine Pflicht, die Vergabeunterlagen mit Zeitpunkt der Bekanntmachung im Internet frei zugänglich zu machen, enthält Abs. 3. Die Verpflichtung zur Abgabe von Angebote, Teilnahmeanträge, Interessensbekundungen und Interessensbestätigungen durch die Unternehmen ist in Abs. 4 geregelt. Abs. 5 bestimmt, wie mit Anforderungen an die Sicherheit der Übermittlung umzugehen ist. Der Umfang der Registrierung für ein Vergabeverfahren ist in Abs. 6 geregelt. Die nach wie vor zulässige mündliche Kommunikation ist in Abs. 7 geregelt. 1

II. Systematische Stellung und Zweck der Norm

§ 11EU regelt im Wesentlichen gemeinsam mit §§ 11aEU und 11bEU (→ § 11aEU Rn. 1 ff., → § 11bEU Rn. 1 ff.) die **Grundlagen der eVergabe** im zweiten Abschnitt der VOB/A. Sie ergänzen und konkretisieren die allgemeine Verpflichtung aus § 97 Abs. 5 GWB (→ GWB § 97 Rn. 292 ff.), nach der Auftraggeber und Unternehmen für das Senden, Empfangen, Weiterleiten und Speichern von Daten in einem Vergabeverfahren grundsätzlich elektronische Mittel verwenden. Zum Hintergrund und zur Entwicklung der eVergabe wird auf die Kommentierung zu § 97 GWB (→ GWB § 97 Rn. 292 ff.) verwiesen. Vergleichbare Regelungen für Liefer- und Dienstleistungen enthalten die §§ 9 ff. VgV sowie § 41 VgV. 2

Nach der **Übergangregelung** des § 23EU durften öffentliche Auftraggeber, die keine zentrale Beschaffungsstellen iSd § 120 Abs. 4 GWB (→ GWB § 120 Rn. 17) sind, abweichend von § 11EU Abs. 4 die Übermittlung der Angebote, Teilnahmeanträge und Interessensbestätigungen auch auf dem Postweg, anderem geeigneten Weg, Telefax oder durch die Kombination dieser Mittel verlangen. Dasselbe gilt für sonstige Kommunikation iSv § 11EU Abs. 1, soweit sie nicht die Übermittlung von Bekanntmachungen und die Bereitstellung der Vergabeunterlagen betrifft. 3

III. Definition der elektronischen Mittel (Abs. 1)

Abs. 1 wiederholt die Pflicht für Auftraggeber und Unternehmen nach § 97 Abs. 5 GWB (→ GWB § 97 Rn. 292 ff.), für das Senden, Empfangen, Weiterleiten und Speichern von Daten in einem Vergabeverfahren **grundsätzlich elektronische Mittel zu verwenden**. 4

Der Begriff der „elektronischen Mittel" ist in Abs. 1 definiert als Geräte und Programme für die elektronische Datenübermittlung. Art. 2 Nr. 19 RL 2014/24/EU geht mit seiner Begriffsbestimmung darüber hinaus und definiert **„elektronische Mittel"** als elektronische Geräte für die Verarbeitung (einschließlich digitaler Kompression) und Speicherung von Daten, die über Kabel, per Funk, mit optischen Verfahren oder mit anderen elektromagnetischen Verfahren übertragen, weitergeleitet und empfangen werden. Maßgeblich ist wegen der gebotenen europarechtskonformen Auslegung des § 11EU die Definition der RL 2014/24/EU.

5 Weder in der RL 2014/24/EU noch in der VOB/A sind die **weiteren Begriffe** näher definiert wie die der „Verarbeitung" oder „Speicherung", der „Daten" oder der „Übertragung", „Weiterleitung" oder des „Empfangs" von Daten. Hier kann zum Teil ergänzend zB auf die Begriffsbestimmungen des Art. 4 Datenschutz-Grundverordnung[4] oder das Bundesdatenschutzgesetz (BDSG) zurückgegriffen werden. Maßgeblich für die vergaberechtlichen Bestimmungen ist der Wille des Gesetzgebers, dass sowohl die Auftraggeber als auch die Unternehmen In jedem Stadium eines Vergabeverfahrens grundsätzlich elektronische Mittel nutzen sollen. Die elektronische Kommunikation betrifft insbesondere die elektronische Erstellung und Bereitstellung der Bekanntmachung und der Vergabeunterlagen, die elektronische Angebotsabgabe sowie die elektronische Vorbereitung des Zuschlags.[5]

6 Der Gesetzgeber hat klargestellt, dass mit der allgemeinen Pflicht, auf den Einsatz von elektronischen Mitteln im Vergabeverfahren umzustellen, nicht die Pflicht zur Verwendung **spezifischer Programme oder Hilfsmittel** wie zum Beispiel Programmen zur Gebäudedatenmodellierung (sog. BIM-Systeme) verbunden ist. Die Entscheidung über den Einsatz solcher spezifischen Programme treffen allein die Auftraggeber.[6]

7 Die elektronische Kommunikation setzt zunächst **elektronische Geräte**, die „Hardware" voraus. Dabei handelt es sich um die ITK-Infrastruktur der öffentlichen Auftraggeber und Unternehmen, die in der Regel aus handelsüblichen PC und entsprechenden Servern mit Internetanbindung bestehen. Als **Software** kommen neben den Standardprogrammen vor allem **Vergabemanagementsysteme oder Vergabeplattformen** in Betracht. Vergabemanagementsysteme sind spezielle Programme, für die die Auftraggeber Lizenzen erwerben und die dann auf ihrer Hardware installiert werden. Die Programme bilden die Prozesse der öffentlichen Beschaffung, wenigstens von der Bekanntmachung des Vergabeverfahrens bis zur Zuschlagserteilung – einschließlich der Dokumentation des Verfahrens –, ab. Daneben werden im Internet als sog. Software as a Service-Lösungen („SaaS") die Vergabeplattformen angeboten, die ebenfalls die Vergabeverfahren von der Bekanntmachung bis zur Zuschlagserteilung abbilden, aber keine Installation voraussetzen, sondern durch handelsübliche Browser über das Internet verfügbar sind.

IV. Bekanntmachungen über SIMAP (Abs. 2)

8 Nach Abs. 2 sind **Bekanntmachungen** dem Amt für Veröffentlichungen der Europäischen Union mit elektronischen Mitteln zu übermitteln. Der Begriff der Bekanntmachung in diesem Sine umfasst nach der Definition des Abs. 2 die Auftragsbekanntmachungen, Vorinformationen nach § 12EU (→ § 12EU Rn. 10), Vergabebekanntmachungen und Bekanntmachungen über Auftragsänderungen. Nähere Bestimmungen zur Form und zu den Modalitäten der Bekanntmachung enthält Art. 51 RL 2014/24/EU. Es sind die Standardformulare der EU zu verwenden, die mit der Durchführungsverordnung (EU) 2015/1986 der Kommission eingeführt wurden.[7]

---

[4] Verordnung (EU) 2016/679 (Datenschutz-Grundverordnung, DS-GVO).
[5] Gesetzesbegründung zum GWB, BT-Drs. 18/6281, 68.
[6] Gesetzesbegründung zum GWB, BT-Drs. 18/6281, 69.
[7] Durchführungsverordnung (EU) 2015/1986 der Kom. vom 11. 11.2015 zur Einführung von Standardformularen für die Veröffentlichung von Vergabebekanntmachungen für öffentliche Aufträge und zur Aufhebung der Durchführungsverordnung (EU) Nr. 842/2011 (ABl. 2015 L 296/1).

Die Übermittlung an Amt für Veröffentlichungen der Europäischen Union das erfolgt über das online verfügbare **elektronische Informationssystem für das öffentliche Auftragswesen** der EU „SIMAP". SIMAP ist ein Akronym für *„système d'infomartion pour les marchés publics"*. Dieses kann einerseits über die Web-Seite von SIMAP erfolgen[8] oder über eine Vergabesoftware (sowohl Vergabemanagementsystem wie Vergabeplattform), sofern der Hersteller der Software als eSender über eine Schnittstelle zu SIMAP verfügt. Auf der SIMAP-Web-Seite kann ein öffentlicher Auftraggeber sich bei „eNotice" registrieren, über seinen Browser auf alle Standardformulare zugreifen und online ausfüllen. Diese werden dann im eService *„tenders electronic daily"* (TED) veröffentlicht, über den alle interessierten Unternehmen Zugang zum veröffentlichten Formular haben. 9

Der öffentliche Auftraggeber muss den Tag der Absendung der Bekanntmachung an SIMAP nachweisen können. Der **Nachweis** geschieht durch die eine E-Mail des eServices TED, dass der Entwurf der Bekanntmachung erhalten wurde *(„Notice Recieved")*. Alle wesentlichen Informationen zum Empfang der Bekanntmachung sin in dieser E-Mail enthalten. 10

V. Veröffentlichung der Vergabeunterlagen im Internet (Abs. 3)

Der öffentliche Auftraggeber ist nach Abs. 3 verpflichtet, in der Auftragsbekanntmachung oder der Aufforderung zur Interessensbestätigung eine **elektronische Adresse** anzugeben, unter der die **Vergabeunterlagen unentgeltlich, uneingeschränkt, vollständig und direkt** abgerufen werden können. Im Standardformular 02 der Durchführungsverordnung (EU) 2015/1986 („Auftragsbekanntmachung") ist dafür zB in Nr. I.3) ein Pflichtfeld vorgesehen, in dem eine http:-Adresse anzugeben ist. 11

Der Begriff der **„Vergabeunterlagen"** ist in § 8EU definiert (→ § 8EU Rn. 1 ff.). Diese bestehen aus dem Anschreiben (Aufforderung zur Angebotsabgabe), ggf. Teilnahmebedingungen und den Vertragsunterlagen (§ 8aEU und §§ 7EU–7cEU). Eine einschränkende Auslegung des Begriffs, nach der nur für das offene Verfahren sämtliche Vergabeunterlagen umfasst sein sollen, für alle anderen Vergabeverfahren mit „Vergabeunterlagen" im Sinne der Norm jedoch nur die EU-Bekanntmachung gemeint sein solle, ist als klarer Verstoß gegen den Wortlaut abzulehnen. 12

Unentgeltlich abrufbar sind die Vergabeunterlagen dann, wenn sie kostenlos sind, dh wenn kein an den Vergabeunterlagen interessiertes Unternehmen für das Auffinden, den Empfang und das Anzeigen von Vergabeunterlagen einem öffentlichen Auftraggeber oder einem Unternehmen ein Entgelt entrichten muss.[9] Von dem Merkmal der Unentgeltlichkeit sind sämtliche Funktionen elektronischer Mittel, die nach dem jeweils aktuellen Stand der Technik erforderlich sind, um auf Vergabeunterlagen zuzugreifen, umfasst. 13

Der **uneingeschränkte** und **direkte** Abruf der Vergabeunterlagen setzt voraus, dass die Bekanntmachung mit der anzugebenden Internetadresse einen eindeutig und vollständig beschriebenen medienbruchfreien elektronischen Weg zu den Vergabeunterlagen enthält. In der Bekanntmachung sind deshalb alle Informationen anzugeben, die es einem interessierten Unternehmen ohne wesentliche Zwischenschritte und ohne wesentlichen Zeitverlust ermöglichen, mit elektronischen Mitteln an die Vergabeunterlagen zu gelangen. Die angegebene Internetadresse muss potenziell erreichbar sein und sämtliche Vergabeunterlagen enthalten.[10] 14

Trotz des Verbots, den Abruf der Unterlagen einzuschränken, ist in der Praxis vermehrt noch festzustellen, dass einige Vergabeplattformen die Vergabeunterlagen der öffentlichen Auftraggeber für unregistrierte Nutzer **nur in einer PDF-„Leseversion"** verfügbar machen. Die Original-Dateiformate, wie insbesondere Excel- oder GAEB-Dateien, werden nur registrierten Benutzern zugänglich gemacht. Dies ist vor dem Hintergrund des Zwecks 15

---

[8] http://simap.ted.europa.eu (Stand: 20.11.2017).
[9] Vgl. zur entsprechenden Regelung des § 41 VgV: Begründung zur VgV, BR-Drs. 87/16, 195.
[10] Vgl. zur entsprechenden Regelung des § 41 VgV: Begründung zur VgV, BR-Drs. 87/16, 195 f.

der Regelung, dem interessierten Unternehmen eine Entscheidung zur Teilnahme am Vergabeverfahren zu ermöglichen,[11] als Verstoß gegen § 11EU (bzw. § 41 VgV) abzulehnen. Die Umwandlung der kalkulationsfähigen Dateiformate in ein PDF-Dokument erschwert den Unternehmen diese Entscheidung und stellt damit eine unzulässige Einschränkung dar.

16 **Vollständig** sind die Vergabeunterlagen, wenn über die Internetadresse in der Bekanntmachung sämtliche Vergabeunterlagen und nicht nur Teile derselben abgerufen werden können.

17 Umstritten ist, ob die Vorgabe, dass die Vergabeunterlagen unentgeltlich, uneingeschränkt, vollständig und direkt abgerufen werden können müssen, **auch für zweistufige Verfahren** gilt. Nach einer Ansicht hat der Auftraggeber auch im zweistufigen Vergabeverfahren, insbesondere im Verhandlungsverfahren mit Teilnahmewettbewerb, bereits mit der Auftragsbekanntmachung interessierten Unternehmen die für eine Teilnahme am Wettbewerb maßgeblichen Vergabeunterlagen zugänglich zu machen; eine spätere Festlegung von Zuschlagskriterien ist nicht zulässig.[12] Eine andere Ansicht will den Wortlaut der Regelung und ihren Normzweck dagegen nur mit dem „Leitbild des offenen Verfahrens" in Verbindung bringen und öffentlich zugänglich insoweit nur die Vergabebekanntmachung sein soll.[13] Diese Problematik dürfte für VgV-Verfahren dringender sein, da der öffentliche Auftraggeber nach § 2EU Abs. 8 (→ § 2EU Rn. 12) erst dann ausschreiben soll, wenn alle Vergabeunterlagen fertig gestellt sind. Gegen die Ansicht, in zweistufigen Verfahren genüge die Auftragsbekanntmachung den Erfordernissen des § 11EU spricht schon dessen Wortlaut, der eindeutig auf den Begriff der „Vergabeunterlagen" nach § 8EU (→ § 8EU Rn. 1 ff.) und damit insbesondere auf die Vertragsunterlagen (§ 8aEU und §§ 7EU–7cEU) verweist. Darüber hinaus ist es gerade Zweck der Norm, dem Unternehmen die Möglichkeit zu geben, sich über die konkret ausgeschriebene Leistung zu informieren und zu entscheiden, ob es an dem Verfahren teilnehmen möchte. Dies ist letztlich nicht mit der Kurzbeschreibung in der Bekanntmachung, sondern im Grunde erst mit der Einsicht in die Leistungsbeschreibung und die sonstigen vertraglichen Leistungspflichten wirksam möglich.[14]

VI. Elektronische Versendung von Angeboten, Teilnahmeanträgen, Interessensbekundungen und Interessensbestätigungen (Abs. 4)

18 Die Unternehmen übermitteln nach Abs. 4 ihre Angebote, Teilnahmeanträge, Interessensbekundungen und Interessensbestätigungen **grundsätzlich in Textform** mithilfe elektronischer Mittel. Die Textform richtet sich nach § 126b BGB. In Ausnahmefällen darf der Auftraggeber nach den Maßgaben des Abs. 5 auch eine strengere Form vorgeben. Der Begriff der elektronischen Mittel in Abs. 1 definiert.

VII. Anforderungen an die Sicherheit (Abs. 5)

19 Nach Abs. 4 übermitteln die Unternehmen ihre Angebote, Teilnahmeanträge, Interessensbekundungen und Interessensbestätigungen grundsätzlich in Textform. Der öffentliche Auftraggeber prüft nach Abs. 5 jedoch im Einzelfall, ob zu übermittelnde Daten **erhöhte Anforderungen an die Sicherheit** stellen. Soweit es erforderlich ist, kann der öffentliche Auftraggeber dem derzeitigen Wortlaut nach verlangen, dass Angebote, Teilnahmeanträge, Interessensbestätigungen und Interessensbekundungen mit einer fortgeschrittenen elektronischen Signatur gem. § 2 Nr. 2 SigG oder mit einer qualifizierten elektronischen Signatur gem. § 2 Nr. 3 SigG versehen sind.

---

[11] Vgl. zur entsprechenden Regelung des § 41 VgV: Begründung zur VgV, BR-Drs. 87/16, 195.
[12] OLG München Beschl. v. 13.3.2017 – Verg 15/16, NZBau 2017, 371.
[13] KKMPP/*Rechten* VgV § 41 Rn. 36, 39; Müller-Wrede/*Horn* VgV § 41 Rn. 13.
[14] IErg ebenso: Auslegung des reformierten Vergaberechts für die Vergabe von Bauleistungen, Hinweise des Bundesministeriums für Umwelt, Naturschutz, Bau und Reaktorsicherheit v. 16.5.2017 – B I 7 -81063.6/1, 9.

Eine strengere Formvorgabe als die bloße Textform setzt die **Erforderlichkeit** dieser 20
Maßnahme voraus. Erforderlich ist eine strengere Formvorschrift, wenn ohne den Nachweis
der Identität des übermittelnden Unternehmens der Eintritt von Schäden nicht auszuschließen ist. Die zulässige Strenge der Formschriften hängt von der Wahrscheinlichkeit und der
Schwere des zu befürchtenden Schadens ab. Der Auftraggeber muss dokumentieren und
ggf. nachweisen können, dass objektive Gründe vorliegen, die diese Maßnahme als Abweichung von der Regel rechtfertigen. Hierbei kommt ihm ein nur eingeschränkt überprüfbarer
Beurteilungsspielraum zu.

Der Verweis auf die **Formen der elektronischen Signatur** nach § 2 SigG ist veraltet. 21
Mit Inkrafttreten des **Vertrauensdienstegesetzes (VDG)**[15] am 29.7.2017 trat das SigG
außer Kraft. Die geltenden Formen zulässiger Signaturen richten sich nach dem VDG
und der Verordnung (EU) Nr. 910/2014 (**eIDAS-VO**).[16] Sie gehen der Regelung in
§ 6eEU Abs. 5 vor. Zulässig sind demnach nunmehr eine fortgeschrittene elektronische
Signatur nach § 3 Nr. 11 eIDAS-VO, eine qualifizierte elektronische Signatur nach § 3
Nr. 12 eIDAS-VO, ein fortgeschrittenes elektronisches Siegel nach § 3 Nr. 26 eIDAS-VO
oder ein qualifiziertes elektronisches Siegel nach § 3 Nr. 27 eIDAS-VO.

Die Vorschrift muss nach § 23EU von Zentralen Beschaffungsstellen seit dem 18.4.2017, 22
von öffentlichen Auftraggebern, die keine Zentrale Beschaffungsstelle sind, **für einen
Übergangszeitraum** erst ab dem 18.10.2018 angewendet werden.

VIII. Registrierung (Abs. 6)

Der öffentliche Auftraggeber kann nach Abs. 6 von jedem Unternehmen eine **Registrie-** 23
rung verlangen. Dabei handelt es sich nach der Definition der Bestimmung um die Angabe
einer eindeutigen Unternehmensbezeichnung sowie einer elektronischen Adresse. Dies gilt
aber ausnahmsweise nicht für den Zugang zur Auftragsbekanntmachung und zu den Vergabeunterlagen. Für diesen Zugang kommt allenfalls eine freiwillige Registrierung in Betracht.
Die Registrierung kann aber zB zur Voraussetzung für die elektronische Versendung von
Angeboten, Teilnahmeanträgen, Interessensbekundungen und Interessensbestätigungen
gemacht werden.

Das Verbot der **Registrierung für den Zugang zur Auftragsbekanntmachung und** 24
zu den Vergabeunterlagen folgt aus dem Grundsatz nach Abs. 3, nach dem die Vergabeunterlagen im Rahmen der auf elektronische Mittel gestützten öffentlichen Auftragsvergabe
uneingeschränkt und direktabrufbar sein müssen. Das Verbot setzt voraus, dass weder interessierte Bürger noch interessierte Unternehmen sich auf einer elektronischen Vergabeplattform mit ihrem Namen, mit einer Benutzerkennung oder mit ihrer E-Mail-Adresse registrieren müssen, bevor sie sich über bekanntgemachte öffentliche Auftragsvergaben
informieren oder Vergabeunterlagen abrufen. Aus dieser Freiheit von der Registrierung
resultiert allerdings auch die Pflicht zur selbständigen, eigenverantwortlichen Information
interessierter Bürger und Unternehmen über etwaige Änderung der Vergabeunterlagen
oder die Bereitstellung zusätzlicher Informationen, zB durch Antworten des öffentlichen
Auftraggebers auf Bieterfragen. Die öffentlichen Auftraggeber müssen solche Änderungen
allen Interessierten direkt und uneingeschränkt verfügbar machen. Sie müssen jedoch nicht
dafür sorgen, dass sie tatsächlich zur Kenntnis genommen werden.[17]

IX. Mündliche Kommunikation (Abs. 7)

Abs. 7 stellt klar, dass die Kommunikation in einem Vergabeverfahren **mündlich** erfolgen 25
kann, wenn sie nicht die Vergabeunterlagen, die Teilnahmeanträge, die Interessensbestäti-

---

[15] Vertrauensdienstegesetz v. 18.7.2017 (BGBl. 2017 I 2745), das durch Artikel 2 des Gesetzes v. 18.7.2017 (BGBl. 2017 I 2745) geändert worden ist.
[16] Verordnung (EU) Nr. 910/2014 des Europäischen Parlaments und des Rates v. 23.7.2014 über elektronische Identifizierung und Vertrauensdienste für elektronische Transaktionen im Binnenmarkt und zur Aufhebung der Richtlinie 1999/93/EG (ABl. 2014 L 257, 73).
[17] Vgl. zur entsprechenden Regelung des § 41 VgV: Begründung zur VgV, BR-Drs. 87/16, 196.

gungen oder die Angebote betrifft und wenn sie ausreichend und in geeigneter Weise dokumentiert wird. Hauptanwendungsfall der mündlichen Kommunikation ist in der Praxis das Verhandlungsgespräch im Rahmen eines Verhandlungsverfahrens nach § 3EU Abs. 3 (→ § 3EU Rn. 9). Stets sind die Vorgaben zur Dokumentation nach § 20EU zu beachten (→ § 20EU Rn. 1 ff.).

§ 11aEU Anforderungen an elektronische Mittel

(1) [1]Elektronische Mittel und deren technische Merkmale müssen allgemein verfügbar, nichtdiskriminierend und mit allgemein verbreiteten Geräten und Programmen der Informations- und Kommunikationstechnologie kompatibel sein. [2]Sie dürfen den Zugang von Unternehmen zum Vergabeverfahren nicht einschränken. [3]Der öffentliche Auftraggeber gewährleistet die barrierefreie Ausgestaltung der elektronischen Mittel nach den §§ 4 und 11 des Gesetzes zur Gleichstellung behinderter Menschen vom 27. April 2002 (BGBl. I S. 1467, 1468) in der jeweils geltenden Fassung.

(2) Der öffentliche Auftraggeber verwendet für das Senden, Empfangen, Weiterleiten und Speichern von Daten in einem Vergabeverfahren ausschließlich solche elektronischen Mittel, die die Unversehrtheit, die Vertraulichkeit und die Echtheit der Daten gewährleisten.

(3) Der öffentliche Auftraggeber muss den Unternehmen alle notwendigen Informationen zur Verfügung stellen über
1. die in einem Vergabeverfahren verwendeten elektronischen Mittel,
2. die technischen Parameter zur Einreichung von Teilnahmeanträgen, Angeboten und Interessensbestätigungen mithilfe elektronischer Mittel und
3. verwendete Verschlüsselungs- und Zeiterfassungsverfahren.

(4) [1]Der öffentliche Auftraggeber legt das erforderliche Sicherheitsniveau für die elektronischen Mittel fest. [2]Elektronische Mittel, die vom öffentlichen Auftraggeber für den Empfang von Angeboten, Teilnahmeanträgen und Interessensbestätigungen sowie von Plänen und Entwürfen für Planungswettbewerbe verwendet werden, müssen gewährleisten, dass
1. die Uhrzeit und der Tag des Datenempfanges genau zu bestimmen sind,
2. kein vorfristiger Zugriff auf die empfangenen Daten möglich ist,
3. der Termin für den erstmaligen Zugriff auf die empfangenen Daten nur von den Berechtigten festgelegt oder geändert werden kann,
4. nur die Berechtigten Zugriff auf die empfangenen Daten oder auf einen Teil derselben haben,
5. nur die Berechtigten nach dem festgesetzten Zeitpunkt Dritten Zugriff auf die empfangenen Daten oder auf einen Teil derselben einräumen dürfen,
6. empfangene Daten nicht an Unberechtigte übermittelt werden und
7. Verstöße oder versuchte Verstöße gegen die Anforderungen gemäß Nummern 1 bis 6 eindeutig festgestellt werden können.

(5) [1]Die elektronischen Mittel, die von dem öffentlichen Auftraggeber für den Empfang von Angeboten, Teilnahmeanträgen und Interessensbestätigungen sowie von Plänen und Entwürfen für Planungswettbewerbe genutzt werden, müssen über eine einheitliche Datenaustauschschnittstelle verfügen. [2]Es sind die jeweils geltenden Interoperabilitäts- und Sicherheitsstandards der Informationstechnik gemäß § 3 Absatz 1 des Vertrags über die Errichtung des IT-Planungsrats und über die Grundlagen der Zusammenarbeit beim Einsatz der Informationstechnologie in den Verwaltungen von Bund und Ländern vom 1. April 2010 zu verwenden.

(6) Der öffentliche Auftraggeber kann im Vergabeverfahren die Verwendung elektronischer Mittel, die nicht allgemein verfügbar sind (alternative elektronische Mittel), verlangen, wenn er

1. Unternehmen während des gesamten Vergabeverfahrens unter einer Internetadresse einen unentgeltlichen, uneingeschränkten, vollständigen und direkten Zugang zu diesen alternativen elektronischen Mitteln gewährt,
2. diese alternativen elektronischen Mittel selbst verwendet.

(7) ¹Der öffentliche Auftraggeber kann für die Vergabe von Bauleistungen und für Wettbewerbe die Nutzung elektronischer Mittel im Rahmen der Bauwerksdatenmodellierung verlangen. ²Sofern die verlangten elektronischen Mittel für die Bauwerksdatenmodellierung nicht allgemein verfügbar sind, bietet der öffentliche Auftraggeber einen alternativen Zugang zu ihnen gemäß Absatz 6 an.

Übersicht

	Rn.		Rn.
I. Regelungsgehalt und Überblick	1	VI. Mindestanforderungen an das erforderliche Sicherheitsniveau (Abs. 4)	10, 11
II. Systematische Stellung und Zweck der Norm	2	VII. Einheitliche Datenaustauschschnittstelle (Abs. 5)	12
III. Allgemeine Verfügbarkeit der technischen Mittel (Abs. 1)	3–6	VIII. Alternative elektronische Mittel (Abs. 6)	13, 14
IV. Unversehrtheit, die Vertraulichkeit und die Echtheit der Daten (Abs. 2)	7, 8	IX. Elektronische Mittel im Rahmen der Bauwerksdatenmodellierung (Abs. 7)	15, 16
V. Informationen über die elektronische Kommunikation (Abs. 3)	9		

I. Regelungsgehalt und Überblick

§ 11aEU regelt die Anforderungen an elektronische Mittel. Abs. 1 schreibt die allgemeine 1 Verfügbarkeit der technischen Mittel und deren technische Merkmale vor. Abs. 2 verpflichtet auf die Unversehrtheit, die Vertraulichkeit und die Echtheit der Daten in der elektronischen Kommunikation. Abs. 3 gibt vor, welche Informationen Auftraggeber den interessierten Unternehmen über die elektronische Kommunikation zur Verfügung stellen müssen. Mindestanforderungen an das erforderliche Sicherheitsniveau für die elektronischen Mittel sind in Abs. 4 geregelt. Abs. 5 macht Vorgaben zu einer einheitlichen Datenaustauschschnittstelle. Alternative elektronische Mittel sind in Abs. 6 geregelt. Spezielle Vorgaben für die elektronischen Mittel im Rahmen der Bauwerksdatenmodellierung finden sich in Abs. 7.

II. Systematische Stellung und Zweck der Norm

§ 11EU konkretisiert die Anforderung der in § 97 Abs. 5 GWB (→ GWB § 97 Rn. 292) 2 und § 11EU (→ § 11EU Rn. 1 ff.) geregelten elektronischen Mittel. Ausnahmen von der Verwendung elektronischer Mittel sind in § 11b (→ § 11b Rn. 1 ff.) geregelt. Abs. 1–3 entsprechen § 12 VgV (→ VgV § 12 Rn. 1 ff.), Abs. 4 und 5 entsprechen § 10 VgV (→ VgV § 10 Rn. 1 ff.), Abs. 6 und 7 entsprechen § 12 VgV (→ VgV § 12 Rn. 1 ff.).

III. Allgemeine Verfügbarkeit der technischen Mittel (Abs. 1)

Elektronische Mittel und deren technische Merkmale müssen nach Abs. 1 **allgemein** 3 **verfügbar, nichtdiskriminierend** und mit allgemein verbreiteten Geräten und Programmen der Informations- und Kommunikationstechnologie **kompatibel** sein. Die Klarstellung aus S. 2, dass elektronische Mittel den Zugang von Unternehmen zum Vergabeverfahren nicht einschränken dürfen, ergibt sich bereits aus dem Merkmal „nichtdiskriminierend".

Allgemein verfügbar sind elektronische Mittel dann, wenn sie für alle Menschen ohne 4 Einschränkung verfügbar sind und bei Bedarf, gegebenenfalls gegen ein marktübliches Entgelt, erworben werden können.[1] Das ist bei handelsüblichen PC und den gängigen Vergabeplattformen, die über Standardbrowser zu erreichen sind, der Fall.

---

[1] Vgl. Begründung zum gleichlautenden § 1 VgV in: Begründung zur VgV, BR-Drs. 87/16, 165.

5   **Nicht diskriminierend** sind elektronische Mittel dann, wenn sie für alle Menschen, auch für Menschen mit Behinderungen, ohne besondere Erschwernis und grundsätzlich ohne fremde Hilfe zugänglich und nutzbar sind.[2] Ferner gehört zu diesem Merkmal die Vorgabe aus S. 2, dass elektronische Mittel den Zugang von Unternehmen zum Vergabeverfahren nicht einschränken dürfen. Der öffentliche Auftraggeber hat insbesondere nach Abs. 1 S. 3 die barrierefreie Ausgestaltung der elektronischen Mittel nach den §§ 4 und 11 BGG (Gesetz zur Gleichstellung von Menschen mit Behinderung vom 27.4.2002) in der jeweils geltenden Fassung zu gewährleisten. Dazu müssen beispielsweise die besonderen Belange Gehörloser oder Blinder bei der Gestaltung elektronischer Vergabeplattformen zu berücksichtigt werden.[3]

6   Mit allgemein verbreiteten Geräten und Programmen der Informations- und Kommunikationstechnologie **kompatibel** sind elektronische Mittel dann, wenn jeder Bürger und jedes Unternehmen die in privaten Haushalten oder in Unternehmen üblicherweise verwendeten Geräte und Programme der Informations- und Kommunikationstechnologie nutzen kann, um sich über öffentliche Vergabeverfahren zu informieren oder an öffentlichen Vergabeverfahren teilzunehmen.[4] In der Regel muss für die vorinstallierte Standardsoftware auf handelsüblichen PC verwendbar sein, welche die gängigen Dateiformate wie zB pdf, doc, ppt oder jpec nutzen können.

IV. Unversehrtheit, die Vertraulichkeit und die Echtheit der Daten (Abs. 2)

7   Der öffentliche Auftraggeber verwendet nach Abs. 2 für das Senden, Empfangen, Weiterleiten und Speichern von Daten in einem Vergabeverfahren ausschließlich solche elektronischen Mittel, die die **Unversehrtheit**, die **Vertraulichkeit** und die **Echtheit der Daten** gewährleisten. **Echtheit** bezeichnet dabei die Authentizität der Daten. Die Datenquelle beziehungsweise der Sender muss zweifelsfrei nachgewiesen werden können.[5] **Unversehrtheit** der Daten bedeutet, dass die Daten vollständig und ohne Änderungen so beim Empfänger ankommen, wie sie vom Versender abgesendet wurden. **Vertraulichkeit** bedeutet, dass kein Unbefugter von dem Inhalt der Daten Kenntnis nehmen kann.

8   Echtheit, Unversehrtheit und Vertraulichkeit der Daten setzen auch voraus, dass die verwendete Informations- und Kommunikationstechnologie **vor fremden Zugriffen geschützt** ist. Dazu sind durch die öffentlichen Auftraggeber geeignete organisatorische und technische Maßnahmen nach dem aktuellen Stand der Technik zu ergreifen.[6]

V. Informationen über die elektronische Kommunikation (Abs. 3)

9   Der öffentliche Auftraggeber muss den Unternehmen alle notwendigen Informationen zur Verfügung stellen über die in einem Vergabeverfahren verwendeten elektronischen Mittel, die technischen Parameter zur Einreichung von Teilnahmeanträgen, Angeboten und Interessensbestätigungen mithilfe elektronischer Mittel und verwendete Verschlüsselungs- und Zeiterfassungsverfahren. Wie der gleichlautende § 11 Abs. 3 VgV setzt Abs. 3 Artikel 22 Abs. 6 UAbs. 1 lit. a RL 2014/24/EU um, wonach die öffentlichen Auftraggeber den Unternehmen alle **notwendigen Daten** über die verwendeten elektronischen Mittel, für die Einreichung von Teilnahmeanträgen und Angeboten mithilfe elektronischer Mittel, einschließlich Verschlüsselung und Zeitstempelung, zugänglich machen müssen.[7] **Zweck der Norm** ist es, die Unternehmen überhaupt in die Lage zu versetzen, die elektronischen Mittel zu verwenden, ihre Unterlagen einzureichen und ggf. zu verschlüsseln.[8]

---

[2] Vgl. Begründung zur VgV, BR-Drs. 87/16, 165.
[3] Vgl. Begründung zur VgV, BR-Drs. 87/16, 165.
[4] Vgl. Begründung zur VgV, BR-Drs. 87/16, 165.
[5] Vgl. Begründung zur VgV, BR-Drs. 87/16, 166.
[6] Vgl. Begründung zur VgV, BR-Drs. 87/16, 166.
[7] Vgl. Begründung zur VgV, BR-Drs. 87/16, 166.
[8] Müller-Wrede/*Grünhagen* VgV § 11 Rn. 77.

VI. Mindestanforderungen an das erforderliche Sicherheitsniveau (Abs. 4)

Der öffentliche Auftraggeber legt nach Abs. 4 das erforderliche Sicherheitsniveau für die 10 elektronischen Mittel fest. Es ist daher **Verantwortung des Auftraggebers,** sich stets darüber ein Bild zu machen, welche konkreten Gefahren im Rahmen der elektronischen Kommunikation im jeweiligen Vergabeverfahren drohen und entsprechende Maßnahmen zu ergreifen. Dazu sollen die öffentlichen Auftraggeber auch die **Verhältnismäßigkeit** zwischen den Anforderungen an die Sicherstellung einer sachlich richtigen, zuverlässigen Identifizierung eines Senders von Daten sowie an die Unversehrtheit der Daten einerseits und anderseits den Gefahren abwägen, die zum Beispiel von Daten ausgehen, die aus einer nicht sicher identifizierbaren Quelle stammen oder die während der Übermittlung verändert wurden. Von Unternehmen mit Sitz in Deutschland kann zB eine DE-Mail-Adresse verlangt werden.[9]

Für den Empfang von Angeboten, Teilnahmeanträgen und Interessensbestätigungen 11 sowie von Plänen und Entwürfen für Planungswettbewerbe verwendet werden, definiert Abs. 4 ein **Mindestsicherheitsniveau.** Die elektronischen Mittel, die zu diesem Zweck verwendet werden, müssen die enumerativ aufgezählten Aspekte der Regelung als Mindeststandard an Datenschutz und Datensicherheit gewährleisten. Darüber hinaus dienen die Anforderungen auch dem Geheimwettbewerb.

VII. Einheitliche Datenaustauschschnittstelle (Abs. 5)

Die elektronischen Mittel, die von dem öffentlichen Auftraggeber für den Empfang 12 von Angeboten, Teilnahmeanträgen und Interessensbestätigungen sowie von Plänen und Entwürfen für Planungswettbewerbe genutzt werden, müssen nach Abs. 5 über eine **einheitliche Datenaustauschschnittstelle** verfügen. Dabei sind die jeweils geltenden Interoperabilitäts- und Sicherheitsstandards der Informationstechnik gem. § 3 Absatz 1 des Vertrags über die Errichtung des IT-Planungsrats und über die Grundlagen der Zusammenarbeit beim Einsatz der Informationstechnologie in den Verwaltungen von Bund und Ländern vom 1.4.2010 zu verwenden. Zweck der Regelung ist es, die verschiedenen E-Vergabe- und Bedienkonzeptsysteme mit einem Mindestmaß an Kompatibilität und Interoperabilität auszustatten. Nach derzeitigem Stand sind Unternehmen unter Umständen gezwungen, für jede von öffentlichen Auftraggebern verwendete E-Vergabelösung eine separate EDV-Lösung in ihrer eigenen Programm- und Geräteumgebung einzurichten. Zukünftig soll auf **Unternehmensseite eine einzige elektronische Anwendung** genügen, um mit allen von öffentlichen Auftraggebern für die Durchführung von Vergabeverfahren genutzten elektronischen Mitteln erfolgreich zu kommunizieren.[10]

VIII. Alternative elektronische Mittel (Abs. 6)

Abweichend von der Vorgabe nach Abs. 1, allgemein verfügbare elektronische Mittel zu 13 verwenden, kann der öffentliche Auftraggeber **alternative elektronische Mittel** nutzen. Dabei handelt es sich nach der Definition in S. 1 um elektronische Mittel, die nicht allgemein verfügbar sind. Ein Beispiel für so ein alternatives elektronisches Mittel der Kommunikation sind Datenmanagementprogramme, die von speziellen Vergabemanagementsystemen verwendet werden, um den sicheren Datenaustausch nach Abs. 4 zu gewährleisten. Diese Ausnahme von der Regel des Abs. 1 ist jedoch nur unter zwei **Voraussetzungen** zulässig. Der öffentliche Auftraggeber muss den Unternehmen während des gesamten Vergabeverfahrens unter einer Internetadresse einen unentgeltlichen, uneingeschränkten, vollständigen und direkten **Zugang zu diesen alternativen elektronischen Mitteln gewähren** und diese alternativen elektronischen Mittel **selbst verwenden.**

---

[9] Vgl. Begründung zur VgV, BR-Drs. 87/16, 164.
[10] Vgl. Begründung zur VgV, BR-Drs. 87/16, 165.

14 Die Entscheidung, ob und welche alternativen Mittel der Auftraggeber nutzt, stellt eine **Ermessensentscheidung** dar. **Zweck der Regelung** ist es, die Verwendung elektronischer Mittel selbst dann zu ermöglichen, wenn allgemein verfügbare Mittel nicht ausreichend für die elektronische Kommunikation sind. Die Regelung ist daher im Zweifel weit auszulegen.[11]

IX. Elektronische Mittel im Rahmen der Bauwerksdatenmodellierung (Abs. 7)

15 Gerade bei Bauleistungen stellt sich vor dem Hintergrund der in der Praxis zunehmend Verwendung findenden „**bulding information modeling**"-**Systeme (BIM)**[12] die Frage, wie diese im Rahmen einer Ausschreibung verwendet werden dürfen. Bei diesen Systemen handelt es sich um eine Methode zur Erstellung und Nutzung intelligenter digitaler Bauwerksmodelle, die es sämtlichen Projektbeteiligten ermöglichen, bei Planung und Realisierung auf eine gemeinsame Datenbasis zurückzugreifen. Projektbeteiligte können zum Beispiel Architekten, Ingenieure, Bauherren oder Bauausführende sein.[13]

16 Abs. 7 regelt dazu, dass der öffentliche Auftraggeber für die Vergabe von Bauleistungen und für Wettbewerbe die Nutzung elektronischer Mittel im Rahmen der Bauwerksdatenmodellierung verlangen darf. Voraussetzung für den Einsatz solcher digitaler Bauwerksdatenmodellierungssysteme sind damit **allgemein zugängliche offene Schnittstellen,** die produktneutrale Ausschreibungen ermöglichen.[14] Sind die verlangten elektronischen Mittel für die Bauwerksdatenmodellierung nicht allgemein verfügbar, ist der öffentliche Auftraggeber verpflichtet, einen alternativen Zugang zu ihnen nach Maßgabe der Regelung in Abs. 6 anzubieten.

§ 11bEU Ausnahmen von der Verwendung elektronischer Mittel

(1) ¹Der öffentliche Auftraggeber kann die Vergabeunterlagen auf einem anderen geeigneten Weg übermitteln, wenn die erforderlichen elektronischen Mittel zum Abruf der Vergabeunterlagen
1. aufgrund der besonderen Art der Auftragsvergabe nicht mit allgemein verfügbaren oder verbreiteten Geräten und Programmen der Informations- und Kommunikationstechnologie kompatibel sind,
2. Dateiformate zur Beschreibung der Angebote verwenden, die nicht mit allgemein verfügbaren oder verbreiteten Programmen verarbeitet werden können oder die durch andere als kostenlose und allgemein verfügbare Lizenzen geschützt sind, oder
3. die Verwendung von Bürogeräten voraussetzen, die öffentlichen Auftraggebern nicht allgemein zur Verfügung stehen.

²Die Angebotsfrist wird in diesen Fällen um fünf Kalendertage verlängert, sofern nicht ein Fall hinreichend begründeter Dringlichkeit gemäß § 10aEU Absatz 3 oder § 10bEU Absatz 5 vorliegt.

(2) ¹In den Fällen des § 5 Absatz 3 VgV gibt der öffentliche Auftraggeber in der Auftragsbekanntmachung oder in der Aufforderung zur Interessensbestätigung an, welche Maßnahmen zum Schutz der Vertraulichkeit von Informationen er anwendet und wie auf die Vergabeunterlagen zugegriffen werden kann. ²Die Angebotsfrist wird um fünf Kalendertage verlängert, sofern nicht ein Fall hinreichend begründeter Dringlichkeit gemäß § 10aEU Absatz 3 oder § 10bEU Absatz 5 vorliegt.

(3) ¹Der öffentliche Auftraggeber ist nicht verpflichtet, die Einreichung von Angeboten mithilfe elektronischer Mittel zu verlangen, wenn auf die zur Einreichung erforderlichen elektronischen Mittel einer der in Absatz 1 Nummer 1 bis 3

---
[11] KKMPP/*Müller* VgV § 12 Rn. 10.
[12] Zu BIM: *Eschenbruch/Grüner* NZBau 2014, 402.
[13] Vgl. Begründung zur VgV, BR-Drs. 87/16, 167.
[14] Vgl. Begründung zur VgV, BR-Drs. 87/16, 167.

genannten Gründe zutrifft oder wenn zugleich physische oder maßstabsgetreue Modelle einzureichen sind, die nicht elektronisch übermittelt werden können. ²In diesen Fällen erfolgt die Kommunikation auf dem Postweg oder auf einem anderen geeigneten Weg oder in Kombination von postalischem oder einem anderen geeigneten Weg und Verwendung elektronischer Mittel. ³Der öffentliche Auftraggeber gibt im Vergabevermerk die Gründe an, warum die Angebote mithilfe anderer als elektronischer Mittel eingereicht werden können.¹

(4) ¹Der öffentliche Auftraggeber kann festlegen, dass Angebote mithilfe anderer als elektronischer Mittel einzureichen sind, wenn sie besonders schutzwürdige Daten enthalten, die bei Verwendung allgemein verfügbarer oder alternativer elektronischer Mittel nicht angemessen geschützt werden können, oder wenn die Sicherheit der elektronischen Mittel nicht gewährleistet werden kann. ²Der öffentliche Auftraggeber gibt im Vergabevermerk die Gründe an, warum er die Einreichung der Angebote mithilfe anderer als elektronischer Mittel für erforderlich hält.²

Übersicht

	Rn.		Rn.
I. Regelungsgehalt und Überblick	1	4. Verlängerung der Angebotsfrist	7
II. Systematische Stellung und Zweck der Norm	2	IV. Maßnahmen zum Schutz der Vertraulichkeit bei Übermittlung der Vergabeunterlagen (Abs. 2)	8, 9
III. Übermittlung der Vergabeunterlagen auf einem anderen geeigneten Weg (Abs. 1)	3–7	V. Einreichung von Angeboten mithilfe anderer als elektronischer Mittel (Abs. 3)	10
1. Fehlende Komptabilität	4	VI. Besonders schutzwürdige Daten bei der Einreichung von Angeboten (Abs. 4)	11, 12
2. Besondere Dateiformate	5		
3. Verwendung besonderer Bürogeräte	6		

I. Regelungsgehalt und Überblick

§ 11bEU regelt die Ausnahmen von der Verwendung elektronischer Mittel. Abs. 1 und 2 betreffen die Zurverfügungstellung der Vergabeunterlagen, Abs. 3 und 4 die Einreichung von Angeboten. Demnach bestimmt Abs. 1, unter welchen Umständen die Vergabeunterlagen auf einem anderen geeigneten Weg als elektronisch zu übermitteln sind. Abs. 2 regelt den Zugriff auf die Vergabeunterlagen im Falle von erforderlichen Maßnahmen zum Schutz der Vertraulichkeit von Informationen. Abs. 3 betrifft die Einreichung von Angeboten mit anderen als elektronischen Mitteln. Abs. 4 regelt den Sonderfall, dass die Angebote besonders schutzwürdige Daten enthalten. **1**

II. Systematische Stellung und Zweck der Norm

§ 11bEU ist die Ausnahme zu den in § niedergelegten Grundsätzen. Gelichlautende Regelungen zu Abs. 1 und 2 sind in§ 41 Abs. 2 und 3 VgV, zu Abs. 3 und 4 in § 52 Abs. 2 und 4 VgV geregelt. **2**

III. Übermittlung der Vergabeunterlagen auf einem anderen geeigneten Weg (Abs. 1)

Für das Senden, Empfangen, Weiterleiten und Speichern von Daten in einem Vergabeverfahren verwenden der öffentliche Auftraggeber und die Unternehmen nach § 11EU **3**

---
¹ [Amtl. Anm.:] Muss von Zentralen Beschaffungsstellen erst ab dem 18. April 2017, von öffentlichen Auftraggebern, die keine Zentrale Beschaffungsstelle sind, erst ab dem 18. Oktober 2018 angewendet werden.
² [Amtl. Anm.:] Muss von Zentralen Beschaffungsstellen erst ab dem 18. April 2017, von öffentlichen Auftraggebern, die keine Zentrale Beschaffungsstelle sind, erst ab dem 18. Oktober 2018 angewendet werden.

(→ § 11EU Rn. 4) **grundsätzlich** Geräte und Programme für die elektronische Datenübermittlung, die nach § 10aEU allgemein verfügbar, nichtdiskriminierend und mit allgemein verbreiteten Geräten und Programmen der Informations- und Kommunikationstechnologie kompatibel sind. **Ausnahmsweise** kann der öffentliche Auftraggeber nach pflichtgemäßem Ermessen die Vergabeunterlagen auf einem **anderen geeigneten Weg** übermitteln, wenn besondere Fallgruppen vorliegen. Ein anderer geeigneter Weg ist zB die Übermittlung per Post.[3] Auch eine speziell gesicherte Datenübermittlung wie die durch die Verschlüsselungssoftware CHIAMUS des BSI können ein anderer geeigneter Weg sein.

4   **1. Fehlende Komptabilität.** Anstelle der elektronischen Übermittelung der Vergabeunterlagen nach Maßgabe des § 11EU Abs. 3 kann der Auftraggeber von einem anderen geeigneten Weg Gebrauch machen, wenn die erforderlichen elektronischen Mittel zum Abruf der Vergabeunterlagen aufgrund der besonderen Art der Auftragsvergabe nicht mit allgemein verfügbaren oder verbreiteten Geräten und Programmen der Informations- und Kommunikationstechnologie kompatibel sind. Das kann zB der Fall sein, wenn der Auftraggeber nur einen sicheren **Zugriff über VPN** zulassen und das interessierte Unternehmen hierfür spezielle Hardware benötigt.[4]

5   **2. Besondere Dateiformate.** Ein anderer geeigneter Weg zur Übermittlung der Vergabeunterlagen ist ferner zulässig, wenn die erforderlichen elektronischen Mittel zum Abruf der Vergabeunterlagen Dateiformate zur Beschreibung der Angebote verwenden, die nicht mit allgemein verfügbaren oder verbreiteten Programmen verarbeitet werden können oder die durch andere als kostenlose und allgemein verfügbare Lizenzen geschützt sind. Hier kommt zB in Betracht, dass der Auftraggeber besondere Software für Konstruktionspläne wie **CAD-Programme** verwendet.[5]

6   **3. Verwendung besonderer Bürogeräte.** Sofern die erforderlichen elektronischen Mittel zum Abruf der Vergabeunterlagen die Verwendung von Bürogeräten voraussetzen, die öffentlichen Auftraggebern nicht allgemein zur Verfügung stehen, kann ebenfalls ein anderer geeigneter Weg zur Übermittlung der Vergabeunterlagen gewählt werden. Von dieser Fallgruppe erfasst sind beispielsweise Bürogeräte wie **Großformatdrucker oder Plotter.**[6]

7   **4. Verlängerung der Angebotsfrist.** Macht der Auftraggeber von dieser Ausnahmeregelung im Rahmen seines Ermessens Gebrauch, ist die **Angebotsfrist** zwingend um **fünf Kalendertage zu verlängern,** sofern nicht ein Fall hinreichend begründeter Dringlichkeit gem. § 10aEU Abs. 3 (→ § 10aEU Rn. 7) oder § 10bEU Abs. 5 (→ § 10bEU Rn. 7) vorliegt.

IV. Maßnahmen zum Schutz der Vertraulichkeit bei Übermittlung der Vergabeunterlagen (Abs. 2)

8   Der öffentliche Auftraggeber kann Unternehmen Anforderungen vorschreiben, die auf den Schutz der Vertraulichkeit der Informationen im Rahmen des Vergabeverfahrens abzielen. Hierzu gehört insbesondere die Abgabe einer Verschwiegenheitserklärung (§ 5 Abs. 3 VgV). Macht der öffentliche Auftraggeber hiervon in einem Verfahren nach §§ 1EU ff. Gebrauch, gibt er nach Abs. 2 in der Auftragsbekanntmachung oder in der Aufforderung zur Interessensbestätigung an, welche Maßnahmen zum Schutz der Vertraulichkeit von Informationen er anwendet und wie auf die Vergabeunterlagen zugegriffen werden kann. In Betracht kommt hier beispielsweise die Forderung, eine Verschwiegenheitserklärung zu unterzeichnen und dann nur über eine gesicherte Datenverbindung auf die Unterlagen

---

[3] So ausdrücklich: Art. 22 Abs. 1 UAbs. 3 VRL.
[4] KKMPP/*Rechten* VgV § 41 Rn. 43.
[5] Müller-Wrede/*Horn* VgV § 41 Rn. 24.
[6] Vgl. Begründung zur VgV, BR-Drs. 87/16, 196.

zuzugreifen. Der Auftraggeber ist nach Maßgabe des § 20EU verpflichtet, das Vorliegen der Gründe zu dokumentieren, die eine entsprechende Vertraulichkeit erforderlich machen.

Auch in diesem Fall wird die Angebotsfrist um fünf Kalendertage verlängert, sofern nicht ein Fall hinreichend begründeter Dringlichkeit gem. § 10aEU Abs. 3 oder § 10bEU Abs. 5 vorliegt. 9

V. Einreichung von Angeboten mithilfe anderer als elektronischer Mittel (Abs. 3)

Der öffentliche Auftraggeber ist nicht verpflichtet, die Einreichung von Angeboten mithilfe elektronischer Mittel zu verlangen, wenn auf die zur Einreichung erforderlichen elektronischen Mittel einer der in Abs. 1 Nr. 1–3 genannten Gründe zutrifft oder wenn zugleich physische oder maßstabsgetreue Modelle einzureichen sind, die nicht elektronisch übermittelt werden können. In diesen Fällen erfolgt die Kommunikation auf dem Postweg oder auf einem anderen geeigneten Weg oder in Kombination von postalischem oder einem anderen geeigneten Weg und Verwendung elektronischer Mittel. Der öffentliche Auftraggeber gibt im Vergabevermerk die Gründe an, warum die Angebote mithilfe anderer als elektronischer Mittel eingereicht werden können. 10

VI. Besonders schutzwürdige Daten bei der Einreichung von Angeboten (Abs. 4)

Der öffentliche Auftraggeber kann nach Abs. 4 festlegen, dass Angebote mithilfe anderer als elektronischer Mittel einzureichen sind, wenn sie besonders schutzwürdige Daten enthalten, die bei Verwendung allgemein verfügbarer oder alternativer elektronischer Mittel nicht angemessen geschützt werden können, oder wenn die Sicherheit der elektronischen Mittel nicht gewährleistet werden kann. Die Sicherheit der elektronischen Mittel ist zB nicht gewährleistet, wenn der Auftraggeber Opfer eines Angriffs von Schadsoftware geworden ist und dadurch die Integrität der eingehenden Daten nicht mehr gewährleistet ist.[7] 11

Aus Gründen der Transparenz ist der öffentliche Auftraggeber verpflichtet, im Vergabevermerk die Gründe anzugeben, warum er die Einreichung der Angebote mithilfe anderer als elektronischer Mittel für erforderlich hält. 12

§ 12EU Vorinformation, Auftragsbekanntmachung

(1)
1. Die Absicht einer geplanten Auftragsvergabe kann mittels einer Vorinformation bekannt gegeben werden, die die wesentlichen Merkmale des beabsichtigten Bauauftrags enthält.
2. Eine Vorinformation ist nur dann verpflichtend, wenn der öffentliche Auftraggeber von der Möglichkeit einer Verkürzung der Angebotsfrist gemäß § 10aEU Absatz 2 oder § 10bEU Absatz 3 Gebrauch machen möchte.
3. Die Vorinformation ist nach den von der Europäischen Kommission festgelegten Standardformularen zu erstellen und enthält die Informationen nach Anhang V Teil B der Richtlinie 2014/24/EU.
4. [1]Nach Genehmigung der Planung ist die Vorinformation sobald wie möglich dem Amt für Veröffentlichungen der Europäischen Union zu übermitteln oder im Beschafferprofil zu veröffentlichen; in diesem Fall ist dem Amt für Veröffentlichungen der Europäischen Union zuvor auf elektronischem Weg die Ankündigung dieser Veröffentlichung mit den von der Europäischen Kommission festgelegten Standardformularen zu melden. [2]Dabei ist der Tag der Übermittlung anzugeben. [3]Die Vorinformation kann außerdem in Tageszeitungen, amtlichen Veröffentlichungsblättern oder Internetportalen veröffentlicht werden.

---

[7] KKMPP/*Verfürth* VgV § 53 Rn. 45.

(2)
1. ¹Bei nicht offenen Verfahren und Verhandlungsverfahren kann ein subzentraler öffentlicher Auftraggeber eine Vorinformation als Aufruf zum Wettbewerb bekannt geben, sofern die Vorinformation sämtliche folgenden Bedingungen erfüllt:
   a) sie bezieht sich eigens auf den Gegenstand des zu vergebenden Auftrags;
   b) sie muss den Hinweis enthalten, dass dieser Auftrag im nicht offenen Verfahren oder im Verhandlungsverfahren ohne spätere Veröffentlichung eines Aufrufs zum Wettbewerb vergeben wird, sowie die Aufforderung an die interessierten Unternehmen, ihr Interesse mitzuteilen;
   c) sie muss darüber hinaus die Informationen nach Anhang V Teil B Abschnitt I und die Informationen nach Anhang V Teil B Abschnitt II der Richtlinie 2014/24/EU enthalten;
   d) sie muss spätestens 35 Kalendertage und frühestens zwölf Monate vor dem Zeitpunkt der Absendung der Aufforderung zur Interessensbestätigung an das Amt für Veröffentlichungen der Europäischen Union zur Veröffentlichung übermittelt worden sein.
   ²Derartige Vorinformationen werden nicht in einem Beschafferprofil veröffentlicht. ³Allerdings kann gegebenenfalls die zusätzliche Veröffentlichung auf nationaler Ebene gemäß Absatz 3 Nummer 5 in einem Beschafferprofil erfolgen.
2. Die Regelungen des Absatzes 3 Nummer 3 bis 5 gelten entsprechend.
3. Subzentrale öffentliche Auftraggeber sind alle öffentlichen Auftraggeber mit Ausnahme der obersten Bundesbehörden.

(3)
1. ¹Die Unternehmen sind durch Auftragsbekanntmachung aufzufordern, am Wettbewerb teilzunehmen. ²Dies gilt für alle Arten der Vergabe nach § 3EU, ausgenommen Verhandlungsverfahren ohne Teilnahmewettbewerb und Verfahren, bei denen eine Vorinformation als Aufruf zum Wettbewerb nach Absatz 2 durchgeführt wurde.
2. ¹Die Auftragsbekanntmachung erfolgt mit den von der Europäischen Kommission festgelegten Standardformularen und enthält die Informationen nach Anhang V Teil C der Richtlinie 2014/24/EU. ²Dabei sind zu allen Nummern Angaben zu machen; die Texte des Formulars sind nicht zu wiederholen. ³Die Auftragsbekanntmachung ist dem Amt für Veröffentlichungen der Europäischen Union elektronisch[1] zu übermitteln.
3. ¹Die Auftragsbekanntmachung wird unentgeltlich fünf Kalendertage nach ihrer Übermittlung in der Originalsprache veröffentlicht. ²Eine Zusammenfassung der wichtigsten Angaben wird in den übrigen Amtssprachen der Europäischen Union veröffentlicht; der Wortlaut der Originalsprache ist verbindlich.
4. ¹Der öffentliche Auftraggeber muss den Tag der Absendung der Auftragsbekanntmachung nachweisen können. ²Das Amt für Veröffentlichungen der Europäischen Union stellt dem öffentlichen Auftraggeber eine Bestätigung des Erhalts der Auftragsbekanntmachung und der Veröffentlichung der übermittelten Informationen aus, in denen der Tag dieser Veröffentlichung angegeben ist. ³Diese Bestätigung dient als Nachweis der Veröffentlichung.
5. ¹Die Auftragsbekanntmachung kann zusätzlich im Inland veröffentlicht werden, beispielsweise in Tageszeitungen, amtlichen Veröffentlichungsblättern oder Internetportalen; sie kann auch auf www.bund.de veröffentlicht werden. ²Sie darf nur die Angaben enthalten, die dem Amt für Veröffentlichungen der Europäischen Union übermittelt wurden und muss auf den Tag der Übermittlung hinweisen. ³Sie darf nicht vor der Veröffentlichung durch dieses Amt ver-

---

[1] [Amt. Anm.:] http://simap.europa/eu/

öffentlicht werden. ⁴Die Veröffentlichung auf nationaler Ebene kann jedoch in jedem Fall erfolgen, wenn der öffentliche Auftraggeber nicht innerhalb von 48 Stunden nach Bestätigung des Eingangs der Auftragsbekanntmachung gemäß Nummer 4 über die Veröffentlichung unterrichtet wurde.

Übersicht

	Rn.		Rn.
I. Normzweck	1	c) Zusätzliche Anforderungen an die Vorinformation als Aufruf zum Wettbewerb (Abs. 2 Nr. 2, Abs. 3 Nr. 3–5)	19–21
II. Die Vorinformation (Abs. 1, 2)	2–21		
1. Erforderlichkeit der Vorinformation (Abs. 1 Nr. 1, 2)	2–4		
2. Bekanntmachung der Vorinformation (Abs. 1 Nr. 3)	5	III. Die Auftragsbekanntmachung (Abs. 3 Nr. 1–5)	22–28
3. Veröffentlichung der Vorinformation (Abs. 1 Nr. 4)	6–8	1. Erforderlichkeit der Auftragsbekanntmachung (Nr. 1)	23
4. Aufruf zum Wettbewerb durch Vorinformation (Abs. 2 Nr. 1, 2)	9–21	2. Form und Art der Auftragsbekanntmachung (Nr. 2)	24
a) Subzentrale öffentliche Auftraggeber (Abs. 2 Nr. 3)	11, 12	3. Veröffentlichungszeitpunkt (Nr. 3)	25
b) Bedingungen für die Bekanntmachung der Vorinformation als Aufruf zum Wettbewerb (Abs. 2 Nr. 1 lit. a–d)	13–18	4. Nachweispflichten des öffentlichen Auftraggebers (Nr. 4)	26
		5. Fakultative zusätzliche Inlandsveröffentlichung (Nr. 5)	27, 28

I. Normzweck

Die Vorinformation gem. § 12EU Abs. 1 ist eine zeitlich vorgelagerte Bekanntmachungsart. Sie soll die Chancen ausländischer Bieter den Chancen inländischer Bieter soweit wie möglich angleichen und sicherstellen, dass potentielle Bieter aus anderen Mitgliedsstaaten unter vergleichbaren Bedingungen wie nationale Bieter auf Bauausschreibungen reagieren können.² Bieter sollen ferner so früh wie möglich von einer beabsichtigten Bauauftragsvergabe in groben Zügen informiert werden, um die eigene Angebotsplanung und die eigenen Angebotskapazitäten hierauf einstellen zu können.³ Die Auftragsbekanntmachung gem. § 12EU Abs. 3 regelt die Bekanntmachungspflicht für alle Vergabearten gem. § 3EU Nr. 1–5. Die zwingenden Vorgaben der Norm stellen die Publizität der Vergabeverfahren sicher. Damit wird gewährleistet, dass potentielle Bieter von der bevorstehenden Auftragsvergabe erfahren und ihr Interesse bekunden können. Außerdem wird sichergestellt, dass alle Interessenten die gleichen Informationen erhalten.⁴ Die Regelungen dienen dem ordnungsgemäßen Wettbewerb und haben bieterschützende Funktion. § 12EU dient dazu, einem möglichst breiten Markt potenzieller Bieter eine Bauausschreibung zur Kenntnis zu bringen und damit deren Teilnahme zu ermöglichen. Die vorgegebenen, standardisierten Informationen sollen die Gleichbehandlung aller potenziellen Bieter sicherstellen und Diskriminierungen verhindern.⁵

II. Die Vorinformation (Abs. 1, 2)

1. Erforderlichkeit der Vorinformation (Abs. 1 Nr. 1, 2). Die Bekanntmachung einer Vorinformation über eine geplante Bauauftragsvergabe ist freiwillig. Die Bekanntgabe einer Vorinformation ist für den öffentlichen Auftraggeber gem. § 12EU Abs. 1 Nr. 2 allein dann zwingend erforderlich, wenn er gem. § 10aEU Abs. 2 S. 1 oder gem. § 10bEU Abs. 3 S. 1 die Angebotsfrist verkürzen möchte. Gemäß § 10aEU Abs. 2 S. 1–3 kann beim offenen

---

² EuGH Urt. v.26.9.2000 – C-225/98 Rn. 34, NJW 2000, 3629– Nord Pas de Calais.
³ Kapellmann/Messerschmidt/*Planker* § 12EG Rn. 1.
⁴ OLG Jena Beschl. v. 9.9.2010 – 9 Verg 4/10, BeckRS 2010, 22129.
⁵ OLG Jena Beschl. v. 9.9.2010 – 9 Verg 4/10, BeckRS 2010, 22129; jurisPK-VergabeR/*Lausen* § 12EG Rn. 5.

Verfahren die mindestens 35 Kalendertage betragende Angebotsfrist auf 15 Kalendertage, beginnend ab dem Tag nach Absendung der Auftragsbekanntmachung, verkürzt werden. Voraussetzung dafür ist, dass der öffentliche Auftraggeber mindestens 35 Kalendertage, höchstens aber zwölf Monate vor dem Tag der Absendung der Auftragsbekanntmachung eine Vorinformation gem. § 12EU Abs. 1 Nr. 3 an das Amt für Veröffentlichungen der Europäischen Union abgesandt hat. Gleichermaßen kann der öffentliche Auftraggeber im nicht offenen Verfahren die gem. § 10bEU Abs. 2 mindestens 30 Kalendertage betragende Angebotsfrist unter den Voraussetzungen des § 10bEU Abs. 3 S. 1–3 auf zehn Kalendertage ab dem Tag nach Absendung der Aufforderung zur Angebotsabgabe verkürzen. Voraussetzung hierfür ist gleichfalls, dass der öffentliche Auftraggeber mindestens 35 Kalendertage, höchstens aber zwölf Monate vor dem Tag der Absendung der Auftragsbekanntmachung eine Vorinformation gem. § 12EU Abs. 1 Nr. 3 an das Amt für Veröffentlichungen der Europäischen Union abgesandt hat.

3   Die freiwillige und die obligatorische Veröffentlichung einer Vorinformation haben durch die von der Europäischen Kommission festgelegten Standardformulare zu erfolgen. Die Vorinformation selbst hat alle Informationen zu enthalten, die in Anhang V Teil B I Nr. 1– 11 und – bei Verwendung der Vorinformation als Aufruf zum Wettbewerb durch subzentrale öffentlicher Auftraggeber gem. § 12EU Abs. 2 Nr. 1 – in Teil B II. Nr. 1–13 der Richtlinie 2014/24/EU vom 26.2.2014 aufgeführt sind. Wird die Vorinformation gem. § 12EU Abs. 1 Nr. 4 S. 1 im Beschafferprofil des öffentlichen Auftraggebers veröffentlicht, sind zusätzlich die Vorgaben von Teil A Nr. 1–6 des Anhangs V der Richtlinie 2014/24/EU vom 26.2.2014 zu beachten.

4   Gemäß Teil B I Nr. 1–11 des Anhangs V der Richtlinie 2014/24/EU vom 26.2.2014 hat die Vorinformation folgende obligatorische Angaben zu enthalten:
– Name, Identifikationsnummer (soweit nach nationalem Recht vorgesehen), Anschrift einschließlich NUTS-Code, Telefon- und Fax-Nummer, E-Mail- und Internetadresse des öffentlichen Auftraggebers.
– E-Mail- oder Internetadresse, über die die Auftragsunterlagen unentgeltlich, uneingeschränkt, vollständig und unmittelbar abgerufen werden können.
– Art und Haupttätigkeit des öffentlichen Auftraggebers.
– Ist der öffentliche Auftraggeber eine zentrale Beschaffungsstelle gem. § 120 Abs. 4 S. 1 GWB und liegt eine andere Form gemeinsamer Beschaffung vor, ein Hinweis darauf.
– Die CPV-Codes, bei Losunterteilung unter Angabe dieser Informationen für jedes Los.
– Den NUTS-Code für den Haupterfüllungsort der Bauarbeiten, bei Unterteilung in mehrere Lose sind diese Informationen für jedes Los anzugeben.
– Die Kurzbeschreibung der Beschaffung, durch Benennung von Art und Umfang der Bauarbeiten.
– Den voraussichtlichen Zeitpunkt der Veröffentlichung der Vergabebekanntmachung für den in der Vorinformation genannten Bauauftrag.
– Den Tag der Absendung der Bekanntmachung.
– Sonstige einschlägige Auskünfte.
– Hinweise darauf, ob der Auftrag unter das GPA fällt oder nicht.

5   **2. Bekanntmachung der Vorinformation (Abs. 1 Nr. 3).** Die Vorinformation ist nach den EU-Standardformularen zu erstellen. Sie hat die Angaben in Teil B I Nr. 1–11 und – wenn die Vorinformation gem. § 12EU Abs. 2 Nr. 1 als Aufruf zum Wettbewerb durch subzentrale öffentliche Auftraggeber dient – die Angaben in Teil B II Nr. 1–13 des Anhangs V zur Richtlinie 2014/24/EU vom 26.2.2014 zu enthalten.

6   **3. Veröffentlichung der Vorinformation (Abs. 1 Nr. 4).** Gemäß § 12EU Abs. 1 Nr. 4 S. 1 ist die Vorinformation nach Genehmigung der Planung so bald wie möglich dem Amt für Veröffentlichungen der Europäischen Union zu übermitteln oder im Beschafferprofil zu veröffentlichen. Genehmigte Planung beinhaltet, dass die auszuschreibende Baumaßnahme nach öffentlich-rechtlichen Vorschriften genehmigt ist. Die bloße Fertigstellung der

Genehmigungsplanung genügt nicht. Sämtliche für das Projekt erforderlichen bauordnungs- und bauplanungsrechtlichen öffentlich-rechtlichen Genehmigungen müssen bestandskräftig erteilt sein.[6] Die Vorinformation hat hiernach so bald wie möglich dem Amt für Veröffentlichungen der Europäischen Union übermittelt oder im Beschafferprofil des öffentlichen Auftraggebers veröffentlicht zu werden. Gemäß § 12EU Abs. 1 Nr. 4 S. 3 kann die Vorinformation fakultativ zusätzlich in Tageszeitungen, amtlichen Veröffentlichungsblättern oder Internetportalen veröffentlicht werden.

Der öffentliche Auftraggeber ist gem. § 12EU Abs. 1 Nr. 4 S. 2 verpflichtet, bei der Veröffentlichung den Tag der Übermittlung der Vorinformation an das Veröffentlichungsorgan anzugeben.

Veröffentlicht der öffentliche Auftraggeber die Vorinformation im Beschafferprofil, hat er gem. § 12EU Abs. 1 Nr. 4 S. 1 Hs. 2 zuvor auf elektronischem Weg dem Amt für Veröffentlichungen der Europäischen Union die Vorinformation mitzuteilen. Diese Mitteilung an das Amt für Veröffentlichungen der Europäischen Union hat ebenfalls unter Verwendung eines ausgefüllten Standardformulars zu erfolgen.[7]

4. Aufruf zum Wettbewerb durch Vorinformation (Abs. 2 Nr. 1, 2). Subzentrale öffentliche Auftraggeber iSd § 12EU Abs. 2 Nr. 3 können im nicht offenen Verfahren gem. § 3EU Nr. 2 und im Verhandlungsverfahren gem. § 3EU Nr. 3 die Vorinformation als Aufruf zum Wettbewerb, dh als auftragsbezogene Bekanntmachung nutzen. Dies setzt voraus, dass die Vorinformation die Bedingungen des § 12EU Abs. 2 Nr. 1 lit. a–d und des § 12EU Abs. 2 Nr. 2, Abs. 3 Nr. 1–5 erfüllt. Dies begründet für den öffentlichen Auftraggeber die Vorteile der Möglichkeit der Fristverkürzung, die auch bei der Vorinformation ohne Aufruf zum Wettbewerb statthaft ist. Ferner begründet dies die Vorteile des Verzichts auf eine weitere auftragsbezogene Bekanntmachung sowie den Entfall des Zuwartenmüssens auf den Ablauf einer dadurch ausgelösten Frist. Des Weiteren begründet eine als Aufruf zum Wettbewerb bekanntgegebene Vorinformation gem. § 12EU Abs. 2 Nr. 1, 2 gem. § 12aEU Abs. 1 Nr. 1 S. 1, 2 den Vorteil einer Bekanntgabemöglichkeit der Internet-Adresse des öffentlichen Auftraggebers.[8]

Für die übrigen Vergabearten gem. § 3EU Nr. 1, 4 und 5 besteht die Möglichkeit der Bekanntgabe einer Vorinformation als Aufruf zum Wettbewerb gem. § 12EU Abs. 2 Nr. 1, 2 nicht.

a) Subzentrale öffentliche Auftraggeber (Abs. 2 Nr. 3). Der Begriff der „subzentralen öffentlichen Auftraggeber" in § 12EU Abs. 2 Nr. 3 geht auf die Begriffsbestimmung in Art. 2 Abs. 1 Nr. 3 RL 2014/24/EU vom 26.2.2014 zurück. Subzentrale öffentliche Auftraggeber sind hiernach alle öffentlichen Auftraggeber, die keine zentralen Regierungsbehörden sind. In § 12EU Abs. 2 Nr. 3 werden subzentrale öffentliche Auftraggeber als alle öffentlichen Auftraggeber mit Ausnahme der obersten Bundesbehörden definiert. Oberste Bundesbehörden sind die für die bundeseigene Verwaltung iSd Art. 86 GG errichteten Behörden.

Zu ihnen zählen das Bundespräsidialamt, der Präsident des Deutschen Bundestages, die Bundestagsverwaltung, das Sekretariat des Bundesrates, der Bundesrechnungshof, das Bundeskanzleramt, der Beauftragte der Bundesregierung für Kultur und Medien, das Presse- und Informationsamt der Bundesregierung, der Bundesbeauftragte für den Datenschutz und die Informationsfreiheit, die Zentrale der Deutschen Bundesbank sowie alle Bundesministerien. Alle sonstigen Bundesober-, Bundesmittel- und Bundesunterbehörden sowie alle Behörden der Länder sind neben allen sonstigen Körperschaften, Anstalten, Stiftungen und allen sonstigen öffentlichen Auftraggebern gem. § 99 Nr. 1–4 GWB subzentrale öffentliche Auftraggeber iSd § 12EU Abs. 2 Nr. 3. Der Anwendungsbereich des § 12EU Abs. 2 Nr. 1, 2 zur Bekanntgabemöglichkeit einer Vorinformation als Aufruf zum Wettbewerb ist dem-

---

[6] Kapellmann/Messerschmidt/*Planker* § 12EG Rn. 7; Ingenstau/Korbion/*von Wietersheim* Rn. 4.
[7] Ingenstau/Korbion/*von Wietersheim* Rn. 4.
[8] Ingenstau/Korbion/*von Wietersheim* Rn. 6.

entsprechend breit. Dies entspricht der Regelung in Art. 2 Abs. 1 Nr. 3 RL 2014/24/EU iVm Art. 48 Abs. 2 RL 2014/24/EU vom 26.2.2014.

13 **b) Bedingungen für die Bekanntmachung der Vorinformation als Aufruf zum Wettbewerb (Abs. 2 Nr. 1 lit. a–d).** Die Voraussetzungen des § 12EU Abs. 2 Nr. 1 lit. a– d müssen **kumulativ** erfüllt sein, um eine Vorinformation als Aufruf zum Wettbewerb bekanntgeben zu können. Daneben müssen vom öffentlichen Auftraggeber gem. § 12EU Abs. 2 Nr. 2 – **gleichfalls kumulativ** – die Vorgaben des § 12EU Abs. 3 Nr. 3–5 eingehalten werden.

14 Gemäß § 12EU Abs. 2 Nr. 1 lit. a hat sich die Vorinformation als Aufruf zum Wettbewerb eigens auf den Gegenstand des zu vergebenden Auftrags zu beziehen. Der Auftragsgegenstand ist dabei exakt zu bezeichnen. Art. 48 Abs. 2 lit. a RL 2014/24/EU vom 26.2.2014 spricht insoweit von einer Bekanntmachung, die sich eigens auf die Bauleistungen bezieht, „die Gegenstand des zu vergebenden Auftrags sein werden". Die Voraussetzung des § 12EU Abs. 2 Nr. 1 lit. a zur Angabe des genauen Auftragsgegenstandes überschneidet sich mit den gem. § 12EU Abs. 2 Nr. 1 lit. c einzuhaltenden Anforderungen der gemäß Anhang V Teil B Abschnitt I Nr. 5–7 und Abschnitt II Nr. 7 der Richtlinie 2014/24/EU vom 26.2.2014 zu machenden Angaben.[9]

15 Des Weiteren hat die Vorinformation bei ihrer Bekanntmachung als Aufruf zum Wettbewerb gem. § 12EU Abs. 2 Nr. 1 lit. b den Hinweis zu enthalten, dass dieser Auftrag im nicht offenen Verfahren oder im Verhandlungsverfahren ohne spätere Veröffentlichung eines Aufrufs zum Wettbewerb vergeben wird, sowie die Aufforderung an die interessierten Unternehmen zu enthalten, ihr Interesse mitzuteilen. Diese Vorgaben sind für den öffentlichen Auftraggeber **zwingend**. Sie folgen aus Art. 48 Abs. 2 lit. b RL 2014/24/EU vom 26.2.2014.

16 Gemäß § 12EU Abs. 2 Nr. 1 lit. c hat die Vorinformation als Aufruf zum Wettbewerb ferner die Informationen nach Anhang V Teil B Abschnitt I und die Informationen nach Anhang V Teil B Abschnitt II der Richtlinie 2014/24/EU vom 26.2.2014 zu enthalten. Diese Angaben sind im EU-Standardformular „Vorinformation zur Verwendung der Bekanntmachung der Vorinformation als Aufruf zum Wettbewerb" in Form der dort benannten zusätzlich zu erteilenden Auskünfte und Informationen enthalten.

17 Der öffentliche Auftraggeber hat gem. § 12EU Abs. 2 Nr. 1 lit. d die als Aufruf zum Wettbewerb bekannt zu gebende Vorinformation spätestens 35 Kalendertage und frühestens zwölf Monate vor dem Zeitpunkt der Absendung der Aufforderung zur Interessensbestätigung an das **Amt für Veröffentlichungen der Europäischen Union** zu übermitteln. Auch die Einhaltung dieser Fristen ist für den öffentlichen Auftraggeber zwingend. Für die Wahrung dieser Frist der Übermittlung zur Veröffentlichung an das Amt für Veröffentlichungen der Europäischen Union gem. § 12EU Abs. 2 Nr. 1 lit. d kommt es auf den Zugang beim Empfänger an.[10] Der öffentliche Auftraggeber ist für die Einhaltung dieser Fristen allein verantwortlich. Er selbst kann das Fristende durch die von ihm zu bewerkstelligende Absendung der Aufforderung zur Interessensbestätigung steuern. Bei der gem. § 12EU Abs. 2 Nr. 2, Abs. 3 Nr. 2 S. 3 vorgeschriebenen elektronischen Übermittlung werden Versendung und Zugang im Regelfall unmittelbar aneinander anschließen und praktisch zeitgleich sein.

18 Die Bekanntgabe einer Vorinformation als Aufruf zum Wettbewerb wird gem. § 12EU Abs. 2 Nr. 1 S. 2 nicht in einem Beschafferprofil des öffentlichen Auftraggebers veröffentlicht. Sie ist zwingend unter Verwendung des **EU-Standardformulars** an das Amt für Veröffentlichungen der Europäischen Union zur Bekanntgabe zu übermitteln. Gemäß § 12EU Abs. 2 Nr. 1 S. 3 kann **fakultativ eine zusätzliche Veröffentlichung** der Vorinformation als Aufruf zum Wettbewerb durch den öffentlichen Auftraggeber auf nationaler Ebene **in einem Beschafferprofil** erfolgen. Die Vorgaben des § 12EU Abs. 3 Nr. 5 S. 1–

---

[9] Ingenstau/Korbion/*von Wietersheim* Rn. 8.
[10] Ingenstau/Korbion/*von Wietersheim* Rn. 8.

c) Zusätzliche Anforderungen an die Vorinformation als Aufruf zum Wettbewerb (Abs. 2 Nr. 2, Abs. 3 Nr. 3–5). Zusätzlich gelten für den öffentlichen Auftraggeber die – gleichfalls kumulativ – gem. § 12EU Abs. 2 Nr. 2 zu erfüllenden Anforderungen an die Veröffentlichung der Auftragsbekanntmachung gem. § 12EU Abs. 3 Nr. 3–5.

Der öffentliche Auftraggeber hat gem. § 12EU Abs. 3 Nr. 4 S. 1 in seiner Vergabedokumentation den **Tag der Absendung der Vorinformation** als Aufruf zum Wettbewerb zu dokumentieren, um diesen nachweisen zu können. Dieser Nachweis erfolgt durch die Bestätigung des Erhalts der Vorinformation als Aufruf zum Wettbewerb und der Veröffentlichung der übermittelten Informationen einschließlich des Tages der Veröffentlichung durch das **Amt für Veröffentlichungen der Europäischen Union** (§ 12EU Abs. 3 Nr. 4 S. 3). Zusätzlich kann die Vorinformation als Aufruf zum Wettbewerb gem. § 12EU Abs. 3 Nr. 5 S. 1 im Inland in **Tageszeitungen, amtlichen Veröffentlichungsblättern** oder **Internetportalen,** so auch auf www.bund.de veröffentlicht werden. Die fakultativ zusätzlich ermöglichte Inlandsveröffentlichung darf gem. § 12EU Abs. 3 Nr. 5 S. 2 allein die Angaben enthalten, die dem Amt für Veröffentlichungen der Europäischen Union übermittelt wurden und muss auf den Tag der Übermittlung hinweisen.

Die zusätzliche fakultative Inlandsveröffentlichung darf gem. § 12EU Abs. 3 Nr. 5 S. 3 zeitlich **nicht** vor der Veröffentlichung durch das Amt für Veröffentlichungen der Europäischen Union veröffentlicht werden. Von dieser zwingenden Vorgabe der **zeitlich prioritären EU-weiten Erstveröffentlichung** macht § 12EU Abs. 3 Nr. 5 S. 4 eine **Ausnahme:** Die nationale Veröffentlichung kann ausnahmsweise auch zeitlich vor der EU-weiten Veröffentlichung erfolgen, wenn der öffentliche Auftraggeber durch das Amt für Veröffentlichungen der EU nicht innerhalb von 48 Stunden nach Bestätigung des Eingangs der Vorinformation als Aufruf zum Wettbewerb durch das Amt für Veröffentlichungen der Europäischen Union über die erfolgte Veröffentlichung unterrichtet wurde. Über 48 Stunden hinausgehende **Veröffentlichungsverzögerungen** durch das Amt für Veröffentlichungen der Europäischen Union nach Erhalt der Eingangsbestätigung berechtigen den öffentlichen Auftraggeber insoweit, eine Inlandsveröffentlichung in Tageszeitungen, amtlichen Veröffentlichungsblättern oder Internetportalen, so auch auf www.bund.de, zu tätigen.

III. Die Auftragsbekanntmachung (Abs. 3 Nr. 1–5)

Die Auftragsbekanntmachung hat eine wichtige Publizitätsfunktion für das Vergabeverfahren. Sinn der Bekanntmachungspflicht besteht in der Anstoßfunktion der Bekanntmachung für potenzielle Bieter. Diese sollen informiert werden, welche Aufträge auf dem öffentlichen Beschaffungsmarkt angeboten werden und aufgrund der Angaben in der jeweiligen Bekanntmachung entscheiden, ob der konkrete Auftrag für sie in Betracht kommt.[11]

1. Erforderlichkeit der Auftragsbekanntmachung (Nr. 1). Die Pflicht des öffentlichen Auftraggebers, Unternehmen durch Veröffentlichung einer Auftragsbekanntmachung aufzufordern, am Wettbewerb teilzunehmen gem. § 12EU Abs. 3 Nr. 1 S. 1, ist **zwingend** und unter Verwendung des **EU-Standardformulars** zu erfüllen. Diese Pflicht gilt gem. § 12EU Abs. 3 Nr. 1 S. 2 für alle Vergabearten gem. § 3EU Nr. 1–5 unter Ausnahme des – seltenen Ausnahmefalls – des Verhandlungsverfahrens ohne Teilnehmerwettbewerb gem. § 3aEU Abs. 3 Nr. 1–5 oder in Fällen der Bekanntmachung einer Vorinformation als Aufruf zum Wettbewerb nach Maßgabe des § 12EU Abs. 2 Nr. 1, 2. Erfüllt eine Vorinformation als Aufruf zum Wettbewerb nicht die Anforderungen des § 12EU Abs. 2 Nr. 1, 2 iVm

---

[11] VK Düsseldorf Beschl. v. 24.10.2003 – VK-31/2003L, JurionRS 2003, 31975; VK Brandenburg Beschl. v. 22.5.2008 – VK 11/08, IBRRS 2008, 1947; jurisPK-VergabeR/*Lausen* § 12EG Rn. 25.

§ 12EU Abs. 3 Nr. 3–5, verbleibt es bei der Bekanntmachungspflicht gem. § 12EU Abs. 3 Nr. 1 S. 1.[12] Diese ist dann unverändert vom öffentlichen Auftraggeber zu erfüllen.

24 2. **Form und Art der Auftragsbekanntmachung (Nr. 2).** Die Auftragsbekanntmachung hat durch den öffentlichen Auftraggeber durch das hierfür vorgesehene **EU-Standardformular** zu erfolgen. Sie hat dabei die Informationen nach Anhang V Teil C Nr. 1–30 der Richtlinie 2014/24/EU vom 26.2.2014 zu enthalten. Die hierdurch sichergestellte, **umfassende Publizitätsfunktion der Auftragsbekanntmachung** beruht auf Art. 49 und 51 Abs. 1–6 RL 2014/24/EU vom 26.2.2014. Gemäß § 12EU Abs. 3 Nr. 2 S. 2 Hs. 1 sind zu allen Nummern des Anhangs V Teil C Nr. 1–30 der Richtlinie 2014/24/EU vom 26.2.2014 Angaben zu machen. Die Formulartexte sind dabei **nicht** zu wiederholen. Das VHB Bund, Ausgabe 2008, Stand April 2016, enthält für seinen Geltungsbereich zum Formblatt 123 EU, Musterbekanntmachung EU, die Anleitung 123 EU, Ausfüllhinweise zum EU-Standardformular der Auftragsbekanntmachung. Die Auftragsbekanntmachung ist – gleichfalls zwingend – gem. § 12EU Abs. 3 S. 2, 3 dem Amt für Veröffentlichungen der Europäischen Union elektronisch zu übermitteln.

25 3. **Veröffentlichungszeitpunkt (Nr. 3).** Das Amt für Veröffentlichungen der Europäischen Union hat die Auftragsbekanntmachung unentgeltlich fünf Kalendertage nach ihrer Übermittlung in der Originalsprache des eingereichten Standardformulars zu veröffentlichen. Die Fünf-Tages-Frist für die Veröffentlichung ist gem. § 187 Abs. 1 BGB ab dem Tag nach der Übermittlung der Auftragsbekanntmachung zu berechnen, wobei es sich hierbei um Kalendertage handelt.[13] Gemäß § 12EU Abs. 3 Nr. 3 S. 2 wird durch das Amt für Veröffentlichungen der Europäischen Union zusätzlich zur Veröffentlichung der Auftragsbekanntmachung in der eingereichten Originalsprache eine Zusammenfassung der wichtigsten Angaben in allen übrigen Amtssprachen der Europäischen Union veröffentlicht. Der Wortlaut der eingereichten Auftragsbekanntmachung in der Originalsprache ist dabei **allein verbindlich** (§ 12EU Abs. 3 Nr. 3 S. 2 Hs. 2).

26 4. **Nachweispflichten des öffentlichen Auftraggebers (Nr. 4).** Anhand der Vergabedokumentation muss der öffentliche Auftraggeber den Tag der Absendung der Auftragsbekanntmachung nachweisen können. Dieser zu dokumentierende Nachweis kann gem. § 12EU Abs. 3 Nr. 4 S. 3 durch die Bestätigung des Erhalts der Auftragsbekanntmachung und der Veröffentlichung der übermittelten Informationen, in denen der Tag der Veröffentlichung angegeben ist, durch das Amt für Veröffentlichungen der Europäischen Union geführt werden. Die von den öffentlichen Auftraggeber gem. § 20EU iVm § 8 Abs. 1–5 VgV zu führende **Vergabedokumentation** sollte darüber hinaus **die elektronisch übermittelten EU-Standardformulare** nebst **Nachweis des Tages der Absendung** enthalten.[14] Dies ist für den Nachweis eingehaltener Fristen seitens des öffentlichen Auftraggebers in einem etwaigen Nachprüfungsverfahren wichtig.[15]

27 5. **Fakultative zusätzliche Inlandsveröffentlichung (Nr. 5). Zusätzlich** kann der öffentliche Auftraggeber gem. § 12EU Abs. 3 Nr. 5 S. 1 die Auftragsbekanntmachung **fakultativ im Inland** veröffentlichen. Dies kann in Tageszeitungen, amtlichen Veröffentlichungsblättern oder Internetportalen, so auch auf www.bund.de erfolgen. Die fakultativ zusätzliche Inlandsveröffentlichung darf gem. § 12EU Abs. 3 Nr. 5 S. 2 allein die Angaben enthalten, die dem Amt für Veröffentlichungen der Europäischen Union übermittelt wurden, und muss auf den Tag der Übermittlung hinweisen.

28 Die fakultativ zusätzliche Inlandsveröffentlichung darf im Regelfall gem. § 12EU Abs. 3 Nr. 5 S. 3 zeitlich **nicht** vor der Veröffentlichung durch das Amt für Veröffentlichungen der Europäischen Union erfolgen. Eine Veröffentlichung auf nationaler Ebene unter Außer-

---

[12] Ingenstau/Korbion/*von Wietersheim* Rn. 10.
[13] HHKW/*Schneider* § 12a Rn. 15.
[14] Ingenstau/Korbion/*von Wietersheim* Rn. 14.
[15] Ingenstau/Korbion/*von Wietersheim* Rn. 14.

achtlassung dieser zeitlichen Prioritätsvorgabe ist gem. § 12EU Abs. 3 Nr. 5 S. 4 hingegen **ausnahmsweise** dann statthaft, wenn der öffentliche Auftraggeber nicht innerhalb von 48 Stunden nach der Bestätigung des Eingangs der Auftragsbekanntmachung durch das Amt für Veröffentlichungen der Europäischen Union über die Veröffentlichung unterrichtet wurde. Der Lauf dieser Frist setzt voraus, dass der öffentliche Auftraggeber vom Amt für Veröffentlichungen der Europäischen Union getrennte Bestätigungen über den Erhalt des Eingangs der Auftragsbekanntmachung (Beginn der 48-Stunden-Frist) und über die erfolgte Veröffentlichung der Auftragsbekanntmachung erhält.[16]

§ 12aEU Versand der Vergabeunterlagen

(1)
1. Die Vergabeunterlagen werden ab dem Tag der Veröffentlichung einer Auftragsbekanntmachung gemäß § 12EU Absatz 3 oder dem Tag der Aufforderung zur Interessensbestätigung gemäß Nummer 3 unentgeltlich mit uneingeschränktem und vollständigem direkten Zugang anhand elektronischer Mittel angeboten. Die Auftragsbekanntmachung oder die Aufforderung zur Interessensbestätigung muss die Internet-Adresse, über die diese Vergabeunterlagen abrufbar sind, enthalten.
2. Diese Verpflichtung entfällt in den in Fällen nach § 11bEU Absatz 1.
3. Bei nicht offenen Verfahren, Verhandlungsverfahren, wettbewerblichen Dialogen und Innovationspartnerschaften werden alle ausgewählten Bewerber gleichzeitig in Textform aufgefordert, am Wettbewerb teilzunehmen oder wenn eine Vorinformation als Aufruf zum Wettbewerb gemäß § 12EU Absatz 2 genutzt wurde, zu einer Interessensbestätigung aufgefordert. ²Die Aufforderungen enthalten einen Verweis auf die elektronische Adresse, über die die Vergabeunterlagen direkt elektronisch zur Verfügung gestellt werden. ³Bei den in Nummer 2 genannten Gründen sind den Aufforderungen die Vergabeunterlagen beizufügen, soweit sie nicht bereits auf andere Art und Weise zur Verfügung gestellt wurden.

(2) Die Namen der Unternehmen, die Vergabeunterlagen erhalten oder eingesehen haben, sind geheim zu halten.

(3) ¹Rechtzeitig beantragte Auskünfte über die Vergabeunterlagen sind spätestens sechs Kalendertage vor Ablauf der Angebotsfrist allen Unternehmen in gleicher Weise zu erteilen. ²Bei beschleunigten Verfahren nach § 10aEU Absatz 2, sowie § 10bEU Absatz 5 beträgt diese Frist vier Kalendertage.

Übersicht

	Rn.		Rn.
I. Normzweck	1	III. Geheimhaltungsverpflichtung des öffentlichen Auftraggebers (Abs. 2)	10
II. Versand der Vergabeunterlagen (Abs. 1 Nr. 1–3)	2–9	IV. Auskünfte an Unternehmen (Abs. 3)	11–18

I. Normzweck

§ 12aEU bezweckt die **Sicherstellung der Gleichbehandlung der Bieter** durch 1 Gewährung eines einheitlichen und diskriminierungsfrei gehandhabten Zugangs zu den Vergabeunterlagen (§ 12aEU Abs. 1). Des Weiteren wird der **ordnungsgemäße Wettbewerb** in Form des Geheimwettbewerbs sichergestellt (§ 12aEU Abs. 2) und die Möglichkeit zur **ordnungsgemäßen Angebotskalkulation** der Bieter durch vollständige Information aller Bieter gewährleistet (§ 12aEU Abs. 3). Die Regelungen des § 12aEU Abs. 1 Nr. 1–3

---
[16] Ingenstau/Korbion/*von Wietersheim* Rn. 15.

VOB/A 2016 sind neu. Sie beruhen auf Art. 53 Abs. 1 S. 1 und 2 RL 2014/24/EU und auf Art. 54 Abs. 1 und 2 RL 2014/24/EU vom 26.2.2014.

II. Versand der Vergabeunterlagen (Abs. 1 Nr. 1–3)

2   Gemäß § 12aEU Abs. 1 Nr. 1 S. 1 ist der öffentliche Auftraggeber verpflichtet, ab dem Tag der Veröffentlichung einer Auftragsbekanntmachung gem. § 12EU Abs. 3 oder ab dem Tag der Aufforderung zur Interessensbestätigung gem. § 12aEU Abs. 1 Nr. 3 die **Vergabeunterlagen unentgeltlich zur Verfügung zu stellen**. Dies hat **elektronisch** mit uneingeschränktem und vollständigem direktem Zugang zu erfolgen. Elektronisch bereitzustellen sind die in den § 8EU Abs. 1, § 8aEU Abs. 1 und §§ 7EU–7cEU bezeichneten Unterlagen. Die Auftragsbekanntmachung des öffentlichen Auftraggebers gem. § 12EU Abs. 3 hat – ebenso wie die Aufforderung zur Interessensbestätigung in den Fällen des § 12aEU Abs. 1 Nr. 3 – die Internet-Adresse des öffentlichen Auftraggebers, über die diese Vergabeunterlagen elektronisch abrufbar sind, zu enthalten. Dies ist für den öffentlichen Auftraggeber bei allen Vergabearten gem. § 3EU Nr. 1–5 verbindlich.

3   Vollständige Bereitstellung der Vergabeunterlagen iSd § 12aEU Abs. 1 Nr. 1 S. 1 bedeutet die Bereitstellung der **gesamten Vergabeunterlagen** ohne Auslassungen. Eine nur auszugsweise Bereitstellung oder die lediglich Bereitstellung zusammenfassender Darstellungen ist unzulässig.[1] Der **Erlass** des Bundesministeriums für Umwelt, Naturschutz, Bau und Reaktorsicherheit zur Auslegung des reformierten Vergaberechts für die Vergaben von Bauleistungen **vom 16.5.2017** stellt dies für die anwendungsverpflichteten Behörden unter VIII auch nochmals für zweistufige Vergabeverfahren klar. Die vollständigen Vergabeunterlagen sind unentgeltlich mit uneingeschränktem und direktem Zugang ohne vorherige Registrierung im Internet elektronisch zum Abruf bereitzustellen. Dies gilt hiernach ausdrücklich **auch bei zweistufigen Vergabeverfahren**. Interne Verwaltungsabläufe des Auftraggebers sind gegebenenfalls anzupassen.[2] Die Bieter werden hierdurch in die Lage versetzt, sofort mit der Angebotskalkulation zu beginnen.

4   Die Verpflichtung des öffentlichen Auftraggebers zur Informationsübermittlung durch elektronische Mittel folgt aus § 11EU Abs. 1–3; die Anforderungen an die vom öffentlichen Auftraggeber zu verwendenden elektronischen Mittel folgen aus § 11aEU Abs. 1–7. Die Verwendung **elektronischer Mittel zur Informationsübermittlung** ist für öffentliche Auftraggeber gem. § 81 S. 2 letzter Hs. GWB seit Inkrafttreten der Vergabereform 2016, dem 18.4.2016, zwingend vorgeschrieben. Soweit es nicht die bereits ab dem 18.4.2016 zwingend elektronisch zu übermittelnden Bekanntmachungen und die seitdem zwingend elektronisch bereitzustellenden Vergabeunterlagen betrifft, konnten zentrale Beschaffungsstellen iSd § 120 Abs. 4 S. 1 GWB gem. § 81 S. 1 GWB bis zum 18.4.2017 die Übermittlung der Angebote, Teilnahmeanträge und Interessensbestätigungen auch auf dem Postweg, per Fax oder anderem geeigneten Weg verlangen. Gleiches gilt für die sonstige Kommunikation im Vergabeverfahren. Öffentliche Auftraggeber, die nicht zentrale Beschaffungsstellen iSd § 120 Abs. 4 S. 1 GWB sind, können von dieser Übergangsregelung bis zum 18.10.2018 Gebrauch machen (§ 81 S. 1 GWB). Sie müssen dies bei europaweiter Bauvergabe aber nicht.

5   Gemäß § 12aEU Abs. 1 Nr. 1 S. 2 haben die Auftragsbekanntmachung gem. § 12EU Abs. 3 oder die Aufforderung zur Interessensbestätigung in den Fällen des § 12aEU Abs. 1 Nr. 3 obligatorisch die **Internet-Adresse**, über die die Vergabeunterlagen abrufbar sind, zu enthalten. Will ein öffentlicher Auftraggeber diese Internet-Adresse nicht allgemein zugänglich in die Auftragsbekanntmachung gem. § 12EU Abs. 3 aufnehmen, ist dies bei

---

[1] OLG München Beschl. v. 13.3.2017 – Verg 15/16, NZBau 2017, 371; Ingenstau/Korbion/*von Wietersheim* Rn. 6.
[2] Erlass des Bundesministeriums für Umwelt, Naturschutz, Bau und Reaktorsicherheit zur Auslegung des reformierten Vergaberechts für die Vergabe von Bauleistungen v. 16.15.2017 Ziff. 8; *Amelung* VergabeR 2017, 294 ff.

Bekanntgabe einer Vorinformation als Aufruf zum Wettbewerb gem. § 12EU Abs. 2 Nr. 1–3 statthaft.³

Der Zugang zu den elektronisch angebotenen Vergabeunterlagen ist „uneingeschränkt" iSd § 12aEU Abs. 1 Nr. 1 S. 1, wenn er **ohne Registrierung** möglich ist. Gemäß § 11EU Abs. 6 S. 2 darf der öffentliche Auftraggeber für den Zugang zur Auftragsbekanntmachung und zu den Vergabeunterlagen keine Registrierung des Unterlagen abrufenden Unternehmens verlangen. Die Einräumung einer **freiwilligen Registrierungsmöglichkeit** für das die Unterlagen abrufende Unternehmen ist gem. § 11EU Abs. 6 S. 3 hingegen möglich. Der Zugang zu der elektronisch veröffentlichten Auftragsbekanntmachung oder der elektronisch veröffentlichten Aufforderung zur Interessensbestätigung ist „direkt" iSd § 12aEU Abs. 1 Nr. 1 S. 1, wenn die vollständigen Vergabeunterlagen **ohne weitere Zwischenschritte** auffindbar sind. Die Verlinkung auf eine allgemeine Seite, die eine Mehrzahl von Vergabeverfahren des öffentlichen Auftraggebers enthält, ist hierzu nicht ausreichend. Dies gilt insbesondere dann, wenn dort die Vergabeunterlagen des jeweiligen Vergabeverfahrens nur durch Verwendung einer Suchfunktion auffindbar sind.⁴

Elektronisch bereitgestellte Vergabeunterlagen sind vom öffentlichen Auftraggeber bis zum Ende der Angebotsfrist **zu aktualisieren.** Liegen die Gründe für die Aktualisierungen der Vergabeunterlagen in den Antworten auf Bieterfragen, so unterliegen diese Aktualisierungen der Vergabeunterlagen zusätzlich den Fristen des § 12aEU Abs. 3 S. 1, 2.⁵

Gemäß § 12aEU Abs. 1 Nr. 2 entfällt die Verpflichtung zur elektronischen Bereitstellung der Vergabeunterlagen ab dem Tag der Veröffentlichung der Auftragsbekanntmachung oder ab dem Tag der Aufforderung zur Interessensbestätigung gem. § 12aEU Abs. 1 Nr. 1 S. 1 in den Fällen des § 11bEU Abs. 1 Nr. 1–3. Die Ausnahmetatbestände des § 11bEU Abs. 1 Nr. 1–3 sind eng auszulegen.⁶

Die elektronische Bereitstellung der Vergabeunterlagen unentgeltlich mit uneingeschränktem und vollständigem direkten Zugang gem. § 12aEU Abs. 1 Nr. 1 S. 1 **hat ab dem Tag der Veröffentlichung** der Auftragsbekanntmachung oder ab dem Tag der Aufforderung zur Interessensbestätigung zu erfolgen. Ausnahmen hiervon sind – außerhalb der Fälle des § 11bEU Abs. 1 Nr. 1–3 – nicht zulässig. Soweit gem. § 12aEU Abs. 1 Nr. 2 – in den Fällen des § 11bEU Abs. 1 Nr. 1–3 – die Verpflichtung des öffentlichen Auftraggebers zur unentgeltlichen Bereitstellung der Vergabeunterlagen mit uneingeschränktem und vollständigem direkten Zugang gem. § 12aEU Abs. 1 Nr. 1 S. 1 entfällt, sind den Aufforderungen zur Interessensbestätigung gem. § 12aEU Abs. 1 S. 6 die **Vergabeunterlagen beizufügen.** Diese zeitgleiche Übermittlung der Vergabeunterlagen erfolgt dann auf einem anderen „geeigneten Weg" iSd § 11bEU Abs. 1 S. 1.

III. Geheimhaltungsverpflichtung des öffentlichen Auftraggebers (Abs. 2)

Der öffentliche Auftraggeber hat gem. § 12aEU Abs. 2 die Namen der Unternehmen, die Vergabeunterlagen erhalten oder eingesehen haben, geheim zu halten. Wesentliches und unverzichtbares Kennzeichen der Auftragsvergabe im Wettbewerb ist die Gewährleistung des **Geheimwettbewerbs zwischen den Bietern.** Allein dann, wenn jeder Bieter die ausgeschriebene Leistung in Unkenntnis der Angebote, Angebotsgrundlagen und der Angebotskalkulation seiner Mitbieter anbietet, ist ein echter Vergabewettbewerb möglich.⁷ Diese Geheimhaltungsverpflichtung des öffentlichen Auftraggebers ist vor dem Hintergrund des Schutzzwecks des § 12aEU Abs. 2, der Sicherung des ordnungsgemäßen Wettbewerbs in Form des Geheimwettbewerbs, umfassend. Der öffentliche Auftraggeber hat über den Namen der Unternehmen, die Vergabeunterlagen erhalten oder eingesehen haben, hinaus

---
³ Ingenstau/Korbion/*von Wietersheim* Rn. 7.
⁴ Ingenstau/Korbion/*von Wietersheim* Rn. 10.
⁵ Ingenstau/Korbion/*von Wietersheim* Rn. 14.
⁶ Ingenstau/Korbion/*von Wietersheim* Rn. 3.
⁷ OLG Düsseldorf Beschl. v. 16.9.2003 – Verg 52/03, BeckRS 2004, 02041; OLG Düsseldorf Beschl. v. 4.2.2013 – Verg 31/12, NZBau 2013, 321.

auch jegliche andere Details unter Verschluss zu halten, mit denen eine Identifizierung der Einsicht nehmenden Unternehmen möglich wäre. Wettbewerbsbeschränkende Absprachen zwischen Bietern und Bewerbern sollen hierdurch soweit wie möglich im Ansatz unterbunden werden.

IV. Auskünfte an Unternehmen (Abs. 3)

11 Die Auskunftspflicht des öffentlichen Auftraggebers über die Vergabeunterlagen dient der Einhaltung eines fairen, mit möglichst großer Beteiligung geführten Wettbewerbs und damit der Gleichbehandlung der Bewerber.[8] § 12aEU Abs. 3 trägt gleichzeitig dem berechtigten Interesse des öffentlichen Auftraggebers am Bestehen eines **Enddatums für den Eingang von Fragen** zu den Vergabeunterlagen Rechnung. Auskünfte sind vom öffentlichen Auftraggeber an die Bewerber zu erteilen, soweit sie „rechtzeitig beantragt" iSd § 12aEU Abs. 3 S. 1 sind. Eine Auskunft eines Bewerbers ist rechtzeitig beantragt, wenn der öffentliche Auftraggeber die Fristen des § 12aEU Abs. 3 S. 1 und 2 wahren kann.[9] Dies bedeutet, dass die Bitte um Auskunft eines Bewerbers spätestens einen Tag vor dem Fristbeginn der sechs bzw. vier Kalendertage betragenden Antwortfristen des § 12aEU Abs. 3 zugehen muss und der öffentliche Auftraggeber die Möglichkeit besitzen muss, dem Auskunftsersuchen nachzugehen.[10]

12 Ausgangspunkt für die Berechnung der Auskunftsfristen – und damit der Bemessung der Rechtzeitigkeit einer Anfrage – ist der Tag, der dem Ablauf der Angebotsfrist vorhergeht. Gemäß § 187 Abs. 1 BGB wird der Tag des Endes der Angebotsfrist für die Berechnung des Ablaufs der Auskunftsfristen nicht mitgerechnet. Für die Berechnung des Fristbeginns der Auskunftsfristen ist daher der Tag des Ablaufs der Angebotsfrist nicht mitzurechnen. Die Rückrechnung hat vielmehr von dem Tag an zu erfolgen, der dem Tag des Ablaufs der Angebotsfrist vorhergeht.[11]

13 Der spät mögliche Eingang einer Bewerberfrage zu den Vergabeunterlagen ist mithin in Fällen des § 12aEU Abs. 3 S. 1 sieben Kalendertage, beginnend mit dem Tag vor Ablauf der Angebotsfrist, und in Fällen des § 12aEU Abs. 3 S. 2 fünf Kalendertage, gleichfalls beginnend mit dem Tag vor Ablauf der Angebotsfrist. Gleichzeitig muss dem öffentlichen Auftraggeber für die Rechtzeitigkeit des Auskunftsersuchens eine Auskunftserteilung praktisch möglich sein. Dies ist anhand des Einzelfalls, insbesondere anhand von Art und Umfang des Auskunftsersuchens und anhand der Relevanz der Beantwortung des Auskunftsersuchens für das Informationsinteresse aller Bewerber zu beurteilen. Die Umstände des Einzelfalls können es hiernach gebieten, den spätmöglichen Zeitpunkt einer noch rechtzeitigen Bewerberfrage **weiter vorzuverlegen.** Das Vorliegen dieses Ausnahmefalls sollte in der Vergabedokumentation gem. § 20EU, § 8 Abs. 1 VgV benannt werden. Angesichts des den Wettbewerb und die Gleichbehandlung der Bewerber schützenden Zwecks des § 12aEU Abs. 3 ist vom öffentlichen Auftraggeber bei der Vorverlegung des Ablaufdatums von Fragefristen besondere Vorsicht geboten. Wegen der erforderlichen Möglichkeit des öffentlichen Auftraggebers, dem Auskunftsersuchen nachgehen zu können, dürfte der Eingang einer Bieterfrage am Tag vor Beginn der Antwortfristen des § 12aEU Abs. 3 S. 1 und 2 regelmäßig nicht rechtzeitig iSd § 12aEU Abs. 3 S. 1 sein.[12]

14 In jedem Fall hat der öffentliche Auftraggeber zu prüfen, ob er die **Angebotsfrist verlängert.**[13] § 10aEU Abs. 6 Nr. 1 schreibt für das offene Verfahren und § 10bEU Abs. 6

---

[8] VK Sachsen Beschl. v. 24.4.2008 – 1/SVK/015-08, BeckRS 2008, 10072; OLG Naumburg Beschl. v. 23.7.2001 – 1 Verg 2/01, BeckRS 2001, 31024383; VK Bremen Beschl. v.20.3.2014 – 16 VK 1/14, BeckRS 2014, 16037.
[9] jurisPK-VergabeR/*Lausen* § 12EG Rn. 73.
[10] Ingenstau/Korbion/*von Wietersheim* Rn. 20.
[11] *Weyand* § 12EG Rn. 65.
[12] Ingenstau/Korbion/*von Wietersheim* Rn. 20.
[13] VK Bund Beschl. v. 28.1.2017 – VK 2-129/16, BeckRS 2017, 111301; VK Bund Beschl. v. 27.1.2017 – VK 2-131/16, BeckRS 2017, 113308; Ingenstau/Korbion/*von Wietersheim* Rn. 21.

Nr. 1 für das nicht offene Verfahren die Verlängerung der Angebotsfristen bei Nichteinhaltbarkeit der sechs bzw. vier Kalendertage-Fristen für die Zurverfügungstellung rechtzeitig angeforderter Zusatzinformationen durch den öffentlichen Auftraggeber vor. Eine Verlängerung der Angebotsfrist kann insbesondere dann notwendig und geboten sein, wenn aus dem Inhalt der Beantwortung von Auskunftsersuchen **Änderungen der Kalkulationsgrundlagen** folgen und die ursprünglich ausreichende Angebotsfrist durch die nachträglich zu beachtenden Änderungen nicht mehr angemessen ist.[14] Auch wenn eine Bewerberfrage kurz vor Ablauf der Angebotsfrist berechtigterweise relevante **Defizite oder Unklarheiten der Vergabeunterlagen** aufdeckt, muss der öffentliche Auftraggeber Klarstellungen für alle Bewerber herbeiführen. Dies gilt unabhängig davon, wie kurzfristig die Frage vor dem Ablauf der Angebotsfrist eingeht. Auch hierfür steht das Korrektiv einer Verlängerung der Angebotsfrist zur Verfügung, falls es die Klarstellung oder die Korrektur bedingt, dass die Wettbewerbsteilnehmer mehr Zeit benötigen, um ihre Angebotserstellung auf die neuen Informationen auszurichten.[15] Werden erst kurz vor Ablauf der Angebotsfrist berechtigterweise Defizite der Vergabeunterlagen aufgedeckt, kann der Auftraggeber die Beantwortung des Auskunftsersuchens und dessen Veröffentlichung im Bewerberkreis nicht einfach mit dem Argument ablehnen, die Frage sei nicht mindestens sechs Kalendertage vor Ablauf der Angebotsfrist gestellt worden. Auch hier steht dem öffentlichen Auftraggeber das **Korrektiv einer Verlängerung der Angebotsfrist** zur Verfügung.[16]

15 Die Auskunftserteilung durch den öffentlichen Auftraggeber auf rechtzeitig eingegangene Bewerberfragen zu den Vergabeunterlagen ist gem. § 12aEU Abs. 3 obligatorisch. Die Bewerberfrage muss aber ein Auskunftsersuchen „über die Vergabeunterlagen" iSd § 12aEU Abs. 3 S. 1 beinhalten. Dies ist dann der Fall, wenn die Bewerberanfrage bei objektiver Betrachtung mit den Vergabeunterlagen im Zusammenhang steht, insbesondere bezweckt, Verständnis- oder Auslegungsfragen in den Vergabeunterlagen auszuräumen oder wenn die Bewerberfrage die Preiskalkulation betrifft.[17] Zur Erteilung von Rechtsauskünften oder gar einer rechtlichen Beratung eines Wettbewerbsteilnehmers ist der öffentliche Auftraggeber gem. § 12aEU Abs. 3 S. 1 nicht verpflichtet.[18] Werden derartige Auskünfte vom öffentlichen Auftraggeber dennoch erteilt, müssen diese aber in der Sache zutreffend sein. Eine fehlerhafte Rechtsauskunft gegenüber einem Bewerber begründet die Intransparenz des Vergabeverfahrens und damit einen Verstoß gegen § 97 Abs. 1 S. 1 GWB.[19]

16 Die Auskünfte des öffentlichen Auftraggebers sind gem. § 12aEU Abs. 3 S. 1, 2 spätestens sechs bzw. vier Kalendertage vor Ablauf der Angebotsfrist „allen Unternehmen in gleicher Weise zu erteilen". Dies sichert die Gleichbehandlung der Bewerber. Der Adressatenkreis der Bewerber, denen die Auskünfte zu erteilen sind, erfasst dabei nur diejenigen Bewerber, die dem öffentlichen Auftraggeber bekannt sind.[20]

17 Das Gebot der Gleichbehandlung aller Bewerber setzt regelmäßig voraus, dass der öffentliche Auftraggeber bei Beantwortung einer Bewerberfrage und Übermittlung dieser Antwort an alle Bewerbe die konkrete **Bewerberfrage zu wiederholen** hat. Denn nur dann können alle Bewerber den Sinnzusammenhang der Antwort des öffentlichen Auftraggebers erfassen.[21]

18 Zur Fristwahrung der sechs bzw. vier Kalendertage-Fristen des § 12aEU Abs. 3 ist es ausreichend, wenn der öffentliche Auftraggeber die durch eine Bewerberfrage beantragte

---

[14] Ingenstau/Korbion/*von Wietersheim* Rn. 23; weitergehend Kapellmann/Messerschmidt/*Planker* § 12EG Rn. 23.
[15] VK Bund Beschl. v. 27.1.2017 – VK 2-113/16, BeckRS 2017, 113308.
[16] VK Bund Beschl. v. 28.1.2017 – VK 2-129/16, BeckRS 2017, 111301.
[17] OLG Naumburg Beschl. v. 23.7.2001 – 1 Verg. 2/01, BeckRS 2001, 31024383.
[18] OLG Düsseldorf Beschl. v. 17.2.2014 – VII-Verg 2/14, NZBau 2014, 716; VK Bund Beschl. v. 11.10.2010 – VK 3-96/10, BeckRS 2010, 142825.
[19] VK Bund Beschl. v. 11.10.2010 – VK 3-69/10, BeckRS 2010, 142825.
[20] jurisPK-VergabeR/*Lausen* § 12EG Rn. 76.
[21] jurisPK-VergabeR/*Lausen* § 12EG Rn. 76.

Auskunft **rechtzeitig absendet.** Auf den Eingang der Auskunft des öffentlichen Auftraggebers bei den übrigen Bewerbern kommt es nicht an.[22] Die Auskunft des öffentlichen Auftraggebers ist nicht formgebunden. Gemäß § 11EU Abs. 1 hat die Auskunftserteilung grundsätzlich durch elektronische Mittel zu erfolgen. Die Vergabedokumentation des öffentlichen Auftraggebers gem. § 20EU, § 8 Abs. 1 VgV hat sämtliche Bewerberfragen zu den Vergabeunterlagen, die hierauf erteilten Auskünfte des öffentlichen Auftraggebers und den Nachweis der Erteilung dieser Auskünfte gegenüber allen, dem öffentlichen Auftraggeber bekannten Bewerbern zu enthalten.

§ 13EU Form und Inhalt der Angebote

(1)
1. ¹Der öffentliche Auftraggeber legt unter Berücksichtigung von § 11EU fest, in welcher Form die Angebote einzureichen sind. ²Schriftliche Angebote müssen unterzeichnet sein. ³Elektronisch übermittelte Angebote sind nach Wahl des Auftraggebers mit einer fortgeschrittenen elektronischen Signatur gemäß § 2 Nummer 2 SigG oder mit einer qualifizierten elektronischen Signatur gemäß § 2 Nummer 3 SigG zu versehen, sofern der öffentliche Auftraggeber dies in Einzelfällen entsprechend § 11EU verlangt hat.
2. ¹Der öffentliche Auftraggeber hat die Datenintegrität und die Vertraulichkeit der Angebote gemäß § 11aEU Absatz 2 zu gewährleisten. ²Per Post oder direkt übermittelte Angebote sind in einem verschlossenen Umschlag einzureichen, als solche zu kennzeichnen und bis zum Ablauf der für die Einreichung vorgesehenen Frist unter Verschluss zu halten. ³Bei elektronisch übermittelten Angeboten ist dies durch entsprechende technische Lösungen nach den Anforderungen des öffentlichen Auftraggebers und durch Verschlüsselung sicherzustellen. ⁴Die Verschlüsselung muss bis zur Öffnung des ersten Angebots aufrechterhalten bleiben.
3. Die Angebote müssen die geforderten Preise enthalten.
4. Die Angebote müssen die geforderten Erklärungen und Nachweise enthalten.
5. ¹Das Angebot ist auf der Grundlage der Vergabeunterlagen zu erstellen. ²Änderungen an den Vergabeunterlagen sind unzulässig. ³Änderungen des Bieters an seinen Eintragungen müssen zweifelsfrei sein.
6. Bieter können für die Angebotsabgabe eine selbstgefertigte Abschrift oder Kurzfassung des Leistungsverzeichnisses benutzen, wenn sie den vom öffentlichen Auftraggeber verfassten Wortlaut des Leistungsverzeichnisses im Angebot als allein verbindlich anerkennen; Kurzfassungen müssen jedoch die Ordnungszahlen (Positionen) vollzählig, in der gleichen Reihenfolge und mit den gleichen Nummern wie in dem vom öffentlichen Auftraggeber verfassten Leistungsverzeichnis, wiedergeben.
7. Muster und Proben der Bieter müssen als zum Angebot gehörig gekennzeichnet sein.

(2) ¹Eine Leistung, die von den vorgesehenen technischen Spezifikationen nach § 7aEU Absatz 1 Nummer 1 abweicht, kann angeboten werden, wenn sie mit dem geforderten Schutzniveau in Bezug auf Sicherheit, Gesundheit und Gebrauchstauglichkeit gleichwertig ist. ²Die Abweichung muss im Angebot eindeutig bezeichnet sein. ³Die Gleichwertigkeit ist mit dem Angebot nachzuweisen.

(3) ¹Die Anzahl von Nebenangeboten ist an einer vom öffentlichen Auftraggeber in den Vergabeunterlagen bezeichneten Stelle aufzuführen. ²Etwaige Nebenange-

---

[22] Ingenstau/Korbion/*von Wietersheim* Rn. 21; jurisPK-VergabeR/*Lausen* § 12EG Rn. 72; aA Kapellmann/Messerschmidt/*Planker* § 12EG Rn. 22.

bote müssen auf besonderer Anlage erstellt und als solche deutlich gekennzeichnet werden.

(4) Soweit Preisnachlässe ohne Bedingungen gewährt werden, sind diese an einer vom öffentlichen Auftraggeber in den Vergabeunterlagen bezeichneten Stelle aufzuführen.

(5) ¹Bietergemeinschaften haben die Mitglieder zu benennen sowie eines ihrer Mitglieder als bevollmächtigten Vertreter für den Abschluss und die Durchführung des Vertrags zu bezeichnen. ²Fehlt die Bezeichnung des bevollmächtigten Vertreters im Angebot, so ist sie vor der Zuschlagserteilung beizubringen.

(6) Der öffentliche Auftraggeber hat die Anforderungen an den Inhalt der Angebote nach den Absätzen 1 bis 5 in die Vergabeunterlagen aufzunehmen.

Übersicht

	Rn.		Rn.
I. Normzweck	1–5	b) Änderungen an den Vergabeunterlagen	70–76
II. Grundlagen	6–12	c) Änderungen an eigenen Eintragungen	77–81
1. Zivilrechtliches Angebot	6, 7	7. Bieterseitige Kurzfassungen des Leistungsverzeichnisses (Nr. 6)	82–84
2. Angebotsauslegung	8–12	8. Muster und Proben der Bieter (Nr. 7)	85–87
III. Elektronische Angebote gem. § 13EU Abs. 1 Nr. 1–7	13–87	IV. Abweichung von technischen Spezifikationen in den Vergabeunterlagen (Abs. 2)	88–99
1. Angebotsform nach Vorgabe des Auftraggebers (Nr. 1 S. 1)	13–17	1. Norminhalt und -kontext	88–92
2. Angebotsform im Einzelnen (Nr. 1 S. 2, 3)	18–36	2. Technische Spezifikationen	93, 94
a) Schriftliche Angebote (Nr. 1 S. 2)	18–29	3. Zulässigkeitsanforderungen der Abweichung	95–97
b) Elektronische Angebote (Nr. 1 S. 3)	30–36	4. Nachweis der Gleichwertigkeit	98, 99
3. Datenintegrität und Vertraulichkeit bei der Angebotsbehandlung (Nr. 2)	37–47	V. Nebenangebote (Abs. 3)	100–108
a) Grundlagen der Angebotsbehandlung	37, 38	1. Norminhalt und Normkontext	100–104
b) Verschluss und Kennzeichnung schriftlicher Angebote	39–43	2. Aufführung der Anzahl und Kennzeichnung von Nebenangeboten	105–108
c) Verschlüsselung elektronischer Angebote	44–47	VI. Preisnachlässe ohne Bedingungen (Abs. 4)	109–113
4. Angebotsanforderungen in Bezug auf die Preise (Nr. 3)	48–59	1. Begrifflichkeiten und Voraussetzungen	109–112
a) Normkontext und -zweck	48–51	2. Behandlung und Rechtsfolgen	113
b) Geforderte Preisangaben	52–59	VII. Angebote von Bietergemeinschaften (Abs. 5)	114–121
5. Angebotsanforderungen in Bezug auf Erklärungen und Nachweise (Nr. 4)	60–68	1. Begrifflichkeiten und Voraussetzungen	114–118
a) Normkontext und -zweck	60–62	2. Bezeichnung des bevollmächtigten Vertreters	119–121
b) Geforderte Erklärungen und Nachweise	63–68	VIII. Aufnahme der Anforderungen gem. § 13EU Abs. 1–5 in die Vergabeunterlagen (Abs. 6)	122
6. Bieterseitige Änderungen an den Vergabeunterlagen und an seinen Eintragungen (Nr. 5)	69–81		
a) Angebotserstellung auf Grundlage der Vergabeunterlagen	69		

I. Normzweck

Die §§ 13EU ff. bilden den **Kern des Vergabeverfahrens**.[1] Dieser besteht aus den förmlichen und inhaltlichen Vorgaben bei der Abgabe der Angebote (§ 13EU), den Regelungen für die Eröffnung, die förmliche Angebotsbehandlung und den Öffnungstermin 1

---

[1] Ingenstau/Korbion/*von Wietersheim* vor §§ 13 ff. Rn. 2.

(§ 14EU) sowie die Aufklärung des Angebotsinhalts (§ 15EU), insbesondere der Möglichkeit der Durchführung von Aufklärungsgesprächen mit den Bietern. Mit den Vorgaben der §§ 13EU–15EU wird die Angebotsphase des Vergabeverfahrens einschließlich der formellen Behandlung der Angebote im Öffnungstermin und die Aufklärung des Angebotsinhalts geregelt. Weitere Kernpunkte des Vergabeverfahrens sind die formelle Prüfung der Angebote auf zwingende Ausschlussgründe (§ 16EU Nr. 1–6), die Prüfung der bieterbezogenen Eignungskriterien (§ 16bEU Abs. 1–3) und schließlich die materielle Angebotswertung (§ 16dEU Abs. 1–5).

2 § 13EU entspricht – unter Ausnahme des § 13EU Abs. 1 Nr. 1 S. 1, 2 – den Regelungen der Angebotseinreichung bei nationaler Bauvergabe des Abschnitts 1 in § 13 Abs. 1–6. Zur Kommentierung der Regelungen des § 13EU Abs. 1–6 wird ergänzend auf die Kommentierung des § 13 Abs. 1–6 verwiesen (→ § 13 Rn. 13 ff.).

3 § 13EU ermöglicht die Durchführung eines ordnungsgemäßen Wettbewerbs durch Sicherstellung des formal korrekten Ablaufs des Vergabeverfahrens in der Angebotsphase. Die Vorschrift bezweckt dabei insbesondere die **Sicherstellung der Vergleichbarkeit der Angebote** für die auf die Angebotsphase folgende Wertungsphase.[2] Die Vorschrift ist bieterschützend.[3] Diese Sicherstellung einer möglichst weitgehenden Vergleichbarkeit der Angebote in der Angebotsphase ermöglicht es erst in der darauf folgenden Wertungsphase, das annehmbarste und wirtschaftlichste Angebot gem. § 16dEU Abs. 2 S. 1–3 zu ermitteln. Hierdurch wird den Vorgaben des öffentlichen Haushaltsrechts durch Einhaltung der Gebote der Sparsamkeit und Wirtschaftlichkeit Rechnung getragen.[4] Die von § 13EU geforderte Vollständigkeit der Bieterangaben zu den bieterseits unveränderten Vergabeunterlagen dient ferner nach Zuschlagserteilung der Vertragssicherheit.[5]

4 Die formellen und inhaltlichen Anforderungen des § 13EU an die Angebote der Bieter sind **nicht abschließend**. Die Bieter sind ferner bei der Angebotsabgabe allein dann zur Einhaltung der Vorgaben in § 13EU Abs. 1–5 verpflichtet, wenn der Auftraggeber gem. § 13EU Abs. 6 die Anforderungen an den Inhalt der Angebote nach § 13EU Abs. 1–5 in den Vergabeunterlagen vorgegeben hat.[6] Hierzu ist die **wörtliche Wiederholung** der Bestimmungen des § 13EU Abs. 1–5 in den Vergabeunterlagen erforderlich.[7]

5 Die Regelungsstruktur des § 13EU Abs. 1 umfasst auch die vom Auftraggeber unter Berücksichtigung des § 11EU vorzugebende Angebotsform. Angebote sind grundsätzlich unter Verwendung **elektronischer Mittel** gem. § 11EU Abs. 1–5, § 11aEU Abs. 1–7 **nach Vorgabe des Auftraggebers** einzureichen (§ 13EU Abs. 1 Nr. 1). Des Weiteren enthält § 13EU Abs. 1 die Grundlagen der Angebotsbehandlung und des Angebotsinhalts (§ 13EU Abs. 1 Nr. 2–7). Besondere Anforderungen an den Angebotsinhalt in Bezug auf die Abweichung von technischen Spezifikationen, der Abgabe von Nebenangeboten, von Preisnachlässen ohne Bedingungen sowie der gemeinsamen Angebotsabgabe von Bietergemeinschaften enthalten die Regelungen in § 13EU Abs. 2–5.

II. Grundlagen

6 **1. Zivilrechtliches Angebot.** Das Bieterangebot im Vergabeverfahren ist Angebot gem. § 145 BGB. Es ist eine einseitige, empfangsbedürftige Willenserklärung, welche gem. § 130 Abs. 1 S. 1 BGB mit Zugang beim öffentlichen Auftraggeber wirksam wird. Das Bieterangebot ist Teil des zweiseitigen Rechtsgeschäfts „Bauauftrag" oder „Bauvertrag", welches durch Zuschlagserteilung (Annahme des Angebots) geschlossen wird. Das Bieterangebot erfolgt auf Grundlage der Vergabeunterlagen iSd § 8EU Abs. 1 Nr. 1, 2, Abs. 2 Nr. 1–4. Durch

---

[2] Ingenstau/Korbion/*von Wietersheim* § 13 Rn. 1.
[3] 1. VK Sachsen Beschl. v. 5.9.2002 – 1/SVK/073-02, IBRRS 95117; Kapellmann/Messerschmidt/*Planker* § 13 Rn. 1.
[4] Kapellmann/Messerschmidt/*Planker* § 13 Rn. 1.
[5] Kapellmann/Messerschmidt/*Planker* § 13 Rn. 1.
[6] Ingenstau/Korbion/*von Wietersheim* § 13 Rn. 1; jurisPK-VergabeR/*Dippel* § 13 Rn. 55.
[7] Ingenstau/Korbion/*von Wietersheim* § 13 Rn. 40.

die Angebotsabgabe des Bieters auf Grundlage der Vergabeunterlagen wird die Bestimmtheit bzw. die Bestimmbarkeit des Angebots als einseitige, empfangsbedürftige Willenserklärung, die auf den Abschluss eines Bauvertrages mit definiertem Inhalt gerichtet ist, herbeigeführt. Gegenstand und Inhalt des Vertrages müssen durch Bezugnahme des Angebots auf die Vergabeunterlagen so bestimmt bzw. so bestimmbar gem. §§ 133, 157, 315 ff. BGB sein, dass die Annahme des Angebots durch ein einfaches Ja erfolgen kann. Gegenstand und Inhalt des Angebots einschließlich der notwendigen Bestimmtheit sind **aus Sicht des Empfängerhorizonts** zu beurteilen. Die zivilrechtlichen Vorschriften der Rechtsgeschäftslehre (§§ 145 ff. BGB) sind auf das Bieterangebot uneingeschränkt heranzuziehen. Gleiches gilt für die zivilrechtlichen Vorgaben zur Auslegung des Angebots gem. §§ 133, 157, 315 ff. BGB.

Die Bindefrist, die der Auftraggeber gem. § 10aEU Abs. 8 S. 1, § 18EU Abs. 1 in den Vergabeunterlagen setzt, beinhaltet die Bestimmung einer Annahmefrist für das auf Grundlage der Vergabeunterlagen abgegebene Angebot gem. § 148 BGB. Daher ist gem. § 18EU Abs. 1 der Zuschlag möglichst bald, mindestens aber so rechtzeitig zu erteilen, dass dem Bieter die Erklärung des Zuschlags **noch vor Ablauf der Bindefrist** (§ 10aEU Abs. 8 S. 1–5) zugeht. Zuschlagserteilungen unter Erweiterungen, Einschränkungen oder Änderungen sind ebenso wie verspätete Zuschlagserteilungen abändernde bzw. verspätete Annahmen des Angebots gem. § 150 Abs. 1 und 2 BGB. Abändernde oder verspätete Zuschlagserteilungen des öffentlichen Auftraggebers beinhalten eine Ablehnung des Angebots des Bieters, verbunden mit einem neuen Angebot des öffentlichen Auftraggebers. Dementsprechend ist der Bieter gem. § 18EU Abs. 2 bei Zuschlagserteilung unter Erweiterungen, Einschränkungen oder Änderungen des Angebots sowie bei verspäteten Zuschlagserteilungen nach Ablauf der Bindefrist aufzufordern, sich unverzüglich über die Annahme (des neuen Angebots des Auftraggebers) zu erklären. **7**

2. Angebotsauslegung. Ist das Angebot des Bieters aus Sicht des Empfängerhorizonts unklar oder sonst auslegungsbedürftig, sind die zivilrechtlichen Grundsätze zur Auslegung einseitiger empfangsbedürftiger Willenserklärungen gem. §§ 133, 157 BGB heranzuziehen.[8] Eine Auslegungsbedürftigkeit und -möglichkeit besteht dann nicht, wenn die einseitige empfangsbedürftige Willenserklärung nach Wortlaut und Zweck **einen eindeutigen Inhalt** hat und für eine Auslegung daher kein Raum ist.[9] So kommt keine Auslegung des Angebots des Bieters den §§ 133, 157 BGB in Betracht, wenn die Eintragung des Bieters in der maßgeblichen Position für sich genommen eindeutig ist und keinen Rechen- oder Schreibfehler erkennen lässt.[10] **8**

Bei bestehender Auslegungsmöglichkeit und -bedürftigkeit ist die **Auslegung des Angebots** des Bieters gegenüber dessen Ausschluss **vorrangig**.[11] Der öffentliche Auftraggeber ist bei Auslegungsbedürftigkeit des Angebots zur Auslegung verpflichtet.[12] **9**

Bei Ermittlung des Erklärungsinhalts der auslegungsbedürftigen einseitigen empfangsbedürftigen Willenserklärung ist nicht am Wortlaut zu haften. Empfangsbedürftige Willenserklärungen sind vielmehr so auszulegen, wie sie der Erklärungsempfänger nach Treu und Glauben unter Berücksichtigung der Verkehrssitte verstehen musste. Zu berücksichtigen sind bei der Auslegung dabei allein solche Umstände, die bei Zugang der Erklärung dem Empfänger bekannt oder für ihn erkennbar waren. Maßgeblich ist der Empfängerhorizont, **10**

---

[8] OLG Celle Beschl. v. 19.2.2015 – 13 Verg 12/14, BeckRS 2015, 12548; VK Südbayern Beschl. v. 10.9.2013 – Z3-3-3194-1-24-08/13, VPRRS 2013, 1482.
[9] *Weyand* § 13 Rn. 13.
[10] VK Schleswig-Holstein Beschl. v. 20.10.2010 – VK-SH 16/10, BeckRS 2015, 03371; VK Bund Beschl. v. 28.7.2006 – VK 2-50/06, JurionRS 2006, 43797; VK Schleswig-Holstein Beschl. v. 28.3.2007 – VK-SH 4/07, BeckRS 2007, 06707; VK Schleswig-Holstein Beschl. v. 15.5.2006 – VK-SH 10/06, BeckRS 2006, 06581; OLG Frankfurt a. M. Beschl. v. 8.2.2005 – 11 Verg 24/04, IBRRS 2005, 2160; VK Münster Beschl. v. 15.8.2007 – VK 13/07, BeckRS 2007, 18914.
[11] VK Bund Beschl. v. 17.2.2017 – VK 2-14/17, BeckRS 2017, 111319; *Weyand* § 13 Rn. 14.
[12] OLG Düsseldorf Beschl. v. 19.6.2013 – Verg 8/13, ZfBR 2014, 85; OLG Düsseldorf Beschl. v. 12.12.2012 – Verg 38/12, BeckRS 2013, 03105.

und zwar auch dann, wenn der Erklärende die Erklärung anders verstanden hat und auch anders verstehen durfte.[13] Der Erklärungsempfänger darf das Angebot allerdings nicht einfach in einem für ihn günstigsten Sinn verstehen. Er ist vielmehr nach Treu und Glauben verpflichtet, unter Berücksichtigung aller ihm erkennbaren Umstände mit gehöriger Aufmerksamkeit zu prüfen, was der Erklärende gemeint hat. Entscheidend ist danach der durch normative Auslegung zu ermittelnde **objektive Erklärungswert der Erklärung** aus Sicht des Erklärungsempfängers.[14] Für die Auslegung von Angeboten und sonstigen Biererklärungen im Vergabeverfahren sind dabei ergänzend auch die in § 97 Abs. 1, 2 GWB aufgestellten Vergabeprinzipien der Auftragsvergabe im Rahmen eines transparenten Wettbewerbs unter Gleichbehandlung aller Bieter zu beachten.[15]

11   Bei der Angebotsauslegung können auch **nachträglich abgegebene Erklärungen** eines Bieters darüber, wie er sein Angebot im Zeitpunkt der Angebotsabgabe verstanden wissen wollte und welchem Inhalt er diesem Angebot beimaß, berücksichtigt werden. Zur Feststellung, welchen Inhalt der Erklärende seinem Angebot selbst zukommen lassen wollte, sind daher auch zeitlich später entstandene Erläuterungen des Bieters heranzuziehen, soweit sie einen Rückschluss auf den Willen des Bieters im Zeitpunkt der Angebotsabgabe zulassen.[16] Auch **spätere Vorgänge,** insbesondere das nachträgliche Verhalten des Bieters sind ebenso wie nachträgliche Erklärungen des Bieters insoweit zu berücksichtigen, als sie Rückschlüsse auf seinen tatsächlichen Willen und das tatsächliche Verständnis des Erklärungsempfängers zulassen können.[17] Nachträgliche Biererklärungen sind bei Auslegung des Angebots des Bieters aber dann nicht zu berücksichtigen, wenn sie den Angebotsinhalt nachträglich ändern und im Ergebnis dazu führen, dass diesem Bieter eine längere Angebotsfrist eingeräumt wird als den übrigen Bietern.[18] Im Zweifel hat dabei auch eine **vergaberechtskonforme Auslegung** des Angebots zu erfolgen. Die Auslegungsregel, der zufolge die Parteien im Zweifel vernünftige Ziele und redliche Absichten verfolgen, gilt auch im Vergaberecht.[19] Im Zweifel will der Bieter ein ausschreibungskonformes Angebot abgeben und der Auftraggeber die Vergaberechtsbestimmungen einhalten.[20] Bei der Beurteilung des Verständnisses des für die Auslegung maßgeblichen Empfängerhorizonts sind dabei auch die Vergabegrundsätze zu berücksichtigen. Im Zweifel kann nicht angenommen werden, dass der öffentliche Auftraggeber hiergegen verstoßen will.[21]

12   Eine „Berichtigung" eines unklaren Angebotsinhalts im Wege der technischen Angebotsaufklärung gem. § 15EU Abs. 1 Nr. 1 ist unstatthaft. Dies überschreitet die Grenzen des Nachverhandlungsverbotes gem. § 15EU Abs. 3.[22]

III. Elektronische Angebote gem. § 13EU Abs. 1 Nr. 1–7

13   **1. Angebotsform nach Vorgabe des Auftraggebers (Nr. 1 S. 1).** Gemäß § 13EU Abs. 1 Nr. 1 S. 1 legt der Auftraggeber unter Berücksichtigung von § 11EU fest, in welcher Form die Angebote der Bieter einzureichen sind.

---

[13] OLG Celle Beschl. v. 19.2.2015 – 13 Verg 12/14, BeckRS 2015, 12548; VK Südbayern Beschl. v. 10.9.2013 – Z3-3-3194-1-24-08/13, VPRRS 2013, 1482; VK Schleswig-Holstein Beschl. v. 20.10.2010 – VK-SH 16/10, BeckRS 2015, 03371.
[14] VK Westfalen Beschl. v. 7.4.2017 – VK 1-07/07, BeckRS 2017, 111393; Palandt/*Ellenberger* BGB § 133 Rn. 9.
[15] OLG Frankfurt a. M. Beschl. v. 14.10.2008 – 11 Verg 11/08, ZfBR 2009, 285; BayObLG Beschl. v. 16.9.2002 – Verg 19/02, BeckRS 2002, 8062.
[16] *Weyand* § 13 Rn. 16.
[17] OLG Düsseldorf Beschl. v. 14.10.2009 – Verg 9/09, BeckRS 2009, 29070; VK Südbayern Beschl. v. 15.5.2015 – Z3-3-3194-1-05-01/15, IBRRS 2015, 1925.
[18] VK Bund Beschl. v. 6.2.2014 – VK 1 125/13, BeckRS 2015, 09194.
[19] OLG Düsseldorf Beschl. v. 27.9.2006 – Verg 36/06, BeckRS 2007, 00390; OLG Rostock Beschl. v. 9.10.2013 – 17 Verg 6/13, BeckRS 2013, 21379.
[20] BGH Urt. v. 22.7.2010 – VII ZR 213/08, NZBau 2010, 622.
[21] *Weyand* § 13 Rn. 17.
[22] VK Schleswig-Holstein Beschl. v. 20.10.2010 – VK-SH 16/10, BeckRS 2015, 03371; *Weyand* § 13 Rn. 18.

Im Bereich der **oberschwelligen Bauvergabe** ist für die Form der Angebotseinreichung 14
und die Kommunikation im Vergabeverfahren gem. § 11EU Abs. 1 die Übergangsregelung
des § 23EU maßgeblich. Zentrale Beschaffungsstellen iSd § 120 Abs. 4 S. 1 GWB konnten
hiernach bis zum 18.4.2017, andere öffentliche Auftraggeber können bis zum 18.10.2018
abweichend von § 11EU Abs. 4 die Übermittlung der Angebote, Teilnahmeanträge und
Interessensbestätigungen auch auf dem Postweg, anderem geeignetem Weg, Telefax oder
durch die Kommunikation dieser Mittel verlangen. Dasselbe gilt für sonstige Kommunikation im Vergabeverfahren iSd § 11EU Abs. 1, soweit sie nicht die Übermittlung von
Bekanntmachungen und die Bereitstellung der Vergabeunterlagen betrifft.

Spätestens nach Ablauf der Übergangsfristen des § 23EU S. 1, 2 hat die Angebotseinrei- 15
chung im Bereich der oberschwelligen Bauvergabe gem. § 13EU Abs. 1 Nr. 1 S. 1, 2 **allein
durch elektronische Mittel** gem. § 11EU Abs. 1–6, § 11aEU Abs. 1–7 zu erfolgen. Enge
Ausnahmetatbestände hierzu enthält allein § 11bEU Abs. 1–4.

Die Regelung der **nationalen Bauvergabe** in Abschnitt 1, der zufolge gem. § 13 Abs. 1 16
Nr. 1 S. 2 schriftliche Angebote bis zum 18.10.2018 immer zuzulassen sind, gilt im Bereich
der europaweiten Bauvergabe des Abschnitts 2 **nicht.**[23] Auch vor Ablauf der Übergangsfristen des § 23EU S. 1, 2 kann daher vom Auftraggeber bei Bauvergaben im Oberschwellenbereich die Angebotseinreichung in ausschließlich elektronischer Form vorgegeben werden.[24]

Unabhängig davon, wie der öffentliche Auftraggeber das ihm durch § 13EU Abs. 1 Nr. 1 17
S. 1 eingeräumte Wahlrecht ausübt, ist er verpflichtet, den Bietern über die Formvorgabe
hinaus **weitere Details zur gewählten Angebotsform** und zur **Angebotsabgabe** zu
unterbreiten.[25] Diese notwendigen Informationen sind gem. § 11aEU Abs. 3 Nr. 1–3 den
Unternehmen zur Verfügung zu stellen. Für die elektronisch einzureichenden Angebote
hat der öffentliche Auftraggeber insbesondere gem. § 13EU Abs. 1 Nr. 1 S. 3 die **Signaturanforderungen** gem. § 2 Nr. 2 SigG (fortgeschrittene elektronische Signatur) oder gem.
§ 2 Nr. 3 SigG (qualifizierte elektronische Signatur) anzugeben, sofern der öffentliche Auftraggeber dies in Einzelfällen gem. § 11EU Abs. 5 verlangt hat. Vom Bieter ist hier besondere
Aufmerksamkeit und Gründlichkeit bei der Umsetzung der Vorgaben des öffentlichen Auftraggebers gem. § 13EU Abs. 1 Nr. 1 S. 1–3 gefordert. Zweifel am Angebotsinhalt und
Defizite der Angebotsform gehen zu Lasten des Bieters.[26]

2. Angebotsform im Einzelnen (Nr. 1 S. 2, 3). a) Schriftliche Angebote (Nr. 1 18
S. 2). § 13EU Abs. 1 Nr. 1 S. 2, 3 regelt die Angebotsformen der schriftlichen und der
elektronischen Angebote. Der Auftraggeber legt gem. § 13EU Abs. 1 Nr. 1 S. 1 unter
Berücksichtigung von § 11EU fest, in welcher Form die Angebote einzureichen sind. In
Vergabeverfahren oberhalb der Schwellenwerte gem. § 106 Abs. 1, 2 Nr. 1–4 GWB haben
Auftraggeber und Bieter gem. § 97 Abs. 5 GWB für das Senden, Empfangen, Weiterleiten
und Speichern von Daten in einem Vergabeverfahren **grundsätzlich elektronische Mittel**
zu verwenden. Dies folgt dem Umsetzungsgebot des Art. 23 Abs. 1 S. 1, 2 RL 2014/24/
EU vom 26.2.2014. Hiernach haben die Mitgliedstaaten zu gewährleisten, dass die gesamte
Kommunikation und der gesamte Informationsaustausch im Anwendungsbereich der Richtlinie, insbesondere die elektronische Einreichung von Angeboten unter Anwendung elektronischer Kommunikationsmittel erfolgen.

Dementsprechend sieht § 11EU Abs. 1–5 für die Kommunikation und Informationsüber- 19
mittlung im Vergabeverfahren die grundsätzliche Verwendung elektronischer Mittel vor. Die
Anforderungen an die zu verwendenden elektronischen Mittel werden von § 11a Abs. 1–7
bestimmt. Eng umgrenzte Ausnahmetatbestände von der grundsätzlich gebotenen Verwendung elektronischer Mittel für die Kommunikation und die Informationsübermittlung im
Vergabeverfahren enthält § 11bEU Abs. 1–4. Die Wahl schriftlicher Angebote als statthafte

---

[23] Ingenstau/Korbion/*von Wietersheim* Rn. 2.
[24] Ingenstau/Korbion/*von Wietersheim* Rn. 2.
[25] jurisPK-VergabeR/*Dippel* § 13 Rn. 8; Ingenstau/Korbion/*von Wietersheim* § 13 Rn. 2.
[26] VK Westfalen Beschl. v. 7.4.2017 – VK 1-07/17, BeckRS 2017, 111393; Ingenstau/Korbion/*von Wietersheim* § 13 Rn. 2; jurisPK-VergabeR/*Dippel* § 13 Rn. 15.

Angebotsform bei oberschwelligen Bauvergaben ist für den Auftraggeber allein nach den Ausnahmetatbeständen des § 11bEU Abs. 1–4 statthaft. Das dem öffentlichen Auftraggeber gem. § 13EU Abs. 1 Nr. 1 S. 1 eröffnete Wahlrecht zur Festlegung der Angebotsform ist unter Berücksichtigung der §§ 11EU ff. in aller Regel dahingehend eingeschränkt, **dass allein elektronische Angebote** gem. § 13EU Abs. 1 Nr. 1 S. 3 vorzulegen sind. Dies entspricht den Vorgaben des Art. 22 Abs. 1 RL 2014/24/EU vom 26.2.2014. Nach den Übergangsvorschriften in § 81 S. 1 VgV, § 23EU konnten zentrale Beschaffungsstellen iSd § 120 Abs. 4 S. 1 GWB bis zum 18.4.2017 und können andere öffentliche Auftraggeber bis zum 18.10.2018 abweichend von § 11EU Abs. 4 die Übermittlung der Angebote, Teilnahmeanträge und Interessensbestätigungen auch auf dem Postweg, anderem geeigneten Weg, Telefax oder durch die Kombination dieser Mittel verlangen. Dasselbe gilt für die sonstige Kommunikation im Vergabeverfahren gem. § 11EU Abs. 1, soweit sie nicht die Übermittlung von Bekanntmachungen und die Bereitstellung der Vergabeunterlagen betrifft.

20   Die Vorlage schriftlicher Angebote kann bei oberschwelligen Bauvergaben allein unter diesen Maßgaben in den beschriebenen engen Ausnahmefällen verlangt werden.

21   Die **Schriftform** schriftlicher Angebote iSd § 13 Abs. 1 Nr. 1 S. 2, 3 beinhaltet eine durch Rechtsgeschäft bestimmte Schriftform gem. § 127 Abs. 1 BGB, § 126 Abs. 1 BGB.[27] Der Verstoß hiergegen begründet Nichtigkeit gem. § 125 S. 2 BGB.[28]

22   Die Schriftlichkeit der Schriftform erfüllen sowohl handschriftliche Eintragungen in die Verdingungsunterlagen als auch deren maschinelles Ausfüllen. Die verwandten Schreib- und Druckmittel haben dabei **dokumentenecht** zu sein.[29]

23   Wesentlich für die Wahrung der Schriftform ist die – stets handschriftliche – **Unterzeichnung der Angebote** gem. § 13EU Abs. 1 Nr. 1 S. 2. Die handschriftliche Unterschrift erfüllt eine Identitäts-, Verifikations- und Echtheitsfunktion, indem sie die Identität des Bieters erkennbar macht und das Angebot eindeutig und nachprüfbar diesem zuordnet. Durch die Verbindung von Angebotstext und Unterschrift wird gleichzeitig die Integrität und Vollständigkeit des Angebots in inhaltlicher Hinsicht gewährleistet.[30] Schriftlich eingereichte Angebote sind unterzeichnet iSd § 13EU Abs. 1 Nr. 1 S. 2, wenn das Angebot als Urkunde von dem Aussteller eigenhändig durch Namensunterschrift gem. § 126 Abs. 1 S. 1 BGB unterzeichnet wurde. Die Unterschrift hat dabei die Erklärung **räumlich abzuschließen.** Dieser räumliche Abschluss der Unterschrift unter das Angebot ist dann erbracht, wenn aus der Platzierung der Unterschrift zweifelsfrei folgt, dass sie ersichtlich den gesamten Inhalt des Angebots abdeckt.[31] Ohne räumlichen Abschluss der Unterschrift unter das schriftliche Angebot sind die Anforderungen der § 13EU Abs. 1 Nr. 1 S. 2, § 126 Abs. 1 BGB nicht erfüllt.

24   Wesentlich ist ferner die **eigenhändige Unterzeichnung** des Angebots durch den Erklärenden. Mechanische oder elektromechanische Mittel zur Wiedergabe der Unterschrift, wie Farbdruck, Stempel, digitale Signatur etc, erfüllen nicht das Erfordernis der eigenhändigen Namensunterschrift iSd § 13EU Abs. 1 Nr. 1 S. 2, § 126 Abs. 1 BGB.[32] Gleiches gilt für die Unterschriftskopie oder den Unterschriftsausdruck, zB auf einem Telefax.[33] Die Wiedergabe des Namens des Unterzeichnenden in Textform als Kopie, Stempel oder Telefax-Unterschrift begründen den zwingenden Ausschlusstatbestand des § 16EU Nr. 2. Die Wiedergabe des Namens des Unterzeichnenden in Textform auf einem Telefaxschreiben

---

[27] Kapellmann/Messerschmidt/*Planker* § 13 Rn. 4.
[28] VK Südbayern Beschl. v. 17.4.2013 – Z3-3-3194-1-07-03/13, IBRRS 2013, 1974; VK Südbayern Beschl. v. 21.5.2015 – Z3-3-3194-1-08-02/15, IBRRS 2015, 1928; VK Brandenburg Beschl. v. 17.1.2012 – VK 55/11, IBRRS 2012, 2391.
[29] Kapellmann/Messerschmidt/*Planker* § 13 Rn. 4.
[30] VK Südbayern Beschl. v. 21.5.2015 – Z3-3-3194-1-08-02/15, IBRRS 2015, 1928; VK Südbayern Beschl. 17.4.2013 – Z3-3-3194-1-07-03/13, IBRRS 2013, 1974.
[31] VK Bund Beschl. v. 6.6.2005 – VK 3-43/05, BeckRS 2005, 151481; OLG Celle Beschl. v. 19.8.2003 – 13 Verg 20/03, BeckRS 2003, 10602; Ingenstau/Korbion/*von Wietersheim* § 13 Rn. 2.
[32] Kapellmann/Messerschmidt/*Planker* § 13 Rn. 5.
[33] Kapellmann/Messerschmidt/*Planker* § 13 Rn. 5.

kann das Erfordernis der Eigenhändigkeit der Unterschrift gem. § 13EU Abs. 1 Nr. 1 S. 2, § 126 Abs. 1 BGB allein dann erfüllen, wenn ein eigenhändig unterzeichnetes schriftliches Bestätigungsschreiben, welches auf das Telefaxschreiben eindeutig Bezug nimmt, postalisch nachgesandt wird. Dieses eigenhändig unterzeichnete Bestätigungsschreiben hat dann aber vor Ablauf der Angebotsfrist dem Auftraggeber zuzugehen.[34]

Des Weiteren ist die **Vertretungsmacht des Unterzeichnenden** zur formwirksamen Schriftlichkeit des Angebots erforderlich. Diese Vertretungsmacht folgt im Zweifel aus dem Vorliegen einer Anscheinsvollmacht des Unterzeichnenden. Das Tatbestandsmerkmal der „Rechtsverbindlichkeit" der Unterschrift wurde ab der VOB/A 2000 aufgegeben. Eine Nachprüfungspflicht des Auftraggebers für das Vorliegen der Vertretungsmacht des Unterzeichnenden besteht – bei Wahrung der Grundsätze der Anscheinsvollmacht – nicht.[35] Daher ist es auch nicht erforderlich, dass der Bieter die Rechtsverbindlichkeit seiner Unterschrift, dh seine Vertretungsmacht zur Unterzeichnung des Angebots, durch Nachweise belegt.[36]

Der Auftraggeber ist nicht gehindert, die früher geltenden Anforderungen der Rechtsverbindlichkeit der Unterschrift zusätzlich von den Bietern abzuverlangen.[37] Wird vom öffentlichen Auftraggeber die rechtsverbindliche Unterschrift der Bieter unter das Angebot verlangt, so genügt dieser Anforderung jede Unterschrift eines Erklärenden, der tatsächlich rechtsgeschäftlich bevollmächtigt ist.[38] Die zivil-, handelsrechtlichen- und gesellschaftsrechtlichen Vertretungsvorschriften, dh die § 164 ff. BGB, § 48 ff. HGB, § 35 Abs. 1 GmbHG, § 78 Abs. 1 S. 1 AktG, gelten unmittelbar. **Bietergemeinschaften** sind Gesellschaften bürgerlichen Rechts gem. §§ 705 ff. BGB. Die Gesellschaft bürgerlichen Rechts wird gem. § 709 Abs. 1 BGB, § 714 BGB grundsätzlich von allen Gesellschaftern gemeinschaftlich vertreten. Daher hat das Angebot einer Bietergemeinschaft grundsätzlich von allen Mitgliedern der Bietergemeinschaft eigenhändig unterzeichnet zu sein.[39]

Hat **nur ein Mitglied der Bietergemeinschaft** als Bevollmächtigter für die Bietergemeinschaft unterzeichnet und ist dem schriftlichen Angebot keine Vollmachtsurkunde der anderen Mitglieder der Bietergemeinschaft beigefügt, so ist das Angebot nicht rechtswirksam unterschrieben. Ausnahmsweise kann die Vertretungsmacht eines das Angebot einer Bietergemeinschaft allein unterzeichnenden Mitglieds ohne beigefügte Vollmachtsurkunde der anderen Mitglieder der Bietergemeinschaft dann die Vertretungsmacht des Unterzeichnenden hinreichend ausweisen, wenn im Angebot alle Mitglieder der Bietergemeinschaft benannt sind, der Unterzeichnende als federführender Gesellschafter alleinige Geschäftsführungsbefugnis hat, und dies aus einer von allen Mitgliedern rechtsverbindlich unterschriebenen Erklärung hervorgeht.[40]

Für den Auftraggeber muss der Umstand, dass eine Bietergemeinschaft das Angebot abgibt, die **Zusammensetzung dieser Bietergemeinschaft** und deren **Identität der Mitglieder,** klar und eindeutig aus dem Angebot entnehmbar sein. Alle, aus dem Angebot eindeutig und klar als Mitglieder der Bietergemeinschaft hervorgehenden Unternehmen haben das Angebot eigenhändig zu unterzeichnen. Hat allein ein Mitglied der Bietergemeinschaft als Bevollmächtigter der übrigen Mitglieder der Bietergemeinschaft unterzeichnet,

---

[34] jurisPK-VergabeR/*Dippel* § 13 Rn. 10.
[35] VK Sachsen Beschl. v. 31.1.2005 – 1/SVK/144-04, BeckRS 2006, 09230; VK Bund Beschl. v. 3.7.2007 – VK 3-64/07, BeckRS 2007, 142182; VK Hessen Beschl. v. 27.2.2003 – VK 70/2002, VPRRS 2013, 1585.
[36] VK Bund Beschl. v. 3.7.2007 – VK 3-64/07, BeckRS 2007, 142182; *Weyand* § 13 Rn. 30.
[37] OLG Düsseldorf Beschl. v. 22.12.2004 – VII Verg 81/04, IBRRS 2005, 0143; VK Hessen Beschl. v. 13.3.2012 – 69d VK-06/12, IBRRS 2012, 1553; OLG Frankfurt a. M. Beschl. v. 26.8.2008 – 11 Verg 8/08, BeckRS 2008, 25109; OLG Karlsruhe Beschl. v. 24.7.2007 – 17 Verg 6/07, BeckRS 2008, 08723; OLG Naumburg Beschl. v. 29.1.2009 – 1 Verg 10/08, BeckRS 2009, 6521; *Weyand* § 13 Rn. 33.
[38] *Weyand* § 13 Rn. 34.
[39] VK Hessen Beschl. v. 13.3.2012 – 69d VK 06/12, IBRRS 2012, 1553; VK Brandenburg Beschl. v. 26.3.2002 – VK 3/02, IBRRS 2014, 0023.
[40] VK Brandenburg Beschl. v. 16.10.2007 – VK 38/07, IBRRS 2011, 0688; Kapellmann/Messerschmidt/*Planker* § 13 Rn. 46, 47; HHKW/*Koenigsmann-Hölken* § 13 Rn. 9.

müssen schriftliche, dh eigenhändig unterzeichnete Vollmachtserklärungen der übrigen Mitglieder dem Angebot beigefügt sein. Andernfalls ist das Angebot gem. § 16EU Nr. 2 auszuschließen.[41] Die lediglich fehlende Benennung eines federführenden Gesellschafters als bevollmächtigtem Vertreter kann gem. § 13EU Abs. 5 S. 2 vor Ablauf der Zuschlagsfrist nachgeholt werden. Die Bezeichnung des Federführenden – und allein diese – ist insoweit nachholbar. Das Nachholen einer erforderlichen Unterschrift eines Mitglieds der Bietergemeinschaft oder das Nachreichen einer eigenhändig unterzeichneten Vollmachtsurkunde ist durch § 13 Abs. 5 S. 2 nicht gedeckt.[42] Unterschriftsmängel der Mitglieder einer Bietergemeinschaft, die nach Ablauf der Angebotsfrist noch fortbestehen, führen gem. § 16 Abs. 1 Nr. 2 zwingend zum Angebotsausschluss.

29 Die eigenhändige Unterschrift der Erklärenden unter dem Angebot muss ferner als **Schriftzeichen erkennbar** zu sein. Die Lesbarkeit des Namens ist nicht erforderlich. Es müssen hingegen zumindest Andeutungen von Buchstaben erkennbar sein. Die Unterzeichnung nur mit einem Handzeichen oder einer lediglichen Paraphe genügen nicht.[43]

30 **b) Elektronische Angebote (Nr. 1 S. 3).** Gemäß § 13EU Abs. 1 Nr. 1 S. 3 sind elektronische Angebote nach Wahl des Auftraggebers unter Berücksichtigung der Vorgaben des § 11EU Abs. 1–4 in **Textform** oder mit einer **fortgeschrittenen elektronischen Signatur** oder mit einer **qualifizierten elektronischen Signatur** nach dem SigG zu übermitteln. § 13EU Abs. 1 Nr. 1 S. 3 eröffnet dem Auftraggeber damit bei elektronischen Angeboten das Wahlrecht zur Vorgabe der bieterseitigen Angebotsabgabe in Textform oder mit fortgeschrittener elektronischer Signatur oder schließlich mit qualifizierter elektronischer Signatur nach dem SigG.[44] Die Übersendung der Angebote in Textform mit Hilfe elektronischer Mittel und die dementsprechende Vorgabe des Auftraggebers ist grundsätzlich gem. § 11EU Abs. 4 statthaft. Fortgeschrittene elektronische Signaturen gem. § 2 Nr. 2 SigG oder qualifizierte elektronische Signaturen gem. § 2 Nr. 3 SigG sind unter den Voraussetzungen des § 11EU Abs. 5 S. 2 als auftraggeberseitig vorzugebende Angebotsform elektronischer Angebote erforderlich und zu verlangen.

31 Die Begrifflichkeiten „elektronisches Angebot" und „elektronische Übertragung" sind scharf zu trennen. Ob ein Angebot elektronisch ist oder nicht, richtet sich nicht nach der Art der Übermittlung. Elektronisch übermittelte Angebote können hingegen denknotwendig allein elektronische Angebote sein, sonst wäre eine elektronische Übermittlung nicht möglich.[45] Bei elektronischen Dokumenten besteht die Möglichkeit, diese entweder „körperlos" auf rein elektronischem Wege oder „körperlich" auf einem Datenträger (wie bei einem Papierdokument unter Anwesenden durch Übergabe oder unter Abwesenden mit der Post oder durch Boten) zu übermitteln. Im erstgenannten Fall ist sowohl die Frage der Form als auch des Übermittlungsweges, im zweitgenannten Fall lediglich die Frage der Form angeschnitten.[46] Elektronische Angebote liegen damit auch dann vor, wenn elektronische Datenträger, auf denen sich elektronische Angebotsunterlagen befinden, physisch übermittelt werden.[47] Die Übergabe oder postalische Übersendung eines elektronischen Datenträgers ist aber keine elektronische Übermittlung gem. § 11EU Abs. 4.

32 Das nach Vorgabe des Auftraggebers elektronisch in **Textform** gem. § 13EU Abs. 1 Nr. 1 S. 3, § 11EU Abs. 4 abgegebene Angebot hat die Anforderungen der Textform gem. § 126b BGB zu erfüllen. Hiernach muss die Erklärung des Angebots „in einer Urkunde oder auf andere zur dauerhaften Wiedergabe in Schriftzeichen geeignete Weise abgegeben"

---

[41] Ingenstau/Korbion/*von Wietersheim* § 13 Rn. 36; Kapellmann/Messerschmidt/*Planker* § 13 Rn. 47.
[42] AA VK Baden-Württemberg Beschl. v. 20.9.2001 – 1 VK 26/01, IBRRS 2004, 3630: Vollmachtsnachweis kann bis Zuschlagserteilung vorgelegt werden.
[43] Kapellmann/Messerschmidt/*Planker* § 13 Rn. 5.
[44] OLG Düsseldorf Beschl. v. 9.5.2011 – Verg 42/11, BeckRS 2011, 14073; OLG Düsseldorf Beschl. v. 9.5.2011 – VII-Verg 40/11, BeckRS 2011, 14071.
[45] *Weyand* § 13 Rn. 61.
[46] OLG Düsseldorf Beschl. v. 9.5.2011 – VII-Verg 40/11, BeckRS 2011, 14071; VK Bund Beschl. v. 21.4.2011 – VK 3-41/11, BeckRS 2011, 140078.
[47] VK Bund Beschl. v. 21.4.2011 – VK 3-41/11, BeckRS 2011, 140078.

werden, „die Person des Erklärenden genannt und der Abschluss der Erklärung durch Nachbildung der Namensunterschrift oder anders erkennbar gemacht werden".

Ferner sind durch den Auftraggeber die weiteren Grundsätze der Informationsübermittlung unter Verwendung elektronischer Mittel gem. § 11EU Abs. 1–7 und für die vom Auftraggeber eingesetzten Geräte die Anforderungen an elektronische Mittel gem. § 11aEU Abs. 1–7 einzuhalten. 33

Soweit der Auftraggeber die Abgabe elektronischer Angebote nicht in Textform, sondern mit einer **fortgeschrittenen elektronischen Signatur** oder einer **qualifizierten elektronischen Signatur** vorgibt, wird damit auf die Legaldefinitionen in § 2 Nr. 1, 2 lit. a–d SigG sowie § 2 Nr. 3 lit. a, b SigG verwiesen. Die fortgeschrittene elektronische Signatur gem. § 2 Nr. 2 lit. a–d SigG wie auch die qualifizierte elektronische Signatur gem. § 2 Nr. 3 lit. a, b SigG dienen als Äquivalent der Unterschrift der Authentifizierung der elektronischen Angebotserklärungen des Bieters. Die nach Vorgabe des Auftraggebers gem. § 13EU Abs. 1 Nr. 1 S. 3, § 11EU Abs. 5 S. 2 vom Bieter einzuhaltenden Anforderungen der jeweiligen Signaturstufe folgen aus § 2 Nr. 2 lit. a–d SigG (fortgeschrittene elektronische Signatur) und aus § 2 Nr. 3 lit. a, b SigG (qualifizierte elektronische Signatur). 34

Für die Frage der Einhaltung dieser Anforderungen ist allein entscheidend, mit welcher Art von Signatur das Angebot beim öffentlichen Auftraggeber eingegangen ist. Die Umstände des Signiervorgangs selbst liegen dabei allein in der **Risikosphäre des Bieters**. Erstellt der Bieter bei vorgegebener qualifizierter elektronischer Signatur durch Fehlbedienung der Bietersoftware lediglich eine fortgeschrittene elektronische Signatur, so ist die vorgegebene elektronische Form nicht gewahrt. Dies gilt unabhängig davon, welche Form der elektronischen Signatur der Bieter seiner Ansicht nach verwandt hat.[48] Die Nachforderung einer wirksamen elektronischen Signatur gem. § 16aEU S. 1 nach Abgabe eines mit einer ungültigen elektronischen Signatur versehenen Angebotes kommt nicht in Betracht.[49] Die auftraggeberseitige Vorgabe einer qualifizierten elektronischen Signatur iSd § 13EU Abs. 1 Nr. 1 S. 3, § 126a Abs. 1 BGB ist keine ungewöhnliche Anforderung gegenüber dem Bieter.[50] 35

Durch beide Signaturstufen, dh durch die fortgeschrittene und die qualifizierte elektronische Signatur, soll der Auftraggeber als Empfänger der Daten im elektronischen Geschäftsverkehr ausreichende Sicherheit über die Identität des Bieters als Absender sowie darüber erlangen, dass die Daten während des elektronischen Transports **nicht inhaltlich verändert wurden**.[51] Die fortgeschrittene elektronische Signatur, die auf Basis von Softwarezertifikaten erstellt wird, beinhaltet eine deutlich geringere Sicherheit als die qualifizierte elektronische Signatur. Daher stellt § 126a Abs. 1 BGB die elektronische Form allein dann der Schriftform gleich, wenn der Aussteller dieser Erklärung seinen Namen hinzufügt und das elektronische Dokument mit einer qualifizierten elektronischen Signatur nach dem SigG versehen ist. Gleichermaßen stellt § 371a Abs. 1 S. 1 ZPO allein solche elektronischen Dokumente der Beweiskraft von Privaturkunden gem. § 416 ZPO gleich, die mit einer qualifizierten elektronischen Signatur versehen sind. 36

3. Datenintegrität und Vertraulichkeit bei der Angebotsbehandlung (Nr. 2).
a) Grundlagen der Angebotsbehandlung. § 13EU Abs. 1 Nr. 2 bezweckt sowohl den Schutz des Wettbewerbs durch Sicherstellung der ordnungsgemäßen Durchführung des Vergabeverfahrens als auch den Schutz von know-how und Betriebsgeheimnissen aus den Angebotsunterlagen der Bieter. Um Manipulationen entgegenzuwirken, die Gleichbehandlung der Angebote sowie den Geheimwettbewerb sicherzustellen und die Angebotsinhalte zum Schutz von know-how und Betriebsgeheimnissen allein den Personen zugänglich zu machen, die 37

---
[48] VK Südbayern Beschl. v. 17.4.2013 – Z3-3-3194-1-07-03/13, IBRRS 2013, 1974; VK Südbayern Beschl. v. 21.5.2015 – Z3-3-3194-1-08-02/15, IBRRS 2015, 1928; *Weyand* § 13 Rn. 73/1.
[49] VK Südbayern Beschl. v. 21.5.2015 – Z3-3-3194-1-08-02/15, IBRRS 2015, 1928.
[50] VK Bund Beschl. v. 21.4.2011 – VK 3-41/11, BeckRS 2011, 140078; VK Bund Beschl. v. 21.4.2011 – VK 3-38/11, BeckRS 2011, 140182; *Weyand* § 13 Rn. 73.
[51] HHKW/*Koenigsmann-Hölken* § 13 Rn. 11.

die Vergabeentscheidung treffen, sind die Angebote bis Ablauf der Angebotsfrist **strikt unter Verschluss** zu halten. Die Postulate des § 13EU Abs. 1 Nr. 2 S. 1 zur Gewährleistung der Integrität der Daten und der Vertraulichkeit der Angebote gem. § 11aEU Abs. 2 gelten sowohl für schriftlich eingereichte Angebote als auch für elektronische Angebote der Bieter.

38 Bei beiden Angebotsformen ist in jedem Fall sicherzustellen, dass vor dem Öffnungstermin eine Einsichtnahme in die Angebote unmöglich ist. Gemäß § 14EU Abs. 2 Nr. 1 hat der Verhandlungsleiter im Öffnungstermin festzustellen, ob der Verschluss der schriftlichen Angebote unversehrt ist und die elektronischen Angebote verschlüsselt sind. Angebote, die den Bestimmungen des § 13EU Abs. 1 Nr. 2 nicht entsprechen, sind gem. § 16EU Nr. 2 zwingend auszuschließen. Aufgrund ihres Schutzzwecks wird die Vorschrift strikt gehandhabt. Ein hinreichender Verschluss, der die Unversehrtheit eines schriftlichen Angebots begründet, liegt bereits dann nicht mehr vor, wenn die lediglich **abstrakte Gefahr** einer **unbemerkten Einsichtnahme** besteht oder zumindest nicht ausgeschlossen ist.[52]

39 **b) Verschluss und Kennzeichnung schriftlicher Angebote.** Gemäß § 13EU Abs. 1 Nr. 2 S. 2 sind per Post oder direkt übermittelte Angebote in einem verschlossenen Umschlag einzureichen, als solche zu kennzeichnen und bis zum Ablauf der für die Einreichung vorgesehenen Frist unter Verschluss zu halten. Verschlossen ist ein Umschlag oder – bei umfangreicheren Angebotsunterlagen – ein Behältnis dann, wenn es mit Vorkehrungen versehen ist, die der Kenntnisnahme ein deutliches Hindernis bereiten.[53]

40 Briefumschläge haben dementsprechend verklebt zu sein, Kartons und Pakete mit Paketklebeband verschlossen oder mit Paketband fest eingebunden zu sein. Ein Verkleben mit Tesafilm, welcher leicht und ohne Hinterlassung von Spuren zu entfernen ist, führt **nicht** dazu, dass das Angebot als verschlossen angesehen werden kann. Ein verschlossenes Paket, das in seiner Wirkung einem verschlossenen Umschlag gleich kommt und das den Angebotsordner des Bieters enthält, setzt ein vollständiges Verpacken des Ordners in einen Karton oder in Packpapier und dessen Verkleben mit Paketklebeband voraus.[54] Das lediglich Zusammenfalten von Umschlägen oder das bloße Zusammenstecken von Kartondeckeln etc, reicht für den gem. § 13EU Abs. 1 Nr. 2 S. 2 erforderlichen Verschluss schriftlicher Angebote **nicht** aus.[55]

41 Stets ist ein Verkleben des Umschlags oder ein vollständiges Verpacken des Angebots in Packpapier, einem Karton oder Paket und dessen Kleben mit Paketklebeband oder feste Verschnürung mit Paketband erforderlich. Es muss ferner stets überprüfbar sein, dass das Angebot tatsächlich nicht geöffnet wurde. Die Art der Verpackung muss demgemäß so gewählt und ausgeführt sein, dass sofort bemerkt wird, ob das Angebot bereits vorzeitig geöffnet wurde.[56] Der hinreichende Verschluss des Angebots liegt in der **Sphäre des Bieters.** Erforderlich ist ferner, dass das Angebot verschlossen beim Auftraggeber eingeht. Wenn ein an sich ausreichend verschlossenes Angebot beim Transport durch Verschulden des Postdienstleisters vor Eingang beim Auftraggeber so beschädigt wurde, dass es als offen anzusehen ist, führt dies nicht dazu, dass das Angebot zuzulassen ist. Der Bieter trägt auch das **Versendungsrisiko.**[57]

42 Gemäß § 13EU Abs. 1 Nr. 2 S. 2 ist das verschlossene schriftliche Angebot vom Auftraggeber als solches zu kennzeichnen und von ihm bis zum Ablauf der Angebotsfrist unter

---

[52] VK Bund Beschl. v. 13.5.2003 – VK 1-31/03, BeckRS 2003, 152842; jurisPK-VergabeR/*Dippel* § 13 Rn. 18.
[53] VK Lüneburg Beschl. v. 20.8.2002 – 203 VgK-12/2002, IBRRS 2004, 3491; VK Lüneburg Beschl. v. 23.3.2012 – VgK-06/2012, BeckRS 2012, 09832.
[54] VK Bund Beschl. v. 13.5.2003 – VK 1-31/03, BeckRS 2003, 152842; VK Lüneburg Beschl. v. 23.3.2012 – VgK-06/2012, BeckRS 2012, 09832.
[55] VK Lüneburg Beschl. v. 23.3.2012 – VgK-06/2012, BeckRS 2012, 09832; jurisPK-VergabeR/*Dippel* § 13 Rn. 18; *Weyand* § 13 Rn. 79.
[56] VK Lüneburg Beschl. v. 23.3.2012 – VgK-06/2012, BeckRS 2012, 09832; VK Bund Beschl. v. 13.5.2003 – VK 1-31/03, BeckRS 2003, 152842; *Weyand* § 13 Rn. 81.
[57] VK Baden-Württemberg Beschl. v. 4.9.2014 – 1 VK 40/14, IBRRS 2015, 2979; OLG Düsseldorf Beschl. v. 7.1.2002 – Verg 36/01, IBRRS 37542.

Verschluss zu halten. Die Kennzeichnung des verschlossenen schriftlichen Angebots erfolgt durch den Eingangs- und Kennzeichnungsvermerk des Auftraggebers. Dieser muss den Aussteller, dh das Namenszeichen desjenigen erkennen lassen, der die Sendung entgegengenommen und verwahrt hat. Des Weiteren hat der **Eingangs- und Kennzeichnungsvermerk** das Datum und die Uhrzeit[58] des Eingangs auszuweisen. Die Unterschrift[59] der annehmenden Person ist nicht erforderlich. Die Identität des Ausstellers des Eingangs- und Kennzeichnungsvermerks hat durch das Namenszeichen jedoch zweifelsfrei zu sein. Das Namenszeichen hat die konkrete Person wiederzugeben, die für die inhaltliche Richtigkeit des gefertigten Eingangs- und Kennzeichnungsvermerks und die Authentizität der Posteingänge verantwortlich ist und die im Bedarfsfall hierfür auch in Verantwortung genommen werden kann.

Dies ist bei einer **äußerlich anonymen Aufschrift** als Eingangs- und Kennzeichnungsvermerk nicht gewährleistet.[60] Der Eingangs- und Kennzeichnungsvermerk ist auf dem unversehrten Umschlag anzubringen. Der Eingangs- und Kennzeichnungsvermerk hat das Angebot körperlich zu kennzeichnen. Empfangsbekenntnisse, gesonderte Schreiben, etc, erfüllen diese Unmittelbarkeit der Kennzeichnung des ungeöffneten Angebots nicht. Dies gilt selbst dann nicht, wenn diese Empfangsbekenntnisse die Eingangszeit, den Stempel und die Unterschrift des die Sendung entgegen nehmenden Mitarbeiters des Auftraggebers ausweisen und eine Eintragung in ein Posteingangsbuch erfolgt.[61] Der Eingangs- und Kennzeichnungsvermerk hat auch unschwer die **Identität des Ausstellers** des Vermerks auszuweisen. Ist die Feststellung der Ausstelleridentität nicht unschwer möglich oder gar von einer Beweisaufnahme abhängig, so genügt dies den Anforderungen des § 13EU Abs. 1 Nr. 2 S. 2 nicht.[62] 43

c) Verschlüsselung elektronischer Angebote. Entsprechend zum Verschluss, der Kennzeichnung und der bis Ablauf der Angebotsfrist zu gewährleistenden Unterverschlusshaltung schriftlicher Angebote ist gem. § 13EU Abs. 1 Nr. 2 S. 3 mit **elektronischen Angeboten** zu verfahren. Bei elektronisch übermittelten Angeboten ist durch den Bieter der Verschluss und durch den Auftraggeber die Kennzeichnung und das Unterverschlusshalten bis zum Ablauf der Angebotsfrist durch technische Lösungen nach Anforderungen des Auftraggebers und durch Verschlüsselung sicherzustellen. Die Verschlüsselung der elektronisch eingereichten Angebote muss gem. § 13EU Abs. 1 Nr. 2 S. 4 bis zur Öffnung des ersten Angebots aufrechterhalten bleiben. 44

Die Anforderungen an die hierfür einzusetzenden technischen Lösungen und die Verschlüsselung sind gleichermaßen am Zweck der Norm auszurichten: Es sollen Manipulationen dadurch verhindert werden, dass einzelne Bieter das eigene oder der Auftraggeber selbst oder ein bestimmtes Angebot verändern, nachdem sie die Inhalte anderer Angebote vorzeitig erfahren haben. Die Sicherstellung des ordnungsgemäßen Wettbewerbs durch Geheimhaltung des Angebotsinhalts elektronischer Angebote bis zum Submissionstermin ist an diesen Anforderungen auszurichten. Diesen Anforderungen wird bei elektronischen Angeboten regelmäßig dadurch Rechnung getragen, dass diese mit fortgeschrittener oder qualifizierter elektronischer Signatur gem. § 2 Nr. 2 lit. a–d bzw. § 2 Nr. 3 lit. a, b SigG versehen sind. Die Verschlüsselung ist der **virtuelle Umschlag** des elektronischen Angebots.[63] 45

Gemäß § 14EU Abs. 1 S. 3, Abs. 2 Nr. 1 sind die verschlüsselt eingereichten elektronischen Angebote zu kennzeichnen und die Verschlüsselung bis zum Beginn des Öffnungstermins aufrechtzuerhalten. Die Pflicht zur Verschlüsselung nach Vorgabe des Auftraggebers trifft bis zur Einreichung der Angebote den Bieter. Danach ist der Auftraggeber dafür 46

---

[58] VK Thüringen Beschl. v. 2.11.2010 – Verg 74/10, www.thueringen.de/th3/vergabekammer/kammer_entsch/es_nachpruefung/2010/index.aspx (abgerufen am 4.9.2018).
[59] OLG Frankfurt a. M. Beschl. v. 9.5.2017 – 11 Verg 5/17, BeckRS 2017, 112554.
[60] OLG Naumburg Beschl. v. 31.3.2008 – 1 Verg 1/08, BeckRS 2008, 08304; VK Sachsen-Anhalt Beschl. v. 4.9.2014 – 1 VK LSA 12/14, VPRRS 2014, 0590; *Weyand* § 13 Rn. 84.
[61] *Weyand* § 13 Rn. 84.
[62] *Weyand* § 13 Rn. 86.
[63] Kapellmann/Messerschmidt/*Planker* § 13 Rn. 10.

verantwortlich, dass die verschlüsselten Angebote gekennzeichnet werden und deren Verschlüsselung bis zum Beginn des Eröffnungstermins aufrechterhalten bleibt.[64] Die Grundsätze der Informationsübermittlung im Vergabeverfahren gem. § 11EU Abs. 1–7 wie auch die Anforderungen an die einzusetzenden technischen Geräte gem. § 11aEU Abs. 1–7 sind **strikt zu beachten.**

47 Dies gilt insbesondere auch, wenn der Auftraggeber den Bietern als Angebotsform elektronisch einzureichender Angebote die **Textform** gem. § 13EU Abs. 1 Nr. 1 S. 3, § 11EU Abs. 4 vorgibt. Insbesondere hier muss sichergestellt sein, dass diese Angebote **verschlüsselt beim Auftraggeber eingehen,** von diesem nicht vorzeitig entschlüsselt und eingesehen werden können und dass diese Verschlüsselung bis zum Beginn der Submission aufrechterhalten bleibt. Von Bietern eingereichte elektronische Angebote in offener E-Mail-Form erfüllen – ebenso wenig wie ein in Telefaxform eingereichtes schriftliches Angebot – nicht die Anforderungen des § 13EU Abs. 1 Nr. 2 S. 2–4. So ist insbesondere die Übermittlung von **eingescannten Angeboten per Fax** oder **einfachem E-Mail** unzulässig. Dieser Mangel der Angebotsform kann auch nicht durch die nochmalige verschlüsselte Übermittlung des Angebots geheilt werden.[65] Der öffentliche Auftraggeber ist auch nicht berechtigt, die Abgabe von Angeboten per Fax oder einfachem E-Mail zuzulassen.[66]

48 **4. Angebotsanforderungen in Bezug auf die Preise (Nr. 3). a) Normkontext und -zweck.** Gemäß § 13EU Abs. 1 Nr. 3 müssen die Angebote die geforderten Preise enthalten. § 21 Nr. 1 Abs. 2 S. 5 2006 enthielt noch die Angebotsanforderung: „die Angebote sollen nur die Preise und die geforderten Erklärungen enthalten." Seit der VOB Ausgabe 2009 wurde diese Formulierung, nunmehr geregelt in § 13EU Abs. 1 Nr. 3, in: „müssen die geforderten Preise enthalten" verschärft. Dies deshalb, da die Vergleichbarkeit der Angebote allein durch **eindeutige und zweifelsfreie Preisangaben** gewährleistet werden kann.[67] Allein so ist die Gleichbehandlung der Angebote und der ordnungsgemäße Wettbewerb sicherzustellen. Angebote, die diesen Anforderungen nicht entsprechen, sind unvollständig und in aller Regel gem. § 16EU Nr. 3 Hs. 1 auszuschließen. Der Ausschlusstatbestand des § 16EU Nr. 3 Hs. 1 greift dabei bereits dann, wenn eine Preisangabe im Angebot nicht enthalten ist. Diese Unvollständigkeit des Angebots als solche begründet bereits den Ausschlusstatbestand. Eine weitergehende Prüfung, ob das unvollständige Angebot auch im Ergebnis nicht mit anderen Angeboten vergleichbar ist, hat zur Bejahung der Ausschlussvoraussetzungen nicht zu erfolgen.[68]

49 Diese streng formale Betrachtungsweise wird allein durch § 16EU Nr. 3 Hs. 2 durchbrochen. Lediglich in Fällen, in denen in einer **einzelnen unwesentlichen Position** die Preisangabe fehlt und durch Außerachtlassung dieser Position der Wettbewerb und die Wertungsreihenfolge, auch bei Wertung dieser Position mit dem höchsten Wettbewerbspreis nicht beeinträchtigt wird, ist das insoweit unvollständige Angebot nicht auszuschließen. In allen anderen Fällen unvollständiger Preisangaben des Angebots hat zwingend der Ausschluss gem. § 16EU Nr. 3 Hs. 1 zu erfolgen.[69]

50 Die zwingende Angebotsanforderung gem. § 13EU Abs. 1 Nr. 3 steht in engen Normkontext zu § 4EU Abs. 3. § 4EU Abs. 3 postuliert für beide Vertragsarten des Leistungsver-

---

[64] Ingenstau/Korbion/*von Wietersheim* § 13 Rn. 8.
[65] OLG Karlsruhe Beschl. v. 17.3.2017 – 15 Verg 2/17, BeckRS 2017, 111933.
[66] VK Baden-Württemberg Beschl. v. 19.4.2005 – 1 VK 11/05, BeckRS 2013, 46428; *Weyand* § 13 Rn. 95.
[67] VK Südbayern Beschl. v. 5.9.2003 – 37-08/03, IBRRS 2003, 2994; VK Lüneburg Beschl. v. 25.11.2002 – 203-VgK-27/2002, IBRRS 40535; OLG Düsseldorf Beschl. v. 21.12.2005 – Verg 69/05, BeckRS 2006, 01787; VK Südbayern Beschl. v. 15.6.2001 – 18-05/01, IBR 2001, 633; HHKW/*Koenigsmann-Hölken* § 13 Rn. 13.
[68] BGH Urt. v. 7.1.2003 – X ZR 50/01, ZfBR 2003, 503; OLG Düsseldorf Beschl. v. 26.11.2003 – Verg 53/03, ZfBR 2004, 298; HHKW/*Koenigsmann-Hölken* § 13 Rn. 14.
[69] BGH Urt. v. 7.1.2003 – X ZR 50/01, ZfBR 2003, 503; OLG Düsseldorf Beschl. v. 26.11.2003 – Verg 53/03, ZfBR 2004, 298; OLG München Urt. v. 23.6.2009 – Verg 8/09, BeckRS 2009, 17241; OLG Düsseldorf Beschl. v. 24.9.2014 – Verg 19/14, BeckRS 2015, 05269; VK Südbayern Beschl. v. 15.6.2001 – 18-05/01, IBR 2001, 633.

trages gem. § 4EU Abs. 1 Nr. 1, 2 und für den Stundenlohnvertrag gem. § 4EU Abs. 2 die Ausrichtung des Angebotsverfahrens zur Vergabe von Bauleistungen darauf, dass der Bieter die Preise, die er für seine Leistungen fordert, in die Leistungsbeschreibung einzusetzen oder in anderer Weise im Angebot anzugeben hat.

Im **Einheitspreisvertrag** des § 4EU Abs. 1 Nr. 1 hat der Bieter dann alle Einheitspreise 51 einzutragen. Im **Pauschalpreisverhältnis** gem. § 4EU Abs. 1 Nr. 2 einzutragen sind – je nach Ausgestaltung – die Gesamtpauschale oder die vorgegebenen Einzelpauschalen.[70] Gleiches gilt im **Stundenlohnvertrag** gem. § 4EU Abs. 2. Hier sind – entsprechend der jeweiligen Anforderung im Leistungsverzeichnis – für Bauleistungen geringeren Umfangs, die überwiegend Lohnkosten verursachen, vom Bieter sämtliche angebotenen Stundenlöhne – wenn vorgegeben, differenziert nach der jeweiligen Qualifikation des Arbeiters – anzugeben. Auch durch die Regelung des § 4EU Abs. 3 wird die zentrale Bedeutung vollständiger Preisangaben im Angebot gem. § 13EU Abs. 1 Nr. 3 und für die Wertbarkeit des Angebots gem. § 16EU Nr. 3 Hs. 1 unterstrichen.

b) Geforderte Preisangaben. Jede angebotsmäßige Bietererklärung, die nicht alle vom 52 Bieter für seine jeweiligen Leistungen geforderten Preise enthält, ist grundsätzlich auszuschließen.[71] Einzige und eng auszulegende Ausnahme hiervon sind die Fälle des § 16EU Nr. 3 Hs. 2. Für die Preisangaben des Bieters im ausgeschriebenen Einheitspreisvertrag für Bauleistungen bedeutet dies, dass grundsätzlich **jeder Einzelpreis für jede Einzelleistung** vom Bieter im Angebot einzutragen oder einzusetzen ist. Alle, in der Leistungsbeschreibung geforderten Preise sind vom Bieter vollständig und mit dem Betrag anzugeben, der für die betreffende Einzelleistung vom Bieter gefordert wird.[72]

Mischkalkulierte Preisangaben sind für den Bieter unzulässig und begründen den 53 Angebotsausschluss gem. § 16EU Nr. 3 Hs. 1. Gibt der Bieter aufgrund einer Mischkalkulation einzelne, geforderte Preise nicht an, weil er diese in andere Leistungspositionen hineingerechnet hat, begründet dies einen zwingenden Ausschlusstatbestand.[73] Mischkalkuliert sind solche Angebote, in denen der Bieter die von ihm tatsächlich für einzelne Leistungspositionen kalkulierten Preise nicht offenlegt, sondern – nicht selten zur Manipulationszwecken – Kostenfaktoren ganz oder teilweise in anderen Positionen versteckt. Dieses **Auf- und Abpreisen** hat zur Folge, dass die für die jeweiligen Leistungen geforderten tatsächlichen Preise weder vollständig noch zutreffend wiedergegeben werden. Die Vergleichbarkeit der Angebote ist dann nicht mehr gegeben.[74]

Ist im Leistungsverzeichnis vom Auftraggeber weitergehend für Einzelleistungen eine 54 Aufgliederung der Einheitspreise, zB in Lohn- und Materialkostenanteile, vorgesehen, so hat der Bieter auch dies im Angebot vorzunehmen und nicht allein den – unaufgegliederten – Einheitspreis anzugeben.[75] Erfolgt eine Mischkalkulation des Bieters dadurch, dass er Einzelpositionspreise nicht gänzlich weglässt, sondern in **geringerer Höhe** angibt, weil diese von ihm in andere Positionen hineingerechnet wurden, ist das Angebot zwar nicht unvollständig, aber gleichfalls auszuschließen.[76] Die Umlage einzelner Preisbestandteile auf andere Leis-

---

[70] Kapellmann/Messerschmidt/*Planker* § 13 Rn. 12.
[71] BGH Urt. v. 7.1.2003 – X ZR 50/01, ZfBR 2003, 503; OLG Düsseldorf Beschl. v. 26.11.2003 – Verg 53/03, ZfBR 2004, 298; OLG München Urt. v. 23.6.2009 – Verg 8/09, BeckRS 2009, 17241; OLG Düsseldorf Beschl. v. 24.9.2014 – Verg 19/14, BeckRS 2015, 05269; VK Südbayern Beschl. v. 15.6.2001 – 18-05/01, IBR 2001, 633.
[72] BGH Urt. v. 7.1.2003 – X ZR 50/01, ZfBR 2003, 503; OLG München Urt. v. 23.6.2009 – Verg 8/09, BeckRS 2009, 17241; OLG Düsseldorf Beschl. v. 26.11.2003 – Verg 53/03, ZfBR 2004, 298; OLG Düsseldorf Beschl. v. 24.9.2014 – Verg 19/14, BeckRS 2015, 05269.
[73] BGH Urt. v. 24.5.2005 – X ZR 243/02, NZBau 2005, 594; OLG Brandenburg Beschl. v. 24.5.2011 – Verg W 8/11, BeckRS 2011, 20589; Ingenstau/Korbion/*von Wietersheim* § 13 Rn. 10.
[74] OLG Koblenz Beschl. v. 18.9.2013 – 1 Verg 6/13, BeckRS 2013, 16938; VK Bund Beschl. v. 26.7.2013 – VK 2-46/13, ZfBR 2014, 95.
[75] VK Nordbayern Beschl. v. 8.5.2007 – 21. VK-3194-20/07, BeckRS 2010, 26719; VK Bund Beschl. v.19.2.2002 – VK 2-02/02, IBRRS 2013, 3045; Ingenstau/Korbion/*von Wietersheim* § 13 Rn. 10.
[76] BGH Urt. v. 7.6.2005 – X ZR 19/02, NZBau 2005, 709; BGH Urt. v. 18.5.2004 – X ZB 7/04, NJW-RR 2004, 1626; HHKW/*Koenigsmann-Hölken* § 13 Rn. 15.

tungspositionen durch Mischkalkulation des Bieters hat der Auftraggeber darzulegen und zu beweisen.[77] Hat der Auftraggeber Zweifel, ob ein vom Bieter angegebener Preis den Vorgaben des § 13EU Abs. 1 Nr. 3 entspricht, ist er gehalten, die Aufklärung des Angebotsinhalts gem. § 15EU Abs. 1 Nr. 1 herbeizuführen.[78]

55 Enthält das Leistungsverzeichnis eine Einzelposition und ergibt sich aus der Leistungsbeschreibung eindeutig, welche Kostenbestandteile in diesen Positionen vom Bieter einzurechnen sind, so hat der Bieter auch dies in seinem Angebot zu befolgen. Andernfalls liegt eine unzulässige Mischkalkulation vor. Enthält das Angebot des Bieters **widersprüchliche Preisangaben** für die gleiche Leistung, sodass für diese Leistung der tatsächlich geforderte Preis nicht erkennbar wird, ist dies dem Fehlen von Preisangaben gleichzustellen.[79] In Fällen widersprüchlicher Preisangaben im Angebot des Bieters für dieselbe Leistung ist eine Aufklärung des Angebotsinhalts gem. § 15EU Abs. 1 Nr. 1 nicht statthaft. Es läge dann eine unzulässige Nachverhandlung über die Preise gem. § 15EU Abs. 3 vor.[80]

56 Gleichfalls auszuschließen sind Angebote, in denen der Bieter Einzelpreise mit einem Fantasiebetrag (zB **1 EUR oder 1 Cent**) bepreist, welcher in keinem Zusammenhang mit der geforderten Einzelleistung steht.[81] Bei derart offensichtlich ohne Zusammenhang mit den vom Bieter geforderten Einzelleistungen angegebenen Niedrigpreisen (zB 1 EUR oder 1 Cent) liegt zwar eine Preisangabe vor, sodass das Angebot per se nicht unvollständig ist. Der Auftraggeber ist aber gehalten, die Niedrigpreisangabe des Bieters im Rahmen der Aufklärung gem. § 15EU Abs. 1 Nr. 1 zu hinterfragen.[82] Niedrigpreise des Bieters für Einzelpositionen sind ein Indiz für eine vom Bieter vorgenommene unzulässige Mischkalkulation. Bei Niedrigpreisangaben kann nämlich vermutet werden, dass die tatsächlichen Preisanteile vom Bieter in anderen Preispositionen versteckt werden. In diesen Fällen von offensichtlich ohne Zusammenhang zum Leistungsinhalt der Einzelpositionen gemachten Niedrigpreisangaben trägt der Bieter die Beweislast für das Nichtvorliegen einer unzulässigen Mischkalkulation.[83] Der Auftraggeber ist auch hier gem. § 15EU Abs. 1 Nr. 1 gehalten, offensichtliche Niedrigpreisangaben aufzuklären. Im Rahmen der Angebotswertung ist der Auftraggeber ferner bei Vorliegen eines unangemessen niedrigen Angebotspreises gem. § 16dEU Abs. 1 Nr. 2 S. 1 verpflichtet, den Bieter um Aufklärung über die Ermittlung seiner Preise für die Gesamtleistung oder für Teilleistungen zu ersuchen.

57 Eine korrekte Preisangabe liegt demgegenüber vor, wenn der Bieter im Rahmen seiner Kalkulationsfreiheit in einer Einzelposition einen **Preisnachlass** berücksichtigt. Die prozentuale oder in einer konkreten Summe ausgedrückte unbedingte Kürzung des Vertragspreises bei unverändert bleibender Leistung des Bieters bietet kein Anhaltspunkt für das Vorliegen einer Mischkalkulation oder ein unzulässiges Verschieben von Preisangaben.[84] Eine Verpflichtung des Bieters, für Einzelpreise mindestens den Preis zu fordern, den sein Nachunternehmer für diese Leistung verlangt, besteht gleichfalls nicht.[85] Bepreist der Bieter eine Einzelposition mit 0 oder weist er für diese einen negativen Preis aus, ist gleichfalls das

---

[77] OLG Frankfurt a. M. Beschl. v. 17.10.2005 – 11 Verg 8/05, IBRRS 2005, 3194; HHKW/*Koenigsmann-Hölken* § 13 Rn. 15.
[78] OLG Karlsruhe Beschl. v. 11.11.2011 – 15 Verg 11/11, BeckRS 2014, 14634; OLG Frankfurt a. M. Beschl. v. 17.10.2005 – 11 Verg 8/05, IBRRS 2005, 3194; OLG Jena Beschl. v. 23.1.2006 – 9 Verg 8/05, NZBau 2006, 263.
[79] OLG Brandenburg Beschl. v. 6.11.2007 – Verg W 12/07, BeckRS 2008, 09200; VK Arnsberg Beschl. v. 2.9.2010 – VK 16/10, IBRRS 2013, 2500; VK Nordbayern Beschl. v. 2.7.2010 – 21.VK-3194-21/10, IBRRS 2010, 2719.
[80] VK Nordbayern Beschl. v. 2.7.2010 – 21.VK-3194-21/10, IBRRS 2010, 2719; VK Sachsen Beschl. v. 22.6.2011 – 1/SVK/024-11, BeckRS 2011, 19711.
[81] OLG Brandenburg Beschl. v. 30.11.2004 – Verg W 10/04, NZBau 2005, 238; HHKW/*Koenigsmann-Hölken* § 13 Rn. 17.
[82] Kapellmann/Messerschmidt/*Planker* § 13 Rn. 14.
[83] VK Niedersachsen Beschl. v. 22.11.2011 – VgK 51/2011, BeckRS 2011, 29191; jurisPK-VergabeR/*Dippel* § 13 Rn. 23.
[84] VK Lüneburg Beschl. v. 11.7.2013 – VgK 21/2013, IBRRS 2013, 5191; VK Baden-Württemberg Beschl v. 16.3.2006 – 1 VK 8/06, IBRRS 2006, 1359.
[85] HHKW/*Koenigsmann-Hölken* § 13 Rn. 18.

Angebot nicht unvollständig. Die **Preisangabe 0** stellt eine Preisangabe dar und macht das Angebot nicht unvollständig.[86] Auch begründet die Preiseangabe 0 als solche keine unzulässige Mischkalkulation, vorausgesetzt, dass die mit 0 bepreiste Leistung auch **tatsächlich kostenlos angeboten** wird.[87] Der Auftraggeber hat dies gem. § 15EU Abs. 1 Nr. 1 aufzuklären und das Vorliegen einer unzulässigen Mischkalkulation auszuschließen.

Negative Preisangaben sind nicht per se fehlende Preisangaben. Auch negative Preise stellen Preisangaben dar. Anhaltspunkte für eine unzulässige Mischkalkulation bei Angabe negativer Preise liegen jedenfalls dann nicht vor, wenn negative Preise bei Leistungsposition angeboten werden, infolge derer die Erbringung anderer ausgeschriebener Leistungen entfallen, wobei die entfallenen Leistungen aufgrund der Übermessungsregeln der VOB/C abzurechnen sind.[88] Der Auftraggeber ist auch hier gehalten, den Bieter gem. § 15EU Abs. 1 Nr. 1 um Aufklärung über seine Preiskalkulation zu ersuchen.[89] Ein Indiz einer vom Bieter vorgenommenen unzulässigen Mischkalkulation liegt bei angegebenen Einzelpositionen mit der Preisangabe 0 oder einem negativen Preis gleichfalls vor. Die Beweislast für das Nichtvorliegen einer Mischkalkulation in diesen Fällen trifft gleichfalls den Bieter. Der Bieter hat im Rahmen der ersuchten Aufklärung gem. § 15EU Abs. 1 Nr. 1 dann nötigenfalls durch Vorlage entsprechender Nachweise und Kalkulationslagen zu belegen, dass er keine unzulässige Mischkalkulation vorgenommen hat. 58

Der öffentliche Auftraggeber kann durch möglichst **genaue und fachlich einwandfreie Definitionen der Leistungspositionen** in der Leistungsbeschreibung sowie durch möglichst präzise inhaltliche Vorgaben zur Kalkulation in der Leistungsbeschreibung Mischkalkulationen effektiv vermeiden.[90] 59

5. Angebotsanforderungen in Bezug auf Erklärungen und Nachweise (Nr. 4). 60
a) Normkontext und -zweck. § 13EU Abs. 1 Nr. 4 zwingt den Bieter, mit seiner Angebotsabgabe alle geforderten Erklärungen und Nachweise vorzulegen. Diese Erklärungen und Nachweise können sowohl **leistungsbezogen,** als auch **eignungsbezogen** sein. Dem Auftraggeber steht grundsätzlich ein Beurteilungsspielraum zu, welche angebots- oder eignungsbezogenen Erklärungen oder Nachweise er zweckmäßigerweise mit der Angebotsabgabe vom Bieter abverlangt.[91] Soweit leistungsbezogene Erklärungen und Nachweise abverlangt werden, können diese sowohl den technischen Inhalt als auch die rechtlichen oder sonstigen Rahmenbedingungen der angebotenen Leistung umfassen.

§ 13EU Abs. 1 Nr. 4 soll sicherstellen, dass die von den Bietern vorgelegten Angebote bereits bei rein formaler Betrachtung **unschwer vergleichbar sind** und dass die Angebote so vollständig sind, dass sie alle vom Auftraggeber für die Angebotswertung erforderlichen Informationen enthalten.[92] 61

Ob eine mit Angebotsvorlage geforderte Erklärung oder ein Nachweis vorliegt oder nicht, ist rein **formal zu betrachten.** § 16aEU S. 1 verpflichtet den Auftraggeber, die fehlenden geforderten Erklärungen oder Nachweise beim Bieter nachzufordern. Dieser hat diese dann gem. § 16aEU S. 2 spätestens innerhalb von sechs Kalendertagen nach Aufforderung durch den Auftraggeber vorzulegen. Diese Frist beginnt gem. § 16aEU S. 3 am Tag nach der Absendung der Aufforderung durch den Auftraggeber. Werden sodann die Erklärungen oder Nachweise vom Bieter nicht innerhalb dieser Frist vorgelegt, so ist das Angebot gem. § 16aEU S. 4 zwingend auszuschließen.[93] 62

---

[86] OLG Düsseldorf Beschl. v. 7.11.2012 – Verg 12/12, BeckRS 2012, 25113; VK Bund Beschl. v. 13.12.2013 – VK 1-111/13, IBRRS 2014, 1167.
[87] OLG Naumburg Beschl. v. 29.1.2009 – 1 Verg 10/08, IBR 2009, 225.
[88] OLG Düsseldorf Beschl. v. 8.6.2011 – Verg 11/11, BeckRS 2011, 23749.
[89] Kapellmann/Messerschmidt/*Planker* § 13 Rn. 14.
[90] VK-Baden-Württemberg Beschl. v. 22.8.2013 – 1 VK 29/13, ZfBR 2013, 821; *Weyand* § 16 Rn. 232/1.
[91] OLG Frankfurt a. M. Beschl. v. 13.12.2011 – 11 Verg 8/11, BeckRS 2012, 08327; VK Lüneburg Beschl. v. 13.12.2013 – VgK 42/2013, BeckRS 2014, 01201; jurisPK-VergabeR/*Dippel* § 13 Rn. 24.
[92] OLG Naumburg Beschl. v. 23.2.2012 – 2 Verg 15/11, BeckRS 2012, 05985; OLG Düsseldorf Beschl. v. 21.12.2005 – Verg 69/05, BeckRS 2006, 01787; jurisPK-VergabeR/*Dippel* § 13 Rn. 26.
[93] VK Brandenburg Beschl. v. 20.10.2016 – VK 19/16, BeckRS 2016, 122607.

63 **b) Geforderte Erklärungen und Nachweise.** Der Begriff der Erklärungen und Nachweise ist – ebenso wie der Begriff der Erklärungen und Nachweise in § 16aEU S. 1 – weit auszulegen. Er umfasst sowohl **bieterbezogene Eigen- und Fremderklärungen** als auch **leistungsbezogene Angaben** und Unterlagen. Durch vorzulegende Erklärungen und Nachweise nach den Vorgaben des Auftraggebers wird in Bezug auf Form und Inhalt der Angebote die Voraussetzung dafür geschaffen, dass die eingehenden Angebote bereits bei rein formaler Betrachtung leicht vergleichbar sind und so vollständig sind, dass sie alle vom Auftraggeber für die spätere Wertung erforderlichen Informationen enthalten.[94]

64 Die vom Bieter mit Angebotsabgabe nach Vorgabe des Auftraggebers gem. § 13EU Abs. 1 Nr. 4 vorzulegenden Erklärungen und Nachweise können Fabrikatsangaben, kalkulatorische Erläuterungen, die Urkalkulation, Ausführungsbeschreibungen, Auszüge aus Gewerberegistern oder Nachunternehmererklärungen sein.[95] Für die Frage des Fehlens der Erklärung oder des Nachweises ist allein entscheidend, ob diese Erklärung oder dieser Nachweis nach Vorgabe des Auftraggebers vorzulegen war.[96] Ob die fehlende Erklärung oder der fehlende Nachweis einen Einfluss auf den Wettbewerb hat, ist nicht relevant.[97] Welche Erklärung oder welcher Nachweis vom Bieter vorzulegen ist, ist durch Auslegung der Vergabeunterlagen zu ermitteln. Maßgeblich für diese Auslegung ist der objektive Empfängerhorizont des potenziellen Bieters.[98] Den Auftraggeber trifft die Pflicht, die Vergabeunterlagen **inhaltlich so präzise zu formulieren,** dass die Bieter den Unterlagen zuverlässig entnehmen können, welche Erklärungen und welche Nachweise sie genau vorzulegen haben und wann dies zu erfolgen hat.[99]

65 Von der Nichtvorlage einzelner geforderter Erklärungen und Nachweise durch den Bieter mit Angebotsabgabe ist der Fall des **unvollständigen Angebots** zu unterscheiden. Angaben, die nicht mehr Erklärungen oder Nachweise zum Angebot, sondern notwendige **integrale Kernbestandteile des Angebots** selbst sind (fehlende Seiten des auszufüllenden Leistungsverzeichnisses etc), führen dazu, dass gar kein wirksames Angebot abgegeben wurde. Das **Fehlen** solcher **integraler Kernbestandteile des Angebots** ist nicht heilbar und führt zum Angebotsausschluss.[100] Ein lediglich Fehlen von Erklärungen oder Nachweisen liegt dann nicht vor.[101] Wenn wegen einer inhaltlichen Unvollständigkeit des Angebots schon gar kein wirksames Angebot vom Bieter abgegeben worden ist, ist das Angebot auszuschließen, ohne dass dem Bieter gem. § 16aEU Gelegenheit gegeben werden darf, die Unvollständigkeit nachzubessern.[102]

66 Eine Erklärung oder ein Nachweis fehlt gem. § 13EU Abs. 1 Nr. 4, wenn er körperlich nicht vorhanden ist oder nicht formgerecht, unlesbar oder unvollständig abgegeben wurde.[103] Eine Erklärung oder ein Nachweis fehlt nicht, wenn diese mit einem anderen

---

[94] OLG Naumburg Beschl. v. 23.2.2012 – 2 Verg 15/11, BeckRS 2012, 05985; VK Nordbayern Beschl. v. 25.6.2014 – 21.VK-3194-15/14, ZfBR 2014, 722; VK Sachsen-Anhalt Beschl. v. 20.5.2015 – 2 VK LSA 2/15, IBRRS 2015, 2462; VK Baden-Württemberg Beschl. v. 12.6.2014 – 1 VK 24/14, BeckRS 2016, 40638.
[95] jurisPK-VergabeR/*Dippel* § 13 Rn. 26.
[96] VK Südbayern Beschl. v. 16.7.2007 – Z3-3-3194-1-28-06/07, BeckRS 2010, 10118.
[97] OLG Karlsruhe Beschl. v. 23.3.2011 – 15 Verg 2/11, ZfBR 2012, 301; jurisPK-VergabeR/*Dippel* § 13 Rn. 26.
[98] Kapellmann/Messerschmidt/*Planker* § 13 Rn. 15.
[99] BGH Urt. v. 10.6.2008 – X ZR 78/07, NZBau 2008, 592; BGH Urt. v. 3.4.2012 – X ZR 130/10, NZBau 2012, 513; BGH Urt. v. 15.1.2013 – X ZR 155/10, NZBau 2013, 319; Kapellmann/Messerschmidt/*Planker* § 13 Rn. 15.
[100] VK Thüringen Beschl. v. 12.4.2013 – 250-4002-2400/2013-E-008-SOK, BeckRS 2013, 52148; OLG Dresden Beschl. v. 21.2.2012 – Verg 1/12, ZfBR 2012, 504; OLG Koblenz Beschl. v. 30.3.2012 – 1 Verg 1/12, BeckRS 2012, 08234.
[101] Ingenstau/Korbion/*von Wietersheim* § 16a Rn. 2.
[102] VK Thüringen Beschl. v. 12.4.2013 – 250-4002-2400/2013-E-008-SOK, BeckRS 2013, 52148; OLG Dresden Beschl. v. 21.2.2012 – Verg 1/12, ZfBR 2012, 504; VK Brandenburg Beschl. v. 6.8.2013 – VK 11/13, BeckRS 2014, 15628; jurisPK-VergabeR/*Dippel* § 13 Rn. 26.
[103] OLG Brandenburg Beschl. v. 30.1.2014 – Verg W 2/14, NZBau 2014, 525; OLG Düsseldorf Beschl. v. 17.12.2012 – Verg 47/12, BeckRS 2013, 03437; Ingenstau/Korbion/*von Wietersheim* § 16a Rn. 2; jurisPK-VergabeR/*Summa* § 16 Rn. 198.

Inhalt als gefordert abgegeben werden und damit materiell unzureichend sind.[104] Von der nicht formgerechten, unlesbaren oder unvollständigen Erklärung, die deshalb unbrauchbar ist und der fehlenden Erklärung oder dem fehlenden Nachweis gleichsteht,[105] ist der Fall zu unterscheiden, dass eine geforderte Erklärung formgerecht, lesbar und vollständig abgegeben wird, hingegen aber inhaltlich unzureichend, dh „zu schwach" ist, um die Angebotsanforderungen zu erfüllen. Formal ordnungsgemäß abgegebene, aber **inhaltlich unzureichende** Erklärungen und Nachweise können und dürfen nicht gem. § 16aEU nachgefordert werden.[106] Erfolgt bei inhaltlich abweichenden oder inhaltlich unzureichenden Erklärungen und Nachweisen dennoch eine Nachforderung des Auftraggebers, verstößt der Auftraggeber regelmäßig gegen das Nachverhandlungsverbot des § 15EU Abs. 3.

Die Abgabe der vom Bieter geforderten Erklärungen und die Erbringung der verlangten Nachweise müssen dabei stets dem **Gebot der Zumutbarkeit** entsprechen.[107] Die Forderung des Auftraggebers an die Bieter, bereits mit Angebotsabgabe Verpflichtungserklärungen der Nachunternehmer vorzulegen, kann für die Bieter unzumutbar sein.[108] Die Zumutbarkeit oder Unzumutbarkeit derartiger Anforderungen in den Vergabeunterlagen ist unter Berücksichtigung der Beteiligteninteressen zu beurteilen. Der Bieter, der die Unzumutbarkeit geltend macht, muss die hierfür maßgeblichen Umstände dartun.[109] Das Verlangen zur Vorlage von Verpflichtungserklärungen zu benennender Nachunternehmer bereits mit Angebotsabgabe kann dabei aus dem Interesse des Auftraggebers, frühzeitige Gewissheit über die Identität, Verfügbarkeit und Eignung der einzusetzenden Nachunternehmer zu erlangen, folgen.[110] 67

§ 13EU Abs. 1 Nr. 4 verbietet es dem Bieter nicht, zusätzliche Erklärungen und Nachweise vorzulegen, deren Vorlage seitens des Auftraggebers nicht gefordert worden war.[111] Derartige, nicht **geforderte Erklärungen und Nachweise** dürfen hingegen keine Änderungen an den Vergabeunterlagen gem. § 13EU Abs. 1 Nr. 5 S. 2 begründen. In diesem Fall wäre das Angebot gem. § 16EU Nr. 2 zwingend auszuschließen. 68

6. Bieterseitige Änderungen an den Vergabeunterlagen und an seinen Eintragungen (Nr. 5). a) Angebotserstellung auf Grundlage der Vergabeunterlagen. Gemäß § 13EU Abs. 1 Nr. 5 S. 1 ist das Angebot auf Grundlage der Vergabeunterlagen zu erstellen. Dieser, in der VOB/A Ausgabe 2016 eingefügte Satz findet sich in § 13 Abs. 1 Nr. 5 nicht. § 13EU Abs. 1 Nr. 5 S. 1 hat dabei für den Bereich der Europäischen Bauvergabe eine **lediglich klarstellende Bedeutung**. Es wird durch § 13EU Abs. 1 Nr. 5 S. 1 nochmals betont, dass Angebote der Bieter exakt den Vorgaben der Vergabeunterlagen zu entsprechen haben.[112] Eine weitergehende Bedeutung besitzt § 13EU Abs. 1 Nr. 5 S. 1 nicht. Auch ist kein Umkehrschluss dahingehend statthaft, dass im Bereich der nationalen Bauvergabe aufgrund des dortigen Fehlens einer dem § 13EU Abs. 1 Nr. 5 S. 1 entsprechenden Regelung bei nationalen Angeboten Abweichungen von den Vergabeunterlagen statthaft wären. 69

b) Änderungen an den Vergabeunterlagen. Gemäß § 13EU Abs. 1 Nr. 5 S. 2 sind Änderungen des Bieters an den Vergabeunterlagen unzulässig. Verstößt der Bieter hiergegen, ist sein Angebot gem. § 16EU Nr. 2 **zwingend auszuschließen**. Die strikte Regelung in § 13EU Abs. 1 Nr. 5 S. 2 stellt iVm § 16EU Nr. 2 sicher, dass allein solche Angebote gewer- 70

---
[104] OLG Brandenburg Beschl. v. 30.1.2014 – Verg W 2/14, NZBau 2014, 525.
[105] jurisPK-VergabeR/*Summa* § 16 Rn. 198.
[106] jurisPK-VergabeR/*Summa* § 16 Rn. 193.
[107] HHKW/*Koenigsmann-Hölken* § 13 Rn. 20.
[108] BGH Urt. v. 3.4.2012 – X ZR 130/10, NZBau 2012, 513; BGH Urt. v. 10.6.2008 – X ZR 78/07, NZBau 2008, 592.
[109] BGH Urt. v. 3.4.2012 – X ZR 130/10, NZBau 2012, 513.
[110] OLG Düsseldorf Beschl. v. 5.5.2004 – Verg 10/04, NZBau 2004, 460; VK Rheinland-Pfalz Beschl. v. 24.2.2005 – VK 28/04, IBRRS 2005, 0769; VK Sachsen Beschl. v. 10.3.2010 – 1/SVK/001-10, IBRRS 2010, 2346; abweichend für eine Benennung schon im Teilnahmewettbewerb: VK Sachsen Beschl. v. 4.2.2013 – 1/SVK/039-12, BeckRS 2013, 04345.
[111] HHKW/*Koenigsmann-Hölken* § 13 Rn. 21.
[112] Ingenstau/Korbion/*von Wietersheim* Rn. 3.

tet werden, die exakt den ausgeschriebenen Leistungen und den Vergabeunterlagen entsprechen. Allein dann ist ein ordnungsgemäßer Wettbewerb von vergleichbaren Angeboten gleichbehandelter Bieter möglich.[113] Der Auftraggeber, der zur Einhaltung der öffentlich-rechtlichen Bestimmungen des Haushalts- und des Vergaberechts verpflichtet ist, soll ferner durch § 13EU Abs. 1 Nr. 5 S. 2 davor geschützt werden, den Zuschlag auf ein – unbemerkt geändertes – Angebot in der irrigen Annahme zu erteilen, dies sei das Wirtschaftlichste.[114]

71 Ein Angebot, dass unter Änderungen der Verdingungsunterlagen abgegeben wird, entspricht ferner nicht dem mit der Zuschlagserteilung manifestierten Vertragswillen des Auftraggebers. Es kann dann wegen der **nicht übereinstimmenden Willenserklärungen** des Bieters bei Angebotsabgabe und des Auftraggebers bei Zuschlagserteilung nicht zu dem beabsichtigten Vertragsschluss führen.[115]

72 Der Begriff der Änderung an den Vergabeunterlagen ist weit auszulegen.[116] Vergabeunterlagen iSd § 13EU Abs. 1 Nr. 5 S. 1, 2 sind die in § 8EU Abs. 1 Nr. 1 und 2, § 8EU Abs. 2 Nr. 1–4 benannten Unterlagen. Von einer Änderung an den Vergabeunterlagen iSd § 13EU Abs. 1 Nr. 5 S. 2 ist immer dann auszugehen, wenn das vom Bieter abgegebene Angebot – wenn auch nur geringfügig – von den Vergabeunterlagen abweicht, dh wenn sich **Angebot und Nachfrage nicht decken**.[117] Dies ist durch Vergleich des Inhalts des Angebots mit den Verdingungsunterlagen festzustellen.[118] Jeder unmittelbare Eingriff des Bieters in die Vergabeunterlagen mit verfälschendem Ergebnis (Streichung, Hinzufügung, oÄ) stellt – unabhängig davon, ob der Eingriff in manipulativer Absicht erfolgt oder nicht – eine Änderung an den Vergabeunterlagen dar.[119]

73 Neben Streichungen oder Hinzufügungen des Bieters an den Vergabeunterlagen stellt die Entnahme von Seiten aus Formblättern, der Austausch von Vertragsbedingungen oder das Anbieten nicht der Leistungsbeschreibung entsprechender Produkte eine Änderung der Vergabeunterlagen dar.[120] Die Angabe der Anzahl von Nebenangeboten gem. § 13EU Abs. 3 S. 1 stellt keine Änderung an den Vergabeunterlagen gem. § 13EU Abs. 1 Nr. 5 S. 2 dar.[121] Die Vornahme einer Änderung an den Vergabeunterlagen ist auch durch ein Begleitschreiben zum Angebot möglich.[122] Dieses Begleitschreiben ist regelmäßig Bestandteil des Angebots. Sofern das Schreiben nicht allein rechtlich unbeachtliche Höflichkeitsfloskeln, sondern rechtserhebliche Erklärungen zum Angebotspreis, zu Lieferfristen etc oder die Allgemeinen Geschäftsbedingungen des Bieters auf der Rückseite aufweist, stellt dies eine Änderung an den Vergabeunterlagen dar.[123] Aufgrund des weitreichenden Begriffs der

---

[113] BGH Urt. v. 16.4.2002 – X ZR 67/00, NJW 2002, 2558; OLG Köln Urt. v. 31.1.2012 – 3 U 17/11, BeckRS 2012, 03960; OLG Koblenz Beschl. v. 6.6.2013 – 2 U 522/12, BeckRS 2013, 17340; KG Beschl. v. 20.4.2011 – Verg 2/11, BeckRS 2011, 22535; VK Lüneburg Beschl. v. 1.2.2008 – VgK 48/2007, BeckRS 2009, 07804.
[114] VK Nordbayern Beschl. v. 4.8.2004 – 320 VK-3194-28/04, BeckRS 2004, 35206; OLG Jena Beschl. v. 16.9.2013 – 9 Verg 3/13, ZfBR 2013, 824; HHKW/*Koenigsmann-Hölken* § 13 Rn. 22.
[115] OLG Frankfurt a. M. Beschl. v. 2.12.2014 – 11 Verg 7/14, NZBau 2015, 448; OLG München Beschl. v. 25.11.2013 – Verg 13/13, ZfBR 2014, 397; jurisPK-VergabeR/*Dippel* § 13 Rn. 27.
[116] OLG Frankfurt a. M. Beschl. v. 21.2.2012 – 11 Verg 11/11, BeckRS 2012, 16589; OLG Frankfurt a. M. Beschl. v. 26.6.2012 – 11 Verg 12/11, ZfBR 2012, 706; OLG Jena Beschl. v. 16.9.2013 – 9 Verg 3/13, ZfBR 2013, 824; jurisPK-VergabeR/*Dippel* § 13 Rn. 29.
[117] OLG Frankfurt a. M. Beschl. v. 26.6.2012 – 11 Verg 12/11, ZfBR 2012, 706; OLG Rostock Beschl. v. 9.10.2013 – 17 Verg 6/13, BeckRS 2013, 21379; jurisPK-VergabeR/*Dippel* § 13 Rn. 29.
[118] OLG Rostock Beschl. v. 9.10.2013 – 17 Verg 6/13, BeckRS 2013, 21379; OLG Frankfurt a. M. Beschl. v. 26.6.2012 – 11 Verg 12/11, ZfBR 2012, 706.
[119] OLG Frankfurt a. M. Beschl. v. 21.2.2012 – 11 Verg 11/11, BeckRS 2012, 16589; OLG Koblenz Beschl. v. 6.6.2013 – 2 U 522/12, BeckRS 2013, 17340; OLG Frankfurt a. M. Beschl. v. 26.6.2012 – 11 Verg 12/11, ZfBR 2012, 706; Kapellmann/Messerschmidt/*Planker* § 13 Rn. 29.
[120] KG Beschl. v. 20.4.2011 – Verg 2/11, BeckRS 2011, 22535; jurisPK-VergabeR/*Dippel* § 13 Rn. 29.
[121] Kapellmann/Messerschmidt/*Planker* § 13 Rn. 18.
[122] OLG München Beschl. v. 21.2.2008 – Verg 01/08, BeckRS 2008, 06154; VK Bund Beschl. v. 6.2.2014 – VK 1-125/13, IBRRS 2014, 2820; OLG Köln Urt. v. 31.1.2012 – 3 U 17/11, HmbSchRZ 2012, 166.
[123] OLG München Beschl. v. 21.2.2008 – Verg 01/08, BeckRS 2008, 06154; VK Nordbayern Beschl. v. 19.3.2009 – 21.VK-3194-08/09, IBRRS 2009, 1537; jurisPK-VergabeR/*Dippel* § 13 Rn. 29.

Änderung an den Vergabeunterlagen ist grundsätzlich jede Änderung gem. § 13EU Abs. 1 Nr. 5 S. 2 unzulässig.

Die wirtschaftliche Bedeutung dieser Änderung ist unbeachtlich.[124] Unerheblich ist, ob eine Änderung **zentrale oder unwesentliche Leistungspositionen** betrifft und ob die Abweichung **Einfluss auf das Wettbewerbsergebnis** haben kann oder nicht.[125] So liegt beispielsweise eine Änderung der Vergabeunterlagen auch dann vor, wenn der Bieter seine Angebotspreise nicht in Euro und vollen Cent, sondern mit drei oder mehr Stellen hinter dem Komma abgibt.[126] Die Motivationslage des Bieters für seine Änderungen ist irrelevant. Auch wenn ein Bieter Vorgaben der Vergabeunterlagen für falsch oder unzweckmäßig hält, ist dies unbeachtlich und berechtigt ihn nicht, von den Vergabeunterlagen abzuweichen.[127] Aufgrund des weitreichenden Begriffs der Änderung an den Vergabeunterlagen gem. § 13EU Abs. 1 Nr. 5 S. 2 hat der Bieter allein die Wahl die Leistung wie gefordert anzubieten oder nicht. Will er ein abweichendes Angebot unterbreiten, muss er – soweit zugelassen – ein Nebenangebot abgeben.[128] Dieses Nebenangebot hat jedoch die zwingenden Vorgaben des Hauptangebots zu beachten. Werden diese Vorgaben im Nebenangebot abgeändert, ist das Nebenangebot ebenfalls auszuschließen.[129] Durch § 13EU Abs. 1 Nr. 5 S. 2 wird der Bieter allerdings nicht gehindert, dem Auftraggeber mitzuteilen, dass die Vergabeunterlagen aus seiner Sicht auslegungs- oder ergänzungsbedürftig sind.[130]

Diese Mitteilung kann in Form von **Bieterfragen oder isolierten Hinweisen** an den Auftraggeber erfolgen. Der Auftraggeber hat dann diese Bieterfragen gem. § 12aEU Abs. 3 gegenüber allen Bietern in gleicher Weise zu beantworten. Diese Möglichkeit steht den Bietern bei jeglichen Unklarheiten in den Vergabeunterlagen offen. Nach Angebotsvorlage darf dem Bieter ferner nicht die Möglichkeit gegeben werden, die unvollständig oder sonst abgeändert angebotene Leistung doch noch uneingeschränkt entsprechend den Anforderungen der Vergabeunterlagen anzubieten. Dies verstößt gegen das Nachverhandlungsverbot des § 15EU Abs. 3.[131]

Bleibt im Vergabeverfahren eine gem. § 13EU Abs. 1 Nr. 5 S. 2 unzulässige Änderung des Bieters an den Vergabeunterlagen unbemerkt und wird sie mit Zuschlagserteilung des Auftraggebers Vertragsinhalt, kann dem Auftraggeber ein Schadensersatzanspruch gem. §§ 282, 241 Abs. 2 BGB, § 311 Abs. 2 Nr. 1 BGB zustehen. Dies dann, wenn der Bieter durch die Änderung an den Vergabeunterlagen schuldhaft gegen seine vorvertraglichen Pflichten verstoßen hat.[132]

c) Änderungen an eigenen Eintragungen. Gemäß § 13EU Abs. 1 Nr. 5 S. 3 müssen **Änderungen des Bieters an seinen Eintragungen zweifelsfrei** sein. Der Bieter kann grundsätzlich seine eigenen Angaben ändern. Diese Änderungen des Bieters an seinen eigenen Eintragungen haben aber in jeder Hinsicht unmissverständlich und zweifelsfrei zu sein. Zeitlich besteht diese Änderungsmöglichkeit des Bieters an seinen eigenen Eintragungen nur bis zum Ablauf der Angebotsfrist.[133] Abänderungen nach diesem Zeitpunkt sind ausgeschlossen.[134] Die Regelung des § 13EU Abs. 1 Nr. 5 S. 3 soll die Vergleichbarkeit der Angebote gewährleisten sowie verhindern, dass sich ein Bieter nach Zuschlagserteilung

---

[124] OLG Frankfurt a. M. Beschl. v. 26.6.2012 – 11 Verg 12/11, BeckRS 2012, 18676; HHKW/*Koenigsmann-Hölken* § 13 Rn. 27.
[125] OLG Celle Beschl. v. 19.2.2015 – 13 Verg 12/14, BeckRS 2015, 12548; OLG Düsseldorf Beschl. v. 15.12.2004 – VII-Verg 47/04, BeckRS 2005, 03578.
[126] HHKW/*Koenigsmann-Hölken* § 13 Rn. 24.
[127] OLG Celle Beschl. v. 19.2.2015 – 13 Verg 12/14, BeckRS 2015, 12548; OLG Frankfurt a. M. Beschl. v. 26.6.2012 – 11 Verg 12/11, BeckRS 2012, 18676.
[128] OLG Celle Beschl. v. 19.2.2015 – 13 Verg 12/14, BeckRS 2015, 12548; OLG Koblenz Beschl. v. 6.6.2013 – 2 U 522/12, BeckRS 2013, 17340.
[129] jurisPK-VergabeR/*Dippel* § 13 Rn. 30.
[130] Kapellmann/Messerschmidt/*Planker* § 13 Rn. 20.
[131] HHKW/*Koenigsmann-Hölken* § 13 Rn. 27.
[132] Kapellmann/Messerschmidt/*Planker* § 13 Rn. 21.
[133] OLG Düsseldorf Beschl. v. 13.8.2008 – Verg 42/07, BeckRS 2008, 21712.
[134] Kapellmann/Messerschmidt/*Planker* § 13 Rn. 22.

darauf berufen kann, er habe etwas anderes in Bezug auf die Leistung oder den Preis angeboten.[135]

78 Der Begriff der Änderungen des Bieters an seinen Eintragungen ist weit zu verstehen. Als Änderungen des Bieters an seinen Eintragungen sind jegliche Korrekturen und/oder Ergänzungen am Angebotsinhalt anzusehen. Dabei ist der gesamte Inhalt des Angebots mit allen Bestandteilen zu betrachten.[136] § 13EU Abs. 1 Nr. 5 S. 3 erfasst **Durchstreichungen, Überschreibungen, textliche Ergänzungen** oder die **Korrektur von Zahlenangaben**.[137] Um jeglichen Missbrauch und jegliche Wettbewerbsverfälschung durch – unklare – Änderungen von eigenen Eintragungen auszuschließen, ist der Bieter gem. § 13EU Abs. 1 Nr. 5 S. 3 gezwungen, diese Änderungen an seinen Eintragungen **eindeutig und zweifelsfrei** zu tätigen.

79 Auch wenn der Bieter eigene Eintragungen unter Verwendung von Korrekturflüssigkeit oder einem Korrekturband vornimmt, können zweifelhafte, mehrdeutige Angaben und Änderungen vorliegen.[138] **Korrekturlack-Eintragungen** sind in aller Regel nicht zweifelsfrei, weil sich der Korrekturlack bereits bei normalem Gebrauch ablösen kann und damit der überschriebene (ebenfalls dokumentenechte) Einheitspreis zur Wertung kommt. Der mit Korrekturlack überdeckte Einheitspreis ist damit hinsichtlich der Änderung des Antragstellers durch Überdecken und Eintrag eines neuen dokumentenechten Einheitspreises nicht mehr zweifelsfrei.[139] Die Benutzung von **Korrekturband** ist gleichfalls problematisch. Zwar lässt sich Korrekturband regelmäßig nicht ablösen, ohne dass darunter befindliche Papier mit zu entfernen. Dennoch besteht bei der Verwendung von Korrekturband die Situation, dass die Änderungen an den Eintragungen des Bieters nicht als von ihm, dem Bieter, stammend erkennbar sind.[140] Daher ist in solchen Fällen der unklaren Authentizität der unter Verwendung von Korrekturband vorgenommenen Änderungen das Angebot unter Manipulations- und Korruptionsgesichtspunkten gem. § 16EU Nr. 2 auszuschließen.[141]

80 Stets setzt die Eindeutigkeit einer Änderung des Bieters an seinen Eintragungen voraus, dass sie den Ändernden unzweifelhaft erkennen lässt sowie den Zeitpunkt der Änderung deutlich macht. Daher müssen Änderungen des Bieters an seinen Eintragungen zusätzlich zumindest mit einem **Signum** oder einer **Paraphe der ändernden Person** versehen sein und sollten weiterhin eine **Datumsangabe** enthalten.[142] Das Fehlen der Datumsangabe schadet nicht, wenn es keine Hinweise auf Manipulationen gibt, sodass ausgeschlossen werden kann, dass die Änderung erst nach Abgabe der Angebote vorgenommen wurde.[143] Im Zweifel ist ein **strenger Maßstab** anzulegen.

81 Änderungen, die durch **Durchstreichen und Neueintragung** erfolgen, sind am ehesten zweifelsfrei, wenn die nicht mehr gültigen Eintragungen vom Bieter deutlich durchgestrichen werden und die verbindlichen neuen Eintragungen daneben geschrieben werden.[144] Auch diese Änderungen des Bieters an seinen Eintragungen müssen zumindest mit dem Signum bzw. der Paraphe der ändernden Person und sollten zusätzlich noch mit einer Datumsangabe versehen sein.[145] Der Bieter ist durch § 13EU Abs. 1 Nr. 5 S. 3 gehalten, bei Änderungen

---

[135] OLG München Beschl. v. 23.6.2009 – Verg 8/09, BeckRS 2009, 17241.
[136] OLG Düsseldorf Beschl. v. 13.8.2008 – Verg 42/07, BeckRS 2008, 21712.
[137] jurisPK-VergabeR/*Dippel* § 13 Rn. 34.
[138] Kapellmann/Messerschmidt/*Planker* § 13 Rn. 23.
[139] VK Südbayern Beschl. v. 14.12.2004 – 69-10/2004, IBRRS 2005, 3111; *Weyand* § 16 Rn. 186.
[140] Vgl. hierzu OLG München Beschl. v. 23.6.2009 – Verg 8/09, BeckRS 2009, 17241; OLG Schleswig Beschl. v. 11.8.2006 – 1 Verg 1/06, BeckRS 2006, 09504.
[141] VK Schleswig-Holstein Beschl. v. 5.1.2006 – VK-SH 31/05, BeckRS 2006, 02641; OLG Schleswig Beschl. v. 11.8.2006 – 1 Verg 1/06, BeckRS 2006, 09504; VK Baden-Württemberg Beschl. v. 29.6.2009 – 1 VK 27/09, IBRRS 2010, 0086; *Weyand* § 16 Rn. 188.
[142] VK Schleswig-Holstein Beschl. v. 5.1.2006 – VK-SH 31/05, BeckRS 2006, 02641; *Weyand* § 16 Rn. 184.
[143] VK Rheinland-Pfalz Beschl. v. 3.2.2012 – VK 2-44/11, IBRRS 2014, 0626.
[144] VK Rheinland-Pfalz Beschl. v. 3.2.2012 – VK 2-44/11, IBRRS 2014, 0626.
[145] VK Schleswig-Holstein Beschl. v. 5.1.2006 – VK-SH 31/05, BeckRS 2006, 02641; VK Rheinland-Pfalz Beschl. v. 3.2.2012 – VK 2-44/11, IBRRS 2014, 0626; *Weyand* § 16 Rn. 193.

seiner Erklärungen streng darauf zu achten, dass sie eindeutig und klar erfolgen. Jede Mehrdeutigkeit führt zum Angebotsausschluss gem. § 16EU Nr. 2.

7. Bieterseitige Kurzfassungen des Leistungsverzeichnisses (Nr. 6). Die Angebotsbearbeitung durch die Bieter soll rationell und effizient vonstattengehen.[146] Insbesondere soll es dem Bieter möglich sein, die Angebote EDV-gestützt zu bearbeiten. Gemäß § 13EU Abs. 1 Nr. 6 Hs. 1 können die Bieter daher für die Angebotsabgabe eine selbst gefertigte Abschrift oder Kurzfassung des Leistungsverzeichnisses benutzen. Dies dann, wenn sie den vom Auftraggeber verfassten Wortlaut der Urfassung des Leistungsverzeichnisses im Angebot als allein für sich verbindlich anerkennen. Die vom Bieter für die Angebotsabgabe selbst gefertigte Abschrift oder Kurzfassung des Leistungsverzeichnisses muss dabei gem. § 13EU Abs. 1 Nr. 6 Hs. 2 die **Ordnungszahlen (Positionen) vollzählig,** in der **gleichen Reihenfolge** und mit den **gleichen Nummern** wie in dem vom Auftraggeber verfassten Leistungsverzeichnis wiedergeben. 82

Die Verwendung von bieterseits gefertigten Abschriften oder einer Kurzfassung des Leistungsverzeichnisses ist unter diesen Maßgaben gem. § 13EU Abs. 1 Nr. 6 **stets gestattet.** Sie muss vom Auftraggeber nicht ausdrücklich zugelassen werden. Den Bietern wird durch § 13EU Abs. 1 Nr. 6 ermöglicht, seine digital vorliegenden Angebotsdaten in eine von ihm selbst gefertigte Kurzfassung des Leistungsverzeichnisses zu übertragen. Er kann sich unter Einhaltung der Voraussetzungen des § 13EU Abs. 1 Nr. 6 selbst einen Ausdruck des Leistungsverzeichnisses erstellen. Die Bieter werden damit von der mühsamen und fehlerträchtigen händischen Übertragung der Daten in die Leistungsverzeichnisse des Auftraggebers entbunden. Der Bieter, der selbst gefertigte Abschriften oder Kurzfassungen des Leistungsverzeichnisses verwendet, sollte strikt auf die Einhaltung der Anforderungen des § 13EU Abs. 1 Nr. 6 achten. Insbesondere die im Leistungsverzeichnis geforderten Angaben von **Fabrikats- und Typenbezeichnungen** müssen in der Kurzfassung vollzählig, in der gleichen Reihenfolge und mit den gleichen Nummern wie in dem vom Auftraggeber verfassten Leistungsverzeichnis wiedergegeben werden.[147] 83

Ein Widerspruch einer selbst gefertigten Abschrift oder Kurzfassung zur Langfassung des Leistungsverzeichnisses des Auftraggebers birgt für den Bieter das Risiko, dass sein Angebot widersprüchlich wird und damit auszuschließen ist.[148] Deckt sich die vom Bieter selbst gefertigte Abschrift oder Kurzfassung des Leistungsverzeichnisses nicht mit der Langfassung des Leistungsverzeichnisses des Auftraggebers, so ist allein die Langfassung aufgrund der vom Bieter abgegebenen Verbindlichkeitserklärung gem. § 13EU Abs. 1 Nr. 6 Hs. 1 maßgeblich. Trotz Anerkennung des Langtextleistungsverzeichnisses als allein verbindlich durch den Bieter können **Mengenänderungen im Vordersatz** des selbst gefertigten Kurztextleistungsverzeichnisses einen Ausschluss des Bieters begründen. Dies jedenfalls dann, wenn die vom Bieter eingefügten Mengenangaben im selbst gefertigten Kurztextleistungsverzeichnis geringer sind als im Langtextleistungsverzeichnis des Auftraggebers. Der Bieter bietet dann auch bei Anerkennung des Langtextleistungsverzeichnisses als allein verbindlich nur das an, was er auch bepreist hat.[149] Das Angebot des Bieters ist dann preislich nicht mit den übrigen Angeboten vergleichbar und auszuschließen.[150] Eine Korrektur der geänderten Mengenansätze des Kurztextleistungsverzeichnisses auf die Mengenansätze des Langtextleistungsverzeichnisses ist regelmäßig ausgeschlossen.[151] 84

---
[146] VK Südbayern Beschl. v. 20.4.2011 – Z3-3-3194-1-07-02/11, IBRRS 2011, 3964; VK Südbayern Beschl. v. 16.7.2003 – 25-06/03, IBRRS 2003, 2309.
[147] Kapellmann/Messerschmidt/*Planker* § 13 Rn. 24.
[148] Ingenstau/Korbion/*von Wietersheim* § 13 Rn. 21.
[149] VK Schleswig-Holstein Beschl. v. 20.10.2010 – VK-SH 16/10, BeckRS 2015, 03371; VK Bund Beschl. v. 6.5.2008 – VK 3-53/08, BeckRS 2008, 140112.
[150] VK Düsseldorf Beschl. v. 14.8.2006 – VK-32/2006 B, JurionRS 2006, 27598; VK Bund Beschl. v. 6.5.2008 – VK 3-53/08, BeckRS 2008, 140112; VK Schleswig-Holstein Beschl. v. 20.10.2010 – VK-SH 16/10, BeckRS 2015, 03371.
[151] AA VK Thüringen Beschl. v. 9.9.2005 – 360-4002.20-009/05-SON, BeckRS 2014, 53858; VK Sachsen Beschl. v. 21.4.2008 – 1/SVK/021-08-G, BeckRS 2008, 10611.

85 **8. Muster und Proben der Bieter (Nr. 7).** Gemäß § 7bEU Abs. 2 S. 1 kann die Leistungsbeschreibung vorgeben, die Leistung auch zeichnerisch oder durch Probestücke darzustellen oder anders zu erklären. Zeichnungen und Proben, die für die Ausführung maßgebend sein sollen, sind gem. § 7bEU Abs. 2 S. 2 eindeutig zu bezeichnen. Muster und Proben dienen dazu, die angebotene Leistung klarer und eindeutiger, als durch reine Wortbeschreibung möglich, zu verdeutlichen sowie etwaige Zweifelsfragen zu klären, um Missverständnissen zu begegnen.[152] Angeforderte Muster und Proben können ferner nähere Erklärungen des Bieters, wie die angebotene Leistung beschaffen ist, ersetzen.[153] Muster und Proben stellen – wenn sie mit Angebotsabgabe abgefordert wurden – **Angebotsbestandteile** dar. Bei Nichtvorlage oder unvollständiger Vorlage dieser abgeforderten Muster und Proben kann das Angebot unvollständig sein und damit gem. § 16EU Nr. 2 dem Ausschluss unterliegen.[154]

86 Soweit der Auftraggeber die Vorlage von Mustern und Proben nicht schon mit der Angebotsabgabe verbindlich vorgibt, können vom Bieter Muster und Proben auch nachträglich, zB zur Vorbereitung eines technischen Aufklärungsgesprächs gem. § 15EU Abs. 1 Nr. 1 vorgelegt oder vom Auftraggeber zu Aufklärungszwecken verlangt werden.[155] § 13EU Abs. 1 Nr. 7 fordert von den Mustern und Proben, die mit dem Angebot vorgelegt werden, **deren eindeutige Kennzeichnung als zum Angebot gehörig.** Damit soll die zweifelsfreie Zuordnung von Mustern und Proben zu einem bestimmten Angebot eines Bieters und zu einem bestimmten Teil dieses Angebots ermöglicht werden.[156]

87 Ein Verstoß gegen diese Kennzeichnungspflicht von Mustern und Proben gem. § 13EU Abs. 1 Nr. 7 begründet keinen Ausschlusstatbestand gem. § 16EU Nr. 1–6. Die Kennzeichnungspflicht von Mustern und Proben als zum Angebot gehörig gem. § 13EU Abs. 1 Nr. 7 wird in § 16EU Nr. 1–6 nicht erwähnt.

IV. Abweichung von technischen Spezifikationen in den Vergabeunterlagen (Abs. 2)

88 **1. Norminhalt und -kontext.** Gemäß § 13EU Abs. 2 S. 1 sind die Bieter berechtigt, eine Leistung anzubieten, die von den in den Vergabeunterlagen vorgesehenen technischen Spezifikationen gem. § 7aEU Abs. 1 iVm Anhang TS Nr. 1–5 abweicht, anzubieten, wenn die abweichende Leistung mit dem geforderten Schutzniveau in Bezug auf Sicherheit, Gesundheit und Gebrauchstauglichkeit **gleichwertig ist.** Gemäß § 13EU Abs. 2 S. 2 hat der Bieter diese Abweichung im Angebot **eindeutig zu bezeichnen.** Ferner ist vom Bieter gem. § 13EU Abs. 2 S. 3 die Gleichwertigkeit der Abweichung zusammen mit dem Angebot **nachzuweisen.**

89 Die Vorschrift bezweckt die öffentlichen Beschaffungsmärkte für den Wettbewerb zu öffnen. Einerseits soll den Auftraggebern erlaubt sein, genormte technische Spezifikationen in Form von **bestimmten Leistungs- oder Funktionsanforderungen** vorzugeben. Andererseits soll den Bietern gestattet werden, Angebote einzureichen, die die Vielfalt der auf dem Markt gegebenen technischen Lösungsmöglichkeiten ausnutzen und dabei von den vorgegebenen technischen Spezifikationen abweichen. Solche Angebote sollen dann nicht ausgeschlossen werden können, sondern die Bieter die Möglichkeit haben, die Gleichwertigkeit der von ihnen angebotenen Lösung zu belegen. Der Auftraggeber soll gleichzeitig gezwungen werden, sich mit derartigen Angeboten auf der Grundlage gleichwertiger technischer Lösungen auseinanderzusetzen.[157]

---

[152] VK Baden-Württemberg Beschl. v. 4.12.2003 – 1 VK 64/03, IBRRS 2003, 3176; *Weyand* § 13 Rn. 129.
[153] VK Düsseldorf Beschl. v. 21.1.2009 – VK-43/2008-L, IBRRS 2009, 1091.
[154] OLG Düsseldorf Beschl. v. 14.11.2007 – VII Verg 23/07, BeckRS 2008, 07455; VK Bund Beschl. v. 5.8.2009 – VK 1-128/09, BeckRS 2009, 138499; *Weyand* § 13 Rn. 130; Kapellmann/Messerschmidt/*Planker* § 13 Rn. 26.
[155] *Weyand* § 13 Rn. 130; Kapellmann/Messerschmidt/*Planker* § 13 Rn. 26.
[156] HHKW/*Koenigsmann-Hölken* § 13 Rn. 31.
[157] VK Lüneburg Beschl. v. 23.7.2012 – VgK-23/2012, BeckRS 2012, 19028; VK Bund Beschl. v. 10.4.2007 – VK 1-20/07, BeckRS 2007, 142846.

§ 13EU Abs. 2 steht in direktem Regelungszusammenhang zu § 16dEU Abs. 3. Gemäß 90
§ 16dEU Abs. 3 ist das Angebot, mit welchem Leistungen angeboten werden, die eine zulässige Abweichung von technischen Spezifikationen gem. § 13EU Abs. 2 S. 1–3 beinhalten, nicht wie ein Nebenangebot, **sondern wie ein Hauptangebot zu werten.** Das bieterseitige Angebot abweichender Leistungen gem. § 13EU Abs. 2 kann daher vom öffentlichen Auftraggeber weder in der Bekanntmachung noch in der Aufforderung zur Angebotsabgabe ausgeschlossen werden. Liegen sämtliche Voraussetzungen des § 13EU Abs. 2 S. 1–3 vor, muss der öffentliche Auftraggeber gem. § 16d Abs. 3 die angebotene, von den technischen Spezifikationen zulässigerweise abweichende Leistung wie ein Hauptangebot werten.[158]

§ 13EU Abs. 2 regelt damit die bieterseitige Befugnis, in den genannten Fällen und unter 91
bieterseitigem Nachweis der Gleichwertigkeit bei seiner Angebotsabgabe Leistungen anzubieten, die von den technischen Spezifikationen gem. § 7aEU Abs. 1 iVm Anhang TS Nr. 1–5 abweichen. Für den Auftraggeber enthält § 13EU Abs. 2 iVm § 16d Abs. 3 in diesen Fällen dann die Wertungsvorgabe zur Wertung der von den technischen Spezifikationen abweichenden Leistungen als Hauptangebot. Die Vorschrift ist zwingend.[159] Sie eröffnet insbesondere allein für Bieter die in § 13EU Abs. 2 S. 1 benannte Befugnis. Für den öffentlichen Auftraggeber begründet die Vorschrift ferner eine Prüfungspflicht der formellen Voraussetzungen des § 13EU Abs. 2 S. 2 und der materiellen Gleichwertigkeit sowie des Nachweises der Gleichwertigkeit gem. § 13EU Abs. 2 S. 1, 3. Die Vorschrift begründet für den öffentlichen Auftraggeber keine Befugnis, von den Bietern Angebote zu fordern oder entgegenzunehmen, die eine Abweichung von vorgesehenen technischen Spezifikationen beinhalten.[160] Das **Risiko der Nichteinhaltung** der von § 13EU Abs. 2 S. 1 geforderten **Gleichwertigkeit des Schutzniveaus** in Bezug auf Sicherheit, Gesundheit und Gebrauchstauglichkeit und die Führung des Nachweises der Gleichwertigkeit gem. § 13EU Abs. 2 S. 3 trägt allein der Bieter.[161] Aufgrund dieses bieterseitigen Risikos dürfte es für den Bieter regelmäßig opportun sein, keine Abweichungen von technischen Spezifikationen gem. § 13EU Abs. 2 im Hauptangebot anzubieten, sondern sich insoweit auf die Abgabe von Nebenangeboten zu beschränken, wenn der öffentliche Auftraggeber diese zugelassen hat.

Die **DIN 18299: 2016-09 VOB/C:** Allgemeine technische Vertragsbedingungen für 92
Bauleistungen (ATV) – Allgemeine Regelungen für Bauarbeiten jeder Art sieht in Ziff. 2, Stoffe, Bauteile, unter Ziff. 2.3.4 S. 1 und 2 eine weitergehende Regelung zur Abweichung von technischen Spezifikationen vor. Gemäß Ziff. 2.3.4 S. 1 der DIN 18299: 2016-09 dürfen Stoffe und Bauteile, für die bestimmte technische Spezifikationen in der Leistungsbeschreibung nicht genannt sind, auch verwendet werden, wenn sie Normen, technischen Vorschriften oder sonstigen Bestimmungen anderer Staaten entsprechen, sofern das geforderte Schutzniveau in Bezug auf Sicherheit, Gesundheit und Gebrauchstauglichkeit gleichermaßen dauerhaft erreicht wird. Gemäß Ziff. 2.3.4 S. 2 DIN 18299: 2016-09 kann bei Stoffen und Bauteilen, für die eine Überwachungs- oder Prüfzeichenpflicht oder der Nachweis der Brauchbarkeit allgemein vorgesehen ist, von einer Gleichwertigkeit ferner nur ausgegangen werden, wenn die Stoffe oder Bauteile ein Überwachungs- oder Prüfzeichen tragen oder für sie der genannte Brauchbarkeitsnachweis erbracht ist.

2. Technische Spezifikationen. Die Definition der technischen Spezifikationen verweist § 13EU Abs. 2 S. 1 auf § 7aEU Abs. 1 und damit auf Anhang TS Nr. 1 lit. a und b. 93
Dies sind bei öffentlichen Bauaufträgen die Gesamtheit der insbesondere in den Vergabeunterlagen enthaltenen technischen Beschreibungen, die die erforderlichen Eigenschaften eines Werkstoffs, eines Produkts oder einer Lieferung definieren, damit diese den vom Auftraggeber beabsichtigten Zweck erfüllen. Der Begriff ist überaus weit gefasst. Hierunter sind

---

[158] HHKW/*Koenigsmann-Hölken* § 13 Rn. 33.
[159] Ingenstau/Korbion/*von Wietersheim* § 13 Rn. 22.
[160] Ingenstau/Korbion/*von Wietersheim* § 13 Rn. 24.
[161] VK Bund Beschl. v. 10.4.2007 – VK 1-20/07, BeckRS 2007, 142846; VK Sachsen Beschl. v. 7.10.2003 – 1/SVK/111/03, BeckRS 2004, 03970; VK Brandenburg Beschl. v. 28.11.2006 – 2 VK 48/06, IBRRS 2007, 3700; Ingenstau/Korbion/*von Wietersheim* § 13 Rn. 25.

unter anderem auch die Vorschriften für Planung und die Berechnung von Bauwerken, die Bedingungen für die Prüfung, Inspektion und Abnahme von Bauwerken, die Konstruktionsmethoden oder -verfahren und alle anderen technischen Anforderungen, die der Auftraggeber für fertige Bauwerke oder dazu notwendige Materialien oder Teile davon durch allgemeine oder spezielle Vorschriften anzugeben in der Lage ist.[162]

94 Individuelle, auf das konkrete Vorhaben bezogene technische Vorgaben, wie zB die Haltekonstruktion bei Glaselementen, fallen nicht hierunter.[163] Dies deshalb, da § 13EU Abs. 2 nicht die in einer für ein bestimmtes Vorhaben erstellten Leistungsbeschreibung konkret und individuell für die gewünschte Leistung aufgestellten technischen Anforderungen, geforderten Abmessungen oder Zulassungen, etc, zur Disposition der Bieter stellen soll.[164] Unter **technischen Spezifikationen** sind damit nur **technische Regelwerke, Normen,** ggf. auch **allgemeine Eigenschafts- und Funktionsbeschreibungen** zu verstehen. Nicht jedoch individuelle, auf das konkrete Bauvorhaben bezogene, technische Vorgaben. Von individuellen technischen Vorgaben, die auf das konkrete Bauvorhaben bezogen sind, abweichende technische Lösung dürfen nicht als Hauptangebot, sondern allenfalls als Nebenangebot gewertet werden.[165] Sonst hätte § 13EU Abs. 3 neben § 13EU Abs. 2 keinen eigenen Anwendungsbereich mehr.[166]

95 **3. Zulässigkeitsanforderungen der Abweichung.** Die angebotene Abweichung von den vorgesehenen technischen Spezifikationen **muss** vom Auftraggeber wie ein Hauptangebot **gewertet werden,** wenn sie gem. § 13EU Abs. 2 S. 1 mit dem geforderten Schutzniveau in Bezug auf Sicherheit, Gesundheit und Gebrauchstauglichkeit gleichwertig ist. Zur Auslegung des Begriffs des Schutzniveaus sind die im Leistungsverzeichnis vorgesehenen technischen Spezifikationen als Mindesterfordernisse zu betrachten.[167]

96 Der Begriff der **Sicherheit** umfasst die technische Sicherheit in Bezug auf Haltbarkeit, Standfestigkeit und Dauertauglichkeit nach allen technischen Erfahrungen der einschlägigen Fachbereiche am Ort der Bauausführung.[168] Der Begriff der **Gesundheit** umfasst jede nachteilige Einwirkung auf den Menschen sowie die erforderlichen Umweltverträglichkeitseigenschaften.[169] Der Begriff der **Gebrauchstauglichkeit** ist erfüllt, wenn die vorgesehene Nutzung der baulichen Maßnahme aus Sicht der Vorgaben des Auftraggebers uneingeschränkt gewährleistet ist.[170]

97 Die erforderliche **Gleichwertigkeit** liegt vor, wenn das Schutzniveau in Bezug auf Sicherheit, Gesundheit und Gebrauchstauglichkeit erreicht oder überschritten wird. Der Bieter ist gem. § 13EU Abs. 2 S. 2 zwingend gehalten, die Abweichung in seinem Angebot eindeutig zu bezeichnen. Hierzu ist in der betreffenden Position des Angebotes, den betreffenden Positionsgruppen, dem Abschnitt oder erforderlichenfalls im ganzen Angebot eindeutig und klar verständlich zu machen, dass eine Abweichung von den technischen Spezifikationen vorliegt und worin sie genau liegt.[171] Der Bieter muss nicht nur darlegen, dass er etwas anderes macht, sondern auch dartun, was genau er anders macht. Die **eindeutige Bezeichnung der Abweichung** ist Grundbedingung für die Prüfung des abweichenden Angebots durch den Auftraggeber.[172] Der Auftraggeber hat das Angebot mit den eindeutig

---

[162] VK Bund Beschl. v. 21.1.2011 – VK 2-146/10, BeckRS 2011, 140395; Kapellmann/Messerschmidt/*Planker* § 13 Rn. 28.
[163] VK Bund Beschl. v. 21.1.2011 – VK 2-146/10, BeckRS 2011, 140395; Kapellmann/Messerschmidt/*Planker* § 13 Rn. 28.
[164] VK Bund Beschl. v. 21.1.2011 – VK 2-146/10, BeckRS 2011, 140395; OLG München Beschl. v. 28.7.2008 – Verg 10/08, BeckRS 2008, 17225; OLG Düsseldorf Beschl. v. 6.10.2004 – Verg 56/04, NZBau 2005, 169.
[165] HHKW/*Koenigsmann-Hölken* § 13 Rn. 33.
[166] HHKW/*Koenigsmann-Hölken* § 13 Rn. 33.
[167] Ingenstau/Korbion/*von Wietersheim* § 13 Rn. 26.
[168] Ingenstau/Korbion/*von Wietersheim* § 13 Rn. 27.
[169] Ingenstau/Korbion/*von Wietersheim* § 13 Rn. 27.
[170] Ingenstau/Korbion/*von Wietersheim* § 13 Rn. 27.
[171] Ingenstau/Korbion/*von Wietersheim* § 13 Rn. 28.
[172] VK Südbayern Beschl. v. 24.8.2010 – Z3-3-3194-1-31-05/10, BeckRS 2010, 37328; OLG Saarbrücken Beschl. v. 27.4.2011 – 1 Verg 5/10, BeckRS 2011, 11576.

bezeichneten Abweichungen von den geforderten technischen Spezifikationen auf seine Gleichwertigkeit zu überprüfen. Hierzu muss er keine eigenen Nachforschungen anstellen.[173]

4. Nachweis der Gleichwertigkeit. Gemäß § 13EU Abs. 2 S. 3 hat der Bieter die Gleichwertigkeit der Abweichung von den vorgesehenen technischen Spezifikationen mit dem geforderten Schutzniveau in Bezug auf Sicherheit, Gesundheit und Gebrauchstauglichkeit mit dem Angebot nachzuweisen. Den Bieter trifft insoweit die uneingeschränkte **Darlegungs- und Beweislast,** verbunden mit dem **Risiko der Nichtwertbarkeit** des von den technischen Spezifikationen abweichenden Angebots gem. § 16dEU Abs. 3.[174] Da insoweit keine Nachforschungspflicht des Auftraggebers besteht, ist der Bieter gehalten, in Bezug auf diesen Nachweis der Gleichwertigkeit überaus gründlich vorzugehen. 98

Der Nachweis der Gleichwertigkeit hat in jedem Fall **zusammen mit der Vorlage des Angebots zu erfolgen.**[175] Wird die Gleichwertigkeit der Abweichung von den technischen Spezifikationen nicht mit Angebotsvorlage nachgewiesen, kommt eine Wertung des Angebots als Hauptangebot gem. § 16d Abs. 3 nicht in Betracht.[176] Auch eine technische Aufklärung der Gleichwertigkeit im Rahmen einer Angebotsaufklärung gem. § 15EU Abs. 1 Nr. 1 ist nicht statthaft.[177] Dies stellt eine unzulässige, nach Angebotsvorlage erfolgende Nachweisführung des Bieters dar.[178] 99

V. Nebenangebote (Abs. 3)

1. Norminhalt und Normkontext. Nebenangebote sind Abweichungen vom Hauptangebot, die der Bieter eigenständig anbietet, nachdem der öffentliche Auftraggeber sie in der Bekanntmachung gem. § 12EU Abs. 3 Nr. 2 iVm § 8EU Abs. 2 Nr. 3 zugelassen hat. Nebenangebote, die ein Bieter eigenständig nach Zulassung durch den Auftraggeber vorlegt, sind regelmäßig **Abweichungen von den individuellen Anforderungen** an das konkrete Bauvorhaben. Diese betreffen zB die Herstellungsart (Fertig- oder Ortbeton etc), Änderungen der Baustoff- und Materialvorgaben, Änderungen im Bauablaufplan oder Änderungen im Bauzeitenplan. Nicht allein technische Abweichungen, sondern auch Abweichungen wirtschaftlicher, rechtlicher oder rechnerischer Art können als Nebenangebot zu qualifizieren sein und in Form eines Nebenangebots abgegeben werden.[179] Das Nebenangebot ändert konkret individuelle Vorgaben des Hauptangebots, wobei Abweichungen unabhängig von ihrem Grad, ihrer Gewichtung oder ihrem Umfang Nebenangebote darstellen.[180] 100

Nebenangebote sind zu unterscheiden von einer **angebotenen Auftragserweiterung,** dh wenn der Bieter anbietet, zusätzliche Leistungen zu übernehmen.[181] Nebenangebote sind ferner zu unterscheiden von Wahl- oder Alternativpositionen und den hierauf ergehenden Angeboten[182] sowie von unzulässigen Änderungen der Vergabeunterlagen gem. § 13EU Abs. 1 Nr. 5 S. 2. Solche Änderungen dürfen nicht als Nebenangebote eingestuft und behandelt 101

---

[173] VK Sachsen-Anhalt Beschl. v. 16.4.2014 – 3 VK LSA 14/14, IBRRS 2015, 0166; HHKW/*Koenigsmann-Hölken* § 13 Rn. 34.
[174] VK Bund Beschl. v. 10.4.2007 – VK 1-20/07, BeckRS 2007, 142846; VK Sachsen Beschl. v. 7.10.2003 – 1/SVK/111/03, BeckRS 2004, 03970.
[175] OLG Koblenz Beschl. v. 2.2.2011 – 1 Verg 1/11, ZfBR 2011, 399; VK Brandenburg Beschl. v. 28.11.2006 – 2 VK 48/06, IBRRS 2007, 3700; VK Sachsen-Anhalt Beschl. v. 16.4.2014 – 3 VK LSA 14/14, BeckRS 2015, 09199.
[176] VK Sachsen Beschl. v. 7.10.2003 – 1/SVK/111/03, BeckRS 2004, 03970; HHKW/*Koenigsmann-Hölken* § 13 Rn. 34.
[177] VK Brandenburg Beschl. v. 28.11.2006 – 2 VK 48/06, IBRRS 2007, 3700.
[178] HHKW/*Koenigsmann-Hölken* § 13 Rn. 34.
[179] VK Sachsen Beschl. v. 10.4.2014 – 1/SVK/007/14, IBRRS 2014, 2185; VK Schleswig-Holstein Beschl. v. 11.2.2010 – VK-SH 29/09, IBRRS 2011, 3866; VK Brandenburg Beschl. v. 1.3.2005 – VK 8/05, ZfBR 2006, 393.
[180] HHKW/*Koenigsmann-Hölken* § 13 Rn. 35.
[181] Ingenstau/Korbion/*von Wietersheim* § 8 Rn. 12.
[182] Kapellmann/Messerschmidt/*Planker* § 13 Rn. 35.

werden.¹⁸³ Schließlich stellen **Preisnachlässe ohne Bedingungen** gem. § 13EU Abs. 4 keine Nebenangebote dar.¹⁸⁴ Preisnachlässe, die an bestimmte Bedingungen geknüpft sind, können dagegen grundsätzlich als Nebenangebot angeboten werden.¹⁸⁵

102 Nebenangebote bedürfen der Definition von vorher bekanntgegebenen Kriterien, anhand derer die **Gleichwertigkeitsprüfung** mit dem Hauptangebot durchgeführt wird und anhand derer der Bieter die Gleichwertigkeit seines Nebenangebots zum Zeitpunkt der Abgabe dieses Angebots nachzuweisen hat. Gemäß § 8EU Abs. 2 Nr. 3 lit. a hat die Art und Weise der Einreichung der Nebenangebote in der Weise zu erfolgen, die der Auftraggeber in der Auftragsbekanntmachung oder in der Aufforderung zur Interessensbestätigung mit Zulassung der Nebenangebote angegeben hat.

103 Gemäß § 8EU Abs. 2 Nr. 3 lit. b haben Nebenangebote **im Oberschwellenbereich** ferner den **vorher bekannt gegebenen Mindestanforderungen** zu entsprechen. Dies gilt im Unterschwellenbereich gem. § 8 Abs. 2 Nr. 3 nicht. Im Oberschwellenbereich sind Nebenangebote, die den Mindestanforderungen nicht entsprechen, gem. § 16EU Nr. 5 Hs. 2 auszuschließen. **Im Unterschwellenbereich** enthält § 16 Abs. 1 Nr. 5 **keine** § 16EU Nr. 5 Hs. 2 entsprechende Regelung. Eine analoge Anwendung des § 16EU Nr. 5 Hs. 2 im Unterschwellenbereich kommt nicht in Betracht, weil insoweit keine ungewollte Regelungslücke vorliegt.¹⁸⁶

104 Die Erfüllung von Mindestanforderungen für Nebenangebote ist kein Äquivalent der Gleichwertigkeitsprüfung.¹⁸⁷ Bei der Gleichwertigkeitsprüfung steht dem öffentlichen Auftraggeber ein **weiter Beurteilungs- und Ermessensspielraum** zu.¹⁸⁸ Der Nachweis der Gleichwertigkeit eines Nebenangebots ist dabei vom Bieter entsprechend den Anforderungen des Leistungsverzeichnisses zu erbringen.¹⁸⁹ Die Nachforderung eines Gleichwertigkeitsnachweises stellt eine unzulässige Nachbesserung des Angebots dar und ist damit dem Auftraggeber untersagt.¹⁹⁰

105 **2. Aufführung der Anzahl und Kennzeichnung von Nebenangeboten.** Gemäß § 13EU Abs. 3 S. 1 ist die Anzahl von Nebenangeboten durch den Bieter an einer vom Auftraggeber in den Vergabeunterlagen bezeichneten Stelle aufzuführen. § 13EU Abs. 3 S. 2 schreibt ferner vor, dass Nebenangebote auf besondere Anlage erstellt und als solche deutlich gekennzeichnet werden. Dies dient der Transparenz des Vergabeverfahrens.

106 Angebotsbestandteil der Nebenangebote ist des Weiteren der vom Bieter zu führende Gleichwertigkeitsnachweis des Nebenangebots mit dem Hauptangebot anhand der vom Auftraggeber in den Vergabeunterlagen definierten Gleichwertigkeitskriterien. § 8EU Abs. 2 Nr. 3 lit. a erlaubt es dem Auftraggeber ferner, Nebenangebote ausnahmsweise nur in Verbindung mit einem Hauptangebot zuzulassen. Ist dies erfolgt, sind **isoliert eingereichte Nebenangebote** des Bieters ohne Hauptangebot unzulässig und auszuschließen.¹⁹¹

107 Nebenangebote müssen physisch vom Hauptangebot **deutlich getrennt sein,** bei schriftlichen Angeboten zB durch einen eigenen Ordner oder Hefter. Die Angebotsunterlagen müssen klar zum Ausdruck bringen, was das geforderte Hauptangebot und was das auf

---

¹⁸³ OLG Brandenburg Beschl. v. 17.5.2011 – Verg W 16/10, BeckRS 2011, 22444; Kapellmann/Messerschmidt/*Planker* § 13 Rn. 35.
¹⁸⁴ Teilw. abw. VK Sachsen Beschl. v. 10.4.2014 – 1/SVK/007-14, IBRRS 2014, 2185.
¹⁸⁵ VK Brandenburg Beschl. v. 1.3.2005 – VK 8/05, ZfBR 2006, 393.
¹⁸⁶ BGH Urt. v. 30.8.2011 – X ZR 55/10 Rn. 19, ZfBR 2012, 25; VK Sachsen-Anhalt Beschl. v. 15.1.2016 – 3 VK LSA 77/15, IBRRS 2016, 0567; zum Diskussionsstand ferner *Weyand* § 16 Rn. 843 ff.
¹⁸⁷ OLG Brandenburg Beschl. v. 17.5.2011 – Verg W 16/10, BeckRS 2011, 22444; OLG Koblenz Beschl. v. 2.2.2011 – 1 Verg 1/11, ZfBR 2011, 399.
¹⁸⁸ OLG Brandenburg Beschl. v. 17.5.2011 – Verg W 16/10, BeckRS 2011, 22444; OLG Koblenz Beschl. v. 2.2.2011 – 1 Verg 1/11, ZfBR 2011, 399.
¹⁸⁹ VK Sachsen-Anhalt Beschl. v. 30.11.2016 – 3 VK LSA 44/16, IBRRS 2017, 0236; OLG Koblenz Beschl. v. 2.2.2011 – 1 Verg 1/11, ZfBR 2011, 399.
¹⁹⁰ VK Sachsen-Anhalt Beschl. v. 30.11.2016 – 3 VK LSA 44/16, IBRRS 2017, 0236; Ingenstau/Korbion/*von Wietersheim* § 16d Rn. 30, 34.
¹⁹¹ VK Hessen Beschl. v. 30.9.2009 – 69d-VK-32/2009, IBRRS 2010, 0410; VK Bund Beschl. v. 17.7.2003 – VK 1-55/03, BeckRS 2003, 152798; Ingenstau/Korbion/*von Wietersheim* § 16d Rn. 31.

Vorschlag des Bieters abgegebene Nebenangebot beinhaltet. Es ist für das Nebenangebot die Überschrift „Nebenangebot" oder „Änderungsvorschlag" durch den Bieter anzubringen.[192] Nebenangebote sind vom Bieter zu unterschreiben.[193] Anderes gilt, wenn aus der Unterschrift des Bieters unter das Hauptangebot zweifelsfrei hervorgeht, dass diese Unterschrift auch für das miteingereichte Nebenangebot gilt.[194] Fehlt die gem. § 13EU Abs. 3 S. 1 erforderliche Bieterangabe der abgegebenen Anzahl der Nebenangebote an der vom Auftraggeber in den Vergabeunterlagen bezeichneten Stelle, so führt dies nicht zum Ausschluss des Nebenangebots.[195]

Unterlässt es der Bieter, sein Nebenangebot entgegen § 13EU Abs. 3 S. 2 auf besonderer **108** Anlage zu erstellen und das Nebenangebot als solches deutlich kenntlich zu machen, ist das Nebenangebot gem. § 16EU Nr. 6 auszuschließen.[196] **Bedingte Nebenangebote,** deren Wirksamkeit vom Eintritt einer aufschiebenden oder auflösenden Bedingung gem. § 158 Abs. 1, 2 BGB abhängig gemacht wird, sind dann unzulässig, wenn der Bedingungseintritt vom Verhalten des Bieters abhängig ist oder das bedingte Nebenangebot in den ordnungsgemäßen Wettbewerb eingreift (zB bei Erteilung eines Drittauftrags Geltung beanspruchen soll, oÄ).[197]

VI. Preisnachlässe ohne Bedingungen (Abs. 4)

1. Begrifflichkeiten und Voraussetzungen. § 13EU Abs. 4 zwingt die Bieter Preis- **109** nachlässe, die ohne Bedingung gewährt werden, an der vom Auftraggeber in den Vergabeunterlagen bezeichneten Stelle aufzuführen. Wird dies unterlassen, so sind Preisnachlässe ohne Bedingung gem. § 16dEU Abs. 4 S. 1 nicht zu werten. Der Begriff des Preisnachlasses umschreibt einen prozentualen oder als Euro-Summe angebotenen Abzug von der Angebots- oder Abrechnungssumme des Bieters.[198] Es handelt sich um eine vertraglich eingeräumte, prozentual oder konkret bezifferte Kürzung des Vertragspreises bei unverändert bleibender Leistung des Bieters.[199]

§ 13EU Abs. 4 erfasst allein solche Preisnachlässe, die **ohne Bedingungen** als Preisab- **110** schläge **auf das Gesamtangebot** gewährt werden. Einzelne Nachlässe bei Einheitspreisen für einzelne Leistungspositionen im Angebot oder für Teile des Angebots werden von § 13EU Abs. 4 nicht erfasst.[200] Des Weiteren werden von § 13EU Abs. 4 allein solche Preisnachlässe erfasst, die an keine Bedingungen des Bieters geknüpft sind. **Preisnachlässe mit Bedingungen** können allenfalls als kaufmännisches Nebenangebot angeboten werden, soweit der Auftraggeber Nebenangebote zugelassen hat.[201]

Soweit Preisnachlässe mit Bedingungen angeboten werden, deren Eintritt oder Ausfall **111** vom Verhalten des Bieters abhängt, sind diese auch nicht im Rahmen eines Nebenangebotes zu werten. Derartig bedingte Preisnachlässe, deren Wirksamwerden vom Verhalten des Bieters abhängt, **verfälschen den Wettbewerb.** Ihre Wertung würde zu Wettbewerbsverzerrungen bei der Vergabeentscheidung führen.[202] Preisnachlässe mit Bedingungen, deren Eintritt oder Ausfall an das Verhalten des Auftraggebers anknüpfen (insbesondere **Skontogewährungen**) können gewertet werden, wenn der Auftraggeber diese

---

[192] jurisPK-VergabeR/*Dippel* § 13 Rn. 47.
[193] jurisPK-VergabeR/*Dippel* § 13 Rn. 47; Kapellmann/Messerschmidt/*Planker* § 13 Rn. 40.
[194] BGH Beschl. v. 23.3.2011 -X ZR 92/09, NZBau 2011, 438.
[195] HHKW/*Koenigsmann-Hölken* § 13 Rn. 36; Kapellmann/Messerschmidt/*Planker* § 13 Rn. 39.
[196] *Theißen/Stollhoff,* Die neue Bauvergabe, 2016, B. II. 1.7.
[197] VK Baden-Württemberg Beschl. v. 18.10.2002 – 1 VK 53/02, IBRRS 2002, 2200; Ingenstau/Korbion/*von Wietersheim* § 16d Rn. 35.
[198] VK Brandenburg Beschl. v. 21.10.2002 – VK 55/02, IBRRS 2014, 0031; VK Lüneburg Beschl. v. 11.7.2013 – VgK-21/2013, IBRRS 2013, 5191.
[199] VK Lüneburg Beschl. v. 11.7.2013 – VgK-21/2013, IBRRS 2013, 5191; *Weyand* § 16 Rn. 918.
[200] OLG München Beschl. v. 24.5.2006 – Verg 10/06, ZfBR 2006, 611; Ingenstau/Korbion/*von Wietersheim* § 13 Rn. 32; HHKW/*Koenigsmann-Hölken* § 13 Rn. 37; jurisPK-VergabeR/*Dippel* § 13 Rn. 49.
[201] VK Brandenburg Beschl. v. 1.3.2005 – VK 8/05, ZfBR 2006, 393; *Weyand* § 16 Rn. 934.
[202] VK Baden-Württemberg Beschl. v. 18.10.2002 – 1 VK 53/02, IBRRS 2002, 2200; *Weyand* § 16 Rn. 934.

Skonti verbunden mit der Aufforderung an die Bieter, derartige Preisnachlässe anzubieten, in die Vergabeunterlagen aufgenommen hatte. Nur dann ist für die Bieter erkennbar, dass Skontoabzüge anzubieten sind und in die Wertung einbezogen werden sollen.[203] Wertbar sind allein solche Skontoabzüge, deren Voraussetzungen der Auftraggeber realistischerweise erfüllen kann.[204] Ohne Vorgabe des Auftraggebers in den Vergabeunterlagen von den Bietern unaufgefordert angebotene Preisnachlässe mit Bedingungen für die Zahlungsfrist (Skonti) dürfen gem. § 16dEU Abs. 4 S. 2 nicht gewertet werden. Dies gilt gem. § 16dEU Abs. 5 S. 2 auch beim Verhandlungsverfahren, beim wettbewerblichen Dialog und bei der Innovationspartnerschaft.

112 § 13EU Abs. 4 dient mit der Vorgabe, Preisabschläge ohne Bedingungen für das Gesamtangebot ausschließlich an der vom Auftraggeber in den Vergabeunterlagen bezeichneten Stelle aufzuführen, der **Transparenz der Angebote** und der **Missbrauchsbekämpfung**.[205] Durch § 13EU Abs. 4 soll sichergestellt werden, dass die Preistransparenz und die Vergleichbarkeit der Angebote gewährleistet ist. Ferner, dass der Verhandlungsleiter im Öffnungstermin die Preisnachlässe gem. § 14EU Abs. 3 Nr. 1 lit. c in die Aufstellung zur Niederschrift über den Öffnungstermin aufnehmen kann.

113 **2. Behandlung und Rechtsfolgen.** Bietet der Bieter einen **zulässigen Preisabschlag für das Gesamtangebot** an der vom Auftraggeber in den Vergabeunterlagen hierfür vorgesehenen Stelle an, ist der Preisnachlass im Öffnungstermin zu protokollieren. Dieser Preisnachlass ohne Bedingungen kann dann gem. § 16dEU Abs. 1 im Rahmen der Angebotswertung berücksichtigt werden. Wird der unbedingte und auf den Angebotsgesamtbetrag gewährte prozentuale oder summenmäßig bestimmte Preisabschlag nicht an der in den Vergabeunterlagen vom Auftraggeber vorgesehenen Stelle aufgeführt, ist dieser Preisnachlass gleichfalls zu dokumentieren. Gemäß § 16dEU Abs. 4 S. 1 ist dieser Preisnachlass nicht zu werten.[206] Die Vorschrift ist zwingend.[207]

VII. Angebote von Bietergemeinschaften (Abs. 5)

114 **1. Begrifflichkeiten und Voraussetzungen.** Bietergemeinschaften sind Zusammenschlüsse von Unternehmen, die sich als Zweckgemeinschaften oder Gelegenheitsgesellschaften gemeinschaftlich um den ausgeschriebenen Bauauftrag bewerben und diesen nach Zuschlagserteilung gemeinschaftlich – regelmäßig als Arbeitsgemeinschaft – abwickeln.[208] Bietergemeinschaften können **als vertikale Bietergemeinschaften,** dh als Zusammenschlüsse zwischen Unternehmen verschiedener Fachrichtungen zum gemeinschaftlichen Angebot auf verschiedene Fachlose, oder als **horizontale Bietergemeinschaften,** dh als Zusammenschlüsse von Unternehmen gleicher Fachlose zur Abarbeitung verschiedener Teillose auftreten.[209]

115 Je nach inhaltlicher Ausgestaltung des Rechtsverhältnisses der Mitglieder der Bietergemeinschaften stellen Bietergemeinschaften BGB-Gesellschaften (§§ 705 ff. BGB) oder offene Handelsgesellschaften (§§ 105 ff. HGB) dar. Kennzeichnend für die Bietergemeinschaft ist der **projektbezogene Unternehmenszusammenschluss** von mindestens zwei Unternehmen, als temporäre Arbeitsgemeinschaft, regelmäßig in Rechtsform der BGB-Gesell-

---

[203] BGH Urt. v. 11.3.2008 – X ZR 134/05 Rn. 12, VersR 2009, 557; jurisPK-VergabeR/*Summa* § 16 Rn. 511.
[204] BGH Urt. v. 11.3.2008 – X ZR 134/05 Rn. 12, VersR 2009, 557; OLG Düsseldorf Beschl. v. 1.10.2003 – II Verg 45/03, BeckRS 2003, 31156172.
[205] BGH Urt. v. 20.1.2009 – X ZR 113/07 Rn. 13, ZfBR 2009, 388; OLG Saarbrücken Urt. v. 13.6.2012 – 1 U 357/11, NZBau 2012, 654; VK Sachsen Beschl. v. 13.5.2002 – 1/SVK/043-02, IBRRS 2002, 0868.
[206] jurisPK-VergabeR/*Dippel* § 13 Rn. 49.
[207] Kapellmann/Messerschmidt/*Planker* § 13 Rn. 42.
[208] KG Urt. v. 7.5.2007 – 23 U 31/06, BeckRS 2007, 12060; VK Sachen Beschl. v. 20.9.2006 – 1/SVK/085-06, BeckRS 2006, 13313; VK Arnsberg Beschl. v. 2.2.2006 – VK 30/05, IBRRS 2006, 0743.
[209] jurisPK-VergabeR/*Dippel* § 13 Rn. 51.

schaft,[210] um bei erfolgreichem Angebot arbeitsteilig unter gesamtschuldnerischer Haftung die ausgeschriebenen Bauleistungen zu erbringen.[211] Die Beteiligung von Bietergemeinschaften im Vergabeverfahren ist ausdrücklich zulässig und aus Gründen des Mittelstandsschutzes erwünscht.

Vor gemeinschaftlicher Angebotsabgabe sind die Bildung von Bietergemeinschaften sowie der Wechsel ihrer Mitglieder grundsätzlich zulässig.[212] Zwischen Angebotsabgabe und Zuschlagserteilung sind Änderungen im Mitgliederkreis der Bietergemeinschaft grundsätzlich unzulässig.[213] Veränderungen der Bietergemeinschaft zwischen Angebotsabgabe bis Zuschlagserteilung sind ausnahmsweise statthaft, wenn die **rechtliche Identität der Bietergemeinschaft** und ihrer Mitglieder erhalten bleibt. Dies ist zB bei einem Gesellschafterwechsel eines Mitglieds der Bietergemeinschaft der Fall. Dann obliegt es der Vergabestelle zu prüfen, ob die Bietergemeinschaft weiterhin für den Auftrag geeignet ist.[214] Wird über das Vermögen eines Mitglieds der Bietergemeinschaft nach Angebotsabgabe das Insolvenzverfahren eröffnet, wird die Bietergemeinschaft gem. § 728 Abs. 2 S. 1 BGB aufgelöst. Diese Änderung in der Person der Bietergemeinschaft nach Angebotsabgabe und vor Zuschlagserteilung führt zum zwingenden Angebotsausschluss.[215] **116**

Gemäß § 13EU Abs. 5 S. 1 haben Bietergemeinschaften bei Angebotsabgabe ihre Mitglieder zu benennen sowie eines ihrer Mitglieder als bevollmächtigten Vertreter für den Abschluss und die Durchführung des Vertrages zu bezeichnen. Die Benennung der Mitglieder der Bietergemeinschaft bei Angebotsabgabe ist unverzichtbar. Aus dem Angebot der Bietergemeinschaft muss klar und eindeutig entnehmbar sein, dass es sich um ein Angebot einer Bietergemeinschaft handelt. Die erkennbare **Identität dieser Bietergemeinschaft** und ihrer **einzelnen Mitglieder** ist essenzieller Bestandteil des Angebots.[216] **117**

Die Abgabe eines eigenen Angebots eines Bieters neben der Abgabe eines Angebots durch diesen Bieter im Rahmen einer Bietergemeinschaft verletzt den Geheimwettbewerb, was den Ausschluss beider Angebote nach sich zieht.[217] **118**

2. Bezeichnung des bevollmächtigten Vertreters. Gemäß § 13EU Abs. 5 S. 1 haben Bietergemeinschaften eines ihrer Mitglieder als bevollmächtigten Vertreter für den Abschluss und die Durchführung des Vertrages zu bezeichnen. Der Auftraggeber soll im Rechtsverkehr nicht gezwungen sein, stets mit allen gem. § 709 Abs. 1 BGB, § 714 BGB gemeinschaftlich vertretungsbefugten Mitgliedern der Bietergemeinschaft zu kommunizieren. Die Bietergemeinschaft hat gem. § 13EU Abs. 5 S. 1 dem Auftraggeber zwingend einen von ihr **bevollmächtigten Vertreter der Bietergemeinschaft** zu benennen. Dieser bevollmächtigte Vertreter der Bietergemeinschaft ist dann gem. § 714 BGB befugt, die gesamte Bietergemeinschaft gegenüber dem Auftraggeber rechtsgeschäftlich zu vertreten. § 13EU Abs. 5 S. 1 sieht vor, dass dieser federführende Gesellschafter im Regelfall bereits mit Angebotsabgabe gegenüber dem Auftraggeber benannt wird. **119**

Fehlt diese Benennung des bevollmächtigten Vertreters der Bietergemeinschaft im Angebot, so kann sie gem. § 13EU Abs. 5 S. 2 bis vor der Zuschlagserteilung nachgeholt werden.[218] Das Fehlen der Benennung des bevollmächtigten Vertreters im Angebot stellt gem. § 13EU Abs. 5 S. 2 iVm § 16EU Nr. 1–6 keinen Ausschlussgrund dar.[219] Ein Angebotsausschluss wegen Nichtbenennung des bevollmächtigten Vertreters der Bietergemeinschaft vor **120**

---

[210] KG Urt. v. 7.5.2007 – 23 U 31/06, BeckRS 2007, 12060.
[211] *Noch* Vergaberecht kompakt B Rn. 249.
[212] OLG Düsseldorf Beschl. v. 24.5.2005 – VII-Verg 28/05, NZBau 2005, 710; zu Ausnahmefällen *Weyand* § 6 Rn. 17, 18.
[213] VK Hessen Beschl. v. 28.6.2005 – 69d-VK-07/2005, IBRRS 2005, 2727; OLG Düsseldorf Beschl. v. 24.5.2005 – Verg 28/05, NZBau 2005, 710; *Weyand* § 6 Rn. 19; jurisPK-VergabeR/*Dippel* § 13 Rn. 52.
[214] VK Hessen Beschl. v. 28.6.2005 – 69d-VK-07/2005, IBRRS 2005, 2727.
[215] OLG Düsseldorf Beschl. v. 24.5.2005 – Verg 28/05, NZBau 2005, 710.
[216] jurisPK-VergabeR/*Dippel* § 13 Rn. 53; Ingenstau/Korbion/*von Wietersheim* § 13 Rn. 37.
[217] VK Arnsberg Beschl. v. 2.2.2006 – VK 30/05, IBRRS 2006, 0743.
[218] OLG Karlsruhe Beschl. v. 24.7.2007 – 17 Verg 6/07, BeckRS 2008, 08723.
[219] OLG Karlsruhe Beschl. v. 24.7.2007 – 17 Verg 6/07, BeckRS 2008, 08723.

Zuschlagserteilung ist allenfalls dann denkbar, wenn der **wiederholten Nichtbefolgung einer Aufforderung** des Auftraggebers an die Bietergemeinschaft zur Benennung des bevollmächtigten Vertreters Zuverlässigkeitsmängel der Bietergemeinschaft gem. § 16bEU Abs. 1 entnommen werden können. Des Weiteren kann analog § 15EU Abs. 2 die Nichtbenennung des bevollmächtigten Vertreters binnen einer vom Auftraggeber gesetzten angemessenen Frist einen Ausschlussgrund begründen.[220]

121 Von der Bezeichnung des bevollmächtigten Vertreters der Bietergemeinschaft bei Angebotsabgabe oder deren Nachholung vor Zuschlagserteilung gem. § 13EU Abs. 5 ist das zwingende Erfordernis der Unterzeichnung des Angebots der Bietergemeinschaft durch alle Mitglieder der Bietergemeinschaft strikt zu trennen.[221] Hat nur ein Mitglied der Bietergemeinschaft in eigenem Namen und gleichzeitig als Bevollmächtigter der anderen Mitglieder der Bietergemeinschaft das Angebot unterschrieben, müssen die schriftlichen Vollmachtserklärungen der anderen Mitglieder der Bietergemeinschaft dem Angebot beigefügt sein.[222] Eine Nachholung nach Angebotsabgabe ist hier ausgeschlossen.[223]

VIII. Aufnahme der Anforderungen gem. § 13EU Abs. 1–5 in die Vergabeunterlagen (Abs. 6)

122 Gemäß § 13EU Abs. 6 hat der öffentliche Auftraggeber die Vorgaben des § 13EU Abs. 1–5 in die Vergabeunterlagen aufzunehmen. Hierzu sind die Bestimmungen des § 13EU Abs. 5 ausdrücklich in den Vergabeunterlagen aufzuführen, dh **wörtlich zu wiederholen**. Ein bloßer Hinweis auf § 13EU Abs. 1–5 genügt nicht.[224] Die in § 13EU Abs. 1–5 enthaltenen Vorgaben zur Angebotserstellung und -abgabe verpflichten die Bieter gem. § 13EU Abs. 6 allein dann, wenn die Einhaltung dieser Vorgaben des § 13EU Abs. 1–5 vom Auftraggeber ausdrücklich unter wörtlicher Wiedergabe der Tatbestände der Norm verlangt werden.[225]

§ 14EU Öffnung der Angebote, Öffnungstermin

(1) [1]**Die Öffnung der Angebote wird von mindestens zwei Vertretern des öffentlichen Auftraggebers gemeinsam an einem Termin (Öffnungstermin) unverzüglich nach Ablauf der Angebotsfrist durchgeführt.** [2]**Bis zu diesem Termin sind die elektronischen Angebote zu kennzeichnen und verschlüsselt aufzubewahren.** [3]**Per Post oder direkt zugegangene Angebote sind auf dem ungeöffneten Umschlag mit Eingangsvermerk zu versehen und unter Verschluss zu halten.**

(2)
1. **Der Verhandlungsleiter stellt fest, ob der Verschluss der schriftlichen Angebote unversehrt ist und die elektronischen Angebote verschlüsselt sind.**
2. **Die Angebote werden geöffnet und in allen wesentlichen Teilen im Öffnungstermin gekennzeichnet.**
3. **Muster und Proben der Bieter müssen im Termin zur Stelle sein.**

(3)
1. [1]**Über den Öffnungstermin ist eine Niederschrift in Schriftform oder in elektronischer Form zu fertigen.** [2]**Der Niederschrift ist eine Aufstellung mit folgenden Angaben beizufügen:**
   a) **Name und Anschrift der Bieter,**
   b) **die Endbeträge der Angebote oder einzelner Lose,**

---

[220] Kapellmann/Messerschmidt/*Planker* § 13 Rn. 48.
[221] VK Brandenburg Beschl. v. 26.3.2002 – VK 3/02, IBRRS 2014, 0023; jurisPK-VergabeR/*Dippel* § 13 Rn. 54; Kapellmann/Messerschmidt/*Planker* § 13 Rn. 47.
[222] jurisPK-VergabeR/*Dippel* § 13 Rn. 54; Kapellmann/Messerschmidt/*Planker* § 13 Rn. 47.
[223] Teilw. abw. OLG Frankfurt a. M. Beschl. v. 9.7.2010 – 11 Verg 5/10, BeckRS 2010, 19010; OLG Frankfurt a. M. Beschl. v. 7.9.2004 – 11 Verg 11/04, NZBau 2004, 692.
[224] jurisPK-VergabeR/*Dippel* § 13 Rn. 55; Ingenstau/Korbion/*von Wietersheim* § 13 Rn. 40.
[225] Ingenstau/Korbion/*von Wietersheim* § 13 Rn. 40; Kapellmann/Messerschmidt/*Planker* § 13 Rn. 49.

c) Preisnachlässe ohne Bedingungen,
d) Anzahl der jeweiligen Nebenangebote.
2. Sie ist von den beiden Vertretern des öffentlichen Auftraggebers zu unterschreiben oder mit einer Signatur nach § 13EU Absatz 1 Nummer 1 zu versehen.

(4) ¹Angebote, die zum Ablauf der Angebotsfrist nicht vorgelegen haben, sind in der Niederschrift oder in einem Nachtrag besonders aufzuführen. ²Die Eingangszeiten und die etwa bekannten Gründe, aus denen die Angebote nicht vorgelegen haben, sind zu vermerken. ³Der Umschlag und andere Beweismittel sind aufzubewahren.

(5)
1. Ein Angebot, das nachweislich vor Ablauf der Angebotsfrist dem öffentlichen Auftraggeber zugegangen war, aber aus vom Bieter nicht zu vertretenden Gründen dem Verhandlungsleiter nicht vorgelegt hat, ist wie ein rechtzeitig vorliegendes Angebot zu behandeln.
2. ¹Den Bietern ist dieser Sachverhalt unverzüglich in Textform mitzuteilen. ²In die Mitteilung sind die Feststellung, dass bei schriftlichen Angeboten der Verschluss unversehrt war oder bei elektronischen Angeboten diese verschlüsselt waren und die Angaben nach Absatz 3 Nummer 1 Buchstabe a bis d aufzunehmen.
3. ¹Dieses Angebot ist mit allen Angaben in die Niederschrift oder in einen Nachtrag aufzunehmen. ²Im Übrigen gilt Absatz 4 Satz 2 und 3.

(6) ¹In offenen und nicht offenen Verfahren stellt der öffentliche Auftraggeber den Bietern die in Absatz 3 Nummer 1 Buchstabe a bis d genannten Informationen unverzüglich elektronisch zur Verfügung. ²Den Bietern und ihren Bevollmächtigten ist die Einsicht in die Niederschrift und ihre Nachträge (Absätze 4 und 5 sowie § 16cEU Absatz 3) zu gestatten.

(7) Die Niederschrift darf nicht veröffentlicht werden.

(8) Die Angebote und ihre Anlagen sind sorgfältig zu verwahren und geheim zu halten.

Übersicht

	Rn.		Rn.
I. Normzweck	1–3	3. Niederschrift (Abs. 3 Nr. 1, 2, Abs. 6, 7)	20–23
II. Vor dem Öffnungstermin (Abs. 1)	4–11	IV. Verspätete Angebote (Abs. 4, 5 Nr. 1–3)	24–35
III. Öffnungstermin (Abs. 2 Nr. 1–3, Abs. 3 Nr. 1, 2)	12–23	1. Formelle Behandlung (Abs. 4 S. 1, 2)	24
1. Angebotsöffnung und -kennzeichnung (Abs. 2 Nr. 1, 2)	12–18	2. Verspätete, als rechtzeitig zu behandelnde Angebote (Abs. 5 Nr. 1–3)	25–35
2. Muster und Proben (Abs. 2 Nr. 3)	19	V. Verwahrung und Geheimhaltung der Angebote (Abs. 8)	36–39

I. Normzweck

Die Regelungen des § 14EU zur Durchführung des Öffnungstermins bei Zulassung 1 elektronischer oder schriftlicher Angebote wurden mit der Neufassung der VOB/A 2016 aufgenommen. § 14EU regelt seitdem die Verfahrensweise zur Durchführung des Öffnungstermins bei Zulassung elektronischer oder schriftlicher Angebote durch den öffentlichen Auftraggeber. Gemäß § 13EU Abs. 1 Nr. 1 S. 1 legt der Auftraggeber unter Berücksichtigung von § 11EU fest, in welcher Form die Angebote einzureichen sind. Gemäß § 11EU Abs. 1 hat die Informationsübermittlung im europaweiten Bauvergabeverfahren grundsätzlich **elektronisch unter Verwendung elektronischer Mittel** nach den Anforderungen des § 11aEU Abs. 1–7 zu erfolgen. Gemäß § 11EU Abs. 4 haben die Bieter ihre Angebote wie auch Teilnahmeanträge, Interessenbekundungen und Interessensbestätigungen in Textform elektronisch mit Hilfe elektronischer Mittel dem Auftraggeber zu übermitteln.

2   Nach der Übergangsregelung des § 23EU S. 1 konnten zentrale Beschaffungsstellen gem. § 120 Abs. 4 S. 1 GWB bis zum 18.4.2017 und können andere öffentliche Auftraggeber bis zum 18.10.2018 abweichend von § 11EU Abs. 4 die Übermittlung der Angebote, Teilnahmeanträge und Interessenbestätigungen auch schriftlich auf dem Postweg, anderem geeigneten Weg, Telefax oder durch eine Kombination dieser Mittel verlangen. Ab dem 18.10.2018 hat die Kommunikation im europaweiten Bauvergabeverfahren gem. § 11EU Abs. 1, 4 **elektronisch unter Verwendung elektronischer Mittel** zu erfolgen.

3   Die Verhaltensanforderungen an den Auftraggeber vor und bei Durchführung des Eröffnungstermins gem. § 14EU bilden einen Kernbereich, „ein Herzstück", im Vergabeverfahren.[1] § 14EU gewährleistet die Grundsätze der Transparenz (§ 97 Abs. 1 S. 1 GWB) und der Gleichbehandlung (§ 97 Abs. 2 GWB). Die Einhaltung der Verfahrensregelungen zum Öffnungstermin in § 14EU bildet die Grundlage eines ordnungsgemäßen Wettbewerbs. Die Vorschrift des § 14EU ist bieterschützend.[2]

II. Vor dem Öffnungstermin (Abs. 1)

4   Gemäß § 14EU Abs. 1 S. 1 ist die Öffnung der elektronischen oder schriftlichen Angebote von mindestens zwei Vertretern des Auftraggebers gemeinsam in einem Öffnungstermin durchzuführen. Dieser Öffnungstermin hat unverzüglich nach Ablauf der Angebotsfrist zu erfolgen. **Bieter sind** zu diesem Öffnungstermin **nicht zugelassen.** § 14EU in Fassung der VOB/A 2016 gibt den Grundsatz der Bieteröffentlichkeit der Angebotsöffnung auf.[3] Der damit einhergehenden Verminderung der Transparenz des Vergabeverfahrens steht der Vorteil einer effizienteren Handhabbarkeit des Öffnungstermins durch den Auftraggeber gegenüber.

5   § 14EU Abs. 1 S. 1 entkoppelt den Ablauf der Angebotsfrist von dem Beginn der Öffnung des ersten Angebots. Während die Angebotsfrist gem. § 14 EG Abs. 1, 2 VOB/A 2012 mit dem Zeitpunkt des Beginns der Öffnung des ersten Angebots endete, ist das Ende der Angebotsfrist gem. § 14EU Abs. 1 **das Ablaufdatum der Angebotsfrist.** Der Termin zur Öffnung der Öffnung der Angebote gem. § 14EU Abs. 1 S. 1 ist nunmehr unverzüglich nach Ablauf der Angebotsfrist durchzuführen. Durch diese **Entkopplung des Ablaufs der Angebotsfrist** von dem Öffnungstermin in der VOB/A 2016 wird dem Öffnungstermin weitere Bedeutung genommen.[4]

6   Die Richtlinien zu 313 des VHB, Ausgabe 2008, Stand April 2016, Ziff. 2.2, Abs. 2 und 3 stellen hierzu für den Geltungsbereich des Vergabehandbuchs klar, dass beide im Öffnungstermin anwesenden Vertreter des Auftraggebers weder an der Bearbeitung der Vergabeunterlagen, noch an der Vergabe oder der Vertragsabwicklung beteiligt sein sollen. Einer der beteiligten Vertreter des Auftraggebers hat den Öffnungstermin als **Verhandlungsleiter** zu leiten. Zur Unterstützung der Verhandlungsleitung ist gemäß Ziff. 2.2 Abs. 3 der Richtlinien zu 313 des VHB, Ausgabe 2008, Stand April 2016, eine **Schriftführung** hinzuziehen, die eine Niederschrift über den Öffnungstermin nach Formblatt 313 des VHB, Ausgabe 2008, Stand April 2016, anzufertigen hat.

7   Die in **elektronischer Form** gem. § 13EU Abs. 1 S. 1, § 11EU Abs. 1, 4 vorliegenden Angebote sind gem. § 14EU Abs. 1 S. 2 vor dem Öffnungstermin **zu kennzeichnen und verschlüsselt aufzubewahren.** Dies entspricht den Vorgaben des § 13EU Abs. 1 Nr. 2 S. 3, 4. Hiernach ist durch entsprechende technische Lösungen nach den Anforderungen des Auftraggebers die Datenintegrität und die Vertraulichkeit der Angebote zu gewährleisten und durch Verschlüsselung sicherzustellen. Gemäß § 13EU Abs. 1 Nr. 2 S. 4 hat die Ver-

---

[1] jurisPK-VergabeR/*Haug/Panzer* § 14 Rn. 1.
[2] VK Sachsen Beschl. v. 13.2.2002 – 1/SVK/2-02, IBRRS 2002, 0405; VK Sachsen Beschl. v. 1.2.2002 – 1/SVK/131-01, IBRRS 2002, 0406; *Weyand* § 14 Rn. 7.
[3] Ingenstau/Korbion/*von Wietersheim* Rn. 1.
[4] Ingenstau/Korbion/*von Wietersheim* Rn. 1.

schlüsselung bis zur Öffnung des ersten Angebots aufrecht zu erhalten bleiben. Durch die Verschlüsselung der Angebote vom Zeitpunkt der Absendung durch den Bieter bis zur Öffnung des ersten elektronischen Angebots wird dem Vertraulichkeitsgebot im Vergabeverfahren Rechnung getragen.[5] Der im Vergabeverfahren anzustrebende, lückenlose Geheimwettbewerb wird dadurch sichergestellt.

Schriftliche Angebote hat der Auftraggeber gem. § 14EU Abs. 1 S. 3 nach Eingang 8 und vor dem Öffnungstermin auf dem ungeöffneten Umschlag **mit Eingangsvermerk** zu versehen und **unter Verschluss** zu halten. Die gem. § 14EU Abs. 1 S. 3 normierte Pflicht, die ungeöffneten Angebote mit Eingangsvermerk zu versehen und verschlossen zu verwahren, ist eine wesentliche vergaberechtliche Verpflichtung des Auftraggebers.[6] Der Eingangsvermerk auf dem ungeöffneten Umschlag und der Verschluss der Angebote bis zum Eröffnungstermin sollen sicherstellen, dass der Wettbewerb unter den Bietern unter gleichen Voraussetzungen stattfindet. Es soll ausgeschlossen werden, dass einzelne Bieter oder Dritte die Angebote nachträglich verändern. Die äußerliche Kennzeichnung der ungeöffneten Angebote durch Eingangsvermerk soll ferner den Eingangszeitpunkt der Angebote und damit deren Rechtzeitigkeit dokumentieren.[7]

Die äußerliche Kennzeichnung durch Eingangsvermerk erfolgt in aller Regel durch **Ein- 9 gangsstempel, Notierung der Uhrzeit des Eingangs, des Namenszeichen des Entgegennehmenden und fortlaufender Nummerierung** der Angebote in der Reihenfolge des Eingangs.[8] Zweckmäßigerweise werden die ungeöffneten Angebote hierzu mit einem Stempel oder Aufkleber versehen, auf dem zusätzlich die Vergabemaßnahme, die Ausschreibungs-Nummer sowie das Submissionsdatum nebst Uhrzeit vermerkt sind.[9]

Wurde ein Angebot vom Auftraggeber **versehentlich** nach Eingang und vor dem Eröff- 10 nungstermin **geöffnet**, so ist dieses Angebot sofort wieder zu verschließen und zu verwahren. Der Auftraggeber hat einen entsprechenden Vermerk auf dem Umschlag anzubringen, der im Öffnungstermin zu verlesen und in die Niederschrift aufzunehmen ist.[10] Es muss seitens des Auftraggebers sichergestellt werden, dass vor Öffnung der Angebote im Öffnungstermin Bieter oder Dritte keine Kenntnis vom Angebotsinhalt erlangen können, um diese für ein eigenes Angebot zu verwenden oder an Dritte zu manipulativen Zwecken weiterzugeben.[11]

Die verschlossenen Angebote sind nach äußerlicher Kennzeichnung des Auftraggebers 11 durch Eingangsvermerk gem. § 14EU Abs. 1 S. 3 **sicher zu verwahren.** Die schuldhafte Verletzung der Verwahrungspflichten des Auftraggebers kann seine Schadensersatzpflicht gem. § 311 Abs. 2 Nr. 1, 2 BGB, § 241 Abs. 2 BGB nach sich ziehen. Die Haftungserleichterung der §§ 690, 277 BGB ist zugunsten des Auftraggebers nicht anwendbar.[12]

III. Öffnungstermin (Abs. 2 Nr. 1–3, Abs. 3 Nr. 1, 2)

1. Angebotsöffnung und -kennzeichnung (Abs. 2 Nr. 1, 2). Unmittelbar zu Beginn 12 des Öffnungstermins hat der Verhandlungsleiter gem. § 14EU Abs. 2 Nr. 1 zu prüfen und in der gem. § 14EU Abs. 3 Nr. 1 S. 1 in elektronischer Form zu fertigenden Niederschrift festzustellen, dass der Verschluss der schriftlichen Angebote unversehrt ist und dass die elektronischen Angebote nach wie vor verschlüsselt sind. Dies ist zu protokollieren. Verletzung der Verfahrensvorschriften zur Angebotsöffnung stellen regelmäßig schwerwiegende Verfahrensfehler im Vergabeverfahren dar.

---

[5] Ingenstau/Korbion/*von Wietersheim* § 13 Rn. 8.
[6] Ingenstau/Korbion/*von Wietersheim* § 14a Rn. 8.
[7] HHKW/*Koenigsmann-Hölken* § 14 Rn. 3.
[8] VK Thüringen Beschl. v. 2.11.2010 – 250-4003.20-4299/2010-018-SM, www. thueringen.de/th3/vergabekammer/kammer_entsch/eg_nachpruefung/2010/index.aspx (abgerufen 4.9.2018); VK Lüneburg Beschl. v. 20.8.2002 – 203-VgK-12/2002, IBRRS 2004, 3491; HHKW/*Koenigsmann-Hölken* § 14 Rn. 3.
[9] Kapellmann/Messerschmidt/*Planker* § 14 Rn. 6.
[10] Kapellmann/Messerschmidt/*Planker* § 14 Rn. 8.
[11] Ingenstau/Korbion/*von Wietersheim* § 14a Rn. 11.
[12] Ingenstau/Korbion/*von Wietersheim* § 14a Rn. 11.

13 Gemäß § 14EU Abs. 2 Nr. 2 sind elektronische Angebote nach Feststellung der vorliegenden ordnungsgemäßen Verschlüsselung zu öffnen, dh zu entschlüsseln und zu sichten. Die geöffneten elektronischen Angebote sind gem. § 14EU Abs. 2 Nr. 2 Hs. 2 sodann in **allen wesentlichen Teilen** im Öffnungstermin zu kennzeichnen. Sinn der Kennzeichnung ist es, die Identität des Angebotsinhalts zu wahren und den Austausch oder Verwechslungen mit günstigeren Angeboten oder Angebotsbestandteilen zu vermeiden.[13] Die Kennzeichnung dient damit der Gewährleistung der Authentizität der Angebote und ist unabdingbare Grundvoraussetzung zur Sicherung eines transparenten und fairen Wettbewerbs.[14]

14 Sinn der Kennzeichnung ist weiterhin, nachzuweisen, dass das betreffende Angebot bei Ablauf der Angebotsfrist vorgelegen hat und gem. § 16EU Nr. 1 für das weitere Verfahren zugelassen ist.[15] Der Begriff der wesentlichen Teile des Angebots, die zu kennzeichnen sind, umfasst sämtliche Angebotsbestandteile, die für den späteren Vertragsinhalt von Bedeutung sind. Hierzu gehören Preise, geforderte Erklärungen, die Unterschrift, Nebenangebote sowie regelmäßig auch Referenzen, Eignungsnachweise und Anlagen wie Angaben zur Preisermittlung. Im Zweifel hat eine Kennzeichnung des gesamten Angebots zu erfolgen.[16] Die Kennzeichnung hat so zu erfolgen, dass nachträgliche Änderungen oder Ergänzungen des Angebots verhindert werden.[17] Ziff. 2.2 Abs. 5 der Richtlinien zu 313 des VHB, Ausgabe 2008, Stand April 2016, sieht hierzu die Verwendung geeigneter Verschlüsselungsverfahren durch den öffentlichen Auftraggeber vor. Die **Angaben zur Kennzeichnung** sind dabei vom Auftraggeber dem **elektronischen Angebot** hinzuzufügen, zusammen mit diesem abzuspeichern und dieses wieder zu verschlüsseln.

15 Die Kennzeichnung der **schriftlichen Angebote** und Angebotsbestandteile erfolgt regelmäßig durch Lochstempel mit Datumsanzeige.[18] Die Lochung und Datierung der Angebote soll verhindern, dass nachträglich einzelne Bestandteile ausgetauscht, entfernt oder die Angebote sonst manipuliert werden.[19] Die Kennzeichnung dient so der Gewährleistung der Authentizität der Angebote und soll einen ordnungsgemäßen, fairen Wettbewerb sicherstellen.[20] Die Kennzeichnung soll nachweisen, dass das Angebot bei Ablauf der Angebotsfrist vorgelegen hat und für das weitere Verfahren zuzulassen ist.[21] Die Kennzeichnung hat **dokumentenecht** zu erfolgen. Eine mit Bleistift aufgetragene eingekreiste Ziffer auf den geöffneten Angeboten erfüllt die Kennzeichnungspflicht nicht.[22]

16 Zu kennzeichnen sind gem. § 14EU Abs. 2 Nr. 2 **alle wesentlichen Teile** der schriftlichen Angebote. Dies umfasst auch alle wesentlichen Angebotsbestandteile, wie zB die Urkalkulation,[23] das Leistungsverzeichnis und alle Unterlagen, in denen sich vom Bieter geforderte Erklärungen befinden,[24] und schließlich die Unterschrift des Bieters. Nebenan-

---

[13] Ingenstau/Korbion/*von Wietersheim* § 14 Rn. 22.
[14] VK Sachsen-Anhalt Beschl. v. 14.2.2014 – 3 VK LSA 01/14, IBRRS 2015, 0270; VK Sachsen-Anhalt Beschl. v. 28.1.2009 – 1 VK LVwA 29/08, BeckRS 2011, 01363; VK Sachsen Beschl. v. 10.4.2014 – 1/SVK/007-14, IBRRS 2014, 2185.
[15] Ingenstau/Korbion/*von Wietersheim* § 14a Rn. 22.
[16] Ingenstau/Korbion/*von Wietersheim* § 14a Rn. 22.
[17] OLG Naumburg Beschl. v. 31.3.2008 – 1 Verg 1/08, ZfBR 2008, 725; VK Sachsen-Anhalt Beschl. v. 14.2.2014 – 3 VK LSA 01/14, IBRRS 2015, 0270; VK Sachsen Beschl. v. 10.4.2014 – 1/SVK/007-14, IBRRS 2014, 2185; VK Sachsen Beschl. v. 24.5.2007 – 1/SVK/029-07, BeckRS 2007, 10401; VK Sachsen Beschl. v. 24.2.2005 – 1/SVK/005-05, IBRRS 2007, 3214.
[18] VK Sachsen Beschl. v. 24.2.2005 – 1/SVK/005-05, IBRRS 2007, 3214; VK Sachsen-Anhalt Beschl. v. 14.2.2014 – 3 VK LSA 01/14, IBRRS 2015, 0270; VK Sachsen Beschl. v. 10.4.2014 – 1/SVK/007-14, IBRRS 2014, 2185; HHKW/*Koenigsmann-Hölken* § 14 Rn. 11.
[19] VK Sachsen Beschl. v. 24.2.2005 – 1/SVK/005-05, IBRRS 2007, 3214; VK Arnsberg Beschl. v. 3.6.2013 – VK 9/13, IBRRS 2013, 2974; VK Sachsen Beschl. v. 24.2.2005 – 1/SVK/005-05, IBRRS 2007, 3214; *Weyand* § 14 Rn. 32.
[20] VK Sachsen-Anhalt Beschl. v. 14.2.2014 – 3 VK LSA 01/14, IBRRS 2015, 0270; VK Sachsen Beschl. v. 24.5.2007 – 1/SVK/029-07, BeckRS 2007, 10401; *Weyand* § 14 Rn. 32.
[21] HHKW/*Koenigsmann-Hölken* § 14 Rn. 11.
[22] VK Sachsen Beschl. v. 24.5.2007 – 1/SVK/029-07, BeckRS 2007, 10401; VK Sachsen Beschl. v. 24.2.2005 – 1/SVK/005-05, IBRRS 2007, 3214; *Weyand* § 14 Rn. 32.
[23] OLG Naumburg Beschl. v. 31.3.2008 – 1 Verg 1/08, ZfBR 2008, 725; *Weyand* § 14 Rn. 34.
[24] Kapellmann/Messerschmidt/*Planker* § 14 Rn. 17.

gebote sind gleichfalls wesentliche Angebotsbestandteile.[25] Sie sind ebenfalls zu kennzeichnen und vorzugsweise – dies ist nicht zwingend – mit dem Hauptangebot zu verbinden.[26] Die Anlage, auf der die Bieter gem. § 13EU Abs. 3 S. 2 Nebenangebote unter deutlicher Kennzeichnung der Nebenangebote als solche erstellt haben, ist gleichfalls wesentlicher Angebotsbestandteil und damit durch den Verhandlungsleiter kennzeichnungspflichtig gem. § 14EU Abs. 2 Nr. 2.[27]

Gleichfalls kennzeichnungspflichtig sind alle Erklärungen, die für den später durchzuführenden Vertrag von maßgeblicher Bedeutung sind. Hierzu zählen Vertragsbedingungen wie AVB, ZVB etc und das unterzeichnete Angebotsformblatt. **17**

Da die Kennzeichnung verhindern soll, dass nachträglich einzelne Angebotsbestandteile ausgetauscht, entfernt oder manipuliert werden,[28] stellt die unterlassene oder unzureichende Kennzeichnung der Angebote einen schweren Vergabeverstoß dar. Dieser Vergabeverstoß kann auch durch Rückversetzung des Vergabeverfahrens auf den Zeitpunkt der Angebotsöffnung nicht mehr beseitigt werden. Denn selbst bei Rückversetzung auf den Zeitpunkt der Angebotsöffnung können die erforderlichen Feststellungen nicht mehr zweifelsfrei getroffen werden. Der Auftraggeber hat keine Möglichkeit, bei einer erneuten Prüfung der Angebote diesen Kennzeichnungsmangel zu heilen.[29] Ein rechtmäßiges Vergabeverfahren ist bei unterlassener oder unzureichender Kennzeichnung nicht mehr durchführbar.[30] Die Ausschreibung ist in aller Regel aufzuheben.[31] **18**

2. Muster und Proben (Abs. 2 Nr. 3). Gemäß § 14EU Abs. 2 Nr. 3 müssen im Öffnungstermin die Muster und Proben der Bieter **zur Stelle sein.** Dies deshalb, da die Angebote, die zur Wertung zugelassen werden, vollständig zu sein haben. Eine spätere Einreichung von Mustern oder Proben könnte die Wettbewerbssituation verändern bzw. die Unvollständigkeit von Angeboten begründen.[32] Muster und Proben sind insbesondere dann Angebotsinhalt, soweit diese gem. § 13 Abs. 2 S. 1 als vereinbarte Beschaffenheit der Werkleistung gelten. Gemäß § 13 Abs. 2 S. 1 gelten bei Leistungen nach Probe die Eigenschaften der Probe als vereinbarte Beschaffenheit, soweit nicht Abweichungen nach der Verkehrssitte als bedeutungslos anzusehen sind. **19**

3. Niederschrift (Abs. 3 Nr. 1, 2, Abs. 6, 7). Über den Öffnungstermin der Angebote ist gem. § 14EU Abs. 3 Nr. 1 S. 1 eine Niederschrift in elektronischer Form zu fertigen. Gemäß Ziff. 2.2 Abs. 3 S. 2 der Richtlinien zu 313 des VHB, Ausgabe 2008, Stand April 2016, hat der Schriftführer, der zur Unterstützung des Verhandlungsleiters hinzuzuziehen ist, die Niederschrift nach Formblatt 313 des VHB, Ausgabe 2008, Stand April 2016, zu erstellen. Dies hat gem. § 14EU Abs. 3 Nr. 1 S. 1 in Schriftform oder in elektronischer Form zu erfolgen. **20**

Da die Niederschrift über den Öffnungstermin die ordnungsgemäße, verfahrenskonforme Durchführung dieses Termins dokumentiert,[33] ist auf die vollständige und sorgfältige Anfertigung dieser Niederschrift besonderes Augenmerk zu legen.[34] Es sind hierin alle **wesentlichen Vorkommnisse** des Öffnungstermins genau zu vermerken.[35] Das Formblatt 313 des **21**

---

[25] VK Sachsen Beschl. v. 10.4.2014 – 1/SVK/007-14, IBRRS 2014, 2185; *Weyand* § 14 Rn. 34/1.
[26] VK Sachsen Beschl. v. 10.4.2014 – 1/SVK/007-14, IBRRS 2014, 2185; *Weyand* § 14 Rn. 34/1.
[27] *Weyand* § 14 Rn. 34/1.
[28] HHKW/*Koenigsmann-Hölken* § 14 Rn. 11.
[29] VK Sachsen Beschl. v. 24.5.2007 – 1/SVK/029-07, BeckRS 2007, 10401; VK Sachsen Beschl. v. 24.2.2005 – 1/SVK/005-05, IBRRS 2007, 3214; VK Münster Beschl. v. 13.2.2008 – VK 29/07, IBRRS 2013, 4911.
[30] HHKW/*Koenigsmann-Hölken* § 14 Rn. 12.
[31] VK Arnsberg Beschl. v. 10.3.2008 – VK 05/08, IBRRS 2008, 1335; OLG Naumburg Urt. v. 1.8.2013 – 2 U 151/12, BeckRS 2013, 13770; anders in Ausnahmefällen VK Arnsberg Beschl. v. 3.6.2013 – VK 9/13, IBRRS 2013, 2974; OLG Schleswig Beschl. v. 8.1.2013 – 1 W 51/12, ZfBR 2013, 308.
[32] HHKW/*Koenigsmann-Hölken* § 14 Rn. 17; Ingenstau/Korbion/*von Wietersheim* § 14a Rn. 29.
[33] BGH Urt. v. 26.10.1999 – X ZR 30/98, NJW 2000, 661.
[34] Ingenstau/Korbion/*von Wietersheim* § 14a Rn. 30.
[35] BGH Urt. v. 26.10.1999 – X ZR 30/98, NJW 2000, 661.

VHB, Ausgabe 2008, Stand April 2016, bietet hierzu eine wichtige Hilfestellung. Gemäß § 14EU Abs. 3 Nr. 1 S. 2 lit. a–d ist der Niederschrift eine Aufstellung mit folgenden Pflichtangaben beizufügen: (a) Name und Anschrift der Bieter, (b) die Endbeträge der Angebote oder einzelner Lose, (c) Preisnachlässe ohne Bedingungen sowie (d) Anzahl der jeweiligen Nebenangebote. Die Niederschrift hat ferner das Datum, die Uhrzeit von Beginn und Ende des Öffnungstermins, den Ort des Öffnungstermins und die anwesenden Vertreter des Auftraggebers, differenziert nach Verhandlungsleiter und Schriftführer, aufzuführen. Zu dokumentieren ist **der gesamte Verlauf des Öffnungstermins,** die Anzahl der elektronischen Angebote, die Unversehrtheit der Verschlüsselung der elektronischen Angebote, die Eingangszeit der Angebote, die Kennzeichnung der Angebote, die Anzahl der Nebenangebote sowie alle sonstigen Besonderheiten des Ablaufs des Öffnungstermins.[36]

22   Eine **Verlesung der Niederschrift** findet **nicht** statt.[37] Da der Öffnungstermin in Abwesenheit der Bieter stattfindet, sind diese auch nicht zu ersuchen, den Inhalt der Niederschrift als richtig anzuerkennen und dies in der Niederschrift zu vermerken. Gemäß § 14EU Abs. 4 S. 1 sind ferner Angebote, die zum Ablauf der Angebotsfrist nicht vorgelegen haben, in der Niederschrift oder in einem Nachtrag hierzu besonders aufzuführen. Gemäß § 14EU Abs. 4 S. 2 sind die Eingangszeiten und die etwa bekannten Gründe, aus denen die Angebote nicht vorgelegen haben, gleichfalls zu vermerken. Der Umschlag und andere Beweismittel sind gem. § 14EU Abs. 4 S. 3 aufzubewahren. Schließlich hat die Niederschrift gem. § 14EU Abs. 5 Nr. 3 S. 1 verspätete, aber gem. § 14EU Abs. 5 Nr. 1 in die Wertung einzubeziehende Angebote, zu enthalten.

23   Die elektronische Niederschrift ist gem. § 14EU Abs. 3 Nr. 2 von beiden Vertretern des Auftraggebers **zu unterschreiben** oder mit **fortgeschrittener oder qualifizierter elektronischer Signatur** gem. § 13EU Abs. 1 Nr. 1 zu versehen. Durch die Unterschrift bzw. die fortgeschrittene oder qualifizierte elektronische Signatur übernehmen die den Öffnungstermin durchführenden Vertreter des Auftraggebers die Verantwortung für die Richtigkeit der in der Niederschrift dokumentierten Ereignisse im Öffnungstermin[38] Gemäß § 14EU Abs. 6 S. 1 stellt der Auftraggeber bei Ausschreibungen gem. § 3EU Nr. 1, 2 (offenes und nicht offenes Verfahren) den Bietern die gem. § 14EU Abs. 3 Nr. 1 lit. a–d genannten Informationen unverzüglich elektronisch zur Verfügung. Den Bietern und ihren Bevollmächtigten ist gem. § 14EU Abs. 6 S. 2 die Einsicht in die Niederschrift und ihre Nachträge zu gestatten. Die Niederschrift selbst darf gem. § 14EU Abs. 7 nicht veröffentlicht werden.

IV. Verspätete Angebote (Abs. 4, 5 Nr. 1–3)

24   **1. Formelle Behandlung (Abs. 4 S. 1, 2).** Gemäß § 14EU Abs. 4 S. 1 sind **verspätete Angebote** in der in elektronischer Form zu fertigenden Niederschrift oder in einem Nachtrag hierzu besonders aufzuführen. Hierzu sind gem. § 14EU Abs. 4 S. 2 in der Niederschrift oder einem Nachtrag hierzu die Eingangszeiten und die etwa bekannten Gründe, aus denen die Angebote nicht vorgelegen haben, zu vermerken. Verspätet sind solche Angebote, die zum Zeitpunkt des Ablaufs der Angebotsfrist nicht vorgelegen haben. Verspätete Angebote, die nach diesem Zeitpunkt, aber noch während des Öffnungstermins eintreffen, werden in die Niederschrift aufgenommen. Die erst nach dem Öffnungstermin eingehenden Angebote werden in einem Nachtrag zur Niederschrift aufgeführt.[39] Die Aufführung derartiger verspäteter Angebote in der Niederschrift hat „besonders" zu erfolgen. Gleiches gilt für die Aufführung dieser Angebote in einem Nachtrag zur Niederschrift. Die „besonders" durchzuführende Erfassung dieser verspäteten Angebote erfolgt dadurch, dass sie von den übrigen

---

[36] HHKW/*Koenigsmann-Hölken* § 14 Rn. 19.
[37] Ingenstau/Korbion/*von Wietersheim* Rn. 5.
[38] HHKW/*Koenigsmann-Hölken* § 14 Rn. 21.
[39] Ingenstau/Korbion/*von Wietersheim* § 14a Rn. 36.

Angeboten **getrennt aufgeführt** werden.[40] Dies dient der Übersicht und der Vermeidung von Missverständnissen.[41]

2. Verspätete, als rechtzeitig zu behandelnde Angebote (Abs. 5 Nr. 1–3). Elektronische und schriftliche Angebote, die bei Ablauf der Angebotsfrist nicht vorliegen, sind für das weitere Verfahren nicht zugelassen und dürfen vorbehaltlich der Ausnahmeregelung in § 14EU Abs. 5 Nr. 1–3 auch nicht gewertet werden. Derartige verspätete Angebote sind gem. § 16EU Nr. 1 zwingend auszuschließen. 25

Ausnahmsweise sind verspätete Angebote gem. § 14EU Abs. 5 Nr. 1 als rechtzeitig eingereichte Angebote zu behandeln, wenn das verspätete Angebot nachweislich **vor Ablauf der Angebotsfrist** dem Auftraggeber zugegangen war, aber aus Gründen, die vom Bieter nicht zu vertreten sind, dem Verhandlungsleiter nicht vorgelegen hat. Dann ist das Angebot gem. § 14EU Abs. 5 Nr. 1 als rechtzeitig eingereichtes Angebot zu behandeln. § 14EU Abs. 5 Nr. 1 setzt damit voraus, dass dem Auftraggeber das Angebot vor Ablauf der Angebotsfrist zugegangen ist. Ein Angebot, das später zugeht, muss unberücksichtigt bleiben, unabhängig davon, ob der Bieter die Verspätung zu vertreten hat.[42] 26

Ob ein Angebot vor oder nach Ablauf der Angebotsfrist dem Auftraggeber zugeht, beurteilt sich nach dem BGB. **Elektronische Willenserklärungen,** dh in einer Datei gespeicherte Willenserklärungen, die per Internet und E-Mail übermittelt werden, können nach der Rechtsgeschäftslehre des BGB Erklärungen unter Anwesenden oder Erklärungen unter Abwesenden darstellen. Sofern elektronische Erklärungen nicht in einem unmittelbaren Dialog zwischen Erklärenden und Adressat abgegeben werden, sondern an ein E-Mail-Postfach versendet werden, handelt es sich um Willenserklärungen unter Abwesenden gem. § 130 Abs. 1 S. 1 BGB. Zugang erfolgt bei **elektronischen Willenserklärungen** unter Abwesenden dann, wenn die elektronische Erklärung in die **Mailbox des Empfängers** gelangt ist und dieser unter gewöhnlichen Umständen die **Möglichkeit der Kenntnisnahme** hat.[43] 27

Ob ein **verspätetes elektronisches Angebot** nachweislich vor Ablauf der Angebotsfrist dem Auftraggeber zugegangen war und aus vom Bieter nicht zu vertretenden Gründen dem Verhandlungsleiter gem. § 14EU Abs. 5 Nr. 1 nicht vorgelegen hat, ist nach diesen Grundsätzen zu beurteilen. Derartige Fälle sind bei elektronischen Angeboten beispielsweise bei rechtzeitigem Eingang des elektronischen Angebots in das richtige E-Mail-Postfach (Mailbox) des Auftraggebers und gleichzeitiger Störung der automatischen Abruffunktion denkbar. 28

Auch bei **schriftlichen Angeboten** ist Zugang gem. § 130 Abs. 1 S. 1 BGB gegeben, wenn das Angebot in den **Machtbereich des Empfängers** gelangt ist und dieser unter normalen Umständen die **Möglichkeit der Kenntnisnahme** hat. Zum Machtbereich des Empfängers gehören auch die von ihm zur Entgegennahme von Erklärungen bereit gehaltenen Einrichtungen.[44] Hier ist maßgeblich, welche Eingangsstelle oder welche zur Empfangnahme von Erklärungen bereitgehaltene Einrichtungen der Auftraggeber vorhält. Wird in den Ausschreibungsbedingungen eine bestimmte Stelle oder eine bestimmte Person zur Entgegennahme von Angeboten bezeichnet, so ist diese Stelle oder diese Person Empfangsvertreter des Auftraggebers. Wird das Angebot demgegenüber einer anderen Stelle oder einem anderen Mitarbeiter des Auftraggebers ausgehändigt, so ist diese Stelle oder diese Person lediglich Empfangsbote des Auftraggebers.[45] 29

Erklärungen an den Empfangsboten gehen dem Auftraggeber erst in dem Zeitpunkt zu, in dem nach regelmäßigem Verlauf der Dinge die Weiterleitung an den richtigen Adres- 30

---

[40] Ingenstau/Korbion/*von Wietersheim* § 14a Rn. 36.
[41] Ingenstau/Korbion/*von Wietersheim* § 14a Rn. 36.
[42] HHKW/*Koenigsmann-Hölken* § 14 Rn. 25.
[43] MüKoBGB/*Einsele* BGB § 130 Rn. 18, 19.
[44] OLG Celle Beschl. v. 7.6.2007 – 13 Verg 5/07, ZfBR 2007, 611; VK Südbayern Beschl. v. 7.4.2006 – Z3-3-3194-1-07-03/06, BeckRS 2006, 33306; VK Baden-Württemberg Beschl. v. 7.8.2009 – 1 VK 35/09, IBRRS 2010, 0085.
[45] VK Baden-Württemberg Beschl. v. 7.8.2009 – 1 VK 35/09, IBRRS 2010, 0085; VK Brandenburg Beschl. v. 11.11.2010 – VK 57/10, IBRRS 2011, 0466.

saten des Auftraggebers zu erwarten ist.[46] Hat der Auftraggeber in den Vergabeunterlagen einen **bestimmten Raum** zur Abgabe des Angebots bezeichnet, muss das Angebot dort auch abgegeben werden.[47] Die beim **Pförtner erfolgte Angebotsabgabe** ist als verspätet zurückzuweisen. Pförtner sind keine Empfangsvertreter und regelmäßig auch keine Empfangsboten.[48] Ist in den Vergabeunterlagen keine Raumnummer zur Angebotsabgabe benannt, ist die Aushändigung des Angebots an einen Empfangsgehilfen der Vergabestelle für den Zugang maßgeblich.[49]

31 Sind keine besonderen Hinweise zur Adressierung des Angebots an eine bestimmte Einrichtung, Stelle oder Person des Auftraggebers in den Vergabeunterlagen benannt, ist der Einwurf in den Postbriefkasten des Auftraggebers für das Gelangen des Angebots in den Machtbereich des Empfängers ausreichend.[50] Der Bieter trägt das **Risiko für die Rechtzeitigkeit des Zugangs**.[51] Ein verspäteter Zugang des Angebots ist nur dann dem Bieter nicht zuzurechnen, wenn die Verspätung entweder allein vom Auftraggeber oder weder vom Bieter noch vom Auftraggeber zu vertreten ist.[52]

32 Den Umstand, dass das Angebot vollständig rechtzeitig gem. § 14EU Abs. 5 Nr. 1 beim Auftraggeber eingereicht wurde, hat grundsätzlich der **Bieter zu beweisen**.[53] Den Auftraggeber trifft ausnahmsweise dann die Beweislast für die Rechtzeitigkeit oder Nicht-Rechtzeitigkeit der Angebotseinreichung, wenn es allein im Verantwortungsbereich des Auftraggebers liegt, dass sich die für einen Ausschluss gem. § 16EU Nr. 1 erforderlichen Tatsachen nicht nachweisen lassen.[54] Dies folgt aus der Dokumentationspflicht des Auftraggebers, die ihm auch gebietet, dokumentarisch die geeigneten Vorkehrungen zu treffen, um im Zweifel die Verspätung eines Angebots nachweisen zu können.[55] Wenn der Auftraggeber ein verspätetes Angebot, das ihm bei Ablauf der Angebotsfrist nicht vorlag, gem. § 14EU Abs. 5 Nr. 1 werten will, hat gleichfalls er zu beweisen, dass ihm das Angebot rechtzeitig iSd § 14EU Abs. 5 Nr. 1 zugegangen war.[56]

33 Weitere Voraussetzung des § 14EU Abs. 5 Nr. 1 zur Behandlung eines verspäteten Angebots als rechtzeitig vorliegendes Angebot ist es, dass die Nichtvorlage des vor Ablauf der Angebotsfrist dem Auftraggeber zugegangenen Angebots bei dem Verhandlungsleiter aus Gründen erfolgte, die vom Bieter **nicht zu vertreten sind.** Vom Bieter nicht zu vertretende Umstände sind insbesondere ein Organisationsverschulden in der **Sphäre des Auftraggebers**.[57]

34 Gemäß § 14EU Abs. 5 Nr. 2 S. 1 ist den Bietern der Sachverhalt eines verspäteten, aber als rechtzeitig vorliegend zu behandelnden Angebots gem. § 14EU Abs. 5 Nr. 1 unverzüglich **in Textform** gem. § 126b BGB mitzuteilen. In diese Mitteilung sind gem. § 14EU Abs. 5

---

[46] Weyand § 14 Rn. 62.
[47] VK Brandenburg Beschl. v. 11.11.2010 – VK 57/10, IBRRS 2011, 0466; VK Brandenburg Beschl. v. 26.1.2005 – VK 81/04, IBRRS 2005, 2854.
[48] VK Brandenburg Beschl. v. 26.1.2005 – VK 81/04, IBRRS 2005, 2854; Weyand § 14 Rn. 64.
[49] VK Südbayern Beschl. v.7.4.2006 – Z3-3-3194-1-07-03/06, BeckRS 2006, 33306; Weyand § 14 Rn. 65.
[50] VK Sachsen-Anhalt Beschl. v. 8.4.2014 – 3 VK LSA 13/14, IBRRS 2015, 0165; Weyand § 14 Rn. 66.
[51] VK Bund Beschl. v. 1.9.2006 – VK 3-105/06, BeckRS 2006, 135620; VK Nordbayern Beschl. v. 1.4.2008 – 21.VK-3194-09/08, IBRRS 2008, 1286; VK Sachsen Beschl. v. 29.12.2004 – 1/SVK/123-04, BeckRS 2005, 07781.
[52] VK Sachsen Beschl. v. 29.12.2004 – 1/SVK/123-04, BeckRS 2005, 07781; VK Sachsen-Anhalt Beschl. v. 8.4.2014 – 3 VK LSA 13/14, IBRRS 2015, 0165; VK Brandenburg Beschl. v. 26.1.2005 – VK 81/04, IBRRS 2005, 2854; Weyand § 14 Rn. 74.
[53] OLG Celle Beschl. v. 7.6.2007 – 13 Verg 5/07, ZfBR 2007, 611; VK Sachsen-Anhalt Beschl. v. 2.8.2013 – 3 VK LSA 33/13, IBRRS 2014, 0316; VK Bund Beschl. v. 8.9.2008 – VK 3-116/08, BeckRS 2008, 140961; HHKW/Koenigsmann-Hölken § 14 Rn. 26.
[54] OLG Celle Beschl. v. 7.6.2007 – 13 Verg 5/07, ZfBR 2007, 611; VK Sachsen-Anhalt Beschl. v. 2.8.2013 – 3 VK LSA 33/13, IBRRS 2014, 0316.
[55] OLG Celle Beschl. v. 7.6.2007 – 13 Verg 5/07, ZfBR 2007, 611; HHKW/Koenigsmann-Hölken § 14 Rn. 26.
[56] HHKW/Koenigsmann-Hölken § 14 Rn. 26.
[57] VK Südbayern Beschl. v. 7.4.2006 – Z3-3-3194-1-07-03/06, BeckRS 2006, 33306; HHKW/Koenigsmann-Hölken § 14 Rn. 27.

Nr. 2 S. 2 die Feststellung gem. § 14EU Abs. 2 Nr. 1, ob die Angebote verschlüsselt waren und die Angaben gem. § 14EU Abs. 3 S. 2 lit. a–d mit aufzunehmen. Hiermit soll Transparenz über den Öffnungstermin geschaffen sowie Manipulationen entgegengewirkt werden. Das verspätete, aber als rechtzeitig vorliegend zu behandelnde Angebot gem. § 14EU Abs. 5 Nr. 1 ist gem. § 14EU Abs. 5 Nr. 3 S. 1 **in die Niederschrift** oder **in einen Nachtrag zu dieser Niederschrift** aufzunehmen. Die Eingangszeiten und die etwa bekannten Gründe, aus denen das verspätete Angebot nicht bei Ablauf der Angebotsfrist vorgelegen hat, sind in dieser Niederschrift oder dem Nachtrag hierzu gem. § 14EU Abs. 5 Nr. 3 S. 2, Abs. 4 S. 2 zu vermerken. Auch diese Regelung dient der Transparenz des ohne Anwesenheit der Bieter durchgeführten Öffnungstermins und beugt Manipulationen vor.   35

V. Verwahrung und Geheimhaltung der Angebote (Abs. 8)

Angebote und ihre Anlagen sind nach Öffnung gem. § 14EU Abs. 8 vom Auftraggeber sorgfältig zu verwahren und geheim zu halten. Die Verwahrungs- und Geheimhaltungspflicht besteht sowohl für die beim späteren Zuschlag **nicht berücksichtigten Angebote,** als auch für das später **bezuschlagte Angebot.** § 14EU Abs. 8 bezweckt den Schutz des Geheimwettbewerbs[58] wie auch die Sicherung von Beweismitteln für etwaige Einsprüche der Bieter oder Rückfragen von Fördermittelgeber. Auch gilt es, spätere unzulässige Manipulationen von Bietern oder Dritten an den Angeboten zu vermeiden.[59] Die Geheimhaltungspflicht des Auftraggebers für die Angebote und ihre Anlagen reicht dabei auch über den Zeitraum nach Zuschlagserteilung hinaus.[60]   36

Die Richtlinien zu Formblatt 313 des VHB, Ausgabe 2008, Stand April 2016, sehen unter Ziff. 4 ebenfalls eine Geheimhaltungspflicht für die Angebote mit allen Anlagen vor. Diese Geheimhaltungspflicht gilt für **alle Verfahrensarten im Anwendungsbereich des VHB.** Angebote mit ihren Anlagen dürfen gemäß Ziff. 4 S. 2, 3 der Richtlinien zu Formblatt 313 des VHB, Ausgabe 2008, Stand April 2016, nur den unmittelbar mit der Bearbeitung beauftragten Personen zugänglich gemacht werden. Dies hiernach auch, wenn freiberuflich Tätige an der Prüfung und Wertung der Angebote beteiligt sind.   37

Bei schwerwiegendem Verstoß gegen die Verwahrungs- und Geheimhaltungspflicht kommt eine Aufhebung der Ausschreibung in Betracht. Dies insbesondere dann, wenn infolge des durch einen Verstoß gegen die Verwahrungs- und Geheimhaltungspflicht ermöglichten Eingriffs Dritter nicht mehr zuzuordnen ist, welche Bestandteile zu welchem Angebot gehören.[61] Entwürfe, Ausarbeitungen, Muster und Proben von nicht berücksichtigten Angeboten sind zurückzugeben, wenn dies im Angebot oder innerhalb von 30 Kalendertagen nach Ablehnung des Angebots verlangt wird (§ 19EU Abs. 6).   38

Das Geheimhaltungsgebot beinhaltet ferner, dass die Vergabeentscheidung des Auftraggebers selbst in nicht öffentlicher Sitzung getroffen wird. Hiervon zu trennen ist die Information über das Ergebnis der getroffenen Entscheidung. Dies kann der Öffentlichkeit mitgeteilt werden.[62]   39

§ 15EU Aufklärung des Angebotsinhalts

(1)
1. Im offenen und nicht offenen Verfahren darf der öffentliche Auftraggeber nach Öffnung der Angebote bis zur Zuschlagserteilung von einem Bieter nur Aufklärung verlangen, um sich über seine Eignung, insbesondere seine technische und

---
[58] VK Lüneburg Beschl. v. 4.10.2011 – VgK-26/2011, BeckRS 2012, 02111; VK Brandenburg Beschl. v. 26.2.2013 – VK 46/12, BeckRS 2013, 07312.
[59] VK Lüneburg Beschl. v. 4.10.2011 – VgK-26/2011, BeckRS 2012, 02111; VK Brandenburg Beschl. v. 26.2.2013 – VK 46/12, BeckRS 2013, 07312; Ingenstau/Korbion/*von Wietersheim* § 14a Rn. 52.
[60] VK Lüneburg Beschl. v. 4.10.2011 – VgK-26/2011, BeckRS 2012, 02111.
[61] HHKW/*Koenigsmann-Hölken* § 14 Rn. 34.
[62] Ingenstau/Korbion/*von Wietersheim* § 14a Rn. 53.

wirtschaftliche Leistungsfähigkeit, das Angebot selbst, etwaige Nebenangebote, die geplante Art der Durchführung, etwaige Ursprungsorte oder Bezugsquellen von Stoffen oder Bauteilen und über die Angemessenheit der Preise, wenn nötig durch Einsicht in die vorzulegenden Preisermittlungen (Kalkulationen) zu unterrichten.

2. [1]Die Ergebnisse solcher Aufklärungen sind geheim zu halten. [2]Sie sollen in Textform niedergelegt werden.

(2) Verweigert ein Bieter die geforderten Aufklärungen und Angaben oder lässt er die ihm gesetzte angemessene Frist unbeantwortet verstreichen, so ist sein Angebot auszuschließen.

(3) Verhandlungen in offenen und nicht offenen Verfahren, besonders über Änderung der Angebote oder Preise, sind unstatthaft, außer, wenn sie bei Nebenangeboten oder Angeboten aufgrund eines Leistungsprogramms nötig sind, um unumgängliche technische Änderungen geringen Umfangs und daraus sich ergebende Änderungen der Preise zu vereinbaren.

(4) Der öffentliche Auftraggeber darf nach § 8cEU Absatz 3 übermittelte Informationen überprüfen und hierzu ergänzende Erläuterungen von den Bietern fordern.

Übersicht

	Rn.		Rn.
I. Normzweck	1–4	6. Ursprungsorte oder Bezugsquellen	28–30
II. Kein Anspruch des Bieters auf Angebotsaufklärung (Abs. 1 Nr. 1, Abs. 2)	5–7	7. Angemessenheit der Preise	31–38
		IV. Geheimhaltung und Niederlegung in Textform (Abs. 1 Nr. 2)	39–43
III. Aufklärungsbedarf und allein zulässige Aufklärungsgründe (Abs. 1 Nr. 1)	8–38	V. Aufklärungsverweigerung (Abs. 2)	44–47
		VI. Nachverhandlungsverbot (Abs. 3)	48–54
1. Allgemeines	8–10	1. Änderung der Angebote oder der Preise	50, 51
2. Eignung, technische und wirtschaftliche Leistungsfähigkeit	11–15	2. Ausnahme bei Nebenangeboten	52–54
3. Das Angebot selbst	16–19	VII. Überprüfung von Angaben zum Energieverbrauch und vorgelegter Lebenszykluskostenanalyse (Abs. 4)	55–58
4. Nebenangebote	20–22		
5. Geplante Art der Durchführung	23–27		

I. Normzweck

1 § 15EU Abs. 1–4 regelt die Zulässigkeit der Aufklärung des Angebotsinhalts nach Angebotsöffnung bei europaweiter Bauvergabe im offenen und im nicht offenen Verfahren gem. § 3EU Nr. 1, 2. Der Wortlaut der Bestimmungen des § 15EU Abs. 1–3 im Bereich der europaweiten Bauvergabe des Abschnitts 2 ist unter Ausnahme der Verfahrensbezeichnungen offenes und nicht offenes Verfahren mit dem Normtext parallelen Bestimmungen der nationalen Bauvergabe des Abschnitts 1 in § 15 Abs. 1–3 identisch. Einzige inhaltliche Abweichung ist die in § 15EU Abs. 4 normierte Überprüfungsmöglichkeit der **Angaben zum Energieverbrauch** und den **Lebenszykluskosten** bei den im Rahmen der europaweiten Bauvergabe zu beschaffenden energieverbrauchsrelevanten Waren, technischen Geräten oder Ausrüstungen, die jeweils wesentlicher Bestandteil der ausgeschriebenen Bauleistung sind. Diese Regelung des § 15EU Abs. 4 in Abschnitt 2 findet keine Entsprechung in der Parallelvorschrift des § 15 Abs. 1–3 in Abschnitt 1.

2 § 15EU begrenzt den **zulässigen Inhalt der Bieterkommunikation** im Zeitraum zwischen der Angebotsöffnung gem. § 14EU Abs. 2 Nr. 2 und der Zuschlagserteilung gem. § 18EU Abs. 1.[1] Die Vorschrift hat durch das in § 15EU Abs. 3 normierte Verhandlungsver-

---

[1] Ingenstau/Korbion/*von Wietersheim* § 15 Rn. 1.

bot und durch die enumerative Aufzählung der allein zulässigen Aufklärungsgründe bei Ausschreibungen gem. § 15EU Abs. 1 Nr. 1 eine besonders wichtige Funktion zur Sicherung eines fairen Verfahrensablaufs und der Durchführung eines ordnungsgemäßen Wettbewerbs. Denn der Bieterwettbewerb ist in diesem zeitlichen Stadium durch die Angebotsöffnung zum Ruhen gekommen und darf nicht durch einseitige weitere Verhandlungen des Auftraggebers mit einem Bieter verfälscht werden. Nach der Angebotsöffnung besteht für den Auftraggeber bei den förmlichen Vergabearten des offenen Verfahrens und des nicht offenen Verfahrens gem. § 3EU Nr. 1, 2 ein **striktes Verhandlungsverbot**. Jegliche (Nach-)Verhandlungen der bieterseits abgegebenen und geöffneten Angebote sind bei Ausschreibungen gem. § 15EU Abs. 3 unzulässig und verboten. Allein eine Angebotsaufklärung aus den in § 15EU Abs. 1 Nr. 1 benannten Gründen ist für den Auftraggeber nach Angebotsöffnung statthaft. Bieterkommunikation, die über den von § 15EU Abs. 1 Nr. 1 zur inhaltlichen Angebotsaufklärung eröffneten Rahmen hinausgeht, unterfällt dem Verhandlungsverbot des § 15EU Abs. 3.

§ 15EU ist bieterschützend.[2] Ein Verstoß gegen § 15EU Abs. 1 Nr. 1, 2, Abs. 3 durch Überschreitung des zulässigen Gegenstands der Angebotsaufklärung oder durch (Nach-)Verhandlungen mit einem Bieter bei Ausschreibungen stellt einen Vergaberechtsverstoß dar. Dieser Vergaberechtsverstoß beinhaltet gleichzeitig eine Verletzung vorvertraglicher Pflichten und vermag einen **Schadensersatzanspruch** des durch eine unzulässige Aufklärung oder einen auftraggeberseitigen Verstoß gegen das Nachverhandlungsverbot benachteiligten Bieter begründen.[3] Die bieterschützende Vorschrift des § 15EU schützt dagegen **nicht den Bieter**, mit dem unstatthafte Verhandlungen gem. § 15EU Abs. 3 geführt werden. Denn Sinn und Zweck des Nachverhandlungsverbots des § 15EU Abs. 3 ist es, den Wettbewerb unter gleichen Bedingungen für alle Bieter aufrechtzuerhalten.[4] Anderenfalls würde der Bieter, mit dem entgegen § 15EU Abs. 3 vergaberechtlich unzulässige Nachverhandlungen geführt werden, eine wettbewerbsverfälschende Bevorzugung erlangen, die § 15EU Abs. 3 gerade unterbinden will.[5] Das Transparenzgebot des § 97 Abs. 1 S. 1 GWB und das Gleichbehandlungsgebot gem. § 97 Abs. 2 GWB verbieten jegliche nachträgliche Änderung der in den Ausschreibungsverfahren gem. § 3EU Nr. 1, 2 abgegebenen Angebote. Auf die Unabänderbarkeit der abgegebenen Angebote muss sich jeder Bieter verlassen können, ansonsten ist kein ordnungsgemäßer Wettbewerb gewährleistet.[6]

§ 15EU ist allein auf **Ausschreibungsverfahren** gem. § 3EU Nr. 1, 2 anwendbar. Für das Verhandlungsverfahren, den wettbewerblichen Dialog und die Innovationspartnerschaft gem. § 3EU Nr. 3–5 gelten die Verbote des § 15EU nicht.[7] Demgegenüber sind die **Geheimhaltungspflicht** der Ergebnisse von Angebotsaufklärungen gem. § 15EU Abs. 1 Nr. 2 S. 1 wie auch die **Dokumentationspflicht** dieser Angebotsaufklärungen gem. § 15EU Abs. 1 Nr. 2 S. 2 auch bei den Verfahren gem. § 3EU Nr. 3–5 entsprechend anwendbar.[8] Das Gebot der Vertraulichkeit von Aufklärungsgesprächen und deren hinreichende Dokumentation auch im Rahmen dieser Verfahren folgen zudem aus dem Wettbewerbsgrundsatz und dem Diskriminierungsverbot gem. § 2EU Abs. 1, 2.[9]

---

[2] OLG Düsseldorf Beschl. v. 14.3.2001 – Verg 30/00, BeckRS 2014, 14639; VK Hessen Beschl. v. 23.5.2013 – 69d-VK-5/2013, IBRRS 2013, 3086; VK Bund Beschl. v. 22.7.2002 – VK 1-59/02, BeckRS 2002, 161143; VK Nordbayern Beschl. v. 14.1.2010 – 21.VK-3194-64/09, IBRRS 2010, 0425.
[3] VK Bund Beschl. v. 22.7.2002 – VK 1-59/02, BeckRS 2002, 161143; jurisPK-VergabeR/*Horn* § 15 Rn. 3.
[4] VK Bund Beschl v. 18.10.1999 – VK 1-25/99, BeckRS 1999, 158476; VK Bund Beschl. v. 22.7.2002 – VK 1-59/02, BeckRS 2002, 161143; VK Nordbayern Beschl. v. 14.1.2010 – 21.VK-3194-64/09, IBRRS 2010, 0425; *Weyand* § 15 Rn. 6; jurisPK-VergabeR/*Horn* § 15 Rn. 3.
[5] VK Nordbayern Beschl. v. 14.1.2010 – 21.VK-3194-64/09, IBRRS 2010, 0425; VK Hessen Beschl. v. 23.5.2013 – 69d-VK-5/2013, IBRRS 2013, 3086; *Weyand* § 15 Rn. 6.
[6] VK Nordbayern Beschl. v. 14.1.2010 – 21.VK-3194-64/09, IBRRS 2010, 0425; *Weyand* § 15 Rn. 9.
[7] Ingenstau/Korbion/*von Wietersheim* § 15 Rn. 2.
[8] Ingenstau/Korbion/*von Wietersheim* § 15 Rn. 2; jurisPK-VergabeR/*Horn* § 15 Rn. 7.
[9] jurisPK-VergabeR/*Horn* § 15 Rn. 7.

II. Kein Anspruch des Bieters auf Angebotsaufklärung (Abs. 1 Nr. 1, Abs. 2)

5 § 15EU Abs. 1 Nr. 1, Abs. 2 begründet keinen bieterseitigen Anspruch auf Aufklärung seines Angebots.[10] Ob und bejahendenfalls welche Maßnahmen zur Aufklärung von Angebotsinhalten ergriffen werden, steht grundsätzlich im **Ermessen des Auftraggebers**.[11] Hierbei unterliegt der Auftraggeber der Einschränkung, dass er bei der Ausübung seines Ermessens verschiedene Bewerber gleich und fair zu behandeln hat.[12] Dieses Ermessen kann reduziert sein. Die ausschließliche Verantwortung des Bieters, ein vollständiges und zweifelfreies Angebot abzugeben, welches bei Unklarheit nicht zwingend, sondern allein nach pflichtgemäßem Ermessen des Auftraggebers aufzuklären ist, kann sich auf den Auftraggeber verlagern und eine Aufklärung gebieten. Dies insbesondere dann, wenn die Unklarheit des Angebots des Bieters vom Auftraggeber verursacht wurde oder das Gebot zur fairen und gleichen Behandlung der Bieter dies fordert.[13]

6 So kann sich das Aufklärungsermessen des Auftraggebers zu einer **Aufklärungspflicht** reduzieren, wenn die Vergabeunterlagen unklar sind und ein Bieter sie in vertretbarer Weise anders auslegt als der Auftraggeber dies vorgesehen hat.[14] Desgleichen kann eine Ermessensreduzierung zur Durchführung eines Aufklärungsgesprächs erfolgen, wenn der Auftraggeber diesbezüglich einen konkreten Vertrauenstatbestand gesetzt hat. Dieser Vertrauenstatbestand kann aus der Durchführung von gleichartigen Aufklärungsgesprächen in der Vergangenheit folgen.[15] Schließlich können ungewöhnlich hohe oder niedrige Preise eine Aufklärung gebieten. § 16dEU Abs. 1 Nr. 2 begründet eine Aufklärungspflicht, wenn der Angebotspreis unangemessen niedrig erscheint und anhand vorliegender Unterlagen über die Preisermittlung die Angemessenheit des Preises nicht zu beurteilen ist. Auch der Verdacht einer **Mischkalkulation** oder eines **Spekulationsangebots** gebieten eine Aufklärung.[16] Ein Angebotsausschluss ohne gewährte Erläuterungsmöglichkeit des Bieters wäre dann unstatthaft.[17]

7 Das Aufklärungsermessen des Auftraggebers kann auch dann reduziert und eine Aufklärung geboten sein, wenn durch eine geringfügige Nachfrage des Auftraggebers Zweifel am Angebotsinhalt ausräumbar sind und so der Angebotsschluss vermieden werden kann.[18] Durch entsprechende Hinweise des Auftraggebers auf Lücken im Angebot im Rahmen der Aufklärung darf ein Angebot hingegen nicht gleichheitswidrig optimiert werden.[19]

III. Aufklärungsbedarf und allein zulässige Aufklärungsgründe (Abs. 1 Nr. 1)

8 **1. Allgemeines.** Die Gründe zulässiger Angebotsaufklärungen sind abschließend in § 15 Abs. 1 Nr. 1 bestimmt. Hierbei handelt es sich um eng auszulegende Ausnahmetatbestände.[20] Aufklärungsbedarf des öffentlichen Auftraggebers besteht dann, wenn ein erhebli-

---

[10] VK Bund Beschl. v. 29.1.2014 – VK 1-123/13, IBRRS 2014, 1472; OLG Brandenburg Urt. v. 6.9.2011 – 6 U 2/11, BeckRS 2011, 28433; Ingenstau/Korbion/*von Wietersheim* § 15 Rn. 2.

[11] EuGH Urt. v. 29.3.2012 – C-599/10 Rn. 41, NVwZ 2012, 745 – SAG ELV Slovensko; VK Nordbayern Beschl. v. 10.2.2015 – 21.VK-3194-38/14, IBRRS 2015, 0522; jurisPK-VergabeR/*Horn* § 15 Rn. 5.

[12] EuGH Urt. v. 29.3.2012 – C-599/10 Rn. 41, NVwZ 2012, 745 – SAG ELV Slovensko; VK Nordbayern Beschl. v. 10.2.2015 – 21.VK-3194-38/14, IBRRS 2015, 0522.

[13] OLG Brandenburg Urt. v. 6.9.2011 – 6 U 2/11, BeckRS 2011, 28433; VK Bund Beschl. v. 4.2.2010 – VK 3-3/10, BeckRS 2010, 142964; VK Bund Beschl. v. 12.1.2005 – VK 3-218/04, BeckRS 2005, 151331; VK Niedersachsen Beschl. v. 24.10.2008 – VgK-35/2008, BeckRS 2009, 08168; *Weyand* § 15 Rn. 20; Ingenstau/Korbion/*von Wietersheim* § 15 Rn. 2; HHKW/*Steiff* § 15 Rn. 6.

[14] VK Südbayern Beschl. v. 8.2.2011 – Z3-3-3194-1-01-01/11, IBRRS 2011, 1442; VK Niedersachsen Beschl. v. 24.10.2008 – VgK-35/2008, BeckRS 2009, 08168; *Weyand* § 15 Rn. 21.

[15] OLG Dresden Beschl. v. 10.7.2003 – WVerg 0015/02, BeckRS 2003, 17817; OLG Frankfurt a. M. Beschl. v. 26.5.2009 – 11 Verg 2/09, BeckRS 2009, 20158; VK Saarland Beschl. v. 23.4.2007 – 3 VK 2/2007, IBRRS 2007, 5067; *Weyand* § 15 Rn. 15.

[16] HHKW/*Steiff* § 15 Rn. 7.

[17] HHKW/*Steiff* § 15 Rn. 7; Kapellmann/Messerschmidt/*Planker* § 15 Rn. 13.

[18] VK Bund Beschl. v. 25.9.2002 – VK-1-71/02, BeckRS 2002, 161144; HHKW/*Steiff* § 15 Rn. 18.

[19] VK Südbayern Beschl. v. 8.2.2011 – Z3-3-3194-1-0-01/11, IBRRS 2011, 1442; VK Hessen Beschl. v. 18.3.2002 – 69d-VK-3/2002, IBRRS 2013, 4656.

[20] OLG Celle Beschl. v. 14.1.2014 – 13 Verg 11/13, BeckRS 2014, 06766; OLG München Beschl. v. 17.9.2007 – Verg 10/07, ZfBR 2007, 828; jurisPK-VergabeR/*Horn* § 15 Rn. 16.

ches, für die Vergabeentscheidung relevantes Informationsbedürfnis vorliegt. Dieses Informationsbedürfnis hat dabei im Zusammenhang mit einem Ausschlussgrund oder der Prüfung der Zuschlagskriterien zu stehen. Die gewählten Aufklärungsmaßnahmen müssen ferner geeignet sein, den Informationsbedarf des Auftraggebers zu erfüllen und die benötigten Informationen dürfen nicht auf andere und einfachere Weise zu beschaffen sein.[21] Der Aufklärungsbedarf des Auftraggebers muss sich auf derart **erhebliche Zweifel** über den Inhalt des Angebots oder die Person des Bieters gründen, sodass ohne Aufklärung eine abschließende inhaltliche Bewertung des Angebots nicht möglich ist. Der Aufklärung des Angebots geht stets die **Auslegung des Angebots** voraus.[22] Der Auftraggeber hat für die ordnungsgemäße Wertung des Angebots trotz Auslegung auf die nachgereichten Angaben bzw. Unterlagen in der Aufklärung angewiesen zu sein.[23]

Aufklärungsersuchen sind vom Auftraggeber an den Bieter, dessen Angebot aufklärungsbedürftig ist, zu richten.[24] Der Auftraggeber muss sich auf sein Aufklärungsersuchen hin nicht vom Bieter darauf verweisen lassen, dass er sich die Informationen selbst beschaffen könne.[25] Verweigert ein Bieter die geforderten Aufklärungen und Angaben, so ist sein Angebot gem. § 15EU Abs. 2 auszuschließen.[26] Der Auftraggeber ist nicht auf die Aufklärung beim Bieter beschränkt, sondern kann auch **anderweitig Informationen einholen.**[27] Der Auftraggeber darf sich bei der Aufklärung auch der Hilfe von Gutachtern bedienen.[28] Wenn aus dem gleichen Gesichtspunkt mehrere Angebote aufklärungsbedürftig sind, ist aufgrund des Gleichbehandlungsgrundsatzes eine Aufklärung aller aufklärungsbedürftigen Angebote geboten.[29] Dabei ist es zulässig und wirtschaftlich geboten, die Aufklärung der Angebotsinhalte auf solche Angebote zu beschränken, die in der Wertung an erster, zweiter und ggf. an dritter Stelle stehen, dh **konkrete Zuschlagsaussicht** haben.[30]

Aufgrund des Ausnahmecharakters der Angebotsaufklärung gem. § 15EU sind die Ausnahmetatbestände zulässiger Aufklärungsgründe gem. § 15EU Abs. 1 Nr. 1 **restriktiv zu handhaben.**[31] Eine erweiternde Interpretation dieser Ausnahmetatbestände ist nicht statthaft.[32] Die Aufzählung der zulässigen Aufklärungsgründe in § 15EU Abs. 1 Nr. 1 ist abschließend. Die Aufklärungsgründe beschreiben abschließend dasjenige, was vom Auftraggeber ausnahmsweise beim Bieter nach Angebotseinreichung noch erfragt werden darf.[33]

2. Eignung, technische und wirtschaftliche Leistungsfähigkeit. Gemäß § 15EU Abs. 1 Nr. 1 Alt. 1 kann ausnahmsweise eine Unterrichtung des Auftraggebers über die Eignung, insbesondere die technische und wirtschaftliche Leistungsfähigkeit des Bieters im Rahmen eines Aufklärungsgesprächs erfolgen. Diese Aufklärung hat sich darauf zu beschränken, was der Bieter im Hinblick auf die ausgeschriebene Bauaufgabe technisch und wirtschaftlich zu leisten vermag.[34] Die Aufklärung über die Bietereignung gem. § 2EU Abs. 3 ist dabei auf die Informationen zu beschränken, deren Erlangung im berechtigten Interesse

---

[21] jurisPK-VergabeR/*Horn* § 15 Rn. 16.
[22] HHKW/*Steiff* § 15 Rn. 5.
[23] *Weyand* § 15 Rn. 26; jurisPK-VergabeR/*Horn* § 15 Rn. 16.
[24] OLG Frankfurt a. M. Beschl. v. 12.11.2013 – 11 Verg 14/13, BeckRS 2014, 04188; HHKW/*Steiff* § 15 Rn. 9.
[25] HHKW/*Steiff* § 15 Rn. 5.
[26] Hierzu OLG Jena Beschl. v. 14.11.2002 – 6 Verg 7/02, IBRRS 2003, 1086.
[27] VK Hessen Beschl. v. 7.10.2004 – 69d-VK-60/2004, IBRRS 2005, 2767.
[28] OLG München Beschl. v. 31.1.2013 – Verg 31/12, ZfBR 2013, 296; OLG München Beschl. v. 17.1.2013 – Verg 30/12, BeckRS 2013, 01364.
[29] OLG Saarbrücken Beschl. v. 29.5.2002 – 5 Verg 1/01, IBRRS 2003, 0486; VK Nordbayern Beschl. v. 10.2.2015 – 21-VK-3194-38/14, IBRRS 2015, 0522; HHKW/*Steiff* § 15 Rn. 10.
[30] VK Baden-Württemberg Beschl. v. 7.8.2003 – 1 VK 33/03, IBRRS 2003, 3151; OLG München Beschl. v. 17.9.2007 – Verg 10/07, ZfBR 2007, 828.
[31] OLG Celle Beschl. v. 14.1.2014 – 13 Verg 11/13, BeckRS 2014, 06766; OLG München Beschl. v. 17.9.2007 – Verg 10/07, ZfBR 2007, 828.
[32] jurisPK-VergabeR/*Horn* § 15 Rn. 16.
[33] jurisPK-VergabeR/*Horn* § 15 Rn. 18.
[34] OLG Saarbrücken Beschl. v. 12.5.2004 – 1 Verg 4/04, IBRRS 2004, 3584; OLG Frankfurt a. M. Beschl. v. 9.7.2010 – 11 Verg 5/10, BeckRS 2010, 19040.

des Auftraggebers liegt.³⁵ Berechtigte Auftraggeberinteressen bestehen vor allem bei bisher **unbekannten Bietern** oder bei solchen Bietern, deren bekannte Verhältnisse sich **geändert** haben. Aufklärungsmaßnahmen zur Eignung sind auf die Erläuterung bereits abgegebener Erklärungen und auf die **Ausräumung von Restzweifeln** gerichtet.³⁶ Durch die Ausräumung dieser Restzweifel soll sichergestellt werden, dass Bauleistungen gem. § 2EU Abs. 3 allein an fachkundige und leistungsfähige Unternehmen vergeben werden.³⁷

12   Im Geltungsbereich des VHB, Ausgabe 2008, Stand April 2016 sind die Richtlinien zu Formblatt 321 zu berücksichtigen. Maßnahmen zur Angebotsaufklärung bezüglich der Eignung, insbesondere der technischen und wirtschaftlichen Leistungsfähigkeit können durch Anforderung von ergänzenden Nachweisen oder durch Einholung von Auskünften, **auch bei Dritten,** durchgeführt werden. Die Einholung von Drittauskünften kann eine vorherige Unterrichtung des betroffenen Bieters voraussetzen. Dies ist dann nicht der Fall, wenn der Bieter bei Abgabe seiner Referenzen Kontaktpersonen benannt hat. In diesem Fall entspricht es seiner Intention oder er muss zumindest damit rechnen, dass der Auftraggeber bei den angegebenen Kontaktpersonen Erkundigungen einzieht.³⁸ Die Aufklärung über die Eignung, insbesondere die technische und wirtschaftliche Leistungsfähigkeit des Bieters hat sich dabei allein auf Zweifelsfragen an den vorliegenden Eignungsnachweisen zu erstrecken.

13   Von den vorliegenden, inhaltlich aufklärungsbedürftigen Eignungsnachweisen sind **fehlende Eignungsnachweis**e des Bieters abzugrenzen. Fehlende Eignungsnachweise sind vom Auftraggeber im Verfahren gem. § 16aEU S. 1 nachzufordern und vom Bieter gem. § 16aEU S. 2 spätestens innerhalb von sechs Kalendertagen nach Aufforderung durch den Auftraggeber vorzulegen. Unterbleibt die fristgerechte Vorlage durch den Bieter, ist sein Angebot gem. § 16aEU S. 4 auszuschließen. Unklarheiten, die aus fehlenden Eignungsnachweisen resultieren, dürfen nicht durch Nachverhandlungen im Rahmen eines Aufklärungsgesprächs gem. § 15EU Abs. 1 Nr. 1 Alt. 1 geklärt werden.³⁹

14   Auch die Ergänzung eines bis dahin **unvollständigen Angebots** im Rahmen einer Angebotsaufklärung gem. § 15EU Abs. 1 Nr. 1 stellt eine unzulässige Nachverhandlung dar.⁴⁰ Eine Aufklärung gem. § 15EU Abs. 1 Nr. 1 Alt. 1 kommt demgegenüber dann in Betracht, wenn der Bieter einen ursprünglich nicht vorgelegten Nachweis im Rahmen einer Nachforderung des Auftraggebers gem. § 16aEU S. 1 fristgerecht gem. § 16aEU S. 2 nachgereicht hat und an diesem nachgereichten Eignungsnachweis Zweifel bestehen.⁴¹ Eine Aufklärung gem. § 15EU Abs. 1 Nr. 1 Alt. 1 kommt auch in Betracht, wenn dem Auftraggeber Hinweise auf **besondere Umstände** vorliegen, die einen bestimmten Bieter als ungeeignet erscheinen lassen.⁴²

15   Spätestens im Rahmen eines Aufklärungsgesprächs hat der Bieter ferner von sich aus Auskunft über wesentliche, seine Eignung, insbesondere die technische und wirtschaftliche Leistungsfähigkeit, betreffende Gesichtspunkte zu informieren. Eine **Informationspflicht des Bieters** ist insbesondere dann zu bejahen, wenn er in wirtschaftliche Bedrängnis geraten ist, wodurch die Erreichung des Vertragsziels vereitelt oder wesentlich erschwert würde. Desgleichen hat der Bieter von sich aus spätestens im Aufklärungsgespräch den Auftraggeber

---

[35] Ingenstau/Korbion/*von Wietersheim* § 15 Rn. 5; jurisPK-VergabeR/*Horn* § 15 Rn. 19.
[36] VK Schleswig-Holstein Beschl. v. 28.1.2008 – VK-SH 27/07, BeckRS 2008, 20183; VK Südbayern Beschl. v. 7.12.2007 – Z3-3-3194-1-49-10/07, BeckRS 2007, 37818; OLG Saarbrücken Beschl. v. 12.5.2004 – 1 Verg 4/04, ZfBR 2004, 714.
[37] jurisPK-VergabeR/*Horn* § 15 Rn. 20.
[38] jurisPK-VergabeR/*Horn* § 15 Rn. 22.
[39] OLG Frankfurt a. M. Beschl. v. 9.7.2010 – 11 Verg 5/10, BeckRS 2010, 19010; VK Bund Beschl. v. 13.6.2007 – VK 2-51/07, BeckRS 2007, 142870; VK Schleswig-Holstein Beschl. v. 28.1.2008 – VK-SH 27/07, BeckRS 2008, 20183; VK Südbayern Beschl. v. 7.12.2007 – Z3-3-3194-1-49-10/07, BeckRS 2007, 37818; Ingenstau/Korbion/*von Wietersheim* § 15 Rn. 5.
[40] Ingenstau/Korbion/*von Wietersheim* § 15 Rn. 5.
[41] HHKW/*Steiff* § 15 Rn. 12.
[42] HHKW/*Steiff* § 15 Rn. 12.

über Umstände aufzuklären, die dem Auftraggeber nach Vertragsschluss ein Anfechtungsrecht gem. § 123 Abs. 1 BGB geben würden.[43]

3. Das Angebot selbst. Einen berechtigten Aufklärungsgrund gem. § 15EU Abs. 1 Nr. 1 kann auch das Angebot selbst liefern. Aufklärungsgespräche über das Angebot selbst sind dabei allein dann statthaft, wenn Zweifelsfragen in Bezug auf den seit Angebotsabgabe feststehenden Angebotsinhalt vorliegen und das Aufklärungsgespräch auf die Ausräumung dieser Zweifelsfragen beschränkt bleibt.[44] Der Zweck des Bietergesprächs darf dabei allein die Klärung und Ausräumung von Restzweifeln an dem **feststehenden Angebotsinhalt** sein. Desgleichen ist die Aufklärung bestimmter technischer Ausdrucksweisen und Vorschläge (zB bei Nebenangeboten im Hinblick auf das angebotene Material oder die beabsichtigte Verfahrenstechnik) statthaft.[45] Gleiches gilt bei missverständlichen Äußerungen des Bieters oder wenn bei einem lediglich allgemeinem Leistungsbeschrieb zusätzliche Angaben des Bieters zu den von dem Bieter gewählten Erzeugnissen oder Fabrikaten im Rahmen der Angebotsaufklärung gem. § 15EU Abs. 1 Nr. 1 ergänzt werden müssen.[46]

Hiervon zu unterscheiden ist der Fall, dass gewählte Erzeugnisse oder Fabrikate im Leistungsverzeichnis konkret abgefragt wurden und der Bieter diese Angaben unterlassen hat. Geforderte Erzeugnis-, Fabrikats- und Typangaben sind dann **integraler Angebotsbestandteil.** Werden diese Angaben unterlassen, ist das Angebot unvollständig. Eine Angebotsaufklärung über Zweifel des Angebots selbst gem. § 15EU Abs. 1 Nr. 1 ist dann nicht statthaft.[47] Die Nachreichung von Material-, Erzeugnis- und Fabrikatsangaben im Aufklärungsgespräch liefe dann nämlich zwangsläufig auf eine Angebotsänderung hinaus.[48] Auch eine Nachforderung fehlender integraler Angebotsbestandteile gem. § 16aEU S. 1, 2 ist unzulässig. Das Angebot ist vielmehr gem. § 16EU Nr. 2 auszuschließen.[49]

Aufklärungsmaßnahmen über das Angebot selbst sind stets unzulässig, wenn der objektive Erklärungsgehalt des Angebots im Wege der Auslegung eindeutig ermittelt werden kann.[50] Besondere Vorsicht ist geboten, wenn durch Aufklärungsmaßnahmen zum Angebot selbst auch die **Preise tangiert** werden. Der Auftraggeber bewegt sich dann an der Grenze zur **unzulässigen Preisverhandlung.**[51] So ist es unzulässig, im Aufklärungsgespräch gem. § 15EU Abs. 1 Nr. 1 zu erfragen, ob sich ein angebotener Nachlass (Skonto) jeweils auf die fristgerechte Zahlung einzelner (Abschlags-)Rechnungen oder aller Rechnungen bezieht. Der Bieter könnte dann seine Auskunft an dem ihm bereits bekannten Submissionsergebnis orientieren und so den Angebotspreis nachträglich manipulieren.[52] Im Aufklärungsgespräch nachgeschobene Erklärungen des Bieters, die den **Angebotsinhalt modifizieren,** dürfen vom Auftraggeber gleichfalls nicht berücksichtigt werden. Bei Angebotsabgabe vorliegende **unzulässige Änderungen** des Bieters an den Verdingungsunterlagen bleiben unzulässig. Eine Aufklärung hierüber darf nicht erfolgen.[53]

---

[43] Ingenstau/Korbion/*von Wietersheim* § 15 Rn. 6.
[44] Ingenstau/Korbion/*von Wietersheim* § 15 Rn. 7.
[45] OLG München Beschl. v. 17.9.2007 – Verg 10/07, ZfBR 2007, 828; HHKW/*Steiff* § 15 Rn. 13.
[46] OLG München Beschl. v. 10.4.2014 – Verg 1/14, BeckRS 2014, 07950; OLG München Beschl. v. 25.11.2013 – Verg 13/13, ZfBR 2014, 397; VK Nordbayern Beschl. v. 28.6.2005 – 320.VK-3194-21/05, BeckRS 2005, 44215; HHKW/*Steiff* § 15 Rn. 13.
[47] VK Münster Beschl. v. 15.10.2004 – VK 28/04, IBRRS 2004, 3555; VK Thüringen Beschl. v. 12.4.2013 – 250-4002-2400/2013-E-008-SOK, BeckRS 2013, 52148; VK Hessen Beschl. v. 7.10.2004 – 69d-VK-60/2004, IBRRS 2005, 2767.
[48] Ingenstau/Korbion/*von Wietersheim* § 15 Rn. 7.
[49] VK Thüringen Beschl. v. 12.4.2013 – 250-4002-2400/2013-E-008-SOK, BeckRS 2013, 52148; VK Hessen Beschl. v. 7.10.2004 –69d-VK-60/2004, IBRRS 2005, 2767; VK Münster Beschl. v. 15.10.2004 – VK 28/04, IBRRS 2004, 3555.
[50] jurisPK-VergabeR/*Horn* § 15 Rn. 27.
[51] jurisPK-VergabeR/*Horn* § 15 Rn. 29.
[52] Kapellmann/Messerschmidt/*Planker* § 15 Rn. 6.
[53] VK Südbayern Beschl. v. 11.3.2015 – Z3-3-3194-1-65-12/14, IBRRS 2015, 0861; Kapellmann/Messerschmidt/*Planker* § 15 Rn. 6; jurisPK-VergabeR/*Horn* § 15 Rn. 30.

19 Kommen dagegen nach dem Leistungsverzeichnis mehrere **gleichwertige Varianten** der Leistungserbringung in Frage, kann der Auftraggeber die beabsichtigte Art der Ausführung beim Bieter gem. § 15EU Abs. 1 Nr. 1 aufklären und sich über das Angebot selbst und die geplante Art der Durchführung unterrichten.[54] Gleichfalls darf die Klärung von **widersprüchlichen Preisangaben** nicht Gegenstand einer Aufklärung gem. § 15EU Abs. 1 Nr. 1 sein. Würde man die Modifikation von Preisangaben eines Angebots im Rahmen eines Aufklärungsgesprächs gestatten, so wäre dem Bieter, der das Submissionsergebnis zu diesem Zeitpunkt kennt, eine nachträgliche Manipulation seines Angebots möglich.[55] Demgegenüber kann vom Bieter die Aufklärung eines unangemessen hohen oder unangemessen niedrig erscheinenden Preises iSd § 16dEU Abs. 1 Nr. 1 verlangt werden, wenn anhand der vorliegenden Unterlagen die Angemessenheit nicht anders zu beurteilen ist.[56]

20 **4. Nebenangebote.** Nebenangebote sind gem. § 16EU Nr. 5 zu werten, wenn der Auftraggeber sie in der Bekanntmachung oder in der Aufforderung zur Interessensbestätigung gem. § 8EU Abs. 2 Nr. 3 S. 1, 2 zugelassen hat. Aufklärungsmaßnahmen in Bezug auf Nebenangebote gem. § 15EU Abs. 1 Nr. 1 kommen dann in Betracht, wenn Zweifel bestehen, ob das Nebenangebot die vom Auftraggeber verlangten **Anforderungen und den Vergabezweck** erfüllt.[57]

21 Nebenangebote sind häufiger Gegenstand von Aufklärungsgesprächen. Dies deshalb, da der technische Inhalt des Nebenangebots vom Bieter formuliert wird und deswegen nicht zwingend der Leistungsbeschreibung entspricht, sodass häufig Unklarheiten und damit Aufklärungsbedarf über das Nebenangebot besteht.[58] Dann kann im Rahmen des Aufklärungsgesprächs in Bezug auf Nebenangebote gem. § 15EU Abs. 1 Nr. 1 geklärt werden, ob diese Nebenangebote dem Auftraggeberwillen in allen technischen und wirtschaftlichen Einzelheiten gerecht werden.[59] Gleiches gilt, wenn Nebenangebote nur skizzenhaft zusätzlich zum Hauptangebot gem. § 13EU Abs. 3 S. 2 angeboten werden.[60] Des Weiteren kann in Bezug auf Nebenangebote gem. § 15EU Abs. 1 Nr. 1 eine vertiefte Erläuterung einer dem Auftraggeber **nicht bekannten Alternativlösung** im Rahmen eines Aufklärungsgesprächs erfolgen. Dies ist auch statthaft, wenn zweifelhaft ist, ob ein Nebenangebot die vom Auftraggeber festgelegten Gleichwertigkeitskriterien oder die gem. § 8EU Abs. 2 Nr. 3 lit. b anzugebenden Mindestanforderungen einhält.[61]

22 Bei Nebenangeboten kann ferner ausnahmsweise eine Änderung des Nebenangebots oder dessen Bepreisung gem. § 15EU Abs. 3 nachverhandelt werden, wenn diese Nachverhandlungen nötig sind, um **unumgängliche technische Änderungen geringen Umfangs** und daraus sich ergebende Änderungen der Preise zu vereinbaren. Hier ist für den Auftraggeber **besondere Vorsicht** geboten, um die Grenzen des Nachverhandlungsverbots gem. § 15EU Abs. 3 nicht zu überschreiten.[62] Fehlende Angaben des Bieters, die zum Nachweis der Gleichwertigkeit eines Nebenangebots erforderlich sind, können im Aufklärungsgespräch nicht nachgeholt werden.[63] Gleiches gilt, wenn Präzisierungen und Konkretisierungen von Änderungsvorschlägen und Nebenangeboten dazu führen, dass

---

[54] VK Bund Beschl. v. 9.6.2010 – VK 2-38/10, BeckRS 2010, 142939; jurisPK-VergabeR/*Horn* § 15 Rn. 31.
[55] VK Brandenburg Beschl. v. 22.2.2008 – VK 3/08, IBRRS 2008, 1336; VK Niedersachsen Beschl. v. 6.6.2006 – VgK 11/06, BeckRS 2006, 11345; *Weyand* § 15 Rn. 45.
[56] VK Hessen Beschl. v. 8.1.2014 – 69d-VK-48/2013, IBRRS 2014, 1077; *Weyand* § 15 Rn. 45/1.
[57] jurisPK-VergabeR/*Horn* § 15 Rn. 32.
[58] VK Arnsberg Beschl. v. 4.11.2002 – VK-1-23/02, IBRRS 2003, 0569; jurisPK-VergabeR/*Horn* § 15 Rn. 32.
[59] Ingenstau/Korbion/*von Wietersheim* § 15 Rn. 8.
[60] Ingenstau/Korbion/*von Wietersheim* § 15 Rn. 8.
[61] HHKW/*Steiff* § 15 Rn. 15.
[62] VK Brandenburg Beschl. v. 23.8.2001 – 2 VK 82/01, IBRRS 2004, 3562; Kapellmann/Messerschmidt/*Planker* § 15 Rn. 7.
[63] OLG Frankfurt a. M. Beschl. v. 26.3.2002 – 11 Verg 3/01, NZBau 2002, 692.

der Bieter den angebotenen Leistungsumfang ändern und im Rahmen der Aufklärung dann eine in seinem Angebot nicht enthaltene Leistung anbieten kann.[64]

5. Geplante Art der Durchführung. Eine Aufklärung des Angebotsinhalts ist gem. 23 § 15EU Abs. 1 Nr. 1 auch in Bezug auf die geplante Art der Durchführung statthaft. Dies dann, wenn **wertungsrelevante Unklarheiten** oder Zweifel hinsichtlich der Art und Weise der Leistungserbringung bestehen. Der von § 15EU Abs. 1 Nr. 1 für zulässig erklärte Aufklärungsgrund der Art der Durchführung ist begrifflich weit zu verstehen.[65] Zulässige Aufklärungsmaßnahmen können sich hiernach auf die rein technische Art der Bauausführung und deren Ergebnis sowie auch auf kaufmännische und wirtschaftliche Gesichtspunkte beziehen. Personaleinsatzfragen, Geräteeinsatz und -zeiten, Baustraßen, Anlieferung von Baustoffen und Bauteilen und sonstige Aspekte des Baustellenbetriebes in Relation zur Einhaltung vorgesehener Bauzeiten können hier Aufklärungsgegenstand sein.[66]

Dies gilt insbesondere für den Fall der Verwendung einer **Leistungsbeschreibung** 24 **mit Leistungsprogramm** gem. § 7cEU Abs. 1–3. Wird vom Auftraggeber eine Leistungsbeschreibung mit Leistungsprogramm verwandt und ist es in zulässiger Weise dem Bieter überlassen, die technisch, wirtschaftlich und gestalterisch beste sowie funktionsgerechteste Lösung nach den Anforderungen des Leistungsprogramms zu ermitteln, so sind Aufklärungsgespräche in Bezug auf die geplante Art der Durchführung gem. § 15EU Abs. 1 Nr. 1 häufig unverzichtbar. Soweit die Bieter in der Art und Weise der Einhaltung der Anforderungen des Leistungsprogramms frei sind, kann sich der Auftraggeber durch Aufklärungsgespräche über die geplante Art der Durchführung gem. § 15EU Abs. 1 Nr. 1 die vom Bieter vorgesehene Bauausführung erläutern lassen.[67] Die Erörterungen in einem Aufklärungsgespräch über die geplante Art der Durchführung müssen sich dabei stets **im Rahmen des Angebotsinhalts** bewegen. Der Inhalt des vorliegenden Angebots des Bieters begrenzt die Erörterungsmöglichkeiten gem. § 15EU Abs. 1 Nr. 1 über die geplante Art der Durchführung. Im Aufklärungsgespräch vorgestellte Alternativen der Art der Durchführung dürfen **nicht** dazu führen, dass der Inhalt eines Angebots nachträglich verändert wird.[68]

Sofern alle im Aufklärungsgespräch erörterten Ausführungsarten nicht der Ausschreibung 25 entsprechen, ist das Angebot gem. § 16EU Nr. 2 iVm § 13EU Abs. 1 Nr. 5 S. 1 auszuschließen.[69] Das Nachverhandlungsverbot gem. § 15EU Abs. 3 untersagt ferner Erörterungen über die geplante Art der Durchführung, die den Inhalt des vorliegenden Angebots nachträglich abändern. So liegt eine unzulässige Nachverhandlung gem. § 15EU Abs. 3 bei jeder nachträglichen Veränderung von Art und Umfang der angebotenen Leistungen vor. Darunter fallen auch Ergänzungen oder Konkretisierungen, durch die eine ordnungsgemäße Wertung erst möglich wird.[70] Angebote, die den Verdingungsunterlagen nicht entsprechen, können nachträglich nicht mehr im Rahmen einer Aufklärung gem. § 15EU Abs. 1 Nr. 1 berichtigt werden.[71]

Aufklärungsbedarf über die geplante Art der Durchführung kann sich auch im Rahmen 26 der Aufklärung eines unangemessen niedrigen Angebotspreises gem. § 16dEU Abs. 1 Nr. 2 ergeben. Die Überprüfung der **Angemessenheit eines Angebotspreises** gem. § 16dEU

---

[64] VK Baden-Württemberg Beschl. v. 7.4.2004 – 1 VK 13/04, IBRRS 2004, 1195.
[65] jurisPK-VergabeR/*Horn* § 15 Rn. 35; Ingenstau/Korbion/*von Wietersheim* § 15 Rn. 9.
[66] Ingenstau/Korbion/*von Wietersheim* § 15 Rn. 9.
[67] OLG Saarbrücken Beschl. v. 23.11.2005 – 1 Verg 3/05, NZBau 2006, 457.
[68] VK Bund Beschl. v. 9.6.2010 – VK 2-38/10, BeckRS 2010, 142939; VK Münster Beschl. v. 15.1.2003 – VK 22/02, IBRRS 2003, 0431; VK Baden-Württemberg Beschl. v. 7.4.2004 – 1 VK 13/04, IBRRS 2004, 1195; Ingenstau/Korbion/*von Wietersheim* § 15 Rn. 9; *Weyand* § 15 Rn. 74.
[69] VK Bund Beschl. v. 9.6.2010 – VK 2-38/10, BeckRS 2010, 142939.
[70] VK Lüneburg Beschl. v. 11.3.2009 – VgK-04/2009, BeckRS 2009, 11230.
[71] VK Sachsen Beschl. v. 16.10.2012 – 1/SVK/031-12, BeckRS 2013, 06596; VK Lüneburg Beschl. v. 11.3.2009 – VgK-04/2009, BeckRS 2009, 11230; VK Arnsberg Beschl. v. 4.11.2002 – VK 1-23/02, IBRRS 2003, 0569; VK Bund Beschl. v. 9.6.2010 – VK 2-38/10, BeckRS 2010, 142939; VK Südbayern Beschl. v. 11.3.2015 – Z3-3-3194-1-65-12/14, IBRRS 2015, 0861.

Abs. 1 Nr. 2 ist häufig allein in Zusammenhang mit der vom Bieter geplanten Art der Durchführung möglich.[72] Auch hier ist für den Auftraggeber **besondere Vorsicht** geboten. Eine Änderung, die zu einem gegenüber dem Leistungsverzeichnis veränderten Leistungsumfang führen würde, insbesondere eine solche, die eine Qualitätsänderung zum Leistungsverzeichnis darstellt, stellt eine unzulässige Nachverhandlung gem. § 15EU Abs. 3 dar.[73]

27 Eine unzulässige Nachverhandlung gem. § 15EU Abs. 3 stellt es gleichfalls dar, wenn dem Auftraggeber auf Nachfrage im Rahmen einer Angebotsaufklärung über die geplante Art der Durchführung **kostenneutrale Leistungsergänzungen** des bisherigen Angebotsinhalts zugestanden werden.[74] Gleichfalls sind **technische Änderungen,** dh Änderungen an den technischen Vorgaben des Leistungsverzeichnisses im Rahmen der Aufklärung gem. § 15EU Abs. 1 über die geplante Art der Durchführung unzulässig. Dann wird nicht das ursprüngliche Angebot des Bieters erläutert, sondern nach Ablauf der Angebotsfrist vom Bieter etwas anderes angeboten.[75] Ist im Rahmen einer produktneutralen Ausschreibung nach den Vorgaben des Leistungsverzeichnisses **keine Produktbenennung** durch den Bieter erforderlich gewesen, kann im Rahmen der Angebotsaufklärung über die geplante Art der Durchführung gem. § 15EU Abs. 1 Nr. 1 erfragt werden, welches Produkt seitens des Bieters Verwendung findet.[76] Die im Rahmen einer Aufklärung nach Angebotsabgabe abgefragten Produkte haben dabei den Anforderungen des Leistungsverzeichnisses **in allen Details** zu entsprechen. Anderenfalls liegt eine unzulässige Nachverhandlung gem. § 15EU Abs. 3 vor.[77]

28 **6. Ursprungsorte oder Bezugsquellen.** Zulässiger Gegenstand von Aufklärungsgesprächen gem. § 15EU Abs. 1 Nr. 1 sind auch Nachfragen zu den Ursprungsorten oder Bezugsquellen von Stoffen oder Bauteilen. Hiermit soll sich der Auftraggeber die für seine Vergabeentscheidung erforderlichen Informationen über die **Qualität** des vorgesehenen Materials sowie über die **Zuverlässigkeit** von Herstellern und Lieferanten beschaffen können.[78] So kann der Auftraggeber ein Interesse daran haben, bestimmte Ursprungsorte oder Bezugsquellen von der Verwendung auszuschließen, weil sich diese in der Vergangenheit nicht bewährt haben.[79]

29 Auch hier darf die Grenze zur inhaltlichen Nachbesserung des Angebots nicht überschritten werden. Eine Ergänzung bisher nicht benannter Produkte, Stoffe und Bauteile **über den Angebotsinhalt hinaus** darf nicht erfolgen. Auch dürfen es sich Bieter nicht offenhalten, erst in der Aufklärung den Angebotsinhalt festzulegen.[80] Zulässig ist eine Aufklärungsmaßnahme über Ursprungsorte oder Bezugsquellen von Stoffen oder Bauteilen dann, wenn der Rahmen des Angebotsinhalts nicht überschritten wird oder ein feststehendes Angebot inhaltlich nicht verändert wird. Liegt ein Angebot mit einer **Vielzahl von unzureichenden Fabrikatsangaben** vor, werden keine Zweifelsfragen geklärt, sondern fehlende, zwingend mit der Angebotsabgabe zu machende Angaben nachgeholt. Dies ist eine unzulässige Nachverhandlung gem. § 15EU Abs. 3.[81] Werden zwei Fabrikate im Leistungsverzeichnis abgefragt und im Angebot angeboten, kann in einem Aufklärungsgespräch ohne Änderun-

---

[72] jurisPK-VergabeR/*Horn* § 15 Rn. 37.
[73] VK Niedersachsen Beschl. v. 13.8.2002 – 26045-VgK-9/2002, IBRRS 2013, 5233; jurisPK-VergabeR/ *Horn* § 15 Rn. 39; *Weyand* § 15 Rn. 48.
[74] VK Sachsen Beschl. v. 13.12.2002 – 1/SVK/105-02, IBRRS 2003, 0789; jurisPK-VergabeR/*Horn* § 15 Rn. 39; *Weyand* § 15 Rn. 49.
[75] VK Münster Beschl. v. 29.3.2012 – VK 3/12, BeckRS 2012, 211348; *Weyand* § 15 Rn. 52.
[76] OLG München Beschl. v. 10.4.2014 – Verg 1/14, BeckRS 2014, 07950; OLG München Beschl. v. 25.11.2013 – Verg 13/13, ZfBR 2014, 397; OLG Düsseldorf Beschl. v. 19.12.2012 – Verg 37/12, BeckRS 2013, 03316; *Weyand* § 15 Rn. 60/1.
[77] VK Arnsberg Beschl. v. 3.6.2013 – VK 9/13, IBRRS 2013, 2974; *Weyand* § 15 Rn. 60/2.
[78] jurisPK-VergabeR/*Horn* § 15 Rn. 40.
[79] jurisPK-VergabeR/*Horn* § 15 Rn. 41.
[80] Ingenstau/Korbion/*von Wietersheim* § 15 Rn. 10.
[81] VK Düsseldorf Beschl. v. 7.6.2001 – VK-13/2001-B, IBRRS 2013, 3487; jurisPK-VergabeR/*Horn* § 15 Rn. 43; *Weyand* § 15 Rn. 55.

gen des Angebots bestimmt werden, welches von den angebotenen Fabrikaten eingebaut werden soll.[82]

30 Werden im Aufklärungsgespräch gem. § 15EU Abs. 1 Nr. 1 vom Bieter Produkte benannt, welche nicht den Anforderungen des Leistungsverzeichnisses entsprechen, ist das Angebot vom weiteren Verfahren auszuschließen.[83] Bestimmte Stoff- und Bauteilvorgaben können aus den **Bauordnungen der Länder** folgen, für deren Einhaltung der Auftraggeber als Bauherr verantwortlich ist. Hieraus kann der Auftraggeber zur Aufklärung des Angebotsinhalts gem. § 15EU Abs. 1 Nr. 1 über Ursprungsorte oder Bezugsquellen von Stoffen oder Bauteilen berechtigt und verpflichtet sein.[84]

31 **7. Angemessenheit der Preise.** Gemäß § 15EU Abs. 1 Nr. 1 kann der Auftraggeber Aufklärungsmaßnahmen über die Angemessenheit der Preise tätigen und hierzu, wenn nötig, Einsicht in **vorzulegende Preisermittlungen (Kalkulationen)** der Bieter nehmen.[85] Die Aufklärungsbefugnis des Auftraggebers über die Angemessenheit der Preise resultiert aus den Vergabepostulaten des § 2EU Abs. 1, 3. Bauleistungen sind an fachkundige und leistungsfähige Unternehmen zu angemessenen Preisen in transparenten Vergabeverfahren zu vergeben. Daher muss sich der Auftraggeber über die Angemessenheit der Preise im Rahmen der Angebotsaufklärung gem. § 15EU Abs. 1 Nr. 1 vergewissern können. Während die Angebotsaufklärung gem. § 16dEU Abs. 1 Nr. 2 S. 1, 2 die Angemessenheit des Angebotspreises in Bezug auf den Gesamtpreis erfasst, fokussiert § 15EU Abs. 1 Nr. 1 die Angemessenheit der Preise (Plural), dh auch **aller Einzelpreise**.[86]

32 Auch bei diesem Tatbestand der ausnahmsweise zulässigen Angebotsaufklärung gem. § 15EU Abs. 1 Nr. 1 ist für den Auftraggeber **besondere Vorsicht** geboten. Der Auftraggeber darf verbleibende Zweifel in Bezug auf die Preisangaben des Angebots abklären oder sich gem. § 15EU Abs. 1 Nr. 1 über die Angemessenheit der Preise informieren. Das Aufklärungsgespräch gem. § 15EU Abs. 1 Nr. 1 über die Angemessenheit der Preise darf hingegen nicht den eindeutigen **Inhalt des Angebots** verändern.[87] Das Nachverhandlungsverbot gem. § 15EU Abs. 3 wird verletzt, wenn nachträgliche Preisangaben im Rahmen der Angebotsaufklärung gem. § 15EU Abs. 1 Nr. 1 gemacht werden oder gemachte Preisangaben nachträglich modifiziert werden.[88]

33 Von der Unterrichtung über die Angemessenheit der Preise gem. § 15EU Abs. 1 Nr. 1 ist die Prüfung der Preise und die Ermittlung des wirtschaftlichsten Angebots gem. § 16dEU Abs. 1 Nr. 2, 3 zu unterscheiden. Gemäß § 15EU Abs. 1 Nr. 1 hat sich der Auftraggeber im Rahmen seiner Aufklärungsmaßnahmen über die Angemessenheit der Preise auf die angebotsbezogene, rein sachliche Aufklärungsmaßnahmen, die die Kalkulation des Bieters im konkreten Bauvergabeverfahren betreffen, zu beschränken. Gemäß § 15EU Abs. 1 Nr. 1 darf sich der Auftraggeber hingegen **kein allgemeines Bild** über geschäftsinterne Vorgänge beim Bieter verschaffen.[89] Der Auftraggeber kann Aufklärung über die Grundlagen der Preisansätze der Bieter tätigen, auf denen die Angebotspreise basieren. Dies betrifft zB die Ansätze für Lohn-, Material-, Baustellen- und allgemeinen Geschäftskosten.[90] Auch die Aufklärung über die Angemessenheit der Preise gem. § 15EU Abs. 1 Nr. 1 ist ein eng auszulegender Ausnahmetatbestand. So hat es bei einer bloßen Unterrichtung des Auftraggebers über die Angemessenheit der Preise gem. § 15EU Abs. 1

---

[82] VK Nordbayern Beschl. v. 25.6.2014 – 21.VK-3194-15/14, ZfBR 2014, 722; *Weyand* § 15 Rn. 60/3.
[83] jurisPK-VergabeR/*Horn* § 15 Rn. 44.
[84] jurisPK-VergabeR/*Horn* § 15 Rn. 45; Kapellmann/Messerschmidt/*Planker* § 15 Rn. 9.
[85] VK Bund Beschl. v. 3.5.2005 – VK 3-19/05, BeckRS 2005, 151378; VK Brandenburg Beschl. v. 26.3.2002 – VK 4/02, IBRRS 2014, 0024.
[86] VK Hessen Beschl. v. 8.1.2014 – 69d-VK 48/2013, IBRRS 2014, 1077; HHKW/*Steiff* § 15 Rn. 18.
[87] VK Bund Beschl. v. 16.4.2015 – VK 2-27/15, BeckRS 2016, 06071; OLG Düsseldorf Beschl. v. 24.9.2014 – VII-Verg 19/14, BeckRS 2015, 05269; *Weyand* § 15 Rn. 44.
[88] VK Südbayern Beschl. v. 11.3.2015 – Z3-3-3194-1-65-12/14, IBRRS 2015, 0861; VK Hessen Beschl. v. 23.5.2013 – 69d-VK-5/2013, IBRRS 2013, 3086; jurisPK-VergabeR/*Horn* § 15 Rn. 52.
[89] Ingenstau/Korbion/*von Wietersheim* § 15 Rn. 12.
[90] Ingenstau/Korbion/*von Wietersheim* § 15 Rn. 12; jurisPK-VergabeR/*Horn* § 15 Rn. 47.

Nr. 1 durch den Bieter zu verbleiben, wenn hierdurch die notwendige Aufklärung erzielt werden kann.

34   Die **Vorlage der Kalkulationen** durch den Bieter ist nur in Ausnahmefällen statthaft.[91] Grundsätzlich unzulässig ist es, von allen Bietern die Vorlage ihrer Kalkulationen zu verlangen.[92] Ist eine bloße Unterrichtung über die Angemessenheit der Preise durch den Bieter nicht ausreichend, so kann die Kalkulationsvorlage bei angezeigter Überprüfung der Angemessenheit der Preise allein von den Bietern verlangt werden, die in die engere Wahl kommen.[93] Grundsätzlich bemisst sich ferner die preisliche Angemessenheit des Angebots allein anhand der Gesamtsumme. Diese ist im Rahmen der Angemessenheitsprüfung des (gesamten) Angebotspreises gem. § 16dEU Abs. 1 Nr. 1, 2 zu prüfen.[94] Eine Einzel- bzw. Einheitspreisprüfung sollte nur ausnahmsweise und nur dann erfolgen, wenn die Einzel- bzw. Einheitspreise nicht nur vereinzelt, sondern in **größerer Anzahl** von Marktüblichkeit und Erfahrung abweichen.[95]

35   Wenn es dann nötig ist, kann der Auftraggeber dann auch Einsicht in die Preisermittlungsgrundlagen nehmen. Der Bieter ist dann verpflichtet, die Einsichtnahme des Auftraggebers in die von ihm vorzulegenden Preisgrundlagen zu gestatten.[96] Die Gründe, die der Auftraggeber hat, vom Bieter die Vorlage der Kalkulation zu fordern, sollten dabei dem Bieter benannt werden. Gründe, die den Auftraggeber gegenüber dem Bieter zur Anforderung und Erläuterung der Kalkulation berechtigen, sind **Verdachtstatbestände** auf vorliegenden Kalkulationsirrtum, spekulative Preise, Mischkalkulationen, oder wettbewerbsbeschränkende Preisabsprachen.[97] Der diesbezügliche Verdacht des Auftraggebers hat **konkret** zu sein, lediglich vage Vermutungen oder geringe Verdachtsmomente reichen nicht aus.[98]

36   Besteht der konkrete Verdacht des Vorliegens wettbewerbsbeschränkender Preisansprachen oder sonstiger Manipulationen, so erfolgt der Sache nach nicht allein eine Aufklärung des Auftraggebers über die Angemessenheit der Preise, sondern eine Aufklärung zur **Wahrung des Wettbewerbsgrundsatzes,** was durch § 15EU Abs. 1 Nr. 1 gleichfalls gedeckt ist.[99] Wird der Verdacht einer unzulässigen wettbewerbsbeschränkenden Preisabsprache im Rahmen der Aufklärung gem. § 15EU Abs. 1 Nr. 1 bestätigt, kann das Angebot gem. § 6eEU Abs. 6 Nr. 4 ausgeschlossen werden.[100]

37   Berechtigt ist das Aufklärungsverlangen des Auftraggebers über die Angemessenheit der Preise gem. § 15EU Abs. 1 Nr. 1 auch dann, wenn Anhaltspunkte für einen offensichtlichen Kalkulationsirrtum[101] oder einen Spekulationspreis vorliegen. Unzulässig ist es, im Rahmen von Aufklärungsgesprächen über die Angemessenheit der Preise gem. § 15EU Abs. 1 Nr. 1 **gemeinschaftliche Kalkulationsirrtümer** oder **Kalkulationsfehler** des Bieters zu beseitigen.[102] Weder dürfen „Fehlkalkulationen" der Bieter ausgeräumt werden, noch darf eine „Klarstellung" von Preisen Gegenstand von Aufklärungsgesprächen sein, die im Ergebnis zu einer Preisreduzierung führen würden.[103]

---

[91] VK Brandenburg Beschl. v. 26.3.2002 – VK 4/02, IBRRS 2014, 0024; VK Bund Beschl. v. 3.5.2005 – VK 3-19/05, BeckRS 2005, 151378; Ingenstau/Korbion/*von Wietersheim* § 15 Rn. 14; jurisPK-VergabeR/ *Horn* § 15 Rn. 47.
[92] jurisPK-VergabeR/*Horn* § 15 Rn. 48.
[93] jurisPK-VergabeR/*Horn* § 15 Rn. 48; Kapellmann/Messerschmidt/*Planker* § 15 Rn. 10.
[94] OLG München Beschl. v. 6.12.2012 – Verg 29/12, BeckRS 2012, 26033; OLG Bremen Beschl. v. 9.10.2012 – Verg 1/12, IBRRS 2013, 0127; OLG Düsseldorf Beschl. v. 9.2.2009 – Verg 66/08, BeckRS 2009, 11172.
[95] Kapellmann/Messerschmidt/*Planker* § 15 Rn. 10.
[96] Kapellmann/Messerschmidt/*Planker* § 15 Rn. 11.
[97] jurisPK-VergabeR/*Horn* § 15 Rn. 51; Kapellmann/Messerschmidt/*Planker* § 15 Rn. 11.
[98] jurisPK-VergabeR/*Horn* § 15 Rn. 51.
[99] Ingenstau/Korbion/*von Wietersheim* § 15 Rn. 15.
[100] jurisPK-VergabeR/*Horn* § 15 Rn. 51.
[101] BGH Urt. v. 7.7.1998 – X ZR 17/97, BGHZ 139, 177 (187) = NJW 1998, 3192; OLG Koblenz Urt. v. 5.12.2001 – 1 U 2046/98, BeckRS 2001, 30224671.
[102] OLG Düsseldorf Beschl. v. 30.4.2002 – Verg 3/02, IBRRS 2002, 0840; VK Sachsen Beschl. v. 21.7.2004 – 1/SVK/050-04, IBRRS 2005, 1260; Ingenstau/Korbion/*von Wietersheim* § 15 Rn. 14.
[103] jurisPK-VergabeR/*Horn* § 15 Rn. 53.

Aufklärungsfähig im Rahmen des § 15EU Abs. 1 Nr. 1 sind auch die **Preise der Nach-** 38
unternehmer, die mit Angebotsabgabe vom Bieter bereits benannt wurden. Dies ist streitig.[104] Wenn der Nachunternehmer zum Angebotszeitpunkt – wie regelmäßig – noch nicht beauftragt ist, sondern lediglich eine Verpflichtungserklärung vorliegt, sind Auskünfte über die Preise und das Angebot eines Nachunternehmers für den Auftraggeber wertlos.[105] Ist der Nachunternehmer zum Angebotszeitpunkt bereits gegenüber dem Bieter preislich gebunden, ist auch die Aufklärung über die Angemessenheit der Nachunternehmerpreise statthaft. Allein, wenn es sich um geringfügige Nachunternehmerleistungen handelt, kann im Einzelfall für den Nachunternehmer die Aufklärung der Nachunternehmerpreise unzumutbar sein.[106] Zulässig ist stets das Aufklärungsverlangen des Auftraggebers gegenüber dem Bieter zur Öffnung der in sein Angebot übernommenen Nachunternehmerpreise. Hierzu kann um Vorlage des Nachunterangebots ersucht werden.[107] Zulässig ist zudem stets die Unterrichtung des Auftraggebers im Rahmen eines Aufklärungsgesprächs gem. § 15EU Abs. 1 Nr. 1 über die Zusammensetzung des **Hauptunternehmer- oder Generalunternehmerzuschlags.**[108]

IV. Geheimhaltung und Niederlegung in Textform (Abs. 1 Nr. 2)

§ 15EU Abs. 1 Nr. 2 S. 1 konkretisiert die Geheimhaltungspflicht des Auftraggebers für 39
den Angebotsinhalt gem. § 14EU Abs. 8. Notwendiges Korrelat zum Unterrichtungsrecht des Auftraggebers gem. § 15EU Abs. 1 Nr. 1 ist die Geheimhaltungspflicht des Auftraggebers auch über die Ergebnisse von Aufklärungsmaßnahmen gem. § 15EU Abs. 1 Nr. 2 S. 1. § 15EU Abs. 1 Nr. 2 S. verpflichtet Auftraggeber zur **strikten Geheimhaltung** der im Rahmen von Aufklärungsmaßnahmen erlangten Informationen und Unterlagen. Dies schützt die berechtigten Interessen der Bieter, in deren geschäftlichen Belange insbesondere bei der Aufklärung über die Angemessenheit der Preise gem. § 15EU Abs. 1 Nr. 1 eingegriffen wird.[109] Des Weiteren schützt § 15EU Abs. 1 Nr. 2 S. 1 den ordnungsgemäßen Wettbewerb. Die strikte Geheimhaltungspflicht der Ergebnisse von Aufklärungsmaßnahmen soll auch verhindern, dass unbefugte Dritte Kenntnis des Inhalts oder der Ergebnisse von Aufklärungsgesprächen erlangen und damit die Möglichkeit erhalten, das **Wettbewerbsergebnis zu manipulieren.**[110]

Die Geheimhaltungspflicht des Inhalts und der Ergebnisse von Aufklärungsmaßnahmen 40
gem. § 15EU Abs. 1 Nr. 2 S. 1 verbietet es, Aufklärungsgespräche mit mehreren Bietern gleichzeitig abzuhalten. Es haben stets **Einzelgespräche** mit Bietern geführt zu werden, ansonsten ist § 15EU Abs. 1 Nr. 2 S. 1 verletzt.[111] Verstößt der Auftraggeber gegen die Geheimhaltungspflicht des § 15EU Abs. 1 Nr. 2 S. 1 kann er sich wegen Verschuldens bei Vertragsverhandlungen gem. § 311 Abs. 2 Nr. 1, 2 BGB, § 241 Abs. 2 BGB, § 280 Abs. 1 S. 1 BGB schadensersatzpflichtig machen.[112]

Die Geheimhaltungspflicht des § 15EU Abs. 1 Nr. 2 S. 1 verpflichtet den Auftraggeber 41
nicht zur Unterlassung behördlicher oder gerichtlicher Maßnahmen, wenn sich im Rahmen der Angebotsaufklärung gem. § 15EU Abs. 1 Nr. 1 herausstellt, dass der Bieter gegen gesetzliche Vorschriften, so zB durch wettbewerbsbeschränkende Preisabsprachen gegen § 1 GWB, verstoßen hat.[113] Im Nachprüfungsverfahren gem. §§ 160 ff. GWB wird das **Akteneinsichtsrecht** der Beteiligten gem. § 165 Abs. 1 GWB durch § 165 Abs. 2 GWB begrenzt.

---

[104] AA Kapellmann/Messerschmidt/*Planker* § 15 Rn. 12; jurisPK-VergabeR/*Horn* § 15 Rn. 56.
[105] jurisPK-VergabeR/*Horn* § 15 Rn. 56; Kapellmann/Messerschmidt/*Planker* § 15 Rn. 22.
[106] HHKW/*Steiff* § 15 Rn. 20.
[107] OLG Frankfurt a. M. Beschl. v. 18.8.2005 – 11 Verg 7/05, BeckRS 2014, 00432; VK Hessen Beschl. v. 21.4.2005 – 69d-VK-20/2005, IBRRS 2005, 3661.
[108] jurisPK-VergabeR/*Horn* § 15 Rn. 56.
[109] Ingenstau/Korbion/*von Wietersheim* § 15 Rn. 17.
[110] Ingenstau/Korbion/*von Wietersheim* § 15 Rn. 17.
[111] Kapellmann/Messerschmidt/*Planker* § 15 Rn. 14; jurisPK-VergabeR/*Horn* § 15 Rn. 62.
[112] Ingenstau/Korbion/*von Wietersheim* § 15 Rn. 17.
[113] Ingenstau/Korbion/*von Wietersheim* § 15 Rn. 17; jurisPK-VergabeR/*Horn* § 15 Rn. 63.

Die Vergabekammer hat hiernach die Einsicht in die ihr vorliegenden Unterlagen, dh die Vergabeakte, zu versagen, soweit dies aus wichtigen Gründen, insbesondere des Geheimschutzes oder zur Wahrung von Betriebs- oder Geschäftsgeheimnissen, geboten ist.[114] Die Geheimhaltungspflicht für die Ergebnisse von Aufklärungsmaßnahmen gem. § 15EU Abs. 1 Nr. 2 S. 1 setzt sich gegenüber dem Akteneinsichtsrecht im Nachprüfungsverfahren allein im Rahmen des § 165 Abs. 2 GWB durch. § 15EU Abs. 1 Nr. 2 S. 1 hat dann allein in den Grenzen des Akteneinsichtsrechts gem. § 165 Abs. 2 GWB Bestand.[115]

42 Die Inhalte und Ergebnisse von Aufklärungsmaßnahme gem. § 15EU Abs. 1 Nr. 1 sollen gem. § 15EU Abs. 1 Nr. 2 S. 2 in Textform niedergelegt werden. Das **Dokumentationsgebot** des § 15EU Abs. 1 Nr. 2 S. 2 dient der Transparenz des Vergabeverfahrens.[116] Der vom Auftraggeber im Rahmen der Sollbestimmung des § 15EU Abs. 1 Nr. 2 S. 2 anzufertigende Gesprächsvermerk dokumentiert, dass die Aufklärungsgespräche ordnungsgemäß verlaufen sind.[117] Durch diesen Gesprächsvermerk ist es ferner möglich, nach Zuschlagserteilung bei Auslegungsschwierigkeiten festzustellen, mit welchem genauen Inhalt der Vertrag zustande gekommen ist.[118]

43 Die Dokumentation des Inhalts und der Ergebnisse von Aufklärungsgesprächen und Aufklärungsmaßnahmen und hieraus folgende verfahrensrelevante Feststellungen haben gemäß der Sollvorschrift des § 15EU Abs. 1 Nr. 2 S. 2 in Textform gem. § 126b BGB zu erfolgen. Lediglich allgemeine Informationen zur Unterrichtung des Auftraggebers durch den Bieter ohne ausschlaggebende Bedeutung für das Vergabeverfahren gestatten es, von der Sollvorschrift des § 15EU Abs. 1 Nr. 2 S. 2 abzuweichen.[119] Aus Beweisgründen sollte der Auftraggeber von der Sollvorschrift des § 15EU Abs. 1 Nr. 2 S. 2 nicht abweichen und den Inhalt wie auch die Ergebnisse von Aufklärungsgesprächen umfassend in Textform dokumentieren. Zu Beweiszwecken ist es sachdienlich, dass Protokoll des Aufklärungsgesprächs **vom Bieter gegenzeichnen** zu lassen.[120] Das Protokoll des Aufklärungsgesprächs ist Bestandteil der Vergabedokumentation gem. § 20EU. Es ist der Vergabeakte beizufügen.[121] Es ist grundsätzlich nicht zu beanstanden, dass der Bieter keine Abschrift dieses Protokolls über den Inhalt und die Ergebnisse eines Aufklärungsgesprächs erhält.[122]

V. Aufklärungsverweigerung (Abs. 2)

44 Verweigert ein Bieter die geforderten Aufklärungen und Angaben oder lässt er eine ihm hierzu gesetzte angemessene Frist unbeantwortet verstreichen, so ist gem. § 15EU Abs. 2 sein Angebot auszuschließen. Dies deshalb, da ein unklares oder sonst aufklärungsbedürftiges Angebot nicht bezuschlagt werden darf. Der Auftraggeber würde, wenn er bei einem Bieter Unklarheiten und damit mögliche Abweichungen vom Leistungsverzeichnis hinnimmt, gegen den Gleichbehandlungsgrundsatz des § 97 Abs. 2 GWB und den Wettbewerbsgrundsatz des § 97 Abs. 1 S. 1 GWB verstoßen.[123] Die Ausschlussmöglichkeit eines Angebots gem. § 15EU Abs. 2 ergänzt die Ausschlussgründe der § 16EU Nr. 1–6, § 6eEU Abs. 1–6.

45 § 15EU Abs. 2 stellt seit der Neufassung der VOB/A 2016 einen **zwingenden Ausschlusstatbestand** dar. Die Ausschlussentscheidung gem. § 15EU Abs. 2 wegen verweigerter Mitwirkung eines Bieters an der Aufklärung setzt ein ordnungsgemäßes, **berechtigtes Aufklärungsverlangen**, dh das Vorliegen aller Voraussetzungen des § 15EU Abs. 1 Nr. 1

---

[114] Hierzu KKPP/*Kus* GWB § 165 Rn. 45 ff.
[115] BGH Beschl. v. 31.1.2017 – X ZB 10/16 Rn. 37 ff., NZBau 2017, 230; Ingenstau/Korbion/*von Wietersheim* § 15 Rn. 17.
[116] HHKW/*Steiff* § 15 Rn. 24.
[117] HHKW/*Steiff* § 15 Rn. 24.
[118] HHKW/*Steiff* § 15 Rn. 24.
[119] jurisPK-VergabeR/*Horn* § 15 Rn. 65.
[120] jurisPK-VergabeR/*Horn* § 15 Rn. 65.
[121] jurisPK-VergabeR/*Horn* § 15 Rn. 65.
[122] VK Lüneburg Beschl. v. 11.6.2001 – 203-VgK-08/2001, IBRRS 2004, 3603; *Weyand* § 15 Rn. 77.
[123] Ingenstau/Korbion/*von Wietersheim* § 15 Rn. 18.

voraus.[124] Das Angebot ist gem. § 15EU Abs. 2 Alt. 2 gleichfalls auszuschließen, wenn der Bieter eine ihm gesetzte angemessene Frist zur Erfüllung eines ordnungsgemäßen, berechtigten Aufklärungsverlangens gem. § 15EU Abs. 1 Nr. 1 voraus. unbeantwortet verstreichen lässt. Ein Angebotsausschluss gem. § 15EU Abs. 2 Alt. 2 setzt voraus, dass die dem Bieter gesetzte Frist für die Beantwortung des Aufklärungsverlangens des Auftraggebers eindeutig als **Ausschlussfrist erkennbar** ist.[125] Gegenüber dem Bieter ist unmissverständlich darauf hinzuweisen oder sonst kenntlich zu machen, dass die Einhaltung der ihm gesetzten Frist die letzte und abschließende Möglichkeit zur Beantwortung eines – berechtigten – Aufklärungsersuchens des Auftraggebers darstellt.[126]

Die **Angemessenheit** der dem Bieter gem. § 15EU Abs. 2 Alt. 2 gesetzten Frist beurteilt 46 sich nach den Umständen des Einzelfalls, insbesondere nach Inhalt und Umfang der vom Auftraggeber ersuchten Aufklärung.[127] Ist die Beantwortung eines zulässigen Aufklärungsersuchens gem. § 15EU Abs. 1 Nr. 1 nicht aufgrund von Inhalt und Umfang des Aufklärungsersuchens übermäßig aufwendig, so ist die Angemessenheit der Frist des § 15EU Abs. 2 Alt. 2 an der Frist zur Nachforderung von Unterlagen gem. § 16aEU S. 2 zu orientieren.[128] Bei besonders aufwendiger Beantwortung komplexer Aufklärungsersuchen ist die Frist von sechs Kalendertagen des § 16aEU S. 2 im Rahmen des § 15EU Abs. 2 Alt. 2 zu kurz bemessen.[129]

Die verweigerte Mitwirkung des Bieters gem. § 15EU Abs. 2 an einem berechtigen 47 Aufklärungsersuchen des Auftraggebers gem. § 15EU Abs. 1 Nr. 1 kann ferner **negative Rückschlüsse auf seine Eignung** gem. § 16bEU Abs. 1 zulassen.[130]

VI. Nachverhandlungsverbot (Abs. 3)

Das Nachverhandlungsverbot des § 15EU Abs. 3 schützt den **ordnungsgemäßen Wett-** 48 **bewerb** gem. § 97 Abs. 1 S. 1 GWB und die **Gleichbehandlung aller Bieter** gem. § 97 Abs. 2 GWB.[131] Der ordnungsgemäße Vergabewettbewerb gem. § 97 Abs. 1 S. 1 GWB unter gleichen Bedingungen für alle Bieter gem. § 97 Abs. 2 GWB ist nicht mehr gewährleistet, wenn einzelne Bieter ihre Angebote nachverhandeln und durch nachträgliche Abänderung ihrer Angebote einen Vorteil erlangen können.[132] Dementsprechend sind gem. § 15EU Abs. 3 Verhandlungen nach Angebotseröffnung, besonders über die Änderung der Angebote oder der Preise gem. § 15EU Abs. 3 unzulässig und verboten. Das Nachverhandlungsverbot des § 15EU Abs. 3 ist bieterschützend.[133] Auf seine Verletzung kann ein Nachprüfungsantrag gem. § 160 ff. GWB gestützt werden.[134]

Gleichgültig für die Unzulässigkeit von Nachverhandlungen der Angebote gem. § 15EU 49 Abs. 3 ist es, von wem die **Nachverhandlungsinitiative** ausgeht. Auch wenn der Bieter

---

[124] Ingenstau/Korbion/*von Wietersheim* § 15 Rn. 18.
[125] OLG Jena Beschl. v. 14.11.2002 – 6 Verg 7/02, IBRRS 2003, 1086; jurisPK-VergabeR/*Horn* § 15 Rn. 71.
[126] VK Nordbayern Beschl. v. 4.12.2012 – 21.VK-3194-29/12, IBRRS 2013, 0229; jurisPK-VergabeR/ *Horn* § 15 Rn. 71.
[127] VK Nordbayern Beschl. v. 4.12.2006 – 21.VK-3194-39/06, BeckRS 2006, 33301; Nordbayern Beschl. v. 4.12.2012 – 21.VK-3194-29/12, IBRRS 2013, 0229; jurisPK-VergabeR/*Horn* § 15 Rn. 71.
[128] VK Nordbayern Beschl. v. 27.6.2013 – 21.VK-3194-28/13, BeckRS 2013, 19604; Ingenstau/Korbion/ *von Wietersheim* § 15 Rn. 19.
[129] VK Münster Beschl. v. 21.7.2001 – VK 9/11, IBRRS 2011, 5025; VK Nordbayern v. 27.6.2013 – 21.VK-3194-28/13, BeckRS 2013, 19604; jurisPK-VergabeR/*Horn* § 15 Rn. 71; Kapellmann/Messerschmidt/*Planker* § 15 Rn. 17.
[130] Kapellmann/Messerschmidt/*Planker* § 15 Rn. 17; jurisPK-VergabeR/*Horn* § 15 Rn. 72.
[131] VK Nordbayern Beschl. v. 27.1.2011 – 21.VK-3194-46/10, BeckRS 2011, 32821; VK Südbayern Beschl. v. 19.3.2015 – Z3-3-3194-1-61-12/14, IBRRS 2015, 0965; jurisPK-VergabeR/*Horn* § 15 Rn. 75; *Weyand* § 15 Rn. 92.
[132] jurisPK-VergabeR/*Horn* § 15 Rn. 75.
[133] OLG Düsseldorf Beschl. v. 14.3.2001 – Verg 30/00, BeckRS 2014, 14639; VK Hessen Beschl. v. 23.5.2013 – 69d-VK-5/2013, IBRRS 2013, 3086.
[134] OLG Düsseldorf Beschl. v. 14.3.2001 – Verg 30/00, BeckRS 2014, 14639; VK Hessen Beschl. v. 23.5.2013 – 69d-VK-5/2013, IBRRS 2013, 3086; HHKW/*Steiff* § 15 Rn. 29.

von sich aus anbietet, sein Angebot zu ändern oder Preisnachlässe zu gewähren, darf der Auftraggeber darauf nicht eingehen.[135] Das Nachverhandlungsverbot des § 15EU Abs. 3 verbietet nicht nur das Ersuchen des Auftraggebers zur nachträglichen Verhandlung des Angebots oder von Angebotsbestandteilen, sondern soll Angebotsänderungen insgesamt unterbinden, sofern nicht ein Ausnahmetatbestand des § 15EU Abs. 3 eingreift.[136] Rechtsfolge eines Verstoßes gegen das Nachverhandlungsverbots ist der Ausschluss des nachverhandelten Angebots.[137] Ein Ausschluss des Bieters, der nachverhandelt hat, ist ebenso wenig geboten, wie ein Ausschluss des ursprünglichen – nicht nachverhandelten – Angebots. Dieses ursprüngliche Angebot kann bei einer erneuten Entscheidung über den Zuschlag berücksichtigt werden.[138]

50   1. **Änderung der Angebote oder der Preise.** § 15EU Abs. 3 untersagt zunächst jegliche Verhandlungen über die Änderung der Leistungsinhalte des Angebots. Verboten sind damit Verhandlungen über Änderungen der Leistungsbeschreibung, der Qualitäts- und Ausführungsvorgaben, der Bauzeiten sowie der geforderten Erklärungen und Nachweise.[139] Vom Nachverhandlungsverbot erfasst sind darüber hinaus Verhandlungen über eine Änderung des Angebots durch **Änderung der Rechtspersönlichkeit** des Bieters, zB bei nachträglicher Bildung einer Bietergemeinschaft, nachträglicher Gestattung eines ursprünglich nicht erlaubten Nachunternehmereinsatzes, nachträglicher Änderung eines ursprünglich vorgesehenen Nachunternehmereinsatzes, Änderung eines Skontoangebots etc.[140] Des Weiteren stellen Aufklärungsgespräche, die bezwecken, Änderungen des Bieters an den Vergabeunterlagen nach Ablauf der Angebotsfrist zu korrigieren, einen Verstoß gegen § 15EU Abs. 3 dar.[141] Auch kann die Klärung **widersprüchlicher Preisangaben** nicht Gegenstand einer zulässigen Nachverhandlung sein. Dies würde einen unkontrollierbaren Spielraum nachträglicher Manipulation ermöglichen.[142] Des Weiteren können fehlende Angaben zum **beabsichtigten Nachunternehmereinsatz** nicht durch Nachverhandlungen gem. § 15EU Abs. 1 Nr. 1 nachgeholt werden.[143]

51   Das Nachverhandlungsverbot des § 15EU Abs. 3 gilt des Weiteren besonders für Verhandlungen über eine Änderung der Preise.[144] Mit erfolgter Angebotsabgabe gem. § 13EU Abs. 1 Nr. 1 stehen die Preise zum Ablauf der Angebotsfrist bei Ausschreibungen gem. § 3EU Nr. 1, 2 unveränderlich fest. Diese, mit Ablauf der Angebotsfrist unveränderlich feststehenden Preise sind Grundlage des Vergabewettbewerbs.[145] **Unzulässige Preisänderungen** gem. § 15EU Abs. 3 liegen zB vor, wenn Preise zur Verbesserung der Angebote nachträglich heruntergehandelt werden,[146] fehlende Preisangaben ergänzt,[147] Einheitspreise pauschaliert, nachträglich die

---

[135] VK Südbayern Beschl. v. 25.7.2002 – 26-6/02, IBRRS 2013, 5090; *Weyand* § 15 Rn. 93.
[136] *Weyand* § 15 Rn. 93.
[137] BGH Urt. v. 6.2.2002 – X ZR 185/99, NJW 2002, 1952; OLG Frankfurt a. M. Beschl. v. 16.6.2015 – 11 Verg 3/15, ZfBR 2016, 79; *Weyand* § 15 Rn. 95.
[138] VK Bund Beschl. v. 22.7.2002 – VK 1-59/02, BeckRS 2002, 161143; *Weyand* § 15 Rn. 95; jurisPK-VergabeR/*Horn* § 15 Rn. 78.
[139] VK Hannover Beschl. v. 13.8.2002 – VgK-09/2002, ZfBR 2003, 200; VK Schleswig-Holstein Beschl. v. 20.10.2010 – VK-SH 16/10, BeckRS 2015, 03371; VK Bund Beschl. v. 16.4.2015 – VK 2-27/15, BeckRS 2016, 06071; VK Sachsen-Anhalt Beschl. v. 24.2.2014 – 3 VK LSA 02/14, BeckRS 2015, 02735; HHKW/*Steiff* § 15 Rn. 30; jurisPK-VergabeR/*Horn* § 15 Rn. 79.
[140] jurisPK-VergabeR/*Horn* § 15 Rn. 79.
[141] OLG Celle Beschl. v. 19.2.2015 – 13 Verg 12/14, BeckRS 2015, 12548; *Weyand* § 15 Rn. 94.
[142] VK Bund Beschl. v. 21.7.2005 – VK 3-61/05, BeckRS 2005, 151489; VK Sachsen Beschl. v. 16.12.2009 – 1/SVK/057-09, BeckRS 2010, 05173; *Weyand* § 15 Rn. 94.
[143] OLG Düsseldorf Beschl. v. 30.7.2003 – Verg 32/03, BeckRS 9998, 04707; *Weyand* § 15 Rn. 94.
[144] VK Bund Beschl. v. 16.4.2015 – VK 2-27/15, BeckRS 2016, 06071; VK Schleswig Holstein Beschl. v. 20.10.2010 – VK-SH 16/10, BeckRS 2015, 03371; VK Niedersachsen Beschl. v. 13.8.2002 – VgK 09/2002, IBRRS 2013, 5233.
[145] jurisPK-VergabeR/*Horn* § 15 Rn. 80; HHKW/*Steiff* § 15 Rn. 31.
[146] HHKW/*Steiff* § 15 Rn. 31.
[147] VK Brandenburg Beschl. v. 18.6.2003 – VK 31/03, IBRRS 2003, 2709; jurisPK-VergabeR/*Horn* § 15 Rn. 80.

Umsatzsteuer hinzugefügt, oder nachträglich die Parameter einer Lohngleit- oder Materialpreisgleitklausel verhandelt werden.[148]

2. Ausnahme bei Nebenangeboten. Ausnahmsweise sind gem. § 15EU Abs. 3 Hs. 2 **52** Verhandlungen gestattet, wenn sie bei Nebenangeboten oder Angeboten aufgrund eines Leistungsprogramms nötig sind, um **unumgängliche technische Änderungen geringen Umfangs** und sich daraus ergebende Änderungen der Preise zu vereinbaren. Dies ist eine eng auszulegende Ausnahme vom Nachverhandlungsverbot des § 15EU Abs. 3, die sich aus der Notwendigkeit ergibt, bei Nebenangeboten oder Angeboten aufgrund eines Leistungsprogramms technische Änderungen geringen Umfangs und daraus folgende Preisanpassungen vorzunehmen. Damit werden ansonsten erforderliche Aufhebungen von Ausschreibungen vermieden.[149] Voraussetzungen hierfür sind das Vorliegen von aufklärungsbedürftigen Zweifeln bei Nebenangeboten sowie bei Angeboten aufgrund eines Leistungsprogramms. Weitere Voraussetzung ist das Vorliegen unumgänglich notwendiger technischer Änderungen geringen Umfangs, ohne die eine sachgerechte Ausführung nicht möglich wäre.[150] Unumgängliche technische Änderungen geringen Umfangs sind allein solche, die im Vergleich zur Bedeutung und zur Ausgestaltung des Gesamtauftrages eine nur **unwesentliche Bedeutung** haben.[151] Das Vorliegen einer unwesentlichen Bedeutung der technischen Änderung geringen Umfangs in diesem Sinne ist durch Vergleich der geänderten Ausführung zur bisherigen Ausführungsart und zum bisherigen Ausführungsumfang zu ermitteln.[152] Die Grenzen der Zulässigkeit sind dabei an den Auswirkungen auf die Preise und an der Menge der Änderungen insgesamt zu messen.[153]

Die ausnahmsweise Zulassung von Nachverhandlungen gem. § 15EU Abs. 3 Hs. 2 ist **53** **restriktiv** auszulegen. Die ausnahmsweise Zulassung einer Nachverhandlung gem. § 15EU Abs. 3 Hs. 2 darf nur dazu dienen, ein für sich genommen bereits **zuschlagsfähiges Angebot** zu präzisieren und zu optimieren.[154] Keinesfalls ist es gem. § 15EU Abs. 3 Hs. 2 statthaft, ein nicht zuschlagsfähiges (Neben-) Angebot durch Nachverhandlung erst zuschlagsfähig zu machen.[155] Unstatthaft ist es auch, im Rahmen von Aufklärungsverhandlungen Angaben abzufordern, die zum Nachweis der Gleichwertigkeit eines Nebenangebots erforderlich sind.[156] Der Auftraggeber hat in diesem Zusammenhang besondere Vorsicht walten zu lassen und das von ihm erachtete Vorliegen des Ausnahmetatbestandes des § 15EU Abs. 3 Hs. 2 sorgsam zu dokumentieren. Anderenfalls setzt er sich dem Vorwurf einer unzulässigen Nachverhandlung mit Preismanipulation aus.[157]

Das im Rahmen des Ausnahmetatbestandes des § 15EU Abs. 3 Hs. 2 nachverhandelte **54** Nebenangebot muss schließlich gem. § 8EU Abs. 2 Nr. 3 S. 1, 2 in der Bekanntmachung oder in der Aufforderung zur Interessensbestätigung zugelassen worden sein und den formellen Anforderungen des § 13EU Abs. 3 entsprechen. Angebote aufgrund eines Leistungsprogramms müssen gem. § 7cEU Abs. 1–3 zulässigerweise im Rahmen der Ausschreibung verlangt worden sein.[158] Für die Einhaltung der Voraussetzung des § 15EU Abs. 3 Hs. 2 ist der **Auftraggeber im Nachprüfungsverfahren beweispflichtig**.[159]

---

[148] jurisPK-VergabeR/*Horn* § 15 Rn. 80; Kapellmann/Messerschmidt/*Planker* § 15 Rn. 20, 22; HHKW/*Steiff* § 15 Rn. 32.
[149] KG Beschluss v. 13.10.1999 – KartVerg 31/99, IBRRS 2003, 0627; VK Arnsberg Beschl. v. 4.11.2002 – VK 1-23/02, IBRRS 2003, 0569; jurisPK-VergabeR/*Horn* § 15 Rn. 82; Ingenstau/Korbion/*von Wietersheim* § 15 Rn. 22.
[150] Ingenstau/Korbion/*von Wietersheim* § 15 Rn. 24; HHKW/*Steiff* § 15 Rn. 35.
[151] HHKW/*Steiff* § 15 Rn. 35.
[152] VK Saarland Beschl. v. 27.5.2005 – 3 VK 02/2005, IBRRS 2006, 1833; *Weyand* § 15 Rn. 103.
[153] VK Saarland Beschl. v. 27.5.2005 – 3 VK 02/2005, IBRRS 2006, 1833; *Weyand* § 15 Rn. 103.
[154] HHKW/*Steiff* § 15 Rn. 36; *Weyand* § 15 Rn. 103/1.
[155] HHKW/*Steiff* § 15 Rn. 36.
[156] OLG Frankfurt a. M. Beschl. v. 26.3.2002 – 11 Verg 3/01, NZBau 2002, 692; VK Baden-Württemberg Beschl. v. 27.4.2004 – 1 VK 13/04, IBRRS 2004, 1195.
[157] Ingenstau/Korbion/*von Wietersheim* § 15 Rn. 26.
[158] Ingenstau/Korbion/*von Wietersheim* § 15 Rn. 27.
[159] Ingenstau/Korbion/*von Wietersheim* § 15 Rn. 28.

VII. Überprüfung von Angaben zum Energieverbrauch und vorgelegter Lebenszykluskostenanalyse (Abs. 4)

55 Gemäß § 15EU Abs. 4 darf der Auftraggeber ihm nach § 8cEU Abs. 3 übermittelte Informationen überprüfen und hierzu ergänzende Erläuterungen von den Bietern fordern. Gemäß § 8cEU Abs. 1 sind bei der Lieferung von energieverbrauchsrelevanten Waren, technischen Geräten oder Ausrüstungen, die **wesentlicher Bestandteil einer Bauleistung** sind, die Anforderungen des § 8cEU Abs. 2–4 zwingend zu beachten.

56 Gemäß § 8cEU Abs. 2 Nr. 1, 2 sollen im Hinblick auf die Energieeffizienz dabei insbesondere folgende Anforderungen gestellt werden: (1) das höchste Leistungsniveau an Energieeffizienz und (2) soweit vorhanden, die höchste Energieeffizienzklasse im Sinne der Energieverbrauchskennzeichnungsverordnung. Gemäß § 8cEU Abs. 3 sind in der Leistungsbeschreibung oder an anderer geeigneter Stelle in den Vergabeunterlagen von den Bietern (1) konkrete Angaben zum Energieverbrauch sowie (2) in geeigneten Fällen eine Analyse minimierter Lebenszykluskosten oder die Ergebnisse einer vergleichbaren Methode zur Überprüfung der Wirtschaftlichkeit zu fordern. Gemäß § 8cEU Abs. 4 ist in diesen Fällen schließlich in aller Regel das Zuschlagskriterium „Energieeffizienz" aufzustellen, bekanntzugeben und zu berücksichtigen.[160]

57 § 15EU Abs. 4 gestattet es dem Auftraggeber, nach Ablauf der Angebotsfrist bei bestehendem Aufklärungsbedarf die ihm vom Bieter gem. § 8cEU Abs. 3 Nr. 1, 2 gemachten Angaben durch Aufklärungsmaßnahmen zu überprüfen. Dies sind die Informationen zum **Energieverbrauch** gem. § 8cEU Abs. 3 Nr. 1 und die **Analyse minimierter Lebenszykluskosten** bzw. die Ergebnisse einer vergleichbaren Methode zur Überprüfung der Wirtschaftlichkeit gem. § 8cEU Abs. 3 Nr. 2 lit. a, b. Die Vorschrift hat klarstellenden Charakter und gibt dem Auftraggeber für diese Information eine besonders ausgestaltete Aufklärungsmöglichkeit durch das Nachfordern ergänzender Erklärungen.[161]

58 Fehlen Erklärungen und Nachweise gem. § 8cEU Abs. 3 Nr. 1, 2 **ganz**, sind diese gem. § 16aEU S. 1 nachzufordern, soweit es sich nicht um fehlende **wertungsrelevante Informationen** handelt.[162] Gemäß § 15EU Abs. 4 darf dem Bieter nicht die Möglichkeit einer unzulässigen nachträglichen Vervollständigung bzw. Nachbesserung eines unvollständigen Angebots eingeräumt werden. Das Nachfordern ergänzender Erläuterungen gem. § 15EU Abs. 4 ist insoweit eng zu verstehen.[163]

§ 16EU Ausschluss von Angeboten

Auszuschließen sind
1. Angebote, die bei Ablauf der Angebotsfrist nicht vorgelegen haben, ausgenommen Angebote nach § 14EU Absatz 5,
2. Angebote, die den Bestimmungen des § 13EU Absatz 1 Nummer 1, 2 und 5 nicht entsprechen,
3. Angebote, die den Bestimmungen des § 13EU Absatz 1 Nummer 3 nicht entsprechen; ausgenommen solche Angebote, bei denen lediglich in einer einzelnen unwesentlichen Position die Angabe des Preises fehlt und durch die Außerachtlassung dieser Position der Wettbewerb und die Wertungsreihenfolge, auch bei Wertung dieser Position mit dem jeweils höchsten Wettbewerbspreis, nicht beeinträchtigt werden,
4. Angebote, bei denen der Bieter Erklärungen oder Nachweise, deren Vorlage sich der öffentliche Auftraggeber vorbehalten hat, auf Anforderung nicht innerhalb einer angemessenen, nach dem Kalender bestimmten Frist vorgelegt hat. Satz 1 gilt für Teilnahmeanträge entsprechend,

---

[160] Hierzu: *Theißen/Stollhoff*, SektVO – Sektorenverordnung kompakt, 2016, Erl. zu § 58.
[161] Ingenstau/Korbion/*von Wietersheim* Rn. 2.
[162] Ingenstau/Korbion/*von Wietersheim* Rn. 2.
[163] Ingenstau/Korbion/*von Wietersheim* Rn. 2.

5. nicht zugelassene Nebenangebote sowie Nebenangebote, die den Mindestanforderungen nicht entsprechen,
6. Nebenangebote, die dem § 13EU Absatz 3 Satz 2 nicht entsprechen.

Übersicht

	Rn.		Rn.
I. Allgemeiner Überblick	1–3	c) Änderungen an den Vergabeunterlagen	12–15
II. Regelungsgehalt	4–26	3. Angebote, die nicht die geforderten Preise enthalten (Nr. 3, § 13EU Abs. 1 Nr. 3)	16–21
1. Angebote, die bei Ablauf der Angebotsfrist nicht vorgelegen haben (Nr. 1)	4–8	a) Grundsatz	16–18
a) Verspätete Vorlage beim Verhandlungsleiter	6	b) Unwesentliche Preisposition	19–21
b) Zugang eines Angebots	7	4. Angebote, bei denen nachträglich geforderte Erklärungen oder Nachweise nicht vorgelegt werden (Nr. 4)	22, 23
c) Niederschrift und Aufbewahrung	8	5. Nicht zugelassene Nebenangebote sowie Nebenangebote, die den Mindestanforderungen nicht entsprechen (Nr. 5)	24, 25
2. Angebote, die den Bestimmungen des § 13EU Abs. 1 Nr. 1, 2 und 5 nicht entsprechen (Nr. 2)	9–15	6. Nebenangebote, die dem § 13EU Abs. 3 S. 2 nicht entsprechen (Nr. 6)	26
a) Unterzeichnung/Signatur des Angebots	10		
b) Angebote, die im unverschlossenen Umschlag oder unverschlüsselt sind	11		

I. Allgemeiner Überblick

Die bislang in § 16EG in einem Paragraphen unter den Zwischenüberschriften „Ausschluss", „Eignung", „Prüfung" und „Wertung" enthaltenen Regelungen, finden sich nunmehr in fünf Paragraphen – den §§ 16EU–16dEU. § 16EU legt fest, welche **Angebote** ausgeschlossen werden müssen, enthält im Gegensatz zur Vorgängernorm aber keine Regelung mehr zu den fakultativen Ausschlussgründen. Erfasst werden vom Anwendungsbereich des § 16EU somit allein die **zwingenden Ausschlussgründe**. Dem Auftraggeber steht bei Vorliegen eines in § 16EU aufgezählten Ausschlussgrundes kein Ermessen zur Seite. Es handelt sich um eine abschließende Aufzählung von Ausschlussgründen, die einer Erweiterung grundsätzlich nicht zugänglich ist.[1] Der Auftraggeber kann durch seine Vorgaben lediglich mittelbar Ausschlussgründe schaffen.[2] 1

Die **fakultativen Ausschlussgründe** sind nunmehr abschließend in § 6eEU Abs. 6 enthalten und entsprechen inhaltlich § 124 Abs. 1 GWB. Auch im Hinblick auf die zwingenden Ausschlussgründe wurden mit der VOB/A 2016 inhaltliche Änderungen vorgenommen. So handelt es sich ua bei der Nichtentrichtung von Steuern, Abgaben sowie der Beiträge zur gesetzlichen Sozialversicherung – zuvor ein fakultativer Ausschlussgrund – nunmehr nach § 6eEU Abs. 4 Nr. 1 um einen zwingenden Ausschlussgrund.[3] Als Ausschlussgrund wurde die Nichtvorlage vom Auftraggeber nachträglich geforderter Unterlagen neu in § 16EU Nr. 4 aufgenommen. 2

Die Prüfung des § 16EU stellt den Einstieg in die Angebotsprüfung dar. Bei Vorliegen einer der dort normierten Ausschlussgründe ist eine weitere inhaltliche Befassung mit den Angeboten nicht erforderlich. 3

II. Regelungsgehalt

1. Angebote, die bei Ablauf der Angebotsfrist nicht vorgelegen haben (Nr. 1). 4
Allein aus den Geboten der **Gleichbehandlung** (§ 97 Abs. 2 GWB) und der **Transparenz** (§ 97 Abs. 1 GWB) folgt zwingend, dass nicht fristgerecht vorgelegte Angebote von der Wertung auszuschließen sind.[4] Abzustellen ist auf den Ablauf der nach der VOB/A kalender-

---

[1] Ingenstau/Korbion/*von Wietersheim* § 16 Rn. 7.
[2] OLG Düsseldorf Beschl. v. 22.12.2010 – Verg 33/10, ZfBR 2011, 204.
[3] Zu beachten ist allerdings der spezielle Selbstreinigungstatbestand des § 6eEU Abs. 4 S. 2.
[4] VK Sachsen Beschl. v. 4.9.2014 – 1/SVK/026-14, IBRRS 2015, 0324.

mäßig und unabhängig vom Beginn des Eröffnungstermins vom Auftraggeber festzulegenden Angebotsfrist.[5] Das Angebot muss vor Ablauf der Angebotsfrist beim Auftraggeber **eingegangen** sein. Der Bieter darf keine Möglichkeit mehr haben, den Inhalt seines Angebotes zu verändern.[6] Es soll auch verhindert werden, dass Informationen aus der Vergabestelle über den Inhalt eines Angebots nach dessen Öffnung unberechtigterweise an einen anderen Bieter kommuniziert werden können.[7]

5   Der Bieter trägt das **Risiko der Übermittlung** und des rechtzeitigen Eingangs seines Angebots.[8] § 16EU Nr. 1 stellt dem Wortlaut nach nur auf die Rechtzeitigkeit des Angebotseingangs ab; Bezugspunkt der Vorschrift ist mithin allein die Verspätung. Der Grund für den verspäteten Zugang beim Auftraggeber ist unerheblich. Insbesondere kommt es auf ein Verschulden des Bieters nicht an. So muss sich der Bieter ein Verschulden des mit der Übermittlung des Angebots beauftragten Botendienstes als eigenes Verschulden gem. §§ 276, 278 BGB zurechnen lassen.[9] Der Frachtführer kann sich ggf. gegenüber dem Bieter schadensersatzpflichtig machen.[10] Auch unvorhergesehene Witterungsverhältnisse, die den rechtzeitigen Zugang beim Auftraggeber verhindern, führen zum Ausschluss des Angebots.[11] Grundsätzlich trägt der Bieter die **Beweislast** dafür, dass sein vollständiges Angebot rechtzeitig eingereicht worden ist. Von diesem Grundsatz wird eine Ausnahme gemacht, wenn es allein im Verantwortungsbereich des Auftraggebers liegt, dass sich die für den Ausschlusstatbestand nach § 16EU Nr. 1 erforderlichen Tatbestandsvoraussetzungen nicht erweisen lassen.[12]

6   **a) Verspätete Vorlage beim Verhandlungsleiter.** Gemäß § 57 Abs. 1 Nr. 1 VgV sind Angebote von der Wertung auszuschließen, die nicht form- oder fristgerecht eingegangen sind, es sei denn, der Bieter hat dies nicht zu vertreten. § 16EU Nr. 1 enthält keine vergleichbare Regelung. Auf ein Vertretenmüssen des Bieters kommt es nach § 14EU Abs. 5 Nr. 1 nur an, wenn das Angebot **vor Ablauf der Angebotsfrist zugegangen** ist, aber dem Verhandlungsleiter nicht vorgelegen hat. Diese Regelung wurde aus § 14EG Abs. 6 Nr. 1 VOB/A 2012 übernommen. Erfasst werden sollten danach Fälle, bei denen das Angebot trotz rechtzeitigen Zugangs aufgrund Organisationsverschuldens des Auftraggebers nicht rechtzeitig zur Submission vorlag. Anders als noch in § 10EG Abs. 2 Nr. 7 VOB/A 2012 geregelt, läuft die Angebotsfrist aber nicht mehr mit Öffnung des ersten Angebots im Eröffnungstermin ab. Nach § 14EU Abs. 1 S. 1 wird die Öffnung der Angebote unverzüglich nach Ablauf der Angebotsfrist durchgeführt. Der Eröffnungstermin und das Ende der Angebotsfrist fallen nunmehr zeitlich auseinander. Ein Angebot, dass vor Ablauf der Angebotsfrist eingegangen ist, ist immer als ein fristgerecht vorliegendes Angebot zu behandeln. Darauf, ob das Angebot dem Verhandlungsleiter vorgelegen hat oder nicht, kommt es für einen Ausschluss nach § 16EU Nr. 1 nicht an.[13]

7   **b) Zugang eines Angebots.** Maßgebend ist allein der Zugang des Angebots vor Ablauf der Angebotsfrist und – in Anlehnung an **§ 130 BGB** – folglich der Übergang in den

---

[5] Ingenstau/Korbion/*von Wietersheim* § 16 Rn. 8.
[6] Haupt in Gabriel/Krohn/Neun VergabeR-HdB § 29 Rn. 10.
[7] VK Bund Beschluss v. 15.8.2017 – VK 2-84/17, IBRRS 2017, 3208.
[8] VK Brandenburg Beschluss. v. 16.6.2015 – VK 9/15, VPR 2016, 1021.
[9] OLG Frankfurt a. M. Beschl. v. 11.5.2004 – 11 Verg 8 u. 09/04, ZfBR 2004, 610.
[10] Vgl. LG Bonn Urt. v. 5.8.2015 – 3 O 365/13 (nicht rechtskräftig), ZfBR 2016, 73: Dem LG Bonn lag ein Sachverhalt zur Entscheidung vor, bei dem zwischen den Parteien ein Frachtvertrag gem. § 407 HGB mit dem Inhalt geschlossen wurde, dass der Express-Brief (Angebot) am 30.4.2013 bis 10:00 Uhr beim Auftraggeber auszuliefern sei. Tatsächlich erfolgte die Zustellung erst später, sodass das Angebot ausgeschlossen wurde. Das LG hat einen Anspruch wegen verspäteter Zustellung gem. § 425 Abs. 1 HGB bejaht, da die Beklagte eine Expresslieferung angeboten hat und somit sicherstellen muss, dass die rechtzeitige Zustellung möglich ist. Der Schadensersatz wurde in Höhe des positiven Interesses bejaht, weil Angebot bei rechtzeitigem Eingang den Zuschlag erhalten hätte.
[11] Ingenstau/Korbion/*von Wietersheim* § 14a Rn. 41.
[12] OLG Celle Beschl. v. 7.6.2007 – 13 Verg 5/07, ZfBR 2007, 611; VK Sachsen-Anhalt Beschl. v. 12.10.2017 – 3 VK LSA 81/17, VPRRS 2018, 0026.
[13] Kapellmann/Messerschmidt/*Frister* § 16 Rn. 5; Ingenstau/Korbion/*von Wietersheim* § 14a Rn. 41.

Ausschluss von Angeboten 8, 9 § 16EU VOB/A

Machtbereich des Auftraggebers – zB Eingang in der Posteingangsstelle oder dem Briefkasten –, sodass dieser unter normalen Umständen Kenntnis von dem Angebot erlangen kann.[14] Inwieweit der Auftraggeber durch das Ergreifen organisatorischer Maßnahmen Kenntnis von eingehenden Angeboten erlangen können muss, hängt entscheidend von den Vorgaben zum Eingang der Angebote in der Bekanntmachung bzw. den Vergabeunterlagen ab. Abhängig von der Größe des öffentlichen Auftraggebers sind konkrete Festlegungen zur Angebotsabgabe – bspw. in einem bestimmten Raum oder einem eigens eingerichteten Briefkasten – sinnvoll. Auf diese Weise kann sichergestellt werden, dass die Angebote ohne Verzögerung im Eröffnungstermin zur Verfügung stehen. Hat der Auftraggeber keine bestimmte Stelle für die Abgabe der Angebote bekannt gemacht, kommt es darauf an, ob der Bieter das Angebot bei einer für das jeweilige Verfahren eröffneten Empfangsvorrichtung abgegeben hat. Ist eine Zusendung des Angebots per Post zulässig und wird in der Bekanntmachung lediglich eine Anschrift des Auftraggebers genannt, kann der Auftraggeber mit Einwerfen des Angebots in den Briefkasten Kenntnis von diesem erlangen.[15] Hat der Auftraggeber dagegen eine bestimmte Stelle für die Abgabe der Angebote benannt, ist für den Zeitpunkt des Zugangs allein die Abgabe bei der bezeichneten Stelle relevant.[16] Benennt der Auftraggeber in der Bekanntmachung zusätzlich eine Person, zu Händen welcher die Angebote abzugeben sind, bewirkt die Abgabe eines Angebots an einen anderen Mitarbeiter in einem anderen Gebäude nicht den zeitgleichen Zugang bei der Submissionsstelle.[17] Widersprüchliche Angaben gehen dabei zulasten des Auftraggebers.

c) **Niederschrift und Aufbewahrung.** Der Auftraggeber hat Angebote, die zum 8 Ablauf der Angebotsfrist nicht vorgelegen haben, in der Niederschrift oder in einem Nachtrag besonders aufzuführen (§ 14EU Abs. 4 S. 1). Die **Eingangszeiten** und die möglicherweise bekannten Gründe, aus denen die Angebote nicht vorgelegen haben, sind zu vermerken. Gemäß § 14EU Abs. 5 Nr. 3 hat der Auftraggeber weiter diejenigen Angebote mit allen Angaben in die Niederschrift oder in einen Nachtrag aufzunehmen, die vor Ablauf der Angebotsfrist dem öffentlichen Auftraggeber zugegangen sind, aber aus vom Bieter nicht zu vertretenden Gründen dem Verhandlungsleiter nicht vorgelegen haben. Somit spielt die Frage der rechtzeitigen Vorlage beim Verhandlungsleiter im Rahmen des Submissionstermins noch in Bezug auf die Dokumentation eine Rolle.

2. Angebote, die den Bestimmungen des § 13EU Abs. 1 Nr. 1, 2 und 5 nicht 9 **entsprechen (Nr. 2).** Auszuschließen sind weiter Angebote, die den Bestimmungen des § 13EU Abs. Nr. 1, 2 und 5 und damit den vom Auftraggeber vorgegebenen **Formalien** nicht entsprechen. Ein Ausschluss hat demnach in folgenden Fällen zwingend zu erfolgen:
– Das Angebot entspricht nicht der vom Auftraggeber festgelegten Form (§ 13EU Abs. 1 Nr. 1 S. 1);
– ein schriftliches Angebot ist nicht unterzeichnet bzw. ein elektronisches Angebot ist nicht mit der vom Auftraggeber geforderten elektronischen Signatur versehen (§ 13EU Abs. 1 Nr. 1 S. 2, 3);

---

[14] VK Bund Beschl. v. 28.8.2006 – VK 3-99/06, VPRRS 2014, 0118; OLG Celle Beschl. v. 7.6.2007 – 13 Verg 5/07, ZfBR 2007, 611; VK Sachsen-Anhalt Beschl. v. 12.10.2017 – 3 VK LSA 81/17, VPRRS 2018, 0065.
[15] VK Sachsen-Anhalt Beschl. v. 8.4.2014 – 3 VK LSA 13/14, VPR 2015, 66; VK Brandenburg Beschl. v. 11.11.2010 – VK 57/10, VPRRS 2011, 0052; VK Sachsen Beschl. v. 4.9.2014 – 1/SVK/026-14, ZfBR 2015, 413.
[16] VK Brandenburg Beschl. v. 11.11.2010 – VK 57/10, VPRRS 2011, 0052; VK Sachsen Beschl. v. 4.9.2014 – 1/SVK/026-14, ZfBR 2015, 413: Lässt der Auftraggeber eine Zusendung der Angebote per Post zu, gibt aber gleichzeitig im Falle der persönlichen Abgabe des Angebots einen bestimmten Raum vor und benennt eine Person, an die das Angebot zu übergeben ist, liegt bei Einwurf des Angebots in einem Vergabeverfahren nach der VOF in einen Briefkasten mit der Beschriftung „XXXXXX, Angebote VOL/VOB" kein Zugang vor. Der Briefkasten ist in diesem Fall nicht als allgemeine Empfangsvorrichtung des Auftraggebers anzusehen, da für einen objektiven Empfänger hinreichend deutlich erkennbar ist, dass dieser nicht für allgemeine Post genutzt werden kann.
[17] VK Brandenburg Beschl. v. 11.11.2010 – VK 57/10, VPRRS 2011, 0052.

– per Post oder direkt übermittelte Angebote wurden nicht in einem verschlossenen Umschlag eingereicht (§ 13EU Abs. 1 Nr. 2 S. 2);
– elektronisch übermittelte Angebote verfügen nicht über eine Verschlüsselung oder die Verschlüsselung wurde zwischen Eingang des Angebots und Öffnung des ersten Angebots aufgehoben (§ 13EU Abs. 1 Nr. 2 S. 3);
– Änderungen an den Vergabeunterlagen (§ 13EU Abs. 1 Nr. 5).

10   a) **Unterzeichnung/Signatur des Angebots.** Schriftlich eingereichte Angebote müssen nach § 13EU Abs. 1 Nr. 1 S. 2 unterzeichnet sein. Die Anforderungen an die Schriftform richten sich nach § 126 Abs. 1 BGB, wonach das Angebot eigenhändig durch Namensunterschrift unterzeichnet werden muss. Eine eingescannte Unterschrift erfüllt nicht die Schriftform.[18] Obwohl eine rechtsverbindliche Unterschrift nicht mehr vorgeschrieben ist, ist der Auftraggeber dennoch berechtigt eine solche in den Vergabeunterlagen zu fordern. In diesem Fall kommt der gestellten Bedingung nach Auslegung gem. §§ 133, 157 BGB der Erklärungsgehalt zu, dass der Unterzeichner bei Angebotsabgabe über die erforderliche Vertretungsmacht verfügt haben muss.[19] Nicht erforderlich ist, dass der Bieter den Nachweis der Vertretungsmacht des Unterzeichners bei Abgabe des Angebots führt (→ § 13EU Rn. 25). Die Unterschrift muss zweifelsfrei den gesamten Angebotsinhalt abdecken. Inwieweit das der Fall ist, ist durch Auslegung zu ermitteln.[20] Dies gilt insbesondere dann, wenn der Auftraggeber die Unterzeichnung an einer bestimmten Stelle fordert und die Unterschrift tatsächlich an einer anderen Stelle des Angebots oder in einem Begleitschreiben erfolgt.[21] Fehlt beispielsweise die geforderte Form für die Signatur an der dafür vorgesehenen Stelle, weil der Bieter eine eigene fortgeschrittene elektronische Signatur verwandt und nicht – wie gefordert – die Signatur über ein Signaturprogramm der Vergabeplattform erstellt hat, führt dies nicht zwingend zum Ausschluss des Angebots. Vielmehr ist zu prüfen, ob sich Zweifel dahingehend durch Auslegung beseitigen lassen, dass das Angebot eindeutig und nachprüfbar dem Bieter zuzuordnen ist und dieser Bieter **den gesamten Angebotsinhalt rechtsverbindlich erklären** wollte. Erfolgte eine formgerechte elektronische Signatur an einer anderen als der vorgegebenen Stelle und lässt sich durch Auslegung zweifelsfrei ermitteln, dass der gesamte Angebotsinhalt erfasst werden soll, kann das Angebot nicht ausgeschlossen werden.[22] Bei **Bietergemeinschaften** ist die Unterschrift von allen am Angebot beteiligten Unternehmen zu leisten. Fordert der Auftraggeber eine rechtsverbindliche Unterschrift, erfüllt das Angebot einer Bietergemeinschaft diese Vorgabe nur, wenn die Bevollmächtigung desjenigen, der das Angebot unterschrieben hat, durch die übrigen Mitglieder nachgewiesen wird[23] (→ § 13EU Rn. 27).

11   b) **Angebote, die im unverschlossenen Umschlag oder unverschlüsselt sind.** Gemäß § 13EU Abs. 1 Nr. 2 sind per Post oder direkt übermittelte Angebote in einem verschlossenen Umschlag einzureichen, als solche zu kennzeichnen und bis zum Ablauf der für die Einreichung vorgesehenen Frist unter Verschluss zu halten. Auch hier trägt der Bieter das Übermittlungsrisiko. Das Angebot muss verschlossen beim Auftraggeber eingehen. Wird der Versandkarton, in dem sich das Angebot befindet, **beim Transport beschädigt**, ist das Angebot nicht mehr verschlossen und damit auszuschließen.[24] Ein Angebot ist auch

---

[18] VK Bund Beschl. v. 17.1.2018 – VK 2-154/17, VPR 2018, 98.
[19] BGH Urt. v. 20.11.2012 – X ZR 108/10, NZBau 2013, 180.
[20] OLG Düsseldorf Beschl. v. 13.4.2016 – VII-Verg 52/15; BeckRS 2016, 13185.
[21] Ingenstau/Korbion/*von Wietersheim* § 16 Rn. 7.
[22] In dem vom OLG Düsseldorf (Beschl. v. 13.4.2016 – VII-Verg 52/15; BeckRS 2016, 13185) entschiedenen Fall erfolgte die formgerechte Signatur nicht, wie vorgegeben, im Angebotsvordruck, sondern im Angebotsschreiben. Tatsächlich hat der Bieter aber das Anschreiben zum Angebot formgerecht signiert und in diesem ausdrücklich auf das Angebot Bezug genommen. Mit der ordnungsgemäßen Signatur des Anschreibens zum Angebot hat der Bieter deutlich und zweifelsfrei zu erkennen gegeben, dass der gesamte Angebotsinhalt von ihm stammt und rechtsverbindlich erklärt werden soll.
[23] Ingenstau/Korbion/*von Wietersheim* § 16 Rn. 7; VK Hessen Beschl. v. 13.3.2012 – 69d-VK-06/2012, BeckRS 2012, 13800.
[24] VK-Baden-Württemberg Beschl. v. 4.9.2014 – 1 VK 40/14, IBRRS 2015, 2979.

dann auszuschließen, wenn es unverschlossen eingereicht, durch den Auftraggeber allerdings unverzüglich verschlossen wird.[25] Etwas anderes gilt nur dann, wenn das Angebot zwar verschlossen eingereicht, vom Auftraggeber aber versehentlich geöffnet wird. Hier ist dem Auftraggeber zunächst ein verschlossenes Angebot zugegangen, welches folglich den Machtbereich des Bieters verlassen hat. Die Pflichtverletzung liegt hier auf Seiten des Auftraggebers, der das Angebot nicht – wie vorgeschrieben – ungeöffnet bis zum Öffnungstermin verwahrt hat. Dieses Fehlverhalten des Auftraggebers darf dann nicht zulasten des Bieters gehen, wenn das Angebot unverzüglich verschlossen und mit einem Vermerk versehen wird.[26] Das versehentliche Öffnen sowie Datum und Uhrzeit des erneuten Verschließens sowie die Namen der Beteiligten sind zu dokumentieren.[27] Das Angebot ist dann bei der Wertung zu berücksichtigen. Trifft der Auftraggeber nach einer versehentlichen Öffnung eines Angebots keine geeigneten Maßnahmen, um die Vertraulichkeit und Datenintegrität zu gewährleisten, ist das Vergabeverfahren jedenfalls dann zu wiederholen, wenn die Angaben nach § 14EU Abs. 3 Nr. 1, insbesondere die Endbeträge der Angebote oder einzelner Lose, den anderen Bietern noch nicht zugegangen sind (vgl. § 14EU Abs. 6).[28] Bei elektronisch übermittelten Angeboten ist die Vertraulichkeit durch Verschlüsselung sicherzustellen (→ § 13EU Rn. 44). Wird das Angebot unverschlüsselt übertragen, kann dieser Mangel nicht mehr geheilt werden. Dabei spielt es auch keine Rolle, inwieweit der Bieter den Verstoß gegen die vorgeschriebene Datensicherheit – etwa aufgrund technischer Probleme – zu vertreten hat.[29] Gemäß § 14EU Abs. 2 Nr. 1 stellt der Verhandlungsleiter bei Öffnung der Angebote fest, ob der Verschluss der schriftlichen Angebote unversehrt ist und die elektronischen Angebote verschlüsselt sind.

c) Änderungen an den Vergabeunterlagen. Der Auftraggeber hat die Leistung auf Grundlage des zuvor ermittelten Beschaffungsbedarfes so eindeutig und erschöpfend zu beschreiben, dass alle Bieter die Beschreibung im gleichen Sinne verstehen müssen (§ 7EU Abs. 1 Nr. 1). Zur Erlangung **vergleichbarer Angebote** ist es unerlässlich, dass sich Art und Umfang der ausgeschriebenen Leistung, insbesondere alle zum Zwecke der Kalkulation wesentlichen Umstände, den Vergabeunterlagen entnehmen lassen.[30] **Änderungen, Ergänzungen oder Streichungen** an den Vergabeunterlagen sind grundsätzlich unzulässig. Diese Rechtsfolge ist in der VOB/A konkret in § 13EU Abs. 1 Nr. 5 normiert. Das Angebot ist ausschließlich auf Grundlage der Vergabeunterlagen zu erstellen, da die Vergleichbarkeit der Angebote ansonsten nicht gewährleistet ist. Nur so kann ein transparentes und die Gleichbehandlung der Bieter respektierendes Vergabeverfahren erreicht werden.[31] Jeder Bieter darf folglich nur das anbieten, was der öffentliche Auftraggeber nachgefragt hat.[32] Selbst geringfügige Abweichungen von den Vorgaben der Vergabestelle müssen deshalb zum Ausschluss des entsprechenden Angebotes führen[33] (→ § 13EU Rn. 70).

---

[25] AA OLG Naumburg Urt. v. 18.11.1999 – 3 U 169/98, BeckRS 1999, 31024561 sowie OLG Schleswig Beschl. v. 8.1.2013 – 1 W 51/12, ZfBR 2013, 308: Eine Ausnahme soll dann gelten, wenn ein unverschlossen eingereichtes Angebot unverzüglich verschlossen wird, sodass nachträgliche Manipulationen aufgrund der Umstände ohne vernünftige Zweifel ausgeschlossen werden können. Die Abgrenzung dürfte im Einzelfall schwer zu ziehen sein. Kommt das Angebot unverschlossen beim Auftraggeber an, sind Manipulationen gerade nicht ausgeschlossen. Auch ist eine andere Behandlung im Vergleich zu verfristet eingegangenen Angeboten nicht angezeigt. Der Bieter allein trägt das Übermittlungs- und Übersendungsrisiko. Geht das Angebot nicht vor Ablauf der Angebotsfrist ein, ist es auszuschließen.
[26] Ingenstau/Korbion/*von Wietersheim* § 14a Rn. 12; VK-Baden-Württemberg Beschl. v. 4.9.2014 – 1 VK 40/14, IBRRS 2015, 2979.
[27] Ingenstau/Korbion/*von Wietersheim* § 14a Rn. 12.
[28] VK-Baden-Württemberg Beschl. v. 4.9.2014 – 1 VK 40/14, IBRRS 2015, 2979.
[29] OLG Karlsruhe Beschl. v. 17.3.2017 – 15 Verg 2/17, VPRRS 2017, 0163.
[30] OLG Brandenburg Beschl. v. 29.1.2013 – Verg W 8/12, BeckRS 2013, 03142.
[31] Kapellmann/Messerschmidt/*Frister* § 16 Rn. 13; BGH Urt. v. 20.1.2009 – X ZR 113/07, BeckRS 2009, 06499; VK Hessen Beschl. v. 5.2.2013 – 69d-VK-54/12, IBRRS 2013, 3902.
[32] OLG Naumburg Beschl. v. 12.9.2016 – 7 Verg 5/16, IBR 2017, 32; OLG Düsseldorf Beschl. v. 9.6.2010 – Verg 5/10, ZfBR 2010, 826.
[33] VK Sachsen-Anhalt Beschl. v. 28.9.2016 – 1 VK LSA 12/16, VPRRS 2016, 0419.

13 Eine Änderung an den Vergabeunterlagen liegt immer dann vor, wenn Angebot und Nachfrage sich nicht decken, dh, wenn das Angebot in irgendeinem Punkt von den Vergabeunterlagen abweicht.[34] Gibt der Auftraggeber bspw. bei einer ausgeschriebenen elektroakustischen Anlage/Einbruchmeldeanlage eine Betriebsspannung von 48-V vor, weicht das Angebot einer 24-V-Anlage von den Vergabeunterlagen ab, unabhängig von der Frage, ob eine 24-V-Anlage dieselbe Funktionalität wie eine 48-V-Anlage erfüllt.[35] Es spielt keine Rolle, ob die Abweichung durch Streichungen und/oder Hinzufügungen in den Vergabeunterlagen oder der Vorlage nicht geforderter Unterlagen entsteht. Entscheidend ist allein, dass der seitens des Bieters vorgenommene Eingriff zu einer **Diskrepanz** zwischen der nachgefragten und der angebotenen Leistung führt. So stellt das Beifügen eigener Allgemeiner Geschäftsbedingungen durch den Bieter, sollten diese von den inhaltlichen Vorgaben des Auftraggebers abweichen, einen zum Ausschluss des Angebots führenden Eingriff dar.[36] Aber auch bei gleichem Erklärungsinhalt liegt eine Änderung der Vergabeunterlagen dann vor, wenn der Bieter seine Eintragungen nicht in den zwingend zu verwendenden vorgegebenen Formblättern des Auftraggebers, sondern in eigenen Formblättern vornimmt.[37]

14 Ob eine Änderung der Vergabeunterlagen vorliegt, ist durch **Auslegung** der Vergabeunterlagen und des Angebots festzustellen.[38] Bei der Auslegung ist ein objektiver Maßstab anzulegen und auf den Empfängerhorizont eines **fachkundigen Bieters** abzustellen, der mit der Leistung vertraut ist.[39] Die Auslegung muss jedoch zu einem eindeutigen Ergebnis führen, es dürfen keine Zweifel verbleiben. Kann der Inhalt des Angebots im Wege der Auslegung nicht eindeutig ermittelt und somit die Frage, ob eine Änderung der Vergabeunterlagen vorliegt, nicht eindeutig beantwortet werden, muss sich der Bieter diese Unklarheiten in seinem Angebot zurechnen lassen. Angebote, die keinen eindeutigen Erklärungsinhalt haben, können nicht zueinander in Vergleich gesetzt werden. Andersherum gehen Unklarheiten und Widersprüche in den Vergabeunterlagen zulasten des Auftraggebers, da wesentliche Ausprägung des Transparenzgebotes die Pflicht der Vergabestelle ist, klare und eindeutige Angaben zu machen.[40] Der Auftraggeber muss sich Unklarheiten in den Vergabeunterlagen jedenfalls dann zurechnen lassen, wenn diese für den Bieter nicht ohne weiteres erkennbar waren und er sie subjektiv auch nicht erkannt hat, da in einer solchen Konstellation aus der Sicht des Bieters kein Anlass

---

[34] BGH Urt. v. 1.8.2006 – X ZR 115/04, NZBau 2006,797.
[35] VK Bund Beschl. v. 27.1.2017 – VK 2-145/16, VPR 2017, 238.
[36] VK Südbayern Beschl. v. 24.11.2015 – Z3-3-3194-1-51-09/15, IBRRS 2016, 1003: Nach der Rspr. des OLG München stellt bereits die formelle Einbeziehung von Allgemeinen Geschäftsbedingungen eine unzulässige Abweichung von den Vergabeunterlagen dar. OLG München Beschl. v. 21.2.2008 – Verg 1/08, BauR 2008, 1198: Druckt der Bieter seine AGB auf die Rückseite des Begleitschreibens zum Angebot ab, führe die Auslegung nach den §§ 133, 157 BGB zu dem Ergebnis, dass, ohne entsprechenden Hinweis des Bieters, dass die AGB nicht Bestandteil des Angebots sein sollen, die Vergabestelle davon ausgehen musste, dass die AGB des Bieters Bestandteil des Angebots sein sollen. Kritisch OLG Celle Beschl. v. 22.5.2008 – 13 Verg 1/08, BeckRS 2008,10353: Werden die AGB des Bieters im Angebotsschreiben nicht mit aufgeführt und findet sich auch sonst kein Hinweis darauf, dass die auf der Rückseite des Begleitschreibens abgedruckten AGB gelten sollen, sei deren Einbeziehung fraglich. Zu beachten ist, dass die Auslegung zu einem zweifelsfreien Ergebnis führen muss. Verbleibende Zweifel gehen zulasten des Bieters. Fügt der Bieter – in welcher Form auch immer – seinem Angebot Allgemeine Geschäftsbedingungen bei, kann der Auftraggeber nicht ohne Weiteres davon ausgehen, dass diese nicht mit einbezogen werden sollen.
[37] Schreibt der Auftraggeber Personenbeförderungsleistungen aus und fügt der Leistungsbeschreibung ein vom Bieter zwingend auszufüllendes Formblatt „Tourenplan je Einzelos" bei, liegt eine Änderung der Vergabeunterlagen durch die Verwendung eines eigenen Formblattes anstelle des geforderten Formblattes vor, unabhängig von etwaigen inhaltlichen Unterschieden, VK Sachsen-Anhalt Beschl. v. 28.9.2016 – 1 VK LSA 12/16, VPRRS 2016, 0419.
[38] VK Bund Beschl. v. 27.1.2017 – VK 2-145/16, VPR 2017, 238.
[39] VK Baden-Württemberg Beschl. v. 14.7.2017 – 1 VK 20/17, IBRRS 2017, 3153; OLG Naumburg Beschl. v. 12.9.2016 – 7 Verg 5/16, IBR 2017, 32.
[40] OLG Frankfurt a. M. Urt. v. 2.7.2012 – 11 Verg 6/12, BeckRS 2012, 17821; VK Sachsen-Anhalt Beschl. v. 21.12.2017 – 3VK LSA 93/17, VPRRS 2018, 0129: Nimmt der Auftraggeber selbst Ergänzungen oder Korrekturen im Leistungsverzeichnis vor, muss er allen Bietern durch entsprechende Mitteilungen die Möglichkeit eröffnen, diese bei Bestellung des Angebots zu berücksichtigen. Wird das Angebot dann auf Grundlage des ursprünglichen Leistungsverzeichnisses erstellt, liegt eine Änderung an den Vergabeunterlagen vor.

für eine Nachfrage bei der Vergabestelle besteht.[41] Es kann folglich keine „*Erkundigungslast*" beim Bieter entstehen.[42] Hält der Bieter aber Angaben/Forderungen in den Vergabeunterlagen für unklar oder auslegungsbedürftig und erkennt die Unklarheiten folglich, muss er durch entsprechende Bieterfragen eine Klärung durch den Auftraggeber herbeiführen.[43] Er darf die aus seiner Sicht widersprüchlichen Angaben nicht selbstständig abändern.

Gemäß § 13EU Abs. 1 Nr. 5 S. 3 müssen Änderungen des Bieters an seinen Eintragungen zweifelsfrei sein. Auch hier gilt, dass nur eindeutige Angebote miteinander vergleichbar sind (→ § 13EU Rn. 77). **15**

3. Angebote, die nicht die geforderten Preise enthalten (Nr. 3, § 13EU Abs. 1 Nr. 3). a) Grundsatz. Gemäß § 13EU Abs. 1 Nr. 3 **müssen** Angebote die geforderten Preise enthalten. Tun sie dies nicht, sind sie zunächst grundsätzlich nach § 16EU Nr. 3 auszuschließen. Hinsichtlich der Vertragsarten ist zu differenzieren zwischen einem Einheitspreisvertrag und einem Pauschalpreisvertrag. Bauaufträge sind so zu vergeben, dass die Vergütung nach Leistung bemessen wird, entweder zu **Einheitspreisen** für technisch und wirtschaftlich einheitliche Teilleistungen oder in geeigneten Fällen für eine **Pauschalsumme,** wenn die Leistung nach Ausführungsart und Umfang genau bestimmt ist und mit einer Änderung bei der Ausführung nicht zu rechnen ist (§ 4EU Abs. 1). Beim Einheitspreisvertrag sind alle Einheitspreise einzutragen, beim Pauschalvertrag je nach Ausgestaltung die Gesamtpauschale und/oder Einzelpauschalen.[44] **16**

Eine Preisangabe fehlt jedenfalls dann, wenn der Preis überhaupt nicht oder nicht an der dafür in den Vergabeunterlagen **vorgesehenen Stelle** eingetragen ist. Handelt es sich allerdings um geringfügige Verschiebungen im Preisblatt, ohne dass dadurch ein abweichender Sinnzusammenhang und damit Erklärungsinhalt auch nur möglich erscheint, „*fehlt*" die Preisangabe nicht.[45] Der Erklärungsinhalt des Angebots lässt sich dann auch zweifelsfrei ermitteln. Ein Verstoß gegen § 13EU Abs. 1 Nr. 3 liegt aber auch vor, wenn der **angegebene Preis unzutreffend** ist. Zur Gewährleistung eines transparenten und auf Gleichbehandlung aller Bieter beruhenden Vergabeverfahrens ist es erforderlich, dass in jeder sich aus den Vergabeunterlagen ergebender Hinsicht ohne weiteres vergleichbare Angebote abgegeben werden.[46] Der Bieter muss für die jeweilige Leistungsposition die nach seiner Kalkulation zutreffende Preisangabe machen. Eine Preisangabe ist unzutreffend, wenn auch nur für eine Position nicht der Betrag angegeben wird, der für die betreffende Leistung auf der Grundlage der Urkalkulation tatsächlich beansprucht wird.[47] Sowohl fehlende als auch unzutreffende Preisangaben führen zum Angebotsausschluss:[48] **17**

– **Mischkalkulationen:** Eine Erscheinungsform der unzutreffenden Preisangaben stellt die sogenannte Mischkalkulation dar.[49] Dabei handelt es sich um eine Kalkulation, bei der im Hinblick auf einzelne Positionen des Angebots **Abpreisungen** erfolgen, um an anderer Stelle des Angebots **Aufpreisungen** vorzunehmen. Es werden somit Preise benannt, die für die jeweiligen Leistungen geforderten tatsächlichen Preise weder vollständig noch zutreffend wiedergeben. Ein Bieter, der in seinem Angebot die von ihm tatsächlich für einzelne Leistungspositionen geforderten Einheitspreise auf verschiedene Einheitspreise anderer Leistungspositionen verteilt, benennt nicht die von ihm geforderten Preise.[50]

---

[41] OLG Frankfurt a. M. Urt. v. 2.7.2012 – 11 Verg 6/12, BeckRS 2012, 17821.
[42] VK Bund Beschl. v. 4.7.2011 – VK 2-61/11, IBRRS 2013, 2452.
[43] Kapellmann/Messerschmidt/*Frister* § 16 Rn. 15.
[44] Kapellmann/Messerschmidt/*Frister* § 16 Rn. 19.
[45] OLG Dresden Beschl. v. 16.3.2010 – Wverg 2/10, BeckRS 2010, 07154.
[46] BGH Beschl. v. 18.5.2004 – X ZB 7/04, NJW-RR 2004, 1626.
[47] BGH Beschl. v. 18.5.2004 – X ZB 7/04, NJW-RR 2004, 1626; Urt. v. 24.5.2005 – X ZR 243/02, NZBau 2005, 594; OLG Düsseldorf Beschl. v. 16.3.2016 – VII-Verg 48/15, BeckRS 2016, 09166; Kapellmann/Messerschmidt/*Frister* § 16 Rn. 19.
[48] BGH Beschl. v. 18.5.2004 – X ZB 7/04, NJW-RR 2004, 1626; Urt. v. 24.5.2005 – X ZR 243/02.
[49] Kapellmann/Messerschmidt/*Frister* § 16 Rn. 23.
[50] BGH Beschl. v. 18.5.2004 – X ZB 7/04, NJW-RR 2004, 1626.

— **Null-Preise/negativer Preise:** Der Bieter muss die geforderten Preise mit dem Betrag angeben, den er für die entsprechende Leistung auch beansprucht. Er darf die für eine Leistung anfallenden Kosten nicht umverteilen und in anderen Preispositionen „verstecken". Eine Preisangabe mit 0,00 EUR ist jedenfalls dann keine fehlende Preisangabe, wenn der Bieter damit zum Ausdruck bringt, dass er für die ausgeschriebene Leistung kein Entgelt verlangt[51] und wenn ihm nach seiner Kalkulation für die Erbringung der konkreten Leistung auch tatsächlich keine Kosten entstehen.[52] Auch negative Preise stellen Preisangaben dar. Bei Arbeiten, bei deren Durchführung der Auftragnehmer vermögenswerte Güter erhält, bspw. Verträge über die Einsammlung von Altpapier, darf der Bieter dies in seiner Kalkulation berücksichtigen.[53] Negativpreise erlauben einen Vergleich der Angebote.[54]

18 Der **Nachweis** der fehlenden/unzutreffenden Preisangabe ist vom Auftraggeber zu führen.[55] Er muss dazu vom Bieter zu den einzelnen Preispositionen Aufklärung verlangen. Entscheidend ist, ob der Bieter plausible Erklärungen samt ggf. geforderter Unterlagen beibringt und den Verdacht einer Mischkalkulation, zB durch Vorlage einer Urkalkulation, zerstört.[56] Voraussetzung für einen Ausschluss ist, dass die Mischkalkulation entweder bereits auf Grundlage des Angebots selbst oder aufgrund einer vom Auftraggeber wegen bestehender Zweifel durchgeführten Aufklärung nach § 15EU feststeht.[57]

19 **b) Unwesentliche Preisposition.** Unter folgenden Voraussetzungen ist ein Angebot trotz fehlender Preisangabe nicht auszuschließen:
— es ist nur **eine einzelne Position** betroffen. Fehlen mehrere Preisangaben, ist das Angebot nach § 16EU Nr. 3, § 13EU Abs. 1 Nr. 3 auszuschließen;
— es muss sich um eine **unwesentliche Position** handeln;
— durch die Außerachtlassung dieser Position werden der **Wettbewerb und die Wertungsreihenfolge,** auch bei Wertung dieser Position mit dem jeweils höchsten Wettbewerbspreis, nicht **beeinträchtigt.**

20 Bei der *„unwesentlichen Preisposition"* handelt es sich um einen **unbestimmten Rechtsbegriff.** Die fehlende Position muss für die Leistungserbringung von untergeordneter Bedeutung sein. Ob dies so ist, kann nur im Einzelfall unter Berücksichtigung des betroffenen Leistungsgegenstandes und seiner Bedeutung, seines wertmäßigen Anteils für die Gesamtleistung sowie für den Gesamtpreis im Einzelfall beurteilt werden.[58] Zutreffend hat das OLG Brandenburg das Vorliegen einer wesentlichen Preisposition angenommen, wenn sich bei einer rechnerischen Korrektur der Angebotspreis um etwa 1/5 erhöht[59] sowie bei einem Anteil von 10 % des Gesamtauftragsvolumens.[60] Ferner wurde eine wesentliche Preisposition angenommen, wenn die fehlende Preisposition als eine von insgesamt 10 Einzelpositionen in den Gesamtpreis mit eingeht und eine Gewichtung der Einzelpositionen nicht stattfindet.[61] Die Wesentlichkeit der Preisposition wurde dagegen bei einer fehlenden Preisaufschlüsselung, die 0,001 % der

---

[51] OLG München Beschl. v. 23.12.2010 – Verg 21/10, BeckRS 2011, 00890; OLG Naumburg Beschl. v. 29.1.2009 – 1 Verg 10/08, BauR 2009, 1344; VK Schleswig-Holstein Beschl. v. 3.12.2008 – VK-SH 12/08, IBR 2009, 105.
[52] Kapellmann/Messerschmidt/*Frister* § 16 Rn. 21.
[53] OLG Düsseldorf Beschl. v. 22.12.2010 – Verg 33/11, ZfBR 2011, 204.
[54] OLG Düsseldorf Beschl. v. 8.6.2011 – Verg 11/11, BeckRS 2011, 23749: Die Angabe negativer Preise stellt auch keine Mischkalkulation dar, wenn diese bei Leistungspositionen angeboten werden, deren Ausführung zur teilweisen Nichtbringung anderer Leistungen führt, die wiederum aufgrund von Übermessungsregeln in der VOB/C bei der Abrechnung zu berücksichtigen sind. Gibt der Auftraggeber nicht vor, wie durch Übermessungsregelungen hervorgerufene Einsparungen zu berücksichtigen sind, ist es jedenfalls vertretbar, die Einsparungen bei denjenigen Leistungspositionen zu berücksichtigen, die gerade die auszusparenden, aber zu übermessenden Flächen betreffen.
[55] Ingenstau/Korbion/*von Wietersheim* § 16 Rn. 13.
[56] VK Sachsen Beschl. v. 3.3.2008 – 1/SVK/002-08, BeckRS 2008, 10073.
[57] Ingenstau/Korbion/*von Wietersheim* § 16 Rn. 13.
[58] OLG München Beschl. v. 7.11.2017 – Verg 8/17, IBRRS 2017, 3926.
[59] OLG Brandenburg Beschl. v. 24.5.2011 – Verg W 8/11, BeckRS 2011, 20589.
[60] OLG Brandenburg Beschl. v. 1.11.2011 – Verg W 12/11, IBR 2012, 105.
[61] OLG München Beschl. v. 7.11.2017 – Verg 8/17, IBRRS 2017, 3926.

Gesamtsumme ausmacht, verneint.[62] Dem Auftraggeber steht ein **Beurteilungsspielraum** zu,[63] wobei als Maßstäbe die Begrenzung einer unwesentlichen Position auf 1 % der ausgeschriebenen Gesamtleistung ggf. in Kombination mit einer absoluten Obergrenze von 500–10.000 EUR zur Diskussion stehen.[64] Der Auftraggeber kann in den Vergabeunterlagen aber auch festlegen, welche Preisangaben er als wesentlich ansieht. Das ist bspw. der Fall, wenn er in den Vergabeunterlagen darauf hinweist, dass der Preis für Wartungsleistungen in die Wertung einfließt und ein Angebot ausgeschlossen wird, wenn der Angebotsteil „*Wartung*" nicht wertbar ist.[65]

Der **Wettbewerb und die Wertungsreihenfolge** dürfen auch bei Wertung der außer Acht zu lassenden Position mit dem jeweils höchsten Wettbewerbspreis, nicht **beeinträchtigt** werden. Wirkt sich der Einsatz des höchsten für diese Position angegebenen Einheitspreises auf die Rangstelle des entsprechenden Angebots aus, so ist es auszuschließen. Sind keine Auswirkungen zu verzeichnen, kann der Zuschlag aber nur auf das abgegebene, inhaltlich unveränderte Angebot erteilt werden. Auftragnehmer und Auftraggeber müssen nach Zuschlagserteilung über die Position verhandeln, ggf. über einen Rückgriff auf § 632 Abs. 2 BGB.[66] 21

4. Angebote, bei denen nachträglich geforderte Erklärungen oder Nachweise nicht vorgelegt werden (Nr. 4). Auszuschließen sind nach § 16EU Nr. 4 Angebote oder Teilnahmeanträge, bei denen der Bieter Erklärungen oder Nachweise, deren Vorlage sich der öffentliche Auftraggeber vorbehalten hat, auf Anforderung nicht innerhalb einer angemessenen, nach dem Kalender bestimmten Frist vorgelegt hat. Im Gegensatz zu § 16aEU, welcher die Nachforderung von Unterlagen regelt, die bereits mit Angebotsabgabe vorgelegt werden sollen, betrifft § 16EU Nr. 4 nachträglich geforderte Unterlagen. Dem Auftraggeber wird in § 6bEU Abs. 1 S. 1 Nr. 2 die Möglichkeit eingeräumt, vorzusehen, dass für einzelne Angaben Eigenerklärungen ausreichend sind. Die als vorläufiger Nachweis dienenden Eigenerklärungen sind dann nur von den Bietern durch entsprechende Bescheinigungen der zuständigen Stellen zu bestätigen, deren Angebote in die **engere Wahl** kommen. Bei Vorlage einer EEE muss der öffentliche Auftraggeber die einschlägigen Nachweise im offenen Verfahren von dem Bieter, an den er den Auftrag vergeben will, spätestens vor Zuschlagserteilung anfordern. Bei zweistufigen Verfahren fordert der öffentliche Auftraggeber die infrage kommenden Bewerber im Teilnahmewettbewerb auf, ihre Eigenerklärungen durch einschlägige Nachweise unverzüglich zu belegen. Die Verwendung von Eigenerklärungen soll helfen, den Verwaltungsaufwand im Vergabeverfahren zu reduzieren und damit sowohl dem Auftraggeber als auch dem einzelnen Wirtschaftsteilnehmer, insbesondere kleineren Unternehmen, dienlich sein (Erwägungsgrund 84 RL 2014/24/EU). Andererseits muss der Auftraggeber die Möglichkeit haben, sich bei Bedarf die für die Eignungs- und Wertungsentscheidung erforderlichen Informationen zu beschaffen.[67] 22

Bei nachträglich geforderten Erklärungen und Nachweisen führt bereits die **erstmalige Fristversäumnis** zum Angebotsausschluss. Ein Nachfordern kommt nicht mehr in Betracht. Der Auftraggeber hat die für die Prüfung und Wertung der Angebote erforderlichen Unterlagen unter Fristsetzung abzufordern.[68] Dazu hat er dem Bieter eine angemessene, nach dem Kalender bestimmte Frist zu setzen. Die Angemessenheit ist, abhängig von den vorzulegenden Erklärungen/Nachweisen, im Einzelfall zu prüfen. Der Auftraggeber muss berücksichtigen, welchen **Beschaffungsaufwand** die einzelnen Unterlagen erfordern und in welchem Umfang er von der nachträglichen Vorlage von Erklärungen/Nachweisen Gebrauch machen will/muss. Die in § 16aEU vorgegebene Frist von 6 Kalendertagen kann 23

---

[62] OLG Celle Beschl. v. 2.10.2008 – 13 Verg 4/08, NZBau 2009, 58.
[63] Kapellmann/Messerschmidt/*Frister* § 16 Rn. 32.
[64] Ingenstau/Korbion/*von Wietersheim* § 16 Rn. 14.
[65] OLG Düsseldorf Beschl. v. 24.9.2014 – VII-Verg 19/14, VPR 2015, 108.
[66] Ingenstau/Korbion/*von Wietersheim* § 16 Rn. 15; Kapellmann/Messerschmidt/*Frister* § 16 Rn. 32.
[67] Ingenstau/Korbion/*von Wietersheim* § 16 Rn. 16.
[68] Ingenstau/Korbion/*von Wietersheim* § 16 Rn. 16.

dabei als Orientierung herangezogen werden. Allerdings kann sie im Einzelfall, abhängig vom Nachforderungsumfang, auch zu kurz bemessen sein.[69] Der Auftraggeber hat seine Überlegungen zur Angemessenheit der gesetzten Frist zu dokumentieren. Werden die Kapazitäten anderer Unternehmen in Anspruch genommen, so muss die Nachweisführung gem. § 6dEU Abs. 3 auch für diese Unternehmen erfolgen.

24 5. **Nicht zugelassene Nebenangebote sowie Nebenangebote, die den Mindestanforderungen nicht entsprechen (Nr. 5).** Der öffentliche Auftraggeber kann Nebenangebote nach § 8EU Abs. 2 Nr. 3 S. 1 in der Auftragsbekanntmachung oder in der Aufforderung zur Interessensbestätigung zulassen oder vorschreiben. Fehlt eine entsprechende Angabe, sind keine Nebenangebote zugelassen (§ 8EU Abs. 2 Nr. 3 S. 2). Reicht ein Bieter ein Nebenangebot ein, obwohl ein solches nicht zugelassen ist, führt dies zwingend zum Ausschluss des Nebenangebotes.

25 Hat der öffentliche Auftraggeber in der Auftragsbekanntmachung oder in der Aufforderung zur Interessenbestätigung Nebenangebote zugelassen oder vorgeschrieben, hat er zum einen anzugeben, in welcher **Art und Weise** Nebenangebote einzureichen sind und zum anderen die **Mindestanforderungen** an die Nebenangebote vorzugeben (§ 8EU Abs. 2 Nr. 3 S. 4). Fehlen Angaben zu den Mindestanforderungen, kann ein Nebenangebot selbst dann nicht berücksichtigt werden, wenn Nebenangebote in den Vergabeunterlagen zugelassen wurden.[70] Der Auftraggeber muss den Bietern bestimmte Vorgaben an die Hand geben, um ein transparentes sowie das Gebot der Gleichbehandlung berücksichtigendes Vergabeverfahren durchzuführen.[71] Der Zuschlag darf nur auf ein Angebot erteilt werden, dass den Mindestanforderungen auch entspricht.

26 6. **Nebenangebote, die dem § 13EU Abs. 3 S. 2 nicht entsprechen (Nr. 6).** Gemäß § 16EU Nr. 6 sind Nebenangebote auszuschließen, die § 13EU Abs. 3 S. 2 nicht entsprechen und folglich nicht auf **besonderer Anlage** erstellt und als solche **deutlich gekennzeichnet** worden sind (→ § 13EU Rn. 105).

§ 16aEU Nachforderung von Unterlagen

[1]Fehlen geforderte Erklärungen oder Nachweise und wird das Angebot nicht entsprechend § 16EU Nummern 1 und 2 ausgeschlossen, verlangt der öffentliche Auftraggeber die fehlenden Erklärungen oder Nachweise nach. [2]Diese sind spätestens innerhalb von sechs Kalendertagen nach Aufforderung durch den öffentlichen Auftraggeber vorzulegen. [3]Die Frist beginnt am Tag nach der Absendung der Aufforderung durch den öffentlichen Auftraggeber. [4]Werden die Erklärungen oder Nachweise nicht innerhalb der Frist vorgelegt, ist das Angebot auszuschließen.

Schrifttum: *Dittmann,* Nur keine Langeweile: Neues zum Nachfordern fehlender Unterlagen, VergabeR 2a 2017, 285; *Gerlach/Manzke,* Auslegung und Schicksal des Bieterangebots im Vergabeverfahren, VergabeR 1 2017, 11; *Herrmann,* Notwendige Bieterangaben ohne Nachforderungsmöglichkeit, VergabeR 2a 2013, 315; *Maier,* Der Ausschluss eines unvollständigen Angebots im Vergabeverfahren, NZBau 2005, 374; *Mantler,* Zur (zweifelhaften) Europarechtskonformität der Nachforderungsbegehren in VOB/A, VOL/A, VOF und SektVO, VergabeR 2 2013, 166.

Übersicht

	Rn.		Rn.
I. Überblick	1–3	2. Fehlen von Erklärungen und Nachweisen	5–11
II. Regelungsgehalt	4–14		
1. Kein Ausschluss nach § 16EU Nr. 1 und 2	4	3. Rechtsfolge	12–14

---

[69] Kapellmann/Messerschmidt/*Frister* § 16 Rn. 33; Ingenstau/Korbion/*von Wietersheim* § 16 Rn. 16.
[70] EuGH Urt. v. 16.10.2003 – C-421/01, NZBau 2004, 279; VK Südbayern Beschl. v. 29.4.2009 – Z3-3-3194-1-11-03/09, BeckRS 2009, 45767. Ingenstau/Korbion/*von Wietersheim* § 16EU Rn. 3.
[71] VK Südbayern Beschl. v. 29.4.2009 – Z3-3-3194-1-11-03/09, BeckRS 2009, 45767.

I. Überblick

§ 16aEU findet – in Abgrenzung zu § 16EU Nr. 4 – Anwendung, wenn der öffentliche 1
Auftraggeber die Vorlage von Erklärungen und Nachweisen zusammen mit dem Angebot in der Bekanntmachung und/oder den Vergabeunterlagen fordert. Bei Erklärungen und Nachweisen, deren Vorlage sich der öffentliche Auftraggeber vorbehalten hat, findet ausschließlich § 16EU Nr. 4 Anwendung. Fehlen die geforderten Erklärungen und Nachweise, so hat der Auftraggeber diese – **zwingend** – nachzufordern. Ein Ermessen steht ihm nicht zur Seite. Insoweit unterscheidet sich § 16aEU von § 56 Abs. 2 VgV, welcher dem Auftraggeber bei der Entscheidung, ob er den Bewerber oder Bieter auffordert, fehlende, unvollständige oder fehlerhafte unternehmensbezogene Unterlagen nachzureichen, zu vervollständigen oder zu korrigieren oder fehlende oder unvollständige leistungsbezogene Unterlagen nachzureichen oder zu vervollständigen, ein Ermessen einräumt.

Ein weiterer Unterschied zwischen § 16aEU und § 56 VgV ist darin zu sehen, dass in § 56 2
Abs. 3 S. 1 VgV ausdrücklich normiert ist, dass die Nachforderung von leistungsbezogenen Unterlagen, welche die Wirtschaftlichkeitsbewertung der Angebote anhand der Zuschlagskriterien betreffen, ausgeschlossen ist. In der VOB/A fehlt es an einer entsprechenden Regelung.

Diskutiert wird, ob § 16aEU auch auf **unvollständige Teilnahmeanträge** Anwendung 3
findet. Eine ausdrückliche Regelung zu Teilnahmeanträgen findet sich in § 16aEU jedenfalls nicht. Eine analoge Anwendung auf unvollständige Teilnahmeanträge wird mitunter befürwortet.[1] Insbesondere lasse § 16EU Nr. 4 S. 2, wonach die Regelung zur Anforderung von Erklärungen und Nachweisen, deren Vorlage sich der Auftraggeber vorbehalten hat, entsprechend für Teilnahmeanträge gilt, vermuten, dass das Fehlen einer entsprechenden Regelung in § 16aEU ein redaktionelles Versehen darstellt.[2] Ein Gleichlauf zu § 56 VgV, welcher die Nachforderung fehlender Unterlagen sowohl im Hinblick auf Angebote als auch auf Teilnahmeanträge ausdrücklich regelt, wäre sicherlich sinnvoll. Allerdings finden die §§ 16EU ff. grundsätzlich nur auf Angebote Anwendung. Da lediglich § 16EU Nr. 4 S. 2 eine entsprechende Regelung ausdrücklich für Teilnahmeanträge vorsieht, kann in Bezug auf § 16aEU eine planwidrige Regelungslücke nicht angenommen werden.[3] Da Art. 56 Abs. 3 RL 2014/24/EU eine Nachforderungs**möglichkeit** von Informationen und Unterlagen ausdrücklich vorsieht, solange die nationalen Rechtsvorschriften zur Umsetzung nichts anderes regeln, ist der Unterschied bei fehlenden Nachweisen und Erklärungen darin zu sehen, dass diese bei Angeboten im Rahmen des § 16aEU nachgefordert werden müssen, bei Teilnahmeanträgen unter voller Einhaltung der Grundsätze der Transparenz und Gleichbehandlung nachgefordert werden können.

II. Regelungsgehalt

1. Kein Ausschluss nach § 16EU Nr. 1 und 2. § 16aEU regelt ein **Rangverhältnis** 4
zwischen den formalen Ausschlussgründen – entsprechend § 16EU Nr. 1 und 2 – einerseits und der Nachforderbarkeit bzw. dem Ausschluss eines Angebots wegen fehlender Unterlagen andererseits.[4] Bei zu spät eingereichten Angeboten und Angeboten, die den Bestimmungen des § 13EU Abs. 1 Nr. 1, 2 und 5 nicht entsprechen, stellt sich die Frage, ob geforderte Erklärungen oder Nachweise fehlen, folglich nicht. Vielmehr folgt aus dem Rangverhältnis, dass bei einem Angebot, welches nach § 16EU Nr. 1 und/oder Nr. 2 auszuschließen ist, eine Heilung dieser formalen Verstöße durch eine Nachforderung von Erklärungen/Nachweisen nicht möglich ist.[5] Sind Angebote beispielsweise nicht unterzeichnet, kommt eine Nachforderung nicht in Betracht.

---

[1] Kapellmann/Messerschmidt/*Frister* § 16a Rn. 4.
[2] Kapellmann/Messerschmidt/*Frister* § 16a Rn. 4.
[3] So auch Ingenstau/Korbion/*von Wietersheim* § 16a Rn. 2.
[4] *Dittmann* VergabeR 2a 2017, 285 (290).
[5] OLG Naumburg Beschl. v. 23.2.2012 – 2 Verg 15/11, VPRRS 2012, 0105.

5   **2. Fehlen von Erklärungen und Nachweisen.** Gemäß § 16aEU VOB/A sind geforderte Erklärungen oder Nachweise nachzufordern, wenn sie *„fehlen"*. Die Begriffe Erklärungen und Nachweise sind **weit auszulegen** und erfassen sowohl unternehmens- als auch leistungsbezogene Eigen- und Fremderklärungen oder Bestätigungen.[6] § 16aEU bezieht sich sowohl auf Haupt- als auch auf Nebenangebote.[7]

6   **Nachweise und Erklären fehlen** nur dann, wenn sie überhaupt nicht vorgelegt wurden und damit körperlich nicht vorhanden sind, oder den gestellten Anforderungen in formeller Hinsicht nicht entsprechen.[8] Voraussetzung ist, dass der Auftraggeber diese wirksam gefordert hat. Die Forderung des Auftraggebers, bestimmte Unterlagen/Erklärungen mit dem Angebot vorzulegen, muss in den Vergabeunterlagen oder in der Bekanntmachung deutlich und unmissverständlich zum Ausdruck gebracht worden sein.[9] Zu der Ausschlusssanktion für Angebote, welche geforderte Erklärungen nicht enthalten, korrespondiert die Verpflichtung des Auftraggebers, die Vergabeunterlagen so eindeutig zu formulieren, dass die Bieter diesen Unterlagen deutlich und sicher entnehmen können, welche Erklärungen von ihnen wann abzugeben sind.[10] Die Anforderung von Nachweisen und Erklärungen darf auch nicht gegen gesetzliche Vorgaben verstoßen, willkürlich, diskriminierend oder vergabefremd sein.[11] Auch dürfen die Vergabeunterlagen keine unzumutbaren Vorgaben enthalten.[12] Bezogen auf die Eignung, regelt § 6aEU Nr. 1–3 abschließend, welche Anforderungen der öffentliche Auftraggeber an Unternehmen stellen kann.

7   Eine materiell-rechtliche Prüfung der mit dem Angebot vorgelegten Unterlagen findet nicht statt. Körperlich vorliegende, aber inhaltlich von den Vorgaben des Auftraggebers abweichende Unterlagen, fehlen nicht.[13] Werden von einem Bieter zwar die erforderlichen Referenzen vorgelegt, entsprechen diese aber in qualitativer Hinsicht nicht den Vorgaben des Auftraggebers, so kommt keine Nachforderung in Betracht.[14] Die Nachforderung von Erklärungen und Nachweisen darf nicht zu einer **Nachbesserung des Angebotes** führen. § 15EU Abs. 3 normiert das bereits aus dem Transparenz- und Gleichbehandlungsgebot folgende **Verbot von Nachverhandlungen**. Der Auftraggeber darf einen Bieter nicht bevorzugen, indem er ihm gestattet, inhaltliche Defizite des Angebots nach Angebotsabgabe noch nachzubessern.[15] Ein unzulässiges Verhandeln stellt bspw. die nachträgliche Aufteilung

---

[6] VK Sachsen-Anhalt Beschl. v. 19.10.2015 – 3 VK LSA 70/15, IBRRS 2015, 3183; OLG Naumburg Beschl. v. 23.2.2012 – 2 Verg 15/11, VPRRS 2012, 0105; *Gerlach/Manzke* VergabeR 1 2017, 11 (23); VK Bund Beschl. v. 19.3.2018 – VK 1-13/18, VPRRS 2018, 0158.

[7] OLG Naumburg Beschl. v. 23.2.2012 – 2 Verg 15/11, VPRRS 2012, 0105.

[8] VK Bund Beschl. v. 17.10.2017 – VK 2-112/17, VPR 2018, 2011; *Herrmann* VergabeR 2a 2013, 315 (319).

[9] VK Sachsen-Anhalt Beschl. v. 27.4.2015 – 3 VK LSA 12/15, IBRRS 2016, 0212.

[10] OLG Celle Beschl. v. 24.4.2014 – 13 Verg 2/14, ZfBR 2014, 618. BGH Urt. v. 3.4.2012 – X ZR 130/10, NZBau 2012, 513: Der BGH befand die Formulierung „Vorlage von Nachweisen/Unterlagen durch den Bieter und ggf. Nachunternehmer" aufgrund der sprachlichen Verkürzung als missverständlich und mehrdeutig. Dem Wortsinn nach müssten aufgrund der Verwendung der Präposition „durch" und der Konjunktion „und" die Nachunternehmer selbst die sie betreffenden Eignungsnachweise beibringen. Das Formular können auch dahingehend verstanden werden, dass sich die eigenen Pflichten des Bieters darin erschöpfen, die Nachunternehmer aufzufordern, die geforderten Eignungsnachweise einzureichen. Dem Verständnis der Vergabestelle, dass jeder Bieter für jeden einzelnen vorgesehenen Nachunternehmer die Eignungsnachweise mit dem Angebot einreichen sollte, stehe schließlich die Verwendung des Adverbs „gegebenenfalls" entgegen.

[11] Kapellmann/Messerschmidt/*Frister* § 16a Rn. 6.

[12] BGH Urt. v. 1.8.2006 – X ZR 115/04, NZBau 2006, 797; Kapellmann/Messerschmidt/*Frister* § 16a Rn. 6.

[13] VK Bund Beschl. v. 17.10.2017 – VK 2-112/17 (nicht bestandskräftig); OLG Düsseldorf Beschl. v. 12.9.2012 – Verg 1/12; *Herrmann* VergabeR 2a 2013, 315 (319).

[14] VK Bund Beschl. v. 17.10.2017 – VK 2-112/17 (nicht bestandskräftig); OLG Düsseldorf Beschl. v. 12.9.2012 – Verg 1/12.

[15] VK Sachsen Beschl. v. 5.5.2014 – 1/SVK/010-14, BeckRS 2014, 21204: Zutreffend führt die VK Sachsen aus, dass, wird die Erklärung zum Nichtvorliegen von Ausschlussgründen nicht für den Bewerber selbst, sondern für dessen Geschäftsführer abgegeben, ein formeller Mangel vorliegt. Wird im Formblatt der Name des Geschäftsführers eingetragen, liegt eine eigene Erklärung des Bewerbers bereits nicht vor. Eine solche fehlt folglich körperlich.

in Lose[16] sowie die Änderung der Gewährleistungs- oder Ausführungsfristen dar.[17] Hat der Auftraggeber verlangt, dass die Bieter bei Angebotsabgabe über eine bestimmte Zertifizierung verfügen müssen, muss dem Bieter diese bei Angebotsabgabe bereits vorliegen.[18] Ist dies nicht der Fall, stellt die nachträgliche Vorlage einer dann vorhandenen Zertifizierung eine inhaltliche Änderung dar. Der Bieter darf seine Leistungsfähigkeit nicht erst nachträglich, dh nach Ablauf der Angebotsfrist, herstellen.[19] Auch nach der Rechtsprechung des EuGH können den Bieter beschreibende Unterlagen, wie die veröffentlichte Bilanz, nachgefordert werden, wenn nachprüfbar ist, dass sie vor Ablauf der Bewerbungsfrist existierten.[20]

In der Vergaberechtsprechung umstritten ist die Frage, inwieweit **wettbewerbsrelevante Angaben und Erklärungen,** die Vertragsbestandteil werden, nachzufordern sind.[21] Gemeint sind solche Nachweise und Erklärungen, die geeignet sind, die Stellung eines Bieters direkt gegenüber anderen Bietern zu beeinflussen.[22] In der VgV findet sich diesbezüglich in § 56 Abs. 3 S. 1 VgV die Regelung, dass jedenfalls die Nachforderung von leistungsbezogenen Unterlagen, die die Wirtschaftlichkeitsbewertung der Angebote anhand der Zuschlagskriterien betreffen, ausgeschlossen ist. In der VOB/A gibt es keine § 56 Abs. 3 S. 1 VgV entsprechende Regelung. Art. 56 Abs. 3 RL 2014/24/EU differenziert vom Wortlaut her nicht zwischen unternehmens- und leistungsbezogenen Unterlagen. Dem Wortlaut nach bezieht sich § 16aEU S. 1 einschränkungslos auf fehlende Erklärungen oder Nachweise und umfasst demnach auch Unterlagen, wenn diese die Wettbewerbsstellung des Bieters beeinflussen können.[23] Die Nachforderung muss allerdings **unter voller Einhaltung der Grundsätze der Transparenz und der Gleichbehandlung** erfolgen. Dies ergibt sich auch aus Art. 56 Abs. 3 RL 2014/24/EU. Ausdruck dieser Grundsätze ist ua das Verhandlungsverbot, welches beinhaltet, dass ein eingereichtes Angebot grundsätzlich nicht mehr geändert werden kann, weder auf Betreiben des öffentlichen Auftraggebers noch auf Betreiben des Bieters.[24] Bei der Nachforderung leistungsbezogener Unterlagen ist die Manipulationsgefahr grundsätzlich höher als bei unternehmensbezogenen Unterlagen.[25] Es soll deshalb differenziert werden zwischen Angaben, die den **Vertragsgegenstand** betreffen und solchen Angaben, die lediglich der **Erläuterung des Vertragsinhalts** dienen oder außerhalb des Vertrages stehende Umstände beschreiben (zB Eignungsnachweise).[26] Bei all denjenigen Angaben, die Vertragsgegenstand werden und die vertragsgegenständliche Leistung bestimmen, soll eine Nachforderung ausgeschlossen sein.[27]

Voranzustellen ist zunächst, dass ein Gleichlauf der Regelungen in der VgV und der VOB/A bezüglich der Nachforderung leistungsbezogener Unterlagen, welche die Wirtschaftlichkeitsbewertung der Angebote anhand der Zuschlagskriterien betreffen, wünschenswert gewesen wäre. Die Regelung in § 56 Abs. 3 S. 1 VgV bedeutet eine einfachere Handhabung für die Vergabestellen, weil eindeutige Voraussetzungen für den Ausschluss der Nachforderungsmöglichkeit definiert werden. Art. 56 Abs. 3 RL 2014/24/EU sieht

---

[16] EuGH (Erste Kammer) Urt. v. 7.4.2016 – C.324/14, NZBau 2016, 373: Der Wirtschaftsteilnehmer hat den öffentlichen Auftraggeber im konkreten Fall nach Öffnung der Angebote ersucht, sein Angebot nur für die Zuteilung bestimmter Teile des Auftrages zu berücksichtigen. Abgegeben wurde ein Angebot für den gesamten in Rede stehenden Auftrag.
[17] Ingenstau/Korbion/*von Wietersheim* § 15 Rn. 20.
[18] OLG München Beschl. v. 21.4.2017 – Verg 2/17, IBR 2017, 393.
[19] OLG München Beschl. v. 21.4.2017 – Verg 2/17, IBR 2017, 393.
[20] EuGH Urt. v. 10.10.2013 – C-336/12, BeckRS 2013, 81942.
[21] *Dittmann* VergabeR 2a 2017, 285 (290).
[22] *Maier* NZBau 2005, 374 (376).
[23] VK Bund Beschl. v. 19.3.2018 – VK 1-13/18, VPRRS 2018, 0158.
[24] EuGH Urt. v. 10.10.2013 – C-336/12, BeckRS 2013, 81942; EuGH Ent. v. 29.3.2012 – C-599/10, BeckRS 2012, 80681.
[25] KKMPP/*Dittmann* VgV § 56 Rn. 36.
[26] VK Thüringen Beschl. v. 12.4.2013 – 250-4002-2400/2013-E-008-SOK, BeckRS 2013, 52148.
[27] Für fehlende Fabrikats-, Produkt und Typangaben ua VK Thüringen Beschl. v. 12.4.2013 – 250-4002-2400/2013-E-008-SOK, BeckRS 2013, 52148; VK Sachsen-Anhalt Beschl. v. 9.7.2014 – 3 VK LSA 67/14, IBRS 2015, 0185.

die Nachforderungsmöglichkeit grundsätzlich vor, gestattet bei der Richtlinienumsetzung allerdings Regelungen, die einen Ausschluss der Nachforderungsmöglichkeit – wie in § 56 Abs. 3 S. 1 VgV normiert – vorsehen.[28] In § 16aEU ist eine solche Regelung aber nicht enthalten. Soweit vertreten wird, dass in § 16aEU nichts anderes gelten kann als in § 56 Abs. 3 S. 1 VgV,[29] lässt sich eine **planwidrige Regelungslücke** zumindest schwer begründen.[30] Eine entsprechende Anwendung von § 56 Abs. 3 S. 1 VgV kommt damit nicht in Betracht.

10 Um die **Grenzen der Nachforderungspflicht** im Einzelfall festzustellen, wird zunächst zu prüfen sein, ob der Bieter sein Angebot inhaltlich ausbessert oder eine bereits vorhandene Angabe/Erklärung lediglich klarstellt oder ergänzt. Nach der Rechtsprechung des EuGH können auch technische Spezifikationen – und damit Vertragsbestandteile – ausnahmsweise nachträglich berichtigt oder ergänzt werden, insbesondere wegen einer offensichtlich gebotenen Klarstellung oder zur Behebung offensichtlicher sachlicher Fehler – vorausgesetzt diese Änderung läuft nicht darauf hinaus, dass in Wirklichkeit ein neues Angebot eingereicht wird.[31] Bei einer **inhaltlichen Änderung** kommt eine Nachforderung grundsätzlich nicht in Betracht. Eine Änderung ist immer dann gegeben, wenn sich die nachträgliche Erklärung nicht lediglich auf die inhaltliche Erläuterung eines an sich festgelegten Gebotes beschränkt.[32] So kann bspw. bei fehlenden Fabrikats- und Typenangaben die Nachforderung im Einzelfall dazu führen, dass bei einem abstrakt beschriebenen Gegenstand, ein zunächst zugunsten des Auftragnehmers bestehendes Leistungsbestimmungsrecht wegfällt.[33] Die Möglichkeit der inhaltlichen Änderung des Angebots wird dem Bieter dagegen bei der Nachforderung lediglich kalkulatorischer Erläuterungen, bei im Angebot eindeutig festgelegtem Leistungssoll, nicht eröffnet.[34]

11 Diskutiert wird eine Ausnahme für den Fall, dass eine Beeinträchtigung der Wertungsreihenfolge der Bieter infolge der Nachforderung ausgeschlossen ist und so auch keine Diskriminierung der anderen Bieter zu befürchten steht. Fehlende **„unwesentliche"** Angaben sollen – in Anlehnung an § 16EU Nr. 3 – jedenfalls dann nachgefordert werden, wenn ein Verstoß gegen die Grundsätze der Gleichbehandlung und Transparenz nicht zu befürchten steht.[35]

12 **3. Rechtsfolge.** Fehlen geforderte Erklärungen und Nachweise und wird das Angebot nicht entsprechend § 16EU Nr. 1 und 2 ausgeschlossen, hat der öffentliche Auftraggeber diese zwingend nachzufordern. Der Bieter muss die angeforderten Nachweise und Erklärungen innerhalb von **sechs Kalendertagen** nach Aufforderung durch den öffentlichen Auftraggeber vorlegen. Die Frist beginnt nach § 16aEU S. 3 am Tag nach der Absendung der Aufforderung durch den öffentlichen Auftraggeber.

---

[28] *Dittmann* VergabeR 2a 2017, 285 (294).
[29] *Gerlach/Manzke* VergabeR 1 2017, 11 (24).
[30] So auch *Dittmann* VergabeR 2a 2017, 285 (294) mit Verweis darauf, dass § 56 Abs. 3 S. 1 VgV zeitlich früher geschaffen wurde.
[31] EuGH Ent. v. 29.3.2012 – C-599/10, BeckRS 2012, 80681; *Dittmann* VergabeR 2a 2017, 285 (293). *Mantler* VergabeR 2 2013, 166 (170) mit dem Hinweis, dass der EuGH nicht dieselben Begrifflichkeiten verwendet, die das deutsche Recht kennzeichnen und insbesondere keine Unterscheidung zwischen einer Aufklärung und einer Ergänzung/Vervollständigung von Angeboten vornimmt.
[32] BGH Urt. v. 29.3.2007 – X ZR 89/04, VergabeR 2008, 69.
[33] *Gerlach/Manzke* VergabeR 1 2017, 11 (23); *Mantler* VergabeR 2 2013, 166 (172).
[34] OLG Naumburg Beschl. v. 23.2.2012 – 2 Verg 15/11, VPRS 2012, 0105. Verlangt der Auftraggeber, dass bei der Abgabe zugelassener technischer Nebenangebote die sich aus den Abweichungen zum Leistungsverzeichnis ergebenden Änderungen der Baustoffmengen nachvollziehbar erläutert werden, zählen diese zum Nebenangebote geforderten Angaben zu den Erklärungen iSv § 16 Abs. 1 Nr. 3.
[35] VK Bund Beschl. v. 19.3.2018 – VK 1-13/18, VPRRS 2018, 0158: Der Auftraggeber hat die Einreichung der im Angebot „kalkulierten bauzeitabhängigen Kosten" als zusätzliche „Nachweise/Angabe/Unterlage" gefordert. Die Angabe war wertungsrelevant. Die Antragstellerin machte keine Angaben zu den bauzeitabhängigen Kosten, woraufhin ihr Angebot ausgeschlossen wurde. Eine Nachforderungspflicht bestand vorliegend nach den Ausführungen der VK Bund, weil auch unter Berücksichtigung der im Verfahren höchsten Kostenangabe eines Bieters im Hinblick auf die bauzeitabhängigen Kosten bei der Wertung des Angebotspreises der Antragstellerin eine Veränderung der Wertungsreihenfolge ausgeschlossen ist.

Die fehlenden Erklärungen und/oder Nachweise sind spätestens innerhalb von sechs Kalendertagen nach Aufforderung durch den öffentlichen Auftraggeber **vorzulegen.** Die Reichweite dieses Begriffes ist anhand des „Umsetzungsvorbilds" des Art. 56 Abs. 3 RL 2014/24/EU zu bestimmen.[36] Danach können öffentliche Auftraggeber, sofern in den nationalen Rechtsvorschriften zur Umsetzung der Richtlinie nichts anderes vorgesehen ist, die betreffenden Wirtschaftsteilnehmer auffordern, die jeweiligen Informationen oder Unterlagen innerhalb einer angemessenen Frist **zu übermitteln, zu ergänzen, zu erläutern oder zu vervollständigen.** Der Begriff des Vorlegens umfasst folglich die Übermittlung, Ergänzung, Erläuterung und Vervollständigung von Erklärungen und Nachweisen.

Werden die Erklärungen nicht innerhalb der Frist vorgelegt, so ist das Angebot auszuschließen. Auch hier hat der Auftraggeber kein Ermessen. Der Nachforderungsvorgang ist nach § 20EU zu dokumentieren.

§ 16bEU Eignung

(1) ¹Beim offenen Verfahren ist die Eignung der Bieter zu prüfen. ²Dabei sind anhand der vorgelegten Nachweise die Angebote der Bieter auszuwählen, deren Eignung die für die Erfüllung der vertraglichen Verpflichtungen notwendigen Sicherheiten bietet; dies bedeutet, dass sie die erforderliche Fachkunde und Leistungsfähigkeit besitzen, keine Ausschlussgründe gemäß § 6eEU vorliegen und sie über ausreichende technische und wirtschaftliche Mittel verfügen.

(2) Abweichend von Absatz 1 können die Angebote zuerst geprüft werden, sofern sichergestellt ist, dass die anschließende Prüfung des Nichtvorliegens von Ausschlussgründen und der Einhaltung der Eignungsanforderungen unparteiisch und transparent erfolgt.

(3) Beim nicht offenen Verfahren, Verhandlungsverfahren, beim wettbewerblichen Dialog und bei einer Innovationspartnerschaft sind nur Umstände zu berücksichtigen, die nach Aufforderung zur Angebotsabgabe Zweifel an der Eignung des Bieters begründen (vgl. § 6bEU Absatz 2 Nummer 3).

I. Regelungsgehalt und Überblick

Nach § 122 Abs. 1 GWB und § 2EU Abs. 3 werden öffentliche Aufträge an fachkundige und leistungsfähige (geeignete) Unternehmen vergeben, die nicht nach den §§ 123, 124 GWB ausgeschlossen worden sind. Mit der Prüfung der Eignung wird die **persönliche und sachliche Befähigung** eines Bieters zur Erfüllung der im Rahmen des zu vergebenden Auftrags zu übernehmenden Verpflichtungen geprüft[1] – es handelt sich mithin um eine **unternehmensbezogene** Prüfung. Es sollen diejenigen Unternehmen ermittelt werden, die zur Erbringung der konkret nachgefragten Leistung nach Fachkunde und Leistungsfähigkeit generell in Betracht kommen.[2] Die Eignungsprüfung, die zunächst grundsätzlich vor der Angebotsprüfung (§ 16cEU) und -wertung (§ 16dEU) durchzuführen ist, ist in § 16bEU geregelt. In § 16bEU Abs. 1 wird auf die in § 6eEU normierten zwingenden und fakultativen Ausschlussgründe, die aus den §§ 123, 124 GWB übernommen worden sind, verwiesen. Im Vergleich zur Vorgängernorm – § 16EG Abs. 2 – gewährt § 16bEU Abs. 2, in Umsetzung von Art. 56 Abs. 2 RL 2014/24/EU, den öffentlichen Auftraggebern erstmals die Möglichkeit die Angebotsprüfung vor der Eignungsprüfung durchzuführen, sofern sichergestellt ist, dass die anschließende Prüfung des Nichtvorliegens von Ausschlussgründen und der Einhaltung der Eignungsanforderungen unparteiisch und transparent erfolgt.

---

[36] *Dittmann* VergabeR 2a 2017, 285 (290).
[1] HK-VergabeR/Schellenberg/*Tomerius*/*Ruhland* § 16 Rn. 52.
[2] OLG Düsseldorf Beschl. v. 6.5.2011 – Verg 26/11, BeckRS 2011, 18447.

II. Eignungsprüfung

2 Ein Unternehmen ist nach § 6EU geeignet, wenn es die durch den öffentlichen Auftraggeber im Einzelnen zur ordnungsgemäßen Ausführung des öffentlichen Auftrags festgelegten Kriterien (Eignungskriterien) erfüllt. Die Eignungskriterien dürfen ausschließlich
– die Befähigung und Erlaubnis zur Berufsausübung,
– die wirtschaftliche und finanzielle sowie
– die technische und berufliche Leistungsfähigkeit
betreffen und müssen mit dem Auftragsgegenstand in Verbindung und zu diesem in einem angemessenen Verhältnis stehen. Voraussetzung ist weiter, dass die Unternehmen nicht **nach § 6eEU ausgeschlossen** worden sind (§ 6EU Abs. 1). Hinsichtlich der einzelnen Ausschlussgründe wird an dieser Stelle auf die Kommentierung zu § 6eEU verwiesen (→ § 6eEU Rn. 1 ff.).

3 **Die Eignungsprüfung erfolgt auf Grundlage der nach § 6aEU durch den Bieter vorzulegenden Unterlagen.** Zu beachten ist dabei, dass § 6aEU eine **abschließende Aufzählung** von Angaben enthält, die der öffentliche Auftraggeber vom Unternehmer zum Nachweis der Eignung verlangen darf. Im Rahmen der Eignungsprüfung wird die **inhaltliche Übereinstimmung** der Erklärungen und Nachweise mit den Vorgaben des Auftraggebers überprüft.[3] Daneben muss der Auftraggeber auch solche Anhaltspunkte berücksichtigen, die ihm außerhalb des konkreten Vergabeverfahrens zur Kenntnis gelangen, solange sie auf einer gesicherten Erkenntnis beruhen.[4]

4 Die Mittel der Nachweisführung sind in § 6bEU dargestellt. Der geforderte Nachweis kann – neben der Vorlage von Einzelnachweisen (§ 6bEU Abs. 1 S. 1 Nr. 2) – auch durch die vom Auftraggeber direkt abrufbare Eintragung in die allgemein zugängliche Liste des Vereins für die Präqualifikation von Bauunternehmen eV (**Präqualifikationsverzeichnis**) sowie durch die Vorlage von **Eigenerklärungen** oder einer **EEE** geführt werden. Bei Eigenerklärungen und der EEE sind die entsprechenden Bescheinigungen und Nachweise nicht von allen Bietern/Bewerbern vorzulegen, sondern beim offenen Verfahren nur von dem Bieter, auf dessen Angebot der Zuschlag erteilt werden soll und in den zweistufigen Verfahren von den infrage kommenden Bewerbern. Dies ermöglicht eine Reduzierung des Umfangs der Eignungsprüfung. Die Teilnahme an Präqualifizierungssystemen ermöglicht es Unternehmen, ihre Eignung für eine bestimmte Art von Aufträgen bereits vorab und somit losgelöst von einem konkreten Vergabeverfahren nachzuweisen. Die Präqualifizierungsstelle prüft die durch das Unternehmen eingestellten Nachweise. Da die Nachweise auftragsunabhängig geprüft werden, kann die Präqualifizierung lediglich die Vorstufe der Eignungsprüfung darstellen – die Prüfung der Eignung des Bieters für den konkreten Auftrag ist alleinige Aufgabe des Auftraggebers.[5]

5 Anhand der vorgelegten Nachweise sind die Angebote derjenigen Bieter auszuwählen, die aufgrund ihrer Fachkunde und Leistungsfähigkeit für die Erfüllung der vertraglichen Verpflichtungen die notwendige Gewähr bieten.[6] Zusätzlich zur Prüfung der Fachkunde und Leistungsfähigkeit muss der Auftraggeber prüfen, inwieweit **Ausschlussgründe nach § 6eEU** vorliegen. In Bezug auf Erfahrungen des Auftraggebers aus früheren Vertragsverhältnissen, konkret Schlechtleistungen des Bieters bei einem früheren Auftrag, normiert § 6eEU Abs. 6 Nr. 7 nunmehr einen fakultativen Ausschlussgrund. Diesbezüglich enthält § 6eEU Abs. 6 Nr. 7 eine abschließende Regelung. Der Auftraggeber trifft im Rahmen der Eignungsprüfung eine **Prognoseentscheidung**, ob vom künftigen Auftragnehmer die ordnungsgemäße Erfüllung seiner vertraglichen Verbindlichkeiten erwartet werden kann. Liegen die Voraussetzungen eines fakultativen Ausschlussgrundes vor, hat der Auftraggeber

---

[3] Ingenstau/Korbion/*von Wietersheim* § 16b Rn. 3.
[4] HK-VergabeR/*Tomerius/Ruhland* § 16 Rn. 55.
[5] VK Sachsen Beschl. v. 1.3.2017 – 1/SVK/037-16, BeckRS 2017, 114534: Eine vertiefte Auseinandersetzung mit der Eignung des Bieters soll jedenfalls dann stattfinden, wenn sich aus besonderen Umständen oder aus Erkenntnissen aus der Vergangenheit ergibt, dass Anlass besteht, die Eignung des Bieters infrage zu stellen.
[6] OLG Düsseldorf Beschl. v. 15.12.2004 – VII-Verg 48/04, VergabeR 2005, 208.

eine **Prognoseentscheidung** dahingehend vorzunehmen, ob von dem Unternehmen trotz des Vorliegens eines fakultativen Ausschlussgrundes zu erwarten ist, dass es den öffentlichen Auftrag gesetzestreu, ordnungsgemäß und sorgfältig ausführt.[7] So heißt es in der Gesetzesbegründung zu § 124 Nr. 7 GWB wie folgt:

„Es handelt sich hier nicht nur um ein Beurteilungsermessen des öffentlichen Auftraggebers hinsichtlich des Vorliegens des Ausschlussgrundes, sondern auch um einen Ermessensspielraum hinsichtlich des ‚Ob' des Ausschlusses, dann wenn der fakultative Ausschlussgrund nachweislich vorliegt. Es steht im Ermessen des öffentlichen Auftraggebers zu entscheiden, ob aufgrund des Fehlverhaltens des Unternehmens, das einen fakultativen Ausschlussgrund nach § 124 begründet, die Zuverlässigkeit des Unternehmens zu verneinen ist. Dabei handelt es sich um eine Prognoseentscheidung dahingehend, ob von dem Unternehmen trotz des Vorliegens eines fakultativen Ausschlussgrundes im Hinblick auf die Zukunft zu erwarten ist, dass es den öffentlichen Auftrag gesetzestreu, ordnungsgemäß und sorgfältig ausführt."[8]

Dem Auftraggeber steht bei der Eignungsprüfung ein **Beurteilungsspielraum** zu, der im Nachprüfungsverfahren nur daraufhin überprüft werden kann, ob Beurteilungsfehler vorliegen.[9] Der Auftraggeber muss bei seiner Entscheidung von einem **zutreffend und vollständig ermittelten Sachverhalt** ausgegangen sein und darf in diese **keine sachfremden und willkürlichen Erwägungen** mit einbezogen haben.[10] Der Beurteilungsspielraum ist ferner dann überschritten, wenn **das vorgeschriebene Verfahren nicht eingehalten** wurde und die vom Auftraggeber selbst aufgestellten **Bewertungsvorgaben nicht beachtet** worden sind.[11] So ist der Auftraggeber an die von ihm definierten Anforderungen gebunden und darf nicht nachträglich von Mindestanforderungen abweichen oder nicht bekannt gemachte Eignungskriterien zur Prüfung heranziehen.[12] Schließlich muss der Auftraggeber den **Beurteilungsmaßstab zutreffend angewendet** haben.[13]

Die Prognoseentscheidung muss auf **gesicherten Erkenntnissen** beruhen.[14] Die Anforderungen an den Grad der Erkenntnissicherheit dürfen dabei nicht überspannt werden.[15] Dem öffentlichen Auftraggeber stehen bei Durchführung des Verfahrens regelmäßig keine unbegrenzten personellen und finanziellen Ressourcen zur Verfügung. Des Weiteren verfügt der Auftraggeber auch nur über einen begrenzten zeitlichen Rahmen zur Prüfung und Wertung der Angebote. Aus diesen Gründen ist der Prüfungsaufwand, den der Auftraggeber investieren muss, auf ein **zumutbares Maß** zu beschränken.[16] Es ist folglich nicht erforderlich, dass der öffentliche Auftraggeber sämtliche in Betracht kommenden Erkenntnisquellen ausschöpft, um die gemachten Angaben zu verifizieren. Er darf seine Entscheidung auf eine methodisch vertretbar erarbeitete, befriedigende Erkenntnislage stützen und von einer Überprüfung der Eigenerklärungen absehen, wenn und soweit sich keine objektiv begrün-

---

[7] VK Sachsen Beschl. v. 1.3.2017 – 1/SVK/037-16, BeckRS 2017, 114534; VK Nordbayern Beschl. v. 13.1.2017 – 21.VK-3194-38/16, BeckRS 2017, 109954.
[8] Begründung zum Gesetzesentwurf der Bundesregierung VergRModG, BT-Drs. 18/6281, 104.
[9] OLG Celle Beschl. v. 11.3.2004 – 13 Verg 3/04, ZfBR 2004, 602; OLG München Beschl. v. 5.10.2012 – Verg 15/12, BeckRS 2012, 21412; OLG Düsseldorf Beschl. v. 6.5.2011 – Verg 26/11, BeckRS 2011, 18447: So ist allein die Tatsache, dass ein Bieter eine um 40 % kürzere Ausführungsfrist als die Mehrheit der Bieter vorgesehen hat, nicht geeignet, Zweifel in Hinblick auf Leistungsfähigkeit des Bieters zu begründen. Zum einen habe noch ein anderer Bieter – somit insgesamt 2 von 10 – eine vergleichbar kurze Ausführungsfrist angeboten. Darüber hinaus handele es sich um eine Vertragsfrist, deren schuldhafte Überschreitung eine Vertragsstrafe zur Folge haben sollte, sodass den Bieter auch ein erhebliches wirtschaftliches Risiko traf. Die Eignung wurde somit zutreffend bejaht.
[10] OLG Celle Beschl. v. 11.3.2004 – 13 Verg 3/04, ZfBR 2004, 602.
[11] OLG Düsseldorf Beschl. v. 6.5.2011 – Verg 26/11, BeckRS 2011, 18447.
[12] Kapellmann/Messerschmidt/*Frister* § 16b Rn. 18.
[13] OLG München Beschl. v. 5.10.2012 – Verg 15/12, BeckRS 2012, 21412.
[14] OLG München Beschl. v. 5.10.2012 – Verg 15/12, BeckRS 2012, 21412.
[15] Kapellmann/Messerschmidt/*Frister* § 16b Rn. 19.
[16] OLG Düsseldorf Beschl. v. 17.2.2016 – Verg 28/15, BeckRS 2016, 09777; OLG Düsseldorf Beschl. v. 2.12.2009 – VII Verg 39/09, BeckRS 2010, 04716.

deten, konkreten Zweifel an der Richtigkeit ergeben.[17] Ergeben sich indes Zweifel, ist der Auftraggeber gehalten, diesen nachzugehen. Dies folgt zum einen aus § 122 Abs. 1 GWB und § 2EU Abs. 3, wonach öffentliche Aufträge an fachkundige und leistungsfähige (geeignete) Unternehmen zu vergeben sind. Zum folgt aus dem Gebot der Gleichbehandlung (§ 97 Abs. 2 GWB), dass der öffentliche Auftraggeber die Überprüfung eines Bieters auf seine Eignung auch im Interesse der anderen Bieter vornehmen muss.[18] Eine Ausschlussentscheidung, die ausschließlich auf ungeprüfte Gerüchte gestützt ist, ist dementsprechend vergaberechtswidrig.[19]

III. Reihenfolge der Prüfung und maßgeblicher Zeitpunkt

8   Im offenen Verfahren erfolgt die Prüfung der Eignung – bereits nach der Systematik – grundsätzlich vor der Angebotsprüfung. § 16bEU Abs. 2 erlaubt dem Auftraggeber jedoch, die Prüfung der Angebote vor der Eignungsprüfung nach Abs. 1 vorzunehmen. Die geänderte Prüfungsreihenfolge kann bspw. dann sinnvoll sein, wenn die Eignungsprüfung aufgrund einer Vielzahl vorzulegender Unterlagen sehr aufwendig ist.

9   Bei den zweistufigen Verfahren erfolgt die Eignungsprüfung im Rahmen des Teilnahmewettbewerbs und damit vor Aufforderung zur Angebotsabgabe. Zur Angebotsabgabe werden nur geeignete Unternehmen aufgefordert. Die Prüfung der Eignung der Bewerber im Rahmen des Teilnahmewettbewerbs wird in § 16bEU nicht geregelt. Gemäß § 16bEU Abs. 3 werden beim nicht offenen Verfahren, Verhandlungsverfahren, beim wettbewerblichen Dialog und bei einer Innovationspartnerschaft **nach abgeschlossenem Teilnahmewettbewerb und Aufforderung zur Angebotsabgabe** nur Umstände berücksichtigt, die Zweifel an der Eignung des Bieters begründen. Bei den vorgenannten Verfahren hat der Auftraggeber im Teilnahmewettbewerb bereits eine Auswahl getroffen, sodass nur noch solche Umstände zu berücksichtigen sind, die dem Auftraggeber nach Aufforderung zur Angebotsabgabe bekannt geworden oder neu entstanden sind und aus denen sich Zweifel an der Richtigkeit der Eignungsfeststellung ergeben.[20] Durch die Entscheidung des Auftraggebers wird ein **Vertrauenstatbestand** für die Bieter dahingehend begründet, dass sie nicht damit rechnen müssen, der ihnen durch die Erstellung der Angebote und Teilnahme am Wettbewerb entstandene Aufwand könnte dadurch nutzlos werden, dass der Auftraggeber die Eignung auf gleichbleibender Beurteilungsgrundlage abweichend beurteilt.[21] Auf eine veränderte Beurteilungsgrundlage muss der Auftraggeber hingegen reagieren können, weil Aufträge nach § 2EU Abs. 3 nur an fachkundige und leistungsfähige (geeignete) Unternehmen zu vergeben sind.

10   Im offenen Verfahren ist der Auftraggeber dagegen an seine erste Beurteilung der Eignung eines Bieters nicht gebunden.[22]

§ 16cEU Prüfung

(1) ¹Die nicht ausgeschlossenen Angebote geeigneter Bieter sind auf die Einhaltung der gestellten Anforderungen, insbesondere in rechnerischer, technischer und wirtschaftlicher Hinsicht zu prüfen. ²Als Nachweis für die Erfüllung spezifischer umweltbezogener, sozialer oder sonstiger Merkmale der zu vergebenden Leistung sind Bescheinigungen, insbesondere Gütezeichen, Testberichte, Konformitätserklärungen und Zertifizierungen, welche die in § 7aEU genannten Bedingungen erfüllen, zugelassen.

---

[17] OLG Düsseldorf Beschl. v. 2.12.2009 – VII Verg 39/09, BeckRS 2010, 04716.
[18] OLG Düsseldorf Beschl. v. 2.12.2009 – VII Verg 39/09, BeckRS 2010, 04716.
[19] OLG Düsseldorf Beschl. v. 6.5.2011 – Verg 26/11, BeckRS 2011, 18447.
[20] Ingenstau/Korbion/*von Wietersheim* § 16b Rn. 13; Kapellmann/Messerschmidt/*Frister* § 16bEU Rn. 7.
[21] BGH Beschl. v. 7.1.2014 – X ZB 15/13, BeckRS 2014, 02188.
[22] BGH Beschl. v. 7.1.2014 – X ZB 15/13, BeckRS 2014, 02188.

(2)
1. Entspricht der Gesamtbetrag einer Ordnungszahl (Position) nicht dem Ergebnis der Multiplikation von Mengenansatz und Einheitspreis, so ist der Einheitspreis maßgebend.
2. Bei Vergabe für eine Pauschalsumme gilt diese ohne Rücksicht auf etwa angegebene Einzelpreise.

(3) Die aufgrund der Prüfung festgestellten Angebotsendsummen sind in der Niederschrift über den Öffnungstermin zu vermerken.

Übersicht

	Rn.		Rn.
I. Überblick	1	3. Wirtschaftliche Prüfung	11
II. Sachliche Prüfung	2–12	4. Nachweis für die Erfüllung spezifischer umweltbezogener, sozialer oder sonstiger Merkmale der zu vergebenden Leistung (Abs. 1 S. 2)	12
1. Rechnerische Prüfung	2–9		
a) Einheitspreisvertrag	3–7		
b) Pauschalpreisvertrag	8		
c) Kalkulationsirrtum	9		
2. Technische Prüfung	10	III. Niederschrift	13

I. Überblick

§ 16EU regelt die sachliche Prüfung der Angebote insbesondere im Hinblick auf deren **rechnerische, technische und wirtschaftliche Richtigkeit**. Stellt der Auftraggeber spezifische umweltbezogene, soziale oder sonstige Anforderungen, ist auch deren Einhaltung zu prüfen. Die sachliche Prüfung gem. § 16cEU erfolgt, bevor in die Wertung der Angebote eingetreten wird. Es handelt sich somit um die dritte Prüfungsstufe. Erst die aufgrund der rechnerischen Prüfung festgestellten Angebotsendsummen stellen die für die Wertung der Angebote (§ 16dEU) maßgebenden verbindlichen Preise dar. 1

II. Sachliche Prüfung

1. Rechnerische Prüfung. Der öffentliche Auftraggeber hat zunächst zu prüfen, ob 2 die vom Bieter in das Angebot eingetragen Zahlen rechnerisch richtig sind. Stellt der Auftraggeber bei seiner Prüfung **Rechenfehler** – zB in Form von Additions- oder Multiplikationsfehlern fest – ist zu prüfen, wie er mit diesen umzugehen hat. Rechenfehler führen grundsätzlich nicht zum Ausschluss des Angebots,[1] auch wenn die Eintragungen im Angebot zunächst widersprüchlich sind. Gemäß § 16EU Abs. 1 Nr. 3, § 13EU Abs. 1 Nr. 3 sind nur solche Angebote auszuschließen, die nicht die geforderten Preise enthalten. Nach der Rechtsprechung des BGH kann ein Angebot nur dann gewertet werden, wenn jeder in der Leistungsbeschreibung vorgesehene Preis so wie gefordert vollständig mit dem Betrag angegeben wurde, der für die betreffende Leistung tatsächlich auch beansprucht wird.[2] Unzutreffende Preisangaben führen jedenfalls dann zum Ausschluss des Angebots, wenn sich der tatsächlich gemeinte Preis durch Auslegung des Angebotsinhalts gem. §§ 133, 157 BGB nicht zweifelsfrei ermitteln lässt.[3] Neben der in § 16cEU Abs. 1 normierten Pflicht zur rechnerischen Prüfung, enthält § 16cEU Abs. 2 eine Auslegungsregel für den Umgang mit **Rechenfehlern** im Angebot, wobei sich § 16cEU Abs. 2 Nr. 1 mit Einheitspreisangeboten und § 16cEU Abs. 2 Nr. 2 mit Pauschalangeboten befasst. Mithilfe dieser Auslegungsregel lassen sich Widersprüche zwischen einzelnen Preisangaben, die in der Praxis nicht selten auftreten, auflösen.

a) Einheitspreisvertrag. Entspricht der Gesamtbetrag einer Ordnungszahl (Position) 3 nicht dem Ergebnis der Multiplikation von Mengenansatz und Einheitspreis, so ist nach

---

[1] Ingenstau/Korbion/*von Wietersheim* § 16c Rn. 3.
[2] BGH Urt. v. 24.5.2005 – X ZR 243/02, ZfBR 2005, 703.
[3] OLG Düsseldorf Beschl. v. 16.3.2016 – Verg 48/15, BeckRS 2016, 09166.

§ 16cEU Abs. 2 Nr. 1 der **Einheitspreis maßgebend.** Bei einem Einheitspreisvertrag wird die Vergütung nach § 2 Abs. 2 VOB/B nach den vertraglichen Einheitspreisen und den tatsächlich ausgeführten Leistungen berechnet. Der Einheitspreis ist Grundlage für die Berechnung des Positionspreises (Menge oder Vordersatz x Einheitspreis) und folglich Ausgangspunkt der Auslegung bei **Unstimmigkeiten** zwischen dem Positionspreis und dem Ergebnis der Multiplikation von Mengenansatz und Einheitspreis. § 16cEU Abs. 2 Nr. 1 enthält dabei **nur eine Korrekturregel** bei einem besonderen Rechenfehler, bei dem sonst nicht klar wäre, welcher Preis der maßgebliche sein soll.[4] Aus der ausdrücklichen Regelung des Umgangs mit diesem Rechenfehler folgt nicht, dass in anderen Fällen keine rechnerische Korrektur möglich ist.[5] § 16cEU Abs. 2 Nr. 1 regelt die Möglichkeit rechnerischer Korrekturen somit nicht abschließend. Auch Additionsfehler zB müssen im Rahmen der rechnerischen Prüfung korrigiert werden.

4 Die Frage, wie mit „**falschen**" und offensichtlich unzutreffenden Einheitspreisen umzugehen ist, beantwortet die Rechtsprechung nicht einheitlich. Ein solcher Fehler kann darin liegen, dass der Einheitspreis aufgrund eines Schreibfehlers offensichtlich zu hoch oder zu niedrig angegeben wurde, bspw. wenn der Bieter für die Position Betonstabstahl statt einem Einheitspreis von 1.010,00 EUR/t einen Einheitspreis von 1,01 EUR/t angeboten hat. In Literatur und Rechtsprechung wird vertreten, dass eine Korrektur des Einheitspreises selbst bei offensichtlicher, sofort erkennbarer Fehlerhaftigkeit nicht möglich sein soll.[6] Da der Einheitspreis maßgeblich ist für eventuelle rechnerische Korrekturen, dürfe er unter keinen Umständen vom Auftraggeber verändert werden.[7] Einzig zulässige Korrekturen, welche der Auftraggeber bei der rechnerischen Bewertung der Angebote vornehmen kann, seien **Additions- und Multiplikationsfehler**.[8] Nur durch eine konsequente Anwendung von § 16cEU Abs. 2 Nr. 1 könne Manipulationsversuchen wirksam begegnet werden.[9] Sei der Einheitspreis falsch, müsse der Auftraggeber folglich ausgehend vom falschen Einheitspreis den Positionspreis berechnen. Damit verbleibt das Angebot in der Wertung und kann, sofern es nicht unangemessen niedrig oder hoch ist, den Zuschlag erhalten.[10] Vorstehendes soll auch für den Fall gelten, dass der Einheitspreis falsch eingetragen, aber der Gesamtbetrag der Position, ausgehend von dem falschen Einheitspreis, richtig berechnet wurde.[11] In diesem Fall ist der Anwendungsbereich des § 16cEU Abs. 2 Nr. 1 nicht eröffnet, weil keine rechnerische Unstimmigkeit vorliegt. Die **Korrektur eines unzutreffenden Einheitspreises** soll im Rahmen der rechnerischen Prüfung aber gänzlich ausgeschlossen sein. Nach dieser Auffassung ist für Preiskorrekturen außerhalb des § 16cEU, dh sobald es sich nicht um einfache Rechenfehler handelt, kein Raum.

5 Nach dem OLG Düsseldorf kommt es bei Frage der Korrektur eines versehentlich falsch angegebenen Preises entscheidend darauf an, ob es sich um eine zulässige nachträgliche Klarstellung des Angebotsinhalts oder eine unstatthafte nachträgliche Änderung des Angebotes handelt.[12] Die Grenze bildet das **Nachverhandlungsverbot.** Ergibt sich aus den Angebotsunterlagen bei Auslegung nach §§ 133, 157 BGB **zweifelsfrei,** dass ein ganz bestimmter Einheitspreis gewollt war, so sei die Korrektur einer offensichtlich preislichen Falschangabe möglich. Sobald Nachforschungen beim Bieter über das wirklich Gewollte erforderlich sind, sollen diese Voraussetzungen aber nicht vorliegen.[13] Das OLG Düsseldorf hat – zutref-

---

[4] VK Sachsen Beschl. v. 10.3.2015 – 1/SVK/044-14, VPR 2015, 205.
[5] VK Sachsen Beschl. v. 10.3.2015 – 1/SVK/044-14, VPR 2015, 205.
[6] So VK Sachsen Beschl. v. 29.7.2002 -1/SVK/069-02, IBRRS 2002, 1035; VK Bund Beschl. v. 13.8.2007 – VK 1-86/07; OLG Saarland Beschl. v. 27.5.2009 – Verg 2/09, IBRRS 70500; grds. auch Kapellmann/Messerschmidt/*Frister* § 16c Rn. 10 f.
[7] VK Sachsen Beschl. v.29.7.2002 – 1/SVK/069-02, IBRRS 2002, 1035.
[8] So VK Sachsen Beschl. v. 29.7.2002 – 1/SVK/069-02, IBRRS 2002, 1035; VK Bund Beschl. v. 13.8.2007 – VK 1-86/07; OLG Saarland Beschl. v. 27.5.2009 – Verg 2/09, IBRRS 70500.
[9] VK Bund Beschl. v. 13.8.2007 – VK 1-86/07; Kapellmann/Messerschmidt/*Frister* § 16c Rn. 10 f.
[10] OLG Saarland Beschl. v. 27.5.2009 – Verg 2/09, IBRRS 70500.
[11] VK Sachsen Beschl. v.29.7.2002 – 1/SVK/069-02, IBRRS 2002, 1035.
[12] OLG Düsseldorf Beschl. v. 16.3.2016 – Verg 48/15, BeckRS 2016, 09166.
[13] OLG Düsseldorf Beschl. v. 16.3.2016 – Verg 48/15, BeckRS 2016, 09166: Der Einheitspreis lässt sich durch Auslegung nicht zweifelsfrei feststellen, wenn der Bieter auf einen Vergleich mit für andere Positionen

fend – das Vorliegen eines Ausschlussgrundes nach § 16EG Abs. 1 Nr. 1 lit. c aF geprüft, weil der vom Bieter eingetragene Einheitspreis mit 1,01 EUR/t, statt den kalkulierten 1.010,00 EUR/t, unzutreffend war.

Richtigerweise ist die Frage der Möglichkeit der Korrektur unzutreffender Preisangaben bei der Prüfung des § 16EU Nr. 3 zu stellen. Hat ein Bieter – für den Auftraggeber erkennbar – versehentlich einen falschen Einheitspreis angeboten, weil er seiner Kalkulation nicht entspricht, so ist im Rahmen der § 16EU Nr. 3, § 13EU Abs. 1 Nr. 3 zu prüfen, ob das Angebot auszuschließen ist. Zutreffend führt das OLG Düsseldorf aus, dass eine Korrektur jedenfalls dann möglich ist, wenn sich den Angebotsunterlagen zweifelsfrei entnehmen lässt, dass ein bestimmter Einheitspreis gewollt war. Lässt sich der gewollte Einheitspreis den Angebotsunterlagen nicht eindeutig entnehmen, so ist das Angebot auszuschließen. Der gewollte Einheitspreis ergibt sich bspw. zweifelsfrei aus den Angebotsunterlagen, wenn der Auftraggeber (bei Ausschreibung eines Wärmelieferungsvertrages) in verschiedenen Formblättern die gleichen Preise, einmal allerdings in Euro/MWh und einmal in Euro/kWh, abfragt und der Bieter in allen Formularen jeweils identische Preise angibt und sich somit offensichtlich bei Abfrage der Werte für Euro/kWh um drei Dezimalstellen vertan hat.[14] Der für eine Kilowattstunde angegebene Preis ist in diesem Fall 1000-fach überhöht. § 16cEU Abs. 2 Nr. 1 gibt im Rahmen der rechnerischen Prüfung der Angebote eine konkrete **Auslegungsregel** bei Unstimmigkeiten zwischen dem Gesamtbetrag einer Ordnungszahl und dem Ergebnis der Multiplikation von Mengenansatz und Einheitspreis vor. Bei der rechnerischen Prüfung geht es darum, nachzuvollziehen, ob die einzelnen vom Bieter in das Angebot eingetragenen Zahlen rechnerisch richtig sind. Hierbei ist u.a. eine Multiplikation von Mengenansatz und Einheitspreis vorzunehmen, um – mittels dieser Rechenoperation – etwaige Rechenfehler aufzudecken.[15] § 16cEU Abs. 2 Nr. 1, der den Umgang mit Unstimmigkeiten als Ergebnis einer **Rechenoperation** regelt, lässt sich nicht entnehmen, dass eine Korrektur des Einheitspreises in jedem Fall ausgeschlossen ist.[16]

Weicht das vom Bieter Gewollte und somit auch Kalkulierte vom tatsächlich Erklärten ab, liegt auf Seiten des Bieters auch ein **Erklärungsirrtum** vor, der nach § 119 Abs. 1 BGB zur Anfechtung berechtigt. Der Bieter kann sich innerhalb der Frist des § 121 BGB von seiner Erklärung lösen. Bei Vorliegen eines Erklärungsirrtums ist das Angebot nach § 16EU Nr. 3 auch auszuschließen, weil der Angebotspreis aufgrund der Anfechtbarkeit der Willenserklärung noch nicht endgültig feststeht.[17] Ein anfechtbarer Erklärungsirrtum liegt zB bei einem Schreibfehler vor. Dies gilt auch dann, wenn der Bieter noch im laufenden Vergabeverfahren auf die Anfechtung verzichtet, da es sich um einen nachträglichen Willensentschluss des Bieters handelt und er es folglich in der Hand hätte, seine Position durch eine Erklärung nach Angebotsabgabe zu beeinflussen.[18] Im Ergebnis kann ein Angebot nur gewertet werden, wenn jeder in der Leistungsbeschreibung vorgesehene Preis so wie gefordert vollständig mit dem Betrag angegeben wurde, der für die betreffende Leistung tatsächlich auch beansprucht wird.

b) Pauschalpreisvertrag. Bei Vergabe für eine Pauschalsumme gilt diese gem. § 16cEU Abs. 2 Nr. 2 ohne Rücksicht auf etwa angegebene Einzelpreise. Bei einem Pauschalpreisvertrag wird die **gesamte Bauleistung** mit einem Pauschalpreis vergütet. Für den Auftraggeber lässt sich grundsätzlich nicht ermitteln, wie der Bieter den Pauschalpreis festgelegt hat. Eine Überprüfung anhand der Einzelpreise findet folglich nicht statt.

---

angebotene Einheitspreise verweist, wenn diese nicht bereits von der Leistungsbeschreibung her identisch sind. Dies gilt erst recht, wenn der Bieter bei diesen Positionen jeweils unterschiedliche Preise kalkuliert hat. Ein Vergleich mit den Einheitspreisen der anderen Positionen ergibt folglich nur, dass der streitige Preis deutlich nach unten abweicht und wahrscheinlich falsch ist. Welcher Preis angeboten werden sollte, ergibt sich indes nicht.

[14] OLG München Beschl. v. 29.7.2010 – Verg 9/10, BauR 2011, 309.
[15] VK Sachsen-Anhalt Beschl. v. 17.10.2014 – 3 VK LSA 82/14, ZfBR 2015, 518.
[16] So auch Ingenstau/Korbion/von Wietersheim § 16c Rn. 4.
[17] OLG Karlsruhe Beschl. v. 11.11.2011 – 15 Verg 11/11, BeckRS 2014, 14634.
[18] Zutreffend OLG Karlsruhe Beschl. v. 11.11.2011 – 15 Verg 11/11, BeckRS 2014, 14634.

9 **c) Kalkulationsirrtum.** Unterläuft dem Bieter bei der Kalkulation ein Fehler, in dem er bspw. bei der Berechnung des Einheitspreises statt der Abrechnungseinheit „Tonne" die Abrechnungseinheit „m2" und als Massenansatz 150 kg/m2 zugrunde legt, so berechtigt dieser zunächst nicht zur Anfechtung nach § 119 Abs. 1 BGB. Hier weicht die Erklärung des Bieters nicht von seiner Kalkulation ab. Die Erteilung des Zuschlags auf ein von einem Kalkulationsirrtum beeinflusstes Angebot kann aber einen Verstoß gegen die Pflicht zur Rücksichtnahme gem. § 241 Abs. 2 BGB auf die Interessen des betreffenden Bieters darstellen. Die Schwelle zu einem solchen Pflichtenverstoß ist überschritten, wenn dem Bieter aus Sicht eines verständigen öffentlichen Auftraggebers bei wirtschaftlicher Betrachtung schlechterdings nicht mehr angesonnen werden kann, sich mit dem irrig kalkulierten Preis als einer auch nur annähernd äquivalenten Gegenleistung für die zu erbringende Bau-, Liefer- oder Dienstleistung zu begnügen.[19]

10 **2. Technische Prüfung.** Gegenstand der technischen Prüfung ist die Erfüllung der in der Leistungsbeschreibung gestellten technischen Anforderungen. Ein Angebot, welches die technischen Anforderungen nicht erfüllt, ist auszuschließen. Die Prüfung hat nach den Grundsätzen der **allgemein anerkannten Regeln der Technik,** ggf. unter Hinzuziehung eines Sachverständigen, zu erfolgen.[20] Die technische Prüfung ist nach VHB 2008 (Stand April 2016, Richtlinien zu 321, 3.2.) wie folgt durchzuführen:

„3.2. Technische Prüfung der Angebote

Es ist zu prüfen, ob das Angebot die in der Leistungsbeschreibung gestellten technischen Anforderungen – insbesondere mit den angebotenen Produkten und Verfahren – erfüllt.

Der Nachweis, dass eine angebotene Leistung den geforderten Merkmalen entspricht, kann durch geeignete Bescheinigungen wie die Vorlage eines Prüfberichts, eines Testberichts oder eines Zertifikates einer akkreditierten Konformitätsbewertungsstelle vom Bieter geführt werden.

Konformitätsbewertungsstellen bescheinigen die Übereinstimmung eines Produktes (Konformität) mit den festgelegten Anforderungen, zB CE-Kennzeichnungen oder GS-Zeichen.

Bekannte private Konformitätsbewertungsstellen in Deutschland sind zB die Technischen Überwachungsvereine (TÜV) und der Deutsche Kraftfahrzeug-Überwachungsverein (DEKRA). Staatliche Stellen sind zB die Physikalisch-Technische Bundesanstalt (PTB) und die Bundesanstalt für Materialforschung und -prüfung (BAM).

Angebote über Leistungen mit von der Leistungsbeschreibung abweichenden Spezifikationen sind als Hauptangebot daraufhin zu prüfen, ob sie mit dem geforderten Schutzniveau in Bezug auf Sicherheit, Gesundheit und Gebrauchstauglichkeit gleichwertig sind und die Gleichwertigkeit zB durch die Vorlage von Zertifikaten einer akkreditierten Konformitätsbewertungsstelle nachgewiesen ist.

Sofern die Vorlage von bestimmten Gütezeichen gefordert ist und der Bieter sich erfolgreich darauf beruft, dass er keine Möglichkeit hatte, diese vorzulegen, ist zu prüfen, ob die Erfüllung der gestellten Anforderungen in anderer Weise nachgewiesen ist.

Bei Vergabeverfahren nach dem 2. Abschnitt ist außerdem die Erfüllung spezifischer umweltbezogener, sozialer oder sonstiger Merkmale zu prüfen.

Bei Nebenangeboten ist zu prüfen, ob der angebotene Leistungsinhalt qualitativ und quantitativ den Anforderungen der Leistungsbeschreibung entspricht bzw. in EU-Verfahren die Mindestanforderungen erfüllt.

Angebote, die den gestellten Anforderungen nicht genügen, sind auszuschließen."

11 **3. Wirtschaftliche Prüfung.** Nach § 127 Abs. 1 S. 1 GWB ist der Zuschlag auf das wirtschaftlichste Angebot zu erteilen, wobei sich das wirtschaftlichste Angebot nach dem besten **Preis-Leistungs-Verhältnis** bestimmt (§ 127 Abs. 1 S. 3 GWB). Ins Verhältnis gesetzt werden demnach die Mittel (Preis und Kosten), die der Auftraggeber zur Umsetzung

---
[19] BGH Urt. v. 11.11.2014 – X ZR 32/14, NJW 2015, 1513.
[20] Kapellmann/Messerschmidt/*Frister* § 16c Rn. 13; Ingenstau/Korbion/*von Wietersheim* § 16c Rn. 12.

des konkreten Beschaffungsvorhabens einsetzen möchte und der mit der Ausschreibung verfolgte Zweck.[21] Die Prüfung der Wirtschaftlichkeit der Angebote dient der Feststellung, ob die Angebote – auch die Nebenangebote – in Bezug auf die zu vergebende Leistung sachgerecht erstellt worden sind.[22] Zu prüfen ist, zumindest überschlägig, ob die im Angebot enthaltenen Preise und Kosten mit Blick auf die ausgeschriebene Leistung angemessen sind.[23] Dabei sind beispielhaft mögliche Vorteile bei Nebenangeboten,[24] Hinweise auf eine Mischkalkulation, Spekulationspreise sowie Auswirkungen von Alternativ- und Eventualpositionen,[25] Preisnachlässe und Skontoangebote, Preise, die in einem auffälligen Missverhältnis zur Bauleistung stehen,[26] usw. einzubeziehen. Der Auftraggeber kann bei der wirtschaftlichen Prüfung der Angebote, wie bei der technischen Prüfung, einen Sachverständigen mit einbeziehen.

4. Nachweis für die Erfüllung spezifischer umweltbezogener, sozialer oder sonstiger Merkmale der zu vergebenden Leistung (Abs. 1 S. 2). Der Auftraggeber kann spezifische umweltbezogene, soziale oder sonstige Anforderungen stellen. Nach § 97 Abs. 3 GWB werden bei der Vergabe auch Aspekte der Qualität und der Innovation sowie soziale und umweltbezogene Aspekte berücksichtigt. Stellt der Auftraggeber entsprechende Anforderungen, ist auch deren Einhaltung nach § 16cEU zu prüfen. § 16cEU Abs. 1 S. 2 betrifft dabei die Nachweisführung der Bieter. Konkret ist geregelt, dass als Nachweise für die Erfüllung spezifischer umweltbezogener, sozialer oder sonstiger Merkmale der zu vergebenden Leistung Bescheinigungen, insbesondere Gütezeichen, Testberichte, Konformitätserklärungen und Zertifizierungen, welche die in § 7aEU genannten Bedingungen erfüllen, zugelassen sind. Hinsichtlich der zu erfüllenden Bedingungen ist auf die Kommentierung zu § 7aEU (→ § 7aEU Rn. 1 ff.) zu verweisen.

III. Niederschrift

Gemäß § 16cEU Abs. 3 sind die aufgrund der Prüfung festgestellten **Angebotsendsummen** in der Niederschrift über den Öffnungstermin zu vermerken. Es handelt sich dabei um eine nachträgliche Eintragung in die Niederschrift, da der Öffnungstermin bereits abgeschlossen ist. Die Niederschrift muss nach § 14aEU Abs. 3 Nr. 1 lit. b ua die Endbeträge der Angebote oder einzelner Lose enthalten. Hierbei handelt es sich um die noch ungeprüften Endbeträge. Die geprüften und ggf. korrigierten Endbeträge müssen getrennt ausgewiesen werden, um Unterschiede transparent nachvollziehen zu können. Den Bietern ist nach § 14aEU Abs. 6 S. 2 die Einsicht in die Niederschrift und ihre Nachträge zu gestatten.

§ 16dEU Wertung

(1)
1. ¹Auf ein Angebot mit einem unangemessen hohen oder niedrigen Preis oder mit unangemessen hohen oder niedrigen Kosten darf der Zuschlag nicht erteilt werden. ²Insbesondere lehnt der öffentliche Auftraggeber ein Angebot ab, das unangemessen niedrig ist, weil es den geltenden umwelt-, sozial- und arbeitsrechtlichen Anforderungen nicht genügt.
2. ¹Erscheint ein Angebotspreis unangemessen niedrig und ist anhand vorliegender Unterlagen über die Preisermittlung die Angemessenheit nicht zu beurteilen, ist vor Ablehnung des Angebots vom Bieter in Textform Aufklärung über die Ermittlung der Preise oder Kosten für die Gesamtleistung oder für Teilleistungen

---

[21] KKPP/*Wiedemann* GWB § 127 Rn. 24.
[22] VHB 2008 Stand April 2016 Formblatt 321 Ziff. 3.3.
[23] Ingenstau/Korbion/*von Wietersheim* § 16c Rn. 15.
[24] VHB 2008 Stand April 2016 Formblatt 321 Ziff. 3.3.
[25] Kapellmann/Messerschmidt/*Frister* § 16c Rn. 17; Ingenstau/Korbion/*von Wietersheim* § 16c Rn. 15.
[26] VHB 2008 Stand April 2016 Formblatt 321 Ziff. 3.3.

zu verlangen, gegebenenfalls unter Festlegung einer zumutbaren Antwortfrist. ²Bei der Beurteilung der Angemessenheit prüft der öffentliche Auftraggeber – in Rücksprache mit dem Bieter – die betreffende Zusammensetzung und berücksichtigt dabei die gelieferten Nachweise.
3. ¹Sind Angebote auf Grund einer staatlichen Beihilfe ungewöhnlich niedrig, ist dies nur dann ein Grund sie zurückzuweisen, wenn der Bieter nicht nachweisen kann, dass die betreffende Beihilfe rechtmäßig gewährt wurde. ²Für diesen Nachweis hat der öffentliche Auftraggeber dem Bieter eine ausreichende Frist zu gewähren. ³Öffentliche Auftraggeber, die trotz entsprechender Nachweise des Bieters ein Angebot zurückweisen, müssen die Kommission der Europäischen Union darüber unterrichten.
4. In die engere Wahl kommen nur solche Angebote, die unter Berücksichtigung rationellen Baubetriebs und sparsamer Wirtschaftsführung eine einwandfreie Ausführung einschließlich Haftung für Mängelansprüche erwarten lassen.

(2)
1. ¹Der Zuschlag wird auf das wirtschaftlichste Angebot erteilt. ²Grundlage dafür ist eine Bewertung des öffentlichen Auftraggebers, ob und inwieweit das Angebot die vorgegebenen Zuschlagskriterien erfüllt. ³Das wirtschaftlichste Angebot bestimmt sich nach dem besten Preis-Leistungs-Verhältnis. ⁴Zu dessen Ermittlung können neben dem Preis oder den Kosten auch qualitative, umweltbezogene oder soziale Aspekte berücksichtigt werden.
2. ¹Es dürfen nur Zuschlagskriterien und deren Gewichtung berücksichtigt werden, die in der Auftragsbekanntmachung oder in den Vergabeunterlagen genannt sind.
²Zuschlagskriterien können insbesondere sein:
a) Qualität einschließlich technischer Wert, Ästhetik, Zweckmäßigkeit, Zugänglichkeit, Design für alle, soziale, umweltbezogene und innovative Eigenschaften;
b) Organisation, Qualifikation und Erfahrung des mit der Ausführung des Auftrags betrauten Personals, wenn die Qualität des eingesetzten Personals erheblichen Einfluss auf das Niveau der Auftragsausführung haben kann, oder
c) Kundendienst und technische Hilfe sowie Ausführungsfrist.
³Die Zuschlagskriterien müssen mit dem Auftragsgegenstand in Verbindung stehen. ⁴Zuschlagskriterien stehen mit dem Auftragsgegenstand in Verbindung, wenn sie sich in irgendeiner Hinsicht und in irgendeinem Lebenszyklus-Stadium auf diesen beziehen, auch wenn derartige Faktoren sich nicht auf die materiellen Eigenschaften des Auftragsgegenstandes auswirken.
3. Die Zuschlagskriterien müssen so festgelegt und bestimmt sein, dass die Möglichkeit eines wirksamen Wettbewerbs gewährleistet wird, der Zuschlag nicht willkürlich erteilt werden kann und eine wirksame Überprüfung möglich ist, ob und inwieweit die Angebote die Zuschlagskriterien erfüllen.
4. Es können auch Festpreise oder Festkosten vorgegeben werden, sodass der Wettbewerb nur über die Qualität stattfindet.
5. Die Lebenszykluskostenrechnung umfasst die folgenden Kosten ganz oder teilweise:
a) von dem öffentlichen Auftraggeber oder anderen Nutzern getragene Kosten, insbesondere Anschaffungskosten, Nutzungskosten, Wartungskosten, sowie Kosten am Ende der Nutzungsdauer (wie Abholungs- und Recyclingkosten);
b) Kosten, die durch die externen Effekte der Umweltbelastung entstehen, die mit der Leistung während ihres Lebenszyklus in Verbindung stehen, sofern

ihr Geldwert bestimmt und geprüft werden kann; solche Kosten können Kosten der Emission von Treibhausgasen und anderen Schadstoffen sowie sonstige Kosten für die Eindämmung des Klimawandels umfassen.

6. ¹Bewertet der öffentliche Auftraggeber den Lebenszykluskostenansatz, hat er in der Auftragsbekanntmachung oder in den Vergabeunterlagen die vom Unternehmer bereitzustellenden Daten und die Methode zur Ermittlung der Lebenszykluskosten zu benennen. ²Die Methode zur Bewertung der externen Umweltkosten muss
   a) auf objektiv nachprüfbaren und nichtdiskriminierenden Kriterien beruhen,
   b) für alle interessierten Parteien zugänglich sein und
   c) gewährleisten, dass sich die geforderten Daten von den Unternehmen mit vertretbarem Aufwand bereitstellen lassen.
7. Für den Fall, dass eine gemeinsame Methode zur Berechnung der Lebenszykluskosten durch einen Rechtsakt der Europäischen Union verbindlich vorgeschrieben wird, findet diese gemeinsame Methode bei der Bewertung der Lebenszykluskosten Anwendung.

(3) Ein Angebot nach § 13EU Absatz 2 ist wie ein Hauptangebot zu werten.

(4) ¹Preisnachlässe ohne Bedingung sind nicht zu werten, wenn sie nicht an der vom öffentlichen Auftraggeber nach § 13EU Absatz 4 bezeichneten Stelle aufgeführt sind. ²Unaufgefordert angebotene Preisnachlässe mit Bedingungen für die Zahlungsfrist (Skonti) werden bei der Wertung der Angebote nicht berücksichtigt.

(5) ¹Die Bestimmungen der Absätze 1 und 2 sowie der §§ 16bEU, 16cEU Absatz 2 gelten auch bei Verhandlungsverfahren, wettbewerblichen Dialogen und Innovationspartnerschaften. ²Die Absätze 3 und 4 sowie §§ 16EU, 16cEU Absatz 1 sind entsprechend auch bei Verhandlungsverfahren, wettbewerblichen Dialogen und Innovationspartnerschaften anzuwenden.

Schrifttum: *Bartsch/von Gehlen,* Keine zutreffende Ermittlung des besten Preis-Leistungs-Verhältnisses mit Interpolationsformeln, NZBau 2015, 523; *Bartsch/von Gehlen/Hirsch,* Mit Preisgewichtung vorbei am wirtschaftlichsten Angebot, NZBau 2012, 393; *Braun/Kappenmann,* Die Bestimmung des wirtschaftlichsten Bieters nach den Zuschlagskriterien der RL 2004/18/EG, NZBau 2006, 544; *Brieskorn/Stamm,* Die vergaberechtliche Wertung von Angeboten mit negativen Preisen, NZBau 2013, 347; *Burgi,* Vergabefremde Zwecke und Verfassungsrecht, NZBau 2001, 64; *Burgi,* Die Förderung sozialer und technischer Innovationen durch das Vergaberecht, NZBau 2011, 577; *Conrad:* Der Anspruch des Bieters auf den Ausschluss ungewöhnlich niedriger Konkurrenzangebote nach neuem Vergaberecht, ZfBR 2017, 40; *Delcuvé* Schulbenotung von Angeboten – Roma locuta, causa finita? NZBau 2017, 646; *Freise,* Berücksichtigung von Eignungsmerkmalen bei der Ermittlung des wirtschaftlichsten Angebots?, NZBau 2009, 225; *Gabriel,* Die vergaberechtliche Preisprüfung auf dritter Angebotswertungsstufe und die (Un-)Zulässigkeit von sog. Unterkostenangeboten, VergabeR 2013, 300; *Gaus,* Abschaffung der Schulnoten in der Angebotswertung? NZBau 2017, 134; *Hattenhauer/Butzert:* Die Etablierung ökologischer, sozialer, innovativer und qualitativer Aspekte im Vergabeverfahren, ZfBR 2017, 129; *Hölzl:* Volle Überprüfbarkeit ungewöhnlich niedriger Angebote, NZBau 2018, 18; *Hölzl/Friton,* Entweder – Oder: Eignungs- sind keine Zuschlagskriterien, NZBau 2008, 307; *Müller-Wrede,* Die Wertung von Unterpreisangeboten – Das Ende einer Legende, VergabeR 2011, 46; *Otting,* Eignungs- und Zuschlagskriterien im neuen Vergaberecht, VergabeR 2016, 316.

Übersicht

	Rn.		Rn.
I. Überblick	1	6. Aufklärung bei unangemessen niedrigem Angebotspreis	10–14
II. Preisprüfung	2–19	7. Ungewöhnlich niedriger Angebotspreis aufgrund einer staatlichen Beihilfe (Abs. 1 Nr. 3)	15–18
1. Grundsatz	2		
2. Schutzzweck	3		
3. Prüfung des Preis-/Leistungsverhältnisses	4–6	8. Engere Wahl (Abs. 1 Nr. 4)	19
		III. Ermittlung des wirtschaftlichsten Angebots (Abs. 2)	20–54
4. Ausschluss von Angeboten ohne vorherige Pflicht zur Aufklärung	7, 8		
5. Aufgreifschwelle	9	1. Grundsatz und unionsrechtlicher Hintergrund (Nr. 1)	20–22

	Rn.		Rn.
2. Bekanntgabe der Zuschlagskriterien (Nr. 2)	23–26	4. Verbindung zum Auftragsgegenstand	44, 45
3. Zulässige Zuschlags- bzw. Unterkriterien	27–43	5. Weitere Transparenzanforderungen (Nr. 3)	46
a) Zuschlagskriterium Preis	30, 31	6. Vorgabe von Festpreisen oder -kosten (Nr. 4)	47, 48
b) Kosten	32	7. Lebenszykluskosten (Nr. 5–7)	49–54
c) Qualität	33	**IV. Wertung von Angeboten nach § 13EU Abs. 3**	55–57
d) Ästhetik	34	**V. Wertung von Nebenangeboten**	58–63
e) Zweckmäßigkeit	35	1. Grundsatz	58, 59
f) Zugänglichkeit und Design für alle	36, 37	2. Mindestanforderungen	60–62
g) Soziale, umweltbezogene und innovative Eigenschaften	38	3. Gleichwertigkeitsprüfung	63
h) Organisation, Qualifikation und Erfahrung des mit der Ausführung des Auftrags betrauten Personals	39, 40	**VI. Wertung von Preisnachlässen**	64, 65
i) Kundendienst und technische Hilfe sowie Ausführungsfrist	41, 42	**VII. Geltung bei bestimmten Verfahrensarten**	66, 67
j) Rentabilität	43		

I. Überblick

1 16dEU entspricht dem früheren § 16EG Abs. 6–11. Regelungsgegenstand ist die **Wertung** derjenigen Angebote, die nicht nach den §§ 16EU, 16aEU S. 4 auszuschließen sind und bei denen die Eignungsprüfung zugunsten der jeweiligen Bieter ausgefallen ist. Während § 16cEU die sachliche Angebotsprüfung in eher „handwerklicher" Hinsicht ausgestaltet, geht § 16dEU **weit über eine bloße Verfahrensanweisung hinaus.** Die Vorschrift befasst sich zunächst in Abs. 1 mit der **Preisprüfung,** einschließlich umfangreicher Vorgaben zur Behandlung von Angeboten mit unangemessen hohen oder niedrigen Preisen. Abs. 2 stellt gegenüber § 16EG zum Teil eine Neuerung dar: In teilweiser Doppelung zu § 127 GWB, der zentralen Vorschrift im Zusammenhang mit der Zuschlagserteilung, wird nicht nur **die Zuschlagserteilung auf das wirtschaftlichste Angebot auf Basis der Zuschlagskriterien** als Ziel und Zweck des Wertungsvorgangs in den Vordergrund gerückt. Abs. 2 stellt darüber hinaus umfängliche **Anforderungen** an die **Auswahl, Gestaltung und Bekanntgabe der Zuschlagskriterien.** § 16dEU betrifft damit den „entscheidenden Kern" der Angebotswertung und ist zugleich, zusammen mit den die Eignung betreffenden §§ 6EU–6fEU eine der zentralen Vorschriften des materiellen Vergaberechts.[1] Die Abs. 3–5 regeln abschließend Einzelfragen zur Behandlung von Angeboten, die in den **technischen Spezifikationen** von der Leistungsbeschreibung abweichen, zur Wertung von Preisnachlässen sowie zur **Anwendbarkeit** der §§ 16EU–16dEU auf die besonderen Verfahrensarten des **Verhandlungsverfahrens,** des **wettbewerblichen Dialogs** und der **Innovationspartnerschaft.**

II. Preisprüfung

2 **1. Grundsatz.** Nach § 16dEU Abs. 1 Nr. 1 darf auf ein Angebot mit einem **unangemessen hohen und niedrigen Preis oder mit unangemessen hohen oder niedrigen Kosten** der Zuschlag nicht erteilt werden. Insbesondere hat der Auftraggeber ein Angebot abzulehnen, das unangemessen niedrig ist, weil es den geltenden umwelt-, sozial- und arbeitsrechtlichen Anforderungen nicht genügt. Lässt sich anhand der vorliegenden Unterlagen über die Preisermittlung die Angemessenheit nicht beurteilen und erscheint ein Angebotspreis unangemessen niedrig, ist vor Ablehnung des Angebots vom Bieter in Textform **Aufklärung** über die Ermittlung der Preise und Kosten für die Gesamtleistung oder für Teilleistungen zu verlangen (§ 16dEU Abs. 1 Nr. 2). Ein Angebotsausschluss ist bei Angeboten mit einem unangemessen niedrigen Preis somit erst nach Aufklärung möglich. § 16dEU Abs. 1 knüpft an die Regelung in Art. 69 RL 2014/24/EU zur Behandlung ungewöhnlich

---

[1] Ingenstau/Korbion/von Wietersheim § 16d Rn. 1; *Hölzl* in Band 3 → GWB § 127 Rn. 4.

niedriger Angebote an. Der Begriff der Kosten umfasst, in Abgrenzung zum Preis, der das unmittelbar für eine Leistung zu entrichtende Entgelt bildet, dabei sowohl die beim Auftraggeber anfallenden Kosten (bspw. finanzieller Aufwand für Betrieb und Wartung der Leistung) als auch die allein beim Auftragnehmer anfallenden Kosten.[2] Art. 67 Abs. 2 RL 2014/24/EU sieht ausdrücklich eine Bewertung der Kosten vor. In Erwägungsgrund 92 RL 2014/24/EU heißt es dazu, dass den qualitativen Kriterien ein Kostenkriterium an die Seite gestellt werden soll, das – je nach Wahl des öffentlichen Auftraggebers – entweder der Preis oder ein Kosten-Wirksamkeits-Ansatz wie der Lebenszyklus-Kostenansatz sein könnte. Die Kosten sind somit im Rahmen der Wertung zu berücksichtigen.

2. Schutzzweck. § 16dEU Abs. 1 dient in erster Linie dem **Schutz des Auftraggebers,** der bei Zuschlagserteilung auf ein Angebot mit einem unangemessen niedrigen Preis Gefahr läuft, dass der Bieter die Leistung entweder **qualitativ schlecht** ausführt oder aber in **unberechtigte Nachforderung**en auszuweichen versucht.[3] Leistungen, die zu einem unangemessen niedrigen Preis angeboten werden, bergen das Risiko einer im Ergebnis unwirtschaftlichen Beschaffung.[4] Der BGH hat in seiner Entscheidung vom 31.1.2017 dargelegt, dass die Vorschrift des § 16dEU Abs. 1 auch **drittschützend** ist, weil die Zuschlagserteilung auf ein Angebot mit einem unangemessen niedrigen Preis zu einer Auftragserteilung unter Verstoß gegen den Wettbewerbsgrundsatz konkretisierende Regelungen führt.[5] Eine Differenzierung zwischen § 16dEU Abs. 1 Nr. 1 – Ausschluss eines Angebots mit unangemessen hohem oder niedrigen Preis oder mit unangemessen hohen oder niedrigen Kosten – und § 16dEU Abs. 1 Nr. 2 – Aufklärung über die Ermittlung der Preise – wurde dabei zutreffend nicht vorgenommen, sodass von einem umfassenden Drittschutz auszugehen ist.[6] Sowohl die Entscheidung des Auftraggebers ein Angebot vom Vergabeverfahren auszuschließen, als auch die Entscheidung von einem solchen Ausschluss abzusehen, beeinflusst die **Position der Mitbewerber.**[7] Nach der Rechtsprechung des EuGH soll durch die Preisprüfung, insbesondere die Aufklärung von Angeboten mit einem unangemessen niedrigen Angebotspreis und die damit verbundene Möglichkeit des Bieters, den Nachweis der Seriosität seines Angebotes zu erbringen, eine willkürliche Entscheidung des Auftraggebers verhindert und ein gesunder Wettbewerb zwischen den Unternehmen gewährleistet werden.[8] Ist der Schutzzweck der Preisprüfung nach § 16dEU Abs. 1 aber auch in der Gewährleistung eines gesunden Wettbewerbs zu sehen, so ist es nur konsequent von einem generellen Drittschutz dieser Regelung auszugehen.[9]

3. Prüfung des Preis-/Leistungsverhältnisses. Bei der Beurteilung der Unangemessenheit eines Preises oder der Kosten sind als Anhaltspunkt neben dem üblichen Markt-

---

[2] Kapellmann/Messerschmidt/*Frister* Rn. 4; Ingenstau/Korbion/*von Wietersheim* Rn. 2.
[3] VK Südbayern Beschl. v. 10.2.2006 – 57-12/05, IBRRS 2006, 4078.
[4] BGH Beschl. v. 31.1.2017 – X ZB 10/16, NZBau 2017, 230.
[5] BGH Beschl. v. 31.1.2017 – X ZB 10/16, NZBau 2017, 230; so auch: VK Lüneburg Beschl. v. 13.7.2017 – VgK-17/2017, IBRRS 2017, 3401; VK Bund Beschl. v. 12.1.2018 – VK 2-148/17, IBRRS 2018, 0727.
[6] *Hölzl* NZBau 2018, 18 (22). Zur Rechtslage vor Bekanntwerden von BGH Beschl. v. 31.1.2017 – X ZB 10/16 vgl. *Conrad* ZfBR 2017, 40.
[7] Beck VergabeR/*Opitz* § 16 Rn. 268.
[8] EuGH Urt. v. 29.3.2012 – C-599/10, IBRRS 2012, 1222.
[9] Der Umfang des Drittschutzes war lange Zeit umstritten. Nach einer vermittelnden Ansicht war die Regelung über den Ausschluss von Angeboten mit einem unangemessen hohen oder niedrigen Preis nur einschränkend bieterschützend. Einen Bieterschutz sollte die Bestimmung nur entfalten, wenn Angebote mit unangemessen niedrigem Preis in der zielgerichteten Absicht der Marktverdrängung abgegeben worden sind oder die Gefahr begründen, dass bestimmte Wettbewerber vom Markt ganz verdrängt werden. Ein Bieterschutz sollte ferner bei Angeboten vorliegen, bei denen die (niedrige) Preisgestaltung den Auftragnehmer voraussichtlich in so erhebliche Schwierigkeiten bringen wird, dass er den Auftrag nicht zu Ende ausführen kann, sondern die Ausführung abbrechen muss. Die wettbewerbsbeschränkende Wirkung liege in diesen Fällen darin, dass die am Vergabeverfahren beteiligten Wettbewerbe, die die ausgeschriebene Leistung zu angemessenen Preisen angeboten haben, nicht mehr in der Ausführung des Auftrags eintreten können. Vgl dazu statt vieler: OLG Düsseldorf Beschl. v. 9.5.2011 – Verg 45/11, BeckRS 2011, 18630.

preis[10] oder einem aus anderen Beschaffungsvorgängen bekannten Preis,[11] die vertretbare Kostenschätzung des Auftraggebers sowie die Angebotssummen der anderen Bieter[12] heranzuziehen. Von einem unangemessen hohen oder niedrigen Preis ist auszugehen, wenn der angebotene Preis derart eklatant von dem – zuvor zu ermittelnden – angemessenen Preis abweicht und die Unangemessenheit des Angebotspreises sofort ins Auge fällt.[13] Allein ein beträchtlicher Preisabstand zwischen dem niedrigsten und dem nachfolgenden Angebot ist noch kein hinreichendes Merkmal für einen ungewöhnlich niedrigen Preis, da ein Niedrigpreis wettbewerblich auch begründet sein kann.[14] Die Beurteilung muss immer in Bezug auf den **Gesamtpreis** erfolgen.[15]

5   Der **Kostenschätzung** des Auftraggebers kann nur dann Bedeutung zukommen, wenn diese aufgrund der bei ihrer Aufstellung vorliegenden und erkennbaren Daten als **vertretbar** erscheint.[16] Sie muss auf sämtlichen Positionen beruhen, die auch im Leistungsverzeichnis der konkret durchgeführten Ausschreibung aufgeführt sind, wobei das Schätzungsergebnis gegebenenfalls anzupassen ist, soweit die der Schätzung zugrunde gelegten Preise oder Preisbemessungsfaktoren im Zeitpunkt der Bekanntmachung des Vergabeverfahrens nicht mehr aktuell waren und sich nicht unerheblich verändert haben.[17]

6   Der Auftraggeber prüft die Angemessenheit der Angebote zunächst anhand der mit dem Angebot eingereichten Unterlagen über die Preisermittlung. Er kann sich dazu von den Bietern die im VHB enthaltenen **Formblätter 221, 222 und 223** (Preisermittlung bei Zuschlagskalkulation, Preisermittlung bei Kalkulation über die Endsumme sowie Aufgliederung der Einheitspreise) vorlegen lassen. Formblatt 223 enthält bspw. eine Aufgliederung der Einheitspreise, die eine Plausibilitätsprüfung erlaubt. So können sich bei Prüfung der Teilkosten Anhaltspunkte finden, die Zweifel an der Zahlung des gesetzlichen Mindestlohnes begründen oder Unstimmigkeiten in Bezug die kalkulierten Zeitansätze pro Leistungseinheit. Die Formblätter stellen für die Auftraggeber somit ein wichtiges Hilfsmittel bei der Preisprüfung dar. Dies gilt nicht nur in Bezug auf die Angemessenheitsprüfung, sondern auch im Hinblick auf eine mögliche Mischkalkulation und die Frage, ob das Angebot die geforderten Preise enthält. Ein weiteres Hilfsmittel ist der **Preisspiegel**, der eine Gegenüberstellung der Preise enthält.

7   **4. Ausschluss von Angeboten ohne vorherige Pflicht zur Aufklärung.** Bei Angeboten mit einem **unangemessen hohen Preis** oder mit **unangemessen hohen Kosten** ist der Auftraggeber nicht zur Aufklärung verpflichtet. Kommt er aufgrund der mit dem Angebot eingereichten Unterlagen folglich zu dem Ergebnis, dass ein Angebot mit einem unangemessen hohen Preis vorliegt, darf der Zuschlag auf dieses Angebot nicht erteilt werden. Das Vorliegen von Angeboten mit unangemessen hohen Angebotspreisen gewinnt dann an Relevanz, wenn günstigere Angebote vom Vergabeverfahren auszuschließen sind oder alle Angebote einen unangemessen hohen Angebotspreis aufweisen. In diesen Fällen kann der Auftraggeber die Ausschreibung nach **§ 17EU Abs. 1 Nr. 3** aufheben, da die Beschaffung nicht mehr wirtschaftlich ist.

8   Inwieweit ein Preis **unangemessen hoch** ist, lässt sich nicht durch einen festen Prozentsatz der Abweichung vom üblichen Marktpreis, einem aus vorangegangenen Ausschreibungen bekannten Preis, der vertretbaren Kostenschätzung des Auftraggebers oder der Angebote anderer Bieter bestimmen, sondern ist aufgrund einer **Abwägung im Einzelfall** zu entscheiden.[18]

---

[10] OLG Karlsruhe Beschl. v. 27.7.2009 – 15 Verg 3/09, ZfBR 2010, 196.
[11] Kapellmann/Messerschmidt/*Frister* Rn. 35.
[12] VK Südbayern Beschl. v. 10.2.2006 – 57-12/05, IBRRS 2006, 4078, VK Bund Beschl. v. 12.1.2018 – VK 2-148/17, IBRRS 2018, 0727.
[13] VK Südbayern Beschl. v. 10.2.2006 – 57-12/05, IBRRS 2006, 4078.
[14] VK Südbayern Beschl. v. 10.2.2014 – Z3-3-3194-1-42-11/13, IBRRS 2014, 0990.
[15] Vgl. statt vieler: VK Bund Beschl. v. 12.1.2018 – VK 2-148/17, IBRRS 2018, 0727; VK Sachsen-Anhalt Beschl. v. 5.9.2016 – 3 VK LSA 26/16, IBRRS 2017, 0165.
[16] BGH Beschl. v. 20.11.2012 – X ZR 108/10, NZBau 2013, 180.
[17] VK Mecklenburg-Vorpommern Beschl. v, 18.9.2014 – 2 VK 8/14, IBRRS 2015, 0221.
[18] BGH Urt. v. 20.11.2012 – X ZR 108/10, BeckRS 2012, 25606; VK Bund Beschl. v. 25.1.2013 – VK 3-2/13; OLG Karlsruhe Beschl. v. 27.7.2009 – 15 Verg 3/09, ZfBR 2010, 196.

In den Abwägungsvorgang einzustellen ist zum einen, dass dem Auftraggeber nicht das Risiko einer deutlich überhöhten Preisbildung weit jenseits einer vertretbaren Schätzung der Auftragswerte zugewiesen werden darf. Zum anderen stellt die Aufhebung aber kein latent verfügbares Instrument zur Korrektur von Submissionsergebnissen dar, wenn diese nicht der Erwartungshaltung des Auftraggebers entsprechen.[19] Bei der Kostenschätzung des Auftraggebers handelt es sich letztlich um eine Prognoseentscheidung, sodass mitunter nicht unerhebliche Abweichungen auftreten können. Um von einer Unangemessenheit ausgehen zu können, muss folglich eine erhebliche Abweichung vorliegen.[20] Auf die Kostenschätzung kann bei der Ermittlung eines angemessenen Preises dann nicht abgestellt werden, wenn zwischen Kostenschätzung und Angebotsabgabe eine erhebliche Steigerung der Baupreise stattgefunden hat und/oder es zu Massenmehrungen gekommen ist.[21] Der Angebotspreis anderer Bieter kann dann nicht herangezogen werden, wenn es sich um einen „Kampfpreis" handelt, der dem Bieter Zugang zum Markt verschaffen soll.[22] Im Hinblick auf die Beurteilung, wann ein Angebotspreis unangemessen niedrig erscheint, hat sich in der Rechtsprechung eine Aufgreifschwelle von 20% herausgebildet. An dieser kann sich der Auftraggeber durchaus orientieren.[23]

5. Aufgreifschwelle. In der Rechtsprechung haben sich im Zusammenhang mit der Prüfung eines unangemessen niedrigen Preises prozentuale Aufgreifschwellen herausgebildet, deren Erreichen ein **unangemessen niedriges Erscheinen** indiziert und den Auftraggeber zur Aufklärung verpflichtet. Mehrheitlich wird von einer Aufgreifschwelle von mindestens 20 % zwischen dem günstigsten und zweitgünstigsten Angebot ausgegangen.[24] Der BGH hat in seiner Entscheidung vom 31.1.2017 allerdings offen gelassen, ob eine Schwelle von 20 % als unverrückbare Untergrenze anzusehen ist oder eine Pflicht zur Aufklärung auch bei einem geringeren prozentualen Abstand angenommen werden kann.[25] Angebote, die das nächstgünstige Angebot um lediglich 10 % unterschreiten sind jedenfalls noch nicht ungewöhnlich oder unangemessen niedrig.[26] Bewegt sich der Abstand zwischen dem günstigsten und dem zweitgünstigsten Angebot dagegen zwischen 10 % und 20 %, ist der Auftraggeber nicht daran gehindert, Aufklärung vom Bieter zu verlangen. Voraussetzung ist, dass ihm das Angebot aufgrund von sachlichen und nachvollziehbaren Erwägungen als unangemessen niedrig erscheint.[27] Daneben sehen einige Landesgesetze eine Aufgreifschwelle bei mindestens 10 % Abweichung zum nächsthöheren Angebot vor.[28] Mit dem Erreichen oder Überschreiten der Aufgreifschwelle ist der Angebotspreis noch nicht automatisch als unangemessen niedrig anzusehen. Vielmehr hat der Auftraggeber dann in die Prüfung nach § 16dEU Abs. 1 Nr. 2 einzutreten und insbesondere Aufklärung vom betroffenen Bieter zu verlangen.

6. Aufklärung bei unangemessen niedrigem Angebotspreis. Erscheint ein Angebotspreis unangemessen niedrig und ist anhand vorliegender Unterlagen über die Preiser-

---

[19] BGH Urt. v. 20.11.2012 – X ZR 108/10, BeckRS 2012, 25606.
[20] BGH Urt. v. 20.11.2012 – X ZR 108/10, BeckRS 2012, 25606.
[21] OLG Düsseldorf Beschl. v. 6.6.2007 – Verg 8/07, NZBau 2008, 141.
[22] OLG Düsseldorf Beschl. v. 6.6.2007 – Verg 8/07, NZBau 2008, 141.
[23] Kapellmann/Messerschmidt/*Frister* § 16d Rn. 4; VK Bund Beschl. v. 25.1.2013 – VK 3-2/13: Die Überschreitung der vertretbaren Kostenschätzung des Auftraggebers um durchschnittlich 23% sei im konkreten Fall deutlich spürbar gewesen.
[24] VK Bund Beschl. v. 12.1.2018 – VK 2-148/17, IBRRS 2018, 0727; OLG Düsseldorf Beschl. v. 2.8.2017 – Verg 17/17, BeckRS 2017, 135706; VK Lüneburg Beschl. v. 13.7.2017 – VgK-17/2017, IBRRS 2017, 3401.
[25] BGH Beschl. v. 31.1.2017 – X ZB 10/16, NZBau 2017, 230.
[26] OLG Düsseldorf Beschl. v. 30.4.2014 – VII-Verg 41/13, BeckRS 2014, 09478. VK Sachsen-Anhalt Beschl. v. 5.9.2016 – 3 VK LSA 26/16, IBRRS 2017, 0165: Weicht ein Angebotspreis 9,5 % vom nächsthöheren Angebot ab, liegt kein Angebot mit einem unangemessen niedrigen Preis vor.
[27] OLG Düsseldorf Beschl. v. 30.4.2014 – VII-Verg 41/13, BeckRS 2014, 09478; VK Lüneburg Beschl. v. 2.5.2017 – VgK-08/2017, BeckRS 2017,119958; Kapellmann/Messerschmidt/*Frister* § 16d Rn. 9.
[28] So bspw. § 3 S. 2 BerlAVG und § 6 S. 1 HmbVgG.

mittlung die Angemessenheit nicht zu beurteilen, ist vor Ablehnung des Angebots nach § 16dEU Abs. 1 Nr. 2 S. 1 vom Bieter in Textform **Aufklärung** über die Ermittlung der Preise oder Kosten für die Gesamtleistung oder für Teilleistungen zu verlangen. Dem Auftraggeber darf es somit in einem ersten Schritt nicht möglich sein, die Angemessenheit des Angebotspreises anhand der ihm mit dem Angebot vorgelegten Unterlagen zu beurteilen. § 16dEU Abs. 1 Nr. 2 stellt bereits dem Wortlaut nach klar, dass der Ausschluss eines Angebots – bzw. die Ablehnung – erst nach erfolgter Aufklärung über die Ermittlung der Preise und Kosten für die Gesamtleistung oder für Teilleistungen möglich ist. Der EuGH hat in Bezug auf Art. 55 RL 2004/18/EG[29] sowie Art. 30 Abs. 4 RL 93/37/EWG[30] klargestellt, dass den Bietern vor Angebotsausschluss wegen eines ungewöhnlich niedrigen Angebotspreises die **Möglichkeit zur weiteren Erläuterung** der Seriosität ihres Angebots gegeben werden muss. Art. 69 Abs. 1 RL 2014/24/EU, der durch § 16d Abs. 1 umgesetzt wurde, regelt, dass öffentliche Auftraggeber den Wirtschaftsteilnehmern vorschreiben, die im Angebot vorgeschlagenen Preise oder Kosten zu erläutern, wenn diese im Verhältnis zu den angebotenen Bauleistungen, Lieferungen oder Dienstleistungen ungewöhnlich niedrig erscheinen.

11 Die Gründe für die Abgabe eines Unterkostenangebotes werden sich oft nicht aus den mit dem Angebot vorgelegten Unterlagen ergeben, sodass dem Auftraggeber eine Prüfung und Würdigung des Angebotspreises überhaupt erst nach Aufklärung möglich ist. Bei einem grundsätzlich leistungsfähigen Bieter kann es verschiedenste Gründe geben, im Einzelfall auch ein nichtauskömmliches oder sehr knapp kalkuliertes Angebot abzugeben.[31] Das ist bspw. der Fall, wenn Bieter über besondere technische Kenntnisse verfügen oder sich als Newcomer einen Zugang zum Markt verschaffen möchten.[32] In Bezug auf den Inhalt der Erläuterung kann auch auf Art. 69 Abs. 2 RL 2014/24/EU verwiesen werden. Diese kann sich zB auf die gewählten technischen Lösungen oder alle außergewöhnlich günstigen Bedingungen, über die der Bieter bei der Durchführung von Bauleistungen verfügt (Art. 69 Abs. 2 lit. b RL 2014/24/EU) sowie die Wirtschaftlichkeit des Bauverfahrens (Art. 69 Abs. 2 lit. a RL 2014/24/EU) beziehen.[33] Die Prüfung und Würdigung der vom Bieter vorgelegten Nachweise und die entsprechenden Erläuterungen hat vom Auftraggeber nach § 16dEU Abs. 1 Nr. 2 S. 2 in Rücksprache mit diesem zu erfolgen.

12 Maßgeblich für die Entscheidung, ob ein Angebotspreis tatsächlich unangemessen niedrig ist, ist dabei, ob der Auftraggeber nach Überprüfung der eingeholten Auskünfte so **erhebliche Zweifel an einer ordnungsgemäßen Vertragserfüllung** haben darf, dass ihm bei objektiver Betrachtung ein Zuschlag wegen der damit verbundenen Risiken nicht zugemutet werden kann.[34] Der Auftraggeber berücksichtigt bei der Prüfung Art und Umfang der im konkreten Fall drohenden Gefahren für eine wettbewerbskonforme Ausschreibung.[35] Die Erteilung des Zuschlags auf ein Unterkostenangebot ist nicht per se unzulässig, solange die **Prognose** gerechtfertigt ist, dass der Bieter zum angebotenen Preis zuverlässig und vertragsgerecht leisten wird. Kommt der Auftraggeber aber im Rahmen der Prognoseentscheidung zu dem Ergebnis, dass eine ordnungsgemäße Vertragsausführung nicht zu erwarten steht oder der angebotene, ungewöhnlich niedrige Preis zur Marktverdrängung von Konkurrenten führt, darf er den Zuschlag nicht auf das Unterkostenangebot erteilen.[36] Bei der Prognoseentscheidung steht dem Auftraggeber ein **Ermessen** zu, welches nur auf

---

[29] So auch: EuGH Urt. v. 29.3.2012 – C-599/10, NZBau 2012, 376.
[30] EuGH Urt. v. 27.11.2001 – C-285/99 und C-286/99, NZBau 2002, 101.
[31] VK Lüneburg Beschl. v. 2.5.2017 – VgK-08/2017, BeckRS 2017,119958.
[32] Kapellmann/Messerschmidt/*Frister* § 16d Rn. 9; VK Bund Beschl. v. 22.11.2017 – VK 1-129/17, VPR 2018, 106: Ein besonderes Interesse am Erhalt des Auftrages kann darin liegen, dass ein Bieter wegen der Aufhebung einer vergleichbaren Ausschreibung ohnehin bereitstehende und nicht anderweitig nutzbare Kapazitäten auslasten will.
[33] BGH Beschl. v. 31.1.2017 – X ZB 10/16, NZBau 2017, 230.
[34] VK Südbayern Beschl. v. 10.2.2014 – Z3-3-3194-1-42-11/13, IBRRS 2014, 0990.
[35] BGH Beschl. v. 31.1.2017 – X ZB 10/16, NZBau 2017, 230.
[36] VK Südbayern Beschl. v. 10.2.2014 – Z3-3-3194-1-42-11/13, IBRRS 2014, 0990.

rechtsfehlerfreie Ausübung kontrolliert werden kann.[37] Dem Bieter obliegt es im Wege der sekundären Darlegungslast diejenigen Kalkulationsgrundlagen vorzutragen, welche die Unangemessenheit des angebotenen Preises entkräften.[38] Art. 69 Abs. 3 S. 2 RL 2014/24/EU regelt, dass der Auftraggeber das Angebot nur dann ablehnen kann, wenn die beigebrachten Nachweise das niedrige Niveau des vorgeschlagenen Preises bzw. der vorgeschlagenen Kosten unter Berücksichtigung der in Absatz 2 genannten Faktoren nicht zufriedenstellend erklären können. Aus Art. 69 Abs. 3 S. 2 RL 2014/24/EU ergibt sich im Umkehrschluss aber auch, dass Ungereimtheiten in Bezug auf die Preisbildung, die sich im Wege der Aufklärung nicht zufriedenstellend aufklären lassen, zulasten der Bieter gehen. In diesem Fall ist das Angebot nach der Rechtsprechung des BGH auszuschließen.[39]

Stellt sich im Rahmen der Aufklärung heraus, dass das Angebot deshalb unangemessen niedrig ist, weil es den geltenden umwelt-, sozial- und arbeitsrechtlichen Anforderungen nicht genügt, so hat der Auftraggeber das Angebot auszuschließen.

§ 16dEU Abs. 1 Nr. 2 S. 1 sieht weiter vor, dass der Auftraggeber zur Erläuterung der Preisermittlung oder Kosten gegebenenfalls eine **zumutbare Antwortfrist** festlegt. Eine entsprechende Fristsetzung ist allein im Hinblick auf die laufende Zuschlagsfrist[40] und das Transparenz- sowie Gleichbehandlungsgebot angezeigt. Ohne eine Fristsetzung kann der Auftraggeber auch kaum Rechtsfolgen an eine – bis dahin – unterbliebene Mitwirkung des Bieters knüpfen. Die Frist muss zumutbar sein, d.h. es muss dem Bieter möglich sein, die geforderten Informationen vorzulegen. Hier ist eine Abwägung im Einzelfall erforderlich, die entsprechend zu dokumentieren ist. Soweit § 16dEU Abs. 1 Nr. 2 S. 1 eine Aufklärung in Textform verlangt, ist die Textform iSv § 126b BGB gemeint.

7. Ungewöhnlich niedriger Angebotspreis aufgrund einer staatlichen Beihilfe (Abs. 1 Nr. 3). § 16dEU Abs. 1 regelt in Bezug auf „ungewöhnlich niedrige" Angebote einen Ausnahmetatbestand zu § 16EU Abs. 1 Nr. 1. Sind Angebote auf Grund einer staatlichen Beihilfe ungewöhnlich niedrig, kann das Angebot nur dann ausgeschlossen werden, wenn der Bieter nicht nachweisen kann, dass die betreffende **Beihilfe rechtmäßig gewährt** wurde. Im Gegensatz zu § 16dEU Abs. 1 Nr. 1 und 2, wurde in Nr. 3 die Formulierung „ungewöhnlich niedrig" aus Art. 69 Abs. 4 RL 2014/24/EU übernommen. Die Begriffe „unangemessen" und „ungewöhnlich" sind dabei inhaltsgleich.[41] Kommt der Auftraggeber im Rahmen seiner Prüfung zu dem Ergebnis, dass ein Angebot mit einem ungewöhnlich niedrigen Preis vorliegt und die Ursache hierfür allein in einer staatlichen Beihilfe zu sehen ist, muss er dem Bieter die Möglichkeit geben, nachzuweisen, dass die betreffende Beihilfe rechtmäßig gewährt wurde. Unter Beihilfe sind alle dem Bieter gewährten geldwerten Vergünstigungen aus öffentlichen Mitteln nach EU-, Bundes- oder Landesrecht zu verstehen, die diesem aus den unterschiedlichsten Gründen und ohne adäquate Gegenleistung gewährt werden.[42] Dazu zählen bspw. sog. verlorene Zuschüsse, verbilligte Darlehen, Befreiung und Ermäßigung von Abgaben und Steuervergünstigungen.

Der Bieter muss dem Wortlaut nach nachweisen, dass die betreffende Beihilfe rechtmäßig gewährt wurde. Ihm obliegt die **Darlegungs- und Beweislast** dafür, dass die Beihilfe mit dem Binnenmarkt iSd Art. 107 AEUV vereinbar war. Art. 107 Abs. 2 und Abs. 3 AEUV regeln, welche, vom Tatbestand des Art. 107 Abs. 1 AEUV umfassten, Beihilfen mit dem Binnenmarkt vereinbar sind und welche Beihilfen als mit dem Binnenmarkt vereinbar angesehen werden können. Nach Art. 108 Abs. 3 AEUV müssen die Mitgliedstaaten die Kommission von jeder beabsichtigten Einführung oder Umgestaltung von Beihilfen rechtzeitig unterrichten. Die Kommission prüft die Vereinbarkeit der Beihilfe nach Art 107 AEUV

---

[37] VK Lüneburg Beschl. v. 2.5.2017 – VgK-08/2017, BeckRS 2017,119958.
[38] Kapellmann/Messerschmidt/*Frister* § 16d Rn. 9.
[39] So auch BGH Beschl. v. 31.1.2017 – X ZB 10/16, NZBau 2017, 230.
[40] Ingenstau/Korbion/*von Wietersheim* § 16d Rn. 9.
[41] Ingenstau/Korbion/*von Wietersheim* Rn. 9; Kapellmann/Messerschmidt/*Frister* Rn. 6.
[42] Ingenstau/Korbion/*von Wietersheim* Rn. 9; Kapellmann/Messerschmidt/*Frister* Rn. 6; *Dicks* VgV § 60 Rn. 40.

mit dem Binnenmarkt. Der Bieter kann auf entsprechende Anforderung des Auftraggebers den Nachweis ua durch Vorlage einer Bestätigung der Kommission führen.[43] Er kann ebenso auf eine Veröffentlichung der Beihilfengewährung in einschlägigen Amtsblättern verweisen.[44] Zur Vorlage des Nachweises ist ihm eine ausreichende Frist zu gewähren.

17 Gelingt dem Bieter der Nachweis nicht, ist das Angebot auszuschließen. Ein Ermessen steht dem Auftraggeber dabei nicht zur Seite, weil auf ein Angebot mit einem unangemessen hohen oder niedrigen Preis oder mit unangemessen hohen oder niedrigen Kosten der Zuschlag nach § 16dEU Abs. 1 Nr. 1 nicht erteilt werden darf. Systematisch nimmt § 16dEU Abs. 1 Nr. 3 diejenigen Fälle aus dem Anwendungsbereich des § 16dEU Abs. 1 Nr. 1 aus, in denen die Unangemessenheit/Ungewöhnlichkeit des Angebotspreises auf die Gewährung staatlicher Beihilfen zurückzuführen ist. Kann der Bieter dagegen den Nachweis der Rechtmäßigkeit der Gewährung der Beihilfe nicht erbringen, kann er sich auf diesen Ausnahmetatbestand auch nicht berufen.

18 Gelingt dem Bieter die Nachweisführung, dass die Beihilfe rechtmäßig gewährt wurde, kann das Angebot nicht ausgeschlossen werden.[45] § 16dEU Abs. 1 Nr. 3 S. 4, wonach öffentliche Auftraggeber, die trotz entsprechender Nachweise des Bieters ein Angebot zurückweisen, die **Kommission der Europäischen Union** darüber unterrichten müssen, ist insoweit unglücklich formuliert. In Art. 69 Abs. 4 S. 1 RL 2014/24/EU wird zunächst ausgeführt, dass der öffentliche Auftraggeber ein Angebot mit einem ungewöhnlich niedrigen Angebotspreis, welcher auf den Erhalt einer staatlichen Beihilfe zurückzuführen ist, nur ablehnen darf, sofern der Bieter nicht nachweisen kann, dass die betreffende Beihilfe mit dem Binnenmarkt iSd Art. 107 AEUV vereinbar war. In Art. 69 Abs. 4 S. 2 RL 2014/24/EU heißt es weiter, dass, sofern der Auftraggeber ein Angebot unter diesen Umständen ablehnt, er die Ablehnung der Kommission mitteilen muss. Die Ablehnung des Angebots und die geforderte Unterrichtung der Kommission beziehen sich auf die Nichterbringung des Nachweises durch den Bieter. Diese Regelung wurde entsprechend in § 60 Abs. 4 VgV umgesetzt. Nach § 60 Abs. 4 VgV lehnt der Auftraggeber das Angebot ab, wenn er festgestellt hat, dass das Angebot ungewöhnlich niedrig ist, weil der Bieter eine staatliche Beihilfe erhalten hat und er nicht fristgemäß nachweisen kann, dass diese rechtmäßig gewährt wurde. Die Ablehnung hat der öffentliche Auftraggeber der europäischen Kommission mitzuteilen. Es ist nicht ersichtlich, weshalb ein Angebot mit einem ungewöhnlich niedrigen Angebotspreis, der allein auf eine rechtmäßig gewährte Beihilfe zurückzuführen ist, vom Vergabeverfahren ausgeschlossen werden soll. Durch die Beihilfe erhält der Bieter eine geldwerte Vergünstigung, für die er keine Gegenleistung erbringen muss. Diese wirtschaftliche Förderung schlägt sich im Angebotspreis nieder. Sowohl der Wortlaut in Art. 69 Abs. 4 RL 2014/24/EU, wonach das Angebot nur abgelehnt werden kann, wenn dem Bieter der Nachweis nicht gelingt, als auch Sinn und Zweck der Vorschrift, nämlich solche Angebote im Vergabeverfahren zu berücksichtigen, die aufgrund einer – zur Wirtschaftsförderung – zulässig gewährten Beihilfe, einen ungewöhnlich niedrigen Angebotspreis aufweisen, sprechen gegen einen Ausschluss bei erbrachtem Nachweis. § 16dEU Abs. 1 Nr. 3 S. 4 ist insoweit richtlinienkonform auszulegen.

19 **8. Engere Wahl (Abs. 1 Nr. 4).** Nach § 16dEU Abs. 1 Nr. 4 kommen nur solche Angebote in die engere Wahl, die unter Berücksichtigung rationellen Baubetriebs und sparsamer Wirtschaftsführung eine **einwandfreie Ausführung** einschließlich Haftung für Mängelansprüche erwarten lassen. Dieser Regelung kommt keine eigenständige Bedeutung zu. Vielmehr dient die Prüfung nach § 16dEU Abs. 1 Nr. 1–3 gerade der Auswahl solcher Angebote.[46] So ist bei der Angemessenheitsprüfung der Angebotspreise im Rahmen einer Prognoseentscheidung darauf abzustellen, ob eine ordnungsgemäße Ausführung des Auftrages zu erwarten steht. § 16dEU Abs. 1 Nr. 4 formuliert folglich einen Bewertungsmaßstab

---

[43] Kapellmann/Messerschmidt/*Frister* Rn. 6.
[44] KKMPP/*Dicks* VgV § 60 Rn. 42.
[45] So auch Ziekow/Völlink/*Steck* Rn. 13.
[46] So auch Ziekow/Völlink/*Steck* Rn. 4.

für die Angemessenheitsprüfung. Eine weitergehende Bedeutung ist der Vorschrift nicht beizumessen.

III. Ermittlung des wirtschaftlichsten Angebots (Abs. 2)

1. Grundsatz und unionsrechtlicher Hintergrund (Nr. 1). Gemäß Abs. 2 und in Übereinstimmung mit § 127 Abs. 1 S. 1 GWB ist der Zuschlag auf das **wirtschaftlichste Angebot** zu erteilen. Ebenfalls im Einklang mit § 127 Abs. 1 GWB bestimmt sich die Wirtschaftlichkeit nach dem **besten Preis-Leistungs-Verhältnis.** Zu dessen Ermittlung können neben dem Preis oder den Kosten auch qualitative, umweltbezogene oder soziale Aspekte berücksichtigt werden (zu allem Nachstehenden grundlegend *Hölzl* in Band 3 → GWB § 127 Rn. 1 ff.). 20

§ 16dEU hat damit gegenüber der Vorgängernorm des § 16EG Abs. 6 eine erhebliche **Aufweitung** erfahren. Hintergrund ist die Neuregelung der Zuschlagserteilung in der RL 2014/24/EU, konkret der Art. 67–69 RL 2014/24/EU, die ihrerseits wesentlich umfangreicher ausgefallen ist als in der RL 2004/18/EG. Da Abs. 2 die Art. 67ff. RL 2014/24/EU umsetzt, bilden die entsprechenden Erwägungsgründe 90ff. RL 2014/24/EU wertvolle Auslegungshilfen.[47] Mit den Veränderungen gegenüber § 16EG ist durchaus ein **Paradigmenwechsel** verbunden, indem klargestellt wird, dass – wiewohl nach wie vor zulässig – die Vergabe allein nach dem Kriterium des günstigsten Preises nicht länger den Regelfall darstellt. Ob bzw. welche Zuschlagskriterien neben dem Preis herangezogen werden sollen, darf der öffentliche Auftraggeber im Grundsatz frei bestimmen.[48] Er **kann,** ohne dazu verpflichtet zu sein, neben dem Preis auch die weiteren ihm entstehenden **Kosten** (einschließlich der sog. Lebenszykluskosten) berücksichtigen, darüber hinaus aber auch neben qualitativen Kriterien **umweltbezogene oder soziale Aspekte.**[49] Damit eröffnen auch Bauvergaben die Möglichkeit, jenseits der reinen, auf den öffentlichen Auftraggeber selbst bezogenen Wirtschaftlichkeitsbetrachtung gesamtwirtschaftliche oder gesellschaftspolitische Zielsetzungen zu verfolgen.[50] 21

Abseits dieser eher rechtspolitischen Erwägungen steht Abs. 2 klar im Zeichen der vergaberechtlichen Grundprinzipien der **Transparenz, Gleichbehandlung und Diskriminierungsfreiheit.** Dies verdeutlicht ua Erwägungsgrund 90 RL 2014/24/EU, der diesen Aspekt vollkommen zu Recht an den Anfang der zum Thema Zuschlagserteilung mitgeteilten Erwägungen stellt.[51] 22

2. Bekanntgabe der Zuschlagskriterien (Nr. 2). Unmittelbarer Ausfluss des Transparenzprinzips ist die in Abs. 2 Nr. 2 statuierte Pflicht des öffentlichen Auftraggebers, nur diejenigen Zuschlagskriterien und deren Gewichtung zu berücksichtigen, die in der Auftragsbekanntmachung **oder** in den Vergabeunterlagen **genannt** sind.[52] Werden die Zuschlagskriterien bereits in der Bekanntmachung benannt, dürfen sie in den Vergabeunterlagen weiter präzisiert werden.[53] 23

---

[47] Vgl. Ingenstau/Korbion/*von Wietersheim* Rn. 12.
[48] Aus Erwägungsgrund 90 RL 2014/24/EU: „Es sollte ausdrücklich festgehalten werden, dass das wirtschaftlich günstigste Angebot auf der Grundlage des besten Preis-Leistungs-Verhältnisses ermittelt werden sollte, welches stets eine Preis- oder Kostenkomponente beinhalten sollte. Es sollte ferner klargestellt werden, dass eine solche Bewertung des wirtschaftlich günstigsten Angebots auch allein auf der Grundlage entweder des Preises oder der Kostenwirksamkeit durchgeführt werden könnte".
[49] Vgl. dazu *Hattenhauer/Butzert* ZfBR 2017, 129.
[50] Kapellmann/Messerschmidt/*Frister* Rn. 7; Ingenstau/Korbion/*von Wietersheim* Rn. 13.
[51] Erwägungsgrund 90 RL 2014/24/EU beginnt wie folgt: „Aufträge sollten auf der Grundlage objektiver Kriterien vergeben werden, die die Einhaltung der Grundsätze der Transparenz, der Nichtdiskriminierung und der Gleichbehandlung gewährleisten, um einen objektiven Vergleich des relativen Werts der Angebote sicherzustellen, damit unter den Bedingungen eines effektiven Wettbewerbs ermittelt werden kann, welches das wirtschaftlich günstigste Angebot ist".
[52] Vgl. dazu auch die Gesetzesbegründung zu § 127 Abs. 5 GWB, BT-Drs. 18/6281, 110; ferner die Entscheidung des EuGH Urt. v. 14.7.2016 – C-6/15, NZBau 2016, 772 – TNS Dimarso NV noch zur RL 2004/18/EG.
[53] Ingenstau/Korbion/*von Wietersheim* Rn. 14.

24 Das spätere **Nachschieben** von Zuschlagskriterien oder Gewichtungen ist **unzulässig**.[54] Zumindest empfehlenswert, wenn nicht doch rechtlich geboten erscheint es, auch die vom öffentlichen Auftraggeber zur Verwendung vorgesehenen **Bewertungsmethoden**, Bewertungsformeln, Umrechnungsformeln oder Matrices vorab bekannt zu geben.[55] Gemäß der Entscheidung „**TNS Dimarso**" des EuGH soll der öffentliche Auftraggeber zwar nicht verpflichtet sein, seine Bewertungsmethode vorab bekannt zu geben.[56] In der Konsequenz heißt das allerdings nach den zutreffenden Erwägungen des OLG Düsseldorf, dass die Zuschlagskriterien und ihre Gewichtung umso klarer gefasst sein müssen, damit die Bieter erkennen können, was der Auftraggeber von ihnen erwartet.[57] Die Entscheidung „TNS Dimarso" sollte daher nicht als Freibrief missverstanden werden, ebenso wenig wie die „**Schulnoten-Entscheidung**" des BGH.[58] Darin hat der BGH zwar – entgegen der Auffassung des OLG Düsseldorf[59] – die Bewertung von Konzepten anhand eines Schulnotensystems für grundsätzlich zulässig erklärt.[60] Allerdings weist der BGH ausdrücklich darauf hin, dass der Gefahr eines nicht hinreichend transparenten Vergabeverfahrens durch „eingehende Dokumentation des Wertungsprozesses" zu begegnen sei. Insbesondere dann, wenn er sich der Auftraggeber dafür eines aus Preis und qualitativen Aspekten zusammengesetzten Kriterienkatalogs bedient, bei dem die Angebote hinsichtlich der Qualitätskriterien mittels eines Benotungssystems bewertet werden und die Bewertungsmethode des Preises nur enge Kompensationsmöglichkeiten für qualitative Abzüge erwarten lässt, müsse der Auftraggeber seine für die Zuschlagserteilung maßgeblichen Erwägungen in allen Schritten so eingehend dokumentieren, dass nachvollziehbar ist, welche konkreten qualitativen Eigenschaften der Angebote mit welchem Gewicht in die Benotung eingegangen sind.[61] Die daraus resultierenden Anforderungen sollten öffentliche Auftraggeber keinesfalls unterschätzen.[62]

25 Die Veröffentlichungspflicht erstreckt sich auch auf etwaige **Unterkriterien** und deren Gewichtung.[63] Der EuGH gestattet dabei die Verwendung von **nicht vorab** mitgeteilten Unterkriterien oder Gewichtungsregeln nur unter der Voraussetzung, dass (1) die bekannt gemachten Zuschlagskriterien für den Auftrag nicht geändert werden, (2) die Unterkriterien nichts enthalten, was, wenn es bei der Vorbereitung der Angebote bekannt gewesen wäre, diese Vorbereitung hätte beeinflussen können, und (3) die Unterkriterien nicht unter Berücksichtigung von Umständen gewählt wurden, die einen der Bieter diskriminieren konnten.[64] Auftraggeber sind gut beraten, wenn sie sich diesem Test nicht stellen wollen. Die absolute zeitliche Grenze für eine nachträgliche Einführung von Unterkriterien ist mit der Angebotsöffnung erreicht.[65]

26 Dessen ungeachtet sind öffentliche Auftraggeber auch zur **Veröffentlichung** solcher **nachträglich** erstellter Unterkriterien verpflichtet, was häufig übersehen wird.[66] Eine Ver-

---

[54] OLG Düsseldorf Beschl. v. 17.1.2018 – Verg 39/17, BeckRS 2018, 680 = IBR 2018, 2538; VK Bund Beschl. v. 31.7.2017 – VK 2-68/17, VPRRS 2017, 0277 = IBRRS 2017, 3103.
[55] Von einer entsprechenden Verpflichtung gingen – allerdings vor Erlass des Urteils des EuGH in der Rs. TNS Dimarso, EuGH Urt. v. 14.7.2016 – C-6/15, NZBau 2016, 772 – aus: OLG München Beschl. v. 21.5.2010 – Verg 2/10, BeckRS 2010, 13748; 1. VK Bund Beschl. v. 6.12.2013 – VK 1-103/13, IBRRS 2014, 1183; Beschl. v. 9.9.2011 – VK 1-114/11, IBRRS 2012, 1568.
[56] EuGH Urt. v. 14.7.2016 – C-6/15, NZBau 2016, 772 – TNS Dimarso NV.
[57] OLG Düsseldorf Beschl. v. 17.1.2018 – Verg 39/17, BeckRS 2018, 680 = IBR 2018, 2538 unter Verweis auf frühere Beschlüsse v. 27.9.2017 – VII-Verg 12.9.2017, v. 8.3.2017 – VII-Verg 39/16, v. 28.1.2015 – VII-Verg 31/14, v. 17.7.2013 – VII-Verg 10/13 und v. 15.6.2010 – VII-Verg 10/10.
[58] BGH Beschl. v. 4.4.2017 – X ZB 3/17, NZBau 2017, 366 = ZfBR 2017, 607, vgl. dazu auch *Gaus* NZBau 2017, 134 und *Deluvé* NZBau 2017, 646.
[59] Zuletzt OLG Düsseldorf Beschl. v. 15.6.2016 – VII-Verg 49/15, NZBau 2016, 253.
[60] Dies auf Vorlage des OLG Dresden Beschl. v. 2.2.2017 – Verg 7/16, BeckRS 2017, 105360.
[61] BGH Beschl. v. 4.4.2017 – X ZB 3/17, Rn. 53, NZBau 2017, 366 (371) = ZfBR 2017, 607 (612).
[62] Vgl. im Übrigen zu unterschiedlichen Wertungsmodellen, die das Kriterium „Preis" mit Qualitätsmodellen kombinieren, *Bartsch/von Gehlen* NZBau 2015, 523 sowie *Bartsch/von Gehlen/Hirsch* NZBau 2012, 393.
[63] EuGH Urt. v. 24.1.2008 – C 532/06, NZBau 2008, 262 – Lianakis.
[64] EuGH Urt. v. 24.1.2008 – C 532/06, Rn. 43, NZBau 2008, 262 (264) – Lianakis.
[65] OLG Frankfurt a. M. Beschl. v. 28.5.2013 – 11 Verg 6/13, BeckRS 2013, 10982.
[66] EuGH Urt. v. 24.1.2008 – C 532/06, Rn. 43, NZBau 2008, 262 – Lianakis; vgl. ferner Kapellmann/Messerschmidt/*Frister* Rn. 17.

pflichtung, überhaupt Unterkriterien aufzustellen, besteht hingegen nicht.[67] Allerdings ist es in vielen Fällen – etwa in Bezug auf ein Zuschlagskriterium „Qualität" – gar nicht möglich, eine transparente Zuschlagsentscheidung ohne die Bildung und Bekanntgabe von Unterkriterien zu gewährleisten.[68]

3. Zulässige Zuschlags- bzw. Unterkriterien. Hinsichtlich der zulässigen Zuschlagskriterien ist § 16dEU zwar nicht als Ergänzung zu § 16d in Abschnitt 1, dafür aber im Zusammenhang mit § 127 GWB zu betrachten. Maßgeblich ist sowohl nach Abs. 2 Nr. 1 als auch gem. § 127 Abs. 1 S. 2 GWB das beste Preis-Leistungs-Verhältnis. Dieses ist zwingend und ausschließlich (Abs. 2 Nr. 2 S. 1) anhand der vom öffentlichen Auftraggeber genannten Zuschlagskriterien zu bemessen. 27

Welche Zuschlagskriterien in Betracht kommen, bestimmt § 16d Abs. 2 nicht abschließend („…können insbesondere sein…"). Bei ihrer Festlegung kommt dem öffentlichen Auftraggeber ein weiter Ermessensspielraum zu.[69] In Ausübung seines Ermessens hat der Auftraggeber allerdings die Vorgaben des Abs. 2 Nr. 2 S. 3 sowie der Nr. 3 zu beachten (→ Rn. 44 ff.). Wichtig ist zudem, dass es sich bei den Kriterien der Sache nach überhaupt um Zuschlagskriterien handeln muss, dh um Kriterien, die die Bestimmung des wirtschaftlichsten Angebots bezwecken. Entscheidend ist in diesem Kontext die **Abgrenzung** zu den **Eignungskriterien.**[70] Diese bezwecken gerade keine Bewertung des Angebots, sondern eine **unternehmensbezogene** Prüfung. Die Vermischung von Eignungs- und Zuschlagskriterien ist unzulässig, ebenso wie die Heranziehung von Eignungskriterien bei der Bewertung von Angeboten.[71] Bemerkenswert ist in diesem Kontext, dass Abs. 2 Nr. 2 in Übereinstimmung mit Art. 67 Abs. 2 lit. b. RL 2014/24/EU die „Organisation, Qualifikation und Erfahrung des mit der Ausführung betrauten Personals" als Zuschlagskriterium benennt, obwohl es sich dabei grundsätzlich um unternehmensbezogene Merkmale handelt (→ Rn. 39). 28

Abs. 2 Nr. 2 benennt als zulässige Kriterien: 29
– Qualität einschließlich technischer Wert, Ästhetik, Zweckmäßigkeit, Zugänglichkeit, Design für alle, soziale, umweltbezogene und innovative Eigenschaften;
– Organisation, Qualifikation und Erfahrung des mit der Ausführung des Auftrags betrauten Personals, wenn die Qualität des eingesetzten Personals erheblichen Einfluss auf das Niveau der Auftragsausführung haben kann, oder
– Kundendienst und technische Hilfe sowie Ausführungsfrist
als mögliche Zuschlagskriterien. Daneben ergibt sich aus Abs. 2 Nr. 1, dass selbstverständlich auch der Preis zu den zulässigen Zuschlagskriterien zählt.

a) Zuschlagskriterium Preis. Das in der Bauvergabepraxis wichtigste und in vielen Fällen einzige Zuschlagskriterium ist nach wie vor der Preis. Der **reine Preiswettbewerb** ist sowohl in Ansehung des Abs. 2 Nr. 1 als auch bemessen an den unionsrechtlichen Vorgaben 30

---

[67] OLG Brandenburg Beschl. v. 28.9.2010 – W 7/10, IBRRS 2010, 4164; 1. VK Bund Beschl. v. 29.7.2008 – VK 1-81/08, VPRRS 2013, 0717; 2. VK Bund Beschl. v. 15.6.2012 – VK 1-44/12.
[68] Vgl. zur Notwendigkeit, das Kriterium „Qualität" durch Unterkriterien zu präzisieren, VK Südbayern Beschl. v. 21.4.2004 – 24-04/04, IBRRS 2004, 1697; VK Baden-Württemberg Beschl. v. 21.11.2001 – 1 VK 37/01, IBRRS 2004, 3633.
[69] So bereits EuGH Ent. v. 23.11.1978 – 56/77, Rn. 20, BeckRS 2004, 73338 – Agence européenne d'intérims/Kom.; EuG Urt. v. 26.2.2002 – T-169/00, Slg. 2002, II-609 Rn. 95 = IBRRS 2014, 0431 – Esedra/Kom.
[70] Vgl. dazu grundlegend Beck VergabeR/*Opitz* GWB § 122 Rn. 20 ff.; *Otting* VergabeR 2016, 316; *Hölzl* in Band 3 → GWB § 122 Rn. 37 ff.; aus der Rspr. EuGH Urt. v. 20.9.1988 – 31/87, Slg. 1988, 4635 Rn. 15 f. – Beentjes; EuGH Urt. v. 19.6.2003 – C-315/01, Slg. 2003, I-635 = NZBau 2003, 511 = ZfBR 2003, 710 – GAT; EuGH Urt. v. 24.1.2008 – C-532/06, NZBau 2008, 262 – Lianakis; EuGH Urt. v. 12.11.2009 – C-199/07, IBRRS 2009, 3719; BGH Beschl. v. 15.4.2008 – X ZR 129/06, NZBau 2008, 505.
[71] EuGH Urt. v. 24.1.2008 – C-532/06, NZBau 2008, 262 – Lianakis; OLG Düsseldorf Beschl. v. 2.5.2008 – VII-Verg 26/08, BeckRS 2009, 07366.

unverändert **zulässig**.[72] Die VOB/A setzt dies zum einen – auch in Abschnitt 2 – als selbstverständlich voraus, wie etwa § 8EU Abs. 2 Nr. 3 S. 6 belegt. Zum anderen gestattet auch die RL 2014/24/EU die Vergabe öffentlicher Aufträge einzig auf Grundlage des niedrigsten Preises. Dies ergibt sich *e contrario* unter anderem aus der den Mitgliedsstaaten in Art. 67 Abs. 2 S. 4 RL 2014/24/EU eingeräumten Möglichkeit, den Preis als alleiniges Zuschlagskriterium auszuschließen. Diese Regelung ergäbe keinen Sinn, würde ein entsprechender Ausschluss bereits aus Art. 67 Abs. 2 S. 1 RL 2014/24/EU folgen. Zusätzlich stellt Erwägungsgrund 90 RL 2014/24/EU klar, dass die „Bewertung des wirtschaftlich günstigsten Angebots auch allein auf der Grundlage entweder des Preises oder der Kostenwirksamkeit" vorgenommen werden kann.[73]

31 Auf der gegenüberliegenden Seite des Spektrums steht die Frage, ob der Preis (oder die „Kosten", → Rn. 32) unter dem Primat der Ermittlung des besten Preis-Leistungs-Verhältnisses **zwingend** – und zudem zu einem Mindestprozentsatz – als Zuschlagskriterium vorgesehen werden muss. Nach bisheriger Rechtsauffassung ist ersteres der Fall,[74] ebenso nach der Formulierung des Abs. 2 Nr. 1 S. 4 („neben dem Preis oder den Kosten"), während eine „Mindestquote" abzulehnen ist.[75] Nach der Rechtsprechung des OLG Düsseldorf darf der Preis vielmehr „weder unter- noch überbewertet werden. Er stellt ein gewichtiges Merkmal dar, das beim Zuschlagskriterium des wirtschaftlichsten Angebots **nicht am Rande der Wertung stehen darf,** sondern vom Auftraggeber in ein angemessenes Verhältnis zu den übrigen Wertungskriterien zu bringen ist".[76] Neu ist allerdings, dass gem. Abs. 2. Nr. 4 **Festpreise oder Festkosten** vorgegeben werden können, sodass der Wettbewerb nur über die Qualität stattfindet (→ Rn. 47).

32 **b) Kosten.** Abs. 2 Nr. 1 sieht ferner eine Berücksichtigung der „Kosten" neben dem Preis oder sogar an seiner Stelle vor. Während mit dem „Preis" das unmittelbar für die beschaffte Leistung zu entrichtende Entgelt bezeichnet wird, erfasst der Begriff der Kosten zunächst die darüber hinaus vom Auftraggeber zu übernehmenden oder bei ihm anfallenden Belastungen.[77] Darunter fallen die dem Auftraggeber als Folge des Betriebs oder der Wartung entstehenden Kosten, einschließlich der Kosten für Energie (*Hölzl* in Band 3 → GWB § 127 Rn. 46). Darüber hinaus können aber auch Kosten Berücksichtigung finden, die nicht unmittelbar dem Auftraggeber entstehen, zB in Gestalt von Kosten für Umweltbelastungen (→ Rn. 38).[78] Um sich das Kostenkriterium nutzbar machen zu können, muss der öffentliche Auftraggeber in aller Regel Unterkriterien bilden; im Übrigen bedarf es in Beachtung des Transparenzgebots klarer Vorgaben in Bezug auf den betrachteten Zeitraum und die Methodik der Kostenerfassung.[79]

33 **c) Qualität.** „Qualität" beschreibt die Güte oder die Beschaffenheit der zu erbringenden Bauleistung.[80] Im Baubereich kann das Qualitätskriterium etwa als Übererfüllung von mit der Leistungsbeschreibung – nicht selten über den Verweis auf DIN-Normen – vorgegebe-

---

[72] AllgM; vgl. statt vieler Kapellmann/Messerschmidt/*Frister* Rn. 9. Zur Rechtslage vor Umsetzung der Vergaberechtsreform vgl. OLG Naumburg Beschl. v. 5.12.2008 – 1 Verg 9/08, BeckRS 2009, 02589; BayObLG Beschl. v. 9.9.2004 – Verg 18/04, BeckRS 2004, 100016; OLG Düsseldorf Beschl. v. 2.5.2007 – VII-Verg 1/07, NZBau 2007, 600.
[73] Kapellmann/Messerschmidt/*Frister* Rn. 9.
[74] Kapellmann/Messerschmidt/*Frister* Rn. 10 mit zutreffendem Hinweis auf die Gesetzesmaterialien, BR-Drs. 367/15, 132, wonach Preis oder Kosten bei der Angebotswertung zwingend berücksichtigt werden müssen.
[75] Anders noch das OLG Dresden Beschl. v. 5.1.2001 – WVerg 11 u. 12/00, NZBau 2001, 459, wonach ein Gewichtung von 30 % nicht unterschritten werden dürfe.
[76] OLG Düsseldorf Beschl. v 22.11.2017 – Verg 16/17, IBRRS 2018, 0426 = VPRRS 2018, 0040, unter Verweis auf OLG Düsseldorf Beschl. v. 21.5.2012, VII-Verg 3/12 mwN.
[77] Kapellmann/Messerschmidt/*Frister* Rn. 4; Ingenstau/Korbion/*von Wietersheim* Rn. 3.
[78] Kapellmann/Messerschmidt/*Frister* Rn. 4.
[79] OLG Naumburg Beschl. v. 25.9.2008 – 1 Verg 3/08, BeckRS 2008, 23014.
[80] Ingenstau/Korbion/*von Wietersheim* § 16d Rn. 15.

nen Mindeststandards zum Einsatz gebracht werden.[81] In aller Regel ist das das Zuschlagskriterium „Qualität" durch Unterkriterien zu konkretisieren, da es für sich allein nicht mehr als eine Leerformel darstellt.[82]

d) Ästhetik. Die „Ästhetik" betrifft diejenigen Eigenschaften einer Sache, die ihre sinnliche Wahrnehmung betreffen. Als ästhetisch wird empfunden, was die Sinne des Betrachters bewegt. Es gelten Kategorien wie „schön" oder „hässlich", „angenehm" oder „unangenehm" etc. Im Zusammenhang mit Bauleistungen kann die Ästhetik vornehmlich bei solchen Leistungen eine Rolle spielen, die den Bietern gestalterische oder künstlerische Vorschläge abverlangen. Das Kriterium wird daher in erster Linie bei Vergaben zur Anwendung gelangen, denen eine **Leistungsbeschreibung mit Leistungsprogramm** (§ 7cEU) zugrunde liegt.[83] Kennzeichnend für das Kriterium „Ästhetik" ist, dass es naturgemäß von subjektiven Eindrücken und Maßstäben geprägt ist, was besonders hohe Anforderungen an die Dokumentation des Wertungsvorgangs stellt. 34

e) Zweckmäßigkeit. Auf Grundlage einer Definition des OLG Düsseldorf, wonach die Zweckmäßigkeit in einem umfassenden Sinne zur Geltung bringt, inwieweit die angebotene Leistung sowohl den Interessen des Auftraggebers als auch den Belangen derjenigen Personen entgegenkommt, in deren Interesse der Auftraggeber die Leistung nutzen will,[84] legt dies Kriterium das Augenmerk auf die spätere Nutzung der zu errichtenden baulichen Anlage. Dabei können auch „subjektive, von den objektiven Beschaffenheitskriterien der Bauleistung losgelöste" (Unter-)Kriterien zum Tragen kommen.[85] 35

f) Zugänglichkeit und Design für alle. Die Zugänglichkeit und das Design für alle sind neu in die VOB/A aufgenommene Kriterien.[86] „**Zugänglichkeit**" ist gleichzusetzen mit der „Barrierefreiheit" iSd Behindertengleichstellungsgesetzes (BGG). Gemäß Art. 9 Abs. 1 UN-Behindertenrechtskonvention, die unmittelbar in der EU gilt, haben die Vertragsstaaten geeignete Maßnahmen zu treffen, um für Menschen mit Behinderungen gleichberechtigten Zugang zu Wohngebäuden und öffentlichen Räumen zu gewährleisten.[87] Daraus (bzw. aus den sonstigen gesetzlichen Vorgaben etwa aus dem BGG) ergeben sich vielfach bereits Mindestanforderungen, deren Übererfüllung zusätzlich honoriert werden kann. 36

„**Design für alle**" (auch: „DfA") ist ein Konzept für die Planung und Gestaltung von Produkten, Dienstleistungen und Infrastrukturen, mit dem Ziel, allen Menschen deren Nutzung ohne individuelle Anpassung oder besondere Assistenz zu ermöglichen.[88] Im Gegensatz zu den zum Teil als stigmatisierend empfundenen Maßnahmen zur Herstellung der Barrierefreiheit sollen die gebaute Umwelt, Produkte und Dienstleistungen so gestaltet sein, dass sie die Bandbreite menschlicher Fähigkeiten, Fertigkeiten, Bedürfnisse und Vorlieben berücksichtigen, ohne Nutzer durch Speziallösungen zu stigmatisieren. 37

---

[81] Ein Bsp. wäre die Übererfüllung von Vorgaben aus den DIN 1801 und 18202 „Toleranzen im Hochbau"; vgl. auch Ingenstau/Korbion/*von Wietersheim* § 16d Rn. 16.
[82] VK Südbayern Beschl. v. 21.4.2004 – 24-04/04, IBRRS 2004, 1697; VK Baden-Württemberg Beschl. v. 21.11.2001 – 1 VK 37/01, IBRRS 2004, 3633.
[83] Ingenstau/Korbion/*von Wietersheim* § 16d Rn. 21; allerdings ist bei öffentlichen Auftraggebern die von den Bauleistungen getrennte Vergabe von Planungsleistungen gem. Abschnitt 6 der VgV nach wie vor der Normalfall, sodass ästhetische Gesichtspunkte in erster Linie bei der Auswahl des Architekten zum Tragen kommen.
[84] OLG Düsseldorf Beschl. v. 30.4.2003 – Verg 64/02, ZfBR 2003, 721.
[85] Ingenstau/Korbion/*von Wietersheim* § 16d Rn. 22.
[86] Kapellmann/Messerschmidt/*Frister* Rn. 21.
[87] Kapellmann/Messerschmidt/*Frister* Rn. 22.
[88] Vgl. dazu ua Bundesministerium für Arbeit und Soziales BMAS, Unser Weg in eine inklusive Gesellschaft. Der Nationale Aktionsplan der Bundesregierung zur Umsetzung der UN-Behindertenrechtskonvention, 2011 sowie *Leidner/Neumann/Rebstock*, Von Barrierefreiheit zum Design für Alle – Eine Einführung, in Leidner/Neumann/Rebstock, Von Barrierefreiheit zum Design für Alle – Erfahrungen aus Forschung und Praxis, Arbeitsberichte der Arbeitsgemeinschaft Angewandte Geographie Münster e.V., Heft 38 2009 bzw. die Website des Vereins „EDAD – Design für Alle – Deutschland e. V" http://www.design-fuer-alle.de/.

38 **g) Soziale, umweltbezogene und innovative Eigenschaften.** Bei dieser Aufzählung handelt es sich nicht um Zuschlagskriterien im eigentlichen Sinne, sondern um Oberkategorien, die vom öffentlichen Auftraggeber in geeigneter Weise zu konkretisieren sind. Sie erfüllen damit die Rolle eines Auffangtatbestands. Daher bestehen Überschneidungen, wie etwa zwischen den sozialen Eigenschaften und der Zugänglichkeit bzw. dem Design für alle oder zwischen den umweltbezogenen Eigenschaften und den Betriebskosten.[89] Der wesentliche Gesichtspunkt bei der Benennung der sozialen, umweltbezogenen und innovativen Eigenschaften besteht in der gesetzgeberischen Klarstellung, dass auch solche Aspekte bei der Auswahl und Gestaltung von Zuschlagskriterien berücksichtigt werden dürfen, aus denen sich kein unmittelbarer (wirtschaftlicher) Nutzen für den öffentlichen Auftraggeber ergibt.[90] Hingegen ist es sowohl zulässig, unter dem Gesichtspunkt der **sozialen Eigenschaften** die Interessen spezieller Nutzergruppen in den Vordergrund zu stellen als auch – etwa in Bezug auf die **umweltbezogenen Eigenschaften** – eine besondere Ausrichtung oder Zweckbestimmung des öffentlichen Auftraggebers zu betonen. Hierbei können beispielsweise Aspekte der Nachhaltigkeit, des Klimaschutzes oder die Verwendung recycelter oder wiederverwendbarer Materialien bei der Errichtung oder späteren Nutzung der baulichen Anlage eine Rolle spielen.[91]

39 **h) Organisation, Qualifikation und Erfahrung des mit der Ausführung des Auftrags betrauten Personals.** Abs. 2 Nr. 2 lit. b ist eine Neuregelung gegenüber der VOB/A-EG, die auf die Umsetzung von Art. 67 Abs. 2 lit. b RL 2014/24/EU zurückgeht. Sie findet sich mit identischem Wortlaut auch in § 58 Abs. 2 Nr. 2 VgV. Die Regelung bedeutet eine bewusste **Durchbrechung** des vergaberechtlichen „Dogmas" der notwendigen **Trennung** zwischen **Eignungs-,** dh unternehmensbezogenen und **Zuschlags-,** also leistungsbezogenen Kriterien (→ Rn. 28).[92] Die hierfür maßgebliche Erwägung, die als tatbestandliche Voraussetzung ebenfalls Bestandteil des Abs. 2 Nr. lit. b geworden ist, benennt Erwägungsgrund 94 RL 2014/24/EU: Die Qualität des eingesetzten Personals muss für das Niveau der Auftragsausführung relevant sein. Da dies in dieser Allgemeinheit letztlich für jeden Auftrag gelten dürfte, verlangt Abs. 2 Nr. lit. b einen nach Einschätzung des öffentlichen Auftraggebers **„erheblichen Einfluss"** des eingesetzten Personals auf die Auftragsausführung. Dies ist dahingehend zu verstehen, dass der auszuführende Bauauftrag in einem mehr als lediglich durchschnittlichen Maße „personengeprägt" sein muss. Erwägungsgrund 94 RL 2014/24/EU verweist beispielhaft auf Aufträge für geistig-schöpferische Dienstleistungen, wie Beratungstätigkeiten oder Architektenleistungen.[93] Der Rückgriff auf die Organisation, Qualifikation und Erfahrung des mit der Ausführung des Auftrags betrauten Personals kommt daher in erster Linie bei Bauaufträgen in Betracht, die vom späteren Auftragnehmer auch die Erbringung von **Planungsleistungen** verlangen. Notwendig ist dies allerdings nicht: Etwa im Bereich handwerklicher Tätigkeiten mit **denkmalschutzrechtlichen** Anforderungen erscheint es sehr gut vertretbar, von dieser Möglichkeit Gebrauch zu machen.

40 Entscheidet sich der öffentliche Auftraggeber dafür, bedarf es nicht nur der sorgfältigen Konkretisierung. Darüber hinaus ist mithilfe geeigneter **vertraglicher Mittel sicherzustellen,** dass die zur Auftragsausführung eingesetzten Mitarbeiter die angegebenen Qualitätsnormen effektiv erfüllen und dass diese Mitarbeiter **nur mit Zustimmung des öffentlichen Auftraggebers ersetzt** werden können, wenn dieser sich davon überzeugt hat, dass das Ersatzpersonal ein gleichwertiges Qualitätsniveau hat.[94]

---

[89] Kapellmann/Messerschmidt/*Frister* Rn. 24.
[90] Kapellmann/Messerschmidt/*Frister* Rn. 24.
[91] Vgl. ergänzend Erwägungsgrund 93 RL 2014/24/EU.
[92] Vgl. dazu Hölzl/*Friton* NZBau 2008, 307; *Freise* NZBau 2009, 225.
[93] Fraglich daher Ingenstau/Korbion/*von Wietersheim* § 16d Rn. 15, dem zufolge die Voraussetzung nicht erfüllt sein soll, wenn die angestrebte Qualität als Bestandteil einer Ausbildung stets verlangt wird und daher unterschiedslos von allen ausreichend ausgebildeten Personen erreicht wird. Damit würden zB Architekten – entgegen der RL 2014/24/EU – gerade aus dem Anwendungsbereich des Abs. 2 Nr. 2 lit. b herausfallen.
[94] Vgl. Erwägungsgrund 94 RL 2014/24/EU.

i) Kundendienst und technische Hilfe sowie Ausführungsfrist. „Kundendienst" 41
bzw. „technische Hilfe" spielen im Bereich der Bauleistungen eine erhebliche Rolle,
insbesondere in den haustechnischen Gewerken. § 13 Abs. 4 Nr. 2 VOB/B knüpft die
Dauer der Gewährleistungszeit an die Übertragung der Wartungsleistungen an den Auftragnehmer. In zahlreichen typischerweise von öffentlichen Auftraggebern betriebenen Gebäuden wie Krankenhäusern, Laboratorien oder sonstigen Bauwerken aus dem Bereich der Infrastruktur ist die nach Möglichkeit ununterbrochene störungsfreie Nutzung der Leistung von großer Bedeutung. Es ist daher häufig nicht nur sachgerecht, sondern nachgerade geboten, die Erbringung von Wartungsleistungen nicht nur zum Gegenstand der Vergabe zu machen, sondern bei der Zuschlagserteilung mit einem ihrer Bedeutung entsprechenden Gewicht zu versehen.

Die **Ausführungsfrist** gem. § 5 Abs. 1 VOB/B wird üblicherweise in den Vertragsunterlagen festgelegt. Sie soll aus Sicht des Auftraggebers regelmäßig in keiner Weise zur Disposition 42
des Auftragnehmers stehen. Möchte der Auftraggeber jedoch ausnahmsweise die gegenüber seiner Planung vorfristige Fertigstellung bereits bei der Angebotswertung honorieren, muss er dies entsprechend deutlich machen.[95] Denkbar erscheint es ferner, eine kürzere Ausführungsfrist im Zusammenhang mit der Verwendung spezieller, zeitsparender, aber ggf. kostenintensiverer Technologien zu berücksichtigen, etwa im Rahmen eines Nebenangebots.

j) Rentabilität. Anders als § 16d Abs. 1 Nr. 3 in Abschnitt 1 benennt Abs. 2 die Rentabilität nicht als mögliches Zuschlagkriterium. Aufgrund des nicht abschließenden Charakters 43
der Aufzählung in Abs. 2 kann aber zweifelsfrei auch im Rahmen eines Vergabeverfahrens oberhalb der Schwellenwerte die Rentabilität ein zulässiges Zuschlagkriterium sein. Im Rahmen des Kriteriums Rentabilität sollen die Auswirkungen der Baumaßnahme auf die Ertragslage des Unternehmens einerseits bzw. die Haushaltslage des öffentlichen Auftraggebers andererseits oder auf die „künftige Wirtschaftlichkeit" der Baumaßnahme für den Auftraggeber Berücksichtigung finden können.[96] Wie diese wenig trennscharfen Formulierungen belegen, harrt das Kriterium der Rentabilität noch der vergaberechtlichen Ausformung.[97]

4. Verbindung zum Auftragsgegenstand. Dem öffentlichen Auftraggeber kommt bei 44
der Auswahl, Festlegung und Ausgestaltung grundsätzlich ein weiter Ermessensspielraum zu. Er ist auch nicht an die in Nr. 2 S. 2 lit a–c aufgeführten Kriterien gebunden. Abs. 2 Nr. 2 S. 3 stellt jedoch die bei der Ausübung seines Ermessens zu beachtende Grenze dar. So müssen die Zuschlagkriterien mit dem Auftragsgegenstand in Verbindung stehen. Diese Vorgabe fand sich bereits in Art. 53 Abs. 2 VKR, dem Art. 67 Abs. 2 RL 2014/24/EU entspricht. Sie ist Ausdruck des vergaberechtlichen Transparenzprinzips.[98] Werden Zuschlagkriterien gebildet, die keine hinreichende Verbindung zum Auftragsgegenstand aufweisen, besteht die Gefahr einer von sachfremden Erwägungen getragenen oder zumindest beeinflussten Vergabeentscheidung.[99]

Nicht im Einklang mit der RL 2014/24/EU stünde allerdings die Forderung, die 45
Zuschlagkriterien müssten sich unmittelbar aus dem Auftragsgegenstand ergeben bzw. aus ihm ableiten lassen.[100] Dies hat das OLG Düsseldorf bereits in seiner „Patientenprogramm"-Entscheidung zur Vorwirkung der RL 2014/24/EU vom 19.11.2014 richtig entschieden.[101] Abs. 2 Nr. 2 S. 4 lässt vielmehr eine sehr weit gefasste Verbindung zu. So genügt es, wenn sich

---
[95] Vgl. EuGH Urt. v. 4.12.2003 – C-448/01, Slg. 2003, I-14527 Rn. 58 = NZBau 2004, 105 – EVN und Wienstrom; Kapellmann/Messerschmidt/*Frister* § 16d Rn. 45.
[96] Ingenstau/Korbion/*von Wietersheim* § 16d Rn. 25; KMPP/*Wiedemann* § 16 Rn. 283; Müller-Wrede/*Noch* § 25 Rn. 358.
[97] So auch Ingenstau/Korbion/*von Wietersheim* § 16d Rn. 25.
[98] EuGH Urt. v. 10.5.2012 – C-368/10, Rn. 86 ff., NZBau 2012, 445 (453) – „Max Havelaar".
[99] Vgl. noch zu Art. 53 VKR EuGH Urt. v. 4.12.2003 – C-448/01, Slg. 2003, I-14527 = NZBau 2004, 105; 1. VK Sachsen Beschl. v. 30.4.2008 – 1/SVK/020-08, IBRRS 2008, 1623; VK Südbayern Beschl. v. 29.6.2010 – Z3-3-3194-1-35-05-10, IBRRS 2010, 4229.
[100] So aber die VK Bund Beschl. v. 10.9.2014 – VK 1-66/14, IBRRS 2014, 3061.
[101] OLG Düsseldorf Beschl. v. 19.11.2014 – VII-Verg 30/14, NZBau 2015, 43.

die Zuschlagskriterien „**in irgendeiner Hinsicht**" und „**in irgendeinem Lebenszyklus-Stadium**" auf den Gegenstand des Auftrags beziehen. Dies gilt ausdrücklich auch für den Fall, dass sich diese Faktoren „nicht auf die materiellen Eigenschaften des Auftragsgegenstandes auswirken". Ergänzend ist auf § 127 Abs. 3 GWB zu verweisen, der die Anforderungen ein wenig schärfer konturiert. Demnach kann die hinreichende Verbindung bejaht werden, wenn sich ein Zuschlagskriterium auf Prozesse im Zusammenhang mit der **Herstellung, Bereitstellung oder Entsorgung** der Leistung, auf den **Handel** mit der Leistung oder auf ein anderes Stadium im Lebenszyklus der Leistung bezieht (*Hölzl* in Band 3 → GWB § 127 Rn. 67 ff.).

46 **5. Weitere Transparenzanforderungen (Nr. 3).** Gemäß Abs. 2 Nr. 3 müssen die Zuschlagskriterien so festgelegt und bestimmt sein, dass die Möglichkeit eines wirksamen Wettbewerbs gewährleistet wird, der Zuschlag nicht willkürlich erteilt werden kann und eine wirksame Überprüfung möglich ist, ob und inwieweit die Angebote die Zuschlagskriterien erfüllen. Damit werden im Grunde die allgemeinen und insoweit auch selbstverständlichen Anforderungen wiederholt, die ohnehin an jedes Vergabeverfahren gestellt werden.[102] Es wird daher auf die Ausführungen zu Abs. 2 Nr. 1 verwiesen (→ Rn. 21 f.). In Ergänzung dazu ist klarzustellen, dass die „wirksame Überprüfung" durch die Nachprüfungsinstanzen in Bezug auf die Erfüllung der Zuschlagskriterien nur in reduzierter Form stattfindet. Im Rahmen eines Vergabenachprüfungsverfahrens wird lediglich die Rechtmäßigkeit der Vergabeentscheidung darauf hin überprüft, ob die Vergabestelle bei ihrer Wertung der Angebote die Grenzen des ihr eingeräumten Beurteilungsspielraums überschritten hat. Dies ist nur anzunehmen, wenn das vorgeschriebene Verfahren nicht eingehalten wird, die Vergabestelle von einem nicht zutreffenden oder nicht richtig ermittelten Sachverhalt ausgegangen ist, die Wertung willkürlich vorgenommen hat oder der Beurteilungsmaßstab nicht zutreffend angewendet wurde.[103]

47 **6. Vorgabe von Festpreisen oder -kosten (Nr. 4).** Abweichend von dem Grundsatz, wonach die Leistung in Ansehung des besten Preis-Leistungs-Verhältnisses zu vergeben ist, gestattet Abs. 2 Nr. 4 die Zuschlagserteilung allein anhand von qualitativen Gesichtspunkten. Dabei werden die Preise oder die Kosten vom öffentlichen Auftraggeber fest vorgegeben. Diese Möglichkeit wurde durch Art. 67 Abs. 2 RL 2014/24/EU eröffnet.

48 In Betracht kommt eine Vergabe unter Vorgabe von Festkosten in etwa dann, wenn dem öffentlichen Auftraggeber für eine ganz bestimmte Bauleistung ein fixes Budget zur Verfügung steht, etwa im Zusammenhang mit der Gewährung von Drittmitteln.[104] Im Rahmen der klassischen Einzelgewerkevergabe dürfte die Vorgabe von Festpreisen indessen schwerlich umzusetzen sein.

49 **7. Lebenszykluskosten (Nr. 5–7).** Während bei der „klassischen" Bauvergabe nach wie vor die Investitionskosten das Denken und Handeln der meisten öffentlichen Auftraggeber dominieren, legt das Unionsrecht einen deutlichen Schwerpunkt auf eine **umfassendere Kostenbetrachtung**. Öffentliche Auftraggeber sollen die zu vergebende Leistung nach Möglichkeit so beschreiben und bewerten, dass Nachhaltigkeitsziele erreicht werden können. Zu diesem Zweck soll es möglich sein, Angebote einzureichen, die die Diversität der technischen Lösungen, Normen und technischen Spezifikationen auf dem Markt widerspiegeln, einschließlich solcher, die auf der Grundlage von Leistungskriterien im Zusammenhang mit dem Lebenszyklus und der Nachhaltigkeit des Produktionsprozesses der Bauleistungen, Lieferungen und Dienstleistungen erstellt wurden.[105] Mit Art. 68 RL 2014/24/EU widmet die RL 2014/24/EU dem Thema Lebenszyklusberechnung eine eigene Vorschrift, wie auch die VgV in § 59 VgV (*Pauka* in Band 3 → VgV § 59 Rn. 1 ff.). Die

---

[102] So auch Ingenstau/Korbion/*von Wietersheim* § 16d Rn. 20.
[103] BGH Beschl. v. 23.3.2011 – X ZR 92/09, NZBau 2011, 438; VK Sachsen Beschl. v. 13.5.2016 – 1/SVK/004-16, VPRRS 2016, 0457.
[104] Ingenstau/Korbion/*von Wietersheim* § 16dEU Rn. 23.
[105] Erwägungsgrund 74 RL 2014/24/EU; vgl. ferner die Erwägungsgründe 92, 95, 96, 97, 129 RL 2014/24/EU.

damit sicher intendierte Gewichtung spiegelt sich in der etwas anonymen Verortung in § 16dEU Abs. 2 Nr. 5 und 6 nicht unbedingt wider.

Art. 2 Abs. 1 Nr. 20 RL 2014/24/EU bietet zudem eine **Begriffsdefinition.** „Lebens- 50 zyklus" meint demnach „alle aufeinander folgenden und/oder miteinander verbundenen Stadien, einschließlich der durchzuführenden Forschung und Entwicklung, der Produktion, des Handels und der damit verbundenen Bedingungen, des Transports, der Nutzung und Wartung, während der Lebensdauer einer Ware oder eines Bauwerks oder während der Erbringung einer Dienstleistung, angefangen von der Beschaffung der Rohstoffe oder Erzeugung von Ressourcen bis hin zu Entsorgung, Aufräumarbeiten und Beendigung der Dienstleistung oder Nutzung". Diese sehr ausgreifende Definition umfasst damit sowohl „offensichtliche" als auch „versteckte Kosten", etwa für die Erzeugung von Rohstoffen oder die Entsorgung.[106]

Abs. 2 Nr. 5 gliedert die Kosten zusätzlich danach auf, ob sie dem **Auftraggeber selbst** 51 oder aber Dritten bzw. der **Allgemeinheit** entstehen. Auch letztere können in die Berechnung einbezogen werden, sofern sich ihr **Geldwert** bestimmen lässt, wie etwa bei den Kosten der Emission von Treibhausgasen und anderen Schadstoffen sowie sonstigen Kosten für die Eindämmung des Klimawandels. Die Methode zur Bestimmung des Geldwerts muss Abs. 2 Nr. 6 S. 2 genügen. Die beim Auftraggeber selbst anfallenden (und ggf. gegenüber anderen Nutzern in Rechnung gestellten Kosten) umfassen den Preis, dh die Kosten des eigentlichen Bauwerks, ferner Nutzungskosten, Wartungskosten sowie die Kosten, die dem öffentlichen Auftraggeber im Zusammenhang mit der Beseitigung der baulichen Anlage entstehen.

Abs. 2 Nr. 6 regelt das bei der Bewertung des Lebenszyklusansatzes zu beachtende **Ver-** 52 **fahren,** wobei sich die Anforderungen letztlich bereits aus dem Gebot zur Wahrung der Transparenz des Vergabeverfahrens nach § 97 Abs. 1 GWB ergeben. So hat der öffentliche Auftraggeber in der Auftragsbekanntmachung oder in den Vergabeunterlagen die vom Unternehmer bereitzustellenden Daten und die Methode zur Ermittlung der Lebenszykluskosten zu benennen.

Will der öffentliche Auftraggeber die in Abs. 2 Nr. 5 genannten **externen Umweltkos-** 53 **ten** berücksichtigen, muss die Methode zu deren Bewertung den Anforderungen des Transparenzgebots und des Diskriminierungsverbots genügen, dh sie muss auf objektiv nachprüfbaren und nichtdiskriminierenden Kriterien beruhen, für alle interessierten Parteien zugänglich sein und gewährleisten, dass sich die geforderten Daten von den Unternehmen mit vertretbarem Aufwand bereitstellen lassen.[107]

Abs. 2 Nr. 7 enthält abschließend eine Sonderregelung für den Fall, dass eine gemeinsame 54 Methode zur Berechnung der Lebenszykluskosten durch einen **Rechtsakt** der **Europäischen Union** verbindlich vorgeschrieben wird. Ist dies erfolgt, findet diese gemeinsame Methode bei der Bewertung der Lebenszykluskosten Anwendung. Zum Zeitpunkt der Veröffentlichung dieser Kommentierung existiert ein solcher Rechtsakt – in Betracht kommen der Erlass von Verordnungen, Richtlinien und Entscheidungen der Kommission –[108] allerdings noch nicht. Es liegen lediglich unverbindliche Mitteilungen oder Empfehlungen vor, die zum Teil Niederschlag in einschlägigen Normwerken gefunden haben, die allerdings nicht die Qualität eines Rechtsakts besitzen.[109]

---

[106] Ziekow/Völlink/*Herrmann* VgV § 59 Rn. 14.
[107] Art. 67 Abs. 2 RL 2014/24/EU legt fest, dass sich diese Anforderung im Speziellen auf Wirtschaftsteilnehmer bezieht, die ihrer Sorgfaltspflicht in normalem Maße nachkommen, einschließlich Wirtschaftsteilnehmern aus Drittstaaten, die dem GPA oder anderen, für die Union bindenden internationalen Übereinkommen beigetreten sind.
[108] Ziekow/Völlink/*Herrmann* VgV § 59 Rn. 28.
[109] Zu nennen wäre etwa die Lebenszykluskostenberechnung nach DIN 18960 oder die DIN EN 60300-3-3: 2004 – Anwendungsleitfaden Lebenszykluskosten des Deutschen Instituts für Normung, die Richtlinie VDI 2884: 2005 des VDI – Beschaffung, Betrieb und Instandhaltung von Produktionsmittel unter Anwendung von Life Cycle Costing (LCC) sowie die Richtlinie VDI 2067: 2012 des VDI – Wirtschaftlichkeit gebäudetechnischer Anlagen – Grundlagen- und Kostenberechnung, vgl. Ziekow/Völlink/*Herrmann* VgV § 59 Rn. 29 m. Fn. 16, ferner KKMPP/*Wiedemann* VgV § 59 Rn. 26.

IV. Wertung von Angeboten nach § 13EU Abs. 3

55 Gemäß Abs. 3 ist ein Angebot nach § 13EU Abs. 2 als Hauptangebot zu werten. Dies bedeutet, dass es nicht als Nebenangebot behandelt und entsprechend gewertet werden darf. § 13EU Abs. 2 betrifft den Fall, dass eine Leistung nicht bezüglich seiner Lösung, sondern lediglich von den vorgesehenen technischen Spezifikationen nach § 7aEU Abs. 1 Nr. 1 abweicht. Eine solche Leistung kann angeboten werden, wenn sie mit dem geforderten Schutzniveau in Bezug auf Sicherheit, Gesundheit und Gebrauchstauglichkeit gleichwertig ist. Die Abweichung muss im Angebot eindeutig bezeichnet sein. Die Gleichwertigkeit ist mit dem Angebot nachzuweisen (→ § 13EU Rn. 98 f.).

56 Abs. 3 stellt gleichsam vorsorglich nochmals klar, dass es falsch wäre, ein derartiges Angebot als Nebenangebot zu behandeln, wobei die theoretische Unterscheidung leichter fällt als die praktische. Bei § 13 geht es darum, dass die Leistung anhand von allgemein formulierten, standardisierten technischen Vorgaben beschrieben ist und der Bieter sie ausdrücklich nicht einhalten will.[110]

57 Bei der Wertung muss der Auftraggeber daher zusätzlich prüfen, ob die angebotene Leistung trotz der Abweichung gem. § 13EU Abs. 2 mit dem geforderten Schutzniveau in Bezug auf Sicherheit, Gesundheit und Gebrauchstauglichkeit gleichwertig ist. Ist dies nicht der Fall, muss das Angebot zwingend ausgeschlossen werden, weil es den Anforderungen des Leistungsverzeichnisses nicht entspricht.[111]

V. Wertung von Nebenangeboten

58 **1. Grundsatz.** Anders als § 16d Abs. 3 in Abschnitt 1 enthält § 16dEU keine Regelung zur Wertung von Nebenangeboten. Diese findet sich letztlich in § 16EU Nr. 5, sodass hier grundsätzlich auf die dortige Kommentierung verwiesen werden kann (→ § 16EU Rn. 24 f.).

59 Die Wertung von Nebenangeboten bedingt, dass der öffentliche Auftraggeber sie überhaupt **zugelassen** hat. Dies hat ausdrücklich zu geschehen; äußert sich die Vergabestelle nicht zu Nebenangeboten, so sind sie gem. § 8EU Abs. 2 Nr. 3 S. 2 – im Gegensatz zur Regelung in Abschnitt 1 – nicht zugelassen. Diese Regelung geht auf Art. 45 Abs. 1 RL 2014/24/EU zurück, wurde vom DVA aber offenbar nicht als grundsätzlich überzeugend angesehen und daher nicht in Abschnitt 1 übernommen. Nicht zugelassene Nebenangebote sind gem. § 16EU Nr. 5 bereits auf der ersten Wertungsstufe auszuschließen.

60 **2. Mindestanforderungen.** Die rechtskonforme Wertung von Nebenangeboten setzt neben ihrer Zulassung voraus, dass der öffentliche Auftraggeber gem. § 8EU Nr. 3 S. 4 lit. b Mindestanforderungen an die einzureichenden Angebote gestellt hat (→ § 8EU Rn. 8).[112] Gemeint sind inhaltliche, nicht formale Mindestanforderungen; letztere ergeben sich aus § 13EU Abs. 3.[113] Hat der Auftraggeber dies unterlassen, können gleichwohl eingereichte Nebenangebote nicht berücksichtigt werden.[114]

61 Sind Nebenangebote zugelassen und auch Mindestanforderungen aufgestellt worden, muss der Auftraggeber prüfen, ob die Nebenangebote diesen Mindestanforderungen entsprechen. Anderenfalls hat ebenfalls der Ausschluss gem. § 16EU Nr. 5 zu erfolgen.[115]

62 Durch den Gesetz- bzw. Richtliniengeber zwischenzeitlich entschieden ist die lange streitige Frage, ob Nebenangebote eingereicht und gewertet werden dürfen, wenn der **Preis das einzige Zuschlagskriterium** ist.[116] Der BGH hatte diesen Streit mit seiner „Stadtbahn

---

[110] Kapellmann/Messerschmidt/*Planker* § 13 Rn. 30.
[111] OLG München Beschl. v. 28.7.2008 – Verg 10/08, BeckRS 2008, 17225 = NZBau 2008, 794 (Ls.); Ingenstau/Korbion/*von Wietersheim* § 16d Rn. 28; Ziekow/Völlink/*Steck* Rn. 23.
[112] Bereits in seiner „ASFINAG"-Entscheidung hat der EuGH Urt. v. 16.10.2003 – C-421/01, NZBau 2004, 279, die Verpflichtung des Auftraggebers, Mindestbedingungen vorzugeben, statuiert.
[113] Kapellmann/Messerschmidt/*Frister* Rn. 27.
[114] Kapellmann/Messerschmidt/*Frister* Rn. 27.
[115] Kapellmann/Messerschmidt/*Frister* Rn. 27.
[116] Dagegen sprach sich aus das OLG Düsseldorf Beschl. v. 18.10.2010 – VII-Verg 39/10, NZBau 2011, 57; Beschl. v. 7.1.2010, 23.3.2010 – VII-Verg 61/09 und Beschl. v. 9.3.2011 – VII-Verg 52/10, BeckRS

Gera"-Entscheidung vom 15.1.2014 dahin entschieden, dass sowohl bei Vergaben oberhalb als auch bei Unterschwellenvergaben die Wertung von Nebenangeboten ausscheide, wenn der Preis das alleinige Zuschlagskriterium darstellt.[117] § 8EU Abs. 2 Nr. 3 S. 6 stellt nunmehr jedoch ausdrücklich klar, dass Nebenangebote auch dann zuzulassen werden können, wenn der Preis das einzige Zuschlagskriterium ist (→ § 8EU Rn. 8).

3. Gleichwertigkeitsprüfung. Ein zentraler Streitpunkt im Zusammenhang mit der 63 Wertung von Nebenangeboten war lange die Frage, ob Nebenangebote „gleichwertig" zu den Hauptangeboten sein müssen.[118] Der BGH hat diese Frage – ebenfalls in der „Stadtbahn-Gera"-Entscheidung – so beantwortet, dass im Rahmen von Vergaben oberhalb der EU-Schwellenwerte keine Gleichwertigkeitsprüfung erfolgen dürfe.[119] Zur Begründung führt er aus, dass derartige (ungeschriebenen) Gleichwertigkeitsprüfungen zwar im Einzelfall geeignet sein könnten, den Wert von Nebenangeboten im Verhältnis zu den abgegebenen Hauptangeboten zu beurteilen. Generell genüge eine Gleichwertigkeitsprüfung jedoch nicht den Anforderungen an transparente Wertungskriterien, da für die Bieter bei Angebotsabgabe nicht mehr mit angemessenem Sicherheitsgrad voraussehbar sei, welche Varianten die Vergabestelle bei der Wertung noch als gleichwertig anerkennen wird und welche nicht mehr. Zudem drohe eine Gleichwertigkeitsprüfung mit den Mindestanforderungen in Konflikt zu geraten.[120]

VI. Wertung von Preisnachlässen

Nach § 16dEU Abs. 4 sind Preisnachlässe ohne Bedingung nicht zu werten, wenn sie 64 nicht an der vom öffentlichen Auftraggeber nach § 13EU Abs. 4 **bezeichneten Stelle** aufgeführt sind. Unaufgefordert angebotene Preisnachlässe mit Bedingungen für die Zahlungsfrist (Skonti) werden bei der Wertung der Angebote nicht berücksichtigt. **Unbedingte Preisnachläss**e sind grundsätzlich zulässig. Ein unbedingter Preisnachlass liegt vor, wenn der Auftraggeber gegen einen geringeren Preis genau das erhalten soll, was er nach dem Inhalt seiner Ausschreibung erwartet.[121] Folglich führen unbedingte Preisnachlässe nicht zu einer Änderung der Vergabeunterlagen. Sie können aber nur dann gewertet werden, wenn sie an einer vom Auftraggeber in den Vergabeunterlagen bezeichneten Stelle aufgeführt sind. Ein den Geboten von Transparenz und Gleichbehandlung entsprechendes Vergabeverfahren setzt voraus, dass die geforderten Erklärungen an denjenigen Stellen abgegeben werden, an denen sie den Ausschreibungsunterlagen zufolge abzugeben sind. Hält sich der Bieter nicht an diese Vorgaben, so ist sein Angebot zwingend auszuschließen (§ 16EU Nr. 2).[122] Unerheblich ist dabei, ob die Erklärungen den inhaltlich gestellten Anforderungen entsprechen.

Preisnachlässe mit Bedingungen für die Zahlungsfrist **(Skonti)** können bei der Wertung 65 nur dann berücksichtigt werden, wenn sie als Zuschlagskriterium in der Bekanntmachung oder den Vergabeunterlagen bekannt gemacht worden sind.[123] Zur Wahrung der Transpa-

---
2011, 08605; dafür das OLG Schleswig Beschl. v. 15.4.2011 – 1 Verg 10/10, NZBau 2011, 375. Die Vorlage zum BGH erfolgte durch das OLG Jena Beschl. v. 16.9.2013 – 9 Verg 3/13, BeckRS 2013, 16683.
[117] BGH Beschl. v. 7.1.2014 – X ZB 15/13, NZBau 2014, 185 = ZfBR 2014, 278 = BeckRS 2014, 02188.
[118] Vgl. OLG Schleswig Beschl. v. 15.4.2011 – 1 Verg 10/10, NZBau 2011, 375 (378) = VergabeR 2011, 586 (591) – säulenförmige Gründung; OLG München Beschl. v. 9.9.2010 – Verg 16/10, NZBau 2010, 720 Ls. = BeckRS 2010, 22055; OLG Brandenburg Beschl. v. 29.7.2008 – Verg W 10/08, BeckRS 2008, 15856 = VergabeR 2009, 222; OLG Brandenburg Beschl. v. 17.5.2011 – Verg W 16/10, BeckRS 2011, 22444 = VergabeR 2012, 124; OLG Frankfurt a. M. Beschl. v. 26.6.2012 – 11 Verg 12/11, BeckRS 2012, 18676 = VergabeR 2012, 884 (894); vgl. auch Kues/Kirch NZBau 2011, 335; KKPP/Dittmann § 16 Rn. 293 ff.; vgl. auch Ziekow/Völlink/Vavra, 2. Aufl. 2013, § 16 Rn. 62.
[119] BGH Beschl. v. 7.1.2014 – X ZB 15/13, NZBau 2014, 185 = ZfBR 2014, 278 = BeckRS 2014, 02188.
[120] BGH Beschl. v. 14.1.2014 – X ZB 15/13, NZBau 2014, 185, 187.
[121] VK Sachsen Beschl. v. 10.11.2006 – 1/SVK/96-06, IBRRS 2007, 0533.
[122] BGH Urt. v. 20.1.2009 – X ZR 113/07, NZBau 2009, 262.
[123] Ingenstau/Korbion/von Wietersheim § 13 Rn. 32; BayObLG Beschl. v. 9.9.2004 – Verg 18/04, BeckRS 2004, 100016.

renz und Vermeidung von Manipulationen, müssen die Voraussetzungen für die Berücksichtigung des Skontos in den Vergabeunterlagen oder der Bekanntmachung klar und eindeutig umschrieben sein.[124] Die Aufforderung, Skontoabzüge anzubieten, ist aus Sicht der Bieter dahin zu verstehen, dass nur solche Skonti berücksichtigungsfähig sind, deren Voraussetzungen der Auftraggeber realistischer Weise auch erfüllen kann.[125] Der Nachlass darf dabei nur von Handlungen des Auftraggebers abhängig gemacht werden.[126]

VII. Geltung bei bestimmten Verfahrensarten

66   Abs. 5 trifft Bestimmungen für die Geltung der Abs. 1–4 sowie der §§ 16EU, 16bEU und 16cEU bei Verhandlungsverfahren, wettbewerblichen Dialogen und Innovationspartnerschaften. Während die Bestimmungen der Abs. 1 und 2 sowie der §§ 16bEU, 16cEU Abs. 2 in diesen Vergabearten uneingeschränkt gelten, sind die Abs. 3 und 4 sowie §§ 16EU, 16cEU Abs. 1 lediglich entsprechend anzuwenden. Das trägt dem Umstand Rechnung, dass die Ausschlussbestimmungen sowie die Regelungen zur Behandlung von Angeboten nach § 13 Abs. 2 bei den genannten Verfahrensarten nur modifiziert gelten können, insbesondere in Hinsicht auf die **Erstangebote**.

67   § 16EU Nr. 1 wird dabei auch auf Erstangebote anzuwenden sein, während Angebote, die § 13EU Abs. 1 Nr. 1, 2 und 5 nicht entsprechen, im Zweifel nicht auszuschließen sind, soweit fehlende Preis und Erklärungen im Laufe des Verfahrens noch eingeholt bzw. Zweifel an den Eintragungen des Bieters ausgeräumt werden können.[127] Es empfiehlt sich, dass der Auftraggeber die geltenden Regelungen zur Wahrung des Transparenzgebots möglichst eindeutig vorgibt.

§ 17EU Aufhebung der Ausschreibung

(1) Die Ausschreibung kann aufgehoben werden, wenn:
1. kein Angebot eingegangen ist, das den Ausschreibungsbedingungen entspricht,
2. die Vergabeunterlagen grundlegend geändert werden müssen,
3. andere schwerwiegende Gründe bestehen.

(2)
1. Die Bewerber und Bieter sind von der Aufhebung der Ausschreibung unter Angabe der Gründe, gegebenenfalls über die Absicht, ein neues Vergabeverfahren einzuleiten, unverzüglich in Textform zu unterrichten.
2. Dabei kann der öffentliche Auftraggeber bestimmte Informationen zurückhalten, wenn die Weitergabe
   a) den Gesetzesvollzug behindern,
   b) dem öffentlichen Interesse zuwiderlaufen,
   c) die berechtigten geschäftlichen Interessen von öffentlichen oder privaten Unternehmen schädigen oder
   d) den fairen Wettbewerb beeinträchtigen würde.

Schrifttum: Burbulla, Aufhebung der Ausschreibung und Vergabenachprüfungsverfahren, ZfBR 2009, 134; Dieck-Bogatzke Probleme der Aufhebung der Aufhebung, VergabeR 2008, 392; Gnittke/Michels, Aufhebung der Aufhebung einer Ausschreibung durch die Vergabekammer, VergabeR 2002, 571; Jasper/Pooth, Rechtsschutz gegen die Aufhebung einer Ausschreibung, NZBau 2003, 261; Jürschik, „Aufhebung der Aufhebung" und Kontrahierungszwang bei der öffentlichen Auftragsvergabe, VergabeR 2013, 663; Kaelble, Anspruch auf Zuschlag und Kontrahierungszwang im Vergabeverfahren, ZfBR 2003, 657; Summa, § 28 VOB/A –

---

[124] BGH Urt. v. 11.3.2008 – X ZR 134/05, NZBau 2008, 459.
[125] BGH Urt. v. 11.3.2008 – X ZR 134/05, NZBau 2008, 459.
[126] Kapellmann/Messerschmidt/Frister § 16d Rn. 70.
[127] Ingenstau/Korbion/von Wietersheim § 16d Rn. 44; vgl. ferner OLG Düsseldorf Beschl. v. 29.6.2017 – Verg 7/17, IBRRS 2017, 3489; VPRRS 2017, 0315.

Notwendigkeit einer vergaberechtsspezifischen Auslegung und Anwendung im Nachprüfungsverfahren?, VergabeR 2007, 734.

Übersicht

	Rn.		Rn.
I. Regelungsgehalt und Überblick	1–4	V. Mitteilungspflicht (Abs. 2)	27–32
II. Grundsatz: Kein Kontrahierungszwang	5–9	1. Grundsatz (S. 1)	27–30
		2. Ausnahme von der Mitteilungspflicht (S. 2)	31, 32
III. Aufhebungsgründe (Abs. 1)	10–22		
1. Kein ordnungsgemäßes Angebot eingegangen (Nr. 1)	11–13	VI. Rechtsschutz	33–40
		1. Primärrechtsschutz	33
2. Vergabeunterlagen müssen grundlegend geändert werden (Nr. 2)	14–17	2. Schadensersatz	34–40
		a) Rechtsgrundlagen	35
3. Andere schwerwiegende Gründe (Nr. 3)	18–22	b) Voraussetzungen	36, 37
		c) Anspruchsinhalt	38, 39
IV. Ermessen	23–26	d) Rechtmäßiges Alternativverhalten	40

I. Regelungsgehalt und Überblick

§ 17EU legt fest, unter welchen Voraussetzungen der öffentliche Auftraggeber Ausschreibungen oberhalb der EU-Schwellenwerte auf andere Weise als durch die Erteilung des Zuschlags (§ 18EU) rechtmäßig beenden kann.[1] Sie findet ihre Entsprechung in § 63 VgV, auf dessen Kommentierung daher ergänzend verwiesen werden kann (*Pauka* in Band 3 → VgV § 63 Rn. 1 ff.). Zwar betrifft § 17EU seinem Wortlaut nach lediglich „**Ausschreibungen**", dh in Übertragung der Begrifflichkeit aus dem ersten Abschnitt der VOB/A lediglich das offene und das nicht offene Verfahren (quasi als EU-Version der öffentlichen bzw. beschränkten Ausschreibung). Es kann jedoch als inzwischen anerkannt gelten, dass grundsätzlich **einheitliche Anforderungen** an die Aufhebung gelten müssen.[2] Es ist auch in keiner Weise ersichtlich, weshalb für die Vergabe von Liefer- oder Dienstleistungen ein strengerer Maßstab gelten soll als für Bauvergaben. Zudem greift spätestens seit der detailreichen Neufassung des § 3bEU Abs. 3 das Argument nicht mehr, wonach es sich bei einem Verhandlungsverfahren um ein im Wesentlichen formfreies Verfahren handelt, dessen Teilnehmer weniger schutzbedürftig sind.[3] Überdies verlangt zumindest Abs. 2 die Information auch von „Bewerbern", und erfasst damit potentiell alle zweistufigen Verfahren.[4] Andererseits muss es auch gem. § 17EU – wie wiederum in § 63 VgV ausdrücklich vorgesehen – schon aus Gründen der **Verhältnismäßigkeit** (§ 97 Abs. 1 S. 2 GWB) möglich sein, Verfahren lediglich **zum Teil**, etwa losweise, aufzuheben.[5] Generell ist die Aufhebung als ultima ratio des Auftraggebers anzusehen, der stets eine umfassende Interessenabwägung unter Berücksichtigung möglicher Alternativen (wie etwa der Zurückversetzung oder eben einer Teilaufhebung) vorauszugehen hat.[6]

---

[1] Ein sog. „stilles Auslaufen", dh eine Beendigung des Verfahrens weder durch Zuschlagserteilung noch durch Aufhebung ist im Vergaberecht nicht vorgesehen und würde im Zweifel als „stillschweigende" Aufhebung angesehen, *Pauka* in Band 3 → VgV § 63 Rn. 4, ferner *Kaelble* ZfBR 2003, 657 (663). Allerdings kann das Vergabeverfahren auch durch die Fiktion gem. § 177 GWB beendet werden, dann nämlich, wenn der Auftraggeber mit einem Antrag auf vorzeitige Zuschlagserteilung gescheitert ist und in der Folge nicht die Maßnahmen zur Herstellung der Rechtmäßigkeit ergreift, die sich aus der Entscheidung des Beschwerdegerichts ergeben. Allerdings handelt es sich hier nicht um eine Beendigung durch den Auftraggeber, sondern lediglich um einen Rechtsreflex aus seinem Verhalten.
[2] Ingenstau/Korbion/*Portz* Rn. 12; Kapellmann/Messerschmidt/*Glahs* Rn. 26, vgl. ferner *Hölzl/Friton* Anm. zu OLG Celle Beschl. v. 13.11.2011 – 13 Verg 15/10, VergabeR 2011, 531 (536).
[3] So noch Willenbruch/Wieddekind/*Fett*, 2. Aufl. 2011, 8. Los Rn. 4.
[4] Ingenstau/Korbion/*Portz* Rn. 12.
[5] OLG Düsseldorf Beschl. v. 12.1.2015 – VII-Verg 29/14, ZfBR 2015, 502; Ingenstau/Korbion/*Portz* Rn. 16.
[6] VK Baden-Württemberg Beschl. v. 25.10.2016 – 1 VK 45/16, ZfBR 2017, 287 mwN; demnach hat uU auch noch eine Angebotsaufklärung zu erfolgen; Ingenstau/Korbion/*Portz* Rn. 20 ff.

2 Wichtig für das Verständnis des § 17EU ist die Notwendigkeit, zwischen der **Zulässigkeit** der Aufhebung und deren **Wirksamkeit** zu unterscheiden. Eine zulässige Aufhebung setzt voraus, dass einer der Aufhebungsgründe gem. Abs. 1 Nr. 1–3 vorliegt. Allerdings ist die Aufhebung **auch dann wirksam**, wenn sie **unzulässig** ist (zur Frage der „Aufhebung der Aufhebung" → Rn. 8), dh ein Vertragsschluss gegen den Willen des Auftraggebers kann nicht erzwungen werden. Darüber hinaus ist es möglich, dass die Aufhebung **zwar zulässig** ist (dh ein Aufhebungsgrund liegt vor), ihr aber ein **rechtswidriges Verhalten** des Auftraggebers **voranging**. In diesen Fällen haben die betroffenen Bieter ebenso wie bei der unzulässigen Aufhebung unter Umständen Anspruch auf **Schadensersatz** gegen den öffentlichen Auftraggeber.[7]

3 Nach Abs. 2 der Vorschrift sind die Bewerber und Bieter von der Aufhebung zu **unterrichten;** die Gründe sind anzugeben. Allerdings erlaubt Abs. 2 S. 2 unter bestimmten Voraussetzungen, „bestimmte Informationen" zurückzuhalten. Diese an die Regelung in § 134 Abs. 3 S. 2 GWB angelehnte Bestimmung ist sowohl der Parallelvorschrift im ersten Abschnitt als auch § 63 VgV fremd, entspricht jedoch der allgemeinen Bestimmung in Art. 55 Abs. 3 RL 2014/24/EU.

4 § 17EU hat im Übrigen – wie auch § 63 VgV – keine direkte Entsprechung in der RL 2014/24/EU. In Art. 55 Abs. 1 RL 2014/24/EU findet die Aufhebung lediglich indirekte Erwähnung, ohne dass hierfür jedoch konkrete Voraussetzungen benannt werden. Die Formulierung abschließender Aufhebungsgründe steht jedoch im Einklang mit der Richtlinie und dem Primärrecht und kann als Ausformung des Transparenzgebots, des Gleichbehandlungsgrundsatzes sowie des Diskriminierungsverbots angesehen werden.[8]

II. Grundsatz: Kein Kontrahierungszwang

5 Anders als § 63 Abs. 1 S. 2 VgV sieht § 17EU nicht ausdrücklich vor, dass der öffentliche Auftraggeber grundsätzlich **nicht verpflichtet** ist, den **Zuschlag** zu **erteilen**. Der Grundsatz gilt nach ständiger Rechtsprechung gleichwohl auch im Bereich der Bauvergaben, da § 63 Abs. 1 S. 2 VgV nach allgemeiner Ansicht keine neue Rechtslage geschaffen, sondern die bestehende lediglich aufgegriffen hat.[9] Ein Kontrahierungszwang lässt sich weder aus dem Gemeinschaftsrecht noch aus dem nationalen Vergaberecht ableiten.[10]

6 Dazu nicht im Widerspruch steht, dass Bieter gem. § 97 Abs. 7 GWB einen Anspruch darauf haben, dass der Auftraggeber die Bestimmungen über das Vergabeverfahren einhält. Daraus folgt gerade nicht der Anspruch, dass der Auftraggeber den Auftrag auch erteilt und demgemäß die Vergabestelle das Vergabeverfahren mit der Erteilung des Zuschlags abschließt.[11]

7 In einem weiteren Schritt gilt dies **auch** dann, **wenn keiner** der **Aufhebungsgründe** gem. Abs. 1 Nr. 1–3 vorliegt. Vielmehr müssen laut dem Bundesgerichtshof „Bieter die Aufhebung des Vergabeverfahrens … nicht nur dann **hinnehmen,** wenn sie von einem der in den einschlägigen Bestimmungen … aufgeführten Gründen gedeckt und deshalb von vornherein rechtmäßig ist. Aus den genannten Bestimmungen der Vergabe- und Vertragsordnungen folgt nicht im Gegenschluss, dass ein öffentlicher Auftraggeber gezwungen wäre,

---

[7] VK Sachsen-Anhalt Beschl. v. 9.2.2018 – VPR 2018, 3178; ausführlich zum Ganzen *Jürschik* VergabeR 2013, 663 ff.

[8] Vgl. *Dieck-Bogatzke* VergabeR 2008, 392.

[9] VgV-Begründung BR-Drs. 87/16, 217; KKMPP/*Portz* VgV § 63 Rn. 18; in Bezug auf Bauvergaben s. BGH Beschl. v. 20.3.2014 – X ZB 18/13, NZBau 2014, 310 (312); BGH Urt. v. 18.2.2003 – X ZB 43/02, NVwZ 2003, 1149; BGH Urt. v. 5.11.2002 – X ZR 232/00, NZBau 2003, 168; OLG Brandenburg Beschl. v. 12.1.2016 – Verg W 4/15, IBR 2016, 229; OLG Düsseldorf Beschl. v. 12.1.2015 – VII-Verg 29/14, BeckRS 2015, 06397; jeweils mwN aus der Rspr.

[10] EuGH Urt. v. 18.6.2002 – C-92/00, ZfBR 2002, 604; BGH Beschl. v. 20.3.2014 – X ZB 18/13, NZBau 2014, 310. Zu den praktisch eher fernliegenden Fällen eines Kontrahierungszwangs auf der Basis des allgemeinen Wettbewerbsrechts *Kaelble* ZfBR 2003, 657 (659 f.).

[11] BGH Beschl. v. 20.3.2014 – X ZB 18/13, NZBau 2014, 310 (312); BGH Urt. v. 5.11.2002 – X ZR 232/00, NZBau 2003, 168.

ein Vergabeverfahren mit der Zuschlagserteilung abzuschließen, wenn keiner der zur Aufhebung berechtigenden Tatbestände erfüllt ist".[12]

Ein **Kontrahierungszwang** folgt auch **nicht** daraus, dass sich Bieter im Wege des Primärrechtsschutzes mit dem Ziel der „**Aufhebung der Aufhebung**" an die Vergabekammer wenden können. Diese Möglichkeit ist zwar grundsätzlich eröffnet.[13] Dies folgt ganz allgemein aus der bereits im Jahre 2002 für die Richtlinie 89/665/EWG aufgestellten Erwägung des EuGH, dass die „praktische Wirksamkeit" des Primärrechtsschutzes beeinträchtigt ist, wenn in einem Nachprüfungsverfahren nicht alle Verstöße gegen das Unionsrecht im Bereich des öffentlichen Auftragswesens oder gegen die einzelstaatlichen Vorschriften, die dieses Recht umsetzen, überprüft und gegebenenfalls aufgehoben werden könnten.[14] Dies bedeutet allerdings **nicht**, dass in denjenigen Fällen, in denen die Vergabekammer die Rechtswidrigkeit der Aufhebung feststellt, entgegen der Regel eine (vollstreckbare) **Pflicht** zur **Zuschlagserteilung** besteht.[15]

Diese Auffassung wird zum Teil bestritten.[16] Demnach soll als „geeignete Maßnahme" der Vergabekammer iSd § 168 Abs. 1 GWB ausnahmsweise die Entscheidung in Betracht kommen, dass der Zuschlag nunmehr dem Antragsteller zu erteilen wäre. Dies soll dann der Fall sein, wenn von einer weiterhin bestehenden Vergabeabsicht des Auftraggebers auszugehen ist und sich diese Maßnahme als die einzig rechtmäßige Vergabeentscheidung darstellt, weil sich das **Ermessen** des Auftraggebers „**auf Null**" reduziert hat. **Einschränkend** wird vertreten, dass nur dann von einem Kontrahierungszwang auszugehen sei, wenn (neben dem Fehlen eines Aufhebungsgrunds nach Abs. 1) noch nicht einmal (irgendein) **sachlicher Grund** für die Aufhebung vorliegt bzw. wenn es sich lediglich um eine „Scheinaufhebung" handelt und die Aufhebung lediglich der Diskriminierung einzelner Bieter dient.[17] Dem kann **nicht gefolgt** werden. Zwar kann, wie bereits dargestellt, ein Vergabenachprüfungsverfahren mit dem Ziel der Aufhebung der Aufhebung initiiert und auch erfolgreich bestritten werden. Daraus folgt jedoch keineswegs notwendig die im Wege der Verwaltungsvollstreckung erzwingbare Verpflichtung, den Zuschlag nunmehr zu erteilen.[18] Vielmehr steht es dem Auftraggeber nach wie vor offen, den Zuschlag überhaupt nicht zu erteilen und auf eine Vergabe zu verzichten.[19] Dies kann nicht im Zwangswege verhindert werden, was nicht bedeutet, dass ein Begehren nach Aufhebung der Aufhebung stets sinnlos wäre: Denn einerseits ist durchaus zu erwarten, dass ein gem. Art 20 GG an Recht und Gesetz gebundener öffentlicher Auftraggeber nach erfolgter Aufhebung der Aufhebung rechtskonform den Zuschlag erteilt. Und andererseits kann die Entscheidung als Grundlage für die spätere Geltendmachung von Schadensersatzansprüchen des durch die Aufhebungsentscheidung benachteiligten Bieters dienen.[20] Dabei kann der Schadensersatz in den zuvor beschriebenen Ausnahmefällen

---

[12] BGH Beschl. v. 20.3.2014 – X ZB 18/13, NZBau 2014, 310 (312), vgl. auch VK Sachsen-Anhalt Beschl. v. 9.2.2018 – VPR 2018, 3178.
[13] EuGH Urt. v. 18.6.2002 – C-92/00, NZBau 2002, 458; bestätigt durch EuGH Urt. v. 2.6.2005 – C-15/04, NZBau 2005, 472; BGH Beschl. v. 18.2.2003 – X ZB 43/02, NVwZ 2003; KG 17.10.2013 – Verg 9/13, BeckRS 2014, 04712; OLG München 4.4.2013 – Verg 4/13, NZBau 2013, 524; VK Bund, Beschl. v. 15.6.2018 – VK 1-47, IBRRS 2018, 2161; VK Westfalen Beschl. v. 15.3.2018 – VK 1-46/17, IBRRS 2018, 1087.
[14] EuGH Urt. v. 18.6.2002 – C-92/00, NZBau 2002, 458 (462). *Antweiler* verweist zudem mit Recht auf Art. 19 Abs. 4 GG, der eine vollständige Überprüfungsmöglichkeit verlangt, Beck VergabeR/*Antweiler* GWB § 168 Rn. 41.
[15] *Pauka* in Band 3 → VgV § 63 Rn. 7 ff.; Beck VergabeR/*Antweiler* GWB § 168 Rn. 42; Ziekow/Völlink/*Brauer* GWB § 114 aF Rn. 21.
[16] KKMPP/*Portz* VgV § 63 Rn. 23, und dementsprechend Ingenstau/Korbion/*Portz* Rn. 6; HK-VergabeR/*Nowak* GWB § 114 aF Rn. 15; jeweils mit weiteren Nachweisen.
[17] Ingenstau/Korbion/*Portz* Rn. 6; KKPP/*Thiele* GWB § 168 Rn. 68.
[18] Daher zu Recht *Jürschik* VergabeR 2013, 663 (667): „Dogmatisch häufig verkannt wird, dass der Kontrahierungszwang nicht mit der Aufhebung der Aufhebung gleichzusetzen ist".
[19] Beck VergabeR/*Antweiler* GWB § 168 Rn. 42; Kapellmann/Messerschmidt/*Glahs* Rn. 26; *Jasper/Pooth* NZBau 2003, 261 (264); *Gnittke/Michels* VergabeR 2002, 571 (580).
[20] Beck VergabeR/*Antweiler* GWB § 168 Rn. 42; *Pauka* in Band 3 → VgV § 63 Rn. 8.

ausnahmsweise auch auf Ersatz des positiven Interesses gerichtet sein (zu Schadensersatzansprüchen im Weiteren → Rn. 34 ff.).[21]

III. Aufhebungsgründe (Abs. 1)

10 Abs. 1 erklärt die Aufhebung „der Ausschreibung" in den drei unter den Nr. 1–3 genannten Fällen für zulässig. Wie bereits ausgeführt (→ Rn. 1) gilt Abs. 1 nicht lediglich für das offene und das nicht offene Verfahren, sondern für alle Verfahrensarten.

11 **1. Kein ordnungsgemäßes Angebot eingegangen (Nr. 1).** Die Aufhebung ist gem. Abs. 1 Nr. 1 zulässig, wenn kein Angebot eingegangen ist, das den Ausschreibungsbedingungen entspricht. Dies ist dann der Fall, wenn jedes der eingereichten Angebote auf einer der Prüfungs- bzw. Wertungsstufen gem. §§ 16, 16a–16d **ausgeschlossen** werden muss. Dies bedeutet, dass mit den „Ausschreibungsbedingungen" nicht etwa nur die vom Auftraggeber ausgereichten Vergabeunterlagen oder die Bekanntmachung gemeint sind, sondern alle zwingenden Vorgaben, welche sich unmittelbar aus der VOB/A ergeben.[22] Dabei ist **nicht erforderlich,** dass der Ausschluss der Angebote jeweils **auf derselben Stufe** erfolgt – entscheidend ist nur, dass am Ende des Prüfungs- und Wertungsvorgangs kein zuschlagsfähiges Angebot verbleibt. Es ist also möglich, die Aufhebung darauf zu stützen, dass einige Angebote gem. § 16EU Abs. 1 aus formalen Gründen, andere Bieter wegen fehlender Eignung (§ 16bEU) und weitere Angebote wegen unangemessener Preise (§ 16dEU Abs. 1) auszuschließen sind.[23] Unterschiede ergeben sich erst im Rahmen des § 3aEU Abs. 3 Nr. 1 und 2, wo es entscheidend auf die genauen Ausschlussgründe ankommt (→ § 3aEU Rn. 22 ff.).

12 Auftraggeber müssen beachten, dass die Aufhebung nicht immer auf Abs. 1 Nr. 1 gestützt werden kann, wenn keine ordnungsgemäßen Angebote eingehen. Dies gilt insbesondere dann, wenn der Auftraggeber die Angebotsmängel durch **eigene Fehler** in den Vergabeunterlagen herbeigeführt hat.[24] In diesen Fällen entspricht es der **Verhältnismäßigkeit,** vorrangig gegenüber einer Aufhebung den Fehler in den Vergabeunterlagen zu **korrigieren** und ggf. das Verfahren in ein früheres Stadium zurückzuversetzen.[25]

13 Eine gewisse Vorsicht ist ferner dann geboten, wenn Angebote aufgrund unangemessen hoher oder niedriger Preise (§ 16dEU Abs. 1 Nr. 1) ausgeschlossen werden sollen. Dies setzt stets voraus, dass der Auftraggeber ordnungsgemäß kalkuliert und diese Kalkulation insbesondere auch ordnungsgemäß dokumentiert hat (→ § 16dEU Rn. 5).[26] Fehlende Haushaltsmittel sind keine Berechtigung für eine Aufhebung nach Abs. 1 Nr. 1, sondern allenfalls gem. Abs. 1 Nr. 2 oder 3, dann aber häufig (bei nicht gewährleisteter Finanzierungssicherheit bei Einleitung des Vergabeverfahrens) mit der Folge, dass sich der Auftraggeber schadensersatzpflichtig macht (→ Rn. 34 ff.).[27]

14 **2. Vergabeunterlagen müssen grundlegend geändert werden (Nr. 2).** Die Aufhebung kann ferner darauf gestützt werden, dass die Vergabeunterlagen grundlegend geändert

---

[21] BGH Beschl. v. 20.3.2014 – X ZB 18/13, NZBau 2014, 310 (313); Beck VergabeR/*Antweiler* GWB § 168 Rn. 42.
[22] Kapellmann/Messerschmidt/*Glahs* Rn. 13.
[23] Einzelbeispiele bei Ingenstau/Korbion/*Portz* Rn. 25.
[24] OLG Düsseldorf Beschl. v. 12.1.2015 – VII-Verg 29/14, ZfBR 2015, 502; VK Bund Beschl. v. 11.6.2013 – VK1-33/13, ZfBR 2014, 83.
[25] OLG Koblenz Beschl. v. 30.4.2014 – 1 Verg W 2/14, ZfBR 2014, 705; OLG Brandenburg Beschl. v. 21.1.2016 – Verg W 4/15, IBR 2016, 229.
[26] Vgl. zu den Dokumentationspflichten VK Sachsen-Anhalt Beschl. v. 19.1.2017 – 3 VK LSA 54/16, ZfBR 2017, 306 (Ls.) = IBRRS 2017, 0387. Hat der Auftraggeber nicht ausreichend dokumentiert, wie er die Finanzierung kalkuliert hat, führt dies zu einem Ermessensausfall. Vgl. ferner VK Bund Beschl. v. 21.12.2016 – VK 2-127/16, ZfBR 2017, 396, wonach eine Aufhebung jedenfalls dann gerechtfertigt ist, wenn die Angebote um 60 % über der (ordnungsgemäßen und entsprechend dokumentierten) Kostenschätzung liegen.
[27] BGH Urt. v. 5.11.2002 – X ZR 232/00, NZBau 2003, 168; BGH Urt. v. 8.9.1998 – X ZR 48/97, NJW 1998, 3636 (363)7; Kapellmann/Messerschmidt/*Glahs* Rn. 14.

werden müssen. Die Notwendigkeit für die Änderung muss auf **äußere Umstände** zurückgehen, die erst nach Einleitung des Vergabeverfahrens aufgetreten sind.[28] Der Auftraggeber soll in die Lage versetzt werden, mit der Aufhebung auf für ihn **nicht vorhersehbare Entwicklungen** zu reagieren.[29]

Bereits aus Wortlaut, im Übrigen aber auch aus dem Verhältnismäßigkeitsgrundsatz folgt, dass die notwendigen Änderungen aufgrund der veränderten Umstände von **erheblichem Gewicht** sein müssen, um die Aufhebung zu rechtfertigen.[30] Dies ist insbesondere dann gegeben, wenn die Durchführung des Auftrags entweder gar **nicht mehr möglich** oder für den Auftraggeber bzw. Auftragnehmer mit **unzumutbaren** und/oder **rechtswidrigen** Bedingungen verbunden ist.[31] Davon ist etwa dann nicht auszugehen, wenn die Problematik nach Zuschlagserteilung über eine Anordnung gem. § 1 Abs. 3 bzw. Abs. 4 S. 1 VOB/B zu klären wäre (die vergaberechtliche Zulässigkeit nach § 22EU vorausgesetzt).[32] Kleinere Änderungen ließen sich schlicht im laufenden Verfahren (und über die nunmehr obligatorische E-Vergabe besonders einfach) mitteilen; ggf. sind die Angebotsfristen zu verlängern. Wäre hingegen zivilrechtlich von einer Störung oder dem Wegfall der Geschäftsgrundlage (§ 313 BGB) auszugehen, kann auch auf eine Veränderung von hinreichender Erheblichkeit geschlossen werden.[33]

15

Die Notwendigkeit der grundlegenden Änderung muss auf äußere Einflüsse zurückgehen, und nicht lediglich auf eine geänderte Motivlage auf Seiten des Auftraggebers.[34] Die Gründe können mannigfaltig und sowohl **rechtlicher** als auch **technischer, zeitlicher** oder **wirtschaftlicher** Art sein. Beispiele sind die für den Auftraggeber unvorhersehbare Kürzung der Finanzierungsmittel oder -grundlagen (zB Abrechnungsparameter im Krankenhausbereich), nicht vorhersehbare Bauverbote oder öffentlich-rechtliche Auflagen in den Bereichen Brand- Wärme- oder Immissionsschutz, Änderungen der anerkannten Regeln der Technik oder der Gesetzeslage oder die nicht zu erwartende Erhöhung des Verkehrsaufkommens.[35]

16

In allen Fällen ist Bedingung für eine rechtmäßige Aufhebung, dass der öffentliche Auftraggeber die Notwendigkeit der Änderung **nicht selbst herbeigeführt** und darüber hinaus auch nicht aufgrund bloßer Nachlässigkeit nicht vorhergesehen hat. Hat der Auftraggeber die Ausschreibung veröffentlicht, obwohl noch **keine Vergabereife** bestand, kann er sich nicht auf Abs. 1 Nr. 2 berufen.[36] Die gleichwohl vorgenommene Aufhebung ist im Zweifel zwar wirksam (und zwar, da ein sachlicher Grund besteht, nach allen Auffassungen), aber rechtswidrig, mit der Folge, dass sich der Auftraggeber schadensersatzpflichtig macht.

17

3. Andere schwerwiegende Gründe (Nr. 3). Abs. 1 Nr. 3 dient als Auffangtatbestand. Auch wenn weder die Voraussetzungen der Nr. 1 noch die der Nr. 2 erfüllt sind, kann das Verfahren bei Vorliegen schwerwiegender Gründe aufgehoben werden. Gesetzlich ist der Begriff ebenso wenig definiert wie eine anerkannte Definition durch die Rechtsprechung existiert. Nach der Rechtsprechung des OLG Düsseldorf kann ein schwerwiegender Grund nur dann bejaht werden, wenn er die **bisherige Vergabeabsicht des Auftraggebers entscheidend beeinflusst.** Berücksichtigungsfähig sind grundsätzlich nur solche Mängel,

18

---

[28] OLG München Beschl. v. 4.4.2013 – Verg 4/13, NZBau 2013, 524; OLG Düsseldorf Beschl. v. 26.1.2005 – VII-Verg 45/04, ZfBR 2005, 410.
[29] Vgl. insbes. zum Erfordernis zur Unvorhersehbarkeit *Dieck-Bogatzke* VergabeR 2008, 392 (393); mit Zweifeln an dieser Rspr. Kapellmann/Messerschmidt/*Glahs* Rn. 16 ff.
[30] BayObLG Beschl. v. 17.2.2005 – Verg 27/04, VergabeR 2005, 349 (354).
[31] OLG München Beschl. v. 4.4.2013 – Verg 4/13, NZBau 2013, 524; Kapellmann/Messerschmidt/*Glahs* Rn. 16.
[32] OLG Köln Urt. v. 18.6.2010 – 19 U 98/09, IBR 2011, 355.
[33] Ingenstau/Korbion/*Portz* Rn. 27.
[34] VK Südbayern Beschl. v. 16.9.2015 – Z3-3-3194-1-27-04/15, ZfBR 2016, 415 (Ls.) = VPRRS 2016, 0020: Demnach ist die unterbliebene Beteiligung des Gemeinderats im Rahmen einer Bemusterung eine bloße, unbeachtliche Motivationsänderung; KKMPP/*Portz* VgV § 63 Rn. 45.
[35] Einzelne Beispiele bei Ingenstau/Korbion/*Portz* Rn. 29.
[36] OLG Köln Urt. v. 18.6.2010 – 19 U 98/09, IBR 2011, 355; *Pauka* in Band 3 → VgV § 63 Rn. 19; Kapellmann/Messerschmidt/*Glahs* Rn. 16.

die die Durchführung des Verfahrens und die Vergabe des Auftrags selbst ausschließen. Die Feststellung eines schwerwiegenden Grundes erfordert eine Interessenabwägung, für die die jeweiligen Verhältnisse des Einzelfalls maßgeblich sind.[37]

19 Trotz dieser eher vagen Vorgaben und der starken Einzelfallprägung dieses Aufhebungsgrunds lassen sich **Fallgruppen** bilden.[38] Neben den zumindest derzeit eher seltenen Fällen, in denen gravierende Änderungen der **allgemeinen politischen, militärischen und wirtschaftlichen Verhältnisse**[39] den Auftraggeber zur Aufhebung des Verfahrens zwingen könnten, bleiben im Wesentlichen drei Hauptanwendungsgebiete für die Nr. 3:

20 Zum einen sind dies Gründe, die **in der Person des Auftraggebers selbst** liegen, also Tod, schwere Krankheit oder Insolvenz. Dies ist in Bezug auf Auftraggeber nach § 99 Nr. 2 GWB oder natürliche Personen, die Zuwendungen erhalten und daher die VOB/A anwenden müssen, keinesfalls fernliegend.[40]

21 Der zweite Haupanwendungsfall ist die Aufhebung wegen **mangelnder Wirtschaftlichkeit,** die – anders als in § 63 VgV – im Rahmen des § 17 keinen gesonderten Tatbestand bildet. In Abgrenzung zu Abs. 1 Nr. 1 sind hier diejenigen Situationen erfasst, in denen die Angebotspreise nicht schlechthin unangemessen sind, dem Auftraggeber die Annahme eines der in der Wertung verbleibenden Angebote jedoch nicht zugemutet werden kann. Dazu kann es etwa dann kommen, wenn Bieter eine Leistung in einer vom Auftraggeber nicht vorgesehenen, besonders hochwertigen Ausführung anbieten, weshalb der verlangte Preis im Verhältnis zur angebotenen Leistung nicht als unangemessen angesehen werden kann, gleichwohl aber die (ordnungsgemäß erstellte) **Kostenschätzung** erheblich übersteigt.[41] Die Anforderung an die ordnungsgemäße Kostenschätzung und deren Dokumentation sind hoch. Bei der Beurteilung, ob die Ausschreibung kein wirtschaftliches Ergebnis hatte, sind allein objektive Beurteilungsmaßstäbe maßgeblich.[42] Der Bundesgerichtshof fordert in seiner Grundsatzentscheidung vom 20.11.2012 („Friedhofserweiterung"), dass der Auftraggeber oder der von ihr gegebenenfalls beauftragte Planer „Methoden wählt, die ein **wirklichkeitsnahes** Schätzungsergebnis ernsthaft erwarten lassen", was in der Regel verlangt, dass die Schätzung deckungsgleiche Leistungen zum Gegenstand hat.[43] Darüber hinaus müssen sämtliche Angebote **deutlich oberhalb der Kostenschätzung** liegen, ohne dass bei Überschreitung eines bestimmten Prozentsatzes stets von einer deutlichen Abweichung ausgegangen werden kann.[44]

22 Schließlich kommt die Aufhebung gem. Nr. 3 als Folge **schwerwiegender Rechtsverstöße des Auftraggebers** in Betracht. Hier zeigt sich die Notwendigkeit, strikt zwischen der Frage, ob ein schwerwiegender Grund vorliegt, und der Frage nach einem Verschulden des Auftraggebers zu unterscheiden (→ Rn. 2): **Auch wenn der Auftraggeber den**

---

[37] OLG Düsseldorf Beschl. v. 3.1.2005 – Verg 72/04, NZBau 2005, 415.
[38] Zahlreiche Einzelbeispiele nennt KKMPP/*Portz* VgV § 63 Rn. 36.
[39] Vgl. dazu *Pauka* in Band 3 → VgV § 63 Rn. 23 mwN. Einer dieser Fälle betraf die Aufhebung eines im Jahr 1988 begonnenen Ausschreibungsverfahrens zum Bau von Schutzbunkern für die US-Streitkräfte, das als Folge der deutschen Einheit im Jahr 1990 aufgehoben wurde, OLG Zweibrücken Urt. v. 1.2.1994 – 8 U 96/93, IBR 1995, 150; BGH Beschl. v. 27.10.1994 – VII ZR 48/94 (Revision nicht angenommen). Die Vergabestelle führte aus, dass die US-Streitkräfte an den Örtlichkeiten, die in der Ausschreibung aufgeführt sind, keine Personenschutzbauten mehr benötigten. Die allgemeine politische und militärische Situation habe seinerzeit ein Umdenken im militärischen Bereich erfordert, was ein in der Öffentlichkeit vielfach diskutiertes Problem gewesen sei. Daher hätten auch die Klägerinnen ohne weiteres erkennen müssen, welche Motive für die getroffene Entscheidung maßgeblich waren.
[40] So auch Ingenstau/Korbion/*Portz* Rn. 36 und KKMPP/*Portz* VgV § 63 Rn. 55.
[41] So etwa bei OLG Düsseldorf Beschl. v. 13.12.2006 – VII-Verg 54/06, NZBau 2007, 462 – „Lärmschutzwall BAB 4".
[42] OLG Frankfurt a. M. Beschl. v. 14.5.2013 – 11 Verg 4/13, IBRRS 2013, 2677.
[43] BGH Urt. v. 20.11.2012 – X ZR 108/10, ZfBR 2013, 154 (156).
[44] OLG Karlsruhe Beschl. v. 27.9.2013 – 15 Verg 3/13, IBRRS 2013, 4084 = VergabeR 2014, 237. Dies kann auch dann gegeben sein, wenn von vornherein nur ein Angebot vorliegt, OLG Frankfurt a. M. Beschl. v. 14.5.2013 – 11 Verg 4/13, IBRRS 2013, 2677. Gem. OLG München Urt. v. 12.12.2013 – 1 U 498/13, IBRRS 2014, 2653, ist eine Differenz von ca. 17 % zwischen dem Angebot des Bestbieters und den geschätzten Kosten nicht zwingend als beträchtliche Abweichung anzusehen.

schwerwiegenden Grund verschuldet hat, kann die Aufhebung gerechtfertigt sein. Dies ändert nichts daran, dass er sich dann gegenüber den Bietern schadensersatzpflichtig gemacht hat.[45] Beispiele für eine selbstverschuldete, aber zulässige Aufhebung sind die Wahl der falschen Vergabeart,[46] das Aufstellen (vergabe-)rechtswidriger Anforderungen an die Bieter,[47] das Nichterstellen oder die fehlende Bekanntgabe einer Bewertungsmatrix[48] oder weitere, nicht im Verfahren selbst korrigierbare Fehler des Vergabeverfahrens. Die erforderliche Trennung zwischen Verursachung und Schweregrad des für die Aufhebung herangezogenen Grunds darf indes nicht missverstanden werden: Nach der Rechtsprechung des Bundegerichtshofs kann ein zur Aufhebung der Ausschreibung Anlass gebendes Fehlverhalten der Vergabestelle „schon deshalb nicht ohne Weiteres genügen, weil diese es andernfalls in der Hand hätte, nach freier Entscheidung durch Verstöße gegen das Vergaberecht den bei der Vergabe öffentlicher Aufträge bestehenden Bindungen zu entgehen. Das wäre mit Sinn und Zweck des Vergabeverfahrens nicht zu vereinbaren. Berücksichtigungsfähig sind grundsätzlich nur Mängel, die die Durchführung des Verfahrens und die Vergabe des Auftrags selbst ausschließen. ... Im Einzelnen bedarf es für die Feststellung eines schwerwiegenden Grundes einer Interessenabwägung, für die die Verhältnisse des jeweiligen Einzelfalls maßgeblich sind".[49]

IV. Ermessen

Gemäß der Formulierung des Abs. 1 („kann aufheben") ist der öffentliche Auftraggeber zur Aufhebung **berechtigt, nicht aber verpflichtet,** wenn einer der Aufhebungsgründe vorliegt.[50] Die Aufhebungsentscheidung steht folglich in seinem **Ermessen,** wobei sich das Ermessen gerade nicht auf die Beurteilung der Frage erstreckt, ob ein Aufhebungsgrund gegeben ist. Dies ist, wie bereits ausgeführt, allein anhand objektiver Kriterien zu bestimmen (→ Rn. 21). Ob die tatsächlichen Voraussetzungen vorliegen, ist von den Nachprüfungsinstanzen uneingeschränkt überprüfbar. Dies gilt auch insoweit, als diese unbestimmte Rechtsbegriffe enthalten. Dem Auftraggeber steht daher allein ein Entschließungsermessen zu.[51] 23

Demnach steht es öffentlichen Auftraggebern bei Vorliegen eines Aufhebungsgrunds grundsätzlich frei, das Verfahren gleichwohl fortzusetzen oder lediglich in Teilen (→ Rn. 26) aufzuheben. Stets erforderlich ist eine umfassende **Interessenabwägung** unter Berücksichtigung möglicher Alternativen. Der Verhältnismäßigkeitsgrundsatz gem. § 97 Abs. 1 S. 2 GWB gebietet, die Aufhebung als **„ultima ratio"** grundsätzlich nur dann vorzunehmen, wenn keine anderweitige Handlungsmöglichkeit im laufenden Verfahren besteht.[52] 24

Das **Ermessen** des öffentlichen Auftraggebers kann im Einzelfall **auf Null reduziert** sein, wenn sich die Aufhebung als die einzige rechtmäßige Vorgehensweise darstellt. Dies ist etwa dann anzunehmen, wenn der öffentliche Auftraggeber die falsche Verfahrensart gewählt hat,[53] wenn auf Basis der Leistungsbeschreibung entgegen § 121 GWB keine vergleichbaren Angebote zu erwarten sind,[54] bei Verstößen gegen das Diskriminierungsverbot[55] oder wenn ein Bieter über einen den Wettbewerb verzerrenden Informationsvorsprung verfügt.[56] 25

---

[45] *Summa* VergabeR 2007, 734, passim.
[46] BGH Beschl. v. 10.11.2009 – X ZB 8/09, NZBau 2010, 124.
[47] OLG Frankfurt a. M. Beschl. v. 2.3.2007 – 11 Verg 14/06, NZBau 2007, 466.
[48] OLG München Beschl. v. 27.1.2006 – Verg 1/06, BeckRS 2006, 02401 = ZfBR 2006, 301 (Ls.).
[49] BGH Beschl. v. 20.3.2014 – X ZB 18/13, NZBau 2014, 310 (313).
[50] So auch nochmals ausdrücklich BGH Beschl. v. 20.3.2014 – X ZB 18/13, NZBau 2014, 310 (313).
[51] OLG München Beschl. v. 4.4.2013 – Verg 4/13, IBRRS 2013, 1576.
[52] BGH Beschl. v. 20.3.2014 – X ZB 18/13, NZBau 2014, 310 (313).
[53] VK Schleswig-Holstein Beschl. v. 26.11.2009 – VK-SH 22/09, BeckRS 2011, 05282.
[54] OLG Karlsruhe Beschl. v. 4.12.2013 – 15 Verg 9/13, IBRRS 2013, 07427.
[55] KG Beschl. v. 18.3.2010 – 2 Verg 12/09, BeckRS 2010, 13124.
[56] OLG Jena Vorlagebeschl. v. 20.6.2005 – 9 Verg 3/05, NZBau 2005, 476.

26 Eine **Teilaufhebung** sieht § 17EU, anders als § 63 VgV, nicht ausdrücklich vor. Sie ist jedoch nach allgemeiner Meinung in denselben Grenzen, die auch bei § 63 VgV zu beachten sind, zulässig.[57] Demnach ist die Aufhebung **einzelner Lose** gegenüber einer vollständigen Aufhebung jedenfalls dann möglich und im gegenüber der vollständigen Aufhebung auch geboten, wenn sich der öffentliche Auftraggeber die losweise Vergabe vorbehalten hat (*Pauka* in Band 3 → VgV § 63 Rn. 28). Die Teilaufhebung außerhalb einer Losvergabe ist hingegen nicht möglich, da damit unzulässig in die auf die Gesamtvergabe bezogene Kalkulation der Bieter eingegriffen würde.[58]

V. Mitteilungspflicht (Abs. 2)

27 1. **Grundsatz (S. 1).** Nach Abs. 2 ist der öffentliche Auftraggeber verpflichtet, Bewerber und Bieter von der Aufhebung der Ausschreibung unter Angabe der Gründe, sowie gegebenenfalls über die Absicht, ein neues Vergabeverfahren einzuleiten, **unverzüglich in Textform zu unterrichten.** Abs. 2 setzt Art. 55 Abs. 1 RL 2014/24/EU um, geht aber (wie § 17EU generell) über diesen hinaus, da die Richtlinie Vergaben im Verhandlungsverfahren ohne Teilnahmewettbewerb nicht erfasst. Wie auch der Verordnungsgeber in § 63 VgV erachtet der DVA Teilnehmer an einem solchen Verfahren jedoch für im gleichen Maße schutzbedürftig.[59] Dessen ungeachtet entspricht die Information der Bewerber und Bieter ohnehin dem Geist der auf wechselseitige Rücksichtnahme und Kooperation ausgerichteten VOB.[60]

28 Die Mitteilung hat unverzüglich (§ 121 BGB) und in Textform (§ 126b BGB) zu erfolgen. **Eines Antrags oder einer anderweitigen Aufforderung durch die Bewerber oder Bieter bedarf es nicht,** auch nicht – anders als gem. § 63 Abs. 2 S. 2 VgV – für die Einhaltung der Textform.

29 Fraglich ist, ob die **Wirksamkeit** der Aufhebungsentscheidung gegenüber den Bewerbern und Bietern **erst zu dem Zeitpunkt** gegeben ist, an dem die Mitteilung nach Abs. 2 allen betroffenen Bewerbern oder Bietern **zugegangen** ist. Dieser Ansicht ist das OLG Düsseldorf mit dem Argument, „dass das (vorvertragliche) Rechtsverhältnis, welches durch die Ausschreibung zwischen dem öffentlichen Auftraggeber und den Bietern entsteht, nicht durch eine bloß behördeninterne Willensbildung, sondern nur dadurch beendet werden kann, dass die Entscheidung zur Aufhebung des Vergabeverfahrens den Bietern bekannt gemacht wird". Dem ist entgegenzuhalten, dass Abs. 2 **lediglich als Rechtsfolge** der (internen) Aufhebungsentscheidung formuliert ist, weshalb deren Wirksamkeit nicht von der Mitteilung an die Bewerber und Bieter abhängen kann.

30 In der Mitteilung sind die „Gründe" für die Aufhebung konkret anzugeben; es genügt daher nicht, lediglich den Wortlaut der Nr. 1, 2 oder 3 wiederzugeben.[61] Vielmehr muss es dem Bewerber oder Bieter durch die zumindest stichwortartige Angabe des Auftraggebers möglich sein einzuschätzen, ob die Voraussetzungen für eine rechtmäßige Aufhebung erfüllt sind.

31 2. **Ausnahme von der Mitteilungspflicht (S. 2).** Es steht im Ermessen des Auftraggebers, die nach Abs. 1 zu leistende Angaben ganz oder teilweise zurückzuhalten, wenn eine der Voraussetzungen des Abs. 2 S. 2 lit. a–d erfüllt ist. Auch hier kommt eine Ermessenreduzierung auf Null in Betracht, wenn zB die Weitergabe bestimmter Informationen gesetzlich schlechthin unzulässig wäre. Der Auftraggeber muss in jedem Fall abwägen, welche Interessen berührt sein könnten.

---

[57] OLG Düsseldorf Beschl. v. 12.1.2015 – VII-Verg 29/14, ZfBR 2015, 502; Ingenstau/Korbion/*Portz* Rn. 16.
[58] OLG Dresden, Beschl. v. 3.12.2003 – WVerg 15/03, NZBau 2005, 118; VK Lüneburg Beschl. v. 27.8.2010 – VgK-38/2010, BeckRS 2011, 05282; VK Baden-Württemberg Beschl. v. 28.10.2008 – 1 VK 39/08, IBRRS 2009, 2731; Ingenstau/Korbion/*Portz* Rn. 16 mwN.
[59] Vgl. VgV-Begründung BR-Drs. 87/16, 217.
[60] Ingenstau/Korbion/*Portz* Rn. 38: „Die VOB missbilligt Schweigen des Auftraggebers".
[61] Kapellmann/Messerschmidt/*Glahs* Rn. 25.

Die Behinderung des Gesetzesvollzugs gem. lit. a kommt in Betracht, wenn Gesetze (wie 32
§ 17 UWG) den öffentlichen Auftraggeber die Informationsweitergabe untersagen. Wenn
im weiteren Sinne das Gemeinwohl betroffen ist (lit. b), kommt der fehlerfreien Ermessenausübung besonderes Gewicht zu. Am praktisch häufigsten wird gem. lit. c zu erwägen
sein, ob die Weitergabe bestimmter Informationen die berechtigten geschäftlichen Interessen
von öffentlichen oder privaten Unternehmen schädigen kann, etwa wenn **Betriebs- oder
Geschäftsgeheimnisse** anderer Unternehmen berührt sind, wobei es zu Überschneidungen mit lit. a kommen kann.[62] Der faire Wettbewerb (lit. d) ist schon dann beeinträchtigt,
wenn die Weitergabe der Information die Wettbewerbssituation überhaupt berührt; ein
Gesetzesverstoß ist hingegen nicht erforderlich.[63]

VI. Rechtsschutz

1. Primärrechtsschutz. Seit der Leitentscheidung des EuGH in Sachen „Hospital Inge- 33
nieure" aus dem Jahr 2002 ist anerkannt, dass ein Nachprüfungsverfahren auch mit dem
Ziel geführt werden kann, die Rechtmäßigkeit der Aufhebungsentscheidung überprüfen
zu lassen.[64] Dies kann grundsätzlich sowohl über einen letztlich auf die Geltendmachung
von Schadensersatz gerichteten Feststellungsantrag als auch mit dem Ziel der „Aufhebung
der Aufhebung" geschehen. Ein Kontrahierungszwang folgt daraus nicht; der Auftraggeber
kann auch nach einer von der Vergabekammer verfügten Aufhebung der Aufhebung auf
die Vergabe verzichten (→ Rn. 8 f.). Erklärt daher der Auftraggeber noch im Verfahren,
auf die Auftragsvergabe endgültig verzichten zu wollen, ist ein auf die Aufhebung der
Aufhebung gerichteter Antrag unzulässig.[65]

2. Schadensersatz. Da die Aufhebung in den meisten Fällen selbst dann wirksam ist, 34
wenn sie unzulässig war, ist für die Bewerber und Bieter in erster Linie die Möglichkeit
von Interesse, Schadensersatz vom öffentlichen Auftraggeber fordern zu können.

a) Rechtsgrundlagen. Nach § 97 Abs. 6 GWB haben Unternehmen, die sich an einem 35
Vergabeverfahren beteiligen, Anspruch darauf, dass die Bestimmungen über das Vergabeverfah-
ren eingehalten werden. Zwischen den Bewerbern bzw. Bietern und dem öffentlichen Auftrag-
geber entsteht ein **vorvertragliches Schuldverhältnis,** aus dessen schuldhafter Verletzung
Schadensersatzansprüche gem. **§ 241 Abs. 2 BGB, § 311 Abs. 2 Nr. 1 BGB, § 280 Abs. 1
BGB** sowie uU auch **§ 282 BGB** entstehen können. Dabei ist nicht erforderlich, dass der
Bieter auf die Einhaltung dieser Bestimmungen vertraut hat.[66] Daneben tritt **§ 181 GWB**,
der kein Vertretenmüssen auf Seiten des Auftraggebers voraussetzt; auf die entsprechende
Kommentierung wird ergänzend verwiesen (*Gröning* in Band 3 → GWB § 181 Rn. 1 ff.).

b) Voraussetzungen. Ein Anspruch auf Schadensersatz gem. **§ 241 Abs. 2 BGB, § 311** 36
Abs. 2 Nr. 1 BGB, § 280 Abs. 1 BGB setzt eine **schuldhafte Pflichtverletzung** des
Auftraggebers voraus. Diese kann entweder darin liegen, dass die **Aufhebung rechtswidrig**
vorgenommen wurde, da kein Aufhebungsgrund gem. Abs. 1 Nr. 1–3 vorliegt. Der Auftraggeber handelt aber **auch dann schuldhaft und pflichtwidrig,** wenn insbesondere in
Fällen des Abs. 1 Nr. 3 der schwerwiegende **Grund zwar vorliegt,** dieser aber gerade in
einem schwerwiegenden **Rechtsverstoß** des Auftraggebers **begründet** ist. Dann ist zwar
die Aufhebung für sich betrachtet rechtmäßig, das Verhalten des Auftraggebers im Rahmen
einer Gesamtbetrachtung hingegen nicht (→ Rn. 22).[67]

---

[62] Kapellmann/Messerschmidt/Glahs VOB/A § 17EG Rn. 2.
[63] Ingenstau/Korbion/*Portz* § 17EU Rn. 6.
[64] EuGH Urt. v. 18.6.2002 – C-92/00, NZBau 2002, 458 (462).
[65] Kapellmann/Messerschmidt/*Glahs* Rn. 26.
[66] BGH Urt. v. 9.6.2011 – X ZR 143/10, NZBau 2011, 498 = ZfBR 2012, 61 – „Rettungsdienstleistungen II".
[67] Vgl. Kapellmann/Messerschmidt/*Glahs* Rn. 32: „In beiden Fällen hat der Auftraggeber eine Pflichtverletzung begangen; diese ist aber nicht identisch. Im ersten Fall liegt die Pflichtverletzung in der Aufhebung
selbst, im zweiten Fall liegt die Pflichtverletzung nicht in der Aufhebung, sondern in einem früheren Verfahrensstadium".

37 Der nur bei Vergaben oberhalb der EU-Schwellenwerte bestehende Anspruch gem. **§ 181 S. 1 GWB** setzt demgegenüber einen Verstoß gegen eine bieterschützende Vorschrift voraus sowie ferner, dass der Anspruchsteller ohne diesen Verstoß bei der Wertung der Angebote eine echte Chance gehabt hätte, den Zuschlag zu erhalten, die aber durch den Rechtsverstoß beeinträchtigt wurde. Im Zusammenhang mit einer Aufhebung kommt auch hier ein Verstoß gegen Abs. 1 bzw. 2 oder aber gegen eine andere Bestimmung im Vorfeld der – als solche rechtmäßigen – Aufhebung in Betracht. Während Verschulden auf Seiten des Auftraggebers keine Tatbestandsvoraussetzung ist, kann nur derjenige Bieter den Anspruch geltend machen, der eine „**echte Chance**" auf die Erteilung des Zuschlags gehabt hätte. Nach der bisherigen Rechtsprechung des Bundesgerichtshofs zum früheren § 126 GWB aF gilt hier ein strenger Maßstab:[68] Einerseits wird verlangt, dass das Angebot „besonders qualifizierte Aussichten auf die Zuschlagserteilung hätte haben müssen". Andererseits soll Voraussetzung sein, dass überhaupt ein zuschlagsfähiges Angebot vorliege. Dies sei nicht gegeben, wenn bereits die Wertungsmöglichkeit nicht bestehe, weil die Angebote als Folge von Mängeln der Leistungsbeschreibung nicht vergleichbar seien. Nur über einen solchen Vergleich sei das Bestehen einer „echten Chance" festzustellen.[69]

38 **c) Anspruchsinhalt.** Beim Inhalt des Schadensersatzanspruchs ist zu differenzieren: Im Regelfall ist er nur der Ersatz des **negativen Interesses,** also auf Ausgleich der Kosten der Vorbereitung des Angebots gerichtet.[70] Der Berechtigte ist folglich so zu stellen, als habe er nicht an der Ausschreibung teilgenommen und sich so alle damit verbundenen Aufwendungen erspart. Die Praxis zeigt allerdings, dass die Darlegung eines Vermögensschadens häufig daran scheitert, dass auf Grundlage der **Differenzhypothese** gar kein Schaden entstanden ist: Die (internen) Kalkulatoren und übrigen mit der Erstellung von Angeboten beschäftigten Mitarbeiter eines durchschnittlichen Bauunternehmens hätten ihr Gehalt auch erhalten, wenn sie das infolge der Aufhebung nutzlos gewordene Angebot nicht erstellt hätten. Ersatzfähig sind daher im Regelfall in erster Linie die Kosten externer Berater wie Planer oder Rechtsanwälte.[71]

39 Nur ausnahmsweise kann der Anspruchsteller gem. **§ 241 Abs. 2 BGB, § 311 Abs. 2 Nr. 1 BGB, § 280 Abs. 1 BGB** auch Schadensersatz statt der Leistung, also auch das positive Interesse einschließlich des entgangenen Gewinns ersetzt verlangen. Dies setzt nach der Rechtsprechung des Bundesgerichtshofs nicht nur voraus, dass der Schadensersatz begehrende Bieter das **wirtschaftlichste Angebot** gelegt hat, sondern darüber hinaus auch, dass der ausgeschriebene **Auftrag auch tatsächlich erteilt und ausgeführt worden** ist.[72] Daraus folgt, dass der Ersatz des positiven Interesses in denjenigen Fällen ausscheidet, in denen die Aufhebung nicht nur wirksam, sondern auch zulässig ist, und das den Schadensersatzanspruch begründende Fehlverhalten des öffentlichen Auftraggebers der Aufhebung vorgelagert ist. Selbst wenn es in einem neuen Verfahren zur Erteilung eines Auftrags kommt,

---

[68] Insbes. BGH Urt. v. 1.8.2006 – X ZR 146/03, NZBau 2007, 58 und BGH Urt. v. 27.11.2007 – X ZR 18/07, ZfBR 2008, 299.

[69] Zur Kritik an dieser Sichtweise s. Beck VergabeR/*Antweiler* GWB § 181 Rn. 14 f.

[70] Der Anspruch nach § 181 S. 1 GWB („Anspruch auf Ersatz des Vertrauensschadens") ist darauf von Gesetzes wegen beschränkt. In Ansehung der Entscheidung des BGH Urt. v. 9.6.2011 – X ZR 143/10, NZBau 2011, 498 = ZfBR 2012, 61 – „Rettungsdienstleistungen II", wonach es auf ein enttäuschtes Vertrauen des Anspruchstellers gerade nicht ankommt, sollte allerdings zumindest für den Anspruch nach §§ 241, 311, 280 BGB der überkommene Begriff des „Vertrauensschadens" in diesem Zusammenhang nicht länger verwendet werden.

[71] Vgl. dazu OLG Köln Urt. v. 23.7.2014 – 11 U 104/13, ZfBR 2015, 101. Demnach setzt als Vertrauensschaden ersatzfähiger Schaden für Personalkosten die Darlegung und den Nachweis voraus, dass die betroffenen Mitarbeiter alternativ für einen anderen Zweck hätten eingesetzt werden können und in diesem Fall Gewinne erzielt worden wären. Auch in dem der Entscheidung BGH Urt. v. 9.6.2011 – X ZR 143/10, ZfBR 2012, 61 – „Rettungsdienstleistungen II", zugrunde liegenden Sachverhalt ging es allein um den Ersatz von Rechtsanwaltskosten.

[72] BGH Urt. v. 16.12.2003 – X ZR 282/02, VergabeR 2004, 480 (481 f.); BGH Urt. v. 8.9.1998 – X ZR 48/97, NJW 1998, 3636 (Ls. 2).

so ist dieser nicht identisch mit demjenigen, der Gegenstand des aufgehobenen Verfahrens war.[73] Dasselbe gilt, wenn die Aufhebung zwar unzulässig, aber dennoch wirksam ist.[74]

d) **Rechtmäßiges Alternativverhalten.** Der Auftraggeber kann grundsätzlich einwenden, dass der Schaden auch eingetreten wäre, wenn er sich ordnungsgemäß verhalten hätte. Nach der einschlägigen und bis heute zitierten Rechtsprechung des Bundesgerichtshofs aus den neunziger Jahren des 20. Jahrhunderts ist die **Berufung auf ein rechtmäßiges Alternativverhalten** jedoch nur beachtlich ist, wenn der Schädiger bei pflichtgemäßem Verhalten denselben Erfolg herbeigeführt hätte; dass er ihn lediglich hätte herbeiführen können, reicht regelmäßig nicht aus.[75] Auch darf der Einwand nicht dem Schutzzweck der verletzten Norm widersprechen. Aus diesem Grund konnte der Auftraggeber in der Entscheidung „Rettungsdienstleistungen II" des BGH auch nicht einwenden, die geltend gemachten Rechtsanwaltskosten wären auch dann entstanden, wenn die Prüfung der Vergabeunterlagen keinen Fehler zutage gebracht hätte.[76] 40

§ 18EU Zuschlag

(1) Der Zuschlag ist möglichst bald, mindestens aber so rechtzeitig zu erteilen, dass dem Bieter die Erklärung noch vor Ablauf der Bindefrist zugeht.

(2) Werden Erweiterungen, Einschränkungen oder Änderungen vorgenommen oder wird der Zuschlag verspätet erteilt, so ist der Bieter bei Erteilung des Zuschlags aufzufordern, sich unverzüglich über die Annahme zu erklären.

(3)
1. Die Erteilung eines Bauauftrages ist bekannt zu machen.
2. Die Vergabebekanntmachung erfolgt mit den von der Europäischen Kommission festgelegten Standardformularen und enthält die Informationen nach Anhang V Teil D der Richtlinie 2014/24/EU.
3. Aufgrund einer Rahmenvereinbarung vergebene Einzelaufträge werden nicht bekannt gemacht.
4. Erfolgte eine Vorinformation als Aufruf zum Wettbewerb nach § 12EU Absatz 2 und soll keine weitere Auftragsvergabe während des Zeitraums, der von der Vorinformation abgedeckt ist, vorgenommen werden, so enthält die Vergabebekanntmachung einen entsprechenden Hinweis.
5. Nicht in die Vergabebekanntmachung aufzunehmen sind Angaben, deren Veröffentlichung
   a) den Gesetzesvollzug behindern,
   b) dem öffentlichen Interesse zuwiderlaufen,
   c) die berechtigten geschäftlichen Interessen öffentlicher oder privater Unternehmen schädigen oder
   d) den fairen Wettbewerb beeinträchtigen würde.

(4) Die Vergabebekanntmachung ist dem Amt für Veröffentlichungen der Europäischen Union in kürzester Frist – spätestens 30 Kalendertage nach Auftragserteilung – elektronisch zu übermitteln.

---

[73] Derselbe Auftrag liegt hingegen vor, wenn der Auftraggeber nach rechtswidriger Aufhebung gem. § 3aEU Abs. 3 Nr. 1 oder 2 in das Verhandlungsverfahren ohne Teilnahmewettbewerb übergeht.
[74] So auch Kapellmann/Messerschmidt/*Glahs* Rn. 37. Kritisch hingegen Ingenstau/Korbion/*Portz* § 17EU Rn. 85 ff., wonach differenziert werden müsse: Könne der Bieter ein missbräuchliches Verhalten des Auftraggebers nachweisen, so müsse er auch dann das positive Interesse verlangen können, wenn der Auftrag am Ende überhaupt nicht erteilt wird (Scheinaufhebung). Insoweit komme auch ein Anspruch nach § 826 Abs. 1 BGB in Betracht. Dies lässt sich beipflichten; allerdings erscheint fraglich, ob der Nachweis eines rein schikanösen und nicht einmal im Ansatz von Sachgründen getragenen Verhaltens dann, wenn der Auftraggeber auf die Auftragsvergabe endgültig verzichtet, praktisch gelingen kann.
[75] BGH Urt. v. 25.11.1992 – VIII ZR 170/91, NJW 1993, 520 und BGH Urt. v. 24.4.1997 – VII ZR 106/95, NJW-RR 1997, 1106.
[76] BGH Urt. v. 9.6.2011 – X ZR 143/10, ZfBR 2012, 61.

Übersicht

	Rn.		Rn.
I. Überblick	1	c) Sonstige Wirksamkeitshindernisse	17–19
II. Normzweck	2–4	IV. Zuschlagserteilung unter Abänderungen (Abs. 2 Alt. 1)	20–24
III. Zuschlagserteilung ohne Abänderung (Abs. 1)	5–19	V. Verspätete Zuschlagserteilung (Abs. 2 Alt. 2)	25–28
1. Zuschlagserteilung und Vertragsschluss	6	VI. Vergabebekanntmachung (Abs. 3)	29–34
2. Rechtzeitige Zuschlagserteilung	7–10	VII. Frist (Abs. 4)	35
3. Wirksame Zuschlagserteilung	11–19	VIII. Pflicht zur Vergabebekanntmachung nicht bieterschützend	36–38
a) Form	11–14		
b) Gesetzliche Vertretung und rechtsgeschäftliche Stellvertretung	15, 16		

I. Überblick

1   § 18EU kombiniert zwei im Grunde separate Regelungsgebiete: Während die Abs. 1 und 2 wortgleich zu § 18 Bestimmungen zur Erteilung des Zuschlags enthalten, betreffen die Abs. 3 und 4 – vergleichbar zu § 20 Abs. 3 in Abschnitt 1 – die Herstellung der **ex-post-Transparenz** nach Zuschlagserteilung. Mit den Abs. 3 und 4 wird Art 50 RL 2014/24/EU umgesetzt, während die Abs. 1 und 2 keine direkte Entsprechung in der RL 2014/24/EU haben. Gegenüber § 18EG sind die Abs. 1 und 2 unverändert geblieben, während die Abs. 3 und 4 an die RL 2014/24/EU angepasst wurden. Neu hinzugekommen sind die Nr. 3 und 4 in Abs. 3.

II. Normzweck

2   Entsprechend dem bereits angesprochenen „Zwittercharakter" des § 18EU lässt sich kein einheitlicher Normzweck ermitteln.

3   Die Abs. 1 und 2 legen fest, wie der **Zuschlag wirksam** erteilt wird, was insbesondere vor dem Hintergrund des **§ 168 Abs. 2 GWB** von Bedeutung ist, wonach ein wirksam erteilter Zuschlag von der Vergabekammer nicht aufgehoben werden kann. Dies wird kombiniert mit einer Verfahrensanweisung an den öffentlichen Auftraggeber, den Zuschlag „möglichst bald" zu erteilen, was im Regelfall allerdings ohnehin dem eigenen Interesse des Auftraggebers entspricht.

4   Die Abs. 3 und 4 sind Ausfluss des Transparenzprinzips. Abschnitt 2 der RL 2014/24/EU, zu dem Art. 50 RL 2014/24/EU gehört, trägt entsprechend die Überschrift „Veröffentlichung und Transparenz".[1] Sie dienen allerdings nicht dem Bieterschutz, sondern dem öffentlichen Interesse an der transparenten Vergabe von Bauaufträgen.[2] Bieter- bzw. Drittschutz im Sinne des § 97 Abs. 6 GWB kommt jedoch der Pflicht zur Rücksichtnahme auf berechtigte geschäftliche Interessen gem. Abs. 3 Nr. 5 zu. Darüber dient die Bekanntmachung auch dem Zweck, der Kommission Untersuchungen dahingehend zu ermöglichen, ob die in den Bekanntmachungen enthaltenen Informationen qualitativ ausreichend und umfangreich genug sind, um die statistischen Angaben zu entnehmen, die ansonsten von den Mitgliedstaaten übermittelt werden müssten.[3]

III. Zuschlagserteilung ohne Abänderung (Abs. 1)

5   Abs. 1 regelt den Normalfall, dh die Zuschlagserteilung ohne Erweiterungen, Einschränkungen oder Änderungen. Mit dem (wirksamen) Zuschlag endet das Vergabeverfahren. Ein wirksam erteilter Zuschlag kann gem. § 168 Abs. 2 GWB nicht von der Vergabekammer

---

[1] Mit Recht kritisch merken *Reichling/von Wietersheim* an, dass durch die in § 18EU Abs. 3 und 4 geregelte ex-post-Transparenz leider wohl in der erster Linie „der weiteren Bürokratisierung Vorschub geleistet wird", Ingenstau/Korbion/*Reichling/von Wietersheim* Rn. 4.
[2] Kapellmann/Messerschmidt/*Stickler* Rn. 20; Ingenstau/Korbion/*Reichling/von Wietersheim* Rn. 35.
[3] Vgl. Erwägungsgrund 127 RL 2014/24/EU.

aufgehoben werden. Darüber hinaus liegt in der Zuschlagserteilung auch die zivilrechtliche Annahme des wirtschaftlichsten Angebots, durch die der Bauvertrag zustande kommt.

1. Zuschlagserteilung und Vertragsschluss. Entsprechend der ganz hM fallen im deutschen Vergaberecht Zuschlagserteilung und **Angebotsannahme** zusammen.[4] Zwar wird (bzw. wurde) vereinzelt die Ansicht vertreten, das sogenannte „dualistische System", wonach Zuschlag und Annahme sowohl begrifflich als auch inhaltlich zu unterscheiden sind, gelte auch im Recht der Bundesrepublik.[5] Diese Auffassung kann jedoch inzwischen als überholt angesehen werden – einer derartigen Trennung bedarf es weder in zivil- noch in vergaberechtlicher Hinsicht. Dies gilt auch in Ansehung des verfassungsrechtlichen Gebots der Gewährung effektiven (Primär-)Rechtsschutzes: Im Oberschwellenbereich sorgen die §§ 134 und 135 GWB dafür, dass der öffentliche Auftraggeber nicht durch die schlichte Zuschlagserteilung irreversible Fakten schafft. Unterhalb der Schwellenwerte steht den Bietern die Möglichkeit zu Gebote, durch die Beantragung einstweiliger Verfügungen die Erteilung des Zuschlags zu verhindern.[6] Und nicht zuletzt spricht die Formulierung des Abs. 1 selbst dafür, dass Zuschlag und Annahme als ein und dasselbe anzusehen sind: Die vergaberechtliche Pflicht des Auftraggebers, den Zuschlag bis zum Ablauf der Bindefrist zu erteilen, wäre sinnentleert, wenn dadurch nicht auch die Annahme des Angebots erklärt würde.

2. Rechtzeitige Zuschlagserteilung. Abs. 1 verpflichtet den öffentlichen Auftraggeber, den Zuschlag möglichst bald, jedenfalls aber vor Ablauf der Angebotsbindefrist (vgl. § 10aEU Abs. 8) zu erteilen. Trotz der Formulierung „ist zu erteilen" besteht kein Anspruch auf Erteilung des Zuschlags.[7]

Abs. 1 verpflichtet den öffentlichen Auftraggeber in zweierlei Hinsicht. Gerade vor dem Hintergrund der Angebotsannahme *uno actu* mit der Zuschlagserteilung ist es im Grunde selbstverständlich, dass der Zuschlag **innerhalb der Bindefrist** erteilt werden muss. Dies folgt bereits aus § 148 BGB, wonach ein Angebot nur innerhalb der hierfür festgelegten Frist angenommen werden kann. Den Zuschlag auf ein nicht mehr annahmefähiges Angebot zu erteilen wäre für den Auftraggeber ohne Interesse (inwieweit der Zuschlag unter Erweiterungen, Einschränkungen oder Änderungen das Verfahren wirksam beenden kann, ist im Übrigen Gegenstand des Abs. 2).[8] Die Länge der Bindefrist ergibt sich aus den Vergabeunterlagen; gem. § 10aEU Abs. 8 S. 3 beträgt sie in der Regel **60 Tage,** beginnend mit dem Ablauf der Angebotsfrist (§ 10aEU Abs. 9).

Abs. 1 verlangt darüber hinaus, dass der Zuschlag „möglichst bald", dh ohne schuldhaftes Zögern erteilt wird. Dies ist Ausdruck des vergaberechtlichen **Beschleunigungsgebots;** der Zuschlagsbieter soll möglichst frühzeitig mit den Vorbereitungen beginnen können.[9]

Der Zuschlag bzw. die Annahme ist eine empfangsbedürftige **Willenserklärung;** der Zugang und die Zugangsvoraussetzungen richten sich nach § 130 BGB. Die **Beweislast** für den rechtzeitigen, dh insbesondere vor Ablauf der Bindefrist erfolgten Zugang der Zuschlags-/Annahmeerklärung liegt, den allgemeinen zivilrechtlichen Regelungen folgend, beim Auftraggeber.[10] Gemäß der immer noch herrschenden Ansicht in der Rechtsprechung stellt der „OK-Vermerk" eines Sendeberichts lediglich ein Indiz für den Zugang eines Telefaxes dar und erbringt insoweit keinen Anscheinsbeweis.[11] Der Auftraggeber sollte sich

---

[4] Vgl. nur Kapellmann/Messerschmidt/*Stickler* § 18 Rn. 5–9; Ingenstau/Korbion/*Reichling/von Wietersheim* § 18 Rn. 1 und 2 mwN; ferner BVerwG Beschl. v. 2.5.2007 – 6 B 10/07, NJW 2007, 2275.
[5] Vgl. iE die Darstellung und Nachweise bei Kapellmann/Messerschmidt/*Stickler* § 18 Rn. 5–9.
[6] Kapellmann/Messerschmidt/*Stickler* § 18 Rn. 8 f.
[7] AllgM; → § 17EU Rn. 5 ff.
[8] Kapellmann/Messerschmidt/*Stickler* § 18 Rn. 13.
[9] Kapellmann/Messerschmidt/*Stickler* § 18 Rn. 12; Ingenstau/Korbion/*Reichling/von Wietersheim* § 18 Rn. 11.
[10] Vgl. nur BGH Urt. v. 24.2.2016 – XII ZR 5/15, NJW 2016, 1441.
[11] StRspr des BGH Beschl. v. 6.7.2017 – IX ZB 73/16, NZI 2017, 950 Rn. 11; BGH Beschl. v. 8.10.2013 – VIII ZB 13/13, NJW-RR 2014, 179 Rn. 12; BGH Beschl. v. 14.5.2013 – III ZR 289/12, NJW 2013, 2514 Rn. 11; BGH Beschl. v. 21.7.2011 – IX ZR 148/10, BeckRS 2011, 21743 Rn. 3. Dasselbe gilt im Grundsatz

die Eingang des Zuschlags daher bestätigen lassen (vgl. insoweit auch das Formblatt 338, 2, des VHB 2017).

11   3. **Wirksame Zuschlagserteilung. a) Form.** Die Zuschlagserteilung unterliegt **keinen vergaberechtlichen Formvorschriften.**[12] Da ein Bauwerkvertrag auch ansonsten keiner besonderen Form bedarf, kann er daher grundsätzlich auch mündlich erteilt werden, etwa im Anschluss an die Rücknahme eines Antrags auf Vergabenachprüfung. Im Normalfall ist aber aus **Beweisgründen** zumindest die Textform zu wahren.

12   Anderweitige gesetzliche Vorschriften, welche die Wahrung der Schriftform zwingend verlangen (wie etwa die **Gemeindeordnungen** der Länder für die Abgabe verpflichtender Erklärungen), bleiben unberührt. Allerdings ist die in den Gemeindeordnungen vorgeschriebene Schriftform aufgrund der fehlenden Gesetzgebungskompetenz der Länder nicht konstitutiv. Die mangelnde Schriftform führt daher nicht gem. § 125 BGB zur Nichtigkeit des Rechtsgeschäfts, sondern gem. § 177 BGB aufgrund fehlender Vertretungsmacht lediglich zur schwebenden Unwirksamkeit, sodass eine nachträgliche Genehmigung möglich ist.[13]

13   Ist mit der Zuschlagserteilung die Vereinbarung über einen Grundstückserwerb im Sinne einer rechtlichen Einheit verbunden, bedarf sie gem. § 311b BGB der **notariellen Form.**[14] Dasselbe gilt für den Fall des Erwerbs von Erbbaurechten gem. § 11 Abs. 2 ErbbauVO oder die Übertragung von GmbH-Anteilen gem. § 15 Abs. 3 und 4 GmbHG.

14   Im Falle der **gewillkürten,** dh in den Vergabeunterlagen selbst vorgesehenen Schriftform führt deren Nichtbeachtung regelmäßig **nicht** zur **Nichtigkeit** gem. § 125 BGB. Gemäß § 125 S. 2 BGB hat der Mangel der durch Rechtsgeschäft bestimmten Form nur im Zweifel Nichtigkeit zur Folge. Ein solcher Zweifel ist indes typischerweise nicht gegeben, da die in den Vergabeunterlagen vereinbarte Schriftform nicht als Wirksamkeitsvoraussetzung anzusehen ist, sondern lediglich Beweis- und Dokumentationszwecken dient.[15] Im Übrigen lässt § 127 BGB die Wahrung der Schriftform – abweichend von § 126 BGB – durch die telekommunikative Übermittlung oder den Briefwechsel zu.

15   **b) Gesetzliche Vertretung und rechtsgeschäftliche Stellvertretung.** Weitere Voraussetzung für die wirksame Zuschlagserteilung ist die Einhaltung der für den jeweiligen öffentlichen Auftraggeber gültigen gesetzlichen **Vertretungsregelungen.**[16] Diese ergeben sich aus den einschlägigen gesetzlichen Grundlagen, die öffentlich-rechtlicher oder privatrechtlicher Natur sein können.

16   **Stellvertretung** ist grundsätzlich nach Maßgabe der §§ 164 ff. BGB möglich. Zu beachten ist, dass der vom öffentlichen Auftraggeber beauftragte **Architekt nicht** allein aufgrund seiner Stellung rechtsgeschäftliche Vertretungsmacht besitzt.[17] Anders als ggf. bei der Vereinbarung von Nachtragsbeauftragungen wird in Bezug auf die Erteilung des Zuschlags regelmäßig auch nicht von einer Anscheins- oder Duldungsvollmacht auszugehen sein.

17   **c) Sonstige Wirksamkeitshindernisse.** Der Zuschlagserteilung dürfen auch keine sonstigen Wirksamkeitshindernisse entgegenstehen.

---

für das Sendeprotokoll einer E-Mail. Anders wird dies bei der Aktivierung der Funktionen Eingangsbestätigung oder Lesebestätigung gesehen, welche die Ablage im E-Mail-Postfach des Empfängers oder das Öffnen der E-Mail auf der Seite des Empfängers dokumentieren, vgl. *Laumen* in Baumgärtel/Laumen/Prütting Beweislast-HdB Rn. 248; *Ahrens, Der Beweis im Zivilprozess,* 2014, Kapitel 16 Rn. 71 ff.; *Geipel,* Handbuch der Beweiswürdigung, 3. Aufl. 2016, § 29, Rn. 275, jeweils mwN.
[12] BGH Beschl. v. 9.2.2004 – X ZB 44/03, BeckRS 2004, 01815 = NJW 2004, 2092. Dies gilt iÜ auch für die VOB/A-VS, die, anders als § 34 Abs. 1 VSVgV, keine Form für die Zuschlagserteilung bestimmt.
[13] OLG Frankfurt a. M. Urt. v. 25.6.2013 – 11 U 94/12, BeckRS 2013, 16295; OLG Schleswig Beschl. v. 1.6.1999 – 6 Verg 1/99, NZBau 2000, 96.
[14] Ingenstau/Korbion/*Reichling/von Wietersheim* § 18 Rn. 34.
[15] Kapellmann/Messerschmidt/*Stickler* § 18 Rn. 26; Ingenstau/Korbion/*Reichling/von Wietersheim* § 18 Rn. 32.
[16] Zu diesen zählen auch die jeweils kommunalrechtlich vorgeschriebenen Schriftformerfordernisse, → Rn. 12.
[17] StRspr seit BGH Urt. v. 15.2.1960 – 1 VII ZR 10/59, NJW 1960, 859.

Diese können sich bereits aus vergaberechtlichen Bestimmungen ergeben. So ist die 18
Zuschlagserteilung gem. § 135 Abs. 1 GWB von Anfang an unwirksam, wenn der öffentliche Auftraggeber gegen § 134 GWB verstößen oder den Auftrag unberechtigt direkt vergeben hat und dieser Verstoß gem. § 135 Abs. 2 GWB festgestellt wurde.

Der Vertrag und damit auch der Zuschlag sind ferner nichtig, wenn der Vertragsgegenstand zu unbestimmt ist, was allerdings bei Bauaufträgen nur selten der Fall sein dürfte, oder 19
wenn ein Verstoß gegen ein **gesetzliches Verbot** iSd § 134 BGB vorliegt. Zu diesen zählen auch die Zuschlagsverbote gem. § 169 Abs. 1 GWB, § 173 Abs. 1 S. 1 GWB und § 173 Abs. 3 GWB.[18] In Betracht kommt ferner die Nichtigkeit nach 138 Abs. 1 BGB im Falle eines **kollusiven Zusammenwirkens** von Auftraggeber und Bieter, insbesondere in Bezug auf die beidseitig bewusste Umgehung eines ordnungsgemäßen Vergabeverfahrens.[19]

IV. Zuschlagserteilung unter Abänderungen (Abs. 2 Alt. 1)

Abs. 2 trifft Bestimmungen für den in der Praxis gar nicht so seltenen Fall, dass der 20
Zuschlag unter **Erweiterungen, Einschränkungen oder sonstigen Änderungen** erteilt wird. Durchaus häufig sind insbesondere Fälle, in denen der Auftraggeber aufgrund vorausgehender Verzögerungen einen gegenüber den Vergabeunterlagen **geänderten Zeitplan** vorgeben möchte.[20] Ebenfalls eine Änderung liegt vor, wenn die Vergabeunterlagen gar keine Ausführungsfristen bestimmen, der Auftraggeber solche Fristen aber bei Zuschlagserteilung vorschreibt.[21]

Gemäß Abs. 2 ist ein unter Erweiterungen, Einschränkungen oder sonstigen Änderungen 21
erteilter Zuschlag **nicht per se unwirksam oder unzulässig.**

In vergaberechtlicher Hinsicht bilden das **Nachverhandlungsverbot** gem. § 15EU 22
Abs. 3, die Gebote der **Gleichbehandlung** und der **Transparenz** die **Grenze** für eine noch zulässige Abänderung im Rahmen der Zuschlagserteilung.[22] Auch sind **Änderungen, die als iSd § 23EU** bzw. § 132 GWB **wesentlich** anzusehen wären, von vornherein unzulässig.[23] Dadurch ergibt sich letztlich ein nur schmaler Anwendungsbereich für Abs. 2, der keinesfalls dahingehend verstanden werden darf, dass eine Zuschlagserteilung unter Erweiterungen, Einschränkungen oder sonstigen Änderungen gleichsam in das Belieben des Auftraggebers gestellt wäre.[24]

Im Übrigen passt sich das Vergaberecht den **zivilrechtlichen** Bestimmungen an, indem 23
der Bieter gem. Abs. 2 bei Erteilung des Zuschlags aufzufordern ist, sich **unverzüglich** über die Annahme zu erklären. Dies entspricht dem Umstand, dass gem. § 150 Abs. 2 BGB eine Annahme unter Erweiterungen, Einschränkungen oder sonstigen Änderungen als Ablehnung gilt, verbunden mit einem **neuen Antrag,** den der Erklärungsempfänger annehmen muss. Die Annahme muss gem. § 147 BGB bis zu dem Zeitpunkt angenommen werden, in welchem der Antragende den Eingang der Antwort unter regelmäßigen Umständen erwarten darf; Abs. 2 konkretisiert dies dahingehend, dass die Annahmeerklärung **unverzüglich** nach Eingang des Zuschlagsschreibens abzugeben ist. Schweigt der Bieter, kommt kein Vertrag zustande, es sei denn, die äußeren Umstände lassen den Schluss zu,

---

[18] Kapellmann/Messerschmidt/*Stickler* § 18 Rn. 34.
[19] Vgl. hier insbes. OLG Saarbrücken Urt. v. 17.8.2016 – 1 U 159/14, BeckRS 2016, 16273 (Nichtigkeit bejaht); ferner OLG Düsseldorf Beschl. v.18.6.2008 – VII Verg 23/08, ZfBR 2009, 197 (verneint); OLG Hamburg Beschl. v. 25.1.2007 – 1 Verg 5/06, NZBau 2007, 801 (verneint).
[20] Nach der Rspr. des BGH muss der Auftraggeber allerdings unmissverständlich klarstellen, dass er den Vertrag nur zu den geänderten zeitlichen Konditionen schließen will; ein bloßes „Ansprechen" genügt nicht, BGH Urt. v. 6.9.2012 – VII ZR 193/10, NJW 2012, 3505.
[21] Kapellmann/Messerschmidt/*Stickler* § 18 Rn. 39; OLG München Urt. v. 6.7.1993 – 13 U 6930/92, IBR 1995, 369.
[22] Vgl. BayObLG Beschl. v. 15.7.2002 – Verg 15/02 NZBau 2002, 689.
[23] Ähnlich zur Rechtslage vor Einführung des § 23EU Beck VOB/A/*Diehr/Reidt* § 18 Rn. 47. Ggf. kommt bei wesentlichen Abweichungen auch eine Unwirksamkeit gem. § 135 Abs. 1 GWB (de-facto-Vergabe) in Betracht, Ingenstau/Korbion/*Reichling/von Wietersheim* § 18 Rn. 28.
[24] Ingenstau/Korbion/*Reichling/von Wietersheim* § 18 Rn. 28.

dass der Bieter mit dem Vertragsschluss zu den geänderten Bedingungen einverstanden ist. Dies kann etwa aus der Aufnahme der Arbeiten gefolgert werden.[25]

24 Da der Auftraggeber im Fall eines Zuschlags unter Erweiterungen, Einschränkungen oder sonstigen Änderungen einerseits häufig gegen das Nachverhandlungsverbot verstößt und sich andererseits auch vom erfolgreichen Bieter abhängig macht, ist ihm hiervon generell abzuraten. Soweit nach § 23EU zulässig ist die Erteilung des Zuschlags zu unveränderten Bedingungen und die nachträgliche Änderung des Vertrags vorzugswürdig.[26] **Stimmt** im Übrigen der **Bieter** der Änderung endgültig **nicht zu,** ist das Verfahren gem. § 17EU Abs. 1 Nr. 3 aus schwerwiegendem Grund **aufzuheben.**[27]

V. Verspätete Zuschlagserteilung (Abs. 2 Alt. 2)

25 Abs. 2 regelt ebenfalls die verspätete, dh nach Ablauf der Bindefrist erfolgte Zuschlagserteilung. Die Rechtsfolgen entsprechen denen einer Zuschlagserteilung unter Erweiterungen, Einschränkungen oder sonstigen Änderungen. Gemäß § 150 Abs. 1 BGB gilt die verspätete Annahme des ursprünglichen Angebots als neuer Antrag; das Angebot erlischt gem. § 146 BGB. Der Bieter ist aufzufordern, sich unverzüglich über die Annahme zu erklären.

26 Für die Rechtzeitigkeit des Zuschlags kommt es auf den Zugang beim Bieter an (→ Rn. 7 ff.). Ist das Zuschlagsschreiben so abgesendet worden, dass es bei **regelmäßiger Beförderung** rechtzeitig zugegangen wäre, und musste der Bieter dies erkennen (etwa infolge eines vorausgegangenen Telefonats), so hat er dem Auftraggeber die Verspätung unverzüglich nach Empfang (oder vorher) anzuzeigen. Verzögert er die Absendung der Anzeige, so **gilt** die Annahme gem. § 149 S. 2 BGB **als nicht verspätet.** Diese Regelung kann zu der etwas paradoxen Situation führen, dass ein Bieter, der ein eigenes Interesse an einer wirksamen Zuschlagserteilung hat, die Anzeige tunlichst unterlässt, wodurch die Fiktion des § 149 S. 2 BGB eintritt.

27 Konsequenz der Bestimmung gem. Abs. 2 Alt. 2 ist, dass das Vergabeverfahren nicht mit Ablauf der Bindefrist endet.[28] Die Beendigung tritt erst ein, wenn der Auftraggeber nach verweigerter Zustimmung des erfolgreichen Bieters das Verfahren aufhebt (→ Rn. 24 aE).

28 Zu den **zivilrechtlichen Folgen** einer verspäteten Zuschlagserteilung hat sich der BGH in einer Reihe von Entscheidungen, beginnend mit dem **Urteil vom 11.5.2009,** geäußert.[29] Demnach kommt der Vertrag auch bei einem verzögerten Zuschlag grundsätzlich **zu den ausgeschriebenen Fristen und Terminen** zustande, selbst wenn diese nicht mehr eingehalten werden können. Der so zu Stande gekommene Bauvertrag ist **ergänzend dahin auszulegen,** dass die Bauzeit unter Berücksichtigung der Umstände des Einzelfalls und der vertragliche Vergütungsanspruch **in Anlehnung an die Grundsätze des § 2 Nr. 5 VOB/B anzupassen** sind.[30] Dies folge daraus, dass die Auslegung des Vertrags im Einklang mit den vergaberechtlichen Vorschriften einschließlich des Nachverhandlungsverbots zu erfolgen habe. Auch dürfe die berechtigte Inanspruchnahme vergaberechtlichen Primärrechtsschutzes nicht zu einer Verschlechterung der Situation des Bieters führen. Etwas anderes gelte nur dann, wenn es sich bei dem infrage stehenden Verfahren um ein Verhandlungsverfahren handle. Die von einem Bieter in einem Verhandlungsverfahren erklärte Ankündigung von verzögerungsbedingten Mehrvergütungsansprüchen könne so ausgelegt werden, dass darin lediglich der Vorbehalt der Durchsetzung möglicher vertraglicher Ansprüche, nicht jedoch eine Abstandnahme von dem abgegebenen Angebot zu sehen sei.

---

[25] Ingenstau/Korbion/*Reichling/von Wietersheim* § 18 Rn. 30.
[26] Ähnlich Beck VOB/A/*Diehr/Reidt* § 18 Rn. 45.
[27] Ingenstau/Korbion/*Reichling/von Wietersheim* § 18 Rn. 22.
[28] OLG Düsseldorf Beschl. v. 20.2.2007 – VII Verg 3/07, IBRRS 2007, 4334; BayObLG Beschl. v. 1.10.2001 – Verg 6/01, VergabeR 2002, 63; Kapellmann/Messerschmidt/*Stickler* § 18 Rn. 43; Beck VOB/A/ *Diehr/Reidt* § 18 Rn. 39.
[29] BGH Urt. v. 11.5.2009 – VII ZR 11/08, NJW 2009, 2443; BGH Urt. v. 10.9.2009 – VII ZR 152/ 08, NZBau 2009, 771; BGH Urt. v. 22.7.2010 – VII ZR 129/09, NJW 2010, 3436; BGH Urt. v. 6.9.2012 – VII ZR 193/10, NJW 2012, 3505; BGH Urt. v. 18.12.2014 – VII ZR 60/14, NJW-RR 2015, 472.
[30] BGH Urt. v. 11.5.2009 – VII ZR 11/08, NJW 2009, 2443, Ls. 1 und 2.

Vertragliche Ansprüche könnten aber bei einer solchen Auslegung ausgeschlossen sein, wenn der Bieter die Möglichkeit nicht genutzt habe, den Abschluss des Vertrages von einer Anpassung des Preises für die durch die Bauzeitverschiebung entstandenen Mehrkosten abhängig zu machen.[31]

VI. Vergabebekanntmachung (Abs. 3)

Abs. 3 regelt, im Umsetzung von Art. 50 RL 2014/24/EU, die Erfüllung von Informationspflichten nach Zuschlagserteilung. Er dient daher der Herstellung einer ex-post-Transparenz (→ Rn. 4).

Gemäß Abs. 3 Nr. 1 ist die Erteilung eines Bauauftrags **bekannt zu machen**. Dies gilt für Bauaufträge aller Art, also (und gerade!) für solche, die im Wege eines **Verhandlungsverfahrens ohne Teilnahmewettbewerb** zustande gekommen sind.[32] Ebenfalls bekannt zu machen ist, auch wenn Abs. 3 Nr. 1 nur von „Bauaufträgen" spricht, der Abschluss einer **Rahmenvereinbarung** – dies im Gegensatz zu den aufgrund der Rahmenvereinbarung vergebenen Einzelaufträgen (Abs. 3 Nr. 3).[33] Nicht unter Abs. 3 fällt hingegen die Aufhebung des Verfahrens; hier sind gem. § 17EU Abs. 2 Nr. 1 nur die Bewerber und Bieter zu informieren.

Abs. 3 Nr. 2 legt die **Form und Inhalt** der Bekanntmachung fest; sie haben den von der Kommission festgelegten Standardformularen mit den Informationen gem. Anhang V Teil D der RL 2014/24/EU zu entsprechen.[34] Diese können elektronisch über das Portal TED abgerufen werden.

Gemäß Abs. 3 Nr. 3 ist die Vergabe von **Einzelaufträgen** aufgrund einer bestehenden Rahmenvereinbarung **nicht** bekanntzumachen. Nr. 3 wurde neu in § 18EU Abs. 3 eingefügt, und zwar als Folge des Umstands, dass mit der Fassung von 2016 erstmals Bestimmungen über Rahmenvereinbarungen in die VOB/A aufgenommen wurden (§§ 4a bzw. 4aEU). Die Bestimmung stimmt mit Art 50 RL 2014/24/EU überein und ist, da bereits der Abschluss der Rahmenvereinbarung bekannt zu machen ist, konsequent (→ Rn. 30 aE). Die in Art. 50 Abs. 2 UAbs. 2 S. 2 RL 2014/24/EU fakultativ vorgesehene Möglichkeit einer gesetzlichen Vorgabe, die öffentliche Auftraggeber verpflichtet, Vergabebekanntmachungen zu Einzelaufträgen aus Rahmenvereinbarungen vierteljährlich gebündelt zu veröffentlichen, wurde in § 18EU nicht umgesetzt.[35]

Abs. 3 Nr. 4 betrifft den Fall, dass der öffentliche Auftraggeber einen Auftrag im nicht offenen Verfahren oder im Verhandlungsverfahren vergibt, nachdem eine **Vorinformation als Aufruf zum Wettbewerb** nach § 12EU Abs. 2 erfolgte und folglich kein zusätzlicher Teilnahmewettbewerb durchgeführt wurde. Da die Vorinformation eine Geltungsdauer von maximal zwölf Monaten besitzt (§ 12EU Abs. 2 Nr. 1 lit. d), reicht sie potentiell über den Zeitpunkt der Auftragsvergabe hinaus, die ihrerseits nicht notwendig abschließend sein muss. Abs. 3 Nr. 4 verpflichtet den öffentlichen Auftragnehmer, insoweit Klarheit zu schaffen. Dies soll der Planungssicherheit der interessierten Unternehmen dienen.[36]

---

[31] BGH Urt. v. 10.9.2009 – VII ZR 152/08, NZBau 2009, 771; vgl. zum Ganzen umfassend Beck VOB/B/*Jansen* VOB/B § 2 Abs. 5 Rn. 69 ff.
[32] Kapellmann/Messerschmidt/*Stickler* Rn. 6.
[33] Dies folgt aus der richtlinienkonformen Auslegung von § 18EU Abs. 3 im Lichte des Art. 50 Abs. 1 RL 2014/24/EU; Kapellmann/Messerschmidt/*Stickler* Rn. 9; Ingenstau/Korbion/*Reichling/von Wietersheim* Rn. 4.
[34] Die im Zeitpunkt dieser Kommentierung gültigen Formulare beruhen auf der VO (EU) 2015/1986 v. 11.11.2015.
[35] Art. 50 Abs. 2 UAbs. 2 S. 2 RL 2014/24/EU lautet: „Die Mitgliedstaaten können vorsehen, dass öffentliche Auftraggeber Vergabebekanntmachungen mit den Ergebnissen des Vergabeverfahrens vierteljährlich auf der Grundlage der Rahmenvereinbarung gebündelt veröffentlichen. In diesem Fall versenden die öffentlichen Auftraggeber die Zusammenstellung spätestens 30 Tage nach Quartalsende".
[36] Vgl. Begr. VergRModVO, BT Drs. 87/16, 193 zur Parallelvorschrift in § 39 Abs. 3 VgV. Auch diese reichlich elaborierte Regelung ist in erster Linie ein Beispiel für die mit Abs. 3 verbundene „weitere Bürokratisierung" des Vergabewesens; vgl. Ingenstau/Korbion/*Reichling/von Wietersheim* Rn. 4.

34 Abs. 3 Nr. 5 stellt schließlich klar, welche Angaben gerade **nicht** in die Vergabebekanntmachung **aufzunehmen** sind. Es handelt sich um dieselben Gründe, die den Auftraggeber gem. § 17EU Abs. 2 Nr. 2 berechtigen, bestimmte Informationen im Zusammenhang mit der Aufhebung eines Vergabeverfahrens zurückzuhalten (→ § 17EU Rn. 31 ff.). Die Behinderung des Gesetzesvollzugs gem. lit. a kommt in Betracht, wenn Gesetze (wie § 17 UWG) den öffentlichen Auftraggeber die Informationsweitergabe untersagen. Wenn im weiteren Sinne das Gemeinwohl betroffen ist (lit. b), kommt der fehlerfreien Ermessensausübung besonderes Gewicht zu. Am praktisch häufigsten wird gem. lit. c zu erwägen sein, ob die Weitergabe bestimmter Informationen die berechtigten geschäftlichen Interessen von öffentlichen oder privaten Unternehmen schädigen kann, etwa wenn **Betriebs- oder Geschäftsgeheimnisse** anderer Unternehmen berührt sind, wobei es zu Überschneidungen mit lit. a kommen kann.[37] Der faire Wettbewerb (lit. d) ist schon dann beeinträchtigt, wenn die Weitergabe der Information die Wettbewerbssituation überhaupt berührt; ein Gesetzesverstoß ist hingegen nicht erforderlich.[38]

VII. Frist (Abs. 4)

35 Abs. 4 verpflichtet den öffentlichen Auftraggeber, die Vergabebekanntmachung dem Amt für Veröffentlichungen der Europäischen Union in **kürzester Frist** – spätestens 30 Kalendertage nach Auftragserteilung – **elektronisch** zu übermitteln. Dies bedeutet eine gegenüber der Vorgängernorm um 18 Tage verkürzte Frist, wobei die zuvor lediglich fakultative elektronische Übermittlung nunmehr verpflichtend ist. Gemäß der VO (EU) 2015/1986 sind dabei die Online-Anwendungen „**eNOTICES**" oder „**TED-eSENDER**" zu verwenden.

VIII. Pflicht zur Vergabebekanntmachung nicht bieterschützend

36 Obwohl die Pflicht zur Veröffentlichung einer Vergabebekanntmachung Ausfluss des Transparenzgebots ist, wird der **bieterschützende** Charakter der Abs. 3 Nr. 1 **verneint**; ihre Verletzung **kann auch keinen Schadenersatzanspruch begründen**.[39]

37 Ob ein Antrag auf Vergabenachprüfung auf die Verletzung von Abs. 3 Nr. 5 gestützt werden kann, ist umstritten. Dagegen wird vorgebracht, dass ein Vergabenachprüfungsverfahren effektiven Rechtsschutz nur bis zur Zuschlagserteilung gewähren könne und solle.[40] Dies kann aber dann nicht gelten, wenn eine Vorschrift wie Abs. 3 Nr. 5 explizit Pflichten des öffentlichen Auftraggebers statuiert, die überhaupt erst nach Zuschlagserteilung entstehen können, und mit Antrag nicht die Fortsetzung des Vergabeverfahrens, sondern allein die Unterlassung der auf den Zuschlag folgenden Veröffentlichung begehrt wird.[41]

38 Im Übrigen kann der in seinen Rechten verletzte erfolgreiche Bieter ggf. gem. § 280 Abs. 1 BGB, § 241 Abs. 2 BGB Schadenersatz verlangen, sofern ihm der Nachweis eines Schadens gelingt.[42]

§ 19EU Nicht berücksichtigte Bewerbungen und Angebote

(1) Bewerber, deren Bewerbung abgelehnt wurde, sowie Bieter, deren Angebote ausgeschlossen worden sind (§ 16EU), und solche, deren Angebote nicht in die engere Wahl kommen, sollen unverzüglich unterrichtet werden.

---

[37] Kapellmann/Messerschmidt/*Stickler* Rn. 19.
[38] Kapellmann/Messerschmidt/*Stickler* Rn. 19; Ingenstau/Korbion/*Reichling/von Wietersheim* Rn. 25.
[39] Kapellmann/Messerschmidt/*Stickler* Rn. 20; Ingenstau/Korbion/*Reichling/von Wietersheim* Rn. 35; HK-VergabeR/*Mentzinis* § 18EG Rn. 12. Durch die Verletzung des Abs. 3 Nr. 1 schadet sich der öffentliche Auftraggeber mit Blick auf die gem. § 135 Abs. 2 S. 2 GWB eintretende Fristverkürzung für einen Antrag auf Feststellung der Nichtigkeit uU eher selbst.
[40] Ingenstau/Korbion/*Reichling/von Wietersheim* Rn. 35; dahingehend auch BGH Beschl. v. 19.12.2000 – X ZB 14/00, NJW 2001, 1492.
[41] So Kapellmann/Messerschmidt/*Stickler* Rn. 20.
[42] Einschlägig dürfte nicht § 311 Abs. 2 BGB sein (so aber Kapellmann/Messerschmidt/*Stickler* Rn. 21), da der Vertrag ja bereits zustande gekommen ist.

(2) ¹Der öffentliche Auftraggeber hat die betroffenen Bieter, deren Angebote nicht berücksichtigt werden sollen,
1. über den Namen des Unternehmens, dessen Angebot angenommen werden soll,
2. über die Gründe der vorgesehenen Nichtberücksichtigung ihres Angebots und
3. über den frühesten Zeitpunkt des Vertragsschlusses
unverzüglich in Textform zu informieren. ²Dies gilt auch für Bewerber, denen keine Information nach Absatz 1 über die Ablehnung ihrer Bewerbung zur Verfügung gestellt wurde, bevor die Mitteilung über die Zuschlagsentscheidung an die betroffenen Bieter ergangen ist. ³Ein Vertrag darf erst 15 Kalendertage nach Absendung der Information nach den Sätzen 1 und 2 geschlossen werden. ⁴Wird die Information per Telefax oder auf elektronischem Weg versendet, verkürzt sich die Frist auf zehn Kalendertage. ⁵Die Frist beginnt am Tag nach Absendung der Information durch den öffentlichen Auftraggeber; auf den Tag des Zugangs beim betroffenen Bewerber oder Bieter kommt es nicht an.

(3) Die Informationspflicht nach Absatz 2 entfällt in den Fällen, in denen das Verhandlungsverfahren ohne Teilnahmewettbewerb wegen besonderer Dringlichkeit gerechtfertigt ist.

(4) ¹Auf Verlangen des Bewerbers oder Bieters unterrichtet der öffentliche Auftraggeber in Textform so schnell wie möglich, spätestens jedoch innerhalb einer Frist von 15 Kalendertagen nach Eingang des Antrags,
1. jeden nicht erfolgreichen Bewerber über die Gründe für die Ablehnung seines Teilnahmeantrags;
2. jeden Bieter, der ein ordnungsgemäßes Angebot eingereicht hat, über die Merkmale und relativen Vorteile des ausgewählten Angebots sowie über den Namen des erfolgreichen Bieters oder der Parteien der Rahmenvereinbarung;
3. jeden Bieter, der ein ordnungsgemäßes Angebot eingereicht hat, über den Verlauf und die Fortschritte der Verhandlungen und des Dialogs mit den Bietern.
²§ 17EU Absatz 2 Nummer 2 gilt entsprechend.

(5) Nicht berücksichtigte Angebote und Ausarbeitungen der Bieter dürfen nicht für eine neue Vergabe oder für andere Zwecke benutzt werden.

(6) Entwürfe, Ausarbeitungen, Muster und Proben zu nicht berücksichtigten Angeboten sind zurückzugeben, wenn dies im Angebot oder innerhalb von 30 Kalendertagen nach Ablehnung des Angebots verlangt wird.

Schrifttum: *Macht/Städler* Die Informationspflichten des öffentlichen Auftraggebers für ausgeschiedene Bewerber – Sinn oder Unsinn? NZBau 2012, 143; *Zirkel* Schadenersatz aufgrund der Übernahme einer „guten Idee"? VergabeR 2006, 321.

Übersicht

	Rn.		Rn.
I. Bedeutung der Norm	1–5	4. Form und Frist der Information	20
II. Informationspflicht nach Abs. 1–3	6–10	5. Zurückhalten von Informationen gem. § 17EU Abs. 2 (S. 2)	21
III. Zusätzliche Information nach Abs. 4	11–22	6. Vollständige Umsetzung der Richtlinie?	22
1. Bewerberinformation (S. 1 Nr. 1)	15		
2. Ergänzende Bieterinformation (S. 1 Nr. 2)	16–18	IV. Umgang mit nicht berücksichtigten Angeboten und Ausarbeitungen	23–27
3. Bieterinformation über weiteren Verfahrensverlauf (S. 1 Nr. 3)	19	V. Rückgabe nicht berücksichtigter Angebotsunterlagen	28–31

I. Bedeutung der Norm

1 § 19EU regelt die Pflicht des öffentlichen Auftraggebers, die im Verfahren nicht erfolgreichen Bewerber und Bieter zu informieren. Diese **Vorabinformation** ist für die unterlegenen Bewerber und Bieter oftmals Ausgangspunkt und Grundlage für spätere Vergabenachprüfungsverfahren, die Informationsverpflichtung damit eine wesentlicher Ausprägung des Transparenzgebots.[1] Darüber hinaus bietet § 19EU mit den aus dem Basisparagraphen übernommenen Abs. 4–6 ein „umfassendes Regelungswerk über den Umgang mit nicht berücksichtigten Bewerbungen und Angeboten".[2]

2 Dennoch ist die praktische Relevanz von § 19EU – wie bereits die seiner Vorgängernorm, § 19EG – gering.[3] So geben die Abs. 2 und 3 im Wesentlichen nur den Gesetzeswortlaut des § 134 GWB wieder, den öffentliche Auftraggeber bei Vergaben oberhalb der EU-Schwellenwerte ohnehin zu beachten haben. Insoweit kann auf die dortige Kommentierung verwiesen werden (*Fett* in Band 3 → GWB § 134 Rn. 5 ff.).

3 Die Regelung gem. Abs. 4 findet sich zwar hingegen in leicht modifizierter Form bereits seit Jahrzehnten in der VOB/A. Ein nur auf Verlangen zu erfüllendes, echtes **Informationsbedürfnis nach Zuschlagserteilung** ist aber nur schwer auszumachen, auch nicht bezüglich der Gründe für die Nichtberücksichtigung der Angebote oder Teilnahmeanträge: diese Informationspflicht folgt bereits aus Abs. 2 S. 2 bzw. aus § 134 Abs. 1 S. 2 GWB.[4]

4 Die Regelung nach Abs. 5 ist der Sache nach wenig mehr als eine ergänzende Klarstellung zu den Bestimmungen des Urheberrechts einerseits und zu § 8bEU Abs. 2 andererseits. Letztere Bestimmung sieht bereits vor, dass der öffentliche Auftraggeber Angebotsunterlagen und die in den Angeboten enthaltenen eigenen Vorschläge eines Bieters nur für die Prüfung und Wertung der Angebote verwenden darf.

5 Abs. 6 schließlich, der eine Herausgabepflicht in Bezug auf eingereichte Entwürfe, Ausarbeitungen, Muster und Proben statuiert, dürfte im Zusammenhang mit der E-Vergabe weiter an Bedeutung verlieren, jedenfalls soweit er Entwürfe und Ausarbeitungen betrifft.

II. Informationspflicht nach Abs. 1–3

6 Die Abs. 1–3 dienen, wie auch § 134 GWB, der Umsetzung der EU-Rechtsmittelrichtlinie (RL 2007/66/EG). Da diese nach wie vor in Kraft ist, blieben sie im Zuge der Vergaberechtsreform von 2016 im Vergleich zur Vorgängervorschrift des § 19EG nahezu unverändert.

7 Die im Detail durch die Fassung des Abs. 1 auch noch abweichende Aufnahme der gesetzlichen Regelung des § 134 GWB in die VOB/A wurde bereits in Bezug auf § 19EG zu Recht kritisiert.[5] Auch wenn dem Rechtsanwender mit der VOB/A aus Sicht des DVA eine möglichst vollständige Unterlage für die rechtssichere Durchführung (europaweiter) Vergaben an die Hand gegeben werden soll, lösen die Abs. 1–3 dies Versprechen einmal mehr nicht bzw. nur unvollständig ein: Der Blick in das GWB bleibt unumgänglich, da erst die in § 135 GWB unter Verweis auf § 134 GWB geregelten Folgen eines Verstoßes gegen die Vorabinformationspflicht dieser ihren eigentlichen Sinn geben.[6]

---

[1] BeckOK VergabeR/*Dreher/Hoffmann* GWB § 134 Rn. 12; Ingenstau/Korbion/*Reichling/Portz* Rn. 1.
[2] Ingenstau/Korbion/*Reichling/Portz* Rn. 1.
[3] So etwa auch *Weyand*, 17. Akt. 14.9.2015, § 19 EG Rn. 7.
[4] Ingenstau/Korbion/*Reichling/Portz* Rn. 36: „Die Bedeutung der nur auf Verlangen der Bewerber und Bieter bestehenden Unterrichtungspflicht des Auftraggebers ist gegenüber der allgemeinen Informations- und Wartepflicht nach § 134 GWB bzw. § 19 Abs. 2 VOB/A in der Praxis gering".
[5] Vgl. Kapellmann/Messerschmidt/*Stickler* § 19EG Rn. 1: „Zu bevorzugen wäre, auf Wiederholungen von Gesetzestexten in der VOB/A zu verzichten".
[6] Vgl. BeckOK VergabeR/*Dreher/Hoffmann* GWB § 134 Rn. 89: „Indessen fehlt es an einer Rechtsfolge, wie sie § 135 Abs. 1 Nr. 1 für den Fall statuiert, dass der Auftraggeber gegen die Informations- und Wartepflicht verstößt. Sieht man von der ‚Erinnerungsfunktion' ab, kommt der Wiederholung der Informations- und Wartepflicht in § 19EU und § 19VS VOB/A 2016 *sub specie* des effektiven Primärrechtsschutzes keine Bedeutung zu".

§ 19EU Abs. 1–3 und § 134 Abs. 1 und 2 GWB unterscheiden sich nur darin, dass **8** Abs. 1 der VOB-Norm keine gesetzliche Entsprechung hat, auch nicht in der VgV. Er verpflichtet den öffentlichen Auftraggeber zur **unverzüglichen** (§ 121 BGB) Information der Bewerber, deren Bewerbung abgelehnt wurde, sowie derjenigen Bieter, deren Angebote ausgeschlossen wurden oder nicht in die engere Wahl kamen. Seinem Wortlaut nach verlangt Abs. 1 im Gegensatz zu Abs. 2 und § 134 GWB weder die Wahrung einer bestimmten Form noch die Angabe von Gründen. Allerdings ist schon aus Gründen der ordnungsgemäßen Dokumentation die Wahrung der Textform – wie in Abs. 2 vorgeschrieben – dringend anzuempfehlen. Darüber hinaus erzwingen sowohl Abs. 2 bzw. § 134 GWB als auch das Transparenzgebot ohnehin die **Angabe von Gründen** für die Nichtberücksichtigung. Diese – entgegen dem Wortlaut des Abs. 1 – insbesondere ausscheidenden Bewerbern bereits mit der Information über die Erfolglosigkeit des Teilnahmeantrags mitzuteilen, ist auch ohne gesonderte Verpflichtung ein Gebot der Klugheit und der **Verfahrensökonomie**. So gestattet § 134 Abs. 1 S. 2 GWB dem öffentlichen Auftraggeber, die (nochmalige) Information zwischenzeitlich ausgeschiedener Bewerber über den beabsichtigten Vertragsschluss zu unterlassen, sofern diesen schon zu einem früheren Zeitpunkt eine Information über die Ablehnung ihrer Bewerbung zur Verfügung gestellt wurde. Dies gilt allerdings nur dann, wenn diese frühere Information dem Informationsbedürfnis des Bewerbers entspricht, was eine **Angabe der Gründe** für die Nichtberücksichtigung **zwingend voraussetzt**.[7]

Auch wenn in Ansehung der ohnehin bestehenden Informationspflicht nach Abs. 2 und **9** § 134 GWB kein wirklicher Bedarf an einer gesonderten Information nach Abs. 1 besteht, ist der öffentliche Auftraggeber im Regelfall dazu verpflichtet. Nach der ständigen Rechtsprechung des BVerwG ist ein „Sollen" wie in Abs. 1 als so genanntes **„intendiertes Ermessen"** anzusehen, das ein Abweichen nur in sachlich begründeten Ausnahmefällen zulässt.[8] Konkrete vergaberechtliche Konsequenzen ergeben sich aus einem Verstoß gegen die Pflicht zu unverzüglichen Information nicht. Gegebenenfalls machen sich öffentliche Auftraggeber aber nach den Grundsätzen der culpa in contrahendo (§ 311 BGB) schadenersatzpflichtig, wenn sie insbesondere Bewerber zu spät darüber informieren, dass sie über ihre für die Teilnahme am Verfahren bzw. die spätere Ausführung des Auftrags vorgesehenen Sach- und Personalmittel wieder frei disponieren können.[9]

Im Übrigen ist in Bezug auf Adressat, Form, Frist, Umfang und Inhalt der Information **10** nach den Abs. 2 und 3 sowie die Rechtsfolgen eines Verstoßes zu verweisen auf die Kommentierung zu den §§ 134 und 135 GWB (*Fett* in Band 3 → GWB § 134 Rn. 5 ff. und → GWB § 135 Rn. 9 ff.).

III. Zusätzliche Information nach Abs. 4

Abs. 4 statuiert zusätzliche, im Gegensatz zu denen nach Abs. 1 und 2 erst auf Antrag **11** eines Bewerbers oder Bieters zu erfüllende Informationspflichten des öffentlichen Auftraggebers. Die Vorschrift setzt Art. 55 RL 2014/24/EU um. Sie findet ihre Entsprechung in § 62 VgV, wobei Abs. 4 – anders als § 62 Abs. 1 S. 2 VgV – keine Verpflichtung enthält, auch über die Entscheidung zu informieren, ein Vergabeverfahren aufzuheben oder erneut einzuleiten.[10] Ihre **Bedeutung** ist – mit Ausnahme der neuen Nr. 3 – in Theorie und Praxis **gering**, insbesondere in Hinblick auf die Gewährung eines effektiven **Primärrechts-**

---

[7] So auch BeckOK VergabeR/*Dreher*/*Hoffmann* GWB § 134 Rn. 12; Müller-Wrede/*Kriener* GWB § 101a aF Rn. 5; Hattig/Maibaum/*Hattig* GWB § 101a aF Rn. 51.
[8] BVerwG Urt. v. 5.7.1985 – 8 C 22/83, NJW 1986, 738.
[9] BayObLG Beschl. v. 19.12.2000 – Verg 7/00, NZBau 2002, 294 (Ls.). Auf ein Vertrauen des Bieters in die Einhaltung des Vergaberechts kommt es dabei, entgegen der früheren Rechtslage, nicht länger an, BGH Urt. v. 9.6.2011 – X ZR 143/10, NZBau 2011, 498 „Rettungsdienstleistungen II". Zum Zweck der Bieterinformation nach § 19 Abs. 1 S. 1 im Abschnitt 1 → § 19 Rn. 5 f.
[10] Vgl. aber § 17EU Abs. 2 Nr. 1 sowie ergänzend die Kommentierung zu § 62 VgV (Pauka in Band 3 → VgV § 62).

schutzes, für den die voraussetzungslose Vorabinformationspflicht gem. § 134 GWB bzw. Abs. 2 ein zentrales Element darstellt.[11]

12 Die Vorschrift blieb gegenüber § 19EG nahezu unverändert. Allerdings setzt Abs. 4, anders als die Vorgängernorm, nicht länger einen „schriftlichen" Antrag voraus. Eine Formvoraussetzung wird nicht genannt, auch nicht in Bezug auf eine zu wahrende Textform. Daher ist auch die telefonische oder mündliche Antragstellung grundsätzlich zulässig, wenn auch aus Bietersicht aus Beweisgründen schwerlich ratsam.[12]

13 Ein weiterer, begrüßenswerter Unterschied zu § 19EG besteht darin, dass die Unterrichtung der Bewerber und Bieter einheitlich in **Textform** (§ 126b BGB) zu erfolgen hat, während die ältere Norm eine schriftliche Mitteilung verlangte, dies aber nur auf Bieter erstreckte, die ein ordnungsgemäßes Angebot eingereicht hatten. Auch muss die Information nicht mehr unverzüglich, sondern vielmehr **„so schnell wie möglich"** übermittelt werden.

14 Neu hinzugekommen ist schließlich die Verpflichtung des Auftraggebers, Bieter, die ein ordnungsgemäßes Angebot abgegeben haben, aber nicht länger am Verfahren teilnehmen, über den Verlauf und die Fortschritte der Verhandlungen und des Dialogs mit den verbliebenen Bietern zu informieren.

15 **1. Bewerberinformation (S. 1 Nr. 1).** Gemäß Abs. 4 S. 1 Nr. 1 sind jedem nicht erfolgreichen Bewerber die Gründe für die Ablehnung seines Teilnahmeantrags mitzuteilen. Eine entsprechende Verpflichtung ergibt sich allerdings der Sache nach schon aus § 134 GWB bzw. aus Abs. 2 S. 2 (→ Rn. 8), sodass Abs. 4 S. 1 Nr. 1 im Ergebnis als **redundant** zu betrachten ist.

16 **2. Ergänzende Bieterinformation (S. 1 Nr. 2).** Ein über § 134 GWB und Abs. 2 hinausgehender Informationsanspruch folgt hingegen aus Abs. 4 S. 1 Nr. 2. So sind auf ihren entsprechenden Antrag hin Bietern, die ein ordnungsgemäßes Angebot eingereicht haben, die **Merkmale und relativen Vorteile** des ausgewählten Angebots sowie die Namen des erfolgreichen Bieters oder der Parteien der Rahmenvereinbarung mitzuteilen. Während der Name des erfolgreichen Bieters vor Zuschlagserteilung ohnehin anzugeben ist, gilt dies nicht – oder nur eingeschränkt – für die „Merkmale und relativen Vorteile des ausgewählten Angebots". Zwar erscheint an dieser Stelle eine Überschneidung zur nach § 134 GWB und Abs. 2 erforderlichen Angabe der „Gründe für die Nichtberücksichtigung" denkbar. Eine solche Überschneidung ergibt sich aber nicht zwingend, da sich die Gründe für die Nichtberücksichtigung in den Fällen des Angebotsausschlusses, der mangelnden Eignung oder unangemessener Preise bereits aus dem nicht berücksichtigten Angebot selbst ergeben. Demgegenüber verlangt Abs. 4 S. 1 Nr. 2 ein Eingehen auf die „positiven Eigenschaften und Merkmale" des ausgewählten Angebots.[13] Dies erfordert eine konkrete Darlegung anhand der vom öffentlichen Auftraggeber vorgegebenen Zuschlagskriterien (vgl. § 16dEU Abs. 2).

17 Auskunftsberechtigt ist jeder Bieter, der ein ordnungsgemäßes Angebot abgegeben hat. Die Angebote müssen folglich den sich aus § 13EU ergebenden Anforderungen in Bezug auf Form und Inhalt genügen (→ § 13EU Rn. 13 ff.). Ergänzend kann auf die Kommentierung zu § 3aEU Abs. 3 Nr. 1 verwiesen werden (→ § 3aEU Rn. 22 ff.).

18 Jederzeit zu beachten sind allerdings die allgemeinen, sich aus dem **Vertraulichkeitsgrundsatz** ergebenden **Grenzen** der Informationsmöglichkeiten, die den Anspruch des Bieters beschränken. In diesem Zuge ist insbesondere auf § 14EU Abs. 8 (→ § 14EU Rn. 36 ff.) und (den gem. § 2 VgV ebenfalls zu beachtenden) § 5 VgV (*Thiele* in Band 3 → VgV § 5

---

[11] Zutreffend daher die Ansicht von KKMPP/*Prieß* VgV § 62 Rn. 3 mwN, wonach ein Vergabenachprüfungsverfahren mangels Rechtsschutzbedürfnisses nicht isoliert auf die Verletzung der nachträglichen Informationspflichten gestützt werden kann.

[12] AA Ingenstau/Korbion/*Reichling/Portz* Rn. 37: zumindest elektronische oder Textform. Allerdings überzeugt die Begründung nicht, wonach der „Eingang des Antrags" die Frist in Gang setze, was eine mündliche oder telefonische Antragstellung ausschließe: Nach dem Recht der Bundesrepublik Deutschland können Anträge dann, wenn keine Form vorgegeben ist, auch mündlich gestellt werden.

[13] Ingenstau/Korbion/*Reichling/Portz* § 19 Rn. 18.

Rn. 1 ff.) zu verweisen. § 14EU Abs. 8 erlegt öffentlichen Auftraggebern die Pflicht auf, Angebote und ihre Anlagen sorgfältig zu verwahren und **geheim zu halten**. Gemäß § 5 Abs. 1 VgV dürfen Auftraggeber die von den Unternehmen übermittelten und von diesen als vertraulich gekennzeichneten Informationen nicht weitergeben. Auch die Erfüllung von Informationsansprüchen gem. Abs. 4 S. 1 Nr. 2 berechtigt die Vergabestelle nicht dazu, auch nach Zuschlagserteilung noch geheimhaltungsbedürftige Inhalte zu offenbaren; dies beweist schon der Umstand, dass § 17EU Abs. 2 für anwendbar erklärt wird (→ Rn. 21).

3. Bieterinformation über weiteren Verfahrensverlauf (S. 1 Nr. 3). In der Umsetzung von Art. 55 Abs. 2 lit. d RL 2014/24/EU neu in die VOB/A aufgenommen wurde die Verpflichtung des Auftraggebers, jeden Bieter, der ein ordnungsgemäßes Angebot eingereicht hat (→ Rn. 17), auf seinen Antrag hin „**über den Verlauf und die Fortschritte der Verhandlungen und des Dialogs mit den Bietern**" zu informieren. Ihrem Wortlaut sowie ihrem Sinn und Zweck nach betrifft diese Vorschrift nur solche Verfahrensarten, die Verhandlungen oder einen Dialog erlauben und bei denen einzelne Bieter vor Zuschlagserteilung ausscheiden können. Dies sind einerseits **Verhandlungsverfahren,** die gem. § 3bEU Abs. 3 Nr. 8 in verschiedenen aufeinanderfolgenden Phasen abgewickelt werden, und andererseits der gem. § 3bEU Abs. 4 S. 1 Nr. 5 in aufeinander folgenden Phasen durchgeführte **wettbewerbliche Dialog.** Vor dem Hintergrund der Regelung in § 3bEU Abs. 5 Nr. 8 wird man auch die **Innovationspartnerschaft** zu diesen Verfahren rechnen müssen.[14] Abs. 4 S. 1 Nr. 1 stellt im Rahmen des Abs. 4 ersichtlich eine Ausnahme dar, da die Nr. 1 und 2 im Normalfall erst nach Zuschlagserteilung greifen, während die Nr. 3 das noch andauernde Verfahren gerade voraussetzt.[15] Öffentliche Auftraggeber sollten daher auf Abs. 4 S. 1 Nr. 3 gestützte Anträge ernst nehmen und entsprechend gewissenhaft Auskunft erteilen. Anders als bei den Nr. 1 und 2 erscheint es durchaus denkbar, dass ein **Antrag auf Vergabenachprüfung** auf die Verletzung des Informationsanspruchs gem. Nr. 3 gestützt werden kann – ganz zu schweigen davon, dass auch der Inhalt der Auskunft dazu führen kann, dass sich ein ausgeschiedener Bieter in seinen Rechten nach § 97 Abs. 6 GWB verletzt sieht.

4. Form und Frist der Information. Gemäß Abs. 4 S. 1 hat die Information in Textform (§ 126b BGB) und „so schnell wie möglich", spätestens jedoch innerhalb einer Frist von 15 Kalendertagen nach Eingang des Antrags zu erfolgen. Die ungewöhnliche Formulierung **„so schnell wie möglich",** die anstelle des früheren „unverzüglich" in § 19EG gewählt wurde, geht auf Art. 55 Abs. 2 RL 2014/24/EU zurück. Der **Sinn** der geänderten Formulierung **erschließt sich indes nicht.** Die Legaldefinition des § 121 BGB, wonach unverzüglich „ohne schuldhaftes Zögern" bedeutet, bietet wenig Raum für ein davon abweichendes Verständnis von „so schnell wie möglich". Ferner ist zu konstatieren, dass die Umsetzung der Richtlinie in § 62 Abs. 2 VgV von § 19EU Abs. 4 S. 1 abweicht. In der VgV wird nach wie vor die „unverzügliche" Information verlangt. Zusätzlich sind die Pflichten nach Abs. 1 und 2 ebenfalls „unverzüglich" zu erfüllen (die Formulierung im diesbezüglich umgesetzten Richtlinientext: „schnellstmöglich", was dasselbe bedeutet wie „so schnell wie möglich"). Auftraggeber werden daher gut daran tun, sich auch bei der Erfüllung ihrer Pflichten nach Abs. 4 **an § 121 BGB zu orientieren.** Daraus folgt im Weiteren, dass die Ausnutzung der **vollen 15 Tage** in der Regel unzulässig sein dürfte. Dabei handelt es sich um eine **Höchstgrenze,** bei deren Überschreitung jedenfalls von einem pflichtwidrigen Verhalten auszugehen sein wird, während ein pflichtgemäßes Handeln nach der Rechtsprechung des EuGH es dem öffentlichen Auftraggeber abverlangt, sorgfältig, umfassend und mit Blick auf die Bieterinteressen zu agieren.[16] Insbesondere in

---

[14] So auch Ingenstau/Korbion/*Reichling/Portz* Rn. 43.
[15] Vgl. KKMPP/*Marx* VgV § 62 Rn. 4.
[16] Vgl. EuGH Urt. v. 4.6.2009 – C-250/07, NZBau 2009, 602 – „Kraftwerk Kreta". Demgegenüber scheint etwa KKMPP/*Marx* VgV § 62 Rn. 10 davon auszugehen, dass der Auftraggeber immer dann „unverzüglich" handelt, wenn er die Frist von 15 Tagen wahrt. Dann bliebe allerdings unklar, warum nicht schlechthin – wie etwa in Abschnitt 1 bei § 19 Abs. 2 – eine Frist von 15 Tagen festgelegt wurde, ohne den Zusatz „unverzüglich" oder „so schnell wie möglich".

Beachtung des zuletzt genannten Punkts wird sich die Ausschöpfung der 15 Tage regelmäßig verbieten.[17] Dies dürfte erst recht dann gelten, wenn ein Antrag im laufenden Verfahren gem. Abs. 4 S. 1 Nr. 3 gestellt wird.

21 **5. Zurückhalten von Informationen gem. § 17EU Abs. 2 (S. 2).** Wie bereits § 19EG gestattet es § 19EU den öffentlichen Auftraggebern über den Verweis auf § 17EU Abs. 2, die eigentlich nach Abs. 4 geschuldeten Informationen zurückzuhalten, wenn vorrangige Interessen betroffen sind. Konkret kann das Zurückhalten erfolgen, wenn die Weitergabe a) den Gesetzesvollzug behindern, b) dem öffentlichen Interesse zuwiderlaufen, c) die berechtigten geschäftlichen Interessen von öffentlichen oder privaten Unternehmen schädigen oder d) den fairen Wettbewerb beeinträchtigen würde. Zum Vorliegen dieser nur in seltenen Fällen einschlägigen Ausnahmen kann auf die Kommentierung zu § 17EU verwiesen werden (→ § 17EU Rn. 31 f.).

22 **6. Vollständige Umsetzung der Richtlinie?** Gemäß Art. 55 Abs. 2 lit. b RL 2014/24/EU muss jeder nicht erfolgreiche Bieter auf seinen Antrag hin über die Gründe für die Ablehnung seines Angebots informiert werden. Exakt so fand die Umsetzung in § 62 Abs. 2 Nr. 2 VgV statt, während die Entsprechung in Abs. 4 fehlt. Dies ließe sich wegen der Doppelung zu Abs. 2 bzw. § 134 GWB verschmerzen und bedeutet nach der hier vertretenen Ansicht kein Umsetzungsmanko. Gemäß der Richtlinie gehört zur ordnungsgemäßen Information der Bieter jedoch auch eine spezifische Unterrichtung dahingehend, dass „in den Fällen nach Artikel 42 Absätze 5 und 6 ... keine Gleichwertigkeit vorliegt oder dass die Bauleistungen ... nicht den Leistungs- oder Funktionsanforderungen entsprechen". Bezogen auf die VOB/A betrifft dies die Regelung in § 7aEU Abs. 3 Nr. 1. Wird demnach in der Leistungsbeschreibung auf die in § 7aEU Abs. 2 Nr. 1 genannten Spezifikationen verwiesen, darf ein Angebot nicht mit der Begründung abgelehnt werden, die angebotene Leistung entspräche nicht den herangezogenen Spezifikationen, wenn der Bieter die Übereinstimmung seines Angebots mit den fraglichen technischen Spezifikationen nachweist. Vergleichbares regelt § 7aEU Abs. 4 in Bezug auf die Festlegung von technischen Spezifikationen in Form von Leistungs- oder Funktionsanforderungen. Will der Auftraggeber das Angebot dennoch ausschließen, so wäre der Auftraggeber gem. Art. 55 Abs. 2 lit. b RL 2014/24/EU verpflichtet, im Besonderen darauf zu verweisen, dass er den Übereinstimmungsnachweis nicht akzeptiert. Da die vollständige Umsetzung der Richtlinie in § 19EU Abs. 4 unterblieb, müsste die entsprechende „spezifische" Information dann eben im Rahmen der Information nach Abs. 2 bzw. § 134 GWB erfolgen. Das ließe sich bewerkstelligen und versteht sich möglicherweise auch von selbst; dennoch stellt sich an dieser Stelle einmal mehr die Frage nach dem Sinn unterschiedlicher Umsetzungen ein und derselben Richtlinie in zwei nationale Normwerke. Der Rechtsklarheit und dem mit der Vergaberechtsreform angestrebten Vereinfachungszweck wird so ein Bärendienst erwiesen.

IV. Umgang mit nicht berücksichtigten Angeboten und Ausarbeitungen

23 Abs. 5 verbietet es dem öffentlichen Auftraggeber, nicht berücksichtigte Angebote und Ausarbeitungen für eine neue Vergabe oder für andere Zwecke zu benutzen, insbesondere die Weitergabe an andere Bieter. In der Sache bedeutet Abs. 5 wenig mehr als eine **ergänzende Klarstellung** zu **§ 8bEU Abs. 2,** der bestimmt, dass der öffentliche Auftraggeber Angebotsunterlagen und die in den Angeboten enthaltenen eigenen Vorschläge eines Bieters nur für die Prüfung und Wertung der Angebote verwenden darf. Eine darüberhinausgehende Verwendung bedarf der vorherigen schriftlichen Vereinbarung. Auf die Kommentierung zu § 8bEU kann daher verwiesen werden (→ § 8b Rn. 10).

---

[17] So auch Ingenstau/Korbion/*Portz*, 19. Aufl. 2015, § 19EG Rn. 24. In der aktuellen, 20. Aufl. 2017. vertreten Ingenstau/Korbion/*Reichling/Portz* Rn. 39 allerdings die Ansicht, dass die neue Formulierung „so schnell wie möglich" einen weniger strengen Maßstab anlege, wobei eine „gänzliche Abkehr von der zur früheren Vorschrift vertretenen Auffassung" gleichwohl nicht anzunehmen sei.

Beide Bestimmungen, Abs. 5 und § 8bEU Abs. 2, sind letztlich Ausdruck des Umstands, **24** dass sowohl das **Eigentum** als auch das **Urheberrecht** an den eingereichten Angebotsunterlagen grundsätzlich beim Bieter **verbleiben**. Die Nutzung an diesen Unterlagen gestattet der Bieter, sofern nichts Abweichendes vereinbart ist, dem Auftraggeber nur für die Zwecke des laufenden Vergabeverfahrens. Einschränkend ist dabei festzuhalten, dass ein Urheberrecht nicht uneingeschränkt an allen Unterlagen besteht, die der Bieter angefertigt hat, oder an allen seinen Vorschlägen.[18] „Urheberrechtlich geschützte Verhältnisse" liegen nur dann vor, wenn mit den Angeboten oder Ausarbeitungen eine persönliche geistige Schöpfung einhergeht (§ 2 Abs. 2 UrhG), was dann, wenn ein Bieter lediglich Leistungsverzeichnisse oder ähnlicher Unterlagen verpreist, nicht der Fall sein wird.[19] Dessen ungeachtet bestehen die Beschränkungen gem. Abs. 5, § 8bEU Abs. 2 oder auch § 14EU Abs. 8 unabhängig davon, ob die Angebotsunterlagen urheberrechtlich geschützt sind oder nicht. Kein Schutz kann jedoch in Bezug auf solche Unterlagen beansprucht werden, die lediglich **technisches Allgemeinwissen** widergeben.[20]

Das Verbot der anderweitigen Verwendung der vom Bieter eingereichten Unterlagen gilt **25** uneingeschränkt für alle Verfahrensarten und darüber hinaus auch für (ggf. sogar unerlaubt eingereichte) Nebenangebote.[21]

Gemäß § 8bEU Abs. 2 sind abweichende Vereinbarungen zwar möglich. Nach zutreffen- **26** der herrschender Ansicht genügt es aber nicht, wenn der Auftraggeber in den Vergabeunterlagen formularmäßig vorgibt, dass die Angebotsunterlagen in sein Eigentum übergehen bzw. dass er sie anderweitig verwenden darf.[22]

Eine Verletzung der Pflichten nach Abs. 5 bzw. § 8bEU Abs. 2 kann neben Herausgabe- **27** (vgl. auch Abs. 6) in erster Linie zu **Schadenersatzansprüchen** der betroffenen Bieter führen. Diese können auf ein Verschulden bei Vertragsanbahnung (§ 311 Abs. 2 BGB, § 241 Abs. 2 BGB, § 280 Abs. 1 BGB) ebenso gestützt werden wie (bei entsprechendem Vorsatz) auch auf § 826 BGB bzw. § 823 Abs. 2 BGB iVm mit § 17 Abs. 2 Nr. 2 UWG. Bei Vorliegen urheberrechtlich geschützter Unterlagen kommt auch § 97 Abs. 2 UrhG in Betracht. Soweit die rechtswidrige Verwendung von Angeboten oder Ausarbeitungen die Voraussetzungen des § 17 Abs. 2 Nr. 2 UWG erfüllen, kommt auch eine **strafrechtliche Ahndung** in Betracht.

V. Rückgabe nicht berücksichtigter Angebotsunterlagen

Abs. 6 verpflichtet den öffentlichen Auftraggeber, Entwürfe, Ausarbeitungen, Muster **28** und Proben zu nicht berücksichtigten Angeboten zurückzugeben, wenn dies im Angebot oder innerhalb von 30 Kalendertagen nach Ablehnung des Angebots verlangt wird. Von der Herausgabepflicht umfasst sind alle eingereichten Entwürfe, Pläne, Zeichnungen, statischen Berechnungen, Mengenberechnungen oder andere Unterlagen, die der Auftraggeber gem. § 8bEU Abs. 1 Nr. 1 verlangen durfte und die der Bieter mit seinem Angebot eingereicht hat.

Der Anspruch setzt voraus, dass die Rückgabe entweder bereits mit dem Angebot oder **29** aber binnen 30 Tagen nach Ablehnung des Angebots verlangt wird, wobei eine bestimmte Form für das Verlangen nicht vorgesehen ist. Zieht der Bieter sein Angebot gem. § 10EU Abs. 2 zurück, gilt Abs. 6 entsprechend.[23]

---

[18] OLG München Urt. v. 4.8.2005 – 8 U 1540/05, IBR 2006, 578 = VergabeR 2006, 423.
[19] Ingenstau/Korbion/*Reichling*/*Portz* § 19 Rn. 21 unter Bezugnahme auf das vorstehend zitierte OLG München (OLG München Urt. v. 4.8.2005 – 8 U 1540/05, IBR 2006, 578 = VergabeR 2006, 423), das seinerseits auf die 15. Aufl. 2004 des Ingenstau/Korbion referenziert.
[20] *Zirkel* VergabeR 2006, 321 (325 f.): „Anderenfalls würde durch die VOB/A ein Ersatzschutzrecht statuiert."; Ingenstau/Korbion/*Reichling*/*Portz* § 19 Rn. 22.
[21] Ziekow/Völlink/*Völlink* § 19 Rn. 14; Ingenstau/Korbion/*Reichling*/*Portz* § 19 Rn. 22.
[22] Ziekow/Völlink/*Völlink* § 19 Rn. 15; Kapellmann/Messerschmidt/*Stickler* § 19 Rn. 27; Ingenstau/Korbion/*Reichling*/*Portz* § 19 Rn. 22 jeweils mwN.
[23] Kapellmann/Messerschmidt/*Stickler* § 19 Rn. 27 mwN.

VOB/A § 21EU Vergabe- und Vertragsordnung für Bauleistungen Teil A

30 Da das Eigentum an den Angebotsunterlagen ohnedies beim Bieter verbleibt (→ Rn. 24), bestehen unabhängig von Abs. 6 zivilrechtliche Herausgabeansprüche gem. § 985 BGB oder auch § 695 BGB – diese wohlgemerkt auch noch nach Ablauf der Frist von 30 Kalendertagen.[24]

31 Aus diesem Grund ist der öffentliche Auftraggeber zum Fristende nicht berechtigt, die Unterlagen nach Belieben zu vernichten oder sie gar – unter Verstoß gegen Abs. 5 – an andere Bieter weiterzugeben.[25] Daher fragt sich, welche Rechtsfolgen überhaupt an den Fristablauf geknüpft werden bzw. welchen Sinn der in Abs. 6 normierte Herausgabeanspruch ergibt. Zutreffend wird hier davon ausgegangen, dass der Ablauf der Frist „lediglich zu einem Sinken der Sorgfaltsanforderungen an die Verwahrung nach § 690 BGB [führt], da der Auftraggeber mit einer Rückforderung der Entwürfe und Ausarbeitungen nicht mehr rechnen muss".[26] Entsprechendes wird in Bezug auf die Sorgfaltspflichten aus dem Eigentümer-Besitzer-Verhältnis (§§ 987 ff. BGB) gelten.[27]

§ 20EU Dokumentation

Das Vergabeverfahren ist gemäß § 8 VgV zu dokumentieren.

I. Überblick

1 § 20EU ist innerhalb der VOB/A als bloße Verweisungsnorm ein Novum. Während § 22EU auf § 132 GWB nicht verweist, sondern ihn wortwörtlich wiederholt, wird auf eine Wiedergabe des eigentlichen Normtexts verzichtet, was gleichzeitig einen Systembruch darstellt, da die VOB/A nach dem Willen des DVA als vollständige Unterlage zur Durchführung von Vergabeverfahren dienen soll. Im Weiteren bedeutet die Regelung in § 20 U, dass sich die Vorgaben an die Dokumentation im ersten und zweiten Abschnitt deutlich unterscheiden; dies insbesondere darin, dass § 8 VgV, anders als § 20, zwischen der „Dokumentation" und dem „Vergabevermerk" differenziert. Auf die Kommentierung zu § 8 VgV wird verwiesen (*Müller* in Band 3 → VgV § 8 Rn. 1 ff.).

II. VHB

2 In der Praxis orientieren sich viele Anwender, auch solche, die nicht Angehörige einer Bundesbehörde sind, am Vergabehandbuch des Bundes (VHB). Hier ist künftig insoweit Vorsicht geboten, als die „Allgemeinen Richtlinien Vergabeverfahren und Zuständigkeiten", anders als § 8 VgV, den Begriff „Vergabevermerk" nach wie vor als Synonym zur Dokumentation verwendet.[1] Auch Verwender des VHB müssen stets prüfen, ob die Dokumentation den Anforderungen des § 8 VgV genügt.

§ 21EU Nachprüfungsbehörden

In der Bekanntmachung und den Vergabeunterlagen ist die Nachprüfungsbehörde mit Anschrift anzugeben, an die sich der Bewerber oder Bieter zur Nachprüfung behaupteter Verstöße gegen die Vergabebestimmungen wenden kann.

---

[24] Ziekow/Völlink/*Völlink* § 19 Rn. 17; Kapellmann/Messerschmidt/*Stickler* § 19 Rn. 27; Ingenstau/Korbion/*Reichling/Portz* § 19 Rn. 23.
[25] Zutreffend Ziekow/Völlink/*Völlink* § 19 Rn. 23: „Wird innerhalb der Frist keine Rückgabe verlangt, bedeutet das nicht, dass der Bieter mit der Verwendung der Angebotsunterlagen durch den Auftraggeber für eine neue Vergabe nach § 19 Abs. 3 VOB/A einverstanden ist".
[26] Kapellmann/Messerschmidt/*Stickler* § 19 Rn. 28.
[27] Ziekow/Völlink/*Völlink* § 19 Rn. 23; Ingenstau/Korbion/*Reichling/Portz* § 19 Rn. 23.
[1] Vgl. Ziff. 5.1 der „Allgemeinen Richtlinien Vergabeverfahren und Zuständigkeiten" des VHB, Formblatt Nr. 100: „Die einzelnen Stufen des Verfahrens, die maßgebenden Feststellungen, einzelnen Maßnahmen sowie die Begründung der einzelnen Entscheidungen sind in einem Vermerk zu dokumentieren".

I. Normzweck

§ 21EU übernimmt, von minimalen Anpassungen abgesehen, den Text von § 21EG, hat 1
also im Zuge der Vergaberechtsreform von 2016 keine Änderung erfahren. Die Vorschrift
dient der **Gewährung effektiven Primärrechtsschutzes**.[1] Gemäß § 168 Abs. 2 GWB
kann ein wirksam erteilter Zuschlag von der Vergabekammer nicht mehr aufgehoben werden.
Gemäß § 134 Abs. 2 GWB beträgt die Wartefrist vor Zuschlagserteilung lediglich 15
oder – im praktischen Regelfall – auch nur zehn Kalendertage. Nach § 160 Abs. 3 Nr. 4
GWB ist ein Antrag auf Vergabenachprüfung unzulässig, der später als 15 Kalendertage
nach Eingang der Nichtabhilfeentscheidung des öffentlichen Auftraggebers gestellt wird.
Damit verbleiben Bewerbern und Bietern häufig nur wenige Tage, um einen behaupteten
Verstoß gegen das Vergaberecht zu rügen und dann im Falle der Nichtabhilfe die Vergabekammer
anzurufen. Die verpflichtende Angabe der Nachprüfungsbehörde soll eine zeitaufwendige
Recherche nach der zuständigen Vergabekammer unnötig machen. Deren
Bestimmung gem. § 159 GWB kann im Einzelfall kompliziert sein, vor allem bei Vergaben
öffentlicher Auftraggebern gem. § 99 Nr. 2 GWB, deren Gesellschafter bzw. Träger
teils dem Bund und teils den Ländern oder Kommunen zuzuordnen sind, oder bei Auftraggebern
gem. § 99 Nr. 4 GWB.[2]

II. Nachprüfungsbehörde

Die gem. § 21EU anzugebende Nachprüfungsbehörde ist, wie aus §§ 155, 156 GWB 2
folgt, die jeweils zuständige Vergabekammer.[3]

III. Erforderliche Angaben

Die Angabe muss neben der korrekten Bezeichnung der Vergabekammer deren Anschrift 3
mitteilen und **sowohl in der Bekanntmachung als auch in den Vergabeunterlagen**
enthalten sein.

Welche Vergabekammer zuständig ist, ergibt sich grundsätzlich aus § 159 GWB (*Reider* 4
in Band 3 → GWB § 159 Rn. 1 ff.). § 159 Abs. 1 Nr. 1–6 GWB regelt die Zuständigkeit
der Vergabekammern des Bundes, Abs. 2 die Auftragsverwaltung für den Bund. In allen
übrigen Fällen wird gem. § 159 Abs. 3 GWB die Zuständigkeit nach dem Sitz des Auftraggebers
bestimmt. Die insoweit ergänzenden einschlägigen Landesverordnungen sind wenig
übersichtlich und die Zuständigkeiten teils zersplittert.

Mitzuteilen ist ferner die Anschrift der Vergabekammer. Weitere Angaben wie etwa 5
Telefon- oder Faxverbindung, URL und E-Mail-Adresse verlangt § 21EU nicht; wird das
Bekanntmachungsformular gem. § 12EU Abs. 3 Nr. 2 jedoch korrekt ausgefüllt, sind auch
diese Angaben erforderlich.

Die Bezeichnungen und Adressen der Vergabekammern lauten derzeit:[4] 6
Bund
1. und 2. Vergabekammer des Bundes, eingerichtet beim Bundeskartellamt in Bonn
Villemombler Str. 76, 53123 Bonn
Tel.: 0228/9499-0, Fax: 0228/9499-163
URL: http://www.bundeskartellamt.de/SharedDocs/Kontaktdaten/DE/Vergabekammern.html
E-Mail: vk@bundeskartellamt.bund.de

---

[1] Kapellmann/Messerschmidt/*Glahs* Rn. 1.
[2] Zu denken ist hier etwa an Einrichtungen wie die Versorgungsanstalt des Bundes und der Länder (VBL) oder auch die Jobcenter. Ein Bieter müsste hier gem. § 159 Abs. 1 Nr. 1 GWB wissen, ob der öffentliche Auftraggeber die Beteiligung überwiegend verwaltet oder die sonstige Finanzierung überwiegend gewährt hat oder über die Leitung überwiegend die Aufsicht ausübt oder die Mitglieder des zur Geschäftsführung oder zur Aufsicht berufenen Organs überwiegend bestimmt hat bzw., ob sich die an dem Auftraggeber Beteiligten sich auf die Zuständigkeit einer anderen Vergabekammer geeinigt haben. Nach § 159 Abs. 1 Nr. 4 GWB müsste der Bieter Kenntnis darüber haben, ob der Bund die Mittel überwiegend gewährt hat. Dies wird, wenn überhaupt, nur über langwierige Recherchen zu ermitteln sein.
[3] Die Titelüberschrift zu Abschnitt 1, Kapitel 2 des vierten Teils des GWB lautet entsprechend: „Nachprüfungsbehörden".
[4] Eine – allerdings nicht immer aktuelle – Übersicht bietet die Seite www.vergabekammer.de.

Baden-Württemberg
Vergabekammer Baden-Württemberg beim Regierungspräsidium Karlsruhe
Postanschrift: Vergabekammer Baden-Württemberg, Regierungspräsidium Karlsruhe, 76247 Karlsruhe
Hausanschrift: Karl-Friedrich-Straße 17, 76133 Karlsruhe
Tel.: 0721/926-4049, Fax: 0721/926-3985
URL: https://rp.baden-wuerttemberg.de/rpk/Abt1/Ref15/Seiten/default.aspx
E-Mail: vergabekammer@rpk.bwl.de

Bayern
Vergabekammer Südbayern bei der Regierung Oberbayern
Postanschrift: Regierung von Oberbayern, Sachgebiet – Vergabekammer Südbayern, 80534 München
Hausanschrift: Maximilianstraße 39, 80538 München
Tel.: 089/2176-2411, Fax: 089/2176-2847
URL: https://www.regierung.oberbayern.bayern.de/behoerde/mittelinstanz/vergabekammer/
E-Mail: vergabekammer.suedbayern@reg-ob.bayern.de

Zuständig für die Regierungsbezirke Oberbayern, Niederbayern und Schwaben

Vergabekammer Nordbayern bei der Regierung von Mittelfranken
Postanschrift: Postfach 606, 91511 Ansbach
Hausanschrift: Promenade 27, 91522 Ansbach
Tel.: 0981/531277; Fax: 0981/531837
URL: http://www.regierung.mittelfranken.bayern.de/aufg_abt/abt2/abt3Sg2101.htm
E-Mail: vergabekammer.nordbayern@reg-mfr.bayern.de

Zuständig für die Regierungsbezirke Oberpfalz, Oberfranken, Mittelfranken und Unterfranken

Berlin
Vergabekammer des Landes Berlin
Martin-Luther-Straße 105, 10825 Berlin
Tel.: 030/9013-8316, Fax: 030/9013-7613
URL: https://www.berlin.de/sen/wirtschaft/wirtschaft/wirtschaftsrecht/vergabekammer/
E-Mail: vergabekammer@senweb.berlin.de

Brandenburg
Vergabekammer des Landes Brandenburg beim Ministerium für Wirtschaft
Heinrich-Mann-Allee 107, 14473 Potsdam
Tel.: 0331/866-1719, Fax: 0331/866-1652
URL: http://mwe.brandenburg.de/sixcms/detail.php/bb1.c.188562.de

Bremen
Vergabekammer der Freien Hansestadt Bremen beim Senator für Bau, Umwelt und Verkehr
Contrescarpe 72, 28195 Bremen
Tel.: 0421/361-6704, Fax: 0421/496-6704
URL: https://www.bauumwelt.bremen.de/ressort/vergabekammer-3529
E-Mail: vergabekammer@bau.bremen.de

Hamburg
Vergabekammer der Behörde für Stadtentwicklung und Wohnen Hamburg
Neuenfelder Straße 19, 21109 Hamburg
Tel.: +49 40 42840-3230, Fax: +49 40 42731-0499
URL: https://www.hamburg.de/behoerdenfinder/hamburg/11335239/
E-Mail: vergabekammer@bsw.hamburg.de

Zuständig für Nachprüfungsverfahren nach der VOB und VgV, soweit die Auftragsvergabe an Architekten, Ingenieure, Stadtplaner und Bausachverständige betroffen ist, und für Baukonzessionen nach der KonzVgV.

Nachprüfungsbehörden

Vergabekammer bei der Finanzbehörde Hamburg
Postanschrift: Postfach 301741, 20306 Hamburg
Hausanschrift: Rödingsmarkt 2, 20459 Hamburg
Tel.: +49 40 42840-3230, Fax: +49 40 42731-0499
URL: https://www.hamburg.de/behoerdenfinder/hamburg/11354549/
E-Mail: vergabekammer@fb.hamburg.de

Zuständig für Nachprüfungsverfahren nach der VgV und KonzVgV ohne Baukonzessionen.

Hessen
Vergabekammer des Landes Hessen bei dem Regierungspräsidium Darmstadt
Postanschrift: 64278 Darmstadt
Hausanschrift: Wilhelminenstraße 1–3, 64283 Darmstadt
Telefon: 06151 / 12 -6601, Telefax: 06151/ 12 -5816
URL: https://rp-darmstadt.hessen.de/planung/%C3%B6ffentliches-auftraswesen/vergabekammer
E-Mail: gabriele.keil@rpda.hessen.de

Mecklenburg-Vorpommern
Vergabekammer bei dem Wirtschaftsministerium Mecklenburg-Vorpommern
Postanschrift: 19048 Schwerin
Hausanschrift: Johannes-Stelling-Straße 14, 19053 Schwerin
Telefon: 0385 / 588 -5160, Telefax: 0385 / 588 -4855817
URL: http://https://www.regierung-mv.de/Landesregierung/wm/Das-Ministerium/Vergabekammern/
E-Mail: vergabekammer@wm.mv-regierung.de

Niedersachsen
Vergabekammer beim Niedersächsischen Ministerium für Wirtschaft, Arbeit und Verkehr, Regierungsvertretung Lüneburg
Auf der Hude 2, 21339 Lüneburg
Telefon: 04131 / 15 -1334, -1335, -1336, Telefax: 04131 / 15 -2943
URL: https://www.mw.niedersachsen.de/startseite/themen/aufsicht_und_recht/vergabekammer/vergabekammer-niedersachsen-144803.html
E-Mail: vergabekammer@mw.niedersachsen.de

Nordrhein-Westfalen
Vergabekammer Westfalen
Albrecht-Thaer-Straße 9, 48147 Münster
Telefon: 0251 / 411 -, Telefax: 0251 / 411 -2165
URL: http://www.bezreg-muenster.nrw.de/de/wirtschaft_finanzen_kommunalaufsicht/vergabekammer_westfalen/index.html
E-Mail: vergabekammer@brms.nrw.de

Zuständig für: Regierungsbezirke Münster, Detmold, Arnsberg

Vergabekammer Rheinland bei der Bezirksregierung Köln

Spruchkörper Köln (zuständig für den Regierungsbezirk Köln)
Postanschrift: Vergabekammer Rheinland, Spruchkörper Köln, c/o Bezirksregierung Köln, 50606 Köln
Telefon: 0221 / 147 -3045 (Geschäftsstelle), Telefax: 0221 / 147 -2889

Spruchkörper Düsseldorf (zuständig für den Regierungsbezirk Düsseldorf)
Vergabekammer Rheinland, Spruchkörper Düsseldorf, c/o Bezirksregierung Düsseldorf, Am Bonneshof 35, 40474 Düsseldorf
Tel. 0221 / 147 -3055 (Geschäftsstelle), Fax 0221 / 147 2891
URL: https://www.bezreg-koeln.nrw.de/brk_internet/vergabekammer/index.html

Rheinland-Pfalz
Vergabekammern Rheinland-Pfalz beim Ministerium für Wirtschaft, Verkehr, Landwirtschaft und Weinbau
Postanschrift: Postfach 3269, 55022 Mainz
Hausanschrift: Stiftsstraße 9, 55116 Mainz
Telefon: 06131 / 16 -2234 (Geschäftsstelle), Telefax: 06131 / 16 -2113
URL: https://mwvlw.rlp.de/de/ministerium/zugeordnete-institutionen/vergabekammer/
E-Mail: vergabekammer.rlp@mwkel.rlp.de

Saarland
Vergabekammer des Saarlandes beim Ministerium für Wirtschaft und Wissenschaft des Saarlandes
Franz-Josef-Röder-Straße 17, 66119 Saarbrücken
Telefon: 0681 / 501 -4994, Telefax: 0681 / 501 -3506
URL: https://www.saarland.de/3339.htm
E-Mail: vergabekammern@wirtschaft.saarland.de

Sachsen
1. Vergabekammer des Freistaates Sachsen bei der Landesdirektion Sachsen
Postanschrift: Postfach 10 13 64, 04013 Leipzig
Hausanschrift: Braustraße 2, 04107 Leipzig
Telefon: 0341 / 977 -3800, Telefax: 0341 / 977 -1049
URL: https://www.lds.sachsen.de/index.asp?ID=4421&art_param=363
E-Mail: wiltrud.kadenbach@lds.sachsen.de

Sachsen-Anhalt
Vergabekammern beim Landesverwaltungsamt (1. und 2. Vergabekammer)
Ernst-Kamieth-Straße 2
06112 Halle (Saale)
Telefon: 0345 / 514 -1529 bzw. -1536, Telefax: 0345 / 514 -1115
E-Mail: Angela.Schaefer@lvwa.sachsen-anhalt.de (1. VK) bzw. gundula.piekarek@lvwa.sachsen-anhalt.de
URL: https://lvwa.sachsen-anhalt.de/das-lvwa/wirtschaft-verkehr/wirtschaft/vergabekammern/1-und-2-vergabekammer/

Schleswig-Holstein
Vergabekammer Schleswig-Holstein im Ministerium für Wissenschaft, Wirtschaft und Verkehr
Düsternbrooker Weg 94
24105 Kiel
Telefon: 0431 / 988 -4640, Telefax: 0431 / 988 -4702
URL: https://www.schleswig-holstein.de/DE/Themen/V/vergabekammer.html
E-Mail: vergabekammer@wimi.landsh.de

Thüringen
Vergabekammer Thüringen beim Thüringer Landesverwaltungsamt
Postanschrift: Postfach 2249, 99403 Weimar
Hausanschrift: Weimarplatz 4, 99423 Weimar
Telefon: 0361 / 3773 -7276, Telefax: 0361 / 3773 -9354
URL: https://www.thueringen.de/th3/tlvwa/vergabekammer/index.aspx
E-Mail: vergabekammer@tlvwa.thueringen.de

IV. Rechtsfolgen bei Falschangaben

7 § 21EU ist als Verfahrensvorschrift bieterschützend.[5] Erkennt ein Bieter daher, dass die falsche Vergabekammer angegeben wurde oder die Angabe vollständig unterblieben ist, so kann er dies rügen.[6]

8 Dennoch führt die fehlende oder falsche Angabe **weder zur Begründung der Zuständigkeit** einer an sich unzuständigen Vergabekammer **noch** dazu, dass die einschlägigen **Fristen** gem. § 134 Abs. 2 GWB, § 135 Abs. 2 GWB oder § 160 Abs. 3 Nr. GWB **verlängert** würden.[7] Wird ein Nachprüfungsantrag daher als Folge der unzutreffenden Bezeichnung durch den öffentlichen Auftraggeber bei der unzuständigen Vergabekammer eingeleitet, so müsste dieser Antrag als **unzulässig** verworfen werden.[8] Nach zutreffender Ansicht ist die **Vergabekammer** jedoch eigenständig **gehalten**, ihre **Zuständigkeit** im Rahmen eines bei ihr eingegangenen Nachprüfungsantrags zu **prüfen** und bei Zuständigkeit einer anderen Vergabekammer den Nachprüfungsantrag **von Amts wegen** in entsprechender Anwendung der § 83 VwGO, § 17a GVG an die zuständige Kammer **zu verweisen**.[9]

---
[5] Ingenstau/Korbion/Reichling/*Portz* Rn. 8.
[6] Ingenstau/Korbion/Reichling/*Portz* Rn. 8. Ob allerdings ein rechtliches Interesse daran besteht, diesen Verstoß in einem Verfahren vor der zuständigen Vergabekammer feststellen zu lassen, erscheint zweifelhaft.
[7] Kapellmann/Messerschmidt/*Glahs* Rn. 7; HK-VergabeR/*Franzius* § 21EG Rn. 6.
[8] HK-VergabeR/*Franzius* § 21EG Rn. 6.
[9] VK Baden-Württemberg Beschl. v. 16.5.2013 – 1 VK 12/13, ZfBR 2013, 600 unter Verweis auf OLG Celle Beschl. v. 5.9.2002 – 13 Verg 9/02, VergabeR 2003, 91 und VK Bund Beschl. v. 8.6.2006 – VK 2-114/05, VergabeR 2007, 106 ff; OLG Dresden Beschl. v. 26.6.2012 – Verg 3/12 und 4/12, BeckRS 2012,

Als weitere Folge eines Verstoßes gegen § 21EU kommen Schadensersatzansprüche in Betracht, wobei sich der Anspruch auf den Ersatz des negativen Interesses beschränkt.[10]

§ 22EU Auftragsänderungen während der Vertragslaufzeit

(1) [1]Wesentliche Änderungen eines öffentlichen Auftrags während der Vertragslaufzeit erfordern ein neues Vergabeverfahren. [2]Wesentlich sind Änderungen, die dazu führen, dass sich der öffentliche Auftrag erheblich von dem ursprünglich vergebenen öffentlichen Auftrag unterscheidet. [3]Eine wesentliche Änderung liegt insbesondere vor, wenn
1. mit der Änderung Bedingungen eingeführt werden, die, wenn sie für das ursprüngliche Vergabeverfahren gegolten hätten,
   a) die Zulassung anderer Bewerber oder Bieter ermöglicht hätten,
   b) die Annahme eines anderen Angebots ermöglicht hätten oder
   c) das Interesse weiterer Teilnehmer am Vergabeverfahren geweckt hätten,
2. mit der Änderung das wirtschaftliche Gleichgewicht des öffentlichen Auftrags zugunsten des Auftragnehmers in einer Weise verschoben wird, die im ursprünglichen Auftrag nicht vorgesehen war,
3. mit der Änderung der Umfang des öffentlichen Auftrags erheblich ausgeweitet wird oder
4. ein neuer Auftragnehmer den Auftragnehmer in anderen als den in Absatz 2 Nummer 4 vorgesehenen Fällen ersetzt.

(2) [1]Unbeschadet des Absatzes 1 ist die Änderung eines öffentlichen Auftrags ohne Durchführung eines neuen Vergabeverfahrens zulässig, wenn
1. in den ursprünglichen Vergabeunterlagen klare, genaue und eindeutig formulierte Überprüfungsklauseln oder Optionen vorgesehen sind, die Angaben zu Art, Umfang und Voraussetzungen möglicher Auftragsänderungen enthalten, und sich aufgrund der Änderung der Gesamtcharakter des Auftrags nicht verändert,
2. zusätzliche Liefer-, Bau- oder Dienstleistungen erforderlich geworden sind, die nicht in den ursprünglichen Vergabeunterlagen vorgesehen waren, und ein Wechsel des Auftragnehmers
   a) aus wirtschaftlichen oder technischen Gründen nicht erfolgen kann und
   b) mit erheblichen Schwierigkeiten oder beträchtlichen Zusatzkosten für den öffentlichen Auftraggeber verbunden wäre,
3. die Änderung aufgrund von Umständen erforderlich geworden ist, die der öffentliche Auftraggeber im Rahmen seiner Sorgfaltspflicht nicht vorhersehen konnte und sich aufgrund der Änderung der Gesamtcharakter des Auftrags nicht verändert oder
4. ein neuer Auftragnehmer den bisherigen Auftragnehmer ersetzt
   a) aufgrund einer Überprüfungsklausel im Sinne von Nummer 1,
   b) aufgrund der Tatsache, dass ein anderes Unternehmen, das die ursprünglich festgelegten Anforderungen an die Eignung erfüllt, im Zuge einer Unternehmensumstrukturierung, wie zum Beispiel durch Übernahme, Zusammenschluss, Erwerb oder Insolvenz, ganz oder teilweise an die Stelle des ursprünglichen Auftragnehmers tritt, sofern dies keine weiteren wesentlichen Änderungen im Sinne des Absatzes 1 zur Folge hat, oder
   c) aufgrund der Tatsache, dass der öffentliche Auftraggeber selbst die Verpflichtungen des Hauptauftragnehmers gegenüber seinen Unterauftragnehmern übernimmt.

20904. Zustimmend Kapellmann/Messerschmidt/*Glahs* Rn. 7 und KKPP/*Ohlerich* GWB § 159 Rn. 30 mwN; aA HK-VergabeR/*Franzius* § 21EG Rn. 6.
[10] Ingenstau/Korbion/Reichling/*Portz* Rn. 9; Kapellmann/Messerschmidt/*Glahs* Rn. 7.

In den Fällen der Nummer 2 und 3 darf der Preis um nicht mehr als 50 Prozent des Werts des ursprünglichen Auftrags erhöht werden. Bei mehreren aufeinander folgenden Änderungen des Auftrags gilt diese Beschränkung für den Wert jeder einzelnen Änderung, sofern die Änderungen nicht mit dem Ziel vorgenommen werden, die Vorschriften dieses Teils zu umgehen.

(3) ¹Die Änderung eines öffentlichen Auftrags ohne Durchführung eines neuen Vergabeverfahrens ist ferner zulässig, wenn sich der Gesamtcharakter des Auftrags nicht ändert und der Wert der Änderung
1. die jeweiligen Schwellenwerte nach § 106 GWB nicht übersteigt und
2. bei Liefer- und Dienstleistungsaufträgen nicht mehr als 10 Prozent und bei Bauaufträgen nicht mehr als 15 Prozent des ursprünglichen Auftragswertes beträgt.
²Bei mehreren aufeinander folgenden Änderungen ist der Gesamtwert der Änderungen maßgeblich.

(4) Enthält der Vertrag eine Indexierungsklausel, wird für die Wertberechnung gemäß Absatz 2 Satz 2 und 3 sowie gemäß Absatz 3 der höhere Preis als Referenzwert herangezogen.

(5) Änderungen nach Absatz 2 Nummer 2 und 3 sind im Amtsblatt der Europäischen Union bekannt zu machen.

1 § 22EU ist identisch mit § 132 GWB, der seinerseits Art. 72 RL 2014/24/EU weitgehend ohne Änderungen übernimmt. Auf die Kommentierung zu § 132 GWB ist daher im vollen Umfang zu verweisen (*Jaeger* in Band 3 → GWB § 132 Rn. 1 ff.).

2 Zur für Bauverträge im besonderen Maße relevanten Frage, ob § 1 Abs. 3 und Abs. 4 S. 1 VOB/B als „genaue und eindeutig formulierte Überprüfungsklauseln" iSd Abs. 2 Nr. 1 anzusehen sind, wird im Speziellen auf *Jaeger* in Band 3 → GWB § 132 Rn. 29 ff. verwiesen; ferner in diesem Band → § 22 Rn. 2. Zu konstatieren bleibt die **Abweichung** zwischen erstem und zweitem Abschnitt in diesem Punkt, der auch innerhalb des DVA lange umstritten war. Der Umstand der unterschiedlichen Regelungen belegt, dass aus Sicht des DVA eine Übernahme der Formulierung aus dem ersten Abschnitt in § 22EU keine ordnungsgemäße Umsetzung von Art. 72 RL 2014/24/EU dargestellt hätte und daher nicht in Frage kam.[1] Im Klartext bedeutet dies, dass **sich § 22 und § 22EU inhaltlich widersprechen,** ohne dass dies durch den Text deutlich wird und beim häufig nicht rechtskundigen Anwender der VOB/A nur zu Missverständnissen führen kann.[2]

§ 23EU Übergangsregelung

¹Zentrale Beschaffungsstellen können bis zum 18. April 2017, andere öffentliche Auftraggeber bis zum 18. Oktober 2018, abweichend von § 11EU Absatz 4 die Übermittlung der Angebote, Teilnahmeanträge und Interessensbestätigungen

---

[1] So auch Ingenstau/Korbion/*Stolz* Rn. 27; aA KKPP/*Eschenbruch* GWB § 132 Rn. 89. In der Lit. war vor Inkrafttreten der Vergaberechtsreform von 2016 umstritten, ob § 1 Abs. 3 und Abs. 4 S. 1 als „sicherer Hafen für nachträgliche Änderungen" bezeichnet werden könne (so Kulartz/Kus/Portz/*Eschenbruch* GWB § 99 Rn. 104, ferner *Kulartz/Duikers* VergabeR 2008, 728 (735 f.), Beck VOB/A/*Schotten/Hüttinger* GWB § 99 Rn. 39; aA *Krohn* NZBau 2008, 619 ff. und *Reider* in Band 1 → 1. Aufl. 2011, GWB § 99 Rn. 22.
[2] Wenig hilfreich ist in diesem Kontext der Einführungserlass zur VOB/A 2016 (Az. B I 7-81063.6/1), der hervorhebt, der DVA habe „sich bewusst dagegen entschieden, die deutlich umfangreichere Regelung der EU-Vergaberechtlinie auch im ersten Abschnitt der VOB/A umzusetzen". Dies ist bereits vom äußeren Bild her offensichtlich, während der Erlass nichts darüber besagt, ob die Regelung des ersten Abschnitts auch im Rahmen des § 22EU Geltung beanspruchen kann. Hier die Klärung den Gerichten zu überlassen ist insbesondere vor dem Hintergrund, dass Verwendungsnachweise regelmäßig erst Jahre nach dem Abschluss einer Baumaßnahme zu führen sind, fahrlässig. Der Zuwendungsempfänger kann nicht rückwirkend reagieren, sondern nur hoffen, dass ihm das im Falle der Zuwendungskürzung wegen einer zu Unrecht auf § 22EU iVm § 1 Abs. 3 VOB/B gestützten Nachtragsvergabe angerufene Verwaltungsgericht den „benefit of doubt" aufgrund der „seinerzeit", dh heute ungeklärten Rechtslage gewährt.

auch auf dem Postweg, anderem geeigneten Weg, Telefax oder durch die Kombination dieser Mittel verlangen. ²Dasselbe gilt für sonstige Kommunikation im Sinne von § 11EU Absatz 1, soweit sie nicht die Übermittlung von Bekanntmachungen und die Bereitstellung der Vergabeunterlagen betrifft.

§ 23EU wurde im Zuge der Vergaberechtsmodernisierung 2016 neu eingefügt. Gemäß § 11EU Abs. 1 verwenden der öffentliche Auftraggeber und die Unternehmen für das Senden, Empfangen, Weiterleiten und Speichern von Daten in einem Vergabeverfahren grundsätzlich elektronische Mittel. Nach § 11EU Abs. 4 müssen Unternehmen ihre Angebote, Teilnahmeanträge, Interessenbekundungen und Interessenbestätigungen in Textform mithilfe elektronischer Mittel übermitteln. Der DVA machte jedoch von der in Art. 90 Abs. 2 RL 2014/24/EU eingeräumten Möglichkeit Gebrauch, die Anwendung von Art. 22 Abs. 1 RL 2014/24/EU, umgesetzt in § 11EU Abs. 1 und 4, bis zum 18.11.2018 bzw. für zentrale Beschaffungsstellen bis zum 18.4.2017 aufschieben. 1

§ 23EU ist identisch mit § 81 VgV; auf die dortige Kommentierung kann daher verwiesen werden (*Fülling* in Band 3 VgV → § 81 Rn. 1–6). 2

Anhang TS

Technische Spezifikationen
1. „Technische Spezifikation" hat eine der folgenden Bedeutungen:
   a) bei öffentlichen Bauaufträgen die Gesamtheit der insbesondere in den Vergabeunterlagen enthaltenen technischen Beschreibungen, in denen die erforderlichen Eigenschaften eines Werkstoffs, eines Produkts oder einer Lieferung definiert sind, damit dieser/diese den vom öffentlichen Auftraggeber beabsichtigten Zweck erfüllt; zu diesen Eigenschaften gehören Umwelt- und Klimaleistungsstufen, „Design für alle" (einschließlich des Zugangs von Menschen mit Behinderungen) und Konformitätsbewertung, Leistung, Vorgaben für Gebrauchstauglichkeit, Sicherheit oder Abmessungen, einschließlich der Qualitätssicherungsverfahren, der Terminologie, der Symbole, der Versuchs- und Prüfmethoden, der Verpackung, der Kennzeichnung und Beschriftung, der Gebrauchsanleitungen sowie der Produktionsprozesse und -methoden in jeder Phase des Lebenszyklus der Bauleistungen; außerdem gehören dazu auch die Vorschriften für die Planung und die Kostenrechnung, die Bedingungen für die Prüfung, Inspektion und Abnahme von Bauwerken, die Konstruktionsmethoden oder -verfahren und alle anderen technischen Anforderungen, die der öffentliche Auftraggeber für fertige Bauwerke oder dazu notwendige Materialien oder Teile durch allgemeine und spezielle Vorschriften anzugeben in der Lage ist;
   b) bei öffentlichen Dienstleistungs- oder Lieferaufträgen eine Spezifikation, die in einem Schriftstück enthalten ist, das Merkmale für ein Produkt oder eine Dienstleistung vorschreibt, wie Qualitätsstufen, Umwelt- und Klimaleistungsstufen, „Design für alle" (einschließlich des Zugangs von Menschen mit Behinderungen) und Konformitätsbewertung, Leistung, Vorgaben für Gebrauchstauglichkeit, Sicherheit oder Abmessungen des Produkts, einschließlich der Vorschriften über Verkaufsbezeichnung, Terminologie, Symbole, Prüfungen und Prüfverfahren, Verpackung, Kennzeichnung und Beschriftung, Gebrauchsanleitungen, Produktionsprozesse und -methoden in jeder Phase des Lebenszyklus der Lieferung oder der Dienstleistung sowie über Konformitätsbewertungsverfahren;
2. „Norm" bezeichnet eine technische Spezifikation, die von einer anerkannten Normungsorganisation zur wiederholten oder ständigen Anwendung ange-

nommen wurde, deren Einhaltung nicht zwingend ist und die unter eine der nachstehenden Kategorien fällt:
   a) internationale Norm: Norm, die von einer internationalen Normungsorganisation angenommen wurde und der Öffentlichkeit zugänglich ist;
   b) europäische Norm: Norm, die von einer europäischen Normungsorganisation angenommen wurde und der Öffentlichkeit zugänglich ist;
   c) nationale Norm: Norm, die von einer nationalen Normungsorganisation angenommen wurde und der Öffentlichkeit zugänglich ist;
3. „Europäische technische Bewertung" bezeichnet eine dokumentierte Bewertung der Leistung eines Bauprodukts in Bezug auf seine wesentlichen Merkmale im Einklang mit dem betreffenden Europäischen Bewertungsdokument gemäß der Begriffsbestimmung in Artikel 2 Nummer 12 der Verordnung (EU) Nr. 305/2011 des Europäischen Parlaments und des Rates;
4. „gemeinsame technische Spezifikationen" sind technische Spezifikationen im IKT-Bereich, die gemäß den Artikeln 13 und 14 der Verordnung (EU) Nr. 1025/2012 festgelegt wurden;
5. „technische Bezugsgröße" bezeichnet jeden Bezugsrahmen, der keine europäische Norm ist und von den europäischen Normungsorganisationen nach den an die Bedürfnisse des Marktes angepassten Verfahren erarbeitet wurde.

Abschnitt 3 Vergabebestimmungen im Anwendungsbereich der Richtlinie 2009/81/EG (VOB/A – VS)

§ 1 VS Anwendungsbereich

(1) ¹Bauaufträge sind Verträge über die Ausführung oder die gleichzeitige Planung und Ausführung
1. eines Bauvorhabens oder eines Bauwerks für den Auftraggeber, das
   a) Ergebnis von Tief- oder Hochbauarbeiten ist und
   b) eine wirtschaftliche oder technische Funktion erfüllen soll, oder
2. einer dem Auftraggeber unmittelbar wirtschaftlich zugutekommenden Bauleistung durch Dritte gemäß den vom Auftraggeber genannten Erfordernissen.

²Im Bereich Verteidigung und Sicherheit haben Bauaufträge Bauleistungen zum Gegenstand, die in allen Phasen ihres Lebenszyklus im unmittelbaren Zusammenhang mit den in § 104 Absatz 1 GWB genannten Ausrüstungen stehen, sowie Bauleistungen speziell für militärische Zwecke oder Bauleistungen im Rahmen eines Verschlusssachenauftrages. ³Bauleistungen im Rahmen eines Verschlusssachenauftrages sind Bauleistungen, bei deren Erbringung Verschlusssachen nach § 4 des Gesetzes über die Voraussetzungen und das Verfahren von Sicherheitsüberprüfungen des Bundes oder nach den entsprechenden Bestimmungen der Länder verwendet werden oder die solche Verschlusssachen erfordern oder beinhalten.

(2)
1. Die Bestimmungen dieses Abschnitts sind von Auftraggebern im Sinne von § 99 GWB und Sektorenauftraggebern im Sinne von § 100 GWB für Bauaufträge nach Absatz 1 anzuwenden, bei denen der geschätzte Gesamtauftragswert der Baumaßnahme oder des Bauwerkes (alle Bauaufträge für eine bauliche Anlage) mindestens dem sich aus § 106 Absatz 2 Nummer 3 GWB ergebenden Schwellenwert ohne Umsatzsteuer entspricht.
2. Die Schätzung des Auftragswerts richtet sich nach § 3 der Vergabeverordnung Verteidigung und Sicherheit (VSVgV).

(3) Ist bei einem Bauauftrag ein Teil der Leistung verteidigungs- oder sicherheitsspezifisch, gelten die Bestimmungen des § 111 GWB.

Schrifttum: *Haak/Koch*, Geheimvergabe im Lichte der Vergaberechtsreform, NZBau 2016, 204; *Höfler*, Beschaffung und Betrieb von Waffensystemen im Spannungsfeld von Vergabe- und Beihilfenrecht, NZBau 2015, 736; *Otting*, Die Umsetzung der Richtlinie 2009/81/EG in das deutsche Recht: Systematik und erste Erfahrungen, FS Marx, 2013, 527; *Mössinger/Thomas*, Verteidigungs- und Sicherheitsvergabe, 2014; *Voll*, Der novellierte Regelungsrahmen zur Vergabe verteidigungs- und sicherheitsrelevanter öffentlicher Aufträge: Wertungswidersprüche und Zirkelschlüsse, NVwZ 2013, 120 ff.; *von Wietersheim*, Vergaben im Bereich Verteidigung und Sicherheit, Schriftenreihe forum vergabe e.V.

Übersicht

	Rn.		Rn.
I. Überblick	1–5	2. Schwellenwerte	11, 12
1. Regelungsgegenstand	1–4	3. Schätzung des Auftragswertes	13–15
2. Anwendungsbereich	5	**IV. Teilweise verteidigungs- oder sicherheitsspezifische Leistungen (Abs. 3)**	16–21
II. Bestimmung von Bauaufträgen (Abs. 1)	6–8	1. Objektiv abtrennbare Teile und Gesamtauftrag	16, 17
1. Definitionen und Abgrenzung	6, 7	2. „Objektive Gründe" zur Nichtanwendung	18, 19
2. Vorrang der GWB-Vorschriften	8	3. Überlagerung durch verteidigungs- und sicherheitsspezifische Leistungen	20, 21
III. Verweise über den Anwendungsbereich (Abs. 2)	9–15		
1. Auftraggeber und Sektorenauftraggeber	10		

I. Überblick

1 **1. Regelungsgegenstand.** § 1VS regelt ausweislich seiner Überschrift den **Anwendungsbereich für die nachfolgenden Bestimmungen.** Dabei ist § 1VS Bestandteil einer abgestuften Kaskade von Regelungen, die insgesamt der **Umsetzung der RL 2009/81/EG**[1] in nationales Recht dient. Aufgrund der dabei aufgetretenen Überschneidungen, Wiederholungen und Widersprüchen wurde im Schrifttum schon früher festgestellt, das dem Bundesgesetzgeber die Umsetzung der Richtlinie in deutsches Recht schwergefallen sei.[2] Anhand der einschlägigen Regelungen zeigt sich zum wiederholten Mal, dass das in Teilen des deutschen Vergaberechts unverändert bestehende **Kaskadenprinzip** weder den vergaberechtlichen Wettbewerb noch die Effektivität des öffentlichen Beschaffungswesens oder den individuellen Rechtsschutz stärkt.[3] Letztlich gehen mehrdeutige Regelungen und komplexe Regelungsgefüge regelmäßig zulasten von Bietern und Bewerbern.

2 Soweit an den Vorschriften der VOB/A-VS einhellig Kritik geäußert wird, liegt das daran, dass die RL 2009/81/EG in erster Linie durch die **höherrangigen §§ 99 und 104 GWB** bzw. durch die Vorschriften der **Vergabeverordnung für die Bereiche Verteidigung und Sicherheit** (VSVgV)[4] umgesetzt wird.[5] Die Bestimmungen des 3. Abschnitts der VOB/A über den Verteidigungs- und Sicherheitsbereich sind weitgehend an den 2. Abschnitt der VOB/A angelehnt, was nicht nur zu einer beträchtlichen Ausweitung der Anzahl der geltenden Paragraphen geführt hat (von 21 auf 48), sondern nun vor allem den unzutreffenden Eindruck erweckt, die dort enthaltenen Bestimmungen kämen tatsächlich alle zur Anwendung.

3 Grundsätzlich ergibt sich die **verbindliche Rechtsgeltung** der VOB/A-VS als 3. Abschnitt der VOB/A aus **§ 2 Abs. 2 S. 2 VSVgV**,[6] der jedoch den Vorschriften der VOB/A-VS nur ergänzend und insoweit Geltung verschafft, als die §§ 1–4, 6–9, 38–42 und 44–46 VSVgV nicht einschlägig sind. Dies führt dazu, dass sich die rechtliche Beurteilung von Liefer- und Dienstleistungsaufträgen im Sicherheits- und Verteidigungsbereich vollständig nach den Vorschriften der VSVgV richtet,[7] während die Vorschriften der VOB/A-VS **bei Bauaufträgen subsidiär** zur Anwendung gelangen, sofern nicht höherrangiges Recht anwendbar ist.[8] Dies bestätigt sich auch bei Anwendung von § 1VS.

4 Die Vorschriften des § 1VS wurden im Rahmen der Vergaberechtsreform des Jahres 2016 nur in **geringem Umfang inhaltlich geändert.** Der Schwerpunkt der an § 1VS und den folgenden Vorschriften vorgenommenen Änderungen lag vor allem in redaktionellen und inhaltlichen Anpassungen im Hinblick auf die weitreichenden Änderungen des GWB.[9]

5 **2. Anwendungsbereich.** § 1VS Abs. 1 sieht umfangreiche Regelungen mit **Definitionen des Bauauftrags** im Verteidigungs- und Sicherheitsbereich vor. Nach Abs. 2 Nr. 1 wird für den Anwendungsbereich des 3. Abschnitts der VOB/A auf den öffentlichen Auftraggeber und den Sektorenauftraggeber sowie auf die Schwellenwerte des GWB verwiesen. In Abs. 3 wird für den Fall, dass ein Bauauftrag nur zum Teil Leistungen aus dem Bereich Verteidigung und Sicherheit umfasst, wiederum auf das GWB verwiesen. Die genannten Verweise zeigen die grundlegende Abhängigkeit der VOB/A-VS von den höherrangigen Vorschriften des GWB und der VSVgV.

---

[1] ABl. EU 2009 L 216, 76.
[2] Vgl. *Conrad* in Gabriel/Krohn/Neun VergabeR-HdB § 56 Rn. 7.
[3] Hierzu schon früher: *Kau* EuZW 2005, 492 (496); *Meyer* FS Marx, 2013, 409 (418); aA *Knauff* NZBau 2010, 657 (659); HK-VergabeR/*Winnes* Rn. 1.
[4] Vergabeverordnung Verteidigung und Sicherheit (VSVgV) v. 12.7.2012, BGBl. 2012 I 1509, zuletzt geändert durch Art. 7 des Gesetzes v. 18.7.2017, BGBl. 2017 I 2745.
[5] IE hierzu: *Byok* NVwZ 2012, 70; *Höfler* NZBau 2015, 736; *Eßig* ZfBR 2016, 33.
[6] *Conrad* in Gabriel/Krohn/Neun VergabeR-HdB § 56 Rn. 7; Beck VergabeR/*Otting* Rn. 16.
[7] Beck VergabeR/*Otting* VSVgV § 2 Rn. 6f.
[8] HK-VergabeR/*Winnes* Rn. 2.
[9] Eingehend hierzu: Beck VergabeR/*Otting* Rn. 6f.

II. Bestimmung von Bauaufträgen (Abs. 1)

1. Definitionen und Abgrenzung. § 1VS Abs. 1 S. 1 enthält eine allgemeine **Definition des Begriffs „Bauauftrag"**, die weitgehend mit der Definition in § 1EU Abs. 1 übereinstimmt.[10] Diesen Prägungen gehen jedoch die in § 103 Abs. 3 GWB genannten Definitionen vor.[11] Dasselbe gilt im Hinblick auf verteidigungs- und sicherheitsspezifische Aufträge nach § 105 GWB.

Eine Konkretisierung erfährt der Begriff des Bauauftrags in § 1VS Abs. 1 S. 2 für den Bereich Verteidigung und Sicherheit, soweit hervorgehoben wird, dass davon Bauleistungen „in allen Phasen ihres Lebenszyklus" im Zusammenhang mit verteidigungs- und sicherheitsspezifischen Aufträgen iSv § 104 Abs. 1 GWB erfasst werden.[12] Damit knüpft § 1VS Abs. 1 S. 2 nicht nur an das **„Lebenszyklus-Konzept"** des europäischen Vergaberechts an, wie es iÜ im deutschen Recht etwa in § 127 GWB seinen Niederschlag gefunden hat.[13] Die Definitionen stehen auch in Verbindung zu den „umweltbezogenen Aspekte" des § 97 Abs. 3 GWB, sodass bei Beschaffungsvorgängen im Verteidigungs- und Sicherheitsbereich beispielsweise auch Gesichtspunkte des Energieverbrauchs und der Ressourcen-Nachhaltigkeit berücksichtigt werden. Da umweltbezogenen Aspekte bei verteidigungs- und sicherheitsspezifischen Aufträgen jedoch nicht die einzigen relevanten Kriterien darstellen und umfangreiche Abwägungen erforderlich sind, bleibt der Sinn dieser ausdrücklichen Hervorhebung in § 1VS Abs. 1 S. 2 insgesamt unklar. Zumal in der höherrangigen Vorschrift des § 104 GWB keinerlei Hinweise hierauf vorgesehen sind und der Begriff des Lebenszyklus' sich auch in der VSVgV nur an untergeordneter Stelle wiederfindet.[14]

2. Vorrang der GWB-Vorschriften. Im Hinblick auf die vergaberechtliche Normenhierarchie gehen die Definitionen der § 103 Abs. 3 GWB[15] (Bauauftrag) und § 104 GWB[16] (verteidigungs- und sicherheitsspezifische Aufträge) den Begriffsprägungen des § 1VS Abs. 1 vor, welche daher **keine eigenständige Bedeutung** haben.[17]

III. Verweise über den Anwendungsbereich (Abs. 2)

§ 1VS Abs. 2 verweist auf verschiedene Vorschriften des 4. Teils des GWB und der VSVgV um den Anwendungsbereich für den 3. Abschnitt der VOB/A zu bezeichnen. Hieran zeigt sich nicht nur die **Abhängigkeit von höherrangigen Vorschriften,** durch die unmittelbare Verweisung auf die zentralen Vorschriften wird auch vermieden, dass es zu Normenunklarheiten und insgesamt zu missverständlichen Regelungen kommt. Grundsätzlich hängt die Anwendbarkeit des Kartellvergaberechts (§§ 97 ff. GWB – 4. Teil „Vergabe von öffentlichen Aufträgen und Konzessionen") von der **kumulativen Erfüllung dreier Merkmale** ab,[18] was wegen der Verweisung des § 1VS Abs. 2 auch für den 3. Abschnitt der VOB/A gilt: Nachdem § 1VS Abs. 1 S. 1 ohne ausdrückliche Nennung den Bezug zum **öffentlichen Bauauftrag** hergestellt hat (§ 103 Abs. 3 GWB), folgen in Abs. 2 Nr. 1 ausdrückliche Bezugnahmen auf die **Schwellenwerte für verteidigungs- und sicher-**

---

[10] Vgl. Beck VergabeR/*Otting* Rn. 20.
[11] HK-VergabeR/*Winnes* Rn. 4 („keine eigenständige Relevanz"); Beck VergabeR/*Otting* Rn. 22 und 29.
[12] Vgl. Leinemann/Kirch/*Büdenbender* Rn. 8.
[13] Vgl. zum Ursprung: Art. 68 RL 2014/24/EU und Art. 83 RL 2014/25/EU; iE hierzu: Beck VergabeR/ *Opitz* in: GWB § 127 Rn. 50 ff.; Byok/Jaeger/*Kau* GWB § 97 Rn. 133 u. 138.
[14] Unter § 34 VSVgV (Zuschlag) sollen bei der Annahme des Angebots unter § 34 Abs. 2 Nr. 5 VSVgV „Betriebskosten, Rentabilität, Lebenszykluskosten" berücksichtigt werden; unabhängig davon werden unter § 34 Abs. 2 Nr. 7 VSVgV „Umwelteigenschaften" genannt.
[15] Vgl. KKPP/*Eschenbruch* GWB § 103 Rn. 391 ff.; Müller-Wrede/*von Engelhardt/Kaelble* GWB § 103 Rn. 97 ff.; Beck VergabeR/*Hüttinger* GWB § 103 Abs. 1–4 Rn. 124 ff.
[16] ZB Beck VergabeR/*von Wietersheim* GWB § 104 Rn. 10 ff.; Müller-Wrede/*von Dippel* GWB § 104 Rn. 8 ff.
[17] So auch Beck VergabeR/*Otting* Rn. 22.
[18] So auch Immenga/Mestmäcker/*Dreher* GWB § 100 Rn. 6; Reidt/Stickler/Glahs/*Stickler* GWB § 106 Rn. 2 f.

heitsspezifische Aufträge (§ 106 Abs. 2 Nr. 3 GWB) sowie auf das Vorliegen eines **öffentlichen Auftraggebers** (§ 99 GWB) bzw. eines **Sektorenauftraggebers** (§ 100 GWB).

10   1. **Auftraggeber und Sektorenauftraggeber.** Zunächst wird nach § 1VS Abs. 2 Nr. 1 der persönliche Anwendungsbereich eröffnet, wenn ein **öffentlicher Auftraggeber** (§ 99 GWB) oder ein **Sektorenauftraggeber** (§ 100 GWB) vorliegt. Obwohl der ausdrückliche Verweis auf letzteren in der Vorgängervorschrift noch nicht vorgesehen war, wird hiermit vor allem die redaktionelle Neuordnung der §§ 98 ff. GWB nachvollzogen. Zu den Einzelheiten ist auf die umfassenden Kommentierungen zu §§ 99, 100 GWB zu verweisen (→ GWB § 99 Rn. 5 ff.; → GWB § 100 Rn. 17 ff.).[19]

11   2. **Schwellenwerte.** Der Verweis in § 1VS Abs. 2 Nr. 1 auf die **Schwellenwerte nach 106 Abs. 2 Nr. 3 GWB** zielt letztlich auf die zugrundeliegende Vorschrift des Art. 8 RL 2009/81/EG ab. Obwohl die Schwellenwerte für verteidigungs- und sicherheitsspezifische Aufträge in § 106 Abs. 2 Nr. 3 GWB separat festgelegt werden, sind sie zugunsten vergaberechtlicher Konsistenz auf die Schwellenwerte für sonstige Liefer- und Dienstleistungsaufträge sowie für Bauaufträge abgestimmt worden. Allerdings liegen die Schwellenwerte für Liefer- und Dienstleistungsaufträge für verteidigungs- und sicherheitsspezifische Aufträge immer noch doppelt so hoch wie für sonstige Liefer- und Dienstleistungsaufträge.[20]

12   Bis zum 31.12.2017 beliefen sich die Schwellenwerte nach § 106 Abs. 2 Nr. 3 GWB auf 418.000 EUR (Liefer- und Dienstleistungsaufträge) bzw. auf 5.225.000 EUR (Bauaufträge).[21] Mit der **Delegierten Verordnung (EU) Nr. 2017/2367**[22] wurden die Schwellenwerte für verteidigungs- und sicherheitsspezifische Aufträge aufgrund zwischenzeitlicher Währungsverschiebungen für den Zeitraum **ab dem 1.1.2018** neuerlich angepasst: Im Verteidigungs- und Sicherheitsbereich beläuft sich der Schwellenwert für Liefer- und Dienstleistungsaufträge nunmehr auf **443.000 EUR** und der Schwellenwert für Bauaufträge auf **5.548.000 EUR.**

13   3. **Schätzung des Auftragswertes.** Schließlich verweist § 1VS Abs. 2 Nr. 2 noch auf § 3 VSVgV als Grundlage für die Schätzung eines Auftrags im Verteidigungs- und Sicherheitsbereich. § 3 VSVgV steht wie seine Korrespondenzvorschriften (§ 3 VgV, § 2 SektVO und § 2 KonzVgV) in engem **systematischen Zusammenhang mit § 106 GWB.** Für die Schätzung des Auftragswerts sieht § 3 VSVgV in insgesamt acht Absätzen detaillierte Regelungen vor, um verschiedene Gegebenheiten und Kombinationen unterschiedlicher Auftragsarten angemessen berücksichtigen zu können. Neben einem Umgehungsverbot (§ 3 Abs. 2 VSVgV) und Regelungen über den maßgeblichen Zeitpunkt der Schätzung (§ 3 Abs. 8 VSVgV),[23] werden vor allem die Einzelheiten der Schätzung umfassend geregelt (§ 3 Abs. 3–7 VSVgV).

14   Die Schätzung des Auftragswerts ist vor allem deshalb von großer Bedeutung, weil es im Vergaberecht **nicht auf den tatsächlichen Wert** eines Auftrags ankommt, sondern auf den nach § 3 VSVgV bzw. seinen Korrespondenzvorschriften (§ 3 VgV, § 2 SektVO u. § 2 KonzVgV) ordnungsgemäß geschätzten Wert.[24] Eine erst rückwirkend erfolgende Festsetzung des verbindlichen Auftragswerts hätte hingegen zur Folge, dass viele Vergabeverfahren nachträglich korrigiert werden müssten. Die damit verbundene Unsicherheit soll durch die Schätzung iSv § 3 VSVgV vermieden werden.[25]

15   Die Schätzung des Auftragswerts nach § 3 VSVgV beruht auf einer **Ex-ante-Prognose** des öffentlichen Auftraggebers, der die Verantwortung für den Beginn des Beschaffungsvor-

---

[19] ZB Beck VergabeR/*Dörr* GWB § 99 Rn. 6 ff. und Beck VergabeR/*Dörr* GWB § 100 Rn. 6 ff.; KKPP/*Eschenbruch* GWB § 99 Rn. 8 ff. und KKPP/*Opitz* GWB § 100 Rn. 14 ff.; Leinemann/Kirch/*Büdenbender* Rn. 11 ff.
[20] *Krohn* in Gabriel/Krohn/Neun VergabeR-HdB § 57 Rn. 5.
[21] Beck VergabeR/*Kau* GWB § 106 Rn. 13 u. 42.
[22] ABl. EU 2017 L 337, 22.
[23] Hierzu eingehend: Leinemann/Kirch/*Büdenbender* Rn. 48 f.
[24] KKMPP/*Marx* VgV § 3 Rn. 3; Beck VergabeR/*Kau* VgV § 3 Rn. 10 ff.
[25] So auch Beck VergabeR/*Kau* VgV § 3 Rn. 11; KKMPP/*Marx* VgV § 3 Rn. 27.

gangs trägt. Auf eine nachträglich festgestellte, tatsächliche Höhe des Auftragswerts kommt es daher ebenso wenig an wie auf einen von den Bietern aufgrund eigener Kalkulation ermittelten abweichenden Betrag.[26] Da weder § 3 VSVgV noch seine Korrespondenzvorschriften über die Grundlagen und Umstände der Schätzung Aussagen treffen, hat die Rechtsprechung die hierfür erforderlichen Konkretisierungen beigesteuert.[27] Danach ist die Schätzung vom Auftraggeber **nach objektiven Kriterien** durchzuführen, ausgehend von der zu beschaffenen Leistung und aktuellen Marktlage aufgrund einer sorgfältigen betriebswirtschaftlichen Finanzplanung.[28] Es muss sich also um eine **„ernsthafte Prognose"**[29] handeln, die auf der Grundlage der Vernunft sowie unter Heranziehung aller wesentlicher Erkenntnisquellen erfolgt ist und nicht mit dem Ziel verbunden sein darf, einen Auftrag der Anwendung der Vergabebestimmungen zu entziehen bzw. ihn trotz Unterschreitung des Schwellenwerts den Vergabebestimmungen zu unterwerfen.[30] Insgesamt steht dem Auftraggeber bei der Schätzung ein weiter Beurteilungsspielraum zu.[31]

IV. Teilweise verteidigungs- oder sicherheitsspezifische Leistungen (Abs. 3)

1. Objektiv abtrennbare Teile und Gesamtauftrag. Für die rechtliche Beurteilung 16 der Situation, dass lediglich ein Teil eines Bauauftrags dem Bereich der Verteidigung und Sicherheit zugeordnet werden kann, verweist § 1VS Abs. 3 auf § 111 GWB. Danach kann bei einem öffentlichen Auftrag, der aus **objektiv abtrennbaren Teilen** besteht, zunächst ein Wahlrecht ausgeübt werden, ob getrennte Aufträge erteilt werden oder ob es zu einem Gesamtauftrag kommt. Im Zusammenhang hiermit ist auch noch ein allgemeines Umgehungsverbot zu beachten (§ 111 Abs. 5 GWB). Wird ein Auftrag, der neben anderen auch aus verteidigungs- und sicherheitsspezifischen Leistungen besteht, aufgeteilt, ergeben sich im Hinblick auf das anwendbare Recht keine größeren Schwierigkeiten. Detaillierte Bestimmungen sind jedoch erforderlich, wenn ein Gesamtauftrag vergeben werden soll, der aus unterschiedlichen Leistungen besteht. Im Kern von § 111 GWB stehen daher die Bestimmungen in § 111 Abs. 3 Nr. 1–5 GWB.

Zunächst gilt nach **§ 111 Abs. 3 Nr. 1 GWB,** dass ein Auftrag ohne Anwendung des 17 Kartellvergaberechts vergeben werden kann, wenn ein Teil des Auftrags die Voraussetzungen des § 107 Abs. 2 Nr. 1 oder Nr. 2 GWB erfüllt und die Vergabe als Gesamtauftrag aus **„objektiven Gründen"** gerechtfertigt ist.[32] Dabei spielt es grundsätzlich keine Rolle, welchen Umfang der verteidigungs- und sicherheitsspezifische Anteil hat, da das anwendbare Vergaberechtsregime unter Anwendung von § 111 Abs. 3 Nr. 1 GWB nicht nach dem Hauptgegenstand des Auftrags bestimmt wird.[33] Die allgemeinen Ausnahmen nach § 107 Abs. 2 GWB sind erfüllt, wenn dies zum **Schutz wesentlicher Sicherheitsinteressen** der Bundesrepublik Deutschland erforderlich ist[34] und die daher entweder der **Preisgabe wesentlicher Auskünfte** entgegenstehen (§ 107 Abs. 2 Nr. 1 GWB und Art. 346 Abs. 1 lit. a AEUV) oder bei denen es sich generell um **Verteidigungsaufträge** handelt (§ 107 Abs. 2 Nr. 2 GWB und Art. 346 Abs. 1 lit. b AEUV).[35]

---

[26] OLG Koblenz Beschl. v. 24.3.2015 – Verg 1/15 Rn. 16 (juris), NZBau 2015, 386; HK-VergabeR/ *Alexander* VgV § 3 Rn. 4.
[27] Eingehend: Beck VergabeR/*Kau* VgV § 3 Rn. 13.
[28] ZB OLG Celle Beschl. v. 29.6.2017 – 13 Verg 1/17 Rn. 43 f. (juris), NZBau 2017, 687; OLG Celle Beschl. v. 12.7.2007 – 13 Verg 6/07, VergabeR 2007, 808; OLG München Beschl. v. 28.9.2005 – Verg 19/ 05, IBRRS 2005, 2963; OLG Koblenz Beschl. v. 6.7.2000 – 1 Verg 1/99, BeckRS 2000, 30470604.
[29] Vgl. OLG Celle Beschl. 29.6.2017 – 13 Verg 1/17 Rn. 42 (juris), NZBau 2017, 687; ähnlich KKMPP/ *Marx* VgV § 3 Rn. 2 f.; Leinemann/Kirch/*Büdenbender* Rn. 41 ff.
[30] Vgl. HK-VergabeR/*Alexander* VgV § 3 Rn. 4 f.
[31] Beck VergabeR/*Otting* VSVgV § 3 Rn. 5; Beck VergabeR/*Kau* VgV § 3 Rn. 18.
[32] Begründung der BReg., BT-Drs. 18/6281 v. 8.10.2015, 85; vgl. eingehend: Byok/Jaeger/*Kau* GWB § 111 Rn. 11.
[33] *Krohn* in Gabriel/Krohn/Neun VergabeR-HdB § 57 Rn. 42.
[34] Beck VergabeR/*Hüttinger* GWB § 111 Rn. 26 f.
[35] Vgl. Müller-Wrede/*Csaki* GWB § 111 Rn. 8; Beck VergabeR/*Hüttinger* GWB § 111 Rn. 27 f.

18 **2. „Objektive Gründe" zur Nichtanwendung.** Die Anforderungen an die **„objektiven Gründe"** nach § 111 Abs. 3 Nr. 1 und Nr. 2 GWB sind grundsätzlich hoch, da im Falle ihrer Bejahung ein Gesamtauftrag vergeben wird, was zur Folge hat, dass die mit der **RL 2009/81/EG verbundenen Regelungen** im Verteidigungs- und Sicherheitsbereich möglicherweise außer Acht gelassen werden.[36] Anstelle einer unterschiedlichen Geheimhaltungsanforderungen entsprechenden Vergabe, kann – wenn dies durch „objektive Gründe" gerechtfertigt ist – auch eine Vergabe außerhalb des Anwendungsbereichs des Vergaberechts erfolgen. Dies ist regelmäßig nur dann der Fall, wenn selbst die auf der Grundlage der RL 2009/18/EG erlassenen nationalen Regelungen, zB der VSVgV und der 3. Abschnitt der VOB/A, den Anforderungen nicht entsprechen.[37] Da pauschale Hinweise auf Sicherheits- oder Verteidigungsinteressen nicht genügen, müssen Umstände nachgewiesen werden, die für ein wesentlich gesteigertes Geheimhaltungs- oder ein sonstiges wichtiges Interessen sprechen.[38] Dies können typischerweise auch technische oder wirtschaftliche Gründe sein, die aus der Perspektive eines objektiven Dritten eine einheitliche Auftragsvergabe erforderlich erscheinen lassen.[39]

19 Für § 1VS Abs. 3 bedeutet das, dass wenn nur **ein Teil des Auftrags** dem Bereich Verteidigung und Sicherheit zugeordnet werden kann, dies zum vollständigen Außerachtlassen des Vergaberechts einschließlich der VOB/A-VS führen kann. Erforderlich sind hierfür jedoch **besondere Sicherheits- oder Geheimhaltungserwägungen bzw. andere wesentliche Gründe,** die über die in diesem Bereich ohnehin Üblichen substanziell hinausgehen. Soweit die Sicherheitsbehörden in diesem Bereich als Auftraggeber auftreten, kommt ihnen ein **großer Einschätzungsspielraum** zu. Letztlich können nur sie – auch anhand der Markt- und Angebotslage – sinnvoll einschätzen, ob der im Bereich Verteidigung und Sicherheit geplante Beschaffungsvorgang sich im Bereich des Üblichen bewegt oder ob er Leistungen zum Gegenstand hat, die ein besonderes Geheimhaltungs- oder Vertraulichkeitsinteresse auslösen bzw. weitere gewichtige Gründe hinter sich wissen.

20 **3. Überlagerung durch verteidigungs- und sicherheitsspezifische Leistungen.** Nach **§ 111 Abs. 3 Nr. 2 GWB** unterfällt die Vergabe eines Gesamtauftrags den Vorschriften über eine **Vergabe im Verteidigungs- oder Sicherheitsbereich,** wenn bei einem Teil des Auftrags diese Vorschriften zur Anwendung kommen und eine Vergabe als Gesamtauftrag wiederum aus „objektiven Gründen" gerechtfertigt ist.[40] Damit besteht, wenn der öffentliche Auftraggeber seiner Beweispflicht nachkommt, die Möglichkeit, die im Vergleich zum sonstigen Vergaberechtsregime restriktiven Regelungen der VSVgV und der VOB/A-VS anzuwenden, obwohl die übrigen Teile bei einer getrennten Vergabe anderen Vergabebestimmungen unterfallen würden. Im Ergebnis eröffnet § 1VS Abs. 3 iVm § 111 Abs. 3 Nr. 2 GWB die Möglichkeit bei gemischten Aufträgen, die auch verteidigungs- und sicherheitsspezifische Leistungen enthalten, die Vorschriften der VSVgV und der VOB/A-VS zur Anwendung zu bringen, wenn der betreffende Bauauftrag durch den verteidigungs- und sicherheitsspezifischen Anteil insgesamt geheimhaltungsbedürftig geworden ist. Während nach § 111 Abs. 3 Nr. 1 GWB ein gesamter Auftrag durch verteidigungs- und sicherheitsspezifische (Teil-)Leistungen dem Vergaberecht entzogen wird, hat § 111 Abs. 3 Nr. 2 GWB aufgrund der davon berührten Geheimhaltungsinteressen zur Folge, dass alle Leistungen den restriktiveren Anforderungen der VSVgV bzw. der VOB/A-VS unterfallen.

21 Da die Varianten des § 111 Abs. 3 Nr. 1–5 GWB nach einem **Vorrang-Schema** angeordnet sind,[41] kommen die unter § 111 Abs. 3 Nr. 3–5 GWB genannten Varianten nicht zur Anwendung, wenn Teile der Leistungen dem Verteidigungs- und Sicherheitsbereich

---

[36] Byok/Jaeger/*Kau* GWB § 111 Rn. 12; HK-VergabeR/*Wegener* GWB § 99 Rn. 117.
[37] Beck VergabeR/*Hüttinger* GWB § 111 Rn. 11.
[38] Zur Vorgängervorschrift des § 99 Abs. 13 S. 1 GWB aF; Immenga/Mestmäcker/*Dreher* GWB § 99 Rn. 303.
[39] *Krohn* in Gabriel/Krohn/Neun VergabeR-HdB § 57 Rn. 43.
[40] *Krohn* in Gabriel/Krohn/Neun VergabeR-HdB § 57 Rn. 44.
[41] Byok/Jaeger/*Kau* GWB § 111 Rn. 10.

zugeordnet werden könnten. In diesem Fall wären § 111 Abs. 3 Nr. 1 und 2 GWB vorrangig einschlägig. Die aus verschiedenen Teilen bestehenden Bauaufträge, die beispielsweise zur Anwendung der Vorschriften über die Vergabe **öffentlicher Sektorenaufträge** (§ 111 Abs. 3 Nr. 3 GWB) oder der Vorschriften über die **Vergabe öffentlicher Aufträge** (§ 111 Abs. 3 Nr. 4 GWB) führen, sind jedoch typischerweise dadurch gekennzeichnet, dass keine verteidigungs- oder sicherheitsspezifische Leistungen darin enthalten sind.[42]

§ 2VS Grundsätze

(1) ¹Öffentliche Aufträge werden im Wettbewerb und im Wege transparenter Verfahren vergeben. ²Dabei werden die Grundsätze der Wirtschaftlichkeit und der Verhältnismäßigkeit gewahrt. ³Wettbewerbsbeschränkende und unlautere Verhaltensweisen sind zu bekämpfen.

(2) Die Teilnehmer an einem Vergabeverfahren sind gleich zu behandeln, es sei denn, eine Ungleichbehandlung ist aufgrund des GWB ausdrücklich geboten oder gestattet.

(3) Öffentliche Aufträge werden an fachkundige und leistungsfähige (geeignete) Unternehmen vergeben, die nicht nach § 6eVS ausgeschlossen worden sind.

(4) Die Regelungen darüber, wann natürliche Personen bei Entscheidungen in einem Vergabeverfahren für einen Auftraggeber als voreingenommen gelten und an einem Vergabeverfahren nicht mitwirken dürfen, richten sich nach § 6 VSVgV.

(5) Auftraggeber, Bewerber, Bieter und Auftragnehmer wahren die Vertraulichkeit aller Informationen und Unterlagen nach Maßgabe dieser Vergabeordnung oder anderen Rechtsvorschriften.

(6) ¹Vor der Einleitung eines Vergabeverfahrens kann der Auftraggeber Marktkonsultationen zur Vorbereitung der Auftragsvergabe und zur Unterrichtung der Unternehmer über seine Pläne zur Auftragsvergabe und die Anforderungen an den Auftrag durchführen. ²Die Durchführung von Vergabeverfahren zum Zwecke der Markterkundung ist unzulässig.

(7) ¹Der Auftraggeber kann Bewerbern und Bietern Auflagen zum Schutz von Verschlusssachen machen, die sie diesen im Zuge des Verfahrens zur Vergabe eines Auftrags übermitteln. ²Er kann von diesen Bewerbern und Bietern verlangen, die Einhaltung dieser Auflagen durch ihre Unterauftragnehmer sicherzustellen.

Übersicht

	Rn.		Rn.
I. Überblick	1–4	IV. Eignung von Bietern und Bewerbern (Abs. 3)	12, 13
1. Regelungsgegenstand	1–3		
2. Anwendungsbereich	4	V. Vorbefasstheit (Abs. 4)	14, 15
II. Wettbewerbs- und Transparenzgebot (Abs. 1)	5–8	VI. Vertraulichkeitsgebot (Abs. 5)	16, 17
1. Wettbewerbsgrundsätze	6	VII. Verbot der Markterkundung (Abs. 6)	18, 19
2. Transparentes Vergabeverfahren	7, 8	VIII. Umgang mit Verschlusssachen (Abs. 7)	20, 21
III. Gleichbehandlung (Abs. 2)	9–11		

I. Überblick

1. Regelungsgegenstand. Die Vorschrift des § 2VS enthält die **allgemeinen Grund-** 1
sätze des Vergaberechts, wie sie vor allem in § 97 GWB sowie zum Teil auch in § 10 VSVgV geregelt sind. Inhaltlich kommt § 2VS daher grundsätzlich nur eine geringe eigen-

---
[42] KKPP/*Röwekamp* GWB § 111 Rn. 6; Byok/Jaeger/*Kau* GWB § 111 Rn. 16.

ständige Bedeutung zu.[1] Dies gilt unabhängig davon, ob sein Wortlaut mit dem höherrangiger Vorschriften des GWB, der VSVgV oder der VgV übereinstimmt oder nur sinngemäß daran anknüpft. Dies hängt in erster Linie mit der vergaberechtlichen Normenhierarchie zusammen, in deren Rahmen untergeordnete Bestimmungen nicht über höherrangige hinausgehen dürfen, diese lediglich im vorgegebenen Rahmen ausformen können.[2] Da die Bestimmungen von § 2VS aber vielfach vom Wortlaut bzw. inhaltlich mit den Vorschriften des § 97 GWB bzw. Regelungen der VSVgV übereinstimmt, kommt sie vor allem dann zur Anwendung, wenn im Verteidigungs- und Sicherheitsbereich kein förmliches Vergabeverfahren durchgeführt wird.

2   Soweit auf Vorschriften des GWB und der VSVgV Bezug genommen wird, soll durch § 2VS sichergestellt werden, dass diese Grundsätze und Prinzipien **auch bei Bauaufträgen im Verteidigungs- und Sicherheitsbereich** Anwendung finden. Soweit das Kartellvergaberecht zur Anwendung kommt, wäre dies an sich nicht erforderlich, sodass die Vorschrift des § 2VS vor allem außerhalb des Vergabeverfahrens relevant ist.

3   Auch nach der **Vergaberechtsreform des Jahres 2016** entspricht § 2VS in weiten Teilen der Vorgängerbestimmung. Allerdings ist der (unverbindliche) Förderauftrag zugunsten einer „ganzjährigen Bautätigkeit" weggefallen, der aufgrund seines „Appell-Charakters"[3] ohnehin nur über eine geringe praktische Bedeutung verfügte. Aufgehoben wurde auch eine Bestimmung, wonach eine Ausschreibung erst dann erfolgen darf, wenn alle Vergabeunterlagen fertiggestellt waren.[4] Dessen ungeachtet ist davon auszugehen, dass diese Anforderungen heute vom Transparenz- und Wettbewerbsgebot des § 97 Abs. 1 GWB umfasst werden.[5]

4   **2. Anwendungsbereich.** Die in § 2VS genannten allgemeinen vergaberechtlichen Grundsätze umfassen insbesondere das Wettbewerbs- und Transparenzgebot (Abs. 1), die Gleichbehandlung (Abs. 2), die Eignung von Bietern und Bewerbern (Abs. 3), die Vorbefasstheit der Beteiligten (Abs. 4), das Vertraulichkeitsgebot (Abs. 5), Fragen der Marktkonsultation und Markterkundung (Abs. 6) sowie den Umgang mit Verschlusssachen (Abs. 7). Vielfach finden sich hierbei weitreichende Übereinstimmungen mit den in § 97 GWB vorgesehenen Regelungen, aber auch mit Vorschriften der VSVgV sowie – vereinzelt – der VgV.

II. Wettbewerbs- und Transparenzgebot (Abs. 1)

5   § 2VS Abs. 1 S. 1 und 2 entsprechen **wortgleich der Bestimmung des § 97 Abs. 1 GWB.** Damit knüpft die Vorschrift an ein weites Spektrum vergaberechtlicher Konkretisierungen im Hinblick auf das Wettbewerbs- und Transparenzgebot an,[6] wie sie vor allem von den Nachprüfungsinstanzen (§§ 155 ff. GWB) sowie im vergaberechtlichen Schrifttum entwickelt wurden.

6   **1. Wettbewerbsgrundsätze.** Nach § 97 Abs. 1 GWB müssen öffentliche Aufträge und Konzessionen **im Wettbewerb** und im Wege **transparenter Vergabeverfahren** beschafft werden. Dabei erfordert das Wettbewerbsgebot die „Organisation größtmöglichen Wettbewerbs" mit einem sparsamen, effizienten und effektiven Einsatz öffentlicher Mitteln.[7] Dem Wettbewerbsgrundsatz liegt dabei der Gedanke zugrunde, dass die sich üblicherweise entfaltenden Marktmechanismen zu **leistungs- und produktionsgerechter Preisgestaltung** führen, womit jedenfalls im Hinblick auf Effektivität und Effizienz wesentliche Anforderun-

---
[1] Leinemann/Kirch/*Kirch* Rn. 1.
[2] Vgl. Beck VergabeR/*Losch* Rn. 2, 4 und 5 ff.
[3] Zur früheren Vorschrift: Leinemann/Kirch/*Kirch* Rn. 8; zur gegenwärtigen Rechtslage: Beck VergabeR/*Losch* Rn. 3.
[4] Hierzu iE: Beck VergabeR/*Losch* Rn. 3.
[5] Byok/Jaeger/*Kau* GWB § 97 Rn. 34 ff. u. 95.
[6] Vgl. eingehend: Beck VergabeR/*Dörr* GWB § 97 Rn. 5 ff. u. 30 ff.; Byok/Jaeger/*Kau* GWB § 97 Rn. 15 ff. u. 38 ff.; Müller-Wrede/*Lux* GWB § 97 Rn. 10 ff. u. 22 ff.; Leinemann/Kirch/*Kirch* Rn. 6.
[7] Vgl. Begründung BReg., BT-Drs. 18/6281, 67; KKPP/*Müller* GWB § 97 Rn. 22; Müller-Wrede/*Lux* GWB § 97 Rn. 10 ff.

gen erfüllt sind. Diese Gewährleistung ist auch im Hinblick auf die in § 2VS Abs. 1 S. 3 genannte Bekämpfung „wettbewerbsbeschränkender und unlauterer Verhaltensweisen" zu sehen. Grundsätzlich soll das Wettbewerbsgebot verhindern, dass sich Wettbewerber untereinander absprechen und daher gegen den Grundsatz des Geheimwettbewerbs verletzen.[8] Darüber hinaus kommt § 2VS Abs. 1 S. 3 jedoch keine weitergehende Bedeutung zu.[9]

2. Transparentes Vergabeverfahren. Das **Transparenzgebot** nach § 2VS Abs. 1 S. 1 ist zwar ein weiterer tragender Grundsatz des Vergaberechts.[10] Er steht jedoch in engem Zusammenhang mit dem Wettbewerbsgebot, sodass die Vergabe öffentlicher Aufträge im Rahmen eines transparenten Vergabeverfahrens unmittelbar der Verwirklichung des Wettbewerbs dient.[11] Grundsätzlich hat das vergaberechtliche Wettbewerbs- und Transparenzgebot zur Folge, dass die grundlegenden inhaltlichen und verfahrensmäßigen Anforderungen im Vergaberecht eingehalten werden müssen. Ihm kommt damit in gewissem Umfang ein **Auffangcharakter** zu, der unabhängig von den Gewährleistungen konkreter Einzelnormen des GWB oder der Vergabeverordnungen Beanstandungen des Vergaberechts ermöglicht.[12] Damit eröffnen § 2VS Abs. 1 S. 1 und 2 durch sein Anknüpfung an den unmittelbaren Wortlaut von § 97 Abs. 1 GWB dieselbe Möglichkeit auch für Bauleistungen im Verteidigungs- und Sicherheitsbereich.

Dies gilt auch im Hinblick auf der in § 2VS Abs. 1 S. 2 enthaltenen wortgleichen Verweis auf die Grundsätze der **Wirtschaftlichkeit und Verhältnismäßigkeit.** Auf diese Weise knüpft die VOB/A-VS an die Auslegung und Anwendung der betreffenden Bestimmung in § 97 Abs. 1 S. 2 GWB an.[13] Da beide Grundsätze jedoch erst 2016 in das GWB eingefügt wurden, bleibt abzuwarten, welches Profil die Nachprüfungsinstanzen und das vergaberechtliche Schrifttum diesen beiden Grundsätzen verleihen werden.[14]

III. Gleichbehandlung (Abs. 2)

Nach § 2VS Abs. 2 gilt der in § 97 Abs. 2 GWB vorgesehene **Grundsatz der Gleichbehandlung** auch für Vergaben im Verteidigungs- und Sicherheitsbereich. Dieser Zusammenhang wird durch den mit § 97 Abs. 2 GWB weitgehend identischen Wortlaut der Vorschrift unterstrichen. Im Ergebnis gilt daher auch im Geltungsbereich der VOB/A-VS, dass alle Bieter im Vergabeverfahren grundsätzlich gleich zu behandeln sind, was sich europarechtlich aus Art. 18 AEUV und verfassungsrechtlich aus Art. 3 GG ergibt. Der Gleichbehandlungsgrundsatz nach § 2VS Abs. 2 sowie nach § 97 Abs. 2 GWB zählt damit zu den zentralen Grundsätzen des Vergaberechts.[15]

Vom Gleichheitsgrundsatz des § 2VS Abs. 2 sind in Anschluss an § 97 Abs. 2 GWB grundsätzlich alle **Phasen der Vergabe** von der Ausschreibung bis zum Zuschlag sowie **alle Arten der Vergabe** erfasst.[16] Anerkanntermaßen bildet der Gleichbehandlungsgrundsatz nach § 2VS Abs. 2 und § 97 Abs. 2 GWB zusammen mit dem Wettbewerbs- und Transparenz gebot (Abs. 1) die Grundlage für andere Bestimmungen über das Vergabeverfahren. Dies schließt beispielsweise auch die Bindung eines öffentlichen Auftraggebers an ein-

---

[8] Vgl. OLG Düsseldorf Beschl. v. 9.4.2008 – Verg 2/08, VergabeR 2008, 865.
[9] So ähnlich auch Beck VergabeR/*Losch* Rn. 8.
[10] Vgl. EuGH Urt. v. 25.4.1996 – C-87/94, Slg. 1996, I-2043 Rn. 53 f. – Kom./Belgien; Bechtold/*Otting* GWB § 97 Rn. 8.
[11] Hierzu schon Beck VOB/A/*Marx* GWB § 97 Rn. 16.
[12] Früher bereits: Leinemann/Kirch/*Kirch* Rn. 6 („*Nahezu jede Verfahrensvorgabe kann letztlich auf den Wettbewerbsgrundsatz zurückgeführt werden, …*").
[13] Beck VergabeR/*Losch* Rn. 7.
[14] Vgl. zu den sich abzeichnenden Elementen: Byok/Jaeger/*Kau* GWB § 97 Rn. 59 ff. u. 70 ff.; Beck VergabeR/*Dörr* GWB § 97 Rn. 49 ff. u. 53 ff.
[15] Entwurfsbegründung der BReg., BT-Drs. 18/6281, 68 („elementaren Grundsätzen"); vgl. auch Leinemann/Kirch/*Kirch* Rn. 7; Beck VOB/A/*Marx* GWB § 97 Rn. 6 u. 20 („elementarstes Prinzip des Vergaberechts").
[16] Byok/Jaeger/*Kau* GWB § 97 Rn. 89; Beck VergabeR/*Dörr* GWB § 97 Abs. 2 Rn. 12 („umfassende Chancengleichheit").

heitliche Bewertungsmaßstäbe ein.[17] Insgesamt muss ein öffentlicher Auftraggeber nach § 2VS Abs. 2 bei der Vorbereitung und Durchführung der Ausschreibung die von ihm beeinflussbaren Rahmenbedingungen des Vergabeverfahrens unter Berücksichtigung des Gleichbehandlungsgrundsatzes gestalten.[18]

11 Ähnlich wie bei § 97 Abs. 2 GWB sieht auch § 2VS Abs. 2 die **Möglichkeit für Ungleichbehandlungen** vor, soweit „sie aufgrund des GWB ausdrücklich geboten oder gestattet" sind. Ähnlich wie bei § 97 Abs. 2 GWB sind mit dieser Ausnahme über den engeren Wortlaut hinaus auch Einschränkungen auf der Grundlage der Vergabeverordnungen möglich (vgl. VgV, VSVgV, KonzVgV).[19] Vor allem werden hiervon aber die ausdrücklichen Einschränkungsmöglichkeiten der „strategischen Vergabezwecke" nach § 97 Abs. 3 GWB erfasst, wie sie sich im Hinblick auf „Qualität" und „Innovation" sowie auf „soziale und umweltbezogene Aspekte" ergeben.[20] Darüber hinaus kommt auch die bevorzugte Berücksichtigung von mittelständischen Interessen sowie die direkte Mittelstandsförderung nach § 97 Abs. 4 GWB in Betracht, wie sie insbesondere in der Verpflichtung zur Vergabe in Fach- und Teillose zutage treten.[21] Gleichermaßen kann der Grundsatz der Gleichbehandlung nach § 2VS Abs. 2 beispielsweise auch durch die in § 97 Abs. 1 GWB genannten Prinzipien der Wirtschaftlichkeit und Verhältnismäßigkeit eingeschränkt werden.

IV. Eignung von Bietern und Bewerbern (Abs. 3)

12 Nach § 2VS Abs. 3 dürfen Aufträge im Verteidigungs- und Sicherheitsbereich grundsätzlich nur an geeignete Bieter oder Bewerber vergeben werden. Allerdings ist anerkannt, dass § 2VS Abs. 3 keinen eigenständigen Charakter hat, sondern vor allem an die zu §§ 122 ff. GWB entwickelten Grundsätze über die **Eignung von Bietern und Bewerbern** anknüpft.[22] Dies gilt gleichermaßen für die Verweisung auf § 6eVS, der ebenfalls einen Bezug zu den Regelungen der §§ 122 ff. GWB herstellt. Von diesen Verweisungen umfasst sind gleichermaßen die Ausschlussgründe (§§ 123 und 124 GWB), die Bedingungen für eine sog. Selbstreinigung (§ 125 GWB) und die Festlegung zulässiger Zeiträume für Ausschlüsse und Selbstreinigungsmaßnahmen (§ 126 GWB).

13 Durch die Regelung des § 2VS Abs. 3 gelten die zu §§ 122 ff. GWB entwickelten Grundsätze auch für Vergaben, in denen kein formelles Vergabeverfahren durchgeführt worden ist. Im Übrigen kommen die Konkretisierungen der §§ 6VS ff. zur Anwendung.

V. Vorbefasstheit (Abs. 4)

14 Die Vorschrift des § 2VS Abs. 4 verweist für Personen, die mit einer Auftragsvergabe bereits befasst waren, auf § 6 VSVgV. Allerdings passt der Verweis auf § 6 VSVgV nicht bzw. nicht genau, da es dort um die Wahrung der Vertraulichkeit geht,[23] während bei § 2VS Abs. 4 auf die **Vermeidung von Interessenskonflikten** abzielt. Eine entsprechende Regelung über Interessenskonflikte sieht von den Vergabeverordnungen lediglich § 6 VgV vor,[24] sodass es sich mit großer Wahrscheinlichkeit beim Verweis auf § 6 VSVgV um ein redaktionelles Versehen handelt.

15 Dieses schadet für den Anwendungsbereich der VOB/A-VS jedoch nicht, da der Vorschrift des § 2VS Abs. 4 auch ohne den Verweis deutlich zu entnehmen ist, dass Personen,

---

[17] BGH Beschl. v. 26.9.2006 – X ZB 14/06, BGHZ 169, 131 Rn. 27; vgl. auch OLG Düsseldorf Beschl. v. 7.3.2006 – VII-Verg 98/05, ZfBR 2006, 513 (514).
[18] Beck VergabeR/*Dörr* GWB § 97 Abs. 2 Rn. 21 ff.; Byok/Jaeger/*Kau* GWB § 97 Rn. 87 ff.
[19] Byok/Jaeger/*Kau* GWB § 97 Rn. 94; so auch Beck VergabeR/*Dörr* GWB § 97 Abs. 2 Rn. 15.
[20] Müller-Wrede/*Fehns-Böer* GWB § 97 Rn. 59 ff.; KKPP/*Wiedemann* GWB § 97 Rn. 79; Beck VergabeR/*Opitz* GWB § 97 Abs. 3 Rn. 9 ff.; Byok/Jaeger/*Kau* GWB § 97 Rn. 97 ff.
[21] Byok/Jaeger/*Kau* GWB § 97 Rn. 141 ff.; *Schellenberg* FS. Marx 2013, 687 ff.; KKPP/*Kus* GWB § 97 Rn. 111 ff. u. 120 ff.
[22] Beck VergabeR/*Losch* Rn. 10; zur früheren Rechtslage: Leinemann/Kirch/*Kirch* Rn. 3.
[23] Vgl. Beck VergabeR/*Otting* VSVgV § 6 Rn. 10 ff.
[24] Instruktiv Beck VergabeR/*Losch* Rn. 12.

die durch vorherige Befassung mit einem Auftrag, möglicherweise voreingenommen oder befangen sind, von der Mitwirkung an vergaberechtlich relevanten Entscheidungen ausgeschlossen sind. Hierfür sind sowohl die Vorschrift des § 97 Abs. 1 GWB als auch die Bestimmungen der § 6 VgV und ergänzend § 6 VSVgV heranzuziehen.

VI. Vertraulichkeitsgebot (Abs. 5)

Nach § 2VS Abs. 5 sind Auftraggeber, Bewerber, Bieter und Auftragnehmer zur **Wahrung der Vertraulichkeit** aller Informationen und Unterlagen verpflichtet. An dieser Stelle – anders als in Abs. 4 – wäre ein Verweis auf § 6 VSVgV passend und zutreffend gewesen, da sich dieser eingehend mit dem Schutz der Vertraulichkeit befasst.[25] Wenn die Bestimmung auch sehr weitreichend formuliert ist, so kann sie sich doch sinnvollerweise nur auf solche Informationen und Unterlagen beziehen, die nichtöffentlich und in substanziellem Umfang geheimhaltungsbedürftig sind. Sofern es sich also um allgemein zugängliche Informationen handelt – zB Mitteilungen an Bieter und Bewerber, Ausschreibungsunterlagen – fallen diese selbstverständlich nicht unter § 2VS Abs. 5. Vertraulichkeits- und sogar Geheimhaltungsbedürftig sind demgegenüber **Geschäftsgeheimnisse,** die Bieter und Bewerber im Rahmen eines Vergabeverfahrens einreichen,[26] die aber im späteren Wettbewerb insbesondere ihren jeweiligen Konkurrenten nicht zugänglich gemacht werden dürfen. Auch bei Vergaben im Verteidigungs- und Sicherheitsbereich, die in der VOB/A-VS geregelt sind, müssen die öffentlichen Auftraggeber und Sektorenauftraggeber Vorkehrungen zum Geheimschutz im Hinblick auf die Informationen und Unterlagen der einzelnen Bieter und Bewerber treffen. Im Übrigen kommen die Regelungen des § 6 VSVgV zur Anwendung.

Wie dem in § 2VS Abs. 5 enthaltenen Verweis auf die Vergabeverordnungen (VgV, 17 VSVgV und KonzVgV) und vor allem auf „andere Rechtsvorschriften" zu entnehmen ist, obliegt es grundsätzlich dem Gesetzgeber den Vertraulichkeits- und Geheimschutz auszugestalten. Dabei soll der Geheimschutz bei Vergaben im Bereich Verteidigung und Sicherheit unter der Geltung der VOB/A-VS offenbar grundsätzlich extensiv ausgestaltet sein.

VII. Verbot der Markterkundung (Abs. 6)

Auch § 2VS Abs. 6 bezieht sich mittelbar auf Konkretisierungen der in § 97 Abs. 1 GWB 18 geregelten Vergaberechtsgrundsätze. So ist es im Rahmen von § 97 Abs. 1 und 2 GWB anerkannt, dass **Markterkundungen und Wirtschaftlichkeitsberechnungen** grundsätzlich unzulässig sind, da es sich um Verstöße gegen das Transparenzgebot und den Gleichbehandlungsgrundsatz handelt.[27] Auch nach § 2VS Abs. 6 S. 2 ist die Durchführung von Vergabeverfahren allein zum Zwecke der Markterkundung unzulässig. Dies gilt vor allem deshalb, weil damit nicht nur der Beschaffungszweck verfehlt wird, sondern vor allem auch, weil das Vergabeverfahren dadurch insgesamt zweckentfremdet wird.[28] Im Weiteren sind mit der Bewerbung um einen öffentlichen Auftrag für Bieter und Bewerber regelmäßig Kosten und Aufwand verbunden, deren Aufbürdung unter der Voraussetzung, dass es tatsächlich nicht zur Auftragserteilung kommen kann, als unzumutbar anzusehen ist.[29] Wenn ein Auftraggeber lediglich Markterkundungen vornehmen möchte, so ist § 2VS Abs. 6 zu entnehmen, muss er dies auf eigene Kosten veranlassen.

Gleichzeit werden in § 2VS Abs. 6 S. 1 vor der Einleitung eines Vergabeverfahrens 19 **Marktkonsultationen** als zulässig eingestuft. Die Abgrenzung zwischen unzulässiger

---

[25] Beck VergabeR/*Otting* VSVgV § 6 Rn. 10 f.
[26] Beck VergabeR/*Losch* Rn. 14.
[27] Byok/Jaeger/*Kau* GWB § 97 Rn. 48 unter Verweis auf OLG Celle Beschl. v. 8.11.2001 – 13 Verg 9/01, VergabeR 2002, 154 (156 f.); OLG Celle Beschl. v. 3.9.2001 – 13 Verg 9/01, NdsVBl. 2002, 221 (222 f.).
[28] Vgl. Leinemann/Kirch/*Kirch* Rn. 9.
[29] Hierzu auch schon *Leinemann* Vergabe öff. Aufträge, 5. Aufl. 2011, Rn. 929; Leinemann/Kirch/*Kirch* Rn. 9.

Markt*erkundung* und zulässigen Markt*konsultationen* hängt von den **äußeren Umständen und der Einleitung eines förmlichen Vergabeverfahrens** ab. Bevor es überhaupt zu einer Ausschreibung kommt („Vor der Einleitung eines Vergabeverfahrens..."), besteht für den Auftraggeber – durchaus im Hinblick auf eine spätere Ausschreibung – die Möglichkeit zu Marktkonsultationen. Diese sind jedoch von einem Vergabeverfahren getrennt und als solche auch nach außen zu kennzeichnen, sodass sich alle beteiligten Bieter und Bewerber darüber im Klaren sind, dass nach den Marktkonsultationen ein öffentlicher Auftrag nicht unmittelbar erteilt wird. Bei der vollständigen Durchführung eines Vergabeverfahrens lediglich zum Zweck der Markterkundungen bleiben diese Motive des Auftraggebers verborgen und die Bieter bzw. Bewerber sind grundsätzlich davon überzeugt, dass sie sich an einer ernsthaften und tatsächlichen öffentlichen Ausschreibung beteiligen.[30] Diese Zweckentfremdung des Vergabeverfahrens ist jedoch nach § 2VS Abs. 6 S. 2 ebenso wie nach der Parallelbestimmung des § 10 Abs. 4 VSVgV für Liefer- und Dienstleistungsaufträge aus den oben beschriebenen Gründen unzulässig.

VIII. Umgang mit Verschlusssachen (Abs. 7)

20   Da bei Beschaffungsvorgängen im Bereich Verteidigung und Sicherheit bereits in den Ausschreibungsunterlagen geheimhaltungsbedürftige Informationen mitgeteilt werden können, sieht § 2VS Abs. 7 eigene **Vertraulichkeits- und Geheimhaltungsverpflichtungen** für Bieter und Bewerber vor. Diese besonderen Vorgaben für den Umgang mit Verschlusssachen nach § 2VS Abs. 7 richten sich vor allem auf Bewerber und Bieter, sie sind jedoch ggf. auch auf Unterauftragnehmer auszuweiten.[31] Sofern Unterauftragnehmer eingeschaltet sind, werden regelmäßig Bewerber und Bieter verpflichtet die Gewährleistung dieser Pflichten sicherzustellen, da der Auftraggeber die Unterauftragnehmer in der Regel nicht kennen wird.

21   Welche Geheimschutzanforderungen im Einzelnen aufgestellt werden können, obliegt nach § 7 VSVgV dem öffentlichen Auftraggeber.[32] Nach § 2VS Abs. 7 werden diese auch auf Situationen übertragen, in denen kein förmliches Vergabeverfahren durchgeführt wird und ggf. eine Weiterwirkung dieser Anforderungen auf Unterauftragnehmer sichergestellt werden muss (vgl. auch § 9 VSVgV).

§ 3VS Arten der Vergabe

Bauaufträge im Sinne von § 1VS werden von öffentlichen Auftraggebern nach § 99 GWB und Sektorenauftraggebern im Sinne von § 100 GWB vergeben:
1. **im nicht offenen Verfahren; bei einem nicht offenen Verfahren wird öffentlich zur Teilnahme, aus dem Bewerberkreis sodann eine beschränkte Anzahl von Unternehmen zur Angebotsabgabe aufgefordert,**
2. **im Verhandlungsverfahren; beim Verhandlungsverfahren mit oder ohne Teilnahmewettbewerb wendet sich der Auftraggeber an ausgewählte Unternehmen und verhandelt mit einem oder mehreren dieser Unternehmen über die von diesen unterbreiteten Angebote, um diese entsprechend den in der Auftragsbekanntmachung, den Vergabeunterlagen und etwaigen sonstigen Unterlagen angegebenen Anforderungen anzupassen,**
3. **im wettbewerblichen Dialog; ein wettbewerblicher Dialog ist ein Verfahren zur Vergabe öffentlicher Aufträge mit dem Ziel der Ermittlung und Festlegung der Mittel, mit denen die Bedürfnisse des öffentlichen Auftraggebers am besten erfüllt werden können.**

---

[30] Als Voraussetzungen werden ua genannt, dass der Finanzierungsbedarf für den Beschaffungsvorgang gesichert ist, vgl. Beck VergabeR/*Losch* Rn. 16.
[31] Leinemann/Kirch/*Kirch* Rn. 15.
[32] Beck VergabeR/*Losch* Rn. 18.

I. Überblick

1. Regelungsgegenstand. § 3VS sieht für Bauaufträge, die von öffentlichen Auftraggebern und von Sektorenauftraggebern ausgeschrieben werden, **drei Verfahrensarten** vor, die unter Nr. 1–3 aufgezählt werden. Die zulässigen Verfahrensarten sind das nicht offene Verfahren (Nr. 1), das Verhandlungsverfahren (Nr. 2) sowie der wettbewerbliche Dialog (Nr. 3). Alle drei Verfahrensarten finden sich ebenfalls in § 119 Abs. 4–6 GWB wieder; allerdings ist ihre Normierung dort zum Teil ausführlicher ausgefallen. Die Vorschriften des GWB gehen § 3VS grundsätzlich vor, sodass ihm nur eine geringe eigenständige Bedeutung zukommt.

Mit der **Vergaberechtsreform des Jahres 2016** wurden die Regelungen des ursprünglichen § 3VS aF auf drei Vorschriften verteilt. Der heutige § 3VS führt dabei die Inhalte von § 3VS Abs. 1 aF fort.[1]

2. Anwendungsbereich. Die Vorschriften der VOB/A-VS sind nur aufgrund der Verweisung des § 2 Abs. 2 VSVgV rechtverbindlich. Da § 11 VSVgV über die „Arten der Vergabe von Liefer- und Dienstleistungsaufträgen" davon nicht umfasst ist und in den §§ 12 bzw. 13 VSVgV eigene Bestimmungen über das Verhandlungsverfahren und den wettbewerblichen Dialog getroffen wurden, gilt § 3VS ausschließlich für Bauleistungen im Verteidigungs- und Sicherheitsbereich.

§ 3VS dient insgesamt der Umsetzung von Art. 25 RL 2009/81/EG, der zudem durch die Erwägungsgründe 40 und 50 RL 2009/81/EG ergänzt wird. Der Hintergrund für die Anordnung des nicht offenen Verfahrens, des Verhandlungsverfahrens und des wettbewerblichen Dialogs liegt darin, dass die im Verteidigungs- und Sicherheitsbereich anstehenden Beschaffungsvorgänge nicht nur ungewöhnlich komplex sind,[2] sondern dass es vor allem um Vorhaben geht, deren konkrete Gestalt zu Beginn gar nicht immer feststeht und deren technische Umsetzung infolgedessen auch noch weithin unbestimmt ist.

Bei den für Bauaufträge im Verteidigungs- und Sicherheitsbereich zur Verfügung stehenden Verfahren fällt auf, dass das offene Verfahren (§ 119 Abs. 3 GWB), das ansonsten gemeinsam mit dem offenen Verfahren die Regel bildet, ausdrücklich nicht vorgesehen ist.[3] Dies ist naheliegender Weise den Geheimhaltungs- und Vertraulichkeitsbedürfnissen des Verteidigungs- und Sicherheitsbereichs geschuldet. Würde die Errichtung militärischer oder auf andere Weise sicherheitsrelevanter Gebäude durch eine öffentliche Ausschreibung bekannt gemacht, würde damit zwar für „größtmögliche Transparenz eines Beschaffungsvorgangs"[4] gesorgt, dieser liefe jedoch den besonderen Anforderungen des Verteidigungs- und Sicherheitsbereichs zuwider.

II. Verfahrensarten (Nr. 1–3)

Was die in § 3VS Nr. 1–3 genannten Verfahrensarten anbelangt, ist auf die umfangreichen Kommentierungen zu § 119 Abs. 4 GWB (nicht offenes Verfahren), § 119 Abs. 5 GWB (Verhandlungsverfahren) und § 119 Abs. 6 GWB (wettbewerblicher Dialog) zu verweisen.[5] Es ergeben sich keine Abweichungen, da die Vorschriften des GWB vorrangig gelten. Dort wo diese nicht zur Anwendung kommen, ist § 3VS Nr. 1–Nr. 3 an den bisherigen Anwendungs- und Auslegungsgrundsätzen von § 119 GWB zu orientieren.

Hervorzuheben ist schließlich, dass das Verhandlungsverfahren (Nr. 2) und der wettbewerbliche Dialog (Nr. 3) grundsätzlich nur zulässig sind, wenn dies aufgrund eines Gesetzes ausdrücklich vorgesehen ist (§ 119 Abs. 2 S. 2 GWB). Dies ist durch die Verweisung von § 2 Abs. 2 VSVgV auf die VOB/A-VS ausdrücklich geschehen.[6]

---

[1] Vgl. Beck VergabeR/*Losch* Rn. 2.
[2] Diesen Aspekt hervorhebend: Beck VergabeR/*Losch* Rn. 7.
[3] Leinemann/Kirch/*Kirch* Rn. 2.
[4] Beck VergabeR/*Jasper* GWB § 119 Rn. 20; hierzu auch KKPP/*Kulartz* GWB § 119 Rn. 7 ff.; Müller-Wrede/*Knauff* GWB § 119 Rn. 17 ff.
[5] Vgl. KKPP/*Kulartz* GWB, § 119 Rn. 11 ff., 21 ff. u. 42 ff.; Müller-Wrede/*Knauff* GWB § 119 Rn. 34 ff., 41 ff. u. 58 ff.; Beck VergabeR/*Jasper* GWB § 119 Rn. 22 ff., 24 ff. u. 27 ff.
[6] Vgl. zur Hierarchie der Verfahren eingehend: Beck VergabeR/*Jasper* GWB § 119 Rn. 15.

§ 3aVS Zulässigkeitsvoraussetzungen

(1) ¹Die Vergabe von Aufträgen erfolgt im nicht offenen Verfahren oder im Verhandlungsverfahren mit Teilnahmewettbewerb. ²In begründeten Ausnahmefällen ist ein Verhandlungsverfahren ohne Teilnahmewettbewerb oder ein wettbewerblicher Dialog zulässig.

(2) Das Verhandlungsverfahren ohne Teilnahmewettbewerb ist zulässig,
1. wenn bei einem nicht offenen Verfahren, einem Verhandlungsverfahren mit Teilnahmewettbewerb oder einem wettbewerblichen Dialog
   a) keine wirtschaftlichen Angebote abgegeben worden sind und
   b) die ursprünglichen Vertragsunterlagen nicht grundlegend geändert werden und
   c) in das Verhandlungsverfahren alle Bieter aus dem vorausgegangenen Verfahren einbezogen werden, die fachkundig und leistungsfähig (geeignet) sind und die nicht nach § 6eVS ausgeschlossen worden sind,
2. wenn bei einem nicht offenen Verfahren, einem Verhandlungsverfahren mit Teilnahmewettbewerb oder einem wettbewerblichen Dialog
   a) keine Angebote oder keine Bewerbungen abgegeben worden sind oder
   b) nur solche Angebote abgegeben worden sind, die nach § 16VS auszuschließen sind,
   und die ursprünglichen Vertragsunterlagen nicht grundlegend geändert werden.
3. wenn die Arbeiten aus technischen Gründen oder auf Grund des Schutzes von Ausschließlichkeitsrechten nur von einem bestimmten Unternehmen ausgeführt werden können,
4. wenn wegen der Dringlichkeit der Leistung aus zwingenden Gründen infolge von Ereignissen, die der Auftraggeber nicht verursacht hat und nicht voraussehen konnte, oder wegen dringlicher Gründe in Krisensituationen die in §§ 10bVS bis 10dVS vorgeschriebenen Fristen nicht eingehalten werden können,
5. wenn gleichartige Bauleistungen wiederholt werden, die durch denselben Auftraggeber an den Auftragnehmer vergeben werden, der den ursprünglichen Auftrag erhalten hat, und wenn sie einem Grundentwurf entsprechen und dieser Gegenstand des ursprünglichen Auftrags war, der nach einem nicht offenen Verfahren, einem Verhandlungsverfahren mit Teilnahmewettbewerb oder im wettbewerblichen Dialog vergeben wurde. Die Möglichkeit, dieses Verfahren anzuwenden, muss bereits bei der Auftragsbekanntmachung für das erste Vorhaben angegeben werden; der für die Fortsetzung der Bauarbeiten in Aussicht gestellte Gesamtauftragswert wird vom Auftraggeber bei der Anwendung von § 1VS berücksichtigt. Dieses Verfahren darf jedoch nur innerhalb von fünf Jahren nach Abschluss des ersten Auftrags angewandt werden.

(3) Der wettbewerbliche Dialog ist zulässig, wenn der Auftraggeber objektiv nicht in der Lage ist,
1. die technischen Mittel anzugeben, mit denen seine Bedürfnisse und Anforderungen erfüllt werden können, oder
2. die rechtlichen oder finanziellen Bedingungen des Vorhabens anzugeben.

I. Regelungsgehalt und Überblick

1 § 3aVS regelt die **Zulässigkeitsvoraussetzungen** der Verfahrensarten für Bauleistungen nach § 1VS. Das nicht offene Verfahren und das Verhandlungsverfahren mit Teilnahmewettbewerb sind in Abs. 1 geregelt. Das Verhandlungsverfahren ohne Teilnahmewettbewerb ist unter den Voraussetzungen nach Abs. 2 zulässig. Die Zulässigkeitsvoraussetzungen des wettbewerblichen Dialoges finden sich in Abs. 3.

II. Systematische Stellung und Zweck der Norm

Die Verfahrensarten selbst sind in § 3VS geregelt (→ § 3VS Rn. 1 ff.), ihr Ablauf in § 3bVS (→ § 3bVS Rn. 1 ff.). Abs. 1 legt als **Regelverfahren** das nicht offene Verfahren und das Verhandlungsverfahren mit Teilnahmewettbewerb fest. Diese sind stets zulässig und bedürfen keiner weiteren Begründung. Die Ausnahmen, nach denen das Verhandlungsverfahren ohne Teilnahmewettbewerb und der wettbewerbliche Dialog nur unter besonderen Voraussetzungen zulässig sind, sind in Abs. 2 und 3 geregelt. 2

III. Zulässigkeit des nicht offenen Verfahrens und des Verhandlungsverfahrens mit Teilnahmewettbewerb (Abs. 1)

Dem öffentlichen Auftraggeber stehen für Bauleistungen nach § 1VS (→ § 1VS Rn. 1 ff.) nach seiner Wahl **das nicht offene Verfahren** und das Verhandlungsverfahren mit Teilnahmewettbewerb zur Verfügung. Der öffentliche Auftraggeber hat die **freie Wahl** zwischen diesen Verfahren. 3

Die **anderen Verfahrensarten** stehen nach Abs. 1 S. 2 nur in begründeten Ausnahmefällen zur Verfügung. Der öffentliche Auftraggeber hat das Vorliegen der Tatbestandsvoraussetzungen der Ausnahmen nach § 20VS (→ § 20VS Rn. 1 ff.) zu dokumentieren. 4

IV. Zulässigkeit des Verhandlungsverfahren ohne Teilnahmewettbewerb (Abs. 2)

Das **Verhandlungsverfahren ohne Teilnahmewettbewerb** ist nach Abs. 2 unter denselben Voraussetzungen zulässig wie nach § 3aEU Abs. 3. 5

V. Zulässigkeit des wettbewerblichen Dialogs (Abs. 3)

Der **wettbewerbliche Dialog** ist zulässig, wenn der Auftraggeber objektiv nicht in der Lage ist, die technischen Mittel anzugeben, mit denen seine Bedürfnisse und Anforderungen erfüllt werden können, oder die rechtlichen oder finanziellen Bedingungen des Vorhabens anzugeben. Während für den wettbewerblichen Dialog im zweiten Abschnitt nach § 3aEU (→ § 3aEU Rn. 38) dieselben Voraussetzungen wie für das Verhandlungsverfahren mit Teilnahmewettbewerb gelten und damit erheblich erweitert wurden, bleibt es im dritten Abschnitt bei den engen Voraussetzungen. 6

Der Auftraggeber muss **objektiv** nicht in der Lage sein, die Leistung eindeutig und erschöpfend zu beschreiben. Bloßes subjektives Unvermögen genügt dazu nicht. Dies muss sich einerseits auf die technischen Mittel beziehen, mit denen seine Bedürfnisse und Anforderungen erfüllt werden können, also auf die Leistungsbeschreibung iSd §§ 147, 121 GWB. Der Mangel kann sich aber auch auf die rechtlichen oder finanziellen Bedingungen des Vorhabens beziehen. In diesem Fall kann die Leistungsbeschreibung eindeutig und erschöpfend sein, der Auftraggeber möchte aber zB Haftungsbedingungen einführen, von denen er nicht weiß, ob sie im Markt akzeptiert werden. Dies rechtfertigt die Zwischenschaltung der dritten Stufe, in denen diese Fragen mit den Bietern erörtert werden können (vgl. § 3bVS Abs. 3). 7

§ 3bVS Ablauf der Verfahren

(1) ¹Beim nicht offenen Verfahren müssen mindestens drei geeignete Bewerber aufgefordert werden. ²Auf jeden Fall muss die Zahl der aufgeforderten Bewerber einen echten Wettbewerb sicherstellen. ³Die Eignung ist anhand der mit dem Teilnahmeantrag vorgelegten Nachweise zu prüfen.

(2)
1. Beim Verhandlungsverfahren mit Teilnahmewettbewerb und beim wettbewerblichen Dialog müssen bei einer hinreichenden Anzahl geeigneter Bewerber mindestens drei Bewerber zu Verhandlungen oder zum Dialog aufgefordert werden.

2. ¹Will der Auftraggeber die Zahl der Teilnehmer im Verhandlungsverfahren mit Teilnahmewettbewerb oder im wettbewerblichen Dialog begrenzen, so gibt er in der Auftragsbekanntmachung Folgendes an:
   a) die von ihm vorgesehenen objektiven, nicht diskriminierenden und auftragsbezogenen Kriterien und
   b) die vorgesehene Mindestzahl und gegebenenfalls auch die Höchstzahl der einzuladenden Bewerber.

   ²Sofern die Zahl von Bewerbern, die die Eignungskriterien und die Mindestanforderungen an die Leistungsfähigkeit erfüllen, unter der Mindestanzahl liegt, kann der Auftraggeber das Verfahren fortführen, indem er den oder die Bewerber einlädt, die über die geforderte Leistungsfähigkeit verfügen. ³Ist der Auftraggeber der Auffassung, dass die Zahl der geeigneten Bewerber zu gering ist, um einen echten Wettbewerb zu gewährleisten, so kann er das Verfahren aussetzen und die erste Auftragsbekanntmachung gemäß § 12VS Absatz 2 zur Festsetzung einer neuen Frist für die Einreichung von Anträgen auf Teilnahme erneut veröffentlichen. ⁴In diesem Fall werden die nach der ersten sowie die nach der zweiten Veröffentlichung ausgewählten Bewerber eingeladen. ⁵Diese Möglichkeit besteht unbeschadet des Rechts des Auftraggebers, das laufende Vergabeverfahren einzustellen und ein neues Verfahren auszuschreiben.

3. ¹Der Auftraggeber trägt dafür Sorge, dass alle Bieter bei den Verhandlungen gleich behandelt werden. ²Insbesondere enthält er sich jeder diskriminierenden Weitergabe von Informationen, durch die bestimmte Bieter gegenüber anderen begünstigt werden könnten.

4. ¹Der Auftraggeber kann vorsehen, dass das Verhandlungsverfahren in verschiedenen aufeinander folgenden Phasen durchgeführt wird. ²In jeder Verhandlungsphase kann die Zahl der Angebote, über die verhandelt wird, auf der Grundlage der in der Auftragsbekanntmachung oder in den Vertragsunterlagen angegebenen Zuschlagskriterien verringert werden. ³In der Schlussphase müssen noch so viele Angebote vorliegen, dass ein Wettbewerb gewährleistet ist.

(3)
1. Beim wettbewerblichen Dialog hat der Auftraggeber seine Bedürfnisse und Anforderungen bekannt zu machen; die Erläuterung dieser Anforderungen erfolgt in der Auftragsbekanntmachung oder in einer Beschreibung.

2. ¹Mit den Unternehmen, die ausgewählt wurden, ist ein Dialog zu eröffnen. ²In dem Dialog legt der Auftraggeber fest, wie seine Bedürfnisse am besten erfüllt werden können; er kann mit den ausgewählten Unternehmen alle Einzelheiten des Auftrags erörtern.

3. ¹Der Auftraggeber hat dafür zu sorgen, dass alle Unternehmen bei dem Dialog gleich behandelt werden; insbesondere darf er Informationen nicht so weitergeben, dass bestimmte Unternehmen begünstigt werden könnten. ²Der Auftraggeber darf Lösungsvorschläge oder vertrauliche Informationen eines Unternehmens
   a) nicht ohne dessen Zustimmung an die anderen Unternehmen weitergeben und
   b) nur im Rahmen des Vergabeverfahrens verwenden.

4. ¹Der Auftraggeber kann vorsehen, dass der Dialog in verschiedenen aufeinander folgenden Phasen geführt wird. ²In jeder Dialogphase kann die Zahl der zu erörternden Lösungen auf Grundlage der in der Auftragsbekanntmachung oder in den Vergabeunterlagen angegebenen Zuschlagskriterien verringert werden. ³Der Auftraggeber hat die Unternehmen zu informieren, wenn deren Lösungen nicht für die nächstfolgende Dialogphase vorgesehen sind. ⁴In der Schlussphase müssen noch so viele Angebote vorliegen, dass ein Wettbewerb gewährleistet ist.

5. ¹Der Auftraggeber hat den Dialog für abgeschlossen zu erklären, wenn

a) eine Lösung gefunden worden ist, die seine Bedürfnisse und Anforderungen erfüllt, oder
b) erkennbar ist, dass keine Lösung gefunden werden kann.

²Der Auftraggeber hat die Unternehmen über den Abschluss des Dialogs zu informieren.

6. ¹Im Fall von Nummer 5 Buchstabe a hat der Auftraggeber die Unternehmen aufzufordern, auf der Grundlage der eingereichten und in der Dialogphase näher ausgeführten Lösungen ihr endgültiges Angebot vorzulegen. ²Die Angebote müssen alle Einzelheiten enthalten, die zur Ausführung des Projekts erforderlich sind. ³Der Auftraggeber kann verlangen, dass Präzisierungen, Klarstellungen und Ergänzungen zu diesen Angeboten gemacht werden. ⁴Diese Präzisierungen, Klarstellungen oder Ergänzungen dürfen jedoch nicht dazu führen, dass grundlegende Elemente des Angebotes oder der Ausschreibung geändert werden, dass der Wettbewerb verzerrt wird oder andere am Verfahren beteiligte Unternehmen diskriminiert werden.

7. ¹Der Auftraggeber hat die Angebote auf Grund der in der Auftragsbekanntmachung oder in den Vergabeunterlagen festgelegten Zuschlagskriterien zu bewerten und das wirtschaftlichste Angebot auszuwählen. ²Der Auftraggeber darf das Unternehmen, dessen Angebot als das wirtschaftlichste ermittelt wurde, auffordern, bestimmte Einzelheiten des Angebotes näher zu erläutern oder im Angebot enthaltene Zusagen zu bestätigen. ³Dies darf nicht dazu führen, dass wesentliche Aspekte des Angebotes oder der Ausschreibung geändert werden, und dass der Wettbewerb verzerrt wird oder andere am Verfahren beteiligte Unternehmen diskriminiert werden.

8. Verlangt der Auftraggeber, dass die am wettbewerblichen Dialog teilnehmenden Unternehmen Entwürfe, Pläne, Zeichnungen, Berechnungen oder andere Unterlagen ausarbeiten, muss er einheitlich allen Unternehmen, die die geforderten Unterlagen rechtzeitig vorgelegt haben, eine angemessene Kostenerstattung gewähren.

Übersicht

	Rn.		Rn.
I. Überblick	1–3	1. Das nicht offene Verfahren (Abs. 1)	4–7
1. Regelungsgegenstand	1, 2	2. Verhandlungsverfahren mit Teilnahmewettbewerb (Abs. 2)	8–12
2. Anwendungsbereich	3		
II. Ablauf der Verfahren	4–13	3. Wettbewerblicher Dialog (Abs. 3)	13

I. Überblick

1. Regelungsgegenstand. Die Vorschrift des § 3bVS sieht detaillierte Bestimmungen 1 für den Ablauf der einzelnen in § 3VS genannten **Verfahrensarten** bei der Vergabe von Bauaufträgen im Verteidigungs- und Sicherheitsbereich vor. Dabei stimmen die einzelnen Regelungen des § 3bVS weitgehend mit den bereits in der VOB/A (1. Abschnitt) vorgesehenen Regelungen überein. Im Übrigen gibt es auch zahlreiche Überschneidungen mit den in der VSVgV bzw. VgV sowie dem GWB enthaltenen Bestimmungen. Soweit im Rahmen von § 3bVS wesentliche Abweichungen bestehen, wird hierauf hingewiesen.

§ 3bVS übernimmt die bislang in § 3VS Abs. 4 aF vorgesehenen Regelungen und passt 2 sie an die gegenwärtigen Erfordernissen an.¹

2. Anwendungsbereich. Die Vorschrift des § 3bVS dient insgesamt der Umsetzung 3 von Art. 26, 27 und 38 RL 2009/81/EG. Beim Ablauf der einzelnen Verfahren – sei es beim nicht offenen Verfahren, dem Verhandlungsverfahren oder dem wettbewerblichen

---

¹ Beck VergabeR/*Losch* Rn. 2.

Dialog – entstehen im Verteidigungs- und Sicherheitsbereich zusätzliche verfahrensmäßige Anforderungen, denen durch die Bestimmungen des § 3bVS begegnet werden soll. Dabei ist vorgesehen, dem im Verteidigung- und Sicherheitsbereich bestehenden großen **Geheimhaltungsbedürfnis** zu entsprechen und gleichzeitig dem Umstand Rechnung zu tragen, dass der Auftraggeber zu Beginn vielfach noch keine konkreten Vorstellungen hat, auf welche Weise seine Beschaffungsbedürfnisse erfüllt werden sollen.

II. Ablauf der Verfahren

4   **1. Das nicht offene Verfahren (Abs. 1).** Im Hinblick auf die Durchführung des nicht offenen Verfahrens ist in § 3bVS Abs. 1 vorgesehen, dass **mindestens drei geeignete Bewerber** im Rahmen eines Teilnahmewettbewerbs aufgefordert werden müssen, ein Angebot abzugeben.[2] Um das damit verbundene Ziel eigens hervorzuheben, wird in § 3bVS Abs. 1 S. 2 ausdrücklich darauf hingewiesen, dass die Zahl der aufgeforderten Bewerber „auf jeden Fall" einen „echten Wettbewerb" sicherstellen muss.

5   Damit weist die VOB/A-VS darauf hin, dass im Verteidigungs- und Sicherheitsbereich für die aufzufordernden Bewerber geringere Anforderungen gelten als bei sonstigen Beschaffungsvorgängen. Bei diesen müssen üblicherweise mindestens fünf geeignete Bewerber Angebote einreichen.[3] Dessen ungeachtet soll jedoch sichergestellt werden, dass entsprechend den Vorgaben der Richtlinie 2009/81/EG auch im Verteidigungs- und Sicherheitsbereich ein effektives Vergabeverfahren gewährleistet wird. Zwar ist es aufgrund der Besonderheiten des Verteidigungs- und Sicherheitsbereichs absehbar, dass die Anzahl der zur Abgabe eines Angebotes überhaupt infrage kommenden Bewerber und Bieter geringer ist als bei sonstigen Beschaffungsvorgängen. Gleichzeitig ist die Absicht erkennbar, beim Ablauf der Verfahren nach § 3bVS ungeachtet aller bereichsspezifischen Anpassungen die mit den vergaberechtlichen Vorschriften verbundenen Vorzüge im Hinblick auf **Kostenersparnis und Effizienz** dennoch zu erreichen.

6   Soweit für die Angebotsaufforderung mindestens drei geeignete Bewerber gefordert werden, ist davon auszugehen, dass dies eine zwingende Voraussetzung ist. Wird die Zahl von drei geeigneten Bewerbern nicht erreicht, kann das Verfahren nicht weitergeführt werden. Die Einzelheiten ergeben sich aus den Kommentierungen zu § 3b[4] sowie zu § 119 Abs. 4 GWB[5] und § 16 VgV.[6]

7   Nach § 3bVS Abs. 1 S. 3 soll eine **Überprüfung der Eignung** von Bietern und Bewerbern anhand der zur Verfügung gestellten Nachweise erfolgen.[7] In diesem Zusammenhang ist einerseits auf die Eignungsanforderungen aus § 97 und §§ 122 ff. GWB[8] sowie auf die Ausführungen zu § 42 VgV[9] zu verweisen. Dabei kommt es erneut darauf an, dass insbesondere keine Ausschlussgründe nach §§ 123 und 124 GWB vorliegen dürfen, die gegen eine Eignung sprechen.[10] Außerdem ist auf die Möglichkeiten der Selbstreinigung nach § 125 GWB zu verweisen. Auch im Rahmen von § 3bVS wird Eignung vor allem durch das Nichtvorliegen von Ausschlussgründen nachgewiesen.

8   **2. Verhandlungsverfahren mit Teilnahmewettbewerb (Abs. 2).** Nach § 3bVS Abs. 2 ist für das Verhandlungsverfahren ein **Teilnahmewettbewerb** vorgesehen. Dieser soll, entsprechend den allgemeinen vergaberechtlichen Grundsätzen des § 97 GWB, nicht nur

---

[2] Leinemann/Kirch/*Kirch* Rn. 5.
[3] Vgl. Beck VergabeR/*Dörn* VgV § 16 Rn. 20.
[4] Kapellmann/Messerschmidt/*Glahs* § 6 Rn. 27; Ziekow/Völlink/*Völlink* Rn. 1 ff.
[5] KKPP/*Kulartz* GWB § 119 Rn. 7 ff.; Müller-Wrede/*Knauff* GWB § 119 Rn. 17 ff.; Beck VergabeR/ *Jasper* GWB § 119 Rn. 20.
[6] Beck VergabeR/*Dörn* VgV § 16 Rn. 8 ff.
[7] Leinemann/Kirch/*Kirch* Rn. 5.
[8] Müller-Wrede/*Gnittke/Hattig* GWB § 122 Rn. 11 ff. u. 20 ff.; KKPP/*Hausmann/von Hoff* GWB § 122 Rn. 5 ff. u. 15 ff.
[9] KKMPP/*Dittmann* VgV § 42 Rn. 4 ff.; Beck VergabeR/*Mager* VgV § 42 Rn. 8 ff.
[10] Byok/Jaeger/*Kau* GWB § 97 Rn. 124 ff.; Beck VergabeR/*Opitz* GWB § 122 Rn. 50 ff.

auftragsbezogen, sondern insbesondere auch diskriminierungsfrei ablaufen.[11] Generell ist davon auszugehen, dass für die Verfahren nach § 3bVS stets der Gleichbehandlungsgrundsatz des § 97 Abs. 2 GWB gilt.[12] Aufgrund des allgemeinen Vorrangs des GWB wären die Wiederholungen in den Bestimmungen der VOB/A-VS – zB auch § 3bVS Abs. 2 Nr. 3 – an sich nicht erforderlich. Sie haben auch keine eigenständige Bedeutung. Es handelt sich hierbei lediglich um **deklaratorische Hinweise** darauf, dass auch bei Bauaufträgen im Verteidigungs- und Sicherheitsbereich diese Grundsätze berücksichtigt werden müssen.

Neben den verschiedenen Überschneidungen mit und Wiederholungen von § 119 Abs. 5 GWB ist in § 3bVS Abs. 2 Nr. 2 UAbs. 3 eine Sonderregelung für Bauaufträge im Verteidigungs- und Sicherheitsbereich vorgesehen. Für den Fall, dass die Zahl der geeigneten Bewerber, die sich auf eine Auftragsbekanntmachung hin beteiligt haben, zu gering ist, um einen „**echten Wettbewerb**" iSv § 3bVS Abs. 1 S. 1 zu gewährleisten, besteht die Möglichkeit, eine neue Frist zur Einreichung von Anträgen auf Teilnahme für einen zusätzlichen Teilnahmewettbewerb zu setzen. Das erste Verfahren wird hierfür ausgesetzt. 9

In der Folge werden die Angebote des ursprünglichen Teilnahmewettbewerbs und die des **zusätzlichen Teilnahmewettbewerbs** zusammengefasst. Etwaige Fehler, die lediglich den ursprünglichen Teilnahmewettbewerb betreffen, können auch noch später gerügt werden.[13] 10

Der Grund für die Ermöglichung des zusätzlichen Teilnahmewettbewerbs liegt vor allem darin, dass der Auftraggeber eventuell Sorge hat, dass die Bieter und Bewerber des ursprünglichen Wettbewerbs ihr Angebot im Verlauf der Verhandlungen vielleicht noch zurückziehen oder sich an einem vollständig neu angesetzten Teilnahmewettbewerb nicht mehr beteiligen würden.[14] In beiden Fällen wäre die Gewährleistung eines echten Wettbewerbs kaum mehr möglich. Die **Kumulierung zweier Teilnahmewettbewerbe** bietet demgegenüber den Vorteil, dass durch die Abdeckung eines längeren Zeitraums die meisten der tatsächlich infrage kommenden Teilnehmer einbezogen werden können. Vor diesem Hintergrund ist die in § 3bVS vorgesehene Möglichkeit zweier kumulativer Teilnahmewettbewerbe vor allem der begrenzten Anzahl potentieller Wettbewerbsteilnehmer für Beschaffungsvorgänge im Bereich Verteidigung und Sicherheit geschuldet. 11

Ebenso wie bei anderen Vergabeverfahren können auch bei Verhandlungsverfahren mit Teilnahmewettbewerben nach § 3bVS Abs. 2 nur solche Teilnehmer zur Abgabe eines Angebots aufgefordert werden, die sich bereits zuvor als geeignet erwiesen haben. Im Hinblick hierauf ist auf die verschiedenen Kommentierungen von § 51 VgV zu verweisen.[15] 12

3. Wettbewerblicher Dialog (Abs. 3). Neben den Sonderbestimmungen über **zwei kumulative Teilnahmewettbewerbe** nach Abs. 2, die ebenfalls auf den wettbewerblichen Dialog Anwendung finden, entsprechen die übrigen in § 3bVS Abs. 3 vorgesehenen Bestimmungen zum wettbewerblichen Dialog den bereits in § 3bEU Abs. 4 vorgesehenen Regelungen.[16] 13

§ 4VS Verfahrensarten

(1) Bauaufträge sind so zu vergeben, dass die Vergütung nach Leistung bemessen wird (Leistungsvertrag), und zwar:
1. in der Regel zu Einheitspreisen für technisch und wirtschaftlich einheitliche Teilleistungen, deren Menge nach Maß, Gewicht oder Stückzahl vom Auftraggeber in den Vertragsunterlagen anzugeben ist (Einheitspreisvertrag),

---

[11] Beck VergabeR/*Losch* Rn. 7 u. 12.
[12] Reidt/Stickler/Glahs/*Masing* GWB § 97 Rn. 56 ff.; Byok/Jaeger/*Kau* GWB § 97 Rn. 87 ff.
[13] Beck VergabeR/*Losch* Rn. 9.
[14] Vgl. hierzu Beck VergabeR/*Losch* Rn. 10.
[15] ZB Beck VergabeR/*Mager* VgV § 51 Rn. 7 ff.; KKMPP/*Röwekamp* VgV § 51 Rn. 2 ff.
[16] *Conrad* in Gabriel/Krohn/Neun VergabeR-HdB § 56 Rn. 7 ff.; Kapellmann/Messerschmidt/*Glahs* § 6 Rn. 27 ff.

2. in geeigneten Fällen für eine **Pauschalsumme**, wenn die Leistung nach Ausführungsart und Umfang genau bestimmt ist und mit einer Änderung bei der Ausführung nicht zu rechnen ist (**Pauschalvertrag**).

(2) Abweichend von Absatz 1 können Bauaufträge geringeren Umfangs, die überwiegend Lohnkosten verursachen, im Stundenlohn vergeben werden (**Stundenlohnvertrag**).

(3) Das Angebotsverfahren ist darauf abzustellen, dass der Bieter die Preise, die er für seine Leistungen fordert, in die Leistungsbeschreibung einzusetzen oder in anderer Weise im Angebot anzugeben hat.

(4) Das Auf- und Abgebotsverfahren, bei dem vom Auftraggeber angegebene Preise dem Auf- und Abgebot der Bieter unterstellt werden, soll nur ausnahmsweise bei regelmäßig wiederkehrenden Unterhaltungsarbeiten, deren Umfang möglichst zu umgrenzen ist, angewandt werden.

Übersicht

	Rn.		Rn.
I. Überblick	1–4	a) Einheitspreisvertrag	6
1. Regelungsgegenstand	1, 2	b) Pauschalvertrag	7
2. Anwendungsbereich	3, 4	2. Stundenlohnvertrag (Abs. 2)	8, 9
II. Bauvertragstypen	5–9	III. Angebotsverfahren (Abs. 3)	10
1. Leistungsvertrag (Abs. 1)	5–7	IV. Auf- und Abgebotsverfahren	11, 12

I. Überblick

1. Regelungsgegenstand. § 4VS befasst sich in erster Linie mit Fragen der **Vergütung von Bauaufträgen** im Bereich Verteidigung und Sicherheit. Hierzu werden sog. Vergütungsgrundsätze aufgestellt, die abhängig von der Leistungsart und den äußeren Umständen des Auftrags variieren. Auf diese Weise werden zudem verschiedene Bauvertragstypen benannt.[1] Die Regelungen des § 4VS entsprechen weitgehend den Bestimmungen des § 4.[2] Ferner wurde § 4VS seit der Novellierung des Jahres 2016 nicht mehr wesentlich geändert.[3] Soweit es um die verschiedenen Auftragsarten und ihre Einordnungen geht, sind die Regelungen des § 1VS einschlägig. Im Übrigen orientiert sich die Auslegung und Anwendung von § 4VS weitgehend am **wortgleichen § 4**.[4]

2. Anwendungsbereich. Wie bereits in Zusammenhang mit § 1VS dargelegt, hängt die Geltung der VOB/A-VS insgesamt von § 2 Abs. 2 VSVgV ab, der sie ausdrücklich **nur für Bauaufträge,** nicht aber für Liefer- und Dienstleistungsaufträge verbindlich macht.[5]

Die Vorschrift des § 4VS wird im Schrifttum dem **„tradierten deutschen Bauvertragsrecht"** zugeordnet,[6] dient dabei jedoch – im Unterschied zu den meisten anderen Vorschriften der VOB/A-VS – nicht der Umsetzung der RL 2009/81/EG. Eine solche „überschießende" Regelung[7] kann problematisch sein, sofern damit europarechtliche Vorgaben konterkariert werden. Auch wenn grundsätzlich davon auszugehen ist, dass das europäische Vergaberecht in den EU-Vergaberichtlinien abschließend kodifiziert wurde, läuft dies einer konkretisierenden Ausgestaltung im nationalen Recht jedenfalls dann nicht zuwider, wenn damit keine zusätzlichen Anforderungen verbunden sind. Bei § 4VS geht es vor allem um **Vergütungsmodalitäten**[8] für die entweder Einheitspreise, Pauschalsummen oder auch

---
[1] Leinemann/Kirch/*Leinemann* Rn. 1; Beck VergabeR/*Janssen* § 4 Rn. 5.
[2] Vgl. Kapellmann/Messerschmidt/*Kapellmann* § 4 Rn. 1 ff.
[3] Beck VergabeR/*Otting* Rn. 2.
[4] Kapellmann/Messerschmidt/*Kapellmann* § 4 Rn. 10 ff.
[5] Vgl. Beck VergabeR/*Janssen* § 4 Rn. 22.
[6] Hierzu iE auch: Beck VergabeR/*Otting* Rn. 6.
[7] Vgl. Beck VergabeR/*Otting* Rn. 5.
[8] Kapellmann/Messerschmidt/*Kapellmann* § 4 Rn. 1 ff. (Vergütungsgrundsätze).

eine Vergütung auf Stundenlohnbasis vorgesehen ist. Folglich ist von einem unmittelbaren Verstoß gegen die europarechtlichen Vorgaben nicht auszugehen.

II. Bauvertragstypen

1. Leistungsvertrag (Abs. 1). Zunächst wird in § 4VS Abs. 1 der Leistungsvertrag als Oberbegriff festgelegt, der sich in die Unterformen „Einheitspreisvertrag" und „Pauschalvertrag" gliedert.[9]

a) Einheitspreisvertrag. Nach § 4VS Abs. 1 Nr. 1 gilt für sog. Einheitspreisverträge, dass die Vergütung „für technisch und wirtschaftlich einheitliche Teilleistungen" zu Einheitspreisen angegeben wird. Der wesentliche Unterschied zu Pauschalverträgen bleibt hierbei unerwähnt. Denn das Besondere an Einheitspreisverträgen liegt darin, dass nicht nach ausgeschriebener, sondern nach tatsächlich ausgeführter Menge, bemessen nach Maß, Gewicht oder Stückzahl, abgerechnet wird.[10] Im Verhältnis zum Pauschalvertrag ist der Einheitspreisvertrag vorrangig, was sich aus dem Wortlaut („1. in der Regel ... 2. in geeigneten Fällen ...") und seiner Reihung ergibt.[11] Zu den Einzelheiten etwa im Hinblick auf die einzelnen Positionsarten (Grund-, Alternativ-, Eventual-, Auswahl-, Zulage- und Sammelpositionen) wird auf die jeweiligen Kommentierungen zu § 4 verwiesen.[12]

b) Pauschalvertrag. In § 4VS Abs. 1 Nr. 2 wird der Pauschalvertrag geregelt, für den von Anfang an eine feste Pauschalsumme bestimmt ist. Geeignete Fälle hierfür liegen vor allem dann vor, wenn die Leistung „nach Ausführungsart und Umfang genau bestimmt" ist.[13] Typisch für einen solchen Pauschalvertrag ist die **detaillierte Aufnahme der Leistung** („Detail-Pauschalvertrag"), in der regelmäßig eine genaue Ausführungsplanung von Seiten des Auftraggebers vorgesehen ist.[14] Unabhängig von den tatsächlich anfallenden Kosten erfolgt eine Vergütung stets nach den Vorgaben des Pauschalvertrags. Ist die Leistungserfüllung leichter und preisgünstiger als ursprünglich berechnet, wirkt sich das zugunsten des Bieters aus, im umgekehrten Fall zugunsten des Auftraggebers.[15]

2. Stundenlohnvertrag (Abs. 2). Eine weitere in § 4VS Abs. 2 genannte Vertragsart ist der **Stundenlohnvertrag**. Typischerweise können die Lohnkosten bei Bauaufträgen von geringerem Umfang durch die Vergütung von Stundenlöhnen abgegolten werden. Es kommt also dabei nicht auf die erreichte Leistung an, sondern lediglich auf die aufgewendete Stundenzahl.

Zwar ist anerkannt, dass der Leistungsvertrag als Einheits- oder Pauschalvertrag dem Stundenlohnvertrag gegenüber vorrangig ist („Abweichend von Absatz 1..."). Folglich kann es zur Vergütung auf Stundenlohnbasis nur unter besonderen Umständen kommen. Das wesentliche Merkmal für den Rückgriff auf eine Vergütung nach Stunden ist nach § 4VS Abs. 2 der **„geringe Umfang"** des jeweiligen Bauauftrags. In Ermangelung einer Legaldefinition wird der Umfang eines Auftrags an den darin vorgesehenen **Hauptleistungen gemessen**.[16] Fällt also die in Frage stehende Leistung im Verhältnis zur Hauptleistung deutlich ab (bis zu 10 %), so ist eine Vergütung im Rahmen eines Stundenlohnvertrags ausnahmsweise zulässig. Ein weiteres Kriterium zur Überprüfung der vorgenommenen Einstufung wird darin gesehen, dass die mit Stundenlohn zu vergütenden Leistungen allein zu geringfügig und damit wirtschaftlich unattraktiv sind, um eine eigene Ausschreibung zu rechtfertigen.[17]

---

[9] Beck VergabeR/*Janssen* § 4 Rn. 7; Kapellmann/Messerschmidt/*Kapellmann* § 4 Rn. 1.
[10] Hierzu iE: Kapellmann/Messerschmidt/*Kapellmann* § 4 Rn. 10; Beck VergabeR/*Janssen* § 4 Rn. 48 u. 66 ff.
[11] Leinemann/Kirch/*Leinemann* Rn. 3 ff. u. 8; Beck VergabeR/*Janssen* § 4 Rn. 50.
[12] ZB Beck VergabeR/*Janssen* § 4 Rn. 68 ff.
[13] Vgl. Kapellmann/Messerschmidt/*Kapellmann* § 4 Rn. 28.
[14] Beck VergabeR/*Janssen* § 4 Rn. 36, 49 ff. u. 137 ff.
[15] Leinemann/Kirch/*Leinemann* Rn. 11.
[16] Vgl. Kapellmann/Messerschmidt/*Kapellmann* § 4 Rn. 38.
[17] Hierzu auch Leinemann/Kirch/*Leinemann* Rn. 13 („kleinere Restarbeiten ... punktuelle Mängelbeseitigung").

III. Angebotsverfahren (Abs. 3)

10 Das Angebotsverfahren nach § 4VS Abs. 3 ist dadurch gekennzeichnet, dass an sich der Auftraggeber durch seine **Leistungsbeschreibung** den Inhalt der später zu erbringenden Leistung festlegt.[18] Dabei kann es sich sowohl um eine Leistungsbeschreibung mit Leistungsverzeichnis oder mit Leistungsprogramm handeln.[19] Grundsätzlich hat der Bieter beim Angebotsverfahren nach § 4VS Abs. 3 in die ihm zugesandten Unterlagen über die benötigten Bauleistungen nur noch den Angebotspreis einzutragen.[20] Abhängig davon, ob es sich um Einheitspreisverträge, Pauschalverträge oder Stundenlohnverträge handelt, werden entsprechend Einheitspreise, Pauschalpreise oder Stundenlohnsätze eingetragen.

IV. Auf- und Abgebotsverfahren

11 Das Auf- und Abgebotsverfahren nach § 4VS Abs. 4 kommt, wenn überhaupt, nur „ausnahmsweise" bei wiederkehrenden Unterhaltungsarbeiten in Frage.[21] Eine weitere Voraussetzung ist die Möglichkeit zur sehr genauen Umgrenzung der erforderlichen Leistungen. Daraus wird geschlossen, dass in Fällen, in denen die Leistung nicht genau bestimmt werden kann, auch das Auf- und Abgebotsverfahren nicht in Betracht kommt.[22]

12 Der Ablauf des Auf- und Abgebotsverfahrens ist dadurch gekennzeichnet, dass der Auftraggeber außer der Leistungsbeschreibung konkrete Entgelte angibt, die der Bieter entweder bestätigen, überbieten oder unterbieten kann.[23]

§ 5VS Einheitliche Vergabe, Vergabe nach Losen

(1) Bauaufträge sollen so vergeben werden, dass eine einheitliche Ausführung und zweifelsfreie umfassende Haftung für Mängelansprüche erreicht wird; sie sollen daher in der Regel mit den zur Leistung gehörigen Lieferungen vergeben werden.

(2) ¹Mittelständische Interessen sind bei der Vergabe öffentlicher Aufträge vornehmlich zu berücksichtigen. ²Leistungen sind in der Menge aufgeteilt (Teillose) und getrennt nach Art oder Fachgebiet (Fachlose) zu vergeben. ³Mehrere Teil- oder Fachlose dürfen zusammen vergeben werden, wenn wirtschaftliche oder technische Gründe dies erfordern. ⁴Wird ein Unternehmen, das nicht öffentlicher Auftraggeber ist, mit der Wahrnehmung oder Durchführung einer öffentlichen Aufgabe betraut, verpflichtet der Auftraggeber das Unternehmen, sofern es Unteraufträge an Dritte vergibt, nach den Sätzen 1 bis 3 zu verfahren.

1 Es wird auf die Kommentierung zu § 5EU verwiesen (→ § 5EU Rn. 1 ff.).

§ 6VS Teilnehmer am Wettbewerb

(1) Öffentliche Aufträge werden an fachkundige und leistungsfähige (geeignete) Unternehmen vergeben, die nicht nach § 6eVS ausgeschlossen worden sind.

(2) ¹Ein Unternehmen ist geeignet, wenn es die durch den Auftraggeber im Einzelnen zur ordnungsgemäßen Ausführung des Auftrags festgelegten Kriterien (Eignungskriterien) erfüllt. ²Die Eignungskriterien dürfen ausschließlich Folgendes betreffen:

---

[18] Leinemann/Kirch/*Leinemann* Rn. 14 („Vorschrift zur Struktur der Leistungsbeschreibung"); Beck VergabeR/*Janssen* § 4 Rn. 240 ff.; Kapellmann/Messerschmidt/*Kapellmann* § 4 Rn. 42 u. 44.
[19] Hierzu iE: Beck VergabeR/*Janssen* § 4 Rn. 250.
[20] Beck VergabeR/*Otting* Rn. 8.
[21] Leinemann/Kirch/*Leinemann* Rn. 15; Beck VergabeR/*Janssen* § 4 Rn. 253; dies offen lassend: Kapellmann/Messerschmidt/*Kapellmann* § 4 Rn. 45.
[22] Kapellmann/Messerschmidt/*Kapellmann* § 4 Rn. 45.
[23] Beck VergabeR/*Janssen* § 4 Rn. 260 ff.

1. Befähigung und Erlaubnis zur Berufsausübung,
2. wirtschaftliche und finanzielle Leistungsfähigkeit,
3. technische und berufliche Leistungsfähigkeit.
³Die Eignungskriterien müssen mit dem Auftragsgegenstand in Verbindung und zu diesem in einem angemessenen Verhältnis stehen.
(3)
1. Der Wettbewerb darf nicht auf Unternehmen beschränkt werden, die in bestimmten Regionen oder Orten ansässig sind.
2. ¹Bietergemeinschaften sind Einzelbietern gleichzusetzen. ²Der Auftraggeber kann von Bietergemeinschaften die Annahme einer bestimmten Rechtsform verlangen, wenn dies für die ordnungsgemäße Durchführung des Auftrages notwendig ist. ³Die Annahme dieser Rechtsform kann von der Bietergemeinschaft nur verlangt werden, wenn ihr der Auftrag erteilt wird.
3. Hat ein Bewerber oder Bieter vor Einleitung des Vergabeverfahrens den Auftraggeber beraten oder sonst unterstützt, so hat der Auftraggeber sicherzustellen, dass der Wettbewerb durch die Teilnahme dieses Bewerbers oder Bieters nicht verfälscht wird.

Es wird auf die Kommentierung zu § 6EU verwiesen (→ § 6EU Rn. 1 ff.). 1

§ 6aVS Eignungsnachweise

(1) Zum Nachweis ist die Eignung (Fachkunde und Leistungsfähigkeit) sowie das Nichtvorliegen von Ausschlussgründen gemäß § 6eVS der Bewerber oder Bieter zu prüfen.
(2)
1. Der Nachweis umfasst die folgenden Angaben:
   a) den Umsatz des Unternehmens jeweils bezogen auf die letzten drei abgeschlossenen Geschäftsjahre, soweit er Bauleistungen und andere Leistungen betrifft, die mit der zu vergebenden Leistung vergleichbar sind, unter Einschluss des Anteils bei gemeinsam mit anderen Unternehmen ausgeführten Aufträgen,
   b) die Ausführung von Leistungen in den letzten fünf abgeschlossenen Geschäftsjahren, die mit der zu vergebenden Leistung vergleichbar sind,
   c) die Zahl der in den letzten drei abgeschlossenen Geschäftsjahren jahresdurchschnittlich beschäftigten Arbeitskräfte, gegliedert nach Lohngruppen mit gesondert ausgewiesenem technischem Leitungspersonal,
   d) die Eintragung in das Berufsregister ihres Sitzes oder Wohnsitzes und
   e) die Anmeldung des Unternehmens bei der Berufsgenossenschaft.
2. Andere, auf den konkreten Auftrag bezogene zusätzliche geeignete Angaben können verlangt werden, insbesondere Angaben und Nachweise, die für den Umgang mit Verschlusssachen erforderlich sind oder die Versorgungssicherheit gewährleisten sollen, sowie Angaben, die für die Prüfung der Fachkunde geeignet sind.
3. Der Auftraggeber wird andere ihm geeignet erscheinende Nachweise der wirtschaftlichen und finanziellen Leistungsfähigkeit zulassen, wenn er feststellt, dass stichhaltige Gründe dafür bestehen.
4. Kann ein Unternehmen aus einem berechtigten Grund die geforderten Nachweise nicht beibringen, kann es den Nachweis seiner Eignung durch Vorlage anderer Belege erbringen, die der Auftraggeber für geeignet hält.

Es wird auf die Kommentierung zu § 6aEU verwiesen (→ § 6aEU Rn. 1 ff.). 1

VOB/A § 6cVS　　　　Vergabe- und Vertragsordnung für Bauleistungen Teil A

§ 6bVS Mittel der Nachweisführung, Verfahren

(1) ¹Der Nachweis, auch über das Nichtvorliegen von Ausschlussgründen nach § 6eVS, kann mit der vom Auftraggeber direkt abrufbaren Eintragung in die allgemein zugängliche Liste des Vereins für die Präqualifikation von Bauunternehmen e.V. (Präqualifikationsverzeichnis) erfolgen. ²Die Eintragung in ein gleichwertiges Verzeichnis anderer Mitgliedstaaten ist als Nachweis zugelassen.

(2) ¹Die Angaben können die Bewerber oder Bieter auch durch Einzelnachweise erbringen. ²Der Auftraggeber kann dabei vorsehen, dass für einzelne Angaben Eigenerklärungen ausreichend sind, soweit es mit Verteidigungs- und Sicherheitsinteressen vereinbar ist. ³Eigenerklärungen, die als vorläufiger Nachweis dienen, sind von den Bietern, deren Angebote in die engere Wahl kommen, durch entsprechende Bescheinigungen der zuständigen Stellen zu bestätigen.

(3) Der Auftraggeber verlangt, dass die Nachweise bereits mit dem Teilnahmeantrag vorgelegt werden.

(4) ¹Vor der Aufforderung zur Angebotsabgabe ist die Eignung der Unternehmen zu prüfen. ²Dabei sind die Unternehmen auszuwählen, deren Eignung die für die Erfüllung der vertraglichen Verpflichtungen notwendige Sicherheit bietet.

(5) ¹Muss einem Bewerber für das Erstellen eines Angebotes der Zugang zu Verschlusssachen des Grades „VS-VERTRAULICH" oder höher gewährt werden, muss der Bewerber bereits vor Gewährung des Zugangs die geforderten Angaben und Nachweise vorlegen. ²Kommt der Bewerber dem nicht nach, schließt der Auftraggeber ihn von der Teilnahme am Vergabeverfahren aus.

1　Es wird auf die Kommentierung zu § 6bEU verwiesen (→ § 6bEU Rn. 1 ff.).

§ 6cVS Qualitätssicherung und Umweltmanagement

(1) ¹Der Auftraggeber kann zusätzlich Angaben über Umweltmanagementverfahren verlangen, die der Bewerber oder Bieter bei der Ausführung des Auftrags gegebenenfalls anwenden will. ²In diesem Fall kann der Auftraggeber zum Nachweis dafür, dass der Bewerber oder Bieter bestimmte Normen für das Umweltmanagement erfüllt, die Vorlage von Bescheinigungen unabhängiger Stellen verlangen. ³Der Auftraggeber nimmt dabei Bezug auf
1. das Gemeinschaftssystem für das Umweltmanagement und die Umweltbetriebsprüfung (EMAS) oder
2. ¹Normen für das Umweltmanagement, die
   a) auf den einschlägigen europäischen oder internationalen Normen beruhen und
   b) von entsprechenden Stellen zertifiziert sind, die dem Gemeinschaftsrecht oder einschlägigen europäischen oder internationalen Zertifizierungsnormen entsprechen.

²Gleichwertige Bescheinigungen von Stellen in anderen Mitgliedstaaten sind anzuerkennen. ³Der Auftraggeber erkennt auch andere Nachweise für gleichwertige Umweltmanagement-Maßnahmen an, die von Bewerbern oder Bietern vorgelegt werden.

(2) ¹Auftraggeber können zum Nachweis dafür, dass der Bewerber oder Bieter bestimmte Qualitätssicherungsnormen erfüllt, die Vorlage von Bescheinigungen unabhängiger Stellen verlangen. ²Der Auftraggeber nimmt dabei auf Qualitätssicherungsverfahren Bezug, die
1. den einschlägigen europäischen Normen genügen und

2. von entsprechenden Stellen zertifiziert sind, die den europäischen Zertifizierungsnormen entsprechen.
³Gleichwertige Bescheinigungen von Stellen aus anderen Mitgliedstaaten sind anzuerkennen. ⁴Der Auftraggeber erkennt auch andere gleichwertige Nachweise für Qualitätssicherungsmaßnahmen an.

Gleichwertige Bescheinigungen von Stellen in anderen Mitgliedstaaten sind anzuerkennen. Der Auftraggeber erkennt auch andere Nachweise für gleichwertige Umweltmanagement-Maßnahmen an, die von Bewerbern oder Bietern vorgelegt werden. 1

Im Übrigen wird auf die Kommentierung zu § 6cEU verwiesen (→ § 6cEU Rn. 1 ff.). 2

§ 6dVS Kapazitäten anderer Unternehmen

¹Ein Bewerber oder Bieter kann sich, gegebenenfalls auch als Mitglied einer Bietergemeinschaft, zur Erfüllung eines Auftrags der Fähigkeiten anderer Unternehmen bedienen. ²Dabei kommt es nicht auf den rechtlichen Charakter der Verbindung zwischen ihm und diesen Unternehmen an. ³In diesem Fall fordert der Auftraggeber von den in der engeren Wahl befindlichen Bewerbern oder Bietern den Nachweis darüber, dass ihnen die erforderlichen Mittel zur Verfügung stehen. ⁴Als Nachweise können beispielsweise entsprechende Verpflichtungserklärungen dieser Unternehmen vorgelegt werden.

Es wird auf die Kommentierung zu § 6dEU verwiesen (→ § 6dEU Rn. 1 ff.). 1

§ 6eVS Ausschlussgründe

(1) Der Auftraggeber schließt ein Unternehmen zu jedem Zeitpunkt des Vergabeverfahrens von der Teilnahme aus, wenn er Kenntnis davon hat, dass eine Person, deren Verhalten nach Absatz 3 dem Unternehmen zuzurechnen ist, rechtskräftig verurteilt worden ist nach:
1. § 129 StGB (Bildung krimineller Vereinigungen), § 129a StGB (Bildung terroristischer Vereinigungen) oder § 129b StGB (kriminelle und terroristische Vereinigungen im Ausland),
2. § 89c StGB (Terrorismusfinanzierung) oder wegen der Teilnahme an einer solchen Tat oder wegen der Bereitstellung oder Sammlung finanzieller Mittel in Kenntnis dessen, dass diese finanziellen Mittel ganz oder teilweise dazu verwendet werden oder verwendet werden sollen, eine Tat nach § 89a Absatz 2 Nummer 2 StGB zu begehen,
3. § 261 StGB (Geldwäsche; Verschleierung unrechtmäßig erlangter Vermögenswerte),
4. § 263 StGB (Betrug), soweit sich die Straftat gegen den Haushalt der Europäischen Union oder gegen Haushalte richtet, die von der Europäischen Union oder in ihrem Auftrag verwaltet werden,
5. § 264 StGB (Subventionsbetrug), soweit sich die Straftat gegen den Haushalt der Europäischen Union oder gegen Haushalte richtet, die von der Europäischen Union oder in ihrem Auftrag verwaltet werden,
6. § 299 StGB (Bestechlichkeit und Bestechung im geschäftlichen Verkehr),
7. § 108e StGB (Bestechlichkeit und Bestechung von Mandatsträgern),
8. den §§ 333 und 334 StGB (Vorteilsgewährung und Bestechung), jeweils auch in Verbindung mit § 335a StGB (Ausländische und internationale Bedienstete),
9. Artikel 2 § 2 des Gesetzes zur Bekämpfung internationaler Bestechung (Bestechung ausländischer Abgeordneter im Zusammenhang mit internationalem Geschäftsverkehr),

VOB/A § 6eVS   Vergabe- und Vertragsordnung für Bauleistungen Teil A

10. den §§ 232 und 233 StGB (Menschenhandel) oder § 233a StGB (Förderung des Menschenhandels).

(2) Einer Verurteilung nach diesen Vorschriften oder der Festsetzung einer Geldbuße im Sinne des Absatzes 1 stehen eine Verurteilung oder die Festsetzung einer Geldbuße nach den vergleichbaren Vorschriften anderer Staaten gleich.

(3) Das Verhalten einer rechtskräftig verurteilten Person ist einem Unternehmen zuzurechnen, wenn diese Person als für die Leitung des Unternehmens Verantwortlicher gehandelt hat; dazu gehört auch die Überwachung der Geschäftsführung oder die sonstige Ausübung von Kontrollbefugnissen in leitender Stellung.

(4) ¹Der Auftraggeber schließt ein Unternehmen von der Teilnahme an einem Vergabeverfahren aus, wenn
1. das Unternehmen seinen Verpflichtungen zur Zahlung von Steuern, Abgaben und Beiträgen zur Sozialversicherung nicht nachgekommen ist und dies durch eine rechtskräftige Gerichts- oder bestandskräftige Verwaltungsentscheidung festgestellt wurde, oder
2. der Auftraggeber auf sonstige geeignete Weise die Verletzung einer Verpflichtung nach Nummer 1 nachweisen kann.

²Satz 1 findet keine Anwendung, wenn das Unternehmen seinen Verpflichtungen dadurch nachgekommen ist, dass es die Zahlung vorgenommen oder sich zur Zahlung der Steuern, Abgaben und Beiträge zur Sozialversicherung einschließlich Zinsen, Säumnis- und Strafzuschlägen verpflichtet hat.

(5) ¹Von einem Ausschluss nach Absatz 1 kann abgesehen werden, wenn dies aus zwingenden Gründen des öffentlichen Interesses geboten ist. ²Von einem Ausschluss nach Absatz 4 Satz 1 kann abgesehen werden, wenn dies aus zwingenden Gründen des öffentlichen Interesses geboten ist oder ein Ausschluss offensichtlich unverhältnismäßig wäre. ³§ 6fVS Absatz 1 und 2 bleiben unberührt.

(6) Der Auftraggeber kann unter Berücksichtigung des Grundsatzes der Verhältnismäßigkeit ein Unternehmen zu jedem Zeitpunkt des Vergabeverfahrens von der Teilnahme an einem Vergabeverfahren ausschließen, wenn
1. das Unternehmen bei der Ausführung öffentlicher Aufträge nachweislich gegen geltende umwelt-, sozial- und arbeitsrechtliche Verpflichtungen verstoßen hat,
2. das Unternehmen zahlungsunfähig ist, über das Vermögen des Unternehmens ein Insolvenzverfahren oder ein vergleichbares Verfahren beantragt oder eröffnet worden ist, die Eröffnung eines solchen Verfahrens mangels Masse abgelehnt worden ist, sich das Unternehmen im Verfahren der Liquidation befindet oder seine Tätigkeit eingestellt hat,
3. das Unternehmen im Rahmen der beruflichen Tätigkeit nachweislich eine schwere Verfehlung begangen hat, durch die die Integrität des Unternehmens infrage gestellt wird insbesondere im Rahmen seiner beruflichen Tätigkeit seine Pflicht zur Gewährleistung der Informations- oder Versorgungssicherheit bei einem früheren Auftrag verletzt hat; Absatz 3 ist entsprechend anzuwenden,
4. der Auftraggeber über hinreichende Anhaltspunkte dafür verfügt, dass das Unternehmen Vereinbarungen mit anderen Unternehmen getroffen hat, die eine Verhinderung, Einschränkung oder Verfälschung des Wettbewerbs bezwecken oder bewirken,
5. ein Interessenkonflikt bei der Durchführung des Vergabeverfahrens besteht, der die Unparteilichkeit und Unabhängigkeit einer für den Auftraggeber tätigen Person bei der Durchführung des Vergabeverfahrens beeinträchtigen könnte und der durch andere, weniger einschneidende Maßnahmen nicht wirksam beseitigt werden kann,

Ausschlussgründe 1–4 § 6eVS VOB/A

6. eine Wettbewerbsverzerrung daraus resultiert, dass das Unternehmen bereits in die Vorbereitung des Vergabeverfahrens einbezogen war, und diese Wettbewerbsverzerrung nicht durch andere, weniger einschneidende Maßnahmen beseitigt werden kann,
7. das Unternehmen eine wesentliche Anforderung bei der Ausführung eines früheren öffentlichen Auftrags erheblich oder fortdauernd mangelhaft erfüllt hat und dies zu einer vorzeitigen Beendigung, zu Schadensersatz oder zu einer vergleichbaren Rechtsfolge geführt hat,
8. das Unternehmen in Bezug auf Ausschlussgründe oder Eignungskriterien eine schwerwiegende Täuschung begangen, Auskünfte zurückgehalten hat oder nicht in der Lage ist, die erforderlichen Nachweise zu übermitteln oder
9. das Unternehmen
    a) versucht hat, die Entscheidungsfindung des Auftraggebers in unzulässiger Weise zu beeinflussen,
    b) versucht hat, vertrauliche Informationen zu erhalten, durch die es unzulässige Vorteile beim Vergabeverfahren erlangen könnte,
    c) fahrlässig oder vorsätzlich irreführende Informationen übermittelt hat, die die Vergabeentscheidung des Auftraggebers erheblich beeinflussen könnten oder versucht hat, solche Informationen zu übermitteln, oder
10. das Unternehmen nachweislich nicht die erforderliche Vertrauenswürdigkeit aufweist, um Risiken für die nationale Sicherheit auszuschließen; als Beweismittel kommen auch geschützte Datenquellen in Betracht.

I. Regelungsgehalt und Überblick

§ 6eVS regelt die Ausschlussgründe, aufgrund derer ein Unternehmen von der Teilnahme 1 an einem Vergabeverfahren zur Vergabe von Bauleistungen nach § 1VS ausschließen muss bzw. ausschließen kann. Abs. 1–5 regeln die **zwingenden Ausschlussgründe,** nach denen der Auftraggeber den Ausschluss grundsätzlich ohne Ermessen vorzunehmen hat. Abs. 6 regelt die **fakultativen Ausschlussgründe.**

II. Systematische Stellung und Zweck der Norm

Nach § 147 GWB sind ua §§ 123, 124 GWB auf VS-Aufträge entsprechend anzuwenden. 2 Die Regelung des § 6eVS entspricht fast gleichlautend diesen Regelungen. Auf die Kommentierung zu § 123 GWB (→ GWB § 123 Rn. 1 ff.) und § 124 GWB (→ GWB § 124 Rn. 1 ff.) wird daher insoweit verwiesen.

Anders als die Regelung im zweiten Abschnitt enthält § 6eVS Abs. 6 Nr. 3 ein **Regelbei-** 3 **spiel** für eine schwere Verfehlung, die im VS-Bereich eine besondere Rolle spielt (→ Rn. 4 ff.). Ferner enthält § 6eVS Abs. 6 eine **zusätzliche Nr. 10,** die auf eine besondere Vertrauenswürdigkeit aufweist (→ Rn. 7 ff.).

III. Nachweisliche schwere Verfehlung (Nr. 3)

Die Regelung der fakultativen Ausschlussgründe nach § 124 Abs. 1 Nr. 3 GWB enthält 4 als fakultativen Ausschlussgrund die **schwere Verfehlung.** Danach kann ein Unternehmen unter Berücksichtigung des Grundsatzes der Verhältnismäßigkeit ein Unternehmen zu jedem Zeitpunkt des Vergabeverfahrens von der Teilnahme an einem Vergabeverfahren ausgeschlossen werden, wenn das Unternehmen im Rahmen der beruflichen Tätigkeit nachweislich eine schwere Verfehlung begangen hat, durch die die Integrität des Unternehmens infrage gestellt wird. Für den Bereich der Bauaufträge nach § 1VS enthält § 6eVS Abs. 6 Nr. 3 ein **zusätzliches Regelbeispiel** für eine schwere Verfehlung. Danach ist eine solche gegeben, wenn das Unternehmen im Rahmen seiner beruflichen Tätigkeit seine Pflicht zur Gewährleistung der Informations- oder Versorgungssicherheit bei einem früheren Auftrag verletzt hat.

5   Im Rahmen seiner **beruflichen Tätigkeit** hat das Unternehmen die schwere Verfehlung begangen, wenn die Verfehlung im Zusammenhang mit der Erfüllung einer Tätigkeit stand, die nicht rein privater Natur war. Dabei muss es sich – im Gegensatz zu Nr. 7 – nicht zwingend um einen anderen öffentlichen Auftrag gehandelt haben.

6   Gewährleistung der **Informationssicherheit** ist verletzt, wenn das Unternehmen zB gegen eine vertragliche Verschwiegenheitsverpflichtung wie einem Non-disclosure-agreement (NDA) verstoßen hat, wie sie insbesondere der sog. No Spy-Erlaß vorsieht.[1] Die **Versorgungssicherheit** ist verletzt, wenn der Auftragnehmer sich in einem anderen Auftrag nicht als leistungsfähig erwiesen hat.

IV. Vertrauenswürdigkeit des Bieters (Nr. 10)

7   Nach § 147 GWB (→ GWB § 147 Rn. 1 ff.) gelten für die Vergabe von verteidigungs- oder sicherheitsspezifischen öffentlichen Aufträgen die §§ 119, 120, 121 Abs. 1 und 3 GWB sowie die §§ 122–135 GWB mit der Maßgabe entsprechend, dass ein Unternehmen gem. § 124 Abs. 1 GWB auch dann von der Teilnahme an einem Vergabeverfahren ausgeschlossen werden kann, wenn das Unternehmen nicht die erforderliche **Vertrauenswürdigkeit** aufweist, um Risiken für die nationale Sicherheit auszuschließen. Der Nachweis, dass Risiken für die nationale Sicherheit nicht auszuschließen sind, kann nach dieser Bestimmung auch mithilfe geschützter Datenquellen erfolgen. Dementsprechend sieht § 6eVS Nr. 10 ausdrücklich vor, dass ein Bieter ausgeschlossen werden, wenn kann, wenn das Unternehmen nachweislich nicht die erforderliche Vertrauenswürdigkeit aufweist, um Risiken für die nationale Sicherheit auszuschließen; als Beweismittel kommen auch geschützte Datenquellen in Betracht. Wie bei den fakultativen Ausschlussgründen nach § 124 GWB ist stets der Grundsatz der Verhältnismäßigkeit zu berücksichtigen. Der Ausschluss kann zu jedem Zeitpunkt des Vergabeverfahrens erfolgen.

8   Der Hinweis, dass als **Beweismittel** auch geschützte Datenquellen in Betracht kommen, bezieht sich darauf, dass die Erkenntnisse von Geheimdiensten oder Sicherheitsbehörden in verwendet werden dürfen (*Thiele* in Band 3 → GWB § 147 Rn. 7).

§ 6fVS Selbstreinigung

(1) ¹Der Auftraggeber schließt ein Unternehmen, bei dem ein Ausschlussgrund nach § 6eVS vorliegt, nicht von der Teilnahme an dem Vergabeverfahren aus, wenn das Unternehmen nachgewiesen hat, dass es
1. für jeden durch eine Straftat oder ein Fehlverhalten verursachten Schaden einen Ausgleich gezahlt oder sich zur Zahlung eines Ausgleichs verpflichtet hat,
2. die Tatsachen und Umstände, die mit der Straftat oder dem Fehlverhalten und dem dadurch verursachten Schaden in Zusammenhang stehen, durch eine aktive Zusammenarbeit mit den Ermittlungsbehörden und dem öffentlichen Auftraggeber umfassend geklärt hat und
3. konkrete technische, organisatorische und personelle Maßnahmen ergriffen hat, die geeignet sind, weitere Straftaten oder weiteres Fehlverhalten zu vermeiden.

²§ 6eVS Absatz 4 Satz 2 bleibt unberührt.

(2) ¹Der Auftraggeber bewertet die von dem Unternehmen ergriffenen Selbstreinigungsmaßnahmen im Hinblick auf ihre Bedeutung für den zu vergebenden öffentlichen Auftrag; dabei berücksichtigt er die Schwere und die besonderen Umstände der Straftat oder des Fehlverhaltens. ²Erachtet der Auftraggeber die Selbstreinigungsmaßnahmen des Unternehmens als unzureichend, so begründet er diese Entscheidung gegenüber dem Unternehmen.

---

[1] Zum No Spy Erlass: *Gabriel/Fritzemeyer/Bärenbrinker* NVwZ 2015, 13 ff.

Leistungsbeschreibung § 7VS VOB/A

(3) Wenn ein Unternehmen, bei dem ein Ausschlussgrund vorliegt, keine oder keine ausreichenden Selbstreinigungsmaßnahmen nach Absatz 1 ergreift, darf es
1. bei Vorliegen eines Ausschlussgrundes nach § 6eVS Absatz 1 bis 4 höchstens für einen Zeitraum von fünf Jahren ab dem Tag der rechtskräftigen Verurteilung von der Teilnahme an Vergabeverfahren ausgeschlossen werden,
2. bei Vorliegen eines Ausschlussgrundes nach § 6eVS Absatz 6 höchstens für einen Zeitraum von drei Jahren ab dem betreffenden Ereignis von der Teilnahme an Vergabeverfahren ausgeschlossen werden.

Mit der Vergaberechtsreform 2016 wurde § 6fVS § 6fEU angeglichen, die beide gleichermaßen auf §§ 125 und 126 GWB (→ GWB § 125 Rn. 1 ff. und → GWB § 126 Rn. 1 ff.) beruhen.[1]   **1**

Es entspricht dem Willen des Normgebers, dass der für den VS-Bereich geltende § 6f S in Wortlaut und inhaltlicher Reichweite § 6fEU entspricht.[2]   **2**

Somit kann vollumfänglich auf die Kommentierungen zu § 6fEU verwiesen werden (→ § 6fEU Rn. 1 ff.).   **3**

§ 7VS Leistungsbeschreibung

(1)
1. Die Leistung ist eindeutig und so erschöpfend zu beschreiben, dass alle Unternehmen die Beschreibung im gleichen Sinne verstehen müssen und ihre Preise sicher und ohne umfangreiche Vorarbeiten berechnen können.
2. Um eine einwandfreie Preisermittlung zu ermöglichen, sind alle sie beeinflussenden Umstände festzustellen und in den Vergabeunterlagen anzugeben.
3. Dem Auftragnehmer darf kein ungewöhnliches Wagnis aufgebürdet werden für Umstände und Ereignisse, auf die er keinen Einfluss hat und deren Einwirkung auf die Preise und Fristen er nicht im Voraus schätzen kann.
4. ¹Bedarfspositionen sind grundsätzlich nicht in die Leistungsbeschreibung aufzunehmen. ²Angehängte Stundenlohnarbeiten dürfen nur in dem unbedingt erforderlichen Umfang in die Leistungsbeschreibung aufgenommen werden.
5. Erforderlichenfalls sind auch der Zweck und die vorgesehene Beanspruchung der fertigen Leistung anzugeben.
6. Die für die Ausführung der Leistung wesentlichen Verhältnisse der Baustelle, z. B. Boden- und Wasserverhältnisse, sind so zu beschreiben, dass das Unternehmen ihre Auswirkungen auf die bauliche Anlage und die Bauausführung hinreichend beurteilen kann.
7. Die „Hinweise für das Aufstellen der Leistungsbeschreibung" in Abschnitt 0 der Allgemeinen Technischen Vertragsbedingungen für Bauleistungen, DIN 18299 ff., sind zu beachten.

(2) ¹Soweit es nicht durch den Auftragsgegenstand gerechtfertigt ist, darf in technischen Spezifikationen nicht auf eine bestimmte Produktion oder Herkunft oder ein besonderes Verfahren, das die von einem bestimmten Unternehmen bereitgestellten Produkte charakterisiert, oder auf Marken, Patente, Typen oder einen bestimmten Ursprung oder eine bestimmte Produktion verwiesen werden, wenn dadurch bestimmte Unternehmen oder bestimmte Produkte begünstigt oder ausgeschlossen werden. ²Solche Verweise sind jedoch ausnahmsweise zulässig, wenn der Auftragsgegenstand nicht hinreichend genau und allgemein ver-

---

[1] Einführungserlass zur Vergabe- und Vertragsordnung für Bauleistungen (VOB) 2016, B I 7-81063.6/1 v. 7.4.2016, 3.
[2] Einführungserlass zur Vergabe- und Vertragsordnung für Bauleistungen (VOB) 2016, B I 7-81063.6/1 v. 7.4.2016, 3.

ständlich beschrieben werden kann; solche Verweise sind mit dem Zusatz „oder gleichwertig" zu versehen.

(3) Bei der Beschreibung der Leistung sind die verkehrsüblichen Bezeichnungen zu beachten.

1 Mit der Vergaberechtsreform 2016 wurde § 7VS § 7EU angeglichen und ebenfalls in vier Paragrafen aufgeteilt (§§ 7VS, 7aVS, 7bVS, 7cVS). Dies sollte der Übersichtlichkeit dienen.[1]
2 Es entspricht dem Willen des Normgebers, dass der für den Bereich der VS-Vergaben geltende § 7VS in Wortlaut und inhaltlicher Reichweite § 7EU entspricht.[2]
3 Somit kann vollumfänglich auf die Kommentierungen zu § 7EU verwiesen werden (→ § 7EU Rn. 1 ff.).

§ 7aVS Technische Spezifikationen

(1) Die technischen Anforderungen (Spezifikationen – siehe Anhang TS Nummer 1) an den Auftragsgegenstand müssen allen Unternehmen gleichermaßen zugänglich sein.

(2) Die technischen Spezifikationen sind in den Vergabeunterlagen zu formulieren:
1. entweder unter Bezugnahme auf die in Anhang TS definierten technischen Spezifikationen in der Rangfolge
   a) nationale zivile Normen, mit denen europäische Normen umgesetzt werden,
   b) europäische technische Zulassungen,
   c) gemeinsame zivile technische Spezifikationen,
   d) nationale zivile Normen, mit denen internationale Normen umgesetzt werden,
   e) andere internationale zivile Normen,
   f) andere technische Bezugssysteme, die von den europäischen Normungsgremien erarbeitet wurden oder, falls solche Normen und Spezifikationen fehlen, nationale Normen, nationale technische Zulassungen oder nationale technische Spezifikationen für die Planung, Berechnung und Ausführung von Bauwerken und den Einsatz von Produkten,
   g) zivile technische Spezifikationen, die von der Industrie entwickelt wurden und von ihr allgemein anerkannt werden oder
   h) die in Anhang III Nummer 3 der Richtlinie 2009/81/EG definierten nationalen „Verteidigungsnormen" und Spezifikationen für Verteidigungsgüter, die diesen Normen entsprechen.
   ²Jede Bezugnahme ist mit dem Zusatz „oder gleichwertig" zu versehen;
2. oder in Form von Leistungs- oder Funktionsanforderungen, die so genau zu fassen sind, dass sie den Unternehmen ein klares Bild vom Auftragsgegenstand vermitteln und dem Auftraggeber die Erteilung des Zuschlags ermöglichen;
3. oder in Kombination von Nummer 1 und Nummer 2, das heißt
   a) in Form von Leistungs- oder Funktionsanforderungen unter Bezugnahme auf die Spezifikationen gemäß Nummer 1 als Mittel zur Vermutung der Konformität mit diesen Leistungs- oder Funktionsanforderungen;
   b) oder mit Bezugnahme auf die Spezifikationen gemäß Nummer 1 hinsichtlich bestimmter Merkmale und mit Bezugnahme auf die Leistungs- oder Funktionsanforderungen gemäß Nummer 2 hinsichtlich anderer Merkmale.

---

[1] Einführungserlass zur Vergabe- und Vertragsordnung für Bauleistungen (VOB) 2016, BI 7-81063.6/1 v. 7.4.2016, 3.
[2] Einführungserlass zur Vergabe- und Vertragsordnung für Bauleistungen (VOB) 2016, BI 7-81063.6/1 v. 7.4.2016, 3.

(3) ¹Verweist der Auftraggeber in der Leistungsbeschreibung auf die in Absatz 2 Nummer 1 genannten Spezifikationen, so darf er ein Angebot nicht mit der Begründung ablehnen, die angebotene Leistung entspräche nicht den herangezogenen Spezifikationen, sofern der Bieter in seinem Angebot dem Auftraggeber nachweist, dass die von ihm vorgeschlagenen Lösungen den Anforderungen der technischen Spezifikation, auf die Bezug genommen wurde, gleichermaßen entsprechen. ²Als geeignetes Mittel kann eine technische Beschreibung des Herstellers oder ein Prüfbericht einer anerkannten Stelle gelten.

(4) ¹Legt der Auftraggeber die technischen Spezifikationen in Form von Leistungs- oder Funktionsanforderungen fest, so darf er ein Angebot, das einer nationalen Norm entspricht, mit der eine europäische Norm umgesetzt wird, oder einer europäischen technischen Zulassung, einer gemeinsamen technischen Spezifikation, einer internationalen Norm oder einem technischen Bezugssystem, das von den europäischen Normungsgremien erarbeitet wurde, entspricht, nicht zurückweisen, wenn diese Spezifikationen die geforderten Leistungs- oder Funktionsanforderungen betreffen. ²Der Bieter muss in seinem Angebot mit geeigneten Mitteln dem Auftraggeber nachweisen, dass die der Norm entsprechende jeweilige Leistung den Leistungs- oder Funktionsanforderungen des Auftraggebers entspricht. ³Als geeignetes Mittel kann eine technische Beschreibung des Herstellers oder ein Prüfbericht einer anerkannten Stelle gelten.

(5) ¹Schreibt der Auftraggeber Umwelteigenschaften in Form von Leistungs- oder Funktionsanforderungen vor, so kann er die Spezifikationen verwenden, die in europäischen, multinationalen oder anderen Umweltzeichen definiert sind, wenn
1. sie sich zur Definition der Merkmale des Auftragsgegenstands eignen,
2. die Anforderungen des Umweltzeichens auf Grundlage von wissenschaftlich abgesicherten Informationen ausgearbeitet werden,
3. die Umweltzeichen im Rahmen eines Verfahrens erlassen werden, an dem interessierte Kreise – wie z. B. staatliche Stellen, Verbraucher, Hersteller, Händler und Umweltorganisationen – teilnehmen können, und
4. das Umweltzeichen für alle Betroffenen zugänglich und verfügbar ist.

²Der Auftraggeber kann in den Vergabeunterlagen angeben, dass bei Leistungen, die mit einem Umweltzeichen ausgestattet sind, vermutet wird, dass sie den in der Leistungsbeschreibung festgelegten technischen Spezifikationen genügen. ³Der Auftraggeber muss jedoch auch jedes andere geeignete Beweismittel, wie technische Unterlagen des Herstellers oder Prüfberichte anerkannter Stellen, akzeptieren. ⁴Anerkannte Stellen sind die Prüf- und Eichlaboratorien sowie die Inspektions- und Zertifizierungsstellen, die mit den anwendbaren europäischen Normen übereinstimmen. ⁵Der Auftraggeber erkennt Bescheinigungen von in anderen Mitgliedstaaten ansässigen anerkannten Stellen an.

I. Regelungsgehalt und Überblick

Mit der Vergaberechtsreform 2016 wurde § 7aVS § 7aEU angeglichen, die beide gleichermaßen aus § 7EU/§ 7VS zu besseren Übersichtlichkeit herausgetrennt wurden.[1]   1

Es entspricht dem Willen des Normgebers, dass der für den VS-Bereich geltende § 7aVS in Wortlaut und inhaltlicher Reichweite § 7aEU entspricht.[2]   2

Somit kann vollumfänglich auf die Kommentierungen zu § 7aEU verwiesen werden (→ § 7aEU Rn. 1 ff.).   3

---

[1] Einführungserlass zur Vergabe- und Vertragsordnung für Bauleistungen (VOB) 2016, B I 7 -81063.6/1 v. 7.4.2016, 3.

[2] Einführungserlass zur Vergabe- und Vertragsordnung für Bauleistungen (VOB) 2016, B I 7 -81063.6/1 v. 7.4.2016, 3.

II. Abweichung zur Oberschwellennorm

4 Die Reglung in § 7aVS Abs. 2 Nr. 1 weicht von § 7aEU ab. Dies folgt der europarechtlichen Vorgabe des Art. 18 Abs. 3 lit. a RL 2009/18/EG. Hieraus ergeben sich zu § 7aEU Abweichungen in den möglichen technischen Spezifikationen und der Rangfolge. Diese ergeben sich aus der Abgrenzung spezieller technische Normen im VS-Bereich zum zivilen Bereich. Es bleibt dennoch bei den Möglichkeiten, die technischen Spezifikationen durch Bezugnahme auf den Anhang TS, durch Beschreibung von Leistungs- und Funktionsanforderungen oder durch Kombination beider in der Leistungsbeschreibung festzulegen.

§ 7bVS Leistungsbeschreibung mit Leistungsverzeichnis

(1) Die Leistung ist in der Regel durch eine allgemeine Darstellung der Bauaufgabe (Baubeschreibung) und ein in Teilleistungen gegliedertes Leistungsverzeichnis zu beschreiben.

(2) ¹Erforderlichenfalls ist die Leistung auch zeichnerisch oder durch Probestücke darzustellen oder anders zu erklären, z. B. durch Hinweise auf ähnliche Leistungen, durch Mengen- oder statische Berechnungen. ²Zeichnungen und Proben, die für die Ausführung maßgebend sein sollen, sind eindeutig zu bezeichnen.

(3) Leistungen, die nach den Vertragsbedingungen, den Technischen Vertragsbedingungen oder der gewerblichen Verkehrssitte zu der geforderten Leistung gehören (§ 2 Absatz 1 VOB/B), brauchen nicht besonders aufgeführt zu werden.

(4) ¹Im Leistungsverzeichnis ist die Leistung derart aufzugliedern, dass unter einer Ordnungszahl (Position) nur solche Leistungen aufgenommen werden, die nach ihrer technischen Beschaffenheit und für die Preisbildung als in sich gleichartig anzusehen sind. ²Ungleichartige Leistungen sollen unter einer Ordnungszahl (Sammelposition) nur zusammengefasst werden, wenn eine Teilleistung gegenüber einer anderen für die Bildung eines Durchschnittspreises ohne nennenswerten Einfluss ist.

1 Mit der Vergaberechtsreform 2016 wurde § 7bVS → § 7bEU angeglichen, die beide gleichermaßen aus § 7EU/§ 7VS zu besseren Übersichtlichkeit herausgetrennt wurden.[1]

2 Es entspricht dem Willen des Normgebers, dass der für den VS-Bereich geltende § 7bVS in Wortlaut und inhaltlicher Reichweite § 7bEU entspricht.[2]

3 Somit kann vollumfänglich auf die Kommentierungen zu § 7bEU verwiesen werden (→ § 7bEU Rn. 1 ff).

§ 7cVS Leistungsbeschreibung mit Leistungsprogramm

(1) Wenn es nach Abwägen aller Umstände zweckmäßig ist, abweichend von § 7bVS Absatz 1 zusammen mit der Bauausführung auch den Entwurf für die Leistung dem Wettbewerb zu unterstellen, um die technisch, wirtschaftlich und gestalterisch beste sowie funktionsgerechteste Lösung der Bauaufgabe zu ermitteln, kann die Leistung durch ein Leistungsprogramm dargestellt werden.

(2)
1. Das Leistungsprogramm umfasst eine Beschreibung der Bauaufgabe, aus der die Unternehmen alle für die Entwurfsbearbeitung und ihr Angebot maßgebenden Bedingungen und Umstände erkennen können und in der sowohl der Zweck der fertigen Leistung als auch die an sie gestellten technischen, wirt-

---

[1] Einführungserlass zur Vergabe- und Vertragsordnung für Bauleistungen (VOB) 2016, B I 7 -81063.6/1 v. 7.4.2016, 3.
[2] Einführungserlass zur Vergabe- und Vertragsordnung für Bauleistungen (VOB) 2016, B I 7 -81063.6/1 v. 7.4.2016, 3.

schaftlichen, gestalterischen und funktionsbedingten Anforderungen angegeben sind, sowie gegebenenfalls ein Musterleistungsverzeichnis, in dem die Mengenangaben ganz oder teilweise offengelassen sind.
2. § 7bVS Absätze 2 bis 4 gelten sinngemäß.

(3) ¹Von dem Bieter ist ein Angebot zu verlangen, das außer der Ausführung der Leistung den Entwurf nebst eingehender Erläuterung und eine Darstellung der Bauausführung sowie eine eingehende und zweckmäßig gegliederte Beschreibung der Leistung – gegebenenfalls mit Mengen- und Preisangaben für Teile der Leistung – umfasst. ²Bei Beschreibung der Leistung mit Mengen- und Preisangaben ist vom Bieter zu verlangen, dass er
1. die Vollständigkeit seiner Angaben, insbesondere die von ihm selbst ermittelten Mengen, entweder ohne Einschränkung oder im Rahmen einer in den Vergabeunterlagen anzugebenden Mengentoleranz vertritt, und
2. etwaige Annahmen, zu denen er in besonderen Fällen gezwungen ist, weil zum Zeitpunkt der Angebotsabgabe einzelne Teilleistungen nach Art und Menge noch nicht bestimmt werden können (z. B. Aushub-, Abbruch- oder Wasserhaltungsarbeiten) – erforderlichenfalls anhand von Plänen und Mengenermittlungen – begründet.

Mit der Vergaberechtsreform 2016 wurde § 7cVS § 7cEU angeglichen, die beide gleichermaßen aus § 7EU/§ 7VS zu besseren Übersichtlichkeit herausgetrennt wurden.[1]   1

Es entspricht dem Willen des Normgebers, dass der für den VS-Bereich geltende § 7cVS in Wortlaut und inhaltlicher Reichweite § 7cEU entspricht.[2]   2

Somit kann vollumfänglich auf die Kommentierungen zu § 7cEU verwiesen werden (→ § 7cEU Rn. 1 ff.).   3

§ 8VS Vergabeunterlagen

(1) Die Vergabeunterlagen bestehen aus
1. dem Anschreiben (Aufforderung zur Angebotsabgabe), gegebenenfalls Teilnahmebedingungen (Absatz 2) und
2. den Vertragsunterlagen (Absatz 3 und §§ 7VS bis 7cVS, § 8aVS Absatz 1 bis 3).

(2)
1. Das Anschreiben muss die in Anhang XV der Durchführungsverordnung (EU) Nr. 2015/1986 geforderten Informationen enthalten, die außer den Vertragsunterlagen für den Entschluss zur Abgabe eines Angebots notwendig sind, sofern sie nicht bereits veröffentlicht wurden.
2. Der Auftraggeber kann die Bieter auffordern, in ihrem Angebot die Leistungen anzugeben, die sie an Nachunternehmen zu vergeben beabsichtigen.
3. ¹Hat der Auftraggeber in der Auftragsbekanntmachung Nebenangebote zugelassen, hat er anzugeben:
    a) ob er Nebenangebote ausnahmsweise nur in Verbindung mit einem Hauptangebot zulässt,
    b) die Mindestanforderungen für Nebenangebote.
   ²Von Bietern, die eine Leistung anbieten, deren Ausführung nicht in Allgemeinen Technischen Vertragsbedingungen oder in den Vergabeunterlagen geregelt ist, sind im Angebot entsprechende Angaben über Ausführung und Beschaffenheit dieser Leistung zu verlangen.

---
[1] Einführungserlass zur Vergabe- und Vertragsordnung für Bauleistungen (VOB) 2016, B I 7 -81063.6/1 v. 7.4.2016, 3.
[2] Einführungserlass zur Vergabe- und Vertragsordnung für Bauleistungen (VOB) 2016, B I 7 -81063.6/1 v. 7.4.2016, 3.

4. Auftraggeber, die ständig Bauaufträge vergeben, sollen die Erfordernisse, die die Unternehmen bei der Bearbeitung ihrer Angebote beachten müssen, in den Teilnahmebedingungen zusammenfassen und dem Anschreiben beifügen.

(3) Bei der Vergabe von Verschlusssachenaufträgen und Aufträgen, die Anforderungen an die Versorgungssicherheit beinhalten, benennt der Auftraggeber in der Auftragsbekanntmachung oder den Vergabeunterlagen alle Maßnahmen und Anforderungen, die erforderlich sind, um den Schutz solcher Verschlusssachen entsprechend der jeweiligen Sicherheitsstufe zu gewährleisten bzw. um die Versorgungssicherheit zu gewährleisten.

1 § 8VS enthält nur wenige Besonderheiten bzw. Abweichungen gegen über der VOB/A.

2 Die Informationen, die das Anschreiben enthalten muss, ergeben sich aus Anhang XV der Durchführungsverordnung (EU) Nr. 2015/1986 bzw. den dort aufgeführten Formularen.

3 Eine weitere Besonderheit besteht darin, dass bei der Vergabe von Verschlusssachenaufträgen und Aufträgen, die Anforderungen an die Versorgungssicherheit beinhalten, alle Maßnahmen und Anforderungen, die erforderlich sind, um den Schutz solcher Verschlusssachen (entsprechend der jeweiligen Sicherheitsstufe) zu gewährleisten bzw. um die Versorgungssicherheit zu gewährleisten, in der Auftragsbekanntmachung oder den Vergabeunterlagen benannt werden müssen (§ 8VS Abs. 3). Damit soll sichergestellt werden, dass potentielle Bieter von vornherein feststellen können (sollen), ob sie – auch im Hinblick auf die besondere Anforderungen – für die Durchführung des Auftrags geeignet sind[1] und ein – für beide Seiten – wirtschaftliches Angebot abgeben können.

4 Im Übrigen entspricht § 8VS der Regelung des § 8, sodass auf die dortige Kommentierung verwiesen werden kann (→ § 8 Rn. 1 ff.).

§ 8aVS Allgemeine, Besondere und Zusätzliche Vertragsbedingungen

(1) ¹In den Vergabeunterlagen ist vorzuschreiben, dass die Allgemeinen Vertragsbedingungen für die Ausführung von Bauleistungen (VOB/B) und die Allgemeinen Technischen Vertragsbedingungen für Bauleistungen (VOB/C) Bestandteile des Vertrags werden. ²Das gilt auch für etwaige Zusätzliche Vertragsbedingungen und etwaige Zusätzliche Technische Vertragsbedingungen, soweit sie Bestandteile des Vertrags werden sollen.

(2)
1. ¹Die Allgemeinen Vertragsbedingungen bleiben grundsätzlich unverändert. ²Sie können von Auftraggebern, die ständig Bauaufträge vergeben, für die bei ihnen allgemein gegebenen Verhältnisse durch Zusätzliche Vertragsbedingungen ergänzt werden. ³Diese dürfen den Allgemeinen Vertragsbedingungen nicht widersprechen.

2. ¹Für die Erfordernisse des Einzelfalles sind die Allgemeinen Vertragsbedingungen und etwaige Zusätzliche Vertragsbedingungen durch Besondere Vertragsbedingungen zu ergänzen. ²In diesen sollen sich Abweichungen von den Allgemeinen Vertragsbedingungen auf die Fälle beschränken, in denen dort besondere Vereinbarungen ausdrücklich vorgesehen sind und auch nur soweit es die Eigenart der Leistung und ihre Ausführung erfordern.

(3) ¹Die Allgemeinen Technischen Vertragsbedingungen bleiben grundsätzlich unverändert. ²Sie können von Auftraggebern, die ständig Bauaufträge vergeben, für die bei ihnen allgemein gegebenen Verhältnisse durch Zusätzliche Technische Vertragsbedingungen ergänzt werden. ³Für die Erfordernisse des Einzelfalles sind Ergänzungen und Änderungen in der Leistungsbeschreibung festzulegen.

---
[1] Leinemann/Kirch/*Leinemann* § 8VS Rn. 13.

(4)
1. In den Zusätzlichen Vertragsbedingungen oder in den Besonderen Vertragsbedingungen sollen, soweit erforderlich, folgende Punkte geregelt werden:
   a) Unterlagen (§ 8bVS Absatz 3; § 3 Absatz 5 und 6 VOB/B),
   b) Benutzung von Lager- und Arbeitsplätzen, Zufahrtswegen, Anschlussgleisen, Wasser- und Energieanschlüssen (§ 4 Absatz 4 VOB/B),
   c) Weitervergabe an Nachunternehmen (§ 4 Absatz 8 VOB/B),
   d) Ausführungsfristen (§ 9VS; § 5 VOB/B),
   e) Haftung (§ 10 Absatz 2 VOB/B),
   f) Vertragsstrafen und Beschleunigungsvergütungen (§ 9aVS; § 11 VOB/B),
   g) Abnahme (§ 12 VOB/B),
   h) Vertragsart (§ 4VS), Abrechnung (§ 14 VOB/B),
   i) Stundenlohnarbeiten (§ 15 VOB/B),
   j) Zahlungen, Vorauszahlungen (§ 16 VOB/B),
   k) Sicherheitsleistung (§ 9cVS; § 17 VOB/B),
   l) Gerichtsstand (§ 18 Absatz 1 VOB/B),
   m) Lohn- und Gehaltsnebenkosten,
   n) Änderung der Vertragspreise (§ 9dVS).
2. ¹Im Einzelfall erforderliche besondere Vereinbarungen über die Mängelansprüche sowie deren Verjährung (§ 9bVS; § 13 Absatz 1, 4 und 7 VOB/B) und über die Verteilung der Gefahr bei Schäden, die durch Hochwasser, Sturmfluten, Grundwasser, Wind, Schnee, Eis und dergleichen entstehen können (§ 7 VOB/B), sind in den Besonderen Vertragsbedingungen zu treffen. ²Sind für bestimmte Bauleistungen gleichgelagerte Voraussetzungen im Sinne von § 9bVS gegeben, so dürfen die besonderen Vereinbarungen auch in Zusätzlichen Technischen Vertragsbedingungen vorgesehen werden.

§ 8aVS entspricht § 8a, sodass auf die dortige Kommentierung verwiesen werden kann (→ § 8a Rn. 1 ff.). **1**

§ 8bVS Kosten- und Vertrauensregelung, Schiedsverfahren

(1) Beim nicht offenen Verfahren, beim Verhandlungsverfahren und beim wettbewerblichen Dialog sind alle Unterlagen unentgeltlich abzugeben.

(2)
1. ¹Für die Bearbeitung des Angebotes wird keine Entschädigung gewährt. ²Verlangt jedoch der Auftraggeber, dass der Bieter Entwürfe, Pläne, Zeichnungen, statische Berechnungen, Mengenberechnungen oder andere Unterlagen ausarbeitet, insbesondere in den Fällen des § 7cVS, so ist einheitlich für alle Bieter in der Ausschreibung eine angemessene Entschädigung festzusetzen. ³Diese Entschädigung steht jedem Bieter zu, der ein der Ausschreibung entsprechendes Angebot mit den geforderten Unterlagen rechtzeitig eingereicht hat.
2. Diese Grundsätze gelten für Verhandlungsverfahren und wettbewerblichen Dialog entsprechend.

(3) ¹Der Auftraggeber darf Angebotsunterlagen und die in den Angeboten enthaltenen eigenen Vorschläge eines Bieters nur für die Prüfung und Wertung der Angebote (§§ 16cVS und 16dVS) verwenden. ²Eine darüber hinausgehende Verwendung bedarf der vorherigen schriftlichen Vereinbarung.

(4) Sollen Streitigkeiten aus dem Vertrag unter Ausschluss des ordentlichen Rechtsweges im schiedsrichterlichen Verfahren ausgetragen werden, so ist es in besonderer, nur das Schiedsverfahren betreffender Urkunde zu vereinbaren, soweit nicht § 1031 Absatz 2 ZPO auch eine andere Form der Vereinbarung zulässt.

1 § 8bVS entspricht § 8b, sodass auf die dortige Kommentierung verwiesen werden kann (→ § 8b Rn. 1 ff.).

§ 9VS Einzelne Vertragsbedingungen, Ausführungsfristen

(1)
1. ¹Die Ausführungsfristen sind ausreichend zu bemessen; Jahreszeit, Arbeitsbedingungen und etwaige besondere Schwierigkeiten sind zu berücksichtigen. ²Für die Bauvorbereitung ist dem Auftragnehmer genügend Zeit zu gewähren.
2. Außergewöhnlich kurze Fristen sind nur bei besonderer Dringlichkeit vorzusehen.
3. Soll vereinbart werden, dass mit der Ausführung erst nach Aufforderung zu beginnen ist (§ 5 Absatz 2 VOB/B), so muss die Frist, innerhalb derer die Aufforderung ausgesprochen werden kann, unter billiger Berücksichtigung der für die Ausführung maßgebenden Verhältnisse zumutbar sein; sie ist in den Vergabeunterlagen festzulegen.

(2)
1. Wenn es ein erhebliches Interesse des Auftraggebers erfordert, sind Einzelfristen für in sich abgeschlossene Teile der Leistung zu bestimmen.
2. Wird ein Bauzeitenplan aufgestellt, damit die Leistungen aller Unternehmen sicher ineinandergreifen, so sollen nur die für den Fortgang der Gesamtarbeit besonders wichtigen Einzelfristen als vertraglich verbindliche Fristen (Vertragsfristen) bezeichnet werden.

(3) Ist für die Einhaltung von Ausführungsfristen die Übergabe von Zeichnungen oder anderen Unterlagen wichtig, so soll hierfür ebenfalls eine Frist festgelegt werden.

(4) ¹Der Auftraggeber darf in den Vertragsunterlagen eine Pauschalierung des Verzugsschadens (§ 5 Absatz 4 VOB/B) vorsehen; sie soll fünf Prozent der Auftragssumme nicht überschreiten. ²Der Nachweis eines geringeren Schadens ist zuzulassen.

1 § 9VS entspricht § 9, sodass auf die Kommentierung zu § 9 verwiesen werden kann (→ § 9 Rn. 1 ff.).

§ 9aVS Vertragsstrafen, Beschleunigungsvergütung

¹Vertragsstrafen für die Überschreitung von Vertragsfristen sind nur zu vereinbaren, wenn die Überschreitung erhebliche Nachteile verursachen kann. ²Die Strafe ist in angemessenen Grenzen zu halten. ³Beschleunigungsvergütungen (Prämien) sind nur vorzusehen, wenn die Fertigstellung vor Ablauf der Vertragsfristen erhebliche Vorteile bringt.

1 § 9aVS entspricht § 9a, sodass auf die Kommentierung zu § 9a verwiesen werden kann (→ § 9a Rn. 1 ff.).

§ 9bVS Verjährung der Mängelansprüche

¹Andere Verjährungsfristen als nach § 13 Absatz 4 VOB/B sollen nur vorgesehen werden, wenn dies wegen der Eigenart der Leistung erforderlich ist. ²In solchen Fällen sind alle Umstände gegeneinander abzuwägen, insbesondere, wann etwaige Mängel wahrscheinlich erkennbar werden und wieweit die Mängelursachen noch nachgewiesen werden können, aber auch die Wirkung auf die Preise und die Notwendigkeit einer billigen Bemessung der Verjährungsfristen für Mängelansprüche.

§ 9bVS entspricht § 9b, sodass auf die Kommentierung zu § 9b verwiesen werden kann (→ § 9 Rn. 1 ff.). 1

§ 9cVS Sicherheitsleistung

(1) ¹Auf Sicherheitsleistung soll ganz oder teilweise verzichtet werden, wenn Mängel der Leistung voraussichtlich nicht eintreten. ²Unterschreitet die Auftragssumme 250 000 Euro ohne Umsatzsteuer, ist auf Sicherheitsleistung für die Vertragserfüllung und in der Regel auf Sicherheitsleistung für die Mängelansprüche zu verzichten. ³Bei nicht offenen Verfahren sowie bei Verhandlungsverfahren und wettbewerblichem Dialog sollen Sicherheitsleistungen in der Regel nicht verlangt werden.

(2) ¹Die Sicherheit soll nicht höher bemessen und ihre Rückgabe nicht für einen späteren Zeitpunkt vorgesehen werden, als nötig ist, um den Auftraggeber vor Schaden zu bewahren. ²Die Sicherheit für die Erfüllung sämtlicher Verpflichtungen aus dem Vertrag soll fünf Prozent der Auftragssumme nicht überschreiten. ³Die Sicherheit für Mängelansprüche soll drei Prozent der Abrechnungssumme nicht überschreiten.

§ 9cVS entspricht § 9c, sodass auf die Kommentierung zu § 9c verwiesen werden kann (→ § 9c Rn. 1 ff.). 1

§ 9dVS Änderung der Vergütung

¹Sind wesentliche Änderungen der Preisermittlungsgrundlagen zu erwarten, deren Eintritt oder Ausmaß ungewiss ist, so kann eine angemessene Änderung der Vergütung in den Vertragsunterlagen vorgesehen werden. ²Die Einzelheiten der Preisänderungen sind festzulegen.

§ 9dVS entspricht § 9d, sodass auf die Kommentierung zu § 9d verwiesen werden kann (→ § 9d Rn. 1 ff.). 1

§ 10VS Fristen

Falls die Angebote nur nach einer Ortsbesichtigung oder Einsichtnahme in nicht übersandte Unterlagen erstellt werden können, sind längere Fristen als die Mindestfristen festzulegen, damit alle Unternehmen von allen Informationen, die für die Erstellung des Angebotes erforderlich sind, Kenntnis nehmen können.

I. Normzweck

§ 10VS verpflichtet den Auftraggeber bei der Vergabe von Bauaufträgen im Bereich Verteidigung und Sicherheit im Einzelfall längere Fristen als die Mindestfristen festzulegen. Es handelt sich um einen allgemeinen Grundsatz, den der Ordnungsgeber den folgenden verfahrensspezifischen Fristenregelungen vorangestellt hat. Der Grundsatz gilt für alle Verfahrensarten. 1

II. Entstehungsgeschichte

Die §§ 10VS ff. setzen die Vorgaben aus Art. 33 RL 2009/81/EG um. Der Bereich Verteidigung und Sicherheit war von der umfassenden Reform des EU-Vergaberechts im Jahr 2014 durch das Richtlinienpaket bestehend aus den Richtlinien 2014/23/EU, 2014/24/EU und 2014/25/EU nicht betroffen. Die Vorschriften zu den Fristen im dritten Abschnitt entsprechen daher inhaltlich weitgehend dem Stand der VOB 2012. Im Zuge 2 der jüngsten Überarbeitung der VOB/A beschloss der Deutsche Vergabe- und Vertragsausschuss für Bauleistungen (DVA) die Struktur des dritten Abschnitts an die des zweiten Abschnitts anzupassen.[1] In Bezug auf die Regelungen zu den Fristen bedeutet dies, dass die Inhalte des § 10VS aF auf mehrere Vorschriften aufgeteilt werden. Nach Vorbild des zweiten Abschnitts wird nunmehr in § 10VS nur noch ein verfahrensübergreifender Grundsatz formuliert. Konkrete Vorgaben zu den einzelnen Fristen finden sich in den folgenden Bestimmungen, sortiert nach den einzelnen Verfahrensarten.

III. Einzelerläuterung

3   Die Regelung entspricht dem Wortlaut des § 10EU Abs. 2, weshalb auf die dortige Kommentierung verwiesen wird (→ § 10EU Rn. 5). Eine § 10EU Abs. 1 entsprechende Regelung, die den Auftraggeber allgemein zur Festlegung angemessener Fristen verpflichtet, fehlt in § 10VS. Dieser Umstand ist durch die unterschiedliche Entstehungsgeschichte der beiden Normen zu erklären. § 10EU Abs. 1 wurde erst im Zuge der Umsetzung der Richtlinie 2014/24/EU im zweiten Abschnitt aufgenommen. Gleichwohl gilt auch im dritten Abschnitt der Grundsatz, wonach die konkrete Bemessung der Angebots- und Bewerbungsfristen im Einzelfall stets angemessen sein muss. Bei § 10VS handelt es sich im Wesentlichen um eine Konkretisierung dieses Grundsatzes. Im Übrigen ist § 10VS im Lichte des Art. 33 Abs. 1 RL 2009/81/EG auszulegen, in dem der Grundsatz ausdrücklich festgehalten ist.

§ 10aVS *frei*

1   In § 10aEU befinden sich die Regelungen zu den Fristen im offenen Verfahren. Im dritten Abschnitt ist das offene Verfahren nicht vorgesehen, weshalb sich eine Regelung zu den Fristen erübrigt. Zur Herstellung eines Gleichlaufs zwischen zweitem und drittem Abschnitt hinsichtlich der Nummerierung der Paragraphen wurde § 10aVS mit dem Zusatz „frei" in der VOB/A belassen.

§ 10bVS Fristen im nicht offenen Verfahren

(1) Beim nicht offenen Verfahren beträgt die Frist für den Eingang der Anträge auf Teilnahme (Bewerbungsfrist) mindestens 37 Kalendertage, gerechnet vom Tag nach Absendung der Auftragsbekanntmachung.

(2) Die Bewerbungsfrist kann bei Auftragsbekanntmachungen, die über das Internetportal des Amtes für Veröffentlichungen der Europäischen Union auf elektronischem Weg erstellt und übermittelt werden (elektronischen Auftragsbekanntmachungen), um sieben Kalendertage verkürzt werden.

(3) Die Angebotsfrist beträgt mindestens 40 Kalendertage, gerechnet vom Tag nach Absendung der Aufforderung zur Angebotsabgabe.

(4) [1]Die Angebotsfrist kann auf 36 Kalendertage, gerechnet vom Tag nach Absendung der Aufforderung zur Angebotsabgabe, verkürzt werden; sie darf 22 Kalendertage nicht unterschreiten. [2]Voraussetzung dafür ist, dass eine Vorinformation nach dem vorgeschriebenen Muster gemäß § 12VS Absatz 1 Nummer 3 mindestens 52 Kalendertage, höchstens aber zwölf Monate vor Absendung der Auftragsbekanntmachung des Auftrages an das Amt für Veröffentlichungen der Europäischen Union abgesandt wurde. [3]Diese Vorinformation muss mindestens die im Muster einer Auftragsbekanntmachung nach § 12VS Absatz 2 Nummer 2

---

[1] Einführungserlass des Bundesministeriums für Umwelt, Naturschutz, Bau und Reaktorsicherheit zur Vergabe- und Vertragsordnung für Bauleistungen (VOB) 2016 v. 7.4.2016, B I 7 – 81063.6/1, GMBl. 2016, 400 (404).

für das nicht offene Verfahren geforderten Angaben enthalten, soweit diese Informationen zum Zeitpunkt der Absendung der Vorinformation vorlagen.

(5) Die Angebotsfrist kann um weitere fünf Kalendertage verkürzt werden, wenn ab der Veröffentlichung der Auftragsbekanntmachung die Vertragsunterlagen und alle zusätzlichen Unterlagen auf elektronischem Weg frei zugänglich, direkt und vollständig zur Verfügung gestellt werden; in der Auftragsbekanntmachung ist die Internetadresse anzugeben, unter der diese Unterlagen abgerufen werden können.

(6) Aus Gründen der Dringlichkeit kann
1. die Bewerbungsfrist auf mindestens 15 Kalendertage oder mindestens zehn Kalendertage bei elektronischer Auftragsbekanntmachung, wenn ab der Veröffentlichung der Auftragsbekanntmachung die Vertragsunterlagen und alle zusätzlichen Unterlagen auf elektronischem Weg frei zugänglich, direkt und vollständig zur Verfügung gestellt werden; in der Auftragsbekanntmachung ist die Internetadresse anzugeben, unter der diese Unterlagen abgerufen werden können,
2. die Angebotsfrist auf mindestens zehn Kalendertage
verkürzt werden.

(7) Bis zum Ablauf der Angebotsfrist können Angebote in Textform zurückgezogen werden.

(8) [1]Der Auftraggeber bestimmt eine angemessene Frist, innerhalb der die Bieter an ihre Angebote gebunden sind (Bindefrist). [2]Diese soll so kurz wie möglich und nicht länger bemessen werden, als der Auftraggeber für eine zügige Prüfung und Wertung der Angebote (§§ 16VS bis 16dVS) benötigt. [3]Eine längere Bindefrist als 30 Kalendertage soll nur in begründeten Fällen festgelegt werden. [4]Das Ende der Bindefrist ist durch Angabe des Kalendertages zu bezeichnen.

(9) Die Bindefrist beginnt mit dem Ablauf der Angebotsfrist.

I. Normzweck

§ 10bVS entspricht hinsichtlich Inhalt und Struktur im Wesentlichen § 10bEU. Auf die 1 dortige Kommentierung kann weitgehend verwiesen werden (→ § 10bEU Rn. 1 ff.). Im Folgenden soll lediglich auf Abweichungen hingewiesen werden.

II. Einzelerläuterungen

1. Bewerbungsfrist (Abs. 1). Abweichend von § 10aEU Abs. 1 beträgt die im dritten 2 Abschnitt als Bewerbungsfrist bezeichnete Frist für den Eingang der Teilnahmeanträge 37 anstatt 30 Kalendertage.

2. Verkürzung der Bewerbungsfrist (Abs. 2). Die Bewerbungsfrist kann um sieben 3 Kalendertage verkürzt werden, wenn die Auftragsbekanntmachung über das Internetportal des Amtes für Veröffentlichungen der Europäischen Union auf elektronischem Weg erstellt und übermittelt wird. Die Verkürzungsmöglichkeit erklärt sich dadurch, dass die Frist nach Absendung der Auftragsbekanntmachung zu laufen beginnt. Bei der Mindestfrist von 37 Kalendertagen wird die Zeit für die Übermittlung auf nicht elektronischem Weg und die Einarbeitung der Daten in die TED-Datenbank berücksichtigt. Anders als im zweiten Abschnitt ist nach § 12VS Abs. 2 Nr. 2 S. 2 die elektronische Übermittlung der Auftragsbekanntmachung nicht zwingend vorgesehen. Ungeachtet dessen dürfte die elektronische Erstellung und Übermittlung der Auftragsbekanntmachung in der Praxis der absolute Regelfall sein, da sich die Auftraggeber auf die Erfordernisse des zweiten Abschnitts eingestellt haben. Damit dürfte die Verkürzungsmöglichkeit regelmäßig gegeben sein. Im Ergebnis unterscheiden sich die Mindestfristen für die Teilnahmefrist in § 10bEU und die Bewerbungsfrist in § 10bVS unter diesem Gesichtspunkt nicht mehr.

VOB/A § 10cVS Vergabe- und Vertragsordnung für Bauleistungen Teil A

4   3. **Angebotsfrist (Abs. 3).** Die Angebotsfrist beträgt 40 Kalendertage. Die Frist beginnt mit Absendung der Aufforderung zur Angebotsabgabe.

5   4. **Verkürzung der Angebotsfrist bei Vorinformation (Abs. 4).** Unter den Voraussetzungen des Abs. 4 kann die Angebotsfrist auf 36 Kalendertage verkürzt werden. Sie darf allerdings 22 Kalendertage nicht unterschreiten. Die Frist von 36 Kalendertagen ist nicht als Mindestfrist, sondern als Regelfall zu verstehen, an dem sich Auftraggeber orientieren können. Eine Verkürzung auf 22 Kalendertage markiert die Untergrenze und ist nur in Ausnahmefällen zulässig. Voraussetzung für die Verkürzung ist die Veröffentlichung einer Vorinformation, die mindestens 52 Kalendertage höchstens aber zwölf Monate vor Absendung der Auftragsbekanntmachung des Auftrags abgesandt worden sein muss. Die Fristverkürzung verlangt, dass in der Vorinformation bereits Angaben veröffentlicht werden, die für eine Auftragsbekanntmachung gem. § 12VS Abs. 2 Nr. 2 erforderlich sind, soweit diese zum Zeitpunkt der Absendung der Vorinformation vorlagen. Damit ist sichergestellt, dass die Eckpunkte des zu vergebenden Bauauftrags bereits durch die Vorinformation bekannt sind. Interessierten Unternehmen wird dadurch ermöglicht, bereits vor dem Lauf der Angebotsfrist Vorarbeiten zur Angebotserstellung zu leisten, was die verkürzte Angebotsfrist rechtfertigt.

6   5. **Verkürzung der Angebotsfrist bei elektronischer Bereitstellung der Vergabeunterlagen (Abs. 5).** Abs. 5 sieht eine Verkürzung der Angebotsfrist um weitere fünf Kalendertage vor, wenn die Vergabeunterlagen und alle zusätzlichen Unterlagen ab dem Zeitpunkt der Veröffentlichung der Auftragsbekanntmachung auf elektronischem Weg frei zugänglich, direkt und vollständig zur Verfügung gestellt werden. Erforderlich ist, dass bereits in der Auftragsbekanntmachung eine Internetadresse angegeben ist, unter der die Unterlagen abgerufen werden können. Die Voraussetzungen für die elektronische Bereitstellung der Vergabeunterlagen entspricht den Vorgaben des § 11 Abs. 3, § 11EU Abs. 3. Auf die dortige Kommentierung wird verwiesen (→ § 11EU Rn. 11 ff.).

7   Der Wortlaut sieht vor, dass die Angebotsfrist „weiter" verkürzt werden kann, was zunächst darauf hindeutet, dass die Verkürzung nach Abs. 5 mit anderen Verkürzungsmöglichkeiten kombiniert werden kann. Die zugrundeliegende Richtlinienbestimmung schließt eine solche Kombination aus. Art. 33 Abs. 5 UAbs. 1 RL 2009/81/EG sieht ausdrücklich nur eine Verkürzung der in Abs. 2 UAbs. 2 geregelten ungekürzten Mindestfrist für den Eingang der Angebote vor. Für den Begriff der „weiteren" Verkürzung findet sich in der Richtlinie keine Grundlage. § 10VS Abs. 5 ist mithin richtlinienkonform dahingehend auszulegen, dass die Verkürzung nur auf die in Abs. 3 geregelte Mindestfrist von 40 Kalendertagen angewandt werden kann.

    6. **Verkürzung bei Dringlichkeit (Abs. 6).** Aus Gründen der Dringlichkeit können die Bewerbungs- und die Angebotsfrist auf bis zu 15 bzw. zehn Kalendertage verkürzt werden. Gegenüber dem Wortlaut des § 10bEU Abs. 5 sieht § 10bVS Abs. 5 eine Verkürzung der Bewerbungsfrist bei Dringlichkeit nur dann vor, wenn die Auftragsbekanntmachung elektronisch erfolgte und die Vergabeunterlagen wie von Abs. 5 gefordert elektronisch bereitgestellt werden. Zum Begriff der Dringlichkeit wird auf die Kommentierung zu § 10 Abs. 1 verwiesen (→ § 10 Rn. 12 ff.).

8   7. **Rücknahme von Angeboten und Bindefrist (Abs. 7–9).** Die Bestimmungen entsprechen der Regelung in den § 10 Abs. 2, 4 und 5, § 10aEU Abs. 7–9, § 10bEU 7–9. Es wird auf die Kommentierung zu § 10 verwiesen (→ § 10 Rn. 1 ff.).

§ 10cVS Fristen im Verhandlungsverfahren

(1) **Beim Verhandlungsverfahren mit Teilnahmewettbewerb ist entsprechend §§ 10VS und 10bVS Absatz 1, 2, 6 Nummer 1 und Absatz 8 bis 9 zu verfahren.**

(2) ¹Beim Verhandlungsverfahren ohne Teilnahmewettbewerb ist auch bei Dringlichkeit für die Bearbeitung und Einreichung der Angebote eine ausreichende Angebotsfrist nicht unter zehn Kalendertagen vorzusehen. ²Dabei ist insbesondere der zusätzliche Aufwand für die Besichtigung von Baustellen oder die Beschaffung von Unterlagen für die Angebotsbearbeitung zu berücksichtigen. ³Es ist entsprechend § 10bVS Absatz 8 und 9 zu verfahren.

I. Fristen im Verhandlungsverfahren mit Teilnahmewettbewerb (Abs. 1)

Nach Vorbild der Regelung im zweiten Abschnitt verweist die Norm für die Fristen im Verhandlungsverfahren mit Teilnahmewettbewerb auf die § 10VS und § 10bVS Abs. 1, 2, 6 Nr. 1 und Abs. 8–9. Das bedeutet, dass sich **die Regelungen zur Bemessung der Bewerbungsfristen nach den Regelungen des nichtoffenen Verfahrens richten.** Anders als im zweiten Abschnitt fehlt es an einer Verweisung auf die Vorschriften zur Bemessung der Angebotsfrist. Unionsrechtlich ist eine solche auch nicht vorgesehen. Art. 33 RL 2009/81/EG enthält keine Regelung zur Angebotsfrist im Verhandlungsverfahren.   1

II. Fristen im Verhandlungsverfahren ohne Teilnahmewettbewerb (Abs. 2)

Abs. 2 entspricht der Regelung in § 10cEU. Auf die dortige Kommentierung wird verwiesen (→ § 10cEU Rn. 1 ff.).   2

§ 10dVS Fristen im wettbewerblichen Dialog

Beim wettbewerblichen Dialog ist entsprechend §§ 10VS und 10bVS Absatz 1, 2 und 8 bis 9 zu verfahren.

In § 10dVS befinden sich Regelungen zu den Fristen im wettbewerblichen Dialog. Anders als § 10dEU behandelt die Norm die Innovationspartnerschaft nicht, da diese Verfahrensart im dritten Abschnitt nicht vorgesehen ist. Hinsichtlich des wettbewerblichen Dialogs entspricht die Regelung § 10dEU, sodass auf die dortige Kommentierung verwiesen wird (→ § 10dEU Rn. 1 ff.).   1

§ 11VS Grundsätze der Informationsübermittlung

(1)
1. Der Auftraggeber gibt in der Auftragsbekanntmachung oder den Vergabeunterlagen an, ob Informationen per Post, Telefax, direkt, elektronisch oder durch eine Kombination dieser Kommunikationsmittel übermittelt werden.
2. ¹Das für die elektronische Übermittlung gewählte Netz muss allgemein verfügbar sein und darf den Zugang der Bewerber und Bieter zu den Vergabeverfahren nicht beschränken. ²Die dafür zu verwendenden Programme und ihre technischen Merkmale müssen allgemein zugänglich, mit allgemein verbreiteten Erzeugnissen der Informations- und Kommunikationstechnologie kompatibel und nicht diskriminierend sein.
3. ¹Der Auftraggeber hat dafür Sorge zu tragen, dass den interessierten Unternehmen die Informationen über die Spezifikationen der Geräte, die für die elektronische Übermittlung der Anträge auf Teilnahme und der Angebote erforderlich sind, einschließlich Verschlüsselung zugänglich sind. ²Außerdem muss gewährleistet sein, dass die in § 11aVS genannten Anforderungen erfüllt sind.

(2) Der Auftraggeber kann im Internet ein Beschafferprofil einrichten, in dem allgemeine Informationen wie Kontaktstelle, Telefon- und Telefaxnummer, Postanschrift und E-Mail-Adresse sowie Angaben über Ausschreibungen, geplante und vergebene Aufträge oder aufgehobene Verfahren veröffentlicht werden können.

(3) ¹Der Auftraggeber hat die Datenintegrität und die Vertraulichkeit der übermittelten Anträge auf Teilnahme am Vergabeverfahren auf geeignete Weise zu gewährleisten. ²Per Post oder direkt übermittelte Anträge sind
1. in einem verschlossenen Umschlag einzureichen,
2. als Anträge auf Teilnahme auf dem Umschlag zu kennzeichnen und
3. bis zum Ablauf der vorgesehenen Frist unter Verschluss zu halten.

³Bei elektronisch übermittelten Teilnahmeanträgen sind Datenintegrität und Vertraulichkeit durch entsprechende organisatorische und technische Lösungen nach den Anforderungen des Auftraggebers und durch Verschlüsselung sicherzustellen. ⁴Die Verschlüsselung muss bis zum Ablauf der Frist, die für die Einreichung der Anträge bestimmt ist, aufrechterhalten bleiben.

(4) Anträge auf Teilnahme am Vergabeverfahren können auch per Telefax oder telefonisch gestellt werden, müssen dann aber vom Unternehmen bis zum Ablauf der Frist für die Abgabe der Teilnahmeanträge durch Übermittlung per Post, direkt oder elektronisch bestätigt werden.

I. Regelungsgehalt und Überblick

1   Die Regelung des § 11VS enthält für den dritten Abschnitt der VOB/A die wesentlichen **Grundsätze der Informationsübermittlung**. Abs. 1 überlässt dem Auftraggeber die Wahl zwischen der elektronischen Informationsübermittlung und anderen Kommunikationswegen und regelt die wesentlichen Anforderungen an die elektronische Kommunikation. Abs. 2 regelt das Beschafferprofil. Anforderungen an die Datenintegrität und die Vertraulichkeit der übermittelten Anträge auf Teilnahme am Vergabeverfahren sind in Abs. 3 enthalten. Abs. 4 regelt, dass Anträge auf Teilnahme am Vergabeverfahren auch per Telefax oder telefonisch gestellt werden können.

II. Systematische Stellung und Zweck der Norm

2   § 11VS entspricht § 11EU aF. Die Anforderungen an die elektronische Kommunikation werden durch § 11aVS **konkretisiert** (→ § 11aVS Rn. 1 ff.).

III. Kommunikationsmittel (Abs. 1)

3   Nach Abs. 1 **Nr. 1** gibt der Auftraggeber in der Auftragsbekanntmachung oder den Vergabeunterlagen an, ob Informationen per Post, Telefax, direkt, elektronisch oder durch eine Kombination dieser Kommunikationsmittel übermittelt werden. Neben den „klassischen" Kommunikationsmitteln per Post und Telefax ist die elektronische Kommunikation ausdrücklich zugelassen. Die Verpflichtung zur eVergabe aus dem zweiten Abschnitt der VOB/A wird aber nicht übernommen.

4   Entscheidet sich der Auftraggeber für die elektronische Kommunikation, hat er nach **Nr. 2** sicher zu stellen, dass das gewählte Netz allgemein verfügbar ist und den Zugang der Bewerber und Bieter zu den Vergabeverfahren nicht beschränkt. Allgemein verfügbar ist das gewählte Netz, wenn es für alle interessierte Unternehmen ohne Einschränkung verfügbar ist und der Zugang bei Bedarf, gegebenenfalls gegen ein marktübliches Entgelt, erworben werden kann. Die üblichen Netze sind daher das Telefonnetz oder das Internet.

5   Die für die elektronische Kommunikation zu verwendenden Programme und ihre technischen Merkmale müssen ebenfalls allgemein zugänglich sein und mit allgemein verbreiteten Erzeugnissen der Informations- und Kommunikationstechnologie kompatibel und nichtdiskriminierend sein. Nicht diskriminierend sind die zu verwendenden Programme dann, wenn sie für alle Menschen, auch für Menschen mit Behinderungen, ohne besondere Erschwernis und grundsätzlich ohne fremde Hilfe zugänglich und nutzbar sind.¹ Der Zugang von Unternehmen zum Vergabeverfahren darf durch sie nicht eingeschränkt werden.

---

¹ Vgl. Begründung zur VgV, BR-Drs. 87/16, 165.

Der Auftraggeber hat nach **Nr. 3** ferner dafür Sorge zu tragen, dass den interessierten Unternehmen die Informationen über die Spezifikationen der Geräte, die für die elektronische Übermittlung der Anträge auf Teilnahme und der Angebote erforderlich sind, einschließlich Verschlüsselung zugänglich sind. Außerdem muss gewährleistet sein, dass die in § 11aVS genannten Anforderungen erfüllt sind. Der **Zweck der Norm** ist es, die Unternehmen in die Lage zu versetzen, die elektronischen Mittel zu verwenden, ihre Unterlagen einzureichen und ggf. zu verschlüsseln.

IV. Beschafferprofil

Der Auftraggeber kann nach Abs. 2 im Internet ein Beschafferprofil einrichten, in dem allgemeine Informationen, wie Kontaktstelle, Telefon- und Telefaxnummer, Postanschrift und E-Mail-Adresse sowie Angaben über Ausschreibungen, geplante und vergebene Aufträge oder aufgehobene Verfahren veröffentlicht werden können.

V. Datenintegrität und die Vertraulichkeit

Der Auftraggeber hat die Datenintegrität und die Vertraulichkeit der übermittelten Anträge auf Teilnahme am Vergabeverfahren auf geeignete Weise zu gewährleisten. **Datenintegrität meint** die Authentizität der Daten und dass diese vollständig sowie ohne Änderungen so beim Empfänger ankommen, wie sie vom Versender abgesendet wurden. **Vertraulichkeit** bedeutet, dass kein Unbefugter von dem Inhalt der Daten Kenntnis nehmen kann. Nach S. 3 sind bei elektronisch übermittelten Teilnahmeanträgen sind Datenintegrität und Vertraulichkeit durch **entsprechende organisatorische und technische Lösungen** nach den Anforderungen des Auftraggebers und durch Verschlüsselung sicherzustellen. Die Verschlüsselung muss bis zum Ablauf der Frist, die für die Einreichung der Anträge bestimmt ist, aufrechterhalten bleiben.

Per **Post oder direkt übermittelte Anträge** sind in einem verschlossenen Umschlag einzureichen, als Anträge auf Teilnahme auf dem Umschlag zu kennzeichnen und bis zum Ablauf der vorgesehenen Frist unter Verschluss zu halten.

VI. Teilnahmeantrag per Telefax oder telefonisch

Anträge auf Teilnahme am Vergabeverfahren können nach Abs. 4 auch **per Telefax oder telefonisch** gestellt werden. Sie sind aber nur zulässig, wenn sie vom Unternehmen bis zum Ablauf der Frist für die Abgabe der Teilnahmeanträge durch Übermittlung per Post, direkt oder elektronisch **bestätigt** werden.

§ 11aVS Anforderungen an elektronische Mittel

Die Geräte müssen gewährleisten, dass
1. für die Angebote eine elektronische Signatur verwendet werden kann,
2. Tag und Uhrzeit des Eingangs der Teilnahmeanträge oder Angebote genau bestimmbar sind,
3. ein Zugang zu den Daten nicht vor Ablauf des hierfür festgesetzten Termins erfolgt,
4. bei einem Verstoß gegen das Zugangsverbot der Verstoß sicher festgestellt werden kann,
5. ausschließlich die hierfür bestimmten Personen den Zeitpunkt der Öffnung der Daten festlegen oder ändern können,
6. der Zugang zu den übermittelten Daten nur möglich ist, wenn die hierfür bestimmten Personen gleichzeitig und erst nach dem festgesetzten Zeitpunkt tätig werden und
7. die übermittelten Daten ausschließlich den zur Kenntnisnahme bestimmten Personen zugänglich bleiben.

I. Regelungsgehalt und Überblick

1 Die Regelung des § 11aVS enthält ergänzend zu § 11VS Anforderungen an elektronische Mittel. Die einzelnen Anforderungen sind in den Nr. 1–7 aufgezählt.

II. Systematische Stellung und Zweck der Norm

2 § 11aVS konkretisiert § 11EU Abs. 1 Nr. 3. Nach dieser Norm hat der Auftraggeber dafür Sorge zu tragen, dass den interessierten Unternehmen die Informationen über die Spezifikationen der Geräte, die für die elektronische Übermittlung der Anträge auf Teilnahme und der Angebote erforderlich sind, einschließlich Verschlüsselung zugänglich sind. Außerdem muss gewährleistet sein, dass die weiteren in § 11aVS genannten Anforderungen erfüllt sind.

III. Zusätzliche Anforderungen

3 Die zusätzlichen Anforderungen, welche die technischen Geräte für die elektronische Übermittlung der Teilnahmeanträge erfüllen müssen, sind in den Nr. 1–7 im Einzelnen aufgezählt. Diese Anforderungen, die selbsterklärend sind, entsprechen zum Teil den Anforderungen nach § 11aEU, der jedoch noch weitergehende Anforderungen aufstellt. Auf die Kommentierung zu dieser Regelung wird verwiesen (→ § 11aEU Rn. 1 ff.).

§ 12VS Vorinformation, Auftragsbekanntmachung

(1)
1. Als Vorinformation sind die wesentlichen Merkmale der beabsichtigten Bauaufträge mit mindestens einem geschätzten Gesamtauftragswert für Bauleistungen nach § 106 Absatz 2 Nummer 3 GWB ohne Umsatzsteuer bekannt zu machen.
2. Eine Vorinformation ist nur dann verpflichtend, wenn der Auftraggeber von der Möglichkeit einer Verkürzung der Angebotsfrist gemäß § 10bVS Absatz 4 Gebrauch machen möchte.
3. Die Vorinformation ist nach dem Muster gemäß Anhang XIII der Durchführungsverordnung (EU) Nr. 2015/1986 zu erstellen.
4. ¹Nach Genehmigung der Planung ist die Vorinformation sobald wie möglich dem Amt für Veröffentlichungen der Europäischen Union[1] zu übermitteln oder im Beschafferprofil nach § 11VS Absatz 2 zu veröffentlichen; in diesem Fall ist dem Amt für Veröffentlichungen der Europäischen Union zuvor auf elektronischem Weg die Veröffentlichung mit dem Muster gemäß Anhang VIII der Durchführungsverordnung (EU) Nr. 2015/1986 zu melden, Anhang VI der Richtlinie 2009/81/EG ist zu beachten. ²Die Vorinformation kann außerdem in Tageszeitungen, amtlichen Veröffentlichungsblättern oder Internetportalen veröffentlicht werden.

(2)
1. Die Unternehmen sind durch Auftragsbekanntmachungen aufzufordern, ihre Teilnahme am Wettbewerb zu beantragen, wenn Bauaufträge im Sinne von § 1VS in einem nicht offenen Verfahren, in einem Verhandlungsverfahren mit Teilnahmewettbewerb oder in einem wettbewerblichen Dialog vergeben werden.
2. ¹Die Auftragsbekanntmachungen müssen die in Anhang XV der Durchführungsverordnung (EU) Nr. 2015/1986 geforderten Informationen enthalten und sollen nicht mehr als 650 Wörter umfassen, wenn der Inhalt der Auftragsbekanntmachung nicht auf elektronischem Weg gemäß dem Muster und unter

---

[1] [Amtl. Anm.:] Amt für Veröffentlichungen der Europäischen Union, 2, rue Mercier, L-2985 Luxemburg

Beachtung der Verfahren bei der Übermittlung nach Anhang VI Nummer 3 der Richtlinie 2009/81/EG abgesendet wird. ²Auftragsbekanntmachungen sind im Amtsblatt der Europäischen Union zu veröffentlichen und dem Amt für Veröffentlichungen der Europäischen Union unverzüglich, in Fällen des beschleunigten Verfahrens per Telefax oder elektronisch² zu übermitteln.
3. Der Auftraggeber muss nachweisen können, an welchem Tag die Auftragsbekanntmachung an das Amt für Veröffentlichungen der Europäischen Union abgesendet wurde.
4. ¹Die Auftragsbekanntmachung wird unentgeltlich, spätestens zwölf Kalendertage nach der Absendung im Supplement zum Amtsblatt der Europäischen Union in der Originalsprache veröffentlicht. ²Eine Zusammenfassung der wichtigsten Angaben wird in den übrigen Amtssprachen der Europäischen Union veröffentlicht; der Wortlaut der Originalsprache ist verbindlich.
5. Auftragsbekanntmachungen, die über das Internetportal des Amtes für Veröffentlichungen der Europäischen Union³ auf elektronischem Weg erstellt und übermittelt wurden, werden abweichend von Nummer 4 spätestens fünf Kalendertage nach ihrer Absendung veröffentlicht.
6. ¹Die Auftragsbekanntmachungen können zusätzlich im Inland veröffentlicht werden, beispielsweise in Tageszeitungen, amtlichen Veröffentlichungsblättern oder Internetportalen; sie können auch auf www.bund.de veröffentlicht werden. ²Sie dürfen nur die Angaben enthalten, die dem Amt für Veröffentlichungen der Europäischen Union übermittelt wurden, und dürfen nicht vor Absendung an dieses Amt veröffentlicht werden.

(3)
1. Die Auftragsbekanntmachung ist beim nicht offenen Verfahren, Verhandlungsverfahren und wettbewerblichen Dialog nach dem Muster gemäß Anhang XV der Durchführungsverordnung (EU) Nr. 2015/1986 zu erstellen.
2. Dabei sind zu allen Nummern Angaben zu machen; die Texte des Musters sind nicht zu wiederholen.

Übersicht

	Rn.		Rn.
I. Normzweck	1	III. Auftragsbekanntmachung (Abs. 2	
II. Vorinformation (Abs. 1 Nr. 1–4)	2–5	Nr. 1–6, Abs. 3)	6–12

I. Normzweck

§ 12VS bezweckt die Publizität des Vergabeverfahrens zur Sicherstellung des ordnungsgemäßen Wettbewerbs bei Baubeschaffungen in den Bereichen Verteidigung und Sicherheit. Die Vorschrift ist bieterschützend und Ausdruck des Diskriminierungsverbots, indem die Gleichbehandlung aller Bieter sichergestellt wird. Dies mit dem Ziel, einen möglichst breiten Wettbewerb mit einer möglichst hohen Anzahl von Bietern bei Baubeschaffungen in den Bereichen Verteidigung und Sicherheit zu eröffnen. Die Regelungen der Vorschrift entsprechen weitestgehend den Bestimmungen der Parallelnorm des § 12EU in Abschnitt 2, auf dessen Kommentierung ergänzend verwiesen wird (→ § 12EU Rn. 1 ff.).

1

II. Vorinformation (Abs. 1 Nr. 1–4)

Oberhalb des Schwellenwerts der EU-weiten Vergabe für verteidigungs- oder sicherheitsspezifische öffentliche Aufträge gem. § 106 Abs. 2 Nr. 3 GWB kann der öffentliche Auftraggeber zur künftigen Vergabe von Bauaufträgen der Bereiche Verteidigung und Sicherheit gem. § 12VS Abs. 1 Nr. 1 eine Vorinformation bekanntmachen. Diese Vorinformation

2

---
² [Amtl. Anm.:] http://simap.europa.eu/
³ [Amtl. Anm.:] http://simap.europa.eu/

umfasst die „wesentlichen Merkmale" des beabsichtigten Bauauftrages. Die dem eigentlichen Bauausschreibungsverfahren der Bereiche Verteidigung und Sicherheit vorweggenommene Information über eine künftig anstehende, beabsichtigte Ausschreibung, bezweckt – ebenso wie im Rahmen des § 12EU Abs. 1 Nr. 1 – die Information und die Erhöhung der geschäftlichen Dispositionsfreiheit potenzieller Bieter. Diese sollen sich rechtzeitig auf kommende Bauausschreibungen der Bereiche Verteidigung und Sicherheit einstellen können.

3   Die Vorinformation ist für öffentliche Auftraggeber der Bereiche Verteidigung und Sicherheit allein dann zwingend vorgeschrieben, wenn der öffentliche Auftraggeber gem. § 10bVS Abs. 4 S. 1 die Angebotsfrist verkürzen möchte. Die Regelung des § 12VS Abs. 1 Nr. 2 ist identisch mit der Regelung des § 12EU Abs. 1 Nr. 2. Auf die dortige Kommentierung wird verwiesen (→ § 12EU Rn. 2 ff.).

4   Die fakultative und die obligatorische Vorinformation sind gem. § 12VS Abs. 1 Nr. 3 nach den EU-Standardformularen der Durchführungsverordnung (EU) 2015/1986 der Kommission vom 11.11.2015, Standardformular 16 „Vorinformation – Verteidigung und Sicherheit", Anhang VIII, zu erstellen. Sie ist beim Amt für Veröffentlichungen der Europäischen Union zur Bekanntgabe einzureichen. Nach Genehmigung der Planung (Vorliegen einer bestandskräftigen Baugenehmigung) hat der öffentliche Auftraggeber der Bereiche Verteidigung und Sicherheit gem. § 12VS Abs. 1 Nr. 4 S. 1 Hs. 1 die Vorinformation sobald wie möglich dem Amt für Veröffentlichungen der Europäischen Union zu übermitteln oder in seinem Beschafferprofil zu veröffentlichen.

5   Bei Veröffentlichung der Vorinformation im Beschafferprofil gem. § 11VS Abs. 2 ist der öffentliche Auftraggeber gem. § 12VS Abs. 2 Nr. 4 S. 1 Hs. 2 gehalten, dem Amt für Veröffentlichen der Europäischen Union zuvor auf elektronischem Weg die Veröffentlichung mit dem Muster gemäß Anhang VIII der Durchführungsverordnung (EU) Nr. 2015/1986 „Bekanntmachung eines Beschafferprofils" zu melden. Die Merkmale für die Veröffentlichung gemäß Anhang VI der Richtlinie 2009/81/EG vom 13.7.2009 sind gem. § 12VS Abs. 1 Nr. 4 S. 1 Hs. 2 zu beachten. Zusätzlich ist es dem öffentlichen Auftraggeber der Bereiche Verteidigung und Sicherheit gem. § 12VS Abs. 1 Nr. 4 S. 2 gestattet, die Vorinformation außerdem in Tageszeitungen, amtlichen Veröffentlichungsblättern oder Internetportalen zu veröffentlichen. Auf die Kommentierung des inhaltsgleichen § 12EU Abs. 1 Nr. 4 wird ergänzend verwiesen (→ § 12EU Rn. 6).

III. Auftragsbekanntmachung (Abs. 2 Nr. 1–6, Abs. 3)

6   Die Bestimmungen zu Inhalt und Form der Auftragsbekanntmachungen für oberschwellige Bauaufträge der Bereiche Verteidigung und Sicherheit gem. § 12VS Abs. 2 Nr. 1–6, Abs. 3 Nr. 1, 2 gelten für alle Vergabearten gem. § 3VS Nr. 1–3 unter Ausnahme des Verhandlungsverfahrens ohne Teilnahmewettbewerb. Die Auftragsbekanntmachungen sind nach den EU-Standardformularen „Auftragsbekanntmachung – Verteidigung und Sicherheit", Standardformular 17, Anhang XIV der Durchführungsverordnung (EU) 2015/1986 der Kommission vom 11.11.2015 zu erstellen. Die standardisierte Bekanntmachungspflicht bezweckt die Eröffnung eines größtmöglichen Marktes mit möglichst vielen Bietern. Deren diskriminierungsfreie Gleichbehandlung und damit der ordnungsgemäße Wettbewerb sollen gleichfalls sichergestellt werden.

7   Die Auftragsbekanntmachungen sollen gem. § 12VS Abs. 2 Nr. 2 S. 1 nicht mehr als 650 Wörter umfassen, wenn der Inhalt der Auftragsbekanntmachung nicht auf elektronischem Weg abgesendet wird. Gemäß § 12VS Abs. 2 Nr. 2 S. 2 sind die Auftragsbekanntmachungen im Amtsblatt der Europäischen Union zu veröffentlichen und dem Amt für Veröffentlichungen der Europäischen Union unverzüglich, in Fällen des beschleunigten Verfahrens per Telefax oder elektronisch, zu übermitteln.

8   Der öffentliche Auftraggeber von oberschwelligen Bauaufträgen im Bereich Verteidigung und Sicherheit muss gem. § 12VS Abs. 2 Nr. 3 den Tag der Absendung der Auftragsbekannt-

machung an das Amt für Veröffentlichungen der Europäischen Union nachweisen können. Die Vergabedokumentation gem. § 20VS Abs. 1 Nr. 1–10, Abs. 2 hat diesen Nachweis zu enthalten. Die Vorschrift ist inhaltsgleich mit der Regelung des § 12EU Abs. 3 Nr. 4 S. 1. Auf die dortige Kommentierung wird verwiesen (→ § 12EU Rn. 26).

Die Veröffentlichung der Auftragsbekanntmachung erfolgt unentgeltlich spätestens zwölf Kalendertage nach Absendung im Supplement zum Amtsblatt der Europäischen Union in ihrer Originalsprache (§ 12VS Abs. 2 Nr. 4 S. 1). Die Zusammenfassung der wichtigsten Angaben der Auftragsbekanntmachung wird gem. § 12VS Abs. 2 Nr. 4 S. 2 Hs. 1 in den übrigen Amtssprachen der Europäischen Union veröffentlicht. Der Wortlaut der Originalsprache ist dabei gem. § 12VS Abs. 2 Nr. 4 S. 2 Hs. 2 allein verbindlich. Unter Ausnahme der Veröffentlichungsfrist von zwölf Kalendertagen ist die Vorschrift mit der Regelung des § 12EU Abs. 3 Nr. 3 identisch. Auf die dortige Kommentierung wird verwiesen (→ § 12EU Rn. 25). 9

Soweit Auftragsbekanntmachungen über das Internetportal des Amtes für Veröffentlichen der Europäischen Union auf elektronischem Weg erstellt und übermittelt wurden, werden diese gem. § 12VS Abs. 2 Nr. 5 spätestens fünf Kalendertage nach Absendung veröffentlicht. 10

Dem öffentlichen Auftraggeber ist es gem. § 12VS Abs. 2 Nr. 6 gestattet, Auftragsbekanntmachungen zusätzlich im Inland, beispielsweise in Tageszeitungen, amtlichen Veröffentlichungsblättern oder Internetportalen, so zB auf **www.bund.de,** zu veröffentlichen. Diese parallel veröffentlichten inländischen Auftragsbekanntmachungen dürfen gem. § 12VS Abs. 2 Nr. 6 S. 2 allein die Angaben enthalten, die dem Amt für Veröffentlichungen der Europäischen Union übermittelt wurden. Sie dürfen zeitlich nicht vor Absendung an das Amt für Veröffentlichungen der Europäischen Union im Inland veröffentlicht werden. Dies entspricht der Regelung des § 12EU Abs. 3 Nr. 5 S. 1–3. Auf die dortige Kommentierung wird verwiesen (→ § 12EU Rn. 27 f.). 11

Im nicht offenen Verfahren, im Verhandlungsverfahren und beim wettbewerblichen Dialog ist die Auftragsbekanntmachung nach den EU-Standardformularen des Anhangs XV der Durchführungsverordnung (EU) 2015/1986 der Kommission vom 11.11.2015, dort Standardformular 17 „Auftragsbekanntmachung – Verteidigung und Sicherheit", zu erstellen. Gemäß § 12VS Abs. 3 Nr. 2 sind zu allen Nummern des Standardformulars Angaben zu machen, wobei die Texte des Musters nicht zu wiederholen sind. Diese Regelung entspricht der Vorschrift des § 12EU Abs. 3 Nr. 2 S. 1, 2. Auf die dortige Kommentierung wird verwiesen (→ § 12EU Rn. 24). 12

§ 12aVS Versand der Vergabeunterlagen

(1)
1. Die Vergabeunterlagen sind den Unternehmen unverzüglich in geeigneter Weise zu übermitteln.
2. Die Vergabeunterlagen sind bei nicht offenen Verfahren sowie bei Verhandlungsverfahren und wettbewerblichem Dialog an alle ausgewählten Bewerber am selben Tag abzusenden.

(2) Wenn von den für die Preisermittlung wesentlichen Unterlagen keine Vervielfältigungen abgegeben werden können, sind diese in ausreichender Weise zur Einsicht auszulegen.

(3) Die Namen der Unternehmen, die Vergabeunterlagen erhalten oder eingesehen haben, sind geheim zu halten.

(4) [1]Rechtzeitig beantragte Auskünfte über die Vergabeunterlagen sind spätestens sechs Kalendertage vor Ablauf der Angebotsfrist allen Unternehmen in gleicher Weise zu erteilen. [2]Bei nicht offenen Verfahren und beschleunigten Verhandlungsverfahren nach § 10bVS Absatz 6 beträgt diese Frist vier Kalendertage.

I. Normzweck

1 Die Regelungen in § 12aVS Abs. 1–4 wurden identisch aus den Altregelungen in § 12VS Abs. 4–7 VOB/A 2012 übernommen. In Abschnitt 2 findet die Vorschrift ihre Entsprechung in der Parallelvorschrift des § 12aEU Abs. 1–3 und in Abschnitt 1 in der nahezu wortgleichen Parallelvorschrift des § 12a Abs. 1–4. Auf die dortigen Kommentierungen wird ergänzend verwiesen (→ § 12a Rn. 2 ff.).

2 Die Norm sichert die Gleichbehandlung der Bewerber und die Durchführung eines ordnungsgemäßen Wettbewerbs. Neben der Chancengleichheit der Bewerber, insbesondere durch Sicherstellung einer einheitlichen Frist zur Angebotsbearbeitung für alle Bewerber, schützt § 12aVS Abs. 3 auch den Geheimwettbewerb. Absprachen unter den Bietern sollen möglichst frühzeitig verhindert werden. Der Bieterkreis soll für die Bieter anonym und geheim bleiben.

II. Versand und Einsicht in die Vergabeunterlagen (Abs. 1–3)

3 Gemäß § 12aVS Abs. 1 Nr. 1 sind die Vergabeunterlagen den Unternehmen unverzüglich in geeigneter Weise zu übermitteln. Die Übermittlung der Vergabeunterlagen setzt einen Antrag der Bewerber voraus, der dem Auftraggeber noch rechtzeitig vor Ablauf der Angebotsfrist zugegangen sein muss.[1]

4 Die Übermittlung der Vergabeunterlagen in „geeigneter Weise" gem. § 12aVS Abs. 2 Nr. 1 meint regelmäßig die elektronische Übermittlung. Gemäß § 11VS Abs. 1 Nr. 1 sind nach Wahl des Auftraggebers auch andere Kommunikationsmittel oder eine Kombination verschiedener Kommunikationsmittel statthaft. Soweit elektronische Mittel verwandt werden, sind vom Auftraggeber die Anforderungen des § 11aVS Nr. 1–7 zu erfüllen.

5 Das offene Verfahren ist als Vergabeart bei Bauvergaben der Bereiche Verteidigung und Sicherheit gem. § 3VS Nr. 1–3 nicht vorgesehen. Beim nicht offenen Verfahren sowie beim Verhandlungsverfahren und beim wettbewerblichen Dialog sind die Vergabeunterlagen gem. § 12aVS Abs. 1 Nr. 2 an alle ausgewählten Bewerber am selben Tag abzusenden. Den Bewerbern wird damit eine gleiche Frist zur Bearbeitung der Angebote eingeräumt. Dies sichert die Gleichbehandlung und Chancengleichheit der Bewerber, was Voraussetzung für einen ordnungsgemäßen Wettbewerb ist. § 12aVS Abs. 1 Nr. 2 stellt dabei allein auf den gleichen Tag der Absendung der Vergabeunterlagen an alle Bewerber durch den Auftraggeber ab. Dieser Absendetag ist in der vom Auftraggeber gem. § 20VS zu erstellenden Vergabedokumentation nachweisbar aufzunehmen. Der Tag des Zugangs der Vergabeunterlagen bei den Bewerbern ist nicht relevant.

6 Gemäß § 12aVS Abs. 2 sind die für die Preisermittlung wesentlichen Unterlagen in ausreichender Weise ausnahmsweise dann zur Einsicht auszulegen, wenn von diesen Unterlagen keine Vervielfältigungen abgegeben werden können. Unterlagen, die für die Preisermittlung wesentlich iSd § 12aVS Abs. 2 sind, sind die Vergabeunterlagen iSd § 8VS Abs. 1 Nr. 1, 2.[2] Die Regelung des § 12aVS Abs. 2 entspricht in Abschnitt 1 der Vorschrift des § 12a Abs. 2 und stellt wie diese Regelung eine Ausnahmevorschrift dar. Wegen der Einzelheiten wird auf die Kommentierung des § 12a Abs. 2 in Abschnitt 1 verwiesen (→ § 12a Rn. 7 f.).

7 Gemäß § 12aVS Abs. 3 sind die Namen der Unternehmen, die Vergabeunterlagen erhalten oder eingesehen haben, geheim zu halten. Dies ist zur Sicherung des Geheimwettbewerbs vom Auftraggeber strikt zu beachten. Der Auftraggeber sollte die von ihm ergriffenen Maßnahmen zur Wahrung des Geheimhaltungsgebotes gem. § 12aVS Abs. 3 in der von ihm gem. § 20VS zu erstellenden Vergabedokumentation im Einzelnen dokumentieren. Die Regelung des § 12aVS Abs. 3 entspricht wörtlich den Bestimmungen des § 12a Abs. 3, § 12aEU Abs. 2 in Abschnitt 1 und Abschnitt 2. Auf deren Kommentierung wird verwiesen (→ § 12a Rn. 9 f., → § 12aEU Rn. 10).

---

[1] jurisPK-VergabeR/*Lausen* § 12VS Rn. 52.
[2] jurisPK-VergabeR/*Lausen* § 12VS Rn. 59.

III. Auskünfte über die Vergabeunterlagen (Abs. 4)

Gemäß § 12aVS Abs. 4 S. 1 hat der Auftraggeber rechtzeitig beantragte Auskünfte über die Vergabeunterlagen spätestens sechs Kalendertage vor Ablauf der Angebotsfrist allen Unternehmen in gleicher Weise zu erteilen. Bei nicht offenen Verfahren und beschleunigten Verhandlungsverfahren aus Dringlichkeitsgründen gem. § 10bVS Abs. 6 verkürzt sich die Auskunftsfrist auf vier Kalendertage. Die Vorschrift ist identisch zu der Regelung des § 12aEU Abs. 3 in Abschnitt 2. Auf die dortige Kommentierung wird verwiesen (→ § 12aEU Rn. 11 ff.). 8

§ 13VS Form und Inhalt der Angebote

(1)
1. ¹Der Auftraggeber legt fest, in welcher Form die Angebote einzureichen sind. ²Sie müssen unterzeichnet sein. ³Elektronisch übermittelte Angebote sind nach Wahl des Auftraggebers mit einer fortgeschrittenen elektronischen Signatur nach dem SigG und den Anforderungen des Auftraggebers oder mit einer qualifizierten elektronischen Signatur nach dem SigG zu versehen.
2. ¹Der Auftraggeber hat die Datenintegrität und die Vertraulichkeit der Angebote auf geeignete Weise zu gewährleisten. ²Per Post oder direkt übermittelte Angebote sind in einem verschlossenen Umschlag einzureichen, als solche zu kennzeichnen und bis zum Ablauf der für die Einreichung vorgesehenen Frist unter Verschluss zu halten. ³Bei elektronisch übermittelten Angeboten ist dies durch entsprechende technische Lösungen nach den Anforderungen des Auftraggebers und durch Verschlüsselung sicherzustellen. ⁴Die Verschlüsselung muss bis zur Öffnung des ersten Angebots aufrechterhalten bleiben.
3. Die Angebote müssen die geforderten Preise enthalten.
4. Die Angebote müssen die geforderten Erklärungen und Nachweise enthalten.
5. ¹Änderungen an den Vergabeunterlagen sind unzulässig. ²Änderungen des Bieters an seinen Eintragungen müssen zweifelsfrei sein.
6. Bieter können für die Angebotsabgabe eine selbstgefertigte Abschrift oder Kurzfassung des Leistungsverzeichnisses benutzen, wenn sie den vom Auftraggeber verfassten Wortlaut des Leistungsverzeichnisses im Angebot als allein verbindlich anerkennen; Kurzfassungen müssen jedoch die Ordnungszahlen (Positionen) vollzählig, in der gleichen Reihenfolge und mit den gleichen Nummern wie in dem vom Auftraggeber verfassten Leistungsverzeichnis wiedergeben.
7. Muster und Proben der Bieter müssen als zum Angebot gehörig gekennzeichnet sein.

(2) ¹Eine Leistung, die von den vorgesehenen technischen Spezifikationen nach § 7aVS Absatz 1 abweicht, kann angeboten werden, wenn sie mit dem geforderten Schutzniveau in Bezug auf Sicherheit, Gesundheit und Gebrauchstauglichkeit gleichwertig ist. ²Die Abweichung muss im Angebot eindeutig bezeichnet sein. ³Die Gleichwertigkeit ist mit dem Angebot nachzuweisen.

(3) ¹Die Anzahl von Nebenangeboten ist an einer vom Auftraggeber in den Vergabeunterlagen bezeichneten Stelle aufzuführen. ²Etwaige Nebenangebote müssen auf besonderer Anlage erstellt und als solche deutlich gekennzeichnet werden.

(4) Soweit Preisnachlässe ohne Bedingungen gewährt werden, sind diese an einer vom Auftraggeber in den Vergabeunterlagen bezeichneten Stelle aufzuführen.

(5) ¹Bietergemeinschaften haben die Mitglieder zu benennen sowie eines ihrer Mitglieder als bevollmächtigten Vertreter für den Abschluss und die Durchführung

des Vertrags zu bezeichnen. ²Fehlt die Bezeichnung des bevollmächtigten Vertreters im Angebot, so ist sie vor der Zuschlagserteilung beizubringen.

(6) Der Auftraggeber hat die Anforderungen an den Inhalt der Angebote nach den Absätzen 1 bis 5 in die Vergabeunterlagen aufzunehmen.

I. Normzweck

1 Die Bestimmungen des § 13VS Abs. 1–6 entsprechen unter Ausnahme von § 13VS Abs. 1 Nr. 1 S. 2, 3 wörtlich den Regelungen zu Angebotsform und -inhalt bei der nationalen Bauvergabe gem. § 13 Abs. 1–6 in Abschnitt 1. Nachstehend werden die Abweichungen des § 13VS Abs. 1 Nr. 1 S. 2, 3 zu § 13 Abs. 1 Nr. 1 S. 1–4 erörtert. Ergänzend wird auf die Kommentierung des § 13 Abs. 1–6 in Abschnitt 1 verwiesen (→ § 13 Rn. 13 ff.).

2 § 13VS ermöglicht die Durchführung eines ordnungsgemäßen Wettbewerbs durch Sicherstellung des formell korrekten Ablaufs des Vergabeverfahrens in der Angebotsphase. Die Vorschrift bezweckt insbesondere die Sicherstellung der Vergleichbarkeit der Angebote für die auf die Angebotsphase folgende Wertungsphase.[1] Die Vorschrift ist bieterschützend. Die Sicherstellung einer möglichst weitgehenden Vergleichbarkeit der Angebote in der Angebotsphase ermöglicht es erst in der darauf folgenden Wertungsphase, das annehmbarste und wirtschaftlichste Angebot gem. § 16dVS Abs. 1 Nr. 3 zu ermitteln. Hierdurch wird den Vorgaben des öffentlichen Haushaltsrechts durch Einhaltung der Gebote der Sparsamkeit und Wirtschaftlichkeit Rechnung getragen.[2] Die von § 13VS geforderte Vollständigkeit der Bieterangaben zu den bieterseits unveränderten Vergabeunterlagen dient ferner nach Zuschlagserteilung der Vertragssicherheit.[3]

II. Anforderungen an die Angebote (Abs. 1 Nr. 1–7)

3 **1. Angebotsform nach Vorgabe des Auftraggebers (Abs. 1 Nr. 1 S. 1).** Die Grundsätze der Informationsübermittlung bei oberschwelligen Bauvergaben in den Bereichen Verteidigung und Sicherheit (Anwendungsbereich der Richtlinie 2009/81/EG) gem. § 11VS Abs. 1–4 geben dem öffentlichen Auftraggeber einen größeren Spielraum bei der Festlegung der Kommunikationsmittel in der Auftragsbekanntmachung und den Vergabeunterlagen. Gemäß § 13VS Abs. 1 Nr. 1 hat der Auftraggeber bei Bauvergaben der Bereiche Verteidigung und Sicherheit auch eine Wahlfreiheit dahingehend, nach wie vor postalische oder Telefax-Kommunikation zuzulassen. Die Übergangsfristen des Abschnitts 2 in § 23EU S. 1, 2 für oberschwellige Bauvergaben gelten in Abschnitt 3 nicht. Dementsprechend gestattet § 13VS Abs. 1 Nr. 1 S. 1 auch die Vorgabe des Auftraggebers zur Einreichung schriftlicher Angebote. Dies kann auch nach dem 18.10.2018 so praktiziert werden. Gleichfalls ist in Abschnitt 3 auch keine § 13 Abs. 1 Nr. 1 S. 2 in Abschnitt 1 entsprechende Regelung zur zwingenden Zulassung schriftlicher Angebote bis zum 18.10.2018 enthalten. Daher kann gem. § 13VS Abs. 1 Nr. 1 S. 1 bei Bauvergaben in den Bereichen Verteidigung und Sicherheit auch vor dem 18.10.2018 die ausschließliche Einreichung elektronischer Angebote vom Auftraggeber vorgegeben werden. Ergänzend wird die Kommentierung des § 13 Abs. 1 Nr. 1 S. 1 verwiesen (→ § 13 Rn. 13).

4 **2. Angebotsform im Einzelnen (Abs. 1 Nr. 1 S. 2, 3).** Die Regelungen des § 13VS Abs. 1 Nr. 1 S. 2, 3 entsprechen nahezu wörtlich den Bestimmungen der Parallelvorschriften der nationalen Bauvergabe gem. § 13 Abs. 1 Nr. 1 S. 3, 4 in Abschnitt 1 und der europaweiten Bauvergabe gem. § 13EU Abs. 1 Nr. 1 S. 2, 3 Hs. 1 in Abschnitt 2.

5 Anders als im Bereich der nationalen Bauvergabe gem. § 13 Abs. 1 Nr. 1 S. 3 erster Gedankenstrich in Abschnitt 1 und im Bereich der europaweiten Bauvergabe gem. § 13EU Abs. 1 Nr. 1 S. 3 Hs. 2 in Abschnitt 2 sind gem. § 13VS Abs. 1 Nr. 1 S. 2 elektronisch

---
[1] Ingenstau/Korbion/*von Wietersheim* § 13 Rn. 1.
[2] Kapellmann/Messerschmidt/*Planker* § 13 Rn. 1.
[3] Kapellmann/Messerschmidt/*Planker* § 13 Rn. 1.

übermittelte Angebote nach Wahl des Auftraggebers stets mit einer fortgeschrittenen elektronischen Signatur nach dem SigG und den Anforderungen des Auftraggebers oder mit einer qualifizierten elektronischen Signatur nach dem SigG zu versehen.

Eine Einreichung elektronischer Angebote in Textform entsprechend § 13 Abs. 1 Nr. 1 S. 3 erster Gedankenstrich ist gem. § 13VS Abs. 1 Nr. 1 S. 2 nicht statthaft. Das Vorliegen erhöhter Anforderungen an die Sicherheit gem. § 11EU Abs. 5 S. 1, 2, § 13EU Abs. 1 Nr. 1 S. 3 Hs. 2 ist zur Vorgabe der fortgeschrittenen elektronischen Signatur gem. § 2 Nr. 2 lit. a–d SigG oder der qualifizierten elektronischen Signatur gem. § 2 Nr. 3 lit. a, b SigG bei Angebotseinreichung nicht erforderlich. 6

Im Übrigen entspricht § 13VS Abs. 1 Nr. 1 S. 2 wörtlich den Parallelvorschriften der nationalen Bauvergabe in Abschnitt 1 gem. § 13 Abs. 1 Nr. 1 S. 4 zweiter und dritter Gedankenstrich sowie der europaweiten Bauvergabe in Abschnitt 2 gem. § 13EU Abs. 1 Nr. 1 S. 3. Auf deren Kommentierungen wird verwiesen (→ § 13 Rn. 28 ff., → § 13EU Rn. 30 ff.). 7

3. Weitere Angebotsanforderungen (Abs. 1 Nr. 2–7, Abs. 2–6). Wegen der weiteren Angebotsanforderungen und der Angebotsbehandlung gem. § 13VS Abs. 1 Nr. 2–7, Abs. 2–6 wird auf die Kommentierung der identischen Bestimmungen in Abschnitt 1 gem. § 13 Abs. 1 Nr. 2–7, Abs. 2–6 verwiesen (→ § 13 Rn. 35 ff., Rn. 85 ff.). 8

§ 14VS Öffnung der Angebote, Öffnungstermin

(1) ¹Die Öffnung der Angebote wird von mindestens zwei Vertretern des Auftraggebers gemeinsam an einem Termin (Öffnungstermin) unverzüglich nach Ablauf der Angebotsfrist durchgeführt. ²Bis zu diesem Termin sind die elektronischen Angebote zu kennzeichnen und verschlüsselt aufzubewahren. ³Per Post oder direkt zugegangene Angebote sind auf dem ungeöffneten Umschlag mit Eingangsvermerk zu versehen und unter Verschluss zu halten.

(2)
1. Der Verhandlungsleiter stellt fest, ob der Verschluss der schriftlichen Angebote unversehrt ist und die elektronischen Angebote verschlüsselt sind.
2. Die Angebote werden geöffnet und in allen wesentlichen Teilen im Öffnungstermin gekennzeichnet.
3. Muster und Proben der Bieter müssen im Termin zur Stelle sein.

(3)
1. ¹Über den Öffnungstermin ist eine Niederschrift in Schriftform oder in elektronischer Form zu fertigen. ²Der Niederschrift ist eine Aufstellung mit folgenden Angaben beizufügen:
   a) Name und Anschrift der Bieter,
   b) die Endbeträge der Angebote oder einzelner Lose,
   c) Preisnachlässe ohne Bedingungen,
   d) Anzahl der jeweiligen Nebenangebote.
2. Sie ist von den beiden Vertretern des Auftraggebers zu unterschreiben oder mit einer Signatur nach § 13VS Absatz 1 Nummer 1 zu versehen.

(4) ¹Angebote, die zum Ablauf der Angebotsfrist nicht vorgelegen haben, sind in der Niederschrift oder in einem Nachtrag besonders aufzuführen. ²Die Eingangszeiten und die etwa bekannten Gründe, aus denen die Angebote nicht vorgelegen haben, sind zu vermerken. ³Der Umschlag und andere Beweismittel sind aufzubewahren.

(5)
1. Ein Angebot, das nachweislich vor Ablauf der Angebotsfrist dem Auftraggeber zugegangen war, aber aus vom Bieter nicht zu vertretenden Gründen dem Verhandlungsleiter nicht vorgelegen hat, ist wie ein rechtzeitig vorliegendes Angebot zu behandeln.

2. ¹Den Bietern ist dieser Sachverhalt unverzüglich in Textform mitzuteilen. ²In die Mitteilung sind die Feststellung, dass der Verschluss unversehrt war und die Angaben nach Absatz 3 Nummer 1 Buchstabe a bis d aufzunehmen.

3. ¹Dieses Angebot ist mit allen Angaben in die Niederschrift oder in einen Nachtrag aufzunehmen. ²Im Übrigen gilt Absatz 5 Satz 2 und 3.

(6) In nicht offenen Verfahren stellt der Auftraggeber den Bietern die in Absatz 3 Nummer 1 Buchstabe a bis d genannten Informationen unverzüglich elektronisch zur Verfügung. Den Bietern und ihren Bevollmächtigten ist die Einsicht in die Niederschrift und ihre Nachträge (Absätze 4 und 5 sowie § 16cVS Absatz 3) zu gestatten.

(7) Die Niederschrift darf nicht veröffentlicht werden.

(8) Die Angebote und ihre Anlagen sind sorgfältig zu verwahren und geheim zu halten.

I. Normzweck

1 § 14VS Abs. 1–8 entspricht den parallelen Regelungen der § 14 Abs. 1–8, § 14a Abs. 1–8 im Bereich der nationalen Bauvergabe in Abschnitt 1 und § 14EU Abs. 1–8 im Bereich der europaweiten Bauvergabe in Abschnitt 2.

2 In Abweichung zur Regelung der Durchführung des Eröffnungstermins bei Zulassung schriftlicher Angebote im Bereich der nationalen Bauvergabe gem. § 14a Abs. 1 S. 1 des Abschnitts 1 besteht im Öffnungstermin bei Bauvergaben der Bereiche Verteidigung und Sicherheit und der Zulassung schriftlicher Angebote gem. § 14VS Abs. 1 kein Anwesenheitsrecht der Bieter und ihrer Bevollmächtigten. Im Übrigen sind die Regelungsstruktur und der Regelungsgehalt des § 14VS Abs. 1–8 zu den Parallelvorschriften der § 14 Abs. 1–8, § 14a Abs. 1–8 in Abschnitt 1 und § 14EU Abs. 1–8 in Abschnitt 2 identisch. Auf deren Kommentierungen wird verwiesen (→ § 14 Rn. 4 ff., → § 14a Rn. 5 ff., → § 14EU Rn. 4 ff.).

3 § 14VS Abs. 1–8 strukturiert den Öffnungstermin bei oberschwelligen Bauvergaben der Bereiche Verteidigung und Sicherheit. Die Vorschrift gewährleistet mit ihren formellen Vorgaben für die Durchführung des Öffnungstermins, die Angebotsbehandlung, die Rechtzeitigkeit der Angebotsabgabe und durch die statuierten Geheimhaltungs- und Dokumentationspflichten die Wettbewerbsgrundsätze der Gleichbehandlung und der Transparenz gem. § 97 Abs. 2, Abs. 1 S. 1 GWB.[1] Die Einhaltung der Verfahrensregelungen zur Durchführung des Öffnungstermins durch den Auftraggeber gem. § 14VS Abs. 1–8 bildet die Grundlage eines ordnungsgemäßen Wettbewerbs. Die Vorschrift ist bieterschützend.

II. Vor dem Öffnungstermin (Abs. 1)

4 Der Auftraggeber hat elektronische Angebote nach Eingang gem. § 14VS Abs. 1 S. 2 zu kennzeichnen und bis zum Öffnungstermin verschlüsselt aufzubewahren. Per Post oder direkt zugegangene schriftliche Angebote sind gem. § 14VS Abs. 1 S. 3 auf dem ungeöffneten Umschlag mit Eingangsvermerk zu versehen und unter Verschluss zu halten.

5 Die Bestimmungen in § 14VS Abs. 1 S. 1–3 entsprechen wörtlich den Parallelvorschriften des § 14 Abs. 1 S. 1, 2, § 14a Abs. 1 S. 2, 3, Abs. 3 Nr. 1 in Abschnitt 1 sowie der Parallelvorschrift des § 14EU Abs. 1 S. 1–3 in Abschnitt 2. Auf die dortigen Kommentierungen wird verwiesen (→ § 14 Rn. 4 ff., → § 14a Rn. 5 ff., → § 14EU Rn. 4 ff.).

III. Öffnungstermin, verspätete Angebote, Verwahrung und Geheimhaltung der Angebote (Abs. 2–8)

6 Unmittelbar zu Beginn des von mindestens zwei Vertretern des Auftraggebers gemeinsam durchzuführenden Öffnungstermins hat der Verhandlungsleiter gem. § 14VS Abs. 2 Nr. 1

---

[1] jurisPK-VergabeR/*Haug/Panzer* Rn. 2.

festzustellen, ob der Verschluss der schriftlichen Angebote unversehrt ist und die elektronischen Angebote verschlüsselt sind.

Die Vorgaben des § 14VS Abs. 2–8 zur Öffnung und Kennzeichnung der Angebote, zur Anfertigung und Inhalt der Niederschrift, zur Behandlung verspäteter Angebote, zur Information der Bieter über die Feststellungen im Öffnungstermin sowie zur Verwahrungs- und Geheimhaltungspflicht der Angebote entsprechen wörtlich den Parallelvorschriften des § 14 Abs. 2–8, § 14a Abs. 3–8 in Abschnitt 1 und des § 14EU Abs. 2–8 in Abschnitt 2. Auf die dortigen Kommentierungen wird verwiesen (→ § 14 Rn. 7 ff., → § 14a Rn. 11 ff., → § 14EU Rn. 12 ff.). 7

§ 15VS Aufklärung des Angebotsinhalts

(1)
1. Im nicht offenen Verfahren darf der Auftraggeber nach Öffnung der Angebote bis zur Zuschlagserteilung von einem Bieter nur Aufklärung verlangen, um sich über seine Eignung, insbesondere seine technische und wirtschaftliche Leistungsfähigkeit, das Angebot selbst, etwaige Nebenangebote, die geplante Art der Durchführung, etwaige Ursprungsorte oder Bezugsquellen von Stoffen oder Bauteilen und über die Angemessenheit der Preise, wenn nötig durch Einsicht in die vorzulegenden Preisermittlungen (Kalkulationen) zu unterrichten.
2. ¹Die Ergebnisse solcher Aufklärungen sind geheim zu halten. ²Sie sollen in Textform niedergelegt werden.

(2) Verweigert ein Bieter die geforderten Aufklärungen und Angaben oder lässt er die ihm gesetzte angemessene Frist unbeantwortet verstreichen, so ist sein Angebot auszuschließen.

(3) Verhandlungen in nicht offenen Verfahren, besonders über Änderung der Angebote oder Preise, sind unstatthaft, außer, wenn sie bei Nebenangeboten oder Angeboten aufgrund eines Leistungsprogramms nötig sind, um unumgängliche technische Änderungen geringen Umfangs und daraus sich ergebende Änderungen der Preise zu vereinbaren.

I. Normzweck

Die Vergabe von oberschwelligen Bauaufträgen gem. § 1VS Abs. 1–3 in den Bereichen Verteidigung und Sicherheit sieht das offene Verfahren als Vergabeart nicht vor. Gemäß § 3VS Nr. 1–3 ist die Vergabe von Bauaufträgen gem. § 1VS Abs. 1–3 in den Bereichen Verteidigung und Sicherheit allein im nicht offenen Verfahren, im Verhandlungsverfahren oder im wettbewerblichen Dialog statthaft. Dementsprechend enthält § 15VS Abs. 1 Nr. 1 zur Regelung der allein zulässigen Bieterkommunikation nach Angebotsöffnung ausschließlich Aufklärungstatbestände zur Aufklärung des Angebotsinhalts im nicht offenen Verfahren. 1

Im Übrigen entsprechen die Regelungen des § 15VS Abs. 1–3 zur zulässigen Angebotsaufklärung bei Bauvergaben der Bereiche Verteidigung und Sicherheit wörtlich den Parallelvorschriften des § 15 Abs. 1–3 bei der nationalen Bauvergabe in Abschnitt 1 sowie des § 15EU Abs. 1–3 bei der europaweiten Bauvergabe in Abschnitt 2. Auf deren Kommentierungen wird ergänzend verwiesen (→ § 15 Rn. 4 ff., → § 15EU Rn. 5 ff.). 2

§ 15VS Abs. 1–3 begrenzt den zulässigen Inhalt der Bieterkommunikation im Zeitraum zwischen der Angebotsöffnung gem. § 14VS Abs. 2 Nr. 2 und der Zuschlagserteilung gem. § 18VS Abs. 1. Die Vorschrift hat durch das in § 15VS Abs. 3 normierte Verhandlungsverbot und durch die enumerative Aufzählung der allein zulässigen Aufklärungsgründe in § 15VS Abs. 1 Nr. 1 eine besonders wichtige Funktion zur Sicherung des fairen Verfahrensablaufs und der Durchführung eines ordnungsgemäßen Wettbewerbs. Der in diesem zeitlichen Stadium durch die Angebotsöffnung zum Ruhen gekommene Bieterwettbewerb darf nicht 3 durch weitere einseitige Verhandlungen des Auftraggebers mit den Bietern verfälscht werden. Nach Angebotsöffnung besteht in Entsprechung zu den Parallelnormen des § 15 Abs. 3 im Bereich der nationalen Bauvergabe in Abschnitt 1 und des § 15EU Abs. 3 im Bereich der europaweiten Bauvergabe in Abschnitt 2 auch bei Bauvergaben in den Bereichen Verteidigung und Sicherheit gem. § 15VS Abs. 3 ein striktes Verhandlungsverbot. Jegliche (Nach-)Verhandlungen der bieterseits abgegebenen und geöffneten Angebote sind auch für den Auftraggeber von oberschwelligen Bauleistungen der Bereiche Verteidigung und Sicherheit unzulässig und verboten. Allein Angebotsaufklärungen aus den in § 15VS Abs. 1 Nr. 1 benannten Gründen sind für den Auftraggeber nach Angebotsöffnung statthaft. Bieterkommunikation, die über den von § 15VS Abs. 1 Nr. 1 zur inhaltlichen Angebotsaufklärung eröffneten Rahmen hinausgeht, unterfällt dem Verhandlungsverbot des § 15VS Abs. 3. § 15VS ist bieterschützend.

II. Kein Anspruch des Bieters auf Angebotsaufklärung (Abs. 1 Nr. 1, Abs. 2)

4   § 15VS Abs. 1 Nr. 1, Abs. 2 begründet keinen bieterseitigen Anspruch auf Aufklärung seines Angebots. Ob und bejahendenfalls welche Maßnahmen zur Aufklärung von Angebotsinhalten vom Auftraggeber ergriffen werden, steht grundsätzlich im Ermessen des Auftraggebers. Hierbei unterliegt der Auftraggeber der Einschränkung, dass er bei der Ausübung seines Ermessens verschiedene Bewerber gleich und fair zu behandeln hat. Dieses Ermessen kann reduziert sein. Die ausschließliche Verantwortung des Bieters, ein vollständiges und zweifelsfreies Angebot abzugeben, welches bei Unklarheit nicht zwingend, sondern allein nach pflichtgemäßen Ermessen des Auftraggebers aufzuklären ist, kann sich auf den Auftraggeber verlagern und eine Angebotsaufklärung gebieten. Dies insbesondere dann, wenn die Unklarheit des Angebots des Bieters vom Auftraggeber verursacht wurde oder das Gebot zu einer fairen und gleichen Behandlung der Bieter dies fordert. Auf die Kommentierungen der identisch gefassten Parallelvorschriften der §§ 15, 15EU in Abschnitt 1 und Abschnitt 2 wird verwiesen (→ § 15 Rn. 4 ff., → § 15EU Rn. 5 ff.).

III. Aufklärungsbedarf und allein zulässige Aufklärungsgründe (Abs. 1 Nr. 1)

5   Die Regelung der nach Angebotsöffnung allein zulässigen Aufklärungsgründe gem. § 15VS Abs. 1 Nr. 1 entspricht wörtlich den Parallelvorschriften gem. § 15 Abs. 1 Nr. 1 im Bereich der nationalen Bauvergabe in Abschnitt 1 und gem. § 15EU Abs. 1 Nr. 1 im Bereich der europaweiten Bauvergabe in Abschnitt 2.

6   Zur Kommentierung des § 15VS Abs. 1 Nr. 1 wird auf die Kommentierungen des § 15 Abs. 1 Nr. 1 in Abschnitt 1 und des § 15EU Abs. 1 Nr. 1 in Abschnitt 2 verwiesen (→ § 15 Rn. 7 ff., → § 15EU Rn. 8 ff.).

IV. Geheimhaltung und Dokumentation, Aufklärungsverweigerung und Nachverhandlungsverbot (Abs. 1 Nr. 2, Abs. 2, 3)

7   Die Regelungen der Geheimhaltungsverpflichtung des Auftraggebers bei Baumaßnahmen in den Bereichen Verteidigung und Sicherheit gem. § 15VS Abs. 1 Nr. 2 S. 1, der Dokumentation erfolgter Aufklärungen in Textform gem. § 15VS Abs. 1 Nr. 2 S. 2, der Rechtsfolgen der Aufklärungsverweigerung gem. § 15VS Abs. 2 und der Regelung des Nachverhandlungsverbots in § 15VS Abs. 3 sind inhaltlich und wörtlich mit den Parallelvorschriften des § 15 Abs. 1 Nr. 2, Abs. 2, 3 und § 15EU Abs. 1 Nr. 2, Abs. 2, 3 in Abschnitt 1 und Abschnitt 2 identisch.

8   Zur Kommentierung des § 15VS Abs. 1 Nr. 2, Abs. 2, 3 wird auf die dortigen Kommentierungen verwiesen (→ § 15 Rn. 43 ff., → § 15EU Rn. 44 ff.).

§ 16VS Ausschluss von Angeboten

Auszuschließen sind
1. Angebote, die bei Ablauf der Angebotsfrist nicht vorgelegen haben, ausgenommen Angebote nach § 14VS Absatz 5,
2. Angebote, die den Bestimmungen des § 13VS Absatz 1 Nummer 1, 2 und 5 nicht entsprechen,
3. Angebote, die den Bestimmungen des § 13VS Absatz 1 Nummer 3 nicht entsprechen; ausgenommen solche Angebote, bei denen lediglich in einer einzelnen unwesentlichen Position die Angabe des Preises fehlt und durch die Außerachtlassung dieser Position der Wettbewerb und die Wertungsreihenfolge, auch bei Wertung dieser Position mit dem jeweils höchsten Wettbewerbspreis, nicht beeinträchtigt werden,
4. Angebote, bei denen der Bieter Erklärungen oder Nachweise, deren Vorlage sich der öffentliche Auftraggeber vorbehalten hat, auf Anforderung nicht innerhalb einer angemessenen, nach dem Kalender bestimmten Frist vorgelegt hat. Satz 1 gilt für Teilnahmeanträge entsprechend,
5. nicht zugelassene Nebenangebote sowie Nebenangebote, die den Mindestanforderungen nicht entsprechen,
6. Nebenangebote, die dem § 13VS Absatz 3 Satz 2 nicht entsprechen.

§ 16VS ist dem Wortlaut nach identisch mit § 16EU, sodass auf die dortige Kommentierung vollumfänglich verwiesen wird (→ § 16EU Rn. 1 ff).   **1**

§ 16aVS Nachforderung von Unterlagen

¹Fehlen geforderte Erklärungen oder Nachweise und wird das Angebot nicht entsprechend § 16VS ausgeschlossen, verlangt der Auftraggeber die fehlenden Erklärungen oder Nachweise nach. ²Diese sind spätestens innerhalb von sechs Kalendertagen nach Aufforderung durch den Auftraggeber vorzulegen. ³Die Frist beginnt am Tag nach der Absendung der Aufforderung durch den Auftraggeber. ⁴Werden die Erklärungen oder Nachweise nicht innerhalb der Frist vorgelegt, ist das Angebot auszuschließen.

§ 16aVS ist, bis auf kleine redaktionelle Unterschiede, identisch mit § 16aEU; auf die dortige Kommentierung wird verwiesen (→ § 16aEU Rn. 1 ff.).   **1**

§ 16bVS Eignung

Beim nicht offenen Verfahren, Verhandlungsverfahren und beim wettbewerblichen Dialog sind nur Umstände zu berücksichtigen, die nach Aufforderung zur Angebotsabgabe Zweifel an der Eignung des Bieters begründen (vgl. § 6bVS Absatz 4).

§ 16bVS entspricht § 16bEU Abs. 3, sodass auf die Kommentierung in § 16bEU verwiesen wird (→ § 16bEU Rn. 9).   **1**

§ 16cVS Prüfung

(1) Die nicht ausgeschlossenen Angebote geeigneter Bieter sind auf die Einhaltung der gestellten Anforderungen, insbesondere in rechnerischer, technischer und wirtschaftlicher Hinsicht zu prüfen.

1. Entspricht der Gesamtbetrag einer Ordnungszahl (Position) nicht dem Ergebnis der Multiplikation von Mengenansatz und Einheitspreis, so ist der Einheitspreis maßgebend.
2. Bei Vergabe für eine Pauschalsumme gilt diese ohne Rücksicht auf etwa angegebene Einzelpreise.

(2) Die aufgrund der Prüfung festgestellten Angebotsendsummen sind in der Niederschrift über den Öffnungstermin zu vermerken.

1   § 16cVS ist im Wesentlichen identisch mit § 16cEU, weshalb auf die dortige Kommentierung verwiesen wird (→ § 16cEU Rn. 1. ff.). Die in § 16cEU Abs. 1 S. 2 enthaltene Regelung zur Nachweisführung in Bezug auf die Einhaltung spezifischer umweltbezogener, sozialer und sonstiger Merkmale findet sich in § 16cVS Abs. 1 nicht.

§ 16dVS Wertung

(1)
1. Auf ein Angebot mit einem unangemessen hohen oder niedrigen Preis darf der Zuschlag nicht erteilt werden.
2. ¹Erscheint ein Angebotspreis unangemessen niedrig und ist anhand vorliegender Unterlagen über die Preisermittlung die Angemessenheit nicht zu beurteilen, ist vor Ablehnung des Angebots vom Bieter in Textform Aufklärung über die Ermittlung der Preise für die Gesamtleistung oder für Teilleistungen zu verlangen, gegebenenfalls unter Festlegung einer zumutbaren Antwortfrist. ²Bei der Beurteilung der Angemessenheit prüft der Auftraggeber – in Rücksprache mit dem Bieter – die betreffende Zusammensetzung und berücksichtigt dabei die gelieferten Nachweise.
3. In die engere Wahl kommen nur solche Angebote, die unter Berücksichtigung rationellen Baubetriebs und sparsamer Wirtschaftsführung eine einwandfreie Ausführung einschließlich Haftung für Mängelansprüche erwarten lassen.

(2) ¹Bei der Wertung der Angebote dürfen nur Zuschlagskriterien und deren Gewichtung berücksichtigt werden, die in der Auftragsbekanntmachung oder in den Vergabeunterlagen genannt sind. ²Die Zuschlagskriterien müssen mit dem Auftragsgegenstand zusammenhängen und können beispielsweise sein: Qualität, Preis, technischer Wert, Ästhetik, Zweckmäßigkeit, Umwelteigenschaften, Betriebs- und Folgekosten, Rentabilität, Kundendienst, Versorgungssicherheit, Interoperabilität und Eigenschaft beim Einsatz und technische Hilfe oder Ausführungsfrist.

(3) ¹Sind Angebote auf Grund einer staatlichen Beihilfe ungewöhnlich niedrig, ist dies nur dann ein Grund sie zurückzuweisen, wenn der Bieter nicht nachweisen kann, dass die betreffende Beihilfe rechtmäßig gewährt wurde. ²Für diesen Nachweis hat der Auftraggeber dem Bieter eine ausreichende Frist zu gewähren. ³Auftraggeber, die trotz entsprechender Nachweise des Bieters ein Angebot zurückweisen, müssen die Kommission der Europäischen Union darüber unterrichten.

(4) Ein Angebot nach § 13VS Absatz 2 ist wie ein Hauptangebot zu werten.

(5) ¹Preisnachlässe ohne Bedingung sind nicht zu werten, wenn sie nicht an der vom Auftraggeber nach § 13VS Absatz 4 bezeichneten Stelle aufgeführt sind. ²Unaufgefordert angebotene Preisnachlässe mit Bedingungen für die Zahlungsfrist (Skonti) werden bei der Wertung der Angebote nicht berücksichtigt.

(6) ¹Die Bestimmungen der Absätze 1 bis 3, § 16bVS, § 16cVS Absatz 2 gelten auch bei Verhandlungsverfahren und wettbewerblichem Dialog. ²Die Absätze 4 und 5, § 16VS sowie § 16cVS Absatz 1 sind entsprechend auch bei Verhandlungsverfahren und wettbewerblichem Dialog anzuwenden.

Schrifttum: vgl. die Angaben bei § 16dEU.

I. Überblick

Aufgrund der weitgehenden Übereinstimmung zwischen § 16dVS und § 16dEU bzw. § 16d lässt sich ein eigenständiger Regelungsgehalt des § 16dVS nicht erkennen. Daher wird an dieser Stelle grundsätzlich auf die Kommentierungen der § 16dEU und § 16d verwiesen (→ § 16dEU Rn. 1 ff. und → § 16d Rn. 1 ff.). Nachstehend erfolgt eine Erläuterung nur insoweit, als sich § 16dVS von § 16dEU bzw. § 16d inhaltlich unterscheidet. **1**

II. Regelungsinhalt

Die Regelung in § 16dVS Abs. 1 Nr. 1 entspricht weitgehend § 16dEU Abs. 1 Nr. 1. Im Unterschied zu § 16dEU Abs. 1 Nr. 1 ist die Prüfung der Angemessenheit allerdings auf den **Angebotspreis** beschränkt. Die Angemessenheit der **Kosten** ist bei der Preisprüfung **nicht zu berücksichtigen.** Des Weiteren hat die Regelung in § 16dEU Abs. 1 Nr. 1 S. 2, wonach der Auftraggeber ein Angebot ablehnt, das unangemessen niedrig ist, weil es den geltenden **umwelt-, sozial- und arbeitsrechtlichen Anforderungen** nicht genügt, keine Entsprechung in § 16dVS Abs. 1 Nr. 1. **2**

Abs. 2 stellt sich als eine Art „Mischvariante" zwischen § 16dEU Abs. 2 Nr. 1 und 2 und § 16 dar. Gegenüber beiden eigenständig sind die Kriterien **„Interoperabilität", „Versorgungssicherheit"** und **„Eigenschaft beim Einsatz".** Gerade das zuletzt genannte Kriterium zielt auf die besonderen Bedürfnisse des öffentlichen Auftraggebers im Bereich Verteidigung und Sicherheit ab.[1] Methodisch bestehen aber keinerlei Besonderheiten gegenüber den in § 16dEU Abs. 2 genannten Kriterien. **3**

Die Abs. 3–6 finden sich wortgleich oder sinngemäß in § 16dEU wieder. **4**

§ 17VS Aufhebung der Ausschreibung

(1) Die Ausschreibung kann aufgehoben werden, wenn:
1. kein Angebot eingegangen ist, das den Ausschreibungsbedingungen entspricht,
2. die Vergabeunterlagen grundlegend geändert werden müssen,
3. andere schwerwiegende Gründe bestehen.

(2)
1. Die Bewerber und Bieter sind von der Aufhebung der Ausschreibung unter Angabe der Gründe, gegebenenfalls über die Absicht, ein neues Vergabeverfahren einzuleiten, unverzüglich in Textform zu unterrichten.
2. Dabei kann der öffentliche Auftraggeber bestimmte Informationen zurückhalten, wenn die Weitergabe
   a) den Gesetzesvollzug behindern,
   b) dem öffentlichen Interesse zuwiderlaufen,
   c) die berechtigten geschäftlichen Interessen von öffentlichen oder privaten Unternehmen schädigen oder
   d) den fairen Wettbewerb beeinträchtigen würde.

§ 17VS entspricht vollständig § 17EU. Es kann daher auf die Kommentierung zu § 17EU verwiesen werden (→ § 17EU Rn. 1 ff.). **1**

§ 18VS Zuschlag

(1) Der Zuschlag ist möglichst bald, mindestens aber so rechtzeitig zu erteilen, dass dem Bieter die Erklärung noch vor Ablauf der Bindefrist zugeht.

---

[1] Ingenstau/Korbion/*Korbion* Rn. 35 unter Verweis auf die unionsrechtlichen Vorgaben gem. Art. 47 Abs. 1 RL 2009/81/EG.

(2) Werden Erweiterungen, Einschränkungen oder Änderungen vorgenommen oder wird der Zuschlag verspätet erteilt, so ist der Bieter bei Erteilung des Zuschlags aufzufordern, sich unverzüglich über die Annahme zu erklären.

(3)
1. Die Erteilung eines Bauauftrages ist bekannt zu machen.
2. Die Vergabebekanntmachung ist nach dem Muster gemäß Anhang XIV der Durchführungsverordnung (EU) Nr. 2015/1986 zu erstellen. Beim Verhandlungsverfahren ohne Teilnahmewettbewerb hat der Auftraggeber die Gründe, die die Wahl dieses Verfahrens rechtfertigen, in der Vergabebekanntmachung mitzuteilen.
3. Nicht in die Vergabebekanntmachung aufzunehmen sind Angaben, deren Veröffentlichung
   a) den Gesetzesvollzug behindern,
   b) dem öffentlichen Interesse zuwiderlaufen,
   c) die berechtigten geschäftlichen Interessen öffentlicher oder privater Unternehmen schädigen oder
   d) den fairen Wettbewerb beeinträchtigen würde.

(4) Die Vergabebekanntmachung ist dem Amt für Veröffentlichungen der Europäischen Union in kürzester Frist – spätestens 48 Kalendertage nach Auftragserteilung – zu übermitteln.

1 § 18 ist im Wesentlichen wortgleich zu § 18EU. Auf die Kommentierung zu § 18EU kann daher im Grundsatz verwiesen werden (→ § 18EU Rn. 1 ff.).

2 Bei Abs. 1 ist die unterschiedliche Regelung in Bezug auf die **Länger der Bindefrist** zu beachten: Gemäß § 10bVS Abs. 8 S. 3 soll eine längere Bindefrist als **30 Kalendertage** nur in begründeten Fällen festgelegt werden, während sie nach § 10aEU Abs. 8 im Regelfall 60 Tage beträgt.

3 Ferner haben **§ 18EU Abs. 3 Nr. 3 und 4 keine Entsprechung im Abschnitt 3,** was sich daraus erklärt, dass mit § 18VS nicht die RL 2014/24/EU umgesetzt wird, die Grundlage dieser Regelungen ist, sondern nach wie vor die Richtlinie 2009/81/EG. Dafür ist der Anwendungsbereich des Abs. 3 Nr. 3, der § 18EU Abs. 3 Nr. 5 entspricht, im Bereich Verteidigung und Sicherheit von besonderer Relevanz und daher auch mit entsprechender Sorgfalt zu prüfen.

4 Auch Abs. 4 wurde entsprechend nicht der RL 2014/24/EU angepasst; anders als in § 18EU ist der Auftraggeber daher **nicht verpflichtet,** die Bekanntmachung **elektronisch** zu übermitteln. Daher beträgt die Frist nach wie vor **48 Kalendertage.**

§ 19VS Nicht berücksichtigte Bewerbungen und Angebote

(1) Bewerber, deren Bewerbung abgelehnt wurde, sowie Bieter, deren Angebote ausgeschlossen worden sind (§ 16VS), und solche, deren Angebote nicht in die engere Wahl kommen, sollen unverzüglich unterrichtet werden.

(2) ¹Der öffentliche Auftraggeber hat die betroffenen Bieter, deren Angebote nicht berücksichtigt werden sollen,
1. über den Namen des Unternehmens, dessen Angebot angenommen werden soll,
2. über die Gründe der vorgesehenen Nichtberücksichtigung ihres Angebots und
3. über den frühesten Zeitpunkt des Vertragsschlusses
unverzüglich in Textform zu informieren. ²Dies gilt auch für Bewerber, denen keine Information über die Ablehnung ihrer Bewerbung zur Verfügung gestellt wurde, bevor die Mitteilung über die Zuschlagserteilung an die betroffenen Bieter ergangen ist.

³Ein Vertrag darf erst 15 Kalendertage nach Absendung der Information nach den Sätzen 1 und 2 geschlossen werden. ⁴Wird die Information per Telefax oder auf elektronischem Weg versendet, verkürzt sich die Frist auf zehn Kalendertage. ⁵Die Frist beginnt am Tag nach Absendung der Information durch den öffentlichen Auftraggeber; auf den Tag des Zugangs beim betroffenen Bewerber oder Bieter kommt es nicht an.

(3) Die Informationspflicht nach Absatz 2 entfällt in den Fällen, in denen das Verhandlungsverfahren ohne Teilnahmewettbewerb wegen besonderer Dringlichkeit gerechtfertigt ist.

(4) ¹Auf Verlangen ist den nicht berücksichtigten Bewerbern unverzüglich, spätestens jedoch innerhalb einer Frist von 15 Kalendertagen nach Eingang ihres schriftlichen Antrags Folgendes mitzuteilen:
1. die Entscheidung über die Zuschlagserteilung sowie
2. die Gründe für die Ablehnung ihrer Bewerbung, einschließlich der nicht ausreichenden Erfüllung der Anforderungen in Bezug auf die Informations- und Versorgungssicherheit.

²Auf Verlangen sind den Bietern, die ein ordnungsgemäßes Angebot eingereicht haben, die Merkmale und Vorteile des Angebots des erfolgreichen Bieters schriftlich mitzuteilen. ³Sofern keine Gleichwertigkeit insbesondere in Bezug auf die erforderliche Informations- und Versorgungssicherheit vorliegt, teilt der Auftraggeber dem Bieter dies mit.
⁴§ 17VS Absatz 2 Nummer 2 gilt entsprechend.

(5) Nicht berücksichtigte Angebote und Ausarbeitungen der Bieter dürfen nicht für eine neue Vergabe oder für andere Zwecke benutzt werden.

(6) Entwürfe, Ausarbeitungen, Muster und Proben zu nicht berücksichtigten Angeboten sind zurückzugeben, wenn dies im Angebot oder innerhalb von 30 Kalendertagen nach Ablehnung des Angebots verlangt wird.

§ 19VS ist wortgleich zu § 19EU. Auf die Kommentierung zu § 19EU kann daher im vollen Umfang verwiesen werden (→ § 19EU Rn. 1 ff.). 1

§ 20VS Dokumentation

(1) ¹Das Vergabeverfahren ist zeitnah so zu dokumentieren, dass die einzelnen Stufen des Verfahrens, die einzelnen Maßnahmen, die maßgebenden Feststellungen sowie die Begründung der einzelnen Entscheidungen in Textform festgehalten werden. ²Diese Dokumentation muss mindestens enthalten:
1. Name und Anschrift des Auftraggebers,
2. Art und Umfang der Leistung,
3. Wert des Auftrages,
4. Namen der berücksichtigten Bewerber oder Bieter und Gründe für ihre Auswahl,
5. Namen der nicht berücksichtigten Bewerber oder Bieter und die Gründe für die Ablehnung,
6. Gründe für die Ablehnung von ungewöhnlich niedrigen Angeboten,
7. Name des Auftragnehmers und Gründe für die Erteilung des Zuschlags auf sein Angebot,
8. Anteil der beabsichtigten Weitergabe an Nachunternehmen, soweit bekannt,
9. bei nicht offenen Verfahren, Verhandlungsverfahren und wettbewerblichem Dialog Gründe für die Wahl des jeweiligen Verfahrens sowie die Gründe für das Überschreiten der Fünfjahresfrist in § 3aVS Absatz 2 Nummer 5,

10. gegebenenfalls die Gründe, aus denen der Auftraggeber auf die Vergabe eines Auftrags verzichtet hat.
³Der Auftraggeber trifft geeignete Maßnahmen, um den Ablauf der mit elektronischen Mitteln durchgeführten Vergabeverfahren zu dokumentieren.

(2) Wird auf die Vorlage zusätzlich zum Angebot verlangter Unterlagen und Nachweise verzichtet, ist dies in der Dokumentation zu begründen.

1 § 20VS ist wortgleich zu § 20 Abs. 1 und 2 in Abschnitt 1. Auf die dortige Kommentierung kann daher verwiesen werden (→ § 20 Rn. 1 ff.). Der Verzicht auf die Übernahme auch von § 20 Abs. 3 erklärt sich daraus, dass Abschnitt 3 nur für Vergaben oberhalb der EU-Schwellenwerte gilt und Beschränkte Ausschreibungen bzw. nicht offene Verfahren ohne Teilnahmewettbewerb nicht vorgesehen sind (vgl. § 3VS Nr. 1).

§ 21VS Nachprüfungsbehörden

In der Bekanntmachung und den Vergabeunterlagen ist die Nachprüfungsbehörde mit der Anschrift anzugeben, an die sich der Bewerber oder Bieter zur Nachprüfung behaupteter Verstöße gegen die Vergabebestimmungen wenden kann.

1 § 21VS ist identisch mit § 21EU; auf die dortige Kommentierung wird verwiesen (→ § 21EU → Rn. 1 ff.).

§ 22VS Auftragsänderungen während der Vertragslaufzeit

(1) ¹Wesentliche Änderungen eines öffentlichen Auftrags während der Vertragslaufzeit erfordern ein neues Vergabeverfahren. ²Wesentlich sind Änderungen, die dazu führen, dass sich der öffentliche Auftrag erheblich von dem ursprünglich vergebenen öffentlichen Auftrag unterscheidet. ³Eine wesentliche Änderung liegt insbesondere vor, wenn
1. mit der Änderung Bedingungen eingeführt werden, die, wenn sie für das ursprüngliche Vergabeverfahren gegolten hätten,
    a) die Zulassung anderer Bewerber oder Bieter ermöglicht hätten,
    b) die Annahme eines anderen Angebots ermöglicht hätten oder
    c) das Interesse weiterer Teilnehmer am Vergabeverfahren geweckt hätten,
2. mit der Änderung das wirtschaftliche Gleichgewicht des öffentlichen Auftrags zugunsten des Auftragnehmers in einer Weise verschoben wird, die im ursprünglichen Auftrag nicht vorgesehen war,
3. mit der Änderung der Umfang des öffentlichen Auftrags erheblich ausgeweitet wird oder
4. ein neuer Auftragnehmer den Auftragnehmer in anderen als den in Absatz 2 Nummer 4 vorgesehenen Fällen ersetzt.

(2) ¹Unbeschadet des Absatzes 1 ist die Änderung eines öffentlichen Auftrags ohne Durchführung eines neuen Vergabeverfahrens zulässig, wenn
1. in den ursprünglichen Vergabeunterlagen klare, genaue und eindeutig formulierte Überprüfungsklauseln oder Optionen vorgesehen sind, die Angaben zu Art, Umfang und Voraussetzungen möglicher Auftragsänderungen enthalten, und sich aufgrund der Änderung der Gesamtcharakter des Auftrags nicht verändert,
2. zusätzliche Bauleistungen erforderlich geworden sind, die nicht in den ursprünglichen Vergabeunterlagen vorgesehen waren, und ein Wechsel des Auftragnehmers

a) aus wirtschaftlichen oder technischen Gründen nicht erfolgen kann und
b) mit erheblichen Schwierigkeiten oder beträchtlichen Zusatzkosten für den Auftraggeber verbunden wäre,
3. die Änderung aufgrund von Umständen erforderlich geworden ist, die der Auftraggeber im Rahmen seiner Sorgfaltspflicht nicht vorhersehen konnte und sich aufgrund der Änderung der Gesamtcharakter des Auftrags nicht verändert oder
4. ein neuer Auftragnehmer den bisherigen Auftragnehmer ersetzt
    a) aufgrund einer Überprüfungsklausel im Sinne von Nummer 1,
    b) aufgrund der Tatsache, dass ein anderes Unternehmen, das die ursprünglich festgelegten Anforderungen an die Eignung erfüllt, im Zuge einer Unternehmensumstrukturierung, wie zum Beispiel durch Übernahme, Zusammenschluss, Erwerb oder Insolvenz, ganz oder teilweise an die Stelle des ursprünglichen Auftragnehmers tritt, sofern dies keine weiteren wesentlichen Änderungen im Sinne des Absatzes 1 zur Folge hat, oder
    c) aufgrund der Tatsache, dass der Auftraggeber selbst die Verpflichtungen des Hauptauftragnehmers gegenüber seinen Unterauftragnehmern übernimmt.
²In den Fällen der Nummer 2 und 3 darf der Preis um nicht mehr als 50 Prozent des Werts des ursprünglichen Auftrags erhöht werden. ³Bei mehreren aufeinander folgenden Änderungen des Auftrags gilt diese Beschränkung für den Wert jeder einzelnen Änderung, sofern die Änderungen nicht mit dem Ziel vorgenommen werden, die Vorschriften dieses Teils zu umgehen.

(3) ¹Die Änderung eines öffentlichen Auftrags ohne Durchführung eines neuen Vergabeverfahrens ist ferner zulässig, wenn sich der Gesamtcharakter des Auftrags nicht ändert und der Wert der Änderung
1. die jeweiligen Schwellenwerte nach § 106 GWB nicht übersteigt und
2. bei Liefer- und Dienstleistungsaufträgen nicht mehr als 10 Prozent und bei Bauaufträgen nicht mehr als 15 Prozent des ursprünglichen Auftragswertes beträgt.
²Bei mehreren aufeinander folgenden Änderungen ist der Gesamtwert der Änderungen maßgeblich.

(4) Enthält der Vertrag eine Indexierungsklausel, wird für die Wertberechnung gemäß Absatz 2 Satz 2 und 3 sowie gemäß Absatz 3 der höhere Preis als Referenzwert herangezogen.

(5) Änderungen nach Absatz 2 Nummer 2 und 3 sind im Amtsblatt der Europäischen Union bekannt zu machen.

§ 22VS ist identisch mit § 132 GWB, der gem. § 147 Abs. 1 GWB auch auf die Vergabe von verteidigungs- oder sicherheitsspezifischen öffentlichen Aufträgen Anwendung findet. Auf die Kommentierung zu § 132 GWB ist daher im vollen Umfang zu verweisen (*Jaeger* in Band 3 → GWB § 132 Rn. 1 ff.), ergänzend auf die Kommentierungen zu § 22EU und § 22 (→ § 22EU Rn. 1 ff.; → § 22 Rn. 1 ff.). 1

Anhang TS

Technische Spezifikationen
1. „Technische Spezifikation" hat eine der folgenden Bedeutungen:
    a) bei öffentlichen Bauaufträgen die Gesamtheit der insbesondere in den Vergabeunterlagen enthaltenen technischen Beschreibungen, in denen die erforderlichen Eigenschaften eines Werkstoffs, eines Produkts oder einer Lieferung definiert sind, damit dieser/diese den vom öffentlichen Auftraggeber beabsichtigten Zweck erfüllt; zu diesen Eigenschaften gehören Umwelt- und Klimaleistungsstufen, „Design für alle" (einschließlich des Zugangs von Menschen mit Behinderungen) und Konformitätsbewertung,

Leistung, Vorgaben für Gebrauchstauglichkeit, Sicherheit oder Abmessungen, einschließlich der Qualitätssicherungsverfahren, der Terminologie, der Symbole, der Versuchs- und Prüfmethoden, der Verpackung, der Kennzeichnung und Beschriftung, der Gebrauchsanleitungen sowie der Produktionsprozesse und -methoden in jeder Phase des Lebenszyklus der Bauleistungen; außerdem gehören dazu auch die Vorschriften für die Planung und die Kostenrechnung, die Bedingungen für die Prüfung, Inspektion und Abnahme von Bauwerken, die Konstruktionsmethoden oder -verfahren und alle anderen technischen Anforderungen, die der Auftraggeber für fertige Bauwerke oder dazu notwendige Materialien oder Teile durch allgemeine und spezielle Vorschriften anzugeben in der Lage ist;

b) bei öffentlichen Dienstleistungs- oder Lieferaufträgen eine Spezifikation, die in einem Schriftstück enthalten ist, das Merkmale für ein Produkt oder eine Dienstleistung vorschreibt, wie Qualitätsstufen, Umwelt- und Klimaleistungsstufen, „Design für alle" (einschließlich des Zugangs von Menschen mit Behinderungen) und Konformitätsbewertung, Leistung, Vorgaben für Gebrauchstauglichkeit, Sicherheit oder Abmessungen des Produkts, einschließlich der Vorschriften über Verkaufsbezeichnung, Terminologie, Symbole, Prüfungen und Prüfverfahren, Verpackung, Kennzeichnung und Beschriftung, Gebrauchsanleitungen, Produktionsprozesse und -methoden in jeder Phase des Lebenszyklus der Lieferung oder der Dienstleistung sowie über Konformitätsbewertungsverfahren;

2. „Norm" bezeichnet eine technische Spezifikation, die von einer anerkannten Normungsorganisation zur wiederholten oder ständigen Anwendung angenommen wurde, deren Einhaltung nicht zwingend ist und die unter eine der nachstehenden Kategorien fällt:
   a) internationale Norm: Norm, die von einer internationalen Normungsorganisation angenommen wurde und der Öffentlichkeit zugänglich ist;
   b) europäische Norm: Norm, die von einer europäischen Normungsorganisation angenommen wurde und der Öffentlichkeit zugänglich ist;
   c) nationale Norm: Norm, die von einer nationalen Normungsorganisation angenommen wurde und der Öffentlichkeit zugänglich ist;

3. „Europäische technische Bewertung" bezeichnet eine dokumentierte Bewertung der Leistung eines Bauprodukts in Bezug auf seine wesentlichen Merkmale im Einklang mit dem betreffenden Europäischen Bewertungsdokument gemäß der Begriffsbestimmung in Artikel 2 Nummer 12 der Verordnung (EU) Nr. 305/2011 des Europäischen Parlaments und des Rates;

4. „gemeinsame technische Spezifikationen" sind technische Spezifikationen im IKT-Bereich, die gemäß den Artikeln 13 und 14 der Verordnung (EU) Nr. 1025/2012 festgelegt wurden;

5. „technische Bezugsgröße" bezeichnet jeden Bezugsrahmen, der keine europäische Norm ist und von den europäischen Normungsorganisationen nach den an die Bedürfnisse des Marktes angepassten Verfahren erarbeitet wurde.

2. Teil Grundzüge der VOB/B

Übersicht

	Rn.		Rn.
A. Einleitung	1–3	3. Fiktive Abnahme	25
B. Einbeziehung der VOB/B	4–7	VI. Verjährung (§ 13 Abs. 4 VOB/B)	26, 27
I. Überblick	4, 5	VII. Gefahrtragung (§ 12 Abs. 6 VOB/B)	28
II. Inhaltskontrolle	6, 7	VIII. Kündigung	29–31
C. Einzelheiten zur VOB/B	8–61	1. Freie Kündigung (§ 8 Abs. 1 VOB/B)	29
I. Überblick	8, 9	2. Außerordentliche Kündigung (§ 8 Abs. 2–4 VOB/B)	30, 31
II. Vertragsinhalt (§ 1 VOB/B)	10, 11	IX. Vergütung (§§ 2, 16 VOB/B)	32–61
III. Mitwirkung des Auftraggebers (§§ 3, 4 Abs. 1 VOB/B)	12–14	1. Überblick	32
IV. Mängelhaftung (§ 13 VOB/B)	15–20	2. Ermittlung der Vergütung	33–44
1. Überblick	15	a) Einheitspreisvertrag	33–38
2. Mängelbeseitigung (§ 13 Abs. 5 Nr. 1 S. 1 VOB/B), Selbstvornahme (§ 13 Abs. 5 Nr. 2 VOB/B), Minderung (§ 13 Abs. 6 VOB/B)	16	b) Pauschalpreisvertrag	39, 40
		c) Auftragslos erbrachte Leistungen (§ 2 Abs. 8 VOB/B)	41
3. Schadensersatz (§ 13 Abs. 7 VOB/B)	17	d) Stundenlohnvertrag (§ 2 Abs. 10 VOB/B, § 15 VOB/B)	42–44
4. Ausschluss der Mängelhaftung (§ 13 Abs. 3 VOB/B)	18–20	3. Zahlungsmodalitäten	45–61
V. Abnahme (§ 12 VOB/B)	21–25	a) Abschlagszahlungen (§ 16 Abs. 1 VOB/B)	45–47
1. Überblick	21	b) Vorauszahlungen (§ 16 Abs. 2 VOB/B)	48
2. Rechtsgeschäftliche Abnahme	22–24	c) Schlusszahlung (§ 16 Abs. 3 VOB/B)	49–61

A. Einleitung

Öffentliche Auftraggeber sind nach den vergaberechtlichen Vorschriften der §§ 97 ff. GWB verpflichtet, bei der Beschaffung von Waren, Bau- und Dienstleistungen ein **wettbewerblich geordnetes und transparentes Vergabeverfahren** durchzuführen. Das gilt immer dann, wenn das Auftragsvolumen bestimmte Schwellenwerte erreicht (§ 106 Abs. 1 GWB; sog. europaweite Publizität) und keine Ausnahmevorschriften eingreifen (§§ 107–109, 116–118 GWB). Unabhängig davon hält das Haushaltsrecht (§ 55 BHO bzw. landesrechtliche Bestimmungen) öffentliche Auftraggeber dazu an, Güter zu einem wirtschaftlich angemessenen Preis zu beschaffen, weshalb auch nach haushaltsrechtlichen Grundsätzen regelmäßig öffentliche Ausschreibungsverfahren durchzuführen sind. 1

Bauaufträge von öffentlichen Auftraggebern iSv § 99 GWB unterliegen den Regeln des Abschnittes 2 der Vergabe- und Vertragsordnung für Bauleistungen Teil A (§§ 1EU–23EU VOB/A), wenn der geschätzte Gesamtauftragswert der Baumaßnahme oder des Bauwerkes mindestens den in § 106 GWB enthaltenen Schwellenwert für Bauaufträge (ohne Umsatzsteuer) erreicht (§ 2 S. 2 VgV[1] iVm § 1EU Abs. 2 S. 1 VOB/A). Die Schätzung des Auftragswerts hat dabei auf der Grundlage von § 3 VgV zu erfolgen. 2

Zu einem wettbewerblich geordneten und transparenten Vergabeverfahren gehört es, dass sowohl im Hinblick auf das förmliche Verfahren als auch im Hinblick auf die zu erbringende Leistung höchstmögliche Klarheit für die Bieter besteht. Die **VOB/A** gibt nicht nur das förmliche Vergabeverfahren vor, sondern konkretisiert auch die Anforderungen an die Beschreibung des Leistungsgegenstandes (§§ 7EU–7bEU VOB/A). Zudem ist nach § 8aEU Abs. 1 S. 1 VOB/A in den Vergabeunterlagen vorzuschreiben, dass die 3

---
[1] Vergabeverordnung idF v. 12.4.2014, BGBl. 2014 I 624, zul. geänd. BGBl. 2017 I 2745.

VOB/B und die VOB/C Bestandteile des Vertrages werden. Damit wird das Werkvertragsrecht des BGB partiell verdrängt. Die Sinnhaftigkeit dieser Vorgabe mag bezogen auf die VOB/B seit dem Inkrafttreten des BGB-Bauvertragsrechts am 1.1.2018 zunächst zweifelhaft erscheinen. Sie lässt sich dadurch erklären, dass das für zuvor abgeschlossene Bauverträge geltende Werkvertragsrecht Lücken aufwies, die in der Praxis durch Vereinbarung der VOB/B geschlossen wurden. Das geltende Bau(werk)vertragsrecht schafft insoweit in manchen Punkten Abhilfe, bleibt aber in der Regelungsdichte hinter der VOB/B zurück, weshalb die vergaberechtliche Verpflichtung zur Einbeziehung der VOB/B in den Ausführungsvertrag auch weiterhin vertretbar ist.

B. Einbeziehung der VOB/B

I. Überblick

4   Die Vergabeunterlagen iSv § 8EU VOB/A sollen **Transparenz** im Hinblick auf den Gegenstand der Vergabe herstellen. Das geschieht in erster Linie durch die Leistungsbeschreibung (§§ 7EU–7cEU VOB/A), deren Aufgabe es ist, den Leistungsgegenstand und damit das Bau-Soll in tatsächlicher Hinsicht zu beschreiben. Daneben soll die in § 8aEUAbs. 1. S. 1 VOB/A festgeschriebene Einbeziehung der VOB/A und VOB/C den rechtlichen Rahmen für die **Kalkulation der Bauaufgabe** abstecken. Für den Bieter geht es letztendlich darum, die wirtschaftlichen und rechtlichen Risiken des Vergabegegenstandes möglichst exakt zu erfassen. Dafür muss der öffentliche Auftraggeber die hinreichenden Voraussetzungen durch Bereitstellung der Vergabeunterlagen schaffen. Soweit es um die rechtlichen Rahmenbedingungen der zu erbringenden Leistung geht, wird dem Auftraggeber die Aufgabe dadurch erleichtert, dass die VOB/B und VOB/C von der VOB/A zum Rechtsstandard erhoben werden. Das erleichtert die Kalkulation, weil Bieter, die sich an einem Vergabeverfahren beteiligen, mit stets gleichen rechtlichen Rahmenbedingungen rechnen können. Die Allgemeinen Vertragsbedingungen (VOB/B) bleiben nämlich grundsätzlich unverändert (§ 8aEU Abs. 2 Nr. 1 S. 1 VOB/A). Sie können durch Zusätzliche Vertragsbedingungen, soweit diese der VOB/B nicht widersprechen, ergänzt werden (§ 8aEU Abs. 2 Nr. 1 S. 2, 3 VOB/A). Besondere, nach den Erfordernissen des Einzelfalls von den Allgemeinen Vertragsbedingungen abweichende Vertragsbedingungen sind nur zulässig, soweit es die Eigenart der Leistung und ihre Ausführung erfordern (§ 8aEU Abs. 2 Nr. 2 S. 2 VOB/A). Entsprechendes gilt für die Allgemeinen Technischen Vertragsbedingungen der VOB/C (§ 8aEU Abs. 3 VOB/A).

5   Bei der VOB/B handelt es sich um **vorformulierte Bedingungen,** die für eine Vielzahl von Verträgen bestimmt sind, und damit um Allgemeine Geschäftsbedingungen iSv § 305 Abs. 1 S. 1 BGB.[2] Andererseits sind Zweifel angebracht, ob es sich bei der VOB/B gerade um Bedingungen handelt, die von einer Partei der anderen bei Vertragsschluss **einseitig gestellt** werden. Dagegen spricht, dass die VOB/B im Rahmen des Deutschen Verdingungsausschusses für Bauleistungen (DVA) unter maßgeblicher Beteiligung jener Interessenverbände ausgehandelt wird, die zum Teil antagonistische Interessen ihrer jeweiligen Mitglieder vertreten. Aus diesem Grunde lässt sich auch die Auffassung hören, bei der VOB/B handele es sich um ein insgesamt ausgewogenes Vertragswerk, das bei der speziellen Ausgestaltung des Bauvertrages die Grundsätze von Treu und Glauben im Rahmen des gesetzlichen Werkvertragsrechts verwirklicht.[3] In diesem Sinne hat der BGH[4] in einer älteren Entscheidung darauf hingewiesen, dass „die VOB nicht ohne weiteres mit einseitigen Allge-

---

[2] BGHZ 178, 1 Rn. 10 = NZBau 2008, 640 mwN.
[3] BGH LM BGB § 633 Nr. 3; OLG Köln BauR 1975, 351; Ingenstau/Korbion/*Leupertz/von Wietersheim* VOB Einl. Rn. 61.
[4] BGHZ 86, 135 (141) = NJW 1983, 816; so auch *Heimann-Trosien*, FS zum 25jährigen Bestehen des BGH, 1975, 116.

meinen Geschäftsbedingungen auf eine Stufe zu stellen ist". Gleichwohl wird die **Anwendbarkeit des AGB-Rechts** auf die VOB/B heute in Rechtsprechung und Schrifttum ganz überwiegend und zu Recht bejaht,[5] zumal der Gesetzgeber durch die Erwähnung der VOB/B in § 310 Abs. 1 S. 3 BGB zum Ausdruck bringt, dass er die VOB als AGB ansieht.

II. Inhaltskontrolle

Im Hinblick auf die **Inhaltskontrolle** der VOB/B bestehen gewisse Besonderheiten. **6** Wie sich aus § 310 Abs. 1 S. 3 BGB ergibt, findet eine Inhaltskontrolle einzelner Bestimmungen der VOB/B nicht statt, wenn die VOB/B in einen mit einem Unternehmer, einer juristischen Person des öffentlichen Rechts oder einem öffentlich-rechtlichen Sondervermögen geschlossenen Vertrag einbezogen ist. Voraussetzung ist allerdings, dass die Geltung der VOB/B „ohne inhaltliche Abweichungen insgesamt" vereinbart wurde, wie es im Grundsatz § 8aEU Abs. 1 S. 1, Abs. 2 Nr. 1 S. 1 VOB/A vorsieht. Nach Sinn und Zweck besteht eine Freistellung von der Inhaltskontrolle freilich nur dann, wenn das Vertragsverhältnis die Erbringung von Bauleistungen iSd VOB/B zum Gegenstand hat, also die Herstellung, Instandhaltung, Änderung oder Beseitigung baulicher Anlagen. Wird die VOB/B dagegen Verträgen mit andersartigen vertraglichen Hauptleistungspflichten wie etwa Architekten- und Ingenieurleistungen zugrunde gelegt, ist ein angemessener Interessenausgleich nicht gesichert und damit die Inhaltskontrolle eröffnet.[6]

Bei Verwendung der VOB/B „insgesamt" **gegenüber Unternehmern** iSv § 14 BGB **7** findet keine Inhaltskontrolle einzelner VOB/B-Vorschriften statt. Insoweit wird das Gesetz von der Annahme bestimmt, dass die Regelungen der VOB/B in ihrer Gesamtheit zu einem angemessenen Interessenausgleich zwischen Auftraggeber und Auftragnehmer führen.[7] Möglich bleibt freilich eine Kontrolle der VOB/B als Ganzes anhand von § 307 Abs. 1 und 2 BGB.[8] **„Insgesamt" vereinbart** ist die VOB/B nur dann, wenn sie vollständig ohne inhaltliche Abweichungen in den Vertrag einbezogen wird. Die Bestimmung in § 8aEU Abs. 2 Nr. 1 S. 2 VOB/A, wonach Zusätzliche Vertragsbedingungen den Allgemeinen Vertragsbedingungen der VOB/B nicht widersprechen dürfen, soll dies sicherstellen. Freilich hat dies, auch wenn davon in § 8aEU Abs. 2 Nr. 2 VOB/A nicht ausdrücklich die Rede ist, ebenso für etwaige Besondere Vertragsbedingungen zu gelten, die der Vergabe „ergänzend" zugrunde gelegt werden können. „Ergänzend" ist dabei in dem Sinne zu verstehen, dass bestimmte Leistungs- und Ausführungsmerkmale zwar konkretisiert werden können, nicht aber der durch die VOB/B bestimmte rechtliche Rahmen verändert werden darf. Jegliche inhaltliche Abweichung von der VOB/B führt, wie § 310 Abs. 1 S. 3 BGB zeigt, unmittelbar zur AGB-Kontrolle, auch wenn die Änderung nur geringfügig ist oder durch andere Regelungen im Vertragswerk ausgeglichen wird.[9]

---

[5] BGHZ 178, 1 Rn. 10 = NZBau 2008, 640 mwN; BGHZ 101, 357 (359 ff.) = NJW 1988, 55; BGHZ 86, 135 (136 ff.) = NJW 1983, 816; BGH NJW 1999, 3261 (3261 f.); Staudinger/*Peters/Jacoby*, 2014, BGB Vor § 631 Rn. 94; Ingenstau/Korbion/*Leupertz/von Wietersheim* VOB Einl. Rn. 60, Anh. 4; *Werner/Pastor*, Der Bauprozess, 16. Aufl. 2017, Rn. 1242.

[6] S. BGHZ 101, 369 (374 ff.) = NJW 1988, 142; BGH NJW 1983, 453 (454); *Korbion*, FS Locher, 1990, 127.

[7] Vgl. zum früheren Recht BReg, Begr. z. Entw. eines Gesetzes zur Regelung des Rechts der Allgemeinen Geschäftsbedingungen, BT-Drs. 7/3919, 42; Bericht des BT-Rechtsausschusses, BT-Drs. 7/5422, 14; KG NZBau 2007, 584 (585 f.); ferner BGHZ 86, 135 (140 ff.) = NJW 1983, 816; *Hesse* ZfBR 1980, 259 (261); *Weyer* BauR 2002, 857 (861); RGRK-BGB/*Glanzmann* BGB Vor § 631 Rn. 14; aA mit beachtlichen Gründen *Flach* NJW 1984, 156 (157); *Koch* BauR 2001, 162 (164, 171 f.); *Seifert* NZBau 2007, 563 (565 f.) – Für Begrenzung der Privilegierung auf die im Zeitpunkt des Inkrafttretens des SchuldRModG geltende Fassung der VOB/B *Voppel* NZBau 2003, 6 (8 f.); für eine statische Verweisung auch *Hoff* BauR 2001, 1654 (1655 f.); *Kraus* NJW 1998, 1126; *Kraus/Sienz* BauR 2000, 631 (636).

[8] S. auch Beschlussempfehlung und Bericht des BT-Rechtsausschusses, BT-Drs. 16/9787, 16, 18.

[9] BGHZ 157, 346 (348 f.) = NJW 2004, 1597; BGH NJW-RR 2007, 1317 (1318) (Verwendung durch öffentlichen Auftraggeber); BGH NJW-RR 2004, 957; KG ZfBR 2018, 52 Rn. 35 = MDR 2017, 392; BGH NZBau 2007, 583 (585); OLG Köln BeckRS 2015, 10723 Rn. 22.

C. Einzelheiten zur VOB/B

I. Überblick

8 Die Vergabe- und Vertragsordnung für Bauleistungen Teil B (Allgemeine Vertragsbedingungen für die Ausführung von Bauleistungen)[10] soll den Vertragsparteien einen **Rechtsrahmen** zur Verfügung stellen, der den speziellen **Belangen des Bauens** gerecht wird. Vor dem Inkrafttreten des Gesetzes zur Reform des Bauvertragsrechts v. 28.4.2017[11] am 1.1.2018 war dies für die Baupraxis insoweit von Bedeutung, als das BGB-Werkvertragsrecht nur wenige, spezifisch auf den Bauvertrag zugeschnittene Bestimmungen bereit hielt. Das hat sich mit dem Inkrafttreten des novellierten Werkvertragsrechts und der damit einhergehenden Etablierung von Vorschriften zum Bauvertrag (§§ 650a ff. BGB) zwar geändert. Auf der anderen Seite sind diese Bestimmungen nach wie vor unspezifisch und in Teilen zudem auf den Verbraucherschutz zugeschnitten. Aus diesem Grunde behält die VOB/B gerade für standardisierte Vergabeverfahren und Verträge zwischen Unternehmern ihre Berechtigung.

9 In der VOB/B sind ua der Inhalt der **Leistungsverpflichtung** (§§ 1 und 3 VOB/B) und die Ausführungszeit näher geregelt (§ 5 VOB/B). Die **Nebenpflichten,** insbesondere die der Obhut, Verwahrung und der Sicherung und Fürsorge ergeben sich aus § 4 VOB/B. Weitere Bestimmungen beziehen sich etwa auf die **Haftung** (§ 10 VOB/B), die **Abnahme** (§ 12 VOB/B) sowie auf die **Abrechnungs- und Zahlungsmodalitäten** (§ 14 VOB/B/ §§ 15 ff. VOB/B). Nach § 8aEU VOB/A sollen zu den dort aufgezählten Bestimmungen der VOB/B gegebenenfalls ergänzende Regelungen in den Zusätzlichen Vertragsbedingungen oder Besonderen Vertragsbedingungen getroffen werden. Die nachfolgenden Ausführungen beschränken sich auf die Erläuterung einzelner Vorschriften der VOB/B, die für die Anwendung des Vergaberechts von Interesse sind und vom Regelungsansatz des BGB-Werkvertragsrechts abweichen.

II. Vertragsinhalt (§ 1 VOB/B)

10 **Art und Umfang der Leistung,** die Gegenstand des Vergabeverfahrens sind, müssen für alle Teilnehmer an einem Vergabeverfahren transparent sein (§ 2EU Abs. 1 S. 1 VOB/A). Zentraler Verfahrensbestandteil ist insoweit die **Leistungsbeschreibung,** in der die geforderte Leistung eindeutig und erschöpfend zu beschreiben ist (§ 7EU Abs. 1 Nr. 1 VOB/A). Einzelheiten dazu, was diesbezüglich gefordert ist, ergeben sich aus §§ 7EU, 7bEU VOB/A. Der Vergabegegenstand wird mithin zuvorderst durch die jeweilige Leistungsbeschreibung konkretisiert. Das zeigt auch § 1 Abs. 2 VOB/B, wonach bei Widersprüchen vornehmlich auf die Leistungsbeschreibung und erst nachrangig (in der Reihenfolge der Aufzählung) auf die Besonderen Vertragsbedingungen, etwaige Zusätzliche Vertragsbedingungen, etwaige Zusätzliche Technische Vertragsbedingungen, die Allgemeinen Technischen Vertragsbedingungen für Bauleistungen und erst dann auf die Allgemeinen Vertragsbedingungen für die Ausführung von Bauleistungen zurückzugreifen ist.

11 Für die **Auslegung** von Leistungsbeschreibungen, die im Rahmen von Vergabeverfahren nach der VOB/A Verwendung finden, kommt deren Wortlaut besondere Bedeutung zu,[12] da der aus potenziellen Bietern bestehende Empfängerkreis der Erklärung, dessen

---

[10] BAnz Nr. 155 v. 15.10.2009 (geänd. BAnz AT v. 13.7.2012 B3) idF der Bekanntmachung v. 7.1.2016, BAnz AT v. 19.1.2016 B3.
[11] Gesetz zur Reform des Bauvertragsrechts, zur Änderung der kaufrechtlichen Mängelhaftung, zur Stärkung des zivilprozessualen Rechtsschutzes und zum maschinellen Siegel im Grundbuch und Schiffsregisterverfahren v. 28.4.2017, BGBl. 2017 I 969 (dazu RegE, BT-Drs. 18/8486; Schlussempfehlung und Bericht des BT-Ausschusses für Recht und Verbraucherschutz, BT-Drs. 18/11437).
[12] BGHZ 192, 172 Rn. 14 = NJW 2012, 518; BGHZ 134, 245 (247) = NJW 1997, 1577; BGH NJW-RR 1993, 109 (1110).

Sicht für die Auslegung maßgeblich ist,[13] nur abstrakt bestimmt ist.[14] Daneben sind die Umstände des Einzelfalls, also insbesondere die konkreten Verhältnisse des Vergabegegenstands, die Verkehrssitte sowie Treu und Glauben zu berücksichtigen.[15] Ist der Wortlaut der Vergabeunterlagen unter Berücksichtigung der in → Rn. 10 genannten Auslegungsgegenstände **mehrdeutig,** so kann der Bieter ihn im Zweifel so verstehen, dass den Anforderungen der VOB/A und anderer vergaberechtlicher Vorschriften Genüge getan werden soll.[16]

III. Mitwirkung des Auftraggebers (§§ 3, 4 Abs. 1 VOB/B)

Der Auftraggeber hat dem Auftragnehmer, also demjenigen Unternehmer, der aufgrund des Vergabeverfahrens den Zuschlag erhalten hat, gem. § 3 Abs. 1 VOB/B die **für die Ausführung nötigen Unterlagen** unentgeltlich und rechtzeitig zur Verfügung zu stellen, es sei denn, der Auftragnehmer ist nach dem Vertrag verpflichtet, selbst bestimmte Unterlagen wie Zeichnungen oder Berechnungen zu erstellen oder zu beschaffen. Diese sind dann seitens des Auftragnehmers dem Auftraggeber nach entsprechender Aufforderung vorzulegen (§ 3 Abs. 5 VOB/B). Ferner hat der Auftraggeber für die **Aufrechterhaltung der allgemeinen Ordnung** auf der Baustelle zu sorgen, das **Zusammenwirken der** verschiedenen **Unternehmer** zu regeln und die erforderlichen öffentlich-rechtlichen **Genehmigungen und Erlaubnisse herbeizuführen** (§ 4 Abs. 1 VOB/B). Inwieweit es sich dabei um bloße Gläubigerobliegenheiten[17] oder klagbare Pflichten[18] handelt, ist umstritten. Letzten Endes ist dies eine Frage des Vertragsinhalts, der durch Auslegung der vertraglichen Vereinbarung zu ermitteln ist.[19]

Der Auftragnehmer ist zur **Kündigung** des Vertrages berechtigt, wenn der Auftraggeber eine ihn nach der VOB/B treffende Mitwirkungshandlung unterlässt und dadurch den Auftragnehmer außer Stande setzt, die Leistung auszuführen (§ 9 Abs. 1 Nr. 1 VOB/B). Voraussetzung dafür ist, dass der Auftragnehmer dem Auftraggeber eine angemessene Frist zur Vornahme der Mitwirkungshandlung setzt und zugleich erklärt, dass er nach fruchtlosem Ablauf der Frist den Vertrag kündigen werde. Die Kündigung bedarf sodann der Schriftform (§ 9 Abs. 2 S. 1 VOB/B). Sie ist Wirksamkeitserfordernis.[20] Im Falle der wirksamen Kündigung des Vertragsverhältnisses sind die bisher erbrachten Leistungen des Auftragnehmers nach den Vertragspreisen abzurechnen (§ 9 Abs. 3 S. 1 VOB/B). Darüber hinaus ist dem Auftragnehmer nach § 642 BGB eine angemessene Entschädigung zu gewähren (§ 9 Abs. 3 S. 2 Hs. 1 VOB/B). Weitergehende Ansprüche des Auftragnehmers sind nicht ausgeschlossen (§ 9 Abs. 3 S. 2 Hs. 2 VOB/B).

Hält der Auftragnehmer dagegen trotz der unterbliebenen Mitwirkung durch den Auftraggeber und der dadurch eingetretenen Verzögerung **am Vertrag fest,** steht ihm nach § 6 Abs. 6 S. 1 VOB/B wegen der „hindernden Umstände" ein Anspruch auf Ersatz des nachweislich entstandenen Schadens und des entgangenen Gewinns zu, wenn und soweit die maßgeblichen Umstände vom Auftraggeber zu vertreten sind. In Bezug auf die Geltendmachung entgangenen Gewinns ist zudem ein vorsätzliches oder grob fahrlässiges Verhalten des Auftraggebers erforderlich. Der Anspruch auf eine angemessene Entschädigung nach § 642 BGB wird freilich durch die Vereinbarung der VOB/B nicht verdrängt. Er kann

---

[13] BGHZ 182, 218 Rn. 30 = NJW 2010, 519; BGHZ 124, 64 (67) = NJW 1994, 850; BGH NJW 1999, 2432 (2433); NJW-RR 1994, 1108 (1109); NJW-RR 1993, 1109 (1110); OLG Braunschweig BauR 2010, 87; OLG Saarbrücken NJW-RR 2012, 400 (401).
[14] BGHZ 124, 64 (67) = NJW 1994, 850; BGH NJW 1999, 2432 (2433); NJW-RR 1994, 1108 (1109).
[15] BGHZ 124, 64 (67) = NJW 1994, 850; NJW-RR 1995, 914 (915); NJW-RR 1994, 1108 (1109).
[16] BGHZ 192, 172 Rn. 15 = NJW 2012, 518; BGHZ 182, 218 Rn. 30 = NJW 2010, 519; BGHZ 134, 245 (248) = NJW 1997, 1577; BGH NJW 2013, 1957 Rn. 16; NZBau 2011, 97 Rn. 18; NJW 1999, 2432 (2433).
[17] Dafür etwa Ingenstau/Korbion/*Joussen/Vygen* VOB/B § 9 Abs. 1 Rn. 27.
[18] Dafür *Kapellmann* NZBau 2011, 193 (198).
[19] Dazu näher MüKoBGB/*Busche* BGB § 642 Rn. 22.
[20] BGH NJW 1973, 1463.

neben dem Schadensersatzanspruch aus § 6 Abs. 6 S. 1 VOB/B geltend gemacht werden (§ 6 Abs. 6 S. 2 VOB/B).

IV. Mängelhaftung (§ 13 VOB/B)

15 1. **Überblick.** Die Bestimmung des § 13 VOB/B enthält spezielle Mängelhaftungsregeln für VOB/B-Verträge, die zwar in vielen Punkten mit den Werkvertragsregeln des BGB übereinstimmen, aber zum Teil auch davon abweichen. Systematisch trennt die VOB/B klar zwischen den Ansprüchen auf Erfüllung des Vertrages und den Mängelansprüchen. Die unter der Überschrift „Mängelansprüche" in § 13 VOB/B getroffene Regelung bezieht sich nur auf die Zeit **nach der Abnahme**.[21] Die Mängelansprüche des § 13 VOB/B schließen sich gegenseitig nicht aus, sie bestehen vielmehr nebeneinander.[22] Zeigen sich im Stadium der Ausführung **vor der Abnahme** Mängel, steht dem Besteller ein Mängelbeseitigungsanspruch nach § 4 Abs. 7 S. 1 VOB/B zu; dabei handelt es sich um einen reinen Erfüllungsanspruch.[23] Darüber hinaus kann der Auftraggeber gegebenenfalls einen Schadensersatzanspruch zum Ausgleich etwaiger, durch die Vertragswidrigkeit der Leistung entstandener Mangelfolgeschäden geltend machen (§ 4 Abs. 7 S. 2 VOB/B); beseitigt der Auftragnehmer den Mangel trotz Fristsetzung nicht, kann ihm der Auftrag entzogen werden (§ 4 Abs. 7 S. 3 VOB/B).[24]

16 2. **Mängelbeseitigung (§ 13 Abs. 5 Nr. 1 S. 1 VOB/B), Selbstvornahme (§ 13 Abs. 5 Nr. 2 VOB/B), Minderung (§ 13 Abs. 6 VOB/B).** Der **Mängelbeseitigungsanspruch** nach § 13 Abs. 5 Nr. 1 S. 1 VOB/B stimmt seinem Wesen, seinem Inhalt und seinem Umfang nach mit dem Anspruch auf Nacherfüllung nach § 635 Abs. 1 BGB überein.[25] Der für das Mängelbeseitigungsverlangen vorgeschriebenen Schriftform kommt keine konstitutive Bedeutung zu.[26] Auch das **Selbstvornahmerecht** des Auftraggebers und der sich hieraus ergebende Aufwendungsersatzanspruch sind weitgehend deckungsgleich mit § 637 BGB. Ein Recht zur **Minderung** der Vergütung gem. § 638 BGB besteht für den Auftraggeber nach § 13 Abs. 6 VOB/B nur, wenn die Beseitigung des Mangels für den Auftraggeber unzumutbar ist; darüber hinaus für den Fall, dass die Mangelbeseitigung unmöglich ist bzw. einen unverhältnismäßig hohen Aufwand erfordert und deshalb vom Unternehmer verweigert wird. Damit wird das Minderungsrecht im Vergleich zu § 638 BGB erheblich eingeschränkt. Im Hinblick auf die Unzumutbarkeit der Mängelbeseitigung kommt es nicht darauf an, ob die Mängelbeseitigung gerade durch den Auftragnehmer dem Auftraggeber nicht zugemutet werden kann, sondern darauf, ob die Mängelbeseitigung ganz generell, ganz gleich, von wem sie ausgeführt wird, unzumutbar erscheint. Es ist also ein strenger Maßstab anzulegen.[27] Von einem unverhältnismäßigen Mängelbeseitigungsaufwand ist auszugehen, wenn der damit in Richtung auf die Beseitigung des Mangels erzielte (Teil-)Erfolg bei Abwägung aller Umstände des Einzelfalls in keinem vernünftigen Verhältnis zur Höhe des dafür geltend gemachten Geldaufwands steht.[28]

---

[21] BGH NJW-RR 2004, 305 (306); Kapellmann/Messerschmidt/*Weyer* VOB/B § 13 Rn. 5.
[22] Ingenstau/Korbion/*Wirth* VOB/B § 13 Abs. 7 Rn. 23.
[23] BGHZ 55, 354 (356 f.) = NJW 1971, 838; BGHZ 51, 275 (277) = NJW 1969, 653; Kapellmann/Messerschmidt/*Merkens* VOB/B § 4 Rn. 158; *Leinemann* in Leinemann, VOB/B-Kommentar, 6. Aufl. 2016, VOB/B § 4 Rn. 127.
[24] Zu Einzelheiten MüKoBGB/*Busche* BGB § 634 Rn. 100, 109 ff.
[25] BGHZ 96, 111 (117 ff., 121) = BGH NJW 1986, 711; OLG Koblenz NJW-RR 2003, 1671 (zum Mängelbeseitigungsaufwand); Kapellmann/Messerschmidt/*Weyer* VOB/B § 13 Rn. 218; zu einzelnen Unterschieden im Detail Kapellmann/Messerschmidt/*Weyer* VOB/B § 13 Rn. 326 ff.
[26] BGHZ 58, 332 (334) = NJW 1972, 1280; BGHZ 53, 122 ff. = NJW 1970, 561; BGH NJW-RR 2006, 597 Rn. 20; Kapellmann/Messerschmidt/*Weyer* VOB/B § 13 Rn. 227.
[27] Ingenstau/Korbion/*Wirth* VOB/B § 13 Abs. 6 Rn. 18 f.; Kapellmann/Messerschmidt/*Weyer* VOB/B § 13 Rn. 339.
[28] BGHZ 59, 365 (367) = NJW 1973, 138; BGH NJW 1995, 1836 (1836 f.); OLG Hamm NJW-RR 2003, 965.

3. Schadensersatz (§ 13 Abs. 7 VOB/B). Im Gegensatz zur Regelung des BGB- 17
Werkvertragsrechts, das für den Inhalt des Schadensersatzanspruchs nicht zwischen den
„eigentlichen" Mangelschäden und den sog „Mangelfolgeschäden" unterscheidet, trennt
§ 13 Abs. 7 VOB/B dem Wortlaut nach zwischen dem **„Schaden an der baulichen
Anlage"** (§ 13 Abs. 7 Nr. 3 S. 1 VOB/B)[29] und dem **„darüber hinausgehenden Schaden"** (§ 13 Abs. 7 Nr. 3 S. 2 VOB/B). Das VOB/B-Schadensersatzrecht orientiert sich
damit nach wie vor an der früheren Entscheidungspraxis zu § 635 BGB aF.[30] Auf der anderen
Seite besteht eine Haftung auf Schadensersatz nur für „wesentliche" Mängel, welche die
Gebrauchsfähigkeit erheblich beeinträchtigen.[31] Die Haftung für „darüber hinausgehende"
Schäden wird durch § 13 Abs. 7 Nr. 3 S. 2 lit. a–c VOB/B im Übrigen weiter eingeschränkt,
nämlich dahin gehend, dass der Mangel entweder auf einem Verstoß gegen die anerkannten
Regeln der Technik (lit. a) oder auf dem Fehlen einer vertraglich vereinbarten Beschaffenheit beruhen muss (lit. b) bzw. der Schaden versicherbar sein muss (lit. c). Da sich die
Mängelansprüche nach § 13 VOB/B gegenseitig nicht ausschließen, kann Schadensersatz
nach § 13 Abs. 7 VOB/B neben den Ansprüchen auf Mängelbeseitigung, Ersatzvornahme
und Minderung geltend gemacht werden.

4. Ausschluss der Mängelhaftung (§ 13 Abs. 3 VOB/B). Nach § 13 Abs. 3 VOB/B 18
haftet der Auftragnehmer auch für solche Mängel, die auf die **Leistungsbeschreibung**
oder auf **Anordnungen des Auftraggebers,** auf die von diesem gelieferten oder vorgeschriebenen Stoffe oder Bauteile oder auf die Beschaffenheit der **Vorleistung eines anderen Unternehmers** zurückzuführen sind, es sei denn, der Auftragnehmer hat dem Auftraggeber etwaige Bedenken hinsichtlich diesbezüglich zu erwartender Mängel gem. § 4 Abs. 3
VOB/B unverzüglich, möglichst schon vor Beginn der Arbeiten, schriftlich mitgeteilt.[32]
Die Prüfungs- und Mitteilungsverpflichtung des Auftragnehmers iSv § 13 Abs. 3 VOB/B
bezieht sich damit im Kern darauf, die eigene Leistung frei von Mängeln erstellen zu
können. Sie besteht sowohl vor als auch nach der Abnahme. Die Regelung versteht sich
vor dem Hintergrund, dass beim Bauvertrag besonders zweifelhaft sein kann, ob Mängel
der Werkleistung dem Bauunternehmer zugerechnet werden können.

Soweit eine Mitteilungsverpflichtung nach § 13 Abs. 3 VOB/B iVm § 4 Abs. 3 VOB/B 19
besteht, wonach der Auftragnehmer den Auftraggeber auf Mängelursachen hinzuweisen
hat, die nicht aus seiner Sphäre stammen, ist dem notwendigerweise eine **Prüfungsverpflichtung** des Auftragnehmers vorgelagert. Der Umfang der Prüfungspflicht bemisst sich
dabei nach der Sach- und Fachkunde des Auftragnehmers[33] und kann im Einzelfall durch
weitere Umstände aus der Sphäre des Auftraggebers eingeschränkt sein oder ausnahmsweise
auch ganz entfallen, wenn der Auftragnehmer sich darauf verlassen kann, dass der fachkundige oder fachkundig beratene Auftraggeber ein bestimmtes Risiko erkannt und bewusst
in Kauf genommen hat.[34]

Verletzt der Auftragnehmer seine Prüfungs- und Mitteilungsverpflichtung, weil er die zu 20
erwartende Prüfung nicht vorgenommen und sich daher Bedenken gegen die Bauausführung verschlossen hat und unterlässt er deshalb oder trotz Prüfung gleichwohl die Mitteilung
etwaiger Bedenken, ist er für Mängel seiner Leistung verantwortlich und den Mängelansprüchen des Auftraggebers ausgesetzt, auch wenn die Mangelursache in den Anordnungen des
Auftraggebers oder in der Untauglichkeit der Vorleistung eines anderen Unternehmers zu
suchen ist. Der **Auftraggeber** muss sich jedoch, wenn die Ursache des Mangels aus seinem

---

[29] Zum Begriff der baulichen Anlage näher Kapellmann/Messerschmidt/*Weyer* VOB/B § 13 Rn. 394 f.
[30] Kapellmann/Messerschmidt/*Weyer* VOB/B § 13 Rn. 373.
[31] Vgl. hierzu BGHZ 55, 198 (199 f.) = NJW 1971, 615; OLG Hamm NJW-RR 2003, 965; Ingenstau/
Korbion/*Wirth* VOB/B § 13 Abs. 7 Rn. 77 ff.; Kapellmann/Messerschmidt/*Weyer* VOB/B § 13 Rn. 383.
[32] Zu Einzelheiten MüKoBGB/*Busche* BGB § 634 Rn. 126 ff.
[33] OLG München NZBau 2007, 781 (782); NZBau 2011, 683 (685).
[34] OLG Köln NJW-RR 2007, 821 (822); OLG Stuttgart NJW-RR 2007, 1617 (1618); *Werner/Pastor*, Der
Bauprozess, 16. Aufl. 2017, Rn. 2042; vgl. auch OLG München NZBau 2007, 781 (782).

Verantwortungsbereich herrührt, ein **mitwirkendes Verschulden** gem. § 254 BGB entgegenhalten lassen.

V. Abnahme (§ 12 VOB/B)

21 **1. Überblick.** Die in § 12 VOB/B geregelte Abnahme unterscheidet sich trotz gewisser Abweichungen nicht grundsätzlich von § 640 BGB. Wie in § 640 BGB wird der Sache nach zwischen der **rechtsgeschäftlichen** und der **fiktiven** Abnahme unterschieden. Von den vorbenannten Formen der rechtlichen Abnahme ist die technische Abnahme iSv § 4 Abs. 10 VOB/B zu unterscheiden. Die dort geregelte Feststellung des Zustandes von Teilen der Leistung dient allein der Beweissicherung.

22 **2. Rechtsgeschäftliche Abnahme.** Der Auftraggeber ist auf Verlangen des Auftragnehmers zur rechtsgeschäftlichen Abnahme **verpflichtet** (§ 12 Abs. 1 VOB/B), und zwar innerhalb von zwölf Werktagen nach Zugang der entsprechenden Aufforderung. Denkbar ist **auch** eine **Teilabnahme,** soweit sie sich auf „in sich abgeschlossene Teile" der Leistung bezieht, also solche, die selbstständig und für sich allein funktionsfähig sind.[35] Die rechtsgeschäftliche (ausdrückliche) Abnahme durch den Auftraggeber hat nach § 12 Abs. 4 VOB/B im **Regelfall** als **förmliche** (schriftliche) **Abnahme** stattzufinden, wenn eine Vertragspartei dies verlangt. Das Schriftformerfordernis ist freilich nicht Wirksamkeitserfordernis, sodass etwaige Vorbehalte wegen bekannter Mängel oder Vertragsstrafen auch mündlich erklärt werden können.

23 **Verzögert der Auftraggeber die Abnahme** unbillig entgegen den Geboten von Treu und Glauben, kann sie zu den nach § 12 Abs. 5 VOB/B zu bestimmenden Zeitpunkten als vorgenommen gelten.[36] Die Abnahmewirkungen sind im Einzelfall auch dann nach Treu und Glauben als gegeben anzusehen, wenn die im Bauvertrag vereinbarte förmliche Abnahme bei beiden Vertragsparteien in Vergessenheit geraten ist (sog vergessene förmliche Abnahme),[37] das Bauwerk jedoch hergestellt ist und in Benutzung genommen wurde.[38] Freilich muss eine konkludente Abnahme – unter Verzicht auf die förmliche Abnahme – im Verhalten des Bestellers deutlich zum Ausdruck kommen. Die Entgegennahme der Schlussrechnung reicht insoweit nicht aus.[39]

24 Ein **Abnahmeverweigerungsrecht** steht dem Auftraggeber nur **bei wesentlichen Mängeln** zu (§ 12 Abs. 3 VOB/B). Wesentlich sind solche Mängel, welche die Funktionstauglichkeit der Leistung beeinträchtigen oder die Wertschätzung der Leistung merklich beeinflussen. Es wird hier letztlich auf den Gesichtspunkt der Zumutbarkeit abgehoben. Maßgeblicher Zeitpunkt für die Beurteilung der Wesentlichkeit des Mangels ist der **Abnahmetermin.**[40]

25 **3. Fiktive Abnahme.** Eine Abnahmefiktion greift nach der VOB/B ein, wenn entweder nach einer schriftlichen **Mitteilung** des Auftragnehmers an den Auftraggeber **über** die **Fertigstellung** der Leistung zwölf Werktage vergangen sind (§ 12 Abs. 5 Nr. 1 VOB/B) oder wenn der Auftraggeber, ohne dass eine Abnahme verlangt wird, die Leistung oder einen Teil davon in **Benutzung** genommen hat und vom Beginn der Benutzung an sechs Werktage verstrichen sind (§ 12 Abs. 5 Nr. 2 S. 1 VOB/B). Voraussetzung für die Fiktionswirkung ist allerdings, dass das Werk abnahmereif ist[41] und nicht an wesentlichen Mängeln leidet. Der Mitteilung iSv § 12 Abs. 5 Nr. 1 VOB/B steht nach Sinn und Zweck die Über-

---

[35] BGHZ 50, 160 (162 f.) = NJW 1968, 1524; BGH BauR 1975, 423; OLG Schleswig NJW-RR 2017, 591 Rn. 51; Ingenstau/Korbion/*Oppler* VOB/B § 12 Abs. 2 Rn. 6.
[36] BGH NJW 1990, 43 f.; Bamberger/Roth/*Voit* BGB § 640 Rn. 13.
[37] Dazu etwa *Brügmann* BauR 1979, 277 ff.; *Dähne* BauR 1980, 223 ff.; *Hochstein* BauR 1975, 221 ff.
[38] KG BauR 1988, 230; OLG Düsseldorf BauR 1981, 294; *Hochstein* BauR 1975, 221 (226); Ingenstau/Korbion/*Oppler* VOB/B § 12 Abs. 4 Rn. 5.
[39] OLG Schleswig NJW-RR 2017, 591 Rn. 52.
[40] BGH NJW 1992, 2481 (2482).
[41] OLG Stuttgart BeckRS 2011, 10028; BeckOGK BGB/*Kögl*, 1.2.2018, BGB § 640 Rn. 253; aA Kapellmann/Messerschmidt/*Havers* VOB/B § 12 Rn. 106.

sendung der Schlussrechnung gleich, da damit konkludent erklärt wird, dass die Leistung erbracht ist.[42] Anders als im BGB-Werkvertragsrecht ist von einer Benutzung im Übrigen immer nur dann auszugehen, wenn die vom Auftragnehmer erbrachte Leistung vom Auftraggeber entsprechend ihrem Endzweck – und nicht nur zur Weiterarbeit – in Benutzung genommen wird.[43] **Vorbehalte** wegen bekannter Mängel oder wegen Vertragsstrafen müssen grundsätzlich innerhalb der in § 12 Abs. 5 Nr. 1 und Nr. 2 S. 1 VOB/B genannten Fristen geltend gemacht werden (§ 12 Abs. 5 Nr. 3 VOB/B).

VI. Verjährung (§ 13 Abs. 4 VOB/B)

Die Regel-Verjährungsfristen des § 13 Abs. 4 VOB/B für die von § 13 Abs. 5–7 VOB/B erfassten Mängelansprüche beginnen **mit der rechtlichen Abnahme** (§ 12 VOB/B) zu laufen,[44] und zwar unabhängig davon, ob sie vor oder nach der Abnahme entstanden sind.[45] Die **Verjährungsfrist** für Bauwerke beträgt gem. § 13 Abs. 4 Nr. 1 S. 1 VOB/B statt der in § 634a Abs. 1 Nr. 2 BGB vorgesehenen fünf Jahre nur vier Jahre. Für Werke, deren Erfolg in der Herstellung, Wartung oder Veränderung einer Sache besteht und für Ansprüche wegen der vom Feuer berührten Teile von Feuerungsanlagen gilt eine zweijährige Verjährung (§ 13 Abs. 4 Nr. 1 S. 1 VOB/B), für feuerberührte und abgasdämmende Teile von industriellen Feuerungsanlagen eine einjährige Verjährungsfrist (§ 13 Abs. 4 Nr. 1 S. 2 VOB/B). Die Parteien können jedoch im Hinblick auf die Verjährung der Mängelansprüche eine von § 13 Abs. 4 VOB/B abweichende Bestimmung treffen. **Nicht anwendbar** ist § 13 Abs. 4 VOB/B im Falle des **arglistigen Verschweigens von Mängeln** seitens des Auftragnehmers.[46] Es greift dann die BGB-Regelverjährung (§ 634a Abs. 3 BGB) ein.[47] Für **Rücktritt** und **Minderung** gelten mangels anderweitiger Bestimmungen in der VOB/B ohnehin die BGB-Regeln. 26

Schadensersatzansprüche nach § 13 Abs. 7 Nr. 1–3 VOB/B unterfallen nicht § 13 Abs. 4 VOB/B, sondern § 13 Abs. 7 Nr. 4 VOB/B. Nach dieser Bestimmung gelten abweichend von § 13 Abs. 4 VOB/B die gesetzlichen Verjährungsfristen des § 634a BGB, soweit sich der Auftragnehmer im Falle von § 13 Abs. 7 Nr. 3 VOB/B durch **Versicherungen** geschützt hat oder hätte schützen können oder soweit im Übrigen ein besonderer Versicherungsschutz vereinbart ist. Über die Versicherbarkeit bestimmter Leistungen sagt die VOB/B selbst nichts; diese ergibt sich vielmehr anhand der Vorschriften des VVG und der AHB. Da sich die VOB/B in § 13 VOB/B nur mit Werkmängeln befasst, gelten im Übrigen für Schadensersatzansprüche aus § 280 Abs. 1 BGB und aus Delikt wegen anderer Schäden ohne Weiteres die allgemeinen Verjährungsregeln der §§ 195 ff. BGB.[48] 27

VII. Gefahrtragung (§ 12 Abs. 6 VOB/B)

Im Grundsatz trägt der Auftraggeber ab dem Zeitpunkt der Abnahme die Vergütungsgefahr (§ 12 Abs. 6 VOB/B). Das entspricht der Regelung in § 644 BGB. Allerdings kann die Vergütungsgefahr nach § 7 VOB/B schon zuvor auf den Auftraggeber übergehen. Dies ist der Fall, wenn die ganz oder teilweise ausgeführte Leistung durch höhere Gewalt, Krieg, Aufruhr oder andere unabwendbare, vom Auftragnehmer nicht zu vertretende Umstände beschädigt oder zerstört wird (§ 7 Abs. 1 Hs. 1 VOB/B).[49] Damit soll auf die **besonderen** 28

---

[42] BGHZ 55, 354 (356) = NJW 1971, 838; BGH NJW-RR 1989, 979.
[43] BGH NJW 1975, 1701 (1702); KG BauR 1973, 244.
[44] BGHZ 192, 190 Rn. 14, 16 = NJW 2012, 1137; BGH NJW-RR 2013, 969 Rn. 11.
[45] BGHZ 192, 190 Rn. 14, 16 = NJW 2012, 1137 (zu § 13 Nr. 4 VOB/B aF).
[46] Kapellmann/Messerschmidt/*Weyer* VOB/B § 13 Rn. 149; vgl. zum früheren Recht BGH BauR 1970, 244 (245) = WM 1970, 964; OLG Düsseldorf *Schäfer/Finnern* Z 2400, 2; OLG Stuttgart BauR 1972, 315.
[47] Kapellmann/Messerschmidt/*Weyer* VOB/B § 13 Rn. 149; vgl. zum früheren Recht BGH BauR 1970, 244 (245) = WM 1970, 964; OLG Jena BauR 2001, 1124.
[48] Vgl. zum früheren Recht BGHZ 61, 203 (207) = NJW 1973, 1752 (zu § 852 BGB aF); BGH VersR 1966, 1154 (1155 ff.).
[49] Zu Einzelheiten MüKoBGB/*Busche* BGB § 644 Rn. 17.

Gegebenheiten des Bauvertrages Rücksicht genommen werden. Diese bestehen darin, dass der Auftragnehmer seine Leistungen nicht ganz oder überwiegend im eigenen Betrieb, also in seinem Herrschaftsbereich, erbringt, sondern im Regelfall auf fremdem Grund und Boden. Dies bedeutet für die Werkherstellung ein höheres Risiko, das der Unternehmer nur bedingt steuern kann. Aus diesem Grunde soll der Auftraggeber in den Fällen des § 7 Abs. 1 Hs. 1 VOB/B schon vor der Abnahme an diesem Risiko beteiligt werden. Dabei handelt es sich um eine insgesamt interessengerechte Regelung, die auch vor § 307 BGB Bestand hat.[50] Der Auftraggeber kann sich insoweit durch eine Bauwesenversicherung absichern. Die **(vorzeitige) Verlagerung der Vergütungsgefahr** nach § 7 VOB/B führt dazu, dass der Auftraggeber die geschuldete (Teil-)Vergütung zu entrichten hat, ohne hierfür einen Gegenwert zu erhalten (§ 7 Abs. 1 VOB/B iVm § 6 Abs. 5 VOB/B).[51] Da die **Leistungsgefahr** bis zur Abnahme beim Auftragnehmer verbleibt, kann der Auftraggeber allerdings verlangen, dass die Leistung nochmals erbracht wird;[52] er muss diese dann jedoch auch erneut vergüten.[53]

VIII. Kündigung

29 **1. Freie Kündigung (§ 8 Abs. 1 VOB/B).** Der Tatbestand der freien Kündigung in § 8 Abs. 1 VOB/B stimmt mit § 648 BGB (= § 649 BGB aF) überein. Wie beim BGB-Bauvertrag (§ 650h BGB) bedarf die Kündigung der **Schriftform.** Sie ist Wirksamkeitsvoraussetzung.[54] Eine konkludente freie Kündigung ist daher nicht möglich. Der durch die Kündigung entstehende Vergütungsanspruch des Auftragnehmers (§ 8 Abs. 1 Nr. 2 VOB/B) ist von der **Vorlage einer prüffähigen Schlussrechnung** abhängig (§ 8 Abs. 1 Nr. 2 VOB/B iVm § 8 Abs. 7 Hs. 2 VOB/B).[55]

30 **2. Außerordentliche Kündigung (§ 8 Abs. 2–4 VOB/B).** Das Recht zur außerordentlichen Kündigung ist in der VOB/B im Gegensatz zu § 648a BGB nicht generalklauselartig geregelt, sondern einzelfallbezogen (§ 8 Abs. 2–4 VOB/B). Die in § 8 Abs. 2–4 VOB/B erwähnten **Kündigungstatbestände** stimmen darin überein, dass die Kündigung jeweils vom Auftragnehmer veranlasst ist und dem Auftragnehmer für die von ihm bis zur Kündigung geleistete Arbeit ein Vergütungsanspruch zuerkannt wird.[56] Im Einzelnen gewährt § 8 **Abs. 2** VOB/B dem Auftraggeber ein Recht zur fristlosen Kündigung, wenn seitens des Auftragnehmers eine Zahlungseinstellung iSv § 17 Abs. 2 S. 2 InsO vorliegt; Entsprechendes gilt für den Fall der Beantragung oder Eröffnung des Insolvenz- oder eines vergleichbaren gesetzlichen Verfahrens oder der Ablehnung des Verfahrens mangels Masse.[57] Darüber hinaus sieht § 8 **Abs. 3** Nr. 1 VOB/B ein Kündigungsrecht vor, wenn in den Fällen des § 4 Abs. 7 VOB/B (Nichtbeseitigung eines Mangels vor der Abnahme), des § 4 Abs. 8 Nr. 1 VOB/B (nicht genehmigte Weitervergabe) und des § 5 Abs. 4 VOB/B (nicht rechtzeitige Bauausfüh-

---

[50] Ingenstau/Korbion/*Oppler* VOB/B § 7 Abs. 1–3 Rn. 2; Staudinger/*Peters/Jacoby*, 2014, BGB § 644 Rn. 32; dagegen die Wirksamkeit der Vorschrift verneinend *Schmidt-Salzer* BB Beil. 1 zu Heft 3/1973, 8; einschränkend *Christensen* in Ulmer/Brandner/Hensen, AGB-Recht, 12. Aufl. 2016, VOB/B Rn. 11 (nur bei öffentl. Auftraggebern).

[51] BGHZ 61, 144 (146) = NJW 1973, 1698; BGH VersR 1962, 159.

[52] Ingenstau/Korbion/*Oppler* VOB/B § 7 Rn. 3; Soergel/*Teichmann* BGB § 644 Rn. 15; Staudinger/*Peters/Jacoby*, 2014, BGB § 644 Rn. 31 f.

[53] BGHZ 61, 144 (146) = NJW 1973, 1698; Soergel/*Teichmann* BGB § 644 Rn. 15; Staudinger/*Peters/Jacoby*, 2014, BGB § 644 Rn. 31, 39.

[54] OLG Celle MDR 1973, 136 = BauR 1973, 49 (50); OLG Frankfurt a. M. BauR 1991, 612 (613); Ingenstau/Korbion/*Joussen/Vygen* VOB/B § 8 Abs. 5 Rn. 3; Staudinger/*Peters/Jacoby*, 2014, BGB § 649 Rn. 73; aA OLG Celle BauR 2006, 2069.

[55] BGHZ 140, 365 (368) = NJW 1999, 1867; BGH BauR 2006, 519 (520); NJW 2003, 581 (582); 1987, 382 (383).

[56] Vgl. dazu BGHZ 31, 224 (229) = NJW 1960, 341; BGHZ 156, 82 (86) = NJW 2003, 3474; BGH NJW-RR 2003, 738 (739).

[57] Dazu BGHZ 96, 34 (36 ff.) = NJW 1986, 255; OLG Düsseldorf NJW 2015, 355 Rn. 27; BauR 2006, 2054 (2058 f.); *Timmermanns* BauR 2001, 321; Staudinger/*Peters/Jacoby*, 2014, BGB § 649 Rn. 76.

rung)⁵⁸ die nach diesen Bestimmungen zu setzende Frist trotz einer damit verbundenen Androhung der Kündigung fruchtlos abgelaufen ist;⁵⁹ denkbar ist auch eine Teilkündigung, soweit diese sich auf einen in sich abgeschlossenen (selbstständigen) Teil einer Leistung bezieht.⁶⁰ Nach § 8 **Abs. 4** VOB/B hat der Auftraggeber zudem ein Kündigungsrecht, wenn der Auftragnehmer aus Anlass der Vergabe eine Abrede getroffen hat, die eine unzulässige Wettbewerbsbeschränkung darstellt.

Liegen die **Kündigungsvoraussetzungen nach** § 8 **Abs. 2–4 VOB/B nicht vor,** schließt dies eine außerordentliche Kündigung auf der Grundlage von § 648a BGB bzw. in analoger Anwendung von § 314 BGB, soweit der Vertrag vor Inkrafttreten des Gesetzes zur Reform des Bauvertragsrechts perfektioniert wurde, nicht aus. Denkbar ist dies etwa, wenn der Unternehmer seine Kooperationspflichten verletzt⁶¹ oder mit Arbeitseinstellung droht, um eine ihm nicht zustehende Abschlagszahlung zu erwirken.⁶² Freilich dürfen durch die außerordentliche Kündigung auf der Grundlage des BGB die Schutzmechanismen der VOB/B (§ 5 Abs. 4 VOB/B, § 4 Abs. 7 und 8 Nr. 1 VOB/B) nicht umgangen werden, weshalb bei einer Kündigung analog § 314 BGB zu fordern ist, dass der Kündigung eine Fristsetzung mit Kündigungsandrohung vorauszugehen hat.⁶³ Fehlt es überhaupt an den Voraussetzungen einer außerordentlichen Kündigung, ist durch Auslegung zu ermitteln, ob die außerordentliche Kündigung des Bauvertrages auch als freie Kündigung nach § 8 Abs. 1 Nr. 1 VOB/B bzw. § 648 S. 1 BGB (= § 649 S. 1 aF) verstanden werden kann.

IX. Vergütung (§§ 2, 16 VOB/B)

1. Überblick. Regeln zur Vergütung der vereinbarten Leistung enthalten §§ 2, 16 VOB/B. Während § 2 VOB/B die Frage klärt, wie der **Vergütungsanspruch** des Auftragnehmers **zu ermitteln** ist, regelt § 16 VOB/B die **Zahlungsmodalitäten.** Wenn nichts anderes vereinbart ist, wird die Vergütung im Anwendungsbereich der VOB/B nach Einheitspreisen berechnet (§ 2 Abs. 2 VOB/B). Denkbar sind aber etwa auch Pauschalpreisvereinbarungen, eine Abrechnung nach Stundenlohnsätzen oder Selbstkosten. Als Zahlungsmodalität kommt neben der Gesamtvergütung die Leistung von Abschlagszahlungen (§ 16 Abs. 1 VOB/B) in Betracht. Darüber hinaus enthält die VOB/B Bestimmungen zur Vorauszahlung (§ 16 Abs. 2 VOB/B) und zur Schlusszahlung (§ 16 Abs. 3 VOB/B). Die Regelung des § 16 VOB/B tritt an die Stelle von § 641 BGB.

2. Ermittlung der Vergütung. a) Einheitspreisvertrag. aa) Allgemeines. Für den Einheitspreisvertrag ist es charakteristisch, dass bei der Vergabe einer Gesamtleistung die Angebotssumme in eine Vielzahl von Einheitspreisen aufgegliedert wird, die jeweils auf technisch und wirtschaftlich einheitliche Teilleistungen bezogen sind. Der im Angebot ausgeworfene **Gesamtpreis** bildet nur einen gewissen Anhalt dafür, mit welchen Kosten der Auftraggeber in etwa zu rechnen hat. Die wirkliche Vergütung des Auftragnehmers lässt sich regelmäßig erst nach Fertigstellung der Leistung und nach detaillierter Abrechnung auf Grund eines Aufmaßes bestimmen. Wie die Abrechnung zu erfolgen hat, bestimmt § 14 VOB/B. Danach hat der Unternehmer dem Auftraggeber eine **prüffähige Rechnung** zu erteilen. Die für die Abrechnung notwendigen Feststellungen hat der Auftragnehmer gem. § 14 Abs. 2 VOB/B dem Fortgang der Ausführung entsprechend möglichst gemeinsam mit dem Auftraggeber unter Beachtung der Abrechnungsbestimmungen der ATV in der

---

⁵⁸ S. dazu OLG Düsseldorf BauR 2009, 1445 (1446 ff.) (Überschreitung der Fristen in einem Bauzeitenplan).
⁵⁹ OLG Zweibrücken NJW-RR 2017, 338 Rn. 44.
⁶⁰ BGH NJW 2009, 3717 Rn. 16 ff. (verneint für Leistungsteile innerhalb eines Gewerks): krit. *Leidig/Hürter* NZBau 2010, 417 (418 f.); *Leidig/Hürter* NZBau 2009, 106 (108 ff.).
⁶¹ OLG Düsseldorf NJW 2015, 3663 Rn. 78.
⁶² OLG Düsseldorf NJW-RR 2015, 535 Rn. 74; OLG Stuttgart NJW-RR 2016, 470 Rn. 21.
⁶³ OLG Düsseldorf NJW 2015, 3663 Rn. 116-119; OLG Stuttgart NJW-RR 2016, 470 Rn. 18.

VOB/C durch **Aufmaß** zu treffen. Insoweit besteht für beide Parteien eine Pflicht zur Kooperation.[64]

34 bb) **Mengenänderungen (§ 2 Abs. 3, 5 VOB/B).** Während der Bauabwicklung kann es zu kalkulationsbedingten Mengenänderungen kommen. Die Bestimmung des **§ 2 Abs. 3 VOB/B** regelt den Fall, wie sich solche Mengenänderungen beim Einheitspreisvertrag auf die Ermittlung der Vergütung auswirken. Eine Mengenänderung im weiteren Sinne kann dabei auch vorliegen, wenn die Einheitspreisvereinbarung im Vordersatz eine **Zeiteinheit** beinhaltet und diese überschritten wird.[65] Für die über 10 vH hinausgehende Überschreitung oder Unterschreitung des Mengenansatzes ist auf Verlangen einer Vertragspartei ein neuer Einheitspreis zu bilden. Bei einer **Überschreitung des Mengenansatzes** ist für den den Mengenansatz übersteigenden Teil[66] auf dem Boden der für den Einheitspreis maßgebenden Preisermittlungsgrundlage[67] unter Berücksichtigung der Mehr- oder Minderkosten ein neuer Preis zu vereinbaren (§ 2 Abs. 3 Nr. 2 VOB/B). Die Regelung begründet damit einen vertraglichen Anspruch auf Einwilligung in einen neuen Preis.[68] Bei einer **Mengenunterschreitung** ist für die tatsächlich ausgeführte Menge der Einheitspreis zu erhöhen, soweit der Auftragnehmer nicht durch Erhöhung der Mengen bei anderen Positionen oder in anderer Weise einen Ausgleich erhält (§ 2 Abs. 3 Nr. 3 S. 1 VOB/B). Diese Preisanpassungsregelung gilt nur für die Fälle, bei denen nicht mehr geschieht, als dass sich die ausgeführten Mengen gegenüber den ausgeschriebenen ändern, weil die Vorausschätzung unrichtig gewesen ist.[69] Eine zeitliche Schranke zur Geltendmachung des Rechts auf Preisanpassung besteht nach § 2 Abs. 3 Nr. 3 VOB/B nicht; eine solche folgt auch nicht aus einer Fristversäumung iSv § 16 Abs. 3 VOB/B, da diese Vorschrift das Preisanpassungsverlangen nicht regelt.[70] Nicht anwendbar ist § 2 Abs. 3 VOB/B dem Wortlaut nach, wenn einzelne **Leistungspositionen vollständig entfallen** (sog. Nullpositionen).[71] Da auch andere Vorschriften der VOB/B diesen Sachverhalt nicht erfassen, liegt eine planwidrige Regelungslücke vor, die durch ergänzende Vertragsauslegung des VOB/B-Vertrages zu schließen ist.[72] Die Interessenlage spricht insoweit dafür, dass die Parteien bei Kenntnis der Sachlage eine Regelung entsprechend § 2 Abs. 3 Nr. 3 VOB/B vereinbart hätten.[73] **Keine Preisanpassung** findet statt, wenn die Menge der von einem Einheitspreis erfassten Leistung oder Teilleistung nicht um mehr als 10 vH von dem im Vertrag vorgesehenen Umfange abweicht. Leistungsschwankungen in diesem Rahmen sind von den Vertragspartnern hinzunehmen.

35 Greift § 2 Abs. 3 VOB/B ein, ist es regelmäßig ausgeschlossen, eine Preisanpassung nach den Grundsätzen über den **Wegfall der Geschäftsgrundlage (§ 313 BGB)** vorzunehmen,[74] soweit die Parteien für den Fall von Mengenänderungen durch Einbeziehung der VOB/B eine abschließende vertragliche Regelung getroffen haben. Der Sachverhalt der Mengenänderung kann unter diesen Umständen nicht zugleich Geschäftsgrundlage sein. Fehlt es dagegen an einer abschließenden Vereinbarung und haben die Parteien den Vertrag zudem in der Annahme geschlossen, ein bestimmter Mengenrahmen werde eingehalten, kann bei dessen Überschreitung ergänzend auch § 313 BGB eingreifen.[75] Zulässig ist es

---

[64] BGHZ 143, 89 (93) = NJW 2000, 807; BGH NJW 2003, 2678.
[65] BGH NJW 2013, 1070 Rn. 18.
[66] Hierzu BGH NJW 1966, 971.
[67] Dazu BGH LM VOB/B Nr. 36; *Piel* BauR 1974, 226; Heiermann/Riedl/Rusam/*Kuffer* VOB/B § 2 Rn. 95; Ingenstau/Korbion/*Keldungs* VOB/B § 2 Abs. 3 Rn. 17; aA *Heiermann* BauR 1974, 73; OLG München BauR 1993, 726 (Preisanpassung nur bei vorgelegter Kalkulation oder Schätzungsmöglichkeit).
[68] BGH NJW-RR 2005, 1041 (1042).
[69] Ingenstau/Korbion/*Keldungs* VOB/B § 2 Abs. 3 Rn. 5, 15; zur Neuberechnung des Einheitspreises OLG Hamm BauR 1984, 297.
[70] BGH NJW-RR 2005, 1041 (1042).
[71] BGHZ 192, 252 Rn. 20 = NJW 2012, 1348.
[72] BGHZ 192, 252 Rn. 21 = NJW 2012, 1348.
[73] BGHZ 192, 252 Rn. 21 = NJW 2012, 1348; *Klafft/Nossek* NZBau 2009, 286 (290 f.); aA für Heranziehung des Rechtsgedankens aus § 648 S. 2 BGB Ingenstau/Korbion/*Keldungs* VOB/B § 2 Abs. 3 Rn. 39 f..
[74] BGHZ 179, 213 Rn. 35 = NJW 2009, 835; BGH NJW-RR 2011, 886 Rn. 6.
[75] BGH NJW-RR 2011, 886 Rn. 8 f.; OLG Schleswig NZBau 2011, 756 (758).

überdies, eine von § 2 Abs. 3 VOB/B **abweichende Vereinbarung** dahingehend zu treffen, dass es auch bei einer Mengenänderung von mehr als 10 % beim vereinbarten Einheitspreis schlechthin verbleibt. Dies kann nicht nur individuell vereinbart werden, sondern auch durch AGB bestimmt werden. Eine dahingehende Klausel verstößt nicht gegen §§ 307 ff. BGB, sie trifft aber den Kernbereich der Ausgewogenheit der VOB/B und führt dazu, dass die VOB/B „als Ganzes" nicht mehr vereinbart ist (→ Rn. 7). Steht ein nach § 2 Abs. 3 Nr. 2 VOB/B oder § 2 Abs. 5 VOB/B neu zu vereinbarender Einheitspreis für Mehrmengen in einem auffälligen, **wucherähnlichen Missverhältnis** zur Bauleistung, kann die dieser Preisbildung zugrunde liegende Vereinbarung sittenwidrig und damit nichtig sein.[76] An die Stelle des nichtig vereinbarten Einheitspreises tritt dann der übliche Preis.[77]

Bei Mengenänderungen, die auf **Änderungen des Bauentwurfs (§ 1 Abs. 3 VOB/B) oder andere Anordnungen des Auftraggebers** zurückgehen, folgt der Anspruch auf Preisanpassung nicht aus § 2 Abs. 3 VOB/B, sondern aus § 2 Abs. 5 VOB/B.[78] Anknüpfungspunkt für den sog „Nachtragswerklohn" kann der vereinbarte Vertragspreis sein, der insoweit fortzuschreiben wäre.[79] Denkbar ist aber auch eine Anknüpfung an ortsübliche Preise oder eine andere Art der Preisfindung. Insoweit kommt es auf den Willen der Vertragsparteien an.[80] Maßgebender Gedanke muss insoweit sein, dass das ursprüngliche **Preisgefüge** möglichst **erhalten bleibt.**[81] Die Vereinbarung iSv § 2 Abs. 5 VOB/B soll vor der Ausführung getroffen werden. Das gibt dem Auftragnehmer aber nicht das Recht, seine Arbeiten zwischenzeitlich einzustellen (vgl. § 1 Abs. 3 VOB/B).[82] Kommt im Vorhinein eine Vereinbarung nicht zustande, steht dem Auftragnehmer unter den Voraussetzungen des § 2 Abs. 5 VOB/B vielmehr ein klagbarer Anspruch auf eine Mehrvergütung zu, die gegebenenfalls gerichtlich festzusetzen ist.[83] Die Vorschrift des § 2 Abs. 5 VOB/B ist im Gegensatz zu § 2 Abs. 3 VOB/B auch bei nur unwesentlichen preislichen Abweichungen anwendbar.[84] **36**

Für § 2 Abs. 5 VOB/B sind alle **Anordnungen** des Auftraggebers von Bedeutung, die durch die Änderung der Leistung auf die Preisermittlungsgrundlagen durchschlagen. Die Anordnungen, die keiner bestimmten Form bedürfen, können vom Auftraggeber auch **stillschweigend erteilt** werden.[85] Der Anordnungsbegriff ist grundsätzlich weit zu verstehen.[86] Anordnungen iSv § 2 Abs. 5 VOB/B können daher sowohl die **Ausführungsart** als auch die **Ausführungszeit**[87] betreffen, unabhängig davon, ob sie vom Auftraggeber ausgehen oder durch Dritte veranlasst sind.[88] In Betracht kommen jedoch nur Anordnungen, die selbst vertragsgemäß sind oder auf der Grundlage eines vertraglich eingeräumten Leistungsbestimmungsrechts beruhen.[89] Vertragswidrige Anordnungen des Auftraggebers kön- **37**

---

[76] BGHZ 196, 355 Rn. 18, 35 = NJW 2013, 1953; BGHZ 196, 299 Rn. 21 f. = NJW 2013, 1950; BGHZ 179, 213 Rn. 9 = NJW 2009, 835; zur Widerlegung der Sittenwidrigkeitsvermutung bei bloß marginaler Position: OLG Jena NZBau 2010, 376 (379).
[77] BGHZ 196, 355 Rn. 38 = NJW 2013, 1953; OLG Dresden NZBau 2010, 373.
[78] Zu Einzelheiten vgl. *Kues/Steffen* BauR 2010, 10 (16 ff.); Kapellmann/Messerschmidt/*Kapellmann* VOB/B § 2 Rn. 181 ff.; zu einem eventuell gegebenen Leistungsverweigerungsrecht OLG Zweibrücken BauR 1995, 251.
[79] Dazu BGHZ 196, 355 Rn. 33 = NJW 2013, 1953.
[80] BGHZ 197, 52 Rn. 14 = NJW 2013, 2423.
[81] *von Hayn-Habermann* NJW-Spezial 2013, 300 (301).
[82] OLG Düsseldorf BauR 2006, 531.
[83] OLG Saarbrücken NZBau 2011, 422.
[84] BGH NJW-RR 2003, 14.
[85] BGHZ 95, 123 (135) = NJW 1985, 2475; BGH NJW 1968, 1324; OLG Jena NZBau 2006, 510 (514).
[86] OLG Jena NZBau 2006, 510 (514).
[87] Dazu BGHZ 95, 128 (135) = NJW 1985, 2475; OLG Düsseldorf NJW-RR 1996, 730 (731); OLG Hamm NZBau 2006, 180; OLG Jena NZBau 2005, 341 (344); OLG Naumburg NJW-RR 2011, 1389 (1392); Kapellmann/Messerschmidt/*Kapellmann* VOB/B § 2 Rn. 185.
[88] Vgl. BGH NJW 1968, 1234 (1235); *Schmidt*, Die Vergütung von Bauleistungen, 1969, 29; Ingenstau/Korbion/*Keldungs* VOB/B § 2 Abs. 5 Rn. 16 ff.
[89] OLG Hamm NZBau 2006, 180 (181); *Thode* ZfBR 2004, 214 (225); aA Kapellmann/Messerschmidt/ *v. Rintelen* VOB/B § 1 Rn. 57e; Kapellmann/Messerschmidt/*Kapellmann* VOB/B § 2 Rn. 181; Kapellmann/ Messerschmidt/*Kapellmann* VOB/B § 6 Rn. 57.

nen allein Ansprüche des Unternehmers gem. § 6 Abs. 6 VOB/B oder § 642 BGB auslösen.[90]

38   **cc) Zusatzleistungen (§ 2 Abs. 6 VOB/B).** Verlangt der Auftraggeber aufgrund eines ihm eingeräumten einseitigen Leistungsbestimmungsrechts[91] vom Auftragnehmer zusätzliche, im Vertrag nicht vorgesehene Leistungen, hat der Auftragnehmer einen **Anspruch auf besondere Vergütung.**[92] Diese bestimmt sich nach den Grundlagen der Preisermittlung für die Vertragsleistung und den besonderen Kosten der geforderten zusätzlichen Leistung. Die Regelung trägt dem Umstand Rechnung, dass sich oftmals erst **während der Ausführung von Bauleistungen** die **Notwendigkeit zusätzlicher im Vertrag nicht vorgesehener Leistungen** herausstellt. Dies impliziert freilich auch, dass die zusätzliche Leistung, um von § 2 Abs. 6 VOB/B erfasst zu werden, jedenfalls in irgendeiner Beziehung zur ursprünglich vereinbarten Leistung stehen muss.[93] Ob eine Leistung vom ursprünglichen Bauvertrag erfasst war oder im vorbenannten Sinne eine zusätzliche Leistung iSv § 2 Abs. 6 VOB/B darstellt, ist durch Auslegung des Bauvertrags zu ermitteln.[94] Die besondere Vergütung ist möglichst vor Beginn der Ausführung zu vereinbaren. Auf alle Fälle aber hat der Auftragnehmer dann, wenn er eine besondere Vergütung für zusätzliche Leistungen verlangen will, den Anspruch vor Beginn der Ausführung anzukündigen. Die Ankündigung ist regelmäßig Anspruchsvoraussetzung.[95]

39   **b) Pauschalpreisvertrag. aa) Allgemeines.** Der Pauschalpreisvertrag ist in der VOB/B **nicht positiv definiert.**[96] In der Praxis werden zwei Typen des Pauschalvertrages unterschieden: Der „Detail-Pauschalvertrag" und der „Global-Pauschalvertrag".[97] Beim VOB-konformen **Detail-Pauschalvertrag** schuldet der Unternehmer für den vereinbarten Pauschalpreis nur die Leistungen, die in der detaillierten Leistungsbeschreibung niedergelegt sind und nicht mehr. Nach dem **Global-Pauschalvertrag,** bei dem eine detaillierte Leistungsbeschreibung fehlt, ist der Unternehmer verpflichtet, das versprochene Leistungsziel zu erreichen.[98] Mit dem Pauschalpreisvertrag soll die **Abrechnung vereinfacht** werden; im Unterschied zum Einheitspreisvertrag erübrigt sich die Mengenermittlung. Mehr- oder Minderleistungen führen im Grundsatz weder zu einer Erhöhung noch zu einer Kürzung des Pauschalpreises.

40   **bb) Preisanpassungen (§ 2 Abs. 7 VOB/B).** Auf der anderen Seite sind aber auch beim (Detail-)Pauschalpreisvertrag einzelne Preisanpassungen nicht von vornherein ausgeschlossen. In § 2 Abs. 7 VOB/B sind **zwei Ausnahmefälle** geregelt, die es rechtfertigen, unbeschadet der Pauschalvereinbarung einen finanziellen Ausgleich zwischen den Parteien herbeizuführen. Zum einen geht es um den Fall, dass sich die vertraglich vereinbarten **Leistungen nachträglich ändern** (§ 2 Abs. 7 Nr. 2 VOB/B iVm § 2 Nr. 4, 5 und 6 VOB/B); zum anderen um den Fall, dass die **tatsächlich ausgeführte Leistung von der vertraglich vorgesehenen erheblich abweicht** und ein Festhalten an der Pauschalsumme nicht mehr zumutbar ist (§ 2 Abs. 7 Nr. 1 S. 2 und 3 VOB/B). Im letztgenannten Fall

---

[90] OLG Hamm NZBau 2006, 180 (181); *Thode* ZfBR 2004, 214 (225).
[91] Dazu Ingenstau/Korbion/*Keldungs* VOB/B § 2 Abs. 6 Rn. 4 f.; Kapellmann/Messerschmidt/*Kapellmann* VOB/B § 2 Nr. 6 Rn. 190.
[92] Zu Einzelheiten MüKoBGB/Busche BGB § 650a Rn. 66 f.
[93] Ingenstau/Korbion/*Keldungs* VOB/B § 2 Rn. 12; *Werner/Pastor,* Der Bauprozess, 16. Aufl. 2017, Rn. 1477.
[94] OLG Naumburg NZBau 2010, 436.
[95] BGH LM VOB/B Nr. 36; OLG Düsseldorf *Schäfer/Finnern* Z 2302, 15; *Schäfer/Finnern* Z 2300, 14; Ingenstau/Korbion/*Keldungs* VOB/B § 2 Abs. 6 Rn. 17; *Locher,* Das private Baurecht, 8. Aufl. 2012, Rn. 316; *Schmidt,* Die Vergütung von Bauleistungen, 1969, 32; aA *Fahrenschon* BauR 1977, 172 (179); zu Ausnahmen BGHZ 133, 44 (47 f.) = NJW 1996, 2158 = LM VOB/B 1973 § 2 Nr. 15.
[96] Dazu Kapellmann/Messerschmidt/*Kapellmann* VOB/B § 2 Rn. 232.
[97] Zu Einzelheiten MüKoBGB/Busche BGB § 631 Rn. 93 ff.
[98] OLG Brandenburg NJW-RR 2012, 655 (657); OLG Düsseldorf NJW-RR 2004, 1540; OLG Hamm BauR 2006, 1899 (1901); *Werner/Pastor,* Der Bauprozess, 16. Aufl. 2017, Rn. 1525; vgl. auch *Pietschmann* BauR 2006, 1895 (1895 f.).

erfolgt eine Preisanpassung nach den Regeln über den Wegfall der Geschäftsgrundlage (§ 313 BGB).[99] Dies zeigt, dass die Opfergrenze zwischen Auftragnehmer und Auftraggeber in erheblichem Umfang verschoben sein muss.[100] Liegen die Voraussetzungen von § 2 Abs. 7 VOB/B vor, hat die **Preisanpassung** in der Weise zu erfolgen, dass die Pauschalsumme für die tatsächlich ausgeführte Leistung unter Beachtung der Mehr- und Minderkosten der Pauschalsumme für die vertraglich vorgesehene Leistung gegenüberzustellen ist. Anders ist vorzugehen, wenn es sich um einen Ausgleich für Mehrleistungen handelt. Diese sind nach Einheitspreisen zu erfassen.[101]

c) Auftragslos erbrachte Leistungen (§ 2 Abs. 8 VOB/B). Leistungen, die der Auftragnehmer auftragslos erbringt, also ohne vertragliche Verpflichtung oder unter eigenmächtiger Abweichung vom Vertrag, sind **nicht zu vergüten, es sei denn, der Auftraggeber erkennt die Leistung nachträglich an** (§ 2 Abs. 8 Nr. 2 S. 1 VOB/B) **oder die Leistung ist für die Erfüllung des Vertrages notwendig,** entspricht dem mutmaßlichen Willen des Auftraggebers und wird ihm unverzüglich (§ 121 BGB) angezeigt (§ 2 Abs. 8 Nr. 2 S. 2 VOB/B). Die Voraussetzungen des § 2 Abs. 8 Nr. 2 S. 2 VOB/B decken sich im Wesentlichen mit denen für den Vergütungsanspruch bei Geschäftsführung ohne Auftrag gem. §§ 677 ff. BGB. Mutmaßlich ist insoweit derjenige Wille des Auftraggebers, der bei objektiver Beurteilung aller gegebenen Umstände von einem verständigen Betrachter vorauszusetzen ist.[102] Ein entgegenstehender Wille des Auftraggebers ist unbeachtlich, wenn die vom Auftragnehmer ausgeführte Leistung eine Pflicht erfüllt, die im öffentlichen Interesse liegt (§ 679 BGB).[103] Ist ein Vergütungsanspruch nach § 2 Abs. 8 VOB/B nicht gegeben, kann ggf. aus dem Gesichtspunkt ersparter Aufwendungen ein **Bereicherungsanspruch** nach §§ 812 ff. BGB gegeben sein.[104] Liegen die Voraussetzungen für einen Vergütungsanspruch nicht vor, hat der Auftragnehmer die Leistung auf Verlangen innerhalb angemessener Frist zu beseitigen; außerdem hat er den hierdurch entstandenen Schaden zu ersetzen (§ 2 Abs. 8 Nr. 1 VOB/B). 41

d) Stundenlohnvertrag (§ 2 Abs. 10 VOB/B, § 15 VOB/B). aa) Allgemeines. Bei der Erfassung und Vergütung von Stundenlohnarbeiten ist danach zu unterscheiden, ob es sich um sog. „angehängte" oder „selbstständige" **Stundenlohnarbeiten** handelt. Von „angehängten" Stundenlohnarbeiten spricht man dann, wenn bei einer zu Festpreisen – Vergütung nach Einheitspreisen oder zu einer Pauschalsumme – vergebenen Hauptarbeit zusätzlich im Vertrag nicht vorgesehene Leistungen vom gleichen Auftragnehmer in räumlichem und zeitlichem Zusammenhang zusammen mit der Hauptarbeit ausgeführt werden. Als „selbstständige" Stundenlohnarbeiten sind solche anzusehen, die ohne jeden Zusammenhang mit einer Hauptleistung zu erbringen sind. 42

bb) Angehängte Stundenlohnarbeiten. Angehängte Stundenlohnarbeiten sind vom Auftraggeber **nur zu vergüten, wenn** sie als solche vor Beginn der Ausführung **ausdrücklich vereinbart** worden sind (§ 2 Abs. 10 VOB/B). Diesem Erfordernis wird nicht schon dadurch Genüge getan, dass im Vertrag lediglich die Möglichkeit der Ausführung von Stundenlohnarbeiten erwähnt und hierfür Stundenlohnsätze festgelegt werden.[105] Freilich kann sich der Auftraggeber nachträglich bereit finden, durchgeführte Arbeiten als nach Stundenlohnsätzen zu vergütende anzuerkennen.[106] Fehlt es an der Vereinbarung der Parteien oder der nachträglichen Genehmigung durch den Auftraggeber, scheidet auch ein Anspruch des Auftragnehmers nach § 812 BGB aus. Eine Vergütung nach Einheitspreisen ist nur in den Ausnahmefällen des § 2 Abs. 5, 6 und 8 VOB/B möglich. 43

---

[99] BGHZ 190, 212 Rn. 20 = NJW 2011, 3287.
[100] Zu Einzelheiten MüKoBGB/*Busche* BGB § 631 Rn. 74 ff.
[101] BGH BB 1971, 290; 1961, 989; Ingenstau/Korbion/*Keldungs* VOB/B § 2 Abs. 7 Rn. 33.
[102] BGH NJW-RR 2004, 449 (451); ähnlich Ingenstau/Korbion/*Keldungs* VOB/B § 2 Abs. 8 Rn. 35.
[103] OLG Celle BB 1963, 1037; Ingenstau/Korbion/*Keldungs* VOB/B § 2 Abs. 8 Rn. 35.
[104] BGH *Schäfer/Finnern* Z 2301, 46, 49.
[105] OLG Nürnberg BeckRS 2014, 21598 Rn. 45 = BauR 2015, 509.
[106] Zu Einzelheiten MüKoBGB/*Busche* BGB § 631 Rn. 83.

44 **cc) Selbstständige Stundenlohnarbeiten.** Die Vergütung selbstständiger Stundenlohnarbeiten regelt § 15 VOB/B. Diese sind unter den Voraussetzungen des § 15 Abs. 3 VOB/B (Anzeige- und Nachweispflicht) **nach ortsüblichen Sätzen** zu vergüten, soweit über die Vergütung keine Vereinbarung getroffen worden ist. Kommt der Auftragnehmer seiner Verpflichtung zur Führung und **Vorlage von Stundenlohnzetteln** nicht nach, führt dies nicht zum Verlust des Vergütungsanspruchs, sondern bei schuldhaftem Verstoß gegen die Anzeigepflicht lediglich zu einem Schadensersatzanspruch des Auftraggebers.[107]

45 **3. Zahlungsmodalitäten. a) Abschlagszahlungen (§ 16 Abs. 1 VOB/B).** Dem Unternehmer steht nach § 16 Abs. 1 Nr. 1 VOB/B ein selbstständiger schuldrechtlicher Anspruch auf Abschlagszahlung **entsprechend tatsächlich erbrachter Teilleistungen** bzw. für Bauteile und Stoffe zu, wenn diese Leistungen vertragsgemäß erbracht wurden und durch eine prüfbare Aufstellung belegt werden.[108] **Sinn und Zweck** der Regelung ist es, den Auftragnehmer, der seine Bauleistungen häufig vorfinanzieren muss, wirtschaftlich zu entlasten.[109] Die erbrachten Leistungen sind durch eine **prüfbare Aufstellung** nachzuweisen.[110]

46 Die **Höhe** der Abschlagszahlung bemisst sich nach dem Wert der nachgewiesenen vertragsgemäßen Leistungen. Dabei ist wie im Rahmen von § 632a BGB ein objektiver Maßstab anzulegen.[111] Auf einen Wertzuwachs beim Besteller kommt es nicht an. Der Anspruch wird 21 Tage nach Zugang der Aufstellung beim Besteller fällig (§ 16 Abs. 1 Nr. 3 VOB/B). Der Besteller hat das Recht, **Gegenforderungen** einzubehalten und auch andere Einbehalte vorzunehmen, wenn sie im Vertrag vorgesehen sind oder wenn sich ein Leistungsverweigerungsrecht aus gesetzlichen Bestimmungen ergibt (§ 16 Abs. 1 Nr. 2 VOB/B). Nicht erforderlich ist es, dass die Gegenforderungen aus dem Bauvertragsverhältnis stammen; sie können auch auf anderen Vertrags- oder sonstigen Rechtsverhältnissen beruhen.[112] Jedoch müssen die Voraussetzungen der Aufrechnung gegeben sein.[113] **Andere Einbehalte** kommen insbesondere dann in Betracht, wenn dem Besteller wegen Mängeln der Leistung Mängelbeseitigungsansprüche auf der Grundlage des § 4 Abs. 7 S. 1 VOB/B zustehen. Der Einbehalt beschränkt sich dabei nicht auf einen dem mangelbedingten Minderwert der Leistung entsprechenden Betrag; er kann diesen Betrag vielmehr erheblich übersteigen, um den Unternehmer zur Mängelbeseitigung anzuhalten. Das gilt selbst dann, wenn ein Sicherheitseinbehalt vereinbart ist.[114] Verlangt der Auftragnehmer im Klagewege trotz Mangelhaftigkeit seiner Leistung Abschlagszahlungen, sind ihm diese Zug um Zug gegen Mängelbeseitigung zuzusprechen.[115]

47 **Leistet der Auftraggeber nicht,** hat der Auftragnehmer gem. § 9 Abs. 1 Nr. 2, Abs. 2 VOB/B nach Ablauf einer angemessenen Frist mit Kündigungsandrohung ein Kündigungsrecht.[116] Der Anspruch auf Abschlagszahlung ist nicht mehr durchsetzbar, wenn der Auftraggeber das Bauwerk abgenommen hat und der Auftragnehmer eine Schlussrechnung gestellt hat.[117] Entsprechendes gilt, wenn das fertiggestellte Werk abgenommen

---

[107] OLG Saarbrücken NZBau 2011, 422 (423).
[108] Zur Berechnung der Abschlagszahlung s. BGHZ 182, 158 Rn. 59 = NJW 2010, 227.
[109] BGHZ 182, 158 Rn. 44 = NJW 2010, 217.
[110] BGH NJW 1967, 342; vgl. auch OLG Köln BauR 1973, 324; *Schmidt* MDR 1965, 621 ff.; *Hochstein* BauR 1971, 7.
[111] MüKoBGB/*Busche* BGB § 632a Rn. 11; anders iSe Rückgriffs auf den vereinbarten Preis wohl Ingenstau/Korbion/*Locher* VOB/B § 16 Abs. 1 Rn. 8; Kapellmann/Messerschmidt/*Messerschmidt* VOB/B § 16 Rn. 112.
[112] Zur Rechtsmissbräuchlichkeit eines Einbehalts BGHZ 54, 244 (246 f.) = NJW 1970, 2019.
[113] *Heyers* BauR 1973, 60.
[114] BGHZ 73, 140 (145) = NJW 1979, 650; BGH NJW 1981, 2801; Ingenstau/Korbion/*Locher* VOB/B § 16 Abs. 1 Rn. 37 f.
[115] BGHZ 73, 140 (145) = NJW 1979, 650; BGH NJW 1991, 565 (566); *Fischer* BauR 1973, 210; *Hochstein* BauR 1971, 7; Ingenstau/Korbion/*Locher* VOB/B § 16 Abs. 1 Rn. 44.
[116] OLG Celle NJW-RR 2000, 234; *Schmitz* BauR 2000, 1126 f.; Palandt/*Sprau* BGB § 643 Rn. 3.
[117] BGHZ 182, 158 Rn. 42 = NJW 2010, 227; BGH NJW-RR 2004, 957 (958); *Werner/Pastor*, Der Bauprozess, 16. Aufl. 2017, Rn. 1607.

wurde und die Frist zur Einreichung der Schlussrechnung (§ 14 Abs. 3 VOB/B) verstrichen ist.[118]

b) Vorauszahlungen (§ 16 Abs. 2 VOB/B). Von Abschlagszahlungen für vertragsgemäße Leistungen (§ 16 Abs. 1 VOB/B) abzugrenzen sind Vorauszahlungen (§ 16 Abs. 2 VOB/B). Da es sich dabei um **Zahlungen auf noch nicht erbrachte Leistungen** handelt, hat der Auftragnehmer darauf nur dann einen Anspruch, wenn die Vorauszahlung entweder schon bei Vertragsschluss oder auch zu einem späteren Zeitpunkt ausdrücklich vereinbart wird. Der Auftraggeber kann insoweit Sicherheit verlangen (§ 16 Abs. 2 Nr. 1 S. 1 Hs. 2 VOB/B). Vorauszahlungen sind, soweit nichts anderes vereinbart ist, überdies mit 3 % über dem Basiszinssatz des § 247 BGB zu verzinsen (§ 16 Abs. 2 Nr. 1 S. 2 VOB/B) und auf nächstfällige Zahlungen anzurechnen (§ 16 Abs. 2 Nr. 2 VOB/B). 48

c) Schlusszahlung (§ 16 Abs. 3 VOB/B). aa) Allgemeines. Die Schlusszahlung, mit der die nach Abzug von etwaigen Voraus- und Abschlagszahlungen noch verbleibende **Restschuld** beglichen wird, hat bei Verträgen, die der VOB/B unterliegen, besondere Bedeutung. Nimmt der Auftragnehmer die Schlusszahlung vorbehaltlos an, ist er mit Nachforderungen ausgeschlossen. Die der Schlusszahlung zugrunde liegende **Schlussrechnung** berührt zudem die Fälligkeit und Verjährung des Vergütungsanspruches. 49

bb) Fälligkeit. Die Schlusszahlung wird nach § 16 Abs. 3 Nr. 1 VOB/B **nach Vorliegen der Schlussrechnung** fällig, die als solche **prüffähig** sein muss (vgl. § 14 Abs. 1 VOB/B).[119] Auch wenn § 16 Abs. 3 VOB/B explizit nichts darüber aussagt, setzt die Fälligkeit der Unternehmervergütung darüber hinaus zusätzlich voraus, dass die **Leistung des Unternehmers abgenommen** worden ist.[120] Dies ist aus der Zahlungs- und Abnahmeregelung der VOB/B zu folgern.[121] Nicht erforderlich ist dagegen ein gemeinsames Aufmaß.[122] Das Erfordernis der Abnahme, nicht jedoch der prüffähigen Schlussrechnung, entfällt bei vorzeitiger Beendigung des Vertrages[123] sowie im Falle endgültiger Leistungsverweigerung durch den Auftraggeber.[124] 50

Um eine **Schlussrechnung** handelt es sich, wenn der Auftragnehmer durch die Rechnungslegung zu erkennen gibt, welche Vergütung er wegen seiner Leistungen endgültig gegen den Auftraggeber beansprucht.[125] Dazu muss die Schlussrechnung alle Ansprüche enthalten, die sich aus dem zugrundeliegenden Vertrag ergeben. Abzurechnen sind insoweit auch alle erbrachten Voraus- und Abschlagszahlungen.[126] **Prüffähigkeit** ist gegeben, wenn die Schlussrechnung einen Nachweis über Art und Umfang der erbrachten Leistung enthält, insbesondere durch Vorlage eines Aufmaßes, von Mengenberechnungen, Zeichnungen und anderer geeigneter Belege. Der Auftraggeber muss dadurch entsprechend seinem Informations- und Kontrollinteresse in die Lage versetzt werden, die Forderung des Unternehmers am Maßstab der vertraglichen Vereinbarung zu überprüfen.[127] Ist die Schlussrechnung nur teilweise prüffähig, tritt Fälligkeit in Bezug auf den prüfbar abgerechneten Teil der Werk- 51

---

[118] BGHZ 182, 158 Rn. 43 = NJW 2010, 227.
[119] Zu den Anforderungen an die Abrechnung Kapellmann/Messerschmidt/*Messerschmidt* VOB/B § 14 Rn. 5 ff.
[120] BGHZ 182, 158 Rn. 55 = NJW 2010, 227; BGHZ 79, 180 (181) = NJW 1981, 822; BGH NJW 1979, 650; 1973, 1792; *Brandt* BauR 1972, 69; *Hochstein* BauR 1976, 168; *Hochstein* BauR 1975, 221; *Locher*, Das private Baurecht, 8. Aufl. 2012, Rn. 338; Ingenstau/Korbion/*Locher* VOB/B § 16 Abs. 3 Rn. 8; aA *Duffek* BauR 1976, 164; *Fischer* BauR 1973, 210; *Schmidt* MDR 1965, 621 (624 f.); *Schulz* JZ 1973, 718 (719).
[121] Vgl. auch *Hochstein* BauR 1976, 168.
[122] BGH NJW-RR 1999, 1180; Palandt/*Sprau* BGB § 641 Rn. 21; aA wohl *Werner/Pastor*, Der Bauprozess, 16. Aufl. 2017, Rn. 1394.
[123] Vgl. BGHZ 105, 290 (293) = NJW 1989, 836 (für Pauschalpreisvereinbarung); BGH NJW 1987, 382.
[124] BGH NJW 2000, 3716.
[125] Vgl. BGH NJW 1982, 1594; 1975, 1701; 1975, 1833; WM 1975, 453; OLG Hamm NJW-RR 1996, 593; 1992, 1375; Staudinger/*Peters/Jacoby*, 2014, BGB § 641 Rn. 76.
[126] OLG Stuttgart NZBau 2017, 412 Rn. 69.
[127] BGH NJW-RR 2005, 1103 mwN; OLG Saarbrücken NJW 2010, 3662.

lohnforderung ein.[128] Erstellt der Auftragnehmer trotz angemessener Fristsetzung keine prüfbare Schlussrechnung, kann der **Auftraggeber** im Falle der Schlussrechnungsreife selbst die **Schlussrechnung aufstellen** (§ 14 Abs. 4 VOB/B).

52   Die **Schlusszahlung** ist alsbald nach Prüfung und Feststellung der vom Auftragnehmer vorgelegten Schlussrechnung zu leisten, spätestens **innerhalb von 30 Tagen** nach Zugang der Schlussrechnung (§ 16 Abs. 3 Nr. 1 S. 1 VOB/B). Hierbei wird vom Auftraggeber verlangt, dass er die Prüfung der Schlussrechnung nach Möglichkeit beschleunigt (§ 16 Abs. 3 Nr. 1 S. 4 VOB/B). Die 30-Tage-Frist verlängert sich auf **höchstens 60 Tage,** wenn dies aufgrund der besonderen Natur oder Merkmale der Vereinbarung sachlich gerechtfertigt ist und ausdrücklich vereinbart wurde (§ 16 Abs. 3 Nr. 1 S. 2 VOB/B). Daraus ergibt sich, dass die Schlusszahlung spätestens nach Ablauf von 60 Tagen nach Zugang der Schlussrechnung **fällig** wird. Von dieser Fälligkeitsregelung wird schlechthin jede geschuldete Vergütung erfasst.[129] Beendet der Auftraggeber die Prüfung der Schlussrechnung freilich schon vor Ablauf der Prüfungsfrist, wird der Anspruch auf die Schlusszahlung bereits mit der Mitteilung des Prüfungsergebnisses fällig.[130] **Verzögert** sich die **Prüfung der Schlussrechnung,** kann der Auftragnehmer das unbestrittene Guthaben als Abschlagszahlung sofort fordern (§ 16 Abs. 3 Nr. 1 S. 5 VOB/B), soweit dieses etwaige bisherige Abschlagszahlungen übersteigt.[131] Fällig ist nämlich der Teil der Forderung, der prüfbar abgerechnet ist und der nach Abzug der Abschlags- und Vorauszahlungen verbleibt.[132]

53   Eine Verzögerung der Rechnungsprüfung führt für sich genommen nicht zur Verwirkung von **Einwendungen.**[133] Inhaltliche Einwendungen gegen die Richtigkeit der Schlussrechnung können vom Besteller auch noch nach Ablauf der in § 16 Abs. 3 Nr. 1 S. 3 VOB/B genannten Ausschlussfrist erhoben werden.[134] Die Ausschlussfrist bezieht sich allein auf den Einwand der fehlenden Prüfbarkeit der Schlussrechnung. Nur dieser Einwand ist dem Auftraggeber nach Treu und Glauben abgeschnitten, wenn er ihn erst nach Ablauf der jeweiligen, mit Zugang der Schlussrechnung in Gang gesetzten Frist erhebt (§ 16 Abs. 3 Nr. 1 S. 3 VOB/B).[135]

54   Die bloße Prüfung einer Rechnung, deren Bezahlung oder auch die Bezahlung nach Prüfung erlauben für sich genommen nicht den Rückschluss auf ein deklaratorisches („bestätigendes") **Schuldanerkenntnis**.[136] Insoweit wäre nämlich eine Einigung der Parteien erforderlich, das Schuldverhältnis ganz oder teilweise dem Streit oder der Ungewissheit zu entziehen.[137] Rügt der Auftraggeber die fehlende Prüfbarkeit der Rechnung nicht, findet eine endgültige Klärung der Werklohnforderung in einem später anhängig gemachten Prozess statt.[138]

55   Bei **fehlender Prüffähigkeit der Schlussrechnung** ist eine **Werklohnklage** als **derzeit unbegründet** abzuweisen.[139] Etwas anderes gilt freilich dann, wenn der Auftraggeber innerhalb der jeweiligen, mit Zugang der Schlussrechnung in Gang gesetzten Frist keine Einwendungen gegen deren Prüfbarkeit erhoben hat.[140]

---

[128] OLG Brandenburg NJW-RR 2015, 1360 (1362).
[129] BGH *Schäfer/Finnern* Z 2. 311, 39; OLG Düsseldorf NJW 1977, 1298; Ingenstau/Korbion/*Locher* VOB/B § 16 Abs. 3 Rn. 8.
[130] BGHZ 83, 382 (384 f.) = NJW 1982, 1815; BGH NJW 1986, 1681; 1968, 1962.
[131] BGH NJW 1997, 1444.
[132] BGHZ 157, 118 (130) = NJW-RR 2004, 445; BGH NJW-RR 2006, 455 Rn. 17; OLG Braunschweig NJW-RR 2015, 1360 (1362).
[133] BGH NJW-RR 2005, 167 (168); 2001, 1649; OLG Koblenz BeckRS 2013, 01350; *Zanner* BauR 2001, 1186; unklar Palandt/*Sprau* BGB § 641 Rn. 21.
[134] OLG Brandenburg NJW-RR 2010, 898.
[135] S. BGH NJW 2011, 918 Rn. 16; NJW-RR 2006, 454 Rn. 19; 2006, 455 Rn. 10; 2005, 167 (168).
[136] BGH NZBau 2007, 242 Rn. 8; OLG Düsseldorf NJW-RR 2015, 587 Rn. 19; OLG Koblenz BeckRS 2013, 01350.
[137] BGH NJW 1995, 960 (961); 1995, 3311 (3312); 1999, 2661; NZBau 2002, 338 (339); 2007, 242 Rn. 8.
[138] BGH NJW-RR 2007, 1393 Rn. 7.
[139] BGHZ 140, 365 (368) = NJW 1999, 1867; BGH NJW 2011, 918 Rn. 16; NJW-RR 2005, 1103.
[140] BGH NJW 2011, 918 Rn. 16.

Hat der **Auftraggeber** die **Schlussrechnung aufgestellt** (→ Rn. 51), wird die Rechnung mit dem Zugang beim Auftragnehmer fällig.[141] Auf die Prüffrist des § 16 Abs. 3 Nr. 1 VOB/B kommt es nicht an, weil diese nur den Auftraggeber schützen soll, der freilich im Falle der Selbststellung der Schlussrechnung keines Schutzes bedarf.[142] 56

cc) Verjährung. Wie in → Rn. 50 ausgeführt, tritt die Fälligkeit der Schlusszahlung unter den Voraussetzungen des § 16 Abs. 3 Nr. 1 VOB/B – unbeschadet der Abnahme der Leistung – nur dann ein, wenn dem Auftraggeber eine prüffähige Schlussrechnung vorliegt. Die Verjährung der Forderung richtet sich nach **§ 199 Abs. 1 BGB.** Der Auftraggeber kann sich bei verspäteter Erstellung der Schlussrechnung gegenüber der Werklohnforderung des Auftragnehmers nicht mit der Begründung auf Verjährung berufen, die Verjährung wäre bereits eingetreten, wenn der Auftragnehmer pflichtgemäß die Schlussrechnung rechtzeitig erstellt hätte.[143] Sollte der Auftraggeber daran interessiert sein, die Schlussrechnung alsbald nach der Abnahme der Leistung zu erhalten und kommt der Auftragnehmer einem dahin gehenden Verlangen nicht nach, gibt § 14 Abs. 4 VOB/B dem Auftraggeber die Möglichkeit, die Schlussrechnung auf Kosten des Auftragnehmers zu erstellen (→ Rn. 51). An eine einmal erteilte Schlussrechnung ist der Auftragnehmer im Übrigen nur dann gebunden, wenn er die daraufhin geleistete Schlusszahlung des Auftraggebers vorbehaltlos annimmt (→ Rn. 58). 57

dd) Vorbehaltlose Annahme (§ 16 Abs. 3 Nr. 2, 3, 5 VOB/B). Die Annahme der Schlusszahlung durch den Auftragnehmer **schließt Nachforderungen aus,**[144] die nicht von der Schlussrechnung erfasst werden,[145] wenn der Auftragnehmer über die Schlusszahlung schriftlich unterrichtet und auf die Ausschlusswirkung hingewiesen wurde (§ 16 Abs. 3 Nr. 2 VOB/B) und seinerseits keinen Vorbehalt erklärt (§ 16 Abs. 3 Nr. 5 VOB/B). Dies gilt auch für Zusatz- und Nachtragsaufträge im Rahmen desselben Bauvorhabens[146] und für früher gestellte, aber unerledigte Forderungen, wenn sie nicht nochmals vorbehalten werden (§ 16 Abs. 3 Nr. 4 VOB/B). Dem Auftragnehmer ist es unter diesen Umständen auch nicht möglich, einen bereicherungsrechtlichen Anspruch nach § 812 BGB geltend zu machen.[147] Von dem Nachforderungsausschluss **unberührt bleiben** jedoch **Fehlbeträge,** die dadurch entstanden sind, dass dem Auftragnehmer in der Schlussrechnung irrtümlich Abschlagszahlungen gutgebracht wurden.[148] 58

Grundvoraussetzung für den Rechtsverlust des Auftragnehmers ist, dass dieser nach Übermittlung des Schlussrechnung eine vom Auftraggeber als **Schlusszahlung** gekennzeichnete Zahlung **annimmt.**[149] Der Auftraggeber entscheidet also darüber, ob er eine Zahlung als Schlusszahlung ansieht.[150] Wie die Kennzeichnung geschieht, ist bedeutungslos. Aus den Umständen muss sich aber entnehmen lassen, dass der Auftraggeber nicht mehr als die geleistete Schlusszahlung zu zahlen bereit ist.[151] Eine Schlusszahlung kann auch durch Aufrechnung mit Gegenforderungen erfolgen.[152] Einer Schlusszahlung steht es zudem gleich, wenn der Auftraggeber unter Hinweis auf geleistete Zahlungen weitere Zahlungen endgültig und schriftlich ablehnt (§ 16 Abs. 3 Nr. 3 VOB/B).[153] 59

---

[141] BGH NJW 2002, 676 (677).
[142] BGH NJW 2002, 676 (677).
[143] Vgl. auch BGH NJW 1977, 2075 = BauR 1977, 354; BGH NJW 1971, 1455.
[144] Dazu BGHZ 102, 392 (395) = NJW 1988, 910.
[145] BGH NJW-RR 1998, 954.
[146] OLG Hamm NJW-RR 1987, 599 (600); OLG Oldenburg NJW 2014, 3252 (3254).
[147] BGHZ 62, 15 (18) = NJW 1974, 236; BGH NJW 1982, 2250 (2251).
[148] BGH NJW 1986, 2050 (2051) = NJW-RR 1986, 960.
[149] Vgl. dazu BGH *Schäfer/Finnern/Hochstein* VOB/B 1973 § 16 Nr. 3 Nr. 1; NJW 1970, 1185 (1186); 1970, 706; BauR 1975, 282.
[150] Vgl. BGH NJW 1982, 2250 (2251); NJW 1965, 534; Ingenstau/Korbion/*Locher* VOB/B § 16 Abs. 3 Rn. 31.
[151] BGH NJW 1977, 531 = BauR 1977, 135; BGH BauR 1975, 282; NJW 1975, 1833; 1972, 51; 1970, 1185; KG BauR 1973, 321; OLG Köln BauR 1975, 351; OLG Stuttgart BauR 1976, 60.
[152] OLG Hamburg BauR 1979, 163; OLG Stuttgart NJW 2014, 3249 (3250).
[153] Dazu BGH NJW 1972, 51.

60 Die **Frist** für die Geltendmachung eines Vorbehaltes seitens des Auftragnehmers beträgt 28 Werktage (§ 16 Abs. 3 Nr. 5 S. 1 VOB/B), gerechnet ab dem Zeitpunkt des Zugangs der Mitteilung iSv § 16 Abs. 3 Nr. 2 und 3 VOB/B. Ausreichend ist eine **Vorbehaltserklärung** des Auftragnehmers des Inhalts, er halte vorbehaltlich einer weiteren Prüfung an der Forderung fest.[154] Der **Vorbehalt** wird **hinfällig**, wenn der Auftragnehmer nicht binnen weiterer 28 Werktage eine prüffähige Rechnung vorlegt oder, falls dies unmöglich sein sollte, zumindest den Vorbehalt eingehend begründet (§ 16 Abs. 3 Nr. 5 S. 2 VOB/B). Dessen bedarf es allerdings dann nicht, wenn sich die streitige Forderung aus einer prüfbaren Rechnung ergibt und der Auftraggeber ihr entnehmen kann, in welchem Umfang er über die Schlusszahlung hinaus noch Ansprüche zu gewärtigen hat.[155] Die **Ausschlussfristen gelten nicht** für ein Verlangen nach Richtigstellung der Schlussrechnung- und -zahlung wegen Aufmaß-, Rechen- und Übertragungsfehlern (§ 16 Abs. 3 Nr. 6 VOB/B). Dadurch wird kein neuer Fristlauf ausgelöst.[156]

61 Die unwidersprochen gebliebene **Schlusszahlung** bewirkt nicht das Erlöschen einer etwaigen Mehrforderung, **nimmt** dieser vielmehr nur die **Durchsetzbarkeit**.[157] Das auf eine Mehrforderung bereits Geleistete kann der Auftraggeber jedoch nicht mehr zurückfordern.[158] In einem Verzicht auf die Verjährungseinrede kann auch ein Verzicht auf die verjährungsähnliche Einrede der vorbehaltlosen Annahme der Schlusszahlung erblickt werden.[159]

---

[154] BGH NJW 2002, 2952; OLG Oldenburg NJW 2014, 3252 (3253).
[155] BGHZ 209, 278 Rn. 21 = NJW 2016, 2944.
[156] OLG Oldenburg NJW 2014, 3252 (3254).
[157] BGH BauR 1979, 63.
[158] BGHZ 62, 15 (18) = NJW 1974, 236.
[159] BGH NJW 1978, 1485.

3. Teil VO (EG) 1370/2007 (PersonenverkehrsVO)

Verordnung (EG) Nr. 1370/2007 des Europäischen Parlaments und des Rates vom 23. Oktober 2007 über öffentliche Personenverkehrsdienste auf Schiene und Straße und zur Aufhebung der Verordnungen (EWG) Nr. 1191/69 und (EWG) Nr. 1107/70 des Rates

Vom 23. Oktober 2007
(ABl. 2007 Nr. L 315 S. 1)
geändert durch Art. 1 ÄndVO (EU) 2016/2338 vom 14.12.2016 (ABl. Nr. L 354 S. 22)

DAS EUROPÄISCHE PARLAMENT UND DER RAT DER EUROPÄISCHEN UNION –
gestützt auf den Vertrag zur Gründung der Europäischen Gemeinschaft, insbesondere auf die Artikel 71 und 89,
auf Vorschlag der Kommission,
nach Stellungnahme des Europäischen Wirtschafts- und Sozialausschusses,[1]
nach Stellungnahme des Ausschusses der Regionen,[2]
gemäß dem Verfahren des Artikels 251 des Vertrags,[3]
in Erwägung nachstehender Gründe:
(1) Artikel 16 des Vertrags bestätigt den Stellenwert, den Dienste von allgemeinem wirtschaftlichem Interesse innerhalb der gemeinsamen Werte der Union einnehmen.
(2) Artikel 86 Absatz 2 des Vertrags bestimmt, dass für Unternehmen, die mit Dienstleistungen von allgemeinem wirtschaftlichem Interesse betraut sind, die Vorschriften des Vertrags, insbesondere die Wettbewerbsregeln, gelten, soweit die Anwendung dieser Vorschriften nicht die Erfüllung der ihnen übertragenen besonderen Aufgaben rechtlich oder tatsächlich verhindert.
(3) Artikel 73 des Vertrags stellt eine Sondervorschrift zu Artikel 86 Absatz 2 dar. Darin sind Regeln für die Abgeltung von gemeinwirtschaftlichen Verpflichtungen im Bereich des Landverkehrs festgelegt.
(4) Die Hauptziele des Weißbuchs der Kommission vom 12. September 2001 „Die Europäische Verkehrspolitik bis 2010: Weichenstellungen für die Zukunft" sind die Gewährleistung sicherer, effizienter und hochwertiger Personenverkehrsdienste durch einen regulierten Wettbewerb, der auch die Transparenz und Leistungsfähigkeit öffentlicher Personenverkehrsdienste garantiert, und zwar unter Berücksichtigung sozialer, umweltpolitischer und raumplanerischer Faktoren, oder das Angebot spezieller Tarifbedingungen zugunsten bestimmter Gruppen von Reisenden, wie etwa/Rentner, und die Beseitigung von Ungleichheiten zwischen Verkehrsunternehmen aus verschiedenen Mitgliedstaaten, die den Wettbewerb wesentlich verfälschen könnten.
(5) Viele Personenlandverkehrsdienste, die im allgemeinen wirtschaftlichen Interesse erforderlich sind, können derzeit nicht kommerziell betrieben werden. Die zuständigen Behörden der Mitgliedstaaten müssen Maßnahmen ergreifen können, um die Erbringung

---

[1] [Amtl. Anm.:] ABl. C 195 vom 18.8.2006, S. 20.
[2] [Amtl. Anm.:] ABl. C 192 vom 16.8.2006, S. 1.
[3] [Amtl. Anm.:] Stellungnahme des Europäischen Parlaments vom 14. November 2001 (ABl. C 140 E vom 13.6.2002, S. 262), Gemeinsamer Standpunkt des Rates vom 11. Dezember 2006 (ABl. C 70 E vom 27.3.2007, S. 1) und Standpunkt des Europäischen Parlaments vom 10. Mai 2007. Beschluss des Rates vom 18. September 2007.

dieser Dienste sicherzustellen. Zu den Mechanismen, die sie nutzen können, um die Erbringung öffentlicher Personenverkehrsdienste sicherzustellen, zählen unter anderem die Gewährung ausschließlicher Rechte an die Betreiber eines öffentlichen Dienstes, die Gewährung einer finanziellen Ausgleichsleistung für Betreiber eines öffentlichen Dienstes sowie die Festlegung allgemeiner Vorschriften für den Betrieb öffentlicher Verkehrsdienste, die für alle Betreiber gelten. Entscheidet ein Mitgliedstaat sich im Einklang mit dieser Verordnung dafür, bestimmte allgemeine Regeln aus ihrem Anwendungsbereich herauszunehmen, so sollte die allgemeine Regelung für staatliche Beihilfen zur Anwendung kommen.

(6) Viele Mitgliedstaaten haben Rechtsvorschriften erlassen, die zumindest für einen Teilbereich ihres öffentlichen Verkehrsmarktes die Gewährung ausschließlicher Rechte und die Vergabe öffentlicher Dienstleistungsaufträge im Rahmen transparenter und fairer Vergabeverfahren vorsehen. Dies hat eine erhebliche Zunahme des Handels zwischen den Mitgliedstaaten bewirkt und dazu geführt, dass inzwischen mehrere Betreiber eines öffentlichen Dienstes Personenverkehrsdienste in mehr als einem Mitgliedstaat erbringen. Die Entwicklung der nationalen Rechtsvorschriften hat jedoch zu uneinheitlichen Verfahren und Rechtsunsicherheit hinsichtlich der Rechte der Betreiber eines öffentlichen Dienstes und der Pflichten der zuständigen Behörden geführt. Die Verordnung (EWG) Nr. 1191/69 des Rates vom 26. Juni 1969 über das Vorgehen der Mitgliedstaaten bei mit dem Begriff des öffentlichen Dienstes verbundenen Verpflichtungen auf dem Gebiet des Eisenbahn-, Straßen- und Binnenschiffsverkehrs[4] regelt nicht die Art und Weise, in der in der Gemeinschaft öffentliche Dienstleistungsaufträge vergeben werden müssen, und insbesondere nicht die Bedingungen, unter denen diese ausgeschrieben werden sollten. Eine Aktualisierung des gemeinschaftlichen Rechtsrahmens ist daher angebracht.

(7) Studien und die Erfahrungen der Mitgliedstaaten, in denen es schon seit einigen Jahren Wettbewerb im öffentlichen Verkehr gibt, zeigen, dass, sofern angemessene Schutzmaßnahmen vorgesehen werden, die Einführung des regulierten Wettbewerbs zwischen Betreibern zu einem attraktiveren und innovativeren Dienstleistungsangebot zu niedrigeren Kosten führt, ohne dass die Betreiber eines öffentlichen Dienstes bei der Erfüllung der ihnen übertragenen besonderen Aufgaben behindert werden. Dieser Ansatz wurde vom Europäischen Rat im Rahmen des so genannten Lissabon-Prozesses vom 28. März 2000 gebilligt, der die Kommission, den Rat und die Mitgliedstaaten aufgefordert hat, im Rahmen ihrer jeweiligen Befugnisse die Liberalisierung in Bereichen wie dem Verkehr zu beschleunigen.

(8) Personenverkehrsmärkte, die dereguliert sind und in denen keine ausschließlichen Rechte gewährt werden, sollten ihre Merkmale und ihre Funktionsweise beibehalten dürfen, soweit diese mit den Anforderungen des Vertrags vereinbar sind.

(9) Um die öffentlichen Personenverkehrsdienste optimal nach den Bedürfnissen der Bevölkerung gestalten zu können, müssen alle zuständigen Behörden die Möglichkeit haben, die Betreiber eines öffentlichen Dienstes gemäß den Bedingungen dieser Verordnung frei auszuwählen und dabei die Interessen von kleinen und mittleren Unternehmen zu berücksichtigen. Um die Anwendung der Grundsätze der Transparenz, der Gleichbehandlung konkurrierender Betreiber und der Verhältnismäßigkeit zu gewährleisten, wenn Ausgleichsleistungen oder ausschließliche Rechte gewährt werden, müssen in einem öffentlichen Dienstleistungsauftrag der zuständigen Behörde an den ausgewählten Betreiber eines öffentlichen Dienstes die Art der gemeinwirtschaftlichen Verpflichtungen und die vereinbarten Gegenleistungen festgelegt werden. Die Form oder Benennung dieses Vertrags kann je nach den Rechtssystemen der Mitgliedstaaten variieren.

(10) Im Gegensatz zu der Verordnung (EWG) Nr. 1191/69, deren Geltungsbereich sich auch auf die öffentlichen Personenverkehrsdienste auf Binnenschifffahrtswegen erstreckt,

---

[4] [Amtl. Anm.:] ABl. L 156 vom 28.6.1969, S. 1. Zuletzt geändert durch die Verordnung (EWG) Nr. 1893/91 (ABl. L 169 vom 29.6.1991, S. 1).

wird es nicht als angezeigt erachtet, in der vorliegenden Verordnung die Frage der Vergabe öffentlicher Dienstleistungsaufträge in diesem besonderen Sektor zu regeln. Für die Organisation öffentlicher Personenverkehrsdienste auf Binnenschifffahrtswegen und, soweit sie nicht unter besonderes Gemeinschaftsrecht fallen, auf dem Meer innerhalb der Hoheitsgewässer gelten daher die allgemeinen Grundsätze des Vertrags, sofern die Mitgliedstaaten nicht beschließen, die vorliegende Verordnung auf diese besonderen Sektoren anzuwenden. Diese Verordnung steht der Einbeziehung von Verkehrsdiensten auf Binnenschifffahrtswegen und auf dem Meer innerhalb der Hoheitsgewässer in weiter gefasste Stadt-, Vorort- oder Regionalnetze des öffentlichen Personenverkehrs nicht entgegen.

(11) Im Gegensatz zu der Verordnung (EWG) Nr. 1191/69, deren Geltungsbereich sich auch auf Güterbeförderungsdienste erstreckt, wird es nicht als angezeigt erachtet, in der vorliegenden Verordnung die Frage der Vergabe öffentlicher Dienstleistungsaufträge in diesem besonderen Sektor zu regeln. Drei Jahre nach dem Inkrafttreten der vorliegenden Verordnung sollten für die Organisation von Güterbeförderungsdiensten daher die allgemeinen Grundsätze des Vertrags gelten.

(12) Aus gemeinschaftsrechtlicher Sicht ist es unerheblich, ob öffentliche Personenverkehrsdienste von öffentlichen oder privaten Unternehmen erbracht werden. Die vorliegende Verordnung stützt sich auf den Grundsatz der Neutralität im Hinblick auf die Eigentumsordnung gemäß Artikel 295 des Vertrags sowie den Grundsatz der freien Gestaltung der Dienste von allgemeinem wirtschaftlichem Interesse durch die Mitgliedstaaten gemäß Artikel 16 des Vertrags und die Grundsätze der Subsidiarität und der Verhältnismäßigkeit gemäß Artikel 5 des Vertrags.

(13) Einige Verkehrsdienste, häufig in Verbindung mit einer speziellen Infrastruktur, werden hauptsächlich aufgrund ihres historischen Interesses oder zu touristischen Zwecken betrieben. Da ihr Betrieb offensichtlich anderen Zwecken dient als der Erbringung öffentlicher Personenverkehrsdienste, müssen die für die Erfüllung von gemeinwirtschaftlichen Anforderungen geltenden Vorschriften und Verfahren hier keine Anwendung finden.

(14) Wenn die zuständigen Behörden für die Organisation des öffentlichen Verkehrsnetzes verantwortlich sind, können hierzu neben dem eigentlichen Betrieb des Verkehrsdienstes eine Reihe von anderen Tätigkeiten und Funktionen zählen, bei denen es den zuständigen Behörden freigestellt sein muss, sie selbst auszuführen oder ganz oder teilweise einem Dritten anzuvertrauen.

(15) Langzeitverträge können bewirken, dass der Markt länger als erforderlich geschlossen bleibt, wodurch sich die Vorteile des Wettbewerbsdrucks verringern. Um den Wettbewerb möglichst wenig zu verzerren und gleichzeitig die Qualität der Dienste sicherzustellen, sollten öffentliche Dienstleistungsaufträge befristet sein. Eine Auftragsverlängerung könnte davon abhängig gemacht werden, dass die Verkehrsteilnehmer die Dienstleistung positiv aufnehmen. Die Möglichkeit, öffentliche Dienstleistungsaufträge um maximal die Hälfte ihrer ursprünglichen Laufzeit zu verlängern, sollte in diesem Rahmen dann vorgesehen werden, wenn der Betreiber eines öffentlichen Dienstes Investitionen in Wirtschaftsgüter tätigen muss, deren Amortisierungsdauer außergewöhnlich lang ist, und – aufgrund ihrer besonderen Merkmale und Zwänge – bei den in Artikel 299 des Vertrags genannten Gebieten in äußerster Randlage. Außerdem sollte eine noch weiter gehende Verlängerung möglich sein, wenn ein Betreiber eines öffentlichen Dienstes Investitionen in Infrastrukturen oder Rollmaterial und Fahrzeuge tätigt, die insofern außergewöhnlich sind, als es dabei jeweils um hohe Mittelbeträge geht, und unter der Voraussetzung, dass der Vertrag im Rahmen eines fairen wettbewerblichen Vergabeverfahrens vergeben wird.

(16) Kann der Abschluss eines öffentlichen Dienstleistungsauftrags zu einem Wechsel des Betreibers eines öffentlichen Dienstes führen, so sollten die zuständigen Behörden den ausgewählten Betreiber eines öffentlichen Dienstes verpflichten können, die Bestimmungen der Richtlinie 2001/23/EG des Rates vom 12. März 2001 zur Angleichung der Rechtsvorschriften der Mitgliedstaaten über die Wahrung von Ansprüchen der Arbeitnehmer beim

Übergang von Unternehmen, Betrieben oder Unternehmens- oder Betriebsteilen[5] anzuwenden. Diese Richtlinie hindert die Mitgliedstaaten nicht daran, die Bedingungen für die Übertragung anderer Ansprüche der Arbeitnehmer als der durch die Richtlinie 2001/23/EG abgedeckten zu wahren und dabei gegebenenfalls die durch nationale Rechts- und Verwaltungsvorschriften oder zwischen den Sozialpartnern geschlossene Tarifverträge oder Vereinbarungen festgelegten Sozialstandards zu berücksichtigen.

(17) Gemäß dem Subsidiaritätsprinzip steht es den zuständigen Behörden frei, soziale Kriterien und Qualitätskriterien festzulegen, um Qualitätsstandards für gemeinwirtschaftliche Verpflichtungen aufrechtzuerhalten und zu erhöhen, beispielsweise bezüglich der Mindestarbeitsbedingungen, der Fahrgastrechte, der Bedürfnisse von Personen mit eingeschränkter Mobilität, des Umweltschutzes, der Sicherheit von Fahrgästen und Angestellten sowie bezüglich der sich aus Kollektivvereinbarungen ergebenden Verpflichtungen und anderen Vorschriften und Vereinbarungen in Bezug auf den Arbeitsplatz und den Sozialschutz an dem Ort, an dem der Dienst erbracht wird. Zur Gewährleistung transparenter und vergleichbarer Wettbewerbsbedingungen zwischen den Betreibern und um das Risiko des Sozialdumpings zu verhindern, sollten die zuständigen Behörden besondere soziale Normen und Dienstleistungsqualitätsnormen vorschreiben können.

(18) Vorbehaltlich der einschlägigen Bestimmungen des nationalen Rechts können örtliche Behörden oder – falls diese nicht vorhanden sind – nationale Behörden öffentliche Personenverkehrsdienste in ihrem Gebiet entweder selbst erbringen oder einen internen Betreiber ohne wettbewerbliches Vergabeverfahren damit beauftragen. Zur Gewährleistung gleicher Wettbewerbsbedingungen muss die Möglichkeit der Eigenerbringung jedoch streng kontrolliert werden. Die zuständige Behörde oder die Gruppe zuständiger Behörden, die – kollektiv oder durch ihre Mitglieder – integrierte öffentliche Personenverkehrsdienste erbringt, sollte die erforderliche Kontrolle ausüben. Ferner sollte es einer zuständigen Behörde, die ihre Verkehrsdienste selbst erbringt, oder einem internen Betreiber untersagt sein, an wettbewerblichen Vergabeverfahren außerhalb des Zuständigkeitsgebiets dieser Behörde teilzunehmen. Die Behörde, die die Kontrolle über den internen Betreiber ausübt, sollte ferner die Möglichkeit haben, diesem Betreiber die Teilnahme an wettbewerblichen Vergabeverfahren innerhalb ihres Zuständigkeitsgebiets zu untersagen. Die Beschränkung der Tätigkeit interner Betreiber berührt nicht die Möglichkeit der Direktvergabe öffentlicher Dienstleistungsaufträge, die den Eisenbahnverkehr betreffen, mit Ausnahme anderer schienengestützter Verkehrsträger wie Untergrund- und Straßenbahnen. Außerdem berührt die Direktvergabe öffentlicher Dienstleistungsaufträge für Eisenbahnverkehrsdienste nicht die Möglichkeit der zuständigen Behörden, öffentliche Dienstleistungsaufträge für öffentliche Personenverkehrsdienste mit anderen schienengestützten Verkehrsträgern wie Untergrund- oder Straßenbahnen an einen internen Betreiber zu vergeben.

(19) Die Vergabe von Unteraufträgen kann zu einem effizienteren öffentlichen Personenverkehr beitragen und ermöglicht die Beteiligung weiterer Unternehmen neben dem Betreiber eines öffentlichen Dienstes, der den öffentlichen Dienstleistungsauftrag erhalten hat. Im Hinblick auf eine bestmögliche Nutzung öffentlicher Gelder sollten die zuständigen Behörden jedoch die Bedingungen für die Vergabe von Unteraufträgen bezüglich ihrer öffentlichen Personenverkehrsdienste festlegen können, insbesondere im Falle von Diensten, die von einem internen Betreiber erbracht werden. Ferner sollte es einem Unterauftragnehmer erlaubt sein, an wettbewerblichen Vergabeverfahren im Zuständigkeitsgebiet aller zuständigen Behörden teilzunehmen. Die Auswahl eines Unterauftragnehmers durch die zuständige Behörde oder ihren internen Betreiber muss im Einklang mit dem Gemeinschaftsrecht erfolgen.

(20) Entscheidet eine Behörde, eine Dienstleistung von allgemeinem Interesse einem Dritten zu übertragen, so muss die Auswahl des Betreibers eines öffentlichen Dienstes unter Einhaltung des für das öffentliche Auftragswesen und Konzessionen geltenden Gemein-

---

[5] [Amtl. Anm.:] ABl. L 82 vom 22.3.2001, S. 16.

schaftsrechts, das sich aus den Artikeln 43 bis 49 des Vertrags ergibt, sowie der Grundsätze der Transparenz und der Gleichbehandlung erfolgen. Insbesondere bleiben die Pflichten der Behörden, die sich aus den Richtlinien über die Vergabe öffentlicher Aufträge ergeben, bei unter jene Richtlinien fallenden öffentlichen Dienstleistungsaufträgen von den Bestimmungen dieser Verordnung unberührt.

(21) Ein wirksamer Rechtsschutz sollte nicht nur für Aufträge gelten, die unter die Richtlinie 2004/17/EG des Europäischen Parlaments und des Rates vom 31. März 2004 zur Koordinierung der Zuschlagserteilung durch Auftraggeber im Bereich der Wasser-, Energie- und Verkehrsversorgung sowie der Postdienste[6] und die Richtlinie 2004/18/EG des Europäischen Parlaments und des Rates vom 31. März 2004 über die Koordinierung der Verfahren zur Vergabe öffentlicher Bauaufträge, Lieferaufträge und Dienstleistungsaufträge[7] fallen, sondern auch für andere gemäß der vorliegenden Verordnung abgeschlossene Verträge gelten. Es ist ein wirksames Nachprüfungsverfahren erforderlich, das mit den entsprechenden Verfahren gemäß der Richtlinie 89/665/EWG des Rates vom 21. Dezember 1989 zur Koordinierung der Rechts- und Verwaltungsvorschriften für die Anwendung der Nachprüfungsverfahren im Rahmen der Vergabe öffentlicher Liefer- und Bauaufträge[8] bzw. der Richtlinie 92/13/EWG des Rates vom 25. Februar 1992 zur Koordinierung der Rechts- und Verwaltungsvorschriften für die Anwendung der Gemeinschaftsvorschriften über die Auftragsvergabe durch Auftraggeber im Bereich der Wasser-, Energie- und Verkehrsversorgung sowie im Telekommunikationssektor[9] vergleichbar sein sollte.

(22) Für einige wettbewerbliche Vergabeverfahren müssen die zuständigen Behörden komplexe Systeme festlegen und erläutern. Daher sollten diese Behörden ermächtigt werden, bei der Vergabe von Aufträgen in solchen Fällen die Einzelheiten des Auftrags mit einigen oder allen potenziellen Betreibern eines öffentlichen Dienstes nach Abgabe der Angebote auszuhandeln.

(23) Ein wettbewerbliches Vergabeverfahren für öffentliche Dienstleistungsaufträge sollte nicht zwingend vorgeschrieben sein, wenn der Auftrag sich auf geringe Summen oder Entfernungen bezieht. In diesem Zusammenhang sollten die zuständigen Behörden in die Lage versetzt werden, bei größeren Summen oder Entfernungen die besonderen Interessen von kleinen und mittleren Unternehmen zu berücksichtigen. Den zuständigen Behörden sollte es nicht gestattet sein, Aufträge oder Netze aufzuteilen, um so ein wettbewerbliches Vergabeverfahren zu vermeiden.

(24) Besteht die Gefahr einer Unterbrechung bei der Erbringung von Diensten, sollten die zuständigen Behörden befugt sein, kurzfristig Notmaßnahmen zu ergreifen, bis ein neuer öffentlicher Dienstleistungsauftrag nach den in dieser Verordnung festgelegten Bedingungen vergeben wurde.

(25) Der öffentliche Schienenpersonenverkehr wirft spezielle Fragen in Bezug auf die Investitionslast und die Infrastrukturkosten auf. Die Kommission hat im März 2004 eine Änderung der Richtlinie 91/440/EWG des Rates vom 29. Juli 1991 zur Entwicklung der Eisenbahnunternehmen der Gemeinschaft[10] vorgeschlagen, damit alle Eisenbahnunternehmen der Gemeinschaft zur Durchführung grenzüberschreitender Personenverkehrsdienste Zugang zur Infrastruktur aller Mitgliedstaaten erhalten. Mit der vorliegenden Verordnung soll ein Rechtsrahmen für die Gewährung einer Ausgleichsleistung und/oder ausschließlicher Rechte für öffentliche Dienstleistungsaufträge geschaffen werden; eine weitere Öffnung des Marktes für Schienenverkehrsdienste ist nicht beabsichtigt.

---

[6] [Amtl. Anm:] ABl. L 134 vom 30.4.2004, S. 1. Zuletzt geändert durch die Richtlinie 2006/97/EG des Rates (ABl. L 363 vom 20.12.2006, S. 107).
[7] [Amtl. Anm.:] ABl. 134 vom 30.4.2004, S. 114. Zuletzt geändert durch die Richtlinie 2006/97/EG.
[8] [Amtl. Anm.:] ABl. L 395 vom 30.12.1989, S. 33. Geändert durch die Richtlinie 92/50/EWG (ABl. L 209 vom 24.7.1992, S. 1).
[9] [Amtl. Anm.:] ABl. L 76 vom 23.3.1992, S. 14. Zuletzt geändert durch die Richtlinie 2006/97/EG (ABl. L 363 vom 20.12.2006, S. 107).
[10] [Amtl. Anm.:] ABl. L 237 vom 24.8.1991, S. 25. Zuletzt geändert durch die Richtlinie 2006/103/EG (ABl. L 363 vom 20.12.2006, S. 344).

(26) Diese Verordnung gibt den zuständigen Behörden im Falle öffentlicher Dienstleistungen die Möglichkeit, auf der Grundlage eines öffentlichen Dienstleistungsauftrags einen Betreiber für die Erbringung öffentlicher Personenverkehrsdienste auszuwählen. Angesichts der unterschiedlichen territorialen Organisation der Mitgliedstaaten in dieser Hinsicht ist es gerechtfertigt, den zuständigen Behörden zu gestatten, öffentliche Dienstleistungsaufträge im Eisenbahnverkehr direkt zu vergeben.

(27) Die von den zuständigen Behörden gewährten Ausgleichsleistungen zur Deckung der Kosten, die durch die Erfüllung gemeinwirtschaftlicher Verpflichtungen verursacht werden, sollten so berechnet werden, dass übermäßige Ausgleichsleistungen vermieden werden. Beabsichtigt eine zuständige Behörde die Vergabe eines öffentlichen Dienstleistungsauftrags ohne wettbewerbliches Vergabeverfahren, so sollte sie auch detaillierte Bestimmungen einhalten, mit denen die Angemessenheit der Ausgleichsleistung gewährleistet wird und die der angestrebten Effizienz und Qualität der Dienste Rechnung tragen.

(28) Die zuständige Behörde und der Betreiber eines öffentlichen Dienstes können beweisen, dass eine übermäßige Ausgleichsleistung vermieden wurde, indem sie allen Auswirkungen der Erfüllung der gemeinwirtschaftlichen Verpflichtungen auf die Nachfrage nach öffentlichen Personenverkehrsdiensten in dem im Anhang enthaltenen Berechnungsmodell gebührend Rechnung tragen.

(29) Hinsichtlich der Vergabe öffentlicher Dienstleistungsaufträge sollten die zuständigen Behörden – außer bei Notmaßnahmen und Aufträgen für geringe Entfernungen – die notwendigen Maßnahmen ergreifen, um mindestens ein Jahr im Voraus bekannt zu geben, dass sie solche Aufträge zu vergeben beabsichtigen, so dass potenzielle Betreiber eines öffentlichen Dienstes darauf reagieren können.

(30) Bei direkt vergebenen öffentlichen Dienstleistungsaufträgen sollte für größere Transparenz gesorgt werden.

(31) Da die zuständigen Behörden und die Betreiber eines öffentlichen Dienstes Zeit benötigen, um den Bestimmungen dieser Verordnung nachzukommen, sollten Übergangsregelungen vorgesehen werden. Im Hinblick auf eine schrittweise Vergabe öffentlicher Dienstleistungsaufträge gemäß dieser Verordnung sollten die Mitgliedstaaten der Kommission binnen sechs Monaten nach der ersten Hälfte des Übergangszeitraums einen Fortschrittsbericht vorlegen. Die Kommission kann auf der Grundlage dieser Berichte geeignete Maßnahmen vorschlagen.

(32) Während des Übergangszeitraums werden die zuständigen Behörden die Bestimmungen dieser Verordnung möglicherweise zu unterschiedlichen Zeitpunkten erstmals anwenden. Daher könnten während dieses Zeitraums Betreiber eines öffentlichen Dienstes aus Märkten, die noch nicht von den Bestimmungen dieser Verordnung betroffen sind, Angebote für öffentliche Dienstleistungsaufträge in Märkten einreichen, die bereits zu einem früheren Zeitpunkt für den kontrollierten Wettbewerb geöffnet wurden. Um mit Hilfe angemessener Maßnahmen eine Unausgewogenheit bei der Öffnung des öffentlichen Verkehrsmarktes zu vermeiden, sollten die zuständigen Behörden in der zweiten Hälfte des Übergangszeitraums die Möglichkeit haben, Angebote von Unternehmen abzulehnen, bei denen mehr als die Hälfte des Wertes der von ihnen erbrachten öffentlichen Verkehrsdienste auf Aufträgen beruht, die nicht im Einklang mit dieser Verordnung vergeben wurden, sofern dies ohne Diskriminierung geschieht und vor Veröffentlichung des wettbewerblichen Vergabeverfahrens beschlossen wird.

(33) In seinem Urteil vom 24. Juli 2003 in der Rechtssache C-280/00, Altmark Trans GmbH,[11] hat der Gerichtshof der Europäischen Gemeinschaften in den Randnummern 87 bis 95 festgestellt, dass Ausgleichsleistungen für gemeinwirtschaftliche Verpflichtungen keine Begünstigung im Sinne von Artikel 87 des Vertrags darstellen, sofern vier kumulative Voraussetzungen erfüllt sind. Werden diese Voraussetzungen nicht erfüllt, jedoch die allgemeinen Voraussetzungen für die Anwendung von Artikel 87 Absatz 1 des Vertrags, stellen

---

[11] [Amtl. Anm.:] Slg. 2003, I-7747.

die Ausgleichsleistungen für gemeinwirtschaftliche Verpflichtungen staatliche Beihilfen dar, und es gelten die Artikel 73, 86, 87 und 88 des Vertrags.

(34) Ausgleichsleistungen für gemeinwirtschaftliche Verpflichtungen können sich im Bereich des Personenlandverkehrs als erforderlich erweisen, damit die mit öffentlichen Dienstleistungen betrauten Unternehmen gemäß festgelegten Grundsätzen und unter Bedingungen tätig sein können, die ihnen die Erfüllung ihrer Aufgaben ermöglichen. Diese Ausgleichsleistungen können unter bestimmten Voraussetzungen gemäß Artikel 73 des Vertrags mit dem Vertrag vereinbar sein. Zum einen müssen sie gewährt werden, um die Erbringung von Diensten sicherzustellen, die Dienste von allgemeinem Interesse im Sinne des Vertrags sind. Um ungerechtfertigte Wettbewerbsverfälschungen zu vermeiden, darf die Ausgleichsleistung zum anderen nicht den Betrag übersteigen, der notwendig ist, um die Nettokosten zu decken, die durch die Erfüllung der gemeinwirtschaftlichen Verpflichtungen verursacht werden, wobei den dabei erzielten Einnahmen sowie einem angemessenen Gewinn Rechnung zu tragen ist.

(35) Die von den zuständigen Behörden in Übereinstimmung mit dieser Verordnung gewährten Ausgleichsleistungen können daher von der Pflicht zur vorherigen Unterrichtung nach Artikel 88 Absatz 3 des Vertrags ausgenommen werden.

(36) Da die vorliegende Verordnung die Verordnung (EWG) Nr. 1191/69 ersetzt, sollte die genannte Verordnung aufgehoben werden. Die schrittweise Einstellung der von der Kommission nicht genehmigten Ausgleichsleistungen für öffentliche Güterbeförderungsdienste wird durch einen Übergangszeitraum von drei Jahren im Einklang mit den Artikeln 73, 86, 87 und 88 des Vertrags erleichtert werden. Alle anderen durch diese Verordnung nicht erfassten Ausgleichsleistungen für die Erbringung öffentlicher Personenverkehrsdienste, die staatliche Beihilfen im Sinne des Artikels 87 Absatz 1 des Vertrags beinhalten könnten, sollten den Bestimmungen der Artikel 73, 86, 87 und 88 des Vertrags entsprechen, einschließlich aller einschlägigen Auslegungen durch den Gerichtshof der Europäischen Gemeinschaften und insbesondere dessen Entscheidung in der Rechtssache C-280/00, Altmark Trans GmbH. Bei der Prüfung solcher Fälle sollte die Kommission daher ähnliche Grundsätze anwenden wie die, die in dieser Verordnung oder gegebenenfalls in anderen Rechtsvorschriften für den Bereich der Dienstleistungen von allgemeinem wirtschaftlichem Interesse enthalten sind.

(37) Der Anwendungsbereich der Verordnung (EWG) Nr. 1107/70 des Rates vom 4. Juni 1970 über Beihilfen im Eisenbahn-, Straßen- und Binnenschiffsverkehr[12] wird von der vorliegenden Verordnung abgedeckt. Jene Verordnung gilt heute als überholt, da sie die Anwendung von Artikel 73 des Vertrags einschränkt, ohne eine angemessene Rechtsgrundlage für die Zulassung derzeitiger Investitionsregelungen, insbesondere im Hinblick auf Investitionen in Verkehrsinfrastrukturen im Rahmen einer öffentlich-privaten Partnerschaft, zu bieten. Sie sollte daher aufgehoben werden, damit Artikel 73 des Vertrags unbeschadet der vorliegenden Verordnung und der Verordnung (EWG) Nr. 1192/69 des Rates vom 26. Juni 1969 über gemeinsame Regeln für die Normalisierung der Konten der Eisenbahnunternehmen[13] entsprechend dem ständigen Wandel in dem Sektor angewendet werden kann. Um die Anwendung der einschlägigen gemeinschaftlichen Rechtsvorschriften weiter zu erleichtern, wird die Kommission im Jahr 2007 Leitlinien für staatliche Beihilfen für Eisenbahninvestitionen, einschließlich Infrastrukturinvestitionen, vorschlagen.

(38) Zur Bewertung der Durchführung dieser Verordnung und der Entwicklungen im öffentlichen Personenverkehr in der Gemeinschaft, insbesondere der Qualität der öffentlichen Personenverkehrsdienste und der Auswirkungen der Direktvergabe von öffentlichen Dienstleistungsaufträgen, sollte die Kommission einen Bericht erstellen. Diesem Bericht können erforderlichenfalls geeignete Vorschläge zur Änderung dieser Verordnung beigefügt werden –

---

[12] [Amtl. Anm.:] ABl. L 130 vom 15.6.1970, S. 1. Zuletzt geändert durch die Verordnung (EG) Nr. 543/97 (ABl. L 84 vom 26.3.1997, S. 6).
[13] [Amtl. Anm.:] ABl. L 156 vom 28.6.1969, S. 8. Zuletzt geändert durch die Verordnung (EG) Nr. 1791/2006 (ABl. L 363 vom 20.12.2006, S. 1).

HABEN FOLGENDE VERORDNUNG ERLASSEN:

Erwägungsgründe der Verordnung (EU) 2016/2338 des europäischen Parlaments und des Rates vom 14. Dezember 2016 zur Änderung der Verordnung (EG) Nr. 1370/2007 hinsichtlich der Öffnung des Marktes für inländische Schienenpersonenverkehrsdienste

(1) Der Schienenverkehr hat das Potenzial, zu wachsen und seinen Anteil am Gesamtverkehrsaufkommen zu steigern und eine wichtige Rolle in einem nachhaltigen Verkehrs- und Mobilitätssystem zu spielen, wobei auch neue Investitionsmöglichkeiten und Arbeitsplätze geschaffen werden. Das Wachstum der Schienenpersonenverkehrsdienste hat jedoch mit der Entwicklung anderer Verkehrsträger nicht Schritt gehalten.

(2) Der Unionsmarkt für internationale Schienenpersonenverkehrsdienste ist seit 2010 für den Wettbewerb geöffnet. Darüber hinaus haben einige Mitgliedstaaten ihre inländischen Personenverkehrsdienste für den Wettbewerb geöffnet, entweder durch die Einführung von Rechten auf freien Zugang oder durch die Vergabe öffentlicher Dienstleistungsaufträge oder durch beides. Die Öffnung des Marktes für inländische Schienenpersonenverkehrsdienste sollte sich positiv auf das Funktionieren des einheitlichen europäischen Eisenbahnraums auswirken und zu besseren Diensten für die Nutzer führen.

(3) In ihrem Weißbuch über die Verkehrspolitik vom 28. März 2011 kündigte die Kommission ihre Absicht an, den Binnenmarkt für Schienenverkehrsdienste zu vollenden und hierfür technische, administrative und rechtliche Hindernisse für den Zugang zum Eisenbahnmarkt auszuräumen.

(4) Die Vollendung des einheitlichen europäischen Eisenbahnraums sollte die Entwicklung des Schienenverkehrs als glaubhafter Alternative zu anderen Verkehrsträgern – unter anderem in Bezug auf Preis und Qualität – fördern.

(5) Ein spezifisches Ziel dieser Verordnung besteht darin, die Qualität, Transparenz, Effizienz und Leistungsfähigkeit von öffentlichen Schienenpersonenverkehrsdiensten zu verbessern.

(6) Dienstleistungen auf grenzüberschreitender Ebene, die im Rahmen öffentlicher Dienstleistungsaufträge erbracht werden, einschließlich öffentlicher Verkehrsdienste zur Erfüllung örtlicher und regionaler Verkehrsbedürfnisse, sollten der Zustimmung der zuständigen Behörden der Mitgliedstaaten, in deren Hoheitsgebiet die Dienstleistungen erbracht werden, unterliegen.

(7) Die zuständigen Behörden sollten Spezifikationen für gemeinwirtschaftliche Verpflichtungen im öffentlichen Personenverkehr festlegen. Diese Spezifikationen sollten kohärent zu den politischen Zielen sein, wie sie in den Mitgliedstaaten in den Strategiepapieren zur Politik für den öffentlichen Verkehr niedergelegt sind.

(8) Spezifikationen für gemeinwirtschaftliche Verpflichtungen im öffentlichen Personenverkehr sollten, soweit möglich, positive Netzwerkeffekte herbeiführen, unter anderem in Bezug auf eine Verbesserung der Dienstleistungsqualität, des sozialen und territorialen Zusammenhalts oder der Gesamteffizienz des öffentlichen Verkehrssystems.

(9) Gemeinwirtschaftliche Verpflichtungen sollten mit der Politik für den öffentlichen Verkehr im Einklang stehen. Dies verleiht den zuständigen Behörden jedoch keinen Anspruch auf eine bestimmte finanzielle Ausstattung.

(10) Bei der Ausarbeitung von Strategiepapieren zur Politik für den öffentlichen Verkehr sollten die einschlägigen Interessengruppen entsprechend den nationalen Rechtsvorschriften konsultiert werden. Diese Interessengruppen könnten Verkehrsunternehmen, Infrastrukturbetreiber, Arbeitnehmerorganisationen und Vertreter der Nutzer von öffentlichen Verkehrsdiensten umfassen.

(11) Bei öffentlichen Dienstleistungsaufträgen, die nicht nach einem wettbewerblichen Vergabeverfahren vergeben werden, sollte die Erfüllung der gemeinwirtschaftlichen Verpflichtungen durch den Betreiber eines öffentlichen Dienstes in geeigneter Weise ausgeglichen werden, um die langfristige finanzielle Tragfähigkeit der öffentlichen Personenverkehrsdienste entsprechend den Anforderungen zu gewährleisten, die in der Politik für den öffentlichen Verkehr festgelegt sind. Insbesondere sollte eine solche Ausgleichsleistung die Aufrechterhaltung oder Entwicklung eines effizienten Managements durch den Betreiber eines öffentlichen Dienstes und die Erbringung von Personenverkehrsdiensten von ausreichend hoher Qualität sicherstellen.

(12) Im Rahmen der Schaffung des einheitlichen europäischen Eisenbahnraums sollten die Mitgliedstaaten ein angemessenes Niveau des sozialen Schutzes für das Personal der Betreiber eines öffentlichen Dienstes gewährleisten.

(13) Im Hinblick auf die angemessene Einbeziehung sozialer und arbeitsrechtlicher Erfordernisse in die Verfahren zur Vergabe öffentlicher Dienstleistungsaufträge für öffentliche Personenverkehrsdienste sollten die Betreiber eines öffentlichen Dienstes bei der Ausführung öffentlicher

Dienstleistungsaufträge die Anforderungen des Sozial- und Arbeitsrechts erfüllen, die in dem Mitgliedstaat gelten, in dem der öffentliche Dienstleistungsauftrag erteilt wurde, und die sich aus den auf nationaler und auf Unionsebene geltenden Rechts- und Verwaltungsvorschriften und Beschlüssen sowie aus geltenden Tarifverträgen ergeben, sofern diese nationalen Regelungen und ihre Anwendung mit dem Unionsrecht vereinbar sind.

(14) Verlangt ein Mitgliedstaat, dass vom vorherigen Betreiber eingestelltes Personal vom neu ausgewählten Betreiber eines öffentlichen Dienstes übernommen wird, so sollten diesen Arbeitnehmern die Rechte gewährt werden, auf die sie Anspruch gehabt hätten, wenn ein Übergang im Sinne der Richtlinie 2001/23/EG des Rates erfolgt wäre. Es sollte den Mitgliedstaaten freistehen, derartige Vorschriften zu erlassen.

(15) Die zuständigen Behörden sollten allen interessierten Parteien relevante Informationen für die Vorbereitung eines Angebots im Rahmen eines wettbewerblichen Vergabeverfahrens zur Verfügung stellen und dabei den legitimen Schutz vertraulicher Geschäftsinformationen gewährleisten.

(16) Die Verpflichtung einer zuständigen Behörde, allen interessierten Parteien wesentliche Informationen für die Vorbereitung eines Angebots im Rahmen eines wettbewerblichen Vergabeverfahrens zur Verfügung zu stellen, sollte sich nicht auf die Erstellung zusätzlicher Informationen erstrecken, wenn es solche Informationen nicht gibt.

(17) Um den unterschiedlichen Gegebenheiten der territorialen und der politischen Organisation der Mitgliedstaaten Rechnung zu tragen, können öffentliche Dienstleistungsaufträge von einer zuständigen Behörde vergeben werden, die aus einer Gruppe von Behörden besteht. In solchen Fällen sollten klare Vorgaben existieren, die die jeweiligen Funktionen dieser Behörden bei der Vergabe öffentlicher Dienstleistungsaufträge bestimmen.

(18) In Anbetracht der unterschiedlichen Verwaltungsstrukturen in den Mitgliedstaaten liegt im Falle von Aufträgen für die Erbringung öffentlicher Schienenpersonenverkehrsdienste, die von einer Gruppe von zuständigen örtlichen Behörden direkt vergeben werden, die Entscheidung, welche örtlichen Behörden für „städtische Ballungsräume" und „ländliche Gebiete" zuständig sind, nach wie vor im Ermessen der Mitgliedstaaten.

(19) Öffentliche Dienstleistungsaufträge für öffentliche Schienenpersonenverkehrsdienste sollten – außer in den in dieser Verordnung dargelegten Fällen – auf der Grundlage eines wettbewerblichen Vergabeverfahrens vergeben werden.

(20) Die Verfahren für die wettbewerbliche Vergabe öffentlicher Dienstleistungsaufträge sollten allen Betreibern offenstehen, fair sein und den Grundsätzen der Transparenz und Nichtdiskriminierung genügen.

(21) Im Falle außergewöhnlicher Umstände kann bei öffentlichen Dienstleistungsaufträgen für öffentliche Schienenpersonenverkehrsdienste, die im Wege eines wettbewerblichen Vergabeverfahrens vergeben werden, vorübergehend eine direkte Vergabe neuer Aufträge erfolgen, um eine möglichst kostenwirksame Erbringung der Dienstleistungen sicherzustellen. Derartige Aufträge, die sich auf dieselben oder ähnliche gemeinwirtschaftliche Verpflichtungen erstrecken, sollten nicht verlängert werden.

(22) Wenn auf die Bekanntmachung der Absicht, ein wettbewerbliches Vergabeverfahren durchzuführen, nur ein Betreiber sein Interesse bekundet, können die zuständigen Behörden mit diesem Betreiber Verhandlungen aufnehmen, um den Auftrag ohne weitere Bekanntmachung eines offenen Verfahrens zu vergeben.

(23) Die Mindestschwellen für direkt vergebene öffentliche Dienstleistungsaufträge sollten angepasst werden, um die bei öffentlichen Schienenpersonenverkehrsdiensten – im Vergleich zu den anderen unter Verordnung (EG) Nr. 1370/2007 des Europäischen Parlaments und des Rates fallenden Verkehrsträgern – höheren Volumen und Stückkosten zu berücksichtigen. Höhere Schwellen sollten auch für öffentliche Schienenpersonenverkehrsdienste gelten, bei denen der Schienenverkehrsanteil mehr als 50 % des Werts der betreffenden Dienste entspricht.

(24) Die Schaffung des einheitlichen europäischen Eisenbahnraums erfordert gemeinsame Regeln für die Vergabe öffentlicher Dienstleistungsaufträge in diesem Sektor, wobei die spezifischen Gegebenheiten jedes Mitgliedstaats zu berücksichtigen sind.

(25) Wenn bestimmte Voraussetzungen in Bezug auf Art und Struktur des betreffenden Eisenbahnmarkts oder Schienennetzes erfüllt sind, sollten die zuständigen Behörden befugt sein, öffentliche Dienstleistungsaufträge für öffentliche Schienenpersonenverkehrsdienste direkt zu vergeben, wenn ein derartiger Auftrag zu einer Verbesserung der Qualität der Dienste oder der Kosteneffizienz oder beidem führen würde.

(26) Die zuständigen Behörden können Maßnahmen ergreifen, um den Wettbewerb zwischen den Eisenbahnunternehmen zu steigern, indem sie die Zahl der Aufträge, die sie an ein einzelnes Eisenbahnunternehmen vergeben, beschränken.

(27) Die Mitgliedstaaten sollten dafür Sorge tragen, dass ihr Rechtssystem die Möglichkeit vorsieht, die Entscheidungen der zuständigen Behörde über die Direktvergabe öffentlicher Dienstleistungsaufträge für öffentliche Schienenpersonenverkehrsdienste nach einem leistungsgestützten Ansatz durch eine unabhängige Stelle bewerten zu lassen. Dies könnte im Rahmen einer gerichtlichen Überprüfung erfolgen.

(28) Bei der Vorbereitung wettbewerblicher Vergabeverfahren sollten die zuständigen Behörden prüfen, ob Maßnahmen getroffen werden müssen, um einen effektiven und diskriminierungsfreien Zugang zu geeignetem Rollmaterial zu gewährleisten. Die zuständigen Behörden sollten den Prüfungsbericht öffentlich zugänglich machen.

(29) Bestimmte zentrale Merkmale anstehender wettbewerblicher Vergabeverfahren für öffentliche Dienstleistungsaufträge müssen vollständig transparent sein, damit sich der Markt besser darauf einstellen kann.

(30) Die Verordnung (EG) Nr. 1370/2007 sollte daher entsprechend geändert werden.

Schrifttum: *Albrecht/Gabriel,* Die geplante neue EU-Verordnung zum ÖPNV, DÖV 2007; 907; *Barth,* Ausschreibungswettbewerb im ÖPNV, NZBau 2007, 159; *Barth,* Neue Organisation kommunaler Nahverkehrs nach der EU-VO 1370?, DER NAHVERKEHR 11/2009, 11; Baumeister, Recht des ÖPNV – Praxishandbuch für den Nahverkehr, Band 2, Kommentar, 2013; *Baumeister,* Das Ausgleichssystem nach § 45a PBefG als Hemmnis für einen effizienten ÖPNV, Verkehr und Technik 2016, 101; *Baumeister/Klinge,* Perspektiven des Vergaberechts im straßengebundenen ÖPNV durch die Novellierung der Verordnung (EWG) Nr. 1191/69, NZBau 2005, 601; *Bayer/Jäger/Hafenrichte/Zuck,* EU-Konform, Finanzierungssystem der Verkehrsverbund Rhein-Ruhr, DER NAHVERKEHR 5/2011, 26; *Bayreuther,* Konzessionsvergabe im öffentlichen Personennahverkehr – Betriebsübergang durch betriebliche Anordnung, NZA 2009, 582; *Bayreuther,* Die Anordnung des Betriebsübergangs bei Vergabe von Verkehrsdienstleistungen nach § 131 III GWB, NZBau 2016, 459; *Berschin,* Europarecht für Finanzierung und Genehmigung des öffentlichen Nahverkehrs, WiVerw 2004, 1; *Berschin,* Die VO 1370 im Spiegel der Literatur, Verkehr und Technik 2010, 257; *Berschin/Fehling,* Beihilfenrecht und Grundrechte als Motor für den Wettbewerb im ÖPNV? EuZW 2007, 263; *Berschin/Fiedler,* Die Zukunft der Einnahmenaufteilung – effiziente wettbewerbskonforme Systeme, Verkehr und Technik 2011, 255 und 299; *Berschin/Karl,* Zur Zukunft des Genehmigungswettbewerbs, Verkehr und Technik, 2012, 413; *Binder/Jürschik,* Vergaberecht und Direktvergabe – Was bedeutet das Vergaberechtsmodernisierungsgesetz für die Direktvergabe nach VO 1370/2007, DER NAHVERKEHR 4/2016, 37; *Bremer Straßenbahn AG,* Leitfaden zur Anwendung des Anhangs der VO (EG) Nr. 1370/2007 im kommunalen ÖPNV, 2013; *Bühner/Siemer,* Linienbündelung im ÖPNV, DÖV 2015, 21; *Bundschuh/Jürschick,* Eigenerbringungsquote nach VO 1370, DER NAHVERKEHR 9/2014, 46; *Dannenbaum,* Besonderheiten bei der Prüfung des Anhangs der VO 1370, DER NAHVERKEHR 10/2015, 45; *Deuster,* Endspurt zur VO (EG) Nr. 1370/2007: Neue Regeln für beihilfenrechtskonforme Ausgleichsleistungen, IR 2009, 209 (Teil 1), und IR 2009, 346 (Teil 2); *Deuster,* Vom Auskunftsanspruch zur Veröffentlichungspflicht, DÖV 2010, 591; *Deuster/Michels,* Direktvergabe nach der Verordnung (EG) Nr. 1370/2007 an eigenes kommunales Verkehrsunternehmen, NZBau 2011, 340; *van Engelshoven/Hoopmann,* Möglichkeiten und Grenzen für die Ausschreibung von S-Bahn-Systemen in Deutschland IR 2011, 279; *Fandey,* Rechtsschutz bei Direktvergaben, Verkehr und Technik 2010, 345; *Faross,* Der geänderte Vorschlag für Europäischen Kommission für eine Verordnung über öffentliche Personenverkehrsdienste auf Schiene und Straße, IR 2006, 129; *Fehling/Niehnus,* Der europäische Fahrplan für einen kontrollierten Ausschreibungswettbewerb im ÖPNV, DÖV 2008, 662; *Fromm/Sellmann/Zuck,* Personenbeförderungsgesetz, 4. Aufl. 2013; *Fry,* Leitlinien auf dem Prüfstand, DER NAHVERKEHR 11/2010, 31 ff.; *Gabriel/Krohn/Neun,* Handbuch Vergaberecht, 2. Aufl. 2017; *Grischkat/Karl/Berschin/Schaaffkamp,* Allgemeine Vorschriften gemäß Art. 3 Abs. 2 der VO (EG) Nr. 1370/2007 – Rechtsgrundlagen und Hinweise für die Praxis, Verkehr und Technik 2010, 466; *Heinze,* Wettbewerb um Buslinienngenehmigungen unter der VO (EG) 1370/2007, DVBl. 2011, 534; *Heinze,* Der Entwurf eines Gesetzes zur Änderung personenbeförderungsrechtlicher Vorschriften, ZRP 2012, 84; *Heinze/Fehling/Fiedler,* Personenbeförderungsgesetz, 2. Aufl. 2014; *Heiß,* Die neue EG-Verordnung für den öffentlichen Personennahverkehr – ein Überblick unter Berücksichtigung der Situation in Deutschland, VerwArch 2009, 113; *Hermes/Sellner,* Beck'scher AEG Kommentar, 2. Aufl. 2014; *Hoopmann/Daubertshäuser/Wogatzki,* Wiedereinsetzungsgarantien gegen die Fahrzeug-Finanzkrise, DER NAHVERKEHR 7-8/2010, 4; *Holler,* Der gemeinsame Standpunkt des Rates zum geänderten Vorschlag der Kommission für eine Verordnung über öffentliche Personenverkehrsdienste auf Schiene und Straße, IR 2006, 152; *Hübner/Frosch,* Die Vergabe öffentlicher Personenverkehrsleistungen mit Bussen und Straßenbahnen gem. VO 1370/2007 im Übergangszeitraum bis 3.9.2019, VergabeR 2011, 811; *IHK Stuttgart,* Der neue Rechtsrahmen im Busverkehr, Februar 2013; *Ingold,* Gelegenheitsverkehr oder neue Verkehrsgelegenheit? NJW 2014, 3334; *Ipsen,* Die EU-Verordnung 1370/07 und das Personenbeförderungsgesetz, DER NAHVERKEHR 6/2008, 20; *Jung/Deuster,* Europäische Kommission genehmigt ÖPNV Finanzierungssystem der Verkehrsverbunds Rhein-Ruhr, IR 2011, 149; *Jürschik,* Betriebsrisiko im Fokus – Neues zum Anwendungsbereich der VO 1370/2007 im Bereich von Busse und Straßenbahnen, DER NAHVERKEHR 9/2015, 52; *Karl/Fiedler,* Moderne Mythen – kommt eigenwirtschaftlichen Verkehren im absoluter Vorrang vor eigenwirtschaftlichen Verkehren zu? Verkehr und Technik, 2015, 223;

Karl/Knies, Überblick über die neue Fassung VO 1370/2007, Verkehr und Technik 2017, 247; *Karl/Petersen/ Schaaffkamp,* Anforderung an die Ermittlung eines „angemessenen Gewinns", DER NAHVERKEHR 2015, 59; *Karl/Schaaffkamp,* Finanzierungsmöglichkeit des ÖPNV außerhalb von Verträgen – das Beispiel allgemeine Vorschrift, IR 2011, 275; *Karl/Schaaffkamp,* Streit um „angemessenen Gewinn" entschieden, DER NAHVERKEHR 7-8/2016, 32; *Karl/Wirths,* Vorgabe der überwiegenden Selbsterbringung – Anwendung auf konzernverbundene Unternehmen?, Verkehr und Technik 2015, 59; *Karnop,* Gestaltungsrahmen für die öffentlichen Personennahverkehr nach der Altmark-Entscheidung des EuGH, VerwArch 2005, 111; *Kaufmann/Lübbig/Prieß/Pünder,* VO (EG) 1370/2007 – Vorordnung über öffentliche Personenverkehrsdienste, Kommentar, 2010; *Kekelekis,* „Driving" Altmark in Land Transport, EStAL 2012, 73; *Kiepe/Mietzsch,* Die neue ÖPNV-Verordnung und die Auswirkungen auf das Personenbeförderungsgesetz, IR 2008, 58; *Klinger,* Das Kontrollkriterium bei der Direktvergabe an den internen Betreiber, DER NAHVERKEHR 3/2009, 46; *Knauff,* Der Kommissionsvorschlag für eine Novelle der VO (EWG) Nr. 1191/69, DVBl. 2006, 339; *Knauff,* Möglichkeiten der Direktvergabe im ÖPNV (Schiene und Straße), NZBau 2012, 65; *Knauff,* Der Vorrang eigenwirtschaftlicher Verkehre im ÖPNV auf der Grundlage des novellierten Personenbeförderungsgesetzes, GewArch 2013, 283; *Knauff,* Die Beauftragung von Verkehrsleistungen im ÖPNV: Direktvergabe versus wettbewerbliches Vergabeverfahren, DVBl. 2014, 692; *Knauff,* Defizitausgleich und das öffentliche Verkehrsinteresse im ÖPNV, GewArch 2014, 157; *Knauff,* Bürgerbusse im Lichte des Personenbeförderungsgesetztes, Verkehr und Technik 2015, 29; *Knauff,* Vorrang der Eigenwirtschaftlichkeit im ÖPNV, 2017; *Kühling,* Ausschreibungspflicht im SPNV nach dem BGH-Beschluss vom 8.2.2011, IR 2011, 101; *Lenz,* Neue PBefG-Genehmigungen bei bestehenden Betrauungen – wie bekommt man die?, DER NAHVERKEHR 3/2013, 28; *Lenz/Jürschik,* Anwendbarkeit der VO 1370/2007 im Bereich der Busse und Straßenbahnen bei Inhouse-Geschäften, NZBau 2016, 544; *Lenz/Jürschik,* Vorrang der VO 1370/2007 vor den Vergaberichtlinien, NZBau 2017, 205; *Lenz/Rademacher,* Busliniengenehmigungen für 22,5 Jahre möglich, DER NAHVERKEHR 11/2015, 35; *Linke,* Die Gewährleistung des Daseinsvorsorgeauftrags im öffentlichen Personennahverkehr, 2010; *Linke,* Altaufträge im Personenbeförderungsrecht und die Übergangsregelungen der neuen Verordnung 1370/2007/EG, NZBau 2010, 207; *Linke,* Abschied vom Quersubventionierungsverbot im ÖPNV? – Auswirkungen der Verordnung (EG) Nr. 1370/2007 auf den kommunalen Querverbund, Verkehr und Technik 2010, 429; *Linke,* Die Zukunft reiner städtischer Konzessionsgesellschaften im ÖPNV – Eigenproduktionspflichten nach der Verordnung (EG) Nr. 1370/2007, Verkehr und Technik 2010, 463; *Linke,* Der Begriff des angemessenen Gewinn bei Ausgleichsleistungen für DAWI im europäischen Beihilferecht am Beispiel des öffentlichen Personenverkehrs, EWS, 2011, 456; *Linke,* Die Direktvergabe öffentlicher Dienstleistungsaufträge im ÖPNV unterhalb bestimmter Schwellenwert, Verkehr und Technik 2012, 223; *Linke,* Die Vergabe von Subunternehmerleistungen im öffentlichen Personenverkehr, NZBau 2012, 338; *Linke,* Die staatliche Finanzierung öffentlicher Personenverkehrsdienste, EuZW 2014, 766; *Losch/Wittig,* Gestaltungsmöglichkeiten und aktuelle Entwicklungen bei der Vergabe von Dienstleistungen im Bereich öffentlicher Personennahverkehr, VergabeR 2011, 561; *Manka/Prechtl,* Keine Selbsterbringungsquote für öffentliche Verkehrsmanagementgesellschaften?, DER NAHVERKEHR 1-2/2011, 22; *Mietzsch,* Der Beschl. des EU-Verkehrsministerrats für eine neue ÖPNV-Verordnung, ZögU 2007, 196; *Mietzsch/ Stockmann/Sporbeck,* Fahrzeugbereitstellung im Dieselnetz Nordwestsachsen, Verkehr und Technik 2016, 133; *Müller/Saxinger,* Die Personalübernahme bei Auftragsvergaben im öffentlichen Personenverkehr, Verkehr und Technik 2016, 463; *Müller-Wrede,* Rechtliche Aspekte bezüglich Des Anwendungsverhältnisses des Art. 5 VO 1370/2007 zum allgemeinen nationalen Vergaberecht bei der Beschaffung von Verkehrsleistungen im SPNV, FS Marx, 2013, 461; *Nettesheim,* Das neue Dienstleistungsrecht des ÖPNV – Die Verordnung (EG) Nr. 1370/2007, NVwZ 2009, 1449; *Opitz/Wittemann,* Die Vergabe von öffentlichen Personenverkehrsdiensten mit Bussen nach dem novellierten Personenbeförderungsrecht, in v. Wietesheim, Vergaben im ÖPNV, 2013, 135; *Otting/Olegmöller,* Verbundtarife und EU-Recht, DER NAHVERKEHR 9/2009, 34; *Otting/Olegmöller,* Ausgleich gemeinwirtschaftlicher Verpflichtungen durch allgemeine Vorschriften, GewArch 2012, 436; *Otting/Olegmöller,* Strategien für mittelstandsfreundliche Vergaben von Busverkehrsdienstleistungen, VBlBW 2013, 291; *Otting/Scheps,* Direktvergabe von Eisenbahnverkehrsdienstleistungen nach der neuen Verordnung (EG) Nr. 1370/2007, NVwZ 2008, 499; *Otting/Soltész/Melcher,* Verkehrsverträge vor dem Hintergrund europäischen Beihilferechts, EuZW 2009, 444; *Otting,* Die Vergabe von Personendienstleistungen in Europa und völkerrechtliche Vorgaben des WTO-Beschaffungsübereinkommens, EuR 2007, 564; *Pünder,* Beschränkung der Inhouse-Vergabe im öffentlichen Personennahverkehr, NJW 2010, 263; *Rechten/Röbke,* Sozialstandards bei der Vergabe öffentlicher Aufträge in Berlin und Brandenburg, LKV 2011, 337; *Recker,* Konsequenzen einer ausbleibenden Anpassung des Personenbeförderungsgesetzt an die VO (EG) Nr. 1370/2007, ZKF 2009, 49; *Resch,* Direktvergabe an kommunale ÖPNV-Unternehmen effektiver als Ausschreibung, IR 2008, 271; *Riese/Schimanek,* Die Vereinbarkeit von Direktvergabeleistungen im Schienenpersonennahverkehr mit den Grundrechten, DVBl. 2009, 1486; *Röbke,* Neue Beschaffungsmodelle im SPNV auf dem Prüfstand des Vergaberechts, NZBau 2015, 216; *Roling,* Der Vorrang unternehmerischer Initiative im öffentlichen Personenverkehr, DVBl. 2010, 1213; *Rusche/Schmidt,* The post Altmark Era has startet: 15 Months of Application of Regulation (EC) No. 1370/2007 to Public Transport Service, EStAL 2011, 249; *Saxinger,* Genehmigungen und Ausgleichsleistungen im Personenbeförderungsrecht vor dem Hintergrund der neuen Verordnung (EG) Nr. 1370/2007, DVBl. 2008, 688; *Saxinger,* Übergangsregelungen, Legisvakanz und Vorwirkungen der Verordnung (EG) Nr. 1370/2007, EuZW 2009, 449; *Saxinger,* Das Verhältnis der Verordnung (EG) Nr. 1370/2007 zum nicht an sie angepassten deutschen Personenbeförderungsrecht, GewArch. 2009, 350; *Saxinger/Fischer,* Die Verordnung (EG) Nr. 1370/2007 – Der neue Rechtsrahmen für den öffentlichen Personennahverkehr, Verkehr und Technik 2008, 75; *Saxinger/Winnes,* Recht des öffentlichen Personenverkehrs, Loseblatt, 15. EL Juli 2017; *Schaaffkamp/Karl/Oertel,* Wie wird die Überkompensationskontrolle in der Praxis durchgeführt? Verkehr und Technik 2014, 21; *Schäfer,* Das novellierte Personenbeförderungsgesetz,

IR 2012, 340; *Schieferdecker*, Die Rechtsgrundlagen zum Erlass allgemeiner Vorschriften iSv. Art. 3 Abs. 3 der Verordnung (EG) 1370/2007, GewArch 2014, 6; *Schmitz/Winkelhüsener*, Der öffentliche Personennahverkehr im Übergang zur VO 1370/2007: Vergaberechtliche Handlungsoptionen und deren beihilferechtliche Konsequenzen, EuZW 2011, 52; *Schröder*, Die Direktvergabe im straßengebundenen ÖPNV – Selbsterbringung und interner Betreiberschaft, NVwZ 2010, 862; *Schröder*, Rechtlich privilegierte Sektorenauftraggeber nach § 98 Nr. 4 GWB, NZBau 2012, 541; *Sennekamp/Fehling*, Der öffentliche Dienstleistungsauftrag nach der neuen EG-Verordnung über Personenverkehrsdienste im System des deutschen Verwaltungsprozessrechts, N&R 2009, 95; *Siederer/Denzin*, Tariftreueerklärungen noch möglich?, DER NAHVERKEHR 3/2009, 50; *Sitsen*, Der Begriff des ausschließlichen Rechts und seine Bedeutung für den ÖPNV, IR 2011, 76; *Stockmann/Röbke*, Tariftreueerklärungen im ÖPNV und SPNV wirklich noch möglich?, DER NAHVERKEHR 7-8/2009, 48; *Strauß*, Die Beschaffung von Fahrzeugen für den ÖPNV, VergabeR 2016, 23; *Tegner/Wachinger*, Ausgleichsberechnung und Überkompensationskontrolle nach dem Anhang zur VO 1370/2007 – Eine juristisch-ökonomische Beleuchtung (nicht nur) für den SPNV, IR 2010, 264; *Tödtmann/Schauer*, Aktuelle Rechtsfragen zum öffentlichen Personennahverkehr – Nationale und europäische Rechtsentwicklungen: Konsequenzen für die Praxis, NVwZ 2008, 1; *VDV*, Mitteilung 9046: Verkehrsmanagementgesellschaft und VO (EG) Nr. 1370/2007, Oktober 2009; *Wachinger*, Direktvergabe und Wettbewerb im Busverkehr durch die novellierte EU-Marktöffnungsverordnung, IR 2007, 265; *Wachinger/Zimmer*, Neue beihilferechtlichen Vorgaben für Direktvergaben im SPNV, DER NAHVERKEHR 7-8/2010, 30; *Wagner-Cardenal/Dierkes*, Die Direktvergabe von öffentlichen Personenverkehrsdiensten, NZBau 2014, 738; *Werner*, Der Zugang zum Personenbeförderungsgewerbe im Lichte aktueller Entwicklung in der Rechtsprechung, GewArch 2004, 89; *Werres/Schäfer*, Die Auswirkungen des Tariftreuegesetzes auf den ÖPNV, DER NAHVERKEHR 3/2013, 52; *Winnes*, Legenden und Irrtümer – Plädoyer für eine grundlegende Reform des PBefG, DER NAHVERKEHR 7-8/2008, 15; *Winnes*, Der Begriff der gemeinwirtschaftlichen Verpflichtungen im Rahmen der Verordnung 1370/07, DÖV 2009, 1135; *Winnes*, Gemeinwirtschaftliche Verpflichtungen im Rahmen der personenbeförderungsrechtlichen Liniengenehmigung, VBlBW 2009, 378; *Winnes*, Die öffentliche Finanzierung von Tarifen in Verkehrsverbünden, DER NAHVERKEHR 6/2009, 27; *Winnes*, Die allgemeine Vorschrift als Steuerungs- und Finanzierungsinstrument im ÖPNV, KomPraxis Spezial 2/2013, 96; *Winnes*, Personalübernahme im Rahmen der Vergabe öffentlicher Dienstleistungsaufträge im Nahverkehr, Der Landkreis 2016, 207; *Winnesl/Schwarz/Mietzsch*, Zu den Auswirkungen der VO 1370/07 für den öffentlichen Nahverkehr in Deutschland, EuR 2009, 290; *Winter/Woll/Gleichner*, EU-Kommission veröffentlicht Leitlinien zur Verordnung 1370, DER NAHVERKEHR 5/2014, 7; *Wittig/Schimenek*, Sondervergaberecht für Verkehrsdienstleistungen – die neue EU-Verordnung über öffentliche Personenverkehrsdienste auf Schiene und Straße, NZBau 2008, 222; *Wollenschläger*, Verteilungsverfahren: Die staatliche Verteilung knapper Güter, 2010; *Würtenberger*, Eigenwirtschaftlichkeit und Teilbereichsausnahme, DER NAHVERKEHR 6/2010, 62; *Ziekow*, Die Direktvergabe von Personenverkehrsdiensten nach der VO (EG) Nr. 1370/2007 und die Zukunft eigenwirtschaftlicher Verkehre, NVwZ 2009, 865; *Ziekow*, Der Vorrang kommerzieller Verkehre in Deutschland – Gutachten für den Bundesverband deutscher Omnibusunternehmen (BDO), 2008; *Ziekow/Völlink*, Vergaberecht, 2. Aufl. 2014.

Vorbemerkung

Übersicht

	Rn.		Rn.
A. Überblick	1–10	1. Ausnahmebereich Verkehr	29
I. Zentraler Regelungsansatz der PersonenverkehrsVO	1–5	2. Marktzugang im internationalen Straßenpersonenverkehr	30–35
II. Bedeutung in der Rechtsanwendung	6–10	3. Kabotage im Straßenpersonenverkehr	36
		4. Eisenbahnverkehr	37
B. Erscheinungsformen des Landverkehrs	11–26	**III. Niederlassungsfreiheit und harmonisierter Marktzugang**	38–43
I. Modalität	11–15	1. Umfassende Niederlassungsfreiheit im Verkehr	38–40
II. Kollektivität und Diskriminierungsfreiheit	16–18	2. Niederlassungserfordernis	41
III. Das öffentliche Interesse	19	3. PersonenverkehrsVO harmonisiert Marktzugang	42, 43
IV. Gewerbsmäßigkeit	20–22	**IV. Harmonisierter Marktzugang durch Vergaberecht**	44
V. Personenbeförderung als Hauptzweck	23–26	**V. Die Äquivalenzfinanzierung des Beihilferechts**	45
C. Service Public und öffentlicher Verkehr im Unionsrecht	27–45	**D. Werdegang der PersonenverkehrsVO**	46–58
I. Subjektiver Berufszugang	27, 28	**I. Harmonisierungsentscheidung des Rates und Harmonisierungsverordnungen**	46–49
II. Begrenzte Dienstleistungsfreiheit	29–37		

Überblick			1, 2 Vor VO (EG) 1370/2007	
	Rn.			Rn.

	Rn.
1. Harmonierungsentscheidung 65/271 ...	46
2. VO (EWG) Nr. 1191/69	47
3. VO (EWG) Nr. 1107/70	48
4. VO (EWG) Nr. 1893/91	49
II. Die Kommissionsvorschläge zur PersonenverkehrsVO	50–52
1. Erster Entwurf KOM(2000) 7 endg	50
2. Zweiter Entwurf KOM(2002) 107 endg	51
3. Dritter Entwurf KOM(2005) 319 endg	52
III. Das Altmark Trans-Urteil	53, 54
IV. Trilateraler Kompromiss Rat – Parlament – Kommission	55, 56
V. Änderungs-VO (EU) 2016/2338	57
VI. Auslegungsleitlinien der Kommission	58
E. Die Funktion der PersonenverkehrsVO	59–74
I. Bekenntnis zu Markteingriffen	59–70
II. Harmonisierter Marktzugang	71, 72
III. Koordinierungsfunktion im Verkehr	73
IV. Wettbewerbsabsicherung	74
F. Öffentliche Unternehmen und Marktfreiheiten	75–84
I. Freie Wahl eines internen Betreibers?	75–78
II. Monopole und das Beschränkungsverbot	79–82
III. Monopole und Marktmachtmissbrauch	83, 84

A. Überblick

I. Zentraler Regelungsansatz der PersonenverkehrsVO

Die unmittelbar und ohne weiteren Umsetzungsakt geltende VO (EG) Nr. 1370/2007 **1** (= PersonenverkehrsVO) **harmonisiert** seit ihrem Inkrafttreten zum 3.12.2009 in hohen Umfang den **Marktzugang im öffentlichen Personenverkehr in der EU** (→ Rn. 71 f.). Notwendigerweise hat sie damit auch **gewisse liberalisierende Wirkung,** da bislang national abgeschottete Märkte auf ein unionsrechtlich einheitliches Niveau hin durchgeregelt werden. Gleichzeitig dient aber die Verordnung auch der **Sicherstellung von Dienstleistungen im allgemeinen wirtschaftlichen Interesse** – vulgo Daseinsvorsorge. Die VO steht in der Tradition wettbewerbsrechtlicher Rechtsakte der Gemeinschaft im Verkehrssektor (→ Rn. 29 ff.). Ihre Vorgängerin, VO (EWG) Nr. 1191/69, regelte zunächst die finanzielle Unabhängigkeit der Staatsbahnen gegenüber ihren Eigentümern und erweiterte dies später um die Anwendung auf möglichst alle Verkehrsunternehmen (VO (EWG) Nr. 1893/91). Gemeinwirtschaftliche Pflichten waren vollständig abzugelten, aber gleichzeitig sollte auch eine **Überkompensation vermieden** werden. Ziel war es zu verhindern, dass die geschützten Verkehrsunternehmen aus ihrem Monopol heraus zu Wettbewerbsverzerrungen in den geöffneten Märkten durch Querfinanzierungen beitragen. Diese Konzeption wird durch die PersonenverkehrsVO beibehalten und auf alle Verkehre ausgeweitet mit entsprechender Aufhebung bisheriger Ausnahmebereiche.

Gleichzeitig **regelt die PersonenverkehrsVO zum ersten Mal die Markteingriffe** **2** **im öffentlichen Verkehr unionsweit,** soweit es um gemeinwirtschaftliche Verkehrsleistungen geht (Art. 5, → Rn. 59 ff.). Gab es vor ihrem Inkrafttreten einen gewissen Wettlauf zwischen den Regelungen aus der Niederlassungsfreiheit, dem Beihilferecht und dem Vergaberecht, führt die PersonenverkehrsVO diese Regelungen zusammen. Nach dem **Vorbild des Vergaberechts** schreibt sie wettbewerbliche Verfahren (Ausschreibungen) als Regelfall vor, regelt aber zahlreiche Ausnahmen für Direktvergabe im Bereich Eisenbahnen und Kleinaufträge (→ Art. 5 Rn. 23 ff.). Besonders weitreichend ist die Ausnahme zugunsten der internen Betreiber (Inhouse), die nach Lesart vieler, den **Kommunen** ein **freies Recht** gebe, sich zugunsten der eigenen Kommunalunternehmen zu entscheiden und insoweit den Wettbewerb auszuschließen (→ Art. 5 Rn. 23 f.). Diese Auffassung ist aber unter Geltung der Berufsfreiheit nach Art. 12 Abs. 1 GG zweifelhaft, da sie eine weitgehende Monopolisierung im Nahverkehr erlaubt, ohne den Begründungserfordernissen dieser objektiven Berufszugangsschranken Rechnung zu tragen.

3   Die Regulierung des Marktzugangs hat **höherwertige,** wie quantitäts- und qualitätsvollere, sowie preisgünstigere **Dienstleistungen im öffentlichen Verkehr** für die Allgemeinheit **zu garantieren** (Art. 1 Abs. 1, → Rn. 59 ff.). Diese werden entweder in einem öffentlichen Dienstleistungsauftrag nach Art. 3 Abs. 1 vereinbart bzw. hoheitlich festgelegt oder sie werden durch eine allgemeine Vorschrift für Höchsttarife für alle Fahrgäste oder bestimmte Gruppen von Fahrgästen nach Art. 3 Abs. 2 bestimmt (→ Art. 3 Rn. 1 ff.). Öffentliche Dienstleistungsaufträge dürfen Ausschließlichkeitsrechte und/oder Ausgleichsleistungen beinhalten, während allgemeine Vorschriften nur Ausgleichsregelungen gewähren dürfen, aber einen offenen Markt ohne Ausschließlichkeitsrechte voraussetzen (→ Art 3 Rn. 8 ff.). Für diese Maßnahmen ist die jeweils **zuständige Behörde** berufen, die von den Mitgliedstaaten festgelegt werden, in Deutschland für den straßengebundenen Verkehre in der Regel Landkreise und kreisfreie Städte und für den Schienenpersonennahverkehr die Länder oder die von ihnen festgelegten Pflichtzweckverbände (Nordrhein-Westfalen, Rheinland-Pfalz, Sachsen), Regionen (tlw. Niedersachsen und Baden-Württemberg) bzw. Verkehrsverbünde (Hessen) (→ Art. 2 Rn. 13 ff.).

4   Die **Markteingriffsmittel** (Intervention) sind **abschließend** in der PersonenverkehrsVO festgelegt, da sie insoweit harmonisierend wirkt (→ Art. 1 Rn. 60). Als unmittelbar geltendes Gemeinschaftsrecht aufgrund Art. 288 S. 3 AEUV genießt die PersonenverkehrsVO **Anwendungsvorrang** und verdrängt auch entgegenstehendes nationales Recht. Dies hat **in Deutschland zwei Auswirkungen:** Zum einen sind die **Schutzrechte** des PBefG bezüglich **Liniengenehmigungen** außerhalb verliehener ausschließlicher Rechte durch den Aufgabenträger nach § 8a Abs. 8 PBefG **restriktiv** zu interpretieren (→ Art. 2 Rn. 65). Das Recht zur Abwehr konkurrierender Verkehre vor allem durch die Übernahme fremder Ideen im Rahmen eines Erstzugriffsrechts („Ausgestaltung nach § 13 Abs. 2 Nr. 3 lit. c PBefG) und die Auswahl des besten Antrags im Rahmen eines Bewerberüberhangs unter Berücksichtigung eines Besitzstandsschutzes nach § 13 Abs. 2b und 3 PBefG verstoßen gegen das Gebot, Ausschließlichkeitsrechte ausschließlich in öffentlichen Dienstleistungsaufträgen zu regeln. Da Liniengenehmigungen nach PBefG nach dem Willen des deutschen Gesetzgebers kein Ausschließlichkeitsrecht umfassen und keinen öffentlichen Dienstleistungsauftrag nach sich ziehen sollen, muss jede ausschließende Wirkung einer Liniengenehmigung unterbleiben und darf nicht mehr angewandt werden.

5   Zum anderen umfasst die PersonenverkehrsVO **auch jeglichen Verkehr mit Kraftfahrzeugen,** der fortlaufend und diskriminierungsfrei gem. Art. 2 lit. a angeboten wird. Entgegen eines weit verbreiteten Verständnisses, muss dieses Anbieten keinen bestimmten Fahrplan enthalten und ist nicht auf den Linienverkehr beschränkt. Vielmehr ist die **PersonenverkehrsVO verkehrsformneutral** ausgestaltet und ihr Anwendungsbereich ergibt sich aus sich heraus ohne Rückgriff auf das nationale Recht (→ Art. 2 Rn. 1 ff.). Da die **Regulierung des Taxenverkehrs** insbesondere in Bezug auf den Marktzugang (Kontingentierung) mit der Tarif- und Betriebspflicht sowie dem vom Mietwagenverkehr zu wahrenden Abstand (Abstandsgebot) nach der Rechtsprechung genau den beschriebenen Zweck verfolgt, nämlich die Funktionsfähigkeit im Taxiverkehr genauso wie im Linienverkehr zu sichern und damit kontinuierlich, fortlaufend und diskriminierungsfrei Dienstbringung sicherzustellen, und ebenfalls der Begriffsdefinition des öffentlichen Verkehrs nach Art. 2 lit a. unterfällt, sind die dortigen Vorzugsrechte am Maßstab der PersonenverkehrsVO zu messen (→ Art 2 Rn. 26 ff.). Dies hat zur Folge, dass **Marktzugangsbeschränkungen** und **Abstandsgebote** zu anderen Verkehrsformen durch die jeweils zuständigen Behörden nach Art. 2 lit. b festzulegen sind. Die Marktzugangsbeschränkungen des § 13 Abs. 4 und 5 PBefG durch Kontingentierung sowie das pauschale Abstandsgebot zwischen Taxi- und Mietwagenverkehr in der Ausprägung des § 49 Abs. 4 PBefG mit Verbot des Einzelplatzverkaufs und restriktiver Rückkehrpflicht und dem Verbot des Anwerbens auf der Straße verstoßen gegen den **Anwendungsvorrang der PersonenverkehrsVO,** da sie keine differenzierte Regelung der notwendigen Ausschließlichkeit regeln und auch kein Gegenleistungsverhältnis für die eingeräumte Vorzugstellung bestimmen.

II. Bedeutung in der Rechtsanwendung

Die größte praktische Bedeutung hat die PersonenverkehrsVO bei der **Prüfung kommunaler Direktvergaben an Eigengesellschaften** nach Art. 5 Abs. 2 (→ Art 5 Rn. 66 f. und → Art. 7 Rn. 14). Vor allem die Fragen der hinreichenden und umfassenden **Beherrschung** – „wie eine eigene Dienststelle" nach Art. 5 Abs. 2 lit. a (→ Art. 5 Rn. 29 ff.) – beschäftigen die Gerichte; dabei sind die Fragen der hinreichenden Beherrschung und die Beherrschung in der Konstellation einer Direktvergabe durch eine Gruppe von Behörden nach Art. 2 lit. b und m von Interesse. Genauso ist das **Tätigkeitskriterium** (Gebietsbezogenheit nach Art. 5 Abs. 2 lit. b, → Art. 5 Rn. 35 ff.) im Fokus der Rechtsprechung, vor allem die nicht zugelassene Tätigkeit von Tochter- und Schwestergesellschaften außerhalb des Zuständigkeitsgebiets der betrauenden Behörde. Schließlich ist die Forderung nach **überwiegender Eigenerbringung** aus Art. 5 Abs. 2 lit. e (→ Art. 5 Rn. 40 ff.) streitbehaftet. Die verfassungsrechtlichen Fragen der Direktvergabe spielen dagegen bislang noch kaum eine Rolle (→ Art. 5 Rn. 25 ff.).

Direktvergaben für Kleinaufträge nach Art. 5 Abs. 4 (→ Art. 5 Rn. 48 ff.) haben entgegen in die sie gesetzten politischen Erwartungen bislang **kaum eine Bedeutung** erlangt, zum einen weil sie eine **Dienstleistungskonzession** (→ Art. 5 Rn. 4 ff.) voraussetzen. Diese wird im öffentlichen Nahverkehr selten vorliegen, da die Verkehrsunternehmen meist eine gesicherte Nachfragen haben und kaum einem substanziellem Nachfragerisiko ausgesetzt sind; vor allem in Verkehrsverbünden werden die Einnahmen oft noch historisch oder zumindest für eine gewisse Zeit nach früheren Einnahmen verteilen. Zum anderen wohnt einer Direktvergabe an Privatunternehmen eine Ungleichbehandlung inne und sie geraten in Konflikt mit den **Vergabepflichten nach Haushaltsrecht,** insbesondere § 30 GemHVO (→ Art. 5 Rn. 51 ff.).

Eine nicht zu unterschätzende Bedeutung haben **allgemeine Vorschriften nach Art. 3 Abs. 2** (→ Art. 2 Rn. 41 ff., → Art. 3 Rn. 8 ff.). Diese werden vor allem von privaten Verkehrsunternehmen eingefordert,[1] um zu verhindern, dass Verkehre wegen bestimmter, überschaubarer Zuschüsse ihre Eigenwirtschaftlichkeit iSd § 8 Abs. 4 PBefG verlieren und deswegen ein ausschreibungspflichtiger öffentlicher Dienstleistungsauftrag notwendig wird. **Allgemeine Vorschriften im Ausbildungsverkehr** werden zum Teil durch Landesgesetze vorgeschrieben (§ 11a ÖPNVG NRW, § 16 BWÖPNVG), zudem ist nach Auffassung des Bundes der noch in Bay. und Thür. geltende Subventionsregelung nach § 45a PBefG für ermäßigte Zeitfahrausweise im Ausbildungsverkehr eine allgemeine Vorschrift nach Art. 3 Abs. 3 (→ Art. 3 Rn. 21 ff.). Ferner sind allgemeine Vorschriften zur Finanzierung von **Verbundtarifen** recht populär. Wichtig ist allerdings dabei, dass die allgemeine Vorschrift **keine bestimmten Verkehrsleistungen finanziert** und nur die **Tarifdifferenz** zwischen ermäßigten Tarif und sonst angewandten Tarif unter **Berücksichtigung der Mehrnachfrage** (Preiselastizität) ausgleicht (→ Art. 3 Rn. 10 und → Anh. Rn. 7 f.).

Zum Inkrafttreten der PersonenverkehrsVO und im Rahmen des neuen PBefG 2011 wurde intensiv diskutiert, ob und inwieweit aus der Betriebs-, Beförderungs- und Tarifpflicht umfasst, eine gemeinwirtschaftliche Pflicht iSd PersonenverkehrsVO entsteht und deswegen die Liniengenehmigung bereits ein öffentlicher Dienstleistungsauftrag ist (→ Rn. 68). Diese Diskussion ist weitgehend verstummt, weil der Gesetzgeber sich für die Beibehaltung der **eigenwirtschaftlichen Liniengenehmigungen** nach § 8 Abs. 4 PBefG **außerhalb der PersonenverkehrsVO** entschieden hat. Gleichwohl bleibt ein Unbehagen wegen der **weiterhin bestehenden Schutzrechte** der Liniengenehmigungen, die das BVerwG geläufig mit dem Schlagwort „Verbot der Doppelbedienung" zusammenfasst. Daher wird wegen der ausschließenden Wirkung der Liniengenehmigung vertreten, dass

---

[1] Zum Fehlen eines Rechtsanspruchs zum Erlass allgemeiner Vorschriften nach dem deutschen Recht s. nur OVG Münster Urt. v. 25.8.2016 – 13 A 788/15, BeckRS 2016, 52143 Rn. 73 f.; VG Augsburg Urt. v. 24.3.2015 – Au 3 K 15.79, BeckRS 2015, 117426 Rn. 32 ff.; VG Stade Urt. v. 30.6.2016 – 1 A 1432/14, BeckRS 2016, 50326 Rn. 55 ff.; VG Saarlouis Urt. v. 27.9.2017 – 5 K 1233/16; sowie zusammenfassend: *Knauff* GewArch 2014, 157 (158).

diese **Vorzugsrechte im Rahmen einer VO-konformen Auslegung nicht mehr angewandt** werden dürfen oder alternativ, Liniengenehmigungen einen öffentlichen Dienstleistungsauftrag darstellen und deswegen nach den Vergaberegeln der Art. 5 vergeben werden müssten. Die größte Änderung wäre dabei die Zuweisung der Zuständigkeit an die Genehmigungsbehörde statt wie bisher an die Aufgabenträger, die Pflicht zur Aufstellung vorheriger Bewertungskriterien durch die Genehmigungsbehörde und der Wegfall des Besitzstandsschutzes nach § 13 Abs. 3 PBefG. Ob und wieweit die **Taxenregulierung** im Rahmen der PersonenverkehrsVO noch aufrechterhalten werden kann, wird dagegen (noch) **nicht diskutiert.**

10   Dagegen ist die Bedeutung der PersonenverkehrsVO im **Schienenverkehr gering,** nachdem **§ 131 Abs. 1 GWB** die **Direktvergabeoptionen** der **PersonenverkehrsVO** weitgehend sperrt (→ GWB § 131 Rn. 7 ff.; → Art. 5 Rn. 56 ff.). Am ehesten ist hier die PersonenverkehrsVO noch zum Erlass allgemeiner Vorschriften von Bedeutung, damit kommerzielle Fernverkehrsangebote für den Nahverkehrstarif geöffnet werden können. Allerdings darf damit keine Bestellung, also fahrplanmäßige Sicherung von bestimmten Zugleistungen erfolgen.[2]

B. Erscheinungsformen des Landverkehrs

I. Modalität

11   Der Landverkehr wird als **Sammelbegriff** für die Personenbeförderung mit verschiedensten **Verkehrsmodi** verwandt. Gemein ist ihnen, dass die Beförderung auf dem „Land" im Gegensatz zur See- und Luftbeförderung stattfindet. Daher wird allgemein auch der Binnenschiffverkehr dem Landverkehr zugerechnet.

12   Eingebürgert haben sich die Verkehrsarten:
– Personenbeförderung mit Kraftwagen (bis max. neun Plätze inkl. Fahrer und max. bis 3,5 t),
– Personenbeförderung mit Kraftomnibussen (größere Fahrzeuge),
– Personenbeförderung mit Straßenbahnen, Stadtbahnen und U-Bahnen,
– Personenbeförderung mit Eisenbahnen,
– Personenbeförderung mit Bergbahnen, Hängebahnen, Magnetschwebebahnen und Bahnen besonderer Bauart,
– Personenbeförderung mit Binnenschiff und Fähren.

13   Die PersonenverkehrsVO nähert sich dieser unterschiedlichsten Modalitäten durch den Begriff der Personenlandverkehrsdienste[3] (Erwägungsgrund 5). Im Weiteren spricht die PersonenverkehrsVO nur allgemein von „öffentlichen Diensten" oder „Verkehr" bzw. „Personenverkehrsmärkte". Sie impliziert damit, dass es um die Gewährung **hinreichender Mobilität mit allen Arten des Landverkehrs** für Menschen geht und der Verkehrsmodus zunächst zweitrangig ist. Zunächst prägend ist der Oberbegriff „Landverkehr". Die weitere Abgrenzung der Verordnung erfolgt durch die Herausnahme des Binnenschiffverkehrs und der Anwendungsoption für diesen gem. Erwägungsgrund 10 und Art. 1 Abs. 2 S. 3. Zum anderen findet sich aber eine Positivdefinition in Art. 1 Abs. 2 S. 1 durch die Bezugnahme auf „Eisenbahn, andere Arten des Schienenverkehrs und Personenverkehr auf der Straße". Während also die Straße denkbar weit als Verkehrsweg gefasst ist und zB daher auch Beförderung per Trolleybus oder autonom fahrenden Bus mitumfasst, ist der Begriff „Schiene" eher einschränkend und umfasst nicht per se alle spurgeführten Verkehrsmittel, insbesondere nicht Seilbahnen und möglicherweise auch andere Bahnen besonderer Bauart.

---

[2] Zu einer derartigen Umgehung s. VK Münster Beschl. v. 25.1.2017 – VK 1-47/16, BeckRS 2017, 111294.
[3] Die Formulierung ist verunglückt. Sie ist eine wörtliche Übersetzung von „inland passager transport service".

Wie sich aus den Erwägungsgründen 5 ff. ergibt, zielt die VO vor allem auf die Harmonisierung von Marktzugangsregelungen und Beseitigung von Wettbewerbsverfälschungen durch unterschiedliche Abgeltungsregime. Dabei wird auf den unterschiedlichen Marktöffnungsgrad der einzelnen Mitgliedstaaten und damit unterschiedliche ausgeprägten Wettbewerb und damit gemeinschaftlichen Handel der Verkehrsmodi Bezug genommen. Dies verdeutlicht, dass die VO vor allem die gängigen Transportsysteme des hoch standardisierten Straßenverkehrs, des zunehmend zu harmonisierenden Eisenbahnverkehr und sonstige **schienengebundene Massenverkehrsmittel** im Blick hat. Umgekehrt sind besondere, kaum verbreitete technologische Systeme, die zudem hauptsächlich aus einer ortsfesten Infrastruktur bestehen, kein Objekt des Gemeinsamen Marktes.

Hervorzuheben ist, dass die VO die Verkehrsmodi eher technisch und nicht aus vorgefertigten oder gar regulatorisch entstandenen **Berufsbildern** wie zB Taxi- vs. Mietwagenverkehr entwickelt. Diese spielen zunächst keine Rolle, sondern können dann von Bedeutung sein, wenn es um die Verwirklichung bestimmter öffentlicher Interessen geht. Zunächst reguliert die VO aber bewusst technologieneutral und ist insoweit offen konstruiert.

II. Kollektivität und Diskriminierungsfreiheit

Zweite zentrale Säule der Regelungen der PersonenverkehrsVO ist die Kollektivität der Beförderung. Die Beförderung erfolgt unter der **Sicherstellung eines öffentlichen Daseinsvorsorgeauftrags,** der die Mobilität aller für das Angebot infrage kommenden Bürger befördern soll. Damit ist nicht zwingend verbunden, dass die Beförderung selbst kollektiv ist. Sie kann – wie es bei Ruftaxis (Taxifahrten als Ergänzung zum Linienverkehr auf Anforderung des Fahrgastes) durchaus üblich ist – auch individualisiert erfolgen. Entscheidend ist, dass die Beförderung Ausdruck eines öffentlichen Sicherstellungsauftrags ist. Sie kann daher nicht ausschließlich aus der autonomen Entscheidung des Fahrgastes bestehen, sondern diese Nachfrage muss mit einem öffentlich vorstrukturierten und garantierten Angebot in Deckung gebracht werden. Dabei bleibt es nicht aus, dass Nachfragen im Einzelfall unbedient bleibt. So gewährt § 22 PBefG zB einen Beförderungsanspruch nur im Rahmen der regelmäßig bereitgestellten Kapazitäten. Der Taxifahrgast in der Silvesternacht kennt diesen Umstand nur zu gut.

Abgrenzungskriterium ist daher das allgemeine Interesse, wie es in Art. 1 Abs. 1 formuliert ist, welches Markteingriffe erfordert, damit Angebote entstehen, die der heteronomen Verteilung durch Marktkräfte überlegen ist. Dies wird gemeinhin durch **Bündelung der Nachfrage** mittels Kollektivverkehre erfolgen, weil das Effizienzgebot dies nahelegt; zwingend ist dies aber nicht. So ist auf der Grundlage der PersonenverkehrsVO auch denkbar, Höchstpreissatzungen für Taxidienste einzuführen, wie sie zB im Rahmen der Fifty-Fifty oder Frauennacht-Taxiregelungen häufiger schon angewandt werden. Hier subventioniert die öffentliche Hand für bestimmte Zielgruppen wie Frauen, Jugendliche etc den Taxipreis.

Eng verwandt mit diesem Verständnis der kollektiven Ausrichtung des zu regulierenden Verkehrs ist die Forderung des Art. 2 lit. a, der die diskriminierungsfreie und fortdauernde Erbringung als wesentliches Begriffsmerkmal des *öffentlichen* Personenverkehrs festlegt, wohl in Abgrenzung zum privaten Personenverkehr. Hierbei stechen zwei Zielrichtungen hervor: Der Verkehr muss der **Öffentlichkeit angeboten** werden und er muss **öffentliche Zwecke verfolgen.** Dauerhaftigkeit und Diskriminierungsfreiheit im Sinne von Offenheit sind dabei notwendige Bedingungen. Diese Bedingungen verdeutlichen, dass das Angebot nicht jeweils ein zufälliges Marktergebnis wiedergibt, sondern Erfolg planmäßiger Unternehmerinitiative sein muss oder bei entsprechenden unzureichenden Angeboten dann Erfolg der staatlichen Intervention ist.

III. Das öffentliche Interesse

Öffentliche Interessen können vielfältig sein und sind im EU-Rechtskontext nicht selten von großer Bandbreite. Auch in Art. 1 Abs. 1 UAbs. 1 entsteht der Eindruck, dass öffentliche Interessen denkbar weit und unbestimmt sind, weil in der deutschen und englischen Sprachfassung die Aufzählung der Einzelaspekte mit „unter anderem" einleitet. Allerdings zeigen vor allem die romanischen Sprachfassungen hier ein „insbesondere", was wesentlich besser dem Regulierungszweck der VO wiedergibt. Denn hier sollen Markteingriffsinstrumente als Gegenleistungen für ganz spezifische gemeinwirtschaftliche Verpflichtungen bereitgestellt und im Gemeinsamen Markt harmonisiert werden. Es spricht daher vieles dafür, dass die öffentlichen Interessen vor allem aus dem Katalog von Art. 1 Abs. 1 UAbs. 1 (= **aus Sicht der Kunden zahlreichere, sicherere, höherwertige und preisgünstigere Dienste**) zu bestimmen sind. Dabei lässt der Begriff „höherwertig" zahlreiche Ausdifferenzierungen zu. Neben Angebotssicherheit, Fahrzeug-, Stations- und Informationsqualitäten können hierunter alle Dienstleistungsqualitäten verstanden werden, die sich vor allem in der Personalqualifikation und -auftreten niederschlagen. Genauso können aber auch hierunter Umweltqualitäten oder das soziale Renommee und Image des Dienstes gefasst werden.

IV. Gewerbsmäßigkeit

20 Beihilferecht und Grundfreiheiten sind einschlägig, wenn eine **wirtschaftliche Betätigung vorliegt**. Diese ist abzugrenzen von einerseits hoheitlichen, andererseits auch von privaten oder sozialen „nicht wirtschaftlichen" Tätigkeiten. Beides hat auch bei der Personenbeförderung Relevanz. Staatliche Tätigkeit wird allgemein als Ausübung von Hoheitsrechten gesehen, die ein Ordnungsverhältnis Staat – Bürger voraussetzen; besonders deutlich wird dies für die Niederlassungs- und Dienstleistungsfreiheit in Art. 51 AEUV iVm Art. 62 AEUV geregelt. Derartige staatliche Beförderungsvorbehalte sind im Katastrophenfall von Bedeutung, werden aber auch für das Rettungswesen in Anspruch genommen.[4] Schwieriger ist die Abgrenzung zu privaten, sozialen oder karitativen Tätigkeiten. Aus beihilferechtlicher Sicht reicht bereits das Anbieten von Dienstleistungen auf einen Markt aus, um eine wirtschaftliche Betätigung festzustellen. Eine Gewinnerzielungsabsicht ist nicht notwendig. Eine wirtschaftliche Betätigung und damit ein gedachter Markt werden vielmehr erst dann verneint, wenn die Leistung aus dem Prinzip der Solidarität und Nichtwirtschaftlichkeit erbracht wird. Die Grundfreiheiten sind auf die Erwerbsgrundlagen gerichtet, sodass neben der Einnahmenerzielung auch eine wirtschaftliche Grundlage für persönliche Einkünfte aus Kapital und Arbeit für die Zuordnung zur wirtschaftlichen Betätigung festgestellt werden muss.

21 Vor diesem Hintergrund ist es auch Aufgabe des Sekundärrechts, eine entsprechende Trennungslinie zwischen wirtschaftlicher und nicht wirtschaftlicher Betätigung zu ziehen. In der Personenbeförderung betrifft dies vor allem die Abgrenzung gegenüber Beförderungen die aus **Gefälligkeit** (Mitfahrsysteme) oder auch aus **ehrenamtlichem Engagement**[5] (Bürgerbus, Bürgerauto, karitativer Fahrdienst) durchgeführt werden. Diese Fragen sind bislang wenig untersucht, gewinnen aber vor dem Hintergrund des Aufkommens von Dienstleistungsvermittlern durch die Digitalisierung an großer Brisanz. Das bisherige Sekundärrecht enthält zu dieser Trennlinie nur wenig Aufschlussreiches. Die VO Nr. (EG) 1073/2009[6] kennt in Art. 1 Abs. 1 UAbs. 1 VO Nr. (EG) 1073/2009 nur die Unterscheidung zwischen **gewerblichem** Verkehr einschließlich des Werkverkehrs und als Gegenstück den nicht gewerblichen Verkehr. Eine nähere Definition findet sich in der VO (EG)

---

[4] S. allerdings zur Zurückweisung der diesbezüglichen deutschen Argumentation durch EuGH Urt. v. 29.4.2010 – C-160/08, Slg. 2010, I-3713 Rn. 80 ff. = ECLI:EU:C:2010:230 = NVwZ 2010, 949.

[5] S. dazu *Knauff* Verkehr und Technik 2015, 29 ff. Zum Umschlagen in eine kommerzielle Tätigkeit s. instruktiv BVerwG Urt. v. 26.10.2016 – BverwG 10 C 3.15, ECLI:DE:BVerwG:2016:211016U10C3.15.0 = NVwZ 2017, 974 Rn. 40 ff. – Kletterhalle.

[6] VO (EG) Nr. 1073/2009 des EP und des ER v. 21.10.2009 über gemeinsame Regeln für den Zugang zum grenzüberschreitenden Personenkraftverkehrsmarkt und zur Änderung der Verordnung (EG) Nr. 561/2006, ABl. 2009 L 300/88.

Nr. 1073/2009 nicht. Die parallele Berufszugangs-VO (EG) Nr. 1071/2009[7] verwendet als Grenze für ihre Anwendung das Gegenstück des nichtgewerblichen Betriebs (Art. 1 Abs. 4 lit. b VO (EG) Nr. 1071/2009), wobei dies um solche Berufe ergänzt wird, deren Haupttätigkeit nicht die Ausübung des Berufs des Personenkraftunternehmers ist.

Daher muss die Trennlinie anhand allgemeiner Grundsätze aus dem Unionsrecht die 22 gezogen werden: Eine nicht wirtschaftliche Personenbeförderung liegt dann vor, wenn die Motivation für ihre Erbringung ganz überwiegend nicht wirtschaftlich ist, sondern diese aus sozialen und karitativen Bestrebungen erfolgt. Das Bestreiten von Lebensgrundlagen ist dagegen Erwerbstätigkeit. Von daher dürfen etwaige **Aufwandsentschädigungen** nur so angelegt sein, dass hieraus keine Erwerbstätigkeit möglich ist. Entsprechende Hinweise kann hier das Gemeinnützigkeitsrecht liefern. Ebenfalls möglich sind **Kostenerstattungen,** wobei diese so ausgelegt sein müssen, dass ein Verdienst hieraus nicht möglich ist. Insofern gibt § 1 Abs. 2 Nr. 1 PBefG hierzu erste – richtige – Hinweise. Allerdings darf aus Sicht des Unionsrecht nicht die Betrachtung des Gesamtbetriebsentgelts der Fahrt nicht die Frage der anteiligen Fixkosten im Vordergrund stehen,[8] sondern es ist festzustellen, ob und inwieweit durch die Fahrt die auf jeden Fall beim Mitnehmenden anfallenden Kosten nun auf den Mitfahrer komplett abgewälzt werden oder gar die Fahrt doch ausschließlich im Interesse des Finanzierenden erfolgt.[9] Denn in diesen Fall würde aus der Übernahme der anfallenden Kosten durch den Dritten letztlich eine verdeckte Vergütung für die Fahrt bedeuten, was ein Indiz für die Gewerbsmäßigkeit darstellt.

V. Personenbeförderung als Hauptzweck

Schließlich muss in der Logik der VO die zu regelnde Leistung der **Personenbeförderung der Hauptzweck** sein. Wie sich bereits aus der Ausnahme von touristischen und 23 historischen Verkehren nach Art. 1 Abs. 2 S. 1 ergibt, muss die Beförderung zum Zwecke der Ortsveränderung durchgeführt werden, während bei Beförderungen, die nur zum Zwecke ihrer selbst stattfinden der touristische Gedanke dominiert.

Ebenfalls hiernach sind **gemischte Personen- und Güterbeförderungen** zu beurtei- 24 len, wie sie zB bei Autoreisezügen vorkommen. Hier steht die Personenbeförderung im Vordergrund, während das Kraftfahrzeug als notwendiges Gepäck angesehen werden kann. Anders dagegen bei der Rollenden Landstraße im LKW-Verkehr. Hier steht eindeutig die Güterbeförderung im Vordergrund. Die Mitnahme von LKW-Fahrern ist dagegen notwendiges Beiwerk für diese Beförderungsart, die leicht abgewandelt genauso als unbegleiteter LKW-Transport durchgeführt wird.

Dagegen sind **Franchisekonzepte** und **Vermittlungen** keine Personenbeförderung. 25 Bei Franchisekonzepten fehlt es allein schon an der Vertragsbeziehung zwischen dem Markengestalter und dem Fahrgast. Vielmehr bleibt es bei der Beförderung durch das jeweilige Unternehmen, entscheidend ist, dass dieses erkennbar bleibt. Sofern vorgetragen wird,[10] dass ein Markengestalter die Fahrgäste in einer schutzlosen Position lassen würde und die Regulierung des Marktes untergräbt, ist nicht ersichtlich, warum gegenüber einem Code-Sharing im Luftverkehr oder dem Lebensmitteleinzelhandel in der Rechtsstellung des Verbrauchers als Vertragspartner ein Unterschied besteht. Dementsprechend sind **Verkehrsver-**

---

[7] VO (EG) Nr. 1071/2009 des EP und ER v. 21.10.2009 zur Festlegung gemeinsamer Regeln für die Zulassung zum Beruf des Kraftverkehrsunternehmers und zur Aufhebung der RL 96/26/EG des Rates, ABl. 2009 L 300/51.
[8] So aber die aktuelle, divergierende Rechtsprechung: Für Einbeziehung VGH München Urt. v. 2.5.2016 – 11 BV 15.1895, BeckRS 2016, 46957 Rn. 30 ff.; dagegen OVG Hamburg Beschl. v. 24.9.2014 – 3 Bs. 175/14, NVwZ 2014, 1528 und OVG Berlin Beschl. v. 10.4.2015 – OVG 1 S 96.14, BeckRS 2015, 44779.
[9] Diese Art der Beförderung allein im Interesse und durch Kostenübernahme des Fahrgastes sieht VG München Urt. v. 29.4.2015 – M 23 K 13.1162, BeckRS 2015, 52381 gleichwohl von der Freistellung nach § 1 Abs. 2 Nr. 1 PBefG gedeckt, da die Betriebskosten der Fahrt nicht überschritten werden. Insoweit aber widersprochen durch VGH München Urt. v. 2.5.2016 – 11 BV 15.1895, BeckRS 2016, 46957 Rn. 24 ff.
[10] OVG Hamburg Beschl. v. 24.9.2014 – 3 Bs 175/14 Rn. 19, BeckRS 2014, 56791; *Ingold* NJW 2014, 3334 (3336); implizit auch BGH Vorlagebeschl. v. 18.5.2017 – I ZR 3/16, GRUR 2017, 743 Rn. 36.

bünde und Tarifgemeinschaften mit teilweise starkem Marktauftritt wie „Tarif der Deutschen Bahn", „Hamburger Verkehrsverbund" etc längst eingeführt und anerkannt. Die tatbestandlich angeführte Einflussnahme auf die Preisgestaltung, zentralisierte Abrechnung und einheitlicher Markenauftritt machen den Franchisegeber nicht zum Beförderungsunternehmen.[11] Eine „enge Verknüpfung"[12] der Leistung eines Franchisegebers mit den erbrachten Leistungen des Franchisenehmers macht diesen nicht zum Leistungserbringer.[13] Dieser Grundsatz ist zB selbst bei Apotheken, für die eine strenge Berufszugangsreglementierung gilt, unbestritten. Gleichermaßen gilt dies für **Vermittler,** wie Reisebüros, Mitfahrzentralen oder auch neue Formen der Nachfragedisposition. Wo sie eine eigene Vermittlungs- oder Buchungsgebühr erheben, liegt ein klassischer Dienst- bzw. Maklervertrag vor. Dies ist auch im Einklang mit einer etwaig bestehenden Tarifpflicht zu sehen, solange es ausreichende Möglichkeiten gibt, die Transportdienstleistung ohne Vermittlung zu beziehen und es sich nicht um einen verkappten Tarifaufschlag handelt. Erfolgt dagegen die Vermittlung auf Provisionsbasis durch das Verkehrsunternehmen, so wird der Vertreiber im Interesse des Verkehrsunternehmens tätig. In jedem Fall sind die entgeltliche Vermittlung und der Vertrieb als **eigene Dienstleistung** anzusehen. Vermittlung und Vertrieb unterfallen der uneingeschränkten Dienstleistungsfreiheit. Soll die Vermittlung reguliert werden, sind eigene Regelungen notwendig, wie dies zB im Glücksspielbereich[14] gegeben ist.

26   Franchisegeberleistungen oder Vertriebsleistungen durch eigenständige Unternehmen sind daher nicht Verkehrsdienstleistungen, sondern unterfallen der **Dienstleistungsrichtlinie** 2006/123/EG.[15] Erwägungsgrund 33 RL 2006/123/EG nennt ausdrücklich Reisebüros. Selber Erwägungsgrund weist auch darauf hin, dass die der Dienstleistungsfreiheit unterliegenden Tätigkeiten einem stetigen Wandel unterworfen sind und sich daher ein Vergleich mit althergebrachten Berufsbildern sich verbietet. Eine Beschränkung dieser Dienstleistungsfreiheit kommt nur unter den engen Grenzen des Art. 16 Abs. 1 UAbs. 3 RL 2006/123/EG zB wegen Gefährdung der öffentlichen Ordnung in Betracht. Dies muss durch die Mitgliedstaaten aktiv in entsprechenden Vermittlungsgesetzen geregelt werden, wenn wegen der besonderen Gefahren der Bewerbung und Vertrieb von Leistungen ein zusätzlicher Schutzbedarf der Allgemeinheit besteht. Davon unberührt bleibt gem. Art. 16 Abs. 3 RL 2006/123/EG die Option, Vermittlungen, die auf verbotene Leistungen abzielen, zu untersagen,[16] sofern das Verbot gemeinschaftskonform ist.

---

[11] So BGH Vorlagebeschl. v. 18.5.2017 – I ZR 3/16, GRUR 2017, 743 Rn. 38.
[12] BGH Vorlagebeschl. v. 18.5.2017 – I ZR 3/16, GRUR 2017, 743, Vorlagefrage 1 „Erbringt ein Unternehmen, das in Kooperation mit zur Personenbeförderung zugelassenen Mietwagenunternehmen eine Smartphone-Applikation bereitstellt, über die Nutzer Mietwagen mit Fahrern bestellen können, selbst eine Verkehrsdienstleistung im Sinne von Art. 58 Abs. 1 AEUV und Art. 2 Abs. 2 lit. d der Richtlinie 2006/123/EG, wenn die Organisationsleistungen dieses Unternehmens eng mit der Beförderungsleistung verbunden sind, ins-besondere wenn es
– die Preisgestaltung, die Abwicklung des Zahlungsverkehrs und die Beförderungsbedingungen für die Fahraufträge bestimmt und
– für die von ihm vermittelten Fahrzeuge unter seiner Unternehmensbezeichnung sowie mit einheitlichen Rabattaktionen wirbt?".
[13] Auch in der Mit. der Kom. Europäische Agende für die kollaborative Wirtschaft v. 2.6.2016, COM(2016) 356 final, 6 f. stellt die Kom. fest, dass der Vermittler die Leistung erst dann faktisch erbringt, wenn drei Voraussetzungen **kumulativ** vorliegen:
– Preisfestlegung,
– Vertragsbedingungen,
– Eigentum an wesentlichen Gütern.
Als weitere Kriterien nennt die Kom.
– Übernahme von Kosten und allen Risiken und
– Beschäftigungsverhältnis.
Dies übersieht BGH Vorlagebeschl. v. 18.5.2017 – I ZR 3/16, GRUR 2017, 743 Rn. 39, soweit er sich auf die Mitteilung bezieht.
[14] S. dazu BVerwG Beschl. v. 25.2.2015 – 8 B 36/14, ZfWG 2015, 227 und OVG Hamburg Urt. v. 22.6.2017 – 4 Bf 160/14, BeckRS 2017, 120686.
[15] RL 2006/123/EG des EP und des ER v. 12.12.2006 über Dienstleistungen im Binnenmarkt, ABl. 2006 L 376/36.
[16] S. hierzu BGH Vorlagebeschl. v. 18.5.2017 – I ZR 3/16, GRUR 2017, 743 Rn. 41 ff.

C. Service Public und öffentlicher Verkehr im Unionsrecht

I. Subjektiver Berufszugang

Bereits früh hat sich die Gemeinschaft der Harmonisierung der Regelungen zum subjektiven Berufszugang angenommen, um hier sowohl die Freizügigkeit von niederlassungswilligen Unternehmen als auch die gegenseitige Dienstleistungsfreiheit[17] zu fördern und nicht zuletzt auch die Arbeitnehmerfreizügigkeit zu unterstützen. Im Kontext zur PersonenverkehrsVO sind die Regelungen zu Berufskraftfahrern[18] und zur Genehmigung von Eisenbahnunternehmen[19] zu nennen.

Während im **Eisenbahnsektor** der Zugang zur Genehmigung jedwede Beförderung von Personen- und Gütern geregelt wird, beschränkt sich die Harmonisierung im Berufszugang für Kraftverkehrsunternehmen nach der VO (EG) Nr. 1071/2007 auf die Beförderung von Personen (und Gütern) mit **Kraftomnibussen.** In diesem Rahmen ist sie sehr offen formuliert und beschreibt den Beruf des Kraftverkehrsunternehmen tautologisch: „…gilt ferner für Unternehmen, die beabsichtigen, den Beruf des Kraftverkehrsunternehmens auszuüben". Die Abgrenzung des Berufs des Personenkraftverkehrsunternehmers erfolgt technisch durch Beschränkung auf Beförderung mit Kraftomnibussen[20] (Art. 2 Nr. 2 VO (EG) Nr. 1071/2007) und zum anderen durch Abgrenzung zu nichtgewerblichen Beförderungen bzw. Beförderung als Nebentätigkeit nach Art. 1 Abs. 4 lit. b VO (EG) Nr. 1071/2007. Dagegen ist die Personenbeförderung **mit Personenkraftwagen nicht harmonisiert.** Dies bestätigt Erwägungsgrund 21 RL 2006/123/EG. Dies ist insoweit bemerkenswert, als die zentralen Regelungen des Personenkraftverkehrs durch die EU-Führerscheinrichtlinie bereits harmonisiert sind.[21]

II. Begrenzte Dienstleistungsfreiheit

1. Ausnahmebereich Verkehr. Die Dienstleistungsfreiheit nach Art. 56 UAbs. 1 AEUV ist gem. Art. 58 Abs. 1 AEUV nicht unmittelbar anwendbar. Dies bestätigt auch Erwägungsgrund 21 RL 2006/123/EG und Art. 2 Abs. 2 lit. d RL 2006/123/EG. Hier wird ausdrücklich klargestellt, dass auch Personennahverkehr, Taxen und Krankenwagen kein Gegenstand der Liberalisierung durch die Richtlinie sind.

2. Marktzugang im internationalen Straßenpersonenverkehr. Der internationale Verkehr zur Personenbeförderung auf der Straße mit Kraftomnibussen ist durch die VO (EG) Nr. 1073/2009 weitgehend liberalisiert. Allerdings enthält diese Liberalisierung immer noch erhebliche Einschränkungen, indem sie sich an Verkehrsarten orientiert und hierbei auf tradierte Berufsbilder zurückgreift. Im Einzelnen kennt die VO (Art. 2 Nr. 2 ff. VO (EG) Nr. 1073/2009):
– den Linienverkehr und Sonderformen des Linienverkehrs,
– den Gelegenheitsverkehr und
– den Werksverkehr.
Im Ergebnis ist aber diese Unterscheidung bedeutungslos, da die VO insgesamt weitgehend freien Dienstleistungsverkehr gewährt (Art. 3 VO (EG) Nr. 1073/2009). Allerdings ist der

---

[17] Zur Notwendigkeit von Sekundärrechtsakten im Rahmen der Dienstleistungsfreiheit das grundlegende Urteil des EuGH Urt. v. 22.5.1985 – 13/83, Slg. 1985, 1513 Rn. 62 ff. = ECLI:EU:C:1985:220 = NJW 1985, 2080 – EP/Rat und zuletzt EuGH Urt. v. 6.2.2003 – C-92/01, Slg I 12003, 1291 Rn. 21 f. = ECLI:EU:C:2003:72 = BeckRS 2004, 77901 – Stylianakis.
[18] VO (EG) Nr. 1071/2009 des EP und ER v. 21.10.2009 zur Festlegung gemeinsamer Regeln für die Zulassung zum Beruf des Kraftverkehrsunternehmers und zur Aufhebung der Richtlinie 96/26/EG des Rates, ABl. 2099 L 300/51.
[19] Die ursprüngliche RL 95/18/EG wurde in die EisenbahnRL 2012/34/EU, Abschnitt 2, Art. 17 ff. EisenbahnRL integriert.
[20] Ohne jedoch den Begriff zu verwenden, sondern: Beförderungen „… mit Kraftfahrzeugen, welche nach ihrer Bauart und ihrer Ausstattung geeignet und dazu bestimmt sind, einschließlich des Fahrers mehr als neun Personen zu befördern".
[21] RL 2006/16/EG des EP und des ER v. 20.12.2006 über den Führerschein, ABl. 2006 L 403/18.

Linienverkehr selbst genehmigungspflichtig (Art. 5 Abs. 1 UAbs. 2 VO (EG) Nr. 1073/ 2009), während die anderen Verkehrsformen selbst keine weitere Genehmigung bedürfen. Im Linienverkehr können dabei für die Versagung der Genehmigung ausnahmsweise auch Marktausschlussgründe geltend gemacht werden. Art. 8 Abs. 4 lit. d VO (EG) Nr. 1073/ 2009 bestimmt: „[Die Genehmigung wird erteilt, es sei denn …] ein Mitgliedstaat entscheidet aufgrund einer eingehenden Analyse, dass der betreffende Verkehrsdienst ernsthaft die Funktionsfähigkeit eines vergleichbaren Dienstes, der im Rahmen eines oder mehrerer öffentlicher Dienstleistungsaufträge mit gemeinwirtschaftlichen Verpflichtungen im Einklang mit dem geltenden Gemeinschaftsrecht durchgeführt wird, auf den betreffenden direkten Teilstrecken beeinträchtigen würde. In einem solchen Fall legt der Mitgliedstaat nicht diskriminierende Kriterien fest, mit denen ermittelt wird, ob der betreffende Verkehrsdienst die Funktionsfähigkeit des oben genannten vergleichbaren Dienstes ernsthaft beeinträchtigen würde, und teilt sie der Kommission auf Anforderung mit".

32 Eine ernsthafte Beeinträchtigung kann allerdings nur dann infrage kommen, wenn der öffentliche Dienstleistungsauftrag durch ein **ausschließliches Recht** geschützt ist.[22] Denn in diesem Fall ist dieser als Gegenleistung für die gemeinwirtschaftliche Verpflichtung erforderlich, weil ansonsten das Gleichgewicht aus Anforderungen und Gegenleistungen nicht mehr eingehalten würde. Hat dagegen die zuständige Behörde kein ausschließliches Recht verliehen, so ist ein Konkurrenzschutz für die Erfüllung der gemeinwirtschaftlichen Verpflichtungen nicht erforderlich und daher kann der Dienst in der Funktionsfähigkeit nicht ernsthaft beeinträchtigt sein. Aus diesem Zusammenhang wird deutlich, dass der Zweck des Genehmigungsverfahrens im Linienverkehr darin besteht sicherzustellen, dass gemeinwirtschaftliche Verpflichtungen und hierfür gewährten Ausschließlichkeitsrechte nicht verletzt werden. Daher ist hieraus unmittelbar ein Konnex und entsprechende Konvergenz zwischen Linienverkehr iSd VO (EG) Nr. 1073/2009 und der PersonenverkehrsVO zu schließen.

33 Obwohl die VO einen weitgehend freien grenzüberschreitenden Dienstleistungsverkehr jenseits des Linienverkehrs festlegt, beschränkt sie diesen durch die **Positivdefinition** in Art. 2 Nr. 4 VO (EG) Nr. 1073/2009: „**Gelegenheitsverkehr** [bezeichnet…] den Verkehrsdienst, der nicht der Begriffsbestimmung des Linienverkehrs, einschließlich der Sonderformen des Linienverkehrs, entspricht und dessen Hauptmerkmal die Beförderung vorab gebildeter Fahrgastgruppen auf Initiative eines Auftraggebers oder des Verkehrsunternehmers selbst ist". Damit werden zum einen ersichtlich spontane Gruppenbildungen auf Initiative von Fahrgästen und zum anderen auch wechselnde Zusammensetzungen ausgeschlossen. Dies steht im offenen Widerspruch zur Überschrift des Art. 3 VO (EG) Nr. 1073/2009 und auch Erwägungsgrund 3 VO (EG) Nr. 1073/2009, die den freien Dienstleistungsverkehr für alle grenzüberschreitende Personenbeförderung erwarten lassen.

34 Dieser **Widerspruch** ist im Sinne des **Vorrangs der Grundfreiheiten** aufzulösen, da die Herstellung der Dienstleistungsfreiheit im internationalen Verkehr Kernanliegen der VO ist und der grenzüberschreitende Verkehr auch als Herzstück der Dienstleistungsfreiheit gelten kann. Der Linienverkehr selbst wird nicht etwa durch ein Abstandsgebot der Verkehrsformen im Sinne von
– Linie: Fahrplan, Strecke, Haltestellen, für jedermann zugänglich (nicht Sonderformen),
– Gelegenheitsverkehr: Vorab gebildete, geschlossene Gruppe
bestimmt, sondern der **Linienverkehr** selbst wird durch die **Näheklausel** in Art. 5 Abs. 3 UAbs. 2 VO (EG) Nr. 1073/2009 geschützt. Erst wenn der Gelegenheitsverkehr vergleichbar zu einem Linienverkehr wird und auf deren Benutzer ausgerichtet ist, wird er genehmigungspflichtig. Diese Voraussetzungen müssen kumulativ vorliegen. Dies bedeutet, dass aus Sicht der Fahrgäste eine gewisse **Austauschbarkeit** gegeben sein muss und zudem der Gelegenheitsverkehr auf die Kundschaft des bestehenden Linienverkehrs ausgerichtet sein muss. So wird zB ein bei guter Schneelage verkehrender Skibus nicht zu einem vergleichba-

---

[22] *Berschin* in Baumeister RdÖPNV A1 Rn. 157 f.

ren Angebot gegenüber einer Umsteigeverbindung mit Linienbussen, die nicht auf die Betriebszeiten des Skilifts ausgerichtet ist und ganz unabhängig hiervon verkehrt.

Die restriktive Schutzklausel bestehender Verkehre auf Basis einer oder mehrerer öffentli- 35 cher Dienstleistungsaufträge in Art. 8 Abs. 4 lit. d VO (EG) Nr. 1073/2009 hat zur Folge, dass ein etwaiger per-se Schutz des Linienverkehrs aufgrund eines denkbaren Abstandsgebot nicht gegeben ist, sondern vielmehr erst eine konkrete Gefährdung vorliegen muss (→ Art. 4 Rn. 10 f.). Praktisch ist dies letztlich nur durch ein im Rahmen eines öffentlichen Dienstleistungsauftrags nach Art. 3 Abs. 1 mit verliehenen **Ausschließlichkeitsrechten** umzusetzen, da hier konkret festgelegt werden kann, ab welcher Schwelle eine entsprechende Beeinträchtigung vorliegt.

3. Kabotage im Straßenpersonenverkehr. Die mit dem internationalen Verkehr 36 zusammenhängende Kabotage ist seit 2009 ebenfalls in der VO Nr. (EG) 1073/2009 geregelt. Während sie im Gelegenheitsverkehr und bei den Sonderformen des Linienverkehrs vollständig freigegeben ist (Art. 15 lit. a und b VO (EG) Nr. 1073/2009), beschränkt sie sich im Linienverkehr auf unmittelbar im Rahmen der grenzüberschreitenden Linien durchgeführte Beförderungen mit Ausnahme des Nahverkehrs (Art. 15 lit. c VO (EG) Nr. 1073/2009, Erwägungsgrund 12 VO (EG) 1073/2009). Zudem darf die Kabotage nicht die Mehrheit der Beförderungen ausmachen, da dann ein Mitgliedstaat den Status als internationale Linie infrage stellen kann (Art. 8 Abs. 4 lit. e VO (EG) Nr. 1073/2009: „fehlender Hauptzweck internationale Beförderung").

4. Eisenbahnverkehr. Der Eisenbahnverkehr ist seit 2012 im grenzüberschreitenden 37 Verkehr und im begrenzten Umfang hierbei auch für Kabotagebeförderungen liberalisiert (Art. 10 Abs. 2 EisenbahnRL).[23] Die weitere Liberalisierung erfolgt aufgrund der ÄndVO bis 2023. Eine Einschränkung der Kabotage ist nur noch möglich, wenn das wirtschaftliche Gleichgewicht eines öffentlichen Dienstleistungsauftrag gefährdet ist (Art. 11 Abs. 1 EisenbahnRL). Hingegen zielte der Schutz nach Art. 11 Abs. 5 EisenbahnRL aF auf Ausschließlichkeitsrechte im Rahmen öffentlicher Dienstleistungsaufträge, die vor dem 4.12.2007 in einem fairen Verfahren wettbewerblich vergeben wurden. Dies lässt die Frage unbeantwortet, wie ausschließliche Rechte von öffentlichen Dienstleistungsaufträgen gemäß der PersonenverkehrsVO nun berücksichtigt werden sollen. Da diese unter dem strengen Primat der Verhältnismäßigkeit stehen, ist es angezeigt, dass das wirtschaftliche Gleichgewicht nach Art. 11 Abs. 1 EisenbahnRL nF bei Verletzung eines Ausschließlichkeitsrechts immer als gefährdet anzusehen ist.

III. Niederlassungsfreiheit und harmonisierter Marktzugang

1. Umfassende Niederlassungsfreiheit im Verkehr. Im Gegensatz zur Dienstleis- 38 tungsfreiheit gilt die Niederlassungsfreiheit nach Art. 49 AEUV **uneingeschränkt im Verkehr.** Für eine Nichtgeltung hätte es ausdrücklicher Rechtsakte nach Art. 51 UAbs. 2 AEUV bedurft. Geschützt ist jedes dauerhafte, mit einer festen Niederlassung verbundenes Tätigwerden als Grundlage der Erwerbstätigkeit („Beruf"). Es ist auch jede neue Berufsform geschützt, sie muss nicht anerkannt sein, sie muss lediglich weisungsfreie und eigenverantwortlich sein in Abgrenzung zur Arbeitnehmerfreizügigkeit. Die Niederlassungsfreiheit wird inzwischen als **weitreichendes Beschränkungsverbot** entsprechend der Konvergenz aller Grundfreiheiten angesehen,[24] wobei aufgrund des „sich Einfügens in die mitgliedstaatliche

---

[23] RL 2012/34/EU des EP und des ER v. 21.11.2012 zur Schaffung eines einheitlichen europäischen Eisenbahnraums – EisenbahnRL, ABl. 2012 L 343/32, zuletzt geändert durch RL (EU) 2016/2370, ABl.2016 L 352/1.
[24] S. zuletzt EuGH Urt. v. 21.4.2005 – C 140/03, Slg. 2005, I-3177 = ECLI:EU:C:2005:242 = BeckRS 2005, 70302 Rn. 27 – Kom./Griechenland; EuGH Urt. v. 26.9.2013 – C 539/11, ECLI:EU:C:2013:591 = BeckRS 2013, 81872 Rn. 25 f. – Ottica und EuGH Urt. v. 21.9.2017 – C 125/16, ECLI:EU:C:2017:707 = BeckRS 2017, 125366 Rn. 56 – Malta Dental Technologist Associations. Insgesamt mit Bezug zur PersonenverkehrsVO *Berschin* in Baumeister RdÖPNV A 1 Rn. 104 ff.

Ordnung" gemäß der Keck- und Gebhard -Rechtsprechung zwischen Marktzugang und damit Begründung der Niederlassung einerseits und der Ausübung der Niederlassung im Sinne von Absatzmodalitäten zu unterscheiden sind.[25] Von daher sind alle Beschränkungen im **Marktzugang** unzulässig, die nicht durch zwingende Gründe des Allgemeininteresses gerechtfertigt ist. Dabei kommt zunächst dem gemeinschaftlichen Sekundärrecht ein weiter Gestaltungsspielraum zu. Jedoch kann dieser nicht grundlegende Prinzipien des AEUV außer Kraft setzen. Daher sind vorbehaltslose Direktvergaben als Marktzugangsbeschränkung zu sehen und primärrechtlich wohl kaum zu rechtfertigen.[26] Der EuGH hat den Mitgliedstaaten einen breiten Beurteilungsspielraum bei Marktzugangsbeschränkungen zugebilligt, verlangt gleichwohl, dass die Maßnahmen geeignet, erforderlich und angemessen sind. Dieser Verhältnismäßigkeitsmaßstab wurde insbesondere im Rahmen des Wettbewerbsrechts aus Art. 106 Abs. 2 AEUV ausgeurteilt,[27] gilt aber in gleichem Maße für die Rechtfertigung von Beschränkungen der Niederlassungsfreiheit. Dies findet sich in Art. 2 lit. f wieder, der einen strengen Verhältnismäßigkeitsgrundsatz bei der Verleihung ausschließlicher Rechte formuliert. Ausschließliche Rechte wirken in besonders hohem Maße auf die Niederlassungsfreiheit, da von ihnen tendenziell insbesondere neue, marktzugangswillige Unternehmen betroffen sind.[28] Von daher ist zu fordern, dass die Vergabe von Ausschließlichkeitsrechten nach einem kohärenten System verfolgt, was zB den angestrebten Versorgungsauftrag tatsächlich sicherstellt.[29]

39 Noch nicht ansatzweise ist geklärt, inwieweit ein System **geschlossener Finanzierungen** als Beschränkung der Niederlassungsfreiheit gilt. Die Kommission deutet in ihrem ersten Vorschlag zur PersonenverkehrsVO dies an: „Im öffentlichen Verkehr ist die Finanzierung aus staatlichen Mitteln nichts Ungewöhnliches, da die Gesellschaft ein höheres Maß an Dienstleistungen benötigt, als der Markt zur Verfügung stellt. Ein wesentlicher Teil des öffentlichen Verkehrsmarkts ist nur aufgrund von Beihilfen für die Erbringung öffentlicher Verkehrsdienste lebensfähig. Sind die Beihilfen für die Erbringung öffentlicher Verkehrsdienste praktisch auf Betreiber beschränkt, die nicht nur in demselben Mitgliedstaat wie die beihilfegewährende Behörde niedergelassen sind, sondern auch aus diesem Land stammen, besteht Anlass zur Frage, ob die Niederlassungsfreiheit nicht im Sinne von Artikel 44 Absatz 2 Buchstabe h) des EG-Vertrags eingeschränkt wurde".[30]

40 Es gibt gute Gründe, auch die dargestellte **Marktorganisation als Beschränkung der Niederlassungsfreiheit** anzusehen. Denn sonst wäre es jedem Mitgliedstaat möglich, durch Steuern und Abgaben jeden eigentlich lebensfähigen Wirtschaftszweig in die Gemeinwirtschaftlichkeit zu treiben und ihn von entsprechenden Subventionen bzw. von diese erset-

---

[25] EuGH Urt. v. 24.11.1993 – C 267/91, Slg 1993, I 6097 = ECLI:EU:C:1993:905 = NJW 1994, 121 Rn. 16 – Keck und EuGH Urt. v. 30.11.1995 – C-55/94, Slg. 1995, I -4165 = ECLI:EU:C:1995:411 = NJW 1996, 579 Rn. 37 – Gebhard.

[26] AA *Otting/Olegmöller* NVwZ 2008, 499 (502); *Riese/Schimanek* DER NAHVERKEHR 11/2008,32 f.; *Werres* DER NAHVERKEHR 10/2008, 14; *Hölz* → 1. Aufl. 2011, Art. 5 Rn. 115 ff. in Bezug auf den „regulierten Wettbewerb" der Eisenbahn.

[27] „Es muss die Erfüllung der ihnen übertragenen besonderen Aufgabe rechtlich oder tatsächlich verhindert werden": EuGH Urt. v. 11.7.1996 – C 39/94, Slg. 1996, 3547 Rn. 178 = ECLI:EU:C:1996:285 = BeckRS 2004, 76964 – SFEI; EuGH Urt. v. 19.5.1993 – C 320/91, Slg. 1993, 2533 Rn. 17 f.= ECLI:EU:C:1993: 198 = BeckRS 2004, 76352 – Paul Corbeau; EuGH Urt. v. 23.5.2000 – C-209/98, Slg. 2000, I-3743, Rn. 74 = ECLI:EU:C:2000:279 = NVwZ 2000, 1151 – Sydhavnens Sten & Grus; EuGH Urt. v. 25.10.2001 – C 475/99, Slg. 2001, I-8089 Rn. 39 = ECLI:EU:C:2001:577 = BeckRS 2004, 77428 – Ambulanz Glöckner und EuGH Urt. v. 30.3.2006 – C-451/03, Slg. 2006, I-2941, Rn. 23 = ECLI:EU:C:2006:208 = BeckRS 2006, 70279 – Servizi Ausiliari Dottori Commercialisti. Zudem müssen gemeinwirtschaftliche Verpflichtung konkret bestehen und festgelegt sein: EuGH Urt. v. 11.4.1989 – 66/86, Slg. 1989, 803 Rn. 56 = NJW 1989, 2192 – Ahmed Saeed. Zur Anwendung im Verkehrsbereich in Band 1 → SB Verkehr Rn. 1 ff.

[28] So auch im ersten Vorschlag PersonenverkehrsVO Kom., KOM(2000) 7 endg. Nr. 2.3.

[29] So hatte der EuGH Urt v. 23.12.2015 – C 293/14, ECLI:EU:C:2015:843 = BeckRS 2015, 82045 Rn. 67 f. – Hielber Zweifel, ob ein Zusprechen von Schornsteinkehrbezirken tatsächlich zu einer gleichmäßigen und verlässlichen Versorgung der Bevölkerung mit Kehrdienstleistungen führt, wenn die Bemessung allein nach dem Bedarf der Tätigkeit aus der Feuerpolizei erfolgt, aber dies nur eine unbedeutender Teil der Lebensgrundlagen ist.

[30] KOM(2000) 7 endg., unter Nr. 2.3.2.

zende öffentliche Aufträge abhängig zu machen. Letztlich liegt dem derselbe Gedanke zugrunde wie bei der Erstreckung der Niederlassungsfreiheit auch auf die chancengleiche Teilhabe an der Vergabe öffentlicher Aufträge.

2. Niederlassungserfordernis. Die PersonenverkehrsVO nimmt wie selbstverständlich 41 nur auf die Niederlassungsfreiheit Bezug und könnte als implizite Versagung der Dienstleistungsfreiheit verstanden werden. Tatsächlich ist mit dem Begriff eines dauerhaften, verlässlichen Verkehrs für die Allgemeinheit verbunden, dass das Verkehrsunternehmen vor Ort mindestens eine Niederlassung vorhält, da der Verkehr von hier aus disponiert und organisiert werden muss. Allenfalls im direkten grenzüberschreitenden Verkehr einschließlich integrierter Kabotagen ist die Ausübung der Dienstleistungsfreiheit von Bedeutung, und entsprechend in der VO (EG) Nr. 1073/2009 geregelt. Im Umkehrschluss kann daher gefolgert werden, dass Verkehre mit Kraftomnibussen jenseits der in VO (EG) Nr. 1073/2009 geregelten internationalen Beförderung einschließlich der dort zugelassenen Kabotage stets nur im Rahmen der Niederlassungsfreiheit möglich sind und das Erfordernis einer Niederlassung an sich verhältnismäßig ist, da es immanent mit der Ausübung entsprechender verlässlicher Verkehre verbunden ist. Für den Verkehr mit Personenkraftwagen fehlt dagegen eine entsprechende Abgrenzung im Sekundärrecht, gleichwohl ist auch hierfür die Abgrenzung nach dem Leitbild der VO (EG) Nr. 1073/2009 sachgerecht.

3. PersonenverkehrsVO harmonisiert Marktzugang. Weder die VO selbst noch ihre 42 Erwägungsgründe nennen die Niederlassungsfreiheit als ihren Regulierungsgegenstand.[31] Jedoch betreffen sowohl die Vergabe öffentlicher Aufträge im Rahmen des in Bezug genommenen Vergaberechts als auch die Vergabe ausschließlicher Rechte unmittelbar die Niederlassungsfreiheit. In den Kommissionsvorschlägen zur PersonenverkehrsVO wurde immer wieder als Regelungshintergrund die zunehmende Bedeutung des Gemeinsamen Marktes im öffentlichen Personenverkehr betont. Ebenfalls große Bedeutung hatte die Altmark Trans-Rechtsprechung, die jegliche rein örtliche Bedeutung von Beihilfen im öffentlichen Verkehr und damit die Nichtberührung für den gemeinsamen Handel und den unverfälschten Wettbewerb verneinte. Hierbei war auch von Bedeutung, dass der Verkehrsmarkt in Deutschland prinzipiell geöffnet war und internationale Konzerne an diesen in Ausübung der Niederlassungsfreiheit Interessen hatten. In der Änderungs-VO (EU) 2016/2338 wird schließlich die Herstellung des gemeinsamen Verkehrsmarktes betont (Erwägungsgründe 1–4 VO (EU) 2016/2338). In der Einleitung zu den Auslegungsmitteilung zur PersonenverkehrsVO[32] schließlich betont die Kommission die große Bedeutung des Öffentlichen Personenverkehrs für den gemeinsamen Markt mit einem Anteil von 1 % am Bruttoinlandsprodukt.

Die PersonenverkehrsVO muss daher als Kernstück der Regelung zur Niederlassungsfrei- 43 heit im Rahmen des öffentlichen Verkehrs gesehen werden. Dabei definiert die PersonenverkehrsVO den öffentlichen Verkehr denkbar weit, indem sie alle Personenverkehr zu Lande erfasst, die Gegenstand von Markteingriffen sind, um etwa umfangreichere, qualitätsvollere, sicherere und billigere Verkehrsdienstleistungen bereitzustellen (Art. 1 Abs. 1). Die Bezugnahme auf Markteingriffe von Behörden gegenüber einem freien Markt unterstreicht, dass die PersonenverkehrsVO in den Kategorien der freien Niederlassung und deren zugelassenen Beschränkung strukturiert ist. Daher ist die PersonenverkehrsVO unzweifelhaft eine **Regelungsordnung zur Ausübung der Niederlassungsfreiheit** bei Personenverkehren mit den in Art. 1 Abs. 1 beschriebenen Zielen der Kontinuität, Verlässlichkeit, Zugänglichkeit und Erschwinglichkeit.

---

[31] Allerdings wurde im zugrunde liegenden Kommissionsvorschlag KOM(2000) 7 endg., Nr. 2.3.2 f. ausf. dargelegt, dass die Niederlassungsfreiheit auch für die öffentliche Personenbeförderung gilt, aber durch Finanzierung und ausschließliche Rechte beschränkt ist.
[32] Mit. d. Kom. über die Auslegungsleitlinien zu der Verordnung (EG) Nr. 1370/2007 über öffentliche Personenverkehrsdienste auf Schiene und Straße, ABl. 2014 C 92/1 (nachfolgend „Auslegungsmitteilung PersonenverkehrsVO").

IV. Harmonisierter Marktzugang durch Vergaberecht

44 Ebenfalls Bestandteil der Niederlassungsfreiheit ist ein **harmonisierter Zugang zu öffentlichen Aufträgen** im Rahmen des Vergaberechts. Die Verbindung zum Vergaberecht war ursprünglich durch das Äquivalenzprinzip des Beihilferechts entstanden, welches gemäß der Altmark Trans-Rechtsprechung wettbewerblich vergebenen Ausgleichsleistungen keine Beihilfeneigenschaft erkennt. Gleichwohl hat das **Vergaberecht selbst keine direkte marktöffnende Wirkung,** da es den Mitgliedstaaten sowohl die Option der Eigenerstellung und Inhouse-Beauftragung belässt als auch den Weg über die Verneinung eines öffentlichen Auftrags und Sicherstellung von erwünschten Leistungen durch Subventionierungen ermöglicht. Dies wird aber im Rahmen von Dienstleistungen von allgemeinem wirtschaftlichem Interesses kaum mehr möglich sein, da eine konkrete Betrauung mit konkreten Leistungsangaben notwendig ist und die Erbringung der Listungen sorgfältig zu überwachen ist. Dies schafft eine Verbindlichkeit zu Leistung und Gegenleistung, die zwingend zur Anwendbarkeit des Vergaberechts führt. Insofern führt die Sicherstellung ausreichender Verkehrsleistungen durch Ausgleichsleistungen in das Vergaberecht, sofern nicht die Tatbestände der Eigenerstellung oder eines Inhouse-Geschäfts vorliegen. Soweit eine Dienstleistungskonzession vorliegt, galten bis zur Umsetzungsfrist der RL 2014/23/EU (EU-KonzessionsvergabeRL) zum am 18.4.2016 die entsprechenden primärrechtlichen Anforderungen, die aber nun weitgehend gegenstandslos geworden sind und im Bereich der PersonenverkehrsVO letztlich durch diese vor allem in Art. 5 Abs. 3 antizipiert wurden.

V. Die Äquivalenzfinanzierung des Beihilferechts

45 Dagegen hat das **Beihilferecht** selbst **keine direkte marktöffnende Wirkung.** Erst durch den Schutzzweck des unverfälschten Wettbewerbs wirkt es gegen marktschließende Praktiken der Mitgliedstaaten und somit indirekt zur Marktöffnung. Allerdings hat das in der Altmark Trans-Rechtsprechung aufgestellte Äquivalenzprinzip für Dienstleistungen von allgemeinen wirtschaftlichen Interessen diese handelsbefördernde Wirkung im Beihilferecht weitgehend zunichte gemacht. Lediglich im Falle eines seltenen Beweises von Überkompensationen durch Wettbewerber kann eine gewisse marktöffnende Wirkung eintreten. Allerdings dürfen indirekte Effekte aus der Pflicht zur Bestimmung von Leistung und Gegenleistung und damit erhöhte Transparenz nicht unterschätzt werden. Auch hat im Rahmen der Entstehung der PersonenverkehrsVO das im Altmark Trans-Urteil aufgestellte Äquivalenzprinzip insoweit marktöffnende Wirkung gezeigt, als es mit vergaberechtlichen Grundsätzen für Fälle außerhalb der Direktvergabe verknüpft wird und nur die Nutzung des Vergabewettbewerbs eine Überkompensation und damit einen Beihilfetatbestand ausschließt.

D. Werdegang der PersonenverkehrsVO

I. Harmonisierungsentscheidung des Rates und Harmonisierungsverordnungen

46 1. **Harmonierungsentscheidung 65/271.** Bereits früh setzte sich die Gemeinschaft mit Beihilfezahlungen im Verkehr auseinander. In Art. 5 der Harmonisierungsentscheidung 65/271 des Rates[33] wurde bestimmt, dass Ausgleichsleistungen für Verkehrsleistungen des „öffentlichen Dienstes", nur zulässig sind, soweit sie zur Sicherstellung der Verkehrsbedienung unerlässlich sind. Gleichzeitig sollten hierzu gemeinsame Methoden der Ausgleichsfestlegung gefunden werden. Art. 6 bestimmt dies sinngemäß für gemeinwirtschaftliche Tarifverpflichtungen. Schließlich wurde vereinbart, dass die Kommission Vorschläge zur Anwendung des Art. 77 EWG (jetzt Art. 93 AEUV) unterbreitet und bekräftigt, dass die Beihilferegeln auch im Landverkehr uneingeschränkt gelten.

---

[33] E des ER v. 13.5.1965 über die Harmonisierung bestimmter Vorschriften, den Wettbewerb im Eisenbahn-, Strassen- und Binnenschiffsverkehr beeinflussen (65/271/EWG), ABl. 196 Nr. 88/1500.

2. VO (EWG) Nr. 1191/69. Die Umsetzung der Harmonisierungsentscheidung 47
erfolgte mit leichter Verzögerung durch die VO (EWG) Nr. 1191/69.[34] Allerdings befasste
diese VO sich ausschließlich mit den gemeinwirtschaftlichen Verpflichtungen der **Staatsbahnen**, sowie weitere Unternehmen des Personenverkehrs, die nicht hauptsächlich Beförderungen mit örtlichen oder regionalen Charakter durchführten (Art. 19 Abs. 1 und 2 VO
(EWG) Nr. 1191/69 in der Ursprungsfassung). Da der Busfernverkehr seinerzeit ebenfalls
weitgehend bei den Staatsbahnen monopolisiert war, beschränkte sich die VO faktisch nur
auf die Staatsbahnen. Allerdings sah Art. 19 Abs. 3 VO (EWG) Nr. 1191/69 der Ursprungsfassung vor, dass der Rat binnen drei Jahre sich der nicht der VO unterfallenden Beförderungen annehmen würde. Tatsächlich dauerte es dann 22 Jahre (→ Rn. 49).

3. VO (EWG) Nr. 1107/70. Komplementär zur VO (EWG) Nr. 1191/69 und ebenfalls 48
in Umsetzung der Harmonisierungsentscheidung erging wenig später die VO (EWG)
Nr. 1107/70.[35] Mit dieser VO war Präzisierung der Anwendung des Art. 77 EWG (jetzt
Art. 93 AEUV) verbunden. Neben der Festlegung diverse Regelungen zu Koordinierungs-
beihilfen in Art. 3 Nr. 1 VO (EWG) Nr. 1107/70 mit den Zielrichtungen Sanierung der
Eisenbahnen, Angleichung der Wegekosten, Förderung kombinierter Verkehr und Binnen-
schifffahrt, Beseitigung von Überkapazitäten sowie Forschung und Entwicklung bestimmte
Art. 3 Nr. 2 VO (EWG) Nr. 1107/70 die Zulässigkeit von Abgeltungsbeihilfen für weitere
Tarifverpflichtungen außerhalb des Art. 2 Abs. 5 VO (EWG) Nr. 1191/69 und allgemein
für Verkehrsunternehmen oder -tätigkeiten, die nicht vom Anwendungsbereich der VO
(EWG) Nr. 1191/69 umfasst waren. Allerdings hielt Art. 5 Abs. 1 VO (EWG) Nr. 1107/
70 das Anmeldeerfordernis nach Art. 93 Abs. 3 EWG (jetzt 108 Abs. 3 AEUV) für Abgel-
tungsbeihilfen außerhalb der VO (EWG) Nr. 1191/69 aufrecht. Damit bestimmte die VO
(EWG) Nr. 1107/70 ein umfassendes **Notifizierungsgebot von Abgeltungsbeihilfen**.

4. VO (EWG) Nr. 1893/91. Erst im Jahre 1991 wurde schließlich der Arbeitsauftrag 49
aus der Harmonisierungsentscheidung abgearbeitet und die VO (EWG) Nr. 1191/69 durch
die Änderungsverordnung 1893/91[36] um alle Arten der Landverkehre erweitert. Gleichzeitig wurde mit Art. 14 VO (EWG) Nr. 1893/91 neu die **vertragliche Abgeltung** als Alternative zur hoheitlichen Verpflichtung eingeführt. Die vertragliche Vereinbarung war nach
Art. 1 Abs. 4 VO (EWG) Nr. 1191/69 idF 1893/91 der Weg, um eine ausreichende Verkehrsbedienung vor allem im Fernverkehr sicherzustellen. Lediglich für den Stadt-, Vorort-
und Regionalverkehr und Tarife für bestimmte Nutzergruppen sollten auferlegte Verpflichtungen beibehalten oder neubegründet werden können (Art. 1 Abs. 5 und 6 VO (EWG)
Nr. 1191/69 idF 1893/91). Mit Rücksicht auf innerstaatliche Befindlichkeiten, wurde den
Mitgliedstaaten die Option eingeräumt, Unternehmen, die ausschließlich im Stadt-, Vorort-
und Regionalverkehr tätig sind, vom Anwendungsbereich der VO weiterhin auszunehmen
(**Bereichsausnahme**, Art. 1 Abs. 1 UAbs. 2 VO (EWG) Nr. 1191/69 idF VO 1839/91).
Dies erfolgte zB aufgrund einer deutschen Forderung. Dort sah man den steuersparenden
kommunalen Querverbund gefährdet, wenn die Verkehrsunternehmen der VO (EWG)
Nr. 1191/69 unterfallen und somit nach Art. 10 f. einen Ausgleichsanspruch hätten. Das
Konzept zur Freistellung vom Anmeldeerfordernis nach Art. 93 Abs. 3 EWG (nun Art. 108
Abs. 3 AEUV) blieb unverändert. Soweit also Mitgliedstaaten von der Bereichsausnahme
nach Art. 1 Abs. 1 UAbs. 2 VO (EWG) Nr. 1191/69 idF 1893/91 Gebrauch machen, galt
weiterhin die in der VO (EWG) Nr. 1107/70 bekräftigte Notifizierungspflicht.

---

[34] VO (EWG) Nr. 1191/69 des ER v. 26.6.1969 über das Vorgehen der Mitgliedsstaaten bei mit dem
Begriff des öffentlichen Dienstes verbundenen Verpflichtungen auf dem Gebiet des Eisenbahn-, Straßen- und
Binnenschiffsverkehrs, ABl. 1969 L 156/1.
[35] VO (EWG) Nr. 1107/70 des ER v. 4.6.1970 über Beihilfen im Eisenbahn-, Straßen- und Binnenschiffsverkehr, ABl. 1970 L 130/1.
[36] VO (EWG) Nr. 1893/91 des ER v. 20. 6.1991 zur Änderung der Verordnung (EWG) Nr. 1191/69
über das Vorgehen bei den mit dem Begriff des öffentlichen Dienstes verbundenen
Verpflichtungen auf dem Gebiet des Eisenbahn-, Straßen- und Binnenschiffsverkehrs, ABl,1991 L 169/1.

II. Die Kommissionsvorschläge zur PersonenverkehrsVO

50 **1. Erster Entwurf KOM(2000) 7 endg.** Ende 2000[37] wurde nach fünfjähriger Vorarbeit der erste Kommissionsentwurf[38] für eine neue Regulierung zu Beihilfen und Marktzugang im öffentlichen Personenverkehr vorgelegt. Die Kommission machte deutlich, dass insbesondere durch das EG-Wettbewerbsrechts eine **kalte Liberalisierung** des Sektors drohe. Insbesondere ausschließliche Rechte könnten so infrage gestellt werden, daher sei ein **Tätigwerden der Gemeinschaft** notwendig. Der Vorschlag enthielt in Art. 4 einen umfangreichen Katalog an zu regelnden Mindeststandards, wenngleich keine konkreten Standards vorgegeben waren. Als Regellaufzeit öffentlicher Dienstleistungsaufträge waren fünf Jahre vorgesehen (Art. 6 lit. c des Vorschlags). Die Direktvergaben von öffentlichen Dienstleistungsaufträgen sollten neben Eisenbahnverkehrsdiensten nur für Metro und Stadtbahnsysteme einschließlich angrenzender Bussysteme sowie auf Kleinaufträge bis zu einem jährlichen Wert von 400.000 EUR möglich sein (Art. 7 Abs. 2–5 des Vorschlags). Zudem sollte für neue Verkehrsdienste einmalig ein ausschließliches Recht direkt vergeben werden können, wenn das Verkehrsunternehmen den neuen Dienst vorgeschlagen hat (Art. 7 Abs. 6 des Vorschlags). Weiterhin sollten ausschließliche Rechte ohne Ausschreibung nach Qualitätsvergleich vergeben werden können, wenn keine Ausgleichsleistungen fließen sollten (Art. 8 des Vorschlags). Für die Übergangszeit sollten für in Kraft bleibende öffentliche Dienstleistungsaufträge die Vorschriften der VO (EWG) Nr. 1191/69 fortgelten (Art. 17 Abs. 3 des Vorschlags). Die parallele VO (EWG) Nr. 1107/70 sollte damals noch nicht aufgehoben werden, sondern durch einen eigenen Vorschlag[39] modernisiert werden.

51 **2. Zweiter Entwurf KOM(2002) 107 endg.** Der erste Entwurf wurde seitens des Parlaments in erster Lesung vom November 2001 in Bezug auf zu kurze Laufzeiten, zu geringe Schwellenwerte, zu wenig Möglichkeiten der Direktvergaben und zu kurze Übergangsfristen kritisiert.[40] Vielfach wurde auch kritisiert, dass die Kommission den Vorrang des allgemeinen Vergaberechts festschrieb. In einem zweiten Entwurf[41] nahm die Kommission viele der Kritikpunkte auf.[42] Die Möglichkeit der Direktvergabe sollte allen „integrierten Diensten" eröffnet und die Schwellenwerte für Kleinaufträge erhöht werden. Die Laufzeiten sollten auf acht Jahre für Busverkehrsdienste und 15 Jahre für Schiene erhöht werden. Zudem wurde ein umfangreicher Katalog von Schutzmaßnahmen gegen Direktvergaben eingefügt (Art 7a des geänderten Vorschlags). Hiernach sollten Direktvergaben rechtzeitig angekündigt werden und Wettbewerber die Möglichkeit erhalten, innerhalb von sechs Monaten konkurrierende Angebote einzureichen. Zudem sollten die Nachweise und Untersuchungen über Notwendigkeit und Möglichkeit der Direktvergabe

---

[37] Zum Werdegang der PersonenverkehrsVO ausf. KLPP/*Fehling* Einl. Rn. 48 ff.; Saxinger/Winnes/*Kiepe*/ Mietzsch RdÖPV Einf. Rn. 5 ff.; *Holler* IR 2006, 152 ff.; *Fehling/Niehus* DÖV 2008, 662 ff.; *Knauff* DVBl. 2006, 339 f.; *Heiß* VerwArch 2009, 113 (115 f.); *Albrecht/Gabriel* DVÖ 2007, 907 (911 f.) und *Berschin* in Baumeister RdÖPNV A1 Rn. 1 f.

[38] Kom.: Vorschlag für eine VO des EP und des ER über Maßnahmen der Mitgliedstaaten im Zusammenhang mit Anforderungen des öffentlichen Dienstes und der Vergabe öffentlicher Dienstleistungsaufträge für den Personenverkehr auf der Schiene, der Straße und auf Binnenschifffahrtswegen: KOM(2000) 7 endg. = ABl. 2000 C 365/E169.

[39] Kom.: Vorschlag für eine VO des EP und des ER über die Gewährung von Beihilfen für die Koordinierung des Eisenbahnverkehrs, des Straßenverkehrs und der Binnenschifffahrt, KOM(2000) 5 endg. = ABL. 2000 C365 E/179.

[40] EP-Dok A5-0364/2001 endg. mit insgesamt 96 Änderungsanträgen.

[41] Kom.: Geänderter Vorschlag für eine VO des EP und des ER über Maßnahmen der Mitgliedstaaten im Zusammenhang mit Anforderungen des öffentlichen Dienstes und der Vergabe öffentlicher Dienstleistungsaufträge für den Personenverkehr auf der Schiene, der Straße und auf Binnenschifffahrtswegen, KOM(2002) 107 endg.

[42] Kom.: Geänderter Vorschlag für eine VO des EP und des ER über Maßnahmen der Mitgliedstaaten im Zusammenhang mit Anforderungen des öffentlichen Dienstes und der Vergabe öffentlicher Dienstleistungsaufträge für den Personenverkehr auf der Schiene, der Straße und auf Binnenschifffahrtswegen, KOM(2002) 107 endg. = ABl. 2002 C 151 E/146.

veröffentlicht werden und die Behörden verpflichtet sein, nach Vergabe in regelmäßigen Abständen die Effizienz zu überprüfen und ggf. die Direktvergabe zu beenden. Interessanterweise enthielt der zweite Vorschlag in Art. 3 lit. i eine Begriffsdefinition zu „öffentliche Dienstleistungskonzessionen". Hier war gefordert, dass „der größte Teil der Einnahmen" des Betreibers von den Fahrgästen stammen und der Betreiber den Großteil der finanziellen Auswirkungen von Fahrgastzahlschwankungen und Tarifänderungen tragen müsse. Letztlich konnte sich aber dieser Versuch der Definition der Dienstleistungskonzession außerhalb der Rechtsprechung nicht durchsetzen, da mit den dritten Vorschlag viele Regelungen entfallen sollten.

3. Dritter Entwurf KOM(2005) 319 endg. Durch den Altmark Trans-Prozess[43] kam 52 das Gesetzgebungsvorhaben zunächst zum Erliegen und wurde erst nach Urteilsverkündung wieder aufgenommen.[44] Die Mitgliedstaaten hatten deutlich gemacht, dass der bisherige Kommissionsvorschlag überregulierend sei und daher auf die wesentlichen Bestimmungen beschränkt werden solle. Daher strich die Kommission in ihrem dritten Vorschlag alle Bestimmung zu inhaltlichen Kriterien öffentlicher Dienstleistungsaufträge einschließlich der Vorgaben zu etwaigen Reportings und zur Information der Fahrgäste mit dem Argument der Subsidiarität. Die Kommission kommentiert diese Änderungen in ihrem dritten Vorschlag als eine gewisse Reaktion auf die **Blockade** ihres Vorschlags **im Rat.**[45] Weitere zentrale Änderung war die Übernahme der vom Parlament geforderten Abänderung Nr. 61 in Art. 5 Abs. 2, nämlich die **freie Entscheidung zwischen Direktvergabe** an einen internen Betreiber **oder Nachfrage im Markt.** Daher wurden die Einschränkungen zur Direktvergabe gestrichen und lediglich eine vorherige Ankündigung von zwölf Monaten verlangt. Ebenfalls der Vereinfachung geschuldet waren der Wegfall des „komplizierten Qualitätsvergleichs" und die Zuordnung der Vergabe eines Ausschließlichkeitsrechts im Rahmen der Vergabe eines öffentlichen Dienstleistungsauftrags.

III. Das Altmark Trans-Urteil

Inhaltlich hatte das Altmark Trans-Urteil[46] selbst kaum noch Bedeutung für den Entste- 53 hungsprozess der PersonenverkehrsVO. Allenfalls diente es wie die Kommission ausführt als Vorwand für das Aufhalten des Gesetzgebungsprozesses. Da der EuGH in dem Urteil die abschließende Ausfüllung des Art. 93 AEUV durch die VO (EWG) Nr. 1191/69 und VO (EWG) Nr. 1107/70 feststellte und die Bereichsausnahme nach Art. 1 Abs. 1 UAbs. 2 eher unsicheres Terrain bot, bestand eine recht umfassende Beihilferegulierung im öffentlichen Verkehr. Wollte man auf die vier Altmark Trans-Kriterien zurückgreifen, so hätte es einer Aufhebung der vorgenannten Verordnungen bedurft. Selbst in einem solchen Fall wäre unklar gewesen, welche Rolle dann Art. 93 AEUV gespielt hätte – mangels direkter Anwendbarkeit und vollständiger Ausfüllung durch das Sekundärrecht hatte der EuGH keinen Anlass, hierüber zu entscheiden.

Im Ergebnis war das Altmark Trans-Urteil eine grundlegende Entscheidung für die 54 Finanzierung von Dienstleistungen von allgemeinem wirtschaftlichen Interesses, seine **Auswirkung aber im öffentlichen Personenverkehr** war dagegen **gering,** wenngleich die Altmark Trans-Entscheidung ausgerechnet zum öffentlichen Personennahverkehr erging. Rückblickend wirkt es fast so, als habe der EuGH geradezu auf ein Vorlageverfahren zu den Fragen des Beihilfebegriffs bei Abgeltungsbeihilfen gewartet.

---

[43] EuGH Urt. v. 24.7.2003 – C-280/00, Slg. 2003, I-7747 = ECLI:EU:C:2003:415 = NJW 2003, 2515 – Altmark Trans.
[44] Geänderter Vorschlag für eine VO des EP und des ER über öffentliche Personenverkehrsdienste auf Schiene und Straße v. 20.7.2005, KOM(2005) 319 endg. = ABl. 2006 C 195/06; s. dazu seitens der Kom. *Faross* IR 2006, 129 ff.
[45] KOM(2005) 319 endg., 4.
[46] EuGH Urt. v. 24.7.2003 – C-280/00, Slg. 2003, I-7747 = ECLI:EU:C:2003:415 = NJW 2003, 2515 – Altmark Trans.

IV. Trilateraler Kompromiss Rat – Parlament – Kommission

55 Seitens des Rates wurden schließlich folgende Elemente im Rahmen des trilateralen Kompromissfindungsprozesses[47] durchgesetzt:
– Verlängerung der Laufzeiten für öffentliche Dienstleistungsaufträge auf zehn Jahre (Bus),
– Verlängerte Übergangszeit von zehn Jahren,
– Unschädlichkeit privater Kapitalbeteiligung bei Direktvergaben,
– Einführung des Begriffs von Gruppe von Behörden bei Direktvergaben,
– Zulassen von Tarifausgleichsleistungen außerhalb der Regelung der PersonenverkehrsVO zu allgemeinen Vorschriften in Art. 3 Abs. 3.

56 Nicht durchsetzen konnte sich das Parlament mit der Forderung nach einem Vorrang des Verordnungsvergaberechts vor dem allgemeinen EU-Vergaberecht. Die Kommission konnte dies mit dem Hinweis auf die Bindungen im Rahmen des GATS-Abkommen abwehren.[48]

V. Änderungs-VO (EU) 2016/2338

57 Die VO (EU) 2016/2338 ändert die PersonenverkehrsVO mit Wirkung ab 24.12.2017 im Zuge des vierten Eisenbahnpakets.[49] Ursprünglich enthielt der Kommissionsvorschlag[50] umfangreiche Vorgaben zu Aufstellungsverfahren und Inhalten von Plänen für öffentliche Verkehrsleistungen und gemeinwirtschaftlicher Verpflichtungen (Art. 2a) sowie eine Pflicht für einen effektiven und diskriminierungsfreien Zugang zu Rollmaterial zu sorgen (Art. 5a). Diese Vorschläge wurden vor allem vom Rat auf Vorgaben zum Vorhandensein von strategischen Zielen und einer Prüfpflicht zum Zugang zu Rollmaterial zusammengestrichen. Dagegen waren die Optionen für vorübergehend neue Direktvergaben im Schienenpersonenverkehr nach Art. 5 Abs. 3a sowie die komplizierten Regelungen für dauerhafte Direktvergaben bei Komplexität in Abs. 4a und 4b nicht im Kommissionsvorschlag enthalten. Genauso waren die Übergangsfristen im Kommissionsvorschlag kürzer und die Schwellenwerte für Direktvergaben niedriger als letztlich konsentiert. Schließlich enthielt der Kommissionsvorschlag ein Ausschussverfahren „einheitlicher europäischer Eisenbahnraum", welches aber nicht übernommen wurde. Dagegen wurden in der endgültigen Fassung der Änderungs-VO die Bestimmungen zu den Möglichkeiten des Anordnens von Betriebsübergängen durch zuständige Behörden verbal ausgeweitet (Art. 4 Abs. 4a und 4b).

---

[47] S. dazu Mit. d. Kom. an das EP gem. Art. 251 Abs. 2 UAbs. 2 EG-Vertrag zum Gemeinsamen Standpunkt des ER im Hinblick auf den Erlass einer VO des EP und des ER über öffentliche Personenverkehrsdienste auf Schiene und Straße v. 12.12.2006, KOM(2006) 805 endg.; Beschl. des EP v. 10.5.2007 – P6-TA(2007)0174 – C6/0131/2007 und Stn. d. Kom. gem. Art. 251 Abs. 2 UAbs. 3 lit. c EG-Vertrag zu den Abänderungen des EP am Gemeinsamen Standpunkt des ER zu einem Vorschlag für eine VO des EP und des ER über öffentliche Personenverkehrsdienste auf Schiene und Straße zur Änd. D. Vorschlags der Kom. gem. Art. 250 Abs. 2 EG-Vertrag v. 25.7.2007, KOM(2007) 460 endg. Ferner: Saxinger/Winnes/*Kiepe*/Mietzsch RdÖPV Einf. Rn. 82 ff; *Mietzsch* ZögU 2007, 196 ff.; und *Holler* IR 2006, 152.

[48] KOM(2006) 805 endg., Nr. 4.2; dazu Saxinger/Winnes/*Schröder* RdÖPV Art. 5 Abs. 1 Rn. 3 ff.

[49] Kom.: Vorschlag v. 30.1.2013 zu insgesamt sechs Richtlinien und Verordnungen: Neue Weichenstellungen für die europäischen Eisenbahnen: Kom. unterbreitet Vorschläge für ein viertes Eisenbahnpaket, Pressememo/13/34.

[50] Kom.: Vorschlag für eine VO des EP und des ER z. Änd. der VO (EG) Nr. 1370/2007 hinsichtlich der Öffnung des Marktes für inländische Schienenpersonenverkehrsdienste, KOM(2013) 028 endg., sowie das informative Arbeitspapier der Kom. „IMPACT ASSESSMENT Accompanying the documents Proposal for a Regulation of the European Parliament and of the Council amending Regulation (EC) No 1370/2007 concerning the opening of the market for domestic passenger transport services by rail Proposal for a Directive of the European Parliament and of the Council amending Directive 2012/34/EU of the European Parliament and of the Council of 21 November 2012 establishing a single European railway area, as regards the opening of the market for domestic passenger transport services by rail and the governance of the railway infrastructure", SWD/2013/10 final.

VI. Auslegungsleitlinien der Kommission

Die Kommission veröffentlichte am 29.3.2014 die Auslegungsmitteilung zur PersonenverkehrsVO, die die einheitliche Anwendung der VO in den Mitgliedstaaten fördern soll.[51]

E. Die Funktion der PersonenverkehrsVO

I. Bekenntnis zu Markteingriffen

Zentraler Regelungsgegenstand der VO ist das **Bekenntnis zu Markteingriffen** durch allgemeine Vorschriften sowie durch finanzielle Ausgleichsleistungen und/oder ausschließliche Rechte im Rahmen öffentlicher Dienstleistungsaufträge. Damit werden allgemeine Ziele nicht wirtschaftlicher Art gem. Art. 14 AEUV erreicht, die sowohl im Rahmen der Niederlassungsfreiheit als auch der Äquivalenzfinanzierung im Beihilferecht als anerkannter Anlass für Eingriffe gelten. Damit hat die VO eine klare Ausrichtung als Marktregulativ in der klassischen Tradition der Markt öffnenden und Markt regulierenden Dimension des europäischen Rechts. Dies ist sehr bemerkenswert, sah doch Art. 1 Abs. 1 des zweiten Kommissionentwurfs KOM(2002) 107 endg. auf Drängen des Parlaments die Gewährleistung eines umfangreichen öffentlichen Personenverkehr bei Herstellung von Rechtssicherheit vor.[52]

Die Befugnis zu Markteingriffen im Verkehr zu Erzielung quantitativ umfangreicher, qualitativer, sicherer und erschwinglicherer Verkehrsleistungen ist dabei im Kontext des Personenlandverkehrs **äußerst weit bezüglich des Ziels aber eng in Bezug auf die eingesetzten Mittel** zu sehen. Oder umgekehrt ausgedrückt: Alles was die VO nicht als Ziel-Mittel-Relation benennt, steht zunächst außerhalb der Verordnung. Maßstab für die Unterscheidung zwischen Regelungen, die außerhalb der VO stehen, und solchen Regelungen, die die VO schlicht umgehen, ist die Zielrichtung. Soweit zB Fahrzeuge sicherer oder auch besser handelbar in der EU werden, geht es hier nicht unmittelbar um Verkehrsdienstleistungen. Gleiches gilt für Sozialregelungen in Bezug auf Lenk und Pausenzeiten. Auch hier geht es primär um die Verkehrssicherheit allgemein und allenfalls im Reflex um Verkehrsdienstleistungen. Werden dagegen Verkehrsdienstleistungen mit den Zielen des Art. 1 Abs. 1 reguliert, so ist auf die dort geregelten Markteingriffe aufzubauen. Insofern kann von einem **abschließenden Katalog der Markteingriffe**[53] in der PersonenverkehrsVO gesprochen werden. Die vielfache Betonung der Herstellung der Rechtssicherheit im Gesetzgebungsprozess macht deutlich, dass die VO bezweckt, abschließend die europarechtlich zulässigen Mittel der Markteingriffe für höherwertige Dienste zu definieren. Dabei geht es um Markteingriffe, die typisches Marktversagen durch Behebung von Angebotsdefiziten kompensieren sollen. Der Verordnungsgeber umschreibt dies in Erwägungsgrund 7 als die Einführung des regulierten Wettbewerbs.[54] Dies geht deutlich über die Herstellung eines funktionsfähigen Marktes durch Standardisierung, Regelungen des Verbraucherschutzes oder Bestimmung eines Sicherheitsniveaus hinaus.

---

[51] Dazu *Winter/Woll/Gleichner* DER NAHVERKEHR 5/2014, 7 ff. und *Karl/Knies* Verkehr und Technik 2017, 247.

[52] Art. 1 Abs. 1 lautete: „Zweck dieser Verordnung ist es, unter Berücksichtigung von Stadtplanung, Regionalentwicklung und Umweltschutz den öffentlichen Personenverkehr in der Gemeinschaft als Teil einer integrierten, der nachhaltigen Mobilität verpflichteten Verkehrspolitik effizienter und attraktiver zu gestalten und die Rechtssicherheit in Bezug auf Maßnahmen der zuständigen Behörden im öffentlichen Personenverkehr zu fördern".

[53] HM: *Hölzl* → 1. Aufl. 2011, Rn. 7; KLPP/*Kaufmann* Art. 1 Rn. 31; Saxinger/Winnes/Saxinger RdÖPV Art. 1 Rn. 56; *Berschin* in Baumeister RdÖPNV A1 Rn. 24 mit Hinweis auf Sprachfassung und Entstehungsgeschichte; aA nur *Ziekow* NVwZ 2009, 865 (867) im Hinblick auf Ausgleichsleistungen ohne gemeinwirtschaftliche Verpflichtungen.

[54] Dass hiermit vor allem Direktvergaben im Schienenpersonennahverkehr als regulierter Wettbewerb gelten sollten, ist abwegig. So aber *Hölzl* → 1. Aufl. 2011, Vorbem. Rn. 1; *Pünder* EuR 2007, 564. Der einzige Grund für die Existenz des Art. 5 Abs. 6 lag damals in der Nichtdurchsetzbarkeit gegenüber den Mitgliedstaaten, wie die zwischenzeitlich ergangene ÄnderungsVO illustriert.

61 Entgegen manch anderen Vorstellungen vor allem im europäischen Parlament **verpflichtet** aber die VO **nicht zur Umsetzung der Ziele**, sie stellt lediglich die zulässigen Instrumente hierfür bereit. In Erwägungsgrund 8 wird ausdrücklich betont, dass die Mitgliedstaaten auch eine vollständige Deregulierung einführen oder beibehalten können.

62 Als **Markteingriffe** regelt die VO
- die **Vergabe ausschließlicher** Rechte (Art. 2 lit. f und Art. 3 Abs. 1),
- die **Gewährung von Ausgleichsleistungen** (Art. 2 lit. g und Art. 3 Abs. 1),
- die **Festlegung allgemeiner Vorschriften durch die zuständige Behörde** (Art. 2 lit. l), wobei nur allgemeine Vorschriften für Höchsttarife mit einer Ausgleichsleistung verbunden werden dürfen (Art. 3 Abs. 2). Der Erlass allgemeiner Vorschriften ist in Art. 1 Abs. 1 UAbs. 2 nicht mehr gegenüber den ursprünglichen Vorschlägen der Kommission ausdrücklich als Regulierungsinstrument genannt. Dies bedeutet aber nicht, dass die VO diese als Regulierungsinstrument gestrichen hätte. Vielmehr sind sie in Art. 2 lit. l als allgemeine Maßnahmen benannt. Der weitere Regelungsgehalt der VO beschränkt sich dann aber auf allgemeine Vorschriften, die mit Ausgleichsleistungen für die Festsetzung der Höchsttarife verbunden sind. Daraus folgt, dass weitere Kompensationen im Rahmen von allgemeinen Vorschriften nicht statthaft sind, sondern einen öffentlichen Dienstleistungsauftrag erfordern (Art. 3 Abs. 1). In Art. 10 der beiden Entwürfe zur VO aus KOM(2000) 7 endg. und KOM(2002) 107 endg. war dies noch ausdrücklich dargestellt. So sollten allgemeine Vorschriften allgemeine Anforderungen für die Fahrzeugqualität, Umwelteigenschaften, Zugänglichk1eit, Erscheinungsbild, integrierte Tarif- und Vertriebssysteme oder gar Beschränkungen der Gesamtzahl von Fahrzeugen in einem bestimmten Streckenabschnitt regeln. Die Streichung dieser Erläuterungen begründete die Kommission in ihrem dritten und insoweit auch maßgebenden Vorschlag[55] mit der Beschränkung der VO auf das absolut Notwendige, sprich der Regelung der Zulässigkeit von Ausgleichsleistungen für allgemeine Vorschriften.

63 Nicht genannt werden dagegen andere insbesondere im Personenverkehr typische Regulierungsmaßnahmen wie
- Verleihung von besonderen Rechten oder
- Begründung und Aufrechterhaltung von Verwaltungsmonopolen.

64 Diese beiden Maßnahmen stehen im engen Kontext zu den explizit aufgeführten Marktregulierungs-Regimen. Das **Verwaltungsmonopol** ist ein dauerhaftes Ausschließlichkeitsrecht. Es liegt daher auf der Hand, dass ein derartiges Monopol die Regelung zur Vergabe und zeitlichen Begrenzung von Ausschließlichkeitsrechten aushebeln würde. Doch bereits die VO (EWG) Nr. 1191/69 stärkte die Unabhängigkeit der im Verwaltungsmonopol geführten Staatsbahnen und vermittelte ihnen einen Ausgleichsanspruch. Die PersonenverkehrsVO führt zwar Aufhebungsanspruch und Ausgleichsanspruch der VO (EWG) Nr. 1191/69 nicht direkt fort, fußt aber auf dem Verständnis der Vereinbarung gemeinwirtschaftlicher Verpflichtungen im Rahmen des öffentlichen Dienstleistungsauftrags mit entsprechender Abgeltung. Neu regelt die PersonenverkehrsVO die Vergabe und die zeitliche Begrenzung dieser zugesprochenen Monopole. Dabei wird explizit die Option der Eigenerstellung oder Inhousevergabe geregelt, die sich laut Kommission als Zeichen der Flexibilität und Subsidiarität deuten lässt.[56]

65 Nicht auf Anhieb lässt sich dagegen das Verhältnis des ausschließlichen Rechts zu den **besonderen Rechten** klären. Beide Begriffe sind Gegenstand des Art. 106 Abs. 1 AEUV. Sie scheinen daher nebeneinander zu stehen. Die besonderen Rechte waren und sind Gegenstand einerseits besonderer Vergabebestimmungen nach Sektorenvergaberecht, zum anderen sind sie auch Gegenstand der Beihilfekontrolle nach der TranspRL 2006/111/EG. Erwägungsgrund 20 RL 2014/25/EU (Sektoren-RL) enthält nur eine negative Abgrenzung der besonderen Rechte: „Daher ist es angezeigt klarzustellen, dass Rechte, die im Wege

---
[55] KOM(2005) 319 endg., 13 zu Art. 3.
[56] KOM(2005) 319 endg., 12.

eines Verfahrens gewährt wurden, das auf objektiven Kriterien beruht, die sich insbesondere aus Rechtsvorschriften der Union herleiten, und bei dem eine angemessene Publizität gewährleistet wurde, keine besonderen oder ausschließlichen Rechte im Sinne dieser Richtlinie darstellen. Zu den einschlägigen Rechtsvorschriften sollten zählen: [...] und die Verordnung (EG) Nr. 1370/2007 des Europäischen Parlaments und des Rates".

Art. 4 Abs. 3 UAbs. 1 und 2 Sektoren-RL umfasst nur eine knappe Positivdefinition für ausschließliche und besondere Rechte, sie lautet: „...Rechte, die eine zuständige Behörde eines Mitgliedstaats im Wege einer Rechts- oder Verwaltungsvorschrift gewährt hat, um die Ausübung von in den Artikeln 8 bis 14 aufgeführten Tätigkeiten auf eine oder mehrere Stellen zu beschränken, wodurch die Möglichkeit anderer Stellen zur Ausübung dieser Tätigkeit wesentlich eingeschränkt wird. Rechte, die in einem angemessen bekanntgegebenen und auf objektiven Kriterien beruhenden Verfahren gewährt wurden, sind keine besonderen oder ausschließlichen Rechte im Sinne des Unterabsatzes 1". Da explizit die PersonenverkehrsVO in den Erwägungsgründen und auch im Anhang II genannt ist, tritt die kuriose Situation ein, dass ausschließliche Rechte, die in einem offenen und fairen Verfahren nach Art. 5 Abs. 1 oder 3 vergeben wurden, dadurch keine ausschließlichen Rechte im Sinne des Sektorenvergaberechts mehr sind. 66

Art. 2 lit. g RL 2006/111/EG (**EG-Transparenz-Richtlinie**)⁵⁷ enthält dagegen eine umfassendere Definition und unterscheidet auch nach ausschließlichen und besonderen Rechten: „**besondere Rechte**" [sind...] Rechte, die ein Mitgliedstaat durch Rechts- oder Verwaltungsvorschriften einer begrenzten Zahl von Unternehmen in einem bestimmten Gebiet gewährt, wenn der Staat: i) die Zahl dieser Unternehmen auf zwei oder mehrere Unternehmen begrenzt, ohne sich dabei an objektive, angemessene und nicht diskriminierende Kriterien zu halten, um eine Leistung zu erbringen oder eine Tätigkeit zu betreiben, oder ii) mehrere konkurrierende Unternehmen nach anderen als solchen Kriterien bestimmt, um eine Leistung zu erbringen oder eine Tätigkeit zu betreiben, oder iii) einem oder mehreren Unternehmen nach anderen als solchen Kriterien durch Rechts- oder Verwaltungsvorschriften besondere Vorteile einräumt, die die Fähigkeit anderer Unternehmen, die gleiche Tätigkeit in demselben Gebiet unter gleichen Bedingungen zu leisten, wesentlich beeinträchtigen". 67

Hieraus wird deutlich, dass die besonderen Rechte dadurch gekennzeichnet sind, dass sie den Marktzugang jenseits objektiver und transparenter Kriterien beschränken, aber meist wohl den Marktzugang mehrerer Unternehmen zulassen. Kennzeichnend ist hier eine **limitierte Konkurrenz.**⁵⁸ Klassisches Beispiel hierfür war die Kontingentierung von Güterfernverkehrsgenehmigungen zum Schutz des Schienengüterverkehrs oder sind aktuell die Beschränkungen der Taxigenehmigungen zur Verhinderung eines „ruinösen Wettbewerbs". Somit sind die überkommenen **Bedürfnisprüfungen** des § 13 Abs. 2 bis 5 PBefG besondere Rechte, denn der Marktzugang hängt von einem vom Antragsteller nicht beeinflussbaren objektiven Bedürfnis – als „öffentliches Verkehrsinteresse" bezeichnet – ab. Dieses Kriterium ist zwar bei hinreichender Ausgestaltung transparent darstellbar, aber nicht diskriminierungsfrei. Denn das Bedürfnis für neue Marktteilnahme drückt immer im Umkehrschluss aus, dass die Marktsassen das Bedürfnis hinreichend befriedigen und der Newcomer die Beweislast für (neue) Bedürfnisse trägt. Zudem werden dabei die Marktsassen im Linienverkehr vorab mit der Perspektive „belohnt", dass zum Schutz seiner Wirtschaftlichkeit einer Mehrfachgenehmigung unter normalem Lauf der Dinge nicht infrage kommt.⁵⁹ Obwohl in Taxiverkehr nach § 13 Abs. 5 PBefG Alt- und Neubewerber „angemessen zu berücksichtigen sind", führt das System der automatischen Wiedererteilung der Genehmigung⁶⁰ und der Warteliste 68

---

⁵⁷ Richtlinie 2006/111/EG der Kommission v. 16.11.2006 über die Transparenz der finanziellen Beziehungen zwischen den Mitgliedstaaten und den öffentlichen Unternehmen sowie über die finanzielle Transparenz innerhalb bestimmter Unternehmen, ABl. 2006 L 318/17.
⁵⁸ Hierzu instruktiv zum PBefG *Wollenschläger*, Verteilungsverfahren: Die staatliche Verteilung knapper Güter, 2010, 386 ff.
⁵⁹ Instruktiv hierzu Heinze/Fehling/Fiedler/*Heinze* PBefG § 13 Rn. 49.
⁶⁰ S. die Verwaltungspraxis in Bund-Länder-Fachausschuss Straßenpersonenverkehr: Grundsätze zur Durchführung des Taxen und Mietwagenverkehrs v. 15.7.1987 und VGH Baden-Württemberg Urt. v.

für Neubewerber faktisch zu einem geschlossenen Markt mit Marktzutritt nur bei Austritt von Unternehmen, was im Ergebnis bei lukrativen Märkten zu einen Schwarzmarkt für Taxikonzessionen geführt hat, die mit rund 50.000 EUR je Konzession gehandelt werden. Ähnlich auch im **Linienverkehr.** Hier findet zwar nach Ablauf der Liniengenehmigung ein **Wettbewerb** um das **beste Verkehrsangebot** nach den im Nahverkehrsplan niedergelegten Anforderungen statt (§ 13 Abs. 2b PBefG), jedoch wird dieser durch den Besitzstandsschutz nach § 13 Abs. 3 PBefG **nicht** vollständig **objektiv ausgetragen.**[61] Hinzu kommt, dass der Linienverkehr durch das vor allem von der Rechtsprechung überhöhte „**Doppelbedienungsverbot**"[62] im **Hinblick auf Entdeckung und Befriedigung neuer Verkehrsbedürfnisse** erheblich eingeschränkt ist. Selbst wenn im Sinne des Gesetzes eine Lücke im Verkehrsangebot immer dann zu sehen ist, wenn der neue Unternehmer mehr oder direkteren Verkehr anbietet oder auch günstigere Fahrpreise in Aussicht stellt[63] und deswegen der bisherige Verkehr nicht mehr befriedigend ist (§ 13 Abs. 2 Nr. 3 lit. a und b PBefG), steht gleichwohl dem vorhanden Verkehrsunternehmer ein Ausgestaltungsrecht nach § 13 Abs. 2 Nr. 3 lit. c PBefG zu, was nichts anderes als ein Markteintrittsrecht durch Übernahme fremder Ideen unter besonderer Beratung durch die Genehmigungsbehörde[64] darstellt. Es liegt auf der Hand, dass diese Einschränkungen als besonderes Recht einzustufen sind. Das OLG Düsseldorf stuft entsprechend die PBefG-Genehmigungen auch als gewährte „Vorrechte" ein.[65]

28.9.1994 – 3 S 1443/93 Rn. 22. Gewisse Lockerung VGH Baden-Württemberg Urt. 5.7.2017 – 9 S 8/16, BeckRS 2015, 122240 Rn. 61 f. in sog. Fällen der Nachrangigkeit aufgrund verpachteter Genehmigungen.

[61] Die neue Rspr. betont die Maßgeblichkeit des § 13 Abs. 2b PBefG als Maßstab für das beste Angebot, hebt aber weiterhin den Besitzstandsschutz hervor: OVG Koblenz Urt. 15.4.2015 – 7 A 10718.14, BeckRS 2015, 45205 „gewisser Rückstand des Angebots kann durch den Besitzstandsschutz ausgeglichen worden". Unter Berufung auf BVerwGE 148, 321 Rn. 43 f. In einer früheren Rspr. ließ dagegen das BVerwG bereits das bessere Angebot ausreichen: BVerwGE 118, 270 Rn. 17 und explizit darauf berufend: OVG Magdeburg Beschl. v. 9.2.2007 – 1 M 267/06, BeckRS 2008, 32749; VG Ansbach Urt. v. 22.2.2010 – AN 10 K 08.1303; ferner VG Minden Beschl. v. 27.5.2014 – 7 L 8215/13, Rn. 55 ff.; VG Würzburg Urt. v. 29.10.2014 – W 6 K 14.216, BeckRS 2015, 40240; VG Trier Urt. v. 3.6.2014 – 1 K 388/14.TR, BeckRS 2014, 54054 Rn. 46 f. und VG Koblenz Urt. v. 22.8.2014 – 5 K 31/14.KO, BeckRS 2014, 55357 Rn. 55 f. die hieraus ein „wesentlich besseres" bzw. ein „überzeugend besseres" Angebot folgern.

[62] VK Münster Beschl. v. 29.5.2013- VK 5/13, VPRRS 2013, 0789, unter II 2.1 b) sieht ein Doppelbedienungsverbot als ausschließliches Recht iS Art. 2 lit. f an. Tendenziell auch VG Augsburg Urt. v. 24.3.2015 – Au 3 K 13.2063, BeckRS 2015, 100053 Rn. 112; BayVGH Beschl. v. 16.8.2012 – 11 CS 12.1607, BeckRS 2012, 57076 Rn. 63 und VG Halle Urt. v. 2.9.2010 – 7 A 1/10, BeckRS 2011, 50693. *Saxinger* DVBl. 2008, 688 (689 ff.); *Fehling/Niehnus* DÖV 2008, 662 (667 f.); *Wittig/Schimane* NZBau 2008, 222 (224); *Kiepe/Mietzsch* IR 2008, 56 (57); *Saxinger* GewArch 2009, 350 (354); *Winnes/Schwarz/Mietzsch* EuR 2009, 290 (297); *Nettesheim* NVwZ 2009, 1449 (1450); *Deuster* IR 2009, 202 (203 f.). *Wollenschläger*, Verteilungsverfahren: Die staatliche Verteilung knapper Güter, 2010, 397 f. und Saxinger/Winnes/ *Saxinger* RdÖPV Art. 2 lit. e Rn. 31 sehen auch in diesem ausschließlichen Recht den eigentlichen Grund, warum der Liniengenehmigung ausgleichende Rechte im Gegenzug für die Übernahme gemeinwirtschaftlicher Pflichten gewährt. Die Begrenzung dieser Pflichten auf die wirtschaftliche Zumutbarkeit lässt er aber außer Acht. Zum Begriff und der Rechtfertigung zuletzt BVerwG Urt. v. 24.6.2010 – 3 C 14/09, ECLI:DE:BVerwG:2010:240610U3C14.09.0 = NVwZ-RR 2010, 897 Rn. 27.

[63] So zB BVerwG Urt. v. 24.6.2010 – 3 C 14/09, NVwZ 2011, 115 = BVerwGE 137, 199 Rn. 15 (zum Fernbus); BVerwG Urt. v. 16.7.1980 – 7 C 25/78, BeckRS 1980, 31298827 Rn. 12 (Umsteigezwang); VGH München Beschl. v. 8.3.2016 – 11 ZB 15.1901, BeckRS 2016, 44334 Rn. 25 f. (zeitgerechtere Bedienung); VGH München Urt. v. 15.3.2012 – 11 B 09.1100, BeckRS 2012, 25773 Rn. 56 ff.; OVG Koblenz Urt. v. 24.5.2012 -7 A 10246.12, NVwZ-RR 2012, 645; Hiergegen Heinze/Fehling/Fiedler/*Heinze* PBefG § 8 Rn. 81, der sogar Lücken als zwingend ansieht, um die Wirtschaftlichkeit im Rahmen des „Mehrfachgenehmigungsvebots" abzusichern, zudem müsse es sich nach lit. b um **wesentliche** Verbesserungen handeln, die gegen den Verlust der Wirtschaftlichkeit abzuwägen seien.

[64] Denn diese muss den Umfang der notwendigen Ausgestaltung festlegen, was eine weitere Abschwächung des Innovationswettbewerbs durch Newcomer bewirkt, da sie damit rechnen müssen, dass ihre Ideen als irrelevant eingestuft werden „keine wesentliche Verbesserung".

[65] OLG Düsseldorf Beschl. v. 2.3.2011 – VII-Verg 48/10, NZBau 2011, 244 Rn. 53 = ECLI:DE:OLGD: 2011:0302.VII.VERG48.10.00 im Anschluss an *Ziekow* NVwZ 2009, 865. Auch Heinze/Fehling/Fiedler/ *Heinze* PBefG § 13 Rn. 128 sieht einen Ausschlusstatbestand, der sich mit der gesetzlichen Korrektur von Angebot und Nachfrage begründet.

Aber auch der Zwang, den Verkehr in vorgegebenen Typen von Berufen (= **Typen-** 69
zwang)⁶⁶ abzubilden, ist mit besonderen Rechten verbunden, da mit dem Typenzwang
typischerweise bestimmte Berufe gegenüber „nahe gelegenen" Berufen abgegrenzt und
geschützt werden. Diese könnten sonst verwechselt oder verwässert werden. Dies gilt vor
allen dann, wenn dabei der zu schützende Beruf in seinem Zugang beschränkt ist oder
der Typenzwang die wirtschaftliche Grundlage für einen eigentlich naheliegenden Beruf
entwertet. Relevant ist dies zB für das Verbot des Einzelplatzverkaufs bei Mietwagen sowie
die restriktiven Anforderungen zur Entgegennahme von Beförderungsaufträgen am
Betriebssitz bei Mietwagen jeweils zum Schutz des Taxi- und Linienverkehrs oder auch das
Verbot bei Taxen Richtzeiten zum Sammeltransport aufzustellen zum Schutz des Linienverkehrs.

Zwecke derartiger Beschränkungen des Marktzugangs sind die **Vermeidung ruinöser** 70
Konkurrenz und die Sicherstellung der **Beförderungspflicht und Verlässlichkeit des**
Angebots. Während Ersteres eher schillernd ist und insbesondere im europäischen Kontext
eher als Grundfreiheiten-widrige Marktschließung unter Generalverdacht der unzulässigen
Beschränkung steht, ist das Argument der verlässliche und garantierten Beförderung ein
zentraler Regulierungsgegenstand der PersonenverkehrsVO. Allerdings sieht die PersonenverkehrsVO die Vergabe besonderer Rechte nicht vor; vielmehr wird für die Gewährung
ausschließlicher Rechte ein strenges Regime im Hinblick auf Spezifität, Verhältnismäßigkeit,
räumliche Eingrenzung und zeitliche Befristung unterworfen (→ Art. 2 Rn. 24). Es ist
daher nicht möglich, den relativ unspezifischen Begriff der besonderen Rechte im Kontext
mit der Sicherstellung vorgenannten Ziels in Erwägung zu ziehen. Dies würde allen Bemü-
hungen der PersonenverkehrsVO um Klarheit, Objektivität und Transparenz zuwiderlaufen.
Es ist daher festzuhalten, dass besondere Rechte zur Erreichung der in Art. 1 Abs. 1 niedergelegten Ziele vom Gemeinschaftsgesetzgeber bewusst nicht zur Verfügung gestellt werden
und daher der PersonenverkehrsVO zuwiderlaufen und somit **gemeinschaftswidrig** sind.

II. Harmonisierter Marktzugang

Die VO schafft im Zusammenhang mit den zumindest für den Eisenbahn- und Straßen- 71
omnibusverkehr vereinheitlichen subjektiven Marktzugangsregelungen (→ Rn. 27 f.) einen
weitgehend harmonisierten Marktzugang, der im Anwendungsbereich der VO entweder
über die Vergabe öffentlicher Dienstleistungsaufträge inkl. des Bewerben um Direktvergaben
oder über deregulierte Märkte mit offenem Marktein- oder -austritt erfolgt. Bei Letzterem
können umfassende allgemeine Vorschriften der zuständigen Behörden gelten, die jeweilige
nationalspezifische oder gar europäische Regelungen wie zB Fahrzeugstandards für die
jeweilige Region spezifizieren (→ Art. 2 Rn. 41). Soweit Höchsttarife angewandt werden
können zusätzliche Ausgleichsleistungen geleistet werden.

Damit verwirklicht die VO im hohen Maße die **Niederlassungsfreiheit** in den Mit- 72
gliedstaaten. Sie beseitigt Hürden durch etwaige (unbefristete) besondere oder gar ausschließliche Rechte und öffnet den Zugang zum Markt, wenngleich der Zugang bei ausschließlichen Rechten und Ausgleichsleistungen außerhalb von Höchsttarifen auf die
periodische Teilnahme an Vergabeverfahren beschränkt ist. Ein Widerspruch verbleibt allenfalls bei der Option der Direktvergabe an den internen Betreiber nach Art. 5 Abs. 2, die
weitgehend dem Vergaberecht und der Rechtsprechung hierzu entnommen wurde. In dem
ursprünglichen Vorschlag der Kommission KOM(2000) 7 endg. wurde die Herstellung der
Niederlassungsfreiheit sowohl im Vorspann Nr. 2.3.2 f. als auch in den Erwägungsgründen
5 und 10 breiter Raum gegeben, in der endgültigen VO findet sich dagegen der Begriff
überhaupt nicht mehr. Dies ist dem Umstand geschuldet, dass der Widerspruch aus der
vergaberechtlich eingeführten Option der „Eigenerbringung" zur Niederlassungsfreiheit zu

---

⁶⁶ Zum PBefG BVerfGE 17, 306, 312; BVerwGE 20, 16, 18 und zuletzt BVerwG Urt. v. 27.8.2015 – 3
C 14.14, ECLI:DE:BVerwG:2015:270815U3C14.14.0 = NVwZ 2016, 695 Rn. 13. Dazu krit. Heinze/
Fehling/Fiedler/*Heinze* PBefG § 2 Rn. 49 ff.

keinem Zeitpunkt offen aufgelöst wurde. Vielmehr ist offensichtlich, dass diese Option ein Zugeständnis an den Europäischen Rat und das Europäische Parlament war. Vor diesem Hintergrund ist bei einer **fast kompletten Schließung des deutschen Marktes im Stadtverkehrs** und bei einem Anteil dieses Stadtverkehr am gesamten Markt von Bus- und Straßenbahnverkehrsleistungen von rund 80 % der beförderten Personen[67] von einer nicht stattgefunden Problembewältigung Verwirklichung der Niederlassungsfreiheit auszugehen (→ Art 5 Rn. 25).

III. Koordinierungsfunktion im Verkehr

73 Weiterer Zweck der PersonenverkehrsVO ist in Kontinuität zur VO (EWG) Nr. 1191/69 und VO (EWG) Nr. 1107/70 die Freigabe etwaiger koordinierender Wirkungen iSd Art. 93 AUEV durch die Förderung des öffentlichen Personenverkehrs mit Reflexwirkungen zulasten anderer Verkehrsträger. Die PersonenverkehrsVO gewährt dabei den Behörden ein weites Ermessen zur Feststellung der Notwendigkeit öffentlicher Angebote. Die Grenze wäre erst dort erreicht, wo die vereinbarten Angebote keinerlei Allgemeininteressen („öffentlicher Zweck") erfüllen. Die Freistellung der Abgeltungszahlungen nach Art. 9 Abs. 1 vom Anmeldeerfordernis nach Art. 108 Abs. 3 AEUV umfasst daher auch jedwede koordinierende Wirkung der Ausgleichsleistungen (→ Art. 9 Rn. 2).

IV. Wettbewerbsabsicherung

74 Vierte Funktion der VO ist die Absicherung des **Wettbewerbs**. Hierzu gehört zum einen die Möglichkeit bestimmte Anbieter, die selber aus dem Monopol heraus agieren, von Wettbewerbsverfahren auszuschließen (Art 8 Abs. 4), wobei dieses Mittel wegen seiner auch wettbewerbsnachteiligen Folgen nur sehr zurückhaltend vorgesehen ist[68] und das **Quersubventionsverbot** (→ Anh. Rn. 18 ff.). Dieses ist in Nr. 5 des Anhangs ausdrücklich genannt und steht im Mittelpunkt der Verhinderung von Überkompensationen bei direkt vergebenen öffentlichen Dienstleistungsaufträgen oder allgemeinen Vorschriften. Dagegen sind insbesondere Wettbewerbsabsicherungen gegenübermäßige Marktschließungen durch flächendeckendes Gebrauchmachen von Direktvergaben auf der Strecke geblieben. So hatte die Kommission insbesondere im zweiten Vorschlag KOM(2002) 107 endg. explizit einen Art. 7a „Schutzmaßnahmen" (für direkt vergebene Aufträge] vorgeschlagen. Danach sollten die Pläne zu Direktvergaben veröffentlicht werden, damit eine Debatte möglich ist und (private) Konkurrenten hier eigene Angebote vorlegen können. Zudem sollte die Effizienz der Direktvergabe mindestens alle fünf Jahre überprüft werden. Diese Vorstellungen fielen der Forderungen von Rat und Parlament nach „freie Optierbarkeit zu Gunsten des internen Betreibers" zum Opfer.

F. Öffentliche Unternehmen und Marktfreiheiten

I. Freie Wahl eines internen Betreibers?

75 Ungeachtet der Forderungen aus Art. 14 und 295 AEUV sowie dem Protokoll Nr. 29 zum EGV/AEUV, öffentliche (Monopol)Unternehmen als besonderes Instrument des Europarechts anzusehen, bestimmt Erwägungsgrund 12 lediglich, dass es aus europarechtlicher

---

[67] Der VDV weist in der Statistik 2015, 22 einen Markanteil von 90,9 % nach Personenfahrten seiner Mitglieder gegenüber dem Gesamtmarkt auf. Allerdings ist vor allem auch die Deutsche Bahn AG und weitere Landesgesellschaften Mitglied des VDV. Diese profitieren in der Regel nicht von einer Direktvergabe an einen internen Betreiber.

[68] Der ursprüngliche Kommissionsentwurf KOM(2000) 7 endg. enthielt unter Art. 9 Maßnahmen wie verpflichtende Subunternehmervergabe, Begrenzung der Marktanteile auf bis zu 25 % hinab, und Niederlassungserfordernis. Aufgrund der Subsidiarität und Vereinfachung wurden diese Vorschläge schließlich verworfen.

Sicht unerheblich ist, ob Verkehrsleistungen durch private und/oder öffentliche Unternehmen erbracht werden. Insofern gibt es aus der PersonenverkehrsVO **keinen Privatisierungsdruck,** der zum Teil befürchtet war. Allerdings würden öffentliche Unternehmen oftmals ihre Rechtfertigung verlieren, wenn sie sich (nur noch) dem Wettbewerb stellen würde. Gerade nach deutschem Verständnis liegt die Rechtfertigung öffentlicher Unternehmen in einen öffentlichen Zweck, der naturgemäß außerhalb der Marktteilnahme liegt. Insofern ist es folgerichtig, dass die VO aus gemeinschaftsrechtlicher Sicht klarstellt, dass Art. 345 AEUV weder für noch gegen öffentliche Unternehmen und ihnen ggf. zu gewährende Sonderrechte steht.

Gleichwohl ist auffällig, dass in Art. 5 Abs. 2 ohne weitere Problematisierung der **Auswirkungen auf die Niederlassungsfreiheit** ein unbeschränktes Recht zur direkten Beauftragung eines internen Betreibers bestimmt wird, das weitgehend dem Vergaberecht entliehen ist. Dieses geht auf die Abänderung Nr. 61 des europäischen Parlaments[69] zurück, die ein freies Recht für die Beauftragung eines internen Betreibers forderte. Die Kommission stellt sich diesem Anliegen ursprünglich wie folgt entgegen: KOM(2002) 107 endg. Art. 17: „Die weitreichendste Änderung des Parlaments ist Abänderung 61, durch die ein neuer Artikel 8 geschaffen wird. Dadurch würden die öffentlichen Personennahverkehrsdienste vor Wettbewerb geschützt, wenn die zuständige Behörde entscheidet, dass sie die Dienste selbst erbringen will. In ihrem Bericht an den Europäischen Rat von Laeken über Leistungen der Daseinsvorsorge [KOM(2001) 598 endg) erkennt die Kommission an, dass „generell (...) es das Gemeinschaftsrecht den Mitgliedstaaten (überlässt), festzulegen, ob sie öffentliche Dienstleistungen direkt oder indirekt (durch andere öffentliche Einrichtungen) selber erbringen oder die Leistungserbringung einem Dritten überlassen wollen". Die vom Parlament verabschiedete Abänderung geht jedoch darüber hinaus. Sie würde es den zuständigen Behörden erlauben, ausschließliche Rechte für die Erbringung von Diensten im öffentlichen Personennahverkehr an sich selbst zu vergeben. Solche ausschließlichen Rechte verzerren den Wettbewerb und könnten nach den Bestimmungen des EG-Vertrags zum Wettbewerb angefochten werden".

Nachdem die Kommission hiermit im Parlament und bei den Mitgliedstaaten nicht durchdringen konnte, begründet sie ihren „Sinneswandel" in drittem Entwurf mit dem **Konzept von mehr Flexibilität,** ohne aber die Rechtsbedenken aufzulösen:[70] „Was die Zielsetzung der größeren Flexibilisierung angeht, so zeigt sie sich vor allem darin, dass die zuständigen Behörden öffentliche Verkehrsdienste entweder selbst erbringen oder ohne Wettbewerb direkt an einen internen Betreiber vergeben können. Diese Möglichkeit unterliegt allerdings der Einhaltung des Grundsatzes einer verstärkten Transparenz und der Festlegung genauer Kriterien, die für den Ausgleich gemeinwirtschaftlicher Verpflichtungen gelten. Sie unterliegt auch einer Bedingung hinsichtlich der geographischen Eingrenzung der Tätigkeit, die durch die zuständige Behörde oder ihren internen Betreiber einzuhalten ist (siehe Artikel 5 Absatz 5). Begleitet wird die Anerkennung dieser Möglichkeit zur Eigenproduktion (Eigenbetrieb) von Verkehrsdienstleistungen unabhängig vom Verkehrsträger (Bus, Straßenbahn, U-Bahn, Eisenbahn, integrierte Dienste usw.) von einer Verringerung der Ausnahmen...".

Auch wenn europäisches Sekundärrecht aufgrund der drei beteiligten Institutionen Rat, Parlament und Kommission sowie der Vielzahl der Mitgliedstaaten notwendigerweise Kompromissrecht ist, ist der eklatante gesetzgeberische Begründungsausfall nicht hinnehmbar. Der Rechtsanwender ist nun verpflichtet, die fehlenden **Rechtfertigung** für etwaige Beschränkungen der Niederlassungsfreiheiten aus den **allgemeinen Regelungen des Unionsrecht** zu entwickeln, da die VO selbst hier weiter keine Rechtfertigung enthält. Die freie Wahl zugunsten eines internen Betreibers jedenfalls ist keine hinreichende Rechtfertigung.

---

[69] Dokument A5/2001/364.
[70] Dritter Vorschlag der Kom., KOM(2005) 319 endg. unter Ziff. 5, S. 13.

II. Monopole und das Beschränkungsverbot

79 Wie die Kommission zu Recht hingewiesen hatte (→ Rn. 72), schafft die Direktvergabe an den internen Betreiber ein regionales Monopol, da in der Regel mit der Direktvergabe ausschließlicher Rechte verbunden sind. Aber selbst wenn keine ausschließlichen Rechte gewährt würden, schafft die **exklusive Finanzierung** eine Vorzugsstellung, die vor allem bei flächendeckender Anwendung der Etablierung von Ausschließlichkeitsrechten ebenbürtig ist. Diese Ausschließlichkeitsrechte und exklusiven Finanzierungen ist aus Sicht der Niederlassungsfreiheit die maximale Beschränkung, denn sie bewirken die Verweigerung der Niederlassungsfreiheit. Folglich sind diese Beschränkungen im hohen Maße rechtfertigungsbedürftig. Dabei ist es unerheblich, dass derartige Beschränkungen formal auf In- und Ausländer gleichermaßen wirken. Die Grundfreiheiten des Europarechts sind auf gegenseitige Marktdurchdringung angelegt und müssen gerade damit umgehen, dass Sektoren in einigen Mitgliedstaaten monopolisiert sind, in anderen dagegen nicht.

80 Typischerweise werden für die Rechtfertigung der direkten Beauftragung öffentlicher Verkehrsunternehmen Rechtfertigungen wie
- Sicherstellung eines umfangreichen Angebots und günstiger Tarife,
- Verhindern von Rosinenpicken, Ausgleich von guten und schlechten Risiken,
- hohe Standards (Technologie, Umweltschutz, Fahrgastqualität, Sicherheit),
- Angebotskontinuität,
- Versorgungssicherheit, fehlende Insolvenzfähigkeit,
- hohe sozialer Besitzstand der Belegschaft und entsprechende Absicherung

genannt.[71] Allerdings sind alle diese Faktoren im Rahmen der PersonenverkehrsVO durch Indienstnahme allgemeiner Vorschriften und öffentlicher Dienstleistungsaufträge herstellbar, sie können daher schlechterdings nicht als Rechtfertigung von Beschränkungen durch öffentliche Monopole herhalten.

81 Vielmehr muss die **Rechtfertigung** im spezifischen Einsatz des internen Betreibers liegen. Infrage kommen:
- **Direkte Steuerungsmöglichkeiten,** da eine Herrschaft wie über eine eigene Dienststelle bestehen muss. Diese Steuerungen stehen dabei aber im Spannungsfeld mit der nach Nr. 7 Anhang umzusetzenden Anreizen für wirtschaftliche Effizienz und qualitative Verbesserungen. Diese sind letztlich nur möglich, wenn die Unternehmensleitung auf Basis verlässlicher Vorgaben arbeiten kann. Auch vertragliche Regelungen mit fremden Unternehmen erlauben umfangreiche Steuerungsmöglichkeiten, vor allem Leistungsänderungen/Nachbestellungen.
- Mit „Fremdbeauftragung" ist der **Transaktionskostenaufwand** für Vergabeverfahren und Vertragsvollzug verbunden. Durch die Steuerungsmöglichkeiten beim internen Betreiber können dagegen öffentliche Dienstleistungsaufträge „schlank" gehalten werden. Gleichzeitig entfiele aber damit auch die vorzunehmende und notwendige Präzisierung für die in Anhang Nr. 7 geforderte Effizienz und Qualitätsverbesserung. Auch kann damit möglicherweise die gemeinwirtschaftliche Pflicht nicht mehr hinreichend konkret bestimmt werden, was die Bestimmung eines angemessenen Ausgleichs erschwert oder gar verunmöglicht.
- Auch das **Ausfallrisiko** von privaten Betreibern kann ein Grund für die Beauftragung öffentlicher Unternehmen sein Aber auch hier ist abzuwägen, dass sich selbstverständlich auch öffentliche Unternehmen verkalkulieren können und sich gegenüber privaten Unternehmen Schutzmaßnahmen wie Zugriffsrechte auf Fahrzeuge, Betriebshöfe und sonstige Einrichtungen durchsetzen lassen.
- **Fehlender Kapitalverzinsungsanspruch:** Öffentliche Unternehmen können aufgrund geringere oder fehlender Gewinnansprüche des Eigentümers vor allem bei kapitalintensiven Tätigkeiten günstiger produzieren. Dem stehen aber oft höhere Löhne und eine gewisse Mitarbeiter- und Managementrendite und allgemein eine vermutete Unwirtschaftlichkeit wegen fehlenden Wettbewerbsdruck gegenüber. Problematisch an dem

---

[71] S. zB *Resch* IR 2008, 271 ff.; *Mietzsch* ZögU 2007, 196 (200).

Argument ist die Verweigerung gegenüber eines Wettbewerbs angesichts der Tatsache, dass sich günstigere Produktionskosten im Wettbewerb durchsetzen müssten.
- **Verhinderung privater Monopole:** Es dürfte schon zweifelhaft sein, ob private Monopole am besten durch öffentliche Monopole bekämpfen lassen. Es ist auch hier Differenzierung gefragt. Zum einen ist die Monopolisierungsgefahr im öffentlichen Verkehr genau zu analysieren, zum anderen stellen das Vergaberecht durch Loslimitierung und das Wettbewerbsrecht durch Fusionskontrolle und Verbot des Missbrauchs marktbeherrschender Stellungen geeignete Mittel bereit.

Insgesamt zeigt sich, dass die durch die PersonenverkehrsVO bereitgestellten Instrumente 82 für Marktinterventionen die Direktvergabe an einen internen Betreiber mit den damit verbundenen Monopolisierungen nicht „tragen". Vielmehr sind diese zusätzlich zu gewinnen und tatsächlich oft sehr differenziert im Einzelfall zu betrachten.

III. Monopole und Marktmachtmissbrauch

Neben den Monopolisierungsschranken aus der Niederlassungsfreiheit setzt auch das Wett- 83 bewerbsrecht Grenzen. Es verbietet den Missbrauch einer marktbeherrschenden Stellung. Missbräuche können auch dadurch entstehen, dass ein Mitgliedstaat mittels eines mit ausschließlichen/besonderen Rechten ausgestatteten Unternehmen dessen marktbeherrschende Stellung auf einem wesentlichen Teil des gemeinsamen Marktes diese in die Lage versetzt, zwingend gegen Art. 102 AEUV zu verstoßen. Typische Missbräuche nach Art. 102 AEUV wären
- Nichterbringungen von Leistungen, obwohl es dafür eine entsprechende Nachfrage gibt;
- Ausbeutungsmissbrauch durch Durchsetzen überhöhter Preise/unangemessene Bedingungen;
- Behinderung von Wettbewerbern in angrenzenden Märkte durch Verweigerung des Zugang zu sential facilities;
- Quersubventionen in Wettbewerbsbereiche und dortige Verdrängung von Wettbewerbern durch Dumpingpreise.

Im Zusammenhang mit der Regulierung der PersonenverkehrsVO dürfte vor allem die Frage 84 der **Unterdrückung von Angeboten** zu beachten sein. Ist doch mit der Vergabe von Ausschließlichkeitsrechten auch immer die Situation verbunden, dass eine bestimmte hohe Nachfrage nicht vollständig oder unzureichend bedient wird, um schwächere Nachfragen quer zu subventionieren. Daher ist genau zu ermitteln, ob dieses Nichtbedienen von Nachfragesegmenten noch hinzunehmen ist oder eine Übermonopolisierung darstellt. Aber auch der Schutz bestimmter Verkehrsformen mittels eines „Abstandsgebots" kann dazu führen, dass die die genau in diesem Zwischenraum liegende Nachfrage unbefriedigt bleibt. Die zuständigen Behörden müssen daher ihre Regulierung so ausüben, dass keine derartigen Missbräuche entstehen.

Art. 1 Zweck und Anwendungsbereich

(1) Zweck dieser Verordnung ist es, festzulegen, wie die zuständigen Behörden unter Einhaltung des Gemeinschaftsrechts im Bereich des öffentlichen Personenverkehrs tätig werden können, um die Erbringung von Dienstleistungen von allgemeinem Interesse zu gewährleisten, die unter anderem zahlreicher, sicherer, höherwertig oder preisgünstiger sind als diejenigen, die das freie Spiel des Marktes ermöglicht hätte.

Hierzu wird in dieser Verordnung festgelegt, unter welchen Bedingungen die zuständigen Behörden den Betreibern eines öffentlichen Dienstes eine Ausgleichsleistung für die ihnen durch die Erfüllung der gemeinwirtschaftlichen Verpflichtungen verursachten Kosten und/oder ausschließliche Rechte im Gegenzug für die Erfüllung solcher Verpflichtungen gewähren, wenn sie ihnen gemeinwirtschaftliche Verpflichtungen auferlegen oder entsprechende Aufträge vergeben.

(2) ¹Diese Verordnung gilt für den innerstaatlichen und grenzüberschreitenden Personenverkehr mit der Eisenbahn und andere Arten des Schienenverkehrs sowie auf der Straße, mit Ausnahme von Verkehrsdiensten, die hauptsächlich aus Gründen historischen Interesses oder zu touristischen Zwecken betrieben werden. ²Die Mitgliedstaaten können diese Verordnung auf den öffentlichen Personenverkehr auf Binnenschifffahrtswegen und, unbeschadet der Verordnung (EWG) Nr. 3577/92 des Rates vom 7. Dezember 1992 zur Anwendung des Grundsatzes des freien Dienstleistungsverkehrs auf den Seeverkehr zwischen den Mitgliedstaaten (Seekabotage),[1] auf das Meer innerhalb der Hoheitsgewässer anwenden.

Vorbehaltlich der Zustimmung der zuständigen Behörden der Mitgliedstaaten, in deren Hoheitsgebiet die Dienstleistungen erbracht werden, dürfen sich gemeinwirtschaftliche Verpflichtungen auf öffentliche Verkehrsdienste auf grenzüberschreitender Ebene erstrecken, einschließlich jener, die örtliche und regionale Verkehrsbedürfnisse erfüllen.

(3) Diese Verordnung gilt nicht für öffentliche Baukonzessionen im Sinne von Artikel 1 Absatz 3 Buchstabe a der Richtlinie 2004/17/EG oder im Sinne von Artikel 1 Absatz 3 der Richtlinie 2004/18/EG.

Übersicht

	Rn.		Rn.
I. Normzweck	1	8. Hilfsleistungen im Verkehr	22
II. Rechtssichere Markteingriffe (Abs. 1 UAbs. 1)	2–5	V. Keine Anwendung Baukonzessionen	23
III. Beschränkung der Interventionsmittel (Abs. 1 UAbs. 2)	6–10	VI. Konkurrenzen und Abgrenzung	24–30
IV. Erfasste Verkehrsdienste (Abs. 2)	11–22	1. Ausgleichszahlungen nach Altmark Trans	24–26
1. Personenverkehr	11–13	2. Abgeltungsbeihilfen nach Art. 93 AEUV	27
2. Eisenbahnverkehr	14, 15	3. Koordinierungsbeihilfen nach Art. 93 AEUV	28
3. Andere Arten des Schienenverkehrs	16, 17	4. Rahmen für Dienstleistungen von allgemeinen wirtschaftlichem Interesse	29
4. Verkehr auf der Straße	18	5. RL 2006/111/EG (EG-Transparenz-Richtlinie)	30
5. Ausnahme historisches/touristisches Interesse	19		
6. Anwendungsoption Schiffsverkehr	20		
7. Nah- und Fernverkehr	21		

I. Normzweck

1 Art. 1 regelt an der Spitze der VO die Zulässigkeit von Markteingriffen in den öffentlichen Personenverkehr aus europäischer Sicht. Durch dessen Normierung im Kontext der Grundfreiheiten, des Beihilfe- und Vergaberechts wird ein höheres Maß an Rechtssicherheit erreicht und die bisherigen Rechtsunsicherheiten bei staatlichen Interventionen zugunsten des öffentlichen Verkehrs überwunden (→ Rn. 2 ff.). Mit diesen Regelungen ist auch eine Beschränkung der Eingriffsmittel auf Ausgleichszahlungen und ausschließliche Rechte verbunden (→ Rn. 6 ff.), da nur mit diesen die Ziele erreicht werden, die in der VO mit höherwertigen Diensten, als es das freie Spiel der Marktkräfte erlauben würde, umschrieben sind. Weitere Regelungsgegenstand ist der Anwendungsbereich mit den umfassten Diensten der Personenlandverkehrs (→ Rn. 11 ff.).

II. Rechtssichere Markteingriffe (Abs. 1 UAbs. 1)

2 Der Regelungszweck der VO ist sehr klar bestimmt. Es geht um die Gewährleistungen von Dienstleistungen von allgemeinem wirtschaftlichem Interesse im Bereich der Personenlandverkehr. Dabei soll die Gewährleistung dieser Dienstleistungen durch **Marktein-**

---

[1] [Amtl. Anm.:] ABl. L 364 vom 12.12.1992, S. 7.

griffe erfolgen, die in einem ansonsten unregulierten Markt – „freies Spiel des Marktes" – nicht zustande kämen.[2] Die Klarheit der Regulierung wird auch dadurch gefördert, dass die Dienstleistungen von allgemeinen wirtschaftlichen Interesse näher definiert sind, nämlich als solche, die „unter anderem" zahlreicher (= quantitativ) umfangreicher, persönlich sicherer, höherwertiger (= qualitätsvoller) und preisgünstiger sind. Die Formulierung kann dabei als Prototyp der Definition von Dienstleistungen von allgemeinem wirtschaftlichem Interesse (DAWI) gesehen werden.[3] Die Instrumente zur Sicherstellung derartiger Dienstleistungen werden in der VO so ausgestaltet, dass sie mit den gemeinschaftlichen Prinzipien des **unverfälschten Wettbewerbs,** des **Gemeinsamen Marktes** und der **Sicherstellung der Dienstleistungen des allgemeinem wirtschaftlichem Interesse** in Einklang stehen.

Die VO legt als unmittelbar geltendes Gemeinschaftsrecht die Spielregeln für derartige Marktinterventionen fest und schafft so mehr **Rechtssicherheit.** Andernfalls gäbe es ein unübersehbares Spektrum von Verfahren und Begründungen der Mitgliedstaaten für die Gewährung von Ausgleichsleistungen und die Vergabe von Ausschließlichkeitsrechten. Dabei würden sie Gefahr laufen, im Einzelfall die Grenzen des Gemeinschaftsrechts zu überdehnen, auch wenn bei der Definition von DAWI die Mitgliedstaaten zunächst einen breiten Einschätzungsspielraum haben.[4] Da nun durch das Sekundärrecht das Ermessen einerseits in Hinblick auf den harmonisierten Markt umfassend gelenkt ist und die zur Erreichung dieser Interessen vorgesehenen Instrumente durchreguliert sind, haben die Mitgliedstaaten bei der Anwendung der VO ein Höchstmaß an Rechtssicherheit die durch das Primärrecht gesetzten abstrakten Vorgaben auch konkret einzuhalten. Erwägungsgrund 6 illustriert diesen Zusammenhang eindrücklich.

Aus diesem Zusammenhang ergibt sich, dass die mit den Markteingriffen verfolgten **Ziele** eher **weit** auszulegen sind,[5] zumal die VO selbst nur einen beispielhaften Katalog nennt. Sie müssen selbst nur den Begriff der Dienstleistungen von allgemeinen wirtschaftlichen Interesse nach Art. 14, 106 AEUV und Protokoll Nr. 26 AEUV entsprechen. Umgekehrt sind die zu Erreichung der Ziele vorgesehenen **Marktinterventionen** dagegen **eng** auszulegen, da nur so ihr Ziel der gemeinschaftlichen Harmonisierung und der Schaffung von Rechtssicherheit erreicht werden. Daher ist es zu weitgehend, jegliche gemeinwirtschaftliche Pflicht als Anwendungsfall der PersonenverkehrsVO zu sehen.[6] Der Begriff „gemeinwirtschaftliche Pflicht" ist schillernd und mag von der jeweiligen subjektiven Einschätzung des Betreibers abhängen. Die VorgängerVO (EWG) Nr. 1191/69 hatten diesen insoweit rationalisiert, als dass das Verkehrsunternehmen aufgerufen war, die Aufhebung zu

---

[2] Zur hohen Konvergenz der Regulierungsziele mit dem PBefG bereits *Berschin* in Baumeister RdÖPNV A1 Rn. 6 ff. und Saxinger/Winnes/*Winnes* RdÖPV Art. 1 Abs. 1 Rn. 21.
[3] Die Arbeitsunterlage der Kom.: Leitfaden zur Anwendung der Vorschriften der Europäischen Union über staatliche Beihilfen, öffentliche Aufträge und den Binnenmarkt auf Dienstleistungen von allgemeinem wirtschaftlichem Interesse und insbesondere auf Sozialdienstleistungen von allgemeinem Interesse v. 29.4.2013, SWD(2013) 53/final2, 20 nennt als weitere Kriterien die Sicherung der Gleichbehandlung und des universellen Zugangs, ansonsten sieht die genau diese Ziele von Markteingriffen als Definitionskern von DAWI an; dazu auch in Band 1 *Arhold* → 2. Aufl. 2015, AEUV Art. 107 Rn. 230 und *Wolf* → 2. Aufl. 2015, AEUV Art. 107 Rn. 809 ff. mwN.
[4] EuG Urt. v. 15.6.2005 – T-17/02, Slg. 2005, II-2031 Rn. 216 = ECLI:EU:T:2005:218 = BeckRS 2005, 70448 – Olsen/Kom.; EuG 12.2.2008 – T-289/03, Slg. 2008, II-81 Rn. 166-169 = ECLI:EU:T:2008:29 = BeckRS 2008, 70248 – BUPA ua/Kom.; EuG Urt. v.22.10.2008 – T-309/04, Slg. 2008, II-2935, Rn. 113 ff. = ECLI:EU:T:2008:457 = BeckRS 2008, 71120 – TV 2/Danmark A/S ua/Kom.; Kom., Mitteilung der Kom. über die Anwendung der Beihilfevorschriften der Europäischen Union auf Ausgleichsleistungen für die Erbringung von Dienstleistungen von allgemeinem wirtschaftlichem Interesse, ABl. 2012 C 8/44 Rn. 23 (DAWI Mitteilung).
[5] *Fehling/Niehms* DÖV 2008, 662 (667 f.); *Heiß* VerwArch 2008, 113 (118); *Berschin* in Baumeister RdÖPNV A1 Rn. 10.
[6] So *Winnes* DVBl. 2010, 791 (792); Saxinger/Winnes/*Winnes* RdÖPV Art. 1 Abs. 1 Rn. 30 ff. Wie hier ohne hM: *Linke*, Die Gewährleistung des Daseinsvorsorgeauftrags im öffentlichen Personennahverkehr, 2010, 153; *Deuster* DER NAHVERKEHR 4/2008, 38; KLPP/*Kaufmann* Rn. 14; *Hölzl* → 1. Aufl. 2011, Rn. 7; *Berschin* in Baumeister RdÖPNV A1 Rn. 20 ff.

beantragen und darzulegen, inwieweit die gemeinwirtschaftliche Pflicht eine betriebswirtschaftliche Belastung darstellt. Dieser Zusammenhang fehlt nun vollständig, vielmehr normiert die PersonenverkehrsVO nur noch zielgerichtete Marktinterventionen mit Ausgleichsleistungen und Ausschließlichkeitsrechten.

5   Referenzmaßstab für die Zielerreichung muss ein unregulierter Markt sein, den die VO als **„freies Spiel des Marktes"** bezeichnet. Dies erfordert, dass Tatsachen oder wenigstens Vorstellungen darüber vorliegen, wie das Ergebnis eines unregulierten Marktes aussehen würde. Daraus ist dann abzuleiten, welche Defizite bestehen würden und mit welchen Markteingriffen diese beseitigt werden können. Dies ist allerdings in der Branche des öffentlichen Verkehrs nicht selbstverständlich. Vielmehr werden unregulierte Märkte gerne pauschal als indiskutabel und inakzeptabel bezeichnet.[7] Dies birgt die Gefahr, dass Regulierung eher aus Tradition und Gewöhnung fortgeführt wird und die Zielrichtung und Hinterfragung ihrer Notwendigkeit verloren geht. Dies kann sich dann in unverhältnismäßigen Ausschließlichkeitsrechten oder überhöhten Ausgleichszahlungen bei unspezifischen gemeinwirtschaftlichen Pflichten niederschlagen.

III. Beschränkung der Interventionsmittel (Abs. 1 UAbs. 2)

6   UAbs. 2 des Art. 1 Abs. 1 bestimmt die zur Zweckerreichung des UAbs. 1 erforderlichen Marktinterventionen und Verfahren, nämlich die Vergabe von Ausschließlichkeitsrechten und/oder Ausgleichsleistungen im **Gegenzug** für die Übernahme gemeinwirtschaftlicher Pflichten. Die Formulierung „im Gegenzug" bedeutet ein strikte Verbindung[8] zwischen auferlegten bzw. vereinbarten Pflichten und deren Kompensation. Eine Kompensation durch eine dritte Seite ist denklogisch unmöglich.

7   Allerdings könnte „im Gegenzug" so verstanden werden, dass die VO nur einen beispielhaften Katalog von Marktinventionsmitteln auflistet, und zB die Vergabe von ausschließlichen Rechten oder Ausgleichsleistung ohne Gegenseitigkeitsverhältnis zu gemeinwirtschaftlichen Pflichten genauso möglich sind, wie die Vergabe besonderer Rechte oder die Aufrechterhaltung von Verwaltungsmonopolen. Diese Beispielhaftigkeit wird auch gestützt durch die Auflistung von **allgemeinen Vorschriften** in Art. 2 lit. l. Wie sich aus der Entstehungsgeschichte ergibt, können allgemeine Vorschriften auch umfassend zur Durchsetzung gemeinwirtschaftlicher Verpflichtungen eingesetzt werden (→ Vorbemerkung Rn. 50). In der Gesetz gewordenen VO wird dies nicht mehr dargestellt, sondern die allgemeine Vorschrift nur noch im Rahmen der Gegenseitigkeit zum Ausgleich von Höchsttarifen nach Art. 3 Abs. 2 geregelt. Damit sollten allgemeine Vorschriften aber nicht unzulässig zur Durchsetzung von Dienstleistungen von allgemeinem wirtschaftlichem Interesses werden, aber es fehlt die Notwendigkeit der weiteren Regelung, da die damit verbundene Marktintervention den Wettbewerbsteilnehmern keine Vorteile gewährt, da hierüber weder finanzielle Vorteile noch Ausschließlichkeitsrechte vermittelt werden können.

8   Vor diesem Hintergrund sind diese **Interventionsmittel** zu sehen, die der Sicherstellung gemeinwirtschaftlicher Verpflichtungen dienen und dem Betreiber eine Vorzugstellung einräumen. Denn diese kann mit den europäischen Regelungen zu den Grundfreiheiten, zum Beihilferecht und zum Wettbewerbsrecht in Konflikt geraten. Das Ziel der Herstellung von Rechtssicherheit kann aber nur erreicht werden, wenn eine eindeutige Zweck-Mittel-Relation aufgestellt wird. Wie in → Vorbemerkung Rn. 50 dargelegt, sind die **Vergabe besonderer Rechte** oder auch das Aufrechterhalten bzw. Neubegründen von **Verwaltungsmonopolen** durchaus Regelungen, die eine Vorzugstellung zur Absicherung von gemeinwirtschaftlichen Pflichten gewähren. Allerdings sind diese Regelungen bewusst nicht in die der VO aufgenommen worden, weil Verwaltungsmonopole an sich den Markt verschließen und dem Ziel zuwiderlaufen würden, die Selbständigkeit und Unabhängigkeit der mit der Erbringung gemeinwirtschaftlicher Dienste betrauten öffentlichen Unternehmen,

---

[7] *Hass-Kau/Haubitz/Crampton* DER NAHVERKEHR 5/2001, 71 ff.
[8] *Saxinger/Fischer* Verkehr und Technik 2008, 78; Saxinger/Winnes/*Winnes* RdÖPV Art. 1 Abs. 1 Rn. 43 f.

insbesondere der ehemaligen und aktuellen Staatsbahnen, zu fördern. Sie würden aber auch jeden Marktzugang vollständig ausschließen, welcher selbst bei Direktvergaben an einen internen Betreiber noch zumindest im Wege von Initiativangeboten möglich wäre.

Aber auch die Vergabe besonderer Rechte würde dem Regelungsgedanke der VO zuwiderlaufen. **Besondere Rechte** müssten als Gegenleistung für die Erfüllung gemeinwirtschaftlicher Pflichten Schutz vor Wettbewerb bieten. Dies ist aber bereits mit den Ausschließlichkeitsrechten verbunden. Denn diese müssen in ihrem Inhalt genau definiert sein und insgesamt verhältnismäßig sein. Ausschließlichkeitsrechte bieten daher keinen vollständigen Schutz vor Konkurrenz, sondern notwendigerweise nur einen begrenzten Schutz vor Konkurrenz. Daher könnten besondere Rechte nichts anderes regeln, als bereits mit der Vergabe ausschließlicher Rechte gewährleistet wird: Die Gewährleistungen von Verkehrsdienstleistungen im allgemeinen wirtschaftlichen Interesse im Gegenzug für einen partiellen Konkurrenzschutz. Es spricht daher viel dafür, dass besondere Rechte mit der Zielrichtung der Sicherstellung von Verkehrsangeboten nach der PersonenverkehrsVO nicht vorgesehen sind und ihnen der **Anwendungsvorrang der PersonenverkehrsVO entgegensteht**. 9

Andernfalls könnten die Mitgliedstaaten einen Konkurrenzschutz zB durch zahlenmäßige Begrenzung von Genehmigungen oder einer Bedürfnisprüfung für einen Marktzutritt einführen, mit denen die Wirkung ausschließlicher Rechte verbunden ist, ohne dass diese aber als ausschließliches Recht bezeichnet würden. Diese besonderen Rechte könnten dann außerhalb der von Art. 5 aufgestellten Regeln vergeben, unbefristet erteilt werden, die Bevorzugung bei Wiedererteilung, die Vergabe einem Qualitätsvergleich, Prioritätsgrundsatz oder gar den Maßstäben „bekannt und bewährt". Es leuchtet ein, dass dies eine **offensichtliche Umgehung** der PersonenverkehrsVO darstellen und der Regelungszweck der Herstellung europäischer rechtssicherer und transparenter Verfahren für Marktinterventionen zur Sicherstellung angemessener Verkehrsangebote vereitelt würde. 10

IV. Erfasste Verkehrsdienste (Abs. 2)

1. Personenverkehr. Die VO regelt nur den Personenverkehr. Regelungen zum Güterverkehr sind im Gegensatz zur VorgängerVO (EWG) Nr. 1191/69 nicht mehr enthalten, wie Erwägungsgrund 11 hervorhebt. Der Personenverkehr ist nach dem **Hauptzweck der Beförderung** im Gegensatz zum Nebenzweck wie etwa bei Rettungstransporte, Umzügen etc zu bestimmen. Nicht dagegen wird die Personenbeförderung dadurch ausgeschlossen, dass sie zu einem ganz bestimmten Zweck oder für einen ganz bestimmten Kreis erfolgt. So ist auch zunächst die Beförderung von Truppen, Polizei, Feuerwehr, Arbeitnehmern, Studenten, Schülern, Heimbewohnern oder gar Gefangenen mitumfasst, entscheidend ist letztlich, dass Personen zum **Zwecke der gewollten Ortsveränderung** bewegt werden. Ist dagegen die Fahrt selbst das Ziel, was vor allem bei touristischen oder historischen Verkehren infrage kommt, so ist die Personenbeförderung nicht mehr der Hauptzweck, sondern notwendiger Nebenzweck der Fahrt. 11

Neben dem Zweck der Ortsveränderung muss aber zusätzlich das Kriterium der **wirtschaftlichen Art** erfüllt werden, was letztlich erfordert, dass die Dienstleistung zum **Zwecke des Erwerbs** erbracht wird. Damit ist verbunden, dass die Leistungen im Rahmen der Ausübung eines Berufs erbracht werden, der zur Sicherung von Lebensgrundlagen tauglich ist. Ausgeschlossen sind somit Tätigkeiten der Gefälligkeit (auch gegen Kostenbeteiligung), Tätigkeiten rein karitativer Art oder Tätigkeiten, die ausschließlich gegen Aufwandsentschädigung erfolgen. Dieser **soziale Bereich** ist strikt von wirtschaftlichen Tätigkeiten abzugrenzen und ist nicht Regelungsgegenstand der VO, die sich auf die Regulierung von Dienstleistungen von allgemeinem wirtschaftlichem Interesse bezieht (→ Vorbemerkung 20 f.). 12

Schließlich muss bei **gemischten Leistungen,** zB Autobeförderung im Reisezug, auf das Hauptmerkmal der Leistung abgestellt werden. Während die Beförderung des LKW-Fahrers im Rahmen einer rollenden Landstraße nur Nebenzweck der LKW-Beförderung ist 13 und weitgehend mit einer unbegleiteten Beförderung von Containern oder Sattelaufliegern vergleichbar ist, verhält es sich der Beförderung von Kfz in Zügen genau umgekehrt. Hier werden im Wesentlichen die Personen befördert und das Kfz ist lediglich „Gepäck" der Reisenden. Die Austauschbarkeit der Leistung und damit der Vergleich ist hier eher mit der Beförderung von Reisenden per Bahn, Bus oder auch Flugzeug, ggf. in Kombination mit einem Mietwagen gegeben als mit einem Gütertransport (→ Vorbemerkung Rn. 22 f.).

14   2. **Eisenbahnverkehr.** Eisenbahnverkehre sind auch in der maßgebenden EisenbahnRL nicht definiert, vielmehr wird der Begriff „Eisenbahn" als überkommener Rechtsbegriff im europäischen Unionsrecht übernommen. Allerdings nennt die VO auch „andere Arten des Schienenverkehrs" in Art. 1 Abs. 2. Erwägungsgrund 18 sowie Art. 2 lit. aa ÄndVO stellen klar, dass unter den **anderen Arten des Schienenverkehrs** Straßenbahnen und Untergrundbahnen zu verstehen sind. Auch wenn in der VO in der ursprünglichen Fassung nur von Straßenbahnen gesprochen wird, wird durch die ÄndVO klar, dass es sich hierbei um einen Oberbegriff „andere Bahnen als Eisenbahnen" handelt. Vor dem Hintergrund der diversen Ausnahmen zugunsten von Eisenbahnen muss der Begriff „Eisenbahn" **eng ausgelegt** werden. Aus dem europäischen Kontext folgt, dass Eisenbahnen vor allem solche Systeme sind, die auf **Einheitlichkeit und Interoperabilität** angelegt sind und damit einen großräumigen Austausch von Personen und Gütern ermöglichen.[9] Besondere Bahnen sind dagegen isolierte Systeme, die lediglich auf vergleichsweise kleinräumige Transporte ausgelegt sind.

15   Die in diesem Begriff der Eisenbahn liegende Unschärfe löst die RL 2012/34/EU (EisenbahnRL) vor allem dadurch, dass bestimmte Verkehre per se von der RL ausgenommen sind und andere Verkehre von den Mitgliedstaaten von der RL ausgenommen werden können. Daher haben die **Mitgliedstaaten eine begrenzte Befugnis** den Begriff „Eisenbahn" im Kontext der europäischen Regelungen zu definieren. Es spricht viel dafür, dass dies auch für die Zuordnung zum Eisenbahnbegriff der PersonenverkehrsVO maßgebend sein soll, zumal die letzten Änderungen in der VO aus den Änderungen aus dem vierten Eisenbahnpaket stammen, die wiederum die im Eisenbahnrecht seit dem Recast (= Formulierung der EisenbahnRL) gefundenen Rechtsbegriffe fortsetzt. Infrage für die **Nichtzuordnung zum Begriff „Eisenbahn"** kommen somit:
– Stadt-, Vorort- und Regionalverkehre mit eigenen Netzen (Art. 2 Abs. 1 und Abs. 2 lit. a und b EisenbahnRL),
– Verkehr auf Infrastrukturen im Privateigentum, die nur der Nutzung für eigenen Güterverkehr dienen (Art. 2 Abs. 2 lit. d EisenbahnRL bzw. Art. 2 Abs. 3 lit. d EisenbahnRL),
– Örtliche oder regionale Infrastrukturen, die strategisch unbedeutend sind (Art. 2 Abs. 4 EisenbahnRL). Allerdings ist diese Ausnahme eher als Übergangsvorschrift gedacht und steht unter besonderer Beobachtung der Kommission.

16   3. **Andere Arten des Schienenverkehrs.** Komplementär zum eher engen Begriff der Eisenbahnen ist der Begriff **„andere Arten des Schienenverkehrs"** weit zu verstehen. Denn Regelungszweck der VO ist die abschließende Regelung von Marktinterventionen im Landverkehr. Daher ist es sachgerecht, alle Formen des schienengebundenen Verkehrs einzubeziehen. Neben Straßenbahnen oder Stadtbahnen sind dies vor allem Untergrundbahnen, Hängebahnen, Hochbahnen, Standseilbahnen, Grubenbahnen, Feldbahnen, automatische People-Mover-Systeme, Systeme mit mechanischer, optischer oder elektronischer Spurführung und Magnetschwebahnen. Entscheidend ist die Spurführung durch ein Gleis oder ein vergleichbares System, welches eine Zwangsführung der Verkehrsmittel bewirkt.

17   Dagegen können **Seilbahnen oder Aufzüge** nicht mehr den Begriff des Schienenverkehrs zugeordnet werden. Zwar werden sie ebenfalls spurgeführt, jedoch ist das spurführende Element keine Schiene mehr. Zudem fehlt ihnen die Vergleichbarkeit zum Straßenverkehr, die die anderen Arten des Schienenverkehrs auszeichnet, die zwischen den vollständig unab-

---

[9] Auslegungsmitteilung PersonenverkehrsVO Nr. 2.3.5.

hängig vom Straßenverkehr operierenden Eisenbahnen und bis hin zu den vollständigen in den Straßenverkehr integrierten Straßenbahn anzusiedeln sind und diesen in seiner horizontalen Dimension folgen.

4. Verkehr auf der Straße. Der Personenverkehr auf der Straße umfasst **jede Personenbeförderung** auf **öffentlichen Straßen**. Zwar spricht die VO in den Vergaberegeln gleich vier Mal von Busverkehr in Abgrenzung zum Eisenbahnverkehr bzw. auch anderen schienengestützten Verkehren (Art. 4 Abs. 2, Art. 5 Abs. 1, Art. 7 Abs. 1 und 8 Abs. 1), jedoch wird der Begriff hier nur in Abgrenzung zum Eisenbahnverkehr und anderen schienengestützten Verkehren gebraucht. Zum Beispiel wird in den Vergaberegeln auch nicht das Binnenschiff erwähnt, obwohl es auch optional einbezogen werden kann. Daher ist Art. 5 kein Hinweis auf den Anwendungsbereich der VO, sondern er bezeichnet nur soweit die Trennlinien vor allem im Bereich der spurgeführten Verkehrsmittel. Der Anwendungsbereich ist daher ausschließlich auf den insoweit maßgeblichen Art. 1 und 2 zu genieren. Es gibt keine Hinweise, dass die VO nur auf öffentlichen Personenverkehr mit Kraftomnibussen beschränkt sein soll, vielmehr umfasst sie vollständig **jedwede Personenbeförderung auf der Straße**, also auch solche mit **Personenkraftwagen**. Einzige Einschränkung ist der öffentliche Bezug dieser Beförderung, was sie von einer reinen privaten Beförderung abgrenzt. Es ist zwar nachvollziehbar, dass in der Entstehung der VO va die Regelung des Marktes im öffentlichen Linienverkehr mit Bussen diskutiert wurde und auch hier der internationale Handel entdeckt wurde,[10] gleichwohl kann dies nicht die Einschränkung des in allen Sprachfassungen identischen Wortlauts rechtfertigen, der nur eine Personenbeförderung auf der Straße als Anwendungsvoraussetzungen sieht, aber nicht die Anwendung auf die Personenbeförderung mit Kraftomnibussen beschränkt. Darin liegt auch ein wesentlicher Unterschied zur VO 1073/2000, die explizit den Berufszugang nur hinsichtlich Personenbeförderung mit Kraftomnibussen regelt (→ Vorbemerkung Rn. 30 ff.).

5. Ausnahme historisches/touristisches Interesse. Die Ausnahme für historische und touristische Verkehr ist vor allem deklaratorisch zu sehen, da hier nicht die Personenbeförderung im Sinne der Ortsveränderung Hauptzweck ist, sondern die **Fahrt als Ziel an sich**. Dies bedeutet, dass der Begriff „touristischer Zweck" eng zu verstehen ist, und der Verkehr selbst Gegenstand des touristischen Interesses sein muss. Es reicht nicht aus, dass der Verkehr überwiegend oder ganz ausschließlich von Touristen genutzt wird. Es ist nicht ausgeschlossen, dass der Verkehr auch zum Zwecke der Ortsveränderung genutzt wird, wie zB bei Hop-on-Hop-off Bussen üblich, gleichwohl muss der Verkehr selbst zB aufgrund der historischen Fahrzeuge, historischen Betriebsverfahren oder den touristischen Erläuterungen während der Fahrt im Mittelpunkt stehen.

6. Anwendungsoption Schiffsverkehr. Schließlich bestimmt Art. 1 Abs. 2 S. 3 die Option für die Mitgliedstaaten, die VO auch auf den Binnenschiffsverkehr[11] anzuwenden. Dies bietet den Vorteil, dass sowohl Ausschließlichkeitsrechte als auch Ausgleichsleistungen auf klarer rechtssicherer gemeinschaftsrechtlicher Grundlage vergeben werden. Dabei besteht nur die Option der Vollanwendung, eine Teilanwendung ist nicht zulässig.[12] **Deutschland** hat allerdings bisher von der **Anwendungsoption keinen Gebrauch** gemacht. Daher gelten für Ausschließlichkeitsrechte und Ausgleichsleistungen die Regelungen des AEUV, insbesondere auch die Altmark Trans-Kriterien unmittelbar.

---

[10] S. KOM(2000) 7 endg. unter 2.2.
[11] Zu den grundlegenden Anforderungen im Gemeinschaftsrecht zählen hier VO (EWG) Nr. 3291/91 des Rates v. 16.12.1991 über die Bedingungen für die Zulassung von Verkehrsunternehmen zum Binnenschiffsgüter- und -personenverkehr innerhalb eines Mitgliedstaats, in dem sie nicht ansässig sind, ABl. 1991 L 373/1 und die VO (EG) Nr. 1356/96 des Rates v. 8.7.1996 über gemeinsame Regeln zu Verwirklichung der Dienstleistungsfreiheit im Binnenschiffsgüter- und -personenverkehr zwischen Mitgliedstaaten, ABl. 1997 L 175/7.
[12] S. dazu Schlussantrag GA *Wahl* beim EuGH v. 27.3.2014 – C 207/13, ECLI:EU:C:2014:198 = BeckRS 2014, 80640 – Wagenborg. Zum Urteil kam es aufgrund Klagerücknahme nicht mehr.

21 **7. Nah- und Fernverkehr.** Die VO ist ohne Rücksicht auf etwaige Unterscheidung nach der Entfernung für Nah- und Fernverkehr gleichermaßen anwendbar. Entsprechende Differenzierungen nach deutschem Recht aus § 2 RegG, § 2 Abs. 4 AEG, § 8 Abs. 1 PBefG sind insoweit **bedeutungslos.** Allerdings steht es den Mitgliedstaaten frei, die Instrumentarien der VO wie ausschließliche Rechte, öffentliche Dienstleistungsaufträge oder allgemeine Vorschriften nur für bestimmte Verkehrsarten zuzulassen.

22 **8. Hilfsleistungen im Verkehr.** Spiegelbildlich zur Kerndefinition eines Betreibers und der Möglichkeit, diverse Funktionen unabhängig vom Betreiber zu organisieren (→ Art. 2 Rn. 18 f.), **beschränkt** sich die **Anwendung** der PersonenverkehrsVO auf die **Sicherstellung von Verkehrsleistungen** durch einen Betreiber im öffentlichen Verkehr. Dies bedeutet, dass alle **Hilfsleistungen** bzw. vor- und nachgelagerten Leistungen nicht Anwendungsgegenstand der PersonenverkehrsVO sind. Dies gilt zB für die getrennte Vergabe von Vertriebsleistungen,[13] Vergabe von Fahrzeugpools,[14] Marketingleistungen, Leistungen des Kundendiensts, Werkstattförderung,[15] Fahrzeugförderung etc, auch wenn damit indirekt verbunden ist, dass öffentliche Verkehrsleistungen gefördert werden sollen.

V. Keine Anwendung Baukonzessionen

23 Die Nichtgeltung für Baukonzessionen nach Art. 1 Abs. 3 ist in der Praxis weitgehend bedeutungslos, da abgesehen von den in Art. 4 Abs. 7 S. 3 angesprochenen integrierten Projekten aus Planung, Aufbau und Betrieb von Nahverkehrssystemen (→ Art. 4 Rn. 39) Ausbau oder gar Bau keine Rolle spielt. Vielmehr werden Bauaufträge von Infrastrukturbetreibern oder integrierten Betreibern meist gesondert vergeben.

VI. Konkurrenzen und Abgrenzung

24 **1. Ausgleichszahlungen nach Altmark Trans.** Die Abgeltungsfinanzierung im Rahmen von Altmark Trans-Kriterien ist im Anwendungsbereich der PersonenverkehrsVO **bedeutungslos.** Dies hat seine Ursache im Anwendungsvorrang des Sekundärrechts. Bereits zur VO (EWG) Nr. 1191/69 hat der EuGH festgestellt, dass dies aufgrund ihrer Spezifizität und der Notwendigkeit Art. 93 AEUV durch Sekundärrecht auszugestalten, vorrangig ist. Die Altmark Trans-Kriterien wurden nur für den Fall entwickelt, dass die Mitgliedstaaten von der Bereichsausnahme in der VO (EWG) Nr. 1191/69 Gebrauch machen (→ Vorbemerkung Rn. 53 f.). Wenn diese Feststellung bereits im Verhältnis zwischen Art. 93 AUEV und den diesen ausregelnde VO (EWG) Nr. 1191/69 und ferner VO (EWG) Nr. 1107/70 galt, so gilt diese nun erst recht in Bezug auf die PersonenverkehrsVO, die neben Art. 93 AEUV nun umfassende die Niederlassungsfreiheit im öffentlichen Verkehr regelt.

25 Daher ist es irreführend, wenn die **Kommission** im Rahmen von Beihilfebeschwerdeverfahren die Anwendbarkeit der **Altmark Trans-Kriterien** prüft[16] und meist dann feststellt, dass diese nicht eingehalten sind, um so dann in eine Beihilfeprüfung einzusteigen

---

[13] Zur getrennten Vergabe von Vertriebsdienstleistungen s. zB *Kern/Noé* Verkehr und Technik 2016, 295 sowie den Fallbericht des BKartA v. 24.5.2016, B9-136/13 „Verpflichtungszusagen Vertrieb DB Fernverkehr".

[14] Zu Rechtsstreitigkeiten hieraus im Spannungsfeld zwischen Vergabe von Verkehrsleistungen und gesonderte Vergabe von Fahrzeugpools s. OLG Celle Beschl. v. 2.9.2004 – 13 Verg 11/04, NZBau 2005, 52; VK Sachsen Beschl. v. 4.2.2013 – 1/SVK/039-12, BeckRS 2013, 04345 und VK Münster Beschl. v. 2.10.2014 – VK 13/14, NZBau 2014, 721. Am Rande auch OLG Karlsruhe Beschl. v. 29.4.2016 – 15 Verg 1/16, NZBau 2016, 449 ff. sowie *Röbke* NZBau 2015, 216 ff.; *Strauß* VergabeR 2016, 23. Zur Notwendigkeit der Unterstützung bei Fahrzeugbeschaffung: *Engelshoven/Hoopmann* IR 2011, 279 ff.; *Hoopmann/Daubertshäuser/Wogatzki* DER NAHVERKEHR 7-8/2010, 4 ff.; *Mietzsch/Stockmann/Sporbeck* Verkehr und Technik 2016, 133.

[15] In der E der Kom. C(2017) 5740final v. 23.8.2017, Subject: SA.42525 (2017/N) – Slovakia – Workshops for light maintenance of trains, Rn. 37 stellt die Kom. fest, dass auf die Förderung von Werkstätten die PersonenverkehrsVO nicht anwendbar ist.

[16] E der Kom. K(2011)632 endg. v. 23.2.2011, über die staatliche Beihilfe C 58/2006 (ex NN 98/2005) Deutschlands für Bahnen der Stadt Monheim (BSM) und Rheinische Bahngesellschaft (RBG) im

und dann meistens die Beihilfen doch genehmigt. Ab dem Geltungsbeginn der PersonenverkehrsVO wäre es dagegen richtig, die Einhaltung der Abgeltungsvorschriften zu überprüfen und bei deren Verletzung die Beihilfeneigenschaft und gleichzeitig auch die Nichtgenehmigungsfähigkeit nach Gemeinschaftsrecht festzustellen. Denn das Sekundärrecht formt das Beihilfeverbot entsprechend aus und die Kommission wäre im Rahmen der Beihilfeaufsicht befugt, dieses ausgeformte Beihilfenverbot anzuwenden.

Abgeltungsbeihilfen nach **Altmark Trans** haben daher **nur** Bedeutung für nach **Art. 3 Abs. 3** von der VO ausgenommene allgemeine Vorschriften (→ Art. 3 Rn. 21 ff.) und für den **Binnenschiffsverkehr,** soweit er nicht der Anwendung der VO unterliegt, für der VO nicht unterfallenden Beförderungen zu touristischen und historischen Zwecken, sowie für Seilbahnen und dergleichen. 26

2. Abgeltungsbeihilfen nach Art. 93 AEUV. Ebenfalls wird der direkte Rückgriff auf Art. 93 AEUV im Rahmen der Anwendbarkeit der VO gesperrt. Die PersonenverkehrsVO füllt insoweit Art. 93 AEUV vollständig aus, sodass – wie im Rahmen der Altmark Trans-Rechtsprechung unter Geltung der VO (EWG) Nr. 1191/69 – ein unmittelbarer **Rückgriff auf Art. 93 gesperrt** ist. Dort, wo die Altmark Trans-Kriterien zur Feststellung einer Beihilfeeigenschaft mangels Anwendbarkeit PersonenverkehrsVO festgestellt werden können, ist zur Rechtfertigung Art. 93 AEUV denkbar. Dies dürfte vor allem Fälle betreffen, in denen das vierte Kriterium nicht eingehalten wird. Auf dieser Linie liegt der DAWI-Beschl. der KOM, der Ausgleichszahlungen auch bei nicht effizient geführten Unternehmen mit Verletzung des vierten Altmark Trans-Kriterium zulässt, sofern kein unangemessener Gewinn entsteht.[17] 27

3. Koordinierungsbeihilfen nach Art. 93 AEUV. Dagegen regelt die PersonenverkehrsVO die Koordinierungsfunktion von Abgeltungsbeihilfen im Personenlandverkehr nur im Reflex[18] und hat keinen eigenen Regelungsgehalt zu Koordinierungsbeihilfen. Daher ist der unmittelbare Rückgriff auf den Rechtfertigungsgrund koordinierender Beihilfen im Verkehr weiterhin möglich. 28

4. Rahmen für Dienstleistungen von allgemeinen wirtschaftlichem Interesse. Ursprünglich waren auch die PersonenverkehrsVO sowie die Regelungen im DAWI-Paket der EU 2011 strikt voneinander getrennt. So gelten die entsprechenden Regelungen nicht im Bereich des Personenlandverkehrs.[19] Allerdings wurde im Rahmen der **DAWI-De-Minimis-VO** für Dienstleistungen von allgemeinem wirtschaftlichem Interesse hiervon abgewichen. Gemäß Erwägungsgrund 4 DAWI-De-Minimis-VO gelten im Personenkraftverkehr Ausgleichsleistungen bis zu 500.000 EUR in drei Jahren als nicht handelsberührend und wettbewerbsverfälschend. Art. 1 Abs. 2 DAWI-De-Minimis-VO nennt verschiedene Nichtanwendungsfälle, insbesondere auch den Straßengüterverkehr. Der Personenverkehr 29

Verkehrsverbund Rhein-Ruhr, ABl. 2011 L 210/1, Rn. 143 ff.; E der Kom. C(2013)6251 final v. 2.10.2013, State aid Measure SA.33037 (C/2012) – Italy Compensation of Simet SpA for public transport services provided between 1987 and 2003, Rn. 90 f.; E der Kom. C(2014)133 corr. v. 22.1.2014, Staatliche SA.34155 (2013/N) (ex 2011/PN) – Deutschland; Landesgesetz des Landes Rheinland-Pfalz über den Ausgleich von gemeinwirtschaftlichen Verpflichtungen im Ausbildungsverkehr Rn. 28 ff.; zuletzt noch E der Kom., C(2015)3657 final v. 4.6.2015 – State Aid SA.34403 (2015/NN) (ex 2012/CP) – United Kingdom – Alleged unlawful State aid granted by Nottinghamshire and Derbyshire County Councils to community transport organisations Rn. 37. Diese E wurde mit E der Kom. (EU) 2016/2084 fin. v. 10.6.2016, State aid SA.38132 (2015/C) (ex 2014/NN) – additional PSO compensation for Arfea Rn. 93 offenbar aufgegeben.

[17] Kom., Gemeinschaftsrahmen für staatliche Beihilfen, die als Ausgleich für die Erbringung öffentlicher Dienstleistungen gewährt werden, ABl. 2005 C 297/4, Ziff 1.3; Beschl. d. Kom. v. 12.12.2011 über die Anwendung von Art. 106 Abs. 2 AEUV auf staatliche Beihilfen in Form von Ausgleichsleistungen zugunsten bestimmter Unternehmen, die mit der Erbringung von Dienstleistungen von allgemeinem wirtschaftlichem Interesse betraut sind, ABl. 2012 L 7/3.
[18] *Berschin* in Baumeister RdÖPNV A1 Rn. 211.
[19] Art. 2 Abs. 5 Beschl. d. Kom. v. 12.12.2011 über die Anwendung von Art. 106 Abs. 2 AEUV auf staatliche Beihilfen in Form von Ausgleichsleistungen zugunsten bestimmter Unternehmen, die mit der Erbringung von Dienstleistungen von allgemeinem wirtschaftlichem Interesse betraut sind, ABl. 2012 L 7/3.

selbst wird nicht genannt, obwohl in anderen Rechtsakten im Bereich der Dienstleistungen von allgemeinen wirtschaftlichen Interessen der Anwendungsvorrang der PersonenverkehrsVO benannt wird. Der späterer Erlass der Kommissionsentscheidung sowie die explizite Benennung im Erwägungsgrund 4 DAWI-De-Minimis-VO sprechen eher für einen Vorrang dieser,[20] die eher spezielleren Regelungen in der PersonenverkehrsVO sowie der höhere Gesetzesrang streiten dagegen eher für eine abschließende Regelung der PersonenverkehrsVO.[21] Der Widerspruch ist daher so aufzulösen, dass auch im Anwendungsbereich der PersonenverkehrsVO für **Abgeltungsbeihilfen parallel die DAWI-De-Minimis-VO anwendbar ist**.[22] Allerdings erschöpft sich ihr Regelungsgehalt in der Zulässigkeit von Abgeltungsbeihilfen. Sofern ausschließliche Rechte oder vergleichbare den Marktzugang regelnde Rechte vergeben werden sollen, ist dagegen die PersonenverkehrsVO alleine maßgebend. Ausgeschlossen ist ein Aufsplitten in mehrere gemeinwirtschaftliche Leistungen oder eine Kombination mit den Ausgleichszahlungen nach PersonenverkehrsVO.

30   **5. RL 2006/111/EG (EG-Transparenz-Richtlinie).** Die EG-Transparenz-Richtlinie ist gem. Art. 1 Abs. 2 RL 2006/111/EG unbeschadet weiterer Gemeinschaftsregelungen auf alle von ihr umfassten Unternehmen anzuwenden. Wenngleich der Anhang der VO gesonderte Abrechnungsregelungen einschließlich der Vorgaben zu getrennten Büchern vorhält und die Mitgliedstaaten gegenüber der Kommission nach Art. 6 Abs. 2 umfassend auskunftspflichtig sind, steht die RL 2006/111/EG zunächst neben der PersonenverkehrsVO. Die Richtlinie ist zunächst nicht anzuwenden, soweit der Jahresumsatz unter 40 Mio. EUR liegt (Art. 5 Abs. 1 lit. d RL 2006/111/EG). Sie gilt auch nicht, soweit Ausgleichsleistung und/oder ausschließliche Rechte im Rahmen eines offenen, transparenten und nicht diskriminierenden Verfahren erlangt wurden (Art. 5 Abs. 2 lit. c RL 2006/111/EG). Schließlich ist positive Voraussetzung, dass die zur Führung getrennter Bücher verpflichteten Unternehmen auf Basis von Ausschließlichkeitsrechten tätig sind, einen Ausgleich für die Erbringung gemeinwirtschaftlicher Leistungen erhalten und zudem noch andere Tätigkeiten ausüben (Art. 2 lit. d RL 2006/111/EG). Im Ergebnis dürfte die EG-Transparenz-Richtlinie nur Anwendung auf öffentliche Verkehrsunternehmen als Begünstigte von Direktvergaben finden, soweit sie noch andere Geschäftsbereiche außerhalb der Betrauung mit gemeinwirtschaftlichen Pflichten aufweisen. Dies dürfte die **parallele** und nicht systematisch mit PersonenverkehrsVO abgestimmte **Anwendbarkeit** der EG-Transparenz-Richtlinie erheblich einschränken.

Art. 2 Begriffsbestimmungen

Im Sinne dieser Verordnung bezeichnet der Ausdruck
a) „öffentlicher Personenverkehr" Personenbeförderungsleistungen von allgemeinem wirtschaftlichem Interesse, die für die Allgemeinheit diskriminierungsfrei und fortlaufend erbracht werden;
   aa) „öffentliche Schienenpersonenverkehrsdienste" den öffentlichen Schienenpersonenverkehr mit Ausnahme des Personenverkehrs auf anderen schienengestützten Verkehrsträgern wie Untergrund- oder Straßenbahnen;
b) „zuständige Behörde" jede Behörde oder Gruppe von Behörden eines oder mehrerer Mitgliedstaaten, die zur Intervention im öffentlichen Personenverkehr in einem bestimmten geografischen Gebiet befugt ist, oder jede mit einer derartigen Befugnis ausgestattete Einrichtung;
c) „zuständige örtliche Behörde" jede zuständige Behörde, deren geografischer Zuständigkeitsbereich sich nicht auf das gesamte Staatsgebiet erstreckt;

---

[20] So auch Saxinger/Winnes/*Faber* RdÖPV Art. 9 Rn. 33 f.
[21] S. dazu *Heiß* VerwArch 2009, 113 (129); *Winnes/Schwarz/Mietzsch* EuR 2009, 290 (291 f.) und *Núñez Müller* → 1. Aufl. 2011, Sektoren Rn. 529 ff.
[22] So auch Auslegungsmitteilung PersonenverkehrsVO Nr. 2.4.1.

d) „Betreiber eines öffentlichen Dienstes" jedes privat- oder öffentlich-rechtliche Unternehmen oder jede Gruppe von privat- oder öffentlich-rechtlichen Unternehmen, das/die öffentliche Personenverkehrsdienste betreibt, oder eine öffentliche Einrichtung, die öffentliche Personenverkehrsdienste durchführt;
e) „gemeinwirtschaftliche Verpflichtung" eine von der zuständigen Behörde festgelegte oder bestimmte Anforderung im Hinblick auf die Sicherstellung von im allgemeinen Interesse liegenden öffentlichen Personenverkehrsdiensten, die der Betreiber unter Berücksichtigung seines eigenen wirtschaftlichen Interesses nicht oder nicht im gleichen Umfang oder nicht zu den gleichen Bedingungen ohne Gegenleistung übernommen hätte;
f) „ausschließliches Recht" ein Recht, das einen Betreiber eines öffentlichen Dienstes berechtigt, bestimmte öffentliche Personenverkehrsdienste auf einer bestimmten Strecke oder in einem bestimmten Streckennetz oder Gebiet unter Ausschluss aller anderen solchen Betreiber zu erbringen;
g) „Ausgleichsleistung für gemeinwirtschaftliche Verpflichtungen" jeden Vorteil, insbesondere finanzieller Art, der mittelbar oder unmittelbar von einer zuständigen Behörde aus öffentlichen Mitteln während des Zeitraums der Erfüllung einer gemeinwirtschaftlichen Verpflichtung oder in Verbindung mit diesem Zeitraum gewährt wird;
h) „Direktvergabe" die Vergabe eines öffentlichen Dienstleistungsauftrags an einen bestimmten Betreiber eines öffentlichen Dienstes ohne Durchführung eines vorherigen wettbewerblichen Vergabeverfahrens;
i) „öffentlicher Dienstleistungsauftrag" einen oder mehrere rechtsverbindliche Akte, die die Übereinkunft zwischen einer zuständigen Behörde und einem Betreiber eines öffentlichen Dienstes bekunden, diesen Betreiber eines öffentlichen Dienstes mit der Verwaltung und Erbringung von öffentlichen Personenverkehrsdiensten zu betrauen, die gemeinwirtschaftlichen Verpflichtungen unterliegen; gemäß der jeweiligen Rechtsordnung der Mitgliedstaaten können diese rechtsverbindlichen Akte auch in einer Entscheidung der zuständigen Behörde bestehen:
– die die Form eines Gesetzes oder einer Verwaltungsregelung für den Einzelfall haben kann oder
– die Bedingungen enthält, unter denen die zuständige Behörde diese Dienstleistungen selbst erbringt oder einen internen Betreiber mit der Erbringung dieser Dienstleistungen betraut;
j) „interner Betreiber" eine rechtlich getrennte Einheit, über die eine zuständige örtliche Behörde – oder im Falle einer Gruppe von Behörden wenigstens eine zuständige örtliche Behörde – eine Kontrolle ausübt, die der Kontrolle über ihre eigenen Dienststellen entspricht;
k) „Wert" den Wert eines Verkehrsdienstes, einer Strecke, eines öffentlichen Dienstleistungsauftrags oder einer Ausgleichsregelung des öffentlichen Personenverkehrs, der den Gesamteinnahmen – ohne Mehrwertsteuer – des Betreibers oder der Betreiber eines öffentlichen Dienstes entspricht, einschließlich der Ausgleichsleistung der Behörden gleich welcher Art und aller Einnahmen aus dem Fahrscheinverkauf, die nicht an die betroffene zuständige Behörde abgeführt werden;
l) „allgemeine Vorschrift" eine Maßnahme, die diskriminierungsfrei für alle öffentlichen Personenverkehrsdienste derselben Art in einem bestimmten geografischen Gebiet, das im Zuständigkeitsbereich einer zuständigen Behörde liegt, gilt;
m) „integrierte öffentliche Personenverkehrsdienste" Beförderungsleistungen, die innerhalb eines festgelegten geografischen Gebiets im Verbund erbracht

werden und für die ein einziger Informationsdienst, eine einzige Fahrausweisregelung und ein einziger Fahrplan besteht.

Übersicht

	Rn.
I. Öffentlicher Personenverkehr	1–12
1. Allgemein (lit. a)	1–8
2. Konsequenzen für Taxi- und Mietwagenverkehre	9
3. Konsequenzen für Sonderformen des Linienverkehrs	10
4. Konsequenzen für freigestellten Schülerverkehr	11
5. Schienenpersonenverkehrsdienst (lit. aa)	12
II. Zuständige Behörden	13–16
1. Sachlich zuständige Behörde (lit. b)	13, 14
2. Örtlich zuständige Behörde (lit. c)	15, 16
III. Betreiber (lit. d)	17–19
IV. Gemeinwirtschaftliche Verpflichtung (lit. e)	20–22
V. Öffentlicher Dienstleistungsauftrag (lit. i)	23
VI. Ausschließliches Recht (lit. f)	24–38

	Rn.
1. Verhältnismäßiges ausschließliches Recht	24
2. Abgrenzung zum besonderen Recht	25
3. Folgen für die deutsche Regulierungsordnung im PBefG	26–38
a) Altunternehmer	29
b) Schutz gegen Marktzutritt	30, 31
c) Verhältnis Linien- zu Taxenverkehr	32
d) Taxikontigentierung	33–35
e) Liberalisierung im Mietwagenverkehr	36–38
VII. Finanzielle Kompensation	39, 40
1. Ausgleichsleistung (lit. g)	39
2. Wert des Verkehrsdienstes oder Ausgleichsleistung (lit. k)	40
VIII. Allgemeine Vorschrift (lit. l)	41–43
IX. Direktvergaben	44, 45
1. Interner Betreiber (lit. j)	44
2. Integrierter Verkehrsdienst (lit. m)	45

I. Öffentlicher Personenverkehr

1 **1. Allgemein (lit. a).** Die Verordnung erfasst nur Markteingriffe in den **öffentlichen Personenverkehr,** der in den anderen Sprachfassungen durchweg als „public transport" bzw. die jeweiligen Übersetzungen bezeichnet wird. Dies ist semantisch vom **privaten Personenverkehr** abzugrenzen. Als privat gelten unzweifelhaft die selbst gesteuerten Verkehrsmittel des Individualverkehrs wie Personenkraftwagen, Kraftrad oder auch Fahrrad. Dies umfasst auch etwaige Mitnahme und Gefälligkeitsfahrten, die nicht das Niveau der berufsmäßigen Personenbeförderung erreichen (→ Vorbemerkung Rn. 20 f.). Auf der anderen Seite steht der **Linienverkehr,** der nach gemeinschaftlicher Auffassung unbestritten als öffentlicher Verkehr gilt. Zwischen diesen Polen gibt es **verschiedenste Spielarten** zwischen Privatverkehr einerseits und öffentlichen Linienverkehr andererseits, die vor allem im Zeitalter der Digitalisierung durch die Möglichkeiten des Zusammenstellens von spontanen Fahrgemeinschaften ganz neue Perspektiven eröffnen. Die Kommission ist der Auffassung, dass Verkehre, die nur auf Bestellung und damit nicht nach einem festen Fahrplan und nur für einen Teil der Bevölkerung wie zB Ältere, behinderte Menschen angeboten werden, nicht der PersonenverkehrsVO unterfallen.[1] Tatsächlich ist dies aber vom Wortlaut der PersonenverkehrsVO nicht gedeckt, da die von der Kommission genannten Merkmale wie Fahrplangebundenheit oder Mitnahme von Jedermann so nicht in der VO vorkommen. Vielmehr verwendet Art. 2 lit. a die Merkmale „allgemeines wirtschaftliches Interesse", „für die Allgemeinheit"; „fortlaufend" und „diskriminierungsfrei".

2 **Entstehungsgeschichtlich** ersetzt die PersonenverkehrsVO die **VO (EWG) Nr. 1191/69,** die ebenfalls in ihrer letzten Fassung der VO (EWG) Nr. 1893/91 für sich einen sehr weiteren Anwendungsbereich reklamierte. Auch hier waren alle Verkehrsdienste eingeschlossen, also auch solche mit Personenkraftwagen. Lediglich durch die Ausnahmemöglichkeit nach Art. 1 Abs. 1 UAbs. 2 VO (EWG) Nr. 1191/69 idF 1893/91 für Verkehrsunternehmen

---

[1] Zuletzt noch E der KOM, C(2015)3657 final v. 4.6.2015 – State Aid SA.34403 (2015/NN) (ex 2012/CP) – United Kingdom -Alleged unlawful State aid granted by Nottinghamshire and Derbyshire County Councils to community transport organisations Rn. 55.

mit nur örtlicher und regionaler Tätigkeit hatte die VO letztlich für viele Bereiche im öffentlichen Verkehr zunächst keine praktische Relevanz. Gleichwohl war von der Konzeption der Aufhebungs- bzw. Abgeltungsanspruch für Verpflichtungen des öffentlichen Dienstes sehr weit gefasst. Definiert in Art. 2 Abs. 2 VO (EWG) Nr. 1191/69 umfasste dies die Betriebs-, Beförderungs- und Tarifpflicht. Die Betriebspflicht nach Art. 2 Abs. 3 VO (EWG) Nr. 1191/69 mit ihren Vorgaben zu Kontinuität, Regelmäßigkeit und Kapazität bezog sich nicht nur auf Strecken, sondern auch auf den Betrieb von per Konzession übertragenen Einrichtungen, was zB der Pflichtfahrbereich im Taxenverkehr sein konnte. Die Beförderungspflicht nach Art. 2 Abs. 4 VO (EWG) Nr. 1191/69 war jedwede Beförderung zu festgesetzten Tarifen und gemäß Tarifpflicht nach Art. 2 Abs. 5 VO (EWG) Nr. 1191/69 waren von zuständigen Behörden festgesetzte nicht kostendeckende und damit nicht marktadäquate Tarife umfasst. Dabei war es ausreichend, wenn bestimmte einzelne Tarife, zB für eine Kurzstreckenfahrt im Taxenverkehr, bereits nicht auskömmlich waren. Aus der VO (EWG) Nr. 1191/69 gibt es daher keine Anhaltspunkte, dass die Personenverkehrsdienstleistungen des allgemeinen wirtschaftlichen Interesses – vormals Verpflichtungen des öffentlichen Dienstes („service public") – im Sinne von „Fahrplaneinhaltung" und „für Jedermann zugänglich" auszulegen waren. Allerdings sind keine Fälle bekannt, in denen sich etwa Taxiunternehmen die Befreiung von Pflichten beantragt hätten oder in denen Mitgliedstaaten solche Verkehre vom Anwendungsbereich der VO (EWG) Nr. 1191/69 ausgenommen hätten. Vielmehr **reichte** es aus, dass eine **Betriebspflicht-, Beförderungs- oder Tarifpflicht** bestand. Wie das Beispiel der Tarifpflicht eindrücklich zeigt, konnte dabei die Regulierung auch zugunsten einzelner Fahrgastgruppen erfolgen (Ankunft in fremder Stadt, Kurzstreckenfahrten etc).

Die parallelen europäischen Regelungen des Marktzugangs nach **VO (EG) Nr. 1071/ 3 2009 und VO (EG) Nr. 1073/2009** geben hingegen keinen weiteren Aufschluss zum Begriff „ öffentliche Personenverkehrsdienste". Art. 2 Nr. 2 VO (EG) Nr. 1071/2009 zum subjektiven Berufszugang definiert lediglich den Beruf des Personenkraftverkehrsunternehmers. Dies ist die entgeltliche Personenbeförderung für die Öffentlichkeit oder für bestimmte Benutzergruppen mit Kraftomnibussen. In Art. 3 Abs. 1 VO (EG) Nr. 1073/ 2009 wird der freie Dienstleistungsverkehr für alle gewerblichen Kraftverkehrsunternehmen festgestellt. Lediglich in Bezug auf die Verkehrsform des grenzüberschreitenden Linienverkehrs wird ein Prüfungsverfahren festgelegt, um insbesondere öffentliche Dienstleistungsaufträge zu schützen (Art. 8 Abs. 4 VO (EG) Nr. 1073/2009). Weiterhin enthält die VO Einschränkungen des Gelegenheitsverkehrs durch das Merkmal der vorab gebildeten Gruppe (Art. 2 Nr. 4 VO (EG) Nr. 1073/2009). Damit ist aber nicht verbunden, dass die Dienstleistungsfreiheit auf diesen Typ festgelegt ist (→ Vorbemerkung Rn. 33), vielmehr enthält Art. 5 Abs. 3 VO (EG) 1073/2009 eine Auffangklausel in Bezug auf Gelegenheitsverkehre, die Linienverkehren vergleichbar sind und auf dessen Benutzer ausgerichtet sind. Diese wäre überflüssig, wenn es abschließend festgelegte Verkehrsformen gäbe. Insofern kann aus der VO der öffentliche Personenverkehrsdienst allenfalls aus den Schutzklauseln zugunsten von Linienverkehr als Reflex gewonnen werden. Auch die **Busgastrechte-VO**[2] verwendet nur die Begriffe „Linienverkehr" für nicht näher bestimmte Gruppen von Fahrgasten in Abgrenzung zu Sonderformen des Linienverkehrs und den Gelegenheitsverkehr (Art. 2 Abs. 1 und 3 Busgastrechte-VO). Die **RL 2001/85/EG**[3] schließlich enthält bei den Fahrzeuganforderungen überhaupt keine Differenzierungen, auch nicht im Hinblick auf Linien- oder Gelegenheitsverkehr. Sie stellt vielmehr im Anhang I unter 2.1.1.1 darauf ab, ob das Fahrzeug für Strecken mit zahlreichen Haltestellen ausgelegt ist und ob stehende Fahrgäste vorgesehen sind. Insgesamt ist festzustellen, dass der Begriff „**öffentlicher Personenverkehr" im Gemeinschaftsrecht nicht vorgeprägt** ist und am ehesten in der Tradition

---

[2] VO (EU) Nr. 181/2011 des EP und des ER v. 16.2.2011 über die Fahrgastrechte im Kraftomnibusverkehr und zur Änderung der Verordnung (EG) Nr. 2006/2004, ABl. L 55/1.
[3] RL 2001/85/EG des EP und des ER v. 20.11.2001 über besondere Vorschriften für Fahrzeuge zur Personenbeförderung mit mehr als acht Sitzplätzen außer dem Fahrersitz und zur Änderung der Richtlinien 70/156/EWG und 97/27/EG, ABl. 2002 L 42/1.

der Verpflichtungen des öffentlichen Dienstes steht. Diese Tradition wird durch den Begriff der Dienstleistungen von allgemeinem wirtschaftlichem Interesses fortgeführt und spricht für einen Ansatz der eher von den **einwirkenden öffentlichen Interessen** ausgeht und weniger von den jeweils national vorgefundenen und notwendigerweise divergierenden Bezeichnungen, die vor allem aus der Historie des Typenzwangs der Personenbeförderung resultieren.

4   In den Erwägungsgründen der **PersonenverkehrsVO** werden die Begriffe „**öffentlicher Personenverkehr(sdienst)**" (zB in Erwägungsgründen 4, 5, oder 10, Art. 2 lit. a) und „**Personenverkehr des öffentlichen Dienstes**" (zB Erwägungsgründe 5, 6, 7, 9 oder 10, Art. 1 Abs. 1) **synonym** verwandt. Art. 2 lit. d bestätigt dieses Verständnis. Über den Begriff des öffentlichen Dienstes als service public wird auch unmittelbar die **Kontinuität** zur VorgängerVO (EWG) Nr. 1191/69 hergestellt. Daher sind die Begriffe „Allgemeinheit", „diskriminierungsfrei" und „fortlaufend" in diesem Zusammenhang auszulegen.

5   **Allgemeinheit** bedeutet demnach entgegen der landläufigen Auffassung,[4] die dies mit Öffentlichkeit gleichsetzt, gerade nicht, dass „Jedermann" Zugang zu diesen Diensten haben muss. Vielmehr müssen diese **Dienste der Öffentlichkeit** in dem Sinne **gewidmet** sein, dass sie einen **öffentlichen Zweck** erfüllen. Die Beschränkung auf **bestimmte Nutzergruppen** kann Ausdruck eines besonderen Zwecks sein, weil die Beförderung, zB für Behinderte oder Schüler, auf die entsprechenden Anforderungen der Nutzer zugeschnitten sind.[5] Dies beseitigt aber nicht den Charakter von Dienstleistungen von allgemeinem wirtschaftlichem Interesse. Es liegt in der Natur der Sache, dass Dienstleistungen von allgemeinem wirtschaftlichem Interesse auf bestimmte Benutzergruppen ausgerichtet sind. So sind Krankenhäusern kranken Menschen vorbehalten, Schulen schulpflichtigen und schulfähigen Kindern usw. Schließlich wäre es auch innerhalb der PersonenverkehrsVO ein Wertungswiderspruch, wenn nach Art. 3 Abs. 3 Tarife für bestimmte Fahrgastgruppen vorgegeben werden können, aber die PersonenverkehrsVO nicht ermöglicht, Dienstleistungen zu finanzieren, die zur Personenbeförderung im öffentlichen Interesse notwendig sind. Daneben ist die Abgrenzung zwischen Verkehren, die **formal nur einer Nutzergruppe** vorbehalten sind und Verkehren, die **faktisch** nur von einer Nutzergruppe genutzt werden können, geradezu unmöglich. Dies ergibt sich beispielsweise dann, wenn die Busse im Schülerverkehr nur die Schule als Ziel ansteuern und zudem ein Einstieg aufgrund von Kapazitätsproblemen für weitere Fahrgäste faktisch nicht möglich wäre. Ebenso würden Fahrdienste für Rollstuhlfahrer zu einem besonderen Preis von weiteren Fahrgästen nicht genutzt, wenn klar ist, dass die Fahrzeuge auf eine besondere Nutzergruppe ausgerichtet sind sowie im Vergleich Fahrpreise und Anmeldeerfordernis diesen Spezialverkehr für andere Nutzer uninteressant machen. Gleichwohl bleibt dieser Verkehr von größtem öffentlichem Interesse.

6   Die **Diskriminierungsfreiheit** ist ein typischer Regelungsgegenstand von Dienstleistungen von allgemeinem wirtschaftlichem Interesse.[6] Damit ist gemeint, dass ein **gleichbehandelnder und universeller Zugang** gewährleistet wird. Er soll sicherstellen, dass nicht bestimmter Nutzer aufgrund geringer Kaufkraft, geringer Nutzung, Herkunft, Religion, Rasse, Geschlechts, Behinderung und vergleichbarer Merkmale diskriminiert werden. Die Forderung nach Diskriminierungsfreiheit ist somit Ausdruck des öffentlichen Zwecks, der immer erfordert, dass der Bevölkerung Leistungen zugute kommen, die unter dem strikten Gebot der Gleichbehandlung konzipiert werden. Hier stellen sich zahlreiche sachliche Fragen, wie insbesondere der Zugang für behinderte oder kranke Menschen zeigt. Nicht kann aber aus der Vorgabe „diskriminierungsfrei" gefolgert werden, dass jeder in Genuss der

---

[4] Saxinger/Winnes/*Winnes* RdÖPV Art. 2 lit. a Rn. 4.
[5] So schon *Berschin* in Baumeister RdÖPNV A1 Rn. 17. Zu der Erfüllung öffentlicher Verkehrsinteressen und damit ein „Dienen für die Allgemeinheit" durch einen Seniorenbus OVG Koblenz Urt. v. 24.5.2012 – 7 A 10246/12, NVwZ-RR 2012, 645 Rn. 28 f.
[6] Arbeitsunterlage der Kommissionsdienststellen: Leitfaden zur Anwendung der Vorschriften der Europäischen Union über staatliche Beihilfen, öffentliche Aufträge und den Binnenmarkt auf Dienstleistungen von allgemeinem wirtschaftlichem Interesse und insbesondere auf Sozialdienstleistungen von allgemeinem Interesse, SWD(2013) 53 fin2, 20.

Dienstleistungen kommen können muss. Denn Differenzierungen, die sich aus der Natur der Sache ergeben, sind auch unter Geltung des europäischen Diskriminierungsverbots aufgrund der Staatsangehörigkeit nach Art. 18 AEUV zulässig. Letztlich sind für etwaige Ungleichbehandlungen entsprechende sachliche Gründe, die verhältnismäßig sein müssen, darzustellen.

Am stärksten wird die – vermeintliche – Beschränkung der PersonenverkehrsVO auf 7 Linienverkehre oder vergleichbare Verkehre aus dem Wort **„fortlaufend"** herausgelesen.[7] Die anderen Sprachfassungen verwenden dabei eher die Begriffe mit der Bedeutung „kontinuierlich" oder „dauerhaft". Daraus wird deutlich, dass die Dienste **verlässlich und stabil** sein müssen. Nicht erforderlich ist, dass der Dienst in einem bestimmten Intervall (= Fahrplan) verkehrt. Dies kann aus dem Begriff „fortlaufend" nicht herausgelesen werden. Daher grenzt das Wort „fortlaufend" nur solche Dienste ab, die nur einmalig oder zufällig verkehren. Auch ggf. erst in der Zukunft sich ergebende oder bereitstehende Dienste[8] sind noch nicht verlässlich und in diesem Sinne fortlaufend.

Zusammenfassend gelten daher alle Personenverkehrsdienste als öffentlich, wenn sie im 8 öffentlichen Interesse so reguliert werden müssen, dass ein **Zugang aller** oder **zumindest einer abgegrenzten Zielgruppe ohne Weiteres** zu den festgelegten Bedingungen möglich ist und die **Dienstleistung in ihrem Bestand zumindest mittelfristig gesichert** ist. Der Zugang muss festgelegten Bedingungen der Kontinuität und Verlässlichkeit entsprechen, die durch die zuständige Behörde im öffentlichen Interesse festgelegt sind. Diese Definition knüpft damit an die vorangegangene Definition aus der VO (EWG) Nr. 1191/69 von auferlegten oder vereinbarten Betriebs-, Beförderungs- und Tarifpflichten an.

2. Konsequenzen für Taxi- und Mietwagenverkehre. Von daher **unterfallen auch** 9 **Taxiverkehre** der PersonenverkehrsVO, wenn mit der Regulierung von Betriebs-, Beförderungs- und Tarifpflicht bezweckt wird, ein allgemein zugängliches sowie fortlaufend und kontinuierlich bereitgestelltes Verkehrsmittel anzubieten.[9] § 8 Abs. 2 PBefG unterstreicht auch, dass insoweit der Taxenverkehr Bestandteil des ÖPNV ist.

3. Konsequenzen für Sonderformen des Linienverkehrs. Die gleiche Folge gilt 10 auch für **Sonderformen des Linienverkehrs** nach § 43 PBefG: Die Begrenzung auf bestimmte Nutzergruppen schließt nicht die Anwendung der PersonenverkehrsVO a priori aus. Vielmehr ist entscheidend die Zweckbestimmung. Werden die Verkehre im öffentlichen Interesse zur Sicherstellung einer ausreichenden Bedienung vorgehalten und sei es zB nur für Schüler, so unterfallen diese der PersonenverkehrsVO. Sind die Verkehre dagegen Gegenstand eines ausschließlich marktlichen Verhaltens, beispielsweise soweit Arbeitgeber für ihre Beschäftigten derartige Verkehre nachfragen, sind sie nicht Teil eines kontinuierlich und allgemein zugänglich bereitgestellten Personenverkehrs.

4. Konsequenzen für freigestellten Schülerverkehr. Schließlich sind **auch freige-** 11 **stellte Schülerverkehr in der Regel Gegenstand der PersonenverkehrsVO**,[10] da hiermit meist öffentliche Hoheitsträger im Interesse des Gemeinwohls die Mobilität bestimmter Bevölkerungsgruppen – hier Schüler – gewährleisten. Dies erfolgt im öffentlichen Interesse und ist kein Gegenstand eines normalen Marktgeschehens. Dass diese Ver-

---

[7] Hölzl → 1. Aufl. 2011, Rn. 6; Saxinger/Winnes/*Winnes* RdÖPV Art. 2 lit. a Rn. 6. Dagegen definiert KLPP/*Kaufmann* Rn. 8 fortlaufend nur als „nicht vorübergehend" und „nicht unregelmäßig".
[8] Arbeitsunterlage der Kommissionsdienststellen: Leitfaden zur Anwendung der Vorschriften der Europäischen Union über staatliche Beihilfen, öffentliche Aufträge und den Binnenmarkt auf Dienstleistungen von allgemeinem wirtschaftlichem Interesse und insbesondere auf Sozialdienstleistungen von allgemeinem Interesse, SWD(2013) 53 fin2, 26 f. zur Frage, ob eine Dienstleistung als DAWI definiert werden darf, wenn der Markt in der Zukunft voraussichtlich in der Lage ist, diese zu erbringen.
[9] Wie hier *Linke*, Die Gewährleistung des Daseinsvorsorgeauftrags im öffentlichen Personennahverkehr, 2010, 157. AA Saxinger/Winnes/*Saxinger* RdÖPV Art. 2 lit. a Rn. 6.
[10] So bereits *Berschin* in Baumeister RdÖPNV A1 Rn. 17.

kehre gem. § 1 Abs. 4 lit. d FreistllVO[11] von den Bestimmungen des PBefG freigestellt sind, ist insoweit unschädlich. Die weit verbreitete Gegenauffassung beruht auf dem Irrtum, dass allgemein zugängliche Personenverkehre nach PersonenverkehrsVO mit dem deutschen Begriff des öffentlichen Personen(nah)verkehrs identisch seien.[12]

12   **5. Schienenpersonenverkehrsdienst (lit. aa).** Der mit der ÄndVO neu eingefügte Art. 2 lit. aa definiert den öffentlichen Schienenpersonenverkehrsdienst als öffentlichen Personenverkehr mit Eisenbahnen. Eine inhaltliche Neuerung ist damit nicht verbunden. Motivation für die Definition sind die neu eingeführten Direktvergabemöglichkeiten in Art. 5, deren Anwendung sich ausschließlich auf öffentliche Schienenpersonenverkehrsdienste beschränkt. Die Definition ermöglicht es, entsprechend in Art. 5 auf die sonst jeweils erforderliche umständliche Klarstellung, welche Verkehrsdienste erfasst sind (keine Untergrund- oder Straßenbahnen oÄ), verzichten zu können.

II. Zuständige Behörden

13   **1. Sachlich zuständige Behörde (lit. b). Sachlich** ist für die Rechtsausübung der PersonenverkehrsVO jede Behörde oder auch eine Gruppe von Behörden **zuständig,** die mit entsprechender **Interventionsbefugnis** ausgestattet ist. Es ist jeweils **Sache der Mitgliedstaaten,** festzulegen, welche Behörde über welche Interventionsbefugnis verfügen soll. In Deutschland wird dies regelmäßig aufgrund des Gesetzesvorbehalts für die Regelung der Berufsfreiheit durch Gesetz geschehen müssen. Die Inhaberschaft über die zuständige Behörde ist dabei Rechtmäßigkeitsvoraussetzung für eine angekündigte Vergabe eines öffentlichen Dienstleistungsauftrags.[13] Die Bundesgesetze RegG und PBefG verweisen im ÖPNV bezüglich der zuständigen Behörde an den Landesgesetzgeber (§ 4 RegG und § 8a Abs. 1 S. 3 PBefG). Die Länder haben durchweg den Aufgabenträger zur zuständigen Behörde erklärt, wobei noch verschiedene Landesgesetze auf die VorgängerVO (EWG) Nr. 1191/69 Bezug nehmen, allerdings sind derartige Verweise dynamisch zu interpretieren und wirken nun auf die PersonenverkehrsVO.[14] Eine Ausnahme bildet Baden-Württemberg: Hier sind auch kreisangehörige Gemeinden zusätzlich zu den Landkreisen zuständige Behörde, wenn sie einen Stadtverkehr fördern, werden aber dadurch nicht Aufgabenträger (§ 6 Abs. 3 BWÖPNVG).

14   Die PersonenverkehrsVO zielt darauf, dass die Intervention jeweils in einem bestimmten geografischen Gebiet, ggf. sogar **auch grenzüberschreitend** ausgeübt wird. Dies weist darauf hin, dass die Befugnisse jeweils regional wahrgenommen werden sollen. Da aber die Mitgliedstaaten sehr unterschiedlich strukturiert sind, kann aus der Formulierung „bestimmtes geografisches Gebiet" nicht geschlossen werden, dass dies nicht einen gesamten Mitgliedstaat umfassen darf. Aus der VO folgt lediglich, dass Mitgliedstaat und zuständige Behörde getrennt betrachtet werden. Die Erwägungsgründe 17 und 18 ÄndVO unterstreichen dies.

15   **2. Örtlich zuständige Behörde (lit. c).** Die Festlegung des **örtlichen Zuständigkeitsbereichs** ist **Sache der Mitgliedstaaten.** Die PersonenverkehrsVO enthält lediglich zwei Maßgaben: Zum einen darf eine zuständige örtliche Behörde in Fällen des internen Betreibers nicht das gesamte Staatsgebiet umfassen. Damit soll verhindert werden, dass sich Direktvergaben an interne Betreiber auf das gesamte Staatsgebiet erstrecken und damit den Markt vollständig verschließen. Im durch die ÄndVO eingefügtem Art. 5 Abs. 2 UAbs. 2 wird dies für den Schienenverkehr dahingehend verschärft, dass in einer Gruppe von Behörden kein Mitgliedstaat beteiligt sein darf. Die Kommission ist dabei der Auffassung, dass

---

[11] Verordnung über die Befreiung bestimmter Beförderungsfälle von den Vorschriften des PBefG v. 30.8.1962, BGBl. 1962 Teil III 9240-1-1.
[12] VK Lüneburg Beschl. v. 15.5.2015 – VgK 09/2015, ZfBR 2015, 610. Wie hier *Bayreuther* → GWB § 131 Rn. 54.
[13] VK Südbayern Beschl. v. 15.10.2015 – Z3-3-3194-1-36-05/15, BeckRS 2016, 44456, unter II 1.2; VK Rheinland Beschl. v. 9.9.2017, VK VOL 13/2017, unter III.
[14] Zur Übersicht nach Ländern s. Saxinger/Winnes/*Winnes* RdÖPV Art. 2 lit. b Rn. 34 ff.

eine örtlich zuständige Behörde oder eine Gruppe von Behörden **den Verkehrsbedarf eines Verbundes oder Landkreis** abdecken muss.[15] Diese Einschränkung findet sich nicht im Verordnungstext und es ist auch sonst nicht erkennbar, warum eine Direktvergabe nach Art. 5 Abs. 2 sich auf den gesamten Zuständigkeitsbereich einer zuständigen Behörde erstrecken muss. Nach dem Ziel der VO Direktvergaben als Ausnahmefall anzusehen, ist jede Wettbewerbsvergabe – und betrifft sie auch nur ein Teil des Zuständigkeitsgebiets – eine bessere Erfüllung der Ziele der VO. Die einzige Voraussetzung nach Art. 5 Abs. 2 bleibt, dass bei einer Gruppe von Behörden zusätzlich die Integration der Verkehrsdienste in einem Verbund erforderlich ist. Dies bedingt allerdings nicht, dass die Direktvergabe sich deswegen auf den gesamten Verbund erstrecken muss.

Zum anderen ist durch die ÄndVO in Art. 1 Abs. 2 S. 2 an durchaus unpassender Stelle in die PersonenverkehrsVO eingefügt worden. Demnach soll sich die örtliche Zuständigkeit auch um **grenzüberschreitende Elemente** eines Verkehrs erstrecken. Allerdings steht dies unter der Voraussetzung der Zustimmung der anderen zuständigen Behörde. Sachlich hat sich durch diese Ergänzung keine Änderung ergeben **16**

III. Betreiber (lit. d)

Die Definition des Betreibers ist der der zuständigen Behörde gegenübergestellt. Da es sich um Dienstleistungen von **wirtschaftlichem** Interesse handelt, hat muss der Regulierung ein Unternehmen gegenüberstehen. Dabei kann im Rahmen der Eigenerstellung der Betreiber wiederum rechtlich selbst ein Teil der Körperschaft sein, die die zuständige Behörde stellt. Die Begriffsdefinition des lit. d erweitert dies um die Merkmale „betreibt" bzw. „durchführt". Damit soll zum Ausdruck gebracht werden, dass ein Betreiber sich dadurch qualifiziert, dass er **wesentliche Beiträge zur Sicherstellung der gemeinwirtschaftlichen Verpflichtung** leistet. Er ist also der **Verpflichtete** und kann niemals der Verpflichtende sein. Er muss die Vorgaben zur Selbsterbringung aus Art. 4 Abs. 7 und Art. 5 Abs. 2 lit. e sicherstellen können. **17**

Dabei ist durchaus offen, wie umfassend die vom Betreiber zu betreibenden **Wertschöpfungsstufen** sind. So wird bereits in Erwägungsgrund 14 klargestellt, dass die zuständige Behörde eine Reihe von weiteren Tätigkeiten und Funktionen neben dem Betrieb selber vorhalten kann oder damit auch Dritte beauftragen kann. Damit wird deutlich, dass die PersonenverkehrsVO keinen festen Begriff eines Betreibers mit ihm mindestens zu verantwortenden Wertschöpfungsstufen kennt, lediglich das Verwalten und Erbringen der Leistung in einem charakteristischem Kern ist ihm vorbehalten.[16] Daher können Tätigkeiten wie zB Vertrieb, Information, Kundendienst, Marketing, Infrastrukturvorhaltung, Fahrzeuggestellung, Werkstattleistungen oder gar Personalvorhaltung/Personalgestellung von den zuständigen Behörden als Bestandteil eines öffentlichen Dienstleistungsauftrags gegenüber einem Betreiber gesehen werden oder anderweitig vorgehalten werden. Allerdings muss ein Betreiber letztlich die **Kernleistung der Sicherstellung von Verkehrsleistungen** im Sinne der Ziele des Art. 1 Abs. 1 erbringen können. Diese Sicherstellung ist wesentlich näher mit dem Wort „Betrieb" als mit dem Verwalten verwandt. Erbringt er diese Erstellungsfunktion nicht, ist er kein Betreiber.[17] Daher sind die verschiedensten vorgenannten Hilfstätigkeiten selbst kein Gegenstand der PersonenverkehrsVO,[18] sondern bei Bedarf von den zuständigen Behörden nach allgemeinem Vergaberecht zu vergeben. **18**

Diese wirtschaftliche Betrachtungsweise der PersonenverkehrsVO **strikt zu trennen** von der juristischen Einstufung des **Unternehmens** nach deutschem **PBefG**. Dort ist der Unter- **19**

---
[15] Auslegungsmitteilung PersonenverkehrsVO Nr. 2.3.1 i).
[16] *Barth* DER NAHVERKEHR 10/2010, 24; *Berschin* in Baumeister RdÖPNV A1 Rn. 31 f.
[17] Die Gegenauffassung – *Linke* Verkehr und Technik 2010, 463; KLPP-*Kaufmann* Rn. 11; Saxinger/Winnes/*Saxinger* RdÖPV Art. 2 lit. f Rn. 13; *Hölzl* → 1. Aufl. 2011, Rn. 11 – beruft sich vor allem auf den Begriff des Verwaltens, kann aber nicht erläutern, was der Unterschied zum Sicherstellen ist.
[18] Wie hier Ziekow/Völlink/*Zuck*, 2. Aufl. 2014, Rn. 2; Saxinger/Winnes/*Saxinger* Art. 1 Abs. 2 Rn. 9. AA mit der deutschrechtlichen Begründung des weiten Begriffs öffentlicher Personennahverkehr: *Otting/Olegmöller/Tresselt* in Gabriel/Krohn/Neun VergabeR-HdB § 70 Rn. 18 f.

nehmer, welcher im eigenen Namen und unter eigener juristischer Verantwortung den Verkehr durchführt, kurz Vertragspartner der Fahrgäste werden will.[19] Dazu stellt er Fahrpläne auf und setzt Tarife fest. Die gesamte Durchführung kann dagegen vollständig Subunternehmer übertragen werden. Dieser Betreiber hat allenfalls das Verwalten der Leistungen in seinem Zuständigkeitsbereich, wobei sich dieses Verwalten nicht von den Tätigkeiten einer zuständigen Behörde unterscheiden würde, nämlich Festlegen von Fahrplänen, Tarifen, Qualitätsstandards und Kontrolle derselben. Daher kann hier von einer **funktional zuständigen Behörde** gesprochen werden. Dies wäre auch der einzige Anwendungsvoll, in dem eine zuständige Behörde Sektorenauftraggeber wäre, was in Art. 5 Abs. 1 als Möglichkeit gesehen wird.[20] Daher verbietet sich den europarechtlichen Begriff des Betreibers mit dem Unternehmensbegriff des PBefG zu vermischen. Aus dieser Vermischung rühren zahlreiche Fehleinschätzungen im Rahmen der Möglichkeiten zur Nutzung des steuerlichen Querverbunds.[21]

IV. Gemeinwirtschaftliche Verpflichtung (lit. e)

20   Der Begriff der gemeinwirtschaftlichen Verpflichtung führt den aus der VO (EWG) Nr. 1191/69 bekannten Begriff der Verpflichtung des öffentlichen Dienstes fort. Die Verpflichtung wird weiterhin negativ formuliert und umfasst all das, was der Betreiber nicht im eigenen kommerziellen Interessen von sich aus anbieten und übernehmen würde. Der Begriff ist dementsprechend wie das Allgemeininteresse **denkbar weit** und kann **alle zulässigen Regulierungsziele** umfassen. In diesem Rahmen verfügen die zuständigen Behörden über ein weites Ermessen.[22] Hierbei wird es in der Regel schwierig sein, für jede einzelne Pflicht zu ermitteln, ob und inwieweit hieraus wirtschaftliche Nachteile erwachsen, da meistens ein **Bündel gemeinwirtschaftlicher Pflichten** vergeben wird. Dies ist solange unkritisch, wie die Abrechnung über die gesamten Leistungen erfolgt (Bruttoansatz). Da hier alle Kosten und Erlöse berücksichtigt werden, kann darauf verzichtet werden, isoliert die jeweiligen Nachteile zu ermitteln (→ Anh. Rn. 3).

21   Anders verhält es sich, wenn nur eine **isolierte gemeinwirtschaftliche Pflicht**, zB Höchstpreise nach Art. 3 Abs. 2 oder auch nur einzelne Fahrten, vereinbart oder auferlegt wird. In diesem Fall muss die gemeinwirtschaftliche Pflicht genau feststehen und von dem kommerziellen Interesse abgegrenzt werden, da sich nur so genau der Umfang der Pflicht als Abweichung vom eigenen wirtschaftlichen Interesse feststellen und finanziell bewerten lässt.

22   Die gemeinwirtschaftliche Verpflichtung ist schließlich immer Spiegel der gewährten Vorzugstellung und steht so im **Gegenseitigkeitsverhältnis**. Sie entsteht also erst in Ansehung konkret vergebener Ausschließlichkeitsrechte und/oder Finanzierung. Werden dagegen nur allgemeine Anforderungen, wie zB allgemeine Vorschriften oder gar allgemeine Marktregulierungen aufgestellt, so entsteht hieraus keine gemeinwirtschaftliche Verpflichtung.

---

[19] StRspr, zuletzt BVerwG Urt. v. 27.8.2015 – 3 C 14.14, ECLI:DE:BVerwG:2015:270815U3C14.14.0 = NVwZ 2016, 695 Rn. 16 ff. mwN.
[20] *Barth* DER NAHVERKEHR 10/2010, 24 (25 f.); *Berschin* in Baumeister RdÖPNV A1 Rn. 30 f., 33; aA *Linke* Verkehr und Technik 2010, 463 (465); *Wittig/Schimanek* DER NAHVERKEHR 8/2008, 22 (25); *Knauff* NZBau 2012, 63 (70); Saxinger/Winnes/*Saxinger* RdÖPV Art. 2 lit. d Rn. 13 f.
[21] In dieser Konstruktion kann der ausgewählte Erbringer des Verkehrs Empfänger eines öffentlichen Dienstleistungsauftrags als Betreiber sein, während gleichzeitig das kommunale Verkehrsunternehmen Inhaber einer Linienverkehrsgenehmigung nach PBefG oder von Betriebsführungsrechten ist. Da nach deutschem Recht der Vergabe eines öffentlichen Dienstleistungsauftrags der Aufruf zu eigenwirtschaftlichen Genehmigungen nach § 8a Abs. 2 PBefG vorausgesetzt muss, bietet sich an, dass der Empfänger des öffentlichen Dienstleistungsauftrags die Linienverkehrsgenehmigungen beantragt und anschließend dem kommunalen Verkehrsunternehmen die Betriebsführungsrechte zum Zwecke der Nutzung des steuerlichen Querverbunds überträgt und gleichzeitig die Subunternehmerbeauftragung formidentisch zum öffentlichen Dienstleistungsauftrag erhält; dazu *Barth* DER NAHVERKEHR 10/2010, 24 (25).
[22] *Knauff* DVBl. 2006, 339 (341); *Heiß* VerwArch 2009, 113 (118); *Berschin* in Baumeister RdÖPNV A1 Rn. 21; Saxinger/Winnes/*Saxinger* RdÖPV Art. 2 lit. e Rn. 13; *Otting/Olegmöller/Tresselt* in Gabriel/Krohn/Neun VergabeR-HdB § 70 Rn. 21.

V. Öffentlicher Dienstleistungsauftrag (lit. i)

Der öffentliche Dienstleistungsauftrag (ÖDA) ist gem. Art. 3 Abs. das mit Abstand **wichtigste Interventionsinstrument** der VO. Er dokumentiert die gemeinwirtschaftlichen Pflichten und schafft einen Bezug und damit Berechnungsgrundlage für die entsprechenden Kompensationen durch Ausgleichsleistungen und/oder ausschließliche Rechte. Zweck des lit. i ist darzustellen, dass der öffentliche Dienstleistungsauftrag nicht nur eine Übereinkunft (= Vertrag[23]) zwischen zuständiger Behörde und Betreiber ist, sondern auch durch einseitige Verpflichtung aus Gesetz oder Verwaltungsakt begründet werden kann.[24] Insofern wird dort keine Übereinkunft im Sinne der Vertragsautonomie bekundet, sondern die anzuwendende Regelung unmissverständlich dargestellt. Weiterhin stellt lit. i klar, dass es auch gerade gegenüber einem internen Betreibers keiner Übereinkunft oder Vertrags bedarf. Vielmehr können die dortigen Bedingungen einseitig von der zuständigen Behörde per Weisung festgelegt werden.[25] Dies ist auch einsichtig, da bei einem internen Betreiber die zuständige Behörde ein hinreichendes Durchgriffsrecht haben muss (→ Art. 5 Rn. 29). 23

VI. Ausschließliches Recht (lit. f)

1. Verhältnismäßiges ausschließliches Recht. Die ausschließlichen Rechte werden in Art. 2 lit. f gemäß der gemeinschaftsrechtlichen Tradition als Exklusivrecht der Ausbeutung einer bestimmten Strecke, Netzes oder gar Gebiet definiert.[26] Dabei müssen aber ausschließliche Rechte nach den gemeinschaftsrechtlichen Grundsätzen **verhältnismäßig und genau bestimmt** sein, so müssen sie zB auf die Amortisationsdauer der Wirtschaftsgüter und den erforderlichen Raum begrenzt sein.[27] Daraus folgt, dass ausschließliche Rechte nur in bestimmen Merkmalen absolut sind, zB Uhrzeiten, Strecken, Verkehrsarten, Fahrpreise, Fahrplangebundenheit etc, dagegen werden sie in anderen Merkmalen eher offen oder undifferenziert sein.[28] Von daher sind ausschließliche Rechte letztlich nur **relative Rechte des partiellen Konkurrenzschutzes,** der einen Verkehr in seiner Auskömmlichkeit durch Abgrenzung gegenüber anderen Verkehren absichert. Diese Absicherung dient dem **Gegenleistungscharakter** der Verleihung eines ausschließlichen Rechts. Aus diesem Grunde umfassen ausschließliche Rechte auch ein etwaiges **Abstandsgebot zu anderen Verkehrsformen,** zB Bus zu Zugverkehr oder Linienverkehr zu einem Sammeltaxiverkehr. Denn diese müssen individuell unter besonderer Berücksichtigung der jeweiligen örtlichen Lage, den Merkmalen des geschützten Verkehrs und der Bedrohungslage durch etwaige konkurrierende Verkehre festgelegt werden. Ein pauschales Abstandsgebot aufgrund eines **Typenzwangs** ist dagegen **prima facie unverhältnismäßig.** Die Bezugnahme auf die Urheberschaft für ein ausschließliches Recht macht deutlich, dass die zuständige Behörde ein **individuelle Interventionsentscheidung** zu treffen hat, die jeweils in Ansehung der konkreten Umstände der Herstellung einer gemeinwirtschaftlichen Pflicht im Gegenzug für die Ausschließlichkeit. 24

2. Abgrenzung zum besonderen Recht. Wie in → Vorbemerkung Rn. 60 ff. dargestellt, regelt die PersonenverkehrsVO abschließend die für gemeinwirtschaftliche Verpflich- 25

---

[23] Die Qualifizierung als privatrechtlich oder öffentlich-rechtlich ist durchaus im Fluss. Die Verwaltungsgerichte haben immer vorgelegte Verkehrsverträge als öffentlich-rechtlich eingestuft: VG Gelsenkirchen Urt. v. 19.12.2008 – 14 K 2147/07, BeckRS 2009, 30968, Rn. 95 und VG Neustadt Urt. v. 20.2.2017 – 3 K 772.15.NW bzw. 3 K 1160.15.NW. Für grundsätzlich öffentlich-rechtlich sprechen sich *Sennekamp/Fehling* N&R 2009, 96 ff. und *Hölzl* → 1. Aufl. 2011, Art. 5 Rn. 131 aus.
[24] AllgM *Saxinger/Winnes/Saxinger* RdÖPV Art. 2 lit. i Rn. 16; Vorauf. *Hölzl* → Rn. 20.
[25] Für die Eigenerbringung ist dies unbestritten: *Knauff* DVBl. 2006, 339 (340); *Saxinger/Winnes/Saxinger* RdÖPV Art. 2 lit. i Rn. 14. *Berschin* in Baumeister RdÖPNV A1 Rn. 121.
[26] *Knauff* DVBl. 2006, 339 (348); *Sitsen* IR 2011, 76 (80); *Deuster* DÖV 2010, 591 (596) mwN.
[27] EuGH Urt. v. 23.5.2000 – C 209/98 – Slg. 2000, I-3743 Rn. 79 = ECLI:EU:C:2000:279 = JuS 2001, 87 – Sydhavnens Sten & Grus.
[28] Auf diesen relativen Charakter weisen auch *Linke,* Die Gewährleistung des Daseinsvorsorgeauftrags im öffentlichen Personennahverkehr, 2010, 174 f. und *Saxinger/Winnes/Saxinger* RdÖPV Art. 2 lit. f Rn. 10 hin.

tungen notwendigen Markteingriffe und beschränkt diese auf Ausgleichsleistungen und ausschließliche Rechte. Wie zuvor dargestellt, sind dabei ausschließliche Rechte durchaus relativ zu sehen und geben der Marktinterventionsbehörde ein flexibles Instrument an die Hand, den **erforderlichen Konkurrenzschutz herzustellen.** Einer Abstufung der PBefG-Liniengenehmigung im Sinne eines nur **besonderen Rechtes**[29] als Minus zum ausschließlichen Recht **bedarf es daher nicht** zur Herstellung der genannten Ziele von höherwertigeren, verlässlicheren und preisgünstigeren Dienstleistungen. Vielmehr dürfen sie wegen des Anwendungsvorrangs nach Art. 288 S. 2 AEUV nicht (mehr) angewandt werden.[30] Soweit das nationale Recht zuständige Behörden für die Umsetzung der PersonenverkehrsVO benennt und deren Marktinterventionen nicht einschränkt, sind diese zuständigen Behörden aufgerufen, die Instrumente der PersonenverkehrsVO anzuwenden.

26 **3. Folgen für die deutsche Regulierungsordnung im PBefG.** Vorstehendes hat **weitreichende Konsequenzen** für die deutsche Regulierungsordnung im PBefG. Zwar ist die Liniengenehmigung seit der Novellierung des PBefG zum 1.1.2013 nicht an sich ein ausschließliches Recht,[31] aber sie darf **nicht mehr so angewandt** werden, dass ihr eine **ausschließende Wirkung** zukommt. Die Rechtsfolge ist somit nicht die Unterwerfung der Genehmigungsbehörden als zuständige Behörden unter die PersonenverkehrsVO,[32] sondern eine durchweg **PersonenverkehrsVO konforme Anwendung der Schutzrechte** nach § 13 Abs. 2 Nr. 3 und Abs. 2b–5 PBefG,[33] die im Ergebnis den **gewohnten Schutz einer Liniengenehmigung weitgehend beseitigen** würde. Konsequenz ist ferner, dass das Gebilde des Genehmigungswettbewerbs insbesondere in der Form der Zusicherungen nach § 12 Abs. 1a PBefG und Auswahl des besten Antrags unter Berücksichtigung des Nahverkehrsplans durch die Genehmigungsbehörde nach § 13 Abs. 2b PBefG in sich zusammenbricht, weil mangels Konkurrenzschutz gar keine Auswahl zulässig ist.[34]

27 Die Regulierungsordnung des PBefG wurde im Rahmen der Anpassung des PBefG an die PersonenverkehrsVO mit Wirkung seit 1.1.2013 nur geringfügig angepasst. Zum einen wurde die Definition eigenwirtschaftlicher Verkehre nach § 8 Abs. 4 PBefG der Regelung der PersonenverkehrsVO angeglichen, zum anderen das Verfahren nach Art. 5 Abs. 3 durch § 8b PBefG ausgestaltet und der geforderte Rechtsschutz aus Art. 5 Abs. 7 in § 8 Abs. 7 PBefG umgesetzt. Die weitreichendste Änderung war die Verzahnung der Vergabe öffentlicher Dienstleistungsaufträge durch zuständige Behörden mit der Möglichkeit, eigenwirtschaftliche Anträge vorab zu stellen (§ 8a Abs. 2 PBefG und § 13 Abs. 2a PBefG). Dagegen wurde das Marktzugangssystem für kommerzielle (= eigenwirtschaftliche) Verkehre nicht angetastet. Mit der Schöpfung des Begriffs kommerzieller Verkehr sollte der Eindruck

---

[29] So *Werner* GewArch 2004, 89 (94 f.); Ipsen DER NAHVERKEHR 6/2008, 20 (21) jeweils noch zum alten Recht. Im neuen Recht: *Werner* in Baumeister RdÖPNV A3 Rn. 68 f. mit der Zuordnung zum Verbot der besonderen Rechte nach PersonenverkehrsVO.
[30] *Berschin* in Baumeister RdÖPNV A1 Rn. 28; iE auch *Saxinger* DVBl. 2008, 488 (494) und *Knauff* DVBl. 2006, 348.
[31] *Knauff* NZBau 2012, 65 (67); *Ipsen* DER NAHVERKEHR 2008, 2008, 20 (21); *Werner* in Baumeister RdÖPNV A3 Rn. 215 ff. *Saxinger/Winnes/Saxinger* RdÖPV Art. 2 lit. f Rn. 32 Fn. 35 bezeichnen dies sogar als „hM". Die Nachweise resultieren aber alle aus der Zeit vor der Novellierung des PBefG. In vergaberechtlicher Hinsicht bereits gegen eine Ausschließlichkeitsfunktion VK Baden-Württemberg Beschl. v. 14.3.2005 – 1 VK 05/05, IBRRS 2005, 2189 und VK Düsseldorf Beschl. v. 14.5.2004 – VK-7/2004 L, NZBau 2005, 62.
[32] Das ist die Rechtskonsequenz der Auffassung Betriebs-, Beförderungs- und Tarifpflichten sind per se gemeinwirtschaftliche Pflichten und dürfen nur noch den zuständigen Behörden ausgesprochen werden: *Winnes* DÖV 2009, 1139 ff.; *Deuster* DÖV 2010, 591 (596); *Sitsen* IR 2011, 76 (77); *Linke*, Die Gewährleistung des Daseinsvorsorgeauftrags im öffentlichen Personennahverkehr, 2010, 188; *Saxinger/Winnes/Saxinger* RdÖPV Art. 2 lit. f Rn. 39 f. Andeutend bereits *Saxinger* DVBl. 2008, 688 (692 ff.).
[33] Dezidiert: *Werner* in Baumeister RdÖPNV A3 Rn. 70; ebenso iErg „Es spricht einiges dafür, den Konzessionsschutz zu lockern": *Saxinger/Winnes/Saxinger* RdÖPV Art. 2 lit. f Rn. 52.
[34] Hieran wird deutlich, dass die Schutzrechte sehr wohl im Gegenzug für vermeintlich gemeinwirtschaftliche Pflichten übernommen werden. Zur entsprechenden Auffassung der mangelnden Gegenseitigkeit: *Fehling/Niehnus* DÖV 2008, 662 (667); *Ipsen* DER NAHVERKEHR 6/2008, 20 (21); *Roling* DVBl. 1210, 1213 (1217 f.); *Schaaffkamp/Oertel* Verkehr- und Technik 2010, 141 (144).

erweckt werden, Deutschland befinde sich hier gem. Erwägungsgrund 5 in einem deregulierten Marktumfeld.[35]

So gibt es für Linienverkehre **weiterhin die Bedürfnisprüfung für den Marktzutritt** 28 bei laufenden Liniengenehmigungen im Nahverkehr einschließlich eines Ausgestaltungsrecht nach § 13 Abs. 2 Nr. 3 PBefG und bei Wiederteilungen von Liniengenehmigungen den **Besitzstandsschutz** nach § 13 Abs. 3 PBefG. Im Taxenverkehr gibt es weiterhin die **Kontingentierung** nach § 13 Abs. 4 und 5 PBefG, die den Marktzugang für Neubewerber stark einschränkt, da Bestandsunternehmen einen automatischen Erneuerungsanspruch haben (→ Vorbemerkung Rn. 68). Über allem steht der **Typenzwang** nach § 2 Abs. 1 PBefG, der allerdings eine Öffnungsklausel nach § 2 Abs. 6 PBefG aufweist, soweit öffentliche Verkehrsinteressen nicht entgegenstehen. Der Typenzwang wird dabei vor allem in der Rechtsprechung umfassend vom Schutz des Linienverkehrs über den Taxenverkehr durchdekliniert. Im Wesentlichen lässt sich folgende Kaskade aufstellen:

a) Altunternehmer. Der **Altunternehmer** soll im Linienverkehr eine gewisse **Vorzu-** 29 **stellung** erhalten (Besitzstandsschutz nach § 13 Abs. 3 PBefG), um das Vertrauen in getätigte Investitionen nicht zu entwerten. Abgesehen davon, dass in der Praxis sehr unklar ist, wie weit dieser Schutz überhaupt reicht, ob also ein bereits besseres oder nur wesentlich besseres Angebot erforderlich ist, ist bereits der Regulierungsgegenstand unklar.[36] Denn nach Erwägungsgrund 8 und der deutschen Einlassung dazu befindet sich der eigenwirtschaftliche Verkehr in einem vollständig deregulierten Zustand und hat keine ausschließlichen Rechte inne. Dies bedeutet, dass es keine Vorzugstellung im Sinne der Marktschließung im Gegenzug für die Übernahme gemeinwirtschaftliche Pflichten gibt. Damit übernimmt der eigenwirtschaftliche Verkehrsunternehmen keinerlei im öffentlichen Interesse liegende Aufgaben, sondern verfolgt ausschließlich sein kommerzielles Interesse. Ob und inwieweit er investiert, obliegt allein seinem Interesse. Da der Verkehrsunternehmen bereits während der Laufzeit seiner Genehmigung keinerlei Wettbewerbsschutz genießen kann, ist erst recht nicht einleuchtend wie er nach Ablauf einen Wettbewerbsschutz erhalten soll. Hinter all dem steht ein deutscher Verwaltungsrechtsgrundsatz „bekannt und bewährt", welcher aber in keiner Weise in Deckung mit den Marktfreiheiten des AEUV und der Marktregulierung der PersonenverkehrsVO zu bringen ist. Wegen **Anwendungsvorrang der PersonenverkehrsVO** kann daher der **Besitzstandsschutz** nach § 13 Abs. 3 PBefG **nicht angewandt** werden. Er kann auch nicht im Rahmen öffentlicher Dienstleistungsaufträge vermittelt werden,[37] weil diese befristet sind und zum Zeitpunkt der Neuvergabe ein unverfälschter und diskriminierungsfreier Wettbewerb herrschen muss.

b) Schutz gegen Marktzutritt. Der **Schutz gegen Marktzutritt für laufende Lini-** 30 **engenehmigung** ist der Rechtsprechung aus dem tradierten, aber seit der Geltung des PBefG unzutreffenden Grundsatzes der Linienbedienung aus einer Hand entwickelt (§ 13

---

[35] Prägend hierfür vor allem ein Rechtsgutachten und der darauf fußende Beitrag von Ziekow NVwZ 2009, 865 (866). Dies ist vor allem als wirtschaftspolitisch intendiert Knauff NZBau 2012, 65 (67); Saxinger/Winnes/Saxinger RdÖPV Art. 2 lit. f Rn. 50. Die Deregulierung auf Basis des alten Rechts bereits bestreitend: Linke, Die Gewährleistung des Daseinsvorsorgeauftrags im öffentlichen Personennahverkehr, 2010, 289f.; Winnes DER NAHVERKEHR 7-8/2008, 25 (27); Deuster DÖV 2010, 591 (596); Sitsen IR 2011, 76 (80).

[36] Zur Regulierungsordnung insgesamt: Schutz vor „allzu harter Konkurrenz": BVerwGE 30,352 Rn. 30 (im Kontext mit dem Marktzutrittsverbot), ergänzend hierzu dann auch „Grenze, soweit ein gesunder Wettbewerb greift": „nur vorhandene leistungsfähige Unternehmen sichern eine geordnete und zuverlässige Verkehrsbedienung": BVerwGE 30, 242, 247 und aufgreifend BVerwGE 127, 42, Rn. 54; „Investitionen sollen ohne Not nicht entwertet werden": BVerwGE 127, 42, 47 Rn. 47 „der bewiesen hat, dass er den fraglichen Verkehr ordnungsgemäß bedient": BVerwGE 127, 42, Rn. 47; „gewerberechtlich anerkannt bekannt und bewährt": BVerwGE 127, 42, Rn. 47. Zusammenfassend „bewährte Leistung" eines „bewährten Unternehmers" Heinze/Fehling/Fiedler/Heinze PBefG § 13 Rn. 109. Das bedeutet aber nichts anderes, dass jeder Newcomer mit Misstrauen zu begegnen ist, was unter Geltung von Art. 12 Abs. 1 GG und den europäischen Grundfreiheiten ausgeschlossen ist.

[37] AllgM Saxinger GewArch 2009, 250 (253f.); Schröder NVwZ 2008, 1288 (1294); Otting/Olegmöller/Tresselt in Gabriel/Krohn/Neun VergabeR-HdB § 71 Rn. 24.

Abs. 2 Nr. 3 PBefG).[38] Tatsächlich gewährt das PBefG einerseits Schutz gegenüber neuen Verkehren, die keinerlei Verbesserungen bewirken (§ 13 Abs. 2 Nr. 3 lit. a PBefG), wobei bereits allein die Angebotsauswahl meist eine Verbesserung darstellt. Dagegen gibt es keinen Zugangsanspruch bei der Übernahme des gesamten Verkehrs ohne einer Verkehrsverbesserung (§ 13 Abs. 2 Nr. 3 lit. b PBefG), des Herauspickens einzelner Leistungen aus einem Verkehrsnetz (§ 13 Abs. 2 Nr. 3 lit. d PBefG)[39] und gegen bessere und neue Verkehre, die der Unternehmer im Wege der Ausgestaltung seinem Angebot hinzufügen kann und diese Ausgestaltung auch wahrnimmt (§ 13 Abs. 2 Nr. 3 lit. c PBefG).

31 Abgesehen davon, dass bereits der Umstand einer **Bedürfnisprüfung nicht in Einklang** mit einem offenen und freizügigen Marktzugang deregulierter Märkte zu bringen ist, ist besonders der Umstand des Ausgestaltungsrechts ein besonders starker Eingriff in den freien Wettbewerb, weil der die Übernahme fremder Ideen erlaubt und befördert. Hierbei soll die Genehmigungsrolle eine aktive Rolle einnehmen und genau festlegen, in welchem Umfange eine Ausgestaltung notwendig ist. Offenbar ist damit die gesetzgeberische Vermutung verbunden, dass der neue Verkehr durchaus auch „unnötige" Leistungen enthalten kann und daher gar nicht erforderlich ist, diesen im Wege der Ausgestaltung zu begegnen. Das Ausgestaltungsrecht setzt damit elementare Grundsätze eines freien Markts mit freiem Spiel aus Angebot und Nachfrage außer Kraft.[40] Derartige Vorzustellung **wirken wie ein ausschließliches Recht** und unterfallen daher dem Anwendungsvorrang der PersonenverkehrsVO. Daher bliebe nur eine **VO-konforme Anwendung,** die im **Regelfall den Marktzutritt zulässt,** da ein neues alternatives Angebot in der Regel darauf hinweist, dass eine Lücke besteht, das Ausgestaltungsrecht unangewandt lässt und nur in ganz außergewöhnlichen Fällen eingreift, bei denen die Kontinuität und Verlässlichkeit der Verkehrsbedienung akut gefährdet werden und daher ein Eingreifen aus Verbraucherschutzgründen notwendig ist. Dieser Weg ist auch der einzige Weg, der im Einklang mit der Intention des PBefG 2013-Gesetzgebers steht, der explizit an der Anwendung eigenwirtschaftlicher Genehmigungen außerhalb von öffentlichen Dienstleistungsaufträgen festhalten wollte.

32 **c) Verhältnis Linien- zu Taxenverkehr.** Ein Schutz des **Linienverkehrs gegenüber dem Taxenverkehr** wurde bisher nicht thematisiert. Vielmehr hatte das BVerfG in seiner großen PBefG Entscheidung den Taxenverkehr als geradezu homogene Weiterentwicklung des Linienverkehrs eingestuft.[41] Ein Schutzbedarf mag wegen des enormen Preisgefälles bislang nicht bestehen. Dies könnte sich aber schnell ändern. So dürfen offenbar Taxen auch Sammelfahrten durchführen, solange die Fahrpreise (Fahrpreis für Strecke) entrichtet werden, es wäre sogar denkbar, dass die Taxen-Tarifordnungen Fahrpreise je Fahrgast festlegen und aufgrund der Digitalisierung zu wesentlich höheren Auslastungen kommen und dadurch die Fahrpreise sich erheblich senken lassen, was in den Taxi-Tarifordnungen nachzuvollziehen wäre, da nur kostendeckende Fahrpreise inkl. angemessenen Gewinn festgelegt werden dürfen. Schließlich wäre auch denkbar, dass zur Förderung des Sammelns von Fahrgästen die Unternehmen Richtzeiten oder Sammelplätze kommunizieren. Dieses Geschäftsmodell weist darauf hin, dass die Taxi-Regulierung im Kern aus überkommenen Entwicklungen herrührt. Sie wird aber den Anforderungen der PersonenverkehrsVO, den jeweils konkreten Schutzbedarf über verhältnismäßige Ausschließlichkeitsrechte festzulegen, nicht gerecht. Es wäre daher Aufgabe der **zuständigen Behörden,** gegenüber derartigen

---

[38] Sog. Rspr. „Linienbedienung aus einer Hand" seit BVerwG Urt. v. 25.10.1968 – VII C 12/67, BVerwGE 30, 352 (356) = BeckRS 1968 30423209; BVerwG Urt. v. 24.6.2010 – 3 C 14/09, ECLI:DE:BVerwG:2010: 24610U3C14.09.0; BVerwGE 137, 199 = NVwZ 2011, 115 Rn. 27.

[39] Allerdings ist dieser Versagungsgrund systemwidrig, da der Marktzutritt neuer Leistungen immer nur partiell erfolgen kann und die Übernahme eines Linienbündels nur bei Wiedererteilung nach § 13 Abs. 2a PBefG möglich ist. Daher wird zu Recht angenommen, dass der Versagungsgrund eher im Rahmen des Genehmigungswettbewerbs anzuwenden ist, nicht aber im Bereich der Marktzutrittskontrolle: *Werner* in Baumeister RdÖPNV A3 Rn. 222.

[40] Dieser Zusammenhang wird auch bei Saxinger/Winnes/*Saxinger* RdÖPV Art. 2 lit. f Rn. 15 ff. anschaulich dargestellt.

[41] BVerfGE 11, 168 Rn. 71 f.

Geschäftsmodellen eine Grenze zu ziehen und die notwendige **Ausschließlichkeit** des öffentlichen Linienverkehrs nach § 8a Abs. 8 PBefG durch verhältnismäßige Ausschließlichkeitsrechte festzulegen. Dabei können sie auch den Taxi- und Mietwagenverkehr einbeziehen, wie § 8 Abs. 2 PBefG klarstellt. Der Taxi- und Mietwagenverkehr kann ebenfalls Bestandteil des öffentlichen Personennahverkehrs sein, wenn er diesen ergänzt, verdichtet oder ersetzt. Es obliegt daher den Aufgabenträgern festzulegen, wieweit der Taxen- und Mietwagenverkehr öffentliche Zwecke verfolgen und Gegenstand einer allgemein zugänglichen Beförderung nach § 8 Abs. 1 PBefG sein soll.

d) Taxikontigentierung. Der **Taxenverkehr** wird dagegen in sich wiederum stark 33 reguliert durch die Betriebspflicht und **Kontingentierung** der Genehmigungen. Nach der zusammenfassenden Rechtsprechung des BGH soll dies sicherstellen,[42] dass trotz regulierter Tarife, eine umfassende Verfügbarkeit besteht und auch Fahrten auf unattraktiven Kurzstrecken insbesondere für alte, behinderte und kranke Personen durchgeführt werden. Die regulierten Tarife sind wiederum notwendig, um vor allem ortsunkundige Verbraucher zu schützen. Dies sollen sich darauf verlassen können, dass an den bevorzugten Plätzen (Bereithaltungsplätze vor allem vor Bahnhöfen und Flughafen) nur staatlich besonders beaufsichtigte Transportunternehmen ihre Dienste anbieten und umgekehrt auch jederzeit verfügbar sind.

Abgesehen davon, dass wichtige Taxenmärkte wie Berlin, Hamburg oder Wiesbaden 34 ohne Marktzugangskontrolle durchgeführt werden und damit faktisch dereguliert sind, bestehen an der **Wirksamkeit der verfolgten Zwecke und eingesetzten Mittel erhebliche Zweifel.** In vielen ländlichen Räumen stehen längst keine Taxen bereits und falls sie bereitstehen, ziehen sie feste Beförderungsaufträge vor allem von Krankenkassen vor. Ob uninteressante Fahraufträge schützenswerter Personen unzulässig abgelehnt werden, lässt sich kaum feststellen. Die Beförderungspflicht steht vielfach nur auf dem Papier und liegt im Ermessen der Verkehrsunternehmen, wie sie ihre Bereithaltungszeiten organisieren. Den Aufsichtsbehörden fehlen wirksame Mittel die Beförderungspflicht umzusetzen, zumal sie letztlich keine Bereithaltungszeiten vorschreiben können und keinen Überblick haben, inwieweit Taxen durch andere Aufträge bereits gebunden. Umgekehrt kommt es in den Städten vor allem zu Messezeiten oder auch Silvester/großen Festen zu Engpässen, weil die Genehmigungen beschränkt sind.

Aber selbst wenn die perfekte Regulierung mit ausreichendem Angebot und ständig 35 garantierter Verfügbarkeit an wichtigen Plätzen gelingen würde, ist die **Taxikontigentierung ein Verstoß gegen die PersonenverkehrsVO.** Denn wie in → Rn. 5 ff. dargelegt, unterfällt auch der Verkehr mit Personenkraftwagen der PersonenverkehrsVO und die mit der Taxenregulierung verfolgten Ziele – die Durchsetzung einer Beförderungspflicht zu vorgegebenen Tarifen – erfüllen die Merkmale eines für die Allgemeinheit zugänglichen Verkehrs, der fortlaufend erbracht wird. Daher muss die **zuständige Behörde** bei einer Regulierung des Taxenverkehrs die Maßnahmen wie eine **beschränkte Ausschließlichkeit zB durch Kontingentierung** der zugelassenen Fahrzeuge steuern, die jeweils ortsspezifisch auch unter Ansehung der anderen Dienste wie vor allem Linienverkehr erforderlich ist. In diesem Rahmen kann und muss sie Tarife und die notwendige Bereithaltung von Fahrzeugen vorgeben. Dabei kann auch ein **Abstandsgebot** zu anderen Personenverkehrsdienstleistung festgelegt werden, zB das Verbot von anderen Dienstleistern sich auf der Straße bereitzuhalten oder bestimmte Kennzeichen zu benutzen, wenn erhebliche Verwechselungs- und Ausbeutungsgefahr besteht. Zuständig hierfür ist die jeweils **örtlich und auch sachlich zuständige Behörde.** Es ist fast ausgeschlossen, dass der Mitgliedstaat hierfür einheitliche Regelungen vorgibt. Zwar könnte er auch hierfür sich selbst zur zuständigen Behörde erklären; jedoch ist es aufgrund der örtlich sehr unterschiedlichen Verhältnisse nahezu ausgeschlossen, dass damit eine verhältnismäßige Definition des Ausschließlichkeitsrechts entsteht. Die zuvor dargestellten massiven Probleme in der Anwendung und die

---

[42] BGH Vorlagebeschl. v. 18.5.2017 – I ZR 3/16, GRUR 2017, 743 – Uber Black, Rn. 44.

erheblichen Unterschiede zwischen Stadt und ländlichen Raum illustrieren dies eindrücklich. Die **Rechtsgrundlage** für eigenständige Bestimmungen der zuständigen Behörde findet sich in **§ 8a Abs. 8 PBefG**. Nach seiner Stellung sind Ausschließlichkeitsrechte nicht auf den Linienverkehr bestimmt, sondern können auch für Taxen- und Mietwagenverkehr eingesetzt werden, wenn diese einen öffentlichen Dienstleistungsauftrag erhalten und dem Begriff des öffentlichen Personennahverkehrs nach § 8 Abs. 2 PBefG zugeordnet werden.

36 e) **Liberalisierung im Mietwagenverkehr.** Der **Mietwagenverkehr** wird gleich zweifach gegenüber dem Linienverkehr und dem Taxenverkehr reglementiert, wobei die deutsche Rechtsprechung dazu tendiert, den Schutzbereich von Linien- und Taxenverkehr weit zu sehen. **Gegenüber dem Linienverkehr** hat das BVerwG zuletzt festgestellt,[43] dass das Verbot des Einzelsitzplatzverkaufs beim Mietwagen nach § 49 Abs. 4 PBefG dem Schutz des Linienverkehrs diene. Dies sperre auch die Anwendung des § 2 Abs. 6 PBefG auf Angebote mit Einzelsitzplatzverkauf, die eigentlich eher dem Mietwagenverkehr zuzuordnen sind, da die Merkmale des Linienverkehrs wie feste Strecke und zeitliche Ordnung der Fahrten fehle. Aber der Schutz des Linienverkehrs sei letztlich vorrangig und daher müsse der Verkehr über § 2 Abs. 6 PBefG in einer Verkehrsform genehmigt werden, die den Schutz des Linienverkehrs Rechnung trägt.[44]

37 Auch hier wird wiederum eine **Absolutregelung** aufgestellt, die ohne Rücksicht auf den jeweils konkreten Schutzbedarf des für die Allgemeininteressen gebundenen Linienverkehrs erfolgt. Zum einen erfüllen eigenwirtschaftliche Linienverkehre keine gemeinwirtschaftlichen Verpflichtungen, sondern bewegen sich im deregulierten Markt. Sie dürfen daher keinen Wettbewerbsschutz entfalten, auch nicht über den Typenzwang. Allenfalls wären unter dem Aspekt des Verbraucherschutzes klare **Abstandsregeln** per Gesetz denkbar, die zB die Verwechselung mit einem der Beförderungs- und Fahrplanpflicht unterliegenden Linienverkehrs ausschließen. Das **Verhindern** von Konkurrenzierung und **wirtschaftliche Aushöhlung** kann dagegen nur durch Verleihung von Ausschließlichkeitsrechten durch die **zuständigen Behörden** bei entsprechender Notwendigkeit mit der Formulierung eines **individuellen Abstandsgebots** erfolgen. Dieses Abstandsgebot muss geeignet, erforderlich und angemessen sein. So müssen eine konkrete Konkurrenzsituation und eine konkrete Gefahr der wirtschaftlichen Auszerung bestehen. Auf dieser Basis könnte zB festgelegt werden, dass Mietwagensysteme, insbesondere auch im Rahmen des Einzelsitzplatzverkaufs erst ab dem doppelten Fahrpreis des Linienverkehrs zulässig sind und entsprechende Mehrwertdienste wie vor allem Haustürbedienung, Rollstuhlbeförderung bieten müssen. Genauso ist denkbar, auch derartige **Mietwagensysteme mit einen öffentlichen Dienstleistungsauftrag** zu versehen und diese Systeme wiederum mit Ausschließlichkeitsrechten zu versehen. Entsprechend seiner Stellung für alle Verkehrsarten können ausschließliche Rechte nach § 8a Abs. 8 PBefG auch für Mietwagenverkehre hergegeben werden, soweit sie den ÖPNV ergänzen, verdichten oder ersetzen.

38 Genauso ist der Schutz des **Taxenverkehrs gegenüber den Mietwagenverkehr** unbestimmt und unverhältnismäßig. Im Vorlagebeschluss des BGH zu Uber Black sieht das Gericht das entscheidende Abgrenzungsmerkmal zwischen Mietwagen und Taxen im Bereithalten von Taxen auf der Straße, sowohl an zugelassenen Ständen als auch durch Herbeiwinken von der Straße. Dies muss dem Taxenverkehr vorbehalten bleiben, damit im Sinne des Verbraucherschutzes eine hinreichend klare Abgrenzung zum Taxenverkehr möglich ist und keine Verwechselungsgefahr besteht.[45] Hieraus leitet der BGH dann ab, dass das Verbot des Bestellens auf der Straße sehr weit auszulegen ist und Applikationen

---

[43] BVerwG Urt. v. 27.8.2015 – 3 C 14.14, ECLI:DE:BVerwG:2015:270815U3C14.14.0 = NVwZ 2016, 695 Rn. 33.
[44] BVerwG Urt. v. 27.8.2015 – 3 C 14.14, ECLI:DE:BVerwG:2015:270815U3C14.14.0 = NVwZ 2016, 695 Rn. 39.
[45] BGH Vorlagebeschl. v. 18.5.2017 – I ZR 3/16, GRUR 2017, 743 – Uber Black, Rn. 20 unter Bezugnahme auf die Gesetzesbegründung BT-Drs. 9/2128, 9.

verbietet, die die direkte Buchung beim Fahrer eines Mietwagen – auch unter Einschluss der Zentrale verbieten, weil dies letztlich einem Heranwinken von der Straße gleichkäme.[46] Zur Rechtfertigung einer möglichen **Beschränkung** der europäischen **Dienstleistungsfreiheit** nennt der BGH unter Berufung auf das BVerfG dann aber nicht den zuvor angeführten Verbraucherschutz, sondern einen **notwendigen Konkurrenzschutz** des Taxenverkehrs wegen seiner schwer wiegenden Beförderungspflichten[47] vor – zu viel? – Konkurrenz durch den Mietwagenverkehr. Damit werden in aller Klarheit die wahren Motive offengelegt. Beim Abstandsgebot geht es häufig gar nicht so sehr um den Verbraucherschutz, der sich oft mit einfachen Maßnahmen der Pflichtinformationen herstellen ließ, sondern um die **Erschwerung der Konkurrenz durch Aufbauen wirtschaftlicher Hürden**. Auch hier wird deutlich, dass der für erforderlich gehaltene **Konkurrenzschutz** des Taxenverkehrs **nur durch ein individuell ausgestaltetes Ausschließlichkeitsrecht** einschließlich eines entsprechend formuliertes **Abstandsgebot durch die zuständigen Behörden** möglich ist. Dabei dürften Maßnahmen, die den Kollektivtransport zB über Sammeltaxis unattraktiv machen oder erschweren eher kontraproduktiv sein, da sie die Fähigkeit gegenüber dem motorisierten Individualverkehr zu bestehen eher beschneiden und insgesamt die Entwicklung des Sektors hemmen. Auch hier besteht die Möglichkeit, den Mietwagenverkehr als Bestandteil eines öffentlichen Dienstleistungsauftrags anzusehen und ihn so in ein insgesamt abgestimmtes Mobilitätsangebot aus verschiedenen aufeinander abgestimmten Verkehrsformen zu integrieren.

VII. Finanzielle Kompensation

1. Ausgleichsleistung (lit. g). Die Ausgleichsleistung umfasst neben jedweden Zahlungen für die Übernahme gemeinwirtschaftlicher Verpflichtungen auch sonst **jedweden monetarisierbaren Vorteil**. Dies sind insbesondere ausschließliche Rechte in jeder denkbaren Ausprägung. Deren kommerzieller Wert im Sinne dadurch vermiedener Ausgleichsleistung muss daher dem Wert einer Ausgleichsleistung hinzugerechnet werden. Daneben ist denkbar, dass die zuständige Behörde weitere Vorteile für die Übernahme gemeinwirtschaftliche Verpflichtungen bereitstellen, wie Bürgschaften, zinsverbilligte Kredite, die kostenlose oder verbilligte Übernahme von hierzu notwendigen Wirtschaftsgütern, die Unterstützung durch Marketingmaßnahmen und dergleichen, soweit sie in einem Zusammenhang mit der Erbringung der gemeinwirtschaftlichen Leistungen gestellt werden. 39

2. Wert des Verkehrsdienstes oder Ausgleichsleistung (lit. k). Soweit Werte zu berechnen sind (wie zB im Rahmen des Art. 5 Abs. 3), ergeben sich diese aus der Addition der **Ausgleichsleistung** und der **Tarifeinnahmen** ohne Mehrwertsteuer. Eine reine Zuschussbetrachtung ist nicht zulässig.[48] 40

VIII. Allgemeine Vorschrift (lit. l)

Die allgemeine Vorschrift ist in Art. 2 lit. l nur noch rudimentär geregelt. Als umfassendes Regulierungsinstrument für Ausgleichszahlungen in deregulierten Märkten konnte sie sich nicht in den Entwürfen halten. Übrig geblieben ist nur noch die **Ausgleichsleistungen für bestimmte Höchsttarife** nach Art. 3 Abs. 2. Gleichwohl entstammt die Definition der allgemeinen Vorschrift einen umfassenden Ansatz, die **allgemeine Marktausübungsbestimmungen** zur Sicherstellung der Ziele der VO vorsah (→ Vorbemerkung Rn. 62), wie Verpflichtungen zu gewisser Kontinuität im Angebot, Verpflichtung zum Einsatz bestimmter Fahrzeuge im Hinblick auf Umwelteigenschaften oder Barriere- 41

---

[46] BGH Vorlagebeschl. v. 18.5.2017 – I ZR 3/16, GRUR 2017, 743 – Uber Black, Rn. 21.
[47] BGH Vorlagebeschl. v. 18.5.2017 – I ZR 3/16, GRUR 2017, 743 – Uber Black, Rn. 43 f. unter Berufung auf BVerfGE 81, 70 (84 ff.).
[48] VK Rheinland-Pfalz Beschl. v. 17.11.2014 – VK-1 28/14, II 11, BeckRS 2015, 15351; Saxinger/Winnes/*Niemann* RdÖPV Art. 2 lit. k Rn. 2.

freiheit, Informationspflichten oder auch Integrationspflichten der Betreiber. All dies ist mit dem Begriff der allgemeinen Vorschriften europarechtlich weiterhin umfasst,[49] jedoch richtet sich die konkrete Zulässigkeit zuvorderst nach nationalem Recht. Lediglich für allgemeine Vorschriften in Bezug auf Höchsttarife stellt die PersonenverkehrsVO ein abgeschlossenes Eingriffsinstrument bereit, welches aufgrund der unmittelbaren Wirkung von allen zuständigen nationalen Behörden angewandt werden kann.

42 Die Merkmale einer allgemeinen Vorschrift sind demnach, dass die Marktregulierung sich auf eine oder mehrere **zuständige Behörden** zurückführen lassen und ihre Anwendung auf ein **bestimmtes Gebiet oder Personenverkehrsdienste** derselben Art beschränkt. In diesem Rahmen muss aber die allgemeine Vorschrift diskriminierungsfrei ausgestaltet sein. Dies bedeutet, dass jede **Ungleichbehandlung umfassend begründet** werden muss. Dies gilt auch im Verhältnis zwischen Schienen- und Busverkehr, wenngleich Art. 2 lit. l nur die Anwendung auf die Dienste „derselben" Art fordert.[50] Dies ist aber nicht technisch im Sinne der Abgrenzung der verschiedenen Verkehrsformen zu interpretieren, sondern „dieselbe Art" bedeutet, für alle Verkehrsdienste, die gegeneinander austauschbar oder hinreichend verbunden sind. Soweit differenziert wird, muss es hinreichende und eindeutige Abgrenzungsmerkmale geben.

43 Eine allgemeine Vorschrift muss weiterhin **verbindlich** sein,[51] denn sie muss für Jedermann gelten. Damit unvereinbar sind Systeme, die nur finanzielle Anreize setzen und es im Ermessen des jeweiligen Betreibers stellen, ob er sich diesen unterwirft. Abgesehen davon, dass damit die Geltung nicht hergestellt wird, dürften derartige Anreizsysteme als Art „Honigtöpfe" im Ergebnis auf eine Überkompensation hinauslaufen, da nur Betreiber dieses System wählen werden, denen hieraus ein zusätzlicher Gewinn winkt. Schließlich müssen die allgemeinen Vorschriften hinreichend **transparent** sein, damit sie diskriminierungsfrei wirken. Dies bedeutet, dass sich jeder Marktteilnehmer umfassend und abschließend vorab über die entsprechenden Regelungen informieren kann und diese eigenständig und zB ohne Zuhilfenahme von unveröffentlichten Beschlüssen, Richtlinien und dergleichen anwenden kann.[52]

IX. Direktvergaben

44 **1. Interner Betreiber (lit. j).** Für die Direktvergaben nach Art. 5 Abs. 2 werden verschiedene Begriffe eingeführt. Der interne Betreiber wird als Zielobjekt einer Direktvergabe definiert als jede rechtlich getrennte Einheit im Unterschied zur Eigenerstellung. Bereits an dieser Stelle wird definiert, dass die örtlich zuständige Behörde, also nicht der Mitgliedstaat oder eine Gruppe aus zuständigen Behörden, eine Kontrolle wie über eine eigene Dienststelle ausüben können **muss**. Dabei soll es ausreichen, wenn wenigstens eine zuständige Behörde eine derartige Kontrolle ausüben kann, sofern eine Gruppe von Behörden agiert. Der Begriff **„wenigstens eine zuständige Behörde"** – dies wird in Art. 5 Abs. 2 sogar nochmals wiederholt – bedeutet, dass nur eine Steigerung möglich ist. Nicht darf die Kontrolle von zuständigen Behörden dazu führen, dass im Ergebnis keiner eine entsprechend wirksamer Kontrolle ausüben kann.

---

[49] *Grischkat/Karl/Berschin/Schaaffkamp* Verkehr und Technik 2010, 466, 469; *Berschin* in Baumeister RdÖPNV A1 Rn. 25; *Karl/Schaaffkamp* IR 2011, 275 (276) und Saxinger/Winnes/*Saxinger* RdÖPV Art. 2 lit. e Rn. 15.
[50] Großzügiger dagegen: Saxinger/Winnes/*Winnes* RdÖPV Art. 2 lit. l Rn. 4 f.
[51] *Linke,* Die Gewährleistung des Daseinsvorsorgeauftrags im öffentlichen Personennahverkehr, 2010, 269; *Winnes* DER NAHVERKEHR 6/2009, 27 (29); *Berschin* in Baumeister RdÖPNV A1 Rn. 57; *Schiederdecker* GewArch 2014, 6 (9); Saxinger/Winnes/*Winnes* RdÖPV Art. 2 lit. l Rn. 9; Ziekow/Völlink/*Zuck*, 2. Aufl. 2014, Art. 4 Rn. 6; *Hölzl* → 1. Aufl. 2011, Rn. 5. *Otting/Olegmöller* DER NAHVERKEHR 9/2009, 34 (35) sehen dagegen zivilrechtliche Verbundverträge als eine ausreichenden Grad der Verbindlichkeit an, was wegen der Wirkung inter partes nicht überzeugen kann. Eine Allgemeinverfügung sehen als ausreichend an: VG Stade Urt. v. 30.6.2016 – 1 A 1432/14, BeckRS 2016, 50326; *Schiederdecker* GewArch 2014, 6.
[52] *Grischkat/Karl/Berschin/Schaaffkamp* Verkehr und Technik 2010, 466 (467); *Berschin* in Baumeister RdÖPNV A1 Rn. 55 f.; Saxinger/Winnes/*Winnes* RdÖPV Art. 2 lit. l Rn. 22.

Spezifikation 1 **Art. 2a VO (EG) 1370/2007**

2. Integrierter Verkehrsdienst (lit. m). Ebenfalls nur für Zwecke der Direktvergabe 45
werden die integrierten Verkehrsdienste definiert. Diese müssen im **Verbund** mit einheitlicher Außendarstellung durch Fahrplan, Gemeinschaftstarif und gemeinsames Informationssystem erbracht werden. Diese integrierten Verkehrsdienste sind Voraussetzung, dass eine **Gruppe von Behörden** entsprechend Art. 5 Abs. 2 S. 1 handeln kann. Neben der vorgenannten Voraussetzung, dass in einer Gruppe von Behörden, wenigstens eine zuständige Behörde das erforderliche Durchgriffsrecht besitzt, bestimmt Erwägungsgrund 17, dass in einer Gruppe von Behörden klare Vorgaben bestehen sollten, welche Funktionen die jeweiligen Behörden hier ausüben.

Art. 2a Spezifikation der gemeinwirtschaftlichen Verpflichtungen

(1) ¹Die zuständige Behörde legt Spezifikationen der gemeinwirtschaftlichen Verpflichtungen für die Erbringung öffentlicher Personenverkehrsdienste und den Anwendungsbereich dieser gemeinwirtschaftlichen Verpflichtungen gemäß Artikel 2 Buchstabe e fest. ²Dies schließt die Möglichkeit ein, kostendeckende Dienste mit nicht kostendeckenden Diensten zusammenzufassen.

Bei der Festlegung dieser Spezifikationen und ihres Anwendungsbereichs trägt die zuständige Behörde dem Grundsatz der Verhältnismäßigkeit im Einklang mit dem Unionsrecht gebührend Rechnung.

Diese Spezifikationen müssen mit den politischen Zielen, die in den Strategiepapieren für den öffentlichen Verkehr in den Mitgliedstaaten aufgeführt sind, im Einklang stehen.

Inhalt und Format der Strategiepapiere für den öffentlichen Verkehr und die Verfahren für die Konsultation der einschlägigen Interessengruppen werden nach Maßgabe der nationalen Rechtsvorschriften festgelegt.

(2) Mit den Spezifikationen gemeinwirtschaftlicher Verpflichtungen und der entsprechenden Ausgleichsleistung für finanzielle Nettoauswirkungen gemeinwirtschaftlicher Verpflichtungen sollen
a) die Ziele der Politik für den öffentlichen Verkehr auf kostenwirksame Weise erreicht werden und
b) die finanzielle Nachhaltigkeit der Erbringung öffentlicher Personenverkehrsdienste gemäß den in der Politik für den öffentlichen Verkehr festgelegten Anforderungen langfristig gesichert werden.

I. Normzweck

Der Art. 2a ist erst durch die ÄndVO eingefügt worden. Sein **Regelungsgehalt** ist eher 1
überschaubar und wird am ehesten im Kontext der Entstehung der PersonenverkehrsVO verständlich. Dort versuchten sowohl EP als auch Kommission, die Mitgliedstaaten dazu zu drängen, die gemeinwirtschaftlichen Pflichten aus stringenten Verkehrsplänen abzuleiten und möglichst präzise zu regeln. Auch sollte es einen Katalog zu regelnder Standards geben. Art. 2a Abs. 1 UAbs. 1 nimmt diese Diskussion zumindest bezüglich der Spezifikationen gemeinwirtschaftlicher Pflichten wieder auf. Doch auch bisher mussten gemeinwirtschaftliche Pflichten spezifiziert werden, da nur so ein entsprechender Ausgleich berechnet werden kann. Auch der ausdrückliche Hinweis auf die Zusammenfassung von kostendeckenden mit nicht kostendeckenden Diensten[1] ist nicht neu, da Kern des Ausschließlichkeitsrechts genau dieser Regelung ist. Ebenso obliegen die Definition der erforderlichen gemeinwirtschaftlichen Pflichten und deren Abgrenzung den zuständigen Behörden und sie haben hierzu einen breiten Einschätzungsspielraum im Rahmen der Verhältnismäßigkeit.

---

[1] Bereits ausdrücklich E der Kom. v. 24.2.2010 über die öffentlichen Verkehrsdienstleistungsverträge zwischen dem dänischen Verkehrsministerium und Danske Statsbaner (Staatliche Beihilfe C 41/08 (ex NN 35/08)), ABl. 2011 L 7/1 Rn. 317. Hierzu Saxinger/Winnes/*Schmitz* RdÖPV Art. 4 Abs. 1 Rn. 30 ff.

II. Ausgleich guter und schlechter Risiken (Abs. 1 UAbs. 1 und 2)

2 Der Grundsatz der **Verhältnismäßigkeit** gebietet es, dass gemeinwirtschaftliche Pflichten und dafür gewährte Ausgleichsleistungen und/oder ausschließliche Rechte nur so weit reichen, wie es unumgänglich ist. Das heißt sie müssen erforderlich, geeignete und angemessen sein, um die politischen Ziele gem. Art. 1 Abs. 1 zu erreichen. Sie müssen also beitragen, damit Verkehrsdienste höherwertiger, umfangreicher, sicherer und qualitätsvoller sind als in einem einregulierten Markt. Dabei gibt es **keine Rangfolge der Eingriffsmittel**. Wie das Verhältnis von öffentlichen Dienstleistungsauftrag und ausgleichsfähigen allgemeinen Vorschriften in Art. 3 Abs. 1 und 2 zeigt, sieht die VO sogar eher die weitergehenden öffentlichen Dienstleistungsaufträge als Regelfall an. Daneben besteht aber auch die Möglichkeit der **Marktregulierung** durch **nicht ausgleichsfähige allgemeine Vorschriften**. In diesem Rahmen können aber keine finanziellen Leistungen oder Vorzugsrechte gewährt werden. Dabei bleibt es dabei, dass die zuständigen Behörden einen weiten Einschätzungsspielraum haben, inwieweit sie gute und schlechte Risiken zusammenfassen und wie weit die Marktregulierung reichen muss.[2]

III. Politische Strategie (Abs. 1 UAbs. 3 und 4)

3 Mehr Auswirkungen hat die Anforderung der Übereinstimmung der Spezifikationen mit den politischen Strategiepapieren in den Mitgliedstaaten. Hierdurch wird zumindest eine gewisse Ableitung gefolgert, sodass die Standards nicht mehr unabhängig von Gesamtstrategien festgelegt werden können. Bedeutung hat dies im Verhältnis **Vorabbekanntmachung** nach § 8a Abs. 2 PBefG im Verhältnis zu den **Nahverkehrsplänen** nach § 8 Abs. 3 PBefG. Bestand bisher Einvernehmen, dass es keine Verpflichtung der Aufgabenträger gibt, die gemeinwirtschaftlichen Pflichten aus dem Nahverkehrsplan abzuleiten und konnte der die zu Vereinbarung vorgesehenen gemeinwirtschaftlichen Pflichten und damit auch die Messlatte für eigenwirtschaftliche Anträge nach § 13 Abs. 2a PBefG nach freiem Ermessen im Rahmen der ausreichenden Bedienung festlegen,[3] so spricht die Änderung in Art. 2a nun dafür, dass zur Abschätzbarkeit und Berechenbarkeit drohender Marktinterventionen seitens der zuständigen Behörden, diese nun ein **Entwicklungsgebot aus dem Nahverkehrsplan**[4] haben. Dieses Entwicklungsgebot fordert, dass die einzelnen gemeinwirtschaftlichen Pflichten sich logisch aus dem Nahverkehrsplan ableiten lassen und nicht im Widerspruch zu ihm stehen. Soweit Widersprüche auftreten müssen diese sachlich gerechtfertigt sein, zB aufgrund neuer Erkenntnisse oder Entwicklungen, die zum Zeitpunkt des Beschl.es des Nahverkehrsplans noch nicht erkennbar waren. Gemäß Erwägungsgrund 10 ÄndVO sollen bei der Ausarbeitung der Strategien Stakeholder wie Verkehrsunternehmen, Arbeitnehmervertreter und Nutzer konsultiert werden. Ein konkreter Verfahrensanspruch erwächst aber hieraus nicht.

IV. Effizienz und Langfristigkeit (Abs. 2)

4 Der neue Art. 2a Abs. 2 enthält neben dem Zielkatalog Art. 1 Abs. 1 nun weitere Ziele für die zuständigen Behörden. Zum einen das bereits auch in Nr. 7 Anhang niedergelegte Ziel der Effizienzsteigerung, zum anderen auch das neue Ziel der finanziellen Nachhaltigkeit. Erwägungsgrund 11 ÄndVO liefert dazu näherer Erklärung: „Bei öffentlichen Dienstleistungsaufträgen, die nicht nach einem wettbewerblichen Vergabeverfahren vergeben werden, sollte die Erfüllung der gemeinwirtschaftlichen Verpflichtungen durch den Betreiber

---

[2] Zur vergleichbaren Lage im deutschen PBefG die Gesetzesbegründung BT-Drs. 17/8233, 13 „…muss es aus Gründen der Wirtschaftlichkeit möglich sein, die Verkehrsleistung als Ganzes zu vergeben".
[3] *Wachinger* in Knauff, Vorrang der Eigenwirtschaftlichkeit im ÖPNV, 2017, 102 ff.; *Barth* in Baumeister RdÖPNV A2 Rn. 72 f.; Saxinger/Winnes/*Winnes* RdÖPV PBefG § 8a Abs. 2 Rn. 30.
[4] „Kommen vorrangig die Nahverkehrspläne in Betracht": Bühner/Siemer DÖV 2015, 21 (24 f.); Karl/ Knies Verkehr und Technik 2017, 247 (248); Otting/Olegmöller/*Tresselt* in Gabriel/Krohn/Neun VergabeR-HdB § 70 Rn. 21.

eines öffentlichen Dienstes in geeigneter Weise ausgeglichen werden, um die langfristige finanzielle Tragfähigkeit der öffentlichen Personenverkehrsdienste entsprechend den Anforderungen zu gewährleisten, die in der Politik für den öffentlichen Verkehr festgelegt sind. Insbesondere sollte eine solche Ausgleichsleistung die Aufrechterhaltung oder Entwicklung eines effizienten Managements durch den Betreiber eines öffentlichen Dienstes und die Erbringung von Personenverkehrsdiensten von ausreichend hoher Qualität sicherstellen".

Offenbar geht es hier um die finanzielle Stabilität der Leistungserbringung. Dies folgt 5 der Regelungstradition aus der VO (EWG) Nr. 1191/69, die noch ein konkretes **Unterkompensationsverbot** formulierte. Eine solches kann trotz diverser Forderung sowohl im Rahmen der Entstehung der PersonenverkehrsVO auch als bei der ÄndVO aus diesem Abs. nicht herausgelesen werden.[5] Die finanzielle Stabilität ist lediglich als Ziel formuliert und verlangt letztlich eine hinreichende Wirksamkeit der gemeinwirtschaftlichen Verpflichtungen auch in zeitlicher Hinsicht. Vorgenannte Anforderung der finanziellen Stabilität ist aber auch schon in der bisherigen PersonenverkehrsVO enthalten, da gemeinwirtschaftliche Verpflichtungen, die nicht dauerhaft erfüllt werden können und daher bereits eine Sollbruchstelle erhalten, keine dauerhaften, belastbaren gemeinwirtschaftlichen Pflichten darstellen können. Sie wären also eher spekulativ und daher eine Ausgleichsberechnung kaum möglich.

V. Exkurs: Gemeinwirtschaftliche Pflicht von Liniengenehmigungen nach dem PBefG

Liniengenehmigungen nach dem deutschen Personenbeförderungsgesetz **enthalten** 6 **keine gemeinwirtschaftlichen Pflichten**.[6] Dies ergibt sich aber nicht schon daraus, dass die Genehmigung kein Gegenleistungsverhältnis beinhaltet.[7] Denn gerade besondere Schutzrechte des Marktzugangs könnten als Gegenleistung zur Übernahme gemeinwirtschaftlicher Verpflichtungen angesehen werden.[8] Vielmehr folgt dies aus den PBefG-Bestimmungen zur Betrieb-, Beförderungs- und Tarifpflicht selbst, die nur einen **Marktrahmen** festlegen, ohne damit spezifische gemeinwirtschaftliche Pflichten zu begründen: Die Liniengenehmigung wird nur auf Antrag erteilt und ist zunächst in ihrem Umfang nach auf den Antrag beschränkt. Der Antrag kann allenfalls durch Auflagen entsprechend § 15 Abs. 3 PBefG nur teilweise entsprochen werden, anstatt ihm abzulehnen: Dies kommt vor allem für Bedienungsverbote in Betracht. Insofern gibt es zunächst keine Anhaltspunkte für gemeinwirtschaftliche Verpflichtungen, da ein Verkehrsunternehmen derartige Verpflichtungen gegenüber der Genehmigungsbehörde erst übernehmen wird, wenn seine Finanzierung gesichert ist. Dies kann durch eine allgemeine Vorschrift und/oder durch einen öffentlichen Dienstleistungsauftrag unterstützt werden. In diesem Fall ist aber die gemeinwirtschaftliche Pflicht nicht Ausfluss der Genehmigung, sondern Gegenstand des öffentlichen Dienstleistungsauftrag und/oder der allgemeinen Vorschrift.

---

[5] Saxinger/Winnes/*Winnes* RdÖPV Art. 1 Abs. 1 Rn. 37.

[6] Dies wurde umfassend im Rahmen der Novellierung des PBefG diskutiert. Gemeinwirtschaftliche Verpflichtungen in Liniengenehmigungen sahen: *Sitsen* IR 2001, 76 (77); *Wittig/Schimanek* NZBau 2008, 222 (224); *Winnes* DÖV 2009, 1135 ff.; *Winnes* DVBl. 2010, 790 (792); *Saxinger* DVBl. 2008, 688 (692 ff.); *Saxinger* GewArch 2009, 350 (353); *Winnes/Schwarz/Mietzsch* EuR 2009, 290 (296 ff.); *Schwarz/Winnes* Verkehr und Technik 2009, 299 (300); *Deuster* DÖV 2010, 591 (596); *Sitsen* IR 2011, 76 (77). Unter Geltung des neuen PBefG ab 1.1.2013 aufrechterhaltend: Saxinger/Winnes/*Saxinger* RdÖPV Art. 2 lit. e Rn. 29 ff. Wie hier: BayVGH Urt. v. 16.8.2012 – 11 CS 12.1607, BeckRS 2012, 57076; VK Münster Beschl. v. 29.5.2013 – VK 5/13, VPRRS 2013, 0789; *Pünder* EuR 2007, 564 (566); *Fehling/Niehus* DÖV 2008, 662 (667); *Ziekow* NVwZ 2009, 865 (866 ff.); *Nettesheim* NVwZ 2009, 1449 (1450); *Knauff* NZBau 2012, 65; *Roling* DVBl. 2010, 1213 (1217); *Berschin* in Baumeister RdÖPNV A1 Rn. 23; *Hölz* → 1. Aufl. 2011, Art. 1 Rn. 7; *Otting/Olegmöller/Tresselt* in Gabriel/Krohn/Neun VergabeR-HdB § 70 Rn. 23.

[7] So aber die gängige Argumentation im Rahmen der PBefG-Novelle, bspw. *Otting/Olegmöller/Tresselt* in Gabriel/Krohn/Neun VergabeR-HdB § 70 Rn. 23 und die Nw. bei → Art. 2 Rn. 26 f.

[8] Als zentrales Argument der Befürworter dieser Auffassung, Saxinger/Winnes/*Winnes* RdÖPV Art. 1 Abs. 1 Rn. 45 ff.

7 Auch die **Tarifregulierung** gibt keinen Hinweis auf gemeinwirtschaftliche Pflichten. Zwar ist nach der Rechtsprechung bei der Tariffestlegung das Gemeinwohl mit zu berücksichtigen, jedoch müssen Tarife immer zu einer Kostendeckung inkl. angemessenen Gewinn führen (§ 39 Abs. 2 S. 1 PBefG). Das Verkehrsunternehmen hat insoweit einen Anspruch auf Tarifzustimmung. Man wird sogar so weit gehen, festzustellen, dass die Tarifgenehmigungsbehörde zur Sicherstellung eines leistungsfähigen Betriebs die Tarife dahingehend zu überwachen hat, dass sie insgesamt ergiebig sind und müsste ggf. unergiebigen Tarifen die Zustimmung nach § 39 Abs. 4 PBefG widerrufen.

8 Gleiches gilt für die **Beförderungspflicht** nach § 22 PBefG. Denn diese steht unter dem Vorbehalt der regelmäßig eingesetzten Betriebsmittel. Aus der Beförderungspflicht erwächst keine Verpflichtung, zB für besondere Nachfragespitzen, umfangreiche Vorsorge zu treiben. Nicht einmal erwächst eine Pflicht zB im Schülerverkehr ausreichend Kapazitäten zeitnah bereitzustellen, wenn die Schüler die Möglichkeit haben, auf frühere bzw. spätere Fahrten auszuweichen und dem Verkehrsunternehmen die zusätzlichen Fahrten wirtschaftlich nicht zugemutet werden können. Ebenfalls begründen die Möglichkeiten der Genehmigungsbehörde eine **Ausgestaltung des Verkehrs** durch Fahrplanänderungen nach § 40 Abs. 3 PBefG und durch Betriebsänderung nach § 21 Abs. 3 PBefG zu verlangen, keine gemeinwirtschaftliche Pflicht. Denn beide Möglichkeiten stehen auch hier unter dem Vorbehalt der Deckung von Kosten inkl. angemessenen Gewinn (§ 21 Abs. 3 PBefG und § 40 Abs. 3 S. 2 PBefG). Eine Anwendung der PersonenverkehrsVO auf das Genehmigungsverfahren für eigenwirtschaftliche Verkehre ist somit wegen etwaiger gemeinwirtschaftlicher Pflichten nicht erforderlich.[9] Etwas anderes ergibt sich aus der ausschließlichen Wirkung der Liniengenehmigung, die nur bei EU-konformer Handhabung eine Anwendung der PersonenverkehrsVO auf das Liniengenehmigungsverfahren vermeidet (→ Art. 2 Rn. 28 ff.).

Art. 3 Öffentliche Dienstleistungsaufträge und allgemeine Vorschriften

(1) Gewährt eine zuständige Behörde dem ausgewählten Betreiber ausschließliche Rechte und/oder Ausgleichsleistungen gleich welcher Art für die Erfüllung gemeinwirtschaftlicher Verpflichtungen, so erfolgt dies im Rahmen eines öffentlichen Dienstleistungsauftrags.

(2) ¹Abweichend von Absatz 1 können gemeinwirtschaftliche Verpflichtungen zur Festsetzung von Höchsttarifen für alle Fahrgäste oder bestimmte Gruppen von Fahrgästen auch Gegenstand allgemeiner Vorschriften sein. ²Die zuständige Behörde gewährt den Betreibern eines öffentlichen Dienstes gemäß den in den Artikeln 4 und 6 und im Anhang festgelegten Grundsätzen eine Ausgleichsleistung für die – positiven oder negativen – finanziellen Auswirkungen auf die Kosten und Einnahmen, die auf die Erfüllung der in den allgemeinen Vorschriften festgelegten tariflichen Verpflichtungen zurückzuführen sind; dabei vermeidet sie eine übermäßige Ausgleichsleistung. ³Dies gilt ungeachtet des Rechts der zuständigen Behörden, gemeinwirtschaftliche Verpflichtungen zur Festsetzung von Höchsttarifen in öffentliche Dienstleistungsaufträge aufzunehmen.

(3) ¹Unbeschadet der Artikel 73, 86, 87 und 88 des Vertrags können die Mitgliedstaaten allgemeine Vorschriften über die finanzielle Abgeltung von gemeinwirtschaftlichen Verpflichtungen, die dazu dienen, Höchsttarife für Schüler, Studenten, Auszubildende und Personen mit eingeschränkter Mobilität festzulegen, aus dem Anwendungsbereich dieser Verordnung ausnehmen. ²Diese allgemeinen Vorschriften sind nach Artikel 88 des Vertrags mitzuteilen. ³Jede Mitteilung enthält

---

[9] Dies war die Forderung der Vertreter der extensive Auffassung: *Winnes/Saxinger/Mietzsch* EuR 2009, 290 (296 ff.); *Winnes* DER NAHVERKEHR 7-8/2008, 25 (26); es wird aber eingeräumt, dass der Gesetzgeber dies ausdrücklich anders beurteilt hatte: Saxinger/Winnes/*Saxinger* RdÖPV Art. 2 lit. e Rn. 32.

vollständige Informationen über die Maßnahme, insbesondere Einzelheiten zur Berechnungsmethode.

Übersicht

	Rn.		Rn.
I. Normzweck	1	4. Diskriminierungsfreiheit	12–14
II. Abschließende Regelung der Markteingriffe	2, 3	5. Unterschreitung des Tarifs	15
		6. Vorgaben außerhalb des Tarifs	16
III. Regelfall öffentlicher Dienstleistungsauftrag (Abs. 1)	4–7	V. Herausnahme bestimmter allgemeiner Vorschriften aus dem Anwendungsbereich der VO (Abs. 3)	17–26
1. Gegenseitigkeit	4, 5	1. Hintergrund	17
2. Kompensationswirkung	6	2. Anwendungsbereich	18–20
3. Dokumentation und Transparenz	7	3. Notifikation	21, 22
IV. Ausnahmefall allgemeine Vorschrift (Abs. 2)	8–16	4. Beurteilung des § 45a PBefG und § 228 SGB IX	23–25
1. Deregulierter Markt	8	5. Kombination von öffentlichen Dienstleistungsauftrag und allgemeiner Vorschrift	26
2. Begrenzung auf Höchsttarife	9, 10		
3. Vorgabe durch die zuständige Behörde	11		

I. Normzweck

Art. 3 in Kombination mit entsprechend ausgestaltenden Art. 4 kann sicherlich als Herzstück der VO bezeichnet werden. Hier wird festgelegt, dass gemeinwirtschaftliche Pflichten, die einer besonderen Kompensation bedürfen, im Regelfall in einem öffentlichen Dienstleistungsauftrag niedergelegt werden und in einem strengen Gegenseitigkeitsverhältnis stehen (→ Rn. 4 ff.). Ausnahmsweise kann in offenen Märkten gemeinwirtschaftliche Tarifpflichten auch einer allgemeinen Vorschrift niedergelegt werden, die spezifische Kompensationen erhält (→ Rn. 8 ff.). Den Mitgliedstaaten ist zudem gestattet, nach Notifikation allgemeine Vorschriften für Tarife zugunsten bestimmter Fahrgastgruppen aufrechtzuerhalten oder einzuführen (→ Rn. 17 ff.), wobei aufgrund des abschließenden Charakters der Eingriffsmittel (→ Rn. 2 f.) fraglich ist, in welchem Umfange überhaupt Spielräume für eine Genehmigungsfähigkeit bestehen. 1

II. Abschließende Regelung der Markteingriffe

Art. 3 nennt die zentralen **Markteingriffsinstrumente,** die als Gegenleistung für die Übernehme gemeinwirtschaftlicher Pflichten in der VO vorgesehen sind. Wie in → Vorbemerkung Rn. 60 f. dargelegt, sind diese Eingriffsinstrumente **abschließend** in Bezug auf die Erreichung der Ziele von umfangreicheren, höherwertigeren, sichereren oder preisgünstigeren Angeboten gem. Art. 1 Abs. 1 durch gezielte Markteingriffe. Unberührt ist die Marktregulation durch weitere Vorgaben wie allgemeine Vorschriften nach Art. 2 lit. l (→ Art. 2 Rn. 41 f.). Allerdings darf für deren Erfüllung kein Ausgleich geleistet werden, sodass durch diese auch keine gemeinwirtschaftliche Pflicht entsteht. 2

Von der abschließenden Regelung unberührt sind einerseits **De Minimis**-Beihilfen (→ Art. 1 Rn. 29). Zum anderen können finanzielle Leistungen außerhalb der Zielrichtung der Sicherstellung gemeinwirtschaftlicher Leistungen geleistet werden.[1] Denkbar ist dies für Erneuerungs- oder Innovationsbeihilfen bezüglich des Fuhrparks und anderer technischer Einrichtungen, Sanierungsbeihilfen, Forschungs- und Entwicklungsbeihilfen oder Umweltbeihilfen (→ Art. 9 Rn. 6 f.). Alle diese Leistungen wären nach dem jeweilig einschlägigen Beihilferegime zu beurteilen. Bezüglich der überkommenen Fahrzeugförderung wird allerdings die Begründung einer Förderung nach den bisherigen Maßstäben nahezu unmöglich. 3

---

[1] Denkbar ist dies für diverse Förderungen, die zumindest mittelbar der Sicherstellung einer ausreichenden Verkehrsbedienung dienen. Diese sind strikt von etwaigen Umgehungsstrategien zur Vermeidung eines öffentlichen Dienstleistungsauftrags abzugrenzen: dazu Berschin in Baumeister RdÖPNV A1 Rn. 45 ff.

Denn die Förderung zielte auf eine Produktionskostenentlastung im öffentlichen Linienverkehr und schrieb daher als Verwendungszweck eine Mindestkilometer- oder -jahresleistung im öffentlichen Linienverkehr vor. Damit war die Erwartung verbunden, dass durch die Kostensenkung Leistungen erbracht werden, die sich bei vollständiger Kostenberechnung nicht rentiert hätten, somit gemeinwirtschaftlich sind.

III. Regelfall öffentlicher Dienstleistungsauftrag (Abs. 1)

4   1. **Gegenseitigkeit.** Wie sich aus der Formulierung des Art. 3 Abs. 2 „abweichend" ergibt, ist der öffentliche Dienstleistungsauftrag (public service contract) der Regelfall zur Festlegung von gemeinwirtschaftlichen Pflichten als Gegenleistung für zu gewährende ausschließliche Rechte und/oder Ausgleichsleistung. Regelungskern ist daher das **Gegenleistungsverhältnis**. Dieses ist **unvereinbar** mit den Gedanken des **Subventionsrechts,** welches allgemein nur ein Anreiz für ein gewünschtes Verhalten liefert, aber der öffentlichen Hand keinen Anspruch auf die Durchführung des Verhaltens gibt. Die Sicherstellung gemeinwirtschaftlicher Leistungen ist aber mit einem derartigen Anreizsystem unvereinbar, da es dann im Belieben des Subventionsempfängers stünde, ob und wie er die gemeinwirtschaftliche Leistung erbringt. Damit würde der Sicherstellungsauftrag verfehlt und letztlich nicht gewährleistet, dass die erforderlich gehaltenen Dienstleistungen tatsächlich angeboten werden.

5   Dieser vorgenannte Erfüllungsanspruch der zuständigen Behörden aus dem Begriff „gewährt für die Erfüllung" schafft **umsatzsteuerliche Probleme,** da die VO ein klares Austauschverhältnis regelt. Allerdings hat sich die deutsche Finanzverwaltung bereits 1996[2] darauf verständigt, diesen Fragestellungen nicht nachzugehen. Solange Verkehrsleistungen als Sicherstellung für die Allgemeinheit vereinbart werden, seien diese Leistungen umsatzsteuerfreier Zuschuss, unabhängig vom Verbindlichkeitsgrad der jeweiligen Vereinbarungen.

6   2. **Kompensationswirkung.** Neben der Gegenseitigkeit ist zweites zentrales Kriterium, dass die Leistungen **zielgerichtet als Kompensation** für die Erfüllung der gemeinwirtschaftlichen Verpflichtungen geleistet werden. Dies dürfte bei finanziellen Ausgleichsleistungen unschwer zu erkennen sein. Schwieriger sind gewährte Ausschließlichkeitsrechte einzuordnen. Denn üblicherweise werden diese aus Gewohnheit gewährt und weniger aus konkretem Kalkül. Gleichwohl erfordert die Kompensationswirkung, dass das **Ausschließlichkeitsrecht als wirtschaftliche Stütze** der gemeinwirtschaftlichen Verpflichtungen eingestellt wird und einen finanziellen Wert erhält. Entfiele diese kompensierende Wirkung, so wäre das Ausschließlichkeitsrecht gar nicht notwendig und damit unverhältnismäßig. Daher muss im Rahmen der Verhältnismäßigkeit eine genaue Abwägung zur Notwendigkeit und Wirkung eines Ausschließlichkeitsrechts stattfinden, sodass es als Gegenleistung für die Übernahme gemeinwirtschaftlicher Verpflichtungen taxiert werden kann.

7   3. **Dokumentation und Transparenz.** Die Funktion der Gegenseitigkeit und Kompensation können Ausgleichsleistungen und Ausschließlichkeitsrechte nur wahrnehmen, wenn die gemeinwirtschaftlichen Pflichten genau beschrieben und entsprechend für alle Beteiligten in gleichem Sinne verständlich sind. Daher ist eine hinreichende **Dokumentation und Transparenz** erforderlich, damit von unabhängiger Seite – zB der Kommission oder ein befasstem Gericht – nachvollzogen werden kann, in welchem Umfang gemeinwirtschaftliche Verpflichtungen bestehen und wie sich dazu die spezifischen Marktinterventionen verhalten.

IV. Ausnahmefall allgemeine Vorschrift (Abs. 2)

8   1. **Deregulierter Markt.** Als **Ausnahme**[3] von der Regel des öffentlichen Dienstleistungsauftrags stellt Art. 3 Abs. 2 das Instrument der allgemeinen Vorschrift bereit. Die Aus-

---

[2] Beschl. d. Finanzministerkonferenz v. 18.5.1995 und der Verkehrsministerkonferenz v. 16/17.11.1995.
[3] Bereits die Stellung als „abweichend von Absatz 1" macht diese Auslegung zwingend; s. auch VG Münster Urt. v. 24.10.2014 – 10 K 2076/12, BeckRS 2014, 57873; VG Augsburg Urt. v. 24.3.2015 – Au 3 K 15.79, BeckRS 2015, 117426, Rn. 33 f. und zust. VG Stade Urt. v. 30.6.2016 – 1 A 1432/14, BeckRS 2016, 50326, Rn. 74.

nahme ergibt sich nicht nur aus der Einführung „abweichend", sondern auch aus dem beschränkten Anwendungsbereich, nämlich der ausschließlichen Festlegung von Höchsttarifen und der Beschränkung auf hierzu kompensierende Ausgleichsleistungen. Mit dem Verbot der Festlegungen von Ausschließlichkeitsrechten nimmt Art. 3 Abs. 2 auf die in Erwägungsgrund 9 in Bezug genommenen deregulierten Märkte, das bedeutet Märkte ohne nennenswerte Marktzutritts- und -austrittsschranken. Allgemeine Vorschriften für Höchsttarife sind damit die einzige Möglichkeit jenseits allgemeiner steuer- oder abgabenrechtlicher Lösungen **durch finanzielle Ausgleichsleistung kommerzielle Verkehre zu stützen.** Als Ausnahmevorschrift ist dabei Art. 3 Abs. 2 restriktiv auszulegen. Es geht bei diesen allgemeinen Vorschriften um das Hineinweben von tarifpolitischem öffentlichem Interesse in ein ansonsten ausgeglichenes Spiel von Angebot und Nachfrage, welches zu einem ausreichenden Verkehrsangebot führt. Der EuGH hat hierzu bereits unter Geltung der VorgängerVO (EWG) Nr. 1191/69 festgestellt, dass eine Tarifpflicht, also das Interesse an bestimmten Tarifen „nicht allein durch die behördliche Festsetzung oder Genehmigung der Beförderungstarife [entsteht], sondern darüber hinaus durch die zwei weiteren kumulativ geforderten Voraussetzungen gekennzeichnet [ist], [so] dass es sich um „besondere" Tarifmaßnahmen, die bestimmte Gruppen von Reisenden, bestimmte Güterarten oder bestimmte Verkehrswege betreffen, und ferner um dem kaufmännischen Interesse des Unternehmens zuwiderlaufende Maßnahmen handelt. Diese Auslegung wird durch Art. 2 Abs. 5 UAbs. 2 [VO (EWG) Nr. 1191/69] bestätigt, wonach die „allgemeinen preispolitischen Maßnahmen" ebenso wenig wie die „Maßnahmen, die auf dem Gebiet der allgemeinen Beförderungsentgelte und -bedingungen im Hinblick auf die Organisation des Verkehrsmarkts oder eines Teils des Verkehrsmarkts beschlossen werden", Tarifpflichten begründen".[4] Hieraus wird deutlich, dass der Höchsttarif ein ganz spezifisches Interesse an konkreten Tarifen begründen muss und **nicht** etwa die **Festlegung insgesamt angemessener Tarife** eines an sich bereits unauskömmlichen Verkehrs umfassen kann.

2. **Begrenzung auf Höchsttarife.** Ausgleichsleistungen im Rahmen allgemeiner Vorschriften nach Art. 3 Abs. 2 sind auf die Kompensation von Höchsttarifen beschränkt. Diese Höchsttarife können dabei für **alle Fahrgäste** oder auch nur für **bestimmte Gruppen** festgelegt werden. Die Höchsttarife dienen dagegen nicht zur Finanzierung eines an sich nicht kostendeckenden Verkehrs.[5] Die Höchsttarife müssen sich dabei vom kommerziellen Interesse an entsprechenden ergiebigen Tarifen unterscheiden, sie müssen eine entsprechende **soziale** oder auch **integrierende Komponente** zur Tarifbegrenzung enthalten. Insoweit muss eine konkrete Vorstellung über die damit verbundene gemeinwirtschaftliche Verpflichtung bestehen, da nur so eine entsprechend kompensierende und angemessene Ausgleichsleistung entstehen kann. Integrierend bedeutet dabei, dass auch Verbundtarife einschließlich der gegenseitigen Anerkennung und Hinnahme von Durchtarifierungen vorgegeben werden können.[6]

Dem Höchsttarif muss insgesamt eine **Verkehrsleistung** gegenüberstehen, die **kommerziell tragfähig** ist. Es muss also feststehen, mit wie vielen Fahrgästen und Erträgen die Verkehrsleistung bei Geltung des unternehmerisch kalkulierten Tarifs rechnen darf.[7]

---

[4] EuGH 27.11.1973 – 36/73, Slg.1973, 1299 = BeckRS 2004, 70974 Rn. 11 ff. = EU:C:1973:130 – Nederlandse Spoorwegen.
[5] *Grischkat/Karl/Berschin/Schaaffkamp* Verkehr und Technik 2010, 466 (467 f.); *Berschin* in Baumeister RdÖPNV A1 Rn. 53, 58; Saxinger/Winnes/*Winnes* RdÖPV Art. 3 Abs. 2 Rn. 4 f. auch zu einer entsprechenden Gegenansicht.
[6] Saxinger/Winnes/*Winnes* RdÖPV Art. 2 lit. l Rn. 5 ff. Entgegen der früheren mitvertretenen Ansicht unter *Grischkat/Karl/Berschin/Schaaffkamp* Verkehr und Technik 2010, 466 (469) sind auch Durchtarifierungsverluste ausgleichsfähig. Das Problem liegt aber auf der tatsächlichen Ebene, da sie kaum nachgewiesen sind und idR fiktiv berechnet werden. Dass Fahrgäste heute in Verbundtarifen umsteigen, ist kein Beleg dafür, dass sie das auch bei einem notwendigen Lösen einer zweiten Fahrkarte getan hätten. Gerade in diesem Segment ist die Preisempfindlichkeit besonders hoch.
[7] *Grischkat/Karl/Berschin/Schaaffkamp* Verkehr und Technik 2010, 466 (468); Saxinger/Winnes/*Schmitz* RdÖPV Art. 4 Abs. 1 Rn. 80; *Berschin* in Baumeister RdÖPNV A1 Rn. 58.

Kann dagegen bei einem unternehmerischen Tarif aufgrund der Abwanderung bei entsprechenden Preissteigerungen gar keine Kostendeckung erreicht werden, handelt es sich nicht um einen Höchsttarif, sondern in Wahrheit um die Vereinbarung gemeinwirtschaftlicher Verkehrsleistungen, die nur im Rahmen des Art. 3 Abs. 1 als öffentlicher Dienstleistungsauftrag zulässig ist. Wird zB mit einem in der Literatur bezüglich des ÖPNV häufig genannten Wertes einer **Preiselastizität** von -0,3 gerechnet, was eine Fahrgastabwanderung bei einer Tarifverdopplung von 30 % bedeuten würde, so ergibt sich mathematisch, dass ein Referenztarif[8] maximal nominell 117 % über den ermäßigten Tarif mit einer Gesamtergiebigkeit von maximal 41 % höher als der Referenztarif liegen darf, da ansonsten die Tarifeinnahmen aufgrund der Nachfrageabwanderung wieder sinken.

11 **3. Vorgabe durch die zuständige Behörde.** Der Höchsttarif muss Gegenstand der gemeinwirtschaftlichen Festlegung sein. Daher müssen die zur Marktintervention berufenen, **zuständigen Behörden diesen beschließen** und festlegen.[9] Beschließen dagegen die **Verkehrsunternehmen** den Höchsttarif, so liegt hierin bereits eine **unzulässige Selbstbetrauung.** Die Festlegung gemeinwirtschaftlicher Pflichten ist ebenso wie die Festlegung wirtschaftlicher Allgemeininteressen den zuständigen Behörden vorbehalten.

12 **4. Diskriminierungsfreiheit.** Die Festlegung der Höchsttarife muss gegenüber den Unternehmen diskriminierungsfrei erfolgen, wie sich bereits aus Art. 2 lit. l ergibt. Gerade bei offenen Märkten und sehr unterschiedlichen Produkten und Zielgruppen muss hohe **Sorgfalt auf die Abgrenzung** des betroffenen Gebietes, der vergleichbaren Dienste und auch der einzubeziehenden Gruppen erfolgen; zu groß ist die Gefahr, dass ein Zuschnitt auf bestimmte Verkehrsunternehmen erfolgt. Daher muss die Abgrenzung anhand hinreichender Erkenntnisse über bislang angewandt Tarife oder hypothetisch anzuwendende Tarife und die Nutzerbedürfnisse erfolgen. Dies umfasst insbesondere auch die Loslösung von **Haustarifen,** sofern sie gar nicht (mehr) angewandt werden.[10] Ist in einem offenen Markt nur ein **punktueller** Tarifeingriff vorgesehen, wie zB die Freifahrt schwerbehinderter Menschen, so kann auf die sonstigen Durchschnittserlöse abgestellt werden. Gleiches gilt bei der Schaffung neuer Tarifangebote. Wird dagegen der **Tarif insgesamt abgesenkt** (beispielsweise durch Harmonisierung im Rahmen eines Verbunds), kann zum Zeitpunkt der Anwendung der Haustarif in Bezug auf die Marktreaktion noch Bezugspunkt sein, aber im Lauf der Zeit gibt ein – ggf. fiktiv – fortgeschriebener Haustarif keine Information über die am Markt durchsetzbaren Tarifeinnahmen.

13 Ebenfalls ein nicht zu unterschätzendes Problem der Gleichbehandlung sind Fragen der **Einnahmenaufteilung.** Zwar ist diese nicht primär Gegenstand einer allgemeinen Vorschrift, aber da der Ausgleich an zugeschiedenen Einnahmen anknüpft und möglicherweise auch einen Ausgleich für Durchtarifierungsverluste leisten will, ist es unerlässlich, dass die Einnahmenaufteilungsregelung vorab feststehen, diskriminierungsfrei, klar und transparent sind und von jedem Marktteilnehmer in gleicher Weise verstanden werden können. Sie müssen zudem dem Gebot der Objektivität und Betrugsfestigkeit Rechnung tragen und insgesamt sachgerecht sein. Insgesamt müssen sie den bei allgemeinen Vorschriften unterstellten freien Marktzugang umfassend Rechnung tragen.[11]

14 In Konflikt mit der Diskriminierungsfreiheit kommen tendenziell auch Systeme, die eine **Deckelung** der Ausgleichsleistungen auf ein bestimmtes (im Haushalt veranschlagtes)

---

[8] S. zu den Problemen überhaupt einen Referenztarif zu finden: *Grischkat/Karl/Berschin/Schaaffkamp* Verkehr und Technik 2010, 466 (468); *Deuster* IR 2009, 346 (349); *Winnes* DER NAHVERKEHR 6/2009, 29; *Otting/Olegmöller* DER NAHVERKEHR 9/2009, 34 (36).
[9] *Grischkat/Karl/Berschin/Schaaffkamp* Verkehr und Technik 2010, 466 (467); *Berschin* in Baumeister RdÖPNV A1 Rn. 56; Saxinger/Winnes/*Winnes* RdÖPV Art. 3 Abs. 2 Rn. 15 ff.
[10] Dazu auch Saxinger/Winnes/*Winnes* RdÖPV Art. 3 Abs. 2 Rn. 30 f.
[11] *Grischkat/Karl/Berschin/Schaaffkamp* Verkehr und Technik 2010, 466 (468 f.) und vertiefend: Saxinger/Winnes/*Winnes/Schmitz* RdÖPV Art. 4 Abs. 2 Rn. 18 ff.; *Berschin/Fiedler* Verkehr und Technik 2001, 255 ff. und 299 ff.

Budget vorsehen.¹² Diese Budgetansätze kommen meist mit dem Kalkül zustande, dass dieser Betrag benötigt werde und am Markt sich ansonsten nichts Hinreichendes ergebe. Dies wirkt gegenüber Newcomern diskriminierend. Zwar könnte der Budgetansatz durch lineare Kürzung aller Ausgleichsansprüche eingehalten werden, jedoch wird damit vor allem für neu hinzutretende Marktteilnehmer die allgemeine Vorschrift unkalkulierbar, während die Marktsassen eher mit diesen Unwägbarkeiten umgehen können. Zudem stellt sich die grundsätzliche Frage, warum sich Unternehmen auf allgemeine Vorschriften einlassen sollten, die in ihrem Ausgleich variabel sind. Wenn sie unterkompensierend sind, werden die Verkehrsunternehmen auf dieser Basis kein Angebot erbringen bzw. vermeiden in Anwendungsbereich der Vorschrift zu gelangen. Ist dagegen ein niedrigerer Ausgleich noch ausreichend, beweist dies, dass ein etwaig höherer (ungedeckelter) Ausgleich eine Überkompensation darstellen würde.

5. Unterschreitung des Tarifs. Die Formulierung „Höchsttarif" bringt es mit sich, 15 dass der Tarif **unterschritten** werden darf, da mit der gemeinwirtschaftlichen Pflicht nur Tarif nach oben hin begrenzt werden soll, nicht aber der Tarifwettbewerb beseitigt werden kann. Allerdings wäre auch eine Unterschreitung eines Höchsttarifs ein untrügliches Zeichen dafür, dass es der **Höchsttarifvorgabe nicht bedarf,** da der (funktionsfähige) Markt günstigere Fahrpreise bereitstellt.¹³

6. Vorgaben außerhalb des Tarifs. Allgemeine Vorschriften nach Art. 3 Abs. dürfen 16 nur Vorgaben zu Höchsttarifen haben, da nur diese ausgleichsfähig sind. Allerdings ist es denkbar, diese Vorgaben mit weiteren Vorgaben einer allgemeinen Vorschrift nach Art. 2 lit. l zu kombinieren. Deren Zulässigkeit beurteilt sich dabei nach nationalem Recht, da Art. 2 lit. l nur die **Möglichkeit** der allgemeinen Vorschriften erwähnt, jedoch selbst keine hinreichend bestimmte Eingriffsgrundlage für allgemeine Marktzugangsregelungen bereithält. § 8a Abs. 1 S. 2 PBefG scheidet hierfür aus, da dort explizit nur allgemeine Vorschriften nach Art. 3 Abs. 2 und 3 zugelassen werden. Allerdings enthält **§ 8a Abs. 2 PBefG iVm § 13 Abs. 2a PBefG** die entsprechende **Eingriffsgrundlage,** für Aufgabenträger im Rahmen von zu erteilender Genehmigungen Anforderungen für eigenwirtschaftliche Verkehre für Quantität und Qualität festzulegen, deren Einhaltung die Verkehrsunternehmen zusichern müssen und bei deren Nichteinhaltung bzw. Nichterreichen der Aufgabenträger sein Einvernehmen zur Erteilung eigenwirtschaftlicher Genehmigungen verweigern kann.

V. Herausnahme bestimmter allgemeiner Vorschriften aus dem Anwendungsbereich der VO (Abs. 3)

1. Hintergrund. Die Regelungen des Art. 3 Abs. 3 sind erst sehr spät in den Gesetzge- 17 bungsprozess gelangt. Hintergrund war die **Befürchtung,** dass insbesondere der deutsche § 45a PBefG mit den Anforderungen des Art. 6 Abs. 1 und Anhangs **nicht vereinbar** sein könnte. Art. 3 Abs. 3 gestattet somit Beihilfeleistungen zu genehmigen, die sonst wegen des Anwendungsvorrangs der PersonenverkehrsVO normalerweise nicht genehmigungsfähig wären.¹⁴

2. Anwendungsbereich. Im Gegensatz zu Art. 3 Abs. 2 ist die Anwendung auf Höchst- 18 tarife für Schüler, Auszubildende, Studierende und Menschen mit Behinderungen beschränkt. Eine Herausnahme von der PersonenverkehrsVO ist nur erforderlich, wenn Abweichungen gegenüber Art. 3 Abs. 2 bestehen. Bezüglich der Höchsttarife und deren

---

¹² S. *Grischkat/Karl/Berschin/Schaaffkamp* Verkehr und Technik 2010, 466 (469); *Berschin* in Baumeister RdÖPNV A1 Rn. 54.
¹³ So auch Saxinger/Winnes/*Winnes* RdÖPV Art. 3 Abs. 2 Rn. 13a.
¹⁴ E der Kom., Staatliche SA.34155 (2013/N) (ex 2011/PN) – Deutschland – Landesgesetz des Landes Rheinland-Pfalz über den Ausgleich von gemeinwirtschaftlichen Verpflichtungen im Ausbildungsverkehr v. 22.1.2014, C(2014) 133 corr. Rn. 35 unter Berufung auf Altmark Trans Rn. 53 und EuGH Urt. v. 7.5.2009 – C-504/07, Slg. 2009, I-3867 Rn. 23 = ECLI:EU:C:2009:290 = BeckRS 2009, 70482- Antrop. S. auch zum Hintergrund *Berschin* in Baumeister RdÖPNV A1 Rn. 34.

Bestimmungen kann es keine Abweichungen geben, da definitionsgemäß es sich hier auch um Höchsttarife handeln muss. Insoweit bezieht sich die Ausnahmemöglichkeit nur auf das **Ausgleichsverfahren** oder die Anforderungen der **Diskriminierungsfreiheit**.

19 Ausnahmen in Bezug auf das Gebot der Diskriminierungsfreiheit sind schwer vorstellbar, da die **Diskriminierungsfreiheit** und auch **Transparenz** ein Grundprinzip des Unionsrechts ist und die PersonenverkehrsVO der Herstellung der Niederlassungsfreiheit dient. Somit steht das **Ausgleichsverfahren** im Fokus etwaiger Abweichungen von der PersonenverkehrsVO. Wie sich aus der Kommissionsentscheidung Rheinland-Pfalz[15] ergibt, muss hierbei die Kommission ein Ermessen ausüben, das sich aus den allgemeinen Beihilfegrundsätzen im Unionsrecht ergibt. Dies hebt auch die Kommission ausdrücklich in Erwägungsgrund 36 hervor. Die Kommission hat folglich aus den vier Altmark Trans-Kriterien, dem Art. 93 AEUV als Abgeltungsvorschrift an sich und den Genehmigungskriterien für Beihilfezahlungen von Dienstleistungen von allgemeinem wirtschaftlichem Interesse folgende **Kriterien** entwickelt:
- genaue Bestimmungen der gemeinwirtschaftlichen Verpflichtungen,
- Betrauungsakt mit klarer Vorabparametrisierung des Ausgleichs,
- keine Überkompensation,
- Nichtdiskriminierung,
- keine unverhältnismäßige Wettbewerbsverzerrung.

20 Im Rahmen dieser Kriterien können gewisse Abweichungen zugelassen werden, insbesondere könnte die Überkompensationskontrolle bei einfachen Sachverhalten vereinfacht werden. Auch ist denkbar, dass im Preisausgleich der Nachfrageeffekt vernachlässigt wird.[16]

21 **3. Notifikation.** Voraussetzung der Anwendung der Ausnahmemöglichkeit ist eine **vorherige Notifikation** bei der Kommission. Hierbei wird der gesamte Art. 108 AEUV in Bezug genommen, dies bedeutet ein Durchführungsverbot nach Art. 108 Abs. 3 S. 3 AEUV vor einer entsprechenden Entscheidung. Da Art. 3 Abs. 1 und 2 den Anwendungsvorrang der VO für jedwede Ausgleichsleistungen als Gegenleistung für gemeinwirtschaftliche Pflichten bestimmt und Abs. 3 hiervon Dispens gewähren soll, gilt der Anwendungsvorrang der VO. Daher ist nicht erforderlich, dass es sich bei den Ausgleichsleistungen tatbestandlich um Beihilfen handeln muss.[17]

22 Zwar hat Deutschland nach § 8 Abs. 4 S. 2 PBefG den § 45a PBefG nach Art. 3 Abs. 3 von der VO per Gesetz ausgenommen, jedoch ist über eine etwaige Notifikation oder gar Genehmigung durch die Kommission offiziell nichts bekannt.[18] Daher unterliegt **§ 45a PBefG** einem **Durchführungsverbot** nach Art. 108 Abs. 3 S. 3 AEUV,[19] welches von jedem Konkurrenten eingefordert werden kann. Gleichsam ist nach § 148 Abs. 3 SGB IX der Ausgleich für die Schwerbehindertenbeförderung vom Anwendungsbereich der PersonenverkehrsVO ausgenommen mit denselben Konsequenzen.

23 **4. Beurteilung des § 45a PBefG und § 228 SGB IX.** In der Eröffnungsentscheidung Emsländische Eisenbahn[20] hat die Kommission die Regelung des § 45a PBefG als Nichtbei-

---

[15] E der KOM, Staatliche SA.34155 (2013/N) (ex 2011/PN) – Deutschland – Landesgesetz des Landes Rheinland-Pfalz über den Ausgleich von gemeinwirtschaftlichen Verpflichtungen im Ausbildungsverkehr v. 22.1.2014, C(2014) 133 corr. Rn. 37 ff.

[16] So in der E der Kom., Staatliche SA.34155 (2013/N) (ex 2011/PN) – Deutschland – Landesgesetz des Landes Rheinland-Pfalz über den Ausgleich von gemeinwirtschaftlichen Verpflichtungen im Ausbildungsverkehr v. 22.1.2014, C(2014) 133 corr. Rn. 13 f.

[17] So aber *Hölzl* → 1. Aufl. 2011, Rn. 7. Wie hier *Heiß* VerwArch 2009, 113 (123); Saxinger/Winnes/*Linke* RdÖPNV Art. 3 Abs. 3 Rn. 16.

[18] An verschiedenen Stellen wird auf ein Notifikationsschreiben des Bundes v. 18.3.2009 Bezug genommen, in den Verzeichnissen der Kom. findet sich dazu jedoch kein Aktenzeichen. Saxinger/Winnes/*Linke* RdÖPV Art. 3 Abs. 3 Rn. 3, 30, 52 berichtet von einer Rücknahme der Notifikation.

[19] So auch Saxinger/Winnes/*Linke* RdÖPV Art. 3 Abs. 3 Rn. 3, 16, 18 und Saxinger/Winnes/*Linke* PBefG § 45a Rn. 72; Heinze/Fehling/Fiedler/*Fiedler* PBefG § 45a Rn. 9.

[20] Kom., Staatliche Beihilfe C 54/07 (ex NN 55/07) – Staatliche Beihilfe für die Emsländische Eisenbahn GmbH, Aufforderung zur Abgabe einer Stellungnahme gemäß Artikel 88 Absatz 2 des EG-Vertrags, ABl. 2008 C 174/13 Rn. 110 ff.

hilfe eingestuft. So seien alle Altmark Trans-Kriterien erfüllt. So seien Schüler zu nicht kosteneffizienten von der Genehmigungsbehörde festgelegten Tarifen zu befördern und daher eine gemeinwirtschaftliche Pflicht vorliegend. Schon dieser Ansatz geht fehl, da § 45a PBefG keinerlei Verpflichtung zum Vorhalten ermäßigter Tarife bewirkt.[21] Der Ausgleich wird allein dann gewährt, wenn Schüler befördert werden, deren Erträge nicht die Sollkosten decken. Weiterhin sei das dritte Kriterium erfüllt, da die Ausgleichsparameter auf die nicht gedeckten Kosten Bezug nehmen und sogar nur 50% Ausgleich gewähren. Auch dieses Argument überzeugt nicht, da unglaubwürdig ist, dass bei einem Ausgleich von nur 44% (12% Abzug von den 50%) Verkehrsunternehmen die anderweitig nicht gedeckten Kosten bei den übrigen Fahrgästen einspielen können, zumal viele Schülerverkehre 80–90% der Fahrgeldeinnahmen ausmachen.[22] Auch dies ist ein starkes Indiz, dass die Kostenparameter überhöht sind. Zudem führen die Kostenparamater dazu, dass im Schülerverkehr die Unternehmen wesentlich höhere Erträge (Fahrkarte + Ausgleich) einnahmen als im Jedermannverkehr. Von einem Ausgleich eines Tarifrabatts kann daher keine Rede sein. Zudem wirkt vor allem die Berücksichtigung unternehmensspezifischer statistischer Werte in hohem Maß wettbewerbsverfälschend, sodass bei gleichem Marktzugang sich unterschiedliche Ausgleichsbeträge ergeben.[23]

§ 45a PBefG ist daher nach Art. 3 Abs. 3 **nicht genehmigungsfähig**,[24] soweit er einen 24 Ausgleich zur Verfügung stellt, der in keiner Relation zum gewährten Tarifrabatt steht. Dies ist strukturell bei § 45a PBefG der Fall. Insofern ist es folgerichtig, dass bis auf Bayern, Thüringen, Saarland und Bremen alle Bundesländer von der Öffnungsklausel nach § 64a PBefG Gebrauch gemacht haben und § 45a PBefG durch **Landesrecht ersetzt** haben.[25]

Anders ist dagegen der Ausgleich für die **Freifahrt schwerbehinderter Menschen** 25 **nach §§ 228 ff. SGB IX zu beurteilen.** Hier werden die Fahrgeldausfälle nach § 228 SGB IX anhand des durchschnittlichen Ertrags der Fahrgäste ermittelt. Damit wird darauf Bezug genommen, dass auch schwerbehinderte Menschen mit selber Wahrscheinlichkeit Einzelfahrausweise, Kinderfahrausweise, Zeitkarten etc in Anspruch genommen hätten. Der Anteil der schwerbehinderten Menschen am Fahrgastaufkommen wird vereinfachend mit dem Anteil der freifahrberechtigten Menschen an der Bevölkerung im jeweiligen Bundesland gleichgesetzt. Auf Nachweis nach § 148 Abs. 5 SGB IX kann ein betriebsindividueller Wert angewandt werden, wobei nur der Anteil berücksichtigt wird, der mehr als ein Drittel vom Durchschnittswert abweicht. Bei diesem Verfahren könnte man kritisieren, dass die Preiselastizität, dh häufigere Nutzung durch geringere Preise aufgrund der Freifahrt bzw. der für 80 EUR pro Jahr zu erwerbenden Wertmarke nicht berücksichtigt ist. Jedoch ist auch einzustellen, dass schwerbehinderte Menschen besondere Zugangsbarrieren zum öffentlichen Verkehr haben und oft auch sonst in der Mobilität eingeschränkt sind, sodass sich diese Effekte gegenseitig ausgleichen. Daher ist der Ausgleich nach §§ 228 ff. SGB IX **ohne Weiteres genehmigungsfähig**[26] nach Art. 3 Abs. 3. Es stellt sich sogar die Frage, warum dieser Ausgleich nicht als allgemeine Vorschrift nach Art. 3 Abs. 2 angesehen wird.

---

[21] Wenn *Deuster* DER NAHVERKEHR 4/2008, 38 (39) und Saxinger/Winnes/*Linke* RdÖPV Art. 3 Abs. 3 Rn. 33 § 39 PBefG als Grundlage für Höchsttarife sehen, geht dies fehl, da die Genehmigungsbehörde nur im Rahmen der Auskömmlichkeit Tarifvorgaben machen kann. Damit sind ihr die Festlegung gemeinwirtschaftlicher Pflichten verwehrt. Wie hier *Grischkat/Karl/Berschin/Schaaffkamp* Verkehr und Technik 2010, 466 (469); Heinze/Fehling/Fiedler/*Fiedler* PBefG § 45a Rn. 19 ff.

[22] Krit. bezüglich des dritten Kriteriums ebenfalls *Baumeister* Verkehr und Technik 2016, 101 (102 f.); Saxinger/Winnes/*Linke* RdÖPV Art. 3 Abs. 3 Rn. 35. Zur Pflicht der internen Quersubvention zulasten anderer Fahrgäste BVerfG Beschl. v. 8.12.2009 – 2 BvR 758/07, BVerfGE 125, 104 Rn. 81 = NVwZ 2010, 634.

[23] *Baumeister* Verkehr und Technik 2016, 101 (103); Saxinger/Winnes/*Linke* RdÖPV Art. 3 Abs. 3 Rn. 38.

[24] So auch *Baumeister* Verkehr und Technik 2016, 101 (103 f.); Saxinger/Winnes/*Linke* RdÖPV Art. 3 Abs. 3 Rn. 30 ff. und Heinze/Fehling/*Fiedler* PBefG § 45a Rn. 5 ff.

[25] Überblick bei Saxinger/Winnes/*Linke* RdÖPV Art. 3 Abs. 3 Rn. 45 ff.

[26] Tendenziell positiv Saxinger/Winnes/*Linke* RdÖPV Art. 3 Abs. 3 Rn. 40 ff., allerdings kritisiert er die Nichteinhaltung des vierten Altmark Trans-Kriteriums, wobei dies zweifelhaft erscheint, da eine Überkompensation allein schon durch Bezugnahme auf die am Markt erzielten Erlöse rechentechnisch ausgeschlossen ist.

26 **5. Kombination von öffentlichen Dienstleistungsauftrag und allgemeiner Vorschrift.** Beide Instrumente lassen sich kombinieren. Da aber der öffentliche Dienstleistungsauftrag umfassender ist, wird eine allgemeine Vorschrift in diesem aufgehen oder entsprechend eingebettet sein. Sofern Zahlungen aus allgemeinen Vorschriften auf den öffentlichen Dienstleistungsauftrag angerechnet werden, ist es ausreichend die Überkompensationskontrolle nach den Vorschriften über den öffentlichen Dienstleistungsauftrag durchzuführen.[27]

Art. 4 Obligatorischer Inhalt öffentlicher Dienstleistungsaufträge und allgemeiner Vorschriften

(1) In den öffentlichen Dienstleistungsaufträgen und den allgemeinen Vorschriften
a) sind die vom Betreiber eines öffentlichen Dienstes zu erfüllenden gemeinwirtschaftlichen Verpflichtungen, die in dieser Verordnung definiert und gemäß Artikel 2a dieser Verordnung spezifiziert sind, und die betreffenden geografischen Geltungsbereiche klar festzulegen;
b) sind zuvor in objektiver und transparenter Weise aufzustellen:
  i) die Parameter, anhand deren gegebenenfalls die Ausgleichsleistung berechnet wird, und
  ii) die Art und der Umfang der gegebenenfalls gewährten Ausschließlichkeit;
  dabei ist eine übermäßige Ausgleichsleistung zu vermeiden.
Bei öffentlichen Dienstleistungsaufträgen, die nicht gemäß Artikel 5 Absatz 1, Absatz 3 oder Absatz 3b vergeben werden, werden diese Parameter so bestimmt, dass die Ausgleichsleistung den Betrag nicht übersteigen kann, der erforderlich ist, um die finanziellen Nettoauswirkungen auf die Kosten und Einnahmen zu decken, die auf die Erfüllung der gemeinwirtschaftlichen Verpflichtungen zurückzuführen sind, wobei die vom Betreiber eines öffentlichen Dienstes erzielten und einbehaltenen Einnahmen und ein angemessener Gewinn berücksichtigt werden;
c) sind die Durchführungsvorschriften für die Aufteilung der Kosten, die mit der Erbringung von Dienstleistungen in Verbindung stehen, festzulegen. Diese Kosten können insbesondere Personalkosten, Energiekosten, Infrastrukturkosten, Wartungs- und Instandsetzungskosten für Fahrzeuge des öffentlichen Personenverkehrs, das Rollmaterial und für den Betrieb der Personenverkehrsdienste erforderliche Anlagen sowie die Fixkosten und eine angemessene Kapitalrendite umfassen.

(2) In den öffentlichen Dienstleistungsaufträgen und den allgemeinen Vorschriften sind die Durchführungsvorschriften für die Aufteilung der Einnahmen aus dem Fahrscheinverkauf festzulegen, die entweder beim Betreiber eines öffentlichen Dienstes verbleiben, an die zuständige Behörde übergehen oder unter ihnen aufgeteilt werden.

(3) ¹Die öffentlichen Dienstleistungsaufträge sind befristet und haben eine Laufzeit von höchstens zehn Jahren für Busverkehrsdienste und von höchstens 15 Jahren für Personenverkehrsdienste mit der Eisenbahn oder anderen schienengestützten Verkehrsträgern. ²Die Laufzeit von öffentlichen Dienstleistungsaufträgen, die mehrere Verkehrsträger umfassen, ist auf 15 Jahre beschränkt, wenn der Verkehr mit der Eisenbahn oder anderen schienengestützten Verkehrsträgern mehr als 50 % des Werts der betreffenden Verkehrsdienste ausmacht.

---

[27] E der Kom., Staatliche SA.34155 (2013/N) (ex 2011/PN) – Deutschland Landesgesetz des Landes Rheinland-Pfalz über den Ausgleich von gemeinwirtschaftlichen Verpflichtungen im Ausbildungsverkehr v. 22.1.2014, C(2014) 133 corr. Rn. 68.

(4) Falls erforderlich kann die Laufzeit des öffentlichen Dienstleistungsauftrags unter Berücksichtigung der Amortisierungsdauer der Wirtschaftsgüter um höchstens 50 % verlängert werden, wenn der Betreiber eines öffentlichen Dienstes einen wesentlichen Anteil der für die Erbringung der Personenverkehrsdienste, die Gegenstand des öffentlichen Dienstleistungsauftrags sind, insgesamt erforderlichen Wirtschaftsgüter bereitstellt und diese vorwiegend an die Personenverkehrsdienste gebunden sind, die von dem Auftrag erfasst werden.

[1]Falls dies durch Kosten, die aus der besonderen geografischen Lage entstehen, gerechtfertigt ist, kann die Laufzeit der in Absatz 3 beschriebenen öffentlichen Dienstleistungsaufträge in den Gebieten in äußerster Randlage um höchstens 50 % verlängert werden. [2]Falls dies durch die Abschreibung von Kapital in Verbindung mit außergewöhnlichen Investitionen in Infrastruktur, Rollmaterial oder Fahrzeuge gerechtfertigt ist und der öffentliche Dienstleistungsauftrag in einem fairen wettbewerblichen Vergabeverfahren vergeben wurde, kann ein öffentlicher Dienstleistungsauftrag eine längere Laufzeit haben. [3]Zur Gewährleistung der Transparenz in diesem Fall muss die zuständige Behörde der Kommission innerhalb von einem Jahr nach Abschluss des Vertrags den öffentlichen Dienstleistungsauftrag und die Elemente, die seine längere Laufzeit rechtfertigen, übermitteln.

(4a) Bei der Ausführung von öffentlichen Dienstleistungsaufträgen halten Betreiber eines öffentlichen Dienstes die nach dem Unionsrecht, dem nationalen Recht oder Tarifverträgen geltenden sozial- und arbeitsrechtlichen Verpflichtungen ein.

(4b) Die Richtlinie 2001/23/EG findet Anwendung auf den Wechsel des Betreibers eines öffentlichen Dienstes, wenn ein solcher Wechsel einen Unternehmensübergang im Sinne jener Richtlinie darstellt.

(5) [1]Unbeschadet des nationalen Rechts und des Gemeinschaftsrechts, einschließlich Tarifverträge zwischen den Sozialpartnern, kann die zuständige Behörde den ausgewählten Betreiber eines öffentlichen Dienstes verpflichten, den Arbeitnehmern, die zuvor zur Erbringung der Dienste eingestellt wurden, die Rechte zu gewähren, auf die sie Anspruch hätten, wenn ein Übergang im Sinne der Richtlinie 2001/23/EG erfolgt wäre. [2]Verpflichtet die zuständige Behörde die Betreiber eines öffentlichen Dienstes, bestimmte Sozialstandards einzuhalten, so werden in den Unterlagen des wettbewerblichen Vergabeverfahrens und den öffentlichen Dienstleistungsaufträgen die betreffenden Arbeitnehmer aufgeführt und transparente Angaben zu ihren vertraglichen Rechten und zu den Bedingungen gemacht, unter denen sie als in einem Verhältnis zu den betreffenden Diensten stehend gelten.

(6) [1]Verpflichtet die zuständige Behörde die Betreiber eines öffentlichen Dienstes im Einklang mit nationalem Recht dazu, bestimmte Qualitäts- und Sozialstandards einzuhalten, oder stellt sie soziale und qualitative Kriterien auf, so werden diese Standards und Kriterien in die Unterlagen des wettbewerblichen Vergabeverfahrens und die öffentlichen Dienstleistungsaufträge aufgenommen. [2]Derartige Unterlagen des wettbewerblichen Vergabeverfahrens und öffentliche Dienstleistungsaufträge müssen gegebenenfalls auch Angaben zu den Rechten und Pflichten in Bezug auf die Übernahme von Personal, das vom vorherigen Betreiber eingestellt worden war, enthalten, unter gleichzeitiger Wahrung der Richtlinie 2001/23/EG.

(7) [1]In den Unterlagen des wettbewerblichen Vergabeverfahrens und den öffentlichen Dienstleistungsaufträgen ist transparent anzugeben, ob und in welchem Umfang eine Vergabe von Unteraufträgen in Frage kommt. [2]Werden Unteraufträge vergeben, so ist der mit der Verwaltung und Erbringung von öffentlichen Personenverkehrsdiensten nach Maßgabe dieser Verordnung betraute Betreiber verpflichtet, einen bedeutenden Teil der öffentlichen Personenverkehrsdienste

selbst zu erbringen. ³Ein öffentlicher Dienstleistungsauftrag, der gleichzeitig Planung, Aufbau und Betrieb öffentlicher Personenverkehrsdienste umfasst, kann eine vollständige Übertragung des Betriebs dieser Dienste an Unterauftragnehmer vorsehen. ⁴Im öffentlichen Dienstleistungsauftrag werden entsprechend dem nationalen Recht und dem Gemeinschaftsrecht die für eine Vergabe von Unteraufträgen geltenden Bedingungen festgelegt.

(8) ¹Öffentliche Dienstleistungsaufträge müssen den Betreiber verpflichten, der zuständigen Behörde alle für die Vergabe der öffentlichen Dienstleistungsaufträge wesentlichen Informationen zur Verfügung zu stellen; hierbei ist der legitime Schutz vertraulicher Geschäftsinformationen zu gewährleisten. ²Die zuständigen Behörden stellen allen interessierten Parteien relevante Informationen für die Vorbereitung eines Angebots im Rahmen eines wettbewerblichen Vergabeverfahrens zur Verfügung und gewährleisten dabei den legitimen Schutz vertraulicher Geschäftsinformationen. ³Dazu gehören Informationen über Fahrgastnachfrage, Tarife, Kosten und Einnahmen im Zusammenhang mit den öffentlichen Personenverkehrsdiensten, die Gegenstand des wettbewerblichen Vergabeverfahrens sind, sowie Einzelheiten der Infrastrukturspezifikationen, die für den Betrieb der erforderlichen Fahrzeuge bzw. des erforderlichen Rollmaterials relevant sind, um interessierten Parteien die Abfassung fundierter Geschäftspläne zu ermöglichen. ⁴Die Schieneninfrastrukturbetreiber unterstützen die zuständigen Behörden bei der Bereitstellung aller einschlägigen Infrastrukturspezifikationen. ⁵Die Nichteinhaltung der oben genannten Bestimmungen ist Gegenstand einer rechtlichen Überprüfung im Sinne von Artikel 5 Absatz 7.

Übersicht

	Rn.		Rn.
I. Normzweck	1	III. Laufzeit	19–25
II. Spezifikation (Abs. 1)	2–18	1. Regellaufzeit (Abs. 3)	19, 20
1. Gemeinwirtschaftliche Verpflichtungen	2–5	2. Höhere Laufzeiten (Abs. 4)	21–25
2. Vorherige Festlegung der gemeinwirtschaftlichen Leistungen	6	IV. Sozialstandards	26–31
3. Ex ante Festlegung Ausgleichsleistung	7–9	1. Einhaltung der Standards (Abs. 4a und 4b)	26, 27
4. Art und Umfang ausschließlicher Recht	10–13	2. Anordnung der Rechtsfolgen eines Betriebsübergangs (Abs. 5)	28–31
5. Keine ex-ante Überkompensation bei wettbewerbsfreien Vergaben	14	V. Informationen	32–36
6. Kosten- und Erlösrisiken (Abs. 1 lit. c und Abs. 2)	15–18	1. Qualitäts- und Sozialstandards (Abs. 6)	32, 33
		2. Sicherung der Folgevergabe (Abs. 8)	34–36
		VI. Unteraufträge (Abs. 7)	37–40

I. Normzweck

1 Zusammen mit Art. 3 bestimmt Art. 4 die wesentlichen Inhalte von allgemeinen Vorschriften und öffentlichen Dienstleistungsaufträgen. Dabei regelt die VO nur aus europäischer, wettbewerblicher Sicht zentrale Regelungsgegenstände einer hinreichend transparenten und überprüfbaren gemeinwirtschaftlichen Pflicht nebst ihren Kompensationen (→ Rn. 2 ff.). Besonderes Augenmerk wird hierbei entsprechend der Altmark Trans-Doktrin darauf gelegt, dass die gemeinwirtschaftlichen Pflichten genau spezifiziert sind und der Ausgleich entsprechend dieser Pflichten vorab parametrisiert und damit in direkter Abhängigkeit der Erfüllung gesetzt wird. Wegen der Marktschließungsgefahren werden für öffentliche Dienstleistungsaufträge zusätzlich die höchst zulässigen Laufzeiten (→ Rn. 19 ff.) und die Pflicht zur teilweisen Selbsterbringung (→ Rn. 37 ff.) festgelegt. Die Hinweise auf die Möglichkeit der Anordnung eines Betriebsübergangs und Festlegung weiterer Sozialstandards (→ Rn. 26 ff.) sowie zur Bereitstellung ausreichender Informationen in Wettbewerbs-

II. Spezifikation (Abs. 1)

1. Gemeinwirtschaftliche Verpflichtungen. Die **Gegenseitigkeitsfunktion** zwi- 2
schen den aus den Markteingriffen gewährten Vorzugsrechten und der Sicherstellung
gemeinwirtschaftlicher Verpflichtung kann nur durch eine klare und unzweifelhafte Definition gemeinwirtschaftlicher Verpflichtungen seitens der zuständigen Behörde erfolgen. Dies
bedingt bei öffentlichen Dienstleistungsaufträgen mindestens den **Fahrplan** und den Tarif.
Dabei kann der Fahrplan durchaus auch funktional wie Bedienungszeit von – bis, maximale
Taktfolge, Mindesterschließung der Einwohner etc beschrieben werden. Jedoch muss sich
das Bedienungsniveau feststellen lassen. Ohne Fahrplan oder Bedienungsvorgaben fehlt eine
essenzielle Grundlage der gemeinwirtschaftlichen Pflicht in einem öffentlichen Dienstleistungsauftrag.[1] Es ist zwar denkbar, dass nur eine einzelne isolierte gemeinwirtschaftliche
Pflicht als „Add-on" zu einem an sich kommerziellen Verkehr formuliert wird, zB das
Vorhalten barrierefreier Busse, jedoch ist damit kaum ein öffentlicher Zweck erfüllbar, da
nur fahrende Busse einen öffentlichen Zweck erfüllen können. Ohne Fahrplanvorgabe wäre
nicht gesichert, dass diese Busse überhaupt eingesetzt werden. Gleiches gilt auch für den
Tarif, der auch ein Höchsttarif sein kann. Denn ein Bedienungsangebot zu einem beliebigen Tarif würde keine öffentlichen Zwecke erfüllen können. § 39 PBefG ist insoweit keine
Tarifgrenze, da er nur die eigenwirtschaftlichen Tarifpflichten bestimmt, aber keine gemeinwirtschaftlichen Pflichten enthalten kann.[2] **Weitere gemeinwirtschaftliche Verpflichtungen** wie zu Kapazität, Kontinuität, Verlässlichkeit vor allem bei Störungen, Fahrzeugqualität, Personalqualität, Bedienungsqualität und Betriebssteuerung, Information und
Kommunikation, Vertrieb, Kundendienst sind denkbar, aber gehören nicht zum Minimalstandard. Werden keine diesbezüglichen Merkmale festgelegt, so ist davon auszugehen, dass
das Verkehrsunternehmen nur den eigenwirtschaftlichen Minimalstandards erbringen wird.
Daher wären dann dort etwaige sich nicht rechnenden Übererfüllungen mangels konkreter
Festlegung nicht ausgleichsfähig.

Ausgleichsfähige **allgemeine Vorschriften** nach Art. 3 Abs. 2 enthalten dagegen **nur** 3
Tarifpflichten der vorgegebenen Höchsttarife. Damit zusammenhängende Verpflichtungen
wie Teilnahme an einem Verbundsystem einschließlich sich daraus ergebenden Vertriebsregelungen können als Annex enthalten sein. Weitere Pflichten können in ergänzenden allgemeinen Vorschriften gem. Art. 2 lit. l auf nationaler Rechtsgrundlage festgelegt sein, sind
aber nicht ausgleichsfähig. Daher ist sorgfältig darauf zu achten, dass die jeweiligen Pflichten
den Rechtsgrundlagen exakt zugeordnet werden.

Die Festlegung der gemeinwirtschaftlichen Pflichten durch die zuständige Behörde(n) 4
ist zu trennen von **Selbstbetrauungen.** Dies ist immer dann der Fall, wenn Umfang
und Reichweite gemeinwirtschaftlicher Pflichten durch das Verkehrsunternehmen selbst
bestimmt werden. Dies kann auch durch Öffnungsklauseln oder auch Delegation an Unternehmensgremien erfolgen, die nicht mehr der Beherrschung „wie eine eigene Dienststelle"
zugerechnet werden können. **Unkritisch** ist dagegen ein **Vorschlagsrecht** seitens des
Verkehrsunternehmens, welches durch die zuständige(n) Behörde(n) bestätigt werden muss,
was auch in der Form eines eingeräumten Widerspruchsrechts erfolgen kann. Auch ein
Fall unzulässiger Selbstbetrauung ist eine **unzureichende Leistungskontrolle** oder auch
unwirksame Sanktionen, die zu einer nachhaltigen Nichterfüllung der gemeinwirtschaftlichen Pflicht führt, sodass diese nur noch auf dem Papier besteht.

---

[1] Daher ist nicht überzeugend, wenn sich der Fahrplan aus der Entscheidung der Genehmigungsbehörde
ergeben soll und nur grundlegende Entscheidungen durch den zuständigen Kreistag getroffen werden sollen:
OLG Düsseldorf Beschl. v. 2.3.2011 – VII-Verg 48/10, NZBau 2011, 244 Rn. 97.
[2] Hierzu Heinze/Fehling/Fiedler/*Heinze/Fiedler* PBefG § 39 Rn. 35 ff.

5 Der Begriff des **mehrpoligen Betrauungsakts**[3] führt dagegen in die Irre.[4] Selbstredend können gemeinwirtschaftliche Verpflichtungen auch aus mehreren Akten zusammengesetzt vereinbart oder auferlegt werden. Allerdings muss genau analysiert werden, aus welchem Kontext sich die jeweiligen Verpflichtungen ergeben. So legt eine **Genehmigungsbehörde** niemals gemeinwirtschaftliche Pflichten auf. Sowohl die Änderung der Betriebspflicht nach § 21 Abs. 3 PBefG als auch der Tarifpflicht § 39 Abs. 2 und 4 PBefG stehen unter dem Vorbehalt der Kostendeckung zuzüglich angemessenen Gewinn. Allenfalls kann es hier zu Abschöpfung von Monopolrenditen kommen, was aber aufgrund des Verbots der ausschließlichen Wirkung von Liniengenehmigungen (→ Vorbemerkung Rn. 68 ff.) nicht vorkommen dürfte. Daneben kann und muss die Genehmigungsbehörde Anträgen auf Fahrpläne und Tarifen zustimmen, die Ausfluss gemeinwirtschaftlicher Pflichten sind, sofern die entsprechende **Auskömmlichkeit** gesichert ist.[5] Hier ist aber nicht die Genehmigungsbehörde Urheber der gemeinwirtschaftlichen Verpflichtungen, sondern sanktioniert diese lediglich. Im Gegenteil: Sie müssten bei fehlender Auskömmlich nach § 39 Abs. 2 PBefG entsprechende Anträge ablehnen, da die Aufrechterhaltung der finanziellen Sicherheit im PBefG ein starkes öffentliches Gut ist und von der Genehmigungsbehörde fortlaufend überwacht werden muss. Dass sie damit in der Praxis überfordert ist, steht dabei auf einem anderen Blatt. Von daher gibt es starke Indizien, dass es sich bei einem mehrpoligen Betrauungsakt meist um teilweise unzulässige Selbstbetrauungen handeln wird, da die Genehmigungsbehörde selbst keine gemeinwirtschaftlichen Pflichten festlegen kann.

6 **2. Vorherige Festlegung der gemeinwirtschaftlichen Leistungen.** Das Gebot der vorherigen Festlegung nach Art. 4 Abs. 1 lit. b bezieht sich zunächst auf die Gegenleistungen für gemeinwirtschaftliche Pflichten. Gleichwohl gilt dieses Erfordernis auch für die **gemeinwirtschaftlichen Pflichten** selbst. Es entstammt dem ersten Kriterium der Altmark Trans-Rechtsprechung.[6] Hiermit soll verhindert werden, dass in Nachhinein versucht wird, geleistete Zahlungen mit irgendwelchen gemeinwirtschaftlichen Pflichten begründet werden. Es sichert damit Transparenz und Objektivität der Zahlungen. Soweit Leistungen wettbewerblich vergeben werden, ist dieses Kriterium problemlos einzuhalten, da nicht geforderte gemeinwirtschaftliche Verpflichtungen auch nicht kalkuliert und nicht eingehalten werden. Schwieriger sind dagegen Direktvergaben zu beurteilen. Hier besteht die Gefahr, dass überhöhte Ausgleichsleistungen oder auch zu weitgehende ausschließliche Rechte posthum mit vermeintlichen gemeinwirtschaftlichen Pflichten begründet werden sollen.

7 **3. Ex ante Festlegung Ausgleichsleistung.** Korrespondierenden zu den gemeinwirtschaftlichen Pflichten müssen die gewährten Ausgleichsleistungen vorab feststehen und entsprechend parametrisiert werden; dies entstammt dem zweiten Altmark Trans-Kriterium.[7] Nur durch eine vorherige Bestimmung der Ausgleichsleistung einschließlich ihrer leistungs-

---

[3] Infolge der insoweit unzureichend begründete und nicht den tatsächlichen Ausprägungen einer personenbeförderungsrechtlichen Genehmigungen gerecht werdenden E der Kom., Staatliche Beihilfe C 58/2006 – Deutschland für die Bahnen der Stadt Monheim (BSM) und Rheinisch-Bergische Bahngesellschaft (RBG) im Verkehrsverbund Rhein-Ruhr, K(2011) 632 endg. v. 23.11.2011 ABl. 2011 L 210/1 Rn. 144 und 233 f.; s. auch die Begr. zum PBefG-Entwurf, BR-Drs. 462/11, 26. Insgesamt: *Linke*, Die Gewährleistung des Daseinsvorsorgeauftrags im öffentlichen Personennahverkehr, 2010, 280 f.; *Nettesheim* NVwZ 2009, 1449 (1450 f.); *Otting/Olegmöller/Tresselt* in Gabriel/Krohn/Neun VergabeR-HdB § 70 Rn. 16.

[4] *Saxinger/Winnes/Winnes* RdÖPV Art. 2 lit. b Rn. 15 ff. Das Auseinanderfallen von Verpflichtungen und Finanzierung illustriert der Fall VRR/Ruhrbahn: VK Münster Beschl. v. 19.6.2018 – VK 10/18 unter 2.2.4. Entgegen der VK ist dies aber kein Problem der Gruppe zuständiger Behörden, sondern Ausdruck mangelnder Verpflichtungen.

[5] Aus diesem Grunde sehen bei Verkehrsleistungen aufgrund eines öffentlichen Dienstleistungsauftrags § 39 Abs. 1 S. 2 und § 40 Abs. 2 S. 6 PBefG für Tarif- bzw. Fahrplanänderungen nur noch Anzeigepflichten und keine Zustimmungsvorbehalte mehr vor.

[6] EuGH Urt. v. 24.7.2003 C-280/00, Slg. 2003, I-7747 = ECLI:EU:C:2003:415 = NJW 2003, 2515, Rn. 89 – Altmark Trans.

[7] EuGH Urt. v. 24.7.2003 C-280/00, Slg. 2003, I-7747 = ECLI:EU:C:2003:415 = NJW 2003, 2515, Rn. 90 f. – Altmark Trans.

bezogenen Ausprägungen (= Parameter) ist es überhaupt möglich, das geforderte **Gegenleistungsverhältnis** herzustellen und transparent zu machen. Dabei sind zwei Funktionen relevant:

Zum einen beschränkt die **Festlegung des Gesamtausgleichs** das Risiko für die zuständige Behörde in finanzieller Hinsicht. Aber es wird ihr auch verdeutlicht, mit welchem Preis für die gemeinwirtschaftlichen Leistungen zu rechnen ist und so kann auf sie auf objektiver Grundlage den Wert und die Notwendigkeit der Markteingriffe beurteilen. Diese Rationalität trägt dazu bei, dass übermäßige Markteingriffe unterbleiben. 8

Zum anderen zwingt die **Parametrisierung** zu einem Leistungsbezog. So liegt auf der Hand, dass ausgefallene Züge oder Busse keine gemeinwirtschaftliche Leistung erbringen und daher im Parameter erbrachte Leistung zu berücksichtigen sind. Genauso sind Leistungsänderungen wie Ausweitungen oder Kürzungen zu berücksichtigen, wobei der oft in der Praxis angewandte Indikator Zug- oder Buskilometer wenig geeignet ist, da sowohl die Produktionsrahmenbedingungen sehr variabel sein können als auch die durchschnittlichen Erlöse meist nicht zutreffen. Bei den Produktionskosten ist zu unterscheiden, ob nur Grenzkosten zB für zusätzlichen Kraftstoff anfallen, oder auch zusätzliches Personal benötigt wird oder gar zusätzliche Fahrzeuge. Aus diesem Grund wird regelmäßig ein **differenziertes Kosten- und Erlösschema** für die Parametrisierung angezeigt sein. In den Parametern können und sollen aber noch nicht nur die direkten Leistungsmengen Eingang finden, sondern es kann der gesamte Katalog der vereinbarten gemeinwirtschaftlichen Pflichten vor allem Qualitäten entsprechend mit Messgrößen und korrespondierenden Ausgleichsleistungen für Veränderungen hinterlegt werden. 9

4. Art und Umfang ausschließlicher Recht. Eine besonders anspruchsvolle und in der Praxis unterschätze Aufgabe ist die Festlegung von Art und Umfang des ausschließlichen Rechts. Wie in → Vorbemerkung Rn. 62 ff. herausgearbeitet, ist es Auftrag der zuständigen Behörden nicht nur **zeitlichen und räumlichen Umfang des Ausschließlichkeitsrechts** festzulegen, sondern auch die Art, also insbesondere die **Ausgestaltung des Abstandsgebots** zu anderen Formen der gewerblichen Personenbeförderung. Die Ausschließlichkeit muss dabei verhältnismäßig sein, da sie ebenfalls monetarisierende Ausgleichsfunktion hat; sie kann daher nur soweit gehen, wie das erforderlich ist, die gemeinwirtschaftlichen Leistungen abzusichern.[8] 10

Im Anwendungsbereich des PBefG (= **Personenbeförderung auf der Straße**) erlaubt § 8a Abs. 8 PBefG die Vergabe von **ausschließlichen Rechten im Rahmen eines öffentlichen Dienstleistungsauftrags**. Allerdings sind der Ausgestaltung enge Grenzen gesetzt. So ist der zeitliche und räumliche Umfang genau zu bestimmen und es darf sich nur auf Verkehrsleistungen beziehen die Gegenstand des öffentlichen Dienstleistungsauftrags sind. Weiterhin ist die „Art der Personenverkehrsdienste" genau festzulegen, die vorbehalten sind. Dies impliziert zwingend die Ausgestaltung des **Abstandsgebots** durch die jeweils zuständige Behörde. Dies ist der ÖPNV-Aufgabenträger und zuständige Behörde, da er auch insoweit zuständig ist, wie Taxen- und Mietwagenverkehr, den Linienverkehr ergänzt, verdichtet oder ersetzt (§ 8 Abs. 2 PBefG). Als weitere Bedingungen formuliert § 8a Abs. 8 S. 4 PBefG das strenge Verhältnismäßigkeitsprinzip dahingehend aus, dass Verkehre, die nur unerheblich das Fahrgastpotenzial beeinträchtigen, nicht ausgeschlossen werden dürfen. 11

Dies hat weitreichende Konsequenzen: Ein Ausschließlichkeitsrecht darf nicht per se und pauschal festgelegt werden, sondern es muss eine **konkrete Gefährdung des Verkehrs** vorliegen. Die Beweislast tritt insoweit die zuständige Behörde. Es muss daher mit hoher Wahrscheinlichkeit feststehen, dass ein bestimmter Verkehr **Fahrgastpotenzial** vom zu schützenden Verkehr abziehen würde und dadurch die Ziele der zuständigen Behörde beeinträchtigt werden. So können diese Ziele wie Umweltschutz und finanzielle 12

---

[8] *Berschin* Verkehr und Technik 2010, 257, 260; *Berschin* in Baumeister RdÖPNV A1 Rn. 78. AA mit dem Argument der fehlenden Praktikabilität und Berechenbarkeit: Saxinger/Winnes/*Schmitz* RdÖPV Art. 4 Abs. 1 Rn. 69.

Ausgewogenheit zB durch neu akquiriertes Potenzial kompensiert werden. So kann beispielsweise die Beeinträchtigung des Fahrgastpotenzials für einen Linienverkehr von 100.000 Fahrten durch einen neuen innovativen Sammeltransportdienst kompensiert werden, wenn dieser gleichzeitig 300.000 neue Fahrten vom Individualverkehr abzieht und durch den Straßenverkehr entsprechend entlastet. Insofern wird nicht nur ausreichend sein, eine finanzielle Bilanz zu ziehen, sondern es müssen alle **Ziele der gemeinwirtschaftlichen Pflichten** in Bezug und genommen und **insgesamt abgewogen** werden. Hierbei kommt der übergeordneten Strategie der zuständigen Behörde nach Art. 2a eine überragende Bedeutung zu.

13 Im **Eisenbahnverkehr** ist dagegen ein freier Netzzugang gegeben. Es ist einhellige Auffassung,[9] dass **ausschließliche Rechte nicht vergeben werden können** und insoweit das nationale Recht diese Option sperrt.

14 **5. Keine ex-ante Überkompensation bei wettbewerbsfreien Vergaben.** Ebenfalls direkter Ausfluss der Altmark Trans-Kriterien – hier des zweiten und dritten Kriteriums – ist das Verbot der Überkompensation von Anfang an.[10] Die Parameter und deren Bewertung müssen außerhalb wettbewerblicher Vergabe so festgelegt werden, dass es **unter normalen Verlauf ausgeschlossen** erscheint, dass sie **überkompensierend** wirken. Zwar findet nach Art. 6 Abs. 2 zusätzlich eine Überkompensationskontrolle ex post statt,[11] jedoch dient dieser der zusätzlichen Absicherung gegen Wettbewerbsverfälschungen im Sinne einer zweiten Obergrenze. Die ex ante-Kontrolle soll vermeiden, dass bereits strukturell Überkompensationen eintreten und zB durch Liquiditätsvorteile, bessere Bonität und dergleichen die betrauten Unternehmen ungerechtfertigte Wettbewerbsvorteile erhalten. Um diese von Anfang zu vermeiden, empfiehlt es sich, die Leistungsparameter so festzulegen, dass sie sehr gut mit entsprechenden Kosten und Ertragswerten korrelieren. Auch können dadurch ungeplante Ereignisse, wie zB Streik oder Ausfall einer Linie, sachgerecht abgebildet werden. Dadurch wird die Gefahr gebannt, dass eine strukturelle Divergenz zwischen Leistungen und deren finanzieller Bewertung eintritt.

15 **6. Kosten- und Erlösrisiken (Abs. 1 lit. c und Abs. 2).** Art. 4 Abs. 1 lit. c verdeutlicht, dass die Parameter auf die Kosten Bezug nehmen, wobei die **Kostenrisiken** von der zuständigen Behörde, vom Verkehrsunternehmen oder von beiden genommen werden können; dies verdeutlicht das Wort „Aufteilung der Kosten". Den Kosten ist ein angemessener Gewinn hinzuzuschlagen, wobei in einer wettbewerblichen Vergabe der angemessene Gewinn typischerweise in den angebotenen Preisen enthalten ist. Irritierend ist dagegen die Bezugnahme der Aufteilung der Kosten auch auf **allgemeine Vorschriften.** Hier können Kosten nur im Sinne von **entgangenen Tarifeinnahmen** verstanden werden, denn die gemeinwirtschaftliche Pflicht umfasst hier zunächst nur Maßnahmen mit Erlösauswirkungen. Kostenveränderungen können sich allenfalls im Annex, zB für Vertriebsvorgaben, auswirken.

16 Spiegelbildlich zu den Kosten müssen bei öffentlichen Dienstleistungsaufträgen auch die **Erlöse** einer der beiden Parteien eines öffentlichen Dienstleistungsauftrags zugesprochen werden oder zwischen diesen geteilt werden. Üblicherweise wird dies als Bruttovertrag (Erlösrisiko zuständige Behörde), Nettovertrag (Erlösrisiko beim Verkehrsunternehmen) oder Anreizvertrag (geteiltes Risiko) bezeichnet. In der Praxis sind dabei die Formen weiter

---

[9] S. nur Beck AEG/*Fehling* AEG § 15 Rn. 8. Zur Ablehnung eines entsprechenden Antrags der Bundesländer zur Verleihung ausschließlicher Rechte im SPNV s. BT-Drs. 17/8233, 32.
[10] EuGH Urt. v. 24.7.2003 C-280/00, Slg. 2003, I-7747 = ECLI:EU:C:2003:415, Rn. 90 ff. = NJW 2003, 2515 – Altmark Trans.
[11] AllgM: Auslegungsmitteilung PersonenverkehrsVO Nr. 2.4.2; *Wachinger/Zimmer* DER NAHVERKEHR 2010, 30 (32); *Schmitz/Winkelhüsener* EuZW 2011, 52 (57); Saxinger/Winnes/*Schmitz* RdÖPV Art. 4 Abs. 1 Rn. 60; *Berschin* in Baumeister RdÖPNV A1 Rn. 61; aA KLPP/*Lübbig* Rn. 17 sowie KLPP/*Lübbig* Anh. Rn. 34 und ihm folgend Heinze/Fehling/Fiedler/*Fehling* PBefG Vorbem. III Rn. 51„maßgeblich ist ausschließlich die ex-ante Kalkulation". Diese Forderung ist aber rein rechtspolitischer Natur und hat keinen Anknüpfungspunkt im geltenden Recht (→ Anh. Rn. 6 ff.).

ausdifferenziert. Zum Beispiel ist es durchaus üblich, dass die Erlöse zu Start eines öffentlichen Dienstleistungsauftrags von der zuständigen Behörde ganz oder zum großen Teil garantiert werden. Auch ist es durchaus üblich, dass die kleineren Erlösrisiken eher beim Verkehrsunternehmen als Anreiz verbleiben, während die großen Risiken vor allem aus strukturellen Änderungen eher von den zuständigen Behörden getragen werden. Auch trifft man nicht selten die Übernahme der Einnahmeaufteilungsrisiken aus Verkehrsverbünden durch die zuständigen Behörden, in dem zB bestimmte Ergiebigkeitsgarantien in Bezug auf die beförderte Fahrgastmenge gegeben werden. Im Hinblick auf die Einordnung eines öffentlichen Dienstleistungsauftrags als **Dienstleistungskonzession** (→ Art. 5 Rn. 4 ff.) ist die präzise Beschreibung der Erlösrisiken von größter Bedeutung.[12]

Dagegen ist bei **allgemeinen Vorschriften eine Teilung der Erlöse ausgeschlossen;** die Erlöse verbleiben vollständig beim Verkehrsunternehmen. Denn hier dürfen nur die Mindereinnahmen aus einem ermäßigten Tarif ausgeglichen werden. Dies impliziert, dass damit die Mehrnachfrage aus den ermäßigten Tarif saldiert wird (Wirkung der Preiselastizität). Es ist daher denklogisch ausgeschlossen, dass weitere Erlöse abgeschöpft werden. Allenfalls könnten solche Erlössteigerung abgeschöpft werden, die jenseits dieser Preiselastizität liegen: Damit wäre aber die Preissenkung selber finanzierend und es bedarf dann gar keiner allgemeinen Vorschrift, da keine gemeinwirtschaftliche Pflicht (mehr) besteht. 17

Mit Artikel 4 Abs. 2 ist **nicht verbunden,** dass die zuständige Behörde auf **Aufteilung** von Fahrgeldeinnahmen zB in einem **Verkehrsverbund** oder Tarifgemeinschaft regelt. Es mag zahlreiche Ansatzpunkte geben, warum ein Aufgabenträger auch für eine transparente und diskriminierungsfreie Einnahmenaufteilung in einem Verkehrsverbund mitverantwortlich ist, zB weil er Träger des Verbunds ist, weil er den Verbund entsprechend finanziert etc; jedoch ist Art. 4 Abs. 2 nicht als Vorschrift zur Regelung aller Aufteilungsfragen von Erlösen zu verstehen. Vielmehr bezieht der Absatz sich ausschließlich auf das Verhältnis zwischen zuständigen Behörden und Verkehrsunternehmen im Rahmen eines öffentlichen Dienstleistungsauftrags oder allgemeiner Vorschrift. **Aufteilungen von Fahrgeldeinnahmen in Verkehrsverbünden** und Tarifgemeinschaften haben allerdings Reflexwirkungen auf die Behandlung des Erlösrisikos, beispielsweise weil Aufteilungsergebnisse erst mit erheblicher zeitlicher Verzögerung zur Verfügung stehen oder weil die Aufteilung auch Aspekte jenseits der Fahrgastnachfrage berücksichtigt. Auf dies kann jeweils in einem öffentlichen Dienstleistungsauftrag Bezug genommen werden bzw. der Ausgleich in einer allgemeinen Vorschrift muss auch auf das Aufteilungsergebnis eines Verkehrsverbunds Bezug nehmen, nicht jedoch kann daraus geschlossen werden, dass die zuständige Behörde sich nun die Stelle des Verkehrsverbunds/Tarifgemeinschaft setzt. 18

III. Laufzeit

1. Regellaufzeit (Abs. 3). Die VO regelt Höchstlaufzeiten, da übermäßig **lange Laufzeiten** den **Markt verschließen** und eine Anpassung des Angebots an den tatsächlichen Bedarf erschweren. Zudem wächst mit zunehmender Laufzeit die Gefahr, dass die Anpassungen des Vertrags, die mit der Laufzeit unumgänglich werden, in Konflikt mit den Vergabepflichten aufgrund wesentlicher Vertragsänderungen geraten. Obwohl das Kartellvergaberecht keine Höchstlaufzeit von Dienstleistungsaufträgen kennt, gilt Art. 4 und damit auch die Höchstlaufzeit hierfür.[13] 19

Die **Regelhöchstlaufzeit** für Busverkehre beträgt zehn, für Eisenbahn und andere schienengestützte Verkehre 15 Jahre. Bei gemischten Aufträgen kommt die Grenze desjenigen Verkehrsträgers zur Anwendung, der mehr als die Hälfte des Wertes entsprechend Art. 2 lit. k bestimmt (→ Art. 2 Rn. 40). 20

---

[12] S. auch Saxinger/Winnes/*Winnes/Schmitz* RdÖPV Art. 4 Abs. 2 Rn. 6 f.
[13] AllgM: Saxinger/Winnes/*Faber* RdÖPV Art. 4 Abs. 3 Rn. 6; Saxinger/Winnes/*Schröder* RdÖPV Art. 5 Abs. 1 Rn. 10; *Otting/Olegmöller/Tresselt* in Gabriel/Krohn/Neun VergabeR-HdB § 70 Rn. 48; *Hölzl* → 1. Aufl. 2011, Rn. 18.

21   **2. Höhere Laufzeiten (Abs. 4).** Eine Verlängerung nach Art. 4 Abs. 4 UAbs. 1 um die Hälfte auf 15 bzw. 22,5 Jahre ist dann möglich, wenn das Verkehrsunternehmen einen **wesentlichen Teil der Wirtschaftsgüter**[14] bereitstellt und deren Amortisation[15] dies erfordern (Art. 4 Abs. 4 UAbs. 1). Für handelsübliche **Busse** wird dies **nicht infrage** kommen, da deren Abschreibungszeitraum gemäß Afa-Tabelle neun Jahre beträgt.[16] Auch die Bereitstellung von Betriebshöfen und dergleichen dürfte nicht ausreichen, auch wenn deren Abschreibungsdauern länger ist. Zum einen ist bereits fraglich, ob sie tatsächlich einen wesentlichen Teil der erforderlichen Wirtschaftsgüter ausmachen; zum anderen sind sie nicht unmittelbar an die Erbringung der gemeinwirtschaftlichen Verkehrsleistung, sondern regelmäßig für alle Verkehrsleistungen im Einzugsbereich gebunden. Daher wird im Busbereich eine Verlängerung vor allem für Trolley-, Elektro-, Wasserstoff-, Hybridbusse und Busse mit Anhängern, sowie Busse besonderer Bauarten infrage kommen. Diese Fahrzeuge haben wesentlich längere Nutzungs- und Abschreibungsdauern.

22   Im **Eisenbahnbereich** sowie bei schienengebundenen Verkehrsmitteln wird allgemein ein Vertragsdauer bis zu 22,5 Jahren infrage kommen, wenn das Verkehrsunternehmen für diesen Auftrag neue Fahrzeuge beschafft, da die Nutzungsdauer hier gemäß Afa-Tabelle bereits bei 25 Jahren liegt. Nicht infrage kommen dürfte dagegen die Verlängerung bei Einsatz von gebrauchten Fahrzeugen oder von neuen Fahrzeugen, für die kein Verwertungsrisiko besteht, da die zuständige Behörde einen Restwert und/oder die Weiterverwendung garantiert.

23   Eine gleichgerichtete Verlängerungsmöglichkeiten enthält Art. 4 Abs. 4 UAbs. 2 für Gebiete **äußerster Randlage.** Diese Ausnahme ist aber aufgrund Art. 349 und 355 AEUV für Kontinentaleuropa irrelevant.

24   Bei **außergewöhnlichen Investitionen** für Infrastruktur und Fahrzeuge im Rahmen wettbewerblicher Verfahren gewährt Art. 4 Abs. 4 UAbs. 3 eine flexible Laufzeit, sofern diese gegenüber der Kommission begründet wird. Entstehungsgeschichtlich soll diese flexible Laufzeit nur in außergewöhnlichen Fällen greifen.[17] Die Laufzeitverlängerung für Fahrzeuge ist bereits im UAbs. 1 enthalten. Wie der Zusammenhang mit der Infrastruktur zeigt, muss es sich bei außergewöhnlichen Investitionen um nicht übliche Vergabeverfahren handeln. Auch wenn Erwägungsgrund 15 von besonders hohen Investitionen spricht, so dürfte dies an sich keine längeren Laufzeiten rechtfertigen, denn für die Amortisation ist entscheidend, in welchem Verhältnis Investitionen selbst zum Gesamtumsatz stehen und hier ggf. längere Laufzeiten notwendig machen. Die absolute Höhe der Investitionen ist dagegen irrelevant. So dürften Investitionen in Infrastruktur, neue oder ausgebaute Strecken für sich bereits außergewöhnlich sein, da üblicherweise die (Schienen-)**Infrastruktur** von den zuständigen Behörden oder einem dritten wie nationale Eisenbahninfrastrukturgesellschaft bereitgestellt werden.[18] Hier sind durchaus Laufzeiten von **50 Jahren** denkbar, sofern diese mit dem Amortisationsgedanken vereinbar sind. Eine natürliche Grenze wird sich aus der Kalkulierbarkeit ergeben, denn je weiter die Zeitpunkte in der Zukunft liegen, desto höher das Kalkulationsrisiko. Daher wird es ab einen gewissen Zeitpunkt insgesamt günstiger sein, die Infrastruktur zu einem vereinbarten Wert zu übernehmen und somit die Amortisation sicherzustellen.

25   Dagegen sind Investitionen in **Fahrzeuge** und Rollmaterial bereits durch die allgemeine Verlängerungsklausel nach UAbs. 2 abgedeckt. Nur bei ganz außergewöhnlichen Investitio-

---

[14] Für 20–30 % plädieren: KLPP/*Kaufmann* Rn. 44; Saxinger/Winnes/*Faber* RdÖPV Art. 4 Abs. 4 Rn. 6.
[15] In KOM(2000) 7 endg., 25 sah die Kom. bereits eine Amortisation als gegeben an, wenn der erzielbare Wiederverkaufswert über den Restwert liegt. Dies dürfte zu einschränkend sein, da dies meist ex ante nicht beurteilt werden kann.
[16] BMF, Afa-Tabelle für allgemein verwendbare Anlagengüter v. 15.12.2000, IV D 2-S 1551-188/00.
[17] Gemeinsamer Standpunkt des Rates (EG) Nr. 2/2007 v. 11.12.2006, ABl. 207 C70 E/1. Die restriktive Interpretation ist allgM: Saxinger/Winnes/*Faber* RdÖPV Art. 4 Abs. 7 Rn. 12; *Otting/Olegmöller/Tresselt* in Gabriel/Krohn/Neun VergabeR-HdB § 70 RdÖPV. 46.
[18] So auch Saxinger/Winnes/*Faber* RdÖPV Art. 4 Abs. 4 Rn. 14.

nen wie innovative Fahrzeuge, neue Verkehrssysteme und dergleichen kann eine längere Laufzeit in Frage kommen.

IV. Sozialstandards

1. Einhaltung der Standards (Abs. 4a und 4b). Der im Zuge der ÄndVO eingefügte 26
Art. 4 Abs. 4a **regelt Selbstverständliches,** nämlich die Einhaltung der sozial- und arbeitsvertraglichen Regelungen. Mit dieser Bestimmung ist nicht verbunden, dass Tarifverträge einzuhalten sind, deren Anwendung sich weder aus Tariftreueverpflichtungen, der Gültigkeit des Tarifvertrags auf dem jeweiligen Betrieb oder aus Allgemeinverbindlichkeitserklärungen ergeben. Tariftreueverpflichtungen können vor allem durch die jeweiligen Landesgesetze ausgelöst werden (→ GWB § 131 Rn. 125 ff.).

Ebenso ist Art. 4 Abs. 4b zur Anwendung der RL 2001/23/EG zum **Betriebsübergang** 27
eine Selbstverständlichkeit und **ohne** weiteren **Regelungsgehalt.** Das Unionsrecht fordert nach wie vor keinen regelmäßigen Betriebsübergang.[19] Ein Betriebsübergang wird immer dann im Rahmen einer **Funktionsnachfolge** vorliegen, wenn die wirtschaftliche Einheit **identitätswahrend** weitergegeben wird, was im Kern am Übergang von Betriebsmitteln und zum deutlich geringeren Teil auch aus der Weiterbeschäftigung von Personal (→ GWB § 131 Rn. 36 ff.)[20] festgemacht wird. Denn Verkehrsleistungen sind betriebsmittelgeprägt. Daher wird bei weitgehender Weiterverwendung von Fahrzeugen aus einem Fahrzeugpool oder einer Wiedereinsatzgarantie ein Betriebsübergang vorliegen. Dagegen reicht zB die Weiternutzung einzelner Räume, einer Werkstatt[21] oder von Fahrausweisautomaten nicht aus, da sie nicht wesentlich für die Organisation des Betriebs „Bereitstellung von öffentlichen Personenverkehrsleistungen" sind.

2. Anordnung der Rechtsfolgen eines Betriebsübergangs (Abs. 5). Wie alle 28
Bestimmungen des Art. 4 gilt auch die Anordnungsmöglichkeit eines **Betriebsübergangs** für alle öffentlichen Dienstleistungsaufträge – auch solche nach Art. 5 Abs. 1.[22] Sie gilt sogar auch für Direktvergaben nach Art. 5 Abs. 2 und 3, wenngleich hier ein tieferer Sinn nicht gegeben sein dürfte, das es bei Direktvergaben meist nicht zu einem Betreiberwechsel kommt und die diese meist mit der Vermeidung eines Betreiberwechsel begründet werden.

Art. 4 Abs. 5 verweist weiterhin auf die **Möglichkeit,** die Rechtsfolgen eines Betriebs- 29
übergangs **anzuordnen.** Auch wenn Erwägungsgrund 16 formuliert, „die Mitgliedstaaten sollten einen Betriebsübergang anordnen", so ist maßgeblich der VO-Text selbst, der ein freies **Ermessen** der zuständigen Behörden festlegt (→ GWB § 131 Rn. 62).[23] Erwägungsgrund 14 ÄndVO stellt dies auch ausdrücklich klar. Allerdings können nationale Regelungen darüber hinausgehen. Im Schienenpersonennahverkehr hat dies **§ 131 Abs. 3 GWB** zu einer **Sollvorschrift** für die betroffenen Aufgabenträger gemacht. § 1 Abs. 4 RhPfLTTG (Landestariftreuegesetz Rheinland-Pfalz) verpflichtet die zuständigen Aufgabenträger ohne Ausnahme zur Anordnung eines Betriebsübergangs.

Der angeordnete Betriebsübergang führt zu den **Rechtsfolgen eines gesetzlichen** 30
Betriebsübergangs und zwar für jeden individualisierten Arbeitnehmer selbst. Nicht führt

---

[19] S. auch LAG Rheinland-Pfalz Urt. v. 1.2.2016, 3 Sa 257/15, ECLI:DE:LAGRLP:2016:0201.3SA257.15.0A = BeckRS 2016, 68973, Rn. 91 ff.
[20] Dagegen sieht LAG Rheinland-Pfalz Urt. v. 1.2.2016 – 3 Sa 257/15, ECLI:DE:LAGRLP:2016:0201.3SA257.15.0A = BeckRS 2016, 68973, Rn. 108 ff. die Personalübernahme sogar ganz als bedeutungslos an, was aber nicht überzeugt, da immer eine Gesamtabwägung vorzunehmen ist. Allerdings war in diesem Rechtsstreit die Übernahme von Personal durch einen angeordneten Betriebsübergang vorgegeben.
[21] LAG Rheinland-Pfalz Urt. v. 1.2.2016 – 3 Sa 257/15, ECLI:DE:LAGRLP:2016:0201.3SA257.15.0A = BeckRS 2016, 68973, Rn. 111 und LAG Hessen Urt. v. 19.2.2013 – 13 Sa 1029/12, BeckRS 2013, 67506.
[22] *Bayreuther* NZA 2009, 582; *Siederer/Denzin* DER NAHVERKEHR 3/2009, 50 (51); *Müller/Saxinger* Verkehr und Technik 2016, 463; *Saxinger/Winnes/Dorneweg* RdÖPV Art. 4 Abs. 5 Rn. 6; *Otting/Olegmöller/Tresselt* in Gabriel/Krohn/Neun VergabeR-HdB § 70 Rn. 49; aA *Rechten/Röbke* LKV 2011, 337 (342).
[23] AllgM: *Winnes* Der Landkreis 2016, 207; *Bayreuther* NZBau 2016, 459 f; *Saxinger/Winnes/Dönneweg* RdÖPV Art. 4 Abs. 5 Rn. 7; *Hölzl* → 1. Aufl. 2011, Rn. 30; *Otting/Olegmöller/Tresselt* in Gabriel/Krohn/Neun VergabeR-HdB § 70 Rn. 51.

aber der angeordnete Betriebsübergang und dadurch ausgelöste Übergang der meisten oder gar aller Beschäftigen dann selbst zu einen gesetzlichen Betriebsübergang, zB aufgrund des Kriteriums Übergang wesentlicher Teile des Personals (→ GWB § 131 Rn. 42). Dies wäre ein unzulässiger Zirkelschluss. Mit der Anordnung eines Betriebsübergangs kann der **soziale Besitzstand** der Beschäftigen gewahrt werden, unabhängig von der zeitlichen Befristung der öffentlichen Dienstleistungsaufträge.[24] Gleichzeitig werden damit die Möglichkeit des Neubetreibers **eingeschränkt** durch neues Personal **Kostensenkungs- und Effizienzpotenziale** zu heben und auch die **Dienstleistungsqualität** durch bessere Ausbildung und Motivation zu heben. Auch dürfen die Integrationsprobleme der übernommenen Belegschaft in die Belegschaft des Unternehmens nicht unterschätzt werden.[25] Auf der anderen Seite steht der Vorteil der geringer notwendigen Einarbeitung der Belegschaft und damit meistens geringere Risiken beim Betreiberwechsel. Die Bedeutung eines Betriebsübergangs hängt insbesondere von der **Beschäftigungssituation** in der jeweiligen Region ab. Im Schienenpersonennahverkehr gibt es deutliche Anzeichen, dass bei bestehendem Personalmangel, vor allem Lokführern die Anordnung eines Betriebsübergangs weitgehend bedeutungslos ist bzw. für den Wettbewerb vor allem eine Negativauswahl bedeuten kann, da es keine Verpflichtung des Personals gibt, auf den neuen Auftragnehmer zu wechseln, sondern nur ein Recht. Unbestritten ist dagegen in Bereichen von Arbeitsplatzmangel oder auch im Bereich geringer qualifizierter Berufe der Betriebsübergang eine große soziale Sicherheit und für den Bewerber um einen öffentlichen Dienstleistungsauftrag eher leichter zu kalkulieren.

31 In jedem Fall ist **einzustellen,** dass die **Anordnung des Betriebsübergangs** aufgrund der Bereitstellung einer Fülle der für eine Kalkulation erforderlichen Daten für die zuständige Behörde mit einem **erheblichen Aufwand** verbunden ist.[26] Eine weitere Schwierigkeit besteht darin, dass mit der Fortgeltung wohlerworbener Rechte im neuen Betrieb es möglicherweise zwei verschiedene Gruppen von Beschäftigten gibt. Im Eisenbahnbereich wird versucht, durch die Verhandlung von Branchentarifverträgen und Wechseltarifverträgen diesem entgegenzuwirken, wenngleich auch hier Unterschiede, vor allem im Bereich der Altersversorgung, noch lange bestehen werden. Im Straßenverkehr sind diese Versuche allein aufgrund der historisch unterschiedlichen Tarifverträgen zwischen öffentlichen Verkehrsunternehmen, die nun hauptsächlich durch einen Tarifvertrag Nahverkehr (TV-N) gebunden sind und den privaten Verkehrsunternehmen, kaum erfolgversprechend. Wegen der weiteren Einzelheiten wird auf die Kommentierung von § 131 Abs. 3 GWB verwiesen (GWB → § 131 Rn. 41 ff.).

V. Informationen

32 **1. Qualitäts- und Sozialstandards (Abs. 6).** Art. 4 Abs. 6 **regelt** ebenfalls **Selbstverständliches,** nämlich transparente Grundlagen bei Wettbewerbsverfahren. Er ist Relikt eines ursprünglich umfassenden Katalogs an Qualitäts-, Umwelt- und Sozialaspekten, welche die zuständigen Behörden abarbeiten sollten;[27] Reste hiervon finden sich noch in Erwägungsgrund 17. Die Verpflichtung zu transparenten, widerspruchsfreien und vollständigen Grundlagen für die Kalkulation wettbewerblicher Vergaben ist vergaberechtlicher Besitzstand (→ GWB § 97 Rn. 17 ff., 116 ff.) und hätte keiner weiteren Regelung bedurft. Aber auch für Direktvergaben ist selbstverständlich, dass der Auftrag eine hinreichende Gegenleistung zwischen gemeinwirtschaftlichen Pflichten einerseits und Ausgleichsleistungen und/oder ausschließlichen Rechten andererseits nur bei vollständigen Kalkulationsgrundlagen möglich ist. Inhaltlich besteht eine **hohe Freiheit,** den **erforderlichen Standard** festzulegen. Definitionen zu Qualitätskriterien finden sich in entsprechenden

---

[24] Zu diesen Aspekten vor allem Fehling/Niehnus DÖV 2008, 662 (666); Bayreuther NZA 2009, 582 (583); Saxinger/Winnes/Dönneweg RdÖPV Art. 4 Abs. 5 Rn. 20.
[25] S. Saxinger/Winnes/Dönneweg RdÖPV Art. 4 Abs. 5 Rn. 33a.
[26] Vgl. Saxinger/Winnes/Dönnewang RdÖPV Art. 4 Abs. 5 Rn. 52; Bayreuther NZA 2014, 171 ff.
[27] S. dazu Saxinger/Winnes/Faber RdÖPV Art. 4 Abs. 6 Rn. 3 f., 8.

europäischen Normungen.[28] Fahrgastrechte sind im Bereich der Eisenbahn- und des Omnibusfernverkehrs oder Anforderungen an Busse unionsrechtlich geregelt (→ Art. 2 Rn. 3). Eine besondere Vorgabe besteht in Bezug auf die Beschaffung effizienter Kraftfahrzeuge also auch von Bussen gemäß RL 2009/33/EG.[29]

Inwieweit insbesondere **Sozialstandards** wie **Tariftreuerklärungen, Mindestlohnvergütung,** Einhaltung der Regeln zum Arbeitsschutz, Vermeidung von Kinderarbeit und so weiter als soziale Kriterien einbezogen werden können, richtet sich nach dem nationalen Recht, zuvorderst dem Vergaberecht. Hierzu haben fast alle Bundesländer mit Ausnahme von Bayern und Thüringen entsprechend Landesvergabegesetze mit entsprechenden Regelungen zum ÖPNV erlassen, auf die hier verwiesen sei (→ GWB § 97 Rn. 179 ff., 197 ff.). 33

2. Sicherung der Folgevergabe (Abs. 8). Art. 4 Abs. 8 ist erst durch die ÄndVO eingefügt worden und ist vor allem dem Umstand geschuldet, dass die zuständigen Behörden bei der **erstmaligen Vergabe von Eisenbahnverkehrsleistungen** im Wettbewerb meist nicht über die für ein Wettbewerbsverfahren erforderlichen Informationen zu Zugang zur Infrastruktur, Zustand des Rollmaterials oder auch zu Einnahmen verfügen. Allerdings ist der neue Abs. 8 nicht auf wettbewerbliche Vergaben beschränkt, sondern bezieht sich auf alle Vergaben. Daher sind auch im Hinblick auf Direktvergaben alle Informationen bereitzustellen, die für eine wirksame und nachhaltige Direktvergabe erforderlich sind. Dies umfasst zB Erlösdaten, um überhaupt feststellen zu können, ob eine Dienstleistungskonzession vorliegt. Der **Schutz vertraulicher Geschäftsinformationen** ist im Verhältnis Betreiber zu zuständiger Behörde eher eng zu sehen, da eine zuständige Behörde als Behörde agiert und nicht im Wettbewerb zum Betreiber. Insofern gibt es regelmäßig keine Geschäftsgeheimnisse gegenüber einer zuständigen Behörde. Auf einem anderen Blatt steht die Frage, ob und wie die zuständige Behörde die Informationen bei der Durchführung eines Wettbewerbsverfahrens nutzen darf oder entsprechende Geschäftsgeheimnisse gegenüber Mitbewerbern schützen muss. 34

Es spricht viel dafür, dass Geschäftsinformationen, die im Kern aus der Ausübung von **Monopolrechten** im Rahmen geschlossener Märkte oder aus einer Direktvergabe stammen, **nicht schutzwürdig** sind, da sie nicht aus eigener Leistung erlangt wurden. Hat dagegen der Betreiber bislang bereits ein Wettbewerbsverfahren gewonnen, so unterliegen alle wettbewerbsrelevanten Informationen, die nicht allgemein zugänglich sind, zunächst den Geschäftsgeheimnissen des Betreibers und sichern seine Wettbewerbsstellung. Hier ist es Aufgaben der zuständigen Behörde zu regeln, welche Daten ihr wie zu liefern sind und wie sie diese Daten vor allem auch im Hinblick auf die Durchführung des nächsten Wettbewerbsverfahrens verwenden darf. Von daher stellt Art. 4 Abs. 8 keine erweiterte Grundlage da, Informationen von Betreibern wettbewerblich vergebener öffentlicher Dienstleistungsaufträgen zu verlangen. Wurde **vertraglich** keine **Vorsorge** getroffen, so spricht das Schutzinteresse an Geschäftsgeheimnissen für den Betreiber, zumal dieser Wissensvorsprung für eine Folgevergabe bereits im Preis der ersten wettbewerblichen Vergabe eingepreist sein kann. Sibyllinisch bleibt aber Erwägungsgrund 16: „Die Verpflichtung einer zuständigen Behörde, allen interessierten Parteien wesentliche Informationen für die Vorbereitung eines Angebots im Rahmen eines wettbewerblichen Vergabeverfahrens zur Verfügung zu stellen, sollte sich nicht auf die Erstellung zusätzlicher Informationen erstrecken, wenn es solche Informationen nicht gibt". Hiermit sollte wohl zum Ausdruck gebracht werden, dass die zuständigen Behörden keinen unvertretbaren Aufwand betreiben müssen, um **nicht vorhandene und nicht lieferbare Informationen** bereitzustellen. Allerdings ist dies so nicht ganz zutreffend. Denn nach vergaberechtlichen Grundsätzen muss die Leistung so vollständig und abschließend beschrieben sein, dass die Bieter hierauf umfassend 35

---

[28] DIN EN 13816:2002 und DIN EN 15140:2006 über Qualitätskriterien im öffentlichen Personenverkehr.
[29] RL 2009/33/EG des EP und des ER v. 23.4.2009 über die Förderung sauberer und energieeffizienter Straßenfahrzeuge; ABl. 2009 L 120/12.

kalkulieren können und keine spekulativen Angebote einreichen müssen, dies gebietet bereits der Objektivitäts- und Transparenzgrundsatz (→ GWB § 97 Rn. 17 ff., 52 ff.). Soweit bestimmte Informationen nicht beschaffbar sind und gleichwohl für die Kalkulation relevant sind, muss durch entsprechende Ausgestaltung der Anforderungen hierauf Rücksicht genommen werden. So können bestimmte Kostenpositionen als durchlaufend gestaltet werden, wie es zB bei den Trassen – und Stationspreisen in Deutschland durchweg der Fall bei SPNV-Vergaben ist. Auch kann für bestimmte Leistungsbestandteile die zuständige Behörde das Risiko der anderen Beschaffenheit oder Veränderung vornehmen.

36 Die Pflicht zur Bereitstellung hinreichender Kalkulationsgrundlagen bezieht sich nur auf **wettbewerbliche Vergabeverfahren**. Insofern ist der Absatz keine Grundlage, um Informationen für Initiativangebote im Rahmen von Direktvergaben einzufordern. Es verbleibt hier im Kern bei Art. 7 Abs. 4 (→ Art. 7 Rn. 14 ff.).

VI. Unteraufträge (Abs. 7)

37 Art. 4 Abs. 7 trifft weitreichende Regelungen zur Untervergabe. Diese **gelten** wiederum für **alle öffentlichen Dienstleistungsaufträge**, unabhängig ob wettbewerblich, ob nach Kartellvergaberecht[30] oder schließlich ob direkt vergeben. Während bei Direktvergaben an einen internen Betreiber dieser den überwiegenden Teil selber erbringen muss (Art. 5 Abs. 2 lit. e), fordert in den sonstigen Fällen die VO, dass der Betreiber **einen bedeutenden Teil selber erbringen muss.** Dieser bedeutende Teil lässt sich aber nur bemessen, wenn der Begriff „Unterauftrag" klar feststeht. Im Rahmen der PersonenverkehrsVO muss dieser **Begriff eigenständig** interpretiert werden.[31] Die VO zielt auf eine substanzielle Eigenerbringung. Dies kann dabei nicht im Sinne von reinen Wertgrenzen gesehen werden, sondern muss den Regelungsgehalt der VO aufgreifen. Geregelt wird die Sicherstellung öffentlicher Verkehrsdienste. Daher umfassen die VO-spezifisch geregelten Unteraufträge nur Leistungen, **die selbst die Sicherstellung** öffentlicher Verkehrsdienste gewährleisten, wie das **Fahren von Bussen und Bahnen**.[32] Dies erfordert eine Betriebsorganisation, die diese Leistungen sicherstellen kann. Alle weiteren Leistungen sind dagegen nur ergänzend und als sonstige Unteraufträge einzustufen. Dies kann zB das Bereitstellen von Fahrzeugen umfassen, die Überlassung von Arbeitnehmern, die Bereitstellung von Werkstattleistungen, von Vertriebsleistungen etc.[33]

38 Dieser **bedeutende Teil** der Eigenerbringung wird bei **20–30 %** der Betriebsleistung[34] liegen. Umgekehrt hat die zuständige Behörde ein breites Ermessen zur Konzeption der Vergabe und kann die Untervergabe erheblich beschränken (zB auf 30 %)[35] oder gar ganz ausschließen. Umgekehrt ist aber auch eine Pflicht zur anteiligen Untervergabe denkbar, wenngleich die PersonenverkehrsVO selbst dafür keine Rechtsgrundlage bereitstellt.[36] Verga-

---

[30] Dies hat OLG Frankfurt a. M. Beschl. v. 30.1.2014 – 11 Verg 15/13, NZBau 2014, 386 übersehen.
[31] Saxinger/Winnes/*Saxinger* RdÖPV Art. 4 Abs. 7 Rn. 24 f.; KLPP/*Prieß* Rn. 83.
[32] AA lediglich Ziekow/*Völlink*/*Zuck*, 2. Aufl. 2014, Rn. 57, der bereits Planung und Organisation als bedeutenden Teil ansieht.
[33] Dagegen will Saxinger/Winnes/*Saxinger* RdÖPV Art. 4 Abs. 7 Rn. 25 „alle Tätigkeiten, die erforderlich sind, damit Kunden die Leistung in Anspruch nehmen können" dem Begriff zuordnen. Jedoch ist dieses Kriterium reichlich unscharf. In Saxinger/Winnes/*Saxinger* RdÖPV Art. 4 Abs. 7 Rn. 34 wird dagegen als entscheidendes Kriterium die Erbringung mit Fahrzeugen und Personal herangezogen.
[34] VK Rheinland Beschl. v. 19.9.2017 – VK VOL 12/17 unter III.; *Linke* NZBau 2012, 338; KLPP/*Prieß* 91; *Hölzl* → 1. Aufl. 2011, Rn. 41; *Otting/Olegmöller/Tresselt* in Gabriel/Krohn/Neun VergabeR-HdB § 70 Rn. 65. Für 25 % *Berschin* in Baumeister RdÖPNV A1 Rn. 74. Für 25–30 % Saxinger/Winnes/*Saxinger* RdÖPV Art. 4 Abs. 7 Rn. 37 und 25–40 %: *Schmitz/Winkelhüsener* EuZW, 2011, 52 (56). Wenig hilfreich dagegen Auslegungsmitteilung PersonenverkehrsVO Nr. 2.2.9 „Für Untervergaben für mehr als einen Drittel bedarf es guter Gründe". Dies lässt noch keine Rückschlüsse auf die Auslegung des Begriffs „bedeutenden Teil" zu.
[35] EuGH Urt. v. 27.10.2016 – C-292/15, ECLI:EU:C:2016:817 = NZBau 2017, 48 Rn. 51 ff. – Hörmann Reisen.
[36] *Linke* NZBau 2012, 338, 340; Saxinger/Winnes/*Saxinger* RdÖPV Art. 4 Abs. 7 Rn. 48; *Otting/Olegmöller/Tresselt* in Gabriel/Krohn/Neun VergabeR-HdB § 70 Rn. 60.

berechtlich ist dies jedenfalls entsprechend begründbar und begründungsbedürftig. Zur Berechnung der Anteile → Art. 5 Rn. 11 f.

Die Vorgabe eines bedeutenden Teils zur Eigenerbringung soll sicherstellen, dass der Betreiber tatsächlich auch den Verkehr im angemessenen Umfang durchführt und **nicht** lediglich **Zwischenhändler** ist.[37] Davon macht Art. 4 Abs. 7 S. 3 insoweit eine Ausnahme, als ein öffentlicher Dienstleistungsauftrag nicht nur den Betrieb, sondern auch Planung und Aufbau umfasst. Hiermit sind Systeme gemeint, die **vollständig neu oder ausgebaut etabliert** werden[38] und eine außergewöhnlichen Aufwand an Planung und Aufbau aufweisen. Typischerweise sind diese BOT-Projekte, die im Rahmen große Konsortien abgewickelt werden. Hier soll es gestattet sein, dass der Betrieb von einem Unterauftragnehmer durchgeführt wird. Dies ist sachgerecht, weil bei Planungs- und Bauausschreibungen oft noch gar nicht feststehen kann, welches Unternehmen sachgerecht den Betrieb übernahmen soll. 39

Die **Pflicht zur Informationsbereitstellung zulässiger Unteraufträge** vorab gilt nur für wettbewerbliche Verfahren, da Art. 5 Abs. 2 lit. h vorrangig ist und auch dies bei Direktvergaben keinen Sinn ergibt.[39] Allerdings muss bei Direktvergaben an einen internen Betreiber sichergestellt sein, dass die Bedingungen in Art. 5 Abs. 2 lit. h dauerhaft eingehalten werden (→ Art 5 Rn. 44). 40

Art. 5 Vergabe öffentlicher Dienstleistungsaufträge

(1) [1]Öffentliche Dienstleistungsaufträge werden nach Maßgabe dieser Verordnung vergeben. [2]Dienstleistungsaufträge oder öffentliche Dienstleistungsaufträge gemäß der Definition in den Richtlinien 2004/17/EG oder 2004/18/EG für öffentliche Personenverkehrsdienste mit Bussen und Straßenbahnen werden jedoch gemäß den in jenen Richtlinien vorgesehenen Verfahren vergeben, sofern die Aufträge nicht die Form von Dienstleistungskonzessionen im Sinne jener Richtlinien annehmen. [3]Werden Aufträge nach den Richtlinien 2004/17/EG oder 2004/18/EG vergeben, so sind die Absätze 2 bis 6 des vorliegenden Artikels nicht anwendbar.

(2) Sofern dies nicht nach nationalem Recht untersagt ist, kann jede zuständige örtliche Behörde – unabhängig davon, ob es sich dabei um eine einzelne Behörde oder eine Gruppe von Behörden handelt, die integrierte öffentliche Personenverkehrsdienste anbietet – entscheiden, selbst öffentliche Personenverkehrsdienste zu erbringen oder öffentliche Dienstleistungsaufträge direkt an eine rechtlich getrennte Einheit zu vergeben, über die die zuständige örtliche Behörde – oder im Falle einer Gruppe von Behörden wenigstens eine zuständige örtliche Behörde – eine Kontrolle ausübt, die der Kontrolle über ihre eigenen Dienststellen entspricht.
[1]Im Falle öffentlicher Schienenpersonenverkehrsdienste kann die im ersten Unterabsatz genannte Gruppe von Behörden ausschließlich aus zuständigen örtlichen Behörden bestehen, deren geografischer Zuständigkeitsbereich sich nicht auf das gesamte Staatsgebiet erstreckt. [2]Der in Unterabsatz 1 genannte öffentliche Personenverkehrsdienst oder öffentliche Dienstleistungsauftrag darf nur den Verkehrsbedarf städtischer Ballungsräume und ländlicher Gebiete oder beides decken.
Fasst eine zuständige örtliche Behörde diesen Beschluss, so gilt Folgendes:
a) [1]Um festzustellen, ob die zuständige örtliche Behörde diese Kontrolle ausübt, sind Faktoren zu berücksichtigen, wie der Umfang der Vertretung in Verwal-

---

[37] Zu den entsprechenden Motiven vor allem des EP aber auch den nicht angepassten Erwägungsgrund 19: Saxinger/Winnes/*Saxinger* RdÖPV Art. 4 Abs. 7 Rn. 6.
[38] *Heiß* VerwArch 2009, 113 (123); *Linke* Verkehr und Technik 2010, 463 (465); KLPP/*Prieß* Rn. 97; Saxinger/Winnes/*Saxinger* RdÖPV Art. 4 Abs. 7 Rn. 44 f.
[39] OLG Rostock Beschl. v. 4.7.2012 – 17 Verg 3/12, BeckRS 2013, 01570, Rn. 83; KLPP/*Prieß* Rn. 76; aA Saxinger/Winnes/*Saxinger* RdÖPV Art. 4 Abs. 7 Rn. 2; Ziekow/Völlink/*Zuck* Rn. 45; VK Thüringen Beschl. v. 9.7.2018 – 250-4003-4018/2018-E-P-004/IK unter II 2 b cc).

tungs-, Leitungs- oder Aufsichtsgremien, diesbezügliche Bestimmungen in der Satzung, Eigentumsrechte, tatsächlicher Einfluss auf und tatsächliche Kontrolle über strategische Entscheidungen und einzelne Managemententscheidungen. ²Im Einklang mit dem Gemeinschaftsrecht ist zur Feststellung, dass eine Kontrolle im Sinne dieses Absatzes gegeben ist, – insbesondere bei öffentlich-privaten Partnerschaften – nicht zwingend erforderlich, dass die zuständige Behörde zu 100 % Eigentümer ist, sofern ein beherrschender öffentlicher Einfluss besteht und aufgrund anderer Kriterien festgestellt werden kann, dass eine Kontrolle ausgeübt wird.

b) Die Voraussetzung für die Anwendung dieses Absatzes ist, dass der interne Betreiber und jede andere Einheit, auf die dieser Betreiber einen auch nur geringfügigen Einfluss ausübt, ihre öffentlichen Personenverkehrsdienste innerhalb des Zuständigkeitsgebiets der zuständigen örtlichen Behörde ausführen – ungeachtet der abgehenden Linien oder sonstiger Teildienste, die in das Zuständigkeitsgebiet benachbarter zuständiger örtlicher Behörden führen – und nicht an außerhalb des Zuständigkeitsgebiets der zuständigen örtlichen Behörde organisierten wettbewerblichen Vergabeverfahren für die Erbringung von öffentlichen Personenverkehrsdiensten teilnehmen.

c) Ungeachtet des Buchstabens b kann ein interner Betreiber frühestens zwei Jahre vor Ablauf des direkt an ihn vergebenen Auftrags an fairen wettbewerblichen Vergabeverfahren teilnehmen, sofern endgültig beschlossen wurde, die öffentlichen Personenverkehrsdienste, die Gegenstand des Auftrags des internen Betreibers sind, im Rahmen eines fairen wettbewerblichen Vergabeverfahrens zu vergeben und der interne Betreiber nicht Auftragnehmer anderer direkt vergebener öffentlicher Dienstleistungsaufträge ist.

d) Gibt es keine zuständige örtliche Behörde, so gelten die Buchstaben a, b und c für die nationalen Behörden in Bezug auf ein geografisches Gebiet, das sich nicht auf das gesamte Staatsgebiet erstreckt, sofern der interne Betreiber nicht an wettbewerblichen Vergabeverfahren für die Erbringung von öffentlichen Personenverkehrsdiensten teilnimmt, die außerhalb des Gebiets, für das der öffentliche Dienstleistungsauftrag erteilt wurde, organisiert werden.

e) Kommt eine Unterauftragsvergabe nach Artikel 4 Absatz 7 in Frage, so ist der interne Betreiber verpflichtet, den überwiegenden Teil des öffentlichen Personenverkehrsdienstes selbst zu erbringen.

(3) ¹Werden die Dienste Dritter, die keine internen Betreiber sind, in Anspruch genommen, so müssen die zuständigen Behörden die öffentlichen Dienstleistungsaufträge außer in den in den Absätzen 3a, 4, 4a, 4b, 5 und 6 vorgesehenen Fällen im Wege eines wettbewerblichen Vergabeverfahrens vergeben. ²Das für die wettbewerbliche Vergabe angewandte Verfahren muss allen Betreibern offenstehen, fair sein und den Grundsätzen der Transparenz und Nichtdiskriminierung genügen. ³Nach Abgabe der Angebote und einer eventuellen Vorauswahl können in diesem Verfahren unter Einhaltung dieser Grundsätze Verhandlungen geführt werden, um festzulegen, wie der Besonderheit oder Komplexität der Anforderungen am besten Rechnung zu tragen ist.

(3a) ¹Sofern dies nicht nach nationalem Recht untersagt ist, kann bei öffentlichen Dienstleistungsaufträgen für öffentliche Schienenpersonenverkehrsdienste, die im Wege eines wettbewerblichen Vergabeverfahrens vergeben werden, die zuständige Behörde entscheiden, vorübergehend neue Aufträge direkt zu vergeben, wenn sie der Auffassung ist, dass die direkte Vergabe durch außergewöhnliche Umstände gerechtfertigt ist. ²Derartige außergewöhnliche Umstände umfassen auch Fälle, in denen

– eine Reihe wettbewerblicher Vergabeverfahren bereits von der zuständigen Behörde oder anderen zuständigen Behörden durchgeführt werden, die die Zahl

und die Qualität der Angebote beeinträchtigen könnten, welche voraussichtlich eingehen, wenn der Auftrag im Wege eines wettbewerblichen Vergabeverfahrens vergeben würde, oder
- Änderungen am Umfang eines oder mehrerer öffentlicher Dienstleistungsaufträge erforderlich sind, um die Erbringung öffentlicher Dienste zu optimieren.
Die zuständige Behörde erlässt eine mit Gründen versehene Entscheidung und unterrichtet die Kommission unverzüglich hiervon.
Die Laufzeit der gemäß diesem Absatz vergebenen Aufträge muss in einem angemessenen Verhältnis zu dem jeweiligen außergewöhnlichen Umstand stehen und darf in keinem Fall fünf Jahre überschreiten.
Die zuständige Behörde veröffentlicht solche Aufträge, wobei sie den legitimen Schutz vertraulicher Geschäftsinformationen und geschäftlicher Interessen berücksichtigt.
Der nachfolgende Auftrag für dieselben gemeinwirtschaftlichen Verpflichtungen wird nicht auf der Grundlage dieser Bestimmung vergeben.

(3b) Bei der Anwendung von Absatz 3 können die zuständigen Behörden die Anwendung des folgenden Verfahrens beschließen:
Die zuständigen Behörden können die von ihnen beabsichtigte Vergabe eines öffentlichen Dienstleistungsauftrags für öffentliche Schienenpersonenverkehrsdienste durch Veröffentlichung einer Bekanntmachung im *Amtsblatt der Europäischen Union* bekannt geben.
Diese Bekanntmachung muss eine ausführliche Beschreibung der Dienstleistungen, die Gegenstand des zu vergebenden Auftrags sind, sowie Angaben zur Art und Laufzeit des Auftrags enthalten.
Die Betreiber können ihr Interesse innerhalb einer von der zuständigen Behörde festgesetzten Frist bekunden, die mindestens 60 Tage ab Veröffentlichung der Bekanntmachung betragen muss.
Wenn nach Ablauf dieser Frist
a) nur ein Betreiber Interesse bekundet hat, an dem Verfahren zur Vergabe des öffentlichen Dienstleistungsauftrags teilzunehmen,
b) dieser Betreiber ordnungsgemäß nachgewiesen hat, dass er tatsächlich in der Lage sein wird, die Verkehrsdienstleistung unter Einhaltung der im öffentlichen Dienstleistungsauftrag festgelegten Verpflichtungen zu erbringen,
c) der mangelnde Wettbewerb nicht das Ergebnis einer künstlichen Einschränkung der Parameter der Auftragsvergabe ist und
d) keine vernünftige Alternative besteht,
können die zuständigen Behörden mit diesem Betreiber Verhandlungen aufnehmen, um den Auftrag ohne weitere Veröffentlichung eines offenen Verfahrens zu vergeben.

(4) Sofern dies nicht nach nationalem Recht untersagt ist, kann die zuständige Behörde entscheiden, öffentliche Dienstleistungsaufträge direkt zu vergeben, wenn
a) ihr Jahresdurchschnittswert auf weniger als 1 000 000 EUR bzw. – im Fall eines öffentlichen Dienstleistungsauftrags, der öffentliche Schienenpersonenverkehrsdienste beinhaltet – weniger als 7 500 000 EUR geschätzt wird oder
b) sie eine jährliche öffentliche Personenverkehrsleistung von weniger als 300 000 km bzw. – im Fall eines öffentlichen Dienstleistungsauftrags, der öffentliche Schienenpersonenverkehrsdienste beinhaltet – von weniger als 500 000 km aufweisen.
Im Falle von öffentlichen Dienstleistungsaufträgen, die direkt an kleine oder mittlere Unternehmen vergeben werden, die nicht mehr als 23 Straßenfahrzeuge betreiben, können diese Schwellen entweder auf einen geschätzten Jahresdurch-

schnittswert von weniger als 2 000 000 EUR oder auf eine jährliche öffentliche Personenverkehrsleistung von weniger als 600 000 km erhöht werden.

(4a) Sofern dies nicht nach nationalem Recht untersagt ist, kann die zuständige Behörde entscheiden, öffentliche Dienstleistungsaufträge für öffentliche Schienenpersonenverkehrsdienste direkt zu vergeben, wenn
a) ihres Erachtens die Direktvergabe aufgrund der jeweiligen strukturellen und geografischen Merkmale des Marktes und des betreffenden Netzes, und insbesondere der Größe, Nachfragemerkmale, Netzkomplexität, technischen und geografischen Abgeschnitten- bzw. Abgeschiedenheit sowie der von dem Auftrag abgedeckten Dienste gerechtfertigt ist und
b) ein derartiger Auftrag zu einer Verbesserung der Qualität der Dienste oder der Kosteneffizienz oder beidem im Vergleich zu dem zuvor vergebenen öffentlichen Dienstleistungsauftrag führen würde.

[1]Auf dieser Grundlage veröffentlicht die zuständige Behörde eine mit Gründen versehene Entscheidung und unterrichtet die Kommission innerhalb eines Monats nach der Veröffentlichung hiervon. [2]Die zuständige Behörde kann die Vergabe des Auftrags fortsetzen.

[1]Bei den Mitgliedstaaten, bei denen am 24. Dezember 2017 das maximale jährliche Verkehrsaufkommen weniger als 23 Mio. Zugkilometer beträgt und auf nationaler Ebene nur eine zuständige Behörde und nur ein Dienstleistungsauftrag für öffentliche Personenverkehrsdienste besteht, der das gesamte Netz umfasst, wird davon ausgegangen, dass sie die Bedingungen gemäß Buchstabe a erfüllen. [2]Wenn eine zuständige Behörde aus einem dieser Mitgliedstaaten beschließt, einen öffentlichen Dienstleistungsauftrag direkt zu vergeben, so unterrichtet der betreffende Mitgliedstaat die Kommission hiervon. [3]Das Vereinigte Königreich kann beschließen, diesen Unterabsatz auf Nordirland anzuwenden.

[1]Wenn die zuständige Behörde beschließt, einen öffentlichen Dienstleistungsauftrag direkt zu vergeben, legt sie messbare, transparente und überprüfbare Leistungsanforderungen fest. [2]Diese Anforderungen werden in den Auftrag aufgenommen.

Die Leistungsanforderungen erstrecken sich insbesondere auf folgende Aspekte: Pünktlichkeit der Dienste, Frequenz des Zugbetriebs, Qualität des Rollmaterials und Personenbeförderungskapazität.

[1]Der Auftrag muss spezifische Leistungsindikatoren beinhalten, die der zuständigen Behörde regelmäßige Bewertungen ermöglichen. [2]Der Auftrag muss außerdem wirksame und abschreckende Maßnahmen beinhalten, die zu verhängen sind, wenn das Eisenbahnunternehmen die Leistungsanforderungen nicht erfüllt.

[1]Die zuständige Behörde führt regelmäßig Bewertungen durch, ob das Eisenbahnunternehmen seine Ziele hinsichtlich der Erfüllung der im Auftrag festgelegten Leistungsanforderungen erreicht hat, und gibt ihre Erkenntnisse öffentlich bekannt. [2]Diese regelmäßigen Bewertungen finden mindestens alle fünf Jahre statt. [3]Die zuständige Behörde ergreift rechtzeitig angemessene Maßnahmen, einschließlich der Verhängung wirksamer und abschreckender Vertragsstrafen, falls die erforderlichen Verbesserungen bei der Qualität der Dienste oder der Kosteneffizienz oder beidem nicht verwirklicht werden. [4]Die zuständige Behörde kann den nach dieser Bestimmung vergebenen Auftrag jederzeit ganz oder teilweise aussetzen oder kündigen, wenn der Betreiber die Leistungsanforderungen nicht erfüllt.

(4b) Sofern dies nicht nach nationalem Recht untersagt ist, kann die zuständige Behörde entscheiden, öffentliche Dienstleistungsaufträge für öffentliche Schienenpersonenverkehrsdienste direkt zu vergeben, wenn diese nur den Betrieb von Schienenpersonenverkehrsdiensten durch einen Betreiber betreffen, der gleichzeitig die gesamte Eisenbahninfrastruktur, auf der die Dienstleistungen erbracht werden, oder den größten Teil davon verwaltet, wenn diese Eisenbahninfrastruktur gemäß Artikel 2 Absatz 3 Buchstabe a oder b der Richtlinie 2012/34/EU des Europäischen Parlaments und des Rates[1] von der Anwendung der Artikel 7, 7a, 7b, 7c, 7d, 8 und 13 sowie des Kapitels IV jener Richtlinie ausgenommen ist. Abweichend von Artikel 4 Absatz 3 darf die Laufzeit der gemäß diesem Absatz und gemäß Absatz 4a direkt vergebenen Aufträge zehn Jahre nicht überschreiten, es sei denn, Artikel 4 Absatz 4 findet Anwendung.

Die gemäß diesem Absatz und gemäß Absatz 4a vergebenen Aufträge werden veröffentlicht, wobei der legitime Schutz vertraulicher Geschäftsinformationen und geschäftlicher Interessen zu berücksichtigen ist.

(5) Die zuständige Behörde kann im Fall einer Unterbrechung des Verkehrsdienstes oder bei unmittelbarer Gefahr des Eintretens einer solchen Situation Notmaßnahmen ergreifen. [1]Die Notmaßnahmen bestehen in der Direktvergabe oder einer förmlichen Vereinbarung über die Ausweitung eines öffentlichen Dienstleistungsauftrags oder einer Auflage, bestimmte gemeinwirtschaftliche Verpflichtungen zu übernehmen. [2]Der Betreiber eines öffentlichen Dienstes hat das Recht, gegen den Beschluss zur Auferlegung der Übernahme bestimmter gemeinwirtschaftlicher Verpflichtungen Widerspruch einzulegen. [3]Der Zeitraum, für den ein öffentlicher Dienstleistungsauftrag als Notmaßnahme vergeben, ausgeweitet oder dessen Übernahme auferlegt wird, darf zwei Jahre nicht überschreiten.

(6) [1]Sofern dies nicht nach nationalem Recht untersagt ist, können die zuständigen Behörden entscheiden, öffentliche Dienstleistungsaufträge im Eisenbahnverkehr – mit Ausnahme anderer schienengestützter Verkehrsträger wie Untergrund- oder Straßenbahnen – direkt zu vergeben. [2]Abweichend von Artikel 4 Absatz 3 haben diese Aufträge eine Höchstlaufzeit von zehn Jahren, soweit nicht Artikel 4 Absatz 4 anzuwenden ist.

(6a) [1]Um den Wettbewerb zwischen den Eisenbahnunternehmen zu steigern, können die zuständigen Behörden entscheiden, dass Aufträge für öffentliche Schienenpersonenverkehrsdienste, die Teile desselben Netzes oder Streckenpakets betreffen, an unterschiedliche Eisenbahnunternehmen zu vergeben sind. [2]Zu diesem Zweck können die zuständigen Behörden vor Beginn des wettbewerblichen Vergabeverfahrens entscheiden, die Zahl der Aufträge zu begrenzen, die an ein und dasselbe Eisenbahnunternehmen vergeben werden.

(7) Die Mitgliedstaaten treffen die erforderlichen Maßnahmen, um sicherzustellen, dass die gemäß den Absätzen 2 bis 6 getroffenen Entscheidungen wirksam und rasch auf Antrag einer Person überprüft werden können, die ein Interesse daran hat bzw. hatte, einen bestimmten Auftrag zu erhalten, und die angibt, durch einen Verstoß dieser Entscheidungen gegen Gemeinschaftsrecht oder nationale Vorschriften zur Durchführung des Gemeinschaftsrechts geschädigt zu sein oder geschädigt werden zu können. [1]Für Fälle gemäß den Absätzen 4a und 4b beinhalten diese Maßnahmen die Möglichkeit, eine Bewertung der von der zuständigen Behörde getroffenen und mit Gründen versehenen Entscheidung durch eine von dem betreffenden Mitgliedstaat benannte unabhängige Stelle zu verlangen. [2]Das Ergebnis dieser Bewertung wird im Einklang mit nationalem Recht öffentlich zugänglich gemacht. [1]Sind die für die Nachprüfungsverfahren zuständigen Stellen keine Gerichte, so sind ihre Entscheidungen stets schriftlich zu begründen. [2]In einem solchem Fall ist ferner zu gewährleisten, dass Beschwerden aufgrund rechtswidriger Handlun-

---

[1] [Amtl. Anm.:] Richtlinie 2012/34/EU des Europäischen Parlaments und des Rates vom 21. November 2012 zur Schaffung eines einheitlichen europäischen Eisenbahnraums (ABl. L 343 vom 14.12.2012, S. 32).

gen der Nachprüfungsstellen oder aufgrund fehlerhafter Ausübung der diesen übertragenen Befugnisse der gerichtlichen Überprüfung oder der Überprüfung durch andere Stellen, die Gerichte im Sinne von Artikel 234 des Vertrags und unabhängig von der vertragsschließenden Behörde und der Nachprüfungsstellen sind, unterzogen werden können.

Übersicht

	Rn.
I. Überblick und Normzweck	1
II. Vorrang der Vergaberichtlinien (Abs. 1)	2–15
1. Anwendung der EU-Öffentliche-AuftragsvergabeRL und Sektoren-RL	2, 3
2. Keine Anwendung für Dienstleistungskonzessionen	4–9
3. Keine Anwendung für Eisenbahnen und Untergrundbahnen	10, 11
4. Anwendung auf Kraftfahrzeugverkehr	12
5. Keine Anwendung auf interne Betreiber	13
6. Keine Anwendung auf hoheitliche Beschaffung	14
7. Keine Anwendung auf Unterschwellenvergabe	15
III. Wettbewerbliches Verfahren nach VO (Abs. 3)	16–22
1. Das wettbewerbliche Verfahren als Regelfall	16, 17
2. Anforderungen aus der VO	18, 19
3. Anforderungen nach Konzessionsvergaberecht und § 8b PBefG	20, 21
4. Besondere Anforderungen im Schienenpersonenverkehr (Abs. 3b)	22
IV. Interner Betreiber (Abs. 2)	23–47
1. Ziele und Auslegungsgrundsätze	23, 24
2. Zulassung nationales Recht	25–27
3. Eigenerstellung	28
4. Kontrollkriterium interner Betreiber	29–34
5. Tätigkeitskriterium	35–39

	Rn.
a) Wettbewerbsverbot	35, 36
b) Abgehende Linien	37
c) Zurechnung anderer Einheiten	38
d) Möglichkeiten der exterritorialen Tätigkeit	39
6. Selbsterbringung	40–43
7. Maßgebliche Zeitpunkte	44
8. Gruppe von Behörden	45–47
V. Kleinaufträge (Abs. 4)	48–55
1. Im Busverkehr	48–54
2. Im Schienenpersonenverkehr	55
VI. Gesonderte Direktvergabeoptionen im Schienenpersonenverkehr	56–59
1. Anwendbarkeit nach nationalem Recht	56
2. Komplexität und Abgeschiedenheit (Abs. 4a)	57
3. Integrierter Betreiber (Abs. 4b)	58
4. Loslimitierung (Abs. 6a)	59
VII. Not- und Überbrückungsvergaben	60–64
1. Notsituation (Abs. 5)	60–63
2. Übergangsvergaben im Schienenpersonenverkehr (Abs. 3a)	64
VIII. Wesentliche Änderung während der Laufzeit	65
IX. Effektiver Rechtsschutz (Abs. 7)	66–69
1. Schutzniveau nach der VO	66
2. Umsetzung durch das allgemein vergaberechtliche Kontrollsystem	67, 68
3. Umsetzung § 8 Abs. 7 PBefG	69

I. Überblick und Normzweck

1 Art. 5 war in der Entstehungsgeschichte der mit Abstand umstrittenste Artikel. Denn dieser regelt den Umfang der Marktöffnung. Durch die ÄndVO wurde dieser Artikel diverse Sonderregelungen für den Eisenbahnbereich angereichert, da dieser in der UsprungsVO weitgehend noch ausgeklammert war. Eine erste Grundentscheidung trifft Abs. 1 zugunsten des **Vorrang des allgemeinen Vergaberechts** – bzw. im bisherigen deutschen Sprachgebrauch auch als Kartellvergaberecht bezeichnet – für Bus- und Straßenbahnverkehrsdienstleistungen, wozu auch sonstige Verkehre mit Kraftfahrzeuge zählen dürften (→ Rn. 2 f.). Dagegen verbleibt es für **Dienstleistungskonzessionen** bei eigenständigen Regelungen der PersonenverkehrsVO (→ Rn. 4 ff.), die in Abs. 3 für ein wettbewerbliches Verfahren zusammengefasst werden (→ Rn. 16 ff.). Diese entsprechen weitgehend den primärrechtlichen Standard. Die später gemeinschaftsrechtlich in der RL 2014/23/EU (EU-KonzessionsvergabeRL) geregelten detaillierten Vorschriften sind dagegen für den Personenverkehr unbeachtlich, wobei der deutsche Gesetzgeber – möglicherweise unbeabsichtigt – diese

Regelungen für Eisenbahn neben den Regelungen der PersonenverkehrsVO zur Anwendung bringt. Der zweite Regelungskonzept ist der Vorrang der PersonenverkehrsVO zugunsten der Eigenerstellung und des internen Betreibers (→ Rn. 13 f.), welche Abs. 2 weitgehende Sonderregelungen für ein **Inhouse nach PersonenverkehrsVO** gefunden haben (→ Rn. 23 ff.), dass das damals als zu streng empfundene Inhouse nach Primärrecht lockern sollte. Jenes ist aber inzwischen durch Art. 12 RL 2014/24/EU (EU-Öffentliche-AuftragsvergabeRL) und entsprechend § 108 GWB (→ GWB § 108 Rn. 13 ff.) auch im Kartellvergaberecht geregelt, sodass hier ein Spannungsfeld bestehen bleiben muss. Auch der Vorbehalt des Europarechts zugunsten einer „nationalen Untersagung" erweist sich in Deutschland als nicht unkritisch, da öffentliches Wirtschaften grundrechtsbeeinträchtigend sein kann (→ Rn. 25 ff.). Dritter Komplex sind verschiedene **Direktvergabeoptionen.** Die für die **Eisenbahnen** eingeräumten Optionen (→ Rn. 10 f., 56 ff.) sind aufgrund der deutschen Regelungen in § 131 Abs. 1 GWB und § 154 GWB nicht anwendbar. Schwierigkeiten bereitet ebenfalls die nur bei Dienstleistungskonzessionen anwendbare Direktvergabeoption für **Kleinaufträge,** da sie mit den nationalen Rechtsbindungen in Deutschland nicht vereinbar ist (→ Rn. 48 ff.). Dagegen regelt die Direktvergabeoption zugunsten von **Not- und Überbrückungsvergaben** (→ Rn. 60 ff.) den Vorrang der durchgängigen Verkehrsbedienung vor der Einhaltung von langwierigen Verfahrensvorschriften. Abschließend wird in Abs. 7 der **Rechtsschutz** geregelt, der vergaberechtlichen Standards entsprechen muss, sodass es im häufig strittigen Feld zwischen Kartellvergaberecht, Dienstleistungskonzessionen und interner Betreiber keine Rechtsschutzlücken geben kann (→ Rn. 66 ff.). Keine Regelungen enthält der Artikel zu ggf. vergabepflichtigen **Änderungen von Aufträgen,** sodass hier auf die allgemeinen aus dem Primärrecht entwickelten Standards zurückzugreifen ist (→ Rn. 65).

II. Vorrang der Vergaberichtlinien (Abs. 1)

1. Anwendung der EU-Öffentliche-AuftragsvergabeRL und Sektoren-RL.
Der prominent am Anfang des zentralen Vergabeartikels begründete und geregelte **Vorrang des Kartellvergaberechts** lässt sich vor allem historisch begründen. Die Kommission sah sich durch das GATS-Abkommen gebunden (→ Vorbemerkung Rn. 50 f.) und widersetzte sich entsprechenden Bestrebungen in Rat und Parlament in der PersonenverkehrsVO, das Vergaberegime für den öffentlichen Personenverkehr vollständig und abschließend zu regeln. Vor diesem Hintergrund ist die komplexe Regelung in Art. 5 Abs. 1 zu sehen. Im Kern besagt Abs. 1, dass Vergaben aufgrund von Dienstleistungskonzessionen entsprechend Abs. 3–5, Vergaben im Bereich der Eisenbahn entsprechend Abs. 6 sowie die Vergaben an interne Betreiber oder Eigendurchführung gem. Abs. 2 für das Verfahren selbst der PersonenverkehrsVO unterliegen, **während Vergaben von Dienstleistungsaufträgen** im Bereich von **Bus und Straßenbahn** nach dem allgemeinen Vergaberecht erfolgen. Dies bedeutet, dass hier die gesamten Verfahrensvorschriften der **EU-Öffentliche-AuftragsvergabeRL** anwendbar werden und insoweit Art. 5 verdrängen. Daneben bleibt aber die PersonenverkehrsVO vollständig anwendbar.[2]

In Art. 5 Abs. 1 wird zwar auch auf das Sektorenvergaberecht, die **Sektoren-RL** verwiesen, diese ist aber im Regelfall nicht anwendbar, da die zuständige Behörde keinen Verkehr betreibt.[3] Bei den hierzu ergangenen Entscheidungen der VK Lüneburg und des OLG Karlsruhe[4] handelte es sich um einmalige Fehlentscheidungen, die auch keine Nachahmung gefunden haben. Ein Anwendungsfall der Sektorenrichtlinie ergibt sich nur im Bereich der Betriebsführungsmodelle (→ Art. 2 Rn. 19).

---

[2] EuGH Urt. v. 27.10.2016 – C-292/15, ECLI:EU:C:2016:817 = NZBau 2017, 48, Rn. 41 ff. – Hörmann Reisen.
[3] OLG Düsseldorf Beschl. v. 7.11.2012 – VII-Verg 11/12 -ECLI:DE:OLGD:2012:1107.VII.VERG11. 12.00 = NZBau 2013, 187 Rn. 20.
[4] VK Lüneburg Beschl. v. 28.2.2014 – Vgk 1/2014 Rn. 41 und OLG Karlsruhe Beschl. v. 19.10.2012 – 15 Verg 11/12, VergabeR 2013, 570 = GewA 2013, 325, Rn. 74.

4 **2. Keine Anwendung für Dienstleistungskonzessionen.** Der Anwendungsvorrang des allgemeinen Vergaberechts nach Art. 5 Abs. 1 entfällt bei Dienstleistungskonzessionen, obwohl es inzwischen nun eine **Konzessionsrichtlinie, die EU-KonzessionsvergabeRL** (RL 2014/23/EU) gibt. Art. 10 Abs. 3 EU-KonzessionsvergabeRL und Anhang III lit. e EU-KonzessionsvergabeRL bestätigt dies nochmals. Allerdings gab es zum Zeitpunkt der Entstehung der PersonenverkehrsVO nur die primärrechtliche Rechtsprechung zu Dienstleistungskonzessionen und deren Ausgestaltung (→ GWB § 105 Rn. 24 ff. und → KonzVgV Vor § 1 Rn. 1), sodass ein Bedarf zur sektoralen Ausgestaltung bestand, zumal die PersonenverkehrsVO neben der Vergabe von Finanzmitteln auch die Vergabe von ausschließlichen Rechten regelt und damit über den Regelungsgegenstand der Konzessionsvergabe hinausreicht. Denn Konzessionsvergaben erstrecken sich typischerweise auf Bereiche, die der Verwertung der öffentlichen Hand zustehender Rechte dienen, aber nicht selbst den Berufszugang regeln (→ GWB § 105 Rn. 63 ff.).

5 Die europarechtliche Definition von Konzessionen ist dynamisch, da sie zunächst aus der **Rechtsprechung zum Primärrecht** entwickelt wurde und nun durch die **EU-KonzessionsvergabeRL** mit einem gewissen Stand dieser Rechtsprechung kodifiziert wurde. Allerdings ist zu beachten, dass speziell das Betriebsrisiko nun stärker herausgestellt wurde und die bisher eher schwammigen Formulierungen der „wertende Betrachtung, die ein wesentliches Risiko – nicht zwingend das überwiegende Risiko beim Bieter sehen"[5] zurückgedrängt werden.[6] Für die Auslegung des Begriffs „Risiko" ist nun bestimmend Erwägungsgrund 18 und Art. 5 Nr. 1 UAbs. 2 EU-KonzessionsvergabeRL. Hiernach muss ein **echtes Betriebsrisiko** bestehen, dies darf nicht nur nominell oder vernachlässigbar sein (Art. 5 Nr. 1 UAbs. 2 S. 3 EU-KonzessionsvergabeRL, → GWB § 105 Rn. 82 ff.). Dies bedeutet, es muss ein nicht ausgeschlossenes Risiko bestehen, dass die investierten Kosten einschließlich der Betriebskosten **nicht verdient werden** und dadurch die Konzession auch mit Verlust abgeschlossen wird. Ein Risiko der Gewinnschmälerung oder Gewinnausfall an sich ist nicht ausreichend. Genauso ist ein etwaiges Kalkulationsrisiko auf der Kostenseite nicht ausreichend, da dies bei jeder Vergabe immanent ist (Erwägungsgrund 20 EU-KonzessionsvergabeRL).[7] Daher ist die **Nachfragevariabilität** zentraler Schalthebel für die Scheidung zwischen Dienstleistungsauftrag und Dienstleistungskonzession.

6 Im öffentlichen Straßenpersonenverkehr ist das **Betriebsrisiko erheblich eingeschränkt,**[8] da § 39 Abs. 2 S. 1 PBefG Anspruch auf kostendeckende Tarife einschließlich angemessener Gewinner verschafft; zudem wird teilweise den Unternehmen eingeräumt den Verkehr nach wirtschaftlichen Erwägungen nachzusteuern.[9] Nach der EU-KonzessionsvergabeRL soll aber eine **branchenspezifische Einschränkung** der Risiken noch nicht die Verneinung des Risikos erfordern (Erwägungsgrund 19 EU-KonzessionsvergabeRL). Von daher könnten derartige strukturell eingeschränkte Risiken bereits ausreichend sein. So besteht trotz der Regulierung im PBefG ein Risiko allein schon aus dem Zeitbedarf

---

[5] So noch OLG Koblenz Beschl. v. 25.3.2015 – Verg 11/14, NZBau 2015, 577, unter III 3 a) unter Berufung auf BGH Beschl. v. 8.2.2011 – X ZB 4/10, BGHZ 188, 200 = NZBau 2011, 175 Rn. 32 – Abellio und EuGH Urt. v. 10.11.2011 – C-348/10, ECLI:EU:C:2011:721 = NVwZ 2012, 236, Rn. 59 – Norma A und Dekon, auch noch *Hölzl* → 1. Aufl. 2011, Rn. 16. Hierzu und dem entsprechenden überholten Stand *Winnes* VergabeR 2009, 712 (713 f.); KLPP/*Prieß* 5 Rn. 48 ff.; Saxinger/Winnes/*Schröder* RdÖPV Art. 5 Abs. 1 Rn. 30 ff.

[6] Für die Maßgeblichkeit der Definition in der EU-KonzessionsvergabeRL auch Auslegungsmitteilung PersonenverkehrsVO Nr. 2.1.1 und Saxinger/Winnes/*Schröder* RdÖPV Art. 5 Abs. 1 Rn. 28a.

[7] EuGH Urt. v. 10.3.2011 – C 274/09, Slg. 2011, I-1350 Rn. 38 = ECLI:EU:C:2011:130 = NZBau 2011, 239 – Stadler; OLG Koblenz Beschl. v. 25.3.2015 – Verg 11/14, ECLI:DE:OLGKOBL:2015: 0325.VERG11.14.0A = NZBau 2015, 577, Rn. 51.

[8] Die Einschränkung durch hohe starke Zuschüsse und Regulierung muss berücksichtigt werden: BGH Beschl. v. 8.2.2011 – X ZB 4/10, BGHZ 188, 200 Rn. 40 = NZBau 2011, 175 – Abellio. Dagegen sieht OLG Düsseldorf Beschl. v. 2.3.2011 – VII-Verg 48/10 = NZBau 2011, 244, Rn. 89 die geringen Fahrgastzahlschwankungen im ÖPNV als „außerhalb des Auftrags liegende Umstände" und damit nicht als relevant an.

[9] Zu dieser Konstellation VK Münster Beschl. v. 7.10.2010, VK 6/10, BeckRS 2010, 26095 unter 2.5 a) bb) (1).

für ein Genehmigungsverfahren und auch dem Risiko, dass es um die Gesamtlage des Unternehmens geht[10] und nicht die Kostendeckung eines einzelnen Dienstes. In Tarifgenehmigungsverfahren nach § 39 PBefG ist dies durchaus ein relevantes Thema.

Aber gerade wegen der bereits starken Einschränkung im öffentlichen Straßenpersonenverkehr muss das Risiko aus **Fahrgastzahlentwicklung ein ganz besonderes** sein. Dieses Risiko ist zB in folgenden Situationen zu verneinen:
– Verkehrsverbund teilt weitgehend Erlöse nach Alteinnahmen/Besitzstand auf;
– Fahrgäste bestehen überwiegend aus fest zu kalkulierenden Größen wie Schülerverkehr und Abwanderungsrisiken sind im ÖPNV vor allem Richtung Individualverkehr auch strukturell eher gering.[11]

In der **Praxis** dominieren dennoch feste Weltbilder oder **Wertgrenzen**. So wird gerne der Nettovertrag mit einer Dienstleistungskonzession gleichgesetzt[12] oder eine feste Grenze von 50 % maximaler Zuschussanteil aufgestellt.[13] Etwas differenzierter wird ein Nettovertrag als Dienstleistungskonzession gesehen, wenn zusätzliche **Ausgleichszahlungen ein solches Gewicht haben, dass ihr ein bloßer Zuschusscharakter** nicht mehr beigemessen werden kann. Eine feste Grenze bestehe aber nicht, maßgeblich bleibe das Risiko des Verkehrsunternehmens,[14] es sei letztlich eine wertende Betrachtung vorzunehmen,[15] wobei diese dann schnell wieder bei bestimmten Prozentsätzen ankommen.

Letztlich sind die bisherigen Anwendungen mit Ausnahme der 50 % Grenze wenig geeignet, **Rechtssicherheit** zu schaffen. Deswegen hat auch die Rechtsprechung „im Zweifel" den Vorrang eines Dienstleistungsauftrags gesehen.[16] Es ist sachgerecht, im öffentlichen Straßenpersonenverkehr das Betriebsrisiko als direkte Beziehung zum **Risiko der zeitverzögerten Angebots- und/oder Tarifanpassung** anzusetzen. Diese Zeitspanne kann mit sechs Monaten angesetzt werden. Unter der weiteren Prämisse einer durchschnittlichen Umsatzrendite von 5 % ergibt sich hieraus ein Risiko von mindestens 10 % Fahrgastabwanderungen in einem Jahr. Bei diesem Risiko würde der Betreiber Gefahr laufen, nicht mehr seine Investitionen und Betriebskosten überhaupt zu verdienen und damit wäre die **Rentabilität** des übernommenen Vertrags **strukturell gefährdet**.

3. Keine Anwendung für Eisenbahnen und Untergrundbahnen. Obwohl die PersonenverkehrsVO durchgängig das Begriffspaar Eisenbahn oder anderer schienengestützter Verkehr wie Straßenbahn oder Untergrundbahn verwendet (Erwägungsgrund 18, Art. 4

---

[10] Hierzu Heinze/Fehling/Fiedler/*Heinze* PBefG § 21 Rn. 17 f.; Heinze/Fehling/Fiedler/*Heinze* PBefG § 39 Rn. 36 und VG Neustadt Urt. v. 30.1.1998 – K 3477/96.NW.
[11] BGH Beschl. v. 8.2.2011 – X ZB 4/10, BGHZ 188, 200 Rn. 43 = NZBau 2011, 175 – Abellio.
[12] *Wittig/Schimanek* NZBau 2008, 222 (225); *Wagner-Cardenal/Dierkes* NZBau 2014, 738 (739); Hölzl → 1. Aufl. 2011, Rn. 17; Saxinger/Winnes/*Winnes* RdÖPNV PBefG § 8a Abs. 2 Rn. 8; Otting/Olegmöller/*Tresselt* in Gabriel/Krohn/Neun VergabeR-HdB § 71 Rn. 13 f.
[13] OLG Düsseldorf Beschl. v. 21.7.2010 – Verg 19/10, ECLI:DE:OLGD:2010:0721.VII.VERG19.10.00 = NZBau 2010, 582 Rn. 74; OLG Düsseldorf Beschl. v. 2.3.2011 – VII-Verg 48/10, NZBau 2011, 244 Rn. 87; OLG Bremen Beschl. v. 4.7.2014 – 2 Verg 1/14 unter II 2. VK Thüringen Beschl. v. 9.7.2018 – 250-4003-4018/2018-E-P-004/IK unter II 2 b) aa); ferner: Pünder EuR 2007, 564 (574 f.); *Tödtmann/Schauer* NVwZ 2008, 1 (6.) und *Wittig/Schimanek* NZBau 2008, 222 (224). Krit. hierzu bereits Berschin in Baumeister RdÖPNV A1 Rn. 101 f; dagegen plädieren für eine Grenze von max. 10 % Saxinger/Winnes/*Schröder* RdÖPV Art. 5 Abs. 6 Rn. 27 und *Kühling* IR 2011, 101 (103).
[14] OLG Düsseldorf Beschl. v. 21.7.2010 – Verg 19/10, ECLI:DE:OLGD:2010:0721.VII.VERG19.10.00 = NZBau 2010, 582 Rn. 69 ff.; OLG München Urt. v. 21.5.2008 – Verg 5/08, NZBau 2008, 668 Rn. 43; OLG Frankfurt a. M. Beschl. v. 10.11.2015 – 11 Verg 8/15, ECLI:DE:OLGHE:2015:1110.11VERG8.15.0A = BeckRS 2016, 04261 unter II 1 a) aa).
[15] EuGH urt. v. 10.9.2009 – C-206/08, ECLI:EU:C:2009:540, Rn. 78 – WAZV Gotha; BGH Beschl. v. 8.2.2011 – X ZB 4/10, BGHZ 188, 200 Rn. 34, 37 = NZBau 2011, 175 – Abellio.
[16] OLG München Beschl. v. 21.5.2008 – Verg 5/08, NZBau 2008, 668 Rn. 44; VK Rheinland-Pfalz Beschl. v. 17.11.2014 – VK 1-28/14, BeckRS 2015, 15351. Daher ist es sowohl aus Sicht der rechtlichen Ergebnissen, aber auch schon von der Zuordnung der Vergabeverfahren zu Dienstleistungsaufträgen bzw. Dienstleistungskonzessionen falsch, wenn mit dünnen Beleg behauptet wird, dass 80 % der Vergaben im ÖPNV Dienstleistungskonzessionen beträfen, so Mohr → GWB § 150 Rn. 68 Fn. 170. Tatsächlich sind soweit bekannt alle Vergabeverfahren im SPNV als Dienstleistungsaufträge eingestuft und im straßengebundenen ÖPNV die große Mehrheit.

Abs. 3, Art. 4 Abs. 6 und Art. 8 Abs. 2 lit. i), knüpft Art. 5 Abs. 1 nicht an diese Unterscheidung an. Vielmehr wird der sonst **einheitlich gebrauchte Begriff „anderer schienengestützter Verkehr"** in **Straßenbahn** einerseits mit vorrangiger Anwendung des Vergaberechts und **Untergrundbahn** mit Anwendung des VO-Vergaberechts andererseits **zerlegt.** Dieser Befund bestätigt sich nun in Art. 10 lit. i EU-Öffentliche-AuftragsvergabeRL, der Personenverkehr per Schiene oder Untergrundbahnen vom Anwendungsbereich der EU-Öffentliche-AuftragsvergabeRL ausnimmt. Gemäß Erwägungsgrund 27 EU-Öffentliche-AuftragsvergabeRL soll dies klarstellend sein und keine Änderung der PersonenverkehrsVO bewirken, sodass mit Schiene letztlich Eisenbahn gemeint ist.[17] Aufgrund dieser klaren rechtlichen Anordnung ist hinzunehmen, dass Art. 5 Abs. 1 für Untergrundbahnen abweichend vom sonstigen schienengestützten Verkehr das VO-Vergaberecht für anwendbar erklärt, aber gleichzeitig diesen nicht in die Privilegierung der Direktvergaben des Eisenbahnverkehrs nach Art. 5 Abs. 4a und 6 miteinbezieht.

11 Diese Sonderregelungen haben zur Folge, dass der Begriff „Untergrundbahnen" eng auszulegen ist.[18] Hier sind tatsächlich nur **Metrosyteme** mit vollständig eigener Infrastruktur zu verstehen, die eine hohe Leistungsfähigkeit und eine hohe Abschirmung gegen äußere Störeinflüsse aufweisen. Nicht damit vereinbar sind Mischverkehre sowohl mit dem Straßenverkehr als auch mit einem Eisenbahnverkehr.

12 **4. Anwendung auf Kraftfahrzeugverkehr.** Zwar könnte aus der Begrenzung in Art. 5 Abs. 1 S. 2 auf Busverkehr den Ausschluss des Kraftfahrzeugverkehrs auf der Straße herausgelesen werden,[19] jedoch wird dies der Regelungslogik der PersonenverkehrsVO nicht gerecht. Denn diese verwendet durchgängig den Begriff **„Busverkehr"** als **Oberbegriff** für alle Verkehrsformen auf der Straße, soweit sie nicht schienengestützt sind. Vergleichbar den anderen europäischen Regelungen blendet sie die Personenbeförderung mit Kraftfahrzeugen aus, obwohl diese eindeutig Regelungsgenstand der PersonenverkehrsVO ist (→ Art. 1 Rn. 18). Da auch die EU-Öffentliche-AuftragsvergabeRL sowohl zum Inkrafttreten der PersonenverkehrsVO als auch aktuell keine Ausnahme für Personenbeförderung mit Kraftfahrzeugen vorsehen, ist davon auszugehen, dass Art. 5 Abs. 1 S. 2 den **Anwendungsvorrang des Vergaberechts auch für die Personenbeförderung mit Kraftfahrzeugen** umfasst.

13 **5. Keine Anwendung auf internen Betreiber.** Als weiteres zentrales Problem des Abs. 1 erweist sich das Verhältnis des Vorrangs des Kartellvergaberechts für Dienstleistungsaufträge bei Bus und Straßenbahnen zu der Anwendung der PersonenverkehrsVO auf **interne Betreiber.** Teilweise wurde gefolgert, dass bei Dienstleistungsaufträgen interne Betreiber nur nach den Inhouse-Regelungen zulässig sind, die die Rechtsprechung aus dem Primärrecht im Rahmen der teleologischen Reduktion des Auftragsbegriffs gewonnen hat. Nur im Falle von Dienstleistungskonzessionen komme daher Art. 5 Abs. 2 zur Anwendung. Das Vergaberecht sei insoweit abschließend[20] und spezieller.[21] Die hM sieht dagegen in **Art. 5 Abs. 2 eine abschließende sektorale Regelung,** die alle Fallgestaltungen des internen Betreibers erfassen sollen.[22] Dieser Auffassung ist beizupflichten. Art. 5 Abs. 2 ist gegenüber dem damali-

---

[17] Die französische Sprachfassung verwendet auch insoweit den korrekten Begriff „chemin de fer", während der englische Begriff „rail" tendenziell Eisenbahn meint, aber auch mit Schiene übersetzt werden kann.
[18] S. auch die eingrenzenden Definitionen bei Saxinger/Winnes/*Schröder* RdÖPV Art. 5 Abs. 1 Rn. 18 und KLPP/*Prieß* Rn. 38.
[19] So Saxinger/Winnes/*Schröder* RdÖPV Art. 5 Abs. 1 Rn. 20.
[20] Bereits diese Prämisse wird im Verhältnis zur PersonenverkehrsVO heftig bestritten: *Pünder* EuR 2010, 774 (776); KLPP/*Prieß* Rn. 14 und 20; Saxinger/Winnes/*Schröder* RdÖPV Art. 5 Abs. 1 Rn. 1; *Hölzl* → 1. Aufl. 2011, Rn. 8.
[21] OLG Frankfurt a. M. Beschl. v. 30.1.2014 – 11 Verg 15/13, NZBau 2014, 386, Rn. 41 ff.; VK Münster Beschl. v. 7.10.2010 – VK 6/10, BeckRS 2010, 26095, 2.5.a) aa) (1); KLPP/*Prieß* Rn. 62.
[22] OLG Düsseldorf Beschl. v. 2.3.2011 – VII-Verg 48/10, NZBau 2011, 244 Rn. 62; OLG Düsseldorf Beschl. v. 12.10.2016 – VI-U (Kart) 2/16, NZKart 2016, 528, Rn. 63 sowie OLG Düsseldorf Vorlagebeschl. v. 3.5.2017 – Verg 17/16, 18/16, NZBau 2017, 756 und OLG Düsseldorf Vorlagebeschl. v. 3.5.2017 – Verg 51/16, NZBau 2017, 759, Rn. 12; OLG München Beschl. v. 22.6.2011 – Verg 6/11 = NZBau 2011, 701

gen Stand der Rechtsprechung aus dem Primärrecht weitergehend, insbesondere was die Zulassung des privaten Kapitals angeht. Auch ist er spezifischer im Hinblick auf das Tätigkeitskriterium, wie das Beispiel abgehende Linien zeigt. Auch wäre wenig einsichtig, dass nach Kartellvergaberecht 100 % Subdelegation möglich wären, nach Art. 5 Abs. 2 lit. e aber nur maximal 49 %. Erkennbar wollte der Gemeinschaftsgesetzgeber einen auf den öffentlichen Verkehr **angepassten Regelungsstandard** schaffen. Es wäre schwer erklärlich, wenn dieser nur ganz ausnahmsweise wirken würde, da Dienstleistungskonzessionen bereits empirisch bei direkt beauftragten öffentlichen Verkehrsunternehmen kaum vorkommen. Erschwerend kommt hinzu, dass bei einen im öffentlichen Eigentum stehenden Unternehmen eine Dienstleistungskonzession eine reine Fiktion wäre.[23] Denn am Ende zahlen alle Betriebsrisiken die Steuerzahler, im Regelfall durch unbegrenzte Nachschüsse, im Extremfall durch Vernichtung von öffentlichem Eigentum. Abschließend ist darauf hinzuweisen, dass auch im Rahmen der EU-Öffentliche-AuftragsvergabeRL die Gelegenheit bestanden hätte, diesen Streit zu klären. Tatsächlich verweisen Erwägungsgrund 27 EU-Öffentliche-AuftragsvergabeRL und Art. 21 lit. g EU-Öffentliche-AuftragsvergabeRL nur auf den Anwendungsvorrang der PersonenverkehrsVO bei Dienstleistungskonzession bzw. Schiene.

6. Keine Anwendung auf hoheitliche Beschaffung. Schließlich setzt das Vergaberecht 14 voraus, dass ein entgeltlicher Vertrag geschlossen wird. Daher sind Art. 5 Abs. 2–6 auch bei allen Formen der hoheitlichen Leistungsbeschaffung, insbesondere durch Auferlegung per Verwaltungsakt, anwendbar.[24] Mangels entsprechender Rechtsgrundlage wird dies aber nur in den seltenen Fällen des § 21 Abs. 3 PBefG infrage kommen. Ansonsten ist die öffentliche Hand darauf verwiesen, zB marktmächtige Anbieter per kartellrechtlichen Kontrahierungszwang zu einer Leistungserfüllung zu bewegen. Dies kann insbesondere bei angedrohter kurzfristiger Einstellung des Verkehrs ohne hinreichende Alternativen infrage kommen.[25]

7. Keine Anwendung auf Unterschwellenvergabe. Ebenso **scheidet** eine **Anwen-** 15 **dung des Kartellvergaberechts aus,** wenn die dortigen **Schwellenwerte nicht erreicht** werden.[26] Da diese zentraler Bestandteil der Begriffsdefinition des dortigen Dienstleistungsauftrags sind, muss es bei Nichterreichen bei Anwendung der Art. 5 Abs. 2–6 verbleiben, zumal es zB beim wettbewerblichen Verfahren nach Art. 5 Abs. 3 im Rahmen von Dienstleistungskonzessionen keine Mindestwert für die Anwendung der europäischen Vorschriften gibt. Ganz anders dagegen bei der allgemeinen Regelungen der EU-KonzessionsvergabeRL, diese fordert für ihre Anwendung einen Mindestauftragswert von rund 5,2 Mio. EUR gem. Art. 8 Abs. 1 EU-KonzessionsvergabeRL.

Rn. 48; OLG München Beschl. v. 31.3.2016 – Verg 14/15, NZBau 2016, 583 Rn. 131 ff.; OLG Rostock Beschl. v. 4.7.2012 – 17 Verg 3/12, BeckRS 2013, 01570 Rn. 58 f.; OLG Schleswig Urt. v. 17.3.2017 – 3 U 54/16, BeckRS 2017, 127713, unter II 2 a) bb); VK Saarland Beschl. v. 18.7.2017 – 3 VK 03/17, VPRRS 2017, 0294, unter I 1; VK Thüringen Beschl. v. 9.7.2018 – 250-4003-4018/2018-E-P-004/IK unter II 2 b) aa); VK Bremen Beschl. v. 30.9.2016 – 16 VK 5/16 unter II 1 c); *Linke*, Die Gewährleistung des Daseinsvorsorgeauftrags im öffentlichen Personennahverkehr, 2010, 249; *Saxinger/Fischer* Verkehr und Technik, 2008, 75 (77); *Klinger* DER NAHVERKEHR 3/2009, 49 f.; *Hübner* VergabeR 2009, 363 (367); *Winnes* VergabeR, 2009, 712 (716); *Schmitz/Winkelhüsener* EuZW 2011, 52 (53); *Knauff* NZBau 2012, 65 (68 f.); *Lenz/Jürschik* NZBau 2016, 544 (546); *Berschin* in Baumeister RdÖPNV A1 Rn. 94 f.; *Hölzl* → 1. Aufl. 2011, Rn. 13; Saxinger/Winnes/*Schröder* RdÖPV Art. 5 Abs. 1 Rn. 1, 38 f. Noch offen: *Albrecht/Gabriel* DÖV 1997, 907 (912).
[23] Diese Schwierigkeit illustriert auch gut die Entscheidung OLG Karlsruhe Beschl. v. 19.10.2012 – 15 Verg 11/12, VergabeR 2013, 570 = GewA 2013, 325, Rn. 65 ff. Im Falle des Querverbunds aufgrund eines Ergebnisabführungsvertrags: OLG Düsseldorf Beschl. v. 7.3.2018 – VII-Verg 26/17 Rn. 21, ECLI:DE: OLGD:2018:U307:VERG26:17:00 = NZBau 2018, 425.
[24] Saxinger/Winnes/*Schröder* RdÖPV Art. 5 Abs. 1 Rn. 26.
[25] In einem Eilverfahren hatte das OVG Münster auf der Grundlage der VO (EWG) Nr. 1191/69 die Auferlegung gegenüber der Deutschen Bahn vor allem mit Sicherheitsaspekten bei Fußballspielen gestützt. OVG Münster Beschl. v. 10.8.2007 – 16 B 986/07, BeckRS 2007, 26586. Allerdings enthält die PersonenverkehrsVO im Gegensatz zu ihrer VorgängerVO (EWG) Nr. 1191/69 keine Anknüpfungspunkte mehr für eine hoheitliche Auferlegung, zumal der nicht an die PersonenverkehrsVO angepasste § 15 AEG reichlich unbestimmt ist.
[26] Saxinger/Winnes/*Schröder* RdÖPV Art. 5 Abs. 1 Rn. 37.

III. Wettbewerbliches Verfahren nach VO (Abs. 3)

16 **1. Das wettbewerbliche Verfahren als Regelfall.** Das wettbewerbliche Verfahren nach Abs. 3 sieht die PersonenverkehrsVO als **Regelfall** vor, wenn nicht das Kartellvergaberecht vorrangig anwendbar ist (Art. 5 Abs. 1). Gegenüber den Direktvergaben ist es vorrangig, weil diese jeweils gesondert rechtfertigungsbedürftig sind.[27] Voraussetzung ist das Vorliegen einer **Dienstleistungskonzession** oder Vergaben im Bereich **Eisenbahn und Metro,** ferner im Bereich der Unterschwellenvergabe.[28] In allen Fällen bleibt es bei der ausschließlichen Anwendung des Art. 5 Abs. 3 wie Art. 10 Abs. 3 EU-KonzessionsvergabeRL und entsprechend umsetzend § 149 Nr. 12 GWB für Bus-/Straßenbahnkonzessionen regelt. Allerdings hat Art. 10 lit. d ii EU-Öffentliche-AuftragsvergabeRL (**Nichtgeltung für öffentliche Personenverkehrsdienste auf Schiene** und per Untergrundbahn) **keine direkte Entsprechung im** deutschen **GWB** gefunden. Vielmehr regelt dort für den Bereich das Kartellvergaberecht § 131 Abs. 1 GWB spezielle Verfahrensvorschriften für die Verfahrenswahl im Schienenverkehr, **unterwirft** aber ansonsten den Bereich Eisenbahnverkehr vollständig freiwillig und ohne europarechtliche **Vorgaben dem Kartellvergaberecht** (→ GWB § 131 Rn. 1). Im Bereich der Dienstleistungskonzessionen für Eisenbahnen wird aus nicht geklärten Gründen[29] der Vorrang der PersonenverkehrsVO nach Art. 10 Abs. 3 EU-KonzessionsvergabeRL nicht übernommen und somit die Anwendung des Konzessionsvergaberechts nach GWB statuiert (→ GWB § 154 Rn. 23). Zusätzlich werden die aus dem Kartellvergaberecht stammenden Regelungen für Direktvergaben an interne Betreiber nach § 131 Abs. 2 GWB und die Sollbestimmungen zum Betriebsübergang nach § 131 Abs. 3 GWB in Bezug genommen (§ 154 Abs. 3 GWB, → GWB § 154 Rn. 25 ff.).

17 Damit entsteht die paradoxe Situation, dass im **Eisenbahnbereich** eine **vollständige Anwendung der EU-KonzessionsvergabeRL** auch im Bereich der Wettbewerbsvergaben nach Art. 5 Abs. 3 stattfindet, während in der **Personenbeförderung auf der Straße** es bei der **ausschließlichen** Geltung des **Art. 5 Abs. 3** verbleibt. Im Ergebnis dürften allerdings die Unterschiede überschaubar sein, da auch das Verfahren nach Art. 5 Abs. 3 weitgehende Entsprechung mit den Regelungen des Konzessionsvergaberechts aufweist (→ Rn. 20 ff.)

18 **2. Anforderungen aus der VO.** Die PersonenverkehrsVO fordert ein offenes, faires, transparentes und nichtdiskriminierendes Wettbewerbsverfahren zur Vergabe der mit dem öffentlichen Dienstleistungsauftrag verbundenen Ausgleichsleistungen und/oder ausschließlichen Rechte. Die VO regelt nur Mindestanforderungen, der nationaler Gesetzgeber kann weitergehende Anforderungen aufstellen, wie zB im Rahmen des SPNV (→ GWB § 131 Rn. 5) und durch den § 8b PBefG geschehen ist. Ein **offenes** Verfahren wird mindestens eine allgemein zugängliche Bekanntmachung erfordern. Auch muss regelmäßig ein Verfahren mit offenem Zugang, entweder als offenes Verfahren oder mit Teilnehmerwettbewerb und anschließender Verhandlung, erfolgen. Die zugelassene Vorauswahl nach ersten Angeboten und anschließenden Verhandlungen (S. 2) deutet darauf hin, dass zunächst Zugang jedem geeigneten Bieter offen steht.[30] Dabei ist die Verringerung der Teilnehmerzahl eher die Ausnahme und kommt vor allem bei besonders innovativen Lösungen in Betracht.[31] Unter

---

[27] *Knauff* DVBl. 2014, 692 (695); Saxinger/Winnes/*Schröder* RdÖPV Art. 5 Abs. 3 Rn. 4.
[28] AA *Knauff* NZBau 2012, 65 (71) mit dem Verweis, dass es sich weiterhin um Aufträge nach EU-Öffentliche-AuftragsvergabeRL und Kartellvergaberecht handele, nur deren Anwendung suspendiert sei. Angesichts des klaren Wortlauts in Art. 5 Abs. 1 ist das nicht überzeugend, da dort auf die vollständige Anwendung der EU-Öffentliche-AuftragsvergabeRL abgestellt wird.
[29] BR-Drs. 367/15, 154 schweigt sich hierzu aus. → GWB § 149 Rn. 70 und → GWB § 154 Rn. 24 Die Erläuterung von *Mohr* greift dies nicht auf. Zur Möglichkeit Art. 5 Abs. 3 nationalrechtlich auszugestalten bereits *Hölzl* → 1. Aufl. 2011, Rn. 10.
[30] Hierzu und zum Folgenden Saxinger/Winnes/*Schröder* RdÖPV Art. 5 Abs. 3 Rn. 10 ff; KLPP/*Prieß* Rn. 153 ff.; *Hölzl* → 1. Aufl. 2011, Rn. 60 ff.; Heinze/Fehling/Fiedler/*Fehling* PBefG § 8b Rn. 33 ff.
[31] Auslegungsmitteilung PersonenverkehrsVO Nr. 2.3.2; *Schröder* NVwZ 2008, 1288 (1291); KLPP/*Prieß* Rn. 176; *Hölzl* → 1. Aufl. 2011, Rn. 72. Großzügiger wegen Besonderheiten im Verkehr *Nettesheim* NVwZ 1449, (1452); *Sennekamp/Fehling* N&R2009, 95 (96).

den Aspekten des hinreichenden Wettbewerbs wird man vor allem einen **Geheimwettbewerb**[32] und Verhinderung **wettbewerbsbeschränkender Absprachen** verstehen können.

Transparent ist ein Verfahren, wenn alle Verfahrensschritte klar und logisch aufbauend 19 sind und entsprechend dokumentiert werden. Ein wichtiger Baustein der Transparenz sind die Wertungskriterien. Diese müssen vorab feststehen und veröffentlicht werden.[33] Ein **faires und diskriminierungsfreies** Verfahren erfordert hinreichend gleiche Chance für die Bieter und angemessene Kalkulationssicherheit. Dies wirkt zB auf eine angemessene Angebotsfrist und Rüstzeit.[34] Große Bedeutung haben auch angemessene Kriterien der fachlichen Eignung, der finanziellen Leistungsfähigkeit und der Zuverlässigkeit. Diese müssen objektiv und ohne Verdacht der Voreingenommenheit angewandt werden.

3. Anforderungen nach Konzessionsvergaberecht und § 8b PBefG. Wie unter 20 → Rn. 16 f. dargelegt ist die Konzessionsvergaberecht nur im Eisenbahnsektor direkt anwendbar, für die Beförderung per Straße stellt § 8b PBefG entsprechende Kriterien auf. Dabei weisen die jeweiligen Kriterien eine hohe gegenseitige Kongruenz auf:[35]

– **Konzessionsbekanntmachung** nach Art. 31 Abs. 2 EU-KonzessionsvergabeRL, Art. 33 Abs. 2 EU-KonzessionsvergabeRL und Anhang V EU-KonzessionsvergabeRL und § 19 KonzVgV EU-weit. Das PBefG fordert dagegen nur eine allgemeine Bekanntmachung, zB über www.bund.de (§ 8b Abs. 2 S. 2 PBefG).
– Verfahren steht **allen offen,** es sei denn nicht vorhandener Wettbewerb aus technischen Gründen oder ausschließliches Recht (Art. 31 Abs. 4 EU-KonzessionsvergabeRL, § 20 KonzVgV); Verfahren muss allen in Betracht kommenden Bietern zugänglich sein (§ 8b Abs. 2 S. 1 PBefG).
– **Verhältnismäßige** Anforderungen an wirtschaftlicher, technischer und finanzieller Leistungsfähigkeit (Art. 38 Abs. 1 EU-KonzessionsvergabeRL und § 152 Abs. 1 GWB iVm § 122 Abs. 1 GWB). Anforderungen an **Eignungsnachweise** sind zu benennen (§ 8b Abs. 2 Nr. 2 PBefG), alle Bieter sind gleich zu behandeln (§ 8b Abs. 4 S. 2 PBefG).
– **Informationsgleichstand aller Bewerber** (Art. 30 Abs. 2 RL EU-KonzessionsvergabeRL; § 152 Abs. 1 GWB iVm § 121 Abs. 1 GWB und § 16 KonzVgV). Im PBefG noch weitergehender: „Die Dienstleistungen sind eindeutig und umfassend zu beschreiben, sodass alle in Betracht kommenden Bieter die Beschreibung im gleichen Sinne verstehen müssen und miteinander vergleichbare Angebote zu erwarten sind" (§ 8b Abs. 3 PBefG).
– **Vollständiger und kostenfreier elektronischer Zugang** zu Konzessionsunterlagen (Art. 34 Abs. 1 EU-KonzessionsvergabeRL; § 8b Abs. 2 S. 2 PBefG: „Sie kann auf der Internetseite www.bund.de veröffentlicht werden.").
– **Mindestfristen** 30 Tage bzw. für erste Angebote 22 Tage (Art. 39 Abs. 3 und 4 EU-KonzessionsvergabeRL); angemessene Fristen nach § 8b Abs. 3 S. 2 PBefG.
– **Dokumentationspflicht** (Art 37 Abs. 4 EU-KonzessionsvergabeRL, § 6 KonzVgV; § 8b Abs. 6 PBefG).
– Vergabepflicht bei **wesentlichen Änderungen** der Konzession (Art. 43 EU-KonzessionsvergabeRL, § 154 Nr. 3 GWB iVm § 132 GWB). Keine Entsprechung im PBefG.
– Zuschlag auf das **wirtschaftlichste Angebot** (Art. 41 EU-KonzessionsvergabeRL; § 152 Abs. 3 GWB und § 8b Abs. 4 S. 2 PBefG).
– **Informationspflicht vor Zuschlagsentscheidung** zur Wahrung des wirksamen Rechtsschutz (Art. 40 EU-KonzessionsvergabeRL, § 154 Nr. 4 GWB iVm § 134 GWB, § 28 Abs. 1 KonzVgV und § 8b Abs. 7 PBefG).
– Die Losaufteilung ist nach § 46 EU-KonzessionsvergabeRL freigestellt, aber § 97 Abs. 4 GWB verlangt die Berücksichtigung mittelständischer Interessen, ist aber für Konzessio-

---

[32] *Schröder* NVwZ 2008, 1288 (1290); *Linke*, Die Gewährleistung des Daseinsvorsorgeauftrags im öffentlichen Personennahverkehr, 2010, 238; Saxinger/Winnes/*Schröder* RdÖPV Art. 5 Abs. 3 Rn. 11.
[33] Auslegungsmitteilung PersonenverkehrsVO Nr. 2.3.2.
[34] Auslegungsmitteilung PersonenverkehrsVO Nr. 2.3.2.
[35] S. hierzu auch Heinze/Fehling/Fiedler/*Fehling* PBefG § 8b Rn. 10 ff. und Saxinger/Winnes/*Schröder* RdÖPV PBefG § 8b Rn. 4 ff. und Saxinger/Winnes/*Schröder* RdÖPV PBefG § 8a Abs. 4 Rn. 4 ff.

nen kaum anwendbar (→ GWB § 97 Rn. 238 f.). Dagegen normiert § 8a Abs. 4 S. 2 PBefG ein Gebot zur **Losaufteilung**.
- § 8b Abs. 5 PBefG sieht die **wettbewerbliche Vergabe von Unteraufträgen** in der Tradition des Vergaberechts vor. Art. 42 EU-KonzessionsvergabeRL und § 33 KonzVgV enthalten diese Vorgaben dagegen nicht.

21 Aus dieser Aufstellung ergibt sich, dass die wesentlichen Anforderungen aus der EU-KonzessionsvergabeRL, der deutschen Umsetzung in GWB und KonzVgV für den **Eisenbahnverkehr** einerseits und aus § 8b PBefG für den **Bus- und Straßenbahnverkehr** andererseits **weitgehend deckungsgleich** sind und daher jeweils gegenseitig in ihre Auslegung einbezogen werden können. Keiner Erläuterung braucht die Rechtstatsache, dass nicht wettbewerbliche Zuschlagskriterien, wie zB der **Besitzstandsschutz** nach § 13 Abs. 3 PBefG im Rahmen einer wettbewerblichen Vergabe **unzulässig** sind.[36]

22 **4. Besondere Anforderungen im Schienenpersonenverkehr (Abs. 3b).** Art. 5 Abs. 3b enthält unter dem Teil wettbewerblicher Vergaben die Option im Schienenpersonenverkehr auf eine Direktvergabe im Form der **Exklusivverhandlung überzugehen**, wenn nach Veröffentlichung im EU-Amtsblatt mit einer Frist von mindestens 60 Tagen sich nur ein Bewerber meldet. Voraussetzung ist, dass der beabsichtigte öffentliche Dienstleistungsauftrag umfassend beschrieben ist und der mangelnde Wettbewerb nicht Ergebnis einer künstlichen Einschränkung durch die gewählten Auftragsparameter ist (lit. c) und keine vernünftige Alternative (lit. d) besteht. Diese beiden Punkte laufen auf eine **strenge Verhältnismäßigkeitsprüfung** auf, da fast immer die Zahl der Anbieter sich aus dem Zuschnitt eines Auftrags ableitet. Sie muss die zuständige Behörde intensiv prüfen, ob
- durch Losbildung,
- Streckung der zeitlichen Erwartungen (Lieferfrist, Ausführungsfrist) oder
- (vorübergehende) Senkung des Standards

letztlich mehr Wettbewerb möglich ist. Daher muss es zwingende Gründe geben, von diesen Optionen keinen Gebrauch zu machen. In entwickelten Wettbewerbsmärkten wird dagegen ein **Übergang auf ein Verhandlungsverfahren erst dann zulässig** sein, wenn die Ausschreibung wegen Unwirtschaftlichkeit aufgehoben werden kann (§ 14 Abs. 4 Nr. 1 VgV, → GWB § 131 Rn. 8 und → VgV § 14 Rn. 55 ff.). Art. 5 Abs. 3b ist gleichwohl auch bei freiwilliger Anwendung des Kartellvergaberechts anwendbar. Denn die Nichtanwendung der Abs. 2–6 bezieht sich aufgrund von Abs. 1 zugunsten des Kartellvergaberechts ausschließlich auf Bus- und Straßenbahndienstleistungen. Es ist auch nicht ersichtlich, warum die PersonenverkehrsVO keine wettbewerblich strengeren Anforderungen aufstellen könnte als das allgemeine Vergaberecht.

IV. Interner Betreiber (Abs. 2)

23 **1. Ziele und Auslegungsgrundsätze.** Über die Ausrichtung des Art. 5 Abs. 2 besteht weitgehend Konsens,[37] wenngleich hieraus sehr unterschiedliche Schlussfolgerungen gezogen werden. Zum einen sollte seitens des EU-Gesetzgebers ein freies **Wahlrecht der Gebietskörperschaften** zugunsten eines internen Betreibers geschaffen werden. Die Kommission hatte diesem Ansinnen lange Widerstand mit Hinweis auf die Grundfreiheiten des EG-Vertrags geleistet, aber diesen letztlich aufgegeben (→ Vorbemerkung Rn. 50 ff.). Zum anderen sollte mit den Regelungen eine vorsichtige **Korrektur** der zum damaligen Zeitpunkt als zu streng empfundenen Rechtsprechung des EuGH in Bezug auf die **Inhousekriterien**. Auch besteht

---
[36] AllgM *Saxinger* GewArch 2009, 250 (253 f.); *Schröder* NVwZ 2008, 1288 (1294); Saxinger/Winnes/*Schröder* RdÖPV Art. 5 Abs. 3 Rn. 42; KLPP/*Prieß* Rn. 175; Heinze/Fehling/Fiedler/*Fehling* PBefG § 8b Rn. 36; *Otting/Olegmöller/Tresselt* in Gabriel/Krohn/Neun VergabeR-HdB § 71 Rn. 24; aA ohne nachvollziehbare Begründung Heinze/Fehling/Fiedler/*Heinze* PBefG § 13 Rn. 107.
[37] S. nur *Pünder* EuR 2007, 564 (567); *Fehling/Niehnus* DÖV 2008, 662 (664); *Saxinger* GewArch 2009, 350, (352); KLPP/*Prieß* Rn. 66 ff., 81 ff.; *Hölzl* → 1. Aufl. 2011, Rn. 20; Saxinger/Winnes/*Eichhorn* RdÖPV Art. 5 Abs. 2 Rn. 5 ff. Zum politischen Hintergrund des freien Wahlrechts *Resch* IR 2008, 271 f.

Einigkeit des die Regelung des Art. 5 Abs. 2 Ausnahmecharakter haben und daher eng auszulegen sind.[38]

Die Regelungen des internen Betreibers wurden in **Deutschland** einerseits für den straßengebundenen Verkehr in § 8a Abs. 3 PBefG und für den Schienenverkehr in § 131 Abs. 2 GWB (→ GWB § 131 Rn. 10) aufgegriffen. Hieraus wird unzutreffender Weise geschlossen, dass es keiner weiteren Rechtfertigung dieser Art von Direktvergaben bedürfe, da der Gesetzgeber die entsprechenden Grundentscheidungen getroffen habe. 24

2. Zulassung nationales Recht. Insbesondere § 8 Abs. 3 PBefG, aber auch § 131 Abs. 2 GWB wird als ausdrückliche Erlaubnis des deutschen Gesetzgebers für Direktvergaben unter der Voraussetzung des Art. 5 Abs. 2 gesehen.[39] Jedoch werden die verfassungsrechtlichen Dimensionen des weitgehenden **Ausschluss von Wettbewerb** und damit **Berufszugang** aufgrund der exklusiven Finanzierung kommunaler Unternehmen und Gewährung von Ausschließlichkeitsrechten an diese nur oberflächlich beleuchtet.[40] Meist wird mit dem insoweit falschen Argument „kein Schutz vor Konkurrenz" das Berühren des Schutzbereichs von Art. 12 Abs. 1 GG verneint.[41] Auch könne dort, wo bisher schon kommunale Unternehmen tätig seien, von einer Schutzbereichsberührung keine Rede sein, da gar kein (effektiver) Marktzugang bzw. Markt bestehe.[42] Vertiefend lautet dann das Argument, dass eigenwirtschaftliche Verkehre weiterhin möglich seien, zudem würden kommunale Unternehmen keinen Verdrängungswettbewerb führen, da sie der Wahrnehmung öffentlicher Zwecke verpflichtet sind.[43] Zudem wäre ein etwaiger Eingriff gesetzlich gerechtfertigt.[44] Das OLG Düsseldorf sieht immerhin flächendeckende Monopolisierung durch Gruppen von Behörden kritisch, was aber ggf. durch Untervergaben abgemildert werden könne, jedenfalls müsse der Gesetzgeber entscheiden.[45] 25

Tatsächlich handelt es sich bei einer **unkonditionierten Direktvergabe** an Kommunalunternehmen um eine grundrechtswidrige **Monopolisierung der ÖPNV-Branche.** Der Staat betätigt sich hier nicht als Nachfrager im Rahmen eines funktionierenden Anbieterwettbewerbs,[46] sondern er steuert diesen massiv und bringt ihn auch zu großen Teilen zum Erliegen. Je nach Berechnung (Fahrgastzahl, Umsätze Angebotskilometer) 26

---

[38] VK Rheinland Beschl. v. 19.9.2017 – VK VOL 12/17, unter II.
[39] Heinze/Fehling/Fiedler/*Fehling* PBefG § 8a Rn. 46 f.; *Hölzl* → 1. Aufl. 2011, Rn. 24; KLPP/*Pünder* Rn. 138. Zu einem Fall der Verstaatlichung VK Thüringen Beschl. v. 9.7.2018 – 250-4003-4018/2018-E-8-004/IK unter II 1. e), II 2 b) bb).
[40] Kritische Stimmen *Ziekow* NVwZ 2009, 865 (870); *Knauff* DVBl. 2006, 339 (346 f.); Zweifel bei *Nettesheim* NVwZ 2009, 1449 (1455) entstammen vor allem aus der Entstehungsgeschichte der Beschneidung von eigenwirtschaftlich möglichen Verkehren und dadurch erleichterte Optionen der Direktvergaben an Kommunalunternehmen. Wie hier aber ohne weitere Begründung: Ziekow/Völlink/*Zuck*, 2. Aufl. 2014, Rn. 29.
[41] VK Thüringen Beschl. v. 9.7.2018 – 250-4003-4018/2018-E-P-004/IK unter II 2 b) bb), mit einer restriktiven Anwendung von Grundrechten; *Werres* DER NAHVERKEHR 10/2008, 14; Riese/Schimanek DVBl. 2009, 1486; *Otting/Olegmöller* DÖV 2009, 364 (365); *Hölzl* → 1. Aufl. 2011, Rn. 43; Saxinger/Winnes/*Eichhorn* RdÖPV Art. 5 Abs. 2 Rn. 20. Krit. bereits *Knauff* DVBl. 2009, 339 (346); KKLP/*Prieß* Rn. 138.
[42] Heinze/Fehling/Fiedler/*Fehling* PBefG § 8a Rn. 47; Saxinger/Winnes/*Eichhorn* RdÖPV Art. 5 Abs. 2 Rn. 21. Allenfalls bei Übernahme bisher von privaten Unternehmen durchgeführten Verkehren könne sich das Problem stellen.
[43] OLG München Beschl. v. 31.3.2016 – Verg 14/15, NZBau 2016, 583 Rn. 227; VK Thüringen Beschl. v. 9.7.2018 – 250-4003-4018/2018-E-P-004/IK unter II 2 b) bb); *Bühner/Siemer* DÖV 2015, 21, (25); *Knauff* in Knauff, Vorrang der Eigenwirtschaftlichkeit im ÖPNV, 2017, 11 (13 f.).
[44] OLG München Beschl. v. 31.3.2016 – Verg 14/15, NZBau 2016, 583 Rn. 228; Heinze/Fehling/Fiedler/*Fehling* PBefG § 8a Rn. 47; Saxinger/Winnes/*Eichhorn* RdÖPV Art. 5 Abs. 2 Rn. 22. Alle jeweils ohne Angabe von Rechtfertigungsgründen.
[45] OLG Düsseldorf Beschl. v. 2.3.2011 – VII-Verg 48/10, NZBau 2011, 244 Rn. 139. Immerhin sieht auch *Hölzl* → 1. Aufl. 2011, Rn. 24; Saxinger/Winnes/*Eichhorn* RdÖPV Art. 5 Abs. 2 Rn. 23 sieht bei einer flächendeckenden Subventionierung kommunaler Unternehmen das Problem einer „berufsregelnden Tendenz" der Subventionen. Dies greife aber erst bei nahezu vollständig geschlossenen Märkten.
[46] Dies wird seitens des BVerfG Beschl. v. 13.6.2006 – 1 BvR 1160/03, BVerfGE 116, 135 = NVwZ 2006, 1396, Rn. 70 f. als zentrales Argument für die fehlende Schutzbereichsberührung Art. 12 Abs. 1 GG bei Vergabe öffentlicher Aufträge herangezogen, wobei nach Rn. 72 das BVerfG „besondere Umstände" für eine anderweitige Beurteilung als Hintertür offenhält.

werden hiermit 80–90 % des deutschen Marktes im öffentlichen Linienverkehr auf der Straße monopolisiert. Es steht daher außer Frage, dass dies objektive Berufszugangsschranken im Sinne von Kontingenten aufstellt. Dabei erfolgt dieser Eingriff auch seitens der Kommunen gezielt, denn es soll aufgrund der Direktvergaben jegliche konkurrierende Tätigkeit unterbunden werden. Dabei ist ohne Bedeutung, dass der größte Teil des Verkehrs subventionsbedürftig ist. Denn über den Berufszugang kann nicht die Tatsache entscheiden, ob und inwieweit der Staat die Rahmenbedingungen durch Steuern, Abgaben, Förderung konkurrierender Verkehrsträger etc so setzt, dass eine kommerzielle Betätigung nicht mehr möglich ist.[47] Denn gleichermaßen könnte der Staat eine Brotsteuer einführen und dann mit dem Argument der Subventionsbedürftigkeit des Bäckereihandwerks dieses ins staatliche Monopol überführen, zweifelsohne unter dem schillernden Begriff der Daseinsvorsorge. Der Verweis auf weiterhin mögliche Nischenangebote („kommerzielle Brote") wäre mit Sicherheit keine adäquate Gewährung der Berufsfreiheit. Neben der Subventionsbedürftigkeit ist aber zudem noch zu sehen, dass mit den kommunalen Monopolen in der Regel auch Ausschließlichkeitsrechte verbunden sind und daher Jedermann hier von entsprechenden gewerblichen Tätigkeiten im Anwendungsbereich ausgeschlossen wird. Es liegt auf der Hand, dass der Verweis auf nahegelegene Berufe, zB Taxifahrer statt Busunternehmer, ebenfalls keine hinreichende Bewältigung der Fragestellungen aus dem Grundrecht auf freie Berufswahl ist.

27 Es ist daher festzuhalten, dass unter Geltung des Art. 12 Abs. 1 GG das **nationale Recht** einer vorbehaltlosen Direktvergabe **entgegensteht.** Insoweit ist das Verfassungsrecht als „Untersagung" zu verstehen, es bedarf keiner expliziten Festlegung in einem formellen Gesetz.[48] Vielmehr ist diese umfassend zu begründen[49] und kann entsprechend der Monopol- und Kontingentrechtsprechung des BVerfG[50] nur aufgrund schwerer nachweisbarer oder höchstwahrscheinlicher **Gefahren zum Schutz eines überragend wichtigen Gemeinschaftsgutes legitimiert werden.** Damit weisen die erforderlichen Rechtfertigungen eine hohe Übereinstimmung mit der aus dem europäischen Recht bekannten Rechtfertigung staatlicher Monopole auf (→ Vorbemerkung Rn. 79 ff.). Beliebt, aber gleichsam abwegig ist in diesem Zusammenhang der Hinweis auf den angeblichen Schutz der kommunalen Daseinsvorsorge nach Art. 28 Abs. 2 GG,[51] da diese niemals einen Eingriff in den Schutzbereich des Art. 12 Abs. 1 GG legitimieren kann.

28 **3. Eigenerstellung.** Die ebenfalls in Art. 5 Abs. 2 S. 1 enthaltene Eigenerstellung wird allgemein nicht weiter problematisiert. So sei jede zuständige Behörde oder auch Gruppen von Behörden berechtigt, die Verkehrsleistung selber durch eigene Rechtspersönlichkeit, zB Eigenbetrieb, Regiebetrieb zu erbringen. Hier sei lediglich ein entsprechender Beschluss zu fassen. Diese Auffassung ist nicht ganz zutreffend, da auch die Eigenerstellung gleichfalls wie die Beauftragung eines internen Betreibers in den Schutzbereich des Art. 12 Abs. 1 GG erheblich einwirkt und daher **rechtfertigungsbedürftig** ist. Die vergaberechtlich geprägte Sichtweise, die Eigenerstellung sei eine Art Eigenbedarfsbedeckung berühre daher die Marktfreiheiten nicht, ist wie dargestellt unzutreffend.[52]

---

[47] Zur Grundrechtsrelevanz von zielgerichteten Subventionen → Rn. 51 Fn. 100.
[48] So aber *Otting/Scheps* NVwZ 2008, 499 (505); *Saxinger* GewArch 2009, 350 (353); *Heiß* VerwArch 2009, 113 (130); KLPP/*Prieß* Rn. 245; *Hölzl* → 1. Aufl. 2011, Rn. 20; Saxinger/Winnes/*Eichhorn* RdÖPV Art. 5 Abs. 2 Rn. 15, 26. Bemerkenswerterweise wird die Untersagung durch die Auslegung des BGH zum Vorrang des Kartellvergaberechts gegen § 15 AEG als unkritisch verstanden, zB Saxinger/Winnes/*Schröder* RdÖPV Art. 5 Abs. 6 Rn. 16.
[49] So auch *Ziekow* NVwZ 2009, 865 (870); *Knauff* DVBl. 2009, 339 (347). Jedoch sehen beide Autoren letztlich in der Beschneidung eigenwirtschaftlich möglicher Betätigung den Eingriff, was auf dem unzutreffenden Verständnis beruht, es gäbe im Rahmen der Subventionswirtschaft ein staatliches Vorrecht. Zur Begründungspflicht unter Geltung des EU-Primärrechts bereits *Berschin* in Baumeister RdÖPNV A1 Rn. 114 ff.
[50] BVerfGE 7, 377 Rn. 56 ff.; 21, 245 Rn. 22 ff.; 102, 197, Rn. 66 ff. Zum Verkehr BVerfGE 11, 168, Rn. 67 ff., 40, 196, Rn. 88 ff. und BVerwGE 80, 270 Rn. 27 = NJW 1989, 1749.
[51] KLPP/*Prieß* Rn. 72; Saxinger/Winnes/*Eichhorn* RdÖPV Art. 5 Abs. 2 Rn. 26.
[52] Auf die Bedeutung der VO als Beihilfe- und MachtVO weist auch VK Münster Beschl. v. 19.6.2018 – VK 10/18 unter 2.1b hin.

4. Kontrollkriterium interner Betreiber. Kerngedanke des Kontrollkriteriums 29 „Beherrschung wie eine eigene Dienststelle" ist die **Zuordnung** des **Betreibers sowohl wirtschaftlich als auch materiell zum Kreis der zuständigen Behörde.**[53] Insofern kann sich der gern benutzte Begriff „kommunales Unternehmen" nur darauf beziehen, dass mit wirtschaftlichen Methoden gearbeitet wird, ein Wirtschaften an sich findet aber nicht statt, vielmehr setzt das kommunale Unternehmen entsprechende politische Vorgaben um. Dabei geht es im Kontext um Bestimmung des erforderlichen Angebots[54] und der fortlaufenden Beherrschung um jederzeitige politische Steuerung, dies steht in einem **kaum auflösbaren Spannungsverhältnis** mit einem öffentlichen Dienstleistungsauftrag, welcher dem Kommunalunternehmen **Planungssicherheit** verleihen und sie auf Kostenobergrenzen verpflichten und der überdies nach Nr. 7 des Anhangs entsprechende **Anreize** für Effizienz und Qualität bieten soll. Dies ist nur bei verlässlichen Grundlagen sinnvoll umsetzbar. Dennoch verbindet sich mit der Beherrschung wie über eine eigene Dienststelle die **Möglichkeit jederzeit auf neue Anforderungen oder politische Veränderungen reagieren** zu können und entsprechende (neue) politische Vorgaben umzusetzen.[55] Gerade diese **Flexibilität** kann auch ein zentrales Argument für die **Rechtfertigung** des **Eingriffs** in die **Berufsfreiheit** aufgrund der Monopolisierung im ÖPNV-Markt sein.

Rechtsfolge dieser Beherrschung mit der tatsächlichen Kontrolle und tatsächlichen Einfluss ist ein **jederzeitiges Durchgriffsrecht** für alle wichtigen und strategischen Entscheidungen im Unternehmen,[56] insbesondere solchen die sich auf die Quantität und Qualität des bereitzustellenden öffentlichen Verkehrs auswirken.[57] 30

Aus dem Umkehrschluss, dass nicht unbedingt eine 100 % Eigentümerstellung vorhanden 31 sein muss, wird gerne gefolgert, dass auf jeden Fall eine **100 % Eigentümerstellung** immer das Kontrollkriterium erfüllt.[58] Jedoch greift dies zu kurz, da **Aktiengesellschaften** nicht auf den Durchgriff ihrer Aktionäre angelegt sind.[59] Genauso kann das Argument nicht überzeugen, dass ein **obligatorischer GmbH-Aufsichtsrat**, zB aus dem Mitbestimmungsrecht, unkritisch wäre, da die Gesellschafterversammlung das maßgebliche Organ sei.[60] Dies ist nicht zweifelsfrei, da der obligatorische Aufsichtsrat tendenziell aktienrechtliche Strukturen in die GmbH trägt, daher wird sich hier ein Beherrschungsvertrag über eine Holding empfehlen.[61]

Dagegen wird man das **gestufte Durchgriffsrecht** über mehre Gesellschaften zulassen 32 können, wenn es ohne Schlupf wirkt. In der Regel wird es entsprechende **Konzernstruktu-**

---

[53] *Berschin* in Baumeister RdÖPNV A1 Rn. 70, 122 ff.; Saxinger/Winnes/*Eichhorn* RdÖPV Art. 5 Abs. 2 Rn. 45.
[54] Insofern verbieten sich „Verhandlungen" über einen öffentlichen Dienstleistungsauftrag mit dem eigenen Unternehmen, vielmehr wird es dabei darum gehen, entsprechende fachliche Hinweise und Ratschläge aufzunehmen: *Berschin* in Baumeister RdÖPNV A1 Rn. 124; Saxinger/Winnes/*Eichhorn* RdÖPV Art. 5 Abs. 2 Rn. 58.
[55] Zu dieser zwingenden Beherrschung durch jederzeitiges Weisungsrecht auch gegen bestehende „Verträge" bereits *Berschin* in Baumeister RdÖPNV A1 Rn. 70, 122 ff.
[56] OLG München Beschl. v. 31.3.2016 – Verg 14/15, NZBau 2016, 583 Rn. 198 unter Berufung auf EuGH Urt. v. 18.11.1999 – C-107/98, Slg. 1999, I-8121 Rn. 50 = ECLI:EU:C:1999:562 = NZBau 2000, 90 – Teckal; EuGH Urt. v. 13.10.2005 – C-458/03, Slg. 2005, I-8585 Rn. 65 = ECLI:EU:C:2005:605 = NVwZ 2005, 1407 – Parking Brixen; EuGH Urt. v. 11.5.2006 – C-340/04, Slg. 2006, I 4137 Rn. 36 = ECLI:EU:C:2006:308 = NJW 2006, 2679 – Carbotermo; *Linke*, Die Gewährleistung des Daseinsvorsorgeauftrags im öffentlichen Personennahverkehr, 2010, 208; *Berschin* in Baumeister RdÖPNV A1 Rn. 124; Saxinger/ Winnes/*Eichhorn* RdÖPV Art. 5 Abs. 2 Rn. 54.
[57] Dagegen reicht es aber nicht aus, wenn sich das Durchgriffsrecht nur auf Sachverhalte bezieht, die ausschließich den zur Herrschaft verpflichteten Gesellschafter betreffen: VK Bremen Beschl. v. 30.4.2016 – 16 VK 5/16 unter II 2 c).
[58] OLG München Beschl. v. 22.6.2011 – Verg 6/11, NZBau 2011,701 Rn. 72 f.; VK Rheinland Beschl. v. 16.5.2017 – VK VOL 58/16 unter II 3; KLPP/*Prieß* Rn. 90.
[59] *Hölzl* → 1. Aufl. 2011, Rn. 37; KLPP/*Prieß* Rn. 93 f. mit Hinweis auf die möglichen Beherrschungsvertrag (Rn. 96).
[60] OLG München Beschl. v. 31.3.2016 – Verg 14/15, NZBau 2016, 583 Rn. 204 f.
[61] *Klinger* DER NAHVERKEHR 3/2009, 46 (48 f.); Saxinger/Winnes/*Eichhorn* RdÖPV Art. 5 Abs. 2 Rn. 56.

ren mit Beherrschungsverträgen bedürfen.⁶² Hier ist zu gewährleisten, dass die getroffenen Entscheidungen ohne nennenswerten zeitlichen Verzug oder inhaltliche Abschwächungen nach unten durchgereicht werden können. Da die Entscheidungen jeweils gesellschaftsrechtlich gesehen durchaus nachteilig sein können, müssen sie durch einen Ergebnisabführungsvertrag mit entsprechenden Ausgleichsansprüchen der abhängigen Gesellschaft hinterlegt sein.

33 Soweit kein vollständiges Eigentum vorhanden ist, muss ein **entsprechendes Durchgriffsrecht,** vor allem bei Ansprechen von **qualifizierten Minderheitenrechten,** sichergestellt werden. Mittel der Wahl sind üblicherweise **Konsortialverträge.**⁶³ **Kritisch** wird dagegen eine **gemeinsame Beherrschung** zu sehen sein, da sie meistens auf Neutralisierung der jeweiligen Partner hinausläuft und keine aktive Steuerung erlaubt (→ Rn. 45 f.).

34 Soweit auf die mögliche **Beteiligung von Privaten** in Abkehr der bisherigen Rechtsprechung des EuGH verwiesen wird,⁶⁴ ist genau zu untersuchen, **mit welcher Gegenleistung** ein Privater sich an öffentlichen Unternehmen beteiligt. Ist zB die strategische Partnerschaft im Rahmen einer Ausschreibung erfolgt, wird ein privater Partner seine Vorteile vor allem aus den Geschäftsbeziehungen zum Unternehmen generieren. Da deren Wert im Wettbewerb ermittelt wurde, liegen keine unzulässigen Beihilfen vor und ebenfalls keine unzulässige Teilhabe an öffentlichen Aufträgen. Allerdings hätte es für diese Variante keine Lockerung gegenüber der Rechtsprechung des EuGH bedurft. Ist dagegen die strategische Partnerschaft überkommen oder ohne Wettbewerb zustande gekommen, wird man annehmen müssen, dass die **Vorteile aus Entscheidungsspielräumen** im Unternehmen – und sei es nur das Ausüben von Minderheitenrechten – generiert werden. Daher steht eine derartige Beteiligung der Herrschaft wie über eine eigene Dienststelle entgegen. Mangels Rechtssicherheit werden daher Beteiligungen für Private unattraktiv sein.⁶⁵

35 **5. Tätigkeitskriterium. a) Wettbewerbsverbot.** Neben dem Kontrollkriterium ist das Tätigkeitskriterium das zweite entscheidende Kriterium für die Feststellung eines zulässigen internen Betreibers. Dieses Tätigkeitskriterium ist in lit. b zunächst **strenger** als im **allgemeinen Vergaberecht,** da eine **ausschließliche**⁶⁶ und nicht nur eine **Im-Wesentlichen-**Tätigkeit im Bereich der zuständigen Behörde gefordert wird. Hiermit soll bewiesen werden, dass der interne Betreiber **keine Marktausrichtung** hat, also weder wettbewerblich als Betreiber noch als Unterauftragnehmer⁶⁷ aktiv ist. Unschädlich ist dabei eine Wettbewerbsteilnahme innerhalb der zuständigen Behörde.⁶⁸ Weiterhin ist daneben eine Nachfragetätigkeit unschädlich, allein schon die zugelassene Untervergabe setzt zwingend eine aktive Marktrolle voraus.

36 Grundsätzlich wird eine **maximale Deckungsgleichheit** zwischen beauftragtem Betreiber einschließlich der ihm zugeordneten Einheiten und zuständiger Behörde sinnvoll sein,⁶⁹ zwingend ist dies nicht. So kann ohne Weiteres nur ein Teilgebiet befahren werden. Genauso

---
⁶² OLG München Beschl. v. 31.3.2016 – Verg 14/15, NZBau 2016, 583 Rn. 199 f.; VK Thüringen Beschl. v. 9.7.2018 – 250-4003-4018/2018-E-P-004/IK unter II 2 b) cc). Auf den vollständigen Durchgriff heben auch KLPP/*Prieß* Rn. 98 ff.; Saxinger/Winnes/*Eichhorn* RdÖPV Art. 5 Abs. 2 Rn. 55 ab.
⁶³ Hierauf zielt auch die vergaberechtliche Rspr. des EuGH, zB EuGH Urt. v.29.11.2012 – C-182/11 und 183/11, ECLI:EU:C:2012:758 = IBRRS 2012, 4439 Rn. 32 – Ecornord. Diese Gefahr der Mediatisierung gemeinsamer Beherrschung sieht auch KLPP/*Prieß* Rn. 106.
⁶⁴ Auslegungsmitteilung PersonenverkehrsVO Nr. 2.3.1 ii): Verwiesen wird auf EuGH Urt. v. 13.11.2008 – C-324/07, Slg. 2008, I- 8457 Rn. 30 = ECLI:EU:C:2008:621 = NZBau 2009, 54 – Coditel Brabant.
⁶⁵ Zu dieser Einschätzung gelangte bereits 2010 KLPP/*Prieß* Rn. 110 f. Ebenfalls krit. wegen fehlender Einflussmöglichkeiten: *Berschin* in Baumeister RdÖPNV A1 Rn. 124. Entsprechende ÖPP-Vorhaben auf Grundlage dieser Klausel sind auch nicht bekannt geworden.
⁶⁶ Zur Frage ob Direktvergaben vor Inkrafttreten der VO Schaden – hier RATP: Vorlageverfahren EuGH C-322/18 Schiaffini Travel und Vorlageverfahren EuGH C-350/17 – Mobit.
⁶⁷ Auslegungsmitteilung PersonenverkehrsVO Nr. 2.3.1 iv). Dagegen sehen *Wittig/Schimanek* NZBau 2008, 222 (227); *Hölzl* → 1. Aufl. 2011, Rn. 44; KLPP/*Prieß* Rn. 118 diese Aufträge als unschädlich sein, da sie keine Personenverkehrsdienste iSd PersonenverkehrsVO sind.
⁶⁸ OLG Düsseldorf Beschl. v. 7.11.2012 – VII-Verg 11/12, ECLI:DE:OLGD:2012:1107.VII.VERG11.12.00 = NZBau 2013, 187, Rn. 24.
⁶⁹ VK Rheinland Beschl. v. 29.4.2016 – VK VOL 30/2015 und Beschl. v. 16.5.2017 – VK VOL 58/16, unter II.

sind abgehende Linien möglich. Dagegen ist eine Tätigkeit für weitere örtliche zuständige Behörden[70] nur im Rahmen einer Gruppe von Behörden möglich[71] (→ Rn. 45 ff.).

b) Abgehende Linien. Als Kompensation der Beschränkung auf das Gebiet der zuständigen Behörde erlaubt lit. b die Bedienung auf abgehenden Linien. Der Begriff „abgehend" legt fest, dass die Linien zum eigentlichen Betrauungsgebiet eine enge Verbindung haben müssen. Es können daher folgende **Kriterien** aufgestellt werden:

– Sie müssen Verbindung der Zuständigkeitsgebiete zu benachbarten zuständigen Behörden herstellen,
– Sie müssen für sich jeweils abgehend oder aufnehmend sein und ihr Schwerpunkt darf nicht überwiegend im fremden Zuständigkeitsgebiet liegen, sie müssen insoweit Hilfsfunktion zum eigentlichen Netz der zuständigen Behörde haben[72] und
– Sie dürfen nicht Hauptgegenstand sein gemessen nach Kilometern.[73]

c) Zurechnung anderer Einheiten. Mit der Erfassung aller Einheiten, auf die der Betreiber auch nur einen geringfügigen Einfluss hat, soll sicherstellen, dass das **gesamte Monopol erfasst** wird[74] und keine Umgehung durch Tochter- oder Schwesterfirmen erfolgt. Einen mehr als geringen Einfluss ist bereits bei wesentlicher Gesellschaftsbeteiligung ab 2,5 % Gesellschafteranteil[75] zu sehen. Ebenfalls schafft eine personelle Identität entsprechende Einflussmöglichkeiten,[76] wie überhaupt gemeinsame Leitungen[77] oder Konzernstrukturen letztlich als Gesamteinheit zu sehen sind.[78] Wie zuvor → Rn. 35 müssen auch Subunternehmerleistungen in das Tätigkeitsverbot miteinbezogen werden.[79]

d) Möglichkeiten der exterritorialen Tätigkeit. Maßgeblich ist nur tatsächliches Verhalten, eine Möglichkeit, tätig zu werden, reicht nicht.[80] Allerdings haben in Bezug Untervergabe die Gerichte dagegen gefordert, dass bereits vorab sichergestellt ist, dass dies gewährleistet ist.[81] Im Sinne der Rechtssicherheit ist zu fordern, dass die Einhaltung der Direktvergabekriterien von Anfang an und dauerhaft gewährleistet ist.

6. Selbstbringung. Gemäß lit. e muss der überwiegende Teil der Leistung selbst erbracht werden. Obwohl Erwägungsgrund 19 von Effizienzvorteilen bei der Nutzung von

---

[70] OLG Düsseldorf Vorlagebeschl. v. 3.5.2017, VII Verg 17/16 und 18/16, NZBau 2017, 756. Dagegen ausdrücklich nochmals VK Rheinland Beschl. v. 16.5.2017 – VK VOL 58/16, unter II. Letztlich bleibt unklar auf welcher Grundlage die Tätigkeit für weitere örtlich zuständige Behörden erfolgen soll.
[71] VK Rheinland Beschl. v. 16.5.2017 – VK VOL 58/16, unter II.; OLG Düsseldorf Vorlagebeschl. v. 3.5.2017 – VII Verg 51/16, NZBau 2017, 759 Rn. 13. Eine Tätigkeit für eine weitere örtlich zuständige Behörde im Rahmen einer Direktvergabe denkbar – so wohl VK Bremen Beschl. v. 30.9.2016 – 16 VK 5/16 unter II 2 d) – wird aber meist an der fehlenden Beherrschung scheitern. So auch im Fall der VK Bremen.
[72] Hierauf hebt Saxinger/Winnes/*Eichhorn* RdÖPV Art. 5 Abs. 2 Rn. 60 ab. Eine strikte Grenze von 10% dürfte aber zu weitgehend sein: VK Thüringen Beschl. 9.7.2018 – 250-4003-4018/2018-E-P-004/IK unter II 2 b) cc).
[73] Auslegungsmitteilung PersonenverkehrsVO Nr. 2.3.1 v). Diesen folgend VK Darmstadt Beschl v. 23.2.2017 – 69d VK 33/2016, VPRRS 2017, 0261, II 2.
[74] OLG Düsseldorf Beschl. v. 2.3.2011 – VII-Verg 48/10, NZBau 2011, 244 Rn. 115; *Knauff* DVBl. 2006. 339 (344); *Wittig/Schimanek* NZBau 2008, 222 (227); *Nettesheim* NVwZ 2009, 1449 (1452); *Schroeder* NVwZ 2010, 862 (865). Krit. *Schmitz/Winkelhüsener* EuWZ 2011, 52 (54).
[75] VK Rheinland Beschl- v. 16.5.2017, VK VOL 58/16, unter II.
[76] VK Darmstadt Beschl. v. 23.2.2017 – 69d VK 33/2016, VPRRS 2017, 0261, II 2; Ziekow/Völling/*Zuck*, 2. Aufl. 2014, Rn. 25.
[77] KLPP/*Prieß* Rn. 128. Von daher ist die a priori Nichterfassung von Schwesterunternehmen nicht zulässig, so aber: *Wittig/Schimanek* NZBau 2008, 222 (227). Umgekehrt ist aber deren Einbeziehung ohne jedweden Einfluss nicht möglich, da über den Wortlaut hinaus, so aber rechtspolitisch: Saxinger/Winnes/*Eichhorn* RdÖPV Art. 5 Abs. 2 Rn. 65 f.
[78] OLG Düsseldorf Beschl. v. 2.3.2011 – VII-Verg 48/10, NZBau 2011, 244 Rn. 112 ff.
[79] *Knauff* NVwZ 2012, 65 (70); Saxinger/Winnes/*Eichhorn* RdÖPV Art. 5 Abs. 2 Rn. 68; *Berschin* in Baumeister RdÖPNV A1 Rn. 128; aA *Wittig/Schimanek* NZBau 2008, 222 (227); *Heiß* VerwArch 2009, 113 (114); KLPP/*Prieß* Rn. 126.
[80] OLG München Beschl. v. 31.3.2016 – Verg 14/15, NZBau 2016, 583 Rn. 211 ff.
[81] OLG München Beschl. v. 22.6.2011 – Verg 6/11, NZBau 2011,701 Rn. 75. Dagegen großzügiger „keine Anhaltspunkte" OLG Rostock Beschl. v. 4.7.2012 – 17 Verg 3/12, BeckRS 2013, 01570 Rn. 81 ff.

Unterauftragnehmern spricht und dies auch als Wettbewerbsförderinstrument sieht, wird im Rahmen der Direktvergaben diese Option eingeschränkt. Dahinter steckt die Vorstellung, dass sich hinter kommunalen **Direktvergaben private Verkehrsunternehmen verstecken** könnten, die so ein Exklusivaufträge kommen und damit das Wettbewerbsprinzip aushebeln.[82] Auch gab es die Vorstellung „wenn schon Staat – dann richtig". Die VO spricht eindeutig von überwiegend, was 51 % bedeutet, wie die Kommission auf letztlich 2/3 kommt,[83] ist nicht nachvollziehbar.

41 Zur Berechnung der notwendigen Anteile werden vertreten:
– nach Wert der Leistung,[84]
– nach Platzkilometern der Leistung[85] oder
– nach Kilometern der Leistung.[86]

42 Insgesamt erscheint wegen der Objektivität des **km-Werts** und des Abstellens bei der Untervergabe auf dem Betrieb die km-Leistung am sachgerechtesten, da dies rechtssicher den Gegenwert der Leistungserbringung repräsentiert.

43 Wird dagegen in einer **Konzernstruktur** die Leistung weitergereicht und sind alle Ebenen wie eine eigene Dienststelle beherrscht, wird man von einer funktionalen Einheit des Betreibers ausgehen können, sodass hier eine Untervergabe und damit deren Beschränkung nicht einschlägig ist.[87] Dagegen ist Art. 4 Abs. 7 S. 3 mit den Regelung zu einer „Projektgesellschaft" nicht anwendbar, da Art. 5 Abs. 2 lit. e spezieller ist und hier das überwiegende Erbringen des Betriebs einfordert.[88]

44 **7. Maßgebliche Zeitpunkte.** Die Einhaltung der Direktvergabekriterien muss **ab Wirksamwerden des Auftrags** sichergestellt sein[89] und für Dauer aufrechterhalten werden. Allerdings muss erkennbar sein, dass die Voraussetzungen hergestellt und nicht nur behauptet werden, sofern zum Veröffentlichungszeitpunkt sie noch nicht vorliegend. Dagegen wurde gefordert, dass die Eigenerbringung von Anfang an sichergestellt sein muss, da sie „Verpflichtung" sei.[90] Allerdings gelten auch hierfür die allgemeinen Grundsätze, dass die Eigenerbringung für die Laufzeit sichergestellt und dies letztlich (nur hierfür) nachweisbar sein muss.

45 **8. Gruppe von Behörden.** Gruppen von Behörden sind in Art. 2 lit. m (→ Art. 2 Rn. 44) im Zusammenhang mit der Bereitstellung integrierter Dienste geregelt. Damit soll ausweislich Erwägungsgrund 18 S. 2 eine strenge Kontrolle der Eigenerbringung gesichert werden. Dies erfolgt zum einen über das Beherrschungskriterium, welches in Erwägungsgrund 18 nur mit der „erforderlichen Kontrolle" bezeichnet wird. Zweitens muss aber diese

---

[82] Es dürfen sich keine reine Regiegesellschaften bilden, die dann die Aufträge nur weiterreichen: OLG Düsseldorf Beschl. v. 2.3.2011 – VII-Verg 48/10, NZBau 2011, 244 Rn. 77; Saxinger/Winnes/*Eichhorn* RdÖPV Art. 5 Abs. 2 Rn. 71.
[83] Auslegungsmitteilung PersonenverkehrsVO Nr. 2.2.9; ihr folgend: VK Thüringen Beschl. v. 9.7.2018 – 250-4003-4018/2018-E-P-004/IK unter II 2 b) cc). Hiergegen auch Saxinger/Winnes/*Eichhorn* RdÖPV Art. 5 Abs. 2 Rn. 77 und *Bundschuh/Jürschik* DER NAHVERKEHR 9/2014, 48.
[84] Auslegungsmitteilung PersonenverkehrsVO Nr. 2.2.9; *Linke* NZBau 2012, 338; KLPP/*Prieß* Art. 4 Rn. 92; *Hölzl* → 1. Aufl. 2011, Art. 4 Rn. 42; Ziekow/Völlink/*Zuck* 2. Aufl. 2014, Rn. 28.
[85] OLG Düsseldorf Beschl. v. 2.3.2011 – VII-Verg 48/10, NZBau 2011, 244 Rn. 118.
[86] Saxinger/Winnes/*Saxinger* RdÖPV Art. 4 Abs. 7 Rn. 41 und Saxinger/Winnes/*Eichhorn* RdÖPV Art. 5 Abs. 2 Rn. 75.
[87] OLG Düsseldorf Vorlagebeschluss v. 3.5.2017 – VII Verg 51/16, NZBau 2017, 759 Rn. 14; *Karl/Wirths* Verkehr und Technik 2015, 59 ff.; Saxinger/Winnes/*Saxinger* RdÖPV Art. 4 Abs. 7 Rn. 28 ff. Allerdings wird man die Einbeziehung in einen Konzern bezweifeln müssen, wenn nur 25% der Geschäftsanteile gehalten werden. Eine wirkliche Beherrschung wird so nicht möglich sein. S. dazu Vorlagebeschl. OLG Düsseldorf v. 7.3.2018 – Verg. 26/17 Rn. 24 f., ECLI:DE:OLGD:2018:0307:VERG26.17.OU = NZBau 2018, 425.
[88] VK Rheinland Beschl. v. 19.9.2017 – VK VOL 12/17, III; aA *Hölzl* → 1. Aufl. 2011, Rn. 57.
[89] OLG Düsseldorf Vorlagebeschluss v. 3.5.2017 – VII Verg 51/16, NZBau 2017, 759 Rn. 15; VK Rheinland Beschl. v. 6.5.2017 – VK VOL 58/16, unter II. und Beschl. v. 19.9.2017 – VK VOL 12/17, unter III.; VK Thüringen Beschl. v. 9.7.2018 – 250-4003-4018/2018-E-P-004/IK unter II 2 b) cc); aA OLG Frankfurt a. M. Beschl. v. 10.11.2015 – 11 Verg 8/15, ECLI:DE:OLGHE:2015:1110.11VERG8.15.0A und ihm folgend VK Darmstadt Beschl. v. 23.2.2017 – 69d VK 33/2016, VPRRS 2017, 0261, unter II 1 b) und II 2.
[90] OLG München Beschl. v. 22.6.2011 – Verg 6/11, NZBau 2011,701 Rn. 72 ff.; OLG Rostock Beschl. v. 4.7.2012 – 17 Verg 3/12, BeckRS 2013, 01570.

Gruppe tatsächlich einen inhaltlichen Zusammenhalt aufweisen, welcher mit dem Erbringen von integrierten Verkehrsdiensten beschrieben wird. Im Schienenpersonenverkehr greift dabei die Ergänzung des neuen UAbs. 2, der verhindern soll, dass großräumig Gruppen von Behörden gebildet werden (→ GWB § 131 Rn. 19 f.). In Deutschland wird man die im Rahmen eines **Verkehrsverbundes** liegenden zuständigen Behörden jeweils als gruppenbildungsfähig ansehen können.[91]

Die entscheidende Herausforderung ist aber hierbei die Anforderung aus Art. 2 lit. j **46** (→ Art. 2 Rn. 44 f.). Dieser erfordert, dass **mindestens eine Behörde über eine Kontrolle** verfügt wie über eine eigene Dienststelle. Dieser sehr klare Sachverhalt wird allerdings in der Rechtspraxis einem kaum zu durchschauenden Dickicht an verschleierter Beherrschung zugeführt, wie die Kommentierungen,[92] aber auch die zweite Vorlagefrage des OLG Düsseldorf[93] illustriert. Im Kern ermöglicht das Gebilde von Gruppen von Behörden, dass unabhängig von abgehenden Linien eine zuständige Behörde die weiteren Mitglieder dieser Gruppe mitbedienen kann. Damit wird letztlich der aus der Stadtreinigung Hamburg-Entscheidung[94] bekannte Rechtsgrundsatz auch in der PersonenverkehrsVO ausgestaltet, die kommunale Zusammenarbeit außerhalb des Vergaberechts durch Zurverfügungstellung der von einem Partner beherrschten Inhousekapazität an weitere Partner zur Wahrnehmung von Aufgaben im Rahmen der Dienstleistungen von allgemeinem wirtschaftlichem Interesses. Daher ist entscheidendes Kriterium einer Gruppe von Behörde, dass **eine zuständige Behörde eine Kontrolle** wie über eine eigene Dienststelle ausübt und diese **Kontrolle im Rahmen der interkommunalen Zusammenarbeit** auch im Interesse der weiteren Partner **zur Verfügung stellt**. Dies schließt nicht aus, dass weitere Mitglieder der Gruppe von Behörden ebenfalls dieselben Steuerungsbefugnisse aufweist. Jedoch erscheint ausgeschlossen, dass ein Zweckverbandsmitglied über einen Zweckverband den weiteren zuständigen Behörden seine entsprechende Kontrolle mit zur Verfügung stellt.[95] Meist wird es daher so sein, dass unter den Deckmantel der gemeinschaftlichen Kontrolle gar keine Kontrolle ausgeübt wird.[96] Vielmehr wird den Betreiber ermöglicht, die einzelnen Mitglieder der Gruppe gegeneinander auszuspielen. Gerade fehlende Mehrheiten in Aufsichtsgremien und entsprechende Uneinigkeiten sind üblicherweise die Sternstunde der Geschäftsführungen.

Dagegen kann aus dem Gebilde der Gruppe von Behörden und ihre inhaltliche Begren- **47** zung auf Verkehrsverbünde nicht gefolgert werden, dass die zuständigen Behörden und die **Betreiber in einen einzigen öffentlichen Dienstleistungsauftrag zusammengeführt** werden sollten und dieser sich verkehrstechnisch, geografisch und tariflich mit diesen decken sollte.[97] Es bleibt den zuständigen Behörden unbenommen, sowohl selber direkt zu vergeben als auch über Gruppen von Behörden. Auch können mehrere öffentliche Dienstleistungsaufträge an denselben Betreiber gegeben werden, wenn sie klar voneinander abgrenzbar sind und jeweils einen transparenten Ausgleichsmechanismus haben.

V. Kleinaufträge (Abs. 4)

1. Im Busverkehr. Die Direktvergabe für Kleinaufträge ist als wettbewerbspolitisches **48** Instrument zur Förderung von **Klein- und Mittelunternehmen** gedacht und ist ihrer

---

[91] VK Bremen Besch. v. 30.9.2016 – 16 VK 5/16 unter II 2 b); Saxinger/Winnes/*Eichhorn* RdÖPV Art. 5 Abs. 2 Rn. 35; KLPP/*Kaufmann* Art. 2 Rn. 64.
[92] Saxinger/Winnes/*Eichhorn* RdÖPV Art. 5 Abs. 2 Rn. 34 ff.; *Berschin* in Baumeister RdÖPNV A1 Rn. 126.
[93] OLG Düsseldorf Vorlagebeschluss v. 3.5.2017 – VII Verg 51/16, NZBau 2017, 759 Rn. 13.
[94] EuGH Urt. v. 9.6.2009 – C-480/06, Slg. 2009, I-4747 Rn. 37 ff. = ECLI:EU:C:2009:357 = NVwZ 2009, 898 – Kom./Deutschland.
[95] So aber VK Bremen Beschl. v. 30.9.2016, 16 VK 4/16 und 5/16.
[96] *Berschin* in Baumeister RdÖPNV A1 Rn. 126.
[97] So aber Auslegungsmitteilung PersonenverkehrsVO Nr. 2.3.1 und VK Rheinland Beschl. v. 16.5.2017 – VK VOL 58/16, II. Hierauf rekurriert auch die Vorlagefrage 2 des OLG Düsseldorf Vorlagebeschl. v. 3.5.2017 – VII Verg 51/16, NZBau 2017, 759 Rn. 13. Krit. Saxinger/Winnes/*Eichhorn* RdÖPV Art. 5 Abs. 2 Rn. 36a.

Entstehungsgeschichte eng an die Privilegien für den internen Betreiber gekoppelt.[98] Auch waren die Kleinaufträge als Korrelat zu den **vergaberechtlichen Schwellenwerten** konzipiert, da nicht jeder kleiner Auftrag einen Binnenmarktbezug aufweist. Nachdem aber die Schwellenwerte zwanzigmal so hoch sind, ist dieses Motiv weitgehend in den Hintergrund getreten. Der jährliche Wert von 1 Mio. EUR respektive 300.000 km ist bereits ein Vielfaches des vergaberechtlichen Schwellenwertes von 209.000 EUR, wobei Letzterer für die Gesamtlaufzeit oder bei Fehlen einer Laufzeit auf vier Jahre gilt (§ 3 Abs. 3 und 11 VgV), im Ergebnis nur 52.000 EUR pro Jahr.

49 Wie bei allen Grenzwerten gilt auch hier das **Verbot der künstlichen Aufspaltung.** Dies betont Erwägungsgrund 23. So wird man diese zB in einer Aufteilung innerhalb eines festgelegten Linienbündels nach § 13 Abs. 2 Nr. 3 lit. d PBefG oder einer festgelegten Gesamtleistung nach § 8a Abs. 2 S. PBefG sehen müssen.[99] Eine teilweise Vergabe innerhalb eines festgelegten Bündels wird allenfalls dann gerechtfertigt sein, um dieses Bündel herzustellen und für die Übergangslaufzeit die Genehmigungslaufzeiten zu harmonisieren.[100] Es trifft zwar zu, dass das Vergaberecht eine Aufteilung in Lose fordert und daher zB eine zeitliche Unterteilung der Leistungserbringung denkbar ist, jedoch lässt gerade eine zeitliche Unterteilung auf hohe Unwirtschaftlichkeit dieser Aufteilung schließen und es spricht vieles dafür, dass diese Aufteilung nur zum Zwecke der Umgehung der vergaberechtlichen Schwellenwerte geschaffen wurde.[101]

50 Voraussetzung für die Anwendung des Absatzes ist das Vorliegen einer **Dienstleistungskonzession** oder Unterschwellenwertvergabe wegen Nichterreichen der kartellvergaberechtlichen Schwellenwerte. Wie in → Rn. 6 f. ausgeführt, ist diese nur schwer zu realisieren. Vor allem wird bei Kleinaufträgen meist das bearbeitete Gebiet so klein und die Abhängigkeiten von anderen Verkehren und von der Einbindung in den Verbund so groß sein, dass es hier besonders schwierig sein wird, die Voraussetzungen der Dienstleistungskonzession zu realisieren. Unabhängig davon muss eine umfassende Vorabschätzung zur Dienstleistungskonzession vorliegen und dies entsprechend dokumentiert sein. Es reicht nicht, wenn die Vertragsparteien verabreden, „die Kriterien der Dienstleistungskonzession einzuhalten", ohne irgendwelche Berechnung zu Kosten, Erlöse und Risiken zu haben.[102]

51 Weiterhin ist zu beachten, dass vergleichbar der Situation beim internen Betreiber (→ Rn. 25 ff.) zusätzliche **nationalrechtliche Schranken gelten,** die ebenfalls die Direktvergabe untersagen. In der Regel wird das **Gleichbehandlungsgebot**[103] nach Art. 3 Abs. 1 GG iVm 12 Abs. 1 GG[104] bereits einer Direktvergabe entgegenstehen. Denn auch hier

---

[98] S. hierzu *Berschin* in Baumeister RdÖPNV A1 Rn. 110; Saxinger/Winnes/*Saxinger* RdÖPV Art. 5 Abs. 4 Rn. 2 ff.

[99] Saxinger/Winnes/*Saxinger* RdÖPV Art. 5 Abs. 4 Rn. 21 stellt auf den Produktionsverbund des Verkehrsunternehmens ab.

[100] OLG Bremen Beschl. v. 4.7.2014 – 2 Verg 1/14, unter II 1 b) (2).

[101] Insoweit ist VK Rheinland-Pfalz Beschl. v. 17.11.2014 – VK 1-28/14, BeckRS 2015, 15351, unter II 1.2 unzutreffend. Der dortige Stadtverkehr wird als ein Bündel planerisch gesehen und es gibt keine Hinweise, dass die Leistung planerisch in verschiedene Bausteine aufgeteilt sein soll. Im Gegenteil, der Verdacht des künstlichen Aufsplittens ist wegen der anderweitig überschrittenen Grenzwerte nicht von der Hand zu weisen. Die vorgesehenen km-Werte für den Schwachverkehr lagen nur knapp unter der zulässigen Grenze.

[102] OLG Frankfurt a. M. Beschl. v. 10.11.2015 – 11 Verg 8/15, ECLI:DE:OLGHE:2015: 1110.11VERG8.15.0A = BeckRS 2016, 04261 unter II.1a); VK Rheinland-Pfalz Beschl. v. 17.11.2014 – VK 1-28/14, BeckRS 2015, 15351, unter II 1.3. Dagegen hat sich OLG Bremen Beschl. v. 4.7.2014 – 2 Verg 1/14, unter II 2 a) vollständig auf das beabsichtigte Ziel, eine Dienstleistungskonzession zu vereinbaren, verlassen.

[103] Dieses sehen für die zu treffende Auswahlentscheidung als zentral an: *Wachinger*, IR 2007, 265 (267); *Linke* Verkehr und Technik 2012, 223 (226); Saxinger/Winnes/*Saxinger* RdÖPV Art. 5 Abs. 4 Rn. 32. Lediglich einen „sachlichen Grund" wie eine einheitliche Betriebsleitung im Lichte Art. 3 GG fordert Ziekow/Völlink/*Zuck*, 2. Aufl. 2014, Rn. 32 f.; aA *Nettesheim* NVwZ 2009, 1449 (1452); KLPP/*Prieß* Rn. 194 und *Hölzl* → 1. Aufl. 2011, Rn. 83, die jeweils auf ein freies, ungebundenes Ermessen abstellen und insoweit die Ungleichbehandlung nicht weiter thematisieren.

[104] Die exklusive Förderung von Sozialstationen verstieß gegen Art. 12 Abs. 1 GG, da den Anbietern keine weiteren Betätigungsfelder verblieben: BVerwG Urt. v. 13.5.2004 – 3 C 45.03 bzw. 3 C 2.04, BVerwGE 121, 23 = ECLI:DE:BVerwG:2004:130504U3C45.03.0 = NJW 2004, 3134 unter 3.2. Zur Krankenhausfinanzierung: BVerfGE 82, 209 (223); BVerfG Beschl. v. 14.1.2004 – 1 BvR 506/03, NVwZ 2004, 718 Rn. 22 ff.

erfolgt ein zielgerichteter Eingriff in die **Berufswahlfreiheit** der Verkehrsunternehmen.[105] Zudem ist schlechterdings kaum begründbar, warum der eine private Betreiber einen öffentlichen Auftrag exklusiv erhält, dem anderen Betreiber dieser verwehrt wird. In die gleiche Richtung wirkt das **kommunale Haushaltrecht** nach § 31 GemHVO, der für alle öffentlichen Aufträge – auch bei Dienstleistungskonzessionen und auch bei Nichterreichen des Schwellenwertes – mindestens eine freihändige Vergabe mit drei Vergleichsangeboten erfordert, es sei denn es liegen ganz besondere Umstände vor.[106]

Das Bestehen einer **Liniengenehmigung** nach PBefG rechtfertigt diese Ungleichbehandlung nicht, da sie allenfalls zur Ausgestaltung nach § 13 Abs. 2 Nr. 3 lit. c PBefG ohne Finanzierungsbedarf berechtigt, aber nicht ein Vorrecht auf öffentliche Zuschüsse schafft. Zudem darf das Ausgestaltungsrecht nicht so ausgelegt werden, dass es den Marktzugang beschränkt und somit der Liniengenehmigung eine ausschließende Funktion zukommen lässt (→ Art. 2 Rn. 30 f.). Der Umstand, dass ein vorhandener Betreiber die **Zusatzdienste kostengünstiger** erbringen könne, **rechtfertigt keine Direktvergabe**, da es genau Aufgabe eines Wettbewerbs ist, herauszufinden, ob diese Vermutung überhaupt zutrifft. Gleichermaßen können etwaige entstehende **Schwierigkeiten** wegen einer erforderlichen **Einnahmenaufteilung** nicht als Rechtfertigung dienen, da sich nach den Anforderungen des PersonenverkehrsVO der kommerzielle Linienverkehr in Deutschland in einem freien deregulierten Markt befinden muss und daher die Vorstellungen zur „Linienbedienung aus einer Hand" mit der PersonenverkehrsVO nicht vereinbar sind. Aus Rechtsgründen muss eine Einnahmeaufteilung zwischen einzelnen Fahrten bei Vorgabe von Verbundtarifen implementiert sein. Entsprechend ist auch der Verwaltungsaufwand für ein Vergabeverfahren kein Rechtfertigungsgrund, da dieser bereits in den Schwellenwerten der Erlasse zu § 31 GemHVO bereits berücksichtigt sind. Daher kommt ein Absehen von Vergleichsangeboten in der Regel nicht in Betracht. **52**

Eine **Rechtfertigung** der Ungleichbehandlung kann in Betracht kommen, wenn nur ein Anbieter über entsprechende Technologien oder zB erforderliche Überfahrrechte verfügt. Ein weiterer Grund wird in wettbewerbspolitischen Maßnahmen[107] zu sehen sein, wenn vor Ort konkret eine Anbieterarmut droht und daher die Auswahlfreiheit der zuständigen Behörden gefährdet dies. Allerdings ist auch hier vorrangig das Instrument der Loslimitierung einzusetzen und erst als ultima ratio die Direktvergabe. **53**

Für **Kleinunternehmen** mit der Grenze von 23 Fahrzeugen für den Betrieb sieht Art. 5 Abs. 4 eine **doppelte Wertgrenze** vor. Dabei handelt es sich um eine eigenständige und auch abschließende Regelungen,[108] sodass der Begriff „KMU" (= Klein- und Mittelunternehmen) irreführend ist. Aus der Bezugnahme auf den Betrieb folgt, dass dies im Sinne der Rechtssicherheit diese Anzahl aus der für den Fahrplan erforderlichen Anzahl von Fahrzeugen (Bus, **54**

---

und BVerfG Beschl. v. 4.3.2004 – 1 BvR 88/00, NJW 2004, 1648 Rn. 31. ff. Auf den reellen Anspruch auf Förderung hebt BGH Urt. v. 16.3.2014 – 1 ZR 263/14, NJW 2016, 3176 Rn. 66 – Kreisklinik Calw ab. Insgesamt dazu für den Nahverkehr: Heinze/Fehling/Fiedler/*Heinze* PBefG Vorbem. II Rn. 14 ff.

[105] Dagegen wird vertreten, dass aufgrund der Vorinformation jeder Interessent ein Angebot abgeben könne und deswegen eine Schutzbereichsberührung von Art. 12 Abs. 1 GG nicht vorliegt: Saxinger/Winnes/*Saxinger* RdÖPV Art. 5 Abs. 4 Rn. 34 überzeugt nicht. Denn in der Vorinformation wird nicht zum Wettbewerb aufgerufen, sondern die Direktvergabeabsicht bekanntgegeben.

[106] Im Erlass Az. IIE2-3621.4-1-1 v. 16.2.2017 der obersten Baubehörde Bayern heißt es: „ Eine direkte Vergabe unterhalb der Schwellenwerte des Art. 5 Abs. 4 PersverkVOwird jedoch durch nationales Recht untersagt. Die Landkreis und kreisfreien Gemeinden müssen bei Vergabe von öffentlichen Dienstleistungsaufträgen des ÖPNV auf der Straße die Vorschriften des bayerischen Haushaltsrechts beachten Nach § 31 Abs. 1 KommHV-Kameralistik bzw. § 30 Abs. 1 KommHV-Doppik muss die Vergabe von Aufträgen eine öffentliche Ausschreibung vorausgehen, sofern nicht die Natur des Geschäfts oder besondere Umstände eine beschränkte Ausschreibung oder freihändige Vergabe rechtfertigen. [Es] müssen ferner bei der Vergabe von Aufträgen und den Abschluss von Verträgen die Vergabegrundsätze angewendet werden".

[107] Zur möglichen Marktpflege *Berschin* in Baumeister RdÖPNV A1 Rn. 130 aufgr. Erwägungsgrund 23.

[108] *Winnes* VergabeR 2009, 712 (717); *Knauff* NZBau 2012, 65 (71); *Linke* Verkehr und Technik 2012, 32 (35); KLPP/*Prieß* Rn. 190; Saxinger/Winnes/*Saxinger* RdÖPV Art. 5 Abs. 4 Rn. 14. Der Verweis von *Heiß* VerwArch 2009, 113 (132) auf die KMU-Mitteilung ist dagegen unzutreffend.

PKW) generiert wird[109] und variable Fahrzeugzahlen wie Werkstattwagen, Einsatzleiterwagen, Reservewagen unberücksichtigt sein müssen. Da es sich hier um eine Ausnahmevorschrift handelt, muss diese eng ausgelegt werden. Daher sind Tochterunternehmen[110] oder Gemeinschaftsunternehmen,[111] die vor allem zum Zwecke der Einhaltung dieser Grenze gegründet werden, nicht privilegiert. Vielmehr ist hier auf die jeweiligen Mütter abzustellen.

55 **2. Im Schienenpersonenverkehr.** Im Schienenpersonenverkehr gelten als **Grenzwerte 500.000 km** oder ein Auftragswert von 7,5 Mio. EUR pro Jahr. Eine Sonderregelung für kleine Eisenbahnunternehmen gibt es nicht.[112] Dieser Schwellenwert der möglichen Direktvergabe hatte früher eine gewisse Entsprechung in § 4 Abs. 3 Nr. 1 VgV 2003, die eine Direktvergabe von einzelnen Linien bis zu drei Jahre vorsah. Diese ist zum 18.4.2016 ausgelaufen. Zudem schreibt § 97 Abs. 1 GWB, der auch für Eisenbahnkonzessionen in Deutschland uneingeschränkt gilt (→ Rn. 16 f.), den Wettbewerbsgrundsatz im **Eisenbahnbereich** sowohl für Dienstleistungsaufträge, aber auch für Dienstleistungskonzessionen vor, sodass Art. 5 Abs. 3 im Eisenbahnverkehr **nicht (mehr) anwendbar** ist.

VI. Gesonderte Direktvergabeoptionen im Schienenpersonenverkehr

56 **1. Anwendbarkeit nach nationalem Recht.** Neben der zuvor in → Rn. 48 ff. geschilderten Direktvergabeoption für Kleinaufträge sieht die PersonenverkehrsVO im Zuge des vierten Eisenbahnpakets und der Öffnung der nationalen Schienenpersonenverkehrsmärkte **Direktvergabeoptionen für komplexe Netze** (Abs. 4a) und für **integrierter Betreiber** (Abs. 4b) im Schienenpersonenverkehr vor. Diese **Optionen sind in Deutschland nicht anwendbar,** da für Dienstleistungsaufträge § 131 Abs. 1 S. 2 GWB nun ausnahmslos wettbewerbliche Vergaben vorgesehen sind (→ GWB § 131 Rn. 7 f.). Auch die Option der Übergangsverträge nach § 4 Abs. 3 Nr. 2 VgV 2002 ist zum 18.4.2016 ausgelaufen, dies war noch am ehesten mit dem Modell der Übergangsverträge nach Art. 5 Abs. 3a vergleichbar (→ GWB § 131 Rn. 24). Genauso gilt bei Dienstleistungskonzessionen nun ausnahmslos der Wettbewerbsgrundsatz nach § 97 Abs. 1 GWB und die entsprechenden Anforderungen für ein offenes Verfahren. Zwar nimmt § 154 Nr. 3 GWB nur § 131 Abs. 2 und 3 GWB in Bezug und lässt die Vorschriften zur Verfahrensart nach § 131 Abs. 1 GWB außen vor, jedoch gilt aufgrund der fehlenden Ausnahmenorm zugunsten von Eisenbahnverkehren im Bereich der Dienstleistungskonzessionen das GWB-Konzessionsvergaberecht uneingeschränkt. Die einzige Öffnung ist die Bezugnahme auf § 131 Abs. 2 GWB mit der dort geregelten Direktvergabe an einen internen Betreiber nach Art. 5 Abs. 2.

57 **2. Komplexität und Abgeschiedenheit (Abs. 4a).** Für jeweils maximal zehn Jahre nach Art. 5 Abs. 4b UAbs. 2 sollen Direktvergaben für komplexe oder abgeschiedene Netze möglich sein. Der Art. 5 Abs. 4a ist dabei eine Ansammlung unbestimmter Rechtsbegriffe und Ausdruck eines **politischen Kompromisses für eine abgefederte Marktöffnung.** Verfahrenstechnisch ist von Bedeutung, dass die Kommission informiert werden muss und daher auch eine gewisse Überwachungsfunktion vornimmt. Andererseits unterfallen diesem Absatz ohne nähere Prüfung der Komplexität nach lit. a alle kleinen Mitgliedstaaten bis 23 Mio. Zugkilometer, was als „Lex Luxemburg und Nordirland" subsumiert werden kann. Gleichwohl sind auch diese nicht von lit. b zur Verbesserung von Qualität und/oder Kosten-

---

[109] *Knauff* NZBau 2012, 65 (71); *Linke* Verkehr und Technik 2012, 223 (225); aA Ziekow/Völlink/*Zuck*, 2. Aufl. 2014, Rn. 35.
[110] Saxinger/Winnes/*Saxinger* RdÖPV Art. 5 Abs. 4 Rn. 19; tendenziell auch *Knauff* NZBau 2012, 65 (71). Dagegen rein formal *Winnes* VergabeR 2009, 712 (717) und KLPP/*Prieß* Rn. 190.
[111] So auch OLG Frankfurt a. M. Bschl. V. 10.11.2015 – 11 Verg 8/15, ECLI:DE:OLGHE:2015:1110.11VERG8.15.0A = BeckRS 2016, 04261 unter II 1 a) bb).
[112] Zwar wären Fahrzeuge auch Eisenbahnfahrzeuge, s. zB KLPP/*Prieß* Rn. 190; Saxinger/Winnes/*Saxinger* RdÖPV Art. 5 Abs. 4 Rn. 14; *Hölzl* → 1. Aufl. 2011, Rn. 80, jedoch ist spätestens mit der Änderung und den für den Schienenpersonenverkehr angepassten Schwellenwerten klar, dass die erhöhten Schwellenwerte nicht im Schienenpersonenverkehr gelten sollen.

effizienz befreit. Bemerkenswert ist schließlich die Forderung nach „**wirksamen und abschreckenden Vertragsstrafen**". Zum einen sollte die Qualitätssteuerung schon aus der Aufstellung von Nichtleistungen und Minderungen funktionieren, zum anderen sollen Vertragsstrafen die Erfüllung des Vertrags fordern, sind also durchaus abschreckend und wirksam. Aber sie sollten gleichzeitig nur sparsam eingesetzt werden, dort wo sie unbedingt notwendig sind. Auch das jederzeitige Kündigungsrecht wegen unzureichender Performance ist außergewöhnlich. Insofern wird hieraus deutlich, dass der Gesetzgeber den Anwendern dieses Absatzes offenbar wenig zutraut.

3. Integrierter Betreiber (Abs. 4b). Die ebenfalls in Deutschland nicht anwendbare 58 Ausnahme des integrierten Betreibers zielt auf nicht zu öffnende Netze nach Art. 2 Abs. 3 lit. a und b EisenbahnRL. Dies könnte vor allem für geschlossene S-Bahn-Systeme wie die Gleichstrom S-Bahn Hamburg oder Berlin oder auch Schmalspurbahnen infrage kommen. Jedoch hat Deutschland von den Nichtöffnungsoptionen in § 2 EregG (Eisenbahnregulierungsgesetz) keinen Gebrauch gemacht.

4. Loslimitierung (Abs. 6a). Abs. 6a erwähnt die **Loslimitierung** für den Schienen- 59 personenverkehr. Allerdings ist dieses Instrument auch ohne Erwähnung in der PersonenverkehrsVO grundsätzlich zulässig, wenn die wettbewerblichen Intentionen gewahrt werden (→ GWR § 97 Rn. 248).[113] § 30 Abs. 1 VgV hat inzwischen die Loslimitierung konkret ausgestaltet.

VII. Not- und Überbrückungsvergaben

1. Notsituation (Abs. 5). Bei drohender Unterbrechung gestattet Art. 5 Abs. 5 Notver- 60 gaben bis zu 24 Monate. Auch wenn sachlich nur für Dienstleistungskonzessionen und für den Schienenpersonenverkehr[114] anwendbar, illustriert Abs. 5 einen **tragenden Grundsatz der Vergaben** im öffentlichen Verkehr, nämlich **Gewährleistung der Kontinuität.** Daher sind Notvergaben immer zulässig, wenn eine **Unterbrechung** des Verkehrsdienstes droht. Dabei ist anders als im Vergaberecht, wo verschuldete Verzögerungen keine Dringlichkeit begründen (→ VgV § 14 Rn. 97, 104), die Unterbrechung ein ausreichender Grund. **Auf die Ursache** der Verzögerungen eines rechtzeitigen Vergabeverfahrens **kommt es nicht an.**[115] Diese Wertentscheidung des Gemeinschaftsgesetzgebers muss auch auf das Vergaberecht ausstrahlen.[116]

Neben der Unterbrechung eines bereits betriebenen Verkehrsdienstes genügt auch ein 61 **dringendes Verkehrsbedürfnis.** Denn hier droht zumindest in Bezug auf den gewünschten Verkehr eine entsprechende Lücke, was einer Unterbrechung gleichkommt. Allerdings wird man hier zur Vermeidung von Missbräuchen fordern, dass diese Dringlichkeit tatsächlich unverschuldet ist, dh der **Bedarf nicht voraussehbar** war.

Zur **Begrenzung der Wettbewerbsauswirkungen** ist die Notvergabe **auf längsten** 62 **24 Monate** begrenzt. Der zulässige Zeitbedarf ergibt sich letztlich aus dem erforderlichen Zeitbedarf für ein Vergabeverfahren, wobei dieses allein durch eine etwaige Ankündigungsfrist nach Art. 7 Abs. 2 (= Zwölfmonatsfrist und § 8a Abs. 2 PBefG) schnell die vollen zwei Jahre ausschöpft. Kann das Verfahren nicht in dieser Zeit abgeschlossen werden, so ist auch

---

[113] Zu einem Fall aus der Schülerbeförderung: OLG Karlsruhe Beschl. v. 25.7.2014 – 15 Verg 4/14, ZfBR 2015 395 Rn. 49.
[114] OLG Düsseldorf Beschl. v. 23.12.2015 – VII-Verg 34/15, BeckRS 2016, 02949; aufgrund § 131 Abs. 2 S. 2 GWB ist Art. 5 Abs. 5 ausdrücklich auch im Schienenpersonennahverkehr anwendbar; → GWB § 131 Rn. 27.
[115] AllgM: *Hölz* → 1. Aufl. 2011, Rn. 92; KLPP/*Prieß* Rn. 216; Saxinger/Winnes/*Saxinger* RdÖPV Art. 5 Abs. 5 Rn. 8; *Berschin* in Baumeister: RdÖPNV A1 Rn. 134; Ziekow/Völlink/*Zuck*, 2. Aufl. 2014, Rn. 37.
[116] Zu einem Fall der freigestellten Schülerbeförderung „Keine Unterbrechung" als zwingender Grund: VK Baden-Württemberg Beschl. v. 17.7.2014 – 1 VK 30/14, VPRRS 2014, 0557 Rn. 39. In diesem Duktus für einen Sektorenauftraggeber OLG Frankfurt a. M. Beschl. v. 30.1.2014 – 11 Verg 15/13, NZBau 2014, 386, C 1 c).

eine erneute Notvergabe möglich, dies wird vor allem bei komplexeren Verfahren mit entsprechendem Vorlauf vorkommen.[117]

63 Art. 5 Abs. 5 erwähnt nur an dieser Stelle auch die **Auferlegung,** die aus der VorgängerVO (EWG) Nr. 1191/69 bekannt ist. Eine hoheitliche Auferlegung ist eine Möglichkeit der Notmaßnahme neben Direktvergabe im Verhandlungswege. S. 3 betont das Widerspruchsrecht eines Betreibers gegen eine Auflage, enthält aber sonst keine weiteren Voraussetzungen. Das PBefG kennt in § 21 Abs. 3 PBefG die Auferlegung. Diese ist aber auf Erweiterung oder Änderung eines bestehenden Betriebs berichtet. Damit knüpft dies an die Genehmigungslaufzeiten an. Eine Verpflichtung über die Genehmigungslaufzeit hinaus zu fahren, kann hieraus nicht abgeleitet werden.[118] Im Eisenbahnbereich gibt es dagegen gar keinen Anknüpfungspunkt für Auferlegung mehr.

64 **2. Übergangsvergaben im Schienenpersonenverkehr (Abs. 3a).** Der aufgrund der Vorgaben zum Kartellvergaberecht und Dienstleistungskonzessionen im GWB in Deutschland nicht anwendbare (→ GWB § 131 Rn. 7 f.) Art. 5 Abs. 3a erlaubt die **einmalige Direktvergabe** auf maximal fünf Jahre, um einerseits **Netze zu harmonisieren,** damit sie ausschreibungsfähig werden, zum anderen der **Wettbewerblich nicht genug Angebote** erwarten lässt. Auch hier ist die Kommission zu unterrichten und kann die korrekte Anwendung dieses Absatzes überprüfen.

VIII. Wesentliche Änderung während der Laufzeit

65 Zwar enthält die PersonenverkehrsVO, insbesondere hier auch der Art. 5, keine Vorgaben zur Vergabepflicht bei **wesentlichen Änderungen** während der Laufzeit, jedoch wird man hier die im allgemeinen Vergaberecht entwickelten Grundsätze[119] (→ GWB § 132 Rn. 4 ff.) gleichermaßen anwenden können; für den Bereich der Eisenbahnen schreibt § 154 Nr. 3 lit. b GWB sogar ausdrücklich die Anwendung vor (→ GWB § 154 Rn. 28 ff.). Denn hier geht es um die Frage, wann die Pflicht zur Eröffnung des Wettbewerbs greifen soll, weil die ursprünglichen Bedingungen nicht mehr gelten. Diese Überlegungen gelten **auch für Direktvergaben,** da Direktvergaben zumindest in einen potenziellen Wettbewerb zu Initiativangeboten stehen und auch hier die Schutzfunktion eines neuen Verfahrens mit Aufstellen der Gründe für eine Direktvergabe und entsprechender Überprüfungsmöglichkeit gegeben sein muss. Dagegen fordert die VK Saarland eine Änderung im „großen Umfang", im Beschluss selbst ist aber wegen Schwärzung nicht nachvollziehbar was (k)ein großer Umfang ist, zumal der Antragsteller dort behauptet, dass der Auftrag bei dem nun reduzierten Volumen für ihm von besonderem Interesse ist.[120] Dies kann nicht überzeugen, da inzwischen § 132 GWB eine maßgebliche Trennlinie zwischen Vertragsänderung und Vertragsfortschreibung aufzeigt und die unionsrechtlichen Rechtsgrundsätze kodifiziert. Auch nicht überzeugend ist das Argument der VK Saarland, dass vorangegangene Reduzierungen bereits bestandskräftig und daher nicht mehr zu betrachten seien.[121] Das Gegenteil ist der Fall. Das

---

[117] *Nettesheim* NVwZ 2009, 1449 (1452); *Berschin* in Baumeister RdÖPNV A1 Rn. 134. Krit. *Knauff* NZBau 2012, 65 (71).
[118] Saxinger/Winnes/*Saxinger* RdÖPV Art. 5 Abs. 4 Rn. 16 sieht dagegen in § 8a Abs. 1 S. 2 PBefG hinreichende Eingriffsgrundlage. Da aber dort weder Art, Zweck noch Umfang genannt sind, ist dies zu unbestimmt. KLPP/*Prieß* Rn. 218 und *Hölzl* → 1. Aufl. 2011, Rn. 90 scheinen ebenfalls von einer Auferlegungsmöglichkeit unter einem strengen Verhältnismäßigkeitsgrundsatz auszugehen, klären aber die Eingriffsgrundlage nicht auf.
[119] S. vor allem zu Dienstleistungskonzessionen EuGH Urt. v. 13.4.2010 – C-91/08, ECLI:EU:C:2010: 182, Rn. 37 f. = NZBau 2010, 382 – Wall, Auslegungsmitteilung Personenverkehrsdienste-VO Nr. 2.3.6; VK Saarland Beschl v. 18.7.2017 – 3 VK 03/17, VPRRS 2017, 0294, unter II 1; *Hölzl* → 1. Aufl. 2011, Rn. 112; Saxinger/Winnes/*Schröder* RdÖPV Art. 5 Abs. 6 Rn. 37.
[120] VK Saarland Beschl. v. 18.7.2017 – 3 VK 03/17, VPRRS 2017, 0294, unter II.2 unter Berufung auf EuGH Urt. v. 19.6.2008 – C-454/06, Slg. 2008, I-4401 = ECLI:EU:C:2008:351 = NJW 2008, 3341 – Pressetext.
[121] VK Saarland Beschl. v. 18.7.2017 – 3 VK 03/17, VPRRS 2017, 0294 unter II 2.

Kriterium der wesentlichen Vertragsänderung ist gerade dann erfüllt, wenn die Schwelle – sei es auch durch mehrere Änderungen – nun erreicht wird.

IX. Effektiver Rechtsschutz (Abs. 7)

1. Schutzniveau nach der VO. Abs. 7 fordert einen **raschen und wirksamen** 66 **Rechtsschutz** gegenüber Entscheidungen im Rahmen von Vergabeverfahren nach Abs. 2–6, also außerhalb des Kartellvergaberechts. Dabei stammen diese Wörter „rasch" und „wirksam" in UAbs. 1 und die Ausführungen in UAbs. 3 zur Gerichtsqualität der Rechtsmittelrichtlinie 89/665/EWG. Erwägungsgrund 21 formuliert auch, dass der Rechtsschutz der Rechtsmittellinie vergleichbar sein muss. Damit macht Art. 5 Abs. 7 deutlich, dass ein dem Kartellvergaberecht vergleichbares Schutzniveau durch einen **effektiven Rechtsschutz** erreicht werden muss. Neben den Entscheidungen in Vergabeverfahren erweitert Art. 4 Abs. 8 S. 5 den Rechtsschutz dabei ausdrücklich auf umfassende Bereitstellung von Kalkulationsgrundlagen für öffentliche Dienstleistungsaufträge. Dies unterstreicht das Anliegen der PersonenverkehrsVO, den Rechtsschutz bereits in jeder Phase des Verfahrens greifen zu lassen und nicht zuzuwarten, bis das Kind in den Brunnen gefallen ist.

2. Umsetzung durch das allgemein vergaberechtliche Kontrollsystem. Die 67 Umsetzung dieses Regelungsauftrags kann **effektiv nur durch das vergaberechtliche Kontrollsystem** erfolgen. Daher wurde bereits vor Umsetzung durch § 8a Abs. 7 PBefG die Zuständigkeiten nach Vergaberechtsweg bejaht.[122] Mit Inkrafttreten des § 8a Abs. 7 PBefG hat sich die Diskussion erledigt. Allerdings wurde eine vergleichbare Regelung im **Eisenbahnbereich** nicht getroffen, trotz entsprechender Vorschläge kam es nicht zur Änderung des AEG im Zuge der PBefG-Novelle. Dies hatte wohl den Hintergrund, dass im Schienenbereich Dienstleistungskonzessionen durchweg verneint wurden[123] und sich die Vergabegerichte insoweit zuständig zeigten. Schließlich ist inzwischen auch der Vergaberechtsschutz für alle Dienstleistungskonzessionen möglich.[124] Somit ist der Vergaberechtsweg auch für alle Vergaben zum Schienenpersonenverkehr[125] und de facto-Vergaben[126] eröffnet. Ebenso sind für Vergabe unterhalb des Schwellenwert nach Art. 5 Abs. 3 die Vergabekammern zuständig, da der Schwellenwert keine Zuständigkeitsvoraussetzung in § 8a Abs. 7 PBefG ist.[127]

Bereits die **Absicht der Direktvergabe**[128] oder der **Vergabe an sich**[129] ist nachprüfbar. 68 Denn hier werden bereits wesentliche Entscheidungen getroffen, die unter dem Aspekt des raschen und wirksamen Rechtsschutzes sofort überprüfbar sein müssen. Ein Zuwarten

---

[122] OLG Düsseldorf Beschl. v. 2.3.2011 – VII-Verg 48/10, NZBau 2011, 244 Rn. 31 ff.; OLG München Beschl. v. 22.6.2011 – Verg 6/11, NZBau 2011, 701, Rn. 54 ff.; OLG Rostock Beschl. v. 4.7.2012 – 17 Verg 3/12, BeckRS 2013, 01570, II 1 a) bb); aA damals *Losch/Wittig* VergabeR 2011, 561 (567).
[123] Zuletzt BGH Beschl. v. 8.2.2011 – X ZB 4/10, BGHZ 188, 200 = NVwZ 2011, 1024 – Abellio in einer Grundsatzentscheidung, dort vor allem Rn. 40 ff.
[124] Ein Beispiel ist nun VK Münster Beschl. v. 25.1.2017 – VK 1 47/16, BeckRS 2017, 111294, unter II 1.1.
[125] VK Brandenburg Beschl. v. 28.1.2013 – VK 43/12, BeckRS 2013, 07311, unter II.; Saxinger/Winnes/ *Schröder* RdÖPV Art. 5 Abs. 7 Rn. 14.
[126] OLG Rostock Beschl. v. 25.9.2013 – 17 Verg 3/13, BeckRS 2013, 17782; II 1 a); VK Südbayern Beschl. v. 24.7.2014 – Z3-3-3194-1-22-05/14, VPRRS 2014, 0468, unter 2.
[127] VK Rheinland-Pfalz Beschl. v. 17.11.2014 – VK 1-28/14, II 2, BeckRS 2015, 15351; VK Saarland Beschl. v.18.7.2017 – 3 VK 03/17, VPRRS 2017, 0294, unter II 1 b).
[128] OLG Düsseldorf Beschl. v. 2.3.2011 – VII-Verg 48/10, NZBau 2011, 244 Rn. 58; OLG München Beschl. v. 22.6.2011 – Verg 6/11, NZBau 2011,701 Rn. 48; OLG Frankfurt a. M. Beschl. v. 10.11.2015 – 11 Verg 8/15, ECLI:DE:OLGHE:2015:1110.11VERG8.15.0A = BeckRS 2016, 04261, unter A 1b; OLG Bremen Beschl. v. 4.7.2014 – 2 Verg 1/14, unter II 1.;VK Rheinland-Pfalz Beschl. v. 17.11.2014 – VK 1-28/14, II 4, BeckRS 2015, 15351; VK Rheinland Beschl. v.16.5.2017 – VK VOL 58/16, unter II. und VK Rheinland Beschl. v. 19.9.2017 – VK VOL 12/17, II; VK Darmstadt Beschl. v. 23.2.2017 – 69d VK 33/2016, VPRRS 2017, 0261 unter II 1 b); VK Südbayern Beschl. v.15.10.2015, Z3-3-3194-1-37-06/15, IBRRS 2015, 2976, unter II; VK Thüringen Beschl. v. 9.7.2018 – 250-4003-4018/2018-E-P-004/IK unter II 1 b); VK Bremen Beschl. v. 30.9.2016 – 16 VK 5/16, unter II 1 c).
[129] VK Rheinland Beschl. v. 19.9.2017 – VK VOL 13/17, unter II.

würde diesem Ziel zuwiderlaufen und letztlich eine kontinuierliche Verkehrserbringung im öffentlichen Verkehr gefährden.

69 **3. Umsetzung § 8 Abs. 7 PBefG.** § 8a Abs. 7 PBefG verweist auf die **Verfahrensvorschriften** im Kapitel II[130] des vierten Teil GWB, er umfasst **nicht die materiellen Normen des Vergaberechts.**[131] Damit sind insbesondere nicht die Regelungen zur Nichtigkeit von Zuschlägen nach §§ 134 f. GWB und auch nicht die Regelungen zu Auftragsänderungen nach § 132 GWB unmittelbar erfasst. Jedoch ist der Begriff der Auftragsänderung und damit verbundenen de facto-Vergabe ein grundsätzlicher Begriff des unionsrechtlichen Vergaberechts und daher auch im Rahmen des Art. 5 anwendbar (→ Rn. 65). Bezüglich der Absicherung eines wirksamen Rechtsschutz durch Vermeidung nicht mehr angreifbarer Zuschlagsentscheidung fordert § 8b Abs. 7 PBefG eine Vorinformation und erklärt §§ 101a und 101b GWB (jetzt §§ 134 und 135 GWB) für anwendbar. Zur Vermeidung von Rechtsschutzlücken gilt dies aber nicht nur im Rahmen des in § 8b PBefG geregelten wettbewerblichen Verfahrens, sondern auch bei Direktvergaben, soweit hier auch mit Interessenten verhandelt wurde.[132]

Art. 5a Eisenbahn-Rollmaterial

(1) ¹Im Hinblick auf die Einleitung eines wettbewerblichen Vergabeverfahrens prüfen die zuständigen Behörden, ob Maßnahmen getroffen werden müssen, um einen effektiven und diskriminierungsfreien Zugang zu geeignetem Rollmaterial zu gewährleisten. ²Bei dieser Prüfung wird berücksichtigt, ob es auf dem betreffenden Markt Leasing-Unternehmen für Rollmaterial oder sonstige Marktteilnehmer, die das Leasing von Rollmaterial anbieten, gibt. ³Der Prüfungsbericht wird öffentlich zugänglich gemacht.

(2) ¹Die zuständigen Behörden können im Einklang mit dem nationalen Recht und unter Einhaltung der Vorschriften über staatliche Beihilfen entscheiden, angemessene Maßnahmen zur Gewährleistung eines effektiven und diskriminierungsfreien Zugangs zu geeignetem Rollmaterial zu ergreifen. ²Diese Maßnahmen können Folgendes umfassen:
a) den Erwerb des für die Ausführung des öffentlichen Dienstleistungsauftrags zu verwendenden Rollmaterials durch die zuständige Behörde im Hinblick auf die Bereitstellung für den ausgewählten Betreiber des öffentlichen Dienstes zu Marktpreisen oder als Teil des öffentlichen Dienstleistungsauftrags gemäß Artikel 4 Absatz 1 Buchstabe b, Artikel 6 und gegebenenfalls dem Anhang,
b) die Übernahme einer Bürgschaft durch die zuständige Behörde für die Finanzierung des für die Ausführung des öffentlichen Dienstleistungsauftrags zu verwendenden Rollmaterials zu Marktpreisen oder als Teil des öffentlichen Dienstleistungsauftrags gemäß Artikel 4 Absatz 1 Buchstabe b, Artikel 6 und, soweit er anzuwenden ist, dem Anhang, einschließlich einer Bürgschaft zur Abdeckung des Restwertrisikos,
c) das Eingehen einer Verpflichtung der zuständigen Behörde in dem öffentlichen Dienstleistungsauftrag, das Rollmaterial zu vorab definierten finanziellen Konditionen am Ende der Laufzeit des Auftrags zu Marktpreisen zu übernehmen, oder
d) die Zusammenarbeit mit anderen zuständigen Behörden, um einen größeren Rollmaterialpark zu schaffen.

---

[130] Der ursprüngliche Verweis zweiter und dritter Abschnitt des vierten Teils GWB umfasste die §§ 102–129b GWB 2009. Diese Regelungen finden sich nun in Kapitel 2 (= §§ 155–184 GWB 2016).
[131] VK Saarland Beschl. v. 18.7.2017 – 3 VK 03/17, VPRRS 2017, 0294, unter II 1.
[132] Saxinger/Winnes/*Schröder* RdÖPV Art. 5 Abs. 7 Rn. 19. AA KLPP/*Prieß* Rn. 300.

(3) Wenn einem neuen Betreiber eines öffentlichen Verkehrsdienstes Rollmaterial zur Verfügung gestellt wird, nimmt die zuständige Behörde alle verfügbaren Informationen über die Kosten für die Instandhaltung des Rollmaterials und seinen physischen Zustand in die Vergabeunterlagen auf.

Der Artikel ist durch die ÄndVO neu geschaffen worden. Der **Regelungsgehalt** ist für geöffnete Märkte wie Deutschland **überschaubar,** denn die Instrumente der Wettbewerbsförderung des Abs. 2[1] durch Fahrzeugpools der öffentlichen Hand, durch Gewähren von Wiedereinsatz-, Restwert-, Kapitaldienstgarantien sind bereits vielfältig untersucht und auch im Einsatz. Bemerkenswert ist den Regelungen der Ansatz über Transparenz zu Marktöffnungen zu gelangen. So haben die Eisenbahnverkehrsunternehmen einen Anspruch auf Veröffentlichung der entsprechenden Untersuchungen der Aufgabenträger zu Rollmaterialverfügbarkeit (Abs. 1 S. 3). Allerdings gilt die Untersuchungspflicht nur bei der erstmaligen Einführung wettbewerblicher Vergabeverfahren. Bei Wiedervergaben entfällt diese. 1

Auch die Bestimmungen des Abs. 3 zu Angaben über den Zustand und Wartung von **beigestellten bzw. zu beziehenden Fahrzeugen,** enthalten keine neuen Vorschriften. Denn die Verpflichtung zur Herstellung von Kalkulationssicherheit galt auch schon bislang unmittelbar aus dem Vergaberecht unter dem Stichwort „Vermeidung ungewöhnlicher Wagnisse" (→ GWB § 121 Rn. 13 ff.). Hieraus ergibt sich, dass die Vergabestelle alle erforderlichen Informationen bereitstellen muss, wenn ein Wirtschaftsgut zu übernehmen bzw. dieses anzumieten ist. Neben Informationen über den Zustand umfasst dies auch die bisherigen Erkenntnisse über Wartung und die entsprechenden Herstellerdokumentationen. Ist eine hinreichende Beschreibung nicht möglich, so muss den Bietern die Gelegenheit gegeben werden, das Gut in Augenschein zu nehmen und entsprechend zu begutachten. 2

Art. 6 Ausgleichsleistung für gemeinwirtschaftliche Verpflichtungen

(1) ¹Jede Ausgleichsleistung im Zusammenhang mit einer allgemeinen Vorschrift oder einem öffentlichen Dienstleistungsauftrag entspricht unabhängig von den Vergabemodalitäten dem Artikel 4. ²Jede wie auch immer beschaffene Ausgleichsleistung im Zusammenhang mit einem öffentlichen Dienstleistungsauftrag, der nicht gemäß Artikel 5 Absatz 1, Absatz 3 oder Absatz 3b vergeben wurde oder im Zusammenhang mit einer allgemeinen Vorschrift steht, unterliegt darüber hinaus den Bestimmungen des Anhangs.

(2) Die Mitgliedstaaten übermitteln der Kommission auf deren schriftliche Aufforderung binnen drei Monaten oder einer anderen in der Aufforderung gesetzten längeren Frist alle Informationen, die diese für erforderlich hält, um festzustellen, ob eine gewährte Ausgleichsleistung mit dieser Verordnung vereinbar ist.

I. Normzwecke

Art. 6 ist im Kern eine Verweisungsnorm. Er bestimmt die Maßgeblichkeit der Abrechnungsvorschriften des Anhangs bei Direktvergaben und allgemeinen Vorschriften. Dagegen gelten ordnungsgemäß durchgeführte wettbewerbliche Vergaben per se als angemessen. Mit den Regelungen kann nachgewiesen werden, dass die Beihilfevorschriften eingehalten werden und damit die Freistellung vom Notifizierungsgebot nach Art. 9 Abs. 1 gerechtfertigt ist. Ansonsten kann die Kommission auch eigene Prüfungen vornehmen und erhält gegenüber den Mitgliedstaaten entsprechende Auskunftsrechte. 1

---

[1] S. dazu bereits aus der Diskussion in Deutschland seit der Finanzkrise: *Engelshoven/Hoopmann* IR 2011, 279 ff. *Hoopmann/Daubertshäuser/Wogatzki* DER NAHVERKEHR 7-8/2010, 4 ff. und aktueller *Röbke* NZBau 2015, 216 ff.

II. Angemessenheit

2 Art. 6 Abs. 1 bestimmt als grundlegendes Prinzip die Angemessenheit der Ausgleichsleistung. Dabei bezieht sie sich dieser **Verhältnismäßigkeitsgrundsatz** nicht nur auf finanzielle Leistungen der Abgeltungen, sondern auch auf die Ausschließlichkeitsrechte. Auch diese müssen zielgerichtet zur Kompensation gemeinwirtschaftliche Verpflichtungen eingesetzt werden und dürfen nur soweit reichen, wie dies unbedingt erforderlich ist (→ Art. 2 Rn. 24).

III. Verhinderung Überkompensation/Anwendung Anhang (Abs. 1)

3 Alle **Direktvergaben** und zusätzlich auch die **allgemeine Vorschriften** unterliegen zudem der strengeren und standardisierten **Verhältnismäßigkeitskontrolle nach dem Anhang**. Umgekehrt unterliegen **die wettbewerblichen Vergaben** einschließlich aller Vergaben nach Kartellvergaberecht keiner weiteren Kontrolle, da der Markt für angemessene Preise spricht und daher eine Gefahr der Wettbewerbsverzerrung nicht besteht.[1] Die besondere Kontrolle der Direktvergaben ist auf der Hand liegend, hier stellen ex ante-Parametrisierung und Festlegungen entsprechender Ausgleichsbeträge im Kontext der vorab festgelegten Parameter sowie darüber hinaus die ex post durchzuführende Gesamtkontrolle gleich ein doppeltes Sicherheitsnetz bereit (→ Anh. Rn. 14 ff.).

4 Dabei erschließt sich die **Einbeziehung der allgemeinen Vorschriften** in diese besondere Kontrolle nicht ohne Weiteres.[2] Denn allgemeine Vorschriften werden in einem offenen Markt gewährt (→ Art. 3 Rn. 8). Selbst wenn dort im Einzelfall Überkompensationen vorliegen würden, sorgt der offene Markt für eine marktadäquate Abschöpfung dieser Überzahlungen. Bei einem funktionierenden Markt ist die Marktreaktion für zu hohe Zahlungen ein entsprechendes Überangebot in quantitativer bzw. qualitativer Hinsicht, sodass die Übergewinne wieder reinvestiert werden. **Entstehungsgeschichtlich** lässt sich die **Einbeziehung der allgemeinen Vorschriften** vor allem mit der Sorge begründen, dass diese in abgeschotteten Märkten angewandt werden, um öffentliche Dienstleistungsaufträge und deren Vergabebestimmungen zu umgehen und zuschussbedürftige Verkehre kommerziell zu halten. Hier standen vor allem Deutschland und Österreich im Fokus, da von dort stark für die Beibehaltung der bisherigen „bewährten" nationalen Systeme der kommerziellen Verkehre geworben wurde, die aber nur eine geringe Wettbewerbsintensität aufwiesen. Mit den hierdurch erzielbaren Überrenditen könnten entsprechende Quersubventionen in andere wettbewerbliche Bereiche entstehen.[3] Dieser **systematische Widerspruch** zwischen **Marktoffenheit** allgemeiner Vorschriften und dem **strengen Überkompensationsregime des Anhangs**, das auf Vermeidung von Quersubventionen ausgelegt ist, hat entsprechende Bedeutung für die Auslegung des Anhangs. Während bei Direktvergaben insbesondere bei Tätigkeiten in anderen Bereichen und damit das Risiko von Quersubventionen einen strengen Maßstab erfordert, kann die Verhältnismäßigkeit der Ausgleichsleistungen bei allgemeinen Vorschriften auch vereinfachend an entfallenen Tarifeinnahmen, Berücksichtigung von Nachfragereaktionen und einer vereinfachten Gewinnkontrolle, zB aus dem Margen des Regeltarifs erfolgen (→ Anh. Rn. 26).

IV. Unterkompensation

5 In der Entstehung der VO war **umstritten**, ob die VO auch einen **Anspruch auf angemessenen Ausgleich** gewährt. Aus dem Zweck der VO, angemessene Dienstleistun-

---

[1] *Fehling/Niehnus* DÖV 2008, 662 (665); *Schmitz/Winkelhüsener* EuZW 2011, 52 (54); *Winter/Wolf/Gleichner* DER NAHVERKEHR 5/2014, 7 (9); KLPP/*Lübbig* Anhang Rn. 1; *Berschin* in Baumeister RdÖPNV A1 Rn. 81; *Otting/Olegmöller/Tresselt* in Gabriel/Krohn/Neun VergabeR-HdB § 70 Rn. 43; Saxinger/Winnes/ *Schmitz* RdÖPV Art. 4 Abs. 1 Rn. 46, 56.
[2] Dazu *Berschin* in Baumeister RdÖPNV A1 Rn. 60 f.
[3] Art. 15 Abs. 3 des ursprünglichen Kommissionsvorschlags KOM(2000) 7 endg. formulierte ein explizites Verbot, Überzahlungen aus allgemeinen Vorschriften in andere Bereiche einzusetzen.

gen dauerhaft sicherzustellen, folgert die Kommission, dass der Ausgleich auch so festgelegt sein soll, dass er dauerhaft tragfähig ist, damit eine hohe Dienstleistungsqualität erreicht und aufrechterhalten werden kann.⁴ Vom Ziel ist dies durchaus einsichtig, jedoch enthalten die Formulierungen der VO **keinerlei** Hinweis auf einen **Mindestanspruch des Betreibers.** Vielmehr schützt diese zunächst die Freiheit, öffentliche Dienstleistungsaufträge nicht anzunehmen bzw. auch nicht anzustreben. Im Gegensatz zur VorgängerVO (EWG) Nr. 1191/69 enthält die PersonenverkehrsVO keine Verpflichtungen mehr, gemeinwirtschaftliche Leistungen zu übernehmen. Etwas anderes gilt nur bei **allgemeinen Vorschriften,**⁵ da ein Zwang zur Beachtung des festgesetzten Höchsttarif bestehen muss. Dieser kann nach den mitgliedstaatlichen Grundsätzen, vor allem auch dem deutschen Aufopferungsgrundsätzen nur gegen angemessenen Ausgleich festgelegt werden. Aber Art. 6 Abs. 1 selbst enthält **kein Unterkompensationsverbot.**⁶

V. Prüfungsrecht der Kommission (Abs. 2)

Das Recht zur nachträglichen Prüfung durch die Kommission entspricht dem Standard der **ex post-Beihilfenkontrolle,** der bei zahlreichen freigestellten Beihilfengruppen Anwendung findet. Es kann insoweit auf die dortige Regelungen verwiesen werden, da trotz primärrechtlicher Grundlage der Beihilfenfreistellung in Art. 93 AEUV es letztlich Aufgabe der Kommission ist, zu überwachen, ob und inwieweit die Beihilferegelungen eingehalten werden und damit eine gerechtfertigte Abgeltungsbeihilfe vorliegt oder vielmehr eine nicht zu rechtfertigende überkompensierende Abgeltungsbeihilfe im Raum steht. 6

Art. 7 Veröffentlichung

(1) ¹Jede zuständige Behörde macht einmal jährlich einen Gesamtbericht über die in ihren Zuständigkeitsbereich fallenden gemeinwirtschaftlichen Verpflichtungen öffentlich zugänglich. ²Dieser Bericht beinhaltet den Beginn und die Laufzeit der öffentlichen Dienstleistungsaufträge, die ausgewählten Betreiber öffentlicher Dienste sowie die diesen Betreibern zur Abgeltung gewährten Ausgleichsleistungen und ausschließlichen Rechte. ³Der Bericht unterscheidet nach Busverkehr und schienengebundenem Verkehr, er muss eine Kontrolle und Beurteilung der Leistungen, der Qualität und der Finanzierung des öffentlichen Verkehrsnetzes ermöglichen und gegebenenfalls Informationen über Art und Umfang der gewährten Ausschließlichkeit enthalten. ⁴Der Bericht muss ferner die politischen Ziele, wie sie in den Strategiepapieren für den öffentlichen Verkehr in dem betreffenden Mitgliedstaat aufgeführt sind, berücksichtigen. ⁵Die Mitgliedstaaten erleichtern den Zugang zu diesen Berichten, zum Beispiel über ein gemeinsames Internet-Portal.

(2) Jede zuständige Behörde ergreift die erforderlichen Maßnahmen, um sicherzustellen, dass spätestens ein Jahr vor Einleitung des wettbewerblichen Vergabeverfahrens oder ein Jahr vor der Direktvergabe mindestens die folgenden Informationen im Amtsblatt der Europäischen Union veröffentlicht werden:
a) der Name und die Anschrift der zuständigen Behörde;
b) die Art des geplanten Vergabeverfahrens;
c) die von der Vergabe möglicherweise betroffenen Dienste und Gebiete;
d) der geplante Beginn und die geplante Laufzeit des öffentlichen Dienstleistungsauftrags.

---

⁴ Auslegungsmitteilung PersonenverkehrsVO Nr. 2.4.8.
⁵ S. hierzu OVG Münster Urt. v. 24.11.2015 – 13 A 2227/14, BeckRS 2016, 44017, Rn. 59 – kein Unterkompensationsverbot nach PersonenverkehrsVO, sehr wohl aber ein Ausgleichsgebot nach nationalem Recht.
⁶ VG Augsburg Urt. v. 24.3.2015 – Au K 3 K 13.2063, BeckRS 2015, 100053, Rn. 108; OVG Münster Urt. v. 24.11.2015 – 13 A 2227/14, BeckRS 2016, 44017, Rn. 59.

Die zuständigen Behörden können beschließen, diese Informationen nicht zu veröffentlichen, wenn der öffentliche Dienstleistungsauftrag eine jährliche öffentliche Personenverkehrsleistung von weniger als 50 000 km aufweist.
¹Sollten sich diese Informationen nach ihrer Veröffentlichung ändern, so hat die zuständige Behörde so rasch wie möglich eine Berichtigung zu veröffentlichen. ²Diese Berichtigung erfolgt unbeschadet des Zeitpunkts der Einleitung der Direktvergabe oder des wettbewerblichen Vergabeverfahrens.
Dieser Absatz findet keine Anwendung auf Artikel 5 Absatz 5.

(3) Bei der Direktvergabe von öffentlichen Dienstleistungsaufträgen im Eisenbahnverkehr nach Artikel 5 Absatz 6 macht die zuständige Behörde innerhalb eines Jahres nach der Auftragsvergabe folgende Informationen öffentlich zugänglich:
a) den Namen des Auftraggebers, seine Eigentümer sowie gegebenenfalls den/ die Namen der Partei oder Parteien, die eine rechtliche Kontrolle ausübt/ ausüben;
b) die Dauer des öffentlichen Dienstleistungsauftrags;
c) eine Beschreibung der zu erbringenden Personenverkehrsdienste;
d) eine Beschreibung der Parameter für die finanzielle Ausgleichsleistung;
e) Qualitätsziele wie beispielsweise in Bezug auf Pünktlichkeit und Zuverlässigkeit und anwendbare Prämien und Sanktionen;
f) Bedingungen in Bezug auf die wichtigsten Wirtschaftsgüter.

(4) Die zuständige Behörde übermittelt jeder interessierten Partei auf entsprechenden Antrag ihre Gründe für die Entscheidung über die Direktvergabe eines öffentlichen Dienstleistungsauftrags.

Übersicht

	Rn.		Rn.
I. Normzweck	1	IV. Direktvergaben im Eisenbahnverkehr (Abs. 3)	13
II. Gesamtbericht (Abs. 1)	2–5	V. Begründung von Direktvergaben (Abs. 4)	14–18
III. Vorabinformation (Abs. 2)	6–12		

I. Normzweck

1 Art. 7 ist die zentrale Vorschrift zur Herstellung der Transparenz. Die Verpflichtung zur Erstellung eines Gesamtberichts (→ Rn. 2 ff.) soll der Öffentlichkeit eine grobe Beurteilung des Umfangs der Markteingriffe, aber auch deren Effektivität erlauben. Auch für Marktteilnehmer ist er eine wichtige Informationsquelle zur Entwicklung des Marktes im Gebiet der jeweils zuständigen Behörde. Die Verpflichtung zur Vorabbekanntmachung öffentlicher Dienstleistungsaufträge (→ Rn. 6 ff.) ist vor allem bei beabsichtigten Direktvergabe die einzige Chance für Mitbewerber durch Initiativangebote „ins Spiel zu kommen". Daneben ist diese auch Anknüpfungspunkt für eine mögliche rechtliche Überprüfung der Zulässigkeit einer Direktvergabe. Hierfür regelt dann auch Abs. 4 eine besondere Begründungspflicht gegenüber jedem interessierten Unternehmen (→ Rn. 14 ff.).

II. Gesamtbericht (Abs. 1)

2 Die Verpflichtung zu einem Gesamtbericht der zuständigen Behörden ist ein Mittel zur **Steigerung der Transparenz** und damit auch indirekt Förderung von Effizienz und Qualität. Mit der ÄndVO hat der Katalog des Art 7 Abs. 1 einige Erweiterungen erfahren, die aber nun mehr auch den Gegenschluss zulassen, dass ansonsten keine weiteren Angaben erforderlich sind. Geklärt ist nun, dass jeder öffentlicher **Dienstleistungsauftrag einzeln**[1] aufzuführen ist und den jeweiligen Betreibern zuzuordnen ist. Dies gilt auch für die Wieder-

---
[1] So schon zur aF *Schwarz/Winnes* Verkehr und Technik 2009, 299 (301).

gabe von etwaigen Ausschließlichkeitsrechten und Ausgleichszahlungen. Zwar lässt die deutsche Sprachfassung auch die Interpretation zu, dass nur die Summe der Ausgleichsleistungen zu nennen ist, jedoch machen die anderen Sprachfassungen – englisch „those", franz. „les compensations" – deutlich, dass hier die jeweils **einzelnen Angaben über Ausgleichsleistungen**[2] und etwaige ausschließliche Rechte gefordert sind. Auch das Ziel der Beurteilung von Leistungen, Qualität und Effizienz lässt sich nur so erreichen.

Insgesamt muss die **Detaillierung** einen Umfang erlauben, der dem **Ziel der Beurteilung von Leistungen, Qualität und finanzielle Effizienz** dient. Damit sind insbesondere die gemeinwirtschaftlichen Pflichten zu benennen. Neben dem meist ermittelbaren Fahrplanumfang sind dies zumindest die **wesentlichen Qualitätsanforderungen**. Gleichzeitig muss aber auch ein Abbild über die erreichte Performance anhand von Qualitätskennziffern bereitgestellt werden, da nur aus der Zusammenschau von Soll- und Istleistung mit den hierfür aufgewandten finanziellen Leistungen ein entsprechend zutreffendes Bild möglich ist. Der pauschale Hinweis[3] auf „nicht zu detailliert" und Schutz von „personenbezogenen Daten" und „Geschäftsgeheimnissen" mag zwar den Interessen der Unternehmen dienen, die vor allem Ausgleichsleistungen außerhalb von Wettbewerb und Transparenz erhalten haben, werden aber nicht den Anforderungen dieses Absatz gerecht. Richtig ist zwar, dass die Kommission ursprünglich einen detaillierten Bericht mit Einzelangaben als VO vorschlug,[4] jedoch ist mit der Straffung im Sinne der Vereinfachung nicht zwingend verbunden, dass Abstriche an der Wirksamkeit des Gesamtberichts vorgenommen werden sollten. 3

Zum **Zeitpunkt** macht die VO keine Vorgabe, sondern bestimmt nur den Turnus mit **einmal jährlich**. An die Mitgliedstaaten ergeht aufgrund der ÄndVO neu der Umsetzungsauftrag durch ein gemeinsames Internetportal für jeweils ihren Bereich den zuständigen Behörden eine Informationsplattform bereitzustellen. 4

Von großer Bedeutung ist die Berichtspflicht im Hinblick auf Direktvergaben nach Art. 5 Abs. 2. Denn hier besteht eine reelle Chance für private Marktteilnehmer nur durch **Initiativangebote**. Solche sollen nach den Transparenzideen des Abs. 1 und 4 ermöglicht werden.[5] Daher muss es einen Initiativbewerber möglich sein, aus den bisherigen gemeinwirtschaftlichen Anforderungen, deren Umsetzung und den hierfür aufgewandten finanziellen Mitteln sowie gewährten ausschließlichen Rechten einen eigenen Vorschlag für die zukünftige Bedienung zu entwickeln, zumal die Vorabbekanntmachung nach Abs. 2 keine weitergehenden Angaben, insbesondere auch nicht über den finanziellen Rahmen enthält, und auch die zuständigen Behörden bei beabsichtigten Inhouse nicht verpflichtet sind Verdingungsunterlagen zu erstellen und vorzuhalten, die für derartige Initiativangebote eine Grundlage sein könnten. 5

III. Vorabinformation (Abs. 2)

Die Vorankündigung von Ausschreibungsverfahren ist im Vergaberecht nicht üblich. Allenfalls im Zusammenhang mit kürzeren Angebotsfristen sind Vorankündigungen von Nutzen (→ VgV § 38 Rn. 4 ff.). Jedoch sieht die VO zahlreiche Ausnahmen von Verfahren vor. Insbesondere die Direktvergaben können im hohen Maße marktschließend wirken. Daher hat der Verordnungsgeber eine spezifische Pflicht zur Vorankündigung geregelt. Entgegen Erwägungsgrund 29 gilt die Pflicht zur Vorankündigung aber nicht für alle öffentli- 6

---

[2] So auch Auslegungsmitteilung PersonenverkehrsVO Nr. 2.5.1. Warum damit zwingend die Preisgabe von personenbezogenen Daten verbunden sein soll und daher keine Einzelaufstellung möglich sein soll, bleibt unerklärt bei Saxinger/Winnes/*Eichhorn*/*Sarikaya* RdÖPV Art. 7 Abs. 1 Rn. 23 f., 55. Ähnlich restriktiv KLPP/*Fehling* Rn. 25.
[3] *Winter*/*Woll*/*Gleichner* DER NAHVERKEHR 5/2014, 7 (11 f.).
[4] Hierauf heben Saxinger/Winnes/*Eichhorn*/*Sarikaya* RdÖPV Art. 7 Abs. 1 Rn. 2 ff.; Otting/Olegmöller/*Tresselt* in Gabriel/Krohn/Neun VergabeR-HdB § 70 Rn. 70 maßgeblich ab.
[5] Zu diesem Konzept bereits *Schwarz*/*Winnes* Verkehr und Technik 2009, 299 f.; *Linke*, Die Gewährleistung des Daseinsvorsorgeauftrags im öffentlichen Personennahverkehr, 2010, 229; *Pünder* EuR 2010, 774 (779). Wie hier Saxinger/Winnes/*Schroeder* Art. 7 Abs. 4 Rn. 1. Skeptisch ob der Wirkung: *Fehling*/*Niehnus* DÖV 2008, 662 (665); KLPP/*Prieß* Art. 5 Rn. 74. Dezidiert aA *Hölzl* → 1. Aufl. 2011, Rn. 2.

chen Dienstleistungsaufträge. Wie sich unmissverständlich aus Abs. 2 ergibt, betrifft die **Vorankündigungspflicht nur die wettbewerbliche Vergabeverfahren und Direktvergaben.** Wettbewerbliche Vergabeverfahren sind nur in Art. 5 Abs. 3 geregelt. Dagegen werden Dienstleistungsaufträge nach Abs. 5 Abs. 1 und dem dortigen Verfahren vergeben, welches keine Vorabbekanntmachungen kennt.[6]

7 Konsequenterweise ordnet der deutsche **PBefG**-Gesetzgeber für derartige Verfahren nationalrechtlich eine Pflicht zur **Vorabbekanntmachung** an, da die europäische Vorabbekanntmachung mit einem Aufruf und Ausschlussfrist für eigenwirtschaftliche Anträge kombiniert wurde (§ 8a Abs. 2 S. 2 PBefG). Daher sind in Deutschland im Straßenpersonenverkehr außer in Fällen von Notmaßnahmen nach Art. 5 Abs. 5 immer Vorabbekanntmachungen erforderlich, während im Schienenpersonenverkehr bei Vergabe nach den EU-Öffentliche-AuftragsvergabeRL (und auch Sektoren-RL) eine solche nicht erforderlich ist. Dies ist auch sachgerecht, da die Verfahren nach EU-Öffentliche-AuftragsvergabeRL ein Höchstmaß an Transparenz und Vorhersehbarkeit beinhalten, während zB das wettbewerbliche Verfahren nach Art. 5 Abs. 3 deutliche freier gestaltet werden kann (→ Art. 5 Rn. 16 ff.).

8 Der **Inhalt** der Vorabbekanntmachung ist in Art. 7 Abs. 2 vollständig bestimmt.[7] Ergänzt wurde er in der ÄndVO um Beginn und Laufzeit.[8] Allerdings muss der Inhalt der Vorabbekanntmachung so aussagekräftig sein, dass Art. 7 Abs. 2 seinen **Zweck** nachkommen kann, **Transparenz** über vor allem beabsichtigte Direktvergaben herzustellen, sodass die Unternehmen eine Chance haben, eigene Initiativangebote zu erstellen.[9] Die möglicherweise betroffenen Dienste müssen so genau beschrieben werden, dass der Markt die Relevanz des zu vergebenden öffentlichen Dienstleistungsauftrags einschätzen kann, insbesondere die Betroffenheit zu parallelen oder mit Anschluss versehenen Linien. Daher ist es erforderlich, dass die „möglicherweise betroffenen Dienste" genau beschrieben werden. Dies ist zB durch eine Linienaufstellung[10] notwendig.[11]

9 Das **Formular für Vorabbekanntmachung** nach Art. 7 Abs. 2[12] enthält allerdings zahlreiche Angaben die nur optional sind:
 – Angabe von Unteraufträgen (II.1.5),
 – Menge oder Wert der Dienstleistung (II.2),
 – Kostenparameter für den Ausgleich (III.1.1),
 – Ausschließliche Rechte (III.1.2),
 – Erlösrisiko (III.1.3),
 – Soziale Standards (III.1.4),
 – Gemeinwirtschaftliche Verpflichtungen (III.1.5),
 – Teilnahmebedingungen wirtschaftliche Leistungsfähigkeit (III.2.1),
 – Teilnahmebedingungen technische Leistungsfähigkeit (III.2.2),
 – Qualitätsziele Dienstleistungsauftrag (III.3),
 – Zuschlagskriterien (IV.2),
 – Aktenzeichen Verwaltungsverfahren (IV.3.1),
 – Anforderung Unterlagen (IV.3.2),
 – Schlusstermin für Teilnahmeantrag (IV.3.3),
 – Sprache (IV.3.4),

---

[6] *Berschin* in Baumeister RdÖPNV A1 Rn. 141; Saxinger/Winnes/*Schröder* RdÖPV Art. 5 Abs. 1 Rn. 8; Saxinger/Winnes/*Fandrey* RdÖPV Art. 7 Abs. 2 Rn. 5a. AA *Hölzl* → 1. Aufl. 2011, Rn. 9.
[7] KLPP/*Fehling* Rn. 43; Saxinger/Winnes/*Fandrey* RdÖPV Art. 7 Abs. 2 Rn. 6.
[8] Daher ist die Auffassung OLG München Beschl. v. 31.3.2016 – Verg 14/15, NZBau 2016, 583 Rn. 161 überholt, dass es keine Pflicht zu Angaben von (korrekten) Laufzeiten gäbe.
[9] OLG Rostock Beschl. v. 4.7.2012 – 17 Verg 3/12, BeckRS 2013, 01570, Rn. 64; OLG München Beschl. v. 31.3.2016 – Verg 14/15, NZBau 2016, 583 Rn. 155; Saxinger/Winnes/*Fandrey* RdÖPV Art. 7 Abs. 2 Rn. 22 f.
[10] Saxinger/Winnes/*Fandrey* RdÖPV Art. 7 Abs. 2 Rn. 6.
[11] Soweit nur Linienbezeichnungen geändert werden, ist keine Berichtigung erforderlich: OLG München Beschl. v. 31.3.2016 – Verg 14/15, NZBau 2016, 583 Rn. 158.
[12] Maßgebend ist das Formular T1 welches unter www.ted.simap.europa.eu bereitgestellt wird.

- Bindefrist (IV.3.5),
- Angebotsöffnung (IV.3.6),
- Rechtsbehelfe (VI.2),
- Voraussichtliche Bekanntgabe erteilter Auftrag (VI.3).

Der Abschnitt V – vorgesehener Empfänger des öffentlichen Dienstleistungsauftrags – ist nur bei Direktvergaben anzugeben. Fast alle möglichen Angaben sind für eine konkrete Vergabebekanntmachung zwingende Angaben. Teilweise sind sie aber bei einer Vorabbekanntmachung zu früh, wie insbesondere die konkreten Fristen des Vergabeverfahrens. 10

Vorabbekanntmachungen können berichtigt werden. Dies regelt UAbs. 3. Eine **Berichtigung** führt daher nicht zum Neuauslösen der einjährigen Wartefrist.[13] Allerdings muss es sich tatsächlich um eine Berichtigung handeln, sprich Bereinigung von Fehlern oder tatsächlichen Änderungen von Einzelaspekten. Dabei ist der Zweck der Vorabbekanntmachung in Blick zu nehmen, der vor allem die Option von Initiativangeboten bei Direktvergaben offen halten soll: Daher wird die **Änderung des Vergabeverfahrens** von einem wettbewerblichen Vergabeverfahren in eine Direktvergabe kein Einzelaspekt sein, sondern berührt grundsätzlich den Zweck der Vorabbekanntmachung, während der Übergang von einer Direktvergabe in ein wettbewerbliches Verfahren keine schutzwürdigen Belange von Interessenten betrifft, da das Wettbewerbsverfahren noch folgt und im Wettbewerbsverfahren es keinen Anspruch gibt, frühzeitig vorgewarnt zu werden. Gleiches gilt beim Zuschnitt der Leistung. Wird eine Direktvergabe angekündigt und der Zuschnitt der Leistungen deutlich geändert, so dürfte die einjährige Wartefrist neu ausgelöst werden, während beim wettbewerblichen Verfahren hier weniger schutzwürdige Belange berührt sind. Es gibt nämlich Vergabegrundsatz, dass die Marktteilnehmer frühzeitig über Art und Umfang von auf dem Markt kommenden Ausschreibungen informiert werden und entsprechend disponieren können. 11

Die Vorankündigungen einschließlich ihrer Berichtigungen müssen zutreffend sein, damit die Marktteilnehmer sich auf diese einstellen können. Insbesondere Vorankündigungen von **unzuständigen Behörden** können im **Rechtsschutz** mit dem Argument der Chancenverletzung durch ein nicht ordnungsgemäßes Verfahren angegriffen werden[14] oder **entsprechende Begründungen** für Direktvergaben überprüft werden, die sich im Rahmen der **Dokumentationspflicht** in den Akten finden müssen.[15] Dies gilt auch für mögliche **Missachtung der Zwölfmonatsfrist** bzw. der im Zusammenwirken mit § 8a Abs. 2 PBefG ausgelösten Dreimonatsfrist für eigenwirtschaftliche Anträge.[16] 12

IV. Direktvergaben im Eisenbahnverkehr (Abs. 3)

Art. 7 Abs. 3 enthält besondere **Transparenzpflichten** im Kontext der Direktvergabe nach Art. 5 Abs. 6 für Eisenbahnen. Entsprechend ist auch seine Geltung durch den neuen Art. 8 Abs. 2 lit. iii bis 24.12.2023 beschränkt. Für die neu geschaffenen Direktvergabetatbestände im Eisenbahnverkehr nach Art. 5 Abs. 3a, 4 und 4a wird dagegen diese Transparenz nicht (mehr) gefordert. Allerdings behält Abs. 3 als Auslegungsleitlinie im Hinblick auf hinreichende Transparenz seine Bedeutung. 13

V. Begründung von Direktvergaben (Abs. 4)

Die Verpflichtung zur Begründung von Direktvergaben[17] und des Zugänglichmachens an jeden Interessenten ist ein weiterer Baustein des Konzepts, **Direktvergaben** durch die 14

---

[13] KLPP/*Fehling* Rn. 56; *Hölzl* → 1. Aufl. 2011, Rn. 17; diff. Saxinger/Winnes/*Fandrey* RdÖPV Art. 7 Abs. 2 Rn. 18 f.
[14] VK Südbayern Beschl. v.15.10.2015 – Z3-3-3194-1-37-06/15, IBRRS 2015, 2976, unter II 1.2; VK Rheinland Beschl. v. 19.9.2017 – VK VOL 13/17, unter II.
[15] OLG Frankfurt a. M. Beschl. v. 10.11.2015 – 11 Verg 8/15, ECLI:DE:OLGHE:2015:1110.11VERG8.15.0A = BeckRS 2016, 04261 unter II 1. a). Das OLG forderte insbes. konkrete Vertragsentwürfe, nach denen nachvollziehbar ist, warum eine Dienstleistungskonzession vorliege.
[16] Dazu OLG Frankfurt a. M. Beschl. v. 24.1.2017 – 11 Verg 1/16 und 2/16, BeckRS 2017, 102282.
[17] Hierbei ist die Direktvergabe an sich zu begründen, wie unzweifelhaft aus der englischen Sprachfassung hervorgeht – „... the reasons for ist decision for directly awarding ...". Da aber sich die Direktvergabe auch meist in der Person des Begünstigten rechtfertigt, werden die Begründungen dies in Bezug nehmen müssen.

Möglichkeit von Initiativangeboten **einzudämmen.** Hierzu ist die – ggf. auch politische – Begründung von Direktvergaben und die Aufnahme derartiger Gründe oder Befürchtungen in eigenes Konzept von großer praktischer Relevanz. Daher müssen die Gründe für eine beabsichtigte Direktvergabe unmittelbar nach Mitteilung der Absicht **preisgegeben werden können.** Wie die Kommission zu Recht feststellt,[18] fordert Erwägungsgrund 29, dass potenzielle Interessenten auf die Direktvergabeabsicht reagieren können müssen. Daher gilt die Begründungspflicht nach Art. 7 Abs. 4 ab Kommunikation der Direktvergabeabsicht und ist in § 8a Abs. 5 S. 2 PBefG innerhalb sechs Monate ab Ankündigung der Direktvergabe einzufordern.[19] Mit dieser Einschränkung soll vermieden werden, dass etwaige Angriffe gegen Direktvergaben zu spät erfolgen und damit die Verkehrsweiterführung bzw. -aufnahme gefährdet wird.

15 Die Begründung umfasst allerdings nicht den kompletten öffentlichen Dienstleistungsauftrag,[20] sondern nur die **maßgeblichen Beweggründen für die Direktvergabe** einschließlich der damit verbundenen Vor- und Nachteile und die getroffene Auswahl.[21] Eine Beschränkung auf die tragende Gründe[22] oder gar Beschränkung auf die Voraussetzungen[23] ist dagegen nicht ausreichend, denn Art. 7 Abs. 4 spricht von **Gründen der Direktvergabe.** Unter dem Ziel der Wirksamkeit und Transparenz ist das **Begründungsgebot weit auszulegen.** Wie in → Art. 5 Rn. 27, 51 f. dargestellt, unterliegt die zuständige Behörde einer umfassenden Abwägungs- und Begründungspflicht, die gerade von Art. 7 Abs. 4 erfasst wird. Die Tatbestände für die Rechtmäßigkeit einer Direktvergabe müssen objektiv nachvollziehbar sein.[24] Es geht daher fehl, wenn den zuständigen Behörden „sehr weitreichere politische Einschätzungs- und Gestaltungsspielraum"[25] oder gar eine mangelnde inhaltliche Überzeugungskraft[26] zugebilligt wird. Dies verdeckt die rechtlichen Anforderungen an Gestaltungen mit Auswirkungen auf die europäischen Grundfreiheiten und die deutsche Berufsfreiheit.

16 Diese Begründung muss sich dabei entsprechend des **Dokumentationsgebots** aus den Akten nachvollziehen lassen. Bei derartigen Direktvergaben dient sie der Nachvollziehbarkeit, ob die zuständige Behörde von ihrem Wahlrecht bewusst Gebrauch gemacht sowie die rechtlichen Voraussetzungen für die Direktvergabe sorgfältig geprüft und intensiv abgewogen hat, ob im konkreten Fall ein wettbewerbliches Vergabeverfahren möglicherweise doch sinnvoll sein kann (→ Vorbemerkung Rn. 81).[27]

17 Mit dieser Transparenz ist auch die Möglichkeit verbunden, **unzulässige Direktvergaben anzugreifen.** Nach dem zivilrechtlichen Verständnis des Vergaberechts können aber geschlossene Verträge nicht aufgehoben werden, sondern allenfalls Schadensersatz gefordert werden. Auch eine Nichtigkeit wegen Verletzung zentraler Vergabevorschriften, wie § 135 GWB festlegt, ist kein naheliegender Weg, da eine Transparenz durch die Vorabbekanntma-

---

[18] Auslegungsmitteilung PersonenverkehrsVO Nr. 2.5.3.
[19] Krit. in Bezug auf die Regelung einer europarechtlich nicht vorgesehenen Ausschlussfrist Heinze/Fehling/Fiedler/*Fehling* PBefG § 8a Rn. 58 f. und Saxinger/Winnes/*Schröder* RdÖPV PBefG § 8a Abs. 5 Rn. 14.
[20] OLG München Beschl. v. 31.3.2016 – Verg 14/15, NZBau 2016, 583 Rn. 183; Heinze/Fiedler/Fehling/*Fehling* PBefG § 8a Rn. 62; KLPP/*Fehling* Rn. 94.
[21] Speziell hierzu: Otting/*Olegmöller* DÖV 2009, 364 (371 f.) Für eine weite Auslegung im Rahmen des 8a Abs. 5 PBefG: *Fehling/Niehmus* DÖV 2008, 662 (665); Heinze/Fehling/Fiedler/*Fehling* PBefG § 8a Rn. 64.
[22] So aber OLG München Beschl. v. 31.3.2016 – Verg 14/15, NZBau 2016, 583 Rn. 187; KLPP/*Fehling* Rn. 20; Dagegen OLG Frankfurt a. M. Beschl. v. 10.11.2015 – 11 Verg 8/15, ECLI:DE:OLGHE: 2015:1110.11VERG8.15.0A = BeckRS 2016, 04261 unter II 1. a). Die Gründe müssen alle konkreten Erwägungen beinhalten, die die Entscheidung (rechtlich) nachvollziehbar machen.
[23] So aber Saxinger/Winnes/*Schräder* RdÖPV Art. 7 Abs. 4 Rn. 9; *Hölzl* → 1. Aufl. 2011, Rn. 28.
[24] OLG Frankfurt a. M. Beschl. v. 10.11.2015 – 11 Verg 8/15, ECLI:DE:OLGHE:2015: 1110.11VERG8.15.0A = BeckRS 2016, 04261 unter II 1. a); *Hölzl* → 1. Aufl. 2011, Rn. 28 f.; Ziekow/Völlink/*Zuck*, 2. Aufl. 2014, Art. 5 Rn. 13.
[25] OLG München Beschl. v. 31.3.2016 – Verg 14/15, NZBau 2016, 583 Rn. 188 und VK Thüringen Beschl. v. 9.7.2018 – 250-4003-4018/2018-E-P-004/IK unter II 2 b) aa).
[26] So KLPP/*Prieß* Art. 5 Rn. 75.
[27] VK Darmstadt Beschl. v. 23.2.2017 – 69d VK 33/2016, VPRRS 2017, 0261, II 2 b).

chung nach Art. 7 Abs. 2 rudimentär geschaffen wird und ansonsten keine Bieter im Verfahren zu informieren sind. Von daher wird eine nicht hinreichend gerechtfertigte Direktvergabe nach Art. 5 Abs. 3a, 4, 4a, 5 oder 6 in ihrer Bestandskraft zu akzeptieren sein. Hier haben die Mitbewerber durch Angabe des begünstigten Verkehrsunternehmens und des Dienstumfangs regelmäßig bereits ausreichende Informationen, um im Rahmen der **Vorabbekanntmachungsfrist die vorgesehene Direktvergabe zu überprüfen** und ggf. Rechtsschutz nachzusuchen bzw. durch Initiativangebote eigene Verfahrensbeteiligte zu werden.

Anders verhält es sich bei Direktvergaben nach Art. 5 Abs. 2 durch **Eigenerstellung bzw. Inhouse.** In diesen Fällen ist für die Mitbewerber nicht ersichtlich ob und in welchem Umfange die Gründe der Beherrschung und damit das Vorliegen von Verwaltungshandeln nicht nur formell, sondern auch politisch vorliegen. Denn nur bei uneingeschränkten Beherrschungswillen ist eine Direktvergabe nach Art. 5 Abs. 2 gerechtfertigt. Es sprechen daher gute Gründe dafür, dass aus dem Gedanken des Art. 7 Abs. 4 heraus die Gründe für eine **Direktvergabe nach Art. 5 Abs. 2 justiziabel** sind und im Nachhinein überprüft werden können. Da der öffentliche Eigentümer über sein Unternehmen herrscht, ist dies auch kein typischer Vertragsbruch, sondern Ausdruck des Legalitätsprinzips der öffentlichen Verwaltung. Selbstredend können auch grundrechtliche Positionen des begünstigten Verkehrsunternehmen nicht betroffen sein, da eine Beteiligung privater Grundrechtsträger an dieser Form der öffentlichen Verwaltung ausgeschlossen ist. Ergebnis wäre daher die **Beendigung eines unzulässigen internen Betreibers** ex nunc.

18

Art. 8 Übergangsregelung

(1) ¹Öffentliche Dienstleistungsaufträge werden nach Maßgabe dieser Verordnung vergeben. ²Dienstleistungsaufträge oder öffentliche Dienstleistungsaufträge gemäß der Definition in den Richtlinien 2004/17/EG oder 2004/18/EG für öffentliche Personenverkehrsdienste mit Bussen und Straßenbahnen werden jedoch gemäß den in jenen Richtlinien vorgesehenen Verfahren vergeben, sofern die Aufträge nicht die Form von Dienstleistungskonzessionen im Sinne jener Richtlinien annehmen. ³Werden Aufträge nach den Richtlinien 2004/17/EG oder 2004/18/EG vergeben, so sind die Absätze 2 bis 4 des vorliegenden Artikels nicht anwendbar.

(2) Unbeschadet des Absatzes 3
i) gilt Artikel 5 ab dem 3. Dezember 2019 für die Vergabe öffentlicher Dienstleistungsaufträge für Personenverkehrsdienste auf der Straße und auf anderen schienengestützten Verkehrsträgern als der Eisenbahn, wie Untergrund- oder Straßenbahnen;
ii) gilt Artikel 5 ab dem 3. Dezember 2019 für öffentliche Schienenpersonenverkehrsdienste;
iii) finden Artikel 5 Absatz 6 und Artikel 7 Absatz 3 ab dem 25. Dezember 2023 keine Anwendung mehr.

Die Laufzeit von Aufträgen, die gemäß Artikel 5 Absatz 6 zwischen dem 3. Dezember 2019 und dem 24. Dezember 2023 vergeben werden, beträgt höchstens zehn Jahre.

Bis zum 2. Dezember 2019 treffen die Mitgliedstaaten Maßnahmen, um Artikel 5 schrittweise anzuwenden und ernste strukturelle Probleme insbesondere hinsichtlich der Transportkapazität zu vermeiden.

¹Binnen sechs Monaten nach dem 25. Dezember 2020 legen die Mitgliedstaaten der Kommission einen Fortschrittsbericht vor, in dem die Umsetzung der Vergabe von öffentlichen Dienstleistungsaufträgen, die mit Artikel 5 im Einklang stehen, dargelegt wird. ²Die Kommission führt auf der Grundlage der Fortschrittsberichte der Mitgliedstaaten eine Überprüfung durch und unterbreitet gegebenenfalls Gesetzgebungsvorschläge.

(2a) ¹Öffentliche Dienstleistungsaufträge für öffentliche Schienenpersonenverkehrsdienste, die auf der Grundlage eines anderen als eines fairen wettbewerblichen Vergabeverfahrens ab dem 24. Dezember 2017 bis zum 2. Dezember 2019 direkt vergeben werden, können für ihre vorgesehene Laufzeit gültig bleiben. ²Abweichend von Artikel 4 Absatz 3 darf die Laufzeit dieser Aufträge zehn Jahre nicht überschreiten, es sei denn, Artikel 4 Absatz 4 findet Anwendung.

(3) Von Absatz 2 ausgenommen sind öffentliche Dienstleistungsaufträge, die gemäß dem Gemeinschaftsrecht und nationalem Recht wie folgt vergeben wurden:
a) vor dem 26. Juli 2000 nach einem fairen wettbewerblichen Vergabeverfahren;
b) vor dem 26. Juli 2000 nach einem anderen Verfahren als einem fairen wettbewerblichen Vergabeverfahren;
c) ab dem 26. Juli 2000 und vor dem 3. Dezember 2009 nach einem fairen wettbewerblichen Vergabeverfahren;
d) ab dem 26. Juli 2000 und vor dem 24. Dezember 2017 nach einem anderen Verfahren als einem fairen wettbewerblichen Vergabeverfahren.

¹Die unter Buchstabe a genannten Aufträge können für ihre vorgesehene Laufzeit gültig bleiben. ²Die unter den Buchstaben b und c genannten Aufträge können für ihre vorgesehene Laufzeit gültig bleiben, jedoch nicht länger als 30 Jahre. ³Die unter Buchstabe d genannten Aufträge können für ihre vorgesehene Laufzeit gültig bleiben, sofern ihre Laufzeit begrenzt und mit den Laufzeiten gemäß Artikel 4 vergleichbar ist.

Öffentliche Dienstleistungsaufträge können für ihre vorgesehene Laufzeit gültig bleiben, wenn ihre Beendigung unangemessene rechtliche oder wirtschaftliche Auswirkungen hätte, vorausgesetzt dass die Kommission der Weiterführung zugestimmt hat.

(4) ¹Unbeschadet des Absatzes 3 können die zuständigen Behörden während der zweiten Hälfte des in Absatz 2 genannten Übergangszeitraums diejenigen Betreiber eines öffentlichen Dienstes von der Teilnahme an wettbewerblichen Vergabeverfahren ausschließen, die nicht nachweisen können, dass der Wert der öffentlichen Verkehrsdienste, für die sie gemäß dieser Verordnung eine Ausgleichsleistung erhalten oder ausschließliche Rechte genießen, mindestens 50 % des Werts aller von ihnen erbrachten öffentlichen Verkehrsdienste, für die sie eine Ausgleichsleistung erhalten oder ausschließliche Rechte genießen, ausmacht. ²Betreiber eines öffentlichen Dienstes, die die auszuschreibenden Dienste erbringen, können nicht ausgeschlossen werden. ³Dieses Kriterium gilt nicht für öffentliche Dienstleistungsaufträge, die als Notmaßnahme gemäß Artikel 5 Absatz 5 vergeben wurden.

Machen die zuständigen Behörden von der in Unterabsatz 1 genannten Möglichkeit Gebrauch, so hat dies ohne Diskriminierung zu erfolgen; in diesem Fall schließen sie alle potenziellen Betreiber eines öffentlichen Dienstes aus, die dieses Kriterium erfüllen, und unterrichten potenzielle Betreiber zu Beginn des Vergabeverfahrens für öffentliche Dienstleistungsaufträge von ihrer Entscheidung.

Die betroffenen zuständigen Behörden teilen der Kommission ihre Absicht, diese Vorschrift anzuwenden, mindestens zwei Monate vor der Veröffentlichung des wettbewerblichen Vergabeverfahrens mit.

I. Normzweck und Bedeutung

1   Die Übergangsvorschriften waren und sind zwischen den Mitgliedstaaten stark umstritten, da sie das **Tempo der Marktöffnung** bestimmen. Für den Straßenpersonenverkehr **in Deutschland** sind die Vorschriften **bedeutungslos,** da der Bundesgesetzgeber keinen Gebrauch von einer schrittweisen Öffnung gemacht hat, daher galt auch Art. 5 von Anfang

an uneingeschränkt.[1] Vielmehr bestimmt § 62 Abs. 1 PBefG lediglich eine Übergangsfrist im Hinblick auf die Vergabe öffentlicher Dienstleistungsaufträge bis 31.12.2013 und unterstreicht nochmals den Bestandsschutz erteilter Liniengenehmigungen. Letzteres schloss und schließt allerdings nicht aus, dass Genehmigungen aufgrund unzulässiger und damit ungesicherter Finanzierung widerrufen werden.[2] Im Eisenbahnverkehr wurde die bereits 2003 mit § 4 VgV eingeleitete Marktöffnung letztlich durch die BGH-Rechtsprechung[3] zu SPNV-Verträgen im Jahr 2011 abgeschlossen.

Art. 8 Abs. 1 wiederholt wörtlich Art. 5 Abs. 1 und hatte damit die Funktion, deutlich zu machen, dass für die vorrangig nach den EU-Öffentliche-AuftragsvergabeRL zu vergebenden öffentlichen Dienstleistungsaufträgen keine Übergangszeit bestand. Für die verbleibenden Aufträge bestimmte der ursprüngliche Abs. 2 eine durch die Mitgliedstaaten vorzunehmende **schrittweise Anwendung** bis zum 3.12.2019 der Vergabe öffentlicher Dienstleistungsaufträge, wobei Abs. 3 den entsprechenden Bestandsschutz bisheriger öffentlicher Dienstleistungsaufträge regelte. Durch die Ergänzungen im Rahmen des **vierten Eisenbahnpakets** ist nun der **Abs. 2 verunglückt.** Er regelt die Geltung des Art. 5 ab 3.12.2019, sowie das Außerkrafttreten der Direktvergabeoption im Schienenpersonenverkehr nach Art. 5 Abs. 6 zum 25.12.2023. Gemeint ist aber, dass ab diesem Datum der Art. 5 uneingeschränkt anzuwenden ist. Es ist nicht erkennbar, dass die ÄndVO die ursprünglich im Straßenpersonenverkehr gegebene Übergangsfrist außer Kraft setzen wollte. Denn auch weiterhin regelt Abs. 2 UAbs. 3, dass bis zu diesem Datum die VO schrittweise anzuwenden ist. Daher sind lit. i und ii so zu lesen, dass ab 3.12.2019 Art. 5 *uneingeschränkt* gilt. 2

Praktische Bedeutung hat Art. 8 Abs. 2 und 3 abgesehen vom Schienenpersonenverkehr vor allem in Fragen der Gültigkeit von **Altverträgen bzw. Altbetrauungen.** Hierbei sind vor allem Altverträge, die noch vor dem 3.12.2009 und einem nicht offenen und fairen Verfahren vergeben wurden **(sog. Betrauungen),** von Bedeutung. Diese wurden angewandt, da man vielfach der Auffassung war, den Vergaberegeln des Art. 5 Abs. 2 für Inhouse, aber auch den Abgeltungsregelungen gemäß Anhang nicht (sofort) nachkommen zu können. Die ÄndVO ändert diese Frist nun auf das Datum ihres Inkrafttretens, dem 25.12.2017. Allerdings ist damit nicht ein neues Fenster für Altverträge verbunden, denn aus Sinn und Zweck des neuen Datums ergibt sich im Vergleich zum bisherigen Datum, dass dieses für die nun einbezogenen öffentlichen Dienstleistungsaufträge im Schienenpersonenverkehr gelten soll. 3

Insgesamt ist die Bedeutung dieser Altverträge eher gering, da der **Bestandsschutz nur** im Hinblick auf das **Vergabeverfahren** gilt. **Art. 8 regelt keine Erleichterungen vom Beihilfeverbot** und den sonstigen inhaltlichen Anforderungen vor allem aus Art. 4.[4] Dies hat das EuG insoweit eindeutig festgestellt.[5] Der EuGH ist allerdings der Auffassung, dass gegebenenfalls ein **Vertrauensschutz** in Betracht kommt: „Dagegen sind die Vorschriften des materiellen Unionsrechts im Interesse der Beachtung der Grundsätze der Rechtssicherheit und des Vertrauensschutzes so auszulegen, dass sie für vor ihrem Inkrafttreten abgeschlossene Sachverhalte nur gelten, soweit aus ihrem Wortlaut, ihrer Zielsetzung oder ihrem 4

---

[1] OLG Düsseldorf Beschl. v. 2.3.2011 – VII-Verg 48/10, NZBau 2011, 244 Rn. 95.
[2] In der Rspr. sah das BVerwG keinen zwingenden Zusammenhang zwischen einer beihilferechtswidrigen Finanzierung und einer entsprechenden Prüfpflicht der Genehmigungsbehörde dahingehend: BVerwG Urt. v. 19.10.2006 – 3 C 33.05, BVerwGE 127, 42 = NVwZ 2007, 330 Rn. 37 ff. Diese Rspr. nahm aber das BVerwG zumindest teilweise zurück, indem sie die Genehmigungsbehörden verpflichtete, die Dauerhaftigkeit und Auskömmlichkeit des Verkehrs und damit die Frage gesicherter Finanzierungsgrundlagen zu prüfen: BVerwG Urt. v. 24.10.2013 – 3 C 26.12, BVerwGE 148, 175 = NVwZ-RR 2014, 224, Rn. 22 ff.
[3] BGH Beschl. v. 8.2.2011 – X ZB 4/10, BGHZ 188, 200 = NZBau 2011, 175 – Abellio.
[4] VG Augsburg Urt. v. 24.3.2015 – Au 3 K 14.34, BeckRS 2015, 100053 Rn. 135; *Saxinger* EuZW 2009, 449 (450); *Nettesheim* NVwZ 2009, 1449 (1454); *Saxinger/Niemann* DER NAHVERKEHR 6/2009, 32 (33); *Linke* NZBau 2010, 207 (208); *Wachinger/Zimmer* DER NAHVERKEHR 7-8/2010, 30; Voraufl. *Hölzl* → Rn. 1; KLPP/*Kaufmann* Rn. 12; Saxinger/Winnes/*Eichhorn* RdÖPV Art. 8 Rn. 16 f., 35. AA mit Verweis auf die Formulierung „gültig bleiben": *Winnes/Schwarz/Mietzsch* EuR 2009, 290 (294).
[5] EuG Urt. v. 20.3.2013 – T 92/11, ECLI:EU:T:2013:143 = BeckRS 2013, 80610, Rn. 50 – Kom./Jörgen Andersen.

Aufbau eindeutig hervorgeht, dass ihnen eine solche Wirkung beizumessen ist".[6] Infolge dessen wurde die EuG-Entscheidung aufgehoben und zurückverwiesen. Jedoch ist dies wenig überzeugend. Denn soweit Verkehrsverträge im Wettbewerb vergeben wurden und daher ein vollständiger Kalkulationsvertrauensschutz besteht, enthält die PersonenverkehrsVO keine weitergehenden Regelungen als Art. 14 VO (EWG) Nr. 1191/69. Handelt es sich dagegen um Direktvergaben, so muss in deren Rahmen eine Überkompensation wirksam ausgeschlossen werden. Die VO (EWG) Nr. 1191/69 regelte insoweit, dass ein Ausgleich nur für auferlegte Beförderungs-, Betriebs- und Tarifpflichten geleistet werden dufte. Der Ausgleich hierfür war ebenfalls auf das Notwendige begrenzt und hatte eine zweckdienliche Geschäftsführung nach Art. 12 VO (EWG) Nr. 1191/69 zu beachten, was in der Sache den Regelungen des Anhangs PersonenverkehrsVO sehr nahe kommt. Da die Direktvergabe eine besondere Privilegierung des ausgewählten Betreibers darstellt, ist nicht erkennbar, warum ein Vertrauensschutz dahingehend bestehen soll, dass die Ausgleichsregelungen der VO (EWG) Nr. 1191/69 beibehalten werden, wenn auf der anderen Seite zentrale Regelungen der VO (EWG) Nr. 1191/69 wie der Aufhebungsanspruch gegenüber gemeinwirtschaftlichen Verpflichtungen beseitigt wurden. Daher müssen auch die Altverträge in beihilferechtlicher Hinsicht allen Anforderungen der VO entsprechen wie:
- Exakte Definition des gemeinwirtschaftlichen Auftrags,
- Überwachung der Leistungserbringung,
- Ex Ante Kalkulation des Ausgleichs mit Festlegung entsprechender Parameter und
- keine Überkompensation mit ex post-Kontrolle gemäß Anhang.

5 Soweit die bisherigen Verträge diesen Anforderungen nicht entsprechen, sind diese zu ändern. Dabei kann entsprechend den Regelungen des § 132 GWB sehr schnell ein neuer vergabepflichtiger Vorgang vorliegen, sodass unter diesem Aspekt der Bestandsschutz des Art. 8 leerläuft.

II. Direktvergaben im Schienenverkehr bis 25.12.2023 (Abs. 2 und 2a)

6 Neue Bedeutung wird der Art. 8 im Eisenbahnpersonenverkehr erhalten. Zwar wird die Regelung aufgrund der in § 131 GWB nun auch gesetzlich festgehaltene Ausschreibungspflicht im deutschen Schienenpersonenverkehr für **Deutschland keine Bedeutung haben,** jedoch werden viele andere Mitgliedstaaten die Marktöffnung im Schienenpersonenverkehr nun an den Bestimmungen des Art. 8 Abs. 2 und 2a ausrichten. Zunächst ermöglicht Abs. 2 UAbs. 2 nochmalig letztmalige Direktvergaben im Schienenpersonenverkehr von bis zu zehn Jahren im Zeitraum vom 3.12.2019 bis 24.12.2023. Davor sind Direktvergaben nochmals möglich, wenn ihre Laufzeiten mit denen von Art. 4 Abs. 3 vergleichbar bleiben (Abs. 3 lit. d). Aber auch hier werden sich die gleichen Probleme wie bei den Altverträgen des Straßenpersonenverkehrs stellen. Denn auch für die Eisenbahnverträge gilt, dass diese beihilferechtlich den Vorgaben der VO entsprechen müssen und etwaige Anpassungen zu vergabepflichtigen Änderungen führen (→ Rn. 5).

III. Reziproker Wettbewerb (Abs. 4)

7 Art. 8 Abs. 4 erlaubt den zuständigen Behörden, **Bieter auszuschließen,** die ihrerseits aus einer Wettbewerbsposition heraus agieren, die noch nicht sicher einer Überkompensation gemeinwirtschaftlicher Pflichten ausschließt. Dagegen ist nicht erforderlich, dass die Bieter selbst ihre öffentlichen Dienstleistungsaufträge alle im Wettbewerb gewonnen haben. Damit sollen Verwerfungen der Marktöffnungen vermieden werden. Da in Abs. 2 die Übergangszeit durch das vierte Eisenbahnpaket mit einem weiteren Datum, dem 25.12.2023, angereichert wurde und die Regelung auch für die neue Marktöffnung im Eisenbahnverkehr von Bedeutung ist, muss die Übergangszeit nun getrennt nach Straßenpersonenverkehr

---
[6] EuGH Beschl. v. 6.10.2015 – C-303/13 P, ECLI:EU:C:2015:647 = BeckRS 2015, 81260 – Kom./ Jörgen Andersen. Dazu *Linke* IR 2016, 18 f.

(unverändert 3.12.2019) und Eisenbahnpersonenverkehr (neu 25.12.2023) betrachtet werden. Die Befugnis zum Ausschluss steht den zuständigen Behörden zu. In ihrer Hand soll die Gestaltung fairer Wettbewerbsbedingungen liegen. Auch nur vor Ort kann letztlich entschieden werden, ob es durch Marktasymmetrien zu unvertretbaren Wettbewerbskonstellationen kommt. Allerdings beschränkt sich die Ausschlussmöglichkeit nur auf solche Unternehmen, die noch die Mehrheit ihrer Ausgleichsleistungen aus Altverträgen mit Gültigkeitsbeginn vor Inkrafttreten der VO erhalten. Dagegen sind Unternehmen, die eine Direktvergabe nach Art. 5 Abs. 2–6 erhalten, nicht von einer wettbewerblichen Teilnahme ausgeschlossen. Zudem kann der Bestandsbetreiber niemals ausgeschlossen werden. Weitere Hürde für die Anwendung dieser Vorschrift ist die vorherige Informationspflicht gegenüber der Kommission nach UAbs. 3.

IV. Fortschrittsbericht (Abs. 3 UAbs. 4)

Der Fortschrittsbericht zur Marktöffnung ist neu bis zum 25.6.2021 durch die Mitgliedstaaten vorzulegen. Dieser kann sich auf die Marktöffnung im Schienenpersonenverkehr beschränken, da der erste Fortschrittsbericht nach der ursprünglichen Fassung bis zum 3.6.2016 vorzulegen war. 8

Art. 9 Vereinbarkeit mit dem Vertrag

(1) ¹Eine gemäß dieser Verordnung gewährte Ausgleichsleistung für gemeinwirtschaftliche Verpflichtungen beim Betrieb öffentlicher Personenverkehrsdienste oder für die Einhaltung von in allgemeinen Vorschriften festgelegten tariflichen Verpflichtungen muss mit dem Gemeinsamen Markt vereinbar sein. ²Diese Ausgleichsleistungen sind von der Pflicht zur vorherigen Unterrichtung nach Artikel 88 Absatz 3 des Vertrags befreit.

(2) Unbeschadet der Artikel 73, 86, 87 und 88 des Vertrags können die Mitgliedstaaten weiterhin andere als die von dieser Verordnung erfassten Beihilfen für den Verkehrssektor nach Artikel 73 des Vertrags gewähren, die den Erfordernissen der Koordinierung des Verkehrs oder der Abgeltung bestimmter, mit dem Begriff des öffentlichen Dienstes zusammenhängender Leistungen entsprechen, und zwar insbesondere
a) bis zum Inkrafttreten gemeinsamer Vorschriften über die Zuordnung der Infrastrukturkosten, wenn die Beihilfe Unternehmen gewährt wird, die Kosten für die von ihnen benutzte Infrastruktur zu tragen haben, während andere Unternehmen derartigen Belastungen nicht unterworfen sind. Bei der Festlegung des entsprechenden Beihilfebetrags werden die Infrastrukturkosten berücksichtigt, die konkurrierende Verkehrsträger nicht zu tragen haben;
b) wenn mit der Beihilfe die Erforschung oder die Entwicklung von für die Gemeinschaft insgesamt wirtschaftlicheren Verkehrssystemen und -technologien gefördert werden soll. Solche Beihilfen sind auf das Forschungs- und Entwicklungsstadium zu beschränken und dürfen nicht für die kommerzielle Nutzung dieser Verkehrssysteme und -technologien gewährt werden.

I. Notifizierungsfreiheit von Ausgleichsleistungen (Abs. 1)

Ausgleichsleistungen entsprechend der PersonenverkehrsVO sind vom **Notifizierungsgebot** nach Art. 108 Abs. 3 AEUV **freigestellt**. Irreführend ist dabei die in der deutschen Sprachfassung verwandte Formulierung „muss mit dem Gemeinsamen Markt vereinbar" sein. Die meisten Sprachfassungen verwenden das feststellende „ist vereinbar". Auch nur diese Aussage ergibt Sinn. Denn jegliche Ausgleichsleistung, die nach den Regelungen der VO vergeben wird, entspricht Art. 93 AEUV und ist dadurch mit dem Gemeinsamen Markt 1 vereinbar.¹ Damit setzt die VO die Tradition ihrer VorgängerVO (EWG) Nr. 1191/69 fort und gibt der VO so die große praktische Bedeutung. Im Umkehrschluss bedeutet dies, dass jede Verletzung der Regelungen der VO, sei es Verfahrensvorschriften oder Vorgaben zu Inhalten allgemeine Vorschriften oder öffentlicher Dienstleistungsaufträge, dieses Privileg entfallen lässt. Das Notifizierungsgebot umfasst dann die gesamte Zahlung und im Genehmigungsverfahren müsste die vollständige PersonenverkehrsVO zugrunde gelegt werden. Nur ausnahmsweise kommt dann eine Genehmigung von Beihilfen aufgrund von Aspekten in Betracht, die in der VO keinen Niederschlag finden, aber gleichzeitig eine Genehmigung nach allgemeinen Beihilfegrundsätzen möglich erscheinen lassen. Infrage kommen hier Rettungs- und Sanierungsbeihilfen im Schnittfeld mit einer Sicherstellung gemeinwirtschaftlicher Pflichten, wenngleich es Ziel der VO ist, derartige verschiedene Aspekte getrennt zu betrachten.

2   Die Feststellung der Vereinbarkeit umfasst auch jedwede **koordinierende Funktion** von Beihilfen. Zwar regelt die VO nur Abgeltungsbeihilfen, jedoch ist mit jeder Abgeltung auch denklogisch ein Eingriff in das freie intermodale Spiel der Marktkräfte und damit eine Wechselwirkung zu anderen Verkehrsträgern verbunden. Gerade das weite Ermessen zur Festlegung der notwendigen Angebote, welches den zuständigen Behörden eingeräumt wird (→ Art. 2 Rn. 20), zeigt, dass im Interesse der Absicherung von Mobilitätsbedürfnissen verschiedenster Bevölkerungskreise aber auch im Interesse der Attraktivität des öffentlichen Verkehrs und damit bezweckten Veränderungen des Modal Split umfangreiche Angebote zulasten anderer Verkehrsträger möglich sind.

II. Infrastrukturkostenbeihilfen (Abs. 2 lit. a)

3   Im Gegensatz zur VO (EWG) Nr. 1107/70 **öffnet die VO Art. 93 AEUV wieder** und ermöglicht der Kommission die Genehmigung von Beihilfen unmittelbar auf der Grundlage des Art. 93 AEUV. Genannt werden in Art. 9 Abs. 2 insbesondere Infrastrukturbeihilfen² sowie Beihilfen für Forschung und Entwicklung. Dagegen ist die VO nicht so zu verstehen, dass auch **andere Ausgleichsleistungen** als solche nach Art. 2 lit. g nun ermöglicht werden sollen.³ Denn Ausgleichsleistungen für gemeinwirtschaftliche Leistungen im Personenlandverkehr werden in dieser VO weiterhin abschließend geregelt. Daher können andere geleistete Abgeltungsbeihilfen nur solche sein, die nicht gemeinwirtschaftliche Pflichten ausgleichen sollen. Dies dürfte denklogisch kaum möglich sein, da eine Abgeltung immer den Bezug zur gemeinwirtschaftlichen Pflicht voraussetzt.

4   Abs. 2 lit. a eröffnet die Möglichkeit, die Infrastrukturkostenanlastung zu kompensieren, solange und soweit entsprechende gemeinschaftliche Regelungen fehlen. Dies gilt grundsätzlich für alle Verkehrsträger und hat im Rahmen der VO vor allem Relevanz für die **Kompensation von Trassenpreisen im Schienenpersonenverkehr.** Hier fordert das Gemeinschaftsrecht in Art. 31 Abs. 3 EisenbahnRL lediglich zur Erhebung von Trassenpreisen in Höhe der unmittelbaren Kosten des Zugbetriebs (Grenzkosten). Weitere Aufschläge insbesondere aufgrund der Tragfähigkeit sind bis zur Deckung der Vollkosten möglich (Art. 32 Abs. 1 EisenbahnRL).

III. FuE Beihilfen (Abs. 2 lit. b)

5   Einen weiteren möglichen Erlaubnistatbestand bestimmt Abs. 2 lit. b für etwaige Forschungs- und Entwicklungsbeihilfen. Die Begrenzung auf Forschung und Entwicklung entspricht dabei den üblichen FuE-Regelungen zu Zielgerichtetheit, Erforderlichkeit, Geeignetheit, Anreizeffekt, Angemessenheit, keine übermäßigen Wettbewerbs- und Han-

---

¹ So auch KLPP/*Lübbig* Rn. 4; Saxinger/Winnes/*Faber* RdÖPV Art. 9 Rn. 6; *Núñez Müller* → 1. Aufl. 2011, Sektoren Rn. 526.
² S. hierzu *Berschin* in Baumeister A1 RdÖPNV Rn. 214 ff. zur Praxis der Kom. in Bezug auf Infrastrukturbeihilfen.
³ *Berschin* in Baumeister A1 RdÖPNV Rn. 180 ff.; s. auch Saxinger/Winnes/*Faber* RdÖPV Art. 9 Rn. 15.

delsbeeinträchtigungseffekte und schließlich Transparenz, wie sie in der Mitteilung der Kommission zu FuEuI-Beihilfen[4] und in Art. 30–37 VO (EU) 651/2014 niedergelegt sind.

IV. Weitere Beihilfen nach Art. 93 AEUV

Die Formulierung „insbesondere" drückt aus, dass Art. 9 Abs. 2 nun keine abschließende Aufzählung von Abgeltungs- und Koordinierungsbeihilfen mehr beinhaltet.[5] Erwägungsgrund 34 nennt auch unter Bezugnahme auf das Altmark Trans-Urteil des EuGH Abgeltungsbeihilfen auf der Grundlage des Art. 93 AEUV, wenn eine klare Betrauung besteht und die Ausgleichsleistung die Nettomehrkosten der gemeinwirtschaftlichen Verpflichtung nicht übersteigt. Jedoch dürfte dieser Hinweis auf genehmigungsfähige **Abgeltungsbeihilfen** auf der Grundlage des Art. 93 AEUV eher irreführend sein, da die VO selbst für den Personenverkehr zu Lande **abschließend** den Bedarf an Abgeltungsbeihilfen regelt. Lediglich bei von der VO ausgenommenen Leistungen ist auf das allgemeine Beihilferecht zurückzugreifen, wie Erwägungsgrund 5 verdeutlicht.   6

Denkbar sind als weitere – jeweils aber notifizierungspflichtige – Beihilfen Förderungen für Fahrzeuge, Betriebshöfe, Werkstätten, Umweltschutzmaßnahmen,[6] Marketing, Vertrieb, Planung und Beratung oder auch Vorhaltekostenförderung.[7] Gleichwohl können diese Maßnahmen auch alle innerhalb von öffentlichen Dienstleistungsaufträgen mitabgedeckt werden[8] und eine objektive Notwendigkeit für gesonderte Förderungen wird selten bestehen.   7

Anders verhält es sich bei der Genehmigungsfähigkeit von **Koordinierungsbeihilfen**. Abgesehen vom zwingenden Reflex der Ausgleichsleistungen auf andere Verkehrsträger und damit verbundenen möglichen Koordinierungsbeihilfen enthält die VO keine Regelungen über Koordinierungsbeihilfen. Sie nennt lediglich im Bereich der Infrastrukturkostenanlastung und für FuE mögliche Beihilfegenehmigungstatbestände, ohne damit Koordinierungsbeihilfen regeln zu wollen. Es bleibt daher auch im Personenlandverkehr bei uneingeschränkter Anwendbarkeit des Art. 93 AEUV (*Núñez Müller* → 1. Aufl. 2011, Sektoren 491 f.).   8

Art. 10 Aufhebung

(1) ¹Die Verordnung (EWG) Nr. 1191/69 wird aufgehoben. ²Sie gilt jedoch während eines Zeitraums von drei Jahren nach Inkrafttreten der vorliegenden Verordnung weiterhin für Güterbeförderungsdienste.

(2) Die Verordnung (EWG) Nr. 1107/70 wird aufgehoben.

Die **Aufhebung der VO (EWG) Nr. 1191/69** ist folgerichtig, da deren Zweck nun durch die nachfolgende PersonenverkehrsVO erfüllt wird. Die Abgeltung gemeinwirtschaftlicher Pflichten wird umfassend geregelt, wenngleich die PersonenverkehrsVO **keinen Abgeltungsanspruch** mehr bestimmt,[1] sondern lediglich Abgeltungen zulässt und dem Umfang nach begrenzt. Auch der in der VO (EWG) Nr. 1191/69 geregelte Aufhebungsanspruch – ursprünglich nur der Staatsbahnen, seit VO (EWG) Nr. 1893/91 auch aller Ver-   1

---

[4] Kom., Mitteilung Unionsrahmen für staatliche Beihilfen zur Förderung von Forschung, Entwicklung und Innovation, ABl. 2014 C 198/1.
[5] Mitteilung der Kom., Gemeinschaftliche Leitlinie für staatliche Beihilfen an Eisenbahnunternehmen v. 22.7.2008, ABl. 2008 C 184/13 Rn. 20; *Roling* DER NAHVERKEHR 8/2009, 51 (52); KLPP/*Lübbig* Rn. 9; Saxinger/Winnes/*Niemann* RdÖPV Anhang Rn. 23 ff.
[6] S. hierzu Kom., Leitlinien der gemeinschaftlichen staatlichen Umweltschutzbeihilfen, ABl. 2008 C 82/1.
[7] S. dazu *Roling* DER NAHVERKEHR 8/2009, 51 (52 f.); Saxinger/Winnes/*Faber* RdÖPV Art. 9 Rn. 23.
[8] Mit. d. Kom., Gemeinschaftliche Leitlinien für staatliche Beihilfen an Eisenbahnunternehmen, ABl. 2008/C 184/13.
[1] Das insbes. im EU-Parlament geforderte Unterkompensationsgebot fand dagegen keinen Einzug in die PersonenverkehrsVO.

kehrsunternehmen im öffentlichen Personenverkehr, soweit die Mitgliedstaaten nicht von der Ausnahmemöglichkeit Gebrauch gemacht hatten – hat sich erledigt. Denn dieser Aufhebungsanspruch war bewusst als Transformation bisher eher allgemein auferlegter gemeinwirtschaftlicher Pflichten in fortan konkrete Gegenleistungsverhältnisse gedacht. Dies geht Hand in Hand mit der in Art. 5 Abs. 1 UAbs. 2 Eisenbahnraum-RL geregelten **Unabhängigkeit** der Geschäftsführungen von **Eisenbahnunternehmen,** die in den verschiedenen EisenbahnRL immer weiter ausgefeilt wurde. Dies verbietet die Annahme von gemeinwirtschaftlichen Verpflichtungen, die nicht oder nur unvollständige kompensiert werden. Auch die gesetzliche Anordnung derartiger Pflichten ohne hinreichenden Ausgleich würde gegen vorgenannte Richtlinie verstoßen.

2 Ein vergleichbares **Unabhängigkeitsgebot** für **Straßenpersonenverkehrsunternehmen** findet sich im EU-Recht nicht. Während bei privaten Unternehmen schon denklogisch eine Unterkompensation ausgeschlossen werden kann, solange sie die gemeinwirtschaftlichen Verpflichtungen freiwillig[2] eingehen, ist dies bei den öffentlichen Unternehmen anders. Gerade das Topos der dem Gemeinwohl verpflichteten kommunalen Eigengesellschaft lebt von dauerhaft defizitärer Leistungserbringung. Verliehen Art 1 Abs. 4 VO (EWG) Nr. 1191/69 und Art. 4 VO (EWG) Nr. 1191/69 dem Verkehrsunternehmen einen Anspruch auf Aufhebung der gemeinwirtschaftlichen Pflichten, den die zuständigen Behörden nur durch eine Beibehaltungs- oder Neuauferlegungsentscheidung nach Art. 1 Abs. 5 mit gleichzeitiger Festsetzung eines angemessenen Ausgleichs abwehren konnten, so fehlt hier eine Nachfolgeregelung der PersonenverkehrsVO. Diese „Lücke" wurde bewusst gerissen, da ein gemeinschaftlicher Regelungsbedarf für ein Unterkompensationsverbot nicht gesehen wurde. Dies ist auch nachvollziehbar, da die Regelung eines Unterkompensationsverbot Hand in Hand mit dem geregelten Überkompensationsverbot (→ Art. 6 Rn. 2 ff.) dazu geführt hätte, dass denklogisch nur ein einziger Ausgleichsbetrag rechtskonform wäre und erhoffte Rechtsunsicherheit Makulatur gewesen wäre.

3 Es ist daher Aufgabe der Mitgliedstaaten insbesondere bei öffentlichen Unternehmen für eine hinreichende Unabhängigkeit der Geschäftsführung mit einer angemessenen Kompensation gemeinwirtschaftlicher Pflichten zu sorgen. Hilfreich in Deutschland ist dazu das Jahressteuergesetz 2009,[3] mit dem § 8 Abs. 7 KStG eingefügt wurde. Damit ist es nicht mehr erforderlich, dass im steuerlichen Querverbund kommunale Eigengesellschaft auf ihren Kompensationsanspruch für gemeinwirtschaftliche Pflichten verzichtet. Vielmehr kann diese Kompensation auch durch Defizitübernahme im kommunalen Querverbund erfolgen und muss nicht mehr umgangen werden.[4]

4 Weitere Schutzwirkungen gegen eine mögliche Unterkompensation liefert bei grundrechtsberechtigten, dh mindestens mittelbar privaten Unternehmen Art. 12 Abs. 1 GG unter dem Stichwort **„Indienstnahme Privater".** Hier ergeben sich Ausgleichsansprüche für auferlegte gemeinwirtschaftliche Pflichten. Allerdings gewährt die Rechtsprechung dem Gesetzgeber dabei einen weiten Gestaltungsspielraum zur Festlegung des Ausgleichs, insbesondere auch unter dem Aspekt der Querfinanzierung aus anderen Nutzergruppen.[5] Auf europäischer Ebene findet sich dagegen kein vergleichbarer Schutzstandard, sodass auch hieraus der EU-Gesetzgeber nicht verpflichtet war, den Abgeltungsanspruch der VO (EWG) Nr. 1191/69 fortwirken zu lassen.

5 Wenige Landverkehre wie insbesondere die **Binnenschifffahrt** können von der VO ausgenommen werden. Für derartige **Abgeltungsbeihilfen** gilt mit Inkrafttreten der PersonenverkehrsVO wieder unmittelbar Art. 93 AEUV, wie Erwägungsgrund 36 auch hervor-

---

[2] S. auch Saxinger/Winnes/*Saxinger* RdÖPV Art. 2 lit. e Rn. 22 f.
[3] BGBl. 2008 I 2794.
[4] Zur Diskussion zur Schädlichkeit der Verlustausgleichsübernahme durch Ergebnisabführungsverträge s. *Linke* Verkehr und Technik, 2010, 429 (430 ff.); Saxinger/Winnes/*Saxinger* RdÖPV Art. 4 Abs. 1 Rn. 70 ff.
[5] Zum rechnerisch nur hälftigen Ausgleich unter Geltung des § 45a PBefG s. BVerfG Beschl. v. 8.12.2009 – 2 BvR 758/07, NVwZ 2010, 634 Rn. 81; BVerwGE 69, 104, 107 f. = DVBl. 1985, 285. Zum Abzug des Schwellenwertes beim betriebsindividuellen Ausgleich nach §§ 145 ff. SGB IX BVerwG Beschl. v. 17.1.2003 – 5 B 261.02 = NVwZ 2003, 866 (868).

hebt. Allerdings ist irreführend, wenn die Kommission in diesem Zusammenhang auf EuGH Rs. C-280/00 „Altmark Trans" verweist, den tatbestandlich sind dortige Abgeltungen keine Beihilfen, für die Art. 93 AEUV einen Rechtfertigungsgrund darstellen könnte.

Die **Aufhebung der VO (EWG) Nr. 1107/70** ist dagegen **nicht** ohne Weiteres **zwingend.** Denn sie regelte ihrem Anspruch nach den Art. 93 AEUV umfassend. Im Hinblick auf alle erforderlichen Koordinierungs- und Abgeltungsbeihilfen in Art. 3 VO (EWG) Nr. 1107/70 waren geregelt:
– Abgeltungsbeihilfen auch für Unternehmen außerhalb der VO (EWG) Nr. 1191/69,
– Normalisierung der Konten, auch für Eisenbahnen außerhalb der VO (EWG) Nr. 1192/69,
– Ausgleich unterschiedlicher Wegekosten,
– Sanierung und Restrukturierung,
– Beihilfen für den kombinierten Verkehr, zuletzt befristet bis 31.12.1997,
– Entwicklung der Binnenschifffahrt, zuletzt befristet bis 31.12.1999.
Lediglich die Beihilfen für den kombinierten Verkehr waren gem. Art. 5 Abs. 2 VO (EWG) Nr. 1107/70 vom Notifizierungsgebot nach Art. 108 Abs. 3 AEUV befreit. Dies war auch der Grund, warum letztlich die VO (EWG) Nr. 1107/70 geringe Bedeutung behielt und allenfalls nochmals zusätzliche Unterstützung für die Entscheidungspraxis der Kommission im Bereich der Beihilfen für den Landverkehr hergab.

Weniger überzeugend ist dagegen der in Erwägungsgrund 37 wiedergegebene Aufhebungsgrund der unangemessenen Einschränkung des Art. 93 AEUV. So würde die PersonenverkehrsVO Investitionen vor allem Rahmen öffentlich-privater Partnerschaften behindern. Im Vordergrund steht daher offenbar mehr Flexibilität für die Kommission, die ohne weitere sekundärrechtliche Vorgaben, insgesamt freier wird, den Art. 93 AEUV flexibel anzuwenden. Im Kontext der im Wesentlichen auf die Freistellung vom Notifizierungsgebot ausgerichtete PersonenverkehrsVO ist es folgerichtig, nur die Beihilfen für unterschiedliche Anlastung von Wegekosten (Art. 9 Abs. 2 lit. a) aufzulisten und zusätzlich FuE-Beihilfen im lit. b zu erwähnen. Für diese wird zwar mangels näherer Eingrenzung keine Freistellung vom Notifizierungsgebot ausgesprochen, aber diese Beihilfen sind am ehesten noch im Zusammenhang mit Abgeltungsbeihilfen zu sehen. Die Nachfolgeregelungen für Eisenbahnen wurden wie in Erwägungsgrund 37 angekündigt im Beihilferahmen für Eisenbahnen[6] niedergelegt. Ansonsten ist eher zu beobachten, dass bestimmte allgemeine Beihilfenrahmen wie De Minimis,[7] Umweltschutz[8] oder FuE[9] nun auch konsequent für den bisher ausgeschlossenen Verkehrssektor geöffnet werden.

Nationale Verweise vor allem auf die VO (EWG) Nr. 1191/69 laufen ins Leere und werden in der Regel dynamisch auf die PersonenverkehrsVO zu interpretieren sein.[10] Die PersonenverkehrsVO regelt zwar auch die Zulässigkeit von Finanzierungen im öffentlichen Verkehr, ihr Regelungsansatz ist aber weiter und umfasst eine Harmonisierung im Gemeinsamen Markt der öffentlichen Verkehr im Hinblick auf durch Ausschließlichkeitsrechte und öffentliche Finanzierung abgeschottete Märkte. Dagegen hatte die VO (EWG) Nr. 1191/69 den Schwerpunkt bei der Stärkung der Autonomie der Verkehrsunternehmen, vor allem der Staatsbahnen bei der Indienstnahme für gemeinwirtschaftliche Zwecke. Vor diesem Hintergrund muss der noch **in § 15 AEG verbliebene Verweis** auf die VO (EWG) Nr. 1191/69 als wirkungslos angesehen werden.[11] Die VO (EWG) Nr. 1191/69 ließ eine Auferlegung für gemeinwirtschaftliche Leistungen nur unter engen Bedingungen zu. Dieses Instrument wurde in der PersonenverkehrsVO nicht weitergeführt, sondern vielmehr der Begriff der öffentlichen Dienstleistungsaufträge eingeführt. Dieser kann zwar auch hoheitliche Leistungsverpflichtun-

---

[6] Mitteilung der Kom., Gemeinschaftliche Leitlinien für staatliche Beihilfen an Eisenbahnunternehmen, ABl. 2008 C 184/13.
[7] S. Erwägungsgrund 5 VO (EU) Nr. 1407/2013.
[8] Art. 36 Abs. 4 VO (EU) Nr. 651/2014.
[9] Mitteilung der Kom., Unionsrahmen für staatliche Beihilfen zur Förderung von Forschung, Entwicklung und Innovation, ABl. 2014 C 198/1.
[10] Barth in Baumeister RdÖPNV A2 Rn. 203.
[11] Beck AEG/Fehling AEG § 15 Rn. 18; Barth in Baumeister RdÖPNV A2 Rn. 82.

gen beinhalten, sie stehen aber nicht mehr im Vordergrund. Zudem regelt die PersonenverkehrsVO im Gegensatz zur VO (EWG) Nr. 1191/69 keinen Mindestabgeltungsanspruch, sondern legt nur noch den höchstzulässigen Ausgleich fest. Daher ist die PersonenverkehrsVO von ihrer Konzeption her nicht geeignet, Verweise aus dem nationalen Recht als dynamische Verweise zu interpretieren. Erst recht gilt dies für § 15 Abs. 2 AEG, der noch die Ausschreibung von SPNV-Leistungen in das Ermessen der zuständigen Behörden stellte. Zum einen hat der BGH[12] bereits aus den später ergangenen Normierungen des Vergaberechts die volle Anwendung des Vergaberechts bestimmt, was nun auch in § 131 GWB seinen Niederschlag gefunden hat, zum anderen hat die PersonenverkehrsVO nun eigenständige Regelungen zur Vergabe im SPNV, die einem derartigem freien Ermessen bereits entgegenstehen.

Art. 11 Berichte

Die Kommission legt nach Ende des in Artikel 8 Absatz 2 vorgesehenen Übergangszeitraums einen Bericht über die Durchführung dieser Verordnung und über die Entwicklung der Erbringung öffentlicher Personenverkehrsdienste in der Gemeinschaft vor, in dem insbesondere die Entwicklung der Qualität der öffentlichen Personenverkehrsdienste und die Auswirkungen der Direktvergabe bewertet werden und dem erforderlichenfalls geeignete Vorschläge zur Änderung dieser Verordnung beigefügt sind.

1 Der Kommissionsbericht ist nach dem Ende des **Übergangszeitraums** vorzulegen. War dieser bislang mit dem 2.12.2019 klar bestimmt, ist durch die ÄndVO nun ein weiteres Datum, der 24.12.2023, ins Spiel gekommen. Da nun die Mitgliedstaaten ihren Fortschrittsbericht bis zum 25.12.2020 vorlegen, spricht vieles dafür, dass der Kommissionsbericht erst nach Ablauf der Übergangszeit im Schienenverkehr vorzulegen ist. Ziel dieses Berichts ist es, insbesondere die rechtlichen und politischen umstrittenen Instrumente der Direktvergaben zu evaluieren.

2 Hiervon unberührt ist die Befugnis der Kommission, sich zur Anwendung der VO zu äußern, insbesondere Unterstützung bei Auslegungsfragen. Dies erfolgte zB durch die Mitteilung der Kommission zu Auslegungsfragen im Jahr 2014.[1]

Art. 12 Inkrafttreten

Diese Verordnung tritt am 3. Dezember 2009 in Kraft.

1 Das ursprüngliche Inkrafttreten zum 3.12.2009 ist inzwischen bedeutungslos. Die ÄndVO trat zum 24.12.2017 in Kraft. Ein Außerkrafttreten ist in Art. 8 Abs. 3 lit. iii bezüglich Art. 5 Abs. 6 und 7 Abs. 3 ab 25.12.2023, dem Ablaufdatum der Übergangszeit, geregelt.

Anhang: Regeln für die Gewährung einer Ausgleichsleistung in den Artikel 6 Absatz 1 genannten Fällen

1. Ausgleichsleistungen im Zusammenhang mit direkt vergebenen öffentlichen Dienstleistungsaufträgen gemäß Artikel 5 Absätze 2, 4, 5 oder 6 oder Ausgleichsleistungen im Zusammenhang mit einer allgemeinen Vorschrift sind nach den Regeln dieses Anhangs zu berechnen.

---

[12] BGH Beschl. v. 8.2.2011 – X ZB 4/10, BGHZ 188, 200 = NZBau 2011, 175 – Abellio.
[1] Mitteilung der Kom. über die Auslegungsleitlinien zu der VO (EG) Nr. 1370/2007 über öffentliche Personenverkehrsdienste auf Schiene und Straße, ABl. 2014 C 92/1 (= „Auslegungsmitteilung PersonenverkehrsVO").

2. Die Ausgleichsleistung darf den Betrag nicht überschreiten, der dem finanziellen Nettoeffekt der Summe aller (positiven oder negativen) Auswirkungen der Erfüllung gemeinwirtschaftlicher Verpflichtungen auf die Kosten und Einnahmen des Betreibers eines öffentlichen Dienstes entspricht. Die Auswirkungen werden beurteilt anhand des Vergleichs der Situation bei Erfüllung der gemeinwirtschaftlichen Verpflichtung mit der Situation, die vorläge, wenn die gemeinwirtschaftliche Verpflichtung nicht erfüllt worden wäre. Für die Berechnung des finanziellen Nettoeffekts geht die zuständige Behörde nach dem folgenden Modell vor:

Kosten, die in Verbindung mit einer gemeinwirtschaftlichen Verpflichtung oder einem Paket gemeinwirtschaftlicher Verpflichtungen entstehen, die von einer oder mehreren zuständigen Behörden auferlegt wurden und die in einem öffentlichen Dienstleistungsauftrag und/oder in einer allgemeinen Vorschrift enthalten sind,

abzüglich aller positiven finanziellen Auswirkungen, die innerhalb des Netzes entstehen, das im Rahmen der betreffenden gemeinwirtschaftlichen Verpflichtung(en) betrieben wird,

abzüglich Einnahmen aus Tarifentgelten oder aller anderen Einnahmen, die in Erfüllung der betreffenden gemeinwirtschaftlichen Verpflichtung(en) erzielt werden,

zuzüglich eines angemessenen Gewinns,

ergeben den finanziellen Nettoeffekt.

3. Die Erfüllung der gemeinwirtschaftlichen Verpflichtung kann Auswirkungen auf mögliche Beförderungstätigkeiten eines Betreibers haben, die über die betreffende(n) gemeinwirtschaftliche(n) Verpflichtung(en) hinausgehen. Zur Vermeidung von übermäßigen oder unzureichenden Ausgleichsleistungen werden daher bei der Berechnung des finanziellen Nettoeffekts alle quantifizierbaren finanziellen Auswirkungen auf die betroffenen Netze des Betreibers berücksichtigt.

4. Die Berechnung der Kosten und Einnahmen erfolgt anhand der geltenden Rechnungslegungs- und Steuervorschriften.

5. Führt ein Betreiber eines öffentlichen Dienstes neben den Diensten, die Gegenstand einer Ausgleichsleistung sind und gemeinwirtschaftlichen Verpflichtungen unterliegen, auch andere Tätigkeiten aus, so muss die Rechnungslegung für diese öffentlichen Dienste zur Erhöhung der Transparenz und zur Vermeidung von Quersubventionen getrennt erfolgen, wobei zumindest die folgenden Voraussetzungen erfüllt sein müssen:
   - Die Konten für jede dieser betrieblichen Tätigkeiten werden getrennt geführt, und der Anteil der zugehörigen Aktiva sowie die Fixkosten werden gemäß den geltenden Rechnungslegungs- und Steuervorschriften umgelegt.
   - Alle variablen Kosten, ein angemessener Beitrag zu den Fixkosten und ein angemessener Gewinn im Zusammenhang mit allen anderen Tätigkeiten des Betreibers eines öffentlichen Dienstes dürfen auf keinen Fall der betreffenden öffentlichen Dienstleistung zugerechnet werden.
   - Die Kosten für die öffentliche Dienstleistung werden durch die Betriebseinnahmen und die Zahlungen staatlicher Behörden ausgeglichen, ohne dass eine Übertragung der Einnahmen in einen anderen Tätigkeitsbereich des Betreibers eines öffentlichen Dienstes möglich ist.

6. Unter angemessenem Gewinn ist eine in dem betreffenden Sektor in einem bestimmten Mitgliedstaat übliche angemessene Kapitalrendite zu verstehen, wobei das aufgrund des Eingreifens der Behörde vom Betreiber eines öffentlichen Dienstes eingegangene Risiko oder für ihn entfallende Risiko zu berücksichtigen ist.

7. Das Verfahren zur Gewährung der Ausgleichsleistung muss einen Anreiz geben zur Aufrechterhaltung oder Entwicklung
   – einer wirtschaftlichen Geschäftsführung des Betreibers eines öffentlichen Dienstes, die objektiv nachprüfbar ist, und
   – der Erbringung von Personenverkehrsdiensten ausreichend hoher Qualität.

Übersicht

	Rn.		Rn.
I. Bedeutung des Anhangs	1, 2	5. Zeitliche Aspekte	11–14
II. Nettoeffekt (Nr. 2)	3–14	III. Rechnungslegung	15–20
1. Vergleich Ist mit hypothetischer Situation	3, 4	1. Verweis auf nationale Vorschriften (Nr. 4)	15–17
2. Identifikation der gemeinwirtschaftlichen Pflicht	5	2. Trennungsrechnung (Nr. 5)	18–20
		IV. Angemessener Gewinn (Nr. 6)	21–26
3. Kosten, Erlöse und Gewinn	6–9	V. Wirtschaftlichkeits- und Qualitätsanreiz (Nr. 7)	27–29
4. Auswirkungen auf andere Tätigkeiten (Nr. 3)	10	VI. Nachweisführung	30

I. Bedeutung des Anhangs

1 Der Anhang enthält gesonderte Abrechnungsvorschriften für nicht wettbewerbliche Vergaben, wobei auch die allgemeinen Vorschriften nach Art. 3 Abs. 2 umfasst werden, obwohl es hier dank offenen Marktzugangs (→ Art. 3 Rn. 8) nicht an aktuellen und potenziellen Wettbewerb mangeln sollte. Die Abrechnungsvorschriften sollen eine Überkompensation verhindern. Gemäß Erwägungsgrund 27 muss es daher detaillierte Bestimmungen geben, wie dies nachgewiesen kann. Erwägungsgrund 28 formuliert eine **Beweisfunktion** des Anhangs im Hinblick auf die Einhaltung des Überkompensationsverbots. Allerdings würde im Fall des Falles immer noch die jeweils zuständige Behörde auch das Gericht die Beweislast dafür haben, dass keine übermäßige Ausgleichsleistung vorliegt und daher die Freistellung vom Notifizierungsgebot in Art. 9 Abs. 1 nicht greifen würde. Daher muss es eine breitere Erklärung für die vertieften Abrechnungsregelungen des Anhangs geben:

2 Zum einen geht es um **Operationalisierung** des in Art. 4 Abs. 1 eingeführten Begriffs „übermäßige Ausgleichsleistung" und „finanziellen Nettoauswirkungen auf Kosten und Erlöse durch die gemeinwirtschaftliche Verpflichtungen". Zum anderen regelt der Anhang die wirksame **Verhinderung eines Mitteltransfers** aus nicht wettbewerblichen Bereichen in Wettbewerbsbereiche. Damit unterscheidet sich der Anhang nicht grundlegend von der Zielrichtung der EG-Transparenz-Richtlinie und den dort niedergelegten Erwägungen (Erwägungsgründe 15 und 16 RL 2006/111/EG). Allerdings beschränkt Art. 2 lit. d RL 2006/111/EG die Verpflichtung, getrennte Bücher zu führen, auf Unternehmen, die sowohl Dienstleistungen von allgemeinem wirtschaftlichem Interesse als auch andere Tätigkeiten erbringen. Diese Beschränkung auf Tätigkeit auch in anderen Bereichen enthält der Anhang nicht. Dahinter steckt die Erwartung, dass durch die genauere Rechnungslegung, auch **Effizienz und Qualität** der Dienstleistung sichtbar werden, insbesondere anhand von Kennziffern Vergleichsmöglichkeiten mit wettbewerblichen Vergabeverfahren entstehen und so die Einsicht zugunsten des Wettbewerbs wachsen könnte. So ist letztlich zu erklären, dass der Anhang, der eigentlich nur Abrechnungsvorschriften enthalten sollte, an unerwarteter Stelle unter Nr. 7 Qualitäts- und Wirtschaftlichkeitsanreizen postuliert.

II. Nettoeffekt (Nr. 2)

3 **1. Vergleich Ist mit hypothetischer Situation.** Kern des Anhangs ist die Definition des wirtschaftlichen Nettoeffekts. Der Nettoeffekt ist das Saldo[1] aller positiven und negativen

---

[1] Der bei *Deuster* IR 2009, 46 (49) und *Saxinger/Winnes/Niemann* RdÖPV Anhang Rn. 28 f. beschriebene Widerspruch zwischen Saldierungs- und Differenzierung ist theoretischer Natur. Soweit sich der Ohnefall

Effekte der gemeinwirtschaftlichen Pflicht in finanzieller Hinsicht. Dabei ist ein Vergleich mit einem hypothetischen Zustand ohne des Bestehens der gemeinwirtschaftlichen Pflicht(en) zu wählen. Mit diesem Vergleich zu einem hypothetischen Zustand befindet sich die VO in guter **Tradition** zu ihrer **VorgängerVO (EWG) Nr. 1191/69**. Auch dort war in Art. 11 Abs. 1 lit. a VO (EWG) Nr. 1191/69 geregelt, dass bei einer Tarifpflicht als Referenz der ohne Tarifpflicht bestehende Tarif oder mangels dessen der bei kaufmännischer Geschäftsführung unter Berücksichtigung von Kosten und Marktlage fiktiv gedachte Tarif heranzuziehen war. Zudem waren die bei dem gedachten Tarif anzunehmenden Fahrgastmengen anzusetzen. Genauso bestimmten Art. 10 Abs. 1 UAbs. 1 VO (EWG) Nr. 1191/69 diese Differenzhypothese ganz allgemein: Es war ein Vergleich des Zustands mit gemeinwirtschaftlichen Pflichten zu einem Zustand ohne gemeinwirtschaftliche Pflichten vorzunehmen. Ist dieser Zustand aber nicht beschreibbar, weil ein **Ausgleich von Angebot und Nachfrage** kommerziell gar **nicht möglich** ist, ist die Hypothese leer. Das bedeutet, dass die **Differenz zu** einem ansonsten **nicht stattfindenden Verkehr** zu berechnen ist; dh alle Kosten und Einnahmen des der gemeinwirtschaftlichen Pflicht Verkehrs sind abrechnungsfähig. Dieser Zusammenhang war in Art. 11 Abs. 2 VO (EWG) Nr. 1191/69 explizit geregelt: „Wenn der nach Absatz 1 errechnete Ausgleich wegen der Marktlage nicht ausreicht, die gesamten Kosten des der Tarifpflicht unterliegenden Verkehrs zu decken, so entspricht die Höhe des Ausgleichs nach Artikel 9 Absatz 1 dem Unterschied zwischen diesen Kosten und den Einnahmen dieses Verkehrs". Mit anderem Worten: Gab es zu einem fiktiven Tarif keine hinreichende Nachfrage aufgrund der Preiselastizitäten mehr, so wurde aus der Tarifpflicht automatisch eine Betriebspflicht, die vollumfänglich erstattungsfähig war.

In der Praxis wird sich aber meist nicht mit vertretbarem Aufwand feststellen lassen, was **4** der **kommerzielle Kern** einer Leistung ist, die aus einer Vielzahl gemeinwirtschaftlicher Pflichten zu Fahrplan, Tarif und Qualität ergibt. Relativ schnell wird deutlich sein, dass das entsprechend umfangreiche Angebot zu den vorgegebenen Tarifen bei weitem nicht finanzierbar ist. Allerdings wäre vielfach ein **Rumpfangebot** mit hohen Tarifen als kommerzieller Kern bei entsprechendem Aufwand identifizierbar. In Anbetracht des Zwecks der VO, Finanztransfer in kommerzielle, wettbewerbliche Bereiche zu verhindern und durch Transparenz über Leistung und Gegenleistung Qualität und Effizienz zu fördern, ist es nicht geboten, hier unter Geltung umfangreicher Eingriffe in den Markt durch gemeinwirtschaftliche Pflichten einen hypothetischen Zustand im Sinne eines eigenwirtschaftlichen Kerns zu identifizieren. Denn Art. 2a Abs. 1 UAbs. 1 verdeutlicht das äußerst weite Ermessen der zuständigen Behörden, gemeinwirtschaftliche Pakete zu definieren und dadurch einen Ausgleich von guten und schlechten Risiken herbeizuführen. Daher bietet sich an, den Gedanken der VO (EWG) Nr. 1191/69 weiterhin fruchtbar zu machen: Eine hypothetische Referenz ist dann herzustellen, wenn gezielt in einen kommerziellen Verkehr mit Einzelleistungen eingegriffen wird. Dies ist zum einen bei der **allgemeinen Vorschrift** der Fall, da hier ohne Vorgaben zu Fahrplan und Qualität (→ Art. 3 Rn. 9 f.) lediglich in die unter dem Ausgleich von Angebot und Nachfrage gebildeten Tarife eingegriffen wird. Auch bei zusätzlichen Fahrplanleistungen oder Qualitäten in einem offenen Markt, dh einem Markt ohne ausschließliche Rechte, kann von einem isolierten Markteingriff ausgegangen werden, der die Differenzbildung zu einem Zustand ohne diesem Eingriff erlaubt. Wird dagegen ein ausschließliches Recht nach Art. 2 lit. f vergeben, muss zwingend als Gegenleistung für das ausschließliche Recht ein ganzes Bündel aus Vorgaben zu Fahrplan, Tarif und ggf. auch Qualität geregelt werden. Unter dessen Geltung ist der Verkehr insgesamt höherwertig als sich unter Ausgleich von Angebot und Nachfrage ergeben würde. In diesem Fall erscheint es obsolet, einen hypothetischen Zustand mit hohem Aufwand zu ermitteln, der im Zweifel ergibt, dass bei einem Einbrechen der Erträge auf die Hälfte oder noch weniger ein Bruchteil des Angebots ggf. bestehen könnte.

---

gar nicht beschreiben lässt, wird man die gesamten Kosten und Erlöse der der gemeinwirtschaftlichen Pflicht unterfallenden Tätigkeit des Betreibers zurechnen können, da die jeweiligen Abzugspositionen 0 sind.

5   **2. Identifikation der gemeinwirtschaftlichen Pflicht.** Bezugspunkt eines Ausgleichs ist eine gemeinwirtschaftliche Pflicht oder ein Bündel derartiger Pflichten. Diese müssen **klar und transparent** festgesetzt sein und Gegenstand des Verpflichtungsaktes sein. Jedwede Arten von Selbstfestlegungen oder einseitigen Befreiungsmöglichkeiten stehen im Zweifel einer tatsächlichen Pflicht entgegen und sind Indiz für Selbstbetrauungen (→ Art. 3 Rn. 11). Die zweifelsfreie Herausarbeitung der gemeinwirtschaftlichen Pflicht(en) ist auch als Größe des hypothetischen Bezugsfalls unerlässlich. Sind die Pflichten nur punktuelle Eingriffe in einen ansonsten freien Markt, so ist dieser hypothetische Fall von größter Bedeutung. Denn nur die Differenz zu diesem Fall ist ausgleichsfähig. Daher ist exakt zu identifizieren, mit welchen Pflichten in den ansonsten ungeregelten Markt eingegriffen wird.

6   **3. Kosten, Erlöse und Gewinn.** Nr. 2 legt die Berechnung des finanziellen Nettoeffekts aus dem **Saldo der Kosten- und Erlösveränderung zuzüglich eines angemessenen Gewinns** fest. Die Kosten sind auf die gemeinwirtschaftliche Verpflichtung oder ein Bündel hieraus zu beziehen. Soweit Verkehrsleistungen nach Umfang (Fahrplan) und Qualität vorgegeben werden, ist ein Kostenbezug ohne Weiteres herstellbar. Schwieriger wird es, soweit Pflichten vorgegeben werden, die vor allem die Ertragsseite betreffen, insbesondere Tarifpflichten. Auch hier können Kosten entstehen, soweit zB zusätzliche Vorgaben für den Vertrieb gemacht werden. Ein Beispiel wäre die Vorgabe, rabattierte Seniorenzeitkarten persönlich in Seniorenzentren verkaufen zu müssen. Dagegen sind zwangsläufig mit dem Vertrieb anfallende Kosten wie das Vorhalten von Vertriebstechnik, das Abrechnen von Erlösen oder auch Melden von Verbundeinnahmen keine Kosten der gemeinwirtschaftlichen Tarifverpflichtung, da sie auch in jeden anderen marktlichen Konstellation anfallen würden.

7   Kosten für **zusätzliche Kapazitäten** im Rahmen von **Tarifverpflichtungen** sind zunächst hierdurch ausgelöste Kosten. Jedoch gilt dies **nur für rentierliche Kosten**.[2] Das bedeutet, dass zusätzliche Kapazitäten nur in den Umfang bereitgestellt werden dürfen, wie sie durch zusätzliche Erträge aus dem rabattierten Tarif finanziert werden können. Werden weitere nicht rentierliche Kapazitäten bereitgestellt, so ist dies nicht mehr Ausfluss einer Tarifpflicht, sondern wäre nur im Rahmen einer Betriebspflicht, also Vorgaben zu Fahrplan und Kapazität ausgleichsfähig. Denn hier handelt es sich nicht mehr um einen Tarifeingriff eines ansonsten gegebenen Gleichgewichts von Angebot und Nachfrage, sondern vielmehr muss eine Angebotsquantität festgelegt werden, die sich daraus ergibt, dass die Tarife insgesamt nicht ausreichen, um das gewünschte Angebot zu finanzieren.

8   Die **Erlöse** sind alle auf die gemeinwirtschaftlichen Verpflichtungen entfallenden Erlöse. Dies sind auch ggf. zuzuscheidende Anteile aus Zeitkarten. Zwar sieht der Nettoeffekt nur die Betrachtung eines Saldos vor, jedoch ist gerade für den Kauf von Zeitkarten nicht unerheblich, wie umfangreich ein Angebot besteht. So kann der Entfall von bestellten Nachmittagsfahrten bedeuten, dass insgesamt die Zeitkarten unattraktiv werden. Dies kann selbst im Schülerverkehr eine Rolle spielen, in dem in der Regel die öffentliche Hand Nachfrage durch Übernahme der notwendigen Schülerbeförderungskosten disponiert. So kann das Nichtbedienen von Rückfahrten im hypothetischen Fall dazu führen, dass Einzel-/Mehrfahrten-/Punktekarten für die verbleibenden Fahrten günstiger sind als eine Zeitkarte. Neben den Tarifeinnahmen sind alle **weiteren Einnahmen** abzusetzen, die im Rahmen der gemeinwirtschaftlichen Tätigkeit erzielt werden. Neben anderen öffentlichen Ausgleichsleistungen wie anteiligen § 45a PBefG oder §§ 145 ff. SGB IX sind hier (anteilige) Werbeeinnahmen aus Fahrzeugen zu nennen.

9   Weiterhin sind sonst alle **positiven Effekte** innerhalb des Netzes zu berücksichtigen. Bei den Erlösen können dies nur die Erlöse der gemeinwirtschaftlichen Pflicht sein. Weitere Effekte wie Zubringereffekte auf kommerzielle Dienste unterfallen der Nr. 3. Bei den Kosten verdeutlich dagegen dieser Hinweis, dass die Kosten angemessen zugeschieden werden. So

---

[2] *Grischkat/Karl/Berschin/Schaaffkamp* Verkehr und Technik 2010, 466 (468); *Berschin* in Baumeister RdÖPNV A1 Rn. 58.

verbessern zB zusätzliche Fahrten die Auslastung von Fahrzeugen und Personal, sodass daher nicht sachgerecht wäre, die mit dem bisherigen Gemeinkostenzuschlag zu versehen. Im Ergebnis unterstreicht aber die Erwähnung der positiven Effekte, dass eine strenge Vergleichsrechnung mit und ohne gemeinwirtschaftlicher Verpflichtung anzustellen ist, und eine Extrapolation aufgrund durchschnittlicher Ansätze, zB Kosten je Nutzwagenkilometer unzulässig ist. Zur Beaufschlagung mit einem angemessenen Gewinn → Rn. 21 ff.

4. Auswirkungen auf andere Tätigkeiten (Nr. 3). Während nach Nr. 2 nur die positiven Auswirkungen innerhalb des Netzes gemeinwirtschaftlicher Verpflichtungen zu berücksichtigen sind, bestimmt Nr. 3 die Berücksichtigung von Überwirkungen auf sonstige, dh kommerzielle Beförderungstätigkeiten. Dabei können sowohl **Vor- als auch Nachteile** berücksichtigt werden. Einschränkend wird aber gefordert, dass die Auswirkungen quantifizierbar sind, dies bedeutet mit vertretbaren Aufwand abgeschätzt werden können. **Vorteile** sind typischerweise Zubringer- und Marktgrößeneffekte, die sich in höherer Nachfrage auch im kommerziellen Verkehr niederschlagen. Auch gerade die Kundenbindung durch ein größeres Angebot und bessere Gewöhnung der Kunden an einen Betreiber können für das kommerzielle Angebot einen erheblichen Beitrag leisten.[3] **Nachteile** wären denkbar durch Veränderung der Zahlungsbereitschaften der Kunden. So kann ein dauerhaft subventioniertes Tarifniveau insgesamt das Gefühl für die Wertigkeit kommerzieller Leistungen beeinflussen. Allerdings müssen derartige Effekte quantifizierbar sein. An dieser Hürde wird ein Ansatz regelmäßig scheitern, da hierzu umfangreichste Marktforschungen angestellt werden müssten.

5. Zeitliche Aspekte. Das Verbot der Überkompensation kann nur anhand einer **rückblickenden Betrachtung** („ex post") festgestellt werden (→ Art. 4 Rn. 14). Wie sich bereits aus Nr. 2 ergibt, müssen die Effekte den Veränderungen entsprechen. Dies ergibt sich aus dem verwendeten Indikativ Präsens, auch in den anderen Sprachfassungen. Es gibt keinen Hinweis darauf, dass hier eine Prognose oder Vorabkalkulation ausreichend wäre. Lediglich der hypothetische Zustand ist notwendigerweise eine Prognose, dagegen ist der Zustand mit der gemeinwirtschaftlichen Verpflichtung die tatsächlichen sich ergebenden Verhältnisse zugrunde zu legen. Dies zeigt sich zB in der Gegenposition „abzüglich aller Erträge […], die […] erzielt werden". Unzweifelhaft kann auch die Bezugnahme in Nr. 4 auf die Bilanzierungs- und Steuervorschriften der Mitgliedstaaten nur ein Istergebnis beinhalten, da diese Verweise keinerlei Regelungsgehalt für geplante Ergebnisse haben.

Dagegen ist der Abrechnungsrhythmus nicht geregelt. In der Tradition der VO (EWG) Nr. 1191/69 und auch unter Bezugnahme auf Rechnungslegungs- und Steuervorschriften sprich viel für eine **jährliche Abrechnung,** allerdings ist dies nicht zwingend.[4] Sichergestellt werden muss, dass am Ende gewährleistet sein muss, dass keine Überzahlung vorliegt. Aber auch das Belassen von Überzahlungen vorübergehend wirkt wie Eigenkapital und kann daher eine (weitere) Überkompensation bewirken. Es spricht daher viel dafür, dass eine Abrechnung und Bereinigung zumindest in überschaubaren Zeiträumen von zwei bis drei Jahren erfolgen muss.

Eng damit hängt die **Zeitnähe** zusammen. Insbesondere Abrechnungen über Einnahmen im Verbund oder auch staatliche Ausgleichsleistungen können teilweise erst mit mehrjährigem Verzug erfolgen. Gleichwohl hat das für die Rechnungslegung und auch Besteuerung nur geringe Folgen, da hier zu Recht das Schwergewicht auf Zeitnähe gelegt wird. Forderungen und Verbindlichkeiten sind daher abzuschätzen und einzustellen. Die jeweilige Bereinigung erfolgt in der nächsten Bilanz unter außerordentlichen Erträgen und Aufwendungen. Dieses Vorgehen hat sich sowohl unter bilanz- als auch steuerrechtlichen Aspekten bewährt. Zwar will die PersonenverkehrsVO Überkompensationen verhindern und zielt auf eine möglichst genaue Abrechnung. Jedoch darf der Aspekt Zeit und Zeitnähe nicht unterschätzt werden.

---

[3] So auch Auslegungsmitteilung PersonenverkehrsVO Nr. 2.4.2 und 2.4.7.; s. auch Saxinger/Winnes/ Niemann RdÖPV Anhang Rn. 38; *Tegner/Wachinger* IR 2010, 264 (266).

[4] So aber Saxinger/Winnes/Niemann RdÖPV Anhang Rn. 32.

Zu langes Zuwarten kann zu erheblichen Überzahlungen und damit ungerechtfertigtem Liquiditätsvorteilen führen, wie es umgekehrt auch zu entsprechenden Unterzahlungen führen kann.[5] Daher ist unter Verweis der Nr. 4 auf Bilanz- und Steuerrecht, die Abrechnung aus dem Rückblick auf das kürzlich abgeschlossene Geschäftsjahr (bzw. ggf. mehrere Jahre) unter Einstellung der bis dahin bekannten Sachverhalte und deren finanziellen Bewertungen vorzunehmen. Erst recht gilt dies, soweit das Verkehrsunternehmen eine Einnahmeüberschussrechnung durchführt, denn hier sind bereits nur die jeweiligen Zahlungstermine maßgebend.

14 Keinen expliziten Eingang in den Anhang fanden die Vorstellungen der Kommission zur **Rückführung übermäßiger Ausgleichsleistungen.** Allerdings hat die Kommission festgestellt, dass ein öffentlicher Dienstleistungsauftrag zur Absicherung des Überkompensationsverbot über einen Rückführungsmechanismus von Überzahlungen aufweisen muss, wenn eine derartige Überzahlung ex ante nicht vollständig ausgeschlossen werden kann.[6] In Anlehnung an die Almunia Reform, welche in Art. 6 Abs. 2 Freistellungsbeschluss[7] eine Übertragung von 10 % der Ausgleichsleistungen auf das nächstes Jahr zulässt, wird man auch dies im Bereich der PersonenverkehrsVO zulassen können.[8]

III. Rechnungslegung

15 **1. Verweis auf nationale Vorschriften (Nr. 4).** Der Verweis auf die jeweils nationalen Vorschriften zu Rechnungslegung und Besteuerung eröffnen einen entsprechenden Spielraum der wirtschaftlichen Bewertung von Sachverhalten, die damit im Ergebnis in der Europäischen Union divergieren können. Dies ist ein Zugeständnis an die jeweiligen Mitgliedstaaten, um die Überkompensationskontrolle einfach zu halten. Damit wird vermieden, dass die Verkehrsunternehmen abweichende Kontierungen und Bilanzierungen einführen müssen, um die fehlende Überkompensation nachzuweisen.

16 Dies bedeutet aber nicht, dass auf **Kostenstellen- oder Kostenträgerrechnungen** verzichtet werden können. Denn unterhalb der Bilanzierung sind diese erprobtes betriebswirtschaftliches Instrument, um den Erfolg einer bestimmten Tätigkeit oder eines Unternehmensbereichs zu überwachen. Da die gemeinwirtschaftlichen Pflichten selten das gesamte bilanzierende Unternehmen umfassen, ist entsprechend Nr. 3 eine sorgfältige Zuordnung der Kosten und Erlöse erforderlich.[9]

17 Weiterhin ist die bilanzielle und steuerrechtliche Freiheit bei **Konzernverrechnungspreisen**[10] einzuschränken. Denn Zweck des Anhangs ist die Überleitung von öffentlichen Ausgleichsleistungen in Wettbewerbsbereiche zu vermeiden. Dies könnte auch über zu hohe Konzernverrechnungspreise für Leistungen erfolgen. Daher ist zu fordern, dass Konzernverrechnungspreise einem Fremdvergleich standhalten müssen. Hierbei dürfen anders als im Konzernsteuerrecht Konzerninteresse nicht berücksichtigt werden, da der Anhang

---

[5] Die Kom. betont ebenfalls in ihrer Auslegungsmitteilung PersonenverkehrsVO Nr. 2.4.2, dass regelmäßige Kontrollen der Einhaltung des Nettoeffekts notwendig sind, um „klare Fälle von übermäßigen Ausgleichszahlungen" frühzeitig zu erkennen, insbes. bei langfristigen Verträgen entgegensteuern zu können.

[6] Kom., E v. 24.2.2010 über die öffentlichen Verkehrsdienstleistungsverträge zwischen dem dänischen Verkehrsministerium und Danske Statsbaner (Staatliche Beihilfe C 41/08 (ex NN 35/08)), ABl. 2011 L 7/1, Rn. 222 ff. Zuvor bereits auf Grundlage Altmark Trans: E der Kom. K(2011)632 endg. v. 23.2.2011 über die staatliche Beihilfe C 58/2006 (ex NN 98/2005) Deutschlands für Bahnen der Stadt Monheim (BSM) und Rheinische Bahngesellschaft (RBG) im Verkehrsverbund Rhein-Ruhr, ABl. 2011 L 210/1, Rn. 189 f.

[7] Freistellungs-Beschl. der Kom. 2012/21/EU v 20.12.2011 über die Anwendung von Art. 106 Abs. 2 AEUV auf staatliche Beihilfen in Form von Ausgleichsleistungen zugunsten bestimmter Unternehmen, die mit der Erbringung von Dienstleistungen von allgemeinem wirtschaftlichem Interesse betraut sind, ABl. 2012 L 7/3.

[8] Saxinger/Winnes/*Schmitz* RdÖPV Art. 4 Abs. 1 Rn. 65.

[9] Allerdings ist die Heranziehung der Gesamtbilanz nicht ausgeschlossen, sofern das gesamte Unternehmen nur gemeinwirtschaftliche Pflichten erbringt. *Heiß* VerwArch 2009, 109 (122); *Wachinger/Zimmer* DER NAHVERKEHR 7-9/2010, 30 (31); *Berschin* in Baumeister A1 Rn. 84.

[10] S. dazu aus steuerrechtlicher Sicht vor allem unter dem Aspekt unzulässiger Gewinnverlagerungen die Verwaltungsgrundsätze des BMF v. 23.2.1983, BStBl. I 1983 218 und BMF, Glossar Verrechnungspreise v. 19.5.2014, BStBl. I 2014 838.

die spezifischen Kosten und Erlöse der gemeinwirtschaftlichen Pflichten zu erfassen versucht und nicht das Interesse im Konzern. Davon ist selbstverständlich unberührt, dass die positiven und negativen Effekte auf andere, nicht gemeinwirtschaftliche Pflichten monetarisiert und saldiert werden.

2. Trennungsrechnung (Nr. 5). Das vorgenannte Ziel der Transparenz der Ausgleichsleistung im Kontext zur gemeinwirtschaftlichen Verpflichtung wird durch das im EU-Recht schon lange bekannte Instrument der Trennungsrechnung unterlegt. Insoweit werden auch die in Nr. 4 eingeräumten Freiheiten zum Rückgriff auf die nationalen Bilanzierungs- und Steuervorschriften eingeschränkt. Nach dem Vorbild der TranspRL 2006/111/EG fordert Nr. 5: 18

– Getrennte Rechnungswerke für die Leistungen mit der gemeinwirtschaftlichen Verpflichtung und sonstige Tätigkeiten.
– Dabei müssen Kosten und Erlöse vollständig aufgeteilt. Es ist eine eindeutige Zuordnung vorzunehmen oder hilfsweise zu schlüsseln.[11]
– Die Konten sind getrennt zu führen. Dies erfordert mindestens eine Wiedergabe in einer Kostenstellenrechnung und impliziert eine fortlaufende Führung. Eine nachträgliche (pauschale) Splittung steht dem Ziel der Transparenz und Nachvollziehbarkeit entgegen. Die explizite Nennung der Konten spricht für eine kontinuierliche Erfassung.
– Die nicht gemeinwirtschaftlichen Leistungen müssen alle ihre variablen Kosten, einen angemessenen Beitrag zum Gewinn und einen angemessenen Beitrag zu den Fixkosten tragen.
– Das Gewinntransferverbot meint nicht nur direkte Zahlungen, sondern auch jegliche Vorteile insbesondere aus Liquidität und Bonität, die aus der gemeinwirtschaftlichen Dienstleistung resultieren. Soweit diese nicht durch direkte Zahlungen ausgeglichen werden, ist für eine Berücksichtigung zB im Rahmen von internen Zinsen bei einem Cashpooling zu sorgen.

Insgesamt sind mit der Trennungsrechnung viele Bewertungsfragen der **sachgerechten Zuordnung** verbunden. Die Betriebswirtschaft stellt hierfür verschiedenste Instrumente, wie 19

– quantitative Anteile von Leistungen,
– Tragfähigkeit/Kostendeckungsfähigkeit einzelner Bereiche,
– Abbildung von getrennter Erfüllung und anteiliger Zurechnung.

Schwieriger sind dagegen **Gemeinkosten** – gerne auch Overhead genannt – angemessen zuzurechnen. Denn diese sind recht variabel und selten vollständig fix. Hier ist zunächst in einer Kostenstellenanalyse eine möglichst genaue Zuordnung notwendig. So lassen sich zB in der Lohnbuchhaltung meist schon sehr genaue Aussagen treffen, in welchen Anteilen die Mitarbeiter für die jeweiligen einzelnen Geschäftsbereiche tätig werden, zB ob aufgrund von Überstunden, Zeitabrechnung etc bei Busfahrern ein entsprechend erhöhter Aufwand anfällt. Soweit dagegen eine weitere Zuordnung nur noch mit unverhältnismäßigem Aufwand möglich ist, spricht nichts dagegen derartige Gemeinkosten den Fixkosten zuzurechnen und nach den dortigen Maßstäben zu verteilen. 20

IV. Angemessener Gewinn (Nr. 6)

Kaum ein Thema in der VO wird so leidenschaftlich diskutiert, wie des zustehenden Gewinns.[12] Dabei steht diese Diskussion in keinem Verhältnis zur praktischen Relevanz. Soweit die Unternehmen im **Monopol** agieren und von öffentlicher Kontrolle leben, ist 21

---

[11] Zur Problematik der sachgerechten Schlüsselung s. auch *Wachinger/Zimmer* DER NAHVERKEHR 7-8/2010, 30, 32; Bremer Straßenbahn AG Leitfaden zur Anwendung des Anhangs VO (EG) Nr. 1370/2007 im kommunalen ÖPNV; Saxinger/Winnes/Niemann RdÖPV Anhang Rn. 58.
[12] *Deuster* IR 2009, 346 (350); *Wachinger/Zimmer* DER NAHVERKEHR, 7-8/2010, 30 (33); *Linke* EWS 2011, 456, (458); *Karl/Petersen/Schaaffkamp* DER NAHVERKEHR 2015, 59; *KLPP/Lübbig* Rn. 49 ff.; Saxinger/Winnes/Niemann RdÖPV Anhang Rn. 64 ff. und OVG Münster Urt. v. 24.11.2015 – 13 A 2227/14, ECLI:DE:OVGNRW:2015:1124.13A2227.14.00 = BeckRS 2016, 44017.

die Frage der zustehende Gewinn meist nur eine Frage der Vergütung des Managements und der Freiheit „Gewinne" von einem in das nächste Jahr zu transferieren. In Wahrheit steckt hier aber eher die Frage der Kosteneffizienz dahinter. Auch kann im Einzelfall eine Gewinnverschiebung stattfinden, sodass mit einem ausgewiesenen Gewinn aus dem öffentlichen Dienstleistungsauftrag Defizite von wettbewerblichen Tätigkeiten finanziert werden. Allerdings dürfte hier das wirksamste Mittel das Tätigkeitsverbot in Art. 5 Abs. 2 lit. b sein. Der **Anwendungskern** des angemessenen Gewinns dürfte daher bei den **Direktvergaben außerhalb öffentlicher Unternehmen** und vor allem bei Finanzierungen **allgemeiner Vorschriften** liegen. In beiden Fällen ist evident, dass hier Überzahlungen zu Quersubventionierungen anderer Tätigkeit führen können.

22 Nr. 6 trifft zwei zentrale Festlegungen. Zum einen ist der Gewinn als **Kapitalrendite** zu ermitteln.[13] Damit sind Modelle der **Umsatzrenditen ausgeschlossen,** auch wenn sie in der Praxis ob ihrer Einfachheit sehr beliebt sind.[14] Die Kapitalrendite bemisst sich aus der erzielbaren Rendite aus dem eingesetzten Kapital. Nach deutschem Preisrecht, dem Regulierungsrecht und auch in vielen Unternehmenssteuerungsstrategien werden dabei die Gesamtkapitalrenditen herangezogen, da vielfach Eigen- und Fremdkapital gegeneinander austauschbar sind.[15] Allerdings bestimmt Nr. 6 weiterhin, dass die spezifische Risikostruktur der gemeinwirtschaftlichen Leistung zu berücksichtigen ist.[16] Dies ist ein deutlicher Hinweis darauf, dass das Kapital und die sich hieraus ableitende Rendite sich aus dem übernommenen Risiko bestimmen müssen. Dies ist ein deutlicher Hinweis auf einen Ansatz des **notwendigen Eigenkapitals.** Hiermit wird abgebildet, welche Kapitalanteile aufgrund der Risikostruktur nicht fremdfinanziert werden können, sondern notwendiger Eigenanteil der unternehmerischen Tätigkeit sein müssen (sog. branchenspezifisches bzw. betriebsnotwendiges Eigenkapital).[17] Dieser Ansatz hat den großen Vorteil, dass er allein auf die Risikostruktur des Geschäfts abstellt und nicht durch unternehmensindividuelle Entscheidungen zur Frage von Leasing von Investitionsgütern, Betriebsaufspaltungen und dergleichen beeinflusst wird, sondern objektiv ausschließlich auf die übernommene gemeinwirtschaftliche Pflicht und damit korrespondierende unternehmerische Pflichten Bezug nimmt. Die Bestimmung dieser internen Rendite als IRR liegt dabei auch auf der Linie, die für Dienstleistungen von allgemeinem wirtschaftlichem Interesse allgemein von der Kommission festgelegt wird. Dort wird für risikolose Geschäfte, dh Geschäfte mit vollständiger Kostenerstattung ein SWAP-Zinssatz zuzüglich eines Aufschlags von 1,0 % für allgemeine Liquiditätskosten als angemessen angesehen.[18] Der Übergang auf durchschnittliche Eigenkapitalrendite (ROE), die Ren-

---

[13] So auch Auslegungsmitteilung PersonenverkehrsVO Nr. 2.4.3. Die Kom. benennt als Vorzugsverfahren IRR – Rendite auf das insgesamt investierte Kapital und alternativ Eigenkapitalrendite oder Rendite (ROE) auf das gebundene Kapital (ROCE).
[14] S. nur die Gegenüberstellung E der Kom. v. 22.1.2014, Staatliche SA.34155 (2013/N) (ex 2011/PN) – Deutschland Landesgesetz des Landes Rheinland-Pfalz über den Ausgleich von gemeinwirtschaftlichen Verpflichtungen im Ausbildungsverkehr Rn. 60 Fn. 16. Hier werden Umsatzrenditen ohne jedweden Hintergrund und Einordnung zitiert und damit der Eindruck erweckt, sie wären auch nur ansatzweise vergleichbar. Ferner *Linke* EWS 2011, 456 (458); *Saxinger/Winnes/Niemann* RdÖPV Anhang Rn. 75 und die Regelungen im den Satzungsüberprüfungsverfahren OVG Münster Urt. v. 24.11.2015 – 13 A 2227/14, BeckRS 2016, 44017, Rn. 75 ff. mit den tragenden Argument, dass die Kom. Umsatzrenditen bei DAWI selber vorsehe und auch sonst bislang nicht gerügt hat und auch sonst sachgerecht sei.
[15] Hierzu dann auch eine Kapitalrendite von 5–7 % ableitend *Saxinger/Winnes/Niemann* RdÖPV Anhang Rn. 69.
[16] Der Hinweis in OVG Münster Urt. v. 24.11.2015 – 13 A 2227/14, ECLI:DE:OVGNRW:2015:1124.13A2227.14.00 = BeckRS 2016, 44017 Rn. 96 auf eine im Linienverkehr homogene Risikostruktur ist nur vor dem Hintergrund der hohen Zuschussfinanzierung auch des dort betroffenen „eigenwirtschaftlichen Verkehrs" nachvollziehbar. Allgemein dürften tatsächlich kommerzielle Verkehre in einem offenen Markt wesentlich höhere Risiken und damit auch Erwartungen an Umsatzrenditen unterliegen.
[17] *Wachinger/Zimmer* DER NAHZVERKEHR 7-8/2010, 30 (33); *Berschin* in Baumeister RdÖPNV A1 Rn. 88; tendenziell auch *Heiß* VerwArch 2009, 113 (126). Die Kritik hieran *Linke* EWS 2011, 456 (458) und *Saxinger/Winnes/Niemann* RdÖPV Anhang Rn. 73 geht fehl, da gerade mit dem notwendigen Eigenkapital die Frage der Kapitalgestaltung wie Leasing etc neutralisiert wird.
[18] Art. 5 Abs. 5 und 7 Beschl. d. Kom. v. 12.12.2011 über die Anwendung von Artikel 106 Absatz 2 des Vertrags über die Arbeitsweise der Europäischen Union auf staatliche Beihilfen in Form von Ausgleichsleistungen zugunsten bestimmter Unternehmen, die mit der Erbringung von Dienstleistungen von allgemeinem

dite des eingesetzten Kapitals (ROCE), die Gesamtkapitalrenditen (ROA) oder gar der Umsatzrendite (ROS) ist nur zulässig, wenn besondere Umstände das als „angebracht" erscheinen lassen.

Dabei nimmt der Anhang bewusst in Kauf, dass diese Daten **länderspezifisch** zu ermitteln sind, da die Unternehmensfinanzierung, -besteuerung und -haftung noch nicht komplett vergemeinschaftet ist, sodass Unternehmensrenditen notwendigerweise schwanken müssen. Der Hinweis auf die **üblicherweise zu erzielende Rendite im Sektor** deutet zunächst auf vereinfachende allgemeine Durchschnittsansätze hin. Tatsächlich ist aber zentraler Stellhebel das **Risikoportfolio**, da nur dieses das erforderliche Eigenkapital bestimmt und daher vereinfache Durchschnittswerte nicht angezeigt sind. Es darf nicht übersehen werden, dass den meisten Risiken auch entsprechende **Chancen** gegenüberstehen. Tatsächlich führen diese Chancen aber nur zu einem Abschlag bei den Risiken, da Chancen nur zu deutlichen geringeren Anteilen finanzierungsrelevant sind als entsprechende Risiken. Im Ergebnis drückt den Saldo aus Risiken und Chancen das übernommene Wagnis aus. 23

Als Risiko wirkt bei allgemeinen Vorschriften zwingend das **Nachfragerisiko**, da allgemeine Vorschriften nachfrageoffen ausgestaltet sein müssen und einen offenen Markt als Voraussetzung haben. Auch Dienstleistungskonzessionen setzen ein erhebliches Nachfragerisiko voraus, sodass hier entsprechende Ansätze aus dem Nachfragerisiko angebracht sind. Dabei muss dieses Nachfragerisiko mindestens typisiert zB nach Nutzergruppen beschrieben werden, dann vor allem bestimmte Bevölkerungsschichten weisen eine geringe Angebots- und Preiselastizität auf und sind als Zwangskunden anzusehen. Bei den meisten öffentlichen Dienstleistungsaufträgen fehlt dagegen das Nachfragerisiko ganz oder weitgehend. Das **Kostenentwicklungsrisiko** dürfte dagegen bei allen gemeinwirtschaftlichen Verpflichtungen gegeben sein, da selbst bei ausdifferenzierten Preisindizes das Risiko verbleibt, dass die Kostenentwicklung nicht genau getroffen wird. In der Nähe des Kostenrisikos liegt das technologische Entwicklungsrisiko, da gerade bei Laufzeiten von zehn und mehr Jahren nicht mit entsprechender Sicherheit vorhergesagt werden kann, dass die erforderliche Leistung mit den bekannten Technologien einschließlich ihrer Standards zu den kalkulierten Kosten erbracht werden kann. Weiterhin sind **kommerzielle und juristische Risiken** aus der Vertragsabwicklung wie Zahlung/Liquidität, Minderungen/Nichtleistungen, Vertragsstrafen und dergleichen zu bewerten. Dabei muss die Bewertung im Gleichklang mit den Qualitätsanreizen erfolgen. So darf nicht unterstellt werden, dass hohe Abzüge wegen Schlechtleistungen sicher anfallen, aber gleichzeitig der getroffene Qualitätsanreiz als **wirksam** eingestuft werden. Vielmehr müssen die angenommenen Abzüge als immanent aus dem Qualitätssteuerungssystem heraus verstanden werden. 24

Schließlich muss das strukturelle Risiko aus der Geschäftstätigkeit bei **öffentlichen Unternehmen** um die Einstandspflicht korrigiert werden. Soweit die Unternehmen im Ergebnisabführungsvertrag im Rahmen eines Querverbunds geführt werden, gibt es meist eine Einstandspflicht aus einer solventen Holdingstruktur bzw. Stadtwerken, sodass die Insolvenzfähigkeit deutlich gemindert ist. Dies bedeutet nun nicht, dass überhaupt kein Eigenkapital notwendig ist, aber es ist in diesem Fall auf die Finanzierungsstärke des Gesamtkonzerns mitabzustellen, sodass Risiken aus einem öffentlichen Dienstleistungsauftrag geringer ausfallen. Zudem muss bei öffentlichen Unternehmen mit eingestellt werden, dass die öffentliche Hand als Anteilseigner eher bereit ist, entstandene Verluste durch Nachschüsse auszugleichen – meist als Kapitalerhöhung tituliert, sodass hier eine weitere Risikominimierung eintritt, welche entsprechend zu bewerten ist. 25

Umgekehrt hierzu verhalten sich die Gewinnfragen bei **allgemeinen Vorschriften**. Hier ist sorgfältig darauf zu achten, dass sich die Begrenzung auf den angemessenen Gewinn, nur auf den Teil beziehen darf, der durch die allgemeine Vorschrift gesteuert wird. Dieses ergibt sich aus den vorgehend beschriebenen Nettoansatz allgemeine Vorschriften 26

---

wirtschaftlichem Interesse betraut sind, ABl. 2012 L/3. Ebenso KLPP/*Lübbig* Anhang Rn. 50; Saxinger/ Winnes/*Niemann* RdÖPV Anhang Rn. 65 f.

(→ Rn. 4). Dagegen gibt es für das unregulierte Geschäft des Unternehmenstarifs keine Gewinnbegrenzung. Allerdings kann dies nur zur Anwendung kommen, wenn sich zweifelsohne der unregulierte Tarif und seine Nachfragemenge feststellen lassen und eine klare Berechnung des Tarifausfalldelta möglich ist. Ist dagegen faktisch der größte Teil des Tarifs oder der gesamte Tarif reguliert, muss sich dies auch in der Gewinnbegrenzung wiederfinden.

V. Wirtschaftlichkeits- und Qualitätsanreiz (Nr. 7)

27   Die Forderung nach Wirtschaftlichkeits- und Qualitätsanreizen im Anhang ist systemfremd. Der Anhang selbst bestimmt nur Abrechnungsregelungen und keine inhaltlichen Anforderungen. Der Sache nach handelt es sich bei Nr. 7 um eine weitere Anforderung an nicht wettbewerblich vergebene öffentliche Dienstleistungsaufträge sowie allgemeine Vorschriften, die in Art. 4 oder Art. 6 hätten geregelt werden müssen. Nr. 7 beschränkt den Anreiz auf **finanzielle Belohnungen im Rahmen des gewährten Ausgleichs**. Andere Anreize wie zB Vertragsverlängerung bei Erreichen bestimmter Performance Ziele sind zwar nicht ausgeschlossen, aber auch im Rahmen der Laufzeiten nicht über die Höchstlaufzeiten hinaus zugelassen, sodass sie in den Hintergrund treten. Die finanziellen Anreize im Rahmen des Ausgleichs können nur darin liegen, dass ein höherer Ausgleich zugestanden wird. Methodisch ist dies nur im Rahmen des zulässigen Gewinns möglich, da der sonstige Ausgleich auf das Delta zwischen Istkosten und Isterlösen bezogen ist.[19] Wenn vermieden werden soll, dass nicht per se die Istkosten ausgeglichen[20] werden, muss das Unterbieten bestimmter Kosten sich positiv auswirken und kann nicht im Abschöpfen dieser Kosteneffizienz niederschlagen. Es ist kein Grund ersichtlich, warum diese strenge Bindung an Istkosten und Erlöse durch Nr. 7 aufgeben werden sollte. Nr. 7 nimmt Bezug auf die konkrete Ausgestaltung der Ausgleichsfestlegung und deren Abrechnung, will aber nicht alle vorher unter den Nr. 1–6 getroffenen Festlegungen kassieren. Eine kongruente Auslegung der Nr. 7 bedeutet daher, dass Nr. 7 nochmals einen besonderen Hinweis auf die Festlegung und Dimensionierung des zulässigen Gewinns gibt.

28   Konkret hat dies zur Folge, dass bei entsprechenden Effizienzentwicklungen aus höheren Nachfragen und geringeren Kosten, dh also bei Realisierung der Chancen, ein **höherer Gewinn zugestanden** werden kann und die realisierten Chancen nicht zwingend abgeschöpft werden müssen. Gleiches gilt bei Erreichung guter Qualität und zB Auskehrung von Boni. Diese müssen nicht als Übererlös abgeschöpft werden. Aber auch das Ansetzen von Prämien und Boni gegenüber Mitarbeitern und damit die Übernahme in die Kostenmasse, kann ein entsprechender Anreiz für Effizienz und Qualität sein. Im jeden Fall müssen die so zugestandenen außerordentlichen Gewinn- und Ertragschancen für sich wiederum verhältnismäßig sein.[21]

29   Dagegen können bei **allgemeinen Vorschriften** die Qualitätssteigerungen und auch Effizienzverbesserungen meist bereits an steigenden Fahrgastzahlen festgemacht werden.[22] Diese vergrößern tendenziell die Umsätze und damit auch die Ertragslage und somit auch den zugelassenen Gewinn. Von daher spricht einiges dafür, dass ungedeckte allgemeine Vorschriften (→ Art. 3 Rn. 14) einen hinreichenden Anreiz nach Nr. 7 bieten.[23]

VI. Nachweisführung

30   Wie Nr. 1 bestimmt, **sind** die Ausgleichsleistungen nach den Regeln des Anhangs zu berechnen. Diese **Pflicht trifft** zunächst die **zuständigen Behörden,** da sie für angemes-

---

[19] So auch Saxinger/Winnes/*Niemann* RdÖPV Anhang Rn. 91 ff. Vgl. E der Kom. v. 24.2.2010, über die öffentlichen Verkehrsdienstleistungsverträg3e zwischen dem dänischen Verkehrsministerium und Danske Statsbaner (Staatliche Beihilfe C 41/08 (ex NN 35/08)), ABl. 2011 L 7/1 Rn. 355 f.
[20] Dies nennt die Kom. in Auslegungsmitteilung PersonenverkehrsVO Nr. 2.4.3 als Motiv für die Nr. 7.
[21] Auslegungsmitteilung PersonenverkehrsVO Nr. 2.4.5.
[22] Zum Anreiz aus steigenden Fahrgastzahlen Ziekow/Völlink/*Zuck*, 2. Aufl. 2014, Art. 4 Rn. 33; Otting/Olegmöller DER NAHVERKEHR 9/2009, 34, 36; Saxinger/Winnes/*Niemann* RdÖPV Anhang Rn. 101 f.
[23] Saxinger/Winnes/*Winnes* RdÖPV Anhang allg. Vorschrift Rn. 19 f.

sene Ausgleichsleistungen verantwortlich sind und nach dem Legalitätsprinzip für die Einhaltung der Beihilfevorschriften sicherzustellen haben. Dabei sind die zuständigen Behörden auf die **Mitwirkung der Betreiber** angewiesen, wobei es keine größeren Schwierigkeiten geben dürfte, derartige Regelungen bei Direktvergaben durchzusetzen. Schließlich ist eine Direktvergabe eine entsprechende Begünstigung im Markt und die Preisgabe entsprechender unternehmerischer Abrechnungsdaten das notwendige Äquivalent. Insofern sind die Hinweise auf etwaige Geschäftsgeheimnisse der Betreiber irreführend, da es vor einer zuständigen Behörde diesbezüglich keine gibt. Vielmehr hat die zuständige Behörde die erlangten Geschäftsgeheimnisse vor Mitbewerbern zu schützen, was aber bei einer den Rechtsstaatsprinzipien verpflichtenden Verwaltung keine größeren Schwierigkeiten aufweisen kann. Vor diesem Hintergrund sind Empfehlungen, die zuständigen Behörden mögen sich auf ein Testat von Wirtschaftsprüfern verlassen[24] und selbst keine Erkundigungen einzuholen, wenig hilfreich.

---

[24] KLPP/*Lübbig* Rn. 21; Saxinger/Winnes/*Niemann* RdÖPV Anhang Rn. 41, 43, 112f.

4. Teil VSVgV
Vergabeverordnung für die Bereiche Verteidigung und Sicherheit zur Umsetzung der Richtlinie 2009/81/EG des Europäischen Parlaments und des Rates vom 13. Juli 2009 über die Koordinierung der Verfahren zur Vergabe bestimmter Bau-, Liefer- und Dienstleistungsaufträge in den Bereichen Verteidigung und Sicherheit und zur Änderung der Richtlinien 2004/17/EG und 2004/18/EG (Vergabeverordnung Verteidigung und Sicherheit – VSVgV)[1]

Vom 12. Juli 2012
(BGBl. 2012 I 1509)
Zuletzt geändert durch Art. 7 eIDAS-Durchführungsgesetz vom 18.7.2017 (BGBl. 2017 I 2745)

Teil 1 Allgemeine Bestimmungen

§ 1 Anwendungsbereich

Diese Verordnung gilt für die Vergabe von verteidigungs- oder sicherheitsspezifischen öffentlichen Aufträgen im Sinne des § 104 Absatz 1 des Gesetzes gegen Wettbewerbsbeschränkungen, die dem Teil 4 des Gesetzes gegen Wettbewerbsbeschränkungen unterfallen und durch öffentliche Auftraggeber im Sinne des § 99 und Sektorenauftraggeber im Sinne des § 100 des Gesetzes gegen Wettbewerbsbeschränkungen vergeben werden.

Übersicht

	Rn.		Rn.
I. Einführung	1–3	b) Sektorenauftraggeber gem. § 100 GWB	22–25
II. Europarechtlicher Hintergrund	4, 5	4. Sachlicher Anwendungsbereich	26–35
III. Vergleich zur vorigen Rechtslage	6–9	a) Abgrenzung	27–29
IV. Kommentierung	10–44	b) Verteidigungs- und sicherheitsspezifische öffentliche Aufträge gem. § 104 GWB	30–35
1. Inhalt der Vorschrift	10		
2. Schwellenwerte	11, 12	5. Gemischte Aufträge (§§ 110 f. GWB)	36–44
3. Persönlicher Anwendungsbereich	13–25	a) Mix aus Bau-, Liefer- und Dienstleistungen (§ 110 GWB)	37, 38
a) Öffentliche Auftraggeber gem. § 99 GWB	14–21	b) Zugehörigkeit zu verschiedenen Verfahrensvorschriften (§ 111 GWB)	39–44

I. Einführung

Am 21.8.2009 trat die Richtlinie 2009/81/EG[1] in Kraft. Ihr Ziel ist es, die Vergaben verteidigungs- und sicherheitsspezifischer Bau-, Liefer- und Dienstleistungsaufträge unter Beachtung deren Spezifika – insbesondere der Versorgungs- und Informationssicherheit der Mitgliedstaaten – besser zu koordinieren und somit einen europäischen Verteidigungsgütermarkt mit gleichen Wettbewerbsbedingungen für alle Anbieter aus den Mitgliedstaaten zu schaffen. Gleichzeitig soll die Richtlinie dazu beitragen, die nationalen Beschaffungsmärkte zu öffnen. 1

---
[1] [Amtl. Anm.:] ABl. L 216 vom 20.8.2008, S. 76.
[1] Richtlinie 2009/81/EG des Europäischen Parlaments und des Rates v. 13.7.2009 über die Koordinierung der Verfahren zur Vergabe bestimmter Bau-, Liefer- und Dienstleistungsaufträge in den Bereichen Verteidigung und Sicherheit; ABl. 2009 L 216, 76.

2   Die Richtlinie bietet hierzu modifizierte, speziell auf den Bedarf der Verteidigungs- und Sicherheitsbeschaffung zugeschnittene Vergabeverfahren an. Grundlage für die Anwendung der VSVgV[2] ist § 104 GWB (Verteidigungs- oder sicherheitsspezifische öffentliche Aufträge). Die Vergabe von öffentlichen Aufträgen, die nicht die Voraussetzungen des § 104 GWB erfüllen, erfolgt grundsätzlich nach den allgemeinen Vergaberegeln der §§ 97 ff. GWB.[3]

3   Im Rahmen der Umsetzung der neuen europäischen Vergaberichtlinien des Jahres 2014[4] wurde § 1 neu gestaltet und die VSVgV entsprechend der im GWB vorhandenen Ermächtigungsnorm des § 113 GWB[5] in die neue deutsche Vergaberechtsstruktur eingepasst. Es erfolgten dabei keine grundsätzlichen Änderungen – die auch nicht möglich gewesen wären, da die Richtlinie 2009/81/EG unverändert geblieben ist –, sondern es wurden die aufgrund der neuen „klassischen" Richtlinien von 2014 erforderlichen Folgeanpassungen vorgenommen.

II. Europarechtlicher Hintergrund

4   Die Mitgliedstaaten sowie die Europäische Kommission stimmten darüber überein, einen einheitlichen europäischen Rüstungsmarkt zu schaffen. Hierzu wurde mit der Richtlinie 2009/81/EG ein spezieller Rechtsrahmen geschaffen. Damit wurde die Beschaffung im Bereich der Verteidigung und Sicherheit von der „klassischen" Beschaffung in einem gesonderten Vergaberegime abgegrenzt. Während die grundsätzlichen Elemente wie Anwendungsbereich, Definitionen und Ausnahmen im GWB-Teil 4 geregelt wurden, erfolgte die Umsetzung der verfahrensmäßigen Vorgaben der Richtlinie in der VSVgV.

5   Angesichts der Besonderheiten aber auch der Beschaffungsvolumina von Verteidigungs-/Sicherheitsbeschaffungen wurden die maßgeblichen Schwellenwerte für die Vergabe von Liefer- und Dienstleistungen,[6] ab denen die Verfahrensregelungen anzuwenden sind, höher festgelegt als im klassischen Bereich.[7] Sie entsprechen denen des Sektorenvergaberechts.

III. Vergleich zur vorigen Rechtslage

6   Zunächst ist anzumerken, dass die bisherige Bezeichnung „verteidigungs- und sicherheitsrelevante Aufträge" durch die Bezeichnung „verteidigungs- und sicherheitsspezifische öffentliche Aufträge" ersetzt wurde. Um eine bessere Abgrenzung zu der mit Art. 15–17 RL 2014/24/EU und Art. 24–26 RL 2014/25/EU geschaffenen Kategorie von Aufträgen, die Verteidigungs- und Sicherheitsaspekte umfassen, zu gewährleisten, sollen Aufträge im Anwendungsbereich der Richtlinie 2009/81/EG als „verteidigungs- und sicherheitsspezifisch" bezeichnet werden.[8]

7   In der bisherigen Regelung erfolgte keine Unterscheidung zwischen „öffentlichen Auftraggebern" und „Sektorenauftraggebern". Die nunmehrige Unterscheidung ist der neuen Struktur des GWB Teil 4 geschuldet und führt zu einer verbesserten Übersichtlichkeit der Vorschriften über die Auftraggeber. Eine Änderung des persönlichen Anwendungsbereiches

---

[2] Vergabeverordnung für die Bereiche Verteidigung und Sicherheit v. 12.7.2012 (BGBl. 2012 I 1509), zuletzt geändert durch Artikel 7 des Gesetzes v. 18.7.2017 (BGBl. 2017 I 2745).
[3] Vgl. KKPP/*Hölzl* GWB § 104 Rn. 3.
[4] Richtlinie 2014/23/EU des Europäischen Parlaments und des Rates v. 16.2.2014 über die Konzessionsvergabe, ABl. 2014 L 94, 1; Richtlinie 2014/24/EU des Europäischen Parlaments und des Rates v. 26.2.2014 über die öffentliche Auftragsvergabe, ABl. 2017 L 94, 65; Richtlinie 2014/25/EU des Europäischen Parlaments und des Rates v. 26.2.2014 über die Vergabe von Aufträgen durch Auftraggeber im Bereich Wasser-, Energie- und Verkehrsversorgung sowie der Postdienste, ABl. 2014 L 94, 243.
[5] Gesetz gegen Wettbewerbsbeschränkungen in der Fassung der Bekanntmachung v. 26.6.2013 (BGBl. 2013 I 1750, 3245), zuletzt geändert durch Artikel 6 des Gesetzes v. 27.8.2017 (BGBl. 2017 I 3295).
[6] S. hierzu § 106 Abs. 2 Nr. 3 GWB.
[7] Die Schwellenwerte werden alle zwei Jahre überprüft und durch die EU-Kommission in einem gesonderten Rechtsakt nach Art. 68 RL 2009/81/EG festgesetzt und veröffentlicht.
[8] S. Begründung zu § 104 GWB, BR-Drs. 18/6281 v. 8.10.2015.

der VSVgV ist damit jedoch nicht verbunden.[9] § 98 GWB aF fasste ohne den Begriff inhaltlich zu differenzieren, lediglich in § 98 Nr. 1–6 GWB aF alle Auftraggeber als „öffentliche Auftraggeber" zusammen.

Der deklaratorische Hinweis im Abs. 1 aF, dass keine Ausnahme nach dem GWB Teil 4 vorliegen darf, ist entfallen. Es versteht sich von selbst, dass der Anwendungsbereich der VSVgV in den Fällen des Vorliegens eines Ausnahmetatbestands nach dem GWB Teil 4 nicht eröffnet ist.

Schließlich ist der Abs. 2, welcher den Bezug auf die maßgeblichen Schwellenwerte enthielt, entfallen. Die Regelung zu den Schwellenwerten, ab denen die jeweiligen Vergaberegime anzuwenden sind, sind für alle Rechtsverordnungen des nationalen EU-Vergaberegimes in § 106 GWB überführt worden.

IV. Kommentierung

1. Inhalt der Vorschrift. § 1 bestimmt den persönlichen und sachlichen Anwendungsbereich. Es wird festgelegt, dass öffentliche Auftraggeber nach § 99 GWB und Sektorenauftraggeber nach § 100 GWB bei der Vergabe von sicherheits- oder verteidigungsspezifischen öffentlichen Aufträgen iSv § 104 GWB die VSVgV anzuwenden haben. Damit ist § 104 GWB Ausgangspunkt für die Frage, ob der Anwendungsbereich der VSVgV eröffnet ist oder nicht.

2. Schwellenwerte. Nur wenn die einschlägigen europäischen Schwellenwerte[10] für die Vergabe verteidigungs- und sicherheitsspezifischer öffentlicher Aufträge erreicht oder überschritten werden, findet die VSVgV überhaupt Anwendung.

Die Regelung zu den Schwellenwerten (§ 1 Abs. 2 aF) wurde mit der Vergaberechtsmodernisierung 2016 aus der VSVgV herausgelöst und in das GWB Teil 4, dort § 106 GWB, integriert. Damit hat der Gesetzgeber für alle Vergaberegime (klassische Auftragsvergabe, Sektorenbereich, Verteidigung/Sicherheit sowie Konzessionen) eine verordnungsübergreifende Regelung eine unmittelbare gesetzliche Regelung geschaffen.

3. Persönlicher Anwendungsbereich. Die Pflicht zur Anwendung der VSVgV als Verfahrensvorschrift ist öffentlichen Auftraggebern (§ 99 GWB) und Sektorenauftraggebern (§ 100 GWB) auferlegt. Der Auftraggeberbegriff der Richtlinie 2009/81/EG knüpft an den der klassischen und der Sektorenvergaberichtlinie an.[11] Zur inhaltlichen Festlegung ist folglich der Begriff „Auftraggeber" funktional auszulegen.[12] Auftraggeber können somit Einrichtungen in unterschiedlichsten Organisationsformen des privaten oder öffentlichen Rechts sein.[13]

a) Öffentliche Auftraggeber gem. § 99 GWB. Zunächst erfasst sind die Gebietskörperschaften und deren Sondervermögen.[14] Angesprochen sind die sog. klassischen Auftraggeber im institutionellen Sinne.[15] Gebietskörperschaften sind der Bund, die Länder, Landkreise, Städte und Gemeinden. Für den Bereich des Bundes als Gebietskörperschaft relevant im Bereich Verteidigung und Sicherheit sind das Bundesministerium der Verteidigung mit dem Bundesamt für Ausrüstung und Informationstechnik und Nutzung der Bundeswehr (BAAINBw) sowie das Bundesministerium des Innern ua mit dem Beschaffungsamt des

---

[9] S. zum Begriff des Auftraggebers die Begründung zu §§ 98 ff. GWB, BR-Drs. 18/6281 v. 8.10.2015.
[10] Seit dem 1.1.2018 betragen die Schwellenwerte für verteidigungs- und sicherheitsspezifische öffentliche Bauaufträge nach der Verordnung (EU) 2017/2367 der Kommission v. 18.12.2017 zur Änderung der Richtlinie 2009/81/EG des Europäischen Parlaments und des Rates im Hinblick auf die Schwellenwerte für Auftragsvergabeverfahren (ABl. 2017 L 337, 22) 5.548.000 EUR sowie für verteidigungs- und sicherheitsspezifische öffentliche Liefer- und Dienstleistungsaufträge 443.000 EUR.
[11] S. Erwägungsgrund 15 RL 2009/81/EG.
[12] S. EuGH Urt. v. 20.9.1988 – 31/87 Slg. 1988, 4635 – Beentjes.
[13] S. *Reider* in Band 3 → GWB § 98 Rn. 5 f. mwN.
[14] S. iE zum Auftraggeberbegriff *Reider* in Band 3 → GWB § 98 Rn. 1 ff.
[15] Leinemann/Kirch/*Büdenbender* Rn. 4.

Bundesministeriums des Innern (BeschA). Auf Landesebene dürften als öffentliche Auftraggeber vor allem die Landesinnenministerien als zuständig für die jeweils innere Sicherheit eine Rolle spielen.

15 Sondervermögen sind nicht selbständige oder höchsten teilrechtsfähige Stellen (Vermögensteile) der Verwaltung, die haushaltsrechtlich – idR mittels eines eigenen Wirtschaftsplans – und organisatorisch verselbständigt wurden. Vor ihrer Privatisierung waren auf Bundesebene die Deutsche Bundespost und die Deutsche Bahn Sondervermögen. Auf kommunaler Ebene können Eigenbetriebe als Sondervermögen geführt werden.

16 Im Rahmen der Bundesauftragsverwaltung war lange nicht geklärt, welche Person als öffentlicher Auftraggeber anzusehen ist, der Bund oder das jeweilige Land. Mittlerweile hat die Rechtsprechung entschieden, dass die beauftragte Landesbehörde alleinige Auftraggeberin ist.[16]

17 § 99 Nr. 2 GWB erfasst andere juristische Personen des öffentlichen und des privaten Rechts, die zu dem besonderen Zweck gegründet wurden, im Allgemeininteresse liegende Aufgaben nicht gewerblicher Art zu erfüllen. Grund für deren Erfassung ist ihre unmittelbare Staatsnähe.

18 Bei den anderen juristischen Personen muss hinzukommen, dass
– sie überwiegend von Gebietskörperschaften oder Sondervermögen oder von Verbänden, deren Mitglieder Gebietskörperschaften, Sondervermögen oder andere juristische Personen des öffentlichen und privaten Rechts sind, einzeln oder gemeinsam durch Beteiligung oder auf sonstige Weise finanziert werden,
– ihre Leitung der Aufsicht durch Stellen von Gebietskörperschaften oder Sondervermögen oder durch deren Verbände unterliegen, oder
– mehr als die Hälfte der Mitglieder eines ihrer zur Geschäftsführung oder zur Aufsicht berufenen Organe durch Stellen von Gebietskörperschaften, Sondervermögen oder durch deren Verbände bestimmt worden sind.

19 Des Weiteren sind Verbände, deren Mitglieder Gebietskörperschaften oder deren Sondervermögen sowie andere juristische Personen des privaten oder öffentlichen Rechts als öffentliche Auftraggeber erfasst.

20 Schließlich sind nach § 99 Nr. 4 GWB diejenigen natürlichen Personen des privaten Rechts oder juristischen Personen des öffentlichen Rechts öffentliche Auftraggeber, soweit sie nicht unter den in § 99 Nr. 2 GWB erfassten Kreis fallen. Und zwar in den Fällen, in denen sie für Tiefbaumaßnahmen, für die Errichtung von Krankenhäusern, Sport-, Erholungs- oder Freizeiteinrichtungen, Schul-, Hochschul- oder Verwaltungsgebäuden oder für damit in Verbindung stehende Dienstleistungen und Wettbewerbe von Stellen, die als öffentliche Auftraggeber nach § 99 Nr. 1–3 GWB erfasst sind, Mittel erhalten, mit denen diese Vorhaben zu mehr als 50 % subventioniert werden.

21 Diese Vorschrift verhindert, dass Aufträge durch die Verschiebung auf die genannten Personen dem Vergaberecht entzogen werden können. Werden die beschriebenen Vorhaben zu mehr als 50 % durch einen öffentlichen Auftraggeber gegenüber einem Dritten subventioniert, so wird dieser Dritte für die Durchführung des subventionierten Projekts zum öffentlichen Auftraggeber.

22 **b) Sektorenauftraggeber gem. § 100 GWB.** Sektorenauftraggeber[17] sind zum einen öffentliche Auftraggeber gem. § 99 Nr. 1–3 GWB.[18] Es gilt auch im Sektorenbereich den Begriff funktional auszulegen.

23 Zum anderen können Sektorenauftraggeber natürliche oder juristische Personen des privaten Rechts sein,

---

[16] S. *Reider* in Band 3 → GWB § 98 Rn. 7 mwN.
[17] S. iE zum Sektorenauftraggeberbegriff *Gabriel* in Band 3 → GWB § 100 Rn. 17 ff.; Greb/Müller/ *Dietrich* GWB § 100 Rn. 16 ff.
[18] S. iE zum Auftraggeberbegriff *Reider* in Band 3 → GWB § 98 Rn. 1 ff.

– die auf der Grundlage besonderer oder ausschließlicher Rechte tätig werden (§ 100 Abs. 1 Nr. 2 lit. a GWB) oder
– auf die öffentlichen Auftraggeber gem. § 99 Nr. 1–3 GWB einzeln oder gemeinsam einen beherrschenden Einfluss ausüben können (§ 100 Abs. 1 Nr. 2 lit. b GWB).

Unverzichtbare Voraussetzung bei beiden Alternativen ist, dass nur derjenige Sektorenauftraggeber ist, der eine Sektorentätigkeit gem. § 102 GWB ausübt. Ohne die gleichzeitige Ausübung einer Sektorentätigkeit ist die Eigenschaft als Sektorenauftraggeber nicht gegeben.

Als Sektorentätigkeiten sind die Bereitstellung und das Betreiben fester Netze zur Versorgung der Allgemeinheit in den Bereichen (Sektoren) Wasser, Elektrizität, Gas und Wärme sowie Verkehrsleistungen definiert. Ebenso die Nutzung eines geografisch abgegrenzten Gebiets mit dem Zweck, Häfen und Flughäfen bereitzustellen sowie die Nutzung eines geografisch abgegrenzten Gebiets zum Zweck der Öl- oder Gasförderung oder der Exploration oder Förderung von Kohle oder anderen festen Brennstoffen.[19]

4. Sachlicher Anwendungsbereich. Der sachliche Anwendungsbereich ist eröffnet, wenn ein öffentlicher Auftraggeber oder ein Sektorenauftraggeber einen verteidigungs- oder sicherheitsspezifischen öffentlichen Auftrag vergibt.

a) Abgrenzung. Die VSVgV grenzt sich von der VgV dadurch ab, dass es bei letzterer um die Vergabe öffentlicher Aufträge geht, die nicht gleichzeitig verteidigungs- und sicherheitsspezifisch sind. Daher sind die verteidigungs- und sicherheitsspezifischen öffentlichen Aufträge von der Anwendbarkeit der VgV[20] ausgenommen.[21] Die VgV gilt auch nicht als „Auffangnorm" etwa in den Fällen, in denen verteidigungs- und sicherheitsspezifische Aufträge zwar den Schwellenwert für VgV-Vergaben, nicht aber die einschlägigen Schwellenwerte für VS-Vergaben erreichen.[22]

Da die VSVgV auch Sektorenauftraggeber erfasst, ist sie im Falle der Vergabe verteidigungs- und sicherheitsspezifischer öffentlicher Aufträge durch Sektorenauftraggeber als Spezialnorm gegenüber der SektVO vorrangig. Dies ergibt sich auch aus der SektVO selbst, die auf die Vergabe von verteidigungs- und sicherheitsspezifischen öffentlichen Aufträgen nicht anwendbar ist.[23]

Vom Wortlaut her nicht erfasst ist die Vergabe von Konzessionen.

b) Verteidigungs- und sicherheitsspezifische öffentliche Aufträge gem. § 104 GWB. Es handelt sich bei verteidigungs- und sicherheitsspezifischen öffentlichen Aufträgen nicht um einen neuen Typ eines öffentlichen Auftrags, sondern um einen Unterfall des § 103 Abs. 1 GWB.[24] Ihr besonderer Auftragsgegenstand verleiht ihnen ihre Eigenschaft als verteidigungs- und sicherheitsspezifischer Auftrag.[25]

Ein öffentlicher Auftrag ist verteidigungs- oder sicherheitsspezifisch, wenn dessen Auftragsgegenstand mindestens eine der folgenden Leistungen umfasst:
– die Lieferung von Militärausrüstung iSd § 104 Abs. 2 GWB, einschließlich dazugehöriger Teile, Bauteile oder Bausätze,
– die Lieferung von Ausrüstung, die im Rahmen eines Verschlusssachenauftrages vergeben wird, einschließlich der dazugehörigen Teile, Bauteile oder Bausätze,
– Liefer-, Bau- und Dienstleistungen in unmittelbarem Zusammenhang mit der genannten Militärausrüstung und Ausrüstung in allen Phasen des Lebenszyklus der Ausrüstung oder
– Bau- und Dienstleistungen speziell für militärische Zwecke oder Bau- und Dienstleistungen, die im Rahmen eines Verschlusssachenauftrages vergeben werden.

---

[19] S. zu Sektorentätigkeiten iE *Gabriel* in Band 3 → GWB § 102 Rn. 4 ff.
[20] Verordnung über die Vergabe öffentlicher Aufträge (Vergabeverordnung-VgV) v. 22.4.2016 (BGBl. 2016 I 624), zuletzt geändert durch Artikel 8 des Gesetzes v. 18.7.2017 (BGBl. 2017 I 2745).
[21] S. § 1 Abs. 2 Nr. 2 VgV.
[22] Vgl. KKMPP/*Müller* VgV § 1 Rn. 48.
[23] § 1 Abs. 2 SektVO.
[24] S. Reidt/Stickler/Glahs/*Müller* GWB § 104 Rn. 21 mwN.
[25] *Scherer-Leydecker* NZBau 2012, 533.

32 Es müssen nicht alle der aufgeführten Leistungen umfasst sein um den Anwendungsbereich der VSVgV zu eröffnen. Es ist ausreichend, wenn nur eine der vier Leistungen („mindestens") vom Auftragsgegenstand erfasst ist.

33 Neben der Voraussetzung, dass der Auftragsgegenstand mindestens eine der vier genannten Leistungen umfassen muss, müssen die Kategorien „militärische Ausrüstung/militärische Zwecke" oder „Verschlusssachenauftrag" vorliegen.

34 Militärausrüstung ist eigens zu militärischen Zwecken konzipierte Ausrüstung oder für militärische Zwecke angepasste Ausrüstung. Sie ist bestimmt zum Einsatz als Waffen, Munition oder Kriegsmaterial.[26]

35 Ein Verschlusssachenauftrag ist ein Auftrag im speziellen Bereich der nicht-militärischen Sicherheit, der ähnliche Merkmale aufweist und ebenso schutzbedürftig ist wie ein Auftrag über die Lieferung von Militärausrüstung oder wie Bau- und Dienstleistungen speziell für militärische Zwecke.[27]

36 **5. Gemischte Aufträge (§§ 110 f. GWB).** Ein öffentlicher Auftrag kann aus unterschiedlichen Leistungen (Mix aus Bau-, Liefer- und Dienstleistungen) bestehen oder in seinen Elementen unterschiedlichen vergaberechtlichen Vorschriften unterfallen. Welche konkreten Verfahrensvorschriften in solchen Fällen letztlich Anwendung finden, regeln die §§ 110 und 111 GWB. Dabei regelt § 110 GWB den Fall, dass ein Auftrag aus verschiedenen Leistungen im Anwendungsbereich einer Verfahrensvorschrift besteht und § 111 GWB regelt die Fälle, in denen einzelne Elemente des Auftrags unter verschiedene Verfahrensvorschriften fallen.

37 **a) Mix aus Bau-, Liefer- und Dienstleistungen (§ 110 GWB).** Die Frage, ob es sich um eine Bau- oder Liefer- oder Dienstleistung handelt, ist relevant, wenn es bspw. darum geht, den Schwellenwert und damit die Anwendung des EU-Vergaberechts zu bestimmen. Da der Schwellenwert für Bauleistungen ungleich höher ist als für Liefer- und Dienstleistungen, ist dessen korrekte Bestimmung von einiger Bedeutung. Aufgrund der Besonderheiten des deutschen Vergaberechts ist ebenso zu bestimmen, ob die VSVgV oder die VOB/A-VS als Verfahrensvorschrift anzuwenden ist.[28]

38 § 110 GWB regelt, dass im Fall eines solchen „Leistungsmixes" der Auftrag nach den Vorschriften vergeben wird, denen unabhängig von dessen Wert der Hauptgegenstand des Auftrags zuzuordnen ist. Dabei soll bei der Beurteilung des Hauptgegenstandes auf den wesentlichen Vertragszweck sowie auf die den Vertrag prägenden Verpflichtungen der Vertragsparteien abgestellt werden.[29]

39 **b) Zugehörigkeit zu verschiedenen Verfahrensvorschriften (§ 111 GWB).** Können verschiedene Teile eines öffentlichen Auftrags unterschiedlichen Verfahrensvorschriften (zB VgV und VSVgV) zugeordnet werden, regelt § 111 GWB alternative Möglichkeiten des öffentlichen Auftraggebers, den öffentlichen Auftrag zu vergeben.

40 Sind die verschiedenen Teile des öffentlichen Auftrags objektiv trennbar, so darf für jeden Teil des öffentlichen Auftrags ein getrennter Auftrag vergeben werden. In diesem Fall wird jeder getrennte Auftrag nach den Vorschriften vergeben, auf die seine Merkmale anzuwenden sind. Stellt bspw. ein verschiedener Teil einen nicht verteidigungs- und sicherheitsspezifischen Lieferauftrag dar, so ist dieser Teil als Lieferauftrag nach der VgV zu vergeben.

41 Ist der Auftrag objektiv trennbar, darf sich der öffentliche Auftraggeber auch dafür entscheiden, einen Gesamtauftrag zu vergeben. In diesen Fällen bestimmt § 111 Abs. 3 GWB die anwendbaren Verfahrensvorschriften. Für den Bereich Verteidigung und Sicherheit sind zwei Normen von Bedeutung:

---

[26] S. Art. 1 Nr. 6 RL 2009/81/EG.
[27] S. iE zur Definition „Militärausrüstung/militärische Zwecke" sowie „Verschlusssachenauftrag" Reidt/Stickler/Glahs/*Müller* GWB § 104 Rn. 26 ff. mwN.
[28] → § 2 Rn. 4 f.
[29] Vgl. Müller-Wrede/*Csaki* GWB § 110 Rn. 12 mwN.

Vorausgesetzt, die Vergabe eines Gesamtauftrages ist objektiv gerechtfertigt, darf der 42
Gesamtauftrag ohne Anwendung des GWB Teil 4 vergeben werden, wenn wesentliche
Interessen der Bundesrepublik betroffen sind und die Voraussetzungen des Ausnahmetatbestandes des § 107 Abs. 2 Nr. 1 oder 2 GWB erfüllt sind.

Ist die Vergabe eines Gesamtauftrages objektiv gerechtfertigt, darf der Gesamtauftrag nach 43
den Bestimmungen der VSVgV vergeben werden, wenn ein Teil dieses Auftrages in deren
Anwendungsbereich fällt.

Die objektive Rechtfertigung zur Vergabe eines Gesamtauftrages kann sich sowohl aus 44
technischen als auch wirtschaftlichen Gründen ergeben.[30] Keinesfalls darf die Vorschrift des
§ 107 Abs. 2 Nr. 1 oder Nr. 2 GWB herangezogen werden, um die Auftragsvergabe entweder vollends dem europäischen Vergaberecht zu entziehen oder dem erleichterten Regime
des Bereiches Verteidigung und Sicherheit zuzuführen.

§ 2 Anzuwendende Vorschriften für Liefer-, Dienstleistungs- und Bauaufträge

(1) Für die Vergabe von verteidigungs- oder sicherheitsspezifischen Liefer- und
Dienstleistungsaufträgen sind die Vorschriften dieser Verordnung anzuwenden.

(2) ¹Für die Vergabe von verteidigungs- oder sicherheitsspezifischen Bauaufträgen sind die §§ 1 bis 4, 6 bis 9 und 38 bis 42 sowie 44 und 45 anzuwenden. ²Im
Übrigen ist Abschnitt 3 der Vergabe- und Vertragsordnung für Bauleistungen
VOB/A in der Fassung der Bekanntmachung vom 19. Januar 2016 (BAnz AT
19.1.2016 B3) anzuwenden.

Übersicht

	Rn.		Rn.
I. Einführung	1, 2	a) Lieferleistungen	6, 7
II. Kommentierung	3–13	b) Dienstleistungen	8
1. Inhalt der Regelung	3–5	3. VOB/A-3.Abschnitt (VOB/A-VS) –	
2. Lieferleistungen und Dienstleistungen	6–8	Bauleistungen	9–13

I. Einführung

Anders als die Sektorenverordnung,[1] die die Vergabe von Bau-, Liefer- und Dienstleis- 1
tungsaufträgen insgesamt regelt, ist die VSVgV uneingeschränkt nur anwendbar auf die
Vergabe verteidigungs- und sicherheitsspezifischer öffentlicher Liefer- und Dienstleistungsaufträge. Die ursprüngliche Gestaltung der VSVgV in Anlehnung an das ganzheitliche Konzept der SektVO kam im seinerzeitigen Verordnungsgebungsprozess nicht zustande.

Für die Vergabe verteidigungs- und sicherheitsspezifischer öffentlicher Bauaufträge wurde 2
eigens die Vergabe- und Vertragsordnung VOB/A-VS[2] im Deutschen Vergabe- und Vertragsausschuss für Bauleistungen (DVA) geschaffen und beschlossen. Die VSVgV gilt für die
Vergabe von Bauleistungen nur eingeschränkt.

II. Kommentierung

1. Inhalt der Regelung. § 2 regelt die uneingeschränkte Anwendbarkeit der Vorschrif- 3
ten zur Vergabe verteidigungs- und sicherheitsspezifischer öffentlicher Aufträge ausschließ-

---

[30] S. Gesetzentwurf der Bundesregierung zur Modernisierung des Vergaberechts, BT-Drs. 18/6281 v. 8.10.2015, Begründung zu § 111 Abs. 3 GWB.
[1] Verordnung über die Vergabe von öffentlichen Aufträgen im Bereich des Verkehrs, der Trinkwasserversorgung und der Energieversorgung (Sektorenverordnung – SektVO) v. 12.4.2016 (BGBl. 2016 I 624, 657), zuletzt geändert durch Artikel 9 des Gesetzes v. 18.7.2017 (BGBl. 2017 I 2745).
[2] Vergabe- und Vertragsordnung für Bauleistungen (VOB/A) Ausgabe 2016 v. 7.1.2016; BAnz. AT 19.1.2016 B3, 3 (geä. durch ÄndBek v. 22.6.2016, BAnz AT 1.7.2016 B4) – Abschnitt 3 – Vergabebestimmungen im Anwendungsbereich der Richtlinie 2009/81/EG (VOB/A-VS).

Müller

lich für Liefer- und Dienstleistungsaufträge. Zu den Dienstleistungen sind auch die freiberuflichen Leistungen zu rechnen. Die VSVgV sieht hierfür keine Sonderregelungen vor.[3]

4 Für die Vergabe von verteidigungs- und sicherheitsspezifischen Bauleistungen gelten nur bestimmte Normen der VSVgV. Es sind dies die Vorgaben des Teils 1 der der VSVgV (Allgemeine Bestimmungen) mit Ausnahme des § 5 „Dienstleistungsaufträge", die Bestimmungen des Teils 3 (Unteraufträge), § 42 (Ausgeschlossene Personen) sowie die Bestimmungen des Teils 5 (Übergangs- und Schlussbestimmungen).

5 Darüber hinaus bestimmt § 2 Abs. 2 Satz 2 VSVgV dass für die Vergabe verteidigungs- und sicherheitsspezifischer öffentlicher Bauaufträge im Übrigen Abschnitt 3 der VOB/A Anwendung findet. Hierzu wird mittels einer statischen Verweisung auf die VOB/A vom 19. Januar 2016 verwiesen.

6 **2. Lieferleistungen und Dienstleistungen. a) Lieferleistungen.** Die Vergabe einer Lieferleistung betrifft die Beschaffung von Waren.[4] Unter Waren sind bewegliche Sachen zu verstehen, die Gegenstand von Handelsgeschäften sein können. Der Begriff erfasst vergaberechtlich auch unkörperliche Gegenstände (z.B. Strom, Gas, Wärme) und ist weit auszulegen.[5]

7 Der Begriff Beschaffung erfasst insbesondere Kauf, Ratenkauf oder Leasing sowie Miet- oder Pachtverhältnisse mit oder ohne Kaufoption.

8 **b) Dienstleistungen.** Dienstleistungen im Sinne des Vergaberechts sind alle die Leistungen, die keiner der Kategorien Lieferleistungen Bauleistungen zugeordnet werden können.[6] Es handelt sich um eine Auffangkategorie, die es ermöglicht, dass alle Beschaffungsvorgänge jeglicher Kategorie vergaberechtlich erfasst werden können.

9 **3. VOB/A-3.Abschnitt (VOB/A-VS) – Bauleistungen.**[7] Die VOB/A-VS ist aus sich heraus keine Vorschrift mit Rechtsnormcharakter. Sie kann als „privates Regelwerk" bezeichnet werden.[8] Sie erhält erst durch die konkrete Verweisung als Voraussetzung für die Umsetzung von EU-Recht ihre verbindliche Außenrechtswirkung.[9]

10 Die Vergabe eines Bauauftrages betrifft die Ausführung oder die gleichzeitige Planung und Ausführung
– von Bauleistungen[10] oder
– einer Bauleistung durch Dritte gemäß den vom Auftraggeber genannten Erfordernissen.

11 Verteidigungs- und sicherheitsspezifische Bauaufträge haben Bauleistungen zum Gegenstand, die in allen Phasen ihres Lebenszyklus im unmittelbaren Zusammenhang mit den in § 104 Abs. 1 GWB genannten Ausrüstungen stehen, sowie Bauleistungen speziell für militärische Zwecke oder Bauleistungen im Rahmen eines Verschlusssachenauftrages.

12 Bauleistungen im Rahmen eines Verschlusssachenauftrags sind Bauleistungen, bei deren Erbringung Verschlusssachen nach § 4 Sicherheitsüberprüfungsgesetz[11] oder nach den entsprechenden Bestimmungen der Länder verwendet werden oder die solche Verschlusssachen erfordern oder beinhalten.

13 Vereinfacht lässt sich die Vergabe einer Bauleistung beschreiben als Beschaffung einer Mischung aus Liefer- und Dienstleistungen, die so gebündelt sind, dass am Ende ein Bau errichtet ist.[12]

---

[3] Zu den „freiberuflichen" Sonderregelungen bei der klassischen Auftragsvergabe s. §§ 73 ff. VgV sowie § 50 UVgO.
[4] S. § 103 Abs. 2 GWB.
[5] Vgl. *Tugendreich* in Band 3 → GWB § 103 Rn. 39 mwN.
[6] S. § 103 Abs. 4 GWB.
[7] S. § 1VS VOB/A.
[8] Vgl. Immenga/Mestmäcker/*Dreher* GWB vor §§ 97 ff. Rn. 73.
[9] S. BT-Drs. 321/12 v. 25.5.2012, Begründung zu § 2 Abs. 2.
[10] S. hierzu Anhang II RL 2014/24/EU.
[11] Gesetz über die Voraussetzungen und das Verfahren von Sicherheitsüberprüfungen des Bundes und den Schutz von Verschlusssachen (Sicherheitsüberprüfungsgesetz – SÜG) v. 20.4.1994 (BGBl. 1994 I 867), zuletzt geändert durch Artikel 4 des Gesetzes v. 18.7.2017 (BGBl. 2017 I 2732).
[12] KKMPP/*Marx* VgV § 2 Rn. 28.

§ 3 Schätzung des Auftragswertes

(1) ¹Bei der Schätzung des Auftragswertes ist von der voraussichtlichen Gesamtvergütung ohne Umsatzsteuer für die vorgesehene Leistung einschließlich etwaiger Prämien oder Zahlungen an Bewerber oder Bieter auszugehen. ²Dabei sind alle Optionen und etwaige Vertragsverlängerungen zu berücksichtigen.

(2) Der Wert eines beabsichtigten Auftrags darf nicht in der Absicht geschätzt oder aufgeteilt werden, den Auftrag der Anwendung dieser Verordnung zu entziehen.

(3) Bei regelmäßig wiederkehrenden Aufträgen oder Daueraufträgen über Liefer- oder Dienstleistungen ist der Auftragswert zu schätzen
1. entweder auf der Grundlage des tatsächlichen Gesamtwertes entsprechender aufeinanderfolgender Aufträge aus dem vorangegangenen Haushaltsjahr; dabei sind voraussichtliche Änderungen bei Mengen oder Kosten möglichst zu berücksichtigen, die während der zwölf Monate zu erwarten sind, die auf den ursprünglichen Auftrag folgen, oder
2. auf der Grundlage des geschätzten Gesamtwertes aufeinanderfolgender Aufträge, die während der auf die erste Lieferung folgenden zwölf Monate oder während des auf die erste Lieferung folgenden Haushaltsjahres, wenn dieses länger als zwölf Monate ist, vergeben werden.

(4) Bei Aufträgen über Liefer- oder Dienstleistungen, für die kein Gesamtpreis angegeben wird, ist Berechnungsgrundlage für den geschätzten Auftragswert
1. bei zeitlich begrenzten Aufträgen mit einer Laufzeit von bis zu 48 Monaten der Gesamtwert für die Laufzeit dieser Aufträge;
2. bei Aufträgen mit unbestimmter Laufzeit oder mit einer Laufzeit von mehr als 48 Monaten der 48-fache Monatswert.

(5) Bei Bauleistungen ist neben dem Auftragswert der Bauaufträge der geschätzte Wert aller Lieferleistungen zu berücksichtigen, die für die Ausführungen der Bauleistungen erforderlich sind und von Auftraggebern zur Verfügung gestellt werden.

(6) Der Wert einer Rahmenvereinbarung wird auf der Grundlage des geschätzten Gesamtwertes aller Einzelaufträge berechnet, die während deren Laufzeit geplant sind.

(7) ¹Besteht die beabsichtigte Beschaffung aus mehreren Losen, für die jeweils ein gesonderter Auftrag vergeben wird, ist bei der Schätzung der Wert aller Lose zugrunde zu legen. ²Bei Lieferaufträgen gilt dies nur für Lose über gleichartige Lieferungen. ³Bei Planungsleistungen gilt dies nur für Lose über gleichartige Leistungen. ⁴Erreicht oder überschreitet der Gesamtwert den maßgeblichen EU-Schwellenwert, gilt diese Verordnung für die Vergabe jedes Loses. ⁵Dies gilt nicht bis zu einer Summe der Werte dieser Lose von 20 Prozent des Gesamtwertes ohne Umsatzsteuer für
1. Liefer- oder Dienstleistungsaufträge mit einem Wert unter 80 000 Euro und
2. Bauaufträge mit einem Wert unter 1 000 000 Euro.

(8) Maßgeblicher Zeitpunkt für die Schätzung des Auftragswertes ist der Tag, an dem die Bekanntmachung der beabsichtigten Auftragsvergabe abgesendet oder das Vergabeverfahren auf andere Weise eingeleitet wird.

Übersicht

	Rn.		Rn.
I. Normzweck	1, 2	1. Wesentliche Grundprinzipien (Abs. 1)	4–8
II. Entstehungsgeschichte	3		
III. Einzelerläuterungen	4–18	2. Umgehungsverbot (Abs. 2)	9, 10

	Rn.		Rn.
3. Wiederkehrende Aufträge/Daueraufträge (Abs. 3)	11	6. Rahmenvereinbarung (Abs. 6)	14
4. Keine Gesamtvergütung beim Auftrag (Abs. 4)	12	7. Lose (Abs. 7)	15–17
		8. Zeitpunkt für die Schätzung (Abs. 8)	18
5. Besonderheiten für Bauleistungen (Abs. 5)	13	IV. Folgen von Rechtsverstößen	19

I. Normzweck

1   Vergleichbare Regelungen zur **Schätzung des Auftragswertes** gibt es insbesondere in § 3 VgV (→ VgV § 3 Rn. 1 ff.). Dabei wirken sich die Besonderheiten des Verteidigungs- und Sicherheitssektors hinsichtlich der Vorgaben für die Schätzung des Auftragswerts nicht in hohem Maße aus. Hierfür enthält auch der Teil 4 des GWB (§§ 144–147 GWB) keine Hinweise.

2   Die Norm beinhaltet diejenigen Vorgaben, nach denen der Auftragswert zu schätzen ist. Wichtigste Funktion der Bestimmung des Auftragswertes ist die Festlegung, ob der entscheidende Schwellenwert erreicht oder überschritten wird. Ist dies der Fall, muss die VSVgV nach § 1 herangezogen werden. Gleichzeitig wird damit auch über die vergaberechtlichen Rechtsschutzmöglichkeiten entschieden. Daher dient die Norm sowohl für die Auftraggeberseite, als auch für die Marktteilnehmer als wichtiger Orientierungspunkt und Ausgangsbasis. Ziel ist, eine einheitliche Schätzgrundlage für die Ermittlung des Auftragswerts zu schaffen.[1] Sie gilt gem. § 2 nicht nur für **Liefer- und Dienstleistungsaufträge,** sondern auch für **verteidigungs- oder sicherheitsspezifische Bauaufträge.** § 3 ist Teil der Bestimmungen über das Vergabeverfahren nach § 97 Abs. 6 GWB.

II. Entstehungsgeschichte

3   § 3 setzt Art. 9 RL 2009/81/EG um.[2] Die Anpassung der VSVgV an das GWB in der Fassung des VergRModG hat § 3 in weiten Bereichen **unverändert** belassen. Es kann daher auf die bisherige Literatur und Rechtsprechung Bezug genommen werden. Neu gefasst wurde allein Abs. 7 S. 3 mit Wirkung zum 18.4.2016 durch die Verordnung vom 12.4.2016.[3] § 3 orientiert sich inhaltlich und strukturell größtenteils an § 3 VgV.

III. Einzelerläuterungen

4   **1. Wesentliche Grundprinzipien (Abs. 1).** Abs. 1 bestimmt, dass Grundlage für die Schätzung des Auftragswertes die voraussichtliche, dh die geschätzte Gesamtvergütung für die vorgesehene Leistung darstellt. Ausschlaggebend soll dabei der Gesamtwert ohne Umsatzsteuer, also der Netto-Auftragswert sein. Grund hierfür ist der Wille, Vergleichbarkeit zu ermöglichen. So existieren gegenwärtig unterschiedlich hohe Umsatzsteuersätze in den EU-Staaten.

5   Eine **verantwortbare Prognose** stellt den Ausgangspunkt der geforderten Schätzung dar. Sie sollte stets realistisch, vollständig und objektiv sein und die wirtschaftlichen Interessen des Marktes im Blick behalten (→ VgV § 3 Rn. 6).

6   Dazu sind je nach Auftrag die Werte für die Gesamtvergütung zu addieren. Fraglich ist jeweils, ob tatsächlich mehrere öffentliche Aufträge gegeben sind oder nicht doch ein Auftrag vorliegt. Demnach müssen etwa bei Lieferleistungen alle Werte der Lieferungen, die durch den Vertrag beschafft werden sollen, zusammengezogen werden. Dieser Grundsatz der Gesamtvergütung wird nachfolgend weiter spezifiziert. Im Mittelpunkt steht jeweils eine funktionale Betrachtungsweise.[4] So sind im Rahmen der Schätzung des Auftragswertes

---

[1] BGH Beschl. v. 18.3.2014 – X ZB 12/13, BeckRS 2014, 08155.
[2] Vergaberichtlinie für die Bereiche Verteidigung und Sicherheit.
[3] BGBl. 2016 I 624.
[4] So auch BR-Drs. 321/12; OLG Düsseldorf Beschl. v. 25.11.2009 – VII-Verg 27/09 Rn. 54, BeckRS 2010, 02863.

alle Leistungen einzubeziehen, die hinsichtlich ihrer wirtschaftlichen und technischen Funktion einen **einheitlichen Charakter** haben.[5] Eine Addition muss demnach immer dann erfolgen, wenn gleichartige Lieferungen vorliegen. Sollen unterschiedliche Lieferungen von unterschiedlichen Auftragnehmern ausgeführt werden, sind diese einzeln zu bewerten.[6] Gleiches gilt für Dienstleistungsaufträge. Da bei Bauaufträgen einzelne Bauleistungen im Mittelpunkt stehen, ist die Gesamtvergütung zu ermitteln, indem der Wert aller Leistungen, die durch einen Vertrag beschafft werden sollen, zusammengerechnet wird. So sind etwa auch mehrere Bauwerke zu addieren, wenn bei funktionaler Betrachtung zwischen den Aufträgen in technischer und wirtschaftlicher Hinsicht ein Zusammenhang besteht.

Einzuschließen sind jeweils etwaige Prämien oder Zahlungen als geldwerte Vorteile an die Bewerber oder Bieter, um eine Umgehung des Vergaberechts zu verhindern. 7

Gleiches gilt nach § 3 Abs. 1 S. 2 für Optionen und etwaige Vertragsverlängerungen, wobei also nicht nur einseitige Gestaltungsrechte, sondern jegliche mögliche Vertragsverlängerungen einzubeziehen sind.[7] Notwendig ist aber, dass diese einen vertraglichen Anknüpfungspunkt erhalten.[8] Dafür müssen die Leistungen, die einzubeziehen sind, nicht immer vom Auftraggeber kommen. Leistungen Dritter bzw. etwaige Rechte, etwa zum Einzug von Gebühren oder zur Verwertung, sind regelmäßig zu berücksichtigen. Auch hier gilt, dass das realistische Auftragsvolumen zu ermitteln ist. 8

2. Umgehungsverbot (Abs. 2). Ergänzend zu den Vorgaben nach Abs. 1 bestimmt Abs. 2 ausdrücklich, dass der Wert nicht derart mit der Absicht geschätzt werden darf, dass der Auftrag nicht der Anwendung des Vergaberechts unterfällt. Dieses sog. Umgehungsverbot soll also etwaige Stückelungen und andere Maßnahmen ausdrücklich unterbinden, die ggf. das Ziel verfolgen würden, den Auftrag dem Regime der VSVgV zu entziehen. Sind keine sachlichen Gründe erkennbar, darf ein einheitlicher Beschaffungsvorgang also nicht aufgeteilt werden. Ferner darf aber auch keine Methode bei der Schätzung herangezogen werden, um die Anwendung des Vergaberechts zu umgehen. Anders zu bewerten ist in diesem Zusammenhang die Entscheidung des Auftraggebers, eine zu beschaffende Leistung endgültig nicht mehr im ursprünglichen Maße beschaffen zu wollen. Dann gibt er sein Beschaffungsvorhaben in Teilen auf und handelt nicht mit einer missbräuchlichen Absicht. Dieses vorsätzliche Handeln (wissentlich und willentlich) ist aber für einen vorwerfbaren Verstoß erforderlich. 9

Anders als bei § 3 VgV wird kein ausdrücklicher Rückgriff auf die Rechtsprechung des EuGH „Autalhalle Niedernhausen"[9] gemacht und bei objektiv nachvollziehbaren Gründen eine explizite Ausnahme vorgesehen. Dies dürfte jedoch auf § 3 übertragbar sein. So können auch hier aus internen Organisationsentscheidungen des Auftraggebers objektive Gründe für eine Aufteilung von Aufträgen ableitbar sein, etwa wenn Organisationseinheiten mit einem eigenen Budget zur Mittelbewirtschaftung ausgestattet wurden. Trotz des Schweigens des Verordnungsgebers drängt sich für diese Fälle keine andere Schlussfolgerung nach Sinn und Zweck der Regelung auf. 10

3. Wiederkehrende Aufträge/Daueraufträge (Abs. 3). Den Umgang mit regelmäßig wiederkehrenden Aufträgen bzw. Daueraufträgen legt § 3 Abs. 3 fest. Dabei sind wiederkehrende Aufträge solche, die stets von neu aufkommen oder Leistungen zum Gegenstand haben, die sich wiederholen. Daueraufträge sind Dauerschuldverhältnisse.[10] Bei solchen Aufträgen muss als Berechnungszeitraum das vorangegangene Haushaltsjahr (bzw. das Geschäftsjahr) oder die letzten zwölf Monate zugrunde gelegt werden, wobei voraussichtliche Änderungen bei Mengen bzw. Kosten möglichst zu berücksichtigen sind. Dabei kann 11

---

[5] EuGH NZBau 2012, 311 – Autalhalle Niedernhausen.
[6] Leinemann/Kirch/*Büdenbender* Rn. 8 ff.
[7] Vgl. Art. 9 Abs. 1 S. 2 RL 2009/81/EG.
[8] VK Bund Beschl. v. 10.1.2014 – VK 1- 113/13, BeckRS 2014, 121339.
[9] EuGH NZBau 2012, 311 – Autalhalle Niedernhausen.
[10] Ziekow/Völlink/*Greb* VOB/A § 3 Rn. 30.

entsprechend der Spiegelstriche eine rückblickende oder eine prognostische Betrachtung gewählt werden.

12   **4. Keine Gesamtvergütung beim Auftrag (Abs. 4).** Bei Aufträgen über Liefer- und Dienstleistungen, für die kein Gesamtpreis angegeben wird, ist nach Abs. 4 Berechnungsgrundlage für den Auftragswert bei
- zeitlich begrenzten Aufträgen mit einer Laufzeit von bis zu 48 Monaten der Gesamtwert für die Laufzeit dieser Aufträge bzw.
- bei Aufträgen mit unbestimmter Laufzeit oder mit einer Laufzeit von mehr als 48 Monaten der 48-fache Monatswert. Dabei ist von der geschätzten monatlichen Zahlung auszugehen, die dann multipliziert wird. Der 48-fache Monatswert stellt hierfür die maximale Annahme dar.

13   **5. Besonderheiten für Bauleistungen (Abs. 5).** Gemäß § 3 Abs. 5 ist bei Bauleistungen nicht nur der Auftragswert der Bauaufträge, sondern auch der geschätzte Wert aller Lieferleistungen einzubeziehen, die für die Bauleistung erforderlich sind bzw. vom öffentlichen Auftraggeber zur Verfügung gestellt werden. Gleichzeitig ist stets zu Beginn zu prüfen, was eigentlich Hauptgegenstand des Auftrages ist (§ 110 GWB). Eine Einbeziehung von Dienstleistungen bei der Berechnung wurde vom Verordnungsgeber entgegen der Anpassung in der VgV (§ 3 VgV) nicht vollzogen.

14   **6. Rahmenvereinbarung (Abs. 6).** Abs. 6 stellt klar, dass der Wert einer Rahmenvereinbarung (§ 14 bzw. § 103 Abs. 5 S. 1 GWB) auf Basis des geschätzten Gesamtwertes aller Einzelaufträge zu beziffern ist, die während der Laufzeit der Rahmenvereinbarung vorgesehen sind. Dabei ist vom Höchstwert auszugehen. Regelmäßig dürfte der Auftraggeber die genaue Anzahl der (zukünftigen) Aufträge nicht kennen. Daher ist das erwartete Auftragsvolumen so genau wie möglich prognostisch zu ermitteln.

15   **7. Lose (Abs. 7).** Auch bei einer Losvergabe soll nach § 3 Abs. 7 das Grundprinzip der Gesamtvergütung gelten. Es wird durch Abs. 7 noch weiter konkretisiert. Demnach gilt, dass an sich der Schätzung des Auftragswertes der Wert aller Lose zugrunde zu legen ist, selbst wenn jeweils gesonderte Aufträge vergeben werden sollen. Hintergrund hierfür ist der Wunsch, trotz der erwünschten Einbeziehung mittelständiger Interessen (§ 97 Abs. 4 GWB) kleiner und mittlerer Unternehmen den Grundgedanken eines europäischen Wettbewerbs um die Aufträge nicht aus dem Blick zu verlieren.

16   Abzugrenzen ist dabei der öffentliche Auftrag vom jeweiligen Los. So stellen generell Leistungen, die in einem funktionalen, räumlichen und zeitlichen Zusammenhang stehen, einen Auftrag dar. Einzelne Teile eines Auftrags bilden Lose.[11] Für Lieferleistungen wird ausdrücklich bestimmt, dass eine Zusammenrechnung nur für gleichartige Lieferungen, die also einen inneren Zusammenhang[12] aufweisen müssen, zu erfolgen hat. Entgegen der vorherigen Fassung werden nunmehr freiberufliche Leistungen nicht mehr thematisiert. Hingegen wird nunmehr allein für Planungsleistungen eine Addition gefordert, wenn diese wiederum gleichartige Leistungen umfassen.

17   Überschreitet die Vergabe eines Auftrags den maßgeblichen Schwellenwert, ist die VSVgV generell bei jeder Losvergabe zu berücksichtigen. Ausgenommen von dieser Pflicht zur Gesamtberechnung werden nach Abs. 7 S. 5 Nr. 1 Liefer- oder Dienstleistungsaufträge mit einem Wert unter 80.000 EUR und nach Nr. 2 Bauaufträge mit einem Wert unter 1.000.000 EUR (sog. Bagatellklausel[13]), sofern deren Wert nur bis zu 20 % des Gesamtauftragswertes beträgt. Wird diese 20 %-Grenze (in Summe) überschritten, sind auch Lose unter den in Nr. 1 u. 2 genannten Grenzen europaweit auszuschreiben. Die Entscheidung darüber, welche Lose unter die Bagatellklausel fallen sollen und welche nicht, ist sorgfältig zu dokumentieren, da hiervon auch der vergaberechtliche Rechtsschutz abhängt.

---

[11] Vgl. OLG Koblenz Beschl. v. 16.9.2013 – 1 Verg 5/13, BeckRS 2013, 16569.
[12] Vgl. OLG Frankfurt a. M. Beschl. v. 8.5.2012 – 11 Verg 2/12, BeckRS 2012, 10701.
[13] Vgl. Leinemann/Kirch/*Büdenbender* Rn. 28.

8. Zeitpunkt für die Schätzung (Abs. 8). Entscheidender Zeitpunkt für die Schätzung ist der Tag des Beginn des Vergabeverfahrens, also generell der Tag der Absendung der Auftragsbekanntmachung bzw. der Zeitpunkt (bei einem Verfahren ohne Bekanntmachung, → Rn. 12), der der förmlichen Einleitung eines Vergabeverfahrens funktional gleich steht, wie etwa die Kontaktaufnahme mit den Unternehmen. Eine Dokumentation ist allein wegen des Transparenzgrundsatzes stets erforderlich. 18

IV. Folgen von Rechtsverstößen

Der Auftraggeberes hat die ordnungsgemäße Durchführung des Vergabeverfahrens sicherzustellen und ist hierfür darlegungs- und beweispflichtig. Er muss dabei auch nachweisen können, dass die Schätzung des Auftragswertes mit der notwendigen Sorgfalt und unter Beachtung der Vorgaben des § 3 erfolgte. Dabei kommt der Schätzung des Auftragswertes wegen der direkten Auswirkung auf die Rechtsschutzmöglichkeiten im Nachprüfungsverfahren besondere Bedeutung zu. Die Grundlagen der Schätzung sind daher in einer genauen Dokumentation abzubilden. 19

§ 4 Begriffsbestimmungen

(1) ¹Krise ist jede Situation in einem Mitgliedstaat der Europäischen Union oder einem Drittland, in der ein Schadensereignis eingetreten ist, das deutlich über die Ausmaße von Schadensereignissen des täglichen Lebens hinausgeht und
1. dabei Leben und Gesundheit zahlreicher Menschen erheblich gefährdet oder einschränkt,
2. eine erhebliche Auswirkung auf Sachwerte hat oder
3. lebensnotwendige Versorgungsmaßnahmen für die Bevölkerung erforderlich macht.

²Eine Krise liegt auch vor, wenn konkrete Umstände dafür vorliegen, dass ein solches Schadensereignis unmittelbar bevorsteht. ³Bewaffnete Konflikte und Kriege sind Krisen im Sinne dieser Verordnung.

(2) Unterauftrag ist ein zwischen einem erfolgreichen Bieter und einem oder mehreren Unternehmen geschlossener entgeltlicher Vertrag über die Ausführung des betreffenden Auftrags oder von Teilen des Auftrags.

(3) ¹Forschung und Entwicklung sind alle Tätigkeiten, die Grundlagenforschung, angewandte Forschung und experimentelle Entwicklung umfassen, wobei letztere die Herstellung von technologischen Demonstrationssystemen einschließen kann. ²Technologische Demonstrationssysteme sind Vorrichtungen zur Demonstration der Leistungen eines neuen Konzepts oder einer neuen Technologie in einem relevanten oder repräsentativen Umfeld.

I. Normzweck

Die Norm enthält Legaldefinitionen für Begriffe der VSVgV. Die Erläuterungen ergeben sich größtenteils wortgleich aus den Definitionen in Art. 1 RL 2009/81/EG. Nach § 2 ist für die Vergabe von verteidigungs- oder sicherheitsspezifischen Dienst- und Lieferaufträgen sowie Bauaufträgen § 4 anzuwenden, wobei auch Abschnitt 3 der Vergabe- und Vertragsordnung für Bauleistungen (VOB/A) in der Fassung der Bekanntmachung vom 19.1.2016 (BAnz AT 19.1.2016 B3) gilt. 1

II. Einzelerläuterungen

1. Krise (Abs. 1). Die Definition der Krise stammt aus Art. 1 Nr. 10 RL 2009/81/EG und hat für §§ 8, 12, 27 Bedeutung. 2

3   **2. Unterauftrag (Abs. 3).** Auch hierzu diente die Definition in Art. 1 Nr. 22 RL 2009/81/EG als Grundlage. Der Begriff wird in den §§ 7, 9, 38–41 verwendet.

4   **3. Forschung und Entwicklung (Abs. 3).** In Teilen wurde hierfür auf die Definition aus Art. 1 Nr. 27 RL 2009/81/EG zurückgegriffen. Sie wird in § 12 verwendet. Forschung und Entwicklung umfassen Grundlagenforschung, angewandte Forschung und experimentelle Entwicklung. Nicht eingeschlossen sind aber die Herstellung und Qualifizierung von Vorläufern der Produktion wie Prototypen, Werkzeug- und Fertigungstechnik, Industriedesign oder Herstellung.[1]

§ 5 Dienstleistungsaufträge

(1) Aufträge über Dienstleistungen gemäß Anhang I der Richtlinie 2009/81/EG unterliegen den Vorschriften dieser Verordnung.

(2) Aufträge über Dienstleistungen gemäß Anhang II der Richtlinie 2009/81/EG unterliegen ausschließlich den §§ 15 und 35.

(3) ¹Aufträge, die sowohl Dienstleistungen gemäß Anhang I als auch solche des Anhangs II der Richtlinie 2009/81/EG umfassen, unterliegen den Vorschriften dieser Verordnung, wenn der Wert der Dienstleistungen nach Anhang I der Richtlinie 2009/81/EG überwiegt. ²Überwiegt der Wert der Dienstleistungen nach Anhang II der Richtlinie 2009/81/EG, unterliegen diese Aufträge ausschließlich den §§ 15 und 35.

I. Einführung

1   Die europäischen Vergaberichtlinien aus dem Jahr 2004 unterschieden im Dienstleistungsbereich zwischen sog. „vorrangigen/prioritären" und „nachrangigen/nicht-prioritären" Dienstleistungen. Hintergrund dieser Unterscheidung war, dass die Vergabe nur derjenigen Dienstleistungen vollumfänglich den Richtlinienvorschriften unterliegen sollte, bei denen ihre Bestimmungen dazu beitragen, alle Möglichkeiten für eine Zunahme des grenzüberschreitenden Handels voll auszunutzen.[1]

2   Mit der Verabschiedung der neuen Vergaberichtlinien im Jahr 2014 wurde die Unterscheidung aufgegeben. Entsprechend findet sich weder in der VgV noch in der SektVO deren Fortführung. Allerdings war die Richtlinie 2009/81/EG von dem neuen EU-Richtlinienpaket 2014 nicht betroffen, sodass das Regime der „vorrangigen/nachrangigen" Dienstleistungen für den Bereich der verteidigungs- und sicherheitsspezifischen Dienstleistungen erhalten blieb.

3   Die vorrangigen Dienstleistungen sind in Anhang I der Richtlinie 2009/81/EG[2] abschließend aufgeführt. Die nachrangigen Dienstleistungen finden sich in deren Anhang II. Zu den nachrangigen Dienstleistungen gehören ua Rechtsberatung und Dienstleistungen aus dem sozialen Bereich. Die Ziffer 26 des Anhangs II beinhaltet die Kategorie „Sonstige Dienstleistungen". Hierbei handelt es sich um einen Auffangtatbestand. Es kann sich dabei letztlich nur um solche Dienstleistungen handeln, die sich nicht in den übrigen Kategorien des Anhangs I oder II befinden.[3]

II. Inhalt der Regelung

4   Auf die Vergabe von Aufträgen über vorrangige Dienstleistungen sind die Vorschriften der VSVgV in vollem Umfang anzuwenden. Bei der Vergabe von Aufträgen über nachrangige Dienstleistungen müssen Auftraggeber nur die Vorgaben zur Leistungsbeschreibung

---
[1] Vgl. Ziekow/Völlink/*Busz* Rn. 5.
[1] S. Erwägungsgrund 19 RL 2004/18/EG.
[2] ABl. 2009 L 216, 76.
[3] Vgl. OLG Düsseldorf Beschl. v. 21.4.2010 – Verg 55/09, NZBau 2010, 390.

und die technischen Anforderungen sowie über Bekanntmachung über die Auftragserteilung (ex-post) beachten.[4] Damit entfällt die Pflicht des Auftraggebers, im Falle der Vergabe von Aufträgen über nachrangige Dienstleistungen ein europaweites Vergabeverfahren durchführen zu müssen.

Umfassen Aufträge sowohl vorrangige als auch nachrangige Dienstleistungen, kommt es 5 bezüglich der vollfänglichen Anwendung der Vorschriften der VSVgV darauf an, welcher Anteil wertmäßig überwiegt. Maßgeblich hierfür ist die Auftragswertschätzung. Es ist für solche gemischten Aufträge nur dann ein europaweites Vergabeverfahren unter Beachtung aller Regelungen der VSVgV durchzuführen, wenn sich aus der Auftragswertschätzung ein überwiegender Wert der vorrangigen Dienstleistungsanteile ergibt.

III. Beachtung der vergaberechtlichen Grundsätze bei der Vergabe von Aufträgen über nachrangige Dienstleistungen

Neben den Bestimmungen über die Leistungsbeschreibung und technischen Anforderungen sowie die ex post-Transparenz haben Auftraggeber bei der Vergabe nachrangiger Dienstleistungen die vergaberechtlichen Grundprinzipien des Wettbewerbs, der Transparenz und der Nichtdiskriminierung einzuhalten.[5] Der Umstand, dass eine nachrangige Dienstleistung betroffen ist, stellt ein diesbezügliches Vergabeverfahren nicht von einer Nachprüfung nach §§ 155 ff. GWB frei.[6]

IV. Beachtung haushaltsrechtlicher Vorschriftenbei der Vergabe über nachrangige Dienstleistungen

Auf einen Hinweis zur Beachtung des haushaltsrechtlichen Unterschwellenvergaberechts, 7 wie er sich in § 4 VgV aF fand, hat der Verordnungsgeber in § 5 seinerzeit verzichtet. Das änderte aber nichts daran, dass dessen Geltung im Falle einer Auftragsvergabe über nachrangige Dienstleistungen stets zu prüfen war und ist.

Mittlerweile gilt für öffentliche Auftraggeber des Bundes die Unterschwellenvergabeordnung.[7] Deren Anwendung ist nun grundsätzlich im Fall der Vergabe eines verteidigungs- und sicherheitsspezifischen öffentlichen Auftrags über nachrangige Dienstleistungen zu prüfen. Sie ist allgemein bei Nichterreichen der maßgeblichen Schwellenwerte für alle Auftragsvergaben von verteidigungs- und sicherheitsspezifischen Liefer- und Dienstleistungen anzuwenden. Es sei denn, der Anwendungsbereich der UVgO ist gem. § 1 Abs. 2 UVgO wegen Vorliegens von Ausnahmetatbeständen[8] nicht eröffnet.

§ 51 UVgO enthält eine Sonderregelung für die Vergabe von verteidigungs- oder sicher- 9 heitsspezifischen öffentlichen Aufträgen iSd § 104 GWB. Es stehen dem öffentlichen Auftraggeber die Verfahrensarten Beschränkte Ausschreibung oder die Verhandlungsvergabe jeweils mit oder ohne Teilnahmewettbewerb zur freien Wahl. Für den Fall eines Verschlusssachenauftrags wird § 7 (Anforderungen an den Schutz von Verschlusssachen) für anwendbar erklärt.

Schließlich enthält § 51 UVgO ergänzende Regelungen zur Versorgungssicherheit und 10 zum Ausschluss von Unternehmen.

§ 6 Wahrung der Vertraulichkeit

(1) Auftraggeber, Bewerber, Bieter und Auftragnehmer wahren gegenseitig die Vertraulichkeit aller Angaben und Unterlagen. Für die Anforderungen an den

---

[4] Die Vorgaben sind in §§ 15, 35 geregelt.
[5] S. OLG Düsseldorf Beschl. v. 2.1.2012 – Verg 70/11, ZfBR 2012, 285.
[6] Leinemann/Kirch/*Leinemann* § 6 Rn. 4 mwN.
[7] Verfahrensordnung für die Vergabe öffentlicher Liefer- und Dienstleistungsaufträge unterhalb der EU-Schwellenwerte (Unterschwellenvergabeordnung – UVgO) v. 2.2.2017 (BAnz AT 7.2.2017 B1, ber. Nr. 170208, 1). Die UVgO wurde für den Bund ab dem 2.9.2017 in Kraft gesetzt mit Rundschreiben des BMF v. 1.9.2017-IIA3-H 1012-6/16/10003:003.
[8] Die UVgO erklärt sich im Falle des Vorliegens der Ausnahmetatbestände gem. §§ 107, 108, 109, 116, 117 und 147 GWB für nicht anwendbar.

Schutz von Verschlusssachen einschließlich ihrer Weitergabe an Unterauftragnehmer gilt § 7.

(2) Sofern in dieser Verordnung nicht anderes bestimmt ist, dürfen Auftraggeber nach anderen Rechtsvorschriften vorbehaltlich vertraglich erworbener Rechte keine von den Bewerbern, Bietern und Auftragnehmern übermittelte und von diesen als vertraulich eingestufte Information weitergeben. Dies gilt insbesondere für technische Geheimnisse und Betriebsgeheimnisse.

(3) Bewerber, Bieter und Auftragnehmer dürfen keine von den Auftraggebern als vertraulich eingestufte Information an Dritte weitergeben. Dies gilt nicht für die Unterauftragsvergabe, wenn die Weitergabe der als vertraulich eingestuften Information für den Teilnahmeantrag, das Angebot oder die Auftragsausführung erforderlich ist. Bewerber, Bieter und Auftragnehmer müssen die Wahrung der Vertraulichkeit mit den in Aussicht genommenen Unterauftragnehmern vereinbaren. Auftraggeber können an Bewerber, Bieter und Auftragnehmer weitere Anforderungen zur Wahrung der Vertraulichkeit stellen, die mit dem Auftragsgegenstand im sachlichen Zusammenhang stehen und durch ihn gerechtfertigt sind.

I. Allgemeines

1 § 6 bezweckt unter anderem die Umsetzung von Art. 6 RL 2009/81/EG. Die Norm verpflichtet alle Verfahrensbeteiligten, die Vertraulichkeit der zwischen ihnen ausgetauschten Informationen in jedem Stadium des Vergabeverfahrens zu wahren.[1] Die Norm gilt für vertrauliche Informationen. Auf Informationen, die als Verschlusssachen eingestuft worden sind, kommt § 7 als speziellere Norm zur Anwendung.

II. Gegenseitige Wahrung der Vertraulichkeit (Abs. 1)

2 § 6 Abs. 1 S. 1 verpflichtet die Auftraggeber, die verfahrensbeteiligten Unternehmen und die Auftragnehmer zur Wahrung der Vertraulichkeit aller Angaben und Unterlagen, die im Vergabeverfahren ausgetauscht wurden. Der Begriff der Angaben ist denkbar weit zu fassen. **Angaben** können zB solche sein, die ein Bieter im Angebotsvordruck zu seinem eigenen Unternehmen, aber auch Angaben, die der öffentliche Auftraggeber in den Vergabeunterlagen zu dem zu vergebenden Auftrag macht. Ebenfalls weit zu fassen ist der Begriff der Unterlagen. Hierbei kann es sich um die Vergabeunterlagen ebenso handeln wie die vom Bieter seinem Angebot beigefügten Unterlagen.

3 **Vertraulich** sind die Informationen, wenn sie nach der Verkehrsanschauung nicht nach außen dringen dürfen und ihre Offenlegung nachteilige Auswirkungen hätte.[2]

4 S. 2 stellt klar, dass für den Schutz von Verschlusssachen § 7 gilt.

III. Keine Weitergabe vertraulicher Informationen (Abs. 2)

5 Die Vorschrift verpflichtet den Auftraggeber, keine von den Bewerbern, Bietern oder Auftragnehmern übermittelten und von diesen als vertraulich eingestufte Information weiterzugeben, es sei denn, dies ist aufgrund dieser Verordnung, anderer Rechtsvorschriften oder aufgrund von vertraglich erworbenen Rechten zugelassen. Dies soll insbesondere gelten für technische Geheimnisse und Betriebsgeheimnisse.[3]

6 Eine Ausnahme vom grundsätzlichen Verbot der Weitergabe vertraulicher Informationen stellen die Bekanntmachung über die Auftragserteilung (§ 35) sowie die Unterrichtungs-

---

[1] *Contag* in Dippel/Sterner/Zeiss, VSVgV, Kommentar, Beschaffung im Verteidigungs- und Sicherheitsbereich, 1. Aufl. 2013, § 6 aF Rn. 1–4.
[2] *Contag* in Dippel/Sterner/Zeiss, VSVgV, Kommentar, Beschaffung im Verteidigungs- und Sicherheitsbereich, 1. Aufl. 2013, § 6 aF Rn. 6.
[3] Vgl. zum Begriff der Betriebsgeheimnisse Kommentierung zu § 165 Abs. 2 GWB (→ GWB § 165 Rn. 25 ff.).

pflicht unterlegener Bewerber und Bieter (§ 36) dar. Als **andere Rechtsvorschriften,** die eine Weitergabe vertraulicher Informationen durch den Auftraggeber zulassen, kommt § 163 Abs. 2 S. 3 GWB in Betracht. Danach hat der Auftraggeber der Vergabekammer die Vergabeakten nach Übermittlung des Nachprüfungsantrags sofort zur Verfügung zu stellen. Die Vergabekammer ihrerseits ist verpflichtet, die Vertraulichkeit von Verschlusssachen und anderen vertraulichen Informationen sicherzustellen (§ 164 Abs. 1 GWB). Zum Schutz von Betriebs- und Geschäftsgeheimnisse hat die Vergabekammer die Akteneinsicht in die betreffenden Unterlagen zu versagen (§ 165 Abs. 2 GWB).

Die Befugnis, vertrauliche Informationen weiterzugeben, kann sich ggf. auch aus einer vertraglichen Vereinbarung zwischen Auftraggeber und dem Unternehmen ergeben.

IV. Verpflichtung der Unternehmen zur vertraulichen Behandlung von Informationen (Abs. 3)

Die am Vergabeverfahren beteiligten Unternehmen dürfen ebenso wie die Auftragnehmer keine Informationen, die der Auftraggeber als vertraulich gekennzeichnet hat, an Dritte weitergeben. Da von diesem grundsätzlichen Verbot auch die Weitergabe an einen Unterauftragnehmer betroffen wäre, lässt S. 2 die Informationsweitergabe an den Unterauftragnehmer zu, sofern dies für den Teilnahmeantrag, das Angebot oder die Auftragsausführung erforderlich sein sollte. Aus der Formulierung „sofern erforderlich" folgt, dass im Einzelfall zu prüfen sein wird, in welchem Umfang der Unterauftragnehmer Kenntnis vertraulicher Informationen benötigt. Ein Unterauftragnehmer, der nur für einen klar abgegrenzten Teil in die Leistungserbringung eingebunden werden soll, werden nur die hierzu erforderlichen Informationen zur Verfügung zu stellen sein.

S. 3 lässt es zu, dass der Auftraggeber weitere Anforderungen an die Verfahrensbeteiligten und den Auftragnehmer zur Wahrung der Vertraulichkeit stellen kann. Voraussetzung ist, dass diese mit dem Auftragsgegenstand im sachlichen Zusammenhang stehen und durch ihn gerechtfertigt sind.

§ 7 Anforderungen an den Schutz von Verschlusssachen durch Unternehmen

(1) ¹Im Falle eines Verschlusssachenauftrags im Sinne des § 104 Absatz 3 des Gesetzes gegen Wettbewerbsbeschränkungen müssen Auftraggeber in der Bekanntmachung oder den Vergabeunterlagen die erforderlichen Maßnahmen, Anforderungen und Auflagen benennen, die ein Unternehmen als Bewerber, Bieter oder Auftragnehmer sicherstellen oder erfüllen muss, um den Schutz von Verschlusssachen entsprechend dem jeweiligen Geheimhaltungsgrad zu gewährleisten. ²Auftraggeber müssen in der Bekanntmachung oder den Vergabeunterlagen auch die erforderlichen Maßnahmen, Anforderungen und Auflagen benennen, die Unterauftragnehmer sicherstellen müssen, um den Schutz von Verschlusssachen entsprechend dem jeweiligen Geheimhaltungsgrad zu gewährleisten, und deren Einhaltung der Bewerber, Bieter oder Auftragnehmer mit dem Unterauftragnehmer vereinbaren muss.

(2) Auftraggeber müssen insbesondere verlangen, dass der Teilnahmeantrag oder das Angebot folgende Angaben enthält:
1. Wenn der Auftrag Verschlusssachen des Geheimhaltungsgrades „VS-VERTRAULICH" oder höher umfasst, Erklärungen des Bewerbers oder Bieters und der bereits in Aussicht genommenen Unterauftragnehmer,
   a) ob und in welchem Umfang für diese Sicherheitsbescheide des Bundesministeriums für Wirtschaft und Energie oder entsprechender Landesbehörden bestehen oder

b) dass sie bereit sind, alle notwendigen Maßnahmen und Anforderungen zu erfüllen, die zum Erhalt eines Sicherheitsbescheids zum Zeitpunkt der Auftragsausführung vorausgesetzt werden;
2. Verpflichtungserklärungen
   a) des Bewerbers oder Bieters und
   b) der bereits in Aussicht genommenen Unterauftragnehmer
   während der gesamten Vertragsdauer sowie nach Kündigung, Auflösung oder Ablauf des Vertrags den Schutz aller in ihrem Besitz befindlichen oder ihnen zur Kenntnis gelangter Verschlusssachen gemäß den einschlägigen Rechts- und Verwaltungsvorschriften zu gewährleisten;
3. Verpflichtungserklärungen des Bewerbers oder Bieters, von Unterauftragnehmern, an die er im Zuge der Auftragsausführung Unteraufträge vergibt, Erklärungen und Verpflichtungserklärungen gemäß den Nummern 1 und 2 einzuholen und vor der Vergabe des Unterauftrags den Auftraggebern vorzulegen.

(3) ¹Muss einem Bewerber, Bieter oder bereits in Aussicht genommenen Unterauftragnehmern für den Teilnahmeantrag oder das Erstellen eines Angebots der Zugang zu Verschlusssachen des Geheimhaltungsgrades „VS-VERTRAULICH" oder höher gewährt werden, verlangen Auftraggeber bereits vor Gewährung dieses Zugangs einen Sicherheitsbescheid vom Bundesministerium für Wirtschaft und Energie oder von entsprechenden Landesbehörden und die Verpflichtungserklärungen nach Absatz 2 Nummer 2 und 3. ²Kann zu diesem Zeitpunkt noch kein Sicherheitsbescheid durch das Bundesministerium für Wirtschaft und Energie oder durch entsprechende Landesbehörden ausgestellt werden und machen Auftraggeber von der Möglichkeit Gebrauch, Zugang zu diesen Verschlusssachen zu gewähren, müssen Auftraggeber die zum Einsatz kommenden Mitarbeiter des Unternehmens überprüfen und ermächtigen, bevor diesen Zugang gewährt wird.

(4) Muss einem Bewerber, Bieter oder bereits in Aussicht genommenen Unterauftragnehmern für den Teilnahmeantrag oder das Erstellen eines Angebots der Zugang zu Verschlusssachen des Geheimhaltungsgrades „VS-NUR FÜR DEN DIENSTGEBRAUCH" gewährt werden, verlangen Auftraggeber bereits vor Gewährung dieses Zugangs die Verpflichtungserklärungen nach Absatz 2 Nummer 2 und 3.

(5) Kommt der Bewerber oder Bieter dem Verlangen des Auftraggebers nach den Absätzen 3 und 4 nicht nach, die Verpflichtungserklärungen vorzulegen, oder können auch im weiteren Verfahren weder ein Sicherheitsbescheid vom Bundesministerium für Wirtschaft und Energie oder von entsprechenden Landesbehörden ausgestellt noch Mitarbeiter zum Zugang ermächtigt werden, müssen Auftraggeber den Bewerber oder Bieter von der Teilnahme am Vergabeverfahren ausschließen.

(6) ¹Auftraggeber können Bewerbern, Bietern oder bereits in Aussicht genommenen Unterauftragnehmern, die noch nicht in der Geheimschutzbetreuung des Bundesministeriums für Wirtschaft und Energie oder entsprechender Landesbehörden sind oder deren Personal noch nicht überprüft und ermächtigt ist, zusätzliche Zeit gewähren, um diese Anforderungen zu erfüllen. ²In diesem Fall müssen Auftraggeber diese Möglichkeit und die Frist in der Bekanntmachung mitteilen.

(7) ¹Das Bundesministerium für Wirtschaft und Energie erkennt Sicherheitsbescheide und Ermächtigungen anderer Mitgliedstaaten an, wenn diese den nach den Bestimmungen des Sicherheitsüberprüfungsgesetzes und des § 21 Absatz 4 und 6 der Allgemeinen Verwaltungsvorschrift des Bundesministeriums des Innern zum materiellen und organisatorischen Schutz von Verschlusssachen[1] erforderli-

---
[1] [Amtl. Anm.:] VS-Anweisung – VSA vom 31. März 2006 in der Fassung vom 26. April 2010 (GMBl. 2010 S. 846).

chen Sicherheitsbescheiden und Ermächtigungen gleichwertig sind. ²Auf begründetes Ersuchen der auftraggebenden Behörde hat das Bundesministerium für Wirtschaft und Energie weitere Untersuchungen zur Sicherstellung des Schutzes von Verschlusssachen zu veranlassen und deren Ergebnisse zu berücksichtigen. ³Das Bundesministerium für Wirtschaft und Energie kann im Einvernehmen mit der Nationalen Sicherheitsbehörde für den Geheimschutz von weiteren Ermittlungen absehen.

(8) Das Bundesministerium für Wirtschaft und Energie kann die Nationale Sicherheitsbehörde des Landes, in dem der Bewerber oder Bieter oder bereits in Aussicht genommene Unterauftragnehmer ansässig ist, oder die Designierte Sicherheitsbehörde dieses Landes ersuchen, zu überprüfen, ob die voraussichtlich genutzten Räumlichkeiten und Einrichtungen, die vorgesehenen Produktions- und Verwaltungsverfahren, die Verfahren zur Behandlung von Informationen oder die persönliche Lage des im Rahmen des Auftrags voraussichtlich eingesetzten Personals den einzuhaltenden Sicherheitsvorschriften entsprechen.

Übersicht

	Rn.		Rn.
I. Allgemeines	1	VI. Zwingender Ausschluss bei Nichtvorlage (Abs. 5)	15
II. Schutz von Verschlusssachen (Abs. 1)	2–4	VII. Gewährung zusätzlicher Zeit zur Erfüllung der Anforderungen (Abs. 6)	16, 17
III. Zugang zu Verschlusssachen während der Auftragsausführung (Abs. 2)	5–10	VIII. Sicherheitsbescheide und Ermächtigungen anderer Mitgliedstaaten (Abs. 7)	18, 19
IV. Zugang zu Verschlusssachen während des Vergabeverfahrens (Abs. 3)	11, 12		
V. Zugang zu Verschlusssachen des Geheimhaltungsgrades VS-NUR FÜR DEN DIENSTGEBRAUCH (Abs. 4)	13, 14	IX. Beauftragung der Sicherheitsbehörde eines anderen Mitgliedstaats (Abs. 8)	20

I. Allgemeines

Mit der Vorschrift werden Art 7 und 22 RL 2009/81/EG umgesetzt.[2] Angesichts der Sensibilität der Ausrüstungsgegenstände sind Anforderungen an die Informationssicherheit über die gesamte Lieferkette hinweg von besonders großer Bedeutung.[3] Der öffentliche Auftraggeber kann den Unternehmen Auflagen zum Schutz von Verschlusssachen machen. Die Auftraggeber können darüber hinaus verlangen, dass die Unternehmen auch mit ihren Subunternehmen Vereinbarungen zum Schutz von Verschlusssachen treffen.[4] Art. 22 RL 2009/81/EG sieht vor, dass der Auftraggeber in der Bekanntmachung und den Vergabeunterlagen alle Maßnahmen aufführt, die zum Schutz der Verschlusssachen erforderlich sind. Ziel der Vorschrift ist es, den Geheimschutz von Verschlusssachen sicherzustellen. Andere Aspekte der Informationssicherheit werden in § 6 Abs. 1 und 3 geregelt.[5] Nach Ansicht des Gesetzgebers handelt es sich bei den Anforderungen an den Schutz von Verschlusssachen um spezifische Eignungskriterien.[6] 1

II. Schutz von Verschlusssachen (Abs. 1)

Ein **Verschlusssachenauftrag** ist nach der Legaldefinition des § 104 Abs. 3 GWB ein Auftrag für Sicherheitszwecke, bei dessen Erfüllung oder Erbringung Verschlusssachen nach 2

---

[2] BR-Drs. 321/12, 38 zu § 7.
[3] Erwägungsgrund 42 RL 2009/81/EG.
[4] BR-Drs. 321/12, 40 zu § 7.
[5] BR-Drs. 321/12, 39 zu § 7; *Contag* in Dippel/Sterner/Zeiss, VSVgV, Kommentar, Beschaffung im Verteidigungs- und Sicherheitsbereich, 1. Aufl. 2013, § 7 aF Rn. 1.
[6] BR-Drs. 321/12, 39 zu § 7.

Thiele

§ 4 SÜG des Bundes oder nach den entsprechenden Bestimmungen der Länder verwendet werden (§ 104 Abs. 3 Nr. 1 GWB) oder der Verschlusssachen iSd Nr. 1 erfordert oder beinhaltet (§ 104 Abs. 3 Nr. 2 GWB). Wegen weiterer Einzelheiten wird auf die Kommentierung zu § 104 Abs. 3 GWB verwiesen (→ GWB § 104 Rn. 15 ff.).

3   § 7 Abs. 1 verpflichtet den Auftraggeber, bereits in der Bekanntmachung oder in den Vergabeunterlagen die Maßnahmen, Anforderungen und Auflagen zu benennen, die ein Unternehmen erfüllen muss, um den Schutz der Verschlusssachen entsprechend dem Geheimhaltungsgrad sicherzustellen. Hierdurch wird es den Interessenten oder Bietern ermöglicht, frühzeitig zu erkennen, ob sie sich mit Erfolg an der Ausschreibung beteiligen können. Die Vorschrift dient damit der Transparenz des Vergabeverfahrens.[7]

4   Als Ausfluss des Grundsatzes, dass Verschlusssachen über die gesamte Lieferkette hinweg geschützte werden sollen, lässt S. 2 es zu, dass der Auftraggeber den Bewerber, Bieter oder Auftragnehmer verpflichtet, mit dem Unterauftragnehmer eine Vereinbarung zu treffen, um den Schutz der Verschlusssachen sicherzustellen. Auch hier ist es aus Gründen der Transparenz erforderlich, dass der Auftraggeber die erforderlichen Maßnahmen, Anforderungen und Auflagen in der Bekanntmachung oder in den Vergabeunterlagen benennt.

III. Zugang zu Verschlusssachen während der Auftragsausführung (Abs. 2)

5   Während § 7 Abs. 2 die Gewährung des Zugangs zu Verschlusssachen während der Auftragsausführung regelt,[8] trifft der nachfolgende Abs. 3 Regelungen über den Zugang zu Verschlusssachen während des Vergabeverfahrens.[9]

6   Macht die **Auftragsausführung** den Zugang zu Verschlusssachen der Geheimhaltungsgrade VS-VERTRAULICH, GEHEIM oder STRENG GEHEIM erforderlich, müssen Bewerber oder Bieter die Anforderungen nach § 7 Abs. 2 Nr. 1 und 2 erfüllen, um ihre Eignung nachweisen zu können. Danach muss der Auftraggeber zwingend insbesondere eine Erklärung des Bewerbers, Bieters oder Unterauftragnehmers verlangen, ob und in welchem Umfang Sicherheitsbescheide des Bundesministeriums für Wirtschaft und Energie bzw. entsprechender Landesbehörden bestehen (Nr. 1 lit. a) oder dass diese Unternehmen bereit sind, alle notwendigen Maßnahmen und Anforderungen zu erfüllen, die Voraussetzung sind für den Erhalt des Sicherheitsbescheids zum Zeitpunkt der Auftragsausführung (Nr. 1 lit. b).

7   Einen **Sicherheitsbescheid** erteilt das Bundesministerium für Wirtschaft und Energie, wenn das betreffende Unternehmen das in Ziff. 2.4.1.1 des Geheimschutzhandbuchs beschriebene Verfahren zur Aufnahme in die Geheimschutzbetreuung erfolgreich abgeschlossen hat und die erforderlichen personellen und materiellen Geheimschutzmaßnahmen im Unternehmen umgesetzt hat.[10] Der Sicherheitsbescheid kann mit Einschränkungen oder einem Widerrufsvorbehalt versehen werden.

8   Im Falle eines Verschlusssachenauftrags der Geheimhaltungsstufe VS-VERTRAULICH oder höher muss der Auftraggeber darüber hinaus **Verpflichtungserklärungen** des Bewerbers oder Bieters sowie der Unterauftragnehmer verlangen, während der gesamten Vertragsdauer sowie darüber hinaus den Schutz aller in deren Besitz befindlichen oder zur Kenntnis gelangten Verschlusssachen gemäß den einschlägigen Rechts- und Verwaltungsvorschriften zu schützen (§ 7 Abs. 2 Nr. 2). Die Verpflichtungserklärung umfasst dabei das Merkblatt zur Behandlung von Verschlusssachen des Geheimhaltungsgrades VS-NUR FÜR DEN DIENSTGEBRAUCH.

---

[7] *Contag* in Dippel/Sterner/Zeiss, VSVgV, Kommentar, Beschaffung im Verteidigungs- und Sicherheitsbereich, 1. Aufl. 2013, § 7 aF Rn. 29.
[8] BR-Drs. 321/12, 39 zu § 7.
[9] BR-Drs. 321/12, 40 zu § 7.
[10] Zu finden unter https://bmwi-sicherheitsforum.de/handbuch/367,0,0,1,0.html?fk_menu=0, Stand: 23.8.2017 (zuletzt besucht am 18.9.2018); *Contag* in Dippel/Sterner/Zeiss, VSVgV, Kommentar, Beschaffung im Verteidigungs- und Sicherheitsbereich, 1. Aufl. 2013, Rn. 10.

Handelt es sich um Verschlusssachen des Geheimhaltungsgrades VS-NUR FÜR DEN 9
DIENSTGEBRAUCH, genügt es, wenn der Auftraggeber vom Bewerber oder Bieter die
Vorlage der Verpflichtungserklärung nach § 7 Abs. 2 Nr. 2 verlangt.[11]

Aus § 7 Abs. 2 Nr. 3 folgt, dass der Auftraggeber vom Bewerber oder Bieter verlangen 10
muss, dass dieser ihm Verpflichtungserklärungen von Unterauftragnehmern, an die im Zuge
der Auftragsausführung Unteraufträge erteilt werden sollen, je nach dem Geheimhaltungsgrad Erklärungen nach Nr. 1 und Verpflichtungserklärungen nach Nr. 2 vorlegt.

IV. Zugang zu Verschlusssachen während des Vergabeverfahrens (Abs. 3)

Dem § 7 Abs. 3 ist zu entnehmen, unter welchen Voraussetzungen einem Bewerber, 11
Bieter oder einem in Aussicht genommenen Unterauftragnehmer während eines Vergabeverfahrens Zugang zu Verschlusssachen des Geheimhaltungsgrades VS-VERTRAULICH
oder höher gewährt werden darf. Danach verlangen Auftraggeber bereits vor der Zugangsgewährung einen **Sicherheitsbescheid** nach § 7 Abs. 2 Nr. 1 und **Verpflichtungserklärungen** nach § 7 Abs. 2 Nr. 2 und 3. Liegt zu diesem Zeitpunkt noch kein Sicherheitsbescheid
des Bundesministeriums für Wirtschaft und Energie oder eines entsprechenden Landesministeriums vor, muss der Auftragnehmer, bevor er den Zugang gewährt, die zum Einsatz
kommenden Mitarbeiter des Unternehmens einer Sicherheitsprüfung unterziehen und
ermächtigen.

Die Frage, unter welchen Voraussetzungen den erst nach Zuschlagserteilung feststehen- 12
den Unterauftragnehmern der Zugang zu Verschlusssachen eröffnet werden darf, ist nicht
Gegenstand der VSVgV, sondern des SÜG und der Verschlusssachenanweisung (VSA).[12]

V. Zugang zu Verschlusssachen des Geheimhaltungsgrades VS-NUR FÜR DEN DIENSTGEBRAUCH (Abs. 4)

Als VS-NUR FÜR DEN DIENSTGEBRAUCH werden Verschlusssachen eingestuft, 13
deren Kenntnisnahme durch Unbefugte für die Interessen der Bundesrepublik Deutschland
oder eines ihrer Länder nachteilig sein kann. Muss einem Bewerber, Bieter oder Unterauftragnehmer bereits für das Vergabeverfahren Zugang zu solchen Verschlusssachen gewährt
werden, müssen Auftraggeber vor der Zugangsgewährung die Vorlage von Verpflichtungserklärungen nach § 7 Abs. 2 Nr. 2 und 3 verlangen.

Die Frage, unter welchen Voraussetzungen den erst nach Zuschlagserteilung feststehen- 14
den Unterauftragnehmern der Zugang zu Verschlusssachen eröffnet werden darf, ist nicht
Gegenstand der VSVgV, sondern des SÜG und der Verschlusssachenanweisung (VSA).[13]

VI. Zwingender Ausschluss bei Nichtvorlage (Abs. 5)

Die Vorschrift regelt die Rechtsfolgen für den Fall, dass der Bewerber oder Bieter die 15
geforderten Sicherheitsbescheide oder Verpflichtungserklärungen nicht vorlegt. Solche
Bewerber oder Bieter sind vom Auftraggeber zwingend von der Teilnahme am Vergabeverfahren auszuschließen. In der Gesetzesbegründung wird darauf hingewiesen, Erwägungsgrund 67 RL 2009/81/EG stelle klar, dass die Richtlinie einen Auftraggeber nicht daran
hindern solle, ein Unternehmen jederzeit während eines Vergabeverfahrens auszuschließen,
wenn der Auftraggeber davon Kenntnis erhält, die Vergabe des gesamten oder eines Teils
des Auftrags an dieses Unternehmen könne wesentliche Geheimschutzinteressen des Mitgliedstaates gefährden.[14]

---

[11] BR-Drs. 321/12, 39 zu § 7 Abs. 2.
[12] BR-Drs. 321/12, 40 zu § 7 Abs. 3.
[13] BR-Drs. 321/12, 40 f. z § 7 Abs. 4.
[14] BR-Drs. 321/12, 41 zu § 7 Abs. 5.

VII. Gewährung zusätzlicher Zeit zur Erfüllung der Anforderungen (Abs. 6)

16 Die Vorschrift setzt Art. 42 Abs. 1 lit. j UAbs. 3 RL 2009/81/EG um.[15]

17 Befinden sich Bewerber, Bieter oder in Aussicht genommene Unterauftragnehmer noch nicht in der Geheimschutzbetreuung des Bundesministeriums für Wirtschaft und Energie oder entsprechender Behörden der Länder, oder ist deren Personal noch nicht überprüft oder ermächtigt, kann der Auftraggeber dem Unternehmen zusätzliche Zeit gewähren, um die Voraussetzungen zu erfüllen. Dem Auftraggeber steht insoweit ein Ermessen zu („kann"), das von den Nachprüfungsinstanzen nur auf Ermessensfehler zu überprüfen ist. Voraussetzung für die Einräumung zusätzlicher Zeit ist aber, dass der Auftraggeber auf diese Möglichkeit und die Frist bereits in der Bekanntmachung hingewiesen hat. Die Bekanntmachung der Möglichkeit, einem Unternehmen zusätzliche Zeit einzuräumen, trägt dem Transparenz- und dem Gleichbehandlungsgebot Rechnung.

VIII. Sicherheitsbescheide und Ermächtigungen anderer Mitgliedstaaten (Abs. 7)

18 § 7 Abs. 7 setzt Art. 22 UAbs. 3 RL 2009/81/EG um. Nach dieser Richtlinienbestimmung können die Mitgliedstaaten – solange die nationalen Regelungen über Sicherheitsüberprüfungen noch nicht auf Gemeinschaftsebene harmonisiert sind – vorsehen, dass die in Art. 22 UAbs. 2 RL 2009/81/EG genannten Maßnahmen und Anforderungen ihren nationalen Bestimmungen über Sicherheitsüberprüfungen entsprechen müssen. Die Mitgliedstaaten erkennen Sicherheitsüberprüfungen an, die gleichwertig sind. Ergänzend hierzu stellt Erwägungsgrund 68 RL 2009/81/EG klar, dass die Gleichwertigkeit unter Beachtung der Grundsätze der Nichtdiskriminierung, der Gleichbehandlung und der Verhältnismäßigkeit auch geprüft werden kann, sollten bilaterale Geheimschutzabkommen mit Bestimmungen über die gegenseitige Anerkennung nationaler Sicherheitsbescheide und Ermächtigungen bestehen. Mit den meisten Mitgliedstaaten der EU bestehen bilaterale Abkommen, nicht hingegen mit Irland, Malta und Zypern.[16]

19 Für die Anerkennung der Sicherheitsbescheide anderer Mitgliedstaaten der EU ist innerstaatlich das Bundesministerium für Wirtschaft und Energie zuständig.

IX. Beauftragung der Sicherheitsbehörde eines anderen Mitgliedstats (Abs. 8)

20 § 7 Abs. 8, der den Art. 42 Abs. 1 lit. j UAbs. 4 RL 2009/81/EG umsetzt, räumt dem Bundesministerium für Wirtschaft und Energie die Möglichkeit ein, die Nationale oder designierte Sicherheitsbehörde desjenigen Mitgliedstats, in dem der Bewerber, Bieter oder Unterauftragnehmer ansässig ist, um eine Prüfung in diesem Mitgliedstaat zu ersuchen. Die Prüfung kann sich erstrecken auf die voraussichtlich genutzten Räumlichkeiten, Einrichtungen, die vorgesehenen Produktions- und Verwaltungsverfahren, die Verfahren zur Behandlung von Informationen oder die persönliche Lage des voraussichtlich eingesetzten Personals. Die praktische Bedeutung dieser Vorschrift dürfte eher gering sein: Bestehen bilaterale Geheimschutzabkommen mit den Mitgliedstaaten, wird eine solche Vor-Ort-Kontrolle aus rechtlichen und tatsächlichen Gründen im Regelfall nicht erforderlich sein.[17] Sind hingegen bilaterale Verträge noch nicht vereinbart worden, dürfte der zu erwartende zeitliche Aufwand für ein solches Ersuchen und dessen Umsetzung so hoch sein, dass das Vergabeverfahren allzu sehr verzögert würde.

§ 8 Versorgungssicherheit

(1) Auftraggeber legen in der Bekanntmachung oder den Vergabeunterlagen ihre Anforderungen an die Versorgungssicherheit fest.

---

[15] BR-Drs. 321/12, 41 zu § 7 Abs. 6.
[16] BR-Drs. 321/12, 41 zu § 7.
[17] BR-Drs. 321/12, 42 zu § 7.

(2) Auftraggeber können insbesondere verlangen, dass der Teilnahmeantrag oder das Angebot folgende Angaben enthält:
1. eine Bescheinigung oder Unterlagen, die belegen, dass der Bewerber oder Bieter in Bezug auf Güterausfuhr, -verbringung und -durchfuhr die mit der Auftragsausführung verbundenen Verpflichtungen erfüllen kann, wozu auch unterstützende Unterlagen der zuständigen Behörden des oder der betreffenden Mitgliedstaaten zählen;
2. die Information über alle für den Auftraggeber aufgrund von Ausfuhrkontroll- oder Sicherheitsbeschränkungen geltenden Einschränkungen bezüglich der Angabepflicht, Verbringung oder Verwendung der Güter und Dienstleistungen oder über Festlegungen zu diesen Gütern und Dienstleistungen;
3. eine Bescheinigung oder Unterlagen, die belegen, dass Organisation und Standort der Lieferkette des Bewerbers oder Bieters ihm erlauben, die vom Auftraggeber in der Bekanntmachung oder den Vergabeunterlagen genannten Anforderungen an die Versorgungssicherheit zu erfüllen, und die Zusage des Bewerbers oder Bieters, sicherzustellen, dass mögliche Änderungen in seiner Lieferkette während der Auftragsausführung die Erfüllung dieser Anforderungen nicht beeinträchtigen werden;
4. die Zusage des Bewerbers oder Bieters, die zur Deckung möglicher Bedarfssteigerungen des Auftraggebers infolge einer Krise erforderlichen Kapazitäten unter zu vereinbarenden Bedingungen zu schaffen oder beizubehalten;
5. unterstützende Unterlagen bezüglich der Deckung des zusätzlichen Bedarfs des Auftraggebers infolge einer Krise, die durch die für den Bewerber oder Bieter zuständige nationale Behörde ausgestellt worden sind;
6. die Zusage des Bewerbers oder Bieters, für Wartung, Modernisierung oder Anpassung der im Rahmen des Auftrags gelieferten Güter zu sorgen;
7. die Zusage des Bewerbers oder Bieters, den Auftraggeber rechtzeitig über jede Änderung seiner Organisation, Lieferkette oder Unternehmensstrategie zu unterrichten, die seine Verpflichtungen dem Auftraggeber gegenüber berühren könnte;
8. die Zusage des Bewerbers oder Bieters, dem Auftraggeber unter zu vereinbarenden Bedingungen alle speziellen Mittel zur Verfügung zu stellen, die für die Herstellung von Ersatzteilen, Bauteilen, Bausätzen und speziellen Testgeräten erforderlich sind, einschließlich technischer Zeichnungen, Lizenzen und Bedienungsanleitungen, sofern er nicht mehr in der Lage sein sollte, diese Güter zu liefern.

(3) Von einem Bieter darf nicht verlangt werden, eine Zusage eines Mitgliedstaats einzuholen, welche die Freiheit dieses Mitgliedstaats einschränken würde, im Einklang mit internationalen Verträgen und europarechtlichen Rechtsvorschriften seine eigenen Kriterien für die Erteilung einer Ausfuhr-, Verbringungs- oder Durchfuhrgenehmigung unter den zum Zeitpunkt der Genehmigungsentscheidung geltenden Bedingungen anzuwenden.

Übersicht

	Rn.		Rn.
I. Normzweck	1, 2	2. Charakter der Anforderung als Eignungs- oder Zuschlagskriterium	10–15
II. Europarechtlicher Hintergrund	3–5	a) Eignungskriterium	11
III. Kommentierung	6–15	b) Zuschlagskriterium	12
1. Inhalt der Vorschrift	6–9	c) Fazit	13–15

I. Normzweck

Aufträge im Bereich Verteidigung und Sicherheit unterliegen einer hohen Sensibilität. Vor allem die Gewährleistung der Sicherstellung der Erbringung verteidigungs- und sicherheitsspezifischer Leistungen ist für den öffentlichen Auftraggeber von besonderer Bedeutung. Betroffen ist die gesamte Lieferkette.

2 Die Vorschrift regelt in einem nicht abschließenden Katalog, welche Anforderungen in Bezug auf die Versorgungssicherheit der öffentliche Auftraggeber verlangen kann. Die Anforderungen können beispielsweise konzerninterne Grundsätze des Umgangs mit gewerblichen Schutzrechten zwischen Tochter- und Muttergesellschaft oder auch kritische Wartungs-/Instandhaltungsverträge während des gesamten Lebenszyklus einer angeschafften verteidigungs-/sicherheitsspezifischen Ausrüstung umfassen.[1]

II. Europarechtlicher Hintergrund

3 Art. 23 RL 2009/81/EG beschreibt nicht abschließend, welche Anforderungen der öffentliche Auftraggeber an die Gewährleistung der Versorgungssicherheit stellen kann. Diese hat er in den Auftragsunterlagen (va Bekanntmachung, „Verdingungsunterlagen") vorzugeben.

4 Der öffentliche Auftraggeber kann zB die Vorlage relevanter Bescheinigungen verlangen oder etwa Informationen und Zusagen des Bewerbers in Bezug auf die Gewährleistung einer ungestörten und ununterbrochenen Leistungserbringung.[2] Die Anforderungen dürfen jedoch nicht zu einer mittelbaren oder unmittelbaren Diskriminierung führen.[3]

5 Öffentliche Auftraggeber dürfen von einem Unternehmen nicht verlangen, eine Zusage eines Mitgliedstaates einzuholen, in der der Mitgliedstaat seine eigenen Ausfuhr- oder Transitbestimmungen zugunsten des Unternehmens einschränkt, soweit diese im Einklang mit den einschlägigen internationalen und gemeinschaftlichen Rechtsvorschriften stehen.[4]

III. Kommentierung

6 **1. Inhalt der Vorschrift.** Um die Versorgungssicherheit der jeweils zu beschaffenden verteidigungs- oder sicherheitsspezifischen Leistung zu gewährleisten, stehen dem öffentlichen Auftraggeber eine Bandbreite von Möglichkeiten zur Verfügung, die er als entsprechende Anforderungen in der Bekanntmachung oder den Vergabeunterlagen festlegt.

7 Es handelt sich dabei um einen beispielhaften Katalog mit einem weiten Spektrum von Beispielen zu Nachweisen oder Zusagen des Bieters, die der öffentliche Auftraggeber zur Sicherstellung seiner Versorgung verlangen kann.[5]

8 Der öffentliche Auftraggeber darf von einem Unternehmen nicht verlangen, von einem Mitgliedstaat eine Zusage einzuholen, durch die der Mitgliedstaat seine Freiheit zur Anwendung bestimmter Prüfkriterien im Rahmen der Erteilung etwa von Ausfuhr- oder Transitgenehmigungen einschränkt. Ziel der Vorschrift ist es, diese Freiheit der Mitgliedstaaten zur Anwendung eigener Prüfkriterien im Rahmen bestimmter Genehmigungsverfahren zu gewährleisten, soweit dies im Einklang mit den internationalen und gemeinschaftlichen Rechtsvorschriften steht.[6]

9 Damit wird der Vorrang diesbezüglicher mitgliedstaatlicher Regelungen klargestellt. Die Vorschrift vermag allerdings nicht die Anforderungen des § 8 Abs. 2 zu unterlaufen, da ansonsten das Kriterium der Versorgungssicherheit nicht gewährleistet würde.[7]

10 **2. Charakter der Anforderung als Eignungs- oder Zuschlagskriterium.** Die beispielhaft aufgeführten Anforderungen, die der öffentliche Auftraggeber entweder im Rahmen eines Teilnahmewettbewerbs oder als Bestandteil des Angebotes verlangen kann sind einerseits zur Feststellung der tatsächlichen Fähigkeit des Unternehmens einer ordnungsge-

---

[1] S. Erwägungsgrund 44 RL 2009/81/EG.
[2] S. Art. 23 Abs. 2 RL 2009/81/EG.
[3] Vgl. Erwägungsgrund 41 RL 2009/81/EG.
[4] S. Art. 23 Abs. 3 RL 2009/81/EG.
[5] S. BR-Drs. 321/12, Begründung zu § 8.
[6] S. BR-Drs. 321/12, Begründung zu § 8 Abs. 3.
[7] Ziekow/Völlink/*Busz* Rn. 5.

mäßen Auftragsdurchführung geeignet. Damit würden sie Eignungskriterien darstellen. Andererseits ist es zulässig, Anforderungen an die Versorgungssicherheit als Zuschlagskriterien festzulegen.[8] Nach der Begründung zur VSVgV soll es eine Frage der Verhältnismäßigkeit sein, ob es sich um Eignungs- oder Zuschlagskriterien handelt.[9]

a) Eignungskriterium. Die Eignung des Bieters ist betroffen, wenn es um dessen Befähigung zur Berufsausausübung, wirtschaftliche und finanzielle sowie technische und/oder berufliche Leistungsfähigkeit geht.[10] Entsprechend wird die Prüfung anhand der genannten Kriterien (Eignungskriterien) vorgenommen.[11] Zielen die festgelegten Anforderungen auf die Feststellung der tatsächlichen Fähigkeiten im Rahmen der genannten Kriterien, so stellen sie Eignungskriterien dar. 11

b) Zuschlagskriterium. Die Erteilung des Zuschlags erfolgt anhand der Kriterien entweder auf das aus Sicht des öffentlichen Auftraggebers des wirtschaftlich günstigsten Angebots oder ausschließlich des niedrigsten Preises.[12] Ein Zuschlagskriterium liegt vor, wenn es der Ermittlung des günstigsten Angebots dient.[13] Solche Kriterien finden sich – nicht abschließend – in Art. 47 Abs. 1 lit. a RL 2009/81/EG. Mit aufgeführt ist an dieser Stelle das Kriterium der Versorgungssicherheit. 12

c) Fazit. Der öffentliche Auftraggeber entscheidet letztlich, ob er die Anforderungen als Eignungs- oder als Zuschlagskriterium gestalten will. Dabei hat er zu beachten, dass es sich um zwei verschiedene Vorgänge handelt, für die unterschiedliche Regeln gelten. Als Zuschlagskriterium ausgeschlossen sind solche, die nicht der Ermittlung des wirtschaftlich günstigsten Angebots dienen, sondern die im Wesentlichen mit der Beurteilung der fachlichen Eignung der Bieter für die Ausführung des betreffenden Auftrags zusammenhängen.[14] 13

Knüpfen die vom öffentlichen Auftraggeber festgelegten Kriterien bezüglich der Versorgungssicherheit an die Person des Bieters und damit an seine fachliche Eignung an, so handelt es sich um Eignungskriterien. Beziehen sich die Kriterien auf die Leistungserbringung und dienen damit der Ermittlung des wirtschaftlichsten Angebots, handelt es sich um Zuschlagskriterien. 14

Im Ergebnis ist die Frage „Eignungs- oder Zuschlagskriterium?" keine der Verhältnismäßigkeit, sondern es kommt darauf an, ob Anknüpfungspunkt die Person des Bieters oder die angebotene Leistungserbringung ist.[15] 15

§ 9 Unteraufträge

(1) ¹Auftraggeber können den Bieter auffordern, in seinem Angebot den Teil des Auftrags, den er im Wege von Unteraufträgen an Dritte zu vergeben beabsichtigt, und die bereits vorgeschlagenen Unterauftragnehmer sowie den Gegenstand der Unteraufträge bekannt zu geben. ²Sie können außerdem verlangen, dass der Auftragnehmer ihnen jede im Zuge der Ausführung des Auftrags eintretende Änderung auf Ebene der Unterauftragnehmer mitteilt.

(2) ¹Auftragnehmer dürfen ihre Unterauftragnehmer für alle Unteraufträge frei wählen, soweit Auftraggeber keine Anforderungen an die Erteilung der Unteraufträge im wettbewerblichen Verfahren gemäß Absatz 3 Nummer 1 und 2 stellen. ²Von Auftragnehmern darf insbesondere nicht verlangt werden, potenzielle Unter-

---

[8] S. Art. 47 Abs. 1 lit. a RL 2009/81/EG.
[9] S. BR-Drs. 321/12, Begründung zu § 8.
[10] S. Art. 40 ff. RL 2009/81/EG.
[11] Vgl. EuGH Urt. v. 12.11.2009 – C-199/07, NZBau 2010, 120.
[12] S. Art. 47 Abs. 1 RL 2009/81/EG.
[13] Vgl. EuGH Urt. v. 12.11.2009 – C-199/07, NZBau 2010, 120.
[14] Vgl. EuGH Urt. v. 12.11.2009 – C-199/07, NZBau 2010, 120.
[15] Vgl. *Roth/Lamm* NZBau 2012, 609 (613); so auch: Leinemann/Kirch/*Kaminsky* Rn. 6; aA Ziekow/ Völlink/*Busz* Rn. 2.

auftragnehmer anderer EU-Mitgliedstaaten aus Gründen der Staatsangehörigkeit zu diskriminieren.

(3) Folgende Anforderungen können Auftraggeber an die Erteilung von Unteraufträgen im wettbewerblichen Verfahren stellen:
1. ¹Auftraggeber können Auftragnehmer verpflichten, einen Teil des Auftrags an Dritte weiter zu vergeben. ²Dazu benennen Auftraggeber eine Wertspanne unter Einschluss eines Mindest- und Höchstprozentsatzes. ³Der Höchstprozentsatz darf 30 Prozent des Auftragswerts nicht übersteigen. ⁴Diese Spanne muss im angemessenen Verhältnis zum Gegenstand und zum Wert des Auftrags und zur Art des betroffenen Industriesektors stehen, einschließlich des auf diesem Markt herrschenden Wettbewerbsniveaus und der einschlägigen technischen Fähigkeiten der industriellen Basis. ⁵Jeder Prozentsatz der Unterauftragsvergabe, der in die angegebene Wertspanne fällt, gilt als Erfüllung der Verpflichtung zur Vergabe von Unteraufträgen. ⁶Auftragnehmer vergeben die Unteraufträge gemäß den §§ 38 bis 41. ⁷In ihrem Angebot geben die Bieter an, welchen Teil oder welche Teile ihres Angebots sie durch Unteraufträge zu vergeben beabsichtigen, um die Wertspanne zu erfüllen. ⁸Auftraggeber können die Bieter auffordern, den oder die Teile ihres Angebots, den sie über den geforderten Prozentsatz hinaus durch Unteraufträge zu vergeben beabsichtigen, sowie die bereits in Aussicht genommenen Unterauftragnehmer offenzulegen.
2. Auftraggeber können verlangen, dass Auftragnehmer die Bestimmungen der §§ 38 bis 41 auf alle oder bestimmte Unteraufträge anwenden, die diese an Dritte zu vergeben beabsichtigen.

(4) Die in den Absätzen 1 und 3 genannten Anforderungen geben die Auftraggeber in der Bekanntmachung oder den Vergabeunterlagen an.

(5) ¹Auftraggeber dürfen einen vom Bieter oder Auftragnehmer ausgewählten Unterauftragnehmer nur auf Grundlage der Kriterien ablehnen, die für den Hauptauftrag gelten und in der Bekanntmachung oder den Vergabeunterlagen angegeben wurden. ²Lehnen Auftraggeber einen Unterauftragnehmer ab, müssen sie dies gegenüber dem betroffenen Bieter oder dem Auftragnehmer in Textform nach § 126b des Bürgerlichen Gesetzbuchs begründen und darlegen, warum der Unterauftragnehmer ihres Erachtens die für den Hauptauftrag vorgegebenen Kriterien nicht erfüllt.

(6) Die Haftung des Auftragnehmers gegenüber dem Auftraggeber bleibt von den Vorschriften dieser Verordnung zur Unterauftragsvergabe unberührt.

Übersicht

	Rn.		Rn.
I. Normzweck	1–3	c) Verlangen zur Weitergabe von Teilen des Auftrages an Dritte	17–20
II. Europarechtlicher Hintergrund	4–9	d) Verlangen zur Anwendung des Unterauftragsregimes der §§ 38 ff.	21, 22
III. Kommentierung	10–28		
1. Bedeutung der Regelung	10–13		
2. Inhalt der Regelung	14–28	e) Ablehnung von Unterauftragnehmern durch den Auftraggeber	23–25
a) Informationsverlangen des Auftraggebers	14, 15	f) Veröffentlichung der gestellten Anforderungen	26, 27
b) Grundsatz der freien Wahl des Unterauftragnehmers	16	g) Haftung des Hauptauftragnehmers	28

I. Normzweck

1 Die Verteidigungs- und Sicherheitsrichtlinie soll eine europäische rüstungstechnologische und industrielle Basis fördern, die kompetent und wettbewerbsfähig ist.¹ Zur Erreichung

---
¹ Vgl. Erwägungsgrund 3 RL 2009/81/EG.

dieses Ziels stellt die Richtlinie den Auftraggebern unterschiedliche Instrumente zur Verfügung. Insbesondere um kleinen und mittleren Unternehmen innerhalb der gesamten Lieferkette großer Rüstungsunternehmen bessere Chancen für einen öffentlichen Rüstungsauftrag einzuräumen, erhält der Auftraggeber mit den Regelungen zur Unterauftragsvergabe ein dementsprechendes Steuerungsinstrument an die Hand.

Die Vorschrift erlaubt dem Auftraggeber vom Bewerber/Bieter bestimmte Informationen 2 über beabsichtigte Unterauftragsvergaben zu verlangen, der Auftraggeber darf prozentuale Vorgaben zu einer verpflichtenden Unterauftragsvergabe machen und er darf unter bestimmten Voraussetzungen vom Hauptauftragnehmer vorgeschlagene Unterauftragnehmer ablehnen.[2]

Definiert ist der Unterauftrag[3] als ein zwischen den erfolgreichen Bieter und einem oder 3 mehreren Unternehmen (Unterauftragnehmer[4]) geschlossener entgeltlicher Vertrag über die Ausführung des betreffenden Auftrags oder von Teilen desselben.

II. Europarechtlicher Hintergrund

Um die gesteckten Ziele eines wettbewerbsfähigen europäischen Rüstungsmarktes zu 4 erreichen, umfasst die Verteidigungs- und Sicherheitsrichtlinie das Recht der Mitgliedstaaten, seinen Auftraggebern zu erlauben oder vorzuschreiben, dass Unteraufträge, die einem bestimmten Mindestanteil des Auftragswerts entsprechen, an Dritte vergeben werden.[5] Darüber hinaus regelt die Richtlinie in Art. 21 RL 2009/81/EG Möglichkeiten des Auftraggebers wie auch der Mitgliedstaaten zur Steuerung der Unterauftragsauftragsvergabe. Grundsätzlich gilt jedoch, dass Auftragnehmer ihre Unterauftragnehmer frei wählen dürfen.

Die Verteidigungs- und Sicherheitsrichtlinie sieht vor, dass Mitgliedstaaten Auftraggeber 5 verpflichten können,[6]
- in ihren Angeboten den Teil des Auftrags, den er an Dritte zu vergeben beabsichtigt sowie die vorgeschlagenen Unterauftragnehmer und den Gegenstand der Unteraufträge für die sie vorgeschlagen werden zu benennen,
- jede während der Auftragsausführung eintretende Änderung auf der Ebene der Unterauftragnehmer mitzuteilen,
- vom Auftragnehmer die Anwendung der Bestimmungen des Unterauftragsregimes des Titel III RL 2009/81/EG anzuwenden,
- den Auftragnehmer aufzufordern, einen bestimmten Teil des Auftrages an Dritte zu vergeben.

Die Richtlinie überlässt es den Mitgliedstaaten, von der Verpflichtungsmöglichkeit 6 Gebrauch zu machen oder die Regelungen in das Ermessen des Auftraggebers zu stellen. Deutschland hat im Rahmen der Richtlinienumsetzung von seiner Verpflichtungsmöglichkeit keinen Gebrauch gemacht, sondern überlässt den Auftraggebern die Entscheidung, Vorgaben zu machen oder nicht.

Für den Fall, dass Auftraggeber einen vorgeschlagenen Unterauftragnehmer ablehnen 7 können, darf dies nur auf der Grundlage der Kriterien erfolgen, die bei der Auswahl der Bieter für den Hauptauftrag angewandt wurden.

Alle Anforderungen müssen in der Bekanntmachung angegeben werden. 8

Die Haftungsfrage des Hauptauftragnehmers gegenüber dem Auftraggeber bleibt unberührt. 9

III. Kommentierung

1. Bedeutung der Regelung. Die Vorschrift gibt den Auftraggebern verschiedene Ins- 10 trumente in die Hand, die Vergabe von Unteraufträgen an Dritte steuern zu können.

---

[2] Vgl. BR-Drs. 321/12 v. 25.5.2012, Begründung zu § 9.
[3] S. § 4 Abs. 2; insoweit wird auf die dortige Kommentierung verwiesen (→ § 4 Rn. 3).
[4] Zum Begriff des „Unterauftragnehmers" s. Erläuterungen zu § 36 VgV.
[5] S. Erwägungsgrund 41 RL 2009/81/EG.
[6] S. Art. 21 Abs. 2 –4 RL 2009/81/EG.

Insoweit ist der Grundsatz, dass Auftragnehmer ihre Unterauftragnehmer frei wählen dürfen, eingeschränkt. Dadurch wird die Auftragsvergabe nicht auf Systemanbieter beschränkt, sondern kleine und mittlere Unternehmen, die regelmäßig einen großen Anteil potenzieller Unterauftragnehmer darstellen, erhalten eine faire Chance, sich an Aufträgen beteiligen zu können. Damit wird ein Marktzugang kleinerer und mittlerer Unternehmen innerhalb der gesamten Lieferkette erreicht.[7]

11 Im Bereich von Rüstungsaufträgen kommen häufig Kompensationsgeschäfte (sog. Offsets) zum Tragen. Es handelt sich um Geschäfte, bei dem ein Mitgliedstaat Leistungen von einem nicht im Mitgliedstaat ansässigen Unternehmen einkauft, wobei die Auftragserteilung gleichzeitig von einer Kompensation abhängig gemacht wird. Dies kann geschehen durch eine direkte Beteiligung eines Unternehmens des Mitgliedstaates an der Leistungserstellung (direkte Offsets) oder indirekt durch die Zusage des Nichtmitgliedstaates im Mitgliedstaat Aufträge an Unternehmen zu vergeben (indirekte Offsets). Vergaberechtlich können die Kompensationsgeschäfte als Auftragsausführungsbedingungen eingeordnet werden.

12 Die Diskussion um solche Kompensationsgeschäfte prägte auch die Entstehung der Vorschriften zu Vergabe von Unteraufträgen.[8] Da Bedingungen für die Auftragsdurchführung die Ausführung selbst betreffen müssen,[9] sind indirekte Kompensationsgeschäfte nicht zulässig.[10] Direkte Kompensationsgeschäfte allerdings dürften, jedenfalls soweit sie unter Einhaltung der vergaberechtlichen Vorgaben, insbesondere der Einhaltung der Nichtdiskriminierung, vergeben werden, zulässig sein.[11]

13 Kompensationsgeschäfte sind im Bereich der Verteidigungs- und Sicherheitsvergaben international üblich. Ein Mindestmaß an Vorgaben findet sich hierzu in einem code of conduct.[12]

14 **2. Inhalt der Regelung. a) Informationsverlangen des Auftraggebers.** Auftraggeber haben das Recht, vom Bieter die Bekanntgabe der Auftragsteile zu verlangen, die dieser als Unteraufträge vergeben will. Gleiches gilt in Bezug auf bereits vorgeschlagene Unterauftragnehmer sowie den Gegenstand der Unteraufträge.[13] Der Auftraggeber darf auch verlangen, dass der Auftragnehmer im Rahmen der Auftragsausführung jede eintretende Änderung auf Ebene der Unterauftragnehmer mitteilt.

15 Die Vorgaben regeln im Grunde genommen Selbstverständliches. Zudem ergeben sich diese Rechte des Auftraggebers aus den Allgemeinen Vertragsbedingungen für die Ausführung von Leistungen (VOL/B).[14] Diese ist gem. § 10 Abs. 3 ohnehin grundsätzlich zum Vertragsgegenstand zu machen.

16 **b) Grundsatz der freien Wahl des Unterauftragnehmers.** Der Auftragnehmer darf seine Unterauftragnehmer grundsätzlich frei wählen. Diese Freiheit wird insoweit eingeschränkt, als der Auftraggeber Vorgaben zur Unterauftragsvergabe machen darf. Die Vorgaben des Auftraggebers müssen sich allerdings im Rahmen der Regelungen des § 9 bewegen. Von Auftragnehmern darf nicht verlangt werden, potenzielle Unterauftragnehmer anderer EU-Mitgliedstaaten aus Gründen der Staatsangehörigkeit zu diskriminieren.

17 **c) Verlangen zur Weitergabe von Teilen des Auftrages an Dritte.** Wesentliches Element zur Steuerung der Einbeziehung kleiner und mittlerer Unternehmen der gesamten Lieferkette in verteidigungs- und sicherheitsspezifische Aufträge ist das Recht des Auftraggebers zu verlangen, dass Auftragnehmer einen Teil des Auftrags als Unteraufträge in einem

---

[7] Vgl. BR-Drs. 321/12 v. 25.5.2012, Begründung zu § 9.
[8] Vgl. *Roth/Lamm* NZBau 2012, 609 (613); auch: Leinemann/Kirch/*Kaminsky* Rn. 3.
[9] S. Erwägungsgrund 45 RL 2009/81/EG.
[10] So auch: Leinemann/Kirch/*Kaminsky* Rn. 4 mwN.
[11] Zur Zulässigkeit iE: s. *Roth/Lamm* NZBau 2012, 609 (613) mwN; aA HK-VergabeR/*Schellenberg* Rn. 4.
[12] GDA, Code of conduct for Offsets v. 24.10.2008.
[13] Zur Frage der Zumutbarkeit des Informationsverlangens wird auf die Erläuterungen zu § 36 VgV verwiesen.
[14] Vergabe- und Vertragsordnung für Leistungen-Teil B in der Fassung der Bekanntmachung v. 5.8.2003, BAnz Nr. 178a.

wettbewerblichen Verfahren nach einer entsprechenden Bekanntmachung gem. §§ 38–41 zu vergeben haben.

Hierfür legt der Auftraggeber eine Wertspanne unter Einschluss eines Mindest- und Höchstprozentsatzes fest. Die Wertspanne umfasst den Leistungsanteil, den der Auftragnehmer mindestens an Dritte vergeben muss bis hin zu dem Leistungsanteil, den der Auftragnehmer höchstens an Dritte vergeben darf. Beide Grenzen hat der Auftraggeber nach dem Wortlaut der Vorschrift anzugeben. Die Höchstbegrenzung bedeutet nicht, dass Generalübernehmer, die keinen Eigenleistungsanteil sondern lediglich Koordinierungsleistungen erbringen, von der Auftragsvergabe ausgeschlossen wären.[15] 18

Die festgelegte Spanne muss in einem angemessenen Verhältnis zum Gegenstand und zum Wert des Auftrages stehen. Dabei muss der Auftraggeber im Wege einer Verhältnismäßigkeitsprüfung auch die Art des betroffenen Industriesektors sowie das auf dem relevanten Markt herrschende Wettbewerbsniveau einschließlich der einschlägigen technischen Fähigkeiten der industriellen Basis berücksichtigen. Zweckmäßigerweise führt der Auftraggeber hierzu eine entsprechende Marktuntersuchung durch. Ergibt die Verhältnismäßigkeitsprüfung, dass die Vorgabe unzumutbar ist oder zu keinem vernünftigen Ausschreibungsergebnis führen würde, ist sie unzulässig.[16] 19

Jeder angebotene Prozentsatz der Unterauftragsvergabe, der sich innerhalb der vorgegebenen Wertspanne befindet, gilt als Erfüllung der Vorgabe. Die Vorschrift verlangt zudem, dass der im Wege von Unteraufträgen zu vergebende Leistungsanteil nach den Vorschriften der §§ 38–41 zu vergeben ist. 20

d) Verlangen zur Anwendung des Unterauftragsregimes der §§ 38 ff. Die VSVgV sieht eigens ein Regime zur Unterauftragsvergabe vor. Danach darf der Auftraggeber den Hauptauftragnehmer verpflichten, dieses Regime einzuhalten, wenn er Unteraufträge zu vergeben beabsichtigt. Die Geltung der Verpflichtung kann der Auftraggeber für die Vergabe bestimmter oder aller Unteraufträge aussprechen. 21

Verlangt der Auftraggeber, Leistungsteile an Unterauftragnehmer zu vergeben, so gelten Bietergemeinschaften und mit dem Hauptauftragnehmer verbundene Unternehmen nicht als Unterauftragnehmer.[17] Der Wortlaut der Vorschrift schließt eine Unterauftragsvergabe an Bietergemeinschaften und verbundene Unternehmen nicht aus. Konsequenz der Vorschrift ist, dass an diese vergebene Teilleistungen nicht auf die Verpflichtung zur Unterauftragsvergabe angerechnet werden.[18] 22

e) Ablehnung von Unterauftragnehmern durch den Auftraggeber. Der Auftraggeber hat das Recht, vorgeschlagene Unterauftragnehmer abzulehnen. Ihm sind dazu jedoch klare Grenzen gesteckt. Einen vom Hauptauftragnehmer ausgewählten Unterauftragnehmer darf der Auftraggeber nur auf der Grundlage von Kriterien ablehnen, die auch für den Hauptauftrag gelten. 23

Die infrage kommenden Kriterien werden im Wesentlichen Anforderungen an den Schutz von Verschlusssachen sowie insgesamt an die Eignung sein.[19] 24

Der Auftraggeber ist verpflichtet, im Falle der Ablehnung eines Unterauftragnehmers die Gründe hierfür dem Hauptauftragnehmer anzugeben und schriftlich darzulegen, warum der Unterauftragnehmer seines Erachtens die vorgegebenen Kriterien nicht erfüllt. 25

f) Veröffentlichung der gestellten Anforderungen. Die Anforderungen, die der Auftraggeber bezüglich der Unterauftragsvergabe an die Bewerber/Bieter stellen will, muss er in der Bekanntmachung oder den Vergabeunterlagen angeben. Das gleiche gilt für die 26

---

[15] S. iE: HK-VergabeR/*Schellenberg* Rn. 11 mwN.
[16] Vgl. HK-VergabeR/*Schellenberg* Rn. 12.
[17] S. § 38 Abs. 2.
[18] AA: HK-VergabeR/*Schellenberg* Rn. 14, vertritt die Auffassung, dass Bietergemeinschaften und verbundene Unternehmen nicht berechtigt sind, an Verfahren zur Vergabe von Unteraufträgen teilzunehmen.
[19] S. §§ 7 und 21 ff.

27 Kriterien, die für eine Ablehnung gelten sollen. Diese zwingend einzuhaltende Verpflichtung des Auftraggebers ergibt sich aus dem Transparenzgrundsatz.[20]

27 Die alternative Angabemöglichkeit der Anforderungen bedeutet, dass der Auftraggeber bei zweistufigen Vergabeverfahren, die bei der Vergabe von Verteidigungs- und Sicherheitsleistungen die Regel sind, in der Vergabebekanntmachung noch keine Anforderungen angeben muss. Ausreichend ist deren Angabe in den Vergabeunterlagen.

28 **g) Haftung des Hauptauftragnehmers.** Verantwortlich für die Erbringung der Gesamtleistung gegenüber dem Auftraggeber ist der Hauptauftragnehmer. Nur zwischen ihm und dem Auftraggeber besteht der öffentliche Auftrag und somit das relevante Vertragsverhältnis. Die Vorschrift stellt deshalb klar, dass die Haftung des dem Auftraggeber gegenüber verantwortlichen Hauptauftragnehmers von jeglicher Unterauftragskonstellation unberührt bleibt.

---

[20] Bezüglich der Bekanntmachungspflichten und des Transparenzgrundsatzes wird auf die Kommentierung zu § 18 verwiesen (→ § 18 Rn. 5 f.).

Teil 2 Vergabeverfahren

§ 10 Grundsätze des Vergabeverfahrens

(1) Für die Berücksichtigung mittelständischer Interessen gilt § 97 Absatz 4 des Gesetzes gegen Wettbewerbsbeschränkungen. Mehrere Teil- oder Fachlose dürfen gemäß § 97 Absatz 4 Satz 3 des Gesetzes gegen Wettbewerbsbeschränkungen zusammen vergeben werden, wenn wirtschaftliche oder technische Gründe dies erfordern, insbesondere weil die Leistungsbeschreibung die Systemfähigkeit der Leistung verlangt und dies durch den Auftragsgegenstand gerechtfertigt ist.

(2) Hat ein Bieter oder Bewerber vor Einleitung des Vergabeverfahrens den Auftraggeber beraten oder sonst unterstützt, so hat der Auftraggeber sicherzustellen, dass der Wettbewerb durch die Teilnahme des Bieters oder Bewerbers nicht verfälscht wird.

(3) Die Allgemeinen Vertragsbedingungen für die Ausführung von Leistungen (VOL/B) sind grundsätzlich zum Vertragsgegenstand zu machen.

(4) Die Durchführung von Vergabeverfahren zur Markterkundung und zum Zwecke der Ertragsberechnung ist unzulässig.

(5) Bei der Vergabe sind die Vorschriften über die Preise bei öffentlichen Aufträgen zu beachten.

Übersicht

	Rn.		Rn.
I. Normzweck	1	2. Projektantenproblematik (Abs. 2)	6, 7
II. Einzelerläuterungen	2–13	3. Einbeziehung der VOL/B (Abs. 3)	8, 9
1. Berücksichtigung Mittelständischer Interessen und Zulässigkeit der Gesamtvergabe (Abs. 1)	2–5	4. Verbot des Vergabeverfahrens zwecks Markterkundung (Abs. 4)	10, 11
		5. Preisrecht (Abs. 5)	12, 13

I. Normzweck

Die Norm beinhaltet eine Auswahl zentraler Vergabegrundsätze, die zum Teil nahezu inhaltsgleich in anderen vergaberechtlichen Rechtsgrundlagen zu finden sind. Sie gilt jedoch gem. § 2 lediglich für **Liefer- und Dienstleistungsaufträge,** nicht hingegen für die Vergabe von verteidigungs- oder sicherheitsspezifischer Bauleistungen. Abs. 1 verweist auf § 97 Abs. 4 GWB und wiederholt dessen S. 3, ergänzt diesen jedoch durch ein Regelbeispiel (→ Rn. 4). Als höherrangiges Recht sind die Normen des GWB ohnehin auch bei Vergaben im Bereich Verteidigung und Sicherheit vorrangig anwendbar.[1]   1

II. Einzelerläuterungen

**1. Berücksichtigung Mittelständischer Interessen und Zulässigkeit der Gesamt- 2
vergabe (Abs. 1).** Abs. 1 verweist auf das Gebot des § 97 Abs. 4 GWB, mittelständische Interessen zu berücksichtigen. Er wiederholt das Gebot der **Losvergabe** und konkretisiert die Ausnahme der **wirtschaftlichen und technischen Gründen** um das Regelbeispiel der **Systemfähigkeit** der Leistung. Die Gesetzesbegründung hierzu betont, dass nach wie vor „Richtschnur" für eine solche Begründung der Gesamtvergabe im Einzelfall die Konkretisierung der wirtschaftlichen und technischen Gründe iSd § 97 GWB durch die **Rechtsprechung** sei, der zufolge es einer umfassenden **Abwägung** der widerstreitenden Belange durch den öffentlichen Auftraggeber bedürfe.[2] Demnach müssen die Gründe, die für eine

---

[1] Vgl. BR-Drs. 321/12.
[2] Vgl. BR-Drs. 321/12.

Gesamtvergabe sprechen, überwiegen.³ Diese Gründe dürfen jedoch nicht lediglich in der Vermeidung des mit der Fach- oder Teillosvergabe typischerweise verbundenen Mehraufwandes zu sehen sein.⁴ Je umfangreicher und komplexer die Leistung ist, desto geringer sind die Anforderungen an die für eine Gesamtvergabe sprechenden Gründe, da davon auszugehen ist, dass solche Vergaben ohnehin besonderen und erschwerenden Anforderungen unterliegen.⁵

3   Wegen der inhaltlichen Entsprechung kann auch auf die Kommentierung zu § 97 Abs. 4 GWB verwiesen werden (→ GWB § 97 Rn. 216 ff.). Der Aspekt der komplexen Leistung, welche in der Gesetzesbegründung angesprochen wird, findet sich auch in den neu formulierten Ausnahmetatbeständen für die Zulässigkeit eines Verhandlungsverfahrens mit Teilnahmewettbewerb im Anwendungsbereich der VgV wieder (§ 14 Abs. 3 Nr. 3 VgV). Da im Anwendungsbereich der VSVgV ein Verhandlungsverfahren mit Teilnahmewettbewerb grundsätzlich zulässig ist, findet sich dort dementsprechend keine vergleichbare Regelung.

4   Die Gesetzesbegründung führt aus, dass ein solcher Fall eines besonders komplexen Auftragsgegenstandes insbesondere dann in Betracht käme, wenn die Leistungsbeschreibung die **Systemfähigkeit der Leistung** verlangt und dies durch den Auftragsgegenstand gerechtfertigt ist, mithin der in Abs. 1 S. 2 definierte Ausnahmetatbestand erfüllt ist. Systemfähigkeit der Leistung bedeutet, dass der Auftragnehmer sicherzustellen hat, dass Subsysteme und Geräte verschiedener Technologien sowie unterschiedlicher Hersteller (Unterauftragnehmer), Anlagen, Personal und Material zu einer **funktionierenden Einheit** zusammengeführt werden können.⁶ Es ist jedoch hervorzuheben, dass die Erfüllung dieser Voraussetzung nicht per se das Erfordernis einer Interessenabwägung entfallen lässt. Eine solche hat gleichwohl stattzufinden und ist entsprechend der vergaberechtlichen Vorgaben zu dokumentieren.

5   Einzelheiten zur **Dokumentationspflicht** für Vergaben im Bereich Verteidigung und Sicherheit ergeben sich aus § 43 (→ § 43 Rn. 13 ff.), die Begründung der Gesamtvergabe mehrerer Teil- und Fachlose aus § 43 Abs. 2 Nr. 8 (→ § 43 Rn. 58 ff.).

6   **2. Projektantenproblematik (Abs. 2).** Abs. 2 regelt die sog. Projektantenproblematik, mithin das Erfordernis des Ausgleichs etwaigen **Wissensvorsprungs** vorbefasster Unternehmen, die am Vergabeverfahren teilnehmen. Der Auftraggeber muss durch geeignete Maßnahmen sicherstellen, dass der Wettbewerb nicht durch die Teilnahme solcher Projektanten verfälscht wird.

7   Es ist damit nicht per se unzulässig, dass sich **vorbefasste Unternehmen** am Vergabeverfahren beteiligen.⁷ Der Ausschluss des betreffenden Unternehmens kann jedoch auch als ultima ratio in Betracht kommen.⁸ Der neu gefasste **§ 124 Abs. 1 Nr. 6 GWB** sieht einen Ausschluss eines Unternehmens vom Wettbewerb ausdrücklich für den Fall nicht anderweitig zu beseitigender Wettbewerbsverzerrungen durch Vorbefasstheit als **fakultativen Ausschlussgrund** vor. Siehe daher auch die Kommentierung zu § 124 Abs. 1 Nr. 6 GWB (→ GWB § 124 Rn. 24 ff.). Eine dem § 10 Abs. 2 ähnliche, aber ausführlichere Regelung findet sich nunmehr in § 7 Abs. 1 VgV, der daher zu Auslegungszwecken herangezogen und auf dessen Kommentierung folglich verwiesen werden kann (→ VgV § 7 Rn. 6 ff.).

8   **3. Einbeziehung der VOL/B (Abs. 3).** Abs. 3 bestimmt, dass die VOL/B grundsätzlich zum **Vertragsgegenstand** zu machen ist. Dieser Absatz entspricht inhaltlich **§ 29 Abs. 2 S. 1 VgV,** welcher jedoch eine abweichende Formulierung („in der Regel in den

---

³ Vgl. BR-Drs. 321/12 mVa OLG Düsseldorf Beschl. v. 25.11.2009 – VII-Verg 27/09 Rn. 53 f., BeckRS 2010, 02863.
⁴ Vgl. BR-Drs. 321/12 mVa OLG Düsseldorf Beschl. v. 25.11.2009 – VII-Verg 27/09 Rn. 54, BeckRS 2010, 02863.
⁵ So auch BR-Drs. 321/12; OLG Düsseldorf Beschl. v. 25.11.2009 – VII-Verg 27/09 Rn. 54, BeckRS 2010, 02863.
⁶ Vgl. BR-Drs. 321/12.
⁷ Vgl. EuGH Urt. v. 3.3.2005 – C-21/03 und C-34/03, NZBau 2005, 351.
⁸ Vgl. OLG Brandenburg Beschl. v. 22.5.2007 – Verg W 13/06, BeckRS 2008, 01089.

Vertrag einzubeziehen") aufweist. Wegen der inhaltlichen Übereinstimmung kann auf die Kommentierung zu § 29 Abs. 2 S. 1 VgV verwiesen werden (→ VgV § 29 Rn. 40 ff.).

Die Gesetzesbegründung zu § 10 Abs. 3 weist im Zusammenhang mit dem formulierten 9 Regel-Ausnahme-Verhältnis jedoch ausdrücklich darauf hin, dass Ausnahmen nur unter Wahrung des **Haushaltsrechts** möglich sind und bezieht sich dabei auf § 55 Abs. 2 BHO.[9]

4. Verbot des Vergabeverfahrens zwecks Markterkundung (Abs. 4). Das Verbot 10 der Durchführung eines Vergabeverfahrens lediglich zur Markterkundung oder zum Zweck der Ertragswertberechnung statuiert Abs. 4. Er entspricht inhaltlich **§ 28 Abs. 2 VgV**, welcher jedoch wörtlich von „Kosten- oder Preisermittlung" statt „Ertragswertberechnung" spricht. Gleichwohl kann zu Auslegungszwecken auf die Kommentierung zu § 28 Abs. 2 VgV zurückgegriffen werden (→ VgV § 28 Rn. 14 ff.).

Die Gesetzesbegründung erläutert hierzu, dass sich die öffentlichen Auftraggeber auch 11 im Bereich der verteidigungs- und sicherheitsrelevanten Beschaffung nicht der Obliegenheit entziehen dürfen, die Angebotsseite des Marktes zu ihrem Beschaffungsvorhaben zu erkunden indem sie statt dessen die Erfüllung dieser Obliegenheit den Anbietern durch die Vorgabe, ein Vergabeverfahren durchzuführen, auferlegen.[10]

5. Preisrecht (Abs. 5). Abs. 5 enthält den **deklaratorischen Verweis** auf das ohnehin 12 zu beachtende Preisrecht.[11] Der Verweis bezieht sich mithin auf die Verordnung **PR Nr. 30/53** über die Preise bei öffentlichen Aufträgen vom 21.11.1953 (BAnz. 1953 Nr. 244), die zuletzt durch Artikel 70 des Gesetzes vom 8.12.2010 (BGBl. 2010 I 1864) geändert worden ist.[12] Eine entsprechende Vorschrift gibt es in der VgV – anders als in § 2 EG Abs. 4 VOL/A – nicht länger.

In diesem Zusammenhang ist auch auf die Verteidigungsbereich geltende **Ressortver-** 13 **einbarung** zwischen dem Bundesministerium der Verteidigung und dem Bundesministerium für Wirtschaft und Technologie über vertragliche Preisprüfrechte des Bundesamtes für Wehrtechnik und Beschaffung vom 1.2.2010 hinzuweisen.[13]

§ 11 Arten der Vergabe von Liefer- und Dienstleistungsaufträgen

(1) ¹Die Vergabe von Liefer- und Dienstleistungsaufträgen erfolgt im nicht offenen Verfahren oder im Verhandlungsverfahren mit Teilnahmewettbewerb. ²In begründeten Ausnahmefällen ist ein Verhandlungsverfahren ohne Teilnahmewettbewerb oder ein wettbewerblicher Dialog zulässig.

(2) Verhandlungen im nicht offenen Verfahren sind unzulässig.

(3) ¹Auftraggeber können vorsehen, dass das Verhandlungsverfahren mit Teilnahmewettbewerb in verschiedenen aufeinanderfolgenden Phasen abgewickelt wird, um so die Zahl der Angebote, über die verhandelt wird, anhand der in der Bekanntmachung oder den Vergabeunterlagen angegebenen Zuschlagskriterien zu verringern. ²Wenn Auftraggeber dies vorsehen, geben sie dies in der Bekanntmachung oder den Vergabeunterlagen an. ³In der Schlussphase des Verfahrens müssen so viele Angebote vorliegen, dass ein echter Wettbewerb gewährleistet ist, sofern eine ausreichende Anzahl geeigneter Bewerber vorhanden ist.

I. Normzweck

Die Norm benennt die zulässigen Vergabeverfahrensarten für Vergaben von Liefer- und 1 Dienstleistungsaufträgen im Bereich Verteidigung und Sicherheit. Der Wortlaut macht

---

[9] Vgl. BR-Drs. 321/12.
[10] Vgl. BR-Drs. 321/12.
[11] Vgl. BR-Drs. 321/12.
[12] Vgl. Leinemann/Kirch/*Kirch* Rn. 51.
[13] Vgl. HK-VergabeR/*Fehling/Tomerius* Rn. 21 mwN.

nochmals deutlich, dass diese Norm lediglich für **Liefer- und Dienstleistungsaufträge**, nicht hingegen für die Vergabe von verteidigungs- oder sicherheitsspezifischer Bauleistungen gilt (vgl. § 2, → § 2 Rn. 3). Der öffentliche Auftraggeber kann gem. Abs. 1 S. 1 zwischen dem nicht offenen Verfahren und dem Verhandlungsverfahren mit Teilnahmewettbewerb **frei wählen**. Daneben sind gem. Abs. 1 S. 2 das Verhandlungsverfahren ohne Teilnahmewettbewerb und der wettbewerbliche Dialog nur in begründeten **Ausnahmefällen** zulässig. Letztere sind in den §§ 12, 13 genauer definiert.

2 Das **offene Verfahren** ist hier bewusst ausgenommen worden. Dies liegt in der Sensibilität der Bereiche Verteidigung und Sicherheit begründet[1] und entspricht auch den Vorgaben der europäischen Richtlinie (vgl. Art. 25 RL 2009/81/EG sowie Erwägungsgrund 47 RL 2009/81/EG).[2]

II. Einzelerläuterungen

3 **1. Zulässige Vergabeverfahrensarten (Abs. 1).** Dem öffentlichen Auftraggeber steht es gem. Abs. 1 frei, das **nicht offene Verfahren** oder das **Verhandlungsverfahren mit Teilnahmewettbewerb** zu wählen. Für beide Verfahrensarten enthalten lediglich die nachfolgenden Abs. 2 und 3 weitere Vorgaben und werden im Übrigen nicht näher beschrieben. Zu Auslegungszwecken können daher die Beschreibungen dieser Verfahrensarten in den **§§ 16, 17 VgV** sowie in **§ 119 GWB,** welcher aufgrund Verweisung gem. § 147 GWB auch im Bereich Verteidigung und Sicherheit gilt, herangezogen werden (für das nicht offene Verfahren § 16 VgV [→ VgV § 16 Rn. 5 ff.] sowie § 119 Abs. 4 GWB [→ GWB § 119 Rn. 23 ff.]; für das Verhandlungsverfahren § 17 VgV [→ VgV § 17 Rn. 29 ff.] sowie § 119 Abs. 5 GWB [→ GWB § 119 Rn. 43 ff.]). Hinsichtlich der **Fristen** ist jedoch § 20 vorrangig zu beachten (→ § 20 Rn. 1 ff.).

4 **2. Verhandlungsverbot im nicht offenen Verfahren (Abs. 2).** Abs. 2 besagt ausdrücklich, dass Verhandlungen im nicht offenen Verfahren **unzulässig** sind. Er entspricht damit inhaltlich dem § 15 Abs. 5 S. 2 VgV, welcher das Verhandlungsverbot im offenen Verfahren normiert und auf den für das nicht offene Verfahren § 16 Abs. 9 VgV verweist. Es kann daher auf die Kommentierung dieser Normen verwiesen werden (→ VgV § 16 Rn. 72 ff., → VgV § 15 Rn. 55 ff.).

5 **3. Sukzessive Verringerung der Teilnehmer im Verhandlungsverfahren (Abs. 3).** Abs. 3 formuliert die Zulässigkeit der Abwicklung des Verhandlungsverfahrens in verschiedenen aufeinanderfolgenden **Phasen** und ermöglicht damit die sukzessive Verringerung oder „**Abschichtung**" des Bewerber- bzw. Bieterkreises. Die Norm entspricht inhaltlich § 17 Abs. 12 VgV, auf dessen Kommentierung hier verwiesen werden kann (→ VgV § 17 Rn. 90 f.).

§ 12 Verhandlungsverfahren ohne Teilnahmewettbewerb

(1) Ein Verhandlungsverfahren ohne Teilnahmewettbewerb ist zulässig
1. bei Liefer- und Dienstleistungsaufträgen,
   a) wenn in einem nicht offenen Verfahren, in einem Verhandlungsverfahren mit Teilnahmewettbewerb oder in einem wettbewerblichen Dialog
      aa) keine oder keine geeigneten Angebote oder keine Bewerbungen abgegeben worden sind, sofern die ursprünglichen Bedingungen des Auftrags nicht grundlegend geändert werden;
      bb) keine ordnungsgemäßen Angebote oder nur Angebote abgegeben worden sind, die nach dem geltenden Vergaberecht oder nach den im Vergabeverfahren zu beachtenden Rechtsvorschriften unannehmbar sind,

---
[1] Vgl. BR-Drs. 321/12.
[2] Vgl. Abl. EU 2016 L 216, 76.

sofern die ursprünglichen Bedingungen des Auftrags nicht grundlegend geändert werden und wenn alle und nur die Bieter einbezogen werden, die die Eignungskriterien erfüllen und im Verlauf des vorangegangenen Vergabeverfahrens Angebote eingereicht haben, die den formalen Voraussetzungen für das Vergabeverfahren entsprechen;
  b) wenn die Fristen, auch die verkürzten Fristen gemäß § 20 Absatz 2 Satz 2 und Absatz 3 Satz 2, die für das nicht offene Verfahren und das Verhandlungsverfahren mit Teilnahmewettbewerb vorgeschrieben sind, nicht eingehalten werden können, weil
    aa) dringliche Gründe im Zusammenhang mit einer Krise es nicht zulassen oder
    bb) dringliche, zwingende Gründe im Zusammenhang mit Ereignissen, die die Auftraggeber nicht voraussehen konnten, dies nicht zulassen. Umstände, die die zwingende Dringlichkeit begründen, dürfen nicht dem Verhalten der Auftraggeber zuzuschreiben sein;
  c) wenn der Auftrag wegen seiner technischen Besonderheiten oder aufgrund des Schutzes von Ausschließlichkeitsrechten wie zum Beispiel des Patent- oder Urheberrechts nur von einem bestimmten Unternehmen durchgeführt werden kann;
  d) wenn es sich um Forschungs- und Entwicklungsleistungen handelt;
  e) wenn es sich um Güter handelt, die ausschließlich zum Zwecke von Forschung und Entwicklung hergestellt werden; dies gilt nicht für Serienfertigungen zum Nachweis der Marktfähigkeit oder zur Deckung der Forschungs- und Entwicklungskosten;
2. bei Lieferaufträgen
  a) über zusätzliche Lieferungen eines Auftragnehmers, die entweder zur teilweisen Erneuerung von gelieferten marktüblichen Gütern oder zur Erweiterung von Lieferungen oder bestehenden Einrichtungen bestimmt sind, wenn ein Wechsel des Unternehmers dazu führen würde, dass der Auftraggeber Güter mit unterschiedlichen technischen Merkmalen kaufen müsste und dies zu einer technischen Unvereinbarkeit oder unverhältnismäßigen technischen Schwierigkeiten bei Gebrauch und Wartung führen würde. Die Laufzeit solcher Aufträge oder Daueraufträge darf fünf Jahre nicht überschreiten, abgesehen von Ausnahmefällen, die unter Berücksichtigung der zu erwartenden Nutzungsdauer gelieferter Güter, Anlagen oder Systeme und den durch einen Wechsel des Unternehmens entstehenden technischen Schwierigkeiten bestimmt werden;
  b) bei auf einer Warenbörse notierten und gekauften Ware;
  c) wenn Güter zu besonders günstigen Bedingungen bei Lieferanten, die ihre Geschäftstätigkeit endgültig einstellen, oder bei Insolvenzverwaltern im Rahmen eines Insolvenzverfahrens oder eines in den Vorschriften eines anderen Mitgliedstaats vorgesehenen gleichartigen Verfahrens erworben werden;
3. bei Dienstleistungsaufträgen
  a) für zusätzliche Dienstleistungen, die weder in dem der Vergabe zugrunde liegenden Entwurf noch im ursprünglich geschlossenen Vertrag vorgesehen sind, die aber wegen eines unvorhergesehenen Ereignisses zur Ausführung der darin beschriebenen Dienstleistung erforderlich sind, sofern der Auftrag an den Unternehmer vergeben wird, der diese Dienstleistung erbringt, wenn der Gesamtwert der Aufträge für die zusätzlichen Dienstleistungen 50 Prozent des Wertes des ursprünglichen Auftrags nicht überschreitet und
    aa) sich diese zusätzlichen Dienstleistungen in technischer und wirtschaftlicher Hinsicht nicht ohne wesentlichen Nachteil für den Auftraggeber vom ursprünglichen Auftrag trennen lassen oder

bb) diese Dienstleistungen zwar von der Ausführung des ursprünglichen Auftrags getrennt werden können, aber für dessen Vollendung unbedingt erforderlich sind;
b) bei neuen Dienstleistungsaufträgen, welche Dienstleistungen wiederholen, die durch denselben Auftraggeber an denselben Auftragnehmer vergeben wurden, sofern sie einem Grundentwurf entsprechen und dieser Entwurf Gegenstand des ursprünglichen Auftrags war, der in einem nicht offenen Verfahren, einem Verhandlungsverfahren mit Teilnahmewettbewerb oder im wettbewerblichen Dialog vergeben wurde. Der Auftraggeber muss die Möglichkeit der Anwendung dieses Verfahrens bereits beim Aufruf zum Wettbewerb für das erste Vorhaben angeben; der für die Fortführung der Dienstleistungen in Aussicht genommene Gesamtauftragswert wird vom Auftraggeber bei der Anwendung des § 106 Absatz 2 Nummer 3 des Gesetzes gegen Wettbewerbsbeschränkungen berücksichtigt. Dieses Verfahren darf nur binnen fünf Jahren nach Abschluss des ursprünglichen Auftrags angewandt werden, abgesehen von Ausnahmefällen, die durch die Berücksichtigung der zu erwartenden Nutzungsdauer gelieferter Güter, Anlagen oder Systeme und den durch einen Wechsel des Unternehmens entstehenden technischen Schwierigkeiten bestimmt werden;
4. für Aufträge im Zusammenhang mit der Bereitstellung von Luft- und Seeverkehrsdienstleistungen für die Streit- oder Sicherheitskräfte, die im Ausland eingesetzt werden oder eingesetzt werden sollen, wenn der Auftraggeber diese Dienste bei Unternehmen beschaffen muss, die die Gültigkeit ihrer Angebote nur für so kurze Zeit garantieren, dass auch die verkürzte Frist für das nicht offene Verfahren oder das Verhandlungsverfahren mit Teilnahmewettbewerb einschließlich der verkürzten Fristen gemäß § 20 Absatz 2 Satz 2 und Absatz 3 Satz 2 nicht eingehalten werden kann.

(2) Die Auftraggeber müssen die Anwendung des Verhandlungsverfahrens ohne Teilnahmewettbewerb in der Bekanntmachung gemäß § 35 begründen.

Übersicht

	Rn.		Rn.
I. Normzweck	1, 2	d) Forschungs- und Entwicklungsleistungen (Abs. 1 Nr. 1 lit. d)	15
II. Einzelerläuterungen	3–22	e) Güter zum Zwecke der Forschung und Entwicklung (Abs. 1 Nr. 1 lit. e)	16
1. Liefer- und Dienstleistungsaufträge (Abs. 1 Nr. 1)	3–16		
a) Erfolglosigkeit eines vorausgehenden Verfahrens (Abs. 1 Nr. 1 lit. a)	3–10	2. Lieferaufträge (Abs. 1 Nr. 2)	17, 18
b) Vorliegen dringlicher Gründe (Abs. 1 Nr. 1 lit. b)	11–13	3. Dienstleistungsaufträge (Abs. 1 Nr. 3)	19, 20
c) Durchführbarkeit nur durch ein bestimmtes Unternehmen (Abs. 1 Nr. 1 lit. c)	14	4. Kurzfristige Luft- und Seeverkehrsdienstleistungsaufträge (Abs. 1 Nr. 4)	21
		5. Begründungspflicht in Bekanntmachung (Abs. 2)	22

I. Normzweck

1   Die Norm beinhaltet die Ausnahmetatbestände, unter deren Voraussetzungen die Durchführung eines **Verhandlungsverfahrens ohne Teilnahmewettbewerb** zulässig ist. Es handelt sich dabei um **vier Kategorien** von Ausnahmetatbeständen, je nach Art des zu vergebenen Auftrages. Diese Kategorisierung ist bereits in der Richtlinie 2009/81/EG zu finden. Abs. 1 Nr. 1 enthält Ausnahmetatbestände für **Liefer- und Dienstleistungsaufträge**. In Nr. 2 sind solche Ausnahmetatbestände genannt, die ausschließlich für **Lieferaufträge** gelten. Lediglich für **Dienstleistungsaufträge** gelten die in Nr. 3 genannten Ausnahmetatbestände. In Nr. 4 ist schließlich ein Ausnahmetatbestand genannt, der sich ausschließlich auf

Aufträge im Zusammenhang mit der Bereitstellung von **Luft- und Seeverkehrsdienstleistungen** bezieht.

Da es sich um Ausnahmetatbestände handelt, die zu einer Einschränkung des Wettbewerbs und der Transparenz führen, gilt generell das Gebot der engen, **restriktiven Auslegung**.[1]

II. Einzelerläuterungen

1. Liefer- und Dienstleistungsaufträge (Abs. 1 Nr. 1). a) Erfolglosigkeit eines vorausgehenden Verfahrens (Abs. 1 Nr. 1 lit. a). Abs. 1 Nr. 1 lit. a enthält zwei ähnliche Ausnahmetatbestände für den Fall, dass vorausgehende Vergabeverfahren erfolglos waren und **aufgehoben** werden mussten. Es bestehen jedoch feine Unterschiede. Beiden gemein ist zunächst, dass vorher ein **nicht offenes Verfahren,** ein **Verhandlungsverfahren mit Teilnahmewettbewerb** oder ein **wettbewerblicher Dialog** durchgeführt worden sein muss. Ähnliche Ausnahmetatbestände existieren auch im Geltungsbereich der VgV und der VOB/A, jedoch besteht ein wesentlicher Unterschied in den **zulässigen Vorverfahren**: § 14 Abs. 4 Nr. 1 VgV und § 3aEU Abs. 3 Nr. 1 und 2 VOB/A erlauben ein Verhandlungsverfahren ohne Teilnahmewettbewerb nur, wenn zuvor ein offenes oder nicht offenes Verfahren durchgeführt worden ist. Da im Anwendungsbereich der VSVgV ohnehin kein offenes Verfahren zulässig wäre, ist diese Abweichung bereits aus diesem Gesichtspunkt notwendig. Zudem ist es auch aus praktischen und wirtschaftlichen Erwägungen sinnvoll, dass auch ein Verhandlungsverfahren mit Teilnahmewettbewerb ein zulässiges Vorverfahren darstellt, denn auch bei solchen Vergabeverfahren kann es vorkommen, dass keine oder keine geeigneten Angebote oder Bewerbungen eingehen und ein weiterer Teilnahmewettbewerb keine besseren Aussichten verspricht.

aa) Keine oder keine geeigneten Angebote oder keine Bewerbungen. Der erste Tatbestand (lit. aa) betrifft solche Vorverfahren, bei denen keine oder keine „geeigneten" Angebote oder keine Bewerbungen eingegangen sind. Was unter „geeigneten Angeboten" zu verstehen ist, wird weder in der VSVgV, noch in deren Gesetzesbegründung oder der zugrunde liegenden Richtlinie 2009/81/EG definiert. Ausgehend von der Formulierung „geeignet" liegt zunächst die Annahme nahe, dass damit Angebote von Bietern gemeint sind, die die **Eignungsanforderungen** nicht erfüllen.[2] Vergegenwärtigt man sich jedoch die Tatsache, dass bei den genannten zulässigen Vorverfahren stets ein Teilnahmewettbewerb voraus geht, in welchem die Eignungsprüfung durchgeführt wird und nach welchem lediglich geeignete Bewerber zur Angebotsabgabe aufgefordert werden, wird es praktisch selten bis kaum vorkommen, dass ein zunächst als geeignet befundener Bewerber nach Einreichung seines Angebotes im Rahmen der Angebotsprüfung als ungeeignet beurteilt wird. Dies spricht für die Ansicht, dass nicht lediglich die fehlende Eignung eines Bieters auf Grundlage seines Angebotes den Anwendungsbereich eröffnet, sondern vielmehr die **mangelnde Geeignetheit bzw. Zuschlagsfähigkeit des Angebotes** relevant ist (zB eine abweichende Leistung angeboten wurde).[3] Dem folgend ließe sich der Tatbestand jedoch kaum von dem des lit. bb unterscheiden,[4] der von nicht „ordnungsgemäßen" oder „unannehmbaren" Angeboten spricht, an welchen jedoch engere Rechtsfolgen (die Einbeziehung geeigneter Bewerber, siehe nachfolgend) geknüpft sind.

Dies gebietet eine **Auslegung** des Normtextes: Sinn und Zweck der Norm ist es, im Falle eines erfolglosen Vergabeverfahrens, welches aufgehoben werden musste, die Möglichkeit eines erneuten, schneller durchführbaren Verfahrens zu eröffnen, um weiteren Aufwand,

---
[1] Vgl. ua EuGH Urt. v. 15.10.2009 – C-275/08, BeckRS 2009, 71140; HK-VergabeR/*Pünder* Rn. 1; Leinemann/Kirch/*Kirch* Rn. 1.
[2] So iErg auch HK-VergabeR/*Pünder* Rn. 4 mwN; ebenso *Weyand* Rn. 12.
[3] Vgl. Leinemann/Kirch/*Kirch* Rn. 4; HK-VergabeR/*Pünder* Rn. 4 mVa Willenbruch/Wieddekind/*Haak* Rn. 7.
[4] Vgl. HK-VergabeR/*Pünder* Rn. 4.

Kosten und Zeitverzug beim öffentlichen Auftraggeber zu vermeiden.[5] Ein Vergabeverfahren kann logischerweise nicht nur dann als gescheitert betrachtet werden, wenn keine Angebote oder keine Bewerbungen eingehen, sondern auch dann, wenn die Unternehmen die Eignungsanforderungen nicht erfüllen. Hierfür muss es unerheblich sein, zu welchem Verfahrensstadium sie die Eignungsanforderungen nicht erfüllen, sei es bereits in ihrem Teilnahmeantrag oder (später) in ihrem Angebot. Daher kann der Anwendungsbereich nur so verstanden werden, dass er sich zum einen auf die Konstellationen bezieht, in denen keinerlei Unterlagen eingehen (keine Teilnahmeanträge im Teilnahmewettbewerb und keine Angebote in der Angebotsphase). Zum anderen werden aber auch die Konstellationen erfasst, in denen zwar Unterlagen eingereicht werden, diese jedoch die **Eignung des Bewerbers** nicht zu belegen vermögen – **unabhängig** davon, ob sich die Ungeeignetheit aus dem Teilnahmeantrag oder aus dem Angebot ergibt. Andernfalls wäre der Ausnahmetatbestand in einem Teilnahmewettbewerb nur dann erfüllt, wenn gar keine Teilnahmeanträge eingehen, nicht jedoch, wenn Teilnahmeanträge eingehen, die die Eignungsanforderungen nicht erfüllen und damit auszuschließend sind. In diesem Fall bestünde auch Diskrepanz zum ähnlichen Tatbestand des § 14 Abs. 4 Nr. 1 VgV, der ein Verhandlungsverfahren ohne Teilnahmewettbewerb ausdrücklich auch für den Fall nicht geeigneter Teilnahmeanträge vorsieht.

6   In der ähnlichen Norm der aktuellen VgV (**§ 14 Abs. 4 Nr. 1 VgV**) wird der Begriff des geeigneten Angebotes nunmehr definiert. Die Norm enthält jedoch auch die Tatbestandsalternative „keine geeigneten Teilnahmeanträge" statt – wie hier – „keine Bewerbungen" sowie eine Definition ungeeigneter Teilnahmeanträge. Daher können die Definitionen hier **nicht** sinnvollerweise herangezogen werden.

7   Sind die vorgenannten Voraussetzungen erfüllt (→ Rn. 5), so darf der öffentliche Auftraggeber auf ein Verhandlungsverfahren ohne Teilnahmewettbewerb zurückgreifen, muss dabei jedoch die **ursprünglichen Bedingungen** des Auftrages beibehalten und darf diese nicht grundlegend ändern. Unzulässig wäre insbesondere eine wesentliche Änderung des Auftragsgegenstandes bzw. des **Leistungsverzeichnisses**.[6] Im Grundsatz sind jegliche Änderungen, die einen größeren Bieterkreis oder die Chancen anderer Bieter zugelassen hätten, kritisch.[7]

8   **bb) Nicht ordnungsgemäße oder unannehmbare Angebote.** Lit. bb formuliert als erste Tatbestandsvariante den Fall nicht „ordnungsgemäßer" Angebote. Was unter ordnungsgemäß zu verstehen ist, wird nicht definiert. Gemeinhin sind hierunter Angebote zu verstehen, die den **formalen Anforderungen** nicht genügen.[8]

9   Die zweite Variante betrifft Angebote, die aufgrund geltenden Vergaberechts oder den im Vergabeverfahren zu beachtenden Rechtsvorschriften unannehmbar sind. In dem der Norm zugrundeliegenden Art. 28 Nr. 1 lit. b RL 2009/81/EG ist diesbezüglich von „innerstaatlichen, mit den Artikeln 5, 19, 21 und 24 sowie mit Titel II Kapitel VII zu vereinbarenden Vorschriften" die Rede. Die genannten Normen wurden national in § 9, §§ 21–28 und § 32 umgesetzt.[9] Diese betreffen die Themen **Unteraufträge, Eignung** und **Nebenangebote.** Folglich können bei Konstellationen mangelnder Eignung Abgrenzungsprobleme zum Tatbestand des lit. aa kommen (→ Rn. 4 ff.).

10   In beiden Fällen ist ein Verhandlungsverfahren ohne Teilnahmewettbewerb nur zulässig, wenn – wie auch beim Tatbestand des lit. aa – die **Auftragsbedingungen** nicht grundlegend geändert werden und – anders als beim Tatbestand des lit. aa – alle und nur die **Bieter einbezogen** werden, die die Eignungskriterien erfüllen und die formal korrekte Angebote im Vorverfahren eingereicht hatten. Da die Einbeziehung lediglich von Bietern, die formgültige Angebote eingereicht haben offensichtlich im **Widerspruch** zur ersten Tatbestands-

---

[5] Vgl. HK-VergabeR/*Pünder* Rn. 3.
[6] Vgl. VK Sachsen Beschl. v. 27.9.2011 – 1/SVK/038-11, BeckRS 2011, 25476.
[7] Vgl. Leinemann/Kirch/*Kirch* Rn. 6.
[8] Vgl. Leinemann/Kirch/*Kirch* Rn. 5; HK-VergabeR/*Pünder* Rn. 5 mwN.
[9] Vgl. BR-Drs. 321/12.

alternative (keine ordnungsgemäßen Angebote) steht, ist eine Auslegung erforderlich.[10] Im Fall nicht ordnungsgemäßer Angebote ist die einzig logische Folge, dass sämtliche Bieter in das neue Verfahren einzubeziehen sind, die die Eignungskriterien erfüllen. Sind formgültige Angebote eingegangen, sind diese jedoch aus anderen, vorgenannten Gründen (→ Rn. 9) nicht annehmbar, sind in das neue Verfahren sämtliche Bieter einzubeziehen, die geeignet sind und vorher formal korrekte Angebote eingereicht hatten.[11]

b) Vorliegen dringlicher Gründe (Abs. 1 Nr. 1 lit. b). Weiterer Tatbestand für die Zulässigkeit eines Verhandlungsverfahrens ohne Teilnahmewettbewerb sind dringliche Gründe, aufgrund derer die Einhaltung der vorgeschriebenen **Mindestfristen** für das nicht offene Verfahren oder das Verhandlungsverfahren mit Teilnahmewettbewerb nicht eingehalten werden können. Dieser Tatbestand erinnert an ähnliche Vorschriften in der VgV und der VOB/A. Im Bereich Verteidigung und Sicherheit wird jedoch zwischen zwei Arten von dringlichen Gründen unterschieden. Zum einen die – VSVgV-spezifischen – dringlichen Gründe **im Zusammenhang mit einer Krise** (lit. aa) und zum anderen die – auch in der VgV und VOB/A genannten – dringlichen, zwingenden Gründe aufgrund **unvorhersehbarer Ereignisse** (lit. bb).

Der Begriff der **Krise** ist in **§ 4 Abs. 1** definiert. Es wird daher auf die Kommentierung zu § 4 verwiesen (→ § 4 Rn. 2). Liegt ein solcher Fall vor, bedarf es keiner weiteren Voraussetzungen, wie etwa der Unvorhersehbarkeit. Es muss allerdings „dringlich" sein, dh selbst die **verkürzten Fristen** könnten nicht eingehalten werden.

Die Tatbestandsvariante der nicht **vorhersehbaren** und auch nicht vom Auftraggeber **verschuldeten, dringlichen, zwingenden Gründe** in lit. bb entspricht inhaltlich der des **§ 14 Abs. 4 Nr. 3 VgV.** Auf die entsprechende Kommentierung kann daher verwiesen werden (→ VgV § 14 Rn. 97 ff.).

c) Durchführbarkeit nur durch ein bestimmtes Unternehmen (Abs. 1 Nr. 1 lit. c). Als weiteren Tatbestand sieht lit. c die Konstellation vor, in welcher die Leistung tatsächlich nur durch ein einziges Unternehmen erbracht werden kann, sei es aufgrund **technischer Besonderheiten** oder wegen des Schutzes von **Ausschließlichkeitsrechte** (zB Patent- und Urheberrechte). Durch die **faktische Monopolstellung** wäre ein Wettbewerb auch nicht zielführend. Die Regelung entspricht inhaltlich § **14 Abs. 4 Nr. 2 lit. b und c VgV,** auf dessen Kommentierung hier verwiesen werden kann (→ VgV § 14 Rn. 73 ff.). Es ist jedoch zu beachten, dass dieser Ausnahmetatbestand – anders als seine Entsprechung in der VgV – nicht für den Fall künstlerischer Besonderheiten gelten kann.[12]

d) Forschungs- und Entwicklungsleistungen (Abs. 1 Nr. 1 lit. d). Gemäß lit. d können Forschungs- und Entwicklungsleistungen im Verhandlungsverfahren ohne Teilnahmewettbewerb vergeben werden. Dies gilt jedoch nur für solche Forschungs- und Entwicklungsleistungen, die nicht per se von der Anwendung des Vergaberechts aufgrund der **im GWB normierten Ausnahmetatbestände** befreit sind. Wie die Gesetzesbegründung ausführt, wurden die betreffenden Ausnahmetatbestände in § 100c Abs. 2 Nr. 3 GWB (welcher dem heutigen **§ 145 Nr. 2 GWB** entspricht) und § 100 Abs. 4 Nr. 2 GWB (welcher dem heutigen **116 Abs. 1 Nr. 2 GWB** entspricht) umgesetzt.[13] Was unter Forschungs- und Entwicklungsleistungen zu verstehen ist, definiert **§ 4 Abs. 3,** auf dessen Kommentierung hier verwiesen wird (→ § 4 Rn. 4).

e) Güter zum Zwecke der Forschung und Entwicklung (Abs. 1 Nr. 1 lit. e). Lit. e erweitert den Tatbestand des lit. d um die Güter, die zwecks Forschungs- und Entwicklungsleistungen hergestellt werden. Er entspricht inhaltlich dem **§ 14 Abs. 4 Nr. 4 VgV,** auf dessen Kommentierung hier daher verwiesen werden kann (→ VgV § 14 Rn. 110 ff.).

---

[10] Vgl. Leinemann/Kirch/*Kirch* Rn. 5.
[11] Vgl. Leinemann/Kirch/*Kirch* Rn. 5 mwN.
[12] Vgl. HK-VergabeR/*Pünder* Rn. 7.
[13] Vgl. BR-Drs. 321/12.

17 2. **Lieferaufträge (Abs. 1 Nr. 2).** In Bezug auf Lieferaufträgen sieht § 12 drei Tatbestände vor. Lit. a enthält eine dem in § 14 Abs. 4 Nr. 5 VgV ähnelnden Tatbestand, nach welchem **zusätzliche Lieferleistungen** des ursprünglichen Auftragnehmers zwecks Erneuerung oder Erweiterung der Waren oder Einrichtungen im Wege eines Verhandlungsverfahrens ohne Teilnahmewettbewerb vergeben werden können. Hinsichtlich der Voraussetzungen im Einzelnen kann auf die Kommentierung der Parallelregelung verwiesen werden (→ VgV § 14 Rn. 115 ff.). Es gilt jedoch eine Besonderheit zu beachten: Anstatt der in der VgV geregelten Höchstlaufzeit von drei Jahren beträgt die Höchstlaufzeit im Bereich der VSVgV **fünf Jahre.** Zudem sind **weitere Ausnahmen** geregelt, die eine längere Laufzeit rechtfertigen können.

18 Weitere Ausnahmetatbestände bei Lieferaufträgen betreffen den **Einkauf börsennotierter Leistungen** (lit. b) – welcher dem § 14 Abs. 4 Nr. 6 VgV entspricht – und den Einkauf zu besonders günstigen Konditionen aufgrund **Insolvenz** des Lieferanten – welcher dem § 14 Abs. 4 Nr. 7 VgV entspricht. Auf die Kommentierungen der jeweiligen Parallelregelung wird dementsprechend verwiesen (→ VgV § 14 Rn. 127 ff., Rn. 130 ff.).

19 3. **Dienstleistungsaufträge (Abs. 1 Nr. 3).** Für Dienstleistungsaufträge sieht § 12 Abs. 1 Nr. 3 zwei Ausnahmetatbestände vor. Lit. a normiert einen Ausnahmetatbestand für **zusätzliche Dienstleistungen,** lit. b einen solchen für **wiederholende Dienstleistungen.** Der Ausnahmetatbestand betreffend die zusätzlichen Dienstleistungen, die nunmehr unvorhersehbar erforderlich werden und aus den normierten Gründen nicht anderweitig vergeben werden können, befand sich vor der jüngsten Vergaberechtsreform 2016 in § 3EG Abs. 4 lit. g VOL/A. Dieser Tatbestand wurde in die neue VgV jedoch nicht übernommen. Inhaltlich entspricht der Ausnahmetatbestand jedoch dem der zulässigen Auftragsänderungen während der Vertragslaufzeit gem. **§ 132 Abs. 2 Nr. 2 S. 1 GWB.** Im Hinblick auf die dafür erforderlichen Voraussetzungen kann daher auf die Kommentierung des § 132 GWB verwiesen werden (→ GWB § 132 Rn. 32 ff.). Wie auch in § 132 Abs. 2 S. 2 GWB ist auch in § 12 Abs. 1 Nr. 3 lit. a eine **wertmäßige Begrenzung iHv 50 %** vorgesehen. Im spezifischen Verteidigungs- und Sicherheitsbereich wird diese 50 %-Grenze jedoch offensichtlich dadurch aufgeweicht, dass **§ 43 Abs. 2 Nr. 6** eine Begründungspflicht für Vergaben nach dieser Norm, die diesen Auftragswert überschreiten, festlegt.[14]

20 Die Voraussetzungen der Zulässigkeit von Verhandlungsverfahren ohne Teilnahmewettbewerb bzgl. Dienstleistungsaufträge, welche Dienstleistungen **wiederholen,** die durch denselben Auftraggeber an denselben Auftragnehmer vergeben werden, enthält lit. b. Er entspricht inhaltlich **§ 14 Abs. 4 Nr. 9 VgV,** auf dessen Kommentierung verwiesen wird (→ VgV § 14 Rn. 140 ff.). Ebenso wie bei § 12 Abs. 1 Nr. 2 lit. a sind auch hier – abweichend zur Parallelregelung in der VgV – **weitere Ausnahmen** vorgesehen. So ist es zulässig, dass dieses Verfahren binnen **fünf** Jahren nach Abschluss des ursprünglichen Auftrags angewandt wird sowie auch darüber hinaus, wenn die weiter genannten Ausnahmefälle einschlägig sind.

21 4. **Kurzfristige Luft- und Seeverkehrsdienstleistungsaufträge (Abs. 1 Nr. 4).** In Abs. 1 Nr. 4 ist so dann ein spezieller, nur im Bereich Verteidigung und Sicherheit relevanter Dringlichkeits-Ausnahmetatbestand normiert. Hiernach ist ein Verhandlungsverfahren ohne Teilnahmewettbewerb zulässig, wenn es sich um Aufträge im Zusammenhang mit der Bereitstellung von Luft- und Seeverkehrsdienstleistungen für die **Streit- oder Sicherheitskräfte,** die im Ausland eingesetzt werden oder eingesetzt werden sollen. Dies jedoch nur, wenn der Auftraggeber diese Dienste bei Unternehmen beschaffen muss, die die **Gültigkeit ihrer Angebote** nur für so **kurze Zeit** garantieren, dass auch die verkürzten Mindestfristen der anderen Verfahrensarten nicht eingehalten werden können. Es besteht daher eine besondere **Dringlichkeit,** die vom Beschaffungsgegenstand selbst und den diesbezüglichen Marktbedingungen ausgeht.[15]

---

[14] Vgl. HK-VergabeR/*Pünder* Rn. 11; *Weyand* Rn. 35.
[15] S. hierzu erläuternd Leinemann/Kirch/*Kirch* Rn. 30; HK-VergabeR/*Pünder* Rn. 12 mwN.

5. Begründungspflicht in Bekanntmachung (Abs. 2). Abschließend normiert 22
Abs. 2 die **Begründungspflicht** des Auftraggebers, wenn dieser ein Verhandlungsverfahrens ohne Teilnahmewettbewerb angewendet hat. Die Begründung ist in der **Bekanntmachung über vergebene Aufträge** gem. § 35 aufzunehmen, um zumindest eine Ex-post-Transparenz herzustellen.[16]

§ 13 Wettbewerblicher Dialog

(1) Auftraggeber können einen wettbewerblichen Dialog gemäß § 119 Absatz 6 Satz 1 des Gesetzes gegen Wettbewerbsbeschränkungen zur Vergabe besonders komplexer Aufträge durchführen, sofern sie objektiv nicht in der Lage sind,
1. die technischen Mittel anzugeben, mit denen ihre Bedürfnisse und Ziele erfüllt werden können, oder
2. die rechtlichen oder finanziellen Bedingungen des Vorhabens anzugeben.

(2) ¹Im wettbewerblichen Dialog eröffnen Auftraggeber gemäß § 119 Absatz 6 Satz 2 des Gesetzes gegen Wettbewerbsbeschränkungen nach einem Teilnahmewettbewerb mit den ausgewählten Unternehmen einen Dialog zur Erörterung aller Aspekte der Angebotsabgabe. ²Im Einzelnen gehen die Auftraggeber wie folgt vor:
1. ¹Die Auftraggeber müssen ihre Bedürfnisse und Anforderungen bekannt machen und erläutern. ²Die Erläuterung erfolgt in der Bekanntmachung oder der Leistungsbeschreibung.
2. ¹Mit den nach §§ 6, 7, 8 und 21 bis 28 ausgewählten geeigneten Unternehmen eröffnen die Auftraggeber einen Dialog, in dem sie ermitteln und festlegen, wie ihre Bedürfnisse am besten erfüllt werden können. ²Dabei können sie mit den ausgewählten Unternehmen alle Einzelheiten des Auftrags erörtern. ³Die Auftraggeber müssen alle Unternehmen bei dem Dialog gleich behandeln. ⁴Insbesondere enthalten sie sich jeder diskriminierenden Weitergabe von Informationen, durch die bestimmte Bieter gegenüber anderen begünstigt werden können. ⁵Der Auftraggeber darf Lösungsvorschläge oder vertrauliche Informationen eines Unternehmens nicht ohne dessen Zustimmung an die anderen Unternehmen weitergeben.
3. ¹Die Auftraggeber können vorsehen, dass der Dialog in verschiedenen aufeinanderfolgenden Phasen abgewickelt wird, um die Zahl der in der Dialogphase zu erörternden Lösungsvorschläge anhand der in der Bekanntmachung oder in den Vergabeunterlagen angegebenen Zuschlagskriterien zu verringern. ²In der Bekanntmachung oder in der Leistungsbeschreibung ist anzugeben, ob diese Möglichkeit in Anspruch genommen wird. In der Schlussphase müssen noch so viele Angebote vorliegen, dass ein echter Wettbewerb gewährleistet ist, sofern eine ausreichende Zahl von Lösungen vorhanden ist. ³Die Unternehmen, deren Lösungen nicht für die nächstfolgende Dialogphase vorgesehen sind, werden darüber informiert.
4. ¹Die Auftraggeber erklären den Dialog für abgeschlossen, wenn eine oder mehrere Lösungen gefunden worden sind, die ihre Bedürfnisse erfüllen oder erkennbar ist, dass keine Lösung gefunden werden kann. ²Im Falle der ersten Alternative fordern sie die Unternehmen auf, auf der Grundlage der eingereichten und in der Dialogphase näher ausgeführten Lösungen ihr endgültiges Angebot vorzulegen, das alle zur Ausführung des Projekts erforderlichen Einzelheiten enthalten muss. ³Die Auftraggeber können verlangen, dass Präzisierungen, Klarstellungen und Ergänzungen zu diesen Angeboten gemacht werden. ⁴Diese Präzisierungen, Klarstellungen oder Ergänzungen dürfen jedoch keine Ände-

---

[16] Vgl. HK-VergabeR/*Pünder* Rn. 12 mwN.

rung der grundlegenden Elemente des Angebots oder der Ausschreibung zur Folge haben, die den Wettbewerb verfälschen oder diskriminierend wirken könnte.

5. ¹Die Auftraggeber müssen die Angebote aufgrund der in der Bekanntmachung oder in den Vergabeunterlagen festgelegten Zuschlagskriterien bewerten. ²Der Zuschlag darf ausschließlich auf das wirtschaftlichste Angebot erfolgen. ³Auftraggeber dürfen das Unternehmen, dessen Angebot als das wirtschaftlichste ermittelt wurde, auffordern, bestimmte Einzelheiten des Angebots näher zu erläutern oder im Angebot enthaltene Zusagen zu bestätigen. ⁴Dies darf nicht dazu führen, dass wesentliche Aspekte des Angebots oder der Ausschreibung geändert werden, und dass der Wettbewerb verzerrt wird oder andere am Verfahren beteiligte Unternehmen diskriminiert werden.

6. Verlangen die Auftraggeber, dass die am wettbewerblichen Dialog teilnehmenden Unternehmen Entwürfe, Pläne, Zeichnungen, Berechnungen oder andere Unterlagen ausarbeiten, müssen sie einheitlich für alle Unternehmen, die die geforderte Unterlage rechtzeitig vorgelegt haben, eine angemessene Kostenerstattung hierfür gewähren.

I. Normzweck

1 § 13 normiert den wettbewerblichen Dialog in Umsetzung der Art. 27 RL 2009/81/EG und Art. 1 Nr. 21 RL 2009/81/EG¹ und knüpft damit an **§ 146 GWB** und **GWB § 119 Abs. 6 GWB iVm § 147 GWB** an, welche die Verfahrensart generell regeln (→ GWB § 146 Rn. 1 ff., → GWB § 119 Rn. 78 ff.). Im Bereich der VgV findet sich die Parallelregelung in **§ 18 VgV**. § 13 enthält – anders als die Parallelregelung in der VgV – sowohl die Tatbestandsvoraussetzungen als auch Vorgaben zum Verfahrensablauf. Die Tatbestandsvoraussetzungen des wettbewerblichen Dialogs im Anwendungsbereich der VgV sind – zusammen und einheitlich mit denen des Verhandlungsverfahrens mit Teilnahmewettbewerb – in § 14 Abs. 3 VgV geregelt. In § 13 sind für Vergaben im Bereich Verteidigung und Sicherheit allein die Voraussetzungen des wettbewerblichen Dialogs enthalten. Diese ähneln jedoch sehr den nunmehr in § 14 Abs. 3 VgV normierten Tatbestandsvoraussetzungen.

2 Der wettbewerbliche Dialog beginnt mit einem **Teilnahmewettbewerb.** Anders als im Verhandlungsverfahren schließt sich daran die **Dialogphase** an, in welcher **Lösungsvorschläge** unterbreitet und erörtert werden, bevor in der **Angebotsphase** vollständige Angebote abgegeben werden, über die dann jedoch nur noch bedingt verhandelt werden kann (vgl. Abs. 2 Nr. 5). Der wettbewerbliche Dialog kann daher auch als ein umgekehrtes Verhandlungsverfahren bezeichnet werden.² Ziel ist es, den Auftragsgegenstand durch die Dialogphase zunächst mithilfe des Know-How des Marktes zu konkretisieren, wenn es dem Auftraggeber – auch nicht unter Zuhilfenahme von Sachverständigen – möglich ist, die technischen, rechtlichen und/oder finanziellen Rahmenbedingungen des Auftragsgegenstandes vorher eindeutig festzulegen.³

II. Einzelerläuterungen

3 **1. Anwendungsbereich und Tatbestandsvoraussetzungen (Abs. 1).** Abs. 1 bestimmt die Zulässigkeit der Wahl eines wettbewerblichen Dialogs als Verfahrensart für besonders **komplexe** Aufträge, wenn die Auftraggeber entweder **nicht in der Lage** sind, die **technischen Mittel** anzugeben, mit denen ihre Bedürfnisse uns Ziele erfüllt werden können (Nr. 1) oder die **rechtlichen oder finanziellen Bedingungen** des Vorhabens anzugeben (Nr. 2). Inhaltlich und zum Teil wörtlich ähneln die Voraussetzungen mithin denen der Parallelregelung in **§ 14 Abs. 3 Nr. 3 VgV,** sodass ergänzend zu nachfolgenden

---
¹ Vgl. BR-Drs. 321/12.
² S. hierzu Leinemann/Kirch/*Kirch* Rn. 12.
³ Vgl. Leinemann/Kirch/*Kirch* Rn. 1, 3–5.

Ausführungen auch auf die Kommentierung zu § 14 VgV verwiesen werden kann (→ VgV § 14 Rn. 36 f.).

Hinsichtlich des **Adressatenkreises** hat mit der Vergaberechtsmodernisierung 2016 eine 4 Angleichung stattgefunden. Der einschränkende Verweis in der vorherigen Fassung des § 13 Abs. 1 auf die öffentlichen Auftraggeber nach dem bisherigen § 98 Nr. 1–3 GWB wurde ausweislich der Gesetzesbegründung gestrichen, da nach Art. 30 RL 2014/24/EU Sektorenauftraggeber ebenfalls einen wettbewerblichen Dialog durchführen können.[4] Daher wurde diese Möglichkeit nunmehr ausdrücklich auch für die **Sektorenauftraggeber** gem. § 146 S. 1 und 2 GWB im Bereich Verteidigung und Sicherheit eingeräumt.[5] Folglich umfasst der Begriff des Auftraggebers in § 13 Abs. 1 entsprechend dem Anwendungsbereich nach § 1 sowohl öffentliche Auftraggeber nach § 99 GWB als auch Sektorenauftraggeber nach § 100 GWB.[6]

Das Vorliegen eines komplexen Auftrages wird regelmäßig dann gegeben sein, wenn eine 5 der in Nr. 1 und 2 genannten Voraussetzungen erfüllt ist. Danach darf der Auftraggeber nicht in der Lage sein, dh es muss ihm **objektiv** betrachtet **unmöglich** sein, die erforderlichen technischen Spezifikationen des Auftragsgegenstandes oder dessen rechtliche oder finanziellen Rahmenbedingungen hinreichend genau anzugeben, um daraufhin **vergleichbare Angebote** erwarten zu können.[7] Die unzureichende Beschreibbarkeit muss folglich selbst bei Einsatz von **Sachverständigen** gegeben sein.[8] Der Auftraggeber darf diese Unmöglichkeit auch nicht verursacht haben.[9] Bezüglich der „**technischen Mittel**" (Nr. 1) ist an Fälle zu denken, bei denen komplexe technologische oder innovative Beschaffungsgegenstände benötigt und gesucht werden.[10] **Die rechtlichen und finanziellen Bedingungen** (Nr. 2) können beispielsweise dann nicht vorab festgelegt werden, wenn es sich um ein umfangreiches ÖPP-Vorhaben über Bau- und Betriebs- sowie Finanzierungsleistungen handelt, bei dem eine wirtschaftlich sinnvolle Risikoverteilung nicht einseitig vorausgesehen werden kann.[11]

2. Verfahrensablauf und Anforderungen im Verfahren (Abs. 2). In Abs. 2 wird der 6 Verfahrensablauf und die zu berücksichtigenden Anforderungen in den jeweiligen Verfahrensstadien erläutert. Die Vorgabe des Abs. 1 S. 1, dass ein **Teilnahmewettbewerb** vorauszugehen hat, entspricht inhaltlich **§ 18 Abs. 2 VgV** jedoch mit dem Unterschied, dass in § 13 die **Teilnahmefrist** nicht ausdrücklich genannt ist. Diese ergibt sich jedoch aus **§ 20 Abs. 2,** sodass auf die entsprechende Kommentierung verwiesen wird (→ § 20 Rn. 4 ff.). Zum Teilnahmewettbewerb im Übrigen kann auf die Parallelvorschrift § 18 Abs. 2 VgV verwiesen werden (→ VgV § 18 Rn. 9 ff.).

Abs. 2 Nr. 1 bestimmt, dass der Auftraggeber seine **Bedürfnisse und Anforderungen** 7 **bekannt zu machen** und zu erläutern hat, wobei die **Erläuterung** wahlweise in der Bekanntmachung **oder** der Leistungsbeschreibung erfolgen kann.[12] Eine entsprechende Vorgabe enthält **§ 18 Abs. 1 S. 1 VgV,** jedoch ist zu beachten, dass – anders als in der Parallelregelung der VgV – hier die Bedürfnisse und Anforderungen zwingend in der Bekanntmachung darzulegen sind und lediglich die Erläuterungen dazu entweder in der Bekanntmachung oder der Leistungsbeschreibung wiederzugeben sind. Im Übrigen kann auf die Kommentierung zu § 18 Abs. 1 VgV verwiesen werden (→ VgV § 18 Rn. 5 ff.).

Abs. 2 Nr. 2 enthält zunächst die Vorgabe, dass nur mit den gem. §§ 6–8 und 21–28 für 8 **geeignet** befundenen Unternehmen verhandelt wird. Die Norm ist damit einerseits im

---

[4] Vgl. BT-Drs. 18/7318.
[5] Vgl. BT-Drs. 18/7318.
[6] Vgl. BT-Drs. 18/7318.
[7] S. hierzu ausf. Leinemann/Kirch/*Kirch* Rn. 3 mwN.
[8] S. hierzu ausf. Leinemann/Kirch/*Kirch* Rn. 4 mwN.
[9] S. hierzu ausf. Leinemann/Kirch/*Kirch* Rn. 3 mwN.
[10] S. hierzu ausf. Leinemann/Kirch/*Kirch* Rn. 5 mwN.
[11] S. hierzu ausf. Leinemann/Kirch/*Kirch* Rn. 6 mwN.
[12] Vgl. BR-Drs. 321/12.

Hinblick auf die Eignung konkreter als die Parallelregelung § 18 Abs. 4 VgV, sieht jedoch ebenso abweichend nicht die Möglichkeit der Reduktion des Bewerberkreises auf eine bestimmte Höchstzahl vor. Dies mag darin begründet liegen, dass bei solchen Aufträgen im Bereich Verteidigung und Sicherheit, die im wettbewerblichen Dialog vergeben werden können, ohnehin nur eine geringe Anzahl von Wettbewerbern zu erwarten sein dürfte, ein Höchstgrenze daher obsolet wäre.[13] Des Weiteren normiert Abs. 2 Nr. 2 den auch in der Dialogphase einzuhaltenden **Grundsatz der Gleichbehandlung,** inhaltlich ähnlich zu **§ 18 Abs. 5 VgV,** weshalb auf dessen Kommentierung verwiesen werden kann (→ VgV § 18 Rn. 13 ff.).

9   Abs. 2 Nr. 3 sieht die Möglichkeit der **phasenweisen Abwicklung des Dialogs** vor. Da dies inhaltlich dem **§ 18 Abs. 6 VgV** im Wesentlichen entspricht, kann auf dessen Kommentierung verwiesen werden (→ VgV § 18 Rn. 13 ff.). Abs. 2 Nr. 4 S. 1 stimmt inhaltlich mit **§ 18 Abs. 7 VgV** überein, jedoch mit dem Unterschied, dass der Dialog auch dann für beendet erklärt werden kann, wenn **keine Lösung** gefunden wurde. Im Übrigen findet Abs. 2 Nr. 4 – welcher die **Angebotsphase** nach abgeschlossener Dialogphase betrifft – seine überwiegend inhaltliche Entsprechung in § 18 Abs. 8 VgV, auf dessen Kommentierung hier daher verwiesen wird (→ VgV § 18 Rn. 21 ff.). Abs. 2 Nr. 5 entspricht inhaltlich im Wesentlichen **§ 18 Abs. 9 VgV** und beinhaltet die Vorgaben zur Ermittlung des **wirtschaftlichsten Angebotes** anhand der bekannt gegebenen **Zuschlagskriterien** sowie die Rahmenbedingungen für erforderlichenfalls einzuholender **weiterer Erläuterungen zu den Angeboten.** Es kann dementsprechend auf die Kommentierung des § 18 Abs. 9 VgV verwiesen werden (→ VgV § 18 Rn. 21 ff.).

10 Abs. 2 Nr. 6 enthält eine **Kostenerstattungsregelung** zugunsten der Bieter für den Fall, dass der Auftraggeber Entwürfe, Pläne, Zeichnungen, Berechnungen oder andere Unterlagen von den Unternehmen verlangt hat. Es muss sich dabei um die Ergebnisse **planerischen Aufwandes** handeln, nicht lediglich Vervielfältigungskosten oder Dergleichen.[14] Der Anspruch steht jedoch nur den Bietern zu, die die geforderten Unterlagen auch rechtzeitig eingereicht haben. Eine ähnliche Regelung ist nunmehr in **§ 18 Abs. 10 VgV** enthalten, jedoch liegt es danach im Ermessen des Auftraggebers „Prämien oder Zahlungen" vorzusehen. Zugleich ist die Parallelnorm aber auch weitreichender, da sie nicht – wie hier – auf bestimmte Unterlagen beschränkt ist.

§ 14 Rahmenvereinbarungen

(1) ¹Für den Abschluss einer Rahmenvereinbarung im Sinne des § 103 Absatz 5 Satz 1 des Gesetzes gegen Wettbewerbsbeschränkungen befolgen die Auftraggeber die Verfahrensvorschriften dieser Verordnung. ²Für die Auswahl des Auftragnehmers gelten die Zuschlagskriterien gemäß § 34. ³Auftraggeber dürfen das Instrument einer Rahmenvereinbarung nicht missbräuchlich oder in einer Weise anwenden, durch die der Wettbewerb behindert, eingeschränkt oder verfälscht wird.

(2) ¹Auftraggeber vergeben Einzelaufträge nach dem in den Absätzen 3 bis 5 vorgesehenen Verfahren. ²Die Vergabe darf nur erfolgen durch Auftraggeber, die ihren voraussichtlichen Bedarf für das Vergabeverfahren gemeldet haben, an Unternehmen, mit denen die Rahmenvereinbarungen abgeschlossen wurden. ³Bei der Vergabe der Einzelaufträge dürfen die Parteien keine wesentlichen Änderungen an den Bedingungen dieser Rahmenvereinbarung vornehmen. ⁴Dies gilt insbesondere für den Fall, dass die Rahmenvereinbarung mit einem einzigen Unternehmen geschlossen wurde.

(3) ¹Wird eine Rahmenvereinbarung mit einem einzigen Unternehmen geschlossen, so werden die auf dieser Rahmenvereinbarung beruhenden Einzelauf-

---
[13] So auch HK-VergabeR/*Pünder* Rn. 3 mwN.
[14] Vgl. Leinemann/Kirch/*Kirch* Rn. 14.

träge entsprechend den Bedingungen der Rahmenvereinbarung vergeben. ²Vor der Vergabe der Einzelaufträge können die Auftraggeber das an der Rahmenvereinbarung beteiligte Unternehmen in Textform nach § 126b des Bürgerlichen Gesetzbuchs befragen und dabei auffordern, sein Angebot erforderlichenfalls zu vervollständigen.

(4) Wird eine Rahmenvereinbarung mit mehreren Unternehmen geschlossen, so müssen mindestens drei Unternehmen beteiligt sein, sofern eine ausreichend große Zahl von Unternehmen die Eignungskriterien oder eine ausreichend große Zahl von zulässigen Angeboten die Zuschlagskriterien erfüllt.

(5) Die Vergabe von Einzelaufträgen, die auf einer mit mehreren Unternehmen geschlossenen Rahmenvereinbarung beruhen, erfolgt, sofern
1. alle Bedingungen festgelegt sind, nach den Bedingungen der Rahmenvereinbarung ohne erneuten Aufruf zum Wettbewerb oder
2. nicht alle Bedingungen in der Rahmenvereinbarung festgelegt sind, nach erneutem Aufruf der Parteien zum Wettbewerb zu denselben Bedingungen, die erforderlichenfalls zu präzisieren sind, oder nach anderen in den Vergabeunterlagen zur Rahmenvereinbarung genannten Bedingungen. Dabei ist folgendes Verfahren einzuhalten:
   a) Vor Vergabe jedes Einzelauftrags konsultieren die Auftraggeber die Unternehmen, die in der Lage sind, den Einzelauftrag auszuführen.
   b) Auftraggeber setzen eine angemessene Frist für die Abgabe der Angebote für jeden Einzelauftrag; dabei berücksichtigen sie insbesondere die Komplexität des Auftragsgegenstands und die für die Übermittlung der Angebote erforderliche Zeit.
   c) Auftraggeber geben an, in welcher Form die Angebote einzureichen sind, der Inhalt der Angebote ist bis zum Ablauf der Angebotsfrist geheim zu halten.
   d) Die Auftraggeber vergeben die einzelnen Aufträge an das Unternehmen, das auf der Grundlage der in der Rahmenvereinbarung aufgestellten Zuschlagskriterien das wirtschaftlichste Angebot abgegeben hat.

(6) ¹Die Laufzeit einer Rahmenvereinbarung darf sieben Jahre nicht überschreiten. ²Dies gilt nicht in Sonderfällen, in denen aufgrund der zu erwartenden Nutzungsdauer gelieferter Güter, Anlagen oder Systeme und der durch einen Wechsel des Unternehmens entstehenden technischen Schwierigkeiten eine längere Laufzeit gerechtfertigt ist. ³Die Auftraggeber begründen die längere Laufzeit in der Bekanntmachung gemäß § 35.

I. Normzweck

§ 14 beinhaltet die Vorgaben zum Abschluss von Rahmenvereinbarungen und konkretisiert damit die generelle Erläuterung der Rahmenvereinbarungen in **§ 103 Abs. 5 S. 1 GWB**. Eine inhaltlich im Wesentlichen entsprechende Norm findet sich in **§ 21 VgV**, auf deren Kommentierung daher verwiesen werden kann (→ VgV § 21 Rn. 3 ff.), ebenso wie auf die Kommentierung zu § 103 Abs. 5 GWB (→ GWB § 103 Rn. 119 ff.). 1

II. Einzelerläuterungen

1. Streichung des Doppelausschreibungsverbotes (Abs. 1). Im Rahmen der Vergaberechtsmodernisierung 2016 wurde der bisherige Abs. 1 S. 4 gestrichen, welcher untersagte, mehrere Rahmenvereinbarungen für dieselbe Leistung abzuschließen (sog. Doppelausschreibungsverbot). In der Begründung zur VSVgV 2012 wurde bereits erwähnt, dass dieses Verbot weder ausdrücklich in Art. 32 RL 2004/18/EG noch Art. 29 RL 2009/81/EG vorgesehen war, es allerdings als Unterfall des in § 14 Abs. 1 Nr. 3 normierten 2

Missbrauchsverbot übernommen worden sei.[1] S. 4 wurde jedoch nunmehr im Hinblick auf die Fassung des neuen **§ 21 Abs. 1 VgV** aufgehoben.[2]

3   **2. Unterschied zur Parallelnorm: Laufzeit (Abs. 6).** Ein wesentlicher Unterschied zu der ansonsten inhaltlich entsprechenden Norm **§ 21 VgV** besteht in der **Laufzeit der Rahmenvereinbarung.** Während die Laufzeit von Rahmenvereinbarungen im Anwendungsbereich der VgV höchstens vier Jahre (mit Ausnahme begründeter Sonderfälle) betragen dürfen, beträgt die Höchstlaufzeit bei Vergaben im Bereich Verteidigung und Sicherheit gem. Abs. 6 **sieben Jahre.** Eine längere Laufzeit ist in **Sonderfällen** möglich, in denen aufgrund der zu erwartenden Nutzungsdauer gelieferter Güter, Anlagen oder Systeme und der durch einen Wechsel des Unternehmens entstehenden technischen Schwierigkeiten eine längere Laufzeit gerechtfertigt ist. Ist ein solcher Fall gegeben, hat der Auftraggeber die längere Laufzeit in der **Bekanntmachung** gem. **§ 35 zu begründen.**

§ 15 Leistungsbeschreibung und technische Anforderungen

(1) Die Auftraggeber stellen sicher, dass die Leistungsbeschreibung allen Bewerbern und Bietern gleichermaßen zugänglich ist und die Öffnung des nationalen Beschaffungsmarktes für den Wettbewerb durch Anbieter aus anderen EU-Mitgliedstaaten nicht in ungerechtfertigter Weise behindert wird.

(2) [1]Die Leistung ist eindeutig und vollständig zu beschreiben, sodass die Vergleichbarkeit der Angebote gewährleistet ist. [2]Technische Anforderungen im Sinne des Anhangs III Nummer 1 Buchstabe b der Richtlinie 2009/81/EG sind zum Gegenstand der Bekanntmachung oder der Vergabeunterlagen zu machen.

(3) Unbeschadet zwingender technischer Vorschriften einschließlich solcher zur Produktsicherheit und technischer Anforderungen, die laut internationaler Standardisierungsvereinbarungen zur Gewährleistung der in diesen Vereinbarungen geforderten Interoperabilität zu erfüllen sind, sind technische Anforderungen in der Leistungsbeschreibung wie folgt festzulegen:
1. unter Bezugnahme auf die in Anhang III der Richtlinie 2009/81/EG definierten technischen Anforderungen in folgender Rangfolge, wobei jede dieser Bezugnahmen mit dem Zusatz „oder gleichwertig" zu versehen ist:
    a) zivile Normen, mit denen europäische Normen umgesetzt werden,
    b) europäische technische Zulassungen,
    c) gemeinsame zivile technische Spezifikationen,
    d) zivile Normen, mit denen internationale Normen umgesetzt werden,
    e) andere internationale zivile Normen,
    f) andere technische Bezugssysteme, die von den europäischen Normungsgremien erarbeitet wurden, oder, falls solche Normen und Spezifikationen fehlen, andere nationale zivile Normen, nationale technische Zulassungen oder nationale technische Spezifikationen für die Planung und Berechnung und Ausführungen von Erzeugnissen sowie den Einsatz von Produkten,
    g) zivile technische Spezifikationen, die von der Industrie entwickelt wurden und von ihr allgemein anerkannt werden, oder
    h) wehrtechnische Normen im Sinne des Anhangs III Nummer 3 der Richtlinie 2009/81/EG und Spezifikationen für Verteidigungsgüter, die diesen Normen entsprechen,
2. oder in Form von Leistungs- oder Funktionsanforderungen, die auch Umwelteigenschaften umfassen können. Diese Anforderungen müssen so klar formuliert werden, dass sie den Bewerbern und Bietern den Auftragsgegenstand ein-

---

[1] Vgl. BR-Drs. 321/12.
[2] Vgl. BT-Drs. 18/7318.

deutig und abschließend erläutern und den Auftraggebern die Erteilung des Zuschlags ermöglichen,
3. oder als Kombination der Nummern 1 und 2,
   a) entweder in Form von Leistungs- oder Funktionsanforderungen gemäß Nummer 2 unter Bezugnahme auf die in Anhang III der Richtlinie 2009/81/EG definierten technischen Anforderungen gemäß Nummer 1 als Mittel zur Vermutung der Konformität mit diesen Leistungs- und Funktionsanforderungen oder
   b) hinsichtlich bestimmter Merkmale unter Bezugnahme auf die in Anhang III der Richtlinie 2009/81/EG definierten technischen Anforderungen gemäß Nummer 1 und hinsichtlich anderer Merkmale unter Bezugnahme auf die Leistungs- und Funktionsanforderungen gemäß Nummer 2.

(4) [1]Verweisen die Auftraggeber auf die in Absatz 3 Nummer 1 genannten technischen Anforderungen, dürfen sie ein Angebot nicht mit der Begründung ablehnen, die angebotenen Güter und Dienstleistungen entsprächen nicht den von ihnen herangezogenen Anforderungen, sofern die Unternehmen in ihrem Angebot den Auftraggebern mit geeigneten Mitteln nachweisen, dass die von ihnen vorgeschlagenen Lösungen den technischen Anforderungen, auf die Bezug genommen wurde, gleichermaßen entsprechen. [2]Als geeignetes Mittel gelten insbesondere eine technische Beschreibung des Herstellers oder ein Prüfbericht einer anerkannten Stelle.

(5) [1]Legt der Auftraggeber die technischen Anforderungen nach Absatz 3 Nummer 2 in Form von Leistungs- oder Funktionsanforderungen fest, so darf er ein Angebot, das einer Norm, mit der eine europäische Norm umgesetzt wird, oder einer europäischen technischen Zulassung, einer gemeinsamen technischen Spezifikation, einer internationalen Norm oder einem technischen Bezugssystem, das von den europäischen Normungsgremien erarbeitet wurde, entspricht, nicht zurückweisen, wenn diese Spezifikationen die von ihm geforderten Leistungs- oder Funktionsanforderungen betreffen. [2]Die Bieter müssen in ihren Angeboten dem Auftraggeber mit allen geeigneten Mitteln nachweisen, dass die der Norm entsprechende jeweilige Ware oder Dienstleistung den Leistungs- oder Funktionsanforderungen des Auftraggebers entspricht. [3]Als geeignetes Mittel kann eine technische Beschreibung des Herstellers oder ein Prüfbericht einer anerkannten Stelle gelten.

(6) [1]Schreiben die Auftraggeber Umwelteigenschaften in Form von Leistungs- oder Funktionsanforderungen gemäß Absatz 3 Nummer 2 vor, so können sie ganz oder teilweise die Spezifikationen verwenden, die in europäischen, multinationalen, nationalen oder anderen Umweltzeichen definiert sind, wenn
1. diese sich zur Definition der Merkmale der Güter oder Dienstleistungen eignen, die Gegenstand des Auftrags sind,
2. die Anforderungen an das Umweltzeichen auf der Grundlage von wissenschaftlich abgesicherten Informationen ausgearbeitet werden,
3. die Umweltzeichen im Rahmen eines Verfahrens erlassen werden, an dem interessierte Kreise teilnehmen können und
4. das Umweltzeichen für alle Betroffenen zugänglich und verfügbar ist.
[2]Die Auftraggeber können in der Leistungsbeschreibung angeben, dass bei Gütern oder Dienstleistungen, die mit einem Umweltzeichen ausgestattet sind, vermutet wird, dass diese den in der Leistungsbeschreibung festgelegten technischen Anforderungen genügen. [3]Die Auftraggeber müssen jedes andere geeignete Beweismittel wie technische Unterlagen des Herstellers oder Prüfberichte anerkannter Stellen zulassen.

(7) [1]Anerkannte Stellen sind die Prüf- und Kalibrierlaboratorien sowie die Inspektions- und Zertifizierungsstellen, die den Anforderungen der jeweils anwend-

baren europäischen Normen entsprechen. ²Die Auftraggeber erkennen Bescheinigungen von in anderen Mitgliedstaaten ansässigen anerkannten Stellen an.

(8) ¹Soweit es nicht durch den Auftragsgegenstand gerechtfertigt ist, darf in der Leistungsbeschreibung nicht auf eine bestimmte Produktion oder Herkunft oder ein besonderes Verfahren oder auf Marken, Patente, Typen, einen bestimmten Ursprung oder eine bestimmte Produktion verwiesen werden, wenn dadurch bestimmte Unternehmen oder bestimmte Güter begünstigt oder ausgeschlossen werden. ²Solche Verweise sind jedoch ausnahmsweise zulässig, wenn der Auftragsgegenstand nach den Absätzen 2 und 3 nicht eindeutig und vollständig beschrieben werden kann; solche Verweise sind mit dem Zusatz „oder gleichwertig" zu versehen.

Übersicht

	Rn.		Rn.
I. Normzweck und Zusammenhang	1–3	4. Ersetzung von technischen Anforderungen (Abs. 4)	9
II. Einzelerläuterungen	4–14	5. Ersetzung von Leistungs- und Funktionsanforderungen (Abs. 5)	10
1. Leistungsbeschreibung (Abs. 1)	4		
2. Eindeutige und vollständige Leistungsbeschreibung sowie technische Anforderungen (Abs. 2)	5–7	6. Spezifikationen für Umwelteigenschaften (Abs. 6)	11, 12
3. Festlegung der technischen Anforderungen in der Leistungsbeschreibung (Abs. 3)	8	7. Anerkannte Stellen (Abs. 7)	13
		8. Produktneutrale Ausschreibung (Abs. 8)	14

I. Normzweck und Zusammenhang

1 Die Anpassung der VSVgV an das GWB in der Fassung des **VergRModG** hat § 15 **nahezu unverändert belassen.** In § 15 Abs. 6 wurde lediglich eine redaktionelle Änderung vorgenommen.[1] Es kann daher auf die bisherige Literatur und Rechtsprechung Bezug genommen werden.

2 § 15 dient der Umsetzung von Art. 18 RL 2009/81/EG (Vergaberichtlinie für die Bereiche Verteidigung und Sicherheit), der Anforderungen an die Leistungsbeschreibung enthält.[2]

3 Unter „technische Anforderungen" der Leistungsbeschreibung fallen sowohl technische Anforderungen iSd Anhangs III Nr. 1 lit. b RL 2009/81/EG als auch technische Anforderungen, die durch Leistungs- und Funktionsanforderungen beschrieben werden. Ziel der Richtlinie 2009/81/EG ist eine bessere Koordinierung der Vergabeverfahren unter Beachtung der besonderen Anforderungen an die Versorgungs- und Informationssicherheit der Mitgliedstaaten. Dadurch soll schrittweise ein europäischer Markt für Verteidigungs- und Sicherheitsausrüstungen mit gleichen Wettbewerbsbedingungen für Anbieter aus den EU-Mitgliedstaaten aufgebaut und nationale Beschaffungsmärkte zugunsten von Anbietern aus anderen EU-Mitgliedstaaten geöffnet werden. Gemäß § 2 gilt § 15 nur für die Vergabe von sicherheits- und verteidigungsrelevanten Liefer- und Dienstleistungsaufträgen, nicht aber für die Vergabe von sicherheits- und verteidigungsrelevanten Bauaufträgen; hierfür gilt der dritte Abschnitt der VOB/A 2016.

II. Einzelerläuterungen

4 **1. Leistungsbeschreibung (Abs. 1).** Der öffentliche Auftraggeber hat gem. § 15 Abs. 1 die Pflicht, die Leistungsbeschreibung allen Bietern und Bewerbern gleichermaßen zugänglich zu machen und sicher zu stellen, dass die **Öffnung des Beschaffungsmarktes für den Wettbewerb** durch Anbieter aus anderen EU-Mitgliedstaaten nicht in ungerechtfer-

---

[1] BT-Drs. 18/7318, 276; der Verordnungsgeber hat den Ergänzungsstrich nach dem Wort „ganz" entfernt, da es sich bei „ganz- oder teilweise" offensichtlich nicht im zwei zusammengesetzte Wörter handelt.
[2] BR-Drs. 321/12, 50.

tigter Weise behindert wird. Die Vorschrift implementiert die in Art. 18 Abs. 2 RL 2009/81/EG festgelegten grundsätzlichen Anforderungen an die Leistungsbeschreibung. Art. 42 Abs. 2 RL 2014/24/EU enthält eine inhaltsgleiche Regelung, sodass auf die Kommentierung zu § 31 Abs. 1 VgV verwiesen werden kann, der Art. 42. Abs. 2 RL 2014/24/EU in deutsches Recht implementiert.[3]

2. Eindeutige und vollständige Leistungsbeschreibung sowie technische Anforderungen (Abs. 2). Der öffentliche Auftraggeber hat gem. § 15 Abs. 2 S. 1 die zu erbringende Leistung eindeutig und vollständig zu beschreiben, um eine Vergleichbarkeit der eingehenden Angebote zu gewährleisten. Hierdurch soll einerseits **Transparenz und Diskriminierungsfreiheit** zwischen den Bewerbern hergestellt werden. Unter der ausgeschriebenen Leistung kann nämlich nur dann das Gleiche verstanden und eine gleiche Kalkulation angestellt werden, wenn die Leistung eindeutig und vollständig beschrieben wird. Andererseits soll das Bestimmtheitsgebot eine Vergleichbarkeit der Angebote für den Auftraggeber sicherstellen.[4]

Das Gebot der eindeutigen und vollständigen Leistungsbeschreibung war bis zur Reform des Vergaberechts durch das VergRModG für allgemeine Liefer- und Dienstleistungen in § 8EG Abs. 1 S. 1 VOL/A geregelt. Nunmehr befindet es sich in § 121 Abs. 1 S. 1 GWB. Auf die diesbezügliche Kommentierung wird daher verwiesen.[5]

Gemäß § 15 Abs. 2 S. 2 sind technische Anforderungen iSd Anhangs III Nr. 1 lit. b RL 2009/81/EG zum Gegenstand der Bekanntmachung oder der Vergabeunterlagen zu machen. Dieser Anhang enthält die nachfolgenden Definitionen technischer Spezifikationen bei Liefer- und Dienstleistungsaufträgen:

ANHANG III
Definition bestimmter technischer Spezifikationen gemäß Artikel 18

Im Sinne dieser Richtlinie bezeichnet der Ausdruck
1. a) „technische Spezifikationen" bei Bauaufträgen sämtliche, insbesondere die in den Verdingungsunterlagen enthaltenen technischen Anforderungen an eine Bauleistung, ein Material, ein Erzeugnis oder eine Lieferung, mit deren Hilfe die Bauleistung, das Material, das Erzeugnis oder die Lieferung so bezeichnet werden können, dass sie ihren durch den Auftraggeber festgelegten Verwendungszweck erfüllen. Zu diesen technischen Anforderungen gehören Umweltleistungsstufen, die Konzeption für alle Verwendungsarten („Design for all") (einschließlich des Zugangs von Menschen mit Behinderungen) sowie Konformitätsbewertung, die Gebrauchstauglichkeit, Sicherheit oder Abmessungen, einschließlich Konformitätsbewertungsverfahren, Terminologie, Symbole, Versuchs- und Prüfmethoden, Verpackung, Kennzeichnung und Beschriftung sowie Produktionsprozesse und -methoden. Außerdem gehören dazu auch die Vorschriften für die Planung und die Berechnung von Bauwerken, die Bedingungen für die Prüfung, Inspektion und Abnahme von Bauwerken, die Konstruktionsmethoden oder -verfahren und alle anderen technischen Anforderungen, die der Auftraggeber für fertige Bauwerke oder dazu notwendige Materialien oder Teile durch allgemeine und spezielle Vorschriften anzugeben in der Lage ist;
   b) „technische Spezifikationen" bei Liefer- und Dienstleistungsaufträgen Spezifikationen, die in einem Schriftstück enthalten sind, das Merkmale für ein Erzeugnis oder eine Dienstleistung vorschreibt, wie Qualitätsstufen, Umweltleistungsstufen, die Konzeption für alle Verwendungsarten („Design for all") (einschließlich des Zugangs von Menschen mit Behinderungen) sowie Konformitätsbewertung, Vorgaben für Gebrauchstauglichkeit, Verwendung, Sicherheit oder Abmessungen des Erzeugnisses, einschließlich der Vorschriften über Verkaufsbezeichnung, Terminologie, Symbole, Prüfungen und Prüfverfahren, Verpackung, Kennzeichnung und Beschriftung, Gebrauchsanleitung, Produktionsprozesse und -methoden sowie über Konformitätsbewertungsverfahren;
2. „Norm" eine technische Spezifikation, die von einem anerkannten Normungsgremium zur wiederholten oder ständigen Anwendung angenommen wurde, deren Einhaltung jedoch nicht zwingend vorgeschrieben ist und die unter eine der nachstehenden Kategorien fällt:
   – internationale Norm: Norm, die von einem internationalen Normungsgremium angenommen wird und der Öffentlichkeit zugänglich ist;
   – europäische Norm: Norm, die von einem europäischen Normungsgremium angenommen wird und der Öffentlichkeit zugänglich ist;
   – nationale Norm: Norm, die von einem nationalen Normungsgremium angenommen wird und der Öffentlichkeit zugänglich ist;

---

[3] *Seebo* in Band 3 → VgV § 31 Rn. 1 ff.
[4] KMPP/*Prieß* VOL/A § 8EG Rn. 15; HK-VergabeR/*Schellenberg* VOL/A § 8EG Rn. 34 u. 36.
[5] *Fett/Pauka* in Band 3 → GWB § 121 Rn. 13 ff.

3. „Verteidigungsnorm" eine technische Spezifikation, die von einem Normungsgremium, das auf die Ausarbeitung technischer Spezifikationen für die wiederholte oder kontinuierliche Anwendung im Verteidigungsbereich spezialisiert ist, gebilligt wurde und deren Einhaltung nicht zwingend vorgeschrieben ist;
4. „europäische technische Zulassung" eine positive technische Beurteilung der Brauchbarkeit eines Produkts hinsichtlich der Erfüllung der wesentlichen Anforderung an bauliche Anlagen; sie erfolgt aufgrund der spezifischen Merkmale des Produkts und der festgelegten Anwendungs- und Verwendungsbedingungen. Die europäische technische Zulassung wird von einem zu diesem Zweck vom Mitgliedstaat zugelassenen Gremium ausgestellt;
5. „gemeinsame technische Spezifikationen" technische Spezifikationen, die nach einem von den Mitgliedstaaten anerkannten Verfahren erarbeitet und im *Amtsblatt der Europäischen Union* veröffentlicht wurden;
6. „technische Bezugsgröße" jeden Bezugsrahmen, der keine offizielle Norm ist und von den europäischen Normungsgremien nach den an die Bedürfnisse des Marktes angepassten Verfahren erarbeitet wurde.

8 **3. Festlegung der technischen Anforderungen in der Leistungsbeschreibung (Abs. 3).** Der öffentliche Auftraggeber hat gem. § 15 Abs. 3 **drei Möglichkeiten,** die technischen **Anforderungen** der Beschreibung **festzulegen.** Bei § 15 Abs. 3 Nr. 1 handelt es sich um eine Leistungsbeschreibung mit Leistungsverzeichnis, welche anhand der technischen Anforderungen iSd Anhangs III Nr. 1 lit. b RL 2009/81/EG erstellt werden soll.[6] In § 15 Abs. 3 Nr. 2 wird eine sogenannte funktionale Leistungsbeschreibung beschrieben. Eine Kombination der beiden Möglichkeiten zur Beschreibung des Leistungsgegenstandes ergibt sich aus § 15 Abs. 3 Nr. 3. Zu den einzelnen Optionen der technischen Anforderungen der Leistungsbeschreibung wird auf die Kommentierung des inhaltsgleichen § 31 Abs. 2 S. 1 VgV verwiesen.[7]

9 **4. Ersetzung von technischen Anforderungen (Abs. 4).** Dem öffentlichen Auftraggeber ist es gem. § 15 Abs. 4 untersagt, ein Angebot mit der Begründung abzulehnen, dass die angebotenen Güter und Dienstleistungen nicht den festgelegten technischen Anforderungen iSd § 15 Abs. 3 Nr. 1 entsprechen, wenn die Bieter oder Bewerber in ihrem Angebot mit geeigneten Mitteln die Gleichwertigkeit ihrer vorgeschlagenen Lösung in Bezug auf die technischen Anforderungen nachweisen. Als zum Nachweis geeignet gelten insbesondere eine technische Beschreibung des Herstellers, als auch ein Prüfbericht einer anerkannten Stelle. Die Nachweispflicht hierfür trifft den Bieter.[8] Sinn und Zweck der Regelung ist das hohe Interesse daran, die individuellen Möglichkeiten und Unterscheidungen der Bieter grundsätzlich aufrecht zu erhalten. Den Bietern muss die **Möglichkeit** gegeben werden, die **Gleichwertigkeit ihrer Lösungsvorschläge** mit allen zur Verfügung stehenden Mitteln **nachweisen zu können.** Entscheidet sich der Auftraggeber gegen eine Gleichwertigkeit, so muss er dies begründen können.[9] Im Übrigen wird auf die Kommentierung zu dem inhaltsgleichen § 32 Abs. 1 VgV verwiesen.[10]

10 **5. Ersetzung von Leistungs- und Funktionsanforderungen (Abs. 5).** Der öffentliche Auftraggeber darf gem. § 15 Abs. 5 ein Angebot nicht zurückweisen, wenn er die technischen Anforderungen in Form von Leistungs- und Funktionsanforderungen iSd § 15 Abs. 3 Nr. 2 festgelegt hat, sofern das betreffende Angebot einer Norm, mit der eine europäische Norm umgesetzt wird, oder einer europäischen technischen Zulassung, einer gemeinsamen technischen Spezifikation, einer internationalen Norm oder einem technischen Bezugssystem, das von den europäischen Normungsgremien erarbeitet wurde, entspricht. Dies gilt nur, wenn diese Spezifikationen die von ihm geforderten Leistungs- und Funktionsanforderungen betreffen. Der Bieter ist wiederum dazu angehalten, mit allen geeigneten Mitteln nachzuweisen, dass die jeweilige Ware, der der Norm entspricht, ebenso den Leistungs- und Funktionsanforderungen des Auftraggebers entspricht. Ein geeigneter Nachweis kann mittels einer technischen Beschreibung des Herstellers oder mit Hilfe eines Prüfberichts einer anerkannten Stelle geführt werden. Bieter haben so die Möglichkeit, die Leistungs- und Funktionsanforderungen

---

[6] → Rn. 7.
[7] *Seebo* in Band 3 → VgV § 31 Rn. 10 ff.
[8] *Weyand* Rn. 20 (Nr. 213.13.2.).
[9] Leinemann/Kirch/*Leinemann* Rn. 86.
[10] *Seebo* in Band 3 → VgV § 32 Rn. 1 ff.

auch auf andere Weise als durch konkrete Normeinhaltung nachzuweisen. Diese Vorschrift gibt die Zielsetzung des Verordnungsgebers wieder, aus- und inländische Bieter nicht allein an einer bloßen Einhaltung formeller Spezifikationen zu messen. Sind Leistungen fachlich und sachlich gleichwertig, werden sie zugelassen.[11] Im Übrigen wird auf die Kommentierung zu § 32 Abs. 2 VgV verwiesen.[12]

6. Spezifikationen für Umwelteigenschaften (Abs. 6). § 15 Abs. 6 übernimmt den Inhalt des Art. 18 Abs. 6 RL 2009/81/EG und war inhaltsgleich mit § 8 EG Abs. 5 S. 1 VOL/A. Nach Inkrafttreten des VergRModG findet sich nunmehr eine sehr ähnliche Regelung in § 34 VgV. Auf die diesbezügliche Kommentierung wird verwiesen.[13] Während aber § 34 VgV allgemein von Gütezeichen spricht, die als Beleg für die Erfüllung bestimmter Merkmale dienen sollen, regelt § 15 Abs. 6 lediglich die Verwendung von Umweltzeichen. 11

Abs. 6 bezieht sich auf umweltbezogene Spezifikationen, die nicht in anerkannten Regelwerken wie bei einer Leistungsbeschreibung mit Leistungsverzeichnis festgelegt werden, sondern in Umweltzeichen,[14] wie beispielsweise den GPP-Kriterien.[15] Der Auftraggeber kann in der Leistungsbeschreibung angeben, dass bei Gütern oder Dienstleistungen, die mit einem solchen Umweltzeichen ausgestattet sind, anzunehmen ist, dass sie den gestellten technischen Anforderungen genügen. Für die am Vergabeverfahren teilnehmenden Unternehmen stellt dies eine große Beweislasterleichterung hinsichtlich der Erfüllung der Leistungsanforderungen der Leistungsbeschreibung dar.[16] Der Auftraggeber ist außerdem nach S. 3 verpflichtet, jedes andere geeignete Beweismittel wie technische Unterlagen des Herstellers oder Prüfberichte anerkannter Stellen zur Erfüllung der Umwelteigenschaften zuzulassen. 12

7. Anerkannte Stellen (Abs. 7). Der Begriff der anerkannten Stellen wird in § 15 Abs. 7 definiert. Demnach sind das die **Prüf- und Kalibrierlaboratorien** sowie die **Inspektions- und Zertifizierungsstellen,** die den Anforderungen der jeweils anwendbaren europäischen Norm entsprechen. Zudem sind vom Auftraggeber auch in anderen EU-Mitgliedstaaten ansässige anerkannte Stellen zuzulassen. Die Regelung gibt Art. 18 RL 2009/81/EG wieder. Für die Vergabestelle kann die Regelung zu erheblichen Schwierigkeiten führen, da die Beweiskraft der vorgelegten Prüfberichte nicht sicher festgestellt werden kann.[17] 13

8. Produktneutrale Ausschreibung (Abs. 8). Dem öffentlichen Auftraggeber ist es gem. § 15 Abs. 8 untersagt, soweit nicht durch den Auftragsgegenstand selbst gerechtfertigt, in der Leistungsbeschreibung auf eine bestimmte Produktion, Herkunft oder ein besonderes Verfahren, auf Marken, Patente, Typen, einen bestimmten Ursprung oder eine bestimmte Produktion zu verweisen, wenn dadurch bestimmte Unternehmen oder Güter begünstigt oder ausgeschlossen werden. Ausnahmsweise sind solche Verweise erlaubt, wenn der Auftragsgegenstand nach § 15 Abs. 2 und 3 nicht eindeutig und vollständig beschrieben werden kann. Solche Verweise sind jedoch mit dem Zusatz „oder gleichwertig" zu versehen. Auch für Verfahren der VSVgV gilt somit der Grundsatz der produkt-, hersteller-, und verfahrensneutralen Ausschreibung. Ausnahmen sind nur in zwei Fällen möglich. Entweder liegt die Rechtfertigung im Wesen des Auftragsgegenstandes selbst oder eine präzise Beschreibung des Auftragsgegenstandes kann nicht anders gewährleistet werden. Die Regelung übernimmt Art. 18. Abs. 8 RL 2009/81/EG. Ihr Ziel ist es, Wettbewerbsbeschränkungen durch die Vorgabe bestimmter Produkte weitestgehend zu vermeiden.[18] § 15 Abs. 8 greift die Formulierung „eindeutig und vollständig" aus § 15 Abs. 2 aus Gründen der Präzisierung der Anforderungen 14

---

[11] Leinemann/Kirch/*Leinemann* Rn. 86.
[12] *Seebo* in Band 3 → VgV § 32 Rn. 9 ff.
[13] *Seebo* in Band 3 → VgV § 34 Rn. 1 ff.
[14] Dieckmann/Scharf/Wagner-Cardenal/*Wagner-Cardenal* VOL/A § 8EG Rn. 84.
[15] KOM 2008 (400) endg.
[16] Dieckmann/Scharf/Wagner-Cardenal/*Wagner-Cardenal* VOL/A § 8EG Rn. 85.
[17] Müller-Wrede/*Traupel* VOL/A § 8EG Rn. 67.
[18] Leinemann/Kirch/*Leinemann* Rn. 96.

an die Leistungsbeschreibung auf.[19] Für weitere Ausführungen wird auf den inhaltsgleichen § 31 Abs. 6 VgV verwiesen.[20]

§ 16 Vergabeunterlagen

(1) Die Vergabeunterlagen umfassen alle Angaben, die erforderlich sind, um eine Entscheidung zur Teilnahme am Vergabeverfahren oder zur Angebotsabgabe zu ermöglichen. Sie bestehen in der Regel aus
1. dem Anschreiben (Aufforderung zur Teilnahme oder Angebotsabgabe oder Begleitschreiben für die Abgabe der angeforderten Unterlagen),
2. der Beschreibung der Einzelheiten der Durchführung des Verfahrens (Bewerbungsbedingungen), einschließlich der Angabe der Zuschlagskriterien und deren Gewichtung oder der absteigenden Reihenfolge der diesen Kriterien zuerkannten Bedeutung, sofern nicht in der Bekanntmachung bereits genannt,
3. den Vertragsunterlagen, die aus Leistungsbeschreibung und Vertragsbedingungen bestehen, und
4. Name und Anschrift der Vergabekammer, die für die Nachprüfung zuständig ist.

(2) Sofern die Auftraggeber Nachweise verlangen, haben sie diese in einer abschließenden Liste zusammenzustellen.

Übersicht

	Rn.		Rn.
I. Einführung	1–4	c) Die Vertragsunterlagen, bestehend aus der Leistungsbeschreibung und den Vertragsbedingungen	21–24
II. Europarechtlicher Hintergrund	5–8		
III. Kommentierung	9–35	d) Name und Anschrift der Vergabekammer, die für die Nachprüfung zuständig ist	25, 26
1. Grundsätzliches	9–11		
2. Inhalt der Vorschrift	12–30		
a) Anschreiben	13	e) Liste der geforderten Nachweise	27–30
b) Einzelheiten der Durchführung	14–20	3. Bereitstellung der Vergabeunterlagen	31–35

I. Einführung

1 Auch beim öffentlichen Einkauf kommen Verträge zustande durch zwei übereinstimmende Willenserklärungen.[1] Allerdings bestimmen die öffentlichen Vergaberegeln, dass nicht – wie im allgemeinen Geschäftsverkehr üblich – der Verkäufer einer Leistung den Vertrag durch seine Annahmeerklärung zustande kommen lässt, sondern der Käufer der Leistung – also der öffentliche Auftraggeber – ist es, der durch seine Annahmeerklärung (Zuschlag[2] auf das wirtschaftlichste Angebot) den Vertrag zustande kommen lässt.[3]

2 Die öffentlichen Vergaberegeln schreiben vor, dass öffentliche Auftraggeber Verträge in einem wettbewerblichen, transparenten und nichtdiskriminierenden Verfahren schließen müssen.[4] Hierzu stellen das GWB und die dazugehörigen Rechtsverordnungen für die klassische Auftragsvergabe (VgV), die Sektorenauftragsvergabe (SektVO), die Konzessionsvergabe (KonzVgV) und die Vergabe in den Bereichen Verteidigung und Sicherheit (VSVgV) mehr oder weniger umfangreiche Verfahrensregeln bereit, die der öffentliche Auftraggeber einzuhalten hat.

---
[19] VSVgV-Begründung, BR-Drs. 321/12, 51.
[20] *Seebo* in Band 3 → VgV § 31 Rn. 45 ff.
[1] Das Zustandekommen von Verträgen regeln die Vorschriften der §§ 145 ff. BGB.
[2] Der Zuschlag hat beim öffentlichen Einkauf zwei Funktionen: Einerseits bewirkt er vergaberechtlich die Beendigung des Vergabeverfahrens. Andererseits stellt er die zivilrechtliche Annahmeerklärung des Angebots dar, durch die der Vertrag zwischen den Parteien entsteht; vgl. jurisPK-VergabeR/*Herlemann* VOL/A § 18 Rn. 1 f.
[3] Vgl. HK-VergabeR/*Mentzinis* VOL/A § 22 EG Rn. 5.
[4] Hierzu: §§ 97 ff. GWB.

Die vergaberechtlich vorgeschriebene Bekanntmachung und die Bereitstellung der Vergabeunterlagen[5] stellt in diesem Zusammenhang mangels Bindungswillen des öffentlichen Auftraggebers nicht einen zivilrechtlichen Antrag an einen potenziellen Bieter dar, einen Vertrag abschließen zu wollen, sondern die Aufforderung zur Abgabe eines Angebots (invitatio ad offerendum). Dies drückt sich durch den objektiven Erklärungswert der Bekanntmachung und der Bereitstellung der Vergabeunterlagen aus: Es sollen nämlich erst ausgewählte Bewerber bzw. Bieter zur Abgabe eines Angebotes aufgefordert werden.[6]   3

Die inhaltlichen Verfahrensvorgaben insbesondere zu den Vergabeunterlagen stellen die vergaberechtliche Verpflichtung des öffentlichen Auftraggebers sicher, das Verfahren von Beginn an wettbewerblich, transparent und gleichbehandelnd auszugestalten.   4

II. Europarechtlicher Hintergrund

Zur Entstehung eines wirksamen Wettbewerbs ist es erforderlich, die Bekanntmachungen der Auftraggeber der Mitgliedstaaten europaweit zu veröffentlichen. Die Angaben in den Bekanntmachungen müssen es den Wirtschaftsteilnehmern erlauben zu beurteilen, ob die vorgeschlagenen Aufträge für sie von Interesse sind. Zu diesem Zweck müssen die Bekanntmachungen hinreichend über Auftragsgegenstand und Auftragsbedingungen informieren.[7]   5

Diese Vorgaben spiegeln sich im Abschnitt zu den „Besondere Vorschriften über die Auftragsunterlagen" in Kapitel IV der Richtlinie 2009/81/EG (Art. 18–24 RL 2009/81/EG). So legt Art. 18 RL 2009/81/EG fest, dass die Auftragsunterlagen die Bekanntmachung, die Verdingungsunterlagen sowie die Beschreibung oder unterstützende Unterlagen enthalten müssen. Damit umfassen die Auftragsunterlagen gemäß der Richtlinie 2009/81/EG mehr als die Vergabeunterlagen nach § 16: nämlich auch die Bekanntmachung.   6

Kapitel IV der Richtlinie 2009/81/EG schreibt vor, welche Informationen den Interessenten am Vergabeverfahren über die Auftragsunterlagen zur Verfügung zu stellen sind: 7
- Technischen Spezifikationen (Leistungsbeschreibung),
- Varianten (Nebenangebote),
- Auftragsausführungsbedingungen,
- Vorgaben zu Unteraufträgen,
- Vorgaben zur Informations- und Versorgungssicherheit sowie
- Vorgaben zu Verpflichtungen im Zusammenhang mit Steuern, Umweltschutz, Arbeitsschutzvorschriften und Arbeitsbedingungen.

Diese Vorgaben finden sich in der VSVgV an unterschiedlichen Stellen geregelt.   8

III. Kommentierung

1. Grundsätzliches. Der deutsche Gesetz-/Verordnungsgeber hat den Begriff der Auftragsunterlagen aus dem europäischen Vergaberecht nicht übernommen. Im deutschen Vergaberecht finden sich unabhängig voneinander die Bekanntmachungsvorschriften einschließlich deren Inhalte sowie Vorschriften über die Vergabeunterlagen (früherer Begriff: Verdingungsunterlagen).   9

Den Vergabeunterlagen kommt die Bedeutung zu, all diejenigen Informationen zu beinhalten, die für eine Teilnahmeentscheidung des Wirtschaftsteilnehmers am Vergabeverfahren erforderlich sind. Hierzu beschreibt § 16 Abs. 1 nicht abschließend bestimmte regelmäßige Inhalte.   10

Die meisten Inhalte der Vergabeunterlagen sind von ihrem Erklärungsgehalt als rechtsgeschäftliche Erklärungen des öffentlichen Auftraggebers zu verstehen.[8]   11

2. Inhalt der Vorschrift. Die Vorschrift nennt beispielhaft vier Elemente, die regelmäßig Inhalt der Vergabeunterlagen sind: 12

---

[5] S. §§ 18, 19.
[6] S. zur „invitatio ad offerendum": Palandt/*Ellenberger* BGB § 145 Rn. 2.
[7] S. Erwägungsgrund 58 RL 2009/81/EG.
[8] Vgl. HK-VergabeR/*Ritzek-Seidl* Rn. 12.

13 **a) Anschreiben.** Das Anschreiben hat je nach Verfahrensart unterschiedliche Bedeutung. Es kann entweder die Aufforderung zur Teilnahme am Wettbewerb oder bereits die Aufforderung zur Angebotsabgabe darstellen. Daneben nennt die Vorschrift noch das „Begleitschreiben". Welche Bedeutung dieses konkret haben soll, ist nicht erkennbar. Da im Bereich der Verteidigung und Sicherheit das Offene Verfahren keine zulässige Verfahrensart ist, kann es sich nicht um ein Begleitschreiben für die Abgabe der von den Wirtschaftsteilnehmern angeforderten Unterlagen handeln. Ein solches macht nur in einem Offenen Verfahren Sinn. Insofern kann das Begleitschreiben nichts anderes darstellen als die Aufforderung zur Teilnahme am Wettbewerb.[9]

14 **b) Einzelheiten der Durchführung.** Eine Beschreibung der Einzelheiten der Durchführung des Vergabeverfahrens (Bewerbungsbedingungen), einschließlich der Angabe der Zuschlagskriterien und deren Gewichtung oder absteigenden Reihenfolge der diesen Kriterien zuerkannten Bedeutung, sofern nicht in der Bekanntmachung bereits genannt, stellt das zweite Element dar.

15 **aa) Bewerbungsbedingungen.** Die Bewerbungsbedingungen stellen die Beschreibung aller Merkmale dar, die die Durchführung des Vergabeverfahrens betreffen. Sie beinhalten klassicherweise ua Angaben zur Form der Angebote und Teilnahmeanträge sowie deren Einreichung, Hinweise zur Vorgehensweise bei Nachfragen, technische Angaben zur Nutzung elektronischer Mittel, Voraussetzungen, unter denen Angebote ausgeschlossen werden.[10]

16 Die Bewerbungsbedingungen verstehen sich als eine standardisierte Zusammenfassung der Verfahrensbestimmungen. Da sie keine Rechte und Pflichten für die künftigen Vertragsparteien begründen, stellen sie grundsätzlich keine Allgemeinen Geschäftsbedingungen im Sine von AGBs dar. Dies kann ausnahmsweise der Fall sein, wenn sie auch Vertragsbestimmungen enthalten.[11]

17 **bb) Zuschlagskriterien.** Unter den Zuschlagskriterien werden die Anforderungen an die anzubietende Leistung verstanden, anhand derer der öffentliche Auftraggeber das wirtschaftlichste Angebot ermittelt.[12]

18 Es sind zwei Zuschlagskriterien zulässig:
– das Zuschlagskriterium des „wirtschaftlich günstigsten Angebots" oder
– das Zuschlagskriterium des niedrigsten Preises.[13]

19 Es bleibt dem Auftraggeber überlassen, ob er die Zuschlagskriterien bereits in der Bekanntmachung oder erst in den Vergabeunterlagen veröffentlicht. Veröffentlicht er sie nicht bereits in der Bekanntmachung, so muss er sie zwingend in den Vergabeunterlagen bekanntmachen.

20 Unabhängig vom Ort der Veröffentlichung muss der öffentliche Auftraggeber auch die Gewichtung, die er den einzelnen Kriterien beimisst, angeben. Nimmt er keine Gewichtung vor, so muss er alternativ die Kriterien zumindest in absteigender Reihenfolge ihrer zuerkannten Bedeutung angeben.[14]

21 **c) Die Vertragsunterlagen, bestehend aus der Leistungsbeschreibung und den Vertragsbedingungen. aa) Leistungsbeschreibung.** Die Leistungsbeschreibung ist ein

---

[9] Vgl. Leinemann/Kirch/*Leinemann* Rn. 3.
[10] S. OLG Celle Beschl. v. 4.3.2010 – 13 Verg 1/10, NZBau 2010, 333; vgl. KKMPP/*Rechten* VgV § 29 Rn. 17.
[11] S. *Müller* in Band 3 → VgV § 29 Rn. 14 f. mwN.
[12] Vgl. *Pauka* in Band 3 → VgV § 58 Rn. 8.
[13] Die im Bereich Verteidigung und Sicherheit zulässigen Zuschlagskriterien ergeben sich aus Erwägungsgrund 69 RL 2009/81/EG sowie Art. 47 Abs. 1 RL 2009/81/EG. Dem steht die Regelung des § 127 Abs. 1 GWB nicht entgegen, der als Zuschlagskriterium lediglich das „wirtschaftlichste Angebot" vorsieht. Dieses bestimmt sich nämlich nach dem besten Preis-Leistungs-Verhältnis welches zu dessen Ermittlung einerseits den Preis oder die Kosten (s. Art. 47 Abs. 1 lit. b RL 2009/81/EG) und andererseits weitere qualitative, umweltbezogene oder soziale Aspekte als Kriterien (vgl. Art. 47 Abs. 1 lit. a RL 2009/81/EG) berücksichtigen kann.
[14] Zu den Zuschlagskriterien iE s. Kommentierung zu § 34 Abs. 2 (→ § 34 Rn. 2 f.).

Kernstück des Vergabeverfahrens. Sie ist Ausdruck dessen, was sich der öffentliche Auftraggeber als Auftragsgegenstand vorstellt. Auf ihrer Grundlage müssen die Bieter in der Lage sein, ein ordnungsgemäßes Leistungsangebot sowie die Preiskalkulation zu erstellen.[15] Deshalb ist ihre Bekanntmachung in den Vergabeunterlagen ein unabdingbares Muss.

bb) Vertragsbedingungen. Der öffentliche Auftraggeber gibt in den Vergabeunterlagen 22 die Vertragsbedingungen, die er dem zu schließenden Vertragsverhältnis zugrunde legen will, vor. Dabei handelt es sich um AGBs iSd §§ 305 ff. BGB. Bei der klassischen Auftragsvergabe sind grundsätzlich die VOL Teil B[16] vorzugeben. Hiervon wird im Bereich Verteidigung und Sicherheit nicht abgewichen.

§ 10 Abs. 3 regelt die grundsätzliche Vereinbarung der VOL/B. Eine Verpflichtung des 23 öffentlichen Auftraggebers, ausschließlich die VOL/B vorzugeben, lässt sich dem Wortlaut der Vorschrift zwar nicht entnehmen, da ihre Vereinbarung jedoch die Regel sein soll, dürfen andere Vertragsbedingungen denen der VOL/B jedenfalls nicht widersprechen.[17]

Zulässig ist insbesondere die Vereinbarung besonderer, ergänzender oder zusätzlicher 24 Vertragsbedingungen. Auch allgemeine Technische Vertragsbedingungen können als AGBs vereinbart werden.[18]

d) Name und Anschrift der Vergabekammer, die für die Nachprüfung zustän- 25 **dig ist.** Die Verpflichtung zur Angabe der für ein Nachprüfungsverfahren zuständigen Vergabekammer macht unmissverständlich klar, dass Vergabeverfahren nach der VSVgV dem formalisierten Vergaberechtsschutz des GWB Teil 4, §§ 155 ff. GWB unterliegen.[19]

Die Angabe einer falschen bzw. unzuständigen Vergabekammer ändert nichts an der 26 gesetzlichen Zuständigkeitsregelung.[20] Ebenso wenig führt die Angabe einer Vergabekammer zur Zuständigkeit der Nachprüfungsinstanzen, wenn es sich materiell-rechtlich um einen Auftrag handelt, der den maßgeblichen EU-Schwellenwert nicht erreicht.[21]

e) Liste der geforderten Nachweise. Der öffentliche Auftraggeber wird verpflichtet, 27 sofern er Nachweise verlangt, diese den Vergabeunterlagen in Form einer abschließenden Liste zusammenzustellen. Diese Liste ist den Vergabeunterlagen beizufügen. Sie dient den Bietern als „Checkliste", die zentral alle geforderten Nachweise zusammenfasst. Diese bieterfreundliche Regelung soll verhindern, dass im Rahmen der Erstellung und Übermittlung der Teilnahmeanträge bzw. Angebote Nachweise übersehen werden.

Die abschließende Nachweisliste dient aber auch dem Auftraggeber zur zügigen Prüfung 28 der abverlangten Nachweise. Auch hier ist die checklistenartige Zusammenstellung der Liste hilfreich zur effizienten Überprüfung, ob alle geforderten Nachweise den übermittelten Teilnahmeanträgen bzw. Angeboten beiliegen.

Was die Vorschrift unter „Nachweisen" versteht, definiert sie nicht. Es wird jedoch im 29 Regelfall um Nachweise der Eignung (s. §§ 22 ff.) gehen. Es kann sich darüber hinaus auch um Nachweise bezüglich der vorgegebenen Qualität/Beschaffenheit der zu beschaffenden Leistung (s. § 15) oder einzuhaltender Umweltstandards (s. § 28) handeln.

Die zusammengestellte Liste ist abschließend. Das heißt, alle Nachweise, die der Auftrag- 30 geber fordern will, muss er ausnahmslos in dieser Liste aufführen. Tut er dies nicht, sondern führt auch an anderer Stelle Nachweise auf, die er vorgelegt haben will, geht dies zu seinen

---

[15] S. iE zur Leistungsbeschreibung Kommentierung zu § 15 (→ § 15 Rn. 4 ff.); auch: *Seebo* in Band 3 → VgV § 31 Rn. 1 ff.
[16] Vergabe- und Vertragsordnung für Leistungen (VOL), Teil B. Allgemeine Vertragsbedingungen für die Ausführung von Leistungen (VOL/B) in der Fassung der Bekanntmachung v. 5.8.2003, BAnz. Nr. 178a.
[17] Vgl. Leinemann/Kirch/*Kirch* § 10 Rn. 45.
[18] S. iE *Müller* in Band 3 → VgV § 29 Rn. 21 ff.
[19] Der Bundesgesetzgeber hat in der Richtlinie 2009/81/EG eigenständig geregelten Rechtsschutz für Vergabeverfahren im Bereich Verteidigung und Sicherheit wegen dessen grundsätzlicher Identität mit dem Rechtsschutz der klassischen und der Sektorauftragsvergabe im Rahmen der Richtlinienumsetzung in die §§ 155 ff. GWB integriert.
[20] S. VK Bund Beschl. v. 21.10.1999 – VK 2-26/99, IBRRS 2013, 3255.
[21] Leinemann/Kirch/*Leinemann* Rn. 37 mwN.

Lasten, denn nur die Nachweise gelten als gefordert, die auch in dieser Liste aufgeführt sind.[22] Ein Ausschluss wegen fehlendem Nachweis ist dann nicht möglich.[23]

31   **3. Bereitstellung der Vergabeunterlagen.** Bezüglich der Art und Weise der Bereitstellung der Vergabeunterlagen findet sich in der VSVgV keine den Vorschriften der VgV und SektVO entsprechende Regelung.[24] Eine unmittelbare Verpflichtung zur elektronischen Bereitstellung der Vergabeunterlagen ergibt sich auch nicht aus § 19 (Informationsübermittlung). Diese Vorschrift regelt das Recht des Auftraggebers festzulegen, auf welchem Weg Informationen zu übermitteln sind. Er könnte sich also auch für einen anderen als einen elektronischen Weg entscheiden.

32   Dem steht jedoch die höherrangige Vorschrift des § 97 Abs. 5 GWB entgegen. Danach ist den Auftraggebern für die Kommunikation und den Informationsaustausch im Vergabeverfahren grundsätzlich die Verwendung elektronischer Mittel vorgegeben. Auch im Bereich der Verteidigung und Sicherheit haben die öffentlichen Auftraggeber also die Vergabeunterlagen grundsätzlich elektronisch bereitzustellen.[25]

33   Was den Umfang und die Vollständigkeit der Vergabeunterlagen zum Zeitpunkt ihrer Bereitstellung anbelangt, wird man dieselben Maßstäbe anzulegen haben, wie im Bereich der klassischen und der Sektorenauftragsvergabe. Aus der Sichtweise des am Vergabeverfahren interessierten Unternehmens sind mit den Vergabeunterlagen vom öffentlichen Auftraggeber alle diejenigen Informationen bereitzustellen, die für eine Teilnahmeentscheidung *erforderlich* sind.

34   Im Fall einer Sektorenauftragsvergabe hat das OLG München entschieden, dass in einem zweistufigen Vergabeverfahren (also Vergabeverfahren mit Teilnahmewettbewerb) die Vergabeunterlagen bereits mit der Auftragsbekanntmachung allen interessierten Unternehmen zur Verfügung zu stellen sind, *jedenfalls soweit diese Unterlagen bei Auftragsbekanntmachung in einer finalisierten Form vorliegen können*.[26]

35   Dies bedeutet letztlich, dass es von der jeweiligen konkreten Verfahrensart und dem Auftragsgegenstand abhängt, wie umfangreich die bereitzustellenden Informationen überhaupt sein können. In jedem Fall aber müssen sie dem Interessenten eine Teilnahmeentscheidung ermöglichen. Ist schon dies nicht möglich, dürfte bereits die Vergabereife in Frage stehen.[27]

§ 17 Vorinformation

(1) **Auftraggeber können durch Vorinformation, die von der Europäischen Kommission oder von ihnen selbst in ihrem Beschafferprofil veröffentlicht wird, den geschätzten Gesamtwert der Aufträge oder der Rahmenvereinbarungen mitteilen, die sie in den kommenden zwölf Monaten zu vergeben oder anzuschließen beabsichtigen.**
1. **Lieferaufträge sind nach Warengruppen unter Bezugnahme auf das Gemeinsame Vokabular für öffentliche Aufträge gemäß der Verordnung (EG) Nr. 213/2008 der Europäischen Kommission vom 28. November 2007 zur Änderung der Verordnung (EG) Nr. 2195/2002 des Europäischen Parlaments und des Rates über das Gemeinsame Vokabular für öffentliche Aufträge (CPV) und der Vergaberichtlinien des Europäischen Parlaments und des Rates 2004/17/EG**

---

[22] S. OLG Düsseldorf Beschl. v. 3.8.2011 – VII Verg 30/11, BeckRS 2011, 21699.
[23] S. OLG Düsseldorf Beschl. v. 17.7.2013 – VII Verg 10/13, BeckRS 2013, 19903.
[24] § 41 VgV sowie § 41 SektVO geben die unentgeltliche, uneingeschränkte vollständige und direkte elektronische Abrufbarkeit der Vergabeunterlagen vor.
[25] S. iE hierzu: KKMPP/*Müller* GWB § 97 Rn. 222.
[26] OLG München Beschl. v. 13.3.2017 – Verg 15/16, BeckRS 2017, 105111; Greb/Müller/*Honekamp* SektVO § 41 Rn. 27 f.
[27] Zu einer differenzierten Betrachtung auch *Müller* in Band 3 → VgV § 29 Rn. 26 ff.

und 2004/18/EG im Hinblick auf die Überarbeitung des Vokabulars (ABl. L 74 vom 15.3.2008, S. 1) in der jeweils geltenden Fassung,
2. Dienstleistungsaufträge sind nach dem Anhang I der Richtlinie 2009/81/EG genannten Kategorien aufzuschlüsseln.

(2) ¹Die Mitteilungen nach Absatz 1 werden unverzüglich nach der Entscheidung über die Genehmigung des Projekts, für das die Auftraggeber beabsichtigen, Aufträge zu erteilen oder Rahmenvereinbarungen abzuschließen, an die Europäische Kommission übermittelt oder im Beschafferprofil veröffentlicht. ²Die Bekanntmachung der Vorinformation wird nach dem Muster gemäß Anhang XIII der Durchführungsverordnung (EU) 2015/1986 der Kommission vom 11. November 2015 zur Einführung von Standardformularen für die Veröffentlichung von Vergabebekanntmachungen für öffentliche Aufträge und zur Aufhebung der Durchführungsverordnung (EU) Nr. 842/2011 (ABl. L 296 vom 12.11.2015, S. 1) in der jeweils geltenden Fassung erstellt. ³Veröffentlicht ein Auftraggeber eine Vorinformation in seinem Beschafferprofil, so meldet er dies dem Amt für Veröffentlichungen der Europäischen Union unter Verwendung des Musters gemäß Anhang VIII der Durchführungsverordnung (EU) 2015/1986. ⁴Die Vorinformationen dürfen nicht in einem Beschafferprofil veröffentlicht werden, bevor die Vorankündigung dieser Veröffentlichung an die Europäische Kommission abgesendet wurde. ⁵Das Datum der Absendung muss im Beschafferprofil angegeben werden.

(3) Auftraggeber sind zur Veröffentlichung verpflichtet, wenn sie beabsichtigen, von der Möglichkeit einer Verkürzung der Fristen für den Eingang der Angebote gemäß § 20 Absatz 3 Satz 3 und 4 Gebrauch zu machen.

(4) Die Absätze 1, 2 und 3 gelten nicht für das Verhandlungsverfahren ohne Teilnahmewettbewerb.

Übersicht

	Rn.		Rn.
I. Normzweck	1, 2	2. Möglichkeit der Verkürzung der Fristen für den Eingang der Angebote mittels Veröffentlichung einer Vorinformation (Abs. 3)	12–14
II. Europarechtlicher Hintergrund	3		
III. Einzelerläuterungen	4–15	3. Keine Vorinformation im Verhandlungsverfahren ohne Teilnahmewettbewerb (Abs. 4)	15
1. Veröffentlichung der Vorinformation (Abs. 1 und 2)	6–11		

I. Normzweck

Die Vorinformation ist eine der eigentlichen Auftragsbekanntmachung nach § 18 vorgeschaltete, formalisierte Mitteilung des Auftraggebers, mittels derer er über Auftragsvergaben bzw. über Rahmenvereinbarungen, die er in den kommenden zwölf Monaten zu vergeben oder anzuschließen beabsichtigt, und deren wesentliche Merkmale informieren kann. Mit ihr kann die Chancengleichheit und das Entstehen eines echten Wettbewerbs im EU-Markt gefördert werden, da die frühzeitige Vorinformation es gerade ausländischen Bietern ermöglicht, sich auf die bevorstehende Ausschreibung einzustellen und Kapazitäten für ihre Teilnahme einplanen.[1] Zudem ermöglicht die Vorinformation gem. § 17 Abs. 3 die Verkürzung der Angebotsfrist. Gemeinsam mit § 18 ist die Regelung zur Vorinformation ein besonderer **Ausfluss des Transparenzgebotes** in § 97 Abs. 1 GWB, das den Auftraggeber insbesondere dazu verpflichtet, die beabsichtigte Vergabe in geeigneter Weise bekannt zu machen.[2] 1

Vor dem Hintergrund des Tragsparenzgebotes kennen auch die VgV (**§ 38 VgV**), die KonzVgV (**§ 23 KonzVgV**) sowie die SektVO vorgeschaltete Informationsmöglichkeiten 2

---
[1] Vgl. EuGH Urt. v. 26.9.2000 – C-225/98, NZBau 2000,584; HK-VergabeR/*Franzius* Rn. 2.
[2] S. BeckOK VergabeR/*Marx* GWB § 97 Rn. 55.

des Auftraggebers. Die Besonderheit im Bereich Verteidigung und Sicherheit gegenüber den zuvor benannten Verordnungen besteht nach § **17 Abs. 2 S. 1** darin, dass die Veröffentlichung der Vorinformation nicht an eine Zeitspanne anknüpft, sondern unverzüglich nach der Entscheidung über die Genehmigung des Projektes zu erfolgen hat. Für den Bereich der Bauvergaben finden sich die ähnliche Regeln über die Vorinformation in § **12EU VOB/A** bzw. § **12VS VOB/A**. Dort besteht die Besonderheit darin, dass die Veröffentlichung der Vorinformation so bald wie möglich nach der Genehmigung der Planung erfolgen soll (§ 12VS Abs. 1 Nr. 4 VOB/A).[3] Im Übrigen sind die Regelungsgehalte jedoch weitgehend vergleichbar und es wird ergänzend auf die Kommentierung zu § 38 VgV (→ VgV § 38 Rn. 4 ff.) und § 12EU VOB/A bzw. § 12VS VOB/A verwiesen.

II. Europarechtlicher Hintergrund

3   § 17 Abs. 1 setzt Art. 30 Abs. 1 UAbs. 1 RL 2009/81/EG im Hinblick auf den Inhalt der Vorinformation und die Optionen ihrer Bekanntmachung in das deutsche Recht um. Die Vorinformation kann auf Veranlassung des Auftraggebers von der Europäischen Kommission über das Amt für Veröffentlichungen der Europäischen Union im Amtsblatt der Europäischen Union oder vom Auftraggeber selbst in seinem eigenen Beschafferprofil veröffentlicht werden.[4] § 17 Abs. 4 setzt schließlich die Klarstellung in Art. 30 Abs. 1 UAbs. 4 RL 2009/81/EG um, wonach bei einem Verhandlungsverfahren ohne Teilnahmewettbewerb keine förmliche Vorinformation zu veröffentlichen ist.

III. Einzelerläuterungen

4   Der Auftraggeber kann seine Vergabeabsicht mittels Veröffentlichung einer Vorinformation bekanntgeben. Aus dem Wortlaut des § 17 Abs. 1 wird deutlich, dass die Veröffentlichung einer Vorinformation **nicht obligatorisch** ist.[5] Eine Vorinformation ist gem. § 17 Abs. 3 erst dann **verpflichtend** vorzunehmen, wenn der Auftraggeber von der Möglichkeit der Verkürzung der Fristen für den Eingang der Angebote nach § 20 Abs. 3 S. 3 und 4 Gebrauch machen will.[6]

5   Die Vorinformation ist eine der eigentlichen Auftragsbekanntmachung vorgelagerte Vorabinformation des Marktes. Sie verpflichtet den Auftraggeber nicht, die in der Vorinformation genannten Leistungen später auch tatsächlich auszuschreiben; insoweit kommt ihr auch **kein verbindlicher Charakter** zu. Fehler im Rahmen der freiwilligen Vorinformation können nicht zum Gegenstand eines Nachprüfungsverfahrens gemacht werden. Etwas anderes wird jedoch bei einer obligatorischen Vorinformation nach § 17 Abs. 3 gelten; insoweit wirkt die Vorinformation dann **drittschützend** (§ 38 VgV, → VgV § 38 Rn. 5).[7]

6   **1. Veröffentlichung der Vorinformation (Abs. 1 und 2).** Die Vorinformation kann auf Veranlassung des Auftraggebers von der Europäischen Kommission oder vom Auftraggeber selbst in seinem Beschafferprofil veröffentlicht werden.

7   Die Veröffentlichung der Bekanntmachung der Vorinformation durch die Europäischen Kommission über das Amt für Veröffentlichungen der Europäischen Union im Amtsblatt der Europäischen Union wird nach dem Muster gemäß Anhang XIII der Durchführungsverordnung (EU) 2015/1986 der Kommission vom 11.11.2015 zur Einführung von Standardformularen für die Veröffentlichung von Vergabebekanntmachungen für öffentliche Aufträge und zur Aufhebung der Durchführungsverordnung (EU) Nr. 842/2011 (ABl. 2015

---

[3] Allein die Fertigstellung der Genehmigungsplanung reicht nicht; vgl. Ziekow/Völlink/*Völlink* VOB/A § 12EG Rn. 6.
[4] Vgl. BR-Ds. 321/12 v. 25.5.2012 zu Abs. 1.
[5] Ebenso Ziekow/Völlink/*Rosenkötter* Rn. 1.
[6] Vgl. BR-Drs. 321/12 v. 25.5.2012 zu Abs. 3.
[7] S. für die VgV: KKMPP/*Rechten* VgV § 38 Rn. 6; für die VOB/A EU: Ziekow/Völlink/*Völlink* VOB/A § 12EG Rn. 17. Für eine andere Bewertung im Rahmen des VSVgV sind keine Gründe ersichtlich.

L 296, 1) in der jeweils geltenden Fassung erstellt. Das Formular kann über die Internetseite der SIMAP[8] abgerufen werden. Die Verwendung des Formulars ist zwingend.

Entscheidet sich der Auftraggeber dafür, selbst die Vorinformation auf seinem Beschafferprofil zu veröffentlichen, muss er dies zuvor nach § 17 Abs. 2 dem Amt für Veröffentlichungen der Europäischen Union unter Verwendung des Musters gemäß Anhang VIII der Durchführungsverordnung (EU) 2015/1986 anzeigen. Auch dieses Formular kann über die Internetseite der SIMAP abgerufen werden. Die Verwendung des Formulars ist ebenfalls zwingend.

Der Auftraggeber darf die Vorinformation nicht auf seinem Beschafferprofil veröffentlichen, bevor die Vorankündigung dieser Veröffentlichung an die Europäische Kommission abgesendet wurde. Das Datum der Absendung muss im Beschafferprofil angegeben werden.

Die zu beschaffende Leistung ist in der Vorinformation nach § 17 Abs. 1 unterschiedlich aufzuschlüsseln, je nachdem ob es sich um eine Liefer- oder eine Dienstleistung handelt.

Um eine einheitliche Klassifikation des Auftragsgegenstandes zu ermöglichen, ist bei Lieferleistungen der einschlägige CPV-Code (Common Procurement Vocabulary) anzugeben (§ 17 Abs. 1 Nr. 1). Diese Angabe ist zwingend. Bei den CPV-Codes handelt es sich um ein gemeinsames Referenzsystem, welches eine einheitliche Beschreibung des betreffenden Leistungsgegenstands in allen Amtssprachen der Gemeinschaft enthält. Die CPV-Nomenklatur schafft eine einheitliche Klassifikation für öffentliche Aufträge in der EU.

Dienstleistungsaufträge sind demgegenüber lediglich nach den im Anhang I der Richtlinie 2009/81/EG genannten Kategorien aufzuschlüsseln.

2. Möglichkeit der Verkürzung der Fristen für den Eingang der Angebote mittels Veröffentlichung einer Vorinformation (Abs. 3). § 17 Abs. 3 stellt ausdrücklich klar, dass eine europaweite Bekanntmachung der Vorinformation dann zwingend vorgeschrieben ist, wenn der Auftraggeber die Möglichkeit wahrnehmen will, die in § 20 Abs. 3 S. 1 vorgegebene Angebotsfrist von mindestens 40 Tagen entsprechend § 20 Abs. 3 S. 3 und 4 zu verkürzen (→ § 20 Rn. 7). Hat der Auftraggeber eine Vorinformation nach Maßgabe des § 17 veröffentlicht, kann die Frist für den Eingang der Angebote in der Regel auf 36 Tage ab dem Tag der Absendung der Aufforderung zur Angebotsabgabe, jedoch keinesfalls auf weniger als 22 Tage festgesetzt werden.

In diesem Fall ist zudem zwingend das Muster gemäß Anhang XIII der Durchführungsverordnung (EU) 2015/1986 der Kommission vom 11.11.2015 zur Einführung von Standardformularen für die Veröffentlichung von Vergabebekanntmachungen für öffentliche Aufträge und zur Aufhebdung der Durchführungsverordnung (EU) Nr. 842/2011 (ABl. 2015 L 296, 1) in der jeweils geltenden Fassung zu verwenden.

Eine Verkürzung der grundsätzlich vorgesehenen Mindestfristen setzt voraus, dass der durch die Vorinformation informierte Mark ein berechtigtes Vertrauen in die Vollständigkeit und Richtigkeit der Beschreibung des Auftrags in der Vorinformation setzen durfte. Eine wesentliche inhaltliche Veränderung des beschriebenen Auftrags in der Auftragsbekanntmachung gegenüber der Vorinformation erfordert bei den Bietern neue Kalkulationen, neue personelle Dispositionen uÄ. Der öffentliche Auftraggeber ist daher gehalten zu prüfen, dass zwischen dem in der Vorinformation und dem in der späteren Auftragsbekanntmachung veröffentlichten Beschaffungsbedarf keine wesentlichen inhaltlichen Veränderungen liegen. Wird diese Selbstbindung missachtet, ist eine Überprüfung im Rahmen eines Nachprüfungsverfahrens möglich, ob die Verkürzung der Mindestfristen gerechtfertigt ist.[9]

3. Keine Vorinformation im Verhandlungsverfahren ohne Teilnahmewettbewerb (Abs. 4). § 17 Abs. 4 stellt klar, dass bei einem Verhandlungsverfahren ohne Teilnahmewettbewerb die formalen und materiellen Anforderungen an die Vorinformation nicht gelten.[10]

---
[8] Zu finden unter http://simap.ted.europa.eu.
[9] S. auch KKMPP/*Rechten* VgV § 38 Rn. 22; HK-VergabeR/*Franzius* VOB/A § 12 EG Rn. 12.
[10] Vgl. BR-Drs. 321/12 v. 25.5.2012 zu Abs. 4.

§ 18 Bekanntmachung von Vergabeverfahren

(1) Auftraggeber, die einen Auftrag oder eine Rahmenvereinbarung im Wege eines nicht offenen Verfahrens, eines Verhandlungsverfahrens mit Teilnahmewettbewerb oder eines wettbewerblichen Dialogs zu vergeben beabsichtigen, müssen dies durch eine Bekanntmachung mitteilen.

(2) ¹Die Bekanntmachung muss zumindest die in Anhang IV der Richtlinie 2009/81/EG aufgeführten Informationen enthalten. ²Sie wird nach dem Muster gemäß Anhang XIV der Durchführungsverordnung (EU) 2015/1986 erstellt.

(3) Auftraggeber müssen in der Bekanntmachung insbesondere angeben:
1. bei der Vergabe im nicht offenen Verfahren oder Verhandlungsverfahren mit Teilnahmewettbewerb, welche Eignungsanforderungen gelten und welche Eignungsnachweise vorzulegen sind,
2. gemäß § 9 Absatz 4, ob gemäß § 9 Absatz 1 oder 3 Anforderungen an die Vergabe von Unteraufträgen gestellt werden und welchen Inhalt diese haben,
3. ob beabsichtigt ist, ein Verhandlungsverfahren mit Teilnahmewettbewerb oder einen wettbewerblichen Dialog in verschiedenen Phasen abzuwickeln, um die Zahl der Angebote zu verringern, und
4. Namen und Anschrift der Vergabekammer, die für die Nachprüfung zuständig ist.

(4) ¹Die Bekanntmachung ist unter Beachtung der Muster und Modalitäten für die elektronische Übermittlung von Bekanntmachungen nach Anhang VI Nummer 3 der Richtlinie 2009/81/EG oder auf anderem Wege unverzüglich dem Amt für amtliche Veröffentlichungen der Europäischen Union zu übermitteln. ²Im beschleunigten Verfahren nach § 20 Absatz 2 Satz 2 und Absatz 3 Satz 2 muss die Bekanntmachung unter Beachtung der Muster und Modalitäten für die elektronische Übermittlung von Bekanntmachungen nach Anhang VI Nummer 3 der Richtlinie 2009/81/EG mittels Telefax oder auf elektronischem Weg übermittelt werden. ³Die Auftraggeber müssen den Tag der Absendung nachweisen können.

(5) ¹Die Bekanntmachung und ihr Inhalt dürfen auf nationaler Ebene oder in einem Beschafferprofil nicht vor dem Tag der Absendung an das Amt für amtliche Veröffentlichungen der Europäischen Union veröffentlicht werden. ²Die Veröffentlichung auf nationaler Ebene darf keine anderen Angaben enthalten als die Bekanntmachung an das Amt für amtliche Veröffentlichungen der Europäischen Union oder die Veröffentlichung im Beschafferprofil. ³Auf das Datum der Absendung der europaweiten Bekanntmachung an das Amt für amtliche Veröffentlichungen der Europäischen Union oder der Veröffentlichung im Beschafferprofil ist in der nationalen Bekanntmachung hinzuweisen.

Übersicht

	Rn.		Rn.
I. Normzweck	1	2. Inhalte der Bekanntmachung (Abs. 2 und 3)	5–7
II. Europarechtlicher Hintergrund	2	3. Übermittlung der Bekanntmachung und Zeitpunkt der Veröffentlichung (Abs. 4 und 5)	8–12
III. Einzelerläuterungen	3–12		
1. Auftragsbekanntmachung (Abs. 1)	3, 4		

I. Normzweck

1 § 18 regelt den Bekanntmachungsprozess für sicherheits- und verteidigungsrelevante Dienstleistungen und Lieferaufträge, der durch einen Auftraggeber bei Vergaben oberhalb der EU-Schwellenwerte zu beachten ist und soll Transparenz, Gleichbehandlung und Wettbewerb gewährleisten. Die Regelung ist damit ein wesentlicher Ausfluss des in § 97 Abs. 1 GWB verankerten **Transparenzgrundsatzes** (→ VgV § 37 Rn. 1 f.).

II. Europarechtlicher Hintergrund

Die Bekanntmachungsvorschriften setzen die europarechtlichen Publizitätsanforderungen des Art. 30 Abs. 2 RL 2009/81/EG sowie des Art. 32 RL 2009/81/EG in das deutsche Recht um.[1]

III. Einzelerläuterungen

1. Auftragsbekanntmachung (Abs. 1). Auftraggeber, die die Vergabe eines Auftrags oder einer Rahmenvereinbarung nach Maßgabe der VSVgV im Wege eines nicht offenen Verfahrens, eines Verhandlungsverfahrens mit Teilnahmewettbewerb oder eines wettbewerblichen Dialogs beabsichtigen, sind verpflichtet, dies durch eine Bekanntmachung entsprechend § 18 mitzuteilen. Diese Verpflichtung besteht, wie sich aus der Aufzählung in § 18 Abs. 1 ergibt, einzig dann nicht, wenn die Voraussetzungen des § 12 vorliegen und der Auftraggeber als Verfahrensart ein Verhandlungsverfahren ohne Teilnahmewettbewerb zur Realisierung seiner Beschaffung wählen darf.

Die Bekanntmachungsverpflichtung ist **bieterschützend,** da sie dazu dient, ein transparentes und am Wettbewerbsprinzip orientiertes Vergabeverfahren sicherzustellen. Die Vorschrift ist zB verletzt, wenn die Bekanntmachung vollständig unterbleibt, die Bekanntmachung nur national und nicht – obwohl geboten – EU-weit veröffentlicht wurde oder die nationale Veröffentlichung weitergehende Informationen enthält als die im EU-Amtsblatt.[2] Zu den Einzelheiten wird auf die Kommentierung zu § 37 VgV verwiesen (→ VgV § 37 Rn. 5).

2. Inhalte der Bekanntmachung (Abs. 2 und 3). Die Bekanntmachung muss zumindest die in Anhang IV der Richtlinie 2009/81/EG aufgeführten Informationen enthalten. Sie wird nach dem Muster gemäß Anhang XIV der Durchführungsverordnung (EU) 2015/1986 erstellt, das die Inhalte des Anhangs IV der Richtlinie 2009/81/EG aufgreift. Diese sind:

1. Name, Anschrift, Telefon- und Faxnummer, E-Mail-Adresse des Auftraggebers.
2. Gegebenenfalls Angabe, dass es sich um eine Ausschreibung handelt, die geschützten Werkstätten vorbehalten ist oder bei der die Auftragsausführung nur im Rahmen von Programmen für geschützte Beschäftigungsverhältnisse erfolgen darf.
3. a) Gewähltes Vergabeverfahren.
   b) Gegebenenfalls Rechtfertigungsgründe für ein beschleunigtes Verfahren (für nichtoffene und Verhandlungsverfahren).
   c) Gegebenenfalls Angabe, ob es sich um eine Rahmenvereinbarung handelt.
   d) Gegebenenfalls Angabe, dass eine elektronische Auktion durchgeführt wird.
4. Art des Auftrags.
5. Ort der Ausführung bzw. Durchführung der Bauleistungen, der Lieferung von Waren oder der Erbringung von Dienstleistungen.
6. a) Bauaufträge:
   – Art und Umfang der Bauleistungen, allgemeine Merkmale des Bauwerks. Insbesondere Hinweis auf Optionen bezüglich zusätzlicher Bauleistungen und, sofern bekannt, auf den vorläufigen Zeitplan für die Inanspruchnahme dieser Optionen sowie gegebenenfalls auf die Anzahl der Verlängerungen. Falls das Bauwerk oder der Auftrag in mehrere Lose aufgeteilt ist, Größenordnung der einzelnen Lose; CPV-Referenznummer(n) der Nomenklatur.
   – Angaben über den Zweck des Bauwerks oder des Auftrags, falls dieser auch die Erstellung von Entwürfen umfasst.
   – Bei Rahmenvereinbarungen ferner Angabe der vorgesehenen Laufzeit der Rahmenvereinbarung, des für die gesamte Laufzeit der Rahmenvereinbarung veranschlagten Gesamtwerts der Bauleistungen sowie – wann immer möglich – des Wertes und der Häufigkeit der zu vergebenden Aufträge.
   b) Lieferaufträge:
   – Art der zu liefernden Waren, insbesondere Hinweis darauf, ob die Angebote erbeten werden im Hinblick auf Kauf, Leasing, Miete, Mietkauf oder eine Kombination aus diesen, CPV-Referenznummer(n) der Nomenklatur. Menge der zu liefernden Waren, insbesondere Hinweis auf Optionen bezüglich zusätzlicher Aufträge und, sofern bekannt, auf den vorläufigen Zeitplan für die Inanspruchnahme dieser Optionen sowie gegebenenfalls auf die Anzahl der Verlängerungen; CPV-Referenznummer(n) der Nomenklatur.

---

[1] S. zu den Einzelheiten der Umsetzung BR-Drs. 321/12 v. 25.5.2012 zu § 18.
[2] Ziekow/Völlink/*Völlink* VOB/A EG § 12 Rn. 18.

– Bei regelmäßig wiederkehrenden oder Daueraufträgen voraussichtlicher Zeitplan, sofern bekannt, für nachfolgende Ausschreibungen für die geplanten Lieferungen.
– Bei Rahmenvereinbarungen ferner Angabe der vorgesehenen Laufzeit der Vereinbarung, des für die gesamte Laufzeit der Rahmenvereinbarung veranschlagten Gesamtwerts der Lieferungen sowie – wann immer möglich – des Wertes und der Häufigkeit der zu vergebenden Aufträge.

c) Dienstleistungsaufträge:
– Kategorie der Dienstleistung und Beschreibung; CPV-Referenznummer(n) der Nomenklatur. Umfang der Dienstleistungen. Insbesondere Hinweis auf Optionen bezüglich zusätzlicher Aufträge und, sofern bekannt, auf den vorläufigen Zeitplan für die Inanspruchnahme dieser Optionen sowie gegebenenfalls auf die Anzahl der Verlängerungen. Bei regelmäßig wiederkehrenden oder Daueraufträgen voraussichtlicher Zeitplan, sofern bekannt, für nachfolgende Ausschreibungen für die geplanten Lieferungen.
Bei Rahmenvereinbarungen ferner Angabe der vorgesehenen Laufzeit der Vereinbarung, des für die gesamte Laufzeit der Rahmenvereinbarung veranschlagten Gesamtwerts der Dienstleistungen sowie – wann immer möglich – des Wertes und der Häufigkeit der zu vergebenden Aufträge.
– Angabe darüber, ob die Ausführung der Leistung durch Rechts- oder Verwaltungsvorschriften einem bestimmten Berufsstand vorbehalten ist.
Hinweis auf die entsprechende Rechts- oder Verwaltungsvorschrift.
– Angabe darüber, ob juristische Personen die Namen und die berufliche Qualifikation der Personen angeben müssen, die für die Ausführung der betreffenden Dienstleistung verantwortlich sein sollen.

7. Falls der Auftrag in mehrere Lose aufgeteilt ist, Angabe darüber, ob die Möglichkeit besteht, Angebote für eines, mehrere oder alle Lose einzureichen.
8. Zulässigkeit oder Verbot von Varianten.
9. Gegebenenfalls Angabe des Prozentsatzes des Gesamtwerts des Auftrags, der im Wege einer Ausschreibung an Unterauftragnehmer vergeben werden muss (Artikel 21 Absatz 4).
10. Gegebenenfalls Eignungskriterien hinsichtlich der persönlichen Situation eines Unterauftragnehmers, die zu seinem Ausschluss führen können, und erforderliche Angaben als Beleg dafür, dass er nicht unter die Fälle fällt, die einen Ausschluss rechtfertigen. Angaben und erforderliche Formalitäten zur Beurteilung der Frage, ob dieser die wirtschaftlichen und technischen Mindestanforderungen erfüllt. Etwaige Mindestanforderung(en).
11. Zeitpunkt, bis zu dem die Bauleistungen/Lieferungen/Dienstleistungen beendet werden sollen oder Dauer des Bau-/Liefer-/Dienstleistungsauftrags. Sofern möglich, Zeitpunkt, zu dem die Bauleistungen beginnen oder zu dem die Lieferungen beginnen oder eintreffen oder die Dienstleistungen ausgeführt werden sollen.
12. Gegebenenfalls besondere Bedingungen, die die Ausführung des Auftrags betreffen.
13. a) Frist für die Eingang der Anträge auf Teilnahme,
    b) Anschrift, an die die Angebote zu richten sind,
    c) Sprache(n), in der (denen) die Angebote abgefasst sein müssen.
14. Gegebenenfalls geforderte Kautionen und Sicherheiten.
15. Wesentliche Finanzierungs- und Zahlungsbedingungen und/oder Hinweise auf die maßgeblichen Vorschriften.
16. Gegebenenfalls Rechtsform, die die Bietergemeinschaft, an die der Auftrag vergeben wird, haben muss.
17. Eignungskriterien hinsichtlich der persönlichen Situation des Wirtschaftsteilnehmers, die zu seinem Ausschluss führen können, und erforderliche Angaben als Beleg dafür, dass er nicht unter die Fälle fällt, die einen Ausschluss rechtfertigen. Eignungskriterien, Angaben und Formalitäten, die zur Beurteilung der Frage erforderlich sind, ob der Wirtschaftsteilnehmer die wirtschaftlichen und technischen Mindestanforderungen erfüllt. Etwaige Mindestanforderung(en).
18. Bei Rahmenvereinbarungen: vorgesehene Anzahl und gegebenenfalls die Höchstzahl der Wirtschaftsteilnehmer, die Partei der Rahmenvereinbarung werden sollen, Dauer der Vereinbarung.
19. Für den wettbewerblichen Dialog und die Verhandlungsverfahren mit Veröffentlichung einer Bekanntmachung gegebenenfalls Angabe, dass das Verfahren in aufeinander folgenden Etappen abgewickelt wird, um die Zahl der zu erörternden Lösungen bzw. zu verhandelnden Angebote schrittweise zu verringern.
20. Für nichtoffene Verfahren, Verhandlungsverfahren und den wettbewerblichen Dialog, falls von der Möglichkeit Gebrauch gemacht wird, die Anzahl Bewerber, die zur Abgabe eines Angebots, zum Dialog oder zu Verhandlungen aufgefordert werden sollen, zu verringern: Mindestanzahl und gegebenenfalls auch Höchstanzahl der Bewerber und objektive Kriterien für die Auswahl dieser Anzahl von Bewerbern.
21. Zuschlagskriterien nach Artikel 47: „niedrigster Preis" bzw. „wirtschaftlich günstigstes Angebot". Die Kriterien für das wirtschaftlich günstigste Angebot sowie deren Gewichtung bzw. die Kriterien in absteigender Reihenfolge nach ihrer Bedeutung müssen genannt werden, falls sie nicht in den Verdingungsunterlagen bzw. im Fall des wettbewerblichen Dialogs in der Beschreibung enthalten sind.
22. Gegebenenfalls Datum/Daten der Veröffentlichung der Vorinformation gemäß den technischen Spezifikationen des Anhangs VI bzw. Hinweis auf ihre Nichtveröffentlichung.
23. Datum der Absendung der Bekanntmachung.

6 Die vorgenannten Vorgaben sind der Mindestinhalt einer Bekanntmachung. Der Gemeinschaftsgesetzgeber hat in Art. 32 Abs. 1 RL 2009/81/EG weiterhin klargestellt, dass gegebenenfalls jede andere vom Auftraggeber für sinnvoll erachtete Angabe in das Standardformular aufgenommen werden darf.[3]

---

[3] Vgl. BR-Drs. 321/12 v. 25.5.2012 zu § 18 Abs. 2.

§ 18 Abs. 3 fasst schließlich in einer nicht abschließenden Aufzählung die Bekanntmachungspflichten der RL 2009/81/EG nochmals zusammen. Eine Besonderheit für die Bekanntmachung von sicherheits- und verteidigungsrelevanten Dienstleistungen und Lieferaufträgen ergibt sich aus den in § 9 definierte Anforderungen für **Unteraufträge** (→ § 9 Rn. 26 f.). Anders als im nicht sicherheits- und verteidigungsrelevanten Bereich unterliegen im Anwendungsbereich der VSVgV auch Unteraufträge, mithin Aufträge die der Auftragnehmer seinerseits an Dritte, also an Nachunternehmer, vergibt, einer gesonderten Bekanntmachungspflicht.[4] Die Verpflichtung, diese Anforderungen bekannt zu machen, ergibt sich aus § 18 Abs. 3 Nr. 2 iVm § 9 Abs. 4, § 39. 7

3. Übermittlung der Bekanntmachung und Zeitpunkt der Veröffentlichung (Abs. 4 und 5). Für die Bekanntmachung ist das Muster gemäß Anhang XIV der Durchführungsverordnung (EU) 2015/1986 zu verwenden. Das Formular kann über die Internetseite der SIMAP[5] abgerufen werden. Die Verwendung des Formulars ist zwingend. 8

Nach § 18 Abs. 4 ist die Bekanntmachung unter Beachtung der Muster und Modalitäten für die elektronische Übermittlung von Bekanntmachungen nach Anhang VI Nummer 3 der Richtlinie 2009/81/EG oder auf anderem Wege unverzüglich dem Amt für amtliche Veröffentlichungen der Europäischen Union zu übermitteln. Grundsätzlich sieht § 18 Abs. 4 damit auch noch die Möglichkeit vor, das entsprechende Formular auszufüllen und auf dem postalischen Weg an das Amt für Veröffentlichungen der Europäischen Union zu übermitteln. Lediglich im Falle eines beschleunigten Verfahrens ist die Übermittlung mittels Telefax oder auf elektronischem Weg verpflichtend (§ 18 Abs. 4 S. 2). Da sich mittlerweile jedoch die elektronische Übermittlung an das Amt für Veröffentlichungen der Europäischen Union durchgesetzt hat, sollte dieser Übermittlungsweg – unabhängig vom Wortlaut der Regelung in § 18 Abs. 4 – für alle Bekanntmachungen gewählt werden. 9

Der Tag der Absendung der Bekanntmachung muss nachgewiesen werden können und muss im Vergabevermerk dokumentiert sein. 10

Die Bekanntmachung und ihr Inhalt dürfen entsprechend § 18 Abs. 5 auf nationaler Ebene oder in einem Beschafferprofil des Auftraggebers nicht vor dem Tag der Absendung der EU-Bekanntmachung an das Amt für amtliche Veröffentlichungen der Europäischen Union veröffentlicht werden. Auf den Tag der Veröffentlichung durch das Amt für amtliche Veröffentlichungen der Europäischen Union kommt es nicht an. Vielmehr kann der Auftraggeber bereits am Tag der Absendung der europaweiten Bekanntmachung – sobald er diese nachweislich an das Amt übermittelt hat – die nationale Bekanntmachung oder die Veröffentlichung auf seinem Beschafferprofil vornehmen. Auf das Datum der Absendung der europaweiten Bekanntmachung an das Amt für amtliche Veröffentlichungen der Europäischen Union oder der Veröffentlichung im Beschafferprofil ist in der nationalen Bekanntmachung hinzuweisen. 11

Die Veröffentlichung auf nationaler Ebene darf keine anderen Angaben enthalten als die Bekanntmachung an das Amt für amtliche Veröffentlichungen der Europäischen Union oder die Veröffentlichung im Beschafferprofil. Insoweit wird auf die Kommentierung zu § 37 VgV verwiesen (→ VgV § 37 Rn. 5). 12

§ 19 Informationsübermittlung

(1) Die Auftraggeber geben in der Bekanntmachung oder den Vergabeunterlagen an, ob Informationen auf dem Postweg, mittels Telefax, elektronisch, telefonisch oder durch eine Kombination dieser Kommunikationsmittel zu übermitteln sind.

(2) Das gewählte Kommunikationsmittel muss allgemein verfügbar sein und darf den Zugang der Unternehmen zu dem Vergabeverfahren nicht beschränken.

(3) [1]Die Auftraggeber haben bei der Mitteilung oder Übermittlung und Speicherung von Informationen die Unversehrtheit der Daten und die Vertraulichkeit der

---

[4] S. auch HK-VergabeR//*Franzius* Rn. 2.
[5] Zu finden unter http://simap.ted.europa.eu.

Angebote und Teilnahmeanträge zu gewährleisten. ²Auftraggeber dürfen vom Inhalt der Angebote und Teilnahmeanträge erst nach Ablauf der Frist für ihre Einreichung Kenntnis nehmen. ³Auf dem Postweg oder direkt zu übermittelnde Angebote sind in einem verschlossenen Umschlag einzureichen, als solche zu kennzeichnen und bis zum Ablauf der Angebotsfrist unter Verschluss zu halten. ⁴Bei elektronisch zu übermittelnden Angeboten ist die Unversehrtheit durch entsprechende organisatorische und technische Lösungen nach den Anforderungen des Auftraggebers und die Vertraulichkeit durch Verschlüsselung sicherzustellen. ⁵Die Verschlüsselung muss bis zum Ablauf der Angebotsfrist aufrechterhalten bleiben.

(4) ¹Bei elektronischen Kommunikationsmitteln müssen die technischen Merkmale allgemein zugänglich, kompatibel mit den allgemein verbreiteten Geräten der Informations- und Kommunikationstechnologie und nicht diskriminierend sein. ²Die Auftraggeber haben dafür Sorge zu tragen, dass den interessierten Unternehmen die Informationen über die Spezifikationen, die für die elektronische Übermittlung der Anträge auf Teilnahme und der Angebote erforderlich sind, einschließlich der Verschlüsselung, zugänglich sind. ³Außerdem muss gewährleistet sein, dass die Vorrichtungen für den elektronischen Eingang der Angebote und Teilnahmeanträge den Anforderungen des Anhangs VIII der Richtlinie 2009/81/EG genügen.

(5) ¹Neben den Hinweisen nach Absatz 1 geben die Auftraggeber in der Bekanntmachung an, in welcher Form Anträge auf Teilnahme am Vergabeverfahren oder Angebote einzureichen sind. ²Insbesondere können sie festlegen, dass die Teilnahmeanträge im Falle der elektronischen Übermittlung zu versehen sind mit
1. einer fortgeschrittenen elektronischen Signatur,
2. einer qualifizierten elektronischen Signatur,
3. einem fortgeschrittenen elektronischen Siegel oder
4. einem qualifizierten elektronischen Siegel.
³Anträge auf Teilnahme am Vergabeverfahren können schriftlich oder telefonisch gestellt werden. ⁴Wird ein solcher Antrag telefonisch gestellt, ist dieser vor Ablauf der Frist für den Eingang der Anträge in Schriftform zu bestätigen. ⁵Die Auftraggeber können verlangen, dass per Telefax gestellte Anträge in Schriftform oder elektronischer Form bestätigt werden, sofern dies für das Vorliegen eines gesetzlich gültigen Nachweises erforderlich ist. ⁶In diesem Fall geben die Auftraggeber in der Bekanntmachung diese Anforderung zusammen mit der Frist für die Übermittlung der Bestätigung an.

Übersicht

	Rn.		Rn.
I. Normzweck und Zusammenhang	1, 2	3. Gewährleistung der Unversehrtheit der Daten und Vertraulichkeit der Angebote und Teilnahmeanträge (Abs. 3)	13–19
II. Einzelerläuterungen	3–23		
1. Auswahl der Kommunikationsmittel (Abs. 1)	3–7	4. Unterschiedliche Zugangsarten für Angebote und Teilnahmeanträge (Abs. 5)	20–23
2. Allgemeine Verfügbarkeit (Abs. 2 und 4)	8–12		

I. Normzweck und Zusammenhang

1 § 19 dient der Umsetzung von Art. 36 RL 2009/81/EG und ist **im Zuge des VergRModG nicht verändert** worden. Gemäß § 2 gilt § 19 nur für die Vergabe von sicherheits- und verteidigungsrelevanten Liefer- und Dienstleistungsaufträgen, nicht aber für die Vergabe von sicherheits- und verteidigungsrelevanten Bauaufträgen; hierfür gilt der dritte Abschnitt der VOB/A 2016.

2 Vergleichbare Vorschriften finden sich in den §§ 9–13, 41 und 53 VgV sowie § 11EU VOB/A. Der Verordnungsgeber hat die schrittweise Einführung der E-Vergabe in der VgV

und der UVgO nicht in die VSVgV übernommen. Begründet werden kann das wohl insbesondere damit, dass bei verteidigungs- und sicherheitsrelevanten Beschaffungen dem Auftraggeber eine größere Freiheit hinsichtlich der Gestaltung der Informationsübermittlung gegeben werden soll.

II. Einzelerläuterungen

1. Auswahl der Kommunikationsmittel (Abs. 1). § 19 Abs. 1 setzt Art. 36 Abs. 1 RL 2009/81/EG um. Danach muss der öffentliche Auftraggeber in der Bekanntmachung oder in den Vergabeunterlagen angeben, ob er die Übermittlung von Informationen auf dem Postweg, mittels Telefax, elektronisch, telefonisch oder durch eine Kombination dieser Kommunikationsmittel zulässt. 3

Dem **Auftraggeber steht es frei,** eines der aufgeführten **Kommunikationsmittel zu wählen.** Die Auswahl der Kommunikationsmittel ist in der Bekanntmachung oder den Vergabeunterlagen anzugeben.[1] Der Bieter wiederum hat zu gewährleisten, dass er über alle angegebenen Kommunikationswege zu erreichen ist.[2] Beabsichtigt der Auftraggeber eine Kombination mehrerer Kommunikationsmittel, muss er auch angeben, wie in diesem Fall die Kommunikation zu erfolgen hat, wobei diesbezügliche Unklarheiten zulasten des Auftraggebers gehen.[3] 4

Die Informationsübermittlung auf dem Postweg und per Telefax ist aus sich selbst heraus verständlich. Die elektronische Übermittlung umfasst die computergestützte Mitteilung von Informationen durch E-Mails oder unter Verwendung eigener Websites.[4] 5

Abs. 1 lässt im Hinblick auf die Informationsübermittlung per Telefon vermuten, dass diese Form der Kommunikation für jede Art der Informationsübermittlung möglich ist. Etwas anderes ergibt sich jedoch aus dem Wortlaut des Art. 36 Abs. 1 und 6 RL 2009/81/EG. Danach kann die Übermittlung von Informationen auf telefonischem Wege nur für das Stellen von Anträgen auf Teilnahme am Vergabeverfahren erfolgen, wenn diese vor Ablauf der Frist für den Eingang der Anträge schriftlich bestätigt werden. Diese notwendige Vorgehensweise bei der telefonischen Stellung von Anträgen auf Teilnahme im Vergabeverfahren hat der deutsche Verordnungsgeber in § 19 Abs. 5 normiert. Dass die Kommunikation per Telefon im Vergabeverfahren in § 19 Abs. 1 jedoch nicht auf diesen Bereich beschränkt wurde, dürfte auf ein Redaktionsversehen zurückzuführen sein. Daher ist die telefonische Kommunikation auf das Stellen von Anträgen auf Teilnahme im Vergabeverfahren richtlinienkonform zu beschränken.[5] 6

Nicht vorgesehen ist in Art. 19 Abs. 1 die direkte Informationsübermittlung. Darunter wird die Aushändigung von Informationen an einen anwesenden Adressaten also auch die Übermittlung von Informationen durch einen Boten verstanden.[6] Dass diese Übermittlungsform nicht in Abs. 1 genannt ist, obwohl auf sie in § 19 Abs. 3 S. 3 ausdrücklich Bezug genommen wird, kann ebenfalls nur auf einem Redaktionsversehen beruhen.[7] 7

2. Allgemeine Verfügbarkeit (Abs. 2 und 4). § 19 Abs. 2 setzt Art. 36 Abs. 2 RL 2009/81/EG um. § 19 Abs. 4 übernimmt Art. 36 Abs. 4 und 5 RL 2009/81/EG und konkretisiert technische Bedingungen und Vorrichtungen, die im Rahmen der elektronischen Übermittlung durch den Auftraggeber zu gewährleisten sind.[8] 8

Gemäß § 19 Abs. 2 ist zu **gewährleisten,** dass das gewählte Kommunikationsmittel allgemein verfügbar ist und der **Zugang zum Vergabeverfahren** für die Unternehmen **nicht beschränkt** wird. Anders als die VgV, in der die Gewährleistung der allgemeinen Verfügbarkeit 9

---

[1] VSVgV-Begründung, BR-Drs. 321/12, 53.
[2] VK Bund Beschl. v. 5.2.2008 – VK 3-17/08.
[3] Leinemann/Kirch/*Homann* Rn. 11.
[4] Leinemann/Kirch/*Homann* Rn. 9.
[5] HK-VergabeR/*Franzius* Rn. 2.
[6] Dieckmann/Scharf/Wagner-Cardenal/*Dieckmann/Dierkes* VOL/A § 13 EG Rn. 6.
[7] *Weyand* Rn. 4 (217.3.2.).
[8] VSVgV-Begründung, BR-Drs. 321/12, 53.

auf elektronische Mittel beschränkt ist, sind von § 19 Abs. 2 alle Wege der Kommunikation umfasst. Faktisch wird sich ein solches Problem der allgemeinen Zugänglichkeit aber auf den elektronischen Kommunikationsweg iSd § 19 Abs. 4 beziehen, da die übrigen Kommunikationsmittel wie Fax, Post und Telefon allgemein verfügbar sind.[9] Daher kann hier auf die Kommentierung zu § 11 Abs. 1 S. 1 und 2 VgV verwiesen werden, die, bezogen auf die Verfügbarkeit elektronischer Mittel, inhaltsgleich zu § 19 Abs. 2 und 4 S. 1 sind.[10]

10 Aus § 19 Abs. 4 ergibt sich, dass bei der Wahl elektronischer Kommunikationsmittel nur solche verwendet werden sollen, die allgemein zugänglich, kompatibel mit den allgemein verbreiteten Geräten der Informations- und Kommunikationstechnologie und nichtdiskriminierend sind. Ferner wird dargelegt, welche Informationen der Auftraggeber den Unternehmen zur Verfügung stellen muss, wenn die Informationsübermittlung im Vergabeverfahren auch elektronisch erfolgen soll. So müssen Informationen über die Spezifikationen, die für die elektronische Übermittlung der Anträge auf Teilnahme und der Angebote erforderlich sind, einschließlich der Verschlüsselung, zugänglich sein.

11 Schließlich ergibt sich aus § 19 Abs. 4 S. 3, dass die Vorrichtungen für den elektronischen Eingang der Angebote und Teilnahmeanträge den Anforderungen des Anhangs VIII der RL 2009/81/EG genügen müssen. Anhang VIII der RL 2009/81/EG stellt folgende Voraussetzungen auf:

Anhang VIII
Anforderungen an die Vorrichtungen für die elektronische Entgegennahme der Anträge auf Teilnahme oder der Angebote

Die Geräte für die elektronische Entgegennahme der Anträge auf Teilnahme sowie der Angebote müssen mittels geeigneter technischer Mittel und entsprechender Verfahren gewährleisten, dass
a) die die Anträge auf Teilnahme und den Versand von Angeboten betreffenden elektronischen Signaturen den einzelstaatlichen Vorschriften gemäß der Richtlinie 1999/93/EG entsprechen;
b) die Uhrzeit und der Tag des Eingangs der Anträge auf Teilnahme und der Angebote genau bestimmt werden können;
c) es als sicher gelten kann, dass niemand vor den festgesetzten Terminen Zugang zu den gemäß den vorliegenden Anforderungen übermittelten Daten haben kann;
d) es bei einem Verstoß gegen dieses Zugangsverbot als sicher gelten kann, dass der Verstoß sich eindeutig aufdecken lässt;
e) die Zeitpunkte der Öffnung der eingegangenen Daten ausschließlich von den ermächtigten Personen festgelegt oder geändert werden können;
f) in den verschiedenen Phasen des Verfahrens der Auftragserteilung der Zugang zu allen vorgelegten Daten – bzw. zu einem Teil dieser Daten – nur möglich ist, wenn die ermächtigten Personen gleichzeitig tätig werden;
g) der Zugang zu den übermittelten Daten bei gleichzeitigem Tätigwerden der ermächtigten Personen erst nach dem festgesetzten Zeitpunkt möglich ist;
h) die eingegangenen und gemäß den vorliegenden Anforderungen geöffneten Angaben ausschließlich den zur Kenntnisnahme ermächtigten Personen zugänglich bleiben.

12 Die RL 1999/93//EG ist mittlerweile durch die VO (EU) 910/2014 (eIDAS-Verordnung) abgelöst worden. Die RL 2014/24/EU enthält für allgemeine Liefer- und Dienstleistungen in Anhang IV eine sehr ähnliche Liste an Anforderungen, die in § 10 Abs. 1 S. 2 VgV übernommen wurde.

13 **3. Gewährleistung der Unversehrtheit der Daten und Vertraulichkeit der Angebote und Teilnahmeanträge (Abs. 3).** § 19 Abs. 3 gibt Art. 36 Abs. 3 RL 2009/81/EG wieder.

14 Der öffentliche Auftraggeber hat gem. § 19 Abs. 3 S. 1 sicherzustellen, dass bei der Mitteilung oder Übermittlung und Speicherung von Informationen die Unversehrtheit der Daten und die Vertraulichkeit der Angebote und Teilnahmeanträge gewährleistet ist.

15 Unter Unversehrtheit wird verstanden, dass die Teilnahmeanträge und Angebote insbesondere vor nachträglicher Veränderung, Löschung oder sonstiger unbefugter Nutzung

---

[9] Leinemann/Kirch/*Homann* Rn. 13.
[10] *Schäfer* in Band 3 → VgV § 11 Rn. 8 ff.

geschützt werden müssen.[11] Aus der Verpflichtung, die Vertraulichkeit der Angebote und Teilnahmeanträge zu gewährleisten, ergibt sich einerseits, dass die Daten vor Dritten, wie zB anderen Bietern, geheim gehalten werden müssen, andererseits darf auch die Vergabestelle erst nach Fristablauf vom Inhalt Kenntnis erhalten.[12] Bekräftigt wird dies durch § 19 Abs. 3 S. 2, wonach Auftraggeber erst nach Ablauf der Einreichungsfrist vom Inhalt der Angebote und Teilnahmeanträge Kenntnis nehmen dürfen.

Auf dem Postweg oder direkt übermittelte Angebote sind in einem verschlossenen Umschlag einzureichen, als entsprechende Angebote zu kennzeichnen und bis Ablauf der Frist unter Verschluss zu halten. Dadurch soll sichergestellt werden, dass eine Einsichtnahme in das Angebot vor Angebotsöffnung verhindert wird.[13] Sollte das Angebot nicht in einen Umschlag passen, kann auch eine andere Form der Verpackung gewählt werden. Hierbei reicht es jedoch nicht aus, das Angebot in ein Behältnis zu verpacken, vielmehr müssen Vorkehrungen getroffen werden, die für die Kenntnisnahme ein eindeutiges Hindernis darstellen.[14] Die Kennzeichnung als Angebot durch den Auftraggeber stellt sicher, dass das Angebot nicht versehentlich wie üblicher Posteingang geöffnet wird, sondern bis zur Angebotsöffnung verschlossen aufbewahrt wird.[15] Wie sich aus § 30 Abs. 1 S. 3 ergibt, sind auch Angebote per Telefax zugelassen. Diese sind ebenfalls entsprechend zu kennzeichnen und auf geeignete Weise unter Verschluss zu halten.[16]

Ob die Wahrung der Vertraulichkeit bei einer Übermittlung per Telefax sichergestellt werden kann, wird in der Literatur zurecht angezweifelt.[17] Als Möglichkeiten, die Vertraulichkeit bei der Übermittlung per Telefax zu gewährleisten, können die Aufstellung eines Telefaxgerätes in einem abgeschlossenen Raum oder die Einrichtung eines elektronischen Briefkastens für Computerfaxe angeführt werden.[18] Wegen der offensichtlichen praktischen Probleme, die diese Übermittlungsform mit sich bringt, sollte eine Übermittlung per Telefax nur in dringenden Ausnahmefällen zugelassen werden.[19]

Auch bei elektronisch zu übermittelnden Angeboten hat der Auftraggeber gem. § 19 Abs. 3 S. 4 die Unversehrtheit und Vertraulichkeit sicher zu stellen. Der Bewerber bzw. Bieter stellt die Unversehrtheit durch die Verwendung einer den Anforderungen des Auftraggebers entsprechenden Signatur sicher.[20] Der Auftraggeber muss nach Eingang der Angebote entsprechende organisatorische und technische Lösungen vorhalten, die die Unversehrtheit der Angebote gewährleisten. Dabei müssen die Einrichtungen des Auftraggebers gem. § 19 Abs. 4 S. 3 den Anforderungen des Anhangs VIII der RL 2009/81/EG genügen.

Die Vertraulichkeit der übermittelten Daten ist durch eine Verschlüsselung sicherzustellen, deren Form nicht näher definiert wird. Der Auftraggeber ist dahingehend frei, welche Art der Verschlüsselung er wählt.[21] Maßgeblich ist, dass die Verschlüsselung bis zum Ablauf der Angebotsfrist aufrecht erhalten bleibt.

4. Unterschiedliche Zugangsarten für Angebote und Teilnahmeanträge (Abs. 5). § 19 Abs. 5 gibt die in Art. 36 Abs. 5 und 6 RL 2009/81/EG aufgeführten formalen Anforderungen an Teilnahmeanträge und Angebote wieder. Kein Gebrauch wurde von der in Art. 36 Abs. 5 lit c RL 2009/81/EG aufgeführten Möglichkeit gemacht, Systeme freiwilliger Akkreditierung einzuführen.[22]

---
[11] KMPP/*Dittmann* VOL/A § 16EG Rn. 36.
[12] KMPP/*Dittmann* VOL/A § 16EG Rn. 38.
[13] Müller-Wrede/*Lausen* VOL/A § 16 EG Rn. 52.
[14] VK Lüneburg Beschl. v. 20.8.2002– VgK – 12/2002, IBRRS 2004, 3491; VK Lüneburg Beschl. v. 23.3.2012 – VgK-06/2012, IBRRS 2012, 2393.
[15] KMPP/*Dittmann* VOL/A § 16EG Rn. 43.
[16] Leinemann/Kirch/*Kues* § 30 Rn. 14.
[17] KMPP/*Dittmann* VOL/A § 16EG Rn. 55; Müller-Wrede/*Schwabe* VOL/A § 14EG Rn. 29.
[18] *Weyand* VOL/A § 14EG Rn. 16 (166.6.2.).
[19] KMPP/*Dittmann* VOL/A § 16EG Rn. 55.
[20] *Weyand* Rn. 103 (118.8.7.1.).
[21] Leinemann/Kirch/*Homann* Rn. 29.
[22] VSVgV-Begründung, BR-Drs. 321/12, 53.

21 Der öffentliche Auftraggeber hat gem. § 19 Abs. 5 neben den Hinweisen aus Abs. 1 in der Bekanntmachung anzugeben, in welcher Form Anträge auf Teilnahme oder Angebote einzureichen sind. Gemäß § 19 Abs. 5 S. 2 weist der Verordnungsgeber den Auftraggeber auf die Möglichkeit hin, in der Bekanntmachung anzugeben, welche elektronische Signatur bzw. welches elektronische Siegel im Falle **elektronischer Übermittlung** der Teilnahmeanträge zu verwenden ist. Es besteht die Wahl zwischen einer fortgeschrittenen und einer qualifizierten elektronischen Signatur bzw. einem fortgeschrittenen und qualifizierten elektronischen Siegel. Ursprünglich verwies § 19 Abs. 5 S. 2 für die verschiedenen Arten der wählbaren Signaturen auf § 2 SigG. Das Signaturgesetz ist jedoch zum 29.7.2017 durch das Vertrauensdienstegesetz[23] abgelöst worden. Dieses enthält keine Aufzählung von Signaturen mehr, sondern regelt gem. § 1 VDG nur die Durchführung der Vorschriften über Vertrauensdienste in der VO (EU) 910/2014 (eIDAS-Verordnung). Nunmehr ergibt sich aus der eIDAS-Verordnung, welche Arten von Signaturen dem Auftraggeber zur Auswahl stehen. Der Verordnungsgeber hat daher mit dem eIDAS-Durchführungsgesetz vom 18.7.2017 (BGBl. 2017 I 2745) § 19 Abs. 5 S. 2 angepasst und die Signaturen und Siegel, die gewählt werden können, direkt in die Regelung aufgenommen.

22 Gemäß § 19 Abs. 5 S. 3 können Anträge auf Teilnahme sowohl **schriftlich als auch telefonisch** eingehen. Wird der Antrag telefonisch gestellt, ist er bis zum Ablauf der Antragsfrist in Schriftform zu bestätigen. Ein praktischer Nutzen der Vorschrift ist jedoch nicht erkennbar. Zum einen können Vertraulichkeit und Unversehrtheit bei einem telefonischen Antrag nicht gewahrt werden. Zum anderen ist es für einen Teilnehmer nicht sinnvoll, einen Antrag telefonisch anzukündigen, wenn dieser zudem in Schriftform fristgerecht zu bestätigen ist.[24]

23 Werden Anträge per Telefax gestellt, so sind sie auf Verlangen des Auftraggebers in Schriftform oder elektronischer Form zu bestätigen, sofern das für das Vorliegen eines gesetzlich gültigen Nachweises erforderlich ist. Begründet wird dieses Erfordernis damit, dass ein Telefax nur das Textformerfordernis erfüllt, nicht aber die Beweisfunktion der Schriftform innehat.[25] In der Praxis ist das zum Beispiel erforderlich, wenn mit der Abgabe des Antrages eine Sicherheitserklärung nach dem SÜG abzugeben ist.[26] Ist ein solcher Fall gegeben, hat der Auftraggeber dies in der Bekanntmachung zu vermerken, zusätzlich zu einer Frist innerhalb der die Bestätigung einzureichen ist. Es ist grundsätzlich möglich, die Bestätigung auch noch nach Eröffnung der Teilnahmeanträge und mit dem Beginn der Wertung nachzufordern.[27]

§ 20 Fristen für den Eingang von Anträgen auf Teilnahme und Eingang der Angebote

(1) Bei der Festsetzung der Fristen für den Eingang der Angebote und der Anträge auf Teilnahme berücksichtigen die Auftraggeber unbeschadet der nachstehend festgelegten Mindestfristen insbesondere die Komplexität des Auftrags und die Zeit, die für die Ausarbeitung der Angebote erforderlich ist.

(2) ¹Beim nichtoffenen Verfahren, im Verhandlungsverfahren mit Teilnahmewettbewerb und im wettbewerblichen Dialog beträgt die von den Auftraggebern festzusetzende Frist für den Eingang der Anträge auf Teilnahme mindestens 37 Tage ab dem Tag der Absendung der Bekanntmachung. ²In Fällen besonderer Dringlichkeit (beschleunigtes Verfahren) beim nichtoffenen Verfahren und Verhandlungsverfahren mit Teilnahmewettbewerb beträgt diese Frist mindestens

---

[23] Vertrauensdienstegesetz v. 18.7.2017, BGBl. 2017 I 2745.
[24] HK-VergabeR/*Franzius* VOL/A § 14EG Rn. 8.
[25] Palandt/*Ellenberger* BGB § 126b Rn. 1 ff.
[26] Leinemann/Kirch/*Homann* Rn. 34.
[27] Leinemann/Kirch/*Homann* Rn. 35.

15 Tage oder mindestens zehn Tage bei elektronischer Übermittlung,[1] jeweils gerechnet vom Tag der Absendung der Bekanntmachung an.

(3) [1]Die von den Auftraggebern festzusetzende Angebotsfrist beim nichtoffenen Verfahren beträgt mindestens 40 Tage, gerechnet vom Tag der Absendung der Aufforderung zur Angebotsabgabe an. [2]Im beschleunigten Verfahren beträgt die Frist mindestens zehn Tage, gerechnet vom Tag der Absendung der Aufforderung zur Angebotsabgabe an. [3]Haben die Auftraggeber eine Vorinformation gemäß § 17 veröffentlicht, können sie die Frist für den Eingang der Angebote in der Regel auf 36 Tage ab dem Tag der Absendung der Aufforderung zur Angebotsabgabe, jedoch keinesfalls weniger als 22 Tage festsetzen. [4]Diese verkürzte Frist ist zulässig, sofern die Vorinformation alle die für die Bekanntmachung nach Anhang IV der Richtlinie 2009/81/EG geforderten Informationen – soweit diese zum Zeitpunkt der Veröffentlichung der Bekanntmachung vorlagen – enthielt und die Vorinformation spätestens 52 Tage und frühestens zwölf Monate vor dem Tag der Absendung der Bekanntmachung zur Veröffentlichung übermittelt wurde.

(4) [1]Bei elektronisch erstellten und übermittelten Bekanntmachungen können die Auftraggeber die Frist nach Absatz 2 Satz 1 um sieben Tage verkürzen. [2]Die Auftraggeber können die Frist für den Eingang der Angebote nach Absatz 3 Satz 1 um weitere fünf Tage verkürzen, wenn sie ab der Veröffentlichung der Bekanntmachung die Vergabeunterlagen und unterstützende Unterlagen entsprechend der Angaben in Anhang VI der Richtlinie 2009/81/EG elektronisch frei, direkt und vollständig verfügbar machen; in der Bekanntmachung ist die Internetadresse anzugeben, unter der diese Unterlagen abrufbar sind. [3]Diese Verkürzung nach Satz 2 kann mit der in Satz 1 genannten Verkürzung verbunden werden.

(5) Die Auftraggeber müssen rechtzeitig angeforderte zusätzliche Informationen über die Vergabeunterlagen, die Beschreibung oder die unterstützenden Unterlagen im Falle des nichtoffenen Verfahrens spätestens sechs Tage oder im Falle des beschleunigten Verhandlungsverfahrens spätestens vier Tage vor Ablauf der für die Einreichung von Angeboten festgelegten Frist übermitteln.

(6) Können die Angebote nur nach einer Ortsbesichtigung oder Einsichtnahme in nicht übersandte Vergabeunterlagen erstellt werden oder konnten die Fristen nach Absatz 5 nicht eingehalten werden, so sind die Angebotsfristen entsprechend zu verlängern, und zwar so, dass alle betroffenen Unternehmen von allen Informationen, die für die Erstellung des Angebots notwendig sind, Kenntnis nehmen können.

(7) Bis zum Ablauf der Angebotsfrist können Bieter ihre Angebote zurückziehen. Dabei sind die für die Einreichung der Angebote maßgeblichen Formerfordernisse zu beachten.

Übersicht

	Rn.		Rn.
I. Normzweck und Zusammenhang ..	1	4. Zusätzliche Informationen und Verlänge-rung der Angebotsfrist (Abs. 5 und 6 Var. 2)	8–10
II. Einzelerläuterungen	2–12		
1. Angemessenheit der Angebots- und Teilnahmeantragsfrist (Abs. 1)	2, 3	5. Verlängerung der Angebotsfrist (Abs. 6 Var. 1)	11
2. Bewerbungsfrist im Teilnahmewettbewerb (Abs. 2 und 4)	4, 5	6. Zurückziehung von Angeboten (Abs. 7)	12
3. Angebotsfrist (Abs. 3 und 4)	6, 7		

---

[1] [Amtl. Anm.:] Das Muster und die Modalitäten für die elektronische Übermittlung der Bekanntmachung sind unter der Internetadresse http://simap.europa.eu abrufbar, vergleiche Anhang VI Nummer 3 der Richtlinie 2009/81/EG.

I. Normzweck und Zusammenhang

1 § 20 dient der Umsetzung von Art. 33 RL 2009/81/EG. Gemäß § 2 gilt § 20 nur für die Vergabe von sicherheits- und verteidigungsrelevanten Liefer- und Dienstleistungsaufträgen, nicht aber für die Vergabe von sicherheits- und verteidigungsrelevanten Bauaufträgen; hierfür gilt der dritte Abschnitt der VOB/A 2016.

II. Einzelerläuterungen

2 **1. Angemessenheit der Angebots- und Teilnahmeantragsfrist (Abs. 1).** § 20 Abs. 1 setzt Art. 33 Abs. 1 RL 2009/81/EG um. Der öffentliche Auftraggeber hat gem. § 20 Abs. 1 bei der Festsetzung der Fristen für Angebote oder Teilnahmeanträge insbesondere die **Komplexität des Auftrag** und die Zeit, die für die Ausarbeitung der Angebote erforderlich ist, zu **berücksichtigen.**

3 Die ordnungsgemäße Festlegung und Einhaltung der Fristen sind eine **Ausprägung des Wettbewerbs- und Gleichbehandlungsgrundsatzes.**[2] Es soll ein ordnungsgemäßer europaweiter Wettbewerb gewährleistet und gerade auch die Bevorzugung nationaler Bieter verhindert werden.[3] Der Auftraggeber ist daher verpflichtet, eine Frist zu bestimmen, die einem Unternehmen bei objektiver Betrachtung genügend Zeit gibt, einen aussagekräftigen und wettbewerbsfähigen Teilnahmeantrag bzw. ein Angebot abzugeben.[4] Die Vorschrift ist insoweit **bieterschützend.**[5] Nicht nur Bieter profitieren jedoch von angemessenen Fristen. Auch der Auftraggeber hat ein Interesse daran, Angebote zu bekommen die durch genügend Ausarbeitungszeit an Qualität und Preissicherung gewinnen.[6] Bei der Angebotsfrist handelt es sich um eine Ausschlussfrist.[7]

4 **2. Bewerbungsfrist im Teilnahmewettbewerb (Abs. 2 und 4).** Der öffentliche Auftraggeber muss gem. § 20 Abs. 2 beim nicht offenen Verfahren, im Verhandlungsverfahren mit Teilnahmewettbewerb, sowie im wettbewerblichen Dialog eine **Frist von mindestens 37 Tagen** für den Eingang der Anträge auf Teilnahme ab dem Tag der Absendung der Bekanntmachung festsetzen. Bei **elektronischer Absendung der Bekanntmachung** kann die **Regelfrist** von 37 Tagen gem. § 20 Abs. 45.1 um **sieben Tage verkürzt** werden.

5 Liegt ein Fall von **besonderer Dringlichkeit** vor und ist somit ein beschleunigtes Verfahren notwendig, gilt für das nicht offene Verfahren und das Verhandlungsverfahren mit Teilnahmewettbewerb eine **Mindestfrist von 15 Tagen**. Wird eine **elektronische Übermittlung** gewählt, **verkürzt** sich nach Abs. 2 die **Mindestfrist** bei Dringlichkeit auf **zehn Tage** jeweils, gerechnet vom Tag der Absendung der Bekanntmachung. Eine solche Dringlichkeit ist dann gegeben, wenn objektive Gründe existieren, die zwar eine gänzliche Abkehr von dem gesetzlich vorgeschriebenen Verfahren nicht zulassen, es dem Auftraggeber aber nicht möglich ist, die grundsätzliche Mindestfrist von 37 Tagen einzuhalten.[8] Von einer Dringlichkeit, die die Verkürzung der Frist rechtfertigt, wird jedenfalls dann nicht auszugehen sein, wenn der Auftraggeber die Dringlichkeit des Beschaffungsvorgangs selbst verschuldet hat.[9]

6 **3. Angebotsfrist (Abs. 3 und 4).** Der Auftraggeber muss den Bietern beim nicht offenen Verfahren eine **Mindestfrist von 40 Tagen** für die Angebotslegung gewähren, gerechnet vom Tag der Absendung der Aufforderung zur Angebotsabgabe. Liegen die Voraussetzungen für ein beschleunigtes Verfahren vor, so beträgt die Frist mindestens zehn Tage ab

---

[2] Pünder/Schellenberg/*Franzius* VOL/A § 10. Rn. 4.
[3] Müller-Wrede/*Horn* VOL/A § 12EG Rn. 9.
[4] *Rechten* in: KMPP VOL/A § 12 EG Rn. 14.
[5] VK Sachsen-Anhalt, Beschl. v. 11.4.2011 – 1 VK LVwA 18/09.
[6] Leinemann/Kirch/*Kirch* VSVgV § 20 Rn. 2.
[7] VK Münster, Beschl. v. 15.1.2003 – VK 22/02.
[8] *Rechten* in: KMPP VOL/A § 12EG Rn. 43.
[9] VK Sachsen, Beschl. v. 7.4.2004 – 1-SVK/023/04.

Absendung der Aufforderung zur Angebotsabgabe. Hat der Auftraggeber eine **Vorinformation** gem. § 17 **veröffentlicht,** so kann die Frist in der Regel, also ohne besondere Begründung, auf **36 Tage,** jedoch **keinesfalls** auf **weniger als 22 Tage, verkürzt** werden. Diese besonders verkürzte Frist ist jedoch nur angemessen, wenn die Vorinformation alle nach Anhang IV der Richtlinie 2009/81/EG geforderten Informationen enthalten hat, soweit diese zum Zeitpunkt vorhanden waren. Zudem muss die Vorinformation mindestens 52 Tage und frühestens zwölf Monate vor dem Tag der Absendung der Bekanntmachung übermittelt worden sein.

Bei elektronisch erstellten und übermittelten Bekanntmachungen kann die **Regelfrist von 40 Tagen** gem. § 20 Abs. 4 S. 2 **um weitere fünf Tage verkürzt** werden, wenn ab dem Tag der Bekanntmachung die **Vergabeunterlagen** und unterstützende Unterlagen iSd Anhang VI der Richtlinie 2009/81/EG **elektronisch frei, direkt und vollständig verfügbar sind.** In dieser Bekanntmachung ist dann die entsprechende Internetadresse zum Abrufen der Unterlagen anzugeben. Gemäß § 20 Abs. 4 S. 3 kann die Verkürzung der Teilnahmefrist bei elektronisch erstellter und übermittelter Bekanntmachung mit der Verkürzung der Angebotsfrist bei elektronischer, freier, direkter und vollständiger Bekanntmachung der Vergabeunterlagen kombiniert werden.

4. Zusätzliche Informationen und Verlängerung der Angebotsfrist (Abs. 5 und 6 Var. 2). Der öffentliche Auftraggeber ist im Falle des nicht offenen Verfahrens verpflichtet, zusätzliche Informationen über die Vergabeunterlagen, die Beschreibung oder unterstützende Unterlagen, die rechtzeitig angefordert wurden, spätestens **sechs Tage vor Ablauf der Angebotsfrist zu übermitteln.** Handelt es sich um ein **beschleunigtes Verhandlungsverfahren,** sind die angeforderten Information spätestens **vier Tagen vor Fristablauf zu übermitteln.** Durch die Vorschrift soll sichergestellt werden, dass die Bieter ausreichend Zeit haben, Antworten auf Bieterfragen bei der Angebotserstellung zu berücksichtigen.[10] Der Auftraggeber ist jedoch grundsätzlich nur dann zur Informationserteilung verpflichtet, wenn die Informationen rechtzeitig angefordert wurden. Wie der Begriff „rechtzeitig" zu verstehen ist, ergibt sich aus der Regelung nicht. Eine starre Fristenregelung für die Definition des Begriffs der „Rechtzeitigkeit" ist nicht möglich. Vielmehr bestimmt sich diese individuell nach Umfang und Komplexität der Auskunft.[11] Es kann daher zweckdienlich sein, eine einheitliche Ausschlussfrist für die Beantwortung von Bieterfragen zu setzen.[12] Zwar sind, wie dargelegt, die Bieterfragen stets unterschiedlich komplex und ihre Beantwortung nimmt unterschiedlich viel Zeit in Anspruch. Im Sinne eines transparenten Verfahren und der Gleichbehandlung aller Bieter ist ein solches Vorgehen jedoch empfehlenswert.

§ 20 Abs. 6 Var. 2 gibt dem Auftraggeber auch die Möglichkeit, die Angebotsfrist zu verlängern, wenn die Fristen nach Abs. 5 nicht eingehalten werden können. Die Fristverlängerung dient dann dazu, dass alle Unternehmen von den für die Angebotserstellung notwendigen Informationen Kenntnis nehmen können. Die Regelung knüpft an eine rechtzeitige Anforderung einer Zusatzinformation durch den Bieter an. Ergeben sich aus einer verspäteten Bieterfrage jedoch maßgebliche Defizite bzw. Unklarheiten hinsichtlich der Vergabeunterlagen, so hat der Auftraggeber im Sinne der Rechtmäßigkeit der Durchführung des Vergabeverfahrens bei Bedarf die Frist zur Angebotslegung zu verlängern, obwohl die Bieterfrage nicht rechtzeitig eingegangen war.[13]

Um ein diskriminierungsfreies Vergabeverfahren ohne Informationsvorsprünge einzelner Bieter zu gewährleisten, sind Antworten auf Bieterfragen allen Bietern zur gleichen Zeit mitzuteilen.[14] Eine Ausnahme hiervon kann nur dann gelten, wenn die Frage ein individuelles Missverständnis eines einzelnen Bieters betrifft, die Beantwortung an alle

---

[10] Leinemann/Kirch/*Kirch* VSVgV § 20 Rn. 9.
[11] *Rechten* in: KMPP VOL/A, § 12EG Rn. 35; Müller-Wrede/*Horn,* VOL/A § 12EG Rn. 45.
[12] *Rechten* in KMPP VOL/A, § 12EG Rn. 35.
[13] VK Bund, Beschl. v. 27.1.2017 – VK 2-131/16.
[14] *Ohlrich* in: Gabriel/Krohn/Neun VergabeR-Hdb. § 18, Rn. 49.

Bieter Betriebs- oder Geschäftsgeheimnisse verletzen oder die Identität des Bieters preisgeben würde.[15]

11 **5. Verlängerung der Angebotsfrist (Abs. 6 Var. 1).** In § 20 Abs. 6 ist eine weitere Möglichkeit der Fristverlängerung vorgesehen, nämlich für den Fall, dass Angebote nur nach einer Ortsbesichtigung oder einer Einsichtnahme in nicht übersandte Vergabeunterlagen erstellt werden können. Die Fristverlängerung ist auch in diesen Fällen so auszugestalten, dass die betroffenen Unternehmen von allen Informationen, die für die Erstellung des Angebots notwendig sind, Kenntnis nehmen können. Hierfür sind stets die Umstände des Einzelfalls maßgeblich, etwa die Entfernung der Bieter zum Ort der Besichtigung oder der Umfang der nicht übersandten Unterlagen.[16]

12 **6. Zurückziehung von Angeboten (Abs. 7).** Die Bieter können ihre Angebote gem. § 20 Abs. 7 vor Ablauf der Angebotsfrist, unter Beachtung aller Formerfordernisse, die für die Einreichung der Angebote vorgesehen waren, zurückziehen. Zivilrechtlich handelt es sich bei § 20 Abs. 7 um eine besondere Form des **Widerrufs von Willenserklärungen** gem. § 130 Abs. 1 S. 2 BGB.[17] Die möglichen Formen für die Einreichung ergeben sich aus § 19 Abs. 1. Ist die Angebotsfrist abgelaufen, ist eine Rücknahme des Angebotes innerhalb der Zuschlagsfrist nicht mehr möglich; es besteht eine einseitige Bindung des jeweiligen Bieters.[18] Eine Anfechtung ist nur in Ausnahmefällen unter Anwendung der zivilrechtlichen Grundsätze möglich. Ein bloßer Kalkulationsfehler rechtfertigt eine Anfechtung nicht.[19]

§ 21 Eignung und Auswahl der Bewerber

(1) Aufträge werden unter Wahrung der Eignungsanforderungen des § 122 Absatz 1 des Gesetzes gegen Wettbewerbsbeschränkungen vergeben.

(2) ¹Auftraggeber können Mindestanforderungen an die Eignung stellen, denen die Bewerber genügen müssen. ²Diese Mindestanforderungen müssen mit dem Auftragsgegenstand im sachlichen Zusammenhang stehen und durch ihn gerechtfertigt sein. ³Die Mindestanforderungen werden in der Bekanntmachung oder den Vergabeunterlagen angegeben.

(3) ¹Im nicht offenen Verfahren, Verhandlungsverfahren mit Teilnahmewettbewerb und im wettbewerblichen Dialog dürfen Auftraggeber die Zahl der geeigneten Bewerber begrenzen, die zur Abgabe eines Angebots aufgefordert werden. ²Dazu geben die Auftraggeber in der Bekanntmachung die von ihnen vorgesehenen objektiven und nicht diskriminierenden Anforderungen sowie die vorgesehene Mindestzahl und gegebenenfalls auch die Höchstzahl an Bewerbern an. ³Die Mindestzahl der Bewerber darf nicht niedriger als drei sein.
1. Sofern geeignete Bewerber in ausreichender Zahl zur Verfügung stehen, wird das Verfahren mit der Anzahl von Bewerbern fortgeführt, die der festgelegten Mindestzahl an Bewerbern entspricht.
2. ¹Sofern die Zahl geeigneter Bewerber unter der Mindestanzahl liegt, kann der Auftraggeber das Verfahren fortführen. ²Ist der Auftraggeber der Auffassung, dass die Zahl der geeigneten Bewerber zu gering ist, um einen echten Wettbewerb zu gewährleisten, so kann er das Verfahren aussetzen und die erste Bekanntmachung gemäß § 18 zur Festsetzung einer neuen Frist für die Einreichung von Anträgen auf Teilnahme erneut veröffentlichen. ³In diesem Fall wird das Verfahren mit den nach der ersten sowie mit den nach der zweiten

---
[15] VK Sachsen, Beschl. v. 24.8.2016 – 1/SVK/017-16.
[16] Ziekow/Völlink/*Völlink*, 2. Aufl. 2013, VOB/A § 10EG Rn. 9.
[17] *Rechten* in KMPP VOL/A § 10 Rn. 69.
[18] Leinemann/Kirch/*Kirch* VSVgV § 20 Rn. 10.
[19] Leinemann/Kirch/*Kirch* VSVgV § 20 Rn. 10.

Bekanntmachung ausgewählten Bewerbern gemäß § 29 fortgeführt. [4]Die Möglichkeit, das laufende Vergabeverfahren einzustellen und ein neues Verfahren einzuleiten, bleibt unberührt.

(4) [1]Bewerber oder Bieter, die gemäß den Rechtsvorschriften des EU-Mitgliedstaats, in dem sie ihre Niederlassung haben, zur Erbringung der betreffenden Leistung berechtigt sind, dürfen nicht allein deshalb zurückgewiesen werden, weil sie gemäß den einschlägigen deutschen Rechtsvorschriften eine natürliche oder juristische Person sein müssten. [2]Im Falle zusätzlicher Dienstleistungen bei Lieferaufträgen und im Falle von Dienstleistungsaufträgen können juristische Personen verpflichtet werden, in ihrem Antrag auf Teilnahme oder Angebot die Namen und die berufliche Qualifikationen der Personen anzugeben, die für die Durchführung des Auftrags als verantwortlich vorgesehen sind.

(5) [1]Bewerber- und Bietergemeinschaften sind wie Einzelbewerber und -bieter zu behandeln. [2]Auftraggeber dürfen nicht verlangen, dass nur Gruppen von Unternehmen, die eine bestimmte Rechtsform haben, einen Teilnahmeantrag stellen oder ein Angebot abgeben dürfen. [3]Für den Fall der Auftragserteilung können die Auftraggeber verlangen, dass eine Bietergemeinschaft eine bestimmte Rechtsform annimmt, sofern dies für die ordnungsgemäße Durchführung des Auftrags notwendig ist.

Schrifttum: *Roth/Lamm*, Die Umsetzung der Verteidigungsgüter-Beschaffungsrichtlinie in Deutschland, NZBau 2012, 609.

Übersicht

	Rn.		Rn.
I. Die Eignung und Auswahl von Bewerbern bzw. Bietern gem. §§ 21–28	1–4	a) Allgemeines	13
		b) Auswahlkriterien	14–18
II. Normzweck des § 21	5	c) Vorgehen bei geringerer Anzahl an Bewerbern als vorgesehener Mindestanzahl	19–27
III. Die Regelungen des § 21 im Einzelnen	6–29		
1. Eignung (Abs. 1)	6	4. Keine Zurückweisung von Bewerbern oder Bietern wegen der Rechtsform (Abs. 4)	28
2. Mindestanforderungen (Abs. 2)	7–12		
3. Beschränkung des Bewerberkreises (Abs. 3)	13–27	5. Bewerber- und Bietergemeinschaften (Abs. 5)	29

I. Die Eignung und Auswahl von Bewerbern bzw. Bietern gem. §§ 21–28

Die §§ 21–28 enthalten wesentliche Vorschriften über die Prüfung der Eignung und 1 Auswahl von Bewerbern bzw. Bietern bei der Teilnahme an Vergabeverfahren. Die Eignungsprüfung dient öffentlichen Auftraggebern dazu, die Unternehmen zu ermitteln, die zur Erbringung der konkret nachgefragten Leistung generell in Betracht kommen. Sie bietet zudem die Möglichkeit, unzureichend qualifizierte Bieter aus dem Verfahren auszuschließen.[1] Dahinter steht der Grundsatz, dass Auftraggeber Aufträge lediglich an solche Unternehmen erteilen sollen, bei denen sie aufgrund einer positiven Eignungsprognose zu dem Ergebnis gelangt sind, dass das Unternehmen den Auftrag termin- und vertragsgerecht erbringt.[2]

Die §§ 21–28 ergänzen die mit Vergaberechtsreform erstmals in § 122 GWB getrof- 2 fene Regelung zur Eignung und die in den §§ 123–126 GWB getroffenen Regelungen zum Ausschluss von Bewerbern und Bietern. Die Regelungen der VSVgV wurden im Zuge der Vergaberechtsreform an die neuen Vorgaben der §§ 122–126 GWB angepasst, um den

---

[1] BGH Urt. v. 15.4.2008 – X ZR 129/06, NZBau 2008, 505.
[2] Vgl. VK Bund Beschl. v. 19.6.2016, VK1-82/16, BeckRS 2016, 124771.

Gleichklang der Vorschriften sicherzustellen.³ Dieser Gleichklang ist auch wegen der neuen Regelung in § 147 S. 1 GWB ausdrücklich gesetzlich geboten. Danach finden die §§ 119, 120, 121 Abs. 1 und 3 GWB sowie die §§ 122–135 GWB für die Vergabe von verteidigungs- oder sicherheitsspezifischen öffentlichen Aufträgen grundsätzlich entsprechende Anwendung.⁴

3 Die §§ 21–28 enthalten sowohl materiell-rechtliche als auch verfahrensrechtliche Vorgaben für die Prüfung der Eignung und die Auswahl von Bewerbern bzw. Bietern. Gemäß § 21 Abs. 2 können öffentliche Auftraggeber die zu erfüllenden Eignungskriterien in Form von Mindestanforderungen an die Leistungsfähigkeit ausdrücken. Mit diesen materiellen Regelungen zu den Eignungskriterien verbunden werden die Regelungen der zulässigen Nachweise über das Nichtvorliegen von Ausschlussgründen (§§ 22–24), die Erfüllung der Eignungskriterien in Bezug auf die Erlaubnis zur Berufsausübung, die wirtschaftliche und finanzielle Leistungsfähigkeit und die technische und berufliche Leistungsfähigkeit (§§ 25–27) einschließlich der Regelungen über die Rechtsform von Bewerbern oder Bietern, über die Eignungsleihe und die Begrenzung der Anzahl geeigneter Bewerber, die zur Abgabe eines Angebots aufgefordert werden. Hinzu kommen in § 28 Vorgaben zum Nachweis für die Einhaltung von Normen des Qualitäts- und Umweltmanagements.

4 Vergleichbare Regelungen gibt es in allen anderen Vergabeordnungen, insbesondere in den §§ 42–51 VgV. Die §§ 21–27 unterscheiden sich allerdings in mehreren Punkten von den Regelungen der VgV. Damit will der Gesetzgeber den Besonderheiten des Verteidigungs- und Sicherheitssektors Rechnungen tragen. Eine der Besonderheiten ist bereits in § 147 Abs. 1 S. 1 GWB gesetzlich verankert und in den §§ 23 und 24 konkretisiert. Danach kann ein Unternehmen gemäß § 124 Abs. 1 GWB auch dann von der Teilnahme an einem Vergabeverfahren ausgeschlossen werden, wenn das Unternehmen nicht die erforderliche Vertrauenswürdigkeit aufweist, um Risiken für die nationale Sicherheit auszuschließen.

II. Normzweck des § 21

5 § 21 regelt die Grundzüge der Eignung von Unternehmen und enthält Vorgaben für die Aufstellung von Eignungsanforderungen und ihre Prüfung im Vergabeverfahren. § 21 Abs. 1 verweist auf die allgemeinen Eignungsanforderungen in § 122 Abs. 1 GWB und stellt damit den Gleichklang zwischen der Regelungen des GWB und der VSVgV sicher.⁵ Darüber hinaus gibt er Vorgaben für die Festlegung von Mindestanforderungen (Abs. 2) und stellt Grundsätze für die Beschränkung des Bewerberkreises in mehrstufigen Verfahren auf (Abs. 3). Zudem regelt die Vorschrift den Umgang mit Rechtsformen ausländischer Bieter (Abs. 4) und die Grundzüge zum Umgang mit Bewerber- bzw. Bietergemeinschaften (Abs. 5). Die Abs. 2–5 des § 21 ergänzen also die Regelungen des § 122 Abs. 2–4 GWB.⁶

III. Die Regelungen des § 21 im Einzelnen

6 **1. Eignung (Abs. 1).** Mit § 21 Abs. 1 setzt der Gesetzgeber die Vorgaben des Art. 38 Abs. 1 RL 2009/81/EG in der VSVgV um. Die Umsetzung in § 21 Abs. 1 erfolgt durch einen Verweis auf die allgemeinen Eignungsanforderungen in § 122 Abs. 1 GWB. Der Vorschrift kommt vor allem klarstellende Bedeutung zu, dass verteidigungs- und sicherheitsrelevante öffentliche Aufträge ausschließlich an geeignete Unternehmen vergeben werden dürfen.⁷ Ein Unternehmen ist entsprechend der vergaberechtlichen Grundsätze

---

³ Vgl. BT-Drs. 18/7318, 277 f.
⁴ Vgl. zu den Grundsätzen und Sinn und Zweck der Eignungsprüfung im Detail in Band 3 *Hölzl* → GWB § 123 Rn. 1 ff.
⁵ Vgl. in Band 3 *Hölzl* GWB § 123 Rn. 44 ff.
⁶ BT-Drs. 18/7318, 277.
⁷ BR-Drs. 321/12, 54; vgl. auch in Band 3 *Hölzl* → GWB § 123 Rn. 44.

geeignet, wenn es nicht gem. §§ 123, 124 GWB iVm § 147 GWB und §§ 23, 24 wegen gesetzlicher oder anderer Verstöße auszuschließen ist, und wenn es über die für die Auftragsdurchführung erforderliche Erlaubnis zur Berufsausübung, die wirtschaftliche und finanzielle sowie die technische und berufliche Leistungsfähigkeit verfügt.[8] Die Anforderung, dass bei den Bietern keine Ausschlussgründe vorliegen, soll vor allem sicherstellen, dass öffentliche Aufträge lediglich an zuverlässige und gesetzestreue Unternehmen vergeben werden. Die Anforderung, dass die Bieter auftragsbezogene Eignungskriterien erfüllen sollen, soll vor allem sicherstellen, dass Aufträge lediglich an solche Unternehmen vergeben werden, die eine einwandfreie bzw. ordnungsgemäße Leistung gewährleisten können.

2. Mindestanforderungen (Abs. 2). § 21 Abs. 2 stellt klar, dass Auftraggeber Mindestanforderungen an die Eignung aufstellen können und regelt zusätzlich unter welchen Voraussetzungen Mindestanforderungen zulässig sind.[9] Die Vorschrift setzt Art. 38 Abs. 2 RL 2009/81/EG um. Obwohl sich § 21 Abs. 2 lediglich auf Mindestanforderungen bezieht, gelten die Voraussetzungen in der Sache für sämtliche Eignungsanforderungen.[10] 7

Mindestanforderungen an die Eignung zeichnen sich dadurch aus, dass sie von Unternehmen zwingend erfüllt werden müssen. Kann ein Unternehmen sie nicht erfüllen, ist es von dem Vergabeverfahren auszuschließen. Wegen der harten Konsequenzen sind die Anforderungen an die Auswahl der Mindestanforderungen, die in § 21 Abs. 2 festlegt werden, sehr genau zu beachten. 8

Erstens regelt § 21 Abs. 2 S. 2 in materieller Hinsicht, dass **Mindestanforderungen** mit dem Auftragsgegenstand im **sachlichen Zusammenhang** stehen und **durch ihn gerechtfertigt** sein müssen.[11] Damit wird sichergestellt, dass der Wettbewerb nicht ohne sachlichen Grund eingeschränkt wird. Denn Mindestanforderungen verengen den potentiellen Teilnehmerkreis für eine Bewerbung um den Auftrag. Die Anforderungen sind also Ausfluss des vergaberechtlichen Wettbewerbsgrundsatzes, aber auch des Verhältnismäßigkeitsgebots gem. § 97 Abs. 1 GWB sowie des Diskriminierungsverbots gem. § 97 Abs. 2 GWB.[12] Daraus ergibt sich im Einzelnen, dass Mindestanforderungen **nicht willkürlich** aufgestellt werden dürfen. Der stattdessen erforderliche sachliche Zusammenhang mit dem Auftrag besteht dann, wenn die abgefragte Eignung bei der Auftragsdurchführung tatsächlich benötigt wird.[13] Zu denken ist etwa an bestimmte Kapazitätsanforderungen, die Unternehmen mindestens erfüllen müssen, um einen Auftrag auch sicher zeitgerecht abwickeln zu können.[14] Weiter dürfen Mindestanforderungen **nicht** so gestaltet werden, dass sie bestimmte Unternehmen **bevor- oder benachteiligen.**[15] Schließlich ist bei der Festlegung der Mindestanforderungen auch das **Verhältnismäßigkeitsgebot** zu berücksichtigen. Die Mindestanforderungen müssen den Anforderungen an die Leistungsausführung angemessen Rechnung tragen.[16] Im Ergebnis sind also lediglich solche Eignungsanforderungen zulässig, die zur Sicherstellung einer einwandfreien Ausführung des zu vergebenden Auftrags geeignet und erforderlich sind.[17] 9

Gleichwohl ist zu beachten, dass Mindestanforderungen auch nicht so festgelegt werden müssen, dass sie jedes Unternehmen erfüllen kann. Das gilt insbesondere im Hinblick auf sog. **Newcomer,** die noch nicht am Markt etabliert sind. Die Bestimmungen des Vergaberechts nehmen ersichtlich in Kauf, dass sie den Marktzutritt für Newcomer erschweren, wenn der Auftraggeber von den Bestimmungen in zulässiger Weise Gebrauch 10

---

[8] Vgl. VK Bund Beschl. v. 25.3.2014 – VK 1-16/14, IBRRS 2014, 2463.
[9] Vgl. BR-Drs. 321/12, 54.
[10] BR-Drs. 321/12, 54.
[11] OLG Frankfurt a. M. Beschl. v. 1.9.2016 – 11 Verg 6/16, NZBau 2016, 787.
[12] Vgl. Erwägungsgrund 61 RL 2009/81/EG.
[13] Vgl. hierzu zB OLG Frankfurt a. M. Beschl. v. 1.9.2016 – 11 Verg 6/16, NZBau 2016, 787.
[14] Vgl. EuGH Urt. v. 7.4.2016 – C-324/14 Rn. 40, NZBau 2016, 373.
[15] OLG Frankfurt a. M. Beschl. v. 1.9.2016 – 11 Verg 6/16, NZBau 2016, 787.
[16] EuGH Urt. v. 4.5.2017 – C-387/14, NZBau 2017, 741.
[17] OLG München Beschl. v. 13.3.2017 – Verg 15/16, NZBau 2017, 371.

macht (dh die Mindestanforderungen durch den Gegenstand der Leistungen gerechtfertigt sind).[18] Eine Grenze ist erst dann überschritten, wenn es Newcomern unmöglich gemacht wird, die Nachweise einzureichen, mit der Folge, dass sie von vornherein vom Wettbewerb ausgeschlossen werden und keine Chance auf den Zuschlag haben.[19] Eine Lösung, um als Newcomer Mindestanforderungen zu erfüllen, kann regelmäßig darin liegen, sich gem. § 26 Abs. 3 (→ § 26 Rn. 12) bzw. § 27 Abs. 4 (→ § 27 Rn. 22) auf die Eignung eines anderen Unternehmens zu berufen (Eignungsleihe).

11 Zweitens regelt § 21 Abs. 2 S. 3 in verfahrensrechtlicher Hinsicht, dass Mindestanforderungen in der **Bekanntmachung oder den Vergabeunterlagen** angegeben werden müssen. Diese verfahrensrechtliche Vorgabe ist Ausfluss des Transparenzgrundsatzes.[20] Danach muss eine Auftragsbekanntmachung alle Informationen enthalten, um dem Bewerber oder Bieter eine Entscheidung zur Teilnahme am Vergabeverfahren zu ermöglichen. Vor allem sollen sie nicht durch Mindestanforderungen überrascht werden, die ihnen noch bei der Abgabe ihres Teilnahmeantrags bzw. Angebots unbekannt sind. Die Verpflichtung, Mindestanforderungen bekannt zu machen, ergibt sich auch aus § 18 Abs. 2 S. 1. Danach müssen alle Informationen in der Bekanntmachung enthalten sein, die in Anhang IV der RL 2009/81/EG aufgelistet sind. Dazu gehören auch „etwaige Mindestanforderungen" an die Bewerber bzw. an Unterauftragnehmer der Bewerber.[21]

12 Darüber hinaus gilt für die Angabe der Mindestanforderung in der Bekanntmachung oder den Vergabeunterlagen, dass sie **hinreichend klar und widerspruchsfrei** sein müssen.[22] Diese Vorgabe stellt zusätzlich sicher, Bewerbern bzw. Bietern eine Entscheidung zur Teilnahme am Vergabeverfahren zu ermöglichen. Schließlich ist darauf hinzuweisen, dass Auftraggeber in den Vergabeunterlagen entsprechend dokumentieren sollten, dass und aus welchen Gründen die Anforderungen an die Mindestanforderungen aufgestellt werden dürfen.[23]

13 **3. Beschränkung des Bewerberkreises (Abs. 3). a) Allgemeines.** Gemäß § 21 Abs. 3 kann in allen für die VSVgV zugelassenen Verfahrensarten, die einen Teilnahmewettbewerb vorsehen, der Kreis an Unternehmen beschränkt werden, die zur Abgabe eines Angebots aufgefordert werden sollen. Die Vorschrift stellt zusätzliche Vorgaben für die inhaltliche Rechtfertigung der Auswahlkriterien und für das Verfahren auf. Mit der Vorschrift wird Art. 38 Abs. 3 RL 2009/81/EG umgesetzt. Art. 38 Abs. 3 RL 2009/81/EG bezieht sich in seinem Wortlaut zwar allein auf das Verhandlungsverfahren mit Veröffentlichung einer Bekanntmachung. Dennoch ist die Umsetzung in § 21 Abs. 3 richtig, wonach eine Beschränkung nicht lediglich bei einem Verhandlungsverfahren mit Teilnahmewettbewerb zulässig ist, sondern auch bei einem nicht offenen Verfahren und einem wettbewerblichen Dialog. Das geht auch aus Erwägungsgrund 62 RL 2009/81/EG hervor, wonach die Möglichkeit, den Bewerberkreis zu beschränken, in allen Verfahrensarten mit Teilnahmewettbewerb möglich sein soll.[24]

14 **b) Auswahlkriterien.** § 21 Abs. 3 S. 1 bestimmt, dass Auftraggeber lediglich eine beschränkte Zahl an geeigneten Bewerbern zur Abgabe eines Angebots gem. § 29 auffordern dürfen. In verfahrensrechtlicher Hinsicht bedeutet das, dass zunächst alle am Auftrag interessierten Unternehmen einen Teilnahmeantrag einreichen können, in dem sie ihre Eignung darlegen. Der Auftraggeber darf nach Prüfung der Teilnahmeanträge anhand von vorab festgelegten Eignungs- bzw. Auswahlkriterien zwischen den am besten geeigneten

---

[18] OLG Düsseldorf Beschl. v. 2.1.2006 – Verg 93/05, BeckRS 2006, 02917; OLG Düsseldorf Beschl. v. 16.11.2011 – Verg 60/11, ZfBR 2012, 179; vgl. auch VK Nordbayern Beschl. v. 11.5.2015 – 21.VK-3194-10/15, IBRRS 2015, 1886.
[19] BayObLG Beschl. v. 9.3.2004 – Verg 20/03, BeckRS 2004, 03813.
[20] Vgl. Erwägungsgrund 61 RL 2009/81/EG.
[21] Vgl. Anhang IV RL 2009/81/EG, Bekanntmachungen, Nr. 10 und 17.
[22] OLG Frankfurt a. M. Beschl. v. 1.9.2016 – 11 Verg 6/16, NZBau 2016, 787.
[23] OLG München Beschl. v. 13.3.2017 – Verg 15/16, NZBau 2017, 371.
[24] BR-Drs. 321/12, 55.

Teilnehmern auswählen. Der Auftraggeber kann also solche Unternehmen ausschließen, die zwar grundsätzlich geeignet sind, allerdings im Vergleich mit anderen Unternehmen eine geringere Eignung aufweisen. Das **„Mehr an Eignung"** eines Bieters kann beispielsweise durch die Qualität der vorzulegenden Referenzen, aber auch durch die Höhe der Umsätze des Unternehmens oder die Qualität des Personals ermittelt werden.[25] Die Vorschrift erlaubt also im Sinne einer **Bestenauslese** die Einschränkung eines möglichst breiten Wettbewerbs.

Wegen der wettbewerbsbeschränkenden Wirkung dieser Verfahrensgestaltung muss der Auftraggeber verschiedene Anforderungen bei der Begrenzung des Bewerberkreises beachten. Erstens muss er gem. § 21 Abs. 1 inhaltliche Anforderungen an die **Eignungskriterien** beachten. Sie entsprechen in der Sache den Anforderungen, die auch für die Festlegung von Mindestanforderungen gelten (→ Rn. 9). Danach müssen die Kriterien zur Auswahl der Bewerber **objektiv** und **nicht diskriminierend** sein.[26] Das setzt unter anderem einen sachlichen Zusammenhang mit dem Auftragsgegenstand voraus. Zusätzlich dürfen die Anforderungen nicht so gewählt werden, dass sie bestimmte Unternehmen bevorzugen oder benachteiligen. Sie müssen außerdem angemessen sein. Zweitens müssen die Anforderungen in der **Bekanntmachung** mitgeteilt werden, womit dem Transparenzgrundsatz gem. § 97 Abs. 1 GWB genüge getan wird.[27]

Daneben ist in der Bekanntmachung anzugeben, wie viele Unternehmen mindestens zur Abgabe eines Angebots aufgefordert werden. Bei der **Mindestanzahl** handelt es sich um eine obligatorische Angabe, deren Festlegung und Bekanntmachung nicht im Ermessen des Auftraggebers steht. Die Mindestanzahl darf in allen Verfahrensarten gem. § 21 Abs. 3 S. 3 nicht niedriger als drei sein. Mit dieser Vorgabe gleicht der Verordnungsgeber die entgegenlaufenden Interessen eines hohen Maßes an Wettbewerb einerseits und an Gestaltungsspielraum des Auftraggebers bei der Strukturierung von Vergabeverfahren andererseits aus.

Die Vorgabe der Festlegung und Bekanntmachung einer Mindestanzahl von Bewerbern gilt auch in anderen Verfahrensordnungen, zB in § 51 Abs. 2 S. 1 VgV oder § 12 Abs. 2 S. 1 UVgO. Die Vorgaben der VSVgV lassen allerdings im Vergleich zu den Vorgaben der VgV etwas mehr Spielraum. Im nicht offenen Verfahren nach der VgV darf nämlich die Mindestanzahl der Bewerber nicht niedriger als fünf (anstatt drei) sein.

Entscheidet sich der Auftraggeber zusätzlich zu der Mindestanzahl eine hiervon abweichende **Höchstzahl** an Unternehmen zur Abgabe eines Angebots aufzufordern, ist diese Anzahl gem. § 21 Abs. 3 S. 2 ebenfalls anzugeben. Insofern ist klarzustellen, dass der Auftraggeber nicht verpflichtet ist, eine Höchstzahl festzulegen. Entscheidet er sich aber dafür, ist er verpflichtet, diese Anzahl in der Bekanntmachung anzugeben.

c) Vorgehen bei geringerer Anzahl an Bewerbern als vorgesehener Mindestanzahl. § 21 Abs. 3 Nr. 1 und Nr. 2 enthalten verfahrensrechtliche Vorgaben, wie das Vergabeverfahren nach Prüfung und Wertung der Teilnahmeanträge fortzuführen ist. Dabei unterscheidet § 21 Abs. 3 zwischen zwei Konstellationen.

§ 21 Abs. 3 Nr. 1 regelt, wie Auftraggeber das Verfahren gestalten müssen, wenn eine ausreichende Anzahl geeigneter Bewerber einen Teilnahmeantrag einreichen. In diesem Fall ist das Verfahren mit der Anzahl von Bewerbern fortzuführen, die der festgelegten Mindestanzahl an Bewerbern entspricht.

§ 21 Abs. 3 Nr. 2 regelt, wie Auftraggeber das Verfahren gestalten können, wenn eine nicht ausreichende Anzahl geeigneter Bewerber einen Teilnahmeantrag einreichen. Die Vorschrift gilt für den Fall, dass nicht mindestens drei Bewerber einen Teilnahmeantrag eingereicht haben. Sie gilt auch für den Fall, dass zwar mehr als drei Bewerber einen Teilnahmean-

---

[25] Vgl. zur vergleichbaren Regelung des § 51 VgV BT-Drs. 18/7318, 207; vgl. beispielhaft OLG München Beschl. v. 13.3.2017 – Verg 15/16, NZBau 2017, 371.
[26] Erwägungsgrund 61 RL. 2009/81/EG.
[27] Erwägungsgrund 61 RL. 2009/81/EG.

trag eingereicht haben, sie aber nicht alle über die erforderliche Eignung verfügen. Die Vorschrift eröffnet dem Auftraggeber zwei Gestaltungsvarianten und weist im Übrigen auf eine dritte Gestaltungsvariante hin, die aber auch bei ausreichender Anzahl an qualifizierten Bewerbern offensteht, nämlich die Aufhebung und Einstellung des Verfahrens.

22   **Erstens** kann sich der Auftraggeber also gem. § 21 Abs. 3 Nr. 2 S. 1 dazu entscheiden, das Verfahren mit den Bewerbern **fortzuführen,** die sich für das Verfahren qualifiziert haben. Dieses Vorgehen entspricht demjenigen, das in § 51 Abs. 3 S. 2 VgV als Regel vorgegeben ist.

23   **Zweitens** kann er sich dazu entscheiden, das Verfahren auszusetzen und die (unveränderte) Bekanntmachung mit einer neuen Teilnahmefrist **erneut zu veröffentlichen.** Werden auf der Grundlage der zweiten Bekanntmachung neue Bewerber zugelassen, so sind diese zeitgleich mit den Bewerbern aus dem ersten Verfahren gem. § 29 zur Abgabe eines Angebots aufzufordern (§ 21 Abs. 3 Nr. 2 S. 3).

24   **Drittens** stellt § 21 Abs. 3 Nr. 2 S. 4 klar, dass sich der Auftraggeber auch dafür entscheiden kann, das laufende **Vergabeverfahren einzustellen** und ein neues Verfahren einzuleiten. Diese Möglichkeit bleibt ausdrücklich unberührt. Einschränkend ist jedoch darauf hinzuweisen, dass das Verfahren lediglich unter den Voraussetzungen des § 37 Abs. 1 rechtmäßig eingestellt werden darf. Eine Aufhebung und Einstellung des Verfahrens ist zB gem. § 37 Abs. 1 Nr. 1 rechtmäßig, wenn kein Teilnahmeantrag eingegangen ist, der den Bewerbungsbedingungen entspricht (die Vorschrift spricht lediglich von Angeboten, dürfte aber auch entsprechend für Teilnahmeanträge gelten) oder aber gem. § 37 Abs. 1 Nr. 2, wenn sich die Grundlagen des Vergabeverfahrens wesentlich geändert haben. Liegt keiner der Gründe vor, so ist die Aufhebung zwar in der Regel wirksam, aber rechtswidrig.[28]

25   Auftraggebern ist ein **Ermessen** eingeräumt bei der Entscheidung, für welche der Varianten sie sich entscheiden. Das ergibt sich aus dem Wort „*kann*" jeweils in § 21 Abs. 3 Nr. 2 S. 1 und S. 2. Dieses Ermessen muss der Auftragsgeber pflichtgemäß ausüben. Voraussetzung für eine Ermessensentscheidung ist aber zunächst, dass der Auftraggeber der *„Auffassung"* sein muss, dass die Zahl der geeigneten Bewerber zu gering ist aber zunächst, *„um einen echten Wettbewerb zu gewährleisten".* Die Formulierung von einer *„Auffassung"* des Auftraggebers, die auf Art. 38 Abs. 3 RL 2009/81/EG zurückgeht, ist insofern irreführend, weil sie den Eindruck vermittelt, als ob Auftraggeber ganz beliebig zu einer Auffassung kommen könnten. Tatsächlich muss die Auffassung des Auftraggebers aber vor allem auf der Grundlage wettbewerblicher Gesichtspunkte beruhen. Hat sich lediglich ein Bieter qualifiziert, liegt es nahe, dass ein Auftraggeber zu dem Ergebnis kommt, dass kein echter Wettbewerb gewährleistet ist.

26   Die Entscheidung des Auftraggebers, das Verfahren fortzusetzen oder aber erneut bekanntzumachen, ist gleichwohl im Hinblick auf die **Einhaltung des Gleichbehandlungsgrundsatzes gem. § 97 Abs. 2 GWB nicht unproblematisch.** Zwar wird der Gleichbehandlungsgrundsatz in der Variante der Neubekanntmachung zumindest dadurch geschützt, dass der Auftraggeber keine anderen Anforderungen an die Bewerber als in der ersten stellen darf. Insofern ist die Vorschrift eindeutig (*„die erste Bekanntmachung"*) und lässt keine Besserstellung neuer Interessenten durch geringere Anforderungen an die Eignung in der zweiten Bekanntmachung zu. Allerdings birgt die Eröffnung des Ermessensspielraums, zwischen den zwei Varianten zu entscheiden, das Risiko, dass sich Auftraggeber vor allem wegen des Fortkommens oder Nichtfortkommens bestimmter Bieter entscheiden. Ist ein für den Auftraggeber potentiell interessanter Bieter zB wegen Formfehler ausgeschieden, wird sich ein Auftraggeber eher für die zweite Variante entschieden und den Auftrag neu bekanntmachen. Ist hingegen ein missliebiger Bieter ausgeschlossen worden, wird sich der Auftraggeber eher für die erste Variante entscheiden. Diese Gefahr einer diskriminierenden Entscheidung dürfte auch Anlass dafür sein, dass die zweite Gestaltungsvariante in der Parallelvorschrift in § 51 Abs. 3 S. 3 VgV ausdrücklich verboten ist. Es erscheint vor diesem

---

[28] Vgl. hierzu im Detail BeckOK VergabeR/*Queisner*, 4. Ed. 15.4.2017, VgV § 63 Rn. 49 ff.

Hintergrund fraglich, ob die Vorgabe, dass der Auftraggeber seine Auswahlentscheidung aus wettbewerblichen Gründen treffen muss, ausreicht, um in jedem Fall diskriminierende Entscheidungen wirksam zu verhindern. Der Europäische Gesetzgeber hat sich allerdings für diesen Sonderweg bei der Vergabe von Verteidigungs- und Sicherheitsaufträgen entschieden. Dahinter steht vor allem die Sensibilität dieses Sektors, respektive der Souveränität der Mitgliedstaaten, die in diesem Bereich über größere Spielräume bei der Auftragsvergabe verfügen sollen.[29] Allerdings ist die Regelung kein Freifahrtschein für eine willkürliche Entscheidungsfindung. Auftraggeber müssen immer die Grundsätze der Transparenz, Gleichbehandlung und Nichtdiskriminierung beachten.

Die Entscheidung, für welche Variante sich der Auftraggeber entscheidet, gehört zu den Entscheidungen, die einschließlich ihrer tragenden Gründe gem. § 43 Abs. 1 im **Vergabevermerk** zu dokumentieren ist. Als Ermessensentscheidung ist sie allerdings **lediglich eingeschränkt von den Nachprüfungsinstanzen überprüfbar.** Sie kann nur daraufhin überprüft werden, ob die Vergabestelle überhaupt ihr Ermessen ausgeübt hat (Ermessensnichtgebrauch) oder ob sie das vorgeschriebene Verfahren nicht eingehalten, von einem nicht zutreffenden oder unvollständig ermittelten Sachverhalt ausgegangen ist, sachwidrige Erwägungen in die Wertung mit eingeflossen sind oder der Beurteilungsmaßstab nicht zutreffend angewandt worden ist (Ermessensfehlgebrauch).[30]

4. Keine Zurückweisung von Bewerbern oder Bietern wegen der Rechtsform (Abs. 4). § 21 Abs. 4 ist Ausfluss des Diskriminierungsverbots gem. § 97 Abs. 2 GWB und regelt den Umgang von Bewerbern, die in Rechtsformen anderer EU-Mitgliedsstaaten gegründet sind. Die Vorschrift setzt Art. 5 Abs. 1 RL 2009/81/EG um und entspricht im Wesentlichen den Vorgaben des § 43 Abs. 1 VgV. Auf die entsprechende Kommentierung wird verwiesen.[31]

5. Bewerber- und Bietergemeinschaften (Abs. 5). Auch § 21 Abs. 5 ist Ausfluss des Diskriminierungsverbots gem. § 97 Abs. 2 GWB. Er bestimmt, dass Bewerber- und Bietergemeinschaften wie Einzelbewerber zu behandeln sind und Auftraggeber keine bestimmte Rechtsform für Gruppen von Unternehmen fordern dürfen. Die Vorschrift setzt Art. 5 Abs. 2 RL 2009/81/EG um und entspricht im Wesentlichen den Vorgaben des § 43 Abs. 2 S. 1 und 2, Abs. 3 VgV. Auf die entsprechende Kommentierung wird verwiesen.[32]

§ 22 Allgemeine Vorgaben zum Nachweis der Eignung und des Nichtvorliegens von Ausschlussgründen

(1) ¹Auftraggeber müssen in der Bekanntmachung oder im Verhandlungsverfahren ohne Teilnahmewettbewerb in den Vergabeunterlagen angeben, mit welchen Nachweisen gemäß den §§ 6, 7, 8 und 23 bis 28 Unternehmen ihre Eignung und das Nichtvorliegen von Ausschlussgründen nachzuweisen haben. ²Auftraggeber dürfen von den Bewerbern oder Bietern zum Nachweis ihrer Eignung und für das Nichtvorliegen von Ausschlussgründen nur Unterlagen und Angaben fordern, die durch den Gegenstand des Auftrags gerechtfertigt sind.

(2) Soweit mit den vom Auftragsgegenstand betroffenen Verteidigungs- und Sicherheitsinteressen vereinbar, können Auftraggeber zulassen, dass Bewerber oder Bieter ihre Eignung durch die Vorlage einer Erklärung belegen, dass sie die vom Auftraggeber verlangten Eignungskriterien erfüllen und die festgelegten Nachweise auf Aufforderung unverzüglich beibringen können (Eigenerklärung).

---

[29] Vgl. Erwägungsgrund 8 RL 2009/81/EG.
[30] Vgl. zur Überprüfbarkeit der Ermessensentscheidung, ein Vergabeverfahren aufzuheben: OLG München Beschl. v. 31.10.2012 – Verg 19/12, BeckRS 2012, 22638 mwN.
[31] Band 3 *Hölzl* → VgV § 43 Rn. 5 ff.
[32] Band 3 *Hölzl* → VgV § 43 Rn. 7 ff., 23 ff.

(3) Erbringen Bewerber oder Bieter den Nachweis für die an die Eignung gestellten Mindestanforderungen nicht, werden sie im Rahmen eines nicht offenen Verfahrens, Verhandlungsverfahrens mit Teilnahmewettbewerb oder wettbewerblichen Dialogs nicht zur Abgabe eines Angebots aufgefordert. Wenn Bewerber oder Bieter im Verhandlungsverfahren ohne Teilnahmewettbewerb ein Angebot abgegeben haben, wird dieses nicht gewertet.

(4) Unternehmen sind verpflichtet, die geforderten Nachweise
1. beim nicht offenen Verfahren und Verhandlungsverfahren mit Teilnahmewettbewerb vor Ablauf der Teilnahmefrist,
2. beim Verhandlungsverfahren ohne Teilnahmewettbewerb vor Ablauf der Angebotsfrist,
3. bei einer Rahmenvereinbarung entsprechend der gewählten Verfahrensart gemäß den Nummern 1 und 2,
4. beim wettbewerblichen Dialog vor Ablauf der Teilnahmefrist
vorzulegen, es sei denn, der jeweilige Nachweis ist elektronisch verfügbar.

(5) Im nicht offenen Verfahren und Verhandlungsverfahren mit Teilnahmewettbewerb dürfen die Vergabeunterlagen nur an geeignete Unternehmen übersandt werden. Im Verhandlungsverfahren ohne Teilnahmewettbewerb dürfen die Vergabeunterlagen an die Unternehmen übermittelt werden, die vom Auftraggeber unter Beachtung der §§ 6 und 7 ausgewählt wurden.

(6) Erklärungen und sonstige Unterlagen, die als Nachweis im Teilnahmewettbewerb oder mit dem Angebot einzureichen sind und auf Anforderung der Auftraggeber nicht bis zum Ablauf der maßgeblichen Frist vorgelegt wurden, können bis zum Ablauf einer zu bestimmenden Nachfrist nachgefordert werden. Werden die Nachweise und sonstigen Unterlagen nicht innerhalb der Nachfrist vorgelegt, ist der Bewerber oder Bieter auszuschließen.

Übersicht

	Rn.		Rn.
I. Normzweck und Zusammenhang	1	4. Zeitpunkt (Abs. 4)	13, 14
II. Einzelerläuterungen	2–25	5. Übermittlung der Vergabeunterlagen (Abs. 5)	15–17
1. Eignungsnachweise (Abs. 1)	2–6	6. Nachforderung (Abs. 6)	18–25
2. Eigenerklärungen (Abs. 2)	7–11	a) Sachlicher Anwendungsbereich	19–21
3. Rechtsfolge nicht erfüllter Anforderungen (Abs. 3)	12	b) Verfahrensrechtliche Anforderungen an die Nachforderung	22–25

I. Normzweck und Zusammenhang

1 § 22 enthält **allgemeine Vorgaben zum Nachweis der Eignung und des Nichtvorliegens von Ausschlussgründen.** Gemeinsam mit § 21 stellt er grundlegende Prinzipien und Verfahrensvorgaben für die Eignungsprüfung auf und ergänzt die gesetzlichen Regelungen des § 122 GWB. Der Regelungsgehalt von § 22 umfasst Bekanntmachungspflichten und materielle Anforderungen an Eignungskriterien (Abs. 1), Vorgaben für die Nutzung sog. Eigenerklärungen (Abs. 2), Rechtsfolgen für die Nichteinhaltung von Mindestanforderungen (Abs. 3), Vorgaben für den Zeitpunkt der Einreichung von Eignungsnachweisen (Abs. 4), Vorgaben für die Übermittlung der Vergabeunterlagen (Abs. 5) und schließlich Regelungen zur Nachforderung von Erklärungen und sonstigen Unterlagen (Abs. 6).

II. Einzelerläuterungen

2 **1. Eignungsnachweise (Abs. 1).** Gemäß § 22 Abs. 1 S. 1 müssen Auftraggeber transparent machen, mit welchen Nachweisen Bewerber ihre Eignung und das Nichtvorliegen von Ausschlussgründen belegen können. Die RL 2009/81/EG enthält zwar selbst keine solche

allgemeine Vorgabe. Sie setzt dies allerdings gem. Art. 41 Abs. 4 RL 2009/81/EG insbesondere für die Nachweise zur wirtschaftlichen und technischen Leistungsfähigkeit voraus.[1]

Eine Legaldefinition, was „**Nachweise**" im vergaberechtlichen Sinne sind, enthält die VSVgV nicht. Nach der Rechtsprechung stellt er ein Synonym für die Begriffe „**Beweis**" und „**Beleg**" dar. Der Nachweis als Ergebnis einer Beweisführung kann mit unterschiedlichen Mitteln oder Belegen geführt werden. Der Begriff Nachweis stellt deshalb einen Oberbegriff für Angaben und Unterlagen dar (vgl. § 22 Abs. 1 S. 2). Er umfasst Eigenerklärungen (vgl. § 22 Abs. 2), Fremderklärungen Dritter (zB von Banken gem. § 26 Abs. 1 Nr. 1), Auszüge aus öffentlich zugänglichen Registern (vgl. § 25 Abs. 1 Nr. 1), oder sonstige Bescheinigungen (vgl. § 8 Abs. 2 Nr. 1). Im Übrigen gehören dazu sämtliche Unterlagen, die in der Bekanntmachung und/oder den Vergabeunterlagen benannt und konkretisiert werden.[2]

Die Vorgabe, die Anforderungen an den Nachweis bekanntzumachen, ist Ausdruck des **Transparenzprinzips** und soll gewährleisten, dass alle Informationen für die Ausschreibung zugänglich sind. Damit sollen interessierte Unternehmen in die Lage versetzt werden, sich auf der Grundlage einer Unterrichtung über die gestellten Anforderungen an die Eignung und das Nichtvorliegen von Ausschlussgründen zu entschließen, ob sie sich an der Ausschreibung beteiligen wollen oder nicht.[3] Sie schützt gleichzeitig Bieter davor, dass nachträglich höhere Anforderungen gestellt werden und davor, dass ein Wettbewerber durch nachträgliche Zulassung eines auf diesen, zugeschnittenen Nachweises besser gestellt wird. Die Vorschrift unterliegt aufgrund ihrer auf alle Bieter gerichteten Schutzwirkung nicht der Disposition einzelner Bieter und/oder der Vergabestelle.[4]

Die Informationen sollen gem. § 22 Abs. 1 S. 1 grundsätzlich in die **Bekanntmachung** gem. § 18 Abs. 1 aufgenommen werden. Etwas anderes gilt ausdrücklich für die Verfahrensart, in der keine Bekanntmachung erfolgt, also dem Verhandlungsverfahren ohne Teilnahmewettbewerb gem. § 12. Hier sind die Anforderungen an die Nachweise in den Vergabeunterlagen bekanntzumachen. Gleichwohl ist es zulässig, auch in den Verfahren die eine Bekanntmachung vorsehen, die Anforderungen an die Nachweise in den Vergabeunterlagen mitzuteilen, wenn in der Bekanntmachung **unmittelbar per Link auf die Vergabeunterlagen verwiesen wird** und die Unterlagen frei zugänglich durch „bloßes Anklicken" abrufbar sind.[5] Dieses Verfahren bietet sich zB dann an, wenn der Auftraggeber von ihm vorgegebene Formblätter von den Bietern verlangt. Obwohl dies nicht im Gesetz gefordert ist, empfiehlt es sich sämtliche Nachweise, die in einem Verfahren gefordert werden, in einer **abschließenden Liste** zusammenzufassen. Das erleichtert es Bietern, die Unterlagen vollständig zu erstellen, und Auftraggebern, die Unterlagen zu prüfen.[6]

§ 22 Abs. 1 S. 2 bestimmt, dass Auftraggeber nur solche Nachweise fordern dürfen, **die durch den Auftragsgegenstand gerechtfertigt sind.** Die Vorschrift hebt also hervor, dass – wie die Mindestanforderungen an die Eignung selbst – auch die geforderten Nachweise dem Verhältnismäßigkeitsgebot gem. § 97 Abs. 1 S. 2 GWB unterliegen.[7] Die Vorschrift soll Bieter vor unverhältnismäßig hohen und in der Sache nicht erforderlichen Nachweisanforderungen schützen, die sie von der Abgabe eines Angebots abhalten könnten. Auch wenn § 22 Abs. 1 S. 2 im Übrigen keine Anforderungen an die Eignungsnachweise benennt, sind die Anforderungen gem. § 21 Abs. 2 an die Aufstellung von Mindestanforde-

---

[1] BR-Drs. 321/12, 55.
[2] OLG Düsseldorf Beschl. v. 31.10.2012 – VII-Verg 17/12, NZBau 2013, 333.
[3] OLG Düsseldorf Beschl. v. 16.11.2011 – VII-Verg 60/11, ZfBR 2012, 179.
[4] OLG Düsseldorf Beschl. v. 18.7.2001 – Verg 16/01, BeckRS 2001, 17504; VK Düsseldorf Beschl. v. 24.1.2001 – VK-31/2000-B.
[5] OLG Düsseldorf Beschl. v. 16.11.2011 – VII-Verg 60/11, ZfBR 2012, 179; OLG Düsseldorf Beschl. v. 5.11.2014 – VII-Verg 21/14, BeckRS 2015, 11625; OLG Düsseldorf Beschl. v. 13.7.2016 – VII-Verg 10/16, BeckRS 2016, 119589; OLG Frankfurt a. M. Beschl. v. 16.2.2015, 11 Verg 11/14, NZBau 2015, 319.
[6] Vgl. zur früheren Rechtslage in der VOL/A § 9EG Abs. 4 VOL/A sowie die dazu ergangene Rspr.: OLG Düsseldorf Beschl. v. 28.11.2012 – VII-Verg 8/12, NZBau 2013, 258.
[7] BR-Drs. 321/12, 55.

rungen entsprechend heranzuziehen. Danach müssen die Eignungsnachweise mit dem Auftragsgegenstand in **sachlichem Zusammenhang** stehen und dürfen auch **nicht diskriminierend** sein (→ § 21 Rn. 9). Die vom Auftraggeber gestellten Anforderungen sind mit der Eigenart des Auftrags, insbesondere im Hinblick auf Art, Verwendungszweck und Menge der zu liefernden Güter bzw. der zu erbringenden Dienstleistungen abzuwägen.[8] Unter Wahrung dieser Grundsätze steht es einem öffentlichen Auftraggeber aber grundsätzlich frei, die von ihm für erforderlich gehaltenen Eignungsvorgaben selbst zu definieren und die von den Bietern zu erfüllenden Anforderungen festzulegen.[9]

7 **2. Eigenerklärungen (Abs. 2).** Der Auftraggeber kann gem. § 22 Abs. 2 zum Nachweis der Eignung Eigenerklärungen der Bieter akzeptieren. Die Vorschrift erleichtert insofern die Nachweisführung für Bieter. Eine Entsprechung dieser Vorschrift in der RL 2009/81/EG existiert nicht. Nach Auffassung des deutschen Gesetzgebers stehen aber die Ziele der Richtlinie, die vor allem im Aufbau eines europäischen Marktes für Verteidigungsgüter und die Öffnung des nationalen Beschaffungsmarktes liegen, dieser Verfahrenserleichterung nicht entgegen.[10]

8 Die Eigenerklärung setzt sich nach dem Wortlaut des § 22 Abs. 2 aus **zwei Erklärungsinhalten** zusammen. Erstens muss der Bieter erklären, dass er ein bestimmtes Eignungskriterium erfüllt, zweitens muss er erklären, dass er den festgelegten Nachweis auf Aufforderung unverzüglich beibringen kann. Unverzüglich meint iSd § 121 BGB, dass der Bieter ohne schuldhaftes Zögern den Nachweis nachreicht. **Unverzüglich** ist nicht gleichbedeutend mit „sofort", sondern verlangt lediglich ein nach den Umständen des Falls zu bemessendes beschleunigtes Handeln.[11] Dabei sind die berechtigten Belange der Beteiligten angemessen zu berücksichtigen.[12]

9 Die Eigenerklärungen sind allerdings lediglich dann zulässig, **wenn es die vom Auftragsgegenstand betroffenen Verteidigungs- und Sicherheitsinteressen konkret rechtfertigen,** dass Auftraggeber sich auf den Nachweis durch Eigenerklärung beschränken.[13] Danach sind also die Verteidigungs- und Sicherheitsinteressen mit der Unsicherheit einer potentiellen Falscherklärung, die einer Eigenerklärung immanent ist, abzuwägen. Bei der Entscheidung steht dem öffentlichen Auftraggeber ein weiter Beurteilungsspielraum zu, der von den Nachprüfungsinstanzen lediglich beschränkt überprüft werden kann.[14]

10 Wegen der mit einer Eigenerklärung verbundenen Unsicherheiten können Auftraggeber die Zulassung von Eigenerklärungen auf bestimmte Eignungskriterien beschränken. Im Rahmen des Gleichbehandlungsgebots und Diskriminierungsverbots können sie einzelne oder sämtliche Bewerber oder Bieter auffordern, bestimmte Eignungskriterien konkret nachzuweisen. Gemäß § 43 Abs. 2 Nr. 9 sind die Gründe, warum der Gegenstand des Auftrags die Vorlage von Eigenerklärungen oder von Eignungsnachweisen erfordert, im Vergabevermerk zu dokumentieren.

11 Gibt ein Bewerber oder Bieter eine **unzutreffende Eigenerklärung** ab oder ist er nicht in der Lage, die erforderlichen Nachweise zu übermitteln, kann er gem. § 147 GWB iVm 123 Abs. 1 Nr. 8 GWB unter Berücksichtigung des Grundsatzes der Verhältnismäßigkeit zu jedem Zeitpunkt des Vergabeverfahrens von der Teilnahme an einem Vergabeverfahren ausgeschlossen werden.[15]

12 **3. Rechtsfolge nicht erfüllter Anforderungen (Abs. 3).** § 22 Abs. 3 regelt die Rechtsfolge, wenn Bewerber oder Bieter die gestellten Anforderungen an den Nachweis einer Mindestanforderung gem. § 21 Abs. 2 nicht erfüllen. Sie werden in diesem Fall – je

---
[8] Vgl. auch § 26 Abs. 1.
[9] vgl. OLG München Beschl. v. 31.8.2010 – Verg 12/10, BeckRS 2010, 21117.
[10] BR-Drs. 321/12, 55.
[11] BVerwG NJW 1989, 52 (53).
[12] OLG Hamm NJW 2012, 1156 (1157), *Stieper* NJW 2013, 2849 (2853).
[13] BR-Drs. 321/12, 55.
[14] Leinemann/Kirch/*Büdenbender* Rn. 7.
[15] Vgl. auch Art. 39 Abs. 2 lit. h RL 2009/81/EG.

nach Verfahrensart – nicht zur Abgabe eines Angebots aufgefordert oder bei der Bewertung der Angebote nicht berücksichtigt. Die Vorschrift übernimmt insofern die Rechtsfolge des Art. 38 Abs. 4 RL 2009/81/EG. Voraussetzung für diese Rechtsfolge ist allerdings, dass die **Nachweise wirksam gefordert wurden.**[16] Das setzt insbesondere voraus, dass sie gem. § 22 Abs. 1 ordentlich bekanntgemacht wurden. Ferner setzt der Ausschluss eines Angebots bzw. Teilnahmeantrags voraus, dass ein öffentlicher Auftraggeber erst sein Ermessen ausübt, ob er die geforderten Unterlagen nachfordert.[17] Erfüllt ein Bewerber oder Bieter eine Mindestanforderung trotz einer Nachforderung nicht, ist die Rechtsfolge, nicht zur Abgabe eines Angebots aufzufordern, zwingend. In diesem Fall besteht kein Ermessen des Auftraggebers.[18]

4. Zeitpunkt (Abs. 4). § 22 Abs. 4 verpflichtet Unternehmen, die vom Auftraggeber (wirksam) geforderten Nachweise einzureichen. § 22 Abs. 4 stellt insofern klar, dass die Einreichung der Unterlagen nicht zur Disposition der Teilnehmer am Vergabeverfahren aber auch nicht der Vergabestelle steht. Die Verpflichtung zur Einreichung geforderter Unterlagen darf also nicht zugunsten eines Bewerbers oder Bieters aufgegeben werden. Hiervon abweichend regelt § 22 Abs. 4 Hs. 2, dass die Verpflichtung zur Einreichung der Nachweise ausnahmsweise nicht gilt, wenn der jeweilige Nachweis elektronisch verfügbar ist. Elektronisch verfügbar sind zB Handelsregisterauszüge oder andere Nachweise aus öffentlich zugänglichen elektronischen Registern.

§ 22 Abs. 4 gibt außerdem in seinen Nr. 1–4 vor, zu welchem Zeitpunkt Bewerber oder Bieter die geforderten Nachweise spätestens vorlegen müssen. Der Zeitpunkt hängt von der Verfahrensart und insbesondere davon ab, ob das Verfahren einen vorgeschalteten Teilnahmewettbewerb vorsieht. Bei Durchführung eines Teilnahmewettbewerbs sind die Nachweise vor Ablauf der Teilnahmefrist einzureichen, andernfalls vor Ablauf der Angebotsfrist.

5. Übermittlung der Vergabeunterlagen (Abs. 5). § 22 Abs. 5 stellt den Grundsatz auf, dass Vergabeunterlagen ausschließlich an geeignete Unternehmen übermittelt werden dürfen. Geeignet sind gem. § 122 GWB Unternehmen, die über die für den Auftrag erforderlich Fachkunde und Leistungsfähigkeit verfügen und nicht nach § 123 GWB oder § 124 GWB ausgeschlossen worden sind. Hinzu kommt im Bereich der VSVgV vor allem, dass die Unternehmen die Anforderungen an den Schutz von Verschlusssachen einhalten. Der Begriff der **Vergabeunterlagen** ist zwar nicht in der VSVgV definiert. Hierzu kann aber die Definition in § 29 VgV herangezogen werden. Danach bestehen Vergabeunterlagen in der Regel erstens aus einem Anschreiben, zweitens aus den Bewerbungsbedingungen und drittens den Vertragsunterlagen, die sich aus der Leistungsbeschreibung und den Vertragsbedingungen zusammensetzen.

Die Vorgaben des § 22 Abs. 5, Vergabeunterlagen ausschließlich an geeignete Bewerber oder Bieter zu senden, tragen dem Umstand Rechnung, dass bereits in den Vergabeunterlagen **sensible Informationen** enthalten sein können.[19] Hierin weicht die Regelung wesentlich von den Vorgaben des § 41 Abs. 1 VgV für die Vergabe nicht verteidigungs- und sicherheitsrelevanter Aufträge ab. Nach den Regelungen der VgV sind die Vergabeunterlagen bereits mit der Bekanntmachung allen Bietern vollständig und unabhängig von ihrer Eignung zugänglich zu machen.[20] Diese Regel gilt im Bereich der Sicherheit und Verteidigung also nicht. § 22 Abs. 5 schränkt damit das Transparenzprinzip zum Schutz sensibler Informationen und Sicherheitsinteressen der Mitgliedstaaten ein.[21]

---

[16] OLG Düsseldorf Beschl. v. 28.11.2012 – VII-Verg 8/12, NZBau 2013, 258; OLG Düsseldorf Beschl. v. 22.1.2014 – VII-Verg 26/13, ZfBR 2014, 498; OLG Frankfurt a. M. Beschl. v. 18.9.2015 – 11 Verg 9/15, ZfBR 2016, 296; VK Bund Beschl. v. 3.2.2016 – VK 1-126/15, BeckRS 2016, 9215.
[17] VK Bund Beschl. v. 16.9.2016 – VK1-82/16, BeckRS 2016, 124771.
[18] HK-VergabeR/*Tomerius* Rn. 4.
[19] BR-Drs. 321/12, 56.
[20] Vgl. hierzu OLG München Beschl. v. 13.3.2017 – Verg 15/16, NZBau 2017, 371.
[21] Vgl. Erwägungsgrund 8 RL 2009/81/EG.

17 § 22 Abs. 5 S. 1 bezieht sich zunächst auf das nicht offene Verfahren und das Verhandlungsverfahren mit Teilnahmewettbewerb. In beiden Verfahrensarten wird die Eignung der Bewerber im Teilnahmewettbewerb geprüft. Lediglich die geeigneten Bewerber werden anschließend gem. § 29 Abs. 5 zur Abgabe eines Angebots aufgefordert. Obwohl nicht ausdrücklich erwähnt, dürfte dasselbe für den Wettbewerblichen Dialog gelten, der gem. § 13 Abs. 2 S. 1 ebenfalls einen Teilnahmewettbewerb vorsieht. § 22 Abs. 5 S. 2 bezieht sich auf das Verhandlungsverfahren ohne Teilnahmewettbewerb gem. § 12 Abs. 1. Bei dieser Verfahrensart führt der Auftraggeber keinen Teilnahmewettbewerb durch, sondern wählt ihm geeignet erscheinende Unternehmen zur Abgabe eines Angebots aus. Um in diesem Fall einem Verlust sensibler Informationen vorzubeugen, stellt § 22 Abs. 5 S. 2 die Regel auf, dass die Unternehmen unter Beachtung der §§ 6 und 7 ausgewählt werden müssen. § 6 regelt die Wahrung der Vertraulichkeit, während § 7 Anforderungen an den Schutz von Verschlusssachen durch Unternehmen aufstellt.

18 **6. Nachforderung (Abs. 6).** § 22 Abs. 6 S. 1 bestimmt, dass von Bietern **nicht rechtzeitig vorgelegte Erklärungen und sonstige Unterlagen** bis zum Ablauf einer vom Auftraggeber zu bestimmenden Nachfrist nachgefordert werden können. § 22 Abs. 6 S. 2 bestimmt weiter, dass Bewerber oder Bieter auszuschließen sind, wenn sie die Nachweise und sonstigen Unterlagen nicht innerhalb der Nachfrist vorlegen. Die Vorschrift eröffnet also einerseits eine Heilungsmöglichkeit für zunächst unvollständig eingereichte Teilnahmeanträge bzw. Angebote und legt andererseits die Rechtsfolgen fest, wenn ein Bieter das Angebot zur Heilung nicht in Anspruch nimmt.[22] Die Vorschrift soll verhindern, dass wegen eines zu strengen Formalismus (zB Fehlen einer geforderten, aber nicht wesentlichen Angabe) ein Bewerber oder Bieter ausgeschlossen werden muss.[23]

19 **a) Sachlicher Anwendungsbereich.** In den Anwendungsbereich der Nachforderung fallen grundsätzlich sämtliche Nachweise, also Belege, die der Auftraggeber wirksam gefordert hat. Zum Begriff des Nachweises → Rn. 3.

20 § 22 Abs. 6 lässt nach seinem Wortlaut die Nachforderung nicht vorgelegter Erklärungen und Unterlagen zu und entspricht damit im Wesentlichen der Vorgängervorschrift der Parallelvorschrift in § 56 VgV, nämlich § 19EG Abs. 2 VOL/A. Im Übrigen regelt § 22 Abs. 6 die Nachforderungspflicht aber weitaus weniger detailliert als § 56 Abs. 2–5 VgV.

21 Zur Bestimmung des Anwendungsbereichs des § 22 Abs. 6 kann die bisher zu § 19EG Abs. 2 VOL/A ergangene Rechtsprechung herangezogen werden. Danach fehlt ein Nachweis, wenn er **entweder nicht vorgelegt worden ist oder formale Mängel aufweist.** Der Auftraggeber ist nicht gefordert, im Rahmen der Prüfung, ob die Angebote formal vollständig sind, eine materiell-rechtliche Prüfung der mit dem Angebot vorgelegten Unterlagen vorzunehmen. Daraus folgt, dass ein Nachforderungsrecht des Auftraggebers im Hinblick auf körperlich vorhandene Erklärungen oder Nachweise nur besteht, wenn sie in formaler Hinsicht von den Anforderungen abweichen.[24] Daraus folgt zudem, dass zwar die fehlende Unterschrift unter einer dem Angebot beigefügten Erklärung, nicht aber die fehlende Unterschrift unter dem Angebot bzw. dem Angebotsschreiben selbst vom öffentlichen Auftraggeber nachgefordert werden kann.[25] Auch eine Nachforderung, die dazu führt, dass der Bieter tatsächlich sein Angebot materiell ändert bzw. verbessert, ist unzulässig.[26]

---

[22] Vgl. Leinemann/Kirch/*Büdenbender* Rn. 21.
[23] Vgl. VK Bund Beschl. v. 16.9.2016 – VK1-82/16, BeckRS 2016, 124771.
[24] OLG Düsseldorf Beschl. v. 17.3.2011 – Verg 56/10, BeckRS 2013, 12285; OLG Düsseldorf Beschl. v. 17.12.2012 – Verg 47/12, BeckRS 2013, 03317; OLG Düsseldorf Beschl. v. 12.9.2012 – Verg 108/11, NZBau 2013, 61; OLG München Beschl. v. 15.3.2012 – Verg 2/12, NZBau 2012, 460; OLG Koblenz Beschl. v. 30.3.2012 – 1 Verg 1/12, BeckRS 2012, 08234; OLG Saarbrücken Beschl. v. 16.12.2015 – 1 U 87/15, ZfBR 2016, 384; OLG Oldenburg Urt. v. 25.4.2017 – 6 U 170/16, BeckRS 2017, 114422; vgl. zur bisherigen Rechtslage: *Dittmann* VergabeR 2017, 285 ff.
[25] OLG Düsseldorf Beschl. v. 13.4.2016 – VII-Verg 52/15, BeckRS 2016, 13185.
[26] VK Bund Beschl. v. 25.3.2014 – VK 1-16/14, IBRRS 2014, 2463; OLG Düsseldorf Beschl. v. 12.9.2012 – VII-Verg 108/11, NZBau 2013, 61; KKMPP/*Dittmann* VgV § 56 Rn. 32; *Dittmann* VergabeR 2017, 285 (291).

b) **Verfahrensrechtliche Anforderungen an die Nachforderung.** Bei der Entscheidung, fehlende Unterlagen nachzufordern, handelt es sich um eine **Ermessensentscheidung.**[27] Die Entscheidung muss auf der Grundlage **objektiver und nicht diskriminierender Gründe** getroffen werden. Entscheidet sich ein Auftraggeber bei einem Bewerber oder Bieter Nachweise nachzufordern, muss er diese Möglichkeit auch dessen Wettbewerbern einräumen.[28] Unzulässig ist es auch, lediglich in Bezug auf bestimmte Nachweise Unterlagen nachzufordern, bei anderen Nachweisen aber darauf zu verzichten. Andernfalls hätte es der Auftraggeber in der Hand, durch eine Auswahl von bestimmten Unterlagen, die nachgefordert werden sollen, den Bewerber- bzw. Bieterkreis nach seinen Wünschen zu begrenzen. 22

Entscheidet sich der Auftraggeber für eine Nachforderung von Unterlagen, ist in verfahrensrechtlicher Hinsicht sicherzustellen, dass die Nachforderung **klar und verständlich** erfolgt und grundsätzlich in gleicher Art und Weise an alle Unternehmen gerichtet wird. 23

§ 22 Abs. 6 nennt keine bestimmte Frist, bis zu der Bieter der Nachforderung nachkommen müssen. **Die Frist muss allerdings angemessen sein.** Dabei sind der beim Auftragnehmer zu erwartende Aufwand einerseits und der effektive Ablauf des Vergabeverfahrens andererseits gegeneinander abzuwägen. Dabei kann sich der Auftraggeber an der Frist des § 16aVS VOB/A orientieren. Danach müssen Bewerber oder Bieter fehlende Erklärungen oder Nachweise spätestens innerhalb von sechs Kalendertagen nach Aufforderung durch den Auftraggeber vorlegen. Die Frist kann aber auch je nach Ergebnis der Abwägung länger oder kürzer ausfallen als sechs Tage. Reicht ein Bewerber oder Bieter nicht innerhalb der gesetzten Frist die fehlende Unterlage nach, ist er gem. § 22 Abs. 6 vom weiteren Verfahren auszuschließen. 24

Sämtliche Entscheidungen iSd § 22 Abs. 6 müssen gem. § 43 Abs. 1 nachvollziehbar begründet und **dokumentiert** werden.[29] 25

§ 23 Zwingender Ausschluss

(1) ¹Der Auftraggeber schließt ein Unternehmen zu jedem Zeitpunkt des Vergabeverfahrens von der Teilnahme aus, wenn ein zwingender Ausschlussgrund nach § 147 in Verbindung mit § 123 des Gesetzes gegen Wettbewerbsbeschränkungen vorliegt. ²§ 147 in Verbindung mit § 125 des Gesetzes gegen Wettbewerbsbeschränkungen bleibt unberührt.

(2) ¹Zur Anwendung des Absatzes 1 kann der öffentliche Auftraggeber die erforderlichen Informationen über die persönliche Lage der Bewerber oder Bieter bei den zuständigen Behörden einholen, wenn er Bedenken in Bezug auf das Nichtvorliegen von Ausschlussgründen hat. ²Betreffen die Informationen einen Bewerber oder Bieter, der in einem anderen Mitgliedstaat als der Auftraggeber ansässig ist, so kann dieser die zuständigen Behörden um Mitarbeit ersuchen. ³Nach Maßgabe des nationalen Rechts des Mitgliedstaats, in dem der Bewerber oder Bieter ansässig ist, betreffen diese Ersuchen juristische und natürliche Personen, gegebenenfalls auch die jeweiligen Unternehmensleiter oder jede andere Person, die befugt ist, den Bewerber oder Bieter zu vertreten, in seinem Namen Entscheidungen zu treffen oder ihn zu kontrollieren.

(3) Als ausreichenden Nachweis dafür, dass die in § 147 in Verbindung mit § 123 Absatz 1 bis 3 des Gesetzes gegen Wettbewerbsbeschränkungen genannten Ausschlussgründe auf den Bewerber oder Bieter nicht zutreffen, erkennt der Auftraggeber einen Auszug aus einem einschlägigen Register, insbesondere ein Führungs-

---

[27] OLG Düsseldorf Beschl. v. 12.9.2012 – VII-Verg 108/11, NZBau 2013, 61; VK Bund Beschl. v. 16.9.2016 – VK1-82/16, BeckRS 2016, 124771.
[28] OLG Düsseldorf Beschl. v. 12.9.2012 – VII-Verg 108/11, NZBau 2013, 61.
[29] VK Bund Beschl. v. 16.9.2016 – VK1-82/16, BeckRS 2016, 124771.

zeugnis aus dem Bundeszentralregister oder, in Ermangelung eines solchen, eine gleichwertige Bescheinigung einer zuständigen Gerichts- oder Verwaltungsbehörde des Herkunftslandes oder des Niederlassungsstaates des Bewerbers oder Bieters an.

(4) Als ausreichenden Nachweis dafür, dass die in § 147 in Verbindung mit § 123 Absatz 4 des Gesetzes gegen Wettbewerbsbeschränkungen genannten Ausschlussgründe auf den Bewerber oder Bieter nicht zutreffen, erkennt der öffentliche Auftraggeber eine von der zuständigen Behörde des Herkunftslandes oder des Niederlassungsstaates des Bewerbers oder Bieters ausgestellte Bescheinigung an.

(5) ¹Wird eine Urkunde oder Bescheinigung von dem Herkunftsland des Bewerbers oder Bieters nicht ausgestellt oder werden darin nicht alle vorgesehenen Fälle erwähnt, so kann sie durch eine Versicherung an Eides statt ersetzt werden. ²In den Staaten, in denen es keine Versicherung an Eides statt gibt, darf die Versicherung an Eides statt durch eine förmliche Erklärung ersetzt werden, die ein Vertreter des betreffenden Unternehmens vor einer zuständigen Gerichts- oder Verwaltungsbehörde, einem Notar oder einer dafür qualifizierten Berufsorganisation des Herkunftslands abgibt.

Übersicht

	Rn.		Rn.
I. Normzweck	1–3	3. Der Nachweis des Nichtvorliegens von Ausschlussgründen	16–24
II. Einzelerläuterungen	4–24	a) Allgemeine Vorgaben	16–18
1. Ausschluss (Abs. 1)	4–12	b) Nachweis durch Registerauszug (Abs. 3)	19
a) Ausschlussgründe	5, 6	c) Nachweis durch Bescheinigung (Abs. 4)	20
b) Ausnahmen vom Ausschluss	7–10	d) Nachweis durch Versicherung an Eides statt (Abs. 5)	21–24
c) Zeitpunkt des Ausschlusses und Selbstreinigung	11, 12		
2. Einholung von Informationen (Abs. 2)	13–15		

I. Normzweck

1   Aufträge dürfen gem. § 123 Abs. 1 GWB grundsätzlich nur an solche Bewerber oder Bieter vergeben werden, bei denen keine Ausschlussgründe gem. § 123 GWB und §§ 124 ff. GWB vorliegen. Das GWB differenziert zwischen den in § 123 GWB geregelten obligatorischen Ausschlussgründen und den in § 124 GWB geregelten fakultativen Ausschlussgründen. Während der Auftraggeber bei Vorliegen eines obligatorischen Ausschlussgrundes bei einem Bewerber oder Bieter in der Regel den Ausschluss aussprechen muss, steht ihm bei fakultativen Gründen ein Ermessen offen.

2   Vor diesem Hintergrund wiederholt § 23 den im GWB geregelten Grundsatz, dass Bewerber oder Bieter von der Teilnahme an einem Vergabeverfahren grundsätzlich auszuschließen sind, wenn ein Ausschlussgrund iSd § 123 Abs. 1 GWB vorliegt. In einem solchen Fall ist der Ausschluss in der Regel gerechtfertigt, weil sich der Bewerber oder Bieter als unzuverlässig erwiesen hat. Im Übrigen regelt § 23 Abs. 2–5, wie der Nachweis des Nichtvorliegens von Ausschlussgründen erbracht werden kann. § 23 dient der Umsetzung von Art. 39 Abs. 1 und 3 RL 2009/81/EG. Die in Art. 39 Abs. 2 und 3 RL 2009/81/EG enthaltenen Regelungen über den fakultativen Ausschluss hat der Gesetzgeber aus Gründen der Übersichtlichkeit und Anwenderfreundlichkeit gesondert in § 24 (fakultativer Ausschluss mangels Eignung) umgesetzt.[1]

3   § 23 wurde mit der jüngsten Vergaberechtsreform deutlich verändert. Die bisherigen § 23 Abs. 2–5 wurden zur Vermeidung von Wiederholungen auf Verordnungsebene aufgehoben.[2] Die entsprechenden Regelungen sind nunmehr unmittelbar in § 147 GWB iVm § 123 Abs. 2, 3 und 5 GWB geregelt.

---

[1] BR-Drs. 321/12.
[2] BT-Drs. 18/7318, 277.

II. Einzelerläuterungen

1. Ausschluss (Abs. 1). Gemäß § 23 Abs. 1 muss der Auftraggeber das Nichtvorliegen 4 von Ausschlussgründen prüfen. Weiter regelt die Vorschrift den Grundsatz, dass Unternehmen, bei denen ein Ausschlussgrund gem. § 123 GWB vorliegt, von dem Vergabeverfahren auszuschließen sind. Die Vorschrift setzt Art. 39 Abs. 1 RL 2009/81/EG um.

a) **Ausschlussgründe.** Ein Ausschlussgrund nach § 23 Abs. 1 ergibt sich aus dem Ver- 5 weis auf § 147 GWB iVm § 123 GWB. In § 123 Abs. 1 GWB befindet sich eine Liste von Straftatbeständen des deutschen Strafgesetzbuchs. Diese Liste umfasst Straftaten wegen der Teilnahme an einer kriminellen Vereinigung, der Bestechung oder des Betrugs zulasten der finanziellen Interessen der Europäischen Gemeinschaften, der Geldwäsche, der Terrorismusfinanzierung und terroristischen Straftaten oder Straftaten im Zusammenhang mit dem Terrorismus.[3] Ist eine Person, die dem Unternehmen zuzurechnen ist, wegen einer der in § 123 Abs. 1 GWB genannten Straftatbestände rechtskräftig verurteilt oder ist gegen das Unternehmen eine Geldbuße nach § 30 OWiG rechtskräftig festgesetzt, ist der Bieter auszuschließen. Einer Verurteilung oder der Festsetzung einer Geldbuße iSd § 123 Abs. 1 GWB stehen gem. § 123 Abs. 2 GWB eine Verurteilung oder die Festsetzung einer Geldbuße nach den vergleichbaren Vorschriften anderer Staaten gleich.

Ein Ausschluss ist auch dann durchzuführen, wenn das Unternehmen seinen Verpflichtun- 6 gen zur Zahlung von Steuern, Abgaben oder Beiträgen zur Sozialversicherung nicht nachgekommen ist und dies nach den Vorschriften des § 123 Abs. 4 GWB nachgewiesen ist.

b) **Ausnahmen vom Ausschluss.** Anders als in den Fällen des § 24 Abs. 1 ist der 7 Ausschluss obligatorisch, also zwingend. Etwas anderes gilt gem. § 123 Abs. 5 GWB lediglich dann, wenn trotz des Vorliegens eines Ausschlussgrunds gem. § 123 Abs. 1 GWB ein **Ausschluss aus zwingenden Gründen des öffentlichen Interesses nicht geboten** ist. § 123 Abs. 5 GWB ist allerdings als Ausnahmevorschrift eng auszulegen.[4] Liegen keine relevanten Gründe vor, muss der Auftraggeber den Ausschluss aussprechen.

Dem Auftraggeber steht also ein **Ermessen** bei der Entscheidung zu, **ob zwingende** 8 **Gründe gegen einen Ausschluss sprechen.** Zwingende Gründe des öffentlichen Interesses können darin liegen, dass nur durch die Vergabe des Auftrags an das betreffende unzuverlässige Unternehmen eine öffentliche Aufgabe sachgerecht erbracht werden kann.[5] Solche Gründe sind abzuwägen mit dem Grundsatz, dass unzuverlässige Unternehmen keine öffentlichen Aufträge erhalten sollen. Das gilt gerade im Verteidigungs- und Sicherheitsbereich wegen dessen Sensibilität die Vertrauenswürdigkeit der Bewerber oder Bieter eine besondere elementare Bedeutung hat.[6] Für eine Beauftragung trotz nachgewiesener Unzuverlässigkeit können Aspekte der **Verteidigungsfähigkeit** oder der **Versorgungssicherheit** sprechen oder auch die Tatsache, dass ein umfassenderes Verteidigungs- und/oder Sicherheitsprogramm, zu dem das Projekt gehört, in seiner Existenz ernsthaft gefährdet würde.[7] Keine zwingenden Gründe liegen vor, wenn die Auftragsvergabe aus Gründen des öffentlichen Interesses lediglich sinnvoll erscheint oder das Unternehmen einen günstigen Preis angeboten hat.[8]

Weniger streng ist die Ausnahmemöglichkeit gem. § 123 Abs. 5 S. 2 GWB für den Fall, 9 dass ein Bewerber oder Bieter seine Steuern oder Sozialversicherungsbeiträge nicht entrichtet hat. In diesem Fall kann ausnahmsweise von einem Ausschluss abgesehen werden, wenn ein Ausschluss **offensichtlich unverhältnismäßig** wäre.

Offensichtlich unverhältnismäßig ist der Ausschluss gem. § 123 Abs. 5 S. 1 GWB wenn 10 nur geringfügige Beträge an Steuern oder Sozialversicherungsbeiträgen nicht gezahlt wurden. Offensichtlich unverhältnismäßig ist der Ausschluss auch dann, wenn das Unternehmen

---
[3] Vgl. hierzu Erwägungsgrund 65 RL 2009/81/EG.
[4] Vgl. Begründung zu § 123 GWB: BT-Drs. 18/6281, 104; Leinemann/Kirch/*Büdenbender* Rn. 20.
[5] Vgl. Leinemann/Kirch/*Büdenbender* Rn. 20.
[6] Vgl. Erwägungsgrund 67 RL 2009/81/EG.
[7] Vgl. Erwägungsgrund 73 RL 2009/81/EG; Leinemann/Kirch/*Büdenbender* Rn. 20.
[8] Vgl. Begründung zu § 123 GWB: BT-Drs. 18/6281, 104.

im Zusammenhang mit der Zahlung von Steuern oder Sozialversicherungsbeiträgen so spät über den genauen geschuldeten Betrag unterrichtet wurde, dass es keine Möglichkeit hatte, die nachträgliche Zahlung vor dem Ablauf der Frist für die Beantragung der Teilnahme bzw. im offenen Verfahren vor der Frist für die Einreichung der Angebote durchzuführen.[9]

11 c) **Zeitpunkt des Ausschlusses und Selbstreinigung.** § 23 Abs. 1 gilt während des gesamten Ablaufs des Vergabeverfahrens bis zu seiner Beendigung durch Erteilung des Zuschlags (bzw. ausnahmsweise durch Aufhebung). Der Ausschluss kann **jederzeit** ausgesprochen werden. Erhält der Auftraggeber erst nach Durchführung der Eignungsprüfung im Teilnahmewettbewerb Anzeichen für einen Ausschlussgrund gem. § 123 GWB, kann er erneut in die Eignungsprüfung einsteigen.

12 Von einem Ausschluss ist gem. § 23 Abs. 1 S. 2 dann abzusehen, wenn sich das Unternehmen selbst reinigt. Unter **Selbstreinigung** sind Maßnahmen zu verstehen, die ein Unternehmen ergreift, um seine Integrität wiederherzustellen und eine Begehung von Straftaten oder schweres Fehlverhalten in der Zukunft zu verhindern.[10] Regelungen zur Selbstreinigung sind mit der letzten Vergaberechtsreform erstmals in das GWB aufgenommen worden.

13 **2. Einholung von Informationen (Abs. 2).** § 23 Abs. 2 ermächtigt den öffentlichen Auftraggeber, Informationen über die persönliche Lage des Bewerbers oder Bieters bei anderen Behörden einzuholen. Die Vorschrift setzt Art. 39 Abs. 1 UAbs. 4 RL 2009/81/EG um.

14 Voraussetzung für die Einholung von Informationen ist, dass der öffentliche Auftraggeber **Bedenken in Bezug auf das Nichtvorliegen von Ausschlussgründen** hat. Die Hürden für die Bedenken sind wegen der Sensibilität von öffentlichen Aufträgen im Verteidigungs- oder Sicherheitsbereich nicht zu hoch anzusetzen.[11] Ein Anfangsverdacht, der sich etwa auf Informationen aus der Presse oder anderer (ggf. auch geschützter) Informationsquellen oder etwa aus Unstimmigkeiten von Angaben des Bewerbers oder Bieters stützt, ist ausreichend.

15 Zulässig ist die Einholung von Informationen nicht lediglich bei inländischen Behörden, sondern gem. § 23 Abs. 2 S. 2 auch bei ausländischen Behörden, wenn die Informationen einen Bewerber oder Bieter betreffen, der in einem anderen Mitgliedstaat als der Auftraggeber ansässig ist. Das Auskunftsersuchen kann sich gem. § 23 Abs. 2 S. 3 auf juristische und natürliche Personen beziehen. Darunter fallen ggf. auch die jeweiligen Unternehmensleiter oder jede andere Person, die befugt ist, den Bewerber oder Bieter zu vertreten, in seinem Namen Entscheidungen zu treffen oder ihn zu kontrollieren.

16 **3. Der Nachweis des Nichtvorliegens von Ausschlussgründen. a) Allgemeine Vorgaben.** § 23 enthält neben der Verpflichtung zum Ausschluss von Unternehmen, bei denen ein Ausschlussgrund gem. § 123 Abs. 1 GWB vorliegt, Vorgaben für die Nachweisführung. Öffentliche Auftraggeber müssen die in § 23 Abs. 3–5 geregelten Nachweise als ausreichende Belege akzeptieren **(Akzeptanzpflicht).**[12]

17 Der öffentliche Auftraggeber ist allerdings nicht verpflichtet, als Beleg für das Nichtvorliegen von Ausschlussgründen in jedem Fall einen der in den Abs. 3–5 vorgesehenen Nachweise zu fordern. Er kann auch die Vorlage von diesbezüglichen **Eigenerklärungen** als Beleg genügen lassen. Gemäß § 22 müssen die vom Auftragsgegenstand betroffenen Verteidigungs- und Sicherheitsinteressen es aber konkret rechtfertigen, dass Auftraggeber sich auf den Nachweis durch Eigenerklärung beschränken (→ § 22 Rn. 9). Die Vorlage von Registerauszügen oder anderen in Abs. 3–5 geregelten Belegen ist daher nur dann verpflichtend, wenn diese vom öffentlichen Auftraggeber als Beleg gefordert werden.[13] Allerdings trifft den öffentlichen Auftraggeber dann, wenn er Anhaltspunkte dafür hat, dass eine Eigenerklärung unzutreffend ist, eine Pflicht zur Aufklärung und gegebenenfalls zur Anforderung

---

[9] Vgl. 57 Abs. 3 UAbs. 2 RL 2014/24/EU; Begründung zu § 123 GWB: BT-Drs. 18/6281, 104.
[10] BT-Drs. 18/6281, 107.
[11] Vgl. Erwägungsgrund 67 RL 2009/81/EG.
[12] Vgl. zur entsprechenden Regelung in § 48 Abs. 4–6 VgV: BT-Drs. 18/7318, 186 ff.
[13] Vgl. Begründung zur Parallelvorschrift des § 48 Abs. 4, 5 und 6: BT-Drs. 18/7318, 186.

von Nachweisen gem. § 23 Abs. 3–5. Er kann gem. § 23 Abs. 2 auch direkt Auskünfte bei den zuständigen Behörden einholen.

Bei der Prüfung des Nichtvorliegens von Ausschlussgründen ist zu berücksichtigen, dass wegen der Sensibilität des Verteidigungs- und Sicherheitsbereichs die persönliche Eignung des Bewerbers oder Bieters elementare Bedeutung hat.[14] Die Prüfung muss sorgfältig erfolgen. Bei der Entscheidung des Auftraggebers, welche Nachweise er fordert, hat er diesen Gesichtspunkt zu berücksichtigen. **18**

b) Nachweis durch Registerauszug (Abs. 3). Gemäß § 23 Abs. 3 können Bewerber oder Bieter das Nichtvorliegen der in § 147 GWB iVm § 123 Abs. 1–3 GWB genannten Ausschlussgründe (Katalogstraftaten) durch einen Auszug aus einem einschlägigen Register, insbesondere ein **Führungszeugnis aus dem Bundeszentralregister** nachweisen.[15] In Ermangelung eines solchen kann eine gleichwertige Bescheinigung einer zuständigen Gerichts- oder Verwaltungsbehörde des Herkunftslands oder des Niederlassungsstaats des Bewerbers oder Bieters ausreichen. Mit der Vorschrift wird Art. 39 Abs. 3 lit. a RL 2009/81/EG umgesetzt. Die Vorschrift stellt zum einen sicher, dass der Auftraggeber mit geeigneten Mitteln die Prüfung der persönlichen Eignung des Bewerbers oder Bieter überprüfen kann. Zum anderen stellt sie auch den Wettbewerbsgrundsatz gem. § 97 Abs. 2 GWB und die Öffnung der Verteidigungs- und Sicherheitsmärkte sicher, indem den Besonderheiten ausländischer Staaten bei der Nachweisführung Rechnung getragen wird.[16] § 23 Abs. 3 übernimmt den Wortlaut des § 48 Abs. 4 VgV.[17] Auf die entsprechende Kommentierung wird ergänzend verwiesen.[18] **19**

c) Nachweis durch Bescheinigung (Abs. 4). Gemäß § 23 Abs. 4 können Bewerber oder Bieter das Nichtvorliegen der in § 147 GWB iVm § 123 Abs. 4 GWB genannten Ausschlussgründe (Verstoß gegen Verpflichtung zur Zahlung von Steuern, Abgaben oder Beiträgen zur Sozialversicherung) durch Bescheinigungen einer zuständigen Behörde des Herkunftslandes oder des Niederlassungsstaates nachweisen. Derartige Unbedenklichkeitsbescheinigungen können insbesondere bei den zuständigen **Finanzämtern, Krankenkassen bzw. Berufsgenossenschaften** eingeholt werden. § 23 Abs. 4 macht deutlich, dass es auf Bescheinigungen der Behörden aus dem jeweiligen Herkunftsland ankommt. Mit der Vorschrift wird Art. 39 Abs. 3 lit. b RL 2009/81/EG umgesetzt. § 23 Abs. 4 übernimmt den Wortlaut des § 48 Abs. 5 VgV.[19] Auf die entsprechende Kommentierung wird ergänzend verwiesen.[20] **20**

d) Nachweis durch Versicherung an Eides statt (Abs. 5). Gemäß § 23 Abs. 5 können Bewerber oder Bieter, in den Fällen, in denen ihr Herkunftsland Urkunden oder Bescheinigungen iSd Abs. 1–4 nicht ausstellt eine Erklärung an Eides statt oder eine förmliche Erklärung abgeben. Das gleiche gilt in den Fällen, in denen nicht alle in Abs. 1–4 genannten Fälle erwähnt werden. Mit der Vorschrift wird Art. 39 Abs. 3 UAbs. 2 RL 2009/81/EG umgesetzt. **21**

§ 23 Abs. 5 ist Ausfluss des **Nichtdiskriminierungsgrundsatzes.** Es würde Sinn und Zweck europarechtlicher Vergaberegelungen widersprechen, wenn aufgrund nationalen Rechts Nachweise von ausländischen Bietern verlangt würden, die in der Form aufgrund des Fehlens derartiger Zentralregister nicht gefordert werden können. **22**

Die Nachweisführung nach Abs. 5 ist allerdings **subsidiär.** Sehen die Herkunftsländer der Bewerber oder Bieter die Ausstellung entsprechender Urkunden oder Bescheinigungen **23**

---

[14] Vgl. Erwägungsgrund 67 RL 2009/81/EG.
[15] Zur Zulässigkeit der Forderung solcher Registerauszüge vgl. VK Bund Beschl. v. 18.1.2007 – VK 3-153/06, BeckRS 2007, 141748; VK Bund Beschl. v. 30.10.2007 – VK1 – 113/07, BeckRS 2007, 142180.
[16] Erwägungsgrund 9 RL 2009/81/EG.
[17] BT-Drs. 18/7318, 277.
[18] Vgl. in Band 3 *Pauka* → VgV § 48 Rn. 9.
[19] BT-Drs. 18/7318, 277.
[20] Vgl. in Band 3 *Pauka* → VgV § 48 Rn. 9.

vor, müssen sie diese Unterlagen beibringen. Erwähnen die Urkunden oder Bescheinigungen nicht alle Fälle, die zu einem Ausschluss führen können, ist die Versicherung an Eides statt bzw. die förmliche Erklärung lediglich ergänzend beizubringen. Die Urkunde oder Bescheinigung kann in diesem Fall aber nicht durch die Versicherung an Eides statt bzw. die förmliche Erklärung ersetzt werden.

24   Innerhalb des Abs. 5 ist die förmliche Erklärung wiederum **subsidiär** zur Versicherung an Eides statt. Die förmliche Erklärung, die gegenüber einer in § 23 Abs. 5 S. 2 genannten Stelle abgegeben werden muss, darf nach dem eindeutigen Wortlaut lediglich dann abgegeben werden, wenn in dem Herkunftsland eine Versicherung an Eides statt nicht existiert. Sie betrifft also einen Ausnahmefall.[21] § 23 Abs. 4 entspricht im Wesentlichen dem Wortlaut des § 48 Abs. 6 VgV. Auf die entsprechende Kommentierung wird ergänzend verwiesen.

§ 24 Fakultativer Ausschluss

(1) ¹Der Auftraggeber kann unter Berücksichtigung des Grundsatzes der Verhältnismäßigkeit ein Unternehmen zu jedem Zeitpunkt des Vergabeverfahrens von der Teilnahme an einem Vergabeverfahren ausschließen, wenn ein fakultativer Ausschlussgrund nach § 147 in Verbindung mit § 124 des Gesetzes gegen Wettbewerbsbeschränkungen vorliegt. ²§ 147 in Verbindung mit § 125 des Gesetzes gegen Wettbewerbsbeschränkungen bleibt unberührt.

(2) Als ausreichenden Nachweis dafür, dass die in § 147 in Verbindung mit § 124 Absatz 1 Nummer 2 des Gesetzes gegen Wettbewerbsbeschränkungen genannten Fälle auf das Unternehmen nicht zutreffen, erkennt der öffentliche Auftraggeber eine von der zuständigen Behörde des Herkunftslandes oder des Niederlassungsstaates des Bewerbers oder Bieters ausgestellte Bescheinigung an.

(3) ¹Wird eine in Absatz 2 genannte Bescheinigung im Herkunftsland des Unternehmens nicht ausgestellt oder werden darin nicht alle in § 147 in Verbindung mit § 124 Absatz 1 Nummer 2 des Gesetzes gegen Wettbewerbsbeschränkungen vorgesehenen Fälle erwähnt, so kann sie durch eine Versicherung an Eides statt ersetzt werden. ²In den Mitgliedstaaten, in denen es keine Versicherung an Eides statt gibt, gilt § 23 Absatz 5 Satz 2 entsprechend.

Übersicht

	Rn.		Rn.
I. Normzweck und Zusammenhang	1, 2	c) Ausschlussgrund gem. § 147 GWB iVm 124 Abs. 1 GWB	16, 17
II. Einzelerläuterungen	3–19		
1. Fakultativer Ausschluss (Abs. 1)	3–17	2. Nachweis durch Bescheinigung (Abs. 2)	18
a) Beurteilungsspielraum	4, 5		
b) Ausschlussgründe gem. § 124 Abs. 1 GWB	6–15	3. Nachweis durch Versicherung an Eides statt (Abs. 3)	19

I. Normzweck und Zusammenhang

1   Aufträge dürfen gem. § 123 Abs. 1 GWB grundsätzlich nur an solche Bewerber oder Bieter vergeben werden, bei denen keine Ausschlussgründe gem. § 123 GWB und §§ 124 ff. GWB vorliegen. Das GWB differenziert zwischen den in § 123 GWB obligatorischen Ausschlussgründen und den in § 124 GWB geregelten fakultativen Ausschlussgründen. Während der Auftraggeber bei Vorliegen eines obligatorischen Ausschlussgrundes bei einem Bewerber oder Bieter in der Regel den Ausschluss aussprechen muss, steht ihm bei fakultativen Gründen ein Beurteilungsspielraum offen. Vor diesem Hintergrund wiederholt § 24 Abs. 1 den im GWB geregelten Grundsatz, dass öffentliche Auftraggeber Bewerber oder

---

[21] VK Bund Beschl. v. 18.1.2007 – VK 3-153/06, BeckRS 2007, 141748.

Bieter von der Teilnahme an einem Vergabeverfahren ausschließen **können,** wenn ein Ausschlussgrund iSd § 124 Abs. 1 GWB vorliegt.

§ 24 ist im Zuge der Vergaberechtsreform neu gefasst worden. Die Vorschrift setzt Art. 39 Abs. 2 und 3 RL 2009/81/EG um. Die Neufassung des § 24 dient der Anpassung an die Aufnahme der fakultativen Ausschlussgründe in § 124 GWB, die aufgrund des Verweises in § 147 GWB auch für die Vergabe von verteidigungs- oder sicherheitsspezifischen Aufträgen anzuwenden sind. Die fakultativen Ausschlussgründe sind damit nun übergreifend im Gesetz geregelt und werden auf Verordnungsebene nicht im Wortlaut wiederholt. Aus Gründen der Klarstellung verweist § 24 Abs. 1 S. 2 auf die in § 125 GWB vorgesehene Möglichkeit der Selbstreinigung. Die Neufassung der Abs. 2 und 3 dient der Anpassung an den neu gefassten Abs. 1 und an § 48 Abs. 5 und 6 VgV. Dabei wird der in der VSVgV verwendete Begriff „Nachweis" anstatt der in der VgV üblichen Begriff „Beleg" beibehalten. Eine inhaltliche Differenz ergibt sich daraus aber nicht.

II. Einzelerläuterungen

1. Fakultativer Ausschluss (Abs. 1). Der Auftraggeber kann unter Berücksichtigung des Grundsatzes der Verhältnismäßigkeit einen Bewerber oder Bieter von der Teilnahme an einem Vergabeverfahren ausschließen, wenn ein fakultativer Ausschlussgrund nach § 147 GWB iVm mit § 124 GWB vorliegt.

a) Beurteilungsspielraum. § 24 eröffnet dem Auftraggeber einen **Beurteilungsspielraum** bei der Bewertung der Eignung eines Bewerbers oder Bieters bzw. seiner Zuverlässigkeit. Der Auftraggeber muss auf der Grundlage seiner Feststellungen eine Prognose darüber treffen, ob der Bewerber oder Bieter die erforderliche Eignung für den Auftrag gewährleisten kann. Grundlage für die Beurteilung können nicht nur aktuelle Erkenntnisse aus dem laufenden Vergabeverfahren sein, sondern auch das Verhalten des Bewerbers bzw. Bieters bei früheren Aufträgen. Da nicht das vergangene Verhalten eines Bewerbers oder Bieters, sondern dessen Eignung für den aktuell ausgeschriebenen Auftrag zu beurteilen ist, kommt es bei der Einbeziehung bisheriger Erfahrungen mit einem Bewerber oder Bieter entscheidend darauf an, ob sein Verhalten in der Vergangenheit hinreichend gesicherte Erkenntnisse darauf zulässt, dass er auch zukünftig nicht über die erforderliche Zuverlässigkeit verfügt.[1] Insofern hat der Auftraggeber eine Prognose zu erstellen.

Bei der Beurteilung der Zuverlässigkeit und der erforderlichen Prognose für die Zukunft sind die vergaberechtlichen Grenzen einzuhalten. Ausdrücklich nennt § 124 Abs. 1 GWB den **Verhältnismäßigkeitsgrundsatz.** Damit weist der Verordnungsgeber darauf hin, dass nicht jeder Verstoß iSd § 124 GWB zu einem Ausschluss führen muss. Vielmehr müssen Gründe vorliegen, die die Zuverlässigkeit des Unternehmens ernsthaft in Frage stellen. Die Beurteilung der Eignung ist von den Nachprüfungsinstanzen nur eingeschränkt insbesondere daraufhin zu überprüfen, ob der Auftraggeber den entscheidungserheblichen Sachverhalt hinreichend ermittelt und aufgrund sachgerechter Erwägungen vertretbar zu dem Ergebnis gekommen ist, die Eignung des betreffenden Bieters zu bejahen.[2]

b) Ausschlussgründe gem. § 124 Abs. 1 GWB. Fakultative Ausschlussgründe ergeben sich aus § 124 Abs. 1 GWB oder aus § 147 GWB. Ein Ausschluss von dem Vergabeverfahren aufgrund spezialgesetzlicher Vorschriften gem. § 21 AEntG, § 98c AufenthG, § 19 MiLoG und § 21 SchwarzArbG bleibt unberührt.

aa) Verstoß gegen umwelt-, sozial- oder arbeitsrechtliche Verpflichtungen. Ein fakultativer Ausschlussgrund liegt vor, wenn das Unternehmen gem. § 124 Abs. 1 Nr. 1 GWB bei der Ausführung öffentlicher Aufträge nachweislich gegen geltende **umwelt-,**

---
[1] OLG Düsseldorf Beschl. v. 28.4.2008 – VII-Verg 1/08, BeckRS 2008, 15517 mwN; VK Bund Beschl. v. 25.3.2014 – VK 1-16/14, BeckRS 2014, 21195.
[2] OLG Düsseldorf Beschl. v. 5.10.2005 – VII-Verg 55/05, BeckRS 2005, 14414; VK Bund Beschl. v. 25.3.2014 – VK 1-16/14, BeckRS 2014, 21195.

sozial- oder arbeitsrechtliche Verpflichtungen verstoßen hat.[3] Auch die Nichteinhaltung nationaler Bestimmungen zur Umsetzung der RL 2000/78/EG des Rates vom 27.11.2000 zur Festlegung eines allgemeinen Rahmens für die Verwirklichung der Gleichbehandlung in Beschäftigung und Beruf und der Richtlinie 76/207/EWG des Rates vom 9.2.1976 zur Verwirklichung des Grundsatzes der Gleichbehandlung von Männern und Frauen hinsichtlich des Zugangs zur Beschäftigung, zur Berufsbildung und zum beruflichen Aufstieg sowie in Bezug auf die Arbeitsbedingungen von Arbeitnehmern, die mit einem rechtskräftigen Urteil oder einem Beschluss gleicher Wirkung sanktioniert wurde, kann als Verstoß, der die berufliche Zuverlässigkeit des Wirtschaftsteilnehmers in Frage stellt, oder als schwere Verfehlung betrachtet werden.[4]

8 **bb) Zahlungsunfähigkeit oder Insolvenz.** Ein fakultativer Ausschlussgrund liegt vor, wenn das Unternehmen gem. § 124 Abs. 1 Nr. 2 GWB **zahlungsunfähig** ist, über das Vermögen des Unternehmens ein **Insolvenzverfahren** oder ein vergleichbares Verfahren beantragt oder eröffnet wurde, die Eröffnung eines solchen Verfahrens mangels Masse abgelehnt wurde, das Unternehmen sich im Verfahren der **Liquidation** befindet oder seine Tätigkeit eingestellt hat.[5] Hervorzuheben ist, dass nach der Rechtsprechung die Eröffnung des Insolvenzverfahrens nicht automatisch zu einem Ausschluss führen darf. Besteht trotz der Eröffnung des Insolvenzverfahrens eine positive Prognose für die Unternehmensfortführung, kann das Unternehmen über die erforderliche finanzielle Leistungsfähigkeit verfügen.[6] Der Begriff der Liquidation ist in § 262 AktG bzw. § 60 GmbHG geregelt. Eine Liquidation bzw. Einstellung der Tätigkeit steht in der Regel der für die Vergabe eines öffentlichen Auftrags erforderlichen Zuverlässigkeit entgegen.[7]

9 **cc) Schwere Verfehlung.** Ein fakultativer Ausschlussgrund liegt vor, wenn das Unternehmen oder ein ihm zuzurechnendes Unternehmen gem. § 124 Abs. 1 Nr. 3 GWB im Rahmen der beruflichen Tätigkeit nachweislich eine **schwere Verfehlung** begangen hat, durch die die Integrität des Unternehmens infrage gestellt wird.[8] Hierzu können zB Gesetzesverstöße gehören, die nicht unter § 123 GWB fallen. Im Bereich der unter die VSVgV fallenden Aufträge zur Bewachung von Liegenschaften oder Gebäuden kann sich eine schwere Verfehlung zB aus einem Verstoß gegen § 34a GewO bzw. das Waffengesetz ergeben.[9] Bei Herstellern von Kriegswaffen kommt insbesondere ein Verstoß gegen das Ausführungsgesetz zu Art. 26 Abs. 2 GG (Gesetz über die Kontrolle von Kriegswaffen) in Betracht. Weitere relevante Verfehlungen können sich aus §§ 17 ff. AWG wegen Verstoßes gegen Ausführungsvorschriften ergeben.[10]

10 **dd) Verhinderung, Einschränkung oder Verfälschung des Wettbewerb.** Ein fakultativer Ausschlussgrund liegt vor, wenn der öffentliche Auftraggeber gem. § 124 Abs. 1 Nr. 4 GWB über hinreichende Anhaltspunkte dafür verfügt, dass das Unternehmen mit anderen Unternehmen Vereinbarungen getroffen oder Verhaltensweisen aufeinander abgestimmt hat, die eine **Verhinderung, Einschränkung oder Verfälschung des Wettbewerbs** bezwecken oder bewirken.[11] Unter diese Vorschrift fallen sämtliche Vereinbarungen nach § 1 GWB, also zB Preisabsprachen, Absprachen über die Abgabe oder die konkreten Inhalte von Angeboten oder die Aufteilung bestimmter Märkte. Dazu kann auch die Vereinbarung von Bietergemeinschaften gehören, wenn diese nicht wettbewerblich begründet ist.[12]

---

[3] Vgl. hierzu im Detail in Band 3 *Pauka* → GWB § 123 Rn. 8 ff.
[4] Erwägungsgrund 66 RL 2009/81/EG.
[5] Vgl. hierzu im Detail in Band 3 *Pauka* → GWB § 124 Rn. 11 f.
[6] OLG Celle Beschl. v. 18.2.2013 – 13 Verg 1/13, IBRRS 2013, 0992.
[7] Leinemann/Kirch/*Büdenbender* § 22 Rn. 5.
[8] Vgl. hierzu im Detail in Band 3 *Pauka* → GWB § 124 Rn. 13 f.
[9] VK Bund Beschl. v. 25.3.2014 – VK 1-16/14, BeckRS 2014, 21195.
[10] Vgl. BR-Drs. 321/12, 57 bzw. bisherigen Wortlaut des § 23 Abs. 1 Nr. 3.
[11] Vgl. hierzu im Detail in Band 3 *Pauka* → GWB § 124 Rn. 17 ff.
[12] Zur Anwendung dieser Vorschriften auf Bietergemeinschaften vgl. *Hausmann*/*Queisner* NZBau 2015, 402 ff.

ee) Interessenkonflikt. Ein fakultativer Ausschlussgrund liegt vor, wenn gem. § 124 11 Abs. 1 Nr. 5 GWB ein **Interessenkonflikt** bei der Durchführung des Vergabeverfahrens besteht, der die Unparteilichkeit und Unabhängigkeit einer für den öffentlichen Auftraggeber tätigen Person bei der Durchführung des Vergabeverfahrens beeinträchtigen könnte und der durch andere, weniger einschneidende Maßnahmen nicht wirksam beseitigt werden kann.[13] Bezüglich der Grundsätze für diese Vorschrift kann § 6 VgV entsprechend herangezogen werden, der die Behandlung sog. vorbefasster Unternehmen regelt.

ff) Projektantenstellung. Ein fakultativer Ausschlussgrund liegt vor, wenn eine Wettbe- 12 werbsverzerrung gem. § 124 Abs. 1 Nr. 6 GWB daraus resultiert, dass das Unternehmen bereits in die Vorbereitung des Vergabeverfahrens einbezogen war, und diese Wettbewerbsverzerrung nicht durch andere, weniger einschneidende Maßnahmen beseitigt werden kann. Bezüglich der Grundsätze für diese Vorschrift kann § 7 VgV entsprechend herangezogen werden, der die Behandlung sog. vorbefasster Unternehmen **(Projektantenstellung)** regelt.[14]

gg) Mangelhafte Auftragsausführung. Ein fakultativer Ausschlussgrund liegt vor, 13 wenn das Unternehmen gem. § 124 Abs. 1 Nr. 7 GWB eine wesentliche Anforderung bei der Ausführung eines früheren öffentlichen Auftrags oder Konzessionsvertrags erheblich oder fortdauernd **mangelhaft** erfüllt und dies zu einer vorzeitigen Beendigung, zu Schadensersatz oder zu einer vergleichbaren Rechtsfolge geführt hat.[15] Eine wesentliche Anforderung kann sich im Bereich der Sicherheit- und Verteidigung insbesondere auf die Informations- und Versorgungssicherheit nach §§ 6 ff. beziehen.[16] Wegen der Sensibilität verteidigungs- und sicherheitsspezifischer Aufträge sind diese Anforderungen in der Regel wesentlich. Gleichwohl rechtfertigt nicht jede vertragliche Rechtsfolge einen Ausschluss. Nach der Rechtsprechung gelten hohe Anforderungen für den Tatbestand des § 124 Abs. 1 Nr. 7 GWB.[17] Nicht vergleichbar iSd § 124 Abs. 1 Nr. 7 GWB ist die Geltendmachung einer Vertragsstrafe des Auftraggebers gegenüber dem Bewerber oder Bieter in einem früheren Auftrags, weil dieser dogmatisch nicht mit einem Schadensersatz zu vergleichen ist.[18] Eine Vertragsstrafenregelung kommt zur Geltung, wenn ein zwischen den Parteien als sanktionswürdig vereinbarter Sachverhalt eintritt. Zu einem Schaden muss es nicht gekommen sein. Im Gegensatz zur Vertragsstrafe ist für einen Schadensersatzanspruch außerdem immer ein Verschuldenselement erforderlich.

hh) Schwerwiegende Täuschung. Ein fakultativer Ausschlussgrund liegt vor, wenn 14 das Unternehmen gem. § 124 Abs. 1 Nr. 8 GWB in Bezug auf Ausschlussgründe oder Eignungskriterien eine **schwerwiegende Täuschung** begangen oder Auskünfte zurückgehalten hat oder nicht in der Lage ist, die erforderlichen Nachweise zu übermitteln.[19]

ii) Unlautere Beeinflussung. Ein fakultativer Ausschlussgrund liegt vor, wenn das 15 Unternehmen gem. § 124 Abs. 1 Nr. 9 GWB versucht hat, das Vergabeverfahren **unlauter zu beeinflussen.**[20]

c) Ausschlussgrund gem. § 147 GWB iVm 124 Abs. 1 GWB. Das Unternehmen 16 kann gem. § 147 GWB iVm 124 Abs. 1 GWB auch dann von der Teilnahme an einem Vergabeverfahren ausgeschlossen werden, wenn das Unternehmen nicht die **erforderliche Vertrauenswürdigkeit** aufweist, um **Risiken für die nationale Sicherheit** auszuschließen.[21] Der Ausschlusstatbestand in § 147 GWB ergänzt insoweit die Liste des § 124 GWB.

---

[13] Vgl. hierzu im Detail in Band 3 *Pauka* → GWB § 124 Rn. 20 ff.
[14] Vgl. hierzu im Detail in Band 3 *Pauka* → GWB § 124 Rn. 24 ff.
[15] Vgl. hierzu im Detail in Band 3 *Pauka* → GWB § 124 Rn. 26 ff.
[16] Vgl. BR-Drs. 321/12, 57 bzw. bisherigen Wortlaut des § 23 Abs. 1 Nr. 4.
[17] VK Nordbayern Beschl. v. 27.9.2016 – 21.VK-3194-34/16, IBRRS 2016, 2787.
[18] VK Nordbayern Beschl. v. 27.9.2016 – 21.VK-3194-34/16, IBRRS 2016, 2787.
[19] Vgl. hierzu im Detail in Band 3 *Pauka* → GWB § 124 Rn. 29 f.
[20] Vgl. hierzu im Detail in Band 3 *Pauka* → GWB § 124 Rn. 31.
[21] Dieser Ausschlussgrund war bisher in § 23 Abs. 1 Nr. 5 geregelt.

Er trägt dem Umstand Rechnung, dass Aufträge im Bereich der Verteidigung und Sicherheit regelmäßig durch eine besondere Sensibilität gekennzeichnet sind.[22] Die Vertrauenswürdigkeit gem. § 147 GWB kann dann fehlen, wenn das Risiko besteht, dass geheimhaltungsbedürftige Verschlusssachen unbefugt zur Kenntnis Dritter gebracht werden.[23] Die Risiken können sich aus bestimmten Merkmalen der vom Bewerber gelieferten Produkte oder aus der Gesellschaftsstruktur des Bewerbers ergeben.[24] Ist zB ein Staat, den ein Mitgliedstaat für nicht vertrauenswürdig hält, Anteilseigner an einem Unternehmen oder hat es auf sonstige Weise Zugriff auf das Unternehmen, kann ein Risiko iSd § 147 GWB wegen der Gesellschaftsstruktur des Unternehmens bestehen.[25] Das Gesetz lässt es dabei genügen, wenn das Risiko für die nationale Sicherheit nicht ausgeschlossen werden kann, dh nicht gänzlich unmöglich ist. Nicht erforderlich ist, dass das Risiko überwiegend wahrscheinlich ist.[26]

17 Dennoch müssen tatsächliche Anhaltspunkte für die fehlende Vertrauenswürdigkeit vorliegen, bevor ein Bewerber oder Bieter ausgeschlossen werden kann. Der Nachweis, dass Risiken für die nationale Sicherheit nicht auszuschließen sind, kann gem. § 147 S. 2 GWB auch mithilfe geschützter Datenquellen erfolgen. Zu solchen Datenquellen werden insbesondere Informationen der nationalen Geheim- und Sicherheitsbehörden gehören.[27] Wie diese geschützten Informationen in das Nachprüfungsverfahren einzubringen sind, ergibt sich aus § 99 VwGO. Dort sind die Einsichtsmöglichkeiten durch die Entscheidungsinstanz und die Verwendung in der Entscheidung näher geregelt.[28]

18 **2. Nachweis durch Bescheinigung (Abs. 2).** Gemäß § 24 Abs. 2 können Bewerber oder Bieter das Nichtvorliegen der in § 147 GWB iVm § 124 GWB genannten Ausschlussgründe durch Bescheinigungen einer zuständigen Behörde des Herkunftslandes oder des Niederlassungsstaats nachweisen. Mit der Vorschrift wird Art. 39 Abs. 3 lit. b RL 2009/81/EG umgesetzt. § 24 Abs. 2 entspricht im Wesentlichen dem Wortlaut des § 23 Abs. 4. Auf die entsprechende Kommentierung wird verwiesen.[29]

19 **3. Nachweis durch Versicherung an Eides statt (Abs. 3).** Gemäß § 24 Abs. 3 können Bewerber oder Bieter in den Fällen, in denen ihr Herkunftsland Bescheinigungen iSd Abs. 2 nicht ausstellt, eine Erklärung an Eides statt oder eine förmliche Erklärung gem. § 23 Abs. 5 S. 2 abgeben. § 24 Abs. 3 S. 1 entspricht den Vorgaben des § 23 Abs. 5 S. 1, während § 24 Abs. 3 S. 2 auf § 23 Abs. 5 S. 2 verweist. Auf die entsprechende Kommentierung wird verwiesen.[30]

§ 25 Nachweis der Erlaubnis zur Berufsausübung

(1) Die Auftraggeber können die Bewerber oder Bieter auffordern, als Nachweis für die Erlaubnis zur Berufsausübung
1. den Auszug eines Berufs- oder Handelsregisters gemäß der unverbindlichen Liste des Anhangs VII Teil B und C der Richtlinie 2009/81/EG vorzulegen, wenn die Eintragung gemäß den Vorschriften des Mitgliedstaats ihrer Herkunft oder Niederlassung Voraussetzung für die Berufsausübung ist,
2. darüber eine Erklärung unter Eid abzugeben oder
3. eine sonstige Bescheinigung vorzulegen.

(2) Müssen Bewerber oder Bieter eine bestimmte Berechtigung besitzen oder Mitglied einer bestimmten Organisation sein, um eine Dienstleistung in ihrem

---

[22] Vgl. Erwägungsgrund 67 RL 2009/81/EG.
[23] Vgl. iE Beck VergabeR/*v. Wietersheim* GWB § 147 Rn. 13.
[24] Erwägungsgrund 66 RL 2009/81/EG.
[25] Beck VergabeR/*v. Wietersheim* GWB § 147 Rn. 13.
[26] Band 3 *Thiele* → GWB § 147 Rn. 6; Beck VergabeR/*v. Wietersheim* GWB § 147 Rn. 14.
[27] Vgl. Leinemann/Kirch/*Büdenbender* Rn. 8.
[28] Beck VergabeR/*v. Wietersheim* GWB § 147 GWB Rn. 18.
[29] → § 23 Rn. 20.
[30] → § 23 Rn. 21.

Herkunftsmitgliedstaat erbringen zu können, können Auftraggeber Bewerber oder Bieter auffordern, darüber den Nachweis zu erbringen.

I. Normzweck und Zusammenhang

Voraussetzung für die Vergabe eines öffentlichen Auftrags an ein Unternehmen ist gem. § 122 Abs. 1 GWB, dass das Unternehmen fachkundig und leistungsfähig ist. Die Eignung setzt gem. § 122 Abs. 2 S. 2 Nr. 1 GWB unter anderem die Befähigung und Erlaubnis zur Berufsausübung voraus. In diesem Kontext legt § 25 fest, welche Nachweise der Erlaubnis zur Berufsausübung öffentliche Auftraggeber von den Bewerbern oder Bietern fordern können. Mit der Vorschrift werden die Vorgaben des Art. 40 UAbs. 1 und 2 RL 2009/81/EG umgesetzt. § 25 Abs. 1 enthält eine abschließende Liste von drei möglichen Nachweisen. § 25 Abs. 2 eröffnet Auftraggebern die Möglichkeit, zusätzlich den Nachweis bestimmter Berechtigungen zu fordern, wenn diese Berechtigungen Voraussetzung für die Berufsausübung sind.

II. Einzelerläuterungen

1. Nachweis für die Erlaubnis zur Berufsausübung (Abs. 1). § 25 Abs. 1 gibt öffentlichen Auftraggebern zunächst die Kompetenz, Bewerber oder Bieter aufzufordern, ihre Erlaubnis zur Berufsausübung nachzuweisen. Für den Nachweis der Erlaubnis der Berufsausübung sieht Abs. 1 einen Katalog von drei Nachweismöglichkeiten vor.

Gemäß Abs. 1 Nr. 1 können öffentliche Auftraggeber einen Auszug aus einem Berufs- oder Handelsregister verlangen. Die Eintragung muss aber Voraussetzung für die Berufsausübung sein. Die Tätigkeit darf nicht zulässigerweise ohne entsprechender Eintragung ausgeführt werden. Durch den Handelsregisterauszug informiert sich der Auftraggeber verlässlich über die rechtliche Existenz eines Unternehmens, aber auch über sonstige wichtige Rechtsverhältnisse des Unternehmens bzw. deren Änderung (wie z.B. die Eigentümerverhältnisse, den Eintritt der Insolvenz ua).[1]

Welche Nachweise der öffentliche Auftraggeber verlangen kann, hängt von den Rechtsvorschriften desjenigen Staates ab, in dem der Bewerber oder Bieter niedergelassen ist. Für die Mitgliedstaaten der Europäischen Union enthält Anhang VII Teil B und C der RL 2009/81/EG eine Auflistung der einschlägigen Berufs- und Handelsregister bzw. von Bescheinigungen oder Erklärungen über die Berufsausübung. Gem. Anhang VII Teil B sind für Lieferaufträge die einschlägigen Berufs- oder Handelsregister in der Bundesrepublik Deutschland das „Handelsregister" und die „Handwerksrolle". Gem. Anhang II Teil C sind für Dienstleistungsaufträge die einschlägigen Berufs- oder Handelsregister das „Handelsregister", die „Handwerksrolle", das „Vereinsregister", das „Partnerschaftsregister" und die „Mitgliederverzeichnisse der Berufskammern der Länder". Der Registerauszug kann sowohl als Abschrift der Registereintragung (vgl. zB für Handelsregister § 9 Abs. 2 HGB) als Bestätigung der Eintragung durch das registerführende Amtsgericht (vgl. zB für Handelsregister § 9 Abs. 3 HGB) oder (sofern der Auftraggeber nichts anderes gefordert hat) in Form eines gleichwertigen schriftlichen Nachweises, insbesondere eines Ausdrucks einer elektronischen Datei.[2] Diesen herkömmlichen (schriftlichen) Beweismitteln ist gemeinsam, dass es sich jeweils um Fremdbelege handelt. Der Nachweis muss im Zeitpunkt seiner Einreichung grundsätzlich die aktuellen Gegebenheiten des Bewerbers oder Unternehmens wiederspiegeln. Auftraggeber können aber auch festlegen, dass der Auszug selbst eine bestimmte Aktualität aufweisen muss (zB nicht älter als drei Monate). Schließlich können Auftraggeber die Beglaubigung des Auszugs fordern, um die Glaubwürdigkeit zu erhöhen.[3]

---

[1] OLG Düsseldorf Beschl. v. 16.1.2006 – VII-Verg 92/05, BeckRS 2006, 2916; VK Bund Beschl. v. 4.4.2007 – VK1-23/07, BeckRS 2007, 142850.
[2] OLG Düsseldorf Beschl. v. 16.1.2006 – VII-Verg 92/05, BeckRS 2006, 2916.
[3] VK Bund Beschl. v. 4.4.2007 – VK1-23/07, BeckRS 2007, 142850.

5   Gemäß § 25 Abs. 1 Nr. 2 können Auftraggeber die Bewerber oder Bieter auffordern, als Nachweis über die Erlaubnis zur Berufsausübung eine Erklärung an Eides statt abzugeben. Gemäß § 25 Abs. 1 Nr. 3 können sie auch eine sonstige Bescheinigung verlangen.
6   Der Katalog von Nachweismöglichkeiten in Abs. 1 ist abschließend; andere als die in Abs. 1 genannten Nachweise dürfen öffentliche Auftraggeber nicht fordern.[4] Die Nachweismöglichkeiten stehen nach ihrem Wortlaut nicht in einem Rangverhältnis, sondern stehen sich alternativ gegenüber („*oder*"). Der Auftraggeber kann sich im Rahmen seines Ermessens für eine der drei Nachweise entscheiden. Gleichwohl weisen öffentliche Aufträge im Verteidigungs- oder Sicherheitsbereich eine besondere Sensibilität auf.[5] Auftraggeber müssen bei der Entscheidung, welchen Nachweis sie fordern, die besonderen Anforderungen an die daraus zu folgernde hohe Vertrauenswürdigkeit des Auftragnehmers beachten. Deshalb sollte vornehmlich ein Registerauszug gefordert werden. Er kann üblicherweise ohne größeren Aufwand oder Kosten von den Bewerbern oder Bietern beigebracht werden.[6] Lediglich dann, wenn ein solches Register nicht besteht, sollte der Auftraggeber eine Erklärung unter Eid oder eine sonstige Bescheinigung ausreichen lassen.
7   Reicht der Auftragnehmer eine Bescheinigung nach § 25 Abs. 1 ein, darf der öffentliche Auftraggeber nicht inhaltlich nachprüfen, ob der Bieter oder Bewerber die in seinem Niederlassungsstaat geltenden Rechtsvorschriften für die erlaubte Ausübung eines Berufs oder für die Erbringung einer bestimmten Dienstleistung tatsächlich erfüllt.[7] Sofern ein Bieter oder Bewerber den Nachweis beibringt, den der öffentliche Auftraggeber gem. § 25 Abs. 1 verlangen kann – insbesondere die Handelsregistereintragung gem. Abs. 1 Nr. 1 – gilt seine Befähigung und Erlaubnis zur Berufsausübung als gegeben.[8]
8   **2. Nachweis besonderer Berechtigungen (Abs. 2).** § 25 Abs. 2 regelt die Anforderungen an den Nachweis, wenn Bewerber oder Bieter eine bestimmte Berechtigung besitzen oder Mitglied einer bestimmten Organisation sein müssen, um eine Dienstleistung in ihrem Herkunftsmitgliedstaat erbringen zu können. Relevant wird diese Vorgabe bei gewerberechtlichen Erlaubnissen.[9] Zum Beispiel bedürfen Unternehmen des Bewachungsgewerbes gem. § 34a GewO der Erlaubnis der zuständigen Behörde. Außerdem bedarf zB die gewerbsmäßige Herstellung, Bearbeitung oder Instandsetzung von Schusswaffen oder Munition einer Waffenherstellungserlaubnis nach § 21 Abs. 1 S. 1 Hs. 1 WaffG. Der entsprechend betriebene Handel mit Schusswaffen oder Munition bedarf einer Waffenhandelserlaubnis nach § 21 Abs. 1 S. 1 Hs. 2 WaffG. Ist eine solche Berechtigung für die Ausübung der Dienstleistung erforderlich, können Auftraggeber Bewerber oder Bieter auffordern, darüber den Nachweis zu erbringen.

§ 26 Nachweis der wirtschaftlichen und finanziellen Leistungsfähigkeit

(1) **Auftraggeber können je nach Art, Verwendungszweck und Menge der zu liefernden Güter oder dem Umfang der zu erbringenden Dienstleistungen angemessene Nachweise der finanziellen und wirtschaftlichen Leistungsfähigkeit der Bewerber oder Bieter verlangen, insbesondere die Vorlage**
1. **entsprechender Bankerklärungen oder des Nachweises einer entsprechenden Berufshaftpflichtversicherung,**
2. **von Bilanzen oder Bilanzauszügen, falls deren Veröffentlichung in dem Land, in dem der Bewerber oder Bieter ansässig ist, gesetzlich vorgeschrieben ist,**
3. **einer Erklärung über den Gesamtumsatz und den Umsatz für den durch den Auftragsgegenstand vorausgesetzten Tätigkeitsbereich, jedoch höchstens für**

---

[4] KKMPP/*Hausmann/v. Hoff* VgV § 44 Rn. 5.
[5] Vgl. Erwägungsgründe 8 und 9 RL 2009/81/EG.
[6] Vgl. VK Bund Beschl. v. 4.4.2007 – VK1-23/07, BeckRS 2007, 142850.
[7] Vgl. Gesetzesbegründung zu § 44 VgV: BT-Drs. 18/7318, 183.
[8] Vgl. Gesetzesbegründung zu § 44 VgV: BT-Drs. 18/7318, 183; Leinemann/Kirch/*Büdenbender* Rn. 2.
[9] Leinemann/Kirch/*Büdenbender* Rn. 6.

die letzten drei Geschäftsjahre, entsprechend dem Gründungsdatum oder dem Datum der Tätigkeitsaufnahme des Unternehmens, sofern entsprechende Angaben verfügbar sind.

(2) Können Bewerber oder Bieter aus einem berechtigten Grund die geforderten Nachweise nicht beibringen, so kann der Auftraggeber die Vorlage jedes anderen geeigneten Nachweises zulassen.

(3) ¹Bewerber oder Bieter können sich für einen bestimmten Auftrag auf die Leistungsfähigkeit anderer Unternehmen berufen, wenn sie nachweisen, dass ihnen dadurch die erforderlichen Mittel zur Verfügung stehen. ²Dies gilt auch für Bewerber- oder Bietergemeinschaften.

Übersicht

	Rn.		Rn.
I. Normzweck und Zusammenhang ..	1	b) Nachweise einer entsprechenden Berufshaftpflichtversicherung	5
II. Einzelerläuterungen	2–17	c) Bilanzen oder Bilanzauszüge	6, 7
		d) Umsatznachweise	8, 9
1. Eignungsnachweise (Abs. 1)	2–9	2. Andere geeignete Nachweise (Abs. 2) ..	10, 11
a) Bankerklärungen	4	3. Eignungsleihe (Abs. 3)	12–17

I. Normzweck und Zusammenhang

Voraussetzung für die Vergabe eines öffentlichen Auftrags an ein Unternehmen ist gem. **1** § 122 Abs. 1 GWB, dass das Unternehmen fachkundig und leistungsfähig ist. Die Eignung setzt gem. § 122 Abs. 2 S. 2 Nr. 2 GWB die wirtschaftliche und finanzielle Leistungsfähigkeit voraus. § 26 Abs. 1 regelt, welche Nachweise für die wirtschaftliche und finanzielle Leistungsfähigkeit Auftraggeber von Bewerbern oder Bietern verlangen können. Abs. 2 legt fest, dass Bewerber aus berechtigten Gründen auch andere geeignete Nachweise als der geforderten einreichen dürfen. Zudem regelt § 26 Abs. 3, dass sich Bewerber oder Bieter auch auf die Leistungsfähigkeit anderer Bewerber berufen können (Eignungsleihe). Mit der Vorschrift werden die Vorgaben des Art. 41 RL 2009/81/EG umgesetzt.

II. Einzelerläuterungen

1. Eignungsnachweise (Abs. 1). § 26 Abs. 1 ermächtigt öffentliche Auftraggeber, **2** Nachweise der finanziellen und wirtschaftlichen Leistungsfähigkeit der Bewerber oder Bieter zu verlangen. Zugleich setzt § 26 Abs. 1 Grenzen für die Forderung von Unterlagen. So wiederholt die Vorschrift den bereits in § 22 Abs. 1 genannten Grundsatz, dass der Auftraggeber bei der Forderung von Unterlagen das Verhältnismäßigkeitsgebot gem. § 97 Abs. 2 GWB einhalten muss (→ § 22 Rn. 6). Die Forderung von Unterlagen muss angemessen sein. Die vom Auftraggeber gestellten Anforderungen sind also mit der Eigenart des Auftrags abzuwägen. § 26 Abs. 1 konkretisiert insofern, dass die Eigenart des Auftrags insbesondere durch dessen Art, Verwendungszweck und Menge der zu liefernden Güter bzw. der zu erbringenden Dienstleistungen bestimmt wird. Eignungsnachweise müssen also mit dem Auftragsgegenstand in sachlichem Zusammenhang stehen. Im Übrigen dürfen sie auch nicht diskriminierend sein (→ § 21 Rn. 9). Unter Wahrung dieser Grundsätze steht es einem öffentlichen Auftraggeber grundsätzlich frei, die von ihm für erforderlich gehaltenen Eignungsvorgaben selbst zu definieren und die von den Bewerbern bzw. Bietern zu erfüllenden Anforderungen festzulegen.[1] Die Nachweise müssen den Auftraggeber in die Lage versetzen, festzustellen, ob erwartet werden kann, dass der Bewerber bzw. Bieter seine finanziellen Verpflichtungen gegenüber dem Auftraggeber und Dritten erfüllen kann (Prognose).[2]

Darüber hinaus enthält § 26 Abs. 1 eine Auflistung von drei möglichen Nachweisen, auf **3** deren Grundlage der Auftraggeber die wirtschaftliche und finanzielle Leistungsfähigkeit der

---
[1] Vgl. OLG München Beschl. v. 31.8.2010 – Verg 12/10, BeckRS 2010, 21117.
[2] Vgl. OLG München Beschl. v. 17.9.2015 – Verg 3/15, NZBau 2015, 711.

Bewerber oder Bieter prüfen kann. Mit diesen Nachweisen kann nach der Formulierung von Art. 41 Abs. 1 RL 2009/81/EG „*in der Regel*" die wirtschaftliche und finanzielle Leistungsfähigkeit belegt werden. Allerdings macht die der Liste vorangestellte Formulierung „insbesondere" in § 26 Abs. 1 deutlich, dass die Liste nicht abschließend ist.[3] Das bedeutet, dass Auftraggeber je nach den Besonderheiten des Auftragsgegenstandes weitere gerechtfertigte Nachweise verlangen dürfen.

4   **a) Bankerklärungen.** Öffentliche Auftraggeber können nach § 26 Abs. 1 Nr. 1 die Vorlage von Bankerklärungen fordern. Mit der Bankerklärung können sie prüfen, ob das Unternehmen über hinreichende finanzielle Eigenmittel oder die notwendige Kreditwürdigkeit verfügt. Konkretisiert der Auftraggeber seine Nachweisforderung nicht, bleibt es den Bewerbern bzw. Bietern überlassen, mit welchem Inhalt solche Bankerklärungen abgegeben werden.[4]

5   **b) Nachweise einer entsprechenden Berufshaftpflichtversicherung.** Öffentliche Auftraggeber können nach § 26 Abs. 1 Nr. 1 die Vorlage von einer entsprechenden Berufshaftpflichtversicherung fordern. Die Vorschrift macht deutlich, dass der Auftraggeber berechtigt ist, umfassenden Berufshaftpflichtversicherungsschutz für die zu vergebende Leistung zu verlangen.[5] Durch die Forderung eines entsprechenden Versicherungsnachweises kann der Auftraggeber einer haftpflichtschadensbedingten Gefährdung der ordnungsgemäßen Leistungserbringung durch eine vermeidbare Verschlechterung der wirtschaftlichen Lage des Leistungserbringers entgegenwirken. Zudem kann er die Realisierung der eigenen Ansprüche auf Schadensersatz durch die Existenz eines solventen Schuldners absichern.[6] Auch wenn § 26 Abs. 1 Nr. 1 von einer Berufshaftpflichtversicherung spricht, ist dieser Begriff nicht im Sinne einer bestimmten Versicherungsform zu verstehen. Auch eine Betriebshaftpflichtversicherung kann zulässigerweise nach § 26 Abs. 1 Nr. 1 gefordert werden.[7] Der Auftraggeber kann verlangen, dass die Bewerber oder Bieter die Deckungssummen der Versicherungen ausweisen.[8] Er kann unter Beachtung des Verhältnismäßigkeitsgrundsatzes auch Mindestanforderungen an die Versicherungsleistung (Mindestabdeckungssumme) und die versicherten Schäden (Personen-, Sach- und/oder Vermögensschäden) stellen.[9]

6   **c) Bilanzen oder Bilanzauszüge.** Öffentliche Auftraggeber können nach § 26 Abs. 1 Nr. 2 die Vorlage von Bilanzen oder Bilanzauszügen fordern. Voraussetzung ist, dass die Veröffentlichung in dem Land, in dem der Bewerber oder Bieter ansässig ist, gesetzlich vorgeschrieben ist. In der Bundesrepublik Deutschland finden sich die Vorschriften über die Veröffentlichung von Bilanzen in den §§ 325 ff. HGB für Kapitalgesellschaften und in § 264a HGB für die Personenhandelsgesellschaften.

7   Will der Auftraggeber Mindestanforderungen an die Bilanz stellen, so dürfen sich diese nicht pauschal auf die Bilanz im Allgemeinen beziehen, sondern auf ein oder mehrere bestimmte Elemente der Bilanz.[10] Bei der Wahl dieser Elemente verfügen die Auftraggeber allerdings über verhältnismäßig viel Freiheit.[11] Jedoch müssen die in § 21 Abs. 1 aufgestellten Grenzen für Mindestanforderungen eingehalten werden. Daraus folgt, dass die von einem öffentlichen Auftraggeber zur Festlegung von Mindestanforderungen an die wirtschaftliche und finanzielle Leistungsfähigkeit gewählten Elemente der Bilanz objektiv geeignet sein

---

[3] BR-Drs. 321/12, 58.
[4] OLG Düsseldorf Beschl. v. 6.7.2005 – VII-Verg 22/05, BeckRS 2005, 33238; VK Düsseldorf Beschl. v. 28.10.2005 – VK-34/2005-L.
[5] OLG Thüringen Beschl. v. 6.6.2007 – 9 Verg 3/07, NZBau 2007, 730.
[6] 1. VK Sachsen-Anhalt Beschl. v. 31.7.2008 – 1 VK LVwA 04/08, IBRRS 2008, 2874.
[7] VK Niedersachsen Beschl. v. 11.3.2013 – VgK-03/2013, IBRRS 2013, 3225.
[8] VK Baden-Württemberg Beschl. v. 4.11.2013 – 1 VK 35/13, BeckRS 2016, 40647; VK Baden-Württemberg Beschl. v. 13.11.2008 – VK 41/08.
[9] VK Niedersachsen Beschl. v. 11.3.2013 – VgK-03/2013, IBRRS 2013, 3225.
[10] EuGH Urt. v. 18.10.2012 – C-218/11, NZBau 2013, 58.
[11] EuGH Urt. v. 18.10.2012 – C-218/11, NZBau 2013, 58.

müssen, über diese Leistungsfähigkeit eines Wirtschaftsteilnehmers Auskunft zu geben. Die in dieser Weise festgelegte Anforderung muss der Bedeutung des betreffenden Auftrags in dem Sinne angepasst sein, dass sie objektiv einen konkreten Hinweis auf das Bestehen einer zur erfolgreichen Ausführung dieses Auftrags ausreichenden wirtschaftlichen und finanziellen Basis ermöglicht, ohne über das hierzu vernünftigerweise erforderliche Maß hinauszugehen.

d) Umsatznachweise. Öffentliche Auftraggeber können nach § 26 Abs. 1 Nr. 3 eine Erklärung über den Gesamtumsatz und den Umsatz für den durch den Auftragsgegenstand vorausgesetzten Tätigkeitsbereich verlangen.[12] Diese Nachweise können den Auftraggeber in die Lage versetzen, sich u.a. ein Bild darüber zu machen, in welchem finanziellem Rahmen sich die bisherige Geschäftstätigkeit eines Bewerbers bzw. Bieters bewegte und ob er voraussichtlich über die wirtschaftliche Leistungsfähigkeit verfügt, die für die Ausführung des konkreten Auftrags notwendig ist.[13] Einschränkend ist jedoch zu berücksichtigen, dass der Nachweis höchstens für die letzten drei Geschäftsjahre, entsprechend dem Gründungsdatum oder dem Datum der Tätigkeitsaufnahme des Unternehmens gefordert werden darf. 8

Verlangt ein Auftraggeber eine Eigenerklärung über den Umsatz in den letzten drei abgeschlossenen Geschäftsjahren, folgt daraus noch nicht, dass das Unternehmen in den letzten drei Jahren Umsätze erzielt haben muss. Eine Umsatzangabe von „Null" ist in diesem Fall zulässig.[14] Allerdings kann der Auftraggeber auch Mindestanforderungen an die Umsatzzahlen stellen. Um hier den Verhältnismäßigkeitsgrundsatz einzuhalten, sollte der geforderte Umsatz grundsätzlich nicht das Zweifache des geschätzten Auftragswerts überschreiten.[15] Sofern Newcomer durch die Mindestanforderungen von einer Teilnahme an dem Vergabeverfahren abgehalten werden, ist dies hinzunehmen. Die Bestimmungen des Vergaberechts nehmen „ersichtlich in Kauf, dass sie den Marktzutritt für Newcomer erschweren, wenn der Auftraggeber von den Bestimmungen in zulässiger Weise Gebrauch macht, soweit es durch den Gegenstand der Leistungen gerechtfertigt ist".[16] 9

2. Andere geeignete Nachweise (Abs. 2). Können Bewerber oder Bieter aus einem berechtigten Grund die geforderten Nachweise nicht beibringen, so kann der Auftraggeber gem. § 26 Abs. 2 die Vorlage jedes anderen geeigneten Nachweises zulassen. Diese Bestimmung zielt insbesondere darauf ab, möglichen Schwierigkeiten bei der Nachweiserbringung zu begegnen, die ihren Grund in unterschiedlichen nationalen Bestimmungen haben. Die Vorschrift gibt dem öffentlichen Auftraggeber ein Instrument in die Hand, um vor dem Hintergrund des Gleichbehandlungsgrundsatzes Diskriminierungen der betroffenen Unternehmen zu vermeiden.[17] 10

Gleichwohl handelt es sich bei der Vorschrift um eine Ausnahmevorschrift.[18] Andere geeignete Nachweise sind lediglich aus berechtigten Gründen zulässig. Berechtige Gründe sind solche, die zwar nicht unbedingt zwingend, aber einleuchtend sind.[19] Das kann zB der Fall sein, wenn es sich um ein gerade erst neu gegründetes Unternehmen handelt.[20] Der berechtigte Grund ist durch den Bewerber oder Bieter glaubhaft zu machen.[21] Es gilt das Gleichbehandlungsgebot und Diskriminierungsverbot. Die Versagung nicht geeigneter bzw. die Zulassung geeigneter Alternativnachweise kann im Nachprüfungsverfahren durch die 11

---

[12] Vgl. auch OLG Brandenburg Beschl. v. 9.2.2010 – Verg W 10/09, BeckRS 2010, 03986.
[13] OLG Koblenz Beschl. v. 25.9.2012 – 1 Verg 5/12, NZBau 2013, 63; 2. VK Bund Beschl. v. 17.7.2012 – VK 2 – 47/12, BeckRS 2012, 212506.
[14] 1. VK Bund Beschl. v. 13.6.2014 – VK 1 – 34/14, BeckRS 2014, 21200.
[15] Vgl. auch § 45 Abs. 2 VgV.
[16] OLG Düsseldorf Beschl. v. 2.1.2006 – Verg 93/05, BeckRS 2006, 02917; OLG Düsseldorf Beschl. v. 16.11.2011 – Verg 60/11, ZfBR 2012, 179; vgl. auch VK Nordbayern Beschl. v. 11.5.2015 – 21.VK-3194-10/15, IBRRS 2015, 1886.
[17] Leinemann/Kirch/*Büdenbender* Rn. 10.
[18] Vgl. KKMPP/*Hausmann/v. Hoff* VgV § 45 Rn. 24.
[19] Vgl. VK Bund Beschl. v. 13.6.2007 – VK 2-51/07.
[20] Vgl. zur Parallelvorschrift in § 45 VgV; BT-Drs. 18/7318, 183.
[21] BR-Drs. 321/12, 58.

betroffenen Bewerber oder Bieter bzw. deren Wettbewerber gerügt werden und unterliegt der Kontrolle durch die Vergabekammern und durch die Oberlandesgerichte.[22]

12 **3. Eignungsleihe (Abs. 3).** § 26 Abs. 3 S. 1 regelt, dass der Bewerber oder Bieter zulässigerweise für den Nachweis seiner wirtschaftlichen und finanziellen Eignung gegenüber dem öffentlichen Auftraggeber die Kapazitäten anderer Unternehmen in Anspruch nehmen darf.

13 Die Eignungsleihe ist von der Unterauftragsvergabe nach § 9 zu unterscheiden. Bei der Vergabe von Unteraufträgen wird ein Teil des Auftrags durch den Bewerber oder Bieter auf eine dritte Person übertragen, die dann diesen Teil im Falle einer Zuschlagserteilung ausführt. Bei der Eignungsleihe hingegen, beruft sich der Bewerber oder Bieter für die Eignungsprüfung auf die Kapazitäten eines Dritten, ohne dass er zwingend zugleich diesen mit der Ausführung eines Teils des Auftrags beauftragen muss.[23]

14 Das Instrument der Eignungsleihe geht auf die Rechtsprechung des EuGH zurück, nach der ein Unternehmen nicht notwendigerweise die mit der Vergabe des öffentlichen Auftrags beauftragten Leistungen selbst erbringen muss. Es kann sich dazu auch anderer Unternehmen bedienen.[24] Allerdings müssen Bewerber bzw. Bieter nachweisen, dass ihnen – unabhängig von der Beziehung zu dem anderen Unternehmen – die wirtschaftliche und finanzielle Leistungsfähigkeit tatsächlich zur Verfügung steht, dass das Drittunternehmen, auf das sie sich berufen, selbst die entsprechenden Eignungskriterien erfüllt, und dass bei dem Drittunternehmen keine Ausschlussgründe vorliegen.[25] Für den Nachweis der Verfügbarkeit der Leistungsfähigkeit wird in der Praxis eine **Verpflichtungserklärung** des Drittunternehmens gefordert.[26] Diese Verpflichtungserklärung muss lediglich für den Fall der Zuschlagserteilung ausgestellt werden.[27] Der „Eignungsverleiher" muss sich nicht generell dazu verpflichten, dem Bewerber oder Bieter seine Leistungsfähigkeit zur Verfügung zu stellen. Davon abgesehen muss die Verpflichtungserklärung für den Fall einer Zuschlagserteilung aber verbindlich sein, um den berechtigten Interessen des Auftraggebers gerecht zu werden.[28] Da der „Eignungsverleiher" Fähigkeitslücken des Bewerbers ausgleichen soll, können dessen Fähigkeiten oder Kapazitäten nur dann zugunsten des Bewerbers berücksichtigt werden, wenn ihm diese wie seine eigenen auch tatsächlich zur Verfügung stehen. Die bloße Konzernverbundenheit reicht nicht für den Nachweis, dass der Bewerber oder Bieter tatsächlich auf die Kapazitäten oder Fähigkeiten eines verbundenen Unternehmens zurückgreifen kann.[29]

15 Bewerber oder Bieter nutzen die Eignungsleihe in der Praxis insbesondere dann, wenn Auftraggeber Mindestanforderung an die wirtschaftliche und finanzielle Leistungsfähigkeit festgelegt haben (zB Höhe des Bilanzgewinnes in den letzten drei abgeschlossenen Geschäftsjahren), und sie alleine diese nicht erfüllen können.[30] Diese Situation kann sich insbesondere für Newcomer ergeben (→ § 21 Rn. 10).

16 Ein genauer Zeitpunkt, wann die Verfügbarkeitsnachweise vorliegen müssen, wird in § 26 Abs. 3 nicht festgelegt. Grundsätzlich gilt jedoch, dass ein Bewerber bzw. Bieter seine Eignung nur bei Vorlage der entsprechenden Erklärungen nachweisen kann. Somit ist regelmäßig davon auszugehen, dass der Verfügbarkeitsnachweis bis zu dem Zeitpunkt vorzulegen ist, in dem die Eignung bewertet wird (Eignungsprüfung). Das wird bei Verfahren, denen ein Teilnahmewettbewerb vorgeschaltet ist, grundsätzlich der Ablauf der Teil-

---

[22] BR-Drs. 321/12, 58.
[23] Vgl. BT-Drs. 18/7318, 184.
[24] EuGH Urt. v. 14.4.1994 – C-389/92 Rn. 15, BeckRS 2004, 76951; EuGH Urt. v. 18.12.1997 – C-5/97 Rn. 10, BeckRS 2004, 77499; vgl. BT-Drs. 18/7318, 184.
[25] EuGH Urt. v. 14.4.1994 – C-389/92 Rn. 17, BeckRS 2004, 76951; EuGH Urt. v. 18.12.1997 – C-5/97 Rn. 12, BeckRS 2004, 77499; vgl. BT-Drs. 18/7318, 184.
[26] Vgl. auch § 47 Abs. 1 S. 1 aE.
[27] VK Bund Beschl. v. 9.8.2017 – VK 1-77/17, BeckRS 2017, 130195 (nicht bestandskräftig).
[28] VK Bund Beschl. v. 9.8.2017 – VK 1-77/17, BeckRS 2017, 130195 (nicht bestandskräftig).
[29] VK Bund Beschl. v. 29.12.2006 – VK 2-128/06, BeckRS 2006, 135391.
[30] Vgl. hierzu EuGH Urt. v. 18.10.2012 – C-218/11, NZBau 2013, 58; EuGH Urt. v. 2.12.1999 – C-176/98 Rn. 28, NZBau 2000, 149.

nahmefrist und im Fall des offenen Verfahrens die Angebotsfrist sein.[31] Der Auftraggeber kann die Vorlage der Verpflichtungserklärung jedenfalls zu diesem Zeitpunkt zulässigerweise fordern.[32]

§ 26 Abs. 3 S. 2 stellt klar, dass sich auch Bewerber- oder Bietergemeinschaften der Eignungsleihe bedienen können. Bei der Beurteilung der Eignung einer Bewerber- oder Bietergemeinschaft kommt es auf die Leistungsfähigkeit der Gesamtheit der Bewerber bzw. Bieter und der ihnen zur Verfügung stehenden Nachunternehmer an.[33]

17

§ 27 Nachweis der technischen und beruflichen Leistungsfähigkeit

(1) ¹Auftraggeber können je nach Art, Verwendungszweck und Menge der zu liefernden Güter oder dem Umfang der zu erbringenden Dienstleistungen angemessene Nachweise der technischen und beruflichen Leistungsfähigkeit verlangen. ²Insbesondere können die Auftraggeber verlangen:
1. bei Lieferaufträgen
   a) eine Liste der wesentlichen in den letzten fünf Jahren erbrachten Lieferungen;
   b) Muster, Beschreibungen oder Fotografien der zu liefernden Güter, deren Echtheit nach Aufforderung durch den Auftraggeber nachzuweisen ist;
   c) Bescheinigungen, die von zuständigen Instituten oder amtlichen Stellen für Qualitätskontrolle ausgestellt wurden, mit denen bestätigt wird, dass die durch entsprechende Bezugnahmen genau bezeichneten Güter bestimmten Spezifikationen oder Normen entsprechen;
   d) die Angabe der technischen Fachkräfte oder der technischen Stellen, unabhängig davon, ob diese dem Unternehmen angeschlossen sind oder nicht, und zwar insbesondere derjenigen, die mit der Qualitätskontrolle beauftragt sind;
   e) eine Beschreibung der technischen Ausrüstung, der Maßnahmen des Unternehmens zur Qualitätssicherung und der Untersuchungs- und Forschungsmöglichkeiten des Unternehmens sowie der internen Vorschriften in Bezug auf gewerbliche Schutzrechte;
   f) bei komplexer Art der zu liefernden Güter oder solchen, die ausnahmsweise einem besonderen Zweck dienen, eine Kontrolle, die vom Auftraggeber oder in dessen Namen von einer zuständigen amtlichen Stelle im Herkunftsland des Unternehmens durchgeführt wird. Diese Kontrolle betrifft Produktionskapazitäten und erforderlichenfalls die Untersuchungs- und Forschungsmöglichkeiten des Unternehmens sowie die von diesem für die Qualitätskontrolle getroffenen Vorkehrungen;
   g) im Falle zusätzlicher Dienst- oder Bauleistungen die Studien- und Ausbildungsnachweise sowie Bescheinigungen darüber, dass das Unternehmen die Erlaubnis zur Berufsausübung sowie die Führungskräfte des Unternehmens und insbesondere die für die Erbringung der Dienst- oder Bauleistung verantwortlichen Personen die erforderliche berufliche Befähigung besitzen;
   h) eine Erklärung, aus der die durchschnittliche jährliche Beschäftigtenzahl des Unternehmens und die
   Zahl seiner Führungskräfte in den letzten drei Jahren ersichtlich ist;
   i) eine Beschreibung der Ausstattung, der Geräte, der technischen Ausrüstung sowie die Angabe der Anzahl der Mitarbeiter und ihrer Kenntnisse sowie die Angabe der Zulieferer, auf die das Unternehmen zurückgreifen kann, um den Auftrag auszuführen und einen etwaigen steigenden Bedarf des

---

[31] Leinemann/Kirch/*Bündenbender*, 1. Aufl. 2013, § 27 Rn. 24.
[32] VK Bund Beschl. v. 9.8.2017 – VK 1-77/17, BeckRS 2017, 130195 (nicht bestandskräftig).
[33] Vgl. OLG Düsseldorf Beschl. v. 15.12.2004 – Verg 48/04, IBRRS 2005, 0142.

Auftraggebers infolge einer Krise zu decken oder die Wartung, Modernisierung oder Anpassung der im Rahmen des Auftrags gelieferten Güter sicherzustellen. Zur Angabe der Zulieferer gehört die Angabe des geografischen Standortes, falls diese Zulieferer außerhalb der Europäischen Union ansässig sind;
2. bei Dienstleistungsaufträgen
 a) eine Liste der wesentlichen in den letzten fünf Jahren erbrachten Dienstleistungen;
 b) Muster, Beschreibungen oder Fotografien der zu erbringenden Dienstleistungen, deren Echtheit nach Aufforderung durch den Auftraggeber nachzuweisen ist;
 c) Studien- und Ausbildungsnachweise sowie Bescheinigungen darüber, dass das Unternehmen die Erlaubnis zur Berufsausübung sowie die Führungskräfte des Unternehmens und insbesondere die für die Erbringung der Dienstleistung verantwortlichen Personen die erforderliche berufliche Befähigung besitzen;
 d) die Angabe der technischen Fachkräfte oder der technischen Stellen, unabhängig davon, ob diese dem Unternehmen angeschlossen sind oder nicht, und zwar insbesondere derjenigen, die mit der Qualitätskontrolle beauftragt sind;
 e) bei Dienstleistungen komplexer Art oder solchen, die ausnahmsweise einem besonderen Zweck dienen, eine Kontrolle, die vom Auftraggeber oder in dessen Namen von einer zuständigen amtlichen Stelle im Herkunftsland des Unternehmens durchgeführt wird. Diese Kontrolle betrifft die technische Leistungsfähigkeit und erforderlichenfalls die Untersuchungs- und Forschungsmöglichkeiten des Unternehmens sowie die von diesem für die Qualitätskontrolle getroffenen Vorkehrungen;
 f) im Falle zusätzlicher Bauleistungen die Studien- und Ausbildungsnachweise sowie Bescheinigungen darüber, dass das Unternehmen die Erlaubnis zur Berufsausübung sowie die Führungskräfte des Unternehmens und insbesondere die für die Ausführung der Bauleistung verantwortlichen Personen die erforderliche berufliche Befähigung besitzen;
 g) die Angabe der durch den Auftragsgegenstand erforderlichen Umweltmanagementmaßnahmen;
 h) eine Erklärung, aus der die durchschnittliche jährliche Beschäftigtenzahl des Unternehmens und die Zahl seiner Führungskräfte in den letzten drei Jahren ersichtlich ist;
 i) eine Beschreibung der Ausstattung, der Geräte, der technischen Ausrüstung sowie die Angabe der Anzahl der Mitarbeiter und ihrer Kenntnisse sowie die Angabe der Zulieferer, auf die das Unternehmen zurückgreifen kann, um den Auftrag auszuführen und einen etwaigen steigenden Bedarf des Auftraggebers infolge einer Krise zu decken. Zur Angabe der Zulieferer gehört die Angabe ihres geografischen Standortes, falls diese Zulieferer außerhalb der Europäischen Union ansässig sind.

(2) Verlangt der Auftraggeber Angaben zu erbrachten Liefer- und Dienstleistungen im Sinne des Absatzes 1 Nummer 1 Buchstabe a und Nummer 2 Buchstabe a über erbrachte Leistungen, so sind diese zu erbringen
1. bei Leistungen an öffentliche Auftraggeber durch eine von der zuständigen Behörde ausgestellte Bescheinigung, die beglaubigt werden kann, oder
2. bei Leistungen an private Auftraggeber durch eine von diesen ausgestellte Bescheinigung oder, falls eine solche Bescheinigung nicht erhältlich ist, durch einfache Erklärung.

(3) Auskünfte im Sinne des Absatzes 2 enthalten mindestens die folgenden Angaben:
1. Name der Auskunftsperson;
2. Wert der Leistung;
3. Zeit der Leistungserbringung;
4. Angabe, ob die Lieferleistung sachmangelfrei und ordnungsgemäß oder die Dienstleistung fachgerecht und ordnungsgemäß ausgeführt wurde.

(4) ¹Bewerber oder Bieter können sich für einen bestimmten Auftrag auf die Leistungsfähigkeit anderer Unternehmen berufen, wenn sie nachweisen, dass diese ihnen die für die Auftragsausführung erforderlichen Mittel zur Verfügung stellen. ²Dies gilt auch für Bewerber- oder Bietergemeinschaften. ³Der Nachweis kann auch durch Zusage der Unternehmen erfolgen, die dem Bewerber oder Bieter die für die Auftragsausführung erforderlichen Mittel zur Verfügung stellen. ⁴Die Zusage muss in Schriftform oder elektronisch mindestens mittels einer fortgeschrittenen elektronischen Signatur oder mindestens mittels eines fortgeschrittenen elektronischen Siegels erfolgen.

(5) Können Bewerber oder Bieter aus einem berechtigten Grund die geforderten Nachweise ihrer technischen und beruflichen Leistungsfähigkeit nicht beibringen, so kann der Auftraggeber die Vorlage jedes anderen geeigneten Nachweises zulassen.

Übersicht

	Rn.
I. Normzweck und Zusammenhang	1
II. Einzelerläuterungen	2–24
1. Allgemeines zur Forderung von Eignungsnachweisen gem. § 27 Abs. 1	2, 3
2. Eignungsnachweise bei Lieferaufträgen (Abs. 1 Nr. 1)	4–19
a) Referenzen (lit. a)	4–9
b) Muster, Beschreibungen und/oder Fotografien (lit. b)	10
c) Bescheinigungen (lit. c)	11
d) Technische Fachkräfte oder technische Stellen (lit. d)	12, 13
e) Technische Ausrüstung, Qualitätssicherung und Untersuchungs- und Forschungsmöglichkeiten (lit. e)	14, 15
f) Kontrollen und Vorkehrungen für die Qualitätskontrolle (lit. f)	16
g) Studien- und Ausbildungsnachweise sowie Bescheinigungen über die Erlaubnis zur Berufsausübung (lit. g)	17
h) Zahl der Beschäftigten und der Führungskräfte (lit. h)	18
i) Angaben zu Unterauftragnehmern (lit. i)	19
3. Eignungsnachweise bei Dienstleistungsaufträgen	20
4. Besondere Vorgaben für Referenzen gem. Abs. 2 und 3	21
5. Eignungsleihe (Abs. 4)	22, 23
6. Subsidiäre Nachweismöglichkeit (Abs. 5)	24

I. Normzweck und Zusammenhang

Voraussetzung für die Vergabe eines öffentlichen Auftrags an ein Unternehmen ist gem. **1** § 122 Abs. 1 GWB, dass das Unternehmen fachkundig und leistungsfähig ist. Die Eignung setzt gem. § 122 Abs. 2 S. 2 Nr. 3 GWB die technische und berufliche Leistungsfähigkeit voraus. § 27 Abs. 1 regelt, welche Nachweise Auftraggeber von Bewerbern oder Bietern verlangen können. Zudem werden in den Abs. 2 und 3 genauere Regelungen bei dem Nachweis von Referenzen getroffen. § 27 Abs. 4 bestimmt, dass sich Bewerber oder Bieter auch auf die Leistungsfähigkeit andere Bewerber berufen können (Eignungsleihe). Abs. 5 legt schließlich fest, dass Bewerber aus berechtigten Gründen auch andere geeignete Nachweise als der geforderten einreichen dürfen. § 27 dient der Umsetzung von Art. 42 RL 2009/81/EG. Die Inhalte von Art. 42 Abs. 1 lit. j RL 2009/81/EG zum Nachweis der Eignung zur Ausführung von Verschlusssachenaufträgen wurden in § 7 Abs. 6, 7 und 8 umgesetzt.

II. Einzelerläuterungen

1. Allgemeines zur Forderung von Eignungsnachweisen gem. § 27 Abs. 1. § 27 **2**
Abs. 1 ermächtigt öffentliche Auftraggeber, Nachweise der technischen und beruflichen

Leistungsfähigkeit der Bewerber oder Bieter zu verlangen. Darüber hinaus enthält § 27 Abs. 1 eine Auflistung möglicher Nachweise, auf deren Grundlage der Auftraggeber die technische und berufliche Leistungsfähigkeit der Bewerber oder Bieter prüfen kann. Mit diesen Nachweisen kann nach der Formulierung von Art. 2 Abs. 1 RL 2009/81/EG „in der Regel" die technische und berufliche Leistungsfähigkeit belegt werden. Allerdings macht die der Liste vorangestellte Formulierung „insbesondere" in § 27 Abs. 1 deutlich, dass die Liste nicht abschließend ist.[1] Das bedeutet, dass Auftraggeber je nach den Besonderheiten des Auftragsgegenstandes weitere gerechtfertigte Nachweise verlangen dürfen. Hierin liegt ein wesentlicher Unterschied zu der Parallelvorschrift des § 46 VgV, der abschließend festlegt, welche Nachweise Auftraggeber zum Beleg der technischen und beruflichen Leistungsfähigkeit fordern dürfen.[2]

3 § 27 Abs. 1 S. 2 differenziert zwischen Nachweisen für Lieferaufträge (Nr. 1) und Nachweisen für Dienstleistungsaufträge (Nr. 2).

4 **2. Eignungsnachweise bei Lieferaufträgen (Abs. 1 Nr. 1). a) Referenzen (lit. a).** Öffentliche Auftraggeber können gem. § 27 Abs. 1 S. 2 Nr. 1 lit. a die Vorlage einer Liste der wesentlichen in den letzten fünf Jahren erbrachten Lieferungen (Referenzen) fordern. Mit der Vorlage von Referenzen können öffentliche Auftraggeber prüfen, ob der Bewerber oder Bieter in der Vergangenheit schon vergleichbare Leistungen erfolgreich erbracht hat und so prognostizieren, ob er auch einen zukünftigen Auftrag erfolgreich durchführen kann. Deshalb haben Referenzen in der Praxis eine große Bedeutung für den Nachweis der beruflichen und technischen Leistungsfähigkeit.

5 Obwohl die Vorschrift lediglich auf Referenzen aus den letzten fünf Jahren abstellt, können Auftraggeber ausnahmsweise auch ältere Referenzen zulassen. Das wird insbesondere dann gerechtfertigt sein, wenn dadurch Wettbewerb zwischen mehreren Bewerbern bzw. Bietern sichergestellt werden kann. Das bietet sich insbesondere dann an, wenn es sich um einen sehr engen Markt handelt, in dem lediglich wenige Aufträge erteilt werden und die Auftragsdauer sehr lang ist.[3]

6 Regelmäßig stellt sich bei eingereichten Referenzen die Frage, ob sie sich auch auf noch nicht abgeschlossene Aufträge berufen dürfen. § 27 Abs. 2 S. 2 Nr. 1 bezieht sich auf „erbrachte" Dienstleistungen; der Wortlaut spricht also dafür, dass lediglich abgeschlossene Aufträge gewertet werden können.[4] Allerdings ist im Interesse eines breiten Wettbewerbs und der Öffnung der Beschaffungsmärkte auf die spezifischen Leistungen und nicht den Abschluss des gesamten Projekts abzustellen. Das gilt insbesondere bei Projekten, deren Gesamtprojektdauer über einen längeren Zeitraum läuft, bei denen aber einzelne relevante Teilprojekte schon abgeschlossen sind.[5]

7 § 27 Abs. 1 S. 2 Nr. 1 lit. a ist grundsätzlich im Zusammenhang mit den Abs. 2 und 3 zu lesen. Abs. 2 stellt den Grundsatz auf, dass Referenzen von dem jeweiligen Referenzgeber auszustellen sind. Dies bietet eine zusätzliche Gewähr dafür, dass die Referenzen korrekt dargestellt und tatsächlich erbracht wurden. Dabei differenziert Abs. 2 zwischen öffentlichen und privaten Auftraggebern. Bei öffentlichen Referenzgebern muss die zuständige Behörde die Bescheinigung ausstellen. Um eine zusätzliche Gewähr für die Korrektheit der Angaben sicherzustellen, können Auftraggeber auch eine Beglaubigung fordern. Bei privaten Auftraggebern muss die Bescheinigung von dem privaten Auftraggeber selbst erteilt werden. Falls bei privaten Auftraggebern keine Bescheinigung erhältlich ist, kann der Nachweis durch eine einfache Erklärung des Auftraggebers erbracht werden.

8 § 27 Abs. 3 stellt zusätzliche Mindestanforderungen an den Inhalt der Referenzen auf.[6] Sie müssen mindestens die folgenden Angaben enthalten:

---

[1] BR-Drs. 321/12, 58.
[2] Vgl. hierzu BT-Drs. 18/7318, 183.
[3] Vgl. hierzu BT-Drs. 18/7318, 184.
[4] VK Sachsen Beschl. v. 17.6.2004 – 1/SVK/038 – 04, IBRRS 2005, 1192.
[5] KKMPP/*Hausmann/v. Hoff* VgV § 46 Rn. 14.
[6] BR-Drs. 321/12, 59.

– Name der Auskunftsperson;
– Wert der Leistung;
– Zeit der Leistungserbringung;
– Angabe, ob die Lieferleistung sachmangelfrei und ordnungsgemäß oder die Dienstleistung fachgerecht und ordnungsgemäß ausgeführt wurde.

Die Anzahl der vorzulegenden Referenzen liegt grundsätzlich im Ermessen des Auftraggebers, insbesondere kann er eine Mindestanzahl fordern. Eine Höchstzahl von Referenzen, die vorgelegt werden dürfen, verstößt hingegen nach der Rechtsprechung gegen den Wettbewerbsgrundsatz gem. § 97 Abs. 1 GWB.[7] Eine solche Begrenzung habe eine abschreckende Wirkung auf die Bieter und verkürze die Tatsachengrundlage der Eignungsprüfung durch den Auftraggeber unsachgemäß.

b) Muster, Beschreibungen und/oder Fotografien (lit. b). Öffentliche Auftraggeber können gem. § 27 Abs. 2 Nr. 1 lit. b die Vorlage von Mustern, Beschreibungen und/oder Fotografien von der zu erbringenden Leistung fordern. Zusätzlich können öffentliche Auftraggeber Bewerber oder Bieter auffordern, die Echtheit der eingereichten Unterlagen nachzuweisen. Im Hinblick auf die Anforderungen an den Nachweis ist der Verhältnismäßigkeitsgrundsatz zu beachten.

c) Bescheinigungen (lit. c). Öffentliche Auftraggeber können gem. § 27 Abs. 2 Nr. 1 lit. c Bescheinigungen fordern, mit denen bestätigt wird, dass vom Bieter angebotene Güter bestimmten Spezifikationen oder Normen entsprechen. Die Bescheinigungen müssen von den zuständigen Stellen ausgestellt werden. Dabei ist der Vorrang der europäischen Zertifizierungsnormen gem. § 28 zu beachten. Allerdings sind öffentliche Auftraggeber gem. § 28 Abs. 1 S. 2 zum Schutz ausländischer Unternehmen verpflichtet, gleichwertige Bescheinigungen von Stellen aus anderen Mitgliedsstaaten, sowie andere gleichwertige Nachweise für Qualitätssicherungsmaßnahmen anzuerkennen.[8]

d) Technische Fachkräfte oder technische Stellen (lit. d). Öffentliche Auftraggeber können gem. § 27 Abs. 1 S. 2 Nr. 1 lit. d Angaben zu den technischen Fachkräften oder den technischen Stellen des Bewerbers oder Bieters fordern. Die Vorschrift bezieht sich insbesondere auf die Personen und Stellen, die mit der Qualitätskontrolle beauftragt sind. Auftraggeber können aber auch Angaben zu anderen Fachkräften oder Stellen fordern. Einschränkend ist lediglich zu berücksichtigen, dass es sich um Kräfte und Stellen handelt, die für die Auftragsausführung wesentliche Entscheidungen treffen. Dazu kann zB das technische Leitungspersonal gehören. Angaben zu den konkreten Namen der technischen Fachkräfte dürfen öffentliche Auftraggeber nur ausnahmsweise unter besonderen Umständen des Einzelfalls fordern.[9] Dabei ist zu berücksichtigen, ob die Mitteilung der Anzahl der Fachkräfte und ihrer Berufsqualifikation nicht ausreichend ist, um das spezifische Informationsinteresse zu decken.

§ 27 Abs. 1 S. 2 Nr. 1 lit. d stellt klar, dass die Nachweise von dem Auftraggeber verlangt werden, unabhängig davon, ob die betreffenden Fachkräfte oder Stellen dem Unternehmen angeschlossen sind. Damit soll sichergestellt werden, dass der Auftraggeber sich einen Überblick über das für die Auftragsdurchführung tatsächlich vorhandene Know-how und die Kapazitäten verschaffen kann.[10]

e) Technische Ausrüstung, Qualitätssicherung und Untersuchungs- und Forschungsmöglichkeiten (lit. e). Öffentliche Auftraggeber können nach § 27 Abs. 1 S. 2 Nr. 1 lit. e eine Beschreibung der technischen Leistungsfähigkeit durch die Beschreibung der technischen Ausrüstung, der Maßnahmen zur Qualitätssicherung und die Untersu-

---

[7] OLG Düsseldorf Beschl. v. 12.9.2012 – VII-Verg 108/11, NZBau 2013, 60 f.; kritisch hierzu: *Mager* NZBau 2013, 92 (95).
[8] KKMPP/*Hausmann/v. Hoff* VgV § 46 Rn. 35.
[9] BR-Drs. 321/12, 59.
[10] KKMPP/*Hausmann/v. Hoff* VgV § 46 Rn. 18.

chungs- und Forschungsmöglichkeiten des Unternehmens fordern. Für die technische Ausrüstung ist es ausreichend, wenn das Unternehmen belegt, dass es zum Zeitpunkt der Leistungsdurchführung über die Ausrüstung verfügt.[11] Es besteht sonst die Gefahr, dass Unternehmen zu Investitionen gezwungen werden, die sich erst im Fall einer Auftragserteilung amortisieren.[12]

15   Die Beschreibung von Forschungsmöglichkeiten kann insbesondere bei der Lieferung von innovativen Produkten erforderlich sein. Dabei kann es ggf. auch genügen, eine Kooperation mit einer Hochschule für die relevanten Forschungsbereiche nachzuweisen oder eigens durchgeführte Forschungsprojekte darzulegen. Zudem kann die Beschreibung der internen Vorschriften in Bezug auf gewerbliche Schutzrechte gefordert werden. Dies wird dann relevant, wenn der öffentliche Auftraggeber ein Interesse daran hat sicherzustellen, dass diese besonders vor dem Zugriff Dritter geschützt sind.[13]

16   **f) Kontrollen und Vorkehrungen für die Qualitätskontrolle (lit. f).** Öffentliche Auftraggeber können gem. § 27 Abs. 1 S. 2 Nr. 1 lit. f bei besonderen Aufträgen eine Kontrolle fordern. Die Kontrolle betrifft Produktionskapazitäten und erforderlichenfalls die Untersuchungs- und Forschungsmöglichkeiten des Unternehmens sowie die von diesem für die Qualitätskontrolle getroffenen Vorkehrungen. Durchgeführt werden kann die Kontrolle entweder von dem öffentlichen Auftraggeber selbst oder in dessen Namen von einer zuständigen amtlichen Stelle des Herkunftslandes des Unternehmens. Fordert der Auftraggeber eine solche Kontrolle, müssen die Unternehmen in ihrer Bewerbung ihre Bereitschaft dazu erklären. Der damit verbundene hohe finanzielle und organisatorische Aufwand wird dafür sorgen, dass eine solche Kontrolle nur in Ausnahmefällen zulässig ist.[14]

17   **g) Studien- und Ausbildungsnachweise sowie Bescheinigungen über die Erlaubnis zur Berufsausübung (lit. g).** Öffentliche Auftraggeber können gem. § 27 Abs. 1 S. 2 Nr. 1 lit. g im Falle zusätzlicher Dienst- oder Bauleistungen neben der Lieferungsleistung auch Studien- und Ausbildungsnachweise sowie Bescheinigungen verlangen, dass das Unternehmen über die Erlaubnis zur Berufsausübung verfügt. Zudem können auch Nachweise darüber gefordert werden, dass Führungskräfte und Personen (insbesondere die für die Erbringung der Leistung Verantwortlichen) die erforderliche berufliche Befähigung besitzen. Ein Nachweis kann in Form eines Abschlusszeugnisses oder auch beruflicher Erfahrung aus einschlägigen Projekten vorgelegt werden, wie Lebensläufe oder Arbeitszeugnisse. Die Forderung der besonderen Qualifizierung muss der jeweiligen Leistung jedoch angemessen sein.[15] Zudem sind nach Maßstab des Diskriminierungsverbotes gleichwertige Nachweise aus anderen Mitgliedsstaaten anzuerkennen. Die Richtlinie 2013/55/EU macht konkrete Angaben zur Anerkennung der Gleichwertigkeit von Berufsqualifikationen.[16]

18   **h) Zahl der Beschäftigten und der Führungskräfte (lit. h).** Öffentliche Auftraggeber können gem. § 27 Abs. 1 S. 2 Nr. 1 lit. h eine Erklärung über die durchschnittliche jährliche Beschäftigungszahl des Unternehmens und die Zahl seiner Führungskräfte in den letzten drei Jahren fordern. Besonders zu beachten ist hier, dass sich die Angaben konkret auf die Beschäftigtenzahl des Bewerber- oder Bieterunternehmens beziehen muss und nicht etwa auf die Unternehmensgruppe, der es angehört. Außerdem muss es sich um tatsächlich jahresdurchschnittliche Angaben der letzten drei Jahren handeln.[17] Die Erklärung bedarf keiner besonderen Form.

19   **i) Angaben zu Unterauftragnehmern (lit. i).** Öffentliche Auftraggeber können gem. § 27 Abs. 1 S. 2 Nr. 1 lit. i zusätzliche Angaben fordern, wenn sie mit einem erhöhten

---

[11] Vgl. auch OLG München Beschl. v. 17.1.2013 – Verg 30/12, BeckRS 2013, 01364.
[12] VK Nordbayern Beschl. v. 18.9.2008 – 21 VK-3194-43/08, BeckRS 2008, 46594.
[13] Leinemann/Kirch/*Bündenbender*, 1. Aufl. 2013, Rn. 9.
[14] So auch Müller-Wrede/*Müller-Wrede*, 3. Aufl. 2010, VOL/A § 7 EG Rn. 53.
[15] OLG Düsseldorf Beschl. v. 21.12.2011 – Verg 74/11, NZBau 2012, 321.
[16] Vgl. auch Erwägungsgrund 64 RL 2009/81/EG.
[17] 3. VK Bund Beschl. v. 26.6.2008 – VK 3-71/08.

Bedarf (etwa in Folge einer Krise iSd § 4 Abs. 1) rechnen müssen. In diesem Fall können sie Angaben von den Bewerbern oder Bietern fordern, wie ein erhöhter Beschaffungsbedarf von ihnen gedeckt werden kann. Die Angaben beziehen sich nach dem Wortlaut auf zusätzliche Ausstattung, Geräte, technische Ausrüstung sowie die Anzahl der Mitarbeiter und ihrer Kenntnisse. Hierbei können sich Überschneidungen mit den Angaben gem. § 27 Abs. 1 S. 2 Nr. 1 lit. d und e ergeben. Umfasst sein können auch zusätzliche Angaben zu etwaigen Zulieferern sowie gem. § 27 Abs. 1 S. 2 Nr. 1 lit. i S. 2 zu deren Standort, falls sie außerhalb der Europäischen Union ansässig sind.

3. Eignungsnachweise bei Dienstleistungsaufträgen. Die Auflistung möglicher 20 Dienstleistungsaufträge in § 27 Abs. 1 S. 2 Nr. 2 entspricht im Wesentlichen der für Lieferaufträge. Hiervon ausgenommen ist lediglich § 27 Abs. 1 S. 2 Nr. 2 lit. g. Danach dürfen öffentliche Auftraggeber Angaben der durch den Auftragsgegenstand erforderlichen Umweltmanagementmaßnahmen fordern. Nach dem Wortlaut der Regelung reicht es aus, dass der Auftragnehmer die erforderlichen Umweltmanagementmaßnahmen angibt. Die Vorlage einer Zertifizierung von unabhängigen Stellen ist in der Regelung nicht ausdrücklich vorgegeben. Dennoch können Auftraggeber gem. § 28 Abs. 2 solche Zertifizierungen fordern.

4. Besondere Vorgaben für Referenzen gem. Abs. 2 und 3. Für die Kommentie- 21 rung der Abs. 2 und 3 wird auf die Kommentierung zu § 27 Abs. 1 S. 2 Nr. 1 lit. a verwiesen (→ Rn. 7 f.).

5. Eignungsleihe (Abs. 4). Gemäß § 27 Abs. 4 S. 1 können sich Bewerber oder Bieter 22 auf die Leistungsfähigkeit anderer Unternehmen berufen (Eignungsleihe). Das Gleiche gilt gem. § 27 Abs. 4 S. 2 für Bewerber- oder Bietergemeinschaften. Allerdings müssen Bewerber bzw. Bieter nachweisen, dass ihnen die berufliche und technische Leistungsfähigkeit tatsächlich zur Verfügung steht, dass das Drittunternehmen, auf das sie sich berufen, selbst die entsprechenden Eignungskriterien erfüllt, und dass bei dem Drittunternehmen keine Ausschlussgründe vorliegen.[18] Im Hinblick auf die technische und berufliche Leistungsfähigkeit ist hervorzuheben, dass sich ein Unternehmen auch dann auf die Eignung eines Dritten berufen kann, wenn dieser ihn lediglich bei der Auftragsdurchführung berät, ohne dass das Drittunternehmen selbst operativ tätig wird. Ausreichend ist also ein sog. Know-how-Transfer.[19]

Für den Nachweis der Verfügbarkeit der Leistungsfähigkeit wird in der Praxis eine Ver- 23 pflichtungserklärung des Drittunternehmens gefordert (→ § 26 Rn. 14). § 27 Abs. 4 bestätigt diese in der Praxis übliche Vorgehensweise in seinem S. 3. Darüber hinaus legt § 27 Abs. 4 S. 4 zusätzliche formale Anforderungen an die Verpflichtungserklärung fest. Danach ist die Zusage schriftlich einzureichen oder im Falle einer elektronischen Übermittlung mittels einer fortgeschrittenen Signatur im Sinne des Signaturgesetzes. Bzgl. der Einzelheiten dieser Vorschrift wird auf die Kommentierung zu § 26 Abs. 3 verwiesen (→ § 26 Rn. 12 ff.).

6. Subsidiäre Nachweismöglichkeit (Abs. 5). Der öffentliche Auftraggeber kann 24 gem. § 27 Abs. 5 jede andere Form eines geeigneten Nachweises akzeptieren, wenn der Bieter aus berechtigtem Grund die geforderten Nachweise seiner technischen und fachlichen Leistungsfähigkeit nicht beibringen kann. Bzgl. der Einzelheiten dieser Vorschrift wird auf die Kommentierung zu § 26 Abs. 2 verwiesen (→ § 26 Rn. 10).

§ 28 Nachweis für die Einhaltung von Normen des Qualitäts- und Umweltmanagements

(1) ¹Verlangen Auftraggeber zum Nachweis dafür, dass Bewerber oder Bieter bestimmte Normen des Qualitätsmanagements erfüllen, die Vorlage von Beschei-

---
[18] EuGH Urt. v. 14.4.1994 – C-389/92 Rn. 17, BeckRS 2004, 76951; EuGH Urt. v. 18.12.1997 – C-5/97 Rn. 12, BeckRS 2004, 77499, vgl. BT-Drs. 18/7318, 184.
[19] OLG Düsseldorf Beschl. v. 30.6.2010 – Verg 13/10, NZBau 2011, 54.

nigungen unabhängiger und akkreditierter Stellen, so beziehen sich Auftraggeber auf Qualitätsmanagementsysteme, die
1. den einschlägigen europäischen Normen genügen und
2. von unabhängigen akkreditierten Stellen zertifiziert sind, die den europäischen Normen für die Akkreditierung und Zertifizierung entsprechen. ²Auftraggeber erkennen gleichwertige Bescheinigungen von unabhängigen akkreditierten Stellen aus anderen Mitgliedstaaten und andere Nachweise für gleichwertige Qualitätsmanagementsysteme an.

(2) ¹Verlangen Auftraggeber bei der Vergabe von Dienstleistungsaufträgen als Nachweis der technischen Leistungsfähigkeit, dass Bewerber oder Bieter bestimmte Normen für das Umweltmanagement erfüllen, die Vorlage von Bescheinigungen unabhängiger Stellen, so beziehen sich Auftraggeber
1. entweder auf das Gemeinschaftssystem für das Umweltmanagement und die Umweltbetriebsprüfung (EMAS) oder
2. auf Normen für das Umweltmanagement, die auf den einschlägigen europäischen oder internationalen Normen beruhen und von entsprechenden Stellen zertifiziert sind, die dem Gemeinschaftsrecht oder europäischen oder internationalen Zertifizierungsnormen entsprechen.

²Gleichwertige Bescheinigungen von Stellen in anderen Mitgliedstaaten sind anzuerkennen. ³Auftraggeber erkennen auch andere Nachweise für gleichwertige Umweltmanagementmaßnahmen an, die von Bewerbern oder Bietern vorgelegt werden.

1 § 28 verschärft die methodischen Anforderungen an die Erstellung der Leistungsbeschreibung, um zur angestrebten Harmonisierung der Leistungsanforderungen durch standardisierte Normensysteme wie zB das Gemeinschaftssystem EMAS beizutragen.

2 Weist das Unternehmen in seinem Angebot nach, dass die von ihm vorgeschlagene Lösung mit Umweltmanagementmaßnahmen verbunden ist, die dem Unionsrecht oder europäischen der internationalen Zertifizierungsnormen entsprechen und von unabhängigen akkreditierten Stellen zertifiziert sind, so darf der öffentliche Auftraggeber das Angebot nicht mit der Begründung ablehnen, dass es nicht dem von ihm herangezogenen Qualitätsmanagement entspreche (ebenso § 32 Abs. 1 VgV). Das gilt gem. Abs. 2 auch für die Vergabe von Dienstleistungsaufträgen (vgl. dazu auch § 33 VgV).

§ 29 Aufforderung zur Abgabe eines Angebots

(1) Beim nicht offenen Verfahren, Verhandlungsverfahren mit Teilnahmewettbewerb und wettbewerblichen Dialog fordern Auftraggeber die Bewerber mit der Benachrichtigung über die Auswahl auf, ihre Angebote einzureichen oder zu verhandeln oder – im Falle des wettbewerblichen Dialogs – am Dialog teilzunehmen.

(2) Die Aufforderung enthält die Vergabeunterlagen und alle unterstützenden Unterlagen oder die Angabe, wie darauf gemäß § 20 Absatz 4 Satz 2 elektronisch zugegriffen werden kann.

(3) ¹Hält eine andere Stelle als der für das Vergabeverfahren zuständige Auftraggeber die Unterlagen bereit, gibt der Auftraggeber in der Aufforderung die Anschrift dieser Stelle an und den Zeitpunkt, bis zu dem die Unterlagen angefordert werden können. ²Darüber hinaus sind der Betrag, der für den Erhalt der Unterlagen zu entrichten ist, und die Zahlungsbedingungen anzugeben. ³Die Unternehmen erhalten die Unterlagen unverzüglich nach Zugang der Anforderung.

(4) Veröffentlicht der Auftraggeber zusätzliche Informationen über die Vergabeunterlagen und sonstige ergänzende Unterlagen, so gilt § 20 Absatz 5.

(5) Die Aufforderung enthält über die in den Absätzen 2, 3 und 4 genannten Angaben mindestens:
1. den Hinweis auf die veröffentlichte Bekanntmachung;
2. den Tag, bis zu dem die Angebote eingehen müssen, die Anschrift der Stelle, bei der sie einzureichen sind, sowie die Sprache, in der sie abzufassen sind. Im Falle eines wettbewerblichen Dialogs ist diese Information nicht in der Aufforderung zur Teilnahme am Dialog, sondern in der Aufforderung zur Angebotsabgabe aufzuführen;
3. beim wettbewerblichen Dialog den Termin und den Ort des Beginns der Konsultationsphase sowie die verwendeten Sprachen;
4. die Liste der beizufügenden Eignungsnachweise im Falle des Verhandlungsverfahrens ohne Teilnahmewettbewerb;
5. die Gewichtung der Zuschlagskriterien oder die absteigende Reihenfolge der diesen Kriterien zuerkannten Bedeutung, anhand derer das wirtschaftlichste Angebot bestimmt wird, wenn diese nicht bereits in der Bekanntmachung enthalten sind.

(6) ¹Auftraggeber können verlangen, dass Bieter im Angebot angeben, ob für den Gegenstand des Angebots gewerbliche Schutzrechte bestehen oder von den Bietern oder Dritten beantragt sind. ²Bieter haben stets anzugeben, ob sie erwägen, Angaben aus ihrem Angebot für die Anmeldung eines gewerblichen Schutzrechtes zu verwerten.

(7) ¹Bietergemeinschaften haben im Angebot jeweils die Mitglieder sowie eines ihrer Mitglieder als bevollmächtigen Vertreter für den Abschluss und die Durchführung des Vertrags zu benennen. ²Fehlt eine dieser Angaben im Angebot, so ist sie vor der Zuschlagserteilung beizubringen. ³§ 22 Absatz 6 gilt entsprechend.

§ 29 betrifft die Aufforderung zur Abgabe von Angeboten für diejenigen Verfahrensarten, bei denen zunächst ein nicht offenes Verfahren (s. § 16 VgV), ein Verhandlungsverfahren mit Teilnahmewettbewerb (s. § 17 VgV) bzw. ein wettbewerblicher Dialog (s. § 18 VgV) durchgeführt wird. Die in § 29 getroffene Regelung entspricht im Wesentlichen § 52 VgV (Band 3 → VgV § 52 Rn. 1 ff.).

§ 30 Öffnung der Angebote

(1) ¹Auf dem Postweg und direkt übermittelte Angebote sind ungeöffnet zu lassen, mit Eingangsvermerk zu versehen und bis zum Zeitpunkt der Öffnung unter Verschluss zu halten. ²Elektronische Angebote sind auf geeignete Weise zu kennzeichnen und verschlüsselt aufzubewahren. ³Mittels Telefax eingereichte Angebote sind ebenfalls entsprechend zu kennzeichnen und auf geeignete Weise unter Verschluss zu halten.

(2) ¹Die Öffnung der Angebote wird von mindestens zwei Vertretern des Auftraggebers gemeinsam durchgeführt und dokumentiert. ²Bieter sind nicht zugelassen. ³Dabei wird mindestens festgehalten:
1. Name und Anschrift der Bieter,
2. die Endbeträge ihrer Angebote und andere den Preis betreffenden Angaben,
3. ob und von wem Nebenangebote eingereicht worden sind.

(3) Die Angebote und ihre Anlagen sowie die Dokumentation über die Angebotsöffnung sind auch nach Abschluss des Vergabeverfahrens sorgfältig zu verwahren und vertraulich zu behandeln.

§ 30 statuiert Regeln für die Aufbewahrung und Öffnung der dem öffentlichen Auftraggeber übermittelten Angebote. Die Regelung über die Aufbewahrung in Abs. 1 entspricht

§ 54 VgV (Band 3 → VgV § 54 Rn. 1 ff.); die Regelung über die Öffnung in § 30 Abs. 2 entspricht § 55 VgV (Band 3 → VgV § 55 Rn. 1 ff.). Abs. 3 verpflichtet auch nach Abschluss des Vergabeverfahrens zur sorgfältigen Verwahrung und vertraulichen Behandlung der Angebote sowie der Dokumentation über die Angebotsöffnung.

§ 31 Prüfung der Angebote

(1) Die Angebote sind auf Vollständigkeit sowie auf fachliche und rechnerische Richtigkeit zu prüfen.

(2) Ausgeschlossen werden:
1. **Angebote, die nicht die geforderten oder nachgeforderten Erklärungen und Nachweise enthalten;**
2. **Angebote, die nicht unterschrieben sind oder nicht mindestens versehen sind mit einer fortgeschrittenen elektronischen Signatur oder mit einem fortgeschrittenen elektronischen Siegel;**
3. **Angebote, in denen Änderungen des Bieters an seinen Eintragungen nicht zweifelsfrei sind;**
4. **Angebote, bei denen Änderungen oder Ergänzungen an den Vergabeunterlagen vorgenommen worden sind;**
5. **Angebote, die nicht form- oder fristgerecht eingegangen sind, es sei denn, der Bieter hat dies nicht zu vertreten;**
6. **Angebote von Bietern, die in Bezug auf die Vergabe eine unzulässige, wettbewerbsbeschränkende Abrede getroffen haben;**
7. **Angebote von Bietern, die auch als Bewerber gemäß § 24 von der Teilnahme am Wettbewerb hätten ausgeschlossen werden können;**
8. **Angebote, die nicht die erforderlichen Preisangaben enthalten, es sei denn, es handelt sich um unwesentliche Einzelpositionen, deren Einzelpreise den Gesamtpreis nicht verändern oder die Wertungsreihenfolge und den Wettbewerb nicht beeinträchtigen.**

1 § 31 Abs. 1 verpflichtet den öffentlichen Auftraggeber zur Prüfung der Vollständigkeit sowie der fachlichen und rechnerischen Richtigkeit der Angebote einschließlich nachgeforderter Erklärungen und Nachweise (ebenso § 56 VgV).

2 Nach Abs. 2 werden von der Wertung ausgeschlossen die Angebote, die den Anforderungen der Nr. 1–8 nicht entsprechen. Die Regelung in Abs. 2 entspricht im Wesentlichen den Ausschlusskriterien des § 57 VgV (Band 3 → VgV § 57 Rn. 1 ff.).

§ 32 Nebenangebote

(1) ¹**Auftraggeber können Nebenangebote in der Bekanntmachung zulassen.** ²**In diesem Fall geben Auftraggeber in den Vergabeunterlagen an, welche Mindestanforderungen für Nebenangebote gelten und in welcher Art und Weise Nebenangebote einzureichen sind.** ³**Auftraggeber berücksichtigen nur Nebenangebote, die den in den Vergabeunterlagen festgelegten Mindestanforderungen entsprechen.** ⁴**Nebenangebote sind auszuschließen, wenn sie in der Bekanntmachung nicht ausdrücklich zugelassen sind.**

(2) Auftraggeber dürfen ein Nebenangebot nicht deshalb zurückweisen, weil es im Falle des Zuschlags zu einem Dienstleistungsauftrag anstelle eines Lieferauftrags oder zu einem Lieferauftrag anstelle eines Dienstleistungsauftrags führen würde.

1 Die Vorschrift erlaubt dem Auftraggeber die Zulassung von sog. Nebenangeboten, wobei in den Vertragsunterlagen die Mindestanforderungen für Nebenangebote anzugeben sind

und wie diese einzurechnen sind. Die Vorschrift entspricht § 35 VgV (Band 3 → VgV § 35 Rn. 1 ff.).

§ 33 Ungewöhnlich niedrige Angebote

(1) ¹Erscheint ein Angebot im Verhältnis zu der zu erbringenden Leistung ungewöhnlich niedrig, verlangen die Auftraggeber vor Ablehnung dieses Angebots vom Bieter Aufklärung über dessen Einzelpositionen. ²Auf Angebote, deren Preise in offenbarem Missverhältnis zur Leistung stehen, darf der Zuschlag nicht erteilt werden.

(2) ¹Auftraggeber prüfen die Zusammensetzung des Angebots und berücksichtigen die gelieferten Nachweise. ²Sie können Bieter zur Aufklärung betreffend der Einzelpositionen des Angebots auffordern.

(3) ¹Angebote, die aufgrund einer staatlichen Beihilfe im Sinne des Artikels 107 des Vertrags über die Arbeitsweise der Europäischen Union ungewöhnlich niedrig sind, dürfen aus diesem Grund nur abgelehnt werden, wenn das Unternehmen nach Aufforderung innerhalb einer von den Auftraggebern festzulegenden ausreichenden Frist nicht nachweisen kann, dass die betreffende Beihilfe rechtmäßig gewährt wurde. ²Auftraggeber, die unter diesen Umständen ein Angebot ablehnen, müssen dies der Europäischen Kommission mitteilen.

Die Vorschrift erlaubt den Ausschluss ungewöhnlich niedriger Angebote. Die Vorschrift stimmt mit § 60 VgV überein (Band 3 → VgV § 60 Rn. 1 ff.) **1**

§ 34 Zuschlag

(1) ¹Die Annahme eines Angebots (Zuschlag) erfolgt in Schriftform oder elektronisch mindestens mittels einer fortgeschrittenen elektronischen Signatur oder mindestens mittels eines fortgeschrittenen elektronischen Siegels. ²Bei Übermittlung durch Telefax genügt die Unterschrift auf der Telefaxvorlage.

(2) ¹Zur Ermittlung des wirtschaftlichsten Angebots wendet der Auftraggeber die in der Bekanntmachung oder den Vergabeunterlagen angegebenen Zuschlagskriterien in der festgelegten Gewichtung oder in der absteigenden Reihenfolge der ihnen zuerkannten Bedeutung an. ²Diese Zuschlagskriterien müssen sachlich durch den Auftragsgegenstand gerechtfertigt sein. ³Insbesondere können folgende Kriterien erfasst sein:
1. Qualität,
2. Preis,
3. Zweckmäßigkeit,
4. technischer Wert, Kundendienst und technische Hilfe,
5. Betriebskosten, Rentabilität, Lebenszykluskosten,
6. Interoperabilität und Eigenschaften beim Einsatz,
7. Umwelteigenschaften,
8. Lieferfrist oder Ausführungsdauer und
9. Versorgungssicherheit.

Die Vorschrift regelt in Abs. 1 die Annahme eines Angebots (Zuschlag) und in Abs. 2 **1** S. 3 die Zuschlagskriterien gemäß dem obersten Grundsatz des Vergaberechts, das wirtschaftlichste Angebot auf der Grundlage des besten Preis-Leistungs-Verhältnisses zu ermitteln.

Die Kriterien haben keinen limitativen, sondern nur exemplarischen Charakter. Es darf **2** aber angesichts des Leitbildcharakters nicht ohne triftigen Grund von ihnen abgewichen werden (vgl. dazu auch § 58 Abs. 2 VgV). Andernfalls läge eine fehlerhafte Nutzung des Beurteilungsspielraums vor. Der Auftraggeber ist in der Bekanntmachung bzw. in den Vergabeunterlagen verpflichtet, die Zuschlagskriterien in der festgelegten Gewichtung oder in absteigender Reihenfolge der ihnen zuerkannten Bedeutung mitzuteilen.

3   Die Zuschlagskriterien müssen nach Abs. 2 S. 2 durch den Auftragsgegenstand objektiv gerechtfertigt sein (vgl. § 127 Abs. 3 GWB), dh sachlich mit ihm in Verbindung stehen. Das setzt voraus, dass die Zuschlagskriterien die Betriebskosten, die Rentabilität und das Lebenszyklus-Stadium mitberücksichtigen (vgl. Abs. 2 S. 3 Nr. 5). Die Berechnung der Lebenszykluskosten ist in § 59 VgV eingehend geregelt. Die Vorschrift ist zur Konkretisierung von Nr. 5 sinngemäß heranzuziehen. Näher dazu die Erläuterungen zu §§ 58 und 59 VgV (Band 3 → VgV § 58 Rn. 1 ff. und → VgV § 59 Rn. 1 ff.).

§ 35 Bekanntmachung über die Auftragserteilung

(1) ¹Die Auftraggeber sind verpflichtet, die Vergabe eines Auftrags oder den Abschluss einer Rahmenvereinbarung innerhalb von 48 Tagen bekanntzumachen. ²Die Bekanntmachung über die Auftragserteilung wird nach dem Muster gemäß Anhang XV der Durchführungsverordnung (EU) 2015/1986 erstellt. ³Diese Pflicht besteht nicht für die Vergabe von Einzelaufträgen, die aufgrund einer Rahmenvereinbarung erfolgen.

(2) Die Auftraggeber müssen eine Auftragsvergabe oder den Abschluss einer Rahmenvereinbarung nicht bekannt geben, soweit deren Offenlegung den Gesetzesvollzug behindern, dies dem öffentlichen Interesse, insbesondere Verteidigungs- oder Sicherheitsinteressen, zuwiderlaufen, die berechtigten geschäftlichen Interessen öffentlicher oder privater Unternehmen schädigen oder den lauteren Wettbewerb zwischen ihnen beeinträchtigen könnte.

1   Die Vorschrift verpflichtet die Auftraggeber, die Vergabe eines Auftrags oder den Abschluss einer Rahmenvereinbarung innerhalb von 48 Tagen bekannt zu machen, und zwar gemäß dem Muster im Anhang XV der DurchführungsVO (EU) 2015/1986, es sei denn, es handele sich um die Vergabe von Einzelaufträgen aufgrund der abgeschlossenen Rahmenvereinbarung.

2   Der Auftraggeber muss gem. Abs. 2 auf eine Bekanntmachung verzichten, **soweit** deren Offenlegung
1. den Gesetzesvollzug behindert,
2. dem öffentlichen Interesse, insbesondere Verteidigungs- und Sicherheitsinteressen zuwiderläuft (vgl. dazu Art. 346 Abs. 1 AEUV zur EU-rechts-konformen Interpretation der Verteidigungs- und Sicherheitsinteressen),
3. die berechtigten geschäftlichen Interessen öffentlicher oder privater Unternehmen oder
4. den lauteren Wettbewerb zwischen den Unternehmen beeinträchtigen könnte.

§ 36 Unterrichtung der Bewerber oder Bieter

(1) ¹Unbeschadet des § 147 in Verbindung mit § 134 des Gesetzes gegen Wettbewerbsbeschränkungen unterrichten die Auftraggeber alle Bewerber oder Bieter unverzüglich über die Gründe für die Entscheidung, einen Auftrag oder eine Rahmenvereinbarung, für die eine Bekanntmachung veröffentlicht wurde, nicht zu vergeben oder das Verfahren neu einzuleiten. ²Diese Information wird auf Verlangen der Bewerber oder Bieter schriftlich erteilt.

(2) Unbeschadet des § 147 in Verbindung mit § 134 des Gesetzes gegen Wettbewerbsbeschränkungen unterrichten die Auftraggeber auf Verlangen des Betroffenen unverzüglich, spätestens 15 Tage nach Eingang eines entsprechenden Antrags in Textform nach § 126b des Bürgerlichen Gesetzbuchs,

1. jeden nicht erfolgreichen Bewerber über die Gründe für die Ablehnung der Bewerbung;
2. jeden nicht berücksichtigten Bieter über die Gründe für die Ablehnung des Angebots, insbesondere die Gründe dafür, dass keine Gleichwertigkeit im Sinne des § 15 Absatz 4 und 5 dieser Verordnung vorliegt oder dass die Lieferungen oder Dienstleistungen nicht den Leistungs- oder Funktionsanforderungen entsprechen, und in den Fällen der §§ 7 und 8 die Gründe dafür, dass keine Gleichwertigkeit bezüglich der Anforderungen an den Schutz von Verschlusssachen oder an die Versorgungssicherheit durch Unternehmen vorliegt;
3. jeden Bieter, der ein ordnungsgemäßes Angebot eingereicht hat, das jedoch abgelehnt worden ist, über die Merkmale und Vorteile des ausgewählten Angebots sowie über den Namen des Zuschlagsempfängers oder der Vertragspartner der Rahmenvereinbarung.

Die Vorschrift regelt in Ergänzung von § 134 GWB die Unterrichtung der Bewerber und Bieter durch den öffentlichen Auftraggeber über Erfolg bzw. Misserfolg der Bewerbung. Die Vorschrift hat ihre Parallele in § 62 VgV (Band 3 → VgV § 62 Rn. 1 ff.). **1**

§ 37 Aufhebung und Einstellung des Vergabeverfahrens

(1) Die Vergabeverfahren können ganz oder bei Vergabe nach Losen auch teilweise aufgehoben werden, wenn
1. kein Angebot eingegangen ist, das den Bewerbungsbedingungen entspricht,
2. sich die Grundlagen der Vergabeverfahren wesentlich geändert haben,
3. sie kein wirtschaftliches Ergebnis gehabt haben oder
4. andere schwerwiegende Gründe bestehen.

(2) Die Auftraggeber teilen den Bewerbern oder Bietern nach Aufhebung des Vergabeverfahrens mindestens in Textform im Sinne des § 126b des Bürgerlichen Gesetzbuchs unverzüglich die Gründe für ihre Entscheidung mit, auf die Vergabe eines bekannt gemachten Auftrags zu verzichten oder das Vergabeverfahren erneut einzuleiten.

Die Vorschrift berechtigt den öffentlichen Auftraggeber, das Vergabeverfahren insgesamt **1** oder bei Vergabe nach Losen auch teilweise aufzuheben, wenn
1. kein den Bewerbungsbedingungen entsprechendes Angebot eingegangen ist,
2. sich die Grundlagen des Vergabeverfahrens wesentlich (iSv § 313 Abs. 1 BGB) geändert haben oder
3. andere schwerwiegende Gründe (iSv § 312 BGB) bestehen oder
4. wenn kein wirtschaftliches Ergebnis erzielt wurde.

Die Vorschrift engt die Freiheit des öffentlichen Auftraggebers ein, ohne Vorliegen eines **2** dieser Gründe den Zuschlag auf ein alle Bewerbungsbedingungen erfüllendes Angebot nicht zu erteilen. Insoweit vermittelt § 37 einen Kontrahierungszwang. Die abweichende Regelung in § 63 Abs. 1 S. 3 VgV ist keine analogiefähige Norm, sondern sie widerspricht im Wettbewerbsrecht dem Verbot der willkürlichen Ausübung einer marktbeherrschenden Stellung (§ 19 GWB).

Teil 3 Unterauftragsvergabe

§ 38 Allgemeine Vorgaben zur Unterauftragsvergabe

(1) ¹In den Fällen des § 9 Absatz 3 Nummer 1 und 2 vergeben Auftragnehmer, die keine öffentlichen Auftraggeber im Sinne des § 99 oder Sektorenauftraggeber im Sinne des § 100 des Gesetzes gegen Wettbewerbsbeschränkungen oder vergleichbarer Normen anderer Mitgliedstaaten der Europäischen Union sind, Unteraufträge an Dritte nach den Vorschriften dieses Teils. ²Die Auftragnehmer vergeben Unteraufträge im Wege transparenter Verfahren und behandeln sämtliche potenzielle Unterauftragnehmer gleich und in nicht diskriminierender Weise.

(2) ¹Für die Zwecke von Absatz 1 gelten Bietergemeinschaften oder mit dem Auftragnehmer verbundene Unternehmen nicht als Unterauftragnehmer im Sinne dieses Teils. ²Der Bieter fügt dem Angebot eine vollständige Liste dieser Unternehmen bei. ³Ergeben sich Änderungen in den Beziehungen zwischen den Unternehmen, ist dem Auftraggeber darüber eine aktualisierte Liste zur Verfügung zu stellen.

(3) Auftragnehmer, die öffentliche Auftraggeber sind, halten bei der Unterauftragsvergabe die Vorschriften dieser Verordnung über die Vergabe von Hauptaufträgen ein.

(4) Für die Schätzung des Wertes von Unteraufträgen gilt § 3 entsprechend.

Übersicht

	Rn.		Rn.
I. Normzweck	1–4	sprechende Informationspflichten (Abs. 2)	8–12
II. Einzelerläuterungen	5–14	a) Ausnahmen für Bietergemeinschaften und verbundene Unternehmen (Abs. 2 S. 1)	9
1. Vergabe durch Nicht-Auftraggeber wegen einer Anordnung nach § 9 (Abs. 1)	5–7	b) Informationspflicht durch Beifügung einer Unternehmensliste (Abs. 2 S. 2)	10
a) Beachtung des Teiles 3 der VSVgV zur Unterauftragsvergabe in den Fällen des § 9 Abs. 3 (Abs. 1 S. 1)	6	c) Aktualisierungspflicht bezüglich der Unternehmensliste bei Änderungen in den Beziehungen zwischen den Unternehmen (Abs. 2 S. 3)	11, 12
b) Unterauftragsvergabe durch Auftragnehmer in transparenten Verfahren und in nichtdiskriminierender Weise unter Beachtung des Gleichbehandlungsgrundsatzes (Abs. 1 S. 2)	7	3. Unterauftragsvergaben durch Auftragnehmer, die selbst öffentliche Auftraggeber sind (Abs. 3)	13
2. Ausnahmen für Bietergemeinschaften und verbundene Unternehmen und ent-		4. Auftragswertschätzung bei Unteraufträgen (Abs. 4)	14

I. Normzweck

1 Mit § 38 hatte der Verordnungsgeber schon 2012, wenn auch leicht verspätet, die Vorgaben der Art. 50, 51 und 54 RL 2009/81/EG in deutsches Recht umgesetzt.

2 § 38 legt als erste der vier sukzessiven Bestimmungen zu Unterauftragsvergaben im Verteidigungs- und Sicherheitsbereich (§§ 38–41) den grundsätzlichen **Anwendungsbereich** fest, für den die Bestimmungen der nachfolgenden §§ 39 ff. für diesem nachgeschalteten Verfahrensbereich zwischen Auftragnehmer und seinen Nachunternehmern beachtlich sind.

3 Zu **unterscheiden** sind dabei **zwei** unterschiedliche **Konstellationen: Zum einen** betrifft § 38 Abs. 3 den Fall, dass der vom Auftraggeber gebundene **Auftragnehmer** als Unternehmen **selber öffentlicher Auftraggeber** ist. **Zum zweiten** erfasst § 38 Abs. 1 und 2 die Konstellation der **Auftragsvergabe an Private,** die nicht öffentlicher oder Sektorenauftraggeber nach den §§ 99 und 100 GWB sind, aber von einem öffentlichen

Auftraggeber im Verteidigungs- oder Sicherheitsbereich **nach § 9 zur Anwendung des Vergaberechts** bei der Vergabe seinerseitiger **Unteraufträge verpflichtet** wurde.

Gemäß § 2 Abs. 2 gelten diese Vorgaben für Unterauftragsvergaben unterschiedslos sowohl im Liefer- und Dienstleistungsbereich als auch im Baubereich. Sonderbestimmungen der VOB/A-VS für den Baubereich sind deshalb nicht zu berücksichtigen.

II. Einzelerläuterungen

1. Vergabe durch Nicht-Auftraggeber wegen einer Anordnung nach § 9 (Abs. 1). § 9 Abs. 3, auf den § 38 Abs. 1 S. 1 verweist, erlaubt es Auftraggebern, bestimmte Anforderungen an die Erteilung von Unteraufträgen im wettbewerblichen Verfahren zu stellen.

a) Beachtung des Teiles 3 der VSVgV zur Unterauftragsvergabe in den Fällen des § 9 Abs. 3 (Abs. 1 S. 1). Dazu zählt nach § 9 Abs. 3 Nr. 2 auch das Verlangen, dass Auftragnehmer, die selbst keine Auftraggeber[1] sind, die Bestimmungen der §§ 38–41 auf alle oder nur auf bestimmte Unteraufträge anwenden, die diese an Dritte zu vergeben beabsichtigen. Nur wenn ein Auftraggeber seinem späteren Auftragnehmer (= gebundener Vertragspartner) eine derartige Verpflichtung schon auferlegt hatte, ist der Anwendungsbereich der §§ 38 ff. eröffnet. Hat der Auftraggeber dies bewusst oder auch unbewusst unterlassen, ist der Anwendungsbereich gerade nicht eröffnet und der Auftragnehmer ist seinerseits völlig frei, in einer – eventuellen – Vergabe von Unteraufträgen.

b) Unterauftragsvergabe durch Auftragnehmer in transparenten Verfahren und in nichtdiskriminierender Weise unter Beachtung des Gleichbehandlungsgrundsatzes (Abs. 1 S. 2). In Falle der aktiven Vorgabe der §§ 38 ff. an einem Auftragnehmer ist dieser seinerseits dann ua auch verpflichtet,[2] seine Vergabe von Unteraufträgen im Wege transparenter und diskriminierungsfreier, wettbewerblicher Verfahren vorzunehmen. Die dazu relevanten Vorgaben enthalten insbesondere § 39 (Bekanntmachungspflichten samt Ausnahmen) und § 40 (vorgegebene Auswahlkriterien samt Ausnahmen).

2. Ausnahmen für Bietergemeinschaften und verbundene Unternehmen und entsprechende Informationspflichten (Abs. 2). § 38 Abs. 2 manifestiert die Beibringungspflicht einer – auch zu aktualisierenden – Liste mit dem Angebot, in der sog. verbundene Unternehmen aufgeführt sind, die ebenso wie Bietergemeinschaften nicht als Unterauftragnehmer nach § 38 Abs. 1 gelten.

a) Ausnahmen für Bietergemeinschaften und verbundene Unternehmen (Abs. 2 S. 1). § 38 Abs. 2 S. 1 privilegiert Bietergemeinschaften und mit dem Auftragnehmer verbundene Unternehmen, indem diese ausdrücklich nicht als Unterauftragnehmer iSd §§ 38 ff. gelten. Eine Unterbeauftragung dieser beiden Unternehmen bzw. Unternehmenszusammenschlüsse durch den vertraglich gebundenen Auftragnehmer ist diesem somit ohne Beachtung der §§ 38 ff., insbesondere ohne bekannt zu machende Ausschreibung und Beachtung der von Auftraggeber vorgegebenen Auswahlkriterien möglich.

b) Informationspflicht durch Beifügung einer Unternehmensliste (Abs. 2 S. 2). Nach § 38 Abs. 2 S 2 ist der Bieter des ersten Vergabeverfahrens und spätere Auftragnehmer verpflichtet, schon mit seinem Angebot in jenem nunmehr abgeschlossenen Vergabeverfahren, eine vollständige Liste der Unternehmen, die unter § 38 Abs. 2 S. 1 fallen, beizufügen. Hintergrund dieser vom ehemaligen Auftraggeber vorzugebenden Verpflichtung ist dessen Prüfmöglichkeit und -berechtigung, festzustellen, welche Unternehmen Bietergemein-

---

[1] Beachte für den Fall, dass der Auftragnehmer selbst Auftraggeber ist § 38 Abs. 3.
[2] Der Rechtsgrund dieser Verpflichtung ist dann nicht die VSVgV als Verordnung, sondern die durch die § 9 legitimierte individuelle Anweisung des Auftraggebers an seinen vertraglich gebundenen Auftragnehmer; so zu Recht Leinemann/Kirch/*Leinemann* Rn. 2.

Fett

schaftspartner oder verbundene Unternehmen des Bieters und jetzigen Auftragnehmers sind.

11 **c) Aktualisierungspflicht bezüglich der Unternehmensliste bei Änderungen in den Beziehungen zwischen den Unternehmen (Abs. 2 S. 3).** Damit der Auftraggeber seiner Prüfberechtigung auch jederzeit in ordnungsgemäßer Art und Weise nachkommen kann, bestimmt § 38 Abs. 2 S. 3, dass diesem eine aktualisierte Liste zur Verfügung zu stellen ist, wenn sich Änderungen zwischen den Unternehmen ergeben.

12 Fraglich ist aber die zeitliche Dauer dieser Aktualisierungsverpflichtung. Stellt man auf die ursprüngliche Vorlagepflicht dieser Liste nach § 38 Abs. 2 S. 2 ab, dann galt sie nur für Bieter, also diejenigen Unternehmen, die im vorherigen Vergabeverfahren des Auftraggebers ein Angebot abgegeben haben. Von Sinn und Zweck der Vorschrift,[3] letztlich nicht wirklich legitimierte, uU ohne die wettbewerblichen Sicherstellungen einer Auftragsbekanntmachung und vorgegebener und transparenter Auswahlkriterien durchgeführte Unterauftragsvergaben nur ausnahmsweise unkontrolliert als Auftragnehmer durchführen zu dürfen, muss diese Aktualisierungspflicht auch für den Auftragnehmer nach Abschluss des ersten Vergabeverfahrens gelten, in dem dieser Bieter gewesen war. Dies steht auch mit dem Wortlaut von § 38 Abs. 2 in Einklang, der den Bezug zu einem Bieter expressis verbis nur in S. 2 enthält, bei dem es um die Vorlage der Liste im laufenden Vergabeverfahren des Auftraggebers geht. S. 3 des § 38 Abs. 2 ist hingegen passivisch formuliert und benennt den Aktualisierungspflichtigen gerade nicht. Verstärkt wird diese Sichtweise auch noch durch § 9 Abs. 1 S. 2, wonach Auftraggeber schon in ihren Vergabeverfahren verlangen können, dass der Auftragnehmer ihnen jede im Zuge der Ausführung des Auftrags eintretende Änderung auf Ebene der Unterauftragnehmer mitteilt.

13 **3. Unterauftragsvergaben durch Auftragnehmer, die selbst öffentliche Auftraggeber sind (Abs. 3).** Nach Abs. 3 haben Auftragnehmer, die selber öffentliche Auftraggeber sind, bei der Unterauftragsvergabe die Vorschriften der VSVgV über die Vergabe der Hauptaufträge einzuhalten. Für sie gelten somit nicht wie für private Auftraggeber die §§ 38 ff., sondern das normale Vergaberegime des VSVgV. Wie sich jedoch aus der Verweisung auf § 3 für die Auftragswertschätzung von Unteraufträgen ergibt, dürfte diese Verpflichtung nur eingreifen, falls der relevante Wert der Unterauftragsvergabe die Schwellenwerte für Hauptaufträge von immerhin derzeit 443.000 EUR (netto) für Liefer- und Dienstleistungen und 5,448 Mio. EUR (netto) für Bauleistungen erreicht.[4] Zudem dürfte die praktische Relevanz des Abs. 3 begrenzt sein, da öffentliche Auftraggeber eher selten als Auftragnehmer in verteidigungs- und sicherheitsrelevanten Vergabeverfahren auftreten dürften.

14 **4. Auftragswertschätzung bei Unteraufträgen (Abs. 4).** § 38 Abs. 4 verweist für die Schätzung des Wertes von Unteraufträgen auf eine entsprechende Geltung des § 3. Dies

---

[3] Für eine zeitliche und persönliche Erstreckung auf den Auftragnehmer auch Leinemann/Kirch/*Leinemann* Rn. 4 mit dem zutreffenden Argument, wegen der nachwirkenden Verpflichtung zur Unterauftragsvergabe, die erst nach dem Zuschlag an den Bieter erfolgt, müsse die Aktualisierungspflicht bzgl. der Liste auch für die Dauer der Vertragslaufzeit entsprechend anzunehmen sein, da sich auch erst dann die Frage stellen könne, ob eine Unterauftragsvergabe nach § 38 ff. ausschreibungspflichtig sei oder an eine Konzerntochter vergeben werden kann, der der Bieter ggf. nicht der Zuschlagserteilung erworben hat.

[4] Leinemann/Kirch/*Leinemann* Rn. 6, sieht demgegenüber die Pflicht zur Unterauftragsvergabe nach der VSVgV insgesamt schon bei Erreichen der Größenordnung ausschreibungspflichtiger Teillose der Gesamtaufträge von 80.000 EUR (netto) bei Liefer- und Dienstleistungsaufträgen verwirklicht. Dies überzeugt nicht, da für die angeführten Lose im verwiesenen § 3 Abs. 7 S. 4 gerade bestimmt ist, dass der Gesamtwert den maßgeblichen Schwellenwert erreicht haben muss. Auch auf EU-Ebene verweist Art. 52 Abs. 1 RL 2009/81/EG zur Anwendungsverpflichtung nur auf Art. 8 mit den Schwellenwerthöhenbestimmungen in toto, ohne 20%-Klausel, die sich erst in Art. 9 RL 2009/81/EG wiederfindet, auf den lediglich Art. 52 Abs. 8 RL 2009/81/EG hinsichtlich der Berechnung, nicht aber der relevanten Höhe des geschätzten Wertes des Unterauftrags verweist. Art. 9 Abs. 5 lit. a und b RL 2009/81/EG fordern in Einklang mit Art. 8 RL 2009/81/EG ein Erreichen des dortigen, hohen Schwellenwertes durch den kumulierten Wert der Lose zur Geltung der Richtlinie für die Vergabe jedes Loses. Ist dieser einzig relevante Gesamtauftragswert erreicht, dann sind maximal 80.000 EUR (netto) als Lose im Weg der Gegenausnahme von der Geltung der VSVgV befreit (§ 3 Abs. 7 S. 5).

entspricht den Vorgaben in Art. 52 Abs. 8 RL 2009/81/EG, der seinerseits auf den dortigen Art. 9 RL 2009/81/EG verweist. Hinsichtlich der Auftragswertberechnung wird deshalb auf die Kommentierung zu § 3 verwiesen (→ § 3 Rn. 7).

§ 39 Bekanntmachung

(1) ¹Der Auftragnehmer veröffentlicht seine Absicht, einen Unterauftrag zu vergeben, in Form einer Bekanntmachung. ²Die Bekanntmachung enthält die in Anhang V der Richtlinie 2009/81/EG aufgeführten Informationen sowie die Auswahlkriterien des § 40 Absatz 1. ³Für die Bekanntmachung ist die Einwilligung des Auftraggebers einzuholen. ⁴Die Bekanntmachung wird nach dem Muster gemäß Anhang XVI der Durchführungsverordnung (EU) 2015/1986 erstellt und wird gemäß § 18 Absatz 4 und 5 veröffentlicht.

(2) Eine Bekanntmachung über Unteraufträge ist nicht erforderlich, wenn in entsprechender Anwendung des § 12 eine Bekanntmachung verzichtbar ist, weil ein Verhandlungsverfahren ohne Teilnahmewettbewerb zulässig wäre.

I. Normzweck

Ausweislich der Verordnungsbegründung[1] dienen § 39 Abs. 1 und 2 der Umsetzung von Art. 52 Abs. 1–3 RL 2009/81/EG einerseits und Art. 52 Abs. 4 2009/81/EG andererseits. Zusätzlich verweist aber § 39 Abs. 1 S. 1 auch auf die gem. Art. 53 Abs. 1 2009/81/EG bekannt zu machenden Auswahlkriterien. Ebenfalls über den Wortlaut des Art. 52 Abs. 2 2009/81/EG hinaus unterliegt die Bekanntmachung verteidigungs- und sicherheitsrelevanter Unteraufträge der Einwilligung des Auftraggebers, unter Beachtung des allgemeinen Verhältnismäßigkeitsgrundsatzes.[2] 1

§ 39 Abs. 2 übernimmt Art. 52 Abs. 4 RL 2009/81/EG. Art. 52 Abs. 5 RL 2009/81/EG stellt ohne bundesdeutsche Umsetzung klar, dass erfolgreiche Bieter Bekanntmachungen über Unteraufträge, für die eigentlich keine Veröffentlichung nach § 39 erforderlich wäre, dennoch freiwillig nach Art. 32 2009/81/EG veröffentlichen können. Auf dieser Grundlage können Auftragnehmer über den Wortlaut von § 39 Abs. 2 hinaus entsprechend § 18 eine Veröffentlichung veranlassen,[3] sofern sie dies überobligat wollen. 2

II. Einzelerläuterungen

1. **Bekanntmachung über die Vergabeabsicht eines Unterauftrags (Abs. 1).** Um den Vorgaben zur Durchführung eines wettbewerblichen, insbesondere transparenten Vergabeverfahrens zur Unterauftragsvergabe nach § 38 Abs. 1 S. 2 konkret nachzukommen, sieht § 39 eine Pflicht zur Muster gestützten Bekanntmachung der Unterauftragsvergabe mit vorgegebenen Informationen und Auswahlkriterien vor. 3

a) **Bekanntmachungspflicht bei einer beabsichtigten Unterauftragsvergabe** 4 **(Abs. 1 S. 1).** Dazu sieht § 39 eine Pflicht zur europaweiten (vgl. § 18 Abs. 4 iVm § 39 Abs. 1 S. 4) Bekanntmachung der Unterauftragsvergabe vor.

b) **Mindestinhalt einer Bekanntmachung über eine beabsichtigte Unterauf-** 5 **tragsvergabe (Abs. 1 S. 2).** Zum **Mindestinhalt** der Bekanntmachung gehören ua die **Auswahlkriterien nach § 40 Abs. 1.** Diese untergliedern sich in die **Eignungskriterien,** die vom Auftraggeber vorfestgelegt sind und **andere Kriterien, die der Auftragnehmer** bei der Auswahl des Unterauftragnehmers anwendet. Diese Auswahlkriterien müssen zudem gem. § 40 Abs. 1 S. 2 mit den Kriterien, die für den Hauptauftrag gelten bzw. nunmehr

---
[1] BR-Drs. 312/12, 63.
[2] BR-Drs. 312/12, 63. Mittlerweile ist der Verhältnismäßigkeitsgrundsatz mit der Novelle 2016 auch in § 97 Abs. 1 S. 2 GWB gesondert verankert worden.
[3] BR-Drs. 312/12, 74.

rückblickend galten, **in Einklang** stehen, sodass insbesondere die Ablehnung eines vom Auftragnehmer ausgewählten Unterauftragnehmers durch den Auftraggeber nur auf dieser Grundlage erfolgen darf (§ 9 Abs. 5 S. 1). Zum zweiten sind die im **Anhang V der RL 2009/81/EG** aufgeführten Informationen ebenfalls in der Bekanntmachung auszuführen. Dies betrifft ua

– Name, Anschrift, Faxnummer und E-Mail des erfolgreichen Bieters,
– Art und Ort der Leistung samt CPV-Kategorisierung,
– die Teilnahme-, Angebots- und Ausführungsfristen,
– Anschrift und Stelle, die die Vergabeunterlagen zwecks Anforderung vorhält und an die das Angebot in welcher Sprache gesendet werden muss,
– ggf. Kautionen und Sicherheiten sowie die
– objektiven Auswahlkriterien.

6   c) **Notwendige Einwilligung des Auftraggebers (Abs. 1 S. 3).** Nach § 39 Abs. 1 S. 3 ist **für die Bekanntmachung die Einwilligung des Auftraggebers** einzuholen. Diese Beschränkung der Ausschreibungsrechte des Auftragnehmers hat **keine direkte europarechtliche Wurzel** und ist ein nationales Eigengewächs. Art. 52 Abs. 2 RL 2009/81/EG bestimmt lediglich, dass Angaben in der Bekanntmachung der Unterauftragsvergabe ggf. von der Zustimmung des Auftraggebers abhängen können.

7   Nach der **amtlichen Begründung** zu § 39 Abs. 1[4] erscheint es jedoch gerechtfertigt, den Inhalt der Bekanntmachung von der vorherigen[5] Einwilligung des Auftraggebers abhängig zu machen, um ihm die **Möglichkeit** zu geben, den **Inhalt der Bekanntmachung** dahingehend zu **kontrollieren,** ob diese seine schutzwürdigen Interessen, insbesondere die **Wahrung der Vertraulichkeit**[6] oder den **Schutz von Verschlusssachen**[7] betreffen können.

8   Damit wird den verbrieften Rechten und Pflichten des Auftraggebers in hinreichendem Maße Rechnung getragen, da eine Intervention nach Veröffentlichung der Bekanntmachung zeitlich zu spät käme. Ausweislich der amtlichen Begründung[8] **darf diese Einwilligung selbstverständlich nur unter Beachtung des Verhältnismäßigkeitsgrundsatzes versagt** werden.

9   d) **Bekanntmachungsmuster und Veröffentlichungsmodalitäten (Abs. 1 S. 4).** Gemäß § 39 Abs. 1 S. 4 ist die Bekanntmachung der Unterauftragsvergabe gemäß den **Mustern der Europäischen Kommission für Standardformulare** abzufassen und nach § 18 Abs. 4 und 5 zu veröffentlichen. Dafür steht das **Standardformular 19** als Anhang XVI der Verordnung (EU) 2015/1986 zur Verfügung.

10 2. **Entfallen einer Bekanntmachung über Unteraufträge (Abs. 2).** Eine – **vorherige – Bekanntmachung** über Unteraufträge ist nach § 39 Abs. 2 in Umsetzung von Art. 52 Abs. 4 RL 2009/81/EG **entbehrlich,** wenn aufgrund einer entsprechenden Anwendung von § 12 eine Bekanntmachung entfallen kann, weil ein Verhandlungsverfahren ohne EU-Teilnahmewettbewerb vergaberechtlich zulässig wäre. Denn diese auch in der VSVgV nur ausnahmsweise zulässige Verfahrensvariante sieht gerade keine Bekanntmachung im EU-Amtsblatt vor. Dann **würde** es aber einen **nicht nachvollziehbaren Wertungswiderspruch** darstellen, wenn die Vergabe des Auftrags selbst durch einen öffentlichen Auftraggeber nicht bekannt zu machen wäre, der bezuschlagte Auftragnehmer aber seinerseits seine Unterauftragsvergaben wiederum dann doch bekannt machen sollte und müsste.[9] Richtig ist aber auch, dass **Art. 52 Abs. 5 RL 2009/81/EG** die Möglichkeit vorsieht, auch Bekanntmachungen über Unteraufträge **freiwillig zu veröffentlichen,** obwohl eigentlich

---

[4] BR-Drs. 312/12, 63.
[5] Gem. § 183 Abs. 1 S. 1 BGB wird unter Einwilligung die vorherige Zustimmung verstanden.
[6] Vgl. § 6.
[7] Vgl. § 7.
[8] BR-Drs. 312/12, 63.
[9] So zu Recht Leinemann/Kirch/*Büdenbender* Rn. 3.

keine zwingende Veröffentlichung vorgesehen ist. Für diese freiwilligen Veröffentlichungen gilt § 18, sodass dafür ebenfalls das Standardformular 19 als Anhang XVI der Durchführungsverordnung (EU) 2015/1986 der EU-Kommission zu verwenden ist.

§ 40 Kriterien zur Auswahl der Unterauftragsnehmer

(1) ¹In der Bekanntmachung für den Unterauftrag gibt der Auftragnehmer die vom Auftraggeber festgelegten Eignungskriterien sowie alle anderen Kriterien an, die er für die Auswahl der Unterauftragnehmer anwenden wird. ²Diese Kriterien müssen objektiv und nicht diskriminierend sein und im Einklang mit den Kriterien stehen, die der Auftraggeber für die Auswahl der Bieter für den Hauptauftrag angewandt hat. ³Die geforderte Leistungsfähigkeit muss in unmittelbarem Zusammenhang mit dem Gegenstand des Unterauftrags stehen und das Niveau der geforderten Fähigkeiten muss dem Gegenstand des Unterauftrags angemessen sein.

(2) Der Auftraggeber darf vom Auftragnehmer nicht verlangen, einen Unterauftrag zu vergeben, wenn dieser nachweist, dass keiner der Unterauftragnehmer, die an dem Wettbewerb teilnehmen, oder keines der eingereichten Angebote die in der Bekanntmachung über den Unterauftrag genannten Kriterien erfüllt und es daher dem erfolgreichen Bieter unmöglich wäre, die Anforderungen des Hauptauftrags zu erfüllen.

I. Normzweck

Mit § 40 Abs. 1 und 2 hat der Verordnungsgeber schon 2012 die Vorgaben aus Art. 53 Abs. 1 und 2 RL 2009/81/EG in deutsches Recht umgesetzt. 1

Mit § 40 werden die in § 39 Abs. 1 schon für die Bekanntmachung angesprochenen Eignungs- und sonstigen Auswahlkriterien für die Unterauftragnehmer näher konkretisiert und vorbestimmt. § 40 Abs. 2 enthält ein vom Auftraggeber einzuhaltendes Verbot der Unterauftragsvergabe, sofern keiner der Unterauftragnehmer oder keines der eingereichten Angebote die bekannt gemachten Kriterien erfüllt und des daher auch dem erfolgreichen Bieter unmöglich wäre, die Anforderungen des Hauptauftrages zu erfüllen. 2

II. Einzelerläuterungen

1. **Kriterien zur Auswahl der Unterauftragnehmer (Abs. 1). a) Bekanntmachungspflicht bezüglich der Eignungs- und Auswahlkriterien (Abs. 1 S. 1).** Der **Auftragnehmer** hat in der Bekanntmachung für den Unterauftrag nach § 39 iVm § 18 die vom **Auftraggeber festgelegten Eignungskriterien** sowie **alle anderen Kriterien** anzugeben, die er **für** die **Auswahl der Unterauftragnehmer** anwenden will. Damit kommt es insoweit zu einem Mix aus eignungsrelevanten Vorgaben des Auftraggebers und eigenständigen Auswahlkriterien im Übrigen, die der Auftragnehmer hinzusetzen kann. Bei letztgenannten kann es sich wiederum um **zusätzliche Eignungskriterien** handeln, die dem Auftragnehmer ergänzend wichtig erscheinen, aber auch um **sog. Zuschlagskriterien,** die die Wirtschaftlichkeit der Unterangebote entsprechend § 34 Abs. 2 betreffen. 3

b) **Objektivität der Eignungs- und Auswahlkriterien und Konformität mit den Auswahlkriterien für den Hauptauftrag (Abs. 1 S. 2).** Diese vorbenannten Eignungs- und Auswahlkriterien von Auftraggeber- und Auftragnehmerseite müssen allesamt nach § 40 Abs. 1 S. 2 **objektiv**[1] **und nicht diskriminierend** sein. Dies bedeutet im Umkehrschluss auch, dass sie jeweils **durch den Gegenstand des Unterauftrages gerechtfertigt** sein müssen. Eine Bevorzugung eines Unterauftragnehmers darf deshalb damit nicht verbunden sein. Damit sind insbesondere **sog. Offsets**[2] **ausgeschlossen,** bei denen eine Auftrags- 4

---

[1] Und damit nachprüfbar.
[2] Dippel/Sterner/Zeiss/*Gabriel/Weiner* Rn. 3 und 11, halten Offsets damit für unzulässig und ausgeschlossen.

erteilung in diskriminierender Art und Weise und intransparent und subjektiv etwa an die Gewährung von Gegenleistungen geknüpft wird. Zudem müssen sie **in Einklang** mit den Kriterien stehen, die der **Auftraggeber für die Auswahl der Bieter für den Hauptauftrag angewandt** hat. Da diese sowohl den Auftraggeber, aber insbesondere gerade auch dem Auftragnehmer als ehemaligem Bieter um den Hauptauftrag ohnehin bekannt sind, dürfte deren Beachtung insbesondere für ihn bei der Aufstellung seiner ergänzenden Auswahlkriterien kein Problem darstellen.

5 c) **Zusammenhang mit und angemessenes Niveau der geforderten Leistungsfähigkeit zu dem Unterauftragsgegenstand (Abs. 1 S. 3).** Ergänzend bestimmt § 40 Abs. 1 S. 3 zum einen, dass die geforderte **Leistungsfähigkeit** im Rahmen der Eignungskriterien **in unmittelbarem Zusammenhang mit dem konkreten Gegenstand des Unterauftrags** stehen muss. Dies entspricht in etwa, wenn auch sprachlich abweichend und weitergehend, der Vorgabe in § 21 Abs. 2 S. 2 für Mindestanforderungen an die Eignung für die Vergabe des Hauptauftrages. Zum zweiten fordert § 40 Abs. 1 S. 3 darüber hinaus, dass das **Niveau der geforderten Fähigkeiten** dem Gegenstand des Unterauftrags **angemessen** sein muss. Letztgenannte Forderung erschließt sich vor dem Hintergrund, dass das Volumen des Unterauftrags kaum den Wert des Hauptauftrages erreichen dürfte, zumal der **Höchstprozentsatz** einer verpflichtenden Auftragsvergabe an Dritte nach § 9 Abs. 3 Nr. 1 S. 3 bei **lediglich 30 %** liegt. Somit muss sich das Niveau der geforderten Leistungsfähigkeit des Nachauftragnehmers nur **auf den Kernbereich des Unterauftrags beziehen** und darf auch im Übrigen nicht unverhältnismäßig (hoch) nach §§ 26 und 27 sein.

6 2. **Einschränkungen für Unterauftragsvergabe (Abs. 2).** Der Auftragnehmer hat nach § **40 Abs. 2** das Recht, eine **Unterauftragsvergabe abzulehnen,** wenn **keiner** der am Wettbewerb tatsächlich teilnehmenden Unterauftragnehmer (Eignungsmängel) **oder keines** der von diesen eingereichten **Angebote** (mangelnde Erfüllung der sonstigen Auswahlkriterien) die in der Bekanntmachung nach § 39 **genannten Kriterien für die Unterauftragsvergabe erfüllen** und es daher dem Auftragnehmer unmöglich ist, den Auftrag mit diesen Unternehmen zu erfüllen. Einschränkend wird man aber zu fordern haben, dass **kleinere Mängel,** insbesondere in den Angeboten, **kein derartiges Ablehnungsrecht** des Auftragnehmers unter Beachtung des Grundsatzes der Verhältnismäßigkeit nach § 97 Abs. 1 S. 2 GWB begründen dürften.[3]

7 Die **Nachweispflicht** für die mangelnde Eignung der Unterauftragsbewerber oder der Nichtkonformität der Angebote mit den relevanten Auswahlkriterien trifft den **Auftragnehmer.**[4]

§ 41 Unteraufträge aufgrund einer Rahmenvereinbarung

(1) ¹Der Auftragnehmer kann die Anforderungen an die Vergabe von Unteraufträgen im Sinne des § 9 Absatz 3 Nummer 1 und 2 erfüllen, indem er Unteraufträge auf der Grundlage einer Rahmenvereinbarung vergibt, die unter Einhaltung des § 38 Absatz 1 Satz 2, der §§ 39 und 40 geschlossen wurde. ²Unteraufträge auf der Grundlage einer solchen Rahmenvereinbarung werden gemäß den Bedingungen der Rahmenvereinbarung vergeben. ³Sie dürfen nur an Unternehmen vergeben werden, die von Anfang an Parteien der Rahmenvereinbarung waren.

(2) Für die durch den Auftragnehmer geschlossene Rahmenvereinbarung gilt § 14 Absatz 1 Satz 2 und Absatz 6 Satz 1 und 2 entsprechend.

---

[3] So Dippel/Sterner/Zeiss/*Gabriel/Weiner* Rn. 17, die zu Recht darauf abstellen, ob der Nachauftragnehmer nichtsdestotrotz den Kernbereich des Unterauftrags eigenständig erfüllen kann und die nicht gravierenden Mängel vom Auftragnehmer ohne bedeutenden und unverhältnismäßigen organisatorischen oder finanziellen Aufwand selber kompensiert werden kann.

[4] Dippel/Sterner/Zeiss/*Gabriel/Weiner* Rn. 17.

I. Normzweck und Entstehungsgeschichte

Ein Auftragnehmer kann entsprechend § 41 Abs. 1 die sich aus § 9 Abs. 3 Nr. 1 und 2 ergebenden Anforderungen zur eigenen Unterauftragsvergabe auch dadurch erfüllen, dass er diese auf der Grundlage einer Rahmenvereinbarung vergibt. Mit § 41 hat der Verordnungsgeber 2012 Art. 52 Abs. 6 UAbs 1 und 2 S. 1 und 2 RL 2009/81/EG umgesetzt. Nicht umgesetzt hat der Verordnungsgeber 2012 und auch nicht in der nur rudimentären Novellierung der VSVgV 2016 den Art. 52 Abs. 6 UAbs. 4 RL 2009/81/EG, wonach Rahmenvereinbarungen nicht missbräuchlich oder in einer Weise angewandt werden dürfen, durch die der Wettbewerb behindert, eingeschränkt oder verfälscht wird.[1]

II. Einzelerläuterungen

Wenn ein Auftragnehmer im Rahmen der §§ 38 ff. einen Unterauftrag vergeben will, kann er dies nach § 41 Abs. 1 S. 1 auch **auf der Grundlage einer Rahmenvereinbarung nach § 14 tun**.

1. Voraussetzungen von Unteraufträgen aufgrund einer Rahmenvereinbarung (Abs. 1). a) Unterauftragsvergabe des Auftragnehmers auf Grundlage einer rechtskonformen Rahmenvereinbarung (Abs. 1 S. 1). Will der Auftragnehmer eine Unterauftragsvergabe auf der Grundlage einer Rahmenvereinbarung vergeben, so ist ihm dies nach § 41 Abs. 1 S. 1 in Abgrenzung zum Verfahren nach den §§ 38–40 ausdrücklich gestattet. In § 41 mischen sich Festlegungen zu Unteraufträgen und Rahmenvereinbarungen miteinander. Nach § 4 Abs. 2 ist ein Unterauftrag ein zwischen einem erfolgreichen Bieter und einem oder mehreren Unternehmen geschlossener entgeltlicher Vertrag über die Ausführung des betreffenden Auftrags oder von Teilen des Auftrags. Rahmenvereinbarungen wiederum sind nach der Legaldefinition in § 103 Abs. 5 S. 1 GWB iVm § 14 Abs. 1 S. 1 Vereinbarungen zwischen einem oder mehreren öffentlichen Auftraggebern und einem oder mehreren Unternehmen, die dazu dienen, die Bedingungen für die öffentlichen Aufträge, die während eines bestimmten Zeitraums vergeben werden sollen, festzulegen, insbesondere in Bezug auf den Preis. Der letzte Halbsatz von § 41 Abs. 1 S. 2 stellt insoweit bei dieser Mischlage sicher, dass diese Rahmenvereinbarung ihrerseits (nur) unter Einhaltung der Vorgaben aus § 38 Abs. 1 S. 2 (Transparenz und Nichtdiskriminierung) und § 39 (Bekanntmachung) und § 40 (transparente Eignungs- und Auswahlkriterien) geschlossen werden muss. Die geschlossene Rahmenvereinbarung muss sich somit grundsätzlich nicht an die Vorgaben für Rahmenvereinbarungen im Übrigen in § 14 halten, bis auf die in § 41 Abs. 2 ausdrücklich für entsprechend anwendbar erklärten Abs. 1 S. 2 (Geltung von Zuschlagskriterien nach § 34) und Abs. 6 S. 1 und 2 (Laufzeit maximal sieben Jahre mit Ausnahmen). Da § 41 Abs. 2 ausdrücklich § 14 Abs. 6 S. 3 nicht in Bezug nimmt, muss eine über sieben Jahre hinaus reichende Laufzeit einer Rahmenvereinbarung zur Unterauftragsvergabe nicht in einer Bekanntmachung nach § 35 begründet werden.

b) Unterauftragsvergabe nur gemäß den Bedingungen der Rahmenvereinbarung (Abs. 1 S. 2) und an originäre Parteien der Rahmenvereinbarung (Abs. 1 S. 3). Unteraufträge auf der Grundlage einer Rahmenvereinbarung müssen nach § 41 Abs. 1 S. 2 **gemäß den – konkreten – Bedingungen der Rahmenvereinbarung** vergeben. Das bedeutet auch, dass Unteraufträge nur an **Wirtschaftsteilnehmer vergeben werden dürfen, die ursprünglich Partei** der Rahmenvereinbarung waren, was § 41 Abs. 1 S. 3 nochmals gesondert verdeutlicht.

2. Abschluss und Laufzeit der Rahmenvereinbarung entsprechend § 14 (Abs. 2). Nach der in § 41 Abs. 2 ausdrücklich in Bezug genommenen Spezialbestimmung für Rah-

---

[1] Vgl. demgegenüber etwa § 21 Abs. 1 S. 3 VgV, mit dem eine analoge Bestimmung der RL 2014/24/EU in nationales Recht 1:1 umgesetzt wurde oder § 14 Abs. 1 S. 3, auf den vor diesem Hintergrund zumindest in § 41 Abs. 2 ebenfalls hätte verwiesen werden müssen.

Fett

menvereinbarungen in § 14 Abs. 1 S. 2 gelten für die **Auswahl des** Rahmenvertragsauftragnehmers, also durch die Verweisung hier des **Unterauftragnehmers**, die **Zuschlagskriterien gem. § 34 analog.** Durch diesen eindeutigen Verweis soll vermieden werden, dass bei dem Abschluss von Verträgen auf der Basis einer Rahmenvereinbarung andere Zuschlagskriterien angewandt werden.²

6 § 41 Abs. 2 erklärt im Übrigen nur § 14 Abs. 1 S. 2 (Geltung von Zuschlagskriterien nach § 34) und § 14 Abs. 6 S. 1 und 2 (Laufzeit maximal sieben Jahre mit Ausnahmen) für die geschlossene Rahmenvereinbarung für entsprechend anwendbar. Da § 41 Abs. 2 ausdrücklich § 14 Abs. 6 S. 3 nicht in Bezug nimmt, muss eine über sieben Jahre hinaus reichende Laufzeit einer Rahmenvereinbarung zur Unterauftragsvergabe nicht in einer Bekanntmachung nach § 35 begründet werden.

7 Diese Verweise auf Teile des § 14 sind notwendig, weil **§ 14 nur den Auftraggeber verpflichtet, nicht** aber den **Auftragnehmer**.³

---

² So Leinemann/Kirch/*Leinemann* Rn. 3.
³ BR-Drs. 312/12, 64.

Teil 4 Besondere Bestimmungen

§ 42 Ausgeschlossene Personen

(1) Als Organmitglied oder Mitarbeiter eines Auftraggebers oder als Beauftragter oder als Mitarbeiter eines Beauftragten eines Auftraggebers dürfen bei Entscheidungen in einem Vergabeverfahren für einen Auftraggeber als voreingenommen geltende natürliche Personen nicht mitwirken, soweit sie in diesem Verfahren
1. Bieter oder Bewerber sind,
2. einen Bieter oder Bewerber beraten oder sonst unterstützen oder als gesetzlicher Vertreter oder nur in dem Vergabeverfahren vertreten,
3. beschäftigt oder tätig sind
   a) bei einem Bieter oder Bewerber gegen Entgelt oder bei ihm als Mitglied des Vorstandes, Aufsichtsrates oder gleichartigen Organs,
   b) für ein in das Vergabeverfahren eingeschaltetes Unternehmen, wenn dieses Unternehmen zugleich geschäftliche Beziehungen zum Auftraggeber und zum Bieter oder Bewerber hat,

es sei denn, dass daraus kein Interessenkonflikt für die Person entsteht oder sich die Tätigkeiten nicht auf die Entscheidungen in dem Vergabeverfahren auswirken.

(2) ¹Als voreingenommen gelten auch die Personen, deren Angehörige die Voraussetzungen nach Absatz 2 Nummer 1 bis 3 erfüllen. ²Angehörige sind der Verlobte, der Ehegatte, Lebenspartner, Verwandte und Verschwägerte gerader Linie, Geschwister, Kinder der Geschwister, Ehegatten und Lebenspartner der Geschwister und Geschwister der Ehegatten und Lebenspartner, Geschwister der Eltern sowie Pflegeeltern und Pflegekinder.

Schrifttum: *Kirch*, Mitwirkungsverbote bei Vergabeverfahren, 2004.

Übersicht

	Rn.		Rn.
I. Normzweck	1–6	d) Für ein doppelt mandatiertes Unternehmen tätig Werdender (Abs. 1 Nr. 3 lit. b)	22, 23
II. Einzelerläuterungen	7–41		
1. Mitwirkungsverbot (Abs. 1)	7–12	3. Widerleglichkeit der Vermutung	24–34
a) Organmitglieder	8, 9	a) Kein – tatsächlicher – Interessenkonflikt	27–32
b) Mitarbeiter des Auftraggebers	10		
c) Beauftragte samt Mitarbeitern	11, 12	b) Keine Auswirkungen auf Entscheidungen	33, 34
2. Vermutung der Voreingenommenheit (Abs. 1 Nr. 1–3)	13–23	4. Katalog der Angehörigen voreingenommener Personen (Abs. 2)	35–39
a) Bewerber oder Bieter (Abs. 1 Nr. 1)	14	a) Angehörigenvermutung (Abs. 2 S. 1)	36, 37
b) Berater und Vertreter (Abs. 1 Nr. 2)	15–18	b) Definition der Angehörigen im weiteren Sinne (Abs. 2 S. 2)	38, 39
c) Organmitglied oder gegen Entgelt Beschäftigter/Tätiger eines Bieters oder Bewerbers (Abs. 1 Nr. 3 lit. a)	19–21	5. Bieterschützender Charakter	40, 41

I. Normzweck

§ 42 diente schon 2012 der Implementierung eines **Mitwirkungsverbots für Personen,** nicht etwa für Bewerber- oder Bieterunternehmen, die in einem Vergabeverfahren auf der **Seite des Auftraggebers mitwirken** und **gleichzeitig mit Bewerber- oder Bieterunternehmen verbunden** sind. Mit der Überschrift „Ausgeschlossene Personen" und dem Normtext verdeutlicht der Verordnungsgeber, dass derartige Verbindungen nach mehreren Seiten **grundsätzlich zum Ausschluss der davon betroffenen Personen** führen müssen. Lediglich unter den Voraussetzungen des **§ 42 Abs. 1 S. 1 Nr. 3 aE** (kein

1

Interessenkonflikt oder keine Auswirkung auf die Entscheidungen im Vergabeverfahren) ist eine **Gegenausnahme** verankert.

2   Die Regelung zum denkbaren Personenausschluss trifft dabei keine Entscheidung oder Vorentscheidung für ein Teilnahmeverbot oder einen Ausschluss vom Vergabeverfahren für ein Bewerber- oder Bieterunternehmen, sondern schließt nur die betroffenen Person insoweit aus, an Entscheidungen im Vergabeverfahren mitzuwirken. § 42 stellt darüber hinaus auch **keine Generalklausel** dar, wonach Personen immer und auch dann von der Mitwirkung auf Auftraggeberseite auszuschließen wären, wenn nur ihr Verhalten den Schluss auf eine Unvoreingenommenheit rechtfertigt. Der reine „böse Schein" reicht in der Regel nicht für einen Personenausschluss aus. Auch der Ausschluss einer Person nach § 42 ist vielmehr an das **Vorliegen konkreter Tatbestandsvoraussetzungen** geknüpft[1] und zu knüpfen.

3   **§ 42 entsprach** weitestgehend dem vormaligen **§ 16 VgV** aF, der im Anschluss an eine Entscheidung des **OLG Brandenburg** im Vergabeverfahren Flughafen Schönefeld[2] schon 2001 auf Verordnungsebene etabliert wurde, um als voreingenommen zu geltenden Personen die Mitwirkung an Entscheidungen auf Auftraggeberseite zu verbieten.

4   Die ehedem vom OLG Brandenburg in entsprechender Weise bemühte Befangenheitsregelung in § 20 Abs. 1 Nr. 5 VwVfG[3] ist wegen der Zuordnung des Vergabeverfahrens zum (vorvertraglichen) Zivilrecht[4] insoweit nicht anwendbar, sodass es einer eigenständigen Sonderregelung bedurfte.

5   Mit der **Novelle 2016** hat der **neue § 6 VgV** für den klassischen Vergabebereich eine Änderung erhalten, wonach die auch im ehemaligen § 16 VgV aF enthaltene Gegenausnahme nunmehr entfallen ist. Hintergrund ist der Umstand, dass § 6 VgV das Mitwirkungsverbot dort nicht mehr an eine – unwiderlegbare oder widerlegbare – Voreingenommenheit knüpft, sondern an das Vorliegen eines Interessenkonflikts und diese Bestimmung durch § 7 VgV zur Projektantenproblematik bei der Mitwirkung an der Vorbereitung des Vergabeverfahrens flankiert wird.

6   Da aber die dem § 42 zugrunde liegende **RL 2009/81/EG insoweit nicht novelliert** wurde, unterscheiden sich die Regelungen zu Interessenskonflikten nunmehr in diesen Punkt nunmehr erheblich voneinander. Dies gilt umso mehr als seit 2016 erstmals auch die Sektorenverordnung in § 6 überhaupt eine Regelung zur Vermeidung von Interessenskonflikten erhalten hat, die aber auch ohne die in § 42 noch vorhandene Gegenausnahme konzipiert ist.

II. Einzelerläuterungen

7   **1. Mitwirkungsverbot (Abs. 1).** Das in § 42 Abs. 1 verankerte **persönliche Mitwirkungsverbot** für bestimmte **natürliche Personen** mit einer zurechenbaren Tätigkeit im Auftraggeberumfeld gliedert sich in **drei Gruppen:**
– Organmitglieder (→ Rn. 8 f.),
– Mitarbeiter (→ Rn. 10) und
– Beauftragte (→ Rn. 11 f.) (samt deren zugehörige Mitarbeiter) des Auftraggebers.

8   **a) Organmitglieder.** Organmitglieder nach § 16 Abs. 1 sind sämtliche Mitglieder aller Organe, über die der Auftraggeber verfügt. Der Begriff ist weit zu fassen[5] und von der

---

[1] OLG Celle Beschl. v. 9.4.2009 – 13 Verg 7/08, VergabeR 2009, 609.
[2] OLG Brandenburg Beschl. v. 3.8.1999 – 6 Verg 1/99, NVwZ 1999, 1142; damals noch gestützt auf § 20 VwVfG, wonach personelle Verflechtungen zwischen Auftraggeber und Bieterseite gegen das vergaberechtliche Neutralitätsverbot verstoßen können.
[3] Die aber für Mitglieder und Entscheidungen der Vergabekammern Anwendung finden, da eine Vergabekammer nach § 168 Abs. 3 GWB Verwaltungsakte erlässt und ein Verfahren durchführt, in dem zumindest ergänzend auch Bestimmungen des VwVfG herangezogen werden können.
[4] Vgl. BVerwG Beschl. v. 2.5.2007 – 6 B 10.07, VergabeR 2007, 357.
[5] Vgl. OLG München Beschl. v. 11.4.2013 – Verg 2/13, VergabeR 2013, 902, zur Parallelregelung in § 16 VgV aF, der § 42 trotz der Novellierung des § 6 VgV 2016 immer noch nachgebildet ist.

jeweiligen Rechtsform abhängig. Erfasst ist jedenfalls die Mitgliedschaft in sämtlichen gesetzlichen und satzungsmäßigen Organen einer juristischen Person, ohne dass es auf eine bestimmte Funktion im Rahmen der Mitgliedschaft ankommt.[6] Bei privatrechtlich verfassten Auftraggebern (GmbH, AG) sind dies die Mitglieder des Vorstands und des Aufsichtsrates sowie die jeweiligen Geschäftsführer. Reine Beratungsorgane, wie Beiräte oder Unterausschüsse, unterfallen der Regelung jedoch nicht.[7] Gleiches gilt regelmäßig auch für Kleinaktionäre als Mitglied des Organs Hauptversammlung, zumal diese Personen in aller Regel auch nicht an Entscheidungen in einem Vergabeverfahren mitwirken dürften, es sei denn sie sind zusätzlich noch Mitarbeiter oder ordentliches Organmitglied des Auftraggebers in anderer Funktion.

Bei im Rahmen des § 104 GWB tätigen Auftraggebern mit öffentlich-rechtlichen Organisationsformen, wie Gebietskörperschaften und deren Sondervermögen, Verbänden und sonstigen juristischen Personen des öffentlichen Rechts, sind die Mitglieder **der Bundesregierung** und der jeweiligen **Landesregierungen,** Bundestags-, Landtags- und Kreistagsabgeordnete, **Landräte und Gemeinderäte,**[8] **Bürgermeister** bzw. Magistrate insoweit angesprochene Organmitglieder iSd § 42 Abs. 1.   9

b) Mitarbeiter des Auftraggebers. Eine Legaldefinition des Begriffs Mitarbeiter ist   10
nicht vorhanden. Aus Sinn und Zweck der Regelung muss er aber ebenfalls weit ausgelegt werden. Unerheblich ist bei einem bestehenden Angestellten- oder Beamtenverhältnis auch der Umfang der Tätigkeit, sodass auch Teilzeitkräfte Mitarbeiter iSd § 42 sind.

c) Beauftragte samt Mitarbeitern. Der Begriff eines Beauftragten auf Auftraggeber-   11
seite ist ebenfalls nicht eng im rechtstechnischen Sinne des § 662 BGB zu versehen, sondern im faktischen Sinne. Somit unterfallen diesem Begriff insbesondere auch selbständige Freiberufler als Berater wie Architekten, Ingenieure, Rechtsanwälte oder Consultants. Selbst die Mitglieder eines vom Auftraggeber in Wettbewerben ausgewählten Preisgerichts unterfallen der Bestimmung eines insoweit Beauftragten.[9]

Erweiternd sind auch noch die Mitarbeiter der Beauftragten von § 42 umfasst. Sollte es   12
sich bei dem vom Auftraggeber Beauftragten um eine juristische Person handeln, muss sich diese Erweiterung auch auf die Organmitglieder dieser beauftragten juristischen Person erstrecken, um Regelungslücken zu vermeiden.[10]

2. Vermutung der Voreingenommenheit (Abs. 1 Nr. 1–3). Gemäß § 42 Abs. 1   13
besteht eine Vermutung der Voreingenommenheit für Personen, wenn diese als Organmitglieder oder Mitarbeiter des Auftraggebers oder Beauftragte oder Mitarbeiter eines Beauftragten, allesamt in der Sphäre des Auftraggebers an Entscheidungen teilnehmend, zugleich auch noch quasi auf der Gegenseite agieren.

a) Bewerber oder Bieter (Abs. 1 Nr. 1). Gemäß § 42 Abs. 1 **Nr. 1** gelten als insoweit   14
voreingenommen auf der Seite des Auftraggebers mitwirkende Personen, die zugleich in persona **selber Bewerber oder Bieter** in dem betroffenen, konkreten Vergabeverfahren sind. **Bieter** sind nach der Legaldefinition in Art. 1 Nr. 16 RL 2009/81/EG Wirtschaftsteilnehmer, die in einem nichtoffenen, einem Verhandlungsverfahren oder einem wettbewerblichen Dialog ein Angebot vorgelegt haben; **Bewerber** sind Wirtschaftsteilnehmer, die sich

---

[6] Band 3 H.-P. Müller → VgV § 6 Rn. 14 zur neuen Parallelregelung für klassische Auftraggebervergaben.
[7] Leinemann/Kirch/*Kirch* Rn. 28; für eine analoge Anwendung jedoch bei der Mitgliedschaft in einem Aufsichtsrat eines Hauptgesellschafters des Unternehmens ohne Mitgliedschaft im Aufsichtsrat des Unternehmens selber OLG Celle Beschl. v. 9.4.2009 – 13 Verg 7/08, VergabeR 2009, 609, sofern die Tochtergesellschaft einen erheblichen Anteil von 49 % an der betroffenen Muttergesellschaft hält und das Unternehmen sich zum eigenen Eignungsnachweis auch auf die Tochtergesellschaft stützt, über die zudem in erheblichem Umfang die geplante Auftragsabwicklung erfolgen soll.
[8] VK Brandenburg Beschl. v. 19.9.2001 – 1 VK 85/01, ZfBR 2002, 196, da sie als Volksvertreter Organe der Gemeinde sind.
[9] OLG München Beschl. v. 11.4.2013 – Verg 2/13, VergabeR 2013, 902.
[10] So zu Recht Willenbruch/Wieddekind/*Rechten*, 3. Aufl. 2014, VgV § 16 Rn. 16 zur ehedem wortgleichen Bestimmung für den klassischen Vergabebereich.

um eine Aufforderung zur Teilnahme an selbigen Verfahren beworben haben (Art. 1 Nr. 15 RL 2009/81/EG). In diesen Fällen der Beteiligung als Bieter oder Bewerber ist der dahinter stehende **Interessenkonflikt** elementar und evident, sodass die rechtliche **Vermutung der Voreingenommenheit** auf Verordnungsebene 2012 **unwiderleglich**[11] ausgestaltet wurde. Derartigen Personen hat der Auftraggeber in verteidigungs- und sicherheitsrelevanten Vergabeverfahren ausnahmslos eine Mitwirkung an Entscheidungen zu untersagen bzw. Sorge dafür zu tragen, dass diese ausgeschlossen ist.

15 **b) Berater und Vertreter (Abs. 1 Nr. 2). aa) Berater.** Als **zweite Fallkonstellation** einer unwiderlegbaren Vermutung der Voreingenommenheit von Personen im Wirkungskreis eines Auftraggebers sieht § 42 Abs. 1 **Nr. 2 Dritte,** die Bieter oder Bewerber **beraten oder sonst unterstützen.** Durch den Zusatz „sonst unterstützen" ist ersichtlich, dass das vorher aufgeführte „**beraten**" **einen Unterfall des Unterstützens darstellt.** „**Unterstützen**" setzt in diesem Zusammenhang eine **unmittelbar fördernde Tätigkeit** voraus,[12] weil es nur so qualitativ dem „beraten" gleich gesetzt ist. Die nur punktuelle Zusammenarbeit mit dem Vorsitzenden eines Preisgerichts reicht dafür nicht aus.[13] Zudem grenzen sich diese Konstellationen gegen Fälle ab, in denen zum Bieter oder Bewerber Anstellungs- oder organschaftliche Verhältnisse bestehen. Typische Fallkonstellationen des § 42 Abs. 1 Nr. 2 sind somit **selbständig arbeitende Personen** als **Freiberufler** (Consultants, Rechtsanwälte, Ingenieure oder Architekten), zumal § 42 über **§ 2 Abs. 2 S. 1 auch für Bauaufträge** gilt und insoweit nicht von Spezialregelungen der VOB/A-VS verdrängt wird. Gefordert ist dabei aber in Abgrenzung zur – widerlegbaren – Situation in § 42 Abs. 1 Nr. 3 lit. b eine **Personenidentität** zwischen dem Mitwirkenden auf der Auftraggeberseite und dem Beratenden auf der Bieter-/Bewerberseite.

16 Zeitlich gesehen muss die Beratung oder sonstige Unterstützung **in dem (Vergabe-)Verfahren** erfolgen. **Frühere,** zu Beginn des streitigen Vergabeverfahrens schon **abgeschlossene Beratungen oder Unterstützungshandlungen,** spielen insoweit **keine Rolle.**[14]

17 **bb) Vertreter.** Mit den in § 42 Abs. 1 Nr. 2 ebenfalls angesprochenen **Vertretern** von Bieter- oder Bewerberunternehmen sind zumindest bei juristischen Personen in der Regel deren **Vorstände oder Geschäftsführer** angesprochen.

18 Mit den ebenfalls erwähnten **Vertretern (nur) im jeweiligen Vergabeverfahren** sind demgegenüber keine gesetzlichen Vertreter gemeint, sondern **solche auf rechtsgeschäftlicher Grundlage,** zB als Bevollmächtigte oder Stellvertreter nach §§ 164 ff. BGB.

19 **c) Organmitglied oder gegen Entgelt Beschäftigter/Tätiger eines Bieters oder Bewerbers (Abs. 1 Nr. 3 lit. a).** Als nunmehr – aber widerleglich – Voreingenommener gilt auch derjenige, der bei einem Bieter oder Bewerber als qualifiziertes Organmitglied, nämlich nur als Mitglied des Vorstandes, Aufsichtsrates oder eines gleichartigen Organs tätig ist. Wesensmerkmal dieser spezifizierten Organe ist deren Vertretungs- und Kontrolltätigkeit. Der Begriff ist somit hier enger gefasst als bei § 42 Abs. 1 S. 1, da dort der allgemeinere Begriff des Organmitglieds ohne nähere Qualifizierung für die Auftraggeberseite verwendet wird.

20 Der ebenfalls von § 42 Abs. 1 Nr. 3 lit. a erfasste gegen Entgelt bei einem Bieter oder Bewerber Beschäftigte oder Tätige umfasst ähnlich wie der Begriff Mitarbeiter[15] auf Auf-

---

[11] S. aber demgegenüber mittlerweile den reformierten § 6 VgV für klassische Auftragsvergaben, in dem nunmehr auf der Grundlage von Art. 24 RL 2014/24/EU nicht mehr an die Voreingenommenheit angeknüpft wird, sondern an einen Interessenkonflikt.
[12] OLG Celle Beschl. v. 9.4.2009 – 13 Verg 7/08, VergabeR 2009, 609 zu § 16 VgV aF, dem § 42 nach wie vor fast wortgleich nachgebildet ist. Dasselbe OLG hat in einem Beschl. v. 8.9.2011 – 13 Verg 4/11, IBR 2012, 286, ein für einen Bieter positives Interview mit einer Zeitung nicht als sonstige Unterstützung zulasten einer Person gewertet.
[13] VK Sachsen Beschl. v. 5.5.2014 – 1/SVK/010-14, VPR 2015, 1007.
[14] OLG Celle Beschl. v. 8.9.2011 – 13 Verg 4/11, IBR 2012, 286.
[15] Wobei ein Mitarbeiter auf der Auftraggeberseite auch unentgeltlich tätig werden könnte.

traggeberseite Anstellungsverhältnisse im weitesten Sinne, was insbesondere die Fallkonstellation „gegen Entgelt tätig" gegenüber derjenigen „gegen Entgelt beschäftigt" verdeutlicht.

Die Verschärfung auf der Unternehmerseite (Bieter/Bewerber) eines Vergabeverfahrens 21 mit dem Zusatz „gegen Entgelt" in Abs. 1 Nr. 3 lit. a erscheint gerechtfertigt, weil es mit Blick auf die Verbindung zum Bieter oder Bewerber eines höheren Grads an Abhängigkeit bedarf, da regelmäßig nur dann die latente Gefahr besteht, dass dadurch Entscheidungen zu deren Gunsten beeinflusst werden.[16]

d) Für ein doppelt mandatiertes Unternehmen tätig Werdender (Abs. 1 Nr. 3 22 **lit. b).** Als – widerlegbar – voreingenommen gilt gem. § 42 Abs. 1 Nr. **3 lit. b** auch, wer für ein in das konkrete Vergabeverfahren involviertes Unternehmen tätig wird, wenn dieses Unternehmen **parallel** und zugleich geschäftliche **Beziehungen zum Auftraggeber als auch zu Bietern oder Bewerber** hat. Damit sind zB für den Auftraggeber agierende Beratungsfirmen ebenso erfasst wie Rechtsanwälte oder Fachplaner.

Eine zugestandene Möglichkeit zur **Vermeidung von Interessenkonflikten** bei einem 23 Doppelmandat ist die **Herstellung unabhängiger Vertraulichkeitsbereiche**, sodass die Beratung von Bieterunternehmen und Auftraggeber durch unterschiedliche Personen derselben Unternehmung unabhängig voneinander möglich sein soll.[17] Die dazu notwendige Umsetzung durch **sog. chinese walls** kann durch eine **räumliche und konsequente Datentrennung**, der **Begrenzung von Telefonkontakten samt deren Aufzeichnung** realisiert werden.[18]

3. Widerleglichkeit der Vermutung. Gemäß § 42 Abs. 1 Nr. 3 aE enthält die VSVgV 24 als einzige **Vergabeverordnung nach wie vor die Möglichkeit, die Vermutung** der **Voreingenommenheit** einer **Person** in concreto zu **widerlegen**. Dies kann zum einen gelingen, wenn für die betroffene Person objektiv **kein Interessenkonflikt** besteht oder sich zum zweiten deren Tätigkeit **nicht auf Entscheidungen** in dem Vergabeverfahren **auswirkt**. *Kirch*[19] weist zu Recht darauf hin, dass diese Widerlegungsmöglichkeit § 46 VwVfG nahe kommt, wonach ein Verstoß gegen bloße Verfahrensvorschriften dann unbeachtlich ist, wenn sich der Mangel nicht auf Entscheidungen in der Sache ausgewirkt hat.

Für diese **Gegenausnahme** ist aber der öffentliche **Auftraggeber darlegungs- und** 25 **beweispflichtig**,[20] was die Formulierung „**es sei denn**" in § 42 Abs. 1 Nr. 3 lit. b verdeutlicht. Dies gilt erst recht in einem denkbaren Vergabenachprüfungsverfahren auch aus der seit 2009 nur noch eingeschränkt geltenden Amtsermittlungspflicht einer Vergabekammer, wonach sich diese gem. § 163 Abs. 1 S. 2 GWB auf das beschränken kann, was von den Beteiligten vorgebracht wird oder ihr sonst bekannt sein muss. Hat somit der Antragsteller hinreichende Anhaltspunkte für die Voreingenommenheit einer an Entscheidungen auf Auftraggeberseite beteiligten Personen vorgetragen, muss eine Vergabekammer **nicht von Amts** wegen nach denkbaren Gegenausnahmen suchen und diese zugunsten eines Auftraggebers im Verteidigungs- oder Sicherheitsbereich ausrecherchieren. Somit trifft den betroffenen **Auftraggeber** im Wege einer **materiellen Beweislastverteilung** in jedem Fall auch das **Risiko der Unaufklärbarkeit**.[21]

Die Widerlegungsmöglichkeit besteht nur für die Fallgruppe des § 42 Abs. 1 Nr. 3,[22] 26 was die Stellung am Ende dieser Detailbestimmung verdeutlicht. Gegen eine parallele Erstreckung auch auf die Fallkonstellationen des § 42 Abs. 1 Nr. 1 und 2 spricht im Übrigen auch, dass eine Interessenkollision in diesen beiden Fällen ohnehin kaum ausgeschlossen

---

[16] So zu Recht Willenbruch/Wieddekind/*Rechten*, 3. Aufl. 2014, VgV § 16 Rn. 29, zur wortgleichen Bestimmung in § 16 VgV aF.
[17] Vgl. dazu BR-Drs. 455/00, 20 zur Parallelvorschrift in § 16 Abs. 1 Nr. 3b VgV aF.
[18] Vgl. *Kirch*, Mitwirkungsverbote bei Vergabeverfahren, 2004, 148.
[19] *Kirch*, Mitwirkungsverbote bei Vergabeverfahren, 2004, 126.
[20] Willenbruch/Wieddekind/*Rechten*, 3. Aufl. 2014, VgV § 16 Rn. 36.
[21] *Kirch*, Mitwirkungsverbote bei Vergabeverfahren, 2004, 158.
[22] Vgl. VK Lüneburg Beschl. v. 12.7.2011 – VgK-19/2011, IBR 2011, 1252, die auch die ehemalige, vergleichbare Fallkonstellation des § 16 Abs. 1 Nr. 3 lit. a VgV aF mit einbezogen sah.

werden kann. Für eine Person, die zugleich Bieter oder Bewerber ist oder einen Bieter oder Bewerber in einem Vergabeverfahren berät oder sonst unterstützt oder als gesetzlicher Vertreter oder in dem Vergabeverfahren für den Bieter oder Bewerber tätig ist, besteht naturgemäß in diesem Vergabeverfahren ein unmittelbarer Interessenkonflikt, der ein paralleles Tätigwerden auf Auftraggeberseite mit Entscheidungsrelevanz ausschließt.

27 **a) Kein – tatsächlicher – Interessenkonflikt.** Wenn tatsächlich **kein Interessenkonflikt** für die Person besteht, ist ein **Ausschluss** dieser Person vom Vergabeverfahren ausnahmsweise **nicht notwendig.**

28 Als **Kontrollfrage** bietet sich an, nachzuhalten, ob das konkrete Vergabeverfahren insbesondere die rechtlichen und wirtschaftlichen Interessen des betroffenen Ausschlusskandidaten berührt. Dies kann unterstellt werden, wenn diese auf der Seite des Auftraggebers tätige Person ein **persönliches Interesse** am Ausgang des konkreten Vergabeverfahrens hat. Dies wird man insbesondere annehmen können, wenn diese Person einen **unmittelbaren Vorteil,** ggf. seltener auch einen unmittelbaren Nachteil, aus der konkreten Vergabeentscheidung hat. Insoweit bietet sich eine Parallele zu den Befangenheitsregelungen zur Teilnahme und Abstimmungen an Gemeinderatssitzungen im kommunalen Bereich an, in dem im Zweifel eine mit der Besorgnis der Befangenheit belastete Person nicht nur nicht mitberaten und abstimmen darf, sondern den Abstimmungsbereich zu verlassen hat.[23]

29 In solchen Konstellationen würde ein Betroffener nämlich nicht mehr unparteiisch, sondern **überwiegend als Sachwalter in eigener Sache** tätig werden.[24]

30 Nichtsdestotrotz bedarf es selbst dann immer einer Berücksichtigung und Abwägung der konkreten Umstände im Rahmen einer konkreten **Einzelfallprüfung.** Parameter dieser Betrachtung sind dabei etwa die **Intensität** des wirtschaftlichen Interesses am kalkulatorischen Erfolg eines Bieters.

31 Die Widerlegung der Voreingenommenheitsvermutung wird dabei selbst in einer notwendigen Einzelfallbetrachtung kaum gelingen können, da dem regelmäßig die gesellschaftsrechtlichen Treuepflichten entgegenstehen werden.

32 Ist die betroffene Person Mitglied des Vorstands, des Aufsichtsrates oder eines gleichartigen Gesellschaftsorgans auf der Anbieterseite, sind diese Personen grundsätzlich nach dem AktG oder dem GmbHG zur vorrangigen **Wahrung der Gesellschaftsinteressen** verpflichtet. Diese Verpflichtungen sind mit der **Neutralitätspflicht** innerhalb eines Vergabeverfahrens auf Auftraggeberseite **schwerlich vereinbar.**

33 **b) Keine Auswirkungen auf Entscheidungen.** Gegen eine Voreingenommenheitsvermutung lässt sich ferner einwenden, dass sich die Aktivitäten der ausschlussbelasteten Person **nicht auf konkrete Entscheidungen** im Vergabeverfahren **ausgewirkt** hätten.

34 Entscheidend ist somit beim zweiten gesetzlichen Widerlegungstatbestand des § 42 Abs. 1 S. 1 aE die fehlende **Kausalität.**[25]

35 **4. Katalog der Angehörigen voreingenommener Personen (Abs. 2).** Abs. 2 enthält im S. 1 eine Voreingenommenheitsvermutung in Bezug auf Angehörige sowie im S. 2 eine **Definition** des Begriffs **Angehörige.**

36 **a) Angehörigenvermutung (Abs. 2 S. 1).** Gemäß § 42 Abs. 2 S. 1 gelten **auch Personen, deren Angehörige** die **Voraussetzungen** des **Abs. 1 Nr. 1–3 erfüllen,** als **voreingenommen.**

---

[23] VwGH Baden-Württemberg Urt. v. 28.12.2016 – 8 S 2442/14, VBlBW 2017, 298.
[24] So zu Recht Leinemann/Kirch/*Kirch* Rn. 33.
[25] Vgl. VK Baden-Württemberg Beschl. v. 3.6.2002 – 1 VK 20/02, ZfBR 2003, 97, für den am Ende einzig relevanten Umstand, dass unstreitig ein unvollständiges Angebot abgegeben worden war und dessen Unvollständigkeit nicht auf Aktivitäten des Voreingenommenen zurückgeführt werden konnte. Vgl. auch VK Bund, Beschl. v. 26.6.2015 – VK 1-47/15, VPR 2016, 143, bei der die ggf. voreingenommene Beschussprüfer zum einen bei der Feststellung von angeblichen Mängeln einer Schusswaffe schon aus der Bundeswehr ausgeschieden war und seine zeitlich sehr viel eher durchgeführten Beschussprüfungen ein für die spätere Beschwerdeseite gutes Ergebnis erbracht hatten.

In diesen Fällen erfolgt eine **Voreingenommenheitszurechnung über** ein **Angehöri-** 37
genverhältnis, über das die im Vergabeverfahren involvierte Person infiziert wird als wenn
bei ihr selber die Voraussetzungen in persona vorlägen.

b) Definition der Angehörigen im weiteren Sinne (Abs. 2 S. 2). Als **Angehörige** 38
iSd **§ 42 Abs. 2 S. 2** gelten der Verlobte, der Ehegatte, der Lebenspartner, Verwandte und
Verschwägerte in gerader Linie, Geschwister, Kinder der Geschwister. Ehegatte und Lebenspartner der Geschwister und Geschwister der Ehegatten und Lebenspartner, Geschwister der
Eltern sowie Pflegeeltern und Pflegekinder.

Einen noch **weiter gehenden Umgriff** der Voreingenommenheitsvermutung auch 39
auf ein im Zeitpunkt der Entscheidungen in einem Vergabeverfahren **nicht mehr bestehendes Angehörigenverhältnis**,[26] würde den Wortlaut der Norm sprengen und zu
einer **unzulässigen Analogie** der ohnehin fast schon konturlosen Zurechnung führen.
Zu beachten bleibt deshalb aber die **Sonderregelung für Verschwägerte** in § 1590
Abs. 2 BGB bzw. § 11 Abs. 2 LPartG, wonach die einmal begründete Schwägerschaft
nicht dadurch **endet**, dass die begründete **Ehe oder Lebenspartnerschaft aufgelöst
oder geschieden** wird.

5. Bieterschützender Charakter. § 42 hat **grundsätzlich bieterschützenden Charakter** nach § 97 Abs. 6 GWB.[27] Der Auftraggeber kann aber bei einem einzelnen Verstoß 40
gegen § 42 die Entscheidungen, an denen eine danach ausgeschlossene Person auf Auftraggeberseite mitgewirkt hat, **ohne Mitwirkung der ausgeschlossenen Person wiederholen**.
Dies ist auch noch bei einem laufenden Vergabenachprüfungsverfahren möglich, da ein
Nachprüfungsantrag nach § 169 Abs. 1 GWB lediglich eine Zuschlagserteilung untersagt,
nicht aber die Neubewertung von Angeboten oder die vollkommene Wiederholung ganzer
Vergabeverfahrensschritte.[28] Alternativ ist seit 2016 über § 147 GWB auch der fakultative
Ausschluss des betroffenen Unternehmens nach § 124 Abs. 1 Nr. 5 GWB möglich, wenn
unter Berücksichtigung des Grundsatzes der Verhältnismäßigkeit ein Interessenkonflikt bei
der Durchführung des Vergabeverfahrens besteht, der die Unparteilichkeit und Unabhängigkeit einer für den öffentlichen Auftraggeber tätigen Person beeinträchtigen könnte und
dieser Interessenkonflikt durch andere, weniger einschneidende Maßnahmen nicht wirksam
beseitigt werden kann.

Lediglich bei wiederholten und gravierenden Verstößen kann als **ultima ratio** die **Auf-** 41
hebung einer Ausschreibung in Betracht kommen, wenn eine ordnungsgemäße Beendigung des Vergabeverfahrens deshalb schlichtweg undenkbar erscheint.[29]

§ 43 Dokumentations- und Aufbewahrungspflichten

(1) Das Vergabeverfahren ist von Anbeginn an in einem Vergabevermerk fortlaufend zu dokumentieren, um die einzelnen Stufen des Verfahrens, die einzelnen
Maßnahmen sowie die Begründung der einzelnen Entscheidungen festzuhalten.
(2) Der Vergabevermerk umfasst zumindest:
1. den Namen und die Anschrift des öffentlichen Auftraggebers, Gegenstand und
Wert des Auftrags oder der Rahmenvereinbarung,

---

[26] So aber Leinemann/Kirch/*Kirch* Rn. 38, mit dem Hinweis, auch dann sei ja eine sachgerechte Widerlegung dieser – erweiterten – Vermutungsregelung möglich.
[27] OLG München Beschl. v. 11.4.2013 – Verg 2/13, VergabeR 2013, 902.
[28] OLG Koblenz Beschl. v. 5.9.2002 – 1 Verg 2/02, VergabeR 2002, 617 zur insoweit wortgleichen Bestimmung des § 16 VgV aF. Im dortigen Fall verlor die Vermutung der Voreingenommenheit aufgrund einer Nähebeziehung (Vater eines Mitarbeiters der Vergabestelle war Vorsitzender des Aufsichtsrates eines Bieters) ihre Berechtigung, weil durch neutrale Mitarbeiter der Vergabestelle über die belasteten Verfahrensteile (Rügeschreiben; mit nunmehr teilweiser Stattgabe der Rügen) neu entschieden wurde und eine entsprechende Heilung des Mangels durch sachgerechte Wiederholung eintrat.
[29] OLG Hamburg Beschl. v. 4.11.2002 – 1 Verg 3/02, IBRRS 2002, 2207.

2. die Namen der berücksichtigten Bewerber oder Bieter und die Gründe für ihre Auswahl,
3. die Namen der nicht berücksichtigten Bewerber oder Bieter und die Gründe für ihre Ablehnung,
4. die Gründe für die Ablehnung von ungewöhnlich niedrigen Angeboten,
5. den Namen des erfolgreichen Bieters und die Gründe für die Auswahl seines Angebots sowie, falls bekannt, den Anteil am Auftrag oder an der Rahmenvereinbarung, den der Zuschlagsempfänger an Dritte weiterzugeben beabsichtigt oder verpflichtet ist weiterzugeben,
6. beim Verhandlungsverfahren ohne Teilnahmewettbewerb und wettbewerblichen Dialog die in dieser Verordnung jeweils genannten Umstände oder Gründe, die die Anwendung dieser Verfahren rechtfertigen; gegebenenfalls die Gründe für die Überschreitung der Fristen gemäß § 12 Absatz 1 Nummer 2 Buchstabe a Satz 2 und Nummer 3 Buchstabe b Satz 3 sowie für die Überschreitung der Schwelle von 50 Prozent gemäß § 12 Absatz 1 Nummer 3 Buchstabe a,
7. gegebenenfalls die Gründe, aus denen die Auftraggeber auf die Vergabe eines Auftrags oder den Abschluss einer Rahmenvereinbarung verzichtet haben,
8. die Gründe, aufgrund derer mehrere Teil- oder Fachlose zusammen vergeben werden sollen,
9. die Gründe, warum der Gegenstand des Auftrags die Vorlage von Eigenerklärungen oder von Eignungsnachweisen erfordert,
10. die Gründe der Nichtangabe der Gewichtung der Zuschlagskriterien,
11. gegebenenfalls die Gründe, die eine über sieben Jahre hinausgehende Laufzeit einer Rahmenvereinbarung rechtfertigen, und
12. die Gründe für die Ablehnung von Angeboten.

(3) Die Auftraggeber müssen geeignete Maßnahmen treffen, um den Ablauf der mit elektronischen Mitteln durchgeführten Vergabeverfahren zu dokumentieren.

(4) Auf Ersuchen der Europäischen Kommission müssen die Auftraggeber den Vermerk in Kopie übermitteln oder dessen wesentlichen Inhalt mitteilen.

Übersicht

	Rn.
I. Normzweck	1–12
II. Einzelerläuterungen	13–78
1. Zeitpunkt und Kontinuität der Dokumentation (Abs. 1)	13, 14
2. Fertigung eines Vergabevermerks	15–29
a) Stufen des Verfahrens	16–23
b) Maßnahmen der einzelnen Entscheidungen	24–26
c) Begründung der einzelnen Entscheidungen	27–29
3. Festgeschriebener Mindestinhalt einer Dokumentation (Abs. 2)	30–71
a) Auftraggeber, Gegenstand und Wert des Auftrags oder der Rahmenvereinbarung (Nr. 1)	31, 32
b) Namen der berücksichtigten Bewerber oder Bieter und Auswahlgründe (Nr. 2)	33, 34
c) Namen der nicht berücksichtigten Bewerber oder Bieter und Ablehnungsgründe (Nr. 3)	35–40
d) Gründe für die Ablehnung ungewöhnlich niedriger Angebote (Nr. 4)	41, 42
e) Name des erfolgreichen Bieters samt Auswahlgründen sowie beabsichtigter oder verpflichtender Nachunternehmeranteil (Nr. 5)	43–45
f) Rechtfertigungsgründe für abweichende Verfahrensarten, die Überschreitung von Fristen und der 50%-Klausel zusätzlicher Dienstleistungen (Nr. 6)	46–50
g) Gründe für einen Vergabeverzicht hinsichtlich eines Auftrags oder einer Rahmenvereinbarung (Nr. 7)	51–57
h) Gründe für die gemeinsame Vergabe mehrerer Teil- oder Fachlose (Nr. 8)	58–62
i) Gründe für die Vorlage von Eigenerklärungen oder Eignungsnachweisen (Nr. 9)	63
j) Gründe für die Nichtangabe der Gewichtung der Zuschlagskriterien (Nr. 10)	64–66

	Rn.		Rn.
k) Gründe für eine über siebenjährige Laufzeit einer Rahmenvereinbarung (Nr. 11)	67	4. Dokumentation bei elektronischen Vergabeverfahren (Abs. 3)	72–76
l) Gründe für die Ablehnung von Angeboten (Nr. 12)	68–71	5. Übermittlungs- oder Mitteilungspflichten gegenüber der EU-Kommission (Abs. 4)	77
		6. Bieterschützender Charakter	78

I. Normzweck

§ 43 diente 2012 der **Umsetzung von Art. 37** RL 2009/81/EG und orientierte sich des Weiteren auch am Wortlaut vom ehemaligen § 24EG VOL/A für klassische Auftraggeber, der 2016 im Rahmen der jüngsten Vergaberechtsnovelle durch § 8 VgV ersetzt wurde. 1

Vergabeverfahren sind nach zwischenzeitlich nahezu einheitlichen Vorgaben in allen Vergabebereichen **von Beginn an fortlaufend zu dokumentieren,** auch wenn parallel auch zur entsprechenden Verfahrensdokumentation der alte Vergabevermerk am Ende selbiger gefertigt werden kann und selbstverständlich die vorherige Verfahrensdokumentation implementieren kann. 2

Für **Bauleistungen** stellt **§ 20VS VOB** eine **speziellere Dokumentationsregelung** bereit. **§ 43 Abs. 2 ergänzt und konkretisiert in zwölf Nummern** die in **Abs. 1** noch sehr **allgemein** gehaltenen **Dokumentationspflichten** um einen **Mindestkatalog** von Entscheidungen und Maßnahmen, die ein Vergabevermerk in jedem Fall, soweit zutreffend, enthalten muss. Dabei leitet sich diese separat geregelte Dokumentationsverpflichtung **aus** dem EU-rechtlich verankerten, in § 97 Abs. 1 GWB umgesetzten, **Transparenzgebot** ab. Dieses ist seinerseits eine spezielle Ausprägung des allgemeinen Gleichbehandlungsgrundsatzes aus § 97 Abs. 2 GWB. 3

Durch die Verpflichtungen aus § 43 Abs. 1 und 2 wird gewährleistet, dass **Entscheidungen** eines Auftraggebers im Verteidigungs- und sicherheitsrelevanten Bereich **transparent werden** und im Hinblick auf spätere Kontrollen, zB in einem aktuellen Vergabenachprüfungsverfahren oder auch noch geraume Zeit nach der Auftragsvergabe durch einen Rechnungshof **nachvollziehbar bleiben.** 4

§ 43 leitet sich **nur teilweise** aus übergeordneten **EU-Normen** ab. **Art. 37 Abs. 1** RL 2009/81/EG bestimmt lediglich, dass Auftraggeber einen Vergabevermerk mit annähernd dem Mindestinhalt des § 43 Abs. 2 zur Bestätigung, dass das Verfahren zur Auswahl in transparenter und nicht diskriminierender Weise erfolgt ist, über jeden vergebenen Auftrag und jede Rahmenvereinbarung zu fertigen haben. Die weiteren allgemeinen Festlegungen des § 43 Abs. 1, insbesondere mit den **Schärfungen, eine „von Anbeginn in einem Vergabevermerk fortlaufende" Dokumentation** zu fertigen, findet so keine Entsprechung im ehedem 2012 umzusetzenden Art. 37 RL 2009/81/EG und sind damals **eher der damaligen nationalen Parallelregelung in § 24EG VOL/A aF entnommen.** 5

Bei Zugrundelegung der umzusetzenden Richtlinienbestimmungen wird deutlich, dass Art. 37 Abs. 1 **lit a–j** der nach wie vor aktuellen und auch 2014 insoweit unverändert gebliebenen **RL 2009/81/EG nur zehn Mindestdaten** im **Vergabevermerk** einfordert, denen, wenn auch in anderer Reihenfolge § 43 Abs. 2 **Nr. 1–3, 5–7, 11 und 12** entsprechen. 6

§ 43 Abs. 3 zu elektronischen Vergabeverfahren hingegen beruht wörtlich auf Art. 37 Abs. 2 RL 2009/81/EG. Art. 37 Abs. 3 RL 2009/81/EG bestimmt, dass der Vermerk bzw. sein wesentlicher Inhalt der **Kommission auf deren Ersuchen mitgeteilt** wird, was in **§ 43 Abs. 4** leicht modifiziert („in Kopie") 2012 übernommen wurde. 7

§ 43 ist somit seit 2012 eine **Mischung** aus EU-rechtlichen Vorgaben in den Abs. 2–4 und allgemeinen Dokumentationsregelungen im Abs. 1, die traditionell schon im klassischen Vergabebereich galten und mit § 8 VgV immer noch so gelten. 8

Teilweise geht aber auch der **Mindestkatalog des Abs. 2** über die EU-rechtlich vorgesehenen Mindestangaben in Art. 37 Abs. 1 lit. a–j RL 2009/81/EG **hinaus.** So haben insbesondere § 43 Abs. 2 **Nr. 8, 9 und 10 keine EU-rechtlichen Entsprechungen.** Die 9 genannte Verpflichtung zur Dokumentation der Gründe für eine – ausnahmsweise erforderliche – Zusammenfassung von Losen in der **Nr. 8** leitet sich aus der verschärften Regelung zur **Losbildung** in § 97 Abs. 4 GWB iVm § 10 Abs. 1 ab. Will der Auftraggeber nach § 22 Abs. 2 **Eigenerklärungen** zulassen, ist dies als Ausnahme von der Regel des § 22 Abs. 1 zusätzlich zu dokumentieren, **Nr. 9**. **Nr. 10** verpflichtet überobligat zur Dokumentation der Gründe für die **Nichtangabe der Gewichtung der Zuschlagskriterien,** obwohl zB § 16 Abs. 1 Nr. 2 gar keinen Vorrang einer Gewichtung der Zuschlagskriterien gegenüber einer Angabe der absteigenden Reihenfolge vorsieht, wie dies aus dem klassischen Vergaberecht, etwa nach § 58 Abs. 3 S. 3 VgV aktuell bekannt ist.

10 Die vergleichbare VOB/A-VS enthält in der dortigen Parallelregelung für den **Baubereich (§ 20VS VOB/A)** eine ähnlich strukturierte Regelung. § 20VS S. 1 VOB/A entspricht im Wesentlichen § 43 Abs. 1. Im Gegensatz zur VSVgV-Regelung muss die Dokumentation in der VOB/A-VS nach § 20VS Abs. 1 S. 1 VOB/A ausdrücklich **in Textform** (nach § 126b BGB) erfolgen und ist „**zeitnah**" vorzunehmen. Anderseits **fehlt in § 20VS VOB/A** das Erfordernis einer **von Anbeginn fortlaufend** zu realisierenden Dokumentation.

11 § 20VS Abs. 1 S. 2 VOB/A enthält einen § 43 Abs. 2 **ähnlichen Mindestkatalog** zu dokumentierender Entscheidungen und Maßnahmen. Auch § 20VS Abs. 1 S. 3 VOB/A verpflichtet Bauauftraggeber im verteidigungs- und sicherheitsrelevanten Bereich um Treffen geeigneter Maßnahmen, um den Ablauf der mit elektronischen Mittel durchgeführten Vergabeverfahren zu dokumentieren, wie dies auch § 43 Abs. 3 fordert.

12 § 20VS Abs. 2 VOB/A enthält nach wie vor die in § 20EU VOB/A iVm § 8 VgV für klassische Auftragsvergaben **entfallene Zusatzregelung über den Verzicht** auf **zusätzlich** zum Angebot **verlangte Unterlagen und Nachweise,** der im Vergabevermerk zu begründen ist (ex § 20EU Abs. 2 VOB/A 2012).

II. Einzelerläuterungen

13 1. **Zeitpunkt und Kontinuität der Dokumentation (Abs. 1).** Eine bestimmte **Form** ist für den Vergabevermerk in der VSVgV[1] ausdrücklich **nicht vorgeschrieben.** Er muss auch kein körperlich einheitliches, als Vergabevermerk beteiteltes Schriftstück sein, das sämtliche Vorgänge und Entscheidungen ausführlich dokumentiert. Es ist vielmehr ausreichend, wenn eine durchgängige Dokumentation in **Form separater Schriftstücke** die einzelnen Maßnahmen sowie die Begründungen für die getroffenen Entscheidungen einschließlich des Mindestkatalogs aus § 43 **nachvollziehbar** wiedergibt.[2]

14 Wegen seiner **Beweisfunktion** und längeren Nachprüfbarkeit muss der Vergabevermerk jedoch **in dauerhafter Form** gefertigt sein. Er muss den Anforderungen entsprechen, die im Rechtsverkehr an einen **Aktenvermerk** gestellt werden. Dazu gehört neben dem **Datum auch die Unterschrift** des Ausstellers. Ohne diese Angaben entbehrt ein Aktenvermerk ebenso wie der Vergabevermerk seiner Verbindlichkeit als Urkunde, die Beweisfunktion hat. Eine **kontinuierliche und chronologische Führung** und Fertigung eines Vergabevermerks ist auch deswegen unerlässlich, weil ein Auftraggeber im Falle eines konkreten Vergabenachprüfungsantrags die **Vergabeakten nach § 163 Abs. 2 S. 4 GWB der Vergabekammer** „**sofort**" vorzulegen hat und auch **denkbare Schutzschriften** nach 163 Abs. 2 S. 2 GWB nur mit einer stichfesten Dokumentation Erfolg versprechen. Große Zeitintervalle für die erstmalige Fertigung eines Vergabevermerks bestehen dann nicht mehr, auch wenn § 43 – anders als § 20VS Abs. 1 VOB/A – keine ausdrückliche Regelung enthält, wonach die Dokumentation „zeitnah" zu erfolgen hat.

15 2. **Fertigung eines Vergabevermerks.** Nach § 43 Abs. 1 ist das Vergabeverfahren **von Anbeginn fortlaufend** zu dokumentieren, sodass die **einzelnen Stufen** des Verfahrens, die

---

[1] Anders als in § 20VS VOB/A („Textform"), obwohl beide Normen auf ein und derselben Richtlinie der EU beruhen, die in Art. 37 RL 2009/81/EG keinerlei Form vorgibt.
[2] OLG München Beschl. v. 25.7.2013 – Verg 7/13, VergabeR 2014, 52.

Anzahl der Angebote zu verringern. Damit erzeugt der Auftraggeber innerhalb der Verhandlungsphase wiederum fest umrissene **Unterstufen,** die sich auch so im Vergabevermerk abgebildet widerfinden müssen.

23 Ein darzulegendes **Stufenverhältnis** findet sich **auch im Wettbewerblichen Dialog** nach § 13. Auch in diesem Spezialverfahren erfolgt zunächst eine Aufforderung zur Teilnahme und danach finden in einer zweiten, abgegrenzten Phase Verhandlungen mit ausgewählten Unternehmen über alle Einzelheiten des Auftrags statt **(sog. Dialogphase).** Auch diese **Dialogphase wiederum** kann nach **§ 13 Abs. 2 Nr. 3** in verschiedenen, **aufeinander folgenden Phasen abgewickelt** werden.

24 b) **Maßnahmen der einzelnen Entscheidungen.** Die in einer Vergabedokumentation aufzunehmenden, einzelnen, **Maßnahmen** betreffen die **Darlegung** des konkreten **Sachverhalts,** aufgrund dessen bestimmte, vergaberelevante Entscheidungen beruhen.

25 Da § 43 Abs. 2 Nr. 10 ausdrücklich die Gründe der Nichtangabe der Gewichtung der Zuschlagskriterien sogar zum zwingenden Mindestinhalt einer Vergabedokumentation erklärt, sind logischer Weise vorher erst einmal auch die tatsächlichen **Gründe für die Festlegung der Zuschlagskriterien** anzugeben.[8]

26 Diese Auflistung verdeutlicht, dass eine exakte und trennscharfe Unterscheidung der sprachlich unglücklichen Begriffe **Maßnahmen** (Plural) und **Begründung** (Singular) der Entscheidungen (Plural) nicht möglich ist und auch praktisch wenig Relevanz hat. Klar ist aber, dass zunächst einmal die tatsächlichen Grundlagen ermittelt und dokumentiert werden müssen, bevor auf dieser Grundlage konkrete Maßnahmen oder Entscheidungen getroffen werden können. Vielfach wird dies **zeitlich aber auch zusammenfallen.**

27 c) **Begründung der einzelnen Entscheidungen.** Eine **besondere Begründung** in der Vergabedokumentation ist immer dann zwingend geboten, **wenn** der Auftraggeber über einen **Entscheidungsspielraum** verfügt, sich aber in die eine oder auch eine andere Richtung bewegen kann und darf. Dies betrifft insbesondere den Prüfungs- und Wertungsvorgang nach §§ 31, 32 (Nebenangebote), §§ 33, 34 Abs. 2 und 3, speziell die Auswahl des wirtschaftlichsten Angebotes. Auch bei der Prüfung der Eignung der Bewerber (§§ 21 und 22), entsprechenden zwingenden (§ 23) oder fakultativen Ausschlussgründen (§ 24) oder der technischen Wertbarkeit von Nebenangeboten (§ 32) muss der Auftraggeber sein **oftmals Ermessen ausüben** und **prognostische Erwägungen** anstellen. Dies uU auch noch geraume Zeit später als Nachprüfungsbehörde, Aufsichtsbehörde oder Fördermittel ausreichende Stelle, als Rechnungsprüfungsamt/Rechnungshof oder Zivilgericht in einen Schadenersatzprozess nachvollziehen zu können, ist nur möglich, wenn diese Erwägungen (Für und Wider) nicht nur tatsächlich vom Auftraggeber angestellt wurden, sondern auch entsprechend dokumentiert wurden.

28 Dabei gilt der Grundsatz, dass der **Dokumentationsgrad mit der Wichtigkeit der jeweiligen Entscheidung und dem Abweichen von Normtatbeständen wächst.** Insbesondere das **Abweichen von** den beiden **Regelverfahren** (vgl. § 11 Abs. 1 S. 1) nach § 12 bzw. § 13 oder die **Zusammenlegung von Fachlosen** (§ 97 Abs. 4 GWB iVm § 10 Abs. 1) ist erschöpfend zu dokumentieren.[9] Dies gilt erst recht, wenn der Auftraggeber eine **EU-weite Ausschreibung unterlassen** will, weil er die zu beschaffende Dienstleistung für eine **nachrangige Dienstleistung** nach § 5 Abs. 2 iVm Anhang 2 der RL 2009/81/EG (Kategorien 21–26) hält. Dies gilt insbesondere, wenn angeblich nur der Auffangtatbestand der Kategorie 26[10] (sonstige Dienstleistung) eingreifen soll. Denn die Kategorie 26 ist „sonstige Dienstleistungen" stellt gerade im Verteidigungs- und sicherheitsrelevanten

---

[8] Gem. § 16 Abs. 1 Nr. 2 auch noch deren Gewichtung oder die absteigende Reihenfolge der diesen Kriterien zuerkannten Bedeutung.
[9] Vgl. dazu spezialiter auch § 43 Abs. 2 Nr. 6 und 8.
[10] Das OLG Dresden Beschl. v. 12.10.2010 – WVerg 9/10, VergabeR 2011, 504, hat aber DNA-Analysen im klassischen Vergabebereich 2010 als nur unter die dort wegen § 130 GWB zwischenzeitlich entfallene Parallelkategorie 27 (sonstige Dienstleistung) fallend eingestuft.

einzelnen **Maßnahmen** sowie die **Begründung** der einzelnen Entscheidungen festgehalten werden.

a) Stufen des Verfahrens. Die Vergabedokumentation muss nach § 43 Abs. 1 ua die einzelnen **Stufen** des Vergabeverfahrens enthalten. Damit muss sie auch den zeitlichen und strukturellen Ablauf eines Vergabeverfahrens samt den dabei zu durchlaufenden bzw. durchlaufenen Stufen dokumentieren, die auch als **solche wiederum mit nachvollziehbarem Datum und Unterschrift**[3] **erkennbar sein** müssen.

Als solche **Trennstufen** in einem Vergabeverfahren kann man die EU-weite **Vergabebekanntmachung,** diejenige bis zur **Eröffnung der Angebote,** nachgefolgt von der Stufe der **Angebotswertung** und anschließend die **Beendigung** des Vergabeverfahrens durch **Auftragserteilung oder Vergabeverzicht** sehen. Da die VSVgV das Offene Verfahren nicht kennt, ist grundsätzlich auch der **vorgeschaltete EU-Teilnahmewettbewerb** eine bedeutsame **Trennstufe für Bewerber** und Bieter, die lediglich beim Verhandlungsverfahren ohne EU-Bekanntmachung nach § 12 entfällt.

Um die verschiedenen Stufen eines Vergabeverfahrens im Verteidigungs- und sicherheitsrelevanten Bereich wieder zu erkennen, müssen auch die Übergänge (Bekanntmachung, Teilnahmewettbewerb, Angebotsöffnung samt Angebotswertung, Zuschlag/Aufhebung) von Stufe zu Stufe gut und eindeutig dokumentiert sein.

Da die VSVgV einem Auftraggeber auch noch das nicht offene und das Verhandlungsverfahren mit EU-Bekanntmachung mit § 11 Abs. 1 S. 1 gleichberechtigt zur Verfügung stellt,[4] ist die **erste nach außen tretende Verfahrensstufe** diejenige der **Bekanntmachung** nach § 18,[5] ergänzt durch eine **eventuelle vorherige** fristverkürzende **Vorinformation nach § 17.**

Dieser außenwirksamen Stufe sind die zugrunde liegenden **Festlegungen** des Auftraggebers (ua **Auftragswertermittlung, Losbildung** oder Verzicht auf selbige, Zulassung von **Nebenangeboten** samt Mindestkriterien nach **§ 32 Abs. 1 S. 2, Wahl der Verfahrensart, Festlegung der Angebots- und Bindefrist)** vorgelagert und bei entsprechender Verfahrensrelevanz[6] auch zu dokumentieren. Die abschließende Stufe des Vergabeverfahrens bildet entweder die Zuschlagserteilung nach § 34 Abs. 1 oder die Aufhebung/Einstellung des Vergabeverfahrens nach § 37 Abs. 1. Diese Abschlussstufe, aber auch alle anderen signifikanten Zwischenstufen zwischen der Einleitung[7] und dem Abschluss des Vergabeverfahrens sind hinreichend zu dokumentieren.

Der **klassische Fall eines gestuften Vergabeverfahrens** ist das **nicht offene** Verfahren mit vorgeschaltetem **EU-Teilnahmewettbewerb,** in dem die Eignung der Bewerber anhand vorhandener Erkenntnisquellen (§§ 21, 22, 25 27) geprüft wird und erst dann Unternehmen in einer zweiten Stufe nach § 29 zur Angebotsabgabe aufgefordert werden. Ähnliches gilt auch für das **Verhandlungsverfahren mit EU-Teilnahmewettbewerb** gem. § 12 und nachfolgenden Auftragsverhandlungen mit den ausgewählten Bewerbern, auch wenn einzustellen dass, das die VSVgV keine derart dezidierten Vorgaben für die Durchführung eines Verhandlungsverfahrens bereit hält wie dies der nunmehrige § 17 VgV für klassische Auftraggeber tut.

Zudem können Auftraggeber auch individuell in der Angebotsaufforderung nach **§ 11 Abs. 3** vorgeben, dass ein **Verhandlungsverfahren mit Teilnahmewettbewerb** in verschiedenen, **aufeinander folgenden Phasen abgewickelt** werden soll, um hierbei die

---

[3] So zu Recht schon OLG Bremen Beschl. v. 14.4.2005 – Verg 1/05, VergabeR 2005, 537.
[4] Lediglich die Verhandlungsverfahren ohne EU-Bekanntmachung und der Wettbewerbliche Dialog sind nach § 11 Abs. 1 S. 2 nur unter besonderen Voraussetzungen (§ 12 bzw. § 13) anwendbar.
[5] Dies gilt auch für den Wettbewerblichen Dialog.
[6] Nach OLG München Beschl. v. 2.8.2007 – Verg 7/07, VergabeR 2007, 799, ist die Nichtzulassung von Nebenangeboten im Vergabevermerk/Vergabedokumentation aber nicht zu begründen.
[7] Das Vergabeverfahren beginnt mit der Absendung der EU-Bekanntmachung bei den Ausschreibungsverfahren oder der sonstigen Einleitung (= erstmaliges ernsthaftes Herantreten des Auftraggebers an ein Unternehmen im Falle des Verhandlungsverfahrens ohne EU-Bekanntmachung, vgl. § 3 Abs. 8.

Bereich einen Auffangtatbestand dar, der erst eingreift, wenn alle anderen 25 Kategorien nicht einschlägig sind. Gerade die Erörterung ggf. ebenfalls einschlägiger Kategorien der Nr. 1–20 in Abgrenzung insbesondere zur Kategorie 26 ist dokumentationspflichtig. Zudem wird der Auftraggeber auch immer die Einzelfall bezogene **Binnenmarktrelevanz** der Dienstleistung zu erörtern haben, da diese ggf. zu einem Publikationsakt, etwa im Internet, zwingen kann, auch wenn keine Ausschreibungsverpflichtung im klassischen Sinne nach § 18 besteht.

Ähnliches gilt bei **Nutzung des sog. 20 %-Kontingents** nach § 3 Abs. 7 S. 5 Nr. 1 mit der Losobergrenze von 80.000 EUR (netto).

3. Festgeschriebener Mindestinhalt einer Dokumentation (Abs. 2). § 43 Abs. 2 Nr. 1–12 enthält über die nach § 43 Abs. 1 eingeforderten, sehr allgemein gehaltenen Inhalte ganz spezielle Angaben zu zwölf enumerativ aufgelisteten Sachverhalten. Dadurch werden diese zu einem Mindestinhalt jedweden Vergabevermerks, was durch das Wort „mindestens" noch einmal verdeutlicht wird. Klar ist aber auch, dass, wenn bestimmte Daten in einem konkreten Vergabeverfahrens nicht angefallen[11] sind, können sie auch nicht dokumentiert werden. Allenfalls ist dann darzulegen, warum sie etwa in Abweichung vom Regelfall nicht angefallen sind.[12] Zudem schließen sich einige der Angaben trotz des Mindestkanons naturgemäß von selber aus. Wird der Zuschlag erteilt und gibt es somit einen Namen des erfolgreichen Bieters (Nr. 5), wird es – von einer Teilaufhebung bei Losen nach § 37 abgesehen – keinerlei Angaben zu einem alternativen Vergabeverzicht geben können.

a) Auftraggeber, Gegenstand und Wert des Auftrags oder der Rahmenvereinbarung (Nr. 1). Zum zwingenden Mindestinhalt einer Vergabeverfahrensdokumentation nach § 43 Abs. 2 **Nr. 1** gehören zum einen die **Auftraggeberdaten** (Name und Anschrift), die den Ersteller des Vergabevermerks und grundsätzlich auch Haushaltsverantwortlichen näher kennzeichnen und umschreiben. Nr. 1 fordert nicht nur Angaben darüber „Wer" vergibt, sondern **auch** darüberhinaus, **„Was"** vergeben wird. Speziell betrifft dies den **Gegenstand der Vergabe** und den **Beschaffungswert**. Somit sind zu einem konkreten Auftrag (Dienstleistungsauftrag bzgl. X oder Lieferauftrag bzgl. Y) auch Angaben zur **Laufzeit**, zum **Volumen** und zur **Kategorisierung**[13] der Leistung vonnöten. Für Dienstleistungen ist dabei auch die **Unterscheidung zwischen vorrangigen und nachrangigen Dienstleistungen** nach Anhang I oder II der RL 2009/81/EG anzugeben. Dies gilt insbesondere, falls es sich in concreto um Dienstleistungen nach Anhang II der RL 2009/81/EG, insbesondere der Auffangkategorie 26 (sonstige Dienstleistungen) handelt, die nach § 5 Abs. 2 eine Abweichen von nahezu alle Sonderbestimmungen der VSVgV zulassen würden.[14] Insbesondere entfällt dann die Pflicht zur europaweiten Ausschreibung nach § 18.

Zusätzlich fordert § 43 Abs. 2 Nr. 1 entsprechende Angaben zum **Gegenstand und Wert einer Rahmenvereinbarung** iSd § 14.

b) Namen der berücksichtigten Bewerber oder Bieter und Auswahlgründe (Nr. 2). Nach Abs. 2 Nr. 2 ist zudem zwingend zu dokumentieren, welche **Bewerber oder Bieter** aufgrund welcher **Auswahlgründe berücksichtigt** werden bzw. wurden.

Berücksichtigte Bewerber sind alle diejenigen Unternehmen, die **nach § 29** zur **Angebotsabgabe aufgefordert** wurden. Der Begriff berücksichtigte Bieter verwirrt auf den ersten Blick, da es pro Auftrag im Regelfall immer nur einen – berücksichtigten –

---

[11] ZB kein Aufhebungsgrund oder kein einziges ungewöhnlich niedriges Angebot nach § 33 oder kein Nachunternehmer beim Zuschlagsbieter, sodass dessen Anteil am Auftrag nicht angegeben werden kann.
[12] ZB wenn die Überprüfung der Angebotspreise keine signifikante Abweichung von der eigenen Kostenschätzung ergeben hat und sich die Angebote entgegen § 33 Abs. 1 sehr homogen dargestellt haben.
[13] Anhang IV der RL 2009/81/EG fordert unter VERGABEVERMERK, Ziffer 3, für Liefer- und Dienstleistungsaufträge auch die Referenznummer der Nomenklatur common procurement vocabulary (CPV).
[14] Vgl. § 5 Abs. 2, wonach dann lediglich §§ 15 und 35 gelten. Das bedeutet konkret, dass sich nur Verpflichtungen zur eindeutig und erschöpfenden Beschreibung der technischen Anforderungen, zur Nachprüfungsstelle Vergabekammer sowie der Ex-Post-Transparenz nach Auftragserteilung beim Amt für amtliche Veröffentlichungen der EU ergeben.

Zuschlagsbieter gibt. Wenn man aber an eine **losweise Vergabe oder** auch an die auch bei Nr. 1 erwähnten **Rahmenvereinbarungen** nach § 14 denkt, kann es in diesen Fällen **auch zu mehreren berücksichtigten Bietern** in einem Vergabeverfahren kommen. Insbesondere sieht § 14 Abs. 4 ausdrücklich eine Rahmenvereinbarung mit mehreren Unternehmen vor. Andererseits muss die ergänzende Bestimmung des **§ 43 Abs. 2 Nr. 5 hinzu** gelesen werden. Danach sind neben dem Namen des erfolgreichen Bieters auch die Gründe für die Auswahl seines Angebots zu dokumentieren. Im Hinblick auf den Zuschlagsbieter ist diese **Regelung spezieller** als diejenige über den berücksichtigten Bieter.

35   c) **Namen der nicht berücksichtigten Bewerber oder Bieter und Ablehnungsgründe (Nr. 3).** § 43 Abs. 2 Nr. 3 fordert quasi die **negative Seite** des Dokumentationsvorgangs bei **Nr. 2.** Nicht nur die positiv berücksichtigten Bewerber oder Bieter sind namentlich zu erfassen, sondern auch die **nicht berücksichtigten.**

36   Dabei handelt es sich um Bewerber, die **nicht zur Angebotsabgabe** aufgefordert wurden sowie Bieter, die nicht den Zuschlag erhalten haben. Wichtig ist, dass auch deren Scheitern samt der individuellen Gründe zu dokumentieren sind. Zuzugeben ist, dass damit ein hoher bürokratischer Aufwand eingefordert wird. Zu beachten ist aber auch, dass nicht berücksichtigte Bewerber oder Bieter jederzeit eine Überprüfung der für sie negativ erfolgten Entscheidungen nach §§ 156 ff. GWB bei einer Vergabekammer nach entsprechender Rüge (§ 160 GWB) beantragen können. In diesem Fall hat der **Auftraggeber die Vergabeakten** samt Vergabevermerk/Dokumentation der Vergabekammer **sofort zur Verfügung** zu stellen (**§ 163 Abs. 2 S. 4 GWB).** Dann bleibt aber **keinerlei Zeit** mehr für den Auftraggeber, erstmalig und tiefgründig zu **dokumentieren,** aus welchen Gründen zahlreiche Bewerber – oder Bieter – nicht berücksichtigt wurden. Der denkbare Einwand eines Auftraggebers, er sei gerade dabei gewesen, die entsprechenden Vermerke, etwa zur Nichtberücksichtigung der Bewerber oder Bieter, zu fertigen, verfängt nach dem klaren Wortlaut des § 43 Abs. 1 und 2 nicht, da die **Verfahrensdokumentation ausdrücklich von Beginn an** durch einen Vergabevermerk **fortlaufend vorzunehmen** ist und auch dessen Mindestinhalt klar vorgegeben ist. Dazu gehört nach einem durchgeführten Teilnahmewettbewerb, dass die Nichtberücksichtigung der Bewerber einzeln dokumentiert wurde (§ 43 Abs. 1 [Entscheidung] iVm § 43 Abs. 2 Nr. 3).

37   Da seit 2012 grundsätzlich auch ehedem **vergessene Bewerber** in den Anwendungsbereich der **automatischen Vorinformation nach § 134 GWB** iVm § 147 GWB im Verteidigungs- und Sicherheitsrelevanten Bereich **einbezogen** sind,[15] können diese zumindest nach zweimaligem Schweigen des Auftraggebers[16] über die Gründe der Nichtberücksichtigung sogar die Vergabekammer anrufen und die Unwirksamkeit eines geschlossenen Vertrages binnen entsprechender Ausschlussfristen nach § 135 Abs. 2 GWB geltend machen.

38   Hat dann der Auftraggeber nicht dokumentiert, aus welchen Gründen die Nichtberücksichtigung erfolgt ist, kann sogar ein darüber hinaus gehender Nachprüfungsantrag Erfolg haben.

39   Somit ist aufgrund § 43 Abs. 2 Nr. 3 der gesamte Prüf- und Wertungsvorgang hinsichtlich der Teilnahmeanträge in nicht offenen, Verhandlungsverfahren und im wettbewerblichen Dialog ebenso zu dokumentieren wie die gesamte Angebotswertung samt aller zwingenden und fakultativen Ausschlussgründe.

40   Für die **Nichtberücksichtigung** eines **ungewöhnlich niedrigen Angebots** nach § 33 hingegen enthält die nachfolgende **Nr. 4** des § 43 Abs. 2 eine **Sonderregelung.**

41   d) **Gründe für die Ablehnung ungewöhnlich niedriger Angebote (Nr. 4).** Die Angabe der Gründe für die Ablehnung ungewöhnlich niedriger Angebote bezieht sich auf

---

[15] Nämlich dann, wenn der Auftraggeber sie auch noch einmal kurz vor der Zuschlagserteilung anlässlich der Vorinformation der Bieter ein zweites Mal vergisst oder bewusst entgegen § 134 Abs. 1 S. 2 GWB iVm § 147 S. 1 GWB nicht informiert.

[16] ZB bei Missachtung der in § 134 Abs. 2 S. 2 GWB mittelbar angesprochenen, separaten Informationsverpflichtung des Auftraggebers nach § 36 Abs. 1 Nr. 1, die auf Verlangen eines Bewerbers hinsichtlich der Gründe für die individuelle Ablehnung der Bewerbung zu erfüllen ist.

die Verpflichtungen des Auftraggebers nach **§ 33 Abs. 1 S. 1**. Erscheint danach ein Angebot im Verhältnis zu der zu erbringenden Leistung ungewöhnlich niedrig, **muss** der **Auftraggeber vor Ablehnung des Angebots vom betroffenen Bieter Aufklärung** über die **Einzelpositionen** des Angebots verlangen. Allein dieser Prüfvorgang wäre schon nach allgemeinen Grundsätzen des § 43 Abs. 1 als relevante Maßnahme dokumentationspflichtig.

§ 43 Abs. 2 Nr. 4 verstärkt dies noch, wenn das Ergebnis der zwingend vorzunehmenden Aufklärung/Prüfung zulasten eines Bieters ausgeht. Nach § 33 Abs. 1 S. 2 darf der Zuschlag im Ergebnis nicht auf Angebote erteilt werden, deren Preise nachweislich in offenbarem Missverhältnis zur Leistung stehen. Eine derartige, **negative Schlussentscheidung** wäre sicherlich auch schon aufgrund der Generalklausel des § 43 Abs. 1 dokumentationspflichtig, da sie einen Bieter in jedem Fall um einen möglichen Zuschlag bringt. Auch wenn es sich bei § 33 um keinen zwingenden oder fakultativen Ausschlussgrund nach den § 23 oder § 24 handelt, bestimmt **§ 33 Abs. 2 S. 2** in ähnlicher Weise, dass der **Zuschlag auf** ein **Angebot,** dessen Preise in **offenbarem Missverhältnis zur Leistung** stehen, **nicht erteilt** werden kann.¹⁷ 42

e) Name des erfolgreichen Bieters samt Auswahlgründen sowie beabsichtigter oder verpflichtender Nachunternehmeranteil (Nr. 5). Der Name des **erfolgreichen Bieters** und die entsprechenden **Auswahlgründe** sind auch wegen der Konnexität zu den notwendigen **Angaben für Vorabinformationsschreiben** nach **§ 134 GWB** selbstverständlich im Vergabevermerk zu dokumentieren (§ 43 Abs. 2 **Nr. 5**). Daran **ändert** auch die 2016 eingeführte **Sonderregelung in § 134 Abs. 3 S. 2 GWB** für Vorabinformationsschreiben hinsichtlich verteidigungs- und sicherheitsspezifische Aufträge **nichts,** da diese Neuregelung **lediglich die Nichtmitteilung bestimmter Informationen** über die Zuschlagserteilung oder den Abschluss einer Rahmenvereinbarung ermessengebunden im Verhältnis zu informationsberechtigten Bewerbern oder Bietern erlaubt, **nicht aber** die **vollständige – interne – Nichtdokumentation** derartiger Informationen. 43

Ergänzend soll die Verfahrensdokumentation auch erfassen, **wie hoch** ggf. der **Anteil** ist, den der **Zuschlagsbieter seinerseits an Dritte weiter zu geben beabsichtigt** oder den er sogar verpflichtet ist, weiter zu geben. 44

Hintergrund dieser gesonderten Dokumentationsverpflichtung sind die **Sonderregelungen für Unteraufträge in den §§ 38–41** und insbesondere **§ 9 Abs. 1–6.** Nach § 9 Abs. 3 Nr. 1 kann der Auftraggeber den **Auftragnehmer verpflichten,** einen **Teil des Auftrags** (max. 30%) **an Dritte weiter** zu geben. Insoweit ist auch zu **dokumentieren, wie hoch** der beabsichtigte Nachunternehmeranteil ist und wie hoch der verpflichtende Anteil seitens des Auftraggebers war und ist, damit auch die Einhaltung der 30%-Klausel nachvollzogen werden kann. 45

f) Rechtfertigungsgründe für abweichende Verfahrensarten, die Überschreitung von Fristen und der 50%-Klausel zusätzlicher Dienstleistungen (Nr. 6). § 11 Abs. 1 S. 1 sieht für Auftraggeber im Bereich der VSVgV gleichberechtigt sowohl das nicht offene als auch das Verhandlungsverfahren mit Teilnahmewettbewerb vor. Nur in **begründeten Ausnahmefällen** ist ein **Verhandlungsverfahren ohne Teilnahmewettbewerb oder ein wettbewerblicher Dialog**¹⁸ zulässig (§ 11 Abs. 1 S. 2). Die für diese beiden Sonderverfahren relevanten **Rechtfertigungsgründe** nach § 12 bzw. § 13 hat der Auftraggeber als Ausnahme von der Regel gem. § 43 Abs. 2 **Nr. 6** Alt. 1 niederzulegen. 46

Zugleich verpflichtet § 43 Abs. 2 Nr. 6 auch, bei Verhandlungsverfahren ohne Teilnahmewettbewerb die **Überschreitung der Fünf-Jahresfristen** in § 12 Abs. 1 Nr. 2 lit. a S. 2 und § 12 Abs. 1 Nr. 3 lit. b S. 3 im Vergabevermerk zu **begründen.** 47

---

¹⁷ Vgl. dazu auch BGH Beschl. v. 31.1.2017 – X ZB 10/16, NZBau 2017, 23 für den klassischen Vergabebereich.
¹⁸ Da die RL 2009/81/EG an der grundlegenden Novellierung der Vergaberichtlinien 2014/2016 (noch) nicht teilgenommen hat, fehlt in ihr und somit auch in der bundesdeutschen Umsetzung die Innovationspartnerschaft innerhalb der VSVgV.

48 Hintergrund ist die grundsätzliche Befugnis in § 12, Lieferungen mit einer Laufzeit von maximal fünf Jahren im Verhandlungsverfahren (**ohne** Teilnahmewettbewerb) **beim bisherigen Auftragnehmer** zu beschaffen. Will der Auftraggeber diese **Frist ausnahmsweise überschreiten,** ist dies gesondert zu begründen, da damit der Wettbewerb auf sehr lange Zeit ausgehebelt wird.

49 Gleiches gilt hinsichtlich der in § 12 ebenfalls verankerten Möglichkeit, neue **wiederholende Dienstleistungen,** die im ersten Beschaffungsvorgang schon angelegt waren, allerspätestens **fünf Jahre nach Abschluss** (= Zuschlag) des ursprünglichen Vertrages im Verhandlungsverfahren (ohne Teilnahmewettbewerb) zu binden. Eine zeitlich spätere Durchführung ist nach § 12 Abs. 1 Nr. 3 lit. b S. 3 an Ausnahmefälle gekoppelt, die durch die Berücksichtigung der zu erwartenden Nutzungsdauer gelieferter Güter, Anlagen oder Systeme und die durch einen Wechsel des Unternehmens entstehenden, technischen Schwierigkeiten bestimmt werden. Auch **derartige Fristüberschreitungen** sind somit **anhand der benannten Ausnahmefälle zu dokumentieren.**

50 Schlussendlich verpflichtet § 43 Abs. 2 Nr. 6 auch noch zur Dokumentation einer **wertmäßigen Überschreitung der 50 %-Schwelle** zusätzlicher Dienstleistungen in § 12 Abs. 3 Nr. 3 lit. a bei zusätzlichen Dienstleistungen, die **wegen eines unvorhergesehenen Ereignisses** unter weiteren Restriktionen erforderlich sind.

51 **g) Gründe für einen Vergabeverzicht hinsichtlich eines Auftrags oder einer Rahmenvereinbarung (Nr. 7).** Genauso wie die Gründe für die Auswahl des Zuschlagsbieters bei einem positiven Ausgang eines Vergabeverfahrens entsprechend Nummer 5 zu dokumentieren sind, sind vice versa auch die Gründe festzuhalten, die einen Auftraggeber ausnahmsweise bewogen haben, auf eine Auftragserteilung, aber auch den Abschluss einer Rahmenvereinbarung nach § 14, gem. § 37 zu verzichten.

52 Dabei wird der wettbewerbliche Dialog auch ohne spezielle Erwähnung in § 43 Abs. 2 Nr. 7 vom Begriff Auftrag im Sinne der VSVgV erfasst, da er gem. § 13 zum Kanon zugelassener Vergabearten gehört und § 13 Abs. 2 Nr. 4 auch die Möglichkeit vorsieht, den Dialog für abgeschlossen zu erklären, wenn erkennbar ist, dass keine Lösung gefunden werden kann.

53 Anzumerken ist dass sich der Begriff „Verzicht" aus der EU-rechtlichen Überlagerung in Art. 37 RL 2009/81/EG ableitet, andererseits aber der einschlägige § 37 seinerseits von der im deutschen Sprachgebrauch üblichen Aufhebung von Vergabeverfahren spricht. Deshalb hat ein Auftraggeber insbesondere auch die Aufhebungsgründe nach § 37 Abs. 1 Nr. 1–4 darzulegen, die er für einen solchen „Vergabeverzicht" meint, anwenden zu können.

54 Ebenso ist zu dokumentieren, dass sich der Auftraggeber seines Ermessens im Hinblick auf die Aufhebung („**kann** aufheben") bewusst ist und das er dieses Aufhebungsermessen auch ausgeübt hat.

55 Bei verteidigungs- und sicherheitsrelevanten Dienstleistungs- und Lieferaufträgen ist zudem die **privilegierende Besonderheit in § 21 Abs. 3 Nr. 2** hinsichtlich der Anzahl geeigneter Bewerber beachtlich. Nach dieser Bestimmung kann ein Auftraggeber, wenn die Anzahl geeigneter Bewerber unter der Mindestanzahl liegt, zum einen selbstverständlich das Verfahren fortführen. Zum anderen kann er aber auch, wenn er der Meinung ist, dass die Zahl der geeigneten Bewerber für einen echten Wettbewerb zu gering ist, das Verfahren aussetzen und die erste Bekanntmachung nach § 18 zur Festsetzung einer neuen Teilnahmefrist nochmals veröffentlichen. Danach kann und muss das Vergabeverfahren mit den nach der ersten als auch mit den nach der zweiten Bekanntmachung ausgewählten Bewerbern gem. § 29 fortgeführt werden. **Nach § 21 Abs. 3 Nr. 2 bleibt dabei die Möglichkeit, das laufende Vergabeverfahren einzustellen und ein neues Vergabeverfahren einzuleiten, unberührt.**

56 Die für die jeweiligen Überlegungen relevanten Umstände und Erwägungen im Rahmen des § 21 Abs. 3 Nr. 2, wie kein echter Wettbewerb, Weiterführung des modifizierten Verfahrens inklusive zweiter Bekanntmachung oder Beendigung und Neueinleitung eines völlig neuen Vergabeverfahrens ohne Bindung an Altbewerber sind dabei in objektiver wie subjektiver Weise zu dokumentieren.

Zusammenfassend besteht somit immer eine **Dokumentationspflicht,** wenn ein Verga- 57 beverfahren nicht durch Zuschlag oder Abschluss einer Rahmenvereinbarung endet, sondern ein gezieltes und gewolltes **negatives Ende im Wege der Aufhebung** bzw. des Vergabeverzichts findet.

h) Gründe für die gemeinsame Vergabe mehrerer Teil- oder Fachlose (Nr. 8). 58
§ 43 Abs. 2 Nr. 8 fordert eine Dokumentation, wenn der Auftraggeber von der für den Mittelstand oder europäisch für sog. KMU wichtigen und nunmehr auch verstärkt eingeforderten (§ 97 Abs. 4 S. 1 und 2 GWB) **Teil- oder Fachlosvergaben** im Ausnahmefall **absieht** und diese **Lose** nach § 10 Abs. 1 iVm § 97 Abs. 4 S. 3 GWB **zusammen vergeben will.**

§ 97 Abs. 4 S. 2 GWB, auf den § 10 Abs. 1 S. 1 ua verweist, fordert, dass im Regelfall 59 Leistungen in der Menge aufgeteilt **(Teillose) oder** getrennt nach Art oder Fachgebiet **(Fachlose)** zu vergeben sind. Mehrere Teil- oder Fachlose dürfen nach § 97 Abs. 4 S. 3 GWB – im Verordnungswege ohnehin nachrangig auch nach § 10 Abs. 1 S. 2 – zusammen (nur) vergeben werden, wenn **wirtschaftliche oder technische Gründe** dies **erfordern.**

Damit hat der Normgeber – mit der unveränderten Übernahme im Rahmen der Verga- 60 benovelle 2016 dies nochmals bekräftigend – die Anforderungen an eine gemeinsame Vergabe weiterhin hoch gehalten und auch im Verteidigungs- und sicherheitsrelevanten Bereich etabliert, auch wenn einräumen bleibt, dass die RL 2009/81/EG auch in diesem Punkt unverändert geblieben ist.

Zu **beachten** bleibt aber, dass **§ 10 Abs. 1 S. 2 aE** expressis verbis die in der Leistungsbe- 61 schreibung geforderte **Systemfähigkeit der Leistung als wirtschaftliche und technische Begründung akzeptiert,** sofern dies auch durch den Auftragsgegenstand gerechtfertigt ist.[19] Damit kann ein Auftraggeber durchaus einfacher als in der klassischen Beschaffung Ausnahmen für eine gemeinsame Vergabe von Teil- und Fachlosen begründen.

Demgemäß muss insbesondere die **Alternativlosigkeit** zu einer gemeinsamen Vergabe 62 („erfordern") in der Verfahrensdokumentation neben den relevanten technischen oder wirtschaftlichen Gründen dokumentiert werden. Pauschalierte Allgemeinfloskeln reichen dafür nicht aus. Bei einem Wirtschaftlichkeitsvergleich der gemeinsamen Vergabe gegenüber einer losweisen Einzelvergabe etwa sind zB zumindest auch **konkrete Schätzkosten für beide Alternativen zu ermitteln und gegenüber zu stellen.**

i) Gründe für die Vorlage von Eigenerklärungen oder Eignungsnachweisen 63 **(Nr. 9).** Eine **Dokumentationspflicht** der Gründe für die Vorlage bestimmter Eignungsnachweise gibt es **in** der mit der VSVgV zumindest teilweise umzusetzenden **RL 2009/ 81/EG** nicht. Diese Bestimmung stellt daher eine **nationale Spezialität** dar. Grundsätzlich muss und kann der Auftraggeber nach § 22 Abs. 1 in der Bekanntmachung oder den Vergabeunterlagen (nur im Verhandlungsverfahren ohne Teilnahmewettbewerb) angeben, mit **welchen Nachweisen Unternehmen ihre Eignung nachzuweisen** haben. § 22 Abs. 2 schränkt dies zwar in der Weise ein, dass Auftraggeber es zulassen können, dass Bewerber oder Bieter **Eigenerklärungen** zum Beleg ihrer Eignung beibringen können (dürfen). Dies ist aber – anders als im klassischen Bereich nach VgV und VOB/A – **nicht generell zugelassen,** sondern verschärfend davon abhängig, dass dies nur soweit gilt, **als dies mit den vom Auftragsgegenstand betroffenen Verteidigungs- und Sicherheitsinteressen vereinbar** ist (§ 22 Abs. 2 S. 1). Die dazu relevanten Erwägungen für und gegen Eigenerklärungen sind deshalb zu dokumentieren, auch wenn dies auf keiner EU-rechtlichen Vorgabe fußt.

j) Gründe für die Nichtangabe der Gewichtung der Zuschlagskriterien (Nr. 10). 64
Die Verpflichtung zur Dokumentation der Gründe für die Nichtangabe der Gewichtung der Zuschlagskriterien nach § 43 Abs. 2 Nr. 10 ist ebenfalls **ohne EU-Vorgabe** vom Ver-

---

[19] Vgl. dazu VK Bund Beschl. v. 7.12.2015 – VK 2-105/15, ZfBR 2016, 292.

ordnungsgeber 2012 autonom in den Mindestkanon aufgenommen und 2016 unverändert beibehalten worden.

65 Im klassischen Vergabebereich ist der Hintergrund dieser Ausnahmedarlegungspflicht in der nunmehr vergleichbaren Dokumentationsbestimmung des § 8 Abs. 2 Nr. 12 VgV zu sehen, die eine grundsätzliche, dort schon seit 2006 bestehende Verpflichtung des Auftraggebers enthält, in EU-Verfahren die verlautbarten Zuschlagskriterien auch mit einer entsprechenden Gewichtung zu versehen (vgl. § 127 Abs. 5 GWB iVm § 58 Abs. 3 VgV). Wenn der Auftraggeber dort davon im gebotenen und begrenzt zugelassenen Umfang nach § 58 Abs. 3 S. 2 und 3 VgV abweicht, ist dies dort als Ausnahme von der Regel nachvollziehbar gesondert zu dokumentieren.

66 § 58 Abs. 3 S. 3 VgV knüpft diese Ausnahme ausdrücklich an objektive Gründe an, die der Auftraggeber deshalb auch nachvollziehbar in der Vergabedokumentation darzulegen hat. Da **aber** gerade **§ 16 Abs. 1 Nr. 2** dem hiesigen Auftraggeber die **Wahlfreiheit zwischen Gewichtung und absteigender Reihenfolge zubilligt, ohne** dass derartige **objektive und nachvollziehbare Gründen** für die absteigende Reihenfolge der Zuschlagskriterien vonnöten wären, **erscheint diese spezielle Dokumentationsverpflichtung** in der **VSVgV** nach wie vor **sinnentleert** und somit überflüssig**, zumal** sie auch im **Mindestkatalog** in **Art. 37 RL 2009/81/EG fehlt**.

67 **k) Gründe für eine über siebenjährige Laufzeit einer Rahmenvereinbarung (Nr. 11).** Hintergrund der in § 43 Abs. 2 **Nr. 11** verankerten besonderen Dokumentationsverpflichtung zu **Rahmenvereinbarungen** nach § 14 ist die dortige grundsätzliche Festlegung in § 14 Abs. 6 S. 1, dass die **Laufzeit einer Rahmenvereinbarung sieben Jahre** nicht überschreiten darf. Diese Grundregel ist nur durch **§ 14 Abs. 6 S. 2** durchbrochen, wonach diese **Obergrenze in Sonderfällen nicht gilt,** in denen aufgrund der zu erwartenden **Nutzungsdauer** gelieferter Güter, Anlagen oder Systeme und der durch einen **Wechsel** des bisherigen Unternehmens entstehenden technischen **Schwierigkeiten** eine **ausnahmsweise längere Laufzeit** gerechtfertigt ist. Aufgrund des Ausnahmecharakters dieses Sonderfalles muss diese längere Laufzeit in der 48 Tage nach Abschluss der Rahmenvereinbarung vorzunehmenden **Bekanntmachung nach § 35 Abs. 1 auch dort gesondert begründet** werden. Um dieser erhöhten Begründungstiefe zu entsprechen, muss vorher auch eine **entsprechende Dokumentation der Laufzeitausdehnung im Vergabevermerk** erfolgt sein. Auch im Hinblick auf die Möglichkeit eines **jederzeitigen Verlangens der EU-Kommission** zur Übermittlung des Vergabevermerks oder der Mitteilung des wesentlichen Inhalts nach **§ 43 Abs. 4** muss die Begründung für eine überlange Laufzeit einer Rahmenvereinbarung frühzeitig im Vergabevermerk dargelegt werden.

68 **l) Gründe für die Ablehnung von Angeboten (Nr. 12).** Da die Ablehnung von Angeboten zu den gravierendsten Entscheidungen in einem Vergabeverfahren gehört, sind auch deren jeweilige Gründe im Vergabevermerk zu dokumentieren. Dies gilt umso mehr, als der Auftraggeber nach **§ 147 iVm § 134 Abs. 1 S. 1 GWB** – vorbehaltlich allenfalls inhaltlicher Beschränkungen nach **§ 134 Abs. 3 S. 2 GWB** – ohnehin **automatisch verpflichtet** ist, den **nicht berücksichtigten Bietern die Gründe** für ihre **Nichtberücksichtigung** in der Regel spätestens zehn Tage vor dem geplanten Vertragsschluss mit dem Zuschlagsbieter mitzuteilen.

69 **Ergänzend** sind die Gründe für die Ablehnung eines Angebots auch **nach entsprechenden Verlangen unverzüglich,** spätestens innerhalb von 15 Tagen **nach Antragstellung** in Textform nach § 126b BGB, jedem nicht berücksichtigten Bieter in qualifizierter Form mitzuteilen **(§ 36 Abs. 2 Nr. 2)**.

70 Somit sind die jeweiligen **Ablehnungsgründe** auch im Vergabevermerk festzuhalten, damit sie in der **automatischen** Vorinformation nach **§ 134 GWB** oder **auf individuelles Verlangen** eines nicht berücksichtigten Bieters nach § 36 Einzelfall bezogen und **wahrhaftig mitgeteilt** werden können.

Die zusätzliche Aufnahme der Generalklausel zu Ablehnungsgründen in § 43 Abs. 2 **71** Nr. 12 überrascht dabei im Kontext der anderen Ziffern des Mindestkanons, da schon § 43 Abs. 2 Nr. 3 und 4 vorsehen, dass die Gründe für die Ablehnung von Bietern und ungewöhnlich niedrigen Angeboten zu dokumentieren sind. Bei Zugrundelegung der umzusetzenden Richtlinienbestimmungen wird deutlich, dass Art. 37 Abs. 1 lit a–j der nach wie vor aktuellen und auch 2014 insoweit unverändert gebliebenen RL 2009/81/EG nur zehn Mindestdaten im Vergabevermerk einfordert, denen, wenn auch in anderer Reihenfolge § 43 Abs. 2 Nr. 1–3, 5–7, 11 und 12 entsprechen.

4. Dokumentation bei elektronischen Vergabeverfahren (Abs. 3). Auftraggeber **72** müssen nach § 43 Abs. 3 **geeignete Maßnahmen** treffen, um auch den **Ablauf der mit elektronischen Mitteln durchgeführten Vergabeverfahren** zu dokumentieren.

Ob die zu beachtenden Vorgaben, insbesondere in Zeiten der zwingenden **E-Vergabe 73** nach dem 18.10.2018, in concreto eingehalten wurden, bedarf es **zusätzlicher Angaben** in einem Vergabevermerk.

Dies verdeutlicht die **Anlage VIII** zur RL 2009/81/EG, die die Anforderungen **74** bestimmt, denen die **Vorrichtungen** für den elektronischen Eingang der Angebote und Teilnahmeanträge **genügen müssen.** Zudem ist **§ 19** für die **Informationsübermittlung** zu beachten, der in § 19 Abs. 4 ausdrücklich auch auf diese Anlage VIII verweist. Nach dieser Anlage VIII hat der Auftraggeber für elektronische Vergabeverfahren, aber auch bei der elektronischen Übermittlung von Teilnahmeanträgen sicherzustellen und somit im Vergabevermerk entsprechend zu dokumentieren, dass die **Geräte gewährleisten,** dass
- die betreffenden elektronischen Signaturen oder elektronischen Siegel nach § 19 Abs. 5 den einzelstaatlichen Vorschriften gemäß der RL 1999/93/EG bzw. ihrer Nachfolgeregelungen entsprechen,
- die **Uhrzeit und der Tag des Eingangs** des Teilnahmeantrags oder der Angebote **genau bestimmt** werden können,
- es als sicher gelten kann, dass **niemand vor** den festgesetzten **Terminen Zugang** zu den gemäß den vorliegenden Anforderungen übermittelten Daten haben konnte,
- es bei einem Verstoß gegen dieses Zugangsverbot als sicher gelten kann, dass der **Verstoß sich eindeutig aufdecken** lässt,
- **ausschließlich** die hierfür **ermächtigten Personen** den **Zeitpunkt** der Öffnung der eingegangenen Daten festlegen oder **ändern** konnten,
- der **Zugang** zu den übermittelten Daten nur möglich war, wenn die hierfür bestimmten **Personen gleichzeitig und erst nach dem festgesetzten Zeitpunkt tätig** wurden und
- die eingegangenen **Angebote ausschließlich** den zur Kenntnisnahme ermächtigten **Personen zugänglich** blieben.

Zudem können Auftraggeber nach **§ 19 Abs. 5 S. 2** neben den Hinweisen nach § 19 Abs. 1 **75** ua in der Bekanntmachung auch angeben, dass die Teilnahmeanträge bei elektronischer Übermittlung mit **fortgeschrittenen oder qualifizierten elektronischen Signaturen oder entsprechenden elektronischen Siegeln zu versehen** sind. Im Übrigen verpflichtet § 30 Abs. 1 S. 2 (Öffnung der Angebote), dass elektronische Angebote auf geeignete Weise zu **kennzeichnen und verschlüsselt aufzubewahren** sind. Zudem sind die Angebote und ihre Anlagen sowie die Dokumentation über die Angebotsöffnung auch nach Abschluss des Vergabeverfahrens sorgfältig zu verwahren und vertraulich zu behandeln (§ 30 Abs. 3).

Auch insoweit muss der Auftraggeber geeignete Maßnahmen treffen, um diesen mannig- **76** faltigen Anforderungen bei elektronischen Vergabeverfahren bzw. Angeboten gerecht zu werden und dies nachhaltig zu **dokumentieren, selbst wenn er sich der Unterstützung von externen elektronischen Plattformen bedienen** sollte.

5. Übermittlungs- oder Mitteilungspflichten gegenüber der EU-Kommission 77 (Abs. 4). Ausweislich der amtlichen Begründung hat § 43 Abs. 4 im Jahre 2012 den Inhalt

Fett

von Art. 37 Abs. 3 RL 2009/81/EG übernommen. Entsprechend dieser Regelung müssen Auftraggeber im verteidigungs- und sicherheitsrelevanten Vergabebereich der **EU-Kommission auf deren Ersuchen** hin, den **Vergabevermerk in Kopie** übermitteln oder dessen wesentlichen Inhalt mitteilen. § 43 Abs. 4 enthält zudem keine Vorgaben, zu welchen Zeitpunkten dieses Begehren möglich ist. Somit kann ein solches Begehren nicht nur nach Beendigung eines Vergabeverfahrens, sondern **auch in einem noch laufenden Vergabeverfahren** gestellt werden, was die Notwendigkeit einer von Anbeginn fortlaufenden Dokumentation noch unterstreicht. Gegenüber den 2016 grundlegend geänderten Parallelbestimmungen, etwa in § 8 Abs. 5 VgV oder in § 8 Abs. 4 SektVO, **bleibt § 43 aber nunmehr erheblich zurück.** Nach **§ 8 Abs. 5 VgV** kann die EU-Kommission im klassischen Vergabebereich nunmehr **auch abgeschlossene Verträge** ab einem gewissen Wertvolumen anfordern. Das gleiche Recht haben jetzt dort **auch die zuständigen Aufsichts- und Prüfbehörden,** auch in Bezug auf den Vergabevermerk oder dessen Hauptelemente verbrieft bekommen.

78   **6. Bieterschützender Charakter. § 43** hat ob seiner **Transparenzgewährleistung grundsätzlich bieterschützenden Charakter** gem. **§ 97 Abs. 6 GWB.**[20] Einschränkend muss aber beachtet werden, dass eine fehlende oder **fehlerhafte Dokumentation nach § 43** gerade auch **in Bezug auf die von einem Bieter darüber hinaus gerügten Vergaberechtsverstöße unzureichend** sein muss. Zudem ist zu berücksichtigen, dass Überlegungen eines Auftraggebers, die die sachliche Richtigkeit einer angefochtenen Vergabeentscheidung nachträglich verteidigen, zumindest nach Ansicht **des BGH**[21] auch noch im **Rahmen eines späteren Nachprüfungsverfahrens,** ggf. heilender Weise, **nachgeschoben** werden können.

---

[20] OLG Celle Beschl. v. 12.5.2016 – 13 Verg 10/15, NZBau 2016, 711. Vgl. dazu auch die Akteneinsichtsrechte in einem Vergabenachprüfungsverfahren nach § 165 GWB.
[21] BGH Beschl. v. 8.2.2011 – X ZB 4/10, VergabeR 2011, 452.

Teil 5 Übergangs- und Schlussbestimmungen

§ 44 Übergangsbestimmung

Vergabeverfahren, die vor dem Inkrafttreten der Verordnung begonnen haben, einschließlich der sich an diese anschließenden Nachprüfungsverfahren nach dem Recht zu Ende geführt, das zum Zeitpunkt der Einleitung des Verfahrens galt.

I. Normzweck und Entstehungsgeschichte

Der jetzige § 44 entspricht **wortgleich** dem **vormaligen § 45** und stellt eine fast **wortgleiche Parallelregelung** zu § 186 Abs. 2 GWB als dortige **Übergangbestimmung** für das alte und neue **GWB-Recht** dar. 1

Danach werden Vergabeverfahren, die vor dem Inkrafttreten der Verordnung begonnen haben, einschließlich der sich an diese anschließenden Nachprüfungsverfahren nach dem Recht zu Ende geführt, das zum Zeitpunkt der Einleitung des Verfahrens galt. 2

Die **VSVgV** wurde erstmalig komplett am 18.7.2012 im Bundesgesetzblatt[1] verkündet und trat nach § 46 aF damit **am 19.7.2012 erstmalig in Kraft.** Durch Verordnung vom 12.4.2016[2] wurde der vormalige **§ 45 aF** mit insoweit unverändertem Wortlaut mit Wirkung zum 19.4.2016 zum neuen **§ 44**. 3

Als Trennlinie für die Anwendung der VSVgV 2012 zu alten Vorgängerregelungen in einem Vergabeverfahren gilt somit der 19.7.2012. Entscheidend ist deshalb, wann ein Vergabeverfahren als iSd § 45 begonnen gilt, vor dem 19.7.2012 oder später. 4

Von dem **Beginn eines Vergabeverfahrens** kann in Abgrenzung zu internen Vorplanungen und Überlegungen eines Auftraggebers erst gesprochen werden, wenn sich dieser **zur Deckung** eines bestehenden oder künftigen **Bedarfs entschlossen** hat und konkret mit planerischen und organisatorischen **Schritten begonnen** hat zu regeln, auf welche Art und Weise er diesen Bedarf decken will, wenn **am Ende** dieser organisatorischen Schritte ein **Vertragsschluss stehen soll.**[3] Der Auftraggeber muss in **Abgrenzung zu einer reinen Markterkundung** seinen internen **Beschaffungsentschluss objektiv erkennbar** auch **nach außen durch entsprechende Maßnahmen umsetzen,** die **zielgerichtet** zu einem konkreten **Vertragsschluss** mit einem ausgewählten Unternehmen führen sollen.[4] 5

Hat somit ein Vergabeverfahren in diesem Sinne vor dem 19.7.2012 begonnen, ist die VSVgV nicht anzuwenden. Dies gilt dann auch für eventuell diesem nachfolgende Nachprüfungsverfahren, was insbesondere bei geltend gemachten Verstößen gegen § 135 GWB Relevanz haben kann. 6

§ 45 Inkrafttreten

Diese Verordnung tritt am Tag nach der Verkündung in Kraft.

Die erstmalig implementierte VSVgV wurde am 18.7.2012 im Bundesgesetzblatt[1] verkündet und trat nach § 46 aF damit **am 19.7.2012 erstmalig in Kraft.** Durch Verordnung vom 12.4.2016[2] wurde der vormalige **§ 46 aF** mit insoweit unverändertem Wortlaut mit 1

---

[1] BGBl. 2012 I 1509.
[2] BGBl. 2016 I 624.
[3] Vgl. EuGH Urt. v. 11.1.2005 – C-26/03, NZBau 2005, 111.
[4] OLG Düsseldorf Beschl. v. 31.5.2017 – Verg 36/16, NZBau 2017, 623; OLG München Beschl. v. 19.7.2012 – Verg 8/12, VergabeR 2012, 856.

[1] BGBl. 2012 I 1509.
[2] BGBl. 2016 I 624.

Wirkung zum 19.4.2016 zum **neuen § 45.** Der Grund dafür liegt in der **Streichung von § 44,** der im neuen § 114 GWB zu Statistik- und Monitorpflichten auf Gesetzesebene aufgegangen ist.

5. Teil Landesvergabegesetze

Baden-Württemberg

Tariftreue- und Mindestlohngesetz für öffentliche Aufträge in Baden-Württemberg (Landestariftreue- und Mindestlohngesetz – LTMG)

Vom 16. April 2013 (GBl. S. 50)
Zuletzt geändert durch Art. 15 G zur Änd. des NaturschutzG und weiterer Vorschriften vom 21.11.2017 (GBl. S. 597)

§ 1 Zweck des Gesetzes

[1]Dieses Gesetz wirkt Verzerrungen im Wettbewerb um öffentliche Aufträge entgegen, die durch den Einsatz von Niedriglohnkräften entstehen, und mildert Belastungen für die sozialen Sicherungssysteme. [2]Es bestimmt zu diesem Zweck, dass öffentliche Auftraggeber öffentliche Aufträge nach Maßgabe dieses Gesetzes nur an Unternehmen vergeben dürfen, die ihren Beschäftigten das in diesem Gesetz festgesetzte Mindestentgelt bezahlen und sich tariftreu verhalten.

§ 2 Anwendungsbereich

(1) Dieses Gesetz gilt für die Vergabe von öffentlichen Aufträgen über Bau- und Dienstleistungen in Baden-Württemberg im Sinne von § 99 des Gesetzes gegen Wettbewerbsbeschränkungen (GWB) in der jeweils geltenden Fassung.

(2) [1]Im öffentlichen Personenverkehr gilt dieses Gesetz für alle in Baden-Württemberg zu vergebenden Dienstleistungsaufträge im Sinne der Verordnung (EG) Nr. 1370/2007 des Europäischen Parlaments und des Rates vom 23. Oktober 2007 über öffentliche Personenverkehrsdienste auf Schiene und Straße und zur Aufhebung der Verordnungen (EWG) Nr. 1191/69 und (EWG) Nr. 1107/70 des Rates (ABl. L 315 vom 3. Dezember 2007, S. 1) in der jeweils geltenden Fassung. [2]Dieses Gesetz gilt auch für öffentliche Dienstleistungsaufträge für Verkehre im Sinne von § 1 der Freistellungs-Verordnung vom 30. August 1962 (BGBl. I S. 601), zuletzt geändert durch Artikel 1 der Verordnung vom 4. Mai 2012 (BGBl. I S. 1037), in der jeweils geltenden Fassung.

(3) [1]Dieses Gesetz ist für alle Aufträge nach den Absätzen 1 und 2 ab einem geschätzten Auftragswert von 20 000 Euro (ohne Umsatzsteuer) anzuwenden. [2]Für die Schätzung des Auftragswertes gilt § 3 der Vergabeverordnung in der jeweils geltenden Fassung.

(4) Öffentliche Auftraggeber im Sinne dieses Gesetzes sind die öffentlichen Auftraggeber in Baden-Württemberg gemäß § 98 Nummern 1 bis 5 GWB. Satz 1 gilt nicht, wenn öffentliche Auftraggeber Vergabeverfahren im Namen oder im Auftrag des Bundes oder eines anderen Bundeslandes durchführen.

(5) Soweit nach diesem Gesetz Verpflichtungen im Rahmen der Angebotsabgabe begründet werden, gelten diese Verpflichtungen für Direktvergaben im Sinne von Artikel 5 Absätze 2, 4 und 6 der Verordnung (EG) Nr. 1370/2007 entsprechend und sind vor der Erteilung des Auftrags zu erfüllen.

(6) Sollen öffentliche Aufträge gemeinsam mit Auftraggebern anderer Bundesländer oder aus Nachbarländern der Bundesrepublik Deutschland vergeben werden, ist mit diesen eine Einigung über die Einhaltung der Bestimmungen dieses Gesetzes anzustreben. Kommt diese nicht zustande, kann von den Bestimmungen dieses Gesetzes abgewichen werden.

§ 3 Tariftreuepflicht

(1) Öffentliche Aufträge über Bau- und Dienstleistungen, die vom Arbeitnehmer-Entsendegesetz (AEntG) in der jeweils geltenden Fassung erfasst werden, dürfen nur an Unternehmen vergeben werden, die sich bei Angebotsabgabe schriftlich verpflichten, ihren Beschäftigten bei der Ausführung der Leistung diejenigen Arbeitsbedingungen einschließlich des Entgelts zu gewähren, die nach Art und Höhe mindestens den Vorgaben desjenigen Tarifvertrages entsprechen, an den das Unternehmen aufgrund des Arbeitnehmer-Entsendegesetzes gebunden ist.

(2) Öffentliche Aufträge über Bau- und Dienstleistungen, die vom Mindestarbeitsbedingungengesetz (MiArbG) in der jeweils geltenden Fassung erfasst werden, dürfen nur an Unternehmen vergeben werden, die sich bei Angebotsabgabe schriftlich verpflichten, ihren Beschäftigten bei der Ausführung der Leistung ein Entgelt zu zahlen, das nach Art und Höhe mindestens den Vorgaben einer aufgrund von § 4 Absatz 3 MiArbG erlassenen Rechtsverordnung entspricht, an die das Unternehmen aufgrund des Mindestarbeitsbedingungengesetzes gebunden ist.

(3) [1]Öffentliche Aufträge über Verkehrsdienstleistungen gemäß § 2 Absatz 2 dürfen nur an Unternehmen vergeben werden, die sich bei Angebotsabgabe schriftlich verpflichten,
1. ihren Beschäftigten bei der Ausführung der Leistung ein Entgelt zu zahlen, das insgesamt mindestens dem in Baden-Württemberg für diese Leistung in einem der einschlägigen und repräsentativen mit einer tariffähigen Gewerkschaft vereinbarten Tarifverträge vorgesehenen Entgelt nach den tarifvertraglich festgelegten Modalitäten, einschließlich der Aufwendungen für die Altersversorgung, entspricht und
2. während der Ausführung der Leistung eintretende tarifvertragliche Änderungen des Entgelts nachzuvollziehen.
[2]Die öffentlichen Auftraggeber benennen die einschlägigen und repräsentativen Tarifverträge in der Bekanntmachung und den Vergabeunterlagen des öffentlichen Auftrags.

(4) [1]Das Wirtschaftsministerium bestimmt im Einvernehmen mit dem Verkehrsministerium durch Rechtsverordnung, auf welche Weise festgestellt wird, welche Tarifverträge als repräsentativ anzusehen sind und wie deren Veröffentlichung erfolgt. [2]Die Feststellung erfolgt unter Berücksichtigung der Empfehlungen eines beim Sozialministerium einzurichtenden Beirats. [3]Der Beirat wird paritätisch mit Vertretern der im Bereich des Verkehrs gemäß § 2 Absatz 2 tätigen Sozialpartner besetzt. [4]Das Verzeichnis der als repräsentativ festgestellten Tarifverträge wird beginnend mit dem Jahr 2013 jährlich und aus besonderem Anlass überprüft und erforderlichenfalls in der Regel zum 1. März des Folgejahres angepasst. [5]Bei der Feststellung der Repräsentativität ist vorrangig abzustellen auf
1. die Zahl der von den jeweils tarifgebundenen Arbeitgebern Beschäftigten in Baden-Württemberg, die unter den Geltungsbereich des Tarifvertrags fallen und
2. die Zahl der jeweils unter den Geltungsbereich des Tarifvertrags fallenden Mitglieder der Gewerkschaft, die den Tarifvertrag geschlossen hat.

(5) ¹Beim Regierungspräsidium Stuttgart wird eine Servicestelle eingerichtet. ²Sie informiert über das Tariftreue- und Mindestlohngesetz und stellt die Entgeltregelungen aus den einschlägigen und repräsentativen Tarifverträgen zur Verfügung. ³Die Servicestelle nimmt im Rahmen der Rechtsverordnung nach Absatz 4 zugleich die Aufgaben einer Geschäftsstelle des Beirats wahr.

§ 4 Mindestentgelt

¹Öffentliche Aufträge dürfen nur an Unternehmen vergeben werden, die sich bei Angebotsabgabe schriftlich verpflichten, ihren unter das Mindestlohngesetz (MiLoG) in der jeweils geltenden Fassung fallenden Beschäftigten bei der Ausführung der Leistung ein Entgelt zu zahlen, das mindestens den Vorgaben des Mindestlohngesetzes und der gemäß § 1 Absatz 2 Satz 2 MiLoG erlassenen Rechtsverordnung in ihrer jeweils geltenden Fassung entspricht. ²Satz 1 gilt nicht, soweit nach § 3 Tariftreue gefordert werden kann und die danach maßgebliche tarifliche Regelung für die Beschäftigten günstiger ist. ³Satz 1 gilt ferner nicht für die Leistungserbringung durch Auszubildende und für die Vergabe von Aufträgen an anerkannte Werkstätten für behinderte Menschen und anerkannte Blindenwerkstätten.

§ 5 Verpflichtungserklärung

(1) Die öffentlichen Auftraggeber weisen in der Bekanntmachung des öffentlichen Auftrags und in den Vergabeunterlagen darauf hin, dass die Bieter sowie deren Nachunternehmen und Verleihunternehmen (§ 6 Absatz 1 Satz 1), soweit diese bereits bei Angebotsabgabe bekannt sind, die erforderlichen Verpflichtungserklärungen gemäß § 3 Absatz 1 bis 3 (Tariftreueerklärung) oder § 4 Absatz 1 (Mindestentgelterklärung) abzugeben haben.

(2) In die Verpflichtungserklärungen können auch die im Fall der Auftragserteilung mit den Unternehmen zu treffenden Vereinbarungen nach § 6 Absatz 2, § 7 Absatz 1 Satz 4 und Absatz 2 Satz 3 sowie § 8 Absätze 1 und 2 aufgenommen werden.

(3) ¹Die Servicestelle nach § 3 Absatz 5 gibt im Internet Muster für die Abgabe der Verpflichtungserklärungen bekannt. ²Diese können verwendet werden.

(4) Fehlt eine gemäß Absatz 1 geforderte Verpflichtungserklärung bei Angebotsabgabe und wird sie auch nach Aufforderung nicht vorgelegt, so ist das Angebot von der Wertung auszuschließen.

§ 6 Nachunternehmen

(1) Die Unternehmen haben ihre Nachunternehmen sowie Unternehmen, die ihnen Arbeitskräfte verleihen (Verleihunternehmen), sorgfältig auszuwählen.

(2) ¹Für den Fall der Ausführung vertraglich übernommener Leistungen durch Nachunternehmen hat sich das Unternehmen zu verpflichten, die Erfüllung der Verpflichtungen nach den §§ 3 und 4 durch die Nachunternehmen sicherzustellen und dem öffentlichen Auftraggeber Tariftreue- und Mindestentgelterklärungen der Nachunternehmen vorzulegen. ²Gleiches gilt, wenn das Unternehmen oder ein beauftragtes Nachunternehmen zur Ausführung des Auftrags Arbeitskräfte eines Verleihunternehmens einsetzt. ³Die Sätze 1 und 2 gelten entsprechend für alle weiteren Nachunternehmen und Verleihunternehmen der vom beauftragten Unternehmen eingeschalteten Nachunternehmen. ⁴Auf die Verpflichtung zur Vorlage von Tariftreue- und Mindestentgelterklärungen kann verzichtet werden, wenn

das Auftragsvolumen eines Nachunternehmens oder Verleihunternehmens weniger als 10 000 Euro (ohne Umsatzsteuer) beträgt.

§ 7 Nachweise und Kontrollen

(1) ¹Die beauftragten Unternehmen sowie ihre Nachunternehmen und Verleihunternehmen sind verpflichtet, dem öffentlichen Auftraggeber die Einhaltung der Verpflichtung nach den §§ 3 und 4 auf dessen Verlangen jederzeit nachzuweisen. ²Die öffentlichen Auftraggeber dürfen zu diesem Zweck in erforderlichem Umfang Einsicht in die Entgeltabrechnungen der beauftragten Unternehmen sowie ihrer Nachunternehmen und Verleihunternehmen, in die zwischen dem beauftragten Unternehmen sowie ihren Nachunternehmen und Verleihunternehmen jeweils abgeschlossenen Verträge sowie in andere Geschäftsunterlagen nehmen, aus denen Umfang, Art, Dauer und tatsächliche Entlohnung von Beschäftigungsverhältnissen hervorgehen oder abgeleitet werden können, und hierzu Auskunft verlangen. ³Die beauftragten Unternehmen sowie ihre Nachunternehmen und Verleihunternehmen haben ihre Beschäftigten auf die Möglichkeit solcher Kontrollen hinzuweisen. ⁴Die öffentlichen Auftraggeber verpflichten den Auftragnehmer vertraglich, ihnen ein entsprechendes Auskunfts- und Prüfungsrecht auch bei der Beauftragung von Nachunternehmen und Verleihunternehmen einräumen zu lassen.

(2) ¹Die beauftragten Unternehmen sowie ihre Nachunternehmen und Verleihunternehmen haben vollständige und prüffähige Unterlagen nach Absatz 1 über die eingesetzten Beschäftigten bereitzuhalten.² Auf Verlangen des öffentlichen Auftraggebers sind ihm diese Unterlagen vorzulegen. ³Die öffentlichen Auftraggeber verpflichten den Auftragnehmer vertraglich, die Einhaltung dieser Pflicht durch die beauftragten Nachunternehmen und Verleihunternehmen vertraglich sicherzustellen.

§ 8 Sanktionen

(1) ¹Um die Einhaltung der Verpflichtungen nach den §§ 3 bis 7 zu sichern, vereinbaren die öffentlichen Auftraggeber mit den beauftragten Unternehmen für jeden schuldhaften Verstoß eine Vertragsstrafe in Höhe von einem Prozent des Auftragswertes, bei Verkehrsdienstleistungen gemäß § 2 Absatz 2 eine Vertragsstrafe in Höhe von bis zu einem Prozent. ²Bei mehreren Verstößen darf die Summe der Vertragsstrafen fünf Prozent des Auftragswertes nicht überschreiten. Die beauftragten Unternehmen sind zur Zahlung einer Vertragsstrafe nach Satz 1 auch für den Fall zu verpflichten, dass der Verstoß durch Nachunternehmen oder Verleihunternehmen begangen wird, es sei denn, dass das beauftragte Unternehmen den Verstoß nicht kannte und unter Beachtung der Sorgfaltspflicht eines ordentlichen Kaufmanns auch nicht kennen musste. ³Ist die verwirkte Vertragsstrafe unverhältnismäßig hoch, so kann sie von dem öffentlichen Auftraggeber auf Antrag des beauftragten Unternehmens auf den angemessenen Betrag herabgesetzt werden. ⁴Soweit infolge des Verstoßes zu niedrige Entgelte gezahlt wurden, soll der angemessene Betrag mindestens dem Dreifachen des Betrages entsprechen, der von dem Unternehmen oder seinen Nachunternehmen und Verleihunternehmen durch den Verstoß eingespart wurde. ⁵Die Geltendmachung einer Vertragsstrafe nach diesem Gesetz bleibt von der Geltendmachung einer Vertragsstrafe aus anderem Grunde sowie von der Geltendmachung sonstiger Ansprüche unberührt.

(2) Die öffentlichen Auftraggeber vereinbaren mit den beauftragten Unternehmen, dass die schuldhafte Nichterfüllung einer Verpflichtung nach den §§ 3 bis 7 durch das beauftragte Unternehmen den öffentlichen Auftraggeber zur fristlosen

Kündigung aus wichtigem Grund berechtigt und dass das beauftragte Unternehmen dem öffentlichen Auftraggeber den durch die Kündigung entstandenen Schaden zu ersetzen hat.

(3) Haben beauftragte Unternehmen oder deren Nachunternehmen oder Verleihunternehmen schuldhaft gegen Verpflichtungen dieses Gesetzes verstoßen, können die öffentlichen Auftraggeber diese für die Dauer von bis zu drei Jahren von ihren Auftragsvergaben ausschließen.

(4) Die öffentlichen Auftraggeber informieren die für die Verfolgung und Ahndung von Ordnungswidrigkeiten nach § 23 AEntG und § 18 MiArbG zuständigen Stellen über Verstöße der Unternehmen gegen Verpflichtungen nach § 3 Absätze 1 und 2.

§ 9 Informationspflichten bei Betreiberwechsel im öffentlichen Personenverkehr

Soweit öffentliche Auftraggeber im Rahmen der Vergabe eines öffentlichen Dienstleistungsauftrags im Sinne der Verordnung (EG) Nr. 1370/2007 auf Grundlage von Artikel 4 Absatz 5 dieser Verordnung Unternehmen dazu verpflichten wollen, die Beschäftigten, die zuvor zur Erbringung der Dienste eingestellt wurden, zu den bisherigen Arbeitsbedingungen zu übernehmen, sind die bisherigen Betreiber verpflichtet, den öffentlichen Auftraggebern auf Anforderung binnen sechs Wochen alle hierzu erforderlichen Informationen zur Verfügung zu stellen.

§ 10 Übergangsbestimmung

Dieses Gesetz findet keine Anwendung auf öffentliche Aufträge, deren Vergabe vor dem Inkrafttreten dieses Gesetzes eingeleitet worden ist.

§ 11 Überprüfung der Auswirkungen des Gesetzes

[1]Die Auswirkungen dieses Gesetzes werden nach einem Erfahrungszeitraum von vier Jahren nach Inkrafttreten dieses Gesetzes durch die Landesregierung überprüft. [2]Die Landesregierung unterrichtet den Landtag zeitnah über das Ergebnis der Überprüfung. [3]Dabei ist darzustellen, inwieweit die Tariftreue Wirkung entfaltet und, soweit notwendig, welche Maßnahmen ergriffen werden können, um die Tariftreue weiter zu stärken.

§ 12 Inkrafttreten

Dieses Gesetz tritt am ersten Tag des auf die Verkündung folgenden dritten Monats in Kraft.

Verwaltungsvorschrift der Landesregierung über die Vergabe öffentlicher Aufträge (VwV Beschaffung)

Vom 24. Juli 2018, – Az.: 64-0230.0/160 –
(GABl. S. 490)

1 Ziele und Anwendungsbereich

1.1 Ziele und sachlicher Anwendungsbereich

Ziel der Landesregierung ist es, der nachhaltigen Beschaffung größeres Gewicht zu geben. Dabei heißt Nachhaltigkeit in diesem Zusammenhang, qualitative, innovative, soziale, umweltbezogene und wirtschaftliche Aspekte gleichberechtigt zu berücksichtigen, um sicherzustellen, dass die zur Verfügung stehenden Ressourcen nicht auf Kosten kommender Generationen verbraucht werden. Dazu gehören insbesondere auch
- das Ziel einer weitgehend klimaneutralen Landesverwaltung;
- die Berücksichtigung der Entwicklungspolitischen Leitlinien für Baden-Württemberg, insbesondere von fair gehandelten Produkten;
- die Berücksichtigung der Leitsätze der Ernährungsstrategie des Landes Baden-Württemberg (http://mlr.baden-wuerttemberg.de/fileadmin/redaktion/m-mlr/intern/dateien/PDFs/Essen_und_Trinken/2017_Ern%C3%A4hrungsstrategie_BW.pdf);
- die Berücksichtigung der Belange der mittelständischen Wirtschaft;
- gute und sichere Arbeit für alle Beschäftigten, Chancengleichheit und Gleichstellung von Männern und Frauen im Beruf sowie die soziale Integration von benachteiligten Personen;
- einer Teilhabe aller Marktbeteiligten, insbesondere auch von anerkannten Werkstätten für behinderte Menschen, Blindenwerkstätten und Justizvollzugsanstalten im Beschaffungswesen des Landes.

Die Landesverwaltung soll bezüglich der Berücksichtigung nachhaltiger Aspekte bei der Beschaffung nach dieser Verwaltungsvorschrift Vorbild für die Kommunen sein.

Diese Verwaltungsvorschrift gilt für die entgeltliche Beschaffung von Liefer- und Dienstleistungen im Sinne der Definition des § 103 Absatz 1, 2 und 4 des Gesetzes gegen Wettbewerbsbeschränkungen (GWB) in der jeweils geltenden Fassung (öffentlicher Auftrag), das heißt, wenn der öffentliche Auftraggeber wie ein privater Einkäufer auftritt zum Beispiel beim Abschluss von Dienstleistungsverträgen, beim Einkauf von Waren, beim Abschluss von Leasingverträgen.

Diese Verwaltungsvorschrift ist nicht anzuwenden auf die Vergabe
- von öffentlichen Aufträgen und die Ausrichtung von Wettbewerben durch Sektorenauftraggeber zum Zweck der Ausübung einer Sektorentätigkeit; die Vergabe von sonstigen öffentlichen Aufträgen durch Sektorenauftraggeber, das heißt, öffentliche Aufträge, die nicht zum Zwecke der Ausübung der Sektorentätigkeit vergeben werden, unterliegen dieser Verwaltungsvorschrift;
- von Konzessionen durch Konzessionsgeber.

In diesen Fällen sind die allgemeinen EU-primärrechtlichen Anforderungen an transparente und diskriminierungsfreie Vergaben zu beachten. Es muss geprüft werden, ob an der Vergabe ein grenzüberschreitendes Interesse besteht (siehe Nummer 12.2.3). Außerdem setzt Transparenz klare, nachvollziehbare Vergabeverfahren und vorhersehbare Entscheidungskriterien voraus. Die Bedingungen und Modalitäten des Verfahrens müssen klar, präzise und eindeutig formuliert sein. Bieter müssen erkennen können, woran ihre Angebote gemessen werden. Willkür und Diskriminierung müssen ausgeschlossen sein. Außerdem hat die Vergabe unter Berücksichtigung der Haushaltsgrundsätze von Wirtschaftlichkeit und Sparsamkeit zu erfolgen.

Diese Verwaltungsvorschrift findet in den in § 1 Absatz 2 Unterschwellenvergabeordnung (UVgO) geregelten Fällen keine Anwendung. Diese Verwaltungsvorschrift ist daher insbesondere nicht anzuwenden auf die Vergabe von öffentlichen Aufträgen
- zu Bauleistungen;
- von Schiedsgerichts- und Schlichtungsdienstleistungen;
- für den Erwerb, die Miete oder die Pacht von Grundstücken, vorhandenen Gebäuden oder anderem unbeweglichem Vermögen sowie Rechten daran, ungeachtet ihrer Finanzierung;
- zu Arbeitsverträgen;
- die die Vertretung eines Mandanten durch einen Rechtsanwalt in Gerichts- oder Verwaltungsverfahren zum Gegenstand haben;
- die finanzielle Dienstleistungen im Zusammenhang mit der Ausgabe, dem Verkauf, dem Ankauf oder der Übertragung von Wertpapieren oder anderen Finanzinstrumenten zum Gegenstand haben;
- die Kredite und Darlehen, auch im Zusammenhang mit der Ausgabe, dem Verkauf, dem Ankauf oder der Übertragung von Wertpapieren oder anderen Finanzinstrumenten zum Gegenstand haben.

1.2 Persönlicher Anwendungsbereich

Diese Verwaltungsvorschrift ist von allen Behörden und Betrieben des Landes sowie den landesunmittelbaren juristischen Personen des öffentlichen Rechts anzuwenden, die § 55 der Landeshaushaltsordnung (LHO) unmittelbar (öffentliche Auftraggeber) oder nach § 105 LHO (Auftraggeber) zu beachten haben, soweit sie Mittel des Landeshaushalts bewirtschaften.

2 Grundsätze der Beschaffung

2.1 Allgemeine Grundsätze

Bei der Vergabe öffentlicher Aufträge sind folgende Grundsätze zu beachten:
- die haushaltsrechtlichen Grundsätze der Wirtschaftlichkeit und Sparsamkeit (§ 7 LHO);
- der Wettbewerbsgrundsatz,
- der Gleichbehandlungsgrundsatz beziehungsweise das Diskriminierungsverbot;
- das Transparenzgebot und die Pflicht zur Korruptionsvermeidung;
- der Verhältnismäßigkeitsgrundsatz;
- die Wahrung der Vertraulichkeit;
- die im Vertrag über die Arbeitsweise der Europäischen Union (AEUV) niedergelegten Grundsätze der Warenverkehrsfreiheit und der Dienstleistungsfreiheit.

2.2 Berücksichtigung nachhaltiger Ziele bei der Beschaffung

Zur Erreichung der nachhaltigen Ziele der Landesregierung werden bei der Beschaffung von Liefer- und Dienstleistungen qualitative, innovative, soziale, umweltbezogene und wirtschaftliche Aspekte nach Maßgabe dieser Verwaltungsvorschrift berücksichtigt.

2.3 Wechsel der Unternehmen

In Fällen, bei denen kein offenes Verfahren beziehungsweise keine öffentliche Ausschreibung beziehungsweise keine Verfahrensart mit Teilnahmewettbewerb erfolgt, soll bei wiederkehrenden Beschaffungen der Kreis der geeigneten Unternehmen, die zur Abgabe eines Angebots aufgefordert werden, regelmäßig gewechselt werden. In sachlich begründeten Fällen sind Ausnahmen möglich.

2.4 Vermeidung von Interessenkonflikten

Gemäß § 6 der Vergabeverordnung (VgV) beziehungsweise § 4 UVgO dürfen Personen, bei denen ein Interessenkonflikt besteht, am Vergabeverfahren nicht mitwirken.

2.5 Mitwirkung an der Vorbereitung des Vergabeverfahrens

Wirken Unternehmen oder Personen, die nicht Auftraggeber sind, an der Vorbereitung eines Vergabeverfahrens mit, so ist § 7 VgV beziehungsweise § 5 UVgO zu beachten.

3 Angemessene Beteiligung des Mittelstandes an öffentlichen Aufträgen

Bei der Vergabe öffentlicher Aufträge sind mittelständische Interessen vornehmlich zu berücksichtigen. Zur mittelständischen Wirtschaft gehören kleine und mittlere Unternehmen (KMU), die weniger als 250 Beschäftigte haben und die entweder einen Jahresumsatz von höchstens 50 Millionen Euro erzielen oder deren Jahresbilanzsumme sich auf höchstens 43 Millionen Euro beläuft. Es gilt hierfür die KMU-Definition der Empfehlung 2003/361/EG der Kommission vom 6. Mai 2003 betreffend die Definition der Kleinstunternehmen sowie der kleinen und mittleren Unternehmen (ABl. L 124 vom 20. Mai 2003, S. 36) in der jeweils geltenden Fassung.

Um die Belange des Mittelstandes angemessen zu berücksichtigen, bestehen folgende Möglichkeiten:

a) Vorabbekanntmachung einer beabsichtigten Auftragsbekanntmachung in geeigneten Fällen, damit KMU sich rechtzeitig auf die angekündigte Ausschreibung einstellen können;
b) Berücksichtigung von kleineren Büroorganisationen und Berufsanfängern bei der Vergabe von Dienstleistungen;
c) Aufforderung von KMU zur Angebotsabgabe, soweit die Wahl des Vergabeverfahrens und die Art der zu vergebenden Leistung es zulässt (siehe Nummer 8.2 und 8.3);
d) angemessene Vergütung für die Erstellung von Unterlagen, deren quantitativer und qualitativer Umfang über das übliche Maß hinausgeht (siehe Nummer 8.11);
e) bei geeigneten öffentlichen Aufträgen Abschluss von Rahmenvereinbarungen mit einem oder mehreren Unternehmen (siehe Nummer 8.6);
f) Verwendung von funktionalen Leistungsbeschreibungen (Nummer 10.2), um insbesondere KMU die Möglichkeit zu geben, neue innovative Produkte und Dienstleistungen zu entwickeln und anzubieten;
g) Vergabe von öffentlichen Aufträgen in Form von Losen (siehe Nummer 11.1);
h) Schaffung von Spielraum für innovative KMU durch das Zulassen von Nebenangeboten (siehe Nummer 11.2);

i) Hinweis in der Auftragsbekanntmachung auf die Möglichkeit, dass KMU Gemeinschaften bei der Bewerbung und beim Bieten sowie auftragnehmende Arbeitsgemeinschaften bilden können (siehe Nummer 12.3);
j) Hinweis in der Auftragsbekanntmachung auf die Möglichkeit, Unteraufträge zu vergeben (siehe Nummer 12.4);
k) Festlegung von Eignungs- und Zuschlagskriterien, die KMU nicht benachteiligen beziehungsweise überfordern, wie zum Beispiel zu hohe Anforderungen an die finanzielle Leistungsfähigkeit;
l) die Eintragung in ein amtliches Verzeichnis als Nachweis der Eignung (siehe Nummer 13.2.1);
m) Nachweis der Eignung vornehmlich durch Eigenerklärungen zur Verringerung des Bürokratieaufwandes (siehe Nummer 13.2.1);
n) Anerkennung von Präqualifizierungszertifikaten zur Verringerung des Bürokratieaufwandes (Nummer 13.2.1);
o) sorgfältige Überprüfung von Angeboten hinsichtlich einer realistisch und auskömmlichen Kalkulation, um den Bestand von KMU nicht durch Dumpingangebote zu gefährden (siehe Nummer 13.3);
p) Gewährung von ausreichenden Fristen für die Bearbeitung und Abgabe der Angebote (§ 13 Absatz 1 UVgO);
q) Verzicht auf Sicherheitsleistungen (§ 21 Absatz 5 UVgO) beziehungsweise Einforderung von Sicherheitsleistungen erst ab einem Auftragswert von 50 000 Euro (§ 18 der Allgemeinen Vertragsbedingungen für die Ausführung von Leistungen – VOL/B);
r) Verbesserung der Zahlungsmodalitäten, zum Beispiel durch Vereinbarung von kürzeren Zahlungsfristen als „binnen 30 Tagen" (§ 17 Nummer 1 VOL/B) oder durch Vereinbarung von Abschlagszahlungen (§ 17 Nummer 2 VOL/B).

4 Ablauf des Vergabeverfahrens

Ein Vergabeverfahren läuft in der Regel in folgenden Schritten ab – Abweichungen können sich je nach gewähltem Vergabeverfahren ergeben:
a) Festlegung des Beschaffungsbedarfs durch Beschreibung einer Leistung oder eines Produktes, Klärung der Finanzierung;
b) Schätzung des Auftragswertes nach § 3 VgV, Prüfung ob EU-weite Ausschreibung erfolgen muss;
c) Wahl der Verfahrensart;
d) Festlegung, ob eine Losbildung erfolgt oder hiervon abgesehen wird;
e) Festlegung, ob Nebenangebote zugelassen werden;
f) Vorbereitung des Verfahrens und der Vergabeunterlagen;
g) gegebenenfalls Vorinformation, Auftragsbekanntmachung, Aufruf zum Teilnahmewettbewerb;
h) gegebenenfalls Beantwortung von Fragen, Eingang der Teilnahmeanträge;
i) gegebenenfalls Prüfung der Teilnahmeanträge, Auswahl, welche Bewerber zur Teilnahme aufgefordert werden, Eignungsprüfung;
j) Eingang der Angebote, Prüfung der Angebote, gegebenenfalls Nachfordern von Unterlagen, gegebenenfalls Aufklärung des Angebotsinhalts;
k) gegebenenfalls Verhandlungen mit den Bietern über Angebote im Verhandlungsverfahren, im wettbewerblichen Dialog oder bei der Verhandlungsvergabe;
l) Wertung der Angebote;
m) Informations- und Wartepflicht (ab den EU-Schwellenwerten);
n) Zuschlagserteilung;
o) Bekanntmachung vergebener Aufträge, Statistik.

5 Anzuwendende Regelungen

Die für die Vergabe von Liefer- und Dienstleistungen maßgeblichen Vergaberegelungen richten sich nach dem geschätzten Auftragswert und den EU-Schwellenwerten.

5.1 Bedarfsermittlung

In einem ersten Schritt ist der Beschaffungsbedarf zu ermitteln. Dieser ist Grundlage der Auftragswertschätzung. Der Bedarf für eine Leistung oder ein Produkt ist zu ermitteln und zu formulieren. Im Weiteren sind die Investitions- und Folgekosten zu schätzen und die Finanzierung zu klären. Wenn der Bedarf festgestellt wurde und dessen Finanzierung gesichert ist (§ 9 Absatz 2 LHO ist zu beachten), können die nächsten Schritte eingeleitet werden.

5.2 Schätzung des Auftragswertes

Die Höhe des Auftragswertes ist nach den Grundsätzen des § 3 VgV zu schätzen. Dabei ist vom voraussichtlichen Gesamtwert der vorgesehenen Leistung auszugehen. Zudem sind etwaige Optionen oder Vertragsverlängerungen zu berücksichtigen. Sieht der öffentliche Auftraggeber Prämien oder Zahlungen an den Bewerber oder Bieter vor, sind auch diese zu berücksichtigen. Bei der Schätzung des Auftragswertes bleibt die Umsatzsteuer außer Betracht.

Hierzu kann auch eine Markterkundung gemäß § 28 VgV beziehungsweise § 20 UVgO vorgenommen werden. Die Grundlagen der Schätzung des Auftragswertes sind zu dokumentieren.

5.3 EU-Schwellenwerte

Die maßgeblichen EU-Schwellenwerte ergeben sich aus § 106 GWB (siehe https://wm.baden-wuerttemberg.de/de/wirtschaft/aufsicht-und-recht/oeffentliches-auftragswesen/grundsaetze-und-verfahren/).

5.4 Anzuwendende Regelungen ab den EU-Schwellenwerten

Folgende nationale Regelungen sind in ihrer jeweils geltenden Fassung bei Vergaben ab den EU-Schwellenwerten zu beachten:
a) Vierter Teil des GWB;
b) VgV;
c) Verordnung über die Vergabe von Konzessionen (Konzessionsvergabeverordnung – KonzVgV); die KonzVgV trifft nähere Bestimmungen über das einzuhaltende Verfahren bei der Vergabe von Bau- oder Dienstleistungskonzessionen durch Konzessionsgeber;
d) Verordnung über die Vergabe von öffentlichen Aufträgen im Bereich des Verkehrs, der Trinkwasserversorgung und der Energieversorgung (Sektorenverordnung – SektVO);
e) Vergabeverordnung für die Bereiche Verteidigung und Sicherheit (Vergabeverordnung Verteidigung und Sicherheit – VSVgV);
f) Vergabestatistikverordnung – VergStatVO.

5.5 Anzuwendende Regelungen unterhalb der EU-Schwellenwerte

Unterhalb der EU-Schwellenwerte sind folgende Regelungen anzuwenden:
a) § 55 LHO sowie die Allgemeinen Verwaltungsvorschriften zu § 55 LHO in der jeweils geltenden Fassung;

b) die Unterschwellenvergabeordnung (UVgO) vom 2. Februar 2017 (BAnz. AT 7.2.2017 B1, AT 8.2.2017 B1) in der jeweils geltenden Fassung. Abweichende Regelungen nach Maßgabe dieser Verwaltungsvorschrift sind zu beachten;
c) § 4 der VergStatVO.

5.6 Weitere Regelungen für das Vergabeverfahren

Bei der Vergabe von Liefer- und Dienstleistungen sind insbesondere die folgenden weiteren Regelungen unabhängig vom Auftragswert in der jeweils geltenden Fassung zu beachten:
a) für Dienstleistungen das Tariftreue- und Mindestlohngesetz für öffentliche Aufträge in Baden-Württemberg (Landestariftreue- und Mindestlohngesetz – LTMG);
b) das Gesetz zur Mittelstandsförderung (MFG BW), insbesondere § 2 Absatz 2 und § 22;
c) das Landesabfallgesetz (LAbfG), insbesondere § 2;
d) das Gesetz zur Errichtung der Landesoberbehörde IT Baden-Württemberg (BITBWG) insbesondere § 2 Absatz 1;
e) die Verwaltungsvorschrift der Landesregierung und der Ministerien zur Verhütung unrechtmäßiger und unlauterer Einwirkungen auf das Verwaltungshandeln und zur Verfolgung damit zusammenhängender Straftaten und Dienstvergehen (VwV Korruptionsverhütung und -bekämpfung); auf Nummer 3.4.5 der VwV Korruptionsverhütung und -bekämpfung (Anfragen an die Melde- und Informationsstelle, Auskünfte) wird insbesondere hingewiesen;
f) bei der Beschaffung von Kraftfahrzeugen die Verwaltungsvorschrift des Finanzministeriums für den Kraftfahrzeugbetrieb des Landes (VwV Kfz);
g) bei der Beschaffung von Telekommunikationseinrichtungen die Verwaltungsvorschrift des Innenministeriums und des Finanzministeriums über die Gestaltung und Benutzung der Telekommunikation (Dienstanschlussvorschrift – DAV);
h) die Vorschriften zur Sicherheitsüberprüfung (Landessicherheitsüberprüfungsgesetz – LSÜG – und Sicherheitsüberprüfungsfeststellungsverordnung – SÜVO);
i) das Landespersonalvertretungsgesetz, insbesondere § 81 Absatz 1 Nummer 3;
j) Gemeinsame Anordnung der Ministerien zur Förderung von Tätigkeiten des Landes durch Leistungen Privater (AnO Sponsoring).

6 Dokumentation und Vergabevermerk

Das Vergabeverfahren ist von Beginn an fortlaufend in Textform nach § 126b des Bürgerlichen Gesetzbuchs (BGB) zu dokumentieren, so dass die einzelnen Stufen des Verfahrens, die einzelnen Maßnahmen sowie die Begründung der einzelnen Entscheidungen festgehalten werden.

Bei Vergaben ab den EU-Schwellenwerten ist ein Vergabevermerk gemäß § 8 VgV anzufertigen. Die Mindestinhalte dieses Vergabevermerks sind in § 8 Absatz 2 VgV beschrieben.

Im Gegensatz zu den Vergaben ab den EU-Schwellenwerten genügt bei Vergaben unterhalb der EU-Schwellenwerte eine Dokumentation nach § 6 UVgO. Diese Dokumentation sollte mindestens folgende Angaben enthalten:
– Die Gründe für die Anwendung der Beschränkten Ausschreibung ohne Teilnahmewettbewerb oder der Verhandlungsvergabe;
– die Gründe für den Verzicht auf die Vergabe von Teil- und Fachlosen;

- die Gründe, warum der Gegenstand des Auftrags die Vorlage von Eignungsnachweisen erfordert und gegebenenfalls warum in diesen Fällen Nachweise verlangt werden müssen, die über die Eigenerklärungen hinausgehen;
- die Namen der berücksichtigten Bewerber oder Bieter und die Gründe für ihre Auswahl;
- die Namen der nicht berücksichtigten Bewerber oder Bieter und die Gründe für ihre Ablehnung;
- den Namen des erfolgreichen Bieters und die Gründe für die Auswahl seines Angebotes;
- gegebenenfalls die Gründe, aus denen der Auftraggeber auf die Vergabe eines Auftrages oder einer Rahmenvereinbarung verzichtet hat.

Bei der Vergabedokumentation kann der digitale Vergabevermerk der Staatlichen Vermögens- und Hochbauverwaltung (siehe http://www.vbv.baden-wuerttemberg.de/pb/%2cLde/Startseite/Service/Digitaler+Vergabevermerk?QUERYSTRING=vergabevermerk)[1] verwendet werden.

7 Vertraulichkeit und Kommunikation im Vergabeverfahren (eVergabe)

7.1 Wahrung der Vertraulichkeit

Der Auftraggeber muss gemäß § 5 Absatz 2 VgV beziehungsweise § 3 Absatz 2 UVgO bei der gesamten Kommunikation sowie beim Austausch und der Speicherung von Informationen die Integrität der Daten und die Vertraulichkeit der Interessensbekundungen, Interessensbestätigungen, Teilnahmeanträge und Angebote einschließlich ihrer Anlagen gewährleisten. Integrität bezeichnet die Korrektheit beziehungsweise Unversehrtheit von Daten. Es muss sichergestellt sein, dass die übermittelten Daten vollständig und unverändert bleiben beziehungsweise nach Übermittlung nicht abgeändert oder manipuliert werden können. Die Gewährleistung der Vertraulichkeit der Interessensbekundungen, Interessensbestätigungen, Teilnahmeanträge und Angebote einschließlich ihrer Anlagen bedeutet, dass diese Dokumente weder an Personen, die nicht unmittelbar mit dem Vergabeverfahren befasst sind, weitergeleitet werden dürfen noch, dass Unbefugte Zugriff auf diese Unterlagen erhalten.

Erst zum Öffnungstermin dürfen Angebote zugänglich sein. Die Teilnahmeanträge und Angebote einschließlich ihrer Anlagen sowie die Dokumentation über Öffnung und Wertung der Teilnahmeanträge und Angebote sind auch nach Abschluss des Vergabeverfahrens vertraulich zu behandeln.

7.2 Grundsätze der Kommunikation

Für die Kommunikation zwischen Auftraggeber und Interessenten beziehungsweise Bietern im Vergabeverfahren sind ab den EU-Schwellenwerten die §§ 9 bis 12, 40, 41, 53, 54 und 81 VgV zu beachten. Unterhalb der EU-Schwellenwerte gelten §§ 7 und 38 UVgO sowie §§ 10 bis 12 VgV entsprechend (§ 7 Absatz 4 UVgO).

Für das Senden, Empfangen, Weiterleiten und Speichern von Daten in einem Vergabeverfahren sind elektronische Mittel zu verwenden. Die elektronischen Mittel und deren technische Merkmale müssen allgemein verfügbar, nichtdiskriminierend und mit allgemein verbreiteten Geräten und Programmen der Informations- und Kommunikationstechnologie kompatibel sein. Die Kommunikation in einem Vergabeverfahren kann auch mündlich erfolgen, wenn sie nicht die Bereitstellung

---

[1] Zur Installation des digitalen Vergabevermerks sind Administratorrechte notwendig.

der Vergabeunterlagen, die Einreichung der Teilnahmeanträge oder die Einreichung der Angebote betrifft und wenn sie ausreichend und in geeigneter Weise dokumentiert wird.

7.3 Registrierung

In der Auftragsbekanntmachung muss die Internetadresse, unter der die Vergabeunterlagen abgerufen werden können, angegeben werden. Interessenten müssen die Vergabeunterlagen gemäß § 9 Absatz 3 Satz 2 VgV, § 7 Absatz 3 Satz 2 UVgO direkt ohne Registrierung herunterladen können. Es wird empfohlen Interessenten darauf hinzuweisen, dass sie sich im eigenen Interesse gemäß § 9 Absatz 3 Satz 1 VgV, § 7 Absatz 3 Satz 2 UVgO freiwillig registrieren. Bieter sollen vor dem Abruf der Vergabeunterlagen darauf hingewiesen werden, dass sie für den Fall, dass sie sich nicht registrieren lassen, sich regelmäßig über ergänzende Bieterinformationen informieren müssen (Holschuld des Bieters).

7.4 Bereitstellung der Vergabeunterlagen

Für die Bereitstellung der Vergabeunterlagen gilt § 41 Absatz 1 VgV beziehungsweise § 29 Absatz 1 UVgO. Die Vergabeunterlagen müssen unentgeltlich (hinsichtlich des Zugangs und Abrufs der Unterlagen), uneingeschränkt, vollständig und direkt ohne Registrierung heruntergeladen werden können. Liegen die Voraussetzungen des § 41 Absatz 2 VgV beziehungsweise § 29 Absatz 2 UVgO vor, kann der Auftraggeber die Vergabeunterlagen auf einem anderen geeigneten Weg übermitteln. Der Auftraggeber gibt in der Auftragsbekanntmachung an, welche Maßnahmen er zum Schutz der Vertraulichkeit von Informationen anwendet und wie auf die Vergabeunterlagen zugegriffen werden kann. Als vertraulich sind insbesondere alle Geschäfts- und Betriebsgeheimnisse des Auftraggebers anzusehen. In solchen Fällen ist der Auftraggeber gehalten, besonders auf die eingeschränkte Verwendungsmöglichkeit der Unterlagen hinzuweisen.

Bei Vergaben ab den EU-Schwellenwerten sind gemäß § 40 VgV die Auftragsbekanntmachungen, Vorinformationen, Vergabebekanntmachungen und Bekanntmachungen über Auftragsänderungen dem Amt für Veröffentlichungen der Europäischen Union mit elektronischen Mitteln zu übermitteln. Die weitere Abwicklung der eVergabe muss der Auftraggeber selbst gewährleisten.

7.5 Entgegennahme von elektronischen Angeboten und Teilnahmeanträgen

Elektronisch übermittelte Angebote und Teilnahmeanträge sind gemäß § 54 und § 55 Absatz 1 VgV beziehungsweise § 39 UVgO auf geeignete Weise zu kennzeichnen und verschlüsselt zu speichern. Die in §§ 10 und 11 VgV aufgestellten Anforderungen an die elektronischen Mittel sind zu beachten. Es muss technisch ausgeschlossen sein, dass jemand vor dem Öffnungstermin Kenntnis von den Inhalten der Angebote nehmen kann.

7.6 Übergangsvorschriften für Vergaben ab den EU-Schwellenwerten

Soweit keine Ausnahme nach § 53 Absatz 2 bis 4 VgV vorliegt, sind gemäß § 81 VgV spätestens ab dem 18. Oktober 2018 für die Vergabe öffentlicher Aufträge ab den EU-Schwellenwerten elektronische Mittel im Sinne des § 10 VgV von allen Beteiligten verbindlich vorzugeben und zu verwenden.

Die Auftragsbekanntmachung und die Bereitstellung von Vergabeunterlagen sind bereits seit dem 18. April 2016 mit elektronischen Mittel im Sinne des § 10 VgV zu übermitteln und bereit zu stellen.

7.7 Übergangsfristen für Vergaben unterhalb der EU-Schwellenwerte

Bis 30. Juni 2019 legt der Auftraggeber nach § 38 Absatz 1 UVgO fest, in welcher Form Teilnahmeanträge und Angebote einzureichen sind. Abweichend von § 39 Satz 1 UVgO und § 40 Absatz 2 Satz 1 UVgO können bis 30. Juni 2019 außerdem elektronisch übermittelte Teilnahmeanträge und Angebote unverschlüsselt gespeichert und Angebote auch von einer Vertreterin beziehungsweise einem Vertreter des Auftraggebers geöffnet werden. Dabei ist der Vertraulichkeitsgrundsatz (Nummer 7.1) zu beachten.

Ab dem 1. Juli 2019 muss der Auftraggeber elektronisch übermittelte Teilnahmeanträge und Angebote akzeptieren, auch wenn er eine andere Form vorgegeben hat (§ 38 Absatz 2 UVgO).

Ab dem 1. Januar 2020 hat der Auftraggeber vorzugeben, dass Teilnahmeanträge und Angebote ausschließlich mithilfe elektronischer Mittel zu übermitteln sind. Das gilt gemäß § 38 Absatz 4 UVgO nicht, wenn
– der geschätzte Auftragswert ohne Umsatzsteuer 25 000 Euro nicht überschreitet oder
– eine Beschränkte Ausschreibung ohne Teilnahmewettbewerb oder eine Verhandlungsvergabe ohne Teilnahmewettbewerb durchgeführt wird.

Dasselbe gilt für die sonstige Kommunikation nach § 7 UVgO, insbesondere für Bieterfragen und deren Beantwortung. Die Pflicht, dass Angebote ausschließlich mithilfe elektronischer Mittel zu übermitteln sind, gilt gemäß § 38 Absatz 5 UVgO außerdem nicht, wenn zugleich physische oder maßstabsgetreue Modelle einzureichen sind, die nicht elektronisch übermittelt werden können. Diese Ausnahme bezieht sich nicht auf die sonstige Kommunikation im Vergabeverfahren nach § 7 UVgO. In diesen Ausnahmefällen erfolgt die Kommunikation auf dem Postweg, mittels Fax oder auf sonstige geeignete Weise.

8 Wahl der richtigen Verfahrensart

8.1 Grundsatz

Bei der Wahl der richtigen Verfahrensart gelten ab den EU-Schwellenwerten die Grundsätze der §§ 119, 120 GWB, § 14 VgV, unterhalb der EU-Schwellenwerte die Grundsätze des § 8 UVgO. Die Vergabe von öffentlichen Liefer- und Dienstleistungen erfolgt danach nach Wahl im offenen Verfahren oder im nicht offenen Verfahren mit Teilnahmewettbewerb ab den EU-Schwellenwerten beziehungsweise in Öffentlicher Ausschreibung oder Beschränkter Ausschreibung mit Teilnahmewettbewerb unterhalb der EU-Schwellenwerte, sofern § 55 LHO, § 49 ff. UVgO oder die folgenden Regelungen keine Ausnahme vorsehen.

Die Grundsätze der einzelnen Verfahrensarten sind ab den EU-Schwellenwerten in den §§ 15 bis 19 VgV und unterhalb der EU-Schwellenwerte in den §§ 9 bis 12 UVgO beschrieben.

Die einzelnen Verfahrensarten und die maßgeblichen Schwellenwerte sind in einer Arbeitshilfe auf der Internetseite des Wirtschaftsministeriums (www.wm. baden-wuerttemberg.de/beschaffung-land/) dargestellt.

8.2 Beschränkte Ausschreibung ohne Teilnahmewettbewerb

Neben den in § 8 Absatz 3 UVgO geregelten Voraussetzungen für eine Beschränkte Ausschreibung ohne Teilnahmewettbewerb ist bei Vergaben unterhalb der EU-Schwellenwerte eine Beschränkte Ausschreibung ohne Teilnahmewettbewerb auch dann zulässig, wenn der Auftragswert voraussichtlich nicht mehr als 100 000 Euro (ohne Umsatzsteuer) beträgt. Das Verfahren bei einer Beschränkten Ausschreibung ohne Teilnahmewettbewerb ist in § 11 UVgO geregelt.

8.3 Verhandlungsvergabe mit oder ohne Teilnahmewettbewerb

Neben den in § 8 Absatz 4 UVgO geregelten Voraussetzungen für eine Verhandlungsvergabe ist bei Vergaben unterhalb der EU-Schwellenwerte eine Verhandlungsvergabe auch dann zulässig, wenn der Auftragswert voraussichtlich 50 000 Euro (ohne Umsatzsteuer) nicht übersteigt.

Im Gegensatz zur Öffentlichen und Beschränkten Ausschreibung kann der Auftraggeber mit den ausgewählten Unternehmen über die von ihnen eingereichten Erstangebote und alle Folgeangebote, mit Ausnahme der endgültigen Angebote, mit dem Ziel verhandeln, die Angebote inhaltlich zu verbessern. Eine Verhandlung ist auch ohne Einreichung eines Erstangebots möglich. Dabei darf über den gesamten Angebotsinhalt und insbesondere über den Preis verhandelt werden mit Ausnahme der vom Auftraggeber in den Vergabeunterlagen festgelegten Mindestanforderungen und Zuschlagskriterien. Beabsichtigt der Auftraggeber, nach geführten Verhandlungen diese abzuschließen, so unterrichtet er die Bieter und legt eine einheitliche Frist für die Einreichung der endgültigen Angebote, über die nicht mehr verhandelt werden darf, fest. Das Verfahren bei einer Verhandlungsvergabe ist im Übrigen in § 12 UVgO geregelt. Demnach kann der Zuschlag auch ohne zuvor verhandelt zu haben gemäß § 12 Absatz 4 Satz 2 UVgO erteilt werden.

8.4 Wettbewerblicher Dialog

Der wettbewerbliche Dialog ist nur bei besonders komplexen Aufträgen möglich. Ein öffentlicher Auftrag gilt als besonders komplex, wenn der Auftraggeber objektiv nicht in der Lage ist, technische Spezifikationen zur Erfüllung seiner Bedürfnisse und Anforderungen oder die rechtlichen oder finanziellen Konditionen des Vorhabens anzugeben. Der wettbewerbliche Dialog eignet sich auch, wenn eine innovative Lösung gesucht wird. Die Einzelheiten ergeben sich aus § 18 VgV. Anders als bei der Innovationspartnerschaft (§ 19 VgV) richtet sich die Beschaffung beim wettbewerblichen Dialog nicht auf etwas Neuartiges, sondern auf eine Anpassung auf dem Markt vorhandener Lösungen, die den Bedürfnissen des Auftraggebers genügen.

Unterhalb der EU-Schwellenwerte deckt die Verhandlungsvergabe ohne Teilnahmewettbewerb die Verfahrensart des Wettbewerblichen Dialogs ab. Nach § 12 Absatz 2 UVgO darf der Auftraggeber unmittelbar mit den Unternehmen auch ohne Vorlage eines Erstangebots verhandeln.

8.5 Innovationspartnerschaft (nur ab den EU-Schwellenwerten)

Die Innovationspartnerschaft stellt ein Verhandlungsverfahren dar, welches zu einem sehr frühen Stadium beginnt. Das Verfahren ermöglicht es dem Auftraggeber, eine langfristige Innovationspartnerschaft für die Entwicklung und den anschließenden Erwerb neuer innovativer Produkte und Dienstleistungen einzugehen, ohne dass danach ein erneutes Vergabeverfahren für die Beschaffung des Produktes oder der

Dienstleistung durchgeführt wird. Voraussetzung ist, dass der Beschaffungsbedarf nicht durch bereits auf dem Markt verfügbare Produkte oder Dienstleistungen gedeckt werden kann. Die Einzelheiten ergeben sich aus § 19 VgV.

8.6 Rahmenvereinbarungen (mit einem oder mehreren Unternehmen)

Der Abschluss von Rahmenvereinbarungen gemäß § 21 VgV und § 15 UVgO ist bei wiederkehrenden gleichartigen Beschaffungen zu empfehlen, bei denen der tatsächliche Bedarf noch nicht konkret bekannt ist, sich aber die Größenordnung eingrenzen lässt. Das in Aussicht genommene Auftragsvolumen ist so genau wie möglich zu ermitteln und bekannt zu geben, braucht aber nicht abschließend festgelegt zu werden. Rahmenvereinbarungen ermöglichen dem Auftraggeber über ein zweistufiges Verfahren eine verfahrensrechtlich vereinfachte Auftragsvergabe. In der ersten Stufe, der Ausschreibung der Rahmenvereinbarung durch eine der in Nummern 8.1 bis 8.4 genannten Vergabearten, wird ein rechtlicher Rahmen für die nachfolgenden Einzelaufträge festgeschrieben. Dabei müssen zum Beispiel Liefermenge, Lieferzeitpunkt und in der Regel der Lieferpreis noch nicht abschließend festgelegt werden. In der zweiten Stufe, also während der Laufzeit der Rahmenvereinbarung, werden auf Grundlage der Rahmenvereinbarung die Einzelbeschaffungen vorgenommen; Liefermenge, Lieferzeitpunkt und Lieferpreis sind zu konkretisieren. Die Erteilung von Einzelaufträgen ist nur zulässig zwischen den in der Auftragsbekanntmachung oder in den Vergabeunterlagen genannten Auftraggebern und den Unternehmen, mit denen Rahmenvereinbarungen abgeschlossen wurden. Es dürfen keine wesentlichen Änderungen an den Bedingungen der Rahmenvereinbarung vorgenommen werden.

Bei Abschluss einer Rahmenvereinbarung mit mehreren Unternehmen wird in der ersten Stufe ein Wettbewerb zur Teilnahme an der Rahmenvereinbarung durchgeführt und mit den ausgewählten Unternehmen der sogenannte Lieferantenpool gebildet. Die Vergabe der Einzelaufträge im Wettbewerb erfolgt dann in der zweiten Stufe über Einzelrealisationswettbewerbe (Miniwettbewerbe) gemäß § 21 Absatz 4 und 5 VgV, zum Beispiel in Form einer einfachen Preisabfrage.

Die Laufzeit einer Rahmenvereinbarung darf ab den EU-Schwellenwerten höchstens vier Jahre, unterhalb der EU-Schwellenwerte höchstens sechs Jahre betragen, es sei denn, es liegt ein im Gegenstand der Rahmenvereinbarung begründeter Sonderfall vor.

8.7 Direktauftrag

Abweichend von § 14 UVgO können Liefer- und Dienstleistungen unter Berücksichtigung der Haushaltsgrundsätze von Wirtschaftlichkeit und Sparsamkeit ohne ein Vergabeverfahren beschafft werden, wenn der voraussichtliche Auftragswert den Betrag von 5 000 Euro (ohne Umsatzsteuer) nicht übersteigt. Zwischen den beauftragten Unternehmen soll gewechselt werden. Es empfiehlt sich, eine Markterkundung vorab durchzuführen und zu dokumentieren. Die Vertragsbedingungen nach Nummer 12.1.2 sind zu nennen.

Diese Ausnahme gilt nicht für die Gegenstände, die der gemeinsamen Beschaffung unterliegen.

8.8 Vergabe freiberuflicher Leistungen

Öffentliche Aufträge über Leistungen, die im Rahmen einer freiberuflichen Tätigkeit erbracht oder im Wettbewerb mit freiberuflich Tätigen angeboten werden (siehe Fußnote 2 zu § 50 UVgO), sind unterhalb der EU Schwellenwerte grundsätzlich im Wettbewerb zu vergeben. Dabei ist ohne Bindung an die übrigen Vorschriften der UVgO so viel Wettbewerb zu schaffen, wie dies nach der Natur des Geschäfts oder nach den besonderen Umständen möglich ist, § 50 UVgO. Es sind unter Berücksichtigung der Haushaltsgrundsätze von Wirtschaftlichkeit und Sparsamkeit und aus Wettbewerbsgründen eine Markterkundung durchzuführen oder mehrere Vergleichsangebote einzuholen, es sei denn im Einzelfall rechtfertigen die Natur des Geschäfts oder besondere Umstände, dass nur ein Unternehmen zur Angebotsabgabe aufgefordert wird. Dabei kann sich der Auftraggeber an der Regelung in § 12 Absatz 3 UVgO orientieren.

Die Vorschriften zur Dokumentation von Vergabeverfahren in § 6 UVgO sind auch für den Bereich der Vergabe freiberuflicher Leistungen anzuwenden.

Im Bereich der Staatlichen Vermögens- und Hochbauverwaltung Baden-Württemberg gelten zusätzlich die Richtlinien für die Beteiligung freiberuflich Tätiger an Baumaßnahmen des Landes und des Bundes (RifT). Im Bereich der Straßenbauverwaltung des Verkehrsministeriums gilt zusätzlich das Handbuch für die Vergabe und Ausführung von freiberuflichen Leistungen im Straßen- und Brückenbau (HVA F-StB).

Im Bereich der Raumplanung, des Städtebaus, der Landschafts- und Freiraumplanung, des Bauwesens oder der Datenverarbeitung kann es sich anbieten, Planungswettbewerbe durchzuführen. Bei Planungsleistungen sind § 69 ff. VgV und § 52 UVgO zu beachten.

Die Ausnahmetatbestände des § 116 Absatz 1 GWB für bestimmte Rechtsdienst-, Forschungs- und Entwicklungsleistungen gelten unterhalb der EU-Schwellenwerte entsprechend, das heißt die Regelungen des Vergaberechts müssen nicht angewandt werden.

8.9 Vergabe von öffentlichen Aufträgen über soziale und andere besondere Dienstleistungen

Für die Vergabe von öffentlichen Aufträgen über soziale und andere besondere Dienstleistungen gilt § 49 UVgO. Abweichend von § 8 Absatz 2 UVgO steht dem Auftraggeber für die Vergabe öffentlicher Aufträge über soziale und andere besondere Dienstleistungen im Sinne von § 130 Absatz 1 GWB neben der Öffentlichen Ausschreibung und der Beschränkten Ausschreibung mit Teilnahmewettbewerb stets auch die Verhandlungsvergabe mit Teilnahmewettbewerb nach seiner Wahl zur Verfügung. Beispiele für soziale und andere besondere Dienstleistungen im Sinne § 49 UVgO finden sich im Anhang XIV der Richtlinie 2014/24/EU (https://eur-lex.europa.eu/legal-content/DE/TXT/?uri=celex:32014L0024).

8.10 Vergabe von verteidigungs- oder sicherheitsspezifischen öffentlichen Aufträgen

Die Vergabe von verteidigungs- oder sicherheitsspezifischen öffentlichen Aufträgen ab den EU-Schwellenwerten richtet sich nach der VSVgV. Die Vergabe von Liefer- und Dienstleistungsaufträgen erfolgt im nicht offenen Verfahren oder im Verhandlungsverfahren mit Teilnahmewettbewerb. In begründeten Ausnahmefällen ist ein Verhandlungsverfahren ohne Teilnahmewettbewerb oder ein wettbewerblicher Dialog zulässig. Verhandlungen im nicht offenen Verfahren sind unzulässig.

Die Vergabe von verteidigungs- oder sicherheitsspezifischen öffentlichen Aufträgen unterhalb der EU-Schwellenwerte richtet sich nach § 51 UVgO. Dem öffentlichen Auftraggeber stehen für die Vergabe von verteidigungs- oder sicherheitsspezifischen öffentlichen Aufträgen die Beschränkte Ausschreibung mit oder ohne Teilnahmewettbewerb oder die Verhandlungsvergabe mit oder ohne Teilnahmewettbewerb nach seiner Wahl zur Verfügung.

8.11 Vergütung für die Erstellung zusätzlicher Unterlagen

Grundsätzlich werden den Unternehmen für die Ausarbeitung von Bewerbungs- oder Angebotsunterlagen keine Kosten erstattet. Ist es erforderlich, von den Unternehmen außerhalb von Planungswettbewerben im Rahmen der Angebotserstellung zusätzliche Unterlagen, wie eigenständige Entwürfe, Pläne, Zeichnungen oder Berechnungen anzufordern, die nicht üblicherweise zur Ausarbeitung der Bewerbungs- oder Angebotsunterlagen gehören, sondern ein derartiges zeitliches Ausmaß annehmen oder eine Qualität erfordern, dass sie aus dem Rahmen des Üblichen herausfallen, sind diese Leistungen angemessen zu vergüten (analog § 77 Absatz 2 VgV, § 632 Absatz 2 BGB). Die Angemessenheit richtet sich nach Art, Umfang und Kosten der damit verbundenen Arbeit.

Die Vergütung ist einheitlich für alle Unternehmen festzusetzen und den Unternehmen vor Ausarbeitung der zusätzlichen Unterlagen zur Kenntnis zu geben. Die Vergütung kann entweder mit der Auftragsbekanntmachung oder mit der Aufforderung zu Verhandlungen festgesetzt werden.

Es empfiehlt sich, in diesen Fällen in einem zweistufigen Verfahren zunächst eine größere Zahl von Unternehmen aufzufordern, sich mit den üblichen Unterlagen (Angebot, Referenzen) zu bewerben (Teilnahmewettbewerb). In einer zweiten Stufe werden im Rahmen der Verhandlungen zur Auftragsvergabe geeignet erscheinende bietende Unternehmen aufgefordert, zusätzliche Unterlagen auszuarbeiten, die angemessen vergütet werden können.

8.12 Auftragsänderungen

Für die Änderung eines öffentlichen Liefer- oder Dienstleistungsauftrags ohne Durchführung eines neuen Vergabeverfahrens gilt ab den EU-Schwellenwerten § 132 GWB, unterhalb der EU-Schwellenwerte § 47 UVgO.

8.13 Verfahrensarten bei besonderen Unternehmen

8.13.1 Anerkannte Werkstätten für behinderte Menschen, Blindenwerkstätten und Inklusionsbetriebe als bevorzugte Unternehmen

Die Dienststellen des Landes sind nach §§ 224 und 226 Sozialgesetzbuch – Neuntes Buch (SGB IX) verpflichtet, Aufträge, die von anerkannten Werkstätten für behinderte Menschen nach §§ 219 Absatz 1, 225 SGB IX oder Blindenwerkstätten nach § 226 SGB IX ausgeführt werden können, bevorzugt diesen anzubieten. Nach § 224 Absatz 2 SGB IX ist diese Vorschrift auch auf Inklusionsbetriebe nach § 215 SGB IX anzuwenden.

Gleiches gilt für Einrichtungen in anderen Staaten, die nach den rechtlichen Bestimmungen mit den vorgenannten deutschen Einrichtungen vergleichbar sind. Voraussetzung ist gemäß § 118 Absatz 2 GWB, dass mindestens 30 Prozent der in diesen Werkstätten oder Unternehmen Beschäftigten Menschen mit Behinderung oder benachteiligte Personen sind.

Eine Ausschreibung kann gemäß § 118 Absatz 1 GWB ausschließlich auf anerkannte Werkstätten für behinderte Menschen und Blindenwerkstätten oder Sozialunternehmen beschränkt werden, hierunter fallen auch Inklusionsbetriebe nach § 215 SGB IX. In diesem Fall kann der Auftrag bei Vergaben unterhalb der EU-

Schwellenwerte durch eine Verhandlungsvergabe mit oder ohne Teilnahmewettbewerb vergeben werden, § 8 Absatz 4 Nummer 16a UVgO.

Ist die Ausschreibung nicht nur auf anerkannte Werkstätten für behinderte Menschen, Blindenwerkstätten und Inklusionsbetriebe beschränkt, so ist einem Angebot eines bevorzugten Unternehmens der Zuschlag zu erteilen, wenn es mindestens so wirtschaftlich ist wie das ansonsten wirtschaftlichste Angebot eines bietenden Unternehmens. Bei der Beurteilung der Wirtschaftlichkeit der Angebote wird der von dem bevorzugten Unternehmen angebotene Preis mit einem Abschlag von 15 Prozent berücksichtigt.

Ein Verzeichnis der anerkannten Werkstätten und deren Produkte und Dienstleistungen ist im Internet unter www.arbeitsagentur.de veröffentlicht. Ein Verzeichnis der baden-württembergischen Inklusionsbetriebe und deren Produkte und Dienstleistungen ist im Internet unter www.iubw.de/unternehmen/veröffentlicht.

Zum Nachweis der Eigenschaft als bevorzugtes Unternehmen ist den Vergabestellen bis zum Angebotstermin vorzulegen:

a) bei Werkstätten für behinderte Menschen die von der Bundesagentur für Arbeit nach § 225 SGB IX ausgesprochene Anerkennung;
b) bei Blindenwerkstätten die Anerkennung im Sinne der §§ 5 und 13 des Blindenwarenvertriebsgesetzes (BliwaG). Das BliwaG wurde durch Artikel 30 des zweiten Gesetzes zum Abbau bürokratischer Hemmnisse insbesondere der mittelständischen Wirtschaft (BGBl. I 2007 S. 2246) mit Wirkung zum 14. September 2007 aufgehoben. Blindenwerkstätten, die am 13. September 2007 staatlich anerkannt waren, genießen gemäß § 226 SGB IX in Verbindung mit § 224 SGB IX bei der Auftragsvergabe durch die öffentliche Hand Bestandsschutz;
c) bei Inklusionsbetrieben die Vorlage einer Bescheinigung des Integrationsamtes des Kommunalverbandes für Jugend und Soziales, dass es sich um einen Inklusionsbetrieb nach § 215 SGB IX handelt;
d) bei bietenden ausländischen Unternehmen die Vorlage einer Bescheinigung einer Gerichts- oder Verwaltungsbehörde des Ursprungs- oder Herkunftslandes der Einrichtung. Wird eine solche Bescheinigung in dem betreffenden Land nicht ausgestellt, so kann sie durch eine eidesstattliche Erklärung ersetzt werden, die die betreffende Einrichtung vor einer Gerichts- oder Verwaltungsbehörde, einem Notar oder jeder anderen befugten Behörde des betreffenden Staates abgibt. In den Staaten, in denen es eine derartige eidesstattliche Erklärung nicht gibt, kann dies durch eine feierliche Erklärung ersetzt werden. Die Echtheit der eidesstattlichen oder feierlichen Erklärung ist durch die zuständige Behörde oder den Notar zu bescheinigen.

8.13.2 Justizvollzugsanstalten

Justizvollzugsanstalten in Baden-Württemberg sind unselbständige Untergliederungen des Landes. Leistungen, die von Justizvollzugsanstalten in Baden-Württemberg im Rahmen der Gefangenenarbeit angeboten werden, können daher vom Land im Wege der Eigenerledigung außerhalb des Vergaberechts vergeben werden. Für die landesunmittelbaren juristischen Personen des öffentlichen Rechts nach Nummer 1.2 wäre im Einzelfall zu prüfen, ob die Voraussetzungen für eine Vergabe nach § 108 GWB vorliegen.

Das Justizministerium unterrichtet die Dienststellen, welche Leistungen von den Justizvollzugsanstalten Baden-Württemberg erbracht werden.

8.14 Benennung geeigneter Unternehmen

Die IHK-Auftragsberatungsstelle Baden-Württemberg, Jägerstraße 30, 70174 Stuttgart, Telefon 0711/2005-1543 oder -1542, Telefax 0711/2005 601528, E-Mail:

auftragsberatung@stuttgart.ihk.de, benennt Auftraggebern auf Anfrage gezielt fachkundige und leistungsfähige Unternehmen, die für den Auftrag geeignet erscheinen. Informationen zum Benennungsverfahren sowie ein interaktives Anfrageformular (Benennungsformular) sind zu finden unter www.stuttgart.ihk.de, Auftragsberatungsstelle.

9 Vergabeservice des Logistikzentrums Baden-Württemberg (LZBW) bei Einzelbeschaffungen

Für Bedarfsgegenstände, die nicht der gemeinsamen Beschaffung gemäß Nummer 17 unterliegen, können die Auftraggeber das LZBW mit der Durchführung von Ausschreibungsverfahren sowie bei Bedarf auch mit der Aufbereitung und Bereitstellung der Ausschreibungsergebnisse in Form elektronischer Kataloge beauftragen. Dies gilt auch bei Vertragsgestaltungen und -verhandlungen. Nach § 120 Absatz 4 GWB können öffentliche Aufträge zur Ausübung zentraler Beschaffungstätigkeiten an das LZBW vergeben werden, ohne ein Vergabeverfahren durchzuführen. Derartige Dienstleistungsaufträge können auch Beratungs- und Unterstützungsleistungen bei der Vorbereitung oder Durchführung von Vergabeverfahren umfassen.

Die Auftraggeber teilen dem LZBW dazu die fachlichen Leistungsvorgaben mit. Bei der Durchführung der Ausschreibungsverfahren folgt das LZBW den Vorgaben der Auftraggeber, soweit nicht vergaberechtliche Vorschriften entgegenstehen. Die Zuschläge werden vom LZBW nach Maßgabe des Vergaberechts im Einvernehmen mit den Auftraggebern erteilt.

Das LZBW stellt den Auftraggebern seinen Personal- und Sachaufwand für den Vergabeservice in Rechnung.

10 Leistungsbeschreibung, Aufgabenbeschreibung, Berücksichtigung nachhaltiger Aspekte

10.1 Leistungsbestimmungsrecht

Die Auftraggeber haben bei der Definition des Auftragsgegenstands ein originäres Leistungsbestimmungsrecht, das heißt, sie können bestimmen „was" beschafft werden soll, welche Eignungs- und Zuschlagskriterien gelten und wie diese gewertet werden sollen.

10.2 Eindeutige und erschöpfende Leistungsbeschreibung

Für die Erstellung der Leistungsbeschreibung sind § 121 GWB, § 31 VgV beziehungsweise § 23 UVgO zu beachten. Die Leistungsbeschreibung ist das Kernstück des Vergabeverfahrens. Um Fehler zu vermeiden, sollte sie sorgfältig erstellt werden. Die Leistung muss so eindeutig und so erschöpfend beschrieben werden, dass alle bietenden Unternehmen die Beschreibung im gleichen Sinne verstehen und die Angebote miteinander verglichen werden können.

Es gibt verschiedene Arten, Leistungen zu beschreiben:
a) konventionelle Leistungsbeschreibung: Verkehrsübliche Bezeichnung nach Art, Beschaffenheit und Umfang;
b) konstruktive Leistungsbeschreibung: Leistungsbeschreibung mit Leistungsverzeichnis; bei einer konstruktiven Leistungsbeschreibung wird die Leistung in ihre wesentlichen Merkmale und konstruktiven Einzelheiten gegliedert;

c) funktionale Leistungsbeschreibung: Darstellung des Zwecks der Leistung, der Funktion der Leistung sowie der an die Leistung gestellten sonstigen Anforderungen.

Eine Kombination der verschiedenen Arten ist möglich.

In Ausnahmefällen ist es möglich, in die Leistungsbeschreibung Eventualbeziehungsweise Bedarfspositionen sowie Alternativ- beziehungsweise Wahlpositionen als Optionsrecht des Auftraggebers aufzunehmen.

Eine Bedarfsposition beziehungsweise Eventualposition liegt vor, wenn der Auftraggeber die Ausführung einer bestimmten Position nur bei Bedarf anordnet. Bedarfs- oder Eventualpositionen sind nur in eng begrenzten Ausnahmefällen zulässig, wenn ein objektives Bedürfnis hierfür vorhanden ist und der Auftraggeber noch keine hinreichenden Erfahrungen hat, ob und unter welchen Umständen er die Bedarfsleistung benötigen wird. Eine Wahl- beziehungsweise Alternativposition liegt vor, wenn zwar feststeht, dass eine bestimmte Leistung ausgeführt werden soll, der Auftraggeber sich aber ein Wahlrecht über die Art und Weise der Ausführung vorbehalten möchte. Eine Option ist das Recht, einen bestehenden Vertrag durch einseitige Erklärung zu ändern, insbesondere zu verlängern, wobei ein Vertragspartner fest gebunden und der andere Vertragspartner frei ist, die Option auszuüben.

Zur Leistungsbeschreibung gemäß § 31 VgV oder § 23 UVgO gehören insbesondere:

a) die (technischen) Daten der Ware oder Dienstleistung, die beschafft werden soll; wenn die Leistung einer Zertifizierung unterliegen soll, haben dies die bietenden Unternehmen nachzuweisen; nähere Angaben hierzu finden sich in der Anlage 1 der VgV (Technische Anforderungen, Begriffsbestimmungen);
b) die benötigte Menge, die möglichst genau anzugeben ist; bei Rahmenvereinbarungen ohne garantierte Mengenabnahme muss zumindest ein geschätzter Verbrauch angegeben werden, damit die bietenden Unternehmen einen Anhaltspunkt für die Preiskalkulation haben;
c) der Liefer- oder Ausführungsort;
d) die Angabe, ob zur Auswahl der Ware Proben und/oder Muster benötigt werden; bei einigen Dienstleistungen kann eine Besichtigung notwendig sein; wird diese erwartet, ist dies auch in der Leistungsbeschreibung zu erwähnen und den Vergabeunterlagen eine Besichtigungsbestätigung beizufügen;
e) Angaben, ob Gerätevorführungen, Teststellungen von Geräten beim Bedarfsträger oder Testmessungen im Rahmen des Vergabeverfahrens vorgesehen sind;
f) Angaben zur Wartung und zur Einweisung der Beschäftigten des Auftraggebers;
g) gegebenenfalls Regelungen zur Überlassung von Material, das sich im Eigentum des Landes befindet, zur Be- oder Verarbeitung.

10.3 Berücksichtigung von nachhaltigen Aspekten in der Leistungsbeschreibung

Bei der Erstellung der Leistungsbeschreibung ist ab den EU-Schwellenwerten zu prüfen, ob nachhaltige Aspekte berücksichtigt werden können. Gemäß § 31 Absatz 3 VgV können Auftraggeber auch Anforderungen hinsichtlich der Qualität und Innovation sowie hinsichtlich sozialer und umweltbezogener Aspekte stellen, die sich auf den Prozess, die Methode zur Herstellung oder Erbringung der Leistung oder auf ein anderes Stadium im Lebenszyklus des Auftragsgegenstandes einschließlich der Produktions- und Lieferkette beziehen, auch wenn derartige Faktoren keine materiellen Bestandteile der Leistung sind, sofern diese Merkmale in Verbindung mit dem Auftragsgegenstand stehen und zu dessen Wert und Beschaffungszielen verhältnismäßig sind.

Bei der Erstellung der Leistungsbeschreibung unterhalb der EU-Schwellenwerte sind nachhaltige Aspekte zu berücksichtigen, soweit mit verhältnismäßigem Aufwand möglich und sachgerecht und sofern ein sachlicher Zusammenhang mit dem Auftragsgegenstand besteht.

Bei der Berücksichtigung der genannten Aspekte ist der unter Umständen höhere Preis für die Beschaffung kein Hindernis, sofern er unter Berücksichtigung des § 7 LHO als wirtschaftlich angesehen werden kann.

Das zentrale Portal für nachhaltige Beschaffung des Beschaffungsamtes des Bundesministerium des Innern (BMI) – Kompetenzstelle für nachhaltige Beschaffung (http://www.nachhaltige-beschaffung.info/DE/Home/home_node.html) informiert über Gesetze, Regelungen, Leitfäden und Beispiele aus Bund, Ländern und Kommunen zur nachhaltigen Beschaffung.

10.3.1 Soziale Aspekte

10.3.1.1 Förderung der sozialen Integration und der Gleichstellung

Maßnahmen zur Förderung der sozialen Integration von benachteiligten Personen, insbesondere von Menschen mit Behinderungen, oder von Angehörigen sozial schwacher Gruppen oder zur Förderung der Chancengleichheit und Gleichstellung von Männern und Frauen im Beruf unter den für die Ausführung des Auftrags eingesetzten Personen können bei der Leistungsbeschreibung, bei der Eignungsprüfung und beim Zuschlag oder bei den zusätzlichen Ausführungsbedingungen nach § 97 Absatz 3, § 127 Absatz 1 und § 128 Absatz 2 GWB, § 23 Absatz 4 und § 43 Absatz 2 UVgO berücksichtigt werden, sofern sie die Voraussetzungen von Nummer 1.1 erfüllen.

Soziale Anforderungen an den Leistungsgegenstand (zum Beispiel Barrierefreiheit eines Internetportals, Beschäftigung von Langzeitarbeitslosen, Ausbildung von arbeitslosen Jugendlichen als soziales Projekt) können insbesondere in der Leistungsbeschreibung oder im Rahmen der Zuschlagskriterien berücksichtigt werden.

10.3.1.2 Fair gehandelte Produkte – Berücksichtigung der Kernarbeitsnormen der Internationalen Arbeitsorganisation (ILO-Kernarbeitsnormen)[2]

Im Rahmen der Vergabevorschriften sollen unter den am Markt befindlichen und für den vorgesehenen Verwendungszweck im Sinne der Nummer 13.4 gleichwertig geeigneten Erzeugnissen beziehungsweise Dienstleistungen fair gehandelte Produkte bevorzugt werden. Dies kommt insbesondere bei Agrarprodukten wie zum Beispiel Kaffee, Tee, Kakao, Zucker, Reis, Orangen- oder Tomatensaft, Blumen sowie bei Sportartikeln, insbesondere Bällen, Teppichen und Textilien in Betracht.

Eine Berücksichtigung von fair gehandelten Produkten im Rahmen der Zuschlagskriterien setzt voraus, dass die für die Ausschreibung relevanten Kriterien des fairen Handels in der Leistungsbeschreibung aufgeführt sind.

Aufträge über Liefer- und Dienstleistungen können bei den in Anlage 1 aufgeführten Produkten mit zusätzlichen Bedingungen an die Vertragsausführung (Aus-

---

[2] Die ILO-Kernarbeitsnormen umfassen die Übereinkommen Nummer 29, 87, 98, 105, 100, 111, 138 und 182; in ihnen sind weltweit anerkannte Sozialstandards zur Verbesserung der Arbeits- und Lebensbedingungen aller Menschen niedergelegt. Die Übereinkommen stehen als Download unter http://lvn-id-neu.bwl.de/Information/SitePages/Homepage.aspx (Sonstige Vorgaben, Hinweise, Leitlinien) zur Verfügung.

führungsbedingungen) gemäß § 128 Absatz 2 GWB, § 61 VgV, § 45 Absatz 2 UVgO vergeben werden, die das beauftragte Unternehmen verpflichten, den Auftrag ausschließlich mit Produkten auszuführen, die unter Einhaltung der ILO-Kernarbeitsnormen gewonnen oder hergestellt worden sind. Dies bedeutet, dass bei der Auftragsausführung

a) keine Zwangsarbeit einschließlich Sklaven- und (unfreiwilliger) Gefängnisarbeit entgegen dem Übereinkommen Nummer 29 über Zwangs- oder Pflichtarbeit und dem Übereinkommen Nummer 105 über die Abschaffung der Zwangsarbeit geleistet wird;

b) allen Arbeitnehmerinnen und Arbeitnehmern das Recht, Gewerkschaften zu gründen und ihnen beizutreten sowie das Recht auf Tarifverhandlungen entsprechend dem Übereinkommen Nummer 87 über die Vereinigungsfreiheit und den Schutz des Vereinigungsrechtes und dem Übereinkommen Nummer 98 über die Anwendung der Grundsätze des Vereinigungsrechtes und des Rechtes zu Kollektivverhandlungen gewährt wird;

c) keine Unterscheidung, Ausschließung oder Bevorzugung, die auf Grund der Rasse, der Hautfarbe, des Geschlechts, des Glaubensbekenntnisses, der politischen Meinung, der nationalen Abstammung oder der sozialen Herkunft entgegen dem Übereinkommen Nummer 111 über die Diskriminierung in Beschäftigung und Beruf vorgenommen wird, die dazu führt, dass die Gleichheit der Gelegenheiten oder der Behandlung in Beschäftigung oder Beruf aufgehoben oder beeinträchtigt wird;

d) männlichen und weiblichen Arbeitskräften entsprechend dem Übereinkommen Nummer 100 über die Gleichheit des Entgelts männlicher und weiblicher Arbeitskräfte für gleichwertige Arbeit das gleiche Entgelt gezahlt wird;

e) keine Kinderarbeit in ihren schlimmsten Formen entgegen dem Übereinkommen Nummer 182 über das Verbot und unverzügliche Maßnahmen zur Beseitigung der schlimmsten Formen der Kinderarbeit und dem Übereinkommen Nummer 138 über das Mindestalter für die Zulassung zur Beschäftigung geleistet wird.

Die Einhaltung der ILO-Kernarbeitsnormen darf nicht als Eignungs- oder Zuschlagskriterien abgefordert werden, sondern ist nach Maßgabe der in Anlage 1 abgedruckten ergänzenden Vertragsbedingung als zusätzliche Bedingung an die Vertragsausführung zu stellen.

Bei den in Anlage 1 aufgeführten Produktgruppen soll von den bietenden Unternehmen, soweit diese Produkte in Ländern, die in der DAC-Liste der Entwicklungsländer und -gebiete[3] aufgeführt sind (siehe https://www.bmz.de/de/ministerium/zahlen_fakten/oda/hintergrund/dac_laenderliste/index.html) hergestellt oder bearbeitet wurden, der Nachweis verlangt werden, dass bietende Unternehmen, Produkthersteller und direkte Zulieferer der Produkthersteller die Vorschriften, mit denen die ILO-Kernarbeitsnormen in nationales Recht umgesetzt worden sind, eingehalten haben. Dies gilt auch für die Rohstoffe der im Endprodukt verbauten Komponenten. Hierzu können vom Auftraggeber in der Leistungsbeschreibung Gütezeichen entsprechend Nummer 10.8 verlangt werden.

Soweit nationales Recht eines Landes gilt, in dem eine oder mehrere Kernarbeitsnormen nicht ratifiziert oder nicht in nationales Recht umgesetzt worden sind, ist der Wesensgehalt der betreffenden Kernarbeitsnormen durch bietende Unternehmen, Produkthersteller und direkte Zulieferer der Produkthersteller dennoch einzuhalten.

---

[3] DAC = Development Assistance Committee oder Ausschuss für Entwicklungshilfe (kurz DAC) der Organisation für wirtschaftliche Zusammenarbeit und Entwicklung (OECD).

10.3.2 Umweltbezogene Aspekte

Im Rahmen der Vergabevorschriften ist unter den am Markt befindlichen und für den vorgesehenen Verwendungszweck gleichwertig geeigneten Erzeugnissen beziehungsweise Dienstleistungen das Angebot zu bevorzugen, das bei der Herstellung, im Gebrauch und/oder in der Entsorgung die geringsten Umweltbelastungen hervorruft. Auf die in § 2 LAbfG festgelegten Pflichten der öffentlichen Hand bei der Beschaffung wird hingewiesen. Die dortigen Anforderungen bedürfen keiner gesonderten Prüfung, wenn Produkte mit anerkannten Gütezeichen gemäß Nummer 10.8 gekennzeichnet sind.

Soweit Aufträge unter Umweltgesichtspunkten besonders sensibel sind (zum Beispiel besondere Transportleistungen, Reinigung von Containern mit Abfall unbekannter Herkunft, Entsorgung nicht mehr aufzubereitender Reinigungsflüssigkeiten) kann die auftragsbezogene notwendige umweltspezifische Eignung der Unternehmen, insbesondere durch Nachweis einer Zertifizierung nach EMAS, ISO 14001 oder einem anderen Umweltmanagementsystem, erbracht werden (entsprechend den Grundsätzen in § 32 Absatz 2 VgV).

Erfolgt eine Beschränkte Ausschreibung ohne Teilnahmewettbewerb oder eine Verhandlungsvergabe, sollen gezielt auch geeignete Unternehmen zur Angebotsabgabe aufgefordert werden, die den Nachweis einer Zertifizierung nach E-MAS, ISO 14001 oder einem anderen Umweltmanagementsystem erbracht haben; andere geeignete Unternehmen dürfen dadurch jedoch nicht ausgeschlossen oder benachteiligt werden.

10.3.2.1 Energieeffizienz und Klimaschutz

Wenn energieverbrauchsrelevante Waren, technische Geräte oder Ausrüstungen („Energieverbrauchsrelevante Produkte") Gegenstand einer Lieferleistung oder wesentliche Voraussetzung zur Ausführung einer Dienstleistung sind, sind bei Vergaben ab den EU Schwellenwerten die Vorgaben des § 67 VgV, bei der Beschaffung von Straßenfahrzeugen § 68 VgV zu beachten. Zur Sicherstellung des höchsten Energieeffizienzniveaus der zu beschaffenden Leistung ist die Allgemeine Verwaltungsvorschrift zur Beschaffung energieeffizienter Produkte und Dienstleistungen (AVV-EnEff) in ihrer jeweils geltenden Fassung ab den EU-Schwellenwerten und unterhalb der EU-Schwellenwerte entsprechend anzuwenden.

Die AVV-EnEff mit Anlage (Leitlinien für die Beschaffung energieeffizienter Produkte und Dienstleistungen) ist auf der Internetseite des Wirtschaftsministeriums hinterlegt (https://wm.baden-wuerttemberg.de/beschaffung-land/).

10.3.2.2 Lärmschutz und Luftreinhaltung

Bei der Beschaffung von mobilen Maschinen und Geräten, die entweder dem Anwendungsbereich der Verordnung über Emissionsgrenzwerte für Verbrennungsmotoren (28. BImSchV) oder der Geräte- und Maschinenlärmschutzverordnung (32. BImSchV) zugeordnet sind, ist darauf zu achten, dass diese dem neuesten Stand der Technik bezüglich der Vermeidung von schädlichen Umwelteinwirkungen durch Schadstoff- und Lärmemissionen entsprechen. Bei der Beschaffung von Baumaschinen sind die in der Anlage 2 genannten Kriterien zu beachten. Der Wegweiser „Leiser werdeN!" gibt Hinweise zur Beschaffung von lärmarmen Baumaschinen, Werkzeugen sowie Fahrzeugen und kann bei der Landesanstalt für Umwelt, Messungen und Naturschutz Baden-Württemberg kostenlos abgerufen werden.

10.3.2.3 Sonderregelungen für Lebensmittel

Bei der Beschaffung von Lebensmitteln und Speisen sind die Leitsätze der Ernährungsstrategie des Landes Baden-Württemberg zu beachten. Dabei sollen unterhalb der EU-Schwellenwerte umweltgerechte Aspekte, wie zum Beispiel kurze Wertschöpfungsketten und kurze Transportwege, unter Beachtung des Gleichbehandlungsgrundsatzes berücksichtigt werden, soweit mit verhältnismäßigem Aufwand möglich und sachgerecht und sofern ein sachlicher Zusammenhang mit dem Auftragsgegenstand besteht. Eine Orientierung bei der Beschaffung bieten hinsichtlich des Gesundheitswertes die Empfehlungen der Deutschen Gesellschaft für Ernährung (zur Betriebsverpflegung siehe https://jobundfit.de) und die Richtlinien des ökologischen Landbaus (http://www.bmel.de/Shared-Docs/Downloads/Landwirtschaft/OekologischerLandbau/834_2007_EG_Oeko-Basis-VO.pdf?__blob=publicationFile). Bei Produkten mit Gütezeichen gemäß Verordnung (EU) Nr. 1305/2013 Artikel 16 Absatz 1, wie zum Beispiel dem Qualitätszeichen Baden-Württemberg (QZBW) und dem Bio-Zeichen Baden-Württemberg, gelten diese Bedingungen als erfüllt. Auch andere geeignete Nachweise werden akzeptiert, sofern nachgewiesen wird, dass die zu erbringenden Lieferungen oder Dienstleistungen die Anforderungen des spezifischen Gütezeichens oder die angegebenen spezifischen Anforderungen erfüllen.

Es wird empfohlen, bei der Beschaffung von Lebensmitteln und Speisen unterhalb der EU-Schwellenwerte eine Quote vom mindestens 20 % Bio-Produkte mit Gütezeichen gemäß Verordnung (EG) Nr. 834/2007 bezogen auf den Gesamtwareneinsatz zu erreichen.

10.3.2.4 Sonderregelungen für Papierprodukte

Zur Deckung des Bedarfs an Papier, Versand- und Verpackungsmaterial aus Papier, Pappe und Karton sind Recyclingprodukte zu beschaffen. Die Recyclingeigenschaften gelten als erfüllt, wenn das Produkt mit dem Umweltzeichen „Blauer Engel" zertifiziert ist oder gleichwertige Kriterien erfüllt. Dabei ist für registraturrelevantes Schriftgut als Druckerpapier alterungsbeständiges Papier gemäß DIN 6738 zu beschaffen. Recyclingpapier, das die DIN 9706 erfüllt und den Blauen Engel trägt oder gleichwertige Kriterien erfüllt, erfüllt die Anforderungen an alterungsbeständiges Papier. Sofern Recyclingpapier beschaffbar ist, das die DIN 9706 erfüllt und den Blauen Engel trägt oder gleichwertige Kriterien erfüllt, ist dieses zu bevorzugen.

10.4 Sonderregelungen für IT-Beschaffungen

Bei der Beschaffung von IT-Produkten sind die Vorgaben der Verwaltungsvorschrift des Innenministeriums über die Standards des E-Government-Konzepts in ihrer jeweils geltenden Fassung und Nummer 17.5 zu beachten. Unterhalb der EU-Schwellenwerte ist bei Software-Produkten bei vergleichbarer Wirtschaftlichkeit und Risikobewertung der bevorzugte Einsatz von Open-Source-Produkten gegenüber Closed-Source-Produkten zu prüfen. Unter Open-Source-Produkten sind solche Produkte zu verstehen, deren Quellcode öffentlich zugänglich ist und deren Lizenz die Verwendung, Weitergabe und Veränderung ermöglicht. IT-Geräte sind energieverbrauchsrelevante technische Geräte im Sinne von § 67 VgV; es gilt Nummer 10.3.2.1.

10.5 Innovative Aspekte

Gibt es einen Beschaffungsbedarf, für den es noch keine kommerziell tragfähige Lösung auf dem Markt gibt oder für den die vorhandenen Lösungen noch Unzulänglichkeiten aufweisen, kann dies ab den EU-Schwellenwerten zum Beispiel im Verhandlungsverfahren mit Teilnahmewettbewerb, im wettbewerblichen Dialog, durch eine Innovationspartnerschaft, durch eine funktionale Leistungsbeschreibung oder durch Nebenangebote berücksichtigt werden.

Unterhalb der EU-Schwellenwerte können Aufträge im Wege der Verhandlungsvergabe mit oder ohne Teilnahmewettbewerb vergeben werden, wenn der Auftrag konzeptionelle oder innovative Lösungen umfasst (§ 8 Absatz 4 Nummer 1 UVgO). Die Leistungsbeschreibung kann auch innovative Merkmale umfassen.

Das Bundesministerium für Wirtschaft und Energie (BMWi) und der Bundesverband Materialwirtschaft, Einkauf und Logistik e. V. betreiben das Kompetenzzentrum Innovative Beschaffung. Auftraggeber werden durch das Kompetenzzentrum Innovative Beschaffung in Form von Informationen, gezielten Veranstaltungen mit Best-Practice-Beispielen sowie Einzelfallberatungen bei der Ausrichtung innovationsorientierter Beschaffungsprozesse kostenlos unterstützt. Dazu wurde eine Internetplattform (www.koinno-bmwi.de) aufgebaut. Diese enthält neben allgemeinen Informationen zum Kompetenzzentrum Innovative Beschaffung und zur innovationsorientierten öffentlichen Beschaffung eine Projektdatenbank sowie ein interaktives Forum.

10.6 Aufgabenbeschreibung für Dienstleistungen, deren Lösung vorab nicht eindeutig und erschöpfend beschrieben werden kann

In der Aufgabenbeschreibung ist die gestellte Aufgabe beschreibbar, nicht aber die Leistung als solche, nämlich die konkrete Lösung der Aufgabe mit allen dazu führenden Lösungsschritten. Die Aufgabenbeschreibung enthält lediglich die Aufgabenstellung der Auftraggeber, nicht den abschließenden Auftragsinhalt und die Auftragsbedingungen, welche noch festzulegen sind. Die Beschreibung der Aufgabe hat so zu erfolgen (Zielsetzung, Rahmenbedingungen und eventuell die wesentlichen Einzelheiten der Aufgabe), dass alle Unternehmen die Beschreibung im gleichen Sinne verstehen können. Die Anforderungen und auch die Begründungstiefe fallen weit geringer aus als bei einer Leistungsbeschreibung.

10.7 Grundsatz der Produkt- und Markenneutralität

Soweit es nicht durch den Auftragsgegenstand gerechtfertigt ist, ist bei der Leistungsbeschreibung gemäß § 31 Absatz 6 VgV darauf zu achten, dass nicht auf eine bestimmte Produktion oder Herkunft oder ein besonderes Verfahren, das die Erzeugnisse oder Dienstleistungen eines bestimmten Unternehmens kennzeichnet, oder auf gewerbliche Schutzrechte, Typen oder einen bestimmten Ursprung verwiesen wird, wenn dadurch bestimmte Unternehmen oder bestimmte Produkte begünstigt oder ausgeschlossen werden. Solche Verweise sind ausnahmsweise zulässig, wenn der Auftragsgegenstand anderenfalls nicht hinreichend genau und allgemein verständlich beschrieben werden kann; diese Verweise sind mit dem Zusatz „oder gleichwertig" zu versehen.

Nach § 23 Absatz 5 UVgO dürfen Bezeichnungen für bestimmte Erzeugnisse oder Verfahren wie beispielsweise Markennamen ausnahmsweise, jedoch nur mit dem Zusatz „oder gleichwertig", verwendet werden, wenn eine hinreichend genaue Beschreibung durch verkehrsübliche Bezeichnungen nicht möglich ist. Der Zusatz „oder gleichwertig" kann entfallen, wenn ein sachlicher Grund die Produktvorgabe ansonsten rechtfertigt. Ein solcher Grund liegt insbesondere dann vor, wenn die Auftraggeber Erzeugnisse oder Verfahren mit unterschiedlichen Merkmalen zu bereits bei ihnen vorhandenen Erzeugnissen oder Verfahren beschaffen müssten und dies mit unverhältnismäßig hohem finanziellen Aufwand oder unverhältnismäßigen Schwierigkeiten bei Integration, Gebrauch, Betrieb oder Wartung verbunden wäre.

10.8 Nachweisführung durch Gütezeichen

Als Beleg dafür, dass eine Liefer- oder Dienstleistung bestimmten, in der Leistungsbeschreibung geforderten Merkmalen entspricht, kann der Auftraggeber die Vorlage von Gütezeichen nach Maßgabe des § 34 VgV beziehungsweise des § 24 UVgO verlangen. Im Unterschied zu § 34 VgV müssen unterhalb der EU-Schwellenwerte nach § 24 UVgO nicht alle Anforderungen des Gütezeichens mit dem Auftragsgegenstand in Verbindung stehen. Hier müssen die Kriterien des Gütezeichens für die Bestimmung der Merkmale der Leistung (lediglich) geeignet sein. Auftraggeber können Gütezeichen unterhalb der EU-Schwellenwerte damit leichter vorgeben.

Der Kompass Nachhaltigkeit (die Internetplattform Kompass Nachhaltigkeit wurde im Auftrag des Bundesministeriums für wirtschaftliche Zusammenarbeit und Entwicklung aufgebaut) informiert auf seiner Internetseite über Gütezeichen, welche die Bedingungen des § 34 Absatz 2 VgV erfüllen (siehe http://oeffentlichebeschaffung.kompassnachhaltigkeit.de/guetezeichen). Bei den dort aufgeführten Gütezeichen handelt es sich nicht um eine abschließende Aufzählung. Da § 24 UVgO im Wesentlichen § 34 VgV entspricht, erfüllen Gütezeichen, die die Bedingungen des § 34 Absatz 2 VgV einhalten, auch die Anforderungen des § 24 Absatz 2 UVgO.

11 Aufteilung von Aufträgen und Zulassung von Nebenangeboten

11.1 Losbildung

Damit sich auch Unternehmen der mittelständischen Wirtschaft entsprechend ihrer Leistungsfähigkeit um Aufträge bewerben können, sind Leistungen gemäß § 97 Absatz 4 GWB in der Regel in der Menge aufgeteilt (Teillose) und/oder Leistungen verschiedener Handwerks- und Gewerbezweige getrennt nach Art oder Fachgebiet (Fachlose beziehungsweise Gewerke) zu vergeben. Sprechen wirtschaftliche oder technische Gründe gegen eine Aufteilung, ist die Bündelung und gemeinsame Vergabe mehrerer Teil- oder Fachlose zulässig. Als Gründe, von einer Losaufteilung abzusehen, kommen beispielsweise unverhältnismäßige Kostennachteile, starke Verzögerung des Vorhabens, unverhältnismäßig hoher Koordinierungsaufwand oder unwirtschaftliche Zersplitterung aufgrund eines geringen Auftragswertes in Betracht.

Die Entscheidung, keine Lose zu bilden, ist in der Vergabedokumentation festzuhalten.

Für die Aufteilung nach Losen ist § 30 VgV beziehungsweise § 22 UVgO zu beachten.

Das BMWi stellt den Auftraggebern auf seiner Internetseite für die Branchen Gebäudereinigung, IT-Dienstleistungen, Mobiliar, Elektroinstallation und EDV-Technik ein elektronisches Berechnungswerkzeug zur Ermittlung der mittelstandsgerechten Bildung von Teillosen sowie einen Leitfaden dazu zur Verfügung (siehe https://www.bmwi.de/Redaktion/DE/Artikel/Wirtschaft/vergabeverfahren.html).

11.2 Nebenangebote

Nebenangebote können gemäß § 35 VgV beziehungsweise § 25 UVgO zugelassen werden. Die Zulassung von Nebenangeboten muss ausdrücklich erfolgen, da eine fehlende ausdrückliche Zulassung von Nebenangeboten deren Nichtzulassung zur Folge hat.

12 Vergabeverfahren

12.1 Vergabeunterlagen

12.1.1 Umfang

Der Umfang der Vergabeunterlagen ergibt sich aus § 29 VgV beziehungsweise § 21 UVgO.

12.1.2 Vertragsbedingungen

Als Vertragsbedingungen zu nennen sind insbesondere:
a) die VOL/B ist in der Regel in den Vertrag einzubeziehen; auf die Ausnahmen in § 29 Absatz 2 VgV beziehungsweise § 21 Absatz 4 UVgO wird hingewiesen;
b) ab dem 18. April 2020 ist in den Vertrag die Pflicht zur Erteilung einer elektronischen Rechnung aufzunehmen;
c) ab einem geschätzten Auftragswert von 20 000 Euro (ohne Umsatzsteuer) die Besonderen Vertragsbedingungen nach dem LTMG (zu finden auf der Internetseite der Servicestelle Landestariftreue- und Mindestlohngesetz beim Regierungspräsidium Stuttgart https://rp.baden-wuerttemberg.de/Themen/Wirtschaft/Tariftreue/Seiten/default.aspx);
d) die Ergänzenden Vertragsbedingungen, insbesondere bei der Beschaffung der in Anlage 1 Nummer 1 aufgeführten Produkte, die die Beachtung der ILO-Kernarbeitsnormen sicherstellen und dafür sorgen sollen, dass keine Waren beschafft werden, die unter Missachtung der ILO-Kernarbeitsnormen hergestellt worden sind (siehe Anlage 1);
e) für die Beschaffung von IT-Leistungen die Ergänzenden Vertragsbedingungen (EVB-IT). Die Vertragsmuster und die entsprechenden Allgemeinen Geschäftsbedingungen beziehungsweise die Besonderen Vertragsbedingungen für die Beschaffung und den Betrieb von DV-Anlagen und -Geräten sowie von DV-Programmen sind anzuwenden; die Hinweise zu den EVB-IT sind zu berücksichtigen; bei der Entscheidung welches der Vertragsmuster Anwendung findet, ist die Entscheidungshilfe des Bundes heranzuziehen; die EVB-IT einschließlich der Hinweise stehen im Internet zur Verfügung unter www.cio.bund.de/Web/DE/IT-Beschaffung/EVB-IT-und-BVB/evb-it_bvb_node.html;
f) die Sicherheitserklärung gemäß § 13 LSÜG, sofern diese Anwendung findet;
g) bei Vergaben von Werbeaufträgen, Heranziehung externer IT-Beratung, Beauftragung von Unternehmensberatungsfirmen und externer Fort- und Weiterbildung soll die so genannte Scientology-Schutzerklärung gefordert werden (Anlage 3);
h) individuelle Ergänzungen je nach Auftragsgegenstand.

Zur Bereitstellung der Vergabeunterlagen wird auf § 41 VgV beziehungsweise § 29 UVgO verwiesen. Auch unterhalb der EU-Schwellenwerte ist festgelegt, dass die Vergabeunterlagen unentgeltlich, uneingeschränkt, vollständig und direkt über das Internet abrufbar sein müssen.

Eine Orientierung bei der Erstellung der Vergabeunterlagen für freiberufliche Leistungen bieten
– die Richtlinien der Staatlichen Vermögens- und Hochbauverwaltung Baden-Württemberg für die Beteiligung freiberuflich Tätiger – RifT (siehe http://www.vbv.baden-wuerttemberg.de/pb/,Lde/Startseite/Service/RifT).

– das Handbuch für die Vergabe und Ausführung von freiberuflichen Leistungen im Straßen- und Brückenbau – HVA F-StB (siehe http://www.sbv.bwl.de/einfuehrungsschreiben-und-vergabewesen/vergabe-und-vertragswesen/hva-f-stb/).

Unternehmen sind in den Vergabeunterlagen an geeigneter Stelle darauf hinzuweisen, wenn die Nachweisführung zur fachlichen und technischen Eignung sowie zur Zuverlässigkeit durch ein Präqualifikationszertifikat zugelassen wird (siehe Nummer 13.2.1).

12.2 Vorinformation, Auftragsbekanntmachung

12.2.1 Vorinformation

Bei Vergaben ab den EU-Schwellenwerten kann der Auftraggeber die Absicht einer geplanten Auftragsvergabe gemäß § 38 VgV durch Veröffentlichung einer Vorinformation bekanntgeben. Nummer 12.2.2 Absatz 1 gilt entsprechend.

Hat der Auftraggeber eine Vorinformation veröffentlicht, kann die Mindestfrist für den Eingang von Angeboten im offenen Verfahren auf 15 Tage und im nicht offenen Verfahren oder Verhandlungsverfahren auf zehn Tage verkürzt werden, sofern die Voraussetzungen des § 38 Absatz 3 VgV vorliegen.

Abweichend von Nummer 12.2.2 kann der Auftraggeber im nicht offenen Verfahren und im Verhandlungsverfahren auf eine Auftragsbekanntmachung verzichten, sofern die Vorinformation die Voraussetzungen des § 38 Absatz 4 VgV erfüllt.

Der von der Vorinformation abgedeckte Zeitraum beträgt höchstens zwölf Monate ab dem Datum der Übermittlung der Vorinformation an die Veröffentlichungsstelle.

12.2.2 Auftragsbekanntmachung

Der Auftraggeber teilt seine Absicht, einen öffentlichen Auftrag zu vergeben oder eine Rahmenvereinbarung abzuschließen, gemäß § 37 ff. VgV beziehungsweise § 27 ff. UVgO in einer Auftragsbekanntmachung mit. Auf Nummer 12.2.1 Absatz 3 wird verwiesen. Die Auftragsbekanntmachung soll in der Regel zumindest im Internet auf den Plattformen www.service.bund.de und www.service-bw.de erfolgen, sowie in geeigneten Fällen zusätzlich in der Fach- und Tagespresse. Dies gilt auch, wenn eine Pflichtveröffentlichung im Supplement zum Amtsblatt der Europäischen Union erforderlich ist.

Falls eine europaweite Veröffentlichung stattfinden soll, ist darauf zu achten, dass die Veröffentlichung unter der Onlineversion des Supplements zum Amtsblatt der Europäischen Union (www.ted.europa.eu) vor der nationalen Veröffentlichung auf www.service.bund.de und anderen lokalen Plattformen erfolgt. Die Auftragsbekanntmachung wird nach dem Muster gemäß Anhang II der Durchführungsverordnung (EU) Nr. 2015/1986 erstellt. Die Fristberechnung innerhalb der einzelnen Vergabeverfahren richtet sich hierbei nach dem Tag der Absendung der Bekanntmachung an ted.europa.eu, nicht nach dem Tag der Veröffentlichung.

Die Anschrift der nach § 37 Absatz 3 VgV in der Auftragsbekanntmachung und den Vergabeunterlagen anzugebenden Vergabekammer lautet:

Vergabekammer Baden-Württemberg beim Regierungspräsidium Karlsruhe, 76247 Karlsruhe (Dienstgebäude: Durlacher Allee 100, 76137 Karlsruhe), Telefon: 0721 / 926-0, Telefax: 0721 / 926-3985, E-Mail: vergabekammer@rpk.bwl.de.

In der Auftragsbekanntmachung ist darauf hinzuweisen, dass für die Vergabe von Lieferungen und Dienstleistungen die VOL/B in der Regel Anwendung findet.

12.2.3 Bekanntmachung aufgrund von Binnenmarktrelevanz

Insbesondere bei Vergaben unterhalb der EU-Schwellenwerte muss aufgrund der Mitteilung der Kommission zu Auslegungsfragen in Bezug auf das Gemeinschaftsrecht, das für die Vergabe öffentlicher Aufträge gilt, die nicht oder nur teilweise unter die Vergaberichtlinien fallen (2006/C1790/2), geprüft werden, ob Aufträge binnenmarktrelevant sind (grenzüberschreitendes Interesse). Die Entscheidung, inwieweit ein Auftrag möglicherweise für Wirtschaftsteilnehmer aus anderen Mitgliedstaaten von Interesse sein könnte, obliegt den einzelnen Auftraggebern und unterliegt der gerichtlichen Kontrolle durch den Europäischen Gerichtshof.

12.2.3.1 Voraussetzungen

Nach Auffassung der Kommission muss der Entscheidung, ob Binnenmarktrelevanz vorliegt, eine Prüfung der Umstände des jeweiligen Einzelfalls vorausgehen, wobei Sachverhalte wie
– der Auftragsgegenstand;
– der geschätzte Auftragswert;
– die Besonderheiten des betreffenden Sektors (Größe und Struktur des Marktes, wirtschaftliche Gepflogenheiten und so weiter);
– sowie die geographische Lage des Orts der Leistungserbringung
zu berücksichtigen sind. Die Entscheidung ist zu dokumentieren.

Nach der EuGH-Rechtsprechung liegt keine Binnenmarktrelevanz vor, wenn ein Auftrag wegen besonderer Umstände, wie beispielsweise einer sehr geringfügigen wirtschaftlichen Bedeutung für Wirtschaftsteilnehmer oder aufgrund geforderter spezifischer Kenntnisse des deutschen Rechts in anderen Mitgliedstaaten nicht von Interesse ist. Als Faustregel gilt, dass unterhalb eines Auftragswertes von 10 Prozent des EU-Schwellenwertes davon ausgegangen werden kann, dass keine Binnenmarktrelevanz vorliegt.

12.2.3.2 Verfahren

Liegt Binnenmarktrelevanz vor, müssen, um dem Transparenzgebot und dem Diskriminierungsverbot zu entsprechen, die in der EU niedergelassenen Unternehmen vor der Auftragsvergabe durch angemessene Veröffentlichung und angemessene Fristsetzung über den vorgesehenen Auftrag informiert werden, damit sie gegebenenfalls ihr Interesse bekunden können. Hierfür wird empfohlen – soweit nicht schon eine Öffentliche Ausschreibung, Beschränkte Ausschreibung mit Teilnahmewettbewerb oder Verhandlungsvergabe mit Teilnahmewettbewerb durchgeführt wird – mindestens zehn Tage vor der Entscheidung über die Vergabe von Leistungen eine Vorab-Bekanntmachung über die Möglichkeit einer Interessensbekundung durchzuführen. Der Auftraggeber entscheidet über das für die entsprechende Bekanntmachung am besten geeignete Medium. Angemessene und gängige Bekanntmachungsmedien sind unter anderem die Homepage des Auftraggebers und das Portal www.service-bw.de. Je interessanter der öffentliche Auftrag für potenzielle Bieter aus anderen Mitgliedstaaten ist, desto weiter sollte er bekannt gemacht werden. Diese Bekanntmachungspflicht gilt nach der Mitteilung der Kommission ausdrücklich auch für Beschränkte Ausschreibungen ohne Teilnahmewettbewerb und Verhandlungsvergaben ohne Teilnahmewettbewerb. Wenn von einer Bekanntmachung trotz Binnenmarktrelevanz abgesehen wird, zum Beispiel wegen Dringlichkeit, so wird empfohlen, dies zu dokumentieren.

12.3 Form und Übermittlung der Teilnahmeanträge und Angebote

Hinsichtlich der Form und Übermittlung der Teilnahmeanträge und Angebote wird auf § 53 VgV und § 38 UVgO verwiesen.

Unternehmen haben die Möglichkeit, sich zu einer Bewerber- oder Bietergemeinschaft zusammenzuschließen und ein gemeinsames Angebot abzugeben. Dies kann beispielsweise dann sinnvoll sein, wenn die jeweiligen Unternehmen zu einer Teilnahme an der Ausschreibung mit einem eigenständigen Angebot aufgrund ihrer betrieblichen oder geschäftlichen Verhältnisse einzeln nicht leistungsfähig sind und erst der Zusammenschluss zu einer Gemeinschaft sie in die Lage versetzt, sich an ihr zu beteiligen. Bewerber- oder Bietergemeinschaften haben im Teilnahmeantrag oder im Angebot jeweils die Mitglieder sowie eines ihrer Mitglieder als bevollmächtigten Vertreter für den Abschluss und die Durchführung des Vertrages zu benennen. Fehlt eine dieser Angaben, so ist sie vor der Zuschlagserteilung beizubringen.

12.4 Anforderung an die Beauftragung von Unterauftragnehmer

Hinsichtlich der Anforderungen an die Beauftragung von Unterauftragnehmer wird auf § 36 VgV und § 26 UVgO verwiesen.

Ergänzend ist in den Vergabeunterlagen vorzuschreiben, dass das Unternehmen für den Fall, dass es Leistungen an Unterauftragnehmer vergeben will, Folgendes zu beachten hat:
a) das Unternehmen ist gehalten, zu Unteraufträgen Unternehmen der mittelständischen Wirtschaft in dem Umfang heranzuziehen, wie dies mit der vertragsgemäßen Ausführung der Leistungen zu vereinbaren ist;
b) das Unternehmen hat bei der Einholung von Angeboten sicherzustellen, dass der Wettbewerb Vorrang hat und dass Unternehmen der mittelständischen Wirtschaft nicht benachteiligt werden.

Der Auftraggeber kann vorschreiben, dass der Auftragnehmer bei Vorliegen der Voraussetzungen des § 47 Absatz 5 VgV alle oder bestimmte Aufgaben bei der Leistungserbringung unmittelbar selbst ausführen muss. Bei Aufträgen unterhalb der EU-Schwellenwerte kann der Auftraggeber die Leistungserbringung durch den Auftragnehmer nach § 26 Absatz 6 UVgO ohne Einschränkung unmittelbar vorschreiben.

12.5 Aufbewahrung ungeöffneter Interessensbekundungen, Interessensbestätigungen, Teilnahmeanträge und Angebote

Elektronisch übermittelte Interessensbekundungen, Interessensbestätigungen, Teilnahmeanträge und Angebote sind gemäß § 54 VgV beziehungsweise § 39 UVgO auf geeignete Weise zu kennzeichnen und verschlüsselt zu speichern. Auf dem Postweg und direkt übermittelte Interessensbestätigungen, Teilnahmeanträge und Angebote sind ungeöffnet zu lassen, mit Eingangsvermerk zu versehen und bis zum Zeitpunkt der Öffnung unter Verschluss zu halten. Mittels Telefax übermittelte Interessensbestätigungen, Teilnahmeanträge und Angebote sind ebenfalls entsprechend zu kennzeichnen und auf geeignete Weise unter Verschluss zu halten. Die Angebote müssen hierbei verschlossen bleiben.

12.6 Öffnung der Angebote

Der öffentliche Auftraggeber darf gemäß § 55 VgV beziehungsweise § 40 UVgO vom Inhalt der Interessensbestätigungen, Teilnahmeanträge und Angebote erst

nach Ablauf der entsprechenden Fristen Kenntnis nehmen. Unverzüglich nach Ablauf der Angebotsfrist sind die Angebote zu öffnen. An der Öffnung der Angebote müssen mindestens zwei Vertreter der Vergabestelle teilnehmen. Auf Nummer 7.7. wird verwiesen. Bietende Unternehmen sind hierbei nicht zugelassen. Nach Öffnung der Angebote wird geprüft,
a) ob das Angebot form- und fristgerecht eingegangen ist;
b) ob es ordnungsgemäß verschlossen oder verschlüsselt war;
c) welche Preise angeboten werden;
d) ob Nebenangebote eingereicht wurden.

13 Prüfung und Wertung der Angebote

Zunächst sind gemäß § 56 Absatz 1 VgV beziehungsweise § 41 Absatz 1 UVgO die Interessensbestätigungen, Teilnahmeanträge und Angebote auf Vollständigkeit und fachliche Richtigkeit, Angebote zudem auf rechnerische Richtigkeit zu überprüfen. Gegebenenfalls können gemäß § 56 Absatz 2 bis 5 VgV beziehungsweise § 41 Absatz 2 bis 5 UVgO Unterlagen nachgefordert werden.

Jedes Angebot ist nach den Vorgaben der §§ 56, 57 VgV beziehungsweise §§ 41, 42 UVgO daraufhin zu prüfen, ob Ausschlussgründe vorliegen, ob alle Eignungskriterien erfüllt sind, ob der Preis angemessen ist (siehe § 60 VgV beziehungsweise § 44 UVgO) und ob es nach den definierten Zuschlagskriterien das wirtschaftlichste Angebot ist.

Angebote sind in vier Stufen zu werten. Aus diesen vier Stufen ist jedoch keine verbindlichen Prüfungs- und Wertungsreihenfolge abzuleiten:

Wertungsstufe 1	Prüfung, ob Angebote ausgeschlossen werden müssen (Nummer 13.1).
Wertungsstufe 2	Prüfung der Eignung des bietenden Unternehmens (Nummer 13.2).
Wertungsstufe 3	Prüfung der Angemessenheit der Angebotspreise (Nummer 13.3).
Wertungsstufe 4	Auswahl des wirtschaftlichsten Angebots (Nummer 13.4).

Es ist unter Wahrung des Wettbewerbsgrundsatzes zulässig, bei Vorliegen sehr vieler Angebote zunächst die preisgünstigsten Angebote auf formale Korrektheit, Eignung, und Wirtschaftlichkeit zu überprüfen. Dies gilt nur, wenn der Preis das ausschließliche Zuschlagskriterium ist. Ansonsten müssen in die Prüfung der Wirtschaftlichkeit alle Angebote einbezogen werden.

13.1 Ausschluss von Angeboten

Angebote von Unternehmen müssen beziehungsweise können ausgeschlossen werden, wenn
a) die in § 57 Absatz 1 VgV beziehungsweise in § 42 Absatz 1 UVgO genannten Gründe vorliegen;
b) zwingende Ausschlussgründe nach § 123 GWB vorliegen;
c) fakultative Ausschlussgründe nach § 124 GWB vorliegen;
d) besondere Ausschlussgründe vorliegen, zum Beispiel wegen
  – Unterschreitung von Mindestlöhnen nach § 21 des Gesetzes über zwingende Arbeitsbedingungen für grenzüberschreitend entsandte und für regelmäßig im Inland beschäftigte Arbeitnehmer und Arbeitnehmerinnen (Arbeitnehmer-Entsendegesetz – AEntG);
  – einer Belegung mit einer Geldbuße von wenigstens 2 500 Euro wegen eines Verstoßes gegen § 21 des Mindestlohngesetzes (MiLoG);

– fehlender Tariftreue- oder Mindestentgelterklärung nach §§ 5 Absatz 4, 8 Absatz 3 LTMG;
– Beschäftigung illegaler Einwanderer nach § 98c des Aufenthaltsgesetzes in Verbindung mit § 10a des Schwarzarbeitsbekämpfungsgesetzes.

Auf die Möglichkeit der Selbstreinigung nach § 125 GWB und den zulässigen Zeitraum für Ausschlüsse nach § 126 GWB wird hingewiesen.

Bei Auftragswerten oberhalb von 30 000 Euro (ohne Umsatzsteuer) muss der Auftraggeber für das bietende Unternehmen, das voraussichtlich den Zuschlag erhalten soll, beim Gewerbezentralregister nach § 150a Absatz 1 Satz 1 Nummer 4 Gewerbeordnung einen Auszug anfordern, bei Auftragswerten unterhalb dieses Betrages kann ein solcher Gewerberegisterauszug angefordert werden. Voraussichtlich ab dem Jahr 2019 ist statt eines Gewerbezentralregisterauszugs ein Auszug nach dem Wettbewerbsregistergesetz einzuholen.

13.2 Eignungsprüfung, Präqualifikation

13.2.1 Eignungskriterien und Nachweise

Die bietenden Unternehmen müssen für die Auftragserfüllung nachweisen, dass sie fachkundig und leistungsfähig (geeignet) im Sinne des § 122 Absatz 1 GWB, § 42 VgV, § 31 UVgO sind. Unternehmen sind geeignet, wenn sie die durch den Auftraggeber im Einzelnen zur ordnungsgemäßen Ausführung des öffentlichen Auftrags festgelegten Kriterien (Eignungskriterien) erfüllen. Die Eignungskriterien dürfen ausschließlich Folgendes betreffen:
– Befähigung und Erlaubnis zur Berufsausübung, § 44 VgV, § 33 Absatz 1 UVgO;
– wirtschaftliche und finanzielle Leistungsfähigkeit, § 45 VgV, § 33 Absatz 1 UVgO;
– technische und berufliche Leistungsfähigkeit, § 46 VgV, § 33 Absatz 1 UVgO.

Zum Nachweis der Eignung dürfen gemäß § 122 Absatz 4 GWB, § 33 UVgO nur solche Unterlagen und Angaben gefordert werden, die durch den Gegenstand des Auftrags gerechtfertigt sind. Im Interesse aller Unternehmen sowie effektiver Vergabeverfahren ist im Einzelfall zu prüfen, welche Nachweise unbedingt erforderlich und zu welchem Zeitpunkt sie beizubringen sind. In § 44 ff. VgV beziehungsweise in § 33 ff. UVgO ist geregelt, welche Nachweise gefordert werden können.

Der Auftraggeber fordert gemäß § 48 Absatz 2 VgV beziehungsweise § 35 Absatz 2 UVgO grundsätzlich die Vorlage von Eigenerklärungen an. Nach § 48 Absatz 3 VgV beziehungsweise § 35 Absatz 2 UVgO kann der Auftraggeber als vorläufigen Beleg der Eignung und des Nichtvorliegens von Ausschlussgründen die Vorlage einer Einheitlichen Europäischen Eigenerklärung (siehe https://ec.europa.eu/tools/espd/filter?lang=de) nach § 50 VgV verlangen. Der Auftraggeber kann bei Übermittlung einer Einheitlichen Europäischen Eigenerklärung Bewerber oder Bieter jederzeit während des Verfahrens auffordern, sämtliche oder einen Teil der nach den §§ 44 bis 49 VgV geforderten Unterlagen beizubringen, wenn dies zur angemessenen Durchführung des Verfahrens erforderlich ist.

Der Nachweis der Eignung und des Nichtvorliegens von Ausschlussgründen kann ganz oder teilweise auch durch den Eintrag in ein amtliches Verzeichnis oder über eine Zertifizierung im Sinne des § 48 Absatz 8 VgV beziehungsweise § 35 Absatz 6 UVgO erbracht werden.

Der Auftraggeber muss alle geforderten Eignungskriterien und die Art, wie die entsprechenden Nachweise erbracht werden können, in einer abschließenden Liste zusammenstellen und gemäß § 48 Absatz 1 VgV beziehungsweise § 33 Absatz 1

UVgO dem Bieter in der Auftragsbekanntmachung, der Aufforderung zur Interessensbekundung oder in den Vergabeunterlagen bekanntgeben.

Nicht geeignete bietende Unternehmen werden vom weiteren Verfahren ausgeschlossen.

13.2.2 Eignungsleihe

Über die Eignungsleihe können Bewerber oder Bieter zulässigerweise für den Nachweis ihrer Eignung gegenüber dem Auftraggeber die Kapazitäten anderer Unternehmen in Anspruch nehmen. Die Möglichkeit der Eignungsleihe besteht für den Bewerber oder Bieter nur hinsichtlich der erforderlichen wirtschaftlichen und finanziellen Leistungsfähigkeit sowie der technischen und beruflichen Leistungsfähigkeit. Einzelheiten sind in § 47 VgV und § 34 UVgO geregelt

Die Eignungsleihe ist im Unterschied zur Unterauftragsvergabe ausschließlich im Verfahrensstadium der Eignungsprüfung relevant. Eignungsleihgeber kann ein Unterauftragnehmen sein, es kommen auch sonstige Dritte in Betracht (zum Beispiel aus einem Konzernverbund).

13.2.3 Begrenzung der Anzahl der Bewerber

Gemäß § 51 VgV beziehungsweise § 36 UVgO kann bei bestimmten Verfahrensarten die Anzahl der Bewerber begrenzt werden, die zur Abgabe eines Angebots aufgefordert werden. Dies muss allerdings in der Auftragsbekanntmachung beziehungsweise in der Aufforderung zur Interessensbestätigung angegeben werden.

13.3 Preise

13.3.1 Ungewöhnlich niedrige Angebote

Gemäß § 60 VgV beziehungsweise § 44 UVgO verlangen die Auftraggeber bei ungewöhnlich niedrigen Angeboten Aufklärung. Ein ungewöhnlich niedriges Angebot liegt vor, wenn der Preis von den Erfahrungswerten wettbewerblicher Preisbildung grob abweicht. Ob ein offenbares Preis-Leistungs-Missverhältnis vorliegt, muss im Einzelfall geprüft werden. Bei der Aufklärung eines fraglichen Angebots können Auftraggeber die für den Auftragnehmer zuständigen Preisüberwachungsstellen mit der Prüfung der Preiskalkulation beauftragen (siehe Nummer 13.3.2).

13.3.2 Einhaltung der Preisvorschriften

Die Verantwortung für die Einhaltung der jeweils geltenden Preisvorschriften gemäß § 127 GWB liegt beim Auftraggeber. Darüber hinaus sind die für den Auftragnehmer zuständigen Preisüberwachungsstellen zur Überwachung befugt. Bei Aufträgen, die ohne Ausschreibung vergeben werden sollen oder bei denen sich auf eine Ausschreibung nur ein Unternehmen gemeldet hat, kann die für den Auftragnehmer zuständige Preisüberwachungsstelle eingeschaltet werden.

13.4 Zuschlag

13.4.1 Zuschlagskriterien

Bei der Festlegung der Zuschlagskriterien sind die Vorgaben des § 127 GWB, §§ 58, 59 VgV beziehungsweise § 43 UVgO zu beachten. Die Zuschlagskriterien und ihre Gewichtung sind gemäß § 127 Absatz 5 GWB, §§ 29, 58 Absatz 3 VgV beziehungsweise §§ 21, 43 Absatz 6 UVgO in der Auftragsbekanntmachung oder in den Vergabeunterlagen bekannt zu geben. Dabei sind Eignungs- und Zuschlagskriterien klar voneinander zu trennen.

Hinsichtlich der Berechnung von Lebenszykluskosten wird auf § 59 VgV beziehungsweise § 43 Absatz 4 UVgO verwiesen. Die Kompetenzstelle für nachhaltige Beschaffung (siehe Nummer 10.3) bietet auf ihrer Internetseite für Elektrogeräte und Kraftfahrzeuge eine Berechnungshilfe für Lebenszykluskosten an (Bund/Sonstiges/BuySmart LCC Berechnungshilfe) siehe http://www.umweltbundesamt.de/themen/wirtschaft-konsum/umweltfreundliche-beschaffung/berechnung-der-lebenszykluskosten.

Bei der Berücksichtigung nachhaltiger Aspekte ist der unter Umständen höhere Preis für die Beschaffung kein Hindernis, sofern er unter Berücksichtigung des § 7 LHO als wirtschaftlich angesehen werden kann.

Für die Leistung wesentliche oder unabdingbare Anforderungen können als Ausschlusskriterien festgesetzt werden, das heißt, die Nichterfüllung einer als Ausschlusskriterium festgelegten Anforderung führt zum Ausschluss des Angebotes.

Für den Fall, dass es bei der Wertung zu einer Wertungsgleichheit von zwei oder mehreren Angeboten kommt, sind im Voraus Regeln festzulegen und zu veröffentlichen, zum Beispiel, dass in diesem Fall ein Losentscheid durchgeführt wird oder dass ein bestimmtes Kriterium („Jokerkriterium") den Ausschlag geben soll.

13.4.2 Zuschlagserteilung

Der Zuschlag wird gemäß § 127 GWB, § 58 VgV, § 43 UVgO auf das wirtschaftlichste Angebot erteilt. Das wirtschaftlichste Angebot ist dasjenige Angebot, das das günstigste Verhältnis zwischen dem verfolgten Zweck und den einzusetzenden Haushaltsmitteln aufweist. Dabei sind das Sparsamkeitsprinzip (Minimalprinzip) und das Ergiebigkeitsprinzip (Maximalprinzip) zum Ausgleich zu bringen. Das Sparsamkeitsprinzip verlangt, ein bestimmtes Ergebnis mit möglichst geringem Mitteleinsatz zu erzielen. Das Ergiebigkeitsprinzip verlangt, mit einem bestimmten Mitteleinsatz das bestmögliche Ergebnis zu erzielen.

Die Ermittlung des wirtschaftlichsten Angebots erfolgt auf der Grundlage des besten Preis-Leistungs-Verhältnisses. Dies ist nicht zwangsläufig das preislich günstigste Angebot. Neben dem Preis oder den Kosten können gemäß § 58 Absatz 2 VgV beziehungsweise § 43 Absatz 2 UVGO unter anderem auch qualitative, umweltbezogene oder soziale Zuschlagskriterien berücksichtigt werden. Bei der Wertung der Angebote werden ausschließlich die Kriterien, die in der Auftragsbekanntmachung oder den Vergabeunterlagen genannt sind, berücksichtigt.

Zum Zwecke der Ermittlung des wirtschaftlich günstigsten Angebotes sollen sogenannte Bewertungsmatrizen erstellt werden, in denen die maßgeblichen Zuschlagskriterien entsprechend der vorher festgelegten Gewichtung aufgeführt werden und in denen für die einzelnen Angebote Punktzahlen vergeben werden. Der Bewertungsmaßstab muss transparent sein. Für die Bieter muss erkennbar sein, welche speziellen Voraussetzungen erfüllt sein müssen, damit eine bestimmte Bewertung erreicht werden kann.

14 Nachverhandlung und Aufklärung

Nachverhandlungen über den gesamten Angebotsinhalt mit Ausnahme der vom Auftraggeber in der Leistungsbeschreibung festgelegten Mindestanforderungen und Zuschlagskriterien sind nur gemäß § 17 Absatz 10 VgV beim Verhandlungsverfahren, gemäß § 18 Absatz 5 ff. VgV beim wettbewerblichen Dialog sowie gemäß § 12 Absatz 4 ff. UVgO bei der Verhandlungsvergabe zulässig

Der Auftraggeber darf von den Bietern nur Aufklärung über das Angebot oder deren Eignung verlangen. Aufklärungsmaßnahmen zum Angebotsinhalt dürfen insbesondere vorgenommen werden, wenn
a) die Bedeutung einzelner vom bietenden Unternehmen verwendeten Formulierungen für den Auftraggeber unklar sind, vor allem bei Widersprüchen im Angebot;
b) der Preis oder die Kosten eines Angebots im Verhältnis zu der zu erbringenden Leistung ungewöhnlich niedrig erscheinen;
c) der Ausschluss eines Angebots beabsichtigt ist.

15 Unterrichtung, Vergabebekanntmachung, Aufhebung

15.1 Unterrichtung der Bewerber und Bieter

Bei Vergabeverfahren ab den EU-Schwellenwerten richtet sich die Informationspflicht nach § 62 VgV, bei Vergaben unterhalb der EU-Schwellenwerte nach § 46 UVgO.

15.2 Vergabebekanntmachung

Bei Vergaben von Lieferungen und Dienstleistungen ab den EU-Schwellenwerten ist § 39 VgV beziehungsweise unterhalb der EU-Schwellenwerte § 30 UVgO zu beachten.

15.3 Aufhebung von Vergabeverfahren

Vergabeverfahren können ganz oder bei Vergabe nach Losen auch teilweise bei Vorliegen der Voraussetzungen des § 63 VgV beziehungsweise § 48 UVgO aufgehoben werden.

Eine Aufhebung aus anderen Gründen kann zu Schadenersatzansprüchen führen. Es ist stets der Verhältnismäßigkeitsgrundsatz zu beachten. Im Übrigen ist der Auftraggeber grundsätzlich nicht verpflichtet, den Zuschlag zu erteilen.

16 Statistikpflicht

Die Statistikpflichten nach der VergStatVO treten erst in Kraft, sobald sichergestellt ist, dass die Voraussetzungen für eine elektronische Datenübermittlung gegeben sind. Dies gibt das BMWi mindestens drei Monate vorab im Bundesanzeiger bekannt.

Nach § 2 Absatz 1 VergStatVO übermitteln Auftraggeber bei Vergaben ab den EU-Schwellenwerten die in § 3 Absatz 1 bis 8 VergStatVO genannten Daten an das BMWi.

Bei Vergaben unterhalb der EU-Schwellenwerte beschränkt sich die Übermittlung an das BMWi auf die in § 4 Absatz 1 VergStatVO genannten Daten. Diese Daten sind nur dann zu übermitteln, wenn
– der Auftragswert ohne Umsatzsteuer 25 000 Euro überschreitet;
– der Auftrag im Übrigen unter die Regelungen des Teils 4 des GWB fallen würde.

17 Gemeinsame Beschaffung

17.1 Zuständigkeit für die Beschaffung von Gegenständen, die der gemeinsamen Beschaffung unterliegen

Das Logistikzentrum Baden-Württemberg (LZBW) ist die zentrale Beschaffungsstelle des Landes im Sinne von § 120 Absatz 4 GWB und § 16 UVgO. Die in Anlage 4 genannten Bedarfsgegenstände unterliegen der gemeinsamen Beschaffung. Sie werden ausschließlich über das LZBW beschafft, soweit sich aus den nachstehenden Bestimmungen nichts anderes ergibt. Ausnahmen von der gemeinsamen Beschaffung sind in Anlage 4 geregelt. In diesen Fällen können die Bedarfsgegenstände ohne Zustimmung des LZBW von den Auftraggebern selbst beschafft werden. Sofern darüber hinaus ein Auftraggeber einen in der Anlage 4 genannten Gegenstand aus besonderen Gründen selbst beschaffen möchte, ist hierzu die vorherige Zustimmung des LZBW erforderlich.

Das LZBW kann zur besseren Wirtschaftlichkeit der gemeinsamen Beschaffung die Auswahl zwischen gleichartigen oder ähnlichen Produkten einschränken. Diese Standards sind für die Bedarfsdeckung der Auftraggeber im Rahmen der gemeinsamen Beschaffung verbindlich.

Es ist nicht zulässig, dass ein Auftraggeber einen Gegenstand unter Verwendung des Ausschreibungsergebnisses des LZBW bei einem anderen Lieferanten beschafft.

17.2 Büroshop des LZBW

Das LZBW schreibt die Bedarfsgegenstände nach Anlage 4 aus und erteilt den Zuschlag. Die zugeschlagenen Artikel sind in über das Landesverwaltungsnetz zugänglichen Katalogen zum Abruf eingestellt (sogenannter Büroshop des LZBW). Die Auftraggeber bestellen diese Artikel über einen elektronischen Warenkorb im Büroshop. Über das Leistungsangebot und die wesentlichen Rahmenbedingungen werden die Auftraggeber regelmäßig informiert.

Die Auftraggeber sollen Abrufe aus dem Büroshop soweit wie möglich zusammenfassen. Der Wert eines Abrufes sollte 50 Euro brutto möglichst nicht unterschreiten. Das LZBW kann für einzelne Gegenstände der gemeinsamen Beschaffung andere Mindestbestellwerte festlegen.

Die Lieferanten liefern die bestellten Artikel direkt an die Auftraggeber aus und rechnen mit diesen direkt ab. Bei Erhalt der Lieferung haben die Auftraggeber zu prüfen, ob die Lieferung nach Art, Menge, Preis und Beschaffenheit der Bestellung entspricht. Bei offensichtlichen Mängeln ist die Lieferung zurückzuweisen oder nur unter Vorbehalt abzunehmen. In wiederkehrenden Fällen ist das LZBW unverzüglich zu unterrichten.

In Rechtsangelegenheiten, welche die Vergabe betreffen, vertritt das LZBW in Abstimmung mit den Auftraggebern, abweichend von der Bekanntmachung der Ministerien über die Vertretung des Landes in gerichtlichen Verfahren und förmlichen Verfahren vor den Verwaltungsbehörden, bei IT-Beschaffungen gegebenenfalls mit der Landesoberbehörde IT Baden-Württemberg (BITBW), das Land Baden-Württemberg als öffentlichen Auftraggeber.

17.3 Hochschulen

Die Hochschulen können Gegenstände der gemeinsamen Beschaffung selbst beschaffen, wenn die Beschaffung wirtschaftlicher wäre als bei einer gemeinsamen Beschaffung über das LZBW. Es wird ihnen empfohlen, nach Möglichkeit mit dem LZBW die Beteiligung an der gemeinsamen Beschaffung zu vereinbaren.

17.4 Vergabezeitraum und Bedarfserhebung

Gegenstände, die der gemeinsamen Beschaffung unterliegen und regelmäßig benötigt werden, sollen vom LZBW möglichst für bestimmte jeweils festzulegende Beschaffungszeiträume beschafft werden. Der Beschaffung dieser Gegenstände geht eine Bedarfsermittlung durch das LZBW voraus. Soweit das LZBW den voraussichtlichen Bedarf nicht aufgrund vorhandener Daten selbst hinreichend einschätzen kann, haben die Auftraggeber auf Anforderung ihren Bedarf für einen bestimmten Vergabezeitraum mitzuteilen.

Tritt bei den Auftraggebern unerwarteter Bedarf an Gegenständen auf, die der gemeinsamen Beschaffung unterliegen und die nicht im Büroshop zum Abruf bereitgestellt sind, so ist dieser dem LZBW mitzuteilen und über dieses zu beschaffen, soweit nichts anderes bestimmt ist.

17.5 Sonderregelungen für IT-Beschaffungen

Für die Beschaffung von Geräten und Programmen der Informationstechnik für die Landesverwaltung, an die keine fachspezifischen Anforderungen gestellt werden, ist grundsätzlich die BITBW entsprechend § 2 Absatz 1 Nummer 3 BITBWG zuständig, soweit die Beschaffung nicht gemäß Anlage 4 Nummer 12 dem LZBW zugewiesen ist.

Der Bedarf für IT-Beschaffungen wird regelmäßig über den Arbeitskreis für Informationstechnik erhoben, sofern dieser sich nicht schon aus den Abnahmestatistiken, Technologie- und Gebrauchszyklen (zum Beispiel aus Leasingverträgen) ergibt. Der mitgeteilte Mindestbedarf ist bei IT-Beschaffungen von den Auftraggebern in jedem Fall abzunehmen.

Für die gemäß Anlage 4 Nummer 12 der gemeinsamen Beschaffung durch das LZBW unterliegenden IT-Geräte erstellt die BITBW in Abstimmung mit den Ressorts die Leistungsvorgaben und stimmt diese über den Arbeitskreis Informationstechnik ab. Die Verwaltungsvorschrift des Innenministeriums über die Standards des E-Government-Konzepts in ihrer jeweils geltenden Fassung ist hierbei zu beachten. Die vom Beschaffungsamt des BMI in Zusammenarbeit mit dem Bundesverband Informationswirtschaft, Telekommunikation und neue Medien e. V. erarbeiteten und im Internet unter http://www.itk-beschaffung.de/zu-den-leitfaeden.html veröffentlichten Leitfäden zur produktneutralen Ausschreibung der IT-Geräte werden beachtet.

18 Schlussbestimmungen

Diese Verwaltungsvorschrift tritt am 1. Oktober 2018 in Kraft mit Ausnahme der Nummer 10.3.2.4, die am 1. April 2019 in Kraft tritt und die Ausweitung der gemeinsamen Beschaffung nach Nummer 14 der Anlage 4 die am 1. Juli 2019 in Kraft tritt. Sie tritt am 31. Dezember 2024 außer Kraft.

Mit Inkrafttreten dieser Verwaltungsvorschrift am 1. Oktober 2018 tritt die Verwaltungsvorschrift der Landesregierung über die Vergabe öffentlicher Aufträge (VwV Beschaffung) vom 17. März 2015 (GABl. S. 139) außer Kraft.

Anlagen
Anlage 1 Berücksichtigung der ILO-Kernarbeitsnormen – Ergänzende Vertragsbedingung
Anlage 2 Beschaffung von Baumaschinen
Anlage 3 Erklärung gemäß Nummer 12.1.2 Buchstabe g
Anlage 4 Gegenstände der gemeinsamen Beschaffung

VwV Beschaffung　　　　　　　　　　　　　　　　　　　　　　LVG BW

Anlage 1
(zu Nummer 10.3.1.2)

Berücksichtigung der ILO-Kernarbeitsnormen[1]
Ergänzende Vertragsbedingung

Anlage zum Angebot zur Ausschreibung (gegebenenfalls Nummer, Bezeichnung)

Bietende Unternehmen, Produkthersteller und direkter Zulieferer des Produktherstellers haben bei der Ausführung des Auftrags gemäß Nummer 10.3.1.2 der VwV Beschaffung den Wesensgehalt der Kernarbeitsnormen der Internationalen Arbeitsorganisation (ILO) zu berücksichtigen.

I. **Produktgruppe / Produkte**
　– Zutreffendes bitte ankreuzen –
　Für diesen Auftrag werden Produkte verwendet, die in eine beziehungsweise mehrere der nachfolgenden Kategorien fallen:
　☐ Ja, und zwar
　　☐ Sportbekleidung, Sportartikel, (zum Beispiel Bälle, Schläger)
　　☐ Spielwaren
　　☐ Teppiche
　　☐ Textilien und Bekleidung (zum Beispiel Arbeitskleidung, Uniformen, T-Shirts, Hemden, Hosen, Schuhe, Vorhänge)
　　☐ Lederprodukte (zum Beispiel Botentaschen, Schuhe)
　　☐ Holzprodukte
　　☐ Natursteine
　　☐ Agrarprodukte (zum Beispiel Kaffee, Tee, Kakao, Zucker, Reis, Orangen- oder Tomatensaft sowie Blumen)
　weiter mit II.
　☐ Nein. Weiter mit IV.

II. **Produktherkunft**
　– Zutreffendes bitte ankreuzen –
　Für diesen Auftrag werden Produkte verwendet, die in Ländern, die in der DAC -Liste der Entwicklungsländer und -gebiete[2] aufgeführt sind (siehe https://www.bmz.de/de/ministerium/zahlen_fakten/oda/hintergrund/dac_laender-liste/index.html) gewonnen oder hergestellt worden sind.
　☐ Ja. Weiter mit III.
　☐ Nein. Weiter mit IV.

III. **Nachweis**
　– zutreffenden Nachweis bitte ankreuzen, dann weiter mit IV. –
　Es werden für diesen Auftrag Produkte verwendet, die in Ländern, die in der DAC-Liste der Entwicklungsländer und -gebiete aufgeführt sind (siehe https://www.bmz.de/de/ministerium/zahlen_fakten/oda/hintergrund/dac_laender-liste/

---

[1] Die ILO-Kernarbeitsnormen umfassen die Übereinkommen Nummer 29, 87, 98, 105, 100, 111, 138 und 182; in ihnen sind weltweit anerkannte Sozialstandards zur Verbesserung der Arbeits- und Lebensbedingungen aller Menschen niedergelegt. Die vollständige Liste der Übereinkommen ergibt sich aus Nummer 10.3.1.2 der VwV Beschaffung.
[2] DAC = Development Assistance Committee oder Ausschuss für Entwicklungshilfe (kurz DAC) der Organisation für wirtschaftliche Zusammenarbeit und Entwicklung (OECD).

index.html) gewonnen oder hergestellt worden sind und die in eine oder mehr Kategorien der Ziffer I fallen. Ich verpflichte mich/wir verpflichten uns, den Auftrag ausschließlich mit Produkten auszuführen, die nachweislich unter Beachtung des Wesensgehalts der in Nummer 10.3.1.2 der VwV Beschaffung genannten ILO-Kernarbeitsnormen gewonnen oder hergestellt worden sind.

Nachweis 1
☐ Der Nachweis wird durch ein vom Auftraggeber in der Leistungsbeschreibung verlangtes Gütezeichen erbracht.

Nachweis durch:

Ausgestellt durch:

Nachweis 2
☐ Der Nachweis wird in anderer geeigneter Weise erbracht

Nachweis durch:

Ausgestellt durch:

Dieser Nachweis ist einem vom Auftraggeber in der Leistungsbeschreibung verlangten Gütezeichen gleichwertig, da er den Anforderungen von Nummer 10.8 der VwV Beschaffung entspricht und beinhaltet, dass bei der Herstellung der zu liefernden Produkte die ILO-Kernarbeitsnormen eingehalten werden. Der Aussteller des Nachweises ist unabhängig von meinem Unternehmen, Produkthersteller und einem direkten Zulieferer des Produktherstellers. Die Gleichwertigkeit, einschließlich der Unabhängigkeit, kann ich auf Anforderung belegen.

Nachweis 3
☐ Ich sichere/Wir sichern zu, dass der Wesensgehalt der ILO-Kernarbeitsnormen bei Herstellung beziehungsweise Bearbeitung des Produktes beachtet wurde und mein/unser Unternehmen, der Produkthersteller, sowie der direkte Zulieferer des Produktherstellers aktive und zielführende Maßnahmen ergriffen haben, um die Beachtung des Wesensgehalts der ILO-Kernarbeitsnormen bei Herstellung beziehungsweise Bearbeitung der zu liefernden Produkte zu gewährleisten.

Nachvollziehbare Darstellung der zielführenden Maßnahmen:

IV. Vertragliche Nebenpflicht im Falle des Zuschlages
Vorstehend abgegebene Erklärung wird als vertragliche Nebenpflicht im Falle des Zuschlags Bestandteil des Vertrages.

Ich bin mir/Wir sind uns bewusst, dass ein Angebot, das zum geforderten Zeitpunkt keine oder eine unvollständige oder grob fahrlässig erstellte falsche Erklärung enthält, meinen/unseren Ausschluss von diesem Vergabeverfahren zur Folge hat, beziehungsweise – nach Vertragsschluss – den Auftraggeber gegebenenfalls zur Kündigung aus wichtigem Grund ohne Einhaltung einer Frist berechtigt

Datum, Unterschrift, Firmenstempel

Anlage 2
(zu Nummer 10.3.2.2)

Beschaffung von Baumaschinen

Die zu beschaffenden Baumaschinen sollen grundsätzlich mindestens die in der nachfolgenden Tabelle aufgeführten Emissionsanforderungen einhalten.

Leistungsklasse	Selbstzündung 19 kW ≤ P < 37 kW	Selbstzündung 37 kW ≤ P < 56 kW	Selbstzündung 56 kW ≤ P < 560 kW
Anforderung	Stufe IIIA der Richtlinie 97/68/EG[1] und Nachrüstung mit einem Partikelminderungssystem	Stufe IIIB der Richtlinie 97/68/EG oder Nachrüstung mit einem Partikelminderungssystem	Stufe IV der Richtlinie 97/68/EG oder Nachrüstung mit einem Partikelminderungssystem
Neue Anforderungen ab	1. Januar 2019: Stufe V der Verordnung (EU) 2016/1628 oder Nachrüstung mit einem Partikelminderungssystem	1. Januar 2019: Stufe V der Verordnung (EU) 2016/1628 oder Nachrüstung mit einem Partikelminderungssystem	1. Januar 2019 (für Leistungsklasse 56 kW ≤ P < 130 kW ab 1. Januar 2020): Stufe V der Verordnung (EU) 2016/1628 oder Nachrüstung mit einem Partikelminderungssystem

Zur Nachrüstung verwendete Partikelminderungssysteme müssen nach einer der folgenden Regelungen in der jeweils geltenden Fassung zertifiziert sein:
- Regelung Nummer 132 der Wirtschaftskommission der Vereinten Nationen für Europa (UN-ECE) – Prüfvorgaben für die Nachrüstung von Abgasnachbehandlungssystemen in der Fassung der ersten Änderung vom 3. Februar 2015 (REC-Retrofit Emission Control, Reduktionsstufe 01, Klasse I oder II);
- Anlage XXVII zur Straßenverkehrs-Zulassungs-Ordnung (StVZO);
- Technische Regeln für Gefahrstoffe (TRGS) 554;
- Gütesiegel des Schweizer VERT-Vereins;

---

[1] Verordnung (EU) 2016/1628 des Europäischen Parlaments und des Rates vom 14. September 2016 über die Anforderungen in Bezug auf die Emissionsgrenzwerte für gasförmige Schadstoffe und luftverunreinigte Partikel und die Typengenehmigung für Verbrennungsmotoren für nicht für den Straßenverkehr bestimmte mobile Maschinen und Geräte, zur Änderung der Verordnung (EU) Nr. 1024/2012 und (EU) Nr. 167/2013 und zur Änderung und Aufhebung der Richtlinie 97/68/EG (ABl. L 252 vom 16. September 2016, S. 53).

- Qualitätssiegel des FAD (Förderkreis Abgasnachbehandlungstechnologien für Dieselmotoren);
- Anhang 4 Nummer 32 der Luftreinhalte-Verordnung der Schweiz (LRV) (Konformitätsbescheinigung nach der BAFU-Filterliste)

oder gleichwertige Kriterien erfüllen.

Anlage 3
(zu Nummer 12.1.2)

Erklärung gemäß Nummer 12.1.2 Buchstabe g

Erklärung

Die Bewerberin/der Bewerber/die Bieterin/der Bieter versichert, dass bei Ausführung der Leistung

- sie/er die Technologie von L. Ron Hubbard nicht anwendet, lehrt oder in sonstiger Weise verbreitet;
- sie/er den zur Erfüllung des Vertrages eingesetzten Personen untersagt, die Technologie von L. Ron Hubbard bei Ausführung der Leistung anzuwenden, zu lehren oder in sonstiger Weise zu verbreiten;
- nach ihrer/seiner Kenntnis keine der zur Erfüllung des Vertrages eingesetzten Personen die Technologie von L. Ron Hubbard anwendet, lehrt oder in sonstiger Weise verbreitet.

Die Bewerberin/der Bewerber/die Bieterin/der Bieter verpflichtet sich, solche zur Erfüllung des Vertrages eingesetzte Personen von der weiteren Ausführung der Leistung unverzüglich auszuschließen, die während der Vertragsdauer die Technologie von L. Ron Hubbard anwenden, lehren oder in sonstiger Weise verbreiten, soweit er hiervon Kenntnis hat.

Ort, Datum   Unterschrift/Firmenstempel

Anlage 4
(zu Nummer 17.1, 17.2 und 17.5)

Gegenstände der gemeinsamen Beschaffung

Der gemeinsamen Beschaffung unterliegen folgende Bedarfsgegenstände:
1. Büromaterial des laufenden Geschäftsbedarfs:
   a) Büropapier: zum Beispiel Druck- und Kopierpapier (Recyclingpapier), Hochleistungspapier/Spezialpapier für Farbkopierer und Farblaserdrucker, Schreibpapier liniert, kariert und blanco, Plotterpapier;
   b) Versandmittel: zum Beispiel Briefumschläge (mit und ohne Fenster), Versandtaschen (mit und ohne Polsterung), Versandkartons, Falttaschen, Faltkartons, Verpackungsmaterial;
   c) Ordnungsmittel zur Archivierung und Aufbewahrung: zum Beispiel Ordner, Ordnerzubehör, Ringbücher, Register, Mappen, Hefter, Ablageboxen, Hüllen;

d) Schreib- und Korrekturmittel: zum Beispiel Kugelschreiber, Tintenroller, Gelschreiber, Füller, Faserschreiber- und Fineliner, Marker, sonstige Stifte- und Bleistifte, Radierer, Anspitzer, Maßstäbe und Lineale, Korrekturmittel;
e) Büroarbeitsmittel: zum Beispiel Klebemittel, Tisch- und Handabroller, Hefter, Heftklammer, Klammer, Locher, Haftmagnete, Scheren, Lineal, Briefablagen, Schreibtischorganizer, Schreibtischunterlagen, Schubladeneinsätze, Laufmappen, Schreibmappen, Konferenz- und Notizbücher, Geschäftsbücher, Schreib- und Notizblöcke, Zettelkästen und Einlagen, Haftstreifen, Page-Marker;
f) Stempel und Stempelkissen und passendes Zubehör;
2. die dem jeweiligen Stand der Bürotechnik entsprechenden Bürogeräte: zum Beispiel Tischrechner und Taschenrechner, Diktiergeräte, Aktenvernichter, Schneidemaschinen, Laminiergeräte, Bindegeräte, Digitalkameras, Beschriftungsgeräte, Ventilatoren, Heizlüfter;
3. Schulungsraumausstattung: zum Beispiel Daten- und Videoprojektoren, elektronische Whiteboards, Leinwände, Flipcharts, Medien- und Präsentationstechnik allgemein;
4. Hygiene- und Reinigungsmittel:
   a) Hygienepapiere: zum Beispiel Papierhandtücher, Toilettenpapier, Küchenrollen;
   b) Hygieneartikel: zum Beispiel Abfallbeutel und Abfallbehälter;
   c) Reinigungs- und Spülmittel, Reinigungs- und Allzwecktücher, Reinigungszubehör, Seifen und Cremes;
5. Leuchtmittel und Zubehör: zum Beispiel Glühlampen, Leuchtstofflampen, Kompaktleuchtstofflampen, Halogenlampen, LED-Lampen und LED-Leuchtstoffröhren, Taschenlampen, Starter und sonstiges Leuchtmittelzubehör;
6. Technisches Zubehör: zum Beispiel Steckdosenleisten, Verlängerungskabel/-trommeln, Kabel und -kanäle, Werkzeuge, Schrauben- und Dübelsets, E-Prüfgeräte, Spannungsmesser, Ladegeräte, Gewebe- und Kreppbänder, Batterien aller Art;
7. Personenkraftwagen für die Dienstfahrzeugflotten der Fahrbereitschaften; ausgenommen sind Neubeschaffungen von Sonderbedarfen, Einsatz- und Spezialfahrzeugen sowie von Dienstfahrzeugen für Behördenleitungen;
8. Kraftfahrzeugersatzteile und -zubehör: zum Beispiel Sommer- und Winterreifen, Fahrzeugbatterien, Autolampen, Filter aller Art, Scheibenwischer und Wischblätter, Pflegemittel, Kraft- und Schmierstoffe, Tankkarten und Ladekarten für Stromtankstellen für die allgemeine Fahrzeugflotte;
9. Zubehör und Verbrauchsmaterial der Datenverarbeitung: zum Beispiel Speichermedien (DVD, CD-ROM, Speicherkarten, USB-Sticks und Blu-ray Disc – BD), Tintenpatronen, Toner;
10. Büroeinrichtung, Standard-Möbel:
    a) Büromöbel einschließlich ergonomischer Sonderausstattung (Schreibtische, elektromotorisch höhenverstellbare Steh-Sitz-Schreibtische sowie Büroarbeitsstühle, Stehhilfen, Container, Schränke und Regale, Beistell- und Besprechungstische);
    b) Möblierung der Konferenzräume (Stühle, Tische, Regale und Schränke).
    Ausgenommen von der gemeinsamen Beschaffung sind Ergänzungsbeschaffungen der bestehenden Möbelausstattung in dem nach § 132 GWB beziehungsweise § 47 UVgO zulässigen Rahmen sowie Beschaffungen von Justizvollzugsanstalten (siehe Nummer 8.13.2). Eine Beteiligung des LZBW ist in diesen Fällen nicht erforderlich.
11. Druckaufträge aller Art. Die Dienststellen können Druckaufträge, deren geschätzter Auftragswert 5 000 Euro (ohne Umsatzsteuer) nicht übersteigt, bei Bedarf selbst vergeben. Nicht der gemeinsamen Beschaffung unterliegen Druckaufträge für Sitzungsprotokolle und Beilagen des Landtags, Steuerformulare, Haushaltspläne und Haushaltsrechnungen, Prüfungsfragen, Verschlusssachen, Druckaufträge an Justizvollzugsanstalten sowie an Werkstätten für behinderte Menschen und Druckaufträge der Finanzkontrolle (Denkschrift und dergleichen);

12. Informationstechnik (IT):
    a) Standardgeräte der Informationstechnik im Clientbereich: zum Beispiel stationäre und tragbare Personalcomputer, Bildschirme, Eingabegeräte, Drucker und andere Peripheriegeräte und zugehörige Dienstleistungen (auch Finanzierung);
    b) Standardgeräte der Informations- und Kommunikationstechnik im Serverbereich: Standard-Industrie-Server (x86-Architektur) und dazugehörige Dienstleistungen (auch Finanzierung);
    c) standardisierte IuK-Dienstleistungen;
    d) Multifunktionsdrucker (MFP) und dazugehörige Dienstleistungen (auch Finanzierung);
13. Anzeigenschaltungen (Abschluss eines Rahmenvertrags mit einer Anzeigenagentur) in überregionalen Presseorganen sowie im Internet;
14. Paketpostdienstleistungen.

Richtlinie des Finanz- und Wirtschaftsministeriums für die Vergabe- und Vertragsabwicklung von Liefer- und Dienstleistungen der Staatlichen Vermögens- und Hochbauverwaltung Baden-Württemberg (VOL-Richtlinie VBV)

In der Fassung vom März 2013

1 Allgemeines

1.1 Geltungsbereich

Die Richtlinie gilt für die vom Landesbetrieb Vermögen und Bau Baden-Württemberg bezogenen Lieferungen und gewerblichen Dienstleistungen insbesondere im Bereich der Gebäudebewirtschaftung und der Energiebeschaffung. Rechtsgrundlage sind die allgemeinen Bestimmungen für die Vergabe von Leistungen (VOL/A) und die allgemeinen Vertragsbedingungen für die Ausführung von Leistungen (VOL/B), in der jeweils geltenden Fassung. Vom Geltungsbereich der Richtlinien ausgenommen sind:

Beschaffungen von Bedarfsgegenständen gemäß der Verwaltungsvorschrift der Landesregierung über die Beschaffung in der Landesverwaltung (Beschaffungsanordnung – BAO), in der jeweils geltenden Fassung.

Die Vergabe von verteidigungs- und sicherheitsrelevanten Aufträgen erfolgt nach der Vergabeverordnung für die Bereiche Verteidigung und Sicherheit (VSVgV). Die VSVgV ist derzeit ab einem geschätzten Auftragwert von 400 000 Euro anzuwenden. Unterhalb dieses Schwellenwertes erfolgt die Ausschreibung nach § 55 Landeshaushaltsordnung (LHO), in der jeweils geltenden Fassung, in Verbindung mit der VOL/A, 1. Abschnitt. Wegen der besonderen Sensibilität dieser Aufträge gilt dies auch, wenn diese nur teilweise verteidigungs- und sicherheitsrelevant sind. Verteidigungs- und sicherheitsrelevante Bereiche sind sicherheitsempfindliche Stellen im Sinne des § 1 Landessicherheitsüberprüfungsgesetz (LSÜG), in der jeweils geltenden Fassung. Ob diese Voraussetzungen vorliegen, hat die nutzende Verwaltung darzulegen.

1.2 Durchführung der Vergabeverfahren

Die Durchführung der Vergabeverfahren erfolgt mit der Zentralen Vergabedatenbank.

1.3 Zuständigkeiten

1.3.1 Zuständigkeit der Ämter

Für die Vergabe der Lieferungen und Dienstleistungen sind grundsätzlich die Ämter des Landesbetriebs Vermögen und Bau Baden-Württemberg zuständig. Die zentrale Energiebeschaffung erfolgt durch die Betriebsleitung des Landesbetriebs Vermögen und Bau Baden-Württemberg.

1.3.2 Arbeitsabläufe

Die Arbeitsabläufe bei der Vergabe von Liefer- und Dienstleistungen sind zur Korruptionsprävention (siehe Verwaltungsvorschrift der Landesregierung und der

Ministerien zur Verhütung unrechtmäßiger und unlauterer Einwirkungen auf das Verwaltungshandeln und zur Verfolgung damit zusammenhängender Straftaten und Dienstvergehen – VwV Korruptionsverhütung und -bekämpfung, in der jeweils geltenden Fassung) wie folgt zu trennen:

Planung und Leistungsbeschreibung sowie die Angebotswertung erfolgen durch die Fachabteilungen. Verfahrensrelevante Termine sind im Vorfeld mit der Vergabestelle abzustimmen.

Der Vergabevorschlag ist vom Ersteller, die Vergabeentscheidung vom Leiter der Fachabteilung und von der Vergabestelle zu unterzeichnen.

Die Vergabestelle betreut das Vergabeverfahren.

Die Zuständigkeit für die Verfahrensbetreuung umfasst insbesondere:
- die Endfertigung der Vergabeunterlagen,
- die Veröffentlichung der Bekanntmachungen,
- die Erteilung von zusätzlichen Auskünften nach Abstimmung mit der Fachabteilung,
- die Angebotsöffnung nebst Fertigung der Niederschrift über die Öffnung der Angebote,
- die rechnerische Prüfung der Angebote sowie die Erstellung des Preisspiegels,
- die Prüfung der von den Fachabteilungen gefertigten Vergabevermerke auf Einhaltung der vergaberechtlichen formellen Voraussetzungen und auf inhaltliche Plausibilität,
- die Versendung der Aufklärungs-, Informations- und Absageschreiben. Die Vergabestelle hat sicherzustellen, dass die fristgerechte Absendung bzw. der fristgerechte Zugang der vorgenannten Schreiben in verwertbarer und nachweisbarer Form erfolgen, insbesondere durch Versendung per Telefax. Die Sendeprotokolle sind zu den Vergabeakten zu nehmen,
- Versendung der Auftragsschreiben.

1.3.3 Beteiligung der Betriebsleitung des Landesbetriebs Vermögen und Bau Baden-Württemberg

Die Betriebsleitung des Landesbetriebs Vermögen und Bau Baden-Württemberg ist in folgenden Fällen zu beteiligen:
- bei der Vergabe von verteidigungs- oder sicherheitsrelevanten Aufträgen,
- bei Änderungen in den Musterleistungsverzeichnissen, die über die vorgesehene Bearbeitung hinausgehen,
- bei Freihändigen Vergaben ab einem Auftragswert über 50 000 Euro netto,
- bei nachträglicher Änderung der Auftragswertschätzung,
- Rügen im Rahmen von europaweiten Vergaben,
- Ausschluss aufgrund schwerer Verfehlungen,
- Aufhebung von Vergabeverfahren,
- bei Rücktrittserklärungen,
- bei außerordentlichen Kündigungen,
- Insolvenzverfahren.

1.3.4 Zuständigkeiten der Betriebsleitung des Landesbetriebs Vermögen und Bau Baden-Württemberg

Die Betriebsleitung des Landesbetriebs Vermögen und Bau Baden-Württemberg ist zuständig:
- für die Vertretung des Landes in Nachprüfungsverfahren,

- in Verfahren gemäß der Bekanntmachung der Ministerien über die Vertretung des Landes in gerichtlichen und förmlichen Verfahren vor den Verwaltungsbehörden, in der jeweils geltenden Fassung in Verbindung mit der Verwaltungsvorschrift des Ministerium für Finanzen und Wirtschaft über die Verwaltung und Organisation des Landesbetriebs Vermögen und Bau Baden-Württemberg (VwV Statut VB-BW), in der jeweils geltenden Fassung.

1.4 Anwendungsbereich der VOL/A

Die VOL/A gliedert sich in zwei in sich abgeschlossene Abschnitte:
- Abschnitt 1: Bestimmung für die Vergabe von Leistungen (unterhalb der Schwellenwerte),
- Abschnitt 2: Bestimmung für die Vergabe von Leistungen im Anwendungsbereich der Richtlinie 2004/18/EG des Europäischen Parlaments und des Rates vom 31. März 2004 über die Koordinierung der Verfahren zur Vergabe öffentlicher Bauaufträge, Lieferaufträge und Dienstleistungsaufträge (oberhalb der Schwellenwerte).

Die Paragraphen des zweiten Abschnitts sind durch den Zusatz „EG" gekennzeichnet (zum Beispiel § 1 EG VOL/A).

1.4.1 Liefer- und Dienstleistungen

Die VOL/A gilt nach § 1 und § 1 EG VOL/A für alle Lieferungen und Dienstleistungen, die nicht unter die Vergabe- und Vertragsordnung für Bauleistungen (VOB) oder die Vergabeordnung für freiberufliche Leistungen (VOF) fallen beziehungsweise nicht für Leistungen, die im Rahmen einer freiberuflichen Tätigkeit erbracht oder im Wettbewerb mit freiberuflich Tätigen angeboten werden.

1.4.2 Zuordnung gemischter Verträge

Umfasst ein Vertrag sowohl Bauauftragselemente als auch Liefer- oder Dienstleistungselemente, richtet sich die Zuordnung grundsätzlich nach dem Hauptgegenstand des Vertrags.

Gemischte Verträge mit Liefer- und Dienstleistungselementen sind vorrangig nach dem überwiegenden Wert der Auftragselemente zuzuordnen.

1.5 Grundsätze der Vergabe

Leistungen sind in der Regel im Wettbewerb zu vergeben.
Wettbewerbseinschränkungen sind unzulässig.
Unzulässig sind insbesondere:
- Der Beitritt zu bereits bestehenden Vereinbarungen, durch den das Auftragsvolumen unzulässig nachträglich geändert wird, ohne dass die Mehrleistungen vertraglich vorgesehen sind,
- Teilnahmewettbewerb lediglich zum Zweck der Markterkundung ohne Absicht zur Auftragsvergabe.

Die Teilnehmer am Verfahren sind gleich zu behandeln.
Eine Beschränkung auf bezirks- bzw. ortsansässige Bewerber ist grundsätzlich unzulässig.
Mittelständische Interessen sind vornehmlich durch Teilung der Aufträge in Fach- und Teillose zu berücksichtigen. Mehrere Fach- oder Teillose dürfen zusammen vergeben werden, wenn wirtschaftliche oder technische Gründe dies erfordern.

2 Vergaben unterhalb des Schwellenwertes (VOL/A, 1. Abschnitt)

2.1 Grundsätze der Vergabe

Aufträge werden in der Regel im Wettbewerb und im Wege transparenter Vergabeverfahren an fachkundige, leistungsfähige und zuverlässige (geeignete) Unternehmen zu angemessenen Preisen vergeben. Dabei darf kein Unternehmen diskriminiert werden (§ 2 Absatz 1 VOL/A). Bei einer Abweichung von der Öffentlichen Ausschreibung soll unter den Bewerbern möglichst gewechselt werden. Grundsätzlich sollen mindestens drei geeignete Bewerber zur Angebotsabgabe aufgefordert werden.

2.2 Schätzung der Auftragswerte

Nach § 3 Absatz 1 der Verordnung über die Vergabe öffentlicher Aufträge (Vergabeverordnung – VgV), in der jeweils geltenden Fassung ist bei Schätzung des Auftragswertes von der geschätzten Gesamtvergütung für die vorgesehene Leistung ohne Umsatzsteuer auszugehen.
- Für befristete Liefer- oder Dienstleistungsverträge ist grundsätzlich der Gesamtwert des Auftrags unter Berücksichtigung aller Optionen oder etwaiger Verlängerungen maßgebend (§ 3 Absatz 1 Satz 2 VgV).
- Für unbefristete Liefer- oder Dienstleistungsverträge ist die monatliche Zahlung multipliziert mit 48 maßgeblich (§ 3 Absatz 4 Nummer 2 VgV).

Bei geschätzten Auftragswerten unterhalb des Schwellenwerts gemäß § 2 Nummer 2 VgV sind Liefer- und Dienstleistungsaufträge (ausgenommen freiberufliche Leistungen) nach den allgemeinen Bestimmungen
- des § 55 der Landeshaushaltsordnung (LHO),
- der Allgemeinen Verwaltungsvorschrift zur Landeshaushaltsordnung- VV-LHO – (Nummer 2 zu § 55 VV-LHO),
- des Abschnitts 1 der VOL/A,
- der Verwaltungsvorschrift der Ministerien über die Anwendung der Vergabe- und Vertragsordnung für Leistungen Teil A (VOL/A), Ausgabe 2009, Teil B (VOL/B) und der Vergabeordnung für freiberufliche Leistungen (VOF), in der jeweils geltenden Fassung,
- des Gesetzes zur Mittelstandsförderung, in der jeweils geltenden Fassung,
- der Verwaltungsvorschrift der Ministerien über die Beteiligung der mittelständischen Wirtschaft an der Vergabe öffentlicher Aufträge (Mittelstandsrichtlinien für öffentliche Aufträge – MRöA), in der jeweils geltenden Fassung,
- der Mitteilung der Kommission zu Auslegungsfragen in Bezug auf das Gemeinschaftsrecht, das für die Vergabe öffentlicher Aufträge gilt, die nicht oder nur teilweise unter die Vergaberichtlinien fallen vom 1. August 2006 (ABl. C 179 Seite 2),
- der Verwaltungsvorschrift der Landesregierung über die Beschaffung in der Landesverwaltung (Beschaffungsanordnung – BAO), in der jeweils geltenden Fassung,
- der Verwaltungsvorschrift der Ministerien zur Vermeidung des Erwerbs von Produkten aus ausbeuterischer Kinderarbeit bei der Vergabe öffentlicher Aufträge (VwV Kinderarbeit öA), in der jeweils geltenden Fassung.

zu vergeben.

2.2.1 Mittelstandsförderung

Um auch kleinere und mittlere Unternehmen an Vergabeverfahren des Landes zu beteiligen, sind Aufträge, in denen dies nach Art und Umfang der Leistung zweckmäßig ist, in Lose aufzuteilen. Die Zuordnung eines Unternehmens zum

Mittelstand richtet sich im Allgemeinen nach der Anzahl der Beschäftigten sowie dem Jahresumsatz bzw. der Jahresbilanz. Die einzelnen Lose müssen so bemessen sein, dass ein mittelständisches Unternehmen (noch) in der Lage ist, den jeweiligen Auftrag auszuführen. Eine unwirtschaftliche Zersplitterung ist zu vermeiden.

2.2.2 Mitteilung der EU-Kommission

Aufgrund der Mitteilung der EU-Kommission zu Auslegungsfragen in Bezug auf das Gemeinschaftsrecht, das für die Vergabe öffentlicher Aufträge gilt, die nicht oder nur teilweise unter die Vergaberichtlinien fallen und des Schreibens des Wirtschaftsministeriums Baden-Württemberg vom 11. Januar 2011 (Az.: 6-4463.0/141) sind bei Vergaben mit Binnenmarktrelevanz, jedoch unterhalb der Schwellenwerte, grundsätzlich die Vorschriften und Grundsätze des EG-Vertrages zu beachten. Die in anderen Mitgliedstaaten niedergelassenen Unternehmen müssen zumindest durch entsprechende Informationen die Möglichkeit erhalten, an den für sie potentiell interessanten Vergaben unterhalb der Schwellenwerte teilnehmen zu können. Insofern obliegt dem Auftraggeber kraft EG-Vertrages eine Transparenzpflicht. Es muss ein angemessener Grad an Öffentlichkeit sichergestellt und der Markt dem Wettbewerb geöffnet werden. Des Weiteren muss eine Nachprüfung des Vergabeverfahrens im Hinblick darauf, ob es unparteiisch geführt wurde, möglich sein.

Binnenmarktrelevanz besteht nach einer Entscheidung des Europäischen Gerichtshofs (EuGH), wenn ein eindeutiges grenzüberschreitendes wirtschaftliches Interesse an einem bestimmten Auftrag wegen seiner Eigenart bestehen kann. Die Beurteilung der Binnenmarktrelevanz ist von dem Auftraggeber im Vorhinein in jedem Einzelfall gesondert zu prüfen.

2.3 Festlegung der Vergabeart

Aufgrund des Vorrangs der Öffentlichen Ausschreibung ist die Wahl einer anderen Verfahrensart auf der Grundlage vergaberechtlicher Ausnahmeregelungen zu begründen und im Vergabevermerk zu dokumentieren.

2.3.1 Öffentliche Ausschreibung

Grundsätzlich hat die Öffentliche Ausschreibung Vorrang.

Ausnahmen vom Grundsatz der Öffentlichen Ausschreibung sind ausschließlich in den in § 3 Absatz 3 bis 6 VOL/A ausdrücklich geregelten Fällen zulässig.

2.3.2 Beschränkte Ausschreibung

Die Beschränkte Ausschreibung mit Teilnahmewettbewerb wird in den in § 3 Absatz 3 VOL/A genannten Fällen angewendet.

Anhand der Teilnahmeanträge und der beigefügten Eignungsnachweise sind geeignete Bewerber für die Durchführung einer Beschränkten Ausschreibung auszuwählen und zur Angebotsabgabe aufzufordern.

Es sind in der Regel mindestens drei fachkundige, leistungsfähige und zuverlässige Bewerber bei der Angebotsabgabe zu berücksichtigen.

Bei der Auswahl der Bewerber, die zur Angebotsabgabe aufgefordert werden, besteht im Rahmen der Wettbewerbsgrundsätze ein Beurteilungsspielraum.

Bewerber haben keinen Anspruch, zur Angebotsabgabe aufgefordert zu werden, auch wenn sie sich mit einer Bewerbung am Teilnahmewettbewerb beteiligt haben.

Die Beschränkte Ausschreibung ohne Teilnahmewettbewerb darf ausschließlich in den in § 3 Absatz 4 VOL/A geregelten Fällen angewendet werden.

Bei Aufträgen bis 40 000 Euro netto kann insbesondere aus Gründen der Verhältnismäßigkeit nach Nummer 9 BAO in Verbindung mit § 3 Absatz 4 Buchstabe b VOL/A eine Beschränkte Ausschreibung in Frage kommen.

2.3.3 Freihändige Vergabe

Leistungen mit einem voraussichtlichen Auftragswert bis zu 10 000 Euro netto können freihändig (siehe Nummer 9 BAO) vergeben werden.

Eine Freihändige Vergabe ist darüber hinaus nach Nummer 9 BAO in Verbindung mit § 3 Absatz 5 VOL/A zum Beispiel zulässig, wenn für die Leistungserbringung aus besonderen Gründen nur ein Unternehmen in Betracht kommt. Privilegierende Ausschließlichkeitsrechte (Patente, Urheberrechte, Vertriebslizenzen), eine einzigartige technische Ausstattung oder technischer Sachverstand und künstlerische Gründe können dazu führen, dass nur ein Unternehmen die Leistung erbringen kann.

Entsteht im Anschluss an einen bestehenden Auftrag ein zusätzlicher Bedarf, kann dieser als geringfügige Nachbestellung nach § 3 Absatz 5 Buchstabe d VOL/A durch eine Freihändige Vergabe befriedigt werden, wenn der Auftragnehmer für die Nachbestellung keinen höheren Preis als für den ursprünglichen Auftrag fordert. Das Volumen der Nachbestellungen darf im Verhältnis zum Wert der ursprünglich vergebenen Leistung 20 % nur in besonders gelagerten Ausnahmefällen übersteigen.

Bei der Freihändigen Vergabe sind grundsätzlich mindestens drei Angebote einzuholen.

Der Freihändigen Vergabe kann nach § 3 Absatz 1 VOL/A ein Teilnahmewettbewerb vorgeschaltet werden.

2.3.4 Direktkauf

Leistungen bis zu einem voraussichtlichen Auftragswert von 500 Euro netto können unter Berücksichtigung der Haushaltsgrundsätze der Wirtschaftlichkeit und Sparsamkeit ohne ein Vergabeverfahren beschafft werden (§ 3 Absatz 6 VOL/A).

2.4 Rahmenvereinbarung

Rahmenvereinbarungen nach § 4 VOL/A sind Aufträge, die die Bedingungen für Einzelaufträge, die während eines bestimmten Zeitraumes vergeben werden sollen, festlegen.

Die Laufzeit darf in der Regel vier Jahre nicht überschreiten. Eine längere Laufzeit kommt nur ausnahmsweise in Betracht und muss besonders begründet werden.

2.5 Dynamische elektronische Verfahren

Auf die Anwendung des dynamischen elektronischen Verfahrens nach § 5 VOL/A ist zu verzichten.

2.6 Teilnahmewettbewerb

2.6.1 Gleichbehandlung

Inländische und ausländische Bewerber/Bieter sind als Teilnehmer am Wettbewerb zuzulassen.

2.6.2 Gemeinschaftliche Bewerber

Bewerbergemeinschaften (Teilnahmewettbewerb) und Bietergemeinschaften (Angebotsverfahren) sind Einzelbewerbern beziehungsweise Einzelbietern gleichzusetzen. Bei der Prüfung der Eignung kommt es hinsichtlich der Leistungsfähigkeit und Fachkunde auf die gemeinschaftlichen Bewerber insgesamt an. Defizite bei einem Mitglied können von anderen Mitgliedern der Bietergemeinschaft ausgeglichen werden. Demgegenüber muss die Zuverlässigkeit aber bei jedem einzelnen Mitglied der Bietergemeinschaft gegeben sein.

Eine bestimmte Rechtsform für eine Bietergemeinschaft darf nur für den Fall der Auftragserteilung und nicht schon im Rahmen des Vergabeverfahrens verlangt werden (§ 6 Absatz 1 VOL/A).

2.6.3 Bevorzugte Bewerber im Wettbewerb

Bei anerkannten Behindertenwerkstätten handelt es sich um bevorzugte Bieter (siehe Richtlinien für die Berücksichtigung von Werkstätten für Behinderte und Behindertenwerkstätten bei der Vergabe öffentlicher Aufträge, in der jeweils geltenden Fassung). Diese sind auch dann zu beauftragen, wenn sie bis zu 15 % über dem günstigsten Angebot anbieten. Der geforderte „Nachweis der Zugehörigkeit" kann entfallen, wenn die Prüfung des „Verzeichnis der anerkannten Werkstätten für behinderte Menschen" (über: www.arbeitsagentur.de) ergeben hat, dass es sich um eine anerkannte Behindertenwerkstatt handelt.

2.6.4 Mitwirkung von Sachverständigen und Beratern

Sachverständige, die – in der Regel auf Vorschlag der jeweiligen Berufsvertretungen – zur Klärung rein fachlicher Fragen hinzugezogen werden, dürfen weder unmittelbar noch mittelbar als Bewerber oder Bieter an dem konkreten Beschaffungsvorgang beteiligt sein. Für die Vergabe wesentliche Entscheidungen sind von den Vergabestellen in eigener Verantwortlichkeit zu treffen und dürfen nicht delegiert werden.

Wirken Unternehmen im Rahmen des Vergabeverfahrens beratend oder auf sonstige Weise unterstützend mit, so ist sicherzustellen, dass der Wettbewerb durch die Teilnahme dieses Unternehmens als Bewerber oder Bieter nicht verfälscht wird (§ 6 Absatz 6 VOL/A).

2.6.5 Nichtzulassung von Einrichtungen zum Wettbewerb

Justizvollzugsanstalten sind zum Wettbewerb mit gewerblichen Unternehmern nicht zuzulassen (§ 6 Absatz 7 VOL/A).

2.6.6 Eigenerklärungen/Nachweise, Präqualifikation

Zum Nachweis der Fachkunde, Leistungsfähigkeit und Zuverlässigkeit dürfen nur Unterlagen und Angaben gefordert werden, die durch den Auftragsgegenstand gerechtfertigt sind. Grundsätzlich sind Eigenerklärungen zu verlangen. Die Forderung von anderen Nachweisen als Eigenerklärungen ist in der Dokumentation zu begründen. Die Präqualifizierung ist die vorgelagerte und auftragsunabhängige Prüfung und Zertifizierung von Eignungsnachweisen nach der VOL/A. Das Präqualifikationsverfahren ist dezentral nach Bundesländern organisiert.

Die Präqualifizierung nehmen Industrie- und Handelskammern oder die von ihnen getragenen Auftragsberatungsstellen vor (PQ-Stelle). Das Verzeichnis der präqualifizierten Unternehmen („Präqualifizierungsdatenbank für den Liefer-

und Dienstleistungsbereich") ist allgemein und kostenlos unter www.pq-vol.de zugänglich. Die von den PQ-Stellen überprüften Dokumente sind nur für denjenigen öffentlichen Auftraggeber einsehbar, dem das Zertifikat mit seinem spezifischen Unternehmenscode vorliegt.

Das Zertifikat umfasst im Wesentlichen folgende Nachweise:
– Eigenerklärung über die Anzahl der Beschäftigten der letzten drei Jahre,
– Eigenerklärung über den Umsatz der letzten drei Jahre,
– Kopie der gültigen Police einer Berufs-/Betriebshaftpflichtversicherung,
– aktuelle Referenzliste über mindestens drei Einzelleistungen der letzten drei Jahre, die mit der zu vergebenden Leistung vergleichbar sind, mit Angabe des Rechnungswertes, der Leistungszeit sowie des Auftraggebers/Ansprechpartners,
– Eigenerklärung, dass kein Insolvenzverfahren beantragt wurde und dass sich das Unternehmen nicht in Liquidation befindet,
– Kopie der aktuellen Unbedenklichkeitsbescheinigung der Berufsgenossenschaft,
– Kopie der Gewerbeanmeldung/-erlaubnis,
– Eigenerklärung, dass keine schweren Verfehlungen begangen wurden,
– Erklärung über Berufs- oder Handelsregistereintragung (hierunter fallen in Deutschland Nachweise aus dem Handelsregister, der Handwerksrolle, dem Vereinsregister, dem Partnerschaftsregister und der Berufskammer),
– Unbedenklichkeitsbescheinigung des Finanzamtes,
– gültige Bescheinigung der Krankenkasse zur Zahlung der Beiträge zur gesetzlichen Sozialversicherung, bei der die meisten Beschäftigten versichert sind.

In der Vergabebekanntmachung wird auf die Möglichkeit der Nachweisführung durch Präqualifikation hingewiesen.

Weitere auftragsabhängige Nachweise können individuell in Abhängigkeit zur geforderten Leistungserbringung gefordert werden.

2.6.7 Prüfung und Wertung von Bewerbungen im Rahmen eines Teilnahmewettbewerbs

Bei der Verfahrenswahl nach § 3 VOL/A
– Beschränkte Ausschreibung mit Teilnahmewettbewerb,
– Freihändige Vergabe mit Teilnahmewettbewerb,
hat eine öffentliche Aufforderung zur Teilnahme am Wettbewerb zu erfolgen, die dem Hauptverfahren vorgeschaltet ist. Die Teilnahmeanträge sind zu werten. Eine Verpflichtung zur Angebotsaufforderung entsteht aus diesem Verfahren nicht.

2.6.7.1 Formale Bewerbungsprüfung

Bei der Bewerbungsprüfung sind Bewerbungen auszuschließen, die verspätet eingegangen sind, einen Ausschlussgrund nach § 6 Absatz 5 VOL/A aufweisen, nicht die geforderten oder nachgeforderten Erklärungen und Nachweise zur Eignung enthalten.

2.6.7.2 Eignung der Bewerber

Anhand der geforderten Erklärungen und Nachweise ist die Eignung der Bewerber hinsichtlich der Fachkunde, Leistungsfähigkeit und Zuverlässigkeit zu prüfen. Das Ergebnis ist im Vergabevermerk zu dokumentieren.

2.6.7.3 Bewerberauswahl

Aufgrund der geforderten und von den Bewerbern vollständig erbrachten Eignungsnachweise ist die Eignung zu beurteilen und eine Bewerberauswahl aufgrund sachbezogener Gesichtspunkte (Art der zu vergebenden Leistung) für das weitere Verfahren vorzunehmen.

Die Vertraulichkeit der Teilnahmeanträge ist zu gewährleisten.

2.6.7.4 Nicht berücksichtigte Bewerbungen

Den nicht berücksichtigten Bewerbern sind spätestens innerhalb von 15 Tagen nach Eingang eines entsprechenden Antrags die Gründe für ihre Nichtberücksichtigung mitzuteilen (§ 19 Absatz 1 VOL/A).

2.6.8 Ausschluss von der Teilnahme am Wettbewerb

Liegen die in § 6 Absatz 5 VOL/A genannten Ausschlussgründe eines Bewerbers vor, besteht ein Beurteilungs- und Ermessensspielraum, ob der betreffende Bewerber auszuschließen ist. Dabei sind die Besonderheiten jedes Einzelfalls zu berücksichtigen.

2.6.8.1 Schwere Verfehlung

Eine schwere Verfehlung im Sinne des § 6 Absatz 5 Buchstabe c VOL/A liegt bei auf den Geschäftsverkehr bezogenen Verstößen gegen strafrechtliche Bestimmungen, wie zum Beispiel Bestechung, Vorteilsgewährung etc., oder bei Verstößen gegen Bestimmungen des Gesetzes gegen Wettbewerbsbeschränkungen (GWB), in der jeweils geltenden Fassung wie zum Beispiel Absprachen über Preis und Preisbestandteile, vor.

Eine Verfehlung ist schwer, wenn durch sie das für die künftige Auftragsdurchführung erforderliche Vertrauensverhältnis in so schwerwiegender Weise gestört ist, dass eine Auftragserteilung unzumutbar ist.

Das Vorliegen einer rechtskräftigen Verurteilung beziehungsweise eines Bußgeldbescheids ist nicht erforderlich. Ausreichend sind konkrete, objektivierte Anhaltspunkte, die verdachtsbegründenden Umstände müssen aus seriösen Quellen stammen und auf gesicherten Erkenntnissen beruhen, so dass keine begründeten Zweifel an der Verfehlung bestehen.

Die schwere Verfehlung muss sich unmittelbar auf die anstehende Vergabeentscheidung auswirken. Zu berücksichtigen ist deshalb, ob die betreffenden, für das Unternehmen handelnden verantwortlichen Personen unverändert während der Teilnahme am Vergabeverfahren für das Unternehmen tätig sind oder ob zwischenzeitlich organisatorische Maßnahmen ergriffen wurden, die künftige schwere Verfehlungen ausschließen. Gegebenenfalls ist eine Stellungnahme des Bewerbers einzuholen.

2.6.8.2 Unzutreffende Erklärungen

Der Ausschluss wegen unzutreffend abgegebener oder unterlassener Abgabe von Erklärungen in Bezug auf die Eignung gilt auch für die Fälle, in denen ein Bieter in zurückliegenden Vergabeverfahren unzutreffende Erklärungen abgegeben hat. Infolgedessen können Falschangaben, die längstens drei Jahre lang zurückliegen, für einen Ausschluss herangezogen werden.

2.7 Ablauf des Vergabeverfahrens

2.7.1 Vergabeunterlagen

Die Vergabeunterlagen, bestehend aus dem Anschreiben (Aufforderung zur Angebotsabgabe), den Bewerbungsbedingungen und den Vertragsunterlagen

(Leistungsverzeichnis, Besondere Vertragsbedingungen, Flächenverzeichnisse etc.), sind den Bietern zu übersenden oder zu übergeben.

2.7.2 Leistungsbeschreibung

Zur Sicherstellung der Vergleichbarkeit der Angebote, der Chancengleichheit der Bieter und der Transparenz des Ablaufs des Vergabeverfahrens müssen Art und Umfang der geforderten Leistung möglichst eindeutig und erschöpfend beschrieben werden. Die Leistung ist bestimmt und eindeutig zu bezeichnen, kalkulationsrelevante Umstände sind den Bietern vollständig mitzuteilen. Vorhandene Musterleistungsverzeichnisse des Landesbetriebs Vermögen und Bau Baden-Württemberg sind zu verwenden.

Fordert ein Bieter ergänzende Informationen zur Leistungsbeschreibung an oder weist er auf festgestellte Unstimmigkeiten hin, ist zwingend eine entsprechende Mitteilung an alle übrigen Bieter vorzunehmen. Sendeprotokolle sind in die Dokumentation des Vergabeverfahrens aufzunehmen.

Von dem Grundsatz der konventionellen Leistungsbeschreibung (Leistungsverzeichnis) darf durch Wahl einer funktionalen Leistungsbeschreibung (Leistungsprogramm) nur dann abgewichen werden, wenn eine hinreichend genaue Beschreibung der Leistung unter Verwendung verkehrsüblicher Bezeichnungen nicht möglich ist, zum Beispiel bei nicht standardisierten, innovativen Liefer- und Dienstleistungen.

2.7.3 Verwendung von Wahlpositionen oder Bedarfspositionen

Die Ausschreibung von Wahl- und Bedarfspositionen ist grundsätzlich äußerst restriktiv vorzunehmen. Bedarfspositionen dürfen grundsätzlich nicht, allenfalls in einem untergeordneten Umfang und in bestimmten Ausnahmefällen in die Leistungsbeschreibung aufgenommen werden. Eine Aufnahme ist nur dann zulässig, wenn objektive Gründe die Aufnahme sachlich rechtfertigen, die Frage, ob die Position tatsächlich zur Anwendung kommt, trotz größtmöglicher Aufklärung nicht auszuräumen ist und die Aufnahme der Position zwingend erforderlich erscheint.

2.7.4 Verbot der produktspezifischen Ausschreibung

Die Leistung ist grundsätzlich produktneutral zu beschreiben. Bezeichnungen für bestimmte Erzeugnisse oder Verfahren dürfen ausnahmsweise verwendet werden, wenn eine allgemeine Beschreibung nicht hinreichend genau und verständlich formuliert werden kann. In diesen Fällen ist der Zusatz „oder gleichwertiger Art" zwingend zu ergänzen. Dieser Zusatz kann nur entfallen, wenn ein sachlicher Grund eine Produktvorgabe beziehungsweise ein bestimmtes Verfahren rechtfertigt.

2.7.5 Nebenangebote

Werden Nebenangebote zugelassen, müssen diese gleichwertig zu den Hauptangeboten sein, das heißt leistungsbezogene, sachlich-technische Mindestanforderungen sind zwingend zu erfüllen.

2.7.6 Nachunternehmereinsatz

Die Übertragung von Teilen der Leistung auf einen Unterauftragnehmer ist von der vorherigen Zustimmung des Auftraggebers abhängig, so dass die Zulassung und der Umfang einer etwaigen Unterbeauftragung im Ermessen des Auftraggebers stehen. Die Zustimmung ist nicht erforderlich bei unwesentlichen Teilleistungen oder solchen Teilleistungen, auf die der Betrieb des Auftragnehmers nicht eingerichtet ist (§ 4 Nummer 4 VOL/B).

2.7.7 Sicherheitsleistungen

Auf Sicherheitsleistungen nach § 9 Absatz 4 VOL/A soll ganz oder teilweise verzichtet werden. Ab einem Auftragswert von 50 000 Euro netto sind Sicherheitsleistungen nach § 18 VOL/B zulässig, sofern diese für die sach- und fristgerechte Durchführung notwendig erscheinen. Die Sicherheit für die Erfüllung sämtlicher Verpflichtungen aus dem Vertrag soll 5 % der Bruttoauftragssumme nicht übersteigen. Sicherheiten sind wahlweise durch Hinterlegung von Geld oder durch Stellung einer Bürgschaft eines zugelassenen Kreditinstituts oder Kreditversicherers nach § 18 VOL/B zu erbringen.

Werden Sicherheiten verlangt, ist die Art der geforderten Sicherheitsleistung in der Vergabebekanntmachung zu veröffentlichen. Der genaue Umfang der zu erbringenden Sicherheitsleistung ist in den Vertragsbedingungen zu regeln.

2.7.8 Bekanntmachungen

Die von den Bewerbern geforderten Eignungsnachweise sind in der Bekanntmachung anzugeben. Erfolgt dies nicht oder nicht vollständig, können in der Vergabebekanntmachung nicht angegebene Unterlagen, insbesondere neue oder weitere Nachweise, nicht gefordert werden.

Der Bekanntmachungstext muss die in § 12 VOL/A vorgeschriebenen Mindestangaben enthalten. Insbesondere sind Art und Umfang der Leistung hinsichtlich Beschaffenheit und Menge anzugeben. Zur Beurteilung der Eignung des Bewerbers oder Bieters können neben den Eigenerklärungen nach 2.6.6 weitere, zusätzliche auftragsabhängige Unterlagen verlangt werden, die die
– wirtschaftliche und finanzielle Leistungsfähigkeit,
– technische Leistungsfähigkeit,
– persönliche Lage,
belegen.

2.7.8.1 Veröffentlichungen

Bekanntmachungstexte sind unter www.bund.de und www.service-bw.de zu veröffentlichen.

Die Veröffentlichung in Printmedien (Landesausschreibungsblatt und lokale Presse) ist auf das notwendige Maß zu beschränken. Die Vergabestellen vor Ort entscheiden, ob und in welchem Umfang Bekanntmachungen in Printmedien veröffentlicht werden. Dabei sind wirtschaftliche Aspekte sowie wettbewerbsrechtliche Grundsätze zu berücksichtigen.

2.7.9 Verfahrensfristen

2.7.9.1 Informationsfrist aufgrund Binnenmarktrelevanz

Bei Vergaben mit Binnenmarktrelevanz müssen die Fristen für eine mögliche Interessenbekundung derart angemessen berechnet sein, dass Unternehmen aus anderen Mitgliedstaaten die Möglichkeit haben zu reagieren.

Diese Frist soll in der Regel zehn Tage nicht unterschreiten. Es ist lediglich der Tag des Fristendes zu bestimmen.

2.7.9.2 Angebotsfrist

Die Angebotsfrist beginnt mit Absendung der Vergabebekanntmachung (Öffentliche Ausschreibung) beziehungsweise mit der Aufforderung zur Angebotsabgabe (Beschränkte Ausschreibung/Freihändige Vergabe). Die Frist ist angemessen zu bestimmen. Sie soll in der Regel zehn Tage nicht unterschreiten. Für das Fristende ist neben der Bestimmung eines Tages die Festlegung einer konkreten Uhrzeit erforderlich, welche innerhalb der regulären Dienstzeiten liegen soll. Angaben wie zum Beispiel 1. März 2013, 23:59 Uhr, sind zu unterlassen.

Weder für die Versendung der Vergabeunterlagen, noch für die Erteilung zusätzlicher Auskünfte gibt es Regelungen für taggenaue Ausschlussfristen. Heranzuziehen sind daher die für europaweite Vergaben geltenden Fristen (siehe Ziffer 3.7.11).

2.7.9.3 Bindefrist

Die Bindefrist beginnt mit Ablauf der Angebotsfrist. Die Bindefrist ist so kurz wie möglich zu bemessen. Die Bindefrist ist zwingend durch Angabe eines Kalendertags in der Vergabebekanntmachung anzugeben.

Reicht die Bindefrist für den Abschluss des Vergabeverfahrens nicht aus, ist die Frist zu verlängern. Hierfür ist das Einverständnis der Bieter in schriftlicher Form einzuholen. Es ist ausreichend, die Verlängerung der Bindefrist nur mit den Bietern zu vereinbaren, die nach dem Verfahrensstand für die Zuschlagserteilung in Betracht kommen. Eine Verpflichtung, die übrigen Bieter über den Stand des Verfahrens und die Verlängerung zu informieren, besteht nicht. Geht das Einverständnis zur Verlängerung der Bindefrist erst nach dem Ablauf der hierfür vom Sachbearbeiter gesetzten Frist ein, ist das Angebot nur dann auszuschließen, wenn mit dieser Frist auch die ursprüngliche Bindefrist abgelaufen ist. Geht das Einverständnis zwar verspätet, aber noch vor Ablauf der ursprünglichen Bindefrist ein, bleibt das Angebot im Verfahren.

2.7.10 Öffnung der Angebote

Schriftliche Angebote sind auf dem ungeöffneten Umschlag mit einem Eingangsvermerk zu versehen und bis zur Angebotsöffnung unter Verschluss zu halten.

Die Angebotsöffnung ist unverzüglich nach Ablauf der Angebotsfrist durch den Verhandlungsleiter (Vergabestelle) und einem weiteren Vertreter des Auftraggebers vorzunehmen. Beide sollen nicht mit der Ausarbeitung der Vergabeunterlagen oder der Wertung der Angebote betraut sein.

Zur Öffnung der Angebote sind Bieter nicht zugelassen (§ 14 Absatz 2 Satz 2 VOL/A).

Die Niederschrift über die Öffnung der Angebote darf weder den Bietern noch der Öffentlichkeit zugänglich gemacht werden. Sie ist vom Verhandlungsleiter und dem weiteren Vertreter des Auftraggebers zu unterzeichnen.

Die geöffneten Angebote sind vertraulich zu behandeln und sorgfältig zu verwahren.

2.7.11 Verhandlungsverbot

Bei Öffentlichen Ausschreibungen und Beschränkten Ausschreibungen gilt ein absolutes Verhandlungsverbot.

Aufgeklärt werden dürfen nur Zweifel über die Inhalte der Angebote sowie über die Eignung der Bieter.

Aufklärungsverlangen sind schriftlich unter Fristsetzung abzusenden.

Aufklärungsgespräche dürfen weder zu einer inhaltlichen Veränderung des Angebotsinhalts, noch zu einer Ergänzung des Angebots führen. Ungenügende Beschreibungen eines Nebenangebots dürfen nicht nachgebessert werden, widersprüchliche Preisangaben dürfen nicht geklärt werden. Versäumnisse des Bieters dürfen nicht geheilt werden.

Grund und Ergebnis der Aufklärungsgespräche, insbesondere Geschäfts- und Kalkulationsgeheimnisse, sind vertraulich zu behandeln.

Das Aufklärungsgespräch ist von einem Vertreter der Fachabteilung sowie der Vergabestelle zu führen. Vertreter des Nutzers oder sonstige, mit der Abwicklung des Vergabeverfahrens nicht betraute Personen, dürfen in keinem Fall bei Aufklärungsverhandlungen zugegen sein.

Über den Gesprächsinhalt ist ein Protokoll zu fertigen und von allen Beteiligten gegenzuzeichnen.

Verweigert ein Bieter die – zulässigerweise – geforderte Aufklärung, kann das Angebot ausgeschlossen werden.

2.7.12 Prüfung und Wertung der Angebote

Die Dokumentation der Prüfung und Wertung hat transparent gegliedert zur Einhaltung des Vieraugenprinzips in Form eines Vergabevorschlags und einer Vergabeentscheidung mit Hilfe des „Digitalen Vergabevermerks" zu erfolgen.

2.7.12.1 Formale Prüfung

Vor der Angebotswertung sind Angebote, die die formellen Anforderungen nach § 16 Absatz 3 VOL/A nicht erfüllen, auszuschließen.

Zwingende Ausschlussgründe:
- Verspäteter Eingang, sofern die Verspätung vom Bieter zu vertreten ist. Vom Bieter nicht zu vertreten sind Fälle sogenannter höherer Gewalt, das Vorliegen eines Organisationsverschuldens auf Seite der Vergabestelle, zum Beispiel wenn die erforderlichen Vorkehrungen zum Eingang der Angebote nicht vorgehalten wurden oder Ereignisse, die durch äußerste Sorgfalt nicht verhütet werden konnten.
- Fehlende rechtsverbindliche Unterschrift oder Signatur.
- Fehlende wesentliche Preisangaben:
  - Fehlt in einem Angebot bei einzelnen Positionen der Preis, ist zu prüfen, ob es sich hierbei um unwesentliche Positionen in Bezug auf die ausgeschriebene Leistung handelt.
  - Handelt es sich um unwesentliche Positionen, sind in der rechnerischen Prüfung die fehlenden Preise mit „NN" Euro einzusetzen, um den preislichen Rang des Angebotes festzustellen. Zusätzlich ist die Angebotsendsumme mit dem höchsten für diese Positionen angebotenen Preis zu ermitteln. Die Angebotsdaten sind so in den Preisspiegel einzutragen, dass der Bieter zweimal enthalten und erkennbar ist, dass es sich einmal um das ursprüngliche und einmal um das ergänzte Angebot desselben Bieters handelt (z.B. Müller_min und Müller_max). Ändert sich durch die Einsetzung des höchsten Preises der Rang dieses Angebotes, ist es auszuschließen. Ändert sich der Rang nicht, ist das Angebot weiter unter der Annahme des höchsten Wettbewerbspreises für die betreffenden Positionen zu prüfen und zu werten. Die so ermittelte Ange-

botsumme ist auch in der Niederschrift über die Angebotseröffnung zu vermerken.
- Durch Zuschlag auf ein solches Angebot kommt der Vertrag ohne die in den betreffenden Positionen beschriebene Leistung zustande.
- Fehlende geforderte und auch auf Nachforderung nicht fristgerecht nachgereichte Erklärungen und Nachweise:
  - Fehlende geforderte Erklärungen und Nachweise (Eignung, Produktangaben etc.) können grundsätzlich mit einer angemessenen Frist (in der Regel ist eine Frist von sechs Kalendertagen angemessen) nachgefordert werden (§ 16 Absatz 2 VOL/A), sofern dies in der Bekanntmachung oder den Vergabeunterlagen nicht ausdrücklich ausgeschlossen wurde. Die Angemessenheit der Frist bestimmt sich nach den Umständen des Einzelfalls. Grundsätzlich muss die Frist so bemessen sein, dass der Bieter auch die Möglichkeit hat, die fehlenden Unterlagen zu beschaffen. Je einfacher fehlende Erklärungen und Nachweise beschafft werden können, desto kürzer kann die Frist gesetzt werden. Insbesondere sind auch die Übermittlungsmöglichkeiten der nachgeforderten Unterlagen zu berücksichtigen.
  Ob fehlende geforderte Erklärungen und Nachweise nachgefordert werden, liegt im Ermessen des Auftraggebers. Aber: je unbedeutender einzelne Erklärungen und Nachweise und das Fehlen dieser sind, desto eher sind die fehlenden Unterlagen nachzufordern. Zur Wahrung der Chancengleichheit sind alle Bieter gleich zu behandeln. Entsprechend müssen bei allen Bietern die fehlenden Erklärungen und Nachweise nachgefordert werden, sollten diese Unterlagen bei mindestens einem Bieter nachgefordert werden. Um einen Ermessensnichtgebrauch oder dessen Anschein zu vermeiden, ist die Entscheidung, ob nachgefordert wird oder nicht, mit Gründen im Vergabevermerk zu dokumentieren. Es dürfen nur solche Erklärungen und Nachweise nachgefordert werden, die zum einen bereits in der Bekanntmachung und den Vergabeunterlagen verlangt wurden und zum anderen nicht zu einer inhaltlichen Änderung des Angebots führen.
  Die Frist beginnt am Tag der Absendung. Es liegt im Ermessen des Auftraggebers, unter Umständen fehlende Unterlagen nach Ablauf der gesetzten Frist ein weiteres Mal nachzufordern. Das Angebot ist auszuschließen, wenn die fehlenden und nachgeforderten Unterlagen innerhalb der gesetzten Frist nicht vorgelegt wurden oder von einer Nachforderung abgesehen wird.
- Nicht eindeutig vorgenommene Eintragungen des Bieters.
- Unzulässigen Änderungen/Ergänzungen an den Vertragsunterlagen (hierzu zählen auch die Beilegung eigener Allgemeiner Geschäftsbedingungen – AGB – oder Angaben im Anschreiben etc.).
- Nichterfüllung aller in den Vergabeunterlagen gestellten Bedingungen (zum Beispiel nicht formgerechte Angebote).
- Unzulässige, wettbewerbsbeschränkende Abreden.
- Nicht zugelassene Nebenangebote sowie Nebenangebote, die die verlangten Mindestanforderungen nicht erfüllen.

Fakultative Ausschlussgründe:
Liegen fakultative Ausschlussgründe im Sinne des § 6 Absatz 5 VOL/A vor, steht der Angebotsausschluss in der Regel im Ermessen des Auftraggebers.
Verstöße gegen die Verpflichtung zur Zahlung von Steuern und Abgaben sowie von Beiträgen zur gesetzlichen Sozialversicherung sollen aber nach § 21 Absatz 1 Arbeitnehmer-Entsendegesetz (AEntG), in der jeweils geltenden Fassung für eine angemessene Zeit bis zur Wiederherstellung der Zuverlässigkeit zum Ausschluss von der Vergabe führen, sofern eine Geldbuße in Höhe von mindestens 2 500 Euro wegen eines Verstoßes gegen § 23 AEntG verhängt worden ist. Liegen keine ver-

nünftigen Zweifel an einem solchen Verstoß vor, kann der betroffenen Bewerber/Bieter auch bereits vor Verhängung einer Geldbuße von der Vergabe ausgeschlossen werden. Vor einem Ausschluss ist der betroffene Bewerber/Bieter gemäß § 21 Absatz 5 AEntG anzuhören.

Die verbliebenen Angebote sind auf Vollständigkeit sowie auf ihre rechnerische und fachliche Richtigkeit zu überprüfen (§ 16 Absatz 1 VOL/A).

Die weitere Vorgehensweise richtet sich nach § 16 Absatz 5 bis 8 VOL/A.

2.7.12.2 Eignung der Bieter

Bei einer Öffentlichen Ausschreibung erfolgt die Eignungsprüfung nach der formalen Prüfung der Angebote. Die Eignungsprüfung bei einer Beschränkten Ausschreibung findet im Teilnahmewettbewerb statt.

Die Eignungsprüfung ist anhand der geforderten Nachweise unter Einbeziehung sonstiger gesicherter Erkenntnisse (zum Beispiel Auswertungen aus der Vergabedatenbank, Erfahrungswerte, sonstige Informationen etc.) vorzunehmen.

Bei der Eignungsfeststellung besteht ein Beurteilungsspielraum. Liegen gesicherte Anhaltspunkte vor, dass ein Bieter die erforderliche Eignung nicht aufweist, ist das Angebot zwingend auszuschließen.

Ist bereits in einem vorgeschalteten Teilnahmewettbewerb die Eignung der Bewerber geprüft und bejaht worden, dürfen die Eignungskriterien (Fachkunde, Leistungsfähigkeit, Zuverlässigkeit) nicht als ein „Mehr an Eignung" in die angebotsbezogene Wertung nach § 18 Absatz 1 VOL/A einfließen und dort nochmals berücksichtigt werden. Ein vermeintlich geeigneterer Bieter darf einem weniger geeignet erscheinenden Bieter bei der Auswahl des wirtschaftlichsten Angebots nicht vorgezogen werden. Werden nach Angebotsabgabe mit vorgeschaltetem Teilnahmewettbewerb Umstände bekannt, die zu einem nachträglichen Wegfall der Fachkunde, Leistungsfähigkeit (zum Beispiel Veräußerung eines wesentlichen Betriebsteils) oder Zuverlässigkeit führen können, ist die Eignungsprüfung erneut vorzunehmen.

2.7.12.2.1 Fachkunde, Leistungsfähigkeit, Zuverlässigkeit

Fachkundig ist ein Bewerber, der über die erforderlichen auftragsspezifischen Kenntnisse und technischen Fertigkeiten verfügt, die für eine fachgerechte Ausführung der Leistung erforderlich sind.

Leistungsfähig ist ein Bewerber, der in personeller, kaufmännischer, technischer, finanzieller und organisatorischer Hinsicht mit den vorhandenen Arbeitsmitteln und Arbeitskräften in der Lage ist, den konkreten Auftrag auszuführen.

Zuverlässig ist ein Bewerber, der eine qualitativ zufriedenstellende Erfüllung der Leistung und der Lieferpünktlichkeit erwarten lässt und zudem über die Auftragserfüllung hinaus gesetzliche Pflichten erfüllt, insbesondere der Zahlung von Steuern und Sozialabgaben nachgekommen ist.

2.7.12.2.2 Eigenerklärungen/Nachweise über Fachkunde, Leistungsfähigkeit und Zuverlässigkeit

Die Prüfung der Eignung der Bewerber ist grundsätzlich anhand der abverlangten, durch den Gegenstand des Auftrags gerechtfertigten Eigenerklärungen/Nachweise vorzunehmen. Hinsichtlich der Art und Weise sowie der Festlegung der Mittel der Nachweiserbringung besteht ein Ermessensspielraum.

Werden sachlich gerechtfertigte Mindestbedingungen festgelegt, wie zum Beispiel Mindestumsatz oder Mindestbetriebsgröße, die ein Bieter in jedem Fall zu erfüllen hat, führt die Nichterfüllung eines Kriteriums zu einem zwingenden Ausschluss. Festgelegte Mindestbedingungen dürfen nachträglich nicht abgeändert oder aufgehoben werden.

Der auftragsunabhängige Eignungsnachweis durch Benennung einer Präqualifizierung ist anzuerkennen.

Sollten Zweifel an Eigenerklärungen bestehen, können entsprechende Nachweise innerhalb einer angemessenen Frist (in der Regel sechs Kalendertage) eingefordert werden (siehe Ziffer 2.7.12.1).

Sonstige Informationen und negative Erfahrungen aus vorangegangenen Auftragsverhältnissen, unter anderem dokumentiert in der Vergabedatenbank, rechtfertigen einen Ausschluss wegen fehlender Eignung nur dann, wenn schwerwiegende, objektivierbare Tatsachen vorliegen und eine räumliche und zeitliche Nähe zur jetzigen Vergabe besteht. Ein Ausschluss auf dieser Grundlage muss sorgfältig begründet und dokumentiert werden.

2.7.12.3 Preisprüfung

2.7.12.3.1 Ungewöhnlich niedrig erscheinende Angebote

Bei ungewöhnlich niedrig erscheinenden Angeboten ist das Gesamtangebot unter Einbeziehung der Einzelposten auf Auskömmlichkeit zu überprüfen. Es besteht eine allgemeine Aufklärungspflicht.

Ungewöhnlich niedrige Angebote können vorliegen,
– bei einer Abweichung des günstigsten Angebots vom nächstgünstigeren um mehr als 10 % bis 20 % oder
– bei einer Abweichung von der Kostenschätzung (Ermittlung des Auftragswerts) um mehr als 20 % oder
– bei einer Abweichung von den Ergebnissen vorangegangener Ausschreibungen unter Berücksichtigung der aktuellen Marktverhältnisse um ca. 20 %.

Generell ist eine Einzelfallprüfung vorzunehmen. Eine starre prozentuale Grenze, ab der eine Nachfragepflicht zwingend einsetzt, existiert nicht.

In der Regel ist bei Angeboten, die 20 % unterhalb der Kostenschätzung oder 10 % unter den anderen Angeboten liegen, von einer ungewöhnlich niedrigen Preisbildung auszugehen.

Zur Klärung der Ursachen für die ungewöhnlich niedrig erscheinende Preisbildung sind vom Bieter unter Fristsetzung Belege und Erklärungen zu verlangen. Der Bieter hat den Anschein der ungewöhnlich niedrigen Preisbildung zu widerlegen, die Beweislast trägt der Bieter. Gegenstand der Prüfung, ob eine ungewöhnlich niedrige Preisbildung vorliegt, ist der Gesamtpreis, wobei einzelne Positionen insoweit ebenfalls überprüft werden, sofern sich der Gesamtpreis aus solchen zusammensetzt.

Beschränkt sich der Bieter auf pauschale und unkonkrete Aussagen, kann das Angebot ausgeschlossen werden.

Verweigert der Bieter die Vorlage von Belegen oder Kalkulationsunterlagen, ist das Angebot auszuschließen.

Nicht kostendeckend kalkulierte Angebote (Spekulationsangebote) sind darauf zu prüfen, ob der niedrige Preis wettbewerblich begründet ist. Ferner ist das aus der fehlenden Kostendeckung für die Vertragsdurchführung resultierende Risiko aufzuklären.

Wird die Schlüssigkeit der Kalkulation durch den Bieter nachgewiesen und liegen somit nachvollziehbare Gründe für die ungewöhnlich niedrige Preisbildung vor, gelangen die Angebote in die engere Wahl für die Auftragserteilung (§ 18

Absatz 1 VOL/A). Sind die angebotenen Preise nicht schlüssig, darf auf das Angebot der Zuschlag nicht erteilt werden (§ 16 Absatz 6 VOL/A).

2.7.12.3.2 Offenbares Missverhältnis

Die Aufklärungspflicht besteht erst recht, wenn das Angebot aufgrund eines offenbaren Missverhältnisses ausgeschlossen werden soll, da einem offenbaren Missverhältnis eine ungewöhnlich niedrige Preisbildung zu Grunde liegt, die, wie oben dargestellt, eine Aufklärungspflicht des Auftraggebers auslöst. Das Vorliegen eines offenbaren Missverhältnisses führt zwangsläufig zum Ausschluss dieses Angebotes (§ 16 Absatz 6 Satz 2 VOL/A).

Ein offenbares Missverhältnis liegt bei einer evidenten Abweichung des Angebotspreises von der angebotenen Leistung vor. Hierfür ist zum einen die eigene ermessensfehlerfreie Kostenschätzung heranzuziehen, aber auch das Bieterfeld und der Durchschnittspreis aller Angebote zu betrachten. Sofern seitens des Auftraggebers keine Ermessensfehler bei einer nochmaligen Überprüfung der eigenen Kostenschätzung erkennbar sind, sollte dies entsprechend vermerkt werden.

Eine Abweichung von mehr als 20 % zur Auftragswertschätzung oder zum nächsten Bieter ohne genügende Erklärung des Bieters lässt in der Regel ein offenbares Missverhältnis vermuten.

2.7.12.3.3 Nachlass auf die Angebotssumme

Der Bieter hat die Möglichkeit, im Angebotsschreiben einen Nachlass ohne Bedingung auf die Abrechnungssumme zu gewähren. Ein solcher Nachlass ist bei der Ausweisung der Wertungssumme zu berücksichtigen. Bei der Preisprüfung von Teilleistungspositionen (Einheitspreisen) ist der Nachlass nicht zu berücksichtigen.

2.7.12.4 Wertung von Bedarfspositionen

Ausnahmsweise ausgewiesene Bedarfspositionen sind mit der ausgeschriebenen Menge zu werten.

Mengenfehler dürfen nach der Angebotseröffnung nicht korrigiert werden (unstatthafte Angebotsänderung nach § 15 VOL/A).

2.7.12.5 Wertung von Nebenangeboten

Nebenangebote sind wie Hauptangebote zu werten. Nebenangebote können berücksichtigt werden, wenn sie deutlich auf besonderer Anlage gekennzeichnet wurden und wenn sie die Vergleichbarkeit der Angebote nicht beeinträchtigen.

2.7.12.6 Auswahl des wirtschaftlichsten Angebots/Zuschlagserteilung

Ab einer Auftragssumme von 30 000 Euro ist für den Bieter, der den Zuschlag erhalten soll, zur Bestätigung der Erklärung im Angebotsschreiben von der Vergabestelle ein Auszug aus dem Gewerbezentralregister beim Bundesamt für Justiz anzufordern.

Der Zuschlag ist auf das wirtschaftlichste Angebot zu erteilen. Der niedrigste Angebotspreis allein ist nicht entscheidend.

Die Zuschlagserteilung erfolgt durch Übersendung des Auftragsschreibens, das die Annahme des Angebots des Bieters darstellt. Das Auftragsschreiben muss innerhalb der Bindefrist zugehen. Eine Zuschlagserteilung nach Ablauf der Bindefrist gilt als neues Angebot, das vom Bieter angenommen werden kann.

Auf die Angabe der Zuschlagskriterien sowie deren Gewichtung ist zu verzichten.

2.7.13 Aufhebung der Ausschreibung

Das Vergabeverfahren kann nach § 17 Absatz 1 VOL/A aufgehoben werden. Die Gründe für die vollständige oder teilweise Aufhebung der Ausschreibung sind einzelfallbezogen in den Vergabevermerk aufzunehmen. Die Bieter sind über die Aufhebung unverzüglich zu benachrichtigen. Die tragenden Gesichtspunkte für die Aufhebung sind mit Ausnahme der Aufhebung nach § 17 Absatz 1 Buchstabe a VOL/A (kein Angebot ist in die engere Wahl gelangt) mitzuteilen. Der Ablauf der Bindefrist macht eine Aufhebung des Verfahrens nicht entbehrlich.

Hat eine Öffentliche Ausschreibung zu keinem wirtschaftlichen Ergebnis geführt, ist eine Beschränkte Ausschreibung ohne Teilnahmewettbewerb nach § 3 Absatz 4 Buchstabe a VOL/A zulässig. Ist zu erwarten, dass auch eine Beschränkte Ausschreibung zu keinem wirtschaftlichen Ergebnis führen wird, ist eine Freihändige Vergabe nach § 3 Absatz 5 Buchstabe a VOL/A zulässig.

Ein wirtschaftliches Ergebnis liegt dann nicht vor, wenn kein Angebot ein günstiges Preis-Leistungs-Verhältnis aufweist, insbesondere wenn selbst das Mindestgebot wesentlich über dem Marktpreis liegt. Anhaltspunkte für den Marktpreis resultieren aus der Kostenschätzung sowie aus aktuellen Preisen bei vergleichbaren Aufträgen.

Die vorangegangene Öffentliche Ausschreibung muss vor der Beschränkten Ausschreibung bzw. Freihändigen Vergabe nach § 17 Absatz 1 Buchstabe c VOL/A aufgehoben worden sein.

2.7.14 Dokumentation des Vergabeverfahrens

Jedes Vergabeverfahren ist lückenlos so zu dokumentieren, so dass es von einem unbeteiligten sachkundigen Dritten nachvollzogen werden kann. Zu dokumentieren sind insbesondere die einzelnen Stufen des Verfahrens hinsichtlich des zeitlichen Ablaufs, die wesentlichen Entscheidungen wie die Angebotsöffnung, die Durchführung sämtlicher Prüfungs- und Wertungsvorgänge einschließlich der hierfür maßgeblichen Erwägungen, Zwischenentscheidungen, Entscheidungen über einen Ausschluss eines Unternehmens und die Ermittlung des wirtschaftlichsten Angebots einschließlich der nachvollziehbaren Darstellung der Berücksichtigung sämtlicher Zuschlagskriterien.

Getroffene Entscheidungen sind nachvollziehbar unter Darlegung der tragenden Gesichtspunkte zu begründen.

Zu dokumentieren sind ebenfalls die Ermittlung des Auftragswerts, die Begründung für die Wahl der Vergabeart und gegebenenfalls Begründungen für eine Losaufteilung beziehungsweise einen Losverzicht.

Der Vergabevermerk ist sukzessiv während des Vergabeverfahrens fortzuschreiben. Einzelne Entscheidungen sind zeitnah mit dem Wertungsprogramm „Digitaler Vergabevermerk" zu dokumentieren.

2.7.15 Informationspflichten

2.7.15.1 Verfahrensteilnehmer

Nach Zuschlagserteilung sind nichtberücksichtigte Bieter binnen 15 Kalendertagen nach Eingang eines entsprechenden schriftlichen Antrags unverzüglich über die Nichtberücksichtigung zu informieren (§ 19 Absatz 1 VOL/A).
Die Mitteilung enthält die Ablehnung des Angebots.
Zusätzlich sind mitzuteilen:
– die Gründe für die Ablehnung,
– die Merkmale und Vorteile des erfolgreichen Angebotes und

– der Name des erfolgreichen Bieters.
Den nicht berücksichtigten Bewerbern im Teilnahmewettbewerb sind lediglich die Gründe für ihre Nichtberücksichtigung mitzuteilen.

Angaben, die Geschäftsinteressen von Unternehmen oder dem öffentlichen Interesse zuwiderlaufen, können weggelassen werden (§ 19 Absatz 3 VOL/A).

2.7.15.1.1 Öffentliche Information

Bei Beschränkten Ausschreibungen ohne Teilnahmewettbewerb und bei Freihändigen Vergaben ohne Teilnahmewettbewerb informiert der Auftraggeber unter www.service-bw.de für die Dauer von drei Monaten über jeden Auftrag ab einem Auftragswert von 25 000 Euro netto (§ 19 Absatz 2 VOL/A). Die Information beinhaltet:
– den Namen des Auftraggebers,
– den Namen des beauftragten Unternehmens (soweit es sich um eine natürliche Person handelt, ist deren Einwilligung einzuholen oder die Angabe zu anonymisieren),
– die Vergabeart,
– die Art und den Umfang der Leistung und
– den Zeitraum der Leistungserbringung.
Angaben, die Geschäftsinteressen von Unternehmen oder dem öffentlichen Interessezuwiderlaufen, können weggelassen werden (§ 19 Absatz 3 VOL/A).

2.7.16 Beurteilung von Vertragspartnern in der Vergabedatenbank

Spätestens nach Ablauf einer Maßnahme oder bei Beendigung eines Vertrags soll bei den in der Vergabedatenbank mit einer Vergabenummer versehenen Verträgen aller Leistungsarten der Gesamteindruck der Vertragspartner in drei Kategorien dokumentiert werden (zufriedenstellend/verlief nicht reibungslos/nicht zufriedenstellend).

So können zukünftig die gewonnenen Erkenntnisse bei vergleichbaren Leistungen für die Eignungsprüfung von Bewerbern und Bietern berücksichtigt werden.

3 Vergaben oberhalb des Schwellenwertes (VOL/A, 2. Abschnitt)

3.1 Grundsätze der Vergabe

Aufträge werden in der Regel im Wettbewerb und im Wege transparenter Vergabeverfahren an fachkundige, leistungsfähige und zuverlässige (geeignete) Unternehmen zu angemessenen Preisen vergeben. Dabei darf kein Unternehmen diskriminiert werden (§ 2 EG Absatz 1 VOL/A). Die Vergabe von Aufträgen erfolgt im offenen Verfahren. In begründeten Ausnahmefällen ist ein nicht offenes Verfahren, ein Verhandlungsverfahren oder ein wettbewerblicher Dialog zulässig, § 3 EG Absatz 1 VOL/A. Bei Abweichung vom offenen Verfahren soll unter den Bewerbern möglichst gewechselt werden. Beim nicht offenen Verfahren darf die Anzahl der aufzufordernden geeigneten Bewerber nicht unter fünf, im Verhandlungsverfahren mit Teilnahmewettbewerb nicht unter drei liegen.

3.2 Schätzung der Auftragswerte

Nach § 3 Absatz 1 der VgV ist bei Schätzung des Auftragswertes von der geschätzten Gesamtvergütung für die vorgesehene Leistung ohne Umsatzsteuer auszugehen.

- Für befristete Liefer- oder Dienstleistungsverträge ist grundsätzlich der Gesamtwert des Auftrags unter Berücksichtigung aller Optionen oder etwaiger Verlängerungen maßgebend (§ 3 Absatz 1 VgV).
- Für unbefristete Liefer- oder Dienstleistungsverträge ist die monatliche Zahlung multipliziert mit 48 maßgeblich (§ 3 Absatz 4 Nummer 2 VgV).

Bei geschätzten Auftragswerten oberhalb des Schwellenwerts nach § 2 Nummer 2 VgV sind Liefer- und Dienstleistungen nach den allgemeinen Bestimmungen des Vierten Teils des GWB, der VgV und des Abschnitts 2 der VOL/A zu vergeben.

3.3 Festlegung der Vergabeart

Aufgrund des Vorrangs des offenen Verfahrens ist die Wahl einer anderen Verfahrensart auf der Grundlage vergaberechtlicher Ausnahmeregelungen zu begründen und im Vergabevermerk zu dokumentieren.

Bei Vergaben in den Bereichen Verteidigung und Sicherheit ist die VSVgV in der jeweils geltenden Fassung anzuwenden. Bei diesen Vergaben ist nach dem Verhandlungsverfahren oder dem nicht offenen Verfahren zu verfahren. Die beiden Vergabearten stehen gleichrangig nebeneinander, eines Ausnahmetatbestandes nach § 3 EG VOL/A bedarf es nicht.

3.3.1 Offenes Verfahren

Die Vergabe von Liefer- und Dienstleistungsverträgen ist grundsätzlich im Wege des offenen Verfahrens durchzuführen. Jede Abweichung von der Anwendung des offenen Verfahrens durch die Wahl einer anderen Verfahrensart muss durch einen vergaberechtlichen Ausnahmetatbestand gerechtfertigt sein und im Vergabevermerk dokumentiert werden.

3.3.2 Nicht offenes Verfahren

Das nicht offene Verfahren ist nur in den Fällen des § 3 EG Absatz 2 VOL/A anzuwenden.

In der Vergabebekanntmachung sollte eine Höchstzahl von Unternehmen bestimmt werden, die im Anschluss an die vorgezogene Eignungsprüfung der Bewerber zur Angebotsabgabe aufgefordert werden. Die Mindestanzahl der aufzufordernden Unternehmen darf nicht unter fünf liegen.

3.3.3 Verhandlungsverfahren

Das Verhandlungsverfahren mit Teilnahmewettbewerb darf ausschließlich in den nach § 3 EG Absatz 3 VOL/A, das Verhandlungsverfahren ohne Teilnahmewettbewerb in den nach § 3 EG Absatz 4 VOL/A geregelten Fällen angewendet werden.

Die Mindestanzahl der zur Angebotsabgabe aufzufordernden Unternehmen darf nicht unter drei liegen.

Möglichkeit der Phasenbildung (§ 3 EG Absatz 6 VOL/A):
Für das Verhandlungsverfahren besteht die Möglichkeit der Phasenbildung zur sukzessiven Verringerung der Angebote anhand definierter Zuschlagskriterien, sogenanntes strukturiertes Verhandlungsverfahren. Eine Phasenbildung ist insbesondere bei der Vergabe konzeptoffener Leistungen zweckmäßig, wenn vertragliche Spezifikationen nicht hinreichend genau festgelegt werden können, um den Auftrag durch die Wahl des wirtschaftlichsten Angebots nach den für das offene oder nicht offene Verfahren geltenden Vorschriften zu vergeben. Ist eine Phasenbildung vorgesehen, ist dies in der Bekanntmachung oder den Vergabeunterlagen anzugeben.

3.3.4 Wettbewerblicher Dialog

Ein Vergabeverfahren im wettbewerblichen Dialog bedarf der förmlichen Zustimmung des Ministeriums für Finanzen und Wirtschaft. Der Antrag ist eingehend zu begründen und der Betriebsleitung des Landesbetriebs Vermögen und Bau Baden-Württemberg rechtzeitig zur Abstimmung vorzulegen.

3.4 Rahmenvereinbarung

Rahmenvereinbarungen nach § 4 EG VOL/A sind Aufträge, um die Bedingungen für Einzelaufträge, die während eines bestimmten Zeitraumes vergeben werden sollen, festzulegen.
Die Laufzeit darf in der Regel vier Jahre nicht überschreiten.

3.5 Dynamische elektronische Verfahren

Auf die Anwendung des dynamischen elektronischen Verfahrens nach § 5 EG VOL/A ist zu verzichten.

3.6 Teilnehmer am Wettbewerb

3.6.1 Gleichbehandlung

Inländische und ausländische Bewerber/Bieter sind als Teilnehmer am Wettbewerb zuzulassen.

3.6.2 Gemeinschaftliche Bewerber

Bewerbergemeinschaften (Teilnahmewettbewerb) und Bietergemeinschaften (Angebotsverfahren) sind Einzelbewerbern bzw. Einzelbietern gleichzusetzen. Bei der Prüfung der Eignung kommt es hinsichtlich der Leistungsfähigkeit und Fachkunde auf die gemeinschaftlichen Bewerber insgesamt an. Defizite bei einem Mitglied können von anderen Mitgliedern der Bietergemeinschaft ausgeglichen werden. Demgegenüber muss die Zuverlässigkeit bei jedem einzelnen Mitglied der Bietergemeinschaft gegeben sein.
Eine bestimmte Rechtsform für eine Bietergemeinschaft darf nur für den Fall der Auftragserteilung und nicht schon im Rahmen des Vergabeverfahrens verlangt werden (§ 6 EG Absatz 2 VOL/A).

3.6.3 Mitwirkung von Sachverständigen

Sachverständige, die – in der Regel auf Vorschlag der jeweiligen Berufsvertretungen – zur Klärung rein fachlicher Fragen hinzugezogen werden, dürfen weder unmittelbar noch mittelbar als Bewerber oder Bieter an dem konkreten Beschaffungsvorgang beteiligt sein. Für die Vergabe wesentliche Entscheidungen sind von den Vergabestellen in eigener Verantwortlichkeit zu treffen und dürfen nicht delegiert werden.
Wirken Unternehmen im Rahmen des Vergabeverfahrens beratend oder auf sonstige Weise unterstützend mit, so ist sicherzustellen, dass der Wettbewerb durch die Teilnahme dieses Unternehmens als Bewerber oder Bieter nicht verfälscht wird (§ 6 EG Absatz 7 VOL/A).

3.6.4 Eigenerklärungen/Nachweise, Präqualifikation

Zum Nachweis der Fachkunde, Leistungsfähigkeit und Zuverlässigkeit dürfen nur Unterlagen und Angaben gefordert werden, die durch den Auftragsgegenstand gerechtfertigt sind. Grundsätzlich sind Eigenerklärungen zu verlangen. Die Forderung von anderen Nachweisen als Eigenerklärungen ist in der Dokumentation zu begründen.

Die Präqualifizierung ist die vorgelagerte und auftragsunabhängige Prüfung und Zertifizierung von Eignungsnachweisen nach der VOL/A. Das Präqualifikationsverfahren ist dezentral nach Bundesländern organisiert. Die Präqualifizierung nehmen Industrie- und Handelskammern oder die von ihnen getragenen Auftragsberatungsstellen vor (PQ-Stelle). Das Verzeichnis der präqualifizierten Unternehmen („Präqualifizierungsdatenbank für den Liefer- und Dienstleistungsbereich") ist allgemein und kostenlos unter www.pq-vol.de zugänglich. Die von den PQ-Stellen überprüften Dokumente sind nur für denjenigen öffentlichen Auftraggeber einsehbar, dem das Zertifikat mit seinem spezifischen Unternehmenscode vorliegt.

Das Zertifikat umfasst im Wesentlichen folgende Nachweise:
- Eigenerklärung über die Anzahl der Beschäftigten der letzten drei Jahre,
- Eigenerklärung über den Umsatz der letzten drei Jahre,
- Kopie der gültigen Police einer Berufs-/Betriebshaftpflichtversicherung,
- aktuelle Referenzliste über mindestens drei Einzelleistungen der letzten drei Jahre, die mit der zu vergebenden Leistung vergleichbar sind, mit Angabe des Rechnungswertes, der Leistungszeit sowie des Auftraggebers/Ansprechpartners,
- Eigenerklärung, dass kein Insolvenzverfahren beantragt wurde und dass sich das Unternehmen nicht in Liquidation befindet,
- Kopie der aktuellen Unbedenklichkeitsbescheinigung der Berufsgenossenschaft,
- Kopie der Gewerbeanmeldung/-erlaubnis,
- Eigenerklärung, dass keine schweren Verfehlungen begangen wurden,
- Erklärung über Berufs- oder Handelsregistereintragung (beispielsweise fallen in Deutschland hierunter Nachweise aus dem Handelsregister, der Handwerksrolle, dem Vereinsregister, dem Partnerschaftsregister und der Berufskammer),
- Unbedenklichkeitsbescheinigung des Finanzamtes,
- gültige Bescheinigung der Krankenkasse zur Zahlung der Beiträge zur gesetzlichen Sozialversicherung, bei der die meisten Beschäftigten versichert sind.

In der Vergabebekanntmachung wird auf die Möglichkeit der Nachweisführung durch Präqualifikation hingewiesen.

Weitere auftragsabhängige Nachweise können individuell in Abhängigkeit zur geforderten Leistungserbringung gefordert werden.

3.6.5 Prüfung und Wertung von Bewerbungen im Rahmen eines Teilnahmewettbewerbs

Bei dem nicht offenen Verfahren und dem Verhandlungsverfahren mit Teilnahmewettbewerb hat eine öffentliche Aufforderung zur Teilnahme am Wettbewerb zu erfolgen, die dem Hauptverfahren vorgeschaltet ist. Die Teilnahmeanträge sind zu werten. Eine Verpflichtung zur Angebotsaufforderung entsteht aus diesem Verfahren nicht.

3.6.5.1 Formale Bewerbungsprüfung

Bei der Bewerbungsprüfung sind Bewerbungen auszuschließen, die verspätet eingegangen sind, einen Ausschlussgrund nach § 6 EG Absatz 6 VOL/A aufweisen oder nicht die geforderten oder nachgeforderten Erklärungen und Nachweise zur Eignung enthalten.

3.6.5.2 Eignung der Bewerber

Anhand der geforderten Erklärungen und Nachweise ist die Eignung der Bewerber hinsichtlich der Fachkunde, Leistungsfähigkeit und Zuverlässigkeit zu prüfen. Das Ergebnis ist im „Digitalen Vergabevermerk" zu dokumentieren.

3.6.5.3 Bewerberauswahl

Aufgrund der geforderten und von den Bewerbern vollständig erbrachten Eignungsnachweise ist die Eignung zu beurteilen und eine Bewerberauswahl aufgrund sachbezogener Gesichtspunkte (Art der zu vergebenden Leistung) für das weitere Verfahren vorzunehmen.
Die Vertraulichkeit der Teilnahmeanträge ist zu gewährleisten.

3.6.5.4 Nicht berücksichtigte Bewerbungen

Den nicht berücksichtigten Bewerbern sind spätestens innerhalb von 15 Tagen nach Eingang eines entsprechenden Antrags die Gründe für ihre Nichtberücksichtigung mitzuteilen (§ 22 EG Absatz 1 VOL/A).

3.6.6 Ausschluss von der Teilnahme am Wettbewerb

3.6.6.1 Ausschluss wegen Unzuverlässigkeit

Von der Teilnahme am Wettbewerb ist ein Unternehmen auszuschließen, wenn Personen, deren Verhalten dem Unternehmen zuzurechnen ist, wegen eines der in § 6 EG Absatz 4 VOL/A genannten Straftatbestände rechtskräftig verurteilt worden sind, zum Beispiel wegen Betrugs, Bestechung, Steuerhinterziehung.

3.6.6.2 Schwere Verfehlung

Eine schwere Verfehlung im Sinne des § 6 EG Absatz 6 Buchstabe c VOL/A liegt zum Beispiel bei auf den Geschäftsverkehr bezogenen Verstößen gegen strafrechtliche Bestimmungen wie zum Beispiel Bestechung, Vorteilsgewährung etc., oder bei Verstößen gegen Bestimmungen des GWB, wie zum Beispiel Absprachen über Preis und Preisbestandteile vor.
Eine Verfehlung ist schwer, wenn durch sie das für die künftige Auftragsdurchführung erforderliche Vertrauensverhältnis in so schwerwiegender Weise gestört ist, dass eine Auftragserteilung unzumutbar ist.
Das Vorliegen einer rechtskräftigen Verurteilung beziehungsweise eines Bußgeldbescheids ist nicht erforderlich. Ausreichend sind konkrete, objektivierte Anhaltspunkte; die verdachtsbegründenden Umstände müssen aus seriösen Quellen stammen und auf gesicherten Erkenntnissen beruhen, so dass keine begründeten Zweifel an der Verfehlung bestehen.
Die schwere Verfehlung muss sich unmittelbar auf die anstehende Vergabeentscheidung auswirken. Zu berücksichtigen ist deshalb, ob die betreffenden, für das Unternehmen handelnden verantwortlichen Personen unverändert während der Teilnahme am Vergabeverfahren für das Unternehmen tätig sind oder ob zwischenzeitlich organisatorische Maßnahmen ergriffen wurden, die künftige schwere Verfehlungen ausschließen. Gegebenenfalls ist eine Stellungnahme des Bewerbers einzuholen.

3.6.6.3 Unzutreffende Erklärungen

Der Ausschluss wegen unzutreffend abgegebener Erklärungen gilt auch für die Fälle, in denen ein Bieter in zurückliegenden Vergabeverfahren unzutreffende Erklärungen abgegeben hat. Infolgedessen können Falschangaben, die längstens drei Jahre lang zurückliegen, für einen Ausschluss herangezogen werden. Für einen Ausschluss bedarf es einer vorsätzlich abgegebenen unzutreffenden Erklärung (§ 6 EG Absatz 6 Buchstabe e VOL/A).

3.7 Ablauf des Vergabeverfahrens

3.7.1 Vergabeunterlagen

Die Vergabeunterlagen, bestehend aus dem Anschreiben (Aufforderung zur Angebotsabgabe), den Bewerbungsbedingungen und den Vertragsunterlagen, sind den Bietern zu übersenden oder zu übergeben.

3.7.2 Leistungsbeschreibung

Zur Sicherstellung der Vergleichbarkeit der Angebote, der Chancengleichheit der Bieter und der Transparenz des Ablaufs des Vergabeverfahrens müssen Art und Umfang der geforderten Leistung möglichst eindeutig und erschöpfend beschrieben werden. Die Leistung ist bestimmt und eindeutig zu bezeichnen, kalkulationsrelevante Umstände sind den Bietern vollständig mitzuteilen. Vorhandene Musterleistungsverzeichnisse des Landesbetriebs Vermögen und Bau Baden-Württemberg sind zu verwenden.

Fordert ein Bieter ergänzende Informationen zur Leistungsbeschreibung an oder weist er auf festgestellte Unstimmigkeiten hin, ist zwingend eine entsprechende Mitteilung an alle übrigen Bieter per Telefax vorzunehmen. Die Sendeprotokolle sind als Zugangsnachweis zu den Vergabeakten zu nehmen.

Von dem Grundsatz der konventionellen Leistungsbeschreibung (Leistungsverzeichnis) darf durch Wahl einer funktionalen Leistungsbeschreibung (Leistungsprogramm) nur dann abgewichen werden, wenn eine hinreichend genaue Beschreibung der Leistung unter Verwendung verkehrsüblicher Bezeichnungen nicht möglich ist, zum Beispiel bei nicht standardisierten, innovativen Liefer- und Dienstleistungen.

3.7.3 Verwendung von Wahlpositionen oder Bedarfspositionen

Die Ausschreibung von Wahl- und Bedarfspositionen ist grundsätzlich äußerst restriktiv vorzunehmen. Bedarfspositionen dürfen grundsätzlich nicht, allenfalls in einem untergeordneten Umfang und in bestimmten Ausnahmefällen in die Leistungsbeschreibung aufgenommen werden. Eine Aufnahme ist nur dann zulässig, wenn objektive Gründe die Aufnahme sachlich rechtfertigen, die Frage, ob die Position tatsächlich zur Anwendung kommt, trotz größtmöglicher Aufklärung nicht auszuräumen ist und die Aufnahme der Position zwingend erforderlich erscheint.

3.7.4 Technische Anforderungen an die Leistung

Technische Anforderungen sind entweder
- unter Bezugnahme auf die im Anhang TS zur VOL/A definierten Technischen Spezifikationen, jeweils verbunden mit dem Zusatz „oder gleichwertig" oder
- in Form von genau gefassten Leistungs- oder Funktionsanforderungen oder

– durch Kombination beider Möglichkeiten,

zu formulieren.

Weist ein Bieter mit geeigneten Mitteln nach, dass die von ihm vorgeschlagenen Lösungen den Anforderungen der Spezifikationen entsprechen, darf sein Angebot nicht abgelehnt werden. Als geeignete Nachweismittel kommen insbesondere Prüfberichte anerkannter Stellen (zum Beispiel Prüf- und Eichlaboratorien im Sinne des Eichgesetzes) in Betracht.

3.7.5 Verbot der produktspezifischen Ausschreibung

Die Leistung ist grundsätzlich produktneutral zu beschreiben.

Bezeichnungen für bestimmte Erzeugnisse oder Verfahren dürfen ausnahmsweise verwendet werden, wenn eine allgemeine Beschreibung nicht hinreichend genau und verständlich formuliert werden kann. In diesen Fällen ist der Zusatz „oder gleichwertiger Art" zwingend zu ergänzen. Dieser Zusatz kann nur entfallen, wenn ein sachlicher Grund eine Produktvorgabe beziehungsweise ein bestimmtes Verfahren rechtfertigt.

3.7.6 Nebenangebote

Werden Nebenangebote zugelassen, müssen diese gleichwertig zu den Hauptangeboten sein, das heißt leistungsbezogene, sachlich-technische Mindestanforderungen sind zwingend zu erfüllen.

Mindestanforderungen sind zusätzlich transparent auszuweisen (§ 9 EG Absatz 5 Satz 2 VOL/A). Weiterhin müssen im Falle der Zulassung von Nebenangeboten zusätzliche Kriterien neben dem Zuschlagskriterium „Preis" zur Auswahl des wirtschaftlichsten Angebots ausgewiesen werden.

3.7.7 Nachunternehmereinsatz

Unternehmen können sich zum Nachweis der technischen und personellen Leistungsfähigkeit und der Fachkunde auf die Leistungsmerkmale anderer Unternehmen berufen, wenn der Nachweis, dass die erforderlichen Mittel bei Erfüllung des Auftrags zur Verfügung stehen, durch eine entsprechende Verpflichtungserklärung geführt wird.

Der Umfang des möglichen Fremdleistungsanteils beschränkt sich auf die technische und personelle Leistungsfähigkeit und auf die Fachkunde. Die Zuverlässigkeit und wirtschaftliche Leistungsfähigkeit müssen nach wie vor unverändert nachgewiesen werden. Eine vollständige oder zumindest teilweise Selbstausführung des Auftrags kann nicht gefordert werden, wenn ein Unternehmen zu 100 % auf die technische/personelle Leistungsfähigkeit und/oder Fachkunde anderer Unternehmen verweist und die Nachweisführung zu akzeptieren ist.

Eine Möglichkeit zur Nachweisführung besteht in der Vorlage einer Verpflichtungserklärung des Nachunternehmers gegenüber dem Bewerber/Bieter.

3.7.8 Sicherheitsleistungen

Auf Sicherheitsleistungen soll nach § 11 EG Absatz 4 VOL/A ganz oder teilweise verzichtet werden. Ab einem Auftragswert von 50 000 Euro netto sind Sicherheitsleistungen nach § 18 VOL/B zulässig, sofern diese für die sach- und fristgerechte Durchführung notwendig erscheinen. Die Sicherheit für die Erfüllung sämtlicher Verpflichtungen aus dem Vertrag soll 5 % der Bruttoauftragssumme nicht übersteigen. Sicherheiten sind wahlweise durch Hinterlegung von Geld oder durch Stellung einer Bürgschaft eines zugelassenen Kreditinstituts oder Kreditversicherers nach § 18 VOL/B zu erbringen.

Werden Sicherheiten verlangt, ist die Art der geforderten Sicherheitsleistung in der Vergabebekanntmachung zu veröffentlichen. Der genaue Umfang der zu erbringenden Sicherheitsleistung ist in den Vertragsbedingungen zu regeln.

3.7.9 Aufforderung zur Bewerbung/Angebotsabgabe

Die Aufforderung zur Angebotsabgabe muss nach § 10 EG Absatz 2 VOL/A in nicht offenen Verfahren und Verhandlungsverfahren mit öffentlichem Teilnahmewettbewerb mindestens den Hinweis auf die veröffentlichte Bekanntmachung enthalten. Zudem ist die Stelle, an die sich der Bewerber oder Bieter zur Nachprüfung behaupteter Verstöße gegen Vergabebestimmungen wenden kann, anzugeben.

Anstatt in der Aufforderung können alle vorgesehenen Zuschlagskriterien, einschließlich deren Gewichtung bzw. Reihenfolge sowie eine vorgesehene Phasenbildung bei einem Verhandlungsverfahren, auch in der Vergabebekanntmachung angegeben werden.

3.7.10 Bekanntmachungen

Die von den Bewerbern geforderten Eignungsnachweise sind in der Bekanntmachung anzugeben. Erfolgt dies nicht oder nicht vollständig, können in der Vergabebekanntmachung nicht angegebene Unterlagen, insbesondere neue oder weitere Nachweise, nicht gefordert werden.

Der Bekanntmachungstext muss die in § 15 EG Absatz 1 VOL/A vorgeschriebenen Mindestangaben enthalten. Insbesondere sind Art und Umfang der Leistung hinsichtlich Beschaffenheit und Menge anzugeben. Zur Beurteilung der Eignung des Bewerbers oder Bieters können neben den Eigenerklärungen nach 3.6.4 weitere, zusätzliche auftragsabhängige Unterlagen verlangt werden, die die
– wirtschaftliche und finanzielle Leistungsfähigkeit,
– technische Leistungsfähigkeit,
– persönliche Lage,
belegen (§ 7 EG VOL/A).

3.7.10.1 Veröffentlichungen

Für europaweite Bekanntmachungen sind die Bekanntmachungsmuster des Anhangs II der Verordnung (EG) Nr. 1564/2005 der Kommission zur Einführung von Standardformularen für die Veröffentlichung von Vergabebekanntmachungen im Rahmen von Verfahren zur Vergabe öffentlicher Aufträge gemäß der Richtlinie 2004/17/EG und der Richtlinie 2004/18/EG des Europäischen Parlaments und Rates, in der jeweils geltenden Fassung zu verwenden.

Welche Unterlagen zum Nachweis der Fachkunde, Leistungsfähigkeit und Zuverlässigkeit verlangt werden, ist in der Bekanntmachung im Einzelnen anzugeben. Ein Verweis auf § 7 EG VOL/A oder ein Verweis auf die Vergabeunterlagen genügt nicht.

Mit dem Tag der Absendung der Bekanntmachung beginnen die Bewerbungs- und Angebotsfristen. Die nationale Bekanntmachung darf nicht vor dem Tag der Absendung der europaweiten Bekanntmachung veröffentlicht werden.

3.7.11 Verfahrensfristen

3.7.11.1 Angebots- und Bewerbungsfristen

3.7.11.1.1 Regelfristen

Art der Frist	Frist, gerechnet	offenes Verfahren	nicht offenes Verfahren		wettbew. Dialog	Verhandlungsverfahren mit öffentl. TW		Vorschrift
		Regelfrist	Regelfrist	beschleunigtes Verfahren	Regelfrist	Regelfrist	beschleunigtes Verfahren	
Bewerbungsfrist für Antrag auf Teilnahme	vom Tag ab Absendung der Bekanntmachung		37	15	37*)	37	15	§ 12 EG Abs. 4 VOL/A
Angebotsfrist	vom Tag ab Absendung der Bekanntmachung	52**)	–	–	–	–	–	§ 12 EG Abs. 2 VOL/A
	vom Tag ab Absendung der Aufforderung zur Angebotsabgabe		40**)	10	–	–	–	§ 12 EG Abs. 5 VOL/A

*) Nach § 12 EG Abs. 4 VOL/A ist für den wettbewerblichen Dialog anders als beim nichtoffenen Verfahren und Verhandlungsverfahren kein beschleunigtes Verfahren mit verkürzter Frist für den Teilnahmeantrag vorgesehen.
**) Können Angebote nur nach einer Ortsbesichtigung oder Einsichtnahme in nicht übersandte Vergabeunterlagen erstellt werden, ist die Mindestangebotsfrist zu verlängern (§ 12 EG Abs. 9 VOL/A).

3.7.11.1.2 Verkürzte Angebotsfristen bei Vorinformationen

Art der Frist	Frist, gerechnet	offenes Verfahren	nicht offenes Verfahren	wettbew. Dialog	Verhandlungsverfahren mit öffentl. TW	Vorschrift
verkürzte Angebotsfrist nach Vorinformation gemäß § 15 EG Abs. 7	vom Tag ab Absendung der Bekanntmachung	**) 36 22 (mind.)	-	-	-	§ 12 EG Abs. 3b VOL/A
	vom Tag ab Absendung der Aufforderung zur Angebotsabgabe		**) 36 22 (mind.)		-	§ 12 EG Abs. 5 Satz 3 VOL/A

**) Können Angebote nur nach einer Ortsbesichtigung oder Einsichtnahme in nicht übersandte Vergabeunterlagen erstellt werden, ist die Mindestangebotsfrist zu verlängern (§ 12 EG Abs. 9 VOL/A).

3.7.11.2 Elektronische Bekanntmachung, elektronische Vergabeunterlagen

Erfolgt die Bekanntmachung über das Internetportal des Amtes für amtliche Veröffentlichungen (Amtsblatt der Europäischen Union, TED) auf elektronischem Wege (Erstellung und Übermittlung), können die in den obigen Tabellen dargestellten Angebots- und Bewerbungsfristen um bis zu sieben Kalendertage verkürzt werden.

Die Regelangebotsfristen von offenen Verfahren und nicht offenen Verfahren können um weitere fünf Kalendertage verkürzt werden, wenn ab der Veröffentlichung der Bekanntmachung die Vergabeunterlagen und alle zusätzlichen Unterlagen auf elektronischem Wege frei, direkt und vollständig verfügbar gemacht werden; in der Bekanntmachung ist die Internetadresse anzugeben, unter der diese Unterlagen abrufbar sind.

Die für beschleunigte Verfahren aufgrund von Dringlichkeit geltende Bewerbungsfrist von fünfzehn Kalendertagen kann bei elektronischer Bekanntmachung auf zehn Kalendertage reduziert werden.

3.7.11.3 Übersendung der Vergabeunterlagen und zusätzlichen Unterlagen, Auskunftserteilung

Art der Frist	Frist, gerechnet	offenes Verfahren		nicht offenes Verfahren		wettbew. Dialog	Verhandlungsverfahren mit öffentl. TW		Vorschrift
		Regelfrist	beschleunigtes Verfahren	Regelfrist	beschleunigtes Verfahren	Regelfrist	Regelfrist	beschleunigtes Verfahren	
Übersendung der Vertrags- und zusätzlichen Unterlagen, wenn die Vergabeunterlagen nicht elektronisch frei, direkt und vollständig verfügbar sind	ab dem Tag nach Eingang der Anforderung	6							§ 12 Abs. 7 VOL/A
Auskunftserteilung	Tage vor Ablauf der Angebotsfrist (der Tag, an dem Angebotsfrist abläuft, zählt nicht mit)	6		4	4	6	6	4	§ 12 Abs. 8 VOL/A
Information nicht berücksichtigter Bieter	Kalendertage vor Zuschlagserteilung (Tag des Zuschlags zählt nicht mit)	15/10 ***)		15/10 ***)	15/10 ***)				§ 101a GWB

***) Die Regelninformationsfrist von 15 Kalendertagen verkürzt sich bei Versendung per Fax oder auf elektronischem Weg auf 10 Kalendertage.

3.7.11.4 Mitteilungen nach Zuschlagserteilung

Anlass	Frist, gerechnet	Regelfrist	Vorschrift
Mitteilung an nicht berücksichtigte Bewerber nur auf deren Antrag	ab dem Tag nach Eingang des Antrages, jedoch nicht vor Zuschlagserteilung	15	§ 22 EG Abs. 1 VOL/A
Mitteilung über die Auftragsvergabe nach dem Anhang III der Verordnung (EG) Nr. 1564/2005 enthaltenen Muster an das Amt für amtliche Veröffentlichungen der Europäischen Gemeinschaften	ab dem Tage nach Zuschlagserteilung	48	§ 23 EG Abs. 1 VOL/A

3.7.11.5 Weitere Hinweise

3.7.11.5.1 Angebotsfrist

Für das Fristende ist neben der Bestimmung eines Tages die Festlegung einer konkreten Uhrzeit erforderlich, welche innerhalb der regulären Dienstzeiten liegen soll. Angaben wie zum Beispiel 1. März 2013, 23:59 Uhr, sind zu unterlassen.

3.7.11.5.2 Bekanntmachung, Aufforderung zur Angebotsabgabe

Bei der Bemessung der Frist für die Bewerber zur Anforderung der Vergabeunterlagen im Standardformular 2 (Bekanntmachung) nach dem in Anhang II der Verordnung (EG) Nr. 1564/2005 enthaltenen Muster ist die 12-Tage-Frist nach der Absendung bis zur Veröffentlichung im Supplement zum Amtsblatt der Europäischen Gemeinschaften zu berücksichtigen (§ 15 EG Absatz 3 Satz 2 VOL/A). Elektronisch erstellte und übersandte Bekanntmachungen werden spätestens fünf Tage nach ihrer Absendung veröffentlicht (§ 15 EG Absatz 3 Satz 1 VOL/A).

3.7.11.5.6 Bindefrist

Die Bindefrist beginnt mit Ablauf der Angebotsfrist. Die Bindefrist ist so kurz wie möglich zu bemessen. Bei der Fristbemessung ist zu berücksichtigen, dass die Zuschlagserteilung erst nach Ablauf der Informationsfrist nach § 101a GWB erfolgen darf. Die Bindefrist ist zwingend durch Angabe eines Kalendertags in der Vergabebekanntmachung anzugeben.

Reicht die Bindefrist für den Abschluss des Vergabeverfahrens nicht aus, ist die Frist zu verlängern. Hierfür ist das Einverständnis der Bieter in schriftlicher Form einzuholen. Es ist ausreichend, die Verlängerung der Bindefrist nur mit den Bietern zu vereinbaren, die nach dem Verfahrensstand für die Zuschlagserteilung in Betracht kommen. Eine Verpflichtung, die übrigen Bieter über den Stand des Verfahrens und die Verlängerung zu informieren, besteht nicht. Geht das Einverständnis zur Verlängerung der Bindefrist erst nach dem Ablauf der hierfür vom Sachbearbeiter gesetzten Frist ein, ist das Angebot nur dann auszuschließen, wenn mit dieser Frist auch die ursprüngliche Bindefrist abgelaufen ist. Geht das Einverständnis zwar verspätet aber noch vor Ablauf der ursprünglichen Bindefrist ein, bleibt das Angebot im Verfahren.

3.7.12 Öffnung der Angebote

Schriftliche Angebote sind auf dem ungeöffneten Umschlag mit einem Eingangsvermerk zu versehen und bis zur Angebotsöffnung unter Verschluss zu halten.

Die Angebotsöffnung ist unverzüglich nach Ablauf der Angebotsfrist durch den Verhandlungsleiter (Vergabestelle) und einem weiteren Vertreter des Auftraggebers vorzunehmen. Beide sollen nicht mit der Ausarbeitung der Vergabeunterlagen oder der Wertung der Angebote betraut sein.

Zur Öffnung der Angebote sind Bieter nicht zugelassen (§ 17 EG Absatz 2 Satz 2 VOL/A).

Die Niederschrift über die Öffnung der Angebote darf weder den Bietern noch der Öffentlichkeit zugänglich gemacht werden. Sie ist vom Verhandlungsleiter und dem weiteren Vertreter des Auftraggebers zu unterzeichnen.

Die geöffneten Angebote sind vertraulich zu behandeln und sorgfältig zu verwahren.

3.7.13 Verhandlungsverbot

Bei offenen und nicht offenen Verfahren gilt ein absolutes Verhandlungsverbot.

Aufgeklärt werden dürfen nur Zweifel über die Inhalte der Angebote sowie über die Bieter, das heißt über deren Eignung. Aufklärungsverlangen sind schriftlich unter Fristsetzung abzusenden. Aufklärungsgespräche dürfen weder zu einer inhaltlichen Veränderung des Angebotsinhalts, noch zu einer Ergänzung des Angebots führen. Ungenügende Beschreibungen eines Nebenangebots dürfen nicht nachgebessert werden, die Nachreichung von Gleichwertigkeitsnachweisen bei vom Leitfabrikat abweichend angebotenen Produkten darf nicht zugelassen werden, widersprüchliche Preisangaben dürfen nicht geklärt werden.

Grund und Ergebnis der Aufklärungsgespräche, insbesondere Geschäfts- und Kalkulationsgeheimnisse, sind vertraulich zu behandeln.

Das Aufklärungsgespräch ist von einem Vertreter der Fachabteilung sowie der Vergabestelle zu führen. Vertreter des Nutzers oder sonstige, mit der Abwicklung des Vergabeverfahrens nicht betraute Personen dürfen in keinem Fall bei Aufklärungsverhandlungen zugegen sein.

Über den Gesprächsinhalt ist ein Protokoll zu fertigen und von allen Beteiligten gegenzuzeichnen.

Verweigert ein Bieter die – zulässigerweise – geforderte Aufklärung, kann das Angebot ausgeschlossen werden.

3.7.14 Prüfung und Wertung der Angebote

Die Dokumentation der Prüfung und Wertung hat transparent gegliedert zur Einhaltung des Vieraugenprinzips in Form eines Vergabevorschlags und einer Vergabeentscheidung mit Hilfe des „Digitalen Vergabevermerks" zu erfolgen.

3.7.14.1 Formale Prüfung

Vor der Angebotswertung sind Angebote, die die formellen Anforderungen gemäß § 19 EG Absatz 3 VOL/A nicht erfüllen, auszuschließen.

Zwingende Ausschlussgründe:
- Verspäteter Eingang, sofern die Verspätung vom Bieter zu vertreten ist. Vom Bieter nicht zu vertreten sind Fälle sogenannter höherer Gewalt, das Vorliegen eines sogenannten Organisationsverschuldens auf Seite der Vergabestelle, zum

Beispiel wenn die erforderlichen Vorkehrungen zum Eingang der Angebote nicht vorgehalten wurden oder Ereignisse, die durch äußerste Sorgfalt nicht verhütet werden konnten.
- Fehlende rechtsverbindliche Unterschrift.
- Fehlende wesentliche Preisangaben:
  - Fehlt in einem Angebot bei einzelnen Positionen der Preis, ist zu prüfen, ob es sich hierbei um unwesentliche Positionen in Bezug auf die ausgeschriebene Leistung handelt.
  - Handelt es sich um unwesentliche Positionen, sind in der rechnerischen Prüfung die fehlenden Preise mit „NN" Euro einzusetzen, um den preislichen Rang des Angebotes festzustellen. Zusätzlich ist die Angebotsendsumme mit dem höchsten für diese Positionen angebotenen Preis zu ermitteln. Die Angebotsdaten sind so in den Preisspiegel einzutragen, dass der Bieter zweimal enthalten und erkennbar ist, dass es sich einmal um das ursprüngliche und einmal um das ergänzte Angebot desselben Bieters handelt (z.B. Müller_min und Müller_max). Ändert sich durch die Einsetzung des höchsten Preises der Rang dieses Angebotes, ist es auszuschließen. Ändert sich der Rang nicht, ist das Angebot weiter unter der Annahme des höchsten Wettbewerbspreises für die betreffenden Positionen zu prüfen und zu werten. Die so ermittelte Angebotssumme ist auch in der Niederschrift über die Angebotseröffnung zu vermerken.
  - Durch Zuschlag auf ein solches Angebot kommt der Vertrag ohne die in den betreffenden Positionen beschriebene Leistung zustande.
- Fehlende geforderte und auch auf Nachforderung nicht fristgerecht nachgereichte Erklärungen und Nachweise:
  - Fehlende geforderte Erklärungen und Nachweise (Eignung, Produktangaben etc.) können grundsätzlich mit einer angemessenen Frist (in der Regel 6 Kalendertage) nachgefordert werden, sofern dies in der Bekanntmachung oder den Vergabeunterlagen nicht ausdrücklich ausgeschlossen wurde. Die Angemessenheit der Frist bestimmt sich nach den Umständen des Einzelfalls. Grundsätzlich muss die Frist so bemessen sein, dass der Bieter auch die Möglichkeit hat, die fehlenden Unterlagen zu beschaffen. Je einfacher fehlende Erklärungen und Nachweise beschafft werden können, desto kürzer kann die Frist gesetzt werden. Insbesondere sind auch die Übermittlungsmöglichkeiten der nachgeforderten Unterlagen zu berücksichtigen.
  Ob fehlende geforderte Erklärungen und Nachweise nachgefordert werden, liegt im Ermessen des Auftraggebers. Aber: je unbedeutender einzelne Erklärungen und Nachweise und das Fehlen dieser sind, desto eher sind die fehlenden Unterlagen nachzufordern. Zur Wahrung der Chancengleichheit sind alle Bieter gleich zu behandeln. Entsprechend müssen bei allen Bietern die fehlenden Erklärungen und Nachweise nachgefordert werden, sollten diese Unterlagen bei mindestens einem Bieter nachgefordert werden. Um einen Ermessensnichtgebrauch oder dessen Anschein zu vermeiden, ist die Entscheidung, ob nachgefordert wird oder nicht, mit Gründen im Vergabevermerk zu dokumentieren. Es dürfen nur solche Erklärungen und Nachweise nachgefordert werden, die zum einen bereits in der Bekanntmachung und den Vergabeunterlagen verlangt wurden und zum anderen nicht zu einer inhaltlichen Änderung des Angebots führen.
  Die Frist beginnt am Tag der Absendung. Es liegt im Ermessen des Auftraggebers, unter Umständen fehlende Unterlagen nach Ablauf der gesetzten Frist ein weiteres Mal nachzufordern. Das Angebot ist auszuschließen, wenn die fehlenden und nachgeforderten Unterlagen innerhalb der gesetzten Frist nicht vorgelegt wurden oder von einer Nachforderung abgesehen wird.
- Nicht eindeutig vorgenommene Eintragungen des Bieters.

– Unzulässige Änderungen/Ergänzungen an den Vertragsunterlagen (hierzu zählen auch die Beilegung eigener Allgemeiner Geschäftsbedingungen (AGB) oder Angaben im Anschreiben etc.).
– Nichterfüllung aller in den Vergabeunterlagen gestellten Bedingungen (zum Beispiel nicht formgerechte Angebote).
– Unzulässige, wettbewerbsbeschränkende Abreden.
– Nicht zugelassene Nebenangebote sowie Nebenangebote, die die verlangten Mindestanforderungen nicht erfüllen.

Fakultative Ausschlussgründe:
Liegen fakultativen Ausschlussgründe im Sinne von § 6 EG Absatz 5 VOL/A vor, steht der Angebotsausschluss in der Regel im Ermessen.

Verstöße gegen die Verpflichtung zur Zahlung von Steuern und Abgaben sowie der Beiträge zur gesetzlichen Sozialversicherung sollen aber nach § 21 Absatz 1 Arbeitnehmerentsendegesetz (AEntG) für eine angemessene Zeit bis zur Wiederherstellung der Zuverlässigkeit zum Ausschluss von der Vergabe führen, sofern eine Geldbuße in Höhe von mindestens 2 500 Euro wegen eines Verstoßes gegen § 23 AEntG verhängt worden ist. Liegen keine vernünftigen Zweifel an einem solchen Verstoß vor, kann auch bereits vor Verhängung einer Geldbuße der betroffene Bewerber/Bieter von der Vergabe ausgeschlossen werden. Vor einem Ausschluss ist gemäß § 21 Absatz 5 AEntG der betroffene Bewerber/Bieter anzuhören.

Die verbliebenen Angebote sind auf Vollständigkeit sowie auf ihre rechnerische und fachliche Richtigkeit zu überprüfen (§ 19 EG Absatz 1 VOL/A).

Die weitere Vorgehensweise richtet sich nach § 19 EG Absatz 4 bis 9 VOL/A.

3.7.14.2 Eignung der Bieter

Bei einem offenen Verfahren erfolgt die Eignungsprüfung nach der formalen Prüfung der Angebote, bei einem nicht offenen Verfahren und einem Verhandlungsverfahren mit öffentlichem Teilnahmewettbewerb findet die Eignungsprüfung im Teilnahmewettbewerb statt.

Die Eignungsprüfung ist anhand der geforderten Nachweise unter Einbeziehung sonstiger gesicherter Erkenntnisse (zum Beispiel Auswertungen aus der Zentralen Vergabedatenbank, Erfahrungswerte, sonstige Informationen etc.) vorzunehmen.

Bei der Eignungsfeststellung besteht ein Beurteilungsspielraum. Liegen gesicherte Anhaltspunkte vor, dass ein Bieter die erforderliche Eignung nicht aufweist, ist das Angebot zwingend auszuschließen.

Ist bereits in einem vorgeschalteten Teilnahmewettbewerb die Eignung der Bewerber geprüft und bejaht worden, dürfen die Eignungskriterien (Fachkunde, Leistungsfähigkeit, Zuverlässigkeit) nicht als ein „Mehr an Eignung" in die angebotsbezogene Wertung nach § 21 EG Absatz 1 VOL/A einfließen und dort nochmals berücksichtigt werden. Ein vermeintlich geeigneterer Bieter darf einem weniger geeignet erscheinenden bei der Auswahl des wirtschaftlichsten Angebots nicht vorgezogen werden. Werden nach Angebotsabgabe Umstände bekannt, die zu einem nachträglichen Wegfall der Fachkunde, Leistungsfähigkeit (zum Beispiel Veräußerung eines wesentlichen Betriebsteils) oder Zuverlässigkeit führen können, ist die Eignungsprüfung erneut vorzunehmen.

3.7.14.2.1 Fachkunde, Leistungsfähigkeit, Zuverlässigkeit

Fachkundig ist ein Bewerber, der über die erforderlichen auftragsspezifischen Kenntnisse und technischen Fertigkeiten verfügt, die für eine fachgerechte Ausführung der Leistung erforderlich sind.

Leistungsfähig ist ein Bewerber, der in personeller, kaufmännischer, technischer, finanzieller und organisatorischer Hinsicht mit den vorhandenen Arbeitsmitteln und Arbeitskräften in der Lage ist, den konkreten Auftrag auszuführen.

Zuverlässig ist ein Bewerber, der eine qualitativ zufriedenstellende Erfüllung der Leistung und der Lieferpünktlichkeit erwarten lässt und zudem über die Auftragserfüllung hinaus gesetzliche Pflichten erfüllt, insbesondere der Zahlung von Steuern und Sozialabgaben nachgekommen ist.

3.7.14.2.2 Eigenerklärungen/Nachweise über Fachkunde, Leistungsfähigkeit und Zuverlässigkeit

Die Prüfung der Eignung der Bewerber ist grundsätzlich anhand der abverlangten, durch den Gegenstand des Auftrags gerechtfertigten Eigenerklärungen/Nachweise vorzunehmen. Hinsichtlich der Art und Weise sowie der Festlegung der Mittel der Nachweiserbringung besteht ein Ermessensspielraum.

Werden sachlich gerechtfertigte Mindestbedingungen festgelegt, wie zum Beispiel Mindestumsatz oder Mindestbetriebsgröße, die ein Bieter in jedem Fall zu erfüllen hat, führt die Nichterfüllung eines Kriteriums zu einem zwingenden Ausschluss. Festgelegte Mindestbedingungen dürfen nachträglich nicht abgeändert oder aufgehoben werden.

Der auftragsunabhängige Eignungsnachweis durch Benennung einer Präqualifizierung ist anzuerkennen.

Sollten Zweifel an Eigenerklärungen bestehen, können entsprechende Nachweise innerhalb einer angemessenen Frist (in der Regel sechs Kalendertage) eingefordert werden (siehe Ziffer 3.7.14.1).

Sonstige Informationen und negative Erfahrungen aus vorangegangenen Auftragsverhältnissen, unter anderem dokumentiert in der Vergabedatenbank, rechtfertigen einen Ausschluss wegen fehlender Eignung nur dann, wenn schwerwiegende, objektivierbare Tatsachen vorliegen und eine räumliche und zeitliche Nähe zur jetzigen Vergabe besteht. Ein Ausschluss auf dieser Grundlage muss sorgfältig begründet und dokumentiert werden.

§ 7 EG Absatz 2 VOL/A enthält einen nach der Leistungsfähigkeit in finanzieller und wirtschaftlicher Hinsicht und § 7 EG Absatz 3 VOL/A einen nach der Leistungsfähigkeit in fachlicher und technischer Hinsicht unterteilten Katalog von Nachweisen der Eignung, wobei teilweise auch die Form und die Art des zu erbringenden Nachweises festgelegt ist.

3.7.14.3 Preisprüfung

3.7.14.3.1 Ungewöhnlich niedrig erscheinende Angebote

Bei ungewöhnlich niedrig erscheinenden Angeboten sind die Einzelposten dieser Angebote zu überprüfen. Es besteht eine allgemeine Aufklärungspflicht.

Ungewöhnlich niedrige Angebote können vorliegen,
- bei einer Abweichung des günstigsten Angebots vom nächstgünstigeren um mehr als 10 % bis 20 % oder
- bei einer Abweichung von der Kostenschätzung (Ermittlung des Auftragswerts) um mehr als 20 % oder
- bei einer Abweichungen von den Ergebnissen vorangegangener Ausschreibungen unter Berücksichtigung der aktuellen Marktverhältnisse um ca. 20 %.

Generell ist eine Einzelfallprüfung vorzunehmen. Eine starre prozentuale Grenze, ab der eine Nachfragepflicht zwingend einsetzt, existiert nicht.

In der Regel ist bei Angeboten, die 20 % unterhalb der Kostenschätzung oder 10 % unter den anderen Angeboten liegen, von einer ungewöhnlich niedrigen Preisbildung auszugehen.

Zur Klärung der Ursachen für die ungewöhnlich niedrig erscheinende Preisbildung sind vom Bieter unter Fristsetzung Belege und Erklärungen abzuverlangen. Der Bieter hat den Anschein der ungewöhnlich niedrigen Preisbildung zu widerlegen, die Beweislast trägt der Bieter. Gegenstand der Prüfung, ob eine ungewöhnlich niedrige Preisbildung vorliegt, ist der Gesamtpreis, wobei einzelne Positionen insoweit ebenfalls überprüft werden, sofern sich der Gesamtpreis aus solchen zusammensetzt.

Beschränkt sich der Bieter auf pauschale und unkonkrete Aussagen, kann das Angebot ausgeschlossen werden.

Verweigert der Bieter die Vorlage von Belegen oder Kalkulationsunterlagen, ist das Angebot auszuschließen.

Nicht kostendeckend kalkulierte Angebote (Spekulationsangebote) sind darauf zu prüfen, ob der niedrige Preis wettbewerblich begründet ist. Ferner ist das aus der fehlenden Kostendeckung für die Vertragsdurchführung resultierende Risiko aufzuklären.

Wird die Schlüssigkeit der Kalkulation durch den Bieter nachgewiesen und liegen somit nachvollziehbare Gründe für die ungewöhnlich niedrige Preisbildung vor, gelangen die Angebote in die engere Wahl für die Auftragserteilung (§ 21 EG Absatz 1 VOL/A). Sind die angebotenen Preise nicht schlüssig, darf auf das Angebot der Zuschlag nicht erteilt werden (§ 19 EG Absatz 6 VOL/A).

3.7.14.3.2 Offenbares Missverhältnis

Die Aufklärungspflicht besteht erst recht, wenn das Angebot aufgrund eines offenbaren Missverhältnisses ausgeschlossen werden soll, denn einem offenbaren Missverhältnis liegt eine ungewöhnlich niedrige Preisbildung zu Grunde, die, wie oben dargestellt, eine Aufklärungspflicht des Auftraggebers auslöst. Das Vorliegen eines offenbaren Missverhältnisses führt zwangsläufig zum Ausschluss dieses Angebotes (§ 19 EG Absatz 6 Satz 2 VOL/A).

Ein offenbares Missverhältnis liegt bei einer evidenten Abweichung des Angebotspreises von der angebotenen Leistung vor. Hierfür ist zum einen die eigene ermessensfehlerfreie Kostenschätzung heranzuziehen, aber auch das Bieterfeld und der Durchschnittspreis aller Angebote zu betrachten. Sofern seitens des Auftraggebers keine Ermessensfehler bei einer nochmaligen Überprüfung der eigenen Kostenschätzung erkennbar sind, sollte dies entsprechend vermerkt werden.

Eine Abweichung von mehr als 20 % zur Auftragswertschätzung oder zum nächsten Bieter ohne genügende Erklärung des Bieters lässt in der Regel ein offenbares Missverhältnis vermuten.

3.7.14.3.3 Nachlass auf die Angebotssumme

Der Bieter hat die Möglichkeit, im Angebotsschreiben einen Nachlass ohne Bedingung auf die Abrechnungssumme zu gewähren. Ein solcher Nachlass ist bei der Ausweisung der Wertungssumme zu berücksichtigen. Bei der Preisprüfung von Teilleistungspositionen (Einheitspreisen) ist der Nachlass nicht zu berücksichtigen.

3.7.14.4 Wertung von Bedarfspositionen

Ausnahmsweise ausgewiesene Bedarfspositionen sind mit der ausgeschriebenen Menge zu werten.

Mengenfehler dürfen nach der Angebotseröffnung nicht korrigiert werden (unstatthafte Angebotsänderung nach § 18 EG VOL/A).

3.7.14.5 Wertung von Nebenangeboten

Nebenangebote sind wie Hauptangebote zu werten. Nebenangebote können berücksichtigt werden, wenn sie deutlich auf besonderer Anlage gekennzeichnet wurden und wenn sie die Vergleichbarkeit der Angebote nicht beeinträchtigen.

Nebenangebote dürfen nur gewertet werden, wenn sie die verbindlich und ausdrücklich festgelegten Mindestanforderungen erfüllen (§ 19 EG Absatz 3 Buchstabe g VOL/A). Werden keine Mindestanforderungen festgelegt, dürfen Nebenangebote, selbst wenn sie zugelassen wurden, nicht berücksichtigt werden.

3.7.14.6 Auswahl des wirtschaftlichsten Angebots/Zuschlagserteilung

Ab einer Auftragssumme von 30 000 Euro netto ist für den Bieter, der den Zuschlag erhalten soll, zur Bestätigung der Erklärung im Angebotsschreiben von der Vergabestelle ein Auszug aus dem Gewerbezentralregister beim Bundesamt für Justiz anzufordern.

Der Zuschlag ist auf das wirtschaftlichste Angebot zu erteilen. Der niedrigste Angebotspreis allein ist nicht entscheidend.

Die Zuschlagserteilung erfolgt durch Übersendung des Auftragsschreibens, das die Annahme des Angebots des Bieters darstellt. Das Auftragsschreiben muss innerhalb der Bindefrist zugehen. Eine Zuschlagserteilung nach Ablauf der Bindefrist gilt als neues Angebot, das vom Bieter angenommen werden kann.

Die auftragsbezogenen Zuschlagskriterien sind in den Vergabeunterlagen so präzise wie möglich anzugeben. Die in § 19 EG Absatz 9 VOL/A genannten Zuschlagskriterien sind nicht abschließend. Bei präzisierungsbedürftigen Kriterien, wie zum Beispiel Qualität, Funktionalität, sind konkretisierende Unterkriterien festzulegen und ebenfalls anzugeben. Zuschlagskriterien dürfen während des Vergabeverfahrens nicht geändert werden.

Die angegebenen Zuschlagskriterien sind zu gewichten mittels einer exakten prozentualen Gewichtung oder mittels einer angemessenen Marge oder falls eine Gewichtung aus nachvollziehbaren Gründen nicht angegeben werden kann, durch Festlegung der Kriterien in absteigender Reihenfolge ihrer Bedeutung.

Die Art und Weise der Gewichtung ist in den Vergabeunterlagen anzugeben.

3.7.15 Aufhebung der Ausschreibung

Das Vergabeverfahren kann gemäß § 20 EG Absatz 1 VOL/A aufgehoben werden.

Die Gründe für die vollständige oder teilweise Aufhebung der Ausschreibung sind einzelfallbezogen in den Vergabevermerk aufzunehmen. Die Bieter sind über die Aufhebung unverzüglich zu benachrichtigen. Die tragenden Gesichtspunkte für die Aufhebung sind mit Ausnahme der Aufhebung nach § 20 EG Absatz 1 Buchstabe a VOL/A (kein Angebot, das den Bewerbungsbedingungen entspricht) mitzuteilen. Der Ablauf der Bindefrist macht eine Aufhebung des Verfahrens nicht entbehrlich.

Ein wirtschaftliches Ergebnis liegt dann nicht vor, wenn kein Angebot ein günstiges Preis-Leistungs-Verhältnis aufweist, insbesondere wenn selbst das Mindestgebot wesentlich über dem Marktpreis liegt. Anhaltspunkte für den Marktpreis resultieren aus der Kostenschätzung sowie aus aktuellen Preisen bei vergleichbaren Aufträgen.

3.7.16 Dokumentation des Vergabeverfahrens

Jedes Vergabeverfahren ist lückenlos so zu dokumentieren, dass es von einem unbeteiligten sachkundigen Dritten nachvollzogen werden kann. Zu dokumentieren sind insbesondere die einzelnen Stufen des Verfahrens hinsichtlich des zeitlichen Ablaufs, die wesentlichen Entscheidungen, wie die Angebotsöffnung, die Durchführung sämtlicher Prüfungs- und Wertungsvorgänge einschließlich der hierfür maßgeblichen Erwägungen, Zwischenentscheidungen, Entscheidungen über einen Ausschluss eines Unternehmens, die Ermittlung des wirtschaftlichsten Angebots einschließlich der nachvollziehbaren Darstellung der Berücksichtigung sämtlicher Zuschlagskriterien.

Getroffene Entscheidungen sind nachvollziehbar unter Darlegung der tragenden Gesichtspunkte zu begründen.

Zu dokumentieren sind ebenfalls die Ermittlung des Auftragswerts nach § 3 VgV, die Begründung für die Wahl der Vergabeart und gegebenenfalls Begründungen für eine Losaufteilung beziehungsweise einen Losverzicht.

Der Vergabevermerk ist sukzessive während des Vergabeverfahrens fortzuschreiben, einzelne Entscheidungen sind zeitnah mit dem Wertungsprogramm „Digitaler Vergabevermerk" zu dokumentieren.

3.7.17 Informationspflichten

3.7.17.1 Verfahrensteilnehmer vor Zuschlagserteilung

Alle nichtberücksichtigten Bieter müssen vor Zuschlagserteilung über den Namen des Bieters, dessen Angebot berücksichtigt werden soll, die Gründe der vorgesehenen Nichtberücksichtigung und den frühesten Zeitpunkt des Vertragsschlusses informiert werden (§ 101a GWB). Jede darüber hinausgehende Information, wie zum Beispiel die Angabe des höchsten und niedrigsten Angebotspreises oder sonstige Angaben, ist zu unterlassen.

Die Informationsfrist beträgt fünfzehn Kalendertage. Werden Absageschreiben per Fax oder auf elektronischem Weg versandt, verkürzt sich die Frist auf zehn Kalendertage. Die Fristen beginnen am Tag nach Absendung der Information. Sie müssen innerhalb der Zuschlags-/Bindefrist liegen. Der Zuschlag darf frühestens am Tag nach Fristablauf erfolgen.

Die Absageschreiben sind grundsätzlich per Telefax zu versenden. Die Sendeprotokolle sind zu den Vergabeakten zu nehmen.

Vor Fristablauf darf die Zuschlagserteilung nicht erfolgen. Ein vor Fristablauf geschlossener Vertrag ist von Anfang an unwirksam, wenn dieser Verstoß in einem Nachprüfungsverfahren festgestellt wird.

3.7.17.2 Verfahrensteilnehmer nach Zuschlagserteilung

Nach Zuschlagserteilung sind nichtberücksichtigte Bieter binnen fünfzehn Kalendertagen nach Eingang eines entsprechenden schriftlichen Antrags unverzüglich über die Nichtberücksichtigung zu informieren (§ 22 EG Absatz 1 VOL/A).

Die Mitteilung enthält die Ablehnung des Angebots.
Zusätzlich sind mitzuteilen:
– die Gründe für die Ablehnung,
– die Merkmale und Vorteile des erfolgreichen Angebotes und
– der Name des erfolgreichen Bieters.

Den nicht berücksichtigten Bewerbern im Teilnahmewettbewerb sind lediglich die Gründe für ihre Nichtberücksichtigung mitzuteilen.

3.7.17.3 Amtliche Veröffentlichung

Jeder vergebene Auftrag ist binnen 48 Tagen nach Auftragsvergabe unter Verwendung der Standardformulare für die Veröffentlichung von Vergabebekanntmachungen (Anhang III der Verordnung (EG) Nr. 1564/2005) dem Amt für amtliche Veröffentlichungen der Europäischen Gemeinschaften mitzuteilen (§ 23 EG Absatz 1 VOL/A).

Angaben, die Geschäftsinteressen von Unternehmen oder dem öffentlichen Interesse, zuwiderlaufen, können weggelassen werden (§ 22 EG Absatz 2 VOL/A).

3.7.18 Beurteilung von Vertragspartnern in der Vergabedatenbank

Spätestens nach Ablauf einer Maßnahme/Beendigung eines Vertrags soll bei den in der Vergabedatenbank mit einer Vergabenummer versehenen Verträgen aller Leistungsarten der Gesamteindruck der Vertragspartner in drei Kategorien dokumentiert werden (zufriedenstellend/verlief nicht reibungslos/nicht zufriedenstellend).

So können die gewonnenen Erkenntnisse bei vergleichbaren Leistungen für die Eignungsprüfung von Bewerbern und Bietern berücksichtigt werden.

4 Vertragsabwicklung (VOL/B)

4.1 Mängelansprüche

4.1.1 Allgemeines

Für Mängelansprüche gelten die allgemeinen Vorschriften des Bürgerlichen Gesetzbuches (BGB), in der jeweils geltenden Fassung mit den in § 14 VOL/B enthaltenen Ergänzungen. Die Haftung des Auftragnehmers für erkannte Mängel entfällt, wenn die Leistung trotz erkannter Mängel vorbehaltlos abgenommen wurde (§ 13 Absatz 2 VOL/B). Nach Abnahme festgestellte Mängel sind dem Auftragnehmer unverzüglich schriftlich anzuzeigen (§ 14 Nummer 3 Satz 3 VOL/B). Für das Vorliegen eines Mangels trägt nach Abnahme/Gefahrübergang der Auftraggeber die Beweislast.

Die Mängelrechte stehen zueinander in einem Stufenverhältnis. Primär besteht ein Anspruch auf mangelfreie Nacherfüllung. Nacherfüllung ist die endgültige Herstellung einer vertragsgemäßen mangelfreien Leistung durch Nachbesserung oder Neuherstellung beziehungsweise Ersatzlieferung.

Weitergehende Rechte bestehen ausschließlich, nachdem dem Auftragnehmer eine angemessene Frist zur Nacherfüllung gesetzt wurde und diese ergebnislos verstrichen ist.

Dann kann der Auftraggeber entweder
– den Mangel selbst beseitigen lassen,
– die Vergütung mindern,
– vom Vertrag zurücktreten,
– Schadensersatz statt der Leistung verlangen oder
– Ersatz vergeblicher Aufwendungen verlangen.

4.1.2 Nacherfüllung

Dem Auftragnehmer ist gemäß § 14 Nummer 2 Buchstabe a VOL/B zunächst die Gelegenheit zur Nacherfüllung innerhalb einer angemessenen Frist zu geben.

Die Frist sollte nach dem zur Beseitigung des Mangels erforderlichen Zeitaufwand bemessen werden.

Der Auftragnehmer hat nach seiner Wahl die Leistung oder Teile von ihr unentgeltlich nachzubessern, neu zu liefern oder neu zu erbringen.

4.1.3 Mängelbeseitigung durch Selbstvornahme oder Ausführung durch Dritte

Nach Fristsetzung und erfolglosem Fristablauf besteht die Befugnis, die Mängel auf Kosten des Auftragnehmers beseitigen zu lassen. In Höhe der voraussichtlichen Kosten der Mängelbeseitigung kann ein Vorschuss verlangt werden. Die Kosten für eine Ersatzbeauftragung müssen sich aufgrund der Schadensminderungspflicht in angemessenen Grenzen halten. Vergleichsangebote sind einzuholen.

Gelingt die Mängelbeseitigung nicht oder nicht vollständig, kann die Vergütung gemindert oder Schadensersatz verlangt werden.

4.1.4 Minderung der Vergütung

Anstelle der Selbstvornahmebefugnis und des Rücktrittsrechts kann nach erfolglosem Fristablauf die Beseitigung des Mangels abgelehnt und die Vergütung durch Erklärung (Gestaltungsrecht) gegenüber dem Auftragnehmer gemindert werden. Die Vergütung kann auch gemindert werden, wenn lediglich geringfügige Mängel vorliegen.

Die Vergütung ist um einen der Wertminderung entsprechenden Betrag herabzusetzen; dieser ist gegebenenfalls zu schätzen. Bei völliger Wertlosigkeit der erbrachten Leistung kann der Vergütungsanspruch vollständig entfallen.

Wird die Minderung erklärt, erlöschen Ansprüche auf Nacherfüllung, Selbstvornahme- und Rücktrittsrechte. Ferner können keine Schadensersatzansprüche statt der Leistung oder Ansprüche auf Ersatz vergeblicher Aufwendungen geltend gemacht werden.

4.1.5 Rücktritt

Nach Ablauf der gesetzten Frist zur Nacherfüllung kann bei Vorliegen eines erheblichen Mangels durch Erklärung gegenüber dem Auftragnehmer der Rücktritt (Gestaltungsrecht) erklärt werden.

Mit Erklärung des Rücktritts entsteht ein Rückgewährschuldverhältnis. Der Rücktritt erstreckt sich auf den Vertrag im Ganzen und befreit beide Parteien von ihrer Leistungspflicht. Nacherfüllungsansprüche, Selbstvornahmerechte und Minderungsrechte erlöschen. Empfangene Leistungen sind zurück zu gewähren, gezogene Nutzungen herauszugeben beziehungsweise Wertersatz zu leisten. Zusätzlich kann neben dem Rücktrittsrecht Schadensersatz statt der Leistung gemäß §§ 280, 281 BGB oder Ersatz vergeblicher Aufwendungen gemäß § 284 BGB geltend gemacht werden.

Bei vollzogenen Dauerschuldverhältnissen, wie zum Beispiel Reinigungs- oder Wartungsverträgen, tritt an die Stelle des Rücktrittsrechts in der Regel das Kündigungsrecht aus wichtigem Grund, § 8 Nummer 4 VOL/B in Verbindung mit § 314 BGB. Das Kündigungsrecht beendet das Vertragsverhältnis für die Zukunft.

Ein Rücktritt kommt bei Dauerschuldverhältnissen aber dann in Betracht, wenn ein berechtigtes Interesse besteht, bereits erbrachte Leistungen rückgängig zu machen oder wenn eine vollständige Rückabwicklung unschwer möglich ist. Wirtschaftlich sinnvoll kann ein Rücktritt beispielsweise dann sein, wenn erbrachte Zahlungen in keinem Verhältnis zur Bedeutung der vom Auftragnehmer erbrachten Teilleistungen stehen.

4.1.6 Schadensersatz statt der Leistung oder Ersatz vergeblicher Aufwendungen

Nach erfolglosem Ablauf der gesetzten Frist kann gemäß § 14 Nummer 2 Buchstabe a VOL/B in Verbindung mit § 280 BGB Schadensersatz statt der Leistung oder Ersatz vergeblicher Aufwendungen verlangt werden. Voraussetzung ist das Vorliegen eines erheblichen Mangels und dass der Auftragnehmer die Pflichtverletzung zu vertreten hat.

Der Schadensersatzanspruch statt der Leistung tritt an die Stelle des Erfüllungsanspruchs und umfasst Schäden, die infolge gelungener Nacherfüllung nicht entstanden wären.

Anstelle des Schadensersatzes statt der Leistung kann Ersatz vergeblicher Aufwendungen gemäß § 284 BGB verlangt werden. Aufwendungen sind im Hinblick auf den Erhalt der Leistung erbrachte Vermögensopfer, wie zum Beispiel Vertragskosten, Kosten für Zubehör.

4.1.7 Umfang der Schadensersatzansprüche

Abweichend von den gesetzlichen Bestimmungen schränkt § 14 Nummer 2 Buchstabe b VOL/B den Umfang der Schadensersatzansprüche des Auftraggebers ein. Schadensersatzansprüche beschränken sich auf den Schaden am Gegenstand des Vertrages selbst.

Weitergehende Schäden können nur geltend gemacht werden, wenn sie durch
– Vorsatz oder grobe Fahrlässigkeit des Auftragnehmers,
– Nichterfüllung einer Garantie für die Beschaffenheit der Leistung oder
– Verletzung des Lebens, des Körpers oder der Gesundheit
verursacht wurden.

4.2 Verjährungsfristen für Mängelansprüche

§ 14 Nummer 3 Satz 1 VOL/B verweist auf die gesetzlichen Fristen des BGB. Nach § 438 Absatz 1 Nr. 3 BGB und § 634a Absatz 1 Nummer 1 BGB verjähren die Mängelansprüche Nacherfüllung, Schadensersatz nach §§ 280, 281, 283 oder 311a BGB sowie Ersatz vergeblicher Aufwendungen in zwei Jahren, sofern keine anderweitige Regelung zum Beispiel in den Allgemeinen Geschäftsbedingungen des Landes getroffen wurde. Die Mängelansprüche Rücktritt und Minderung sind Gestaltungsrechte, die nicht verjähren, sondern verwirkt werden können. Nach § 218 BGB analog können diese Gestaltungsrechte nur dann noch ausgeübt werden, sofern der Anspruch auf Leistung oder Nacherfüllung noch nicht verjährt ist.

Die Verjährung beginnt bei Kaufverträgen in der Regel mit Ablieferung der Sache, bei Werkverträgen mit der Abnahme. Sofern ein Mangel durch Nacherfüllung oder Neulieferung beseitigt wird, entstehen die Rechte aus § 437 BGB neu und auch die Verjährungsfrist beginnt mit der Ablieferung der nachgebesserten oder neugelieferten Sache erneut von vorne.

Die Verjährungsfrist für Ansprüche aus dem Rückgewährschuldverhältnis richtet sich nach der regelmäßigen Verjährungsfrist und beträgt drei Jahre, gerechnet ab dem Schluss des Kalenderjahres, in dem der Anspruch auf Rückabwicklung entstanden ist.

5 Standardformulare

5.1 Anlage 1 (Formulare VOL Standard)
5.2 Anlage 2 (Angebotskennzettel)
5.3 Anlage 3 (Auftragsbekanntmachung EU)
5.4 Anlage 4 (Absage- und Informationsschreiben)
5.5 Anlage 5 (Bekanntmachung vergebener Aufträge EU)

VOL-Richtlinie VBV LVG BW

Anlage 1
(Formulare VOL Standard)

Vergabestelle **801**
(Aufforderung zur Abgabe eines Angebots)
-VOL Standard-

Datum der Versendung:
Maßnahme-Nr.:	
Vergabe Nr.:	
Vergabeart ☐ Öffentliche Ausschreibung ☐ Beschränkte Ausschreibung ☐ Freihändige Vergabe	
Einreichungstermin Datum:	Uhrzeit:
Ort (Anschrift wie oben) Raum:	Tel.:
Bindefrist endet am:	

AUFFORDERUNG ZUR ABGABE EINES ANGEBOTS

Maßnahme
....
....

Leistung
....

Anlagen

A) die beim Bieter verbleiben
- ☒ 802   Bewerbungsbedingungen
- ☒ 804   Besondere Vertragsbedingungen
- ☒ 805   Zusätzliche Vertragsbedingungen
- ☐   ......Stück Pläne/Zeichnungen Nr.: ....
- ☐
- ☐

B) die immer zurück zu geben sind
- ☒ 803   Angebotsschreiben
- ☒   Leistungsbeschreibung
- ☐
- ☐
- ☐
- ☐   ......Stück Pläne/Zeichnungen Nr.: ....

C) die (in Abhängigkeit des Angebotes) ausgefüllt zurück zu geben sind
- ☒ 233   Verzeichnis der Nachunternehmerleistungen
- ☒ 234   Erklärung Bieter-/Arbeitsgemeinschaft
- ☐
- ☐
- ☐

LVG BW RL für Vergabe- und Vertragsabwicklung von Liefer- und Dienstleistungen

801
(Aufforderung zur Abgabe eines Angebots)
-VOL Standard-

1 Es ist beabsichtigt, die in beiliegender Leistungsbeschreibung bezeichneten Leistungen zu vergeben im Namen und für Rechnung

    ....
    ....
    ....

2 Die beigefügten Bewerbungsbedingungen (Formblatt 802) sind zu beachten.

3 Auskünfte werden erteilt, nicht beigefügte Unterlagen können eingesehen werden bei/beim

    ☐
    ☐ zu den üblichen Bürozeiten; um Terminabstimmung wird gebeten.   Tel. ....
    Fax ....   E-Mail ....
    Nicht beigefügte Unterlagen sind
    ....

4 Eine Objektbesichtigung **vor** Angebotsabgabe ist unbedingt erforderlich
    ☐ nein
    ☐ ja
    Bitte wenden Sie sich
    an ....
    beim .... Tel.: ....

5 Vorlage von Nachweisen/Angaben durch den Bieter und ggf. Nachunternehmer

5.1 Der Auftraggeber wird ab einer Auftragssumme von 30.000 € für den Bieter, der den Zuschlag erhalten soll, zur Bestätigung der Erklärung (Angebotsschreiben Nr. 2) einen Auszug aus dem Gewerbezentralregister beim Bundesamt für Justiz anfordern.

5.2 Folgende Erklärungen/Nachweise sind mit dem Angebot vorzulegen
    ☐ siehe Vergabebekanntmachung
    ....
    ....
    ....
    ....
    ....
    ....
    ....

6 Die Vergabe nach Losen wird vorbehalten
    ☐ nein
    ☐ ja, Angebote können abgegeben werden
        ☐ nur für ein Los   ☐ für ein oder mehrere Lose   ☐ für alle Lose
    Bedingungen für die Abgabe von Losen
    ....
    ....
    ....
    ....

VOL-Richtlinie VBV

LVG BW

801
(Aufforderung zur Abgabe eines Angebots)
-VOL Standard-

7 Nebenangebote sind zugelassen

☐ ja, zusätzlich zu Nr. 4 der Bewerbungsbedingungen 802 gilt folgendes:

....

....

☐ nein, Nr. 4 der Bewerbungsbedingungen 802 gilt nicht.

8 Elektronische Angebotsabgabe ist

☐ mit fortgeschrittener Signatur zugelassen.

☐ mit qualifizierter Signatur zugelassen.

☐ nicht zugelassen.

9 Für die Angebotsabgabe ist das beiliegende Angebotsschreiben vom Bieter zu unterzeichnen und zusammen mit den Anlagen in verschlossenem Umschlag bis zum Eröffnungs- /Einreichungstermin an die Vergabestelle einzusenden oder dort abzugeben. Der Umschlag ist mit anliegendem Kennzettel, sowie mit Namen des Bieters (Firma), der Anschrift des Bieters und der Angabe der vorgegebenen Kennzeichnung zu versehen.

Bei elektronischer Angebotsabgabe ist das Angebotsschreiben wie vorgegeben digital zu signieren und zusammen mit den Anlagen bis zum Eröffnungs- /Einreichungstermin über die Vergabeplattform bei der Vergabestelle einzureichen.

10 Das Angebot ist nicht berücksichtigt worden, wenn dem Bieter bis zum Ablauf der Bindefrist kein Auftrag erteilt worden ist.

11

LVG BW RL für Vergabe- und Vertragsabwicklung von Liefer- und Dienstleistungen

Vergabestelle

801EG
(Aufforderung zur Abgabe eines Angebots EG)
-VOL Standard -

Datum der Versendung:

Maßnahme-Nr.:	
Vergabe Nr.:	
Vergabeart ☐ offenes Verfahren ☐ nichtoffenes Verfahren ☐ Verhandlungsverfahren	
Einreichungstermin Datum:	Uhrzeit:
Ort (Anschrift wie oben) Raum:	Tel.:
Bindefrist endet am:	

AUFFORDERUNG ZUR ABGABE EINES ANGEBOTS

Maßnahme

Leistung

Anlagen

A) die beim Bieter verbleiben
☒ 802EG Bewerbungsbedingungen EG
☒ 804   Besondere Vertragsbedingungen
☒ 805   Zusätzliche Vertragsbedingungen
☐ ...... Stück Pläne/Zeichnungen Nr.: ....
☐ ....
☐ ....

B) die immer zurück zu geben sind
☒ 803EG Angebotsschreiben EG
☒ 244   Datenverarbeitung
☒   Leistungsbeschreibung
☐ ....
☐ ....
☐ ....
☐ ...... Stück Pläne/Zeichnungen Nr.: ....

C) die (in Abhängigkeit des Angebotes) ausgefüllt zurück zu geben sind
☒ 235EG Verzeichnis der Unternehmerleistungen EG
☒ 236EG Verpflichtungserklärung anderer Unternehmen EG
☐ ....
☐ ....
☐ ....

VOL-Richtlinie VBV

LVG BW

801EG
(Aufforderung zur Abgabe eines Angebots EG)
-VOL Standard-

1. Es ist beabsichtigt, die in beiliegender Leistungsbeschreibung bezeichneten Leistungen zu vergeben im Namen und für Rechnung
   ....
   ....
   ....

2. Die beigefügten Bewerbungsbedingungen (Formblatt 802EG) sind zu beachten.

3. Auskünfte werden erteilt, nicht beigefügte Unterlagen können eingesehen werden bei/beim
   ....
   ☐
   ☐ zu den üblichen Bürozeiten; um Terminabstimmung wird gebeten.   Tel. ....
   Fax ....   E-Mail ....
   Nicht beigefügte Unterlagen sind
   ....
   ....

4. Eine Objektbesichtigung **vor** Angebotsabgabe ist unbedingt erforderlich
   ☐ nein
   ☐ ja
   Bitte wenden Sie sich
   an ....
   beim ....   Tel.: ....

5. Vorlage von Nachweisen/Angaben für den Bieter und die von ihm nach Formblatt 236EG verpflichteten Unternehmen

5.1 Der Auftraggeber wird ab einer Auftragssumme von 30.000 € für den Bieter, der den Zuschlag erhalten soll, zur Bestätigung der Erklärung (Angebotsschreiben Nr. 2) einen Auszug aus dem Gewerbezentralregister beim Bundesamt für Justiz anfordern.

5.2 Folgende Erklärungen/Nachweise sind mit dem Angebot vorzulegen
   ☐ siehe Vergabebekanntmachung
   ....
   ....
   ....
   ....
   ....
   ....
   ....
   ....
   ....
   ....
   ....
   ....
   ....

5.3 Auf Verlangen der Vergabestelle sind vorzulegen:
   ☒ Beim Einsatz anderer Unternehmen das Formblatt 236EG „Verpflichtungserklärung" von jedem benannten Unternehmen

LVG BW RL für Vergabe- und Vertragsabwicklung von Liefer- und Dienstleistungen

801EG
(Aufforderung zur Abgabe eines Angebots EG)
-VOL Standard-

6 Die Vergabe nach Losen wird vorbehalten
☐ nein
☐ ja, Angebote können abgegeben werden
   ☐ nur für ein Los ☐ für ein oder mehrere Lose ☐ für alle Lose

Bedingungen für die Abgabe von Losen

----

7 Nebenangebote sind nicht zugelassen.
☐ ja, zusätzlich zu Nr. 5 der Bewerbungsbedingungen 802EG gilt folgendes:

☐ nein, Nr. 5 der Bewerbungsbedingungen 802EG gilt nicht.

8 Elektronische Angebotsabgabe ist
☐ mit fortgeschrittener Signatur zugelassen.
☐ mit qualifizierter Signatur zugelassen.
☐ nicht zugelassen.

9 Nach Durchführung der drei vorrangigen Wertungsstufen erfolgt die Auswahl des wirtschaftlich günstigsten Angebotes nach folgenden Zuschlagskriterien:

Kriterien	Gewichtung
1. Preis	.... %
2.	.... %
3.	.... %
4.	.... %
5.	.... %
6.	.... %

☐ Eine Gewichtung kann nicht angegeben werden, die Kriterien sind in der Reihenfolge ihrer Bedeutung aufgelistet:

----

10 Für die Angebotsabgabe ist das beiliegende Angebotsschreiben vom Bieter zu unterzeichnen und zusammen mit den Anlagen in verschlossenem Umschlag bis zum Eröffnungs- /Einreichungstermin an die Vergabestelle einzusenden oder dort abzugeben. Der Umschlag ist mit anliegendem Kennzettel, sowie mit Namen des Bieters (Firma), der Anschrift des Bieters und der Angabe der vorgegebenen Kennzeichnung zu versehen.

Bei elektronischer Angebotsabgabe ist das Angebotsschreiben wie vorgegeben digital zu signieren und zusammen mit den Anlagen bis zum Eröffnungs- /Einreichungstermin über die Vergabeplattform bei der Vergabestelle einzureichen.

11 Vergabekammer (§ 104 GWB)
----

12 --

VOL-Richtlinie VBV
LVG BW

802
(Bewerbungsbedingungen)
-VOL Standard-

BEWERBUNGSBEDINGUNGEN FÜR DIE VERGABE VON LEISTUNGEN

Das Vergabeverfahren erfolgt nach der "Vergabe- und Vertragsordnung für Leistungen", Teil A "Allgemeine Bestimmungen für die Vergabe von Leistungen" der aktuellen Fassung (VOL/A, Abschnitt 1).

1 Mitteilung von Unklarheiten in den Vergabeunterlagen

Enthalten die Vergabeunterlagen nach Auffassung des Bewerbers Unklarheiten, so hat er unverzüglich die Vergabestelle vor Angebotsabgabe in Textform darauf hinzuweisen.

2 Unzulässige Wettbewerbsbeschränkungen

Angebote von Bietern, die sich im Zusammenhang mit diesem Vergabeverfahren an einer unzulässigen Wettbewerbsbeschränkung beteiligen, werden ausgeschlossen.

Zur Bekämpfung von Wettbewerbsbeschränkungen hat der Bieter auf Verlangen Auskünfte darüber zu geben, ob und auf welche Art der Bieter wirtschaftlich und rechtlich mit Unternehmen verbunden ist.

3 Angebot

3.1 Das Angebot ist in deutscher Sprache abzufassen.

3.2 Für das Angebot sind die von der Vergabestelle vorgegebenen Vordrucke zu verwenden; das Angebot ist an der dafür vorgesehenen Stelle zu unterschreiben.

Eine selbst gefertigte Kopie oder Kurzfassung des Leistungsverzeichnisses ist zulässig. Das von der Vergabestelle vorgegebene Leistungsverzeichnis ist allein verbindlich.

3.3 Unterlagen, die von der Vergabestelle nach Angebotsabgabe verlangt werden, sind zu dem von der Vergabestelle bestimmten Zeitpunkt einzureichen. Werden die Unterlagen nicht vollständig fristgerecht vorgelegt, wird das Angebot ausgeschlossen.

3.4 Enthält die Leistungsbeschreibung bei einer Teilleistung eine Produktangabe mit Zusatz „oder gleichwertig" und wird vom Bieter dazu eine Produktangabe verlangt, ist das Fabrikat (insbesondere Herstellerangabe und genaue Typenbezeichnung) auch dann anzugeben, wenn der Bieter das vorgegebene Fabrikat anbieten will. Dies kann unterbleiben, wenn er im Angebotsschreiben erklärt, dass er das in der Leistungsbeschreibung benannte Produkt anbietet.

3.5 Alle Eintragungen müssen dokumentenecht sein.

3.6 Ein Bieter, der in seinem Angebot die von ihm tatsächlich für einzelne Leistungspositionen geforderten Einheitspreise auf verschiedene Einheitspreise anderer Leistungspositionen verteilt, benennt nicht die von ihm geforderten Preise im Sinne von § 13 Abs. 3 VOL/A. Deshalb werden Angebote, bei denen der Bieter die Einheitspreise einzelner Leistungspositionen in „Mischkalkulationen" auf andere Leistungspositionen umlegt, grundsätzlich von der Wertung ausgeschlossen (§ 16 Abs. 3 a) VOL/A).

3.7 Alle Preise sind in Euro mit höchstens drei Nachkommastellen anzugeben.

Die Preise (Einheitspreise, Pauschalpreise, Verrechnungssätze usw.) sind ohne Umsatzsteuer anzugeben. Der Umsatzsteuerbetrag ist unter Zugrundelegung des geltenden Steuersatzes am Schluss des Angebotes hinzuzufügen.

Es werden nur Preisnachlässe gewertet, die

- ohne Bedingungen als Vomhundertsatz auf die Abrechnungssumme gewährt werden und
- an der im Angebotsschreiben bezeichneten Stelle aufgeführt sind.

Nicht zu wertende Preisnachlässe bleiben Inhalt des Angebotes und werden im Fall der Auftragserteilung Vertragsinhalt.

4 Nebenangebote

4.1 Sind Nebenangebote zugelassen, müssen diese gleichwertig zu den Hauptangeboten sein, d.h. leistungsbezogene, sachlich-technische Mindestanforderungen sind zwingend zu erfüllen.

4.2 Der Bieter hat die in Nebenangeboten enthaltenen Leistungen eindeutig und erschöpfend zu beschreiben; die Gliederung des Leistungsverzeichnisses ist, soweit möglich, beizubehalten.

Nebenangebote müssen alle Leistungen umfassen, die zu einer einwandfreien Ausführung der Leistung erforderlich sind.

Soweit der Bieter eine Leistung anbietet, deren Ausführung nicht in den Vergabeunterlagen geregelt ist, hat er im Angebot entsprechende Angaben über Ausführung und Beschaffenheit dieser Leistung zu machen.

4.3 Nebenangebote sind, soweit sie Teilleistungen (Positionen) des Leistungsverzeichnisses beeinflussen (ändern, ersetzen, entfallen lassen, zusätzlich erfordern), nach Mengenansätzen und Einzelpreisen aufzugliedern (auch bei Vergütung durch Pauschalsummen).

4.4 Nebenangebote, die den Nummern 4.1 bis 4.3 nicht entsprechen, werden von der Wertung ausgeschlossen.

5 Bietergemeinschaften

Die Bietergemeinschaft hat mit ihrem Angebot eine von allen Mitgliedern unterzeichnete Erklärung abzugeben,

- in der die Bildung einer Arbeitsgemeinschaft im Auftragsfall erklärt ist,
- in der alle Mitglieder aufgeführt sind und der für die Durchführung des Vertrags bevollmächtigte Vertreter bezeichnet ist,
- dass der bevollmächtigte Vertreter die Mitglieder gegenüber dem Auftraggeber rechtsverbindlich vertritt,
- dass alle Mitglieder als Gesamtschuldner haften.

Sofern nicht öffentlich ausgeschrieben wird, werden Angebote von Bietergemeinschaften, die sich erst nach der Aufforderung zur Angebotsabgabe aus aufgeforderten Unternehmern gebildet haben, nicht zugelassen.

VOL-Richtlinie VBV

LVG BW

802EG
(Bewerbungsbedingungen EG)
-VOL Standard-

BEWERBUNGSBEDINGUNGEN FÜR DIE VERGABE VON LEISTUNGEN

Das Vergabeverfahren erfolgt nach der "Vergabe- und Vertragsordnung für Leistungen", Teil A "Allgemeine Bestimmungen für die Vergabe von Leistungen" der aktuellen Fassung (VOL/A, Abschnitt 2).

1 Mitteilung von Unklarheiten in den Vergabeunterlagen

Enthalten die Vergabeunterlagen nach Auffassung des Bewerbers Unklarheiten, so hat er unverzüglich die Vergabestelle vor Angebotsabgabe in Textform darauf hinzuweisen.

2 Unzulässige Wettbewerbsbeschränkungen

Angebote von Bietern, die sich im Zusammenhang mit diesem Vergabeverfahren an einer unzulässigen Wettbewerbsbeschränkung beteiligen, werden ausgeschlossen.

Zur Bekämpfung von Wettbewerbsbeschränkungen hat der Bieter auf Verlangen Auskünfte darüber zu geben, ob und auf welche Art der Bieter wirtschaftlich und rechtlich mit Unternehmen verbunden ist.

3 Angebot

3.1 Das Angebot ist in deutscher Sprache abzufassen.

3.2 Für das Angebot sind die von der Vergabestelle vorgegebenen Vordrucke zu verwenden; das Angebot ist an der dafür vorgesehenen Stelle zu unterschreiben.

Eine selbst gefertigte Kopie oder Kurzfassung des Leistungsverzeichnisses ist zulässig. Das von der Vergabestelle vorgegebene Leistungsverzeichnis ist allein verbindlich.

3.3 Unterlagen, die von der Vergabestelle nach Angebotsabgabe verlangt werden, sind zu dem von der Vergabestelle bestimmten Zeitpunkt einzureichen. Werden die Unterlagen nicht vollständig fristgerecht vorgelegt, wird das Angebot ausgeschlossen.

3.4 Enthält die Leistungsbeschreibung bei einer Teilleistung eine Produktangabe mit Zusatz „oder gleichwertig" und wird vom Bieter dazu eine Produktangabe verlangt, ist das Fabrikat (insbesondere Herstellerangabe und genaue Typenbezeichnung) auch dann anzugeben, wenn der Bieter das vorgegebene Fabrikat anbieten will. Dies kann unterbleiben, wenn er im Angebotsschreiben erklärt, dass er das in der Leistungsbeschreibung benannte Produkt anbietet.

3.5 Alle Eintragungen müssen dokumentenecht sein.

3.6 Ein Bieter, der in seinem Angebot die von ihm tatsächlich für einzelne Leistungspositionen geforderten Einheitspreise auf verschiedene Einheitspreise anderer Leistungspositionen verteilt, benennt nicht die von ihm geforderten Preise im Sinne von § 16 EG Abs. 3 VOL/A. Deshalb werden Angebote, bei denen der Bieter die Einheitspreise einzelner Leistungspositionen in „Mischkalkulationen" auf andere Leistungspositionen umlegt, grundsätzlich von der Wertung ausgeschlossen (§ 19 EG Abs. 3 a) VOL/A).

3.7 Alle Preise sind in Euro mit höchstens drei Nachkommastellen anzugeben.

Die Preise (Einheitspreise, Pauschalpreise, Verrechnungssätze usw.) sind ohne Umsatzsteuer anzugeben. Der Umsatzsteuerbetrag ist unter Zugrundelegung des geltenden Steuersatzes am Schluss des Angebotes hinzuzufügen.

Es werden nur Preisnachlässe gewertet, die

- ohne Bedingungen als Vomhundertsatz auf die Abrechnungssumme gewährt werden und

- an der im Angebotsschreiben bezeichneten Stelle aufgeführt sind.

Nicht zu wertende Preisnachlässe bleiben Inhalt des Angebotes und werden im Fall der Auftragserteilung Vertragsinhalt.

4 Eignungsnachweis für andere Unternehmen

Beabsichtigt der Bieter, sich bei der Erfüllung eines Auftrages der Fähigkeiten anderer Unternehmen zu bedienen, muss er Art und Umfang der dafür vorgesehenen Leistungsbereiche in seinem Angebot bezeichnen. Zum Nachweis, dass ihm die erforderlichen Fähigkeiten (Mittel, Kapazitäten) der anderen Unternehmen zur Verfügung stehen, hat er auf gesondertes Verlangen der Vergabestelle zu dem von dieser bestimmten Zeitpunkt diese Unternehmen zu benennen und entsprechende Verpflichtungserklärungen dieser Unternehmen vorzulegen.

802EG
(Bewerbungsbedingungen EG)
-VOL Standard-

5 Nebenangebote

5.1 Sind Nebenangebote zugelassen, müssen diese gleichwertig zu den Hauptangeboten sein, d.h. leistungsbezogene, sachlich-technische Mindestanforderungen sind zwingend zu erfüllen.

5.2 Der Bieter hat die in Nebenangeboten enthaltenen Leistungen eindeutig und erschöpfend zu beschreiben; die Gliederung des Leistungsverzeichnisses ist, soweit möglich, beizubehalten.

Nebenangebote müssen alle Leistungen umfassen, die zu einer einwandfreien Ausführung der Leistung erforderlich sind.

Soweit der Bieter eine Leistung anbietet, deren Ausführung nicht in den Vergabeunterlagen geregelt ist, hat er im Angebot entsprechende Angaben über Ausführung und Beschaffenheit dieser Leistung zu machen.

5.3 Nebenangebote sind, soweit sie Teilleistungen (Positionen) des Leistungsverzeichnisses beeinflussen (ändern, ersetzen, entfallen lassen, zusätzlich erfordern), nach Mengenansätzen und Einzelpreisen aufzugliedern (auch bei Vergütung durch Pauschalsummen).

5.4 Nebenangebote, die den Nummern 5.1 bis 5.3 nicht entsprechen, werden von der Wertung ausgeschlossen.

6 Bietergemeinschaften

Die Bietergemeinschaft hat mit ihrem Angebot eine von allen Mitgliedern unterzeichnete Erklärung abzugeben,

- in der die Bildung einer Arbeitsgemeinschaft im Auftragsfall erklärt ist,
- in der alle Mitglieder aufgeführt sind und der für die Durchführung des Vertrags bevollmächtigte Vertreter bezeichnet ist,
- dass der bevollmächtigte Vertreter die Mitglieder gegenüber dem Auftraggeber rechtsverbindlich vertritt,
- dass alle Mitglieder als Gesamtschuldner haften.

Sofern nicht öffentlich ausgeschrieben wird, werden Angebote von Bietergemeinschaften, die sich erst nach der Aufforderung zur Angebotsabgabe aus aufgeforderten Unternehmern gebildet haben, nicht zugelassen.

VOL-Richtlinie VBV   LVG BW

803
(Angebotsschreiben)
-VOL Standard-

Name und Anschrift des Bieters

Maßnahme-Nr.:	
Vergabe Nr.:	
Einreichungstermin Datum:	Uhrzeit:
Ort (Anschrift wie oben) Raum:	Tel.:
Bindefrist endet am:	

ANGEBOT

Maßnahme

Leistung

----

1 Mein/Unser Angebot umfasst:

1.1 folgende beigefügte Unterlagen
 – die ausgefüllte Leistungsbeschreibung,
 – alle weiteren nach der Aufforderung zur Abgabe eines Angebots geforderten und soweit erforderlich ausgefüllten Anlagen, die diesem Angebotsschreiben beigefügt sind (vgl. 801 Abschnitt B und C).

1.2 folgende nicht beigefügte Unterlagen
 – die Besonderen Vertragsbedingungen (804),
 – die Zusätzlichen Vertragsbedingungen (805),
 – die Allgemeinen Vertragsbedingungen für die Ausführung von Leistungen (VOL/B), Ausgabe 2003.

2 Ich/Wir erkläre(n), dass ich/wir
 – meinen/unseren Verpflichtungen zur Zahlung der Steuern und Abgaben sowie der Beiträge zur gesetzlichen Sozialversicherung nachgekommen bin/sind,
 – keine schwere Verfehlung vorliegt, die meine/unsere Zuverlässigkeit als Bewerber in Frage stellt z.B. wirksames Berufsverbot (§ 70 StGB), wirksames vorläufiges Berufsverbot (§ 132a StPO), wirksame Gewerbeuntersagung (§ 35 GewO), rechtskräftiges Urteil innerhalb der letzten 2 Jahre gegen Mitarbeiter mit Leitungsaufgaben wegen Mitgliedschaft in einer kriminellen Vereinigung (§ 129 StGB), Geldwäsche (261 StGB), Bestechung (§ 334 StGB), Vorteilsgewährung (§ 333 StGB), Diebstahl (§ 242 StGB), Unterschlagung (§ 246 StGB), Erpressung (§ 53 StGB), Betrug (§ 263 StGB), Subventionsbetrug (§ 264 StGB), Kreditbetrug (§ 265b StGB), Untreue (§ 266 StGB), Urkundenfälschung (§ 267 StGB), Fälschung technischer Aufzeichnungen (§ 268 StGB), Delikte im Zusammenhange mit Insolvenzverfahren (§ 283 ff. StGB), wettbewerbsbeschränkende Absprachen bei Ausschreibungen (§ 298 StGB), Bestechung im geschäftlichen Verkehr (§ 299 StGB), Brandstiftung (§ 306 StGB), Baugefährdung (§ 319 StGB), Gewässer- und Bodenverunreinigung (§§ 324, 324a StGB), unerlaubter Umgang mit gefährlichen Abfällen (326 StGB), die mit Freiheitsstrafe von mehr als 3 Monaten oder Geldstrafe von mehr als 90 Tagessätzen geahndet wurde.
 – dass ich/wir in den letzten 3 Jahren nicht gem. § 21 Abs. 1 Satz 1 oder 2 i.V.m. § 8 Abs. 1 Nr. 2, §§ 9 bis 11 des Schwarzarbeiterbekämpfungsgesetzes, § 404 Abs. 1 oder 2 Nr. 3 des Dritten Buches Sozialgesetzbuch, §§ 15, 15a 16 Abs. 1 Nr. 1, 1b oder 2 des Arbeitnehmerüberlassungsgesetzes, § 266a Abs. 1 bis 4 des Strafgesetzbuches mit einer Freiheitsstrafe von mehr als 3 Monaten oder einer Geldstrafe von mehr als 90 Tagessätzen oder einer Geldbuße von mehr als 2.500 € belegt worden bin/sind oder gem. § 21 Abs. 1 i.V.m. § 23 des Arbeitnehmerentsendegesetzes mit einer Geldbuße von wenigstens 2.500 Euro belegt worden bin/sind.

LVG BW   RL für Vergabe- und Vertragsabwicklung von Liefer- und Dienstleistungen

803
(Angebotsschreiben)
-VOL Standard-

- die gewerberechtlichen Voraussetzungen für die Ausführung der angebotenen Leistung erfülle(n),
- ....
- ....
- ....

3

3.1 Ich/Wir gehöre(n) zu

☐ Handwerk   ☐ Industrie   ☐ Handel   ☐ Versorgungs-unternehmen   ☐ Sonstigen

3.2 ☐ Ich bin/Wir sind bevorzugte(r) Bewerber laut beigefügtem(n)/vorliegendem(n) Nachweis(en)

3.3 Ich bin/Wir sind ein ausländisches Unternehmen aus einem

☐ EWR-Staat bzw. Staat des WTO-Abkommens   ☐ anderen Staat   Nationalität:
(bitte intern. Kfz.-Kennzeichen eintragen)

4 Zur Ausführung der Leistung erkläre(n) ich/wir:

Ich/Wir werde(n) die Leistungen, die ich/wir nicht in dem Formblatt 233 angegeben habe(n), im eigenen Betrieb ausführen.

Mir/uns ist bekannt, dass ich/wir Leistungen, auf die mein/unser Betrieb eingerichtet ist, nur mit schriftlicher Zustimmung des Auftraggebers an Nachunternehmer übertragen darf/dürfen und nach Vertragsabschluss mit einer Zustimmung hierzu nicht rechnen kann/können.

6 Ich/Wir bieten die Ausführung der beschriebenen Leistungen zu den von mir/uns eingesetzten Preisen und mit allen den Preis betreffenden Angaben wie folgt an:

Hauptangebot keine Vergabe nach Losen	Endbetrag einschl. Umsatzsteuer (ohne Nachlass)	Preisnachlass **ohne** Bedingung auf die Abrechnungssumme für Haupt- u. alle Nebenangebote
Summe Angebot	€	%

Um einen reibungslosen Ablauf des Eröffnungstermins zu ermöglichen, wurden im Angebotsschreiben Eintragungsfelder für die im Eröffnungstermin zu dokumentierenden Endbeträge und andere den Preis betreffende Angaben sowie für weitere Angaben zum Angebot zusammengefasst.

An mein/unser Angebot halte ich mich/halten wir uns bis zum Ablauf der Bindefrist gebunden.

7 Ich bin mir/Wir sind uns bewusst, dass eine wissentlich falsche Erklärung im Angebotsschreiben meinen/ unseren Ausschluss zur Folge haben kann.

8 Die nachstehende Unterschrift gilt für alle Teile des Angebots.

☐ Ich/Wir gebe(n) eine selbstgefertigte Kurzfassung des Leistungsverzeichnisses des Auftraggebers ab und erkenne(n) mit der Unterschrift die vom Auftraggeber verfasste Urschrift des Leistungsverzeichnisses als alleinverbindlich an.

☐ Ich/Wir erkläre(n), dass das vom Auftraggeber vorgeschlagene Produkt Inhalt meines/unseres Angebotes ist, wenn Teilleistungsbeschreibungen des Auftraggebers den Zusatz „oder gleichwertig" enthalten und von mir/uns keine Produktangaben (Hersteller- und Typbezeichnung) eingetragen wurden.

Ort, Datum, Unterschrift

Wird das Angebotsschreiben an dieser Stelle nicht unterschrieben oder wie vorgeschrieben signiert, gilt das Angebot als nicht abgegeben.

VOL-Richtlinie VBV   LVG BW

803EG
(Angebotsschreiben EG)
-VOL Standard-

Name und Anschrift des Bieters

Maßnahme-Nr.:	
Vergabe Nr.:	
Einreichungstermin Datum:	Uhrzeit:
Ort (Anschrift wie oben) Raum:	Tel.:
Bindefrist endet am:	

ANGEBOT

Maßnahme

Leistung

----

1 Mein/Unser Angebot umfasst:

1.1 folgende beigefügte Unterlagen
- die ausgefüllte Leistungsbeschreibung,
- alle weiteren nach der Aufforderung zur Abgabe eines Angebots geforderten und soweit erforderlich ausgefüllten Anlagen, die diesem Angebotsschreiben beigefügt sind (vgl. 811EG Abschnitte B und C).

1.2 folgende nicht beigefügte Unterlagen
- die Besonderen Vertragsbedingungen (814),
- die Zusätzlichen Vertragsbedingungen (805),
- die Allgemeinen Vertragsbedingungen für die Ausführung von Leistungen (VOL/B), Ausgabe 2003.

2 Ich/Wir erkläre(n), dass ich/wir
- meinen/unseren Verpflichtungen zur Zahlung der Steuern und Abgaben sowie der Beiträge zur gesetzlichen Sozialversicherung nachgekommen bin/sind,
- keine schwere Verfehlung vorliegt, die meine/unsere Zuverlässigkeit als Bewerber in Frage stellt z.B. wirksames Berufsverbot (§ 70 StGB), wirksames vorläufiges Berufsverbot (§ 132a StPO), wirksame Gewerbeuntersagung (§ 35 GewO), rechtskräftiges Urteil innerhalb der letzten 2 Jahre gegen Mitarbeiter mit Leitungsaufgaben wegen Mitgliedschaft in einer kriminellen Vereinigung (§ 129 StGB), Geldwäsche (261 StGB), Bestechung (§ 334 StGB), Vorteilsgewährung (§ 333 StGB), Diebstahl (§ 242 StGB), Unterschlagung (§ 246 StGB), Erpressung (§ 253 StGB), Betrug (§ 263 StGB), Subventionsbetrug (§ 264 StGB), Kreditbetrug (§ 265b StGB), Untreue (§ 266 StGB), Urkundenfälschung (§ 267 StGB), Fälschung technischer Aufzeichnungen (§ 268 StGB), Delikte im Zusammenhange mit Insolvenzverfahren (§ 283 ff. StGB), wettbewerbsbeschränkende Absprachen bei Ausschreibungen (§ 298 StGB), Bestechung im geschäftlichen Verkehr (§ 299 StGB), Brandstiftung (§ 306 StGB), Baugefährdung (§ 319 StGB), Gewässer- und Bodenverunreinigung (§§ 324, 324a StGB), unerlaubter Umgang mit gefährlichen Abfällen (326 StGB), die mit Freiheitsstrafe von mehr als 3 Monaten oder Geldstrafe von mehr als 90 Tagessätzen geahndet wurde.
- dass ich/wir in den letzten 3 Jahren nicht gem. § 21 Abs. 1 Satz 1 oder 2 i.V.m. § 8 Abs. 1 Nr. 2, §§ 9 bis 11 des Schwarzarbeiterbekämpfungsgesetzes, § 404 Abs. 1 oder 2 Nr. 3 des Dritten Buches Sozialgesetzbuch, §§ 15, 15a 16 Abs. 1 Nr. 1, 1b oder 2 des Arbeitnehmerüberlassungsgesetzes, § 266a Abs. 1 bis 4 des Strafgesetzbuches mit einer Freiheitsstrafe von mehr als 3 Monaten oder einer Geldstrafe von mehr als 90 Tagessätzen oder einer Geldbuße von mehr als 2.500 € belegt worden bin/sind oder gem. § 21 Abs. 1 i.V.m. § 23 des Arbeitnehmerentsendegesetzes mit einer Geldbuße von wenigstens 2.500 Euro belegt worden bin/sind.

LVG BW RL für Vergabe- und Vertragsabwicklung von Liefer- und Dienstleistungen

803EG
(Angebotsschreiben EG)
-VOL Standard-

- die gewerberechtlichen Voraussetzungen für die Ausführung der angebotenen Leistung erfülle(n),

---

3

3.1 Ich/Wir gehöre(n) zu

☐ Handwerk ☐ Industrie ☐ Handel ☐ Versorgungsunternehmen ☐ Sonstigen

3.2 ☐ Ich bin/Wir sind bevorzugte(r) Bewerber laut beigefügtem(n)/vorliegendem(n) Nachweis(en)

3.3 Ich bin/Wir sind ein ausländisches Unternehmen aus einem

☐ EWR-Staat bzw. Staat des WTO-Abkommens ☐ anderen Staat Nationalität:
(bitte intern. Kfz.-Kennzeichen eintragen)

4 Zur Ausführung der Leistung erkläre(n) ich/wir:

Ich/Wir werde(n) die Leistungen, die ich/wir nicht im Formblatt 235EG angegeben habe(n), im eigenen Betrieb ausführen.

Mir/Uns ist bekannt, dass ich/wir wesentliche Leistungen, auf die mein/unser Betrieb und die nach Formblatt 236EG verpflichteten Unternehmen eingerichtet sind, nur mit schriftlicher Zustimmung des Auftraggebers an Nachunternehmer übertragen darf/dürfen und nach Vertragsabschluss mit einer Zustimmung hierzu nicht rechnen kann/können.

6 Ich/Wir bieten die Ausführung der beschriebenen Leistungen zu den von mir/uns eingesetzten Preisen und mit allen den Preis betreffenden Angaben wie folgt an:

Hauptangebot keine Vergabe nach Losen	Endbetrag einschl. Umsatzsteuer (ohne Nachlass)	Preisnachlass **ohne** Bedingung auf die Abrechnungssumme für Haupt- u. alle Nebenangebote
Summe Angebot	€	%

Um einen reibungslosen Ablauf des Eröffnungstermins zu ermöglichen, wurden im Angebotsschreiben Eintragungsfelder für die im Eröffnungstermin zu dokumentierenden Endbeträge und andere den Preis betreffende Angaben sowie für weitere Angaben zum Angebot zusammengefasst.

An mein/unser Angebot halte ich mich/halten wir uns bis zum Ablauf der Bindefrist gebunden.

7 Ich bin mir/Wir sind uns bewusst, dass eine wissentlich falsche Erklärung im Angebotsschreiben meinen/ unseren Ausschluss zur Folge haben kann.

8 Die nachstehende Unterschrift gilt für alle Teile des Angebots.

☐ Ich/Wir gebe(n) eine selbstgefertigte Kurzfassung des Leistungsverzeichnisses des Auftraggebers ab und erkenne(n) mit der Unterschrift die vom Auftraggeber verfasste Urschrift des Leistungsverzeichnisses als alleinverbindlich an.

☐ Ich/Wir erkläre(n), dass das vom Auftraggeber vorgeschlagene Produkt Inhalt meines/unseres Angebotes ist, wenn Teilleistungsbeschreibungen des Auftraggebers den Zusatz „oder gleichwertig" enthalten und von mir/uns keine Produktangaben (Hersteller- und Typbezeichnung) eingetragen wurden.

Ort, Datum, Unterschrift

Wird das Angebotsschreiben an dieser Stelle nicht unterschrieben oder wie vorgegeben signiert, gilt das Angebot als nicht abgegeben.

VOL-Richtlinie VBV, Stand März 2013

VOL-Richtlinie VBV   LVG BW

803
(Angebotsschreiben)
-VOL Standard-

Name und Anschrift des Bieters

Maßnahme-Nr.:	
Vergabe Nr.:	
Einreichungstermin Datum:	Uhrzeit:
Ort (Anschrift wie oben) Raum:	Tel.:
Bindefrist endet am:	

ANGEBOT

Maßnahme

Leistung

----

1   Mein/Unser Angebot umfasst:

1.1 folgende beigefügte Unterlagen
   – die ausgefüllte Leistungsbeschreibung,
   – alle weiteren nach der Aufforderung zur Abgabe eines Angebots geforderten und soweit erforderlich ausgefüllten Anlagen, die diesem Angebotsschreiben beigefügt sind (vgl. 801 Abschnitt B und C)

1.2 folgende nicht beigefügte Unterlagen
   – die Besonderen Vertragsbedingungen (804),
   – die Zusätzlichen Vertragsbedingungen (805),
   – die Allgemeinen Vertragsbedingungen für die Ausführung von Leistungen (VOL/B), Ausgabe 2003.

2   Ich/Wir erkläre(n), dass ich/wir
   – meinen/unseren Verpflichtungen zur Zahlung der Steuern und Abgaben sowie der Beiträge zur gesetzlichen Sozialversicherung nachgekommen bin/sind,
   – keine schwere Verfehlung vorliegt, die meine/unsere Zuverlässigkeit als Bewerber in Frage stellt z.B. wirksames Berufsverbot (§ 70 StGB), wirksames vorläufiges Berufsverbot (§ 132a StPO), wirksame Gewerbeuntersagung (§ 35 GewO), rechtskräftiges Urteil innerhalb der letzten 2 Jahre gegen Mitarbeiter mit Leitungsaufgaben wegen Mitgliedschaft in einer kriminellen Vereinigung (§ 129 StGB), Geldwäsche (261 StGB), Bestechung (§ 334 StGB), Vorteilsgewährung (§ 333 StGB), Diebstahl (§ 242 StGB), Unterschlagung (§ 246 StGB), Erpressung (§ 53 StGB), Betrug (§ 263 StGB), Subventionsbetrug (§ 264 StGB), Kreditbetrug (§ 265b StGB), Untreue (§ 266 StGB), Urkundenfälschung (§ 267 StGB), Fälschung technischer Aufzeichnungen (§ 268 StGB), Delikte im Zusammenhange mit Insolvenzverfahren (§ 283 ff. StGB), wettbewerbsbeschränkende Absprachen bei Ausschreibungen (§ 298 StGB), Bestechung im geschäftlichen Verkehr (§ 299 StGB), Brandstiftung (§ 306 StGB), Baugefährdung (§ 319 StGB), Gewässer- und Bodenverunreinigung (§§ 324, 324a StGB), unerlaubter Umgang mit gefährlichen Abfällen (326 StGB), die mit Freiheitsstrafe von mehr als 3 Monaten oder Geldstrafe von mehr als 90 Tagessätzen geahndet wurde.
   – dass ich/wir in den letzten 3 Jahren nicht gem. § 21 Abs. 1 Satz 1 oder 2 i.V.m. § 8 Abs. 1 Nr. 2, §§ 9 bis 11 des Schwarzarbeiterbekämpfungsgesetzes, § 404 Abs. 1 oder 2 Nr. 3 des Dritten Buches Sozialgesetzbuch, §§ 15, 15a 16 Abs. 1 Nr. 1, 1b oder 2 des Arbeitnehmerüberlassungsgesetzes, § 266a Abs. 1 bis 4 des Strafgesetzbuches mit einer Freiheitsstrafe von mehr als 3 Monaten oder einer Geldstrafe von mehr als 90 Tagessätzen oder einer Geldbuße von mehr als 2.500 € belegt worden bin/sind oder gem. § 21 Abs. 1 i.V.m. § 23 des Arbeitnehmerentsendegesetzes mit einer Geldbuße von wenigstens 2.500 Euro belegt worden bin/sind.

LVG BW RL für Vergabe- und Vertragsabwicklung von Liefer- und Dienstleistungen

803
(Angebotsschreiben)
-VOL Standard-

– die gewerberechtlichen Voraussetzungen für die Ausführung der angebotenen Leistung erfülle(n),

– ....
– ....
– ....

3

3.1 Ich/Wir gehöre(n) zu

☐ Handwerk   ☐ Industrie   ☐ Handel   ☐ Versorgungs-   ☐ Sonstigen
unternehmen

3.2 ☐ Ich bin/Wir sind bevorzugte(r) Bewerber laut beigefügtem(n)/vorliegendem(n) Nachweis(en)

3.3 Ich bin/Wir sind ein ausländisches Unternehmen aus einem

☐ EWR-Staat bzw. Staat des   ☐ anderen Staat   Nationalität:
WTO-Abkommens   (bitte intern. Kfz.-Kennzeichen eintragen)

4 Zur Ausführung der Leistung erkläre(n) ich/wir:

Ich/Wir werde(n) die Leistungen, die ich/wir nicht in dem Formblatt 233 angegeben habe(n), im eigenen Betrieb ausführen.

Mir/uns ist bekannt, dass ich/wir Leistungen, auf die mein/unser Betrieb eingerichtet ist, nur mit schriftlicher Zustimmung des Auftraggebers an Nachunternehmer übertragen darf/dürfen und nach Vertragsabschluss mit einer Zustimmung hierzu nicht rechnen kann/können.

6 Ich/Wir bieten die Ausführung der beschriebenen Leistungen zu den von mir/uns eingesetzten Preisen und mit allen den Preis betreffenden Angaben wie folgt an:

Hauptangebot	Endbetrag einschl. Umsatzsteuer (ohne Nachlass)	Preisnachlass **ohne** Bedingung auf die Abrechnungssumme für Haupt- u. alle Nebenangebote
Summe Los -----	€	%
Summe Los -----	€	%
Summe Los -----	€	%
Summe Los -----	€	%
Summe Los -----	€	%
Summe Los -----	€	%
Summe Los -----	€	%
Summe Los -----	€	%
Summe Los -----	€	%
Summe Los -----	€	%
Summe Los -----	€	%
Summe Gesamtangebot über alle Lose	€	

Um einen reibungslosen Ablauf des Eröffnungstermins zu ermöglichen, wurden im Angebotsschreiben Eintragungsfelder für die im Eröffnungstermin zu dokumentierenden Endbeträge und andere den Preis betreffende Angaben sowie für weitere Angaben zum Angebot zusammengefasst.

VOL-Richtlinie VBV, Stand März 2013

VOL-Richtlinie VBV LVG BW

803
(Angebotsschreiben)
-VOL Standard-

An mein/unser Angebot halte ich mich/halten wir uns bis zum Ablauf der Bindefrist gebunden.

7   Ich bin mir/Wir sind uns bewusst, dass eine wissentlich falsche Erklärung im Angebotsschreiben meinen/ unseren Ausschluss zur Folge haben kann.

8   Die nachstehende Unterschrift gilt für alle Teile des Angebots.

☐ Ich/Wir gebe(n) eine selbstgefertigte Kurzfassung des Leistungsverzeichnisses des Auftraggebers ab und erkenne(n) mit der Unterschrift die vom Auftraggeber verfasste Urschrift des Leistungsverzeichnisses als alleinverbindlich an.

☐ Ich/Wir erkläre(n), dass das vom Auftraggeber vorgeschlagene Produkt Inhalt meines/unseres Angebotes ist, wenn Teilleistungsbeschreibungen des Auftraggebers den Zusatz „oder gleichwertig" enthalten und von mir/uns keine Produktangaben (Hersteller- und Typbezeichnung) eingetragen wurden.

Ort, Datum, Unterschrift

Wird das Angebotsschreiben an dieser Stelle nicht unterschrieben oder wie vorgegeben signiert, gilt das Angebot als nicht abgegeben.

LVG BW RL für Vergabe- und Vertragsabwicklung von Liefer- und Dienstleistungen

803EG
(Angebotsschreiben EG)
-VOL Standard-

Name und Anschrift des Bieters

Maßnahme-Nr.:	
Vergabe Nr.:	
Einreichungstermin	
Datum:	Uhrzeit:
Ort (Anschrift wie oben)	Tel.:
Raum:	
Bindefrist endet am:	

ANGEBOT

Maßnahme

Leistung

----

1 Mein/Unser Angebot umfasst:

1.1 folgende beigefügte Unterlagen
  - die ausgefüllte Leistungsbeschreibung,
  - alle weiteren nach der Aufforderung zur Abgabe eines Angebots geforderten und soweit erforderlich ausgefüllten Anlagen, die diesem Angebotsschreiben beigefügt sind (vgl. 801EG Abschnitte B und C).

1.2 folgende nicht beigefügte Unterlagen
  - die Besonderen Vertragsbedingungen (804),
  - die Zusätzlichen Vertragsbedingungen (805),
  - die Allgemeinen Vertragsbedingungen für die Ausführung von Leistungen (VOL/B), Ausgabe 2003.

2 Ich/Wir erkläre(n), dass ich/wir
  - meinen/unseren Verpflichtungen zur Zahlung der Steuern und Abgaben sowie der Beiträge zur gesetzlichen Sozialversicherung nachgekommen bin/sind,
  - keine schwere Verfehlung vorliegt, die meine/unsere Zuverlässigkeit als Bewerber in Frage stellt z.B. wirksames Berufsverbot (§ 70 StGB), wirksames vorläufiges Berufsverbot (§ 132a StPO), wirksame Gewerbeuntersagung (§ 35 GewO), rechtskräftiges Urteil innerhalb der letzten 2 Jahre gegen Mitarbeiter mit Leitungsaufgaben wegen Mitgliedschaft in einer kriminellen Vereinigung (§ 129 StGB), Geldwäsche (261 StGB), Bestechung (§ 334 StGB), Vorteilsgewährung (§ 333 StGB), Diebstahl (§ 242 StGB), Unterschlagung (§ 246 StGB), Erpressung (§ 53 StGB), Betrug (§ 263 StGB), Subventionsbetrug (§ 264 StGB), Kreditbetrug (§ 265b StGB), Untreue (§ 266 StGB), Urkundenfälschung (§ 267 StGB), Fälschung technischer Aufzeichnungen (§ 268 StGB), Delikte im Zusammenhange mit Insolvenzverfahren (§ 283 ff. StGB), wettbewerbsbeschränkende Absprachen bei Ausschreibungen (§ 298 StGB), Bestechung im geschäftlichen Verkehr (§ 299 StGB), Brandstiftung (§ 306 StGB), Baugefährdung (§ 319 StGB), Gewässer- und Bodenverunreinigung (§§ 324, 324a StGB), unerlaubter Umgang mit gefährlichen Abfällen (326 StGB), die mit Freiheitsstrafe von mehr als 3 Monaten oder Geldstrafe von mehr als 90 Tagessätzen geahndet wurde.
  - dass ich/wir in den letzten 3 Jahren nicht gem. § 21 Abs. 1 Satz 1 oder 2 i.V.m. § 8 Abs. 1 Nr. 2, §§ 9 bis 11 des Schwarzarbeiterbekämpfungsgesetzes, § 404 Abs. 1 oder 2 Nr. 3 des Dritten Buches Sozialgesetzbuch, §§ 15, 15a 16 Abs. 1 Nr. 1, 1b oder 2 des Arbeitnehmerüberlassungsgesetzes, § 266a Abs. 1 bis 4 des Strafgesetzbuches mit einer Freiheitsstrafe von mehr als 3 Monaten oder einer Geldstrafe von mehr als 90 Tagessätzen oder einer Geldbuße von mehr als 2.500 € belegt worden bin/sind oder gem. § 21 Abs. 1 i.V.m. § 23 des Arbeitnehmerentsendegesetzes mit einer Geldbuße von wenigstens 2.500 Euro belegt worden bin/sind.

VOL-Richtlinie VBV **LVG BW**

803EG
(Angebotsschreiben EG)
-VOL Standard-

– die gewerberechtlichen Voraussetzungen für die Ausführung der angebotenen Leistung erfülle(n),

.. ---
.. ---
.. ---

3

3.1 Ich/Wir gehöre(n) zu

☐ Handwerk ☐ Industrie ☐ Handel ☐ Versorgungs-unternehmen ☐ Sonstigen

3.2 ☐ Ich bin/Wir sind bevorzugte(r) Bewerber laut beigefügtem(n)/vorliegendem(n) Nachweis(en)

3.3 Ich bin/Wir sind ein ausländisches Unternehmen aus einem

☐ EWR-Staat bzw. Staat des WTO-Abkommens ☐ anderen Staat Nationalität: _____
(bitte intern. Kfz.-Kennzeichen eintragen)

4 Zur Ausführung der Leistung erkläre(n) ich/wir:

Ich/Wir werde(n) die Leistungen, die ich/wir nicht im Formblatt 235EG angegeben habe(n), im eigenen Betrieb ausführen.

Mir/Uns ist bekannt, dass ich/wir wesentliche Leistungen, auf die mein/unser Betrieb und die nach Formblatt 236EG verpflichteten Unternehmen eingerichtet sind, nur mit schriftlicher Zustimmung des Auftraggebers an Nachunternehmer übertragen darf/dürfen und nach Vertragsabschluss mit einer Zustimmung hierzu nicht rechnen kann/können.

6 Ich/Wir bieten die Ausführung der beschriebenen Leistungen zu den von mir/uns eingesetzten Preisen und mit allen den Preis betreffenden Angaben wie folgt an:

Hauptangebot	Endbetrag einschl. Umsatzsteuer (ohne Nachlass)	Preisnachlass **ohne** Bedingung auf die Abrechnungssumme für Haupt- u. alle Nebenangebote
Summe Los -----	€	%
Summe Los -----	€	%
Summe Los -----	€	%
Summe Los -----	€	%
Summe Los -----	€	%
Summe Los -----	€	%
Summe Los -----	€	%
Summe Los -----	€	%
Summe Los -----	€	%
Summe Los -----	€	%
Summe Los -----	€	%
Summe Gesamtangebot über alle Lose	€	

Um einen reibungslosen Ablauf des Eröffnungstermins zu ermöglichen, wurden im Angebotsschreiben Eintragungsfelder für die im Eröffnungstermin zu dokumentierenden Endbeträge und andere den Preis betreffende Angaben sowie für weitere Angaben zum Angebot zusammengefasst.

LVG BW   RL für Vergabe- und Vertragsabwicklung von Liefer- und Dienstleistungen

803EG
(Angebotsschreiben EG)
-VOL Standard-

An mein/unser Angebot halte ich mich/halten wir uns bis zum Ablauf der Bindefrist gebunden.

7   Ich bin mir/Wir sind uns bewusst, dass eine wissentlich falsche Erklärung im Angebotsschreiben meinen/ unseren Ausschluss zur Folge haben kann.

8   Die nachstehende Unterschrift gilt für alle Teile des Angebots.

☐ Ich/Wir gebe(n) eine selbstgefertigte Kurzfassung des Leistungsverzeichnisses des Auftraggebers ab und erkenne(n) mit der Unterschrift die vom Auftraggeber verfasste Urschrift des Leistungsverzeichnisses als alleinverbindlich an.

☐ Ich/Wir erkläre(n), dass das vom Auftraggeber vorgeschlagene Produkt Inhalt meines/unseres Angebotes ist, wenn Teilleistungsbeschreibungen des Auftraggebers den Zusatz „oder gleichwertig" enthalten und von mir/uns keine Produktangaben (Hersteller- und Typbezeichnung) eingetragen wurden.

Ort, Datum, Unterschrift

Wird das Angebotsschreiben an dieser Stelle nicht unterschrieben oder wie vorgeschrieben signiert, gilt das Angebot als nicht abgegeben.

VOL-Richtlinie VBV

LVG BW

804
(Besondere Vertragsbedingungen)
-VOL Standard-

Maßnahme

Leistung

BESONDERE VERTRAGSBEDINGUNGEN

1   Geltungsbereich

Nachfolgende Bestimmungen gelten für die oben gekennzeichneten Leistungen.

2   Überwachung der Liefer-/Dienstleistungen

Die Überwachung obliegt dem Auftraggeber. Dieser hat die nutzende Verwaltung

----

mit der Wahrnehmung beauftragt. Anordnungen dürfen nur vom Auftraggeber bzw. von der beauftragten nutzenden Verwaltung getroffen werden.

3   Laufzeit des Vertrages bzw. Ausführungsfristen

Beginn: ---

Ende: ---

4   Rechnungen

Alle Rechnungen einschl. aller Abrechnungsunterlagen sind beim Auftraggeber

_____-fach einzureichen. Alle Leistungen sind durch vom Auftraggeber

bestätigte Rapporte nachzuweisen.

5   Versicherung

5.1 Der Auftragnehmer verpflichtet sich für unten genannte Schadensfälle eine Haftpflichtversicherung in angemessener Höhe, mindestens aber mit folgender Deckungssumme abzuschließen und nachzuweisen:

- für Personenschäden pro Schadensfall   Euro
- für Sach- und Vermögensschäden pro Schadensfall   Euro
- für Bearbeitungsschäden   Euro
- für den Verlust von Schlüsseln für Schließanlagen   Euro

5.2 Zusätzlicher Versicherungsschutz

5.3 Der Auftragnehmer verpflichtet sich ferner, dem Auftraggeber auf Verlangen eine Bestätigung seines Versicherers vorzulegen, in der dieser bestätigt, dass der Auftraggeber bei Erlöschen des Versicherungsschutzes unmittelbar und unverzüglich von dem Versicherer benachrichtigt wird.

5.4 Der Auftragnehmer hat vor dem Nachweis des Versicherungsschutzes keinen Anspruch auf Leistungen des Auftraggebers. Der Auftraggeber kann Zahlungen vom Nachweis des Fortbestehens des Versicherungsschutzes abhängig machen.

6 Zahlungsbedingungen

Die Vergütung ist auf ein vom Auftragnehmer zu bestimmendes Konto zu überweisen:

- für laufende Leistungen monatlich, nachträglich zum Ende des Monats
- für sonstige Leistungen 4 Wochen nach Eingang der Rechnung

7-9 - frei -

10 Weitere Besondere Vertragsbedingungen

10.1 Vergütung

10.1.1 Die Vergütung des Auftragnehmers ergibt sich aus dem Angebot. Durch die vereinbarten Preise werden alle Leistungen abgegolten, die nach der Leistungsbeschreibung, den Besonderen Vertragsbedingungen und der gewerblichen Verkehrssitte zur vertraglichen Leistungen gehören. Ändert sich nach Erteilung des Zuschlages das Leistungsverzeichnis, so ändert sich die Vergütung entsprechend.

10.1.2 Der Einheitspreis ist der vertragliche Preis, auch wenn im Angebot der Gesamtbetrag einer Ordnungszahl (Position) nicht dem Ergebnis der Multiplikation von Mengenansatz und Einheitspreis entspricht.

10.1.3 Der Auftragnehmer muss bei der Angebotsabgabe offenlegen und sicherstellen, dass die Beschäftigten mindestens gemäß den jeweils für den Erfüllungsort anzuwendenden Mantel-, Lohn- und Gehaltsflächentarifverträgen zwischen Arbeitgeberverband und der Gewerkschaft nach dem Günstigkeitsprinzips eingesetzt werden.

10.2 Vertragsdauer, Kündigung

10.2.1 Der Vertrag endet nach Ablauf der Vertragslaufzeit. Er kann jedoch schon vorher von beiden Vertragsteilen unter Einhaltung einer 6-monatigen Kündigungsfrist auf Monatsende gekündigt werden.

10.2.2 Der Auftraggeber ist berechtigt, den Vertrag aus wichtigem Grund fristlos zu kündigen. Als wichtiger Grund gilt insbesondere,

    a) nachhaltig vertragswidriges Verhalten und wenn der Auftragnehmer trotz eines schriftlichen Hinweises es unterlässt, die ihm mitgeteilten Verstöße gegen diese Vertragsbestimmungen unverzüglich und auf Dauer abzustellen.

    b) Ein wichtiger Grund liegt auch vor, wenn der Auftragnehmer Personen, die auf Seiten des Auftraggebers mit der Vorbereitung, dem Abschluss oder der Durchführung des Vertrages befasst sind oder ihnen nahestehenden Personen Vorteile anbietet, verspricht oder gewährt. Solchen Handlungen des Auftragnehmers selbst stehen Handlungen von Personen gleich, die von ihm beauftragt oder für ihn tätig sind. Dabei ist es gleichgültig, ob die Vorteile den vorgenannten Personen oder in ihrem Interesse einem Dritten angeboten, versprochen oder gewährt werden.

10.2.3 Hat der Auftragnehmer den Kündigungsgrund zu vertreten, so sind nur die bis dahin vertragsgemäß erbrachten, in sich abgeschlossenen und nachgewiesenen Leistungen zu vergüten und die für diese nachweisbar entstandenen notwendigen Nebenkosten zu erstatten. Die Mängel- und Schadensersatzansprüche des Auftraggebers bleiben unberührt.

10.2.4 Die Kündigung hat schriftlich zu erfolgen.

10.7 Vertragserfüllung

10.7.1 Bessert der Auftragnehmer nicht fristgerecht nach, verliert er den auf diese Position entfallenden Vergütungsanspruch; bei mangelhafter Ausführung / Leistung mindert sich die Vergütung im Verhältnis des Wertes der tatsächlich erbrachten zur vertraglich zu erbringenden Leistung.

10.7.2 Der Auftraggeber ist bei der nicht fristgerechten Nachbesserung berechtigt, die Erfüllung des Vertrages auf Kosten und Gefahr des Auftragnehmers durch einen Dritten besorgen zu lassen (Ersatzvornahme).

10.8 Allgemeine Pflichten des Auftragnehmers

10.8.1 Der Auftragnehmer ist nicht berechtigt, den Auftragnehmer gegenüber Dritten, insbesondere gegenüber Presse, Behörden und Unternehmen, zu vertreten.

10.8.2 Der Auftragnehmer darf als Sachwalter des Auftraggebers keine Unternehmer- oder Lieferanteninteressen vertreten.

10.9 Haftung

10.9.1 Der Auftragnehmer haftet für alle Personen-, Sach- und Vermögensschäden und Schäden durch Schlüsselverlust, die durch ihn, seine Erfüllungs- oder Verrichtungsgehilfen verursacht werden. Ihm obliegt der Nachweis, dass diese Schäden weder von ihm noch von seinen Erfüllungsgehilfen zu vertreten sind.

10.9.2 Der Auftragnehmer hat den Auftraggeber von etwaigen Ansprüchen Dritter Personen, die bei Ausführung der Arbeiten oder aufgrund von Nicht- oder Schlechterfüllung des Vertrages einen Schaden erleiden, freizustellen. Dies gilt nicht für Vorsatz und grobe Fahrlässigkeit des Auftraggebers.

10.9.3 Auf Verlangen des Auftraggebers ist Schadensersatz in Geld zu leisten.

10.9.4 Der Auftragnehmer verzichtet auf alle Ansprüche, die er gegenüber dem Land deshalb geltend machen könnte, weil das Land seine Verkehrssicherungspflicht leicht fahrlässig verletzt hat. Er stellt das Land von allen Ansprüchen seines Personals frei, das dieses aus dem gleichen Rechtsgrund geltend macht.

Dies gilt nicht bei

a) Schäden aus der Verletzung des Lebens, des Körpers oder der Gesundheit,

b) der schuldhaften Verletzung wesentlicher Vertragspflichten (sog. Kardinalpflichten).

10.9.5 Der Auftraggeber haftet nicht für Diebstähle und Beschädigungen der vom Auftragnehmer oder seinem Personal in das Gebäude eingebrachten Sachen.

10.10 Überzahlung

10.10.1 Bei Rückforderungen des Auftraggebers aus Überzahlungen (§§ 812 ff. BGB) kann sich der Auftragnehmer nicht auf den Wegfall der Bereicherung (§ 818 Abs. 3 BGB) berufen.

10.10.2 Im Falle der Überzahlung hat der Auftragnehmer den überzahlten Betrag zu erstatten.

Leistet er innerhalb von 14 Kalendertagen nach Zugang des Rückforderungsschreibens nicht, befindet er sich ab diesem Zeitpunkt mit seiner Zahlungsverpflichtung in Verzug und hat Verzugszinsen in Höhe von 8 Prozentpunkten über dem Basiszinssatz des § 247 BGB zu zahlen. Die Geltendmachung eines weiteren Schadens bleibt unberührt.

10.11 Verträge mit ausländischen Auftragnehmern

Bei Auslegung des Vertrags ist ausschließlich der in deutscher Sprache abgefasste Vertragswortlaut verbindlich. Erklärungen und Verhandlungen erfolgen in deutscher Sprache. Für die Regelung der vertraglichen und außervertraglichen Beziehungen zwischen den Vertragspartner gilt ausschließlich das Recht der Bundesrepublik Deutschland.

804
(Besondere Vertragsbedingungen)
-VOL Standard-

10.12 Urheberrecht

Soweit urheberrechtliche Leistungen vorliegen, verbleibt das Urheberrecht bei den Beteiligten. Dem Auftraggeber wird die Nutzung übertragen. Veröffentlichungen der Arbeitsergebnisse dürfen nur im Einvernehmen mit dem Auftraggeber erfolgen. Der Auftraggeber ist berechtigt, die Arbeitsergebnisse unter Benennung der beteiligten Urheber zu veröffentlichen.

10.13 Schweigepflicht

10.13.1 Der Auftragnehmer ist verpflichtet, über alle Informationen, die ihm im Zusammenhang mit seiner Tätigkeit für den Auftraggeber bekannt werden, Stillschweigen zu bewahren, gleichviel ob es sich dabei um den Auftraggeber selbst oder dessen Geschäftsverbindungen handelt, es sei denn, dass der Auftraggeber ihn von dieser Schweigepflicht entbindet.

10.13.2 Der Auftragnehmer verpflichtet sich, alle ihm zur Verfügung gestellten Daten, Informationen und Unterlagen ordnungsgemäß aufzubewahren, insbesondere dafür zu sorgen, dass unbefugte Dritte nicht Einsicht nehmen können.

10.14 Erfüllungsort, Streitigkeiten, Schriftform

10.14.1 Erfüllungsort für die Leistungen des Auftragnehmers und Gerichtsstand ist   .

10.14.2 Bei Streitigkeiten aus dem Vertrag soll der Auftragnehmer zunächst die dem Auftraggeber unmittelbar vorgesetzte Behörde (   ) anrufen. Streitigkeiten berechtigen den Auftragnehmer nicht, die Arbeiten einzustellen.

10.14.3 Änderungen und Ergänzungen des Vertrags bedürfen der Schriftform. Dies gilt auch für eine Aufhebung des Schriftformerfordernisses.

10.15 Salvatorische Klausel

Sind oder werden einzelne Bestimmungen dieses Vertrages unwirksam, so wird dadurch die Gültigkeit der übrigen Bestimmungen nicht berührt. Die Vertragspartner werden in diesem Fall die ungültige Bestimmung durch eine andere ersetzen, die dem wirtschaftlichen Zweck der weggefallenen Regelung in zulässiger Weise am nächsten kommt. Erweist sich der Vertrag als lückenhaft, gelten die Bestimmungen als vereinbart, die dem Sinn und Zweck des Vertrags entsprechen und im Falle des Bedachtwerdens vereinbart worden wären.

- Ende der Weiteren Besonderen Vertragsbedingungen -

Anlage 2
(Angebotskennzettel)

Kennzettel für die Angebotsabgabe

Sofern Sie Ihr Angebot **in Papierform** einreichen, ist es für die weitere Verfahrensabwicklung erforderlich, dass der Umschlag Ihres Angebotes mit einer verfahrensspezifischen Angebotskennzeichnung und mit Ihren Adressdaten versehen wird.
Wir haben hierfür die nachstehenden Kennzettel vorbereitet.

Bitte schneiden Sie die Kennzettel aus und kleben Sie diese auf den Umschlag Ihres Angebotes.

1. Anschrift der Vergabestelle

2. Angebotskennzeichnung mit Verfahrensdaten

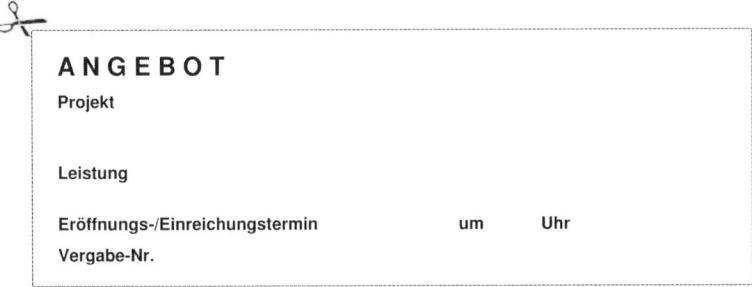

3. Vergessen Sie bitte nicht, Ihren **Absender** auf dem Umschlag anzugeben!

LVG BW   RL für Vergabe- und Vertragsabwicklung von Liefer- und Dienstleistungen

Anlage 3
(Auftragsbekanntmachung EU)

Europäische Union
Veröffentlichung des Supplements zum Amtsblatt der Europäischen Union
2, rue Mercier, 2985 Luxembourg, Luxemburg   Fax: +352 29 29 42 670
E-Mail: ojs@publications.europa.eu   Infos und Online-Formulare: http://simap.europa.eu

Auftragsbekanntmachung
Richtlinie 2004/18/EG

Abschnitt I: Öffentlicher Auftraggeber

I.1) Name, Adressen und Kontaktstelle(n)

Offizielle Bezeichnung:	Nationale Identifikationsnummer: *(falls bekannt)*
Postanschrift:	

Ort:	Postleitzahl:	Land:

Kontaktstelle(n): Zu Händen von:	Telefon:
E-Mail:	Fax:

Internet-Adresse(n): *(falls zutreffend)*
Hauptadresse des öffentlichen Auftraggebers: *(URL)*
Adresse des Beschafferprofils: *(URL)*
Elektronischer Zugang zu Informationen: *(URL)*
Elektronische Einreichung von Angeboten und Teilnahmeanträgen: *(URL)*
Bitte machen Sie ausführlichere Angaben in Anhang A

Weitere Auskünfte erteilen
○ die oben genannten Kontaktstellen   ○ Sonstige *(bitte Anhang A.I ausfüllen)*

Ausschreibungs- und ergänzende Unterlagen (einschließlich Unterlagen für den wettbewerblichen Dialog und ein dynamisches Beschaffungssystem) verschicken
○ die oben genannten Kontaktstellen   ○ Sonstige *(bitte Anhang A.II ausfüllen)*

Angebote oder Teilnahmeanträge sind zu richten an
○ die oben genannten Kontaktstellen   ○ Sonstige *(bitte Anhang A.III ausfüllen)*

I.2) Art des öffentlichen Auftraggebers

○ Ministerium oder sonstige zentral- oder bundesstaatliche Behörde einschließlich regionaler oder lokaler Unterabteilungen	○ Einrichtung des öffentlichen Rechts
○ Agentur/Amt auf zentral- oder bundesstaatlicher Ebene	○ Europäische Institution/Agentur oder internationale Organisation
○ Regional- oder Lokalbehörde	○ Sonstige: *(bitte angeben)*
○ Agentur/Amt auf regionaler oder lokaler Ebene	

I.3) Haupttätigkeit(en)

☐ Allgemeine öffentliche Verwaltung	☐ Wohnungswesen und kommunale Einrichtungen
☐ Verteidigung	☐ Sozialwesen
☐ Öffentliche Sicherheit und Ordnung	☐ Freizeit, Kultur und Religion
☐ Umwelt	☐ Bildung
☐ Wirtschaft und Finanzen	☐ Sonstige: *(bitte angeben)*
☐ Gesundheit	

I.4) Auftragsvergabe im Auftrag anderer öffentlicher Auftraggeber

Der öffentliche Auftraggeber beschafft im Auftrag anderer öffentlicher Auftraggeber: ○ ja   ○ nein
(falls ja, weitere Angaben zu diesen öffentlichen Auftraggebern bitte in Anhang A)

DE *Standardformular 2 – Auftragsbekanntmachung*

VOL-Richtlinie VBV

LVG BW

Abschnitt II: Auftragsgegenstand

II.1) Beschreibung

II.1.1) Bezeichnung des Auftrags durch den öffentlichen Auftraggeber:

II.1.2) Art des Auftrags und Ort der Ausführung, Lieferung bzw. Dienstleistung
(bitte nur eine Kategorie – Bauleistung, Lieferung oder Dienstleistung – auswählen, und zwar die, die dem Auftrags- oder Beschaffungsgegenstand am ehesten entspricht)

○ Bauauftrag	○ Lieferauftrag	○ Dienstleistungen
☐ Ausführung ☐ Planung und Ausführung ☐ Erbringung einer Bauleistung, gleichgültig mit welchen Mitteln, gemäß den vom öffentlichen Auftraggeber genannten Erfordernissen	○ Kauf ○ Leasing ○ Miete ○ Mietkauf ○ Eine Kombination davon	Dienstleistungskategorie Nr: [ ] [ ] *Zu Dienstleistungskategorien siehe Anhang C1*

Hauptort der Ausführung, Lieferung oder Dienstleistungserbringung:

NUTS-Code [ ] [ ] [ ] [ ]   NUTS-Code [ ] [ ] [ ] [ ]
NUTS-Code [ ] [ ] [ ] [ ]   NUTS-Code [ ] [ ] [ ] [ ]

II.1.3) Angaben zum öffentlichen Auftrag, zur Rahmenvereinbarung oder zum dynamischen Beschaffungssystem (DBS)
☐ Die Bekanntmachung betrifft einen öffentlichen Auftrag
☐ Die Bekanntmachung betrifft den Abschluss einer Rahmenvereinbarung
☐ Die Bekanntmachung betrifft den Aufbau eines dynamischen Beschaffungssystems (DBS)

II.1.4) Angaben zur Rahmenvereinbarung *(falls zutreffend)*

○ Rahmenvereinbarung mit mehreren Wirtschaftsteilnehmern   ○ Rahmenvereinbarung mit einem einzigen Wirtschaftsteilnehmer
Anzahl [ ] [ ] [ ]
oder
(falls zutreffend) Höchstzahl [ ] [ ] [ ] der an der geplanten
Rahmenvereinbarung Beteiligten

Laufzeit der Rahmenvereinbarung
Laufzeit in Jahren: [ ] [ ] oder in Monaten: [ ] [ ] [ ]

Begründung, falls die Laufzeit der Rahmenvereinbarung vier Jahre übersteigt:

Geschätzter Gesamtauftragswert über die Gesamtlaufzeit der Rahmenvereinbarung *(falls zutreffend, in Zahlen)*

Geschätzter Wert ohne MwSt: [   ] Währung: [ ] [ ] [ ]
oder
Spanne von [   ] bis [   ] Währung: [ ] [ ] [ ]

Periodizität und Wert der zu vergebenden Aufträge: *(falls bekannt)*

II.1.5) Kurze Beschreibung des Auftrags oder Beschaffungsvorhabens:

LVG BW RL für Vergabe- und Vertragsabwicklung von Liefer- und Dienstleistungen

II.1.6) Gemeinsames Vokabular für öffentliche Aufträge (CPV)			
	Hauptteil	Zusatzteil *(falls zutreffend)*	
Hauptgegenstand	[ ][ ].[ ][ ].[ ][ ].[ ][ ]-[ ]	[ ][ ][ ][ ]-[ ]	[ ][ ][ ][ ]-[ ]
Ergänzende Gegenstände	[ ][ ].[ ][ ].[ ][ ].[ ][ ]-[ ]	[ ][ ][ ][ ]-[ ]	[ ][ ][ ][ ]-[ ]
	[ ][ ].[ ][ ].[ ][ ].[ ][ ]-[ ]	[ ][ ][ ][ ]-[ ]	[ ][ ][ ][ ]-[ ]
	[ ][ ].[ ][ ].[ ][ ].[ ][ ]-[ ]	[ ][ ][ ][ ]-[ ]	[ ][ ][ ][ ]-[ ]
	[ ][ ].[ ][ ].[ ][ ].[ ][ ]-[ ]	[ ][ ][ ][ ]-[ ]	[ ][ ][ ][ ]-[ ]

II.1.7) Angaben zum Beschaffungsübereinkommen (GPA)
Auftrag fällt unter das Beschaffungsübereinkommen (GPA): ○ ja ○ nein

II.1.8) Lose *(für Angaben zu den Losen in Anhang B, verwenden Sie ein Formular pro Los)*
Aufteilung des Auftrags in Lose: ○ ja ○ nein
(falls ja) Angebote sind möglich für
○ nur ein Los ○ ein oder mehrere Lose ○ alle Lose

II.1.9) Angaben über Varianten/Alternativangebote
Varianten/Alternativangebote sind zulässig ○ ja ○ nein

II.2) Menge oder Umfang des Auftrags

II.2.1) Gesamtmenge bzw. -umfang: *(einschließlich aller Lose, Verlängerungen und Optionen, falls zutreffend)*

(falls zutreffend, in Zahlen)
Geschätzter Wert ohne MwSt: [   ] Währung: [ ][ ][ ]
oder
Spanne von [   ] bis [   ] Währung: [ ][ ][ ]

II.2.2) Angaben zu Optionen *(falls zutreffend)*
Optionen ○ ja ○ nein
(falls ja) Beschreibung der Optionen:

(falls bekannt) Voraussichtlicher Zeitplan für den Rückgriff auf diese Optionen:
in Monaten: [ ][ ] oder in Tagen: [ ][ ][ ] (ab Auftragsvergabe)

II.2.3) Angaben zur Vertragsverlängerung *(falls zutreffend)*
Dieser Auftrag kann verlängert werden ○ ja ○ nein
Zahl der möglichen Verlängerungen: *(falls bekannt)* [ ][ ][ ] oder Spanne von [ ][ ][ ] bis [ ][ ][ ]
(falls bekannt) Voraussichtlicher Zeitrahmen für Folgeaufträge bei verlängerbaren Liefer- oder Dienstleistungsaufträgen:
in Monaten: [ ][ ] oder in Tagen: [ ][ ][ ] (ab Auftragsvergabe)

II.3) Vertragslaufzeit bzw. Beginn und Ende der Auftragsausführung

Laufzeit in Monaten: [ ][ ] oder in Tagen: [ ][ ][ ] (ab Auftragsvergabe)
oder
Beginn   [ ][ ]/[ ][ ]/[ ][ ][ ][ ] *(TT/MM/JJJJ)*
Abschluss [ ][ ]/[ ][ ]/[ ][ ][ ][ ] *(TT/MM/JJJJ)*

DE *Standardformular 2 – Auftragsbekanntmachung*

VOL-Richtlinie VBV LVG BW

Abschnitt III: Rechtliche, wirtschaftliche, finanzielle und technische Angaben

III.1) Bedingungen für den Auftrag

III.1.1) Geforderte Kautionen und Sicherheiten: *(falls zutreffend)*

III.1.2) Wesentliche Finanzierungs- und Zahlungsbedingungen und/oder Verweis auf die maßgeblichen Vorschriften:

III.1.3) Rechtsform der Bietergemeinschaft, an die der Auftrag vergeben wird: *(falls zutreffend)*

III.1.4) Sonstige besondere Bedingungen *(falls zutreffend)*
Für die Ausführung des Auftrags gelten besondere Bedingungen ○ ja ○ nein
(falls ja) Darlegung der besonderen Bedingungen:

III.2) Teilnahmebedingungen

III.2.1) Persönliche Lage des Wirtschaftsteilnehmers sowie Auflagen hinsichtlich der Eintragung in einem Berufs- oder Handelsregister
Angaben und Formalitäten, die erforderlich sind, um die Einhaltung der Auflagen zu überprüfen:

III.2.2) Wirtschaftliche und finanzielle Leistungsfähigkeit

Angaben und Formalitäten, die erforderlich sind, um die Einhaltung der Auflagen zu überprüfen:	Möglicherweise geforderte Mindeststandards: *(falls zutreffend)*

DE *Standardformular 2 – Auftragsbekanntmachung*

LVG BW — RL für Vergabe- und Vertragsabwicklung von Liefer- und Dienstleistungen

III.2.3) Technische Leistungsfähigkeit	
Angaben und Formalitäten, die erforderlich sind, um die Einhaltung der Auflagen zu überprüfen:	Möglicherweise geforderte Mindeststandards: *(falls zutreffend)*

III.2.4) Angaben zu vorbehaltenen Aufträgen *(falls zutreffend)*
☐ Der Auftrag ist geschützten Werkstätten vorbehalten
☐ Die Auftragsausführung ist auf Programme für geschützte Beschäftigungsverhältnisse beschränkt

III.3) Besondere Bedingungen für Dienstleistungsaufträge

III.3.1) Angaben zu einem besonderen Berufsstand
Die Erbringung der Dienstleistung ist einem besonderen Berufsstand vorbehalten ◯ ja ◯ nein
(falls ja) Verweis auf die einschlägige Rechts- oder Verwaltungsvorschrift:

III.3.2) Für die Erbringung der Dienstleistung verantwortliches Personal
Juristische Personen müssen die Namen und die beruflichen Qualifikationen der Personen angeben, die für die Erbringung der Dienstleistung verantwortlich sind   ◯ ja ◯ nein

DE *Standardformular 2 – Auftragsbekanntmachung*

VOL-Richtlinie VBV LVG BW

Abschnitt IV: Verfahren

IV.1) Verfahrensart

IV.1.1) Verfahrensart

○ Offen

○ Nichtoffen

○ Beschleunigtes nichtoffenes Verfahren | Gründe für die Wahl des beschleunigten Verfahrens:

○ Verhandlungsverfahren | Einige Bewerber sind bereits ausgewählt worden (ggf. nach einem bestimmten Verhandlungsverfahren) ○ ja ○ nein
(falls ja, Namen und Anschriften bereits ausgewählter Wirtschaftsteilnehmer bitte in Abschnitt VI.3: Sonstige Angaben angeben)

○ Beschleunigtes Verhandlungsverfahren | Gründe für die Wahl des beschleunigten Verfahrens:

○ Wettbewerblicher Dialog

IV.1.2) Beschränkung der Zahl der Wirtschaftsteilnehmer, die zur Angebotsabgabe bzw. Teilnahme aufgefordert werden *(nicht offenes Verfahren, Verhandlungsverfahren, wettbewerblicher Dialog)*

Geplante Zahl der Wirtschaftsteilnehmer [ ][ ][ ]
oder
Geplante Mindestzahl [ ][ ][ ] und *(falls zutreffend)* Höchstzahl [ ][ ][ ]

Objektive Kriterien für die Auswahl der begrenzten Zahl von Bewerbern:

IV.1.3) Verringerung der Zahl der Wirtschaftsteilnehmer im Laufe der Verhandlung bzw. des Dialogs *(Verhandlungsverfahren, wettbewerblicher Dialog)*
Abwicklung des Verfahrens in aufeinander folgenden Phasen zwecks schrittweiser Verringerung der Zahl der zu erörternden Lösungen bzw. zu verhandelnden Angebote ○ ja ○ nein

IV.2) Zuschlagskriterien

IV.2.1) Zuschlagskriterien *(bitte Zutreffendes ankreuzen)*

○ Niedrigster Preis
oder
○ das wirtschaftlich günstigste Angebot in Bezug auf
    ○ die nachstehenden Kriterien *(die Zuschlagskriterien sollten nach ihrer Gewichtung oder in absteigender Reihenfolge ihrer Bedeutung angegeben werden, wenn eine Gewichtung nachweislich nicht möglich ist)*
    ○ die Kriterien, die in den Ausschreibungsunterlagen, der Aufforderung zur Angebotsabgabe oder zur Verhandlung bzw. in der Beschreibung zum wettbewerblichen Dialog aufgeführt sind

Kriterien	Gewichtung	Kriterien	Gewichtung
1. [ ]	[ ]	6. [ ]	[ ]
2. [ ]	[ ]	7. [ ]	[ ]
3. [ ]	[ ]	8. [ ]	[ ]
4. [ ]	[ ]	9. [ ]	[ ]
5. [ ]	[ ]	10.[ ]	[ ]

IV.2.2) Angaben zur elektronischen Auktion
Eine elektronische Auktion wird durchgeführt ○ ja ○ nein
(falls ja, falls zutreffend) Zusätzliche Angaben zur elektronischen Auktion:

DE *Standardformular 2 – Auftragsbekanntmachung*

LVG BW RL für Vergabe- und Vertragsabwicklung von Liefer- und Dienstleistungen

IV.3) Verwaltungsangaben

IV.3.1) Aktenzeichen beim öffentlichen Auftraggeber: *(falls zutreffend)*

IV.3.2) Frühere Bekanntmachung(en) desselben Auftrags ○ ja ○ nein
(falls ja)
○ Vorinformation ○ Bekanntmachung eines Beschafferprofils
Bekanntmachungsnummer im ABl: [ ][ ][ ][ ]/S [ ][ ][ ]-[ ][ ][ ][ ][ ][ ][ ] vom [ ][ ]/[ ][ ]/[ ][ ][ ][ ] *(TT/MM/JJJJ)*

☐ Sonstige frühere Bekanntmachungen *(falls zutreffend)*
Bekanntmachungsnummer im ABl: [ ][ ][ ][ ]/S [ ][ ][ ]-[ ][ ][ ][ ][ ][ ][ ] vom [ ][ ]/[ ][ ]/[ ][ ][ ][ ] *(TT/MM/JJJJ)*
Bekanntmachungsnummer im ABl: [ ][ ][ ][ ]/S [ ][ ][ ]-[ ][ ][ ][ ][ ][ ][ ] vom [ ][ ]/[ ][ ]/[ ][ ][ ][ ] *(TT/MM/JJJJ)*

IV.3.3) Bedingungen für den Erhalt von Ausschreibungs- und ergänzenden Unterlagen bzw. der Beschreibung *(bei einem wettbewerblichen Dialog)*
Schlusstermin für die Anforderung von Unterlagen oder die Einsichtnahme
Tag: [ ][ ]/[ ][ ]/[ ][ ][ ][ ] *(TT/MM/JJJJ)*   Uhrzeit: [ ][ ]:[ ][ ]

Kostenpflichtige Unterlagen ○ ja ○ nein
(falls ja, in Zahlen) Preis: [   ] Währung: [ ][ ][ ]
Zahlungsbedingungen und -weise:

IV.3.4) Schlusstermin für den Eingang der Angebote oder Teilnahmeanträge
Tag: [ ][ ]/[ ][ ]/[ ][ ][ ][ ] *(TT/MM/JJJJ)*   Uhrzeit: [ ][ ]:[ ][ ]

IV.3.5) Tag der Absendung der Aufforderungen zur Angebotsabgabe bzw. zur Teilnahme an ausgewählte Bewerber *(falls bekannt, bei nicht offenen Verfahren, Verhandlungsverfahren und beim wettbewerblichen Dialog)*
Tag: [ ][ ]/[ ][ ]/[ ][ ][ ][ ] *(TT/MM/JJJJ)*

IV.3.6) Sprache(n), in der (denen) Angebote oder Teilnahmeanträge verfasst werden können
○ Alle Amtssprachen der EU
○ Folgende Amtssprache(n) der EU:
☐ Sonstige:

IV.3.7) Bindefrist des Angebots
bis: [ ][ ]/[ ][ ]/[ ][ ][ ][ ] *(TT/MM/JJJJ)*
oder
Laufzeit in Monaten: [ ][ ][ ] oder in Tagen: [ ][ ][ ] (ab dem Schlusstermin für den Eingang der Angebote)

IV.3.8) Bedingungen für die Öffnung der Angebote
Tag: [ ][ ]/[ ][ ]/[ ][ ][ ][ ] *(TT/MM/JJJJ)*   Uhrzeit: [ ][ ]:[ ][ ]
(falls zutreffend) Ort: [   ]
Personen, die bei der Öffnung der Angebote anwesend sein dürfen *(falls zutreffend)* ○ ja ○ nein
(falls ja) Weitere Angaben über befugte Personen und das Öffnungsverfahren:

DE *Standardformular 2 – Auftragsbekanntmachung*

VOL-Richtlinie VBV **LVG BW**

Abschnitt VI: Weitere Angaben

VI.1) Angaben zur Wiederkehr des Auftrags *(falls zutreffend)*
Dies ist ein wiederkehrender Auftrag ○ ja ○ nein
(falls ja) Voraussichtlicher Zeitpunkt weiterer Bekanntmachungen:

VI.2) Angaben zu Mitteln der Europäischen Union
Auftrag steht in Verbindung mit einem Vorhaben und/oder Programm, das aus Mitteln der Europäischen Union finanziert wird ○ ja ○ nein
(falls ja) Angabe der Vorhaben und/oder Programme:

VI.3) Zusätzliche Angaben: *(falls zutreffend)*

VI.4) Rechtsbehelfsverfahren/Nachprüfungsverfahren

VI.4.1) Zuständige Stelle für Rechtsbehelfs-/Nachprüfungsverfahren

Offizielle Bezeichnung:
Postanschrift:

Ort:	Postleitzahl:	Land:
E-Mail:		Telefon:
Internet-Adresse: *(URL)*		Fax:

Zuständige Stelle für Schlichtungsverfahren *(falls zutreffend)*

Offizielle Bezeichnung:
Postanschrift:

Ort:	Postleitzahl:	Land:
E-Mail:		Telefon:
Internet-Adresse: *(URL)*		Fax:

VI.4.2) Einlegung von Rechtsbehelfen *(bitte Abschnitt VI.4.2 oder ggf. Abschnitt VI.4.3 ausfüllen)*
Genaue Angaben zu den Fristen für die Einlegung von Rechtsbehelfen:

VI.4.3) Stelle, die Auskünfte über die Einlegung von Rechtsbehelfen erteilt

Offizielle Bezeichnung:
Postanschrift:

Ort:	Postleitzahl:	Land:
E-Mail:		Telefon:
Internet-Adresse: *(URL)*		Fax:

VI.5) Tag der Absendung dieser Bekanntmachung: [ ][ ]/[ ][ ]/[ ][ ][ ][ ] *(TT/MM/JJJJ)*

DE *Standardformular 2 – Auftragsbekanntmachung*   8

LVG BW RL für Vergabe- und Vertragsabwicklung von Liefer- und Dienstleistungen

Anhang A
Sonstige Adressen und Kontaktstellen

I) Adressen und Kontaktstellen, die weitere Auskünfte erteilen

Offizielle Bezeichnung:	Nationale Identifikationsnummer: *(falls bekannt)*
Postanschrift:	
Ort:	Postleitzahl:	Land:
Kontaktstelle(n): Zu Händen von:	Telefon:
E-Mail:	Fax:
Internet-Adresse: *(URL)*	

II) Adressen und Kontaktstellen, bei denen Ausschreibungs- und ergänzende Unterlagen erhältlich sind

Offizielle Bezeichnung:	Nationale Identifikationsnummer: *(falls bekannt)*
Postanschrift:	
Ort:	Postleitzahl:	Land:
Kontaktstelle(n): Zu Händen von:	Telefon:
E-Mail:	Fax:
Internet-Adresse: *(URL)*	

III) Adressen und Kontaktstellen, an die Angebote/Teilnahmeanträge zu richten sind

Offizielle Bezeichnung:	Nationale Identifikationsnummer: *(falls bekannt)*
Postanschrift:	
Ort:	Postleitzahl:	Land:
Kontaktstelle(n): Zu Händen von:	Telefon:
E-Mail:	Fax:
Internet-Adresse: *(URL)*	

IV) Adresse des anderen öffentlichen Auftraggebers, in dessen Namen der öffentliche Auftraggeber beschafft

Offizielle Bezeichnung:	Nationale Identifikationsnummer: *(falls bekannt)*
Postanschrift:	
Ort:	Postleitzahl:	Land:

(Verwenden Sie Anhang A Abschnitt IV in beliebiger Anzahl)

VOL-Richtlinie VBV LVG BW

Anhang B
Angaben zu den Losen

Bezeichnung des Auftrags durch den öffentlichen Auftraggeber:
Los-Nr: [ ][ ][ ]   Bezeichnung:

1) Kurze Beschreibung:

2) Gemeinsames Vokabular für öffentliche Aufträge (CPV)

	Hauptteil	Zusatzteil *(falls zutreffend)*	
Hauptgegenstand	[ ][ ].[ ][ ].[ ][ ].[ ][ ]-[ ]	[ ][ ][ ][ ]-[ ]	[ ][ ][ ][ ]-[ ]
Ergänzende Gegenstände	[ ][ ].[ ][ ].[ ][ ].[ ][ ]-[ ]	[ ][ ][ ][ ]-[ ]	[ ][ ][ ][ ]-[ ]
	[ ][ ].[ ][ ].[ ][ ].[ ][ ]-[ ]	[ ][ ][ ][ ]-[ ]	[ ][ ][ ][ ]-[ ]
	[ ][ ].[ ][ ].[ ][ ].[ ][ ]-[ ]	[ ][ ][ ][ ]-[ ]	[ ][ ][ ][ ]-[ ]
	[ ][ ].[ ][ ].[ ][ ].[ ][ ]-[ ]	[ ][ ][ ][ ]-[ ]	[ ][ ][ ][ ]-[ ]

3) Menge oder Umfang:

(falls bekannt, in Zahlen) Veranschlagte Kosten ohne MwSt: [   ] Währung: [ ][ ][ ]
oder
Spanne von [   ] bis [   ] Währung: [ ][ ][ ]

4) Abweichung von der Vertragslaufzeit oder vom Beginn bzw. Ende des Auftrags *(falls zutreffend)*
Laufzeit in Monaten: [ ][ ] oder in Tagen: [ ][ ][ ] (ab Auftragsvergabe)
oder
Beginn   [ ][ ]/[ ][ ]/[ ][ ][ ][ ] *(TT/MM/JJJJ)*
Abschluss [ ][ ]/[ ][ ]/[ ][ ][ ][ ] *(TT/MM/JJJJ)*

5) Zusätzliche Angaben zu den Losen:

(Verwenden Sie ein Formular pro Los)

DE *Standardformular 2 – Auftragsbekanntmachung*

LVG BW RL für Vergabe- und Vertragsabwicklung von Liefer- und Dienstleistungen

Anhang C1 – Allgemeine Aufträge
Dienstleistungskategorien in Abschnitt II: Auftragsgegenstand
Richtlinie 2004/18/EG

Kategorie Nr [1]	Bezeichnung
1	Instandhaltung und Reparatur
2	Landverkehr [2], einschließlich Geldtransport und Kurierdienste, ohne Postverkehr
3	Fracht- und Personenbeförderung im Flugverkehr, ohne Postverkehr
4	Postbeförderung im Landverkehr [3] sowie Luftpostbeförderung
5	Telekommunikation
6	Finanzdienstleistungen: a) Versicherungsdienstleistungen b) Bankdienstleistungen und Wertpapiergeschäfte [4]
7	Datenverarbeitung und verbundene Tätigkeiten
8	Forschung und Entwicklung [5]
9	Rechnungslegung, Abschlussprüfung und Buchhaltung
10	Markt- und Meinungsforschung
11	Unternehmensberatung [6] und verbundene Tätigkeiten
12	Architektur, technische Beratung und Planung, integrierte technische Leistungen, Stadt- und Landschaftsplanung, zugehörige wissenschaftliche und technische Beratung, technische Versuche und Analysen
13	Werbung
14	Gebäudereinigung und Hausverwaltung
15	Verlegen und Drucken gegen Vergütung oder auf vertraglicher Grundlage
16	Abfall- und Abwasserbeseitigung, sanitäre und ähnliche Dienstleistungen
Kategorie Nr [7]	**Bezeichnung**
17	Gaststätten und Beherbergungsgewerbe
18	Eisenbahnverkehr
19	Schifffahrt
20	Neben- und Hilfstätigkeiten des Verkehrs
21	Rechtsberatung
22	Arbeits- und Arbeitskräftevermittlung [8]
23	Auskunfts- und Schutzdienste, ohne Geldtransport
24	Unterrichtswesen und Berufsausbildung
25	Gesundheits-, Veterinär- und Sozialwesen
26	Erholung, Kultur und Sport [9]
27	Sonstige Dienstleistungen

1 Dienstleistungskategorien im Sinne von Artikel 20 und Anhang IIA der Richtlinie 2004/18/EG.
2 Ohne Eisenbahnverkehr der Kategorie 18.
3 Ohne Eisenbahnverkehr der Kategorie 18.
4 Ohne Finanzdienstleistungen im Zusammenhang mit Ausgabe, Verkauf, Ankauf oder Übertragung von Wertpapieren oder anderen Finanzinstrumenten sowie Zentralbankdiensten. Ausgenommen sind ferner Dienstleistungen zum Erwerb oder zur Anmietung – ganz gleich nach welchen Finanzmodalitäten – von Grundstücken, bestehenden Gebäuden oder anderem unbeweglichen Eigentum oder von Rechten daran. Verträge über Finanzdienstleistungen, die bei dem Vertrag über den Erwerb oder die Anmietung mit ihm gleichlaufend, ihm vorangehend oder im Anschluss an ihn gleich in welcher Form geschlossen werden, fallen jedoch unter die Richtlinie.
5 Ohne Aufträge über Forschungs- und Entwicklungsdienstleistungen anderer Art als diejenigen, deren Ergebnisse ausschließlich Eigentum des öffentlichen Auftraggebers für seinen Gebrauch bei der Ausübung seiner eigenen Tätigkeit sind, sofern die Dienstleistung vollständig durch den Auftraggeber vergütet wird.
6 Ohne Schiedsgerichts- und Schlichtungsleistungen.
7 Dienstleistungskategorien im Sinne von Artikel 21 und Anhang IIB der Richtlinie 2004/18/EG.
8 Außer Arbeitsverträge.
9 Ohne Aufträge über Kauf, Entwicklung, Produktion oder Koproduktion von Programmen durch Rundfunk- oder Fernsehveranstalter sowie Ausstrahlung von Sendungen.

VOL-Richtlinie VBV   LVG BW

                                                                                      Anlage 4
                                                            (Absage- und Informationsschreiben)

Vergabestelle   (VOL - Informations-/ Absageschreiben nach § 101a GWB)

Datum	
Vergabenummer	

Information/ Absage nach § 101a GWB

Maßnahme

Leistung

Angebot vom

Anlagen

Sehr geehrte Damen und Herren,

hiermit informieren wir Sie gemäß § 101a GWB, dass Ihr Angebot nicht berücksichtigt werden soll.
Wir beabsichtigen den Zuschlag am _____ auf das Angebot des Bieters _____
zu erteilen.

1. **Angebotsprüfung**
   ☐ **Ihr Angebot wird von der Wertung ausgeschlossen, weil**
       ☐ es verspätet eingegangen ist.
       ☐ es wesentliche Preisangaben nicht enthält.
       ☐ es nicht den Bewerbungsbedingungen gemäß im Angebotsschreiben unterschrieben ist.
       ☐ geforderte Erklärungen oder Nachweise weder mit dem Angebot noch auf Anforderung vorgelegt wurden.
       ☐ vorgenommene Eintragungen nicht eindeutig sind.
       ☐ es unzulässige Änderungen oder Ergänzungen an den Vergabeunterlagen enthält.
       ☐ es nicht alle in den Vergabeunterlagen gestellten Bedingungen erfüllt.
       ☐ eine unzulässige, wettbewerbsbeschränkende Abrede getroffen wurde.
       ☐ ein Ausschlussgrund nach **§ 6 EG Abs. 6 VOL/A** vorliegt.

LVG BW   RL für Vergabe- und Vertragsabwicklung von Liefer- und Dienstleistungen

(VOL - Informations-/ Absageschreiben nach § 101a GWB)

Erläuterung:

☐ **Ihr Nebenangebot wird von der Wertung ausgeschlossen, weil**

     ☐ gem. Ziffer 7 der Aufforderung zur Abgabe eines Angebotes Nebenangebote nicht zugelassen sind.

     ☐ es den formalen Anforderungen an Nebenangebote nicht genügt.

     ☐ es die verlangten Mindestanforderungen an Nebenangebote nicht erfüllt.

Erläuterung:

2. **Eignung des Bieters**

☐ **Ihr Angebot kann nicht berücksichtigt werden, weil**

begründete Zweifel an Ihrer Eignung bestehen im Hinblick auf

     ☐ Fachkunde   ☐ Leistungsfähigkeit   ☐ Zuverlässigkeit

Erläuterung:

3. **Beurteilung des Angebotinhaltes**

☐ **Auf Ihr Angebot kann kein Zuschlag erteilt werden, weil der Preis**

     ☐ Im Verhältnis zu der zu erbringenden Leistung ungewöhnlich niedrig ist und auch nach Prüfung der Belege bzw. Erklärungen keine nachvollziehbaren Gründe für die Preisbildung vorliegen.

     ☐ in offenbarem Missverhältnis zur Leistung steht.

Erläuterung:

4. **Wirtschaftlichkeit des Angebotes**

☐ **Auf Ihr Angebot kann der Zuschlag nicht erteilt werden, weil**

Sie nicht das wirtschaftlichste Angebot abgegeben haben.
Grund:

     ☐ Es liegt ein niedrigeres Hauptangebot vor.

     ☐ Ihr Hauptangebot war nicht das wirtschaftlichste.

☐ **Es liegt ein wirtschaftlicheres Nebenangebot vor.**

VOL-Richtlinie VBV **LVG BW**

(VOL - Informations-/ Absageschreiben nach § 101a GWB)

☐ Folgende Nebenangebote kommen aufgrund der Wertung für den Zuschlag nicht in Betracht aus.

Erläuterung:

5. Aufklärung des Angebotsinhaltes

☐ **Ihr Angebot kann nicht berücksichtigt werden, weil**

Sie die geforderten Aufklärungen und Angaben verweigert haben.

Bezug:

Mit freundlichen Grüßen

LVG BW RL für Vergabe- und Vertragsabwicklung von Liefer- und Dienstleistungen

(VOL - Informationsschreiben an erfolgreichen Bieter nach § 101a GWB)

Vergabestelle

Datum	
Vergabenummer	

Information

Maßnahme

Leistung

Angebot vom

Sehr geehrte Damen und Herren,

nach dem derzeitigen Stand des Vergabeverfahrens beabsichtigen wir, Ihr Angebot vom _____ anzunehmen.

Ein Auftrag darf erst nach Ablauf der in § 101 a GWB genannten Frist, frühestens am _____ erteilt werden.

Mit freundlichen Grüßen

VOL-Richtlinie VBV, Stand März 2013

VOL-Richtlinie VBV **LVG BW**

(VOL – Informationsschreiben nach § 101a GWB)

Vergabestelle

Datum	
Vergabenummer	

Information

Maßnahme
_____

Leistung
_____

Angebot vom _____

Sehr geehrte Damen und Herren,

hiermit informieren wir Sie gemäß § 101a GWB, dass Ihr Angebot vom _____
nicht berücksichtigt werden soll.

Wie beabsichtigen, den Zuschlag frühestens am _____ auf das Angebot des Bieters _____
zu erteilen.

Mit freundlichen Grüßen

LVG BW RL für Vergabe- und Vertragsabwicklung von Liefer- und Dienstleistungen

(VOL - Mitteilung nach § 19 Abs. 1 VOL/A)

Vergabestelle

Datum	
Vergabenummer	

Mitteilung nach § 19 Abs. 1 VOL/A

Maßnahme

Leistung

Angebot vom
Anlagen

Sehr geehrte Damen und Herren,

auf Ihre Anfrage vom _____ teilen wir mit:

1. **Angebotsprüfung**
   ☐ **Ihr Angebot wird von der Wertung ausgeschlossen, weil**
   - ☐ es wesentliche Preisangaben nicht enthält.
   - ☐ geforderte Erklärungen oder Nachweise weder mit dem Angebot noch auf Anforderung innerhalb der gesetzten Frist vorgelegt wurden.
   - ☐ es nicht im Angebotsschreiben unterschrieben oder wie vorgegeben signiert ist.
   - ☐ an Ihren Eintragungen vorgenommene Änderungen nicht zweifelsfrei sind.
   - ☐ es unzulässige Änderungen oder Ergänzungen an den Vertragsunterlagen enthält.
   - ☐ es verspätet eingegangen ist.
   - ☐ ein Ausschlussgrund nach **§ 16 Abs. 4 VOL/A** vorliegt.
   - ☐ es nicht alle in den Vergabeunterlagen gestellten Bedingungen erfüllt.
   - ☐
   - ☐

Erläuterung:

VOL-Richtlinie VBV LVG BW

(VOL - Mitteilung nach § 19 Abs. 1 VOL/A)

☐ **Ihr Nebenangebot wird von der Wertung ausgeschlossen, weil**
    ☐ gem. Ziffer 7 der Aufforderung zur Angebotsabgabe Nebenangebote nicht zugelassen sind.
    ☐ es den formalen Anforderungen an Nebenangebote nicht genügt.
    ☐ es im Vergleich zur Leistungsbeschreibung qualitativ und/oder quantitativ nicht gleichwertig ist.
Erläuterung:

2. Eignung des Bieters

☐ **Ihr Angebot kann nicht berücksichtigt werden, weil**

begründete Zweifel an Ihrer Eignung bestehen im Hinblick auf

☐ Fachkunde   ☐ Leistungsfähigkeit   ☐ Zuverlässigkeit

Erläuterung:

3. Beurteilung des Angebotsinhaltes

☐ **Auf Ihr Angebot kann kein Zuschlag erteilt werden, weil der Preis**
    ☐ im Verhältnis zu der zu erbringenden Leistung ungewöhnlich niedrig ist und auch nach Prüfung der Belege bzw. Erklärungen keine nachvollziehbaren Gründe für die Preisbildung vorliegen.
    ☐ in offenbarem Missverhältnis zur Leistung steht.
Erläuterung:

4. Wirtschaftlichkeit des Angebotes

☐ **Auf Ihr Angebot kann der Zuschlag nicht erteilt werden, weil**
Sie nicht das wirtschaftlichste Angebot abgegeben haben.
Grund:
    ☐ Es liegt ein Hauptangebot mit einem niedrigeren Preis vor.
    ☐ Ihr Hauptangebot war nicht das wirtschaftlichste.

☐ **Es liegt ein wirtschaftlicheres Nebenangebot vor.**

☐ **Folgende Ihrer Nebenangebote kommen nach dem Ergebnis der Wertung für den Zuschlag nicht in Betracht aus:**

LVG BW   RL für Vergabe- und Vertragsabwicklung von Liefer- und Dienstleistungen

(VOL - Mitteilung nach § 19 Abs. 1 VOL/A)

Erläuterung:

5. **Aufklärung des Angebotsinhaltes**
   ☐ **Ihr Angebot kann nicht berücksichtigt werden, weil**
   Sie die geforderten Aufklärungen und Angaben verweigert haben.

Bezug:

Auftragnehmer ist die Firma:

Merkmale und Vorteile des erfolgreichen Angebotes sind:

Diese Mitteilung ist abschließend.

Mit freundlichen Grüßen

VOL-Richtlinie VBV   LVG BW

Anlage 5
(Bekanntmachung vergebener Aufträge EU)

Europäische Union
Veröffentlichung des Supplements zum Amtsblatt der Europäischen Union
2, rue Mercier, 2985 Luxembourg, Luxemburg   Fax: +352 29 29 42 670
E-Mail: ojs@publications.europa.eu   Infos und Online-Formulare: http://simap.europa.eu

Bekanntmachung vergebener Aufträge
Richtlinie 2004/18/EG

Abschnitt I: Öffentlicher Auftraggeber

I.1) Name, Adressen und Kontaktstelle(n)

Offizielle Bezeichnung:		Nationale Identifikationsnummer: *(falls bekannt)*
Postanschrift:		
Ort:	Postleitzahl:	Land:
Kontaktstelle(n): Zu Händen von:		Telefon:
E-Mail:		Fax:
Internet-Adresse(n): *(falls zutreffend)*		
Hauptadresse des öffentlichen Auftraggebers: *(URL)*		
Adresse des Beschafferprofils: *(URL)*		
Elektronischer Zugang zu Informationen: *(URL)*		
Elektronische Einreichung von Angeboten und Teilnahmeanträgen: *(URL)*		

I.2) Art des öffentlichen Auftraggebers

○ Ministerium oder sonstige zentral- oder bundesstaatliche Behörde einschließlich regionaler oder lokaler Unterabteilungen	○ Einrichtung des öffentlichen Rechts
○ Agentur/Amt auf zentral- oder bundesstaatlicher Ebene	○ Europäische Institution/Agentur oder internationale Organisation
○ Regional- oder Lokalbehörde	○ Sonstige: *(bitte angeben)*
○ Agentur/Amt auf regionaler oder lokaler Ebene	

I.3) Haupttätigkeit(en)

☐ Allgemeine öffentliche Verwaltung	☐ Wohnungswesen und kommunale Einrichtungen
☐ Verteidigung	☐ Sozialwesen
☐ Öffentliche Sicherheit und Ordnung	☐ Freizeit, Kultur und Religion
☐ Umwelt	☐ Bildung
☐ Wirtschaft und Finanzen	☐ Sonstige: *(bitte angeben)*
☐ Gesundheit	

I.4) Auftragsvergabe im Auftrag anderer öffentlicher Auftraggeber

Der öffentliche Auftraggeber beschafft im Auftrag anderer öffentlicher Auftraggeber: ○ ja   ○ nein
(falls ja, weitere Angaben zu diesen öffentlichen Auftraggebern bitte in Anhang A)

DE *Standardformular 3 – Bekanntmachung vergebener Aufträge*

LVG BW RL für Vergabe- und Vertragsabwicklung von Liefer- und Dienstleistungen

Abschnitt II: Auftragsgegenstand

II.1) Beschreibung

II.1.1) Bezeichnung des Auftrags

II.1.2) Art des Auftrags und Ort der Ausführung, Lieferung bzw. Dienstleistung
(bitte nur eine Kategorie – Bauleistung, Lieferung oder Dienstleistung – auswählen, und zwar die, die dem Auftrags- oder Beschaffungsgegenstand am ehesten entspricht)

○ Bauauftrag	○ Lieferauftrag	○ Dienstleistungen
☐ Ausführung ☐ Planung und Ausführung ☐ Erbringung einer Bauleistung, gleichgültig mit welchen Mitteln, gemäß den vom öffentlichen Auftraggeber genannten Erfordernissen	○ Kauf ○ Leasing ○ Miete ○ Mietkauf ○ Eine Kombination davon	Dienstleistungskategorie Nr: [ ] [ ] *Zu Dienstleistungskategorien siehe Anhang C1* Bei Aufträgen für Dienstleistungskategorien 17 bis 27 (s. Anhang C1): Sind Sie mit der Veröffentlichung dieser Bekanntmachung einverstanden? ○ ja ○ nein

Hauptort der Ausführung, Lieferung oder Dienstleistungserbringung:

NUTS-Code [ ][ ][ ][ ]   NUTS-Code [ ][ ][ ][ ]
NUTS-Code [ ][ ][ ][ ]   NUTS-Code [ ][ ][ ][ ]

II.1.3) Angaben zur Rahmenvereinbarung oder zum dynamischen Beschaffungssystem (DBS)
☐ Die Bekanntmachung betrifft den Abschluss einer Rahmenvereinbarung
☐ Die Bekanntmachung betrifft Aufträge auf der Grundlage eines dynamischen Beschaffungssystems (DBS)

II.1.4) Kurze Beschreibung des Auftrags oder Beschaffungsvorhabens:

II.1.5) Gemeinsames Vokabular für öffentliche Aufträge (CPV)

	Hauptteil	Zusatzteil *(falls zutreffend)*	
Hauptgegenstand	[ ][ ].[ ][ ].[ ][ ].[ ][ ]-[ ]	[ ][ ][ ][ ]-[ ]	[ ][ ][ ][ ]-[ ]
Ergänzende Gegenstände	[ ][ ].[ ][ ].[ ][ ].[ ][ ]-[ ]	[ ][ ][ ][ ]-[ ]	[ ][ ][ ][ ]-[ ]
	[ ][ ].[ ][ ].[ ][ ].[ ][ ]-[ ]	[ ][ ][ ][ ]-[ ]	[ ][ ][ ][ ]-[ ]
	[ ][ ].[ ][ ].[ ][ ].[ ][ ]-[ ]	[ ][ ][ ][ ]-[ ]	[ ][ ][ ][ ]-[ ]
	[ ][ ].[ ][ ].[ ][ ].[ ][ ]-[ ]	[ ][ ][ ][ ]-[ ]	[ ][ ][ ][ ]-[ ]

II.1.6) Angaben zum Beschaffungsübereinkommen (GPA)
Auftrag fällt unter das Beschaffungsübereinkommen (GPA): ○ ja ○ nein

II.2) Endgültiger Gesamtauftragswert

II.2.1) Endgültiger Gesamtauftragswert *(Bitte nur den endgültigen Gesamtauftragswert, einschließlich aller Aufträge, Lose, Verlängerungen und Optionen in Zahlen angeben; Angaben zu einzelnen Aufträgen machen Sie bitte in Abschnitt V: Auftragsvergabe)*

	ohne MwSt	mit MwSt	MwSt.-Satz (%)
Wert: [ ][ ][ ][ ][ ][ ][ ][ ][ ][ ][ ][ ],[ ][ ] Währung: [ ][ ][ ] oder Niedrigstes Angebot [ ][ ][ ][ ][ ][ ][ ][ ][ ][ ][ ],[ ] und höchstes Angebot [ ][ ][ ][ ][ ][ ][ ][ ][ ][ ][ ],[ ] Währung: [ ][ ][ ] das berücksichtigt wurde	○ ○	○ ○	bei [ ][ ],[ ] bei [ ][ ],[ ]

DE *Standardformular 3 – Bekanntmachung vergebener Aufträge*

VOL-Richtlinie VBV   **LVG BW**

Abschnitt IV: Verfahren

IV.1) Verfahrensart

IV.1.1) Verfahrensart

○ Offen
○ Nichtoffen
○ Beschleunigtes nichtoffenes Verfahren
○ Wettbewerblicher Dialog

○ Verhandlungsverfahren mit einem Aufruf zum Wettbewerb
○ Beschleunigtes Verhandlungsverfahren
○ Verhandlungsverfahren ohne Aufruf zum Wettbewerb
○ Auftragsvergabe ohne vorherige Auftragsbekanntmachung im Amtsblatt der Europäischen Union (für die Fälle, die in Abschnitt 2 des Anhangs D1 aufgeführt sind)

Begründung der Auftragsvergabe ohne vorherige Auftragsbekanntmachung im Amtsblatt der Europäischen Union (ABl.): *bitte Anhang D1 ausfüllen*

IV.2) Zuschlagskriterien

IV.2.1) Zuschlagskriterien *(bitte Zutreffendes ankreuzen)*

○ Niedrigster Preis
oder
○ das wirtschaftlich günstigste Angebot in Bezug auf

Kriterien	Gewichtung	Kriterien	Gewichtung
1. [ ]	[ ]	6. [ ]	[ ]
2. [ ]	[ ]	7. [ ]	[ ]
3. [ ]	[ ]	8. [ ]	[ ]
4. [ ]	[ ]	9. [ ]	[ ]
5. [ ]	[ ]	10.[ ]	[ ]

IV.2.2) Angaben zur elektronischen Auktion
Eine elektronische Auktion wurde durchgeführt   ○ ja   ○ nein

IV.3) Verwaltungsangaben

IV.3.1) Aktenzeichen beim öffentlichen Auftraggeber: *(falls zutreffend)*

IV.3.2) Frühere Bekanntmachung(en) desselben Auftrags   ○ ja   ○ nein
(falls ja, bitte Zutreffendes ankreuzen bzw. ausfüllen)
○ Vorinformation   ○ Bekanntmachung eines Beschafferprofils
Bekanntmachungsnummer im ABl: [   ][   ][   ]/S [   ][   ][   ]–[   ][   ][   ][   ][   ][   ]   vom [   ]/[   ]/[   ][   ][   ][   ] *(TT/MM/JJJJ)*
○ Auftragsbekanntmachung   ○ Vereinfachte Auftragsbekanntmachung im Rahmen eines dynamischen Beschaffungssystems
Bekanntmachungsnummer im ABl: [   ][   ][   ]/S [   ][   ][   ]–[   ][   ][   ][   ][   ][   ]   vom [   ]/[   ]/[   ][   ][   ][   ] *(TT/MM/JJJJ)*
☐ Freiwillige Ex-ante-Transparenzbekanntmachung
Bekanntmachungsnummer im ABl: [   ][   ][   ]/S [   ][   ][   ]–[   ][   ][   ][   ][   ][   ]   vom [   ]/[   ]/[   ][   ][   ][   ] *(TT/MM/JJJJ)*
☐ Sonstige frühere Bekanntmachungen *(falls zutreffend)*
Bekanntmachungsnummer im ABl: [   ][   ][   ]/S [   ][   ][   ]–[   ][   ][   ][   ][   ][   ]   vom [   ]/[   ]/[   ][   ][   ][   ] *(TT/MM/JJJJ)*
Bekanntmachungsnummer im ABl: [   ][   ][   ]/S [   ][   ][   ]–[   ][   ][   ][   ][   ][   ]   vom [   ]/[   ]/[   ][   ][   ][   ] *(TT/MM/JJJJ)*

LVG BW RL für Vergabe- und Vertragsabwicklung von Liefer- und Dienstleistungen

Abschnitt V: Auftragsvergabe

Auftrags-Nr: [ ][ ][ ] Los-Nr: [ ][ ][ ] **Bezeichnung:**

V.1) Tag der Zuschlagsentscheidung: [ ][ ]/[ ][ ]/[ ][ ][ ][ ] *(TT/MM/JJJJ)*
V.2) Angaben zu den Angeboten Anzahl der eingegangenen Angebote: [ ][ ][ ] Anzahl der elektronisch eingegangenen Angebote: [ ][ ][ ]
V.3) Name und Anschrift des Wirtschaftsteilnehmers, zu dessen Gunsten der Zuschlag erteilt wurde Offizielle Bezeichnung:
Postanschrift:

Ort:	Postleitzahl:	Land:
E-Mail:		Telefon:
Internet-Adresse: *(URL)*		Fax:

V.4) Angaben zum Auftragswert *(in Zahlen)*

	ohne MwSt	mit MwSt	MwSt.-Satz (%)
Ursprünglich veranschlagter Gesamtauftragswert *(falls zutreffend)* Wert: [ ][ ][ ][ ][ ][ ][ ][ ][ ][ ][ ][ ],[ ][ ] Währung: [ ][ ][ ]	○	○	bei [ ][ ],[ ]
Endgültiger Gesamtauftragswert Wert: [ ][ ][ ][ ][ ][ ][ ][ ][ ][ ][ ][ ],[ ][ ] Währung: [ ][ ][ ] oder Niedrigstes Angebot [ ][ ][ ][ ][ ][ ][ ][ ][ ][ ][ ][ ],[ ][ ] und höchstes Angebot [ ][ ][ ][ ][ ][ ][ ][ ][ ][ ][ ][ ],[ ][ ] Währung: [ ][ ][ ] das berücksichtigt wurde	○	○	bei [ ][ ],[ ] bei [ ][ ],[ ]

Bei jährlichem oder monatlichem Wert: *(bitte angeben)* Anzahl der Jahre: [ ][ ] oder Anzahl der Monate: [ ][ ]
V.5) Angaben zur Vergabe von Unteraufträgen Es können Unteraufträge vergeben werden ○ ja ○ nein *(falls ja, in Zahlen)* Wert oder Anteil des Auftrags, der an Dritte vergeben werden soll: Wert ohne MwSt: [ ][ ][ ][ ][ ][ ][ ][ ][ ][ ][ ][ ],[ ][ ] unbekannt: ☐ Währung: [ ][ ][ ]   Anteil [ ][ ],[ ] (%) Kurze Beschreibung des Wertes/Anteils des Auftrags, der an Unterauftragnehmer vergeben werden soll: *(falls bekannt)*

(Verwenden Sie dieses Formular in beliebiger Anzahl)

DE *Standardformular 3 – Bekanntmachung vergebener Aufträge* 4

VOL-Richtlinie VBV **LVG BW**

Abschnitt VI: Weitere Angaben

VI.1) Angaben zu Mitteln der Europäischen Union

Auftrag steht in Verbindung mit einem Vorhaben und/oder Programm, das aus Mitteln der Europäischen Union finanziert wird ○ ja ○ nein
(falls ja) Angabe der Vorhaben und/oder Programme:

VI.2) Zusätzliche Angaben: *(falls zutreffend)*

VI.3) Rechtsbehelfsverfahren/Nachprüfungsverfahren

VI.3.1) Zuständige Stelle für Rechtsbehelfs-/Nachprüfungsverfahren

Offizielle Bezeichnung:

Postanschrift:

Ort:	Postleitzahl:	Land:
E-Mail:		Telefon:
Internet-Adresse: *(URL)*		Fax:

Zuständige Stelle für Schlichtungsverfahren *(falls zutreffend)*

Offizielle Bezeichnung:

Postanschrift:

Ort:	Postleitzahl:	Land:
E-Mail:		Telefon:
Internet-Adresse: *(URL)*		Fax:

VI.3.2) Einlegung von Rechtsbehelfen *(bitte Abschnitt VI.3.2 oder ggf. Abschnitt VI.3.3 ausfüllen)*
Genaue Angaben zu den Fristen für die Einlegung von Rechtsbehelfen:

VI.3.3) Stelle, die Auskünfte über die Einlegung von Rechtsbehelfen erteilt

Offizielle Bezeichnung:

Postanschrift:

Ort:	Postleitzahl:	Land:
E-Mail:		Telefon:
Internet-Adresse: *(URL)*		Fax:

VI.4) Tag der Absendung dieser Bekanntmachung: [ ][ ] / [ ][ ] / [ ][ ][ ][ ] *(TT/MM/JJJJ)*

LVG BW RL für Vergabe- und Vertragsabwicklung von Liefer- und Dienstleistungen

Anhang A
Sonstige Adressen und Kontaktstellen

I) Adresse des anderen öffentlichen Auftraggebers, in dessen Namen der öffentliche Auftraggeber beschafft

Offizielle Bezeichnung:	Nationale Identifikationsnummer: *(falls bekannt)*	
Postanschrift:		
Ort:	Postleitzahl:	Land:

(Verwenden Sie dieses Formular in beliebiger Anzahl)

VOL-Richtlinie VBV   LVG BW

Anhang C1 – Allgemeine Aufträge
Dienstleistungskategorien in Abschnitt II: Auftragsgegenstand
Richtlinie 2004/18/EG

Kategorie Nr [1]	Bezeichnung
1	Instandhaltung und Reparatur
2	Landverkehr [2], einschließlich Geldtransport und Kurierdienste, ohne Postverkehr
3	Fracht- und Personenbeförderung im Flugverkehr, ohne Postverkehr
4	Postbeförderung im Landverkehr [3] sowie Luftpostbeförderung
5	Telekommunikation
6	Finanzdienstleistungen: a) Versicherungsdienstleistungen b) Bankdienstleistungen und Wertpapiergeschäfte [4]
7	Datenverarbeitung und verbundene Tätigkeiten
8	Forschung und Entwicklung [5]
9	Rechnungslegung, Abschlussprüfung und Buchhaltung
10	Markt- und Meinungsforschung
11	Unternehmensberatung [6] und verbundene Tätigkeiten
12	Architektur, technische Beratung und Planung, integrierte technische Leistungen, Stadt- und Landschaftsplanung, zugehörige wissenschaftliche und technische Beratung, technische Versuche und Analysen
13	Werbung
14	Gebäudereinigung und Hausverwaltung
15	Verlegen und Drucken gegen Vergütung oder auf vertraglicher Grundlage
16	Abfall- und Abwasserbeseitigung, sanitäre und ähnliche Dienstleistungen
Kategorie Nr [7]	**Bezeichnung**
17	Gaststätten und Beherbergungsgewerbe
18	Eisenbahnverkehr
19	Schifffahrt
20	Neben- und Hilfstätigkeiten des Verkehrs
21	Rechtsberatung
22	Arbeits- und Arbeitskräftevermittlung [8]
23	Auskunfts- und Schutzdienste, ohne Geldtransport
24	Unterrichtswesen und Berufsausbildung
25	Gesundheits-, Veterinär- und Sozialwesen
26	Erholung, Kultur und Sport [9]
27	Sonstige Dienstleistungen

1. Dienstleistungskategorien im Sinne von Artikel 20 und Anhang IIA der Richtlinie 2004/18/EG.
2. Ohne Eisenbahnverkehr der Kategorie 18.
3. Ohne Eisenbahnverkehr der Kategorie 18.
4. Ohne Finanzdienstleistungen im Zusammenhang mit Ausgabe, Verkauf, Ankauf oder Übertragung von Wertpapieren oder anderen Finanzinstrumenten sowie Zentralbankdiensten. Ausgenommen sind ferner Dienstleistungen zum Erwerb oder zur Anmietung – ganz gleich nach welchen Finanzmodalitäten – von Grundstücken, bestehenden Gebäuden oder anderem unbeweglichen Eigentum oder von Rechten daran. Verträge über Finanzdienstleistungen, die bei dem Vertrag über den Erwerb oder die Anmietung mit ihm gleichlaufend, ihm vorangehend oder im Anschluss an ihn gleich in welcher Form geschlossen werden, fallen jedoch unter die Richtlinie.
5. Ohne Aufträge über Forschungs- und Entwicklungsdienstleistungen anderer Art als diejenigen, deren Ergebnisse ausschließlich Eigentum des öffentlichen Auftraggebers für seinen Gebrauch bei der Ausübung seiner eigenen Tätigkeit sind, sofern die Dienstleistung vollständig durch den Auftraggeber vergütet wird.
6. Ohne Schiedsgerichts- und Schlichtungsleistungen.
7. Dienstleistungskategorien im Sinne von Artikel 21 und Anhang IIB der Richtlinie 2004/18/EG.
8. Außer Arbeitsverträge.
9. Ohne Aufträge über Kauf, Entwicklung, Produktion oder Koproduktion von Programmen durch Rundfunk- oder Fernsehveranstalter sowie Ausstrahlung von Sendungen.

LVG BW   RL für Vergabe- und Vertragsabwicklung von Liefer- und Dienstleistungen

Anhang D1 – Allgemeine Aufträge
Begründung der Auftragsvergabe ohne vorherige Auftragsbekanntmachung im Amtsblatt der Europäischen Union (ABl.)
Richtlinie 2004/18/EG

Bitte begründen Sie nachfolgend die Auftragsvergabe ohne vorherige Auftragsbekanntmachung im Amtsblatt der Europäischen Union. Diese Begründung muss den einschlägigen Artikeln der Richtlinie 2004/18/EG entsprechen.

(Gemäß der Richtlinie 89/665/EWG zu den Nachprüfungsverfahren kann die Frist für die Beantragung einer Nachprüfung, auf die in Artikel 2f Absatz 1 Buchstabe a erster Gedankenstrich dieser Richtlinie Bezug genommen wird, beschränkt werden, wenn die Bekanntmachung eine Begründung des Beschlusses des öffentlichen Auftraggebers enthält, den Auftrag ohne vorherige Auftragsbekanntmachung im Amtsblatt der Europäischen Union zu vergeben. Um diese Fristverkürzung in Anspruch zu nehmen, kreuzen Sie bitte das/die jeweilige(n) Kästchen an und machen Sie die geforderten zusätzlichen Angaben.)

1) Begründung der Wahl des Verhandlungsverfahrens ohne vorherige Auftragsbekanntmachung im Amtsblatt der Europäischen Union gemäß der Richtlinie 2004/18/EG

Keine Angebote oder keine geeigneten Angebote im Anschluss an ein:
- ○ offenes Verfahren,
- ○ nicht offenes Verfahren.

☐ Die betreffenden Erzeugnisse werden gemäß den in der Richtlinie genannten Bedingungen ausschließlich für Forschungs-, Versuchs-, Untersuchungs- oder Entwicklungszwecke hergestellt. *(nur für Lieferungen)*

Die Bauleistungen/Lieferungen/Dienstleistungen können aus folgenden Gründen nur von einem bestimmten Bieter ausgeführt werden:
- ☐ technische Gründe,
- ☐ künstlerische Gründe,
- ☐ aufgrund des Schutzes von Ausschließlichkeitsrechten.

☐ Zwingende Dringlichkeit im Zusammenhang mit Ereignissen, die der öffentliche Auftraggeber nicht voraussehen konnte und die den strengen Bedingungen der Richtlinie genügen.

☐ Zusätzliche Bauleistungen/Lieferungen/Dienstleistungen, deren Beschaffung den strengen Vorschriften der Richtlinie genügt.

☐ Neue Bauleistungen/Dienstleistungen, die in der Wiederholung gleichartiger Bau- oder Dienstleistungen bestehen und die gemäß den strengen Vorschriften der Richtlinie vergeben werden.

☐ Dienstleistungsauftrag, der an den erfolgreichen Bewerber oder an einen der Gewinner eines Wettbewerbs vergeben wird.

☐ Lieferung von Waren, die an einer Warenbörse notiert und gekauft werden.

Beschaffung der Waren zu besonders vorteilhaften Bedingungen:
- ☐ bei Lieferanten, die ihre Geschäftstätigkeit endgültig einstellen,
- ☐ bei Insolvenz-/Konkursverwaltern oder Liquidatoren im Rahmen eines Insolvenz-/Konkurs-, Vergleichs- oder Ausgleichsverfahrens oder eines gleichartigen Verfahrens.

☐ Alle Angebote, die im Anschluss an ein offenes Verfahren, ein nicht offenes Verfahren oder einen wettbewerblichen Dialog abgegeben wurden, waren nicht ordnungsgemäß oder unannehmbar. Es wurden lediglich die Bieter an den Verhandlungen beteiligt, die die qualitativen Eignungskriterien erfüllten.

2) Sonstige Begründung der Auftragsvergabe ohne vorherige Auftragsbekanntmachung im Amtsblatt der Europäischen Union
- ○ Der Auftrag betrifft Dienstleistungen, die Gegenstand von Anhang II B der Richtlinie sind.
- ○ Auftrag fällt nicht in den Anwendungsbereich der Richtlinie.

Um von dem oben genannten beschränkten Zeitraum profitieren zu können, erläutern Sie bitte zusätzlich zu dem/den angekreuzten Kästchen klar und ausführlich, warum die Auftragsvergabe ohne vorherige Auftragsbekanntmachung im Amtsblatt der Europäischen Union rechtmäßig ist. Dabei sind die einschlägigen Fakten und gegebenenfalls die rechtlichen Schlussfolgerungen gemäß der Richtlinie 2004/18/EG anzuführen: *(max. 500 Wörter)*

Verwaltungsvorschrift des Innenministeriums über die Vergabe von Aufträgen im kommunalen Bereich (VergabeVwV)

Vom 5. April 2016 – Az.: 2-2242.0/21 – (GABl. S. 254)

1 Anwendungsbereich

Kommunale Auftraggeber im Sinne dieser Verwaltungsvorschrift sind die Gemeinden, die Landkreise und die sonstigen juristischen Personen des öffentlichen Rechts, auf die das Gemeindewirtschaftsrecht Anwendung findet.

Unter den Voraussetzungen des § 60 Absatz 1 der Gemeindehaushaltsverordnung (GemHVO), die zuletzt durch Artikel 6 des Gesetzes vom 16. April 2013 geändert worden ist (GBl. S. 55, 57) beziehungsweise des § 64 Absatz 2 GemHVO in Verbindung mit § 45 Absatz 1 der Gemeindehaushaltsverordnung vom 7. Februar 1973 (GBl. S. 33), die zuletzt durch Verordnung vom 10. Juli 2001 (GBl. S. 466) geändert worden ist, gelten die vergaberechtlichen Bestimmungen auch für Sonder- und Treuhandvermögen kommunaler Auftraggeber.

2 Vergaberechtliche Bestimmungen

2.1 Vergabegrundsätze im Sinne von § 31 Absatz 2 GemHVO

Als verbindliche Vergabegrundsätze im Sinne von § 31 Absatz 2 GemHVO sind von den kommunalen Auftraggebern in der jeweils geltenden Fassung anzuwenden:

2.1.1

die Teile A, B und C der Vergabe- und Vertragsordnung für Bauleistungen (VOB). Für Aufträge oberhalb der europarechtlichen Schwellenwerte richtet sich die Anwendung der VOB nach den in den Nummern 2.2.7 und 2.2.8 genannten Rechtsvorschriften;

abweichend von der VOB/A kann eine Freihändige Vergabe bis zu einem Auftragswert von 20 000 Euro ohne Umsatzsteuer erfolgen;

2.1.2

die Nummer 3 (Angemessene Beteiligung des Mittelstands an öffentlichen Aufträgen) der Verwaltungsvorschrift der Landesregierung über die Vergabe öffentlicher Aufträge (VwV Beschaffung) vom 17. März 2015 (GABl. S. 139);

2.1.3

die Nummer 3.4 der Verwaltungsvorschrift der Landesregierung und der Ministerien zur Verhütung unrechtmäßiger und unlauterer Einwirkungen auf das Verwaltungshandeln und zur Verfolgung damit zusammenhängender Straftaten und Dienstvergehen (VwV Korruptionsverhütung und -bekämpfung) vom 15. Januar 2013 (GABl. 2013 S. 55). Hinsichtlich der anderen Regelungen dieser Verwaltungsvorschrift gilt Nummer 2.3.2.

2.2 Unmittelbar zu beachtende Bestimmungen

Folgende Bestimmungen sind von den kommunalen Auftraggebern in der jeweils geltenden Fassung unmittelbar zu beachten:

2.2.1

§ 14 Absatz 2 und 3 des Bundesvertriebenengesetzes (BVFG) in der Fassung vom 10. August 2007 (BGBl. I S. 1902) sowie § 100 Absatz 1 BVFG in Verbindung mit § 74 BVFG in der Fassung vom 3. September 1971 (BGBl. I S. 1565);

2.2.2

§ 68 des Bundesentschädigungsgesetzes (BEG) in der Fassung vom 29. Juni 1956 (BGBl. I S. 559), geändert durch Gesetz vom 14. September 1965 (BGBl. I S. 1315);

2.2.3

§§ 141 und 143 des Neunten Buches Sozialgesetzbuch (SGB IX) – Rehabilitation und Teilhabe behinderter Menschen vom 19. Juni 2001 [BGBl. I S. 1046; § 143 in der Fassung vom 7. September 2007 (BGBl. I S. 2246)];

2.2.4

§ 22 Absatz 1 bis 5 des Gesetzes zur Mittelstandsförderung vom 19. Dezember 2000 (GBl. S. 745);

2.2.5

Verordnung PR Nummer 30/53 über Preise bei öffentlichen Aufträgen vom 21. November 1953 (BAnz. S. 244), zuletzt geändert durch Artikel 70 des Gesetzes vom 8. Dezember 2010 (BGBl. I S. 1864);

2.2.6

§ 2 des Landesabfallgesetzes (LAbfG) in der Fassung vom 14. Oktober 2008 (GBl. S. 370);

2.2.7

der Vierte Teil des Gesetzes gegen Wettbewerbsbeschränkungen (GWB) in der Fassung vom 26. Juni 2013 (BGBl. I S. 1750);

2.2.8

die aufgrund der im GWB geregelten Verordnungsermächtigung erlassenen Rechtsverordnungen, insbesondere die Verordnung über die Vergabe öffentlicher Aufträge (Vergabeverordnung – VgV), die Verordnung über die Vergabe von öffentlichen Aufträgen im Bereich des Verkehrs, der Trinkwasserversorgung und der Energieversorgung (Sektorenverordnung – SektVO), die Verordnung über die Vergabe von Konzessionen (Konzessionsvergabeverordnung – KonzVg), die Vergabeverordnung Verteidigung und Sicherheit (VSVgV) sowie die Verordnung zur

Statistik über die Vergabe öffentlicher Aufträge und Konzessionen (Vergabestatistikverordnung – VergStatVO);

2.2.9

§ 21 des Gesetzes zur Bekämpfung der Schwarzarbeit und illegalen Beschäftigung in der Fassung vom 23. Juli 2004 (BGBl. I S. 1942), zuletzt geändert durch Artikel 4a des Gesetzes vom 7. September 2014 (BGBl. I S. 2246);

2.2.10

§ 21 des Gesetzes über zwingende Arbeitsbedingungen für grenzüberschreitend entsandte und für regelmäßig im Inland beschäftigte Arbeitnehmer und Arbeitnehmerinnen (Arbeitnehmer-Entsendegesetz – AEentG) vom 20. April 2009 (BGBl. I S. 799);

2.2.11

Tariftreue- und Mindestlohngesetz für öffentliche Aufträge in Baden-Württemberg (Landestariftreue- und Mindestlohngesetz – LTMG) vom 16. April 2013 (GBl. S. 50).

2.3 Zur Anwendung empfohlene Bestimmungen

Die Anwendung folgender Bestimmungen wird den kommunalen Auftraggebern in der jeweils geltenden Fassung empfohlen:

2.3.1

Teile A und B der Vergabe- und Vertragsordnung für Leistungen (VOL); für Aufträge oberhalb der europarechtlichen Schwellenwerte finden die in den Nummern 2.2.7 und 2.2.8 genannten Rechtsvorschriften Anwendung;

2.3.2

Verwaltungsvorschrift der Landesregierung und der Ministerien zur Verhütung unrechtmäßiger und unlauterer Einwirkungen auf das Verwaltungshandeln und zur Verfolgung damit zusammenhängender Straftaten und Dienstvergehen (VwV Korruptionsverhütung und -bekämpfung) vom 15. Januar 2013 (GABl. 2013 S. 55); hinsichtlich der Anwendung von Nummer 3.4 dieser Verwaltungsvorschrift gilt Nummer 2.1.3;

2.3.3

Kommunales Vergabehandbuch für Baden-Württemberg – KVHB-Bau –, herausgegeben vom Gemeindetag, Städtetag und Landkreistag Baden-Württemberg;

2.3.4

Richtlinien für Planungswettbewerbe – RPW 2013 des Bundesministeriums für Verkehr, Bau und Stadtentwicklung, Fassung vom 22. Februar 2013; siehe hierzu auch Gemeinsame Verwaltungsvorschrift der Ministerien zur Einführung der

Richtlinien für Planungswettbewerbe – RPW 2013 vom 27. März 2013 (GABl. S. 195);

2.3.5

Verwaltungsvorschrift der Landesregierung über die Vergabe öffentlicher Aufträge (VwV Beschaffung) vom 17. März 2015 (GABl. S. 139) mit Ausnahme der nur die Landesbehörden betreffenden Regelungen (Nummern 4.5 Buchstaben e und f, 7, 10.2.1 Absatz 1, 14 und Anlage 4) sowie der Verweise auf die Landeshaushaltsordnung (LHO) und die VV-LHO. Anstelle der Nummer 8.6.3.4 wird auf die Nummer 13 der Verwaltungsvorschrift zu den Standards des E-Government-Konzepts Baden-Württemberg (Bekanntmachung des Innenministeriums vom 16. Dezember 2013, GABl. 2014, S. 2) hingewiesen. Das Prüfraster für die Vergabe öffentlicher Aufträge in der dortigen Anlage kann entsprechend angewendet werden.

Die in Nummern 6.2, 6.3 und 6.6 genannten Auftragswerte können auch im Rahmen des § 106b Absatz 1 Nummer 2 der Gemeindeordnung (GemO) zu Grunde gelegt werden.

3 Hinweise zur Anwendung der VOB

3.1 Keine Bevorzugung ortsansässiger Bieter

Die Bestimmungen der VOB beruhen auf den Grundsätzen des freien Wettbewerbs und der Gleichbehandlung aller Bewerber. Bei der Ermittlung des Angebots, auf das der Zuschlag erteilt werden soll, kann daher ein Abweichen von der VOB/A weder mit dem Hinweis auf die Notwendigkeit der Sicherung örtlicher Arbeitsplätze noch mit gewerbesteuerlichen Erwägungen gerechtfertigt werden. Eine Beschränkung des Wettbewerbs auf ortsansässige Unternehmen ist nicht zulässig (§ 2 Absatz 2, § 6 Absatz 1 VOB/A). In Ausnahmefällen können Besonderheiten des Auftrags die räumliche Nähe des Unternehmens zum Leistungsort erfordern. Die entsprechenden Anforderungen müssen in die Vergabeunterlagen aufgenommen werden.

3.2 Vergabe in öffentlicher Sitzung

3.2.1

Nach § 35 Absatz 1 Satz 1 GemO sind die Sitzungen des Gemeinderats öffentlich. Nichtöffentlich darf nur verhandelt werden, wenn es das öffentliche Wohl oder berechtigte Interessen Einzelner erfordern; über Gegenstände, bei denen diese Voraussetzungen vorliegen, muss nicht- öffentlich verhandelt werden. Dasselbe gilt nach § 39 Absatz 5 Satz 1 GemO für die beschließenden Ausschüsse. Sind diese lediglich vorberatend tätig, ist den Gemeinden freigestellt, ob die Vorberatung öffentlich oder nichtöffentlich erfolgt. Sie können damit generell oder im Einzelfall selbst darüber entscheiden. Der Öffentlichkeitsgrundsatz des § 35 Absatz 1 Satz 1 GemO findet insoweit keine Anwendung. Bei Vorliegen der Voraussetzungen des § 35 Absatz 1 Satz 2 GemO muss jedoch nichtöffentlich verhandelt werden (§ 39 Absatz 5 Satz 2 GemO).

3.2.2

Über die Vergabe ist daher grundsätzlich, gegebenenfalls mit Ausnahme der unter 3.2.1 erwähnten Vorberatung in Ausschüssen, in öffentlicher Sitzung zu beraten und zu beschließen. Eine Behandlung der Vergabe in nichtöffentlicher Sitzung ist nur dann und insoweit gerechtfertigt, aber auch geboten, als es das öffentliche Wohl oder die Interessen der einzelnen Bieter erfordern. Dies kann zum Beispiel der Fall sein, wenn betriebsinterne Fragen, Kalkulationsgrundlagen oder Fragen der Fachkunde, Leistungsfähigkeit und Zuverlässigkeit von Bietern erörtert werden. Für Vergaben, in denen das bundesrechtlich bindende Vergaberecht ab Erreichen der europarechtlichen Schwellenwerte (Nummern 2.2.7 und 2.2.8) zur Anwendung kommt, ist das Vertraulichkeitsgebot je nach Stand des Vergabeverfahrens unter Berücksichtigung seines Zwecks zu handhaben (vergleiche Beschluss des Oberlandesgerichts Karlsruhe, Vergabesenat, vom 16. Juni 2010, 15 Verg 4/10).

Die der Tagesordnung beigefügten Beratungsunterlagen (§ 34 Absatz 1 Satz 1 Halbsatz 2 GemO) für öffentliche Sitzungen sind auf der Internetseite der Gemeinde zu veröffentlichen beziehungsweise im Sitzungsraum für die Zuhörer auszulegen. Dabei ist sicherzustellen, dass hierdurch keine personenbezogenen Daten oder Betriebs- und Geschäftsgeheimnisse unbefugt offenbart werden. Auch Mitglieder des Gemeinderats sind hieran gebunden (§ 41b Absatz 2, 3 und 4 GemO). Dies ist insbesondere für Vergabeentscheidungen von Bedeutung.

3.2.3

Das Gleiche gilt bei Landkreisen nach §§ 30 Absatz 1 Satz 1 und 2, 34 Absatz 5 Satz 1 und 4 sowie § 36a Absatz 2, 3 und 4 der Landkreisordnung für Baden-Württemberg (LKrO), bei kommunalen Auftraggebern, auf die das Gesetz über kommunale Zusammenarbeit (GKZ) Anwendung findet, nach §§ 15 Absatz 1 Satz 1 und 2, 14 Absatz 1 Satz 3 und Absatz 2 Satz 2 sowie 5 Absatz 2 Satz 1 GKZ und bei sonstigen kommunalen Auftraggebern, auf die die genannten Vorschriften der Gemeindeordnung Anwendung finden.

3.3 Vergabe von Architekten- und Ingenieurleistungen

Architekten- und Ingenieurleistungen sind freiberufliche Dienstleistungen und fallen nicht unter den Begriff der „Bauleistungen" im Sinne von § 1 VOB/A. Bei einem Generalunternehmervertrag gilt die VOB, und zwar sowohl für die Bauleistungen als auch für die damit verbundenen Planungsleistungen, wie zum Beispiel Ausführungspläne und statistische Berechnungen, nicht jedoch für daneben übernommene selbstständige Architekten- und Ingenieurleistungen.

Architekten- und Ingenieurleistungen sind hinsichtlich der Entgelte unter Beachtung der Verordnung über die Honorare für Architekten- und Ingenieurleistungen (Honorarordnung für Architekten und Ingenieure – HOAI) in der Fassung vom 10. Juli 2013 (BGBl. I S. 2276) zu vergeben.

4 Inkrafttreten

Die Verwaltungsvorschrift tritt am Tag nach ihrer Veröffentlichung in Kraft. Gleichzeitig tritt die Verwaltungsvorschrift des Innenministeriums über die Vergabe von Aufträgen im kommunalen Bereich (VergabeVwV) vom 28. Oktober 2011 außer Kraft.

Die Verwaltungsvorschrift tritt mit Ablauf des 31.12.2022 außer Kraft.

Bayern

Verwaltungsvorschrift zum öffentlichen Auftragswesen (VVöA)
Bekanntmachung der Bayerischen Staatsregierung
vom 14. November 2017, Az. B II 2 – G17/17-1
(AllMBl. S. 507)

Zitiervorschlag: Bekanntmachung der Bayerischen Staatsregierung über die Verwaltungsvorschrift zum öffentlichen Auftragswesen (VVöA) vom 14. November 2017 (AllMBl. S. 507)

1. Einführung der Unterschwellenvergabeordnung

1.1 Anwendung der Unterschwellenvergabeordnung

[1]Die Verfahrensordnung für die Vergabe öffentlicher Liefer- und Dienstleistungsaufträge unterhalb der EU-Schwellenwerte (Unterschwellenvergabeordnung – UVgO) vom 2. Februar 2017 (BAnz. AT 7.2.2017 B1, AT 8.2.2017 B1) ist von allen staatlichen Auftraggebern nach Maßgabe dieser Nummer anzuwenden, sofern der geschätzte Auftragswert ohne Umsatzsteuer die Schwellenwerte gemäß § 106 des Gesetzes gegen Wettbewerbsbeschränkungen (GWB) unterschreitet. [2]Die jeweils gültigen Schwellenwerte werden im Amtsblatt der Europäischen Union und im Bundesanzeiger veröffentlicht.

1.2 Wertgrenze für die Verhandlungsvergabe

[1]Die Wertgrenze nach § 8 Abs. 4 Nr. 17 Halbsatz 1 UVgO wird auf 50 000 € ohne Umsatzsteuer festgesetzt. [2]Auf die Veröffentlichungspflicht nach § 30 Abs. 1 UVgO sowie auf Anlage 2 der Korruptionsbekämpfungsrichtlinie (KorruR) wird hingewiesen.

1.3 Präqualifizierung

Die Industrie- und Handelskammer für München und Oberbayern führt für Bayern ein amtliches Verzeichnis für präqualifizierte Unternehmen aus dem Liefer- und Dienstleistungsbereich nach § 35 Abs. 6 UVgO.

1.4 Elektronisch übermittelte Teilnahmeanträge und Angebote bei Verhandlungsvergaben

[1]Auf elektronisch übermittelte Teilnahmeanträge und Angebote im Rahmen von Verhandlungsvergaben finden § 7 Abs. 4, § 39 Satz 1 und § 40 UVgO keine Anwendung, wenn der geschätzte Auftragswert ohne Umsatzsteuer 25 000 € nicht überschreitet. [2]Anlage 2 Nr. III.1 KorruR bleibt unberührt.

2. Beteiligung kleiner und mittlerer Unternehmen

Diese Nummer gilt für die Vergabe von öffentlichen Aufträgen für Bauleistungen sowie für sonstige Liefer- und Dienstleistungen durch alle staatlichen Auftraggeber unterhalb der EU-Schwellenwerte.

2.1 Für die Beurteilung der Zugehörigkeit eines Unternehmens zum Bereich der kleinen und mittleren Unternehmen (KMU) findet die Empfehlung 2003/361/EG entsprechend Anwendung.

2.2 Bei Beschränkter Ausschreibung, Freihändiger Vergabe und Verhandlungsvergabe sind, sofern kein Teilnahmewettbewerb erfolgt, regelmäßig auch KMU in angemessenem Umfang zur Angebotsabgabe aufzufordern.

2.3 [1]Bei Aufträgen mit Nachunternehmerleistungen ist in den Ausschreibungsunterlagen festzulegen, dass der Auftragnehmer bei der Einholung von Angeboten regelmäßig KMU angemessen beteiligen soll. [2]Die Bestimmungen des § 4 Abs. 8 Nr. 1 VOB/B und des § 4 Nr. 4 VOL/B bleiben unberührt. [3]Außerdem ist der Auftragnehmer in den Ausschreibungsunterlagen zu verpflichten, bei jeder Unterbeauftragung die VOB/B oder die VOL/B zum Vertragsbestandteil zu machen und dem Nachunternehmer keine davon abweichenden, ungünstigeren Regelungen aufzuerlegen.

2.4 Werden Aufträge an ausländische Firmen vergeben oder ausländische Firmen als Nachunternehmer beteiligt, ist vor dem Zuschlag oder der Beteiligung des Nachunternehmers der Nachweis zu verlangen, dass das zuständige Arbeitsamt den ausländischen Arbeitnehmern die Arbeitserlaubnis erteilt, soweit nicht aufgrund der Freizügigkeitsbestimmungen in der Europäischen Union und im Europäischen Wirtschaftsraum die Arbeitserlaubnispflicht entfällt.

2.5 [1]Die Vergabe von Bauleistungen an Generalübernehmer ist nicht zulässig. [2]Generalübernehmer sind solche Unternehmen, die Bauleistungen in Auftrag nehmen, ohne sich gewerbsmäßig mit der Ausführung von Bauleistungen zu befassen.

2.6 Bei Bauleistungen ist in den Ausschreibungsunterlagen vorzuschreiben, dass Nachunternehmer fachkundig, leistungsfähig und zuverlässig sein müssen und ihren gesetzlichen Verpflichtungen zur Zahlung von Steuern und Sozialabgaben nachgekommen sein und die gewerberechtlichen Voraussetzungen erfüllen müssen.

2.7 Das Auftragsberatungszentrum Bayern e. V. benennt für Lieferungen und Leistungen, ausgenommen Bauleistungen, unentgeltlich geeignete KMU.

3. Berücksichtigung bevorzugter Bieter

Diese Nummer gilt für die Vergabe von öffentlichen Aufträgen für Bauleistungen sowie für sonstige Liefer- und Dienstleistungen durch alle staatlichen Auftraggeber unterhalb der EU-Schwellenwerte.

3.1 [1]Bei der Vergabe von Aufträgen sind Werkstätten für behinderte Menschen, Inklusionsbetriebe und anerkannte Blindenwerkstätten als bevorzugte Bieter zu berücksichtigen. [2]Das Auftragsberatungszentrum Bayern e. V. benennt unentgeltlich bevorzugte Bieter.

3.2 Inländische Bieter führen den Nachweis der Eigenschaft als
– Werkstatt für behinderte Menschen durch Vorlage der von der Bundesagentur für Arbeit ausgesprochenen Anerkennung nach § 225 des Neunten Buches Sozialgesetzbuch (SGB IX),
– Blindenwerkstätte durch Vorlage der Anerkennung im Sinn der §§ 5 und 13 des Blindenwarenvertriebsgesetzes,
– Inklusionsbetriebe durch Abgabe einer Eigenerklärung, in der das Vorliegen der Voraussetzungen des § 215 SGB IX dargelegt wird.

3.3 [1]Ausländische Bieter führen die Nachweise nach Nr. 3.2 Spiegelstrich 1 und 2 durch Vorlage einer den dort genannten Bescheinigungen gleichwertigen Anerkennungsurkunde des Herkunftslandes. ²Wenn eine solche Urkunde nicht ausgestellt wird, kann der Nachweis durch eine eidesstattliche Erklärung oder eine förmliche Erklärung vor einer zuständigen Gerichts- oder Verwaltungsbehörde, einem Notar oder einer dafür qualifizierten Berufsorganisation des Herkunftslands geführt werden. ³Für ausländische Inklusionsbetriebe gilt Nr. 3.2 Spiegelstrich 3 entsprechend.

3.4 Die bevorzugte Berücksichtigung erfolgt auf folgende Weise:

3.4.1 Bei Beschränkter Ausschreibung, Freihändiger Vergabe und Verhandlungsvergabe sind, sofern kein Teilnahmewettbewerb erfolgt, regelmäßig auch bevorzugte Bieter in angemessenem Umfang zur Angebotsabgabe mit aufzufordern.

3.4.2 ¹Bei der Beurteilung der Wirtschaftlichkeit von Angeboten wird der von einem bevorzugten Bieter angebotene Preis mit einem Abschlag von 10 % gewertet. ²Falls das Angebot von einer Bietergemeinschaft abgegeben wird, ist der Ermittlung des Abschlags auf den Preis nur derjenige Anteil zugrunde zu legen, den bevorzugte Bieter an dem Gesamtangebot der Bietergemeinschaft haben. ³Ist das Angebot eines bevorzugten Bieters ebenso wirtschaftlich wie das eines sonstigen Bieters, so ist dem bevorzugten Bieter der Zuschlag zu erteilen. ⁴Diese Regelungen der Sätze 1 bis 3 sind in der Bekanntmachung und in den Vergabeunterlagen anzugeben.

3.4.3 Auf die Regelung zu vorbehaltenen Aufträgen nach § 1 Abs. 3 UVgO in Verbindung mit § 118 GWB wird hingewiesen.

4. Zusätzlich zu beachtende Regelungen

Folgende Regelungen sind von allen staatlichen Auftraggebern bei der Vergabe von öffentlichen Aufträgen für Bauleistungen sowie für sonstige Liefer- und Dienstleistungen unterhalb der EU-Schwellenwerte in ihrer jeweils geltenden Fassung anzuwenden:
– Umweltrichtlinien Öffentliches Auftragswesen (öAUmwR) vom 28. April 2009 (AllMBl. S. 163, StAnz. Nr. 19);
– Korruptionsbekämpfungsrichtlinie (KorruR) vom 13. April 2004 (AllMBl. S. 87, StAnz. Nr. 17);
– Bekanntmachung der Bayerischen Staatsregierung zum öffentlichen Auftragswesen
– Vermeidung des Erwerbs von Produkten aus ausbeuterischer Kinderarbeit vom 29. April 2008 (AllMBl. S. 322, StAnz. Nr. 20);
– Bekanntmachung der Bayerischen Staatsregierung über das öffentliche Auftragswesen – Scientology-Organisation; Verwendung von Schutzerklärungen bei der Vergabe öffentlicher Aufträge vom 29. Oktober 1996 (AllMBl. S. 701, StAnz. Nr. 44).

5. Übergangsvorschrift

Für vor dem Inkrafttreten dieser Bekanntmachung begonnene Vergabeverfahren finden die Vergabebestimmungen Anwendung, die zum Zeitpunkt der Einleitung des Verfahrens galten.

6. Inkrafttreten, Außerkrafttreten

6.1 Diese Bekanntmachung tritt am 1. Januar 2018 in Kraft.

6.2 Folgende Regelungen treten am 31. Dezember 2017 außer Kraft:

- die Einführungsbekanntmachung VOL/A (EinfBek VOL/A) vom 16. Juni 2010 (AllMBl. S. 194, StAnz. Nr. 25), die zuletzt durch Bekanntmachung vom 6. Dezember 2016 (AllMBl. S. 2181) geändert worden ist,
- die Mittelstandsrichtlinien Öffentliches Auftragswesen (öAMstR) vom 4. Dezember 1984 (WVMBl. S. 136, StAnz. Nr. 49), die zuletzt durch Bekanntmachung vom 6. November 2001 (AllMBl. S. 667, StAnz. Nr. 46) geändert worden ist,
- die Bevorzugten-Richtlinien (öABevR) vom 30. November 1993 (AllMBl. S. 1308, StAnz. Nr. 48), die zuletzt durch Bekanntmachung vom 6. November 2001 (AllMBl. 666, StAnz. Nr. 46) geändert worden ist, sowie
- die Bekanntmachung der Bayerischen Staatsregierung über die Berücksichtigung von Blindenwerkstätten bei der Vergabe öffentlicher Aufträge vom 21. Dezember 1982 (WVMBl. 1983 S. 2, StAnz. Nr. 51).

Bekanntmachung der Obersten Baubehörde im Bayerischen Staatsministerium des Innern, für Bau und Verkehr über die Vergabe- und Vertragsordnung für Bauleistungen (VOB), Ausgabe 2016

vom 27. September 2016, Az. II Z5-40011-1-1
(AllMBl. S. 2141)

Regierungen
Autobahndirektionen
Staatliche Bauämter

nachrichtlich
Bayerische Verwaltung der staatlichen Schlösser, Gärten und Seen

1. [1]Der Deutsche Vergabe- und Vertragsausschuss für Bauleistungen (DVA) hat die Vergabe- und Vertragsordnung für Bauleistungen (VOB) novelliert. [2]Alle Teile der VOB werden als Gesamtausgabe unter der Bezeichnung VOB 2016 herausgegeben.
2. [1]Die VOB 2016 besteht aus:
   – VOB Teil A Abschnitt 1 in der Fassung der Bekanntmachung vom 22. Juni 2016 (BAnz. AT 1.7.2016 B4), Abschnitt 2 und Abschnitt 3 in der Fassung der Bekanntmachung vom 7. Januar 2016 (BAnz. AT 19.1.2016 B3),
   – VOB Teil B in der Fassung der Bekanntmachung vom 31. Juli 2009 (BAnz. Nr. 155a vom 15. Oktober 2009, BAnz. 2010 S. 940), die zuletzt durch Bekanntmachung vom 7. Januar 2016 (BAnz. AT 19.1.2016 B3, BAnz. AT 1.4.2016 B1) geändert worden ist,
   – VOB Teil C in der Fassung der Allgemeinen Technischen Vertragsbedingungen (ATV), herausgegeben als DIN-Normen Ausgabe September 2016.
   [2]Die Gesamtausgabe der Neufassung der VOB Teile A, B und C, VOB 2016 wird im Auftrag des DVA vom Deutschen Institut für Normung e. V. (DIN) herausgegeben. [3]Die Teile A und B werden im Internet unter www.vergabeinfo.bayern.de im Bereich Gesetze, Verordnungen, Verwaltungsvorschriften eingestellt.
3. [1]Die Anwendung der Vorschriften des Abschnitts 2 und des Abschnitts 3 der VOB Teil A, Ausgabe 2016 wird durch die Verordnung über die Vergabe öffentlicher Aufträge (Vergabeverordnung – VgV) vom 12. April 2016 (BGBl. I S. 624) sowie die Vergabeverordnung für die Bereiche Verteidigung und Sicherheit (Vergabeverordnung Verteidigung und Sicherheit – VSVgV) vom 12. Juli 2012 (BGBl. I S. 1509), die zuletzt durch Art. 5 der Verordnung vom 12. April 2016 (BGBl. I S. 624) geändert worden ist, für Bauaufträge ab Erreichen der Schwellenwerte gemäß § 106 GWB verbindlich vorgeschrieben. [2]Die Vergabeverordnung und die Änderung der Vergabeverordnung Verteidigung und Sicherheit traten am 18. April 2016 in Kraft. [3]Die Verpflichtung zur Anwendung des Abschnitts 1 der VOB Teil A und der VOB Teile B und C ergibt sich für staatliche Vergabestellen aus der Bundeshaushaltsordnung und der Bayerischen Haushaltsordnung.
4. [1]Die Neufassung der VOB Ausgabe 2016, Teile A (Abschnitt 1), B und C wird mit Wirkung vom 1. Oktober 2016 eingeführt. [2]Die Bekanntmachung der Obersten Baubehörde im Bayerischen Staatsministerium des Innern, für Bau und Verkehr über die Vergabe- und Vertragsordnung für Bauleistungen (VOB),

Ausgabe 2016 vom 18. April 2016 (AllMBl. S. 1510) tritt mit Ablauf des 30. September 2016 außer Kraft.

Berlin

Berliner Ausschreibungs- und Vergabegesetz (BerlAVG)

Vom 8. Juli 2010 (GVBl. S. 399)
zuletzt geändert durch Art. 1 I ÄndG vom 5.6.2012 (GVBl. S. 159)

§ 1 Tariftreue und Mindestentlohnung

(1) Aufträge von Berliner Vergabestellen im Sinne des § 98 des Gesetzes gegen Wettbewerbsbeschränkungen in der Fassung der Bekanntmachung vom 15. Juli 2005 (BGBl. I S. 2114; 2009 I S. 3850), das zuletzt durch Artikel 13 Absatz 21 des Gesetzes vom 25. Mai 2009 (BGBl. I S. 1102) geändert worden ist, werden an fachkundige, leistungsfähige, zuverlässige und gesetzestreue Unternehmen vergeben.

(2) ¹Aufträge für Leistungen, deren Erbringung dem Geltungsbereich des Arbeitnehmer-Entsendegesetzes vom 20. April 2009 (BGBl. I S. 799) unterfällt, werden nur an Unternehmen vergeben, die sich bei der Angebotsabgabe schriftlich verpflichten, ihren Arbeitnehmerinnen und Arbeitnehmern bei der Ausführung mindestens diejenigen Arbeitsbedingungen einschließlich des Entgelts zu gewähren, die der nach dem Arbeitnehmer-Entsendegesetz einzuhaltende Tarifvertrag vorgibt. ²Satz 1 gilt entsprechend für andere gesetzliche Bestimmungen über Mindestentgelte.

(3) ¹Bei der Vergabe von Leistungen über öffentliche Personennahverkehrsdienste müssen die bietenden Unternehmen erklären, dass sie ihre Arbeitskräfte bei der Ausführung dieser Leistungen mindestens nach den hierfür jeweils geltenden Entgelttarifen entlohnen. ²Der öffentliche Auftraggeber bestimmt in der Bekanntmachung der Ausschreibung und in den Vergabeunterlagen den oder die einschlägigen Tarifverträge nach Satz 1 nach billigem Ermessen. ³Außerdem sind insbesondere die Regelungen der Verordnung (EG) Nr. 1370/2007 des Europäischen Parlaments und des Rates vom 23. Oktober 2007 über öffentliche Personenverkehrsdienste auf Schiene und Straße und zur Aufhebung der Verordnungen (EWG) Nr. 1191/69 und (EWG) Nr. 1107/70 des Rates (ABl. L 315 vom 3. Dezember 2007, S. 1) zu beachten.

(4) ¹Unbeschadet etwaiger weitergehender Anforderungen nach den Absätzen 2 und 3 werden Aufträge an Unternehmen mit Sitz im Inland in jedem Fall nur vergeben, wenn diese sich bei der Angebotsabgabe schriftlich verpflichten, ihren Arbeitnehmerinnen und Arbeitnehmern (ohne Auszubildende) bei der Ausführung der Leistung mindestens ein Stundenentgelt von 8,50 Euro zu bezahlen. ²Satz 1 gilt auch für die Vergabe von Aufträgen an Unternehmen mit Sitz im Ausland.

(5) ¹Bei der Vergabe länderübergreifender Leistungen ist von der Vergabestelle vor Beginn des Vergabeverfahrens eine Einigung mit den beteiligten weiteren Vergabestellen anderer Länder über die Anforderungen nach den Absätzen 3 und 4 anzustreben. ²Kommt eine solche Einigung nicht zustande, so kann von den Absätzen 3 und 4 abgewichen werden.

(6) ¹Wird bei einer Auftragsvergabe eine Erklärung nach den Absätzen 2, 3 und 4 gefordert, so muss der Anbieter sich jeweils auch dazu verpflichten, dass er von einem von ihm beauftragten Nachunternehmer oder von einem von ihm oder einem Nachunternehmer beauftragten Verleiher verlangt, seinen Arbeitnehmerin-

nen und Arbeitnehmern mindestens die Arbeitsbedingungen zu gewähren, die der Bieter selbst einzuhalten verspricht. ²Diese Verpflichtung erstreckt sich auf alle an der Auftragserfüllung beteiligten Unternehmen. ³Der jeweils einen Auftrag weiter Vergebende hat die jeweilige schriftliche Übertragung der Verpflichtung und ihre Einhaltung durch die jeweils beteiligten Nachunternehmer oder Verleiher sicherzustellen und dem öffentlichen Auftraggeber auf Verlangen nachzuweisen. ⁴Dieses Gesetz findet auf alle Vergabevorgänge ab einem geschätzten Auftragswert von 10 000 € netto, hinsichtlich des Mindestlohns ab einem geschätzten Auftragswert von 500 € netto Anwendung.

(7) ¹Für die Auftragsausführung können bei allen Aufträgen zusätzliche Anforderungen an Auftragnehmer gestellt werden, die insbesondere soziale, umweltbezogene oder innovative Aspekte betreffen, wenn sie im sachlichen Zusammenhang mit dem konkreten Auftragsgegenstand stehen und sich aus der Leistungsbeschreibung ergeben. ²Insbesondere kann bei personalintensiven Aufträgen, bei denen die Qualität der Leistungserbringung und die Qualifikation des Personals entscheidend sind, eine angemessene Bezahlung des einzusetzenden Personals, die sich an den örtlichen Tarifen orientieren soll, verlangt werden.

(8) ¹Die Bieter haben bei Angebotsabgabe zu erklären, dass sie bei der Auftragsdurchführung ihren Arbeitnehmern bei gleicher oder gleichwertiger Arbeit gleiches Entgelt zahlen. ²Tarifvertragliche Regelungen bleiben davon unberührt.

§ 2 Ermächtigung

Der Senat wird ermächtigt, durch Rechtsverordnung Anpassungen der Höhe des nach § 1 Absatz 4 zu zahlenden Entgelts vorzunehmen, soweit es wegen veränderter wirtschaftlicher und sozialer Verhältnisse notwendig ist.

§ 3 Wertung unangemessen niedriger Angebote

¹Bei begründeten Zweifeln an der Angemessenheit des Angebots kann die Vergabestelle sich dazu von dem Bieter die Kalkulationsunterlagen vorlegen lassen. ²Begründete Zweifel im Sinne von Satz 1 können insbesondere dann vorliegen, wenn der angebotene Preis mindestens zehn Prozent unter dem nächsthöheren Angebot oder dem Schätzpreis der Vergabestelle liegt. ³Kommt der Bieter innerhalb der von der Vergabestelle festgelegten Frist dieser Vorlagepflicht nicht nach, so ist er von dem weiteren Verfahren ausgeschlossen.

§ 4 Nachweise

(1) ¹Die Vergabestellen können von dem Bieter, der den Zuschlag erhalten soll, für den Fall, dass dieser keine gültige Bescheinigung aus dem Unternehmer- und Lieferantenverzeichnis oder dem Präqualifikationsverzeichnis vorlegt, durch Unterlagen, die nicht älter als sechs Monate sein dürfen, den Nachweis der vollständigen Entrichtung von Beiträgen fordern. ²Die Unterlagen müssen ausgestellt sein von dem zuständigen in- oder ausländischen Sozialversicherungsträger, der zuständigen in- oder ausländischen Sozialkasse, soweit der Betrieb des Bieters Bauaufträge im Sinne des § 99 Absatz 3 des Gesetzes gegen Wettbewerbsbeschränkungen ausführt und von dem Geltungsbereich eines Tarifvertrages über eine gemeinsame Einrichtung der Tarifvertragsparteien erfasst wird. ³Die Angaben zu Satz 1 können durch eine Bescheinigung des ausländischen Staates nachgewiesen werden. Bei fremdsprachigen Bescheinigungen ist eine Übersetzung in die deutsche Sprache beizufügen.

(2) Soll die Ausführung eines Teils des Auftrages einem Nachunternehmer übertragen werden, so kann die Vergabestelle bei der Auftragserteilung auch die auf den Nachunternehmer lautenden Nachweise gemäß Absatz 1 fordern.

§ 5 Kontrolle

(1) ¹Die öffentlichen Auftraggeber führen stichprobenartig Kontrollen durch, um die Einhaltung der in § 1 Absatz 2 bis 4 und 6, §§ 4 und 7, § 8 Absatz 2 und 3 und § 9 vorgesehenen Auflagen und Pflichten zu überprüfen. ²Der Senat richtet dazu eine zentrale Kontrollgruppe ein. ³Der Senat legt alle zwei Jahre einen Vergabebericht vor, der die Wirkung dieses Gesetzes sowie die Arbeit der Vergabestellen und der nach Satz 2 vorgesehenen Kontrollgruppe untersucht und Basis der fortschreitenden Evaluation des Gesetzes ist. ⁴Die kontrollierenden Personen dürfen zu Kontrollzwecken Einblick in die Entgeltabrechnungen der ausführenden Unternehmen, in die Unterlagen über die Abführung von Steuern und Beiträgen an in- und ausländische Sozialversicherungsträger, in die Unterlagen über die Abführung von Beiträgen an in- und ausländische Sozialkassen des Baugewerbes und in die zwischen den ausführenden Unternehmen abgeschlossenen Verträge nehmen. ⁵Die ausführenden Unternehmen haben ihre Beschäftigten auf die Möglichkeit solcher Kontrollen schriftlich hinzuweisen.

(2) Die ausführenden Unternehmen haben vollständige und prüffähige Unterlagen zur Prüfung nach Absatz 1 bereitzuhalten und auf Verlangen dem öffentlichen Auftraggeber vorzulegen.

§ 6 Sanktionen

(1) ¹Um die Einhaltung der aus § 1 Absatz 2 bis 4 und 6, §§ 4 und 7, § 8 Absatz 2 und 3 und § 9 resultierenden Verpflichtungen des Auftragnehmers zu sichern, ist zwischen dem Auftraggeber und dem Auftragnehmer für jeden schuldhaften Verstoß regelmäßig eine Vertragsstrafe in Höhe von einem Prozent, bei mehreren Verstößen zusammen bis zur Höhe von fünf Prozent der Auftragssumme zu vereinbaren. ²Der Auftragnehmer ist zur Zahlung einer Vertragsstrafe nach Satz 1 auch für den Fall zu verpflichten, dass der Verstoß durch einen von ihm eingesetzten Nachunternehmer oder einen von diesem eingesetzten Nachunternehmer begangen wird.

(2) Die Auftraggeber haben mit dem Auftragnehmer zu vereinbaren, dass die schuldhafte Nichterfüllung der aus § 1 Absatz 2 bis 4 und 6, §§ 4 und 7, § 8 Absatz 2 und 3 und § 9 resultierenden Anforderungen durch den Auftragnehmer oder seine Nachunternehmer den Auftraggeber zur fristlosen Kündigung berechtigen.

(3) Von der Teilnahme an einem Wettbewerb um einen öffentlichen Auftrag sowie als Nachunternehmer sollen alle Unternehmen bis zu einer Dauer von drei Jahren ausgeschlossen werden, die gegen die in § 1 Absatz 2 bis 4 und 6, §§ 4 und 7, § 8 Absatz 2 und 3 und § 9 geregelten Pflichten und Auflagen verstoßen.

§ 7 Umweltverträgliche Beschaffung

(1) ¹Auftraggeber sind verpflichtet, bei der Vergabe von Aufträgen ökologische Kriterien zu berücksichtigen. ²Bei der Festlegung der Leistungsanforderungen soll umweltfreundlichen und energieeffizienten Produkten, Materialien und Verfahren der Vorzug gegeben werden. ³Auftraggeber haben im Rahmen von Liefer-, Bau- und Dienstleistungsaufträgen dafür Sorge zu tragen, dass bei der Herstellung, Verwendung und Entsorgung von Gütern sowie durch die Ausführung der Leis-

tung bewirkte negative Umweltauswirkungen möglichst vermieden werden. ⁴Dies umfasst das Recht und die Pflicht, bei der Bedarfsermittlung, der Leistungsbeschreibung und der Zuschlagserteilung Anforderungen im Sinne der Sätze 1 bis 3 aufzustellen und angemessen zu berücksichtigen sowie für die Auftragsausführung ergänzende Verpflichtungen auszusprechen.

(2) Bei der Wertung der Wirtschaftlichkeit der Angebote im Sinne von § 97 Absatz 5 des Gesetzes gegen Wettbewerbsbeschränkungen sind auch die vollständigen Lebenszykluskosten des Produkts oder der Dienstleistung zu berücksichtigen.

(3) ¹Der Senat wird nach Vorlage durch die für Umwelt zuständige Senatsverwaltung in Abstimmung mit der für das Vergabewesen zuständigen Senatsverwaltung ermächtigt, die Anforderungen nach den Absätzen 1 und 2 durch Verwaltungsvorschriften für Liefer-, Bau- und Dienstleistungsaufträge zu konkretisieren und verbindliche Regeln aufzustellen, auf welche Weise die Anforderungen im Rahmen der Leistungsbeschreibung, der Zuschlagserteilung und der ergänzenden Verpflichtungen zur Ausführung zu berücksichtigen sind. ²Durch Verwaltungsvorschrift soll auch bestimmt werden, in welcher Weise die vollständigen Lebenszykluskosten eines Produkts oder einer Dienstleistung im Sinne von Absatz 2 zu ermitteln sind. ³Die Verwaltungsvorschriften sollen spätestens nach fünf Jahren fortgeschrieben werden.

§ 8 Beachtung der ILO-Kernarbeitsnormen

(1) ¹Bei der Vergabe von Bau-, Liefer- oder Dienstleistungen ist darauf hinzuwirken, dass keine Waren Gegenstand der Leistung sind, die unter Missachtung der in den ILO-Kernarbeitsnormen festgelegten Mindeststandards gewonnen oder hergestellt worden sind. ²Die Mindeststandards der ILO-Kernarbeitsnormen ergeben sich aus
1. dem Übereinkommen Nr. 29 über Zwangs- oder Pflichtarbeit vom 28. Juni 1930 (BGBl. 1956 II S. 641),
2. dem Übereinkommen Nr. 87 über die Vereinigungsfreiheit und den Schutz des Vereinigungsrechtes vom 9. Juli 1948 (BGBl. 1956 II S. 2073),
3. dem Übereinkommen Nr. 98 über die Anwendung der Grundsätze des Vereinigungsrechtes und des Rechtes zu Kollektivverhandlungen vom 1. Juli 1949 (BGBl. 1955 II S. 1123),
4. dem Übereinkommen Nr. 100 über die Gleichheit des Entgelts männlicher und weiblicher Arbeitskräfte für gleichwertige Arbeit vom 29. Juni 1951 (BGBl. 1956 II S. 24),
5. dem Übereinkommen Nr. 105 über die Abschaffung der Zwangsarbeit vom 25. Juni 1957 (BGBl. 1959 II S. 442),
6. dem Übereinkommen Nr. 111 über die Diskriminierung in Beschäftigung und Beruf vom 25. Juni 1958 (BGBl. 1961 II S. 98),
7. dem Übereinkommen Nr. 138 über das Mindestalter für die Zulassung zur Beschäftigung vom 26. Juni 1973 (BGBl. 1976 II S. 202) und
8. dem Übereinkommen Nr. 182 über das Verbot und unverzügliche Maßnahmen zur Beseitigung der schlimmsten Formen der Kinderarbeit vom 17. Juni 1999 (BGBl. 2001 II S. 1291).

(2) ¹Aufträge über Lieferleistungen dürfen in den Fällen nach Absatz 3 nur mit einer Ergänzenden Vertragsbedingung vergeben werden, die den Auftragnehmer verpflichtet, den Auftrag gemäß der Leistungsbeschreibung ausschließlich mit Waren auszuführen, die nachweislich unter bestmöglicher Beachtung der ILO-Kernarbeitsnormen gemäß Absatz 1 gewonnen oder hergestellt worden sind. ²Dazu sind entsprechende Nachweise von den Bietern zu verlangen. ³Sätze 1 und

2 gelten entsprechend für Waren, die im Rahmen der Erbringung von Bau- oder Dienstleistungen verwendet werden.

(3) ¹Absatz 2 gilt nur für Waren oder Warengruppen, bei denen eine Gewinnung oder Herstellung unter Missachtung der ILO-Kernarbeitsnormen gemäß Absatz 1 im Einzelfall in Betracht kommt und die von der zuständigen Senatsverwaltung in einer entsprechenden Liste aufgeführt werden. ²Unbeschadet der Erbringung anderer, gleichwertiger Nachweise kann die zuständige Senatsverwaltung in der Liste nach Satz 1 zusätzlich anerkannte unabhängige Nachweise oder Zertifizierungen für eine Herstellung unter bestmöglicher Beachtung der ILO-Kernarbeitsnormen benennen, bei deren Vorlage die Erfüllung der Anforderungen nach Absatz 1 vermutet wird.

§ 9 Frauenförderung

¹Für Auftragsvergaben gilt § 13 des Landesgleichstellungsgesetzes in der jeweils geltenden Fassung. ²Bei allen Auftragsvergaben ist von den bietenden Unternehmen eine Erklärung zur Förderung von Frauen entsprechend den dazu erlassenen Regelungen in der jeweils geltenden Frauenförderverordnung abzugeben.

§ 10 Bevorzugte Vergabe

¹Bei der Vergabe von öffentlichen Aufträgen erhalten im Rahmen der geltenden vergaberechtlichen Bestimmungen bei den Regelungen der §§ 1, 7 und 8 entsprechenden und sonst gleichwertigen Angeboten die Unternehmen bevorzugt den Zuschlag, die Ausbildungsplätze bereitstellen, sich an tariflichen Umlageverfahren zur Sicherung der beruflichen Erstausbildung oder an Ausbildungsverbünden beteiligen. ²Als Nachweis ist von den Unternehmen eine Bescheinigung der für die Berufsausbildung zuständigen Stellen vorzulegen. ³Die Regelung ist den Unternehmen in den Vergabeunterlagen bekannt zu machen. ⁴Dabei ist auf die Nachweispflicht hinzuweisen.

§ 11 Inkrafttreten, Außerkrafttreten

¹Dieses Gesetz tritt am Tage nach der Verkündung im Gesetz- und Verordnungsblatt für Berlin in Kraft. ²Es gilt für alle Vergabeverfahren, die ab dem Zeitpunkt des Inkrafttretens begonnen werden. ³Gleichzeitig tritt das Berliner Vergabegesetz vom 9. Juli 1999 (GVBl. S. 369), das durch Gesetz vom 19. März 2008 (GVBl. S. 80, 112) geändert worden ist, außer Kraft.

Brandenburg

Brandenburgisches Gesetz über Mindestanforderungen für die Vergabe von öffentlichen Aufträgen (Brandenburgisches Vergabegesetz – BbgVergG)

Vom 29. September 2016
(GVBl. I Nr. 21)

Teil 1. Allgemeine Vorschriften

§ 1 Zweck des Gesetzes

Zweck des Gesetzes ist es, einen fairen Wettbewerb um das wirtschaftlichste Angebot bei der Vergabe öffentlicher Aufträge unter gleichzeitiger Berücksichtigung sozialer Aspekte zu fördern.

§ 2 Anwendungsbereich und Begriffsbestimmungen

(1) [1]Dieses Gesetz gilt für die Vergabe von öffentlichen Aufträgen im Sinne des Absatzes 2 durch öffentliche Auftraggeber im Sinne des Absatzes 3. Teil 3 dieses Gesetzes gilt nur dann, wenn der geschätzte Auftragswert für Liefer-, Dienst- und Bauleistungen 3 000 Euro erreicht oder überschreitet. [2]Für die Schätzung des Auftragswerts gilt § 3 der Vergabeverordnung in der Fassung der Bekanntmachung vom 11. Februar 2003 (BGBl. I S. 169), die zuletzt durch Artikel 1 der Verordnung vom 12. April 2016 (BGBl. I S. 624) geändert worden ist, in der jeweils geltenden Fassung, entsprechend.

(2) [1]Öffentliche Aufträge im Sinne dieses Gesetzes sind Öffentliche Aufträge und Konzessionen im Sinne der §§ 103 bis 105 des Gesetzes gegen Wettbewerbsbeschränkungen in der Fassung der Bekanntmachung vom 26. Juni 2013 (BGBl. I S. 1750, 3245), das zuletzt durch Artikel 1 des Gesetzes vom 17. Februar 2016 (BGBl. I S. 203) geändert worden ist, in der jeweils geltenden Fassung. [2]Für die Anwendbarkeit dieses Gesetzes gelten ferner die §§ 107 bis 109, 116, 120 Absatz 4 und § 132 des Gesetzes gegen Wettbewerbsbeschränkungen entsprechend.

(3) [1]Öffentliche Auftraggeber im Sinne dieses Gesetzes sind öffentliche Auftraggeber im Land Brandenburg im Sinne der §§ 99, 100 Absatz 1 Nummer 1 und 2 Buchstabe b, § 101 Absatz 1 Nummer 1, 2 sowie § 101 Absatz 1 Nummer 3 in Verbindung mit § 100 Absatz 1 Nummer 2 Buchstabe b des Gesetzes gegen Wettbewerbsbeschränkungen. [2]Satz 1 gilt nicht, wenn die Auftraggeber Vergabeverfahren im Namen oder im Auftrag des Bundes oder eines anderen Landes der Bundesrepublik Deutschland durchführen.

(4) Dieses Gesetz ist entsprechend bei der Auftragsvergabe durch Empfänger von Zuwendungen anzuwenden, wenn 1. die Zuwendungen ausschließlich aus Mitteln des Landes stammen und 2. dies in den Zuwendungsbescheiden ausdrücklich angeordnet ist.

(5) Dieses Gesetz gilt entsprechend für Direktvergaben im Sinne von Artikel 5 Absatz 2, 4 und 6 der Verordnung (EG) Nr. 1370/2007 des Europäischen Parlaments und des Rates vom 23. Oktober 2007 über öffentliche Personenverkehrs-

dienste auf Schienen und Straße und zur Aufhebung der Verordnung (EWG) Nr. 1191/69 und (EWG) Nr. 1107/70 des Rates (ABl. L 315 vom 3.12.2007, S. 1).

(6) ¹Andere gesetzliche Bestimmungen über Mindestentgelte bleiben unberührt. ²Diese sind insbesondere, in der jeweils geltenden Fassung:
1. das Mindestlohngesetz vom 11. August 2014 (BGBl. I S. 1348), das durch Artikel 2 Absatz 10 des Gesetzes vom 17. Februar 2016 (BGBl. I S. 203, 230) geändert worden ist,
2. das Arbeitnehmer-Entsendegesetz vom 20. April 2009 (BGBl. I S. 799), das zuletzt durch Artikel 2 Absatz 11 des Gesetzes vom 17. Februar 2016 (BGBl. I S. 203, 230) geändert worden ist,
3. das Tarifvertragsgesetz in der Fassung der Bekanntmachung vom 25. August 1969 (BGBl. I S. 1323), das zuletzt durch Artikel 1 des Gesetzes vom 3. Juli 2015 (BGBl. I S. 1130) geändert worden ist, und
4. das Arbeitnehmerüberlassungsgesetz in der Fassung der Bekanntmachung vom 3. Februar 1995 (BGBl. I S. 158), das zuletzt durch Artikel 7 des Gesetzes vom 11. August 2014 (BGBl. I S. 1348) geändert worden ist.

³Andere gesetzliche Bestimmungen über Mindestentgelte sind auch die auf Grundlage der in Satz 2 genannten Gesetze erlassenen Rechtsverordnungen oder für allgemeinverbindlich erklärten Tarifverträge.

Teil 2. Regelungen über das Vergabeverfahren

§ 3 Grundsätze der Vergabe

(1) ¹Öffentliche Aufträge und Konzessionen werden nach Maßgabe der nachfolgenden Grundsätze sowie der weiteren Vorschriften dieses Gesetzes und der haushaltsrechtlichen Bestimmungen vergeben. ²Die Bestimmungen des Gesetzes gegen Wettbewerbsbeschränkungen bleiben unberührt.

(2) Öffentliche Aufträge und Konzessionen werden im Wettbewerb und im Wege transparenter Verfahren an fachkundige und leistungsfähige Unternehmen sowie an Unternehmen vergeben, die nicht vom Vergabeverfahren ausgeschlossen worden sind.

(3) Die Teilnehmer an einem Verfahren zur Vergabe öffentlicher Aufträge und Konzessionen sind gleich zu behandeln, es sei denn, eine Benachteiligung ist aufgrund des Gesetzes gegen Wettbewerbsbeschränkungen, außerhalb dessen Anwendungsbereichs durch oder aufgrund eines Gesetzes geboten oder gestattet.

(4) ¹Bei der Vergabe öffentlicher Aufträge und Konzessionen können Aspekte der Qualität und der Innovation sowie soziale und umweltbezogene Aspekte berücksichtigt werden, wenn sie im sachlichen Zusammenhang mit dem Auftragsgegenstand stehen und sich aus der Bekanntmachung, dem Aufruf zum Teilnahmewettbewerb, zur Interessenbekundung oder den Vergabeunterlagen ergeben. ²Eine Verbindung zum Auftragsgegenstand kann auch in den in § 127 Absatz 3 Satz 2 des Gesetzes gegen Wettbewerbsbeschränkungen genannten Fällen angenommen werden.

(5) Öffentliche Aufträge und Konzessionen werden unter Wahrung der Grundsätze der Wirtschaftlichkeit und der Verhältnismäßigkeit vergeben.

(6) Unberührt bleiben, in der jeweils geltenden Fassung:
1. § 5 des Brandenburgischen Mittelstandsförderungsgesetzes vom 8. Mai 1992 (GVBl. I S. 166), das zuletzt durch Artikel 6 des Gesetzes vom 24. Mai 2004 (GVBl. I S. 186, 194) geändert worden ist, und

2. § 14 des Landesgleichstellungsgesetzes vom 4. Juli 1994 (GVBl. I S. 254), das zuletzt durch Artikel 1 des Gesetzes vom 5. Dezember 2013 (GVBl. I Nr. 35) geändert worden ist.

§ 4 Regelungen zum öffentlichen Personennahverkehr

(1) [1]Ein Auftrag über eine Leistung des öffentlichen Personennahverkehrs wird nur an einen Bieter vergeben, der sich gegenüber dem Auftraggeber verpflichtet, seine bei der Ausführung der Leistung eingesetzten Beschäftigten mindestens nach dem hierfür jeweils geltenden einschlägigen und repräsentativen Entgelttarifvertrag zu entlohnen und auch seinen auf das Entgelt bezogenen eigenen, gegebenenfalls weitergehenden tariflichen Pflichten in der gesamten Laufzeit des zu vergebenden Verkehrsvertrages ordnungsgemäß nachzukommen. [2]Dies muss Bestandteil des Angebots sein. [3]Der Auftraggeber bestimmt in der Bekanntmachung der Ausschreibung und in den Vergabeunterlagen den oder die Tarifverträge nach Satz 1 nach billigem Ermessen. [4]Die Regelungen der Verordnung (EG) Nr. 1370/2007 sind zu beachten. [5]Die Sätze 1 bis 4 finden keine Anwendung auf ein Unternehmen, das in einem anderen Mitgliedsstaat der Europäischen Union ansässig ist, soweit es als Unternehmen im Sinne des Artikels 1 Absatz 3 Buchstabe b der Richtlinie 96/71/EG des Europäischen Parlaments und des Rates vom 16. Dezember 1996 über die Entsendung von Arbeitnehmern im Rahmen der Erbringung von Dienstleistungen (ABl. L 18 vom 21.1.1997, S. 1) eine Arbeitnehmerin oder einen Arbeitnehmer in eine Niederlassung oder ein der Unternehmensgruppe angehörendes Unternehmen in der Bundesrepublik Deutschland entsendet, sofern für die Dauer der Entsendung ein Arbeitsverhältnis zwischen dem entsendenden Unternehmen und der Arbeitnehmerin oder dem Arbeitnehmer besteht. [6]Die Landesregierung wird ermächtigt, durch Rechtsverordnung festzulegen, in welchem Verfahren festgestellt wird, welche Tarifverträge als repräsentativ im Sinne des Satzes 1 anzusehen sind. [7]Die Rechtsverordnung kann auch die Vorbereitung der Entscheidung durch einen Beirat vorsehen; sie regelt in diesem Fall auch die Zusammensetzung des Beirats. [8]Die Landesregierung kann diese Ermächtigung ganz oder teilweise durch Rechtsverordnung auf ein Mitglied der Landesregierung übertragen.

(2) [1]Aufgabenträger des Schienenpersonennahverkehrs sollen im Rahmen der Vergabe eines öffentlichen Dienstleistungsauftrags im Sinne der Verordnung (EG) Nr. 1370/2007, eines Auftrags im Sinne des § 2 Absatz 2 oder im Rahmen einer Direktvergabe im Sinne des § 2 Absatz 5 Auftragnehmer auf der Grundlage von Artikel 4 Absatz 5 der Verordnung (EG) Nr. 1370/2007 dazu verpflichten, den Arbeitnehmerinnen und Arbeitnehmern, die zuvor zur Erbringung der Verkehrsleistungen eingestellt wurden, ein Angebot zur Übernahme zu den bisherigen Arbeitsbedingungen zu unterbreiten. [2]Der bisherige Betreiber ist nach Aufforderung des Aufgabenträgers binnen sechs Wochen dazu verpflichtet, dem Aufgabenträger alle hierzu erforderlichen Informationen zur Verfügung zu stellen.

(3) [1]Bei der Vergabe von länderübergreifenden Leistungen ist von der Vergabestelle vor Beginn des Verfahrens eine Einigung mit den beteiligten weiteren Vergabestellen anderer Länder über die Anforderungen nach Absatz 1 oder 2 anzustreben. [2]Kommt eine Einigung nicht zustande, so kann von Absatz 1 oder 2 zugunsten einer weniger weitgehenden Regelung, die für einen der beteiligten Auftraggeber gilt, abgewichen werden.

§ 5 Nachweise

(1) [1]Der Auftraggeber hat eine gültige Bescheinigung über die Eintragung in ein Verzeichnis gemäß § 48 Absatz 8 der Vergabeverordnung über geeignete

Unternehmen oder Sammlungen von Eignungsnachweisen auch ohne besonderen Hinweis in der Bekanntmachung oder den Vergabeunterlagen an Stelle individueller Einzelnachweise anzuerkennen. ²Die Pflicht zur Anerkennung kann nicht dadurch umgangen werden, dass an Inhalt oder Aktualität der Nachweise strengere Anforderungen gestellt werden, als sie für die Eintragung des Unternehmens in das Verzeichnis nach Satz 1 vorgesehen sind. ³Unterhalb der gemäß § 106 des Gesetzes gegen Wettbewerbsbeschränkungen einschlägigen Schwellenwerte kann der Auftraggeber nach seiner Wahl § 50 der Vergabeverordnung zur Einheitlichen Europäischen Eigenerklärung entsprechend anwenden.

(2) ¹Bei der Vergabe von Bauleistungen fordert der Auftraggeber von dem für den Zuschlag vorgesehenen Bieter, für den Fall, dass kein Nachweis nach Absatz 1 vorliegt, die Bescheinigung der Sozialkasse, der der Bieter kraft allgemeiner Tarifbindung angehört, über die Bruttolohnsumme und die geleisteten Arbeitsstunden sowie die Zahl der gewerblichen Beschäftigten. ²Die Nachweise dürfen nicht älter als sechs Monate sein, sofern sie nicht Bestandteil eines Nachweises nach Absatz 1 sind. ³War der Bieter in den vergangenen sechs Monaten nicht im Inland ansässig, so genügt eine Eigenerklärung, in diesem Zeitraum nicht gegen Verpflichtungen über die Entrichtung der Beiträge zur sozialen Sicherheit nach den Rechtsvorschriften des betreffenden Sitzstaates verstoßen zu haben.

(3) ¹Hat ein Bieter in den letzten sechs Monaten vor Ablauf der Angebotsfrist einem Auftraggeber bereits Nachweise nach den Absätzen 1 und 2 oder andere Eignungsnachweise nach den Vergabe- und Vertragsordnungen vorgelegt, so fordert derselbe Auftraggeber von dem Bieter diese Eignungsnachweise nur noch an, wenn begründete Zweifel an der Eignung des Bieters bestehen. ²Der Bieter weist den Auftraggeber darauf hin, dass er bereits in den letzten sechs Monaten Eignungsnachweise nach den Vergabe- und Vertragsordnungen zur Prüfung vorgelegt hat und benennt das dazugehörige Vergabeverfahren.

(4) Auf Nachunternehmer lautende Nachweise und Erklärungen sind vom Auftragnehmer vor Beginn der Nachunternehmerleistung vorzulegen.

Teil 3. Mindestentgelt

§ 6 Mindestentgelt

(1) Die Regelungen dieses Teils finden keine Anwendung, wenn für die zu beschaffenden Leistungen bereits durch das Mindestlohngesetz, aufgrund des Arbeitnehmer-Entsendegesetzes oder durch andere gesetzliche Bestimmungen über Mindestentgelte im Sinne des § 2 Absatz 6 ein Mindestentgelt definiert ist, welches das Mindestarbeitsentgelt gemäß Absatz 2 erreicht oder übersteigt.

(2) ¹Ein Auftrag wird nur an Bieter vergeben, die sich gegenüber dem Auftraggeber verpflichten, den bei der Erbringung von Leistungen eingesetzten Beschäftigten ein Mindestentgelt in Höhe von mindestens 9 Euro je Zeitstunde zu zahlen. ²Das Mindestentgelt muss dem regelmäßig gezahlten Grundentgelt für eine Zeitstunde ohne Sonderzahlungen, Zulagen oder Zuschläge entsprechen. ³Diese Verpflichtung muss Bestandteil des Angebots sein. ⁴Bei einer Lieferung gilt dies nur für die mit der Anlieferung zusammenhängenden Leistungen, insbesondere Transport, Aufstellung, Montage und Einweisung zur Benutzung. ⁵Satz 1 ist nur anzuwenden, wenn sich für die zu beschaffende Leistung nicht bereits ein gleich hohes oder höheres Mindestentgelt aus anderen gesetzlichen Bestimmungen über das Mindestentgelt im Sinne des § 2 Absatz 6 ergibt.

(3) ¹Wenn die Entlohnung der Arbeitnehmer nicht nach Zeitstunden, sondern anhand einer anderen Größe erfolgt, muss der Bieter ergänzend zu der Verpflichtung gemäß Absatz 2 Satz 3 spätestens im Rahmen der Kontrolle gemäß § 9 anhand einer transparenten und nachvollziehbaren Kalkulation glaubhaft machen, dass jeder Arbeitnehmer im Durchschnitt mindestens den in Absatz 2 Satz 1 definierten Mindestlohn erhält. ²Wenn die Entlohnung der Arbeitnehmer sich aus einem Grundlohn und Leistungszuschlägen zusammensetzt, muss der Bieter glaubhaft machen, dass der Grundlohn jedes Arbeitnehmers mindestens dem in Absatz 2 Satz 1 definierten Mindestlohn entspricht.

(4) ¹Wenn Arbeitnehmer in ihrer Arbeitszeit gleichzeitig für verschiedene Auftraggeber tätig sind, von denen nicht alle diesem Gesetz unterliegen, wie es beispielsweise bei Post- oder Wäschereidienstleistungen der Fall sein kann, ist der Mindestlohn gemäß Absatz 2 Satz 1 anteilig für die Arbeitszeit zu zahlen, die auf die Erfüllung der diesem Gesetz unterliegenden Aufträge entfällt. ²Der Bieter muss ergänzend zu der Verpflichtung gemäß Absatz 2 Satz 3 spätestens im Rahmen der Kontrolle gemäß § 9 anhand einer transparenten und nachvollziehbaren Kalkulation glaubhaft machen, dass jeder Arbeitnehmer anteilig mindestens den in Absatz 2 Satz 1 definierten Mindestlohn erhält.

(5) Absatz 2 gilt nicht für:
1. das Arbeitsentgelt nach § 43 des Strafvollzugsgesetzes,
2. das Arbeitsentgelt behinderter Menschen in anerkannten Werkstätten nach § 138 des Neunten Buches Sozialgesetzbuch,
3. die Auszubildendenvergütung nach § 17 des Berufsbildungsgesetzes vom 23. März 2005 (BGBl. I S. 931), das zuletzt durch Artikel 436 der Verordnung vom 31. August 2015 (BGBl. I S. 1474, 1538) geändert worden ist, in der jeweils geltenden Fassung,
4. das Taschengeld nach § 2 Nummer 4 des Bundesfreiwilligendienstgesetzes vom 28. April 2011 (BGBl. I S. 687), das zuletzt durch Artikel 15 Absatz 5 des Gesetzes vom 20. Oktober 2015 (BGBl. I S. 1722, 1735) geändert worden ist, in der jeweils geltenden Fassung und
5. das Taschengeld nach § 2 Nummer 3 des Jugendfreiwilligendienstegesetzes vom 16. Mai 2008 (BGBl. I S. 842), das durch Artikel 30 des Gesetzes vom 20. Dezember 2011 (BGBl. I S. 2854, 2923) geändert worden ist, in der jeweils geltenden Fassung.

(6) ¹Bei der Vergabe von länderübergreifenden Leistungen ist von der Vergabestelle vor Beginn des Vergabeverfahrens eine Einigung mit den beteiligten weiteren Vergabestellen anderer Länder über die Anforderungen nach Absatz 2 anzustreben. ²Kommt eine Einigung nicht zustande, so kann von Absatz 2 zugunsten einer weniger weitgehenden Regelung, die für einen der beteiligten Auftraggeber gilt, abgewichen werden.

§ 7 Anpassung des Entgeltsatzes

(1) ¹Die Landesregierung überprüft den in § 6 Absatz 2 genannten Entgeltsatz regelmäßig, mindestens aber alle zwei Jahre, und legt dem Landtag einen Entwurf zur Anpassung an eine Änderung der sozialen und wirtschaftlichen Verhältnisse vor, soweit diese erforderlich ist. ²Bei der Überprüfung und Anpassung des Entgeltsatzes berücksichtigt die Landesregierung den Vorschlag der Kommission nach Absatz 2. ³Die Landesregierung ist an den Vorschlag der Kommission nicht gebunden.

(2) ¹Die Landesregierung wird ermächtigt, durch Rechtsverordnung eine Kommission unabhängiger Mitglieder zur Anpassung des Entgeltsatzes nach § 6

Absatz 2 einzurichten. ²Die Kommission besteht aus insgesamt neun Mitgliedern, davon je zwei Mitglieder aus den Gruppen der abhängig Beschäftigten, der Arbeitgeber und der Wissenschaft sowie je einer Vertreterin oder einem Vertreter der für Wirtschaft und für Arbeit zuständigen Ministerien sowie einer vorsitzenden Person. ³Die Landesregierung wirkt darauf hin, dass die gleichberechtigte Teilhabe von Frauen und von Männern gewährleistet ist.

(3) ¹Das für Arbeit zuständige Mitglied der Landesregierung beruft die Mitglieder der Kommission, die Hälfte der einfachen Mitglieder und deren Vertreterinnen und Vertreter auf Vorschlag des für Wirtschaft zuständigen Mitglieds der Landesregierung. ²Weitere Einzelheiten zur Zusammensetzung und Berufung der Kommission sowie zum Verfahren kann die Landesregierung durch Rechtsverordnung regeln.

(4) Die Landesregierung kann die Ermächtigungen nach den Absätzen 2 und 3 ganz oder teilweise durch Rechtsverordnung auf ein Mitglied der Landesregierung übertragen.

§ 8 Nachunternehmer und Verleiher

¹Der Auftraggeber vereinbart mit dem Auftragnehmer, dass der Auftragnehmer die Nachunternehmer und Verleiher von Arbeitskräften vertraglich verpflichtet, dass diese ihren Beschäftigten im Rahmen ihrer vertraglichen Leistung mindestens die Arbeitsentgeltbedingungen gewähren, die für die vom Nachunternehmer oder dem Vertragspartner des Verleihers zu erbringenden Leistungen nach § 6 Absatz 2 maßgeblich sind. ²Diese Verpflichtung erstreckt sich auf alle an der Auftragserfüllung beteiligten Unternehmen. ³Der Auftraggeber hat darauf zu achten, dass der jeweils einen Auftrag weiter Vergebende die rechtsverbindliche Übertragung der Verpflichtung und ihre Einhaltung durch die von ihm beauftragten Nachunternehmer oder Verleiher sicherstellt und seinem unmittelbaren Auftraggeber auf Verlangen nachweist. ⁴Die Kontrollrechte sind dabei auch zugunsten des Auftraggebers zu vereinbaren.

§ 9 Kontrollen

(1) ¹Der Auftraggeber ist verpflichtet, die Einhaltung der gemäß § 6 Absatz 2 und § 8 vereinbarten Vertragsbestimmungen zu überprüfen. ²Die Überprüfung erfolgt als Bestandteil der Prüfung der Richtigkeit einer vom Auftragnehmer gestellten Rechnung und durch eine ausreichende Zahl von Stichproben. ³Zu diesem Zweck sind Nachweispflichten des Auftragnehmers und für den Auftraggeber Betretungsrechte für betriebliche Grundstücke und Räume des Auftragnehmers sowie das Recht zur Befragung von Beschäftigten des Auftragnehmers zu vereinbaren, soweit sie für die Durchführung von Kontrollen erforderlich sind. ⁴Bei der Überprüfung der Einhaltung der Vertragsbestimmungen im Sinne des Satzes 1 sind im Regelfall Bescheinigungen eines Steuerberaters oder Wirtschaftsprüfers über die Lohnhöhe oder darüber, dass alle Beschäftigten mindestens den jeweils einschlägigen Mindestlohn erhalten, ausreichend. ⁵Von der Überprüfung gemäß Satz 1 kann abgesehen werden, wenn der Auftraggeber annehmen kann, dass die Vertragsbestimmungen im Sinne des Satzes 1 eingehalten werden, insbesondere weil
1. Leistungen in Branchen beschafft werden, die regelmäßig deutlich übertariflich zahlen, oder
2. Leistungen durch einen Auftragnehmer erbracht werden, der dem Auftraggeber bereits aus einer dauerhaften Geschäftsbeziehung bekannt ist.

(2) Erhält der Auftraggeber Kenntnis davon, dass der Auftragnehmer oder ein Nachunternehmer einer bei der Erfüllung der Leistungspflichten eingesetzten Arbeitnehmerin oder einem bei der Erfüllung der Leistungspflichten eingesetzten Arbeitnehmer nicht mindestens die nach dem Arbeitnehmer-Entsendegesetz oder dem Mindestlohngesetz geltenden Mindestarbeitsbedingungen gewährt, so hat er dies der für die Kontrolle der Einhaltung der genannten Gesetze zuständigen Stelle mitzuteilen.

§ 10 Vertragsstrafe, Kündigung, Auftragssperre

(1) ¹Um die Einhaltung der Verpflichtungen, die nach § 6 Absatz 2 und den §§ 8 und 9 Absatz 1 vereinbart sind, zu sichern, hat der Auftraggeber mit dem Auftragnehmer für jede vom Auftragnehmer zu vertretende Verletzung dieser Pflichten durch den Auftragnehmer, seine Nachunternehmer oder Verleiher eine Vertragsstrafe wegen nicht gehöriger Erfüllung zu vereinbaren. ²Die Vertragsstrafe beträgt 1 Prozent des Auftragswertes. ³Ist die Vertragsstrafe im Einzelfall unverhältnismäßig hoch, so ist sie vom Auftraggeber auf Antrag auf einen angemessenen Betrag herabzusetzen. ⁴Die Summe der Vertragsstrafen nach diesem Gesetz darf insgesamt 5 Prozent des Auftragswertes nicht überschreiten. ⁵Es ist vorzusehen, dass die Vertragsstrafe in den Fällen der §§ 6 und 8 je beschäftigter Person je Monat, in allen anderen Fällen nur insgesamt einmal berechnet werden kann.

(2) Der Auftraggeber vereinbart mit dem Auftragnehmer, dass die von diesem zu vertretende Verletzung der nach § 6 Absatz 2 und den §§ 8 sowie 9 Absatz 1 vereinbarten Pflichten durch den Auftragnehmer oder seine Nachauftragnehmer oder Verleiher den Auftraggeber nach Abmahnung zur Kündigung des Vertrages mit dem Auftragnehmer berechtigen.

(3) ¹Hat ein Auftragnehmer schuldhaft seine nach § 6 Absatz 2 und die §§ 8 sowie 9 Absatz 1 vereinbarten Pflichten verletzt, so soll er für die Dauer von bis zu drei Jahren von der Teilnahme am Wettbewerb um Aufträge der in § 2 genannten Auftraggeber wegen mangelnder Eignung ausgeschlossen werden. ²Die Auftragssperre ist von Auftraggebern, die nicht selbst privatrechtliche Unternehmen sind, der zentralen Informationsstelle zur Aufnahme in die Sperrliste gemäß § 11 zu melden.

§ 11 Listung von Auftragssperren

(1) Das für Wirtschaft zuständige Ministerium der Landesregierung richtet eine zentrale Stelle ein, die Informationen über Auftragssperren nach § 10 Absatz 3 bereitstellt (zentrale Informationsstelle).

(2) ¹Auftraggeber geben die von ihnen ausgeschlossenen Unternehmen der zentralen Informationsstelle unverzüglich bekannt. ²Diese Mitteilung hat folgende Daten zu enthalten:
1. den meldenden Auftraggeber,
2. Datum und Aktenzeichen oder Vergabenummer,
3. das betroffene Unternehmen und die betroffene Niederlassung mit Firma, Rechtsform, Sitz und Anschrift des Unternehmens, Registergericht und Handelsregisternummer,
4. Gewerbezweig oder Branche mit CPV-Code der betroffenen Tätigkeiten,
5. Beginn und Dauer des Vergabeausschlusses, Rechtsgrundlage des Ausschlusses.

³Betrifft die Auftragssperre oder Sperre als Bezugsquelle ausschließlich eine selbstständige Niederlassung eines Unternehmens, so sind nur die Daten dieser Niederlassung zu melden.

(3) ¹Die zentrale Informationsstelle nimmt die Meldung in eine Sperrliste ohne eigene Prüfung auf. ²Unrichtige Daten werden unverzüglich berichtigt. ³Die Sperrliste kann in Form einer automatisierten Datei geführt werden. ⁴Die Datenübermittlung kann im Wege eines automatisierten Abrufverfahrens erfolgen.

(4) Der Auftraggeber unterrichtet das von ihm ausgeschlossene Unternehmen über den Ausschluss und über die zur Sperrliste gemeldeten Daten.

(5) ¹Der Auftraggeber, der über den Ausschluss eines Unternehmens entschieden hat, verkürzt die Dauer des Ausschlusses oder hebt den Ausschluss auf, wenn der Nachweis der wiederhergestellten Zuverlässigkeit erbracht wird. ²Die Zuverlässigkeit ist in der Regel wiederhergestellt, wenn die natürliche oder juristische Person durch geeignete organisatorische und personelle Maßnahmen Vorsorge gegen eine Wiederholung des vorgeworfenen Verhaltens getroffen, eine für die Eintragung maßgebliche unterlassene Handlung nachgeholt und einen darauf beruhenden Schaden ersetzt hat. ³Eine Entscheidung nach Satz 1 ist der Informationsstelle unverzüglich zu melden und die Änderung oder Löschung der Eintragung zu veranlassen.

(6) Ist der Ausschluss eines Unternehmens aufgehoben oder ist die Ausschlussfrist abgelaufen, werden die Daten unverzüglich gelöscht.

§ 12 Abfrage

(1) ¹Die Auftraggeber sind verpflichtet, vor Entscheidungen über die Vergabe von öffentlichen Aufträgen bei der zentralen Informationsstelle abzufragen, inwieweit Eintragungen in der Sperrliste zu Bietern mit einem für den Zuschlag in Betracht kommenden Angebot vorliegen und eine Eintragung bei der Beurteilung der Zuverlässigkeit des Bewerbers oder Bieters zu berücksichtigen. ²Die Auftraggeber sollen die Abfragen auch auf bereits benannte Nachauftragnehmer erstrecken. ³Satz 1 gilt entsprechend vor Entscheidungen über die Beschränkung des Bieterkreises hinsichtlich der aussichtsreichen Bewerber, wenn der Bieterkreis beim Wegfall eines Bieters beschränkt würde.

(2) Bei Vergabeverfahren, auf die das Gesetz wegen des geschätzten Auftragswertes nach § 2 Absatz 1 nicht anwendbar ist, kann der Auftraggeber bei der Informationsstelle nachfragen, ob Eintragungen zu Bewerbern oder Bietern vorliegen.

(3) Erhält der Auftraggeber binnen drei Arbeitstagen von der Informationsstelle keine Auskunft, so kann er davon ausgehen, dass keine die Abfrage betreffenden Eintragungen vorliegen.

(4) Einer Abfrage bedarf es nicht, wenn die zentrale Informationsstelle in einem elektronischen Medium, das eine tägliche Erneuerung der Information zulässt, für die Leistung, die mit der Auftragsvergabe nachgefragt werden soll, allgemein bekannt macht, dass zurzeit keine Eintragungen vorliegen.

(5) Die Informationsstelle hat jederzeit auf Antrag einem Unternehmen und einer natürlichen Person Auskunft über die sie betreffenden Eintragungen in der Sperrliste zu erteilen.

§ 13 Kostenerstattung

(1) ¹Das Land gewährt den Ämtern, amtsfreien Gemeinden, kreisfreien Städten und Landkreisen (Kommunen) für den mit der Anwendung dieses Teils verbundenen Verwaltungsaufwand einen finanziellen Ausgleich. ²Für die Verteilung an die Kommunen ist ein Betrag in Höhe von insgesamt 1 000 000 Euro für jedes Kalenderjahr vorgesehen. ³Die Verteilung der Mittel erfolgt pauschal jeweils zu drei

Vierteln nach der Einwohnerzahl und zu einem Viertel nach der Fläche der Kommunen. ⁴Die Auszahlung der Mittel erfolgt jährlich für das zurückliegende Kalenderjahr.

(2) Absatz 1 ist nicht anwendbar, wenn das im Mindestlohngesetz bestimmte Mindestentgelt die Höhe des Mindestentgelts gemäß § 6 Absatz 2 erreicht oder übersteigt.

(3) ¹Sollte die Anwendbarkeit von Absatz 1 während eines laufenden Kalenderjahres enden, so endet der Ausgleichsanspruch am gleichen Kalendertag. ²Die Höhe des Ausgleichs ist in diesem Fall nach dem Verhältnis der Kalendertage, an denen Absatz 1 anwendbar war, im Vergleich zu den Tagen, an denen dieser nicht anwendbar war, zu bemessen. ³Ergibt sich dabei zugunsten der Kommunen ein noch offener Ausgleichsanspruch, wird dieser zum nächsterreichbaren Termin erfüllt.

Teil 4. Übergangs- und Schlussbestimmungen

§ 14 Verordnungsermächtigung

(1) Die Landesregierung wird ermächtigt, durch Rechtsverordnung Bestimmungen zu treffen über:
1. die Bearbeitungsschritte der Kontrollen nach § 9 und die zur Wahrung des Datenschutzes zu treffenden Vorkehrungen,
2. die Voraussetzungen und das Verfahren für die Zulassung von Verzeichnissen über geeignete Unternehmen oder Sammlungen von Eignungsnachweisen von nicht der Landesverwaltung angehörenden Stellen und
3. die Voraussetzungen und das Verfahren für die Verhängung einer Auftragssperre nach § 10 Absatz 3 sowie Aufhebung oder Verkürzung einer Auftragssperre nach § 11 Absatz 5.

(2) Die Landesregierung kann die Ermächtigung nach Absatz 1 ganz oder teilweise durch Rechtsverordnung auf ein Mitglied der Landesregierung übertragen.

§ 15 Einschränkung von Grundrechten

Durch die §§ 9, 10 Absatz 3 sowie die §§ 11 und 12 wird das Grundrecht auf Datenschutz (Artikel 11 der Verfassung des Landes Brandenburg) eingeschränkt.

§ 16 Übergangsvorschriften

(1) ¹Zum Zeitpunkt des Inkrafttretens dieses Gesetzes bereits begonnene Vergabeverfahren werden nach dem bisherigen Recht fortgesetzt und abgeschlossen. ²Enthalten Verträge oder in laufenden Vergabeverfahren eingereichte Angebote Lohngleitklauseln für den Fall von Tarifänderungen, können diese mit Zustimmung des Auftragnehmers oder aller Bieter auf den laufenden Vertrag oder das laufende Vergabeverfahren angewendet werden.

(2) ¹Für die Kostenerstattung des den Kommunen bis 31. Dezember 2016 entstehenden Verwaltungsaufwands ist § 14 des Brandenburgischen Vergabegesetzes vom 21. September 2011 (GVBl. I Nr. 19), das durch das Gesetz vom 11. Februar 2014 (GVBl. I Nr. 6) geändert worden ist, weiter anzuwenden. ²Kostenerstattungsanträge nach § 14 des Brandenburgischen Vergabegesetzes vom 21. September 2011 (GVBl. I Nr. 19), das durch das Gesetz vom 11. Februar 2014 (GVBl. I Nr. 6) geändert worden ist, können noch bis zum 31. Dezember 2017 gestellt werden.

§ 17 Inkrafttreten, Außerkrafttreten

(1) ¹Dieses Gesetz tritt, vorbehaltlich des Absatzes 2, am 1. Oktober 2016 in Kraft. ²Gleichzeitig tritt das Brandenburgische Vergabegesetz vom 21. September 2011 (GVBl. I Nr. 19), das durch das Gesetz vom 11. Februar 2014 (GVBl. I Nr. 6) geändert worden ist, außer Kraft.

(2) § 13 tritt am 1. Januar 2017 in Kraft.

(3) Das für Wirtschaft zuständige Mitglied der Landesregierung wird ermächtigt, die Vergabegesetz-Erstattungsverordnung vom 14. Januar 2013 (GVBl. II Nr. 6) aufzuheben.

Bremen

Bremisches Gesetz zur Sicherung von Tariftreue, Sozialstandards und Wettbewerb bei öffentlicher Auftragsvergabe (Tariftreue- und Vergabegesetz)

Vom 24. November 2009 (Brem.GBl. S. 476)
Zuletzt geändert durch Art. 1 I ÄndG vom 12.12.2017 (Brem. GBl. S. 773)

Abschnitt 1. Allgemeines

§ 1 Zweck

Dieses Gesetz regelt die Vergabe von öffentlichen Aufträgen und wirkt Verzerrungen im Wettbewerb um öffentliche Aufträge entgegen, die durch den Einsatz von Niedriglohnkräften entstehen.

§ 2 Anwendungsbereich

(1) ¹Dieses Gesetz gilt für die Vergabe öffentlicher Aufträge über Bau-, Liefer- und Dienstleistungen durch öffentliche Auftraggeber im Sinne des § 99 und durch Sektorenauftraggeber im Sinne des § 100 des Gesetzes gegen Wettbewerbsbeschränkungen (Auftraggeber). ²Auf Rahmenvereinbarungen im Sinne des § 103 Absatz 5 des Gesetzes gegen Wettbewerbsbeschränkungen ist dieses Gesetz entsprechend anwendbar. ³Aufträge im Sinne dieses Gesetzes umfassen auch Rahmenvereinbarungen.

(2) ¹Im Bereich des öffentlichen Personennahverkehrs auf Straße und Schiene gilt dieses Gesetz für öffentliche Dienstleistungsaufträge, auch in Form von Dienstleistungskonzessionen, und für Linienverkehrsgenehmigungen, soweit diese nach Maßgabe der Richtlinie 2014/25/EU des Europäischen Parlaments und des Rates vom 26. Februar 2014 über die Vergabe von Aufträgen durch Auftraggeber im Bereich der Wasser-, Energie- und Verkehrsversorgung sowie der Postdienste und zur Aufhebung der Richtlinie 2004/17/EG (ABl. L 094 vom 28. März 2014, S. 243), die durch die delegierte Verordnung (EU) 2015/2171 (ABl. L 307 vom 25. November 2015, S. 7) geändert worden ist, der Richtlinie 2014/24/EU des Europäischen Parlaments und des Rates vom 26. Februar 2014 über die öffentliche Auftragsvergabe und zur Aufhebung der Richtlinie 2004/18/EG (ABl. L 94 vom 28. März 2014, S. 65), die durch die delegierte Verordnung (EU) Nr. 2015/2170 (ABl. L 307 vom 25. November 2015, S. 5) geändert worden ist, und der Richtlinie 2014/23/EU des Europäischen Parlaments und des Rates vom 26. Februar 2014 über die Konzessionsvergabe (ABl. L 94 vom 28. März 2014, S. 1, L 114 vom 5. Mai 2015, S. 24), die durch die delegierte Verordnung (EU) 2015/2172 (ABl. L 307 vom 25. November 2015, S. 9) geändert worden ist, oder gemäß Artikel 5 der Verordnung (EG) Nr. 1370/2007 des Europäischen Parlaments und des Rates vom 23. Oktober 2007 über öffentliche Personenverkehrsdienste auf Schiene und Straße und zur Aufhebung der Verordnungen (EWG) Nr. 1191/69 und (EWG) Nr. 1107/70 des Rates (ABl. L 315 vom 3. Dezember 2007, S. 1) vergeben oder erteilt werden. ²Es gilt insbesondere auch für die Direktvergabe gemäß Artikel 5 Absatz 4

bis 6 sowie für die Betrauung eines internen Betreibers gemäß Artikel 5 Absatz 2 der Verordnung (EG) Nr. 1370/2007. ³Dieses Gesetz gilt auch für Verkehre im Sinne von § 1 der Freistellungs-Verordnung in der im Bundesgesetzblatt Teil III, Gliederungsnummer 9240-1-1, veröffentlichten bereinigten Fassung, geändert durch Artikel 1 der Verordnung vom 4. Mai 2012 (BGBl. I S. 1037).

(3) Dieses Gesetz gilt nicht in den Fällen der §§ 107 bis 109, 116 und 117, 137 bis 140 und 145 des Gesetzes gegen Wettbewerbsbeschränkungen.

(4) Abschnitt 2 gilt nicht für die Vergabe öffentlicher Aufträge, deren Auftragswerte die Schwellenwerte des § 106 Absatz 2 des Gesetzes gegen Wettbewerbsbeschränkungen erreichen und nicht für öffentliche Aufträge, die zum Zweck der Ausübung einer Sektorentätigkeit gemäß § 102 des Gesetzes gegen Wettbewerbsbeschränkungen vergeben werden.

(5) Abschnitt 3 gilt nicht für die Vergabe öffentlicher Aufträge über Lieferleistungen.

§ 3 Auftragswerte

(1) Für die Schätzung der Auftragswerte nach diesem Gesetz ist die Regelung des § 3 Absatz 1 der Vergabeverordnung entsprechend anzuwenden.

(2) ¹Der Wert des beabsichtigten Auftrags darf nicht in der Absicht geschätzt oder aufgeteilt werden, ihn der Anwendung dieses Gesetzes zu entziehen. ²Die Verpflichtung gemäß § 4 bleibt davon unberührt.

§ 4 Mittelstandsförderung, Generalunternehmeraufträge

(1) ¹Bei der Vergabe öffentlicher Aufträge sind Leistungen, soweit es die wirtschaftlichen und technischen Voraussetzungen zulassen, nach Art und Menge so in Lose zu zerlegen, dass sich Unternehmen der mittelständischen Wirtschaft mit Angeboten beteiligen können. ²Generalunternehmervergaben stellen die Ausnahme dar und bedürfen einer gesonderten Begründung.

(2) ¹Die Organisation von Vergaben erfolgt ab dem 1.5.2015 nach einheitlichen Vertragsbedingungen, Verfahrens- und Formvorschriften über eine zentrale Service- und Koordinierungsstelle, soweit es sich nicht um Lieferleistung handelt. ²Das Nähere regelt eine Rechtsverordnung.

Abschnitt 2. Anwendung von Vergaberegelungen

§ 5 Vergabe von Aufträgen nach Einholung von Vergleichsangeboten

(1) ¹Öffentliche Aufträge werden, soweit nicht die §§ 6 und 7 etwas anderes bestimmen, ohne vorherige Bekanntmachung nach Einholung von Vergleichsangeboten vergeben. ²Dies ist zu dokumentieren.

(2) Von der Einholung von Vergleichsangeboten kann in Fällen abgesehen werden, in denen
a) eine freihändige Vergabe nach Abschnitt 1 § 3a Absatz 4 Satz 1 Nummer 1, 2 und 6 des Teils A der Vergabe- und Vertragsordnung für Bauleistungen zugelassen ist;
b) eine Verhandlungsvergabe mit nur einem Unternehmen nach § 12 Absatz 3 in Verbindung mit § 8 Absatz 4 Nummer 9 bis 14 der Unterschwellenvergabeordnung zugelassen ist;

c) ein Direktauftrag nach § 14 der Unterschwellenvergabeordnung zugelassen ist;
d) die Leistung des beabsichtigten Auftrages im Rahmen einer freiberuflichen Tätigkeit oder im Wettbewerb mit freiberuflich Tätigen erbracht wird (freiberufliche Leistung) und die Vergütung für diese freiberufliche Leistung in ihren wesentlichen Bestandteilen nach Festbeträgen oder unter Einhaltung der Mindestsätze nach einer verbindlichen Gebühren- oder Honorarordnung abgerechnet wird;
e) die zu vergebende freiberufliche Leistung nach Art und Umfang, insbesondere ihre technischen Anforderungen, vor der Vergabe nicht eindeutig und erschöpfend beschrieben werden kann, die Einholung von Vergleichsangeboten einen Aufwand für den Auftraggeber oder die Bewerber oder Bieter verursachen würde, der zu dem erreichten Vorteil oder dem Wert der Leistung im Missverhältnis stehen würde und ein Auftragswert von 50 000 Euro nicht überschritten wird;
f) ein Bauauftrag oder ein Auftrag über eine freiberufliche Leistung vergeben wird und dieser einen Auftragswert von 5 000 Euro nicht überschreitet.
²Der Verzicht auf die Einholung von Vergleichsangeboten ist zu begründen.

§ 6 Vergabe von Bauaufträgen

(1) Bei der Vergabe von Bauaufträgen sind ab einem Auftragswert von 50 000 Euro die Bestimmungen des Abschnitts 1 des Teils A der Vergabe- und Vertragsordnung für Bauleistungen anzuwenden.

(2) ¹Die Vergabe von Bauaufträgen nach Absatz 1 in einem anderen Verfahren als einer öffentlichen Ausschreibung ist zu begründen. ²Die Begründung ist zu dokumentieren.

(3) ¹Aufträge nach Absatz 1, die einen Auftragswert von 500 000 Euro nicht erreichen, können ohne weitere Einzelfallbegründung im Wege der beschränkten Ausschreibung ohne Teilnahmewettbewerb vergeben werden. ²Das Verfahren ist in transparenter und nicht diskriminierender Weise durchzuführen.

§ 7 Vergabe von Liefer- und Dienstleistungsaufträgen

(1) ¹Bei der Vergabe von Liefer- und Dienstleistungsaufträgen sind ab einem Auftragswert von 50 000 Euro die Bestimmungen der Unterschwellenvergabeordnung anzuwenden. ²Hiervon ausgenommen ist die Vergabe von freiberuflichen Leistungen.

(2) ¹Die Vergabe von Aufträgen nach Absatz 1 in einem anderen Verfahren als einer öffentlichen Ausschreibung oder einer beschränkten Ausschreibung mit Teilnahmewettbewerb ist zu begründen. ²Die Begründung ist zu dokumentieren.

(3) ¹Aufträge nach Absatz 1, die einen Auftragswert von 100 000 Euro nicht erreichen, können ohne weitere Einzelfallbegründung im Wege der beschränkten Ausschreibung ohne Teilnahmewettbewerb vergeben werden. ²Das Verfahren ist in transparenter und nicht diskriminierender Weise durchzuführen.

§ 8 Präqualifikation

Der Senat kann neben den in Abschnitt 1 des Teils A der Vergabe- und Vertragsordnung für Bauleistungen und in der Unterschwellenvergabeordnung genannten Präqualifikationsmöglichkeiten weitere Präqualifikationsverfahren durch Richtlinien regeln.

Abschnitt 3. Tariftreue/Mindestarbeitsbedingungen

§ 9 Mindestlohn

(1) Öffentliche Aufträge werden nur an solche Unternehmen vergeben, die sich bei der Angebotsabgabe schriftlich verpflichten, ihren Beschäftigten, abgesehen von Auszubildenden, bei der Ausführung der Leistung ein Entgelt in Höhe des Mindestlohns nach § 9 des Landesmindestlohngesetzes zu bezahlen.

(2) ¹Der Auftraggeber fordert die Erklärung nach Absatz 1 nicht, wenn der Auftrag für den Binnenmarkt Europäischen Union von Bedeutung ist. ²Satz 1 gilt nicht für die Vergabe von Dienstleistungen im Bereich des öffentlichen Personennahverkehrs auf Straße und Schiene.

§ 10 Tariftreueerklärung

(1) ¹Öffentliche Aufträge für Dienstleistungen oder Genehmigungen im Bereich des öffentlichen Personennahverkehrs auf Straße und Schiene gemäß § 2 Absatz 2 sowie Bauaufträge im Sinne des § 103 Absatz 3 des Gesetzes gegen Wettbewerbsbeschränkungen werden nur an Unternehmen vergeben oder erteilt, die sich bei der Angebotsabgabe oder im Antrag auf Erteilung der Genehmigung schriftlich verpflichten, ihren Beschäftigten bei der Ausführung der Leistungen mindestens das am Ort der Ausführung für die jeweilige Leistung tarifvertraglich vorgesehene Entgelt (Tariflohn), einschließlich der Überstundenzuschläge, zum tarifvertraglich vorgesehenen Zeitpunkt zu bezahlen. ²In den Ausschreibungsunterlagen ist anzugeben, welcher Tariflohn für die Leistung jeweils als maßgeblich im Sinne des Satzes 1 anzusehen ist; im Bereich des öffentlichen Personennahverkehrs erfolgt dies in der Vorabbekanntmachung im Amtsblatt der Europäischen Union.

(2) Der Auftraggeber fordert die Erklärung nach Absatz 1 nur bei Bauaufträgen, die für den Binnenmarkt der Europäischen Union nicht von Bedeutung sind.

(3) ¹Gelten am Ort der Leistung mehrere Tarifverträge für dieselbe Leistung, so hat der Auftraggeber den Tariflohn eines repräsentativen Tarifvertrags zugrunde zu legen, der mit einer tariffähigen Gewerkschaft vereinbart wurde. ²Haustarifverträge sind hiervon ausgenommen. ³Der Senat bestimmt durch Rechtsverordnung, in welchem Verfahren festgestellt wird, welche Tarifverträge als repräsentativ im Sinne der Sätze 1 und 2 anzusehen sind. ⁴Die Rechtsverordnung kann auch die Vorbereitung der Entscheidung durch einen Beirat vorsehen; sie regelt in diesem Fall auch die Zusammensetzung des Beirats.

(4) Gelten für eine Leistung mehrere Tarifverträge (gemischte Leistungen), ist der Tariflohn desjenigen Tarifvertrags maßgeblich, in dem der überwiegende Teil der Leistung liegt.

§ 11 Mindestlohn nach Bundesgesetzen

¹Öffentliche Aufträge werden nur an solche Unternehmen vergeben, die sich bei der Angebotsabgabe schriftlich verpflichten, ihren Arbeitnehmerinnen und Arbeitnehmern bei der Ausführung der Leistung den gesetzlichen Mindestlohn nach § 1 Absatz 2 des Mindestlohngesetzes zu zahlen. ²Satz 1 gilt entsprechend für die in § 1 Absatz 3 des Mindestlohngesetzes aufgeführten sonstigen Mindestentgelte, soweit das Unternehmen an diese gesetzlich gebunden ist.

§ 12 Günstigkeitsklausel

Erfüllt die Vergabe eines öffentlichen Auftrages oder Erteilung einer Genehmigung im öffentlichen Personennahverkehr gemäß § 2 Absatz 2 die Voraussetzungen von mehr als nur einer der in §§ 9 bis 11 getroffenen Regelungen, so ist die für die Beschäftigten jeweils günstigste Regelung maßgeblich.

§ 13 Auftragnehmer- und Nachunternehmerklausel

(1) Der Auftraggeber hat mit dem Auftragnehmer vertraglich zu vereinbaren, dass er befugt ist, Kontrollen im Sinne des § 16 Absatz 1 und 4 durchzuführen.

(2) ¹Zwischen dem Auftraggeber und dem Auftragnehmer ist zu vereinbaren, dass dem Auftraggeber Einsichtnahme in die zum Nachweis einer ordnungsgemäßen Entgeltleistung geeigneten Unterlagen, insbesondere Entgeltabrechnungen, Stundennachweise und Arbeitsverträge, sämtlicher zur Erfüllung des Auftrages eingesetzten Beschäftigten, auch der eingesetzten Nachunternehmer, gewährt wird. ²Zudem ist zu vereinbaren, dass dem Auftraggeber Einsicht in sämtliche Unterlagen, insbesondere Meldeunterlagen, Bücher, Nachunternehmerverträge sowie andere Geschäftsunterlagen und Aufzeichnungen, aus denen sich Umfang, Art, Dauer und tatsächliche Entlohnung der Beschäftigten ergeben oder abgeleitet werden, gewährt wird.

(3) ¹Zwischen dem Auftraggeber und dem Auftragnehmer ist weiter zu vereinbaren, dass der Auftragnehmer für den Fall einer Kontrolle nach § 16 Absatz 1 und 4 aktuelle und prüffähige Unterlagen im Sinne des Absatzes 2 bereitzuhalten und diese auf Verlangen des Auftraggebers unverzüglich, spätestens mit Ablauf einer vom Auftraggeber gesetzten Frist am Sitz des Auftraggebers zum Zwecke der Einsichtnahme vorzulegen hat. ²Zudem ist zu vereinbaren, dass der Auftragnehmer den Auftraggeber im Falle nicht, nicht rechtzeitig oder nicht vollständig vorhandener Unterlagen im Sinne des Absatzes 2 unverzüglich in Kenntnis setzt.

(4) ¹Zwischen dem Auftraggeber und dem Auftragnehmer ist zu vereinbaren, dass der Auftraggeber befugt ist, die Beschäftigten zu ihrer Entlohnung und den weiteren Arbeitsbedingungen zu befragen. ²Der Auftragnehmer ist durch den Auftraggeber zu verpflichten, seine Beschäftigten auf die Möglichkeit einer solchen Kontrolle hinzuweisen.

(5) ¹Der Auftraggeber verpflichtet die Bieter, bei Abgabe der Angebote anzugeben, welche Leistungen an Nachunternehmer vergeben werden sollen. ²Der Auftraggeber verpflichtet den Auftragnehmer, mit dem Nachunternehmer zu vereinbaren, dass dieser die dem Auftragnehmer nach § 9 Absatz 1, § 10 Absatz 1, §§ 11 und 12 sowie nach den Absätzen 2 bis 7 aufzuerlegenden Pflichten im Rahmen der Nachunternehmerleistung entsprechend erfüllt. ³Der Auftraggeber verpflichtet den Auftragnehmer, ihm gegenüber den Einsatz eines Nachunternehmers und dessen Nachunternehmer vor dessen Beginn mit der Ausführung der Leistung schriftlich anzuzeigen.

(6) ¹Der Auftraggeber verpflichtet den Auftragnehmer, die in Absatz 5 Satz 2 genannten Pflichten des Nachunternehmers zu überwachen. ²Der Auftraggeber lässt sich durch den Auftragnehmer mit der Möglichkeit bevollmächtigen, gegenüber den Nachunternehmern Kontrollen nach § 16 Absatz 1 und 4 durchzuführen, von diesen Unterlagen zum Nachweis der Erfüllung der in Absatz 5 Satz 2 genannten Pflichten des Nachunternehmers nach Maßgabe der Absätze 2 und 3 anzufordern und die eingesetzten Beschäftigten nach Maßgabe des Absatzes 4 Satz 1 zu befragen; der Auftragnehmer wird dadurch nicht von seiner Überwachungspflicht nach Satz 1 entbunden. ³Der Auftraggeber verpflichtet den Auftragnehmer, dem

Nachunternehmer die Pflicht aufzuerlegen, die Beschäftigten auf die Möglichkeit einer solchen Kontrolle hinzuweisen.

(7) ¹Um die Einhaltung der in den Absätzen 5 und 6 genannten Pflichten zu gewährleisten, verpflichtet der Auftraggeber den Auftragnehmer, gegenüber jedem von ihm bei der Ausführung der Leistung eingesetzten Nachunternehmer eine vom Auftraggeber zur Verfügung gestellte vorformulierte Erklärung zu verwenden. ²Diese Erklärung ist im Rahmen der Anzeige nach Absatz 5 Satz 3 vorzulegen.

§ 14 Wertung unangemessen niedriger Angebote

(1) ¹Erscheint ein Angebot, auf das der Zuschlag erteilt werden könnte, im Hinblick auf die Lohnkalkulation unangemessen niedrig, so hat der öffentliche Auftraggeber das Angebot vertieft zu prüfen. ²Dies gilt unabhängig von der nach Teil A der Vergabe- und Vertragsordnung für Bauleistungen und nach der Unterschwellenvergabeordnung vorgegebenen Prüfung unangemessen niedrig erscheinender Angebote.

(2) Soweit ein Auftrag nicht nach § 5 vergeben werden kann, ist eine vertiefte Prüfung durchzuführen, wenn die Lohnkalkulation der rechnerisch geprüften Angebotssumme um mindestens 20 Prozent unter der Kostenschätzung des Auftraggebers liegt oder um mehr als 10 Prozent von der des nächst höheren Angebotes abweicht.

(3) Im Rahmen der Überprüfung nach Absatz 1 Satz 1 und Absatz 2 ist der Bieter verpflichtet, nach Aufforderung durch den Auftraggeber eine transparente und nachvollziehbare Kalkulation, insbesondere im Hinblick auf die Entgelte, einschließlich der Überstundenzuschläge, nachzuweisen.

§ 15 Nachweise, Amgebotsausschluss

(1) Kommt der Bieter der Verpflichtung nach § 14 Absatz 3 nicht nach oder kann er die begründeten Zweifel des Auftraggebers an seiner Absicht, die Verpflichtungen nach § 9 Absatz 1, § 10 Absatz 1, §§ 11, 12 und 13 Absatz 5 und 6 zu erfüllen, nicht beseitigen, so ist sein Angebot auszuschließen.

(2) ¹Ein Angebot soll von der Wertung ausgeschlossen werden, wenn der Bieter trotz Aufforderung eine Mindestlohnerklärung nach § 9 Absatz 1, eine Tariftreueerklärung nach § 10 Absatz 1 oder eine Mindestlohnerklärung nach § 11 nicht abgibt. ²Ein Angebot soll auch dann von der Wertung ausgeschlossen werden, wenn der Bieter trotz Aufforderung eine Erklärung über die Verpflichtung seiner Nachunternehmer nach § 13 Absatz 5 und 6 nicht abgibt.

(3) ¹Ein Angebot für eine Bauleistung soll von der Wertung ausgeschlossen werden, wenn der Bieter trotz Aufforderung eine aktuelle Unbedenklichkeitsbescheinigung der Sozialkasse, der er kraft Tarifbindung angehört, nicht abgibt. ²Die Bescheinigung enthält mindestens die Zahl der zurzeit gemeldeten Arbeitnehmerinnen und Arbeitnehmer und gibt Auskunft darüber, ob den Zahlungsverpflichtungen nachgekommen wurde. ³Ausländische Unternehmen haben einen vergleichbaren Nachweis zu erbringen. ⁴Bei fremdsprachigen Bescheinigungen ist eine Übersetzung in deutscher Sprache beizufügen. ⁵Bei Aufträgen über Bauleistungen, deren Auftragswert 10 000 Euro nicht erreicht, tritt an Stelle des Nachweises nach Satz 1 die Erklärung des Bieters, seinen Zahlungsverpflichtungen nachgekommen zu sein.

(4) Soll die Ausführung eines Teils der Leistung einem Nachunternehmer übertragen werden, so soll das Angebot von der Wertung ausgeschlossen werden, wenn der Bieter nach Aufforderung und vor der Auftragserteilung keine auf den Nach-

unternehmer lautenden Nachweise und Erklärungen nach den Absätzen 2 und 3 vorlegt.

(5) Die in Abschnitt 1 des Teils A der Vergabe- und Vertragsordnung für Bauleistungen und in der Unterschwellenvergabeordnung genannten Nachweispflichten bestehen unbeschadet der Nachweispflichten in den Absätzen 2 bis 4.

(6) ¹Hat ein Bieter im Kalenderjahr einem Auftraggeber bereits den Nachweis nach Absatz 3 oder andere Eignungsnachweise nach Teil A der Vergabe- und Vertragsordnung für Bauleistungen oder nach der Unterschwellenvergabeordnung vorgelegt, so fordert derselbe Auftraggeber von dem Bieter dieselben Eignungsnachweise nur noch einmal an, wenn begründete Zweifel an der Eignung des Bieters bestehen. ²Satz 1 gilt für Nachunternehmer entsprechend.

§ 16 Kontrollen und Sonderkommission

(1) Der Auftraggeber ist verpflichtet, die Einhaltung der gemäß § 9 Absatz 1, § 10 Absatz 1, § 11, § 12 und § 13 Absatz 2 bis 7 vereinbarten Vertragsbedingungen zu überprüfen.

(2) Der Senat richtet eine Sonderkommission für die Kontrolle der Arbeitsbedingungen ein, zu deren Gewährung sich der Auftragnehmer gemäß § 9 Absatz 1, § 10 Absatz 1, § 11 und § 12 oder der Nachunternehmer nach Maßgabe des § 13 Absatz 5 und 6 verpflichtet hat.

(3) ¹Der Auftraggeber hat die Sonderkommission unverzüglich über alle von ihm vergebenen Aufträge zu unterrichten. ²Der Auftraggeber ist verpflichtet, der Sonderkommission auf Anforderung weitere Informationen über den Auftrag und seine Ausführung zur Verfügung zu stellen.

(4) ¹Die Sonderkommission ordnet auf der Grundlage der Informationen des Auftraggebers Kontrollen an, die der Auftraggeber auf Anforderung der Sonderkommission unverzüglich durchzuführen hat. ²Der Auftraggeber unterrichtet die Sonderkommission jeweils über die Ergebnisse der von ihm gemäß Absatz 1 durchgeführten Kontrollen sowie über verhängte Sanktionen gemäß § 17. ³Die Sonderkommission kann sich im Rahmen ihrer Aufgaben bei anderen öffentlichen Stellen, insbesondere den Gewerbeämtern, den Zollbehörden und den Sozialkassen des Baugewerbes informieren und diesen Informationen erteilen.

(5) Der Senat kann das weitere Verfahren zur Vornahme der Kontrollen durch Richtlinien regeln.

(6) Der Senat wird ermächtigt, der Sonderkommission weitere Kontrollaufgaben durch Rechtsverordnung zu übertragen, wenn dies zur ordnungsgemäßen Abwicklung öffentlicher Aufträge notwendig erscheint.

(7) ¹Erhält der Auftraggeber durch eine Kontrolle nach den Absätzen 1 und 4 oder auf sonstige Weise Kenntnis davon, dass der Auftragnehmer oder ein Nachunternehmer einer am Ort der Leistung eingesetzten Arbeitnehmerin oder einem am Ort der Leistung eingesetzten Arbeitnehmer nicht mindestens die nach dem Arbeitnehmer-Entsendegesetz oder § 1 des Mindestlohngesetzes geltenden Mindestarbeitsbedingungen gewährt, so ist er zur Anzeige des Auftragnehmers oder des Nachunternehmers bei dem zuständigen Hauptzollamt verpflichtet. ²Der Auftragnehmer ist hierauf hinzuweisen und zu verpflichten, seine Nachunternehmer entsprechend zu unterrichten.

(8) ¹Die Sonderkommission legt dem Senat jeweils zum 30. April jedes zweiten Jahres einen Bericht über ihre Tätigkeit vor. ²Dieser Bericht wird vom Senat veröffentlicht.

(9) Für die Kontrollen im Rahmen der Erteilung einer Genehmigung im öffentlichen Personennahverkehr nach § 2 Absatz 2 gelten die Prüfungsbefugnisse der Genehmigungsbehörde nach § 54a des Personenbeförderungsgesetzes entsprechend.

§ 17 Sanktionen

(1) Im Rahmen der Prüfung der von ihr angeordneten Kontrollen im Sinne des § 16 Absatz 1 und 4 kann die Sonderkommission Empfehlungen für vertragliche Sanktionen im Sinne der Absätze 2 und 3 gegenüber dem Auftraggeber aussprechen.

(2) ¹Um die Einhaltung der dem Auftragnehmer nach § 9 Absatz 1, § 10 Absatz 1, §§ 11, 12, 13 Absatz 2, 3 und 4 Satz 2, Absatz 5 Satz 2 und 3, Absatz 6 und 7 und § 16 Absatz 7 Satz 2 aufzuerlegenden Pflichten zu sichern, hat der Auftraggeber mit dem Auftragnehmer für jede Verletzung dieser Pflichten die Verwirkung einer Vertragsstrafe in Höhe von 1 Prozent des bezuschlagten Auftragswertes zu vereinbaren. ²Der Auftragnehmer ist zur Zahlung einer Vertragsstrafe nach Satz 1 auch für den Fall zu verpflichten, dass der Verstoß durch einen von ihm eingesetzten Nachunternehmer oder durch dessen Nachunternehmer begangen wird. ³Ist die verwirkte Vertragsstrafe unverhältnismäßig hoch, so ist sie vom Auftraggeber auf einen angemessenen Betrag herabzusetzen. ⁴Die Summe der Vertragsstrafen nach diesem Gesetz darf insgesamt 10 Prozent des bezuschlagten Auftragswertes nicht überschreiten.

(3) ¹Der Auftraggeber vereinbart mit dem Auftragnehmer, dass die Nichterfüllung der dem Auftragnehmer nach § 9 Absatz 1, § 10 Absatz 1, §§ 11, 12, 13 Absatz 2 und 4 Satz 2, Absatz 5 Satz 2, Absatz 6 und 7 Satz 1 und § 16 Absatz 7 Satz 2 aufzuerlegenden Pflichten durch ihn, durch einen von ihm eingesetzten Nachunternehmer oder durch dessen Nachunternehmer zur fristlosen Kündigung berechtigen. ²Satz 1 gilt entsprechend bei mehrfachen Verstößen gegen die dem Auftragnehmer nach § 13 Absatz 3, 5 Satz 3 und Absatz 7 Satz 2 aufzuerlegenden Pflichten durch ihn, durch einen von ihm eingesetzten Nachunternehmer oder durch dessen Nachunternehmer. ³Der Auftraggeber vereinbart mit dem Auftragnehmer, dass der Auftragnehmer den dem Auftraggeber aus einer fristlosen Kündigung nach den Sätzen 1 und 2 entstandenen Schaden zu ersetzen hat.

(4) ¹Hat ein Auftragnehmer die ihm nach § 9 Absatz 1, § 10 Absatz 1, §§ 11, 12, 13 Absatz 2 und 4 Satz 2, Absatz 5 Satz 2, Absatz 6 und 7 Satz 1 und § 16 Absatz 7 Satz 2 aufzuerlegenden Pflichten oder hat ein von ihm eingesetzter Nachunternehmer oder dessen Nachunternehmer diese im Rahmen einer Erklärung nach § 13 Absatz 7 Satz 1 zu übernehmenden Pflichten verletzt, so können ihn der Auftraggeber oder die Sonderkommission Mindestlohn von der öffentlichen Auftragsvergabe für die Dauer von bis zu zwei Jahren ausschließen. ²Satz 1 gilt entsprechend bei einer mehrfachen Verletzung von nach § 13 Absatz 3 und 5 Satz 3 und Absatz 7 Satz 2, auch in Verbindung mit § 13 Absatz 5 Satz 2, auferlegten Pflichten. ³Für den Fall, dass durch einen vom Auftragnehmer eingesetzten Nachunternehmer oder dessen Nachunternehmer gegen die im Rahmen einer Erklärung nach § 13 Absatz 7 Satz 1 übernommenen Pflichten verstoßen wird, kann auch dieses Unternehmen nach Maßgabe der Sätze 1 und 2 von der öffentlichen Auftragsvergabe ausgeschlossen werden.

(5) ¹Der Senat richtet ein Register über Unternehmen ein, die nach Absatz 4 von der Vergabe öffentlicher Aufträge ausgeschlossen worden sind. ²Der Senat wird ermächtigt, durch Rechtsverordnung zu regeln

1. die im Register zu speichernden Daten, den Zeitpunkt ihrer Löschung und die Einsichtnahme in das Register,
2. die Verpflichtung der Auftraggeber, Entscheidungen nach Absatz 4 an das Register zu melden und
3. die Verpflichtung der Auftraggeber, zur Prüfung der Zuverlässigkeit von Unternehmen Auskünfte aus dem Register einzuholen.

Abschnitt 4. Berücksichtigung sozialer und weiterer Kriterien bei der Auftragsvergabe

§ 18 Berücksichtigung sozialer und weiterer Kriterien

(1) ¹Für die Auftragsausführung können zusätzliche Anforderungen an Auftragnehmer gestellt werden, die insbesondere soziale, umweltbezogene und innovative Aspekte betreffen, wenn sie im sachlichen Zusammenhang mit dem Auftragsgegenstand stehen und sich aus der Leistungsbeschreibung ergeben. ²Bei der Vergabe öffentlicher Aufträge über Lieferleistungen können diese Anforderungen an den Herstellungsprozess gestellt werden.

(2) ¹Bei der Vergabe von Bau-, Liefer- oder Dienstleistungen ist darauf hinzuwirken, dass keine Waren Gegenstand der Leistung sind, die unter Missachtung der in den Kernarbeitsnormen der Internationalen Arbeitsorganisation (ILO) festgelegten Mindeststandards gewonnen oder hergestellt worden sind. ²Diese Mindeststandards ergeben sich aus:
1. dem Übereinkommen Nr. 29 über Zwangs- oder Pflichtarbeit vom 28. Juni 1930 (BGBl. 1956 II S. 641),
2. dem Übereinkommen Nr. 87 über die Vereinigungsfreiheit und den Schutz des Vereinigungsrechtes vom 9. Juli 1948 (BGBl. 1956 II S. 2073),
3. dem Übereinkommen Nr. 98 über die Anwendung der Grundsätze des Vereinigungsrechtes und des Rechtes zu Kollektivverhandlungen vom 1. Juli 1949 (BGBl. 1955 II S. 1123),
4. dem Übereinkommen Nr. 100 über die Gleichheit des Entgelts männlicher und weiblicher Arbeitskräfte für gleichwertige Arbeit vom 29. Juni 1951 (BGBl. 1956 II S. 24),
5. dem Übereinkommen Nr. 105 über die Abschaffung der Zwangsarbeit vom 25. Juni 1957 (BGBl. 1959 II S. 442),
6. dem Übereinkommen Nr. 111 über die Diskriminierung in Beschäftigung und Beruf vom 25. Juni 1958 (BGBl. 1961 II S. 98),
7. dem Übereinkommen Nr. 138 über das Mindestalter für die Zulassung zur Beschäftigung vom 26. Juni 1973 (BGBl. 1976 II S. 202),
8. dem Übereinkommen Nr. 182 über das Verbot und unverzügliche Maßnahmen zur Beseitigung der schlimmsten Formen der Kinderarbeit vom 17. Juni 1999 (BGBl. 2001 II S. 1291).

³Der Senat bestimmt durch Rechtsverordnung den Mindestinhalt der vertraglichen Regelungen nach Satz 1, insbesondere die Einbeziehung von Produktgruppen oder Herstellungsverfahren. ⁴Die Rechtsverordnung trifft Vorgaben zu Zertifizierungen und Nachweisen sowie zur Ausgestaltung von Kontrollen und von Sanktionen bei der Nichteinhaltung der vertraglichen Regelungen.

(3) ¹Bei der Vergabe öffentlicher Aufträge über Bau- und Dienstleistungen erhält bei wirtschaftlich gleichwertigen Angeboten derjenige Bieter den Zuschlag, der die Pflicht zur Beschäftigung Schwerbehinderter Menschen nach § 71 des Neunten Buches Sozialgesetzbuch erfüllt sowie Ausbildungsplätze

bereitstellt, sich an tariflichen Umlageverfahren zur Sicherung der beruflichen Erstausbildung oder an Ausbildungsverbünden beteiligt. ²Gleiches gilt für Bieter, die die Chancengleichheit von Frauen und Männern im Beruf fördern. ³Ausbildungsplätze nach Satz 1 sind Beschäftigungsverhältnisse, die mit dem Ziel geschlossen werden, den Auszubildenden den Abschluss einer Berufsausbildung zu ermöglichen.

(4) Werden von ausländischen Bietern Angebote abgegeben, findet ihnen gegenüber eine Bevorzugung nach Absatz 3 nicht statt.

(5) Als Nachweis der Voraussetzungen nach Absatz 3 sind von den Bietern Bescheinigungen der jeweils zuständigen Stellen vorzulegen oder darzulegen, wie sie die Chancengleichheit von Frauen und Männern im Beruf fördern.

(6) ¹Die Regelung nach Absatz 3 ist den Bietern in den Vergabeunterlagen bekannt zu machen. ²Dabei ist auf die Nachweispflicht nach Absatz 5 hinzuweisen.

§ 19 Umweltverträgliche Beschaffung

(1) Bei der Vergabe von Bau-, Liefer- oder Dienstleistungen müssen Umwelteigenschaften einer Ware, die Gegenstand der Leistung ist, berücksichtigt werden.

(2) ¹Schreibt der Auftraggeber Umwelteigenschaften in Form von Leistungs- und Funktionsanforderungen vor, so kann er diejenigen Spezifikationen oder Teile davon verwenden, die in europäischen, multinationalen oder anderen Umweltzeichen definiert sind, wenn
1. diese Spezifikationen geeignet sind, die Merkmale derjenigen Waren oder Dienstleistungen zu definieren, die Gegenstand des Auftrags sind,
2. die Anforderungen des Umweltzeichens auf der Grundlage von wissenschaftlich abgesicherten Information ausgearbeitet werden,
3. die Umweltzeichen im Rahmen eines Verfahrens erlassen werden, an dem alle interessierten Kreise, wie staatliche Stellen, Verbraucher, Hersteller, Händler und Umweltorganisationen, teilnehmen können, und
4. die Umweltzeichen für alle Betroffenen zugänglich und verfügbar sind.

²Der Auftraggeber kann in den Vergabeunterlagen festlegen, dass bei Waren oder Dienstleistungen, die mit einem Umweltzeichen nach Satz 1 ausgestattet sind, davon ausgegangen wird, dass sie den in der Leistungs- und Aufgabenbeschreibung festgelegten Spezifikationen genügen. ³Er muss jedes andere Beweismittel, wie geeignete technische Unterlagen des Herstellers oder Prüfberichte anerkannter Stellen, akzeptieren.

(3) ¹Anerkannte Stelle nach Absatz 2 Satz 2 sind Prüf- und Eichlaboratorien im Sinne des Eichgesetzes sowie die Inspektions- und Zertifizierungsstellen, die die jeweils anwendbaren europäischen Normen erfüllen. ²Der Auftraggeber muss Bescheinigungen nach Absatz 2 von staatlich anerkannten Stellen, die in anderen Mitgliedstaaten der EU ansässig sind, anerkennen.

Abschnitt 5. Schlussvorschriften

§ 19a Evaluation

Der Senat legt der Bürgerschaft (Landtag) bis zum 31. Mai 2021 einen Bericht über die Anwendung und Auswirkungen der Vergaberegelungen nach den §§ 5, 6 und 7 vor.

§ 20 Übergangsregelungen

Dieses Gesetz findet keine Anwendung auf öffentliche Aufträge, deren Vergabe vor seinem Inkrafttreten eingeleitet worden ist.

§ 21 Inkrafttreten, Außerkrafttreten

(1) Dieses Gesetz tritt am Tage nach seiner Verkündung in Kraft.

(2) Gleichzeitig tritt das Vergabegesetz für das Land Bremen vom 17. Dezember 2002 (Brem. GBl. S. 594 – 63-h-2) außer Kraft.

Verordnung zur Durchführung des Bremischen Tariftreue- und Vergabegesetzes (Bremische Vergabeverordnung – BremVergV)

Vom 21. September 2010
(Brem. GBl. S. 523)
zuletzt geändert durch Art. 1 ÄndVO vom 19.12.2017 (Brem. GBl. S. 825)

§ 1 Repräsentative Tarifverträge

(1) [1]Die Feststellung, welche Tarifverträge als repräsentativ im Sinne des § 10 Absatz 3 Satz 1 des Tariftreue- und Vergabegesetzes anzusehen sind, trifft vorbehaltlich des Absatzes 9 der Senator für Wirtschaft, Arbeit und Häfen. [2]Die Entscheidung wird durch den jeweils zuständigen Beirat vorbereitet.

(2) [1]Als am Ort der Leistung repräsentativ gilt derjenige Tarifvertrag, der für mehr als 25 Prozent der am Ort der Leistung tätigen Arbeitnehmerinnen und Arbeitnehmer aufgrund seines räumlichen, sachlichen und persönlichen Geltungsbereichs Anwendung findet. [2]Repräsentativ ist in der Regel derjenige Tarifvertrag, der die meisten Arbeitnehmerinnen und Arbeitnehmer erfasst. [3]Sofern mehrere Tarifverträge nach der Zahl der erfassten Arbeitnehmerinnen und Arbeitnehmer unwesentlich voneinander abweichen, sind alle diese Tarifverträge repräsentativ.

(3) [1]Der Senator für Wirtschaft, Arbeit und Häfen führt im Bereich des öffentlichen Personennahverkehrs auf Straße und Schiene sowie im Bereich des Bauwesens jeweils eine Liste der repräsentativen Tarifverträge. [2]Diese Listen sind die ausschließliche Grundlage für die Auswahl eines repräsentativen Tarifvertrages durch den öffentlichen Auftraggeber nach § 10 Absatz 3 Satz 1 des Bremischen Tariftreue- und Vergabegesetzes. [3]Diese Listen gelten solange fort, bis für den jeweiligen Bereich eine aktualisierte Liste im Internet veröffentlicht worden ist.

(4) [1]Es werden ein Beirat für den Bereich des öffentlichen Personennahverkehrs auf Straße und Schiene sowie ein Beirat im Bereich des Bauwesens gebildet. [2]Die Beiräte geben dem Senator für Wirtschaft, Arbeit und Häfen Empfehlungen. [3]Die Empfehlungen bedürfen der Mehrheit der abgegebenen Stimmen (Mehrheitsbeschluss). [4]Ein Beirat ist beschlussfähig, wenn nach ordnungsgemäßer Ladung wenigstens die Hälfte der Mitglieder anwesend ist. [5]Gelangt ein Beirat zu keiner Empfehlung, so kann er die Beratung auf einen erneuten Sitzungstermin vertagen. [6]Der Senator lädt nach einer angemessenen Frist und unter Beachtung der Ladungsfrist zu einem erneuten Termin ein.

(5) Gibt ein Beirat auch in seiner zweiten Sitzung keine Empfehlung ab, trifft vorbehaltlich der Regelung des Absatzes 9 der Senator für Wirtschaft, Arbeit und Häfen die Feststellung nach Absatz 1 ohne Vorbereitung durch den Beirat.

(6) [1]Jeder Beirat besteht aus sechs Mitgliedern. [2]Der Senator für Wirtschaft, Arbeit und Häfen beruft in jeden Beirat je drei Mitglieder und je drei stellvertretende Mitglieder auf Vorschlag des Deutschen Gewerkschaftsbundes Region Bremen – Elbe-Weser und der Unternehmerverbände im Lande Bremen e.V. für die Dauer von fünf Jahren. [3]Die Mitglieder und die stellvertretenden Mitglieder des Beirats sind ehrenamtlich tätig.

(7) [1]Der Senator für Wirtschaft, Arbeit und Häfen führt die Geschäfte der Beiräte. [2]Der jeweilige Beirat ist bei Bedarf oder auf Verlangen von drei Mitgliedern einzuberufen. [3]Mit der Einberufung ist die Tagesordnung schriftlich mitzuteilen.

⁴Die Ladungsfrist beträgt zwei Wochen. ⁵Eine Bedienstete oder ein Bediensteter des Senators für Wirtschaft, Arbeit und Häfen leitet die Sitzungen der Beiräte.

(8) ¹Jeder Beirat gibt sich mit Mehrheitsbeschluss eine Geschäftsordnung. ²Darin kann er sich für eine Methode entscheiden, wie er die Empfehlung über die Repräsentativität der Tarifverträge vorbereiten will. ³Darüber hinaus kann er sich ein Einigungsverfahren geben, für den Fall, dass er in der ersten Sitzung keine Empfehlung abgibt.

(9) ¹Sofern die Geschäftsordnung nach Absatz 8 ein Einigungsverfahren festschreibt, so hat diese den Einsatz eines Schlichters vorzusehen. ²Gibt der Beirat nach durchgeführtem Einigungsverfahren auch in der zweiten Sitzung keine Empfehlung ab, entscheidet der Senat über die Feststellung nach Absatz 1.

§ 2 Register

(1) Der Senator für Wirtschaft, Arbeit und Häfen führt ein Register über Unternehmen, die von der Vergabe öffentlicher Aufträge nach § 17 Absatz 3 des Tariftreue- und Vergabegesetzes ausgeschlossen sind.

(2) ¹Öffentliche Auftraggeber geben die von ihnen ausgeschlossenen Unternehmen der das Register führenden Stelle unverzüglich unter Mitteilung der folgenden Daten bekannt:
1. meldende Stelle,
2. Datum und Aktenzeichen oder Vergabenummer,
3. Name und Rufnummer des Bearbeiters,
4. betroffenes Unternehmen mit Anschrift,
5. Gewerbezweig oder Branche,
6. Handelsregisternummer,
7. Ausschlussbeginn,
8. Ausschlussende und
9. Rechtsgrundlage für den Ausschluss.
²Die das Register führende Stelle nimmt den Ausschluss in das Register auf.

(3) ¹Der öffentliche Auftraggeber, der nach Absatz 2 über den Ausschluss eines Unternehmens entschieden hat, ist nach der Eintragung befugt, die Dauer des Ausschlusses zu verkürzen oder den Ausschluss aufzuheben. ²Entscheidungen nach Satz 1 sind der das Register führenden Stelle unverzüglich mitzuteilen.

§ 3 Mitteilung an das Unternehmen

Der öffentliche Auftraggeber unterrichtet das von ihm ausgeschlossene Unternehmen über den Ausschluss und über die dem Register gemeldeten Daten.

§ 4 Datenspeicherung

(1) ¹Im Register werden die von den öffentlichen Auftraggebern nach § 2 Absatz 2 übermittelten Daten gespeichert. ²Unrichtige Daten werden berichtigt.

(2) Ist der Ausschluss eines Unternehmens aufgehoben oder ist die Ausschlussfrist abgelaufen, werden die Daten unverzüglich gelöscht.

§ 5 Registerabfrage

(1) ¹Bevor ein Zuschlag erteilt wird, hat der öffentliche Auftraggeber festzustellen, ob der bestplatzierte Bieter oder einer seiner bereits benannten Nachunter-

nehmer im Register eingetragen ist. ²Die Abfrage nach Satz 1 steht bei Aufträgen mit einem Auftragswert von weniger als 10 000 Euro im Ermessen des öffentlichen Auftraggebers.

(2) ¹Auf Anfrage der öffentlichen Auftraggeber teilt die das Register führende Stelle die über den Bieter oder die benannten Nachunternehmer gespeicherten Daten unverzüglich mit. ²Erhält der öffentliche Auftraggeber innerhalb von drei Werktagen von der das Register führenden Stelle keine Mitteilung, so kann er davon ausgehen, dass über den Bieter oder die benannten Nachunternehmer keine Eintragung im Register vorliegt.

(3) Die Register führende Stelle erteilt jedem Unternehmen auf Verlangen jederzeit Auskunft über die Daten, die über das Unternehmen im Register gespeichert sind und über die Herkunft der Daten.

§ 6 Datenübermittlung

Die Datenübermittlung kann auf elektronischem Wege geschehen.

§ 7 Übergangsregelung

Diese Verordnung findet keine Anwendung auf öffentliche Aufträge, deren Vergabe bereits vor dem 21. Oktober 2010 eingeleitet worden ist.

§ 8 Inkrafttreten, Außerkrafttreten

(1) Diese Verordnung tritt am Tage nach ihrer Verkündung in Kraft.

(2) Gleichzeitig tritt die Vergabeverordnung für das Land Bremen vom 21. September 2004 (Brem.GBl. S. 475 – 63-h-3) außer Kraft.

Bremische Verordnung über die Organisation der Vergabe von Bau- und Dienstleistungen durch die zentrale Service- und Koordinierungsstelle (Bremische Vergabeorganisationsverordnung – BremVergabeOrgV)

Vom 21. April 2015
(Brem. GBl. S. 201)
geändert durch Art. 1 ÄndVO vom 19.12.2017 (Brem. GBl. S. 826)

§ 1 Anwendungsbereich

Diese Rechtsverordnung gilt für die Vergabe öffentlicher Aufträge über Bau- und Dienstleistungen durch öffentliche Auftraggeber im Sinne des § 2 Absatz 1 des Tariftreue- und Vergabegesetzes.

§ 2 Definitionen

Im Sinne dieser Rechtsverordnung sind
1. Verfahrensvorschriften Bestimmungen, die dem Zweck dienen, einen rechtskonformen Ablauf des Vergabeverfahrens zu gewährleisten. Verfahrensvorschriften können dabei jeden Verfahrensschritt eines Vergabeverfahrens betreffen. Sie umfassen insbesondere die Umsetzung rechtlicher Vorgaben und die Bewerbungskriterien.
2. Formvorschriften Bestimmungen, die dem Zweck dienen, den mit dem Vergabeverfahren in Zusammenhang stehenden Dokumenten und Texten eine recht- und zweckmäßige äußere Gestalt zu geben. Insbesondere umfasst dies die Gestaltung der Vergabeunterlagen, die Dokumentation und das Formularwesen.
3. Vertragsbedingungen Vereinbarungen zwischen dem Auftraggeber und dem Auftragnehmer, welche nicht die individuell zu beschaffende Leistung als solche, sondern verallgemeinerungsfähige Vereinbarungen über die Auftragsausführung und die Abwicklungsmodalitäten betreffen. Hiervon sind beispielsweise Vertragsklauseln umfasst, die ökologische und soziale Aspekte betreffen. Vertragsbedingungen können auch die in den Allgemeinen Vertragsbedingungen für die Ausführung von Bauleistungen (VOB/B) oder die in den Allgemeinen Vertragsbedingungen für die Ausführung von Leistungen (VOL/B) geregelten Bedingungen auslegen und konkretisieren.

§ 3 Einrichtung und Aufgabe der zentralen Service- und Koordinierungsstelle

(1) Der Senator für Wirtschaft, Arbeit und Häfen richtet eine zentrale Service- und Koordinierungsstelle ein.

(2) Aufgabe der zentralen Service- und Koordinierungsstelle ist es, das Vergabewesen überschaubar zu gestalten, das Vergabeverfahren so zu gestalten, dass mittlere Unternehmen am Wettbewerb teilnehmen können und das Vorgehen der öffentlichen Auftraggeber so weit wie möglich zu vereinheitlichen.

(3) [1]Zu dem in Absatz 2 genannten Zweck erlässt die zentrale Service- und Koordinierungsstelle einheitliche Vertragsbedingungen, Verfahrens- und Formvorschriften, die für alle öffentlichen Auftraggeber verbindlich sind. [2]Abweichend von Satz 1 spricht sie gegenüber juristischen Personen des privaten Rechts, die in

den Anwendungsbereich des Aktiengesetzes fallen, ausschließlich Empfehlungen aus.

(4) Die zentrale Service- und Koordinierungsstelle kann die Verpflichtung zur Anwendung der Vorgaben nach Absatz 3 auf bestimmte öffentliche Auftraggeber, Gruppen von öffentlichen Auftraggebern oder Auftragsgegenstände beschränken oder von der Über- oder Unterschreitung von Wertgrenzen abhängig machen.

(5) Informationen über Vertragsbedingungen, Verfahrens- und Formvorschriften, die von der zentralen Service- und Koordinierungsstelle als verbindlich vorgegeben wurden, werden im Internet zugänglich gemacht.

§ 4 Weitere Befugnisse der zentralen Service- und Koordinierungsstelle

(1) [1]Zur Erfüllung ihrer Aufgaben informiert sich die zentrale Service- und Koordinierungsstelle über die Vergabepraxis der öffentlichen Auftraggeber. [2]Die öffentlichen Auftraggeber sind verpflichtet, der zentralen Service- und Koordinierungsstelle über die von ihnen praktizierte Vorgehensweise bei der Vergabe von Aufträgen umfassend Auskunft zu erteilen und ihr die verwendeten Vergabestandards, wie beispielsweise Muster, Formulare, Entscheidungshilfen, Leitfäden oder sonstige vorformulierte Dokumente zur Verfügung zu stellen.

(2) Die zentrale Service- und Koordinierungsstelle kann gegenüber Wirtschaftsteilnehmern, ihren Interessenvertretungen, den Kammern und Verbänden eine beratende Tätigkeit wahrnehmen und zu konkreten Verfahren auch Empfehlungen aussprechen.

§ 5 Berichtspflicht

[1]Die zentrale Service- und Koordinierungsstelle legt dem Senat jeweils zum 30. April jedes zweiten Jahres, erstmals am 30. April 2016, einen Bericht über ihre Tätigkeit vor. [2]Dieser Bericht wird vom Senat veröffentlicht.

§ 6 Inkrafttreten

Diese Verordnung tritt am Tage nach ihrer Verkündung in Kraft.

Hamburg

Hamburgisches Vergabegesetz (HmbVgG)

Vom 13. Februar 2006 (HmbGVBl. S. 57)
Zuletzt geändert durch Art. 1 Drittes ÄndG vom 18.7.2017 (HmbGVBl. S. 222)

§ 1 Sachlicher Anwendungsbereich

(1) Dieses Gesetz gilt für die Vergabe öffentlicher Aufträge der Freien und Hansestadt Hamburg im Sinne von § 103 des Gesetzes gegen Wettbewerbsbeschränkungen (GWB) in der Fassung vom 15. Juli 2005 (BGBl. I S. 2115), zuletzt geändert am 18. Dezember 2007 (BGBl. I S. 2966, 2968), in der jeweils geltenden Fassung, ungeachtet des Erreichens der Schwellenwerte gemäß § 106.

(2) ¹Sollen öffentliche Aufträge gemeinsam mit Auftraggebern anderer Länder vergeben werden, ist mit diesen zwecks Einhaltung der Bestimmungen dieses Gesetzes eine Einigung anzustreben. ²Kommt diese nicht zustande, kann von den Bestimmungen abgewichen werden.

§ 2 Persönlicher Anwendungsbereich

(1) Die Freie und Hansestadt Hamburg und die der Aufsicht der Freien und Hansestadt Hamburg unterstehenden juristischen Personen des öffentlichen Rechts haben bei der Vergabe öffentlicher Aufträge die Bestimmungen dieses Gesetzes zu beachten.

(2) Bei juristischen Personen des privaten Rechts, an denen die Freie und Hansestadt Hamburg unmittelbar oder mittelbar mit Mehrheit beteiligt ist oder auf die sie in sonstiger Weise direkt oder indirekt bestimmenden Einfluss nehmen kann, haben die zuständigen Behörden darauf hinzuwirken, dass unterhalb der Schwellenwerte nach § 106 GWB die vergaberechtlichen Bestimmungen nach Maßgabe von § 2a sowie die übrigen Bestimmungen dieses Gesetzes angewendet werden.

(3) Absätze 1 und 2 gelten nicht für juristische Personen des öffentlichen oder privaten Rechts im Sinne des § 99 Nummer 2 GWB, die mit mindestens 80 vom Hundert ihres Umsatzes im entwickelten Wettbewerb zu anderen Unternehmen stehen, soweit sie Aufträge in diesem Bereich vergeben.

§ 2a Anwendung vergaberechtlicher Bestimmungen auf Vergaben unterhalb der EU-Schwellenwerte

(1) ¹Bei der Vergabe öffentlicher Aufträge unterhalb der Schwellenwerte gemäß § 106 GWB ist
1. für Liefer- und Dienstleistungen die Verfahrensordnung für die Vergabe öffentlicher Liefer- und Dienstleistungsaufträge unterhalb der EU-Schwellenwerte (Unterschwellenvergabeordnung – UVgO) in der Fassung vom 2. Februar 2017 (BAnz. AT 7.2.2017 B1, 8.2.2017 B1) in der jeweils geltenden Fassung und
2. für Bauleistungen Abschnitt 1 der Vergabe- und Vertragsordnung für Bauleistungen (VOB) vom 7. Januar 2016 (BAnz. AT 19.1.2016 B3, 1.4.2016 B1) der jeweils geltenden Fassung
anzuwenden. ²Nur oberhalb der von der für Grundsatzangelegenheiten des Vergaberechts zuständigen Behörde jeweils festgelegten Wertgrenze sind § 38 Absätze

2 bis 5 und § 39 Satz 1 UVgO auf Beschränkte Ausschreibungen und Verhandlungsvergaben sowie § 39 Sätze 2 und 3 und § 40 UVgO auf Verhandlungsvergaben anzuwenden. ³Abweichend von Satz 1 wenden Auftraggeber im Sinne von § 99 Nummern 1 bis 4 GWB bei der Vergabe von Aufträgen (ohne Bau- und Dienstleistungskonzessionen), die im Zusammenhang mit Tätigkeiten auf dem Gebiet der Trinkwasser- oder Energieversorgung oder des Verkehrs (Sektorentätigkeiten) vergeben werden, auch unterhalb der Schwellenwerte gemäß § 106 GWB die Regelungen der Sektorenverordnung vom 12. April 2016 (BGBl. I S. 624, 657) in der jeweils geltenden Fassung entsprechend an.

(2) Bei der Vergabe von Konzessionen ist nur § 3 Absätze 1 bis 4 anzuwenden.

(3) ¹Die für Grundsatzangelegenheiten des Vergaberechts zuständige Behörde kann in einer Verwaltungsvorschrift gemäß § 12 Grenzen für Auftragswerte festlegen, unterhalb derer in Einschränkung zu Absatz 1 Auftraggeber nach § 2 Beschränkte Ausschreibungen, Verhandlungsvergaben und Freihändige Vergaben durchführen können. ²Das Vergabeverfahren richtet sich in diesen Fällen im Übrigen nach den vergaberechtlichen Regelungen nach Absatz 1.

§ 3 Tariftreueerklärung und Mindestlohn

(1) ¹Öffentliche Aufträge über Bauleistungen und andere Dienstleistungen, die das Arbeitnehmer-Entsendegesetz vom 20. April 2009 (BGBl. I S. 799), zuletzt geändert am 24. Februar 2012 (BGBl. I S. 212, 249), in der jeweils geltenden Fassung, erfasst, dürfen nur an solche Unternehmen vergeben werden, die sich bei der Angebotsabgabe schriftlich, per Telefax oder in Textform mithilfe elektronischer Mittel verpflichtet haben, ihren Arbeitnehmerinnen und Arbeitnehmern bei der Ausführung dieser Leistungen ein Entgelt zu zahlen, das in Höhe und Modalitäten mindestens den Vorgaben desjenigen Tarifvertrages entspricht, an den das Unternehmen auf Grund des Arbeitnehmer-Entsendegesetzes gebunden ist. ²Satz 1 gilt entsprechend für die Beachtung des Tarifvertragsgesetzes in der Fassung vom 25. August 1969 (BGBl. I S. 1323), zuletzt geändert am 8. Dezember 2010 (BGBl. I S. 1864, 1978), des Arbeitnehmerüberlassungsgesetzes in der Fassung vom 3. Februar 1995 (BGBl. I S. 159), zuletzt geändert am 20. Dezember 2011 (BGBl. I S. 2854, 2923), in der jeweils geltenden Fassung, und anderer gesetzlicher Bestimmungen über Mindestentgelte soweit in diesem Gesetz nichts anderes bestimmt ist.

(2) Öffentliche Aufträge über Bauleistungen und andere Dienstleistungen dürfen unbeschadet weitergehender Anforderungen nur an Unternehmen vergeben werden, die sich bei der Angebotsabgabe durch Erklärung gegenüber dem öffentlichen Auftraggeber nach Festlegung durch diesen schriftlich, per Telefax oder in Textform mithilfe elektronischer Mittel verpflichtet haben, ihren Beschäftigten (ohne Auszubildende) bei der Ausführung der Leistung einen Mindestlohn nach § 1 Absatz 2 des Mindestlohngesetzes vom 11. August 2014 (BGBl. I S. 1348) in der jeweils geltenden Fassung, zu zahlen, soweit die Leistung im Hoheitsgebiet der Bundesrepublik Deutschland erbracht wird.

(3) Öffentliche Aufträge über Bauleistungen und andere Dienstleistungen dürfen nur an solche Unternehmen vergeben werden, die sich bei der Angebotsabgabe nach Festlegung durch diesen schriftlich, per Telefax oder in Textform mithilfe elektronischer Mittel verpflichten, im Fall der Arbeitnehmerüberlassung im Sinne des Arbeitnehmerüberlassungsgesetzes dafür zu sorgen, dass die Verleiher den Leiharbeitnehmerinnen und Leiharbeitnehmern bei der Ausführung der Leistung das gleiche Arbeitsentgelt gewähren wie vergleichbaren Arbeitnehmerinnen und Arbeitnehmern des Entleihers.

(4) Auf bevorzugte Bieter gemäß § 141 Satz 1 und § 143 des Neunten Buches Sozialgesetzbuch vom 19. Juni 2001 (BGBl. I S. 1046, 1047), zuletzt geändert am 12. April 2012 (BGBl. I S. 579, 599), finden die Absätze 2 und 3 keine Anwendung.
(5) Auf die Absätze 1 bis 4 findet § 2 Absatz 3 keine Anwendung.

§ 3a Sozialverträgliche Beschaffung

(1) ¹Bei der Vergabe von Bau-, Liefer- oder Dienstleistungen ist darauf hinzuwirken, dass keine Waren Gegenstand der Leistung sind, die unter Missachtung der in den ILO-Kernarbeitsnormen festgelegten Mindeststandards gewonnen oder hergestellt worden sind. ²Die Mindeststandards der ILO-Kernarbeitsnormen ergeben sich aus
1. dem Übereinkommen Nr. 29 über Zwangs- oder Pflichtarbeit vom 28. Juni 1930 (BGBl. 1956 II S. 641),
2. dem Übereinkommen Nr. 87 über die Vereinigungsfreiheit und den Schutz des Vereinigungsrechtes vom 9. Juli 1948 (BGBl. 1956 II S. 2073),
3. dem Übereinkommen Nr. 98 über die Anwendung der Grundsätze des Vereinigungsrechtes und des Rechtes zu Kollektivverhandlungen vom 1. Juli 1949 (BGBl. 1955 II S. 1123),
4. dem Übereinkommen Nr. 100 über die Gleichheit des Entgelts männlicher und weiblicher Arbeitskräfte für gleichwertige Arbeit vom 29. Juni 1951 (BGBl. 1956 II S. 24),
5. dem Übereinkommen Nr. 105 über die Abschaffung der Zwangsarbeit vom 25. Juni 1957 (BGBl. 1959 II S. 442),
6. dem Übereinkommen Nr. 111 über die Diskriminierung in Beschäftigung und Beruf vom 25. Juni 1958 (BGBl. 1961 II S. 98),
7. dem Übereinkommen Nr. 138 über das Mindestalter für die Zulassung zur Beschäftigung vom 26. Juni 1973 (BGBl. 1976 II S. 202) und
8. dem Übereinkommen Nr. 182 über das Verbot und unverzügliche Maßnahmen zur Beseitigung der schlimmsten Formen der Kinderarbeit vom 17. Juni 1999 (BGBl. 2001 II S. 1291).
(2) ¹Aufträge über Lieferleistungen dürfen nur mit einer Ergänzenden Vertragsbedingung vergeben werden, die den Auftragnehmer verpflichtet, den Auftrag gemäß der Leistungsbeschreibung ausschließlich mit Waren auszuführen, die nachweislich oder gemäß einer entsprechenden Zusicherung unter bestmöglicher Beachtung der ILO-Kernarbeitsnormen gemäß Absatz 1 gewonnen oder hergestellt worden sind. ²Dazu sind entsprechende Nachweise, Zertifizierungen oder Erklärungen von den Bietern zu verlangen. ³Sätze 1 und 2 gelten entsprechend für Waren, die im Rahmen der Erbringung von Bau- oder Dienstleistungen verwendet werden.
(3) Absatz 2 gilt nur für Waren oder Warengruppen, bei denen eine Gewinnung oder Herstellung unter Missachtung der ILO-Kernarbeitsnormen gemäß Absatz 1 im Einzelfall in Betracht kommt.
(4) ¹Bei Aufträgen über Lieferleistungen sollen vorrangig Produkte beschafft werden, die fair gehandelt wurden, sofern hierfür ein entsprechender Markt vorhanden und dies wirtschaftlich vertretbar ist. ²Nachweise zum fairen Handel können insbesondere durch ein entsprechendes Gütezeichen erbracht werden.

§ 3b Umweltverträgliche Beschaffung von Liefer- und Dienstleistungen

(1) Die Auftraggeber nach § 2 haben im Rahmen der Beschaffung dafür Sorge zu tragen, dass bei Erstellung, Lieferung, Nutzung und Entsorgung der zu beschaf-

fenden Gegenstände oder Leistungen negative Umweltauswirkungen vermieden werden, soweit dies wirtschaftlich vertretbar ist.

(2) Bei der Vergabe einer Lieferung von Investitionsgütern sollen in geeigneten Fällen neben den voraussichtlichen Anschaffungskosten unter Berücksichtigung des Lebenszyklusprinzips die voraussichtlichen Betriebskosten über die Nutzungsdauer, die Kosten für den Energieverbrauch, die zugesagte Reparaturfähigkeit sowie die Entsorgungskosten berücksichtigt werden.

(3) Im Rahmen der einer Vergabe einer Lieferung oder Dienstleistung vorangestellten Bedarfsanalyse soll eine umweltfreundliche und energieeffiziente Gesamtlösung angestrebt werden, gegebenenfalls durch die Zusammenfassung gleichartiger Bedarfe in Rahmenvereinbarungen.

(4) [1]In der Leistungsbeschreibung oder in der Bekanntmachung sollen die Leistungsanforderungen hinsichtlich des Umweltschutzes und der Energieeffizienz ausdrücklich genannt werden. [2]Der Nachweis kann durch das Umweltgütezeichen „Blauer Engel" oder durch andere geeignete und gleichwertige Mittel erbracht werden. [3]Beim Kauf technischer Geräte und Ausrüstungen oder bei der Ersetzung oder Nachrüstung vorhandener technischer Geräte und Ausrüstung sind mit der Leistungsbeschreibung im Rahmen der technischen Anforderungen von den Bietern Angaben zum Energieverbrauch zu fordern; dabei ist in geeigneten Fällen vom Bieter eine Analyse minimierter Lebenszykluskosten oder eine vergleichbare Methode zur Gewährleistung der Wirtschaftlichkeit zu fordern.

(5) [1]Bei der technischen Spezifikation eines Auftrags sollen Umwelteigenschaften oder Auswirkungen bestimmter Warengruppen oder Dienstleistungen auf die Umwelt diskriminierungsfrei festgelegt werden. [2]Hierzu können geeignete Spezifikationen verwendet werden, die in Umweltgütezeichen definiert sind, wenn
1. sie sich zur Definition der Merkmale der Waren oder Dienstleistungen eignen, die Gegenstand des Auftrags sind,
2. die Anforderungen an das Umweltgütezeichen auf der Grundlage von wissenschaftlich abgesicherten Informationen von unabhängigen Dritten ausgearbeitet werden,
3. die Umweltgütezeichen im Rahmen eines Verfahrens erlassen werden, an dem interessierte Stellen und Personen teilnehmen können und
4. das Gütezeichen für alle Betroffenen zugänglich und verfügbar ist.

[3]Andere geeignete Nachweise, insbesondere technische Unterlagen der Hersteller oder Prüfberichte anerkannter Stellen, sind ebenfalls zulässig.

(6) [1]Im Rahmen der Eignungsprüfung soll der Auftraggeber von den Bietern und Bewerbern zum Nachweis ihrer Leistungsfähigkeit in nach Art und Umfang geeigneten Fällen verlangen, dass das zu beauftragende Unternehmen bei der Auftragsausführung bestimmte Normen für das Umweltmanagement erfüllt. [2]§ 49 Absatz 2 der Vergabeverordnung (VgV) vom 12. April 2016 (BGBl. I S. 624) in der jeweils geltenden Fassung ist entsprechend anzuwenden.

(7) Bei der Ermittlung des wirtschaftlichsten Angebots sollen auch Kriterien des Umweltschutzes und der Energieeffizienz berücksichtigt werden.

(8) Der Auftraggeber nach § 2 kann zusätzliche umweltbezogene Bedingungen für die Ausführung des Auftrags vorschreiben, wenn diese
1. mit Recht der Europäischen Union vereinbar sind, insbesondere keinen diskriminierenden Charakter haben,
2. in der Bekanntmachung oder in den Vergabeunterlagen angegeben werden und
3. keine versteckten technischen Spezifikationen, Auswahl- oder Zuschlagskriterien darstellen.

(9) Bei der Vergabe von Aufträgen, insbesondere von Transportdienstleistungen, soll darauf hingewirkt werden, dass bei der Auftragsdurchführung emissionsfreie Fahrzeuge zum Einsatz kommen.

§ 4 Mittelstandsförderung und Eignungsnachweis durch Präqualifizierungssysteme

(1) Die Auftraggeber nach § 2 sind verpflichtet, kleine und mittlere Unternehmen bei Beschränkten Ausschreibungen und Verhandlungsvergaben und Freihändigen Vergaben in angemessenem Umfang zur Angebotsabgabe aufzufordern.

(2) Das Vergabeverfahren ist, soweit nach Art und Umfang der anzubietenden Leistungen möglich, so zu wählen und die Vergabeunterlagen sind so zu gestalten, dass kleine und mittlere Unternehmen am Wettbewerb teilnehmen und beim Zuschlag berücksichtigt werden können.

(3) Die für Grundsatzangelegenheiten des Vergaberechts zuständige Behörde kann Präqualifizierungssysteme einrichten oder zulassen, mit denen die Eignung von Unternehmen nachgewiesen werden kann.

§ 5 Nachunternehmereinsatz

(1) ¹Der Auftragnehmer darf Bauleistungen nur auf Nachunternehmer übertragen, wenn der Auftraggeber im Einzelfall schriftlich zugestimmt hat. ²Die Bieter sind verpflichtet, schon bei Abgabe ihres Angebots anzugeben, welche Leistungen an Nachunternehmer weiter vergeben werden sollen.

(2) ¹Eine nachträgliche Einschaltung oder ein Wechsel eines Nachunternehmers bedarf bei Bauleistungen ebenfalls der Zustimmung des Auftraggebers. ²Die Zustimmung zum Wechsel eines Nachunternehmers darf nur wegen mangelnder Fachkunde, Leistungsfähigkeit oder eines Ausschlusses gemäß §§ 123, 124 GWB des Nachunternehmers sowie wegen Nichterfüllung der Nachweispflicht gemäß § 7 Absatz 2 versagt werden.

(3) Bei Liefer- und Dienstleistungen sind § 36 VgV und § 26 UVgO anzuwenden.

(4) Auftragnehmer sind für den Fall der Weitergabe von Leistungen an Nachunternehmer vertraglich zu verpflichten,
1. bevorzugt kleine und mittlere Unternehmen als Nachunternehmer zu beteiligen, soweit dies mit der vertragsmäßigen Ausführung des Auftrages vereinbar ist,
2. Nachunternehmer davon in Kenntnis zu setzen, dass es sich um einen öffentlichen Auftrag handelt,
3. bei der Weitervergabe von Bauleistungen an Nachunternehmer die Allgemeinen Vertragsbedingungen für die Ausführung von Bauleistungen der Vergabe- und Vertragsordnung für Bauleistungen, Teil B (VOB/B), bei der Weitergabe von Dienstleistungen die Allgemeinen Vertragsbedingungen der Vergabe- und Vertragsordnung für Leistungen, Teil B (VOL/B), zum Vertragsbestandteil zu machen,
4. den Nachunternehmern die für den Auftragnehmer geltenden Pflichten der Absätze 1 und 2 sowie der §§ 3, 3a und 10 aufzuerlegen und die Beachtung dieser Pflichten durch die Nachunternehmer zu kontrollieren und
5. den Nachunternehmern keine, insbesondere hinsichtlich der Zahlungsweise, ungünstigeren Bedingungen aufzuerlegen, als zwischen dem Auftragnehmer und dem Auftraggeber nach § 2 vereinbart sind.

§ 6 Wertung unangemessen niedriger Angebote

¹Weicht ein Angebot für die Erbringung von Bauleistungen, auf das der Zuschlag erteilt werden könnte, um mindestens 10 v. H. vom nächst höheren Angebot ab, so hat der Auftraggeber nach § 2 die Kalkulation des Angebots zu

überprüfen. ²Im Rahmen dieser Überprüfung sind die Bieter verpflichtet, die ordnungsgemäße Kalkulation nachzuweisen. ³Kommen die Bieter dieser Verpflichtung nicht nach, so kann der Auftraggeber nach § 2 sie vom weiteren Vergabeverfahren ausschließen.

§ 7 Wertungsausschluss

(1) ¹Hat der Bieter
1. aktuelle Nachweise über die vollständige Entrichtung von Steuern und Beiträgen,
2. eine geforderte Erklärung nach §§ 3, 3a, 3b, 5 und 10 oder
3. sonstige auf Grundlage dieses Gesetzes geforderte Nachweise oder Erklärungen
nicht zum geforderten Zeitpunkt vorgelegt, entscheidet die Vergabestelle auf Grundlage der Bestimmungen der Vergabe- und Vertragsordnungen im Sinne von § 2a Absatz 1, ob das Angebot von der Wertung ausgeschlossen wird. ²Fremdsprachige Bescheinigungen oder Erklärungen sind nur zu berücksichtigen, wenn sie mit Übersetzung in die deutsche Sprache vorgelegt worden sind.

(2) ¹Soll die Ausführung eines Teils des Auftrags über die Erbringung von Bauleistungen oder Dienstleistungen einem Nachunternehmer übertragen werden, so sind vor der Auftragserteilung auch die auf den Nachunternehmer lautenden Nachweise gemäß Absatz 1 vorzulegen. ²Soweit eine Benennung von Nachunternehmern nach Auftragserteilung zulässig ist, sind die erforderlichen Nachweise nach Absatz 1 bei der Benennung vorzulegen.

§ 8 [aufgehoben]

§ 9 [aufgehoben]

§ 10 Kontrollen

¹Der Auftraggeber nach § 2 ist berechtigt, Kontrollen durchzuführen, um die Einhaltung der dem Auftragnehmer auf Grund dieses Gesetzes auferlegten Verpflichtungen zu überprüfen. ²Zu diesem Zweck müssen der Auftragnehmer und der Nachunternehmer folgende Unterlagen über die eingesetzten Beschäftigten bereithalten:
1. Entgeltabrechnungen der Auftragnehmer und der Nachunternehmer,
2. Unterlagen über die Abführung von Steuern und Beiträgen gemäß § 7 Absatz 1,
3. die zwischen Auftragnehmer und Nachunternehmer abgeschlossenen Verträge.
³Der Auftragnehmer hat seine Beschäftigten auf die Möglichkeit solcher Kontrollen hinzuweisen.

§ 11 Sanktionen bei Bau-, Liefer- und Dienstleistungen

(1) ¹Um die Einhaltung der aus §§ 3, 3a, 5 und § 10 resultierenden Verpflichtungen des Auftragnehmers zu sichern, ist zwischen dem Auftraggeber nach § 2 und dem Auftragnehmer für jeden schuldhaften Verstoß regelmäßig eine Vertragsstrafe in Höhe von bis zu 1 v.H., bei mehreren Verstößen zusammen bis zur Höhe von 5 v.H. der Abrechnungssumme zu vereinbaren. ²Der Auftragnehmer ist zur Zahlung einer Vertragsstrafe nach Satz 1 auch für den Fall zu verpflichten, dass der Verstoß durch einen von ihm eingesetzten Nachunternehmer oder einen von diesem eingesetzten Nachunternehmer zu vertreten ist.

(2) Die Auftraggeber nach § 2 haben mit dem Auftragnehmer zu vereinbaren, dass die schuldhafte Nichterfüllung der aus §§ 3 und 3a resultierenden Anforderungen durch den Auftragnehmer oder seine Nachunternehmer sowie schuldhafte Verstöße gegen die aus § 5 und § 10 resultierenden Verpflichtungen den Auftraggeber nach § 2 zur fristlosen Kündigung oder zum Rücktritt vom Vertrag berechtigen.

§ 12 Erlass von Verwaltungsvorschriften

Die für Grundsatzangelegenheiten des Vergaberechts zuständige Behörde kann Verwaltungsvorschriften erlassen
1. zur Anwendung des Vergaberechts insbesondere zu den Einzelheiten der Verfahren und der Grenzen für Auftragswerte gemäß § 2a Absatz 3,
2. zur Ausgestaltung der Vertragsbedingungen bei der Vergabe von Lieferungen und Leistungen,
3. zur Festlegung der Warengruppen, in denen eine Gewinnung oder Herstellung unter Missachtung der ILO-Kernarbeitsnormen gemäß § 3a Absatz 3 im Einzelfall in Betracht kommt; unbeschadet der Erbringung anderer, gleichwertiger Nachweise, kann die zuständige Behörde zusätzlich anerkannte unabhängige Nachweise oder Zertifizierungen für eine Herstellung unter bestmöglicher Beachtung der ILO-Kernarbeitsnormen benennen, bei deren Vorlage die Erfüllung der Anforderungen nach § 3a Absatz 1 vermutet wird,
4. hinsichtlich zusätzlicher Anforderungen für den Nachunternehmereinsatz gemäß § 5.

Beschaffungsordnung der Freien und Hansestadt Hamburg vom 1.3.2009

In der Fassung vom 1.10.2017

§ 1 Anwendungsbereich, Begriffsbestimmung

(1) ¹Diese Beschaffungsordnung (BO) konkretisiert das Verfahren bei der Vergabe von Aufträgen der Freien und Hansestadt Hamburg (Beschaffungen) nach der Unterschwellenvergabeordnung (UVgO). ²Zudem setzt diese BO den organisatorischen Rahmen für Beschaffungen unter- und oberhalb der EU-Schwellenwerte[1] mit Ausnahme der Bauleistungen.

(2) ¹Die BO ist für alle Vergaben nach Absatz 1 anzuwenden, die von den oder für die Behörden und Ämter(n) der Freien und Hansestadt Hamburg (FHH), Landesbetriebe(n), Sondervermögen und staatlichen Hochschulen durchgeführt werden, unabhängig davon, aus welchen Mitteln die Beschaffungen finanziert werden. ²Dies gilt auch
1. in den Fällen, in denen Haushaltsmittel für Lieferungen und Leistungen in Zusammenhang mit Baumaßnahmen oder Unterhaltungsmaßnahmen aus investiven oder konsumtiven Kontierungselementen veranschlagt werden oder die entsprechenden Mittel den vergebenden Stellen zur Bewirtschaftung übertragen worden sind,
2. für die Vergabe von öffentlichen Aufträgen aus Mitteln, die außerhalb des hamburgischen Haushalts bereitgestellt werden (z.B. Förder- und sonstige Mittel der EU, Bundesmittel, Geldspenden oder vergleichbare finanzielle Zuschüsse).

(3) ¹Die BO gilt nicht für die Vergabe freiberuflicher Leistungen an Architekten, Ingenieure, Stadtplaner oder Bausachverständige, die im Zusammenhang mit Baumaßnahmen oder Maßnahmen der Bauleitplanung oder Landschaftsplanung stehen oder von der HOAI erfasst werden. ²Diese unterliegen den Verwaltungsvorschriften über die Durchführung von Bauaufgaben der Freien und Hansestadt Hamburg (VV-Bau).

(4) Die in dieser BO genannten Beträge enthalten keine Umsatzsteuer (USt).

§ 2 Zuständigkeiten, Schätzung des Auftragswertes

(1) ¹Die in der Anlage 1 aufgeführten Waren und Dienstleistungen (Standardbedarf) werden von der gemäß Absatz 3 in Verbindung mit Anlage 1 jeweils zuständigen Zentralen Vergabestelle (ZVST) oder einer der anderen in Absatz 3 genannten Stellen beschafft. ²Alle nicht in der Anlage 1 aufgeführten Waren und Dienstleistungen sind Spezialbedarf. ³Dies gilt auch für freiberufliche Leistungen. ⁴Die Zuständigkeiten bei Vergabeverfahren für Spezialbedarf bestimmen sich nach Absatz 4 und Absatz 5.

(2) Für die Schätzung des Auftragswerts ist § 3 VgV[2] anzuwenden.

(3) Zuständig für die Beschaffung von Standardbedarf
1. ab einem Auftragswert, welcher der Wertgrenze für Öffentliche Ausschreibungen (100.000 Euro) entspricht, ist

    die jeweils gemäß Anlage 1 zuständige Stelle

---

[1] Schwellenwerte (ohne Umsatzsteuer (USt)) ab 1.1.2016: Eine tabellarische Übersicht über die Schwellenwerte finden Sie hier.

[2] § 3 VgV Schätzung des Auftragswertes: http://www.gesetze-im-Internet.de/VgV_2016/_3.html. Den Wortlaut des § 3 finden Sie hier.

2. dessen Auftragswert die Wertgrenze für Öffentliche Ausschreibungen nicht erreicht und für den keine vertragliche Abrufverpflichtung (z.B. aus Rahmenvereinbarungen) besteht, ist
die intern zuständige Beschaffungsstelle.

(4) Zuständig für die Beschaffung von Spezialbedarf und Freiberuflichen Leistungen
1. ab einem Auftragswert von 100.000 Euro ist
die ZVST der betreffenden Behörde (Anlage 1);
anderenfalls
die ZVST der Finanzbehörde;
2. unter einem Auftragswert von 100.000 Euro ist
die intern zuständige Beschaffungsstelle.

(5) Alle Vergaben ab dem jeweiligen EU-Schwellenwert werden von einer der ZVST durchgeführt.

(6) Die Finanzbehörde ist berechtigt, für gleichartigen Bedarf verschiedener Stellen die gemeinsame Beschaffung festzulegen, selbst durchzuführen oder im Einvernehmen mit der beteiligten Behörde eine andere Stelle mit der Beschaffung zu beauftragen, wenn dies wirtschaftlich ist.

(7) Die Absätze 1 und 3 bis 6 gelten nicht für die staatlichen Hochschulen und die Staats- und Universitätsbibliothek.

§ 2a Zuständigkeit für die Beschaffung von IT-Leistungen

(1) [1]Dataport ist als zentraler IT-Dienstleister (§ 3 Dataport-Staatsvertrag) zuständig für die Beschaffung der in der Anlage 1 Nummer 2 aufgeführten Lieferungen und Leistungen. [2]Diese dürfen von den Bedarfsträgern nur dann ausnahmsweise selbst beschafft werden, wenn für die konkrete Lieferung oder Leistung keine Rahmenvereinbarung besteht und der Auftragswert unter 1.000 Euro liegt.

(2) Absatz 1 gilt nicht für die staatlichen Hochschulen und die Staats- und Universitätsbibliothek.

(3) [1]Bei der Beschaffung von Waren oder Dienstleistungen (Standard- und Spezialbedarf) mit einem möglichen Bezug zur IT-Infrastruktur der FHH, die ausnahmsweise nicht von Dataport beschafft werden, ist Dataport bei der Vorbereitung der Vergabe zu beteiligen. [2]Dies betrifft insbesondere softwaregesteuerte Produkte, die an das IT-Netzwerk der FHH angeschlossen werden können oder sollen.

§ 3 Vergabegrundsätze, Wahl des Vergabeverfahrens, Wertgrenzen

(1) [1]Gemäß § 2 Absatz 1 UVgO werden Aufträge im Wettbewerb und im Wege transparenter Vergabeverfahren an geeignete und nicht nach §§ 123, 124 GWB ausgeschlossene Unternehmen vergeben. [2]Dabei werden die Grundsätze der Wirtschaftlichkeit, der Verhältnismäßigkeit und der Gleichbehandlung gewahrt.

(2) Die Vorschriften zur E-Vergabe (§ 38 Absätze 2 bis 5 und § 39 Satz 1 UVgO) sind bei Öffentlichen Ausschreibungen anzuwenden. Bei Beschränkten Ausschreibungen und bei Verhandlungsvergaben sind die Vorschriften ab einem Auftragswert von 100.000 Euro anzuwenden.

(3) [1]Die Vorschriften zur Aufbewahrung hinsichtlich auf dem Postweg und direkt übermittelter ungeöffneter Teilnahmeanträge und Angebote (§ 39 Satz 2

UVgO) und der Öffnung der Teilnahmeanträge und Angebote (§ 40 UVgO) sind auf Öffentliche Ausschreibungen und Beschränkte Ausschreibungen anzuwenden. ²Bei Verhandlungsvergaben sind die Vorschriften ab einem Auftragswert von 50.000 Euro anzuwenden.

(4) Soweit nicht gemäß § 8 UVgO auf Grund eines der dort aufgeführten Ausnahmetatbestände ein bestimmtes Vergabeverfahren zulässig ist, können bei Unterschreitung der in den Absätzen 7 und 8 bestimmten Auftragswerte die Beschränkte Ausschreibung ohne Teilnahmewettbewerb oder die Verhandlungsvergabe gewählt werden.

(5) Bei einem Auftragswert unter 1.000 Euro kann unter Berücksichtigung der Haushaltsgrundsätze der Wirtschaftlichkeit und Sparsamkeit ohne Durchführung eines Vergabeverfahrens beschafft werden (Direktauftrag, § 14 UVgO).

(6) Bei einem Auftragswert unter 50.000 Euro kann eine Verhandlungsvergabe mit oder ohne Teilnahmewettbewerb gemäß § 12 UVgO erfolgen.

(7) ¹Bei einem Auftragswert unter 100.000 Euro können Aufträge durch Beschränkte Ausschreibung ohne Teilnahmewettbewerb gemäß § 11 UVgO vergeben werden. ²Grundsätzlich ist bei wiederkehrenden Lieferungen und Leistungen, die im Rahmen einer Beschränkten Ausschreibung vergeben werden sollen, mindestens alle sechs Jahre ein Teilnahmewettbewerb durchzuführen. ³Der Verzicht auf einen Teilnahmewettbewerb bedarf einer nachvollziehbaren und zu dokumentierenden Begründung.

(8) Bei einem Auftragswert ab 100.000 Euro bis unter den jeweiligen EU-Schwellenwert ist eine Öffentliche Ausschreibung gemäß § 9 UVgO oder eine Beschränkte Ausschreibung mit Teilnahmewettbewerb gemäß § 10 UVgO durchzuführen, soweit sich nicht aus Absatz 4 etwas anderes ergibt.

(9) ¹Bei Beschränkter Ausschreibung ohne Teilnahmewettbewerb und bei einer Verhandlungsvergabe sind grundsätzlich mindestens drei geeignete Unternehmen zur Abgabe eines Angebots aufzufordern. ²Das Unterschreiten der Mindestzahl bedarf einer nachvollziehbaren und zu dokumentierenden Begründung. ³Bei der Aufforderung zur Angebotsabgabe soll zwischen den Unternehmen gewechselt werden.

§ 4 Vergabe freiberuflicher Leistungen

(1) ¹Öffentliche Aufträge über Leistungen, die im Rahmen einer freiberuflichen Tätigkeit³ erbracht oder im Wettbewerb mit freiberuflich Tätigen angeboten werden, sind gemäß § 50 UVgO grundsätzlich im Wettbewerb zu vergeben. ²Dabei ist Folgendes zu beachten:
1. Bei einem Auftragswert unter 1.000 Euro kann unter Berücksichtigung der Haushaltsgrundsätze der Wirtschaftlichkeit und Sparsamkeit ohne Durchführung eines Vergabeverfahrens beauftragt werden.
2. ¹Ab einem Auftragswert von 1.000 Euro ist eine Verhandlungsvergabe durchzuführen. ²Zur Auswahl geeigneter Unternehmen kann ein Teilnahmewettbewerb durchgeführt werden. ³Die Möglichkeit, eine Öffentliche oder Beschränkte Ausschreibung durchzuführen, bleibt unberührt.
3. Die vorgesehene Mindestzahl der zur Angebotsabgabe oder zur Teilnahme an Verhandlungen aufzufordernden Unternehmen darf nicht niedriger als drei sein, es sei denn

---

³ Vgl. § 18 Absatz 1 Nummer 1 des Einkommensteuergesetzes: http://www.gesetze-im-internet.de/estg_18.html. Den Wortlaut des § 18 Abs. 1 Nr. finden Sie hier.

a) der Auftragswert liegt unter 25.000 Euro und der Auftraggeber hat sich die erforderlichen Marktkenntnisse auf andere Weise zuverlässig beschafft und dies dokumentiert,
b) die Leistung ist aufgrund von Umständen, die der Auftraggeber nicht voraussehen konnte, besonders dringlich und die Gründe für die besondere Dringlichkeit sind nicht dem Verhalten des Auftraggebers zuzurechnen,
c) die Leistung kann nur von einem bestimmten Unternehmen erbracht werden,
d) die Zahl geeigneter Bewerber liegt unter der Mindestzahl.
4. Das Unterschreiten der Mindestzahl bedarf einer nachvollziehbaren und zu dokumentierenden Begründung.

(2) Hinsichtlich der Vertragsbedingungen gilt § 6 Absatz 3.

§ 5 Auftragserteilung, Vordrucke

(1) Die Annahme eines Angebotes (Zuschlag) erfolgt in Schriftform, per Telefax oder in Textform mithilfe elektronischer Mittel.

(2) [1]Bei Verhandlungsvergaben mit einem Gesamtauftragswert unter 50.000 Euro können Aufträge bei Nutzung des elektronischen Bestellwesens der FHH oder anderer elektronischer Bestellanwendungen mittels einer einfachen E-Mail mit einer Signatur, aus der der Absender (Auftraggeber) eindeutig hervorgeht, erteilt werden. [2]Die haushalts- und kassenrechtlichen Vorschriften bleiben unberührt. [3]Die Teilnahme an elektronischen Versteigerungen ist nicht gestattet, sofern nicht besondere Umstände eine solche Teilnahme erforderlich machen.

(3) Bei einem Gesamtauftragswert unter 1.000 Euro können Leistungen ohne Durchführung eines Vergabeverfahrens und damit formlos beschafft werden (vgl. § 14 UVgO).

(4) [1]Elektronische Abrufe (Nutzung von Bestellmöglichkeiten per E-Mail oder Internet bei den Vertragspartnern) aus bestehenden Rahmenvereinbarungen oder sonstigen Verträgen sind zulässig. [2]Die jeweils zuständige ZVST oder diejenige Beschaffungsstelle, die den Vertrag geschlossen hat, hat in Abstimmung mit dem jeweiligen Vertragspartner sicherzustellen, dass die Bedarfsstelle erkennen kann, welche Produkte elektronisch aus der Rahmenvereinbarung abgerufen werden können.

(5) [1]Die in der Anlage 2 aufgeführten Vordrucke für die Zusammenstellung der Vergabeunterlagen, die Mitteilung über vergebene Aufträge und die Abwicklung von Bestellvorgängen sind anzuwenden. [2]Die äußere Gestaltung kann an die Bedürfnisse der jeweiligen Vergabestelle angepasst werden.

§ 5a Ergänzende Vorschriften zu Vergaben im Oberschwellenbereich

(1) Die Information nach § 134 Absatz 1 GWB ist derart abzusenden, dass
1. der früheste Zeitpunkt des Vertragsschlusses nicht auf einen Samstag oder Sonn- oder bundeseinheitlichen Feiertag fällt und
2. die jeweils geltende Frist des § 134 Absatz 2 GWB nicht durch in diesem Zeitraum befindliche Samstage und Sonn- und Feiertage derart verkürzt wird, dass die Einholung von anwaltlichem Rechtsrat und die Stellung eines Antrags auf Einleitung eines Nachprüfungsverfahrens unzumutbar erschwert wird.

(2) Besteht bei Vergaben oberhalb der EU-Schwellenwerte eine Wartepflicht gemäß § 134 Absatz 2 GWB, so darf der Zuschlag am Tag nach Fristablauf erst nach 10.00 Uhr erfolgen.

§ 6 Vertragsbedingungen

(1) Die „Allgemeinen Vertragsbedingungen für die Ausführung von Leistungen (Teil B der VOL)" (VOL/B) sowie die „Hamburgischen Zusätzlichen Vertragsbedingungen für die Ausführung von Lieferungen und Dienstleistungen (HmbZVB-VOL/B)" sind in der jeweils gültigen Fassung grundsätzlich zum Bestandteil der abzuschließenden Verträge zu machen (vgl. § 21 Absatz 2 UVgO), es sei denn, die Natur des Vertrages macht eine Abweichung erforderlich.

(2) [1]Wird für die Erteilung des Zuschlages kein VOL-Bestellschein genutzt, so muss die Annahme des Angebots (ggf. der Text der E-Mail) folgenden Zusatz enthalten:

> *Vertragsbedingungen:*
> *Es gelten die VOL – Teil B – sowie die Hamburgischen Zusätzlichen Vertragsbedingungen für die Ausführung von Lieferungen und Dienstleistungen (HmbZVB-VOL/B) in der jeweiligen Fassung. Diese Bestimmungen können bei der Auftrag gebenden Stelle eingesehen werden. Gemäß HmbZVB-VOL/B gilt für diesen Auftrag insbesondere:*
> *1. Bei Lieferungen müssen die zu liefernden Geräte den zum Zeitpunkt der Lieferung geltenden Gesetzen, Normen und Standards entsprechen, insbesondere dem Produktsicherheitsgesetz (Gesetz über die Bereitstellung von Produkten auf dem Markt (BGBl. I 2011, S. 2179) in der jeweiligen Fassung.*
> *2. Sofern nichts anderes vereinbart wurde, enthalten die vorstehenden Preise auch die Kosten für Verpackung, Anlieferung an die Empfangsstelle sowie ggf. für Versicherung.*
> *3. Jeder Lieferung ist ein Lieferschein beizufügen, der die Bestellscheinnummer, das Geschäftszeichen, die Warenbezeichnung und den Liefertag enthält.*

[2]Dies gilt nicht, wenn die vorgenannten Vertragsbedingungen zuvor auf andere Weise zum Vertragsbestandteil gemacht wurden. [3]In den Fällen des § 5 Absatz 3 und sofern im Rahmen der Verhandlungsvergabe eine Abweichung erforderlich ist (z.B. Kauf in einem Onlineshop) dürfen abweichend von Absatz 1 die allgemeinen Vertragsbedingungen des jeweiligen Vertragspartners akzeptiert werden, soweit nicht haushalts- und kassenrechtliche Grundsätze entgegenstehen.

(3) [1]Bei freiberuflichen Leistungen gemäß § 4 werden die Vertragsbedingungen jeweils auftragsbezogen festgelegt. [2]Die „Allgemeinen Vertragsbedingungen für die Ausführung von Leistungen (VOL/B)" sowie die „Hamburgischen Zusätzlichen Vertragsbedingungen für die Ausführung von Lieferungen und Dienstleistungen (HmbZVB-VOL/B)" werden in der Regel nicht Bestandteil des Vertrages.

(4) [1]Abweichend von § 6 Absatz 1 sind bei der Beschaffung von IT-Leistungen die VOL/B und die jeweils einschlägigen „Besonderen Vertragsbedingungen für die Beschaffung von DV-Leistungen (BVB)" oder „Ergänzenden Vertragsbedingungen für die Beschaffung von IT-Leistungen (EVB-IT)" zum Vertragsbestandteil zu machen. [2]Darauf ist in den Vergabeunterlagen hinzuweisen.

(5) Die Absätze 1 bis 4 gelten nicht für Aufträge an Dataport.

(6) Die Absätze 1 bis 4 gelten auch für Aufträge oberhalb des EU-Schwellenwertes.

§ 7 Organisation und Zusammenarbeit

(1) [1]Die ZVST und die Beschaffungsstellen haben sicherzustellen, dass das Vergabeverfahren den vergaberechtlichen Vorschriften entspricht. [2]Die Bedarfsstelle hat dafür zu sorgen, dass die ZVST und Beschaffungsstellen die für die ordnungs-

gemäße Durchführung des Vergabeverfahrens notwendigen Informationen und Zulieferungen (z.B. die Leistungsbeschreibung) zeitgerecht erhalten. ³Außerdem stellt die Bedarfsstelle sicher, dass zur Deckung des Bedarfes Haushaltsmittel in der erforderlichen Höhe zur Verfügung stehen. ⁴Die ZVST beraten die Beschaffungsstellen auf Wunsch bei der Durchführung von Vergabeverfahren, die in der Zuständigkeit der Beschaffungsstellen liegen. ⁵Darüber hinaus gehende Unterstützung kann im Einzelfall zwischen einer ZVST und der Beschaffungsstelle vereinbart werden.

(2) Die ZVST und die Beschaffungsstellen sorgen für den erforderlichen Informationsaustausch, um sicherzustellen, dass Erkenntnisse und Erfahrungen der Bedarfsstellen bei künftigen Beschaffungen berücksichtigt werden können.

(3) ¹Verträge, insbesondere Rahmenvereinbarungen, werden grundsätzlich derart abgeschlossen, dass sie für alle Behörden und Ämter der FHH einschließlich der Landesbetriebe rechtlich bindend sind. ²Dies gilt für die staatlichen Hochschulen und die Staats- und Universitätsbibliothek, soweit sie Bedarfe angemeldet haben.

(4) ¹Die ZVST und die Beschaffungsstellen setzen die jeweiligen Vertragszeiträume für die im Rahmen ihrer Zuständigkeit ausgeschriebenen Waren und Dienstleistungen fest. ²Vor einer (erneuten) Ausschreibung ermitteln sie den Bedarf auf geeignete Weise. ³Dies kann im Ergebnis bedeuten, dass neue Waren und Dienstleistungen in die Leistungsbeschreibung aufgenommen oder nicht abgefragte Waren und Dienstleistungen in zukünftigen Verträgen nicht wieder berücksichtigt werden.

(5) ¹Die ZVST und Beschaffungsstellen unterrichten die in die Verträge einbezogenen Bedarfsstellen in geeigneter Weise über Vertragspartner und Vertragsbedingungen. ²Diese vertraulichen Informationen sind ausschließlich für den internen Gebrauch bestimmt. ³Sie dürfen natürlichen und juristischen Personen nicht zugänglich gemacht werden, die nicht mit Beschaffungsaufgaben für die FHH betraut sind.

(6) ¹Besteht bezüglich einer Ware oder Dienstleistung keine Rahmenvereinbarung, wenden sich die Bedarfsstellen an die Beschaffungsstelle oder bei einem Auftragswert ab 100.000 Euro über ihre zuständige Beschaffungsstelle an die zuständige ZVST. ²Diese legen das Vergabeverfahren fest. ³Dies schließt die Prüfung ein, ob die Bedarfsdeckung durch eine andere Dienststelle der FHH oder Inhouse-Vergabe möglich ist.

§ 8 Veröffentlichungen, Transparenz, Bekanntmachung vergebener Aufträge

(1) ¹Öffentliche Ausschreibungen, Beschränkte Ausschreibungen mit Teilnahmewettbewerb und Verhandlungsvergaben mit Teilnahmewettbewerb der in § 1 Absatz 2 aufgeführten Stellen sind nach Maßgabe des § 28 UVgO über die Internetseite www.hamburg.de/ausschreibungen zu veröffentlichen. ²Zusätzlich können Auftragsbekanntmachungen in Tageszeitungen, amtlichen Veröffentlichungsblättern oder Fachzeitschriften veröffentlicht werden.

(2) ¹Der Abruf der Vergabeunterlagen nach Maßgabe des § 29 UVgO hat ebenfalls über die Internetseite www.hamburg.de/ausschreibungen zu erfolgen. ²§ 29 Absatz 2 UVgO bleibt unberührt.

(3) ¹Beschränkte Ausschreibungen und Verhandlungsvergaben ohne Teilnahmewettbewerb sind ab einem Auftragswert von 25.000 Euro nach Zuschlagserteilung unverzüglich der Finanzbehörde zur Veröffentlichung auf der dafür vorgesehenen Internetseite zuzuleiten, sofern Sicherheitsinteressen oder der Gesetzesvollzug nicht entgegenstehen.

²Diese Veröffentlichung muss mindestens folgende Angaben enthalten (vgl. § 30 UVgO):
1. Name und Anschrift des Auftraggebers und dessen Beschaffungsstelle,
2. Name des beauftragten Unternehmens; soweit es sich um eine natürliche Person handelt, ist deren Einwilligung einzuholen oder die Angabe zu anonymisieren
3. Verfahrensart,
4. Art und Umfang der Leistung,
5. Auftragswert (ohne USt.),
6. Zeitraum der Leistungserbringung,

(4) Die Regelungen des Hamburgischen Transparenzgesetzes bleiben unberührt.

§ 9 Abweichungen von den Bestimmungen der BO

Von den Bestimmungen dieser BO kann im Einzelfall mit Zustimmung der für die Grundsatzangelegenheiten des Vergaberechts in der Finanzbehörde zuständigen Stelle abgewichen werden.

§ 10 Inkrafttreten

Diese BO gilt ab dem 1.10.2017 in der geänderten Fassung.

Schwellenwerte (ohne Umsatzsteuer (USt.) ab 1.1.2016:

Auftragsart	Schwellenwert (ohne USt.)	Quelle
Liefer- und Dienstleistungsaufträge	209.000 Euro	Delegierte Verordnung (EU) 2015/2170 der Kommission vom 24. November 2015
Verteidigungs- und sicherheitsrelevante Liefer- und Dienstleistungsaufträge	418.000 Euro	Verordnung (EU) 2015/2340 der Kommission vom 15. Dezember 2015
Soziale und andere besondere Dienstleistungen	750.000 Euro	Richtlinie 2014/24/EU vom 26. Februar 2014
Dienstleistungskonzessionen	5.225.000 Euro	Delegierte Verordnung (EU) 2015/2172 der Kommission vom 24. November 2015

§ 3 VgV Schätzung des Auftragswerts:

(1) Bei der Schätzung des Auftragswerts ist vom voraussichtlichen Gesamtwert der vorgesehenen Leistung ohne Umsatzsteuer auszugehen. Zudem sind etwaige Optionen oder Vertragsverlängerungen zu berücksichtigen. Sieht der öffentliche Auftraggeber Prämien oder Zahlungen an den Bewerber oder Bieter vor, sind auch diese zu berücksichtigen.

(2) Die Wahl der Methode zur Berechnung des geschätzten Auftragswerts darf nicht in der Absicht erfolgen, die Anwendung der Bestimmungen des Teils 4 des Gesetzes gegen Wettbewerbsbeschränkungen oder dieser Verordnung zu umgehen. Eine Auftragsvergabe darf nicht so unterteilt werden, dass sie nicht in den Anwendungsbereich der Bestimmungen des Gesetzes gegen Wettbewerbsbeschränkungen oder dieser Verordnung fällt, es sei denn, es liegen objektive Gründe vor, etwa wenn eine eigenständige Organisationseinheit selbstständig für ihre Auftragsvergabe oder bestimmte Kategorien der Auftragsvergabe zuständig ist.

(3) Maßgeblicher Zeitpunkt für die Schätzung des Auftragswerts ist der Tag, an dem die Auftragsbekanntmachung abgesendet wird oder das Vergabeverfahren auf sonstige Weise eingeleitet wird.

(4) Der Wert einer Rahmenvereinbarung oder eines dynamischen Beschaffungssystems wird auf der Grundlage des geschätzten Gesamtwertes aller Einzelaufträge berechnet, die während der gesamten Laufzeit einer Rahmenvereinbarung oder eines dynamischen Beschaffungssystems geplant sind.

(5) Der zu berücksichtigende Wert im Falle einer Innovationspartnerschaft entspricht dem geschätzten Gesamtwert der Forschungs- und Entwicklungstätigkeiten, die während sämtlicher Phasen der geplanten Partnerschaft stattfinden sollen, sowie der Bau-, Liefer- oder Dienstleistungen, die zu entwickeln und am Ende der geplanten Partnerschaft zu beschaffen sind.

(6) Bei der Schätzung des Auftragswerts von Bauleistungen ist neben dem Auftragswert der Bauaufträge der geschätzte Gesamtwert aller Liefer- und Dienstleistungen zu berücksichtigen, die für die Ausführung der Bauleistungen erforderlich sind und vom öffentlichen Auftraggeber zur Verfügung gestellt werden. Die Möglichkeit des öffentlichen Auftraggebers, Aufträge für die Planung und die Ausführung von Bauleistungen entweder getrennt oder gemeinsam zu vergeben, bleibt unberührt.

(7) Kann das beabsichtigte Bauvorhaben oder die vorgesehene Erbringung einer Dienstleistung zu einem Auftrag führen, der in mehreren Losen vergeben wird, ist der geschätzte Gesamtwert aller Lose zugrunde zu legen. Bei Planungsleistungen gilt dies nur für Lose über gleichartige Leistungen. Erreicht oder überschreitet der geschätzte Gesamtwert den maßgeblichen Schwellenwert, gilt diese Verordnung für die Vergabe jedes Loses.

(8) Kann ein Vorhaben zum Zweck des Erwerbs gleichartiger Lieferungen zu einem Auftrag führen, der in mehreren Losen vergeben wird, ist der geschätzte Gesamtwert aller Lose zugrunde zu legen.

(9) Der öffentliche Auftraggeber kann bei der Vergabe einzelner Lose von Absatz 7 Satz 3 sowie Absatz 8 abweichen, wenn der geschätzte Nettowert des betreffenden Loses bei Liefer- und Dienstleistungen unter 80 000 Euro und bei Bauleistungen unter 1 Million Euro liegt und die Summe der Nettowerte dieser Lose 20 Prozent des Gesamtwertes aller Lose nicht übersteigt.

(10) Bei regelmäßig wiederkehrenden Aufträgen oder Daueraufträgen über Liefer- oder Dienstleistungen sowie bei Liefer- der Dienstleistungsaufträgen, die innerhalb eines bestimmten Zeitraums verlängert werden sollen, ist der Auftragswert zu schätzen
1. auf der Grundlage des tatsächlichen Gesamtwerts entsprechender aufeinanderfolgender Aufträge aus dem vorangegangenen Haushaltsjahr oder Geschäftsjahr; dabei sind voraussichtliche Änderungen bei Mengen oder Kosten möglichst zu berücksichtigen, die während der zwölf Monate zu erwarten sind, die auf den ursprünglichen Auftrag folgen, oder
2. auf der Grundlage des geschätzten Gesamtwerts aufeinanderfolgender Aufträge, die während der auf die erste Lieferung folgenden zwölf Monate oder während des auf die erste Lieferung folgenden Haushaltsjahres oder Geschäftsjahres, wenn dieses länger als zwölf Monate ist, vergeben werden.

(11) Bei Aufträgen über Liefer- oder Dienstleistungen, für die kein Gesamtpreis angegeben wird, ist Berechnungsgrundlage für den geschätzten Auftragswert
1. bei zeitlich begrenzten Aufträgen mit einer Laufzeit von bis zu 48 Monaten der Gesamtwert für die Laufzeit dieser Aufträge, und
2. bei Aufträgen mit unbestimmter Laufzeit oder mit einer Laufzeit von mehr als 48 Monaten der 48-fache Monatswert.

(12) Bei einem Planungswettbewerb nach § 69, der zu einem Dienstleistungsauftrag führen soll, ist der Wert des Dienstleistungsauftrags zu schätzen zuzüglich etwaiger Preisgelder und Zahlungen an die Teilnehmer. Bei allen übrigen Planungswettbewerben entspricht der Auftragswert der Summe der Preisgelder und Zahlungen an die Teilnehmer einschließlich des Werts des Dienstleistungsauftrags, der vergeben werden könnte, soweit der öffentliche Auftraggeber diese Vergabe in der Wettbewerbsbekanntmachung des Planungswettbewerbs nicht ausschließt.

§ 18 Absatz 1 Nummer 1 des Einkommensteuergesetzes:

(1) Einkünfte aus selbständiger Arbeit sind: 1. Einkünfte aus freiberuflicher Tätigkeit. Zu der freiberuflichen Tätigkeit gehören die selbständig ausgeübte wissenschaftliche, künstlerische, schriftstellerische, unterrichtende oder erzieherische Tätigkeit, die selbständige Berufstätigkeit der Ärzte, Zahnärzte, Tierärzte, Rechtsanwälte, Notare, Patentanwälte, Vermessungsingenieure, Ingenieure, Architekten, Handelschemiker, Wirtschaftsprüfer, Steuerberater, beratenden Volks- und Betriebswirte, vereidigten Buchprüfer (vereidigten Bücherrevisoren), Steuerbevollmächtigten, Heilpraktiker, Dentisten, Krankengymnasten, Journalisten, Bildberichterstatter, Dolmetscher, Übersetzer, Lotsen und ähnlicher Berufe. Ein Angehöriger eines freien Berufs im Sinne der Sätze 1 und 2 ist auch dann freiberuflich tätig, wenn er sich der Mithilfe fachlich vorgebildeter Arbeitskräfte

bedient; Voraussetzung ist, dass er auf Grund eigener Fachkenntnisse leitend und eigenverantwortlich tätig wird. Eine Vertretung im Fall vorübergehender Verhinderung steht der Annahme einer leitenden und eigenverantwortlichen Tätigkeit nicht entgegen; ...

ANLAGE 1

zur Beschaffungsordnung der Freien und Hansestadt Hamburg vom 1.3.2009 in der Fassung vom 1.10.2017

Die Finanzbehörde hat in der Beschaffungsordnung für die nachstehend aufgeführten Warengruppen und Dienstleistungen die gemeinsame Beschaffung festgelegt und dafür die folgenden Stellen zu Zentralen Vergabestellen (ZVST) oder weiteren zentral zuständigen Beschaffungsstellen bestimmt. Diese sind für alle Beschaffungen zuständig. Hierzu zählen auch Miet-, Pacht-, Mietkauf- und Leasingverträge.

Die o.g. genannten Stellen sind im Einzelfall im Rahmen ihrer Zuständigkeit berechtigt, Vergabeverfahren untereinander zu übernehmen. Ansprechpartner gegenüber den Bedarfsstellen bleibt die ursprünglich zuständige ZVST.

Die nachfolgende Aufstellung 1 enthält die Kontaktdaten aller ZVST, des zentralen IT-Dienstleisters Dataport und der weiteren zentral zuständigen Beschaffungsstellen (Nr. 6–8) sowie die Waren und Dienstleistungen, für die diese zuständig sind. Bei Zweifeln hinsichtlich der Einordnung als Standardbedarf und der damit verbundenen Zuständigkeit ist eine Klärung durch die intern zuständige Beschaffungsstelle mit einer der ZVST oder weiteren zentral zuständigen Beschaffungsstelle herbeizuführen.

Außerdem enthält die Aufstellung 1 alle derzeit gültigen generellen Ausnahmen.

Aufstellung 2 enthält ein alphabetisches Stichwortverzeichnis als Hilfestellung für die unter die gemeinsame Beschaffung fallenden Waren und Dienstleistungen. Das Stichwortverzeichnis enthält weitergehende Suchbegriffe.

Beschaffungsordnung LVG Hmb

ANLAGE 1

zur Beschaffungsordnung der Freien und Hansestadt Hamburg vom 1.3.2009
in der Fassung vom 1.10.2017

Aufstellung 1:
VERZEICHNIS der Zentralen Vergabestellen und weiterer zentral zuständiger Beschaffungsstellen sowie der Waren- und Dienstleistungsgruppen, für die diese zuständig sind (Standardbedarf)

---

1. FINANZBEHÖRDE
Beschaffung und Strategischer Einkauf für Hamburg
Postanschrift: Gänsemarkt 36, 20354 Hamburg
Besucheranschrift: Große Bleichen 27, 20354 Hamburg
Telefon: 428 23 – 1386/– 1427 (Geschäftszimmer)
Telefax: 427 31 06 86
E-Mail: ausschreibungen@fb.hamburg.de

Die unter den nachfolgenden Waren- und Dienstleistungsgruppen aufgeführten Sammelbegriffe sind nicht abschließend.

1.1. Alles rund ums Grün
Hierzu gehören z.B.:
– Bäume
– Pflege von Pflanzen und Grünanlagen
– sonst. Pflanzen aller Art

1.2. Bewachungsdienste, Sicherheitsdienste, Objektschutz
Hierzu gehören z.B.:
– Bewachungs- und Sicherheitsdienstleistungen

1.3. Bürobedarf jeder Art
Hierzu gehören z.B.:
– Bürobedarf (papierhaltig, nicht papierhaltig)
– Büromaschinen aller Art (z.B. Telefaxgeräte)
– kleine Büroausstattungsgegenstände (z.B. Locher, Heftmaschinen etc.)
– Kalender
– Kopierpapier

1.4. Elektronik, Kleinteile
Hierzu gehören z.B.:
– Amok-/Brandmeldeanlagen, Einbau und Wartung etc. (soweit nicht VOB)
– Audio-Geräte:
　– Combiboxen (speziell für den Einsatz in der Schule/Veranstaltung)
　– Elektroakustische Anlagen (ELA-Anlagen) zur Beschallung größerer Hallen und Flächen
　– Mikrofone und spezielle drahtlose Mikrofonanlagen für Veranstaltungen
　– Mischpulte/Kopfhörer
　– MP3-Player/-Recorder
　– Radio/Kassettenrecorder mit CD
　– Stereoanlagen
　– Voice-Recorder
– Ausstattung von Räumen mit Medien (Komplettlösungen)
– Batterien/Akkumulatoren

- Druckstraßen und Großkopierer (z.B. für Hausdruckereien) sowie Sondertechnik, soweit diese nicht in die IT-Infrastruktur der hamburgischen Verwaltung eingebunden werden sollen
- Einbau von und Service für Elektronik und Kleinteile(n)
- Headsets
- Kameras und Material (Filme, Entwickler etc.)
- Lampen und Leuchten (Leuchtstoffröhren und Sonderlampen, Projektionslampen, außer Autolampen, s. 3)
- Präsentationsgeräte:
  - Beamer inkl. Montage (Deckenhalterungen, Diebstahlsicherungen)
  - Bildwände für Decken- oder Wandmontage
  - Diaprojektoren
  - Episkope
  - Interactive White Boards (z.B. Smart Board, Pen Tablet)
  - mobile Leinwände
  - Overhead-Projektoren (OHP)
- Reparatur und Wartung von Elektronik und Kleinteilen
- Telefone (analoge), soweit nicht Dataport zuständig
- Video-Geräte:
  - Digitale Videokameras zur Aufnahme auf MINI DV, DVD, Festplatte und Speicherchip
  - DVB-T/C oder S Empfänger für digitalen Fernsehempfang
  - DVD-Player und -recorder
  - Plasma- und TFT-Bildschirme
  - TV-Geräte
  - Videorecorder, Festplattenrecorder
  - Videoschnittsysteme, auch computergestützt
  - Zubehör für Videoaufnahmen (Stative und Mikrofone)
  - Zubehör für Audio und Videogeräte (Kassetten und Discs etc.)
- Zeiterfassungsgeräte

1.5. Hausdienstleistungen, -ausstattung, Umzüge, Transporte, Beförderungsleistungen, Kurierdienste

Hierzu gehören z.B.:
- Beförderung von Personen
- Fußmatten
- Handfeuerlöscher
- Handwerker-, Hausdienste
- Überprüfung ortsveränderlicher, elektrischer Betriebsmittel nach DGUV V4
- Hausausstattung: Hygienepapier (Falthandtuch-, Toilettenpapier, Servietten, Haushaltspapier)
- Kurierdienste
- Müll- und Abfallsäcke aus Kunststoff
- Papierhandtücher und -halter bzw. -spender (s.a. Hygienepapier)
- Schilder
- Schmutzfangmatten
- Seifenspender und dazugehörige Seifen
- Streugut, Streusalz
- Toilettenpapier
- Transporte

1.6. IT

Nur, soweit Dataport (siehe Nr. 2) oder BSB (siehe Nr. 4) nicht zuständig ist!

Hierzu gehören z.B.:
- Dienstleistungen
- Hardware, Software und Lizenzen sowie Updates
- sonstiges Zubehör

- Verbrauchsmaterial
- Wartung, Pflege, Reparatur

1.7. Möbel und Raumausstattung
Schulmöbel inkl. Schultafeln: BSB (siehe Nr. 4)
Hierzu gehören z.B.:
- Auslegeware (soweit nicht VOB-Leistung)
- Dekorationsarbeiten
- Einrichtungsgegenstände
- Haushaltswaren incl. Haushaltsgeräte
- Möbel:
  - Büromöbel (incl. Besprechungstische)
  - Bildschirmarbeitsplatzmobiliar
  - Bürodrehstühle
  - Drehstühle (auch für den 24-Stunden-Einsatz)
  - Objektstühle (für Besprechungs-, Konferenz-, Wartebereiche etc.)
- Regale und Stahlschränke:
  - Stahlregale (stationäre und/oder fahrbare Regalanlagen)
  - Registratureinrichtungen (z.B. für Hängeregistratur)
  - Stahlschränke (z.B. für Garderobe, Reinigungsmaschinen)
- Senkrechtlamellenanlagen und Folienrollos
- Vorhang-, Gardinen- und Verdunkelungsstoffe (die Beschaffung im Rahmen von Dekorationsarbeiten durch die Dienststellen ist unzulässig)

1.8. Postdienstleistungen, Materialien
Hierzu gehören z.B.:
- Brieföffner- und Schließmaschinen
- Falzmaschinen
- Postbearbeitungssysteme
- Postdienstleistungen

1.9. Reinigung
Hierzu gehören z.B.:
- Besen und -stiele
- Bürsten
- Fensterreinigung
- Gebäudereinigungsleistungen, außen und innen
- Geschirrspülmittel
- Glasreinigung
- Gummischieber
- Graffitientfernung
- Reinigungsautomaten, -maschinen, -wagen einschl. Zubehör für die Gebäudereinigung
- Reinigungs- und Pflegemittel aller Art für die Unterhaltsreinigung
- Schwämme
- Topfreiniger
- Tücher (Leder-, Mikrofaser-, Staub- und Vliestücher)
- Zink- und Kunststoffwaren (z.B. Eimer, Papierkästen und -körbe)

1.10. Ver- und Entsorgungsleistungen
Hierzu gehören z.B.:
- Abfallentsorgung
- Öl (außer für Motoren)
- Strom
- Gas
- Technische Gase

1.11. Werkzeuge und Material, Handwerkerbedarf
Hierzu gehören z.B.:

- Elektrokleinwerkzeug
- Maschinen, -teile und Zubehör
- Materialien
- Wartung, Reparatur, Einbau, Service etc. der Werkzeuge und Maschinen
- Werkzeug, Elektro- und manuell
- Werkzeugschränke

2. DATAPORT (AÖR)
Billstraße 82, 20539 Hamburg
Telefon: 428 46 – 6246/– 2634
Telefax: 4279 42 – 246/4279 46 – 631
E-Mail: IT-beschaffung@dataport.de

Die unter den nachfolgenden Waren- und Dienstleistungsgruppen aufgeführten Sammelbegriffe sind nicht abschließend.

2.1. IT-Dienstleistungen aller Art mit Ausnahme von:
a) Dienstleistungen für Unterrichtszwecke in Hamburger Schulen
b) Dienstleistungen für Lehre und Forschung in Hamburger staatlichen Hochschulen
c) Dienstleistungen für labortechnische Ausstattung

2.2. IT-Hardware aller Art (z.B. aktive Netzwerkkomponenten, Endgeräte, Monitore, Drucker, Peripheriegeräte) mit Ausnahme von:
a) Geräten für Unterrichtszwecke in Hamburger Schulen
b) Geräten für Lehre und Forschung in Hamburger staatlichen Hochschulen
c) Geräten für labortechnische Ausstattung

2.3. Datenträger und (mobile) Speichermedien (z.B. CD-/DVD-Rohlinge, USB-Sticks)

2.4. Standard-Ersatzbedarf

2.5. Multifunktionsdrucker und -kopierer zur Einbindung in die IT-Infrastruktur der Hamburgischen Verwaltung

2.6. Software (Überlassung, Erstellung, Pflege) mit Ausnahme von
a) Programmen, die spezielle fachliche Anforderungen eines Fachbereiches abdecken bei einem Auftragswert unter 25.000 Euro
b) Programmen für Unterrichtszwecke in Hamburger Schulen
c) Programme für Lehre und Forschung in Hamburger staatlichen Hochschulen

2.7. Telekommunikationssysteme aller Art (ausgenommen ist aufgabentypischer Bedarf von Behörden und Organisationen mit Sicherheitsaufgaben (BOS))

3. BEHÖRDE FÜR INNERES UND SPORT (ZVST)
Verwaltung und Technik – VT 21 –
Carl-Cohn-Str. 39, 22297 Hamburg
Telefon: 428 6 – 69251/– 69204
Telefax: 428 6 – 69294
E-Mail: ausschreibungen@polizei.hamburg.de

Die unter den nachfolgenden Waren- und Dienstleistungsgruppen aufgeführten Sammelbegriffe sind nicht abschließend.

3.1. Kauf und Leasing von Kraftfahrzeugen (Kfz)[1] aller Art[2]
Hierzu gehören:
- Personenkraftwagen (PKW)
- Kleinbusse, Kraftomnibusse

---

[1] Unabhängig vom Auftragswert ist die ZVST BIS zuständig; § 2 Abs. 2 Nr. 2 BO findet keine Anwendung.
[2] Kraftfahrzeuge sind Landfahrzeuge, die durch einen Motor angetrieben werden und nicht an Schienen gebunden sind.

- Lastkraftwagen (LKW) und Zugmaschinen
- Sonstige Fahrzeuge und selbstfahrende Arbeitsmaschinen wie Ackerschlepper, Traktoren, Einachsfräsen, Geräteträger und -wagen, Elektrofahrzeuge, E-Karren, Gabelstapler
- Motorräder
- Anhänger aller Art für vorstehende Fahrzeuge

3.2. Miete von Kfz

3.3. Teile und Zubehör für Kfz
- inkl. Bereifung und Starterbatterien

3.4. Inspektionen, Wartungs- und Reparaturleistungen für Kfz
- inkl. Haupt- und Abgasuntersuchungen sowie sonstige gesetzliche Prüfungen

3.5. Kraftstoffe, Öle und Schmierstoffe für Kfz

3.6. Abschleppen von Kfz

3.7. Fluggeräte

3.8. Fahrräder (mit und ohne Hilfsmotor) und Zubehör

3.9. Waffen, Munition und Zubehör
- Feuerwaffen aller Art (Lang- und Kurzwaffen), Reizstoffsprühgeräte, Einsatzstöcke und Trainingswaffen
- Zubehör und Reinigungsgerät für Feuerwaffen (Ersatzteile, Zieloptik, Holster, Schulterstützen, Magazine)
- Munition aller Art (Patronen, Leuchtpatronen, Signalböller)

3.10. Sicherheits- und Schutzausrüstung für Polizei- und Justizvollzugskräfte (Schutzwesten, Körperschutzausstattung)

3.11. (BOS-)Funktechnik und Zubehör

---

4. BEHÖRDE FÜR SCHULE UND BERUFSBILDUNG
Zentraler Einkauf und Beschaffungsstelle – V 234 –
Postanschrift: Hamburger Straße 41, 22083 Hamburg
Telefon: 428 63 – 6223
Telefax: 4279 – 66183
E-Mail: ausschreibungen@bsb.hamburg.de

Die unter den nachfolgenden Waren- und Dienstleistungsgruppen aufgeführten Sammelbegriffe sind nicht abschließend.

4.1. Print- und sonstige Medien
Hierzu gehören z.B.:
- Anzeigen in Zeitungen
- Buchbinde- und Restaurierungsarbeiten
- Bücher
- Druck von Vordrucken
- Druck von Gesetzestexten
- Gestaltung und Druck von Druckerzeugnissen
- Loseblattsammlungen
- Online-Gebühren
- Sonstige Druck- und Papiererzeugnisse
- Zeitschriften

4.2. Schulungen, Seminare, Fortbildungen Trainings, Workshops
Hierzu gehören z.B.:
- Coaching
- IT-Schulungen
- Verpflichtung von Dozentinnen und Dozenten

4.3. Unterrichtsmaterial
Hierzu gehören z.B.:
- Material zum Basteln und Werken

- Fachraumausstattungen
- Kinder- und Jugendmaterial

4.4. Spiel- und Sportgeräte
Hierzu gehören z.B.:
- Sportgeräte und Sportartikel, Wartung, Reparatur
- Spielzeug und Spielgeräte, Ausstattung, Wartung

4.5. Musikgeräte
Hierzu gehören z.B.:
- Musikinstrumente, Wartung, Reparatur

4.6. Schulbezogene IT
Hierzu gehören z.B.:
- Whiteboards
- Note-/Netbooks
- Multimedia-PCs

4.7. Schulmöbel inkl. Schultafeln

4.8. Speiseraummobiliar

5. JUSTIZBEHÖRDE
Zentralamt Z 12
Referat für Beschaffung/Vergabe
Postanschrift: Suhrenkamp 100, 22335 Hamburg
Telefon: 428 001 – 421/– 418
Telefax: 428 001 – 464
E-Mail: Ausschreibungen@justiz.hamburg.de

Die unter den nachfolgenden Waren- und Dienstleistungsgruppen aufgeführten Sammelbegriffe sind nicht abschließend.

5.1. Kleidung, Textilien, Wäsche, Schuhe
Hierzu gehören z.B.:
- Unterkunfts- und Flachwäsche
- Arbeits- und Schutzbekleidung
- Dienst- und Schutzkleidung (z.B. für Feuerwehr und Rettungsdienste) – *ausgenommen Dienstkleidung, welche über das Logistikzentrum Niedersachsen (LZN) beschafft wird.*
- Schnittschutz
- Arbeits- und Sicherheitsschuhe

5.1.1. Reinigung, Wäsche, Instandhaltung/Reparatur von Textilien
- Waschen und Reinigen der unter 5.1. genannten Waren sowie Vorhänge (ohne Montage/Demontage)

5.2. Lebensmittel für Großküchen, ausgenommen: Catering
Hierzu gehören z.B.:
- Tee und Kaffee
- Fleisch- und Wurstwaren
- Nährmittel

5.3. Medizinische Geräte, medizinische Laborausstattungen inkl. Wartung und Reparatur sowie medizinisches und nicht apothekenpflichtiges Verbrauchsmaterial
Hierzu gehören z.B.:
- Arzneimittel
- Nicht apothekenpflichtiges medizinisches Verbrauchsmaterial (z.B. Einmalhandschuhe, Verbandmaterial, Erste-Hilfe-Kästen)
- Impfstoffe
- medizinische Laborgeräte
- Zahnärztliche Geräte, -Bestecke und deren Wartung

6. BEHÖRDE FÜR WIRTSCHAFT, VERKEHR UND INNOVATION LANDESBETRIEB STRAßEN, BRÜCKEN UND GEWÄSSER
Zentraler Einkauf und Vergabeaufsicht – GF/Z –
Sachsenfeld 3 – 5, 20097 Hamburg
Telefon: 428 26 – 2499
Telefax: 427 31 – 3448
E-Mail: zentralereinkauf@lsbg.hamburg.de

Die unter den nachfolgenden Waren- und Dienstleistungsgruppen aufgeführten Sammelbegriffe sind nicht abschließend.

6.1. Schilder und Zubehör:
Hierzu gehören z.B.:
- Aufstellvorrichtungen und Befestigungsmaterial für Verkehrszeichen
- Straßennamensschilder, Zusatzschilder und Befestigungsmaterial
- Verkehrszeichen nach StVO

6.2. Fernwirkanlagen und Einrichtungen für die Steuerung des Straßenverkehrs
Hierzu gehören z.B.:
- Lichtsignalanlagen
- Wechselverkehrszeichen
- Parkleitsysteme
- Verkehrsbeeinflussungsanlagen etc. einschl. deren Zubehörs

6.3. Parkuhren, Parkscheinautomaten einschl. Zubehör
6.4. Verkehrsdatenerfassungs- und -auswertungsgeräte
6.5. Verkehrssignalrechner und externe Geräte

7. BEHÖRDE FÜR STADTENTWICKLUNG UND WOHNEN LANDESBETRIEB GEOINFORMATION UND VERMESSUNG
Neuenfelder Straße 19, 21109 Hamburg
Telefon: 428 26 – 5555
Telefax: 427-3 – 10407
E-Mail: Heiko.Schmidt@gv.hamburg.de

Die unter den nachfolgenden Waren- und Dienstleistungsgruppen aufgeführten Sammelbegriffe sind nicht abschließend.

7.1. Photogrammetrische Produkte und Auswertungen
Hierzu gehören z.B.:
- Bildflüge
- Luftbilder
- Satellitenbilddaten
- Bauwerksphotogrammetrie
- TrueDOP
- Wandbilder

8. STROMNETZ HAMBURG GMBH (SNH)
Bramfelder Chaussee 130, 22177 Hamburg
Telefon: 49 202 – 8354
E-Mail: emobility-beschaffung@stromnetz-hamburg.de

Ladeinfrastruktur für Elektrofahrzeuge nebst anfallenden Installationsleistungen
Zusätzlich bietet die SNH die mit dem Betrieb der Ladepunkte zusammenstehenden Leistungen wie bspw. die Anbindung an das IT-Backend, die Wartung, die Instandhaltung oder das Störungsmanagement an. Diese Leistungen werden entsprechend der bestehenden

LVG Hmb Beschaffungsordnung der Freien und Hansestadt Hamburg vom 1.3.2009

Vereinbarungen mit der FHH zum Aufbau der öffentlichen Ladeinfrastruktur gesondert berechnet.

Aufstellung 2
STICHWORTVERZEICHNIS
für die unter die gemeinsame Beschaffung fallenden Waren- und Dienstleistungsgruppen

Die hinter dem Stichwort angegebene Ziffer nennt die zuständige Vergabestelle (Aufstellung 1).

A
Abfall- und Müllsäcke	1
Abfalleimer	1
Abfallentsorgung	1
Abschleppen von Kfz	3
Acetylen	1
Ackerschlepper	3
Akkumulatoren	1
Akten- und Botentaschen	1
Aktendeckel	1
Aktentaschen	1
Alkohol- und Drogentests	5
Alleskleber	1
Anhänger (zur Lastenbeförderung)	3
Anlagen und Geräte zur Verarbeitung von Daten etc. (Kauf, Miete und Wartung)	2
Anrufbeantworter	2
Anspitzer	1
Anzeigen in Zeitungen	4
Arbeitshefte	4
Arbeitsbekleidung	5
Arbeitshandschuhe	5
Arbeitsschuhe	5
Arbeitsmaschinen (selbstfahrend)	3
Arbeitsplatzrechner	2
Arzneimittel	5
Arztkittel	5
Audio-Geräte und Zubehör	1
Aufnahmegeräte (fotografische)	1
Aufstellvorrichtungen und Befestigungsmaterial für Verkehrszeichen	6
Auslegeware (soweit nicht VOB-Leistung)	1
Ausstattung von Räumen mit Medien (Komplettlösungen)	1

B
Bastelfilz	4
Bastelpapier	4
Batterien	1
Bäume	1
Bauwerksphotogrammetrie	7
Beamer inkl. Montage und Zubehör	1
Beförderungsleistungen für Personen	1
Bereifung für Kfz	3
Besen	1
Besenstiele	1
Bestecke (Gabeln, Messer, Löffel)	1
Bettbezüge	5
Bettlaken	5
Bettwäsche	5
Bewachungs- und Sicherheitsdienstleistungen	1
Bildflüge (Photogrammetrische Auswertung)	7
Bildschirmarbeitsplatzmobiliar (z.B. PC-Arbeitstische, Sitz-Steharbeitstische, Stand,- Roll und Hochcontainer, Stehschreibpulte)	1
Bildwände (für Decken- oder Wandmontage)	1
Bleistifte	1

1122

Beschaffungsordnung **LVG Hmb**

Blutdruckmessgeräte inkl. Zubehör	5
BOS-Funktechnik und Zubehör	3
Botentaschen	1
Briefablagekästen	1
Brieföffnemaschinen	1
Briefordner	1
Briefumschläge	1
Buchbinde- und Restaurierungsarbeiten	4
Bücher	4
Bücherregale	1
Buchhaut	4
Buchstützen	1
Buntstifte	4
Büroausstattungsgegenstände, diverse	1
Bürobedarf (papierhaltig, nicht papierhaltig)	1
Bürodrehstühle und -sessel	1
Büroklammern	1
Büromaschinen aller Art	1
Büromöbel (z.B. Garderoben,- Aktenschränke, Aktenregale, Akten-Beistellregale, Arbeits- und Besprechungstische)	1
Bürsten	1
C	
CD-Rohlinge	2
Chemikalien für den Unterricht	4
Combiboxen	1
Cuttermesser	4
D	
Datenprojektoren	1
Datenträger (magnetische)	2
Datenträger und (mobile) Speichermedien (z.B. CD/DVD-Rohlinge, USB-Sticks)	2
Datumsstempel	1
Defibrillatoren	5
Dekorationsarbeiten	1
Detektoren für Verkehrsdatenerfassung und -auswertung	6
Diaprojektoren	1
Dienst- und Schutzkleidung (wenn nicht über das LZN beschafft)	5
Digitale Videokameras zur Aufnahme auf MINI DV, DVD, Festplatte und Speicherchip	1
Digitalkameras und Zubehör	1
Diverse Büroausstattungsgegenstände	1
Drehsessel auch für den 24-Stunden-Einsatz	1
Drogen-, Alkoholtests	5
Druck von Vordrucken	4
Drucker (Arbeitsplatz)	2
Druckerpatronen	2
DVB-T/C oder S Empfänger für digitalen Fernsehempfang	1
DVD-Player und -recorder	1
DVD-Rohlinge	2
DV-Geräte	2
E	
Eimer	1
Einachsfräsen	3
Einmal-Beatmungs-Sets	5
Einmalhandschuhe	5
Einmal-Skalpelle	5
Einsatzstöcke	3
E-Karren	3
ELA-Anlagen (Elektroakustische Anlagen)	1
Elektrofahrzeuge	3
Elektrokleinwerkzeug	1
Entsorgungsleistungen	1
Episkope	1
Erste-Hilfe-Kästen	5
Essbestecke	1
Etiketten	1
F	
Fahrräder und Zubehör	3

1123

LVG Hmb Beschaffungsordnung der Freien und Hansestadt Hamburg vom 1.3.2009

Fahrregalanlagen, siehe unter Stahlregale (Stand und-/oder Fahrregalanlagen)	1
Farben für die Renovierung	1
Farben zum Basteln oder Tuschen	4
Farbträger für DV-Geräte (Tintenpatronen, Toner, Fotoleitertrommeln u.ä.)	2
Faserschreiber	1
Faxgeräte	1
Feinstabmasken	5
Fensterreinigung	1
Fernmeldeanlagen aller Art einschl. der zugehörigen Geräte	2
Fernsehgeräte	1
Fernwirkanlagen und Einrichtungen zur Steuerung des Straßenverkehrs	6
Festplattenrecorder	1
Feudel	1
Feuerlöschdecken	1
Feuerlöscher sowie Wartung und Wiederbefüllung	1
Feuerwaffen einschl. Reinigungsgerät und Zubehör	3
Flipcharts	1
Flipchartblöcke	1
Folien (Schreib-) für OHP	1
Folienrollos	1
Forst-Helme	5
Fotografische Aufnahme- und Laborgeräte aller Art einschl. Zubehör	1
Fotokopiergeräte (s. Kopiergeräte)	2
Fotoleitertrommeln (jedoch nicht für Kopiergeräte)	2
Fotoleitertrommeln für Kopiergeräte	1
Frankiermaschinen	1
Fußbodenpflegemittel	1
Fußbodenreinigungsmaschinen und -geräte	1
Fußmatten jeglichen Materials für drinnen und draußen	1
G	
Gabelstapler	3
Gardinenstoffe	1
Gase, technische (nur Acetylen, Sauerstoff, Stickstoff)	1
Gebäudereinigungsleistungen, außen und innen	1
Gehörschutz	5
Geräteträger (Kfz)	3
Geräteträger (Reinigung)	1
Gerätewagen (Kfz)	3
Gerätewagen (Reinigung)	1
Geschirrspülmittel	1
Geschirrtücher	5
Gesetzestexte	4
Gestaltung und Druck von Druckerzeugnissen	4
Gestelldrehtafeln	4
Glasreinigungsleistungen	1
Graffitientfernung	1
Gummihandschuhe	1
Gummiringe	1
Gummischieber	1
H	
Haftnotizen	1
Halter für Hygienetüten	1
Handfeger	1
Handfesseln	3
Handtücher	5
Handtücher aus Papier	1
Handwerker-, Hausdienste	1
Handy	2
Haushaltsgeräte und Geschirr	1
Haushaltsmülleimer	1
Haushaltspapier	1
Haushaltstücher	1
Haushaltswaren	1
Headsets	1
Heftklammern	1
Heftmaschinen	1

Beschaffungsordnung **LVG Hmb**

Heftstreifen	1
Helme (Arbeitsschutz)	5
Heizgas	1
Holster	3
Holzregale (Lager- und/oder Bücherregale)	1
Hygienepapier (Falthandtuch-, Toilettenpapier, Servietten, Haushaltspapier)	1
I	
Immobilitations-Zubehör (Arm-, Beinschienen, Rettungstücher etc.)	5
Impfstoffe	5
Installationsleistungen (Ladeninfrastruktur für E-Fahrzeuge)	8
Interactive White Boards (Smart Board, Pen Tablet)	1
Intravenöses Zubehör	5
IT-Hardware aller Art (z.B. aktive Netzwerkkomponenten, Endgeräte, Monitore, Drucker, Peripheriegeräte)	2
IT-Schulungen	4
IT-Verbrauchsmaterial (Druckerpatronen, Toner)	2
K	
Kaffee (FairTrade)	5
Kasacks	5
Kalender	1
Kameras	1
Kantenband	4
Karteikarten	1
Karton für Bastelbedarf	4
Karton und Pappe (außer technische Pappen)	1
Kfz-Abgasuntersuchungen	3
Kfz-Abschleppleistungen	3
Kfz-Batterien	3
Kfz-Hauptuntersuchungen	3
Kfz-Inspektionen, Wartungs- und Reparaturleistungen für Kfz	3
Kfz-Kauf	3
Kfz-Kraftstoffe	3
Kfz-Leasing	3
Kfz-Miete	3
Kfz-Öle	3
Kfz-Reifen	3
Kfz-Reparaturen	3
Kfz-Schmierstoffe	3
Kfz-Teile	3
Kfz-Reifen	3
Kfz-Wartungsleistungen	3
Kfz-Zubehör (ohne Ladeinfrastruktur für Elektrofahrzeuge)	3
Kipper	3
Kissenbezüge	5
Klarsichthüllen	1
Klassenregale (für Schulen)	4
Klaviere (für Schulen)	4
Klebefilmrollen und -abroller	1
Kleber	4
Klebestifte	1
Kleidung (Ausnahme: Dienst- und Schutzkleidung bezogen über das LZN)	5
Kleinbusse	3
Klemmschienen und -hüllen	1
Knetmasse	4
Kohlepapier	1
Kokos-Fußmatten	1
Kopfhörer	1
Kopiergeräte im Übrigen (siehe auch Druckstraßen und Großkopierer)	1
Kopiergeräte, Standard	2
Kopierpapier	1
Korrekturflüssigkeit	1
Kösterhefter	1
Kraftfahrzeugbedarf (Bereifung, Starterbatterien)	3
Kraftfahrzeuge	3
Kraftfahrzeugersatzteile	3
Kraftfahrzeugreifen	3
Kraftfahrzeug-Zubehör	3

LVG Hmb   Beschaffungsordnung der Freien und Hansestadt Hamburg vom 1.3.2009

Kraftomnibusse	3
Kraftstoffe (Benzin und Diesel, Autogas) für Kfz	3
Krankenpflegebekleidung	5
Krankentragen	5
Küchenhandtücher	5
Kugelschreiber	1
Kunststoff- und Zinkwaren (z.B. Eimer, Papierkästen und -körbe)	1
Kunststoffsäcke für Müll und Abfall	1
Kurierdienste	1
Kuvertiermaschinen	1
L	
Laborgeräte (medizinische) und -verbrauchsmaterial	5
Ladeinfrastruktur für Elektrofahrzeuge	8
Lagerregale	1
Lampen (Leuchtstoffröhren, Kompaktleuchtstoff- und Entladungslampen, außer Projektionslampen)	1
Langwandtafeln	4
Laptops	2
Lastkraftwagen	3
Lebensmittel (ausgenommen Catering)	5
Ledertücher	1
Lehrmittelschränke	4
Leinwände (mobile)	1
Leuchten und Zubehör	1
Leuchtpatronen	3
Leuchtstoffröhren	1
Lichtpausarbeiten. Vervielfältigungsarbeiten und Erstellung Großformatiger Drucke	1
Lichtsignalanlagen einschl. Zubehör	6
Lineale	1
LKW	3
Locher	1
Loseblattsammlungen	4
Luftbilder (Photogrammetrische Auswertung)	7
M	
Magnetbandkassetten und Kassettenleser für Verkehrsdatenerfassung und Auswertung	6
Maschinen, -teile und Zubehör	1
Material für Kameras (Filme, Entwickler)	1
Medikamente, nicht verschreibungspflichtig	5
Medizinische Atemschutzmasken und Schutzanzüge	5
Medizinische Desinfektionsmittel	5
Medizinische Gase	5
Medizinische Geräte	5
Medizinische Laborgeräte	5
Medizinisches Verbrauchsmaterial (nicht apothekenpflichtig)	5
Messfahrzeuge	3
Mikrofasertücher	1
Mikrofone und spezielle drahtlose Mikrofonanlagen für Veranstaltungen	1
Millimeterpapier	4
Mischpulte	1
Möbel (für Schulen)	4
Möbel (ohne Schulmöbel)	1
mobile Leinwände	1
mobile Speichermedien	2
Mobilfunk	2
Mobiltelefone	2
Modelliermasse	4
Moderationswände	1
Monitore	2
Motorräder	3
MP3-Player/-Recorder	1
Muldenkipper	3
Muldentransporter	3
Mülleimer	1
Müllschaufeln aus Blech	1
Munition	3
Musikinstrumente (für Schulen)	4
Musikinstrumente, Wartung, Reparatur für Schulen	4

Beschaffungsordnung LVG Hmb

N
Netzwerkkomponenten (aktive) 2
Notebooks 2
Notfallrucksäcke 5
Notizblöcke 1

O
Oberbekleidung 5
Objektmöbel (Stühle und Tische für Besucher- und Wartebereiche sowie Konferenzräume) 1
Öl und Fette (außer für Motoren) 1
Online-Gebühren 4
OP-Bekleidung 5
Ordner (Brief-) 1
Overhead-Projektoren (OHP) und Zubehör 1

P
Packpapier 1
Papier (außer Zeichenpapier) 1
Papierhandtücher und -halter bzw. -spender 1
Papierhandtuchhalter 1
Papierkästen und -körbe 1
Pappen für Bastelbedarf 4
Pappen und Karton (außer technische Pappen) 1
Personalcomputer (PC) 2
Personenkraftwagen 3
Pflanzen 1
Pflege von Pflanzen und Grünanlagen 1
Pförtnerdienste 1
Photogrammetrische Produkte und Auswertungen 7
Pinnwände 1
PKW 3
Plasma- und TFT-Bildschirme 1
Postbearbeitungssysteme (Frankier-, Kuvertier- und Öffnemaschinen) 1
Postdienstleistungen 1
Postkarten 1
Prall- und Schnittschutz 5
Präsentationsgeräte und Zubehör 1
Produktionsdrucksysteme und Druckstraßen sowie Sondertechnik. (siehe auch Kopiergeräte) 1
Projektionslampen 1
Prospekthüllen (Klarsichthüllen) 1
Pylonentafeln 4

R
Radiergummi 1
Radio-/Kassettenrecorder mit CD 1
Regale und Stahlschränke 1
Regenbekleidung 5
Register (für Ordner) 1
Registratureinrichtungen (Hängeregistratur) 1
Reifen für Kraftfahrzeuge 3
Reinigung, Wäsche und Instandhaltung, Reparatur von Kleidung 5
Reinigungs- und Pflegemittel aller Art für die Unterhaltsreinigung 1
Reinigungsautomaten, -maschinen, -wagen einschl. Zubehör für die Gebäudereinigung 1
Reinigungsmittel für Waffen (Putzstöcke, Reiniger, Zylinderbürsten etc.) 3
Reizstoffsprühgeräte 3
Reparatur von medizinischen Geräten 5
Ringbücher 1
Rohlinge (CD/DVD) 2
Rollatoren 5
Rollstühle 5
Rückenschilder (für Ordner) 1

S
Satellitenbilddaten (Photogrammetrische Auswertung) 7
Sauerstoff 1
Scheren 1
Scheuermilch 1
Schilder (ohne Verkehrsschilder) 1
Schilder und Zubehör (ohne Gebäudebeschilderung bzw. Türschilder) 6
Schmutzfangmatten 1

LVG Hmb Beschaffungsordnung der Freien und Hansestadt Hamburg vom 1.3.2009

Schnellhefter	1
Schnittschutz und Prallschutz	5
Schnittschutzhandschuhe	5
Schnittschutzschuhe	5
Schreib-/Kanzleipapier	1
Schreibfolien (für OHP)	1
Schreibtischauflagen	1
Schrubber	1
Schuhe (Ausnahme: Dienst- und Schutzschuhe)	5
Schulbücher	4
Schul-IT	4
Schulmöbel aller Art einschl. Schultafeln	4
Schulschreibhefte	4
Schultafeln	4
Schutzausrüstung für Polizei- und Justizvollzugskräfte	3
Schutzbekleidung	5
Schutzbrillen	5
Schwämme	1
Seifenspender und dazugehörige Seifen	1
Seifentücher	1
selbstfahrende Arbeitsmaschinen	3
Senkrechtlamellenanlagen	1
Sicherheitsausrüstung für Polizei- und Justizvollzugskräfte	3
Sicherheitsdienstleistungen	1
Sicherheitsschuhe	5
Signalböller	3
Skalpelle	5
Software (Überlassung, Pflege, Erstellung)	2
Sonderlampen	1
Sonstige Druck- und Papiererzeugnisse	4
Sonstige Fahrzeuge und selbst fahrende Arbeitsmaschinen wie z. B. Ackerschlepper, Kleintraktoren, Einachsfräsen, Geräteträger, Gerätewagen, Elektrofahrzeuge, E-Karren, Gabelstapler	3
sonst. Pflanzen aller Art	1
Spritzen und Kanüle	5
Speichermedien (mobile)	2
Speiseraummobiliar (für Schulen)	4
Sperrmüll	1
Spielzeug und -geräte, Ausstattung derselben, Wartung	4
Sportgeräte und Teile dazu, Wartung, Reparatur	4
Stahlregale (Stand und-/oder Fahrregalanlagen)	1
Stahlrohrstühle (dazu passende Tische) für Schulen	4
Standard-Ersatzbedarf (IT)	2
Stapelstühle (dazu passende Tische) für Schulen	4
Stapelstühle ohne Schulen	1
Starterbatterien	3
Staubtücher	1
Stempelfarbe	1
Stempelhalter	1
Stempelkarten	1
Stempelkissen	1
Stempeluhren	1
Stereoanlagen	1
Stickstoff	1
Straßennamensschilder mit Befestigungsmaterial	6
Streugut, Streusalz	1
Strom	1
Stühle (für Schulen)	4
Stühle (ohne Stühle für Schulen)	1
T	
Tasteninstrumente (für Schulen)	4
technische Gase	1
technischer Zeichenbedarf	4
Teile und Zubehör für alle Fahrzeuge	3
Telefonie	2
Telekommunikationssysteme aller Art	2
Teppiche	1

| Beschaffungsordnung | **LVG Hmb** |

Textmarker	1
Thermometer	5
Tintenpatronen (IT-Verbrauchsmaterial)	2
Tische (für Schulen)	4
Tische (ohne Schulen)	1
Tisch/Sitzkombination (Speiseraummobiliar)	4
Toilettenbürsten	1
Toilettenpapier	1
Toner	2
Topfreiniger	1
Trainingswaffen	3
Traktoren	3
Transportleistungen	1
Trennblätter	1
Tretabfalleimer	1
TrueDOP (Photogrammetrische Produkte und Auswertungen)	7
Tücher (Leder-, Mikrofaser-, Staub- und Vliestücher)	1
Turngeräte	4
TÜV	3
TV-Geräte	1
U	
Umkleideschränke, Spinde, Schließfächer etc.	1
Umlaufmappen	1
Umzüge	1
Unterrichtsmaterialien	4
Unterschriftsmappen	1
USB-Sticks	2
V	
Verbandskästen	5
Verbandmaterial	5
Verbandschränke (mit und ohne Füllung)	5
Verdunkelungsstoffe	1
Verkehrsbeeinflussungsanlagen einschl. Zubehör	6
Verkehrsdatenerfassungs- und -auswertungsgeräte	6
Verkehrsdatenregister	6
Verkehrssignalrechner und externe Geräte, Fernwirkanlagen und Einrichtungen für die Steuerung des Straßenverkehrs	6
Verkehrszeichen nach der StVO	6
Versandtaschen	1
Video-Geräte und Zubehör	1
Videokameras, digitale	1
Videoprojektoren	4
Videorecorder	1
Videoschnittsysteme, auch computergestützt	1
Vinylstrukturmatten	1
Vliestücher	1
Voicerecorder	1
Vorhang-, Gardinen- und Verdunkelungsstoffe	1
W	
Waagen(Säuglings-)	5
Wachdienste	1
Wachsmalkreide	4
Waffen und Zubehör	3
Wandbilder (Photogrammetrische Produkte und Auswertungen)	7
Wandtafeln (für Schulen)	4
Wandtafelzubehör	4
Warnschutzbekleidung und -zubehör	5
Wartebänke	1
Wartung medizinischer Geräte	5
Wartung, Reparatur, Einbau, Service etc. der Werkzeuge und Maschinen	1
Wasser	1
WC-Reiniger	1
Wechselverkehrszeichen einschl. Zubehör	6
Werkzeug, Elektro- und manuell	1
Werkzeugkästen	1
Werkzeugschränke	1

Workshops, Coaching	4
Z	
Zahnärztliche Geräte, -Bestecke und deren Wartung	5
Zeichenpapier	4
Zeiterfassungsgeräte	1
Zeitschriften	4
Zeitwertkarten	1
Zink- und Kunststoffwaren (z.B. Eimer, Papierkästen und -körbe)	1
Zirkel	4
Zubehör für Audio-, Präsentations- und Videogeräte (Kassetten und Discs etc.),	1
Zubehör für DV-Geräte	2
Zubehör für Videoaufnahmen (Stative und Mikrofone)	1
Zugmaschinen	3
Zusatzschilder und Befestigungsmaterial	6

ANLAGE 2
zur Beschaffungsordnung der Freien und Hansestadt Hamburg vom 1.3.2009 in der Fassung vom 1.10.2017

Die Anlage 2 enthält die Vordrucke für die Zusammenstellung der Vergabeunterlagen und Abwicklung von Bestellvorgängen, deren Inhalte von der Finanzbehörde verbindlich festgelegt sind:

1a) Aufforderung zur Angebotsabgabe (national); 10-2017
1b) Aufforderung zur Angebotsabgabe (EU); 10-2017
2) Angebot; 10-2017
3) HmbBewBed; 10-2017
4) HmbZVB-VOL/B; 10-2017
5) VOL-Bestellschein; 10-2017
6) Auftragsbekanntmachung; 10-2017
7) Vergebene Aufträge; 10-2017

Beschaffungsordnung **LVG Hmb**

Freie und Hansestadt Hamburg

_____

```
                              D -        Hamburg
                              Telefon:   040 -
                              Telefax:   040 -
                              Ansprechpartner:
                              E-Mail:
```

AUFFORDERUNG ZUR ANGEBOTSABGABE

Öffentliche Ausschreibung

Art der Leistung: ;

Ort der Leistung: ;

Ablauf der Angebotsfrist (Einreichungstermin):   ,   Uhr;

Ablauf der Bindefrist: ;

Ausführungsfrist:

Es ist beabsichtigt, die in anliegender Leistungsbeschreibung bezeichneten Leistungen im Namen und für Rechnung der Freien und Hansestadt Hamburg zu vergeben. Die Bewerbungsbedingungen sind als Anlage beigefügt. Einzelheiten ergeben sich aus den Anlagen.

Falls Sie bereit sind, die Leistungen zu übernehmen, werden Sie gebeten, **eine** Ausfertigung des anliegenden Angebotsvordrucks nebst Anlagen auszufüllen und [1]

☐   unterschrieben in verschlossenem Umschlag,

☐   per Telefax,

☐   per Mail in Textform gem. § 126b Bürgerliches Gesetzbuch (BGB) oder

☐   .

bis zum Einreichungstermin (s.o.) bei der

_____

[1] Die Vergabestelle bestimmt, in welcher Form die Angebote einzureichen sind. Es werden ausschließlich Angebote akzeptiert, die der/den angekreuzte(n) Form(en) entsprechen.

Zum Verbleib beim Bieter bestimmt!   **Nicht mit dem Angebot zurückzugeben.**

LVG Hmb   Beschaffungsordnung der Freien und Hansestadt Hamburg vom 1.3.2009

einzureichen. Der Umschlag ist mit Ihrem Namen (Firma), Ihrer Anschrift und dem Vermerk "Angebot für Ausschreibung   " (s.o.) zu versehen.

Die Angebote werden nicht verlesen, Bieter und Preise nicht bekannt gegeben. Bis zum Einreichungstermin können die Angebote geändert werden; die Änderungsmitteilung ist in gleicher Weise einzureichen. Vom Einreichungstermin an ist der Bieter bis zum Ablauf der Bindefrist (s.o.) an sein Angebot gebunden.

Nebenangebote werden nicht zugelassen.

Auskünfte erteilt   (sofern in der Leistungsbeschreibung keine abweichenden Angaben gemacht werden). Bei dieser Stelle können auch die der Ausschreibung zugrunde liegenden Bedingungen eingesehen werden. Der Einwand, dass der Bieter über den Umfang der Leistung oder über die Art und Weise der Ausführung nicht genügend unterrichtet gewesen sei, ist ausgeschlossen.

Anlagen: ☐   Leistungsbeschreibung

☐   Hamburgische Bewerbungsbedingungen

☐   Hamburgische Zusätzliche Vertragsbedingungen für die Ausführung von Leistungen (HmbZVB-VOL/B) - in der jeweils gültigen Fassung -

☐   Angebotsvordruck

☐   Eigenerklärung

☐   sonstige Unterlagen:

Beschaffungsordnung LVG Hmb

Freie und Hansestadt Hamburg

_____

```
                                    D -         Hamburg
                                    Telefon:    040 -
                                    Telefax:    040 -
                                    Ansprechperson:
                                    E-Mail:
```

AUFFORDERUNG ZUR ANGEBOTSABGABE

Offenes Verfahren

Art der Leistung: ;

Ort der Leistung: ;

Ablauf der Angebotsfrist (Einreichungstermin):   ,   Uhr;

Ablauf der Bindefrist: ;

Ausführungsfrist:

Es ist beabsichtigt, die in anliegender Leistungsbeschreibung bezeichneten Leistungen im Namen und für Rechnung der Freien und Hansestadt Hamburg zu vergeben. Die Bewerbungsbedingungen sind als Anlage beigefügt. Einzelheiten ergeben sich aus den Anlagen.

Falls Sie bereit sind, die Leistungen zu übernehmen, werden Sie gebeten, **eine** Ausfertigung des anliegenden Angebotsvordrucks nebst Anlagen auszufüllen und [1]

☐ unterschrieben in verschlossenem Umschlag,

☐ per Telefax,

☐ per E-Mail in Textform gem. § 126 b Bürgerliches Gesetzbuch (BGB)[2]

bis zum Einreichungstermin (s.o.) bei der

---

1 Die Vergabestelle bestimmt, in welcher Form die Angebote einzureichen sind. Es werden ausschließlich Angebote akzeptiert, die der/den angekreuzte(n) Form(en) entsprechen.
2 Zentrale Beschaffungsstellen im Sinne des § 120 Absatz 4 GWB sind seit dem 18.04.2017 gem. § 53 Absatz 1 i.V.m. § 81 VgV verpflichtet, Angebote in Textform nach § 126b Bürgerliches Gesetzbuch (BGB) mit Hilfe elektronischer Mittel gem. § 10 VgV zu fordern. In diesen Fällen besteht keine Auswahlmöglichkeit!

Zum Verbleib beim Bieter bestimmt!   **Nicht mit dem Angebot zurückzugeben.**

FB 113; Aufforderung zur Angebotsabgabe (EU);10.2017

einzureichen. Die Übermittlung ist mit Ihrem Namen (Firma), Ihrer Anschrift und dem Vermerk "Angebot für Ausschreibung   " (s.o.) zu versehen.

Die Angebote werden nicht verlesen, Bieter und Preise nicht bekannt gegeben. Bis zum Einreichungstermin können die Angebote geändert werden; die Änderungsmitteilung ist in gleicher Weise einzureichen. Vom Einreichungstermin an ist der Bieter bis zum Ablauf der Bindefrist (s.o.) an sein Angebot gebunden.

Nebenangebote werden nicht zugelassen.

Auskünfte erteilt   (sofern in der Leistungsbeschreibung keine abweichenden Angaben gemacht werden). Der Einwand, dass der Bieter über den Umfang der Leistung oder über die Art und Weise der Ausführung nicht genügend unterrichtet gewesen sei, ist ausgeschlossen.

Zuständig für die Nachprüfung behaupteter Verstöße gegen die Vergabebestimmungen ist die **Vergabekammer bei der Finanzbehörde**, Große Bleichen 27, 20354 Hamburg.

Gemäß § 160 Abs. 1 des Gesetzes gegen Wettbewerbsbeschränkungen (GWB) leitet die Vergabekammer ein Nachprüfungsverfahren nur auf Antrag ein. Der Antrag ist gemäß § 160 Abs. 3 Nr. 1 GWB unzulässig, wenn der Antragsteller den gerügten Verstoß gegen Vergabevorschriften im Vergabeverfahren erkannt und gegenüber dem Auftraggeber nicht innerhalb einer Frist von 10 Kalendertagen gerügt hat; der Ablauf der Frist nach § 134 Abs. 2 GWB bleibt unberührt.

Des Weiteren ist gemäß § 160 Abs. 3 Nr. 4 GWB der Nachprüfungsantrag unzulässig, wenn mehr als 15 Tage nach Eingang der Mitteilung des Auftraggebers, einer Rüge nicht abhelfen zu wollen, vergangen sind.

Der Auftraggeber akzeptiert die Einheitliche Europäische Eigenerklärung gem. § 50 der Vergabeverordnung (VgV).

Anlagen: ☐ Leistungsbeschreibung

☐ Hamburgische Bewerbungsbedingungen

☐ Hamburgische Zusätzliche Vertragsbedingungen für die Ausführung von Lieferungen und Dienstleistungen (HmbZVB-VOL/B) - in der jeweils gültigen Fassung-

☐ Angebotsvordruck

☐ Eigenerklärung

☐ sonstige Unterlagen:

Beschaffungsordnung **LVG Hmb**

Name und Anschrift des Bieters (**bitte den vollständigen Firmennamen angeben**):

_____
_____
_____
_____

Handelsregister-Nr.:* _____
Steuer-Nr. _____ USt-IdNr.:* _____
* Mindestens eine der drei Registriernummern muss angegeben werden.
Telefon: _____ Telefax: _____
E-Mail: _____
Internetadresse: _____
Ansprechperson: _____

Freie und Hansestadt Hamburg

                        oder   Postfach
Hamburg   **Hamburg**

ANGEBOT

1. Die Ausführung **der in den Anlagen** dieses Angebotsvordrucks beschriebenen Leistungen wird zu den eingesetzten Festpreisen ohne Umsatzsteuer angeboten. Diesen Preisen wird die Umsatzsteuer in der jeweils geltenden Höhe hinzugerechnet. Die Preise schließen alle Nebenkosten ein.

2. An dieses Angebot hält sich der Bieter bis zum Ablauf der Bindefrist (siehe Aufforderung zur Angebotsabgabe vom   ) gebunden.

3. Dem Angebot liegen die

    a) Leistungsbeschreibung,

    b) Hamburgischen Zusätzlichen Vertragsbedingungen für die Ausführung von Lieferungen und Dienstleistungen (HmbZVB-VOL/B) - in der jeweils gültigen Fassung,

    c) Aufforderung zur Angebotsabgabe einschl. Hamburgische Bewerbungsbedingungen für die Vergabe von Lieferungen und Dienstleistungen - in der jeweils gültigen Fassung,

    d) Allgemeinen Vertragsbedingungen für die Ausführung von Leistungen (VOL/B) - in der jeweils gültigen Fassung.

    zu Grunde.

    Bei Widersprüchen gelten die Vertragsbestandteile nacheinander in der angegebenen Reihenfolge.

4. Unentgeltliche Nebenleistungen (Zugaben) werden ausgeschlossen und führen zum Ausschluss des Angebots.

LVG Hmb Beschaffungsordnung der Freien und Hansestadt Hamburg vom 1.3.2009

5. Der Bieter hat mit Abgabe seines Angebotes zum Nachweis seiner Eignung und zum Nachweis, dass er nicht gem. §§ 123, 124 des Gesetzes gegen Wettbewerbsbeschränkungen (GWB) von der Vergabe öffentlicher Aufträge ausgeschlossen ist, eine Eigenerklärung abzugeben. Die Angaben werden ggf. von dem öffentlichen Auftraggeber durch eine Auskunft aus dem Gewerbezentralregister nach § 150a Gewerbeordnung (GewO) überprüft. Der öffentliche Auftraggeber wird außerdem vor Entscheidungen über die Vergabe von Liefer- und Dienstleistungen in den Fällen des § 7 des Gesetzes zur Einrichtung eines Registers zum Schutz fairen Wettbewerbs (GRfW) vom 17. September 2013 (HmbGVBl. 2013, S. 417) bei der zentralen Informationsstelle der Finanzbehörde der Freien und Hansestadt Hamburg abfragen, inwieweit Eintragungen im gemeinsamen Register zum Schutz des fairen Wettbewerbs der Länder Hamburg und Schleswig-Holstein zu den für einen Zuschlag vorgesehenen Bieterinnen und Bietern, deren Geschäftsführungen, Bewerberinnen und Bewerbern sowie potenziellen Auftragnehmerinnen und Auftragnehmern vorliegen.

Ich/wir erklären,

a) dass ich/wir den gesetzlichen Pflichten zur Zahlung von Steuern und Abgaben sowie zur Zahlung der Beiträge zur gesetzlichen Sozialversicherung (Kranken-, Unfall-, Renten- und Arbeitslosenversicherung) nachgekommen bin/sind.

b) dass über mein/unser Vermögen nicht das Insolvenzverfahren oder ein vergleichbares gesetzliches Verfahren eröffnet oder die Eröffnung beantragt oder dieser Antrag mangels Masse abgelehnt worden ist.[1]

c) dass ich/wir zum Zwecke der Abfrage beim Register zum Schutz fairen Wettbewerbs gemäß § 5 Abs. 1 Satz 1 Nr. 2 i. V. m. § 5 Abs. 2 des Hamburgischen Datenschutzgesetzes (HmbDSG) einwillige(n), im potenziellen Auftragsfall personenbezogene Daten (Name, Vorname, Geburtsdatum, Geburtsort) der verantwortlich handelnden Personen (Geschäftsführer, gesetzliche Vertreter) zu benennen sowie die Zustimmung dieser Personen zur Weiterleitung der erforderlichen Daten an den öffentlichen Auftraggeber einzuholen. Ohne Einwilligung und Zustimmung kann der Zuschlag nicht erteilt werden. Soweit im potenziellen Auftragsfall Nachunternehmer an der Auftragserfüllung beteiligt werden sollen, werde(n) ich/wir von diesen eine gleichlautende Einwilligung sowie deren Zustimmung einholen, die erforderlichen Daten an den öffentlichen Auftraggeber weiterzuleiten. Ohne diese schriftlichen Einwilligungen und Zustimmungen werden Nachunternehmer vom öffentlichen Auftraggeber abgelehnt. Die Erhebung und weitere Verarbeitung der Daten dient der Aufgabenerfüllung nach dem Gesetz zur Einrichtung eines Registers zum Schutz fairen Wettbewerbs (GRfW).

d) dass (**Zutreffendes bitte ankreuzen**)

☐ in den letzten drei Jahren Verfehlungen im Sinne von § 2 Abs. 2 des Gesetzes zur Einrichtung eines Registers zum Schutz fairen Wettbewerbs (GRfW) vom 17. September 2013 (HmbGVBl. 2013, S. 417) vorgelegen haben (Abdruck des § 2 Abs. 2 siehe Rückseite); es wurden jedoch Maßnahmen zur Selbstreinigung und zur Prävention ergriffen. Nachweise über diese Maßnahmen sind als Anlage(n) beigefügt[2].

☐ keine Verfehlungen im Sinne von § 2 Abs. 2 des Gesetzes zur Einrichtung eines Registers zum Schutz fairen Wettbewerbs (GRfW) vom 17. September 2013 (HmbGVBl. 2013, S. 417) vorliegen, die meinen/unseren Ausschluss vom Wettbewerb rechtfertigen könnten oder kein Eintrag im gemeinsamen Register zum Schutz des fairen Wettbewerbs der Länder Hamburg und Schleswig-Holstein oder in vergleichbaren Registern anderer Bundesländer erfolgt ist.

e) dass ich/wir in den letzten drei Jahren nicht gem. § 21 Abs. 1 des Gesetzes zur Bekämpfung der Schwarzarbeit und illegalen Beschäftigung (SchwarzArbG) oder gem. § 21 Abs. 1 Arbeitnehmerentsendegesetz (AEntG) mit einer Freiheitsstrafe von mehr als 3 Monaten oder einer Geldstrafe

---

1 Sollte das Insolvenzverfahren oder ein vergleichbares gesetzliches Verfahren eröffnet oder die Eröffnung beantragt oder dieser Antrag mangels Masse abgelehnt worden sein, sind zusätzliche Unterlagen einzureichen, die geeignet sind, die finanzielle Leistungsfähigkeit des Unternehmens zu belegen. Diese Unterlagen müssen der Vergabestelle die Möglichkeit geben, zu prüfen, ob das Unternehmen dazu in der Lage ist, den zu vergebenden Auftrag zu erfüllen. Fehlende Nachweise können zum Ausschluss aus dem laufenden Vergabeverfahren führen.

2 Wird diese Möglichkeit angekreuzt, sind Unterlagen zwingend beizufügen und ggf. zu erläutern. Fehlende Nachweise können zum Ausschluss aus dem laufenden Vergabeverfahren führen.

Beschaffungsordnung **LVG Hmb**

von mehr als 90 Tagessätzen oder einer Geldbuße von mehr als 2.500 Euro belegt worden bin/sind.

f) dass dem Angebot nur die eigenen Preisermittlungen zu Grunde liegen und dass mit anderen Bewerbern Vereinbarungen weder über die Preisbildung noch über die Gewährung von Vorteilen an Mitbewerber getroffen sind und auch nicht nach Abgabe des Angebots getroffen werden,

g) dass die allgemeinen Preisvorschriften, insbesondere die VO PR 30/53 vom 21.11.1953 sowie das Gesetz gegen Wettbewerbsbeschränkungen vom 26.06.2013 (beide in der jeweils gültigen Fassung), beachtet worden sind.

Bitte ankreuzen*: (Pflichtangabe)

Ist Ihr Unternehmen ein kleines oder mittelständisches Unternehmen (KMU) im Sinne der EU-Kriterien?
(Ein Unternehmen gilt als KMU, wenn es weniger als 250 Mitarbeiter beschäftigt und der Umsatz weniger als 50 Mio. € oder die Bilanzsumme weniger als 43 Mio. € beträgt.)

☐ ja ☐ nein

Mir/uns ist bekannt, dass die Nichtvorlage oder die Unrichtigkeit vorstehender Erklärung zu meinem/unserem Ausschluss aus diesem Vergabeverfahren oder zu einer Vergabesperre gem. § 6 GRfW sowie zur Kündigung eines bereits geschlossenen Vertrages führen kann.

Ich/wir verpflichte(n) mich/uns auch, die vorstehende Erklärung von Nachunternehmern zu fordern und diese zur Zustimmung des Auftraggebers vorzulegen, bevor die Beauftragung der Nachunternehmer erfolgt.

6. Besondere Bemerkungen des Bieters (ggf. auf gesondertem Blatt:

   ....

   ....

7. Anlagen zum Angebot:

   ....

   ....

Angebote, die nicht den formalen Anforderungen des § 38 UVgO und des § 53 VgV entsprechen wurden, werden ausgeschlossen.

Wird das Angebot unvollständig oder unrichtig ausgefüllt, fehlen geforderte Nachweise oder sind Änderungen des Bieters an seinen Eintragungen nicht zweifelsfrei, so kann es vom Wettbewerb ausgeschlossen werden.

................................., den ....
                                                              (Unterschrift und ggf. Stempel)

LVG Hmb Beschaffungsordnung der Freien und Hansestadt Hamburg vom 1.3.2009

Auszug aus dem Gesetz zur Einrichtung eines Registers zum Schutz fairen Wettbewerbs (GRfW):
§ 2 Zentrale Informationsstelle, Inhalt des Registers

(1) .....

(2) In das Register werden die nachgewiesenen korruptionsrelevanten oder sonstige Rechtsverstöße im Geschäftsverkehr oder mit Bezug zum Geschäftsverkehr (schwere Verfehlungen) eingetragen. Eingetragen werden:

1. Straftaten nach
   a) § 108e des Strafgesetzbuches (StGB) (Abgeordnetenbestechung),
   b) §§ 129, 129a, 129b StGB (Bildung krimineller oder terroristischer Vereinigungen),
   c) § 156 StGB (Falsche Versicherung an Eides Statt),
   d) § 261 StGB (Geldwäsche; Verschleierung unrechtmäßig erlangter Vermögenswerte),
   e) §§ 263, 263a, 264, 265b, 266 StGB (Betrug und Untreue),
   f) § 266a StGB (Vorenthalten und Veruntreuen von Arbeitsentgelt),
   g) §§ 267, 268, 269, 271, 273 StGB (Urkundenfälschungen),
   h) §§ 283, 283b, 283c, 283d StGB (Insolvenzstraftaten),
   i) §§ 298, 299 StGB (Straftaten gegen den Wettbewerb),
   j) § 319 StGB (Baugefährdung),
   k) §§ 324, 324a, 325, 325a, 326, 327, 328, 329, 330, 330a StGB (Straftaten gegen die Umwelt),
   l) §§ 331, 332, 333, 334 StGB (Korruptionsdelikte),
   unabhängig von der Form der Beteiligung (Täterschaft oder Teilnahme im Sinne des Strafgesetzbuches);

2. Straftaten nach
   a) § 370 der Abgabenordnung in der Fassung vom 1. Oktober 2002 (BGBl. 2002 I S. 3869, 2003 I S. 61), zuletzt geändert am 21. Juli 2012 (BGBl. I S. 1566, 1575), in der jeweils geltenden Fassung (Steuerhinterziehung),
   b) §§ 19, 20, 20a, 22 des Gesetzes über die Kontrolle von Kriegswaffen vom 22. November 1990 (BGBl. I S. 2507), zuletzt geändert am 27. Juli 2011 (BGBl. I S. 1595, 1597), in der jeweils geltenden Fassung,
   c) § 34 des Außenwirtschaftsgesetzes (AWG) in der Fassung vom 25. Mai 2009 (BGBl. I S. 1151), zuletzt geändert am 12. Dezember 2012 (BAnz. AT 2012 V1), in der jeweils geltenden Fassung,
   d) §§ 15, 15a des Arbeitnehmerüberlassungsgesetzes (AÜG) in der Fassung vom 3. Februar 1995 (BGBl. I S. 159), zuletzt geändert am 20. Dezember 2011 (BGBl. I S. 2854, 2923), in der jeweils geltenden Fassung (Ver- und Entleih ausländischer Leiharbeitnehmer ohne Genehmigung),
   e) §§ 9 bis 11 des Schwarzarbeitsbekämpfungsgesetzes (SchwarzArbG) vom 23. Juli 2004 (BGBl. I S. 1842), zuletzt geändert am 21. Juli 2012 (BGBl. I S. 1566, 1573), in der jeweils geltenden Fassung,
   f) § 331 des Handelsgesetzbuchs in der jeweils geltenden Fassung (Unrichtige Darstellung),
   g) §§ 399, 400, 401 des Aktiengesetzes (AktG) vom 6. September 1965 (BGBl. I S. 1089), zuletzt geändert am 20. Dezember 2012 (BGBl. I S. 2751, 2753), in der jeweils geltenden Fassung (Falsche Angaben; unrichtige Darstellung; Pflichtverletzung bei Verlust, Überschuldung oder Zahlungsunfähigkeit),
   h) Artikel 2 § 2 des Gesetzes zur Bekämpfung internationaler Bestechung vom 10. September 1998 (BGBl. II S. 2327) in der jeweils geltenden Fassung (Bestechung ausländischer Abgeordneter im Zusammenhang mit internationalem geschäftlichen Verkehr),
   unabhängig von der Form der Beteiligung (Täterschaft oder Teilnahme im Sinne des Strafgesetzbuches);

3. Ordnungswidrigkeiten nach
   a) § 33 AWG,
   b) § 16 AÜG,
   c) § 8 SchwarzArbG,
   d) § 23 des Arbeitnehmer-Entsendegesetzes vom 20. April 2009 (BGBl. I S. 799), zuletzt geändert am 25. November 2012 (BGBl. II S. 1381, 1382), in der jeweils geltenden Fassung,
   e) § 18 des Mindestarbeitsbedingungsgesetzes vom 11. Januar 1952 (BGBl. III 802-2), zuletzt geändert am 22. April 2009 (BGBl. I S. 818), in der jeweils geltenden Fassung,
   f) § 81 Absatz 1, Absatz 2 Nummer 1 und Absatz 3 des Gesetzes gegen Wettbewerbsbeschränkungen in der Fassung vom 15. Juli 2005 (BGBl. I S. 2115, 2009 I S. 3850), zuletzt geändert am 5. Dezember 2012 (BGBl. I S. 2403), in der jeweils geltenden Fassung,
   g) § 146 Absatz 1 der Gewerbeordnung in der jeweils geltenden Fassung,
   h) § 404 Absatz 1 des Dritten Buches Sozialgesetzbuch vom 24. März 1997 (BGBl. I S. 594, 595), zuletzt geändert am 20. Dezember 2012 (BGBl. I S. 2781), in der jeweils geltenden Fassung;
   i) § 130 des Gesetzes über Ordnungswidrigkeiten (OWiG) in der Fassung vom 19. Februar 1987 (BGBl. I S. 603), zuletzt geändert am 29. Juli 2009 (BGBl. I S. 2353, 2354), in der jeweils geltenden Fassung, soweit sich die unterlassene Aufsichtsmaßnahme auf eine der in Nummern 1 und 2 genannten Straftaten oder eine der in den Buchstaben a bis h genannten Ordnungswidrigkeiten bezieht;

4. vergleichbar schwere Verfehlungen, insbesondere vorsätzliche oder grob fahrlässige Falscherklärungen
   a) zum Vorliegen von schweren Verfehlungen und Einträgen im Register nach § 1 Absatz 1 oder vergleichbaren Registern,
   b) zur Einhaltung der Tariftreue und der Bestimmungen über einen gesetzlichen Mindestlohn oder
   c) zur Beachtung der Kernarbeitsnormen der Internationalen Arbeitsorganisation;
   soweit sie dem Unternehmen nach Absatz 4 zuzurechnen sind und soweit die Geschäftstätigkeiten des betroffenen Unternehmens einen Bezug zur Vergabe öffentlicher Aufträge aufweisen. Einem Verstoß gegen diese Vorschriften stehen Verstöße gegen vergleichbare Straf- oder Ordnungswidrigkeitstatbestände anderer Staaten gleich. Die Eintragung umfasst gegebenenfalls auch den infolge der schweren Verfehlung ausgesprochenen Ausschluss des Unternehmens von der Vergabe öffentlicher Aufträge (Einzelausschluss, Vergabesperre) gemäß § 6.

(3) ....

Bewerbungsbedingungen für die Vergabe von Lieferungen und Dienstleistungen

In der Fassung vom 1.10.2017

§ 1 Allgemeines

(1) Der öffentliche Auftraggeber verfährt, sofern der EU-Schwellenwert erreicht oder überschritten wird, nach dem Vierten Teil des Gesetzes gegen Wettbewerbsbeschränkungen (GWB) vom 17. Februar 2016 (BGBl. I S. 203) sowie nach der Verordnung über die Vergabe öffentlicher Aufträge (Vergabeverordnung – VgV) vom 12. April 2016 (BGBl. I, S. 624) in der jeweils geltenden Fassung, ohne, dass diese Vertragsbestandteil werden.

(2) Sofern der EU-Schwellenwert unterschritten wird, verfährt der Auftraggeber nach der Verfahrensordnung für die Vergabe öffentlicher Liefer- und Dienstleistungsaufträge unterhalb der EU-Schwellenwerte (Unterschwellenvergabeordnung – UVgO) vom 2. Februar 2017 (BAnz AT 7.2.2017 B1), ohne dass diese Vertragsbestandteil wird.

(3) [1]Diese Bewerbungsbedingungen gelten, soweit für das konkrete Vergabeverfahren keine abweichenden Regelungen getroffen werden. [2]Für Teilnahmeanträge gelten diese Bedingungen entsprechend.

(4) [1]Die Vergabeunterlagen einschließlich sämtlicher Anlagen dienen ausschließlich der Erstellung eines Angebotes für den öffentlichen Auftraggeber. [2]Die Verwendung für andere Zwecke bedarf der Zustimmung. [3]Sofern die Vergabeunterlagen nicht frei im Internet verfügbar sind, ist der Inhalt der Vergabeunterlagen vertraulich zu behandeln. [4]Der Bieter hat aber auf jeden Fall – auch nach Beendigung der Angebotsphase – über die ihm während des Vergabeverfahrens bekanntgewordenen dienstlichen Angelegenheiten Verschwiegenheit zu bewahren. [5]Er hat hierzu auch die mit der Erstellung des Angebotes beschäftigten Mitarbeiter sowie einbezogene Nachunternehmer und Lieferanten zu verpflichten.

§ 2 Vollständigkeit der Vergabeunterlagen, Registrierung, Prüfung

(1) [1]Nach Erhalt der Vergabeunterlagen hat der Bieter diese auf Vollständigkeit zu prüfen. [2]Sollte er unvollständige Unterlagen erhalten haben oder inhaltliche Unstimmigkeiten feststellen, hat er sich unverzüglich zur Aufklärung an die in den Vergabeunterlagen angegebene Kontaktstelle zu wenden. [3]Nachteile, die sich daraus ergeben, dass ein Angebot auf Grundlage unvollständiger Unterlagen abgegeben wurde, gehen zu Lasten des Bieters. [4]Dies gilt insbesondere auch für den Fall, dass die Vergabeunterlagen während der Angebotsfrist seitens des öffentlichen Auftraggebers korrigiert werden. [5]Bieter sind selbst dafür verantwortlich, dass sie ihr Angebot auf der Grundlage der jeweils aktuellen Vergabeunterlagen abgeben.

(2) Enthalten die Vergabeunterlagen nach Auffassung des Bieters Unklarheiten, die die Preisermittlung beeinflussen, so hat der Bieter unverzüglich den öffentlichen Auftraggeber vor Angebotsabgabe schriftlich darauf hinzuweisen, auch wenn er den Hinweis schon vorher in anderer Form gegeben hat.

§ 3 Abgabe der Angebote

(1) [1]Das Angebot ist in deutscher Sprache abzufassen und muss unterschrieben sein, sofern nichts anderes zugelassen wurde. [2]Bei der elektronischen Übermitt-

lung der Angebotsdaten genügt eine geeignete elektronische Signatur im Sinne von § 53 VgV bzw. § 38 Abs. 6 UVgO.

(2) [1]Für das Angebot sind ausschließlich die von dem öffentlichen Auftraggeber elektronisch oder in Papierform zur Verfügung gestellten Vordrucke zu verwenden. [2]Nur sofern diese nicht ausreichend sind, können Anlagen verwendet werden. [3]Sofern Anlagen verwendet werden müssen, ist im Vordruck des öffentlichen Auftraggebers unter dem jeweiligen Gliederungspunkt anzugeben, an welcher Stelle der Anlagen (Seitenangabe, Gliederungspunkt u.ä.) die entsprechenden Informationen zu finden sind. [4]Die Anlagen sind eindeutig als zum Angebot gehörig zu kennzeichnen.[5]Unvollständige Angebote und solche, zu denen keine oder nicht bedingungsgemäße Proben oder Muster zum vorgeschriebenen Zeitpunkt eingereicht sind (falls gefordert), können ausgeschlossen werden.

(3) [1]Das Angebot muss die Preise und die in den Vergabeunterlagen geforderten Erklärungen und Angaben enthalten. [2]Änderungen an den Eintragungen im Angebot müssen zweifelsfrei sein. [3]Änderungen an den Vergabeunterlagen sind unzulässig. [4]Soweit Allgemeine Geschäftsbedingungen des Auftragnehmers Änderungen oder Ergänzungen an den Vergabeunterlagen beinhalten, führt dies gemäß § 57 Abs. 1 Nr. 4 VgV bzw. § 42 Abs. 1 Nr. 4 UVgO zum Ausschluss des Angebots.

(4) [1]Jeder Bieter darf nur ein geltendes Angebot für jedes Vergabeverfahren einreichen. [2]Es ist insbesondere unzulässig, für die ausgeschriebene Leistung nicht nur ein eigenes Angebot abzugeben, sondern sich zugleich als Mitglied einer Bietergemeinschaft oder vergleichbar um den ausgeschriebenen Gesamtauftrag zu bewerben. [3]Für den Fall, dass ein Nachunternehmer sich bei mehreren Bietern einbringen will, ist von den Bietern und dem Nachunternehmer sicherzustellen, dass eine Beeinträchtigung oder Verfälschung des Wettbewerbs ausgeschlossen ist und keine schützenswerten Informationen weitergegeben oder wettbewerbsbeschränkende Abreden getroffen werden können.[4]Dies gilt vor allem für die Gesamtangebote und die zu Grunde liegenden Kalkulationen.

(5) [1]Gemeinschaftliche Bieter haben mit dem Angebot eine von allen Mitgliedern unterschriebene Erklärung abzugeben,
– in der die Bildung einer Arbeitsgemeinschaft im Auftragsfall und die Aufrechterhaltung derselben für die Dauer des Vertrages erklärt ist,
– in der alle Mitglieder aufgeführt sind und der für die Durchführung des Vertrages bevollmächtigte Vertreter bezeichnet ist,
– dass der bevollmächtigte Vertreter die Mitglieder gegenüber dem öffentlichen Auftraggeber rechtsverbindlich vertritt,
– dass alle Mitglieder als Gesamtschuldner haften.
[2]Bei elektronischer Angebotsabgabe hat der für die Durchführung des Vertrages bevollmächtigte Vertreter das Angebot mit einer geeigneten elektronischen Signatur im Sinne von § 53 VgV bzw. § 38 Abs. 6 UVgO zu versehen. [3]Die von allen Mitgliedern unterschriebene Erklärung ist dem Angebot beizufügen

(6) [1]Soweit eine Besichtigung gefordert wird, hat der Bieter vor Abgabe eines Angebots die örtlichen Gegebenheiten in Absprache mit dem jeweiligen Ansprechpartner des öffentlichen Auftraggebers in Augenschein zu nehmen. [2]Die ausgefüllte und vom öffentlichen Auftraggeber unterschriebene Besichtigungsbestätigung ist dem Angebot beizufügen.

(7) Für die Bearbeitung des Angebots werden keine Kosten erstattet.

§ 4 Angebotspreise

(1) Preise sind in Euro anzugeben.

(2) [1]Die Leistungen können von dem öffentlichen Auftraggeber im Ganzen oder nach Losen geteilt oder auch in den einzelnen Losen geteilt vergeben werden. [2]Ist

eine Vergabe in Losen vorgesehen, ist dem Bieter freigestellt, für sämtliche oder einzelne Lose ein Angebot abzugeben, sofern in der Leistungsbeschreibung keine andere Regelung getroffen wurde. ³Sollte die Teilung in Lose eine Preisänderung bedingen, so ist sie im Angebot zum Ausdruck zu bringen.

(3) ¹Die Preise (Einheitspreise, Pauschalpreise, Verrechnungssätze usw.) sind ohne Umsatzsteuer anzugeben. ²Der Umsatzsteuerbetrag ist unter Zugrundelegung des geltenden Steuersatzes am Schluss des Angebotes hinzuzufügen.

(4) ¹Entspricht der im Angebot angegebene Gesamtbetrag nicht dem Ergebnis der Multiplikation von Menge und Preis pro Einheit, so ist immer der Preis pro Einheit maßgebend.

§ 5 Proben und Muster

(1) ¹Soweit Proben und Muster gefordert werden, dürfen sie nicht mit dem Namen der Firma oder anderen Kennzeichen des Bieters versehen sein. ²Für die Auszeichnung dürfen nur die den Vergabeunterlagen beigefügten Musterzettel verwendet werden. ³Wenn diese nicht ausreichen, können weitere beim öffentlichen Auftraggeber abgefordert werden. ⁴Bei elektronischer Angebotsabgabe sind Musterzettel rechtzeitig beim öffentlichen Auftraggeber abzufordern.

(2) ¹Für Proben und Muster wird keine Vergütung gewährt. ²Die nicht gewählten Proben und Muster können innerhalb von 14 Kalendertagen nach Ablauf der Bindefrist zurückgefordert werden, soweit sie bei der Prüfung des Angebots nicht verbraucht worden sind und der Wert pro Einheit 10 Euro übersteigt. ³Die Kosten der Rückgabe trägt der Bieter. ⁴Danach werden die Proben und Muster nicht mehr aufbewahrt.

§ 6 Nebenangebote

(1) ¹Nebenangebote müssen, soweit sie zugelassen sind, auf besonderer Anlage gemacht und als solche deutlich gekennzeichnet sein. ²Die vorstehenden Regelungen gelten entsprechend.

(2) Soweit sich aus den Vergabeunterlagen nicht etwas anderes ergibt sind
– Nebenangebote, die in technischer Hinsicht von der Leistungsbeschreibung abweichen, auch ohne Abgabe eines Hauptangebotes zugelassen. Wird eine Leistung angeboten, die von den vorgesehenen Spezifikationen abweicht, hat der Bieter bei der betreffenden Position in der Leistungsbeschreibung auf eine Anlage zum Angebot hinzuweisen. In dieser ist die abweichende Leistung eindeutig zu beschreiben und die Gleichwertigkeit im Hinblick auf Sicherheit, Gesundheit und Gebrauchstauglichkeit nachzuweisen;
– andere Nebenangebote (z.B. über Zahlungsbedingungen, Gleitklauseln) nur in Verbindung mit einem Hauptangebot zugelassen.

§ 7 Eigenerklärung zur Eignung

(1) ¹Vor der Vergabe öffentlicher Aufträge bei Lieferungen und Leistungen ist von den Bewerbern oder Bietern eine Erklärung (Eigenerklärung) darüber zu verlangen, dass sie die Eignungskriterien erfüllen und ein Ausschluss vom Wettbewerb nach § 124 Abs. 1 Nr. 3 GWB nicht erfolgt ist und keine Verfehlungen im Sinne von § 2 Abs. 2 des Gesetzes zur Einrichtung eines Registers zum Schutz fairen Wettbewerbs (GRfW) vom 17. September 2013 (HmbGVBl. 2013, S. 417) vorliegen, die einen Ausschluss vom Wettbewerb rechtfertigen könnten. ²Ferner haben Bieter und Bewerber zu erklären, dass kein Eintrag im gemeinsamen Regis-

ter zum Schutz des fairen Wettbewerbs der Länder Hamburg und Schleswig-Holstein oder in vergleichbaren Registern anderer Bundesländer erfolgt ist.

(2) Ein Angebot kann von der Wertung ausgeschlossen werden, wenn die Erklärung nicht rechtzeitig vorgelegt wird oder unzutreffende Erklärungen abgegeben werden.

§ 8 Auskunft aus dem Gewerbezentralregister

[1]Der öffentliche Auftraggeber wird für den Bieter, der den Zuschlag erhalten soll, zur Bestätigung der Eigenerklärung eine Auskunft aus dem Gewerbezentralregister (§ 150a Gewerbeordnung) beim Bundesamt für Justiz anfordern bzw. anfordern lassen; von ausländischen Bietern wird ggf. eine gleichwertige Bescheinigung ihres Herkunftslandes gefordert. [2]Dies gilt bei der Vergabe öffentlicher Dienstleistungsaufträge nach VgV bzw. UVgO bei einer Auftragssumme ab 25.000 Euro (ohne Umsatzsteuer) in den Bereichen
– Gebäudereinigungsgewerbe
– Personen- und Gütertransportgewerbe
– Bewachungs- und Ordnungsgewerbe
– Entsorgungsgewerbe
– Auf- und Abbau von Messen und Ausstellungen
– Winterdienst,
sowie bei der Vergabe von Lieferungen und Leistungen nach VgV oder UVgO, bei Zweifeln an der Eignung.

§ 9 Register zum Schutz des fairen Wettbewerbs

(1) Der öffentliche Auftraggeber ist verpflichtet, vor Entscheidungen über die Vergabe von Liefer- und Dienstleistungen sowie von Planungsleistungen ab einem Auftragswert von 25.000 Euro ohne Umsatzsteuer bei der zentralen Informationsstelle (ZIS) abzufragen, inwieweit Eintragungen im Register zum Schutz fairen Wettbewerbs (Register) zu den für einen Zuschlag vorgesehenen Bietern, deren Geschäftsführungen, Bewerbern sowie potenziellen Auftragnehmern vorliegen, soweit im Gesetz zur Einrichtung eines Registers zum Schutz fairen Wettbewerbs (GRfW) vom 17. September 2013 (HmbGVBl. 2013, S. 417) nichts anderes bestimmt ist.

(2) Bei Bietergemeinschaften ist jedes Einzelunternehmen und deren Geschäftsführung abzufragen.

(3) Der öffentliche Auftraggeber ist berechtigt, diese Nachfragen auch auf etwaige Nachunternehmer zu erstrecken.

(4) Unterhalb der in Abs. 1 genannten Wertgrenze ist der öffentliche Auftraggeber berechtigt, eine Registerabfrage entsprechend Abs. 1 durchzuführen.

(5) [1]Bieter bzw. Bewerber müssen einwilligen, im potenziellen Auftragsfall für die Abfrage beim Register personenbezogene Daten (Name, Vorname, Geburtsdatum, Geburtsort) der verantwortlich handelnden Personen (Geschäftsführer, gesetzliche Vertreter) zu benennen, sowie die Zustimmung dieser Personen zur Weiterleitung der erforderlichen Daten an den öffentlichen Auftraggeber einzuholen. [2]Ohne Einwilligung und Zustimmung kann der Zuschlag nicht erteilt werden. [3]Soweit im potenziellen Auftragsfall Nachunternehmer an der Auftragserfüllung beteiligt werden sollen, ist auch von diesen eine gleichlautende Einwilligung sowie deren Zustimmung einzuholen, die erforderlichen Daten an den öffentlichen Auftraggeber weiterzuleiten. [4]Ohne diese schriftlichen Einwilligungen und

Zustimmungen werden Nachunternehmer vom öffentlichen Auftraggeber abgelehnt.
⁵Die Erhebung und weitere Verarbeitung der Daten dient der Aufgabenerfüllung nach dem Gesetz zur Einrichtung eines Registers zum Schutz fairen Wettbewerbs (GRfW).

§ 10 Losentscheid

Der öffentliche Auftraggeber behält sich vor, bei wertungsgleichen Angeboten das Los entscheiden zu lassen.

Hamburgische Zusätzliche Vertragsbedingungen für die Ausführung von Lieferungen und Dienstleistungen (HmbZVB-VOL/B)

In der Fassung vom 1.10.2017

Hinweis:
Die Paragrafenangaben beziehen sich, soweit nicht anders angegeben, auf die Allgemeinen Vertragsbedingungen für die Ausführung von Leistungen (VOL/B) – Fassung 2003 – (Bundesanzeiger Nr. 178a vom 23. September 2003).

1. Art und Umfang der Leistungen (zu § 1 VOL/B)

(1) [1]Die angebotenen Preise sind Festpreise ohne Umsatzsteuer. [2]Diesen Festpreisen wird die Umsatzsteuer in der jeweils geltenden Höhe hinzugesetzt.

(2) Durch die vereinbarten Preise sind im Zweifel sämtliche Leistungen des Auftragnehmers einschließlich Nebenleistungen wie die Erstellung von Betriebs-, Bedienungs-, Gebrauchsanweisungen und dgl. in deutscher Sprache, der Transport (inkl. Verpackung, Versicherung und Anlieferung an den bestimmungsgemäßen Leistungsort), das Aufstellen bzw. Installieren vor Ort und sonstige Kosten und Lasten wie Patentgebühren und Lizenzvergütungen abgegolten.

2. Änderungen der Leistung (zu § 2 VOL/B)

Wird bei Änderung der Leistung oder anderen Anordnungen des Auftraggebers eine erhöhte Vergütung beansprucht, so muss der Auftragnehmer dies dem Auftraggeber unverzüglich vor der Ausführung, möglichst der Höhe nach, schriftlich anzeigen.

3. Mehr- oder Minderleistungen (zu § 2 Nr. 3 VOL/B)

(1) Soweit Preise je Einheit vereinbart sind, ist bei marktgängigen, serienmäßigen Erzeugnissen der Auftragnehmer auf Verlangen des Auftraggebers verpflichtet, ohne Änderung der vertraglichen Einheitspreise Mehrleistungen bis zu 10 v.H. der im Auftrag festgelegten Mengen zu erbringen oder mit einer Minderung bis zu 10 v.H. einverstanden zu sein.

(2) Absatz 1 gilt nicht bei Minderleistungen, wenn nach Mengen gestaffelte Preise oder Rabatte wirksam gebunden sind.

4. Ausführungsunterlagen (zu §§ 3 und 4 Nr. 1 VOL/B)

[1]Der Ausführung dürfen nur Unterlagen zu Grunde gelegt werden, die vom Auftraggeber ausdrücklich als zur Ausführung bestimmt gekennzeichnet sind. [2]Die Verantwortung und Haftung des Auftragnehmers nach dem Vertrage, insbesondere nach § 4 Nr. 1 Absatz 1 und § 14 VOL/B, werden hierdurch nicht eingeschränkt.

5. Ausführung der Leistung (zu §§ 4, 10 VOL/B)

(1) Bewachung und Verwahrung des gesamten Besitzes des Auftragnehmers oder seiner Erfüllungsgehilfen einschließlich der Unterkünfte, Arbeitsgeräte,

Arbeitskleidung usw. auf den Aufbaustellen – auch während der Arbeitsruhe – ist auch dann Sache des Auftragnehmers, wenn sich diese Gegenstände auf den Grundstücken oder in den Räumen des Auftraggebers befinden.

(2) Der Auftragnehmer hat die ihm zur Ausführung der Leistung übergebenen Gegenstände vor unbefugtem Gebrauch zu schützen.

(3) ¹Hat der Auftraggeber auf Grund gesetzlicher Vorschriften Erfüllungsgehilfen des Auftragnehmers Schadensersatz zu leisten, so steht ihm der Rückgriff gegen den Auftragnehmer zu, soweit der Schaden durch Verschulden des Auftragnehmers oder seiner Erfüllungsgehilfen verursacht worden ist. ²Hat ein Verschulden des Auftraggebers oder seiner Erfüllungsgehilfen mitgewirkt, so findet für den Ausgleich § 254 BGB entsprechend Anwendung.

(4) ¹Der Auftragnehmer hat dem Auftraggeber spätestens zum Zeitpunkt des Gefahrenübergangs (Ziff. 11 Absatz 3) das volle uneingeschränkte Eigentum an dem geleisteten bzw. gelieferten Gegenstand zu verschaffen. ²Die Verschaffung erfolgt frei von Rechten Dritter.

(5) ¹Die Gegenstände sind an die von der Empfangsstelle bezeichneten Räume bzw. auf die Grundstücksteile (Leistungsort) zu liefern. ²Jeder Lieferung ist ein Lieferschein beizufügen, der die Bestellscheinnummer, das Geschäftszeichen, die Warenbezeichnung und den Liefertag enthält.

(6) Bei Lieferungen müssen die zu liefernden Geräte den zum Zeitpunkt der Lieferung geltenden Gesetzen, Normen und Standards entsprechen, insbesondere dem Produktsicherheitsgesetz (Gesetz über die Bereitstellung von Produkten auf dem Markt (BGBl. I 2011, S. 2179)) in der jeweiligen Fassung.

(7) Der Auftraggeber kann sich von der vertragsgemäßen Ausführung der Leistungen unterrichten.

6. Nachunternehmer (zu § 4 Nr. 4 VOL/B)

Sind im Angebot Nachunternehmer oder Bezugsquellen angegeben, so darf sie der Auftragnehmer nicht ohne vorherige Zustimmung des Auftraggebers wechseln.

7. Insolvenzverfahren oder ein vergleichbares gesetzliches Verfahren (zu § 8 Nr. 1 VOL/B)

Wird die Eröffnung des Insolvenz- oder eines vergleichbaren gesetzlichen Verfahrens über das Vermögen des Auftragnehmers beantragt, so hat er dies dem Auftraggeber unverzüglich mitzuteilen.

8. Kündigung oder Rücktritt (zu § 8 Nr. 2 VOL/B)

(1) ¹Der Auftraggeber ist berechtigt, den Vertrag mit sofortiger Wirkung zu kündigen oder von ihm zurückzutreten, wenn der Auftragnehmer Personen, die auf Seiten des Auftraggebers mit der Vorbereitung, dem Abschluss oder der Durchführung des Vertrages befasst sind, oder ihnen nahe stehenden Personen oder in ihrem Interesse einem Dritten Vorteile anbietet, verspricht oder gewährt. ²Solchen Handlungen des Auftragnehmers selbst stehen Handlungen von Personen gleich, die von ihm beauftragt oder für ihn tätig sind.

(2) Der Auftraggeber ist berechtigt, den Vertrag mit sofortiger Wirkung zu kündigen oder von ihm zurückzutreten, wenn der Auftragnehmer selbst oder vermittelt durch von ihm eingesetzte Nachunternehmer schuldhaft gegen ihm oblie-

gende Anforderungen oder Verpflichtungen nach §§ 3, 3a, 5 oder 10 HmbVgG verstößt.

9. Vertragsstrafe (zu § 11 VOL/B)

(1) ¹Bei einem schuldhaften Verstoß gegen die aus §§ 3, 3a, 5 und 10 HmbVgG resultierenden Verpflichtungen ist der Auftragnehmer zur Zahlung einer Vertragsstrafe verpflichtet. ²Die Vertragsstrafe beträgt je Verstoß 1 v.H. der Auftragssumme. ³Der Auftragnehmer ist zur Zahlung der Vertragsstrafe nach S. 1 auch dann verpflichtet, wenn der Verstoß durch einen von ihm eingesetzten Nachunternehmer zu vertreten ist.

(2) ¹Ergänzend vereinbarte Vertragsstrafen für die Überschreitung von Ausführungsfristen bleiben unberührt. ²Hiervon wiederum bleiben weitergehende Schadensersatzansprüche wegen der Überschreitung von Ausführungsfristen unberührt; die Vertragsstrafen nach diesem Absatz 2 werden jedoch auf solche Schadensersatzansprüche angerechnet.

(3) Die Summe aller zu zahlenden Vertragsstrafenbeträge wird auf insgesamt 5 v.H. der Abrechnungsumme begrenzt.

(4) Der Anspruch auf Vertragsstrafe erlischt erst, wenn die Schlusszahlung ohne Vorbehalt geleistet wird.

10. Güteprüfung (zu § 12 VOL/B)

(1) ¹Proben und Muster zu berücksichtigten Angeboten bleiben bis zur Vertragserfüllung als für die Lieferung verbindliche Qualitätsmuster bei der Vergabestelle. ²Diese müssen der in der Leistungsbeschreibung bezeichneten Beschaffenheit entsprechen. ³Bis zu einem Wert von 10 Euro/Einheit werden sie, wenn sie nicht vom jeweiligen Vertragspartner innerhalb einer Frist von einem Monat nach Vertragsablauf abgeholt oder zurückgefordert worden sind, von der Vergabestelle ohne Berechnung übernommen.

(2) ¹Die Kosten der Rücksendung trägt der Auftragnehmer. ²Ab einem Wert von 10 Euro/Einheit werden die Proben und Muster nach Vertragsablauf in Absprache mit dem Vertragspartner entweder von der letzten Teillieferung abgesetzt, gegen Empfangsbestätigung wieder ausgehändigt bzw. im Ausnahmefall auf Kosten des Eigentümers zurückgesandt oder anderen Dienststellen der Freien und Hansestadt Hamburg (FHH) überlassen.

(3) ¹Verlangt der Auftraggeber eine im Vertrag nicht vereinbarte Güteprüfung, werden dem Auftragnehmer die dadurch entstandenen Kosten erstattet. ²Stellt sich bei der Güteprüfung jedoch heraus, dass die gelieferten Waren nicht den Bedingungen entsprechen, so sind etwaige Kosten für die Güteprüfung vom Auftragnehmer zu tragen. ³Die durch die Güteprüfung verbrauchten oder wertlos gewordenen Waren werden dann nicht vergütet.

11. Abnahme, Gefahrübergang (zu § 13 VOL/B)

(1) Bei Aufbauleistungen hat der Auftragnehmer die Abnahme, ggf. auch Teilabnahme, rechtzeitig in Textform zu beantragen.

(2) Die Leistung gilt als abgenommen:
a) bei Lieferungen mit der vorbehaltlosen Schlusszahlung,
b) bei Aufbauleistungen 12 Werktage nach Eingang des in Textform gestellten Antrages auf Abnahme, soweit der Auftraggeber die Abnahme nicht verweigert.

(3) Die Gefahr geht auf den Auftraggeber über:
a) bei Lieferungen mit der Entgegennahme durch die Empfangsstelle,
b) bei Aufbauleistungen mit der Abnahme.

12. Verjährungsfrist für Mängelansprüche (zu § 14 VOL/B)

¹Die Verjährungsfrist für Mängelansprüche beginnt mit Gefahrübergang (Ziff. 13). ²Bei wiederkehrenden Leistungen ist die Einzelleistung maßgeblich.

13. Aufstellung der Rechnungen (zu § 15 VOL/B)

(1) ¹Die Rechnung ist in zweifacher Ausfertigung einzureichen. ²Die zweite Ausfertigung ist als „Zweitschrift" deutlich kenntlich zu machen.

(2) ¹Die Rechnung ist grundsätzlich in Übereinstimmung mit dem Angebot mit den Festpreisen ohne Umsatzsteuer aufzustellen. ²Von den Festpreisen sind alle vereinbarten Nachlässe, Skonti usw. abzuziehen. ³Zu dem verbleibenden Nettorechnungsbetrag ist neben dem Steuersatz die Umsatzsteuer am Schluss der Rechnung in einem Betrag gesondert hinzusetzen und der geforderte Rechungsbetrag, der die Umsatzsteuer einschließt, aufzuführen.

(3) Für selbstständige Teilleistungen (Teillieferungen) können nach Vereinbarung Teilrechnungen eingereicht werden.

(4) ¹Soweit Abschlags- oder Vorauszahlungen vereinbart sind, sind in den Rechnungen hierüber der zutreffende Steuersatz und die darauf entfallende Umsatzsteuer offen auszuweisen. ²Diese Steuerbeträge sind in der Schlussrechnung vom Gesamtbetrag der Umsatzsteuer wieder abzusetzen.

14. Zahlungsweise, Abtretung, Aufrechnung (zu § 17 VOL/B)

(1) Skontofristen beginnen mit dem Tage des Eingangs der Rechnungen (Eingangsstempel der zuständigen Empfangsstelle), jedoch
a) bei Aufbauleistungen nicht vor dem Tage der Abnahme
b) bei allen anderen Leistungen nicht vor dem Tage der Erfüllung.

(2) Der Rechnungsbetrag wird ausschließlich bargeldlos auf ein in der Rechnung angegebenes Konto gezahlt.

(3) ¹Der Auftraggeber ist berechtigt, mit allen Gegenforderungen – auch aus anderen Rechtsverhältnissen – aufzurechnen. ²Unter Verzicht auf das Erfordernis der Gegenseitigkeit nach § 387 BGB willigt der Auftragnehmer ein, dass Forderungen der Bundesrepublik Deutschland oder der FHH an den Auftragnehmer gegen Forderungen des Auftragnehmers an eine dieser Körperschaften aufgerechnet werden, gleichviel ob er die Lieferungen oder Leistungen allein übernommen hat oder als gesamtschuldnerisch haftendes Mitglied einer Arbeitsgemeinschaft.

15. Sicherheitsleistung (zu § 18 VOL/B)

(1) ¹Ist für die Ausführung der Verträge und die Durchsetzung von Mängelansprüchen eine Sicherheit vereinbart, so beträgt sie 5 v.H. der Abrechnungssumme. ²Sicherheitsbeträge werden auf volle 10,-- Euro nach unten abgerundet.

(2) ¹Wird die Sicherheit nicht binnen 12 Werktagen nach Zuschlagserteilung geleistet, so werden von jeder Abschlagszahlung 10 v.H. einbehalten, bis 5 v.H. der Gesamtabrechnungssumme erreicht sind. ²Werden Abschlagszahlungen nicht geleistet, so wird der Sicherheitsbetrag von der Abrechnungssumme einbehalten.

(3) ¹Die Sicherheit wird nach Ablauf der Verjährungsfrist für Mängelansprüche freigegeben, wenn während dieser Frist keine Mängel der Leistungen festgestellt werden. ²Werden vor Ablauf der Frist Mängel festgestellt, so bleibt die Sicherheit bis zur Beseitigung der Mängel gesperrt.

16. Streitigkeiten (zu § 19 VOL/B)

(1) ¹Bei Meinungsverschiedenheiten ist zunächst die Entscheidung der für die Abnahme der Leistung zuständigen Stelle herbeizuführen. ²Die Entscheidung gilt als anerkannt, wenn der Auftragnehmer nicht binnen eines Monats hiergegen beim Auftraggeber schriftlich Einwendungen erhebt.

(2) Für die Regelung der vertraglichen und außervertraglichen Beziehungen zwischen den Vertragspartnern gilt ausschließlich das Recht der Bundesrepublik Deutschland unter Ausschluss des UN-Kaufrechts (CISG).

(3) ¹Bei Auslegung des Vertrages ist ausschließlich der in deutscher Sprache abgefasste Vertragswortlaut verbindlich. ²Erklärungen und Verhandlungen erfolgen in deutscher Sprache.

(4) Gerichtsstand für alle Streitigkeiten im Zusammenhang mit dem Auftragsverhältnis ist Hamburg.

17. Geschäftsbedingungen des Auftragnehmers

¹Allgemeine Geschäftsbedingungen des Auftragnehmers, insbesondere Zahlungs- und Lieferbedingungen, Angaben über Erfüllungsort und Gerichtsstand, gelten nur dann, wenn sie vom Auftraggeber ausdrücklich und schriftlich angenommen sind und den Geschäftsbedingungen des Auftraggebers nicht widersprechen. ²Soweit Allgemeine Geschäftsbedingungen des Auftragnehmers Änderungen oder Ergänzungen an den Vergabeunterlagen beinhalten, führt dies gemäß § 42 Abs. 1 Nr. 4 Unterschwellenvergabeordnung – UVgO bzw. § 57 Abs. 1 Nr. 4 Vergabeverordnung – VgV zum Ausschluss des Angebots vom Vergabeverfahren.

Hessen

Hessisches Vergabe- und Tariftreuegesetz (HVTG)

Vom 19. Dezember 2014 (GVBl. S. 534)
geändert durch Art. 10a Elftes G zur Verlängerung der Geltungsdauer und Änd. von Rechtvorschriften vom 5.10.2017 (GVBl. S. 294)

Erster Teil. Allgemeine Vorschriften

§ 1 Anwendungsbereich

(1) Dieses Gesetz gilt für die Vergabe und Ausführung öffentlicher Aufträge des Landes Hessen sowie der Gemeinden und Gemeindeverbände und ihrer Eigenbetriebe, ihrer Anstalten des öffentlichen Rechts nach § 2c des Hessischen OFFENSIV-Gesetzes vom 20. Dezember 2004 (GVBl. I S. 488, 491), zuletzt geändert durch Gesetz vom 23. Juli 2015 (GVBl. S. 318), sowie kommunale Arbeitsgemeinschaften und Zweckverbände (öffentliche Auftraggeber) und von Auftraggebern im öffentlichen Personennahverkehr nach Abs. 2 (Besteller).

(2) Auftraggeber im öffentlichen Personennahverkehr sind
1. die Aufgabenträger nach § 5 Abs. 1 Satz 1 des Gesetzes über den öffentlichen Personennahverkehr in Hessen vom 1. Dezember 2005 (GVBl. I S. 786), zuletzt geändert durch Gesetz vom 29. November 2012 (GVBl. S. 466),
2. die kreisangehörigen Gemeinden nach § 5 Abs. 3 Satz 1 des Gesetzes über den öffentlichen Personennahverkehr in Hessen, die keine Aufgabenträger sind, aber nach § 14 des Gesetzes über den öffentlichen Personennahverkehr in Hessen freiwillig Aufgaben des öffentlichen Personennahverkehrs in eigener Verantwortung wahrnehmen,
3. die Aufgabenträgerorganisationen nach § 2 Abs. 6 des Gesetzes über den öffentlichen Personennahverkehr in Hessen.

(3) Soweit nach diesem Gesetz Verpflichtungen bei der Angebotsabgabe und Durchführung von Leistungen nach Maßgabe des Gesetzes über den öffentlichen Personennahverkehr in Hessen begründet werden, gelten diese auch für selbst erbrachte Leistungen im öffentlichen Personennahverkehr und bei Direktvergaben nach Art. 5 Abs. 2, 4 und 6 sowie für wettbewerbliche Vergabeverfahren nach Art. 5 Abs. 3 der Verordnung (EG) Nr. 1370/2007 des Europäischen Parlaments und des Rates vom 23. Oktober 2007 über öffentliche Personenverkehrsdienste auf Schiene und Straße und zur Aufhebung der Verordnungen (EWG) Nr. 1191/69 und (EWG) Nr. 1107/70 des Rates (ABl. EU Nr. L 315, S. 1).

(4) Für Vergaben von Bestellern nach Abs. 2 gelten nur Abs. 3 und die §§ 4 bis 9, 18 sowie 22.

(5) [1]Der Schwellenwert für Aufträge, ab welchem die Vergabeverfahren von diesem Gesetz erfasst werden, beträgt 10 000 Euro ohne Umsatzsteuer. [2]Werden die Schwellenwerte für die Vergabe von Aufträgen nach § 106 Abs. 1 Satz 1 des Gesetzes gegen Wettbewerbsbeschränkungen in der Fassung der Bekanntmachung vom 26. Juni 2013 (BGBl. I S. 1750, 3245), zuletzt geändert durch Gesetz vom 27. August 2017 (BGBl. I S. 3295), erreicht oder überschritten, finden § 10 Abs. 1 bis 6, § 11 Abs. 2 und 3 sowie die §§ 15 und 20 keine Anwendung.

(6) ¹Liegt der Schwellenwert eines Auftrags unterhalb von 10 000 Euro, sind die in den §§ 4 und 6 genannten Verpflichtungen bezüglich Tariftreue und Mindestlohn einzuhalten. ²Auf die entsprechenden Nachweise kann verzichtet werden. ³Die Vergabe und Ausführung öffentlicher Aufträge unterhalb von 10 000 Euro können unbeschadet des Haushaltsrechtes durch Verwaltungsvorschrift gesondert geregelt werden.

(7) Diesem Gesetz entgegenstehende Vorgaben für Vergabeverfahren nach dem Recht der Europäischen Union, nach Bundesrecht sowie für im Auftrag des Bundes, der Stationierungsstreitkräfte sowie internationaler und supranationaler Stellen durchzuführende Vergabeverfahren bleiben unberührt.

(8) Die durch Verwaltungsvorschriften zum Haushaltsrecht des Landes und Bekanntmachungen nach dem Gemeindehaushaltsrecht eingeführten Ausführungsvorschriften und Vergabe- und Vertragsordnungen, Teil A, Abschnitt 1, bleiben unberührt, soweit deren Vorschriften diesem Gesetz nicht widersprechen.

§ 2 Allgemeine Grundsätze, Verfahren

(1) ¹Öffentliche Aufträge sind in transparenten und wettbewerblich fairen Verfahren durchzuführen. ²Sie sind nur an fachkundige, leistungsfähige, gesetzestreue und zuverlässige (geeignete) Unternehmen zu angemessenen Preisen in nicht diskriminierenden, gleichbehandelnden Verfahren zu vergeben.

(2) ¹Bei den Beschaffungen des Landes sind grundsätzlich die Aspekte einer nachhaltigen Entwicklung in Bezug auf den Beschaffungsgegenstand und dessen Auswirkungen auf das ökologische, soziale und wirtschaftliche Gefüge zu berücksichtigen. ²Die Gemeinden und Gemeindeverbände und ihre Eigenbetriebe können eine nachhaltige Entwicklung bei ihren Beschaffungsmaßnahmen und die dazu erlassenen Richtlinien berücksichtigen.

(3) ¹Den Unternehmen steht es frei, sich an Teilnahmewettbewerben, Interessenbekundungsverfahren oder Vergabeverfahren zu beteiligen. ²Eine Nichtbeteiligung trotz Aufforderung zur Abgabe einer Bewerbung oder eines Angebots rechtfertigt keine Nichtberücksichtigung bei weiteren Vergabeverfahren.

(4) Die Bevorzugung ortsansässiger oder in der Region ansässiger Unternehmen ist unzulässig.

(5) Die Berechnung der Auftragswerte bestimmt sich in allen Vergabeverfahren nach § 3 der Vergabeverordnung vom 12. April 2016 (BGBl. I S. 624), geändert durch Gesetz vom 18. Juli 2017 (BGBl. I S. 2745), in der jeweils geltenden Fassung und erfolgt ohne Berücksichtigung der Umsatzsteuer.

(6) ¹Die Vergabeverfahren sind fortlaufend und vollständig zu dokumentieren. ²Entscheidungen sind zu begründen. ³Die Berücksichtigung mittelständischer Interessen ist besonders aktenkundig zu machen.

§ 3 Soziale, ökologische und innovative Anforderungen, Nachhaltigkeit

(1) ¹Den öffentlichen Auftraggebern steht es bei der Auftragsvergabe frei, soziale, ökologische, umweltbezogene und innovative Anforderungen zu berücksichtigen, wenn diese mit dem Auftragsgegenstand in Verbindung stehen oder Aspekte des Produktionsprozesses betreffen und sich aus der Leistungsbeschreibung ergeben. ²Diese Anforderungen sowie alle anderen Zuschlagskriterien und deren Gewichtung müssen in der Bekanntmachung und in den Vergabeunterlagen genannt werden.

(2) Als soziale, ökologische, umweltbezogene und innovative Anforderungen im Sinne des Abs. 1 können von den Unternehmen gefordert werden:

1. die Berücksichtigung der Erstausbildung,
2. die Berücksichtigung der Chancengleichheit bei Aus- und Fortbildung sowie im beruflichen Aufstieg,
3. die Beschäftigung von Langzeitarbeitslosen,
4. die besondere Förderung von Frauen,
5. die besondere Förderung der Vereinbarkeit von Familie und Beruf,
6. die besondere Förderung von Menschen mit Behinderung,
7. die Verwendung von fair gehandelten Produkten,
8. ökologisch nachhaltige Produkte und
9. innovativ orientierte Produkte und Dienstleistungen.

(3) Als ökologische Anforderungen im Sinne des Abs. 2 Nr. 7 und 8 kann die Einhaltung von Bedingungen bezüglich des Umweltmanagements und bezüglich der Umwelteigenschaften der zu beschaffenden Bauleistungen, Lieferungen oder Dienstleistungen gefordert werden, wenn
1. das Umweltmanagement nach dem europäischen Umweltmanagement (EMAS) oder vergleichbaren, von den Mitgliedstaaten der Europäischen Union anzuerkennenden Normen oder Umweltmanagementsystemen zertifiziert ist,
2. die zu beschaffenden Bauleistungen, Lieferungen oder Dienstleistungen mit geeigneten Umweltgütezeichen ausgezeichnet sind (Umwelteigenschaft).

(4) Geeignet sind Gütezeichen im Sinne des Abs. 3 Nr. 2,
1. die lediglich Kriterien betreffen, die mit dem Auftragsgegenstand in Verbindung stehen,
2. die auf objektiv nachprüfbaren und nicht diskriminierenden Kriterien basieren,
3. die im Rahmen eines offenen und transparenten Verfahrens eingeführt wurden, an dem alle relevanten interessierten Kreise teilnehmen durften,
4. die für alle Betroffenen zugänglich sind und
5. deren Anforderungen von einem Dritten festgelegt wurden, auf den das Unternehmen, welches das Gütezeichen beantragt, keinen maßgeblichen Einfluss ausüben konnte.

(5) Andere Gütezeichen oder Nachweise, die bestätigen, dass die Bauleistungen, Lieferungen oder Dienstleistungen die Anforderungen des geforderten Gütezeichens erfüllen, sind dem Gütezeichen gleichgestellt.

(6) Hatte ein Unternehmen aus Gründen, die ihm nicht angelastet werden können, nachweislich keine Möglichkeit, das vom öffentlichen Auftraggeber oder Besteller angegebene oder ein gleichwertiges Gütezeichen innerhalb der einschlägigen Fristen zu erlangen, so muss der öffentliche Auftraggeber oder Besteller andere geeignete Nachweise akzeptieren, zu denen auch ein technisches Dossier des Herstellers gehören kann, sofern das betreffende Unternehmen nachweist, dass die von ihm zu erbringenden Bauleistungen, Lieferungen oder Dienstleistungen die Anforderungen des spezifischen Gütezeichens oder die vom öffentlichen Auftraggeber oder Besteller angegebenen spezifischen Anforderungen erfüllen.

Zweiter Teil. Tariftreue, Mindestentgelte

§ 4 Tariftreuepflicht

(1) ¹Unternehmen sind verpflichtet, die für sie geltenden gesetzlichen, aufgrund eines Gesetzes festgesetzten und unmittelbar geltenden tarifvertraglichen Leistungen zu gewähren. ²Liegen Anhaltspunkte dafür vor, dass gegen diese Regelung verstoßen wird, ist auf Anforderung dem öffentlichen Auftraggeber oder dem Besteller die Einhaltung dieser Verpflichtung nachzuweisen.

(2) Leistungen, die vom Arbeitnehmer-Entsendegesetz vom 20. April 2009 (BGBl. I S. 799), zuletzt geändert durch Gesetz vom 18. Juli 2017 (BGBl. I S. 2739), erfasst werden, dürfen insbesondere nur an Unternehmen vergeben werden, die sich bei Angebotsabgabe in Textform verpflichten, ihren Beschäftigten bei der Ausführung der Leistung diejenigen Arbeitsbedingungen einschließlich des Entgelts zu gewähren, die nach Art und Höhe mindestens den Vorgaben desjenigen Tarifvertrages entsprechen, an den das Unternehmen aufgrund des Arbeitnehmer-Entsendegesetzes gebunden ist.

(3) Leistungen, die von dem Mindestlohngesetz vom 11. August 2014 (BGBl. I S. 1348), zuletzt geändert durch Gesetz vom 18. Juli 2017 (BGBl. I S. 2739), erfasst werden, dürfen nur an Unternehmen vergeben werden, die sich bei Angebotsabgabe in Textform verpflichten, ihren Beschäftigten bei der Ausführung der Leistung ein Entgelt zu zahlen, das den Vorgaben des Mindestlohngesetzes entspricht.

(4) Öffentliche Aufträge über Verkehrsdienstleistungen und freigestellte Schülerverkehre von Bestellern nach § 1 Abs. 2 dürfen nur an Unternehmen vergeben werden, die sich bei der Angebotsabgabe in Textform verpflichten,
1. ihren Beschäftigten (ohne Auszubildende) das bei Angebotsabgabe maßgebliche Entgelt zu zahlen, das insgesamt mindestens dem in Hessen für diese Leistungen in einem der einschlägigen und repräsentativen mit einer tariffähigen Gewerkschaft vereinbarten Tarifverträge vorgesehenen Entgelt nach den tarifvertraglich festgelegten Vorschriften, einschließlich der Aufwendungen für die Altersversorgung und der für entgeltrelevant erklärten Bestandteile dieser Tarifverträge, entspricht, und
2. während der Ausführung der Leistung Erhöhungen der Entgelte und der entgeltrelevanten Bestandteile entsprechend dem Tarifvertrag nach Nr. 1 vorzunehmen.

(5) Bei Ausschreibungen von Verkehrsdienstleistungen, die die Grenze des Landes Hessen überschreiten, können die Tarifverträge nach Abs. 4 Nr. 1 oder vergleichbare Tarifverträge des betroffenen Landes zugrunde gelegt werden.

(6) [1]Das für das Tarifwesen zuständige Ministerium gibt im Einvernehmen mit dem für den öffentlichen Personennahverkehr zuständigen Ministerium die nach Abs. 4 und 5 anzuwendenden Tarifverträge sowie die für entgeltrelevant erklärten Bestandteile dieser Tarifverträge bekannt. [2]Die anzuwendenden Tarifverträge und Lohnzuschläge sind im Staatsanzeiger für das Land Hessen und der Hessischen Ausschreibungsdatenbank (HAD) bekannt zu machen. [3]Soweit der vollständige maßgebliche Text anderweitig in elektronischer Form allgemein zugänglich ist, ist ein Hinweis mit der Angabe der Internetseite zugelassen.

(7) [1]Die Feststellung der nach Abs. 4 bis 6 maßgeblichen Tarifverträge und deren entgeltrelevanter Bestandteile erfolgt durch den bei dem für das Tarifwesen zuständigen Ministerium einzurichtenden Beirat. [2]Das für das Tarifwesen zuständige Ministerium kann im Einvernehmen mit dem für den öffentlichen Personenverkehr zuständigen Ministerium durch Rechtsverordnung das Nähere über die Mitglieder, die Bestellung, die Amtsdauer, Amtsführung, das Verfahren und die Geschäftsführung des Beirats bestimmen. [3]Die nach Satz 1 festgestellten Tarifverträge und deren entgeltrelevanten Bestandteile sind von den Bestellern bei der Bekanntmachung vorzugeben. [4]Bei mehreren festgestellten Tarifverträgen darf die Wahlmöglichkeit des sich bewerbenden Unternehmens durch den Besteller nicht beschränkt werden.

§ 5 Betreiberwechsel

Wird in einem Vergabeverfahren im Bereich des öffentlichen Personennahverkehrs ein anderes Unternehmen (Betreiber) als das bisherige beauftragt und will der Besteller auf der Grundlage von Art. 4 Abs. 5 der Verordnung (EG) Nr. 1370/ 2007 – unbeschadet des § 613a des Bürgerlichen Gesetzbuches – den neuen Betreiber verpflichten, die Beschäftigten, die zuvor zur Erbringung der Dienste eingestellt worden waren, zu den bisherigen Arbeitsbedingungen zu übernehmen, ist der frühere Betreiber verpflichtet, dem Besteller auf Anforderung innerhalb von sechs Wochen in Textform Informationen zur Verfügung zu stellen, aus denen sich die Bedingungen der Beschäftigungsverhältnisse ergeben.

§ 6 Mindestentgelt

¹Bewerber und Bieter haben die Einhaltung der nach Bundesrecht oder aufgrund von Bundesrecht für sie geltenden Regelungen von besonders festgesetzten Mindestentgelten (Mindestlohn) als Mindeststandard bei der Bewerbung und im Angebot in Textform besonders zu erklären. ²Die Erklärung nach Satz 1 kann entfallen, soweit sie in einem Präqualifikationsregister hinterlegt ist. ³Diese Erklärung ist auch von Nachunternehmen und Verleihunternehmen in Textform abzugeben. ⁴Satz 1 gilt nicht, soweit nach § 4 Tariftreue gefordert werden kann und die danach maßgebliche tarifliche Regelung für die Beschäftigten günstiger ist als die für sie nach Bundesrecht geltenden Bestimmungen.

§ 7 Tariftreue- und sonstige Verpflichtungserklärungen

(1) ¹Die öffentlichen Auftraggeber oder Besteller weisen in der Bekanntmachung und in den Vergabeunterlagen darauf hin, dass die Bieter sowie deren Nachunternehmen und Verleihunternehmen (§ 8 Abs. 1), soweit diese bereits bei Angebotsabgabe bekannt sind, die erforderlichen Verpflichtungserklärungen nach § 4 Abs. 1 bis 5 (Tariftreueerklärung), § 6 (Mindestentgelterklärung) und § 8 Abs. 2 abzugeben haben. ²§ 13 ist zu beachten.

(2) ¹In der HAD werden Muster für die Abgabe der Tariftreue- und sonstigen Verpflichtungserklärungen bekannt gegeben. ²Diese sind zu verwenden. ³Die Gemeinden und Gemeindeverbände und ihre Eigenbetriebe und die Besteller können die Muster verwenden.

(3) Fehlt eine nach Abs. 1 geforderte Tariftreue- oder sonstige Verpflichtungserklärung bei Angebotsabgabe und wird sie auch nach Aufforderung des öffentlichen Auftraggebers oder Bestellers nicht innerhalb einer von diesem zu bestimmenden angemessenen Frist vorgelegt, so ist das Angebot von der weiteren Wertung auszuschließen.

§ 8 Nachunternehmen, Verleihunternehmen

(1) Die Unternehmen haben ihre Nachunternehmen sowie Unternehmen, die ihnen Arbeitskräfte überlassen (Verleihunternehmen), sorgfältig auszuwählen.

(2) ¹Für den Fall der Ausführung vertraglich übernommener Leistungen durch Nachunternehmen hat sich das Unternehmen zu verpflichten, die Erfüllung der Verpflichtungen nach den §§ 4 und 6 durch die Nachunternehmen sicherzustellen und dem öffentlichen Auftraggeber Tariftreue- und sonstige Verpflichtungs- sowie Mindestentgelterklärungen der Nachunternehmen nach Auftragserteilung, spätestens vor Beginn der Ausführung der Leistung durch das Nachunternehmen, vorzulegen. ²Gleiches gilt, wenn das Unternehmen oder ein beauftragtes Nachunternehmen zur Ausführung des Auftrags Arbeitskräfte eines Verleihunternehmens einsetzt. ³Satz 1 und 2 gelten entsprechend für alle weiteren Nachunternehmen und Verleihunternehmen. ⁴Auf die Verpflichtung zur Vorlage von Tariftreue- und

sonstige Verpflichtungs- sowie Mindestentgelterklärungen kann verzichtet werden, wenn das Auftragsvolumen eines Nachunternehmens oder Verleihunternehmens weniger als 10 000 Euro ohne Umsatzsteuer beträgt.

(3) ¹Nachunternehmen und Verleihunternehmen haben die für sie geltenden Pflichten nach Abs. 2 in eigener Verantwortung zu erfüllen. ²Bei Verstößen ist der öffentliche Auftraggeber oder Besteller berechtigt, unbeschadet anderer Rechte nach Maßgabe des § 18 zu verfahren.

§ 9 Nachweise und Kontrollen

(1) ¹Die beauftragten Unternehmen sowie ihre Nachunternehmen und Verleihunternehmen sind verpflichtet, dem öffentlichen Auftraggeber oder dem Besteller die Einhaltung der Verpflichtungen nach den §§ 4 und 6 auf dessen Verlangen jederzeit nachzuweisen. ²Die öffentlichen Auftraggeber oder Besteller dürfen zu diesem Zweck angekündigt oder unangekündigt in erforderlichem Umfang anlassbezogen Einsicht in die Entgeltabrechnungen und anderen Geschäftsunterlagen der beauftragten Unternehmen sowie aller weiteren Nachunternehmen und Verleihunternehmen nehmen, aus denen Umfang, Art und Dauer von Beschäftigungsverhältnissen sowie die tatsächliche Entlohnung von Beschäftigten hervorgehen oder abgeleitet werden können. ³Die öffentlichen Auftraggeber oder Besteller können hierzu auch Auskunft verlangen. ⁴Die beauftragten Unternehmen sowie alle Nachunternehmen und Verleihunternehmen haben ihre Beschäftigten auf die Möglichkeit solcher Kontrollen hinzuweisen. ⁵Die öffentlichen Auftraggeber oder Besteller verpflichten den Auftragnehmer vertraglich, ihnen ein entsprechendes Auskunfts- und Prüfungsrecht auch bei der Beauftragung von Nachunternehmen und Verleihunternehmen einräumen zu lassen.

(2) ¹Die beauftragten Unternehmen sowie alle Nachunternehmen und Verleihunternehmen haben vollständige und prüffähige Unterlagen nach Abs. 1 über die eingesetzten Beschäftigten bereitzuhalten. ²Auf Verlangen des öffentlichen Auftraggebers oder des Bestellers sind ihm diese Unterlagen vorzulegen und als Kopie oder elektronisch zur Verfügung zu stellen. ³Die öffentlichen Auftraggeber oder Besteller verpflichten den Auftragnehmer vertraglich, die Einhaltung dieser Pflicht durch alle beauftragten Nachunternehmen und Verleihunternehmen vertraglich sicherzustellen. ⁴Der öffentliche Auftraggeber oder Besteller darf die ihm als Kopie oder elektronisch zur Verfügung gestellten Unterlagen nur zu dem Zweck nach Abs. 1 nutzen; er darf sie höchstens bis zu einem Jahr nach Erfüllung des Vertrags mit dem beauftragten Unternehmen aufbewahren.

(3) Die Bestimmungen der Abs. 1 und 2 sind in die Vertragsbedingungen aufzunehmen.

Dritter Teil. Verfahren

§ 10 Vergabearten

(1) Beschaffungen unterhalb der nach § 106 Abs. 1 Satz 1 des Gesetzes gegen Wettbewerbsbeschränkungen festgelegten Schwellenwerte werden in Öffentlicher Ausschreibung oder in Beschränkter Ausschreibung oder Freihändiger Vergabe mit und ohne Interessenbekundungsverfahren durchgeführt.

(2) ¹Die Vergabe von Aufträgen erfolgt in Öffentlicher Ausschreibung. ²Soweit die Auftragswerte nicht die in § 15 genannten Vergabefreigrenzen erreichen oder überschreiten, oder in begründeten Ausnahmefällen ist eine Beschränkte Aus-

schreibung oder eine Freihändige Vergabe zulässig. ³Satz 1 gilt nicht für Aufträge nach § 1 der Sektorenverordnung vom 12. April 2016 (BGBl. I S. 624, 657), geändert durch Gesetz vom 18. Juli 2017 (BGBl. I S. 2745).

(3) ¹Bei Öffentlicher Ausschreibung wird eine unbeschränkte Anzahl von Unternehmen öffentlich und bei Beschränkter Ausschreibung werden zuvor ausgewählte geeignete Unternehmen zur Abgabe von bindenden Angeboten nach Maßgabe einer Leistungsbeschreibung aufgefordert. ²Bei Freihändiger Vergabe werden mit mehreren oder wird in besonderen Ausnahmefällen nur mit einem geeigneten Unternehmen über den Gegenstand und die Bedingungen des Auftrags verhandelt.

(4) ¹Interessenbekundungsverfahren sind vereinfachte Teilnahmewettbewerbe zur Auswahl von Bewerbern bei Beschränkter Ausschreibung und Freihändiger Vergabe. ²Hierzu sind Unternehmen aufzufordern, sich nach Maßgabe der in der Bekanntmachung veröffentlichten Bedingungen um die Berücksichtigung bei der Auswahl der aufzufordernden Unternehmen im Vergabeverfahren formlos zu bewerben. ³Förmliche Teilnahmewettbewerbe bleiben davon unberührt.

(5) ¹Vor Beschränkter Ausschreibung und Freihändiger Vergabe ist ein Interessenbekundungsverfahren ab einem geschätzten Auftragswert bei
1. Bauleistungen ab 100 000 Euro je Gewerk (Fachlos),
2. Lieferungen ab 50 000 Euro je Auftrag,
3. und Dienstleistungen ab 50 000 Euro je Auftrag
durchzuführen. ²Werden mehrere Gewerke (Fachlose) ausnahmsweise nach § 12 Abs. 1 Satz 3 zusammengefasst, erhöht sich der in Satz 1 Nr. 1 genannte Wert nicht. ³Satz 1 Nr. 3 gilt nicht bei Rechtsdienstleistungen. ⁴Von einem Interessenbekundungsverfahren kann abgesehen werden, wenn
1. die Lieferung oder Leistung aus technischen oder künstlerischen Gründen oder aufgrund des Schutzes von Ausschließlichkeitsrechten nur von einem bestimmten Unternehmen ausgeführt werden kann oder
2. wegen der Dringlichkeit der Lieferung oder Leistung aus zwingenden Gründen infolge von Ereignissen, die der öffentliche Auftraggeber nicht verursacht hat und nicht voraussehen konnte, die Durchführung des Interessenbekundungsverfahrens unzweckmäßig ist oder
3. es aus Gründen der Geheimhaltung erforderlich ist.

(6) ¹Beschaffungsmaßnahmen für innovative Produkte und Leistungen, für die vertragliche Spezifikationen nicht hinreichend genau festgelegt werden können, sollen im Rahmen einer Freihändigen Vergabe EU-weit bekannt gemacht werden. ²Die Verpflichtung nach § 11 Abs. 1 bleibt unberührt.

(7) Die Durchführung der Vergabearten bestimmt sich im Übrigen unbeschadet des Rechts der Europäischen Union und der §§ 97 ff. des Gesetzes gegen Wettbewerbsbeschränkungen eigenständig nach den für die öffentlichen Auftraggeber nach Haushaltsrecht eingeführten Vergabevorschriften.

(8) ¹Das für das öffentliche Auftragswesen zuständige Ministerium erarbeitet im Einvernehmen mit dem für das Haushaltswesen zuständigen Ministerium und dem für kommunale Angelegenheiten zuständigen Ministerium einheitliche Muster für Vergabeverfahren. ²Die Muster sind vor der verbindlichen Einführung für die Beschaffungsstellen des Landes mit den übrigen Ressorts zu erörtern. ³Den Gemeinden und Gemeindeverbänden wird die Einführung der Muster empfohlen.

§ 11 Bekanntmachung, Wettbewerb

(1) ¹Alle nationalen und EU-weiten Bekanntmachungen im Rahmen von Vergaben öffentlicher Aufträge nach dem Recht der Europäischen Union und Ausschreibungen nach § 9 des Gesetzes über den öffentlichen Personennahverkehr sind in

der HAD zu veröffentlichen (Pflichtbekanntmachung). ²Die Veröffentlichung und Einsichtnahme in die Bekanntmachungen sind kostenfrei. ³Eine weitere Bekanntmachung in anderen Medien bleibt unberührt.

(2) ¹Wenn kein Teilnahmewettbewerb durchgeführt wird, ist zur Beschränkten Ausschreibung und Freihändigen Vergabe nur zuzulassen, wessen Eignung vorab festgestellt wurde. ²Geeignet ist, wer die allgemeinen Anforderungen nach § 2 Abs. 1 und besonders aufgestellte auftragsbezogene Anforderungen erfüllt.

(3) ¹Wenn kein Teilnahmewettbewerb durchgeführt wird, soll bei Beschränkter Ausschreibung und Freihändiger Vergabe die Aufforderung zur Angebotsabgabe nicht auf ein oder immer dieselben Unternehmen beschränkt werden, sondern es ist unter mehreren geeigneten Unternehmen zu streuen. ²Es sind mindestens fünf geeignete Unternehmen zur Angebotsabgabe aufzufordern; dabei sollen mindestens zwei Unternehmen, bei weniger als vier geeigneten Unternehmen soll möglichst ein Unternehmen nicht am Ort der Ausführung der Beschaffung ansässig sein. ³Soweit Unternehmen vom öffentlichen Auftraggeber oder vom Besteller bereits ausgewählt sind, sich am Vergabeverfahren zu beteiligen, ist die Anzahl der ausgewählten Unternehmen, nicht aber deren Name und deren Betriebssitz in der Bekanntmachung anzugeben.

§ 12 Fördergrundsätze

(1) ¹Die Interessen der Unternehmen, die nach § 2 Abs. 1 des Hessischen Mittelstandsförderungsgesetzes vom 25. März 2013 (GVBl. S. 119) zur mittelständischen Wirtschaft zählen, sind bei der Angebotsaufforderung vornehmlich zu berücksichtigen. ²Leistungen sollen primär in Losen, in der Menge aufgeteilt (Teillose) und/oder getrennt nach Art oder Fachgebiet (Fachlose), eigenständig ausgeschrieben und vergeben werden. ³Lose dürfen in einem Vergabeverfahren nur zusammengefasst werden, soweit wirtschaftliche oder technische Gründe das erfordern. ⁴Ausreichende Bewerbungs- und Angebotsfristen sind zu gewähren.

(2) ¹Bieter- und Bewerbergemeinschaften sind zuzulassen, es sei denn, wettbewerbsbeschränkende Gründe stehen dem entgegen. ²Die Bildung von Bieter- und Bewerbergemeinschaften darf nicht durch Verfahrens-und Vertragsbedingungen behindert werden.

(3) ¹Bietergemeinschaften haben in den Angeboten die Mitglieder sowie eines ihrer Mitglieder als bevollmächtigte Vertreterin oder bevollmächtigten Vertreter für den Abschluss und die Durchführung des Vertrages zu benennen. ²Fehlen diese Angaben im Angebot, sind sie vor dem Zuschlag beizubringen.

(4) Hauptauftragnehmer sind verpflichtet, auf Verlangen des öffentlichen Auftraggebers oder des Bestellers im Angebot oder spätestens vor Beginn der Auftragsausführung die geeigneten Nachunternehmen und Verleihunternehmen zu benennen und die Zustimmung des öffentlichen Auftraggebers oder Bestellers einzuholen.

§ 13 Nachweis der Eignung, Präqualifikation

(1) ¹Eignungsnachweise der Unternehmen dürfen nur gefordert werden, soweit dies durch den Gegenstand des Auftrags gerechtfertigt ist und sie in der Bekanntmachung und den Vergabeunterlagen bezeichnet sind. ²Eigenerklärungen sind grundsätzlich ausreichend. ³Eignungsnachweise sind auf begründete Einzelfälle zu beschränken; die Gründe sind aktenkundig zu machen. ⁴Die Nachweise können in Textform erbracht werden. ⁵Die Möglichkeit, vor Auftragserteilung in Textform

ausgestellte Nachweise von den ausgewählten Bietern zu verlangen, kann in den Vergabeunterlagen Vorbehalten werden, soweit sie im Einzelnen benannt sind.

(2) ¹Sind zu der Eigenschaft als mittleres oder kleines Unternehmen oder als Kleinstunternehmen nach § 2 Abs. 1 des Hessischen Mittelstandsförderungsgesetzes oder zu der Eignung als auftragnehmendes Unternehmen Nachweise zu führen und sind diese
1. in einem anerkannten Register eines Mitgliedstaates der Europäischen Union oder eines nach dem Recht der Europäischen Union gleichgestellten Vertragsstaates oder
2. in einem Präqualifikationsregister der Auftragsberatungsstelle Hessen e.V., der DIHK Service GmbH, des Vereins für Präqualifikation von Bauunternehmen e.V. oder vergleichbarer Stellen oder
3. in einem anderen Bundesland oder bei einem öffentlichen Auftraggeber nach § 100 des Gesetzes gegen Wettbewerbsbeschränkungen zugänglichen Register hinterlegt und nicht älter als ein Jahr, genügt ein Nachweis aus solchen Registern.
²Soweit Nachweise nach diesem Absatz in dem zugelassenen Register nicht enthalten sind, kann der Nachweis gesondert einzeln oder nach einem anderen Register geführt werden.

§ 14 Öffentlich-private Partnerschaften

(1) ¹Vergaben in öffentlich-privater Partnerschaft sind nur bei einem nachgewiesenen Wirtschaftlichkeitsvorteil für das Land zulässig. ²Das gilt auch für die Gemeinden und Gemeindeverbände und ihre Eigenbetriebe nach Maßgabe deren Haushaltsrechts. ³Vergaben in öffentlich-privater Partnerschaft sind so zu planen, dass mittelständische Unternehmen sich an dem Projekt beteiligen können. ⁴Die Zusammenfassung selbstständiger Objekte ist unzulässig, es sei denn, Gründe der Wirtschaftlichkeit erfordern eine Zusammenfassung.

(2) Die Möglichkeiten einer eigenständigen Vergabe städtebaulicher Leistungen und von Architekturleistungen sowie die Beteiligung mittelständischer Unternehmen sind vor Einleitung des Vergabeverfahrens zu prüfen.

(3) ¹Zuzulassen ist, dass mittelständische Unternehmen aus der Projekt- oder Betriebsgesellschaft ausscheiden können. ²Die Gründe, warum ein vorzeitiges Ausscheiden nicht möglich ist, sind in den Vergabeunterlagen anzugeben.

(4) ¹Zulässig ist die Veräußerung von Vergütungsforderungen des Auftragnehmers gegen den öffentlichen Auftraggeber oder Besteller. ²Der öffentliche Auftraggeber oder Besteller kann auf Verlangen entweder einen Verzicht auf die Geltendmachung von Einreden wegen Nichterfüllung erklären oder ein schuldbestätigendes oder selbstständiges Anerkenntnis gegenüber dem Erwerber der Forderung abgeben und hat dann das vereinbarte Entgelt bedingungslos an den Erwerber der Forderung zu zahlen.

(5) Für die nach Haushaltsrecht durchzuführende Wirtschaftlichkeitsuntersuchung (Wirtschaftlichkeitsberechnung) sind insbesondere
1. Beschaffungs-, Investitions- und Finanzierungskosten,
2. Jahresmiete, Betriebskosten, Unterhaltungskosten,
3. sonstige Kosten der Nutzungszeit und deren Beendigung und
4. Kosten technischer und städtebaulicher Leistungen sowie der Architektur auszuweisen.

(6) Bei der Wertung der Angebote ist als weiteres Bewertungskriterium die regionale Wertschöpfung durch die Beteiligung mittelständischer Unternehmen in den Vergabeunterlagen abzufragen und bei der Wertung angemessen zu gewichten.

(7) ¹Das für das Haushaltswesen zuständige Ministerium hat für die Wirtschaftlichkeitsberechnung nach Abs. 5 einheitliche Standards und Rechenmodelle bekannt zu geben, die für Landesbehörden verbindlich sind. ²Für kommunale Projekte können diese Standards und Rechenmodelle entsprechend angewendet werden.

§ 15 Vergabefreigrenzen

(1) ¹Eine Beschränkte Ausschreibung oder Freihändige Vergabe ist ohne Vorliegen der nach den Vergabe- und Vertragsordnungen dafür erforderlichen Voraussetzungen zulässig, wenn folgende Auftragswerte (Vergabefreigrenzen) nicht erreicht werden:
1. Bauleistungen je Gewerk (Fachlos):
   a) bei Beschränkter Ausschreibung 1 Million Euro,
   b) bei Freihändiger Vergabe 100 000 Euro,
2. Lieferungen und Leistungen je Auftrag:
   a) bei Beschränkter Ausschreibung 207 000 Euro,
   b) bei Freihändiger Vergabe 100 000 Euro,

soweit das Recht der Europäischen Union dem nicht entgegensteht. ²Werden mehrere Gewerke (Fachlose) ausnahmsweise nach § 12 Abs. 1 Satz 3 zusammengefasst, erhöhen sich die in Satz 1 Nr. 1 genannten Werte nicht.

(2) Zur Vermeidung und Verfolgung gesetzwidriger Praktiken bei Vergabeverfahren nach Abs. 1 sind eine sorgfältige Überwachung durchzuführen und eine ausführliche und nachvollziehbare Dokumentation vorzunehmen, die mindestens die folgenden Angaben enthält:
1. Bedarfs- und Beschaffungsstelle,
2. Auftrag,
3. Vergabeart,
4. aufgeforderte Bewerber und Bieter (Name, Firma, Ort),
5. Auftragnehmer (Name, Firma, Ort) mit Begründung der Zuschlagsentscheidung,
6. alle Angebote,
7. Übersicht aller nachgerechneten Angebotspreise (Preisspiegel),
8. abgeschlossener Vertragspreis,
9. abgerechnetes Entgelt einschließlich Nachträge,
10. die für das Vergabeverfahren, die Vergabeentscheidung und Abnahme zuständige Person oder zuständigen Personen.

(3) ¹Bei der Vergabe eines Auftrags ab einem Auftragswert von 15 000 Euro ohne Umsatzsteuer gibt der öffentliche Auftraggeber oder Besteller bei Beschränkten Ausschreibungen ohne Interessenbekundungsverfahren und bei Freihändigen Vergaben ohne Interessenbekundungsverfahren für drei Monate seinen Namen und Anschrift, den Namen des Auftragnehmers, den Auftragsgegenstand und bei Bauleistungen den Ort der Ausführung in der HAD bekannt. ²Dies gilt nicht bei Vergabeverfahren, die der Geheimhaltung unterliegen. ³Soweit es sich bei dem beauftragten Unternehmen um eine natürliche Person handelt, ist deren Einwilligung einzuholen oder die Angabe des Namens zu anonymisieren.

(4) ¹Die Beschaffung und anschließende Auftragsausführung sollen durch eine von der Vergabestelle unabhängige Stelle wenigstens stichprobenweise kontrolliert und ausführlich dokumentiert werden. ²Andere geeignete Kontrollverfahren bleiben freigestellt. ³Alle Nachweise nach Abs. 2 und der Kontrollmaßnahmen sind mindestens zehn Jahre nach Abschluss der Beschaffung aufzubewahren, um eine

nachträgliche Prüfung zu ermöglichen. ⁴Personenbezogene Daten sind danach zu löschen.

§ 16 Urkalkulation, Zwei-Umschlagsverfahren

(1) ¹Bei einem geschätzten Auftragswert für
1. Bauleistungen ab 50 000 Euro,
2. Lieferungen und Leistungen ab 20 000 Euro

sind Bieter mit einem auffällig niedrigen Angebot, welches den Zuschlag erhalten soll, aufzufordern, in einem gesonderten verschlossenen Umschlag die Urkalkulation des Angebots einzureichen. ²Dieser Umschlag darf nur zur Ermittlung der Angemessenheit eines auffällig niedrigen Angebots in Anwesenheit des Bieters oder Auftragnehmers geöffnet werden. ³Die Daten sind vertraulich zu behandeln und danach wieder verschlossen zu den Vergabeakten zu nehmen.

(2) ¹Öffentliche Auftraggeber oder Besteller können unabhängig von Abs. 1 Satz 1 von Bietern verlangen, die Urkalkulation in einem gesonderten verschlossenen Umschlag vor Auftragsvergabe (Zuschlag) einzureichen. ²Der Umschlag mit der Urkalkulation kann bei einem Nachtrag oder einer Mehrforderung im Rahmen eines abgeschlossenen Vertrags zur Prüfung der Grundlagen der Preise geöffnet werden. ³Das gilt auch im Falle der nach Abs. 1 Satz 1 eingereichten Urkalkulation. ⁴Abs. 1 Satz 2 und 3 gilt entsprechend. ⁵Der Bieter oder der Auftragnehmer kann in allen Fällen einen Beauftragten bestimmen, der an der Öffnung und Prüfung der Grundlagen der Preise vertretungsberechtigt teilnimmt.

(3) ¹Angebote für Planungsleistungen, die in Freihändiger Vergabe oder im EU-weiten Verhandlungsverfahren vergeben werden, können getrennt nach Dienstleistung und Entgelt in zwei verschlossenen Umschlägen gefordert werden (Zwei-Umschlagsverfahren). ²Die Dienstleistung muss eine eigenständige Planungsleistung sein. ³Allein die Bezugnahme auf die in der Vergabebekanntmachung vorgegebenen oder in einer Honorarordnung enthaltenen Leistungsbilder ist nicht ausreichend für das Zwei-Umschlagsverfahren. ⁴Die Umschläge mit den Entgelten sind erst nach vorläufig abschließender Wertung sowie Reihung und Ausschluss der Leistungsangebote für die Planungsleistung zu öffnen und zu werten.

§ 17 Zuschlag, Preise

(1) ¹Der Zuschlag darf nur auf das unter Berücksichtigung aller Umstände wirtschaftlichste Angebot erteilt werden. ²Der niedrigste Preis allein ist nicht entscheidend.

(2) ¹Auf Angebote mit einem unangemessenen hohen oder niedrigen Preis darf der Zuschlag nicht erteilt werden. ²Erscheint ein Angebotspreis unangemessen niedrig und ist anhand der vorliegenden Unterlagen über die Preisermittlung die Angemessenheit nicht zu beurteilen, ist in Textform vom Bieter Aufklärung über die Kalkulation der Preise für die Gesamtleistung oder Teilleistung unter Festsetzung einer angemessenen Antwortfrist zu verlangen.

(3) Bei der Beurteilung der Angemessenheit sind die Wirtschaftlichkeit des Angebots, die Nachhaltigkeit, die gewählte technische Lösung und Eigenschaft, der technische Wert, die Ästhetik, die Zweckmäßigkeit, Umwelteigenschaft, Betriebskosten, Lebenszykluskosten, Rentabilität, der Kundendienst und die technische Hilfe sowie die Qualität und andere günstige Ausführungsbedingungen je nach Auftragsgegenstand zu berücksichtigen.

§ 18 Vertragsstrafe, Sperre

(1) ¹Der öffentliche Auftraggeber oder der Besteller sollen mit dem Auftragnehmer für den Fall der nicht vertragsgerechten Erfüllung übernommener Verpflichtungen ein Strafversprechen (Vertragsstrafe) vereinbaren. ²Dies ist in der Vergabebekanntmachung anzugeben und in den Vertragsbedingungen aufzunehmen.

(2) ¹Unternehmer oder Unternehmen sollen wegen schwerer Verfehlungen, die ihre Zuverlässigkeit infrage stellen, von Aufträgen öffentlicher Auftraggeber ausgeschlossen werden. ²Näheres regelt hierzu eine Rechtsverordnung der für das Haushaltswesen zuständigen Ministerin oder des hierfür zuständigen Ministers im Einvernehmen mit der für Wirtschaft zuständigen Ministerin oder dem hierfür zuständigen Minister, in welcher die Einrichtung einer Melde- und Informationsstelle für öffentliche Auftraggeber (einschließlich des Informationsaustausches mit beschaffenden Stellen) sowie das Anhörungs- und Sperrverfahren, insbesondere
1. Verfehlungen von Unternehmern oder Unternehmen, die zum Erlass einer Vergabesperre berechtigen,
2. Anforderungen an die Nachweisbarkeit solcher Verfehlungen,
3. Kriterien für die Dauer einer zu verhängenden Sperre,
4. Möglichkeiten für die Unternehmer oder Unternehmen, zu den Vorwürfen Stellung zu nehmen, und
5. Anforderungen für die Wiederzulassung zum Wettbewerb
festgelegt werden.

(3) ¹Bewerber, Bieter, Auftragnehmer, Nachunternehmen und Verleihunternehmen, die zu den vom öffentlichen Auftraggeber oder Besteller auferlegten Verpflichtungen eine falsche Erklärung abgeben oder einen unzutreffenden Nachweis vorlegen oder haben vorlegen lassen, soll der öffentliche Auftraggeber oder Besteller wegen mangelnder Zuverlässigkeit wenigstens für sechs Monate bis zu drei Jahren von weiteren Vergabeverfahren ausschließen. ²Liegt ein entsprechender Verstoß erstmals vor, kann anstelle der Sperre eine schriftliche Verwarnung ausgesprochen werden; bei wiederholtem Verstoß beträgt die Sperre mindestens ein Jahr. Vor einer Verwarnung und dem Ausschluss ist Gelegenheit zur Stellungnahme zu geben. ³Ein ausgeschlossener Unternehmer oder ein ausgeschlossenes Unternehmen ist auf dessen Antrag hin allgemein oder teilweise wieder zuzulassen, wenn der Grund des Ausschlusses ganz oder teilweise beseitigt ist und mindestens sechs Monate der Sperre abgelaufen sind. ⁴Näheres hierzu regelt die Rechtsverordnung nach Abs. 2.

(4) Sind die in einem Präqualifikationsregister nach § 13 Abs. 2 Satz 1 hinterlegten Erklärungen und Nachweise unzutreffend, ist dies dem Register mitzuteilen.

(5) Die Geltendmachung einer Auftragssperre oder Vertragsstrafe aus anderem Grunde sowie sonstige Ansprüche bleiben unberührt.

§ 19 Zahlungen

(1) Fällige Zahlungen sind unverzüglich, spätestens 30 Kalendertage nach Zugang der prüffähigen Rechnung auszuführen.

(2) ¹Abschlagszahlungen sind in der Höhe des Wertes nachgewiesener vertragsgemäßer Leistungen einschließlich ausgewiesener Umsatzsteuer zu gewähren. ²Bei in sich abgeschlossenen Teilen einer vertragsgemäßen Leistung sind Teilabnahmen ohne Rücksicht auf die Vollendung der übrigen Leistungen durchzuführen, endgültig festzustellen und zu bezahlen (Teilzahlung).

(3) Auftragnehmer sind zu verpflichten, auch gegenüber ihren Nachunternehmen und Verleihunternehmen nach Abs. 1 und 2 zu verfahren.

(4) Vertraglich ist zu sichern, dass der öffentliche Auftraggeber oder Besteller berechtigt ist, zur Erfüllung der sich aus dem Vertrag ergebenden Verpflichtungen Zahlungen unmittelbar an den Gläubiger des Auftragnehmers (Lieferant, Nachunternehmen, Verleihunternehmen) zu leisten, soweit
1. diese an der Ausführung der vertraglichen Leistung des Auftragnehmers aufgrund eines mit diesem abgeschlossenen Vertrags beteiligt sind,
2. diese wegen Zahlungsverzugs des Auftragnehmers die Fortsetzung ihrer Leistung zu Recht verweigern und 3. die Direktzahlung die Fortsetzung der Leistungen sicherstellen soll.

(5) [1]Erklärt sich der Auftragnehmer auf Verlangen des öffentlichen Auftraggebers oder Bestellers innerhalb einer von diesem gesetzten angemessenen Frist nicht darüber, ob und inwieweit er die Forderung seines Gläubigers anerkennt, und legt er bei Nichtanerkennung keinen entsprechenden Nachweis vor, so gelten die Voraussetzungen für die Direktzahlung als anerkannt. [2]Entsprechendes gilt bei Teilleistungen.

(6) [1]Der Anspruch auf Verzugszinsen des Auftragnehmers (§§ 286 und 288 des Bürgerlichen Gesetzbuches) ist durch den öffentlichen Auftraggeber oder Besteller nicht einschränkbar oder abdingbar. [2]Auftragnehmer sind zu verpflichten, auch gegenüber ihren Auftragnehmern (Nachunternehmen und Verleihunternehmen) und gegenüber mit Leistungen beauftragten Lieferanten nach Satz 1 zu verfahren.

§ 20 Nachprüfungsstellen

(1) [1]Die für das öffentliche Auftragswesen zuständige Ministerin oder der hierfür zuständige Minister kann im Einvernehmen mit der für das Haushaltswesen zuständigen Ministerin oder dem hierfür zuständigen Minister sowie mit der für kommunale Angelegenheiten zuständigen Ministerin oder dem hierfür zuständigen Minister durch Rechtsverordnung eine oder mehrere Nachprüfungsstellen für Bauleistungen (VOB-Stelle) und für Lieferungen und Leistungen (VOL-Stelle) einrichten und deren Verfahren bei Auftragsvergaben unterhalb der nach § 106 Abs. 1 Satz 1 des Gesetzes gegen Wettbewerbsbeschränkungen festgelegten Schwellenwerte regeln [2]Als VOB-Stelle und VOL-Stelle sollen Behörden oder Einrichtungen, die nicht unmittelbar für die Vergabeverfahren der Beschaffungsstellen zuständig sind, bestimmt werden.

(2) Aufgabe der VOB-Stelle und der VOL-Stelle sind die Prüfung und Feststellung der von Bewerbern sowie Bietern (Rügeberechtigte) vorgetragenen Verstöße gegen nach diesem Gesetz und nach Haushaltsrecht bestehende bewerber- und bieterschützende Vorschriften durch öffentliche Auftraggeber oder Besteller oder durch diese in Beschaffungsverfahren gleichgestellte zuwendungsnehmende Dritte (Zuwendungsnehmer). Rügeberechtigt sind auch berufsständische Kammern und Verbände.

(3) [1]An einem Verfahren nach Abs. 2 beteiligte öffentliche Auftraggeber, Besteller oder Zuwendungsnehmer haben an der Aufklärung des Sachverhalts mitzuwirken und der Nachprüfungsstelle angeforderte Vergabeakten vorzulegen. [2]Die Nachprüfungsstelle soll vor einer Entscheidung über einen Verstoß eine gütliche Streitbeilegung anstreben.

(4) [1]In der Rechtsverordnung sollen für die Verfahren nach Abs. 2 bei Bau-, Liefer- und Dienstleistungen einheitliche Verfahrens- und Kostenvorschriften vorgegeben werden. [2]Der Regelungsinhalt des § 160 Abs. 1, 2 und 3 Satz 1, der §§ 161 bis 165 Abs. 1 bis 3 sowie der §§ 167 und 168 Abs. 1 und 2 des Gesetzes gegen

Wettbewerbsbeschränkungen gilt entsprechend. ³Es kann bestimmt werden, dass im Falle eines zugelassenen Verfahrens nach Abs. 2 die Aussetzung des Zuschlags bis zu zehn Kalendertagen, bei besonders tatsächlichen oder rechtlichen Schwierigkeiten bis zu 15 Kalendertagen angeordnet und unter Berücksichtigung des Interesses der Allgemeinheit an einer unverzüglichen oder wirtschaftlichen Erfüllung der Aufgaben des öffentlichen Auftraggebers, Bestellers oder Zuwendungsnehmers auf Antrag das Zuschlagsverbot aufgehoben werden kann.

(5) ¹Von der Nachprüfungsstelle festgestellte Verstöße und geeignete Maßnahmen zur Beseitigung der Rechtsverletzung sind den Beteiligten und der Aufsichtsbehörde des öffentlichen Auftraggebers, des Bestellers oder der zuwendungsgewährenden Stelle in Textform mit Begründung mitzuteilen. ²Soweit die Aufsichtsbehörde von den Feststellungen der Nachprüfungsstelle abweicht, hat sie dies den Beteiligten und der Nachprüfungsstelle mitzuteilen und zu begründen.

Vierter Teil. Schlussbestimmungen

§ 21 Überprüfung der Auswirkungen der Tariftreueregelung

(1) ¹Die Auswirkungen der Tariftreueregelung nach § 4 werden nach einem Erfahrungszeitraum von drei Jahren nach Inkrafttreten dieses Gesetzes durch die Landesregierung überprüft. ²Die Landesregierung unterrichtet den Landtag zeitnah über das Ergebnis der Überprüfung. ³Dabei ist darzustellen, inwieweit die Tariftreue Wirkung entfaltet und, soweit notwendig, welche Maßnahmen ergriffen werden können, um die Tariftreue weiter zu stärken.

(2) Das für das Tarifwesen zuständige Ministerium kann im Einvernehmen mit dem für das öffentliche Auftragswesen zuständigen Ministerium und dem für den öffentlichen Personennahverkehr zuständigen Ministerium durch Rechtsverordnung das Nähere über das Verfahren und den Inhalt der Überprüfung regeln.

§ 22 Übergangsbestimmung

Dieses Gesetz findet keine Anwendung auf öffentliche Aufträge von
1. öffentlichen Auftraggebern, deren Vergabe vor dem 1. März 2015, und
2. Bestellern, deren Vergabe vor dem 1. September 2015
eingeleitet worden ist.

§ 23 Aufhebung bisherigen Rechts

Das Hessische Vergabegesetz vom 25. März 2013 (GVBl. S. 119, 121) wird aufgehoben.

§ 24 Inkrafttreten

Dieses Gesetz tritt am 1. März 2015 in Kraft.

Gemeinsamer Runderlass zum öffentlichen Auftragswesen (Vergabeerlass)

In der Fassung vom 21.11.2016

Der Erlass besteht aus drei Teilen. Der erste Teil bezieht sich auf das Haushaltsrecht. Hier werden nur Aufträge erfasst, deren geschätzter Auftragswert ohne Umsatzsteuer die EU-Schwellenwerte unterschreitet (nationales Vergaberecht).
Der zweite Teil gilt nur für Aufträge, deren geschätzter Auftragswert ohne Umsatzsteuer die EU-Schwellenwerte erreicht oder überschreitet (EU-Vergaberecht).
Der dritte Teil gilt unabhängig von dem Auftragswert und ist immer zu beachten.

1. Beschaffungsrecht als Teil des Haushaltsrechts (nationale Vergaben)

1.1 Anwendung VOL/A Abschnitt 1 und VOB/A Abschnitt 1

Soweit das Hessische Vergabe- und Tariftreuegesetz (HVTG) vom 19.12.2014 (GVBl. I S. 354) und dieser Gemeinsame Runderlass nichts anderes bestimmen, gelten als einheitliche Richtlinien nach § 55 Abs. 2 LHO und als Vergabegrundsätze nach § 29 Abs. 2 GemHVO für alle Beschaffungsverfahren außerhalb des EU-Vergaberegimes der §§ 97 ff. Gesetz gegen Wettbewerbsbeschränkungen (GWB) folgende Bestimmungen:
a. Vergabe- und Vertragsordnung für Leistungen (VOL), Ausgabe 2009, Teil A: Allgemeine Bestimmungen für die Vergabe von Leistungen (VOL/A), Abschnitt 1: Bestimmungen für die Vergabe von Leistungen vom 20. November 2009 (BAnz. Nr. 196a/2009), berichtigt am 26. Februar 2010 (BAnz. Nr. 32/2010).
b. Vergabe- und Vertragsordnung für Bauleistungen (VOB) – Ausgabe 2016, Teil A: Allgemeine Bestimmungen für die Vergabe von Bauleistungen (VOB/A), Abschnitt 1: Basisparagrafen vom 22. Juni 2016 (BAnz. AT 1.7.2016 B4). Soweit ein Interessenbekundungsverfahren nach § 10 Abs. 4 und 5 HVTG durchgeführt wird, ersetzt es die Vorabbekanntmachung nach § 19 Abs. 5 VOB/A. Im Übrigen ist § 19 Abs. 5 VOB/A – Vorabbekanntmachung über Beschränkte Ausschreibungen – zur Anwendung freigestellt.
Auftraggeber können die Regelungen des § 14 EU VOB/A auch unterhalb der EU-Schwellenwerte entsprechend anwenden (Verzicht auf Eröffnungstermin mit Bietern). Hierauf ist in der Bekanntmachung und in den Vergabeunterlagen hinzuweisen.

1.2 Beschaffungen bis 10 000 Euro[1]

Beschaffungen bis zu 10 000 Euro können ohne Pflicht
– zur Einholung von förmlichen Angeboten bei Lieferleistungen durchgeführt werden; ab einem Auftragswert von 7 500 Euro sind grundsätzlich zwei weitere Preise zu ermitteln (z. B. durch Internetrecherche oder fernmündliche Preisabfrage);
– zur Einholung von Vergleichsangeboten bei Bau- und Dienstleistungen durchgeführt werden.

---

[1] Alle Auftragswerte gelten ohne Umsatzsteuer.

Die Grundsätze der Wirtschaftlichkeit und Sparsamkeit sind zu beachten. Die Beschaffungen sind zu dokumentieren.

1.3 Freihändige Vergaben

Bei der Vergabe von Liefer- und Dienstleistungen ist über § 3 Abs. 5 VOL/A Abschnitt 1 hinaus eine Freihändige Vergabe auch möglich, wenn es sich
– um Leistungen handelt, die besondere schöpferische Fähigkeiten verlangen,
– um Börsenwaren handelt oder
– um eine vorteilhafte Gelegenheit handelt. Eine vorteilhafte Gelegenheit liegt vor, wenn durch die Freihändige Vergabe offenkundig eine wirtschaftlichere Bedarfsdeckung möglich ist, als dies bei Anwendung der Öffentlichen oder Beschränkten Ausschreibung möglich wäre, so dass im Ergebnis faktisch nur ein Unternehmen für die zu erbringende Leistung in Betracht kommen kann und das Vergabevolumen 50.000 € netto (vgl. § 10 Abs. 5 S. 1 Ziff. 2 und 3 HVTG) nicht übersteigt.

1.4 Interessenbekundungsverfahren

Ergänzend zu der Regelung des Interessenbekundungsverfahrens nach § 10 Abs. 4 und 5 HVTG gilt, dass in der Bekanntmachung eine Mindestzahl und – soweit gewollt – auch eine Höchstzahl der im weiteren Verfahren zu berücksichtigenden geeigneten Bewerber anzugeben sind. Die Mindestzahl soll nicht unter drei liegen. Öffentliche Auftraggeber können bereits bekannte, geeignete Bieter berücksichtigen („setzen"). Sollte mehr als ein Bieter gesetzt werden, so erhöht sich die Mindestzahl entsprechend der Anzahl der gesetzten Bieter. Soweit keine Höchstzahl angegeben wird, steht es im Ermessen des öffentlichen Auftraggebers, nach Eingang der Bewerbungen über die Anzahl der maximal aufzufordernden Bieter zu entscheiden. Bewerbungen nach Ablauf der Frist werden nicht berücksichtigt. Soweit Bewerber über eine Ablehnung ihrer Bewerbung informiert werden möchten, hat dies unverzüglich nach abgeschlossener Prüfung durch den öffentlichen Auftraggeber zu geschehen. Bezüglich der Angabe der Gründe für die Nichtberücksichtigung gelten § 19 Abs. 2 VOB/A, § 19 Abs. 1 VOL/A.

1.5 Benennung geeigneter Bewerber

Soweit öffentliche Auftraggeber die Benennung geeigneter Bewerber bei Beschränkter Ausschreibung und Freihändiger Vergabe von Liefer- und Dienstleistungen wünschen, benennt die
Auftragsberatungsstelle Hessen e.V. – ABSt He –
Bierstadter Straße 9, 65189 Wiesbaden
Telefon: 0611 974588-0, Fax: 0611 974588-20
info@absthessen.de; www.absthessen.de
kostenfrei präqualifizierte Unternehmen aus dem Hessischen Präqualifikationsregister (HPQR) als Maßnahme eines wirksamen Beschaffungswettbewerbs und zur Vorbeugung illegaler Vergabepraktiken.
Die Eignung für den konkreten Auftrag ist gesondert zu prüfen. Die ABSt He übernimmt keine Haftung für die ordnungsgemäße Ausführung der Leistung des auftragnehmenden Unternehmens.

1.6 Berücksichtigung von Werkstätten für behinderte Menschen, Blindenwerkstätten und Integrationsunternehmen

Bei Aufträgen, die von anerkannten Werkstätten für behinderte Menschen, Blindenwerkstätten und Integrationsunternehmen ausgeführt werden können, werden

diese bevorzugt zur Abgabe von Angeboten aufgefordert. Solange die von der Bundesregierung zu erlassenden allgemeinen Verwaltungsvorschriften nach § 141 Sozialgesetzbuch Neuntes Buch (SGB IX) nicht vorliegen, kann wie folgt verfahren werden:
Anerkannte Werkstätten für behinderte Menschen nach §§ 136 Abs. 1, 142 SGB IX und anerkannte Blindenwerkstätten im Sinne des § 143 SGB IX sowie Integrationsunternehmen nach § 132 SGB IX können in einem eigenen Wettbewerbsverfahren untereinander antreten.

Soweit ein Wettbewerbsverfahren nicht auf die vorgenannten bevorzugten Bieter beschränkt werden soll, soll deren Angebotspreis bei der Wertung mit einem Abschlag von 15 % berücksichtigt werden. Diese Bevorzugungsregelung muss in der Bekanntmachung und in den Vergabeunterlagen angegeben werden.

1.7 Verwendung elektronischer Mittel

Auftraggeber können verlangen, dass Unternehmen Erklärungen, wie beispielsweise Interessenbekundungen, Teilnahmeanträge und Angebote, ausschließlich mithilfe elektronischer Mittel gemäß den Regelungen entsprechend §§ 9 ff. Vergabeverordnung (VgV), übermitteln.

Auftraggeber können festlegen, dass für Erklärungen von Unternehmen, wie beispielsweise Interessenbekundung, Teilnahmeanträge und Angebote, wenn sie in elektronischer Form übermittelt werden, Textform (§ 126b BGB) ausreicht.

1.8 Nachprüfungsverfahren (VOB-Stellen)

Nachprüfungsstellen nach § 21 VOB/A – VOB-Stellen – sind für die Bau-Vergabeverfahren der Geschäftsbereiche:
a. Landesbetrieb Bau und Immobilien Hessen (LBIH)
und Technische Universität (TU) Darmstadt
Oberfinanzdirektion Frankfurt am Main
– Referat Vergabe- und Vertragsangelegenheiten –
Zum Gottschalkhof 3, 60594 Frankfurt am Main
Telefon: 069 58303-0
poststelle@ofd.hessen.de
b. Landesstraßenbau
Hessen Mobil – Straßen- und Verkehrsmanagement – VOB-Stelle
Wilhelmstraße 10, 65185 Wiesbaden,
Postfach 32 27, 65022 Wiesbaden,
Telefon:0611 366-0, Fax: 0611 366-3435;
post@mobil.hessen.de
c. Andere Beschaffungsstellen in Hessen, soweit diese nach Landeshaushaltsrecht (einschließlich Zuwendungsbedingungen und Teilnehmergemeinschaften in Flurbereinigungsverfahren) oder kommunalem Haushaltsrecht zur Anwendung der VOB/A Abschnitt 1 verpflichtet sind, je nach Ort des Bauvorhabens:
– Regierungspräsidium Darmstadt, VOB-Stelle
Wilhelminenstraße 1- 3, 64283 Darmstadt,
Postfach, 64278 Darmstadt,
Telefon: 06151 12-6348 (0), Fax: 06151 12-5816;
vobstelle@rpda.hessen.de
– Regierungspräsidium Gießen, VOB-Stelle
Landgraf-Philipp-Platz 3 – 7, 35390 Gießen,
Postfach 10 08 51, 35338 Gießen,
Telefon: 0641 303-2331 (0), Fax: 0641 303-2197;
vobstelle@rpgi.hessen.de

- Regierungspräsidium Kassel, VOB-Stelle
  Steinweg 6, 34117 Kassel,
  Postfach, 35112 Kassel,
  Telefon: 0561 106-3222 (0), Fax: 0561 106-1643
  vobstelle@rpks.hessen.de

Die VOB-Stellen der Regierungspräsidien beraten die öffentlichen Auftraggeber des Landes und der Kommunen kostenlos in allen Fragen der VOB/A Abschnitt 1. Nach Ermessen der VOB-Stellen können Fragen zum Europäischen Vergaberecht behandelt werden, soweit das zur Vermeidung von Streitverfahren und EU-Vertragsverletzungsverfahren dienlich und mit dem förmlichen Nachprüfungsrecht der §§ 155 ff. GWB vereinbar ist. Sie können Zuwendungsnehmer, die zur Einhaltung vergaberechtlicher Bestimmungen verpflichtet sind, beraten.

d. Soweit in diesem Erlass nichts anderes geregelt ist, können Landesbetriebe, landesunmittelbare juristische Personen des öffentlichen Rechts, der Landeswohlfahrtsverband (LWV) und andere der Staats- oder Rechtsaufsicht des Landes unterstehende Körperschaften und Anstalten die nach § 21 VOB/A Abschnitt 1 zuständige Nachprüfungsstelle (VOBStelle) im eigenen Geschäftsbereich selbst bestimmen. Sie muss unabhängig von der Vergabestelle sein.

1.9 Einheitliche Europäische Eigenerklärung (EEE)

Soweit ein Unternehmen im Rahmen eines Teilnahmewettbewerbs oder eines Vergabeverfahrens zum Beleg seiner Eignung eine Einheitliche Europäische Eigenerklärung (EEE) vorlegt, so ist diese zuzulassen.

2. EU-Vergaberecht

2.1 EU-Vergabestatistik

Die Aufforderung, die Formulare und die Meldefrist der jährlich zu erstellenden EU-Vergabestatistik nach den Regelungen der Vergabestatistikverordnung (VergStatVO) veröffentlichen das Bundesministerium für Wirtschaft und Energie (BMWi, www.bmwi.de) und die Hessische Ausschreibungsdatenbank (HAD, www.had.de) auf ihren Internetseiten; ein Leitfaden zum Ausfüllen der Statistik ist dort hinterlegt. Die Beschaffungsstellen übersenden ihre Meldungen elektronisch unmittelbar wie folgt:
a. Land:
   Die Ressorts für ihren Bereich zusammengefasst bis zum 1. Juni eines jeden Jahres an:
   Hessisches Ministerium für Wirtschaft, Energie, Verkehr und Landesentwicklung
   poststelle@wirtschaft.hessen.de
b. Gemeinden und Gemeindeverbände:
   Bis zum 1. Juni eines jeden Jahres an:
   Zuständiges Regierungspräsidium – VOB-Stelle –
   Kassel, Gießen, Darmstadt
   vobstelle@rpka.hessen.de
   vobstelle@rpgi.hessen.de
   vobstelle@rpda.hessen.de
c. Sektorenauftraggeber:
   Bis zum 31. Oktober eines jeden Jahres an:
   Bundesministerium für Wirtschaft und Energie
   – Referat I B 6 –
   Buero-IB6@bmwi.bund.de

2.2 Verhandlungsverfahren ohne Teilnahmewettbewerb – Dringlichkeit

Auf eine restriktive Anwendung der Regelungen in § 14 Abs. 4 Nr. 3 VgV, § 3a Abs. 3 Nr. 4 EU VOB/A und § 13 Abs. 2 Nr. 4 der Sektorenverordnung (SektVO) wird besonders hingewiesen. Um auf einen Teilnahmewettbewerb verzichten zu können, müssen nach der ständigen Rechtsprechung des Europäischen Gerichtshofs folgende Tatbestandsvoraussetzungen kumulativ erfüllt sein:
1. Vorliegen müssen ein unvorhergesehenes Ereignis sowie
2. dringliche und zwingende Gründe, die die Einhaltung der in anderen Verfahren vorgeschriebenen Fristen nicht zulassen, wobei Gründe, die dem Verantwortungsbereich des Auftraggebers zuzurechnen sind, als Rechtfertigung ausscheiden, und
3. ein kausaler Zusammenhang zwischen dem unvorhergesehenen Ereignis und der Unmöglichkeit, die vorgeschriebenen Fristen einzuhalten.

2.3 Vergabekammern des Landes Hessen

Für Nachprüfungsverfahren nach §§ 155 ff. GWB bestehen für das Land Hessen derzeit zwei Vergabekammern beim Regierungspräsidium Darmstadt. Sie führen die nach ihrer Geschäftsordnung zugewiesenen Verfahren selbstständig durch. Einrichtung, Besetzung und Geschäftsführung folgen aus der Verordnung über die Einrichtung, Organisation und Besetzung der Vergabekammern des Landes Hessen zur Nachprüfung der Vergabe öffentlicher Aufträge nach dem Vierten Teil des Gesetzes gegen Wettbewerbsbeschränkungen (Hessische Nachprüfungsverordnung – HNpV) und der Geschäftsordnung der Vergabekammern des Landes Hessen in der jeweils gültigen Fassung (www.rp-darmstadt.hessen.de).

3. Allgemein zu beachtende Regeln (unabhängig vom Auftragswert)

3.1. E-Vergabe

Die HAD unterstützt öffentliche Auftraggeber bei der Umsetzung der E-Vergabe. Es wird ein Werkzeug in Form eines Vergabemanagers zur Verfügung gestellt, um eine vollständige E-Vergabe über die HAD abzuwickeln. Soweit mit der Bekanntmachung die Vergabeunterlagen elektronisch zur Verfügung gestellt werden sollen, sind sie in der HAD zu veröffentlichen. Davon kann abgesehen werden, wenn mittels einer Verlinkung von der HAD unmittelbar auf diese Unterlagen der anderen elektronischen Plattform zugegriffen werden kann.

Die Veröffentlichung und Einsichtnahme in die Bekanntmachungen in der HAD und der Vergabeplattform Hessen (www.vergabe.hessen.de) erfolgt unentgeltlich. Die Bereitstellung vollständiger digitaler Vergabeunterlagen erfolgt unentgeltlich und uneingeschränkt. Eine freiwillige Registrierung der Bieter und Bewerber ist zulässig.

3.2. Erklärungs- und Anfragepflicht zur Feststellung der Eignung

Bei Aufträgen ab 30.000 Euro müssen öffentliche Auftraggeber nach § 99 GWB vor Zuschlagserteilung eine Auskunft aus dem Gewerbezentralregister nach § 150a der Gewerbeordnung (GewO) über den ausgewählten Bieter anfordern; eine Selbstauskunft ist hier nicht ausreichend (Auskunft aus dem Register für die Verfolgung einer in den folgenden Gesetzen bezeichneten Ordnungswidrigkeit: u.a. Schwarzarbeitsbekämpfungsgesetz, Mindestlohngesetz, Arbeitnehmer-Entsendegesetz und Arbeitnehmerüberlassungsgesetz). Unabhängig von der Anfragepflicht nach dem Gemeinsamen Runderlass zum Ausschluss von Bewerbern und Bietern wegen schwerer Verfehlungen, die ihre Zuverlässigkeit in Frage stellen, in der aktuellen Fassung, können öffentliche Auftraggeber nach § 99 GWB bei Aufträgen unter 30.000 Euro Auskünfte aus dem Gewerbezentralregister nach § 150a GewO anfordern oder vom Bewerber oder Bieter eine Erklärung verlangen, dass die Voraussetzungen für einen Ausschluss nicht vorliegen.

3.3. Vergabehandbücher/Standardleistungsbuch/Muster

Zur Wahrung einheitlicher, transparenter, diskriminierungsfreier und rechtmäßiger Beschaffungsverfahren im Baubereich wird die Anwendung der nachstehenden Vergabehandbücher des Bundes empfohlen, soweit sie bei Landes- und kommunalen Beschaffungen nicht den Regelungen des HVTG entgegenstehen. Die Pflicht zur Beachtung der Vergabehandbücher auf Grund eingeführter Dienstanweisungen und Zuwendungsbescheide (u. a. bei ÖPNV-Maßnahmen) bleibt davon unberührt. Darüber hinaus werden Muster auf der HAD veröffentlicht.

a. Hochbau – VHB

Das Vergabe- und Vertragshandbuch für die Baumaßnahmen des Bundes (VHB) kann von der Internetseite des Bundesministeriums für Umwelt, Naturschutz, Bau und Reaktorsicherheit heruntergeladen werden (http://www.fib-bund.de/Inhalt/Vergabe/VHB/). Gegen Abgabe einer bei dem Hessischen Ministerium der Finanzen anzufordernden Eigenerklärung können dort auch die benötigten VHB-Formulare als unverschlüsselte Worddateien zur Verfügung gestellt werden:

Hessisches Ministerium der Finanzen
Referat IV 12
Zentrales Baumanagement
Friedrich Ebert-Allee 8, 65185 Wiesbaden
Telefon: 0611 32-0; Fax: 0611 32-2487
vergabehandbuch@hmdf.hessen.de

b. Straßenbau

Das Handbuch für die Vergabe und Ausführung von Bauleistungen im Straßen- und Brückenbau (HVA B-StB) und die Handbücher für Lieferungen und Leistungen (HVA L-StB) und freiberufliche Leistungen (HVA F-StB) können von der Internetseite des Bundesministeriums für Verkehr und digitale Infrastruktur (BMVI) heruntergeladen werden (http://www.bmvi.de).

c. Standardleistungsbuch (StLB-Bau) Zur Verbesserung der Qualität der Leistungsbeschreibungen wird auf die Möglichkeit hingewiesen, die vom Gemeinsamen Ausschuss Elektronik im Bauwesen (GAEB) aufgestellten Textsammlungen für Ausschreibungstexte von Bauleistungen, das sogenannte „Standardleistungsbuch", zu verwenden. Das Standardleistungsbuch ist in einzelne Leistungsbereiche in Anlehnung an die Allgemeinen Technischen Vertragsbedingungen für Bauleistungen – ATV (VOB/C) nach Gewerken unterteilt. Der Bezug ist kostenpflichtig.

3.4. Nachhaltige und innovative Beschaffung

a. Nachhaltige Beschaffung

Beschaffungen des Landes sind grundsätzlich nachhaltig auszurichten. Die §§ 67 und 68 der VgV, Beschaffungen energieverbrauchsrelevanter Liefer- und Dienstleistungen, sind unabhängig vom Auftragswert immer anzuwenden. In allen anderen Fällen entscheiden die Bedarfsstellen eigenverantwortlich, welche konkreten Anforderungen an die Nachhaltigkeit in einem

Beschaffungsverfahren gestellt werden. In der Umsetzung werden sie von den zentralen Beschaffungsstellen unterstützt.

b. Kompetenzstelle für nachhaltige Beschaffung

Die „Kompetenzstelle für nachhaltige Beschaffung" beim Beschaffungsamt des Bundesministeriums des Innern (KNB) kann von allen öffentlichen Auftraggebern bei der Berücksichtigung von Kriterien der Nachhaltigkeit bei Beschaffungsvorhaben kontaktiert werden. Sie unterstützt Vergabestellen bei Bund, Ländern und Kommunen beim Informationsaustausch und stellt Informationen und konkrete Handlungshilfen in Form von Checklisten, Formulierungsvorschlägen und Leitfäden etc. zur Verfügung: http://www.nachhaltige-beschaffung.info/de. Informationen zu nachhaltigen Beschaffungen können auch unter http://kmu.kompass-nachhaltigkeit.de abgerufen werden. Dabei handelt es sich um ein Projekt der Gesellschaft für internationale Zusammenarbeit (GIZ) im Auftrag des Bundesministeriums für wirtschaftliche Zusammenarbeit und Entwicklung (BMZ).

c. Kompetenzzentrum für innovative Beschaffung

Das „Kompetenzzentrum innovative Beschaffung" wird im Auftrag des Bundesministeriums für Wirtschaft und Technologie durch den Bundesverband Materialwirtschaft, Einkauf und Logistik e.V. (BME) geführt. Es dient allen öffentlichen Auftraggebern als Informationsstelle und Ansprechpartner. Ziel des Kompetenzzentrums ist es, die Innovationsorientierung der öffentlichen Beschaffung in Deutschland zu stärken, um wichtige Impulse für Innovationen in die Wirtschaft zu geben. Darüber hinaus besteht eine Projektdatenbank für innovative Produkte, Dienstleistungen und Verfahren sowie Bedarfe an innovativen Lösungen. Es können auch eigene Projekte angelegt werden: http://www.koinno-bmwi.de

3.5. Biodiversitätsstrategie des Landes Hessen

Bei der Planung und Erstellung der Leistungsbeschreibung von Bauleistungen im Außenbereich bzw. an der Außenhülle von Gebäuden sind die Anforderungen an den Schutz, den Erhalt und die Förderung der biologischen Vielfalt (Biodiversität) angemessen zu berücksichtigen. Hinweise zur Umsetzung von Maßnahmen für die Biodiversität werden im Bewertungssystem Nachhaltiges Bauen (BNB) des Bundesministeriums für Umwelt, Naturschutz, Bauen und Reaktorsicherheit im Steckbrief 1.1.4 „Außenanlagen von Bundesliegenschaften" gegeben. https://www.bnb-nachhaltigesbauen.de/fileadmin/pdf/BNB_Steckbriefe-Aussenanlagen/AA_114_biodiversitaet.pdf

3.6. Meldung von Verstößen gegen die Tariftreue- und Mindestlohnpflicht

Öffentliche Auftraggeber, Auftragnehmer, Beschäftigte des Auftragnehmers, andere Wirtschaftsteilnehmer oder sonstige Dritte können sich bei vermuteten Verstößen gegen die Tariftreue- und Mindestlohnpflicht nach § 4 und §§ 6 ff HVTG an die Dienststellen der Zollverwaltung wenden (s. auch: www.zoll.de). In Hessen sind hierfür zuständig:
- Hauptzollamt Darmstadt – Finanzkontrolle Schwarzarbeit
  Hilpertstraße 20 a, 64295 Darmstadt
  Postfach 10 07 42, 64207 Darmstadt
  Telefon: 06151 9180-5001, -5002, -5003, -5004
  Fax: 06151 9180-5900
  E-Mail: fks-darmstadt.hza-darmstadt@zoll.bund.de

- Hauptzollamt Frankfurt am Main – Finanzkontrolle Schwarzarbeit
  Hahnstraße 68 – 70, 60528 Frankfurt am Main
  Telefon: 069 300387-0
  Fax: 069 300387-250
  E-Mail: poststelle.hza-ffm@zoll.bund.de
- Hauptzollamt Gießen – Finanzkontrolle Schwarzarbeit
  Grünberger Straße 100, 35394 Gießen
  Postfach 10 04 54, 35334 Gießen
  Telefon: 0641 46093-260
  Fax: 0641 46093-280
  E-Mail: poststelle.hza-giessen@zoll.bund.de

Nachrichtlich ist auch die
- Oberfinanzdirektion Frankfurt am Main
  Referat Korruptionsschutz
  Postfach 11 14 31, 60049 Frankfurt am Main
  Telefon: 069 58303-0
  poststelle@ofd.hessen.de

zu informieren.

3.7. Wettbewerbsbeschränkungen

Bei Anhaltspunkten für wettbewerbsbeschränkende Absprachen oder andere wettbewerbsbehindernde Handlungen sind – auch bei Angebotsaufklärungen und Freihändigen Vergaben bzw. Verhandlungsverfahren – eigene Ermittlungen zur Sicherung von behördlichen Ermittlungsverfahren zu unterlassen und Erkenntnisse unverzüglich mitzuteilen an die
- Landeskartellbehörde im Hessischen Ministerium für Wirtschaft, Energie, Verkehr und Landesentwicklung
  Kaiser Friedrich Ring 75 65185 Wiesbaden
  Telefon: 0611 815-0
  E-Mail: landeskartellbehoerde@wirtschaft.hessen.de

Nachrichtlich ist auch die
- Oberfinanzdirektion Frankfurt am Main
  Referat Korruptionsschutz
  Postfach 11 14 31, 60049 Frankfurt am Main
  Telefon: 069 58303-0
  poststelle@ofd.hessen.de

zu informieren.

3.8 Scientology-Organisation

Ist bei Aufträgen über Beratungs- und Schulungsleistungen eine Schutzklausel zur Abwehr von Einflüssen der Scientology-Organisation (SO) erforderlich, wird als Besondere Vertragsbedingung folgende Schutzklausel empfohlen:
  Schutzklausel
  Das Beratungsunternehmen/Schulungsunternehmen verpflichtet sich sicherzustellen, dass die eingesetzten Personen bei der Erfüllung des Auftrages nicht die „Technologie von L. Ron Hubbard" anwenden, lehren oder in sonstiger Weise verbreiten.

3.9 Zuwendungen

Soweit Zuwendungsnehmer nach Maßgabe der Förderbedingungen oder im Rahmen des Zuwendungsbescheides vergaberechtliche Bestimmungen nach den

Vorläufigen Verwaltungsvorschriften zu § 44 LHO einzuhalten haben, ist ihnen die Beachtung des Teil 1 dieses Erlasses und der §§ 10 Abs. 3 bis 5, 11 Abs. 1 sowie 15 Abs. 1 und 2 des HVTG von dem Zuwendungsgeber im Zuwendungsbescheid aufzugeben. Soweit die Tariftreuepflicht (§ 4 HVTG) oder Aspekte der Nachhaltigkeit (§§ 2 Abs. 1 Satz 1 und 3 HVTG) Zuwendungsempfängern zur Beachtung aufgegeben werden sollen, ist dies gesondert zu bestimmen.

3.10 Geltungsbereich

Dieser Erlass gilt bei allen Vergabeverfahren des Landes nach § 55 LHO.
Für Gemeinden und Gemeindeverbände gelten die Nr. 1.1, 1.8, 2.1 und 3.7 als Bekanntgabe nach § 29 Abs. 2 GemHVO verbindlich. Die übrigen Regelungen und Hinweise werden zur Anwendung empfohlen.

In-Kraft-Treten

Dieser Erlass tritt am Tage nach der Veröffentlichung im Staatsanzeiger für das Land Hessen in Kraft. Er wird in der HAD veröffentlicht.

Änderung des Gemeinsamen Runderlasses zum öffentlichen Auftragswesen (Vergabeerlass)

In der Fassung vom 11.9.2017

Gemeinsamer Runderlass

Der Gemeinsame Bunderlass vom 2. Dezember 2015 (Vergabeerlass), zuletzt geändert durch Erlass vom 7. November 2016, wird im Einvernehmen mit dem Hessischen Ministerium des Innern und für Sport und dem Hessischen Ministerium der Finanzen wie folgt geändert:

In Nr. 1.3 werden folgende Sätze angefügt:

Nach § 10 Abs. 3 Satz 2 HVTG wird bei Freihändiger Vergabe mit mehreren oder in besonderen Ausnahmefällen nur mit einem Unternehmen über den Gegenstand verhandelt. Ein solcher besonderer Ausnahmefall kann beispielsweise vorliegen, wenn zuvor durchgeführte Öffentliche oder Beschränkte Ausschreibungen bzw. Freihändige Vergaben mit oder ohne Interessenbekundungsverfahren kein annehmbares Ergebnis erzielt haben, bei unverschuldeter Dringlichkeit, beim Erfordernis eines besonderen Vertrauensverhältnisses für die Erbringung einer freiberuflichen Leistung, bei der Vergabe öffentlich-rechtlicher Leistungen, für die gesetzliche Gebührenregelungen gelten und eine Vergütungsvereinbarung unzulässig ist oder bei der Vergabe künstlerischer Leistungen. In solchen Fällen reicht es aus, abweichend von § 11 Abs. 3 Satz 2 HVTG, nicht fünf, sondern nur einen Bieter aufzufordern. Das Vorliegen eines entsprechenden Ausnahmefalls ist zu dokumentieren. Das Gebot der Streuung nach § 11 Abs. 1 Satz 1 HVTG bleibt unberührt.

In Nr. 1.4 wird folgender Satz angefügt:

Ein Interessenbekundungsverfahren kann auch durchgeführt werden, wenn die Auftragswerte nach § 10 Abs. 5 HVTG nicht erreicht werden.

In Nr. 2.1 Buchst. b) wird die Angabe „vobstelle@rpka.hessen.de" durch „vobstelle@rpks.hessen.de" ersetzt.

In Nr. 3.4 Buchst. b) wird der Link „http://kmu.kompass-nachhaltigkeit.de" durch „http://oeffentlichebeschaffung.kompass-nachhaltigkeit.de" ersetzt.

Dieser Erlass tritt am Tage nach der Bekanntgabe im Staatsanzeiger für das Land Hessen in Kraft. Er wird in der HAD veröffentlicht.

Mecklenburg-Vorpommern

Gesetz über die Vergabe öffentlicher Aufträge in Mecklenburg-Vorpommern (Vergabegesetz Mecklenburg-Vorpommern – VgG M-V)

Vom 7. Juli 2011
(GVOBl. M-V S. 411)
Zuletzt geändert durch Art. 1 G zur Änd. vergaberechtlicher Vorschriften
vom 12.7.2018 (GVOBl. M-V S. 242)

§ 1 Gesetzeszweck, Anwendungsbereich

(1) [1]Dieses Gesetz soll die Praxis der öffentlichen Auftragsvergabe in Mecklenburg-Vorpommern und die Rahmenbedingungen für mittelständische Unternehmen im Bereich der öffentlichen Auftragsvergabe verbessern. [2]Es dient einem gerechten Interessenausgleich zwischen Auftraggebern und Auftragnehmern sowie zwischen Arbeitgebern und Arbeitnehmern.

(2) [1]Die Bestimmungen dieses Gesetzes gelten für das Land, die Landkreise, Ämter und Gemeinden (Kommunen) sowie für sonstige Körperschaften, Anstalten und Stiftungen des öffentlichen Rechts, die der Aufsicht des Landes oder des Landrates als untere staatliche Verwaltungsbehörde unterstehen. [2]Sie gelten nicht für Sparkassen nach § 1 Absatz 1 des Sparkassengesetzes des Landes Mecklenburg-Vorpommern.

(3) [1]Dieses Gesetz gilt für die Vergabe von Bauleistungen ab einem Auftragswert von mehr als 50 000 Euro, für die Vergabe von Liefer- oder Dienstleistungen ab einem Auftragswert von mehr als 10 000 Euro. [2]Auf die Vergabe von Leistungen bis zu den in Satz 1 genannten Auftragswerten finden § 2 mit Ausnahme von Absatz 1 Satz 1 Nummer 1 und von Absatz 2 Satz 1, § 3 Absätze 1 bis 3, § 9 und § 13 Anwendung.

§ 2 Anzuwendende Vorschriften

(1) [1]Auf das Verfahren zur Vergabe öffentlicher Aufträge sind anzuwenden:
1. die Bestimmungen dieses Gesetzes und die aufgrund dieses Gesetzes erlassenen Rechtsverordnungen,
2. Abschnitt 1 der Vergabe- und Vertragsordnung für Bauleistungen Teil A (VOB/A),
3. Abschnitt 1 der Vergabe- und Vertragsordnung für Leistungen Teil A (VOL/A), ab dem 1. Januar 2019 die Unterschwellenvergabeordnung (UVgO).

[2]Darüber hinaus sind die zum öffentlichen Auftragswesen ergangenen Verwaltungsvorschriften anzuwenden.

(2) [1]Die Bestimmungen dieses Gesetzes und die aufgrund dieses Gesetzes erlassenen Rechtsverordnungen gehen den übrigen Bestimmungen nach Absatz 1 vor. [2]Die Verwaltungsvorschriften haben Vorrang vor den Bestimmungen nach Absatz 1 Satz 1 Nummer 2 und 3.

(3) Höherrangiges Recht, insbesondere das Recht der Europäischen Union sowie der Vierte Teil des Gesetzes gegen Wettbewerbsbeschränkungen und die darauf beruhenden weiteren vergaberechtlichen Bestimmungen, bleibt unberührt.

(4) [1]Die maßgeblichen Fassungen von Abschnitt 1 der VOB/A, Abschnitt 1 der VOL/A und der UVgO werden vom Ministerium für Wirtschaft, Arbeit und

Gesundheit im Einvernehmen mit dem Finanzministerium, dem Ministerium für Inneres und Europa und dem Ministerium für Energie, Infrastruktur und Digitalisierung durch Verwaltungsvorschrift eingeführt. ²Das Ministerium für Wirtschaft, Arbeit und Gesundheit kann im Einvernehmen mit dem Finanzministerium, dem Ministerium für Inneres und Europa und dem Ministerium für Energie, Infrastruktur und Digitalisierung weitere das öffentliche Auftragswesen betreffende Verwaltungsvorschriften erlassen. ³Erlässt das Ministerium für Wirtschaft, Arbeit und Gesundheit keine Regelungen nach Satz 2, können alle Ministerien jeweils für ihre Geschäftsbereiche im Einvernehmen mit dem Ministerium für Wirtschaft, Arbeit und Gesundheit Regelungen nach Satz 2 treffen.

§ 3 Allgemeine Grundsätze

(1) ¹Öffentliche Aufträge und Konzessionen werden im Wettbewerb und im Wege transparenter Verfahren vergeben. ²Dabei werden die Grundsätze der Wirtschaftlichkeit und der Verhältnismäßigkeit gewahrt.

(2) ¹Dem Abschluss von Verträgen über Lieferungen und Leistungen muss eine Öffentliche Ausschreibung oder eine Beschränkte Ausschreibung mit Teilnahmewettbewerb vorausgehen, sofern nicht die Natur des Geschäfts oder besondere Umstände eine Ausnahme rechtfertigen. ²Teilnahmewettbewerb ist ein Verfahren, bei dem der öffentliche Auftraggeber nach vorheriger öffentlicher Aufforderung zur Teilnahme eine beschränkte Anzahl von geeigneten Unternehmen nach objektiven, transparenten und nichtdiskriminierenden Kriterien auswählt und zur Abgabe von Angeboten auffordert.

(3) Die Teilnehmer an einem Vergabeverfahren sind gleich zu behandeln, es sei denn, eine Benachteiligung ist aufgrund dieses Gesetzes ausdrücklich geboten oder gestattet.

(4) ¹In den Vergabeverfahren können die Auftraggeber nach Maßgabe dieses Gesetzes und der nach § 2 Absatz 4 Satz 1 eingeführten Vergabeordnungen insbesondere soziale, umweltbezogene und innovative Aspekte berücksichtigen. ²Technische Spezifikationen sowie Leistungs- oder Funktionsanforderungen sollen sie unter Beachtung umweltbezogener Aspekte und unter Bezugnahme auf Umweltzeichen formulieren. ³Sie sollen auf den Gesichtspunkt einer möglichst hohen Energieeffizienz achten.

§ 4 Berücksichtigung mittelständischer Interessen

¹Mittelständische Interessen sind bei der Vergabe öffentlicher Aufträge vornehmlich zu berücksichtigen. ²Leistungen sind in der Menge aufgeteilt (Teillose) und getrennt nach Art oder Fachgebiet (Fachlose) zu vergeben. ³Mehrere Teil- oder Fachlose dürfen zusammen vergeben werden, wenn wirtschaftliche oder technische Gründe dies erfordern. ⁴Wird ein Unternehmen, das nicht öffentlicher Auftraggeber ist, mit der Wahrnehmung oder Durchführung einer öffentlichen Aufgabe betraut, verpflichtet der Auftraggeber das Unternehmen, sofern es Unteraufträge an Dritte vergibt, nach den Sätzen 1 bis 3 zu verfahren.

§ 5 Eignung, Ausführungsbedingungen

(1) Aufträge werden nur an fachkundige, leistungsfähige sowie gesetzestreue und zuverlässige Unternehmen vergeben (geeignete Unternehmen).

(2) ¹Für die Auftragsausführung können zusätzliche Anforderungen an Auftragnehmer gestellt werden, die insbesondere soziale, umweltbezogene oder innovative Aspekte betreffen, wenn sie mit dem Auftragsgegenstand in Verbindung ste-

hen. ²Diese Verbindung ist auch unter den Voraussetzungen des § 43 Absatz 3 Satz 2 UVgO gegeben. ³Soziale Anforderungen im Sinne von Satz 1 können insbesondere die Berücksichtigung der Erstausbildung, die Beachtung der Chancengleichheit von Männern und Frauen bei Aus- und Fortbildung oder im beruflichen Aufstieg sowie die Beschäftigung von Langzeitarbeitslosen sein. ⁴Die Ausführungsbedingungen müssen sich aus der Auftragsbekanntmachung oder den Vergabeuntedagen ergeben.

§ 6 Angemessenheit des Preises

(1) Auf ein Angebot mit einem unangemessen hohen oder niedrigen Preis darf der Zuschlag nicht erteilt werden.

(2) ¹Zweifel an der Angemessenheit niedriger Preise ergeben sich insbesondere, wenn die Angebotssummen
– eines oder einiger weniger Bieter erheblich geringer sind als die der übrigen oder
– erheblich von der aktuell zutreffenden Preisermittlung des Auftraggebers abweichen.

²Solche Zweifel sind grundsätzlich bei einer Abweichung von 20 vom Hundert oder mehr anzunehmen.

(3) Insbesondere darf der Zuschlag nicht erteilt werden auf Unterkostenangebote,
– die in der zielgerichteten Absicht abgegeben werden oder zumindest die Gefahr begründen, dass ein oder mehrere bestimmte Mitbewerber vom Markt vollständig verdrängt werden oder
– die im konkreten Einzelfall den Bieter selbst in wirtschaftliche Schwierigkeiten bringen, sodass er den Auftrag nicht vertragsgerecht durchführen kann.

§ 7 Zuschlag auf das wirtschaftlichste Angebot

(1) Der Zuschlag ist auf das wirtschaftlichste Angebot zu erteilen.

(2) Das wirtschaftlichste Angebot ist dasjenige mit dem günstigsten Verhältnis von angebotener Leistung und den zu erwartenden Kosten für den Auftraggeber.

(3) Die angebotene Leistung wird nach gewichteten Zuschlagskriterien bewertet.

(4) Die Kosten setzen sich aus dem Angebotspreis und weiteren Kosten zusammen, die dem Auftraggeber nach den Verhältnissen des Einzelfalles im Zusammenhang mit der zu erbringenden Leistung entstehen (Lebenszykluskosten wie etwa Unterhalts-, Wartungs-, Betriebskosten).

(5) Unterscheiden sich die Angebote nur hinsichtlich der Kosten, so darf der Zuschlag auf das kostengünstigste Angebot erteilt werden.

(6) ¹Der Auftraggeber hat in der Bekanntmachung oder in den Vergabeunterlagen das Wertungssystem, mit dem er das wirtschaftlichste Angebot ermittelt, offen zu legen. ²Von dem bekannt gemachten System darf der Auftraggeber bei der Wertung nicht abweichen.

§ 8 Sicherheitsleistungen

(1) ¹Sicherheiten sind nur zu fordern, wenn sie für die sach-und fristgemäße Durchführung der verlangten Leistung notwendig erscheinen. ²Die Sicherheiten sollen nicht höher bemessen und ihre Rückgabe nicht für einen späteren Zeitpunkt vorgesehen werden als nötig ist, um den Auftraggeber vor Schaden zu bewahren.

(2) ¹Bei Öffentlicher Ausschreibung sind Sicherheitsleistungen für die Vertragserfüllung in der Regel erst ab einer bestimmten Auftragssumme zu verlangen. ²Im Übrigen sollen solche Sicherheitsleistungen nicht verlangt werden.

(3) ¹Für die Erfüllung der Verpflichtungen aus Gewährleistung ist in jedem Einzelfall besonders eingehend zu prüfen, ob bis zu einer bestimmten Abrechnungssumme auf Sicherheiten verzichtet werden kann. ²Das Ergebnis der Prüfung ist aktenkundig zu machen.

(4) Die Landesregierung wird ermächtigt, durch Rechtsverordnung die Höhe der Auftragssumme nach Absatz 2 und der Abrechnungssumme nach Absatz 3 zu bestimmen; sie kann dabei nach unterschiedlichen Leistungsarten differenzieren.

§ 9 Mindestarbeitsbedingungen

(1) Aufträge im Bereich des Schienenpersonennahverkehrs (SPNV) sowie des sonstigen Öffentlichen Personennahverkehrs (ÖPNV) im Sinne der Verordnung (EG) Nr. 1370/2007 des Europäischen Parlaments und des Rates vom 23.10.2007 über öffentliche Personenverkehrsdienste auf Schiene und Straße und zur Aufhebung der Verordnungen (EWG) Nr. 1191/69 und (EWG) Nr. 1107/70 des Rates (ABl. EG Nr. L 315 S. 1) dürfen nur an Unternehmen vergeben werden, die sich durch Erklärung gegenüber dem Auftraggeber verpflichten, ihre bei der vertragsgegenständlichen Ausführung dieser Leistung Beschäftigten mindestens nach den Vorgaben eines im Bundesgebiet oder einem Teil davon für ihre Branche einschlägigen und repräsentativen Tarifvertrages in der jeweils geltenden Fassung zu entlohnen, sofern sie nicht bereits aufgrund anderweitiger Regelungen zu einer höheren Entgeltzahlung verpflichtet sind.

(2) ¹Ein Tarifvertrag ist dann repräsentativ im Sinne von Absatz 1, wenn er im Zeitpunkt der Angebotsabgabe angewendet wird und wettbewerblich relevant ist, indem er eine erhebliche Zahl von Beschäftigten in der betreffenden Branche umfasst. ²Repräsentativ sind auch Tarifverträge, die im Zeitpunkt der Angebotsabgabe nur in Mecklenburg-Vorpommern angewendet werden und eine erhebliche Zahl von Beschäftigten in der betreffenden Branche in Mecklenburg-Vorpommern erfassen. ³Die Landesregierung bestimmt die im Rahmen öffentlicher Vergaben über Personenverkehrsdienste nach Absatz 1 jeweils anzuwendenden repräsentativen Tarifverträge unter Berücksichtigung aller Umstände nach billigem Ermessen. ⁴Die Entscheidung ergeht unter Einbeziehung der für Mecklenburg-Vorpommern zuständigen Verbände der Tarifvertragsparteien der jeweiligen Branche.

(3) Das für den öffentlichen Personennahverkehr zuständige Ministerium gibt die nach Absatz 2 bestimmten Tarifverträge im Amtsblatt für Mecklenburg-Vorpommern bekannt.

(4) ¹Land und Kommunen vergeben Aufträge an Unternehmen nur dann, wenn diese sich durch Erklärung gegenüber dem Auftraggeber verpflichten, ihren Arbeitnehmerinnen und Arbeitnehmern bei der Ausführung der Leistung ein Mindest-Stundenentgelt von 9,54 Euro (brutto) zu zahlen. ²Das für Arbeit zuständige Ministerium hat die Höhe des Mindest-Stundenentgeltes jährlich anzupassen, erstmals zum 1. Oktober 2018; es wird ermächtigt, die Anpassung durch Rechtsverordnung vorzunehmen. ³Die Anpassung richtet sich nach der prozentualen Veränderungsrate im Index der tariflichen Monatsverdienste des Statistischen Bundesamtes für die Gesamtwirtschaft in Deutschland (ohne Sonderzahlungen); bei der Ermittlung der Veränderungsrate ist jeweils der Durchschnitt der veröffentlichten Daten für die letzten vier Quartale zugrunde zu legen. ⁴Verpflichtungen zur Zahlung höherer Löhne aus anderen Rechtsgründen, insbesondere nach Absatz 1 und nach Bundesrecht, bleiben unberührt.

(5) Soweit Leistungen auf Nachunternehmer übertragen werden sollen, hat sich das Unternehmen durch Erklärung gegenüber dem Auftraggeber zu verpflichten,

dem Nachunternehmer die für das Unternehmen geltenden Pflichten aufzuerlegen und die Beachtung dieser Pflichten durch den Nachunternehmer zu überwachen.

(6) ¹Von den Bestimmungen der Absätze 4 und 5 erfasst sind auch Leiharbeitnehmerinnen und Leiharbeitnehmer im Sinne des Arbeitnehmerüberlassungsgesetzes in der Fassung der Bekanntmachung vom 3. Februar 1995 (BGBl. I S. 158), das zuletzt durch Artikel 1 des Gesetzes vom 21. Februar 2017 (BGBl. I S. 258) geändert worden ist, sowie Werkvertragsarbeitnehmerinnen und Werkvertragsarbeitnehmer; Verleiher nach dem Arbeitnehmerüberlassungsgesetz und Werkvertragsunternehmer gelten als Nachunternehmer im Sinne des Absatzes 5. ²Nicht erfasst sind Auszubildende, Praktikantinnen und Praktikanten, Hilfskräfte und Teilnehmende an Bundesfreiwilligendiensten.

(7) Erklärungen der Unternehmen nach den Absätzen 1, 4 und 5 sind zur Angebotsabgabe in der Form zu fordern, die der Auftraggeber für die Angebote bestimmt hat. Angebote, in denen solche Erklärungen fehlen und zu denen sie nicht innerhalb einer vom Auftraggeber bestimmten Frist nachgereicht werden, werden von der Wertung ausgeschlossen.

(8) ¹Das Land erstattet den Kommunen in den Jahren 2018 und 2019 auf Antrag Mehrkosten, die diesen im Zusammenhang mit der Anwendung der Vorschriften über das Mindest-Stundenentgelt nach Absatz 4 und nach § 10 entstehen. ²Die Landesregierung wird ermächtigt, das Nähere zur Ausgestaltung des Verfahrens zur Antragstellung, Prüfung und Zahlung der Kostenerstattung durch Rechtsverordnung zu regeln.

(9) Absätze 1 und 4 bis 7 gelten auch bei Leistungserbringung durch Unternehmen oder vorgesehene Nachunternehmer mit Sitz im Ausland; Absätze 4 bis 7 gelten nicht, soweit Unternehmen oder vorgesehene Nachunternehmer mit Sitz im EU-Ausland beabsichtigen, die verfahrensgegenständliche Dienstleistung ganz oder teilweise im EU-Ausland zu erbringen.

(10) ¹Bei bundesländerübergreifenden Vergaben ist von der Vergabestelle vor Beginn des Vergabeverfahrens eine Einigung mit den beteiligten weiteren Vergabestellen anderer Länder über die Anforderungen nach den Absätzen 1, 4 bis 7 und 9 anzustreben. ²Kommt eine solche Einigung nicht zustande, so kann von den Absätzen 1, 4 bis 7 und 9 abgewichen werden.

(11) Auf bevorzugte Bieter nach § 224 Absatz 1 Satz 1, Absatz 2 und § 226 des Neunten Buches Sozialgesetzbuch vom 23. Dezember 2016 (BGBl. I S. 3234), das zuletzt durch Artikel 23 des Gesetzes vom 17. Juli 2017 (BGBl. I S. 2541) geändert worden ist, finden die Bestimmungen der Absätze 1 und 4 bis 7 keine Anwendung.

§ 10 Kontrollen und Sanktionen

(1) ¹Soweit Unternehmen nach Maßgabe von § 9 Absatz 1 und 4 zur Beachtung von Mindestarbeitsbedingungen verpflichtet sind, kontrollieren die Auftraggeber die Einhaltung dieser Obliegenheiten; das Gleiche gilt, soweit Unternehmen nach Maßgabe von § 9 Absatz 5 verpflichtet sind, Nachunternehmer zu verpflichten und die Beachtung von deren Pflichten zu überwachen. ²Die Auftraggeber sind von der Pflicht nach Satz 1 befreit, soweit das Land die Kontrolle auf eine andere Stelle übertragen hat.

(2) Im Umfang der nach Absatz 1 bestehenden Kontrollpflicht gelten folgende weitere Maßgaben:
1. ¹Der Auftraggeber hat mit dem Auftragnehmer vertraglich zu vereinbaren, dass er oder die andere Stelle nach Absatz 1 Satz 2 befugt ist, Kontrollen nach Absatz 1 Satz 1 durchzuführen und dabei Einsicht in die Entgeltabrechnungen, die die zur Erfüllung des jeweiligen Auftrages eingesetzten Beschäftigten betreffen, sowie in die zwischen dem Auftragnehmer und seinen Nachunternehmern

geschlossenen Verträge zu nehmen. ²Der Auftraggeber verpflichtet den Auftragnehmer vertraglich, seine Beschäftigten auf die Möglichkeit solcher Kontrollen hinzuweisen. ³Der Auftraggeber verpflichtet den Auftragnehmer außerdem vertraglich, vollständige und prüffähige Unterlagen zur Vornahme der Kontrollen nach Absatz 1 Satz 1 bereitzuhalten und auf Verlangen dem Auftraggeber oder der anderen Stelle nach Absatz 1 Satz 2 unverzüglich vorzulegen.

2. ¹Zur Sicherung der Einhaltung der Obliegenheiten nach § 9 Absatz 1, 4, 6 und 9 ist der Auftragnehmer zu verpflichten, für jeden schuldhaften Verstoß eine Vertragsstrafe in Höhe von 1 vom Hundert, bei mehreren Verstößen bis zu höchstens 5 vom Hundert des Auftragswertes zu zahlen. ²Der Auftragnehmer ist zur Zahlung der Vertragsstrafe auch für den Fall zu verpflichten, dass der von ihm beauftragte Nachunternehmer oder ein von diesem eingesetzter Nachunternehmer gegen seine nach § 9 Absatz 5 begründete Obliegenheit verstößt, sofern der Auftragnehmer diesen Verstoß kannte oder kennen musste.

3. ¹Ist die vereinbarte Vertragsstrafe wegen Nichterfüllung der aufgrund dieses Gesetzes übernommenen Obliegenheiten verwirkt, soll diese verlangt werden. ²Ist die verwirkte Vertragsstrafe unverhältnismäßig hoch, so kann sie vom Auftraggeber auf Antrag des Auftragnehmers auf einen angemessenen Betrag herabgesetzt werden. ³Die Vertragsstrafe entfällt, wenn wegen des zu Grunde liegenden Verstoßes gegen den Auftragnehmer rechtskräftig straf- oder ordnungswidrigkeitenrechtliche Maßnahmen ergriffen worden sind. ⁴Die Geltendmachung einer Vertragsstrafe nach diesem Gesetz bleibt von der Geltendmachung einer Vertragsstrafe aus anderem Grunde sowie von der Geltendmachung sonstiger Ansprüche unberührt.

4. ¹Der Auftraggeber hat mit dem Auftragnehmer zu vereinbaren, dass der vorsätzliche, grob fahrlässige oder mehrfache Verstoß gegen die Obliegenheiten nach § 9 Absatz 1, 4 bis 6 und 9 durch den Auftragnehmer oder seine Nachunternehmer den Auftraggeber zur fristlosen Kündigung des Vertrages berechtigt. ²Der Auftraggeber vereinbart mit dem Auftragnehmer, dass dieser dem Auftraggeber den durch die Kündigung entstandenen Schaden zu ersetzen hat.

(3) Die Vereinbarungen nach Absatz 2 Nummer 1, 2 und 4 werden mit Erteilung des Zuschlages geschlossen.

(4) ¹Hat der Auftragnehmer schuldhaft seine Obliegenheiten nach § 9 Absatz 1, 4 bis 6 und 9 verletzt, so soll der öffentliche Auftraggeber ihn wegen mangelnder Eignung für die Dauer von bis zu drei Jahren von der Teilnahme am Wettbewerb um Aufträge ausschließen (Auftragssperre). ²Beim Ministerium für Wirtschaft, Arbeit und Gesundheit wird eine zentrale Informationsstelle eingerichtet, die Informationen, über Auftragssperren bereitstellt, die von Vergabestellen des Landes verhängt worden sind. ³Die zentrale Informationsstelle trifft keine Entscheidung über einen Vergabeausschluss. ⁴Die Vergabestellen des Landes sind verpflichtet, verhängte Auftragssperren in die Datenbank der zentralen Informationsstelle einzustellen; sie haben sich vor Entscheidungen über die Vergabe von öffentlichen Aufträgen aus der Datenbank der zentralen Informationsstelle zu unterrichten, inwieweit Eintragungen zu Bietern mit einem für den Zuschlag in Betracht kommenden Angebot vorliegen und eine Eintragung bei der Beurteilung der Zuverlässigkeit des Bewerbers oder Bieters zu berücksichtigen. ⁵Die Landesregierung wird ermächtigt, durch Rechtsverordnung die Einzelheiten zur Einrichtung der zentralen Informationsstelle und ihrer Datenbank, zur Listung von Auftragssperren und zu Abfragen öffentlicher Auftraggeber in der Datenbank der zentralen Informationsstelle zu regeln. ⁶Die anderen öffentlichen Auftraggeber sind befugt, für ihre Vergaben ebenfalls zentrale Informationsstellen für Informationen über Auftragssperren einzurichten. ⁷Die Sätze 3 und 4 gelten entsprechend; die Bestimmungen der nach Satz 5 zu erlassenden Rechtsverordnung sind zu beachten.

§ 11 Beachtung der ILO-Kernarbeitsnormen

¹Bei der Vergabe von Leistungen ist darauf hinzuwirken, dass keine Waren Gegenstand der Leistung sind, die unter Missachtung der in den Kernarbeitsnormen der Internationalen Arbeitsorganisation (International Labour Organization – ILO) festgelegten Mindeststandards gewonnen oder hergestellt worden sind. ²Die Mindeststandards der ILO-Kernarbeitsnormen ergeben sich aus:
1. dem Übereinkommen Nr. 29 über Zwangs-oder Pflichtarbeit vom 28. Juni 1930 (BGBl. 1956 II S. 641),
2. dem Übereinkommen Nr. 87 über die Vereinigungsfreiheit und den Schutz des Vereinigungsrechtes vom 9. Juli 1948 (BGBl. 1956 II S. 2073),
3. dem Übereinkommen Nr. 98 über die Anwendung der Grundsätze des Vereinigungsrechtes und des Rechtes zu Kollektivverhandlungen vom 1. Juli 1949 (BGBl. 1955 II S. 1123),
4. dem Übereinkommen Nr. 100 über die Gleichheit des Entgelts männlicher und weiblicher Arbeitskräfte für gleichwertige Arbeit vom 29. Juni 1951 (BGBl. 1956 II S. 24),
5. dem Übereinkommen Nr. 105 über die Abschaffung der Zwangsarbeit vom 25. Juni 1957 (BGBl. 1959 II S. 442),
6. dem Übereinkommen Nr. 111 über die Diskriminierung in Beschäftigung und Beruf vom 25. Juni 1958 (BGBl. 1961 II S. 98),
7. dem Übereinkommen Nr. 138 über das Mindestalter für die Zulassung zur Beschäftigung vom 26. Juni 1973 (BGBl. 1976 II S. 202) und
8. dem Übereinkommen Nr. 182 über das Verbot und unverzügliche Maßnahmen zur Beseitigung der schlimmsten Formen der Kinderarbeit vom 17. Juni 1999 (BGBl. 2001 II S. 1291).

§ 12 Informationspflicht

(1) ¹Der Auftraggeber informiert die Bieter, deren Angebote nicht berücksichtigt werden sollen, über den Namen des Bieters, dessen Angebot angenommen werden soll, und über den Grund der vorgesehenen Nichtberücksichtigung ihres Angebotes. ²Er gibt die Information in Textform spätestens sieben Kalendertage vor dem Vertragsabschluss.

(2) ¹Absatz 1 findet keine Anwendung, wenn der Auftragswert einen Mindestbetrag nicht übersteigt. ²Die Landesregierung wird ermächtigt, durch Rechtsverordnung die Höhe des Mindestbetrages festzulegen; sie kann dabei nach unterschiedlichen Leistungsarten differenzieren.

§ 13 Ermittlung des Auftragswertes

Soweit nach diesem Gesetz oder nach einer Vorschrift aufgrund dieses Gesetzes der Auftragswert maßgeblich ist, wird er nach § 3 Absatz 1 bis 4, 6 bis 8, 10 bis 12 der Vergabeverordnung vom 12. April 2016 (BGBl. I S. 624), die durch Artikel 8 des Gesetzes vom 18. Juli 2017 (BGBl. I S. 2745) geändert worden ist, ermittelt.

§ 14 Änderung von Gesetzen

[hier nicht wiedergegeben]

§ 15 Inkrafttreten, Außerkrafttreten

Dieses Gesetz tritt am Tag nach der Verkündung in Kraft.

Landesverordnung zur Durchführung des Vergabegesetzes Mecklenburg-Vorpommern
(Vergabegesetzdurchführungslandesverordnung – VgGDLVO M-V)

Vom 22. Mai 2013
(GVOBl. M-V. S. 149)
Zuletzt geändert durch Zweite ÄndVO vom 5.9.2016 (GVOBl. M-V S. 780)

§ 1 Auftragssumme, Abrechnungssumme

(1) Die Auftragssumme nach § 8 Absatz 2 Satz 1 des Vergabegesetzes Mecklenburg-Vorpommern beträgt bei Bauleistungen 250 000 Euro ohne Umsatzsteuer, bei allen sonstigen Leistungen 50 000 Euro ohne Umsatzsteuer.

(2) Die Abrechnungssumme nach § 8 Absatz 3 Satz 1 des Vergabegesetzes Mecklenburg-Vorpommern beträgt bei Bauleistungen 250 000 Euro ohne Umsatzsteuer, bei allen sonstigen Leistungen 50 000 Euro ohne Umsatzsteuer.

§ 2 Zentrale Informationsstelle

(1) ¹Bei der zentralen Informationsstelle nach § 10 Absatz 6 Satz 2 des Vergabegesetzes Mecklenburg-Vorpommern wird eine Datenbank (automatisierte Datei) eingerichtet. ²In die Datenbank werden unverzüglich, nachdem die Vergabestelle von den die Auftragssperre rechtfertigenden Tatsachen Kenntnis erhalten hat, folgende Daten eingestellt:
– die meldende Vergabestelle mit Anschrift, Telefonnummer, Faxnummer, E-Mail-Adresse und Ansprechpartner,
– Aktenzeichen oder Vergabenummer,
– Datum der Zuschlagserteilung,
– das nach § 10 Absatz 6 Satz 1 des Vergabegesetzes Mecklenburg-Vorpommern ausgeschlossene Unternehmen mit Firma oder Geschäftsbezeichnung, Rechtsform, Sitz und Anschrift, gegebenenfalls die betroffene Niederlassung mit Anschrift,
– Registergericht und Handelsregisternummer, bei Unternehmen mit Sitz im Ausland die entsprechenden Daten nach dortigem Recht,
– Gewerbezweig oder Branche mit CPV-Code der betroffenen Tätigkeiten,
– Beginn und Ende des Ausschlusses.

(2) Wird die Dauer eines Ausschlusses verkürzt, so wird dies unverzüglich in die Datenbank eingetragen. Wird ein Ausschluss aufgehoben, so wird der das Unternehmen betreffende Datensatz unverzüglich gelöscht.

(3) Eintragungen und Löschungen nach den Absätzen 1 und 2 werden ausschließlich von der Vergabestelle des Landes vorgenommen, die über den Ausschluss des betreffenden Unternehmens entschieden hat.

(4) ¹Die Vergabestelle des Landes unterrichtet das von ihr ausgeschlossene Unternehmen unverzüglich über jede Eintragung und Löschung, die das Unternehmen betrifft. ²Die zentrale Informationsstelle erteilt auf Antrag Auskunft über die Eintragungen in die Datenbank, die das Antrag stellende Unternehmen betreffen.

(5) ¹Zugriff auf die Datenbank erhalten ausschließlich öffentliche Auftraggeber nach § 1 Absatz 2 des Vergabegesetzes Mecklenburg-Vorpommern sowie Unter-

nehmen und Einrichtungen nach den §§ 68 bis 70 der Kommunalverfassung vom 13. Juli 2011 (GVOBl. M-V S. 777). ²Die Datenübermittlung erfolgt im Wege eines automatisierten Abrufverfahrens.

§ 3 Mindestbetrag

Der Mindestbetrag nach § 12 Absatz 2 Satz 1 des Vergabegesetzes Mecklenburg-Vorpommern beträgt bei Bauleistungen 1 000 000 Euro ohne Umsatzsteuer, bei allen sonstigen Leistungen 100 000 Euro ohne Umsatzsteuer.

§ 4 Inkrafttreten, Außerkrafttreten

Diese Verordnung tritt am Tag nach ihrer Verkündung in Kraft.

Vergabe öffentlicher Aufträge mit geringen Auftragswerten (Wertgrenzenerlass)

In der Fassung vom 8.12.2016

Aufgrund des § 2 Absatz 4 Satz 2 des Vergabegesetzes Mecklenburg-Vorpommern vom 7. Juli 2011 (GVOBl. M-V S. 411), das zuletzt durch das Gesetz vom 21. Dezember 2015 (GVOBl. M-V S. 587) geändert worden ist, erlässt das Ministerium für Wirtschaft, Arbeit und Gesundheit im Einvernehmen mit dem Finanzministerium, dem Ministerium für Inneres und Europa und dem Ministerium für Energie, Infrastruktur und Digitalisierung folgende Verwaltungsvorschrift:

1 Wertgrenzen, Bestimmung des Auftragswertes

1.1 Eine Beschränkte Ausschreibung ist bei Liefer- oder Dienstleistungen ohne Vorliegen eines Ausnahmetatbestandes nach der Vergabe- und Vertragsordnung für Leistungen – Teil A – (nachfolgend VOL/A genannt) zulässig, wenn der voraussichtliche Auftragswert 100 000 Euro nicht übersteigt. Eine Beschränkte Ausschreibung ist für Bauleistungen ohne Vorliegen eines Ausnahmetatbestandes nach der Vergabe- und Vertragsordnung für Bauleistungen – Teil A – (nachfolgend VOB/A genannt) zulässig, wenn der voraussichtliche Auftragswert 1 000 000 Euro nicht übersteigt.

1.2 Eine Freihändige Vergabe ist bei Liefer- oder Dienstleistungen ohne Vorliegen eines Ausnahmetatbestandes nach der VOL/A zulässig, wenn der voraussichtliche Auftragswert 100 000 Euro nicht übersteigt. Eine Freihändige Vergabe ist für Bauleistungen ohne Vorliegen eines Ausnahmetatbestandes nach der VOB/A zulässig, wenn der voraussichtliche Auftragswert 200 000 Euro nicht übersteigt.

1.3 Übersteigt der Auftragswert die Wertgrenze nach den Nummern 1.1 oder 1.2, so dürfen die vorstehenden Regelungen auf den Teil des Auftrages angewandt werden, der die Wertgrenze nicht übersteigt.

1.4 Beschränkte Ausschreibung und Freihändige Vergabe dürfen innerhalb der Wertgrenzen nach den Nummern 1.1 und 1.2 kombiniert werden. Die Summe der Auftragswerte beider Vergabearten (Teilauftragswerte) darf die Wertgrenze nach Nummer 1.1 nicht überschreiten.

1.5 Für die Schätzung des Auftragswertes gilt § 3 der Vergabeverordnung vom 12. April 2016 (BGBl. I S. 624) entsprechend.

2 Aufforderung zur Angebotsabgabe

2.1 Die Aufforderung zur Angebotsabgabe für Leistungen und Bauleistungen soll im Fall der Nummer 1.1 an mindestens fünf, im Fall der Nummer 1.2 an mindestens drei kleine und mittlere Unternehmen (nachfolgend KMU genannt) nach Nummer 4 ergehen. Dabei soll kleineren KMU der Vorzug vor größeren KMU gegeben werden. Abweichungen von den Sätzen 1 und 2 sind mit Gründen aktenkundig zu machen.

2.2 Die Aufforderung von Unternehmen nach Nummer 2.1 Satz 1 und 2 darf nicht zu einem systematischen Ausschluss von Nicht-KMU von der Auftragsvergabe führen.

3 Bietererklärung

Vom Bieter ist eine Erklärung darüber zu verlangen, ob sein Unternehmen ein Unternehmen nach Nummer 4 ist. Dabei hat er die Anzahl der Beschäftigten, den Jahresumsatz und die Jahresbilanzsumme anzugeben, außerdem das Bestehen oder Nichtbestehen der Zugehörigkeit zu einer Unternehmensgruppe im dort bezeichneten Sinne.

4 Begriffsbestimmung

Kleine und mittlere Unternehmen sind Unternehmen, die
– weniger als 250 Personen beschäftigen und
– einen Jahresumsatz von höchstens 50 Millionen Euro oder eine Jahresbilanzsumme von höchstens 43 Millionen Euro haben und
– keiner Gruppe verbundener Unternehmen angehören oder einer Gruppe verbundener Unternehmen angehören, die die vorstehenden Voraussetzungen erfüllt.

5 Verhältnis zu VOB/A und VOL/A

Die Wertgrenzenregelungen in der VOB/A sind nicht anzuwenden. Die VOB/A und die VOL/A bleiben im Übrigen unberührt.

6 Zuwendungsempfänger

Zuwendungsempfängern, die die VOB/A oder die VOL/A nur aufgrund eines Zuwendungsbescheides anzuwenden haben, ist im Zuwendungsbescheid die Anwendung der Nummern 1.1 bis 1.4 zu gestatten. In diesem Fall ist im Zuwendungsbescheid zu bestimmen, dass der Zuwendungsempfänger nach Maßgabe der Nummern 1.5 bis 5 verfahren muss.

7 Inkrafttreten, Außerkrafttreten

Diese Verwaltungsvorschrift tritt am 1. Januar 2017 in Kraft und am 31. Dezember 2018 außer Kraft.

Anwendung der Vergabe- und Vertragsordnung für Bauleistungen und der Vergabe- und Vertragsordnung für Leistungen

In der Fassung vom 27.10.2016

Aufgrund des § 2 Absatz 4 Satz 1 und 2 des Vergabegesetzes Mecklenburg-Vorpommern vom 7. Juli 2011 (GVOBl. M-V S. 41 l), das zuletzt durch das Gesetz vom 25. Juni 2012 (GVOBl. M-V S. 238) geändert worden ist, erlässt das Ministerium für Wirtschaft, Bau und Tourismus im Einvernehmen mit dem Ministerium für Inneres und Sport, dem Finanzministerium und dem Ministerium für Energie, Infrastruktur und Landesentwicklung folgende Verwaltungsvorschrift:

1 Geltungsbereich

Diese Verwaltungsvorschrift gilt für die Vergabe öffentlicher Aufträge mit Auftragswerten, die die Wertgrenzen nach § 1 Absatz 3 des Vergabegesetzes Mecklenburg-Vorpommern überschreiten, und unterhalb der Schwellenwerte, ab deren Erreichen Vergabeverfahren nach dem Vierten Teil des Gesetzes gegen Wettbewerbsbeschränkungen durchzuführen sind.

2 Vergabe- und Vertragsordnung für Bauleistungen

Ab Inkrafttreten dieser Verwaltungsvorschrift sind anzuwenden:
- Teil A Abschnitt 1 der Vergabe- und Vertragsordnung für Bauleistungen (VOB/A) – Ausgabe 2016 – vom 22. Juni 2016 (BAnz AT 1.7.2016 B4),
- Teil B der Vergabe- und Vertragsordnung für Bauleistungen (VOB/B) in der Fassung der Bekanntmachung vom 31. Juli 2009 (BAnz. Nr. 155a vom 15. Oktober 2009), der zuletzt durch die Bekanntmachung vom 21. März 2016 (BAnz AT 1.4.2016 B1) geändert worden ist.

3 Vergabe- und Vertragsordnung für Leistungen

Teil A Abschnitt I der Vergabe- und Vertragsordnung für Leistungen (VOL/A) vom 20. November 2009 (BAnz. Nr. 196a vom 29. Dezember 2009), der durch Bekanntmachung vom 19. Februar 2010 (BAnz. Nr. 32 vom 26. Februar 2010 S. 755) geändert worden ist, ist weiterhin anzuwenden.
Teil B der Vergabe- und Vertragsordnung für Leistungen (VOL/B) vom 5. August 2003 (BAnz. Nr. 178a vom 23. September 2003) ist weiterhin anzuwenden.

4 Fortgeltung des Wertgrenzenerlasses

Die Bestimmungen des Wertgrenzenerlasses vom 19. Dezember 2014 (AmtsBl. M-V S. 1264), der durch die Verwaltungsvorschrift vom 9. September 2015 (AmtsBl. M-V S. 547) geändert worden ist, bleiben unberührt.

5 Inkrafttreten, Außerkrafttreten

Diese Verwaltungsvorschrift tritt am Tag nach der Veröffentlichung in Kraft. Gleichzeitig tritt die Verwaltungsvorschrift über die Anwendung der Vergabe- und Vertragsordnung für Bauleistungen und der Vergabe- und Vertragsordnung für Leistungen vom 23. März 2016 (AmtsBl. M-V S. 134) außer Kraft.

Niedersachsen

Niedersächsisches Gesetz zur Sicherung von Tariftreue und Wettbewerb bei der Vergabe öffentlicher Aufträge (Niedersächsisches Tariftreue- und Vergabegesetz – NTVergG)

Vom 31. Oktober 2013
(Nds. GVBl. S. 259)
Zuletzt geändert durch Art. 6 Haushaltsbegleitgesetz 2017 vom 20.12.2016
(Nds. GVBl. S. 301)

Der Niedersächsische Landtag hat das folgende Gesetz beschlossen:

§ 1 Zweck des Gesetzes

Dieses Gesetz soll einen fairen Wettbewerb bei der Vergabe öffentlicher Aufträge gewährleisten sowie die umwelt- und sozialverträgliche Beschaffung durch die öffentliche Hand fördern.

§ 2 Anwendungsbereich

(1) ¹Dieses Gesetz gilt für die Vergabe öffentlicher Aufträge über Liefer-, Bau- oder Dienstleistungen (§§ 103 und 104 des Gesetzes gegen Wettbewerbsbeschränkungen – GWB – in der Fassung vom 26. Juni 2013 – BGBl. I S. 1750, 3245 –, zuletzt geändert durch Artikel 1 des Gesetzes vom 17. Februar 2016 – BGBl. I S. 203 –, in der jeweils geltenden Fassung) ab einem geschätzten Auftragswert von 10 000 Euro (ohne Umsatzsteuer). ²Für die Schätzung gilt § 3 der Vergabeverordnung vom 12. April 2016 (BGBl. I S. 624) in der jeweils geltenden Fassung.

(2) ¹Dieses Gesetz gilt nicht für
1. Wettbewerbe (§ 103 Abs. 6 GWB) und Konzessionen (§ 105 GWB),
2. öffentliche Aufträge, die im Namen oder im Auftrag des Bundes ausgeführt werden.

²Ferner ist dieses Gesetz nicht anzuwenden, wenn
1. der geschätzte Auftragswert bei öffentlichen Aufträgen über Leistungen, die im Rahmen einer freiberuflichen Tätigkeit erbracht oder im Wettbewerb mit freiberuflich Tätigen angeboten werden, den jeweiligen Schwellenwert gemäß § 106 Abs. 2 Nrn. 1 bis 3 GWB nicht erreicht,
2. der geschätzte Auftragswert bei öffentlichen Aufträgen über Architekten- und Ingenieurleistungen, bei denen der Gegenstand der Leistung eine Aufgabe ist, deren Lösung vorab nicht eindeutig und erschöpfend beschrieben werden kann, den jeweiligen Schwellenwert gemäß § 106 Abs. 2 Nrn. 1 bis 3 GWB erreicht oder überschreitet.

(3) Für Auftragsvergaben, bei denen der geschätzte Auftragswert den jeweiligen Schwellenwert gemäß § 106 Abs. 2 Nrn. 1 bis 3 GWB erreicht oder überschreitet, sind von den folgenden Vorschriften nur die Absätze 4 und 6 sowie die §§ 4 bis 6, 8 Abs. 1 und §§ 10 bis 18 ergänzend anzuwenden.

(4) Im Bereich des öffentlichen Personenverkehrs gelten die Regelungen dieses Gesetzes für alle öffentlichen Aufträge im Sinne des Absatzes 1, die Dienstleistungsaufträge im Sinne der Verordnung (EG) Nr. 1370/2007 des Europäischen

Parlaments und des Rates vom 23. Oktober 2007 über öffentliche Personenverkehrsdienste auf Schiene und Straße und zur Aufhebung der Verordnungen (EWG) Nr. 1191/69 und (EWG) Nr. 1107/70 des Rates (ABl. EU Nr. L 315 S. 1) sind.

(5) Öffentliche Auftraggeber im Sinne dieses Gesetzes sind die niedersächsischen öffentlichen Auftraggeber nach § 99 Nrn. 1 bis 4 und § 100 GWB.

(6) ¹Sollen öffentliche Aufträge gemeinsam mit Auftraggebern anderer Bundesländer, des Bundes oder von Nachbarstaaten der Bundesrepublik Deutschland vergeben werden, so ist mit diesen zwecks Einhaltung der Bestimmungen dieses Gesetzes eine Einigung anzustreben. ²Kommt diese nicht zustande, so kann von den Bestimmungen abgewichen werden.

§ 3 Anzuwendende Vorschriften; Wertgrenzen

(1) Bei der Vergabe unterhalb der in § 106 Abs. 2 Nrn. 1 bis 3 GWB genannten Schwellenwerte sind § 97 Abs. 1 bis 5 und § 100 Abs. 2 des Gesetzes gegen Wettbewerbsbeschränkungen in der bis zum 17. April 2016 geltenden Fassung vom 26. Juni 2013 – BGBl. I S. 1750, 3245 –, zuletzt geändert durch Artikel 258 der Verordnung vom 31. August 2015 – BGBl. I S. 1474 –, entsprechend anzuwenden.

(2) Bei der Vergabe unterhalb der Schwellenwerte nach § 106 Abs. 2 Nrn. 1 bis 3 GWB gelten die Regelungen des Abschnitts 1 der Vergabe- und Vertragsordnung für Leistungen, Teil A: Allgemeine Bestimmungen für die Vergabe von Leistungen (VOL/A), in der Fassung vom 20. November 2009 (BAnz. Nr. 196a vom 29. Dezember 2009, BAnz. 2010 S. 755) und die Regelungen des Abschnitts 1 der Vergabe- und Vertragsordnung für Bauleistungen, Teil A: Allgemeine Bestimmungen (VOB/A 2016), in der Fassung vom 22. Juni 2016 (BAnz AT 1.7.2016 B4), entsprechend.

(3) ¹Das für Öffentliches Auftragswesen zuständige Ministerium wird ermächtigt, zur Beschleunigung und Vereinfachung von Vergabeverfahren durch Verordnung Grenzen für Auftragswerte festzulegen, bis zu deren Erreichen eine Auftragsvergabe im Wege einer beschränkten Ausschreibung oder einer freihändigen Vergabe nach den Vergabe- und Vertragsordnungen zulässig ist. ²In der Verordnung können weitere Voraussetzungen für die Inanspruchnahme der Verfahrenserleichterungen geregelt werden.

(4) Das für Öffentliches Auftragswesen zuständige Ministerium wird ermächtigt, durch Verordnung im Einvernehmen mit dem fachlich zuständigen Ministerium Ausnahmen im Sinne des Absatzes 3 von anderen landesrechtlich geregelten Vergabevorschriften auch für Vergaben unterhalb des in § 2 Abs. 1 Satz 1 bestimmten Auftragswerts zuzulassen.

§ 4 Mindestentgelte

(1) Öffentliche Aufträge über Bau- und Dienstleistungen dürfen nur an Unternehmen vergeben werden, die bei Angebotsabgabe schriftlich erklären, bei der Ausführung des Auftrags im Inland
1. ihren Arbeitnehmerinnen und Arbeitnehmern im Sinne des § 22 des Mindestlohngesetzes (MiLoG) vom 11. August 2014 (BGBl. I S. 1348), geändert durch Artikel 2 Abs. 10 des Gesetzes vom 17. Februar 2016 (BGBl. I S. 203), in der jeweils geltenden Fassung, mindestens ein Mindestentgelt nach den Vorgaben des Mindestlohngesetzes und
2. ihren Arbeitnehmerinnen und Arbeitnehmern, die von Regelungen nach § 1 Abs. 3 MiLoG, insbesondere von Branchentarifverträgen, die nach den Vorgaben des Arbeitnehmer-Entsendegesetzes vom 20. April 2009 (BGBl. I S. 799) –

AEntG –, zuletzt geändert durch Artikel 2 Abs. 11 des Gesetzes vom 17. Februar 2016 (BGBl. I S. 203), in der jeweils geltenden Fassung, bundesweit zwingend Anwendung finden, erfasst werden, mindestens ein Mindestentgelt nach den Vorgaben dieser Regelungen
zu zahlen.

(2) Fehlt bei Angebotsabgabe die Erklärung nach Absatz 1 und wird sie auch nach Aufforderung nicht vorgelegt, so ist das Angebot von der Wertung auszuschließen.

§ 5 Tariftreue im öffentlichen Personenverkehr auf Straße und Schiene

(1) [1]Öffentliche Aufträge über Dienstleistungen im Bereich des öffentlichen Personenverkehrs auf Straße und Schiene im Sinne von § 2 Abs. 4 dürfen nur an Unternehmen vergeben werden, die bei Angebotsabgabe schriftlich erklären, ihren Arbeitnehmerinnen und Arbeitnehmern bei der Ausführung des Auftrags mindestens das in Niedersachsen für diese Leistung in einem der einschlägigen und repräsentativen mit einer tariffähigen Gewerkschaft vereinbarten Tarifverträge vorgesehene Entgelt unter den dort jeweils vorgesehenen Bedingungen zu zahlen und während der Ausführungslaufzeit Änderungen nachzuvollziehen. [2]Bei Ausschreibungen für grenzüberschreitenden Verkehr kann auch ein einschlägiger und repräsentativer Tarifvertrag aus dem jeweiligen Nachbarstaat der Bundesrepublik Deutschland zugrunde gelegt werden. [3]Kann dabei mit dem öffentlichen Auftraggeber oder den öffentlichen Auftraggebern aus den Nachbarstaaten der Bundesrepublik Deutschland keine Einigung über die Vorgabe der einschlägigen und repräsentativen Tarifverträge erzielt werden, so soll die Beachtung eines einschlägigen Tarifvertrags vorgegeben werden. [4]Ist auch dies nicht möglich, so findet Satz 1 keine Anwendung. [5]Sind die tarifvertraglich zustehenden Entgeltleistungen in mehreren Tarifverträgen geregelt, so gelten diese als ein Tarifvertrag.

(2) [1]Die öffentlichen Auftraggeber geben in der Bekanntmachung oder den Vergabeunterlagen des öffentlichen Auftrags an, welche repräsentativen Tarifverträge für die Ausführung des Auftrags einschlägig sind. [2]Hat das für Arbeitsrecht zuständige Ministerium eine Liste der repräsentativen Tarifverträge veröffentlicht, so reicht es aus, die Tarifverträge durch Bezugnahme auf die Liste zu bezeichnen und anzugeben, wo die Liste veröffentlicht ist.

(3) Fehlt bei Angebotsabgabe die Tariftreueerklärung im Sinne des Absatzes 1 und wird sie auch nach Aufforderung nicht vorgelegt, so ist das Angebot von der Wertung auszuschließen.

(4) [1]Das für Angelegenheiten des Arbeitsrechts zuständige Ministerium stellt fest, welche Tarifverträge repräsentativ sind. [2]Merkmale der Repräsentativität sind
1. die Zahl der von den jeweils tarifgebundenen Arbeitgebern beschäftigten unter den Geltungsbereich des Tarifvertrags fallenden Arbeitnehmerinnen und Arbeitnehmer,
2. die Zahl der jeweils unter den Geltungsbereich des Tarifvertrags fallenden Mitglieder der Gewerkschaft, die den Tarifvertrag geschlossen hat.

[3]Das für Angelegenheiten des Arbeitsrechts zuständige Ministerium regelt im Einvernehmen mit dem für Öffentliches Auftragswesen und dem für Verkehr zuständigen Ministerium durch Verordnung das Verfahren, in dem festgestellt wird, welche Tarifverträge repräsentativ sind, sowie die Art der Veröffentlichung dieser Tarifverträge; in der Verordnung können weitere Merkmale der Repräsentativität festgelegt werden. [4]Die Verordnung regelt, dass im Verfahren zur Feststellung der Repräsentativität ein paritätisch aus Vertreterinnen und Vertretern der Tarifpartner zusammengesetzter Beirat beratend mitwirkt.

(5) ¹Bei dem für Öffentliches Auftragswesen zuständigen Ministerium wird eine Servicestelle eingerichtet, die über dieses Gesetz sowie über Tarifregelungen nach Absatz 1 informiert und die Entgeltregelungen aus den einschlägigen Tarifverträgen unentgeltlich zur Verfügung stellt. ²Die Servicestelle macht Muster zur Abgabe von Erklärungen nach § 4 Abs. 1 und § 5 Abs. 1 öffentlich bekannt.

§ 6 Betreiberwechsel bei der Erbringung von Personenverkehrsdiensten

¹Beabsichtigt der öffentliche Auftraggeber, vom ausgewählten Betreiber gemäß Artikel 4 Abs. 5 Satz 1 der Verordnung (EG) Nr. 1370/2007 zu verlangen, dass dieser die Arbeitnehmerinnen und Arbeitnehmer des bisherigen Betreibers zu deren bisherigen Arbeitsbedingungen übernimmt, so verpflichtet er den bisherigen Betreiber, ihm die hierzu erforderlichen Unterlagen zur Verfügung zu stellen oder Einsicht in Lohn- und Meldeunterlagen, Bücher und andere Geschäftsunterlagen und Aufzeichnungen zu gewähren, aus denen Umfang, Art, Dauer und tatsächliche Entlohnung der Arbeitnehmerinnen und Arbeitnehmer hervorgehen oder abgeleitet werden können. ²Hierdurch entstehende Aufwendungen des bisherigen Betreibers werden durch den öffentlichen Auftraggeber erstattet.

§ 7 Unangemessen niedrig erscheinende Angebotspreise bei Bauleistungen

¹Erscheint bei Bauleistungen ein Angebotspreis unangemessen niedrig und hat der öffentliche Auftraggeber deswegen die Angemessenheit des Angebotspreises zu prüfen (§ 16d Abs. 1 Nr. 2 VOB/A 2016), so sind die Unternehmen verpflichtet, die ordnungsgemäße Kalkulation nachzuweisen. ²Ein Angebotspreis erscheint jedenfalls dann unangemessen niedrig im Sinne von § 16d Abs. 1 Nr. 2 VOB/A 2016, wenn das Angebot, auf das der Zuschlag erteilt werden soll, um mindestens 10 vom Hundert vom nächsthöheren Angebot abweicht. ³Kommt ein Unternehmen der Verpflichtung nach Satz 1 nicht innerhalb einer vom öffentlichen Auftraggeber gesetzten Frist nach, so ist es vom weiteren Verfahren auszuschließen.

§ 8 Nachweise

(1) Die nach diesem Gesetz vorzulegenden Nachweise und Erklärungen können gemäß den Vergabe- und Vertragsordnungen im Wege der Präqualifikation auch erbracht werden, soweit diese Nachweise und Erklärungen für die Aufnahme ins Präqualifikationsverzeichnis nicht erforderlich sind.

(2) ¹Bei der Vergabe von Bauaufträgen hat das Unternehmen, das den Zuschlag erhalten soll, für den Fall, dass es nicht in das Präqualifikationsverzeichnis des Vereins für die Qualifizierung von Bauunternehmen eingetragen ist, durch Unterlagen, die nicht älter als ein Jahr sein dürfen, den Nachweis der vollständigen Entrichtung von Beiträgen zur gesetzlichen Sozialversicherung zu erbringen. ²Die Unterlagen müssen von dem zuständigen in- oder ausländischen Sozialversicherungsträger ausgestellt sein. ³Der Nachweis nach Satz 1 kann durch eine Bescheinigung des ausländischen Staates erbracht werden. ⁴Bei fremdsprachigen Bescheinigungen ist eine Übersetzung in die deutsche Sprache beizufügen.

§ 9 Förderung kleiner und mittlerer Unternehmen

(1) ¹Mittelständische Interessen sind bei der Vergabe öffentlicher Aufträge vornehmlich zu berücksichtigen. ²Daher sind bei der Vergabe öffentlicher Aufträge Leistungen in den Vergabeunterlagen nach Art und Umfang so in der Menge aufgeteilt (Teillose) und getrennt nach Fachgebieten (Fachlose) festzulegen, dass

kleine und mittlere Unternehmen am Wettbewerb teilnehmen und beim Zuschlag berücksichtigt werden können. ³Mehrere Teil- oder Fachlose dürfen zusammen vergeben werden, wenn wirtschaftliche oder technische Gründe dies erfordern. ⁴Generalunternehmervergaben stellen den Ausnahmefall dar und bedürfen einer gesonderten Begründung.

(2) Öffentliche Auftraggeber sollen kleine und mittlere Unternehmen bei beschränkten Ausschreibungen und freihändigen Vergaben in angemessenem Umfang zur Angebotsabgabe auffordern.

§ 10 Umweltverträgliche Beschaffung

¹Öffentliche Auftraggeber können bei der Festlegung der Anforderungen an die zu beschaffenden Gegenstände oder Leistungen berücksichtigen, inwieweit deren Erstellung, Lieferung, Nutzung und Entsorgung umweltverträglich erfolgt. ²Entsprechende Anforderungen müssen im sachlichen Zusammenhang mit dem Auftragsgegenstand stehen und sich aus der Leistungsbeschreibung ergeben.

§ 11 Berücksichtigung sozialer Kriterien

(1) ¹Öffentliche Auftraggeber können soziale Kriterien als Anforderungen an die Unternehmen berücksichtigen. ²Soziale Anforderungen dürfen nur für die Auftragsausführung und nur an Unternehmen mit mindestens 20 Arbeitnehmerinnen und Arbeitnehmern gestellt werden.

(2) Zu berücksichtigende soziale Kriterien können insbesondere sein:
1. die Beschäftigung von schwerbehinderten Menschen,
2. die Förderung der Chancengleichheit und Gleichstellung von Frauen und Männern im Beruf,
3. die Beschäftigung von Auszubildenden,
4. die Beteiligung an tariflichen Umlageverfahren zur Sicherung der beruflichen Erstausbildung oder an Ausbildungsverbünden oder
5. die Beschäftigung von Langzeitarbeitslosen.

§ 12 Beachtung von ILO-Mindestanforderungen an die Arbeitsbedingungen

(1) ¹Bei der Vergabe von Bau-, Liefer- oder Dienstleistungen ist darauf hinzuwirken, dass im Anwendungsbereich des Absatzes 2 keine Waren Gegenstand der Leistung sind, die unter Missachtung der in den Kernarbeitsnormen der Internationalen Arbeitsorganisation (ILO) festgelegten Mindestanforderungen gewonnen oder hergestellt worden sind. ²Diese Mindestanforderungen ergeben sich aus
1. dem Übereinkommen Nr. 29 über Zwangs- oder Pflichtarbeit vom 28. Juni 1930 (BGBl. 1956 II S. 641),
2. dem Übereinkommen Nr. 87 über die Vereinigungsfreiheit und den Schutz des Vereinigungsrechtes vom 9. Juli 1948 (BGBl. 1956 II S. 2073),
3. dem Übereinkommen Nr. 98 über die Anwendung der Grundsätze des Vereinigungsrechtes und des Rechtes zu Kollektivverhandlungen vom 1. Juli 1949 (BGBl. 1955 II S. 1123),
4. dem Übereinkommen Nr. 100 über die Gleichheit des Entgelts männlicher und weiblicher Arbeitskräfte für gleichwertige Arbeit vom 29. Juni 1951 (BGBl. 1956 II S. 24),
5. dem Übereinkommen Nr. 105 über die Abschaffung der Zwangsarbeit vom 25. Juni 1957 (BGBl. 1959 II S. 442),
6. dem Übereinkommen Nr. 111 über die Diskriminierung in Beschäftigung und Beruf vom 25. Juni 1958 (BGBl. 1961 II S. 98),

7. dem Übereinkommen Nr. 138 über das Mindestalter für die Zulassung zur Beschäftigung vom 26. Juni 1973 (BGBl. 1976 II S. 202) und
8. dem Übereinkommen Nr. 182 über das Verbot und unverzügliche Maßnahmen zur Beseitigung der schlimmsten Formen der Kinderarbeit vom 17. Juni 1999 (BGBl. 2001 II S. 1291).

(2) ¹Die Landesregierung bestimmt durch Verordnung, auf welche Produktgruppen oder Herstellungsverfahren Absatz 1 anzuwenden ist und welchen Mindestinhalt die vertraglichen Regelungen nach Absatz 1 Satz 1 haben sollen. ²Die Verordnung trifft Bestimmungen zu Zertifizierungen und Nachweisen sowie zur vertraglichen Ausgestaltung von Kontrollen und vertraglichen Sanktionen.

§ 13 Nachunternehmen, Verleihunternehmen

(1) ¹Soweit Nachunternehmen bei der Ausführung des Auftrags eingesetzt werden, muss sich das Unternehmen verpflichten, den eingesetzten Nachunternehmen die Erklärung nach § 4 Abs. 1 und bei Bauleistungen außerdem den Nachweis nach § 8 Abs. 2 abzuverlangen und diese Erklärungen und Nachweise dem öffentlichen Auftraggeber vorzulegen. ²Soweit bei Aufträgen nach § 2 Abs. 4 Unteraufträge im Sinne von Artikel 4 Abs. 7 der Verordnung (EG) Nr. 1370/2007 erteilt werden, muss sich das Unternehmen verpflichten, den eingesetzten Nachunternehmen stattdessen die Erklärung nach § 5 Abs. 1 abzuverlangen und dem öffentlichen Auftraggeber vorzulegen. ³Das Unternehmen, das einen Auftrag an ein Nachunternehmen vergibt, hat vertraglich sicherzustellen, dass das Nachunternehmen die ihm nach Satz 1 aufzuerlegenden Verpflichtungen übernimmt und die Verpflichtungen, auf die sich die in Satz 1 genannten Erklärungen und Nachweise beziehen, einhält. ⁴Für Nachunternehmen gilt § 8 Abs. 1 entsprechend. ⁵Werden bei der Ausführung des Auftrags Arbeitnehmerinnen oder Arbeitnehmer überlassen im Sinne des § 1 Abs. 1 des Arbeitnehmerüberlassungsgesetzes (AÜG) in der Fassung vom 3. Februar 1995 (BGBl. I S. 158), zuletzt geändert durch Artikel 7 des Gesetzes vom 11. August 2014 (BGBl. I S. 1348), in der jeweils geltenden Fassung, so gelten die Sätze 1 bis 4 entsprechend.

(2) ¹Die Unternehmen haben bei Abgabe ihres Angebots ein Verzeichnis der Leistungen, die durch Nachunternehmen erbracht werden sollen, vorzulegen. ²Der öffentliche Auftraggeber legt in den Vergabeunterlagen fest, ob die Nachunternehmen, die die Unternehmen für diese Leistungen einsetzen wollen, vor Zuschlagserteilung benannt werden müssen. ³Nach Zuschlagserteilung bedarf die Einschaltung oder der Wechsel eines Nachunternehmens der Zustimmung des öffentlichen Auftraggebers. ⁴Für die Einschaltung und den Wechsel eines Verleihunternehmens gelten die Sätze 2 und 3 entsprechend.

(3) Auf die Vorlage von Erklärungen und Nachweisen kann der öffentliche Auftraggeber verzichten, soweit der Anteil des Auftrags, der auf das jeweilige Nachunternehmen entfällt, weniger als 3 000 Euro (ohne Umsatzsteuer) beträgt.

§ 14 Kontrollen

(1) ¹Die öffentlichen Auftraggeber sind gehalten, Kontrollen durchzuführen, um zu überprüfen, ob die beauftragten Unternehmen sowie die jeweiligen Nachunternehmen und Verleihunternehmen die von ihnen im Hinblick auf dieses Gesetz übernommenen vergaberechtlichen Verpflichtungen einhalten. ²Das beauftragte Unternehmen sowie die jeweiligen Nachunternehmen und Verleihunternehmen sind verpflichtet, dem öffentlichen Auftraggeber die Einhaltung der Verpflichtungen nach Satz 1 auf dessen Verlangen jederzeit nachzuweisen.

(2) Der öffentliche Auftraggeber darf Einsicht in Unterlagen, insbesondere in Lohn- und Meldeunterlagen, Bücher und andere Geschäftsunterlagen und Aufzeichnungen, nehmen, aus denen Umfang, Art, Dauer und tatsächliche Entlohnung der Beschäftigten hervorgehen oder abgeleitet werden, um die Einhaltung der vergaberechtlichen Verpflichtungen nach Absatz 1 Satz 1 zu überprüfen, die sich auf die Beschäftigten beziehen.

(3) Liegen den öffentlichen Auftraggebern Anhaltspunkte dafür vor, dass die sich aus den Erklärungen nach § 4 Abs. 1 oder § 5 Abs. 1 ergebenden Verpflichtungen nicht eingehalten werden, so sind sie zur Durchführung von Kontrollen verpflichtet.

(4) ¹Das beauftragte Unternehmen sowie die Nachunternehmen und Verleihunternehmen haben vollständige und prüffähige Unterlagen nach Absatz 2 über die eingesetzten Beschäftigten bereitzuhalten. ²Auf Verlangen des öffentlichen Auftraggebers sind ihm diese Unterlagen vorzulegen. ³Das beauftragte Unternehmen sowie die Nachunternehmen und Verleihunternehmen haben ihre Beschäftigten auf die Möglichkeit solcher Kontrollen hinzuweisen.

(5) Die Rechte des öffentlichen Auftraggebers nach Absatz 1 Satz 2 und den Absätzen 2 und 4 zur Einsichtnahme in Unterlagen sowie die Auskunfts- und Mitwirkungspflichten des beauftragten Unternehmens, der jeweiligen Nachunternehmen und Verleihunternehmen sind vertraglich sicherzustellen.

(6) Die Servicestelle nach § 5 Abs. 5 nimmt Hinweise zu öffentlichen Aufträgen entgegen, die Anlass für Kontrollen nach Absatz 1 oder 3 sein können, und leitet diese an den jeweiligen öffentlichen Auftraggeber weiter.

§ 15 Sanktionen

(1) ¹Um die Einhaltung der sich aus den Erklärungen nach § 4 Abs. 1 oder § 5 Abs. 1 ergebenden Verpflichtungen zu sichern, hat der öffentliche Auftraggeber für jeden schuldhaften Verstoß eine Vertragsstrafe in Höhe von 1 vom Hundert des Auftragswerts mit dem beauftragten Unternehmen zu vereinbaren; bei mehreren Verstößen darf die Summe der Vertragsstrafen 10 vom Hundert des Auftragswerts nicht überschreiten. ²Das beauftragte Unternehmen ist zur Zahlung einer Vertragsstrafe nach Satz 1 auch für den Fall zu verpflichten, dass der Verstoß durch ein Nachunternehmen oder ein Verleihunternehmen begangen wird und das beauftragte Unternehmen den Verstoß kannte oder kennen musste. ³Ist die verwirkte Vertragsstrafe unverhältnismäßig hoch, so kann sie vom öffentlichen Auftraggeber auf Antrag des beauftragten Unternehmens auf einen angemessenen Betrag herabgesetzt werden.

(2) Der öffentliche Auftraggeber vereinbart mit dem zu beauftragenden Unternehmen, dass die schuldhafte und nicht nur unerhebliche Nichterfüllung einer sich aus den Erklärungen nach § 4 Abs. 1 oder § 5 Abs. 1 ergebenden Verpflichtung durch das beauftragte Unternehmen, ein Nachunternehmen oder ein Verleihunternehmen den öffentlichen Auftraggeber zur fristlosen Kündigung aus wichtigem Grund berechtigt.

(3) Hat das beauftragte Unternehmen, ein Nachunternehmen oder ein Verleihunternehmen mindestens grob fahrlässig oder mehrfach gegen die sich aus der Erklärung nach § 5 Abs. 1 ergebenden Verpflichtungen verstoßen, so hat der öffentliche Auftraggeber das betreffende Unternehmen, Nachunternehmen oder Verleihunternehmen für die Dauer von bis zu drei Jahren von seiner Vergabe öffentlicher Aufträge als zu beauftragendes Unternehmen, Nachunternehmen und Verleihunternehmen auszuschließen.

(4) Die öffentlichen Auftraggeber haben die für die Verfolgung und Ahndung von Ordnungswidrigkeiten nach § 21 MiLoG, nach § 23 AEntG und nach § 16 AÜG zuständigen Stellen über Verstöße der Unternehmen gegen die in § 4 Abs. 1 genannten Mindestentgeltregelungen zu informieren.

§ 16 Übergangsbestimmungen

(1) Auf Vergaben, die vor dem Inkrafttreten dieses Gesetzes begonnen haben, ist das Niedersächsische Landesvergabegesetz vom 15. Dezember 2008 (Nds. GVBl. S. 411), geändert durch Gesetz vom 19. Januar 2012 (Nds. GVBl. S. 6), anzuwenden.

(2) Auf Vergaben, die vor dem 1. Juli 2016 begonnen haben, ist dieses Gesetz in der am 30. Juni 2016 geltenden Fassung anzuwenden.

§ 17 Evaluation

Die Landesregierung überprüft bis zum 31. Dezember 2015 die Auswirkungen dieses Gesetzes im Hinblick auf die Erreichung der gesetzlichen Zielsetzung eines fairen Wettbewerbs um öffentliche Aufträge sowie einer umwelt- und sozialverträglichen Beschaffung durch die öffentliche Hand.

§ 18 Inkrafttreten

[1]Dieses Gesetz tritt am 1. Januar 2014 in Kraft. [2]Abweichend von Satz 1 treten § 3 Abs. 3 und 4, § 4 Abs. 4 und 5, § 5 Abs. 2 sowie § 12 Abs. 2 am Tag nach der Verkündung dieses Gesetzes in Kraft.

Nordrhein-Westfalen

Gesetz über die Sicherung von Tariftreue und Sozialstandards sowie fairen Wettbewerb bei der Vergabe öffentlicher Aufträge (Tariftreue und Vergabegesetz Nordrhein-Westfalen – TVgG NRW)

Vom 22. März 2018
(GV. NRW. S. 172)

§ 1 Zweck des Gesetzes, Anwendungsbereich

(1) Zweck dieses Gesetzes ist es, einen fairen Wettbewerb um das wirtschaftlichste Angebot bei der Vergabe öffentlicher Aufträge sicherzustellen, bei gleichzeitiger Sicherung von Tariftreue und Einhaltung des Mindestlohns.

(2) Dieses Gesetz gilt für die Vergabe öffentlicher Aufträge über die Beschaffung von Leistungen, die die Ausführung von Bauleistungen oder die Erbringung von Dienstleistungen im Sinne des § 103 Absatz 1 des Gesetzes gegen Wettbewerbsbeschränkungen in der Fassung der Bekanntmachung vom 26. Juni 2013 (BGBl. I S. 1750, 3245), das zuletzt durch Artikel 2 Absatz 2 des Gesetzes vom 18. Juli 2017 (BGBl. I S. 2739) geändert worden ist, zum Gegenstand haben.

(3) [1]Im Bereich des öffentlichen Personenverkehrs gelten die Regelungen dieses Gesetzes für alle öffentlichen Aufträge nach Absatz 2, die Dienstleistungsaufträge im Sinne der Verordnung (EG) Nr. 1370/2007 des Europäischen Parlaments und des Rates vom 23. Oktober 2007 über öffentliche Personenverkehrsdienste auf Schiene und Straße und zur Aufhebung der Verordnungen (EWG) Nr. 1191/69 und (EWG) Nr. 1107/70 des Rates (ABl. L 315 vom 3.12.2007, S. 1), die durch Verordnung (EU) 2016/2338 (ABl. L 354 vom 23.12.2016, S. 22) geändert worden ist, sind. [2]Dieses Gesetz gilt auch für öffentliche Aufträge über Beförderungsleistungen im Sinne von § 1 der Freistellungs-Verordnung in der im Bundesgesetzblatt Teil III, Gliederungsnummer 9240-1-1, veröffentlichten bereinigten Fassung, die zuletzt durch Artikel 1 der Verordnung vom 4. Mai 2012 (BGBl. I S. 1037) geändert worden ist.

(4) Öffentliche Auftraggeber im Sinne dieses Gesetzes sind die nordrhein-westfälischen Auftraggeber im Sinne von § 99 des Gesetzes gegen Wettbewerbsbeschränkungen.

(5) [1]Dieses Gesetz gilt ab einem geschätzten Auftragswert von 25 000 Euro (ohne Umsatzsteuer). [2]Für die Schätzung des Auftragswerts gilt § 3 der Vergabeverordnung vom 12. April 2016 (BGBl. I S. 624), die durch Artikel 8 des Gesetzes vom 18. Juli 2017 (BGBl. I S. 2745) geändert worden ist.

(6) [1]Dieses Gesetz gilt nicht für öffentliche Aufträge von Sektoren- und Konzessionsauftraggebern im Sinne der §§ 100 und 101 des Gesetzes gegen Wettbewerbsbeschränkungen, für verteidigungs- und sicherheitsspezifische öffentliche Aufträge im Sinne des § 104 des Gesetzes gegen Wettbewerbsbeschränkungen, für Konzessionen im Sinne des § 105 des Gesetzes gegen Wettbewerbsbeschränkungen, für öffentliche Aufträge im Sinne der §§ 107, 108, 109, 116 und 117 des Gesetzes gegen Wettbewerbsbeschränkungen. [2]Satz 1 gilt nicht für öffentliche Aufträge im Sinne von § 102 Absatz 4 des Gesetzes gegen Wettbewerbsbeschränkungen, soweit diese von § 1 Absatz 3 erfasst sind.

(7) Das Gesetz gilt nicht für öffentliche Aufträge, die im Namen oder im Auftrag des Bundes ausgeführt werden.

(8) ¹Sollen öffentliche Aufträge gemeinsam mit Auftraggebern aus anderen Ländern oder aus Nachbarstaaten der Bundesrepublik Deutschland vergeben werden, soll mit diesen eine Einigung über die Einhaltung der Bestimmungen dieses Gesetzes angestrebt werden. ²Kommt keine Einigung zustande, kann von den Bestimmungen dieses Gesetzes abgewichen werden.

§ 2 Tariftreuepflicht, Mindestlohn

(1) Bei öffentlichen Aufträgen für Leistungen, deren Erbringung dem Geltungsbereich
1. eines nach dem Tarifvertragsgesetz in der Fassung der Bekanntmachung vom 25. August 1969 (BGBl. I S. 1323) in der jeweils geltenden Fassung für allgemein verbindlich erklärten Tarifvertrages,
2. eines nach dem Tarifvertragsgesetz mit den Wirkungen des Arbeitnehmer-Entsendegesetzes vom 20. April 2009 (BGBl. I S. 799) in der jeweils geltenden Fassung für allgemein verbindlich erklärten Tarifvertrages oder
3. einer nach den §§ 7, 7a oder 11 des Arbeitnehmer-Entsendegesetzes oder nach § 3a des Arbeitnehmerüberlassungsgesetzes in der Fassung der Bekanntmachung vom 3. Februar 1995 (BGBl. I S. 158) in der jeweils geltenden Fassung erlassenen Rechtsverordnung unterfällt,

muss das beauftragte Unternehmen bei der Ausführung des Auftrags wenigstens diejenigen Mindestarbeitsbedingungen einschließlich des Mindestentgelts gewähren, die in dem Tarifvertrag oder der Rechtsverordnung verbindlich vorgegeben werden.

(2) Bei öffentlichen Aufträgen im Sinne des § 1 Absatz 3 Satz 1 im Bereich des öffentlichen Personenverkehrs auf Straße und Schiene muss das beauftragte Unternehmen seinen Beschäftigten (ohne Auszubildende) bei der Ausführung des Auftrags wenigstens das in Nordrhein-Westfalen für diese Leistung in einem einschlägigen und repräsentativen mit einer tariffähigen Gewerkschaft vereinbarten Tarifvertrag vorgesehene Entgelt nach den tarifvertraglich festgelegten Modalitäten zahlen und während der Ausführungslaufzeit Änderungen nachvollziehen.

(3) ¹Darüber hinaus muss bei allen anderen öffentlichen Aufträgen im Sinne des § 1 Absatz 2 das beauftragte Unternehmen bei der Ausführung der Leistung wenigstens ein Entgelt zahlen, das den Vorgaben des Mindestlohngesetzes vom 11. August 2014 (BGBl. I S. 1348) in der jeweils geltenden Fassung entspricht. ²Satz 1 gilt nur, sofern die ausgeschriebene Leistung im Hoheitsgebiet der Bundesrepublik Deutschland erbracht wird.

(4) ¹Die in Absatz 1 bis 3 auferlegten Pflichten gelten entsprechend für sämtliche Nachunternehmen des beauftragten Unternehmens. ²Das beauftragte Unternehmen stellt sicher, dass die Nachunternehmen die in Absatz 1 bis 3 auferlegten Pflichten ebenfalls einhalten.

(5) Öffentliche Auftraggeber sind berechtigt, Kontrollen durchzuführen, um die Einhaltung der in Absatz 1 bis 4 auferlegten Pflichten zu überprüfen.

(6) Öffentliche Auftraggeber müssen Vertragsbedingungen verwenden,
1. durch die die beauftragten Unternehmen verpflichtet sind, die in den Absatz 1 bis 4 genannten Vorgaben einzuhalten,
2. die dem öffentlichen Auftraggeber ein Recht zur Kontrolle und Prüfung der Einhaltung der Vorgaben einräumen und dessen Umfang regeln und
3. die dem öffentlichen Auftraggeber ein vertragliches außerordentliches Kündigungsrecht sowie eine Vertragsstrafe für den Fall der Verletzung der in Absatz 1 bis 4 genannten Pflichten einräumen.

(7) Bei öffentlichen Aufträgen im Sinne von § 1 Absatz 3 sind die gemäß § 3 von dem für Arbeit zuständigen Ministerium für repräsentativ erklärten Tarifverträge

sowie die Vertragsbedingungen vom öffentlichen Auftraggeber in der Auftragsbekanntmachung oder den Vergabeunterlagen des öffentlichen Auftrags aufzuführen.

(8) Erfüllt die Vergabe eines öffentlichen Auftrages die Voraussetzungen von mehr als einer der in Absatz 1 bis 3 getroffenen Regelungen, so gilt die für die Beschäftigten jeweils günstigste Regelung.

§ 3 Rechtsverordnungen

(1) Das für Arbeit zuständige Ministerium wird ermächtigt, durch Rechtsverordnung festzustellen, welcher Tarifvertrag oder welche Tarifverträge im Bereich des öffentlichen Personenverkehrs gemäß § 1 Absatz 3 repräsentativ im Sinne von § 2 Absatz 2 sind.

(2) [1]Bei der Feststellung der Repräsentativität eines oder mehrerer Tarifverträge nach § 3 Absatz 1 ist auf die Bedeutung des oder der Tarifverträge für die Arbeitsbedingungen der Arbeitnehmer abzustellen. [2]Hierbei kann insbesondere auf
1. die Zahl der von den jeweils tarifgebundenen Arbeitgebern unter den Geltungsbereich des Tarifvertrags fallenden Beschäftigten oder
2. die Zahl der jeweils unter den Geltungsbereich des Tarifvertrags fallenden Mitglieder der Gewerkschaft, die den Tarifvertrag geschlossen hat,

Bezug genommen werden. [3]Das für Arbeit zuständige Ministerium errichtet einen beratenden Ausschuss für die Feststellung der Repräsentativität der Tarifverträge. [4]Es bestellt für die Dauer von vier Jahren je drei Vertreter der Gewerkschaften und der Arbeitgeber oder Arbeitgeberverbänden[1] im Bereich des öffentlichen Personenverkehrs auf deren Vorschlag als Mitglieder. [5]Die Beratungen koordiniert und leitet eine von dem für Arbeit zuständigen Ministerium beauftragte Person, die kein Stimmrecht hat. [6]Der Ausschuss gibt eine schriftlich begründete Empfehlung ab. [7]Kommt ein mehrheitlicher Beschluss über eine Empfehlung nicht zustande, ist dies unter ausführlicher Darstellung der unterschiedlichen Positionen schriftlich mitzuteilen. [8]Das für Arbeit zuständige Ministerium wird ermächtigt, das Nähere zur Bestellung des Ausschusses, zu Beratungsverfahren und Beschlussfassung, zur Geschäftsordnung und zur Vertretung und Entschädigung der Mitglieder durch Rechtsverordnung zu regeln.

§ 4 Inkrafttreten

Dieses Gesetz tritt am Tag nach der Verkündung in Kraft.

---

[1] Richtig wohl: „Arbeitgeberverbände".

LVG NRW

Vergabegrundsätze für Gemeinden (GV) nach § 25 Gemeindehaushaltsverordnung NRW (GemHVO NRW) (Kommunale Vergabegrundsätze)

RdErl. d. Ministeriums für Inneres und Kommunales v. 6.12.2012 – 34-48.07.01/01 – 169/12 (MBl. NRW. S. 725)

Gemäß § 25 Absatz 2 GemHVO NRW haben die Gemeinden bei der Vergabe von Aufträgen unterhalb der durch die Europäische Union vorgegebenen Schwellenwerte die Vergabebestimmungen anzuwenden, die das Ministerium für Inneres und Kommunales bekannt gibt. Unter Ausschöpfung des Spielraums für die kommunale Selbstverwaltung, bei Ermöglichung eines möglichst flexiblen, aber einheitlichen Handlungsrahmens für die Vergabe von öffentlichen Aufträgen, lege ich die nachfolgenden Grundsätze fest:

1 Geltungsbereich

1.1 Öffentliche Auftraggeber, die diese Vergabegrundsätze anzuwenden haben, sind Gemeinden und Gemeindeverbände sowie deren Einrichtungen nach § 107 Absatz 2 GO NRW, die wie Eigenbetriebe geführt werden (eigenbetriebsähnliche Einrichtungen).

1.2 Keine Anwendung finden diese Vergabegrundsätze auf Eigenbetriebe, auf kommunal beherrschte Unternehmen und Einrichtungen in einer Rechtsform des privaten Rechts sowie auf Zweckverbände, deren Hauptzweck der Betrieb eines wirtschaftlichen Unternehmens ist. Für gemeindliche Anstalten des öffentlichen Rechts i. S. des § 114a GO NRW (Kommunalunternehmen) und gemeinsame Kommunalunternehmen gem. § 27 des Gesetzes über kommunale Gemeinschaftsarbeit gilt hinsichtlich der Vergabegrundsätze die Regelung des § 8 Kommunalunternehmensverordnung (KUV) in der jeweils aktuellen Fassung.

1.3 Die Vergabegrundsätze gelten ausschließlich bei öffentlichen Aufträgen, deren geschätzte Auftragswerte die in Nummer 2 genannten EU-Schwellenwerte ohne Umsatzsteuer nicht erreichen.

2 Bundes- und landesgesetzliche Vorschriften

2.1 Bei der Vergabe öffentlicher Aufträge gelten grundsätzlich die Regelungen des Gesetzes gegen Wettbewerbsbeschränkungen (GWB – 4. Teil) in der jeweils aktuellen Fassung, sofern im Einzelfall die EU-Schwellenwerte ohne Umsatzsteuer erreicht oder überstiegen werden. Diese ergeben sich aus § 100 Absatz 1 GWB i.V.m. § 2 der Verordnung über die Vergabe öffentlicher Aufträge (VgV) in der jeweils aktuellen Fassung.

2.2 Öffentliche Auftraggeber im Land Nordrhein-Westfalen gemäß § 98 GWB unterliegen grundsätzlich den Bestimmungen des Tariftreue- und Vergabegesetzes Nordrhein-Westfalen (TVgG – NRW) in der Fassung der Bekanntmachung vom 10.1.2012.

3 Allgemeine Vergabeprinzipien

3.1 Die Europäische Kommission leitet aus den Grundsätzen des EG-Vertrags die Prinzipien der Nichtdiskriminierung und Transparenz her. Diese grundlegenden Anforderungen gelten für alle Fälle von Auftragsvergaben durch öffentliche

Auftraggeber. Nach den allgemeinen wettbewerblichen Anforderungen sind die öffentlichen Auftraggeber verpflichtet, auch unterhalb der EU-Schwellenwerte für einen fairen und lauteren Wettbewerb zu sorgen. Einzelne Vergabeentscheidungen haben sie fortlaufend und zeitnah zu dokumentieren und zu begründen.

3.2 Auf die Berücksichtigung von sozialen, innovativen, gleichstellungs- und integrationspolitischen Aspekten sowie solchen des Umweltschutzes und der Energieeffizienz nach dem TVgG – NRW wird hingewiesen.

3.3 Darüber hinaus wird auf die Richtlinie für Eignungsnachweise durch Präqualifikation bei Beschränkten Ausschreibungen ohne Teilnahmewettbewerb und bei Freihändigen Vergaben (Präqualifikationsrichtlinie) vom 5.3.2009, den Runderlass zur Berücksichtigung von Werkstätten für behinderte Menschen und Blindenwerkstätten bei der Vergabe öffentlicher Aufträge vom 22.3.2011 sowie auf die Schutzklausel zur Abwehr von Einflüssen der Scientology-Organisation und deren Unternehmen bei der Vergabe von öffentlichen Aufträgen über Beratungs- und Schulungsleistungen vom 18.10.2011 hingewiesen, die zur Anwendung empfohlen sind.

4 Vergabe von Bauleistungen

Zur Vermeidung rechtlicher Risiken sollen bei Aufträgen über Bauleistungen unterhalb des EU-Schwellenwertes grundsätzlich die Teile A (Abschnitt 1), B und C der Vergabe- und Vertragsordnung für Bauleistungen (VOB) in der jeweils aktuellen, im BAnz veröffentlichten Fassung angewendet werden. Die Regelungen der Nummern 7 und 8 bleiben davon unberührt.

5 Vergabe von Liefer- und Dienstleistungen

Zur Vermeidung rechtlicher Risiken wird bei Aufträgen über Liefer- und Dienstleistungen unterhalb der EU-Schwellenwerte grundsätzlich die Anwendung der Teile A (Abschnitt 1) und B der Verdingungsordnung für Leistungen (VOL) in der jeweils jüngsten, im BAnz veröffentlichten Fassung empfohlen. Die Regelungen der Nummern 7 und 8 bleiben davon unberührt.

6 Vergabe von freiberuflichen Leistungen

Die Anwendung der Verdingungsordnung für freiberufliche Leistungen (VOF) in der jeweils jüngsten im BAnz veröffentlichten Fassung ist für Leistungen, die im Rahmen von freiberuflichen Tätigkeiten erbracht werden und deren Auftragswert unterhalb des europäischen Schwellenwertes liegt, nicht vorgeschrieben. Sollte eine freiberufliche Leistung eindeutig und erschöpfend beschreibbar sein, gelten die Regelungen für die Vergabe von Liefer- und Dienstleistungsaufträgen.

7 Wahl der Vergabeart

Gemäß § 25 Absatz 1 GemHVO NRW muss der Vergabe von Aufträgen eine öffentliche Ausschreibung vorausgehen, sofern nicht die Natur des Geschäfts oder besondere Umstände eine beschränkte Ausschreibung oder eine freihändige Vergabe rechtfertigen. Unter Berücksichtigung der Bedürfnisse der kommunalen Praxis halte ich nachfolgende, vereinfachte Möglichkeit zur Wahl der Vergabeart für vertretbar. Die allgemeinen Vergabeprinzipien nach Nummer 3, die Grundsätze der Wirtschaftlichkeit und Sparsamkeit sowie die allgemeinen Grundsätze für die Vergabe von öffentlichen Aufträgen nach § 3 TVgG – NRW bleiben dabei unberührt.

7.1 Bei Liefer- und Dienstleistungen können die Vergabestellen bis zu einem vorab geschätzten Auftragswert in Höhe von 100.000 € ohne Umsatzsteuer wahlweise eine freihändige Vergabe oder eine beschränkte Ausschreibung durchführen.

7.2 Bei Bauleistungen können die Vergabestellen bis zu einem vorab geschätzten Auftragswert in Höhe von 100.000 € ohne Umsatzsteuer eine freihändige Vergabe durchführen. Bis zu einem vorab geschätzten Auftragswert in Höhe von 1.000.000 € ohne Umsatzsteuer können sie bei Bauleistungen eine beschränkte Ausschreibung durchführen.

7.3 Die Möglichkeit einer beschränkten Ausschreibung oder einer freihändigen Vergabe oberhalb dieser Wertgrenzen bleibt bei entsprechender Begründung in Einzelfall unberührt.

8 Elektronische Auktion

Der Vergabe eines öffentlichen Auftrags darf eine elektronische Auktion auf einem dafür vorgesehenen Internet-Marktplatz vorausgehen, sofern die Spezifikation des Auftrags hinreichend präzise beschrieben werden kann. Bei der Durchführung einer elektronischen Auktion sind die diesbezüglichen Regelungen der Richtlinie 2004/18/EG des Europäischen Parlaments und des Rates vom 31. März 2004 über die Koordinierung der Verfahren zur Vergabe öffentlicher Bauaufträge, Lieferaufträge und Dienstleistungsaufträge – insbesondere Artikel 54 – entsprechend zu beachten.

9 Korruptionsverhütung

9.1 Bei öffentlichen Aufträgen sind die Vorschriften des Gesetzes zur Verbesserung der Korruptionsbekämpfung und zur Errichtung und Führung eines Vergaberegisters in Nordrhein-Westfalen (Korruptionsbekämpfungsgesetz NRW – KorruptionsbG) in der jeweils aktuellen Fassung zu beachten. Zur Vermeidung von Manipulationen sind entsprechende organisatorische Maßnahmen zu treffen.

9.2 Auf die zwischen dem Innenministerium NRW und den kommunalen Spitzenverbänden abgestimmten Erläuterungen zum Korruptionsbekämpfungsgesetz mit Stand 20.6.2005, in denen die Heranziehung des RdErl. d. Innenministeriums, zugleich im Namen des Ministerpräsidenten und aller Landesministerien v. 26.4.2005 (MBl. NRW. S. 623) empfohlen wird, weise ich besonders hin.

10 Aufhebungsvorschrift

Der RdErl. des Innenministeriums vom 22.3.2006 (MBl. NRW. 6300) wird aufgehoben.

11 Inkrafttreten und Geltungsdauer

Dieser Runderlass tritt am 1.1.2013 in Kraft und mit Ablauf des 31.12.2013 außer Kraft.

GemHVO NRW

Vergabegrundsätze für Gemeinden (GV) nach § 25 Gemeindehaushaltsverordnung NRW (GemHVO NRW) (Kommunale Vergabegrundsätze)

RdErl. d. Ministeriums für Inneres und Kommunales v. 26.11.2013 – 34-48.07.01/01-169/13
(MBl. NRW. S. 552)

Mein Runderlass vom 6.12.2012 (MBl. NRW. 2 S. 725) wird wie folgt geändert:
In der Nummer 11 wird die Angabe „31.12.2013" durch die Angabe „31. Dezember 2018" ersetzt.

Rheinland-Pfalz

Landesgesetz zur Gewährleistung von Tariftreue und Mindestentgelt bei öffentlichen Auftragsvergaben (Landestariftreuegesetz – LTTG)

Vom 1. Dezember 2010 (GVBl. S. 426)
Zuletzt geändert durch Art. 1 Zweites ÄndG vom 8.3.2016 (GVBl. S. 1787)

§ 1 Ziel, Regelungsbereich und allgemeine Grundsätze

(1) [1]Dieses Gesetz wirkt Verzerrungen im Wettbewerb um öffentliche Aufträge entgegen, die durch den Einsatz von Niedriglohnkräften entstehen, und mildert Belastungen für die sozialen Sicherungssysteme. [2]Es bestimmt zu diesem Zweck, dass öffentliche Auftraggeber öffentliche Aufträge im Sinne des § 99 des Gesetzes gegen Wettbewerbsbeschränkungen nach Maßgabe dieses Gesetzes nur an Unternehmen vergeben dürfen, die ihren Beschäftigten das in diesem Gesetz festgesetzte Mindestentgelt bezahlen und sich tariftreu verhalten.

(2) Öffentliche Aufträge dürfen nur an fachkundige, leistungsfähige sowie gesetzestreue und zuverlässige Unternehmen vergeben werden.

(3) Für die Auftragsausführung können zusätzliche Anforderungen an Auftragnehmer gestellt werden, die insbesondere soziale, umweltbezogene oder innovative Aspekte betreffen, wenn sie im sachlichen Zusammenhang mit dem Auftragsgegenstand stehen und sich aus der Leistungsbeschreibung ergeben. Als soziale Aspekte in diesem Sinne können insbesondere gefordert werden
1. die Beschäftigung von Auszubildenden,
2. die Beschäftigung von Langzeitarbeitslosen und
3. die Sicherstellung der Entgeltgleichheit von Frauen und Männern.

(4) [1]Aufgabenträger haben im Rahmen der Vergabe eines öffentlichen Dienstleistungsauftrags im Sinne der Verordnung (EG) Nr. 1370/2007 des Europäischen Parlaments und des Rates vom 23. Oktober 2007 über öffentliche Personenverkehrsdienste auf Schiene und Straße und zur Aufhebung der Verordnungen (EWG) Nr. 1191/69 und (EWG) Nr. 1107/70 des Rates (ABl. EU Nr. L 315 S. 1) in der jeweils geltenden Fassung Auftragnehmer auf der Grundlage von Artikel 4 Abs. 5 der Verordnung (EG) Nr. 1370/2007 dazu zu verpflichten, den Arbeitnehmerinnen und Arbeitnehmern, die zuvor zur Erbringung der Dienste eingestellt wurden, ein Angebot zur Übernahme zu den bisherigen Arbeitsbedingungen zu unterbreiten. [2]Der bisherige Betreiber ist nach Aufforderung des Aufgabenträgers binnen sechs Wochen dazu verpflichtet, dem Aufgabenträger alle hierzu erforderlichen Informationen zur Verfügung zu stellen. In einem repräsentativen Tarifvertrag im Sinne von § 4 Abs. 3 können Regelungen zu den Arbeitsbedingungen getroffen werden, auf die im Falle einer Übernahme der Arbeitnehmerinnen und Arbeitnehmer auf der Grundlage von Artikel 4 Abs. 5 der Verordnung (EG) Nr. 1370/2007 als vorrangig verwiesen werden kann.

§ 2 Anwendungsbereich

[1]Dieses Gesetz gilt für
1. das Land,
2. die Gemeinden und die Gemeindeverbände und

3. die öffentlichen Auftraggeber im Sinne des § 98 Nr. 2, 3, 4 und 5 des Gesetzes gegen Wettbewerbsbeschränkungen (öffentliche Auftraggeber), soweit sie in Rheinland-Pfalz öffentliche Aufträge vergeben, sowie
4. die dadurch betroffenen Unternehmen und Nachunternehmen

ab einem geschätzten Auftragswert von 20 000 Euro. ²Für die Schätzung gilt § 3 der Vergabeverordnung in der Fassung vom 11. Februar 2003 (BGBl. I S. 169) in der jeweils geltenden Fassung.

§ 2a Beachtung der ILO-Kernarbeitsnormen

Bei der Vergabe öffentlicher Aufträge ist darauf hinzuwirken, dass keine Waren Gegenstand der Leistung sind, die unter Missachtung der in den Kernarbeitsnormen der Internationalen Arbeitsorganisation (ILO) festgelegten Mindestanforderungen gewonnen oder hergestellt worden sind.

§ 3 Mindestentgelt

¹Soweit nicht nach § 4 Mindestentgelt- oder Tariftreueerklärungen gefordert werden können, dürfen öffentliche Aufträge nur an Unternehmen vergeben werden, die sich bei Angebotsabgabe schriftlich verpflichten, ihren Beschäftigten bei der Ausführung der Leistung ein Entgelt von mindestens 8,90 Euro (brutto) pro Stunde zu zahlen (Mindestentgelt). ²Satz 1 gilt nicht für die Leistungserbringung durch Auszubildende. ³Fehlt die Mindestentgelterklärung bei Angebotsabgabe und wird sie auch nach Aufforderung nicht vorgelegt, so ist das Angebot von der Wertung auszuschließen. ⁴Hat die Servicestelle nach § 4 Abs. 5 Muster zur Abgabe von Mindestentgelterklärungen öffentlich bekannt gemacht, können diese verwendet werden.

§ 4 Tariftreuepflicht

(1) Öffentliche Aufträge, die vom Arbeitnehmer-Entsendegesetz (AEntG) vom 20. April 2009 (BGBl. I S. 799) in der jeweils geltenden Fassung erfasst werden, dürfen nur an Unternehmen vergeben werden, die sich bei Angebotsabgabe schriftlich verpflichten, ihren Beschäftigten bei der Ausführung der Leistung ein Entgelt zu zahlen, das in Höhe und Modalitäten mindestens den Vorgaben desjenigen Tarifvertrages entspricht, an den das Unternehmen aufgrund des Arbeitnehmer-Entsendegesetzes gebunden ist.

(2) ¹Leistungen, die vom Mindestlohngesetz (MiLoG) vom 11. August 2014 (BGBl. I S. 1348) in der jeweils geltenden Fassung erfasst werden, dürfen nur an Unternehmen vergeben werden, die sich bei Angebotsabgabe schriftlich verpflichten, ihren unter das Mindestlohngesetz fallenden Beschäftigten bei der Ausführung der Leistung ein Entgelt zu zahlen, das mindestens den jeweils geltenden Vorgaben des Mindestlohngesetzes und der gemäß § 1 Abs. 2 Satz 2 MiLoG erlassenen Rechtsverordnung entspricht, und Änderungen während der Ausführungslaufzeit gegenüber den Beschäftigten nachzuvollziehen; § 3 Satz 3 und 4 gilt entsprechend. ²Satz 1 findet so lange keine Anwendung, bis die Höhe des nach dem Mindestlohngesetz und der gemäß § 1 Abs. 2 Satz 2 MiLoG erlassenen Rechtsverordnung zu zahlenden Mindestlohns erstmals die Höhe des nach § 3 Satz 1 zu zahlenden Mindestentgelts bei Angebotsabgabe erreicht oder diese übersteigt.

(3) ¹Öffentliche Aufträge über Dienstleistungen im Bereich des öffentlichen Personenverkehrs auf Straße und Schiene dürfen nur an Unternehmen vergeben werden, die sich bei Angebotsabgabe schriftlich verpflichten, ihren Beschäftigten bei

der Ausführung der Leistung mindestens das in Rheinland-Pfalz für diese Leistung in einem einschlägigen und repräsentativen mit einer tariffähigen Gewerkschaft vereinbarten Tarifvertrag vorgesehene Entgelt nach den tarifvertraglich festgelegten Modalitäten zu zahlen und während der Ausführungslaufzeit Änderungen nachzuvollziehen. ²Dies gilt auch für öffentliche Aufträge im freigestellten Schülerverkehr. ³Bei Angebotsabgabe haben die Unternehmen nachvollziehbar darzustellen, wie sie die Tariftreueverpflichtung nach Satz 1 erfüllen wollen. ⁴Im Falle grenzüberschreitender Ausschreibungen kann auch ein einschlägiger und repräsentativer Tarifvertrag aus dem jeweiligen Nachbarland der Bundesrepublik Deutschland zu Grunde gelegt werden. ⁵Der öffentliche Auftraggeber benennt die einschlägigen und repräsentativen Tarifverträge in der Bekanntmachung und den Vergabeunterlagen des öffentlichen Auftrags. ⁶Kann bei grenzüberschreitenden Auftragsvergaben mit dem oder den öffentlichen Auftraggebern aus den Nachbarländern der Bundesrepublik Deutschland keine Einigung über die Vorgabe der einschlägigen und repräsentativen Tarifverträge erzielt werden, soll die Beachtung eines einschlägigen Tarifvertrages vorgegeben werden. ⁷Ist auch dies nicht möglich, kann ausnahmsweise auf die Vorgabe von Tariftreue verzichtet werden.

(4) ¹Das für die Angelegenheiten des Arbeitsrechts zuständige Ministerium bestimmt mit Zustimmung des für die Angelegenheiten des Verkehrs zuständigen Ministeriums durch Rechtsverordnung, in welchem Verfahren festgestellt wird, welche Tarifverträge als repräsentativ im Sinne von Absatz 3 anzusehen sind und wie deren Veröffentlichung erfolgt. ²Bei der Feststellung der Repräsentativität ist vorrangig abzustellen auf
1. die Zahl der von den jeweils tarifgebundenen Arbeitgebern beschäftigten unter den Geltungsbereich des Tarifvertrags fallenden Arbeitnehmerinnen und Arbeitnehmern,
2. die Zahl der jeweils unter den Geltungsbereich des Tarifvertrags fallenden Mitglieder der Gewerkschaft, die den Tarifvertrag geschlossen hat.

³Die Rechtsverordnung kann auch die Vorbereitung der Entscheidung durch einen Beirat vorsehen; sie regelt in diesem Fall auch die Zusammensetzung und die Geschäftsordnung des Beirats.

(5) ¹Beim Landesamt für Soziales, Jugend und Versorgung wird eine Servicestelle eingerichtet, die über das Landestariftreuegesetz informiert und die Entgeltregelungen aus den einschlägigen und repräsentativen Tarifverträgen unentgeltlich zur Verfügung stellt. ²Die Servicestelle ist auch für Prüfungen zuständig, ob die Entgeltregelungen aus den einschlägigen und repräsentativen Tarifverträgen im Sinne von Absatz 3 sowie bei einem Beschäftigtenübergang nach § 1 Abs. 4 aus den übergeleiteten Arbeitsbedingungen zum Vertragsgegenstand gemacht wurden und eingehalten werden. ³Prüfungen können sowohl anlassbezogen als auch stichprobenweise erfolgen. ⁴Der öffentliche Auftraggeber hat der Servicestelle die für die Prüfungen erforderlichen Auskünfte zu erteilen und prüfungsrelevante Unterlagen zur Verfügung zu stellen. ⁵Bei der Durchführung der Prüfungen stehen der Servicestelle die in den §§ 5 und 6 aufgeführten Rechte des öffentlichen Auftraggebers entsprechend zur Verfügung. ⁶Hat die von der Servicestelle durchgeführte Prüfung einen Verstoß des beauftragten Unternehmens, eines Nachunternehmens oder eines Verleihers gegen dieses Gesetz ergeben, spricht die Servicestelle gegenüber dem öffentlichen Auftraggeber, dessen Vergabe von diesem Verstoß betroffen ist, eine Sanktionsempfehlung aus. ⁷Der öffentliche Auftraggeber informiert die Servicestelle zeitnah über die Umsetzung der Sanktionsempfehlung; weicht er von dieser ab, hat er die Gründe für die Abweichung darzulegen.

(6) ¹Fehlt die Tariftreueerklärung bei Angebotsabgabe und wird sie auch nach Aufforderung nicht vorgelegt, so ist das Angebot von der Wertung auszuschließen.

²Hat die Servicestelle nach Absatz 5 Muster zur Abgabe von Tariftreueerklärungen öffentlich bekannt gemacht, können diese verwendet werden.

§ 5 Nachunternehmen

(1) ¹Die Unternehmen haben ihre Nachunternehmen sorgfältig auszuwählen. ²Dies schließt die Pflicht ein, die Angebote der Nachunternehmen daraufhin zu überprüfen, ob sie auf der Basis der nach diesem Gesetz anzuwendenden Lohn- und Gehaltstarife kalkuliert sein können.

(2) ¹Im Fall der Ausführung vertraglich übernommener Leistungen durch Nachunternehmer hat das Unternehmen die Erfüllung der Verpflichtungen nach den §§ 3 und 4 durch die Nachunternehmer sicherzustellen und dem öffentlichen Auftraggeber Mindestentgelt- und Tariftreueerklärungen der Nachunternehmen vorzulegen. ²Gleiches gilt, wenn das Unternehmen oder ein beauftragtes Nachunternehmen zur Ausführung des Auftrags Arbeitnehmerinnen oder Arbeitnehmer eines Verleihers einsetzt sowie für alle weiteren Nachunternehmen des Nachunternehmens. ³Auf die Verpflichtung zur Vorlage von Mindestentgelt- und Tariftreueerklärungen kann verzichtet werden, wenn das Auftragsvolumen eines Nachunternehmers oder Verleihers weniger als 10.000 Euro beträgt.

§ 6 Nachweise und Kontrollen

(1) ¹Das beauftragte Unternehmen und die Nachunternehmen sind verpflichtet, dem öffentlichen Auftraggeber die Einhaltung der Verpflichtung nach den §§ 3 und 4 auf dessen Verlangen jederzeit nachzuweisen. ²Der öffentliche Auftraggeber darf zu diesem Zweck in erforderlichem Umfang Einsicht in die Entgeltabrechnungen des beauftragten Unternehmens und der Nachunternehmen, in die zwischen dem beauftragten Unternehmen und den Nachunternehmen jeweils abgeschlossenen Werkverträge sowie in andere Geschäftsunterlagen nehmen, aus denen Umfang, Art, Dauer und tatsächliche Entlohnung von Beschäftigungsverhältnissen hervorgehen oder abgeleitet werden können. ³Das beauftragte Unternehmen und die Nachunternehmen haben ihre Beschäftigten auf die Möglichkeit solcher Kontrollen hinzuweisen.

(2) ¹Das beauftragte Unternehmen und die Nachunternehmen haben vollständige und prüffähige Unterlagen nach Absatz 1 über die eingesetzten Beschäftigten bereitzuhalten. ²Auf Verlangen des öffentlichen Auftraggebers sind ihm diese Unterlagen vorzulegen.

(3) Die Absätze 1 und 2 gelten entsprechend für Verleiher, wenn das Unternehmen oder ein beauftragtes Nachunternehmen zur Ausführung des Auftrags Arbeitnehmerinnen und Arbeitnehmer eines Verleihers einsetzt.

§ 7 Sanktionen

(1) ¹Um die Einhaltung der Verpflichtungen nach den §§ 3 bis 6 zu sichern, hat der öffentliche Auftraggeber für jeden schuldhaften Verstoß eine Vertragsstrafe in Höhe von 1 v. H. des Auftragswertes mit dem beauftragten Unternehmen zu vereinbaren; bei mehreren Verstößen darf die Summe der Vertragsstrafen 10 v. H. des Auftragswertes nicht überschreiten. ²Das beauftragte Unternehmen ist zur Zahlung einer Vertragsstrafe nach Satz 1 auch für den Fall zu verpflichten, dass der Verstoß durch ein Nachunternehmen begangen wird und das beauftragte Unternehmen den Verstoß kannte oder kennen musste. ³Ist die verwirkte Vertragsstrafe unverhältnismäßig hoch, so kann sie von dem öffentlichen Auftraggeber auf

Antrag des beauftragten Unternehmens auf den angemessenen Betrag herabgesetzt werden. ⁴Dieser kann beim Dreifachen des Betrages liegen, den der Auftragnehmer durch den Verstoß gegen die Tariftreuepflicht eingespart hat.

(2) Der öffentliche Auftraggeber vereinbart mit dem beauftragten Unternehmen, dass die mindestens grob fahrlässige und erhebliche Nichterfüllung einer Verpflichtung nach den §§ 3 bis 6 durch das beauftragte Unternehmen den öffentlichen Auftraggeber zur fristlosen Kündigung aus wichtigem Grund berechtigt.

(3) Hat das beauftragte Unternehmen oder ein Nachunternehmen mindestens grob fahrlässig oder mehrfach gegen Verpflichtungen dieses Gesetzes verstoßen, so kann der öffentliche Auftraggeber das betreffende Unternehmen oder Nachunternehmen für die Dauer von bis zu drei Jahren von seiner öffentlichen Auftragsvergabe ausschließen.

(4) Die öffentlichen Auftraggeber und die Servicestelle nach § 4 Abs. 5 haben die für die Verfolgung und Ahndung von Ordnungswidrigkeiten nach § 23 AEntG und § 21 MiLoG zuständigen Stellen über Verstöße der Unternehmen gegen Verpflichtungen nach § 4 Abs. 1 und 2 zu informieren.

§ 8 Übergangsbestimmung

Dieses Gesetz findet keine Anwendung auf öffentliche Aufträge, deren Vergabe vor dem Inkrafttreten dieses Gesetzes eingeleitet worden ist.

Saarland

Gesetz über die Sicherung von Sozialstandards, Tariftreue und Mindestlöhnen bei der Vergabe öffentlicher Aufträge im Saarland (Saarländisches Tariftreuegesetz – STTG)

Vom 6. Februar 2013
(Amtsbl. I S. 84)

§ 1 Anwendungsbereich

(1) Dieses Gesetz gilt für die Vergabe von Aufträgen über Bau-, Liefer- und Dienstleistungen durch öffentliche Auftraggeber im Sinne des § 98 des Gesetzes gegen Wettbewerbsbeschränkungen mit Ausnahme von Arbeitsverträgen und Aufträgen nach § 100 Absatz 2 des Gesetzes gegen Wettbewerbsbeschränkungen und des in Absatz 2 geregelten öffentlichen Personennahverkehrs.

(2) [1]Im Bereich des öffentlichen Personennahverkehrs auf Straße und Schiene gilt dieses Gesetz für öffentliche Dienstleistungsaufträge, auch in Form von Dienstleistungskonzessionen, und für Linienverkehrsgenehmigungen, soweit diese nach Maßgabe der Definition in den Richtlinien 2004/17/EG, 2004/18/EG oder gemäß Artikel 5 der Verordnung (EG) Nr. 1370/2007 des Europäischen Parlaments und des Rates vom 23. Oktober 2007 über öffentliche Personenverkehrsdienste auf Schiene und Straße und zur Aufhebung der Verordnungen (EWG) Nr. 1191/69 und (EWG) Nr. 1107/70 des Rates vergeben oder erteilt werden. [2]Es gilt insbesondere auch für die Direktvergabe gemäß Artikel 5 Absätze 4 bis 6 sowie für die Betrauung eines internen Betreibers gemäß Artikel 5 Absatz 2 der EG-Verordnung 1370/2007. [3]Dieses Gesetz gilt auch für Verkehre im Sinne von § 1 Freistellungs-Verordnung in der im Bundesgesetzblatt Teil III, Gliederungsnummer 9240-1-1, veröffentlichten bereinigten Fassung, geändert durch Artikel 1 der Verordnung vom 4. Mai 2012 (BGBl. I S. 1037).

(3) Dieses Gesetz gilt nicht für Vergabeverfahren im Bereich des Absatzes 2, soweit diese von einer Gruppe zuständiger Behörden gemäß Artikel 2 lit. b) der EG-VO 1370/2007 durchgeführt werden und sich die zu vergebenden Verkehre nicht ausschließlich auf das Gebiet des Saarlandes beschränken.

(4) Bei der Vergabe länderübergreifender Leistungen ist von der Vergabestelle vor Beginn des Vergabeverfahrens eine Einigung mit den beteiligten weiteren Vergabestellen dieser Länder über die Anforderungen nach den §§ 3 bis 12 anzustreben.

(5) [1]Dieses Gesetz gilt für Vergabeverfahren gemäß Absatz 1 ab einem geschätzten Auftragswert (Schwellenwert) von 25.000,00 Euro. [2]Die Berechnung des Auftragswerts bestimmt sich nach § 3 der Verordnung über die Vergabe öffentlicher Aufträge in der Fassung der Bekanntgabe vom 11. Februar 2003 (BGBl. I S. 169), zuletzt geändert durch Verordnung vom 12. Juli 2012 (BGBl. I S. 1508), in der jeweils geltenden Fassung. [3]Der Wert eines beabsichtigten Auftrags darf nicht in der Absicht geschätzt oder aufgeteilt werden, den Auftrag der Anwendung dieses Gesetzes zu entziehen.

§ 2 Vergabegrundsätze

(1) Öffentliche Aufträge dürfen nur an fachkundige, leistungsfähige sowie gesetzestreue und zuverlässige Unternehmen vergeben werden.

(2) Für die Auftragsausführung können gemäß § 97 Absatz 4 des Gesetzes gegen Wettbewerbsbeschränkungen und im Bereich des ÖPNV gemäß Artikel 4 der EG-VO 1370/2007, hier insbesondere gemäß Absatz 5 Satz 2, zusätzliche Anforderungen an Auftragnehmer gestellt werden.

(3) Die öffentlichen Auftraggeber behandeln alle Wirtschaftsteilnehmer gleich und nichtdiskriminierend und gehen in transparenter Weise vor.

(4) [1]Fehlt bei Angebotsabgabe eine Tariftreueerklärung gemäß § 3 Absatz 2, 4 und 6 oder § 4, ist das Angebot, soweit auch nach erneuter Fristsetzung die Erklärung nicht nachgereicht wird, von der Wertung auszuschließen. [2]Soweit ein Verstoß gegen § 3 Absatz 1 oder 3 vorliegt, gelten die Regelungen über den Ausschluss gemäß § 21 Absatz 1 Arbeitnehmerentsendegesetz vom 20. April 2009 (BGBl. I S. 799), zuletzt geändert durch Artikel 5 Absatz 11 des Gesetzes vom 24. Februar 2012 (BGBl. I S. 212), in der jeweils geltenden Fassung oder § 16 Absatz 1 Mindestarbeitsbedingungengesetz in der im Bundesgesetzblatt Teil III, Gliederungsnummer 802-2, veröffentlichten bereinigten Fassung, zuletzt geändert durch Artikel 1 des Gesetzes vom 22. April 2009 (BGBl. I S. 818), in der jeweils geltenden Fassung.

(5) Die Landesregierung kann neben den in den einschlägigen Vergabeverordnungen oder Verdingungsordnungen genannten Präqualifizierungsmöglichkeiten weitere Präqualifizierungsverfahren durch Richtlinien regeln.

(6) [1]Für Verträge mit einer Laufzeit von mindestens 18 Monaten gilt Folgendes: [2]Sind wesentliche Änderungen der Preisermittlungsgrundlagen für Löhne und Gehälter durch die Änderung des gesetzlich festgeschriebenen Mindestlohns gemäß § 3 Absatz 2 beziehungsweise durch Änderungen in den anzuwendenden Tarifverträgen während der Ausführungslaufzeit zu erwarten und ist deren Eintritt oder Ausmaß ungewiss, so kann eine angemessene Änderung der Vergütung in den Vertragsunterlagen vorgesehen werden. [3]Die Einzelheiten der Preisänderungen sind hierbei festzulegen. [4]Entsprechendes gilt für Auftragnehmer sowie die von ihnen beauftragten Nachunternehmer und Verleiher, im Falle der Übertragung der von ihnen zu erbringenden Leistungen.

§ 3 Tariftreuepflicht, Mindestlohn

(1) Aufträge für Leistungen, deren Erbringung dem Geltungsbereich des Arbeitnehmerentsendegesetz unterfällt, werden nur an Auftragnehmer vergeben, die sich bei der Angebotsabgabe schriftlich verpflichten, ihre Arbeitnehmerinnen und Arbeitnehmer bei der Ausführung mindestens zu denjenigen Arbeitsbedingungen einschließlich des Entgelts und der Arbeitszeitbedingungen zu beschäftigen, die der nach dem Arbeitnehmerentsendegesetz einzuhaltende Tarifvertrag vorgibt.

(2) [1]Aufträge über Leistungen oder Genehmigungen im öffentlichen Personennahverkehr gemäß § 1 Absatz 2 dürfen nur an Auftragnehmer vergeben beziehungsweise erteilt werden, die sich bei der Angebotsabgabe oder im Antrag auf Erteilung einer Genehmigung schriftlich verpflichten, ihren Arbeitnehmerinnen und Arbeitnehmern bei der Ausführung dieser Leistungen mindestens das Entgelt nach den tarifvertraglich festgelegten Modalitäten zu zahlen, das in einem im Saarland für diesen Bereich geltenden Tarifvertrag vorgesehen ist. [2]Des Weiteren ist die Einhaltung der sonstigen tarifvertraglichen Regelungen, insbesondere zum Urlaubsgeld, zu vermögenswirksamen Leistungen, Zuschlagsregelungen und Arbeitgeberleistungen zur Altersvorsorge zu gewährleisten und während der Aus-

führungslaufzeit sind Änderungen nachzuvollziehen. ³Sollte das tariflich festgelegte Entgelt unter einem Stundenlohn von 8,50 Euro brutto liegen, gilt Absatz 4.

(3) Aufträge im Sinne des § 1 Absatz 1, die vom Mindestarbeitsbedingungengesetz erfasst werden, dürfen nur an Auftragnehmer vergeben werden, die sich bei Angebotsabgabe schriftlich verpflichten, ihre Arbeitnehmerinnen und Arbeitnehmer bei der Ausführung der Leistung zu denjenigen Arbeitsbedingungen einschließlich des Entgelts und der Arbeitszeitbedingungen zu beschäftigen, die mindestens den Vorgaben der auf der Grundlage von § 4 Absatz 3 Mindestarbeitsbedingungengesetz zu erlassenden Rechtsverordnung entsprechen.

(4) ¹Öffentliche Aufträge über Leistungen dürfen nur an Unternehmen vergeben werden, die sich bei der Angebotsabgabe durch Erklärung gegenüber dem öffentlichen Auftraggeber schriftlich verpflichtet haben, ihren Beschäftigten, ohne Auszubildenden, bei der Ausführung der Leistung mindestens 8,50 Euro brutto pro Stunde zu zahlen. ²Die Unternehmen müssen im Rahmen der Verpflichtungserklärung die Art der tariflichen Bindung ihres Unternehmens sowie die gezahlte Höhe der Mindeststundenentgelte für die im Rahmen der Leistungserbringung eingesetzten Beschäftigten angeben.

(5) ¹Das für Arbeit zuständige Ministerium wird ermächtigt, mittels Rechtsverordnung eine Kommission zur Anpassung der Höhe des in Absatz 4 verbindlich festgelegten Mindestlohns einzurichten und deren Zusammensetzung und Geschäftsordnung zu regeln. ²Die Kommission überprüft jährlich, beginnend im Jahr 2014, die Höhe des Mindestlohns unter Berücksichtigung der wirtschaftlichen und sozialen Entwicklung bis zum 31. August eines jeden Jahres. ³Das für Arbeit zuständige Ministerium wird den von der Kommission ermittelten Betrag zur Anpassung des Mindestlohns übernehmen und per Rechtsverordnung festsetzen.

(6) Öffentliche Aufträge im Sinne der Absätze 1 bis 4 werden nur an solche Unternehmen vergeben, die sich bei der Angebotsabgabe durch Erklärung gegenüber dem öffentlichen Auftraggeber schriftlich verpflichten, dafür zu sorgen, dass Leiharbeitnehmerinnen und Leiharbeitnehmer im Sinne des Arbeitnehmerüberlassungsgesetzes in der Fassung der Bekanntmachung vom 3. Februar 1995 (BGBl. I S. 158), zuletzt geändert durch Artikel 26 des Gesetzes vom 20. Dezember 2011 (BGBl. I S. 2854) in der jeweils geltenden Fassung, bei der Ausführung der Leistung für die gleiche Tätigkeit ebenso entlohnt werden wie ihre regulär Beschäftigten.

(7) Auf bevorzugte Bieter gemäß §§ 141 Satz 1 und 143 Neuntes Buch Sozialgesetzbuch (SGB IX) – Rehabilitation und Teilhabe behinderter Menschen – Artikel 1 des Gesetzes vom 19. Juni 2001 (BGBl. I S. 1046), zuletzt geändert durch Artikel 12 Absatz 6 des Gesetzes vom 24. März 2011 (BGBl. I S. 453), findet Absatz 4 keine Anwendung.

§ 4 Tariftreue des beauftragten Nachunternehmens

(1) ¹Wird bei einer öffentlichen Auftragsvergabe eine Erklärung nach § 3 gefordert, muss der Auftragnehmer sich jeweils auch schriftlich dazu verpflichten, dass er von einem von ihm beauftragten Nachunternehmer oder von einem von ihm oder einem Nachunternehmer beauftragten Verleiher ebenfalls die Abgabe einer § 3 entsprechenden Erklärung verlangt und diese dem öffentlichen Auftraggeber vorlegt. ²Diese Verpflichtung erstreckt sich auf alle an der Auftragserfüllung beteiligten Unternehmen. ³Gleiches gilt, wenn das Unternehmen oder ein beauftragtes Nachunternehmen zur Ausführung des Auftrags Arbeitnehmerinnen oder Arbeitnehmer eines Verleihers einsetzt. ⁴Der jeweils einen Auftrag weiter Vergebende hat die jeweilige schriftliche Übertragung der Verpflichtung und ihre Einhaltung

durch die jeweils beteiligten Nachunternehmer oder Verleiher sicherzustellen und dem Auftraggeber auf Verlangen nachzuweisen. ⁵Öffentliche Auftraggeber können die Vorlage einer Erklärung nach § 3 auch direkt von den jeweils beteiligten Nachunternehmern oder Verleihern verlangen. ⁶Die öffentlichen Auftraggeber können in diesem Fall den Auftragnehmer im Wege einer vertraglichen Vereinbarung verpflichten, ihm ein entsprechendes Nachweisrecht bei der Beauftragung von Nachunternehmern und Verleihern einräumen zu lassen.

(2) Bei Beschaffungen bis zu einem Auftragswert von 5.000,00 Euro kann auf die Erklärung nach Absatz 1 verzichtet werden.

§ 5 Wertung unangemessen niedriger Angebote

¹Bei begründeten Zweifeln an der Angemessenheit des Angebots kann die Vergabestelle sich dazu von dem Bieter der engeren Wahl die Kalkulationsunterlagen vorlegen lassen. ²Kommt der Bieter der engeren Wahl innerhalb der von der Vergabestelle festgelegten Frist dieser Vorlagepflicht nicht nach, ist er von dem weiteren Verfahren auszuschließen.

§ 6 Angabe der einschlägigen Tarifverträge

(1) Das für das Tarifvertragsrecht zuständige Ministerium gibt die nach diesem Gesetz anzuwendenden Tarifentgelte öffentlich bekannt.

(2) ¹Bei allen Vergabeverfahren sind die für die Ausführung des Beschaffungsauftrags maßgeblichen Entgelttarife den Bewerbern und Bietern im Einzelnen bekannt zu geben. ²Sind diese Entgelttarife in allgemein unmittelbar zugänglichen und kostenlos nutzbaren Datenbanken hinterlegt, genügt ein Hinweis darauf in der Vergabebekanntmachung und in den Verdingungsunterlagen oder in der Aufforderung zur Bewerbung um die Teilnahme am Vergabeverfahren.

§ 7 Betreiberwechsel bei der Erbringung von Personalverkehrsdiensten

¹Öffentliche Auftraggeber können gemäß der Verordnung (EG) Nummer 1370/2007 des Europäischen Parlaments und des Rates vom 23. Oktober 2007 über öffentliche Personenverkehrsdienste auf Schiene und Straße und zur Aufhebung der Verordnungen (EWG) Nr. 1191/69 und (EWG) Nr. 1107/70 des Rates (ABl. L 315/1 vom 3. Dezember 2007) verlangen, dass der ausgewählte Betreiber die Arbeitnehmerinnen und Arbeitnehmer des bisherigen Betreibers zu den Arbeitsbedingungen übernimmt, die diesen von dem vorherigen Betreiber gewährt wurden. ²Die bisherigen Betreiber sind verpflichtet, den Auftraggebern auf Anforderung die hierzu erforderlichen Unterlagen zur Verfügung zu stellen oder Einsicht in Lohn- und Meldeunterlagen, Bücher und andere Geschäftsunterlagen und Aufzeichnungen zu gewähren, aus denen Umfang, Art, Dauer und tatsächliche Entlohnung der Arbeitnehmerinnen und Arbeitnehmer hervorgehen oder abgeleitet werden können. ³Hierdurch entstehende Aufwendungen des bisherigen Betreibers werden durch den öffentlichen Auftraggeber erstattet.

§ 8 Nachweise

(1) Hat die Landesregierung Muster zur Abgabe von Verpflichtungserklärungen im Sinne der §§ 3 und 4 öffentlich bekannt gemacht, kann der öffentliche Auftraggeber beziehungsweise die Genehmigungsbehörde nach dem Personenbeförderungsgesetz verlangen, dass der Auftragnehmer die Übernahme der Verpflichtung nach dem einschlägigen Muster erklärt.

(2) ¹Der Auftragnehmer und die von ihm im Sinne des § 4 beauftragten Nachunternehmer sind verpflichtet, dem öffentlichen Auftraggeber beziehungsweise der Genehmigungsbehörde nach dem Personenbeförderungsgesetz die Einhaltung der Verpflichtungen nach §§ 3 und 4 auf dessen Verlangen nachzuweisen. ²Ferner sind der Auftragnehmer und die von ihm im Sinne des § 4 beauftragten Nachunternehmer verpflichtet, dem öffentlichen Auftraggeber beziehungsweise der Genehmigungsbehörde nach dem Personenbeförderungsgesetz zur Prüfung, ob die Verpflichtungen nach §§ 3 und 4 eingehalten werden, während der Betriebszeit im erforderlichen Umfang Einsicht in ihre Unterlagen zu gewähren. ³Die Beschäftigten sind von diesen über die Möglichkeit der in den Sätzen 1 und 2 beschriebenen Kontrollen zu informieren.

§ 9 Kontrollen

(1) ¹Die öffentlichen Auftraggeber haben das Recht, stichprobenartige Kontrollen durchzuführen, um die Einhaltung der in diesem Gesetz vorgesehenen Auflagen und Pflichten zu überprüfen. ²Die kontrollierenden Personen dürfen zu Kontrollzwecken Einblick in die Entgeltabrechnungen der ausführenden Unternehmen, in die Unterlagen über die Abführung von Steuern und Beiträgen an in- und ausländische Sozialversicherungsträger, in die Unterlagen über die Abführung von Beiträgen an in- und ausländische Sozialkassen des Baugewerbes und in die zwischen den ausführenden Unternehmen abgeschlossenen Verträge nehmen und hierzu Auskünfte verlangen. ³Der jeweilige Auftragnehmer sowie die von ihm beauftragten Nachunternehmer haben ihre Arbeitnehmerinnen und Arbeitnehmer auf die Möglichkeit solcher Kontrollen hinzuweisen. ⁴Die öffentlichen Auftraggeber haben den Auftragnehmer im Wege einer vertraglichen Vereinbarung zu verpflichten, ihm ein entsprechendes Auskunfts- und Prüfrecht bei der Beauftragung von Nachunternehmern einräumen zu lassen.

(2) Die Auftragnehmer haben vollständige und prüffähige Unterlagen zur Prüfung nach Absatz 1 bereitzuhalten und auf Verlangen dem öffentlichen Auftraggeber vorzulegen.

(3) Für die Kontrollen im Rahmen der Erteilung einer Genehmigung im öffentlichen Personennahverkehr nach § 1 Absatz 2 gelten die Prüfungsbefugnisse der Genehmigungsbehörde nach § 54a Personenbeförderungsgesetz entsprechend.

(4) Das für Arbeit zuständige Ministerium wird ermächtigt, durch Rechtsverordnung ein Kontrollsystem zur wirksamen Überprüfung der Einhaltung der sich aus diesem Gesetz für die Auftragnehmer ergebenden Pflichten einzurichten.

§ 10 Sanktionen

(1) ¹Um die Einhaltung der sich aus diesem Gesetz für den Auftragnehmer ergebenden Verpflichtungen zu sichern, hat der öffentliche Auftraggeber für jeden schuldhaften Verstoß eine Vertragsstrafe in Höhe von bis zu fünf Prozent des Auftragswertes mit dem beauftragten Unternehmen zu vereinbaren, bei mehreren Verstößen darf die Summe der Vertragsstrafen zehn Prozent des Auftragswertes nicht überschreiten. ²Das beauftragte Unternehmen ist zur Zahlung einer Vertragsstrafe nach Satz 1 auch für den Fall zu verpflichten, dass der Verstoß durch ein Nachunternehmen begangen wird und das beauftragte Unternehmen den Verstoß kannte oder kennen musste. ³Ist die verwirkte Strafe unverhältnismäßig hoch, so kann sie von dem öffentlichen Auftraggeber auf Antrag des beauftragten Unternehmens auf den angemessenen Eurobetrag herabgesetzt werden. ⁴Dieser kann

beim Dreifachen des Betrages liegen, den der Auftragnehmer durch den Verstoß gegen die Tariftreuepflichten gemäß § 3 des Gesetzes eingespart hat.

(2) Die öffentlichen Auftraggeber haben mit dem Auftragnehmer zu vereinbaren, dass die schuldhafte Nichterfüllung der aus diesem Gesetz resultierenden Anforderungen durch den Auftragnehmer oder seine Nachunternehmer den öffentlichen Auftraggeber zur fristlosen Kündigung berechtigt.

(3) ¹Von der Teilnahme an einem Wettbewerb um einen öffentlichen Auftrag sollen alle Unternehmer beziehungsweise deren Nachunternehmer für eine Dauer von bis zu fünf Jahren ausgeschlossen werden, soweit diese gegen die in § 3 Absatz 2, 4 und 6 sowie in den §§ 4 bis 9 geregelten Pflichten und Auflagen verstoßen haben. ²Im Falle eines Verstoßes gegen § 3 Absatz 1 und 3 findet § 2 Absatz 4 Satz 2 Anwendung

(4) ¹Das für Arbeit zuständige Ministerium richtet ein Register über Unternehmen ein, die nach Absatz 3 von der Vergabe öffentlicher Aufträge ausgeschlossen worden sind. ²Das für Arbeit zuständige Ministerium wird ermächtigt, durch Rechtsverordnung zu regeln:
1. die im Register zu speichernden Daten, den Zeitpunkt ihrer Löschung und die Einsichtnahme in das Register,
2. die Verpflichtung der öffentlichen Auftraggeber, Entscheidungen nach Absatz 3 an das Register zu melden und
3. die Verpflichtung der öffentlichen Auftraggeber, zur Prüfung der Zuverlässigkeit von Unternehmen Auskünfte aus dem Register einzuholen.

§ 11 Beachtung der ILO-Kernarbeitsnormen

¹Bei der Vergabe von Leistungen nach § 1 Absatz 1 ist darauf hinzuwirken, dass keine Waren Gegenstand der Leistung sind, die unter Missachtung der in den ILO-Kernarbeitsnormen festgelegten Mindeststandards gewonnen oder hergestellt worden sind. ²Die Mindeststandards der ILO-Kernarbeitsnormen ergeben sich aus:
1. dem Übereinkommen Nr. 29 über Zwangs- oder Pflichtarbeit vom 28. Juni 1930 (BGBl. 1956 II S. 641),
2. dem Übereinkommen Nr. 87 über die Vereinigungsfreiheit und den Schutz des Vereinigungsrechtes vom 9. Juli 1948 (BGBl. 1956 II S. 2073),
3. dem Übereinkommen Nr. 98 über die Anwendung der Grundsätze des Vereinigungsrechtes und des Rechtes zu Kollektivverhandlungen vom 1. Juli 1949 (BGBl. 1955 II S. 1123),
4. dem Übereinkommen Nr. 100 über die Gleichheit des Entgelts männlicher und weiblicher Arbeitskräfte für gleichwertige Arbeit vom 29. Juni 1951 (BGBl. 1956 II S. 24),
5. dem Übereinkommen Nr. 105 über die Abschaffung der Zwangsarbeit vom 25. Juni 1957 (BGBl. 1959 II S. 442),
6. dem Übereinkommen Nr. 111 über die Diskriminierung in Beschäftigung und Beruf vom 25. Juni 1958 (BGBl. 1961 II S. 98),
7. dem Übereinkommen Nr. 138 über das Mindestalter für die Zulassung zur Beschäftigung vom 26. Juni 1973 (BGBl. 1976 II S. 202) und
8. dem Übereinkommen Nr. 182 über das Verbot und unverzügliche Maßnahmen zur Beseitigung der schlimmsten Formen der Kinderarbeit vom 17. Juni 1999 (BGBl. 2001 II S. 1291).

§ 12 Umweltverträgliche Beschaffung

¹Öffentliche Auftraggeber sollen im Rahmen von Liefer-, Bau- und Dienstleistungsaufträgen dafür Sorge tragen, dass bei der Herstellung, Verwendung und

Entsorgung von Gütern sowie durch die Ausführung der Leistung bewirkte negative Umweltauswirkungen gering gehalten werden. ²Dies umfasst das Recht, bei der Bedarfsermittlung, der Leistungsbeschreibung und der Zuschlagserteilung Anforderungen im Sinne von Satz 1 aufzustellen und angemessen zu berücksichtigen sowie für die Auftragsausführung ergänzende Verpflichtungen auszusprechen

§ 13 Allgemeine Verwaltungsvorschriften

Zur Konkretisierung der Vorschriften in diesem Gesetz kann das für Arbeit zuständige Ministerium allgemeine Verwaltungsvorschriften erlassen.

§ 14 Inkrafttreten, Außerkrafttreten

(1) Dieses Gesetz tritt am Tag nach der Verkündung in Kraft.

(2) Gleichzeitig mit dem Inkrafttreten dieses Gesetzes tritt das Gesetz über die Vergabe öffentlicher Aufträge und zur Sicherung von Sozialstandards und Tariftreue im Saarland (Saarländisches Vergabe- und Tariftreuegesetz) vom 15. September 2010 (Amtsbl. I S. 1378) außer Kraft.

(3) Dieses Gesetz findet keine Anwendung auf öffentliche Aufträge, deren Vergabe vor seinem Inkrafttreten durch Bekanntmachung eingeleitet worden sind.

Verordnung zur Anpassung des Mindestlohns gemäß § 3 Absatz 5 Satz 3 des Saarländischen Tariftreuegesetzes

Vom 12. Oktober 2017
(Amtsbl. I S. 924, ber. S. 966)

Auf Grund des § 3 Absatz 5 Satz 3 des Saarländischen Tariftreuegesetzes vom 6. Februar 2013 (Amtsbl. I S. 84) verordnet das Ministerium für Wirtschaft, Arbeit, Energie und Verkehr:

§ 1

Der bei der Ausführung öffentlicher Aufträge gemäß § 3 Absatz 4 des Saarländischen Tariftreuegesetzes zu zahlende Mindestlohn wird ab dem 1. Januar 2018 auf 8,84 Euro brutto pro Stunde festgesetzt.

§ 2

Für öffentliche Aufträge, deren Vergabe vor dem 1. Januar 2018 durch Bekanntmachung eingeleitet worden ist, findet die Verordnung zur Anpassung des Mindestlohns gemäß § 3 Absatz 5 Satz 3 des Saarländischen Tariftreuegesetzes vom 27. September 2016 (Amtsbl. I S. 1016) weiterhin Anwendung.

§ 3

Diese Verordnung tritt am 1. Januar 2018 in Kraft. Gleichzeitig tritt unbeschadet des § 2 die Verordnung zur Anpassung des Mindestlohns gemäß § 3 Absatz 5 Satz 3 des Saarländischen Tariftreuegesetzes vom 27. September 2016 (Amtsbl. I S. 856) außer Kraft.

Richtlinien für die Vergabe von Aufträgen über Lieferungen und Leistungen durch die saarländische Landesverwaltung (Beschaffungsrichtlinien)

Vom 16. September 2008
(Amtsbl. S. 1683)
Zuletzt geändert durch RL zur Änd. der Beschaffungsrichtlinien vom 29.12.2015 (Amtsbl. 2016 I S. 56)

1 Allgemeines

1.1 Diese Beschaffungsrichtlinien erstrecken sich auf die Vergabe von Aufträgen über alle Lieferungen und Leistungen der saarländischen Landesverwaltung im Bereich der Vergabe- und Vertragsordnung für Leistungen – ausgenommen Bauleistungen – (VOL).

1.2 Grundsätzlich sind Beschaffungen im Wege des Kaufs abzuwickeln. Besteht jedoch für den Erwerb oder die Nutzung von Vermögensgegenständen eine Wahlmöglichkeit zwischen Kauf-, Miet-, Leasing-, Mietkauf- oder ähnlichen Verträgen, so ist vor dem Vertragsabschluss zu prüfen, welche Vertragsart für das Land am wirtschaftlichsten ist.

1.3 [1]Das wirtschaftlichste Angebot ist dasjenige, bei dem das günstigste Verhältnis zwischen der gewünschten Leistung und dem verlangten Preis erzielt wird. [2]Maßgebend für die Leistung sind alle auftragsbezogenen Umstände (z.B. technische, funktionsbedingte, umweltrelevante Gesichtspunkte, Kundendienst, Folgekosten, insbesondere im Personalbereich); sie sind bei der Wertung der Angebote zu berücksichtigen (siehe Arbeitsanleitung „Einführung in Wirtschaftlichkeitsuntersuchungen" – Anlage zur VV zu § 7 LHO).

1.4 [1]Bei allen Beschaffungsmaßnahmen sind von den zuständigen Beschaffungsstellen Wirtschaftlichkeitsuntersuchungen anzustellen, die bei einfachen Beschaffungen mindestens in der Einholung mehrerer Angebote bestehen. [2]Das Ergebnis ist aktenkundig zu machen. [3]Sofern für zu beschaffende Gegenstände üblicherweise mehrere Beschaffungsarten in Frage kommen, muss die Wirtschaftlichkeitsuntersuchung einen Vergleich der jeweiligen Formen Kauf, Miete, Mietkauf und Leasing, unter Abzinsung der Leasingangebote nach der Barwert-Methode, oder ähnlichen Verträgen sowie eine Begründung zur Vertragslaufzeit und zum Vertragstyp enthalten. [4]Das Ergebnis der Wirtschaftlichkeitsuntersuchung ist aktenkundig zu machen und dem zuständigen Haushaltsbeauftragten zuzuleiten. [5]Die Beschaffung erfolgt nach Zustimmung durch den Haushaltsbeauftragten. [6]Ein Mangel an Haushaltsmitteln für den Erwerb durch Kauf reicht als Rechtfertigungsgrund für die Begründung von Dauerschuldverhältnissen nicht aus.

1.5 [1]Beschaffungen im Wege des Leasing bedürfen nach Nr. 4.3 der VV zu § 38 LHO ungeachtet der sonstigen haushaltsrechtlichen Voraussetzungen stets der Zustimmung des Ministeriums für Finanzen und Europa, sofern es nicht vorab darauf verzichtet. [2]Die erforderliche Zustimmung ist von der Stelle zu beantragen, der die für das Vorhaben verfügbaren Haushaltsmittel zur Bewirtschaftung zugewiesen sind. [3]Dem Antrag ist die gemäß Nr. 1.4 durchzuführende Wirtschaftlichkeitsuntersuchung beizufügen.

1.6 Die Zuständigkeit für den Abschluss von Leasing – bzw. Mietkaufverträgen richtet sich nach den Bestimmungen dieser Richtlinie über zentrale oder dezentrale Beschaffung (siehe Nrn. 7 und 8).

1.7 [1]Bei der Durchführung von Beschaffungsmaßnahmen sind – soweit sinnvoll und wirtschaftlich – elektronische Verfahren zu nutzen. [2]Nach Möglichkeit sind alle Phasen des Beschaffungsprozesses von der Bedarfserhebung, über die Ausschreibung und die Vergabe bis zur Bestellung und Abrechnung durch entsprechende Programmmodule zu unterstützen (E-Procurement).

1.8 [1]Bei Bestellungen aus Rahmenverträgen ist – soweit verfügbar – das „Elektronische Katalog- und Bestellsystem der Landesverwaltung" zu nutzen. [2]Über eine gesonderte Maske in diesem System können auch Produkte anfordert werden, die nicht in Rahmenverträgen verfügbar sind.

2 Rechtscharakter

[1]Die Beschaffungsrichtlinien begründen keine Rechtsbeziehungen gegenüber Dritten. [2]Dritte haben keinen Anspruch auf Einhaltung der Bestimmungen dieser Richtlinien.

3 Vergabevorschriften

3.1 [1]Bei der Vergabe von Lieferungen und Leistungen – ausgenommen Bauleistungen – ist nach den Bestimmungen dieser Beschaffungsrichtlinien, der VOL sowie nach sonstigen ergänzenden bundes- und landesrechtlichen Rechts- und Verwaltungsvorschriften zu verfahren. [2]Eine Auflistung der zu beachtenden Vorschriften ist im Intranet abrufbar.

3.2 Teil B der VOL sowie die Zusätzlichen Vertragsbedingungen für die Ausführung von Leistungen – ausgenommen Bauleistungen sind grundsätzlich zu Bestandteilen der abzuschließenden Verträge zu machen.

Eine aktuelle Fassung ist im Intranet abrufbar.

3.3 Zur Vereinheitlichung des Vergabeverfahrens sind Vordrucke gemäß den Mustern im Intranet zu verwenden.

4 Beschaffungsgrundsätze

4.1 [1]Die Beschaffungen sind im Blick auf eine wirtschaftliche und sparsame Haushaltsführung (§ 7 LHO) vorzunehmen. [2]Dabei sind auch Gesichtspunkte des Umweltschutzes (insbesondere der Einsatz von umweltfreundlichem Papier und Holzprodukten aus FSC- oder PEFC-zertifizierter Produktion, siehe Nr. 4.3) sowie soziale Aspekte (keine Beschaffung von Produkten aus ausbeuterischer Kinderarbeit, siehe Nr. 4.5) zu berücksichtigen. [3]Nach diesen Grundsätzen ist sowohl bei der Festlegung von Art und Menge des Bedarfs als auch bei der Auftragsvergabe zu verfahren.

4.2 [1]Bei umweltbedeutsamen Beschaffungen sind bei der Erkundung des Marktes auch Ermittlungen darüber anzustellen, welche umweltfreundlichen Lösungen angeboten werden. [2]Die Leistungsbeschreibung im Sinne von § 7 VOL/A ist so zu fassen, dass etwaige Gesichtspunkte des Umweltschutzes vorgegeben werden (konstruktive Leistungsbeschreibung). [3]In geeigneten Fällen sind Umwelteigenschaften im Wege der funktionalen Leistungsbeschreibung (§ 7 Abs. 2 Buchstabe A VOL/A) vorzugeben.

4.3 [1]Die einzelnen Bedarfsstellen müssen mindestens 90% umweltfreundliches Papier verwenden, wobei ein Teil dieser Quote aus Recyclingpapier mit der Kennzeichnung „Blauer Engel" und der andere Teil aus Papier bestehen soll, dessen Holz in FSC- oder PEFC-zertifizierten Wäldern erzeugt wurde. [2]Bei der Beschaffung von Holzprodukten ist vorrangig auf Produkte aus FSC- oder PEFC-zertifizierter Produktion zurückzugreifen.

4.4 Bei der Bedarfsanmeldung sowie der Aufstellung der Vergabeunterlagen sind die vom Deutschen Normenausschuss sowie die vom Ausschuss für Lieferbedingungen und Gütesicherung beim Deutschen Normenausschuss entwickelten Normen, Normen der Europäischen Union, soweit sie in der Bundesrepublik Deutschland unmittelbar geltendes Recht sind, Grundsätze für die Beschaffenheit von Waren und Leistungen (Gütebedingungen) sowie die der Gütesicherung dienenden Gütezeichen zu berücksichtigen; ihre Erfüllung ist mit den Auftragnehmern vertraglich abzusichern.

4.5 ¹Berücksichtigung finden nur Produkte, die ohne ausbeuterische Kinderarbeit im Sinne der ILO-Konvention 182 hergestellt sind bzw. Produkte, deren Hersteller oder Verkäufer aktive zielführende Maßnahmen zum Ausstieg aus der ausbeuterischen Kinderarbeit eingeleitet haben. ²Bei Produkten oder Teilen von Produkten, die in Asien, Afrika oder Lateinamerika hergestellt oder verarbeitet worden sind, ist dies durch die Zertifizierung einer unabhängigen Organisation oder eine entsprechende Selbstverpflichtung nachzuweisen (nähere Erläuterungen hierzu sind im Intranet abrufbar).

5 Bedarfsstellen

5.1 Bedarfsstellen sind alle Landesdienststellen, die Lieferungen oder Leistungen zur Erfüllung ihrer Aufgaben benötigen; dazu zählen grundsätzlich auch die Landesbetriebe nach § 26 Abs. 1 LHO.

5.2 Der Bedarfsstelle obliegen:
- Bedarfsermittlung;
- Prüfung der Zuständigkeit;
- Bedarfsplanung, ggf. in Zusammenarbeit mit den Zentralen Beschaffungsstellen (vgl. Nr. 7);
- Beschreibung der Anforderungen an den zu beschaffenden Gegenstand;
- in den Fällen der Nr. 7.2 Beschaffungsauftrag an die Zentralen Beschaffungsstellen;
- ggf. Beteiligung bei der Wertung der Angebote;
- Abnahme der Leistungen;
- Zahlung der Rechnungen,
- Verwertung entbehrlich gewordener, noch intakter IuK-Komponeten (vgl. Tz. 18).

5.3 Bedarfsstellen dürfen nur im Einvernehmen mit den mittelbewirtschaftenden Stellen handeln.

5.4 ¹Zur Geltendmachung eventueller Ansprüche gegen den Auftragnehmer (z.B. Nachbesserung, Wandlung, Minderung, sonstige Mängelansprüche) hat die Bedarfsstelle sofort nach Erhalt der Lieferung diese auf Richtigkeit, Vollständigkeit und Funktionsfähigkeit zu überprüfen. ²Über festgestellte Mängel ist die zuständige Beschaffungsstelle unverzüglich zu informieren.

6 Beschaffungsstellen

6.1 Beschaffungsstellen sind alle Landesdienststellen, denen die Vorbereitung und der Abschluss entsprechender Verträge übertragen ist.

Beschaffungsstellen sind die Zentralen Beschaffungsstellen (vgl. Nr. 7) und die Bedarfsstellen, soweit nicht die Zuständigkeit der Zentralen Beschaffungsstellen begründet ist (vgl. Nr. 8).

6.2 Der Beschaffungsstelle obliegen:
- Überprüfung der Bedarfsmeldung;
- Durchführung von Ausschreibungsverfahren oder Anforderung von Angeboten sowie dazugehöriger Proben und Muster; soweit fachspezifisch erforderlich, unter Beteiligung der Bedarfsstelle;

– Verhandlungen mit Bietern im Rahmen der Vorschriften der VOL;
– Vergabe des Auftrags;
– auf Anforderung: Überwachung der Vertragsabwicklung der Bedarfsstellen;
– auf Anforderung: Verfolgung von Mängel- und Schadensersatzansprüchen.

6.3 Mit Beschaffungsaufgaben sind Mitarbeiterinnen und Mitarbeiter zu betrauen, die über die erforderlichen Sach- und Warenkenntnisse verfügen; diese sind gehalten, ihre Kenntnisse durch ständige Beobachtung der Marktentwicklung auf dem neuesten Stand zu halten und alle Beschaffungen zügig abzuwickeln.

6.4 Die Beschaffungsstellen haben ihren jeweiligen Obersten Landesbehörden jährlich einen Tätigkeitsbericht vorzulegen, aus dem sich mindestens das Volumen der Beschaffungen, die Aufteilung nach Vergabearten, die Zahl der abgeschlossenen Verträge und die jeweiligen Vertragspartner ergeben.

7 Zentrale Beschaffung

7.1 Die zentrale Beschaffung nach VOL erfolgt durch die zentralen Beschaffungsstellen (ZB):
– Zentrale Beschaffungsstelle des Saarlandes für sonstige Verbrauchs- und Investitionsgüter beim Landesamt für Zentrale Dienste,
– Zentrale Beschaffungsstelle des Saarlandes für IuK-Güter beim IT-Dienstleistungszentrum (IT-DLZ) und
– Beschaffungsstelle für die Vergabe von Aufträgen über Telekommunikationsanlagen beim Landesamt für Zentrale Dienste – Amt für Bau und Liegenschaften –.

7.2 Für die Vergabe von Aufträgen für allgemeine Bedarfsgüter ist die Zentrale Beschaffungsstelle des Saarlandes für sonstige Verbrauchs- und Investitionsgüter gemäß den Anlagen 1 und 2 zuständig.

7.3 Für die Beschaffung von Lieferungen und Leistungen auf dem Gebiet der Informations- und Kommunikationstechnologie (IuK) in der Landesverwaltung ist gemäß den „Richtlinien für Beschaffungen von Lieferungen und Leistungen auf dem Gebiet der Informations- und Kommunikationstechnologie in der Landesverwaltung des Saarlandes (IuK-BER)" vom 1. Mai 2010 (Amtsbl. II S. 306) in der jeweils geltenden Fassung das IT-Dienstleistungszentrum zuständig.

7.4 Für die Vergabe von Aufträgen über Telekommunikations-Anlagen (TK-Anlagen) einschließlich Endgeräte, Mobilfunk- und Telefax-Einrichtungen sowie sonstige Fernmeldeanlagen, sofern diese einem selbständigen Nutzungszweck dienen und nicht Bauleistungen im Sinne von § 1 VOB/A ist das Landesamt für Zentrale Dienste – Amt für Bau und Liegenschaften – zuständig; ausgenommen hiervon sind die TK-Anlagen, deren Endgeräte, Mobilfunk- und Telefax-Einrichtungen sowie sonstige Fernmeldeanlagen der Behörden und Organisationen mit Sicherheitsaufgaben (BOS) im Zuständigkeitsbereich des Ministeriums für Inneres und Sport (vgl. Richtlinien über die Einrichtung und Nutzung der dienstlichen Fernmelde- und Telekommunikationsanlagen einschließlich der Kostenregelung vom 25. September 2002 (GMBl. S. 366) in der jeweils geltenden Fassung.

7.5 Entstehen hinsichtlich der Zuständigkeit Zweifelsfragen, so entscheidet das Ministerium für Finanzen und Europa im Einvernehmen mit der jeweils zuständigen obersten Landesbehörde.

8 Dezentrale Beschaffung

[1]Bedarfsstellen können die in Anlage 1 – Sammelbeschaffungsmaßnahmen – und 2 – Einzelbeschaffungsmaßnahmen – nicht aufgelisteten Bedarfsgegenstände selbst beschaffen (s. [2]Nr. 5.3).

³Beschaffungen einzelner Bedarfsgüter im Wert bis 1.000 Euro können in eigener Zuständigkeit (im Rahmen der Regelungen der VOL) durchgeführt werden, sofern es sich nicht um Gegenstände handelt, die unter die Sammelbeschaffungsmaßnahmen (s. ⁴Anlage 1) fallen und für die bereits Rahmenlieferverträge oder Sukzessivlieferverträge abgeschlossen sind (Kataloggegenstände). ⁵Darüber hinaus können die Bedarfsstellen alle Beschaffungen auf der Basis von Rahmenlieferverträgen (s. ⁶Tz. 12.3.2) in eigener Zuständigkeit ausführen; die zuständige zentrale Beschaffungsstelle ist in diesen Fällen nur nachrichtlich zu beteiligen. ⁷Hierbei ist – soweit verfügbar- das „Elektronische Katalog-und Bestellsystem der Landesverwaltung" zu nutzen (vgl. Nr. 1.8). ⁸Die Benachrichtigung ist in diesem Fall erfüllt.
⁹Die Beschaffung gebrauchter Gegenstände unterliegt der Zustimmung der ZB.

9 Beratungspflicht

Die für zentrale Beschaffungen zuständigen Stellen sind verpflichtet, die Bedarfsstellen in allen Fragen der Beschaffung zu beraten.

10 Bedarfsermittlung

¹Die Feststellung des Bedarfs, die Abnahme und Bezahlung der bestellten Waren sowie die Bewirtschaftung der Haushaltsmittel verbleiben in der Verantwortung der einzelnen Bedarfsstellen. ²Sie haben vor allem zu prüfen, ob ein Bedarf zur Erfüllung der Aufgaben des Landes unabweisbar notwendig ist. ³Die Anforderungen der Bedarfsstellen haben sich im Rahmen der verfügbaren Haushaltsmittel zu halten. ⁴Mit der Erteilung des Beschaffungsauftrags übernimmt die Bedarfsstelle die Verantwortung dafür, dass die erforderlichen Haushaltsmittel vorhanden sind und wirtschaftlich und sparsam eingesetzt werden.

11 Bedarfsmeldung

11.1 ¹Die für zentrale Beschaffungen zuständigen Stellen setzen für ihren Zuständigkeitsbereich die Bedarfszeiträume fest und bestimmen die Termine, zu denen alle Landesdienststellen ihren Bedarf zu melden haben. ²Hinsichtlich Beschaffungen, für die kein Meldetermin festgesetzt wird, fordern die Bedarfsstellen die benötigten Waren und Leistungen bei den Beschaffungsstellen so rechtzeitig an, dass eine ordnungsgemäße und sachgerechte Vergabe der Aufträge möglich ist.

11.2 Der Bedarf ist in der Regel auf elektronischem Wege oder schriftlich zu melden und dabei so genau wie möglich zu beschreiben.

11.3 ¹Art und Weise der Bedarfsdeckung (z.B. Produktauswahl) sollen zwischen Bedarfs- und Beschaffungsstellen einvernehmlich festgelegt werden. ²Insbesondere bei Zweifeln an der wirtschaftlichen und sparsamen Verwendung der Haushaltsmittel haben die Beschaffungsstellen ihre Bedenken gegen die Beschaffung den Bedarfsstellen mitzuteilen und auf die Überprüfung der Anforderungen hinzuwirken. ³Eine einvernehmliche Regelung ist anzustreben. ⁴Ist diese nicht zu erreichen, obliegt die endgültige Entscheidung dem zuständigen Haushaltsbeauftragten, der diese aktenkundig zu machen und der Beschaffungsstelle den Aktenvermerk zuzuleiten hat.

11.4 ¹Die Bedarfsstellen geben den Beschaffungsstellen Anregungen über ihnen bekannt gewordene günstige Bezugsquellen und wirtschaftliche und sparsame Möglichkeiten der Bedarfsdeckung.
²Über negative Erfahrungen mit den beschafften Waren und den Leistungen der Auftragnehmer sind die Beschaffungsstellen ebenfalls zu informieren.

12 Rahmenverträge

12.1 ¹Die Zentralen Beschaffungsstellen beim Landesamt für Zentrale Dienste und beim IT-Dienstleistungszentrum sollen im Rahmen ihrer Zuständigkeit (vgl. Nr. 7) Rahmenverträge abschließen. ²Darüber hinaus sollen auch die übrigen Beschaffungsstellen im Rahmen ihrer Zuständigkeit (vgl. Nr. 6.1) Rahmenverträge schließen, soweit dies wirtschaftlich und sinnvoll ist, weil z.B. ausreichend großer Bedarf besteht oder eine entsprechende Anzahl an nachgeordneten Dienststellen vorhanden ist.

³Die nachstehend aufgeführten Rahmenvertragsregelungen sind dabei als Mindestbedingungen verbindlich.

12.2 Der Rahmenvertrag ist ein Vertrag, durch den die Rechte und Pflichten der Vertragspartner aus später zu schließenden Einzelverträgen ganz oder teilweise im Voraus geregelt werden.

12.3 Arten von Rahmenverträgen und Rahmenvertragsregelungen:

12.3.1 Rahmenvertrag im engeren Sinne (Rahmenabkommen):
– Einem Rahmenvertrag im engeren Sinne geht kein Vergabeverfahren voraus.
– Der Rahmenvertrag begründet nur eine Verpflichtung des Anbieters:
Durch einen Rahmenvertrag im engeren Sinne verpflichtet sich das Unternehmen, unter Beachtung gewisser zusätzlicher Vorschriften des öffentlichen Auftraggebers, zu Vorzugskonditionen alle öffentlichen Auftraggeber mit Waren zu beliefern oder Dienstleistungen zu erbringen.
Der öffentliche Auftraggeber wird durch den Vertragsschluss nicht verpflichtet, bei diesem Anbieter zu kaufen bzw. die Dienstleistung abzufragen. Er ist vielmehr grundsätzlich verpflichtet, Lieferungen und Leistungen auszuschreiben.

12.3.2 ¹Rahmenliefervertrag:
– Der öffentliche Auftraggeber soll auf der Basis von Erfahrungswerten oder Bestellumfragen den Umfang der erforderlichen Lieferungen oder Leistungen so konkret wie möglich vorgeben.
– Es besteht eine Lieferverpflichtung des Anbieters, der eine eingeschränkte Abnahmeverpflichtung des öffentlichen Auftraggebers gegenübersteht, d. h. hinsichtlich der Abnahmemenge sind Abweichungen möglich.
– Einem Rahmenliefervertrag muss stets eine öffentliche Ausschreibung vorangehen.
– Die Laufzeit von Rahmenlieferverträgen soll im Allgemeinen auf ein Jahr begrenzt bleiben; technischen und preislichen Entwicklungen ist dabei nach Möglichkeit durch entsprechende Anpassungsklauseln Rechnung zu tragen.

²Die Zentralen Beschaffungsstellen informieren alle Bedarfsstellen über abgeschlossene Rahmenlieferverträge.

³Grundsätzlich nimmt jede Bedarfsstelle Beschaffungen aufgrund von Rahmenlieferverträgen selbst vor.

⁴Die öffentlichen Auftraggeber sind grundsätzlich verpflichtet, zu den vereinbarten Konditionen über diesen Vertragsnehmer Lieferungen oder Leistungen zu beziehen. ⁵Ist im Einzelfall gegenüber dem Rahmenliefervertrag eine wesentliche Einsparung zu erzielen, so soll diese Möglichkeit im Einvernehmen mit den zentralen Beschaffungsstellen wahrgenommen werden. ⁶Die zentralen Beschaffungsstellen haben dabei zu prüfen, ob eine Beschaffung mit den vergaberechtlichen Bestimmungen im Einklang steht.

⁷Die Zustimmung der zentralen Beschaffungsstelle gilt als erteilt, wenn die preisliche Ersparnis mindestens 15% unter dem Preis des Rahmenlieferungsvertrages liegt und die zentrale Beschaffungsstelle binnen einer Woche ab Eingang der Anmeldung keine unter Verweis auf vergaberechtliche Bestimmungen begründete Einwände geltend gemacht hat.

12.4 Da durch einen Rahmenvertrag im engeren Sinne (Rahmenabkommen oder Rahmenliefervertrag) lediglich eine für die Vertragszeit andauernde Leistungsbereitschaft eines Anbieters (langfristig unwiderrufliches Angebot) vereinbart wird, findet durch diesen Vertrag keine Bedarfsdeckung statt; es wird bei jedem konkreten Bedarfsfall ein neuer Liefer- oder Leistungsvertrag geschlossen.

12.5 ^{1}Im übrigen haben die Zentralen Beschaffungsstellen und die Bedarfsstellen, soweit sie die Beschaffung vornehmen, bei veränderten Marktbedingungen zu prüfen, ob ein bestehender Rahmenvertrag (Rahmenvertrag im engeren Sinne oder Rahmenliefervertrag) noch dem Gebot der Wirtschaftlichkeit und Sparsamkeit genügt. ^{2}Das Ergebnis der Prüfung ist aktenkundig zu machen.

13 Sukzessivliefervertrag

13.1 Die Zentralen Beschaffungsstellen beim Landesamt für Zentrale Dienste und beim IT-Dienstleistungszentrum können im Rahmen ihrer Zuständigkeit (vgl. Nr. 7) Sukzessivlieferverträge abschließen. Darüber hinaus können auch Bedarfsstellen im Rahmen ihrer Zuständigkeit (vgl. Nr. 8) Sukzessivlieferverträge schließen, soweit dies wirtschaftlich und sinnvoll ist, weil z.B. ausreichend großer Bedarf besteht oder eine entsprechende Anzahl an nachgeordneten Dienststellen vorhanden ist.

13.2
– Ein Sukzessivliefervertrag ist ein Vertrag im herkömmlichen Sinne mit einer engen vertragsmäßigen Bindung.
– Einem Sukzessivliefervertrag muss stets eine öffentliche Ausschreibung vorangehen. Der öffentliche Auftraggeber gibt die erforderliche Lieferung konkret vor. Mengenmäßige Spielräume sind nicht mehr vorhanden.
– Kommt es zu einem Vertragsabschluss, ist die Dienststelle zur Abnahme der Lieferung oder Leistung verpflichtet; diese erfolgt allerdings – zum Beispiel entsprechend der Lagerkapazität oder der Verarbeitung – nur sukzessive.

14 Arten der Vergabe

14.1 Nach § 55 LHO muss dem Abschluss von Verträgen über Lieferungen und Leistungen eine öffentliche Ausschreibung vorausgehen, sofern nicht die Natur des Geschäfts oder besondere Umstände eine Ausnahme rechtfertigen. Die zulässigen Ausnahmen sind in § 3 Abs. 3 bis 6 VOL/A geregelt.

14.1.1 In Auslegung des § 3 Abs. 3 Buchstabe b) und Abs. 4 Buchstabe b) VOL/A wird festgelegt:
– die beschränkte Ausschreibung mit Teilnahmewettbewerb ist zulässig bei einem geschätzten Auftragswert bis 100.000 Euro (ohne Mehrwertsteuer) und
– die beschränkte Ausschreibung ohne Teilnahmewettbewerb ist zulässig bei einem geschätzten Auftragswert bis zu 50.000 Euro (ohne Mehrwertsteuer).

14.1.2 ^{1}Darüber hinaus wird festgelegt:
– die freihändige Vergabe ist zulässig bei einem geschätzten Auftragswert bis zu 10.000 Euro (ohne Mehrwertsteuer), im IuK-Bereich bis zu 15.000 Euro (ohne Mehrwertsteuer).

^{2}Leistungen bis zu einem voraussichtlichen Auftragswert von 500 Euro (ohne Mehrwertsteuer) können unter Berücksichtigung der Haushaltsgrundsätze der Wirtschaftlichkeit und Sparsamkeit ohne ein Vergabeverfahren beschafft werden (Direktkauf).

14.2 Bei beschränkter Ausschreibung sind in der Regel mindestens drei Bewerber zur Angebotsabgabe aufzufordern.

14.3 ^{1}Vor einer freihändigen Vergabe ist in der Regel eine formlose Preisermittlung (Anfrage bei mindestens 3 Bewerbern) durchzuführen.

²Ab einem geschätzten Auftragswert von 5.000 Euro (ohne Mehrwertsteuer) ist eine förmliche freihändige Vergabe durchzuführen. ³Dabei sind – sofern möglich – mindestens drei Unternehmen schriftlich dazu aufzufordern, ihre Angebote zu einem gesetzten Einreichungstermin in verschlossenem, entsprechend gekennzeichneten Umschlag zu übersenden. ⁴Für die Öffnung dieser Angebote ist das in § 14 VOL/A vorgesehene Verfahren anzuwenden (insbesondere eine einheitliche Öffnungsverhandlung nach Ablauf der Angebotsfrist, vier-Augen-Prinzip, Kennzeichnung der Angebote, Niederschrift über die Öffnung).

14.4 ¹Um eine breite Streuung der Aufträge unter das mittelständische Gewerbe zu erreichen, sind, soweit dies technisch und in der Abwicklung möglich und wirtschaftlich vertretbar ist, Aufträge in Lose aufzuteilen; diese sind jedoch so zu bemessen, dass eine unwirtschaftliche Zersplitterung vermieden wird. ²Außerdem ist darauf zu achten, dass ein geplanter Auftrag nicht in der Absicht aufgeteilt werden darf, ihn der Anwendung anderer Vorschriften zu entziehen (z.B. EU-Vergabekoordinierungsrichtlinien). ³Bei beschränkter Ausschreibung und freihändiger Vergabe soll der Kreis fachkundiger, leistungsfähiger und zuverlässiger Bewerber gewechselt werden.

15 Bescheinigung in Steuersachen

Ab einem Auftragswert von 50.000 Euro (ohne Mehrwertsteuer) ist von dem Bewerber oder Bieter eine vom zuständigen Finanzamt ausgestellte aktuelle Bescheinigung in Steuersachen zu verlangen, es sei denn, die Vergabestelle hat positive Kenntnisse von dessen wirtschaftlicher und steuerlicher Zuverlässigkeit.

16 Auftragserteilung

¹Aufträge sind grundsätzlich schriftlich zu erteilen. ²Müssen Aufträge wegen ihrer Eilbedürftigkeit ausnahmsweise mündlich oder fernmündlich erteilt werden, ist die schriftliche Bestätigung unverzüglich nachzuholen.

17 Entbehrliche Gegenstände (ohne IuK-Komponenten)

¹Entbehrlich gewordene, aber noch funktionsfähige Möbel, Maschinen und Geräte, deren Anschaffungspreis mehr als 410 Euro brutto betragen hat, sind der Zentralen Beschaffungsstelle des Saarlandes für sonstige Verbrauchs- und Investitionsgüter beim Landesamt für Zentrale Dienste über die zuständige oberste Landesbehörde zu melden.
²Die Zentrale Beschaffungsstelle des Saarlandes für sonstige Verbrauchs- und Investitionsgüter beim Landesamt für Zentrale Dienste hat für die Weiterverwendung bei anderen Stellen Sorge zu tragen.
³Mit Zustimmung des Landesamtes für Zentrale Dienste können die Bedarfsstellen diese Gegenstände verwerten.
⁴Entbehrlich gewordene, aber noch funktionsfähige Möbel, Maschinen und Geräte, deren Anschaffungspreis weniger als 410 Euro brutto betragen hat, können die Bedarfsstellen selbst verwerten.
⁵Eine Meldung an die Zentrale Beschaffungsstelle des Saarlandes für sonstige Verbrauchs- und Investitionsgüter beim Landesamt für Zentrale Dienste über die zuständige oberste Landesbehörde ist entbehrlich.

18 Verwertung entbehrlich gewordener, noch intakter IuK-Komponenten

¹Entbehrlich gewordene, aber noch intakte IuK-Komponenten können unter Beachtung der LHO und unter Gewährleistung von Datensicherheit und Datenschutz durch die Bedarfsstellen eigenverantwortlich verwertet werden. ²Geräte,

die keiner weiteren Verwendung mehr zugeführt werden können, sind dem IT-Dienstleistungszentrum zu überlassen. [3]Ein formalisiertes Abgabe- und Verwertungsverfahren wird nicht vorgeschrieben. [4]Es ist anlassbezogen zu entscheiden.

19 Entsorgung von IuK-Komponenten

[1]zu entsorgende IuK-Komponenten sind dem IT-Dienstleistungszentrum zu übergeben. [2]Die Entsorgung hat unter Gewährleistung der Datensicherheit und des Datenschutzes sowie unter Beachtung von Umweltauflagen zu erfolgen. [3]Organisatorische Einzelheiten sind in den „Richtlinien für die Beschaffung von Lieferungen und Leistungen auf dem Gebiet der Informations- und Kommunikationstechnologie (IuK-BER", vom 1. Mai 2010 (Amtsbl. II S. 306) in der jeweils geltenden Fassung geregelt.

20 Lagerhaltung

Vorratswirtschaft ist weitgehend zu vermeiden.

21 Beschaffung von Drucksachen

Soweit Landesdienststellen Vordrucke und sonstige Drucksachen nicht selbst herstellen, erfolgt die Beschaffung durch die Zentrale Beschaffungsstelle bei dem Landesamt für Zentrale Dienste.

Ausgenommen davon sind bundeseinheitliche Vordrucke, die länderübergreifend beschafft werden.

22 Aufbewahrung von Beschaffungsunterlagen

Rechnungsbelege und sonstige Rechnungsunterlagen sind bei den anordnenden Stellen aufzubewahren; andere Beschaffungsunterlagen (Schriftgut zur Bedarfsfeststellung, zum Vergabeverfahren, zur Vergabe und Verdingung einschließlich der dazugehörigen Anlagen) bei den Beschaffungsstellen.

[1]Die Aufbewahrungszeit beträgt grundsätzlich 5 Jahre. [2]Auf die Anlage zu Nr. 17.1 VV zu § 71 LHO wird hingewiesen.

23 Ermächtigungen

[1]Das Ministerium für Finanzen und Europa ist ermächtigt, die Zuständigkeitsregelungen dieser Beschaffungsrichtlinien im Einvernehmen mit den obersten Landesbehörden zu ändern oder zu ergänzen.

[2]Das Ministerium für Finanzen und Europa ist weiter ermächtigt, Abweichungen von diesen Beschaffungsrichtlinien zuzulassen.

[3]Die bei der Beschaffung anzuwendenden Vorschriften und Formulare sind über das Intranet abrufbar. Sie werden bei Bedarf durch das Landesamt für Zentrale Dienste aktualisiert.

24 Schlussbestimmung

[1]Die Beschaffungsrichtlinien treten am 1. Oktober 2008 in Kraft. [2]Gleichzeitig treten die „Vorläufigen Richtlinien für die Vergabe von Aufträgen über Lieferungen und Leistungen durch die saarländische Landesverwaltung" vom 5. Mai 2004, geändert durch Erlass vom 29. März 2005, außer Kraft.

[3]Die Richtlinien sind bis zum 31. Dezember 2018 befristet.

Anlage 1

Zentrale Vergabe in Form von Sammelbeschaffungsmaßnahmen durch die Zentrale Beschaffungsstelle für sonstige Verbrauchs- und Investitionsgüter beim Landesamt für Zentrale Dienste

- Allgebrauchs- und Leuchtstofflampen, Batterien und Akkus
- Allgemeines Büro-, Ge- und Verbrauchsmaterial
- Diktiergeräte, Schreib- und Rechenmaschinen
- Fotoverbrauchsmaterial, Rollen und Planfilme, Entwickler, Video- und Tonkassetten
- Geräte und Verbrauchsmittel zur Reinigung, Pflege und Desinfektion
- Hygieneartikel, Toilettenpapier
- IT-Verbrauchsmaterial
- Möbel und Einrichtungsgegenstände für Büro-, Registratur-, Aufenthalts-, Untersuchungs-, Unterkunfts-, Schulungs- und Sitzungsräume
- Papier aller Art für den Bürobedarf incl. elektrostatischem Papier, Transparent- und Katasterpapier, Briefumschläge, Versandtaschen

Anlage 2

Zentrale Vergabe sonstiger Aufträge (Einzelbeschaffungsmaßnahmen) durch die Zentrale Beschaffungsstelle für sonstige Verbrauchs- und Investitionsgüter beim Landesamt für Zentrale Dienste

- Berufs- und Schutzkleidung
  (ausgenommen Uniformen für Polizei und Justizverwaltung)
- Druck- und Buchbindearbeiten
- Fahrzeuge
  Kraftfahrzeuge aller Art, Motorräder, Fahrräder, Traktoren, Anhänger, Werkstattwagen, Sonderfahrzeuge für Polizei, Feuerwehr, Land- und Forstwirtschaft
- Feuerlöschbedarf
  Löschdecken, Pressluftatmer, Feuerlöscher, Schläuche, Strahlrohre (ausgenommen Bedarf der Polizei und des Kampfmittelräumdienstes)
- Gartengeräte
  Rasenmäher, Heckenscheren, Laubsauger, Kettensägen
- Haushaltsgeräte und -maschinen
  Kühlschränke, Gefrierschränke, Küchenherde, Mikrowellengeräte, Radio, Fernseher, Staubsauger
- Optischer Bedarf
  Ferngläser, Fernrohre, Lupen (ausgenommen Bedarf der Polizei)
- Poststellenbedarf
  Adressier- und Frankier-, Falz- und Kuvertiermaschinen
- Reprobedarf, audiovisuelle Anlagen und Zubehör
  Kopiersysteme, Lichtpausgeräte, Druckmaschinen, Projektoren, Mikrofilmgeräte, Episkope, Videoanlagen einschl. Zubehör, LCD-Displays
- Sanitätsmaterial
  Erste-Hilfe-Kästen mit Inhalt, Liegen, Tragen, u.ä.
- Stempel, Schilder
  Gummi-, Paginier-, Datums-, Räder- und Stahlstempel, Dienstsiegel, Amtsschilder
- Textilien aller Art
  Spinn-, Weberei-, Stickerei- und Wirkereiwaren (z.B. Sportkleidung, Decken, Fahnen, Matratzen u.ä.)
- Werkstattmöbel und -geräte
  Werkbänke, Leitern, Bohrmaschinen, Kreissägen u.ä.

Sachsen

Gesetz über die Vergabe öffentlicher Aufträge im Freistaat Sachsen
(Sächsisches Vergabegesetz – SächsVergabeG)

Vom 14. Februar 2013
(SächsGVBl. S. 109)

§ 1 Sachlicher Anwendungsbereich

(1) Die Bestimmungen dieses Gesetz gelten für die Vergabe öffentlicher Aufträge im Sinne des § 99 des Gesetzes gegen Wettbewerbsbeschränkungen (GWB) in der Fassung der Bekanntmachung vom 15. Juli 2005 (BGBl. I S. 2114, 2009 I S. 3850), das zuletzt durch Artikel 2 Abs. 62 des Gesetzes vom 22. Dezember 2011 (BGBl. I S. 3044, 3046) geändert worden ist, in der jeweils geltenden Fassung, soweit die Auftragswerte nach § 100 Abs. 1 GWB nicht erreicht werden.

(2) Die Vergabe- und Vertragsordnung für Leistungen Teil A Abschnitt 1 (VOL/A) in der Fassung vom 20. November 2009 (BAnz. Nr. 196a vom 29. Dezember 2009, Nr. 32 vom 26. Februar 2010) und Teil B (VOL/B) in der Fassung vom 5. August 2003 (BAnz. Nr. 178a vom 29. September 2003) sowie die Vergabe- und Vertragsordnung für Bauleistungen Teil A Abschnitt 1 (VOB/A) und Teil B (VOB/B) in der Fassung vom 31. Juli 2009 (BAnz. Nr. 155a vom 15. Oktober 2009, Nr. 36 vom 5. März 2010) sind in der jeweils geltenden Fassung anzuwenden, soweit dieses Gesetz nichts anderes bestimmt.

(3) Dieses Gesetz findet keine Anwendung auf die in § 100 Abs. 2 GWB genannten Fälle sowie auf die Vergabe von Leistungen, die im Rahmen einer freiberuflichen Tätigkeit erbracht oder im Wettbewerb mit freiberuflich Tätigen angeboten werden und deren Gegenstand eine Aufgabe ist, deren Lösung nicht vorab eindeutig erschöpfend beschrieben werden kann.

§ 2 Persönlicher Anwendungsbereich

(1) Die Bestimmungen dieses Gesetzes gelten für alle staatlichen und kommunalen Auftraggeber, für sonstige Körperschaften, Anstalten und Stiftungen des öffentlichen Rechts, die § 55 der Haushaltsordnung des Freistaates Sachsen (Sächsische Haushaltsordnung – SäHO) in der Fassung der Bekanntmachung vom 10. April 2001 (SächsGVBl. S. 153), die zuletzt durch Artikel 1 des Gesetzes vom 13. Dezember 2012 (SächsGVBl. S. 725) geändert worden ist, in der jeweils geltenden Fassung, zu beachten haben, sowie für Zuwendungsempfänger, die nach den allgemeinen Nebenbestimmungen für Zuwendungen die Vergabevorschriften anzuwenden haben.

(2) Kommunale Auftraggeber im Sinne dieses Gesetzes sind die Gemeinden, die Landkreise, die Verwaltungsverbände, die Zweckverbände und sonstige juristische Personen des öffentlichen Rechts sowie deren Sondervermögen, auf die das Gemeindewirtschaftsrecht Anwendung findet.

(3) Die staatlichen und kommunalen Auftraggeber wirken in Ausübung ihrer Gesellschafterrechte in Unternehmen, an denen sie beteiligt sind, darauf hin, dass die Bestimmungen dieses Gesetzes in gleicher Weise beachtet werden.

(4) Die Verpflichtung nach Absatz 3 entfällt im Hinblick auf Unternehmen im Sinne des § 98 Nr. 4 und 5 GWB sowie Unternehmen, die mit Gewinnerzielungsabsicht tätig sind, im Wettbewerb mit anderen Unternehmen stehen und ihre Aufwendungen ohne Zuwendungen aus öffentlichen Haushalten decken.

§ 3 Nachweis der Eignung

(1) [1]Zum Nachweis der Eignung des Bewerbers oder Bieters sollen nur Unterlagen und Angaben gefordert werden, die durch den Gegenstand des Auftrags gerechtfertigt sind. [2]Grundsätzlich sind Eigenerklärungen zu verlangen.

(2) [1]Bei Bietern oder Bewerbern, die in der Liste des Vereins für die Präqualifikation von Bauunternehmen e. V. (PQBau) oder in die Präqualifikationsdatenbank für den Liefer- und Dienstleistungsbereich (PQ-VOL) eingetragen sind, gelten die Eignungskriterien als erfüllt, auf die sich die Prüfung der Präqualifizierungsstelle bezieht. [2]Bescheinigungen anderer Präqualifizierungsstellen sollen anerkannt werden, wenn in der Bescheinigung angegeben wird, welche Eignungskriterien anhand welcher Dokumente bei der Präqualifizierung geprüft wurden. [3]Die Dokumente müssen bei der Präqualifizierungsstelle einsehbar sein.

§ 4 Freihändige Vergabe

(1) [1]Der Höchstwert für eine freihändige Vergabe nach § 3 Abs. 5 Buchst. i VOL/A wird auf 25 000 EUR (ohne Umsatzsteuer) festgesetzt. [2]Freihändige Vergaben nach § 3 Abs. 5 VOB/A sind bis zu einem geschätzten Auftragswert in Höhe von 25 000 EUR (ohne Umsatzsteuer) zulässig.

(2) Die Beschaffung preisgebundener Schulbücher kann, wenn der Auftragswert nach § 100 Abs. 1 GWB nicht erreicht wird, durch eine freihändige Vergabe erfolgen.

§ 5 Prüfung und Wertung der Angebote

(1) [1]Die Prüfung und Wertung der Angebote sind sorgfältig und zügig anhand des Prüfschemas zur Wertung von Angeboten (Anlage 1) durchzuführen. [2]Der Zuschlag ist auf das unter Berücksichtigung aller Umstände wirtschaftlichste Angebot zu erteilen. [3]Der niedrigste Angebotspreis allein ist nicht entscheidend.

(2) [1]Auf ein Angebot mit einem unangemessen hohen oder niedrigen Preis darf der Zuschlag nicht erteilt werden. [2]Die Angemessenheit des Preises ist insbesondere dann zweifelhaft, wenn ein Angebot um mehr als 10 Prozent von dem nächsthöheren oder nächstniedrigeren Angebot abweicht. [3]Die Gründe für die Abweichung sind vom Auftraggeber aufzuklären. [4]Im Rahmen dieser Aufklärung ist der Bieter verpflichtet, seine Preisermittlung gegenüber dem Auftraggeber darzulegen.

§ 6 Weitergabe von Leistungen

(1) [1]Im Fall der Auftragserteilung sind die vom Auftragnehmer angebotenen Leistungen grundsätzlich im eigenen Betrieb auszuführen. [2]Die Weitergabe von Leistungen an Nachunternehmer ist grundsätzlich nur bis zu einer Höhe von 50 Prozent des Auftragswertes und nur mit Zustimmung des Auftraggebers zulässig. [3]Die Bieter haben bei der Angebotsabgabe ein Verzeichnis der Leistungen vorzulegen, die durch Nachunternehmer erbracht werden sollen. [4]Die Vergabestellen können von den Bietern, die in der engeren Wahl sind, fordern, die Nachunternehmer

zu benennen, Unterlagen und Angaben zu deren Eignung sowie deren Verpflichtungserklärung vorzulegen. ⁵Angebote, zu denen die nachgeforderten Erklärungen und Nachweise nicht fristgemäß eingereicht werden, werden vom weiteren Verfahren ausgeschlossen.

(2) Auftragnehmer sind für den Fall der Weitergabe von Leistungen an Nachunternehmer vertraglich zu verpflichten,
1. bevorzugt Unternehmen der mittelständischen Wirtschaft zu beteiligen, soweit es mit der vertragsgemäßen Ausführung des Auftrags zu vereinbaren ist,
2. Nachunternehmen davon in Kenntnis zu setzen, dass es sich um einen öffentlichen Auftrag handelt,
3. bei der Weitergabe von Bauleistungen an Nachunternehmen die Allgemeinen Vertragsbedingungen für die Ausführung von Bauleistungen der Vergabe- und Vertragsordnung für Bauleistungen (VOB/B), bei der Weitergabe von Lieferungen und Dienstleistungen die Allgemeinen Vertragsbedingungen für die Ausführung von Leistungen der Vergabe- und Vertragsordnung für Leistungen (VOL/B) zum Vertragsbestandteil zu machen,
4. den Nachunternehmern keine, insbesondere hinsichtlich der Zahlungsweise, ungünstigeren Bedingungen aufzuerlegen, als zwischen dem Auftragnehmer und dem öffentlichen Auftraggeber vereinbart sind.

§ 7 Sicherheitsleistung

Im Anwendungsbereich der VOB ist bei einer Auftragssumme unter 250.000 EUR (ohne Umsatzsteuer) auf Sicherheitsleistungen für Vertragserfüllung und für Mängelansprüche zu verzichten.

§ 8 Informationspflicht und Nachprüfungsverfahren

(1) ¹Der Auftraggeber informiert die Bieter, deren Angebote nicht berücksichtigt werden sollen, über den Namen des Bieters, dessen Angebot angenommen werden soll, und über den Grund der vorgesehenen Nichtberücksichtigung ihres Angebotes. ²Er gibt die Information in Textform spätestens zehn Kalendertage vor dem Vertragsabschluss ab.

(2) ¹Beanstandet ein Bieter vor Ablauf der Frist schriftlich beim Auftraggeber die Nichteinhaltung der Vergabevorschriften, hat der Auftraggeber die Nachprüfungsbehörde zu unterrichten, es sei denn, der Beanstandung wurde durch die Vergabestelle abgeholfen. ²Der Zuschlag darf in dem Fall nur erteilt werden, wenn die Nachprüfungsbehörde nicht innerhalb von zehn Kalendertagen nach Unterrichtung das Vergabeverfahren unter Angabe von Gründen beanstandet; andernfalls hat der Auftraggeber die Auffassung der Nachprüfungsbehörde zu beachten. ³Ein Anspruch des Bieters auf Tätigwerden der Nachprüfungsbehörde besteht nicht. ⁴Nachprüfungsbehörde ist die Aufsichtsbehörde, bei kreisangehörigen Gemeinden und Zweckverbänden die Landesdirektion Sachsen. ⁵Bei Zuwendungsempfängern, die nicht öffentliche Auftraggeber sind, tritt an die Stelle der Aufsichtsbehörde die Bewilligungsbehörde.

(3) Die Absätze 1 und 2 finden keine Anwendung, wenn der Auftragswert bei Bauleistungen 75 000 EUR (ohne Umsatzsteuer) und bei Lieferungen und Leistungen 50 000 EUR (ohne Umsatzsteuer) nicht übersteigt.

(4) ¹Für Amtshandlungen der Nachprüfungsbehörde werden Kosten (Gebühren und Auslagen) zur Deckung des Verwaltungsaufwandes erhoben. ²Das Verwaltungskostengesetz des Freistaates Sachsen (SächsVwKG) in der Fassung der Bekanntmachung vom 17. September 2003 (SächsGVBl. S. 698), zuletzt geändert

durch Artikel 31 des Gesetzes vom 27. Januar 2012 (SächsGVBl. S. 130, 144), in der jeweils geltenden Fassung, findet Anwendung. ³Die Höhe der Gebühren bestimmt sich nach dem personellen und sachlichen Aufwand der Nachprüfungsbehörde unter Berücksichtigung der wirtschaftlichen Bedeutung des Gegenstands der Nachprüfung. ⁴Die Gebühr beträgt mindestens 100 EUR, soll aber den Betrag von 1.000 EUR nicht überschreiten. ⁵Ergibt die Nachprüfung, dass ein Bieter zu Recht das Vergabeverfahren beanstandet hat, sind keine Kosten zu seinen Lasten zu erheben.

§ 9 Vergabebericht

(1) Die Staatsregierung berichtet dem Landtag alle zwei Jahre bis zum 30. Juni über die Vergabe der öffentlichen Aufträge durch die staatlichen Auftraggeber und staatlichen Unternehmen in den vorangegangenen zwei Haushaltsjahren (Vergabebericht der Staatsregierung).

(2) Der Gemeinderat oder Kreistag kann sich im Rahmen seiner jeweiligen Zuständigkeit einen Bericht über die Entwicklung des Vergabewesens einschließlich der Entwicklung des Vergabewesens bei den kommunalen Unternehmen des Vorjahres erstatten lassen.

(3) ¹Das Staatsministerium für Wirtschaft, Arbeit und Verkehr bereitet den Vergabebericht der Staatsregierung vor. ²Die Staatskanzlei und die Staatsministerien übermitteln dazu die erforderlichen Informationen aus ihrem Geschäftsbereich. ³Der Vergabebericht ist öffentlich zugänglich zu machen.

(4) Der Vergabebericht muss im Wesentlichen Folgendes beinhalten:
1. eine Statistik über die Vergabe der öffentlichen Aufträge der vergangenen zwei Haushaltsjahre, aufgeschlüsselt nach Geschäftsbereichen, Auftragsart, Anzahl der Aufträge, Auftragswert, Vergabeart und Sitz des Auftragnehmers innerhalb oder außerhalb Sachsens.
2. Erläuterung der Statistik.

(5) Die Anforderungen des Absatzes 4 Nr. 1 gelten auch für Vergabeberichte nach Absatz 2.

§ 10 Übergangsvorschrift

¹Bereits vor Inkrafttreten dieses Gesetzes begonnene Vergabeverfahren werden auf der Grundlage des bisherigen Rechts abgeschlossen. ²Der Vergabebericht der Staatsregierung für das Jahr 2012 wird auf der Grundlage des bisherigen Rechts erstellt und dem Landtag bis zum 30. Juni 2013 zugeleitet.

§ 11 Inkrafttreten, Außerkrafttreten

Dieses Gesetz tritt am Tage nach seiner Verkündung in Kraft. Gleichzeitig treten außer Kraft:
1. das Gesetz über die Vergabe öffentlicher Aufträge im Freistaat Sachsen (Sächsisches Vergabegesetz – SächsVergabeG) vom 8. Juli 2002 (SächsGVBl. S. 218) und
2. die Verordnung der Sächsischen Staatsregierung zur Durchführung des Sächsischen Vergabegesetzes (Sächsische Vergabedurchführungsverordnung – SächsVergabeDVO) vom 17. Dezember 2002 (SächsGVBl. S. 378, 2003 S. 120), geändert durch Artikel 8 der Verordnung vom 8. Dezember 2009 (SächsGVBl. S. 594, 600, 2010 S. 81).

Anlage

(zu § 5 Abs. 1)

Prüfschema zur Wertung von Angeboten

Die Wertung von Angeboten hat in vier Prüfungsschritten (Wertungsstufen) zu erfolgen.

1. **Formale Angebotswertung**
a) Zwingende Ausschlussgründe
b) Fakultative Ausschlussgründe

2. **Eignungsprüfung**
a) Fachkunde
b) Zuverlässigkeit
c) Leistungsfähigkeit

3. **Prüfung der Angemessenheit des Preises**
   Verbot des Zuschlages auf Angebote mit unangemessen hohen oder niedrigen Preisen

4. **Auswahl des wirtschaftlichsten Angebots**
   Herausfiltern des Angebotes mit dem besten Preis-Leistungsverhältnis aus den verbleibenden Angeboten der engeren Wahl

   Eine in sich abgeschlossene, stufenweise Wertung bei klarer Trennung der Prüfungsabschnitte ist zwingend und in der Vergabedokumentation für eine objektiv prüfbare Vergabeentscheidung zu dokumentieren.

1. Wertungsstufe: formale Angebotswertung
a) Zwingende Ausschlussgründe
   aa) Angebot enthält nicht die geforderten oder nachgeforderten Erklärungen, Nachweise oder Preise
   bb) Angebot ist nicht unterschrieben beziehungsweise elektronisch signiert
   cc) Bietereintragungen sind nicht zweifelsfrei
   dd) Änderung oder Ergänzung der Vertragsunterlagen
   ee) Angebot ist nicht form- oder fristgerecht eingegangen
   ff) Wettbewerbswidrige Absprachen
   gg) Nicht zugelassene oder nicht auf besondere Anlage gemachte oder als solche nicht deutlich gekennzeichnete Nebenangebote
   hh) Vorsätzlich unzutreffende Erklärungen des Bieters in Bezug auf seine Fachkunde, Leistungsfähigkeit und Zuverlässigkeit
b) Fakultative Ausschlussgründe
   aa) Bieter ist insolvent beziehungsweise befindet sich in Liquidation
   bb) Bieter hat schwere Verfehlung begangen, die seine Zuverlässigkeit als Bewerber in Frage stellt
   cc) Bieter hat Verpflichtung zur Zahlung von Steuern und Abgaben sowie Beiträge zur gesetzlichen Sozialversicherung nicht ordnungsgemäß erfüllt
   dd) Bieter hat sich nicht bei der Berufsgenossenschaft angemeldet (soweit einschlägig)

2. Wertungsstufe: Eignungsprüfung

Der Auftraggeber hat sich hinreichend und sachgerecht zu informieren, ob die von ihm geforderte Fachkunde, Leistungsfähigkeit und Zuverlässigkeit der Bewerber/Bieter gegeben ist. Dies hat er nach sorgfältiger Prüfung und im Rahmen eines Beurteilungsspielraumes zu entscheiden. Weist ein Bewerber/Bieter seine Qualifikation trotz wiederholter Aufforderung nicht nach, ist sein Angebot auszuschließen.

Bei Bejahung der generellen Eignung der Bieter in dieser Wertungsstufe darf ein „Mehr an Eignung" nicht als Zuschlagskriterium in Wertungsstufe 4 berücksichtigt werden.

Fachkunde, Leistungsfähigkeit und Zuverlässigkeit der Bieter sind bei
a) öffentlicher Ausschreibung im Rahmen der Wertung der Angebote
b) beschränkter Ausschreibung und freihändiger Vergabe bereits vor Aufforderung zur Angebotsabgabe
zu prüfen.

3. Wertungsstufe: Prüfung der Angemessenheit der Preise

Der Zuschlag darf nicht auf unangemessen hohe oder niedrige Preise erteilt werden. Angebote, deren Preise in offenbarem Missverhältnis zur Leistung stehen, sind auszuschließen. Für die Beurteilung der Angemessenheit des Preises für Bauleistungen ist besonders zu überprüfen, ob die kalkulierte Gesamtstundenzahl des Angebots den geschätzten bautechnisch erforderlichen Ansätzen der Vergabestelle entspricht. Wird der geschätzte bautechnisch erforderliche Gesamtstundenansatz um mehr als 10 Prozent unterschritten, ergeben sich Zweifel an der Angemessenheit des Angebots.

Ist die Angemessenheit des Preises anhand vorliegender Unterlagen über die Preisermittlung nicht zu beurteilen, muss vom Bieter Aufklärung über die Ermittlung der Preise verlangt werden. Der Auftraggeber ist berechtigt, die Kalkulation anzufordern und einzusehen (Bauleistungen) und die erforderlichen Belege (Liefer- und Dienstleistungen) abzuverlangen.

Hilfsmittel für die Preisprüfung:
a) Erfahrungswerte anderer vergleichbarer Vergaben
b) Angaben zur Preisermittlung (EFB-Preis 1/VOB)
c) Aufgliederung wichtiger Einheitspreise (EFB-Preis 2/VOB)
d) Analyse des Preisspiegels

Im Bausektor sind bei Zweifeln an der Angemessenheit des Angebotsendpreises die Einzelansätze für Lohnkosten, Stoffkosten, Baustellengemeinkosten, Gerätevorhaltekosten und für die allgemeinen Geschäftskosten zu überprüfen.

4. Wertungsstufe: Auswahl des wirtschaftlichsten Angebotes

In die engere Wahl kommen nach den Prüfungsabschnitten 1 bis 3 nur solche Angebote, die eine einwandfreie Ausführung, Qualität und Gewährleistung erwarten lassen. Bei der Ermittlung der Angebote, die in die engere Wahl kommen, hat der Auftraggeber einen Beurteilungsspielraum.
a) Prüfung, ob die Angebote den gestellten technischen/inhaltlichen Anforderungen entsprechen
b) Prüfung der Wirtschaftlichkeit

Zur Ermittlung des wirtschaftlichsten Angebotes sind bereits in der Bekanntmachung oder in den Vergabeunterlagen alle wichtigen auftragsbezogenen Kriterien, wie zum Beispiel Preis, Ausführungsfrist, Betriebs- und Folgekosten, Gestaltung, Rentabilität, technischer Wert, Wartungskosten, Service, möglichst in der Reihenfolge der ihnen zuerkannten Bedeutung zu benennen. Nur so kommt das wirtschaftlichste Angebot zum Zuge. Der niedrigste Angebotspreis ist allein nicht entscheidend.

Der Zuschlag ist auf das wirtschaftlichste Angebot (bestes Preis-Leistungsverhältnis) zu erteilen. Sind die angebotenen Leistungen nach Art und Umfang gleich, ist der Zuschlag auf das Angebot mit dem niedrigsten Preis zu erteilen.

Sachsen-Anhalt

Gesetz über die Vergabe öffentlicher Aufträge in Sachsen-Anhalt (Landesvergabegesetz – LVG LSA)

Vom 19. November 2012
(GVBl. LSA S. 536)
Zuletzt geändert durch § 1 zweites ÄndG vom 27.10.2015 (GVBl. LSA S. 562)

§ 1 Sachlicher Anwendungsbereich

(1) [1]Dieses Gesetz gilt für die Vergabe öffentlicher Aufträge in Sachsen-Anhalt im Sinne des § 99 des Gesetzes gegen Wettbewerbsbeschränkungen in der Fassung der Bekanntmachung vom 15. Juli 2005 (BGBl. I S. 2114, 2009 I S. 3850), zuletzt geändert durch Artikel 2 Abs. 62 des Gesetzes vom 22. Dezember 2011 (BGBl. I S. 3044, 3050), in der jeweils geltenden Fassung unabhängig von den Schwellenwerten nach § 100 des Gesetzes gegen Wettbewerbsbeschränkungen. [2]Die Schwellenwerte, ab denen Vergabeverfahren von diesem Gesetz erfasst werden, liegen
1. bei Bauaufträgen bei einem geschätzten Auftragswert von 50 000 Euro ohne Umsatzsteuer und
2. bei Liefer- und Dienstleistungsaufträgen bei einem geschätzten Auftragswert von 25 000 Euro ohne Umsatzsteuer.
[3]Für die Schätzung gilt § 3 der Vergabeverordnung in der Fassung der Bekanntmachung vom 11. Februar 2003 (BGBl. I S. 169), zuletzt geändert durch Artikel 1 der Verordnung vom 12. Juli 2012 (BGBl. I S. 1508), in der jeweils geltenden Fassung.

(2) [1]Bei der Vergabe öffentlicher Aufträge sind unterhalb der Schwellenwerte nach § 100 Abs. 1 des Gesetzes gegen Wettbewerbsbeschränkungen diejenigen Regelungen der Vergabe- und Vertragsordnung für Leistungen und der Vergabe- und Vertragsordnung für Bauleistungen anzuwenden, die für die Vergabe von Bau-, Liefer- und Dienstleistungsaufträgen gelten, die nicht im Anwendungsbereich des Vierten Teils des Gesetzes gegen Wettbewerbsbeschränkungen liegen. [2]Das für öffentliches Auftragswesen zuständige Ministerium wird ermächtigt, durch Verordnung Grenzen für Auftragswerte festzulegen, bis zu deren Erreichen eine Auftragsvergabe im Wege einer beschränkten Ausschreibung oder einer freihändigen Vergabe nach den Vergabe- und Vertragsordnungen zulässig ist.

(3) Dieses Gesetz findet keine Anwendung für die Vergabe öffentlicher Aufträge, deren Gegenstand
1. in unmittelbarem Zusammenhang mit der Abwehr oder Eindämmung eines Katastrophenfalls steht oder
2. im räumlichen und sachlichen Zusammenhang mit der Erstaufnahme oder Unterbringung und Versorgung von Flüchtlingen und Asylbewerbern steht und der Vergabe unter Anwendung dieses Gesetzes dringliche und zwingende Gründe entgegenstehen.

§ 2 Persönlicher Anwendungsbereich

(1) Dieses Gesetz gilt für das Land, die Kommunen, die Verbandsgemeinden und die der Aufsicht des Landes unterstehenden anderen Körperschaften, Anstalten und Stiftungen des öffentlichen Rechts.

(2) Für juristische Personen des Privatrechts, die die Voraussetzungen des § 98 Nr. 2 des Gesetzes gegen Wettbewerbsbeschränkungen erfüllen, gilt Absatz 1 entsprechend.

§ 3 Mittelstandsförderung

(1) Die öffentlichen Auftraggeber sind verpflichtet, kleine und mittlere Unternehmen bei beschränkten Ausschreibungen und freihändigen Vergaben in angemessenem Umfang zur Angebotsabgabe aufzufordern.

(2) Unbeschadet der Verpflichtung zur Teilung der Leistungen in Fach- und Teillose nach dem Gesetz gegen Wettbewerbsbeschränkungen, der Vergabe- und Vertragsordnung für Leistungen und der Vergabe- und Vertragsordnung für Bauleistungen ist das Vergabeverfahren, soweit nach Art und Umfang der anzubietenden Leistungen möglich, so zu wählen und sind die Vergabeunterlagen so zu gestalten, dass kleine und mittlere Unternehmen am Wettbewerb teilnehmen und beim Zuschlag berücksichtigt werden können.

(3) [1]Staatliche Auftraggeber haben die Ausschreibung eines öffentlichen Auftrages in elektronischer Form auf der zentralen Veröffentlichungs- und Vergabeplattform des Landes Sachsen-Anhalt bekannt zu machen. [2]Das für öffentliches Auftragswesen zuständige Ministerium wird ermächtigt, durch Verordnung Vorgaben für das elektronische Verfahren zur Bekanntmachung öffentlicher Aufträge sowie die elektronische Abwicklung der Vergabeverfahren festzulegen.

§ 4 Berücksichtigung sozialer, umweltbezogener und innovativer Kriterien im Vergabeverfahren, technische Spezifikation

(1) [1]Aufträge werden an fachkundige, leistungsfähige sowie gesetzestreue und zuverlässige Unternehmen vergeben. [2]Zusätzliche Anforderungen im Sinne von § 97 Abs. 4 Satz 2 des Gesetzes gegen Wettbewerbsbeschränkungen dürfen nur an Auftragnehmer mit mindestens 25 Arbeitnehmern gestellt werden.

(2) Zu berücksichtigende, im sachlichen Zusammenhang stehende soziale Belange sind:
1. die Beschäftigung von Auszubildenden,
2. qualitative Maßnahmen zur Familienförderung und
3. die Sicherstellung der Entgeltgleichheit von Frauen und Männern.

(3) Bei der Vergabe öffentlicher Aufträge ist § 141 Satz 1 des Neunten Buches Sozialgesetzbuch zu beachten.

(4) Zulässig ist auch die Berücksichtigung von Umweltbelangen und zwar insbesondere, wenn diese zu zusätzlichen Energieeinsparungen führen.

(5) [1]Bei der technischen Spezifikation eines Auftrags können Umwelteigenschaften und Auswirkungen bestimmter Warengruppen oder Dienstleistungen auf die Umwelt festgelegt werden. [2]Hierzu können geeignete Spezifikationen verwendet werden, die in Umweltgütezeichen definiert sind, wenn
1. sie sich zur Definition der Merkmale der Waren oder Dienstleistungen eignen, die Gegenstand des Auftrags sind,
2. die Anforderungen an das Umweltgütezeichen auf der Grundlage von wissenschaftlich abgesicherten Informationen ausgearbeitet werden,
3. die Umweltgütezeichen im Rahmen eines Verfahrens erlassen werden, an dem interessierte Stellen und Personen teilnehmen können, und
4. das Umweltgütezeichen für alle Betroffenen zugänglich und verfügbar ist.

§ 5 Formularwesen

¹Das für öffentliches Auftragswesen zuständige Ministerium hat die Einführung und Weiterentwicklung eines weitgehend einheitlichen Formularwesens bezüglich der Vergabe öffentlicher Bauaufträge in Anlehnung an die Vergabe- und Vertragshandbücher für die Baumaßnahmen des Bundes durch Verordnung zu regeln. ²Das Formularwesen wird mindestens im Abstand von zwei Jahren auf seine Praktikabilität und seinen Bürokratieaufwand überprüft.

§ 6 Präqualifizierung und Zertifizierung

¹Den Nachweis seiner Eignung kann der Bieter auch durch eine gültige Bescheinigung nach einem Präqualifizierungsverfahren nach den Vergabe- und Vertragsordnungen führen. ²Das für öffentliches Auftragswesen zuständige Ministerium wird ermächtigt, weitere Präqualifizierungsverfahren und besondere Zertifizierungen in den unter § 4 definierten zusätzlichen Belangen durch Verordnung zu regeln.

§ 7 Auswahl der Bieter

(1) Vor Erteilung des Zuschlags hat der öffentliche Auftraggeber zu prüfen, ob die Bieter die für die Erfüllung der vertraglichen Verpflichtungen erforderliche Fachkunde, Leistungsfähigkeit und Zuverlässigkeit besitzen.

(2) Ausgeschlossen werden kann ein Bieter, der gegen eine arbeitnehmerschützende Rechtsvorschrift, eine Vorschrift des Umweltrechts oder gegen eine Rechtsvorschrift über unrechtmäßige Absprachen bei öffentlichen Aufträgen verstoßen hat, wenn der Verstoß mit einem rechtskräftigen Urteil oder einem Beschluss mit gleicher Wirkung geahndet wurde und eine schwere Verfehlung darstellt, die die Zuverlässigkeit des Bieters in Frage stellt.

(3) ¹Im Rahmen der zu überprüfenden technischen Fachkunde können Umweltbelange Berücksichtigung finden. ²Der öffentliche Auftraggeber kann mit dem Auftragsgegenstand zusammenhängende und ihm angemessene Anforderungen an die technische Leistungsfähigkeit des Bieters aufstellen, die in der Bekanntmachung oder den Vergabeunterlagen anzugeben sind. ³Diese können bei umweltrelevanten öffentlichen Bau- und Dienstleistungsaufträgen in der Angabe der Umweltmanagementmaßnahmen bestehen, die bei der Ausführung des Auftrags zur Anwendung kommen sollen. ⁴Zum Nachweis dafür, dass der Bieter bestimmte Normen für das Umweltmanagement erfüllt, kann der öffentliche Auftraggeber die Vorlage von Bescheinigungen unabhängiger Stellen verlangen. ⁵Die Sätze 1 bis 4 finden bei Lieferaufträgen keine Anwendung.

(4) ¹Die Eintragung eines Unternehmens in das Register des Eco-Management and Audit Scheme kann für die Beurteilung der technischen Fachkunde eines Bieters herangezogen werden. ²Dabei dürfen die öffentlichen Auftraggeber nicht auf die Registrierung als solche abstellen, sondern es muss ein Bezug zur Ausführung des Auftrags vorhanden sein.

§ 8 Erteilung des Zuschlags

¹Der Zuschlag ist auf das unter Berücksichtigung aller Umstände wirtschaftlichste Angebot zu erteilen. ²Der niedrigste Angebotspreis allein ist nicht entscheidend. ³Bei gleichwertigen Angeboten werden, sofern in der Bekanntmachung oder den Vergabeunterlagen angegeben, die zusätzlichen Belange nach § 4 für die Vergabe herangezogen.

§ 9 Bedingungen für die Ausführung des Auftrags

(1) Der öffentliche Auftraggeber kann zusätzliche Bedingungen für die Ausführung des Auftrags vorschreiben, wenn diese
1. in der Bekanntmachung oder in den Vergabeunterlagen angegeben werden und
2. keine versteckten technischen Spezifikationen, Auswahl- oder Zuschlagskriterien darstellen.

(2) Unter den Voraussetzungen des Absatzes 1 kann bei geeigneten umweltbedeutsamen Aufträgen, bei denen ein Zusammenhang mit dem Auftragsgegenstand besteht, der öffentliche Auftraggeber einen Nachweis dafür verlangen, dass bestimmte Umweltmanagementmaßnahmen bei der Ausführung des Auftrags ergriffen werden.

§ 10 Tariftreue und Entgeltgleichheit

(1) ¹Für Bauleistungen und andere Dienstleistungen, die das Arbeitnehmer-Entsendegesetz vom 20. April 2009 (BGBl. I S. 799), zuletzt geändert durch Artikel 5 Abs. 11 des Gesetzes vom 24. Februar 2012 (BGBl. I S. 212, 249), in der jeweils geltenden Fassung erfasst, dürfen öffentliche Aufträge nur an Bieter vergeben werden, die sich bei der Angebotsabgabe schriftlich verpflichtet haben, ihren Arbeitnehmern bei der Ausführung dieser Leistungen Arbeitsbedingungen zu gewähren, die mindestens den Vorgaben desjenigen Tarifvertrages entsprechen, an den das Unternehmen aufgrund des Arbeitnehmer-Entsendegesetzes gebunden ist. ²Satz 1 gilt entsprechend für Beiträge an eine gemeinsame Einrichtung der Tarifvertragsparteien im Sinne von § 5 Nr. 3 des Arbeitnehmer-Entsendegesetzes sowie für andere gesetzliche Bestimmungen über Mindestentgelte.

(2) ¹Bei der Vergabe von Leistungen über öffentliche Personennahverkehrsdienste dürfen Bieter, die nicht tarifgebunden sind, nur berücksichtigt werden, wenn sie sich bei der Angebotsabgabe schriftlich verpflichten, dass sie ihre Arbeitnehmer bei der Ausführung dieser Leistungen mindestens das im Land Sachsen-Anhalt für diese Leistung in einem einschlägigen und repräsentativen mit einer tariffähigen Gewerkschaft vereinbarten Tarifvertrag vorgesehene Entgelt nach tarifvertraglich festgelegten Bedingungen zahlen. ²Im Falle länderübergreifender Ausschreibungen kann auch ein einschlägiger und repräsentativer Tarifvertrag aus dem jeweiligen Land zugrunde gelegt werden. ³Das für Tarifrecht zuständige Ministerium hat durch Verordnung zu bestimmen, in welchem Verfahren festgestellt wird, welche Tarifverträge als repräsentativ im Sinne von Satz 1 anzusehen sind und auf welche Weise deren Veröffentlichung erfolgt. ⁴Bei der Feststellung, welche Tarifverträge als repräsentativ anzusehen sind, ist vorrangig abzustellen auf
1. die Zahl der Arbeitnehmer, für die der jeweilige Tarifvertrag eines tarifgebundenen Arbeitgebers gilt, und
2. die Zahl der Mitglieder der Gewerkschaft, die den Tarifvertrag geschlossen hat, für die der jeweilige Tarifvertrag gilt.

(3) Öffentliche Aufträge dürfen nur an Bieter vergeben werden, die sich bei der Angebotsabgabe schriftlich verpflichten, dass sie bei der Auftragsdurchführung ihren Arbeitnehmern bei gleicher oder gleichwertiger Arbeit gleiches Entgelt zahlen.

(4) Bei der Vergabe öffentlicher Aufträge ist im Bereich der Architekten- und Ingenieursleistungen die Honorarordnung für Architekten und Ingenieure zu beachten.

§ 11 Betreiberwechsel bei der Erbringung von Personenverkehrsdiensten

¹Öffentliche Auftraggeber können gemäß der Verordnung (EG) Nr. 1370/2007 des Europäischen Parlaments und des Rates vom 23. Oktober 2007 über öffentliche Personenverkehrsdienste auf Schiene und Straße und zur Aufhebung der Verordnungen (EWG) Nr. 1191/69 und (EWG) Nr. 1107/70 des Rates verlangen, dass der ausgewählte Betreiber eines öffentlichen Dienstes die Arbeitnehmer des bisherigen Betreibers zu den Arbeitsbedingungen übernimmt, die diesen von dem vorherigen Betreiber gewährt wurden. ²Die bisherigen Betreiber sind verpflichtet, den öffentlichen Auftraggebern auf Anforderung die hierzu erforderlichen Unterlagen zur Verfügung zu stellen oder Einsicht in Lohn- und Meldeunterlagen, Bücher und andere Geschäftsunterlagen und Aufzeichnungen zu gewähren, aus denen Umfang, Art, Dauer und tatsächliche Entlohnung der Arbeitnehmer hervorgehen oder abgeleitet werden können. ³Die im Rahmen des Verfahrens nach Satz 2 entstehenden Aufwendungen des bisherigen Betreibers werden durch den öffentlichen Auftraggeber erstattet.

§ 12 ILO-Kernarbeitsnormen

(1) ¹Bei der Vergabe von Bau-, Liefer- oder Dienstleistungen sollen keine Waren Gegenstand der Leistung sein, die unter Missachtung der in den Kernarbeitsnormen der Internationalen Arbeitsorganisation (ILO) festgelegten Mindeststandards gewonnen oder hergestellt worden sind. ²Diese Mindeststandards ergeben sich aus:
1. dem Übereinkommen Nr. 29 über Zwangs- oder Pflichtarbeit vom 28. Juni 1930 (BGBl. 1956 II S. 640, 641),
2. dem Übereinkommen Nr. 87 über die Vereinigungsfreiheit und den Schutz des Vereinigungsrechtes vom 9. Juli 1948 (BGBl. 1956 II S. 2072, 2073),
3. dem Übereinkommen Nr. 98 über die Anwendung der Grundsätze des Vereinigungsrechtes und des Rechtes zu Kollektivverhandlungen vom 1. Juli 1949 (BGBl. 1955 II S. 1122, 1123),
4. dem Übereinkommen Nr. 100 über die Gleichheit des Entgelts männlicher und weiblicher Arbeitskräfte für gleichwertige Arbeit vom 29. Juni 1951 (BGBl. 1956 II S. 23, 24),
5. dem Übereinkommen Nr. 105 über die Abschaffung der Zwangsarbeit vom 25. Juni 1957 (BGBl. 1959 II S. 441, 442),
6. dem Übereinkommen Nr. 111 über die Diskriminierung in Beschäftigung und Beruf vom 25. Juni 1958 (BGBl. 1961 II S. 97, 98),
7. dem Übereinkommen Nr. 138 über das Mindestalter für die Zulassung zur Beschäftigung vom 26. Juni 1973 (BGBl. 1976 II S. 201, 202),
8. dem Übereinkommen Nr. 182 über das Verbot und unverzügliche Maßnahmen zur Beseitigung der schlimmsten Formen der Kinderarbeit vom 17. Juni 1999 (BGBl. 2001 II S. 1290, 1291)

in der jeweils geltenden Fassung.

(2) ¹Aufträge über Lieferleistungen dürfen nur an solche Bieter vergeben werden, die sich bei Angebotsabgabe schriftlich verpflichtet haben, den Auftrag gemäß der Leistungsbeschreibung ausschließlich mit Waren auszuführen, die nachweislich unter Beachtung der ILO-Kernarbeitsnormen nach Absatz 1 gewonnen oder hergestellt worden sind. ²Hierzu sind von den Bietern entsprechende Nachweise oder Erklärungen zu verlangen. ³Die Sätze 1 und 2 gelten entsprechend für Waren, die im Rahmen der Erbringung von Bau- oder Dienstleistungen verwendet werden.

§ 13 Nachunternehmereinsatz

(1) ¹Beabsichtigt der Auftragnehmer, Bau-, Liefer- und Dienstleistungen auf Nachunternehmer zu übertragen, hat er dem öffentlichen Auftraggeber die Nach-

unternehmen schriftlich zu benennen. ²Der öffentliche Auftraggeber kann der Übertragung wegen mangelnder Fachkunde, mangelnder Zuverlässigkeit oder Leistungsfähigkeit des Nachunternehmers sowie wegen Nichterfüllung der Nachweispflicht nach § 15 Abs. 2 oder wegen eines Ausschlusses des Nachunternehmens nach § 18 Abs. 2 widersprechen.

(2) ¹Öffentliche Aufträge werden nur an Bieter vergeben, die bei Abgabe des Angebots schriftlich erklären, dass eine Beauftragung von Nachunternehmern oder Verleihern nur erfolgt, wenn diese ihren Arbeitnehmern mindestens die Arbeitsbedingungen gewähren, die der Bieter selbst einzuhalten verspricht. ²Der Bieter hat die schriftliche Übertragung der Verpflichtung und ihre Einhaltung durch die beteiligten Nachunternehmer oder Verleiher sicherzustellen und dem öffentlichen Auftraggeber auf Verlangen nachzuweisen.

(3) Absatz 1 gilt entsprechend für die nachträgliche Beauftragung oder den Wechsel eines Nachunternehmers.

(4) Öffentliche Aufträge dürfen nur an Bieter vergeben werden, die sich bei der Angebotsabgabe schriftlich verpflichten, für den Fall der Weitergabe von Leistungen an Nachunternehmer
1. bevorzugt kleine und mittlere Unternehmen zu beteiligen, soweit es mit der vertragsgemäßen Ausführung des Auftrags zu vereinbaren ist,
2. Nachunternehmer davon in Kenntnis zu setzen, dass es sich um einen öffentlichen Auftrag handelt,
3. bei der Weitergabe von Bauleistungen an Nachunternehmer Teil B der Vergabe- und Vertragsordnung für Bauleistungen (VOB/B), bei der Weitergabe von Dienstleistungen Teil B der Vergabe- und Vertragsordnung für Leistungen (VOL/B) zum Vertragsbestandteil zu machen und
4. den Nachunternehmern keine, insbesondere hinsichtlich der Zahlungsweise, ungünstigeren Bedingungen aufzuerlegen, als zwischen dem Auftragnehmer und dem öffentlichen Auftraggeber vereinbart sind.

§ 14 Wertung ungewöhnlich niedriger Angebote

(1) ¹Der öffentliche Auftraggeber hat ungewöhnlich niedrige Angebote, auf die der Zuschlag erfolgen soll, zu überprüfen. ²Dies gilt unabhängig von der nach Teil A der Vergabe- und Vertragsordnung für Bauleistungen (VOB/A) und Teil A der Vergabe- und Vertragsordnung für Leistungen (VOL/A) vorgegebenen Prüfung ungewöhnlich niedrig erscheinender Angebote.

(2) ¹Weicht ein Angebot für die Erbringung von Bau-, Liefer- oder Dienstleistungen, auf das der Zuschlag erteilt werden soll, um mindestens 10 v. H. vom nächst höheren Angebot ab, so hat der öffentliche Auftraggeber die Kalkulation des Angebots zu überprüfen. ²Im Rahmen dieser Überprüfung ist der Bieter verpflichtet, die ordnungsgemäße Kalkulation nachzuweisen. ³Kommt der Bieter dieser Verpflichtung auch nach Aufforderung des öffentlichen Auftraggebers nicht nach, so ist er vom weiteren Vergabeverfahren auszuschließen.

§ 15 Wertungsausschluss

(1) ¹Hat der Bieter
1. aktuelle Nachweise oder Eigenerklärungen über die vollständige Entrichtung von Steuern und Sozialversicherungsbeiträgen,
2. eine Erklärung nach den §§ 10 und 12 Abs. 2 oder
3. sonstige Nachweise oder Erklärungen

nicht zum geforderten Zeitpunkt vorgelegt, entscheidet der öffentliche Auftraggeber auf der Grundlage der Bestimmungen der Vergabe- und Vertragsordnung für Leistungen und der Vergabe- und Vertragsordnung für Bauleistungen, ob das Angebot von der Wertung ausgeschlossen wird. ²Fremdsprachige Nachweise oder Erklärungen sind nur zu berücksichtigen, wenn sie mit einer Übersetzung in die deutsche Sprache vorgelegt worden sind.

(2) ¹Soll die Ausführung eines Teils des Auftrags über die Erbringung von Bauleistungen oder Dienstleistungen einem Nachunternehmer übertragen werden, so sind vor der Auftragserteilung auch die auf den Nachunternehmer lautenden Nachweise und Erklärungen nach Absatz 1 vorzulegen. ²Soweit eine Benennung von Nachunternehmern nach Auftragserteilung zulässig ist, sind die erforderlichen Nachweise und Erklärungen nach Absatz 1 bei der Benennung vorzulegen.

§ 16 Sicherheitsleistung bei Bauleistungen

(1) ¹Für die vertragsgemäße Erfüllung von Bauleistungen sollen bei öffentlicher Ausschreibung und offenem Verfahren ab einem Auftragswert von 250 000 Euro ohne Umsatzsteuer Sicherheitsleistungen verlangt werden. ²Bei beschränkter Ausschreibung, beschränkter Ausschreibung nach öffentlichem Teilnahmewettbewerb, freihändiger Vergabe, nichtoffenem Verfahren und Verhandlungsverfahren sollen Sicherheitsleistungen in der Regel nicht verlangt werden.

(2) Für die Erfüllung der Mängelansprüche sollen Sicherheitsleistungen in der Regel ab einem Auftragswert oder einer Abrechnungssumme von 250 000 Euro ohne Umsatzsteuer verlangt werden.

§ 17 Kontrollen

(1) ¹Der öffentliche Auftraggeber kann Kontrollen durchführen, um die Einhaltung der Vertragspflichten des Auftragnehmers zu überprüfen. ²Der öffentliche Auftraggeber hat zu diesem Zweck mit dem Auftragnehmer vertraglich zu vereinbaren, dass ihm auf Verlangen die Entgeltabrechnungen des Auftragnehmers und der Nachunternehmer sowie die Unterlagen über die Abführung von Steuern und Sozialversicherungsbeiträgen nach § 15 Abs. 1 Satz 1 Nr. 1 und die zwischen Auftragnehmer und Nachunternehmer abgeschlossenen Werkverträge vorgelegt werden. ³Der Auftragnehmer hat seine Arbeitnehmer auf die Möglichkeit solcher Kontrollen hinzuweisen.

(2) Der Auftragnehmer und seine Nachunternehmer haben vollständige und prüffähige Unterlagen nach Absatz 1 über die eingesetzten Arbeitnehmer bereitzuhalten.

§ 18 Sanktionen

(1) ¹Um die Einhaltung der in den §§ 10, 11, 12 Abs. 2 und § 17 Abs. 2 genannten Vertragspflichten des Auftragnehmers zu sichern, ist zwischen dem öffentlichen Auftraggeber und dem Auftragnehmer für jeden schuldhaften Verstoß regelmäßig eine Vertragsstrafe von bis zu 5 v. H. des Auftragswerts zu vereinbaren. ²Der Auftragnehmer ist zur Zahlung einer Vertragsstrafe nach Satz 1 auch für den Fall zu verpflichten, dass der Verstoß durch einen von ihm eingesetzten Nachunternehmer oder einen von diesem eingesetzten Nachunternehmer begangen wird, es sei denn, dass der Auftragnehmer den Verstoß weder kannte noch kennen musste.

(2) Der öffentliche Auftraggeber hat mit dem Auftragnehmer zu vereinbaren, dass die schuldhafte Verletzung einer der in den §§ 10, 11, 12 Abs. 2 und § 17

Abs. 2 genannten Vertragspflichten durch den Auftragnehmer oder seine Nachunternehmer den öffentlichen Auftraggeber zur fristlosen Kündigung des Vertrags berechtigen.

(3) ¹Hat der Auftragnehmer eine der in den §§ 10, 11, 12 Abs. 2 und in § 17 Abs. 2 genannten Vertragspflichten verletzt, soll jeweils der öffentliche Auftraggeber dieses Unternehmen von der öffentlichen Auftragsvergabe für die Dauer von bis zu drei Jahren ausschließen. ²Satz 1 gilt auch für Nachunternehmer. ³Vor dem Ausschluss ist dem Unternehmen Gelegenheit zur Stellungnahme zu geben. ⁴Ein ausgeschlossenes Unternehmen ist auf dessen Antrag allgemein oder teilweise wieder zuzulassen, wenn der Grund des Ausschlusses weggefallen ist und mindestens sechs Monate der Sperre abgelaufen sind.

(4) Der öffentliche Auftraggeber darf Maßnahmen nach den Absätzen 1 bis 3 unabhängig von der Geltendmachung einer Vertragsstrafe aus anderem Grunde sowie von der Geltendmachung sonstiger Ansprüche ergreifen.

§ 19 Information der Bieter, Nachprüfung des Vergabeverfahrens unterhalb der Schwellenwerte

(1) ¹Unterhalb der Schwellenwerte nach § 100 des Gesetzes gegen Wettbewerbsbeschränkungen informiert der öffentliche Auftraggeber die Bieter, deren Angebote nicht berücksichtigt werden sollen, über den Namen des Bieters, dessen Angebot angenommen werden soll, und über die Gründe der vorgesehenen Nichtberücksichtigung ihres Angebotes. ²Er gibt die Information schriftlich, spätestens sieben Kalendertage vor dem Vertragsabschluss, ab.

(2) ¹Beanstandet ein Bieter vor Ablauf der Frist schriftlich beim öffentlichen Auftraggeber die Nichteinhaltung der Vergabevorschriften und hilft der öffentliche Auftraggeber der Beanstandung nicht ab, ist die Nachprüfungsbehörde durch Übersendung der vollständigen Vergabeakten zu unterrichten. ²Der Zuschlag darf in dem Fall nur erteilt werden, wenn die Nachprüfungsbehörde nicht innerhalb von vier Wochen nach Unterrichtung das Vergabeverfahren mit Gründen beanstandet. ³Der Vorsitzende der Vergabekammer kann diese Frist im Einzelfall um zwei Wochen verlängern. ⁴Wird das Vergabeverfahren beanstandet, hat der öffentliche Auftraggeber die Entscheidung der Nachprüfungsbehörde umzusetzen. ⁵Die Frist beginnt am Tag nach dem Eingang der Unterrichtung.

(3) Nachprüfungsbehörde ist die beim Landesverwaltungsamt nach § 2 Abs. 1 der Richtlinie über die Einrichtung von Vergabekammern in Sachsen-Anhalt vom 4. März 1999 (MBl. LSA S. 441), zuletzt geändert durch die Verwaltungsvorschrift vom 8. Dezember 2003 (MBl. LSA S. 942), in der jeweils geltenden Fassung eingerichtete Vergabekammer.

(4) Die Absätze 1 und 2 finden keine Anwendung, wenn der voraussichtliche Gesamtauftragswert bei Bauleistungen ohne Umsatzsteuer einen Betrag von 150 000 Euro, bei Leistungen und Lieferungen ohne Umsatzsteuer einen Betrag von 50 000 Euro nicht übersteigt.

(5) ¹Für Amtshandlungen der Nachprüfungsbehörde werden Kosten zur Deckung des Verwaltungsaufwandes erhoben. ²Die Höhe der Gebühren bestimmt sich nach dem personellen und sachlichen Aufwand der Nachprüfungsbehörde unter Berücksichtigung der wirtschaftlichen Bedeutung des Gegenstands der Nachprüfung. ³Die Gebühr beträgt mindestens 100 Euro, soll aber den Betrag von 1 000 Euro nicht überschreiten. ⁴Ergibt die Nachprüfung, dass ein Bieter zu Recht das Vergabeverfahren beanstandet hat, sind keine Kosten zu seinen Lasten zu erheben.

§ 20 Ausgleich für Kosten bei den Kommunen

¹Für die Erfüllung der Aufgaben nach diesem Gesetz erhalten die Kommunen einen Betrag von insgesamt einer Million Euro für jedes Kalenderjahr. ²Von diesem Betrag erhalten die kreisfreien Städte 25 v.H., die kreisangehörigen Gemeinden 55 v.H. und die Landkreise 20 v.H. ³Die Verteilung der Mittel erfolgt jeweils zu 75 v.H. nach der Einwohnerzahl und zu 25 v.H. nach der Fläche. ⁴Die Auszahlung erfolgt in Raten zum 10. der Monate Februar, Mai, August und November eines jeden Kalenderjahres.

§ 21 Evaluierung

¹Dieses Gesetz ist vier Jahre nach Inkrafttreten durch das für öffentliches Auftragswesen zuständige Ministerium zu evaluieren. ²Abweichend von Satz 1 wird die Regelung des § 20 durch die Landesregierung im vierten Quartal 2014 überprüft; dem Landtag wird über das Ergebnis spätestens im zweiten Quartal 2015 berichtet.

§ 22 Sprachliche Gleichstellung

Personen- und Funktionsbezeichnungen in diesem Gesetz gelten jeweils in männlicher und weiblicher Form.

§ 23 Übergangsvorschrift

Zum Zeitpunkt des Inkrafttretens dieses Gesetzes bereits begonnene Vergabeverfahren werden nach dem bisherigen Recht fortgesetzt und abgeschlossen.

§ 24 Änderung des Mittelstandsförderungsgesetzes

§ 8 des Mittelstandsförderungsgesetzes vom 27. Juni 2001 (GVBl. LSA S. 230) wird aufgehoben.

§ 25 Anpassung der Schwellenwerte

Für die Vergabe öffentlicher Aufträge, deren Gegenstand im räumlichen und sachlichen Zusammenhang mit den Hochwasserereignissen im Mai und Juni 2013 steht, sofern dringliche und zwingende Gründe bestehen, werden die Schwellenwerte nach § 1 Abs. 1 bis zum 30. Juni 2014 durch folgende Schwellenwerte ersetzt:
1. bei Bauaufträgen ein geschätzter Auftragswert von fünf Millionen Euro ohne Umsatzsteuer und
2. bei Liefer- und Dienstleistungsaufträgen ein geschätzter Auftragswert von 200 000 Euro ohne Umsatzsteuer.

§ 26 Inkrafttreten

Dieses Gesetz tritt am 1. Januar 2013 in Kraft.

Schleswig-Holstein

Gesetz über die Sicherung von Tariftreue und Sozialstandards sowie fairen Wettbewerb bei der Vergabe öffentlicher Aufträge (Tariftreue- und Vergabegesetz Schleswig-Holstein – TTG)

Vom 31. Mai 2013
(GVOBl. Schl.-H. S. 239)
Zuletzt geändert durch Art. 8 VO zur Anpassung von Rechtsvorschriften an geänd. Zuständigkeiten der obersten Landesbehörden und geänd. Ressortbezeichnungen vom 16.3.2015 (GVOBl. Schl.-H. S. 96)

§ 1 Zweck des Gesetzes

^{1}Zweck dieses Gesetzes ist es, einen fairen Wettbewerb um das wirtschaftlichste Angebot bei der Vergabe öffentlicher Aufträge unter gleichzeitiger Berücksichtigung von Sozialverträglichkeit, Umweltschutz und Energieeffizienz sowie Qualität und Innovation der Angebote zu fördern und zu unterstützen. ^{2}Das Gesetz verhindert den Einsatz von Niedriglohnkräften und entlastet damit die sozialen Sicherungssysteme.

§ 2 Anwendungsbereich; Begriffsbestimmungen

(1) ^{1}Dieses Gesetz gilt für
1. das Land,
2. die Kreise, Gemeinden und die Gemeindeverbände,
3. die übrigen öffentlichen Auftraggeber im Sinne des § 98 Nr. 1 bis 5 des Gesetzes gegen Wettbewerbsbeschränkungen in der Fassung der Bekanntmachung vom 15. Juli 2005 (BGBl. I S. 2114, ber. 2009 I S. 3850), zuletzt geändert durch Gesetz vom 5. Dezember 2012 (BGBl. I S. 2403), (öffentliche Auftraggeber), soweit sie in Schleswig-Holstein öffentliche Aufträge im Sinne des § 99 Abs. 1 bis 6 des Gesetzes gegen Wettbewerbsbeschränkungen vergeben, sowie
4. die dadurch betroffenen Unternehmen und Nachunternehmen.

^{2}Satz 1 gilt nicht, soweit das Vergabeverfahren im Namen oder im Auftrag des Bundes oder eines anderen Bundeslandes durchgeführt wird.

(2) Für Ausnahmen vom Anwendungsbereich dieses Gesetzes gilt § 100 Abs. 2 des Gesetzes gegen Wettbewerbsbeschränkungen entsprechend.

(3) ^{1}Für öffentliche Aufträge im Bereich des öffentlichen Personenverkehrs gelten die Regelungen dieses Gesetzes für alle Dienstleistungsaufträge im Sinne der Verordnung (EG) Nr. 1370/2007 des Europäischen Parlaments und des Rates vom 23. Oktober 2007 über öffentliche Personenverkehrsdienste auf Schiene und Straße und zur Aufhebung der Verordnungen (EWG) Nr. 1191/69 und (EWG) Nr. 1107/70 des Rates (ABl. L 315 vom 3. Dezember 2007, S. 1). ^{2}Dieses Gesetz gilt auch für Verkehre im Sinne von § 1 Freistellungs-Verordnung in der Fassung vom 30. August 1962 (BGBl. I S. 601), zuletzt geändert durch Verordnung vom 4. Mai 2012 (BGBl. I S. 1037).

(4) Soweit nach diesem Gesetz Verpflichtungen im Rahmen der Angebotsabgabe begründet werden, gelten diese Verpflichtungen für Direktvergaben im Sinne von Artikel 5 Abs. 2, 4 und 6 der Verordnung (EG) Nr. 1370/2007 entsprechend und sind vor der Erteilung des öffentlichen Dienstleistungsauftrages zu erfüllen.

(5) ¹Sollen öffentliche Aufträge gemeinsam mit Auftraggebern anderer Bundesländer vergeben werden, ist mit diesen zwecks Einhaltung der Bestimmungen dieses Gesetzes eine Einigung anzustreben. ²Kommt diese nicht zustande, so kann von den Bestimmungen abgewichen werden.

(6) ¹Die §§ 3 und 4 Abs. 1 gelten für alle öffentlichen Aufträge, soweit dieses Gesetz nach den Absätzen 1 bis 4 anwendbar ist, unabhängig von der Höhe des jeweiligen Auftragswertes. ²Alle weiteren Vorschriften gelten nur für Aufträge ab einem geschätzten Auftragswert ohne Umsatzsteuer von 15.000 Euro. ³Bei der Schätzung der Auftragswerte ist § 3 der Vergabeverordnung in der Fassung der Bekanntmachung vom 11. Februar 2003 (BGBl. I S. 169) in der jeweils geltenden Fassung entsprechend anzuwenden.

§ 3 Allgemeine Grundsätze für die Vergabe von öffentlichen Aufträgen

(1) ¹Öffentliche Auftraggeber vergeben öffentliche Aufträge im Sinne dieses Gesetzes nach Maßgabe der nachfolgenden Grundsätze sowie der weiteren Vorschriften dieses Gesetzes und der haushaltsrechtlichen Bestimmungen. ²Die Bestimmungen des Gesetzes gegen Wettbewerbsbeschränkungen bleiben unberührt.
³Bei den öffentlichen Aufträgen sind
1. die Vergabe- und Vertragsordnung für Leistungen (VOL), Teil A, in der Fassung der Bekanntmachung vom 20. November 2009 (BAnz. Nr. 196a vom 29. Dezember 2009, ber. BAnz. Nr. 32 vom 26. Februar 2010, S. 755), und Teil B, in der Fassung der Bekanntmachung vom 5. August 2003 (BAnz. Nr. 178a vom 23. September 2003),
2. die Vergabe- und Vertragsordnung für Bauleistungen (VOB), Teile A und B, in der Fassung der Bekanntmachung vom 26. Juni 2012 (BAnz. Nr. 155a vom 15. Oktober 2009, letzte Änderung BAnz. AT vom 13. Juli 2012 B3) sowie
3. die Verordnung über die Vergabe von Aufträgen im Bereich des Verkehrs, der Trinkwasserversorgung und der Energieversorgung (SektVO) vom 23. September 2009 (BGBl. I S. 3110), zuletzt geändert durch Gesetz vom 7. Dezember 2011 (BGBl. I S. 2570),

unabhängig vom Auftragswert anzuwenden. ⁴Die in Satz 3 genannten VOL und VOB sind bei deren Änderungen oder Neufassungen in der Fassung anzuwenden, die das Ministerium für Wirtschaft, Arbeit, Verkehr und Technologie im Gesetz- und Verordnungsblatt für Schleswig-Holstein für verbindlich erklärt hat.

(2) Die Teilnehmer an einem Verfahren zur Vergabe öffentlicher Aufträge sind gleich zu behandeln, es sei denn, eine Benachteiligung ist aufgrund des Gesetzes gegen Wettbewerbsbeschränkungen ausdrücklich, außerhalb seines Anwendungsbereichs durch dieses Gesetz oder aufgrund dieses Gesetzes geboten oder gestattet.

(3) Die öffentlichen Auftraggeber haben das gesamte Vergabeverfahren nach dem Grundsatz der Transparenz auszugestalten.

(4) ¹Im förmlichen Vergabeverfahren von Bauleistungen hat der öffentliche Auftraggeber darüber hinaus zur Sicherung der Transparenz und Korruptionsbekämpfung Kontrollmechanismen vorzusehen, um insbesondere nachträgliche Angebotsmanipulationen zu verhindern.
²Er hat hierfür
1. durch interne organisatorische Maßnahmen eine unabhängige rechnerische Prüfung der Angebote sicherzustellen oder
2. vom Bieter die Beifügung einer selbst gefertigten Kopie des Angebotes einschließlich eventueller Nebenangebote (Zweitausfertigung) zu verlangen; die

Zweitausfertigung ist dem Angebot gesondert verschlossen beizufügen; sie dient als Prüfungsunterlage in Zweifelsfällen.
³Sofern der öffentliche Auftraggeber mit der Aufforderung zur Angebotsabgabe die Beifügung einer Zweitausfertigung nach Satz 2 Nr. 2 verlangt hat, ist das Angebot sowohl bei Nichtabgabe der Zweitausfertigung bis zum Ablauf der Angebotsfrist als auch bei Abweichungen zur Erstausfertigung von der Wertung auszuschließen.

(5) Im Rahmen der Vergabe öffentlicher Aufträge sollten in jeder Phase des Vergabeverfahrens (Ermittlung des Beschaffungsbedarfes, Festlegung des Auftragsgegenstandes einschließlich Leistungsbeschreibung, Eignungsprüfung und Ermittlung des wirtschaftlichsten Angebotes) ökologische und soziale Aspekte angemessen berücksichtigt werden.

(6) ¹Für die Auftragsausführung können an den Auftragnehmer zusätzliche Anforderungen gestellt werden, die soziale, umweltbezogene und innovative Aspekte betreffen. ²Dazu gehören insbesondere Aspekte des Umweltschutzes, der Energieeffizienz sowie gleichstellungspolitische, integrationspolitische und ausbildungsfördernde Aspekte, wenn diese in sachlichem Zusammenhang mit dem Auftragsgegenstand stehen und sich aus der Leistungsbeschreibung ergeben.

(7) Die öffentlichen Auftraggeber sind grundsätzlich verpflichtet, auch kleine und mittlere Unternehmen bei beschränkten Ausschreibungen und freihändigen Vergaben zur Angebotsabgabe aufzufordern.

(8) ¹Unbeschadet der Verpflichtung zur Teilung der Leistungen in Fach- und Teillose nach § 97 Abs. 3 Satz 2 des Gesetzes gegen Wettbewerbsbeschränkungen und nach den Vergabe- und Vertragsordnungen (VOB/A und VOL/A) sind die öffentlichen Aufträge auch unterhalb der Schwellenwerte nach § 2 Vergabeverordnung in der Menge aufgeteilt (Teillose) und getrennt nach Art und Fachgebiet (Fachlose) zu vergeben. ²Mehrere Fach- und Teillose dürfen zusammen vergeben werden, wenn wirtschaftliche oder technische Gründe dies erfordern.

(9) Um eine verstärkte Teilhabe von kleinen und mittleren Unternehmen am Wettbewerb zu erreichen, sollen die öffentlichen Auftraggeber des Landes gemäß § 2 Abs. 3 die Ausschreibung eines öffentlichen Auftrages zusätzlich in elektronischer Form bekannt machen.

§ 4 Tariftreuepflicht, Mindestlohn

(1) ¹Öffentliche Aufträge für Leistungen, deren Erbringung dem Geltungsbereich des Arbeitnehmer-Entsendegesetzes vom 20. April 2009 (BGBl. I S. 799) in der jeweils geltenden Fassung unterfällt, dürfen nur an Unternehmen vergeben werden, die sich bei Angebotsabgabe durch Erklärung gegenüber dem öffentlichen Auftraggeber schriftlich verpflichten, ihren Arbeitnehmerinnen und Arbeitnehmern bei der Ausführung des Auftrages wenigstens diejenigen Mindestarbeitsbedingungen einschließlich des Mindestentgelts zu gewähren, die durch einen bundesweit für allgemein verbindlich erklärten Tarifvertrag oder eine nach den §§ 7 oder 11 des Arbeitnehmer-Entsendegesetzes erlassene Rechtsverordnung für die betreffende Leistung verbindlich vorgegeben werden. ²Satz 1 gilt entsprechend für Mindestentgelte, die aufgrund der Vorschriften des Mindestarbeitsbedingungengesetzes in der im Bundesgesetzblatt Teil III, Gliederungsnummer 802-2, veröffentlichten bereinigten Fassung für den jeweiligen Wirtschaftszweig in der jeweils geltenden Fassung festgesetzt worden sind.

(2) ¹Öffentliche Aufträge im Sinne des § 2 Abs. 3 im Bereich des öffentlichen Personenverkehrs auf Straße und Schiene dürfen nur an Unternehmen vergeben werden, die sich bei Angebotsabgabe schriftlich verpflichten, ihren Beschäftigten

(ohne Auszubildende) bei der Ausführung der Leistung mindestens das in Schleswig-Holstein für diese Leistung in einem der einschlägigen und repräsentativen mit einer tariffähigen Gewerkschaft vereinbarten Tarifverträge vorgesehene Entgelt nach den tarifvertraglich festgelegten Modalitäten zu zahlen und die tariflich vereinbarten weiteren Leistungen zu gewähren. ²Während der Ausführungslaufzeit sind tarifliche Änderungen nachzuvollziehen. ³Das für Arbeit zuständige Ministerium bestimmt durch Rechtsverordnung gemäß § 20 Abs. 2 Nr. 1, welche Tarifverträge als repräsentativ im Sinne des Satzes 1 anzusehen sind. ⁴Der öffentliche Auftraggeber führt diese in der Bekanntmachung und den Vergabeunterlagen des öffentlichen Auftrages auf.

(3) ¹Öffentliche Aufträge über Leistungen, die nicht den Vorgaben der Absätze 1 und 2 unterliegen, dürfen nur an Unternehmen vergeben werden, die sich bei der Angebotsabgabe durch Erklärung gegenüber dem öffentlichen Auftraggeber schriftlich verpflichtet haben, ihren Beschäftigten (ohne Auszubildende, Praktikantinnen und Praktikanten, Hilfskräfte und Teilnehmende an Bundesfreiwilligendiensten) bei der Ausführung der Leistung wenigstens ein Mindeststundenentgelt von 9,18 Euro (brutto) zu zahlen. ²Die Unternehmen müssen im Rahmen der Verpflichtungserklärung die Art der tariflichen Bindung ihres Unternehmens sowie die gezahlte Höhe der Mindeststundenentgelte für die im Rahmen der Leistungserbringung eingesetzten Beschäftigten angeben. ³Die Höhe des Mindeststundenentgeltes kann nach Maßgabe des § 20 durch Rechtsverordnung des für Arbeit zuständigen Ministeriums angepasst werden.

(4) ¹Erfüllt die Vergabe eines öffentlichen Auftrages die Voraussetzungen von mehr als einer der in den Absätzen 1 bis 3 getroffenen Regelungen, so gilt die für die Beschäftigten jeweils günstigste Regelung. ²Absatz 3 Satz 2 gilt entsprechend.

(5) Öffentliche Aufträge im Sinne der Absätze 1 bis 3 werden nur an solche Unternehmen vergeben, die sich bei der Angebotsabgabe schriftlich verpflichten, dafür zu sorgen, dass Leiharbeitnehmerinnen und Leiharbeitnehmer im Sinne des Arbeitnehmerüberlassungsgesetzes in der Fassung der Bekanntmachung vom 3. Februar 1995 (BGBl. I S. 158) in der jeweils geltenden Fassung bei der Ausführung der Leistung für die gleiche Tätigkeit ebenso entlohnt werden wie ihre regulär Beschäftigten.

(6) Auf bevorzugte Bieter gemäß §§ 141 Satz 1 und 143 Neuntes Buch Sozialgesetzbuch (SGB IX) – Rehabilitation und Teilhabe behinderter Menschen – Artikel 1 des Gesetzes vom 19. Juni 2001 (BGBl. I S. 1046), zuletzt geändert durch Artikel 13 Abs. 26 des Gesetzes vom 12. April 2012 (BGBl. I S. 579), findet Absatz 3 keine Anwendung.

§ 5 Betreiberwechsel bei der Erbringung von Personenverkehrsdiensten

¹Öffentliche Auftraggeber können gemäß der Verordnung (EG) Nr. 1370/2007 des Europäischen Parlaments und des Rates vom 23. Oktober 2007 über öffentliche Personenverkehrsdienste auf Schiene und Straße und zur Aufhebung der Verordnungen (EWG) Nr. 1191/69 und (EWG) Nr. 1107/70 des Rates (ABl. L 315/1 vom 3. Dezember 2007) verlangen, dass der ausgewählte Betreiber die Arbeitnehmerinnen und Arbeitnehmer des bisherigen Betreibers zu den Arbeitsbedingungen übernimmt, die diesen von dem vorherigen Betreiber gewährt wurden. ²Die bisherigen Betreiber sind verpflichtet, den Auftraggebern auf Anforderung die hierzu erforderlichen Unterlagen zur Verfügung zu stellen oder Einsicht in Lohn- und Meldeunterlagen, Bücher und andere Geschäftsunterlagen und Aufzeichnungen zu gewähren, aus denen Umfang, Art, Dauer und tatsächliche Entlohnung der Arbeitnehmerinnen und Arbeitnehmer hervorgehen oder abgeleitet werden kön-

nen. ³Hierdurch entstehende Aufwendungen des bisherigen Betreibers werden durch den öffentlichen Auftraggeber erstattet.

§ 6 Präqualifikationsverfahren

(1) Die gemäß diesem Gesetz vorzulegenden Nachweise und Erklärungen können entsprechend § 6 Abs. 3, § 6 EG Abs. 3 VOB/A, § 6 Abs. 4 oder § 7 EG Abs. 4 VOL/A im Wege der Präqualifikation erbracht werden.

(2) Die Präqualifikationsnachweise dürfen die durch die ausstellende Stelle festgelegte Gültigkeitsdauer nicht überschritten haben.

(3) Die Präqualifikation entbindet die Bieter in der Regel von der Erbringung gesonderter Nachweise und Erklärungen, jedoch nicht von der Beachtung der Vorgaben dieses Gesetzes.

§ 7 Nachweise der Eignung

(1) ¹Öffentliche Auftraggeber haben bei der Vergabe von Bau-, Dienstleistungs- und Lieferaufträgen entsprechend § 6 VOL/A, § 6 EG und § 7 EG VOL/A sowie § 6 VOB/A und § 6 EG VOB/A zum Nachweis der Eignung der Bieter deren Fachkunde, Leistungsfähigkeit und Zuverlässigkeit zu prüfen. ²Soweit der Nachweis der Entrichtung der Beiträge zur gesetzlichen Sozialversicherung und, soweit für den jeweiligen Bieter die tarifvertragliche Verpflichtung besteht, der Nachweis der vollständigen Entrichtung der Beiträge zur gemeinsamen Einrichtung der Tarifvertragsparteien im Sinne des § 5 Nr. 3 Arbeitnehmer-Entsendegesetz nicht durch eine gültige Bescheinigung des Vereins für die Präqualifizierung von Bauunternehmen e. V. erfolgt, kann der Nachweis durch Unterlagen erbracht werden, die nicht älter als ein Jahr sind und die durch die ausstellende Stelle festgelegte Gültigkeit nicht überschreiten.

(2) ¹Soll die Ausführung eines Auftrages vom Bieter einem Nachunternehmer übertragen oder sollen bei der Auftragsausführung Leiharbeitnehmerinnen und Leiharbeitnehmer beschäftigt werden, so hat der Bieter den Nachweis gemäß Absatz 1 ebenfalls für den Nachunternehmer oder für den Verleiher von Arbeitskräften zu erbringen. ²Satz 1 gilt entsprechend für alle weiteren Nachunternehmer des Nachunternehmers.

§ 8 Verfahrensvorgaben zur Verpflichtungserklärung

(1) Öffentliche Auftraggeber sind verpflichtet, in der Bekanntmachung des öffentlichen Auftrages und in den Vergabeunterlagen darauf hinzuweisen, dass die Bieter sowie deren Nachunternehmer und Verleiher von Arbeitskräften, soweit diese bereits bei Angebotsabgabe bekannt sind, die gemäß § 4 erforderlichen Verpflichtungserklärungen abzugeben haben.

(2) Fehlt eine Verpflichtungserklärung gemäß § 4 bei Angebotsabgabe und wird sie nicht spätestens innerhalb einer angemessenen, vom öffentlichen Auftraggeber kalendermäßig zu bestimmenden Frist vom Bieter und von diesem auch für die bereits bekannten Nachunternehmer und Verleiher von Arbeitskräften vorgelegt, so ist das Angebot von der Wertung auszuschließen.

§ 9 Nachunternehmer und Verleiher von Arbeitskräften

(1) ¹Für den Fall der Ausführung übernommener Leistungen durch Nachunternehmer oder bei Beschäftigung von entliehenen Arbeitskräften hat sich der Bieter

bei Angebotsabgabe in der Verpflichtungserklärung gemäß § 4 zu verpflichten, auch von seinen Nachunternehmern und den Verleihern von Arbeitskräften eine Verpflichtungserklärung im Sinne des § 4 abgeben zu lassen. ²Satz 1 gilt entsprechend für alle weiteren Nachunternehmer des Nachunternehmers.

(2) ¹Die Bieter sowie nach Erteilung des Zuschlags die Auftragnehmer haben ihre Nachunternehmer und Verleiher von Arbeitskräften sorgfältig auszuwählen. ²Dies schließt die Pflicht ein, die Angebote der Nachunternehmer und Verleiher von Arbeitskräften daraufhin zu überprüfen, ob sie auf der Basis der nach § 4 maßgeblichen tarifvertraglichen Mindestarbeitsentgelte und Mindestarbeitsbedingungen bzw. mindestens auf Basis des festgelegten vergabespezifischen Mindestlohns kalkuliert sein können.

(3) Die Bieter sind darauf hinzuweisen, dass sie verpflichtet werden,
1. die von den Nachunternehmern und Verleihern von Arbeitskräften abgegebene Verpflichtungserklärung gemäß § 4 dem öffentlichen Auftraggeber vorzulegen,
2. bei Vertragslaufzeiten von länger als drei Jahren von den Nachunternehmern und Verleihern von Arbeitskräften jeweils mit Ablauf von drei Jahren nach Vertragsschluss zur Weitergabe an den öffentlichen Auftraggeber eine Eigenerklärung des Inhalts zu verlangen, ob die Bedingungen der abgegebenen Erklärung gemäß § 4 nach wie vor eingehalten werden,
3. Nachunternehmer davon in Kenntnis zu setzen, dass es sich um einen öffentlichen Auftrag handelt,
4. bei der Weitergabe von Bauleistungen an Nachunternehmer die Vergabe- und Vertragsordnung für Bauleistungen (VOB), Teil B, Allgemeine Vertragsbedingungen für die Ausführung von Bauleistungen (VOB/B) in der Fassung vom 31. Juli 2009 (BAnz. Nr. 155a vom 15. Oktober 2009), zuletzt geändert durch Bekanntmachung vom 26. Juni 2012 (BAnz. AT 13. Juli 2012 B3), bei der Weitergabe von Dienstleistungen die Vergabe- und Vertragsordnung für Leistungen (VOL), Teil B, Allgemeine Vertragsbedingungen für die Ausführung von Leistungen (VOL/B) vom 5. August 2003 zum Vertragsbestandteil zu machen,
5. den Nachunternehmern keine, insbesondere hinsichtlich der Zahlungsweise, ungünstigeren Bedingungen aufzuerlegen, als sie zwischen dem Auftragnehmer und dem öffentlichen Auftraggeber vereinbart werden.

§ 10 Wertung unangemessen niedriger Angebote

(1) Erscheint bei einem Angebot über Leistungen im Sinne von § 2 der Endpreis oder die Kalkulation der Arbeitskosten in dem Sinne ungewöhnlich niedrig, dass Zweifel an der Einhaltung der Pflichten aus einer Verpflichtungserklärung nach § 4 bestehen, so hat der öffentliche Auftraggeber das Angebot insbesondere unter diesem Aspekt entsprechend den Vorgaben in § 16 VOB/A oder § 16 VOL/A zu prüfen.

(2) ¹Im Fall einer Prüfung nach Absatz 1 ist der Bieter zu verpflichten, Unterlagen vorzulegen, aus denen ersichtlich ist, dass im Rahmen der dem Angebot zugrunde liegenden Kalkulation zumindest die Mindeststundenentgelte und die Mindestarbeitsbedingungen bzw. der vergabespezifische Mindestlohn im Sinne des § 4 berücksichtigt worden sind. ²Der Bieter ist verpflichtet, die Unterlagen bei Bedarf zu erläutern.

(3) ¹Kommt der Bieter dieser Verpflichtung nicht nach oder kann er nach Prüfung aller vom Bieter vorgebrachten Erläuterungen das Missverhältnis zwischen Leistung und Preis nicht darlegen, so ist sein Angebot von der Wertung auszuschließen. ²Bei öffentlichen Aufträgen im Geltungsbereich des Arbeitnehmer-Ent-

sendegesetzes ist die Zollverwaltung des Bundes (Finanzkontrolle Schwarzarbeit) über den Ausschluss und den Grund des Ausschlusses zu unterrichten.

(4) Öffentliche Auftraggeber können unter den Voraussetzungen des § 21 Schwarzarbeitsbekämpfungsgesetz vom 23. Juli 2004 (BGBl. I S. 1842), zuletzt geändert durch Artikel 7 des Gesetzes vom 21. Juli 2012 (BGBl. I S. 1566), und des § 21 Arbeitnehmer-Entsendegesetzes bei der Zollverwaltung des Bundes (Finanzkontrolle Schwarzarbeit) Auskünfte über die Bieter einholen.

§ 11 Kontrolle durch den öffentlichen Auftraggeber

(1) [1]Öffentliche Auftraggeber sind berechtigt, Kontrollen durchzuführen, um die Einhaltung der dem Auftragnehmer sowie den Nachunternehmern und den Verleihern von Arbeitskräften aufgrund dieses Gesetzes auferlegten Verpflichtungen zu überprüfen. [2]Sie dürfen sich zu diesem Zweck die Entgeltabrechnungen, die Unterlagen über die Abführung von Steuern, Abgaben und Beiträgen gemäß § 7 sowie die zwischen Auftragnehmer und Nachunternehmer abgeschlossenen Verträge vorlegen lassen, diese prüfen und hierzu Auskünfte verlangen. [3]Der Auftragnehmer sowie die Nachunternehmer und Verleiher von Arbeitskräften haben ihre jeweiligen Arbeitnehmerinnen und Arbeitnehmer auf die Möglichkeit solcher Kontrollen hinzuweisen. [4]Die öffentlichen Auftraggeber haben den Auftragnehmer im Wege einer vertraglichen Vereinbarung zu verpflichten, ihm ein entsprechendes Auskunfts- und Prüfrecht bei der Beauftragung von Nachunternehmern und von Verleihern von Arbeitskräften einräumen zu lassen.

(2) Bei der Vergabe von Dienstleistungen gemäß § 2 Abs. 1 und 3, deren Vertragslaufzeit länger als drei Jahre andauert, muss der öffentliche Auftraggeber mit dem Auftragnehmer eine vertragliche Vereinbarung treffen, in welcher sich der Auftragnehmer verpflichtet, für sich und die eingeschalteten Nachunternehmer und Verleiher von Arbeitskräften entsprechend § 9 Abs. 1 jeweils mit Ablauf von drei Jahren für die gesamte Vertragslaufzeit eine Eigenerklärung darüber abzugeben, dass zumindest die der abgegebenen Verpflichtungserklärung gemäß § 4 zugrunde gelegten Mindestentgelte und Mindestarbeitsbedingungen oder der vergabespezifische Mindestlohn noch gewährt werden.

(3) [1]Der Auftragnehmer hat vollständige und prüffähige Unterlagen zur Prüfung der Einhaltung der Vorgaben des § 4 bereitzuhalten und auf Verlangen dem öffentlichen Auftraggeber binnen einer vertraglich zu vereinbarenden angemessenen Frist vorzulegen und zu erläutern. [2]Der Auftragnehmer ist vertraglich zu verpflichten, die Einhaltung dieser Pflicht durch die beauftragten Nachunternehmer und Verleiher von Arbeitskräften entsprechend § 9 Abs. 1 vertraglich sicherzustellen.

§ 12 Sanktionen durch den öffentlichen Auftraggeber

(1) [1]Zwischen dem öffentlichen Auftraggeber und dem Auftragnehmer ist für jeden schuldhaften Verstoß gegen die Verpflichtungen aus einer Verpflichtungserklärung nach § 4 eine Vertragsstrafe zu vereinbaren, deren Höhe eins vom Hundert, bei mehreren Verstößen bis zu fünf vom Hundert des Auftragswertes betragen soll. [2]Der Auftragnehmer ist zur Zahlung einer Vertragsstrafe nach Satz 1 auch für den Fall zu verpflichten, dass der Verstoß durch einen von ihm eingesetzten Nachunternehmer oder einen von diesem eingesetzten Nachunternehmer oder von einem Verleiher von Arbeitskräften begangen wird, es sei denn, dass der Auftragnehmer den Verstoß bei Beauftragung des Nachunternehmers und des Verlei-

hers von Arbeitskräften nicht kannte und unter Beachtung der Sorgfaltspflicht eines ordentlichen Kaufmanns auch nicht kennen musste.

(2) Der öffentliche Auftraggeber hat mit dem Auftragnehmer zu vereinbaren, dass die schuldhafte Nichterfüllung der Verpflichtungen aus einer Verpflichtungserklärung nach § 4 durch den Auftragnehmer, seine Nachunternehmer und die Verleiher von Arbeitskräften sowie schuldhafte Verstöße gegen die Verpflichtungen des Auftragnehmers aus § 9 Abs. 1 den Auftraggeber zur fristlosen Kündigung des Bau- oder Dienstleistungsvertrages oder zur Auflösung des Dienstleistungsverhältnisses berechtigen.

§ 13 Ausschluss von der Teilnahme am Wettbewerb

(1) ¹Hat der Auftragnehmer nachweislich gegen die Verpflichtung aus einer Verpflichtungserklärung nach § 4 oder gegen seine Verpflichtung aus § 9 Abs. 1 Satz 1 verstoßen, soll der öffentliche Auftraggeber ihn wegen mangelnder Eignung für die Dauer von bis zu drei Jahren von der Teilnahme am Wettbewerb um Aufträge ausschließen (Auftragssperre). ²Die öffentlichen Auftraggeber sind verpflichtet, verhängte Auftragssperren in das Vergabe- und Korruptionsregister einzustellen; sie haben sich vor Entscheidungen über die Vergabe von öffentlichen Aufträgen aus dem Vergabe- und Korruptionsregister zu unterrichten, inwieweit Eintragungen zu Bietern mit einem für den Zuschlag in Betracht kommenden Angebot vorliegen, und eine Eintragung bei der Beurteilung der Zuverlässigkeit des Bewerbers oder Bieters zu berücksichtigen.

(2) Das Verfahren zur Eintragung von Unternehmen und deren Ausschluss von weiteren Vergabeverfahren wird in einem Gesetz zur Einrichtung eines Registers zum Ausschluss unzuverlässiger Unternehmen von der Vergabe öffentlicher Aufträge (Vergabe- und Korruptionsregister) gesondert geregelt.

§ 14 Bietergemeinschaft, Bewerber beim Teilnahmewettbewerb

¹Beteiligt sich eine Bietergemeinschaft an einem Vergabeverfahren oder wird ihr der Zuschlag erteilt, so gelten die Verpflichtungen der Bieter und Auftragnehmer nach diesem Gesetz für die Bietergemeinschaft und für deren Mitglieder. ²Satz 1 gilt entsprechend für Bewerber im Rahmen von Teilnahmewettbewerben.

§ 15 Überprüfung durch die zuständige Behörde

(1) Der öffentliche Auftraggeber hat mit dem Auftragnehmer vertraglich zu vereinbaren, dass dieser für sich und seine Nachunternehmer vollständige, aktuelle und prüffähige Unterlagen für Überprüfungen nach den Absätzen 2 bis 5 bereithält und diese auf Verlangen der zuständigen Behörde unverzüglich zur Überprüfung vorlegt; dies kann auch eine Überprüfung vor Ort beinhalten.

(2) Bei Verdacht auf Nichteinhaltung der Verpflichtungserklärung nach § 4 oder § 9 prüft die zuständige Behörde auf Antrag des öffentlichen Auftraggebers anhand der vorgelegten Unterlagen sowie zusätzlich einzufordernder Unterlagen und Auskünfte, ob bei der Auftragsdurchführung gegen die Verpflichtungserklärung verstoßen wird oder verstoßen wurde.

(3) ¹Die zuständige Behörde darf entsprechende Auskünfte und die erforderlichen Unterlagen von den öffentlichen Auftraggebern und den Auftragnehmern und deren Nachunternehmern sowie den Verleihern von Arbeitskräften einholen. ²Bleibt kein vernünftiger Zweifel an dem Vorliegen eines Verstoßes, stellt sie einen

grob fahrlässigen oder vorsätzlichen Verstoß fest und meldet dies dem Vergabe- und Korruptionsregister zum Schutz fairen Wettbewerbs.

(4) ¹Die zuständige Behörde teilt den festgestellten Verstoß dem öffentlichen Auftraggeber mit. ²Dieser ist verpflichtet, die vereinbarte Vertragsstrafe gemäß § 12 einzufordern und die Kündigung des Vertrages zu prüfen.

(5) Zuständige Behörde im Sinne der Absätze 1 bis 4 ist bei der Durchführung von öffentlichen Aufträgen des Landes die Gebäudemanagement Schleswig-Holstein AöR (GMSH), bei Aufträgen der Kommunen das Ministerium für Inneres und Bundesangelegenheiten.

§ 16 Ordnungswidrigkeiten

(1) Ordnungswidrig handelt, wer vorsätzlich oder fahrlässig
1. bei der Bewerbung um öffentliche Aufträge eine unwahre Verpflichtungserklärung gemäß § 4 Abs. 2 und 3 abgibt oder trotz Abgabe der Verpflichtungserklärung die hierin eingegangenen Verpflichtungen während der Durchführung des öffentlichen Auftrages nicht erfüllt,
2. entgegen § 15 Abs. 1 eine Prüfung nicht duldet, bei der Prüfung nicht mitwirkt oder die genannten Dokumente oder Daten nicht, nicht rechtzeitig oder nicht vollständig vorlegt.

(2) Die Ordnungswidrigkeit kann in den Fällen des Absatzes 1 Nr. 1 mit einer Geldbuße bis zu 50.000 Euro und in den Fällen der Nummer 2 mit einer Geldbuße von bis zu 1.000 Euro geahndet werden.

(3) ¹Die Verwaltungsbehörde im Sinne des § 36 Abs. 1 Nr. 1 des Gesetzes über Ordnungswidrigkeiten wird in einem Gesetz zur Errichtung eines Registers zum Ausschluss unzuverlässiger Unternehmen von der Vergabe öffentlicher Aufträge (Vergabe- und Korruptionsregister) festgelegt. ²Die Geldbußen fließen in die Kasse der Verwaltungsbehörde, die den Bußgeldbescheid erlassen hat. ³Die nach Satz 2 zuständige Kasse trägt abweichend von § 105 Abs. 2 des Gesetzes über Ordnungswidrigkeiten in der Fassung der Bekanntmachung vom 19. Februar 1987 (BGBl. I S. 602), zuletzt geändert durch Artikel 2 des Gesetzes vom 29. Juli 2009 (BGBl. I S. 2353), die notwendigen Auslagen. ⁴Sie ist auch ersatzpflichtig im Sinne des § 110 Abs. 4 des Gesetzes über Ordnungswidrigkeiten.

(4) Die zuständige Behörde unterrichtet das Gewerbezentralregister über rechtskräftige Bußgeldbescheide nach Absatz 1, sofern die Geldbuße mehr als 200 Euro beträgt.

(5) ¹Öffentliche Auftraggeber fordern ab einem geschätzten Auftragswert von 25.000 Euro für den Bieter, die Nachunternehmer und die Verleiher von Arbeitskräften beim Gewerbezentralregister Auskünfte über rechtskräftige Bußgeldentscheidungen wegen einer Ordnungswidrigkeit nach Absatz 1 an oder verlangen von diesen eine Erklärung, dass die Voraussetzungen für einen Ausschluss nach § 13 Abs. 1 nicht vorliegen. ²Auch im Falle einer Erklärung des Bieters, der Nachunternehmer oder der Verleiher von Arbeitskräften können öffentliche Auftraggeber nach Satz 1 jederzeit zusätzlich Auskünfte des Gewerbezentralregisters nach § 150a der Gewerbeordnung in der Fassung der Bekanntmachung vom 22. Februar 1999 (BGBl. I S. 202), zuletzt geändert durch Artikel 3 des Gesetzes vom 15. Dezember 2011 (BGBl. I S. 2714), anfordern.

(6) Die für die Verfolgung und Ahndung der Ordnungswidrigkeiten nach Absatz 3 zuständige Behörde darf öffentlichen Auftraggebern und solchen Stellen, die durch Auftraggeber zugelassene Präqualifikationsverzeichnisse im Sinne des § 6 oder Unternehmer- und Lieferantenverzeichnisse führen, auf Verlangen die erforderlichen Auskünfte geben.

§ 17 Umweltfreundliche und energieeffiziente Beschaffung

(1) Öffentliche Auftraggeber sind verpflichtet, bei der Vergabe von Aufträgen Kriterien des Umweltschutzes und der Energieeffizienz zu berücksichtigen.

(2) ¹Bei der Beschaffung von energieverbrauchsrelevanten Waren, technischen Geräten oder Ausrüstungen oder wenn diese wesentliche Voraussetzung zur Ausführung einer Dienstleistung oder eines Bauauftrages sind, sollen im Rahmen der Wirtschaftlichkeitsprüfung neben den voraussichtlichen Beschaffungskosten einschließlich der Entsorgungskosten insbesondere die voraussichtlichen Betriebskosten über die gesamte Nutzungsdauer (unter Berücksichtigung des Lebenszyklusprinzips) und die Kosten für den Energieverbrauch angemessen berücksichtigt werden. ²Entsprechende Leistungs- oder Funktionsanforderungen sind in der Bekanntmachung oder im Leistungsverzeichnis zu benennen. ³In der Leistungsbeschreibung oder an anderer geeigneter Stelle in den Vergabeunterlagen können von den Bietern folgende Informationen gefordert werden:
1. Konkrete Angaben zum Energieverbrauch, es sei denn, die auf dem Markt angebotenen Waren, technischen Geräte oder Ausrüstungen unterscheiden sich im zulässigen Energieverbrauch nur geringfügig, und
2. in geeigneten Fällen eine Analyse minimierter Lebenszykluskosten oder die Ergebnisse einer vergleichbaren Methode zur Überprüfung der Wirtschaftlichkeit.

(3) Schreibt der öffentliche Auftraggeber Umwelteigenschaften in Form von Leistungs- oder Funktionsanforderungen vor, so kann er die Spezifikationen verwenden, die in europäischen, multinationalen oder anderen Umweltzeichen definiert sind, wenn
1. sie sich zur Definition der Merkmale des Auftragsgegenstands eignen,
2. die Anforderungen des Umweltzeichens auf Grundlage von wissenschaftlich abgesicherten Informationen ausgearbeitet werden,
3. die Umweltzeichen im Rahmen eines Verfahrens erlassen werden, an dem interessierte Kreise – wie z.B. staatliche Stellen, Verbraucher, Hersteller, Händler und Umweltorganisationen – teilnehmen können, und
4. wenn das Umweltzeichen für alle Betroffenen zugänglich und verfügbar ist.

(4) Der Auftraggeber kann zusätzliche Bedingungen für die Ausführung des Auftrages vorschreiben, wenn diese
1. mit Unionsrecht vereinbar sind, insbesondere keinen diskriminierenden Charakter haben,
2. in der Bekanntmachung oder in den Vergabeunterlagen angegeben werden und
3. keine versteckten technischen Spezifikationen, Auswahl- oder Zuschlagskriterien darstellen.

§ 18 Berücksichtigung sozialer Kriterien und Gleichstellung im Beruf

(1) ¹Bei der Vergabe von Bau-, Liefer- und Dienstleistungen ist darauf hinzuwirken, dass keine Waren Gegenstand der Leistung sind, die unter Missachtung der in den ILO-Kernarbeitsnormen festgelegten Mindeststandards gewonnen oder hergestellt worden sind. ²Diese Mindeststandards ergeben sich aus:
1. Dem Übereinkommen Nr. 29 über Zwangs- oder Pflichtarbeit vom 28. Juni 1930 (BGBl. 1956 II S. 641),
2. dem Übereinkommen Nr. 87 über die Vereinigungsfreiheit und den Schutz des Vereinigungsrechtes vom 9. Juli 1948 (BGBl. 1956 II S. 2073),
3. dem Übereinkommen Nr. 98 über die Anwendung der Grundsätze des Vereinigungsrechtes und des Rechtes zu Kollektivverhandlungen vom 1. Juli 1949 (BGBl. 1955 II S. 1123),

4. dem Übereinkommen Nr. 100 über die Gleichheit des Entgelts männlicher und weiblicher Arbeitskräfte für gleichwertige Arbeit vom 29. Juni 1951 (BGBl. 1956 II S. 24),
5. dem Übereinkommen Nr. 105 über die Abschaffung der Zwangsarbeit vom 25. Juni 1957 (BGBl. 1959 II S. 442),
6. dem Übereinkommen Nr. 111 über die Diskriminierung in Beschäftigung und Beruf vom 25. Juni 1958 (BGBl. 1961 II S. 98),
7. dem Übereinkommen Nr. 138 über das Mindestalter für die Zulassung zur Beschäftigung vom 26. Juni 1973 (BGBl. 1976 II S. 202),
8. dem Übereinkommen Nr. 182 über das Verbot und unverzügliche Maßnahmen zur Beseitigung der schlimmsten Formen der Kinderarbeit vom 17. Juni 1999 (BGBl. 2001 II S. 1291).

³In geeigneten Fällen können fair gehandelte Waren beschafft werden. ⁴Näheres zum Mindestinhalt der vertraglichen Regelungen nach Satz 1 sowie Vorgaben zu Zertifizierungsverfahren und Nachweisen, insbesondere zur Einbeziehung von Produktgruppen oder Herstellungsverfahren, regelt die Landesregierung in einer Rechtsverordnung.

(2) ¹Die öffentlichen Auftraggeber sind verpflichtet, die Bieter über die Anforderungen nach Absatz 1 zu informieren. ²Die im einzelnen Vergabeverfahren bestehenden Bekanntmachungs- und Veröffentlichungspflichten bleiben hiervon unberührt.

(3) ¹Bei der Vergabe öffentlicher Aufträge über Bau-, Liefer- und Dienstleistungen erhält bei wirtschaftlich gleichwertigen Angeboten derjenige Bieter den Zuschlag, der die Pflicht zur Beschäftigung schwerbehinderter Menschen nach § 71 des Neunten Buches Sozialgesetzbuch erfüllt sowie Ausbildungsplätze bereitstellt, sich an tariflichen Umlageverfahren zur Sicherung der beruflichen Erstausbildung oder an Ausbildungsverbünden beteiligt. ²Gleiches gilt für Bieter, die die Gleichstellung von Frauen und Männern, die Förderung der Vereinbarkeit von Beruf und Familie sowie die Gewährleistung der Gleichbehandlung von Beschäftigten im eigenen Unternehmen sicherstellen und das geltende Gleichbehandlungsrecht beachten. ³Ausbildungsplätze nach Satz 1 sind Beschäftigungsverhältnisse, die mit dem Ziel geschlossen werden, den Auszubildenden den Abschluss einer Berufsausbildung zu ermöglichen.

(4) Werden von ausländischen Bietern Angebote abgegeben, findet ihnen gegenüber eine Bevorzugung nach Absatz 3 nicht statt.

(5) Als Nachweis der Voraussetzungen nach Absatz 3 sind von den Bietern Bescheinigungen der jeweils zuständigen Stellen vorzulegen bzw. darzulegen, wie sie die Chancengleichheit von Frauen und Männern im Beruf fördern und das geltende Gleichbehandlungsrecht beachten.

(6) ¹Die Regelung nach Absatz 3 ist den Bietern in den Vergabeunterlagen bekannt zu machen. ²Dabei ist auf die Nachweispflicht nach Absatz 5 hinzuweisen.

§ 19 Allgemeine Verwaltungsvorschriften

Zur Konkretisierung der Vorschriften der §§ 17 und 18 kann die Landesregierung allgemeine Verwaltungsvorschriften erlassen.

§ 20 Rechtsverordnungen

(1) Das für Wirtschaft zuständige Ministerium wird ermächtigt, durch Rechtsverordnung

1. einzelne öffentliche Auftraggeber nach § 2 Abs. 1 von der Anwendung einzelner Abschnitte der VOL/A und der VOB/A auszunehmen,
2. abweichende Regelungen von den nach § 3 Abs. 1 anzuwendenden VOL/A und VOB/A zu treffen,
3. Wertgrenzen für öffentliche Aufträge zu bestimmen, unterhalb derer die VOL/A, die VOB/A oder die SektVO nicht anzuwenden sind oder unterhalb derer bei der Anwendung der VOL/A und der VOB/A eine Beschränkte Ausschreibung oder eine Freihändige Vergabe zulässig ist,
4. Einzelheiten über bei Entscheidungen im Vergabeverfahren von der Mitwirkung auszuschließende Personen zu regeln.

(2) Das für Arbeit zuständige Ministerium wird ermächtigt, jeweils durch Rechtsverordnung,
1. festzustellen, welche Tarifverträge im Bereich des öffentlichen Personenverkehrs gemäß § 2 Abs. 4 repräsentativ im Sinne von § 4 Abs. 2 sind,
2. die Höhe des in § 4 Abs. 3 Satz 1 bestimmten Mindeststundenentgeltes anzupassen. Diese orientiert sich an dem Grundentgelt der untersten im Landesdienst besetzten Entgeltgruppe des Tarifvertrages für den öffentlichen Dienst der Länder in der jeweils geltenden Fassung.

(3) ¹Bei der Feststellung der Repräsentativität eines Tarifvertrages nach Absatz 2 Nr. 1 ist auf die Bedeutung des Tarifvertrages für die Arbeitsbedingungen der Arbeitnehmer abzustellen. ²Hierbei muss insbesondere auf
1. die Zahl der von den jeweils tarifgebundenen Arbeitgebern beschäftigten unter den Geltungsbereich des Tarifvertrages fallenden Beschäftigten oder
2. die Zahl der jeweils unter den Geltungsbereich des Tarifvertrages fallenden Mitglieder der Gewerkschaft, die den Tarifvertrag geschlossen hat,

Bezug genommen werden. ³Das für Arbeit zuständige Ministerium errichtet einen beratenden Ausschuss für die Feststellung der Repräsentativität der Tarifverträge. ⁴Es bestellt für die Dauer von vier Jahren je drei Vertreter von Gewerkschaften und von Arbeitgebern oder Arbeitgeberverbänden im Bereich des öffentlichen Personenverkehrs auf deren Vorschlag als Mitglieder. ⁵Die Beratungen koordiniert und leitet eine von dem für Arbeit zuständigen Ministerium beauftragte Person, die kein Stimmrecht hat. ⁶Der Ausschuss gibt eine schriftlich begründete Empfehlung ab. ⁷Kommt ein mehrheitlicher Beschluss über eine Empfehlung nicht zustande, so ist dies unter ausführlicher Darstellung der unterschiedlichen Positionen schriftlich mitzuteilen. ⁸Das für Arbeit zuständige Ministerium wird ermächtigt, das Nähere zur Bestellung des Ausschusses, zu Beratungsverfahren und Beschlussfassung, zur Geschäftsordnung und zur Vertretung und Entschädigung der Mitglieder durch Rechtsverordnung zu regeln.

Anwendungshinweise und Erläuterungen zum Gesetz über die Sicherung von Tariftreue und Sozialstandards sowie fairen Wettbewerb bei der Vergabe öffentlicher Aufträge

In der Fassung vom Februar 2017

A. Allgemeines

Die Durchführung des Gesetzes obliegt allen öffentlichen Auftraggebern in Schleswig-Holstein gleichermaßen. Diese Anwendungshinweise sollen öffentliche Auftraggeber unterstützen und dienen einer möglichst einheitlichen Verwaltungspraxis.

Diese Hinweise geben stets die Auffassung des Wirtschaftsministeriums wieder, insbesondere auch bei der Konkretisierung unbestimmter Rechtsbegriffe oder bei auslegungsbedürftigen Normen. Das schließt nicht aus, dass Nachprüfungsbehörden oder Gerichte andere Rechtsauffassungen vertreten können. Die Verantwortung für eine rechtmäßige Anwendung des Gesetzes verbleibt beim jeweiligen öffentlichen Auftraggeber. Gleichzeitig entstehen aus diesen Anwendungshinweisen, die ausschließlich für öffentliche Auftraggeber bestimmt sind, keine Rechtsansprüche Dritter.

1. Anwendungszeitpunkt

Das TTG trat am 1.8.2013 in Kraft und ist für alle Vergabeverfahren anzuwenden, die nach diesem Datum begonnen wurden (Artikel 3).

Das TTG ist nunmehr Grundlage für die Schleswig-Holsteinische Vergabeverordnung (SHVgVO) und nicht mehr das Mittelstandsförderungsgesetz (MFG). Die SHVgVO berücksichtigt die Verordnungsermächtigungen nach § 18 Abs. 1 bezüglich der ILO-Kernarbeitsnormen und des Fair Trade. Weiterhin enthält die SHVgVO Mindestauftragswerte, unterhalb derer eine erleichterte Vergabe zulässig ist.

2. Persönlicher Anwendungsbereich (§ 2 Abs. 1)

Das TTG verpflichtet alle öffentlichen Auftraggeber und verweist hinsichtlich der Definition auf die Vorschrift des § 98 (§ 99 n. F.) des Gesetzes gegen Wettbewerbsbeschränkungen (GWB). Mithin werden alle Vergabestellen des Landes und der Kommunen zur Anwendung des TTG verpflichtet. Hinzu kommen die Sondervermögen dieser Gebietskörperschaften wie beispielsweise Eigenbetriebe sowie (ergänzend) die in § 98 Nr. 2 bis 5 GWB genannten juristischen Personen.

Erfasst sind damit auch die Auftraggeber nach § 98 Nr. 5 GWB, also diejenigen, deren Tiefbaumaßnahmen, Maßnahmen zur Errichtung von Krankenhäusern, Sport- Erholungs- oder Freizeiteinrichtungen, Schul-, Hochschul- oder Verwaltungsgebäuden oder damit in Verbindung stehende Dienstleistungen mit mehr als 50 % öffentlich gefördert werden. Hier gilt es, die entsprechenden Förderbescheide anzupassen.

3. Sachlicher Anwendungsbereich

Das Gesetz gilt für alle öffentlichen Aufträge von öffentlichen Auftraggebern im Land Schleswig Holstein. Der Begriff des öffentlichen Auftrags entspricht aufgrund des Verweises auf die Legaldefinition in § 99 Abs. 1 GWB (§ 103 n.F.) dem des Oberschwellenbereichs. Demnach sind öffentliche Aufträge entgeltliche Verträge von öffentlichen Auftraggebern nach § 2 Abs. 1 Nr. 1 bis 3 mit Unternehmen über die Beschaffung von Leistungen, die Liefer-, Bau- oder Dienstleistungen zum Gegenstand haben sowie Baukonzessionen und Auslobungsverfahren, die zu Dienstleistungsaufträgen führen sollen. Auf die näheren Definitionen dieser Aufträge in § 99 Abs. 2 bis 8 GWB, die entsprechend auch für öffentliche Aufträge nach dem TTG heranzuziehen sind, wird verwiesen.

Unabhängig davon, ob im Rahmen der Vergabe von freiberuflichen Leistungen die VOF anzuwenden ist oder nicht, gilt das TTG auch für die Vergabe von freiberuflichen Leistungen – auch unterhalb der Schwellenwerte. Das ist insbesondere im Bereich der Tariftreue- und Mindestlohnvorgaben zu beachten.

Sachlich gibt es einen Unterschied zur Vorgängerregelung: Nunmehr unterfallen sämtliche Verträge öffentlicher Auftraggeber den vergaberechtlichen Vorschriften unterhalb der Schwellenwerte und nicht mehr nur diejenigen, die mit privaten Unternehmen geschlossen werden. Verträge mit Unternehmen bzw. Auftragnehmern, die öffentlich-rechtlich organisiert sind (beispielsweise mit anderen Kommunen oder deren Eigenbetrieben), gehören nunmehr aufgrund des funktionalen Unternehmensbegriffs grundsätzlich dazu. Für Landesbehörden, die die Landesbeschaffungsordnung (Bekanntmachung des Finanzministeriums vom 13. Dezember 2016 – VI 112 – O 1160-991; Amtsblatt vom 27.12.2016, S. 1841) anzuwenden haben, gilt der Vorrang des Gesetzes. Das heißt, das TTG geht in seinen Ausprägungen der Landesbeschaffungsordnung vor.

Das TTG unterscheidet nicht zwischen Auftragsvergaben oberhalb und unterhalb der Schwellenwerte, stellt aber in § 3 Abs. 1 klar, dass die Bestimmungen des GWB unberührt bleiben, mithin also dem TTG vorgehen. Im Bereich oberschwelliger Aufträge ist also stets zu prüfen, ob das TTG im Lichte des GWB ausgelegt werden muss.

Das TTG gilt nicht für öffentliche Aufträge, die im Namen des Bundes oder anderer Bundesländer durchgeführt werden. Dies wird im Wesentlichen im Verkehrsbereich zu beachten sein. Sollen öffentliche Aufträge gemeinsam mit anderen Ländern vergeben werden, ist § 2 Abs. 5 zu beachten.

4. Bagatellgrenzen

Das TTG gilt in seinen vergaberechtlichen Grundvorschriften grundsätzlich für alle öffentlichen Aufträge unabhängig vom Auftragswert. Oberhalb der Schwellenwerte gelten primär die bundesrechtlichen Vergabevorschriften; das TTG lediglich ergänzend in den Bereichen, in denen der Bundesgesetzgeber keine gesonderten Regelungen getroffen hat. Unterhalb der Schwellenwerte ist das TTG vollumfänglich anzuwenden. Allerdings sind hier die Auftragswertgrenzen der SHVgVO zu beachten.

Lediglich die Vorschriften der §§ 3 und 4 Absatz 1 gelten gemäß § 2 Abs. 6 unabhängig vom Auftragswert. Für alle weiteren Vorschriften gilt die Bagatellgrenze von 15.000 Euro ohne Mehrwertsteuer. Bei der Schätzung dieses Auftragswerts ist nach § 2 Abs. 6 Satz 3 i. V. m. § 3 Vergabeverordnung des Bundes (VgV) der Gesamtauftragswert maßgeblich und nicht der Wert eines Loses bzw. eines Gewerkes.

Die Berücksichtigung von Planungsleistungen im Rahmen eines Bauauftrags hängt davon ab, ob diese mit dem Bauauftrag verknüpft oder losgelöst davon vergeben werden. Grundsätzlich gehören die Baunebenkosten aber nicht zum Gesamtauftragswert. Der öffentliche Auftraggeber hat dennoch die Wahl, die beiden Leistungen (Planung und Ausführung) gemeinsam als einen Auftrag auszuschreiben oder getrennt zu vergeben. Für den Fall, dass ein Vertrag über beide Leistungen geschlossen wird, berechnet sich der Gesamtauftragswert nach den Planungsleistungen und Bauleistungen.

Die Anwendung der Verpflichtungen und Rechte nach dem TTG sind in nachfolgender Tabelle nachvollziehbar:

Ohne Wertbeschränkung	Bagatellgrenze von 15.000 Euro
Anwendung der VOL/A und VOL/B, VOB/A und VOB/B, SektVO (§ 3 Abs. 1 Nr. 1-3), vgl. aber SHVgVO	Einfordern einer Tariftreueverpflichtungserklärung im ÖPNV- und SPNV-Bereich (§ 4 Abs. 2)
Interne organisatorische Maßnahmen bei der Submission bzw. Zweitausfertigung (§ 3 Abs. 4)	Einfordern einer Verpflichtungserklärung zur Zahlung eines Mindestlohns (§ 4 Abs. 3)
Berücksichtigung ökologischer und sozialer Aspekte in jeder Phase des Vergabeverfahrens (§ 3 Abs. 5)	Meistbegünstigungsregelung für Arbeitnehmerinnen und Arbeitnehmer (§ 4 Abs. 4)
Zulässigkeit zusätzlicher Anforderungen an Auftragnehmer für die Auftragsausführung (§ 3 Abs. 6)	Verpflichtungserklärung bezüglich Leiharbeitnehmerinnen und -arbeitnehmer (§ 4 Abs. 5)
Verpflichtung der Aufforderung von KMUs zur Angebotsabgabe (§ 3 Abs. 7)	Anwendung auf Betreiberwechsel im ÖPNV- und SPNV-Bereich (§ 5 Abs. 1)
Pflicht zur losweisen Vergabe (§ 3 Abs. 8)	Verpflichtung zur Bekanntmachung der erforderlichen Verpflichtungserklärungen, Nachforderungen und Ausschluss (§ 8 Abs. 1 und 2) Hinweis: Im Falle der Verpflichtungserklärungen nach § 4 Abs. 1 gilt dies ohne Bagatellgrenze)
Pflicht zur Bekanntmachung einer Ausschreibung zusätzlich in elektronischer Form (§ 3 Abs. 9) im ÖPNV-Bereich	Einfordern einer Verpflichtungserklärung bez. Nachunternehmern und Leiharbeitnehmern (§ 9 Abs. 1)
Einfordern einer Verpflichtungserklärung über die Zahlung des Mindestlohns und der Einhaltung der Mindestarbeitsbedingungen nach einem bundesweit für allgemeinverbindlich erklärten Tarifvertrag oder nach dem Arbeitnehmerentsendegesetz (§ 4 Abs. 1)	Prüfung und Ausschluss unangemessen niedriger Angebote (§ 10) Hinweis: aber Beachtung von 16 VOB/A und VOL/A ohne Wertbegrenzung!
	Kontrolle durch öffentliche Auftraggeber (§ 11)
	Fordern von Eigenerklärungen bei Dienstleistungsverträgen über 3 Jahre (§ 11 Abs. 2)
	Vereinbarung einer Vertragsstrafe und eines fristlosen Kündigungsrechts (§ 12)
	Ausschluss von der Teilnahme am Wettbewerb bei Verstoß und Meldung an das Register (§ 13)
	Abfrage vor Zuschlagsentscheidung beim Register: Achtung: Register sieht verpflichtende Abfrage erst ab 25.000/50.000 Euro vor (hier geht das speziellere Gesetz vor)
	Vertragliche Vereinbarung der Bereithaltung prüffähiger Unterlagen; ggf. Antrag auf Nachprüfung bei GMST/IM; Prüfung von IM und GMSH (§ 15)
	Sämtliche Ordnungswidrigkeiten nach § 16
	Berücksichtigung ökologischer und sozialer Aspekte einschließlich abzufordernder Verpflichtungserklärungen (§§ 17 und 18)

B. Erläuterungen zu den einzelnen Vorschriften

1. Zu § 2 Anwendungsbereich, Begriffsbestimmungen

Absatz 3 soll klarstellen, dass im Bereich des ÖPNV- und SPNV- Bereich das TTG für alle Aufträge anzuwenden ist. Dies ist insbesondere bei Aufträgen unterhalb der Schwellenwerte bedeutsam, da oberhalb der Schwellenwerte ohnehin der Vorrang der vergaberechtlichen Vorschriften gilt (Artikel 5 (EG) Nr. 1370/2007; vgl. auch BGH v.8.2.2011 -X ZB 4/10 für SPNV-Leistungen). Der Gesetzgeber hat die Anwendbarkeit nicht auf einzelne Vorschriften beschränkt, so dass demnach nicht nur die Vorschriften hinsichtlich der Einhaltung von Tariftreue- und Mindestlohnvorschriften, sondern auch der vergaberechtliche Teil einschließlich der Berücksichtigung von ökologischen und sozialen Kriterien anzuwenden ist.

Demgegenüber stellt Absatz 4 klar, dass im Bereich der Direktvergaben das TTG eingeschränkt und entsprechend anzuwenden ist. Lediglich Verpflichtungen, die mit der Angebotsabgabe begründet werden, sind entsprechend auf Direktvergaben anzuwenden. Damit sind die Vorschriften des § 4 Abs. 1–3 und 5 gemeint.

2. Zu § 3 Allgemeine Grundsätze für die Vergabe von öffentlichen Aufträgen

Das Gesetz gilt für „öffentliche Aufträge", enthält aber selbst keine eigene Definition des Begriffs. Es wird auf die Legaldefinition in § 99 GWB (§ 103 n.F.) verwiesen (vgl. oben Ziff. A 3).

Die Absätze 2 und 3 wiederholen das (auch unterhalb der Schwellenwerte geltende) auf europäischen Grundsätzen beruhende Diskriminierungsverbot und Transparenzgebot und enthalten insoweit keine neue substantielle Regelung. Die zu § 97 Abs. 1 und 2 GWB entwickelte Rechtsprechung kann entsprechend herangezogen werden.

Absatz 5 soll die öffentlichen Auftraggeber anhalten, verantwortungsvoll und ressourcenschonend zu beschaffen und stellt klar, dass soziale und ökologische Aspekte im Rahmen einer verantwortungsvollen Beschaffung angemessen berücksichtigt werden sollten. „Sollten" ist hier zwar grammatikalisch nicht mit „müssen" gleichzusetzen, was heißt, dass keine gesetzliche Verpflichtung besteht, in jeder Phase des Vergabeverfahrens diese Aspekte zu berücksichtigen und dass auch den Bietern kein entsprechende subjektives Recht eingeräumt wird. Dennoch gehört dazu, dass sich der öffentliche Auftraggeber mit den Aspekten einer verantwortungsvollen Beschaffung auseinandersetzt und dies dokumentiert. Auch die Entscheidung, keine ökologischen Aspekte zu berücksichtigen, kann angemessen sein, beispielsweise wenn dies mit dem Grundsatz der Wirtschaftlichkeit nicht zu vertreten wäre. Dies ist dann allerdings im Vergabevermerk besonders zu begründen.

Die Vorschrift wird konkretisiert durch § 17 (vgl. die Anmerkungen hierzu). Absatz 6 nimmt die Grundsätze des § 97 Absatz 4 Satz 2 GWB (§ 128 Absatz 2 n.F.) auf und präzisiert diese. Damit wird an die Formulierung der Artikel 26 der Richtlinie 2004/18/EG und Artikel 38 der Richtlinie 2004/17/EG angeknüpft und klargestellt, dass die öffentlichen Auftraggeber vom Unternehmen ein bestimmtes Verhalten während der Ausführung des Auftrages verlangen können, auch wenn das Unternehmen sich ansonsten am Markt anders verhält. Danach dürfen (nicht müssen!) öffentliche Auftraggeber soziale und ökologische Anforderungen an das auftragsausführende Unternehmen im Rahmen der Auftragsausführung stellen. Ausprägungen dieses Grundsatzes sind beispielsweise die Zahlung eines Mindestlohns gemäß § 4 Abs. 3 oder die Einhaltung der ILO-Kernarbeitsnormen nach § 18.

Hinsichtlich der innovativen Aspekte ist die Formulierung des § 97 Abs. 4 Satz 2 GWB übernommen worden; insoweit wird auf die entsprechenden Kommentierungen und Entscheidungen hierzu verwiesen.

Diese zusätzlichen Anforderungen an Auftragnehmer für die Ausführung sind keine Eignungs- oder Zuschlagskriterien, sondern als besondere Leistungsanforderungen Gegenstand der Leistungsbeschreibung. Sie müssen allen Wettbewerbern zu Beginn des Vergabeverfahrens (d.h. in der Bekanntmachung oder den Vergabeunterlagen) bekannt gemacht werden.

Zu den sozialen Aspekten gehören auch gleichstellungs- integrations- und ausbildungsfördernde Aspekte.

Die genannten besonderen Leistungsanforderungen dürfen nur dann gefordert werden, wenn sie im sachlichen Zusammenhang mit dem Auftragsgegenstand stehen. Mit diesem Erfordernis wird sichergestellt, dass allgemeine Anforderungen an die Unternehmens- oder Geschäftspolitik ohne konkreten Bezug zum Auftrag (z.B. allgemeine Ausbildungsquoten, Quotierungen von Führungspositionen zugunsten der Frauenförderung, generelle Beschäftigung von Langzeitarbeitslosen) nach wie vor dem Landes- oder Bundesgesetzgeber vorbehalten bleiben.

Nach Absatz 9 sollen öffentliche Auftraggeber des Landes (dies ist hier funktional zu verstehen = öffentliche Auftraggeber in Schleswig-Holstein) gemäß § 2 Abs. 3 Ausschreibungen zusätzlich in elektronischer Form bekannt geben. Dies kann nach dem eindeutigen Verweis nur öffentliche Auftraggeber betreffen, die Ausschreibungen nach der EG 1370/2007 vornehmen, mithin also Träger des ÖPNV.

3. Zu § 4 Tariftreuepflicht, Mindestlohn

Die Vorschrift ist bei allen zu vergebenden Leistungen zu beachten, d.h., auch bei der Beschaffung von Lieferleistungen und freiberuflichen Leistungen.

Sie verpflichtet in erster Linie die öffentlichen Auftraggeber. Eine Zuschlagserteilung an ein Unternehmen ist ihnen verwehrt, wenn sie vorher keine entsprechende Verpflichtungserklärung des betreffenden Unternehmens über die Einhaltung des Mindestlohns bzw. einer tarifgerechten Entlohnung entsprechend der Absätze 1 bis 3 eingeholt haben.

Der Europäische Gerichtshof hat mit seinem Urteil in der Rechtssache C 549/13 vom 18.9.2014 zum Tariftreue- und Vergabegesetz Nordrhein-Westfalen entschieden, dass der vergaberechtliche Mindestlohn nicht auf Arbeitnehmer eines Nachunternehmers mit Sitz in einem anderen Mitgliedstaat erstreckt werden darf, wenn diese Arbeitnehmer den betreffenden Auftrag ausschließlich in diesem Staat ausführen. Insoweit wird empfohlen, das TTG an dieser Stelle europarechtskonform auszulegen und den vergaberechtlichen Mindestlohn dann nicht als ergänzende Auftragsausführungsbedingung im Vergabeverfahren aufzuerlegen, soweit ein Bieter oder dessen Nachunternehmer diese Leistung ausschließlich durch Arbeitnehmer im EU-Ausland erbringen will. Dies gilt bei Auftragsvergaben unabhängig davon, ob deren Auftragswerte oberhalb oder unterhalb der EU-Schwellenwerte liegen. Die Anzahl der Fälle, in denen Arbeitnehmer (seien es Arbeitnehmer des Bieters mit ausländischem Firmensitz oder Arbeitnehmer eines Nachunternehmers oder Leiharbeitnehmer im Ausland) ausschließlich die zu vergebenden Leistungen im Ausland ausführen werden, dürfte allerdings beschränkt sein. Auch sind keine Anwendungsfälle denkbar aus dem Bereich des ÖPNV oder SPNV.

Zu beachten ist, dass Lieferleistungen den Produktionsprozess einschließen (vgl. unten zu § 9).

Absatz 1:

Unternehmen, die den Zuschlag begehren, müssen erklären, sich an für allgemein verbindlich erklärte Mindestarbeitsbedingungen zu halten, die aufgrund des Arbeitnehmerentsendegesetzes (AEntG) vorgeschrieben sind, um sich gesetzestreu zu verhalten und damit als zuverlässig im Rahmen der Eignungsprüfung bei öffentlichen

Aufträgen gelten zu können. Die Einhaltung dieser Verpflichtungen ist gegenüber dem öffentlichen Auftraggeber bereits bei Angebotsabgabe schriftlich zu erklären.

Die 2. Alternative in § 4 Absatz 1 Satz 2 (Festsetzungen aufgrund des Mindestarbeitsbedingungengesetzes) ist gegenstandslos, weil das Gesetz im Zuge der Einführung des bundesweiten Mindestlohns außer Kraft getreten ist. Bei der Novellierung des TTG wird die Alternative redaktionell angepasst werden.

Die Verpflichtung gilt nach § 4 Abs. 1 daher ausschließlich für öffentliche Aufträge, die dem Geltungsbereich des AEntG unterfallen („für die betreffende Leistung verbindlich vorgegeben"). Diese gesetzliche Formulierung ist dahingehend auszulegen, dass es um öffentliche Aufträge in bestimmten Branchen geht, deren Tarifverträge vom AEntG erfasst werden. Nach § 4 AEntG sind beispielhaft neben anderen derzeit folgende Branchen erfasst:

1. des Bauhauptgewerbes oder des Baunebengewerbes im Sinne der Baubetriebe-Verordnung vom 28. Oktober 1980 (BGBl. I S. 2033), zuletzt geändert durch Artikel 37 des Gesetzes vom 20. Dezember 2011 (BGBl. I S. 2854), in der jeweils geltenden Fassung einschließlich der Erbringung von Montageleistungen auf Baustellen außerhalb des Betriebssitzes,
2. der Gebäudereinigung,
3. der Abfallwirtschaft einschließlich Straßenreinigung und Winterdienst und

Die jeweils aktuelle Übersicht ist auf der elektronischen Seite des Bundesministeriums für Arbeit und Soziales aufzurufen unter

http://www.bmas.de/SharedDocs/Downloads/DE/pr-mindestloehneaentg-uebersicht

Bei Auftragsvergaben, die die genannten Branchen betreffen, sind stets entsprechende Verpflichtungserklärungen einzufordern. Dabei kommt es nicht darauf an, ob das betreffende Unternehmen an das AEntG gebunden ist oder möglicherweise aufgrund entsprechender Ausnahmevorschriften des AEntG nicht (beispielsweise nach § 6 Abs. 2 AEntG). Die eingekaufte Leistung ist entscheidend. So ist es möglich, dass beispielsweise ein Gartenbaubetrieb, der grundsätzlich nicht an einen Mindestlohn im Baugewerbe gebunden ist, diesen dennoch anwenden muss, wenn die Pflasterung eines Weges ausgeschrieben worden ist. Das sogenannte „Überwiegensprinzip" nach § 6 Abs. 2 AEntG hat insoweit keine Auswirkungen.

Bei allen anderen Branchen ist bis zu einem Einkaufswert von 15.000 Euro eine schriftliche Verpflichtungserklärung verzichtbar. Denn nur § 4 Abs. 1 gilt unabhängig vom Auftragswert, nicht dagegen § 4 Abs. 2 bis 4. Die Verpflichtungserklärung ist grundsätzlich bei öffentlichen und beschränkten Ausschreibungen und bei freihändigen Vergaben einzufordern. Für Direktkäufe im Sinne von § 2 Absatz 6 VOL/A dürfte derzeit keine praktische Relevanz bestehen, da es noch keine für allgemeinverbindlich erklärten Tarifverträge für den Einzelhandel gibt.

Achtung – Wahlmöglichkeit!

Die öffentlichen Auftraggeber können entscheiden, ob sie sich zur Einholung der durch die Bieter abzugebenden Verpflichtungserklärungen nach TTG der Formblätter als zu unterschreibende gesonderte Erklärung bedienen oder ob sie die abzugebenden Verpflichtungserklärungen in ihre Vergabeunterlagen aufnehmen (Stichwort: „Eine Unterschrift für alles"). Dabei ist in jedem Fall der Inhalt der Formblätter zu beachten, um die erforderlichen Erklärungen abzudecken.

Sofern die Vergabestellen des Landes die abzugebenden Verpflichtungserklärungen nicht in ihre Vergabeunterlagen integrieren, ist im Interesse der Einheitlichkeit die Verwendung der Formblätter zwingend vorgeschrieben. Die Verwendung eigener Formblätter ist nicht zulässig. Für den Kommunalbereich wird die Anwendung dieser Formblätter empfohlen.

Die Verpflichtungserklärung hat bei Ausschreibungen Bestandteil der Vergabeunterlagen zu sein. Bereits in der Vergabebekanntmachung muss auf die Abgabe der Verpflichtungserklärung hingewiesen werden (§ 8 Abs. 1).

Absatz 2:
Im Bereich des ÖPNV und SPNV gilt die Sondervorschrift des Absatzes 2. Am 26.6.2015 ist die Landesverordnung zur Feststellung der repräsentativen Tarifverträge im Bereich des öffentlichen Personenverkehrs auf Straße und Schiene (ReprTVVO) in Kraft getreten. Einen Link sowie Einzelheiten zur ReprTVVO Sie hier.

Die Bieter haben sich zu verpflichten, ihren Beschäftigten (ohne Auszubildende) bei der Ausführung der Leistung mindestens das Entgelt zu zahlen, das ein gemäß ReprTVVO für repräsentativ erklärter Tarifvertrag vorschreibt. Die erforderlichen Erklärungen sind im Formblatt 2 abgebildet. Der oder die einschlägigen und repräsentativen Tarifverträge müssen bereits in der Vergabebekanntmachung und auch in den Vergabeunterlagen aufgeführt werden. Die repräsentativen Tarifverträge können öffentliche Auftraggeber beim Tarifregister abfragen.

Das Tarifregister Schleswig-Holstein erteilt Auskünfte unter folgender Anschrift:
Ministerium für Wirtschaft, Arbeit, Verkehr und Technologie
des Landes Schleswig-Holstein
Jan-Hinnak Bracker (VII 145)
Düsternbrooker Weg 94 24105 Kiel
Telefon: 0431 988 2640
E-Mail-Adresse: Jan-Hinnak.Bracker@wimi.landsh.de

Absatz 3:
Soweit öffentliche Aufträge in Bereichen vergeben werden sollen, in denen es keine für allgemeinverbindlich erklärte Tarifverträge nach Absatz 1 oder keine repräsentativen Tarifverträge nach Absatz 2 gibt, ist von den Bietern eine Erklärung (s. Formblatt 2) dahingehend zu verlangen, dass an die mit der Ausführung des Auftrages beschäftigten Personen wenigstens ein Mindeststundenentgelt von 9,99 Euro brutto pro Stunde gezahlt wird. Das neue Mindeststundenentgelt gilt seit dem 1.2.2017, die entsprechende Verordnung ist hier abrufbar (GVO-Blatt vom 26. Januar 2017, S. 25). Eine Forderung, dass allen Mitarbeitern des Unternehmens der vergaberechtliche Mindestlohn gezahlt werden muss, ist dagegen unzulässig.

Die Mindestlohnverpflichtung muss sich nicht auf alle Beschäftigte erstrecken: Auszubildende, Praktikanten und Praktikantinnen, Teilnehmende an Bundesfreiwilligendiensten und Hilfskräfte sind ausgenommen. Das Gesetz enthält keine Legaldefinition der „Hilfskraft", weshalb dieser Begriff entsprechend den Intentionen des Gesetzgebers ausgelegt werden muss. Insoweit sind Hilfskräfte im Sinne des § 4 Abs. 3 TTG ungelernte Kräfte (ohne branchenspezifische Berufsausbildung), die lediglich Hilfsarbeiten verrichten. Das kann allerdings nur dann gelten, wenn die angebotene Dienstleistung im Wesentlichen von spezifisch ausgebildeten Mitarbeitern und Mitarbeiterinnen durchgeführt wird und die Hilfskräfte diese bei dieser Leistung lediglich unterstützen, mithin also „Hilfsarbeiten" verrichten. Dazu können daher ungelernte Reinigungskräfte im Reinigungsgewerbe nur dann gehören, wenn die Haupttätigkeit von im Reinigungsgewerbe ausgebildeten Kräften vorgenommen wird (Beispiel: dem ausgebildeten Fensterreiniger werden Kräfte zur Seite gestellt, die die Fensterbänke abräumen). Auch für studentische bzw. wissenschaftliche Hilfskräfte gilt der vergaberechtliche Mindestlohn nicht.

Absatz 4:
Mit Absatz 4 will der Gesetzgeber eine vorrangige Geltung desjenigen Absatzes 1 bis 3 einräumen, der für die Arbeitnehmer und Arbeitnehmerinnen am günstigsten ist, mithin das höchste Entgelt gewährt. Die Frage, welche Branchen dies aufgrund eines geringeren Mindeststundenentgelts nach dem Arbeitnehmerentsendegesetz als 9,99 Euro grundsätzlich betreffen kann und ob die Voraussetzungen mehrerer Absätze des § 4 auf die konkreten Ausschreibung tatsächlich zutreffen, ist von den Unternehmen im Einzelfall zu prüfen und zu entscheiden und bei dem Ausfüllen der entsprechenden Formblätter zu berücksichtigen.

Absatz 5:
Vom Bieter ist eine Erklärung dahingehend zu fordern, dass er als Entleiher Sorge dafür trägt, im Falle der Inanspruchnahme von Leiharbeitnehmer/innen bei der Auftragsausführung diese ebenso wie die Stammbelegschaft zu entlohnen. Zusätzlich wird gemäß § 9 eine Erklärung verlangt, dass der Bieter sich auch von den Verleihern eine § 4 entsprechende Verpflichtungserklärung vorlegen lässt. Beide Erklärungen sind im Formblatt 1 und 2 enthalten.

4. Zu § 6 Präqualifikationsverfahren

Unter Präqualifikation ist eine der Auftragsvergabe vorgelagerte, auftragsunabhängige Prüfung der Eignungsnachweise (basierend auf den in § 6/§ 6b EU VOB/A und § 6 VOL/A definierten Anforderungen und gegebenenfalls zusätzlicher Kriterien) zu verstehen. Die Eignungsprüfung, also die Prüfung der Fachkunde, Leistungsfähigkeit und der Zuverlässigkeit wird abstrakt-generell von der Vergabestelle auf die Präqualifizierungsstellen delegiert. Entsprechende Regelungen finden sich in §§ 6 VOL/A und VOB/A. Das Gesetz stellt insoweit deklaratorisch klar, dass sämtliche nach diesem Gesetz geforderten Nachweise und Erklärungen statt durch Einzelnachweis auch im Rahmen eines Präqualifikationsverfahrens erbracht werden dürfen. Dies gilt jedoch naturgemäß nur für Eignungsnachweise, nicht für speziell auftragsbezogene Nachweise. Insofern können auftragsbezogene Verpflichtungserklärungen in Bezug auf Mindestlohn, Tariftreue und ILO-Kernarbeitsnormen nicht Gegenstand einer Präqualifizierung sein.

5. Zu § 7 Nachweise der Eignung

Die Regelungen über Eignungsnachweise nach der VOL/A und der VOB/A bleiben von dieser Vorschrift unberührt.

Neu ist, dass die beiden Eignungsnachweise „ordnungsgemäße Zahlung von Sozialversicherungsbeiträgen" und „ordnungsgemäße Beitragszahlung für die gemeinsame Einrichtung der Tarifparteien", falls diese vom öffentlichen Auftraggeber in Form einer Bescheinigung und nicht in Form einer Eigenerklärung gefordert werden, nur noch durch Präqualifikation oder Einzelbescheinigungen, die nicht älter als ein Jahr und noch inhaltlich gültig sind, erbracht werden können.

Ausstellende Stellen bezüglich der Sozialversicherungsbeiträge sind die örtlich zuständigen Krankenkassen (zuständigen Einzugsstellen). Die Bescheinigung eines überwiegend betroffenen Sozialversicherungsträgers als „repräsentativer Nachweis" reicht nicht aus. Die Nachweisführung erfordert – soweit keine ausdrückliche Einschränkung erfolgt ist – eine Bescheinigung aller Krankenkassen, bei denen Arbeitnehmer des Bieters beschäftigt sind (OLG Koblenz, Beschluss vom 4.7.2007–1 Verg 3/07)

6. Zu § 9 Nachunternehmer und Verleiher von Arbeitskräften

Bereits bei Angebotsabgabe hat sich das Unternehmen, das Nachunternehmer einsetzen wird, zu verpflichten, von seinen Nachunternehmern entsprechende Verpflichtungserklärungen abgeben zu lassen. Das Unternehmen trägt insoweit das Risiko, nur Nachunternehmer einzusetzen, die sich den entsprechenden Vorgaben des TTG unterwerfen und deren Angaben auch hinsichtlich der Plausibilität zu prüfen (Absatz 2 Satz 2).

§ 9 gilt nur für echte Nachunternehmer, nicht jedoch für Zulieferer. Zur Unterscheidung wird auf die insoweit einschlägige Rechtsprechung und Literatur im Baubereich verwiesen.

Ein typisches Nachunternehmerverhältnis liegt vor, wenn für einen Teil der vertraglich vereinbarten Leistung ein Fremdunternehmen beschäftigt werden soll. Dagegen gehören zu Zulieferleistungen solche, die sich auf reine Hilfsfunktionen beschränkten, wie Speditionsleistungen, Gerätemiete, Lieferungen von Baustoffen und Bauteilen sowie die Lieferung von standardisierten Bauelementen, die das Unternehmen für die Herstellung der Hauptleistung benötigt. Aufgrund der Abgrenzungsschwierigkeiten ist eine Prüfung im Einzelfall vorzunehmen.

Auch bei Lieferleistungen ist darauf zu achten, dass der Produktionsprozess in das TTG eingebunden wird. Die oben erwähnte entsprechende Rechtsprechung zur Abgrenzung zwischen Nachunternehmer- oder Zulieferleistung im Rahmen von Bauleistungen ist auf reine Lieferleistungen nur eingeschränkt übertragbar. Als Lieferleistungen sind alle Leistungen zu qualifizieren, die eine Beschaffung von Waren zum Inhalt haben. Das schließt ein Anfertigungsverfahren ausdrücklich mit ein und zwar unabhängig davon, ob die betreffenden Waren in fertigem Zustand oder erst auf Anforderung für den Auftraggeber zur Verfügung gestellt werden. Die Beschaffung eines hergestellten Produkts einschließlich Nebenleistungen (Beispiel: Lieferung mit Fahrer) ist daher als Nachunternehmerleistung für das deutsche Unternehmen, das die Ware im Ausland herstellen lässt, zu qualifizieren.

7. Zu § 10 Wertung unangemessen niedriger Angebote

Die Vorschrift enthält für den Ausschluss von Angeboten und deren Aufklärung keine materielle Neuregelung. Gemäß § 16d/§ 16§d EU VOB/A darf auf ein Angebot mit einem unangemessen niedrigen Preis der Zuschlag nicht erteilt werden; nach § 16 Abs. 6 Satz 2 VOL/A gilt dies für Angebote mit einem Preis „in offenbarem Missverhältnis zur Leistung". Auch die Prüfungspflicht für auffällige Angebote ergibt sich bereits aus § 16 VOB/A und § 16 VOL/A. Insoweit ist grundsätzlich auf die hierzu ergangene Rechtsprechung und Kommentierung zu verweisen.

Der Gesetzgeber hat darauf verzichtet, § 14 Abs. 6 Satz 2 MFG zu übernehmen (obligatorische Prüfung bei Preisabstand > 10 %), weshalb nunmehr auf die allgemeinen von der Rechtsprechung entwickelten Grundsätze zum unangemessen niedrigen Angebot zurückzugreifen sind. Danach ist von einem unangemessen hohen oder niedrigen Preis auszugehen, wenn der angebotene (Gesamt-)Preis derart eklatant von dem an sich angemessenen Preis abweicht, dass eine genauere Überprüfung nicht im Einzelnen erforderlich ist und die Unangemessenheit des Angebotspreises sofort ins Auge fällt. Grundsätzlich ist der Gesamtpreis maßgeblich. Als Grundlage der Prognose, ob während der Auftragsausführung eine tarifkonforme Entlohnung erfolgen wird, sind die Gesamterlöse aus dem Auftrag heranzuziehen, nicht aber isoliert die (nachkalkulierten) Personalkostenansätze (so OLG Schleswig, Beschluss vom 26.7.2007–1 Verg 3/07).

Verwaltungstechnisch ist bei der Prüfung zunächst festzustellen, ob ein überprüfungspflichtiges niedriges Angebot vorliegt. Danach ist das Angebot auf seine wirtschaftliche Auskömmlichkeit zu überprüfen, wobei der Bieter zu hören ist. Schließlich ist unter Berücksichtigung der Stellungnahme und der Erläuterungen des Bieters zu werten, ob trotz des niedrigen Angebots eine ordnungs- und vertragsgemäße Leistungserbringung zu erwarten ist oder nicht (VK Schleswig-Holstein, B. v. 6.4.2011 – Az.: VK-SH 05/11; B. v. 6.6.2007 – Az.: VK-SH 10/07).

Anhaltspunkt für die Prüfung eines angemessenen Preises ist grundsätzlich die belastbare Auftragswertschätzung des Auftraggebers (Haushaltsansatz) und die Angebotssummen der anderen Bieter. Auf pauschale prozentuale Preisunterschiede zwischen den Bietern kommt es indes nicht an. Der Preisabstand zwischen den im Rahmen eines Vergabeverfahrens abgegebenen Angeboten belegt – für sich betrachtet – keine Unauskömmlichkeit; auch ein erheblich unter den Preisen anderer Bieter liegendes Angebot kann sachgerechte und auskömmlich kalkulierte Wettbewerbspreise enthalten Ein Preisunterschied zwischen dem erst- und dem zweitplatzierten Angebot von nur 5,9 % kann allerdings kein Missverhältnis begründen (VK Schleswig-Holstein, B. v. 9.12.2011 – Az.: VK-SH 22/11).

Nach Ausschluss des Angebots von der Auftragsvergabe wegen Weigerung des Bieters, Unterlagen gemäß Absatz 2 vorzulegen oder diese zu erläutern, ist durch den öffentlichen Auftraggeber die Finanzkontrolle Schwarzarbeit (Adresse: Bundesfinanzdirektion Nord, Postfach 11 32 44, 20432 Hamburg) über den Ausschluss zu unterrichten, wenn Branchen nach § 4 AEntG (vgl. oben Ziffer 3) betroffen sind.

8. Zu § 11 und 12 Kontrolle und Sanktionen durch den öffentlichen Auftraggeber

Diese Vorschriften beziehen sich auf die Vertragsdurchführung und nicht mehr auf das Vergabeverfahren. Der öffentliche Auftraggeber als Vertragspartner des Auftragnehmers darf (nicht: „muss") überprüfen, ob die Verpflichtungen nach den Erklärungen zu § 4 im Verlaufe der Auftragsausführung eingehalten werden. Entsprechende Auskunfts- und Prüfrechte sind vertraglich zu vereinbaren.

Ebenso zwingend zu vereinbaren sind die Festsetzung und Durchsetzung einer vertraglich vereinbarten Vertragsstrafe (§ 12 Abs. 1) sowie die fristlose Kündigung des Vertrages (§ 12 Abs. 2). Ferner sind Melde- und andere Pflichten im Zusammenhang mit dem für Wirtschaft zuständigen Ministerium geführten Register zum Schutz fairen Wettbewerbs zu beachten (§ 13). Die erforderlichen Erklärungen und Vereinbarungen sind im Formblatt 2 enthalten.

9.

§ 13 bestimmt als Grundsatz eine Auftragssperre bei Verstößen gegen einschlägige Verpflichtungen.

Der öffentliche Auftraggeber kann nicht selbst Eintragungen in das Register zum Schutz fairen Wettbewerbs vornehmen, sondern nur die registerführende Stelle. § 13 Abs. 1 Satz 2 ist daher so auszulegen, dass verhängte Vergabesperren des öffentlichen Auftraggebers an das Register zu melden sind. Dieses wird dann die technische Aufnahme in das Register vornehmen. Nähere Informationen nebst Meldeformular sind hier verfügbar.

Zur Einholung der Erklärung, dass die Voraussetzungen für eine Auftragssperre nicht vorliegen (§ 16 Abs. 5 S. 1 in Verbindung mit § 13 Abs. 1 TTG), kann das Formblatt 4 verwendet werden.

10.

Hat der öffentliche Auftraggeber lediglich den Verdacht, dass die Verpflichtungserklärung nicht eingehalten worden ist und nimmt eine Überprüfung nicht selbst vor, kann er sich an die nach § 15 zuständige Behörde wenden, die eine Überprüfung vornimmt.

Für öffentliche Aufträge im Bereich des Landes ist zuständige Behörde:
 Gebäudemanagement Schleswig-Holstein AöR
 Gartenstr. 6, 24103 Kiel
 Postfach 1269, 24011 Kiel
Für öffentliche Aufträge im kommunalen Bereich ist zuständig:
 Innenministerium des Landes Schleswig-Holstein
 Düsternbrooker Weg 92
 24105 Kiel
§ 15 Absatz 1 regelt Verpflichtungen aller öffentlichen Auftraggeber, während § 15 Absatz 2 und § 16 lediglich interne Regelungen treffen.

11. Zu § 17 Umweltfreundliche und energieeffiziente Beschaffung

Die Verpflichtung nach § 17 findet seine Grenze in den haushalterischen Grundsätzen der Wirtschaftlichkeit und Sparsamkeit, da nach § 3 Abs. 1 öffentliche Aufträge auch nach den haushaltrechtlichen Bestimmungen vergeben werden. Die haushalterischen Möglichkeiten eines öffentlichen Auftraggebers im Sinne der Verfügbarkeit, insbesondere bei Kommunen in der Haushaltssicherung, sind demnach gleichrangig in die Beschaffungsentscheidung und bei der Festlegung des Leistungsgegenstandes einzubeziehen. Das bedeutet auch, dass ein energieverbrauchsrelevantes Produkt mit dem niedrigsten Verbrauchsniveau oder das auf dem höchsten ökologischen Standard beruhende Produkt dann nicht angeschafft werden muss, wenn der Mehrpreis bei den Anschaffungskosten im Verhältnis zur Einsparung bei den Betriebskosten nicht amortisiert werden kann. Die Verpflichtung in Absatz 1 zur Berücksichtigung von Kriterien des Umweltschutzes ist weiterhin im Lichte des § 3 Absatz 5 und 6 zu werten und so auszulegen, dass diese nur dann Gegenstand des Vergabeverfahrens werden müssen, wenn der ökologische Bereich überhaupt betroffen sein kann. Gleiches gilt für das Kriterium Energieeffizienz (Maß für den Aufwand (Verbrauch) von Energie zur Erreichung eines bestimmten Nutzens), das sich nur auf die Beschaffung energieverbrauchsrelevanter Waren und bestimmter technischer Geräte im Sinne von Absatz 2 beziehen kann. Die Verpflichtung umfasst daher zunächst die Auseinandersetzung mit der Frage, ob bei dem konkreten Beschaffungsvorgang ökologische/energieeffiziente Aspekte überhaupt eine Rolle spielen können. Es gibt durchaus Beschaffungen, bei denen das schon offensichtlich nicht der Fall ist (Beispiel: der Dienstleistungsbereich, wenn er keine materiellen Bestandteile enthält). Hier ist weder eine Berücksichtigung noch eine entsprechende Dokumentation erforderlich.

In den anderen Fällen ist zu überlegen und zu dokumentieren, in welcher Weise ökologische Aspekte in welchem Stadium des Vergabeverfahrens berücksichtigt werden sollen: Der öffentliche Auftraggeber kann bereits bei der Definition des Auftragsgegenstandes im Rahmen seines Leistungsbestimmungsrechtes den Umfang der Berücksichtigung von ökologischen Aspekten vorgeben. Darüber hinaus können diese Anforderungen grundsätzlich in allen Phasen des Vergabeverfahrens, insbesondere in der Leistungsbeschreibung bei der Definition des Auftragsgegenstandes, dessen technischer Spezifikation oder als zusätzliche Ausführungsbedingung und bei der Wertung der Angebote als Eignungs- oder Zuschlagskriterium berücksichtigt werden, sofern sie bekanntgemacht worden sind. Die konkrete Festlegung der Anforderungen und der Umfang der Vorgaben sind im Rahmen der Bedarfsermittlung hinreichend zu dokumentieren. Der öffentliche Auftraggeber entscheidet, nicht über das ob, aber darüber, wie, in welchem Umfang und an welcher Stelle im Vergabeverfahren er ökologische Aspekte bei der jeweiligen Beschaffung berücksichtigt. Für öffentliche Auftraggeber, die verantwortungsvoll beschaffen wollen, gibt es eine Reihe Institutionen, Leitfäden und Internetseiten mit best practice-Beispielen zur Unterstützung mit jeweils weiterführenden Links:

Kompetenzstelle für nachhaltige Beschaffung beim Bundesbeschaffungsamt	www.nachhaltige-beschaffung.info nachhaltigkeit@bescha.bund.de Telefon(Hotline) bei Einzelfragen: +49 22899 610-2345	Zielgruppe der Kompetenzstelle sind sowohl die Vergabestellen von Bund, Ländern und Kommunen, als auch Nichtregierungsorganisationen und potentielle Bieter aus der Wirtschaft. Das erste Standbein der Kompetenzstelle für nachhaltige Beschaffung ist deshalb die fachkundige Beratung von Beschaffern in Bund, Ländern und Kommunen. Diese geschieht individuell per Telefonhotline oder E-Mail, aber auch mittels maßgeschneiderten Beratungen vor Ort. Das zweite Standbein der Kompetenzstelle ist eine webbasierte Informationsplattform zum Thema nachhaltige Beschaffung. Sie wird eine eigene Website bekommen und soll die Vernetzung sowie den Informationsaustausch der relevanten Akteure unterstützen.
Umweltbundesamt: Umweltfreundliche Beschaffung: Datenbank Umweltkriterien	in der Mediendatenbank: http://www.umweltbundesamt.de/themen/wirtschaftkonsum/umweltfreundlichebeschaffung/datenbankumweltkriterien Download der Broschüre: „Beschaffung von Ökostrom – Arbeitshilfe für eine europaweite Ausschreibung der Lieferung von Ökostrom im offenen Verfahren": http://www.umweltbundesamt.de/publikationen/beschaffung-vonoekostrom-arbeitshilfe	Die Expertengruppe „Standards" hat sich, dem Auftrag der Allianz für eine nachhaltige Beschaffung folgend, umfassend mit Fragen der Berücksichtigung von Umwelt- und Sozialkriterien im Vergabeverfahren befasst. In diesem Rahmen führte das Institut für ökologische Wirtschaftsforschung im Auftrag des Umweltbundesamtes eine Bestandsaufnahme der derzeit existierenden Informationsangebote für eine umweltfreundliche Auftragsvergabe durch. Insgesamt konnten circa 462 Umweltkennzeichen und Leitfäden für die umweltfreundliche Beschaffung von 54 Produktgruppen recherchiert werden. Zudem wurden 42 verschiedene Quellen/Herausgeber identifiziert. Weiterführende Links erlauben einen direkten Zugriff auf die recherchierten Informationsangebote.
Kompass Nachhaltigkeit	http://www.kompassnachhaltigkeit.de	Standards/Labels (vgl. unten zu § 18)

Kompetenzstelle für nachhaltige Beschaffung beim Bundesbeschaffungsamt	www.nachhaltige-beschaffung.info nachhaltigkeit@bescha.bund.de Telefon(Hotline) bei Einzelfragen: +49 22899 610-2345	Zielgruppe der Kompetenzstelle sind sowohl die Vergabestellen von Bund, Ländern und Kommunen, als auch Nichtregierungsorganisationen und potentielle Bieter aus der Wirtschaft. Das erste Standbein der Kompetenzstelle für nachhaltige Beschaffung ist deshalb die fachkundige Beratung von Beschaffern in Bund, Ländern und Kommunen. Diese geschieht individuell per Telefonhotline oder E-Mail, aber auch mittels maßgeschneiderten Beratungen vor Ort. Das zweite Standbein der Kompetenzstelle ist eine webbasierte Informationsplattform zum Thema nachhaltige Beschaffung. Sie wird eine eigene Website bekommen und soll die Vernetzung sowie den Informationsaustausch der relevanten Akteure unterstützen.
Verwaltungs- und Beschaffungsnetzwerk	www.beschaffernetzwerk.de.	Das Verwaltungs- und Beschaffungsnetzwerk ist ein Informationsnetzwerk der öffentlichen Verwaltung mit über 11000 Mitgliedern und 5500 Beschaffungsstellen
Projekt NawaRo-Kommunal	http://www.nawarokommunal.de	Plattform der Fachagentur Nachwachsende Rohstoffe e. V. (FNR) für Kommunen und öffentliche Hand zur Überprüfung der Beschaffungsab-läufe im Hinblick auf die Berücksichtigung von Produkten aus nachwachsenden Rohstoffen in der Vergabepraxis.
	http://www.buysmart.info/index.php/cat/26/title/Startseite.	Ausschreibungshilfen etc.
	www.eu-energystar.org/	Stromsparende Bürogeräte
	www.blauer-engel.de	Produkte/Dienstleistungen
	www.eu-ecolabel.de	„Europa-Blume"

Absatz 2 konkretisiert zum einen die Berücksichtigung des Kriteriums Energieeffizienz in Vergabeverfahren und beschreibt gleichzeitig, was zur Berechnung eines wirtschaftlichen Angebots zählt: Nicht nur der Preis des Produkts, sondern auch die voraussichtlichen Betriebskosten einschließlich der geschätzten Energieverbrauchskosten sowie möglicher Entsorgungskosten machen die Wirtschaftlichkeit eines Produkts aus.

Entsprechende Vorgaben finden sich auch in § 67 VgV, §§ 58, 59 SektVO und § 8c EU VOB/A. Für die Wertung sind in §§ 16d (EU) VOB/A und § 16 Abs. 8 VOL/A sowie in §§ 52 ff. SektVO solche Regelungen implementiert. Die bisher nur oberhalb der Schwellenwerte geltenden Anforderungen sind jetzt grundsätzlich anzuwenden.

Von „energieverbrauchsrelevanten Waren" gemäß Absatz 2 ist dann auszugehen, wenn ein Gegenstand, dessen Nutzung den Verbrauch an Energie beeinflusst und der in der Europäischen Union in Verkehr gebracht und/oder in Betrieb genommen wird, einschließlich Teilen, die zum Einbau in ein „energieverbrauchsrelevantes Produkt" bestimmt sind, als Einzelteil für Endverbraucher in Verkehr gebracht und/ oder in Betrieb genommen werden und getrennt auf ihre Umweltverträglichkeit geprüft werden können (so definiert in Artikel 2 Buchstabe A RL 2010/30/EU).

Die Berücksichtigung der Energieeffizienz (gemessen an den Angaben zum Energieverbrauch) kann anhand von Vorgaben in der Leistungsbeschreibung oder im Rahmen der Zuschlagskriterien berücksichtigt werden. Geht es um die Beschaffung von energieverbrauchsrelevanten Produkten, deren Energieeffizienz nicht bereits nach der Energieverbrauchskennzeichnungsverordnung klassifiziert ist, kann zur Festlegung der Energieeffizienz eine Marktanalyse angestellt werden. Insbesondere Produktblätter der infrage kommenden Hersteller können dabei ausreichende Hilfe leisten. Es gibt aber auch Fälle, in denen eine konkrete Festlegung der Energieeffizienz in der Leistungsbeschreibung nicht gelingen kann. In diesen Fällen kommt allenfalls eine Berücksichtigung der Energieeffizienz im Rahmen der Zuschlagskriterien in Betracht.

Die mutmaßlichen Betriebskosten über die gesamte Nutzungsdauer als Teil der Wirtschaftlichkeitsprüfung sollen das Lebenszyklusprinzip berücksichtigen. Bei einer Lebenszykluskostenbetrachtung werden nicht allein die Anschaffungskosten, sondern auch die Betriebskosten, also insbesondere Energiekosten, Betriebsmittelkosten, Unterhalts- und Wartungskosten, sowie die Entsorgungskosten auf Wirtschaftlichkeit hin überprüft und mit in den Angebotswertungsprozess einbezogen. Eine solche Vorgehensweise ist sinnvoll, da sie dem öffentlichen Auftraggeber einerseits Sicherheit hinsichtlich seiner Haushaltsmittel gibt und andererseits Bieteranreize zu einer nachhaltigen und innovativen Angebotslegung schafft. Stets hat der öffentliche Auftraggeber die für die Berechnung der Lebenszykluskosten verwendete Methode in seiner Leistungsbeschreibung anzugeben. Diese Methode muss objektiv nachprüfbar sein und darf nur nicht diskriminierende Kriterien enthalten und muss auch für alle interessierten Unternehmen zugänglich sein. Sollte sich ein öffentlicher Auftraggeber dazu entschließen, eine individualisierte Lebenszykluskostenanalyse zugrunde zu legen, so hat er die entsprechenden Prüfparameter (anzunehmende Lebensdauer, Strompreis pro kWh, Energiepreissteigerung, jährliche Benutzungsstunden, etc.) in seiner Vergabeunterlage transparent zu machen.

Absatz 3 enthält keine materiellen Neuregelungen, sondern ist wortgleich mit § 7 Abs. 5 VOB/A und § 8 Abs. 5 EG VOL/A und inhaltlich § 7a EU VOB/A sowie § 32 SektVO. Auf die entsprechende Rechtsprechung und Literatur wird verwiesen.

Die Möglichkeit der Ausführungsbedingungen nach Absatz 4 ist auch in § 128 GWB vorgesehen.

12. zu § 18 Berücksichtigung sozialer Kriterien und Gleichstellung im Beruf

Die Forderung auf die Hinwirkung der Beachtung der ILO-Kernarbeitsnormen ist keine Eignungsanforderung, sondern eine zusätzliche Bedingung an die Auftragsausführung im Sinne von § 97 Abs. 4 Satz 2 GWB (OLG Düsseldorf, Beschluss vom 14.1.2014 – Verg 28/13).

Die Landesregierung hat von ihrer Verordnungsermächtigung in Absatz 1 Satz 4 Gebrauch gemacht und mit Wirkung vom 29.11.2013 in die SHVgVO die Vorschrift „§ 6 Beachtung der ILO-Kernarbeitsnormen" aufgenommen.

Absatz 1 Satz 1 und 2 und Absatz 2:

Die Hinwirkungsverpflichtung zur Einhaltung der ILO-Kernarbeitsnormen bedeutet nicht, dass in jedem Vergabeverfahren von den Bietern Erklärungen und Nachweise gefordert werden müssen. Der Auftraggeber hat sich aber (zumindest) bei Aufträgen mit einem Gesamtauftragswert von über 15.000 Euro noch vor dem Beginn des Beschaffungsvorgangs mit der Frage auseinanderzusetzen, ob als Teil der Leistung möglicherweise bestimmte sensible Waren aus gefährdeten Ländern angeboten werden könnten. Lediglich dann ist das in der Anlage der SHVgVO angefügte Formblatt „Beachtung der ILO-Kernarbeitsnormen (§ 18 TTG)" auszufüllen und den Vergabeunterlagen beizufügen.

In einem ersten Schritt prüft der öffentliche Auftraggeber also nach Festlegung der zu beschaffenden Leistung und Erstellung einer entsprechenden Leistungsbeschreibung, ob die zu beschaffende Leistung sensible Waren im Sinne von § 6 Abs. 2 SHVgVO enthalten kann. Der in dieser Vorschrift genannte Warenkatalog ist im Hinblick auf die Hinwirkungsverpflichtung als abschließend anzusehen, was nicht ausschließt, dass der öffentliche Auftraggeber freiwillig weitere Produktgruppen einbeziehen darf.

Eine Nachweispflicht besteht nicht für alle Produkte, die Gegenstand der Leistung sind. Zumindest bei gänzlich unwesentlichen Nebenprodukten oder untergeordneten Produktbestandteilen kann auf eine Verpflichtungserklärung verzichtet werden. Kein Auftraggeber oder Unternehmen kann mit Sicherheit wissen, aus welchen Bestandteilen bzw. Materialien komplexere Produkte bestehen (Beispiel der Kautschuk im Fliesenkleber, mit denen zertifizierte Steine verlegt werden). Eine stets zwingende Nachforschung nach allen einzelnen stofflichen Bestandteilen (bis auf die Molekularebene) auch für gänzlich marginale Leistungsanteile ist weder praktisch umsetzbar noch vom Gesetzgeber gefordert. Entscheidend ist, ob sensible Waren dem Hauptleistungsgegenstand zuzurechnen sind (z.B. Autoreifen bei Beschaffung eines PKWs) und ob diese nicht nur unwesentlicher Bestandteil sind.

Handelt es sich um sensible Waren nach dem Katalog, ermittelt der öffentliche Auftraggeber – vorzugsweise anhand des im Auftrag des Bundesministeriums für wirtschaftliche Zusammenarbeit und Entwicklung durch die Deutsche Gesellschaft für Internationale Zusammenarbeit aufgebauten Online-Plattform Kompass Nachhaltigkeit (www.kompass-nachhaltigkeit.de) – ob mindestens ein Zertifikat, Siegel oder eine sonstige Bescheinigung über die Einhaltung der ILO-Kernarbeitsnormen für die betreffenden Waren existiert. In diesem Fall trägt er die ermittelten Zertifikate, Siegel oder sonstigen Bescheinigungen in das Formblatt 3 „Beachtung der ILO-Kernarbeitsnormen (§ 18 TTG)" ein.

Sodann entscheidet der öffentliche Auftraggeber grundsätzlich selbst, ob er von jedem Bieter oder aber nur von dem für den Zuschlag vorgesehenen Bieter verlangt, dieses Formblatt auszufüllen und gegebenenfalls einen entsprechenden Nachweis zu übermitteln. Aufgrund der Landesbeschaffungsordnung (Ziffer 9.2) dürfen Beschaffungsstellen des Landes das Formblatt 3 hingegen nur von dem für den Zuschlag vorgesehenen Bieter abfordern. Der öffentliche Auftraggeber muss bereits in der Bekanntmachung und/oder den Vergabeunterlagen auf die Notwendigkeit zur Ausfüllung des Formblatts und gegebenenfalls zur Übermittlung eines Nachweises unter Angabe des/der Verpflichteten und des Zeitpunkts hinweisen.

Übermittelt der Bieter oder Bewerber einen Nachweis, der von dem (den) durch den öffentlichen Auftraggeber in Ziffer 1 der Anlage angegebenen Zertifikat(en), Siegel(n) oder sonstigen Bescheinigung(en) abweicht, hat der öffentliche Auftraggeber zu prüfen, ob dieser Nachweis ebenfalls geeignet ist, die Einhaltung der der ILO-Kernarbeitsnormen zu gewährleisten. Als sonstige Bescheinigungen kommen beispielsweise regionale Bescheinigungen, substantiierte Zusicherungen von Herstellern, Bescheinigungen von Gewerkschaften etc. in Betracht.

Angebote, denen nicht zum geforderten Zeitpunkt sowohl die in Ziffer II Nr. 1 der Anlage geforderte Erklärung als auch der in Ziffer II Nr. 2 der Anlage geforderte Nachweis beigefügt wurde, sowie Angebote, die eine falsche Erklärung enthalten, hat der öffentliche Auftraggeber gemäß § 6 Abs. 3 SHVgVO von der weiteren Wertung auszuschließen. Auf diese zwingende Ausschlussfolge hat er ebenfalls in der Bekanntmachung und/oder den Vergabeunterlagen hinzuweisen.

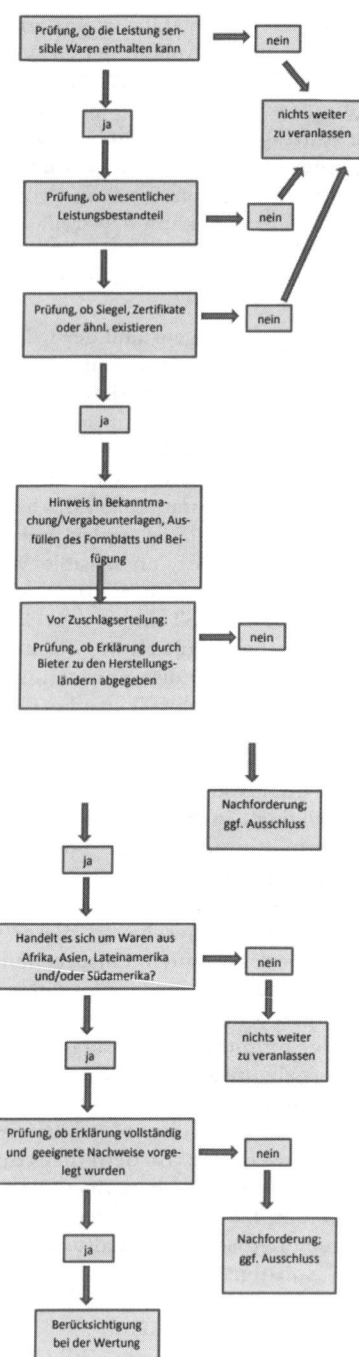

Absatz 1 Satz 3:

Fairer Handel definiert einen von außen kontrollierten Handel, indem die Erzeugerpreise für die Handelsprodukte üblicherweise oberhalb des jeweiligen Weltmarktpreises angesetzt werden. Die Produzenten haben somit ein höheres und verlässlicheres Einkommen als im herkömmlichen Handel und werden in die Lage versetzt, ein Leben außerhalb der untersten Armutsgrenze zu führen.

Der Faire Handel basiert dabei auf einer Handels-Partnerschaft zwischen Erzeugern und Vertrieb, die durch Dialog, Transparenz und Respekt gekennzeichnet ist und eine größere Gerechtigkeit im internationalen Handel anstrebt. Auch soziale und Umweltaspekte spielen in der Produktionskontrolle eine große Rolle und sollen unbedingt gemäß internationaler Umweltschutz- und Sozialstandards eingehalten werden. Die Sicherung der sozialen Rechte für Produzenten und Arbeiter soll dabei zu einer nachhaltigen Veränderung der Lebensbedingungen in den Dritte Welt-Ländern führen.

Im Rahmen seines Leistungsbestimmungsrechtes kann der öffentliche Auftraggeber festlegen, fair gehandelte Produkte zu beschaffen, um auf diese Weise durch Unterstützung besserer Handelsbedingungen und der Sicherung sozialer Rechte für benachteiligte Produzenten und Arbeiter einen Beitrag zu nachhaltiger Entwicklung zu leisten.

Der öffentliche Auftraggeber kann von den Bietern oder Bewerbern zum Nachweis darüber, dass es sich bei der angebotenen Leistung um fair gehandelte Waren handelt, beispielhaft genannte Zertifikate, Siegel oder andere geeignete Nachweise verlangen. Er darf sich dabei jedoch nicht auf die bloße Angabe dieser Nachweise beschränken, sondern muss im Rahmen der Festlegung der Produkteigenschaften konkret die Kriterien aufführen, die diesen Nachweisen zu Grunde liegen (EuGH, Urteil vom 10.5.2012 – C-368/10). Darüber hinaus muss er die Grundsätze der Transparenz, der Gleichbehandlung und Nichtdiskriminierung beachten. Ferner darf der öffentliche Auftraggeber bei der Vergabe seines Auftrages nicht die allgemeine Einkaufspolitik der Bieter berücksichtigen, sondern nur ihr Einkaufsverhalten in Bezug auf die konkret zu liefernden Produkte.

Zur Verwendung dieser Nachweise ist § 17 Abs. 3 entsprechend heranzuziehen. Die dort formulierten Grundsätze sind auf Fair-Trade-Labels anwendbar.

Absatz 3:

Die Anwendung des Absatzes 3 setzt die abgeschlossene Prüfung des wirtschaftlichen Angebots voraus. Lediglich bei ermittelten wirtschaftlich absolut gleichen Angeboten (d. h. z. B. anhand einer in einer Wertungsmatrix ermittelten identischen Punktzahl oder bei gleichem Angebotspreis, wenn der Preis einziges Zuschlagskriterium ist) sollen sowohl unterhalb als auch oberhalb der Schwellenwerte besondere soziale Kriterien den Ausschlag für die die Auftragserteilung geben. Dabei handelt es sich weder um Zuschlagskriterien noch um zu beachtende Kriterien im Rahmen Auftragsausführung (weil gerade eine konkrete Auftragsbezogenheit fehlt), sondern um eine neu eingeführte Bevorzugungsregelung: Über die tatsächliche Auftragserteilung soll bei „zwei wirtschaftlichsten Angeboten" nicht beispielsweise ein Losverfahren entscheiden, sondern Bieter sollen bevorzugt werden, wenn sie in ihrem Unternehmen bestimmte soziale Aspekte fördern und unterstützen (Beispiel Beteiligung an Ausbildungsverbünden) und zwar losgelöst vom konkreten Vergabeverfahren. Unternehmen, die sich hier nicht oder weniger engagieren, werden insoweit gewollt diskriminiert, es sei denn, es handelt sich um ein Unternehmen mit Sitz im Ausland. Sollte ein ausländisches Unternehmen zusammen mit einem inländischen Unternehmen ein identisches Angebot abgegeben haben, findet keine Bevorzugung inländischer Bieter statt.

Ergibt also die Prüfung des wirtschaftlichsten Angebots, dass mindestens zwei Angebote von Unternehmen mit Sitz im Inland gleich wirtschaftlich sind, müssen diese Bieter aufgefordert werden, entsprechende Erklärungen oder Nachweise im Sinne von Absatz 5 vorzulegen. Der nach Absatz 6 erforderliche Hinweis kann anhand Formblatt 4 erfolgen oder dessen Inhalt an sonst passender Stelle in die Vergabeunterlagen aufgenommen werden.

Die praktische Anwendung dieser Fälle dürfte sehr gering sein, da es zumindest bei umfangreicheren Aufträgen kaum preis- und qualitätsgleiche Angebote gibt. Möglicherweise sind Anwendungsbeispiele im Bereich der Vergabe von Schulbüchern ausnahmsweise denkbar.

Landesverordnung über die Vergabe öffentlicher Aufträge (Schleswig-Holsteinische Vergabeverordnung – SHVgVO)

Vom 13. November 2013
(GVOBl. Schl.-H. S. 439)
Zuletzt geändert durch Art. 1 ÄndVO vom 30.10.2017 (GVOBl. Sch.-H. S. 493)

Aufgrund
1. § 20 Abs. 1 des Tariftreue- und Vergabegesetzes Schleswig-Holstein (TTG) vom 31. Mai 2013 (GVOBl. Schl.-H. S. 239) verordnet das Ministerium für Wirtschaft, Arbeit, Verkehr und Technologie die folgenden §§ 1 bis 5 und 8 bis 11;
2. § 18 Abs. 1 Satz 4 TTG verordnet die Landesregierung die folgenden §§ 6, 7 und 11:

§ 1 Zweck der Verordnung

Diese Verordnung regelt das bei der Vergabe öffentlicher Aufträge einzuhaltende Verfahren und die Umsetzung der Berücksichtigung sozialer Kriterien gemäß § 18 Abs. 1 TTG.

§ 2 Vergabe von Liefer- und Dienstleistungsaufträgen

(1) [1]Auftraggeber nach § 2 Abs. 1 TTG („Auftraggeber") haben bei der Vergabe von Liefer- und Dienstleistungsaufträgen die Bestimmungen des Teils A der Vergabe- und Vertragsordnung für Leistungen (VOL/A) in der Fassung der Bekanntmachung vom 20. November 2009 (BAnz. Nr. 196a vom 29. Dezember 2009, ber. BAnz. Nr. 32 vom 26. Februar 2010, S. 755) anzuwenden. [2]Satz 1 findet auf Aufträge im Sektorenbereich (§ 4) keine Anwendung.

(2) [1]Eine beschränkte Ausschreibung gemäß § 3 Abs. 1 Satz 2 VOL/A ist zulässig unterhalb eines geschätzten Auftragswertes von 50.000 Euro. [2]Die Bestimmung des § 3 Abs. 3 und 4 VOL/A bleibt im Übrigen unberührt.

(3) [1]Eine freihändige Vergabe gemäß § 3 Abs. 1 Satz 3 VOL/A ist zulässig unterhalb eines geschätzten Auftragswertes von 25.000 Euro. [2]Die Bestimmung des § 3 Abs. 5 VOL/A bleibt im Übrigen unberührt.

§ 3 Vergabe von Bauleistungen

[1]Auftraggeber haben bei der Vergabe von Bauaufträgen die Bestimmungen des Teils A der Vergabe- und Vertragsordnung für Bauleistungen (VOB/A) in der Fassung der Bekanntmachung vom 26. Juni 2012 (BAnz. Nr. 155a vom 15. Oktober 2009, letzte Änderung BAnz. AT vom 13. Juli 2012 B3) anzuwenden.[2] Bauaufträge bis zu einem voraussichtlichen Auftragswert von 2.000 Euro (ohne Umsatzsteuer) können unter Berücksichtigung der Haushaltsgrundsätze der Wirtschaftlichkeit und Sparsamkeit ohne ein Vergabeverfahren beschafft werden (Direktkauf). [3]Satz 1 und 2 finden auf Aufträge im Sektorenbereich (§ 4) keine Anwendung.

§ 4 Aufträge unterhalb der Schwellenwerte im Sektorenbereich

(1) Soweit der geschätzte Auftragswert die Schwellenwerte nach § 1 Abs. 2 der Sektorenverordnung (SektVO) vom 23. September 2009 (BGBl I S. 3110), zuletzt

geändert durch Artikel 7 des Gesetzes vom 25. Juli 2013 (BGBl I S. 2722), nicht erreicht, ist die Sektorenverordnung mit Ausnahme des § 12 Abs. 5, § 17, § 29 Abs. 5 sowie der §§ 32 und 33 entsprechend anzuwenden.

(2) ¹Für die Bearbeitung und Abgabe der Teilnahmeanträge und der Angebote sowie für die Geltung der Angebote sind ausreichende Fristen (Teilnahme-, Angebots- und Bindefristen) vorzusehen. ²§ 2 Abs. 2 und 3 dieser Verordnung sowie § 3 Abs. 3 und 5 VOB/A und § 100b Abs. 2 des Gesetzes gegen Wettbewerbsbeschränkungen in der Fassung der Bekanntmachung vom 26. Juni 2013 (BGBl I S. 1750), zuletzt geändert durch Artikel 2 Abs. 78 des Gesetzes vom 7. August 2013 (BGBl I S. 3154), gelten entsprechend. ³Im Fall von Bauaufträgen findet § 21 VOB/A Anwendung. ⁴Mitteilungs- und Auskunftspflichten gegenüber der Europäischen Kommission bestehen nicht. ⁵Der Verzicht auf eine Bekanntmachung ist neben den in § 6 Abs. 2 SektVO genannten Voraussetzungen auch zulässig unterhalb eines geschätzten Auftragswerts von 50.000 Euro bei Liefer- und Dienstleistungsaufträgen und unterhalb eines geschätzten Auftragswerts von 200.000 Euro bei Bauaufträgen. ⁶Von der entsprechenden Anwendung ausgenommen ist die Vergabe von Dienstleistungen, die im Rahmen einer freiberuflichen Tätigkeit erbracht oder im Wettbewerb mit freiberuflich Tätigen angeboten werden, sowie bei Auslobungsverfahren, die zu solchen Dienstleistungen führen sollen.

§ 5 Schätzung der Auftragswerte

(1) Bei der Schätzung des Auftragswertes ist von der geschätzten Gesamtvergütung für die vorgesehene Leistung ohne Umsatzsteuer auszugehen.

(2) ¹Die Schätzung erfolgt nach § 3 der Verordnung über die Vergabe öffentlicher Aufträge (VgV) in der Fassung der Bekanntmachung vom 11. Februar 2003 (BGBl. I S. 169), zuletzt geändert durch Artikel 1 des Gesetzes vom 15. Oktober 2013 (BGBl. I S. 3854). ²Für Aufträge unterhalb der EU-Schwellenwerte gilt dies entsprechend.

(3) Maßgeblicher Zeitpunkt für die Schätzung des Auftragswertes ist der Tag der Absendung der Bekanntmachung der beabsichtigten Auftragsvergabe oder die sonstige Einleitung des Vergabeverfahrens.

§ 6 Beachtung der ILO-Kernarbeitsnormen

(1) ¹Bei der Vergabe von Bau-, Liefer- und Dienstleistungen haben Auftraggeber ab einem geschätzten Auftragswert von 15.000 Euro darauf hinzuwirken, dass keine Waren Gegenstand der Leistung sind, die unter Missachtung der in den ILO-Kernarbeitsnormen (§ 18 Abs. 1 TTG) festgelegten Mindeststandards gemäß § 18 Abs. 1 Satz 2 TTG gewonnen oder hergestellt worden sind. ²Diese Hinwirkung umfasst die zu dokumentierende Prüfung, ob die zu beschaffende Leistung sensible Waren enthalten kann, die dem Hauptleistungsgegenstand der Beschaffung zuzurechnen und nicht nur unwesentlicher Bestandteil der Dienst-, Liefer- oder Bauleistung sind, und gegebenenfalls die Prüfung, ob für diese Waren mindestens ein Zertifikat, Siegel oder ein sonstiges Bescheinigungsverfahren für die Einhaltung der ILO-Kernarbeitsnormen existiert. ³In diesem Fall fordern Auftraggeber anhand des Formblatts „Beachtung der ILO-Kernarbeitsnormen (§ 18 TTG)" (Anlage) mindestens von der für den Zuschlag vorgesehenen Bieterin oder von dem für den Zuschlag vorgesehenen Bieter eine Erklärung und einen geeigneten Nachweis über die Einhaltung der ILO-Kernarbeitsnormen, sofern die von ihm angebotene Leistung eine oder mehrere sensible Waren enthält, die in Afrika,

Asien, Lateinamerika und/oder Südamerika gewonnen oder hergestellt worden sind.

(2) Als sensible Waren gelten:
1. Bekleidung (z.B. Arbeitskleidung, Uniformen usw., z.B. T-Shirts, Hemden, Hosen, Schuhe),
2. Stoffe und Textilwaren (z.B. Vorhangstoffe, Teppiche),
3. Naturkautschuk-Produkte (z.B. Einmal-/Arbeitshandschuhe, Reifen, Gummibänder),
4. Lederwaren, Gerbprodukte (z.B. Botentaschen),
5. Spielwaren,
6. Sportartikel (z.B. Bälle, Schläger, weiteres Zubehör),
7. Holz und Holzprodukte,
8. Naturstein,
9. Agrarprodukte (z.B. Kaffee, Kakao, Orangen- oder Tomatensaft).

(3) Gibt die Bieterin oder der Bieter die aufgrund des Absatzes 1 geforderten Erklärungen und Nachweise nicht fristgerecht oder unvollständig unter Berücksichtigung einer Nachforderung nach den Bestimmungen der VOB/A, VOL/A oder Sektorenverordnung ab, ist sein Angebot von der weiteren Wertung auszuschließen.

§ 7 Beschaffung von fair gehandelten Waren

[1]Im Rahmen seines Leistungsbestimmungsrechtes kann der öffentliche Auftraggeber beschließen, fair gehandelte Waren zu beschaffen. [2]„Fairer Handel" bedeutet die Erhöhung der Chancen für wirtschaftlich benachteiligte Produzenten durch Zahlung eines fairen Preises unter Sicherstellung sozialverträglicher Arbeitsbedingungen, Transparenz und Umweltschutz. [3]Zu diesem Zweck bestimmt er in der Leistungsbeschreibung transparente und diskriminierungsfreie Kriterien, anhand derer der faire Handel bewertet werden soll.

§ 8 Ausgeschlossene Personen

[1]§ 16 VgV ist anzuwenden. [2]Für Aufträge unterhalb der EU-Schwellenwerte gilt dies entsprechend.

§ 9 Angepasste Wertgrenzen, Transparenz

(1) Bis zum 1. Oktober 2018 gelten folgende Wertgrenzen, die sich auf den Gesamtauftragswert beziehen:
1. Abweichend von § 2 Abs. 2 Satz 1 ist die beschränkte Ausschreibung gemäß § 3 Abs. 1 Satz 2 VOL/A zulässig unterhalb eines geschätzten Auftragswertes von 100.000 Euro;
2. abweichend von § 2 Abs. 3 Satz 1 ist die freihändige Vergabe gemäß § 3 Abs. 5 VOL/A zulässig unterhalb eines geschätzten Auftragswertes von 100.000 Euro;
3. abweichend von § 3 ist eine beschränkte Ausschreibung gemäß § 3 Absatz 3 VOB/A ohne Durchführung eines öffentlichen Teilnahmewettbewerbs zulässig unterhalb eines geschätzten Auftragswertes von 1.000.000 Euro; ab Erreichen dieses Auftragswertes ist eine beschränkte Ausschreibung gemäß § 3 Absatz 3 VOB/A ohne Durchführung eines öffentlichen Teilnahmewettbewerbs zulässig für jedes Fachlos unterhalb eines geschätzten Einzelauftragswertes von 50.000 Euro.
4. abweichend von § 3 ist eine freihändige Vergabe gemäß § 3 Abs. 5 VOB/A zulässig unterhalb eines geschätzten Auftragswertes in Höhe von 100.000 Euro;

5. abweichend von § 4 Abs. 2 Satz 5 ist der Verzicht auf eine Bekanntmachung zulässig unterhalb eines geschätzten Auftragswerts von 100.000 Euro bei Liefer- und Dienstleistungsaufträgen und unterhalb eines geschätzten Auftragswertes von 1.000.000 Euro bei Bauaufträgen.

(2) ¹Bei Vergaben nach der VOB/A ist bei beschränkten Ausschreibungen ab einem Auftragswert von 150.000 Euro und freihändigen Vergaben ab einem Auftragswert von 50.000 Euro nach Zuschlagserteilung über die Vergabe auf einer Internetplattform zu informieren. ²Diese Information ist mindestens sechs Monate vorzuhalten und muss mindestens folgende Angaben enthalten:
1. Name, Anschrift, Telefon-, Faxnummer und E-Mailadresse des Auftraggebers,
2. gewähltes Vergabeverfahren,
3. Auftragsgegenstand,
4. Ort der Ausführung,
5. Name des beauftragten Unternehmers.

(3) ¹Bei Vergaben nach der VOL/A ist ab einem Auftragswert von 25.000 Euro nach Zuschlagserteilung über die Vergabe auf einer Internetplattform zu informieren. ²Diese Information ist mindestens sechs Monate vorzuhalten und muss mindestens folgende Angaben enthalten:
1. Name, Anschrift, Telefon-, Faxnummer und E-Mailadresse des Auftraggebers,
2. gewähltes Vergabeverfahren,
3. Auftragsgegenstand,
4. Ort der Ausführung,
5. Art und voraussichtlicher Umfang der Leistungen,
6. voraussichtlicher Zeitraum der Ausführung.

§ 10 Übergangsbestimmung

Bereits begonnene Vergabeverfahren werden nach dem Recht, das zum Zeitpunkt des Beginns des Verfahrens galt, beendet.

§ 11 Inkrafttreten, Außerkrafttreten

(1) ¹Diese Verordnung tritt am Tag nach ihrer Verkündung in Kraft. ²Gleichzeitig tritt die Schleswig-Holsteinische Vergabeverordnung vom 3. November 2005 (GVOBl. Schl-H. S. 524),[1] zuletzt geändert durch Verordnung vom 21. Januar 2013 (GVOBl. Schl.-H. S. 13), außer Kraft.

(2) Diese Verordnung tritt mit Ablauf des 1. Oktober 2018 außer Kraft.

---

[1] GS Schl.-H. II, Gl.Nr. 707-5-3

Thüringen

Thüringer Gesetz über die Vergabe öffentlicher Aufträge (Thüringer Vergabegesetz – ThürVgG)

Vom 18. Februar 2011
(GVBl. S. 69)
geändert durch Art. 7 G zur Änderung der Kommunalordnung und anderer Gesetze vom 23.7.2013
(GVBl. S. 194)

§ 1 Sachlicher Anwendungsbereich

(1) [1]Dieses Gesetz gilt für die Vergabe öffentlicher Aufträge in Thüringen im Sinne des § 99 des Gesetzes gegen Wettbewerbsbeschränkungen (GWB) in der Fassung vom 15. Juli 2005 (BGBl. I S. 2114; 2009, 3850) in der jeweils geltenden Fassung unabhängig von den Schwellenwerten nach § 100 GWB, soweit bei Bauaufträgen ein geschätzter Auftragswert von 50.000 Euro (ohne Umsatzsteuer) und bei Liefer- und Dienstleistungsaufträgen ein geschätzter Auftragswert von 20.000 Euro (ohne Umsatzsteuer) überschritten wird. [2]Für die Schätzung gilt § 3 der Vergabeverordnung in der Fassung vom 11. Februar 2003 (BGBl. I S. 169) in der jeweils geltenden Fassung.

(2) [1]Bei der Vergabe öffentlicher Aufträge sind unterhalb der Schwellenwerte nach § 100 Abs. 1 GWB diejenigen Regelungen der Vergabe- und Vertragsordnung für Leistungen (VOL) in der Fassung vom 20. November 2009 (BAnz. Nr. 196a vom 29. Dezember 2009) und der Vergabe- und Vertragsordnung für Bauleistungen (VOB) in der Fassung vom 31. Juli 2009 (BAnz. Nr. 155a vom 15. Oktober 2009) jeweils in der jeweils geltenden Fassung anzuwenden, die für die Vergabe von Bau-, Liefer- und Dienstleistungsaufträgen gelten, die nicht im Anwendungsbereich des Vierten Teils des Gesetzes gegen Wettbewerbsbeschränkungen liegen. [2]Das für Angelegenheiten im öffentlichen Auftragswesen zuständige Ministerium kann Grenzen für Auftragswerte festlegen, bis zu deren Erreichen eine Auftragsvergabe im Wege einer Beschränkten Ausschreibung oder einer Freihändigen Vergabe nach den Vergabe- und Vertragsordnungen zulässig ist.

§ 2 Persönlicher Anwendungsbereich

(1) [1]Dieses Gesetz gilt für alle staatlichen und kommunalen Auftraggeber, sonstige Körperschaften, Anstalten und Stiftungen des öffentlichen Rechts, für die § 55 der Thüringer Landeshaushaltsordnung in der Fassung vom 19. September 2000 (GVBl. S. 282) oder § 31 der Thüringer Gemeindehaushaltsverordnung vom 26. Januar 1993 (GVBl. S. 181) beziehungsweise § 24 der Thüringer Gemeindehaushaltsverordnung Doppik vom 11. Dezember 2008 (GVBl. S. 504) jeweils in der jeweils geltenden Fassung gilt. [2]Zuwendungsempfänger haben dieses Gesetz zu beachten, soweit sie nach den allgemeinen Nebenbestimmungen für Zuwendungen hierzu verpflichtet werden.

(2) Kommunale Auftraggeber im Sinne dieses Gesetzes sind die Gemeinden, die Landkreise, die kommunalen Anstalten, die Zweckverbände, die gemeinsamen kommunalen Anstalten sowie die Verwaltungsgemeinschaften.

(3) Für juristische Personen des Privatrechts, die die Voraussetzungen des § 98 Nr. 2 GWB erfüllen, gilt Absatz 1 entsprechend.

§ 3 Mittelstandsförderung

(1) Die Auftraggeber sind verpflichtet, kleine und mittlere Unternehmen bei Beschränkten Ausschreibungen und Freihändigen Vergaben in angemessenem Umfang zur Angebotsabgabe aufzufordern.

(2) Unbeschadet der Verpflichtung zur Teilung der Leistungen in Fach- und Teillose nach dem Gesetz gegen Wettbewerbsbeschränkungen, der Vergabe- und Vertragsordnung für Leistungen und der Vergabe- und Vertragsordnung für Bauleistungen ist das Vergabeverfahren, soweit nach Art und Umfang der anzubietenden Leistungen möglich, so zu wählen und die Verdingungsunterlagen so zu gestalten, dass kleine und mittlere Unternehmen am Wettbewerb teilnehmen und beim Zuschlag berücksichtigt werden können.

(3) [1]Staatliche Auftraggeber im Sinne des § 2 Abs. 1 haben die Ausschreibung eines öffentlichen Auftrages zusätzlich in elektronischer Form auf der zentralen Landesvergabeplattform bekannt zu machen. [2]Sonstige Körperschaften, Anstalten und Stiftungen des öffentlichen Rechts im Sinne des § 2 Abs. 1, kommunale Auftraggeber im Sinne des § 2 Abs. 2, und juristische Personen im Sinne des § 2 Abs. 3 können die zentrale Landesvergabeplattform für ihre Bekanntmachungen von öffentlichen Aufträgen nutzen.

§ 4 Berücksichtigung ökologischer und sozialer Kriterien im Vergabeverfahren

Ökologische und soziale Belange können auf allen Stufen des Vergabeverfahrens, namentlich bei der Definition des Auftragsgegenstands, dessen technischer Spezifikation, der Auswahl der Bieter, der Erteilung des Zuschlags und den Bedingungen für die Ausführung des Auftrags berücksichtigt werden, wenn sie im sachlichen Zusammenhang mit der Auftragsleistung stehen und in der Bekanntmachung oder den Vergabeunterlagen angegeben sind.

§ 5 Definition des Auftragsgegenstands

Bereits bei der Definition des Auftragsgegenstands kann der Auftraggeber ökologische und soziale Belange berücksichtigen, soweit nicht haushaltsrechtliche Grundsätze der Wirtschaftlichkeit und Sparsamkeit, Vorgaben des Umweltrechts oder Unionsrecht, insbesondere keine Beeinträchtigung des Marktzugangs für ausländische Bieter entgegenstehen.

§ 6 Technische Spezifikation

(1) [1]Bei der technischen Spezifikation eines Auftrags können Umwelteigenschaften und/oder Auswirkungen bestimmter Warengruppen oder Dienstleistungen auf die Umwelt festgelegt werden. [2]Hierzu können geeignete Spezifikationen verwendet werden, die in Umweltgütezeichen definiert sind, wenn
1. sie sich zur Definition der Merkmale der Waren oder Dienstleistungen eignen, die Gegenstand des Auftrags sind,
2. die Anforderungen an das Gütezeichen auf der Grundlage von wissenschaftlich abgesicherten Informationen ausgearbeitet werden,
3. die Umweltgütezeichen im Rahmen eines Verfahrens erlassen werden, an dem interessierte Stellen und Personen teilnehmen können und
4. das Gütezeichen für alle Betroffenen zugänglich und verfügbar ist.

(2) [1]Andere geeignete Beweismittel, insbesondere technische Unterlagen der Hersteller oder Prüfberichte anerkannter Stellen, sind ebenfalls zulässig. [2]Die tech-

nischen Spezifikationen dürfen die Öffnung der öffentlichen Beschaffungsmärkte für den Wettbewerb nicht in ungerechtfertigter Weise behindern.

§ 7 Auswahl der Bieter

(1) Vor Erteilung des Zuschlags hat der öffentliche Auftraggeber zu prüfen, ob die Bieter die für die Erfüllung der vertraglichen Verpflichtungen erforderliche Fachkunde, Leistungsfähigkeit und Zuverlässigkeit besitzen.

(2) ¹Den Nachweis seiner Eignung kann der Bieter auch durch eine gültige Bescheinigung eines in den Vergabe- und Vertragsordnungen genannten Präqualifizierungsverfahrens führen. ²Das für Angelegenheiten im öffentlichen Auftragswesen zuständige Ministerium kann weitere Präqualifizierungsverfahren und besondere Zertifizierungen in den Bereichen Ökologie, Chancengleichheit und Nachwuchsförderung durch Richtlinien regeln.

(3) Ausgeschlossen werden kann ein Bieter, der gegen eine arbeitnehmerschützende Vorschrift, eine Vorschrift des Umweltrechts oder gegen eine Rechtsvorschrift über unrechtmäßige Absprachen bei öffentlichen Aufträgen verstoßen hat, wenn der Verstoß mit einem rechtskräftigen Urteil oder einem Beschluss mit gleicher Wirkung geahndet wurde, und eine schwere Verfehlung darstellt, die die Zuverlässigkeit des Bewerbers in Frage stellt.

(4) ¹Im Rahmen der zu überprüfenden technischen Fachkunde können mit Ausnahme bei Lieferaufträgen Umweltbelange Berücksichtigung finden. ²Der öffentliche Auftraggeber kann mit dem Auftragsgegenstand zusammenhängende und ihm angemessene Anforderungen an die technische Leistungsfähigkeit des Bieters aufstellen, die in der Bekanntmachung oder den Vergabeunterlagen anzugeben sind. ³Diese können bei umweltrelevanten öffentlichen Bau- und Dienstleistungsaufträgen in der Angabe der Umweltmanagementmaßnahmen bestehen, die bei der Ausführung des Auftrags zur Anwendung kommen sollen. ⁴Zum Nachweis dafür, dass der Bieter bestimmte Normen für das Umweltmanagement erfüllt, kann der Auftraggeber die Vorlage von Bescheinigungen unabhängiger Stellen verlangen.

(5) ¹Eco-Management and Audit Scheme (EMAS) ist als europäische Auszeichnung für betriebliches Umweltmanagement zum Nachweis der Erfüllung von bestimmten Normen für das Umweltmanagement geeignet. ²Die Eintragung eines Unternehmens in das EMAS-Register kann für die Beurteilung der technischen Fachkunde eines Bieters unter folgenden Bedingungen herangezogen werden:
1. die Vergabestellen dürfen nicht auf die Registrierung als solche abstellen, sondern es muss ein Bezug zur Ausführung des Auftrags vorhanden sein und
2. dem EMAS gleichwertige Nachweise für Umweltmanagementmaßnahmen sind anzuerkennen.

§ 8 Erteilung des Zuschlags

¹Der Zuschlag ist auf das unter Berücksichtigung aller Umstände wirtschaftlichste Angebot zu erteilen. ²Der niedrigste Angebotspreis allein ist nicht entscheidend. ³Auch bei der Erteilung des Zuschlags auf das wirtschaftlichste Angebot können Umweltbelange berücksichtigt werden. ⁴Die Berücksichtigung von Umweltkriterien bei der Zuschlagserteilung ist zulässig, wenn
1. die Umweltkriterien mit dem Auftragsgegenstand zusammenhängen,
2. die Umweltkriterien im Leistungsverzeichnis oder in der Bekanntmachung des Auftrags ausdrücklich genannt sind,

3. dem Auftraggeber durch die Festlegung des Kriteriums keine uneingeschränkte Entscheidungsfreiheit eingeräumt wird und
4. alle Grundsätze des Unionsrechts, vor allem das Diskriminierungsverbot, gewahrt werden.

§ 9 Bedingungen für die Ausführung des Auftrags

(1) Der Auftraggeber kann zusätzliche Bedingungen für die Ausführung des Auftrags vorschreiben, wenn diese
1. mit Unionsrecht vereinbar sind, insbesondere keinen diskriminierenden Charakter haben,
2. in der Bekanntmachung oder in den Vergabeunterlagen angegeben werden,
3. keine versteckten technischen Spezifikationen, Auswahl- oder Zuschlagskriterien darstellen und
4. alle Bewerber in der Lage sind, diesen Bedingungen nachzukommen, falls sie den Zuschlag erhalten.

(2) Unter den Voraussetzungen des Absatzes 1 kann bei geeigneten umweltbedeutsamen Aufträgen, bei denen ein Zusammenhang mit dem Auftragsgegenstand besteht, der Auftraggeber einen Nachweis dafür verlangen, dass bestimmte Umweltmanagementmaßnahmen bei der Ausführung des Auftrags ergriffen werden.

§ 10 Tariftreue und Entgeltgleichheit

(1) ¹Für Bauleistungen und andere Dienstleistungen, die das Arbeitnehmer-Entsendegesetz (AEntG) vom 20. April 2009 (BGBl. I S. 799) in der jeweils geltenden Fassung erfasst, dürfen öffentliche Aufträge nur an Unternehmen vergeben werden, die sich bei der Angebotsabgabe schriftlich verpflichtet haben, ihren Arbeitnehmern bei der Ausführung dieser Leistungen Arbeitsbedingungen zu gewähren, die mindestens den Vorgaben desjenigen Tarifvertrags entsprechen, an den das Unternehmen aufgrund des Arbeitnehmer-Entsendegesetzes gebunden ist. ²Satz 1 gilt entsprechend für Beiträge an eine gemeinsame Einrichtung der Tarifvertragsparteien im Sinne des § 5 Nr. 3 AEntG sowie für andere gesetzliche Bestimmungen über Mindestentgelte.

(2) ¹Öffentliche Aufträge für Dienstleistungen der allgemein zugänglichen Beförderung von Personen im öffentlichen Personennahverkehr dürfen nur an Unternehmen vergeben werden, die sich bei der Angebotsabgabe schriftlich verpflichtet haben, ihren Arbeitnehmern bei der Ausführung der Leistung mindestens den am Ort der Leistungserbringung für das jeweilige Gewerbe geltenden Lohn- und Gehaltstarif zu zahlen. ²Das für das öffentliche Auftragswesen zuständige Ministerium gibt im Einvernehmen mit dem für Tarifrecht zuständigen Ministerium und dem für das Verkehrswesen zuständigen Ministerium die geltenden Lohn- und Gehaltstarife im Thüringer Staatsanzeiger bekannt. ³Der öffentliche Auftraggeber kann auf die Veröffentlichung der anzuwendenden Tarifentgelte in der Bekanntmachung oder in den Ausschreibungsunterlagen hinweisen.

(3) Die Bieter haben bei Angebotsabgabe zu erklären, dass sie bei der Auftragsdurchführung ihren Arbeitnehmern bei gleicher oder gleichwertiger Arbeit gleiches Entgelt zahlen.

§ 11 ILO – Kernarbeitsnormen

(1) ¹Bei der Vergabe von Bau-, Liefer- oder Dienstleistungen sollen keine Waren Gegenstand der Leistung sein, die unter Missachtung der in den Kernarbeitsnor-

men der Internationalen Arbeitsorganisation (ILO) festgelegten Mindeststandards gewonnen oder hergestellt worden sind. ²Diese Mindeststandards ergeben sich aus:
1. dem Übereinkommen Nr. 29 über Zwangs- oder Pflichtarbeit vom 28. Juni 1930 (BGBl. 1956 II S. 640 -641-),
2. dem Übereinkommen Nr. 87 über die Vereinigungsfreiheit und den Schutz des Vereinigungsrechtes vom 9. Juli 1948 (BGBl. 1956 II S. 2072 -2073-),
3. dem Übereinkommen Nr. 98 über die Anwendung der Grundsätze des Vereinigungsrechtes und des Rechtes zu Kollektivverhandlungen vom 1. Juli 1949 (BGBl. 1955 II S. 1122 -1123-),
4. dem Übereinkommen Nr. 100 über die Gleichheit des Entgelts männlicher und weiblicher Arbeitskräfte für gleichwertige Arbeit vom 29. Juni 1951 (BGBl. 1956 II S. 23 -24-),
5. dem Übereinkommen Nr. 105 über die Abschaffung der Zwangsarbeit vom 25. Juni 1957 (BGBl. 1959 II S. 441 -442-),
6. dem Übereinkommen Nr. 111 über die Diskriminierung in Beschäftigung und Beruf vom 25. Juni 1958 (BGBl. 1961 II S. 97 -98-),
7. dem Übereinkommen Nr. 138 über das Mindestalter für die Zulassung zur Beschäftigung vom 26. Juni 1973 (BGBl. 1976 II S. 201 -202-),
8. dem Übereinkommen Nr. 182 über das Verbot und unverzügliche Maßnahmen zur Beseitigung der schlimmsten Formen der Kinderarbeit vom 17. Juni 1999 (BGBl. 2001 II S. 1290 -1291-)
jeweils in der jeweils geltenden Fassung.

(2) ¹Aufträge über Lieferleistungen dürfen nur an solche Auftragnehmer vergeben werden, die sich bei Angebotsabgabe schriftlich verpflichtet haben, den Auftrag gemäß der Leistungsbeschreibung ausschließlich mit Waren auszuführen, die nachweislich oder gemäß einer entsprechenden Zusicherung unter Beachtung der ILO-Kernarbeitsnormen nach Absatz 1 gewonnen oder hergestellt worden sind. ²Hierzu sind von den Bietern entsprechende Nachweise oder Erklärungen zu verlangen. ³Die Sätze 1 und 2 gelten entsprechend für Waren, die im Rahmen der Erbringung von Bau- oder Dienstleistungen verwendet werden.

§ 12 Nachunternehmereinsatz

(1) ¹Der Auftragnehmer darf Bau- und Dienstleistungen nur auf Nachunternehmer übertragen, wenn der Auftraggeber im Einzelfall schriftlich zugestimmt hat. ²Die Zustimmung ist nicht notwendig bei Leistungen, auf die der Betrieb des Auftragnehmers nicht eingestellt ist. ³Die Bieter haben bereits bei Abgabe ihres Angebots ein Verzeichnis der Nachunternehmerleistungen vorzulegen.

(2) Soweit Leistungen nach Absatz 1 auf Nachunternehmer übertragen werden, hat sich der Auftragnehmer auch zu verpflichten, den Nachunternehmern die für Auftragnehmer geltenden Pflichten der Absätze 3 und 4 sowie der §§ 10, 11 und 17 Abs. 2 aufzuerlegen und die Beachtung dieser Pflichten durch die Nachunternehmer zu kontrollieren.

(3) ¹Die nachträgliche Einschaltung oder der Wechsel eines Nachunternehmers bedarf der Zustimmung des öffentlichen Auftraggebers; Absatz 1 Satz 2 und § 15 Abs. 2 gelten entsprechend. ²Die Zustimmung darf nur wegen mangelnder Fachkunde, Zuverlässigkeit oder Leistungsfähigkeit des Nachunternehmers sowie wegen Nichterfüllung der Nachweispflicht nach § 15 Abs. 2 versagt werden.

(4) Die Auftragnehmer sind für den Fall der Weitergabe von Leistungen an Nachunternehmer vertraglich zu verpflichten,
1. bevorzugt kleine und mittlere Unternehmen zu beteiligen, soweit es mit der vertragsgemäßen Ausführung des Auftrags zu vereinbaren ist,

2. Nachunternehmer davon in Kenntnis zu setzen, dass es sich um einen öffentlichen Auftrag handelt,
3. bei der Weitergabe von Bauleistungen an Nachunternehmer die Allgemeinen Vertragsbedingungen für die Ausführung von Bauleistungen der Vergabe- und Vertragsordnung für Bauleistungen (VOB/B), bei der Weitergabe von Dienstleistungen die Allgemeinen Vertragsbedingungen für die Ausführung von Leistungen der Vergabe- und Vertragsordnung für Leistungen (VOL/B) zum Vertragsbestandteil zu machen und
4. den Nachunternehmern keine, insbesondere hinsichtlich der Zahlungsweise, ungünstigeren Bedingungen aufzuerlegen, als zwischen dem Auftragnehmer und dem öffentlichen Auftraggeber vereinbart sind.

§ 13 Berufliche Erstausbildung, Berücksichtigung von Maßnahmen zur Förderung der Chancengleichheit von Frauen und Männern

(1) Die Entscheidung über den Zuschlag auf ein Angebot kann berücksichtigen, ob und inwieweit eine angemessene Beteiligung der Bieter an der beruflichen Erstausbildung erfolgt oder Maßnahmen zur Förderung der Chancengleichheit von Frauen und Männern im Beruf durchgeführt werden.

(2) ^{1}Dabei kann unbeschadet des Rechts der Europäischen Union und der nach anderem Recht vorausgehenden Wertungskriterien bei sonst gleichwertigen Angeboten das Angebot des Bieters bevorzugt werden, der gemessen an seiner Betriebsstruktur sich mehr als ein anderer Bieter mit gleichwertigem Angebot an der beruflichen Erstausbildung beteiligt oder Maßnahmen zur Förderung der Chancengleichheit von Frauen und Männern im Beruf durchführt. ^{2}Die Anforderungen sind in der Bekanntmachung oder in den Vergabeunterlagen anzugeben.

(3) Die Bevorzugung eines Bieters bei der Zuschlagserteilung nach Absatz 1 und 2 kommt nur dann in Betracht, wenn die Bieter der gleichwertigen Angebote 25 Arbeitnehmer oder mehr, ausschließlich der zu ihrer Berufsbildung Beschäftigten, beschäftigen.

§ 14 Wertung unangemessen niedriger Angebote

(1) ^{1}Der Auftraggeber hat ungewöhnlich niedrige Angebote, auf die der Zuschlag erfolgen soll, zu überprüfen. ^{2}Dies gilt unabhängig von der nach Teil A der Vergabe- und Vertragsordnung für Bauleistungen und Teil A der Vergabe- und Vertragsordnung für Leistungen vorgegebenen Prüfung unangemessen niedrig erscheinender Angebote.

(2) ^{1}Weicht ein Angebot für die Erbringung von Bau- oder Dienstleistungen, auf das der Zuschlag erteilt werden könnte, um mindestens zehn vom Hundert vom nächsthöheren Angebot ab, so hat der Auftraggeber die Kalkulation des Angebots zu überprüfen. ^{2}Im Rahmen dieser Überprüfung ist der Bieter verpflichtet, die ordnungsgemäße Kalkulation nachzuweisen. ^{3}Kommt der Bieter dieser Verpflichtung auch nach Aufforderung des Auftraggebers nicht nach, so ist er vom weiteren Vergabeverfahren auszuschließen.

§ 15 Wertungsausschluss

(1) Hat der Bieter
1. aktuelle Nachweise über die vollständige Entrichtung von Steuern und Sozialversicherungsbeiträgen,
2. eine Erklärung nach den §§ 10 und 11 oder

3. sonstige Nachweise oder Erklärungen nicht zum geforderten Zeitpunkt vorgelegt, entscheidet die Vergabestelle auf der Grundlage der Bestimmungen der Vergabe- und Vertragsordnung für Leistungen und der Vergabe- und Vertragsordnung für Bauleistungen, ob das Angebot von der Wertung ausgeschlossen wird. Fremdsprachige Bescheinigungen oder Erklärungen sind nur zu berücksichtigen, wenn sie mit einer Übersetzung in die deutsche Sprache vorgelegt worden sind.

(2) [1]Soll die Ausführung eines Teils des Auftrags über die Erbringung von Bauleistungen oder Dienstleistungen einem Nachunternehmer übertragen werden, so sind vor der Auftragserteilung auch die auf den Nachunternehmer lautenden Nachweise und Erklärungen nach Absatz 1 vorzulegen. [2]Soweit eine Benennung von Nachunternehmern nach Auftragserteilung zulässig ist, sind die erforderlichen Nachweise und Erklärungen nach Absatz 1 bei der Benennung vorzulegen.

§ 16 Sicherheitsleistung bei Bauleistungen

(1) [1]Für die vertragsgemäße Erfüllung von Bauleistungen sollen bei Öffentlicher Ausschreibung und Offenem Verfahren ab einer Auftragssumme von 250 000 Euro (ohne Umsatzsteuer) Sicherheitsleistungen verlangt werden. [2]Bei Beschränkter Ausschreibung, Beschränkter Ausschreibung nach Öffentlichem Teilnahmewettbewerb, Freihändiger Vergabe, Nichtoffenem Verfahren und Verhandlungsverfahren sollen Sicherheitsleistungen in der Regel nicht verlangt werden.

(2) Für die Erfüllung der Mängelansprüche sollen Sicherheitsleistungen in der Regel ab einer Auftragssumme oder Abrechnungssumme von 250 000 Euro (ohne Umsatzsteuer) verlangt werden.

§ 17 Kontrollen

(1) [1]Der Auftraggeber kann Kontrollen durchführen, um die Einhaltung der dem Auftragnehmer aufgrund dieses Gesetzes auferlegten Verpflichtungen zu überprüfen. [2]Der Auftraggeber hat zu diesem Zweck mit dem Auftragnehmer vertraglich zu vereinbaren, dass ihm auf Verlangen die Entgeltabrechnungen des Auftragnehmers und der Nachunternehmer sowie die Unterlagen über die Abführung von Steuern und Sozialversicherungsbeiträgen nach § 15 Abs. 1 Nr. 1 und die zwischen Auftragnehmer und Nachunternehmer abgeschlossenen Werkverträge vorgelegt werden. [3]Die Bestimmungen des Thüringer Datenschutzgesetzes (ThürDSG) in der Fassung der Bekanntmachung vom 10. Oktober 2001 (GVBl. S. 276), in der jeweils geltenden Fassung, sind im Umgang mit personenbezogenen Daten zu beachten. [4]Der Auftragnehmer hat seine Beschäftigten auf die Möglichkeit solcher Kontrollen hinzuweisen.

(2) Der Auftragnehmer und seine Nachunternehmer haben vollständige und prüffähige Unterlagen nach Absatz 1 über die eingesetzten Beschäftigten bereitzuhalten.

§ 18 Sanktionen

(1) [1]Um die Einhaltung der Verpflichtungen nach den §§ 10 bis 12 und 17 Abs. 2 zu sichern, ist zwischen dem Auftraggeber und dem Auftragnehmer für jeden schuldhaften Verstoß regelmäßig eine Vertragsstrafe von bis zu fünf von Hundert des Auftragswerts zu vereinbaren. [2]Der Auftragnehmer ist zur Zahlung einer Vertragsstrafe nach Satz 1 auch für den Fall zu verpflichten, dass der Verstoß durch einen von ihm eingesetzten Nachunternehmer oder einen von diesem eingesetzten

Nachunternehmer begangen wird, es sei denn, dass der Auftragnehmer den Verstoß weder kannte noch kennen musste.

(2) Der Auftraggeber hat mit dem Auftragnehmer zu vereinbaren, dass die schuldhafte Nichterfüllung der aus den §§ 10 und 11 resultierenden Anforderungen durch den Auftragnehmer oder seine Nachunternehmer sowie schuldhafte Verstöße gegen die Verpflichtungen der §§ 12 und 17 Abs. 2 den Auftraggeber zur fristlosen Kündigung des Vertrags berechtigen.

(3) [1]Hat der Auftragnehmer, ein Bewerber oder Bieter gegen die sich aus den §§ 10 bis 12 und 17 Abs. 2 ergebenden Verpflichtungen verstoßen, soll jeweils der Auftraggeber dieses Unternehmen von der öffentlichen Auftragsvergabe für die Dauer von bis zu drei Jahren ausschließen. [2]Satz 1 gilt auch für Nachunternehmer. [3]Vor dem Ausschluss ist dem Unternehmen Gelegenheit zur Stellungnahme zu geben. [4]Ein ausgeschlossenes Unternehmen ist auf dessen Antrag allgemein oder teilweise wieder zuzulassen, wenn der Grund des Ausschlusses weggefallen ist und mindestens sechs Monate der Sperre abgelaufen sind.

(4) Maßnahmen nach den Absätzen 1 bis 3 bleiben von der Geltendmachung einer Vertragsstrafe aus anderem Grunde sowie von der Geltendmachung sonstiger Ansprüche unberührt.

§ 19 Information der Bieter, Nachprüfung des Vergabeverfahrens unterhalb der Schwellenwerte

(1) [1]Unterhalb der Schwellenwerte nach § 100 GWB informiert der Auftraggeber die Bieter, deren Angebote nicht berücksichtigt werden sollen, über den Namen des Bieters, dessen Angebot angenommen werden soll, und über die Gründe der vorgesehenen Nichtberücksichtigung ihres Angebotes. [2]Er gibt die Information schriftlich spätestens sieben Kalendertage vor dem Vertragsabschluss ab.

(2) [1]Beanstandet ein Bieter vor Ablauf der Frist schriftlich beim Auftraggeber die Nichteinhaltung der Vergabevorschriften und hilft der Auftraggeber der Beanstandung nicht ab, ist die Nachprüfungsbehörde durch Übersendung der vollständigen Vergabeakten zu unterrichten. [2]Der Zuschlag darf in dem Fall nur erteilt werden, wenn die Nachprüfungsbehörde nicht innerhalb von 14 Kalendertagen nach Unterrichtung das Vergabeverfahren mit Gründen beanstandet; andernfalls hat der Auftraggeber die Auffassung der Nachprüfungsbehörde zu beachten. [3]Die Frist beginnt am Tag nach dem Eingang der Unterrichtung. [4]Ein Anspruch des Bieters auf Tätigwerden der Nachprüfungsbehörde besteht nicht.

(3) [1]Nachprüfungsbehörde ist die beim Landesverwaltungsamt nach § 2 Abs. 1 der Thüringer Vergabekammerverordnung (ThürVkVO) vom 10. Juni 1999 (GVBl. S. 417), in der jeweils geltenden Fassung, eingerichtete Vergabekammer. [2]§ 2 Abs. 2 und Abs. 3 ThürVkVO gelten nicht.

(4) Die Absätze 1 und 2 finden keine Anwendung, wenn der voraussichtliche Gesamtauftragswert bei Bauleistungen 150 000 Euro (ohne Umsatzsteuer), bei Leistungen und Lieferungen 50 000 Euro (ohne Umsatzsteuer) nicht übersteigt.

(5) [1]Für Amtshandlungen der Nachprüfungsbehörde werden Kosten (Gebühren und Auslagen) zur Deckung des Verwaltungsaufwandes erhoben. [2]Das Thüringer Verwaltungskostengesetz (ThürVwKostG) vom 23. September 2005 (GVBl. S. 325) in der jeweils geltenden Fassung, findet Anwendung. [3]Die Höhe der Gebühren bestimmt sich nach dem personellen und sachlichen Aufwand der Nachprüfungsbehörde unter Berücksichtigung der wirtschaftlichen Bedeutung des Gegenstands der Nachprüfung. [4]Die Gebühr beträgt mindestens 100 Euro, soll aber den Betrag

von 1 000 Euro nicht überschreiten. ⁵Ergibt die Nachprüfung, dass ein Bieter zu Recht das Vergabeverfahren beanstandet hat, sind keine Kosten zu seinen Lasten zu erheben.

§ 20 Evaluierung

Dieses Gesetz wird fünf Jahre nach Inkrafttreten einer Evaluierung unterzogen.

§ 21 Gleichstellungsbestimmung

Status- und Funktionsbezeichnungen in diesem Gesetz gelten jeweils in männlicher und weiblicher Form.

§ 22 Übergangsregelung

Zum Zeitpunkt des Inkrafttretens dieses Gesetzes bereits begonnene Vergabeverfahren werden nach dem bisherigen Recht fortgesetzt und abgeschlossen.

§ 23 Inkrafttreten

Dieses Gesetz tritt am ersten Tage des auf die Verkündung folgenden ersten Kalendermonats in Kraft.

Thüringer Verwaltungsvorschrift zur Vergabe öffentlicher Aufträge (ThürVVöA)

Vom 16. September 2014

Vorbemerkung

Mit der nachstehenden Verwaltungsvorschrift werden die bislang geltende Richtlinie zur Vergabe öffentlicher Aufträge (Thüringer Staatsanzeiger 2010, S. 919), die Vergabe-Mittelstandsrichtlinie (Thüringer Staatsanzeiger 2011, S. 36) und die Richtlinie über die Zubenennung von Unternehmen bei der Vergabe öffentlicher Aufträge (Thüringer Staatsanzeiger 2006, S. 489) abgelöst. Diese Verwaltungsvorschrift nimmt zugleich den Inhalt des Rundschreibens des TMWAT vom 11. April 2011, Az. 3295/1-25-427 zur Einführung des Thüringer Vergabegesetzes (ThürVgG) auf. Es wird darauf hingewiesen, dass das Thüringer Ministerium für Wirtschaft, Arbeit und Technologie (TMWAT) Formblätter zum ThürVgG erstellt hat. Die aktuellen Fassungen dieser Formblätter sind auf der Internetseite des TMWAT unter → „Wirtschaft und Wirtschaftsförderung" → „Wirtschaftsverwaltung" → „öffentliches Auftragswesen" abrufbar.

1. § 1 ThürVgG – Sachlicher Anwendungsbereich

1.1 Geltungsbereich

§ 1 regelt den sachlichen Anwendungsbereich des ThürVgG.
Der Begriff des öffentlichen Auftrags knüpft unmittelbar an § 99 Gesetz gegen Wettbewerbsbeschränkungen (GWB) an.

1.1.1 Oberhalb und unterhalb der Schwellenwerte

(1) Das ThürVgG gilt für Aufträge oberhalb wie unterhalb der vergaberechtlichen Schwellenwerte der Richtlinien der Europäischen Union, sofern die in § 1 Abs. 1 ThürVgG genannten Anwendungswertgrenzen überschritten werden.

(2) Daher ist bei Überschreiten der Anwendungswertgrenzen von
– 20.000 EUR (ohne Umsatzsteuer) für Liefer-und Dienstleistungsaufträge und
– 50.000 EUR (ohne Umsatzsteuer) für Bauaufträge
sowohl im Ober- als auch im Unterschwellenbereich neben den Vergabe- und Vertragsordnungen (siehe hierzu § 1 Abs. 2 ThürVgG) das ThürVgG zu beachten, sofern im Oberschwellenbereich die Bundesgesetze oder die EU-Richtlinien nichts Abweichendes regeln.

(3) Für den gesamten Unterschwellenbereich wird die jeweils geltende Fassung der Vergabe- und Vertragsordnungen durch § 1 Abs. 2 S. 1 ThürVgG dynamisch für anwendbar erklärt.

(4) Die Bundesregierung setzt die Abschnitte 2 und 3 der Vergabe- und Vertragsordnungen durch Änderung der Vergabeverordnung (VgV) in Kraft. Dieser Zeitpunkt ist in Thüringen auch für Abschnitt 1 maßgeblich. Das heißt, etwaige Änderungen des Abschnittes 1 der Vergabeordnungen werden (erst dann) in Thü-

ringen automatisch in Kraft gesetzt, wenn Neuregelungen zu den Abschnitten 2 und 3 in Kraft treten.

(5) Bis zum Überschreiten der Anwendungswertgrenzen des ThürVgG sind nur die Vorgaben der Vergabe- und Vertragsordnung für Leistungen (VOL) und der Vergabe- und Vertragsordnung für Bauleistungen) (VOB), mit Ausnahme der jeweiligen Abschnitte zum Anwendungsbereich der Richtlinie 2004/18/EG [VOB/A Abschnitt 2 (EG VOB/A) bzw. VOL/A Abschnitt 2 (EG VOL/A)], in der jeweils geltenden Fassung zu beachten (vgl. § 1 Abs. 2 S. 1 ThürVgG).

(6) Darüber hinaus sind bis zum Überschreiten der Anwendungswertgrenzen des ThürVgG neben der jeweiligen Vergabe- und Vertragsordnung (mit Ausnahme des jeweiligen Abschnitts 2 der VOB/A bzw. VOL/A) lediglich die Punkte 1 (Sachlicher Anwendungsbereich) und 2 (Persönlicher Anwendungsbereich) dieser Verwaltungsvorschrift anzuwenden.

(7) Für die Vergabe von freiberuflichen Leistungen (z.B. Architekten- und Ingenieurleistungen) findet aufgrund der Festlegungen des § 1 Abs. 2 ThürVgG (Beschränkung auf Anwendbarkeit der VOB und VOL) das Thüringer Vergabegesetz im Unterschwellenbereich keine Anwendung. Sie können daher grundsätzlich freihändig vergeben werden, wobei die haushaltsrechtlichen Vorgaben zu beachten sind (siehe insbesondere § 55 ThürLHO). Es wird jedoch empfohlen, in Anlehnung an die Bestimmungen der Vergabeordnung für freiberufliche Leistungen (VOF) einen Leistungswettbewerb mit mindestens drei Bewerbern durchzuführen.

(8) Im Hinblick auf die Vergabe von freiberuflichen Leistungen im Unterschwellenbereich wird auf die Beachtung der Richtlinie des TFM zum wirtschaftlichen Einsatz von Haushaltsmitteln für die Vergabe von Gutachten, Studien, Forschungsaufträgen und ähnlichen Werkverträgen vom 6.2.2001 (ThürStAnz 2001, S. 444–445) in der jeweils geltenden Fassung hingewiesen.

(9) Im Oberschwellenbereich jedoch ist das Thüringer Vergabegesetz für die Vergabe von Dienstleistungsaufträgen nach der VOF anzuwenden.

(10) Darüber hinaus findet das Thüringer Vergabegesetz keine Anwendung im Bereich der Vergabeverordnung für Verteidigung und Sicherheit (VSVgV).

1.1.2 Schätzung der Auftragswerte

(1) § 1 Abs. 1 S. 2 ThürVgG erstreckt zur Schätzung der Auftragswerte die für den Oberschwellenbereich geltende Definition des § 3 der Vergabeverordnung (VgV) auch auf den Bereich unterhalb der EU Schwellenwerte. Für die Schätzung des Auftragswertes sind die Absätze 1–9 des § 3 VgV heranzuziehen.

(2) Die Schätzung der Auftragswerte erfolgt ohne Umsatzsteuer.

(3) Bei Bauaufträgen ist bei der Schätzung des Auftragswertes der Gesamtauftragswert (Summe aller Aufträge für eine bauliche Anlage) zu Grunde zu legen.

(4) Neben § 3 Abs. 1 VgV ist im Geltungsbereich des ThürVgG also insbesondere § 3 Abs. 5 VgV zu beachten. Danach ist neben dem Auftragswert der Bauaufträge der geschätzte Wert aller Lieferleistungen zu berücksichtigen, die für die Ausführung der Bauleistung erforderlich sind und vom Auftraggeber zur Verfügung gestellt werden.

(5) Bei Dienstleistungen gilt die geschätzte Gesamtvergütung im Sinne des § 3 Abs. 1 VgV für die Schätzung des Auftragswertes.

(6) Bei Lieferaufträgen sind Lose zur Schätzung des Auftragswertes nur dann zusammenzurechnen, wenn sie gleichartige Lieferungen betreffen (§ 3 Abs. 7 Satz 2 VgV).

1.1.3 EU-Vergaberecht

Die Vergaberegelungen nach dem EU-Vergaberecht bleiben unberührt.

1.2 Weitere Vorschriften

(1) Bei der Durchführung von Bauaufgaben des Bundes und des Landes haben die Dienststellen der Landesverwaltung sowie die landesunmittelbaren juristischen Personen des öffentlichen Rechts die Wertung anhand des Vergabehandbuchs für die Durchführung von Bauaufgaben des Bundes im Zuständigkeitsbereich der Finanzbauverwaltung – VHB – oder anhand des Handbuchs für die Vergabe und Ausführung von Bauleistungen im Straßen- und Brückenbau – HVA – StB – in ihrer jeweils geltenden Fassung vorzunehmen. Kommunalen Auftraggebern wird eine sinngemäße Anwendung der Vergabehandbücher empfohlen. Bei Vergaben von Liefer- und gewerblichen Dienstleistungen nach der Vergabe- und Vertragsordnung für Leistungen Teil A (VOL/A) sollte entsprechend verfahren werden.

(2) Bei der Vergabe von IT-Dienstleistungen wird empfohlen, die Ergänzenden Vertragsbedingungen für die Beschaffung von IT-Leistungen des Bundes (EVB-IT) anzuwenden.

1.2.1 VOB/VOL

(1) § 1 Abs. 2 ThürVgG enthält dynamische Verweisungen zur Anwendung der Vergabe- und Vertragsordnung für Leistungen (VOL) und der Vergabe- und Vertragsordnung für Bauleistungen (VOB) im Unterschwellenbereich. Im Oberschwellenbereich gelten diese Vergabe- und Vertragsordnungen unmittelbar durch die Vergabeverordnung des Bundes in der Fassung vom 11. Februar 2003 (BGBl. I S. 169) in der jeweils geltenden Fassung.

(2) Im Unterschwellenbereich gehen die Bestimmungen des ThürVgG im Kollisionsfall denen der Vergabe- und Vertragsordnungen als lex specialis vor.

(3) Im Oberschwellenbereich gehen im Kollisionsfall die Bestimmungen des GWB und der Vergabe- und Vertragsordnungen denen des ThürVgG vor.

1.2.2 Festlegungen des zuständigen Ministeriums

§ 1 Abs. 2 S. 2 ThürVgG räumt dem für Angelegenheiten im öffentlichen Auftragswesen zuständigen Ministerium die Befugnis ein, Grenzen für Auftragswerte (im Folgenden: Wertgrenzen) festzulegen, bis zu deren erreichen eine Auftragsvergabe im Wege einer beschränkten Ausschreibung oder einer freihändigen Vergabe nach den Vergabe- und Vertragsordnungen zulässig ist.

Daher werden folgende Festlegungen getroffen:

1.2.2.1 Wertgrenzen für beschränkte Ausschreibung und freihändige Vergabe bei Bauleistungen

(1) Bei Bauleistungen ist ohne weitere Einzelbegründung
– eine beschränkte Ausschreibung – in Abweichung von § 3 Abs. 3 Nr. 1 a) – c) Vergabe- und Vertragsordnung für Bauleistungen Teil A (VOB/A) – bis zu einem geschätzten Gesamtauftragswert (ohne Umsatzsteuer) von 150.000 EUR,
– eine freihändige Vergabe bis zu einem geschätzten Gesamtauftragswert (ohne Umsatzsteuer) von 50.000 EUR
zulässig.

(2) Bei einer freihändigen Vergabe sind grundsätzlich mindestens drei Vergleichsangebote einzuholen.

(3) Bei der Vergabe entsprechender Aufträge ist der Grundsatz der wirtschaftlichen und sparsamen Mittelbewirtschaftung zu beachten.

(4) Freihändig vergebene Bauaufträge sollen Handwerksbetrieben und baugewerblichen Kleinbetrieben zu Gute kommen. Auf § 6 Abs. 2 Nr. 3 VOB/A (Wechsel unter den Bewerbern) wird hingewiesen.

(5) Um eine Umgehung des grundsätzlichen Vorrangs der öffentlichen Ausschreibung zu vermeiden, kommt eine Anwendung der vorgenannten Vergabeverfahren nur in Betracht, wenn der Gesamtauftragswert (Summe aller Bauaufträge für eine bauliche Anlage) die genannten Wertgrenzen nicht übersteigt. Bei einer Aufteilung in mehrere Lose, für die jeweils ein gesonderter Auftrag vergeben wird, müssen bei der Schätzung alle Lose berücksichtigt werden.

(6) Auch bei Beschränkten Ausschreibungen und Freihändigen Vergaben ist auf einen fairen Wettbewerb durch Gewährleistung der Transparenz zu achten.

(7) Auf die fortlaufende Informationspflicht der Auftraggeber auf Internetportalen oder in ihren Beschafferprofilen über beabsichtigte Beschränkte Ausschreibungen nach § 3 Abs. 3 Nr. 1 VOB/A ab einem voraussichtlichen Gesamtauftragswert von 25.000 EUR (ohne Umsatzsteuer) und die hierbei zu veröffentlichenden Angaben nach § 19 Abs. 5 VOB/A wird hingewiesen.

1.2.2.2 Wertgrenzen für beschränkte Ausschreibung und freihändige Vergabe bei Liefer- und Dienstleistungen

(1) Bei Liefer- und gewerblichen Dienstleistungen ist ohne weitere Einzelbegründung
– eine beschränkte Ausschreibung bis zu einem geschätzten Auftragswert von 50.000 EUR (ohne Umsatzsteuer) und
– eine freihändige Vergabe bis zu einem geschätzten Auftragswert von 20.000 EUR (ohne Umsatzsteuer)
zulässig.

(2) Bei der Vergabe entsprechender Aufträge sind der Grundsatz der wirtschaftlichen und sparsamen Mittelbewirtschaftung sowie eine mittelstandsfreundliche Vergabe zu beachten.

(3) Es ist auf den jeweiligen geschätzten Auftragswert abzustellen. Eine Addition findet nur im Hinblick auf gleichartige Liefer- und gewerbliche Dienstleistungsaufträge statt.

(4) Bei einer freihändigen Vergabe sollen grundsätzlich drei Vergleichsangebote von unterschiedlichen Anbietern eingeholt werden. Auf die Einholung bindender Angebote kann bis zu einem geschätzten Auftragswert von 20.000 EUR (ohne Umsatzsteuer) verzichtet werden, wenn auf andere Weise mit hinreichender Sicherheit Preise ermittelt werden können, wie sie einem bindenden Angebot zu Grunde gelegt werden [d.h. Offerten (= Preisangebote) aus aktuellen Katalogen und Werbung]. Auch in diesem Fall sind grundsätzlich drei Vergleichspreise von unterschiedlichen Anbietern zu ermitteln.

(5) In jedem Fall sind sowohl die schriftlich eingereichten Angebote als auch die Art und die Grundlage der sonstigen Ermittlung von Preisen aktenkundig zu machen.

(6) Auch bei Beschränkten Ausschreibungen und Freihändigen Vergaben ist auf einen fairen Wettbewerb durch Gewährleistung der Transparenz zu achten.

(7) Um eine Umgehung des grundsätzlichen Vorrangs der öffentlichen Ausschreibung zu vermeiden, kommt eine Anwendung der vorgenannten Vergabeverfahren nur in Betracht, wenn der Gesamtauftragswert (Summe aller gleichartigen Liefer- und Dienstleistungsaufträge) die genannten Wertgrenzen nicht übersteigt. Bei einer Aufteilung in mehrere Lose, für die jeweils ein gesonderter Auftrag vergeben wird, müssen bei der Schätzung alle Lose berücksichtigt werden.

1.2.2.3 Weitere zulässige Vergabeverfahren

(1) Die Möglichkeit einer Beschränkten Ausschreibung oder Freihändigen Vergabe oberhalb der unter 1.2.2.1 und 1.2.2.2 genannten Wertgrenzen bei entsprechender Begründung im Einzelfall nach § 3 Abs. 3 Nrn. 2 und 3 bzw. § 3 Abs. 4 oder § 3 Abs. 5 VOB/A, Abschnitt 1 sowie § 3 Abs. 3 bzw. § 3 Abs. 4 oder § 3 Abs. 5 VOL/A, Abschnitt 1 bleibt unberührt.

(2) Liefer- und gewerbliche Dienstleistungsaufträge mit einem voraussichtlichen (Gesamt-)Auftragswert bis 500 EUR (ohne Umsatzsteuer) dürfen direkt vergeben werden.

2. § 2 ThürVgG – Persönlicher Anwendungsbereich

2.1 Adressaten gemäß § 2 Abs. 1 ThürVgG

Soweit diese Verwaltungsvorschrift auch unterhalb der Anwendungswertgrenzen des ThürVgG greift, entspricht ihr persönlicher Anwendungsbereich dem des § 2 ThürVgG (Vgl. Punkte 2.1.1 bis 2.3).

2.1.1 Landesbehörden, Kommunen, Körperschaften, Anstalten und Stiftungen des Öffentlichen Rechts

(1) Adressaten des Thüringer Vergabegesetzes sind zunächst die Landesbehörden und die Kommunen. Des Weiteren gilt das Gesetz für sonstige Körperschaften, Anstalten und Stiftungen des öffentlichen Rechts, für die § 55 der Thüringer Landeshaushaltsordnung (ThürLHO) oder § 31 der Thüringer Gemeindehaushaltsverordnung (ThürGemHV) bzw. § 24 der Thüringer Gemeindehaushaltsverordnung Doppik (ThürGemHV-Doppik) Anwendung findet.

(2) § 55 ThürLHO findet Anwendung auf Landesbehörden und gem. § 105 ThürLHO entsprechende Anwendung für Körperschaften, Anstalten und Stiftungen des öffentlichen Rechts, die der Aufsicht des Landes unterstehen, soweit nicht durch Gesetz oder auf Grund eines Gesetzes etwas anderes bestimmt ist. Mit der vorgenannten Aufsicht sind sowohl die Rechts- als auch die Fachaufsicht gemeint.

(3) Daher ist auch auf die Industrie- und Handelskammern (vgl. §§ 3, 11 IHK-G) und die Handwerkskammern (vgl. §§ 90, 115 HwO) das ThürVgG anwendbar.

(4) Über die in § 2 Abs. 2 ThürVgG genannten kommunalen Auftraggeber hinaus gilt § 31 ThürGemHV auch für kommunale Eigenbetriebe (§ 9 Thüringer Eigenbetriebsverordnung).

(5) Gemäß § 3 Abs. 5 Thüringer Stiftungsgesetz (ThürStiftG) werden kommunale Stiftungen des bürgerlichen oder des öffentlichen Rechts von einer Gemeinde, einem Landkreis, einem Zweckverband oder einer Verwaltungsgemeinschaft nach den für diese jeweils geltenden kommunalrechtlichen Bestimmungen verwaltet. Dementsprechend gilt § 31 ThürGemHV auch für kommunale Stiftungen gemäß § 88a ThürGemHV i.V.m. der jeweiligen Bestimmung der Körperschaft i.V.m. § 3 Abs. 5 ThürStiftG.

(6) Das ThürVgG gilt auch für öffentliche Aufträge im Rahmen der Bundesauftragsverwaltung (LG Erfurt v. 13.6.2014, Az. 1 S 276/13).

(7) Soweit für eine Maßnahme besondere Finanzierungsformen (z. B. Leasing, Forfaitierung) erwogen werden, sollen die Vergabestellen ihren Einfluss auf Vergabeverfahren auch eines privaten Auftraggebers sicherstellen, z. B. durch die Auflage,
– bei sämtlichen Vergabeverfahren die VOB, VOL und VOF/HOAI sinngemäß zu Grunde zu legen,
– Finanzierungs-, Bau- und Lieferleistungen getrennt zu vergeben,
– beim Nachunternehmereinsatz bevorzugt kleine und mittlere Unternehmen zu berücksichtigen.

2.1.2 Zuwendungsempfänger

Die Regelungen des ThürVgG gelten nach § 2 Abs. 1 S. 2 ThürVgG für Zuwendungsempfänger nur, soweit sie im Zuwendungsbescheid hierzu verpflichtet werden. Die geltenden, vom Thüringer Finanzministerium herausgegebenen Allgemeinen Nebenbestimmungen für Zuwendungen (ANBest) enthalten derzeit folgende Vorgaben: Die Zuwendungsempfänger, für die die Allgemeinen Nebenbestimmungen für Zuwendungen zur Projektförderung (ANBest-P) oder die Allgemeinen Nebenbestimmungen zur institutionellen Förderung (ANBest-I) gelten, haben bei der Vergabe von Aufträgen bei Bauleistungen den Abschnitt 1 der VOB/A und bei der Vergabe von Lieferungen und Dienstleistungen den Abschnitt 1 der VOL/A anzuwenden, wenn die Zuwendung oder der Gesamtbetrag mehrerer Zuwendungen mehr als 50.000 EUR beträgt.

2.2 Adressaten gemäß § 2 Abs. 2 ThürVgG

Gemeinden, Landkreise, Verwaltungsgemeinschaften und Zweckverbände wurden bereits durch Abs. 1 erfasst, werden hier aber der Klarheit halber erneut genannt. § 2 Abs. 2 ThürVgG wurde durch Artikel 7 des Gesetzes vom 23. Juli 2013 (GVBl. S. 194, 202) geändert. Neu eingefügt wurden die (kommunalen) Anstalten und die gemeinsamen kommunalen Anstalten.

2.3 Adressaten gemäß § 2 Abs. 3 ThürVgG

(1) Juristische Personen des Privatrechts, welche die Voraussetzungen des § 98 Nr. 2 GWB erfüllen, hatten bisher im Oberschwellenbereich das GWB, die VgV sowie die VOB/A, die VOL/A und die VOF zu beachten.

(2) § 2 Abs. 3 ThürVgG verpflichtet auch diese Auftraggeber nunmehr zur Anwendung des ThürVgG unabhängig von den EU-Schwellenwerten und zur Anwendung der Vergabe- und Vertragsordnungen (VOB/A und VOL/A) auch im Unterschwellenbereich, sofern die in § 1 Abs. 1 ThürVgG genannten Anwendungswertgrenzen überschritten werden.

(3) Das grundsätzliche Anknüpfen an § 98 Nr. 2 GWB grenzt den Kreis der öffentlichen Unternehmen, die an die Regelungen des Thüringer Vergabegesetzes gebunden werden, auf diejenigen ein, die im Allgemeininteresse liegende Aufgaben nichtgewerblicher Art erfüllen.

(4) Kommunale Unternehmen, die der Definition des § 98 Nr. 2 GWB unterfallen und gleichzeitig Sektorenauftraggeber nach der SektVO sind, sind nur in Ausübung ihrer Sektorentätigkeit von der Anwendung des ThürVgG und der Vergabe- und Vertragsordnungen (VOB/A und VOL/A) befreit. Für alle Aufträge, die sie

außerhalb ihrer Sektorentätigkeit vergeben, muss nach § 2 Abs. 3 ThürVgG das ThürVgG und damit die VOL/A und VOB/A angewendet werden. Dies gilt auch für Aufträge, deren Auftragswert die Schwellenwerte des § 1 Abs. 2 SektVO i.V.m Art. 16 und 69 der Richtlinie 2004/17/EG[1] erreicht.

(5) Bei sog. „Mischaufträgen" ist der überwiegende Anteil des Auftragswerts maßgebend. Ist zweifelhaft, ob eine Vergabe im Zusammenhang mit Sektorentätigkeiten steht, so haben die Auftraggeber die Vergabe- und Vertragsordnungen anzuwenden.

3. § 3 ThürVgG – Mittelstandsförderung

3.1 Förderung kleiner und mittlerer Unternehmen

§ 3 Abs. 1 ThürVgG enthält die Verpflichtung, kleine und mittlere Unternehmen bei beschränkten Ausschreibungen und freihändigen Vergaben in angemessenem Umfang zur Angebotsabgabe aufzufordern.

3.1.1 Begriffsbestimmungen

Unter die kleinen und mittleren Unternehmen fallen auch die so genannten Kleinstunternehmen.
– Ein Kleinstunternehmen ist ein Unternehmen, das weniger als zehn Personen beschäftigt und dessen Jahresumsatz bzw. Jahresbilanz 2 Millionen Euro nicht überschreitet.
– Ein kleines Unternehmen ist ein Unternehmen, welches weniger als 50 Personen beschäftigt und dessen Jahresumsatz bzw. Jahresbilanz 10 Millionen Euro nicht übersteigt.
– Ein mittleres Unternehmen ist ein Unternehmen, das weniger als 250 Personen beschäftigt, einen Jahresumsatz von höchstens 50 Mio. Euro erzielt oder dessen Jahresbilanzsumme sich auf höchstens 43 Mio. Euro beläuft.

Die Definitionen sind angelehnt an Artikel 2 des Anhangs zur Empfehlung 2003/361/EG (Amtsblatt der EU L 124/36 vom 20. Mai 2003).

3.1.2 Berücksichtigung von kleinen und mittleren Unternehmen, kleinen Büroorganisationen und Berufsanfängern

(1) Bei Beschränkten Ausschreibungen und Freihändigen Vergaben sind regelmäßig auch kleine und mittlere Unternehmen in angemessenem Umfang zur Angebotsabgabe aufzufordern. Auf das Zubenennungsverfahren durch die Industrie- und Handelskammer Erfurt (vgl. Vor 7.1) wird hingewiesen.

(2) Der Wechsel im Bewerberkreis im Sinne von § 6 Abs. 2 VOB/A, ist zu berücksichtigen. Auch bei ausreichender Zahl bekannter Bewerber soll neuen Bewerbern Gelegenheit zur erstmaligen Teilnahme gegeben werden.

(3) Aus § 3 Abs. 1 ThürVgG darf jedoch nicht herausgelesen werden, dass im Unterschwellenbereich die beschränkte Ausschreibung oder die freihändige Vergabe ohne weiteres zulässig sei. Auch im Anwendungsbereich des ThürVgG ist die öffentliche Ausschreibung vorrangig anzuwenden (vgl. § 3 Abs. 2 VOL/A; § 3 Abs. 2

---

[1] Richtlinie 2004/17/EG des Europäischen Parlaments und des Rates vom 31. März 2004 zur Koordinierung der Zuschlagserteilung durch Auftraggeber im Bereich der Wasser-, Energie- und Verkehrsversorgung sowie der Postdienste (ABl. L 134 vom 30.4.2004, S. 1), zuletzt geändert durch die Verordnung (EG) Nr. 1177/2009 der Kommission der Europäischen Gemeinschaft vom 30. November 2009 (ABl. L 314 vom 1.12.2009, S. 64).

VOB/A). Lediglich in den Fällen der Ziffer 1.2.2 darf ohne weitere Einzelbegründung eine beschränkte Ausschreibung oder eine freihändige Vergabe als Vergabeart gewählt werden. In allen anderen Fällen ist in der Dokumentation des Vergabeverfahrens unter Nennung des entsprechenden Ausnahmetatbestandes zu begründen, weshalb ein anderes Verfahren als die öffentliche Ausschreibung gewählt wurde.

3.2 Vorrang der Teil- und Fachlosvergabe, sonstige Wirkung des § 3 Abs. 2 ThürVgG

(1) Mit der Regelung des § 3 Abs. 2 ThürVgG wird die Einbeziehung kleiner und mittlerer Unternehmen bei der Vergabe öffentlicher Aufträge nochmals betont. Die Bestimmung nimmt auch Bezug auf die Pflicht zur Teilung der Leistung in Fach- und Teillose gemäß § 97 Abs. 3 S. 1 GWB, § 5 Abs. 2 S. 1 VOB/A, 5 Abs. 2 S. 1 EG VOB/A sowie § 2 Abs. 2 S. 1 VOL/A, § 2 Abs. 2 S. 1 EG VOL/A.

(2) § 3 Abs. 2 ThürVgG ist so zu verstehen, dass kleine und mittlere Unternehmen einen Zugang zu Vergabeverfahren haben sollen und so auch die Chance erhalten, beim Zuschlag berücksichtigt werden zu können. Die Bevorzugung eines Unternehmens beim Zuschlag aufgrund des Umstandes, dass es ein kleines oder mittleres Unternehmen ist, wäre unzulässig.

3.3 Bekanntmachungen, Landesvergabeplattform

(1) Alle staatlichen Auftraggeber sind nunmehr nach § 3 Abs. 3 ThürVgG verpflichtet, die Ausschreibung eines öffentlichen Auftrages zusätzlich zur Bekanntmachung im Staatsanzeiger[2] in elektronischer Form auf der zentralen Landesvergabeplattform, abrufbar unter www.serviceportal.thueringen.de → „Ausschreibungen Thüringen" bekannt zu machen. Die Landesvergabeplattform wurde vom Thüringer Finanzministerium eingerichtet und ist seit dem 1.2.2011 in Betrieb. Nachfragen hierzu können an die geschulten Ansprechpartner in den jeweiligen Ressorts gerichtet werden.

(2) Sonstige Körperschaften, Anstalten und Stiftungen des öffentlichen Rechts im Sinne des § 2 Abs. 1 ThürVgG und kommunale Auftraggeber im Sinne des § 2 Abs. 2 ThürVgG können die Landesvergabeplattform für ihre Bekanntmachungen nutzen, sind dazu aber nicht verpflichtet. Die Nutzung der Thüringer Landesvergabeplattform für kommunale Auftraggeber wird jedoch empfohlen.

(3) Den Vergabestellen der Landesverwaltung werden sowohl die Einrichtung als auch der Betrieb der Mandanten zur Nutzung der Thüringer Vergabeplattform kostenfrei zur Verfügung gestellt. Ansonsten betragen die Kosten pro Veröffentlichung derzeit pauschal 50 EUR.

(4) Private Maßnahmeträger (z.B. Zuwendungsempfänger und Unternehmen i.S.v. § 98 Nr. 2 GWB) können aufgrund der Vereinbarungen des Thüringer Finanzministeriums mit dem Bundesministerium des Inneren die Thüringer Vergabeplattform jedoch nicht zur Veröffentlichung ihrer Ausschreibungen nutzen.

(5) Für Unternehmen ist die Einsichtnahme des Bekanntmachungstextes kostenfrei. Dies gilt auch für das Herunterladen der Vergabeunterlagen, hierfür ist allerdings eine einmalige, kostenfreie Onlineregistrierung notwendig.

(6) Auf die Vorabinformationspflicht nach § 19 Abs. 5 VOB/A über beabsichtigte beschränkte Ausschreibungen ab einem voraussichtlichen Auftragswert von 25.000 EUR (ohne Umsatzsteuer) wird hingewiesen. Auch auf die Informations-

---

[2] Verpflichtend aufgrund des Beschlusses III. 1. der 135. Kabinettssitzung vom 20.7.1993, wodurch der Staatsanzeiger als Veröffentlichungsblatt für öffentliche Ausschreibungen und Teilnahmewettbewerbe bestimmt wurde.

pflicht der Auftraggeber nach Zuschlagserteilung gemäß § 20 Abs. 3 VOB/A über jeden mittels beschränkter Ausschreibung ohne Teilnahmewettbewerb ab einem Auftragswert von 25.000 EUR (ohne Umsatzsteuer) und freihändiger Vergabe ab einem Auftragswert von 15.000 EUR (ohne Umsatzsteuer) vergebenen Auftrag wird hingewiesen. Ebenfalls wird auf die Informationspflicht nach § 19 Abs. 2 VOL/A hingewiesen, wonach Auftraggeber jeden mittels beschränkter Ausschreibung ohne Teilnahmewettbewerb und freihändiger Vergabe ohne Teilnahmewettbewerb vergebenen Auftrag ab einem Auftragswert von 25.000 EUR (ohne Umsatzsteuer) zu veröffentlichen haben. Bei europaweiten Ausschreibungen haben die Vergabestellen im Amtsblatt der EU über jeden vergebenen Auftrag zu informieren, § 23 EG VOL/A, § 18 Abs. 2 und 3 EG VOB/A.

4. § 4 ThürVgG – Berücksichtigung ökologischer und sozialer Kriterien

§ 4 ThürVgG stellt in Anlehnung an § 97 Abs. 4 S. 2 GWB auch für den Unterschwellenbereich klar, dass ökologische und soziale Kriterien (vergleiche §§ 5, 6, 10, 11, 13 ThürVgG) auf allen Stufen des Vergabeverfahrens von der Vergabestelle den Bietern vorgegeben werden können, wenn sie im sachlichen Zusammenhang mit der Auftragsleistung stehen und in der Bekanntmachung oder den Vergabeunterlagen angegeben sind. Dies gilt insbesondere auch für die Förderung von Innovation, Umweltverträglichkeit und Energieeinsparung.

5. § 5 ThürVgG – Definition des Auftragsgegenstandes

(1) Es wird klargestellt, dass das in § 97 Abs. 5 GWB und den einschlägigen Regelungen in der VOB/A und der VOL/A statuierte Prinzip der Erteilung des Zuschlags auf das wirtschaftlichste Angebot auch dann zu beachten ist, wenn der Auftraggeber mit der Vergabe besondere ökologische bzw. soziale Ziele verbinden will.

(2) Darüber hinaus wird durch die Bezugnahme auf das Unionsrecht in § 5 Halbsatz 3 ThürVgG hervorgehoben, dass das Prinzip der diskriminierungsfreien Ausschreibung auch bei Aufträgen mit Binnenmarktbezug im Unterschwellenbereich gilt.

6. § 6 ThürVgG – Technische Spezifikation des Auftrages

Das Erfordernis der produktneutralen Ausschreibung ergibt sich aus den Vergabe- und Vertragsordnungen (§ 7 Abs. 8 VOB/A, § 7 Abs. 8 EG VOB/A § 7 Abs. 4 VOL/A, § 8 Abs. 7 EG VOL/A).

6.1 Beschreibung von Umweltanforderungen

(1) Sofern der Auftraggeber Umweltaspekte bei der Vergabe berücksichtigen möchte, kann er entsprechende Umweltanforderungen im Rahmen der Leistungsbeschreibung, der Benennung von technischen Spezifikationen sowie bei der Festlegung von Zuschlagskriterien bestimmen. Hierbei sollen besonders die Lebenszykluskosten und die Energieeffizienz berücksichtigt werden.

(2) Durch die Beschreibung der Leistung, wie beispielsweise als „Strom aus erneuerbaren Energiequellen", „Ökostrom" oder „Recycling-Papier", können dem Auftragnehmer auch mittelbar bestimmte Produktionsverfahren bei der Ausführung des Auftrags vorgegeben werden.

(3) Bei der umweltverträglichen Beschaffung kann auf Umweltgütezeichen zurückgegriffen werden, sofern diese die in der Regelung näher dargelegten Voraussetzungen erfüllen. Der Nachweis der Erfüllung der technischen Vorgaben durch andere geeignete Beweismittel wird dadurch nicht ausgeschlossen.

6.2 Nebenangebote

Nebenangebote können bei Beschaffungen zur Förderung von Innovation und Umweltverträglichkeit beitragen. Um Nebenangebote berücksichtigen zu können, müssen allerdings folgende Voraussetzungen erfüllt sein:
- Gemäß § 8 Abs. 2 Nr. 3 VOB/A, § 8 Abs. 2 EG VOB/A hat der Auftraggeber anzugeben, ob er Nebenangebote nicht oder nur ausnahmsweise in Verbindung mit einem Hauptangebot zulässt.
- Nach § 8 Abs. 4 VOL/A, § 9 Abs. 5 EG VOL/A können Nebenangebote zugelassen werden. Fehlt eine entsprechende Angabe in der Bekanntmachung oder den Vergabeunterlagen, sind keine Nebenangebote zugelassen.

Vorbemerkung zu 7
Allgemeine Hinweise zum Vergabeverfahren

Vor 7.1 Auftragsberatungsstellen und Zubenennung

Vor 7.1.1 Auftragsberatungsstellen

(1) Beratungsstellen für das Öffentliche Auftragswesen in Thüringen sind die Thüringer Industrie- und Handelskammern und Handwerkskammern. Sie haben im Gesamtinteresse einer freien Wirtschaft die angemessene Beteiligung der Unternehmen aus Industrie, Handel und Handwerk des Freistaats Thüringen an öffentlichen Aufträgen zu fördern.

(2) Die zentrale Stelle für die Zubenennung der Auftragsberatung Thüringen ist die Industrie- und Handelskammer Erfurt (IHK Erfurt). Die IHK Erfurt koordiniert die Zubenennung mit den Auftragsberatungsstellen der anderen Länder.

Vor 7.1.2 Nutzungspflicht/Nutzungsmöglichkeit

(1) Die Auftraggeber informieren soweit möglich und zweckmäßig die IHK Erfurt über vorgesehene Teilnahmewettbewerbe im Rahmen beschränkter Ausschreibungen und freihändiger Vergaben nach der VOL/A, damit die IHK Erfurt unter Einschaltung der anderen Thüringer Industrie- und Handelskammern und Handwerkskammern geeignete Unternehmen darüber unterrichten kann.

(2) Bei beschränkten Ausschreibungen und freihändigen Vergaben nach der VOL/A ist die Industrie- und Handelskammer Erfurt (IHK Erfurt, www.erfurt.ihk.de) als Auftragsberatungsstelle aufzufordern, innerhalb der vom Auftraggeber vorgesehenen Frist geeignete Unternehmen zu benennen, die der Auftraggeber zur Abgabe eines Angebots auffordern kann. Dies gilt nicht, wenn die Einschaltung im Einzelfall nach Art und Umfang der geforderten Leistungen unmöglich oder unzweckmäßig ist bzw. der Auftragswert weniger als 5.000 EUR beträgt. Darüber hinaus kann bei Aufträgen mit einem geschätzten Auftragswert unter 20.000 EUR von der Einschaltung abgesehen werden.

(3) Den Gemeinden, Landkreisen und kommunalen Körperschaften wird die Einschaltung der IHK Erfurt zur Zubenennung empfohlen.

(4) Für die öffentlichen Auftraggeber erfolgt die Zubenennung kostenfrei.

Vor 7.1.3 Zubenennung

(1) Bei der Zubenennung hat die Auftragsberatungsstelle auf eine angemessene Beteiligung kleiner und mittlerer Unternehmen (vgl. § 3 Thür VgG), auf die

Berücksichtigung der durch Rechts- und Verwaltungsvorschriften bevorzugten Bewerber, auf regionale Streuung im Freistaat Thüringen und auf einen Wechsel des Bewerberkreises zu achten.

(2) Die IHK Erfurt darf nur fachkundige, leistungsfähige und zuverlässige Bewerber benennen. Die Firmenvorschläge dürfen nicht von der Zugehörigkeit der Firmen zu Organisationen oder zu Verbänden der gewerblichen Wirtschaft abhängig gemacht werden. Die IHK Erfurt darf keine Aufschlüsse geben über Vorgänge, die nach der Natur der Sache Vertraulichkeit oder Geheimhaltung erfordern.

(3) Für das Zubenennungsverfahren führt die IHK Erfurt federführend für die drei Thüringer Industrie- und Handelskammern und Handwerkskammern eine so genannte Bieterdatenbank. Die Datenbank enthält Unternehmen aller Branchen und Größenklassen mit Firmensitz bzw. Betriebsstätte in Thüringen, die bei freihändigen Vergaben und beschränkten Ausschreibungen zubenannt werden möchten. Der Benennungsvorgang beginnt mit der Anfrage durch die Vergabestelle, in der der Beschaffungsgegenstand bzw. die Leistungsbeschreibung, Fristen für die Benennung sowie weitere ausschreibungsrelevante Daten dargestellt werden. Die IHK Erfurt ermittelt auf der Grundlage dieser Angaben die geeigneten Unternehmen aus der Bieterdatenbank und kontaktiert diese im Vorfeld der Benennung. Wenn vom öffentlichen Auftraggeber gewünscht, wird auch eine bundesweite Recherche unter Einbeziehung der Auftragsberatungsstellen anderer Bundesländer durchgeführt. Der öffentliche Auftraggeber erhält schließlich von der IHK Erfurt eine Liste der Unternehmen, die ein Angebot zu der konkreten Ausschreibung abgeben möchten.

Vor 7.2 Vorbereitung von Ausschreibungen

Vor 7.2.1 Getrennte Vergabe von Planungs- und Ausführungsleistungen

Der Auftraggeber hat sicher zu stellen, dass durch die Teilnahme von Unternehmen, die ihn bereits vor Einleitung des Vergabeverfahrens mit der Planung und/oder Ausarbeitung der Ausschreibungsunterlagen beraten oder sonstig unterstützt haben (sog. Vorbefassung), der Wettbewerb nicht verfälscht wird vgl. § 6 Abs. 6 VOL/A, § 6 Abs. 7 EG VOL/A, § 6 Abs. 7 EG VOB/A.

Vor 7.2.2 Kosten der Abgabe/Übersendung von Vergabeunterlagen und Fristen im Verfahren

(1) Für die Abgabe/Übersendung der Vergabeunterlagen darf bei Öffentlichen Ausschreibungen, nicht jedoch bei beschränkten Ausschreibungen und freihändigen Vergaben, ein Entgelt gefordert werden. Die Höhe des Entgelts darf die Selbstkosten des Auftraggebers für die Vervielfältigung der Unterlagen und die Portokosten nicht überschreiten (§ 8 Abs. 7 VOB/A, § 8 Abs. 7 EG VOB/A, § 8 Abs. 2 VOL/A, § 9 Abs. 3 EG VOL/A).

(2) Für die Erarbeitung und Einreichung der Angebote sowie für die Ausführung durch die Bieter/Bewerber hat die Vergabestelle ausreichende Fristen festzulegen. Für die Erarbeitung und Einreichung des Angebots wird keine Entschädigung gewährt. Verlangt jedoch der Auftraggeber, dass der Bewerber Entwürfe, Pläne, Zeichnungen, Berechnungen oder andere vergleichbare Unterlagen ausarbeitet, so ist einheitlich für alle Bieter in der Ausschreibung eine angemessene Entschädigung festzusetzen (§ 8 Abs. 8 VOB/A, § 8 Abs. 8 EG VOB/A).

7. § 7 ThürVgG – Auswahl der Bieter

Öffentliche Aufträge sind vorbehaltlich weitergehender Bundes- oder Landesgesetze nur an fachkundige, leistungsfähige und zuverlässige (geeignete) Unternehmen zu vergeben. Zum Wettbewerb um öffentliche Aufträge dürfen nur solche Bewerber/Bieter zugelassen werden, die Leistungen der ausgeschriebenen Art gewerbsmäßig ausführen und die die gewerbe- und handwerksrechtlichen Voraussetzungen für die Ausführung der Leistungen besitzen.

7.1 Eignungsnachweise

(1) Im Rahmen von § 7 Abs. 1 ThürVgG sind die einschlägigen Bestimmungen der VOB/A, EG VOB/A bzw. VOL/A, EG VOL/A anzuwenden.

(2) In geeigneten Fällen kann die Vergabestelle gemäß § 6 Abs. 3 Nr. 2 S. 3 und 4 VOB/A, § 6 Abs. 3 VOL/A statt der behördlichen Nachweise Eigenerklärungen des Bewerbers bzw. Bieters zulassen.

7.2 Präqualifikation von Unternehmen

(1) § 7 Abs. 2 ThürVgG eröffnet die Möglichkeit, die in § 6 Abs. 4 VOL/A, § 7 Abs. 4 EG VOL/A und § 6 Abs. 3 Nr. 2 VOB/A, § 6 Abs. 3 EG VOB/A zugelassenen Präqualifizierungsnachweise auch im Unterschwellenbereich zu nutzen.

(2) § 7 Abs. 2 ThürVgG stellt durch seinen Wortlaut klar, dass es dem Bewerber/Bieter obliegt, den Nachweis seiner Eignung mittels einer gültigen Bescheinigung eines Präqualifizierungsverfahrens zu erbringen oder den Weg über Einzelnachweise zu wählen. Sofern der Bewerber/Bieter den Nachweis mittels Präqualifizierung wählt, sind demzufolge gültige Präqualifizierungsnachweise der im Folgenden genannten Stellen durch die Auftraggeber, in gleicher Weise wie Einzelnachweise ohne Einschränkungen als Nachweise für unternehmensbezogene Fachkunde, Leistungsfähigkeit, Zuverlässigkeit und Gesetzestreue zu akzeptieren.

(3) Bereits im Rahmen des Präqualifizierungsverfahrens nachgewiesene Eigenschaften eines Bieters sind nicht nochmals durch Einzelnachweise belegen zu lassen.

(4) Die Präqualifizierungsdatenbank für den Liefer- und Dienstleistungsbereich (PQ-VOL) wird von den Thüringer Industrie- und Handelskammern und den Thüringer Handwerkskammern gemeinsam mit der Auftragsberatungsstelle Sachsen-Anhalt geführt. Anträge zur Aufnahme in das System können interessierte Unternehmen bei den Thüringer Industrie- und Handelskammern stellen (https://www.pq-vol.de).

(5) Auf der Internetseite https://www.pq-vol.de/ ist unter dem Link „Liste der Eignungsnachweise" einsehbar, welche Einzelnachweise zur Eignung des Bieters von der Präqualifizierung im VOL-Bereich abgedeckt werden.

(6) Für den Bereich der Bauleistungen ist die allgemein zugängliche Liste des Vereins für die Präqualifikation von Bauunternehmen e.V. (Präqualifikationsverzeichnis) unter http://www.pq-verein.de/ abrufbar.

(7) Die im VOB-Bereich erfassten Einzelnachweise können Anlage 1 der Leitlinie des Bundesministeriums für Verkehr, Bau und Stadtentwicklung für die Durchführung eines PQ-Verfahrens in der jeweils geltenden Fassung, abrufbar auf der Internetseite des BMVI (www.bmvi.de) unter dem Suchbegriff „Präqualifizierung von Bauunternehmen", entnommen werden.

(8) Die Gültigkeit der Präqualifikation ergibt sich aus dem aktuellen Internetauszug.

(9) Die PQ-Datenbanken enthalten alle Unternehmen, die von Auftragsberatungsstellen oder Industrie- und Handelskammern bzw. von Präqualifizierungsstellen auf ihre Eignung (Fachkunde, Leistungsfähigkeit, Zuverlässigkeit) überprüft worden sind. Öffentliche Auftraggeber haben nach einmaliger Registrierung kostenfrei die Möglichkeit, die vorgelagerte und auftragsunabhängige Zertifizierung von Eignungsnachweisen präqualifizierter Unternehmen einzusehen. Auf diese Weise soll der Aufwand für Auftraggeber und Auftragnehmer sowie insbesondere der Ausschluss von Angeboten aufgrund formaler Fehler (fehlende Eignungsnachweise) reduziert werden.

(10) Ist ein Bieter oder Bewerber in das Präqualifikationsverzeichnis eingetragen, können weiterhin zusätzliche, auf den konkreten Auftrag bezogene, Eignungsnachweise verlangt werden. Das Präqualifikationsverzeichnis enthält keine durch landesrechtliche Vorschriften (z.B. Landesvergabegesetz) statuierten zusätzlichen Eignungsnachweise.

(11) Da die Teilnahme an dem Präqualifizierungssystem freiwillig ist, bleibt ein Nachweis der Eignung durch Einzelnachweise und Erklärungen durch die Bieter und Bewerber weiterhin möglich.

(12) In diesem Zusammenhang wird darauf hingewiesen, dass die VOB/A und die VOL/A das Nachfordern von Nachweisen und Erklärungen zulassen (§ 16 Abs. 2 VOL/A, § 19 Abs. 2 EG VOL/A) bzw. vorgeben (§ 16 Abs. 1 Nr. 3 VOB/A, § 16 Abs. 1 Nr. 3 EG VOB/A). Auch § 15 Abs. 1 ThürVgG (Wertungsausschluss) ermöglicht eine Nachforderung von Nachweisen und Erklärungen.

(13) Gemäß § 6 Abs. 3 Nr. 2 S. 5 EG VOB/A sind im Oberschwellenbereich auch Eintragungen in gleichwertige Verzeichnisse anderer Mitgliedsstaaten der Europäischen Union als Nachweise zugelassen.

7.3 Ausschluss ungeeigneter Bewerber, Bekämpfung von Schwarzarbeit und illegaler Beschäftigung, Einhaltung von Mindestbedingungen

(1) Öffentliche Auftraggeber können gemäß § 7 Abs. 3 ThürVgG solche Unternehmen von der Auftragsvergabe ausschließen, die eine der in § 7 Abs. 3 ThürVgG genannten Varianten erfüllen. Dabei ist zu beachten, dass im Rahmen arbeitnehmerschützender Vorschriften auch die richterrechtliche Ausgestaltung des Arbeitnehmerdatenschutzes zu berücksichtigen ist.

(2) Um sicherzustellen, dass die Ermessensentscheidung des § 7 Abs. 3 ThürVgG durch die Vergabestelle ordnungsgemäß ausgeübt wird, sollte dem Bieter bzw. Bewerber vor der Entscheidung in der Regel Gelegenheit zur Stellungnahme gegeben werden.

7.3.1 Bekämpfung von Schwarzarbeit und illegaler Beschäftigung, Einhaltung von Mindestbedingungen

(1) Bei Bewerbern/Bietern, die die tatbestandsmäßigen Voraussetzungen des § 21 (Ausschluss von öffentlichen Aufträgen) Schwarzarbeitsbekämpfungsgesetz (SchwarzArbG) oder § 21 (Ausschluss von öffentlichen Aufträgen) Arbeitnehmer-Entsendegesetz (AEntG) in der jeweils geltenden Fassung erfüllen, wird vermutet, dass sie die erforderliche Zuverlässigkeit im Sinne von § 6 Abs. 3 Nr. 2 Buchst. g VOB/A, § 6 Abs. 3 Nr. 2 Buchst. g oder § 6 Abs. 5 Buchst. c VOL/A, § 6 Abs. 6 Buchst. c) EG VOL/A nicht besitzen.

(2) Das Gleiche gilt auch schon vor Durchführung eines Straf- oder Bußgeldverfahrens, wenn im Einzelfall angesichts der Beweislage kein vernünftiger Zweifel

an einer schwerwiegenden Verfehlung besteht (vgl. §§ 21 Abs. 1 S. 2 AEntG und 21 Abs. 1 S. 2 SchwarzArbG).

(3) In diesem Zusammenhang wird ausdrücklich auf die Möglichkeit einer Abfrage im Sinne der §§ 21 Abs. 1 S. 3 SchwarzArbG, 21 Abs. 2 AEntG bei der Zollverwaltung des Bundes hingewiesen. Des Weiteren kann als Erkenntnisquelle das Gewerbezentralregister genutzt werden. Näheres hierzu findet sich unter www.bundesjustizamt.de → „Bürgerdienste" → „Gewerbezentralregister" → „Auskünfte zur Vorbereitung vergaberechtlicher Entscheidungen (Ausschreibungen)".

7.3.2 Sonstige Ausschlussgründe

Neben den in § 7 Abs. 3 ThürVgG genannten Ausschlusstatbeständen bleiben die Ausschlussgründe der §§ 16 Abs. 1 Nr. 2 VOB/A, 16 Abs. 1 Nr. 2 EG VOB/A bzw. 6 Abs. 5 VOL/A, 6 Abs. 6 EG VOL/A unberührt.

8. § 8 ThürVgG – Erteilung des Zuschlags

(1) Der Zuschlag ist nach § 8 Satz 1 und 2 ThürVgG auf das unter Berücksichtigung aller Umstände wirtschaftlichste Angebot zu erteilen, wobei der niedrigste Angebotspreis allein nicht entscheidend ist.

(2) Das wirtschaftlichste Angebot ist bei Leistungen dasjenige Angebot, bei dem das günstigste Verhältnis zwischen der gewünschten Leistung und dem angebotenen Preis erzielt wird. Maßgebend sind alle auftragsbezogenen Kriterien (z. B. Lieferfrist bzw. Ausführungsdauer, Betriebskosten, Rentabilität, Qualität, Ästhetik und Zweckmäßigkeit, technischer Wert, Kundendienst und Technische Hilfe, Zusagen hinsichtlich der Ersatzteile, Versorgungssicherheit). Durch § 8 Satz 2 ThürVgG wird nochmals klargestellt, dass eine schematische Zuschlagserteilung an den billigsten Bieter unzulässig ist. Der Preis ist nur dann entscheidend, wenn die angebotenen Leistungen nach Art und Umfang gleich und deren Preise angemessen sind.

(3) Hervorzuheben ist, dass nur die Wertungskriterien zur Ermittlung des wirtschaftlichsten Angebots herangezogen werden dürfen, die zuvor in der Bekanntmachung oder in den Vergabeunterlagen festgelegt worden sind.

(4) Sollen gem. § 8 Satz 4 ThürVgG Umweltkriterien als Zuschlagskriterien bei der Zuschlagserteilung berücksichtigt werden, so ist Folgendes zu beachten: Aufgrund des Transparenzgebots, welches unmittelbar aus EU-Recht folgt und gemäß § 8 Satz 4 Nr. 4 ThürVgG zu beachten ist, wird ausdrücklich darauf hingewiesen, dass Umweltkriterien, welche als Zuschlagskriterien beachtet werden sollen, stets in der Bekanntmachung oder in der Aufforderung zur Abgabe eines Angebots ausdrücklich zu nennen sind. Eine Nennung lediglich im Leistungsverzeichnis genügt insofern nicht, da dort genannte Umweltkriterien technische Spezifikationen (vgl. § 7 Abs. 7 VOB/A) darstellen und als solche nicht als Zuschlagskriterien gewertet werden können. Zudem wäre eine eindeutige Information über sämtliche entscheidungsrelevanten Zuschlagskriterien nicht mehr gewährleistet, da der Bieter/Bewerber Zuschlagskriterien, die in die Wertung einfließen, unmissverständlich, eindeutig und von Anfang an erkennen können muss. Insofern ist der § 8 Satz 4 Nr. 2 ThürVgG im Lichte des Transparenzgebotes wie vorgenannt auszulegen.

9. § 9 ThürVgG – Bedingungen für die Ausführung des Auftrags

§ 9 ThürVgG stellt klar, dass Auftraggeber auch außerhalb der Zuschlagskriterien bestimmte Anforderungen an die Ausführung des Auftrages in der Bekanntmachung oder in den Vergabeunterlagen vorsehen können, sofern diese keine versteckten technischen Spezifikationen, Auswahl- oder Zuschlagskriterien darstellen.

10. § 10 ThürVgG – Tariftreue und Entgeltgleichheit

(1) § 10 ThürVgG stellt klar, dass Auftraggeber bereits bei der Angebotsabgabe auf Mindestentgeltvorgaben und Arbeitsbedingungen achten und sich die Bewerber zur Einhaltung dieser Vorgaben verpflichten müssen.

(2) Damit soll den Wettbewerbsverzerrungen zu Lasten kleiner und mittlerer Unternehmen durch Lohndumping begegnet und ein Beitrag zu Sicherung von Arbeitsplätzen, eines ausreichenden sozialen Schutzes und eines angemessenen Einkommensniveaus geleistet werden. Ungerechtfertigte Belastungen der sozialen Sicherungssysteme werden darüber hinaus eingeschränkt.

10.1 Tariftreue bei an das AEntG gebundenen Bau- und Dienstleistungen, andere Mindestentgelte

(1) Mit § 10 Abs. 1 ThürVgG wurde eine spezifische gesetzliche Grundlage für die Verpflichtung der Auftragnehmer zur Abgabe einer Erklärung über die Beachtung der Mindestentgelte und Arbeitsbedingungen nach dem Arbeitnehmer-Entsendegesetz und anderer gesetzlicher Bestimmungen über Mindestentgelte geschaffen.

(2) Andere gesetzliche Mindestlöhne können auch ohne Tarifregelungen statuiert werden.

(3) Ferner wird durch die Bezugnahme auf § 5 Nr. 3 AEntG in § 10 Abs. 1 S. 2 ThürVgG klargestellt, dass auch die Einziehung von Beiträgen und die Gewährung von Leistungen an eine gemeinsame Einrichtung der Tarifvertragsparteien im Zusammenhang mit Urlaubsansprüchen nach § 5 Nr. 2 AEntG Inhalt allgemeinverbindlich erklärter Tarifverträge sein können und daher zu berücksichtigen sind.

(4) Geltende für allgemeinverbindlich erklärte Tarifverträge können auf der Internetseite des Bundesministeriums für Arbeit und Soziales, www.bmas.de → „Arbeitsrecht" → „Tarifverträge" eingesehen werden.

(5) Die in Thüringen geltenden Tarifverträge können erfragt werden beim:
Thüringer Ministerium für Wirtschaft, Arbeit und Technologie
Referat Arbeits- und Tarifrecht
Max-Reger-Str. 4 – 8
99096 Erfurt
bzw. Montag – Donnerstag 13.00 Uhr bis 16.00 Uhr
Telefon: 0361 3797967
Telefax: 0361 37978955
E-mail: tarifregister@tmwat.thueringen.de.

(6) Zum Nachweis der Tariftreue steht das Formblatt EVB – Tariftreue und Entgeltgleichheit, abrufbar auf der Internetseite des TMWAT (http://www.thueringen.de/th6/tmwat) → „Wirtschaft und Wirtschaftsförderung" → „Wirtschaftsverwaltung" → „öffentliches Auftragswesen", zur Verfügung.

(7) Im Hinblick auf das Formblatt zur Tariftreue wird ausdrücklich darauf hingewiesen, dass es sich bei den im Formblatt durch Unterschrift zu bestätigenden Vorgaben um ergänzende Vertragsbedingungen handelt. Das heißt, dass die Bieter mittels ihrer Unterschrift eine Willenserklärung über zwingend einzuhaltende Nebenpflichten abgeben. Demzufolge kann das Formblatt bzw. die Unterschrift

auf dem Formblatt nicht nach Angebotsabgabe durch die Vergabestelle nachgefordert werden.

(8) Die Unterschrift des Bieters auf diesem Formblatt ist also zwingend notwendig. Fehlt die Unterschrift, ist das gesamte Angebot vom Vergabeverfahren auszuschließen.

(9) Etwas anderes gilt nur dann, wenn die Vergabestelle das Vergabehandbuch des Bundes (VHB Bund) anwendet und in Formblatt Nr. 213 bzw. Nr. 613 im Rahmen der Auflistung der Anlagen das Formblatt zu Tariftreue und Entgeltgleichheit ausdrücklich aufführt. Auch in den Formblättern Nrn. 211/ 211 VS/ 211 EU bzw. Nr. 611 ist auf das Formblatt EVB – Tariftreue und Entgeltgleichheit unter dem jeweiligen Punkt Anlagen C) (Anlagen, „die, soweit erforderlich, ausgefüllt mit dem Angebot einzureichen sind") hinzuweisen. Dann wird das Fehlen der Unterschrift des Bieters auf dem Formblatt EVB – Tariftreue und Entgeltgleichheit durch die Unterschrift des Bieters auf dem Formblatt Nr. 213 bzw. Nr. 613 geheilt. Diese Heilungsmöglichkeit besteht jedoch nicht, wenn es der Bieter vollständig unterlässt, das Formblatt EVB – Tariftreue und Entgeltgleichheit seinem Angebot beizufügen.

(10) Bei der Vergabe von Liefer- oder Dienstleistungen kann die Vergabestelle in Anlehnung an die Formblätter Nr. 213 bzw. Nr. 613 und Nrn. 211/ 211 VS/ 211 EU bzw. Nr. 611 des VHB Bund eigene Formblätter erstellen und verwenden. Sofern diese eigenen Formblätter inhaltlich angepasst an die Vergabe von Liefer- oder Dienstleistungen dieselben Angaben enthalten wie die genannten Formblätter des VHB Bund, gilt die vorgenannte Heilungsmöglichkeit entsprechend.

(11) Im Rahmen der e-Vergabe ersetzt die fortgeschrittene elektronische Signatur unter Beachtung der Anforderungen der Vergabestelle oder die qualifizierte elektronische Signatur gemäß § 13 Abs. 1 Nr. 1 S. 3 VOB/A, § 13 Abs. 1 S. 2 HS. 2 VOL/A sämtliche Unterschriften, also auch diejenige auf dem Formblatt EVB – Tariftreue und Entgeltgleichheit.

10.2 Tariftreue im ÖPNV

(1) Mit § 10 Abs. 2 ThürVgG sollen öffentliche Auftraggeber und Aufgabenträger des öffentlichen Personennahverkehrs verpflichtet werden, Aufträge nur an Unternehmen zu vergeben, die sich verpflichten, ihren Arbeitnehmern bei der Ausführung dieser Leistungen mindestens die am Ort der Leistungsausführung einschlägigen Lohn- und Gehaltstarife zum tarifvertraglich vorgesehenen Zeitpunkt zu zahlen und dies auch von ihren Nachunternehmern zu verlangen.

(2) Die nach § 10 Abs. 2 ThürVgG zu berücksichtigenden Lohn- und Gehaltstarife bei Auftragsvergaben für Dienstleistungen der allgemein zugänglichen Beförderung von Personen im öffentlichen Personennahverkehr werden im Thüringer Staatsanzeiger veröffentlicht.

(3) Sogenannte Freigestellte Schülerverkehre und sonstige Sonderbeförderungen von Schülergruppen im Auftrag des Schulträgers (z.B. Ausflugsfahrten, Exkursionen, Sportfeste) sind kein öffentlicher Personennahverkehr im Sinne des § 10 Abs. 2 ThürVgG. Bei der öffentlichen Auftragsvergabe in diesen Fällen findet § 10 Abs. 2 ThürVgG daher keine Anwendung.

10.3 Entgeltgleichheit

(1) Nach § 10 Abs. 3 ThürVgG ist darüber hinaus auch die Einhaltung der Entgeltgleichheit schriftlich zu versichern.

(2) Ungleichheiten in der Entlohnung innerhalb eines Unternehmens können in unterschiedlichen tarifvertraglichen Regelungen (beispielsweise Unterschiede in den örtlich geltenden Tarifverträgen) begründet sein.

(3) Hierzu steht ebenfalls das o.g. Formblatt EVB – Tariftreue und Entgeltgleichheit, abrufbar auf der Internetseite des TMWAT (http://www.thueringen.de/th6/tmwat) → „Wirtschaft und Wirtschaftsförderung" → „Wirtschaftsverwaltung" → „öffentliches Auftragswesen", zur Verfügung.

11. § 11 ThürVgG – ILO-Kernarbeitsnormen

(1) Aufgrund der Mitgliedschaft Deutschlands in der Internationalen Arbeitsorganisation, einer Sonderorganisation der Vereinten Nationen, sind auch die Bundesländer verpflichtet, die im Rahmen der Kernarbeitsnormen der Internationalen Arbeitsorganisation (ILO) festgelegten Mindeststandards einzuhalten, zu fördern und zu verwirklichen.

(2) Dies betrifft insbesondere die Vereinigungsfreiheit und die effektive Anerkennung des Rechts zu Kollektivverhandlungen; die Beseitigung aller Formen von Zwangs- oder Pflichtarbeit; die effektive Abschaffung der Kinderarbeit und die Beseitigung der Diskriminierung in Beschäftigung und Beruf.

(3) In Deutschland agierende Unternehmen, die diese Grundprinzipien und Rechte bewusst missachten, dürfen aufgrund fehlender Zuverlässigkeit keine öffentlichen Aufträge erhalten.

(4) Die Beachtung der „ILO-Kernarbeitsnormen" wird im Stadium der Vertragsausführung als Ergänzende Vertragsbedingung zu einer vertraglichen Nebenpflicht des Auftragnehmers.

(5) Für die von den Auftragnehmern bei der Angebotsabgabe nach § 11 ThürVgG abzugebende Erklärung zur Einhaltung der ILO-Kernarbeitsnormen steht das Formblatt EVB-ILO, abrufbar auf der Internetseite des TMWAT (http://www.thueringen.de/th6/tmwat) → „Wirtschaft und Wirtschaftsförderung" → „Wirtschaftsverwaltung" → „öffentliches Auftragswesen", zur Verfügung.

(6) Wie zu § 10 ThürVgG wird auch im Rahmen von § 11 ThürVgG ausdrücklich darauf hingewiesen, dass es sich bei dem auszufüllenden und zu unterschreibenden Formblatt zu den ILO-Kernarbeitsnormen um ergänzende Vertragsbedingungen handelt (vgl. 10.1 Abs. 7).

(7) Daraus folgt, dass das Nichtausfüllen des Formblattes zu den ILO-Kernarbeitsnormen oder das Fehlen der Unterschrift des Bieters auf dem Formblatt oder das Nichtbeilegen des Formblattes dazu führt, dass das gesamte Angebot vom Vergabeverfahren auszuschließen ist.

(8) Sofern die Vergabestelle das Vergabehandbuch des Bundes anwendet und in Formblatt Nr. 213 bzw. Nr. 613 im Rahmen der Auflistung der Anlagen sowie in den Formblättern Nrn. 211, 211 VS bzw. 211 EU bzw. Nr. 611 das Formblatt zu den ILO-Kernarbeitsnormen ausdrücklich aufführt, kann die fehlende Unterschrift, nicht aber das Versäumen des Ausfüllens oder des Beilegens des Formblattes zu den ILO-Kernarbeitsnormen, mittels der Unterschrift auf dem Formblatt Nr. 213 bzw. Nr. 613 geheilt werden.

(9) Diese Heilungsmöglichkeit gilt entsprechend, sofern die Vergabestelle bei der Vergabe von Liefer- oder Dienstleistungen eigene Formblätter erstellt und verwendet, die inhaltlich angepasst an die Vergabe von Liefer- oder Dienstleistungen dieselben Angaben enthalten wie die o.g. Formblätter des VHB Bund (vgl. dazu 10.1 Abs. 10).

(10) Im Rahmen der e-Vergabe ersetzt die fortgeschrittene elektronische Signatur unter Beachtung der Anforderungen der Vergabestelle oder die qualifizierte elektronische Signatur gemäß § 13 Abs. 1 Nr. 1 S. 3 VOB/A, § 13 Abs. 1 S. 2 HS. 2 VOL/A sämtliche Unterschriften, also auch diejenige auf dem Formblatt EVB – ILO.

12. § 12 ThürVgG – Nachunternehmereinsatz

(1) Während § 12 Abs. 1 ThürVgG regelt, unter welchen Voraussetzungen Bau- und Dienstleistungen auf Nachunternehmer übertragen werden dürfen, regelt § 12 Abs. 2 ThürVgG welche Voraussetzungen die Nachunternehmer erfüllen müssen. Dabei hat allerdings der Auftragnehmer darauf zu achten, dass der Nachunternehmer diese Pflichten erfüllt.

(2) § 12 Abs. 3 ThürVgG ermöglicht eine nachträgliche Beauftragung von Nachunternehmern. § 12 Abs. 4 ThürVgG enthält schließlich vertraglich festzulegende Pflichten des Auftragnehmers im Falle von Nachunternehmereinsatz.

12.1 Zustimmung des Auftraggebers

(1) Die Vergabebestimmungen gehen grundsätzlich davon aus, dass der Auftragnehmer die Leistungen im eigenen Betrieb auszuführen hat (Eigenleistungsverpflichtung). Daher darf er Leistungen in der Regel erst mit vorheriger Zustimmung des Auftraggebers an Nachunternehmer übertragen.

(2) Um aufgrund einer sachgemäßen Prüfung von Geeignetheit und Zuverlässigkeit eines Nachunternehmers über die Zulassung seines Einsatzes entscheiden zu können, darf die Vergabestelle vom Bieter vor der Zuschlagserteilung die Benennung von Name und Sitz der einzusetzenden Nachunternehmer verlangen. Insofern sind die Bieter zur Auskunft bis spätestens zum Zeitpunkt der Zuschlagserteilung verpflichtet. Im Falle der nachträglichen Einschaltung eines Nachunternehmers greift § 12 Abs. 3 ThürVgG.

(3) Diese Zustimmung ist jedoch nicht notwendig bei Leistungen, auf die der Betrieb des Auftragnehmers nicht eingerichtet ist (vgl. § 4 Abs. 8 VOB/B; § 4 Abs. 3 Nr. 4 VOL/B).

12.2 Einbeziehen des/der Nachunternehmer in die Pflichten des Auftragnehmers

(1) Die Bestimmung des § 12 Abs. 2 ThürVgG stellt sicher, dass auch dann, wenn Nachunternehmer eingeschaltet werden, zentrale Anliegen des Gesetzes von diesen zu beachten sind. Einerseits bedarf die Einschaltung oder der Wechsel eines Nachunternehmers grundsätzlich der Zustimmung des öffentlichen Auftraggebers [Ausnahme: wenn eine Leistung vergeben wird, auf die der Betrieb des Auftragnehmers nicht eingestellt ist (siehe § 12 Abs. 3 Satz 1 Halbsatz 2 i. V. m. 12 Abs. 1 Satz 2 ThürVgG)], zum anderen sind auf den Nachunternehmer die Pflichten zur Beachtung der Tariftreue und Entgeltgleichheit und der ILO-Kernarbeitsnormen zu übertragen. Hierfür stehen die Formblätter „Nachunternehmererklärung zur Tariftreue und Entgeltgleichheit" sowie „Nachunternehmererklärung zur Beachtung der ILO-Kernarbeitsnormen", abrufbar auf der Internetseite des TMWAT (http://www.thueringen.de/th6/tmwat) → „Wirtschaft und Wirtschaftsförderung" → „Wirtschaftsverwaltung" → „öffentliches Auftragswesen", zur Verfügung.

(2) Im Gegensatz zu § 17 ThürVgG sieht § 12 Abs. 2 ThürVgG eine Durchführung der Kontrolle durch den Auftragnehmer bei den Nachunternehmern obligatorisch vor. Dies ist dahingehend zu verstehen, dass die Erklärungen nach §§ 10 und 11 ThürVgG von den Nachunternehmern zu verlangen sind und diese zugleich zu verpflichten sind, die Verpflichtungen nach § 17 Abs. 2 ThürVgG zu beachten.

(3) Es ist nicht ohne weiteres erforderlich, dass der (Haupt-)Auftragnehmer eine Kontrolle nach § 17 ThürVgG bei dem Nachunternehmer durchführt; hat er jedoch aufgrund von Tatsachen Zweifel, ob der Nachunternehmer seinen Verpflichtungen nach § 17 ThürVgG nachkommt, hat er eine entsprechende Kontrolle durchzuführen.

(4) Tatsachen im vorgenannten Sinne können insbesondere sein:
– dem Hauptauftragnehmer wird zugetragen, dass der Nachunternehmer gegen Tarifregeln verstößt
– der Preis des Nachunternehmers weicht i.S.d. § 14 ThürVgG erheblich von der eigenen Angebotskalkulation des Hauptauftragnehmers ab.

12.3 Nachträglicher Einsatz eines Nachunternehmers

§ 12 Abs. 3 ThürVgG betrifft die nachträgliche Beauftragung bzw. den Wechsel des Nachunternehmers. Auch in diesem Falle gelten die in § 12 ThürVgG und alle unter 12. dieser Verwaltungsvorschrift gemachten Vorgaben.

12.4 Vertragliche Pflichten des Auftragnehmers bei Weitergabe von Leistungen an Nachunternehmer

(1) Zusätzlich zu den in § 12 Abs. 4 Nrn. 1-4 ThürVgG genannten vertraglichen Pflichten ist im Falle des Nachunternehmereinsatzes aufgrund des § 12 Abs. 2 ThürVgG in den Vergabeunterlagen festzulegen, dass der Bieter bzw. Auftragnehmer
– bereits in dem Angebot zu erklären hat, welche Leistungen im eigenen Betrieb aus welchen Gründen nicht erbracht werden und – soweit möglich – die Nachunternehmer mit Firma und Sitz zu benennen hat,
– bevorzugt kleine und mittelständische Unternehmen beteiligt und die Nachunternehmer vom öffentlichen Charakter des Auftrags in Kenntnis setzt,
– nur fachkundige, leistungsfähige und zuverlässige Nachunternehmer beauftragt, die ihren gesetzlichen Verpflichtungen zur Zahlung von Steuern, Sozialabgaben, für allgemeinverbindlich erklärten Tariflöhnen sowie von geschuldeten Beiträgen an eine gemeinsame Einrichtung der Tarifvertragsparteien nachkommen und die gewerberechtlichen Voraussetzungen erfüllen,
– vereinbarte Konditionen und gesetzliche Rahmenbedingungen unverändert weiterzugeben hat; den Nachunternehmern – insbesondere hinsichtlich Mängelansprüche, Vertragsstrafe, Zahlungsweise und Sicherheitsleistungen – keine ungünstigeren Bedingungen auferlegen darf, als zwischen Auftragnehmer und Auftraggeber vereinbart sind,
– dem Auftraggeber rechtzeitig vor der beabsichtigten Übertragung Art und Umfang der Leistung sowie Namen und Anschrift des hierzu vorgesehenen Nachunternehmers bekanntgibt und – soweit erforderlich – die Zustimmung des Auftraggebers gemäß § 12 Abs. 1 und § 12 Abs. 3 ThürVgG (s. auch § 4 Abs. 8 VOB/B) zu beantragen hat,
– dem Auftraggeber mitzuteilen hat, bei welcher Berufsgenossenschaft der jeweilige Nachunternehmer Mitglied ist (einschließlich Angabe der Mitgliedsnum-

mer) und zu welchem Bereich der Nachauftragnehmer gehört (Handwerk, Industrie, Handel, Sonstiges) sowie
- auch im Rahmen des Vertragsverhältnisses mit dem Nachunternehmer die VOB/B bzw. VOL/B zum Vertragsbestandteil zu machen.

(2) Es wird ausdrücklich auf das Formblatt „Ergänzende Vertragsbedingungen zu §§ 12, 15, 17, 18 ThürVgG", abrufbar auf der Internetseite des TMWAT (http://www.thueringen.de/th6/tmwat) → „Wirtschaft und Wirtschaftsförderung" → „Wirtschaftsverwaltung" → „öffentliches Auftragswesen", hingewiesen, bei dem nunmehr ebenfalls eine Unterschrift notwendig ist. Das unter 10.1 Abs. 7–11 im Hinblick auf das Fehlen der Unterschrift bzw. des gesamten Formblattes sowie zur Heilungsmöglichkeit und e-Vergabe Gesagte gilt entsprechend.

13. § 13 ThürVgG – Berufliche Erstausbildung und Chancengleichheit von Frauen und Männern

Bei gleichwertigen Angeboten können gem. § 13 ThürVgG in der beruflichen Erstausbildung engagierte oder solche Unternehmen bevorzugt berücksichtigt werden, die die Chancengleichheit von Frauen und Männern fördern. Voraussetzung ist jedoch, dass auf diese Anforderungen in der Bekanntmachung oder in den Vergabeunterlagen hingewiesen wird.

13.1 Berufliche Erstausbildung

(1) Wegen der Regeln des Europäischen Binnenmarkts sind dabei die in den Mitgliedstaaten der Europäischen Union sowie in anderen Vertragsstaaten des Europäischen Wirtschaftsraums und weiteren Government Procurement Agreement-Staaten sowie der Schweiz etablierten Ausbildungssysteme zu beachten, wobei nicht-duale Berufsausbildungen anderer Staaten nicht diskriminiert werden dürfen.

(2) Nach primärem und sekundärem Europäischen Recht darf sich das Ausbildungskriterium nicht auf den Ort der zu erbringenden Leistung beschränken, sondern muss den Gegebenheiten des Herkunftsstaats Rechnung tragen. Die Regelungen sind in jedem Einzelfall in der Ausschreibung vorzugeben, damit sie bei der Prüfung und Wertung rechtswirksam berücksichtigt werden können.

13.2 Förderung der Chancengleichheit von Männern und Frauen

(1) Als solche Maßnahmen kommen in Betracht z. B. die Erarbeitung und Umsetzung von Zielvorgaben zur Erhöhung des Anteils von Frauen oder Männern in allen Funktionsebenen des Unternehmens, die Vergabe von Ausbildungsplätzen zu gleichen Teilen an Mädchen und Jungen, der Einsatz flexibler Arbeitszeitgestaltung, nach Beendigung der Elternzeit die Bereitstellung des früheren Arbeitsplatzes oder eines gleichwertigen Arbeitsplatzes unter Bedingungen, die für die Beschäftigten nicht weniger günstig sind, die Bereitstellung betrieblicher oder ortsnaher Kinderbetreuung oder bei unvermeidbarem Personalabbau die Vermeidung einer überproportionalen Verringerung des Anteils von Frauen oder Männern an der Gesamtbeschäftigtenzahl. Die in Betracht kommenden Maßnahmen sind in der Ausschreibung jeweils anzugeben.

(2) Stellt der Auftraggeber in einem Vergabeverfahren oberhalb des Schwellenwertes gemäß § 100 GWB gleichstellungsfördernde Bedingungen auf, kommt § 97 Abs. 4 S. 2 GWB zur Anwendung. Danach können u. a. zusätzliche soziale Anforderungen an den Auftragnehmer gestellt werden, wenn sie im sachlichen Zusam-

menhang mit dem Auftragsgegenstand stehen, sich somit auf die Ausführung des Auftrags beziehen und sich aus der Leistungsbeschreibung ergeben. So kann z. B. die Beschäftigung von Frauen und Männern zu gleichen Teilen bei der Auftragsausführung verlangt werden, ggf. bezogen auf die Projektleitung, sofern diese aus mehreren Personen besteht oder differenziert nach unterschiedlichen Mitarbeitergruppen bei den Ausführungskräften.

13.3 Gleichwertigkeit von Angeboten i.S.d. § 13 Abs. 3 ThürVgG

Angebote sind dann gleichwertig i.S.d. § 13 Abs. 3 ThürVgG, wenn ihre Angebotspreise übereinstimmen.

14. § 14 ThürVgG – Wertung unangemessen niedriger Angebote

(1) Leistungen dürfen nur zu angemessenen Preisen vergeben werden (§ 2 Abs. 1 VOB/A § 2 Abs. 1 Nr. 1 EG VOB/A, § 2 Abs. 1 VOL/A, § 2 Abs. 1 EG VOL/A). Auf Angebote mit einem unangemessen hohen oder einem unangemessen niedrigen Preis darf der Zuschlag nach den einschlägigen Regelungen der Vergabe- und Vertragsordnungen nicht erteilt werden (§ 16 Abs. 6 Nr. 1 VOB/A, § 16 Abs. 6 Nr. 1 EG VOB/A, § 16 Abs. 6 VOL/A, § 19 Abs. 6 EG VOL/A). Die Vergabebestimmungen sind insoweit vom Grundsatz des Interessenausgleichs der Marktpartner, Auftraggeber und Auftragnehmer getragen. Der Auftraggeber soll insbesondere vor Fällen geschützt werden, in denen durch Dumpingangebote entweder qualitativ schlechtere Leistungen erbracht werden oder in unberechtigte Nachforderungen ausgewichen wird. Geschützt werden sollen auch die Bieter, die aufgrund einer ordnungsgemäßen Kalkulation ihre Preise berechnen. Nur durch die Vergabe zu angemessenen Preisen kann eine leistungsfähige Wirtschaft und damit ein ausreichender Wettbewerb, der wiederum die Vergabe zu angemessenen Preisen sicherstellt, gewährleistet werden.

(2) Wenn und soweit die Regelungen des ThürVgG von denen der Vergabe- und Vertragsordnungen abweichen, gilt das unter 1.2.1 Abs. 2 und 3 Gesagte entsprechend.

14.1 Überprüfung unangemessen niedriger Angebote

(1) § 14 Abs. 1 ThürVgG statuiert über die vorgenannten Überprüfungspflichten der Vergabe- und Vertragsordnungen hinaus die Pflicht des Auftraggebers, ungewöhnlich niedrige Angebote stets zu überprüfen.

(2) Liegen darüber hinaus die Voraussetzungen des § 14 Abs. 2 ThürVgG vor, hat der Auftraggeber die Kalkulation des Angebots vom Auftragnehmer anzufordern und im Hinblick auf die Nachvollziehbarkeit der Kosten zu überprüfen.

(3) Die Regelungen des § 16 Abs. 6 VOL/A, § 19 Abs. 6 EG VOL/A und des § 16 Abs. 6 VOB/A, § 16 Abs. 6 EG VOB/A, mit der Pflicht des Auftraggebers zur Prüfung unangemessener Angebote bleiben unberührt, d.h., die Prüfung nach § 14 ThürVgG ist eigenständig gegenüber der Prüfung nach § 16 Abs. 6 VOL/A, § 19 Abs. 6 EG VOL/A und des § 16 Abs. 6 VOB/A, § 16 Abs. 6 EG VOB/A.

(4) Sofern zu wenige oder gar keine Vergleichsangebote vorliegen, gilt folgende Faustregel: Weicht das vorliegende Angebot von der eigenen Angebotskalkulation der Vergabestelle um mindestens zehn Prozent ab, wird das Vorliegen eines unangemessen niedrigen Angebots widerleglich vermutet. Daher wird auch in diesen Fällen eine Überprüfung nach § 14 Abs. 1, Abs. 2 S. 2 und 3 ThürVgG empfohlen.

14.2 Überprüfung bei mindestens 10 % Abweichung

(1) § 14 Abs. 2 S. 1 ThürVgG legt die Grenze, ab der die Vergabestelle zu prüfen hat, ob es sich um ein unangemessen niedriges Angebot handelt, bei mindestens zehn Prozent Abweichung zum nächst teureren Angebot fest.

(2) Den Vergabestellen bleibt es gemäß § 14 Abs. 1 S. 1 ThürVgG unbenommen, in begründeten Fällen ungewöhnlich niedriger Angebote eine solche Überprüfung durchzuführen, obwohl weniger als 10 % Abweichung zum nächst teureren Angebot vorliegt.

(4) Ein geeignetes Hilfsmittel zur Prüfung der Angemessenheit des Angebotspreises sind bei Bauleistungen die einheitlichen Formblätter Preis (EFB-Preis), die bei Zweifeln an der Angemessenheit der Angebotspreise gesondert auszuwerten sind. Dabei sind die Einzelansätze zu vergleichen und objekt- und betriebsbezogen zu untersuchen. Die Lohnkosten sind insbesondere darauf zu prüfen, ob der Mittellohn sowie die Zuschläge für lohngebundene und lohnabhängige Kosten sich im Rahmen der tarifvertraglichen Vereinbarungen und der gesetzlichen Verpflichtungen halten. Bieter, die gegen allgemeinverbindliche Tarifverträge oder gesetzliche Verpflichtungen verstoßen, handeln rechtswidrig. Entsprechende Angebote begründen die Vermutung, dass der Bieter nicht in der Lage sein wird, seine Leistung vertragsgerecht zu erbringen. Solche Bieter sind als ungeeignet aus der Wertung auszuschließen.

(5) Ist die Angemessenheit auch nach der Auswertung der EFB-Preis nicht zu beurteilen, muss vom Bieter eine schriftliche Aufklärung der Preise verlangt werden. Die Kalkulation ist anzufordern.

(6) Die Prüfung der Angemessenheit der Angebotspreise und die Ergebnisse sind in der Dokumentation zum Vergabeverfahren zu dokumentieren.

15. § 15 ThürVgG – Wertungsausschluss

(1) Aufgrund von § 15 Abs. 1 ThürVgG in Verbindung mit den Vergabe- und Vertragsordnungen können die Vergabestellen Bieter von der Wertung ausschließen, sofern diese die in den Nrn. 1–3 genannten Nachweise nicht bzw. nicht rechtzeitig vorlegen.

(2) Im Hinblick auf § 15 Abs. 1 Nr. 2 ThürVgG ist darauf hinzuweisen, dass diese Vorschrift im Lichte der in 10.1 und 11. dieser Verwaltungsvorschrift zu §§ 10 und 11 des ThürVgG gemachten Aussagen auszulegen ist. D. h. die Vergabestelle ist hinsichtlich ihres durch § 15 Abs. 1 ThürVgG eröffneten Ermessens insoweit gebunden, als eine Nachforderung von Formularen zu Ergänzenden Vertragsbedingungen nicht möglich ist.

(3) Sonstige Nachweise oder Erklärungen im Sinne des § 15 Abs. 1 Nr. 3 sind zum Beispiel solche im Sinne der §§ 6 Abs. 3 Nr. 2a – i VOB/A, 12 Abs. 2 Buchst. l VOL/A.

(4) § 15 Abs. 2 ThürVgG dehnt den Anwendungsbereich des Abs. 1 auf die Fälle aus, in denen ein Nachunternehmer eingesetzt wird. Der Nachunternehmer hat gem. § 15 Abs. 2 S. 1 ThürVgG vor Auftragserteilung zwingend die Nachweise und Erklärungen entsprechend § 15 Abs. 1 Nrn. 1 und 2 ThürVgG vorzulegen. Ob zudem sonstige Nachweise gemäß § 15 Abs. 1 Nr. 3 ThürVgG erforderlich sind, ist anhand des konkreten Einzelfalls zu beurteilen.

Gemäß § 15 Abs. 2 S. 2 ThürVgG gilt dies auch im Falle der Nachunternehmerbenennung nach Auftragserteilung.

Für die Erklärungen nach § 15 Abs. 2 i.V.m. Abs. 1 Nr. 2 ThürVgG stehen die Formblätter „Nachunternehmererklärung zur Tariftreue und Entgeltgleichheit" und „Nachunternehmererklärung zur Beachtung der ILO-Kernarbeitsnormen" auf der Internetseite des TMWAT (http://www.thueringen.de/th6/tmwat) → „Wirtschaft und Wirtschaftsförderung" → „Wirtschaftsverwaltung" → „öffentliches Auftragswesen" zur Verfügung. Die Kontrolle der ordnungsgemäßen Abgabe (vollständiges Ausfüllen durch die und Unterschrift der Nachunternehmer) dieser Nachunternehmerformblätter obliegt gem. § 12 Abs. 2 ThürVgG dem Bieter bzw. Auftragnehmer. Für eine eventuell notwendige Nachforderung der Formblätter gelten die allgemeinen Bestimmungen der §§ 16 VOB/A, 16 VOB/A EG, 16 VOL/A, 19 VOL/A EG.

(5) Wenn und soweit die Regelungen des ThürVgG von denen der Vergabe- und Vertragsordnungen abweichen, gilt das unter 1.2.1 Abs. 2 und 3 Gesagte entsprechend.

(6) Es wird ausdrücklich auf das Formblatt „Ergänzende Vertragsbedingungen zu §§ 12, 15, 17, 18 ThürVgG", abrufbar auf der Internetseite des TMWAT (http://www.thueringen.de/th6/tmwat) → „Wirtschaft und Wirtschaftsförderung" → „Wirtschaftsverwaltung" → „öffentliches Auftragswesen", hingewiesen Dieses Formblatt ist ebenfalls zu unterschreiben. Das unter 10.1 Abs. 7–11 im Hinblick auf das Fehlen der Unterschrift bzw. des gesamten Formblattes sowie zur Heilungsmöglichkeit und e-Vergabe Gesagte gilt entsprechend.

16. § 16 ThürVgG – Sicherheitsleistung bei Bauleistungen

(1) § 16 Abs. 1 ThürVgG schafft als „Soll-Bestimmung" Raum für eine sachgerechte, die Umstände des Einzelfalls berücksichtigende Entscheidung über die Notwendigkeit einer Sicherheitsleistung bei der Vergabe von Bauleistungen.

(2) Sicherheitsleistungen sollen regelmäßig erst ab einem Auftragswert von 250.000,- EUR verlangt werden.

(3) Die §§ 9 Abs. 7 S. 2 und 3, Abs. 8 VOB/A, 9 Abs. 7, 8 EG VOB/A sind neben § 16 Abs. 1 ThürVgG anzuwenden.

(4) Bei der Entscheidung über den Verzicht auf Sicherheitsleistung ist insbesondere zu berücksichtigen, ob vergleichbare Bauleistungen wiederholt vertragsgemäß erbracht wurden und dass keine Anhaltspunkte dafür vorliegen, dass die anstehende Bauleistung nicht vertragsgemäß erbracht wird. Auch wenn ein Bedürfnis nach Sicherheit dem Grunde nach besteht, ist in jedem Einzelfall sorgfältig zu prüfen, inwieweit die Sicherheit der Höhe nach beschränkt werden kann. Die vorzeitige Rückgabe der Sicherheit nach § 9 Abs. 8 VOB/A, § 9 Abs. 8 EG VOB/A kommt insbesondere dann in Betracht, wenn auf Grund der Art der Leistung – z. B. herkömmliche bewährte Bauweise – künftig auftretende Mängel nach Ablauf eines Teils der Frist typischerweise nicht zu erwarten sind.

(5) Bei der Vergabe von Liefer- und Dienstleistungen sind §§ 9 Abs. 4 VOL/A, 11 Abs. 4 EG VOL/A anzuwenden.

17. § 17 ThürVgG – Kontrollen

(1) § 17 eröffnet dem Auftraggeber hinsichtlich der Einhaltung der Vergabevoraussetzungen Prüfungs- und Kontrollmöglichkeiten.

(2) Besteht der begründete Verdacht, dass die Vergabevoraussetzungen nicht beachtet worden sind, ist der öffentliche Auftraggeber gehalten, Kontrollen durchzuführen, indem Einsicht in die Entgeltabrechnungen des Auftragnehmers und der Nachunternehmer sowie die Unterlagen über die Abführung von Steuern und Sozialversicherungsbeiträgen nach § 15 Abs. 1 Nr. 1 ThürVgG oder die mit Nach-

unternehmern abgeschlossenen Werkverträge genommen wird. Darüber hinausgehende Kontrollrechte bestehen nicht.

(3) Ein begründeter Verdacht liegt vor, wenn Tatsachen die Annahme rechtfertigen, dass der Auftragnehmer oder sein Nachunternehmer seinen aufgrund Gesetzes auferlegten Verpflichtungen nicht nachkommt. Die ist in der Regel dann der Fall, wenn Situationen analog der unter 12.2 Abs. 4 genannten Regelbeispiele auftreten oder dem Auftraggeber ähnliche Umstände zugetragen oder anderweitig bekannt werden.

(4) Um die Kontrollrechte wirksam ausüben zu können, hat der Auftraggeber bei jeder Auftragsvergabe mit dem Auftragnehmer vertraglich zu vereinbaren, dass ihm auf Verlangen die Entgeltabrechnungen des Auftragnehmers und der Nachunternehmer sowie die Unterlagen über die Abführung von Steuern und Sozialversicherungsbeiträgen nach § 15 Abs. 1 S. 1 Nr. 1 ThürVgG und die zwischen Auftragnehmer und Nachunternehmer abgeschlossenen Werkverträge vorgelegt werden.

(5) Da hiermit Datenschutzbestimmungen zu Gunsten der Beschäftigten berührt werden, ist der Auftragnehmer (Arbeitgeber) vertraglich zu verpflichten, seine Beschäftigten auf die Möglichkeit der Vornahme solcher Stichprobenkontrollen hinzuweisen (datenschutzrechtliches Gebot der Transparenz).

(6) Es wird ausdrücklich auf das Formblatt „Ergänzende Vertragsbedingungen zu §§ 12, 15, 17, 18 ThürVgG", abrufbar auf der Internetseite des TMWAT (http://www.thueringen.de/th6/tmwat) → „Wirtschaft und Wirtschaftsförderung" → „Wirtschaftsverwaltung" → „öffentliches Auftragswesen", hingewiesen, bei dem nunmehr ebenfalls eine Unterschrift notwendig ist. Das unter 10.1 Abs. 7–11 im Hinblick auf das Fehlen der Unterschrift bzw. des gesamten Formblattes sowie zur Heilungsmöglichkeit und e-Vergabe Gesagte gilt entsprechend.

18. § 18 ThürVgG – Sanktionen

Zusammenarbeit mit der Landeskartellbehörde

(1) Um wettbewerbsbeschränkende Verhaltensweisen zu bekämpfen (vgl. § 2 Abs. 1 Nr. 2 VOB/A, § 2 Abs. 1 Nr. 2 EG VOB/A) und um Schäden für die öffentliche Hand abzuwenden, ist eine enge Zusammenarbeit der Vergabestellen mit der Landeskartellbehörde, Thüringer Ministerium für Wirtschaft, Arbeit und Technologie, Max-Reger-Straße 4–8, 99096 Erfurt, sowie den Strafverfolgungsbehörden erforderlich.

(2) Die Vergabestellen und alle anderen Stellen, die an Vergabeverfahren beteiligt sind, werden deshalb gebeten, Anfangsverdachtskenntnisse von wettbewerbsbeschränkenden Absprachen unverzüglich den zuständigen Stellen mitzuteilen.

(3) In der Mitteilung sind der vorgesehene Zuschlagstermin und die Gründe für den Verdacht eines Wettbewerbsverstoßes anzugeben. Auf besondere Anforderung sind den zuständigen Stellen die für die Beurteilung der Wettbewerbsbeschränkung maßgebenden Ausschreibungsunterlagen auszuhändigen.

(4) Darüber hinaus wird den staatlichen Zuwendungsgebern empfohlen, in ihren Zuwendungsbedingungen eine Klausel aufzunehmen, wonach öffentlich-rechtliche Zuwendungsempfänger verpflichtet werden, vermutetes oder bekanntgewordenes wettbewerbsbeschränkendes Verhalten, insbesondere Absprachen, bei den zuständigen Stellen anzuzeigen.

18.1 Vertragsstrafe

(1) Gemäß § 18 Abs. 1 ThürVgG ist im Rahmen der Auftragsvergabe eine vertragliche Vereinbarung über eine Vertragsstrafe von bis zu fünf Prozent des Auftragswerts bei schuldhaften Verstößen gegen §§ 10, 11, 12 und 17 Abs. 2 ThürVgG zu vereinbaren. Diese Vertragsstrafe wird auch auf Verstöße von Nachunternehmern erstreckt, soweit der Auftragnehmer diese kannte oder kennen musste.

(2) Bei der Bemessung der Vertragsstrafe ist die geltende Rechtsprechung[3] zu beachten, welche die Obergrenze für Vertragsstrafen bei 5 % des Auftragswertes festlegt. Diese Obergrenze ist insbesondere auch einzuhalten, wenn die prozentual festgelegten Vertragsstrafen aufgrund mehrerer Verstöße des Auftragnehmers addiert werden müssen. Eine über die 5 %-Regel hinausgehende Vertragsstrafe ist unwirksam. Es wird daher empfohlen, eine Vertragsstrafe zu vereinbaren, die eine Addition im Falle mehrerer Verstöße zulässt. Sofern aufgrund der Anzahl der Verstöße dennoch eine Vertragsstrafe über 5 % zustande käme, sollte diese in Ansehung der geltenden Rechtsprechung bei 5 % des Auftragswertes gedeckelt werden.

18.2 Fristlose Kündigung des Vertrages

§ 18 Abs. 2 ThürVgG statuiert die Pflicht, für den Auftraggeber ein Recht zur fristlosen Kündigung bei schuldhafter Nichterfüllung der in §§ 10 und 11 ThürVgG genannten Anforderungen bzw. bei Verstößen gegen die aus §§ 12 und 17 Abs. 2 ThürVgG resultierenden Pflichten durch den Auftragnehmer bzw. dessen Nachunternehmer vertraglich zu vereinbaren.

18.3 Ausschluss von der öffentlichen Auftragsvergabe

(1) Die in § 18 Abs. 3 ThürVgG genannte Auftragssperre aufgrund Verstoßes gegen die §§ 10, 11, 12 und 17 Abs. 2 ThürVgG stellt eine „Soll-Vorschrift" dar. D. h. nach einem Verstoß gegen die aufgeführten Pflichten hat der Auftraggeber nach vorheriger Anhörung des betroffenen Unternehmens und im Rahmen pflichtgemäßen Ermessens zu entscheiden, ob und wie lange das Unternehmen oder sein Nachunternehmer von der Vergabe öffentlicher Aufträge auszuschließen ist. Eine Sperre kann maximal 3 Jahre umfassen.

(2) Der Verstoß gegen die genannten Pflichten muss nach objektiven Kriterien beweisbar sein. Reine Mutmaßungen und vage Vermutungen reichen zur Begründung einer Auftragssperre nicht aus.

(3) In Anlehnung an die Gesetzesbegründung zum ThürVgG (DS 5/1500 des Thüringer Landtags zu § 22) erfolgt eine Sperre nur durch und mit Wirkung für die jeweilige Vergabestelle. D. h. eine Sperre gilt nicht automatisch für alle Auftraggeber oder Vergabestellen. Allerdings können auch andere Auftraggeber bzw. ein Auftraggeber für all seine Vergabestellen bei erheblichen Verstößen die betreffenden Unternehmen wegen erwiesener Unzuverlässigkeit von selbst sperren. Der Auftraggeber kann hierfür in den Bewerbungsbedingungen nach Auftragssperren anderer Vergabestellen fragen.

(4) Dem ausgeschlossenen Unternehmen wird mit § 18 Abs. 3 S. 3 ThürVgG die Möglichkeit gegeben, nach Beseitigung des Ausschlussgrundes, allerdings frühestens sechs Monate nach dem Ausschluss, wieder eine Zulassung für Vergabeverfahren zu beantragen.

---

[3] Vgl. BGH vom 23.1.2003, VII ZR 210/01.

18.4 Geltendmachung weiterer Vertragsstrafen oder sonstiger Ansprüche

(1) In § 18 Abs. 4 ThürVgG ist geregelt, dass die Sanktionen unabhängig voneinander und von anderen Sperren sowie sonstigen vertraglichen Sanktionen bestehen.

(2) Insbesondere bestehen auch die bereits unter 7.3.1 beschriebenen Verfahren zur Sanktionierung von festgestellten Verstößen gegen das SchwarzArbG und gegen das AEntG neben der Verhängung einer Auftragssperre nach § 18 Abs. 3 ThürVgG.

(3) Es wird ausdrücklich auf das Formblatt „Ergänzende Vertragsbedingungen zu §§ 12, 15, 17, 18 ThürVgG", abrufbar auf der Internetseite des TMWAT (http://www.thueringen.de/th6/tmwat) → „Wirtschaft und Wirtschaftsförderung" → „Wirtschaftsverwaltung" → „öffentliches Auftragswesen", hingewiesen, bei dem nunmehr ebenfalls eine Unterschrift notwendig ist. Das unter 10.1 Abs. 7–11 im Hinblick auf das Fehlen der Unterschrift bzw. des gesamten Formblattes sowie zur Heilungsmöglichkeit und e-Vergabe Gesagte gilt entsprechend.

19. § 19 ThürVgG – Information der Bieter, Nachprüfung des Vergabeverfahrens unterhalb der Schwellenwerte

19.1 Information der Bieter bei Nichtberücksichtigung

(1) § 19 Abs. 1 ThürVgG sieht einen Informationsanspruch der nicht berücksichtigten Bieter im Unterschwellenbereich vor, allerdings erst ab Übersteigen der in § 19 Abs. 4 ThürVgG genannten Gesamtauftragswerte [150.000 EUR (ohne Umsatzsteuer) bei Bauleistungen, 50.000 EUR (ohne Umsatzsteuer) bei Liefer- und Dienstleistungen]. Die nicht berücksichtigten Bieter sind demzufolge über den Namen des Unternehmens, dessen Angebot angenommen werden soll und die Gründe der vorgesehenen Nichtberücksichtigung ihres Angebots zu informieren. Diese Information kann schriftlich oder in Textform erfolgen. Sie muss spätestens 7 Kalendertage vor dem Vertragsabschluss vom Auftraggeber abgegeben werden.

(2) Aus Gründen der Gewährleistung eines effektiven Rechtsschutzes gem. Art. 19 Abs. 4 GG in Zusammenschau mit § 19 Abs. 2 S. 1 ThürVgG hat der Auftraggeber den nicht berücksichtigten Bietern im Rahmen dieser Information auch den frühestmöglichen Termin des Vertragsschlusses mitzuteilen.

(3) Aus denselben Gründen wird angeregt, die nicht berücksichtigten Bieter auf das Formerfordernis der Beanstandung gem. § 19 Abs. 2 S. 1 ThürVgG, vgl. 19.2 Abs. 3 dieser Verwaltungsvorschrift, hinzuweisen.

(4) Darüber hinaus wird darauf hingewiesen, dass eine Beanstandung auch nach Ablauf der 7-Tage-Frist des § 19 Abs. 1 S. 2 ThürVgG zulässig ist, wenn der Zuschlag noch nicht erteilt wurde.

(5) Ergänzend wird darauf hingewiesen, dass die Vergabestelle gemäß § 21 VOB/A, § 21 EG VOB/A bereits in der Bekanntmachung und in den Vergabeunterlagen auf die Möglichkeit der Beanstandung der beabsichtigten Vergabeentscheidung bei der Vergabestelle sowie auf das in § 19 Abs. 2 ThürVgG beschriebene Verfahren im Falle der Nichtabhilfe und die Kostenfolge nach § 19 Abs. 5 ThürVgG hinzuweisen hat.

(6) Im Anwendungsbereich von § 19 Abs. 1 ThürVgG (vgl. § 19 Abs. 4 ThürVgG) geht diese Bestimmung dem § 19 Abs. 1 VOL/A und dem § 19 Abs. 1 und VOB/A vor. Das heißt, dass die Information nach § 19 Abs. 1 ThürVgG die Information nach §§ 19 Abs. 1 VOL/A und § 19 Abs. 1 und 2 VOB/A ersetzt.

(7) Im Oberschwellenbereich hingegen sind § 22 Abs. 1 EG VOL/A und § 19 Abs. 2 EG VOB/A anzuwenden. Zwar sehen diese Normen z.B. längere Fristen

als § 19 ThürVgG vor, aufgrund des grundsätzlichen Vorrangs des Bundesrechts im Oberschwellenbereich sind diese Normen aber hier uneingeschränkt anzuwenden. Hiernach sind nicht berücksichtigten Bietern oder Bewerbern auf Verlangen innerhalb von 15 Tagen nach Eingang ihres Antrages in Textform die Gründe für die Nichtberücksichtigung, Name, Merkmale sowie Vorteile des erfolgreichen Bieters mitzuteilen.

(8) Zudem wird auf die Informationspflicht der Auftraggeber nach § 19 Abs. 2 VOL/A hingewiesen, wonach sie auf Internetportalen oder ihren Internetseiten für die Dauer von drei Monaten über jeden vergebenen Auftrag ab einem Auftragswert von 25.000 EUR (ohne Umsatzsteuer) nach beschränkten Ausschreibungen ohne Teilnahmewettbewerb und freihändigen Vergaben ohne Teilnahmewettbewerb und die hierbei zu veröffentlichenden Angaben hinzuweisen haben.

(9) Auch sind die Informationspflicht der Auftraggeber nach Zuschlagserteilung und die hierbei zu veröffentlichenden Angaben nach § 20 Abs. 3 VOB/A zu beachten, wenn bei beschränkten Ausschreibungen ohne Teilnahmewettbewerb der Gesamtauftragswert 25.000 EUR (ohne Umsatzsteuer) und freihändigen Vergaben der Gesamtauftragswert 15.000 EUR (ohne Umsatzsteuer) übersteigt.

19.2 Beanstandung von Vergabeverfahren

(1) § 19 Abs. 2 ThürVgG regelt den Verfahrensablauf bei Beanstandung eines Vergabeverfahrens durch den Bieter.

(2) Um den widerstreitenden Interessen der Vergabestellen und zu beauftragenden Unternehmen an einer schnellen Entscheidung und einer sofortigen Ausführung der Maßnahme einerseits und andererseits dem Interesse des erfolglosen Bieters, der Schaffung vollendeter Tatsachen durch die Zuschlagserteilung zuvorzukommen, gerecht zu werden, statuiert § 19 Abs. 2 ThürVgG verhältnismäßig kurze Fristen. Er hemmt für die Zeit der Überprüfung (maximal 14 Kalendertage ab Unterrichtung der Vergabekammer durch Übersendung der vollständigen Vergabeakten) aber auch den Fortgang des Vergabeverfahrens.

(3) In Anlehnung an die einschlägige Rechtsprechung[4] zu § 108 GWB kann eine Beanstandung des Bieters entgegen dem Wortlaut von § 19 Abs. 2 S. 1 ThürVgG nicht allein deshalb als formwidrig zurückgewiesen werden, wenn sie zwar nicht in Schrift- dafür aber in Textform erhoben wurde. Insofern genügt es, wenn, auf Veranlassung des Absenders durch den Einsatz technischer Hilfsmittel beim Empfänger eine körperliche Urkunde hergestellt wird, deren geistiger Urheber nicht zweifelhaft ist und bei der es sich ersichtlich nicht um einen Entwurf handelt.

(4) Es wird darauf hingewiesen, dass der in § 19 Abs. 2 ThürVgG enthaltene Ausdruck „vor Ablauf der Frist" auch den Zeitraum erfasst, in denen die in § 19 Abs. 1 ThürVgG genannte 7-Tage-Frist noch nicht zu laufen begonnen hat. Das heißt ein Bieter kann Beanstandungen des Vergabeverfahrens noch bevor ihn die Information über seine Nichtberücksichtigung erreicht, also während der gesamten Dauer des Vergabeverfahrens, erheben. Allerdings ist hierzu die Bietereigenschaft notwendig, Bewerber dürfen das Vergabeverfahren nicht beanstanden.

(5) Darüber hinaus wird darauf hingewiesen, dass die Frist i.S.d. § 19 Abs. 2 ThürVgG die in § 19 Abs. 1 S. 2 ThürVgG statuierte 7-Tage-Frist meint. Insofern wird auf das unter 19.1 Gesagte verwiesen.

19.3 Nachprüfungsbehörde

(1) Auf der Grundlage der Thüringer Vergabekammerverordnung wurde im Thüringer Landesverwaltungsamt eine Vergabekammer eingerichtet. Nach § 14

---

[4] Vgl. BGHZ 144, 160; OLG München v. 11.9.2003 – 2 Ws 880/03 – NJW 2003, 3429.

Abs. 1 VgV, § 12 Abs. 5 SektVO, § 18 Abs. 3 Nr. 4 VSVgV ist bei europaweiten Ausschreibungen in der Vergabebekanntmachung und den Vergabeunterlagen die Anschrift der Vergabekammer anzugeben, der die Nachprüfung obliegt.

(2) Sitz der Vergabekammer ist das
Thüringer Landesverwaltungsamt
Weimarplatz 4
99423 Weimar.

19.4 Überprüfungswertgrenzen

(1) Sowohl der Informationsanspruch nichtberücksichtigter Bieter gem. § 19 Abs. 1 ThürVgG als auch die Beanstandungsmöglichkeit gem. § 19 Abs. 2 ThürVgG bestehen erst ab dem Überschreiten der Wertgrenzen in Höhe von 150.000 EUR bei Bauleistungen und 50.000 EUR bei Liefer- und Dienstleistungen.

(2) Die Möglichkeit einer rechtsaufsichtlichen Beschwerde von nicht berücksichtigten Bietern gegen Vergabeentscheidungen unterhalb der genannten Auftragswerte bleibt unberührt.

19.5 Kosten des Nachprüfungsverfahrens

(1) Gemäß § 19 Abs. 5 ThürVgG hat der unterlegene Bieter Gebühren und Auslagen nach Maßgabe des Thüringer Verwaltungskostengesetzes bei Tätigwerden der Nachprüfungsbehörde zu tragen, sofern die Nachprüfung nicht ergibt, dass der Bieter seine Beanstandung zu Recht vorgebracht hat. Die Höhe der Gebühr bestimmt die Nachprüfungsbehörde, wobei sie den personellen wie sachlichen Aufwand in das Verhältnis zur wirtschaftlichen Bedeutung des Nachprüfungsgegenstandes setzt, aber den Rahmen von mindestens 100 EUR bis maximal 1.000 EUR einhalten soll.

(2) Bereits in der Bekanntmachung ist ein kurzer Hinweis auf die Möglichkeit der Beanstandung der beabsichtigten Vergabeentscheidung beim Auftraggeber und das Verfahren nach § 19 Abs. 2 ThürVgG sowie die Kostenfolge nach § 19 Abs. 5 ThürVgG aufzunehmen.

(3) Es wird darauf hingewiesen, dass das Formblatt zu § 19 ThürVgG den Vergabeunterlagen beizufügen ist.

20 § 20 ThürVgG – Evaluation des ThürVgG

Zur Durchführung der in § 20 ThürVgG gesetzlich vorgeschriebenen Evaluierung wird eine umfassende Datenerfassung durch die gemäß § 2 ThürVgG verpflichteten Vergabestellen erforderlich sein.

21 Inkrafttreten

Die Verwaltungsvorschrift tritt am Tag nach der Veröffentlichung in Kraft.

Sachverzeichnis

Bearbeiterin: Sophia Steffensen, LL.M.

Die Gesetze und Paragraphen sind fett gedruckt, die entsprechenden Randnummern mager. Die fett gedruckten Fundstellenhinweise entsprechen grundsätzlich den jeweiligen Kolumnentiteln in der Kommentierung.

Abellio Rail-Beschluss VOB/A 20 22; **VOB/A 23** 17
Abgaben VOB/A 6a 48
Abgebotsverfahren VOB/A 4 24 ff.; **VOB/A 4EU** 14
– Verteidigung und Sicherheit **VOB/A 4VS** 11 f.
Abgrenzung VO (EG) 1370/2007 1 24 ff.
Abnahme Grundzüge der VOB/B 21 ff.
– Fiktion **Grundzüge der VOB/B** 25
– Verweigerungsrecht **Grundzüge der VOB/B** 24
Absperrgitter VOB/A 2 22
Absprache
– kollusive **VOB/A 3aEU** 18
Additionsfehler VOB/A 16cEU 4
Adresse
– elektronische **VOB/A 4bEU** 19
Afa-Tabelle VO (EG) 1370/2007 4 21
AGB-Kontrolle VOB/A 8a 11
Akteneinsicht
– Recht auf **VOB/A 15EU** 41
Allgemeine Vergaberechtsgrundsätze VOB/A 2VS 1 ff.
– Gleichbehandlungsgebot **VOB/A 2VS** 9 ff.
– Transparenzgebot **VOB/A 2VS** 5 ff., 7 f.
– Verbot der Markterkundung **VOB/A 2VS** 18 f.
– Vertraulichkeitsgebot **VOB/A 2VS** 16 f.
– Vorbefasstheit **VOB/A 2VS** 14 f.
– Wettbewerbsgebot **VOB/A 2VS** 5 ff.
Allgemeine Vertragsbedingungen VOB/A 8a 1 ff.; **VOB/A 8aEU** 1
– Verteidigung und Sicherheit **VOB/A 8aVS** 1
Allgemeinheit
– PersonenverkehrsVO **VO (EG) 1370/2007 2** 5
Altbetrauungen
– Schienenpersonenverkehrsdienst **VO (EG) 1370/2007 8** 3
Altmark Trans-Rechtsprechung VO (EG) 1370/2007 Vorb 42, 45, 52, 53 f.; **VO (EG) 1370/2007 1** 24 ff.; **VO (EG) 1370/2007 4** 14; **VO (EG) 1370/2007 9** 6
Altunternehmer VO (EG) 1370/2007 2 29
Altverträge
– Schienenpersonenverkehrsdienst **VO (EG) 1370/2007 8** 3

Amt für Veröffentlichungen der Europäischen Union VOB/A 12EU 17
Anforderungen
– energieverbrauchsrelevante Waren **VOB/A 8cEU** 1 ff.
– technische Ausrüstungen **VOB/A 8cEU** 1 ff.
– technische Geräte **VOB/A 8cEU** 1 ff.
Angebot
– Bindung des Bieters **VOB/A 10aEU** 15 ff.
– elektronische Versendung **VOB/A 11EU** 18
Angebot, Form und Inhalt VOB/A 13 1 ff.
Angebotsabgabe
– Aufforderung **VSVgV 29** 1
– besonders schutzwürdige Daten **VOB/A 11bEU** 11 f.
– mithilfe anderer als elektronischer Mittel **VOB/A 11bEU** 10
Angebotsänderung VOB/A 15 49 f.
Angebotsanforderungen VOB/A 7cEU 17 ff.
– Erklärungen und Nachweise **VOB/A 13EU** 60 ff.
Angebotsaufklärung VOB/A 15 1 ff.
– angemessene Preise **VOB/A 15** 30 ff.
– Anspruch auf **VOB/A 15** 4 ff.
– Bedarf **VOB/A 15** 7 ff.
– Bezugsquellen **VOB/A 15** 27 ff.
– Durchführungsart **VOB/A 15** 22
– Eignung **VOB/A 15** 10
– Geheimhaltung **VOB/A 15** 38 ff.
– Gründe **VOB/A 15** 7 ff.
– Nebenangebote **VOB/A 15** 19 ff.
– Textform **VOB/A 15** 38 ff.
– Ursprungsorte **VOB/A 15** 27 ff.
– Verweigerung **VOB/A 15** 43 ff.
Angebotsausschluss VOB/A 16 1 ff.; **VOB/A 16EU** 1 ff.
– § 13 EU Abs. 1 Nr. 1,2 und 5 **VOB/A 16EU** 9 ff.
– Angebotswertung **VOB/A 16dEU** 7 f.
– Bietergemeinschaften **VOB/A 16** 7
– fakultative Gründe **VOB/A 16** 13
– konzernverbundene Unternehmen **VOB/A 16** 5
– Mängelansprüche **Grundzüge der VOB/B** 18 ff.
– nach Fristablauf **VOB/A 16EU** 4 ff.

Sachverzeichnis

fette Zahl = Gesetz und Paragraf

- Preisabsprachen **VOB/A 16** 6
- Submissionsabsprachen **VOB/A 16** 6
- Unternehmen **VOB/A 6eEU** 1 ff.
- unzutreffende Erklärungen **VOB/A 16** 11
- Verhältnismäßigkeit **VOB/A 16** 12
- verspätete Vorlage beim Verhandlungsleiter **VOB/A 16EU** 6
- Verteidigung und Sicherheit **VOB/A 16VS** 1
- zwingende Gründe **VOB/A 16** 2 ff.

Angebotsbewertung VOB/A 16b 1, 5 ff.
- Eigenschaft beim Einsatz **VOB/A 16dVS** 3
- Festlegung der Kriterien **VOB/A 16b** 6
- Gleichwertigkeitsprüfung **VOB/A 16b** 13
- Interoperabilität **VOB/A 16dVS** 3
- Nebenangebote **VOB/A 16b** 10 ff.
- Preisprüfung **VOB/A 16b** 3 f.
- Versorgungssicherheit **VOB/A 16dVS** 3
- Verteidigung und Sicherheit **VOB/A 16dVS** 1 ff.

Angebotsform
- Verteidigung und Sicherheit **VOB/A 13VS** 1 ff., 3 ff.

Angebotsfrist VOB/A 10 1 ff., 3 ff.; **VOB/A 10EU** 3; **VOB/A 10aEU** 3 ff.; **VOB/A 10bEU** 3; **VSVgV 20** 6 f.
- Angebotsrücknahme **VOB/A 10** 14 ff.
- Bekanntmachung **VOB/A 12** 21
- Bemessung **VOB/A 10aEU** 3 ff.
- Bindefrist **VOB/A 10** 18 ff.; **VOB/A 10aEU** 15 ff.
- Bindung des Bieters an das Angebot **VOB/A 10aEU** 15 ff.
- Dringlichkeit **VOB/A 10** 12
- Freihändige Vergabe **VOB/A 10** 25 ff.
- Fristbemessung **VOB/A 10** 6 ff.
- Fristverkürzung **VOB/A 10aEU** 5 ff.
- Fristverlängerung **VOB/A 10** 13; **VOB/A 10aEU** 9 ff.
- Gleichbehandlungsgrundsatz **VOB/A 10** 1
- nicht offenes Verfahren **VOB/A 10bVS** 4
- Transparenz **VOB/A 10** 1
- Verteidigung und Sicherheit **VOB/A 10bVS** 4
- Zurückziehen von Angeboten **VOB/A 10aEU** 14

Angebotsinhalt
- Aufklärung **VOB/A 15EU** 1 ff.
- Aufklärungsbedarf **VOB/A 15VS** 5
- Aufklärungsgründe **VOB/A 15VS** 5
- Verteidigung und Sicherheit **VOB/A 13VS** 1 ff.; **VOB/A 15VS** 1 ff.

Angebotskennzeichnung VOB/A 14EU 12 ff.
- schriftliche Angebote **VOB/A 14EU** 15

Angebotsnachbesserung
- Nachforderung von Unterlagen **VOB/A 16aEU** 7

Angebotsöffnung VOB/A 14EU 1 ff.
- Angebotsverwahrung **VOB/A 14EU** 36 ff.
- Geheimhaltung **VOB/A 14EU** 36 ff.
- schriftliche Angebote **VOB/A 14a** 1 ff.
- Verteidigung und Sicherheit **VOB/A 14VS** 1 ff.
- Verteidigungs- und sicherheitsspezifische öffentliche Aufträge **VSVgV 30** 1
- vor dem Öffnungstermin **VOB/A 14EU** 4 ff.

Angebotspreis VOB/A 15EU 26

Angebotsprüfung VOB/A 16cEU 1 ff.
- Einheitspreisvertrag **VOB/A 16cEU** 3 ff.
- Kalkulationsirrtum **VOB/A 16cEU** 9
- Niederschrift **VOB/A 16cEU** 13
- Pauschalpreisvertrag **VOB/A 16cEU** 8
- rechnerische **VOB/A 16cEU** 2 ff.
- sachliche **VOB/A 16cEU** 2 ff.
- sonstige Merkmale **VOB/A 16cEU** 12
- soziale Merkmale **VOB/A 16cEU** 12
- technische Prüfung **VOB/A 16cEU** 10
- umweltbezogene Merkmale **VOB/A 16cEU** 12
- Verteidigungs- und sicherheitsspezifische öffentliche Aufträge **VSVgV 31** 1 f.
- wirtschaftliche Prüfung **VOB/A 16cEU** 11

Angebotsrücknahme VOB/A 10 14 ff.
- nicht offenes Verfahren **VOB/A 10bVS** 9
- Verteidigung und Sicherheit **VOB/A 10bVS** 9

Angebotssprache VOB/A 12 23

Angebotsunterlagen
- Nachforderung **VOB/A 16a** 1
- Verwendung durch den Auftraggeber **VOB/A 8b** 10

Angebotsverfahren VOB/A 4 21 ff.; **VOB/A 4EU** 13
- Verteidigung und Sicherheit **VOB/A 4VS** 10

Angebotsverwahrung
- Angebotsöffnung **VOB/A 14EU** 36 ff.
- Öffnungstermin **VOB/A 14EU** 36 ff.

Angebotswertung VOB/A 16dEU 1 ff.
- Angebotsausschluss **VOB/A 16dEU** 7 f.
- Aufgreifschwelle **VOB/A 16dEU** 10 ff.
- engere Wahl **VOB/A 16dEU** 19
- Erstgebot **VOB/A 16dEU** 66
- Kostenschätzung **VOB/A 16dEU** 5
- Leistungsverhältnis **VOB/A 16dEU** 4 ff.
- Nebenangebote **VOB/A 16dEU** 58 ff.
- Preisnachlass **VOB/A 16dEU** 64 f.
- Preisprüfung **VOB/A 16dEU** 2 ff.
- Preisverhältnis **VOB/A 16dEU** 4 ff.
- unangemessen niedriger Angebotspreis **VOB/A 16dEU** 10 ff.
- Wirtschaftlichkeit des Angebots **VOB/A 16dEU** 20 ff.
- Zuschlagskriterien **VOB/A 16dEU** 23 ff.

magere Zahl = Randnummer

Sachverzeichnis

Angebotszuschlag
- Verteidigungs- und sicherheitsspezifische öffentliche Aufträge **VSVgV 34** 1 ff.

Angehörigenvermutung VSVgV 42 36 ff.

Angemessene Preise VOB/A 2 44 ff.

Angemessenheit VOB/A 15 45
- Fristen **VSVgV 20** 2 f.

Anschreiben VOB/A 8 12, 22 ff.; **VOB/A 8EU** 2 f.
- Begleitschreiben **VOB/A 8** 36
- Form **VOB/A 8** 46
- Inhalt **VOB/A 8** 37 ff.
- notwendige Angaben **VOB/A 8** 38 f.
- Rechtsnatur **VOB/A 8** 26 ff.
- Sinn und Zweck **VOB/A 8** 25
- sonstige Angaben **VOB/A 8** 40
- Teilnahmebedingungen **VOB/A 8** 82
- Verhältnis zur Bekanntmachung **VOB/A 8** 30 ff.
- Zuschlagkriterien **VOB/A 8** 43

Anspruch auf Angebotsaufklärung VOB/A 15 4 ff.
- Aufklärungsbedarf **VOB/A 15VS** 5
- Aufklärungsgründe **VOB/A 15VS** 5
- Verteidigung und Sicherheit **VOB/A 15VS** 4

Antrag auf Vergabenachprüfung VOB/A 19EU 19

Anwendungsbereich
- Sicherheitsspezifische Leistung **VOB/A 1VS** 16 ff.
- Verteidigungs- und sicherheitsspezifische öffentliche Aufträge **VSVgV 1** 1 ff.
- Verteidigungsspezifische Leistung **VOB/A 1VS** 16 ff.
- Verweise **VOB/A 1VS** 9 ff.

Anwendungsvorrang
- PersonenverkehrsVO **VO (EG) 1370/2007 1** 9

Äquivalenzfinanzierung VO (EG) 1370/2007 Vorb 45

Arbeitnehmer-Entsendegesetz VOB/A 6eEU 3

Architekt VOB/A 18EU 16

Ästhetik VOB/A 16dEU 34

Aubildungsverkehr VO (EG) 1370/2007 Vorb 8

Aufbewahrungspflichten
- Verteidigungs- und sicherheitsspezifische öffentliche Aufträge **VSVgV 43** 1 ff.

Aufenthaltsgesetz VOB/A 6eEU 3

Aufforderung zur Angebotsabgabe VOB/A 8 22 ff.

Aufgebotsverfahren VOB/A 4 24 ff.; **VOB/A 4EU** 14
- Verteidigung und Sicherheit **VOB/A 4VS** 11 f.

Aufgreifschwelle VOB/A 16dEU 10 ff.

Aufhebung siehe *Ausschreibungsaufhebung*

Aufklärung des Angebotsinhalts VOB/A 15EU 1 ff.
- Anspruch auf **VOB/A 15EU** 5 ff.
- Aufklärungsbedarf **VOB/A 15EU** 8 ff.
- Aufklärungsgründe **VOB/A 15EU** 8 ff.
- Bezugsquellen **VOB/A 15EU** 28 ff.
- Durchführungsart **VOB/A 15EU** 23 ff.
- Eignung **VOB/A 15EU** 11 ff.
- Einzelgespräche **VOB/A 15EU** 40
- Energieverbrauch **VOB/A 15EU** 55 ff.
- Geheimhaltung **VOB/A 15EU** 39 ff.
- Lebenszykluskostenanalyse **VOB/A 15EU** 55 ff.
- Nachverhandlungsverbot **VOB/A 15EU** 48 ff.
- Nebenangebote **VOB/A 15EU** 20 ff.
- technische Leistungsfähigkeit **VOB/A 15EU** 11 ff.
- Textform **VOB/A 15EU** 39 ff.
- Ursprungsorte **VOB/A 15EU** 28 ff.
- Verhandlungsverbot **VOB/A 15EU** 2
- Verweigerung **VOB/A 15EU** 44 ff.
- wirtschaftliche Leistungsfähigkeit **VOB/A 15EU** 11 ff.

Aufklärungsverweigerung VOB/A 15EU 44 ff.
- Verteidigung und Sicherheit **VOB/A 15VS** 7 f.

Auftrag
- Verteidigungs- und sicherheitsspezifische öffentliche Aufträge **VSVgV 3** 12

Auftraggeber
- Mitwirkung **Grundzüge der VOB/B** 12 ff.
- öffentlicher **VOB/A 1VS** 9 ff.
- Sektoren- **VOB/A 1VS** 9 ff.

Auftragnehmer VOB/A 3b 11 ff.

Auftragsänderungen
- Verteidigung und Sicherheit **VOB/A 22VS** 1
- während der Vertragslaufzeit **VOB/A 22EU** 1 f.

Auftragsbekanntmachung VOB/A 12EU 1 ff., 22 ff.
- Art **VOB/A 12EU** 24
- Erforderlichkeit **VOB/A 12EU** 23
- Form **VOB/A 12EU** 23
- Nachweispflichten **VOB/A 12EU** 26
- Veröffentlichungszeitpunkt **VOB/A 12EU** 25
- Verteidigung und Sicherheit **VOB/A 12VS** 1 ff., 6 ff.
- zusätzliche Veröffentlichung **VOB/A 12EU** 27 ff.

Auftragsvergabe, elektronische siehe *eVergabe*

Auftragswert
- Schätzung **VSVgV 3** 1 ff.

1315

Sachverzeichnis

fette Zahl = Gesetz und Paragraf

Auftragswertschätzung
- Unteraufträge **VSVgV 38** 14

Aufzüge VO (EG) 1370/2007 1 17

Auktionen
- elektronische **VOB/A 4bEU** 26 ff.

Ausführungsfristen VOB/A 9 1 ff., 6 ff.; **VOB/A 9EU** 1 f.
- Auskunft über den voraussichtlichen Beginn **VOB/A 9** 25 f.
- Bauzeitplan **VOB/A 9** 29 f.
- Begriff **VOB/A 9** 7 ff.
- Bemessung **VOB/A 9** 17 ff.
- besondere Dringlichkeit **VOB/A 9** 25 f.
- Einzelfristen **VOB/A 9** 27 f.
- Festlegung der Eignungsmerkmale **VOB/A 9** 14 ff.
- Nicht-Vertragsfristen **VOB/A 9** 12 f.
- Planlieferfristen **VOB/A 9** 31
- Rechtsfolgen **VOB/A 9** 34 f.
- Schadensersatz **VOB/A 9** 32 f.
- Verteidigung und Sicherheit **VOB/A 9VS** 1
- Vertragsfristen **VOB/A 9** 10 f.

Ausgleichsleistungen
- Direktvergabe **VO (EG) 1370/2007 6** 3
- gemeinwirtschaftliche Verpflichtung **VO (EG) 1370/2007 6** 1 ff.
- Infrastrukturkostenbeihilfen **VO (EG) 1370/2007 9** 3 ff.
- Nachweisführung **VO (EG) 1370/2007 Anh.** 30
- Qualitätsanreiz **VO (EG) 1370/2007 Anh.** 27 ff.
- Überkompensation **VO (EG) 1370/2007 6** 3 ff.
- Unterkompensation **VO (EG) 1370/2007 6** 5
- Vereinbarkeit mit dem Vertrag **VO (EG) 1370/2007 9** 1 ff.
- Wirtschaftlichkeitsanreiz **VO (EG) 1370/2007 Anh.** 27 ff.

Auskunftpflicht
- öffentlicher Auftraggeber **VOB/A 12aEU** 11 ff.

Auslegung Grundzüge der VOB/B 11; **VOB/A 16cEU** 5
- Bieterangebot **VOB/A 13** 8 ff.
- Treu und Glauben **VOB/A 13EU** 10
- Vertragsunterlagen **VOB/A 8** 89
- zivilrechtliches Bieterangebot **VOB/A 13EU** 8 ff.

Ausnahmen VO (EG) 1370/2007 1 19

Ausschließlichkeitsrecht VOB/A 3aEU 30 ff.

Ausschluss siehe Angebotsausschluss

Ausschlussfrist
- Wettbewerber **VOB/A 6EU** 61

Ausschlusstatbestand VOB/A 15EU 45

Ausschreibung
- Aufhebung **VOB/A 17** 1
- beschränkte **VOB/A 2**, 68; **VOB/A 3** 11 ff.
- Doppel- **VOB/A 2** 87
- Parallel- **VOB/A 2** 88

Ausschreibungsaufhebung VOB/A 17EU 1 ff.
- andere schwerwiegende Gründe **VOB/A 17EU** 18 ff.
- Änderung der Vergabeunterlagen **VOB/A 17EU** 14 ff.
- Ermessen **VOB/A 17EU** 23 ff.
- Gründe **VOB/A 17EU** 10 ff.
- Kontrahierungszwang **VOB/A 17EU** 5 ff.
- Mitteilungspflicht **VOB/A 17EU** 27 ff.
- ordnungsgemäßes Angebot **VOB/A 17EU** 11 ff.
- rechtmäßiges Alternativverhalten **VOB/A 17EU** 40
- Rechtsschutz **VOB/A 17EU** 33 ff.
- Teilaufhebung **VOB/A 17EU** 26
- Verteidigung und Sicherheit **VOB/A 17VS** 1

Ausschreibungsreife
- Ausführungsbeginn **VOB/A 2** 81 ff.
- fehlende **VOB/A 2** 73 ff.
- Fertigstellung Vergabeunterlagen **VOB/A 2** 79 ff.
- Flughafen **VOB/A 2** 84

Bagger VOB/A 2 22

Bahnen besonderer Bauart VO (EG) 1370/2007 Vorb 12

Bankerklärung VOB/A 2 24; **VSVgV 26** 4

Barrierefreiheit VOB/A 7aEU 15 ff.

Bauaufgabenbeschreibung VOB/A 7cEU 15

Bauauftrag 2 ff.; **VOB/A 23** 6 ff.; **Grundzüge der VOB/B** 2 ff.
- Begriff **VOB/A 1EU** 2 ff.
- Bestimmung **VOB/A 1VS** 6 ff.
- Definition **VOB/A 1VS** 5
- Dienstleistungsaufträge **VSVgV 2** 1 ff.
- Einheitliche Vergabe **VOB/A 5EU** 1 ff.
- EU Anwendungsbereich **VOB/A 1EU** 1 ff.
- Losvergabe **VOB/A 5EU** 1 ff.
- sicherheitsrelevanter Bereich **VOB/A 3b** 5
- Vertragsarten **VOB/A 4EU** 1 ff.

Baubeschreibung
- Leistungsverzeichnis **VOB/A 7bEU** 6 ff.

Baugerüst VOB/A 2 22

Baukonzessionen VOB/A 23 1 ff.; **VO (EG) 1370/2007 1** 23
- Bauauftrag **VOB/A 23** 6 ff.
- Bauverpflichtung **VOB/A 23** 9
- Begriff **VOB/A 23** 5

magere Zahl = Randnummer **Sachverzeichnis**

- Beschaffungsbezug **VOB/A 23** 7
- Definition für das Unterschwellenvergaberecht **VOB/A 23** 4 ff.
- Einbeziehung der VOB/B **VOB/A 23** 25
- Freihändige Vergabe **VOB/A 23** 23
- Gegenleistung **VOB/A 23** 12 ff.
- Konzessionsvertrag **VOB/A 23** 10 f.
- Losvergabe **VOB/A 23** 24
- Nutzungsrecht **VOB/A 23** 14
- Parkflächen **VOB/A 23** 8
- sinngemäße Anwendung der §§ 1-22 **VOB/A 23** 19 ff.
- Unteraufträge **VOB/A 23** 28 f.
- Unterkonzessionen **VOB/A 23** 28 f.
- Verbot des ungewöhnlichen Wagnisses **VOB/A 23** 22

Bauleistungen VOB/A 1 1 ff.
- angemessene Preise **VOB/A 2** 44 ff.
- Definition **VOB/A 1** 5
- gleichartige **VOB/A 3aEU** 35 ff.
- öffentliche Ausschreibungen **VOB/A 3** 6
- Verteidigungs- und sicherheitsspezifische öffentliche Aufträge **VSVgV 2** 9 ff.; **VSVgV 3** 13
- VOB/A **VOB/A 1** 4 ff.

Bauliche Anlagen VOB/A 1 6
- Änderung **VOB/A 1** 9
- Beseitigung **VOB/A 1** 10
- Herstellung **VOB/A 1** 7
- Instandhaltung **VOB/A 1** 8

Baunebengewerbe VOB/A 6b 16
Baustelle VOB/A 7EU 25
Bauverpflichtung VOB/A 23 9
Bauvertragsrecht VOB/A Vorbm. 3
Bauwerksdatenmodellierung VOB/A 11aEU 15 f.
Bauzeitplan VOB/A 9 29 f.
Bedarfspositionen
- unzulässige **VOB/A 7EU** 17 ff.

Bedingungen
- vorformulierte **Grundzüge der VOB/B** 5

Bedürfnisprüfung VO (EG) 1370/2007 Vorb 68
Befähigungsnachweis VOB/A 6aEU 1 ff.
Beförderungspflicht VO (EG) 1370/2007 Vorb 70; **VO (EG) 1370/2007 2a** 8
Begleitschreiben VOB/A 8 36
Begriff VO (EG) 1370/2007 2 1 ff.
- Baukonzession **VOB/A 23** 5
- elektronischer Katalog **VOB/A 4bEU** 44 ff.
- Verteidigungs- und sicherheitsspezifische öffentliche Aufträge **VSVgV 4** 1 ff.

Begründung
- Bieterinformation **VOB/A 19** 7 f.

Begründungsgebot
- Direktvergabe **VO (EG) 1370/2007 7** 14 ff.

Beherrschungsverträge VO (EG) 1370/2007 5 32
Behörde
- PersonenverkehrsVO **VO (EG) 1370/2007 2** 13 ff.

Beihilfen VOB/A 16dEU 15; **VO (EG) 1370/2007 3** 3
- Entwicklungsbeihilfen **VO (EG) 1370/2007 3** 3
- Forschungsbeihilfen **VO (EG) 1370/2007 3** 3
- FuE **VO (EG) 1370/2007 9** 5
- Infrastrukturkostenbeihilfen **VO (EG) 1370/2007 9** 3 ff.
- nach Art. 93 AEUV **VO (EG) 1370/2007 9** 6 ff.
- Sanierungsbeihilfen **VO (EG) 1370/2007 3** 3

Beihilfenkontrolle
- ex-post- **VO (EG) 1370/2007 6** 6

Beiträge VOB/A 6a 48
Bekanntmachung VOB/A 12 1 ff.
- Angebotsfrist **VOB/A 12** 21
- Angebotssprache **VOB/A 12** 23
- Auftrags- **VSVgV 18** 3 f.
- Ausführungsdauer **VOB/A 12** 16
- Baubeginn **VOB/A 12** 16
- Bauende **VOB/A 12** 16
- beschränkte Ausschreibung **VOB/A 12** 31
- Bindefrist **VOB/A 12** 29
- Dienstleistungskonzession **VO (EG) 1370/2007 5** 20
- Eignungskriterien **VSVgV 40** 1 ff.
- Eignungsnachweise **VOB/A 12** 28
- Finanzierungs- und Zahlungsbedingungen **VOB/A 12** 26
- Inhalt **VOB/A 12** 7; **VSVgV 18** 5
- Kostenerstattung **VOB/A 12** 19
- Nachprüfstelle **VOB/A 12** 30; **VOB/A 21** 1 ff.
- Nebenangebote **VOB/A 12** 17
- Publikationsorgane **VOB/A 12** 5 f.
- Rechtsform von Bietergemeinschaften **VOB/A 12** 27
- Sicherheitsleistungen **VOB/A 12** 25
- SIMAP **VOB/A 11EU** 8 ff.
- Teilnahmeanträge **VOB/A 12** 32
- Transparenz **VOB/A 2** 51 f.
- Übermittlung **VSVgV 18** 8 ff.
- Unteraufträge **VSVgV 39** 1 ff.
- Veröffentlichungszeitpunkt **VSVgV 18** 8 ff.
- Verteidigungs- und sicherheitsspezifische öffentliche Aufträge **VSVgV 18** 1 ff.
- Zuschlagskriterien **VOB/A 16dEU** 23 ff.

Bekanntmachung über die Auftragserteilung
- Verteidigungs- und sicherheitsspezifische öffentliche Aufträge **VSVgV 35** 1 ff.

Sachverzeichnis

fette Zahl = Gesetz und Paragraf

Bekannt-und-bewährt-Prinzip VOB/ A 3b 26
Berater
– Mitwirkungsverbot **VSVgV 42** 15
Bergbahnen VO (EG) 1370/2007 Vorb 12
Berichte
– PersonenverkehrsVO **VO (EG) 1370/ 2007 11** 1 f.
Berufsfreiheit VO (EG) 1370/2007 5 29, 51
Berufsgenossenschaft VOB/A 6a 50; **VSVgV 23** 20
Berufshaftpflichtversicherung VSVgV 26 5
Berufskraftfahrer VO (EG) 1370/ 2007 Vorb 27
Berufsregister-Eintragung VOB/A 6a 39 f.
Berufszugang
– subjektiver **VO (EG) 1370/2007 Vorb** 27 ff.
Beschafferprofil VOB/A 11VS 7
Beschaffungsbezug
– Baukonzessionen **VOB/A 23** 7
Beschaffungssystem
– dynamisches **VOB/A 4bEU** 1 ff.
Beschaffungsvorhaben VOB/A 3bEU 4
Beschleunigungsgebot VOB/A 18EU 9
Beschleunigungsvergütung VOB/A 9a 1 ff., 13 ff.; **VOB/A 9aEU** 1 ff.
– erhebliche Vorteile **VOB/A 9a** 14 f.
– Rechtsfolgen **VOB/A 9a** 17 ff.
– Vergütungsinhalt **VOB/A 9a** 16
– Verteidigung und Sicherheit **VOB/ A 9aVS** 1
Beschränkte Ausschreibung VOB/A 2 68; **VOB/A 3** 11 ff.
– Bauleistungen **VOB/A 3** 12
– Bekanntmachung **VOB/A 12** 31
– beschränkte Zahl an Unternehmen **VOB/ A 3** 14
– Eignungsnachweise **VOB/A 6b** 35 ff.
– Information **VOB/A 19** 18 ff.
– Mindestteilnehmerzahl **VOB/A 3b** 16 ff.
– mit Teilnahmewettbewerb **VOB/A 3a** 17 ff.
– öffentliche Aufforderung **VOB/A 3** 15 f.
– ohne Teilnahmewettbewerb **VOB/A 3a** 6 ff.
– Unternehmenswechsel **VOB/A 3b** 24 ff.
– Verfahren **VOB/A 3** 13
– Versand der Vergabeunterlagen **VOB/ A 12a** 4 f.
Beschränkungsverbot
– Personenverkehrsdienste **VO (EG) 1370/ 2007 Vorb** 79 ff.
Besitzstandsschutz VO (EG) 1370/2007 2 29

Besondere Instrumente und Methoden
siehe Dynamisches Beschaffungssystem
Besondere Vertragsbedingungen VOB/ A 8a 1 ff., 15 ff.; **VOB/A 8aEU** 1
– Verteidigung und Sicherheit **VOB/ A 8aVS** 1
Bestandsschutz VO (EG) 1370/2007 8 4
Bestimmtheitsgebot
– Bietereignung **VOB/A 6a** 10 ff.
Betonmischer VOB/A 2 22
Betrauung VO (EG) 1370/2007 8 3
– mehrpoliger Betrauungsakt **VO (EG) 1370/2007 4** 5
Betreiber
– interne **VO (EG) 1370/2007 2** 44
– PersonenverkehrsVO **VO (EG) 1370/ 2007 2** 17 ff.
Betreiberwahl VO (EG) 1370/2007 Vorb 76
Betriebsgeheimnisse VOB/A 18EU 34
Betriebsübergang VO (EG) 1370/2007 4 27
– gesetzlicher **VO (EG) 1370/2007 4** 30
Beurteilungsspielraum VOB/A 16bEU 6 ff.
Beweisfunktion VO (EG) 1370/ 2007 Anh. 1 ff.
Beweiskraft
– negative **VOB/A 20** 20
Beweislast VOB/A 16dEU 16
Bewerber
– Eignung **VOB/A 2VS** 12 f.
– Mitwirkungspflichten **VOB/A 12a** 6
– Mitwirkungsverbot **VSVgV 42** 14
Bewerberauswahl
– Beschränkung des Bewerberkreises **VSVgV 21** 13 ff.
– Verteidigungs- und sicherheitsspezifische öffentliche Aufträge **VSVgV 21** 1 ff.
Bewerberinformation VOB/A 19 12 ff.
Bewerbungen
– nicht berücksichtigte **VOB/A 19EU** 1 ff.
Bewerbungsfrist
– nicht offenes Verfahren **VOB/A 10bVS** 2 f.
– Verteidigung und Sicherheit **VOB/ A 10bVS** 2 f.
Bewerbungsfrist im Teilnahmewettbewerb VSVgV 20 4 f.
Bewertungsmatrix VOB/A 17EU 22
Bezeichnung
– verkehrsübliche **VOB/A 7EU** 32 f.
Bezugsquellen VOB/A 15 27 ff.
Bieter
– Eignung **VOB/A 2VS** 12 f.
– Mitwirkungsverbot **VSVgV 42** 14
– unterlegene **VOB/A 19** 2 ff.
Bieterangebot
– Abweichung von technischen Spezifikationen **VOB/A 13** 85 ff.

magere Zahl = Randnummer

Sachverzeichnis

– als rechtzeitig zu behandelndes **VOB/A 14a** 41
– Änderungen an den Vergabeunterlagen **VOB/A 13** 67 ff.
– Anforderungen **VOB/A 13** 13 ff.
– Angebotsaufklärung **VOB/A 15** 1 ff.
– Auslegung **VOB/A 13** 8 ff.
– Bietergemeinschaften **VOB/A 13** 25 f., 111 ff.
– Datenintegrität **VOB/A 13** 35 ff.; **VOB/A 13EU** 37 f.
– elektronisches **VOB/A 13** 28 ff.; **VOB/A 13EU** 13 ff., 30 ff.
– Erklärungen und Nachweise **VOB/A 13** 58 ff.
– Form **VOB/A 13** 1 ff.
– Formanforderungen **VOB/A 13EU** 1 ff.
– Inhalt **VOB/A 13** 1 ff.; **VOB/A 13EU** 1 ff.
– Muster **VOB/A 13** 82 ff.
– nachträglich geforderte Erklärungen **VOB/A 16EU** 22 f.
– Nebenangebote **VOB/A 13** 97 ff.
– nicht berücksichtigtes **VOB/A 19** 1 ff.; **VOB/A 19EU** 1 ff.
– Öffnung **VOB/A 14EU** 1 ff.
– Preisanforderungen **VOB/A 13** 46 ff.; **VOB/A 13EU** 48 ff.
– Preisnachlässe ohne Bedingung **VOB/A 13** 106 ff.
– Proben **VOB/A 13** 82 ff.
– schriftliches **VOB/A 13** 18 ff.; **VOB/A 13EU** 18 ff.
– verspätetes **VOB/A 14** 15 ff.; **VOB/A 14a** 35 ff.
– Vertraulichkeit **VOB/A 13** 35 ff.; **VOB/A 13EU** 37 f.
– Vertretungsmacht **VOB/A 13** 23
– zivilrechtliches **VOB/A 13** 6 f.; **VOB/A 13EU** 6 ff.
– Zugangsarten **VSVgV 19** 20 ff.

Bieterausschluss
– Ausnahmen **VSVgV 23** 7 ff.
– fakultativer **VSVgV 24** 1 ff.
– Gründe **VSVgV 23** 5 ff.
– Informationen **VSVgV 23** 13 ff.
– Selbstreinigung **VSVgV 23** 11 ff.
– Verteidigungs- und sicherheitsspezifische öffentliche Aufträge **VSVgV 23** 1 ff.
– Zeitpunkt **VSVgV 23** 11 f.

Bietereignung VOB/A 6a 5 ff.; **VOB/A 16b** 1 ff.
– Bestimmtheitsgebot **VOB/A 6a** 10 ff.
– Eignungskategorien **VOB/A 6a** 21 ff.
– Eignungsleihe **VOB/A 6a** 16 ff.
– Eignungsprüfung **VOB/A 6a** 5 ff.
– Prognoseentscheidung **VOB/A 6a** 13 ff.

Bietergemeinschaften VOB/A 2 40 ff.; **VOB/A 6** 9 ff.
– Angebotsausschluss **VOB/A 16** 7

– Beteiligungsfähigkeit **VOB/A 6** 38
– Bieterangebot **VOB/A 13** 25 f., 111 ff.; **VOB/A 13EU** 114 ff.
– Doppel- oder Mehrfachbeteiligung **VOB/A 6** 28 ff.
– Geheimwettbewerb **VOB/A 6** 27 ff.
– Konzernunternehmen **VOB/A 6** 21 ff.
– nachträgliche **VOB/A 6** 36 f.
– Rechtsform **VOB/A 12** 27
– Scheinkonkurrenz **VOB/A 6** 31
– schriftliches Bieterangebot **VOB/A 13EU** 26 ff.
– und Kartellrecht **VOB/A 6** 12 ff., 18 ff.
– Unteraufträge **VSVgV 38** 8 ff.
– Verteidigungs- und sicherheitsspezifische öffentliche Aufträge **VSVgV 21** 29
– vertikale **VOB/A 6** 15
– Vertreter **VOB/A 13** 116 ff.
– Vertretungsmacht **VOB/A 13EU** 119 ff.
– Wechsel im Mitgliederbestand **VOB/A 6** 32 ff.
– Zulässigkeit **VOB/A 6** 15 ff.

Bieterinformation VOB/A 19 2 f., 11
– Adressat **VOB/A 19** 4 ff.
– Begründung **VOB/A 19** 7 f.
– Form **VOB/A 19** 7 f.
– Nichtberücksichtigung **VOB/A 19** 10 ff.
– Transparenz **VOB/A 2** 53 ff.
– Zeitpunkt **VOB/A 19** 6

Bilanzen VSVgV 26 6

Bindefrist VOB/A 10 18 ff.; **VOB/A 13EU** 7
– 30 Kalendertage **VOB/A 10** 22
– Angemessenheit **VOB/A 10** 21
– Beginn **VOB/A 10** 24
– Bekanntmachung **VOB/A 12** 29
– nachträgliche Verlängerung **VOB/A 10** 23
– nicht offenes Verfahren **VOB/A 10bVS** 9
– Verteidigung und Sicherheit **VOB/A 10bVS** 9
– Zuschlagserteilung **VOB/A 18** 2

Binnenschiffe VO (EG) 1370/2007 Vorb 12; **VO (EG) 1370/2007 10** 5

Buchhaltung VOB/A 2 23

Building information modeling-System VOB/A 11aEU 15

Bundeskanzleramt VOB/A 12EU 12
Bundespräsidialamt VOB/A 12EU 12
Bundesrat VOB/A 12EU 12
Bundesrechnungshof VOB/A 12EU 12
Bundestag VOB/A 12EU 12
Bundestagsverwaltung VOB/A 12EU 12
Bundeszentralregister VSVgV 23 19
Bürgerauto VO (EG) 1370/2007 Vorb 21
Bürgerbus VO (EG) 1370/2007 Vorb 21
Bürgschaft VOB/A 9c 18 f.
Busgastrechte-VO VO (EG) 1370/2007 2 3

Sachverzeichnis

fette Zahl = Gesetz und Paragraf

Busse besonderer Bauart **VO (EG) 1370/ 2007 4** 21
Busse mit Anhängern **VO (EG) 1370/ 2007 4** 21
Busverkehr **VO (EG) 1370/2007 4** 21
– Direktvergabe **VO (EG) 1370/2007 5** 48 ff.
– Elektrobusse **VO (EG) 1370/2007 4** 21
– Hybridbusse **VO (EG) 1370/2007 4** 21
– Trolleybusse **VO (EG) 1370/2007 4** 21
– Wasserstoffbusse **VO (EG) 1370/2007 4** 21
CE-Kennzeichnung **VOB/A 7aEU** 27
Chancengleichheitsgrundsatz **VOB/ A 12a** 4
Compliance-Maßnahmen **VOB/A 6EU** 54; **VOB/A 6fEU** 12
Container **VOB/A 2** 22

Darlegungslast **VOB/A 16dEU** 16
Daseinsvorsorge **VO (EG) 1370/ 2007 Vorb** 19
Daten
– besonders schutzwürdige **VOB/A 11bEU** 11 f.
– Echtheit der Daten **VOB/A 11aEU** 7 f.
– Speicherung **VOB/A 11EU** 5
– Unversehrtheit **VOB/A 11aEU** 7 f.
– Verarbeitung **VOB/A 11EU** 5
– Vertraulichkeit **VOB/A 11aEU** 7 f.
Datenintegrität **VOB/A 13** 35 ff.; **VOB/ A 11VS** 8 f.
– Bieterangebot **VOB/A 13EU** 37 f.
Datenschnittstelle
– einheitliche **VOB/A 11aEU** 12
Daueraufträge
– Verteidigungs- und sicherheitsspezifische öffentliche Aufträge **VSVgV 3** 11
DAWI-De-Minimis-VO **VO (EG) 1370/ 2007 1** 29
Definition
– Bauauftrag **VOB/A 1VS** 5
– Bauleistungen **VOB/A 1** 5
– Lebenszykluskosten **VOB/A 16dEU** 50
– Vergabeunterlagen **VOB/A 11EU** 12
De-Minimis-Beihilfen **VO (EG) 1370/ 2007 3** 3
Denkmalschutz **VOB/A 16dEU** 39
Design für alle **VOB/A 7aEU** 15 ff.; **VOB/A 16dEU** 36 f.
Detail-Pauschalvertrag **VOB/A 4** 12
Deutscher Vergabe- und Vertragsausschuss für Bauleistungen **VOB/A 5EU** 6; **VOB/A 10VS** 2
Dialog
– wettbewerblicher **VOB/A 3EU** 12 f.
Dialogphase **VSVgV 43** 23
Dienstleistungen im öffentlichen Verkehr **VO (EG) 1370/2007 Vorb** 3

Dienstleistungen von allgemeinem wirtschaftlichen Interesse **VO (EG) 1370/ 2007 Vorb** 1; **VO (EG) 1370/2007 1** 29
Dienstleistungsauftrag
– öffentlicher **VO (EG) 1370/2007 2** 23
Dienstleistungsaufträge **VOB/A 1** 1; **VSVgV 10** 1
– Lieferaufträge **VSVgV 2** 1 ff.
– Verteidigungs- und sicherheitsspezifische öffentliche Aufträge **VSVgV 5** 1 ff.; **VSVgV 11** 1 ff.; **VSVgV 12** 19 f.; **VSVgV 27** 20
Dienstleistungsfreiheit **VOB/A 3b** 15; **VO (EG) 1370/2007 Vorb** 20
– begrenzte **VO (EG) 1370/2007 Vorb** 29 ff.
Dienstleistungskonzession **VO (EG) 1370/2007 Vorb** 7; **VO (EG) 1370/ 2007 5** 1, 4 ff., 20, 40 ff.
– Bekanntmachung **VO (EG) 1370/2007 5** 20
– Dokumentation **VO (EG) 1370/2007 5** 20
– elektronischer Zugang **VO (EG) 1370/ 2007 5** 20
– exterritoriale Tätigkeit **VO (EG) 1370/ 2007 5** 39
– Informationspflicht **VO (EG) 1370/2007 5** 20
– Inhouse-Vergabe **VO (EG) 1370/2007 5** 1
– interner Betreiber **VO (EG) 1370/2007 5** 23 ff.
– Mindestfristen **VO (EG) 1370/2007 5** 20
– Notvergaben **VO (EG) 1370/2007 5** 60 ff.
– Schienenpersonenverkehrsdienst **VO (EG) 1370/2007 5** 55
– Tätigkeitskriterium **VO (EG) 1370/ 2007 5** 35 ff.
– Überbrückungsvergaben **VO (EG) 1370/2007 5** 60 ff.
– Wettbewerbsverbot **VO (EG) 1370/2007 5** 35
– Zurechnung anderer Einheiten **VO (EG) 1370/2007 5** 38
Dienstleistungsrichtlinie **VO (EG) 1370/ 2007 Vorb** 26
Differenzhypothese **VOB/A 17EU** 38
DIN 18299 **VOB/A 13EU** 92
DIN EN ISO 14001 **VOB/A 6cEU** 1
DIN EN ISO 9001 **VOB/A 6cEU** 1
Direktvergabe **VO (EG) 1370/2007 5** 1; **VO (EG) 1370/2007 Anh.** 21
– Änderungen während der Laufzeit **VO (EG) 1370/2007 5** 65
– Ausgleichsleistungen **VO (EG) 1370/ 2007 6** 3
– Begründungsgebot **VO (EG) 1370/2007 7** 14 ff.
– Busverkehr **VO (EG) 1370/2007 5** 48 ff.

magere Zahl = Randnummer

- Dokumentation **VO (EG) 1370/2007 7** 16
- Eisenbahnverkehr **VO (EG) 1370/2007 7** 13
- integrierter Betreiber **VO (EG) 1370/2007 5** 58
- integrierter Verkehrsdienst **VO (EG) 1370/2007 2** 45
- interne Betreiber **VO (EG) 1370/2007 2** 44
- Kleinaufträge **VO (EG) 1370/2007 Vorb** 7; **VO (EG) 1370/2007 5** 48 ff.
- kommunale **VO (EG) 1370/2007 Vorb** 6
- Losverfahren **VO (EG) 1370/2007 5** 59
- maßgeblicher Zeitpunkt **VO (EG) 1370/2007 5** 44
- Rechtsschutz **VO (EG) 1370/2007 5** 66 ff.
- Schienenpersonenverkehrsdienst **VO (EG) 1370/2007 5** 56 ff.
- Vertragsstrafen **VO (EG) 1370/2007 5** 57
- Vorabinformation **VO (EG) 1370/2007 7** 6 ff.

Diskriminierungsfreiheit VO (EG) 1370/2007 Vorb 16; **VO (EG) 1370/2007 2** 6
- Tarife **VO (EG) 1370/2007 3** 12

Diskriminierungsverbot VOB/A 2 66 ff.; **VOB/A 7aEU** 1 ff.; **VOB/A 16dEU** 22
- Verbot regionaler Beschränkungen **VOB/A 6** 5 ff.

Dokumentation VOB/A 20 1 ff.; **VOB/A 7EU** 34; **VOB/A 7aEU** 40; **VOB/A 7cEU** 20; **VOB/A 20EU** 1 f.
- Dienstleistungskonzession **VO (EG) 1370/2007 5** 20
- Direktvergabe **VO (EG) 1370/2007 7** 16
- Eigenerklärung **VSVgV 43** 63
- Eignungsnachweise **VSVgV 43** 63
- eVergabe **VOB/A 20** 14; **VSVgV 43** 72 ff.
- Form **VOB/A 20** 5 ff., 11 ff.
- Inhalt **VOB/A 20** 5 ff., 8
- Kontinuität **VSVgV 43** 13 f.
- Leistungsbeschreibung **VOB/A 7bEU** 28
- Mängel **VOB/A 20** 19 ff.
- Mängelfolgen **VOB/A 20** 19 ff.
- Mängelheilung **VOB/A 20** 22 ff.
- Mindestinhalt **VSVgV 43** 30 ff.
- PersonenverkehrsVO **VO (EG) 1370/2007 3** 7
- Pflicht **VOB/A 15EU** 4
- Transparenz **VOB/A 20** 2 ff.
- Vergabevermerk **VSVgV 43** 15 ff.
- Verteidigung und Sicherheit **VOB/A 15VS** 7 f.; **VOB/A 20VS** 1
- Verteidigungs- und sicherheitsspezifische öffentliche Aufträge **VSVgV 43** 1 ff.
- Verzicht auf Unterlagen und Nachweise **VOB/A 20** 15 ff.
- VHB **VOB/A 20EU** 2
- Zeitpunkt **VOB/A 20** 5 ff.; **VSVgV 43** 13 f.

Dokumentationsgebot VOB/A 15EU 42
Doppelausschreibung VOB/A 2 87
- Verbot **VSVgV 14** 2

Doppelbedienungsverbot VO (EG) 1370/2007 Vorb 68

Dringlichkeit VOB/A 10 12
- Fristverkürzung **VOB/A 10aEU** 7; **VOB/A 10bEU** 7
- nicht offenes Verfahren **VOB/A 10bVS** 8
- offenes Verfahren **VOB/A 3bEU** 5
- Verteidigung und Sicherheit **VOB/A 10bVS** 8

Drittschutz
- VOB/A **VOB/A 2** 6 ff.

Durchführungsart
- Aufklärung des Angebotsinhalts **VOB/A 15EU** 23 ff.

Durchstreichen VOB/A 13EU 81
Dynamisches Beschaffungssystem VOB/A 4bEU 1 ff.
- Anwendbarkeit **VOB/A 4bEU** 11 ff.
- elektronische Auktionen **VOB/A 4bEU** 26 ff.
- elektronischer Katalog **VOB/A 4bEU** 44 ff.
- Fristen **VOB/A 4bEU** 25
- Legaldefinition **VOB/A 4bEU** 7 ff.
- marktübliche Leistungen **VOB/A 4bEU** 11 ff.
- Verfahrensablauf **VOB/A 4bEU** 18 ff.

e-CERTIS VOB/A 6bEU 2
Echtheit von Daten VOB/A 11aEU 7 f.
EG-Transparenz-Richtlinie VO (EG) 1370/2007 Vorb 67; **VO (EG) 1370/2007 1** 30; **VO (EG) 1370/2007 Anh.** 2
eIDAS-Durchführungsgesetz VSVgV 19 21
Eigenerbringung VO (EG) 1370/2007 5 28
- Gruppe von Behörden **VO (EG) 1370/2007 5** 45 ff.

Eigenerklärung VOB/A 2 31; **VOB/A 6b** 23 ff.
- Dokumentation **VSVgV 43** 63

Eigengesellschaften
- kommunale **VO (EG) 1370/2007 Vorb** 6

Eigenschaft beim Einsatz
- Angebotsbewertung **VOB/A 16dVS** 3

Eigentum
- geistiges **VOB/A 3bEU** 39; **VOB/A 7aEU** 13 f.

Eignung VOB/A 16bEU 1 ff.
- Angebotsaufklärung **VOB/A 15** 10
- Aufklärung des Angebotsinhalts **VOB/A 15EU** 11 ff.
- Bewerber **VOB/A 2VS** 12 f.
- Bieter **VOB/A 2VS** 12 f.

1321

Sachverzeichnis fette Zahl = Gesetz und Paragraf

- Verteidigung und Sicherheit **VOB/A 16bVS** 1
- Verteidigungs- und sicherheitsspezifische öffentliche Aufträge **VSVgV 21** 1 ff., 6 ff.
- Wettbewerber **VOB/A 6EU** 3 ff.

Eignungskategorien
- Bietereignung **VOB/A 6a** 21 ff.
- Eignungsprüfung **VOB/A 6a** 21 ff.
- Fachkunde **VOB/A 6a** 21 ff.
- Leistungsfähigkeit **VOB/A 6a** 24 f.
- Zuverlässigkeit **VOB/A 6a** 26 f.

Eignungskriterien
- Bekanntmachung bei Unteraufträgen **VSVgV 40** 1 ff.

Eignungsleihe VOB/A 2 35 ff.; **VOB/A 6dEU** 2, 10 ff.; **VSVgV 26** 12 ff.
- Bietereignung **VOB/A 6a** 16 ff.
- Eignungsprüfung **VOB/A 6a** 16 ff.
- Verteidigungs- und sicherheitsspezifische öffentliche Aufträge **VSVgV 27** 22 f.

Eignungsmerkmale VOB/A 2 16 ff.
- Fachkunde **VOB/A 2** 17
- Leistungsfähigkeit **VOB/A 2** 21 ff.
- Zuverlässigkeit **VOB/A 2** 26 f.

Eignungsnachweise VOB/A 6a 1 ff.; **VOB/A 6aEU** 1 ff.; **VOB/A 6aVS** 1
- Befähigungsnachweis **VOB/A 6aEU** 1 ff.
- Bekanntmachung **VOB/A 12** 28
- Bescheinigungen **VSVgV 27** 11
- Beschreibungen **VSVgV 27** 10
- Dokumentation **VSVgV 43** 63
- Erlaubnis zur Berufsausübung **VOB/A 6aEU** 1 ff.; **VSVgV 25** 1 ff.; **VSVgV 27** 17
- Fotografien **VSVgV 27** 10
- Lieferaufträge **VSVgV 27** 4 ff.
- Muster **VSVgV 27** 10
- Nachforderung von Unterlagen **VSVgV 22** 18 ff.
- Nachweis der beruflichen Leistungsfähigkeit **VOB/A 6aEU** 6 ff.
- Nachweis der finanziellen Leistungsfähigkeit **VOB/A 6aEU** 3 ff.
- Nachweis der technischen Leistungsfähigkeit **VOB/A 6aEU** 6 ff.
- Nachweis der wirtschaftlichen Leistungsfähigkeit **VOB/A 6aEU** 3 ff.
- Rechtsfolge bei Nichterfüllung **VSVgV 22** 12
- Umsatznachweise **VSVgV 26** 8 f.
- Vergabeunterlagen **VSVgV 22** 15 ff.
- Verteidigungs- und sicherheitsspezifische öffentliche Aufträge **VSVgV 22** 1 ff.
- wirtschaftliche und finanzielle Leistungsfähigkeit **VSVgV 26** 1 ff.; **VSVgV 27** 1 ff.
- Zeitpunkt **VSVgV 22** 13 f.

Eignungsnachweise, Mittel und Verfahren VOB/A 6b 1 ff.
- beschränkte Ausschreibung **VOB/A 6b** 35 ff.
- Eigenerklärung **VOB/A 6b** 23 ff.
- Einzelnachweise **VOB/A 6b** 23 ff.
- Freihändige Vergabe **VOB/A 6b** 35 ff.
- Präqualifikationsverzeichnis **VOB/A 6b** 4 ff.
- Vorlage der Nachweise **VOB/A 6b** 27 ff.

Eignungsprüfung VOB/A 16c 1; **VOB/A 16bEU** 2 ff.
- angemessene Preise **VOB/A 2** 44 ff.
- Bestimmtheitsgebot **VOB/A 6a** 10 ff.
- Bietereignung **VOB/A 6a** 5 ff.
- Eignungskategorien **VOB/A 6a** 21 ff.
- Eignungsleihe **VOB/A 6a** 16 ff.
- formelle **VOB/A 2** 33
- materielle **VOB/A 2** 33
- Nachweiskatalog **VOB/A 6a** 28 ff.
- Prognoseentscheidung **VOB/A 2** 34; **VOB/A 6a** 13 ff.
- Prüfungsreihenfolge **VOB/A 16bEU** 8 ff.
- Verteidigung und Sicherheit **VOB/A 16cVS** 1
- Zeitpunkt **VOB/A 16bEU** 8 ff.

Einheitliche Vergabe VOB/A 5 1 ff., 6 ff.; **VOB/A 5EU** 1 ff.
- Verteidigung und Sicherheit **VOB/A 5VS** 1
- Wettbewerbsteilnehmer **VOB/A 6VS** 1

Einheitspreisvertrag VOB/A 4 4, 5 ff.; **VOB/A 4EU** 5 ff.; **VOB/A 13EU** 51; **VOB/A 16cEU** 3 ff., **Grundzüge der VOB/B** 33
- Vergütung von Nachträgen **VOB/A 4** 7
- Verteidigung und Sicherheit **VOB/A 4VS** 6
- vorvertragliche Pflichten **VOB/A 4** 8

Einkaufsgemeinschaften
- faktische **VOB/A 4a** 13; **VOB/A 4aEU** 19

Einsicht in die Vergabeunterlagen
- Verteidigung und Sicherheit **VOB/A 12aVS** 3 ff.

Einsichtnahme
- Vergabeunterlagen **VOB/A 12a** 7 f.

Einsichtsrecht VOB/A 14a 34

Einzelauftragsvergabe VOB/A 4aEU 21 ff.

Einzelbieter VOB/A 6 9 ff.

Einzelfristen VOB/A 9 27 f.

Einzelgespräche VOB/A 15EU 40

Einzelnachweise VOB/A 6b 23 ff.

Einzelvereinbarungen VOB/A 4a 15 ff.

Eisenbahn VO (EG) 1370/2007 Vorb 12
- Verkehr **VO (EG) 1370/2007 Vorb** 37

Eisenbahnpaket
- viertes **VO (EG) 1370/2007 8** 2

Eisenbahn-Rollmaterial VO (EG) 1370/2007 5a 1 f.

Eisenbahnunternehmen VO (EG) 1370/2007 Vorb 27

magere Zahl = Randnummer

Sachverzeichnis

Eisenbahnverkehr **VO (EG) 1370/ 2007 Vorb** 37, 71; **VO (EG) 1370/2007 1** 14 ff.; **VO (EG) 1370/2007 4** 13, 22; **VO (EG) 1370/2007 5** 1
– Direktvergabe **VO (EG) 1370/2007 7** 13
– Rollmaterial **VO (EG) 1370/2007 5a** 1 f.
Eisenbahnverkehrsleistungen
– Folgevergabe **VO (EG) 1370/2007 4** 34
Elektrobusse **VO (EG) 1370/2007 4** 21
Elektronische Adresse **VOB/A 4bEU** 19
Elektronische Angebote **VSVgV 19** 11 f.
– Geheimhaltung **VOB/A 14** 24 ff.
– Öffnungstermin **VOB/A 14** 1 ff.
– verspätete Angebote **VOB/A 14** 15 ff.
– Verwahrung **VOB/A 14** 24 ff.
Elektronische Auftragsvergabe *siehe eVergabe*
Elektronische Auktionen **VOB/A 4bEU** 26 ff.
– Anwendbarkeit **VOB/A 4bEU** 29 ff.
– Begriff **VOB/A 4bEU** 26 ff.
– Verfahrens **VOB/A 4bEU** 34 ff.
– Vergabeverfahren **VOB/A 4bEU** 32 f.
Elektronische Kommunikation
– Datenschnittstelle **VOB/A 11aEU** 12
– Informationen über **VOB/A 11aEU** 9
– Sicherheitsanforderungen **VOB/A 11aEU** 10 f.
Elektronische Mittel **VOB/A 11a** 1 f.
– allgemeine Verfügbarkeit **VOB/A 11aEU** 3 ff.
– alternative **VOB/A 11aEU** 13 f.
– Anforderungen **VOB/A 11aEU** 1 ff.
– Ausnahmen von der Verwendung **VOB/ A 11bEU** 1 ff.
– Bauwerksdatenmodellierung **VOB/ A 11aEU** 15 f.
– Definition **VOB/A 11EU** 4 ff.
– Verteidigung und Sicherheit **VOB/ A 11aVS** 1 ff.
Elektronische Signatur **VOB/A 13** 32 ff.; **VOB/A 11EU** 21 f.
– fortgeschrittene **VOB/A 13EU** 34
– qualifizierte **VOB/A 13EU** 34
Elektronische Willenserklärungen **VOB/ A 14EU** 27
Elektronischer Katalog **VOB/A 4bEU** 44 ff.
– Anwendbarkeit **VOB/A 4bEU** 47 ff.
– Begriff **VOB/A 4bEU** 44 ff.
– Verfahren **VOB/A 4bEU** 50 ff.
Elektronisches Bieterangebot **VOB/A 13** 28 ff.; **VOB/A 13EU** 13 ff., 30 ff.
– Öffnungstermin **VOB/A 14EU** 7
– Verschlüsselung **VOB/A 13** 42 ff.; **VOB/ A 13EU** 44 ff.
– verspätetes **VOB/A 14EU** 28
E-Mail **VOB/A 12** 8

Empfängerhorizont **VOB/A 13EU** 6
Empfangsbote **VOB/A 14EU** 30
Emsländische Eisenbahn-Entscheidung **VO (EG) 1370/2007 3** 23
Energieverbrauch
– Aufklärung des Angebotsinhalts **VOB/ A 15EU** 55 ff.
Energieverbrauchsrelevante Waren **VOB/A 8cEU** 1 ff.
eNOTICES **VOB/A 18EU** 35
Entschädigungsanspruch
– Ausarbeitung von Angebotsunterlagen **VOB/A 8b** 6 ff.
Entwicklungsbeihilfen **VO (EG) 1370/ 2007 3** 3
Erklärungsirrtum **VOB/A 16cEU** 7
Erlaubnis zur Berufsausübung **VOB/A 6aEU** 1 ff.; **VSVgV 25** 1 ff.; **VSVgV 27** 17
Erlöse **VO (EG) 1370/2007 Anh.** 6 ff.
– Risiken **VO (EG) 1370/2007 4** 15 ff.
Ermessen **VSVgV 21** 25
– Ausschreibungsaufhebung **VOB/A 17EU** 23 ff.
– intendiertes **VOB/A 19** 4; **VOB/A 19EU** 9
– Reduktion auf Null **VOB/A 17EU** 25
Ermittlungsbehörden **VOB/A 6EU** 48 ff.
Eröffnungstermin **VOB/A 14a** 11 ff.
– Muster **VOB/A 14a** 28
– Niederschrift **VOB/A 14a** 29
– Proben **VOB/A 14a** 28
Erstgebot **VOB/A 16dEU** 66
Estrichpumpe **VOB/A 2** 22
EU Anwendungsbereich
– Bauauftrag **VOB/A 1EU** 2 ff.
EU Grundsätze **VOB/A 2EU** 1 ff.
– Fachkunde **VOB/A 2EU** 6 f.
– Gleichbehandlungsgebot **VOB/A 2EU** 5
– Leistungsfähigkeit **VOB/A 2EU** 6 f.
EU-KonzessionsvergabeRL **VO (EG) 1370/2007 5** 4
EU-Öffentliche-AuftragsvergabeRL **VO (EG) 1370/2007 5** 2 ff.
EU-Rechtsmittelrichtlinie **VOB/A 19EU** 6
Europäische technische Bewertung **VOB/A 3aEU** 16
Europarecht
– VOB/A **VOB/A 2** 11
EU-Standardformular **VOB/A 12EU** 18
eVergabe **VOB/A 11** 3; **VOB/A 12** 10
– Dokumentation **VOB/A 20** 14; **VSVgV 43** 72 ff.
Ex-post-Transparenz **VOB/A 20** 18
Exterritoriale Tätigkeit **VO (EG) 1370/ 2007 5** 39

Fachkräfte
– technische **VSVgV 27** 12 f.

1323

Sachverzeichnis

fette Zahl = Gesetz und Paragraf

Fachkunde VOB/A 2 17; **VOB/A 6a** 21 ff.; **VOB/A 2EU** 6 f.
– Nachweis und Beurteilung **VOB/A 2** 18 ff.
– Referenzprojekt **VOB/A 2** 18 ff.
– weitere Nachweise **VOB/A 6a** 51 ff.
Fachkundiges Personal VOB/A 2 22
Fahrdienst
– karitativer **VO (EG) 1370/2007 Vorb** 21
Fähren VO (EG) 1370/2007 Vorb 12
Faktische Einkaufsgemeinschaften VOB/A 4a 13; **VOB/A 4aEU** 19
Faktischer Unterordnungskonzern VOB/A 6 23
Fakultative Vertragsunterlagen VOB/A 8 85
Fax
– Teilnahmeantrag **VOB/A 11VS** 10
Fehlerhafte Vergabekriterien VOB/A 6EU 64 ff.
Fernverkehr VO (EG) 1370/2007 1 21
Festkosten VOB/A 16dEU 31, 47 f.
Festpreis VOB/A 16dEU 31, 47 f.
Fiktion
– Abnahme **Grundzüge der VOB/B** 25
Finanzamt VSVgV 23 20
Finanzielle Leistungsfähigkeit VSVgV 26 1 ff.; **VSVgV 27** 1 ff.
Finanzierung
– Äquivalenz- **VO (EG) 1370/2007 Vorb** 45
– geschlossene **VO (EG) 1370/2007 Vorb** 39
Flughafen VOB/A 2 84
Flughafen Schönefeld VSVgV 42 3
Folgevergabe VO (EG) 1370/2007 4 34
– Eisenbahnverkehrsleistungen **VO (EG) 1370/2007 4** 34
Förderung
– ganzjährige Bautätigkeit **VOB/A 2** 71 ff.
Form
– Auftragsbekanntmachung **VOB/A 12EU** 24
– Bieterangebot **VOB/A 13EU** 1 ff.
– Bieterinformation **VOB/A 19** 7 f.
– Dokumentation **VOB/A 20** 5 ff., 11 ff.
– Informationsverpflichtung **VOB/A 19EU** 20 ff.
Formblatt
– des VHB **VOB/A 20** 10
Formblatt 221 VOB/A 16dEU 6
Formblatt 222 VOB/A 16dEU 6
Formblatt 223 VOB/A 16dEU 6
Formblatt 313 VOB/A 14a 37
Formblatt 321 VOB/A 15 11; **VOB/A 15EU** 12
Formular
– Vorabinformation **VO (EG) 1370/2007 7** 9

Forschungsbeihilfen VO (EG) 1370/2007 3 3
Fortgeschrittene elektronische Signatur VOB/A 13EU 34
Fortschrittsbericht VO (EG) 1370/2007 8 8
Franchising VO (EG) 1370/2007 Vorb 25
Freihändige Vergabe VOB/A 2 61, 68
– Angebotsfrist **VOB/A 10** 25 ff.
– Baukonzessionen **VOB/A 23** 23
– Bauleistungen **VOB/A 3** 18
– Eignungsnachweise **VOB/A 6b** 35 ff.
– öffentliche Aufforderung **VOB/A 3** 20
– Unternehmenswechsel **VOB/A 3b** 24 ff.
– Verfahren **VOB/A 3** 19
– Verhandlungsverbot **VOB/A 3** 21
– Versand der Vergabeunterlagen **VOB/A 12a** 4 f.
– Zulässigkeitsvoraussetzungen **VOB/A 3a** 20 ff.
Freiheitsstrafe VOB/A 16 4
Fristen VOB/A 10EU 1 ff.
– Angebotsfrist **VOB/A 10** 1 ff.; **VOB/A 10bEU** 3; **VSVgV 20** 6 f.
– Angemessenheit **VOB/A 10EU** 3 ff.
– Bewerbungsfrist **VOB/A 10** 17
– Bewerbungsfrist im Teilnahmewettbewerb **VSVgV 20** 4 f.
– Dialog **VOB/A 10dEU** 1 f.
– dynamisches Beschaffungssystem **VOB/A 4bEU** 25
– Eingang der Angebote **VSVgV 20** 1 ff.
– Eingang von Anträgen auf Teilnahme **VSVgV 20** 1 ff.
– Fristverkürzung **VOB/A 10bEU** 4 ff.
– Fristverlängerung **VOB/A 10bEU** 8; **VSVgV 20** 8 ff.
– Informationsverpflichtung **VOB/A 19EU** 20 ff.
– nicht offenes Verfahren **VOB/A 3bEU** 17 ff.; **VOB/A 10bEU** 1 ff.
– offenes Verfahren **VOB/A 10aEU** 1 ff.
– Teilnahmefristen **VOB/A 10bEU** 2
– Verfahrensablauf **VOB/A 3bEU** 1 ff.
– Vergabebekanntmachung **VOB/A 18EU** 35
– Verhandlungsverfahren **VOB/A 10cEU** 1 ff.
– Verlängerung **VOB/A 10EU** 5 ff.
– Verteidigung und Sicherheit **VOB/A 10cVS** 1 f.; **VOB/A 10dVS** 1; **VOB/A 10VS** 1 ff.
– Verteidigungs- und sicherheitsspezifische öffentliche Aufträge **VSVgV 20** 1 ff.
– Zurückziehen von Angeboten **VOB/A 10bEU** 9; **VSVgV 20** 12
Fristen im nicht offenen Verfahren
– Verteidigung und Sicherheit **VOB/A 10bVS** 1 ff.

1324

magere Zahl = Randnummer

Sachverzeichnis

Fristverkürzung VOB/A 10aEU 5 ff.;
VOB/A 10bEU 4 ff.
– Dringlichkeit **VOB/A 10aEU** 7; **VOB/A 10bEU** 7
– elektronische Angebotsübermittlung **VOB/A 10aEU** 8
– Vorinformation **VOB/A 10aEU** 6
Fristverlängerung VOB/A 10aEU 9 ff.;
VOB/A 10bEU 8
– bei fehlender elektronischer Bereitstellung der Vergabeunterlagen **VOB/A 10aEU** 9 f.
– Verpflichtung zur **VOB/A 10aEU** 11 ff.
FuE Beihilfen VO (EG) 1370/2007 9 5
Führungszeugnis VSVgV 23 19
Funktionale Leistungsbeschreibung VOB/A 7cEU 1
Funktionsanforderungen VOB/A 7aEU 22 f.
– Angebote die von § 7aEU Abs. 2 Nr. 2 abweichen **VOB/A 7aEU** 30
– durch Gütezeichen **VOB/A 7aEU** 33 ff.

GAEB-Datei VOB/A 4 23
Ganzjährige Bautätigkeit
– Förderung **VOB/A 2** 71 ff.
Gebot der Fachlosvergabe VOB/A 5EU 16
Gebot der Objektivität VO (EG) 1370/2007 3 13
Gebot der Produktneutralität VOB/A 7EU 27 ff.
Gebot der Vergabe in Losen VOB/A 5 9 ff.
– Abweichung **VOB/A 5** 15 ff.
Gebot der verkehrsüblichen Bezeichnung VOB/A 7EU 32 f.
Gebot der Zumutbarkeit VOB/A 13EU 67
Gebrauchstauglichkeit VOB/A 13EU 96
Gefahrtragung Grundzüge der VOB/B 28
Gegenleistung
– Baukonzessionen **VOB/A 23** 12 ff.
Gegenleistungsverkehr VO (EG) 1370/2007 Vorb 33
Geheimhaltung VOB/A 14a 43 ff.
– Angebotsaufklärung **VOB/A 15** 38 ff.
– Angebotsöffnung **VOB/A 14EU** 36 ff.
– Aufklärung des Angebotsinhalts **VOB/A 15EU** 39 ff.
– elektronische Angebote **VOB/A 14** 24 ff.
– öffentlicher Auftraggeber **VOB/A 12aEU** 10
– Öffnungstermin **VOB/A 14EU** 36 ff.;
VOB/A 14VS 6 f.
– Pflicht **VOB/A 15EU** 4
– Verteidigung und Sicherheit **VOB/A 15VS** 7 f.
Geheimwettbewerb VOB/A 2 64; **VOB/A 10EU** 5; **VOB/A 13EU** 37 f.; **VO (EG) 1370/2007 5** 18
– Bietergemeinschaften **VOB/A 6** 27 ff.

– Versand der Vergabeunterlagen **VOB/A 12a** 9 f.
Geistiges Eigentum VOB/A 3bEU 39;
VOB/A 7aEU 13 f.
Geldstrafe VOB/A 16 4
Gemeinschaftliche Verpflichtung VO (EG) 1370/2007 2 20 ff.
Gemeinschaftsbetrieb VOB/A 6dEU 7
Gemeinwirtschaftliche Verpflichtung VO (EG) 1370/2007 4 2 ff., 4; **VO (EG) 1370/2007 6** 1 ff.; **VO (EG) 1370/2007 Anh.** 5
– Gesamtjahresbericht **VO (EG) 1370/2007 7** 1 ff.
Gemischte Aufträge
– Verteidigungs- und sicherheitsspezifische öffentliche Aufträge **VSVgV 1** 36 ff.
Gemischttypische Vergaben VOB/A 1 1
Generalübernehmer VOB/A 3b 8, 14
Generalunternehmer VOB/A 3b 8, 14
Gesamtjahresbericht
– gemeinwirtschaftliche Verpflichtung **VO (EG) 1370/2007 7** 1 ff.
Geschäftsgeheimnisse VOB/A 18EU 34;
VOB/A 2VS 16
Geschlossene Finanzierung VO (EG) 1370/2007 Vorb 39
Geschmacksmusterrecht VOB/A 3aEU 30
Gewerbsmäßigkeit VO (EG) 1370/2007 Vorb 20
Gewinn VO (EG) 1370/2007 Anh. 6 ff.
– angemessener **VO (EG) 1370/2007 Anh.** 21 ff.
Gleichbehandlungsgebot VOB/A 2 68;
VOB/A 10 1; **VOB/A 12a** 4; 51; **VOB/A 16aEU** 8; **VOB/A 16dEU** 22; **VOB/A 2EU** 5; **VOB/A 2VS** 9 ff.; **VO (EG) 1370/2007 5 VSVgV 21** 26
– beschränkte Ausschreibung **VOB/A 2** 68
– Freihändige Vergabe **VOB/A 2** 68
– Rechtfertigung einer Ungleichbehandlung **VO (EG) 1370/2007 5** 53
Gleichwertigkeitsprüfung VOB/A 16b 13
Global-Pauschalvertrag VOB/A 4 13
Grünanlagen VOB/A 4 16
Grundfreiheiten VO (EG) 1370/2007 Vorb 34
Grundsätze der Informationsübermittlung VOB/A 11EU 1 ff.
Grundsätze der Wirtschaftlichkeit und Sparsamkeit VOB/A 20 3
Gruppe von Behörden VO (EG) 1370/2007 5 45 ff.
Gütezeichen VOB/A 6a 55 ff.; **VOB/A 7aEU** 1 ff., 33 ff.
– Gleichwertigkeit **VOB/A 6a** 59 ff.
– Musterformulierung **VOB/A 6a** 61 ff.

1325

Sachverzeichnis

fette Zahl = Gesetz und Paragraf

GWB-Novelle **VOB/A 8** 76
GWB-Vorschriften **VOB/A 1VS** 8

Hamburger Verkehrsverbund VO (EG) 1370/2007 Vorb 25
Handelskammer VOB/A 6a 39
Handelsregister VSVgV 25 4
Handwerkskammer VOB/A 6a 39
Handwerksrolle VSVgV 25 4
Hängebahnen VO (EG) 1370/2007 Vorb 12
Harmonisierung 65/271 **VO (EG) 1370/2007 Vorb** 46
– PersonenverkehrsVO **VO (EG) 1370/2007 Vorb** 42, 71 ff.
– Vergaberecht **VO (EG) 1370/2007 Vorb** 44
Haushaltsrecht VO (EG) 1370/2007 Vorb 7
– kommunales **VO (EG) 1370/2007 5** 51
Helmut Müller-Rechtssache VOB/A 23 7
Hinweise für das Aufstellen Leistungsbeschreibungen VOB/A 7EU 26
Hochbau VOB/A 6b 16
Hoflieferantentum VOB/A 3b 26
Hospital Ingenieur-Entscheidung VOB/A 17EU 33
Hybridbusse VO (EG) 1370/2007 4 21

Industriekammer VOB/A 6a 39
Informationen VO (EG) 1370/2007 4 32 f.
– Beschränkte Ausschreibung **VOB/A 19** 18 ff.
– Bieterausschluss **VSVgV 23** 13 ff.
– über die elektronische Kommunikation **VOB/A 11aEU** 9
Informationsbereitstellungspflicht VO (EG) 1370/2007 4 40
Informationsfreiheitsgesetz des Bundes VOB/A 3b 5
Informationspflicht VO (EG) 1370/2007 5 20
– Unteraufträge **VSVgV 38** 8 ff.
Informationsübermittlung VOB/A 11 1 ff.
– Beschafferprofil **VOB/A 11VS** 7
– Datenintegrität **VOB/A 11VS** 8 f.
– Kommunikationsmittel **VOB/A 11VS** 3; **VSVgV 19** 3 ff.
– Kommunikationswahl **VOB/A 11** 3 f.
– Teilnahmeantrag per Telefon **VOB/A 11VS** 10
– Verteidigung und Sicherheit **VOB/A 11VS** 1 ff.
– Verteidigungs- und sicherheitsspezifische öffentliche Aufträge **VSVgV 19** 1 ff.
– Vertraulichkeit **VOB/A 11VS** 8 f.; **VSVgV 19** 13 ff.

Informationsverpflichtung VOB/A 19EU 1
– Bewerberinformation **VOB/A 19EU** 15
– ergänzende Bieterinformation **VOB/A 19EU** 16 ff.
– Form und Frist **VOB/A 19EU** 20 ff.
– Richtlinienumsetzung **VOB/A 19EU** 22
– Verfahrensverlauf **VOB/A 19EU** 19
– Vertraulichkeitsgrundsatz **VOB/A 19EU** 18
– Zurückhaltung von Informationen **VOB/A 19EU** 21
– zusätzliche Information **VOB/A 19EU** 11 ff.
Infrastrukturkostenbeihilfen VO (EG) 1370/2007 9 3 ff.
Inhalt
– Bieterangebot **VOB/A 13EU** 1 ff.
– Dokumentation **VOB/A 20** 5 ff., 8
Inhaltskontrolle VOB/A Vorbm. 4; **VOB/A 23** 26; Grundzüge der **VOB/B** 6 f.
Inhouse-Vergabe VO (EG) 1370/2007 5 1
Inkontinenzartikel VOB/A 5EU 28
Inkrafttreten
– PersonenverkehrsVO **VO (EG) 1370/2007 12** 1
Inlandsveröffentlichung VOB/A 12EU 27 ff.
Innovation VOB/A 3aEU 13
Innovationspartnerschaft VOB/A 3EU 14 f.; **VOB/A 19EU** 19
– Entwicklungsphase **VOB/A 3bEU** 42 ff.
– Eröffnung des Verfahrens **VOB/A 3bEU** 35 ff.
– Fristen **VOB/A 10dEU** 1 f.
– Teilnahmewettbewerb **VOB/A 3bEU** 35 ff.
– Umsetzungsphase **VOB/A 3bEU** 42 ff.
– Verfahrensablauf **VOB/A 3bEU** 32 ff.
– Verhandlungsphase **VOB/A 3bEU** 38 ff.
– Zulässigkeit **VOB/A 3aEU** 40
Insolvenzverfahren VOB/A 6a 41 f.; **VSVgV 24** 8
Installationsarbeiten VOB/A 6dEU 13
Integrierter Betreiber
– Direktvergabe **VO (EG) 1370/2007 5** 58
Integrierter Verkehrsdienst VO (EG) 1370/2007 2 45
Intendiertes Ermessen VOB/A 19 4; **VOB/A 19EU** 9
Interessenabwägung VOB/A 17EU 24
Interessenbekundungen VOB/A 11EU 18
Interessenbestätigungen VOB/A 11EU 18
Interessenkonflikt VOB/A 6EU 29; **VOB/A 2VS** 14; **VSVgV 24** 11; **VSVgV 42** 27 ff.

magere Zahl = Randnummer   **Sachverzeichnis**

Interne Betreiber VO (EG) 1370/2007 2
  44; VO (EG) 1370/2007 5 13
– Dienstleistungskonzession VO (EG) 1370/
  2007 5 23 ff.
Internet VOB/A 11EU 11 ff.
Internetportale VOB/A 12EU 20
Interoperabilität
– Angebotsbewertung VOB/A 16dVS 3
Invitatio ad offerendum VOB/A 8 26
Irrtümer
– Kalkulations- VOB/A 15EU 37

Kabotage VO (EG) 1370/2007 Vorb 36
Kalkulationsfehler VOB/A 15EU 37
Kalkulationsgrundlage
– Änderung der VOB/A 12aEU 15
Kalkulationsirrtum VOB/A 16cEU 9
Kapitalrendite VO (EG) 1370/2007 Anh. 22
Kapitalverzinsungsanspruch VO (EG)
  1370/2007 Vorb 81
Karitativer Fahrdienst VO (EG) 1370/
  2007 Vorb 21
Kartellrecht
– Verhältnis zum Vergaberecht VOB/A 6
  12 ff.
Kartellvergaberecht
– Vorrang VO (EG) 1370/2007 5 2
Kaskadenprinzip VOB/A 1VS 1
Katalog
– elektronischer VOB/A 4bEU 44 ff.
Kaufmännische Nebenangebote VOB/
  A 8 64
Kaufmännisch-juristische Vertragsbedin-
  gungen VOB/A 8a 7 ff., 8 ff.
– AGB-Kontrolle VOB/A 8a 11
Kennzeichnung
– schriftliches Bieterangebot VOB/A 13EU
  39 ff.
Kleinaufträge VO (EG) 1370/2007 Vorb
  7; VO (EG) 1370/2007 5 1
– Direktvergabe VO (EG) 1370/2007 5
  48 ff.
Kleinreparaturen VOB/A 4 16
Kollektivtransport VO (EG) 1370/2007 2
  38
Kollusive Absprache VOB/A 3aEU 18
Kommission
– Prüfungsrecht VO (EG) 1370/2007 6 6
Kommunalaufsichtsbehörde VOB/A 21 3
Kommunale Direktvergabe VO (EG)
  1370/2007 Vorb 6
Kommunale Eigenschaften VO
  (EG) 1370/2007 Vorb 6
Kommunikationsmittel VOB/A 11VS 3
Konkurrenzen VO (EG) 1370/2007 1
  24 ff.
Konkurrenzschutz VO (EG) 1370/2007 2
  24

Konsortialverträge VO (EG) 1370/2007 5
  33
Kontigentierung
– Taxenverkehr VO (EG) 1370/2007 2 35
Kontrahierungszwang VOB/A 17EU 5 ff.
Konzernunternehmen VOB/A 2 35 ff.
– Bietergemeinschaften VOB/A 6 21 ff.
Konzernverbundene Unternehmen
  VOB/A 16 5
– Unternehmenskapazität VOB/A 6dEU 4
Konzernvertrag VOB/A 6dEU 7
Konzessionen
– Bau- VOB/A 23 1 ff.
Konzessionsvergabeverordnung VOB/
  A 23 1
Konzessionsvertrag
– Baukonzessionen VOB/A 23 10 f.
Koordinierungsbeihilfen VO (EG) 1370/
  2007 1 29; VO (EG) 1370/2007 9 8
Koordinierungsfunktion VO (EG) 1370/
  2007 Vorb 73
Korrekturband VOB/A 13EU 79
Korrekturlack-Eintragungen VOB/
  A 13EU 79
Kosten VOB/A 16dEU 32; VO (EG)
  1370/2007 Anh. 6 ff.
– Verteidigung und Sicherheit VOB/
  A 8bVS 1
Kostenerstattungsanspruch VOB/A 8b
  2 ff.; VOB/A 12 19
Kostenregelung VOB/A 8b 1 ff.; VOB/
  A 8bEU 1
Kostenrisiken VO (EG) 1370/2007 4 15 ff.
Kostenschätzung VOB/A 16dEU 5
Kostenstellenrechnung VO (EG) 1370/
  2007 Anh. 16 f.
Kostenträgerrechnung VO (EG) 1370/
  2007 Anh. 16 f.
Kraftfahrzeugverkehr VO (EG) 1370/
  2007 5 12
Kraftomnibus VO (EG) 1370/2007 Vorb
  12, 28
Kraftwagen VO (EG) 1370/2007 Vorb 12
Kran VOB/A 2 22
Krankenhaus VSVgV 23 20
Kundendienst VOB/A 16dEU 41 f.
Kündigung Grundzüge der VOB/B 29 ff.
– außerordentliche Grundzüge der VOB/B
  30 f.
– freie Grundzüge der VOB/B 29
Kunstwerk VOB/A 3aEU 28

Landestariftreuegesetz Rheinland-Pfalz
  VO (EG) 1370/2007 4 29
Landverkehr VO (EG) 1370/2007 Vorb
  11 ff., 12
– Bahnen besonderer Bauart VO (EG)
  1370/2007 Vorb 12

1327

Sachverzeichnis

fette Zahl = Gesetz und Paragraf

- Bergbahnen **VO (EG) 1370/2007 Vorb 12**
- Binnenschiffe **VO (EG) 1370/2007 Vorb 12**
- Eisenbahnen **VO (EG) 1370/2007 Vorb 12**
- Fähren **VO (EG) 1370/2007 Vorb 12**
- Hängebahnen **VO (EG) 1370/2007 Vorb 12**
- Kraftomnibus **VO (EG) 1370/2007 Vorb 12**
- Kraftwagen **VO (EG) 1370/2007 Vorb 12**
- Magnetschwebebahnen **VO (EG) 1370/2007 Vorb 12**
- Stadtbahnen **VO (EG) 1370/2007 Vorb 12**
- Straßenbahnen **VO (EG) 1370/2007 Vorb 12**

Laufzeit
- öffentliche Dienstleistungsaufträge **VO (EG) 1370/2007 4** 19 ff.
- Rahmenvereinbarungen **VOB/A 4a** 21 f.

Lebenszyklus VOB/A 7aEU 7 ff.
Lebenszyklus-Konzept VOB/A 1VS 7
Lebenszykluskosten VOB/A 16dEU 21, 49 ff.
- Definition **VOB/A 16dEU** 50

Lebenszykluskostenanalyse
- Aufklärung des Angebotsinhalts **VOB/A 15EU** 55 ff.

Leistung
- sicherheitsspezifische **VOB/A 1VS** 16 ff.
- verteidigungsspezifische **VOB/A 1VS** 16 ff.

Leistungsanforderungen VOB/A 7aEU 22 f.
- Angebote die von § 7aEU Abs. 2 Nr. 2 abweichen **VOB/A 7aEU** 30
- durch Gütezeichen **VOB/A 7aEU** 33 ff.

Leistungsbeschreibung VOB/A 7 1; **VOB/A 7EU** 1 ff.; Grundzüge der **VOB/B** 10
- Angabe von Zweck und vorgesehener Beanspruchung **VOB/A 7EU** 24; **VOB/A 7bEU** 27
- Beschreibung der wesentlichen Verhältnisse der Baustelle **VOB/A 7EU** 25
- Darstellung mit Zeichnungen und anderen Mitteln **VOB/A 7bEU** 13 ff.
- Dokumentation **VOB/A 7EU** 34; **VOB/A 7bEU** 28
- eindeutige und erschöpfende **VOB/A 7EU** 7 ff.
- funktionale **VOB/A 7cEU** 1
- Hinweise für das Aufstellen Leistungsbeschreibungen **VOB/A 7EU** 26
- mit Leistungsprogramm **VOB/A 7c** 1; **VOB/A 7cEU** 1 ff., 6 ff.
- mit Leistungsverzeichnis **VOB/A 7b** 1; **VOB/A 7bEU** 1 ff., 5 ff.

- Verhältnis zu den übrigen Vergabeunterlagen **VOB/A 7bEU** 17 ff.
- Verteidigung und Sicherheit **VOB/A 7VS** 1 ff.
- Verteidigungs- und sicherheitsspezifische öffentliche Aufträge **VSVgV 15** 1 ff., 4 ff.

Leistungsbeschreibung mit Leistungsprogramm VOB/A 7cEU 1 ff.
- Angebotsanforderungen **VOB/A 7cEU** 17 ff.
- Anwendungsbereich **VOB/A 7cEU** 7 ff.
- Dokumentation **VOB/A 7cEU** 20
- Inhalt **VOB/A 7cEU** 13 ff.
- Verteidigung und Sicherheit **VOB/A 7cVS** 1 ff.

Leistungsbeschreibung mit Leistungsverzeichnis
- Verteidigung und Sicherheit **VOB/A 7bVS** 1 ff.

Leistungsbestimmungsfreiheit VOB/A 5 9 ff.
Leistungserbringung VOB/A 7aEU 7 ff.
Leistungsfähigkeit VOB/A 2 21 ff.; **VOB/A 6a** 24 f.; **VOB/A 2EU** 6 f.
- Buchhaltung **VOB/A 2** 23
- fachkundiges Personal **VOB/A 2** 22
- Qualitätsmanagement **VOB/A 2** 23
- Ressourcenmanagement **VOB/A 2** 23
- technische **VOB/A 15** 10
- wirtschaftliche **VOB/A 15** 10
- wirtschaftliche und finanzielle **VSVgV 26** 1 ff.; **VSVgV 27** 1 ff.

Leistungsprogramm VOB/A 7c 1
- Angebotsanforderungen **VOB/A 7cEU** 17 ff.
- Dokumentation **VOB/A 7cEU** 20
- Inhalt **VOB/A 7cEU** 13 ff.
- Leistungsbeschreibung **VOB/A 7cEU** 1 ff., 6 ff.

Leistungsverpflichtung Grundzüge der VOB/B 9
Leistungsvertrag VOB/A 4 4 ff.
- Einheitspreisvertrag **VOB/A 4** 4, 5 ff.; **VOB/A 4EU** 5 ff.
- Pauschalvertrag **VOB/A 4** 4, 10 ff.; **VOB/A 4EU** 9 ff.
- Verteidigung und Sicherheit **VOB/A 4VS** 5 ff.

Leistungsverzeichnis VOB/A 7b 1
- Aufgliederung des **VOB/A 7bEU** 19 ff.
- Baubeschreibung **VOB/A 7bEU** 6 ff.
- bieterseitige Kurzfassung **VOB/A 13** 79 ff.; **VOB/A 13EU** 82 ff.
- Leistungsbeschreibung **VOB/A 7bEU** 1 ff., 5 ff.

Lieferaufträge VOB/A 1 1; **VSVgV 10** 1
- Eignungsnachweise **VSVgV 27** 4 ff.
- Verteidigungs- und sicherheitsspezifische öffentliche Aufträge **VSVgV 2** 1 ff.; **VSVgV 11** 1 ff.; **VSVgV 12** 17 f.

1328

magere Zahl = Randnummer

Sachverzeichnis

Liniengenehmigungen VO (EG) 1370/ 2007 Vorb 4; VO (EG) 1370/2007 5 52
Linienverkehr VO (EG) 1370/2007 Vorb 30
– Beförderungspflicht VO (EG) 1370/ 2007 2a 8
– Marktzutrittsschutz VO (EG) 1370/ 2007 2 30 ff.
– Sonderformen VO (EG) 1370/2007 2 10
– Taxenverkehr VO (EG) 1370/2007 2 32
Liquidation VOB/A 6a 43; VSVgV 24 8
Losvergabe VOB/A 5EU 1 ff., 2 ff.; VOB/ A 5 1 ff., 9 ff.; VOB/A 12 15
– Baukonzessionen VOB/A 23 24
– Leistungsbestimmungsfreiheit VOB/A 5 9 ff.
– Loslimitierung VO (EG) 1370/2007 5 59
– Teillose VOB/A 5EU 4
– Verteidigung und Sicherheit VOB/A 5VS 1; VSVgV 3 15 ff.
Luftverkehrsdienstleistungsaufträge
– Verteidigungs- und sicherheitsspezifische öffentliche Aufträge VSVgV 12 21

Magnetschwebebahnen VO (EG) 1370/ 2007 Vorb 12
Maklervertrag VO (EG) 1370/2007 Vorb 25
Mängelansprüche Grundzüge der VOB/ B 15 ff.
– Ausschluss Grundzüge der VOB/B 18 ff.
– Mängelbeseitigung Grundzüge der VOB/B 16
– Minderung Grundzüge der VOB/B 16
– Schadensersatz Grundzüge der VOB/B 17
– Selbstvornahme Grundzüge der VOB/B 16
– Sicherheitsleistungen VOB/A 9c 1 ff.
– Verjährung VOB/A 9b 1 ff.; VOB/ A 9bEU 1
– Verteidigung und Sicherheit VOB/ A 9bVS 1
Mängelbeseitigung Grundzüge der VOB/B 16
Markterkundung
– verbotene VOB/A 2 73 ff.
– Verteidigungs- und sicherheitsspezifische öffentliche Aufträge VSVgV 10 10 f.
Marktkonsultationen VOB/A 2EU 10 f.
Marktmissbrauch VO (EG) 1370/ 2007 Vorb 83 f.
Metallbauarbeiten VOB/A 6b 14
Mietwagenverkehr VO (EG) 1370/2007 2 9, 36
– zuständige Behörde VO (EG) 1370/ 2007 2 37
Minderheitenrechte VO (EG) 1370/ 2007 5 33

Minderung Grundzüge der VOB/B 16
Mindestinhalt
– Rahmenvereinbarungen VOB/A 4aEU 10 ff.
Mindestlohngesetz VOB/A 6eEU 3
Mischkalkulierte Preise VOB/A 16EU 17
Missbrauchsverbot
– Rahmenvereinbarungen VOB/A 4a 20
Mitfahrzentrale VO (EG) 1370/ 2007 Vorb 25
Mitteilungspflicht
– Ausschreibungsaufhebung VOB/A 17EU 27 ff.
Mittel
– elektronische VOB/A 11EU 4 ff.
– der Nachweisführung VOB/A 6bEU 1 ff.
Mittelstandsfördernde Wirkung VOB/ A 16 7
Mitwirkung des Auftraggebers Grundzüge der VOB/B 12 ff.
Mitwirkungspflichten des Bewerbers
– Versand der Vergabeunterlagen VOB/ A 12a 6
Mitwirkungsverbot
– Beauftragte samt Mitarbeitern VSVgV 42 11 f.
– Berater VSVgV 42 15
– Bewerber VSVgV 42 14
– Bieter VSVgV 42 14
– Interessenkonflikt VSVgV 42 27 ff.
– Mitarbeiter des Auftraggebers VSVgV 42 10
– Organmitglieder VSVgV 42 7 ff.
– persönliches VSVgV 42 7 ff.
– Vermutung der Voreingenommenheit VSVgV 42 13 ff.
– Verteidigungs- und sicherheitsspezifische öffentliche Aufträge VSVgV 42 1 ff.
– Vertreter VSVgV 42 15
Monopole VO (EG) 1370/2007 Vorb 83 f.; VO (EG) 1370/2007 4 35
– Personenverkehrsdienste VO (EG) 1370/ 2007 Vorb 79 ff.
– private VO (EG) 1370/2007 Vorb 81
Multiplikationsfehler VOB/A 16cEU 4
Mündliche Kommunikation VOB/ A 11EU 25
Muster VOB/A 13 82 ff.; VOB/A 14 10; VOB/A 14a 28; VOB/A 13EU 85 ff.
– Öffnungstermin VOB/A 14EU 19

Nachforderung von Unterlagen VOB/ A 16a 1; VOB/A 16aEU 1 ff.; VSVgV 22 18 ff.
– Angebotsnachbesserung VOB/A 16aEU 7
– Grenzen VOB/A 16aEU 9
– Nachverhandlungsverbot VOB/A 16aEU 7
– unvollständige Anträge VOB/A 16aEU 3

1329

Sachverzeichnis

fette Zahl = Gesetz und Paragraf

- Verteidigung und Sicherheit **VOB/A 16aVS** 1

Nachprüfbehörden
- Adressen **VOB/A 21EU** 6
- Vergabeunterlagen **VOB/A 21EU** 1 ff.
- Verteidigung und Sicherheit **VOB/A 21VS** 1

Nachprüfstellen VOB/A 21 1 ff.
- Angabe der **VOB/A 21** 3 ff.
- Befugnisse **VOB/A 21** 6
- Bekanntmachung **VOB/A 12** 30

Nachteile
- erhebliche **VOB/A 9a** 4 ff.
- Prognoseentscheidung **VOB/A 9a** 8 f.

Nachträglich geforderte Erklärungen VOB/A 16EU 22 f.

Nachträgliche Bietergemeinschaft VOB/A 6 36 f.

Nachunternehmer VOB/A 2 35 ff.
- Angabe **VOB/A 8** 55 ff.
- Begriff **VOB/A 8** 53 f.
- Selbstausführungsverbot **VOB/A 2** 38 ff.

Nachunternehmerleistungen VOB/A 8 49 ff.

Nachverhandlungsverbot VOB/A 15 47 ff.; **VOB/A 16cEU** 5
- Angebotsänderung **VOB/A 15** 49 f.
- Aufklärung des Angebotsinhalts **VOB/A 15EU** 48 ff.
- Nachforderung von Unterlagen **VOB/A 16aEU** 7
- Nebenangebote **VOB/A 15** 51 ff.; **VOB/A 15EU** 52 ff.
- Preisänderung **VOB/A 15** 49 f.
- Verteidigung und Sicherheit **VOB/A 15VS** 7 f.
- Zuschlag **VOB/A 18EU** 22

Nachweis der finanziellen Leistungsfähigkeit VOB/A 6aEU 3 ff.

Nachweis der wirtschaftlichen Leistungsfähigkeit VOB/A 6aEU 3 ff.

Nachweisführung
- Verteidigung und Sicherheit **VOB/A 6bVS** 1

Nachweiskatalog VOB/A 6a 28 ff.
- Berufsgenossenschaft **VOB/A 6a** 50
- Berufsregister-Eintragung **VOB/A 6a** 39 f.
- Fachkunde, weitere Nachweise **VOB/A 6a** 51 ff.
- Insolvenzverfahren **VOB/A 6a** 41 f.
- Leistungsfähigkeit, wirtschaftliche, finanzielle **VOB/A 6a** 64 ff.
- Liquidation **VOB/A 6a** 43
- Personal **VOB/A 6a** 37 f.
- Referenzen **VOB/A 6a** 32 ff.
- Steuern, Abgaben, Beiträge **VOB/A 6a** 48
- Umsatz **VOB/A 6a** 29 ff.
- Verfehlung **VOB/A 6a** 44 ff.

Näheklausel VO (EG) 1370/2007 Vorb 34
Nahverkehr VO (EG) 1370/2007 1 21
Namensunterschrift VOB/A 13 22
Nebenangebote VOB/A 12 17; **VOB/A 8EU** 4 ff.; **VOB/A 13EU** 100 ff.
- § 13 EU Abs. 3 S. 2 **VOB/A 16EU** 26
- Angabe in den Vergabeunterlagen **VOB/A 8** 70 ff.
- Angebotsaufklärung **VOB/A 15** 19 ff.
- Angebotsbewertung **VOB/A 16b** 10 ff.
- Angebotswertung **VOB/A 16dEU** 58 ff.
- Arten **VOB/A 8** 63 ff.
- Aufklärung des Angebotsinhalts **VOB/A 15EU** 20 ff.
- Begriff **VOB/A 8** 58 ff.
- Bieterangebot **VOB/A 13** 97 ff.
- Gleichwertigkeitsprüfung **VOB/A 16dEU** 63
- kaufmännische **VOB/A 8** 64
- Kennzeichnung **VOB/A 13EU** 105 ff.
- Mindestanforderungen **VOB/A 8** 78; **VOB/A 8EU** 8; **VOB/A 16EU** 24; **VOB/A 16dEU** 60 ff.
- Nachverhandlungsverbot **VOB/A 15** 51 ff.; **VOB/A 15EU** 52 ff.
- nicht zugelassene **VOB/A 16EU** 24
- technische **VOB/A 8** 63
- Verteidigungs- und sicherheitsspezifische öffentliche Aufträge **VSVgV 32** 1
- Zulassung und Ausschluss **VOB/A 8** 66 ff.

Nebenpflichten Grundzüge der VOB/B 9

Negative Beweiskraft VOB/A 20 20
Negative Preise VOB/A 16EU 17
Nettoeffekt VO (EG) 1370/2007 Anh. 3 f.
- Erlöse **VO (EG) 1370/2007 Anh.** 6 ff.
- Gewinn **VO (EG) 1370/2007 Anh.** 6 ff.
- Kosten **VO (EG) 1370/2007 Anh.** 6 ff.

Neueintragung VOB/A 13EU 81
Newcomer VSVgV 21 10
Nicht berücksichtigte Bewerbung VOB/A 19 1 ff.; **VOB/A 19EU** 1 ff.
- Informationsverpflichtung **VOB/A 19EU** 1, 6 ff.
- Rückgabe der Angebotsunterlagen **VOB/A 19EU** 28 ff.
- Verteidigung und Sicherheit **VOB/A 19VS** 1

Nicht berücksichtigtes Bieterangebot VOB/A 19 1 ff.; **VOB/A 19EU** 1 ff.
- Informationsverpflichtung **VOB/A 19EU** 1, 6 ff.
- Rückgabe der Angebotsunterlagen **VOB/A 19EU** 28 ff.
- Umgang **VOB/A 19EU** 23 ff.
- Verteidigung und Sicherheit **VOB/A 19VS** 1

Nicht offenes Verfahren VOB/A 3EU 6 ff.
- Angebotsfrist **VOB/A 10bEU** 3; **VOB/A 10bVS** 4

magere Zahl = Randnummer

Sachverzeichnis

- Angebotsrücknahme **VOB/A 10bVS** 9
- Bewerbungsfrist **VOB/A 10bVS** 2 f.
- Bindefrist **VOB/A 10bVS** 9
- Dringlichkeit **VOB/A 10bVS** 8
- Fristen **VOB/A 3bEU** 17 ff.; **VOB/ A 10bEU** 1 ff.
- Fristverkürzung **VOB/A 10bEU** 4 ff.
- keine ordnungsgemäßen oder annehmbaren Angebote **VOB/A 3aEU** 17 ff.
- Teilnahmefristen **VOB/A 10bEU** 2
- Verfahrensablauf **VOB/A 3bEU** 13 ff.
- Vergabeunterlagen **VOB/A 10bVS** 6 f.
- Verteidigung und Sicherheit **VOB/ A 3bVS** 4 ff.; **VOB/A 10bVS** 1 ff.
- Vorinformation **VOB/A 10bVS** 5
- Zulässigkeitsvoraussetzungen **VOB/ A 3aEU** 4 ff.

Nichtberücksichtigung von Angeboten VOB/A 19 10 ff.
- Bewerberinformation **VOB/A 19** 11
- Bieterinformation **VOB/A 19** 12 ff.
- Rückgabe **VOB/A 19** 17
- Umgang **VOB/A 19** 16

Nicht-Vertragsfristen VOB/A 9 12 f.

Niederlassungsfreiheit VO (EG) 1370/ 2007 Vorb 2, 20, 72, 79

Niederlassungserfordernis VO (EG) 1370/ 2007 Vorb 41

Personenverkehrsdienste VO (EG) 1370/ 2007 Vorb 38 ff.

Niederschrift VOB/A 14a 29
- Angebotsprüfung **VOB/A 16cEU** 13
- Öffnungstermin **VOB/A 14** 11 ff.; **VOB/ A 14EU** 20 ff.
- Verlesung **VOB/A 14EU** 22

Notifizierungsfreiheit VO (EG) 1370/ 2007 9 1 ff.

Notvergabe VO (EG) 1370/2007 5 1
- Dienstleistungskonzession **VO (EG) 1370/ 2007 5** 60 ff.

Nullpreise VOB/A 16EU 17

Nutzungsrecht
- Baukonzessionen **VOB/A 23** 14

Oberschwellennorm
- Abweichung **VOB/A 7a** 4 ff.

Objektivitätsgebot VO (EG) 1370/2007 4 35

Obligatorische Vertragsunterlagen VOB/ A 8 84

Offenes Verfahren VOB/A 3EU 3 ff.
- Dringlichkeit **VOB/A 3bEU** 5
- Eignung **VOB/A 16bEU** 1 ff.
- Fristen **VOB/A 10aEU** 1 ff.
- keine ordnungsgemäßen oder annehmbaren Angebote **VOB/A 3aEU** 17 ff.
- Leistungsbeschreibung **VOB/A 3bEU** 9
- Verfahrensablauf **VOB/A 3bEU** 3 ff., 8 ff.
- Vergabeunterlagen **VOB/A 3bEU** 7

- Zulässigkeitsvoraussetzungen **VOB/ A 3aEU** 4 ff.

Öffentliche Aufträge
- EU Grundsätze **VOB/A 2EU** 1 ff.
- Wettbewerber **VOB/A 6EU** 1 ff.

Öffentliche Auftraggeber
- subzentrale **VOB/A 12EU** 11 ff.

Öffentliche Ausschreibungen
- Bekanntmachung **VOB/A 12** 1 ff., 4 ff.
- Bauleistungen **VOB/A 3** 6
- Beschränkte Ausschreibung **VOB/A 3** 11 ff.
- Bietereignung **VOB/A 16b** 1 ff.
- Entschädigungsanspruch **VOB/A 8b** 6 ff.
- Kostenerstattungsanspruch **VOB/A 8b** 2 ff.
- öffentliche Aufforderung **VOB/A 3** 9
- ohne annehmbares Ergebnis **VOB/A 3a** 10 f.
- Regelverfahren **VOB/A 3** 5 ff.
- Übermittlung der Vergabeunterlagen **VOB/A 12a** 2 ff.
- unbeschränkte Zahl an Unternehmen **VOB/A 3** 10
- Unzweckmäßigkeit der Ausschreibung **VOB/A 3a** 12 ff.
- Verfahren **VOB/A 3** 7 f.
- Verfahrensablauf **VOB/A 3b** 1 ff.
- Vergabearten **VOB/A 3** 1 ff.
- Vergabegrundsätze **VOB/A 2** 29
- Zulässigkeitsvoraussetzungen **VOB/A 3a** 1 ff.

Öffentliche Ausschreibungen, Verfahrensablauf VOB/A 3b 1 ff.
- Abgabe der Unterlagen an alle Unternehmen **VOB/A 3b** 4
- Auftragnehmerformen **VOB/A 3b** 11 ff.
- Beteiligte **VOB/A 3b** 8
- Bieterausschluss **VOB/A 3b** 4
- Generalübernehmer **VOB/A 3b** 8, 14
- Generalunternehmer **VOB/A 3b** 8, 14
- Unterschwellenvergabeverordnung **VOB/ A 3b** 4
- Verschwiegenheitserklärung **VOB/A 3b** 5

Öffentliche Ausschreibungen, Zulässigkeitsvoraussetzungen VOB/A 3a 1 ff.
- Beschränkte Ausschreibung mit Teilnahmewettbewerb **VOB/A 3a** 17 ff.
- Beschränkte Ausschreibung ohne Teilnahmewettbewerb **VOB/A 3a** 6 ff.
- Freihändige Vergabe **VOB/A 3a** 20 ff.
- Regelverfahren **VOB/A 3a** 3 ff.

Öffentliche Dienstleistungsaufträge VO (EG) 1370/2007 3 1 ff., 4 ff.
- allgemeine Vorschriften **VO (EG) 1370/ 2007 4** 1 ff.
- Erlösrisiken **VO (EG) 1370/2007 4** 15 ff.
- Folgevergabe **VO (EG) 1370/2007 4** 34
- gemeinwirtschaftliche Verpflichtung **VO (EG) 1370/2007 4** 2 ff.

1331

Sachverzeichnis

fette Zahl = Gesetz und Paragraf

- Genehmigungsbehörde **VO (EG) 1370/ 2007 4** 5
- Informationen **VO (EG) 1370/2007 4** 32 f.
- Inhalt **VO (EG) 1370/2007 4** 1 ff.
- Kostenrisiken **VO (EG) 1370/2007 4** 15 ff.
- Laufzeit **VO (EG) 1370/2007 4** 19 ff.
- Personenbeförderung auf der Straße **VO (EG) 1370/2007 4** 11
- Sozialstandards **VO (EG) 1370/2007 4** 26 ff.
- Übergangsregelung **VO (EG) 1370/2007 8** 1 ff.
- Überkompensation **VO (EG) 1370/2007 4** 14
- Unteraufträge **VO (EG) 1370/2007 4** 37 ff.

Öffentliche Dienstleistungsaufträge, Vergabe VO (EG) 1370/2007 5 1
Öffentliche Unternehmen
- Betreiberwahl **VO (EG) 1370/2007 Vorb** 75 ff.
- Personenverkehrsdienste **VO (EG) 1370/ 2007 Vorb** 75 ff.

Öffentlicher Auftraggeber VOB/A 1EU 5; **VOB/A 1VS** 9 ff.
- Auskunftspflicht **VOB/A 12aEU** 11 ff.
- Geheimhaltung **VOB/A 12aEU** 10
- Verteidigungs- und sicherheitsspezifische öffentliche Aufträge **VSVgV 1** 14 ff.

Öffentlicher Dienstleistungsauftrag VO (EG) 1370/2007 2 23
Öffentlicher Personenverkehr VO (EG) 1370/2007 2 1 ff.
Öffentliches Interesse VO (EG) 1370/ 2007 Vorb 19
Öffnung der Angebote siehe *Angebotsöffnung*
Öffnungsklauseln VOB/A 8a 17
Öffnungstermin VOB/A 14 7 ff.; **VOB/ A 14EU** 1 ff.
- Angebotskennzeichnung **VOB/A 14EU** 12 ff.
- Angebotsöffnung **VOB/A 14EU** 12 ff.
- Angebotsverwahrung **VOB/A 14EU** 36 ff.
- elektronische Angebote **VOB/A 14** 1 ff.; **VOB/A 14EU** 7
- Geheimhaltung **VOB/A 14EU** 36 ff.; **VOB/A 14VS** 6 f.
- Muster **VOB/A 14** 10; **VOB/A 14EU** 19
- Niederschrift **VOB/A 14** 11 ff.; **VOB/ A 14EU** 20 ff.
- Proben **VOB/A 14** 10; **VOB/A 14EU** 19
- schriftliche Angebote **VOB/A 14a** 1 ff.; **VOB/A 14EU** 8
- verspätete Angebote **VOB/A 14EU** 24 ff.; **VOB/A 14VS** 6 f.
- Verteidigung und Sicherheit **VOB/ A 14VS** 1 ff.
- Verwahrung **VOB/A 14VS** 6 f.
- vor dem **VOB/A 14** 4 ff.; **VOB/A 14a** 5 ff.; **VOB/A 14VS** 4 f.

Offsets VSVgV 9 11; **VSVgV 40** 4
- indirekte **VSVgV 9** 11

Omnibusverkehr VO (EG) 1370/ 2007 Vorb 71
ÖPNV VO (EG) 1370/2007 5 26 ff.
ÖPP-Modelle VOB/A 23 3
Opportunitätsprinzip VOB/A 21 2
Organmitglieder VSVgV 42 8 f.
Ortbetonschacht-Entscheidung VOB/ A 16b 13

Parallelausschreibung VOB/A 2 88; **VOB/A 5** 22 f.
Parkflächen VOB/A 23 8
Partnerschaftsregister VSVgV 25 4
Patentrecht VOB/A 3aEU 30
Pauschalierter Schadensersatz VOB/A 9 32 f.
Pauschalpreisvertrag VOB/A 13EU 51; **VOB/A 16cEU** 8; Grundzüge der **VOB/B** 39
Pauschalsumme VOB/A 16EU 16
Pauschalvertrag VOB/A 4 4, 10 ff.; **VOB/ A 4EU** 9 ff.
- Detail- **VOB/A 4** 12
- Global- **VOB/A 4** 13
- Leistungsbeschreibung **VOB/A 4** 11
- Teil- **VOB/A 4** 12
- Verteidigung und Sicherheit **VOB/A 4VS** 7

PDF-Leseversion VOB/A 11EU 15
Personal VOB/A 6a 37 f.
- Zuschlagskriterien **VOB/A 16dEU** 39 ff.
Personalschulungen VOB/A 6fEU 14
Personenbeförderung auf der Straße VO (EG) 1370/2007 4 11
Personenbeförderungsgesetz VO (EG) 1370/2007 2 19
- Altunternehmer **VO (EG) 1370/2007 2** 29
- Linienverkehr **VO (EG) 1370/2007 2a** 6 ff.
- Typenzwang **VO (EG) 1370/2007 2** 28
Personenverkehrsdienste VO (EG) 1370/ 2007 Vorb 1 ff.; **VO (EG) 1370/2007 1** 11 ff.
- Bahnen besonderer Bauart **VO (EG) 1370/2007 Vorb** 12
- Beförderungspflicht **VO (EG) 1370/ 2007 Vorb** 70
- Beförderungszweck **VO (EG) 1370/ 2007 Vorb** 23 ff.
- Bergbahnen **VO (EG) 1370/2007 Vorb** 12
- Beschränkungsverbot **VO (EG) 1370/ 2007 Vorb** 79 ff.

magere Zahl = Randnummer

- Binnenschiffe **VO (EG) 1370/2007 Vorb** 12
- Diskriminierungsfreiheit **VO (EG) 1370/2007 Vorb** 16 ff.
- Eisenbahnen **VO (EG) 1370/2007 Vorb** 12
- Fähren **VO (EG) 1370/2007 Vorb** 12
- geschlossene Finanzierung **VO (EG) 1370/2007 Vorb** 39
- Gewerbsmäßigkeit **VO (EG) 1370/2007 Vorb** 20
- Hängebahnen **VO (EG) 1370/2007 Vorb** 12
- Koordinierungsfunktion **VO (EG) 1370/2007 Vorb** 73
- Kraftomnibus **VO (EG) 1370/2007 Vorb** 12
- Kraftwagen **VO (EG) 1370/2007 Vorb** 12
- Landverkehr **VO (EG) 1370/2007 Vorb** 11 ff.
- Liniengenehmigungen **VO (EG) 1370/2007 Vorb** 4
- Magnetschwebebahnen **VO (EG) 1370/2007 Vorb** 12
- Markteingriffsmittel **VO (EG) 1370/2007 Vorb** 4
- Monopole **VO (EG) 1370/2007 Vorb** 79 ff.
- Niederlassungsfreiheit **VO (EG) 1370/2007 Vorb** 38 ff.
- öffentliche Unternehmen **VO (EG) 1370/2007 Vorb** 75 ff.
- öffentliches Interesse **VO (EG) 1370/2007 Vorb** 19
- Quersubventionsverbot **VO (EG) 1370/2007 Vorb** 74
- Schienenverkehr **VO (EG) 1370/2007 Vorb** 10
- Straßenbahnen **VO (EG) 1370/2007 Vorb** 12
- Taxenverkehr **VO (EG) 1370/2007 Vorb** 5
- U-Bahnen **VO (EG) 1370/2007 Vorb** 12
- Verlässlichkeit des Angebots **VO (EG) 1370/2007 Vorb** 70
- Wettbewerbsabsicherung **VO (EG) 1370/2007 Vorb** 74

PersonenverkehrsVO VO (EG) 1370/2007 Vorb 1 ff.
- Abgrenzung **VO (EG) 1370/2007 1** 24 ff.
- allgemeine Vorschriften **VO (EG) 1370/2007 3** 1 ff.
- Allgemeinheit **VO (EG) 1370/2007 2** 5
- andere Arten Schienenverkehrs **VO (EG) 1370/2007 1** 16 f.
- Änderungs-VO **(EU) 2016/2338 VO (EG) 1370/2007 Vorb** 57
- Anwendungsbereich **VO (EG) 1370/2007 1** 1 ff.
- Anwendungsvorrang **VO (EG) 1370/2007 1** 9
- Ausgleichsleistungen **VO (EG) 1370/2007 6** 1 ff.
- Ausnahmen **VO (EG) 1370/2007 1** 19; **VO (EG) 1370/2007 3** 8 ff.
- ausschließliches Recht **VO (EG) 1370/2007 2** 24 ff.
- Baukonzessionen **VO (EG) 1370/2007 1** 23
- Bedürfnisprüfung **VO (EG) 1370/2007 Vorb** 68
- Begriffsbestimmungen **VO (EG) 1370/2007 2** 1 ff.
- Berichte **VO (EG) 1370/2007 11** 1 f.
- Betreiber **VO (EG) 1370/2007 2** 17 ff.
- Dienstleistungen von allgemeinem wirtschaftlichen Interesse **VO (EG) 1370/2007 1** 29
- Direktvergaben **VO (EG) 1370/2007 2** 44 ff.
- Dokumentation **VO (EG) 1370/2007 3** 7
- dritter Entwurf KOM (2005) 319 endg. **VO (EG) 1370/2007 Vorb** 52
- Eisenbahn-Rollmaterial **VO (EG) 1370/2007 5a** 1 f.
- Eisenbahnverkehr **VO (EG) 1370/2007 1** 14 ff.
- Entwicklung **VO (EG) 1370/2007 Vorb** 46 ff.
- erfasste Verkehrsdienste **VO (EG) 1370/2007 1** 11 ff.
- erster Entwurf KOM (2000) 7 endg. **VO (EG) 1370/2007 Vorb** 50
- Fernverkehr **VO (EG) 1370/2007 1** 21
- Funktion **VO (EG) 1370/2007 Vorb** 59 ff.
- gemeinschaftliche Verpflichtung **VO (EG) 1370/2007 2** 20 ff.
- Harmonisierung **VO (EG) 1370/2007 Vorb** 71 ff.
- Hilfeleistungen im Verkehr **VO (EG) 1370/2007 1** 22
- Inhouse-Vergabe **VO (EG) 1370/2007 5** 1
- Inkrafttreten **VO (EG) 1370/2007 12** 1
- interne Betreiber **VO (EG) 1370/2007 5** 13
- Interventionsmittel **VO (EG) 1370/2007 1** 6 ff.
- Konkurrenzen **VO (EG) 1370/2007 1** 24 ff.
- Koordinierungsbeihilfen **VO (EG) 1370/2007 1** 29
- Kraftfahrzeugverkehr **VO (EG) 1370/2007 5** 12
- Linienverkehr **VO (EG) 1370/2007 2a** 6 ff.
- Markteingriffe **VO (EG) 1370/2007 Vorb** 62; **VO (EG) 1370/2007 1** 2 ff.

1333

Sachverzeichnis

fette Zahl = Gesetz und Paragraf

- Marktzugang **VO (EG) 1370/2007 Vorb** 42
- Mietwagenverkehr **VO (EG) 1370/2007 2** 9, 36
- Nahverkehr **VO (EG) 1370/2007 1** 21
- öffentlicher Dienstleistungsauftrag **VO (EG) 1370/2007 2** 23; **VO (EG) 1370/2007 3** 1 ff., 4 ff.
- Personenverkehr **VO (EG) 1370/2007 1** 11 ff.
- Schienenpersonenverkehrsdienst **VO (EG) 1370/2007 2** 12
- Schiffsverkehr **VO (EG) 1370/2007 1** 20
- Schülerverkehr **VO (EG) 1370/2007 2** 11
- Sonderformen des Linienverkehrs **VO (EG) 1370/2007 2** 10
- Spezifikation der gemeinwirtschaftliche Verpflichtungen **VO (EG) 1370/2007 2a** 1 ff.
- Straßenverkehr **VO (EG) 1370/2007 1** 18
- Taxiverkehr **VO (EG) 1370/2007 2** 9
- Transparenzgebot **VO (EG) 1370/2007 3** 7
- Unterkompensationsverbot **VO (EG) 1370/2007 2a** 5
- Veröffentlichungspflichten **VO (EG) 1370/2007 7** 1 ff.
- wettbewerbliches Verfahren **VO (EG) 1370/2007 5** 16 ff.
- zuständige Behörde **VO (EG) 1370/2007 2** 13 ff.
- Zweck **VO (EG) 1370/2007 1** 1 ff.
- zweiter Entwurf KOM (2002) 107 endg. **VO (EG) 1370/2007 Vorb** 51

Pflicht
- Vergabebekanntmachung **VOB/A 18EU** 36 ff.

Planlieferfristen VOB/A 9 31
Positionspapier zu Fach- und Teillosen VOB/A 5EU 6
Präqualifikationsverzeichnis VOB/A 2 31; **VOB/A 6b** 4 ff.; **VOB/A 16bEU** 4
- Baubengewerbe **VOB/A 6b** 16
- Hochbau **VOB/A 6b** 16
- Nachweisgültigkeit **VOB/A 6b** 7
- Papierform **VOB/A 6b** 10
- projektspezifische Nachweise **VOB/A 6b** 15
- Tiefbau **VOB/A 6b** 16
- Zugänglichkeit **VOB/A 6b** 6

Preis VOB/A 16dEU 30 ff.
- Anforderungen **VOB/A 13** 46 ff.
- angemessene **VOB/A 15** 30 ff.; **VOB/A 15EU** 31 ff.
- Anpassungen **Grundzüge der VOB/B** 40
- Fantasiebetrag **VOB/A 13** 54
- Festkosten **VOB/A 16dEU** 31
- Festpreis **VOB/A 16dEU** 31
- mischkalkulierter **VOB/A 13** 51; **VOB/A 16EU** 17

- negative Preisangaben **VOB/A 13** 56; **VOB/A 16EU** 17
- Null **VOB/A 16EU** 17
- Pauschalsumme **VOB/A 16EU** 17
- unwesentliche Preisposition **VOB/A 16EU** 19 ff.
- Verteidigungs- und sicherheitsspezifische öffentliche Aufträge **VSVgV 10** 12 f.
- Zuschlagskriterien **VOB/A 16b** 11

Preisabsprachen VOB/A 16 6
Preisänderung VOB/A 15 49 f.
Preisanforderungen VOB/A 13EU 48 ff.
Preisangaben
- geforderte **VOB/A 13EU** 52 ff.
- mischkalkulierte **VOB/A 13EU** 53
- negative **VOB/A 13EU** 58
- Null- **VOB/A 13EU** 57
- Preisnachlass **VOB/A 13EU** 57

Preisanpassungen Grundzüge der VOB/B 40
Preisbildung VOB/A 7EU 12
Preisnachlass VOB/A 13EU 57
- Angebotswertung **VOB/A 16dEU** 64 f.
- ohne Bedingung **VOB/A 13** 106 ff.
- ohne Bedingungen **VOB/A 13EU** 109 ff.

Preisprüfung VOB/A 16b 3 f.; **VOB/A 16dEU** 2 ff.
Pressemitteilung VOB/A 12a 7 f.; **VOB/A 7EU** 12 ff.
Private Monopole VO (EG) 1370/2007 Vorb 81
Proben VOB/A 13 82 ff.; **VOB/A 14** 10; **VOB/A 14a** 28; **VOB/A 13EU** 85 ff.
- Öffnungstermin **VOB/A 14EU** 19

Produktneutralität
- Gebot der **VOB/A 7EU** 27 ff.

Prognose
- ex-ante- **VOB/A 1VS** 15

Prognoseentscheidung VOB/A 2 34; **VOB/A 9a** 8 f.; **VOB/A 16bEU** 5
- Bietereignung **VOB/A 6a** 13 ff.
- Eignungsprüfung **VOB/A 6a** 13 ff.

Projektantenproblematik VOB/A 6EU 73; **VSVgV 10** 6 f.
Projektantenstellung VSVgV 24 12
Publikationsorgane VOB/A 12 5 f.

Qualifizierte elektronische Signatur VOB/A 13EU 34
Qualität VOB/A 16dEU 33
Qualitätsanreiz VO (EG) 1370/2007 Anh. 27 ff.
Qualitätsmanagement VOB/A 2 23
- Verteidigungs- und sicherheitsspezifische öffentliche Aufträge **VSVgV 28** 1 f.

Qualitätssicherung VOB/A 6cEU 1 ff.; **VSVgV 27** 14 ff.
- Verteidigung und Sicherheit **VOB/A 6cVS** 1 f.

magere Zahl = Randnummer

Sachverzeichnis

Quersubventionsverbot **VO (EG) 1370/ 2007 Vorb** 74

Rahmenvereinbarungen VOB/A 4aEU 1 ff.; **VOB/A 4a** 1 ff.
- Abschluss einer **VOB/A 4aEU** 6 f.; **VSVgV 41** 5 ff.
- Einzelauftragsvergabe **VOB/A 4aEU** 21 ff.
- Einzelvereinbarungen **VOB/A 4a** 15 ff.
- Laufzeit **VOB/A 4aEU** 12; **VOB/A 4a** 21 f.; **VSVgV 41** 5 ff.
- Mindestbedingungen **VOB/A 4a** 19
- Mindestinhalt **VOB/A 4aEU** 10 ff.
- Missbrauchsverbot **VOB/A 4a** 20
- mit einem Unternehmer **VOB/A 4aEU** 25 ff.
- mit mehreren Unternehmen **VOB/A 4aEU** 28 ff.
- Parteien der Einzelaufträge **VOB/A 4a** 23
- Schwellenwert **VOB/A 4a** 10
- Unteraufträge **VSVgV 41** 1 ff.
- Vergabe **VOB/A 4aEU** 8 f.
- Vergabeverzicht **VSVgV 43** 51 ff.
- Verteidigungs- und sicherheitsspezifische öffentliche Aufträge **VSVgV 3** 14; **VSVgV 14** 1 ff.
- Vertragspartner **VOB/A 4aEU** 17 ff.; **VOB/A 4a** 11 ff.
- Wettbewerbsrecht **VOB/A 4a** 20

Rangfolgenregelung VOB/A 8a 24 ff.
Rechenfehler VOB/A 16cEU 2
Rechnungslegung VO (EG) 1370/ 2007 Anh. 15 ff.
- Kostenstellenrechnung **VO (EG) 1370/2007 Anh.** 16 f.
- Kostenträgerrechnung **VO (EG) 1370/2007 Anh.** 16 f.
- Trennungsrechnung **VO (EG) 1370/ 2007 Anh.** 18 ff.

Rechtmäßiges Alternativverhalten VOB/ A 17EU 40

Rechtsschutz
- Ausschreibungsaufhebung **VOB/A 17EU** 33 ff.
- Direktvergabe **VO (EG) 1370/2007 5** 66 ff.
- Schadensersatz **VOB/A 17EU** 34 ff.
- Veröffentlichungspflichten **VO (EG) 1370/2007 7** 12

Referenzen VOB/A 6a 32 ff.
Referenzprojekt VOB/A 2 18 ff.
Regelbeispiel VOB/A 6eVS 3
Regelverfahren VOB/A 3 5 ff.
Regionalkartelle VOB/A 3b 26
Regionalverkehr VO (EG) 1370/ 2007 Vorb 49
Registerauszug VSVgV 23 19
Registrierung VOB/A 11EU 23 ff.
Reisebüro VO (EG) 1370/2007 Vorb 25

Rentabilität VOB/A 16dEU 43
Ressourcenmanagement VOB/A 2 23
Richtlinienumsetzung VOB/A 19EU 22
Risikoportfolio VO (EG) 1370/2007 Anh. 23
RL 2006/111/EG siehe *EG-Transparenz-Richtlinie*
RL 2009/81/EG VSVgV 42 6
Rohbauarbeiten VOB/A 5EU 7
Rollmaterial
- Eisenbahn **VO (EG) 1370/2007 5a** 1 f.

Rollstuhlfahrer VO (EG) 1370/2007 2 5
Rückgabe
- Nichtberücksichtigung von Angeboten **VOB/A 19** 17

Sachverhaltsaufklärungspflicht VOB/ A 6EU 51 ff.
Sammeltaxis VO (EG) 1370/2007 2 38
Sanierungsbeihilfen VO (EG) 1370/ 2007 3 3
Schadensausgleich
- Selbstreinigung **VOB/A 6fEU** 7 f.

Schadensersatz VOB/A 17EU 34 ff.; **Grundzüge der VOB/B** 17
- pauschalierter **VOB/A 9** 32 f.

Schadensersatzanspruch VOB/A 15EU 3; **VOB/A 17EU** 2; **VOB/A 18EU** 36; **VOB/A 19EU** 27; **Grundzüge der VOB/B** 27

Schätzung
- Auftragswert **VOB/A 1VS** 13 ff.

Scheinkonkurrenz
- Bietergemeinschaften **VOB/A 6** 31

Schiedsverfahren VOB/A 8b 1 ff., 11; **VOB/A 8bEU** 1
- Verteidigung und Sicherheit **VOB/ A 8bVS** 1

Schienenpersonenverkehrsdienst VO (EG) 1370/2007 2 12; **VO (EG) 1370/2007 5** 22
- Altbetrauungen **VO (EG) 1370/2007 8** 3
- Altverträge **VO (EG) 1370/2007 8** 3
- Dienstleistungskonzession **VO (EG) 1370/2007 5** 55
- Direktvergabe **VO (EG) 1370/2007 5** 56 ff.

Schienenverkehr VO (EG) 1370/ 2007 Vorb 10
- Direktvergabe bis 25.12.2023 **VO (EG) 1370/2007 8** 6 ff.
- Fortschrittsbericht **VO (EG) 1370/2007 8** 8
- reziproker Wettbewerb **VO (EG) 1370/2007 8** 7

Schiffsverkehr VO (EG) 1370/2007 1 20
Schlusszahlung Grundzüge der VOB/B 49 ff.
- Annahme **Grundzüge der VOB/B** 58 ff.

1335

Sachverzeichnis

fette Zahl = Gesetz und Paragraf

– Verjährung **Grundzüge der VOB/B** 57
Schramberg-Entscheidung VOB/A 16 8
Schriftform VOB/A 13 18 ff.; **VOB/ A 13EU** 21
Schriftliche Angebote VOB/A 13EU 18 ff.
– Angebotskennzeichnung **VOB/A 14EU** 15
– Eröffnungstermin **VOB/A 14a** 11 ff.
– Geheimhaltung **VOB/A 14a** 43 ff.
– Öffnung der Angebote **VOB/A 14a** 1 ff.
– Öffnungstermin **VOB/A 14EU** 8
– Verlesung der Angebote **VOB/A 14a** 23 ff.
– verspätete Angebote **VOB/A 14a** 35 ff.
– Verwahrung **VOB/A 14a** 43 ff.
Schriftliches Bieterangebot
– Bietergemeinschaften **VOB/A 13EU** 26 ff.
– Kennzeichnung **VOB/A 13EU** 39 ff.
– Verschluss **VOB/A 13EU** 39 ff.
– Vertretungsmacht **VOB/A 13EU** 25
Schuldanerkenntnis Grundzüge der VOB/B 54
Schuldverhältnis
– vorvertragliches **VOB/A 2** 8
Schülerverkehr VO (EG) 1370/2007 2 11
Schulnoten-Entscheidung VOB/ A 16dEU 24
Schwarzarbeitsbekämpfungsgesetz VOB/A 6eEU 3
Schwellenwert VOB/A 1EU 6
Schwere Verfehlung VOB/A 6EU 26; **VOB/A 6eVS** 7 f.
Seeverkehrsdienstleistungsaufträge
– Verteidigungs- und sicherheitsspezifische öffentliche Aufträge **VSVgV 12** 21
Seilbahn VO (EG) 1370/2007 1 17
Sektorenauftraggeber VOB/A 1VS 9 ff.
Sektoren-RL VO (EG) 1370/2007 5 2 ff.
Selbstausführungsverbot VOB/A 2 38 ff.
Selbstbetrauung VO (EG) 1370/2007 4 4
Selbsterbringung VO (EG) 1370/2007 5 40 ff.
Selbstkostenerstattungsvertrag VOB/A 4 1
Selbstreinigung VOB/A 6EU 36 ff.; **VOB/A 6fEU** 1 ff.
– Bieterausschluss **VSVgV 23** 11 f.
– Kooperation **VOB/A 6fEU** 9 ff.
– künftige Verstöße **VOB/A 6fEU** 12 ff.
– Maßnahmen **VOB/A 6fEU** 6 ff.
– Personalschulungen **VOB/A 6fEU** 14
– Prüfung durch den öffentlichen Auftraggeber **VOB/A 6fEU** 15
– Rechtsfolge der erfolgreichen Selbstreinigung **VOB/A 6fEU** 16
– Schadensausgleich **VOB/A 6fEU** 7 f.
– Verteidigung und Sicherheit **VOB/A 6fVS** 1 ff.
– Zertifizierung **VOB/A 6EU** 58

Selbstvornahme Grundzüge der VOB/B 16
Service Public VO (EG) 1370/2007 Vorb 27 ff.; **VO (EG) 1370/2007 2** 2
Sicherheitsanforderungen VOB/A 11EU 19 ff.
Sicherheitsbehörde VSVgV 7 20
Sicherheitsbescheid VSVgV 7 7, 18 f.
Sicherheitsinteresse der Bundesrepublik Deutschland VOB/A 1VS 17
Sicherheitsleistungen VOB/A 9c 1 ff.; **VOB/A 9cEU** 1
– Arten **VOB/A 9c** 13 ff.
– Begriff der Sicherheit **VOB/A 9c** 2
– Bekanntmachung **VOB/A 12** 25
– Bürgschaft **VOB/A 9c** 18 f.
– Gegenstand der Sicherheitsleistung **VOB/A 9c** 3 ff.
– Höhe **VOB/A 9c** 22 ff.
– Rückgabe der Sicherheit **VOB/A 9c** 26 ff.
– Vereinbarung der **VOB/A 9c** 7 ff.
– Verteidigung und Sicherheit **VOB/A 9vcVS** 1
Sicherheitsspezifische Leistung VOB/A 1VS 16 ff.
Signatur
– Angebot **VOB/A 16EU** 10
– elektronische **VOB/A 11EU** 21 f.
SIMAP VSVgV 18 8
– Bekanntmachungen **VOB/A 11EU** 8 ff.
Skonto VOB/A 13 108
Software als Service-Lösungen VOB/A 11EU 7
Sonderfragen VOB/A 2 35 ff.
Sozialstandards VO (EG) 1370/2007 4 26 ff.
Sozialversicherungsbeiträge VOB/A 6EU 19
Sperrfristen VOB/A 6fEU 17 f.
Stadtbahnen VO (EG) 1370/2007 Vorb 12
Stadtbahn-Gera-Rechtsprechung VOB/A 16b 13
Stadtverkehr VO (EG) 1370/2007 Vorb 49
Stadtwerke VO (EG) 1370/2007 Anh. 25
Steuern VOB/A 6a 48
Straftaten
– terroristische **VOB/A 6EU** 8
Straßenbahnen VO (EG) 1370/2007 Vorb 12; **VO (EG) 1370/2007 5** 10
Straßenpersonenverkehr VO (EG) 1370/2007 10 2
– internationaler **VO (EG) 1370/2007 Vorb** 30 ff.
– Kabotage **VO (EG) 1370/2007 Vorb** 36
– Überkompensationsverbot **VO (EG) 1370/2007 10** 2
– Unabhängigkeitsgebot **VO (EG) 1370/2007 10** 2

magere Zahl = Randnummer **Sachverzeichnis**

Straßenverkehr VOB/A 5EU 23 ff.; VO (EG) 1370/2007 1 18
Strategie Europa 2020 VOB/A 3aEU 13
Stundenlohnarbeiten
– Abrechnung VOB/A 4 20
– angehängte VOB/A 4 19; VOB/A 7EU 17 ff.
– selbstständige VOB/A 4 18
Stundenlohnvertrag VOB/A 4 15 ff.; VOB/A 4EU 12; VOB/A 13EU 51; Grundzüge der VOB/B 42 ff.
– Bauleistungen geringeren Umfangs VOB/A 4 16
– Lohnkosten VOB/A 4 17
– Stundenlohnarbeiten VOB/A 4 18
– Verteidigung und Sicherheit VOB/A 4VS 8 f.
Subjektiver Berufszugang VO (EG) 1370/2007 Vorb 27 ff.
Submissionsabsprachen VOB/A 16 6
SWAP-Zinssatz VO (EG) 1370/ 2007 Anh. 22

Tageszeitungen VOB/A 12EU 20
Tarif der Deutschen Bahn VO (EG) 1370/2007 Vorb 25
Tarife
– Diskriminierungsfreiheit VO (EG) 1370/2007 3 12
– Höchsttarife VO (EG) 1370/2007 3 9 ff.
– Unterschreitung VO (EG) 1370/2007 3 15
– Verbund- VO (EG) 1370/2007 Vorb 8
Tarifregulierung VO (EG) 1370/2007 2a 7
Tarifvertrag Nahverkehr VO (EG) 1370/ 2007 4 31
Tätigkeitskriterium VO (EG) 1370/ 2007 5 35 ff.
Täuschung VSVgV 24 14
Taxen-Tarifordnung VO (EG) 1370/ 2007 2 32
Taxiverkehr VO (EG) 1370/2007 Vorb 5; VO (EG) 1370/2007 Vorb 68; VO (EG) 1370/2007 2 9
– Kontigentierung VO (EG) 1370/2007 2 35
– Linienverkehr VO (EG) 1370/2007 2 32
Technische Anforderungen
– Verteidigungs- und sicherheitsspezifische öffentliche Aufträge VSVgV 15 1 ff., 8 ff.
Technische Ausrüstungen VOB/A 8cEU 1 ff.
Technische Fachkräfte VSVgV 27 12 f.
Technische Geräte VOB/A 8cEU 1 ff.
Technische Hilfe VOB/A 16dEU 41 ff.
Technische Leistungsfähigkeit
– Aufklärung des Angebotsinhalts VOB/A 15EU 11 ff.

Technische Nebenangebote VOB/A 8 63
Technische Prüfung VOB/A 16cEU 10
Technische Spezifikationen VOB/A 7a 1 ff.; VOB/A 13 85 ff., 90 f.; VOB/A 7aEU 1 ff.; VOB/A 13EU 93 f.
– Abweichungen VOB/A 13EU 88 ff.
– Funktionsanforderungen VOB/A 7aEU 22 f.
– Gleichwertigkeit VOB/A 13EU 97
– Gleichwertigkeitsnachweis VOB/A 13EU 98 f.
– Leistungsanforderungen VOB/A 7aEU 22 f.
– Nachweismöglichkeiten VOB/A 7aEU 25 ff.
– Oberschwellennorm VOB/A 7a 4 ff.
– Verhandlungsverfahren VOB/A 3aEU 16
– Verteidigung und Sicherheit VOB/A 7aVS 1 ff.
– Zugänglichkeit VOB/A 7aEU 5 f.
Technische Stellen VSVgV 27 12 f.
Technische Vertragsbedingungen VOB/A 8a 7 ff., 20 ff.
– allgemeine VOB/A 8a 20
– besondere VOB/A 8a 22 f.
– zusätzliche VOB/A 8a 21
TED-eSENDER VOB/A 18EU 35
Teilaufhebung
– Ausschreibungsaufhebung VOB/A 17EU 26
Teilnahmeanträge VOB/A 11EU 18
– Bekanntmachung VOB/A 12 32
Teilnahmebedingungen VOB/A 8 79 ff.
– Anschreiben VOB/A 8 82
– Rechtsnatur VOB/A 8 81
Teilnahmefristen VOB/A 10bEU 2 f.
Teilnahmewettbewerb VOB/A 10 17
– Innovationspartnerschaft VOB/A 3bEU 35 ff.
– Verhandlungsverfahren VOB/A 3bEU 19
Teil-Pauschalvertrag VOB/A 4 12
Telefax VOB/A 12 8; VSVgV 19 16 f.
Telefon VOB/A 12 8
– Teilnahmeantrag VOB/A 11VS 10
Terrorismusfinanzierung VSVgV 23 5
Terroristische Straftaten VOB/A 6EU 8
Testberichte VOB/A 7aEU 1 ff.
Textform VOB/A 13 30 ff.; VOB/A 20 11; VOB/A 4aEU 37; VOB/A 13EU 32, 47; VOB/A 19EU 13; VSVgV 43 10
– Angebotsaufklärung VOB/A 15 38 ff.
– Aufklärung des Angebotsinhalts VOB/A 15EU 39 ff.
Tiefbau VOB/A 6b 16
TNS Dimarso-Entscheidung VOB/A 16dEU 24
Transaktionskostenaufwand VO (EG) 1370/2007 Vorb 81
Transparenz VOB/A 10 1; VOB/A 15 41; VOB/A 19 1
– Bekanntmachung VOB/A 2 51 f.

1337

Sachverzeichnis

fette Zahl = Gesetz und Paragraf

– Bieterinformationen **VOB/A 2** 53 ff.
– Eignungsmerkmale **VOB/A 2** 28 ff.
– ex-post **VOB/A 19** 18; **VOB/A 20** 18
– Unterschwellenbereich **VOB/A 2** 49 ff.
– Vergabeunterlagen **VOB/A 2** 51 f.
– Vergabevermerk **VOB/A 2** 56
Transparenzgebot VOB/A 7EU 10; **VOB/A 13EU** 112; **VOB/A 16aEU** 8; **VOB/A 16dEU** 22, 46; **VOB/A 16EU** 4; **VOB/A 2VS** 5 ff., 7 f.; **Grundzüge der VOB/B** 4; **VO (EG) 1370/2007 3** 7; **VO (EG) 1370/2007 4** 35; **VO (EG) 1370/2007 7** 1 ff., 13; **VSVgV 18** 1; **VSVgV 43** 3
– Dokumentation **VOB/A 20** 2 ff.
– ex-post **VOB/A 18EU** 1
Trennungsrechnung VO (EG) 1370/2007 Anh. 18 ff.
Treu und Glauben VOB/A 13EU 10
Trolleybusse VO (EG) 1370/2007 4 21
Typenzwang VO (EG) 1370/2007 Vorb 69; **VO (EG) 1370/2007 2** 28

U-Bahnen VO (EG) 1370/2007 Vorb 12; **VO (EG) 1370/2007 5** 10
Überbrückungsvergaben VO (EG) 1370/2007 5 1
– Dienstleistungskonzession **VO (EG) 1370/2007 5** 60 ff.
Übergangsregelung VOB/A 23EU 1 f.; **VSVgV 44** 1 ff.; **VSVgV 45** 1
– öffentliche Dienstleistungsaufträge **VO (EG) 1370/2007 8** 1 ff.
Überkompensation VO (EG) 1370/2007 4 14; **VO (EG) 1370/2007 6** 3 ff.
Überkompensationsverbot VO (EG) 1370/2007 10 2
Übermittlung der Vergabeunterlagen VOB/A 11bEU 3
– Vertraulichkeitsschutz **VOB/A 11bEU** 8 f.
Ultima ratio VOB/A 17EU 24
Umgehungsverbot VSVgV 3 9 f.
Umsatz VOB/A 6a 29 f.
Umsatzrendite VO (EG) 1370/2007 Anh. 22
Umwelteigenschaften
– Verteidigungs- und sicherheitsspezifische öffentliche Aufträge **VSVgV 15** 11 f.
Umweltkosten VOB/A 16dEU 53
Umweltmanagement VOB/A 6cEU 1 ff.
– Verteidigung und Sicherheit **VOB/A 6cVS** 1 f.
– Verteidigungs- und sicherheitsspezifische öffentliche Aufträge **VSVgV 28** 1 f.
Umweltzeichen VOB/A 7aEU 34
Unabhängigkeitsgebot VO (EG) 1370/2007 10 2
Unionsrecht
– öffentlicher Verkehr **VO (EG) 1370/2007 Vorb** 27 ff.

Unteraufträge VOB/A 23 28 f.; **VO (EG) 1370/2007 4** 37 ff.
– Auftragswertschätzung **VSVgV 38** 14
– Bekanntmachung **VSVgV 39** 1 ff.
– Bietergemeinschaften **VSVgV 38** 8 ff.
– Dienstleistungskonzession **VO (EG) 1370/2007 5** 20
– Eignungskriterien **VSVgV 40** 1 ff.
– Informationsbereitstellungspflicht **VO (EG) 1370/2007 4** 40
– Informationspflicht **VSVgV 38** 8 ff.
– Rahmenvereinbarung **VSVgV 41** 1 ff.
– Verteidigungs- und sicherheitsspezifische öffentliche Aufträge **VSVgV 9** 1 ff.; **VSVgV 38** 1 ff.
Unterkompensation VO (EG) 1370/2007 6 5
– Verbot **VO (EG) 1370/2007 2a** 5
Unterkonzessionen VOB/A 23 28 f.
Unterkriterien VOB/A 16dEU 25
– zulässige **VOB/A 16dEU** 27 ff.
Unternehmensausschluss VOB/A 6eEU 1 ff.
– schwere Verfehlung **VOB/A 6eVS** 4 ff.
– Verteidigung und Sicherheit **VOB/A 6eVS** 1 ff.
– Vertrauenswürdigkeit **VOB/A 6eVS** 7 f.
Unternehmenskapazität VOB/A 6dEU 1 ff.
– konzernverbundene Unternehmen **VOB/A 6dEU** 4
– Verteidigung und Sicherheit **VOB/A 6dVS** 1
Unternehmenswechsel
– Beschränkte Ausschreibung **VOB/A 3b** 24 ff.
– Freihändige Vergabe **VOB/A 3b** 24 ff.
Unterordnungskonzern
– faktischer **VOB/A 6** 23
Unterrichtung unterlegener Bieter VOB/A 19 2 ff.
Unterschrift VOB/A 13EU 23
Unterschwellenbereich
– Bietergemeinschaften **VOB/A 2** 40 ff.
– Transparenz **VOB/A 2** 49 ff.
Unterschwellenvergabeverordnung VOB/A 3b 4
Urheberrecht VOB/A 3aEU 30; **VOB/A 19EU** 24
Urkunde VOB/A 13 21
Ursprungsorte VOB/A 15 27 ff.

Verbände VSVgV 1 19
Verbot der Markterkundung VOB/A 7EU 21 **VOB/A 2VS** 18 f.
Verbot der Überkompensation VO (EG) 1370/2007 Anh. 11
Verbot des ungewöhnlichen Wagnisses VOB/A 23 22; **VOB/A 7EU** 14 ff.

magere Zahl = Randnummer

Verbot regionaler Beschränkungen VOB/A 6 5 ff.
Verbotsgesetz VOB/A 18 4
Verbundtarife VO (EG) 1370/2007 Vorb 8
Verdachtstatbestand VOB/A 15EU 35
Vereinsregister VSVgV 25 4
Verfahren VOB/A 8 1 ff., 5 f.
– Abgebotsverfahren VOB/A 4 24 ff.
– Angebotsverfahren VOB/A 4 21 ff.
– Aufgebotsverfahren VOB/A 4 24 ff.
– öffentliche Ausschreibungen VOB/A 3b 1 ff.
– Verteidigung und Sicherheit VOB/A 6bVS 1
Verfahrensablauf
– dynamisches Beschaffungssystem VOB/A 4bEU 18 ff.
– elektronische Auktionen VOB/A 4bEU 34 ff.
– Fristen VOB/A 3bEU 1 ff.
– Innovationspartnerschaft VOB/A 3bEU 32 ff.
– nicht offenes Verfahren VOB/A 3bEU 13 ff.
– offenes Verfahren VOB/A 3bEU 3 ff., 8 ff.
– Verhandlungsverfahren VOB/A 3bEU 18
– Verteidigung und Sicherheit VOB/A 3bVS 1 ff.
Verfahrensarten VOB/A 3VS 6 f.
– Verteidigung und Sicherheit VOB/A 4VS 1 ff.
Verfahrensökonomie VOB/A 19EU 8
Verfehlung VOB/A 6a 44 ff.
Verfügbarkeitserklärung VOB/A 6dEU 6
Vergabe
– einheitliche VOB/A 5 1 ff., 6 ff.; VOB/A 5EU 1 ff.
– freihändige VOB/A 2 61, 68
– gemischttypische VOB/A 1 1
– Losvergabe VOB/A 5 1 ff., 9 ff.
– öffentliche Dienstleistungsaufträge VO (EG) 1370/2007 5 1
– Parallelausschreibung VOB/A 5 22 f.
– Rahmenvereinbarungen VOB/A 4aEU 8 f.
– Verhältnis zum Kartellrecht VOB/A 6 12 ff.
Vergabe unterhalb der Schwellenwerte VOB/A 2 1 ff.
Vergabearten VOB/A 3 1 ff., 5 ff.; VOB/A 3VS 1 ff.
– einheitliche Vergabe VOB/A 5 1 ff., 6 ff.
– EU VOB/A 3EU 1 ff.
– Innovationspartnerschaft VOB/A 3EU 14 f.
– Losvergabe VOB/A 5 1 ff., 9 ff.
– nicht offenes Verfahren VOB/A 3EU 6 ff.

– offenes Verfahren VOB/A 3EU 3 ff.
– Parallelausschreibung VOB/A 5 22 f.
– Verhandlungsverfahren VOB/A 3EU 9 ff.
– wettbewerblicher Dialog VOB/A 3EU 12 f.
Vergabebekanntmachung
– Betriebs- und Geschäftsgeheimnisse VOB/A 18EU 34
– Frist VOB/A 18EU 35
– Pflicht VOB/A 18EU 36 ff.
– Verhandlungsverfahren ohne Teilnahmewettbewerb VOB/A 18EU 30
– Vorinformation VOB/A 18EU 33
– Zuschlag VOB/A 18EU 29 ff.
Vergabegrundsätze VOB/A 2 13 ff.
– Eigenerklärung VOB/A 2 31
– Eignung VOB/A 2 13 ff.
– Festlegung der Eignungsmerkmale VOB/A 2 28 ff.
– Leistungskriterien VOB/A 2 14
– öffentliche Ausschreibungen VOB/A 2 29
– Präqualifikationsverzeichnis VOB/A 2 31
– Transparenz VOB/A 2 49 ff.
– Transparenz der Eigungsmerkmale VOB/A 2 28 ff.
– Vergabeverfahren VOB/A 2 28 ff.
– Wettbewerbsgrundsatz VOB/A 2 57 ff.
Vergabegrundsätze, Eignung
– Eignungsmerkmale VOB/A 2 16 ff.
– Leistungskriterien VOB/A 2 14
– Mindestanforderungen VOB/A 2 13
– Vergaberechtsnovelle VOB/A 2 14
Vergabekammern
– Adressen VOB/A 21EU 6
Vergabekriterien
– fehlerhafte VOB/A 6EU 64 ff.
Vergabemanagementsysteme VOB/A 11EU 7
Vergabemodernisierungsgesetz VSVgV 19 1
Vergabeplattformen VOB/A 11EU 7
Vergaberechtsgrundsätze
– allgemeine VOB/A 2VS 1 ff.
Vergaberechtsnovelle VOB/A 2 14
Vergaberechtsreform 2016 VOB/A 3VS 2
Vergaberichtlinie
– Vorrang VO (EG) 1370/2007 5 2 ff.
Vergabeunterlagen VOB/A 8 1 ff., 5 f.; VOB/A 8EU 1 ff.
– Änderungen VOB/A 13 67 ff.; VOB/A 16EU 12; VOB/A 17EU 14 ff.
– Änderungen an eigenen Eintragungen VOB/A 13EU 77 ff.
– Anschreiben VOB/A 8 12, 22 ff.; VOB/A 8EU 2 f.
– Aufforderung zur Angebotsabgabe VOB/A 8 22 ff.
– Bestandteile VOB/A 8 7 ff.

Sachverzeichnis

fette Zahl = Gesetz und Paragraf

- Bewerbungsbedingungen **VOB/A 8** 13
- Bietergemeinschaften **VOB/A 13EU** 114 ff.
- bieterseitige Änderungen **VOB/A 13EU** 69 ff.
- Definition **VOB/A 11EU** 12
- Eignungsnachweise **VSVgV 22** 15 ff.
- erforderliche Angaben **VOB/A 21EU** 3 ff.
- im Internet **VOB/A 11EU** 11 ff.
- inhaltliche Anforderungen **VOB/A 7aEU** 19 ff.
- Muster und Proben **VOB/A 13EU** 85 ff.
- Nachforderungen **VOB/A 16aEU** 1 ff.
- Nachprüfbehörden **VOB/A 21EU** 1 ff.
- Nebenangebote **VOB/A 8EU** 4 ff.; **VOB/A 13EU** 100 ff.
- nicht offenes Verfahren **VOB/A 10bVS** 6 f.
- offenes Verfahren **VOB/A 3bEU** 7
- Preisnachlässe ohne Bedingung **VOB/A 13EU** 109 ff.
- Rechtsfolgen bei Falschangaben **VOB/A 21EU** 7 ff.
- technische Spezifikationen **VOB/A 13EU** 93 f.
- technische Spezifikationen, Abweichungen **VOB/A 13EU** 88 ff.
- Teilnahmebedingungen **VOB/A 8** 13, 79 ff.
- Transparenz **VOB/A 2** 51 f.
- Übermittlung der Vergabeunterlagen **VOB/A 11bEU** 3
- Verfahrensbeteiligte **VOB/A 8** 11
- Vergabekomponente **VOB/A 8** 8
- Versand **VOB/A 12a** 1 ff.; **VOB/A 12aEU** 1 ff.
- Verteidigung und Sicherheit **VOB/A 8VS** 1 ff.; **VOB/A 10bVS** 6 f.
- Verteidigungs- und sicherheitsspezifische öffentliche Aufträge **VSVgV 16** 1 ff.
- Vertragskomponente **VOB/A 8** 8
- Vertragsunterlagen **VOB/A 8** 14 f., 83 ff.
- zeitlicher Ablauf **VOB/A 8** 21

Vergabeverfahren VOB/A 8 1 ff., 5 f.; **VOB/A 6bEU** 1 ff.
- angemessene Preise **VOB/A 2** 44 ff.
- Aufhebung/Einstellung des Vergabeverfahrens **VSVgV 37** 1 ff.
- Auftragsbekanntmachung **VOB/A 12EU** 22 ff.
- Ausschreibungsreife **VOB/A 2** 79 ff.
- Bietergemeinschaften **VOB/A 2** 40 ff.
- dynamisches Beschaffungssystem **VOB/A 4bEU** 14 ff.
- Eignungsleihe **VOB/A 2** 35 ff.
- Eignungsprüfung, formelle **VOB/A 2** 33
- Eignungsprüfung, materielle **VOB/A 2** 33
- Eignungsprüfung, Vornahme der **VOB/A 2** 32 ff.

- elektronische Auktionen **VOB/A 4bEU** 32 f.
- Festlegung der Eignungsmerkmale **VOB/A 2** 28 ff.
- Innovationspartnerschaft **VOB/A 3EU** 14 f.
- Konzernunternehmen **VOB/A 2** 35 ff.
- mündliche Kommunikation **VOB/A 11EU** 25
- Nachunternehmer **VOB/A 2** 35 ff.
- nicht offenes **VOB/A 3EU** 6 ff.
- offenes **VOB/A 3EU** 3 ff.
- öffentliche Ausschreibungen **VOB/A 3** 7 f.
- Prognoseentscheidung **VOB/A 2** 34
- Prüfungsreihenfolge **VOB/A 2** 32
- Registrierung **VOB/A 11EU** 25
- Sonderfragen **VOB/A 2** 35 ff.
- Sperrfristen **VOB/A 6fEU** 17 f.
- Transparenz **VOB/A 2** 49 ff.
- verbotene Markterkundung **VOB/A 2** 73 ff.
- Vergabegrundsätze **VOB/A 2** 28 ff.
- Verhandlungsverfahren **VOB/A 3EU** 9 ff.
- Verteidigungs- und sicherheitsspezifische öffentliche Aufträge **VSVgV 10** 1 ff.
- Vertragsänderungen **VOB/A 22** 3 ff.
- wettbewerblicher Dialog **VOB/A 3EU** 12 f.
- Zulässigkeitsvoraussetzungen **VOB/A 3aEU** 1 ff.

Vergabevermerk VOB/A 7aEU 40; **VSVgV 43** 15 ff.
- Transparenz **VOB/A 2** 56

Vergabeverzicht
- Rahmenvereinbarung **VSVgV 43** 51 ff.

Vergütung Grundzüge der VOB/B 32 ff.

Vergütungsänderung VOB/A 9d 1 ff.; **VOB/A 9dEU** 1
- Verteidigung und Sicherheit **VOB/A 9dVS** 1
- Voraussetzungen **VOB/A 9d** 3 f.

Verhältnismäßigkeit VOB/A 16 12; **VOB/A 17EU** 12; **VO (EG) 1370/2007 2a** 2; **VO (EG) 1370/2007 6** 2

Verhandlungsverbot VOB/A 15EU 2

Verhandlungsverfahren VOB/A 3EU 9 ff.; **VOB/A 10cEU** 1 ff.
- äußerste Dringlichkeit **VOB/A 3aEU** 32 ff.
- gleichartige Bauleistungen **VOB/A 3aEU** 35 ff.
- mit Teilnahmewettbewerb **VOB/A 10cEU** 2
- ohne Teilnahmewettbewerb **VOB/A 10cEU** 3 f.
- technische Spezifikationen **VOB/A 3aEU** 16
- Teilnahmewettbewerb **VOB/A 3bEU** 19

1340

magere Zahl = Randnummer

Sachverzeichnis

- Verfahrensablauf **VOB/A 3bEU** 18
- Verhandlungen **VOB/A 3bEU** 20 ff.
- Verteidigung und Sicherheit **VOB/A 10cVS** 1 f.
- wettbewerblicher Dialog **VOB/A 3bEU** 25 ff.
- Zulässigkeitsvoraussetzungen **VOB/A 3aEU** 7 ff., 22 ff.

Verhandlungsverfahren mit Teilnahmewettbewerb VOB/A 3bVS 8 ff.

Verhandlungsverfahren ohne Teilnahmewettebwurb
- eVergabe **VSVgV 43** 72 ff.
- Verteidigungs- und sicherheitsspezifische öffentliche Aufträge **VSVgV 12** 1 ff.; **VSVgV 43** 46 ff.

Verjährung Grundzüge der VOB/B 26 ff., 57
- Fristbeginn **VOB/A 9b** 8
- Mängelansprüche **VOB/A 9b** 1 ff.; **VOB/A 9bEU** 1
- Rechtsfolgen bei Verstößen **VOB/A 9b** 12
- Regel- **Grundzüge der VOB/B** 26 ff.
- Regelfristen des § 13 VOB/B **VOB/A 9b** 6 ff.
- Verhältnis zu § 13 VOB/B **VOB/A 9b** 4 ff.
- Verteidigung und Sicherheit **VOB/A 9bVS** 1

Verkehrsdienst
- integrierter **VO (EG) 1370/2007** 2 45

Verkehrsformneutral VO (EG) 1370/2007 Vorb 5

Verlässlichkeit des Angebots VO (EG) 1370/2007 Vorb 70

Verlegearbeiten VOB/A 6dEU 13

Verlesung der Angebote VOB/A 14a 23 ff.

Vermutung der Voreingenommenheit VSVgV 42 13 ff.
- Katalog der Angehörigen voreingenommener Personen **VSVgV 42** 35 ff.

Veröffentlichung der Vergabeunterlagen VOB/A 11EU 11 ff.

Veröffentlichungsblätter VOB/A 12EU 20

Veröffentlichungspflichten
- Gesamtjahresbericht **VO (EG) 1370/2007 7** 1 ff.
- Rechtsschutz **VO (EG) 1370/2007 7** 12
- Vorabinformation **VO (EG) 1370/2007 7** 6 ff.

Verpflichtung
- gemeinschaftliche **VO (EG) 1370/2007** 2 20 ff.

Verpflichtungserklärung VSVgV 7 8

Versand
- Vergabeunterlagen **VOB/A 12aEU** 1 ff.

Versand der Vergabeunterlagen VOB/A 12a 1 ff.
- Beschränkte Ausschreibung **VOB/A 12a** 4 f.
- Einsichtnahme **VOB/A 12a** 7 f.
- Freihändige Vergabe **VOB/A 12a** 4 f.
- Geheimwettbewerb **VOB/A 12a** 9 f.
- Mitwirkungspflichten des Bewerbers **VOB/A 12a** 6
- Verteidigung und Sicherheit **VOB/A 12aVS** 1 ff.
- zusätzliche Auskünfte **VOB/A 12a** 11 ff.

Verschluss
- schriftliches Bieterangebot **VOB/A 13EU** 39 ff.

Verschlüsselung
- elektronisches Bieterangebot **VOB/A 13** 42 ff.; **VOB/A 13EU** 44 ff.

Verschlusssachen VOB/A 2VS 20 f.
- Auftrag **VSVgV 7** 2
- Nichtvorlage **VSVgV 7** 15
- Verteidigungs- und sicherheitsspezifische öffentliche Aufträge **VSVgV 7** 1 ff.
- VS-NUR FÜR DEN DIENSTGEBRAUCH **VSVgV 7** 13 f.
- Zugang während des Vergabeverfahrens **VSVgV 7** 11 ff.
- Zugang zu **VSVgV 7** 5 ff.

Verschwiegenheitserklärung VOB/A 3b 5

Versendungsrisiko VOB/A 13EU 41

Versicherung von Eides statt VSVgV 23 21 ff.; **VSVgV 24** 19

Versorgungssicherheit VOB/A 8VS 3
- Angebotsbewertung **VOB/A 16dVS** 3
- Verteidigungs- und sicherheitsspezifische öffentliche Aufträge **VSVgV 8** 1 ff.

Verspätete Angebote VOB/A 14a 35 ff.
- als rechtzeitig zu behandelnde **VOB/A 14EU** 25 ff.
- Öffnungstermin **VOB/A 14EU** 24 ff.; **VOB/A 14VS** 6 f.

Verspätete Zuschlagserteilung VOB/A 18EU 25 ff.

Verteidigung und Sicherheit
- Abgebotsverfahren **VOB/A 4VS** 11 f.
- allgemeine Vergaberechtsgrundsätze **VOB/A 2VS** 1 ff.
- allgemeine Vertragsbedingungen **VOB/A 8aVS** 1
- Angebotsausschluss **VOB/A 16VS** 1
- Angebotsbewertung **VOB/A 16dVS** 1 ff.
- Angebotsfrist **VOB/A 10bVS** 4
- Angebotsinhalt **VOB/A 15VS** 1 ff.
- Angebotsöffnung **VOB/A 14VS** 1 ff.
- Angebotsrücknahme **VOB/A 10bVS** 9
- Angebotsverfahren **VOB/A 4VS** 10
- Anspruch auf Angebotsaufklärung **VOB/A 15VS** 4

1341

Sachverzeichnis

fette Zahl = Gesetz und Paragraf

- Anwendungsbereich **VOB/A 1VS** 1 ff.
- Aufgebotsverfahren **VOB/A 4VS** 11 f.
- Aufklärungsverweigerung **VOB/A 15VS** 7 f.
- Auftragsänderungen während der Vertragslaufzeit **VOB/A 22VS** 1
- Auftragsbekanntmachung **VOB/A 12VS** 1 ff., 6 ff.
- Auftragswertschätzung **VOB/A 1VS** 13 ff.
- Ausführungsfristen **VOB/A 9VS** 1
- Auskunft über die Vergabeunterlagen **VOB/A 12aVS** 8
- Ausschreibungsaufhebung **VOB/A 17VS** 1
- Beschafferprofil **VOB/A 11VS** 7
- Beschleunigungsvergütung **VOB/A 9aVS** 1
- besondere Vertragsbedingungen **VOB/A 8aVS** 1
- Bewerbungsfrist **VOB/A 10bVS** 2 f.
- Bindefrist **VOB/A 10bVS** 9
- Datenintegrität **VOB/A 11VS** 8 f.
- Dokumentation **VOB/A 15VS** 7 f.; **VOB/A 20VS** 1
- Dringlichkeit **VOB/A 10bVS** 8
- Eignung **VOB/A 2VS** 12 f.; **VOB/A 16bVS** 1
- Eignungsnachweise **VOB/A 6aVS** 1
- Eignungsprüfung **VOB/A 16cVS** 1
- einheitliche Vergabe **VOB/A 5VS** 1
- Einheitspreisvertrag **VOB/A 4VS** 6
- Einsicht in die Vergabeunterlagen **VOB/A 12aVS** 3 ff.
- elektronische Mittel **VOB/A 11aVS** 1 ff.
- Form und Inhalt der Angebote **VOB/A 13VS** 1 ff., 3 ff.
- Fristen **VOB/A 10VS** 1 ff.; **VOB/A 10cVS** 1 f.; **VOB/A 10dVS** 1
- Fristen im nicht offenen Verfahren **VOB/A 10bVS** 1 ff.
- Geheimhaltung **VOB/A 15VS** 7 f.
- GWB-Vorschriften **VOB/A 1VS** 8
- Informationsübermittlung **VOB/A 11VS** 1 ff.
- Kommunikationsmittel **VOB/A 11VS** 3
- Kosten **VOB/A 8bVS** 1
- Leistungsbeschreibung **VOB/A 7VS** 1 ff.
- Leistungsbeschreibung mit Leistungsprogramm **VOB/A 7cVS** 1 ff.
- Leistungsbeschreibung mit Leistungsverzeichnis **VOB/A 7bVS** 1 ff.
- Leistungsvertrag **VOB/A 4VS** 5 ff.
- Losvergabe **VOB/A 5VS** 1
- Mängelansprüche **VOB/A 9bVS** 1
- Nachforderung von Unterlagen **VOB/A 16aVS** 1
- Nachprüfbehörden **VOB/A 21VS** 1
- Nachverhandlungsverbot **VOB/A 15VS** 7 f.
- Nachweisführung **VOB/A 6bVS** 1
- nicht berücksichtigte Angebote **VOB/A 19VS** 1
- nicht berücksichtigte Bewerbung **VOB/A 19VS** 1
- nicht offenes Verfahren **VOB/A 3bVS** 4 ff.; **VOB/A 10bVS** 1 ff.
- Öffentlicher Auftraggeber **VOB/A 1VS** 9 ff.
- Öffnungstermin **VOB/A 14VS** 1 ff.
- Pauschalvertrag **VOB/A 4VS** 7
- Qualitätssicherung **VOB/A 6cVS** 1 f.
- Schiedsverfahren **VOB/A 8bVS** 1
- Sektorenauftraggeber **VOB/A 1VS** 9 ff.
- Selbstreinigung **VOB/A 6fVS** 1 ff.
- Sicherheitsleistung **VOB/A 9cVS** 1
- sicherheitsspezifische Leistung **VOB/A 1VS** 16 ff.
- Stundenlohnvertrag **VOB/A 4VS** 8 f.
- technische Spezifikationen **VOB/A 7aVS** 1 ff.
- Teilnahmeantrag per Fax **VOB/A 11VS** 10
- Umweltmanagement **VOB/A 6cVS** 1 f.
- Unternehmensausschluss **VOB/A 6eVS** 1 ff.
- Unternehmenskapazität **VOB/A 6dVS** 1
- Verfahren **VOB/A 6bVS** 1
- Verfahrensablauf **VOB/A 3bVS** 1 ff.
- Verfahrensarten **VOB/A 3VS** 6 f.; **VOB/A 4VS** 1 ff.
- Vergabearten **VOB/A 3VS** 1 ff.
- Vergabeunterlagen **VOB/A 8VS** 1 ff.; **VOB/A 10bVS** 6 f.
- Vergütungsänderung **VOB/A 9dVS** 1
- Verhandlungsverfahren **VOB/A 10cVS** 1 f.
- Verhandlungsverfahren mit Teilnahmewettbewerb **VOB/A 3bVS** 8 ff.
- Verjährung von Mängelansprüchen **VOB/A 9bVS** 1
- Versand der Vergabeunterlagen **VOB/A 12aVS** 1 ff.
- verteidigungsspezifische Leistung **VOB/A 1VS** 16 ff.
- Vertragsbedingungen **VOB/A 9VS** 1
- Vertragsstrafen **VOB/A 9aVS** 1
- Vertrauenregelung **VOB/A 8bVS** 1
- Vertraulichkeit **VOB/A 11VS** 8 f.
- Vorinformation **VOB/A 10bVS** 5; **VOB/A 12VS** 1 ff.
- wettbewerblicher Dialog **VOB/A 3bVS** 13; **VOB/A 10dVS** 1
- Zulässigkeitsvoraussetzungen **VOB/A 3aVS** 1 ff.
- zusätzliche Vertragsbedingungen **VOB/A 8aVS** 1
- Zuschlagserteilung **VOB/A 18VS** 1 ff.

Verteidigungs- und sicherheitsspezifische öffentliche Aufträge
- anerkannte Stellen **VSVgV 15** 13

magere Zahl = Randnummer

Sachverzeichnis

- Angebotsöffnung **VSVgV 30** 1
- Angebotsprüfung **VSVgV 31** 1 f.
- Angebotszuschlag **VSVgV 34** 1 ff.
- Anwendungsbereich **VSVgV 1** 1 ff.
- Arten von Liefer- und Dienstleistungsaufträgen **VSVgV 11** 1 ff.
- Aufbewahrungspflichten **VSVgV 43** 1 ff.
- Aufforderung zur Angebotsabgabe **VSVgV 29** 1
- Aufhebung/Einstellung des Vergabeverfahrens **VSVgV 37** 1 ff.
- Auftrag **VSVgV 3** 12
- Bauaufträge **VSVgV 2** 1 ff.
- Bauleistungen **VSVgV 2** 9 ff.; **VSVgV 3** 13
- Begriffsbestimmungen **VSVgV 4** 1 ff.
- Bekanntmachung **VSVgV 18** 1 ff.
- Bekanntmachung über die Auftragserteilung **VSVgV 35** 1 ff.
- Beschränkung des Bewerberkreises **VSVgV 21** 13 ff.
- Bewerberauswahl **VSVgV 21** 1 ff.
- Bieterausschluss **VSVgV 23** 1 ff.; **VSVgV 24** 1 ff.
- Bietergemeinschaften **VSVgV 21** 29
- Daueraufträge **VSVgV 3** 11
- Dienstleistungsaufträge **VSVgV 2** 1 ff.; **VSVgV 5** 1 ff.; **VSVgV 12** 19 f.; **VSVgV 27** 20
- Dokumentation **VSVgV 43** 1 ff.
- Eignung **VSVgV 21** 1 ff., 6 ff.
- Eignungsleihe **VSVgV 27** 22 f.
- Eignungsnachweise **VSVgV 22** 1 ff.
- Erlaubnis zur Berufsausübung **VSVgV 25** 1 ff.; **VSVgV 27** 17
- Fristen **VSVgV 20** 1 ff.
- gemischte Aufträge **VSVgV 1** 36 ff.
- Informationsübermittlung **VSVgV 19** 1 ff.
- Leistungsbeschreibung **VSVgV 15** 1 ff., 4 ff.
- Lieferaufträge **VSVgV 2** 1 ff.; **VSVgV 12** 17 f.
- Losverfahren **VSVgV 3** 15 ff.
- Markterkundung **VSVgV 10** 10 f.
- Mitwirkungsverbot **VSVgV 42** 1 ff.
- Nachforderung von Unterlagen **VSVgV 22** 18 ff.
- Nebenangebote **VSVgV 32** 1
- Nichtvorliegen von Ausschlussgründen **VSVgV 22** 1 ff.
- öffentlicher Auftraggeber **VSVgV 1** 14 ff.
- persönlicher Anwendungsbereich **VSVgV 1** 13 ff.
- Preise **VSVgV 10** 12 f.
- produktneutrale Ausschreibung **VSVgV 15** 14
- Projektantenproblematik **VSVgV 10** 6 f.
- Qualitätsmanagement **VSVgV 28** 1 f.
- Rahmenvereinbarung **VSVgV 3** 14
- Rahmenvereinbarungen **VSVgV 14** 1 ff.
- sachlicher Anwendungsbereich **VSVgV 1** 26 ff.
- Schätzung des Auftragswertes **VSVgV 3** 1 ff.
- Schwellenwerte **VSVgV 1** 11 f.
- Seeverkehrsdienstleistungsaufträge **VSVgV 12** 21
- Sektorenauftraggeber **VSVgV 1** 22 ff.
- technische Anforderungen **VSVgV 15** 1 ff., 8 ff.
- Übergangsregelung **VSVgV 44** 1 ff.; **VSVgV 45** 1
- Umgehungsverbot **VSVgV 3** 9 f.
- Umwelteigenschaften **VSVgV 15** 11 f.
- Umweltmanagement **VSVgV 28** 1 f.
- ungewöhnlich niedrige Angebote **VSVgV 33** 1
- Unteraufträge **VSVgV 9** 1 ff.; **VSVgV 38** 1 ff.
- Unterrichtung der Bewerber/Bieter **VSVgV 36** 1
- Verbände **VSVgV 1** 19
- Vergabeunterlagen **VSVgV 16** 1 ff.
- Vergabeverfahren **VSVgV 10** 1 ff.
- Vergabevermerk **VSVgV 43** 15 ff.
- Verhandlungsverfahren ohne Teilnahmewettbewerb **VSVgV 12** 1 ff.; **VSVgV 43** 46 ff.
- Verschlusssachen **VSVgV 7** 1 ff.
- Versorgungssicherheit **VSVgV 8** 1 ff.
- Vertraulichkeit **VSVgV 6** 1 ff.
- VOL/B **VSVgV 10** 8 f.
- vorherige Rechtslage **VSVgV 1** 6 ff.
- Vorinformation **VSVgV 17** 1 ff.
- wettbewerblicher Dialog **VSVgV 13** 1 ff.; **VSVgV 43** 46 ff.
- wiederkehrende Aufträge **VSVgV 3** 11
- wirtschaftliche und finanzielle Leistungsfähigkeit **VSVgV 26** 1 ff.; **VSVgV 27** 1 ff.
- Zugangsarten **VSVgV 19** 20 f.
- Zuschlagskriterien **VSVgV 16** 17 ff.

Verteidigungsaufträge VOB/A 1VS 17
Verteidigungsspezifische Leistung VOB/A 1VS 16 ff.
Vertragsänderungen
- bei neuem Vergabeverfahren **VOB/A 22** 6 f.
- ohne neues Vergabeverfahren **VOB/A 22** 3 ff.
- während der Vertragslaufzeit **VOB/A 22** 1 ff.

Vertragsarten VOB/A 4 1 ff.
- Angebotsverfahren **VOB/A 4EU** 13
- Auf- und Abgebotsverfahren **VOB/A 4EU** 14
- Bauauftrag **VOB/A 4EU** 1 ff.
- Einheitspreisvertrag **VOB/A 4** 4, 5 ff.

1343

Sachverzeichnis

fette Zahl = Gesetz und Paragraf

- Leistungsvertrag **VOB/A 4** 4 ff.; **VOB/A 4EU** 4 ff.
- Pauschalvertrag **VOB/A 4** 4, 10 ff.
- Selbstkostenerstattungsvertrag **VOB/A 4** 1
- Stundenlohnvertrag **VOB/A 4** 15 ff.; **VOB/A 4EU** 12

Vertragsbedingungen VOB/A 9 1 ff.; **VOB/A 9EU** 1 f.
- allgemeine **VOB/A 8a** 1 ff.; **VOB/A 8aEU** 1
- besondere **VOB/A 8a** 1 ff., 15 ff.; **VOB/A 8aEU** 1
- kaufmännisch-juristische **VOB/A 8a** 7 ff., 8 ff.
- Öffnungsklauseln **VOB/A 8a** 17
- Rangfolgenregelung **VOB/A 8a** 24 ff.
- Schiedsverfahren **VOB/A 8b** 11
- technische **VOB/A 8a** 7 ff., 20 ff.
- Verteidigung und Sicherheit **VOB/A 9VS** 1
- VOB/A-konforme Auslegung **VOB/A 8a** 28
- VOB/C **VOB/A 8a** 5
- zusätzliche **VOB/A 8a** 1 ff., 19; **VOB/A 8aEU** 1

Vertragsfristen VOB/A 9 10 f.; **VOB/A 9a** 3

Vertragsinhalt Grundzüge der VOB/B 10 ff.

Vertragsschluss
- Zuschlagserteilung **VOB/A 18EU** 6

Vertragsstrafen VOB/A 9a 1 ff.; **VOB/A 9aEU** 1 ff.
- Direktvergabe **VO (EG) 1370/2007 5** 57
- erhebliche Nachteile **VOB/A 9a** 4 ff.
- Höhe **VOB/A 9a** 10 ff.
- Rechtsfolgen **VOB/A 9a** 17 ff.
- Verteidigung und Sicherheit **VOB/A 9aVS** 1
- Vertragsfristen **VOB/A 9a** 3

Vertragsunterlagen VOB/A 8 83 ff.
- Änderung **VOB/A 8** 88
- Auslegung **VOB/A 8** 89
- fakultative **VOB/A 8** 85
- obligatorische **VOB/A 8** 84
- sonstige **VOB/A 8** 86 ff.

Vertrauensregelung VOB/A 8b 1 ff.; **VOB/A 8bEU** 1
- Verteidigung und Sicherheit **VOB/A 8bVS** 1

Vertrauensschutz VO (EG) 1370/2007 8 4
Vertrauenswürdigkeit VOB/A 6eVS 7 f.
Vertraulichkeit VOB/A 13 35 ff.; **VOB/A 11VS** 8 f.
- Informationsübermittlung **VSVgV 19** 13 ff.
- Verteidigungs- und sicherheitsspezifische öffentliche Aufträge **VSVgV 6** 1 ff.

Vertraulichkeitsgebot VOB/A 2VS 16 f.
- Verschlusssachen **VOB/A 2VS** 20 f.

Vertraulichkeitsgrundsatz VOB/A 19EU 18

Vertraulichkeitsschutz VOB/A 11bEU 8 f.

Vertretung
- gesetzliche **VOB/A 18EU** 15 ff.
- Mitwirkungsverbot **VSVgV 42** 15
- rechtsgeschäftliche **VOB/A 18EU** 15 ff.

Vertretungsmacht
- Bieterangebot **VOB/A 13** 23
- schriftliches Bieterangebot **VOB/A 13EU** 25

Verwahrung VOB/A 14a 43 ff.
- elektronische Angebote **VOB/A 14** 24 ff.
- Öffnungstermin **VOB/A 14VS** 6 f.

Verwaltungsmonopol VO (EG) 1370/2007 Vorb 64; **VO (EG) 1370/2007 1** 8

Verweigerung
- Angebotsaufklärung **VOB/A 15** 43 ff.

Viertes Eisenbahnpaket VO (EG) 1370/2007 8 2

VO (EG) 1370/2007 siehe PersonenverkehrsVO

VO (EWG) 1107/70 VO (EG) 1370/2007 Vorb 48

VO (EWG) 1191/69 VO (EG) 1370/2007 Vorb 47
- Aufhebung **VO (EG) 1370/2007 10** 1 ff.

VO (EWG) 1893/91 VO (EG) 1370/2007 Vorb 49

VOB/A
- Anwendungsbereich **VOB/A 1** 2 f.
- Bauleistungen **VOB/A 1** 1 ff., 4 ff.
- bauliche Anlagen **VOB/A 1** 6
- Bauvertragsrecht **VOB/A Vorbm.** 3
- Drittschutz **VOB/A 2** 6 ff.
- Europarecht **VOB/A 2** 11
- Geltung **VOB/A 1** 11
- gemischttypische Vergaben **VOB/A 1** 1
- Grundsätze **VOB/A 2** 1 ff.
- historische Entwicklung **VOB/A Vorbm.** 2 ff.
- Inhaltskontrolle **VOB/A Vorbm.** 4
- Liefer- und Dienstleistungsaufträge **VOB/A 1** 1
- sachlicher Anwendungsbereich **VOB/A 1** 1 ff.
- Vergabe unterhalb der Schwellenwerte **VOB/A 2** 1 ff.
- Vergabegrundsätze **VOB/A 2** 13 ff.

VOB/A-konforme Auslegung VOB/A 8a 28

VOL/B VSVgV 10 8 f.

Vorabinformation
- Direktvergabe **VO (EG) 1370/2007 7** 6 ff.
- Formular **VO (EG) 1370/2007 7** 9
- Veröffentlichungspflichten **VO (EG) 1370/2007 7** 6 ff.

magere Zahl = Randnummer

Sachverzeichnis

Vorauszahlungen Grundzüge der VOB/B 48
Vorbefasstheit VOB/A 2VS 14 f.
Vorbehaltserklärung Grundzüge der VOB/B 60
Vorformulierte Bedingungen Grundzüge der VOB/B 5
Vorinformation VOB/A 12EU 1 ff.; VOB/A 18EU 33
– Bekanntmachungen VOB/A 12EU 6
– Bekanntmachungsbedingungen VOB/A 12EU 13 ff.
– Erforderlichkeit VOB/A 12EU 2 ff.
– nicht offenes Verfahren VOB/A 10bVS 5
– Veröffentlichung VOB/A 12EU 6
– Verteidigung und Sicherheit VOB/A 10bVS 5; VOB/A 12VS 1 ff.
– Verteidigungs- und sicherheitsspezifische öffentliche Aufträge VSVgV 17 1 ff.
– Wettbewerbsaufruf VOB/A 12EU 9 ff.
Vorortverkehr VO (EG) 1370/2007 Vorb 49
Vorrang
– Kartellvergaberecht VO (EG) 1370/2007 5 2
– Vergaberichtlinie VO (EG) 1370/2007 5 2
Vorvertragliches Schuldverhältnis VOB/A 2 8
VS-NUR FÜR DEN DIENSTGEBRAUCH VSVgV 7 13 f.

Wagnis
– ungewöhnliches VOB/A 7EU 14 ff.
Waren
– energieverbrauchsrelevante VOB/A 8cEU 1 ff.
Wärmelieferungsvertrag VOB/A 16cEU 6
Wasserstoffbusse VO (EG) 1370/2007 4 21
Wegfall der Geschäftsgrundlage Grundzüge der VOB/B 35
Werklohnklage Grundzüge der VOB/B 55
Wertung VOB/A 16dEU 1 ff. *siehe Angebotswertung siehe Angebotsbewertung*
Wettbewerber VOB/A 6 1 ff.; VOB/A 6EU 1 ff.
– Ausschlussfrist VOB/A 6EU 61
– Ausschlussgründe, fakultative VOB/A 6EU 20 f.
– Ausschlussgründe, zwingende VOB/A 6EU 5 ff.
– Bietergemeinschaften VOB/A 6 9 ff.
– Eignung VOB/A 6EU 3 ff.
– Einzelbieter VOB/A 6 9 ff.
– Ermittlungsbehörden VOB/A 6EU 48 ff.
– Interessenkonflikt VOB/A 6EU 29
– schwere Verfehlung VOB/A 6EU 26

– Selbstreinigung VOB/A 6EU 36 ff.
– Verbot regionaler Beschränkungen VOB/A 6 5 ff.
– Vergabeunterlagen VOB/A 8 11
Wettbewerblicher Dialog VOB/A 3EU 12 f.; VOB/A 3aEU 38 f.
– Angebotsphase VOB/A 3bEU 29 ff.
– Dialogphase VOB/A 3bEU 28
– Eröffnung des Verfahrens VOB/A 3bEU 27
– Verhandlungsverfahren VOB/A 3bEU 25 ff.
– Verteidigung und Sicherheit VOB/A 3bVS 13; VOB/A 10dVS 1
– Verteidigungs- und sicherheitsspezifische öffentliche Aufträge VSVgV 13 1 ff.; VSVgV 43 46 ff.
Wettbewerbliches Verfahren VO (EG) 1370/2007 5 16 ff.
Wettbewerbsabsicherung VO (EG) 1370/2007 Vorb 74
Wettbewerbsbeschränkungen
– Vergabekriterien VOB/A 6EU 64 ff.
Wettbewerbsfördernde Wirkung VOB/A 16 7
Wettbewerbsgebot VOB/A 2VS 5 ff.
Wettbewerbsgrundsatz VOB/A 2 57 ff.
– Geheimwettbewerb VOB/A 2 64
– Gleichbehandlungsgrundsatz VOB/A 2 68
– verfahrensrechtliche Ausgestaltung VOB/A 2 59 ff.
– wettbewerbsbeschränkende/unlauterer Verhaltensweisen VOB/A 2 63 ff.
– Willkür VOB/A 2 67
Wettbewerbsrecht
– Rahmenvereinbarungen VOB/A 4a 20
Wettbewerbsteilnehmer VOB/A 6VS 1
Wettbewerbsverbot
– Dienstleistungskonzession VO (EG) 1370/2007 5 35
Wiederkehrende Aufträge
– Verteidigungs- und sicherheitsspezifische öffentliche Aufträge VSVgV 3 11
Willenserklärungen
– elektronische VOB/A 14EU 27
Willkür VOB/A 2 67
Wirkung
– mittelstandsfördernde VOB/A 16 7
– wettbewerbsfördernde VOB/A 16 7
Wirtschaftliche Leistungsfähigkeit VSVgV 26 1 ff.; VSVgV 27 1 ff.
– Aufklärung des Angebotsinhalts VOB/A 15EU 11 ff.
Wirtschaftliche Prüfung VOB/A 16cEU 11
Wirtschaftlichkeitsanreiz VO (EG) 1370/2007 Anh. 27 ff.

1345

Sachverzeichnis

fette Zahl = Gesetz und Paragraf

Zahlungsmodalitäten Grundzüge der VOB/B 45 ff.
Zeichnungen
– Darstellung mit **VOB/A 7bEU** 13 ff.
Zeitpunkt
– Dokumentation **VOB/A 20** 5 ff.
Zertifizierungen VOB/A 7aEU 1 ff.
Zivilrechtliches Bieterangebot VOB/A 13 6 f.; **VOB/A 13EU** 6 ff.
– Auslegung **VOB/A 13EU** 8 ff.
– Bindefrist **VOB/A 13EU** 7
Zugang des Angebots VOB/A 16EU 7
Zugänglichkeit VOB/A 16dEU 36 f.
Zulagen VOB/A 7EU 20 ff.
Zulagenpositionen VOB/A 7EU 20 ff.
Zulässigkeitsvoraussetzungen
– nicht offenes Verfahren **VOB/A 3aEU** 4 ff.
– offenes Verfahren **VOB/A 3aEU** 4 ff.
– Vergabeverfahren **VOB/A 3aEU** 1 ff.
– Verhandlungsverfahren **VOB/A 3aEU** 7 ff.
– Verteidigung und Sicherheit **VOB/A 3aVS** 1 ff.
Zurückziehen von Angeboten VOB/A 10aEU 14; **VOB/A 10bEU** 9
Zusatzleistungen Grundzüge der VOB/B 38
Zusätzliche Vertragsbedingungen VOB/A 8a 1 ff., 19; **VOB/A 8aEU** 1
– Verteidigung und Sicherheit **VOB/A 8aVS** 1
Zuschlag VOB/A 18EU 1 ff.
– Erteilung ohne Abänderung **VOB/A 18EU** 5 ff.
– Erteilung unter Abänderung **VOB/A 18EU** 20 ff.
– ex-post-Transparenz **VOB/A 18EU** 1
– Nachverhandlungsverbot **VOB/A 18EU** 22
– Vergabebekanntmachung **VOB/A 18EU** 29 ff.
– verspätete Erteilung **VOB/A 18EU** 25 ff.
– Vertragsschluss **VOB/A 18EU** 6
– wirksame Erteilung **VOB/A 18EU** 11 ff.
– Wirksamkeitshindernisse **VOB/A 18EU** 17 ff.
Zuschlagserteilung VOB/A 16b 1; **VOB/A 18** 1 ff.
– Bindefrist **VOB/A 18** 2
– Verteidigung und Sicherheit **VOB/A 18VS** 1 ff.
Zuschlagskriterien VOB/A 8 43; **VOB/A 16dEU** 23 ff.; **VSVgV 16** 17 ff.
– Ästhetik **VOB/A 16dEU** 34
– Design für alle **VOB/A 16dEU** 36 f.
– Festkosten **VOB/A 16dEU** 47 f.
– Festlegung **VOB/A 16b** 6
– Festpreis **VOB/A 16dEU** 47 f.
– Gleichwertigkeitsprüfung **VOB/A 16b** 13
– Kosten **VOB/A 16dEU** 32
– Kundendienst **VOB/A 16dEU** 41 f.
– Lebenszykluskosten **VOB/A 16dEU** 49 ff.
– Nichtangabe der Gewichtung **VSVgV 43** 64 f.
– Personal **VOB/A 16dEU** 39 ff.
– Preis **VOB/A 16b** 11; **VOB/A 16dEU** 30 ff.
– Qualität **VOB/A 16dEU** 33
– Rentabilität **VOB/A 16dEU** 43
– Soziale, umweltbezogene und innovative Eigenschaften **VOB/A 16dEU** 38
– technische Hilfe **VOB/A 16dEU** 41 f.
– Unterkriterien **VOB/A 16dEU** 25
– Verbindung zum Auftragsgegenstand **VOB/A 16dEU** 44 f.
– weitere Transparenzanforderungen **VOB/A 16dEU** 46
– Zugänglichkeit **VOB/A 16dEU** 36 f.
– zulässige **VOB/A 16b** 8 ff.; **VOB/A 16dEU** 27 ff.
– Zweckmäßigkeit **VOB/A 16dEU** 35
Zuständige Behörde
– Mietwagenverkehr **VO (EG) 1370/2007 2** 37
Zuverlässigkeit VOB/A 2 26 f.; **VOB/A 6a** 26 f.
– Unterschwellenbereich **VOB/A 2** 27
Zweckmäßigkeit VOB/A 16dEU 35